大清會典

雍正朝

3

楊一凡　宋北平　主編

尹泰　等纂

臧傑斌　劉宸纓　校點

鳳凰出版社

大清會典卷之一百四

禮部

主客清吏司

郎中、員外郎、主事，分掌諸番朝貢接待給賜之事，擇其譯伴，申其禁令，併提督會同舘。凡官員賞賜及各省土貢，亦隸焉。

〔朝貢通例〕

國家稱藩服奉朝貢者，東西朔南，無遠不屆。凡蒙古部落，專設理藩院以統之，他若各番土司，並隸兵部，其屬於主客司會同舘者，詳其進貢之期、從人之數、方物之額、頒賞之等，以通例冠於前，而以入貢之年爲各國次序先後。崇德間定：凡歸順外國，俱頒誥册，授封爵，嗣後一應進奏文移，俱書大清國年號。凡遇聖節元旦冬至，差官朝賀，具表御前，具箋中宫前，各進貢方物。〇順治元年定：外國朝貢，以表文方物爲憑，該督撫查照的實，方准具題入貢。〇康熙五年題准：凡外國奏疏，不得交付遣往使臣帶來，令專差官交該督撫轉奏。〇六年定：外國投文到該督撫，該督撫即開閲原文議題。

凡禁例，順治元年定：凡外國人送該督撫禮物，永行禁止。〇康熙六年題准：凡督撫提鎮等官，不許擅自移文外國。

凡方物，順治元年定：貢使到京，所貢方物，會同舘呈報禮部，提督該舘司官赴舘查驗，分撥員役管領，該部奏聞。貢物交進内務府，象交鑾儀衛，馬交上駟院，腰刀鹿皮青黍皮等物交武備院。凡進硫黄者，留交該督撫收貯。〇康熙三年定：凡外國慕化來貢方物，照其所進查收，不拘舊例。

凡貢使往來，順治元年定：貢使歸國，例差司賓序班一員給勘合，由驛遞伴送，沿途防護促行，不得停留騷擾及交易違禁貨物，交明該撫即還，該督撫照例送出邊境。○八年題准：凡外國進貢正副使及定額從人來京，沿途口糧驛遞夫馬船車，該督撫照例給發，差官伴送及兵丁護送到京；其貢使回國，沿途口糧驛遞夫船，兵部給與勘合；其留邊人役，該地方官照例給與食物，嚴加防守，候貢使回國時，同送出境。○康熙四十二年覆准：嗣後喇嘛進貢，不給驛遞。

凡貢使恩恤，順治元年定：外國貢使或在途病故，禮部具題，令内院撰祭文，所在布政司備祭品，遣堂官致祭一次，仍置地塋，立石封識，若同來使臣自願帶回骸骨者，聽；若到京病故，給棺木紅緞，遣祠祭司官諭祭，兵部應付車輛人夫，其應賞衣服緞疋等物，仍付同來使臣領回頒給；若進貢從人在京病故者，給棺木紅紬，在途病故者，聽其自行埋葬。

凡進貢員役，順治元年定：每次不得過百人，入京員役止許二十人，餘皆留邊聽賞；其進貢船不得過三隻，每船不得過百人。○又定：凡外國進貢，除定例船隻外，其接貢探貢等船，一概阻回，不許放入。

凡繳換敕印，順治元年定：凡外國繳送明季敕印者，聽地方官具題。

〔朝貢一〕

自朝鮮國以下，各紀其入貢之始、恩綸之沛、貢物之數、歲減之額，至依期朝貢，俱不具載。

朝鮮國即高麗國，於諸國中効順最先，有年貢，有節貢，歲以爲常，貢道由鳳凰城。

崇德二年，詔封朝鮮國主爲朝鮮國王，賜龜鈕金印，給誥命，封王妻爲妃，王子爲世子，賜裘帽貂皮鞍馬，一應慶賀大典，俱行貢獻禮。○又定：遣大臣各官奉表，或有奏事，遣使抵界，預稟守邊大臣詢明來由，開報來使職名人役，禮部奏准，移咨兵部給發信票，移文守關官，禮部仍移文守邊官迎接，撥人伴送，至東京。筵宴一次，撥人送至盛京；到日，守關官驗票放入，遣大臣筵宴一次，人役安宿使館，各給食物，來使照奏表字樣呈禮部，禮部官具奏請旨。朝見行禮畢，禮部堂官率領來使至衙門筵宴畢，設賞物於大清門外案上。今設賞物於午門外。鳴贊官贊來使行三跪九叩頭禮，頒賞訖，又行三跪九叩頭禮，其回時，禮部堂官赴使館筵宴，兵部仍給信票，遣官伴送出關，守關官驗票放出，禮部撥官伴送到東京，筵宴一次，撥人送至邊界，沿途驛遞夫馬車輛食物等項，俱照例給發。○又定：凡朝鮮國一應事宜，不許越奏御前。叙功等事，申吏部；地畝倉庫錢糧等事，申户部；朝賀貢獻婚娶禮儀等事，申禮部；軍務逃盗等事，申兵部；詞訟首告等事，申刑部；修理城池邊關等事，申工部。文俱禮部轉發。〇又定：凡内地人口逃往朝鮮者，行文該國王查解。〇又定：凡内地人民駕船被風飄至朝鮮境内者，令該國人解送。〇三年，以封王謝恩進貢，請安進貢，謝封繼室進貢，請封長子進貢。〇四年，賀捷進貢，所進方物與三大節禮同。〇順治五年，遣學士賫敕諭朝鮮王：所與奉使官員禮物，先已減免，今慮仍煩百姓，特再爲酌減，永爲定例。正使，銀五百兩，綿紬二百疋，布二百疋，苧布六十疋，豹皮十張，大紙五十卷，小紙一百卷，獺皮三十張，青黍皮十五張，花蓆二十張，鹿皮七張，順刀二口，小刀十把，被褥一副，韡韈各一雙，鞍馬一匹，閒馬一匹。〇副使，銀四百兩，餘與正使同。〇一等人役銀一百兩，綿紬四十疋，布一百疋，小紙八十卷，被褥一副。〇二等人役，銀六十兩，綿紬二十六疋，布八十疋，小紙八十卷，被褥一副。〇三等人役，銀四十兩，綿紬二十疋，布五十疋，小紙六十卷，被褥一副。〇六年，朝鮮國王病故，告訃進貢。題准：賜謚賜祭，謚號祭文，内院撰擬，遣正副使二員前往讀文致祭一次，併行册封禮。〇是年十月，頒時憲曆日於朝鮮。〇九年定：朝鮮國每年差官進貢聖誕節元旦禮物，俱獻御前，冬至、年貢及謝恩禮物，俱具題交送各衙門收貯。朝鮮國人到時，先行探問，如有機密情由，即行密奏。聖節、元旦禮物，後俱不獻御前。〇十年，朝鮮國遣王弟麟坪大君來朝，在禮部筵宴一次，在會同館筵宴二次，還日於朝陽門外館驛賜宴一次，至三河縣賜宴一次，至山海關賜宴一次。〇十八年題准：朝鮮國王差四譯院正領曆，恩宴一次，賞正使通事從人銀兩，於户部移取給發。〇康熙元年題准：每年太皇太后、皇太后前，進慶賀萬壽元旦冬至三大節貢物。〇又定：來使回國，禮部差通事一員伴送至山海關，移咨兵部給與山海關鳳凰城路引，量撥官兵護送至山海關，自關撥兵護送至鳳凰城，沿途口糧食物，亦移咨户部光禄寺照例給發。〇十三年，朝鮮國王病故，遣使賜恤，照例致祭一次，又從優加祭一次。〇二十五年，朝鮮國王差官賫進謝恩禮物，奉旨，嗣後引罪謝恩進獻禮物，令停止。〇三十年題准：朝鮮國王遣陪臣等，爲該國民人違禁越江用鳥鎗傷採参人一案，降敕寬免，該國王進謝恩禮物，仍停收受。〇又朝鮮國王奏准，以伊廢妃仍封爲妃，補給誥命，其副室仍處以副室，繳前所封誥命，其恭進禮物，俱停收受。〇三十二年，朝鮮國遣使進貢。奉旨，朝鮮國世篤悃忱，克殫恭順，頃復輸應軍需，捐進鳥鎗三千杆，可嘉，年貢内黄金百兩及藍青紅木棉，嗣後永著停止。〇三十五年，朝鮮國王以前謝恩箋内用字不合，部議罰銀，并將進貢時賞賜裁革三年，奉旨寬免，具表謝恩并進禮物，其禮物仍停收受。〇三十六年諭:朝鮮國奏請承襲,正妃無子,請將副室所生子封爲世子,應准其所請,賜物照例由户部支取,遣正副使臣賫敕往封。〇三十七年,朝鮮歲饑,表請中江開市,奉旨,准以積貯米穀,水陸共運四萬石至中江平糶,遣大臣一員前往監糶,又特發米一萬石賞給。國王恭進謝恩禮物,奉旨,爲平糶米穀謝恩禮物,著發回;爲賞給米穀所進謝恩禮物,著查收。〇三十九年諭:朝鮮國王進貢萬壽元旦冬至年貢禮物,俱查收;其給賞發回飄溺民人之謝恩禮物,不必收,嗣後此等奏謝,著停其進貢禮物。〇四十二年覆准:朝鮮國王繼室,照例封爲妃,其誥命及賜封妃禮物,俱與封伊前妃同,所進謝恩禮物,免其收受。〇四十三年諭:朝鮮國王敬慎夙著,其國人越境行劫,隨經拿獲監禁,奏請勘斷,不必遣大臣察審,即令該國王審明擬結具奏。〇又覆准:朝鮮國人二次越境,過江殺人,掠取緞帛人參等物,除各犯正法外,其地方官著各革職,免其發遣,該國王能即行拿獲勘斷奏請,從寬免議。〇四十五年,福建商船遭風,飄至朝鮮國南桃浦沉没,該國王令地方官拯救,將貨物給商人,差官押送遞發各原籍,後復報伊國有民募善泅者取得黑角象牙蘇木等物,除交該國王獎勵賞賜外,其貨物奉旨:黑角象牙解送京師,有累驛遞,蘇木亦不必變價,俱令該國王酌量處置。〇四十九年,朝鮮貢使行至玉田縣,被盗竊去奏章副本,除將該地方踈防官員議處外,其朝鮮正使奉旨:遠路進貢已到内地,副本被盗,從寬免交該王治罪。〇又朝鮮國廣州人七名,往本國海州貿易,被風漂至江寧泰州,漁船救存,該撫照琉球國失風送歸事例,給與口糧、棉衣,委員護送至京,奉旨:著朝鮮通事一名,該部行文,由驛遞送至朝鮮所屬易州地方,由彼轉送歸籍。〇又諭:海賊被勦,餘黨乘船散走,恐朝鮮不知情由,謂爲大國之人,不敢設備,反受侵掠,著曉諭該國,沿海地方用心防守。〇五十年覆准:朝鮮國島夢金鼎足島沙也叱九味等處,俱與奉天府金州、復州、海州、蓋州相近,移咨奉天府將軍並府尹,嚴禁沿海居民,不許往朝鮮近洋漁採,或別地漁採人到朝鮮境,亦令捕獲解送。若違禁漁採及不能捕獲者,從重治罪,該地方官員一并議處。〇五十一年諭:朝鮮海洋漁採船,曾經申飭嚴緝,今尚有船至朝鮮邊界捕漁,是即海寇,嗣後有捕魚船潛至朝鮮海面,許該國即行追勦,如有生擒者,作速解送,毋因内地之人,以致遲疑。〇又諭:朝鮮國王慎守封圻,恪循儀度,四十餘年,未嘗稍懈,朕用嘉美,將該國貢典屢加裁減,至於甚輕。今貢物内有白金一千兩,紅豹皮一百四十二張,猶恐艱於備辦,嗣後將二項永停貢獻,又聞沿途館舍傾圮,進貢奏事人員甚爲勞瘁，著該地方官脩葺堅固，用副加恤遠人至意。〇又覆准：朝鮮國民越江殺人，掠取人參等物，差官往鳳凰城，會同該國陪臣審明，各犯欵服，除交國王擬罪正法外，仍諭以本朝律例，凡兄弟俱擬正法者，留存一人養親，該國王照例定議處分。〇又覆准：朝鮮國前次謝恩禮物既停收受，復念路途遥遠，帶回維艱，著與收留，准作本年貢物。今該國復進禮物謝恩，又奉旨蠲免，仍准照前例留作貢物，但所貢筆墨不在貢例，豹皮已永停貢獻，仍交來使帶回。〇五十二年，朝鮮國遣官進貢，除前留存謝恩禮物准與開除外，補進各項貢物，照例查收，該國王又爲寛免查議、留存准貢、蠲减豹皮、審定疆界四事復進謝恩禮物，仍停收受，照例存留作貢。〇五十四年覆准：朝鮮國謝恩禮物，久停收受，准留作貢，復著曉諭該國王，嗣後謝恩，照常進表，其禮物不必進獻。〇又朝鮮貢使回國，其從人違禁潛買黑角弓材，至鳳凰城搜出，伊國即行呈報。奉旨，交與該國王審明具題。〇又覆准：嚴禁漁採及私行越江之人。行文奉天將軍、府尹及山東、江南、浙江、福建、廣東等處督撫，申飭沿海水師營嚴查治罪，並咨該國王，亦令嚴飭伊國沿邊防守官兵不時巡查，如有犯越民人，即行拿獲解送。〇又覆准：朝鮮國解到越江人一名，除照越度關塞例治罪外，移咨奉天將軍，查明此處巡邏官兵，交部議處。〇又覆准：渾春之庫爾喀齊等住處，與朝鮮止隔土門江，居人太近，誠恐往來生事，將安都立他木弩房屋窩舖即行拆毁，與寧古塔那去官兵之屯莊，俱令離江稍遠居住，嗣後沿江近處蓋屋種地，嚴行禁止。如有違禁，兵民從重治罪，該管官員題參議處，移咨寧古塔將軍，並知會朝鮮國王。〇五十六年議准：内地人民，嗣後或飄風至朝鮮國，若有票文未生事者，仍令照例送回，若有匪類，並無票文私自越江生事者，許該國王緝拿照伊國之法審擬，咨明禮部，具題請旨。俟命下日，行文該國王，即於伊處完結，仍報部存案。〇五十九年，朝鮮國王病故，遣使賜恤致祭一次，又照伊父例加祭一次。〇又故朝鮮國王妃奏准，世子元配追贈王妃，繼室封爲王妃，頒賜誥命。〇六十一年，朝鮮國王奏請將伊弟爲世弟，部覆與例不符，奉特旨，照所請行，遣官賫敕往封。其貢物免收。〇雍正元年議准：朝鮮國進貢，通計一年貢物内，减去木棉布八百疋，獺皮一百張，青黍皮三百張，白綿紙二千張。〇又諭：朝鮮國所進萬壽表文貢物，不必於九月内來京，著仍照例於十二月内與年貢俱進。〇二年，朝鮮國王病故，權署國事世弟奉表告訃，敕封國王世弟爲王，妻爲王妃，併賜恤故王，其銀絹祭文等，即交封使二員賫往讀文致祭。〇三年，朝鮮國因賜謚賜封,差陪臣奉表謝恩,貢獻方物。奉旨:"朕垂念遠方,時存軫恤。彼國既有哀戚之事,其因賜祭謚謝恩禮物,朕心甚爲不忍,著不必收納。至封王所貢儀物,照例查收。"○是年,朝鮮請封世子,部議不准。奉旨:建立儲位,該王必再三斟酌,始懇切具奏。著照所請行,所進禮物不必收受。○四年覆准:朝鮮國王奏稱,伊六世祖蕘,立庶子琿,無道,國奉太妃教,迎立陵陽君倧,乃明代野史十六朝紀載該國癸亥年事,誣爲簒逆,今聞皇朝方修明史,懇敕史臣刊除訛誣,以成信史。查明天啓三年,島鎮請封朝鮮王疏,原有本國宗室及八道臣民共稱倧爲恭順之語,可証簒奪爲誣,將該國王奏疏宣付明史館,於該國癸亥年廢立始末删除雜説,著爲定論。至所請宣示印本,雖史書有嚴禁出境之條,但今四海一家,該國輸誠効順,與內地無異,俟明史刊成,將伊祖列傳頒示該國王,其陳奏禮物,交來使帶回。○五年,朝鮮進貢方物。奉旨:朝鮮年貢之例,每年貢米百石,朕念該國路途遥遠,運送匪易,著減去稻米三十石,江米三十石,每年進貢江米四十石,足供祭祀之用,永著爲例。

貢物

年貢舊有白銀、麻布、布、水牛角、順刀、蘇木、胡椒、茶、黄金、豹皮、青黍皮,後俱免進。

白苧布二百疋。

各色綿紬四百疋。

各色木棉布三千六百疋。○舊四千四百疋,今減八百疋。

五爪龍蓆二張。　雜彩花蓆二十張。

鹿皮一百張。　獺皮三百張。○舊四百張,今減一百張。

腰刀十把。　大小紙三千卷。○舊五千卷,内大紙二千卷,小紙三千卷,今減二千卷。

米四十石。○舊一百石,内稻米三十石,江米七十石,今免進稻米,減江米三十石。

萬壽元旦冬至三大貢

御前,各色苧布三十疋。各色綿紬三大節共一百十疋。龍紋蓆二張。各色花蓆三大節共一百四十張。豹皮十張。白綿紙二千卷。獺皮二十張。三大節内元旦冬至,俱不貢。

太皇太后前,螺鈿梳函一具。各色苧布三十疋。各色綿紬三十疋。各色花蓆三十張。

皇太后前同前。皇后前同前。

琉球國在東南海中，本有中山王，山南王，山北王，後爲中山所并，世稱尚氏，順治六年請貢，八年進貢，定貢期二年一次，貢道由福建閩縣。

順治六年，琉球國差官奉表納欵。〇八年，琉球國差賫表官及通事到京，頒敕諭一道，諭該國將明季敕印繳换，即令差官賫去。〇十一年，琉球國王世子尚質，遣使奉表進貢方物，遵奉敕諭：繳到明季鍍金銀印一顆，襲封王爵詔一道，敕諭一道，詔册封國王世子尚質爲中山王，遣官往封，賜詔書一道，鍍金銀印一顆，令二年一貢，進貢人數不得過一百五十人，許正副使二員、從人十五名入京，餘俱留閩聽賞。〇康熙三年，中山王遣使奉表謝恩進貢。〇四年，中山王遣使進獻香物，慶賀登極進貢。其貢物有在梅花港口遭風飄溺者，奉旨免其補進。〇五年，補進貢物，奉旨發回。〇又諭：琉球國應進瑪瑙、烏木、降香、木香、象牙、錫、速香、丁香、檀香、黄熟香等十件，不係土産，免其進貢。〇又題准：琉球國進貢硫黄，應留福建督撫收貯，餘所貢方物，令督撫差人解送，其來使不必賫送到京，即給賞遣回。〇六年題准：貢使仍令賫表入覲。〇八年，琉球國進貢耳目官到京，於常貢外加進紅銅及黑漆嵌螺茶椀。〇十年，琉球國世子尚貞差官進貢，於常貢外加進鬃烟番紙蕉布，其被風飄失貢物，免其查議。〇十三年，琉球國差官進貢，於常貢外加進紅銅及火爐絲烟。〇十八年，琉球國補進十七年貢物，除赴京存留官伴外，其餘員役，令先乘原船歸國。〇二十年，琉球國遣使進貢。奉旨，琉球國進貢方物，以後止令貢硫黄、海螺殻、紅銅，其餘不必進貢。〇又中山王世子尚貞奏請襲封，禮部題准：賜敕承襲中山王，并賜卹故王銀絹、祭文、謄黄，令來使賫往。〇二十一年，遣官册封琉球國王，并御書"中山世土"四字賜之。〇二十二年，琉球國差耳目官具表進貢。〇二十三年議准：聽琉球國王遣陪臣子弟入監讀書。〇二十七年，琉球國差耳目官進貢，因准陪臣子弟入監讀書，加貢圍屏紙三千張、嫩蕉布五十疋。〇二十八年題准：琉球國進貢，兩船人數准其增添共不過二百名，接貢一船，亦免收税，合三隻之例。〇三十年，琉球國遣耳目官進貢方物，奉旨，琉球國航海入貢，途遠勞煩，海螺殻嗣後免進。〇又覆准：琉球國官生入監讀書，三年有餘，文學有成，該國王請令歸養，應照都通事之例，宴賜給驛，令隨貢使返國。〇三十二年，琉球國進貢，以免進海螺殻，補進白剛錫一千觔。〇四十一年，琉球國貢使回國，颶風壞船，有柯那什、庫多馬二人，漁人撈救得存，奉旨：著地方官加意贍養，俟便資給發還。此等船隻損壞,皆因修船不堅所致,嗣後貢使回國時,該督撫驗視船隻,務令堅固,以副矜恤遠人至意。○四十二年,琉球國遣耳目官進貢方物,除留閩官伴外,其餘員役照例先回,其前失水拯存安插在閩之柯那什、庫、多馬,二人亦令附回。○四十六年,琉球國遣耳目官恭進方物,附搭飄風商民一十八名,飭行安插原籍。○五十二年,琉球國難彝神山船隻載人三十名,飄至閩省地方,著安插柔遠驛,按名支給口糧銀米,俟同貢使回國。○又琉球國王世曾孫尚敬差耳目官恭進方物,並差正議大夫報伊父尚益之喪,其接回官伴并前收留難彝神山人等,一併附搭回國。○五十四年,琉球國王世曾孫尚敬差耳目官恭進方物。○又琉球國難彝鳩間與人等四十三名口,漂至廣東文昌縣,遞送閩省給與口糧,附搭貢船歸國。○五十七年,琉球國王世曾孫尚敬奏稱,自四十八年,中山王尚貞薨逝,世子尚純早世,世孫尚益權署國事,未及請封亦薨,今遣耳目官正議大夫等奉表恭進方物,并請封襲王爵。奉旨,琉球國世守臣節,忠誠可嘉,准該國王世曾孫尚敬所請,敕賜承襲琉球國中山王,王與妃俱照例頒賞,其賜恤故王尚貞及未經承襲之世孫尚益銀絹祭文,俱照例交封使賚往。○五十九年,琉球國王因往封使臣附奏,准其照例再遣陪臣子弟入監讀書。○雍正元年諭:琉球國進貢來使等所坐頭號船内人員,俱衝礁覆没,甚屬可憫,所失表文方物,免其補進,准作送到京師;二號船所存方物,交與來使帶回,仍准作進貢。京師向有賞給國王及貢使等恩例,今作何賞給之處,查議具奏,俟降諭旨後,行文該地方官賞給,令其起程。○二年,琉球國差陪臣進貢方物,慶賀皇上登極,御書"輯瑞球陽"四字賜之。○又琉球國王遣陪臣子弟官生三人入監讀書,内一名病故,特賜白金三百兩,以二百兩交貢使附歸其家,以一百兩交禮部官,於近京地方營葬。○四年諭:"從前安南國遣使來京,朕曾降旨,令經過地方,於一切供給日用之物,酌量增加,令其充足。今琉球國使臣前來,著照此一體加恩,可行文諭地方官知之。"○又諭:琉球國王因朕頒賜御書匾額及綵緞玉器等件,特遣使臣進表謝恩,貢獻禮儀,具見悃忱。朕加惠遠藩,不收貢物,但既航海遠來,不忍令其帶回本國,查歷來朝鮮國王進獻禮物若不收受,有交送内務府存留,准作年貢之例。今琉球國王所進禮物,即照此例存留,准作三年一次正貢,以示朕體恤遠人之至意。○又覆准:琉球國王賚表謝恩員役回國,照例差司賓序班給與驛遞,伴送至福建,交該督撫送出邊境。○又諭:琉球遠隔海洋,該國王收受賜物,不必專遣使臣謝恩,著於正貢之年一同奏謝,將此諭該國王知之。

貢物舊有金銀罐、金銀粉匣、金銀酒海、泥金彩畫屏風、泥金扇、泥銀扇、畫扇、蕉布、苧布紅花、胡椒、蘇木、腰刀、大刀、鎗、盔、甲、鞍、馬、絲綿、螺盤、海螺殼,後俱免進。○外有加貢物,無定額。

熟硫黄一萬二千六百觔。　　紅銅三千觔。

荷蘭國在東南海中,順治十年請貢,十三年進貢,貢期初定八年一次,後改五年一次,貢道由廣東,今改由福建。

順治十年,荷蘭國遣使航海,請修朝貢。○十二年,廣東巡撫奏稱,荷蘭國遣使賫表文方物請貢。覆准:該督撫量差官員兵丁護送來京,其到京人數不得過二十名,仍令該督撫擇諳曉荷蘭語言三四人偕來。○十三年,荷蘭國貢使啤嚦哦悦嘢哈哇嗒等到京,宿會同館,進表一道,禮部覆准:五年一貢,貢道由廣東入,每次進貢員役不得過百人,入京員役止二十名,餘俱留住廣東。該地方道將嚴加防衛,俟進京人回,一同遣還本國,不得久住海濱。○又諭:荷蘭國慕義輸誠,航海修貢,念其道路險遠,著八年一次來朝,以示體恤遠人之意。○康熙二年,荷蘭國遣出海王統領兵船,至閩安鎮助勦海逆。○三年,荷蘭國遣出海王助兵勦賊,克取厦門金門。頒敕諭二道,遣禮部官員筆帖式齎賞賚銀緞前往,同該督給付荷蘭國人帶歸。○六年題准:荷蘭國違例從福建來入貢,除今次不議外,嗣後遇進貢之年,務由廣東道入,别道不許放進。○二十五年議准:荷蘭國進貢之期原定八年一次,今該國王感被皇仁,更請定期,應准五年一次。○又定:荷蘭國貢道改由福建。○又議准:荷蘭國道路險遠,航海進貢艱辛,嗣後進貢方物酌量減定。

貢物舊有銀盤、甲、鞍、番花、桂皮、花被褥、毛纓、薔薇水、白石畫、小車、白小牛、胡椒、織金緞、盛各樣油小箱、腰刀、劍、羽緞、倭緞、布、琉璃燈、聚耀燭臺、琉璃盃、肉荳蔻、葡萄酒、象牙、皮帶、夾板樣船,後俱免進。

馬　　珊瑚
鏡　　哆囉羢
織金毯　　嗶吱緞
自鳴鐘　　丁香
檀香　　冰片
琥珀　　鳥鎗
火石

安南國古交趾地。順治十八年請貢。康熙二年進貢,貢期初定三年一次,後改六年兩貢,貢道由廣西憑祥州。順治十八年,廣西巡撫奏稱安南國王黎維祺差官奉表投誠,題准:照琉球國例,頒賜敕諭一道。付差官賫捧還國,并賜給銀緞等物。○康熙二年,安南國遣使進貢,其貢期定爲三年一次。○又安南國王黎維祺病故,嗣王黎維禧具疏告哀。○三年,恩賜諭祭銀絹,遣内院、禮部官各一員,前往讀文致祭。○四年題准:安南國貢道由廣西憑祥州起送。○五年,安南國王繳送僞永曆誥命一道、金印一顆,題准:給與封典,照常朝貢,遣内院、禮部官各一員爲正副使前往。○又題准:該國王給送奉使官路費銀絹布等物,令其收受,餘物概不准收受。○七年,安南國差官歲貢,及奉謝恩册,封奉謝賜恤,奉謝欵貢,各具奏疏,并乞將三年一貢之例改爲六年兩貢,奉旨允行。○又題准:安南國人員歸國,差司賓序班一員伴送至廣西,交該撫差官護送出境。○十三年,安南國王黎維禧病故嗣,子黎維禔具疏告哀,遣陪臣賫到康熙八年:十一年歲貢方物。○二十一年,安南國王嗣子黎維正差陪臣賫捧謝恩禮物,又差陪臣賫捧欵貢方物,又差陪臣賫捧康熙十四年歲貢方物,又差陪臣賫捧十七年歲貢方物。○二十二年,欽遣翰林院、禮部官各一員,賜恤致祭安南國故王,復遣翰林院官二員,册封王嗣子黎維正爲安南國王、賜以誥命、并换給新鑄駝鈕鍍金銀印,御書"忠孝守邦"四字賜之。○五十五年,安南國王差陪臣恭進方物,奉旨:安南路途遥遠,解送重物甚屬勞苦,嗣後犀角象牙免其進獻,金香爐、花瓶、銀盆准折作金銀,同其餘貢物俱交廣西藩庫謹貯。如有應用之物,内務府咨部,移咨該撫差官解送。○五十六年,安南國王嗣子黎維裪權管國事,俟命於朝,差陪臣赴京告哀,又以諭旨:軫念該國路途遥遠,於貢物内免其解送重物,因請再遣陪臣謝恩,復照例准其進貢之年進表。○五十八年,安南國王嗣子黎維裪,敕賜承襲安南國王,賜恤故王銀絹祭文,照差往琉球國例,即交封使賫往。○雍正二年,安南國王遣陪臣慶賀皇上登極,附進謝恩禮物。議准:嗣後安南國進貢使臣來時,令廣西巡撫填勘合,由廣西湖廣江西山東等處水路進京。回日,兵部照原勘合换給,由水路歸國,永著爲例。○又諭:向來驛遞供給差遣,多有騷擾,曾降諭旨:定例之外,不許溢額。今安南國王慶賀登極大禮,遣使遠來,應加恩恤。其經過地方供給食用,酌量增加,以示嘉惠遠人至意。○三年,御書"日南世祚"四字賜安南國王,并特賜器物。詳載給賜。○四年覆准:安南國王進貢謝恩禮物,應令暫停,仍照定例,俟正貢之年,一并具表赴京。

〇五年，安南國王黎維禟因雲南開化鎮清查地界，恭奏謝罪表文。奉旨：覽王奏，感恩悔過，詞意虔恭，朕特沛殊恩，將督臣等查出之地四十里賞賜該國王。

貢物舊有白絹、降真香、白木香、中黑綫香、象牙、犀角，後俱免進。

金香爐、花瓶四副。　　銀盆十二個。

沉香九百六十兩。　　速香二千三百六十八兩。

暹羅國本海南暹與羅斛二國，後并爲一。順治十年，請貢。康熙三年，進貢。貢期三年一次，貢道由廣東。順治十年，廣東巡撫奏稱，暹羅國遣使請貢。〇十六年，兩廣總督題准：暹羅國再來探貢，所帶壓船貨物就地方交易，其抽丈船貨税銀清册，移送户部察核。〇康熙二年，暹羅正貢船二隻，行至七洲海面，遇風飄失，止有護貢船一隻來至虎門，仍令遣回。〇三年，暹羅國具表進貢。正貢二船，令員役二十名來京；補貢一船，令六人來京。〇四年，暹羅國進貢至京。題定：貢期三年一次，貢道由廣東。〇六年，暹羅國進貢：正貢船一隻，護貢船一隻，載象船一隻，續發探貢船一隻。覆准：進貢船不許過三隻。每船不許過百人，來京員役二十二名，其接貢船、探貢船，概不許放入。〇七年，暹羅國入貢正使到京，其存留邊界梢目，給與口糧。〇十二年，暹羅國王森列拍臘照古龍拍臘馬嘑陸坤司由提呀菩埃進貢，并請封典，題准：給與誥命並駝鈕鍍金銀印。貢使事畢，禮部堂司官員朝服，在午門前恭設几案，鴻臚寺官引貢使等行三跪九叩頭禮，跪領誥、印。移咨該國王，令王出城恭迎誥、印。〇又諭：該國航海遠來，抒誠進貢，其蟲蛀短少等物，免令補進。〇二十三年諭：暹羅國進貢員役回國，有不能乘馬者，官給夫轎，從人給損夫。〇又覆准：伴送官外，特差禮部司官、筆帖式各一員護送。〇四十七年，暹羅國王森列拍臘照古龍拍臘馬嘑陸坤司由提呀菩埃，遣官恭進金葉表文，進到貢物，外加進貢物九件。其副貢船被風漂至安南地面，續到粤省，仍差官伴送至京。進馴象二隻，外添進金絲猴二隻。〇六十一年，暹羅國王遣使恭進金葉表文，於貢物外，獻金筒一、螺鈿盒一、貼金盒一、金珠三、金圈七、錦袱二、紫梗牌二、馴犀一，又貢使呈稱，奉國王命，加貢大西洋金緞二、大西洋闊宋錦一，俱交總管内務府。奉旨：覽王奏，傾心向化，遣使航海遠來，進貢方物，具見悃誠，歷久彌篤，深爲可嘉。〇又覆准：該國奏稱，有紅舨船二隻，前因禁洋被留，查明交付貢使帶回。其在廣駕駛貢船水手人等，係内地者，各發原籍安插，如係暹羅彝人，俱令隨船回國。〇又覆准：暹羅國具表文進貢回國。

於伴送外，遣禮部漢司官一員護送。○雍正二年，暹羅國進獻穀種、果樹、洋鹿、獵犬等物，奉旨：暹羅國欽遵聖祖仁皇帝諭旨，不憚險遠，進獻諸物，最爲恭順，殊屬可嘉。其穀種、鹿犬，已經差官送京。各種果樹，俟來歲春和，另行委解。來船梢目九十六名，雖係廣東福建江西等省人民，然住居該國，歷經數代，各有親屬妻子，實難勒令遷歸。著照所請，仍回該國居住，以示寬大之典。

貢物舊有孔雀、龜，後免進。○常貢外，例有加貢物，無定額。

御前

龍涎香一觔，銀合裝。	象牙三百觔。
西洋閃金花緞六疋。	胡椒三百觔
膝黄三百觔。	荳蔻三百觔。
蘇木三千觔。	速香三百觔。
烏木三百觔。	大楓子三百觔。
金銀香三百觔。	

皇后前貢物並同，數目減半。

西洋諸國俱在西南海中。康熙六年，始通朝貢。地遠難定貢期，貢物亦無定額，貢道由廣東。康熙六年，廣東巡撫奏稱，西洋國遣官入貢，正貢船一隻，護貢船三隻。○七年題准：西洋進貢，以後船不許過三隻，每船不許過百人。○八年題准：令正副使及從人二十二名來京，其留邊人役，該地方官給與食物，仍加防守。○九年，西洋國貢使嗎嚆吻薩喇噠嚆到京，具表進貢。賞賜筵宴畢，差司賓序班一員，伴送至廣東，交該督差官護送出境。○是年，貢使嗎嚆吻薩喇噠嚆行至江南山陽地方病故。禮部題准：内院撰祭文，所在布政司備祭品，遣本司堂官致祭一次，仍置地營葬，立石封識。若同來使臣願帶回骸骨，聽從其便。○十七年，西洋國王阿豐肅遣使具表，進獅子來京，兵部給沿途口糧驛站夫船，禮部仍差官伴送至廣東，交該督撫差官護送出境。

貢物

御前

國王像一幅	金剛石飾金劍一柄
金珀書箱一座	珊瑚樹一枝
珊瑚珠一串	琥珀珠六串
伽倫香二段	哆囉羢三疋

象牙十枝　　犀角四隻
乳香六桶　　蘇合油一桶
丁香一籠　　金銀乳香二籠
花露一箱　　花幔四端
花氈一鋪
皇后前
大玻瓈鏡一面
珊瑚珠一串　　琥珀珠十串
花露一籠　　丁香一籠
金銀乳香一籠　　花幔四端
花氈一鋪

雍正三年，西洋意達里亞國教化王伯納第多，遣使噶嘧都易德豐奉表，賀皇上御極，進貢方物，奉旨：覽王奏，並進方物，具見悃誠。我聖祖仁皇帝怙冒萬方，無遠弗届，龍馭升遐，中外臣民悲思永慕。朕纘承大統，勉思紹述前徽，教化王遠行陳奏，感先帝之垂恩，祝朕躬之衍慶，周詳懇至，詞意虔恭。披閱之下，朕心嘉慰。使臣遠來，朕已加禮優待。至於西洋寓居中國之人，朕以萬物一體爲懷，時教其謹飭安静。果能慎守法度，行止無愆，朕自推恩撫恤。兹因使臣歸，特頒斯勑，並賜粧緞錦緞大緞六十疋，次緞四十疋，王其受領，悉朕惓惓之意。其來使賞賜筵宴畢，差司賓序班一員，伴送至廣東，該督撫差官護送出境。

貢物
厚福水五十瓶。　　緑玻璃鳳壺一。
哩阿喲波囉盃一。　　蜜蠟盃一。
小蜜蠟盃一對。　　蜜蠟小瓶三。
法琅小員牌三。　　蜜蠟小刀柄二。
銀纍絲四輪船一。　　小銅日規一。
連銀纍絲瓶二。　　纍絲花二。
水晶滿堂紅燈一架。　　各寶玩器共十八件。
咖石喻鼻煙礶一對。　　各色玻璃鼻煙壺十二。
各寶員球八十二。　　各寶鼻煙壺十六。
銀纍絲大小花盤四。　　實地銀花盤一。
連座銀纍絲船一。　　銀花匣一。

連銀纍絲小花瓶一對。 鑲寶石花二枝。
銀絲小漏盤一。 綫花畫五張。
皮畫九張。 皮扇面畫十二張。
繡花紙盤四面。 小銀礶二十九。
花石片大小十八塊。 鐵花盆二。
巴爾薩嗎油二盒。 咖石碖蓋盃一對。
鍍金皮規矩一對。 鑲牙片鼻煙盒十一。
銀花素鼻煙盒一對。 鑲銀花砂漏一對。
咖石喻綠石鼻煙盒各一。 阿噶達片四塊。
番銀筆一封。 咖石喻帶頭片大小二十四塊。
瑪瑙刀柄一。 瑪瑙鼻煙壺一。
各色石鞭頭六。 小石盒一對。
珊瑚珠二串。 瑪瑙珠四串。
各寶素珠十四串。 花紙盤七面。
香枕囊六。 顯微鏡一套。
石頭火漆印把一對。 火字鏡一。
玻璃棋盤棋子共二盒。 火漆八包。
大紅羽緞四。 週天球一。
鼻煙五十礶。 照字鏡二架。

雍正五年,西洋博爾都噶爾國王若望,遣使麥德樂等具表慶賀,恭請聖安,進獻方物。議准:該國王感被德化,特遣使臣,不比尋常進貢,所帶貢物,令其水路來京。其來使從人,願帶來京者,聽其帶來。願留粵省者,令該地方官從豐撥給房舍食物。來使呈稱,國王蒙聖祖仁皇帝撫恤多年,兼慶皇帝御極,仍一視同仁,感戴洪恩,敬備方物,願得恭捧至宫,親身進獻,庶得達國王敬奉皇朝之誠心,其表文由内閣繙譯,貢物由禮部摺奏,恭呈御覽。奉旨:准其進獻。〇又議准:該國初次進貢,遣郎中官一員同西洋人一名,往迎來使。至回國時,仍遣前往迎之員伴送,由水路至廣東,交該督撫,遣官護送出境。

貢物

大珊瑚珠一串。 寶石素珠一串。
金鑲咖石喻瓶一。 金法琅盒一。
金鑲蜜蠟盒一。 銀鑲咖石喻盒一。

金鑲瑪瑙盒一。　銀鑲藍石盒一。

銀鍍金鑲雲母盒五。　銀鍍金鑲玳瑁盒一。

玻璃瓶貯各品藥露五十四瓶。

金絲緞一。　金銀絲緞一。

金花緞一。　洋緞三。

大紅羽毛緞二。　大紅哆囉呢二。

洋製銀柄武器一具。　洋刀一柄。

長劍一柄。　短劍一柄。

鍼銀花火器一具。　自來火長鎗一口。

手鎗二柄。　上品鼻煙十二瓶。

右巴依瓦油四瓶。　聖多默巴爾撒木油四瓶。

璧露巴爾撒木油二瓶。　伯肭西理巴爾撒木油二瓶。

各品衣香十二瓶。　巴斯第理十二瓶。

葡萄紅露酒十二瓶。　葡萄黄露酒十二瓶。

白葡萄酒十二瓶。　紅葡萄酒十二瓶。

咖石喻二大塊。　各色法琅料十四塊。

烏木鑲青石桌面二張。　烏木鑲黄石桌面二張。

烏木鑲各色石花條桌二張。　織成各種遠視畫九張。

蘇禄國雍正四年，始遣使朝貢，貢道由福建。

雍正四年，福建巡撫奏報，蘇禄國王毋漢未毋拉律林，遣使喇嘛禄達臣龔廷綵，副使巴禄達臣阿石丹航海奉表，貢獻方物。奉旨：蘇禄國遠在海外，隔越重洋，從來未通職貢，今輸誠嚮化，甚屬可嘉。閩省起送來京之時，著沿途地方官護送照看。應用夫馬食物，從厚支給，以示朕加惠遠人之至意。〇五年，蘇禄國貢使至京，奉表進貢。表稱本國邇來天無烈風霪雨，海不揚波，知中國有大聖人，小國得享安瀾者，實賴治化覃敷，無限修阻。用遣來使，奉臣赤心，仰陳彤陛等語。奉旨：蘇禄國向來未通職貢，今該國王輸誠向化，遣使遠來，進貢方物，奏詞懇切，具見悃忱，其有應行議奏之處，著大學士九卿詳議具奏。遵旨議定：照東南海外琉球、荷蘭、安南、暹羅諸國初次奉表納貢之例，欽頒敕諭一道，給賜該國王，以示嘉獎。即令來使賫捧還國，其奉表使臣賜宴頒賞，及遣官伴送等事宜，俱照給海外諸國使臣定例舉行。

貢物

珍珠二顆。　　　玳瑁十二片。

描金花布一疋。　　　金頭牙薩二疋。

白幼洋布二疋。　　　蘇山竹布二疋。

燕窩一箱。　　　龍頭花刀一對。

夾花標鎗一對。　　　滿花番刀一對。

藤席一對。　　　活猿一對。

土魯番在陝西西北。順治三年,進貢。十三年定:貢期五年一次,貢道由陝西甘肅。

順治三年,土魯番奉番文進貢。〇十三年,川陝總督奏稱,土魯番向化入貢。覆准:貢期五年一次,入貢人役不得過一百名,内留邊七十名,起送赴京頭目併從人三十名。有多帶者,該督撫令守邊道將禁止發回;貢使領賞後,許軍民人等入館交易,違禁之物不許買賣;至甘鎮交易,令總兵官嚴禁;其經過地方,不許停留騷擾;赴京頭目,每日給行糧銀一錢,從役每名日支銀五分,留住甘肅者,每名支銀二分;貢使歸國,差司賓序班一員伴送,勒限送至該督處,該督差官將留住甘肅回紇一併速令出邊。〇康熙十二年,土魯番遣使到京,具表進貢。奉旨:該國路途遥遠,進貢殊難,以後止著進貢馬匹玉石,其餘各物免進,以示軫念遠人之意。〇二十年,哈密土魯番並五地彝目進小貢,先進番字本章西馬,照例赴京。〇又題准:土魯番地處遐荒,進貢馬匹,沿途勞苦,嗣後停其進貢,止進玉石金剛鑽。其帶來貨物,仍在會同館照例貿易。

貢物舊有西馬、達馬、一峯駝、鴉虎、黑鷹、布、葡萄、羚羊角、瑙砂、西弓、西鞄、小刀、鞍,後俱免進。

玉石一千觔。　　　金剛鑽二錢。

大清會典卷之一百五

禮部主客司

〔朝貢二〕

西番各寺

烏思藏即吐番地。順治五年，闡化王入貢，定貢期三年一次，貢道由陝西。○十七年，大寶法王、灌頂國師、圓通妙濟國師進貢，貢道由雲南。順治五年，陝西巡撫奏稱，烏思藏闡化王，遣索訥木剌希喇嘛率一千人進貢，繳送明季所給誥命三道、勅四道、鍍金銀印一顆。奉旨換給。禮部題定：三年進貢一次，每次以百人進貢，准十五人到京，其餘留邊，著爲定例。其回時馬匹車輛及沿途食用火牌，兵部給發，仍行陝西布政司給與勘合，送部存案，俟再來時對照。禮部差通事序班送至河州衛，交該撫護送出境。○七年，闡化王差噴錯堅挫等喇嘛進貢至京，繳明季所給誥命六道、勅書五道、勅諭二道、鍍金銀印一顆。禮部題准：換給噴錯堅挫等八人誥命八道、鍍金銀印一顆。○十年，闡化王遣索訥木畢拉西等進貢。○十三年，闡化王遣噴錯堅挫入貢，繳明勅書三道、玉印一顆。禮部題准：換給誥命。

貢物

鍍金銅佛三尊。	畫佛十軸。
銅塔十座。	舍利子三顆。
珊瑚七株。	犀角四隻。
黄左髻帽十六頂。	各色氆氇二百一十八疋。
各色花氆氇五十疋。	各色氆氌綿二十四疋。
阿魏五觔。	黑香十四觔八兩。
白海螺二十個。	白纓子五個。

黑纓子十二個。

順治十七年,雲南督撫題稱:番僧進貢,如來大寶法王哈里麻巴差僧齎捧漢字印表一封、番字印表一封併進貢方物,又灌頂國師、掌赤帽灌頂圓通妙濟國師大悉都,差僧齎捧番字印表一封,併進貢方物。

大寶法王貢物

釋迦佛舍利子一顆。
番像銅佛一尊。
金輪一面。
珊瑚一朶。
犀角一隻。
珍珠一串計一百五十一顆。
寶石數珠一串計一百四顆。
琥珀珠一串計十八顆。
慈獸皮一張。
虎皮一張。
豹皮一張。
猞猁猻皮一張。
梵祖紅一件。
各色氆氌四端。
各色氈四端。
白纓一束。
青纓一束。
花褐一端。
花氆氌二端。

灌頂國師貢物

銅佛一尊。
金輪一面。
犀角一隻。
珊瑚二朶。
珍珠一串計一百五顆。
琥珀一串計一百四顆。
花布一疋。
花綫氈一條。
各色氆氌五端。
花褐一端。

灌頂圓通妙濟國師貢物

番像銅佛一尊。
金輪一面。
珍珠一串計八十九顆。
珊瑚五顆。
花布一端。
花氆氌一端。
藍氆氌一端。
猞猁猻皮一張。

陝西邊地番寺洮、岷、河州、莊浪、西寧、肅州、諸番,僧族不一。順治八年,河州弘化寺、顯慶寺、莊浪感恩寺進貢。十年,莊浪報恩寺、端嚴寺、西寧瞿曇等九寺、西納演教寺進貢。十七年,岷州圓覺寺進貢。康熙二年,洮、岷番僧二十一寺換給勅書後,又給五寺勅書,共二十六寺,分爲四族,定貢期三年一次。四十三年,肅州歸化寺、西寧教化寺、寶貝寺換給勅書,定貢期三年一次。

順治七年,陝西總督咨稱,河州總理國師韓禪巴,遣徒繳明所給勅書一道、銅印一顆，禮部題准換給。〇八年，陝西巡撫奏稱，河州衛鎮祥堡顯慶寺灌頂大國師丹巴堅錯，繳明所給鍍金銀印一顆、都綱銅印一顆、勑諭一道、誥命一道，弘化寺普應禪師諾爾布堅錯，繳明所給銀印一顆、都綱司銅印一顆、勑諭一道，莊浪感恩寺番僧盧老藏靈珍，繳明所給劄付一張，禮部題准：俱行換給。〇十年，陝西巡撫奏稱，莊浪紅山報恩寺番僧閻老巴靈珍進貢，繳明所給都綱勑印，禮部題准換給，又給車輛併口糧馬草，送至陝西。〇又陝西總督奏稱，河州端嚴寺喇嘛山丹屯柱進貢，繳明所給勑書一道、劄付一張、象牙圖書一方。禮部題准：換給勑書一道、劄付一張，併給靖勑法戒象牙圖書一方。宴賞畢，給驛馬沿途口糧，令回陝西。〇又陝西總督奏稱，西寧衛瞿曇等九寺國師禪師喇嘛進貢，繳明所給誥勑印劄，懇請換給。題准：瞿曇寺國師公葛丹净，封爲灌頂净覺弘濟大國師，給鍍金銀印一顆。渣思歡卓爾，封爲觀定廣濟弘善國師，給慈光普照象牙圖書一方，各給誥命勑諭一道。其都總拉思俄卓爾，給都總勑諭一道及銅印一顆。净寧菩提寺國師沙拉索南，封爲妙聖惠濟觀定大國師，給鍍金銀印一顆、誥命勑諭各一道、劄付一張。净覺寺國師班珠兒堅錯，封爲净慈優善國師，給銀印一顆、誥命勑諭各一道。國師喇嘛渣西堅錯，給弘脩善道象牙圖書一方，靈珍堅錯，給心性了無象牙圖書一方。旦巴舍拉，給堅脩梵性象牙圖書一方，各給勑諭一道。慈利寺國師札思巴統諸，封爲弘善演教國師，給銀印一顆、勑諭一道、劄付一張。慈利寺禪師毛錯南宮哈，封爲妙勝禪師，給銀印一顆、勑諭一道、劄付一張。延壽寺國師張捨拉朋錯，封爲廣濟弘脩國師，給銀印一顆、誥命勑諭各一道。普法寺國師丹進堅錯，封爲妙善通惠國師，給銀印一顆、誥命勑諭各一道。國師下喇嘛索南巴爾丹，給妙静弘脩象牙圖書一方、勑諭一道。吉祥寺禪師洛藏喇旦，封爲福教禪師，給銀印一顆、誥命勑諭各一道。伊兒給寺喇嘛格拉堅錯，給弘演宗尚象牙圖書一方、勑諭一道。〇又陝西總督咨稱，西納演教寺喇嘛班珠兒盆錯進貢，繳明所給勑印執照，禮部題准：換給誥命勑書各一道、通會净覺銀印一顆，移文陝西總督取茶一千二百觔給發。〇十七年，陝西巡撫奏稱，圓覺寺番僧后只即丹子繳明所給誥命一道、勑書二十一道、肅謹戒行圖書一方，懇請換給，并請進貢承襲。禮部題准：應授后只即丹子爲護印番僧綱司僧官，給與勑書一道、銅印一顆，令鈐束各寺番僧。其繳送勑書二十一道，俱應換給。至成化間所封弘濟光教大國師，不便換給。〇康熙二年，后只即丹子進貢來京。〇又題准：洮岷番僧二十一寺繳送舊勑，換給勅書,其番僧分爲四族,定三年一次進貢。〇五年,岷州衛法藏等寺番僧進貢,禮部題准:三竹、裕竜、藏經三寺,既經脩理,給發勅書,荔川、工布二寺,俟修完日,再行請給。〇九年,魯班等七寺番僧進貢。〇十二年,岷州衛崇隆等五寺番僧進貢。〇十四年,甘肅提督奏稱,后只即丹子恪守勅印,糾兵攻賊,禮部題准:承襲弘濟光教大國師,給鍍金銀印,仍頒誥命;其所頒護印番僧綱司勅印,掣繳送部。〇十五年議准:法藏寺僧丁桑節落旦,應爲法藏寺番僧綱司,給與勅書。洮州著落寺番僧楊多剛,應爲僧正司僧正,給與勅書。〇二十一年,圓覺等六寺番僧后只即丹子等進年貢,及謝恩進貢,并請給國師頂帽,及番僧俸禄。禮部題准:給高頂僧帽一頂,撥賜岷州衛屬官地五頃,免其納糧。〇三十年,覆准:岷州衛國師后只即丹子親姪首徒后丹子達節襲封岷州衛弘濟光教大國師。〇三十五年,題准:莊浪紅山堡報恩寺都綱閆老藏哈板旦因二十六年承襲都綱時未經進貢,今補進貢物,將伊馬匹交上駟院,氆氇等物交總管内務府查收,於常貢外加貢揁香一百二十觔,延壽果一百二十觔,木貼飛金石心桌一張,蛇角一對,天降寶石一個。〇三十六年,喇嘛商南多爾濟奏稱,西寧十三寺院囊索等進貢,懇請承襲,换給誥勅。延壽寺廣濟弘脩國師張哈完卜,於康熙十一年已給誥勅不换外,瞿曇寺灌頂净覺弘濟大國師公葛丹净之孫官著圖思多榮進,西納演教寺通慧净覺國師班珠兒盆錯之孫達爾吉,弘化寺妙善廣濟灌頂大國師丹木巴占鎖之孫老卜藏堅錯,准换順治八年十年原給誥命、勅印。彌納元覺寺米呀喇抗挫春,多八寺赤里鎖喃,倫卜寺洛卜藏丹進,繳明所給伊等祖誥命、勅印,照其所有字樣,看視换給。晨鐘寺囊索那哈丹净,實係申中普慧大國師老卜藏丹净之孫,誥命勅印,因明末遺失,亦照例給與。其未到净寧等五處寺院,俟到時頒給。〇三十八年,法藏寺番僧丁桑節落旦病故,前十五年以軍功議叙,給與僧綱司。勅書原無承襲字樣,今著繳送内閣换給護勅,仍照例進貢。〇三十九年,莊浪紅山堡報恩寺都綱閆老藏哈板旦等進貢,除貢物查收外,准其照岷州衛二十六番僧例三年一貢,并令照扎薩克喇嘛等例自備盤費,不給勘合糧單。〇四十年,净覺寺國師班珠兒堅錯已故,其兄弟之子阿望丹進來朝進貢,准其承襲國師,换給誥命、勅印。阿望丹進年幼,茶馬事務仍著班珠兒堅錯之弟番人梅月桂署理。〇四十二年,莊浪紅山堡報恩寺都綱閆老藏哈板旦進貢,請給驛遞。覆准:喇嘛等事非緊急,不便給與驛遞,應令都綱閆老藏哈板旦五年一次,隨伊力量進貢。倘有不能之處,伊等所進貢物,具呈交該地方官。○四十三年,肅州歸化寺公阿札木蘇、西寧教化寺羅卜藏欽臻、西寧寶貝寺羅卜藏那木渣,准承襲,换給誥命、敕印。其伊祖舊誥命、勅書,交與内閣,舊印交與禮部銷毁。○四十五年,肅州衛歸化寺國師公阿札木蘇三族頭目喇嘛進貢,准其所請,照岷州圓覺寺國師后丹子達節等例,三年一貢。○四十九年覆准:國師名爵甚大,非有功績,不准陞授。岷州國師后丹子達節、伊師后只即丹子,初秖授爲護印番僧綱司,後因攻賊有功,陞封國師,給與鍍金銀印,業已承襲一代。今后丹子達節年老辭職,其徒后尖菜寧卜,並無功績,不得仍襲國師,照伊祖初封例,授爲護印番僧綱司,給與銅印勅書。其前國師印信、誥命,著繳送内閣銷毁。○五十一年,岷州衛魯班等七寺林智尖卒等進貢。○五十二年,莊浪紅山保恩寺都綱閆老藏哈板旦遲至十年進貢,緣在赦前,免其治罪,除本年貢物照例查收,飭令後次進貢時,補進所缺貢典。○五十三年,岷州衛崇隆寺番僧登住藏卜,年邁失明,僧綱司僧官后尖菜寧卜率同寶净等四寺,代進三年一次貢典。○五十九年,岷州衛法藏寺等六寺進貢。○雍正四年,岷州衛魯班等七寺番僧林智尖卒等進貢馬七匹,青木香十四桶,照例馬匹交上駟院,青木香交内務府查收。○又岷州衛圓覺寺護印番僧綱司后尖菜寧卜所屬二十六寺同進貢物。

貢物

瞿曇寺進

舍利子七顆。　　藏菩提數珠二串。

琥珀八顆。　　各色氆氇二十四疋。

猞猁猻皮二張。　　狼皮二張。

狐皮四張。　　酥油十二罈。

馬十二匹。

净寧菩提寺進

舍利子七顆。　　佛眼數珠二串。

琥珀八顆。　　各色氆氇十二疋。

阿魏一封。　　黑香一封。

酥油二罈。　　馬六匹。

駱駝一隻。

净覺寺進

舍利子七顆。　　佛眼數珠二串。

琥珀十顆。白海螺二個。
各色氆氌十二疋。酥油二罈。
馬六匹。
慈利寺國師進
舍利子三顆。佛眼數珠一串。
琥珀二顆。各色氆氌十二疋。
酥油二包。馬四匹。
慈利寺禪師進
舍利子三顆。佛眼數珠一串。
琥珀二顆。各色氆氌六疋。
阿魏一封。黑香一封。
酥油一罈。馬四匹。
延壽寺進
舍利子三顆。佛眼數珠一串。
琥珀二顆。各色氆氌八疋。
酥油二罈。馬四匹。
普法寺進
舍利子三顆。佛眼數珠一串。
琥珀二顆。各色氆氌八疋。
酥油二罈。馬四匹。
吉祥寺進
舍利子二顆。阿魏一封。
黑香一封。各色氆氌四疋。
馬二匹。
伊兒結寺進
佛眼數珠二串。琥珀二顆。
阿魏一封。黑香一封。
各色氆氌四疋。酥油二罈。
馬二匹。
西納演教寺進
舍利子二十顆。琥珀數珠二串。
珊瑚數珠二串。藍石數珠二串。

花毯二條。各色氆氇五十疋。
菩提數珠二串。西城毯二條。
腰刀二把。猞猁猻皮四張。
艾葉豹皮四張。金錢豹皮四張。
狼皮四張。狐皮四張。
馬三十匹。駱駝二隻。
牛十二隻。酥油四包。

河州莊浪諸寺進舊有佛像、銅塔、番犬,後俱免進。

馬 氆氇
舍利子 酥油
駱駝 豹皮

洮岷圓覺寺進舊有畫佛、珊瑚棗、酥油、杵力麻、延壽果、鵰膀、舍利子,後俱免進。

馬六匹。青木香十二桶。

洮岷二十六寺進舊有珊瑚棗、杵力麻、延壽果、酥油,後俱免進。

馬五匹。青木香十桶。

附載二十六寺

圓覺寺 大崇教寺
講堂寺 剎藏寺
弘教寺 洪福寺
法藏寺 朝定寺
石崖寺 魯班寺
羊圈寺 永安寺
廣善寺 昭慈寺
洪濟寺 崇隆寺
寶净寺 寫兒朶寺
讚林寺 永寧寺
廣德寺 三竹寺
裕竜寺 藏經寺
荔川寺 工布寺

四川省邊地番寺金川寺,在四川威州保縣。康熙四年,題定:貢期三年一次,貢道由四川。

康熙四年，題准：金川寺僧堅藏利卜齋繳舊勑舊印，三年一次進貢，每貢許一百人，起送八人赴京，餘皆留邊。

〔外國貿易〕

崇德間定：凡鳳凰城等處官兵人等往義州市易者，每年定限二次，春季二月、秋季八月。寧古塔人每年一次，往會寧地方市易。庫爾喀人每二年一次，往慶源地方市易。禮部差朝鮮通事二員，寧古塔官員、驍騎校筆帖式各一員前往監視。凡貉皮、獾皮、騷鼠、灰鼠、鹿、狗皮等，准其市易；貂皮、水獺、猞猁猻、江獺等皮，不准市易，定限二十日即回。○順治間定：凡外國朝貢來京，頒賞後在會同舘開市，或三日或五日，惟朝鮮、琉球不拘期限。禮部移文户部，先撥庫使收買，咨覆過部，方出示，差官監視，令公平交易，槩不許收買史書。黑黄紫皂大花西番蓮緞疋，并一應違禁兵器、焰硝、牛角等物，各舖行人等，將貨物入舘，公平交易，染作布絹等項，立限交還，如賒買及故意拖延欺詐致外國人久候，并私相交易者，問罪，仍於舘前枷號一個月。若外國人故違禁例，潛入人家交易者，私貨入官，未給賞者，量爲遞減。凡會同舘内外四鄰軍民人等，代外國人收買違禁貨物，問罪，枷號一個月，發邊衛充軍；如將一應兵器銅鐵違禁等物，賣與外國人圖利，比照私將軍器出境因而走洩事情者律，將爲首者梟首示衆。交易時，禮部出示曉諭。○又定：凡外國貢使歸國，伴送人員不許將違禁貨物私相交易。○又定：外國船，非進貢之年，無故私來貿易者，該督撫即行阻逐。○又定：正貢船未到，護貢探貢等船，不准交易。○九年定：朝鮮國人來京貿易者，奏聞方准貿易。○康熙二年，荷蘭國助勦海逆并請貿易，奉旨著二年來貿易一次。○三年定：凡外國進貢，順帶貨物，貢使願自出夫力帶來京城貿易者，聽；如欲在彼處貿易者，該督撫選委能幹官員監視，毋致滋擾。○五年諭：荷蘭國既八年一貢，其二年貿易，永著停止。○二十四年，議准：外國貢船所帶貨物，停其收税，其餘私來貿易者，准其貿易，聽所差部臣照例收税。○又議准：凡貿易番船回國，除一應禁物外，不許搭載内地人口，及潛運造船大木鐵釘油蔴等物，糧米止准酌帶口糧，不許多販，貿易畢回國時，該督撫遴委賢能官員嚴查，禁止夾帶。○又定：凡内地人口有流落外國，願附船回籍者，聽其歸還故土，具報該地方官查明，准還原籍。○又定：凡番船貿易完日，外國人員一併遣還，不得久留内地。○又定：凡貢船回國帶去貨物，免其收税。○又議准：兵器向來禁止，不許帶往賣給外國，但商人來往大洋，若無防身軍器，恐致劫掠，嗣後内地貿易，商民所帶火炮軍器等項，應照船隻大小人數多寡，該督撫酌量定數。起程時，令海上收税官員及防守海口官員，查照數目，准其帶往。回時仍照原數查驗。〇二十五年，議准：荷蘭國貿易處所，止許在廣東、福建兩省。完日，即令回本國。〇二十七年，俄羅斯前來貿易。奉旨：既係外國人等，令護軍統領親身驗看，從公照實貿易估計。〇二十八年，題准：内地一應船隻至朝鮮者，停其解京，除原禁貨物外，聽其發賣回籍，仍將姓名籍貫人數貨物查明，俟貢使進京，彙開報部。如船隻遭風破壞，難以回籍，該國王將人口解送至京。〇三十年，題准：朝鮮國進貢正使及内通官，私買一統志書。内通官，著革職，發伊國邊界充軍；正副使書狀官等，奉旨從寬免議，書貯庫。〇三十六年，朝鮮國王奏請於中江地方貿易米糧。奉旨：朝鮮國連歲荒歉，百姓艱食，朕心甚爲憫惻。彼既請停其本國貿易來糴米穀，以救凶荒，現今盛京積貯甚多，將此米糧運至鳳凰城，令其貿易。〇四十年，覆准：山東漁採船漂至朝鮮，除該國照例發還外，嗣後有漁採船并貿易人等至朝鮮國侵擾地方，查驗船票人數姓名籍貫，開明報部，轉行該地方官從重治罪，并行文各該撫嚴飭沿海地方官員，有以海上貿易漁採爲名往來外國販賣違禁貨物，肆行侵擾者，嚴行禁止。〇四十七年，覆准：暹羅國進貢馴象船壓艙貨物，願自出夫力帶來京城貿易者，聽；如欲在廣東地方貿易，著該督撫委賢能官員監看，其交易貨物數目及監看官員職名，另册報部，壓艙貨物，照例停其徵税。〇五十六年，諭：海中東洋，可往貿易。若南洋，商船不可令往。紅毛等國船，聽其自來。遵旨覆准：南洋吕宋、噶囉吧等處，内地商船，一槩不許前去貿易。其外國夾板船，聽其貿易前來。〇六十一年覆准：暹羅國王進貢表文内，奏請海洋通舟來往貿易，著遵五十六年例，内地商船往南洋者，仍行禁止。外國夾板船，照舊准其貿易。又奉旨：朕聞暹羅國米甚豐足，價亦甚賤，若於福建廣東寧波三處各運米十萬石來此貿易，於地方有益。此三十萬石米，係爲公前來，不必收税。禮部問暹羅使人定議具奏。遵旨會問來使。據稱，該國米用内地斗量，每石價值二三錢，今議定載米到時，每石給價五錢，除爲公運三十萬石不收税外，其帶來米糧貨物任從貿易，照例收税。〇雍正元年，覆准：暹羅貿易船被風漂至浙省，其貢使請遣貢伴赴浙就便發賣，行令該撫委賢能官員監看，并將原船交貢伴領回。〇二年，暹羅國遣使入貢并運到米石。奉旨：暹羅欽遵聖祖仁皇帝諭旨，運來米石，令地方官照粵省現在時價速行發賣，不許行户任意低昂。今部議每石定價五錢，賤買貴賣，甚非朕體恤小國之意，著行文浙閩，此次已到之米及該國現今發運續到者,皆照粵省一體遵行,嗣後令且暫停運米,俟有需米之處,俟朕降旨遵行。其壓船隨帶貨物,本應照例收税,但該國王實能輸誠向化,冒險遠來,此次應徵税銀,一槩免徵。〇四年覆准:暹羅國前經奉旨,暫停運米,所差探貢二船,帶有米石貨物,伊等由該國起行,尚在未奉旨之先,既已涉險遠來,聽其就近發賣,乘風信還國。〇五年,暹羅國商民運米至閩,奉旨,米穀不必上税,永著爲例。

〔會同舘〕

凡提督舘務,順治初定:主客司,滿、漢主事各一員,提督該舘事務。〇十二年,設會同舘掌印官一員,鑄給印信,由朝鮮通事内以員外郎品級補授,提督舘務。〇康熙十二年,裁掌印官,該舘一應事務,主客司公同料理,仍輪委一員專管。

凡貢使來京,提督官據該督撫報文,查點正從人數,移付精膳司,照例支送飲食等物,咨工部應付鋪墊家伙等項,查照牲畜數目,咨户部給發草料,咨兵部撥官兵看守,傳該舘通事序班官生等赴舘伺候。該舘大使將進舘時日、貢使人員數目呈報本部。其該國表文章奏,提督官於到舘次日,率貢使賫至本部,呈堂公同拆閲,歸儀制司具題。如有兩國同時進貢,一住舘中,一咨工部另行安插。

凡貢使來京,賜宴於禮部,令本部堂官待宴。其朝鮮國陪臣入貢,一次宴於禮部,一次宴於會同舘,本部堂官待宴。

凡入貢員役有疾,提督官移付祠祭司,轉行太醫院,取醫生調治。

凡會同舘夫役,分南北舘,南舘三十名,伺候貢人到京,擡運貢物;北舘二十名,伺候外藩公主及賓客等挑水供應,頒賞時搬運桌張氊毯等項,别衙門并該司大使等官不許佔用。

凡貢使馬駝,設一舘於安定門,設三舘於通州。一在城内,二在城南。通州三舘設筆帖式一員,舘尉二名;安定門舘設筆帖式一員,舘尉一名,分撥餧養。又設二塲,主夏秋牧放,一在海子之西,一在良鄉縣之東,其僱夫牧養、撥官兵防護等事,仍係主客司職掌。各舘馬駝牧養,每十四僱夫一名,令其剉草挑水。安定門舘夫,每日給銀七分;通州舘夫,給銀八分;其煑料豆、添草、飲水、打掃等差,禮部另撥閑丁十一名承值。〇康熙十三年,題准:嗣後外國馬駝在内外舘收養時,每羣撥官一員,驍騎校一員,領催一名,兵二名,監看牧養。至在塲放青與落楂時,每羣撥官一員,兵十名牧放。如在通州舘牧養,撥防護官兵,由禮部移咨兵部取用。每七匹僱夫一名,凡承值剉草、添草、挑水、飲水、煑料、打掃等差,停其另撥閑丁,俱僱民夫,每日各給銀一錢,每年核算,付精膳司具題奏銷。其支應貢使馬駝煑料,及印烙拴牌柴薪等事,該館大使每季造册呈報本部查核,移咨工部奏銷。〇二十三年,覆准:安定門館、通州館所設筆帖式裁去,於禮部理藩院派司官各一員,筆帖式各一員,公同監看餧養,每年更换。〇又題准:兩館收養馬駝,嗣後五十匹以上,每十匹用夫一名。如不及五十匹者,仍照前例,每七匹用夫一名。〇四十四年,覆准:嗣後餧養馬駝,每十三匹僱夫一名。〇雍正三年,諭:工部撥給官房二所,令外國人居住,一在乾魚衚衕,一在玉河橋。

〔通事〕

順治初,於京師及盛京、鳳凰城、牛莊、山海關,共設朝鮮通事二十二員。其各國貢使至,俱係司賓序班專掌承應。〇十四年,設員外郎品級通事一員,掌會同館印,六品通事六員,七品通事七員,八品通事七員,無品通事一員,共二十二員,承應朝鮮每年進貢、頒詔、封王及妃世子敕、審等事,并往會寧慶源地方交易。〇康熙十二年,題准:裁掌印通事,酌留六品通事四員,七品通事二員,八品通事二員,鳳凰城通事二員。其盛京、牛莊、山海關三處通事盡裁。其在京陞轉,如六品員缺,於七品通事内照俸在先者頂補;七品員缺,以八品頂補;八品員缺,取本旗原裁去通事照原品級頂補;如無裁去之員,在鳳凰城通事内撤來頂補;鳳凰城員缺,以本旗閑散人擬爲八品鳳凰城通事。缺出,仍俟裁去通事頂補完日,挨旗取閑散人頂補。八年滿日,實授八品。〇十三年,題准:朝鮮通事乏員,於裁去通事内,每翼各取二名,共添四名,論旗次序,照原品級承應朝鮮各項事宜。

〔選補序班〕

順治二年,設通事序班及通事官,生共三十員名。〇九年,設通事序班共十六員。〇十五年,題准:會同舘帶俸序班,止存十三員,准其全留,凡外國進貢來京,專任引朝、賜宴、伴送出境等事。其肄業官生無定額,凡有世業子弟通曉譯語者,准其劄舘肄業,俟司賓序班員缺時,挨次頂補,學習三年滿日,精通譯語者,支米,又三年滿日,題授冠帶,又三年滿日,咨吏部具題實授司賓序班。

凡鴻臚寺司賓序班員缺,禮部移文順天學院山東山西河南各學道,咨取生員,填註年貌籍貫,起送到部,考取儀度端莊、聲音洪亮者,咨送吏部題補。其鳴贊員缺,該寺於序班内選正副二員,呈送禮部選定,轉咨吏部題補。

○康熙四十四年,題准:滿、漢鳴贊序班缺出,由鴻臚寺選擇,擬正、陪送吏部。

〔歲進茶芽〕

順治初,係户部職掌,七年改屬禮部,俱從土産處所起解,轉送該衙門供用,各有定限,具列於後。順治七年,禮部照會産茶各省布政司,每年穀雨後十日起解,定限日期到部,延緩者參處。江南省常州府,限四十六日;廬州府,限二十五日;廣德州,限四十六日。浙江省杭州府,限五十二日;湖州府,限五十二日;寧波府,限六十一日;紹興府,限五十五日;處州府,限七十日;温州府,限七十七日;金華府,限六十四日;衢州府,限六十七日;台州府,限七十一日;嚴州府,限五十八日。江西省南昌府,限六十日;南康府,限五十一日;贛州府,限八十三日;袁州府,限七十九日;臨江府,限六十五日;九江府,限五十五日;瑞州府,限六十四日;建昌府,限七十五日;撫州府,限七十三日;吉安府,限七十一日;廣信府,限七十五日;饒州府,限六十一日;南安府,限九十日。湖廣省武昌府,限五十四日;岳州府,限七十一日;寶慶府,限五十九日;長沙府,限八十一日。福建省建寧府,限七十八日。○十二年,題准:薦新茶芽,務遵期赴部,如有玩延,將督撫布政司一并參處。○康熙十七年,題准:浙江、江南、湖廣、福建應解茶芽,俱照江西例,布政司彙齊,仍應穀雨後十日照例起解。其江南省六安霍山茶芽,仍令委官起解,於進到時,即會同光禄寺,交送内務府收供内用。○三十一年,題准:每年額進江南、浙江、江西、湖廣、福建,五省薦新茶芽共四千二百三十觔,徵收解納,恐有浮費擾累,今將六安州霍山縣所解五百二十五觔,仍照常解送,其餘茶三千七百五觔,停其解送,折徵解銀送户部。至光禄寺所需賓客茶觔,仍於户部支辦。

茶芽歲額

舊例,江南歲解茶芽三百六十袋,連袋重六百三十觔,實茶四百八十觔。内,廬州府六安州霍山縣三百觔,廣德州七十五觔,建平縣二十五觔,常州府宜興縣八十觔。順治八年,添入常州府解南茶二十觔。康熙五年,減六安茶,止解一百二十袋,計二百一十觔。自後觔兩,俱連袋計算。十一年,添取六安茶八十袋,計一百四十觔。二十三年,添取六安茶一百袋,計一百七十五觔,共計額解茶三百袋,五百二十五觔。内,六安州茶六十四觔十二兩,霍山縣茶四百六十觔四兩,通計廣德、常州、廬州三處共額解茶芽七百二十五觔。三十一年,停解廣德常州二處本色茶二百觔,折徵解送户部，止解廬州府六安霍山茶五百二十五觔。五十九年，添取六安茶一百袋。雍正元年，添取六安茶三百袋。四年，添取六安茶一百袋，共解茶一千四百觔，俱連袋計算。浙江、江西、福建、湖廣四省，舊例各解茶芽，康熙三十一年定折徵解送户部，今仍將舊額開具於後，以備稽考。

浙江省歲解茶芽共五百五觔。內，杭州府屬四十觔，湖州府屬三十二觔，寧波府屬二百六十觔，紹興府屬四十觔，台州府屬一十五觔，金華府屬二十二觔，衢州府屬二十觔，嚴州府屬一十八觔，温州府屬二十五觔，處州府屬三十三觔。

江西省歲解茶芽共四百五十觔。內，南昌府屬七十三觔十五兩，南康府屬二十五觔，贛州府屬一十一觔，袁州府屬一十八觔，臨江府屬四十七觔，九江府屬一百二十觔，瑞州府屬三十觔，建昌府屬二十三觔，撫州府屬二十三觔，吉安府屬二十觔一兩，廣信府屬二十二觔，饒州府屬二十七觔，南安府屬一十觔。

福建省歲解茶芽共二千三百五十觔，俱建寧府産。內，薦新茶六百二十九觔，探春茶五十九觔，先春茶一千二十三觔，次春茶四百十二觔，紫笋茶二百二十七觔。

湖廣省歲解茶芽共二百觔。內，武昌府興國州六十觔，岳州府臨湘縣一十六觔，寶慶府武崗州二十四觔，邵陽縣二十觔，新化縣十八觔，長沙府安化縣二十二觔，寧鄉縣二十觔，益陽縣二十觔。

〔薦新米穀〕

凡薦新米穀，舊例每歲秋初，江南常州府知府具本差役賫送。雍正元年，奉旨停止。

大清會典卷之一百六

禮部主客司

〔給賜〕

朝廷給賜内外官員及外國番彝人等，或出自特恩，或定有成例，除户部、理藩院掌行者分見各衙門外，其事隸主客司者，具列於後。

纂修

凡修《實録》，崇德二年，太祖高皇帝《實録》成，賜大學士鞍、馬各一，銀各五十兩，學士馬各一匹，銀各四十兩，漢學士銀各四十兩，筆帖式銀各二十兩。○康熙十一年，世祖章皇帝《實録》成，賜監修總裁每員鞍、馬各一，銀一百兩，大蟒紗一，大綵緞表六、裹七，副總裁每員鞍、馬各一，銀八十兩，大蟒紗一，大綵緞表五裹六，纂修官每員銀五十兩，紗一，大綵緞表四、裹五，收掌翻譯謄録滿洲蒙古字官，每員銀三十兩，紗一疋，大綵緞表二、裹三，謄録漢字廕監生、監生、生員，每名銀十兩，綵緞表一、裹一，綾一，執事人役供事官，每名銀八兩，綵緞表一、裹一，紡絲一，紙匠每名銀五兩，布五，於户部工部太僕寺移取，在禮部給發。○二十一年，太宗文皇帝《實録》成，賜總裁纂修大小各官及執事人役，俱與十一年例同。

凡修《玉牒》，順治十八年，《玉牒》成，於康熙元年頒賞，總裁王，表、裹各十，銀二百兩；副總裁大學士，表、裹各五，銀一百兩；侍郎、學士、啓心郎，表、裹各四，銀八十兩；纂修侍讀學士，郎中，表、裹各二，銀四十兩；編修主事，表、裹各一，銀三十兩；謄録收掌官，每員銀二十兩；書辦每名銀十兩；紙匠每名銀五兩，俱於户部工部移取，在禮部給發。○康熙九年，《玉牒》成，總裁王、副總裁大學士等照元年例。副總裁貝勒，表、裹各七，銀一百五十兩；纂修員外郎，表緞二，裹緞一，銀三十五兩，其餘纂修、謄録、收掌官、書辦、匠役等,俱照元年例。〇嗣後玉牒成,俱照前例給賞。

凡修史,順治三年,勅修明史,賜總裁官鞍、馬各一,銀各五十兩;副總裁馬各一,銀各四十兩;纂修侍讀,銀各四十兩;編修、檢討、撰文、中書,銀各三十兩;辦事中書,銀各二十兩;謄録官,銀各十五兩。〇四年,修遼金元三國史,賜翻譯蒙古字侍讀撰文中書,馬各一,銀各三十兩;謄録蒙古字侍讀,銀各四十兩。〇七年,繕寫三國史成,賜大學士鞍、馬各一,銀各五十兩;學士馬各一,銀各四十兩;侍讀,銀各四十兩;撰文中書,銀各三十兩;辦事中書,銀各二十兩。

監撰

順治間定:皇太后徽號册、寶、詔書、皇后皇貴妃册、寶、詔書,監撰大學士,賜馬各一,綵緞表裏各二,銀各五十兩;學士馬各一,綵緞表裏各一,銀各二十兩,其餘執事大小官員、儒士、太監、匠役、欽天監擇日各官,賞緞、布、銀兩有差。〇嗣後照例遵行。祖宗神牌玉册、寶、詔書,監撰大學士,賜銀各二百兩,綵緞表裏各八;同監撰大學士,銀各一百五十兩,綵緞表裏各四,其執事大小官員太監等,各給銀兩有差。祖宗神牌玉册、寶、香册、寶、詔書,監撰寫大學士,賜銀各二百兩,蟒緞表裏各八;同監撰寫大學士,銀各一百五十兩,綵緞表裏各四;點神主大學士,加賜銀五十兩,綵緞表裏各一,其執事大小官員、太監、工匠、領催、書辦,各給銀兩有差。

視學

順治九年,世祖章皇帝聖駕視學,行釋奠禮。後三日,賜衍聖公蟒緞朝衣一領,貂冠一頂;滿漢祭酒司業,鑲領袖緞袍各一;監丞、典簿、博士、助教、學正、學録、五經博士、筆帖式、孔氏生員、顔曾孟仲氏生員,素緞袍各一;滿漢教習及各監生以下,賞銀有差,於户工二部移取,在午門前頒給。〇康熙八年,聖祖仁皇帝視學,各項恩賜,俱與順治九年同。〇雍正二年,皇上詣學行禮。時奉特旨,改幸學爲詣學,詳見儀制司。恩賜與康熙八年同。其聽講進士九十五名,舉人二百七十五名,遵旨,與貢監廕生等一體賞賜。

外國

凡外國進貢,例有回賜國王,及賞給貢使人員什物,各國事例不同。聖祖仁皇帝懷柔遠人,屢增賞賜,以示厚往薄來之意。我皇上統御萬方,藩邦以時納貢,賚予有加,玆分列於後。

朝鮮國

崇德二年,朝鮮國王遣使恭進聖節、元旦、冬至貢物,回賜國王鞍馬一,貂皮一百二十,銀一百兩;賞正副使鞍、馬各一,貂皮各十,銀各五十兩,靴各一雙;書狀官、大通官、押物官,貂皮銀兩靴,從人,銀兩各有差。○五年,賜朝鮮國王世子鞍馬一,貂冠一,貂裘狐裘各一,羅緞袍各一,靴一雙,賞太監、甲將、通事、外郎貂皮銀兩各有差。○順治十年,題准:朝鮮國王賀萬壽聖節及元旦,遣使朝貢,回賜國王鞍馬一,黑貂皮二十,貂皮一百,銀一百兩,賞正副使大緞各一,帽緞各一,彭緞各一,紡絲各一,紬各一,銀各五十兩,靴各一雙,鞍馬各一,賞書狀官、大通官、押物官緞紬銀兩靴,從人銀兩各有差。○又題准:黑貂皮二十張折綵緞五表裏,貂皮一百張折銀一百五十兩。○又定:進歲貢及賀冬至,遣使朝貢,回賜國王併賞正副使俱如前,惟不給鞍馬,其書狀官以下員役,賞給有差。○十八年,恩詔:賞賜朝鮮國王緞五十。○康熙二十三年,議准:朝鮮國解送漂海内地人口,賞差官銀三十兩,小通事銀八兩,從人銀各四兩,於户部移取,禮部宴一次,嗣後外國如有解到漂失船隻人口,俱照此例賞宴遣還,其彼處收養漂失人口之人,行令該國王獎賞。○二十九年,議准:賞給朝鮮國使臣,其正使全城君,職銜稱君,除照正使賞例外,加賞緞五、緞衣一襲,作帽貂皮十。○六十一年,勅封朝鮮國王弟李昑爲世弟,賜織金緞四,緞四,裏四,紗羅四。○雍正元年,朝鮮國王慶賀皇上登極,恭進貢物,遵奉恩詔:加賜國王緞五十,其正使密昌君,照康熙二十九年例,於照常賞賜外,加賞緞五,緞衣一襲,作帽貂皮十。○又賜國王周易折中、朱子全書各一部,松花石硯、法瑯器、筆、墨等物。○四年,朝鮮國以封世子謝恩,正副使臣、大通官、押物官、從人等,俱照例賞賜,其正使西平君,亦照例加賞。

琉球國

順治十一年,琉球國遣官進貢,賜國王蟒緞二,綵緞六,藍緞三,素緞二,閃緞二,錦三,紬四,羅四,紗四;王妃,綵緞四,粧緞一,閃緞一,藍緞二,素緞二,錦二,羅四,紗四;賞正使王舅綵緞表裏各四,閃緞一,紬四,羅二,紗四;副使正議大夫,綵緞表裏各三,藍緞一,紬二,羅二,紗二;使者,綵緞表裏各二,藍緞一,紬一,羅一,紗一;通事從人,緞紗紬布銀兩各有差。○康熙三年,琉球國遣使謝恩進貢,回賜國王蟒緞二,綵緞四,藍緞二,素緞二,閃緞二,錦二,紬二,羅二,紗二;賞正使王舅綵緞表裏各四,羅四,靴一雙,綵緞三;副使紫金大夫綵緞表裏各四,羅三,靴一雙;使者,綵緞表裏各二,布四;通事、從人,緞布有差。○四年,五年,俱照三年例。○八年,琉球國進年貢,照例恩賜,惟正使不係王舅,與副使正議大夫賞同。○十年,二十年,二十二年,俱照八年例。○二十四年,議准:琉球國王原賞緞二十,今加三十,共表裏五十。○三十年、覆准:琉球國官生入監讀書歸國,照都通事例賞給。○六十年,覆准:琉球國進貢,國王加賜蟒緞二,青藍綵緞四,藍素緞四,衣素緞四,閃緞二,錦二,紬四,羅四,紗四,正副使加緞各二,紡絲各二,羅各一,絹各一,都通事加緞一,絹一,青布二,從人加毛青布各二,留邊通事加緞一,絹一,毛青布二,從人加毛青布各二。○雍正元年,諭:琉球國進貢來使等,所坐頭號船内人員,俱衝礁覆没,甚屬可憫,所失表文方物,免其補進,准作送到京師。二號船所存方物,交與來使帶回,仍准作進貢京師。其向有賞給國王及貢使等恩例,令作何賞給之處,查議具奏。俟降諭旨後,行文該地方官賞給,令其起程。遵旨覆准:琉球國進貢,賞該國王之物,例由内閣撰勅,交付來使賫回。今貢使未到京城,不便撰勅行文該撫備辦,照數賞給,交與都通事等帶回,移咨該國王祗承。○二年,琉球國王恭遣王舅等慶賀皇上登極,其正項賞賜綵緞等物,照康熙六十年例加賞外,又特賜國王御書"輯瑞球陽"匾額,内造緞二十,松花石硯、玉器、磁器、法瑯器等物,又加賞王舅銀一百兩,内造緞八,又賞病故官生銀三百兩,留銀一百兩修理墳地,餘二百兩付王舅帶回,交與官生之母,以資養贍,又賞通事官緞四,銀三十兩。○三年,琉球國進貢,賞賜照康熙六十年例加賞。

荷蘭國

順治十三年,荷蘭國遣使入貢,回賜國王大蟒緞二,粧緞二,倭緞二,閃緞四,花緞八,藍緞四,帽緞四,素緞四,綾十,紡絲十,羅十,銀三百兩;賞使臣二員,每員大蟒緞一,粧緞一,倭緞一,花緞六,藍緞三,綾四,紡絲四,絹四,銀一百兩;賞標官粧緞一,倭緞一,花緞三,藍緞一,綾二,紡絲二,絹二,銀五十兩,通事從人緞紬絹銀各有差。○康熙三年,荷蘭國遣出海王助兵勦賊,賞銀一千兩,大蟒緞四,粧緞四,錦四,綵緞表裏各二十四,又賜國王銀二千兩,大蟒緞五,粧緞五,倭緞五,錦五,閃緞五,片錦五,綵緞表裏各三十五。○六年,荷蘭國遣使入貢,奉旨:照順治十三年例頒賞,再加賜國王大蟒緞一,粧緞一,倭緞一,片錦一,閃緞一,帽緞一,花大緞二,藍緞一,素緞一,綾四,紡絲四,絹二,加賞正使蟒緞一,大緞一。○二十五年,荷蘭國遣使入貢,回賜國王及賞正使,俱照六年加賞例,其副使照順治十三年標官例給賞,又賞彝目官、掌書記、伴送官、通事、從人,紬緞絹袍銀兩各有差。

安南國

順治十八年,安南助兵勦賊,賜國王大蟒緞二,粧緞二,錦二,綵緞表裏各十二,銀五百兩。○康熙元年,安南擒獻僞王,照前恩賞表裏三十,再加賞三十,銀一千兩。○三年,安南進貢,賜國王大蟒緞二,粧緞二,錦二,倭緞二,閃緞二,綵緞表裏各十,賞差來陪臣每員緞表裏各五,紗一,羅一,絹七,靴一雙,通事行人從人緞紗羅絹紬布各有差。○七年,十三年,二十一年,並同。○二十四年題准:安南國王原恩賞緞三十,今加二十,共表裏五十。○六十年覆准:安南國進貢,照荷蘭例加賜國王蟒緞二,粧緞二,錦二,倭緞二,閃緞二,素緞十,裏十,加賞陪臣表緞各一,裏各一,紗各一,羅各一,絹各一,行人表緞各一,裏各一,絹各一,布各一,從人紬各一,毛青布各一。○雍正二年,安南國王恭遣使臣慶賀皇上登極兼謝恩,歲貢來京,賞賜照康熙六十年例加賞。○三年,安南國遣陪臣進貢方物,奉旨召見於乾清宮,特賜國王御書"日南世祚"匾額,《古文淵鑑》《佩文韻府》《淵鑑類函》各一部,内造緞二十,松花石硯、玉器、磁器、法瑯器等物,陪臣各加賞銀一百兩,内造緞六。

暹羅國

康熙四年,暹羅國遣使進貢,賜國王緞六,織金緞四,錦四,紗六,織金紗四,羅六,織金羅四;王妃緞四,織金緞二,紗四,織金紗二,羅四,織金羅二;加賞正副使每員折衣、織金羅二,折帽、帶、綵緞二,靴一雙,正賞綵緞四,羅四,絹二,布一折,織金衣緞表裏各一;通事、從人緞羅絹布靴有差。○七年,暹羅國遣使進貢,賜國王王妃與四年同,賞正副使每員緞七,羅四,織金羅二,絹二,裏紬一,布一,靴一雙,通事、從人及留邊人役賞給有差。○十二年恩賞同。○二十三年,題准:暹羅國照例賞賜,其靴俱折絹,嗣後琉球等國賞靴,俱照例折絹。○二十四年,題准:暹羅國王原賞緞三十四,今加十六,共表裏五十。○四十七年,暹羅國遣使進貢,賜國王王妃并賞貢使與二十四年同。○四十八年,暹羅國隨進馴象金絲猴人四名,照從人例,賞絹各二,布各七。廣東伴送經歷,亦照例賞彭緞袍一領。○六十一年,覆准:暹羅國進貢,照安南國例,國王加賜錦四,緞八,織金緞二,紗四,織金紗二,羅八,織金羅二;王妃加賜緞二,織金緞二,紗二,織金紗二,羅二,織金羅二;貢使四員加賞緞各一,羅各一織,金羅各一,絹各一,裏各一;通事二名加賞緞一,羅一,絹一;從人二十一名加賞絹各一,布各一。○又覆准:暹羅國進貢後補進犀牛,貢使係微員,比具表進貢之使酌減,賞緞六,羅三,織金羅二,絹三,裏二,布一;通事緞三,羅三,絹二;從人四名,絹各二,布各六;伴送驛丞賞彭緞袍一領。〇雍正二年,暹羅國進貢穀種果樹米穀等物。奉旨:念其輸誠向化,冒險遠來,最爲恭順,殊屬可嘉,著定議獎賞。遵旨覆准:照康熙六十一年例,加賞船長照通事例,番梢照從人例,各賞緞羅絹布有差。〇又覆准:船長雖非貢使可比,但載運米石,向化遠來,於原賞各十疋外再各加賞十疋。〇又特賜國王各色緞二十,松花石硯、玉器、磁器、法瑯器等物,派出禮部司官同正賞緞疋等物一併送至廣東,交與該督撫,轉付暹羅國船長領回。

西洋國

康熙九年,西洋國遣使進貢,賜國王大蟒緞三,粧緞三,倭緞三,閃緞五,片錦一,花緞十,藍緞五,帽緞五,素緞五,綾十四,紡絲十四,羅十,絹二,銀三百兩;賞使臣大蟒緞一,粧緞二,倭緞二,帽緞一,花緞六,藍緞三,綾四,紡絲四,絹二,銀一百兩;護貢官從人緞紬綾絹銀各有差。〇十七年,西洋國遣使進獅子,照九年例外加賜國王大蟒緞一,粧緞一,倭緞一,片錦一,閃緞一,帽緞一,花緞二,藍緞一,素緞一,綾四,紡絲四,紬二,共一百疋,加賞貢使綾二,紡絲二,絹一共三十疋,護送官從人各加賞有差。〇雍正三年,西洋教化王伯納第多遣使恭賀皇上御極,議准:賜國王大蟒緞四,粧緞四,倭緞四,片錦二,閃緞六,藍花緞六,青花緞六,藍素緞六,帽緞六,衣素六,綾十八,紡絲十八,羅十,絹四,銀三百兩,内閣撰勅一道,付來使帶回,其使臣賞大蟒緞二,粧緞二,倭緞二,帽緞二,藍花緞二,青花緞二,藍素緞二,綾六,紡絲六,絹四,銀二百兩。〇又特賜國王貂皮、人參、各色粧緞、錦緞、大緞、次緞、洋漆器、磁器、芽茶、紙墨、絹扇等物,付來使帶回。〇五年,西洋博爾都噶爾國王若望,遣使麥德樂進貢方物,賜國王大蟒緞六,粧緞六,倭緞六,片錦四,閃緞八,藍花緞八,青花緞八,藍素緞八,帽緞八,衣素緞八,綾二十二,紡絲二十二,羅十三,絹七,由内閣撰勅一道,付來使帶回;其來使麥德樂賞大蟒緞一,粧緞二,倭緞二,帽緞一,藍花緞三,青花緞三,藍素緞三,綾六,紡絲六,絹三,銀一百兩;護貢官十員倭緞各一,藍花緞各二,青花緞各二,藍素緞各二,綾各二,紡絲各三,紬各二,絹各一,銀各五十兩;從人三十五名,紬各三,紡絲各三,絹各二,銀各二十兩;廣東伴送把總,賞彭緞袍一領。〇又特賜國王人參,内造緞、磁器、洋漆器、荔枝、酒、芽茶、紙墨、絹、燈扇、香囊等物,來使麥德樂亦特恩加賜諸物有差。

蘇禄國

雍正五年,蘇禄國王遣使航海入貢,照加賞琉球國例,賜國王蟒緞六,青藍綵緞十,藍素緞十,衣素緞十,閃緞八,錦六紬十,羅十,紗十,共八十;來使阿石丹,綵緞六,裏四,羅四,紡絲二,絹二,共十八。龔廷綵,查原係内地之人,照使者例賞緞三,裏二,絹一,毛青布六,共十二。通事官,照都通事例,賞綵緞二,裏一,絹一,毛青布六共十。從人五名,賞毛青布各六。〇又特賜國王玉器、磁器等物,又正使龔廷綵雖原係内地人,既充該國王正使,仍加賞内造緞六,銀八十兩,副使阿石丹加賞内造緞二,銀二十兩。

土魯番

順治三年,土魯番進貢,分五等賞給都督頭目,每名綵緞表裏各五,絹四;二等人每名綵緞表裏各四,絹三;三等人每名綵緞表裏各三,絹二;四等人每名綵緞表裏各二,絹一,布一;五等人每名綵緞表裏各一,絹一,紵絲衣各一套,靴各一雙,又加賞緞十五疋。其進貢物,回賜綵緞表裏各十二,絹一百五十三,布三十二。〇十三年,土魯番進貢,回賜緞三百三十八,絹七百一十四,撰勅一道頒給使臣賫回,其差來頭目仍分五等賞給,與三年例同。頭目自進禮物,亦賞賜紬布有差。〇康熙十一年,土魯番進貢,回賜緞十八,絹三百三十,撰勅一道頒來使賫回。其差來頭目,仍分五等賞給。〇二十年,土魯番五地彝目進小貢來京,禮部題准,嗣後停止貢馬,仍給表緞十。〇二十四年,題准:土魯番進貢時,照所進貢物回賜絹疋外,原給緞十,今加六,共表裏十六。

西番五寺

順治五年,烏思藏闡化王差喇嘛入貢,回賜闡化王表緞四,裏緞四,又加賞蟒緞粧緞倭緞共二十,賞來京番僧表裏緞各一,紅紵絲衣各一套,又加賞總領喇嘛蟒緞一,銀十兩。僧徒及留邊人緞絹布紵綵衣茶各有差。〇七年進貢,照五年定例賞給,無加賞。〇十年進貢,照前定例頒賞,又加賞闡化王粧緞一,倭緞一。〇十三年進貢,换給勅印賞闡化王錦二,紵絲表裏各十,袈裟僧衣一套,高頂僧帽一,水晶素珠一串,響鈸二副,鈴杵二副,白瓷茶鍾二,滿答剌一副,鸞帶一條,靴襪一雙,茶一百觔,檀香一炷。差來護印喇嘛自進氆氇,每名賞紅彭緞一,紅布二,進貢賞賜仍照定例行。

順治十八年,雲南大寶法王進貢,灌頂國師、灌頂圓通妙濟國師附貢,賞法王粧緞一,綵緞表裏各三;國師粧緞各一,紅緞各三;賞來京喇嘛綵緞表裏各一,紅紬夾衣各一件,單袈裟各一件,單裙各一條,靴襪各一雙,布各一。

順治八年,陝西河州弘化、顯慶二寺國師等喇嘛進貢,每名賞綵緞表裏各一,紵絲衣一套,布一,靴襪一副,茶六十觔。其進馬每匹,給紵絲一,絹一及折鈔銀;駝,每隻給綵緞表裏各三,絹四。○又定:靴襪給與折色。順治十年,陝西河州端嚴寺喇嘛山丹屯柱,以換給勅書圖書劄付進貢來京,賞綵緞表裏各一,紅紵衣一套,靴襪各一雙,加賞鞍一副,綵緞一;所進馬,每匹給綵緞一,絹一。順治十年,陝西演教寺國師等進貢來京,賞國師綵緞表裏各一,紵絲衣一套,布一,靴襪一雙,餘每名綵緞表裏各一,布一,靴襪一雙,衣一件。其貢馬,每匹給綵緞表裏各一,絹一。又賞國師銀茶桶一具,銀盆一,圓鞍一副,紅緞僧衣一件,緞四。其進貢駱駝,每隻給綵緞表裏各三,絹四,茶一千二百觔,在陝西總督處支領。順治十年,莊浪紅山報恩寺都綱閆老巴靈珍進貢,賞金黄紬夾衣一件,夾袈裟一件,班第紅布夾衣各一件。所進馬匹共給表緞四,裏緞四。○康熙三十六年,莊浪紅山報恩寺都綱閆老藏哈板旦進貢,照岷州衛番僧例賞給。○五十八年,莊浪紅山報恩寺都綱閆老藏哈板旦進貢,照例賞給。○雍正二年,莊浪紅山報恩寺都綱閆老藏哈板旦進貢,賞表緞三,裏緞一,紅緞夾衣一件,袈裟一件,單裙一條,連襪緑斜皮牙縫馬皮靴一雙,玲瓏泡鞦轡金鞍一副。隨從僧八名,每名表裏緞各一,紅布夾衣一件,連襪牛皮靴一雙。其進貢馬二匹,每匹折給表緞一,裏緞一,絹一。從人三名,每名毛青布四。順治十年,西寧瞿曇等九寺喇嘛請換勅印進貢來京,賞各寺國師禪師每名綵緞表裏各一,紵絲衣一套,靴襪各一雙。班第僧徒每名紅布衣一件,靴襪各一雙。所進馬,每匹給綵緞表裏各一,絹一。駱馱每隻給綵緞表裏各三,絹四。又加賞國師每名綵緞二,鞍一副;禪師喇嘛每名綵緞一,鞍一副。康熙二年,圓覺寺僧綱司后只即丹子並五寺喇嘛進貢來京,賞綵緞表裏各一,紵絲衣一套,靴一雙,其餘喇嘛每名綵緞表裏各一,紅布夾衣一件,靴一雙,其貢馬每匹給表緞一,裏絹一,又加賞綵緞一,鞍一副。○二十一年,后只即丹子進貢,加賞緞四,高頂僧帽一,其袈裟衣裙靴襪等項,俱改金黄色,從人布各四。康熙三十六年,覆准:岷州衛各寺番僧進貢,賞頭目表緞三,裏緞一,紅緞夾衣一件,夾袈裟一件,單裙一條,連襪緑斜皮牙縫馬皮靴一雙,玲瓏泡鞦轡漆鞍全備一副。跟隨僧徒每名表緞一,裏緞一,紅布夾衣一件,連襪牛皮靴一雙。進貢馬匹,每匹給表緞一,裏緞一,絹一。跟隨貢馬從人,每名毛青布四。○五十九年,岷州衛法藏寺等六寺進貢,照例賞給。○雍正四年,岷州衛魯班等七寺進貢,番僧林智尖卒等七名、小番僧七名，從人三名，俱照定例賞給。其進貢馬匹，亦照例折給，在禮部筵宴一次。〇又岷州衛圓覺寺護印番僧綱司后尖菜寧卜所屬二十六寺，因魯班等七寺進貢，自備馬駝行裝，同進貢物，恭請聖安，俱照例賞給。

康熙四十六年，肅州衛歸化寺國師公阿扎木蘇等進貢，賞國師表緞七，裏緞一，金黄緞夾衣一件，夾袈裟一件，單裙一條，連襪金黄緞靴一雙，玲瓏湼鞦轡漆鞍全備一副。番僧頭目，每名表緞各二，裏緞各一，紅緞夾衣各一件，夾袈裟各一件，單裙各一條，連襪緑斜皮牙縫察連靴各一雙，玲瓏湼鞦轡漆鞍全備各一副。番人頭目，每名表緞各二，裏緞各一。小番僧每名表緞各一，裏緞各一，紅布夾衣各一件，連襪牛皮靴各一雙。從人毛布各四。其進馬，每匹折給表緞一，裏緞一，絹一。〇四十九年進貢，照例賞給。〇五十二年進貢，照例賞給。

東海諸部落

天聰七年，使犬部落僧格額駙率眷屬來朝，賞朝衣袍帽帶靴襪有差。〇八年，黑龍江霸爾達齊等進貢，分三等，賞賜蟒緞紬布衣服等物，又因進貢貂皮，賞隨從人布袍有差。〇順治五年，索倫部落佐領阿濟布等進貢，分三等，賞賜朝衣袍帽帶靴緞紬布等物有差。〇十年，使犬部落富思哈喇等十姓貢貂歸誠，賞來京頭目朝衣帽帶靴紬布等物，加賞褂鞍馬。賞從人袍帽帶靴紬布等物，餘姓未來頭目賞朝衣各一件。〇十一年，索倫部落巴霖木圖等進貢來京，賞二等三等人袍帽帶靴緞紬布等物有差。〇康熙三十一年，黑龍江將軍題准：進貢貂皮，分别賞罰。納好貂皮足數者賞給；雖足數目，不及等第者，停其賞給；若貂皮不堪，又數目欠缺一百張以上者，將頭目、佐領、驍騎校一併議處；一百張以下者，限次年足額交納。〇三十四年，論：貂皮不及等第，責在該管官，停其賞賜，其隨來之二等三等人，照常給賞。〇三十八年，禮部具題：索倫貢貂皮進京在四五月間，往返俱有青草，其給與草料之處無庸議。奉旨：索倫窮苦，夏秋來時，亦給發草料。〇五十一年，議准：新歸誠之庫耶特墨尹等姓，係初次進貢，照前賞給例賞末等蟒緞朝衣各一，送至寧古塔將軍照例給發，此新歸誠各姓，既經編爲八十六户口，其每年納進貂皮各一張，令該將軍驗看，轉送内務府查收。至原貢貂皮之費雅喀庫耶額倫春等九百三十六户口，今稱稽查多出二百二十二户口，亦令該將軍照原貢人等之例，每年進貢貂皮。

大清會典卷之一百七

禮部精膳清吏司

郎中、員外郎、主事，掌筵宴牲豆酒膳，兼轄牛羊館，會其品數，程其出納并會估價值等事。

〔筵宴一〕

陞殿慶賀筵宴及典禮例設各宴。外藩外國貢使各宴，禮部題明，移會光禄寺供辦，皆精膳司提調。

建元定鼎慶賀筵宴

崇德元年，太宗文皇帝詣郊壇，改元建號。次日，行慶賀禮於篤恭殿，大設筵宴，一應禮儀，俱與三大節同。〇順治元年，世祖章皇帝定鼎燕京，行慶賀禮畢，筵宴。題准，是日，鹵簿大駕全設於午門外，設寶座於皇極門正中，設金黄凉棚各一，青布凉棚各六，於丹墀内兩旁，王以下各官各於凉棚下齊集。筵宴完備，内院大學士奏請陞座，百官俱坐飲茶，進桌進酒，各官俱行一跪一叩頭禮，宴畢，謝恩，行一跪三叩頭禮，各回原班立，駕回宫，作中和樂，各官跪送，候過，樂止，衆官皆退。

元旦筵宴

崇德元年定：元旦，王貝勒貝子公等，每旗各進御前中宫前筵席牲酒，外藩蒙古王貝勒等，每旗各進御前中宫前牲酒，設筵宴於崇政殿。〇順治十年，題准：元旦，親王世子郡王各進御前筵席牲酒，外藩蒙古王貝勒等各進御前牲酒，如有不足，禮部劄光禄寺增設御筵，由尚膳監供辦。王以下各官筵席，由光禄寺供辦。前一日，禮部題請，本日午時筵宴。〇康熙十三年停止。〇二十一年題准：元旦親王世子郡王長子貝勒貝子入八分公，各進御前筵席牲酒，設筵宴如常儀。〇二十三年議准：改燔炙爲肴羹，不用銀器。王等停進燔炙筵席，改進肴羹筵席。親王各十六席，世子各十四席，郡王各十席，貝勒各六席，貝子各四席，入八分公各二席。〇六十一年，正月初二日，召八旗滿洲蒙古漢軍文武大臣官員及致仕退黜人員年六十歲以上，宴於乾清宮前，命諸王貝勒貝子公及閑散宗室等授爵勸飲，分給食品。越三日，宴漢文武大臣官員等年六十歲以上者同前。御製七言律詩一首，命滿漢與宴大臣官員各作詩紀其盛名，曰千叟宴詩。

凡筵宴坐次，崇德元年定：王以下各官，俱於崇政殿照翼依次列坐。〇順治十年，題准：王入殿内坐，貝勒以下在丹陛上坐，外藩王、貝勒，亦依爵分、殿陛，在内親王貝勒之下列坐，文武各官在兩旁凉棚内坐，朝貢從員在凉棚末坐。〇康熙四年題准：内外王以下、公、台吉、塔布囊以上，滿漢侍郎以上，武官二品以上，在丹陛上兩旁坐，朝鮮國官員厄魯特喀爾喀頭目在丹陛上右翼坐，文武各官在各旗凉棚下坐。〇二十三年議准：坐次，左翼：内外王十人，在一班坐；内外貝勒五人、貝子三人、公六人，在一班坐；内大臣及台吉十人，作兩班坐；一等侍衛作兩班坐，二等侍衛在一班坐，共七班，其餘侍衛在鹵簿外坐。右翼：内外王十人，在一班坐；内外貝勒四人、貝子六人、公十七人，作兩班坐；内大臣及台吉十人，作兩班坐；一等侍衛，作兩班坐；共七班。二等侍衛以下在鹵簿外坐，内閣大臣於首班内大臣之下序坐，都察院堂官、日講起居注官原侍立處坐。嗣後如有增添官員，俱照此酌量序坐。

凡進茶進酒之禮，崇德元年定：王以下百官俱於殿内排立，候進御筵畢，王以下都統以上進前立，各官於原班立，進酒官跪進，羣臣皆跪，進酒官退原處跪，皇帝進酒，羣臣興，退至原班列坐。〇順治十年，題准：王以下公以上，於丹陛上立，各官於各旗凉棚下立，皇帝進茶時，王以下各官及朝貢各官俱一跪一叩頭，皇帝進酒時，亦一跪一叩頭。興，王等入殿坐，貝勒以下各官各就坐次坐。〇康熙四年題准：皇帝陞座，内外王以下，公、台吉、塔布囊以上，在殿内坐，進茶時，就坐次一跪一叩頭；至進酒時，内王以下公以上出至丹陛上排立，外藩王以下各官俱於各坐處立，候皇帝進酒時，行一跪一叩頭禮，復就坐次坐。〇雍正四年題准：皇帝進茶進酒時，俱就坐次起立，行一跪一叩頭禮。

雍正四年元旦筵宴儀

元旦巳刻，内外王、公、台吉、塔布囊等，朝服集太和門，文武各官朝服集午門，鹵簿、大駕全設，設中和韶樂於太和殿東簷下，設丹陛樂於太和門,北向,設御筵於寶座前稍遠。内大臣、内務府大臣、禮部堂官、理藩院堂官,共視設席。丹陛上張黄幔,陳金器,丹陛下鹵簿後張青幔,設各官席。畢,鴻臚寺引百官入,理藩院引外藩王公入,王以下、塔布囊以上,在丹陛上立,副都御史、副都統、通政使以下各官,在丹陛下立。午刻,禮部奏請皇帝御太和殿,中和韶樂作,奏太平之章。午門鳴鐘鼓,皇帝陞座,樂止。内鑾儀衛唱鳴鞭,階下三鳴鞭,鴻臚寺理藩院引王大臣進殿内,行一叩頭禮,坐。文官三品以上、武官二品以上,上丹陛行一叩頭禮,坐。文武百官於青幔下行一叩頭禮,坐。護軍參領、驍騎參領、移御筵就近,并整各席,尚茶進茶。丹陛大樂作,王以下各官俱就坐次跪,行一叩頭禮。皇帝進茶,畢,侍衛捧授殿陛上王大臣茶,光禄寺捧授青幔下羣臣茶,俱就坐次一叩頭。飲,飲畢,復一叩頭,坐,樂止。展席羃,掌儀司就黄幔下捧爵立,丹陛大樂作,奏朝天子,羣臣起,掌儀司上至檻東,西向酌酒,進酒大臣趨跪,王大臣各官俱跪,掌儀司跪,舉爵,拱授進酒大臣畢,退。進酒大臣由中旁階升,進御座側跪,進酒皇帝受酒,進酒大臣起,由西階降,復位,跪,一叩頭。王大臣各官俱一叩頭,進酒大臣由西階升,就進酒處跪,接爵,由中階降,復位,跪。掌儀司跪,接爵,退,復詣檻東,酌酒趨進。進酒大臣跪,受爵,一叩頭,飲,飲畢,掌儀司接爵,退,進酒大臣復一叩頭,興,歸原坐次坐。王大臣各官皆坐,樂止。皇帝進饌,丹陛中和清樂作,奏金殿喜重重,分給各筵恩賜食品又酒各一卮,殿陛上王大臣、侍衛酌以授,青幔下羣臣、光禄寺酌以授,俱一叩頭,受酒,釂酒,復一叩頭,坐,樂止。蒙古樂歌進,畢。滿舞大臣起,滿舞上壽,對舞更進,樂歌和之,俱正跪,一叩頭,退。瓦爾喀氏舞進,蒙古樂部和之,隊舞更進,亦俱正跪,一叩頭,退。百戲進畢,鴻臚寺理藩院引王以下各官行三叩頭禮,丹陛大樂作,奏慶平之章。内鑾儀衛唱鳴鞭,階下三鳴鞭,中和韶樂作,奏興平之章。皇帝還宫。

樂章

皇帝小宴陞座,丹陛大樂作,奏協平之章。

聖皇涖止,　　　穆穆皇皇。
百爾卿士,　　　章服斯光。
吹笙鼓琴,　　　式燕嘉賓。
萬福既同,　　　歸美一人。

皇帝小宴還宫,丹陛大樂作,奏興平之章。

湛湛露零,　　　維豐之芑。

猗與在公，　　　思皇多士。
宴示慈惠，　　　以洽百禮。
敬慎威儀，　　　福禄來只。

隊舞賞賜

崇德二年元旦，樂舞人等分别伎藝，賞銀有差。〇順治十年元旦，舞官十六員每員各給朝衣，樂舞人等每名賞銀有差。〇十一年元旦，舞官各賞蟒緞，樂舞人等各賞銀有差。〇康熙四年元旦，舞官各賞蟒緞鞍馬，樂舞人等各賞馬緞紬布有差。〇十二年定：舞官各賞蟒緞大緞，樂舞人等各賞緞紬布疋有差。

冬至筵宴

順治九年，題准：嗣後冬至日，内外王公，俱進筵席牲酒。前期，禮部題請，如停止筵宴，即免進。一應禮儀，俱與元旦同。

萬壽節筵宴

崇德元年定：聖誕節設筵宴，王等進筵席牲酒。一應禮儀，俱與元旦同。〇順治九年，題准：萬壽節，親王世子郡王各進筵席牲酒，外藩王貝勒貝子每旗各輪進御前牲酒。是日，設筵宴。前期，禮部題請，如停止筵宴，即免進。一應禮儀，俱與元旦同。〇康熙八年，題准：萬壽節，王等各進筵席牲酒，於午時筵宴。〇五十二年，宴直隸各省現任、致仕、給還原品、文武漢大臣官員士庶等年，九十以上者三十三人，八十以上者五百三十八人，七十以上者一千八百二十三人，六十五以上者一千八百四十六人，於暢春園正門前，傳諭諸老人曰："今日之宴，朕遣子孫宗室執爵授飲，分頒食品，爾等與宴時勿得起立，以示朕優待老人至意。"越三日，又宴八旗滿洲蒙古漢軍現任、致仕、給還原品、文武大臣官員、護軍、兵丁、執事人員、閑散人等，年九十以上者七人，八十以上者一百九十二人，七十以上者一千三百九十四人，六十五以上者一千一十二人，於暢春園正門前。

康熙八年萬壽節筵宴儀

萬壽日午時，王以下各官俱朝服齊集太和門前，鹵簿、大駕全設，鴻臚寺官引文武各官及進貢頭目等俱入。禮部堂官奏筵宴完備，聖祖仁皇帝陞太和門座，王以下、内大臣、一等侍衛以上，在門内分翼列坐，二等三等侍衛在階下分翼列坐，文武各官在金水橋外分翼照品，於各旗帳棚下坐。進貢頭目在鑲藍旗末序坐，尚茶進茶。王以下各官各就坐處行一跪一叩頭禮，次進御筵，作丹陛樂。王以下、公以上出門外丹墀内排立，各官各就坐處立,進酒大臣捧酒,跪進。王以下各官俱行一跪一叩頭禮。畢,次設王以下各官筵席,進饌,作中和樂。宴畢,謝恩。王以下公以上在丹墀上,各官在金水橋外,行一跪三叩頭禮。畢,鳴鞭,駕還宫,作中和樂,各退。

大婚筵宴

順治八年,世祖章皇帝大婚禮成,御太和殿設慶賀筵宴。内外親王郡王在殿内坐,貝勒以下在丹墀内坐,文武各官於各翼涼棚下坐,作中和樂。行禮,如元旦儀。是日,設宴二百席。○恭進皇太后前筵席牲酒。○十一年筵宴同。○康熙四年,聖祖仁皇帝大婚禮成,御太和殿筵宴。一應儀注,俱與順治八年同。是日恭進太皇太后、皇太后、太妃前筵席牲酒。

耕耤筵宴

順治十一年,世祖章皇帝親行耕耤禮成筵宴。○康熙十一年,聖祖仁皇帝親行耕耤禮成,因值朝日壇齋戒日期,停止筵宴。○雍正二年,上行耕耤禮成,奉旨:停止筵宴。

耕耤筵宴儀

皇帝耕耤禮成,御後殿少憩,御筵由尚膳監供辦。王以下公以上,各府備辦一席。三公九卿等官,光禄寺備辦一百席。設宴完備,禮部堂官奏請皇帝陞座,作樂。王貝勒貝子公在臺上座,各官於臺下坐,耆老於壇旁坐。進御筵,作樂,皇帝進酒,王以下各官各於坐處行一跪一叩頭禮,復坐。宴畢,鳴贊官贊排班,王貝勒貝子公在臺上,各官在臺下排立,行一跪三叩頭禮。畢,駕回宫,各退。餘詳前"儀制·司耕耤儀"。

凱旋筵宴備茶設宴附

崇德三年定:凡命王貝勒貝子公大臣爲將軍出師,凱旋日,光禄寺宰牲,八分王等備茶,迎於五里外。○七年,太宗文皇帝討平錦州松山杏山等處,外藩王、貝勒、貝子、額駙、公、台吉賀凱旋,每旗各進御前中宫前牲酒,在篤恭殿設宴,王以下、佐領以上,俱朝服齊集殿前。太宗文皇帝陞座筵宴。○順治十三年,定:凡命王貝勒貝子公大臣爲將軍出師,凱旋日,光禄寺備辦酒茶迎接,陛見後賜宴一次。

太皇太后皇太后宫三大節筵宴

順治十年,定:親王世子郡王各進皇太后前筵席牲酒,外藩貝勒貝子每旗各進牲酒,俱交尚膳監收進。○康熙四年,題准:恭進太皇太后皇太后前筵席牲酒。○七年題准:諸王進太皇太后皇太后前筵席牲酒,皇后率公主王妃諸大臣命婦詣宫行禮畢,筵宴。

太皇太后皇太后三大節筵宴儀

是日，太皇太后禮服出宫，陞殿，作丹陛樂，陞座，樂止。皇帝行三跪九叩頭禮。畢，回宫。皇后率固倫公主、親王妃以下、縣主、輔國公夫人及公侯伯都統尚書精奇尼哈番等命婦以上，進宫行六拜三跪三叩頭禮。畢，於宫内兩旁序坐。筵宴，皇后筵席設於寶座之側，東坐西向，各筵席設於東西楹。太皇太后前筵席，尚膳監供辦，餘俱光禄寺備辦。宴畢，太皇太后還宫，作丹陛樂，樂止，各退。皇太后宫筵宴儀同。

皇太后移宫筵宴

順治十年，皇太后慈寧宫成，行移宫慶賀禮，大内設席筵宴。

皇后宫三大節筵宴

崇德元年定：元旦千秋節設筵宴，固倫公主、和碩公主、親王妃以下、精奇尼哈番等命婦以上齊集，郡主、縣主、郡君、縣君，俱候旨齊集。〇順治十三年停止。〇康熙七年，題准：中宫千秋節，諸王進筵席牲酒，固倫公主、和碩妃以下大臣命婦以上，行慶賀禮，筵宴。

視學禮成設宴

順治九年，世祖章皇帝幸國學禮成。前期，題准：王貝勒貝子公等内院、禮部大臣、衍聖公、四氏子孫，在禮部筵宴一次。嗣後禮成，照例設宴，不具載。雍正二年，上詣學行禮成，正值齋期，移於初四日賜宴。前期諭：改"幸"字爲"詣"字，詳見視學儀。

經筵禮成設宴

順治十四年，舉行經筵，後每年二八月行經筵禮。講官講畢，駕回宫，衆官皆至協和門。光禄寺備筵宴，二十五席。宴畢，謝恩於太和門外金水橋南，行一跪三叩頭禮，各退。嗣後照例設宴，不具載。

日講肇舉設宴

順治十四年，舉行日講。開講日，設宴十席。在内院，筵宴日講官一次。

繕寫神牌設宴

順治五年，奉太祖高皇帝配享圜丘，四祖恭享太廟。前期，繕寫神牌。題准：在禮部設宴一次，其大臣官員設席之等差，大學士、尚書每員一席，學士、侍郎、郎中每二員一席，員外郎、主事每三員一席，撰文辦事中書每四員一席。嗣後繕寫神牌照例設宴，不具載。

會射設宴

崇德三年定：八旗文武官員、甲兵，春季會射，筵宴一次。○順治十二年題准：八旗文武官員、甲兵，春季會射，筵宴三次；秋季會射，筵宴三次。○十四年題准：春季會射筵宴一次，秋季會射筵宴一次，鑲黄等三旗官員、甲兵，會射宴用牲酒，尚膳監備辦。茶，光禄寺備辦。其五旗官員、甲兵會射宴，用牲酒茶，由各該王、貝勒、貝子、入八分公備辦。○康熙十年題准：鑲黄等三旗官員甲兵會射筵宴，由光禄寺備辦。○十二年題准：鑲黄等三旗内大臣侍衛親軍及八旗官員甲兵春秋會射，俱由光禄寺備辦，筵宴一次。○十三年停止。

衍聖公、正一真人來朝設宴

順治間定：衍聖公、正一真人進表慶賀，或襲職來京。朝見後，在禮部筵宴一次。

纂修開館書成設宴

崇德間，纂修太祖高皇帝《實録》成，禮部備宴，纂修官員在國史院筵宴一次。○順治九年，纂修太宗文皇帝《實録》。開館，正副總裁、纂修、謄録、收掌等官，於禮部筵宴一次。○十二年，纂修太祖高皇帝聖訓、太宗文皇帝聖訓，於開館日，光禄寺設宴三十席，總裁、副總裁、纂修、謄録、收掌官，於禮部筵宴一次，禮部堂官陪宴。○康熙六年，纂修世祖章皇帝《實録》，開館筵宴，俱照順治九年例行。○十一年，纂修世祖章皇帝《實録》成，賜宴於禮部，陪宴内大臣、總裁、副總裁，每員一席，纂修官每二員一席，收掌官每三員一席，謄録、翻譯官每四員一席，廕監生、生員共二席，禮部堂官共一席，在禮部筵宴一次。○四十八年，纂修《平定朔漠方略》告成，恩賜總裁、纂修官筵宴一次。○雍正元年，纂修聖祖仁皇帝《實録》，因百日丧期未滿，停止開館筵宴。○二年，纂修《大清會典》，開館筵宴一次。

鄉會試宴

順治四年，題准：主考各官入場筵宴，上桌、中桌各給銀花一對，下桌無銀花，共結綵樓一座，綵旗六道；出場筵宴，主考、知貢舉禮部堂官每員銀花一對，上桌一席；同考官、監察御史、收卷、提調、供給、各執事官員、筆帖式，每員銀花一對，中桌一席；謄録、彌封、收卷、對讀、守門、巡綽、供給、鳴贊、醫官、大使、儒士、教坊司官，每員下桌一席。○康熙十四年，題准：鄉會試止設出場筵宴，其入場筵宴簪花，俱停止。○二十一年，題准：鄉會試入場出場筵宴簪花等項，俱照舊例行。○五十七年會試，遇孝惠章皇后百日内,不動音樂,考試官入簾,筵宴停止。○雍正元年,直省鄉試停止筵宴。○是年,會試筵宴。

賜恩榮宴

順治間定:殿試,進士傳臚畢,賜恩榮宴於禮部,陪宴内大臣、讀卷大臣、監試官、護軍参領、鑾儀衛堂官,每員一席;監察御史、收卷、彌封、收掌、用印、巡綽、寫榜、供給、鳴贊官,每二員一席;護軍校,每三員一席;一甲三名進士,每名一席。其餘進士,每二名一席,俱由光禄寺備辦。○康熙六十年,因祈雨齋戒,停止筵宴。

常朝賜茶儀

崇德間定:每月初五、十五、二十五日,常朝遇皇帝陞殿,王以下公以上,在丹陛上坐,各官在丹墀内坐,賜茶。○順治九年題准:常朝日,皇帝陞殿,行禮畢,賜王以下各官坐,郡王以上,按翼進殿東西槅扇,鋪坐具坐,貝勒以下在丹陛上坐,内院、都察院、堂上官在殿階侍立處坐,内大臣、侍衛在原侍立處坐。後設翰林院、詹事府、起居注、衙門,翰林院、詹事府堂上官、日講起居注官,俱於原侍立處行一跪一叩頭禮,坐。各官在丹墀内坐,俱行一跪一叩頭禮。皇帝進茶,王以下各官俱就坐次行一跪一叩頭禮,侍衛遞授殿内丹陛上王以下各官茶,光禄寺執事官員人等遞授丹墀内各官茶,俱就坐次行一跪一叩頭禮,跪飲畢,再行一叩頭禮。其丹陛上所賜茶,内茶房供辦;丹墀内所賜茶,光禄寺供辦。

大清會典卷之一百八

禮部精膳司

〔筵宴二〕

外藩禮宴

凡朝貢，崇德元年，喀爾喀來朝五日，筵宴一次，設宴四十席，諸王府俱設宴。○三年，喀爾喀厄魯特台吉等慶賀來朝，御賜恩宴一次，按旗筵宴七次。○又外藩蒙古王貝勒貝子公台吉等朝賀元旦，除元旦日大宴外，御賜恩宴一次，王貝勒貝子人八分公，共設宴五次。○七年，喀爾喀厄魯特來進年貢，御賜恩宴二次，按旗筵宴七次。○順治十一年題准：喀爾喀厄魯特進年貢來京頭目，朝見後，賜恩宴一次，遣内大臣陪宴，在禮部筵宴二次，本部堂官陪宴，俱朝服，著爲例。○又定：科爾沁王貝勒貝子公台吉等以事來京，不必候陞殿日，即進内朝見，仍在禮部照常筵宴。蒙古王貝勒貝子公台吉都統等以事來京，候常朝陞殿日，隨班行禮，在内筵宴一次。○康熙十五年，題准：鄂羅斯差來頭目喇嘛等賜恩宴一次，在禮部筵宴二次。○二十一年定：外藩王以下台吉他布囊都統以上朝賀來京，歲暮，賜恩宴一次。元旦後，五旗王筵宴五次；回日，賜恩宴二次。○三十九年，喀爾喀鄂齊賴土謝圖汗和碩親王額駙敦多布多爾機進年貢，照例御賜恩宴一次，再筵宴二次。

凡送親，崇德三年定：外藩王貝勒貝子公等，送女與内王以下公以上爲婚，前一夕内王以下公以上，自備筵宴。到日，由禮部備辦筵宴，回日筵宴同。○順治八年，題准：凡外藩送親與内親王者，前一夕内親王府自備牲酒，親王親迎至宿次，幼輩郡王貝勒各一人，貝子二人，内大臣二人，禮部堂官俱蟒服同往筵宴。如遣屬官往迎，部員同往筵宴。到日，由禮部備辦牲酒，親王及郡王以下各官筵宴，郡王妃貝勒貝子夫人禮服出迎，筵宴。如仍遣屬官迎接，部員同迎接筵宴。凡送親與内郡王者，如郡王親迎，幼輩貝勒一人，貝子一人，公二人，同往，其餘迎接筵宴與親王同。凡送親與内貝勒者，如貝勒親迎，幼輩貝子一人，公二人，同往，其餘親迎筵宴與郡王同。凡送親與内貝子、公者，如貝子、公親迎，幼輩公二人同往，其餘迎接筵宴與貝勒同。以上，凡大臣應否遣迎，請旨定奪，到後賜恩宴一次，在禮部筵宴二次，回日筵宴同。

凡迎送，崇德三年定：皇后父母來覲，由禮部備辦牲酒，迎接筵宴。到日，内親王郡王貝勒等各筵宴一次，回時餞送筵宴同。固倫公主初嫁及歸省，迎送筵宴並同。○順治二年定：皇后父母來覲，由禮部備辦牲酒，親王郡王各一人，貝子二人，内大臣二人，俱蟒服迎至宿次，筵宴。到日，由禮部備辦牲酒，親王以下，尚書以上，俱蟒服，親王妃郡王妃具禮服往迎，筵宴。回日同。每宿次，備羊一隻。固倫公主、科爾沁土謝圖親王、卓禮克圖親王、達爾漢親王、俄齊爾貝勒等來京，禮部官迎至邊口，進山海關，備牛九隻；進喜峰口，備牛七隻；進古北口，備牛六隻。每宿次，備牛一隻。禮部官蓋凉棚於京城門外，光禄寺官備茶。内親王以下、内大臣、副都統、阿思哈尼哈番以上，俱蟒服迎接。賜茶時，王等行一跪三叩頭禮。茶畢，謝恩，行一跪三叩頭禮。公主進城，王等各官隨進，各退。○康熙十年題准：固倫公主、科爾沁土謝圖親王等來京及回日，内親王以下、内大臣、侍衛、民公侯伯一品官以上，俱往迎送。○十二年定：和碩公主來京，禮部官迎至邊口，備牛三隻，到日，蓋凉棚於京城門外，光禄寺備茶，貝勒以下、鎮國將軍内大臣侍衛民公一品官以上，俱蟒服，與禮部理藩院堂官前往迎候，其餘外藩國王來京，俱蓋凉棚於京城門外，光禄寺備茶，或禮部堂官，或理藩院堂官迎接待茶，回日同。

朝貢諸國禮宴

崇德元年定：朝鮮國遣使慶賀萬壽元旦冬至節，進貢及有事啓奏，至東京筵宴一次，至盛京朝見畢，在禮部筵宴一次，在館筵宴一次，回至東京，筵宴一次。○二年，朝鮮國王世子及次子來朝，遣大臣往迎，筵宴一次，至盛京朝見畢，御賜恩宴一次。○八年，朝鮮國王第三子來朝，至鳳凰城筵宴一次，至東京，遣侍郎往迎，筵宴一次，至盛京城外迎送，館遣尚書往迎，筵宴一次，進城後在禮部筵宴一次，遣大學士陪宴。朝見日，在内筵宴一次，大學士陪宴。諸王府按旗各筵宴一次，回日筵宴同。○順治元年,朝鮮國王弟代公來,差禮部司官、光禄寺官往山海關迎接,筵宴一次。遣侍郎往三河縣迎接,筵宴一次。到京日,遣尚書在館筵宴一次。進城朝見畢,賜恩宴一次,在部筵宴二次,在館筵宴二次,回日餞送筵宴與來時同。〇是年定:凡朝鮮國差來正副使,至山海關,駐防官陪宴一次。到京,朝見後,在禮部筵宴一次,回日筵宴一次,餞送筵宴與來時同,其領曆日官及送咨官,在部筵宴一次。〇八年,朝鮮國進年貢及三大節慶賀進貢正副使,在禮部筵宴一次。頒賞,在館筵宴一次。〇以後凡遇進貢,俱照例筵宴。順治十八年,安南國遣使進表投誠,賜恩宴一次。〇康熙三年,安南國遣使進貢來京,朝見後在禮部筵宴二次,禮部堂官陪宴。〇七年以後,凡遇進貢,俱照例筵宴。順治十年,琉球國遣使朝賀進貢,朝見後在禮部筵宴二次,回至福建,筵宴一次。〇康熙三年,以後凡遇進貢,俱照例筵宴。順治十三年,荷蘭國遣使進貢,來京朝見後在禮部賜恩宴一次,部宴二次。〇康熙六年以後,凡遇進貢,俱照例筵宴。康熙四年,暹羅國遣使進貢來京,朝見後在部筵宴二次,回廣東日,在布政司給酒飯一次。〇四十八年,暹羅國進馴象金絲猴人四名,以與正貢使不同,停減筵宴。康熙九年,西洋國遣使進貢,來京朝見後,在部筵宴三次。〇十七年,西洋國遣使進獅子來京,筵宴同。雍正五年,蘇禄國遣使進貢,來京朝見後,在禮部筵宴二次,回至廣東筵宴一次。順治十三年,土魯番進貢,至甘鎮筵宴一次,至京日,頭目朝見賜茶,在禮部賜恩宴一次,部宴二次,回日良鄉縣備飯一次,至陝西布政司,筵宴一次,事畢出邊,給酒十罈。〇康熙十二年,以後凡遇進貢,俱照例筵宴。

東海諸部落進貢設宴

崇德元年,索倫部落進貢,每三日御賜恩宴一次,按旗筵宴七次。〇二年,克蓋克勒氏東果羅額駙等來,筵宴一次。〇三年,索倫、薩哈爾察、黑龍江、宋噶里江、庫爾喀、虎爾哈、使犬、使鹿等部落進貢,迎接筵宴各一次。到京後,按旗輪設筵宴八次,回日餞送筵宴一次。〇順治元年,索倫等進貢,在禮部筵宴四次,回日餞送筵宴一次。

喇嘛來京設宴

崇德七年,達賴喇嘛遣使來,御賜筵宴一次,按旗筵宴七次。〇八年,達賴喇嘛遣使請安,御賜筵宴一次,八旗王貝勒等五日輪設筵宴一次。回日,王貝勒等送至教場,大宴。〇順治七年,達賴喇嘛使來,在禮部筵宴三次。〇十年,達賴喇嘛來朝,遣親王往迎筵宴。到京日,御賜恩宴一次,諸王府照旗輪設筵宴各一次。回日,遣親王往送筵宴。

〔酒飯〕

順治間定:凡撰寫奉入太廟神牌等項,内院學士等官供給飯桌,俱光禄寺備辦。

凡撰寫皇太后皇后册寶,官供給飯桌,俱光禄寺備辦。

凡纂修玉牒,供給總裁官,每月飯桌銀十四兩八錢五分;纂修收掌等官,銀七兩八錢七分五釐;謄録等官,銀五兩一錢九分;書辦、匠役人等,銀一兩三錢五分。

凡纂修《實録》,供給大學士,每日飯桌銀九錢七分六釐七毫;副總裁,銀四錢八分八釐五毫五絲;纂修官,銀二錢八分三釐五毫六絲;收掌謄録等官,銀一錢五分二釐七毫五絲;謄寫書辦,銀一錢二釐一毫八絲。

凡殿試,大臣執事官員供給飯桌,俱光禄寺備辦。文武試同。内閣寫榜供事官、門官、火房、紙匠等役,每名日給白米一升,猪肉一觔,每四名酒一壶。刊刷匠役,每名日給白米一升八合,猪肉十二兩。殿試進士,每名早飯湯一碗,饅頭四個;午飯餅四個,梨二個,茶一鍾。

凡廷試貢生,監試大臣供給飯桌十張。

凡考試庶吉士,内閣大臣供給飯桌,庶吉士每員餅四,梨四。

凡天安門外掣籤,吏部等官供給飯桌,後停止。

大清會典卷之一百九

禮部精膳司

〔下程路費〕

外藩外國進貢并差來人員到京,由各該衙門行文至禮部,俱給下程,回時復給路費。禮部移會光禄寺支送,其例具載於後。

凡外藩固倫公主、額駙同來京,崇德三年定:每日給下程:鵝二隻,雞二隻,魚二尾,牛乳三碗。每十日給羊十隻,酒十瓶,茶二十包,酥油五觔,鹽十觔,蘇油十觔。每月給牛一隻。回時給路費牛一隻,羊十隻,茶三十包,酥油五觔,鹽一斗,蘇油十觔。〇順治二年定:每日給羊一隻,鵝二隻,雞三隻,牛乳七鏇,魚三尾。每十日給蘋菓一百個,柿餅一百個,檳子一百五十個,梨一百五十個,鮮葡萄十五觔,栗子十觔,乾棗十觔,核桃三百個,酒十瓶,茶一百五十包,酥油五觔,棉花八兩,磚鹽十八觔,黄蠟五十枝,白蠟十枝,燈油十觔,醬五觔,清醬二觔八兩,醋一觔,每月給牛一隻。〇三年定:每十日給牛一隻,回時給路費牛三隻,羊二十五隻,茶二百包,酥油十觔,酒四瓶,黄蠟一百枝,白鹽一斗。〇康熙元年議准:每日給羊二隻,若止額駙來京,給羊一隻,餘如舊。

凡外藩和碩公主、額駙同來京,崇德三年定:每日給牛乳二碗,鵝二隻,雞二隻,魚二尾。每十日給羊十隻,酒十瓶,鹽十觔,蘇油十觔,茶二十包,酥油四觔,回時給路費羊十隻。〇順治二年定:每日給羊一隻,鵝一隻,雞三隻,牛乳五鏇,魚三尾。每十日給蘋菓八十個,柿餅一百個,檳子一百個,梨一百個,鮮葡萄十二觔,乾棗八觔,核桃二百個,栗子十觔,酒十瓶,茶一百包,酥油三觔,棉花八兩,磚鹽十五觔,黄蠟三十枝,燈油五觔,醬四觔,清醬二觔,醋一觔,回時給路費牛二隻,羊二十隻,茶一百五十包,酥油七觔,酒三瓶,黄蠟八十枝,白鹽一斗。若止額駙來京,照伊品級給與。

凡外藩郡主、額駙同來京,順治元年定:每日給羊一隻,鵝一隻,雞二隻,牛乳二鏇,黄蠟二枝,燈油二鍾,魚二尾。每十日給茶三十包,酥油二觔,酒十瓶,蘋菓七十個,梨七十個,乾棗五觔,核桃一百五十個,柿餅七十個,葡萄十觔,栗子八觔,磚鹽十觔,醬二觔,半清醬一觔,醋一觔。回時給路費牛一隻,羊十隻,茶一百包,酥油五觔,酒二瓶,黄蠟五十枝,白鹽二斗。〇康熙元年議准:每日加牛乳一鏇,每十日,加茶二十包,酥油一觔。回時路費加羊五隻。若止額駙來京,照伊品級給與。

凡外藩縣主、額駙同來京,崇德八年定:每日給羊一隻,鵝二隻,鷄二隻,魚二尾,牛乳二碗。每十日給酒十瓶,鹽十觔,茶二十包,酥油四觔。回時給路費羊八隻。〇順治元年定:每日給羊一隻,鵝一隻鷄一隻,牛乳一鏇,黄蠟一枝,燈油二鍾。每十日,茶二十包,酥油一觔,半酒十瓶,蘋菓三十個,梨三十個,乾棗三觔,核桃七十個,柿餅三十個,葡萄三觔,栗子三觔,磚鹽五觔,醬二觔,清醬一觔,醋一觔。回時給路費羊八隻,茶八十包,酥油三觔,酒二瓶,黄蠟三十枝,白鹽二斗。〇康熙元年議准:每日加牛乳一鏇,每十日加茶二十包,酥油半觔。回時路費加牛一隻,羊二隻。若止額駙來京,照伊品級給與。

凡外藩郡君、額駙同來京,崇德八年定:每日給羊一隻,牛乳一碗,燈油二鍾。每十日,茶十包,酥油一觔,半酒十瓶,鹽五觔。回時給路費羊三隻。〇順治元年定:每日給羊一隻,牛乳一鏇,黄蠟一枝,燈油二鍾。每十日,茶十包,酥油一觔,半酒十瓶,磚鹽五觔,醬二觔,清醬一觔。回時給路費羊六隻,茶六十包,酥油二觔,酒一瓶,黄蠟二十枝,白鹽一斗。〇康熙元年議准:每日加雞二隻,牛乳一鏇。每十日,加茶二十包,蘋菓二十個,梨二十個,柿餅二十個,乾棗二觔,葡萄二觔,栗子二觔,核桃五十個。回時路費加羊四隻。若止額駙來京,照伊品級給與。

凡外藩縣君、額駙同來京,順治元年定:每日給羊一隻,酒一瓶,茶一包,牛乳一鏇,酥油二兩,燈油四兩,鹽六兩,回時給路費羊四隻,茶四十包,酥油二觔,每日給鹽三兩。〇康熙元年議准:每日加茶一包,牛乳一鏇,酥油一兩。回時路費加羊四隻,黄蠟十五枝。若止額駙來京,照伊品級給與。

凡外藩鄉君、額駙同來京,順治元年定:每日給羊一隻,酒一瓶,茶一包,牛乳一鏇,酥油二兩,燈油一鍾,白鹽四兩。回時給路費羊二隻,每日給鹽一兩。〇康熙元年議准:每日加茶一包,牛乳一鏇,酥油一兩,燈油一鍾。回時路費加羊四隻,茶三十包,酥油一觔,鹽每日四兩。若止額駙來京,照伊品級給與。

凡隨從公主等同來人員,崇德三年定:都統、副都統、護軍統領,每員日給肉二觔,酒一壺,茶一包。回時給路費每日肉一觔,并給鹽。頭目,日給肉各二觔。隨從人日給肉各一觔。〇順治元年定:都統、副都統、護軍統領,每員日給肉三觔,茶一包,白麵一觔,酥油二兩,燈油一鍾,鹽一兩。又都統每日給肉一盤酒一壺,副都統、護軍統領,每二日給肉一盤酒一壺,回時給路費每日肉一觔,半鹽一兩,参領佐領并隨從人員每名日給肉二觔,燈油一鍾,鹽一兩,每二日,肉一盤酒一壺,茶一包,白麵一觔,酥油二兩,回時給路費每日肉一觔,鹽一兩,各項頭目人員每名日給肉二觔,燈油一鍾,鹽一兩,每二日,肉一盤酒一壺,回時給路費每日肉一觔,鹽一兩,護軍并牽馬人役、隨從太監及婦女,每名日給肉二觔,鹽一兩,回時給路費每日肉一觔,鹽一兩。

凡皇后父母及科爾沁土謝圖親王卓禮克圖親王達爾漢巴圖魯親王來京,崇德三年定:每日各給鵝二隻,雞二隻,魚二尾,牛乳三碗。每十日,各給羊十隻,酒十瓶,蘇油十觔,茶二十包,酥油五觔,鹽十觔,每月各給牛一隻。回時路費各給牛一隻,羊十隻,茶三十包,酥油五觔,蘇油十觔,鹽十觔。〇順治十三年議准:下程路費,與公主同;隨從人員下程路費,與公主隨從人員同。

凡外藩親王來京,崇德六年定:每日給茶一包,牛乳一碗,酥油三兩,每二日,羊一隻,酒一瓶,鹽一觔,回時給路費羊十隻。〇順治元年定:每日給羊一隻,酒一瓶,茶二包,牛乳二鏇,酥油六兩,白麪二觔,磚鹽八兩,黄蠟二枝,燈油八兩,回時給路費羊十隻,茶四十包,酥油三觔,酒四瓶,鹽十觔,黄蠟三十枝。〇康熙元年議准:每日加茶一包,回時路費加牛一隻,茶二十包。

凡外藩郡王來京,崇德二年定:每日給羊一隻,酒一瓶,茶一包,牛乳一碗,酥油三兩,麪一觔,燈油三鍾,并鹽。回時給路費羊八隻。〇順治元年定:每日給羊一隻,酒一瓶,茶一包,牛乳一鏇,酥油四兩,黄蠟一枝,燈油二鍾。鹽八兩,回時給路費羊八隻,茶三十包,酥油二觔,酒二瓶,黄蠟二十枝,鹽八兩。〇康熙元年議准:每日加茶一包,牛乳一鏇。回時路費加牛一隻,茶二十包。

凡外藩貝勒來京,崇德八年定:每日給羊一隻,茶一包,酒一瓶,并鹽。每十日給麪二觔,回時給路費羊六隻。〇順治元年定:每日給羊一隻,酒一瓶,茶一包,牛乳一鏇,酥油三兩,燈油六兩,鹽八兩,回時給路費羊六隻,茶二十包,酥油一觔,每日給鹽四兩。〇康熙元年議准:每日加茶一包,黄蠟一枝,回時路費加羊二隻,茶二十包,黄蠟十枝,酒一瓶。

凡外藩貝子來京,崇德八年定:每日給羊一隻,酒一瓶,茶一包,并鹽。每十日給麪二觔,回時給路費羊五隻。〇順治元年定:每日給羊一隻,酒一瓶,茶一包,牛乳一鏇,酥油二兩,燈油四兩,鹽六兩,回時給路費羊四隻,每日鹽三兩。〇康熙元年議准:回時路費加羊二隻,茶三十包,酥油一觔。

凡外藩公來京,崇德六年定:每日給羊一隻,酒一瓶,燈油一鍾,茶一包,麪一觔,回時給路費羊三隻。〇順治八年議准:每日給羊一隻,酒一瓶,茶一包,牛乳一鏇,酥油二兩,燈油四兩,鹽五兩,回時給路費羊三隻,每日鹽二兩。〇康熙元年議准:回時路費加羊二隻,茶二十包,酥油一觔。

凡外藩公主子台吉來京,崇德六年定:每日給羊一隻,酒一瓶,燈油三鍾,每十日,茶十包,回時給路費羊二隻。〇順治元年定:每日給羊一隻,酒一瓶,牛乳二鏇,鵝一隻,雞一隻,黄蠟二枝,燈油二鍾。每十日,茶二十包,酥油二觔,磚鹽十觔,蘋菓十五個,梨三十個,桃十五個,核桃八十個,乾棗二觔,葡萄三觔,回時給路費羊四隻,茶十四包,酥油一觔,黄蠟十枝。

凡台吉、塔布囊來京,崇德三年定:每日給羊一隻,酒一瓶,茶一包,酥油二兩,回時給路費羊二隻。〇順治元年定:每日給羊一隻,酒一瓶,茶一包,牛乳一鏇,酥油二兩,燈油一鍾,鹽四兩,回時給路費羊二隻,每日給鹽一兩。〇康熙元年議准:回時路費加羊一隻。

凡外藩都統來京,崇德六年定:每日給肉二觔,每二日給肉一盤酒一壺,燈油一鍾,并鹽。回時給路費每日肉一觔。〇順治元年定:每日給肉三觔,又肉一盤酒一壺,燈油一鍾,鹽一兩,回時給路費每日肉一觔半,鹽一兩。

凡外藩副都統參領佐領來京,崇德四年定:每日各給肉二觔,每二日給肉一盤酒一壺,燈油一鍾,鹽一兩,回時給路費每日肉一觔,鹽一兩。〇順治元年定:每日各給肉二觔,鹽一兩,每二日給肉一盤酒一壺,回時給路費每日肉一觔,鹽一兩。

凡歸化城都統、副都統等四季進貢來京，崇德三年定：每日給羊一隻，酒一瓶，燈油三鍾，并鹽回時給路費羊一隻。○順治元年定：都統每日給羊一隻，酒一瓶，茶一包，牛乳一鏇，酥油二兩，燈油一鍾，鹽一兩，回時給路費羊二隻，每日鹽一兩。副都統每日給羊一隻，酒一瓶，茶一包，麪一觔，酥油二兩，燈油一鍾，鹽一兩，回時給路費羊二隻，每日鹽一兩。参領佐領每日給羊一隻，酒一瓶，茶一包，麪一觔，酥油二兩，燈油一鍾，鹽一兩，回時給路費羊一隻。其領催頭目每日各給肉二觔，鹽一兩，每二日，肉一盤酒一壺，回時給路費每日肉一觔，兵丁從役每日各給肉一觔，鹽一兩，回時每日各給鹽一兩。

凡外藩聽事頭目等來京，崇德八年定：每日各給肉二觔，鹽一兩，燈油一鍾，每二日給肉一盤酒一壺，回時給路費每日肉一觔。○順治元年定：每日各給肉二觔，每二日，肉一盤酒一壺，鹽一兩，回時給路費羊一隻，每日鹽一兩，從役每日各給肉一觔，回時每日各給鹽一兩。

凡盛京寧古塔等處人員來京，順治三年定：民公侯伯，每日給鵝一隻，雞二隻，肉八觔，魚三尾；一品官給鵝一隻，肉六觔，雞一隻，魚二尾；二品官給鵝一隻，肉五觔，雞一隻，魚一尾；三品官每二日給鵝一隻，每日肉四觔，雞一隻；四品官每日雞一隻，肉三觔；五品官每日肉三觔；六品七品官每日肉二觔，無頂帶之人每日給鹽一兩。○康熙元年議准：民公侯伯，每日鵝一隻，雞一隻，肉四觔，魚二尾；一品官每日鵝一隻，肉三觔，魚二尾；二品官每日雞一隻，肉三觔，魚二尾；三品官每日肉三觔，魚一尾；四品五品官每日肉二觔；六品七品官每日肉一觔，無頂帶之人每日給鹽一兩。

凡喀爾喀部落慶賀來京，崇德三年定：每日給羊一隻，酒一瓶，茶一包，并鹽，燈油一鍾，酥油五兩，牛乳一碗，回時給路費羊一隻。○順治十一年議准：每日給羊一隻，酒一瓶，茶二包，麪二觔，酥油四兩，牛乳一鏇，燈油二鍾，黄蠟一枝，鹽一兩；頭目每日給羊一隻，酒一瓶，鹽一兩，每二日，茶一包，麪一觔，酥油二兩；從役每日各給肉一觔，半鹽一兩。回時給路費，台吉，羊三十五隻；頭目，頒過三九賞者，給羊七隻；頒過二九賞者，給羊六隻；頒過一九賞者，給羊五隻，未頒賞者給羊三隻，頭目從役每日各給鹽一兩。

凡厄魯特喀爾喀部落進貢并因事來京，崇德三年定：每日給羊一隻，酒一瓶，酥油二兩，并鹽，燈油二鍾，麪一觔。○順治二年定：總領頭目，每日給羊一隻，酒一瓶，茶一包，牛乳一鏇，酥油二兩，鹽一兩。其餘頭目，每日給羊一隻,酒一瓶,鹽一兩,燈油一錘,每二日,茶一包,麪一觔,酥油二兩。從役每日肉一觔半,鹽一兩,回時給路費。頭目,頒過三九賞者,給羊六隻;頒過二九賞者,給羊五隻;頒過一九賞者,給羊四隻;未頒賞者,給羊三隻。頭目從役每日各給鹽一兩。

凡喀爾喀碩落席勒圖庫圖克圖來京,崇德三年定:每日給羊一隻,酒一瓶,回時給路費羊一隻。○順治三年定:每日給羊一隻,茶一包,牛乳一鏇,酥油二兩,麪一觔,燈油一錘,鹽一兩,回時給路費羊十隻,每日鹽一兩。

凡東方索倫薩哈爾察虎爾哈庫爾哈等部落貢貂來京,崇德三年定:頭目每日各給肉二觔,酒一壺,肉一盤,燈油一錘,鹽一兩,每三日給蒸餅一次,回時給路費每日肉半觔。○順治元年定:頭目每日各給肉二觔,燈油一錘,鹽一兩,醬一兩,醃菜八兩,每二日給肉一盤,酒一壺,每五日,糖餅五個,從役每日肉一觔,鹽一兩,每五日,糖餅五個,回時給路費,頭目羊一隻,從役二人共羊一隻,頭目從役每日各給鹽一兩。

凡東方克益克勒氏東果羅額駙等來京,崇德二年定:每日給肉二觔,酒一壺,肉一盤,燈油一錘,并鹽。每三日給蒸餅一次,回時給路費每日肉半觔。○順治八年議准:每日給肉二觔,每二日,肉一盤酒一壺,從役每日給肉一觔,回時停給。

凡康噶拉庫地方貢貂來京,崇德三年定:頭目每日給肉二觔,酒一壺,肉一盤,燈油一錘,并鹽。每三日給蒸餅一次,回時給路費每日肉半觔。○順治八年議准:頭目每日各給肉二觔,酒一壺,醬一兩,醃菜一觔,葱一觔,燈油一錘,鹽一兩,二員共肉一盤。每五日,各給糖餅五個,從役每日肉一觔,回時各給一月食鹽。

凡外藩慶賀元旦來京,崇德三年定:外藩公主給大野猪一口,小野猪一口,鹿二隻,麅五隻,野雞三十隻,魚三十尾;喀爾喀扎薩克圖汗下總領頭目等,各給麅一隻,野雞三隻,魚三尾;鄂爾多斯台吉給野猪一口,野雞五隻,魚五尾;和碩土謝圖親王下護衛,給野猪一口,野雞二隻,魚二尾;和碩卓禮克圖親王下來使,給麅一隻,其餘頭目每二員共麅一隻。○順治元年定:外藩親王,給猪一口,羊一隻,魚二十五尾,酒四瓶,茶二桶;郡王給猪一口,魚二十尾,酒三瓶,茶一桶;貝勒,給猪一口,魚十尾,酒二瓶,茶一桶;貝子,給猪一口,魚五尾,酒一瓶,茶一桶;公給羊一隻,魚五尾,酒一瓶,茶一桶;台吉、塔布囊等,各給羊一隻,魚五尾,酒一瓶;歸化城都統,給羊一隻，魚五尾，酒一瓶；副都統給羊一隻，酒一瓶；参領佐領頭目，每二員共給羊一隻，酒一瓶；每旗來頭目，二員共給羊一隻，酒一瓶；進貢頭目，各給肉五觔，酒一壺；喀爾喀厄魯特總領頭目，各給羊一隻，酒一瓶；朝鮮國進貢，正使官給羊二隻，魚十尾，酒一瓶；副使官、書狀官，共給羊三隻，魚十尾，酒一瓶；大通官、押物官，魚各一尾，共猪一口，羊四隻，酒五瓶，除夕共設宴五席，鵝三隻，雞二隻，酒三瓶，茶三桶。〇康熙元年議准：外藩親王遇除夕設宴四席，羊二隻，乳酒一瓶；郡王宴三席，羊二隻，乳酒一瓶；貝勒宴二席，羊一隻，乳酒一瓶；貝子公宴各一席，羊各一隻，乳酒各一瓶，餘俱照舊例。〇八年定：外藩公主遇除夕設宴四席，牛一隻，羊二隻，猪一口，野雞三十隻，魚三十尾，乳酒二瓶，酒四瓶；縣君宴二席，羊一隻，猪一口，野雞五隻，魚五尾，乳酒一瓶，酒二瓶。

凡朝鮮國王子弟，崇德二年定：給朝鮮國王子每日鵝一隻，雞二隻，魚四尾，細粉三觔，葱二觔，生菜一觔，韭一觔，燈油三鍾，清醬八兩，醬一觔，醋三兩，二錢酒一瓶，肉八觔，粳米二升，隨從每人各給肉一觔，并鹽米。〇順治十三年議准：給朝鮮國王弟代公每日茶四兩，牛乳一鏇，酥油三兩，肉五觔，鵝一隻，雞三隻，魚三尾，細粉一觔半，豆腐三觔，蒜十頭，清醬四兩，醬八兩，醋四兩，醃菜三觔，鮮薑五兩，細白鹽，黄蠟三枝，燈油三鍾，蘋菓十五個，梨十五個，柿十五個，棗一觔，每三日給羊一隻，酒一瓶；副使官、太監、書狀官，每日各給豆腐一觔，醃菜三觔，魚二尾，茶二兩，并鹽。每五日，各給羊一隻，酒一瓶，鵝二隻，雞三隻，香油十兩，清醬十五兩，醬一觔，醋十兩；大通官每日各給肉一觔半，雞一隻，茶一兩，醬二兩，醃菜二觔，酒一壺，燈油一鍾，并鹽。微員每日各給肉一觔，醬一兩，醃菜一觔，燈油一鍾，茶一兩，并鹽。每五日，每六員共給酒一瓶；從役每日各給肉半觔，醬一兩，醃菜八兩并鹽，回時給代公路費牛一隻，羊七隻，酥餅三百，條餅四百，燒餅三百，白糖十觔，白鹽六十兩。代公來至山海關以内，每站給羊一隻，鵝二隻，雞二隻，酒十觔；副使官、太監，各給鵝一隻，猪肉三觔；書狀官雞一隻，肉二觔；大通官給肉一觔半，微員各給肉一觔，從役各給肉半觔，以上共給酒三瓶，回時自牛莊至鳳凰城，亦照此例給發。自鳳凰城給代公路費羊二隻，副使官、太監、書狀官，各給羊一隻。〇康熙十一年議准：朝鮮國差官來，每日給茶四兩，牛乳一鏇，酥油三兩，肉五觔，鵝一隻，雞二隻，魚三尾，細粉一觔半，豆腐三觔，蒜十頭，清醬四兩，醬八兩，醋四兩，醃菜三觔，薑五兩，鹽二兩，黄蠟三枝，燈油三鍾，蘋菓十五個，梨十五個,柿十五個,棗一觔,每三日給羊一隻,酒一瓶。副使、書狀官、大通官、微員、從役,俱照前例給發。

凡朝鮮國慶賀萬壽元旦冬至進表來京,崇德四年定:正使副使、書狀官,每日各給鵝二隻,雞三隻,豆腐一觔,醃菜三觔,魚二尾。每五日給羊一隻,酒一瓶,香油十兩,清醬十五兩,醬一觔,醋十兩。回時給路費,正副使羊各二隻,書狀官羊一隻,大通官每日肉一觔,半押物官每日肉一觔,鹽醬二兩,醃菜八兩,每五日,酒二瓶。回時路費,大通官給肉三十觔,押物官肉二十觔,從人二名共肉一觔,并鹽。二十人每五日,酒一瓶。回時路費,頒過賞者給肉各十觔,并鹽。○順治四年定:正使每日給魚三尾,豆腐二觔,醃菜一觔,茶三兩,鹽一兩。每五日,羊一隻,酒一瓶,鵝三隻,雞二隻,香油一觔,醬瓜十兩,清醬一觔四兩,醬一觔四兩,醋十兩,燈油十兩。副使書狀官,每日各給豆腐一觔,醃菜一觔,魚二尾,鹽二兩,茶二兩。每五日,羊一隻,酒一瓶,鵝二隻,雞三隻,醬瓜半觔,香油十兩,醋十兩,醬一觔,清醬十五兩,燈油十兩。大通官每日各給肉一觔半,酒一壺,雞一隻,醬三兩,燈油一鍾,醃菜八兩,鹽茶一兩。押物官每日各給肉一觔,茶一兩,醬二兩,醃菜八兩,共燈油二鍾,鹽一兩。每五日,酒四瓶,從人每日各給肉半觔,醃菜四兩,醬二兩,鹽一兩。頒過賞者,每六名每五日,酒一瓶。回時路費,正使給羊三隻,副使書狀官各給羊二隻,大通官折肉銀一兩八錢,押物官折肉銀一兩二錢,頒過賞者,各折肉銀六錢,俱給鹽正使副使書狀官大通官押物官從人,俱給米,自京起至義州止,移咨户部支發。

凡朝鮮國進表來京,崇德三年定:都經歷、大通官每日各給肉一觔半,鹽醬二兩,醃菜八兩。每五日,酒一瓶。回時路費各給肉三十觔,小通事每日肉一觔,醬二兩,菜一觔,回時路費肉二十觔。○順治四年定:都經歷,每日給鵝一隻,雞一隻,肉三觔,豆腐一觔,清醬二兩,醬三兩,醋二兩,香油二兩,醃菜八兩,酒一壺,茶二兩,燈油一鍾,鹽一兩。大通官每日給肉一觔半,雞一隻,醬二兩,醃菜八兩,酒一壺,燈油一鍾,茶一兩,鹽一兩。小通事每日給肉一觔,醬二兩,醃菜八兩,酒一壺,燈油一鍾,茶鹽各一兩,從人每日給肉半觔,醃菜共三觔,燈油二鍾,鹽一兩。每五日給酒二瓶。回時路費,都經歷折肉銀一兩八錢,大通官折肉銀一兩二錢,小通事折肉銀九錢,從人各折肉銀六錢,并給鹽。都經歷大通官小通事從人,俱給米,自京起至義州止。移咨户部支發。

凡琉球國來使,順治七年定:琉球國王差來朝貢王舅,每日給鵝一隻,雞一隻,肉三觔,茶一兩,豆腐二觔,花椒一錢,清醬六兩,香油六錢,醬六兩,各樣菜蔬三觔,酒二壺,鹽一兩。正議大夫每日給雞一隻,肉三觔,茶六錢,豆腐一觔半,花椒八分,清醬四兩,醬四兩,香油四錢,菜二觔,酒一壺,鹽一兩。四節官、都通事官,每日各給雞一隻,肉二觔,茶五錢,豆腐一觔,花椒五分,清醬四兩,香油四錢,醬四兩,酒一壺,菜一觔,鹽一兩。王舅下通事,每日給肉三觔,豆腐一觔,花椒五分。從役每日給肉一觔,鹽一兩,菜十兩。送來通事每日給肉二觔,鹽一兩。正副使各官從役,俱給米,移咨户部支發。〇康熙二十七年議准:琉球國陪臣子弟在監讀書者,照都通事例每日支給。

凡安南國來使,順治十八年議准:安南國進表使臣,每日給肉二觔,雞一隻,酒一壺,茶一兩,香油一兩,花椒一錢,醬二兩,清醬二兩,燈油二鍾,鹽二兩,醃菜一觔,醬瓜四兩,豆腐一觔半,通事各給肉一觔,醃菜一觔,鹽一兩,共酒一壺。正使各官從人俱給米,移咨户部支發。

凡荷蘭國來使,順治十三年議准:荷蘭國朝貢正使、副使及次官,每日共給牛乳一鏇,每二日,羊一隻。每五日,蘋菓五十個,梨五十個,葡萄五觔,棗五觔,沙菓七十五個。正使副使每日共鵝一隻,雞一隻,魚一尾,茶一兩,麪二觔,豆腐二觔,椒一錢,清醬六兩,醬六兩,香油六錢,各樣菜三觔,酒十壺。次官每日給茶五錢,麪一觔,豆腐一觔,椒五分,清醬四兩,醬四兩,香油四錢,酒一壺,菜一觔。通事每日給肉二觔半,其茶并菜蔬與次官同。從役每日各給肉一觔半,麪半觔,菜二兩,共酒五壺。伴送廣東通事每日各給肉一觔,清醬二兩,醬二兩,菜一觔,以上,每人鹽一兩。正副使餘官從役,俱給米,移咨户部支發。

凡暹羅國來使,康熙三年議准:暹羅朝貢正使、副使、辦事、幹事官,每日共給牛乳一鏇,每二日給羊一隻,每五日蘋菓五十個,梨五十個,鮮葡萄五觔,棗五觔,沙菓七十五個。正副使每日共鵝一隻,雞一隻,魚一尾,茶一兩,麪二觔,豆腐二觔,椒一錢,清醬六兩,醬六兩,香油六錢,各樣菜蔬三觔,酒十壺,燈油一鍾。辦事幹事官,每日各豆腐一觔,茶五錢,麪一觔,椒五分,清醬四兩,醬四兩,香油四錢,酒一壺,菜一觔,燈油一鍾。通事官每日肉二觔半,茶五錢,麪一觔,豆腐一觔,花椒五分,清醬四兩,醬四兩,香油四錢,酒一壺,菜一觔,燈油一鍾。從人每日各給肉一觔半,麪半觔,菜二兩,鹽一兩,共酒十壺,燈油五鍾。正使副使辦事幹事通事從人,俱給米,移咨户部支發。

凡蘇禄國來使,雍正五年定:蘇禄國朝貢正使副使,每日共給牛乳一鏇,羊一隻,各給鵝一隻,雞一隻,魚一尾,茶一兩,麵二觔,椒一錢,清醬六兩,醬六兩,香油一兩,各樣菜蔬三觔,酒六壺,燈油一鍾,鹽一兩,每五日共給蘋菓五十個,梨五十個,葡萄五觔,棗五觔,沙果七十五個。通事護送官每二日給羊一隻,雞一隻,每日茶五錢,麪一觔,豆腐一觔,椒五分,清醬二兩,醬四兩,香油四錢,酒一壺,菜一觔,燈油共二鍾,鹽各一兩,從人各給肉一觔半,麪半觔,菜二兩,共酒六壺,燈油二鍾,鹽各一兩。正副使通事護送等官從人,俱給米,移咨户部支發。

凡西洋國來使,康熙九年定:西洋國朝貢正使每日給牛乳一鏇,羊一隻,鵝一隻,雞一隻,魚一尾,茶一兩,麪二觔,豆腐二觔,椒一錢,清醬六兩,醬六兩,香油一兩,各樣菜蔬三觔,酒六壺,燈油一鍾,每四日,蘋菓五十個,梨五十個,葡萄五觔,棗五觔,沙菓七十五個。護送官每二日給羊一隻,雞一隻,每日茶五錢,麪一觔,豆腐一觔,椒五分,清醬二兩,醬四兩,香油四錢,酒一壺,菜一觔,燈油共二鍾。從人每日各給肉一觔半,麪半觔,菜二兩,共酒六壺,燈油二鍾。正使官護送官通事書辦從人,俱給米,移咨户部支發。

凡土魯番來使,順治三年定:土魯番國朝貢謝恩正使,每五日給羊一隻,鵝一隻,雞一隻,麪十五觔,椒一兩,醬十兩,香油一觔,鹽五兩,茶三兩,核桃二觔,紅棗二觔,每日各樣菜二觔四兩。次等頭目,每五日共給羊二隻,鵝二隻,雞二隻,椒二兩,醬一觔,四兩,茶八兩,核桃二觔,紅棗二觔,麪四十觔,每日菜四兩,香油二觔,鹽一觔四兩。從役每五日,共給羊十隻,雞二隻,椒二兩五錢,醬七觔十三兩,鹽七觔十三兩,麪一百二十五觔,香油七觔十三兩,核桃五觔,紅棗五觔,茶一觔九兩。甘肅通事每日給肉一觔,醬一兩,菜八兩,鹽一兩。正使副使每五日給粳米一石五斗,折酒粳米一石五斗。餘官從役各給米,移咨户部支發。

凡衍聖公來朝,順治八年定:給羊一隻,鵝二隻,酒六瓶,麪二十觔,茶鹽醬各二觔,黄蠟十枝。〇康熙元年議准:停給羊酒,餘如舊。

凡嗣正一真人來朝,順治八年定:給羊一隻,鵝二隻,酒六瓶,麪二十觔,茶鹽醬各二觔,黄蠟十枝。〇康熙元年議准:停給羊酒,餘如舊。

凡番僧,康熙二年議准:番僧進貢,每日共給羊一隻。僧官每日給茶一包,牛乳一鏇,酥油二兩。其餘僧人每日肉二觔。每二日,肉一盤,茶一包,麪一觔,酥油二兩,俱各給燈油一鍾,鹽一兩。番僧僧官僧人,俱給米,移咨户部支發。

凡俄羅斯國來使，順治十三年議准：俄羅斯國進貢總領頭目并從人，每日共給羊一隻，酒一瓶。總領頭目每日茶一包，牛乳一鏇，酥油二兩，魚二尾，燈油二鍾，醋四兩，醬四兩，醃菜一觔。其餘頭目每日共給羊一隻，酒一瓶，每二日，各給茶一包，麪一觔，酥油二兩，燈油一鍾，其餘從役每日各給肉一觔半，已上每人鹽各一兩，回時給路費。其頭目頒過三九賞者，給羊六隻；頒過二九賞者，給羊五隻；頒過一九賞者，給羊四隻，每日鹽各一兩。〇康熙十五年議准：俄羅斯進貢來使并從人每日給羊一隻，酒一瓶，茶一包，牛乳一鏇，酥油二兩，魚二尾，燈油二鍾，醃菜一觔，醬四兩，醋四兩，鹽一兩，其餘頭目并從人每日給羊一隻，酒一瓶，每二日，各給茶一包，麪一觔，酥油二兩。各頭目每日燈油一鍾，鹽一兩。特賜宴五席，茶十桶，每十日一次。〇雍正四年，以來使薩瓦係俄羅斯國大臣，特旨每日加一倍給與。

凡達賴喇嘛來朝，順治九年定：每十日給羊三十隻，茶三十觔，麪六十觔，酥油十觔，牛乳三十觔，鹽十觔，黄蠟三枝。頭等第一喇嘛，每名每十日給羊十隻，茶二十包，麪二十觔，酥油五觔，牛乳十五觔，鹽十兩，黄蠟一枝；頭等第二及二等喇嘛每十人每十日給羊十隻，茶十包，麪二十觔，酥油二十兩，牛乳四觔，鹽三觔，燈油十鍾；三等四等人從役每十二名每十日給羊十隻，茶十包，麪二十觔，酥油二十兩，牛乳四觔，鹽三觔，燈油十鍾。

凡達賴喇嘛來使，崇德七年定：正副使每日各給羊一隻，茶一包，衆喇嘛共給羊一隻，各給燈油二鍾，酥油五兩，牛乳一碗并鹽。回時給路費，羊各一隻。〇順治七年定：正使并從役每日給羊一隻，茶一包，牛乳一鏇，酥油二兩。副使并從役每日給羊一隻。格隆等每日各給肉二觔，每二日，肉一盤。班第等每日各給肉二觔，副使格隆等每二日，各給茶一包，麪一觔，酥油二兩，從役每日各給肉一觔半，正使副使每日燈油各一鍾，每五日，設宴五席，羊二隻，茶四桶，禮部並理藩院官員監送，以上給鹽各一兩。回時，正使給路費，羊七隻，副使給羊六隻，格隆班第等，每日給肉一觔，食鹽共給二十日。回時路費，今停止。

凡各處大喇嘛來朝，崇德三年定：每日給羊一隻，酒一瓶，麪一觔，燈油二鍾，并鹽，回時給路費羊一隻。〇順治元年定：每日給羊一隻，茶一包，牛乳一鏇，酥油二兩，燈油一鍾，鹽一兩，回時給路費羊二隻，每日鹽一兩。

凡小喇嘛總領來朝,崇德三年定:每日給羊一隻,麪半觔,燈油一鍾并鹽,回時給路費,每日肉各一觔。〇順治元年定:每日給羊一隻,鹽一兩,每二日,茶一包,麪一觔,酥油二兩,回時給路費羊一隻,每日鹽一兩。

凡格隆俄木布來朝,崇德三年定:每日各給肉二觔,鹽一兩,回時給路費鹽。〇順治元年定:每日各給肉二觔,鹽一兩,每二日,肉一盤、茶一包,麪一觔,酥油二兩,回時給路費,每日肉一觔,鹽一兩。

凡班第來朝,崇德三年定:每日給肉一觔,鹽一兩,回時給路費鹽。〇順治元年定:每日給肉二觔,鹽一兩,回時給路費,每日肉一觔,鹽一兩。

凡支給京城喇嘛例,黄廟居住墨爾根綽爾濟,每日給肉四觔,茶二包,酥油三兩,燈油二兩,喇嘛等每日各給肉三觔,茶一包,麪四兩,酥油一兩,燈油一鍾,湯古忒教習師及班第等每日各給肉一觔,茶一兩,麪二兩四錢,十人共給牛油一觔,燈油七兩,每日各給鹽一兩;達賴喇嘛禪院居住垂木品爾格隆,每日支給,與黄廟墨爾根綽爾濟同;餘格隆等每日支給,與黄廟喇嘛同;班第等每日支給,與黄廟班第同;烏思尼哈白塔居住丹津格隆每日支給,與黄廟墨爾根綽爾濟同;餘格隆等每日支給,與黄廟喇嘛同;班第等每日支給,與黄廟班第同;席大達廟居住竹喇戚格隆每日支給,與黄廟喇嘛同;班第等每日支給,與黄廟班第同;額木齊喇嘛每日給肉四觔,茶四包,酥油三兩,燈油二兩,鹽一兩,其家人各給鹽一兩,四馬哈蘭雜廟居住扎木蘇蘭木占穆巴喇嘛、噶布楚喇嘛每日支給,與黄廟墨爾根綽爾濟同;格隆等每日支給,與黄廟喇嘛同;班第等每日支給,與黄廟班第同;盛京法庫居住席勒圖綽爾濟喇嘛每年支給野雞一百隻,粳米一石,麪一石,梨一千個,杜梨八斗,葡萄八斗,蜂蜜一瓶,魚一百尾,鹽二筐,每年十月移咨盛京禮部給送。

凡投誠王,崇德二年定:每日給肉三觔,魚一尾,酒一壺,豆腐一觔,清醬三兩,醬三兩,醋三兩,香油六兩并鹽,每月麪四觔。〇順治十五年議准:每日給鵝一隻,雞三隻,肉十五觔,魚三尾,清醬一觔,木耳五兩,蘑菇一觔,菜十觔,葱五觔,豆腐七觔,醋一觔,麪十觔,香油一觔,燈油八兩,黄蠟二枝,牛乳一鏇,每十日,酒十瓶,茶十包,酥油一觔,十四兩,梨二百五十個,棗五觔,乾葡萄五觔,核桃二百個。〇康熙五年議准:每日給羊一隻,酒一瓶,茶二包,牛乳二鏇,酥油四兩,黄蠟一枝,燈油二鍾,鹽八兩。

凡投誠各官,崇德三年定:總兵官每日給肉四觔,雞二隻,鵝二隻,魚四尾,酒二壺,香油半觔,鹽一觔,清醬一觔,醬二觔,菜四觔,葱四觔。副將每日支給與總兵官同。參將遊擊,每日各給肉六觔,清醬一碗,醬一觔,鹽一觔,葱三觔,醃菜醬瓜共一觔,燈油一鍾,各樣菜蔬。每月酒一瓶半。旗鼓都司,每日各給肉四觔,餘與參將同。守備、千總、把總、百總、中軍,每日各給肉二觔,鹽、醬、醬瓜、醃菜各一觔,每三日酒各一壺。〇順治八年議准:總兵官每日給肉三觔,雞一隻,豆腐一觔,醬二兩,菜一觔,葱八兩,酒一壺,燈油一鍾;副將每日給肉三觔,豆腐一觔,菜一觔,葱八兩,醬二兩,酒一壺,燈油一鍾;參將、遊擊、旗鼓、都司,每日各給肉二觔,豆腐一觔,葱八兩,菜一觔,醬二兩,燈油一鍾,每二日,酒一壺;守備、千總、把總、百總、中軍,每日各給肉一觔,醬二兩,菜八兩,每二日,酒一壺,燈油一鍾。兵丁從役各給鹽一兩。

大清會典卷之一百十

禮部精膳司

〔會估〕

順治十年題准：光禄寺每月用過物品，委精膳司滿漢官各一員同該寺官估計，仍將用過錢糧數目，按月詳開清册報部。○康熙十年，禮部分析光禄寺，聽本寺移文順天府堂官，委宛平、大興二縣，開報每月物價，造册呈送本寺，本寺移文。浙江道滿漢御史各一員，公同順天府府尹、禮部精膳司滿漢官一員、户部陝西司滿漢官一員至本寺，將買辦上用及一應筵宴下程等物，會同估定價值，每二季彙算造册，浙江道具題奏銷。

〔勘合〕

初，本司有勘合科，彙齊四司開送事件，赴禮科填給勘合，照會各布政司及直隷府、州，遵照辦理，歲底奏繳本部查銷，今俱停止。惟遇日食月食，仍用勘合，移行各司府州救護，其例開具於後。

順治元年題准：日食，行浙江等各布政司、都司，用照會；行順天等府，用劄付；行延慶等州，用牌仰。

勘合字號

順天府，禮字。順治二年定。奉天府，光字。康熙二年，增定。

江南，雲字。順治三年定，康熙七年增定，江蘇布政司同。

浙江，以字。

湖廣，各字。康熙七年增定，湖南布政司同。

山東，格字。　　福建，皆字。

山西，致字。康熙二年增定，萬全衛同。

陝西，誠字。康熙七年增定，臨鞏布政司同。

廣東，及字。　廣西，席字。

四川，其字。　河南，正字。

江西，准字。　雲南，若字。

貴州，柔字。　正定府，騰字。

保定府，雨字。康熙二年增定，大寧衛同。

河間府，露字。　順德府，麗字。

廣平府，霜字。　大名府，結字。

永平府，金字。　延慶州，崑字。

保安州，岡字。

〔**牛羊館**〕

凡牛羊羣牧，順治初，屬户部職掌，十一年移歸禮部，設官二員。拖沙喇哈番品級，今改爲司牲官。筆帖式三員。於張家口外設兩翼，每翼設經管翼長一名，共置牛羣十八處，羊羣十六處，每羣設經管牧長一名，牧副一名，共牛二千一百五十六隻，羊三千八百八十四隻，均分牧養，三年内每牛三隻孳生一隻，每羊三隻孳生二隻，每三年均分一次，孳生多者給賞，孳生少者罰責。又於盛京養息牧地方，設牛羣十處，羊羣六處，設司牲官筆帖式等，一應事宜隸盛京禮部，造册報明，本部代爲題奏。○康熙元年定：養息牧地方及張家口外牛羊羣三年均分一次，每牛羣給牛一百隻，均分時於孳生五十隻外多牛一隻者，賞銀五錢，缺牛一隻者，責三鞭；每羊羣給羊一百隻，均分時於孳生一百隻外多十隻者，賞銀五錢，缺十隻者，責十鞭；其該管翼長，所管牧長全得賞者，賞翼長馬一匹，得賞多者，賞貉裘一領，得賞少者，鞭五十，全不得賞者，鞭八十，革去翼長。○十二年定：養息牧地方及張家口外牛羊羣，三年例應均分，每牛三隻孳生一隻，多一隻者，賞布一匹，缺一隻者，責二鞭；每羊三隻孳生二隻，多二隻者，賞布一匹，缺一隻者，責一鞭，賞布不過六十匹，鞭責不過一百，其翼長賞罰照元年例。○三十一年題准：養息牧六牧羣，羊隻衆多，應分作十羣，每一羣置羊六百八十八隻或六百八十九隻不等。○三十三年定：養息牧地方，分牛羊羣各十羣。○四十二年覆准：張家口牛羊羣因各隨廠水居住，不能盡行稽查，將八旗滿洲蒙古員外郎主事揀選引見命往，以原官放總管一員，鑄給“總管牛羊羣官”字樣關防。中書小京官筆帖式内，每翼各揀選二名放爲筆帖式帶去，俱著三年更换一次。孳生額外多得者，交與該部酌量議叙；孳生數内缺欠者，仍留任，俟照數補完日，照常更换。○四十九年覆准：養息牧蘇魯克牧羣，於三十三年均分時，牛羣十，原額牛五百八十九隻，羊羣十，原額羊六千七百二十七隻，今孳生甚多，除歷年各項取用外，現存牛一千一百五十三隻，羊一萬二千三百零八隻，將此孳生牛羊增設十牛羣，十羊羣，新舊共四十牧羣，著選蒙古内殷實可用之人，放牧長二十餘員、餘丁二十名，每牛羣撥給牛五十隻，連前十羣共牛一千隻，每羊羣撥給羊五百隻，連前十羣共羊一萬隻；其餘剩牛一百五十三隻、羊二千三百零八隻，俟後次分羣時一併議奏。〇五十二年題准：牛羣每羣添牛十隻，羊羣仍照舊。〇五十四年覆准：翼長該管各牧羣，所缺羊隻與所餘羊隻，多少比算，仍於應孳生額内有缺者，不准賞給貉裘。

凡備用筵宴及外藩下程，定例取犍牛一百五十隻、羊五百隻在館餧養。〇康熙九年題准：在内大宴及部中筵宴，俱不用牛，減去牛一百隻，止存五十隻在館餧養，以備外藩下程併喀爾喀投誠種地應用；其筵宴增備用羊四百隻，共九百隻，俱在館餧養。〇四十四年題定：外藩下程筵宴所用羊隻，禮部停其採買，仍取口外羊隻送館餧養應用。〇四十六年題定：禮部應用牛羊，停其餧養，仍照前例在兩翼採買應用。

凡採買價值，康熙十四年題准：部内所用牛羊，在張家口外各羣内取用，如應用不足，交與兩翼收稅官採買，送部時，移咨户部給發銀兩。〇二十一年議准：部内所用牛羊，每年春夏二季，牛每隻定價五兩五錢，羊每隻定價一兩三錢，秋冬二季，牛每隻定價五兩，羊每隻定價一兩一錢，大肥羊每隻定價一兩八錢；其致祭外藩牛羊，冬春二季，牛每隻四兩，羊每隻一兩五錢，夏秋二季，牛每隻三兩，羊每隻一兩。〇二十二年題准：兩翼官親身在市，深知時價，嗣後所用牛羊，令兩翼官動支抽税銀兩買辦送部，部内選用，買過牛羊數目，移咨户部，所用錢糧，兩翼官報户部開銷；若比時價浮多冒開，兩翼官員從重議處。〇二十四年議准：照光禄寺會估例，浙江道御史同户部廣西司，俱赴本部公同定價，於户部支給，仍由禮部具題。康熙二十二年以後，採買照時價開銷，多寡不等，今據雍正五年春夏二季價值開載，如左牛犢每隻二兩一錢三分，大羊每隻一兩三錢，小羊每隻一兩一錢。

凡馬場，定例：本部所屬有豐臺場、郭公莊場、北高場、天柱場四處，各有軍頭夫役，每月親齎花名年貌清册赴司查照，併將所管地畝四至呈造，以防盗賣葬埋侵占等弊，隨報所種地畝若干，又令每班五人入城，至館剉草餧養牛羊，五日一换，各將正身應役明白開寫，按月一報，以杜假冒逃亡、偷竊草料、盗牽牛羊等弊。

凡館場人役工食,定例:看守郭公莊場人役二名,每名給銀一兩;牛羊館看守外場披甲人二名,每名給銀一兩;五旗宰牲披甲聽事人役十名,每名給銀一兩。

凡館場人役,定例:牛羊館内,牧長一名,牧副一名。〇康熙三十一年題准:牧長附丁交與盛京禮部,將牧長等子弟内殷實有能者,選補新分牧羣頭目附丁,嗣後牧羣内牛羊孳生可足一羣者,照例添補牧羣。

凡本館乳牛,定例:額設三十隻,以供陵寢之用,如有無乳不堪用者,本部據守陵寢官來文抵換,其發來無乳之牛,或留館内喂養,或發張家口外孳生。

凡張家口外乳牛,定例:每隻每年交進乳酒,或酥油一瓶,每瓶隨乳餅二百個,俱由本館查收,本部劄付光禄寺,其春秋二季所剪羊毛,交送工部。

凡牛羊草料,牛每隻給料六升,草二束,乳牛每隻料四升,草二束,牛犢每隻料一升,草一束,羊每隻料二升,草半束,按日支取;如牛羊用去,按日扣發。

凡牛羊倒斃,定例:皮張交與工部,肉觔給與本部聽事人,内館併外場俱同。其張家口外及養息牧各羣,如遇大雪酷旱瘟疫等災,確報本部題明存查。〇康熙三十一年題准:養息牧牧羣牛羊病斃,照張家口外牧羣例賠補,有癬癩瘟病大雪倒斃,令翼長等報盛京禮部驗看皮角印記,查明數目,轉報禮部,俟均分時准其銷算,若有印記皮角,免其給放,交與盛京工部支用,若無應用之處,照時價變賣。〇四十三年覆准:牛犢倒斃並長大無乳者,令其變價,將變價銀兩年底自行奏銷。〇雍正二年覆准:三陵所用乳牛,著該管官挑選採買,加意餧養,所有無乳更换牛隻,限定月日,如過六個月無乳,照牛犢長大例變價,不及六個月者,不准更换,此内若乳牛殘傷無乳、牛犢長大無乳、併殘傷倒斃應行更换變價之處,俱令回明總理事務大學士等,方准變價,不許仍前指稱八兩以下二兩以上之數,朦朧變賣。凡牛犢長大無乳、倒斃無乳,定價每隻六兩變賣,殘傷倒斃乳牛連牛犢,定價每隻四兩。如不加意餧養,以致倒斃殘傷過多,即將該管官議處。又每逢祭祀,令茶房頭目並茶房人往圈内,同陵上禮部官員共看取乳,敬謹送至茶房。

〔四司錢糧〕

凡牲口、藥材、曆日等項錢糧,順治初屬户部職掌,八年移交禮部管理,康熙三年,仍歸户部,今存舊額,以備參考。

江南省，三萬三千九百四十四兩七錢一分。浙江省，七千六百五十兩二錢七分。山東省，五萬九千七兩六錢九分。山西省，五千五十二兩二錢五分。河南省，五萬六千三百三兩二錢六分。湖廣省，二千三百六兩七錢六分。江西省，七千一百八十六兩八錢二分。陝西省，二千三百六兩七錢二分。福建省，八千七百兩二錢三分。順天府，七千九百四十二兩六錢。永平府，二千七百二十七兩。保定府，二千八百八十五兩七錢五分。河間府，五千四百五十兩七錢。正定府，三千九百七十兩七錢五分。順德府，六千三百九十四兩三錢。廣平府，三千一百三十二兩五錢。大名府，一萬三千二百八十五兩四錢五分。上林苑監，四千四百六十五兩七錢一分。通共額銀，二十三萬二千七百一十三兩四錢七分。其收數及支用細數，俱屬精膳司備造清册，每年兩季於季杪題明完欠收管大數，謂之奏報，歲底開銷支用細數，謂之奏銷。

大清會典卷之一百十一

〔兵部〕

尚書、左右侍郎，掌天下武職、官軍、選授、簡練、廕襲、鎮戍軍功、郵傳之政令，其屬有四清吏司，曰武選，曰職方，曰車駕，曰武庫，其首領則有司務。建置沿革，詳見《吏部·官制》。

武選清吏司

郎中、員外郎、主事，分掌八旗、衛所、土司、銓選、駐防、誥敕、廕襲之事。

〔品級〕

武選、職方兩司，分掌内外銓除，有旗員，有世職，有武弁，有土官。屯衛京師、駐防直省以及太常官屬之犧牲所官，王府長史等官，旗員也；酬獎忠勳，恩及後裔，精奇尼哈番等官，世職也；鎮戍衛所、營協將領，如都督副將以下等官，武弁也；苗彝向化，世其爵土，如指揮使以下等官，土官也。旗員、世職、土官，俱屬武選，武弁除鑾儀衛都司衛所官外，俱屬職方。今將官員品秩分類具列於後。

旗員品級，正一品，領侍衛内大臣、内大臣、都統、將軍；正二品，前鋒統領、護軍統領、提督九門步軍巡捕三營統領、副都統；從二品，散秩大臣；正三品，前鋒參領、護軍參領、驍騎參領、步軍總尉、火器營協領、駐防協領、城守尉、游牧總管、黑龍江管船砲水手總管、王府長史、一等護衛；正四品，佐領、步軍副尉、步軍參尉、信砲總管、火器營參領、城門尉、副參領、南苑總管、駐防參領、張家口總管、防守尉、防守副尉、寧古塔至黑龍江運糧官、寧古塔司匠、寧古塔管水手官、游牧副總管、司儀長、四品典儀、二等護衛;正五品,前鋒侍衛、分管佐領、副佐領、步軍校、給使翼長、管守信砲官、火器營操練尉、犧牲所所牧、防禦、關口守禦、寧古塔至黑龍江五品運糧官、寧古塔五品管水手官、王府參領、五品典儀、三等護衛;從五品,犧牲所所副;正六品,前鋒校、護軍校、驍騎校、親軍校、監造火藥官、給使什長、寧古塔採樺皮官、寧古塔管驛站官、六品典儀;正七品,城門校、盛京遊牧正尉、盛京遊牧副尉、七品典儀;正八品,八品典儀。

陵寢地方旗員品級

正三品,總管;正四品,副總管、司工匠;正五品,防禦、管理燒造磚瓦官;正六品,祭祀供應官。

世職品級,詳見《吏部·驗封司》卷内,不復載。

武弁品級,正一品,左都督、右都督;從一品,都督同知、署都督同知;正二品,鑾儀使、都督僉事、署都督僉事;從二品,副將、署副將;正三品,一等侍衛、冠軍使、參將、署參將;從三品,遊擊舊係正三品,順治十年改從三品。署遊擊;正四品,二等侍衛、雲麾使、都司僉書舊係正三品,順治十年改從三品,十八年,改正四品。康熙九年,復改爲從三品。三十四年,仍改正四品。署都司僉書舊係從三品,康熙三十四年,改正四品。舊有行掌印都司、管屯都司僉書,初俱從三品。康熙三十四年,俱改正四品。雍正二年,俱裁;正五品,三等侍衛、整儀尉、守備舊係正四品,康熙三十四年,改正五品,署守備舊係正四品,康熙三十四年,改正五品;正六品,藍翎;從六品,千總舊係正六品,康熙三十四年,改從六品;正七品,把總原名操守,康熙元年,改爲把總。

土官品級,正三品,指揮使;從三品,宣慰使、指揮同知;正四品,宣慰同知、指揮僉事;從四品,宣慰副使、宣撫使;正五品,宣慰僉事、宣撫同知;從五品,宣撫副使、安撫使、招討使、副千户;正六品,宣撫僉事、安撫同知、招討副使、長官、百户;從六品,安撫副使;正七品,安撫僉事、副長官。

〔官制〕

八旗官制

國初設立八旗,曰鑲黄,曰正黄,曰正白,曰正紅,曰鑲白,曰鑲紅,曰正藍,曰鑲藍。分八旗爲兩翼,左翼則鑲黄、正白、鑲白、正藍,右翼則正黄、正紅、鑲紅、鑲藍。又以鑲黄正黄正白爲上三旗,五旗各以王貝勒等統之。每旗又分滿洲蒙古漢軍爲三旗,共二十四旗,除世職官員無定額外,今以在京及守陵官員開列於前,而直省駐防備載於後。

上三旗設立官員,領侍衛内大臣每旗二員,内大臣無定員,散秩大臣無定員，一等侍衛每旗三十員，二等侍衛每旗五十員，三等侍衛每旗一百二十員，藍翎每旗五十員。〇侍衛、藍翎，舊例定額如右，歷年拔補俱不拘額數。

內府佐領設立官員，護軍參領每旗五員，驍騎參領每旗五員，佐領每旗七員，護軍校每佐領一員，驍騎校每佐領一員。

八旗設立官員，都統滿洲、蒙古、漢軍每旗一員，護軍統領每旗，滿洲蒙古總設一員，提督九門步軍巡捕三營統領八旗總設一員，原係職方司漢主事專管，康熙十三年，改設提督九門步軍統領一員，三十年，將巡捕三營并歸提督統轄，副都統滿洲蒙古漢軍每旗二員，前鋒參領每旗滿洲蒙古總設二員，護軍參領每旗滿洲蒙古總設十六員，副護軍參領員額與護軍參領同，雍正二年添設。驍騎參領滿洲每旗五員，蒙古每旗三員，漢軍每旗五員，副驍騎參領員額與參領同，雍正二年添設。佐領滿洲蒙古漢軍各按壯丁多寡編設，無定額，副佐領員額與佐領同，雍正五年添設。步軍副尉滿洲蒙古漢軍每旗一員。步軍參尉員額與副尉同，雍正四年添設。前鋒侍衛每旗滿洲蒙古總設二員。步軍校初滿洲蒙古每參領下各設四員，康熙二十四年添設一員，漢軍每參領下各設二員。前鋒校每旗滿洲蒙古總設十二員。護軍校滿洲蒙古每佐領一員。驍騎校滿洲蒙古漢軍每佐領一員。親軍校滿洲蒙古每親軍十名，內設親軍校一員。給使什長滿洲每旗給使十名，內設什長一員。

兩翼設立官員，前鋒統領每翼滿洲蒙古總設一員，步軍總尉每翼一員，給使翼長每翼一員，管領滿洲火器營康熙三十年，設。總管六員，護軍參領每旗二員，驍騎參領每旗三員，閑散旗員每旗七員，護軍校每旗十四員，驍騎校每旗十四員，管砲旗員每旗五員，管砲驍騎校每旗五員，舊有管領漢軍火器兼練大刀營衙門，康熙二十八年，設每翼總管一員，以現任副都統兼管，每旗協領參領各一員，操練尉驍騎校各五員，三十六年停止，監守白塔信砲總管八旗總設一員，五品官每旗一員。

京師內九門，城門尉每門二員，滿洲官，城門校每門二員，滿洲官，千總每門二員，初係綠旗官專缺，雍正二年，兼用滿洲官。京師外七門，城門尉每門一員，漢軍官，城門校每門一員，漢軍官，千總每門二員，內外十六門原設指揮千百户，順治四年，改爲千總。南苑門，總管一員，防禦八員。新衙門，總管一員，康熙三十年添設。副總管二員康熙三十年添設。舊衙門，總管一員康熙三十年添設，副總管二員康熙三十年添設，南紅門，總管一員康熙三十年添設。副總管三員康熙三十年添設。看守南苑牆，守備一員康熙三十三年添設，千總一員康熙三十三年添設。把總二員康熙三十三年添設。

諸王屬下官制，親王，各設長史一員，一等護衛六員，二等護衛六員,三等護衛八員,四品典儀二員,五品典儀二員,六品典儀二員;世子,各設長史一員,一等護衛六員,二等護衛五員,三等護衛六員,四品典儀一員,五品典儀二員,六品典儀二員;郡王,各設長史一員,一等護衛六員,二等護衛四員,三等護衛五員,五品典儀二員,六品典儀二員;長子,各設長史一員,一等護衛二員,二等護衛四員,三等護衛六員,五品典儀二員,六品典儀一員;貝勒,各設司儀長一員,二等護衛六員,三等護衛四員,五品典儀一員,六品典儀二員;貝子,各設三等護衛六員,六品典儀一員,七品典儀二員;公,各設三等護衛四員,七品典儀一員,八品典儀二員。王等屬下,又每旗各設散騎郎無定員。諸王府佐領設立官員,參領每旗五員,佐領每旗七員,驍騎校每佐領一員。

〔八旗甲兵〕

滿洲蒙古每佐領,設前鋒二名,親軍二名,初係另設,康熙四十三年定:於馬兵額内揀用。鳥鎗護軍三名康熙三十年設,護軍十七名,領催四名初設六名,康熙四十三年,裁二名,馬兵三十九名内,弓匠一名。初設四十名,康熙四十三年裁一名,步軍領催二名,步兵十八名,鐵匠二名。

漢軍每佐領,設領催四名,馬兵三十名,步軍領催一名,步兵十二名。滿洲蒙古漢軍每旗設給使十名,内府及王貝勒貝子公等府佐領,各設甲兵,多寡不等。固倫公主府本佐領,額兵内設守門甲兵十五名,和碩公主府十名,郡主府八名,縣主府六名。管領火器營,每佐領設領催二名,甲兵二十名。監守白塔信砲,每旗設砲手四名,領催四名,甲兵十六名。京師内九門各設滿洲甲兵看守。正陽門,八旗甲兵派二十名;安定門,鑲黄旗甲兵三十名;德勝門,正黄旗甲兵三十名;東直門,正白旗甲兵三十名;西直門,正紅旗甲兵三十名;朝陽門,鑲白旗甲兵三十名;阜成門,鑲紅旗甲兵三十名;崇文門,正藍旗甲兵三十名;宣武門,鑲藍旗甲兵三十名。〇又每門各設緑旗門軍四十名。京師外七門;各設漢軍甲兵看守。東便門,鑲黄旗甲兵十名;西便門,正黄旗甲兵十名;廣渠門,正白旗甲兵十名;廣寧門,正紅旗甲兵十名;左安門,鑲白鑲藍二旗甲兵十名;右安門,鑲紅旗甲兵十名;永定門,正藍旗甲兵十名。〇又每門各設緑旗門軍四十名。

〔銓選〕

八旗官員陞除

凡官員除授,上三旗四品以上員缺,都統等具題擬正陪,咨部題補。五品以下員缺,擬正陪,咨部題補。其前鋒參領、護軍參領、前鋒侍衛、前鋒校、親軍校、護軍校等，由該管官具題補授，咨部註册。五旗五品以上員缺，該旗王貝勒等及各該管官，選擇才能官員，擬正陪咨部題補。至上三旗驍騎校六品以下，五旗六品以下各官，及王等護衛，俱照咨補授，概不具題。○康熙十八年諭：王等護衛、王府佐領，俱咨部具題引見補授，六品以下官，仍照咨補授。○二十四年覆准：旗下官員亡故缺出，令該旗於一月内咨送，其陞轉初設及外省將軍等坐名補授各官缺出，令該旗於十日内咨送到部，照例補授。○三十三年諭：八旗四品以上官員，俱係朕親驗指授之員，兵部不必逐案具題，即行補授，著每月三十日彙題。

凡滿洲都統員缺，由蒙古都統、前鋒統領、護軍統領、滿洲蒙古副都統等列名題補。如不用，將外省將軍副都統及精奇尼哈番以上官員題補。○康熙二十三年題准：滿洲補授漢軍旗分都統副都統，亦得一併開列具題。

凡蒙古都統員缺，由前鋒統領、護軍統領、滿洲蒙古副都統等列名題補。如不用，將外省將軍副都統及精奇尼哈番以上官員題補。

凡漢軍都統員缺，由漢軍副都統及本旗在外提督，論俸列名題補。如不用，將外省副都統及精奇尼哈番以上官員題補。○康熙二十三年議定：將本旗前鋒統領、護軍統領、滿洲蒙古副都統、漢軍副都統、提督職名，開列具題。

凡前鋒統領員缺，由滿洲蒙古副都統列名題補。如不用，將前鋒參領、護軍參領，論俸開列十員題補。○康熙二十三年議定：將本翼護軍統領職名，開列具題。

凡護軍統領員缺，由滿洲蒙古副都統列名題補。如不用，將長史前鋒參領護軍參領，論俸開列十員題補。○康熙二十三年題准：滿洲補授漢軍旗分副都統，亦得一併開列具題。

凡提督九門步軍巡捕三營統領員缺，由八旗驍騎參領、步軍總尉，論俸開列十員題補。

凡滿洲副都統員缺，由蒙古副都統列名題補。如不用，將長史前鋒參領、護軍參領，論俸開列十員題補。○康熙二十二年諭：滿洲蒙古漢軍副都統缺出，將本旗侍郎一併開列。

凡蒙古副都統員缺，由長史、前鋒參領、護軍參領内，俸淺有功牌、俸深無功牌者，開列才能官十員題補。○康熙十二年題准：由長史、前鋒參領、護軍參領内，論俸八員，驍騎參領内，論俸二員，開列題補。如不用，將以次各官論俸開列十員。如又不用,將阿思哈尼哈番以上官員題補。

凡漢軍副都統員缺,由參領及本旗在外總兵官論俸開列十員題補。如不用,將阿思哈尼哈番以上官員題補。○康熙二十三年議定:將滿洲長史、前鋒參領、護軍參領、驍騎參領論俸擬八員,漢軍參領論俸擬二員,并總兵官職名開列。○二十五年諭:應陞副都統之前鋒參領、護軍參領,如原係驍騎參領補授者列名時,止開見任俸次,不准通理前俸。

凡前鋒參領員缺,由護軍參領、驍騎參領、前鋒侍衛、一等二等三等侍衛、護衛、精奇尼哈番以下、佐領,拜他喇布勒哈番以上官員,擬正陪題補。

凡護軍參領員缺,由驍騎參領、前鋒侍衛、冠軍使、一等二等三等侍衛、護衛、郎中、員外郎、精奇尼哈番以下,佐領拖沙喇哈番以上護軍校等,擬正陪題補。

凡滿洲蒙古驍騎參領員缺,由佐領、郎中、員外郎、步軍副尉、前鋒侍衛、一等二等三等侍衛、護衛、精奇尼哈番以下,拖沙喇哈番以上官員,不論各該分屬,遴選旗内才能稱職者,擬正陪題補。

凡漢軍參領員缺,由佐領、郎中、員外郎、步軍副尉、精奇尼哈番以下,拖沙喇哈番以上官員,擬正陪題補。○康熙十八年議准:若在内無應補之員,將在外副將、參將、遊擊等,令該旗咨部調來引見補授。○二十三年議定:將滿洲漢軍應陞官員擬補。○雍正元年諭:八旗滿洲蒙古人員,屢補授漢軍參領,則至本旗缺出,反不得人。漢軍旗分,亦有人才,嗣後漢軍參領缺出,即將漢軍人員引見。

凡步軍總尉員缺,由該翼步軍副尉、佐領、阿達哈哈番、阿達哈哈番品級官員、拜他喇布勒哈番、拜他喇布勒哈番品級官員内,開列十員題補。

凡佐領員缺,由公、侯、伯、都統、大學士、尚書以下,護軍校、驍騎校以上官員擬正陪題補。若係祖父原管之佐領,其子弟即無官職,或年歲未滿者,亦擬正陪題補。其滿洲蒙古如有新編佐領者,補授佐領時即將舊佐領之兄弟及本旗内賢能應管之人擬正陪題補。如有原管佐領官員亡故,因子孫幼小另補他人,後子孫長成具告者,准將佐領給還,其代管佐領之人,照佐領品級候補。○康熙十八年議准:佐領缺出,在内若無應補之人,將在外都司僉書、守備等官,令該旗咨部,調來引見補授。○二十二年覆准:新滿洲佐領員缺,即將子弟擬正陪題補,若子弟庸懦,將親族人擬正陪題補。○二十三年題准:佐領因軍務革職,雖係世承佐領,亦不令伊子孫管理,仍令伊兄弟及兄弟之子孫管理,如無其人,方令伊子孫管理。〇又定：若係世承佐領内，因增丁分編之佐領，即於佐領兄弟内不拘職官甲兵補授，如兄弟内無堪管之人，乃於本旗内别選人員補授，其舊管世承之佐領有不稱職者，聽該都統不時糾參黜革；至湊編佐領，仍於本旗内選擇賢能官員補授。

凡副佐領，無專員，以八旗現任官員兼理。〇雍正五年諭：八旗人員，國家根本，所係甚重，養育教誨，不可少懈。佐領者，統轄一佐領之人者也，俾一佐領之人不失生理，不漸惡俗，養之教之，使趨於善，莫要於佐領。爾等允宜爲國家宣力，正己率物，教育所轄佐領下人。佐領内，有世佐領，有襲佐領，有公佐領。世佐領者，太祖太宗時，乃祖或率所部衆來歸。編爲佐領者，或戰陣有功，賞賜人口。編爲佐領者，是雖爾等世守統轄之人，然佐領下人同是滿洲，亦有從乃祖宣力國家，列於有位者之子孫，爾等宜骨肉視之。若乃自以爲世守佐領，作奴僕陵賤之，非理也。爾等若依勢作威，懷私行刻，心不公平，違朕保赤之念，豈惟國法不容，不幾敗汝祖宗之基業乎？襲佐領者，亦以乃祖曾宣力國家，人材服衆，俾管佐領，遂世世相傳，以至於爾身，所宜愛惜訓誨佐領下人，勉盡厥職，爲國家興賢育材。念乃祖之勤勞，思世世長襲勿替也。公佐領者，特以其能理佐領之事，能惠佐領之人，是以簡用，益宜教育佐領下人，俾趨於善也。爾佐領等，苟誠心爲國，自正其身，視佐領下人如手足，誘掖訓導，佐領下人豈有不率者乎？佐領内事豈有不治者乎？佐領之管佐領下事也，如州縣之於百姓耳。州縣所轄地方，或百里有餘，或幾二百里，人户不下數萬，徵糧斷訟，端緒甚繁，然猶可以興利除弊，懲惡勸善，俾庶民各遂其生。以佐領視州縣，誠易易矣。一佐領下，滿洲多不及二百人，少或七八十人，計户不過四五十家耳，世爲同里，孰守分節儉，孰越禮僭奢，孰孝弟勤學，孰狃於不善，佐領有不知者乎？誠於一佐領内，善者，獎之敬之，薦舉以勸之，則善者益樂爲善，衆皆有所鼓舞於爲善矣；惡者，如親子弟誠訓之，初教之不改，再則恥辱之。誠如此愛惜諄誨，雖下愚必有一隙之明，謂此反覆教誨之凡以爲我也，悔前非而趨於善，必矣。倘性惡之人怙終不悛，即申詳參領都統罰治之，或送部問罪，以爲衆戒。如此，則佐領下頑梗之徒，懼不敢爲非矣。管轄人者，不可顧人之怨己。佐領下奢侈者，禁使節儉；頹惰者，飭使勤公；頑梗之徒，毫不徇縱。誠能如此，即一時無知之人初時抱憾，久久自思，誰爲爲此，不過欲己之成人，得遂其生理耳，自然漸知感戴矣。今佐領内，或有不肖之人，自恃身爲佐領，陵虐佐領下人，不論是非，恣意妄行；其或昏懦之輩，託爲愿人，將佐領事盡諉之驍騎校，任其所爲；其或怠惰之人，將應行論教佐領下人之處，並不躬親，屬之領催傳示，以致盡成具文。至於貪鄙小人，不知加惠佐領下人，反貪小利朘刻之。似此，佐領下人何由心服，何由成材？故朕今特令每佐領設副佐領一員，助佐領辦事，和衷以濟，教育佐領下人，庶幾於事有益；若副佐領目無佐領，不問事理，肆行無忌，佐領即申詳都統。若佐領與佐領下人結黨，目無副佐領，朦朧作弊，副佐領亦即申詳都統，不可彼此瞻徇情面。爾等謹識朕言。佐領、副佐領，凡事從公辦理，一意和同，惟理所在，各具誠心，教育各佐領下人，禁止賭博酗酒之徒，毋使干法亂紀；嚴飭怠惰之人，使之勤力奉公；勸諭奢侈之輩，使從儉樸安分，遂生勉習文武之業，以副朕樂育八旗人才之至意。俾凡係佐領下人，皆有所成立，風俗淳美，不特我子孫享無疆之福，國祚亦萬萬年有永矣。爾等各宜勉旃！

凡步軍副尉員缺，由步軍校、拜他喇布勒哈番、拜他喇布勒哈番品級官員、拖沙喇哈番、拖沙喇哈番品級官員，擬正陪題補。

凡步軍參尉員缺，由步軍校及步軍校官職相當之旗員内，步軍統領會同各旗大臣，揀選引見補授。

凡信砲總管員缺，由阿達哈哈番、阿達哈哈番品級官員、拜他喇布勒哈番、拜他喇布勒哈番品級官員、監守信砲等官，開列十員題補。

凡城門尉員缺，由步軍校、拜他喇布勒哈番、拜他喇布勒哈番品級官員、拖沙喇哈番、拖沙喇哈番品級官員，擬正陪題補。○康熙十七年論：補授城門尉，無論年老官員，堪任用者，即准補授，步軍校内有年老者，亦准補授。

凡前鋒侍衛員缺，由拖沙喇哈番、三等侍衛、前鋒校、護軍校題補。

凡步軍校員缺，由拖沙喇哈番、拖沙喇哈番品級官員、前鋒校、親軍校、護軍校、驍騎校、六品七品八品官，擬正陪題補。

凡監守信砲官員缺，由拜他喇布勒哈番、拜他喇布勒哈番品級官員、拖沙喇哈番、拖沙喇哈番品級官員、護軍等校、驍騎校、六品七品八品官，擬正陪題補。

凡給使翼長員缺，由給使什長補授；給使什長員缺，由給使補授。

凡前鋒校員缺，由前鋒補授。

凡親軍校員缺，閑散人員俱准補授。

凡護軍校員缺，由拖沙喇哈番、拖沙喇哈番品級官員、六品七品八品官、前鋒護軍等補授，廕生監生，亦得選擇補授。〇康熙二十五年諭：已得拜他喇布勒哈番之護軍校，仍留護軍校任，如遇應陞時，照拜他喇布勒哈番陞用。

凡驍騎校員缺，由六品七品八品官、前鋒護軍及領催甲兵補授。〇康熙二十五年諭：承襲拖沙喇哈番之驍騎校，仍留驍騎校任，如遇應陞時，照拖沙喇哈番品級陞用。〇雍正二年，議准：八旗滿洲蒙古漢軍每一佐領，增署驍騎校一員，該旗大臣於各本佐領下前鋒鳥鎗護軍、親軍、護軍、領催内遴選才能委署。驍騎校缺出，再於此内遴選才能，指名首列具題請補。

凡監造火藥官員缺，由七品八品官領催補授。

凡城門校員缺，由前鋒護軍領催甲兵補授。

凡管轄親軍，雍正三年題准：上三旗親軍，添侍衛班領、親軍校、管轄，查其騎射演習當差。旗下差使，仍照常行走。

凡頂補門軍，雍正二年議准：内九門門軍缺出，不用漢人，將滿洲蒙古撫養之丁頂補；外七門門軍缺出，將漢軍撫養之丁頂補。此門軍係八旗均分，何旗缺出一名，即將該旗人二名送至提督揀選，應於十八歲以上、四十歲以下挑選。〇又議准：内九門門軍缺出，將滿洲蒙古頂補；外七門門軍缺出，將漢軍武舉頂補。

凡上三旗内大臣以下，藍翎等以上員缺，不拘何項人員，簡拔俱由欽定。〇康熙二十四年諭：調補侍衛各官，或照原品食俸，或照新任食俸，俱請旨定奪。〇六十一年十一月諭：下五旗王等、將屬下在京侍郎、學士以上，在外省州縣官以上，弟男子姪，挑護衛、隨侍，任意虐使者甚多。嗣後護衛、隨侍等項差使，停止挑選。再，現在行走人内，於伊父兄未任前挑選者，著照舊行走；伊父兄已任後挑選者，俱行查明撤回。若該王等特要挑選，著伊該王等聲明具題挑選。

諸王屬員陞除

凡長史員缺，由該旗王等咨送前鋒參領、護軍參領、驍騎參領、佐領、散騎郎、護衛、阿達哈哈番、拜他喇布勒哈番題補。

凡一等二等三等護衛員缺，除佐領及世職官員外，由該旗王等咨送五品以下官員及無職人，俱准補授。〇康熙二十五年覆准：王貝勒貝子公等一等護衛以下，及五品典儀以上員缺，除佐領阿達哈哈番外，將拜他喇布勒哈番、又一拖沙喇哈番、拖沙喇哈番内壯健堪用者選補。〇三十八年題准：各王屬下護衛典儀，以本屬下，拜他喇布勒哈番、拖沙喇哈番補放。若無可補放護衛典儀之人,再將所送無職人等具題補放。○又諭:嗣後王府佐領缺出,俱著護衛官員兼管。

凡司儀長員缺,由該旗貝勒咨送三品四品官及佐領、散騎郎、護衛、阿達哈哈番、拜他喇布勒哈番題補。

凡典儀員缺,由該旗王等咨送六七八品官及閑散人補授。

凡散騎郎員缺,由該旗王等咨送民公以下五品以上官員,不論品級題補。○雍正四年覆准:現在佐領兼散騎郎者,俱令回原任,若該王等欲留該員,聽各該王等具奏請旨,嗣後佐領不准補放散騎郎,王等以下貝勒以上門下散騎郎缺出,於各該屬下精奇尼哈番以下、拖沙喇哈番以上官員,揀選送部引見補放。○又諭:各王屬下散騎郎,仍照舊存留;貝勒貝子等散騎郎,著停止。嗣後王屬下散騎郎缺出,若有選取存留者,著伊本身指名具奏。

大清會典卷之一百十二

兵部武選司

〔八旗通例〕

八旗武職選授處分之法，舊隸銓曹，康熙三年，始移兵部。其選授成規、處分則例，今彙載焉。

凡候缺補用，舊例：滿洲蒙古漢軍候缺武官，如無對品之缺，遇有別缺，先行陞用。○康熙十二年題准：候補護軍校驍騎校等，無對品缺出者，准陞一級，以該旗五品缺用，其別項候缺官員不准。○十八年覆准：王等緣事，所屬解退六品以下官員，若有加級咨部候補護軍校驍騎校者，遇有七八品官員缺出，即銷去加級補授。

凡侍衛降級，一等侍衛降一級，授爲二等侍衛；二等侍衛降一級，授爲三等侍衛；三等侍衛降一級，即革職。王等護衛降，級與此例同。○康熙二十三年諭：王等護衛怠惰不効力者，革職。交與該王等，令供應賤役。

凡移給佐領，舊例：有願將本身所管佐領移給兄弟者，聽。○康熙二年停止。

凡老病官員陳請，舊例：具題解任。康熙十二年題准：二品以上官員自陳，五品以上，兵部題請，六品以下，咨部察驗解任。○二十二年覆准：凡世職及有職任官員、王等屬員患病告退者，該都統副都統長史等驗實咨部，准其解退。若詐稱患病告退者，革職。有世職者，令應襲之人承襲。若係本身所得世職，亦令革去。其徇情具報之該都統、副都統、長史等，俱降二級，罰俸一年。至前鋒參領、護軍參領、前鋒侍衛及有世職之侍衛、藍翎、護軍校等，若有詐稱患病告退者，與不行詳查之該管官，俱照此例議處。○又諭：凡被參有疾勒令休致官員，各該都統察其病痊，以原品隨旗上朝。

凡優給半俸,舊例:八旗武官年至六十告老解任者,察其所歷俸次及原効力處,應否優給半俸,具題請旨内佐領及王府等佐領官員并子弟替職官員,俱不准給;外省駐防官員告老回京者,准與題請,若仍在外省居住及漢軍任緑旗官告老回京者,俱不准給;年未至六十告病解任者,亦不准給。○康熙二十一年題准:本身所得世職官員以年老移給其子承襲,如承襲之人,緣事革職,或襲次已完,而得官之人尚在者,准給半俸。○三十九年諭:自親王以下至閑散宗室八旗文武食俸官員,若果年老不能行走者,俸米均行停止,官職留於本身,俟行走時准給俸米,如不行走,將官職移替。

凡故官加贈,順治間題准:内大臣、散秩大臣、都統、將軍、護軍統領、前鋒統領、副都統亡故,移咨禮部題給恤典,提督總兵官及加府銜副將任滿三年,勤勞病故者,加贈一級,請旨定奪,其在任未滿三年,及休致後病故者,俱不加贈;應予祭葬者,查明移咨禮部。○康熙十二年題准:滿漢内外應得恤典官員,其父母曾受誥命者若亡故,亦照例移咨禮部。○又題准:老病解任一二品官亡故,照現任例移咨禮部題給恤典,其三等侍衛護衛及五品以上官陣亡者,亦咨禮部題給恤典。○二十年,恩詔:五品以下有頂帶以上官員陣亡者,亦准給恤典。

凡官員子弟隨旗上朝,康熙二十九年諭:陣亡官員子弟准廕守備者,若因年幼,情願以守備品級隨旗上朝,准給以守備品級,令其隨旗上朝。

凡考試世職,康熙四十三年諭:八旗世職,令各該都統等,考試騎射奏聞其好者,照常存留;騎射不堪者,着停俸,毋令當差,秖令隨旗上朝。

凡官員降級,順治初定:官員緣事降級者,分别正從降級。○康熙十二年題准:世職官員應降級者,除有加級准其抵銷外,應降一級者,降半俸三年,應降二級者,住俸三年,三年無過,准其開復,如三年内又有過犯,以後議之日爲始,其議處時不論世職大小,俱照職任議處,如無職任,仍照世職議處。○二十四年覆准:管参領佐領官員緣事降級者,應照所降之級換頂帶坐褥,其文職管参領佐領大臣官員緣事降級者,亦照此例。如兼世職官員緣事降級,應降一級者,罰俸一年半,應降二級者,罰俸三年,多者照此例遞罰。○二十六年議准:官員降級留任,三年無過,雖准開復,若係軍情降級,非尋常緣事降級可比,不得引照此例。

凡官員詿誤,雍正三年議准:有世職文武官員,因公詿誤至於革職者,係文職詿誤,將文職革退,仍留兼管武職;世職係武職詿誤,將武職革退,仍留兼管文職世職;若無文職,但係武職兼世職者,在武職詿誤革退,仍留世職。再降級調用者,於何職議處,亦照何職降調,革職留任者,於何職帶罪,亦將何職住俸。其所剩之職,若有餘俸,仍行給與。其因病具呈者,文職自病痊補官日給俸,若兼管世職者,自具呈日給與世職之俸;武職自隨旗當差日,給與世職之俸。再,世職佐領内挑選之侍衛,有實在家貧,不能於侍衛行走者,管侍衛大臣題明,退去侍衛,駁回該旗在世職佐領上行走。若係怠惰,行止不堪,題參革退侍衛者,將兼管世職佐領一併革退,永爲定例遵行。

凡廢官當差,雍正二年諭:定例八旗官員一經革職,皆爲廢官,令當苦差,充鳥鎗披甲,其廢官果因伊身犯無恥之罪者,乃係自取,令當苦差,理所當然;如因公詿誤、年老有疾、才力不及、無心獲罪而革職者,並非故犯,亦照廢官例令當苦差,情屬可憫,嗣後八旗廢官,俱視其罪之輕重,定爲成例,其貪贓枉法拖欠錢糧、遇事規避懶惰、行止不端有曠班守等情犯罪革職者,仍照舊例作爲廢官,令當苦差。若此外因公詿誤、年老有疾、才力不及、無心獲罪革職者,勿以廢官論,免其充鳥鎗披甲等苦差。如此不但現任官員恐爲廢官,不敢干犯重罪,而因公詿誤革職之人雖已革職,猶得改過自新,冀收效於異日,亦未可定,着該部議奏。遵旨議定:嗣後廢官當差,量其罪之輕重,分晰寬宥。至八旗革退微員内,或有不能度日,情願披甲,仰藉錢糧度日者,亦仍准其披甲。

凡調旗,定例:在京在外官員有職掌銜缺相當者,互相更調;多餘者撤回;有世職者,照原品隨旗上朝;無世職者,候缺出補用。

凡補官争告,舊例:補授官員時,有向宗人府兵部衙門争告者,務將本身冤抑并該旗徇情妄送緣由開明,審係情實,即將争告緣由准行,仍將徇情妄送之都統等罰俸六個月。○康熙十二年題准:都統、護軍統領、前鋒統領、副都統等,將不堪任之人徇情妄送者,降一級,罰俸一年。若具告涉虚者,原告係官,降二級,係平人,交刑部議罪。

凡守制,定例:内外八旗武職官員,遇親父母、祖父母及所後父母、祖父母亡故者,照文職例,令各該管官咨部,准居喪三個月。奉差出征者,回日居喪三個月,仍私居持服盡三年喪禮。如親伯叔父母兄弟并妻,及娶妻之子故者,本官呈明該管官,准居家兩個月。親嫂及族祖父母伯叔父母兄嫂弟故者,既殯即出辦事。副都統阿思哈尼哈番以上官具題居喪,以下各官註册居喪。其盛京及外省駐防官員如遇父母祖父母在任故者,在任守制;在京故者,不准解任,或來京守制,或在任守制,聽其自便;其在京官員因有上朝會射等事,令該旗將准假情由報明吏兵二部。○康熙二十五年覆准:武職守制,除居喪三個月外,其二十七個月内不得預朝賀宴會等事。

凡護衛起用,順治初定:護衛有因王等薨故,或王等緣事解任者,如曾遇恩詔,得過封典,仍酌量補用。○康熙十二年題准:王等緣事革去之護衛,令該旗減等補用。

凡請假,康熙十二年題准:凡往盛京遊牧地方及近京等處告假者,二品以上有職任各官,具題准往。其阿思哈尼哈番以下無職任者,許各該都統保結,咨部註册,准往。○雍正二年議准:如有告假到外省搬取靈櫬,兵部照例勒限給假,俱於月底彙題。

凡請假違限,康熙五年題准:八旗官員有以遷葬修墳,或扶柩弔問等事請假者,酌定限期給與路引,違限者,酌量議處。○十二年題准:請假官員違限不及一月者,免議,違限一月者,罰俸一個月,二月者,罰俸兩個月,三月者,罰俸三個月,四五月以上,罰俸六個月,六七月以上,罰俸九個月,八九月以上,罰俸一年,一年以上,降一級,一年六個月以上,降二級,二年以上,革職。如果有患病阻滯情由,取具將軍城守尉及府州縣印結,免議。

凡違禁私出,舊例:官員私差家人出境者,罰俸一年;佐領下人私往外省,該佐領驍騎校失察者,罰俸兩個月;知而令去者,罰俸一年。私去之人鞭五十。

凡嚴禁需索外任官員,雍正元年諭:内閣、通行八旗、直省督撫:曉諭内外旗員知悉。旗員爲外吏者,每受該旗都統參領等官所制。自司道以至州縣,於將選之時必勒索重賄,方肯出結咨部,及得缺後即遣人往其任所,或稱平日受恩,責令酬報,或稱家有婚喪等事緩急求助,或以舊日私事要挾,或五旗本王府不體下情,分外勒取,或縱本府管領肆行貪求,種種應酬,不可枚舉,以致該員竭蹶餽送,不能潔己自好。凡虧空公帑,敗壞聲名者,多由於此。嗣後如有仍蹈前轍,恣意需索等弊,許本官據實封章,密詳督撫轉奏,督撫即時據詳密奏;倘督撫瞻顧容隱,即許本官密揭都察院轉爲密奏,倘不爲奏聞,即各御史亦得據揭密奏,務期通達下情,以除積弊。外任旗員勿得隱忍畏懼,朕不治以犯上舉首之罪。

凡外城居住,順治初定:八旗官員兵丁不許在京城外居住。○康熙四年題准:在前三門外居住者,俱令遷入内城,漢人投充旗下者,免。○二十二年議定,漢軍文武官員,不論有無職任,願在城外居住者,准其居住;滿洲蒙古告老告病官員,有願住外城者,亦准居住。

凡城外過宿,舊例:官員無故出城過宿,失誤朝期者,革職;如因掃墓、醫病等事不及進城者,罰俸一個月。

凡請往盛京居住,舊例:年老解任官員,因父母墳墓家産在盛京請往居住者,許該旗印文咨送。有世職者,具題准往;無世職者,兵部註册准往。

凡官員歸旗,康熙十七年覆准:在外漢軍降級革職、緣事解任、裁缺之候補文武官員,解任時即將任内事務交明,帶領家口速行歸旗,該管地方官員,亦將家口一併速催歸旗,仍將起程日期報部,令取經過州縣沿途交付印結。如有降級革職解任裁缺之候補官員,正事已完,妄借事故不速回旗,仍住原任地方,或潛往他處居住竟不來京,或在近京附近州縣居住,或本身進京,家口仍在外居住者,如已經革職,交與刑部治罪,如有官者,革職交與刑部治罪,該管州縣官武職專汛官,將此等解任官員本身並家口不一併速催起行,借端遲延容留一人居住者,降二級調用,二人者,降四級調用,三人以上者,革職;道官兼轄武官在伊等所轄地方容留一人居住者,降一級調用,二人者,降二級調用,三人者,降三級調用,四人者,降四級調用,五人以上者,革職;督撫提鎮所管地方容留一二人者,罰俸六個月,三四人者,罰俸一年,五人以上者,降一級留任,十人以上者,降二級留任;同城知府照州縣例議處。再,此等解任官員不將家口作速帶來,該管佐領驍騎校不行查出報部者,一人,降一級留任,二人,降二級仍留任,三人以上者,革職,領催交與刑部從重治罪;參領於本旗下有一二人不行查出呈報者,罰俸一年,三四人者,降一級留任,五六人以上者,降二級留任,十人以上者,降三級,仍留原任;都統、副都統不行查出,一二人者,罰俸三個月,三四人者,罰俸六個月,五六人者,罰俸九個月,七八人以上者,罰俸一年,十五人以上者,降一級留任;原任地方該管官將此等官員起程日期不行報部者,罰俸一年。○又定:廢官回旗,自原居官之處起程到京,照裁缺、復職、降調、初授等官在原地方請咨赴部投遞之限期,直隸限一個月,山東河南山西限兩個月,陝西浙江江南湖廣江西限三個月,福建兩廣四川貴州限四個月,雲南限五個月到京。如違此限,俱照赴任違限之例處分:違一月以上者,罰俸三個月,違二月以上者,罰俸六個月,違三月以上者,降一級調用,違四月以上者,降二級調用,違五月以上者,降三級調用,違半年以上者,革職,不及一月者,免議,無職者,交與刑部照所違之限治罪,若有逾限不到者,該都統處報部時,將逗遛遲延并容留地方官逐一查明議處。○二十六年議准:因公詿誤緣事解任等官,俱照陞任離任例,定限兩個月内交代離任,即催起程回旗。如逾此限,應照容留廢官例議處,如有錢糧未清,勒限兩月之外,再限六個月完結。如逾限不完,該督撫將承追督催各官題參,照例議處,一面即將拖欠錢糧之官并家口一併催令歸旗,將未完錢糧詳細總數備造清册,咨送該部轉交該旗都統,查變產業賠補。如逾限不令起程歸旗,亦照容留廢官例處分。至以前解任等官,因錢糧未清羈留者,亦照此定限,以部文到日扣算。至原參督撫承催官員降俸帶罪督催之案,該旗將此項拖欠之錢糧催完,該部查明具題,咨送到日,兵部查銷。○雍正三年覆准:嗣後外省官員年老有病降級革職應歸旗者,務於定限之内,該管官親看起程,大路有驛站者,每日行一站,僻路無驛站者,每日行五十里,即將日期報部。如有無故不即起程,或已起程中途逗遛,或既來而不進京,在别處居住者,或令家口在别處居住者,即令該地方官詳報督撫查明題參,照例革職,交與刑部治罪;已革職者,交與刑部從重治罪。

凡叩閽,順治初定:御駕行幸地方有叩閽者,該管步軍校罰俸六個月,步軍副尉罰俸兩個月,該汛步兵鞭八十;有人進紫禁城叩閽者,守門官員罰俸六個月,如官員乞求外用叩閽及遇朝期叩閽,或書他人姓名頂替叩閽者,俱革職。

凡妄行奏告,舊例:官員引見時,不候諭旨即將所得功牌瀆奏者,罰俸六個月,如於議政王會推時妄告者,革職。○康熙十二年題准:官員果有行間効力之處,不候會推,即行妄告者,罰俸六個月。若無効力之處誣告者,罰俸一年。

凡失誤值班,順治初定:官員值守御門班次,失誤巡查者,解任降二級,隨旗上朝;值守紫禁城皇城大城曠班者,革職;不行巡查以致閑人擅入者,罰俸一年。○康熙十二年題准:值守御門曠班者,革職。若有父母之喪及偶染重疾,不向該管官呈明以致曠班者,罰俸一年。

凡武職坐車,雍正二年題准:八旗武職官員,遇朝賀之日有坐車到闕門者,着看闕門之官兵即行拿住,交部議處。

凡遺失櫜上羃羃,康熙二十九年議准:步軍、護軍校遺失預備櫜上羃羃,將步軍比照披甲看守城池倉庫等處遺失本身兵器之例,鞭七十,護軍校比照該管典儀官遺失儀仗之例,罰俸九個月。

凡遺失鎖鑰,舊例:守門護軍校遺失鎖鑰者,該班護軍校罰俸六個月,同班護軍校罰俸兩個月，錯給鑰匙者，亦罰俸六個月；失誤關鎖殿門者，革職，領班侍衛罰俸一年，該班侍衛亦罰俸一年；如遇皇帝陞殿，將應開之門不開者，護軍統領罰俸兩個月，該值之領班護軍參領降一級，罰俸一年，其餘值班護軍參領，俱罰俸一年，護軍校罰俸三個月。〇康熙十二年題准：遺失鎖鑰者，值班護軍校罰俸一年，同班護軍校罰俸六個月。

凡守護南苑門官員，不嚴加巡守，以致盜賊竊去御用物件者，降二級，罰俸一年，領催鞭八十，兵丁鞭一百。

凡守護王府門官員，不加意隄防，以致盜賊竊入者，降一級，罰俸一年。如有事故不交與接班之人以致曠班者，罰俸一年。

凡守護城門，順治初題准：守護城門官員縱令家僕依城搭蓋蓆棚，賃人取租者，罰俸六個月，奴僕鞭八十；如容留閑人門内歇宿，失火延燒城門者，該班城門尉、城門校、千總各罰俸六個月，領催兵丁交刑部。

凡城上火藥，康熙五十五年題准：城上該班官員黌夜私移城上備用火藥者，革職，其同班官若不攔阻者，罰俸一年，其同班披甲等原係該管官使令之人，應免議。〇雍正二年題准：大城樓内俱貯有火藥，旁立旗桿，週圍俱派步營官兵看守，該提督不時巡查，除换班并巡查人等，禁止不許閑散人行走，如有疎忽，照例治罪。

凡城内夜禁，舊例：城内起更後，栅欄關閉，王以下官民人等不得任意往來，步軍校等分定街道，輪班值宿，步軍副尉等仍行巡邏，兵部不時差官查驗，若栅欄不行關閉，官兵曠班及不支更者，步軍副尉一併議處，除奉旨差遣及部院衙門差遣外，如有喪事生産及問病請醫、祭祀、嫁娶、宴會往來者，許步軍官兵等詳問事故及本都統佐領姓名，開栅放出，仍遞交附近該值兵丁，次日即報步軍總尉步軍副尉，詳問果實，免其送部，如無事詐稱者，送部議處；起更之後私自夜行者，係王貝勒貝子公等，應記明報部，係官員或婦女，即送至其家，仍向鄰佑説知拿獲時辰，次日報部，若係民人，即行羈留，其拿獲時辰，亦向鄰佑説知。王以下及官員，請旨交部議處，民人鞭二十七，被獲之人各罰銀一兩，給與拿獲兵丁，若步軍官兵或徇隱不報，或受賄縱放，或被旁人拿獲出首，步軍校從重議處，領催鞭一百，兵丁鞭八十，罰銀三兩給出首之人。如未起更之先妄拿，挨至起更後方向鄰佑説知，或竟不向鄰佑説知者，領催兵丁及步軍校亦照此例議處。〇康熙十二年題准：官員無故夜行，罰俸一個月，街道栅欄不行關閉、值宿領催兵丁缺少、不支更次及拿獲之人脱逃者，值宿步軍校、值巡步軍副尉，俱罰俸一個月,領催鞭三十,兵丁鞭二十七,如將拿獲之人得財私放,及未起更之先妄拿不向鄰佑説知者,值宿步軍校罰俸兩個月,領催兵丁,俱鞭一百,該管官知情扶同者,革職。

凡街道值宿,舊例:看守街道步軍校曠班不值宿者,罰俸兩個月,如不待天明擅離汛地回家者,罰俸一個月。領催兵丁曠班者,領催鞭五十,兵丁鞭二十五。

凡火班,雍正二年題准:官員火班有曠,非平常街道堆子可比,罰俸一年。

凡擅打值宿兵丁,舊例:官員將看街步兵擅令家人毆打者,革職;拿至家中毆打者,革職交刑部,若因有事夜行兵丁留難毆打致傷損者,罰俸六個月。〇康熙十二年題准:官員將看街步兵拿至家中毆打者,革職,致傷損者,革職交刑部,如果有視疾祭祀嫁娶宴會等事兵丁故意留難者,鞭五十。〇二十八年覆准:凡官員齋戒日期,將攔街步兵令家人毆打,審實革職。

凡城門啓閉,舊例:部院差役夜間出城,須有各該衙門印文;都虞司等衙門差役,須有内務府印文,方准放出。如係奉旨差遣,及緊急軍務,該城門尉、城門校查問姓名,登記明白,開門放出,次日報部。其城外居住官員遇上朝啓奏日期,俱於鳴鐘後開門。

凡濫責該屬,順治初定:該管官將本佐領下婦女責打者,罰俸一年,懷挾私忿將該管人丁責打者,罰俸兩個月,嚇詐財物者,革職交刑部。〇康熙十二年題准:佐領不因公事,將佐領下男婦無故責打者,罰俸一年,挾讐責打者,降一級,罰俸一年,需索財物不遂責打者,革職。

凡鬬毆,康熙五十一年題准:八旗内佐領,及分管佐領下滿洲,與另户人等互相毆死,該管佐領、驍騎校、内管領,俱各罰俸一年,參領罰俸六個月,領催族長鞭八十,護軍統領不嚴訓所屬官員打人致死者,將護軍統領罰俸三個月。〇雍正二年覆准:在京旗人鬬毆致死者,仍將該管官照例議處;如係在屯旗人鬬毆致死者,將在屯領催照在京領催例鞭八十,其在京該管官免議。

凡侵欺恩賞,舊例:該管官將兵丁恩賞侵欺者,革職交刑部,同官知情不行實供者,罰俸一個月。〇康熙十二年題准:同官不知情者,罰俸一個月;知情不實供者,罰俸一年。

凡徇情食糧,康熙二十六年覆准:佐領下將不當食錢糧之人,徇情食錢糧者，將佐領、驍騎校俱降三級調用，領催鞭八十。

凡行文事件限期，康熙五十七年題准：八旗補放佐領事件，有稽查檔案之處，於出缺日起，限四個月完結。承襲世職，并京城參領與駐防省城等各官員，於出缺日起，限兩個月完結。如有事故不能完結者，該旗奏明，將日期轉限。〇雍正元年題准：嗣後行文調取原被告人等，該旗於第二日即行差人前往，若有遲誤情由，將情由聲明，於三日内咨覆；行追錢糧并行查等事，於五日内查明咨覆。如有限内不行咨覆者，即交與該部，將辦事官員照違限例議處。〇三年覆准：八旗行各部院事件，俱送科道衙門註銷。如有違限者題參，照違限日月定例處分。但八旗俱係清字公文，必須譯出漢文，始可定稿結案。嗣後行文各部院衙門，事件無論應具題不應具題之案，俱限三十日完結。〇五年議定，八旗及當月旗分所辦易結事件，限十日完結。

凡遺失印文，舊例：官員遺失用印文書，罰俸三個月；兵丁遺失出關引票，鞭五十，仍行補給。

凡點驗官員軍器，舊例：點驗官員軍器時，如盔甲弓矢等項全無，又不親到者，革職；軍器缺額者，罰俸一個月；箭上無字及射期不到者，俱罰俸兩個月。〇康熙十二年題准：軍器缺額及不堪者，罰俸兩個月，聚集之處及射期不到者，罰俸一個月。

凡騎射，舊例：官員監射，多開箭數者，罰俸一年。〇雍正四年諭：古者射御居六藝之中，爲聖人之所重。本朝自開國以來，騎射精熟，歷代罕有倫比。旗人凡少長貴賤，悉皆專心練習，未有一人不嫻熟弓馬者。士子應試，必先試其騎射，合式方准入闈，蓋恐其專習文藝，或至騎射生疎，故先以此試之。即各部院堂官司官，亦必每月如期在本旗教場，該管都統佐領，看練弓馬。所謂有文事者，必有武備，創制立法之意，誠深遠也。近來文官外任之人漸漸疎於騎射，若聽其因循怠惰，將來必致騎射生疎、人材軟弱，豈國家創制立法之意乎？凡旗人外任文官六十歲以下者，限二年之内仍熟練騎射；倘二年後有不能騎射者，該督撫即行參劾，若督撫徇隱，經朕察知，將督撫一併治罪。

凡解送人犯，康熙四年題准：官員解送重犯及强盜脱逃者，革職；解送流徒人犯脱逃及看守處脱逃者，降一級，罰俸一年；解送入官人犯脱逃，及看守處脱逃者，罰俸六個月。〇十二年題准：看守人犯官員得財釋放者，革職交刑部；重犯自盡者，罰俸一年。

凡隱匿人犯,舊例:佐領下隱匿緝拿人犯,該佐領驍騎校不行查出者,罰俸兩個月,領催交刑部治罪。

凡隱佔房地,康熙四年題准:分給佐領下之房產地土,驍騎校等隱佔私租於人者,革職;若該管佐領止買佐領下人口,謊稱併買田產者,罰俸六個月。〇十二年題准:佐領隱佔房地者,革職,失查者,罰俸一年,如止買人口併田產造入册内者,亦革職。

凡拆毁官房,康熙五十五年題准:八旗兵看守官房,私行拆毁,缺少門窓等物,俱著落八旗看守官員分賠,内有革職病故者,著落伊家屬賠還,勒限一年追還,解交工部。如限内不完,題參從重治罪。

凡訓練,雍正二年題准:城外蓋造官房,居住官兵,每旗每月派參領一員,管理教訓,責任甚重。若一月一换,教訓不專,嗣後參領免其當月,常住一處,於本旗分内派出才能旗員一員,即在參領之住房居住。再於本旗住居官房之護軍校驍騎校内,滿洲蒙古各派一員一同管理。如三年教訓有法,並無過犯,軍政時,開明事實,保舉卓異。如不嚴行管轄,怠忽生事者,管旗大臣即行題參,從重治罪。

凡强撥出征,舊例:八旗新披甲兵丁如器械未辦,即强撥出征者,佐領罰俸六個月,驍騎校罰俸三個月,領催鞭八十。

凡代替出征,舊例兵丁出征,或差遣以奴僕代替者,奴僕入官,其主鞭七十,如圍獵牧馬,及守護京城週圍等處,以奴僕代替者,鞭一百,奴僕免入官;佐領下如有人代替出征者,該佐領、驍騎校各罰俸六個月。

凡私用官役,舊例:官員出差將伊家下甲兵及當差之人不呈明該管官,擅作跟役,或擅自差遣者,罰俸六個月。

凡僱民代役,康熙五十二年題准:將漢人壯丁稱爲滿洲令其披甲者,該佐領、驍騎校,俱罰俸三個月,領催鞭五十,其披甲人所支過錢糧米石,仍交與該旗,著落本主照數追取入官,其所僱之人,仍令爲民。

凡以民爲僕,順治初定:官員將所僱民人轉行鬻賣者,革職;稱爲奴僕具告者,罰俸六個月;未投充之人作爲投充具告,審虚者,罰俸一年。〇康熙十二年題准:將所僱民人稱爲奴僕具告者,罰俸一年。

凡私買進貢馬匹,順治初定:蒙古除進貢馬匹外,途間有願賣者,聽其貨賣。若旗下人及在外官兵,或至邊界强買,或沿途强買,或强奪偷盜,或未進貢之先,入舘購買者,係官,罰俸六個月,護軍領催以下,俱鞭八十,所買之馬入官;若差往驗放之部院官員、筆帖式及旗下護送之官員、筆帖式將買馬之人徇情不拏，通同購買，或差去人員自買者，官員罰俸三個月，筆帖式罰俸兩個月，兵丁鞭七十。若守邊口官兵縱令暗通蒙古之人及沿邊居民迎接界外，私買貢馬者，買馬之人鞭一百，守邊口官員、筆帖式、兵丁，俱從重議處；至未進貢之先，入舘購買者，守舘併監賣官罰俸三個月，驍騎校罰俸兩個月，兵丁鞭七十。○康熙十二年題准：守邊口官員、筆帖式將暗通蒙古之人，縱令出口買馬者，俱革職，所買之馬入官；至未進貢之先，入舘偷買貢馬，官員降一級，罰俸一年，平人鞭一百，守舘、監賣官俱罰俸六個月。如搶奪偷盜者，革職交刑部。

凡嚴禁城內容留匪類，雍正五年覆准：禁城外，如有不肖之徒，違禁開設店面，將來歷不明之匪類容留，該管官不行詳報，即將該管各官交部治罪，仍交與八旗都統等委員將各該旗地方不時嚴查，倘都統等不行嚴查以致發覺者，將都統等一併交部議處。

凡緝獲盜賊光棍，順治初定：京城內盜賊傷人刦財者，該汛值宿步軍校罰俸六個月，步軍副尉罰俸兩個月，步軍總尉罰俸一個月，看街領催兵丁鞭一百。如旗下人爲盜，聽刑部審實，佐領、驍騎校、領催等以約束不嚴議處。每佐領下有一二人行刦者，佐領罰俸一個月，驍騎校罰俸兩個月，領催鞭五十；三四人者，佐領罰俸兩個月，驍騎校罰俸三個月，領催鞭七十；五六人者，佐領罰俸六個月，驍騎校罰俸一年，領催鞭八十；七人至十人者，佐領罰俸一年，驍騎校革職，領催鞭一百；十人以上者，佐領、驍騎校、領催，俱從重治罪；其佐領驍騎校出征及公差在外者，免議，其護軍校并各項匠役有頂帶該管頭目，俱照驍騎校治罪，無頂帶該管頭目，照領催治罪；凡差遣之人行刦被獲者，該管頭目照佐領、驍騎校分別議處；內務府及諸王貝勒貝子公府內管領、屯領催、莊頭并八旗屯領催等，有該管人役生事，或爲盜者，內務府王府內管領照驍騎校議處，貝勒貝子公府內管領、屯領催照領催議處；若旗下官員兵丁之奴僕爲盜者，其主係官，照驍騎校議處，係平人照領催議處，該佐領、驍騎校免議。○又題准：凡光棍借端詐人財物，搶奪市肆，如得財私縱者，步軍總尉、步軍副尉、步軍校等革職，領催兵丁枷號一個月，鞭一百；如失於覺察者，步軍校罰俸六個月，步軍副尉罰俸兩個月，步軍總尉罰俸一個月，領催兵丁鞭一百；光棍係旗下人，刑部審實，將佐領、驍騎校等以約束不嚴議處，每佐領一年內如有光棍一二人者，佐領罰俸一個月，驍騎校罰俸兩個月，領催鞭五十；三四人者，佐領罰俸兩個月，驍騎校罰俸三個月，領催鞭七十；五六人者，佐領罰俸六個月，驍騎校罰俸九個月，領催鞭八十；七人至十人者，佐領罰俸九個月，驍騎校罰俸一年，領催鞭一百，各項匠役該管頭目，俱照驍騎校處分，管屯莊領催，照領催處分。若奴僕爲光棍者，其主係官，照驍騎校處分；係平人，照領催處分，該管官免議。〇又題准：步軍校一年内緝獲惡棍盗賊十五名以上者，紀録一次，三十名以上者，加一級，六十名以上者，加二級，計支實俸；步軍校一年内緝獲惡棍盗賊三十名者，步軍副尉紀録一次，六十名者，准加一級，如一翼步軍校等一年内緝獲惡棍盗賊六十名，步軍總尉紀録一次，一百二十名者，准加一級，如步軍總尉、副尉親身拿獲者，與步軍校等一體議叙；步軍緝獲一名强盗審實者，賞銀五兩，緝獲一名光棍審實者，賞銀三兩，緝獲一名竊盗審實者，追竊盗銀一兩賞給。〇康熙二年題准：凡穿窬竊盗、剪綹割包、奪人衣帽、刺取銀錢等賊，一次者，其主及父兄免議，二次者，其主及父兄係官，交該部議處，係旗下人，鞭五十，係民，責二十板；該管步軍校等自行拿送，或别管官拿送，或失主自拿送官者，免議，若被他人拿送者，步軍校罰俸三個月，步軍副尉罰俸一個月，值日領催兵丁鞭五十，步軍副尉等不行詳明，責成該管官加意巡查者，罰俸六個月。〇十二年題准：竊盗二次者，其主及父兄係官，罰俸一個月；三次者，罰俸三個月。〇又題准：竊盗被獲，係某栅欄走出者，該管步兵鞭一百。〇又題准：每佐領下一年内十人以上爲强盗者，佐領降一級，罰俸一年，驍騎校革職，領催鞭一百；二十名以上者，佐領革職，驍騎校革職，鞭一百折贖，領催鞭一百，革去領催。〇十六年題准：步軍統領下番役與步軍校等拿獲盗賊，俟次年一併計算，准將統領議叙。其番役一年内拿獲强盗，或光棍十五名者，强盗每名賞銀五兩，光棍每名賞銀三兩，向户部取給，不及十五名者，不准給賞，若拿獲竊盗者，不論數滿，即追竊盗銀一兩賞給。〇十七年題准：步軍校等一年内拿獲惡棍盗賊三十名以上者，紀録一次，六十名以上者，加一級，一百二十名以上者，加二級，計支實俸；步軍校等一年内拿獲惡棍盗賊六十名者，步軍副尉紀録一次，一百二十名者，加一級；如一翼步軍校等拿獲惡棍盗賊一百二十名者，總尉紀録一次，二百四十名者，加一級，如總尉副尉親身拿獲，與步軍校一體議叙，統領紀録一次，至四百八十名者，加一級；步軍校等拿獲不及紀録者，統領總尉仍總計議叙。〇十八年題准：盗賊傷人刦財，該地方步軍校，一案銷去獲盗紀録四次，如無紀録，銷去獲盗所加二級；該管步軍總尉副尉，一案銷去獲盗紀録二次，如無紀録，銷去獲盗所加一級；步軍統領，二案銷去獲盗紀録二次，如無紀録，銷去獲盗所加一級;如加級紀録俱無,仍照定例罰俸。〇二十五年題准:步軍校等一年内拿獲强盗五名者,紀録一次,十名者,紀録二次,十五名者,加一級,三十名者,加二級,拿獲多者,照數議叙;副尉、所管步軍校等一年内拿獲强盗十名者,紀録一次,二十名者紀録二次,三十名者加一級。拿獲多者,照數議叙。總尉、所管一翼步軍校等,一年内拿獲强盗二十名者,紀録一次,四十名者,紀録二次,六十名者,加一級。拿獲多者,照數議叙。統領、所管八旗步軍校等,一年内拿獲强盗四十名者,紀録一次,八十名者,紀録二次,一百二十名者,加一級。拿獲多者,照數議叙。副尉總尉親身獲賊,照步軍校議叙。統領下番役等所獲强盗,會合計算,仍將統領議叙。〇又題准:步軍校等一年内拿獲竊盗光棍六十名以上者,紀録一次,一百二十名以上者,加一級,二百四十名以上者,加二級,計支實俸。副尉、所管步軍校等一年内拿獲竊盗光棍一百二十名以上者,紀録一次,二百四十名以上者,加一級。總尉一翼步軍校等一年内拿獲竊盗光棍二百四十名以上者,紀録一次,四百八十名以上者,加一級。統領、八旗步軍校等一年内拿獲四百八十名以上者,紀録一次,九百六十名以上者,加一級,拿獲多者,照數議叙。副尉總尉親身拿獲者,照步軍校議叙。統領番役等拿獲者,會合計算,仍將統領議叙。〇又題准:番子等拿獲强盗一名者,給銀五兩,拿獲光棍一名者,給銀三兩,拿獲竊盗一名者,給銀一兩,不必按年論數,俱即向犯人名下追取賞給;若犯人無力,向伊主追給。〇二十六年覆准:拿獲持刃傷人之人,首拿之人,賞銀十五兩;次拿之人,賞銀十兩;三拿之人,賞銀五兩。如但持刃,未至傷人,不行賞給。〇又題准:步兵領催兵丁將拿獲之人得財私放,該管官不知者,罰俸一年。〇二十八年覆准:步軍校所屬步兵將竊盗賄賂私放,失於覺察,一兩以上,降二級調用。〇三十年題准:巡捕營官員拿獲竊盗惡棍,應照步軍校拿獲竊盗惡棍之例議叙。

凡徇縱光棍,康熙三年題准:京城地方光棍,責成巡捕三營參遊把總嚴行緝拿,如已經緝拿,私自縱放者,該營參遊把總等官革職,不行察緝者,事發該營參遊罰俸一年,把總降級調用;如把總已經拿獲,不即呈送該營參遊者,罰俸一年,該營參遊不速送督捕衙門、督捕不速送刑部、刑部不速行收審者,俱照遲延事例處分。至番役受賄隱匿,交刑部從重治罪。〇四年議准:把總拿獲光棍不即呈送該營參遊者,降一級調用。〇十一年題准:惡棍借端挾詐,勒騙錢財,公行搶奪,攪擾市肆者,責成巡捕三營司坊官員并五城御史督捕官不時巡緝。如知有惡棍不行緝拿,及得財私縱徇庇謊稱失脱者,革職,總甲衙役兵丁番役等枷號一個月,責四十板,如不知失察者,督捕官罰俸兩個月,該城御史、巡捕三營參將遊擊,俱罰俸一年,司坊官把總,俱降一級調用;若司坊官把總已經拿獲,不即呈送該城該營者,司坊官罰俸一年,把總降一級調用;該城御史、該營參將遊擊不速送刑部,督捕及刑部督捕不速行收審者,俱照遲延事例處分,總甲、衙役、兵丁、番役等俱各責四十板。

大清會典卷之一百十三

兵部武選司

〔守護陵寢〕

山陵重地，特設官兵以司守護。修葺惟謹，享獻以時。經制具詳，兹備列焉。

〔守陵官員甲兵〕

永陵，總管一員，副總管二員，防禦十七員，甲兵八十名；福陵，總管一員，副總管二員，防禦三十二員，甲兵八十名；昭陵，總管一員，副總管二員，防禦二十四員，甲兵八十名；孝陵，總管一員，副總管二員，每旗拖沙拉哈番世職二員，八旗防禦十六員，筆帖式二員，每旗馬甲十名，八旗甲兵八十名，每旗拴馬一匹，總管隨身甲一名；景陵，總管一員，副總管二員，每旗拖沙拉哈番世職二員，八旗防禦十六員，筆帖式二員，每旗馬甲十名，八旗甲兵八十名，每旗拴馬一匹，總管隨身甲一名；昭西陵，每旗拖沙拉哈番世職二員，八旗防禦十六員，筆帖式二員，每旗馬甲十名，八旗甲兵八十名，每旗拴馬一匹；孝東陵，每旗拖沙拉哈番世職二員，八旗防禦十六員，筆帖式二員，八旗甲兵八十名，每旗拴馬一匹；妃園寢，每旗拖沙拉哈番世職一員，八旗防禦八員，筆帖式一員，每旗披甲五名，每兩旗拴馬一匹；管轄修理陵，工官三員，修理壯丁三千名。管理，陵工燒造磚瓦官一員，燒造磚瓦壯丁八百名。管理供祀，陵寢官一員，供祭祀壯丁四百名。

〔守陵官員陞除〕處分附

凡總管員缺，由本處副總管及驍騎參領、阿思哈尼哈番、阿思哈尼哈番品級官員、阿達哈哈番、阿達哈哈番品級官員開列十員題補。如福陵總管員缺，即用福陵副總管等官題補。

凡副總管員缺,由阿達哈哈番、阿達哈哈番品級官員、拜他喇布勒哈番、拜他喇布勒哈番品級官員、拖沙喇哈番、拖沙喇哈番品級官員,擬正陪題補。

凡管轄修理官員缺,由拜他喇布勒哈番、拜他喇布勒哈番品級官員、拖沙喇哈番、拖沙喇哈番品級官員,擬正陪題補。

凡防禦員缺,由防禦之子弟内有堪任用者,令該將軍總管等保送引見補授;如子弟内不堪任用,將在京前鋒校、親軍校、護軍校、驍騎校、七品八品等官題補。

凡管理燒造磚瓦官員缺,由拖沙喇哈番、拖沙喇哈番品級官員、六品七品八品官、驍騎校,擬正陪題補。

凡管理供應祭祀官員缺,由七品八品官、領催補授。

凡守陵官員隨去子弟,准令居住。

凡守陵國戚,康熙七年題准:於子孫内世給一人品級看守。〇十二年題准:國戚無子者,將兄弟之子孫,量給品級看守。〇二十三年議定,國戚子孫内有堪任用者,遇京師盛京等處驍騎校領催缺出,酌量録用。〇六十一年十二月諭曰:"皇考陵寢,若止派總管關防等守護,朕心實有不忍,朕於諸弟内派出一人,封王,子姪内派出二人,封公,代朕永遠守護。此外大學士一員,尚書二員,侍郎二員,都統二員,領侍衛内大臣一員,内務府總管一員,副都統二員,散秩大臣二員,乾清門侍衛四員,近侍四員,侍衛藍翎四十員,派出守護,伊等缺出,不必補人。"

凡陵寢儀仗等物損壞,守陵官員不呈明更换者,罰俸一個月。

大清會典卷之一百十四

兵部武選司

〔駐防〕

順治二年，始分遣八旗官兵駐劄順德、濟南、德州、臨清、徐州、潞安、平陽、蒲州等處，歷年更置增設。今列現行經制，而附事例於後。

〔駐防官員〕分定旗分，各注於下。其八旗通設者不注。

直隸除天津設蒙古駐防外，餘俱滿洲缺。

順義縣鑲黄旗。

防守尉一員　　防禦二員

昌平州正黄旗。

防守尉一員　　防禦二員

三河縣正白旗。

防守尉一員　　防禦二員

驍騎校二員康熙三十四年設。

良鄉縣正紅旗。

防守尉一員　　防禦二員

寶坻縣鑲白旗。

防守尉一員康熙十二年設。

防禦二員

固安縣鑲紅旗。

防守尉一員　　防禦二員

采育里正藍旗。

防守尉一員　　防禦二員

東安縣鑲藍旗。

防守尉一員　　防禦二員

霸州正黄、正紅二旗。

防守尉一員　　防禦二員

永平府鑲白、正藍二旗。

防守尉一員　　防禦二員

驍騎校二員康熙三十四年設。

玉田縣鑲黄、正白二旗。

防守尉一員康熙十二年設。

防禦二員　　驍騎校二員

保定府正紅、鑲紅二旗。

城守尉一員　　防禦四員

驍騎校四員

雄縣鑲紅、鑲藍二旗。

防守尉一員　　防禦二員

滄州正白、鑲白二旗。

城守尉一員　　防禦四員

驍騎校四員

天津州雍正四年設駐防。

都統一員　　協領四員

佐領四十八員　　防禦四十八員

驍騎校四十八員

以上,俱滿洲缺。

協領二員　　佐領十六員

防禦十六員　　驍騎校十六員

以上,俱蒙古缺。

張家口

總管一員　　防禦八員

喜峰口正黄、鑲紅二旗。

防禦四員原設二員,康熙二十三年增二員。

古北口正黄、鑲白、正紅、正藍四旗。

防禦四員原設二員,康熙二十三年增二員。

獨石口鑲黄、正白、鑲紅三旗。

防禦三員原設二員，康熙二十三年增二員。五十年，以一員移駐千家店。

冷口正黄、正藍二旗。

防禦二員康熙九年設一員，二十三年增一員。

羅文峪正白、鑲藍二旗。

防禦二員康熙九年設一員，二十三年增一員。

千家店正藍旗。

防禦一員康熙五十年設。

熱河雍正元年設駐防。

總管一員　　　副總管一員

佐領十六員　　驍騎校十六員

鄭家莊雍正元年設駐防。

城守尉一員　　佐領六員

防禦六員　　　驍騎校六員

盛京各官，詳見《盛京兵部》，不復載。

山西太原府正藍、鑲藍二旗。

城守尉一員　　防禦四員

驍騎校四員

右玉縣康熙三十六年設駐防。

將軍一員　　　副都統二員

協領八員　　　佐領四十員

防禦四十員　　驍騎校四十員

以上，俱滿洲缺。

協領四員　　　佐領十六員

防禦十六員　　驍騎校十六員

以上，俱蒙古缺雍正元年增設。

協領二員　　　佐領八員

防禦八員　　　驍騎校八員

以上，俱漢軍缺。

陝西

西安府

將軍一員　　　副都統二員

協領八員　佐領四十員
防禦四十員　驍騎校四十員
以上，俱滿洲缺。
協領二員　佐領十六員
防禦十六員　驍騎校十六員
以上，俱蒙古缺雍正元年增設。
副都統二員　協領八員
參領八員　防禦四十員
驍騎校四十員
以上，俱漢軍缺。
寧夏雍正二年設駐防。
將軍一員　副都統二員
協領四員　佐領十六員
防禦十六員　驍騎校十六員
步軍校二員
以上，俱滿洲缺。
協領二員　佐領八員
防禦八員　驍騎校八員
以上，俱蒙古缺。
潼關雍正四年設駐防。
城守尉一員　防禦八員
驍騎校八員　理事同知一員
四川
成都府康熙六十年設駐防。
副都統一員　協領四員
佐領十六員　防禦十六員
驍騎校十六員
以上，俱滿洲缺。
協領二員　佐領八員
防禦八員　驍騎校八員
以上，俱蒙古缺雍正元年增設。
廣東

廣州府

將軍一員	副都統二員
協領八員	參領八員
防禦四十員	驍騎校四十員

以上,俱漢軍缺。

湖廣

荆州府

將軍一員	副都統二員
協領八員	佐領四十員
防禦四十員	驍騎校四十員

以上,俱滿洲缺。

協領二員	佐領十六員
防禦十六員	驍騎校十六員

以上,俱蒙古缺雍正元年增設。

江南

江寧府

將軍一員	副都統二員
協領八員	佐領四十員
防禦四十員	驍騎校四十員

以上,俱滿洲缺。

協領二員	佐領十六員
防禦十六員	驍騎校十六員

以上,俱蒙古缺雍正元年增設。

京口

將軍一員	副都統二員
協領八員	參領八員
防禦四十員	驍騎校四十員

以上,俱漢軍缺。

浙江

杭州府

將軍一員	副都統二員
協領八員	佐領二十四員

防禦十六員　　　驍騎校二十四員

以上,俱滿洲缺。

協領二員　　　佐領八員

驍騎校八員

以上,俱蒙古缺雍正元年增設。

副都統二員　　　協領四員

參領四員　　　防禦二十員

驍騎校二十員

以上,俱漢軍左翼缺。

福建

福州府康熙十九年設駐防。

將軍一員

副都統二員初設一員,雍正五年增一員。

協領四員　　　參領四員

防禦二十員　　　驍騎校二十員

以上,俱漢軍左翼缺。

山東俱滿洲缺。

德州鑲黄、正黄二旗。

城守尉一員　　　防禦四員

驍騎校四員

河南俱滿洲缺。

開封府康熙五十七年設駐防。

城守尉一員　　　佐領八員

防禦八員　　　驍騎校八員

〔**駐防甲兵**〕滿洲蒙古漢軍旗分,俱隨該管官。

直隸、順義、昌平、良鄉、寶坻、固安、采育里、東安、霸州、雄縣、冷口,各設兵五十名。永平、三河、玉田、古北口、喜峰口、獨石口,各設兵一百名。羅文峪設兵二十四名。千家店設兵三十六名。保定府設兵五百名。滄州設兵三百一十五名。天津州設水師兵二千名。張家口設兵一百六十名。山海關設兵二百名。熱河設兵八百名。鄭家莊設兵六百名。○匠役十二名。

盛京甲兵,詳《盛京兵部》。

山西

太原府設兵五百名。右玉縣設兵二千八百十九名。〇匠役一百五十三名。

陝西

西安府設兵八千六百六十名。〇匠役一百五十六名。

寧夏府設兵二千八百名。

潼關縣設兵一千名。

四川成都府設兵二千名。

廣東廣州府設兵三千名。〇匠役四十名。

湖廣荆州府設兵四千六百九十名。〇匠役一百六十八名。

江南江寧府設兵五千九十三名。〇匠役一百六十八名。

京口設兵三千名。〇匠役六十名。

浙江杭州府設兵四千五百五名。〇匠役一百四十九名。

福建福州府設兵二千一百十四名。〇匠役三十五名。

山東德州設兵五百名。

河南開封府設兵八百名。〇匠役十六名。

〔駐防馬匹〕

直隸，保定府，兵丁馬五十三匹。〇滄州，兵丁馬七十匹。

山西，太原府，兵丁馬一百七匹。〇右玉縣，官員馬一千三百四十匹，兵丁馬九千一百五十三匹。

陝西，西安府，官員、兵丁馬，共一萬五千三百九十八匹。〇寧夏府，官員馬五百五十二匹，兵丁馬四千四百八十八匹。〇潼關縣，官員兵丁馬共五百五十六匹。

四川，成都府，官員馬四百四十二匹，兵丁馬四千九百一匹。

廣東，廣州府，官員馬六百十匹，兵丁馬九千四十匹。

湖廣，荆州府，官員馬一千六十五匹，兵丁馬一萬二千一百六十八匹。

江南，江寧府，官員馬一千一百四十三匹，兵丁馬一萬二千三百十八匹。〇京口，官員馬五百五十八匹，兵丁馬六千十六匹。

浙江，杭州府，官員馬八百八十八匹，兵丁馬一萬一千七百五十三匹。

山東，德州，兵丁馬九十六匹。

河南，開封府，官員馬一百九十匹，兵丁馬二千四百匹。

〔駐防官員陞除〕

凡奉天、寧古塔、黑龍江、江寧、杭州、西安、寧夏、荆州、右衛、將軍員缺,由八旗滿洲蒙古副都統及本處副都統列名題補。

凡京口、廣東、福建將軍員缺,舊例由八旗漢軍都統題補。康熙十二年題准:由内外漢軍副都統及在外漢軍提督論俸開列十員題請。

凡滿洲副都統員缺,由滿洲驍騎參領、步軍總尉、本處協領、各處城守尉論俸開列十員題補。

凡漢軍副都統員缺,由漢軍參領、外省協領論俸開列十員題補。

凡滿洲協領城守尉員缺,由步軍副尉、阿達哈哈番、阿達哈哈番品級官員、内外佐領、拜他喇布勒哈番、拜他喇布勒哈番品級官員,擬正陪題補。〇雍正五年論:補授三姓協領,由京城參領内將應陞對品級之人,議政揀選引見。

凡漢軍協領員缺,由外省參領、步軍副尉、阿達哈哈番、阿達哈哈番品級官員、佐領、拜他喇布勒哈番、拜他喇布勒哈番品級官員,擬正陪題補。〇雍正元年論:外省駐防滿洲蒙古漢軍旗分,止有滿洲漢軍協領,並無蒙古協領,著查各省兵丁數目。蒙古兵數,若與滿洲漢軍相等,著補放協領;若蒙古兵少,將佐領歸併滿洲旗分者,亦著給與蒙古官員缺,列名引見,補放協領。

凡漢軍參領員缺,由步軍副尉、阿達哈哈番、阿達哈哈番品級官員、佐領、拜他喇布勒哈番、拜他喇布勒哈番品級官員,擬正陪題補。〇雍正元年議准:參領員缺,於防禦内揀選,同在京本旗應陞之人,一併引見補授。

凡佐領員缺,由步軍校、拜他喇布勒哈番、拜他喇布勒哈番品級官員、拖沙喇哈番、拖沙喇哈番品級官員,擬正陪題補。〇雍正元年議准:佐領員缺,於防禦内揀選,同在京本旗應陞之人,一併引見補授。〇四年覆准:嗣後雞林叿喇之庫雅拉新滿洲等,世襲佐領内,或身故告休,因公詿誤,解任調用離任者,均照例承襲外,若犯私罪革職,若因勒索佐領下人等參革,及軍政貪酷等事革職者,不准伊子弟承襲,俱於族内揀選人材好者驗放。

凡順義等八處防守尉員缺,由阿達哈哈番、阿達哈哈番品級官員、拜他喇布勒哈番、拜他喇布勒哈番品級官員、給使翼長、拖沙喇哈番、拖沙喇哈番品級官員,擬正陪題補。其兩旗兼設者,輪流擬補。

凡防禦守禦員缺,由拖沙喇哈番、拖沙喇哈番品級官員、六品七品八品官、護軍校、驍騎校、給使什長等,擬正陪題補。〇雍正元年論:“各省兵丁所陞者,驍騎校之缺;驍騎校所陞者,防禦之缺。若俟缺出,始行保舉送京引見,不惟往返騷擾驛站,而官兵亦不免跋涉之苦。朕所以諭令各省將軍將驍騎校與兵丁内揀選保送,朕逐一驗看射箭,酌量或伊等曾効力,或人去得,分爲頭等二等發回。其頭等者,遇缺即補,二等者,不必論次序補用。試看伊等効力好人去得者補用,倘有飲酒改變者,不必補用。至於兵丁効力,原圖拔補。此等保舉,務須公直,不得以官員子弟徇庇濫舉。”○二年題准:各省防禦驍騎校等缺,各該將軍遵照欽選記名,發回人員内,挨次題補,嗣後將此補授事件,兵部查對册籍,於月杪彙題。

凡遊牧總管員缺,由副管、内外阿達哈哈番、阿達哈哈番品級官員、佐領拜他喇布勒哈番、拜他喇布勒哈番品級官員,擬正陪題補。

凡遊牧副管員缺,由内外拜他喇布勒哈番、拜他喇布勒哈番品級官員、拖沙喇哈番、拖沙喇哈番品級官員、本處護軍校驍騎校,擬正陪題補。

凡滿洲蒙古驍騎校員缺,由前鋒護軍、内外領催甲兵補授。○雍正四年覆准:雞林吅喇之庫雅拉新滿洲等佐領下驍騎校缺出,於各該佐領下領催内,將漢仗好効力者驗放;雞林吅喇舊滿洲驍騎校缺出,亦在各該佐領下領催内驗放。寧古塔、白都訥、阿爾楚哈等二十一個公分佐領,其佐領防禦驍騎校缺出,一併揀選補放。

凡漢軍驍騎校、寧古塔管匠役驍騎校員缺,由内外領催甲兵補授。○康熙四十九年覆准:福州將軍所管鑲白正藍兩旗漢軍驍騎校缺出,將分發正黄旗兵丁内,揀選可拔之人,一體送京引見。○雍正二年諭:驍騎校缺出,著將各省記名人員題補。但未曾記名之人,無可陞之路,伊等如何勤勞行走?著行文各省將軍,將未曾記名人内,揀選漢仗好、騎射好勤勞行走者,亦著保奏。

凡遊牧正尉副尉員缺,由領催甲兵補授。

〔**駐防通例**〕

凡駐防官員陞補,順治初題准:駐防官員遇應陞補時,令該將軍給咨進京,防禦以上,兵部引見題補,驍騎校等,兵部驗看補授。其寧古塔新滿洲編設佐領補授時,亦令調取引見,驍騎校止照咨送補授,不必來京驗看。○又題准:駐防員缺,該將軍將彼處官員坐名咨送兵部,即交該旗核擬,若該將軍坐名之員不准,另擬咨部,兵部仍以坐名之員一併引見具題。○康熙二十五年諭:外省駐防人員已得世職者,係官仍留原任,係領催甲兵,仍留彼處,遇有品級相當之缺及驍騎校缺出補用。○二十九年議准:該旗補授外省官員,將啓奏補授之處咨送兵部,月杪彙題。

凡駐防赴任限期,康熙三年題准:盛京、寧古塔、鳳凰城、牛莊、江寧、京口、杭州、西安等處補授亡故官員之缺者,限兩個月起程,補授老病解任等缺者,限三個月起程,補授保定、太原、山海關等處員缺者,限一個月起程;其在途行期,每日限六十里。

凡駐防將軍副都統等陛見,雍正四年諭:盛京等處將軍副都統等,每年俱各輪班陛見,各省駐防將軍副都統,亦應來京陛見,其作何輪班來京陛見之處,兵部議奏。遵旨議准:右衛、寧夏、江寧、荆州、京口、廣州等處各有將軍一員,副都統二員,初次令將軍來京,二三次令副都統來京。西安、杭州二處各有將軍一員,副都統四員,初次令將軍來京,二三次令滿洲漢軍副都統各來二員。歸化城有都統二員,副都統四員,初次、二次令都統一員,副都統一員來京,三次令副都統二員來京。福州省有將軍一員,副都統一員,初次令將軍來京,二次令副都統來京,續間一年,再行挨次來京,此將軍副都統内若有新近補授,並近年來京回去之大臣,俱著暫停,俟未曾來京之大臣輪班完時,再行來京。嗣後各處大臣等,俱照此輪班,其輪班完時,仍各挨次遵行,每年俱於十二月内到京。將軍印務,酌量委與副都統等署理。四川成都止有副都統一員,令其三年來京一次,印務交與巡撫署理。天津去京甚近,每年令其封印時來京。

凡駐防官員引見,雍正元年諭:外省引見官員到旗之日,旗下大臣即行奏聞,或遣王、大臣驗看,或朕躬驗看補放,則無久候花費盤纏之處。著傳知八旗不必互相會同啓奏,遇有到者,各行具奏。

凡挑選壯丁親丁,康熙五十七年覆准:駐防福建四旗壯丁内,挑選人材技藝兼優者三百名,發將軍標下一百名,總督標下一百名,巡撫標下一百名,遇有該營兵丁缺出,陸續驗補,仍將挑選過姓名造册報部,倘有不聽該管將弁約束,犯法生事者,即革去名糧,交與該旗照例治罪。營兵缺,另於壯丁内挑選;如四旗内遇有甲兵領催缺出,仍許其掣回拔補。〇雍正元年議准:盛京將軍副都統等有打圍等事,差遣甚多,將軍應挑取親丁十名、副都統親丁八名、城守尉協領親丁五名、佐領親丁三名,但不許挑取外城官員子弟并熟練射獵鎗手等人。至防禦驍騎校,槩不許挑取親丁。各處將軍等俱照此例挑取,若多取親丁,并防禦驍騎校等挑取親丁者,將該將軍等一併查議。

凡巡查地方,雍正四年覆准:寧夏所屬關津甚多,每年秋季派副都統一員於九月中至十月中帶兵四百名巡查地方，教習兵丁射獵，務須嚴禁，俾毋得生事擾民。

凡擾民禁例，順治間題准：駐防官員縱子作惡擾害地方者，降一級，罰俸一年，失察之協領參領罰俸一個月，防禦驍騎校罰俸兩個月。〇康熙十九年題准：出差官兵，將所屬調取解送人役，在途不行嚴禁，以致搶奪肆橫擾民者，失察之該管官降一級，罰俸一年，兵丁鞭八十。〇二十一年題准：外省駐防旗人串通土棍，放債開賭，折人子女，强買市肆，伐人樹木，辱官罷市，種種兇惡者，枷號三個月，鞭一百，此外更有不法，酌量輕重，照律治罪。該管官不行察究者，佐領、防禦驍騎校各降二級調用，協領、參領各降一級留任，將軍、副都統各罰俸一年；若協領以下官員有犯者，俱革職，將軍、副都統各降一級留任，督撫徇隱不行題參者，亦降一級留任。〇又題准：盛京寧古塔及各駐防處官兵有生事擾民者，按各該佐領議處。德州等四城、順義等十二城及山海關等處駐防官，照佐領例，閑散官照驍騎校例議處。〇二十六年覆准：各省駐防官兵，原爲安民防守地方，將軍、副都統，俱係封疆大臣，將所屬官兵應嚴加鈐束，照所定法例遵行，如有仍前怠慢擾民者，該督撫嚴查題參。〇三十八年議准：杭州駐防地方山塲，有止產山草者，聽山主割草完糧，永禁旗人樵採。其竹木與山草雜產之山，方許旗人割草，違者嚴行治罪。

凡官員貪酷殃民，尅減錢糧，具告。該將軍不即審理者，降一級，罰俸一年留任，副都統罰俸一年。城守尉亦照此例。

凡緝盜，舊例：順義等十二城遇有盜案，令同城文武漢官并被盜失主即報防守尉等速撥防禦及兵丁追緝，如防守尉不速撥官兵追緝者，罰俸六個月，如防禦及兵丁不行力追，或追及脱逃者，防禦罰俸一年。防禦一年内緝獲盜賊十五名以上，紀録一次，三十名以上，加一級，六十名以上，加二級，計支實俸；防禦等一年内獲盜三十名者，防守尉紀録一次，六十名者，加一級，如防守尉親身拏獲者，照防禦例議敘；兵丁獲盜一名，賞銀五兩；如一年内汛地盜案既多，不獲一名者，兵部歲底題參，防守尉防禦各罰俸一年，如借端緝賊，搶奪良民財物者，防禦革職，兵丁按律治罪。〇康熙十八年題准：順義等十二城、德州等四城汛地一年内如有三次以上盜案，不曾緝獲一名者，該管官有盜案加級，銷去一次，紀録銷去二次，無加級紀録，罰俸一年。〇十九年題准：凡盜案歲底議敘，因有接續本年之案，改於次年六月議敘。〇二十一年議准：江寧、京口、杭州、西安、廣州、福州等六處駐防官兵遇有盜案,俱照順義十二城之例議處議叙。至有大盜劫掠城池倉庫者,將軍副都統亦照督撫提鎮例議處。○二十四年題准:喜峰口古北口等處滿洲緑旗官兵緝盜,俱照順義等十二城之例議處議叙。

凡駐防兵丁爲盜,順治間題准:順義等十二城、德州等四城駐防兵丁一二名爲盜者,該管防禦罰俸一年,防守尉罰俸九個月,三四名爲盜者,該管防禦降一級調用,防守尉罰俸一年,五六名爲盜者,該管防禦降二級調用,防守尉降一級調用,十名以上爲盜者,該管防禦革職,防守尉降二級調用;若駐防甲兵之家僕一二名爲盜者,本主鞭一百三四名以上者,枷號一個月,鞭一百,該管防禦罰俸六個月,防守尉罰俸三個月;若駐防官員之家僕一二名爲盜者,本主罰俸一年,三四名爲盜者,降一級調用,五六名爲盜者,降二級調用十名以上,革職。○康熙十六年覆准:奉天、寧古塔、江寧、西安、杭州、京口等駐防官兵及家人爲盜者,俱照定例處分,其將軍、副都統免議,佐領、防禦、驍騎校,照各城防禦處分,協領、參領,照防守尉處分;至將軍副都統等本管兵丁一二三人爲盜者,罰俸三個月,四五六人爲盜者,罰俸六個月,七人至十人爲盜者,罰俸九個月,十一人至十五人爲盜者,罰俸一年,十六人至二十人爲盜者,降一級留任,二十一人至三十人爲盜者,降二級留任,三十一人以上爲盜者,降三級調用,該管官自行拏獲免議。

凡駐防兵丁歸旗後私逃,雍正二年覆准:廣東福建兩省駐防兵丁人等歸旗之後私自逃回者,令該管官嚴行查拏解京,從重治罪;隱匿不報者,照隱匿逃人例治罪,倘該管官不行查拏,或被旁人出首,或因别事發覺,將該管官照失察例議處。

凡駐防家口,順治初定:江寧等城,及山海關以内近京駐防官員有亡故者,不許子弟留住彼處,其盛京寧古塔等城駐防官員老病告辭,仍願在彼居住者,呈明該將軍咨部准令居住。○康熙二十三年議定,江寧、杭州、荆州、西安等省駐防官兵如有老病解退亡故者,家口俱令進京,其子弟家人内有披甲者,亦革退回京,不許在彼置墳塋産業,令各該將軍嚴禁。○雍正元年覆准:外省駐防八旗官兵,除盛京寧古塔等處外,其江寧等省駐防亡故骨殖,仍照例進京,不許在彼置立墳塋,其寡婦并年老退甲人等内有親子在駐防處頂替披甲,令其在彼就養,若駐防處無就養之子,隨骨殖進京歸旗,若孤寡無所倚靠,或有僕人或有親戚可倚靠者,著該佐領酌量給與執事,令將伊養贍。○二年覆准:嗣後凡各處官兵寡婦有情願改適者，聽其改適；情願回京者，令其回京歸旗。〇四年題准：外省押送駐防官兵内病故骨殖、寡婦及革退人等家口歸旗，該管官將家口之實數查明，開寫姓名，出具保結，該將軍等復行詳查，交與押送官兵，嚴行約束，勿令生事，照例給與口糧車船，填註勘合，俟到京之日，該部交明各該旗查明咨覆後，部内再給與押送官回文，令其回去；如家口於途中病故逃走者，係某地方，即令某地方官出具印結，粘在勘合，如所送家口數目不符，人數少而多支領者，該旗查明具奏，將各該處將軍、該管官員、押送官員交部議處。

大清會典卷之一百十五

兵部武選司

〔邊關禁例〕

邊關之設,所以限内外、詰奸宄也。國家德威遐布,行旅絡繹,雖往來無阻,而稽察必嚴。兹附條例於後。

凡邊關印票,順治初定:不論官員閑散人等,有願往科爾沁、巴林郭爾羅思、索倫、席北等處結婚等事,俱具題准往。〇二年題准:凡出居庸關,除滿洲差遣及行旅每次給票外,其商販給票,季底繳换。〇十一年題准:出關印票,令霸昌道查給,每季將人數造册報部。〇十三年題准:往盛京貿易民人,府州縣給發印票;出山海關之外藩蒙古人員,理藩院於兵部取票給發。〇十五年題准:旗下人員出關,該都統移咨兵部給票,採木之人,工部移咨兵部給票。〇十八年題准:宗室差人往候外藩公主,及結婚等事,由禮部題明,移咨兵部給票。〇康熙元年題准:各關口出入人等,須按名驗票,查對年貌籍貫,註册放行,每季之末將放過人數詳造花名清册,送部查考。〇又題准:王府屬下至民人等,有願出古北口燒炭者,兵部給發印票。〇又題准:給票出關採伐材木者,限一年,繳换砍柴燒炭者,限六個月,繳换逾限者,送工部查議。〇又題准:願往古北口、石塘路、潮河川、牆子路、南冶口、二道關外砍柴燒炭者,兵部給發關票。〇又題准:官員擅給邊關印票者,革職交刑部。〇十一年題准:私給外國接壤邊口印票者,革職拏問,其餘邊口私給印票者,革職。〇十八年題准:潘家口、桃林口聽滿漢民人採木外,其潮河川、牆子路、南冶口、二道關等處,有願往採伐材木者,將人畜數目呈明工部,轉送兵部,亦准給票出關。〇十九年題准:願出龍井口採木者,亦照例給發關票。〇三十年題准:直隸各省州縣若有往盛京貿易者,各該府州縣官問明於某年月日去某年月日回,寫明印文,給與本人,令其貿易,行令山海關門滿漢各官確查,驗看該府州縣印文放出。如無印文,不准出關;若有違限月日,亦不准貿易,即行逐回。〇三十三年題准:商人出董家口、鐵門關採木,亦准給票。〇四十年覆准:定例:凡砍木燒炭之人,據工部咨文給發關票,工部又每人給小票隨帶,以備口外盤查,又造人數年貌清册,發管關將弁逐名點驗,限十五日出口,近因守口官弁經年累月陸續驗放,不行確查,以致匪類任意爲盗,嗣後應令票頭,將部給小票并年貌册内俱掛列字號,每人各執小票一張,以備查驗,將人夫一同放出,候限滿進口之日,令票頭仍將所領之人帶齊到口,該管旗員把總等官照册驗票相符,按名銷號,然後放入;票内之人如有逃盗,罪坐票頭,在外病故者,准票頭稟明守口官員存案,其詐稱病故者,事發將票頭一併從重治罪,管關之官不行詳查,有混冒放出,及遺留在外之匪類不行查拏者,均照例議處;如口外莊頭恃勢容留匪類,事發治罪。〇五十一年覆准:盛京烏喇等處官兵,及閑散來京人等,除現今行走山海關記名,回時,仍照伊等原進口所記之名查對放行外,其盛京、船廠、寧古塔、黑龍江各處人等有來京買人者,具呈該將軍衙門,該將軍發給部印文,准其買人。再,山海關係總要地方,著將從京城買去之人數目報部,其山海關總管監督,該將軍衙門由部各給公文,令山海關總管監督等確查明白,如有拐騙别故,即行拏獲送部查議。若無别故,或係印文所買,或係白契所買,男婦每名納税銀五兩,幼童幼女每名納税銀三兩,將納税人數確查明白,移咨該將軍,照咨親身逐一詳加查訊,如有誆騙誘買别故,將人一并解送刑部,嚴審具題。再,將軍等所屬地方,有買人賣人者,亦俱查訊明白,收税准買,收過税銀數目,年底彙報該部,交與盛京户部。有自京城往盛京烏喇等處者,仍照例起票,至山海關,令總管驗票,照數放行。向何處去之人,令山海關總管給發該地方官咨文,仍令地方官驗看咨文,逐一查明,呈報各該衙門。如數目舛錯,呈報該部查議。自京領票出山海關人等,回時,令山海關總管仍照出口數目查明放入,數目舛錯者,亦令報部查議。再,往船廠、黑龍江去者,由喜峰口,冷口亦可行走。凡所買之人,不准出此二口。如有誆騙之人,設法傳帶出口,嚴責各該衙門管轄番役旗員等,不時查拏。〇又覆准:古北口至山海關,除堵塞關口外,現存外九門口等關,凡買去之人,不准放行,令該部行文嚴行禁止。山海關行走旗人甚多,侍衛官員、前鋒護軍、當差披甲人等往盛京船廠黑龍江等處,與伊祖宗父母上墳、探親、搬取家眷人等,或有將誘買之人買去,雜入跟役内,帶至彼處轉賣者,亦未可定。嗣後侍衛等前往盛京船厰黑龍江等處所屬地方者,著領侍衛内大臣,將跟役人等逐一查明,令其領取部票前往。若係前鋒護軍等前往者,著前鋒統領、護軍統領亦將跟役人等逐一查明,令其領取部票前往。若官員及當差之人、驍騎校、領催、披甲、閑散人等前去者,著都統、副都統將跟役人等逐一查明,令其領取部票前往。如有將此等人隱漏多餘夾帶情由,著各該管大臣題參交部治罪。〇雍正二年覆准:嗣後採辦官用木植,該撫將所屬地方皆應給與採木商人執照,開明何項應用、數目若干,知照關口。一面咨文存案。庶官私得以分别,而關口易於稽查。

凡邊關出入,順治五年題准:關口鎖鑰,責成滿官專管,往來人等,俱由一門出入。若將無印票之人不行查拏者,罰俸六個月。受賄縱放者,滿漢官兵并出關人,俱交刑部從重議處。如無票之人混入别夥出口,或私偷出口及私帶出口者,俱鞭一百。如滿洲將漢人假作滿洲,記名入邊口者,滿洲鞭八十,民責三十板。〇康熙十二年題准:受賄縱放者,守關官員革職,兵丁交刑部治罪。〇又題准:外國人私自進口,該管地方官不行查報者,降一級調用,該管上司罰俸一年。〇又題准:外國人不論蓄髮與否,俱不許放進邊内。違者,守邊口官及該管官一併從重議罪。〇三十四年覆准:内地民人不許在邊外居住,如有私自出邊外居住者,若被查出,將守口旗下各官并容留之人一併嚴加治罪。〇雍正元年覆准:嗣後如有無票私出不行查拏,將該管關口官員降一級調用,加級不准抵銷;若放出私販人口奸棍事發,將該管關口官員革職;如受出口之人財物放出者,革職,計贜以枉法治罪。〇五年覆准:凡出兵并種地坐臺人員,遣人進京,俱照出口人員例,令將軍并管理種地驛站官員查明,給與印照,守口官弁驗照記檔,令其進口,仍令按季造册報部;如無印照,即行拿解刑部治罪,倘守口官弁不行實力稽查,聽其入口,照不行查拿例分别議處。〇又覆准:嗣後奉天、寧古塔、黑龍江、山海關及凡有邊口地方,每年將出口人數按季造册申報,取具"並無匪類出口"印甘各結。倘守口官不驗明印票,及私受賄賂,任其朦混出入,該管官一經察出,即行詳報該管將軍督撫提鎮題參,交刑部嚴加治罪,若該管將軍督撫提鎮通同徇庇,不行查參,及稽查不嚴以致匪類越境生事,發覺之日,將將軍等均照徇庇失察例,分别嚴加議處。

凡搜獲私帶禁物,順治初定:朝鮮人私帶硫磺等項及違禁貨物,守關官員搜獲不即報部者,罰俸兩個月。〇康熙十二年題准:搜獲不即報部者，罰俸六個月。〇雍正二年覆准：蒙古等進各邊口看守官兵，查明弓箭刀鎗記檔，出口時查對數目，多帶者，不許放出。若偷賣與軍器硝磺等物者，兵役故縱，以同謀論罪，專汛官革職，兼轄官降五級調用，總兵官降三級調用，都統、將軍、副都統、總督、提督各降三級留任。

凡蒙古擅入内地，順治十八年題准：蒙古擅入内地殺人搶掠者，專汛官革職，兼轄官降一級，帶罪圖功。〇康熙二年題准：蒙古擅進内地，搶奪牲畜等物者，專汛官罰俸一年，兼轄官罰俸六個月。〇十一年題准：蒙古擅進内地殺人搶掠者，專汛官革職，兼轄官降二級調用，總兵官降二級，提督降一級，俱帶罪圖功。

凡内地百姓出口偷盗，康熙四十年諭：近今蒙古盗賊盡息，沿邊地方百姓如有偷盗口外蒙古牲口者，著交與兵部，行文沿邊地方各官嚴行禁止。若百姓仍照前偷竊，發覺之時，務將地方各官一并從重治罪。

凡外番貿易，順治初，令在西寧、洪水二處貿易。〇康熙十一年議准：在鎮海堡、北川二門貿易，或五六人至十五人，按夥各委頭目貿易，每次不得過二百人。其因祈禳等事在内地祠廟誦經者，止許一百人以内，按夥委令頭目管轄。百人以上，不許進邊。又自立牌後，外番有擅進邊内居住者。將户内牲畜等物分作三分，一分給與達賴喇嘛，一分給與所屬台吉，一分入官。如一二户外，有逾數聚衆入邊者，將入邊之人交所屬台吉，一面報部，請旨察議。至兵器鐵錫炮藥等項，不得放出邊口。

凡護送外藩貢使，康熙二十三年題准：喀爾喀、厄魯特貢使來京，從該旗汛地經過者，該旗守汛官即撥官二員、兵五名按次護送，交與張家口官員。回時，張家口撥官一員、兵五名護送出界。如貢使回日有在張家口外貿易者，事畢，守口官速催起身，各汛仍照前按次送出汛地。如無故淹留，將守邊口官議處。若貢使在歸化城貿易，歸化城、土墨特二旗，亦照例撥官二員、兵五名按次遞送出汛，違者議處。

〔鑾儀衛官員陞除〕

國初，設錦衣衛，後改爲鑾儀衛。其員額職掌，詳見本衙門。兹列具陞除察核之法。

凡滿洲掌衛事内大臣員缺，由領侍衛内大臣將應推内大臣職名，擬送兵部，開列具題補授。

凡滿洲鑾儀使、冠軍使、雲麾使、治儀正、整儀尉員缺，由本衛將上三旗應陞官具題補授，咨送兵部。

凡漢鑾儀使員缺,由本衛冠軍使及在外提督加府銜總兵官,論俸開列十員,具題補授。

凡漢冠軍使員缺,由雲麾使陞,雲麾使員缺,由治儀正陞,治儀正員缺,由整儀尉陞,整儀尉員缺,由漢軍漢人世職併武進士投供在先,及本衛掌房、掌案、貼房、貼案内、勞久資深端方諳練者,本衛選擇,輪流咨部補用。掌房、掌案、貼房、貼案止許陞至雲麾使,不得越陞冠軍使。〇康熙二十二年題准:掌房、掌案、貼房、貼案等,不准以鑾儀衛缺用。〇二十三年題准:鑾儀衛缺出,以漢軍漢人世職并武進士内選擇,輪流補用,其掌房、掌案、貼房、貼案人等,俱照効勞人員例,三年役滿考用。〇三十二年覆准:定例:三甲武進士外用,以四品署守備管守備事補授;若送鑾儀衛用,以六品整儀尉補授。至整儀尉有才堪外用者,由鑾儀衛咨送時,仍照伊原應得之署守備管守備事補授,不算前俸。嗣後鑾儀衛由武進士補授整儀尉各官,與在外之現任署守備管守備事等員,較俸陞轉。由武進士陞至治儀正,與守備管守備事等員,較俸陞轉。由武進士陞至雲麾使,與守備管都司僉書事等員,較俸陞轉。再,凡鑾儀衛滿洲各官,俱由鑾儀衛題補,嗣後鑾儀衛漢軍漢世職武進士缺出,由鑾儀衛咨取應補之人,兵部將漢軍漢世職武進士咨送鑾儀衛,一槩具題引見,補授一員。咨送到日,兵部註册,停其題覆。其本衛内陞轉之處,仍照舊例行。〇雍正三年諭:漢整儀尉員缺,停其將世職武進士揀取,嗣後將八旗漢軍旗下領催、披甲以及閑散人等,如人好、馬步箭好者,會同親王、郡王、兵部堂官,公同揀選。於整儀尉員缺,帶領引見。此内如果行走好有勤勞者,著送補副參領。

凡鑾儀衛漢官有弓馬韜鈐才堪外用者,咨部照品外用。

凡考察,鑾儀使以上自陳,冠軍使以下,令滿掌衛事及漢鑾儀使註考語,造册送部院考察。

凡給假,鑾儀衛漢官,五年俸滿,有請假遷葬者,往來路程、居家限期及違限處分,俱與文職同。

凡遺失儀仗等物,掌衛事内大臣、鑾儀使各罰俸三個月,該管冠軍使、雲麾使、治儀正、整儀尉各罰俸九個月。

凡御駕行幸,有衝突儀仗叩閽者,值班冠軍使、雲麾使、治儀正、整儀尉各罰俸六個月,有代替校尉者,堂官及專管官知情,俱革職,若司官知情,堂官失察者,堂官罰俸一年,堂司官俱不知情失察者,專管雲麾使、治儀正、整儀尉各罰俸一年,冠軍使罰俸六個月,堂官罰俸三個月。

〔犧牲所官員陞除〕

犧牲所官，屬太常寺。其選授陞補，則由武選司掌行。今備列焉。

凡犧牲所所牧員缺，舊例由通事補授，所副員缺，由降官補授。〇康熙十一年題准：所牧缺出，由八旗漢軍都統於通曉滿語、弓馬嫻熟、六七品官廕監生内，每旗各選一員，送部考試籤補。〇二十四年議准：所牧所副俱改爲滿缺，由八旗六七品官、護軍校、驍騎校内，每旗揀選一員，送部擬正陪題補。

大清會典卷之一百十六

兵部武選司

〔都司衛所上〕

郡縣之外，又置衛所。凡以軍民錯處，彼此相維也。國初以來，因革不一，遞年屢經裁併，今取現存者詳列之。其間或屬邊屯，或專領運，俱分註本衛所之下。而已經裁改者，仍録沿革於後。

京衛衛所全裁。

舊設衛所地方相維繫者，照衛所次第，餘皆以裁汰年分爲次第。金吾前衛，順治七年，裁併燕山左衛。金吾後衛，順治七年，裁併騰驤右衛。金吾左衛，康熙二十六年，裁。金吾右衛，康熙三年，裁併金吾左衛。義勇右衛，順治七年，裁併彭城衛。義勇前衛，順治七年，裁併金吾右衛。義勇後衛，順治七年，裁併騰驤右衛。武驤左衛，順治七年，裁併忠義前衛。武驤右衛，順治七年，裁併燕山右衛。忠義右衛，順治七年，裁併忠義前衛。忠義前衛，康熙三年，裁併燕山右衛。燕山前衛，順治七年，裁併金吾左衛。燕山左衛，康熙三年，裁併燕山右衛。燕山右衛，康熙二十六年，裁。府軍右衛，順治七年，裁併龍驤衛。府軍前衛，順治七年，裁併忠義前衛。濟陽衛。○羽林前衛，以上俱順治七年，裁併金吾左衛。蔚州左衛，順治七年，裁併彭城衛。騰驤左衛，順治七年，裁併神武左衛。騰驤右衛，康熙二十六年，裁。富峪衛，順治七年，裁併神武左衛。大興左衛，順治七年，裁併龍驤衛。留守左衛，順治七年，裁併金吾右衛。大寧前衛，順治七年，裁併燕山左衛。永清左衛。康熙二十六年，裁。永清右衛。○濟州衛，以上俱順治七年，裁併永清左衛。寛河衛，順治七年，裁併燕山右衛。龍驤衛，康熙三年，裁併神武左衛。神武左衛。○彭城衛。以上俱康熙二十六年裁。

犧牲所原設正千户一員，副千户一員，順治五年，改正千户爲所牧，副千户爲所副。康熙二十四年,改爲滿缺。

直隸現在衛二、所五。

山海衛,守備一員。延慶衛,守備一員。雍正三年,裁併昌平、延慶二州。四年,復設。天津左所,千總一員。天津右所,千總一員。梁城守禦所,千總一員。雍正三年,裁併寶坻縣,四年復設。通州左所,千總一員。通州右所,千總一員。

舊設萬全掌印都司一員。○大寧掌印都司一員。以上俱康熙七年裁。萬全巡捕都司僉書一員。順治十二年裁。瀋陽中屯衛。順治元年,裁併河間、大同二衛。保安右衛。順治七年,裁併懷安衛。延慶左衛。順治七年,裁併永寧衛。延慶右衛。順治七年,裁併懷來衛。東勝左衛。順治九年,裁併永平衛。東勝右衛。順治九年,裁併遵化衛。興州前衛。順治九年,裁併開平衛。興州左衛。順治九年,裁併薊州衛。興州右衛。順治九年,裁併永平衛。興州中屯衛。順治九年,裁併涿鹿衛。興州後屯衛。順治十一年,裁併通州左衛。涿鹿衛。康熙二十七年裁。涿鹿中衛。○涿鹿左衛。以上俱順治九年,裁併涿鹿衛。營州衛。順治九年,裁併薊州衛。營州前衛。順治九年,裁併涿鹿衛。營州後衛。順治九年,裁併興州後屯衛。營州中衛。○營州左屯衛。以上俱順治九年裁。密雲中衛。康熙三年裁。密雲後衛。順治九年,裁併中衛。保定前後二衛,俱順治九年,裁併右衛。保定中衛。順治九年,裁併左衛。保定左衛。舊設守備一員,千總一員。康熙二十七年裁守備,止留千總。雍正三年,裁併清苑縣。保定右衛。順治十六年,裁併左衛。通州衛。○通州右衛。以上俱順治九年,裁併左衛。通州左衛。康熙十二年,改爲通州所。天津衛。雍正三年,改爲天津州。天津左右二衛。俱順治九年,裁併天津衛。神武中衛。順治九年,裁併通州左衛。神武右衛。順治九年,裁併正定衛。鎮朔衛。順治九年,裁併薊州衛。盧龍衛。順治九年,裁併永平衛。撫寧衛。順治九年,裁併山海衛。定邊衛。順治九年,裁併通州左衛。宣府右衛。順治九年,歸併左衛。後改爲前衛。宣府前衛。康熙三十二年裁。宣府後衛。順治十六年,裁併前衛。武清衛。順治九年,裁併通州左衛。茂山衛。順治十一年,裁併保定左衛。大同衛。順治十一年,裁併河間衛。定州衛。順治十六年裁。併定州。薊州衛。○遵化衛。以上俱順治十六年裁。忠義衛。康熙六年,裁併遵化縣。開平中屯衛。康熙六年,裁併豐潤縣。正定衛。○永平衛。○河間衛。以上俱康熙二十七年裁。萬全左右二衛。○懷安衛。○開平衛。○保安衛。○龍門衛。○蔚州衛。○永寧衛。○懷來衛。以上俱康熙三十二年裁。四海治所。順治七年,裁併永寧衛。寬河所順治九年,裁併遵化衛。倒馬所。〇平定所。以上俱順治九年,裁併正定衛。渤海所。〇白洋口後所。〇鎮羅關所。〇順德所。以上俱順治九年裁。美峪所。順治十一年,裁併保安衛。紫荆所。順治十一年,裁併保定右衛。長安所順治十六年裁。滄州所。〇雲州所。〇龍門所。以上俱順治十六年裁。廣昌所。順治十八年裁。保定左所雍正三年裁。

江南現在衛二十四。

興武衛,守備一員,千總十八員。康熙十七年裁。十八年復設。本衛頭幇至十七幇每幇領運千總二員。二十五年,復裁十幇至十七幇千總十六員。江淮衛,守備一員,千總十八員。康熙十七年裁。十八年復設本衛頭幇至十六幇每幇領運千總二員。二十五年,復裁十幇至十六幇千總十四員。蘇州衛,守備一員,千總四員本衛前幇領運千總二員,後幇領運千總二員。太倉衛,守備一員,千總四員。本衛前幇領運千總二員,後幇領運千總二員。鎮海衛,守備一員,千總四員。舊設本衛前幇後幇三幇領運千總各二員,康熙二十五年裁三幇領運千總二員。金山衛,守備一員,千總二員。舊設本衛頭幇領運千總二員,二幇領運千總二員,康熙二十五年裁二員。鎮江衛,守備一員,千總六員。本衛前幇領運千總二員,後幇領運千總二員,雍正四年添設中幇千總二員。淮安衛,守備一員,千總八員。康熙十七年裁,十八年復設本衛頭幇至五幇領運千總各二員,二十四年裁三幇千總二員。大河衛,守備一員,千總六員。舊設本衛前幇二幇三幇遮洋幇領運千總各二員,康熙二十四年裁遮洋幇千總二員。揚州衛,守備一員,千總八員。舊設本衛頭幇至十幇領運千總各二員,康熙二十四年裁二幇四幇六幇九幇千總八員,二十五年,又裁四員,并改爲頭幇二幇三幇四幇。儀徵衛,守備一員,千總二員。千總俱領運。徐州衛,守備一員,千總六員。舊設本衛徐州幇、河南幇領運千總各二員,康熙二十四年裁河南幇千總二員,二十九年復設。雍正四年,分爲前後二幇,添設千總二員。安慶衛,守備一員,千總四員。舊設領運千總二員,雍正四年,分爲前後二幇,添設千總二員。新安衛,守備一員,千總二員。舊設本衛江西幇池州幇領運千總各二員,康熙十四年裁江西幇千總二員。宣州衛,守備一員,千總二員。千總俱領運。建陽衛,守備一員,千總四員。本衛寧國幇、太平幇領運千總各二員。廬州衛,守備一員,千總六員。舊設本衛頭幇至六幇領運千總各二員,康熙二十五年裁四幇五幇六幇千總六員。滁州衛,守備一員,千總二員。舊設本衛頭幇後幇領運千總各二員。康熙二十五年,各裁一員,并改爲蘇州幇。鳳陽衛,守備一員,千總二員。舊設本衛頭幇二幇領運千總各二員,康熙二十五年各裁一員,并改爲常州幇。鳳陽中衛,守備一員,千總十員。舊設本衛頭幇至四幇領運千總各二員，康熙二十四年裁二幇四幇千總四員，二十五年復設頭幇三幇千總各一員，并改爲常州幇。雍正四年，以右衛頭幇千總二幇千總各二員歸併本衛。長淮衛，守備一員，千總八員。舊設本衛頭幇至四幇領運千總各二員，康熙二十四年裁二幇千總二員，二十九年復設。宿州衛，守備一員，千總四員。本衛頭幇二幇領運千總各二員。泗州衛，守備一員，千總四員。本衛前幇後幇領運千總各二員。潼安衛，守備一員。雍正五年設，專司徵收泗州、虹縣、桃源、睢寧、宿遷五州縣新淤地畝錢糧。蘇州府，白糧領運千總四員。康熙十五年裁，二十二年復設。雍正四年添設後幇千總二員。松江府，白糧領運千總二員。康熙十五年裁，二十二年復設。常州府，白糧領運千總二員。康熙十五年裁。二十二年復設。

舊設掌印都司一員。雍正三年裁。操捕都司僉書一員。順治十二年裁。屯局都司僉書一員。順治十二年裁。水軍左右二衛。順治五年，改爲江淮左右二衛。虎賁左右二衛。順治五年，改左衛爲江寧後衛。裁右衛。歸併上元前衛。留守左右中前後五衛。順治五年，改左衛爲江寧左衛，裁右衛歸併武德衛，裁中衛歸併江寧前衛，裁前衛歸併上元左衛，裁後衛歸併江寧後衛。金吾左右前後四衛。順治五年裁左衛右衛，改前衛爲江寧右衛，裁後衛歸併上元右衛。府軍衛府軍左右後衛。順治五年裁府軍衛，歸併上元左衛，改右衛爲江寧中衛，裁左衛歸併江寧中衛，裁後衛歸併上元前衛。龍虎衛。順治五年，改爲上元前衛。龍虎左衛。順治五年，改爲石城衛。羽林左右前三衛。順治五年，改左衛爲上元後衛，裁右衛。歸併江寧右衛，裁去前衛。瀋陽左右二衛。順治五年裁。左衛。歸併上元右衛，裁右衛歸併鷹揚衛。龍江左右二衛。順治五年，裁左衛歸併江寧左衛，裁右衛歸併上元後衛。飛熊衛。順治五年，改爲秣陵衛。天策衛。順治五年，改爲鍾山衛。應天衛。順治五年，改爲江寧前衛。神策衛。順治五年，改爲上元左衛。龍驤衛。順治五年，改爲上元右衛。錦衣衛。順治五年，改爲上元中衛。驍騎右衛。順治五年，裁併豹韜衛。孝陵衛。順治五年，裁併上元右衛。旗手衛。順治五年，裁併石城衛。豹韜左衛。順治五年，裁併江寧右衛。濟川衛。順治五年裁。徐州左衛。順治九年，裁併徐州衛。和陽衛。順治十四年，裁併興武江淮右二衛。英武衛。順治十四年，裁併上元後衛。秣陵衛。順治十四年，裁併江淮右衛。廣武衛。順治十四年，裁併江寧右石城二衛。鍾山衛。順治十四年，裁併上元前衛。豹韜衛。順治十四年，裁併石城衛。武德衛。順治十四年，裁併江寧右衛。江寧左右中前後五衛。順治十四年裁。中衛歸併江寧前衛。康熙十二年，改左衛爲江寧衛，裁右前後三衛歸併江寧衛。上元左右中前後五衛。順治十四年裁。左衛歸併江寧後衛，裁右衛歸併江寧前衛。康熙十二年，改中衛爲上元衛，裁前後二衛歸併上元衛。江淮左右二衛。康熙十二年,改左衛爲江淮衛,裁右衛歸併江淮衛。廣洋衛。○橫海衛。○石城衛。○鎮南衛。○江陰衛。○鷹揚衛。以上俱康熙十二年,裁併興武衛。江寧衛。○上元衛。以上俱康熙十七年,裁併興武江淮二衛。高郵衛。康熙十七年,裁併揚州衛。邳州衛。康熙十七年,裁併淮安衛。鳳陽左右前後四衛。康熙十七年裁。左衛歸併武陽衛,裁前衛歸併鳳陽右衛,裁後衛歸併鳳陽中衛。雍正四年裁。右衛歸併鳳陽中衛。懷遠衛。康熙十七年,裁併鳳陽衛。武平衛。康熙十七年,裁併宿州衛。壽州衛。康熙十七年,裁併長淮衛。六安衛。康熙十七年,裁併廬州衛。崇明守禦所。○寶山中守禦所。○劉河守禦所。以上俱順治十五年裁。通州守禦所。○泰州守禦所。○鹽城守禦所。○興化守禦所。○松江守禦所。○吴淞江守禦所。○青村守禦所。○南匯嘴守禦所。○海州守禦所。○洪塘守禦所。以上俱康熙十七年裁。東海守禦所。康熙二十七年裁。

浙江現在衛八、所五。

杭州前衛,守備一員,千總四員。舊設徵屯千總二員,前幇領運千總二員,後幇領運千總二員,雍正三年,裁徵屯千總二員。杭州右衛,守備一員,千總四員。舊設徵屯千總二員,前幇領運千總二員,後幇領運千總二員,雍正三年裁徵屯千總二員。台州衛,守備一員,千總四員。舊設徵屯千總二員,前幇領運千總二員,後幇領運千總二員,雍正三年裁徵屯千總二員。寧波衛,守備一員,千總三員。前幇領運守備一員,千總一員,後幇領運千總二員。處州衛,守備一員,千總三員。前幇領運守備一員,千總一員,後幇領運千總二員。紹興衛,守備一員,千總三員。前幇領運守備一員,千總一員,後幇領運千總二員。海寧衛,守備一員。舊設徵屯千總一員,領運千總二員,康熙二十五年,裁領運千總二員,雍正三年,裁徵屯千總一員。温州衛,守備一員,千總四員。舊設徵屯千總二員,前幇領運千總二員,後幇領運千總二員,雍正三年裁徵屯千總二員。海寧所,千總三員。舊設守禦千總一員,康熙十年添設領運千總一員,二十五年,又添領運千總一員。衢州所,千總三員。舊設守禦千總一員,康熙十年,添設領運千總二員,二十五年,復裁領運千總一員,二十八年,將金華所領運千總一員裁併衢州所。湖州所,千總三員。舊設守禦千總一員,康熙十年添設領運千總二員。嘉興所,千總二員。舊設守禦千總一員,康熙十年添設領運千總二員,二十五年,復裁領運千總一員。嚴州所,千總三員。舊設守禦千總一員,康熙十年添設領運千總二員。嘉興府,白糧領運千總二員。康熙十八年裁,二十二年復設。湖州府,白糧領運千總二員。康熙十八年裁。二十二年復設。

舊設掌印都司一員。雍正三年裁。操捕都司僉書一員。〇屯局都司僉書一員。以上俱順治十二年裁。臨山衛。〇觀海衛。〇定海衛。〇昌國衛。〇松門衛。〇海門衛。〇金鄉衛。〇盤石衛。以上八衛,俱順治十七年裁。

澉浦所。〇乍浦所。〇爵溪所。〇錢倉所。〇昌國中前所。〇中後所。〇霩衢所。〇大嵩所。〇定海中中所。〇中左所。〇穿山所。〇龍山所。〇三山所。〇瀝海所。〇三江所。〇楚門所。〇隘頑所。〇新河所。〇海門前所。〇健跳所。〇桃渚所。〇蒲門所。〇壯士所。〇沙圖所。〇海安所。〇瑞安所。〇平陽所。〇寧村所。〇蒲岐所。以上二十九所,俱順治十七年裁。金華所。康熙二十八年,裁併衢州所。

江西現在衛四、所八。

南昌衛,守備一員,千總三員。前幫領運守備一員,千總一員,後幫領運千總二員。袁州衛,守備一員,千總一員,俱領運。贛州衛,守備一員,千總一員俱領運。九江衛,千總四員。舊設守備一員,前幫領運千總二員,後幫領運千總二員,康熙八年裁守備一員。吉安所,千總二員。舊設守禦千總一員,康熙九年添設領運千總一員。安福所,千總二員。舊設守禦千總一員,康熙九年添設領運千總一員。撫州所,千總二員。舊設守禦千總一員,康熙九年添設領運千總一員。永新所,千總二員。舊設守禦千總一員,康熙九年添設領運千總一員。建昌所,千總二員。舊設守禦千總一員,康熙九年添設領運千總一員。廣信所,千總二員。舊設守禦千總一員,康熙九年添設領運千總一員。鉛山所,千總二員。舊設守禦千總一員,康熙九年添設領運千總一員。饒州所,千總二員。舊設守禦千總一員,康熙九年添設領運千總一員。舊設掌印都司一員。雍正三年裁。操捕都司僉書一員。〇屯局都司僉書一員以上俱順治十二年裁。南昌左衛。康熙八年裁。龍泉所。順治十二年裁併安福所。信豐所。〇會昌所。〇南安所。以上俱順治十二年裁併贛州衛。

湖廣現在衛十三、所二。

武昌衛,守備一員,千總一員。武昌左衛,守備一員,千總一員。黃州衛,守備一員,千總一員。蘄州衛,守備一員,千總一員。沔陽衛,守備一員,千總二員。舊設千總一員,雍正四年添設一員。荆州衛,守備一員,千總一員。荆州左衛,守備一員,千總一員。荆州右衛,守備一員,千總一員。襄陽衛,守備一員,千總一員。施州衛,守備一員,千總一員。岳州衛,守備一員,千總二員。舊設千總一員,雍正四年添設一員。九谿衛,守備一員。永定衛,守備一員。德安守禦所,千總一員。大田守禦所,千總一員。舊設湖廣掌印都司一員。雍正三年裁。行掌印都司一員。順治九年裁。操捕都司僉書一員。順治十一年裁。承天衛。順治三年,改爲安陸衛。鄖陽衛。順治九年裁併襄陽衛。安陸衛。○寶慶衛。以上俱順治十七年裁。辰州衛。順治十八年,裁併沅陵、辰谿、瀘谿、溆浦、武陵、龍陽六縣。沅州衛。順治十八年,裁併沅州、黔陽、麻陽、辰谿、桃源五州縣。靖州衛。順治十八年裁併靖州。瞿塘衛。康熙五年,裁併四川。鎮遠衛。康熙二十二年裁。衡州衛。○永州衛。○寧遠衛。○長沙衛。○茶陵衛。○常德衛。以上俱康熙二十七年裁。銅鼓衛。○五開衛。以上俱雍正三年裁併貴州黎平府。平溪衛。○清浪衛。以上俱雍正四年裁併貴州思州府。房縣所。○竹山所。○均州所。以上俱順治九年裁併襄陽衛。枝江所。○遠安所。○彝陵所。以上俱順治十一年裁併荆州衛。長寧所。順治十一年裁併衡州衛。桂陽所。順治十一年裁併郴州所。寧遠所。○江華所。以上俱順治十一年裁併寧遠衛。宜章所。順治十四年裁。澧州所。○武岡所。○城步所。以上俱順治十七年裁。天柱所。○汶谿所。以上俱順治十八年裁併天柱縣。郴州所。康熙元年裁。中州所。康熙五年裁。廣安所康熙五年裁併茶陵衛。寧谿所。康熙五年裁併衡州衛。銅鼓所。○中潮所。○黎平所。○平屯所。○隆里所。○平茶所。○新屯所。○新化所。○中右所。○中中所。以上俱康熙五年裁併五開衛。鎮谿所。康熙五年裁併常德府。安福守禦所。康熙二十七年裁併九谿衛。大庸守禦所。康熙二十七年裁併永定衛。桃川守禦所。○枇杷守禦所。○錦田守禦所。以上俱康熙二十七年裁。

福建衛所全裁。

舊設掌印都司一員。康熙十一年裁。操捕都司僉書一員。○管屯都司僉書一員。以上俱順治十二年裁。鎮海衛。順治十四年,裁併漳州衛。延平衛。○建寧左右二衛。○邵武衛。○汀州衛。以上俱順治十八年裁。福建衛。康熙三年裁。福州左右中三衛。○鎮東衛。○興化衛。○平海衛。○泉州衛。○永寧衛。○漳州衛。以上俱康熙五年裁。福泉所。○崇武所。○高浦所。○金門所。○中左所。以上俱順治十四年,裁併永寧衛。南詔所。○龍巖所。○陸鰲所。○銅山所。○懸鐘所。以上俱順治十四年,裁併漳州衛。浦城所。○上杭所。○武平所。以上俱順治十四年裁。將樂所。○永安所。以上俱順治十八年裁。梅花所。○萬安所。○莆禧所。○大全所。○定海所。以上俱康熙三年裁。

山東現在衛十四、所三。

德州衛，守備一員，千總七員。管河千總二員，徵屯千總三員，領運千總二員。德州左衛，千總七員。舊設守備一員，管河千總二員，徵屯千總三員，領運千總二員。康熙二十五年，裁領運千總二員，二十七年裁守備，二十九年復設領運千總二員。平山衛，守備一員，千總五員。舊設管河千總一員，前幇領運千總二員，後幇領運千總二員。康熙二十五年，裁領運千總四員，二十九年復設。東昌衛，千總四員。舊設守備一員，本衛領運千總二員，濮州所領運千總二員。康熙二十七年裁守備。臨清衛，守備一員，千總八員。舊設山東前幇、河南前幇、河南後幇領運千總各二員，康熙二十五年裁，河南前幇後幇千總四員，二十九年復設。雍正四年，山東前幇分爲前後二幇，添設千總二員。任城衛，守備一員，千總二員。康熙二十五年，裁千總二員，二十九年復設。濟寧衛，守備一員，千總十員。管河千總二員，前幇領運千總二員，後幇領運千總二員。雍正四年，前幇分爲前左二幇，添設千總二員，後幇分爲後右二幇，添設千總二員。安東衛，守備一員。舊設千總一員，康熙二十七年裁。靈山衛，守備一員，千總一員。鰲山衛，守備一員。大嵩衛，守備一員。威海衛，守備一員，千總一員。成山衛，守備一員。靖海衛，守備一員。東平所，千總三員。舊設管河千總二員，本所領運千總二員，康熙二十三年，裁管河千總一員。浮山守禦所，千總一員。雄崖守禦所，千總一員。舊設掌印都司一員。雍正三年裁。操捕都司僉書一員。順治十二年裁。屯田都司僉書一員。順治十六年裁。登州衛。○萊州衛。○寧海衛。以上俱順治十六年裁。青州左衛。○沂州衛。以上俱康熙十七年裁。濟南衛。雍正四年，裁併濟南府。濮州所。○肥城所。以上俱順治十二年裁併濟南衛。滕縣所。順治十二年，裁併沂州衛。諸城所。順治十二年，裁併莒州所。膠州所。順治十二年，裁併靈山衛。福山所。○寧津所。以上俱順治十二年，裁併靖海衛。奇山所順治十二年，裁併寧海衛。海陽所。順治十二年，裁併大嵩衛。武定所。○莒州所。以上俱順治十六年裁。

山西衛所全裁。

舊設掌印都司一員。雍正三年裁。操捕都司僉書一員。○管屯行都司僉書一員。以上俱順治十二年裁。行都司一員。順治十五年裁。大同左衛。雍正三年，改爲左雲縣。大同右衛。雍正三年，改爲右王縣。大同前衛。雍正三年裁。大同後衛。順治七年，裁併前衛。高山衛。順治七年，裁併陽和衛。鎮魯衛。順治七年，裁併天城衛。雲川衛。順治七年，裁併大同左衛。玉林衛。順治七年，裁併大同右衛。威遠衛。順治十一年裁。太原左衛。雍正三年裁。

太原右衛。順治十一年,裁併前衛。太原前衛。〇振武衛。〇平陽衛。以上俱雍正三年裁。鎮西衛。順治十五年,裁併城守守備。汾州衛。〇潞州衛。〇安東中屯衛。〇朔州衛。〇瀋陽衛。〇寧山衛。以上俱順治十六年裁。陽和衛。雍正三年,改爲陽高縣。天城衛。雍正三年,改爲天鎮縣。平魯衛。雍正三年,改爲平魯縣。八角所。順治十五年裁。保德所。〇沁州所。〇山陰所。〇懷仁所。〇馬邑所。以上俱順治十六年裁。寧化所。雍正三年,裁併寧武縣。雁門所。雍正三年裁。偏頭所。雍正三年,改爲偏關縣。寧武所。雍正三年,改爲寧武縣。井坪所。雍正三年裁。老營所。雍正三年,裁併偏關縣。蒲州所。雍正三年裁。

大清會典卷之一百十七

兵部武選司

〔都司衛所下〕

河南衛所俱裁。

舊設掌印都司一員。順治十五年裁。操捕都司僉書一員。順治十二年裁。宣武衛。○陳州衛。○潁州衛。○歸德衛。○睢陽衛。○彰德衛。○懷慶衛。○河南衛。○弘農衛。○南陽衛。○信陽衛。○汝州衛。以上俱順治十五年裁。禹州所順治十年裁。盧氏所。○羣牧所。○嵩縣所。以上俱順治十一年裁。潁上所。○林縣所。○衛輝所。○唐縣所。○鄧州所。○磁州所。○汝寧所。以上俱順治十五年裁。

陝西現在衛六、所二。

洮州衛，守備一員。舊設千總一員，雍正四年裁。靖逆衛，守備一員。康熙五十七年設。大通衛，守備一員。雍正二年設。安西衛，守備一員。雍正二年設。沙州衛，守備一員。雍正四年設。柳溝衛，守備一員。康熙五十七年，設所千總一員，雍正四年裁。改設衛守備。赤金所，千總一員。康熙五十七年設衛守備一員，雍正四年裁，改設所千總。歸德守禦所，千總一員。舊設掌印都司一員。雍正二年裁。行掌印都司一員。雍正二年裁。屯田水利都司僉書一員。雍正二年裁。操捕都司僉書一員。○屯操都司僉書一員。○管屯都司僉書一員。以上俱順治十六年裁。潼關衛。雍正二年裁。榆林衛。雍正二年裁。甘州前衛。○後衛。○左衛。○右衛。○中護衛。以上順治十二年裁中護衛歸併蘭州衛，十六年裁前衛歸併左衛，裁後衛歸併右衛。雍正二年，悉裁改爲張掖縣。寧夏衛。○前衛。○後衛。○左屯衛。○右屯衛。○中屯衛。以上，順治十五年裁前，衛歸併寧夏衛；裁中屯衛，歸併右屯衛。康熙六年，裁後衛，改爲寧夏守禦所。雍正二年裁寧夏衛，改爲寧夏府；裁左衛，改爲寧夏縣；裁右衛，改爲寧朔縣；裁中衛，改爲中衛縣。寧夏守禦所裁。安東中護衛。順治十五年，裁併平涼衛。延安衛。順治十六年，裁併膚施縣。西安左衛。○右衛。○漢中衛。○寧羌衛。○鞏昌衛。○秦州衛。以上俱順治十六年裁。綏德衛。康熙十七年，裁併綏德州。莊浪衛。康熙二年，改爲莊浪守禦所。雍正二年，改爲平番縣。西寧衛。雍正二年，改爲西寧縣。涼州衛。雍正二年，改爲武威縣。鎮番衛。雍正二年，改爲鎮番縣。永昌衛。雍正二年，改爲永昌縣。山丹衛。雍正二年，改爲山丹縣。肅州衛。○靖遠衛。以上俱雍正二年裁。慶陽衛。○平涼衛。○固原衛。○臨洮衛。○河州衛。○蘭州衛。○岷州衛。以上俱雍正四年，裁併各該屬州縣。金川所。順治十二年，改爲興安州。安邊所。順治十二年，改爲定邊所，十六年，裁併靖邊所。鎮羌所。順治十年裁。東河所。順治十三年，裁併寶鷄縣興武所。順治十五年，裁併寧夏後衛。環縣所。○鳳翔所。○汧縣所。○興安所。○階州所。○文縣所。○禮店所。以上俱順治十六年裁併各該屬州縣。平遠所。康熙五年，裁併鎮戎所，十四年復設，十六年裁。高臺所。雍正二年，改爲高臺縣。平羅所。雍正二年，改爲平羅縣。靈州所。雍正二年，改爲靈州。古浪所。雍正二年，改爲古浪縣。碾伯所。雍正二年，改爲碾伯縣。靖邊所。○西安所。○鎮戎所。○鎮彝所。以上俱雍正二年裁。西固所。雍正四年裁。

四川現在衛六、所七。

松潘衛，守備一員。建昌衛，守備一員，千總一員。鹽井衛，守備一員。寧番衛，守備一員。會川衛，守備一員。越嶲衛，守備一員。打冲河中前守禦所，千總一員。德昌守禦所，千總一員。禮州守禦所，千總一員。打冲河中左守禦所，千總一員。迷易守禦所，千總一員。冕山守禦所，千總一員。黎州大渡河守禦所，千總一員。

舊設利州衛。順治十五年裁。重慶衛。康熙元年，裁併巴縣。敘南衛。康熙元年，裁併宜筠慶長高珙六縣。威遠衛。康熙元年，裁併仁懷縣。茂州衛。康熙元年裁。寧川衛。○成都右衛。○中衛。○前衛。○後衛。○左護衛。以上俱康熙元年，裁併郫縣温江雙流新繁等縣。瀘州衛。康熙二十四年裁。保寧所。○青川所。以上俱順治十五年裁。黔江所。康熙元年，裁併彭水黔江二縣。雅州所。康熙元年，裁併雅州。黄牛所。○鹽井所。以上俱康熙元年，裁併瀘山縣。建武所。康熙元年，裁併巴壁等縣。威州所。○疊溪所。以上俱康熙元年裁。灌縣所。康熙元年，裁併灌縣。鎮西所。康熙二十四年裁。

廣東現在衛一、所七。

碣石衛，守備一員。大鵬守禦所，千總一員。平海守禦所，千總一員。海安守禦所，千總一員。雙魚守禦所，千總一員。海豐守禦所，千總一員。捷勝守禦所，千總一員。大城守禦所，千總一員。舊設掌印都司一員。雍正三年裁。操捕都司僉書一員。順治十二年裁。屯田都司僉書一員。康熙九年裁。廉州衛。順治十二年裁。廣州左衛。○廣州右衛。○廣州前衛。後衛。○南海衛。○清遠衛。○潮州衛。○肇慶衛。○海南衛。○神電衛。○廣海衛。○惠州衛。○雷州衛。以上俱雍正三年裁。封門所。○富霖所。以上俱順治十二年裁。南鄉所。○函口所。以上俱順治十七年裁。甲子門所。順治十七年，裁併海豐所。海朗所。順治十七年，裁併雙魚所。錦囊所。順治十七年，裁併海安所。樂民所。順治十七年，裁併海康所。儋州所。順治十七年，裁併崖州所。南山所。順治十七年，裁併萬州所。昌化所。順治十七年，裁併清瀾所。新會所。○香山所。○新寧所。○東莞所。○靖海所。○海康所。○韶州所。○南雄所。○龍川所。○程鄉所。○德慶所。○新興所。○陽江所。○高州所。○萬州所。○崖州所。○從化所。○增城所。○連山所。○長樂所。○河源所。○海門所。○蓬州所。○澄海所。○寧川所。○廣寧所。○清瀾所。○陽春所。以上俱雍正三年裁。

廣西衛所俱裁。

舊設掌印都司一員。康熙五年裁。操捕都司僉書一員。順治十三年裁。

雲南衛所俱裁。

舊設掌印都司一員。康熙二十六年裁。屯田都司僉書一員。順治十八年裁。操捕都司僉書一員。康熙五年裁。雲南中衛。○前衛。○後衛。○廣南衛。○曲靖衛。○六涼衛。○越州衛。○臨安衛。○楚雄衛。○洱海衛。以上俱康熙七年裁。蒙化衛。○大羅衛。以上俱康熙八年裁。平彝衛。○大理衛。○瀾滄衛。○騰衝衛。○永昌衛。○景東衛。○雲南左衛。○雲南右衛。以上俱康熙二十六年裁。鎮姚所。○鎮安所。○右甸所。以上俱康熙二年裁。定雄所。○鳳梧所。○安寧所。○通海所。○宣良所。○鶴慶所。○永平所。○定遠所。○中屯所。○易門所。○十八寨所。○武定所。以上俱康熙七年裁。新安所。○木密所。○馬隆所。○楊林所。○姚安所。以上俱康熙二十六年裁。

貴州衛所俱裁。

舊設掌印都司一員。康熙二十六年裁。屯田都司僉書一員。康熙元年裁。操捕都司僉書一員。康熙二十六年裁。貴州衛。〇貴州前衛。以上俱康熙二十六年裁。龍里衛。康熙十年,改爲龍里縣。都匀衛。康熙十年,改爲都匀縣。普定衛。康熙十年,改爲普定縣。安莊衛。康熙十年,裁併鎮寧州。平越衛。康熙十年,改爲平越縣。清平衛。康熙十年,改爲清平縣。巴香衛。康熙二十一年裁。新添衛。〇威清衛。〇平壩衛。〇安南衛。〇普安衛。〇偏橋衛。〇畢節衛。〇烏撒衛。〇鎮西衛。〇興隆衛。〇永寧衛。〇赤水衛。〇敷勇衛。以上俱康熙二十六年裁。詰戎所。康熙元年,裁併貴州前衛。樂民所。〇平彝所。以上俱康熙元年,裁併普安衛。周泥站所。康熙元年,裁併七星關。安南所。〇查城站所。〇白撒所。以上俱康熙元年裁。黄平所。康熙十年,裁併黄平州。新城所。康熙十年,裁併普安縣。關嶺所。康熙二十一年裁。新興站。康熙二十二年裁。修文所。〇濯靈所。〇息烽所。〇于襄所。〇定南所。〇安龍所。〇威武所。〇赫聲所。〇柔遠所。〇普市所。以上俱康熙二十六年裁。

〔都司衛所官員陞除〕

凡掌印都司員缺,定例:雙月,由裁缺改推,還職等項挨補。如無應補之人,扣於下月推陞。單月,由行掌印都司、屯田都司僉書,操捕都司僉書,歷俸五年、有軍功薦紀,與歷俸六年、無軍功薦紀者陞。如無其人,方以加遊擊,加都司僉書,署都司僉書之守備,歷俸三年以上者,較俸陞轉。〇康熙十一年題准:先儘行掌印都司,屯田都司僉書、操捕都司僉書,歷俸三年,不論有無軍功薦紀,一體較俸陞授。如無其人,將有加署職銜之守備,不論加銜大小,一體較俸陞授。

凡行掌印都司、屯田都司僉書、操捕都司僉書員缺,定例:雙月,由裁缺改推,還職等項挨補。如無應補之人,扣於下月推陞。單月,由衛守備管守備事有軍功薦紀者陞。

凡衛守備員缺,定例:雙月,由裁缺改推,還職、降補、三甲武進士題准給劄等,項挨次選補,每出三缺,各項用一名,武進士用二名。單月,由守禦所千總、衛千總、門千總、犧牲所所牧較俸陞轉。如有軍功薦紀者,以守備管守備事;無軍功薦紀者,以署守備管守備事。〇康熙十一年題准:衛守備每出五缺,用門衛千總四員、守禦千總一員陞補。〇四十八年題准:嗣後若干把總,年滿千總,中武進士者,另立一班,照例分二甲三甲以營衛守備推用。〇雍正四年覆准:蘇州、杭州、揚州、泗州、江淮、興武等六衛事務,俱屬繁劇,才具平常者,不能辦理,將繁劇之缺,准揀選才能並無事故之衛守備調補。其所遺員缺，請旨於藍翎内揀選補授。

凡守禦所千總員缺，定例：雙月，由裁缺改推，還職、降補、三科武舉、外委題准給劄、効勞等項，挨行選補。〇雍正二年覆准：守禦所千總一項，裁減之外，所存無幾，候推守禦所之武舉，不無壅滯。舊例，糧船回空，每幫設隨幫一名，押空無誤，揀選以衛千總推用。但此隨幫不過閑散之人，徒借名色，虚冒功名。今將此等人員停其頂補，將揀選之武舉、候選守禦所千總人員内有情願頂補者，向總漕具呈，遇有隨幫缺出，令總漕報部，兵部給劄頂補。三運無誤，以衛千總推用。

凡門衛千總員缺，定例：雙月，由裁缺改推，還職、降補一科兩科武舉，外委題准給劄効勞等項，挨行選補。每出五缺，各項用一名，武舉用四名。單月由犧牲所所副，歷京俸二年以上者，陞。〇康熙四十一年覆准：衛所千總有徵屯之責，將武舉補用。其門千總員缺，亦將武舉等補用。〇雍正二年議准：門千總缺出，不必補放漢人。如内九門缺出，用滿洲武舉頂補。外七門缺出，用漢軍武舉頂補。六年期滿，將優等之人，由提督衙門保送引見。平常者，仍留在門。〇四年覆准：隨幫人員，能拿獲首明私鹽三次及該幫船三次回空，並無事故者，該管上司出具印結咨部，以衛千總推用。

凡揀選衛所千總，康熙三十九年諭：候選衛所千總内，衰老不堪者甚多，將此等人員，遣大臣會同兵部堂官考射馬步箭，堪用者推用，不堪者，俱革退。〇又覆准：將現在赴部投供人員，恭請欽點大臣公同考試。其餘赴部投供至一百人外，再行考試。馬步箭俱好者先用，步箭好馬箭平常、步箭平常馬箭好者，續用。馬步箭俱平常者，歸於各本項挨次推用。步箭平常馬箭不好、步箭不好馬箭平常者，停其推用，俟學習馬步箭，再行考試。堪用者，仍行推用。馬步箭俱不好及人衰老者，革退。〇四十二年題准：候選衛所千總人員甚多，如按考試年月推選，則後考騎射好先用之人，壓於前考挨次推用人員之後，反屬壅滯，查投誠項下無人，將騎射好先用續用之人，照考試日期推用。

凡押運官員加銜推陞，定例：守禦所千總、衛千總，因運糧加至守備、署守備等官，無紀録者，加銜一等，陞管守備事；有紀録者，加銜二等，陞管守備事；加署都司僉書等官，無紀録者，加銜一等，陞管守備事。有紀録與加都司僉書以上無紀録者，俱一體較俸，仍以原銜陞管都司僉書事。〇康熙三十三年覆准：守禦所千總、衛千總，因運糧全完，遞加至都司僉書職銜以上之千總，如有情願告降以守備陞用者，應另作一項，照其具呈先後，歸於單月挨次以守備輪陞。○五十一年覆准:揀選候推千總人材堪用者,發往漕標,遇有缺出,聽總漕委署押運,果能抵通全完,倉場咨送兵部,准其即用。如有虧欠,仍照例治罪追賠。○又題准:江浙每年積欠之幫押運千總,如二運全完,准其即陞。其次欠之幫三運全完,准其即陞。別幫五運全完,亦准其即陞。○雍正元年議准:押運千總一運全完,加銜一次;二運全完,加銜二次;如能三運全完毫無事故者,從優議叙即陞。其江浙每年積欠之幫,仍照舊例,二運全完,准其即陞;如有不職怠惰者,該督撫據實查明咨參。○又題准:部發武舉抵壩全完者,令坐糧廳照給限單,勒限一月到淮抵驗。如有過淮違限革職綑打之案,將該弁照例發落,具題開復,並無別項事故,仍咨回倉場,照例送兵部推用。○四年覆准:押運官弁,於該幫船一年之内並無私鹽事故者,紀録一次。

凡運糧千總考試,康熙四十六年諭:運糧千總,甚屬緊要,著交與兵部,所有運糧千總陸續前來者,會同管侍衛内大臣,考試馬步箭,有庸懦者,即行革退。

凡俸深官員推陞,定例:門衛所千總等官,歷俸年深者,每年於正七兩月,遇營都司僉書守備員缺,專予衛所千總及門千總推陞,其餘月分仍將營衛守備推陞,武選司於正七兩月,將衛守備、衛所門千總俸滿應陞者,在截缺之前,開付職方司陞用。有裁缺停陞,後經補缺開復等項,即付職方司陞用。移付之後,如武選司有缺出,仍先儘武選司陞,至掌印都司都司僉書,亦於正七兩月截缺前付職方司,與營弁一體較俸陞轉,若武選司掌印都司缺出,將應陞之行都司都司僉書并加銜守備等亦儘武選司先用。○康熙四十年覆准:從前門千總缺出,將巡捕營千總調用,俱照京俸陞轉,殊爲太速,嗣後門千總缺出,停其調補巡捕營千總,仍照例以武舉等補用,入於衛所千總項内陞轉,不准計算京俸。

凡降調,舊例:門衛千總降一級,以犧牲所所副用,康熙三十三年覆准:犧牲所所副員缺,俱補用滿員,以致事故降級門衛千總無缺可補,嗣後將因事故降級門衛千總以專城千總補用。

凡七項分缺,定例:守備千總缺出,以截缺改推爲一項,還職降調爲一項,武進士舉人爲一項,年滿咨送爲一項,功加爲一項,効勞爲一項,投誠爲一項,如遇守備八缺,以六缺均分六項之人,二缺選武進士,遇千總十缺,以六缺選六項之人,以四缺選武舉人。

〔都司衛所通例〕

凡論俸，除外委官員外，在外武職，歷俸三年爲滿，餘一日作一日算；在京武職，歷俸二年爲滿，餘一日作一日半算。

凡署職各官，歷俸二年後，果有實績，該督撫題請，經兵部議准實授，以實授日爲始，與各官一體較俸陞補。

凡武職先因參革，遇有恩詔免議，及督撫提問，部覆無贓還職者，歷過前俸及前任即陞，加級紀薦，俱不准算，若因錢糧未完及公事詿誤降革後經還職者，歷過前俸及前任即陞，加級紀薦，均仍准算。

凡同日補授同日到任官員，遇推陞時，俱照原任俸次陞補，初選者照考中等次及題疏名次補用。

凡在京武官遇恩詔加級者，陞轉後，如品級相等，仍帶加一級，已陞一級者，不准復帶。

凡赴部推選各官，如會試下第武舉，即於本年内具呈，照本地方起送會試文書，并部給執照，准入册推用。次年具呈求選者，不准；營衛裁缺、還職、降調及完糧給劄、完糧開復等官，取現任督撫或原籍督撫印文赴部。初選進士舉人，取原籍督撫布政司、該地方官印文赴部。年滿千總及功加各官，由該省督提給文赴部。如無督提省分，總兵官給文送部。各官領文，俱照定限到部投遞，照例選用。在京者限十五日，直隸限兩個月，山東河南山西限三個月，陝西浙江江南湖廣江西限四個月，福建廣東廣西四川貴州限五個月，雲南限六個月；若違限一月以内者，罰俸一年，一月以外者，革職。

凡赴任武職官員，每日限行六十里。

凡各省同科武舉，若有同日文到而名次相同者，照直隸江南山東山西陝西河南浙江江西湖廣四川福建廣西廣東雲南貴州等各省分先後，挨次入册。

凡武官選後，不遵限赴科畫憑，及遲至六個月不領劄者，俱照規避例革職。

凡現任官員病故，該管官稽遲不報者，罰俸一年。若衛守備、守禦所千總、衛千總等官有病故者，不必具題，該撫咨部開缺補用。門千總病故，九門提督咨部開缺補用。

凡衛所官員，遇本地方有候選官、初授官病故，或部中提審質對之員，不即報明上司，至部選給憑後始行補報，或未報詐稱已報者，衛所官罰俸一年,其申報情由舛錯者,罰俸六個月;如衛所已報,上司不轉報者,上司罰俸一年,衛所官免議。上司推諉下屬者,亦罰俸一年。

凡衛所屯丁命盜處分,雍正五年覆准:嗣後衛所屯丁居住州縣地方者,遇有命盜等案發覺,責令州縣一面移會衛所,一面即行緝拏,限滿無獲,該督撫題參疎防承緝,將州縣官與衛所官弁一併列參議處,如衛所官弁因州縣既有責成,以致徇庇兵丁故意推諉者,許承審官揭報,該督撫題參,照徇庇例議處。

凡開復擬陞衛所各官,由户工二部題准開復到部者,查對原參分數,將應准註銷各官亦照截缺例,二十日内到者,本月擬陞,若二十一日後到者,扣於下月擬陞。其原疏内將錢糧已完銷案及未完各官,一本彙題到部者,不候題覆,將應准銷案各官,亦准推陞。

凡衛所官不識文義,康熙四年題准:衛所官員涖任後,遽以不識文義乞辭者,不准。〇十一年題准:衛所官員有錢糧之責,若以不識文義乞辭,須在未掣籤以前具呈,准改於營伍缺用,掣籤以後具呈者,以原品休致。〇五十三年覆准:甘屬衛所守備千總官員内有不識文義者,行令該督撫等遇有甘屬地方營守備千總缺出,即行改補,咨報兵部,如無應補之缺,再行咨部另補。

凡同族迴避,武職官員有錢糧、盜案、考核賢否等項,屬其管轄者,不論宗支遠近,俱令官卑者迴避。

凡更改姓名,定例:武職以更改姓名咨送到部者,五品以上,具題更改,六品以下,照咨更改。〇康熙三十七年覆准:武職請復本姓名之案,參將以上,照舊具題,遊擊以下官員,准據各提鎮咨呈,隨時咨報兵部註册,换給劄付,年底彙題。

凡陞任、降調、裁缺、離任武官,如原任内有應罰俸者,陞任官員於新任罰俸,降調官員,照所降之級罰俸,裁缺官員於補官日罰俸,其未仕官員有應罰俸者,於出仕日罰俸。

凡陞員離任,定例:衛所陞任官員,劄票到日,如有未完錢糧盜案,督撫提鎮於兩月内查明題參。如無未完錢糧盜案,劄票到日,督撫提鎮即行委官署理,限兩個月内交代明白,方准離任。如本官有未完事件,不於兩月内查報上司,或違例遷延,不即交委署之官,及署官新官推諉不接者,各罰俸一年,上司督催不力,罰俸六個月。若已經申報,上司不即轉報,或不即委官署理者,各罰俸六個月。如已經轉報,督撫提鎮具題遲延者,亦罰俸六個月。如無未完錢糧盜案,上司借端勒揹者,降二級調用,督撫提鎮降一級留任,其署官新官故意留難者,亦降二級調用。如陞任後有續起盜案及未完錢糧者,署官新官於兩月內揭報督撫提鎮題參,將本官每案罰俸一年。若有侵欺那移情弊,本官照例處分。如署官新官不行揭報,別經發覺者,署官新官降二級調用。如已行揭報,上司不轉報者,上司降二級調用;上司已報,督撫提鎮不題參者,督撫提鎮降一級留任。其陞任官不候劄票即行離任,或不與署官新官交代明白,即行離任者,將本官降二級調用。如錢糧盜案未經清核聽其離任者,該管官降一級調用,該督撫提鎮各罰俸一年。如陞任官將各項未完錢糧詐稱已完,或假揑印結申詳,或增改册籍投遞者,革職,署官新官徇情出結者,降二級調用,失察上司降一級調用,督撫提鎮罰俸一年。解任、裁缺、降調官員不候交代,竟自離任,及該管上司督撫提鎮聽其離任者,俱照陞員離任例處分。◎康熙二十三年議准:武官交代時,有前官任内那移,後官交代後始行查報,或上司逼勒新官交代等項情弊,俱照文官例處分。

凡役滿起送,京衛守備官員,不將年滿書辦遵限送部,遲至一年者,罰俸一年,遲至二年者,降一級調用,三年者,降二級調用。

凡候選武進士武舉等,未經掣籤者,准告假奔喪,若臨選期,不准告假奔喪。

凡在籍微員參革,雍正五年諭:武舉等微末之員,在籍犯法,經督撫題請革職審訊者,從無不准之事,是題請竟成故套,轉致耽延時日,或至藏匿規避,別生事端,甚屬無益,嗣後若有微末職銜犯法,應行題請革職審訊者,著該督撫一面審究,一面將革職之處咨部奏聞。如審係無辜,將本人開復;若地方官有故揑寃抑情弊,交部嚴加議處。其如何定例之處,著九卿會議具奏。遵旨議定:嗣後在籍武舉,候選守禦所千總等微末職銜,有把持公務,武斷鄉曲,一切犯法等事,令該督撫遵旨一面究審,一面將革職之處咨部具奏。如係無辜,即具題開復。若有在籍微員犯法不即行懲治者,將地方官照徇庇例議處。至本無劣蹟而地方官寃抑揑報者,將地方官照揑報劣員例議處。

大清會典卷之一百十八

兵部武選司

〔武職襲替〕

武官之有世職，所以酬勳也。其既没相承曰襲，老疾請代者曰替，宗派親疎，辨别詳慎，而復考其才技，予以銓除，宥其細過，待以寬厚。國家優寵舊臣，至深且渥。今將漢官世職襲替之隸兵部者，臚其事例，備載於後。至八旗世職，掌在銓曹，可互考焉。

凡襲職，順治十六年定：世職官員有子孫者，准其世世承襲。如子孫故絶，止許親兄弟及親兄弟子孫承襲三世。若宗派疎遠，同族同姓及嗣養之人，概不准承襲。○康熙四十年論：凡立功應承襲之人，若有殘疾，仍令承襲，但不與食俸，止給錢糧，俟其子孫應襲之年，令其承襲；若無子孫，俟其本身故後，再令他人承襲。

凡世襲註銜，順治八年題准：漢官世襲，俱酌定鑾儀衛及外衛所漢銜品級，給與勅書。一等精奇尼哈番稱爲鑾儀衛都指揮使，正一品；二等精奇尼哈番稱爲鑾儀衛都指揮副使，從一品；三等精奇尼哈番稱爲鑾儀衛都指揮同知，從一品。一等阿思哈尼哈番又一拖沙喇哈番，稱爲外衛都指揮使，正二品；一等阿思哈尼哈番稱爲外衛都指揮副使，正二品；二等阿思哈尼哈番稱爲外衛都指揮同知，從二品；三等阿思哈尼哈番稱爲外衛都指揮副同知，從二品。一等阿達哈哈番又一拖沙喇哈番，稱爲外衛指揮使，正三品；一等阿達哈哈番稱爲外衛指揮副使，正三品；二等阿達哈哈番稱爲外衛指揮同知，從三品；三等阿達哈哈番稱爲外衛指揮副同知，從三品。拜他喇布勒哈番又一拖沙喇哈番稱爲外衛指揮僉事，正四品；拜他喇布勒哈番稱爲外衛指揮副僉事，從四品；拖沙喇哈番稱爲外所千户，正五品。

○十七年覆准:世職官員,俱改註鑾儀衛。○十八年覆准:俱改註外衛所。○康熙元年議准:裁去漢銜,俱照滿銜註原籍衛所,若本省無衛所者,准註伊祖父母墳墓所在之衛所,如在府州縣者,即註府州縣附近之衛所,俱由兵部咨送吏部,照敘授職。○雍正二年題准:漢官得世職,不必改註衛籍,止取本籍文結、支派宗圖,以便稽查。

凡世職銓除,定例:由該督撫咨部,轉咨鑾儀衛考選。如遇鑾儀衛員缺,仍送兵部照品題補。若有願任外職者,咨送職方司,考試步射騎射,察驗青年者,照品外用。○康熙二十八年題准:承襲世職幼小子弟及受職佐領年歲未滿,伊等父任外省情願帶去者,准其帶去,其承襲子弟年滿十七歲,准其父所管之官起送進京,管理佐領。○四十三年題准:各省在家閑散居住及在督撫衙門効力之世職官員,該督撫將善於騎射青年人材堪用者,具題引見,照伊各品級外用食俸,其在家閑散及在督撫衙門効力世職官員,俱停其給俸。

凡出征所得世職,順治初定:本身出征所得世職,不緣他事黜革。○康熙十二年題准:除犯死罪及賭博宿娼等枷號以上之罪者革職,餘事俱免。

〔武職廕叙〕

本朝慶典光昭,推恩下逮,既有襲替之例,以承其世職,復有廕叙之條,以厚其子孫,文武並邀,典極優厚。其成法與吏部同者,不復重見,止將武職廕叙詳列於篇。

凡廕叙,順治八年恩詔,在京武官三品以上,各廕一子入監讀書。○十八年恩詔,武官在京在外二品以上,俱廕一子入監讀書,餘各送一子入監讀書。○又議准:武官在京實支正四品俸以上,各送一子入監讀書,參遊都司管副將事,副將管都司事者,俱送一子入監讀書。○康熙元年題准:武官除實銜實缺參將及掌印都司,例應送子入監外,其參將管遊擊都司僉書事,及遊擊都司僉書管參將事者,俱係食正三品俸,亦准送一子入監。○三年題准:武官廕子必以嫡長子,如無嫡長子,或雖有而患病殘廢及別有職事,則廕嫡長孫,如無則廕次子及次孫,如無則廕親兄弟及親兄弟子孫,如無則廕伯叔兄弟及伯叔兄弟子孫。○又題准:廕生由兵部具題,監生由各該旗送國子監。○六年恩詔,武官在京在外二品以上,各准一子入監讀書。○又題准:護軍統領、前鋒統領、副都統、阿思哈尼哈番、食二品俸官員及鑾儀衛食二品俸鑾儀使以上,在外緑旗提督總兵及帶一品銜管副將事等官，各准廕一子入監讀書，都督僉事管副將事及副將管副將事者，各送一子入監讀書。〇十年題准：凡文職已革，剩有武職，及世職者，仍留廕監。〇十二年題准：武官將族人之子稱爲親兄弟之子，或將撫養之子及在民間族中之子送爲廕監，或廕監生已經襲職，復行補送廕監，或將年歲未滿廕監生詐稱年滿咨送者，俱罰俸一年，該佐領驍騎校各罰俸六個月，都統副都統各罰俸兩個月，如武官出征或公差，或因年老免其上朝恭遇恩詔應得廕監，而該佐領不行傳知，結稱無子者，罰俸一年，或該佐領遺漏者，罰俸兩個月。〇五十二年恩詔，内外武官二品以上，各送一子入監讀書。〇又奉旨加銜副將，亦俱准一子入監讀書。〇雍正元年題准：八旗所得廕生十五歲以上者，送國子監讀書，二十歲以上者，送吏部分給各部院學習事務，有情願具呈在武職上行走者，照伊所得品級廕生隨旗行走，其外省大臣官員廕生監生内有情願在家讀書者，該衙門奏聞，仍報明該部註册。〇三年覆准：嗣後凡提鎮諸臣所得廕生，除通習文理者仍照例以文職補授外，其有幼熟武藝，人材壯健，情願改授武職者，令其呈明吏部，移咨兵部繕摺引見，恭候皇上考試欽定。其改授武職何等品級之處，兵部另行請旨。

〔誥勅〕

國家酬庸報績，文武一體，每遇覃恩，榮膺慶典。在内者，憑各該衙門咨送；在外者，憑督撫提鎮報聞。至八旗官員誥勅，舊隸吏部，康熙三年，改屬兵部，而封贈仍用文銜。其漢武職二品以下則並用武銜，具載於篇，並將事例之專係武職者分列條欵，以備參考。

八旗武職封贈

公、侯、伯及一品，俱光禄大夫。　妻，俱一品夫人。

以上封贈三代，誥命四軸。

二品，資政大夫　妻，夫人。

三品，通議大夫　妻，淑人。

以上封贈二代，誥命三軸。

四品，中憲大夫　妻，恭人。

五品，奉政大夫　妻，宜人。

以上封贈一代，誥命二軸。

六品，承德郎　妻，安人。

七品，文林郎　妻，孺人。

以上封贈一代，敕命二軸。

八品，修職郎九品，登仕郎。

以上止封本身，敕命一軸。

漢武職封贈

公、侯、伯，俱光禄大夫　妻，俱一品夫人。

正一品，從一品，俱榮禄大夫　妻，俱一品夫人。

以上封贈三代，誥命四軸。

正二品，驃騎將軍　從二品，驍騎將軍　妻，俱夫人。

正三品，昭勇將軍　從三品，懷遠將軍　妻，俱淑人。

以上封贈二代，誥命三軸。

正四品，明威將軍　從四品，宣武將軍　妻，俱恭人。

正五品，武德將軍　從五品，武略將軍　妻，俱宜人。

以上封贈一代，誥命二軸。

正六品，昭信校尉　從六品，忠顯校尉　妻，俱安人。

正七品，奮力校尉。舊例武職無七品封銜。雍正二年題准：加給封號。妻，孺人。

以上封贈一代，敕命二軸。

封贈通例武職與文職同者，詳見《吏部》，可以參考。其專係武職者，具載於此。

凡武官正一品，舊例授特進榮禄大夫。康熙八年，照文職例去"特進"字。

凡武官祖父、父職高於子孫者，舊例進階。康熙八年，照文職例不進階，止照祖父原銜封贈。

凡武官祖父、父係文職者，移咨吏部，題給封贈。若祖父、父職卑，從子孫官封贈。

凡侄襲伯叔之職者，准封贈其伯叔父母，孫襲祖職者，止封贈其父母。

凡武官遇恩詔後致仕病故者，照原官封贈。

凡年歲未滿不上朝官員，不得授封。

凡外委千總把總，不得授封。

凡營千總把總，舊例亦不得授封。雍正二年題准：經制實授之營千總，給與正六品封典，營把總，給與正七品封典。

凡追奪封典，康熙十八年題准：凡文武官員遇恩詔受封者，此後貪贓及軍機獲罪、失陷城池軍機詿誤革職逃走官員，祖父、父、本身誥敕俱行追奪銷毁。其餘平常之事詿誤革職官員,止將本身誥勑追奪銷毁,其祖父、父已得誥勑,停其追奪;未得,停其給發。○四十二年題准:凡失陷城池、行間獲罪革職及貪贓革職官員封贈,仍行追奪外,其因公詿誤革職官員封贈,永停追奪。

凡土司封贈,康熙二十七年覆准:嗣後凡有土司官員請封者,該督撫查明題請,亦准給與封典。

凡封贈銜級,康熙二十七年題准:凡内外滿漢大小各官未遇前詔,未經受封者,照現在品級具題封贈外,如遇前詔已經封過後改任者,照改任封贈,陞級者,照陞級新銜封贈,如加級者,前詔已照其現在品級封過,今雖加級,不曾换職任頂帶,不便重封。其滿洲官員陞轉在詔前者,照例不分已未到任,俱准給封贈。漢官雖在詔前陞轉,詔後到任者,不准封贈。

凡移封,舊例守備止封贈一代。雍正元年題准:守備恭遇恩詔,願將本身妻室應得封典請移與祖父母者,一體准其移封。

〔軍政〕

軍政考選,與文職考察同。順治九年,始定年限,至十一年而舉行。康熙元年,停止軍政,舉行考滿。六年,復行軍政,其議叙處分事例,詳見職方,不復重載。今將本司所轄之内外衞所各官,并分别考核之該管衙門,以及造册開送之限期具列於後。

順治十一年題准:每遇甲巳之年,舉行軍政。在内,鑾儀衞堂上二品官,令自陳,餘聽該衙門堂官註考語。在外,衞所等官,聽各該管官註考語,開造履歷四柱賢否清册,送部科考核。屆期,閲册各官寓所,各貼"迴避"字樣,宿衙門閲册完,會同兵科河南道參訂賢否,以定去留。○康熙六年題准:軍政考選,在内各衙門定限於本年三月二十日以内造册送部,直省定限於本年十月二十日以内造册送部。○十一年題准:除鑾儀衞滿洲各官不行考選外,漢鑾儀使,令其自陳,冠軍使以下,整儀尉以上等官,令滿洲堂官、漢鑾儀使官註考,造册開送。犧牲所官,令太常寺、各門千總,令步軍總尉,九門主事,京衞守千各官,令順天府,俱照例填註考語,造册開送。在外,各直省掌印都司以下,衞所千總以上,因經管錢糧,都司,令督撫註考,餘官令該布政司、道員、掌印都司詳註考語,呈送督撫嚴加考核,填註考語,造册開送。内外各官,俱於十月内部院考核。其議叙處分事例,詳見職方司。○雍正元年議准:領侍衞内大臣、八旗都統、前鋒統領、護軍統領、副都統、步軍統領，俱係近御大臣，不必自陳外，將各該管官之賢否核確，填註考語舉奏。其薦舉官員，俱係旗員，不便照緑旗官員考語薦舉。有行止端方、弓馬嫻熟、管轄嚴肅、當差勤慎、不擾害該屬、給餉無虚者，始准舉奏。其薦舉官員，遇應陞之缺，開列在前，具題補放。糾參劣員，必有貪酷、不謹、罷軟、年老、患病、才力不及、浮躁者，始行題參，照例擬罪。此内步軍校及守壇廟等處官員併世襲散職官員，如有患病全然不能行走者，仍行題參。其年老者，停其糾參。查各省駐防大臣官員，俱屬旗員。五年一次考選軍政，將軍、副都統照提鎮例自行陳奏。官員等俱照在京官員考選軍政例考選。德州等處官兵，三年一次，差大臣前往考選具奏。再，各處城守尉、防守尉等官，亦令差往之大臣考選具奏，其該屬官員應會同城守尉、防守尉註寫考語具奏。屆期，除各該管處自陳薦舉分晰照例具題外，另造清册送部核覆。其薦舉官員，必須歷俸三年後，始行薦舉。如薦舉糾參官員，情由與考語不符，濫行開列，併將匪人徇情薦舉者，應將該管上司照提鎮濫行薦舉例處分。

〔考滿〕

考滿之制，與軍政相表裏。舊例：武職三年俸滿，令該管衙門秉公考核。稱職，則有旌賞薦紀；不稱職，則有降調黜罰。康熙四年，停止考滿，今存以備考。

凡内外大小武職官員，實歷俸三年者，俱行考滿之法。康熙元年題准：鑾儀衛各官，責成本衙門；京衛守千各官，責成順天府；犧牲所各官，責成太常寺；各門千總，責成步軍總尉；九門主事，據實註考；鑾儀使，令其自陳。

凡鑾儀使，奉旨照舊供職者，給表裏三疋，賜羊酒，應否加宫保、加銜、加級，出自恩旨。

凡鑾儀衛、京衛、犧牲所、門千總等官，分别五等考核。一等稱職者，紀録一次，如紀録後有緣事降級者，抵銷降一級；二等稱職者，給賞冠軍使，給表裏二疋，雲麾使、掌印都司、行掌印都司，給表裏各一疋，治儀正以下各官，給表一疋；供職平常者，留任；才力不及者，降一級調用；懶惰不稱職者，革職。

凡遇缺陞轉，照考語次序，一等者先用。

凡掌印都司、行掌印都司、管屯都司僉書、衛守備、守禦所千總、衛千總，責成督撫註考，咨送部院，亦照例定等次考核。如有錢糧不清，不准考滿。〇康熙二年題准:考滿一等稱職者,紀録一次,掌印都司、行掌印都司給表裏各一疋,衛守備以下各官,給表一疋。〇三年題准:大小武職各官考滿一二等者,遵例保奏;鑾儀衛、犧牲所、門千總,俱責成各該衙門保奏;都司守備千總等官,責成督撫保奏。〇四年題准:停止考滿。

大清會典卷之一百十九

兵部武選司

〔土官〕

國家聲教四訖，遐陬僻壤，率屬向化者，不可勝計。兹列現在承襲之各省土司併招撫新增之土官於篇。其地方次第，依建置之先後，建置日月同者，依原題之先後。府州縣各官，詳見吏部；其非府州縣各官，即不係武職，亦附載焉。

湖廣土官五十六員。容美水盡源通塔坪安撫司安撫使一員。○茅岡安撫司安撫使一員。○容美等處軍民宣慰使司宣慰使一員。○永順等處軍民宣慰使司宣慰使一員。○驢遲洞長官司長官一員。○臘惹洞長官司長官一員。○麥着黄長官司長官一員。○田家洞長官司長官一員。○施溶洞長官司長官一員。○白崖洞長官司長官一員。○容美副總兵官掌備征千户一員。○椒山安撫司安撫使一員。○五峯安撫司安撫使一員。○石梁安撫司安撫使一員。○通塔長官司長官一員。○興寧縣雷連峒猺千户一員。○容美備征千户所百户一員。○容美前營副總兵官一員。○容美後營副總兵官一員。○容美中營副總兵官一員。○容美左營副總兵官一員。○容美右營副總兵官一員。○容美瑪瑙寨龍長官司長官一員。○容美石寶深溪長官司長官一員。○容美下岡平茶長官司長官一員。○容美長毛關指揮使一員。○五寨蠻彝長官司長官一員。○麻寮千户一員。○麻寮百户一員。○東鄉五路安撫司安撫使一員。○忠建宣撫司宣撫使一員。○高羅安撫司安撫使一員。○木册長官司長官一員。○九溪衛麻寮千户所百户一員。○忠峒宣撫司宣撫使一員。○散毛宣撫司宣撫使一員。○忠峒木寨前峒長官司長官一員。○忠峒紅鸞後峒長官司長官一員。○忠峒戎角左峒蠻彝長官司長官一員。○忠峒勇陛右峒長官司長官一員。○金峒安撫司安撫使一員。○大旺安撫司安撫使一員。○龍潭安撫司安撫使一員。○施南安撫司安撫使一員。○忠路安撫司安撫使一員。○臘璧蠻彝長官司長官一員。○唐崖長官司長官一員。○東流蠻彝長官司長官一員。○添平千户一員。○添平百户一員。○安福所上峒長官司長官一員。○安福所下峒長官司長官一員。○麻寮所千户一員。○添平所走避隘百户一員。○麻寮所曲溪隘副千户一員。○麻寮所九女隘百户一員,舊設二員。保靖軍民宣慰使司宣慰使一員。雍正五年,改歸流官遊擊管理。桑植等處軍民宣慰使司宣慰使一員。雍正五年,改歸流官副將管理。

陝西土官三十一員。康熙四十九年添設二員。哈密衛都督同知一員。○西寧衛指揮使一員。○指揮同知五員。○指揮僉事四員。○百户二員。○莊浪衛指揮使三員。○指揮同知二員。○指揮僉事一員。○署指揮僉事一員。○正千户一員。○副千户一員。○實授百户功加指揮使一員。○實授百户五員。○河州衛指揮同知一員。○實授百户一員。○岷州衛副千户一員。以上三十一員係原設。沙灘青鴿舖土百户一員。○峯崖武坪土百户一員以上二員,康熙四十九年添設。

四川土官二十六員。康熙四十三年添設一百零二員,五十年又添設一百十員,雍正三年添設七員。長寧安撫司安撫使一員。○静州長官司長官一員。○岳希長官司長官一員。○隴木長官司長官一員。○董卜韓胡宣慰使司宣慰使一員。○雜谷寨安撫司安撫使一員。○渴瓦寺安撫司安撫使一員。○灌頂净慈妙智國師一員。○八稜稠長官司長官一員。○石砫宣慰使司宣慰使一員。○天全六番招討司招討使一員。○副招討使一員。○石耶峒長官司長官一員。○酉陽等處軍民宣慰使司宣慰使一員。○司徒一員。○守善體梵灌頂大國師一員。○四川長河西魚通寧遠軍民宣慰使司宣慰使一員。○土千户一員。○平彝長官司長官一員。○蠻彝長官司長官一員。○沐川長官司長官一員。○泥溪長官司長官一員。○演化禪師一員。○九姓長官司長官一員。○陽地隘口長官司長官一員。○馬喇長官司副長官一員。以上二十六員係原設。把底安撫司安撫使一員。○單東革什咱安撫司安撫使一員。○沙卡阿業喇嘛土百户一員。○本噶媽寺猛呷阿他喇嘛土百户一員。○瓦七土百户一員。○惡落土百户一員。○白桑土百户一員。○惡熱喇嘛土百户一員。○上八義土百户一員。○下八義土百户一員。○沙惧石土百户一員。○作蘇策土百户一員。○拉哩土百户一員。○八哩籠壩土百户一員。○上渡噶喇住索土百户一員。○中渡亞出卡土百户一員。○他咳土百户一員。○綽斯甲安撫司安撫使一員。○索窩籠巴土百户一員。○惡拉土百户一員。○八烏籠土百户一員。○姆朱土百户一員。○樂壤土百户一員。○上渣壩惡土百户一員。○上渣壩卓泥土百户一員。○中渣壩熱錯土百户一員。○中渣壩業窪石土百户一員。○中渣壩渣泥土百户一員。○下渣壩莫藏石土百户一員。○扒桑土百户一員。○木轆土百户一員。○革窪卡吧土百户一員。○呷那工弄土百户一員。○吉增卡桑阿籠土百户一員。○魯密東谷土百户一員。○普共碟土百户一員。○郭宗土百户一員。○結藏土百户一員。○初把土百户一員。○祖卜栢哈土百户一員。○昌拉土百户一員。○堅貞土百户一員。○達嗎土百户一員。○格桑土百户一員。○本滾土百户一員。○長結杵尖土百户一員。○長結松歸土百户一員。○白隅土百户一員。○瞻對安撫司安撫使一員。○瞻對安撫司副使一員。○喇滾安撫司安撫使一員。○喇滾安撫司副使一員。○咱哩土千户一員。○松坪土千户一員。○大赤口雄爪土千户一員。○大赤口雄爪土百户一員。○大赤口飛爪土千户一員。○煖戴土千户一員。○雙則紅凹寨土千户一員。○川柘寨土千户一員。○上包坐余灣寨土千户一員。○漳臘北口祈命寨土千户一員。○漳臘北口寒昣寨土千户一員。○漳臘北路商巴寨土千户一員。○谷爾壩那浪寨土千户一員。○下包坐竹當寨土千户一員。○漳臘西路包子寺土千户一員。○涼山乞黑土百户一員。○涼山阿招土百户一員。○涼山膩乃巢土百户一員。○涼山旁阿孤土百户一員。○涼山明州樂土百户一員。○油石洞乞希土百户一員。○大羊塲嚕咯土百户一員。○幹田壩土百户一員。○雷波普阿孤長官司長官一員。○磨坡長官司長官一員。○黄螂長官司長官一員。○呷竹寺土千户一員。○丢谷寨土千户一員。○雲昌寺土千户一員。○阿思洞寨土千户一員。○上羊峒塔藏寨土百户一員。○上羊峒挖藥寨土百户一員。○上羊峒阿按寨土百户一員。○上羊峒押頓寨土百户一員。○中羊峒郎寨土百户一員。○中羊峒藏咱寨土百户一員。○八頓寨土百户一員。○東敗王亞寨土百户一員。○中岔寨土百户一員。○咨罵寨土百户一員。○香咱寨土百户一員。○達弄惡壩寨土百户一員。○中羊峒竹自寨土百户一員。○熱霧土百户一員。○拈佑土百户一員。○大姓土百户一員。○小姓土百户一員。○松坪土百户一員。○蕘眉喜寨土千户一員。○七布徐之河寨土千户一員。以上一百零二員,康熙四十三年添設。松林地土千户一員。○料林坪土百户一員。○野猪塘土百户一員。○白石村土百户一員。○前後山土百户一員。○六翁土百户一員。○老鵐漩土百户一員。○煖帶密土千户一員。○糾米貳枝土百户一員。○布布貳枝土百户一員。○阿多六磨貳枝土百户一員。○磨卡爲呷貳枝土百户一員。○西糾貳枝土百户一員。○普雄土千户一員。○濫田壩沈渣土百户一員。○黑保嘴土百户一員。○大孤山土百户一員。○膩乃安撫司安撫使一員。○阿合土百户一員。○蘇呷土百户一員。○咱户土百户一員。○慕雪土百户一員。○阿蘇土百户一員。○桐槽乾縣土千户一員。○阿得橋土百户一員。○小相嶺土百户一員。○五馬山土百户一員。○意咱羅土百户一員。○竹露土百户一員。○必力沈渣土百户一員。○寧番安撫司安撫使一員。○擺站田土百户一員。○罷顯土百户一員。○白路土百户一員。○虚郎土百户一員。○耳挖溝大堡子土百户一員。○皮羅木羅四堡土百户一員。○酥州土千户一員。○苗出土百户一員。○大村土百户一員。○糯白瓦土百户一員。○三渡水五堡土百户一員。○水黑崖玖堡土百户一員。○瓦尾土百户一員。○窩卜土百户一員。○迤東大鹽井土百户一員。○熱即哇土百户一員。○中村土百户一員。○架州土百户一員。○木朮凹土百户一員。○三大枝土百户一員。○河西地土百户一員。○建昌河東宣撫司宣撫使一員。○大石頭土百户一員。○長村土百户一員。○繼事田土百户一員。○大涼山阿都宣撫司宣撫使一員。○蕎山南土百户一員。○大河西土百户一員。○卡别北河土百户一員。○咱古土百户一員。○歪溪土百户一員。○普沙土百户一員。○沙馬宣撫司宣撫使一員。○那多土百户一員。○扼烏土百户一員。○咱烈山土百户一員。○哈里河土百户一員。○撤凹溝土百户一員。○阿史安撫司安撫使一員。○利啞安撫司安撫使一員。○小涼山馬希安撫司安撫使一員。○大涼山托覺土千户一員。○上沈渣土千户一員。○上芶果土千户一員。○紐姑土千户一員。○上老虎土千户一員。○小涼山慕西土千户一員。○托布土千户一員。○阿乃土千户一員。○下芶果土百户一員。○上熱水土百户一員。○下熱水土百户一員。○建昌壩普濟州長官司長官一員。○昌州長官司長官一員。○威龍州長官司長官一員。○河西宣慰使司宣慰使一員。○義什村土百户一員。○高崖子土百户一員。○虚郎溝土百户一員。○麻柳土百户一員。○拖郎溝土百户一員。○審扎土千户一員。○老虎列別土百户一員。○碩過土百户一員。○建昌壩南路安撫司安撫使一員。○北路土千户一員。○黎溪州土千户一員。○迷易土千户一員。○紅卜苴土百户一員。○普隆土百户一員。○鹽井衞爪別安撫司安撫使一員。○中所土千户一員。○左所土千户一員。○右所土千户一員。○古栢樹土千户一員。○前所土百户一員。○後所土百户一員。○沈邊長官司長官一員。○冷邊長官司長官一員。以上一百十員，康熙五十年添設。上撤路土百户一員。○中撤路土百户一員。○下撤路土百户一員。○崇路土百户一員。○作路土百户一員。○上勒凹土百户一員。○下勒凹土百户一員。以上七員，雍正三年添設。

廣西土官二員。永順長官司長官一員。○永定長官司長官一員。

雲南土官十七員，十二關長官司副長官一員。○南甸宣撫司宣撫使一員。○千崖宣撫司宣撫使一員。○龍川宣撫司宣撫使一員。○潞江安撫司安撫使一員。○車里軍民宣慰使司宣慰使一員。○盞達宣撫司副使一員。○耿馬宣撫司宣撫使一員。○猛緬長官司長官一員。○納樓茶甸長官司副長官一員。○溪處長官司副長官一員。○虧容甸長官司副長官一員。○教化三部長官司副長官一員。○王弄山長官司副長官一員。○遮放宣撫司副使一員。○猛卯安撫司安撫使一員。○芒市安撫司安撫使一員。舊設三員。鶴慶府土千夫長一員。康熙二十二年，改文職。劍川州土千户一員。康熙二十二年，改文職。者樂甸長官司長官一員。雍正三年裁。

貴州土官九十三員。爛土長官司長官一員。○正六品長官司長官一員。○豐寧下長官司長官一員。○上馬橋長官司長官一員。○洪番長官司長官一員。○方番長官司長官一員。○卧龍番長官司長官一員。○小龍番長官司長官一員。○金石長官司長官一員。○大龍番長官司長官一員。○程番長官司長官一員。○小程長官司長官一員。○盧番長官司長官一員。○羅番長官司長官一員。○韋番長官司長官一員。○中曹蠻彝長官司長官一員。○養龍長官司長官一員。○木瓜長官司長官一員。○麻嚮長官司長官一員。○豐寧長官司長官一員。○底寨長官司長官一員。○白納長官司長官一員。○小平伐長官司長官一員。○施溪長官司長官一員。○都勻長官司長官一員。○邦水長官司長官一員。○樂平長官司長官一員。○平定長官司長官一員。○楊義長官司長官一員。○石阡長官司長官一員。○苗民長官司長官一員。○八舟蠻彝長官司長官一員。○中林驗洞蠻彝長官司長官一員。○古洲蠻彝長官司長官一員。○新化蠻彝長官司長官一員。○歐陽蠻彝長官司長官一員。○亮茶蠻彝長官司長官一員。○湖耳蠻彝長官司長官一員。○頂營長官司長官一員。○省溪長官司長官一員。○烏羅長官司長官一員。○蠻彝長官司長官一員。○卬水一十五洞蠻彝長官司長官一員。○偏橋長官司長官一員。○慕役長官司長官一員。○提溪長官司長官一員。○沿河祐溪長官司長官一員。○朗溪蠻彝長官司長官一員。○木瓜長官司副長官一員。○虎墜長官司長官一員。○大谷龍長官司長官一員。○小谷龍長官司長官一員。○羊場長官司長官一員。○潭溪蠻彝長官司長官司一員。○洪州泊里蠻彝長官司長官一員。○平伐長官司長官一員。○巖門宣化長官司長官一員。○底寨長官司副長官一員。○中曹長官司副長官一員。○白納長官司副長官一員。○乖西長官司副長官一員。○黄道長官司副長官一員。○都勻長官司副長官一員。○石阡長官司副長官一員。○潭溪長官司副長官一員。○歐陽長官司副長官一員。○洪州長官司副長官一員。○平浪長官司長官一員。○湖耳長官司副長官一員。○都平長官司長官一員。○都素長官司長官一員。○乖西蠻彝長官司長官一員。○把平寨長官司長官一員。○黄道溪長官司長官一員。○龍里蠻彝長官司長官一員。○平頭著可長官司長官一員。○省溪長官司副長官一員。○提溪長官司副長官一員。○烏羅長官司副長官一員。○平頭著可長官司副長官一員。○沿河祐溪長官司副長官一員。○西堡長官司副長官一員。○康莊長官司副長官一員。○蠻彝長官司副長官一員。○朗溪蠻彝長官司副長官一員。○卬水一十五洞蠻彝長官司副長官一員。○偏橋長官司左副長官一員。○右副長官一員。○康莊長官司長官一員。○隨府辦事長官司長官一員。○新添長官司長官一員。○大平伐長官司長官一員。○沙營長官司長官一員。舊設十員。水西宣慰使司宣慰使一員。康熙三十七年，裁歸大定、平遠、黔西三縣流官管理。大華長官司長官一員。康熙五十七年，裁歸定番州管理。盧山長官司長官一員。康熙四十年，改歸定番州管理。凱里安撫司安撫使一員。康熙四十五年，改歸清平縣管理。西山陽洞蠻彝長官司長官一員。康熙三十年，改歸永定縣管理。西堡長官司長官一員。康熙五十三年，改歸安平縣管理。平州六洞長官司長官一員。康熙五十五年，裁併都勻府。寧谷長官司長官一員。康熙五十二年，改歸普定縣管理。丹行長官司長官一員。康熙五十九年，裁併都勻府。夭壩長官司長官一員。康熙五十年裁。

〔土官襲替〕

土屬地方僻遠，俗尚迥殊，惟土官世爲之長，永遠管轄，羣情馴服，故土職襲替，至今悉從舊例。而支派宗圖，務令所司嚴加查核，不容混冒，典至詳也，兹並列其例於後。

凡土司承襲，無子者，許令弟襲，如無子弟，或其妻若壻，有素爲彝人所信服者，亦許令一人承襲。

凡起送襲替，順治初定：土司承襲，由督撫具題，將該土司頂輩宗圖親供、司府州鄰印信甘結，及舊勅印號紙送部，親身赴京，兵部查驗明確，方准承襲。如土司効力勤勞併投誠後能殺賊拒逆平定地方者，許督撫奏明，優加陞賞。〇康熙十一年題准：土司襲職子弟，年滿十五歲，方許承襲；未滿十五歲者，督撫報部，將土司印信事務，令本族土舍護理，俟年歲滿時，督撫題請承襲。每承襲世職一員，給與鈐印號紙一張，將功次宗派及職守事宜填註於後。後遇子孫襲替，本省都司驗明起文。如無都司，由布政司起文，并號紙送部查對無異，即與題請襲替，將襲替年月頂輩填註於後，填滿另給。如遇有水火盗賊損失者，於所在官司告給執照，赴部查明，另行補給。如有犯罪革職故絶等項，都司布政司開具情由，將號紙繳部查銷。如宗派混冒，查出參究。〇又題准：土官襲職，停其親身赴京，取具地方官保結併宗圖呈報該督撫，保送到日，准其承襲。〇雍正三年覆准：嗣後土官病故，該督撫於題報之時，即查明應襲之人，取具宗圖鄰封甘結并原頒號紙，定限六個月内具題承襲。至土官病故之後，未經具題之先，亦即令應襲之人照署事官例用印管事，地方官不得將印信封固，致滋事端。如有勒指沉擱留難者，將該管上司照違限例議處。再查土司之許其承襲者，原因其祖父向化歸誠，著有勞績之故，今伊嫡長子孫雖得承襲本職，此外支庶更無他途可以進身，嗣後各處土司文武官員，其嫡長子孫仍照例承襲本職，其支庶子弟有馴謹能辦事者，俱許本職土官詳報督撫具題請旨，酌量給與職銜，令其分管地方事務。其所授職銜，視土官各降二等，如文職土官係知府，則所分者給與通判銜。土官係通判則所分者，給與縣丞銜。武職本土官係指揮使，則所分者給與指揮僉事銜。本土官係指揮僉事，則所分者給與正千户銜，照土司承襲之例一體頒給勅印號紙。其所分管地方，視本土官多不過三分之一，少則五分之一，此後再有子孫可分者，亦許其詳報督撫具題請旨，照例分管地方，再降一等，給與職銜印信號紙。

凡承襲病廢，康熙十九年題准：土司亡故，有子病廢不能承襲者，准與孫襲。〇又題准:土官年老有病,請以子代者,亦准襲替。

凡襲替禁例,土司冒奪承襲土職及不遵提審棄印私逃者,責令該管土官照例議處。〇康熙四十六年覆准:土司犯法罪當革職者,子孫不准承襲。另設流官,罪當降級者,子孫照所降級承襲。

〔土官雜例〕

凡議叙,雍正三年諭:朕君臨萬方,中外一體,有功必賞,有罪必懲;初無偏黨之心,亦並不存依違之見。前羅卜藏丹津潛行背逆,謀擾邊陲,朕命將出師,用示天討。滿洲緑旗漢土官兵,皆能奮勇争先,克成懋績,論功行賞,恩所宜施。乃因營私之人冒濫入册,以至緑旗官兵至今駁查未定,而土司功册亦因暫停。朕心深爲憫,念夫土司非比内地,凡所調遣目兵,皆預定名數,按名隨師,無從虚冒,如四川屬之瓦寺、雜谷二土司部下目兵,與三寨包坐之頭目所部番兵,皆屢年効力,戰功尤多。小金川等土司於攻取桌子山時,其目兵亦能戮力用命。似此邊遠,知効忠誠,則其寸功必宜盡録。兵部查照領兵官所報各土司功册,除各土兵已經賞賜外,其官目應各給以職銜,仍予恩賞,所有陣亡帶傷者,照依緑旗兵丁一體優恤,務期均沾實惠。仍將此旨下與該管督撫提鎮轉飭各土官,自兹以往,尤宜益矢忠勤,各安駐牧,嚴束部落,不得滋事生非,和睦族鄰,不可恣行讐殺。尺地莫非王土,率土莫非王臣,番苗種數固多,皆係朕之赤子。或有强悍不平,各土司祗宜赴該管上司陳告,豈得任意戕殺,以背朕好生保赤之念!各該土官果能凛遵訓誡,則世守職土,朕自沛澤加恩。若敢恃功驕肆,陽奉陰違,則國法具在,亦斷不因今日之功賞更從寛貸也。〇四年覆准:土司土目,有隨師効力應行議叙之員,止就原土職加銜,如宣慰司宣撫司,則有司使,副使、同知、僉事等銜;招討司,則有招討使、副招討、長官使、副長官等銜;指揮使,則有指揮使、同知、僉事、正千户、百户等銜;以上等官,俱照原官品級層次陞授,遞加至宣慰使、指揮使而止,如有餘功,准其隨帶,仍令以本土職管事,及其襲替時,亦以原世職承襲。

凡獎賞,康熙十一年題准:土司徵解錢糧全完者,該督撫獎賞銀牌花紅。〇二十二年議准:滇黔土司,無論逃人、逃兵、叛屬,拏解六十名者,加一級,如再多獲,照數遞准加級,不及加級者,督撫酌量獎賞。〇雍正五年覆准:各省土司有實心効力拏解奸匪者,照内地文武官員拏獲盜首之例加級紀録,其立有軍功奉法稱職者,俱照原題層次加銜,賞給朝衣。

凡處分,康熙八年覆准:野苗擄民,該管土司隱諱不報者,降二級留任。○十年題准：土司互相殺擄，能悔過和息者，免議。○十一年題准：土司嚇詐部民，恣意侵害者，革職。○又覆准：土司因奪職傷人，令該管上司照例議處。○十四年議准：土官不給俸禄，如有罰俸降俸等罪，俱免處分；如係地方失事，止限年緝拏，限滿不獲，降一級留任；係斬絞重犯脱逃，亦立限緝獲。限滿不獲，應降二級三級調用者，止降一級留任；應降四級五級調用者，止降二級留任；應革職者，止降四級留任；如犯貪酷不法等罪，仍行革職；係諱盜，因公詿誤，例應革職者，免革職，亦降四級留任；恣意侵害者，仍革職。○二十一年議准：土官緝獲旗下逃人，照例解部。緝獲逃兵叛屬，解督撫懲治，照例安插；如該土司地方，失察逃人一名，或被别土司拏解，或逃人供在某土司處，審實，將土司降一級，知情藏隱者革職。○三十年題准：土官凡有欽部案件，奏銷錢糧，及元旦冬至萬壽節表箋違悮等項，均照流官之例一體處分，但土官不食俸禄，如有罰俸降俸降級等事，俱按其品級計俸罰米，每俸銀一兩罰米一石，移貯就近常平倉，以備賑荒。○四十二年題准：鎮筸設立同知通判兩廳，專管苗務，其五寨司土民，應聽兩廳管轄，遇有逃盜等事，照例將土官一併處分。○四十三年題准：紅苗歸誠納糧，特設土官管轄，嗣後除苗人犯輕罪者，仍聽土官自行發落外，若有犯殺死人命、强盜擄掠人口、搶奪財物，及捉拏人口、索銀勒贖等情，許被害之苗赴道廳衙門控告，責令土官將犯罪之苗查拏，送道廳衙門照律例治罪，如土官將犯罪之人藏匿不即行解送者，將土官照例嚴加議處。○又題准：黔楚兩省相接之苗，有寃抑之事，令其赴兩廳控告，兩廳會同土官審明發落，如有仍前殺搶者，令土官將犯罪之苗嚴行拏解，赴兩廳審理明確，俱照白晝搶奪律治罪，其所搶人畜等物，俱勒令給還原主。至該管各官雖不知情但平日不嚴行約束，以致彼此互相搆釁，聚衆不及五十人者，土知府土知州罰俸三個月，百户寨長各罰俸六個月；至五十人者，土知府土知州罰俸半年，百户寨長各罰俸一年；至百人者，土知府土知州罰俸一年，百户寨長，俱革職；至百人以上者，土知府土知州革職，百户寨長革職責四十板，不准折贖。若係知情不行禁止，將知情之該管官革職，枷號一個月，責四十板，不准折贖。若係教令指使，或通同商謀希圖均分財物者，俱照爲首之犯一體治罪。○雍正二年諭：四川、陝西、湖廣、廣東、廣西、雲南、貴州督撫提鎮，朕聞各處土司鮮知法紀，所屬土民，每年科派，較之有司徵收正供，不啻倍蓰，甚至取其牛馬，奪其子女，生殺任情。土民受其魚肉，敢怒而不敢言。莫非朕之赤子天下共享樂利而土民獨使向隅，朕心深爲不忍。然土司之敢於恣肆者,大約皆漢奸爲之撥制,或緣事犯法,避罪藏身,或積惡生奸,依勢横行。此輩粗知文義,爲之主文辦事,教之爲非,無所不至,誠可痛恨。嗣後督撫提鎮宜嚴飭所屬土司愛恤土民,毋得視爲魚肉,毋得濫行科派;如申飭之後不改前非,一有事犯,土司參革,從重究擬,漢奸立置重典,切勿姑容寬縱,以副朕子惠元元,遐邇一體之至意。

凡撫恤,康熙五十一年,鎮筸盤塘窩等八十三寨生苗投順。奉旨:紅苗等居深山之中,自古以來,並未向化。今各輸誠投順,地方文武官員務仰體朕無分内外、咸俾盡享昇平、宇内無不樂業之意。將紅苗等安插得所,從容化槩,教之禮義。倘有不肖官員將紅苗視爲度外,侵蝕擾害者,該督撫即行指名題參,從重治罪。〇五十五年,臺灣南北兩路生番投誠納貢。奉旨:生番遠居界外,從未投順,今慕義輸誠,請入版籍,着該地方官加意撫恤;倘有指派擾害者,該督撫即行指名題參,從重治罪。〇雍正五年諭:向來雲貴川廣以及楚省各土司,僻在邊隅,肆爲不法,擾害地方,剽掠行旅,且彼此互相讐殺,争奪不休,而於所管轄苗蠻尤任意殘虐,草菅民命,罪惡多端,不可悉數。是以朕命各省督撫等悉心籌畫,可否令其改土歸流,共遵王化。此朕念邊地窮民皆吾赤子,欲令永除困苦,咸樂安全,並非以烟瘴荒陋之區,尚有土地人民之可利,因之開拓疆宇,益增版圖,而爲此舉也。今幸承平日久,國家聲教遠孚,而任事大臣又能宣布朕意,勦撫兼施。所在土司,俱已望風歸向,並未重煩兵力,而願爲内屬者,數省皆然。自此土司所屬之彝民,即我内地之編氓;土司所轄之頭目,即我内地之黎獻。民胞物與,一視同仁,所當加意撫綏安輯,使人人得所,共登衽席,而後可副朕懷也。但地方遼闊,文武官弁需員甚多,其間未必盡屬賢良之輩,且恐官弁等之意,以爲土民昔在水火,今既内附,已脱從前之暴虐,即略有需索,亦屬無傷。此等意見,則萬萬不可者,着該督撫提鎮等嚴切曉諭,不妨至再至三,且須時時留心訪察,稍覺其人不宜苗疆之任,即時調换,並嚴禁兵丁胥役之生事滋擾,務俾政事清明,地方寧謐,安居樂業,共享昇平。倘有不遵朕旨,絲毫苛索於土民地方者,着該上司立即參劾,從重治罪。即係平日保舉之人,亦不可爲之容隱。果能據實糾參,朕必宥其失察之愆,嘉其公忠之誼。該督撫提鎮可共體朕心,各盡懷保邊民之道。”

大清會典卷之一百二十

兵部

職方清吏司

郎中、員外郎、主事，分掌天下輿圖及京營鎮戍、甲兵馬匹并緑旗武職銓選、軍政、武舉、會試、巡邏關津之政。

〔京營〕

京師重地，禁旅雲屯，已詳載於武選司。又設中南北巡捕三營，管轄緑旗官軍，專掌詰奸禁暴之事，舊例以漢主事總司之，康熙三十年，歸九門提督統轄。復於三營中，分撥兵弁，巡防禁苑暨大通橋等處。兹依現在經制，序列京營將領，并將歷年添設各員具載於後。

提督九門步軍巡捕三營統領一員。舊制九門步軍係職方司漢主事專管，康熙十三年，改設提督九門步軍統領一員，兩翼總尉各一員，三十年，將巡捕三營并歸提督統轄。左翼步軍總尉一員，協理三營。右翼步軍總尉一員，協理三營。

巡捕三營。舊設中南北三營，各參將一員，遊擊一員，把總五員，原屬督捕衙門管轄。康熙三十年，改歸九門提督統轄，各營員原額外添設守備千把等官。

中營

參將一員　　遊擊一員

守備五員　　千總二員

把總五員

大通橋把總一員

中營巡捕海子墻

守備一員　　千總一員

把總二員
南營
參將一員　　　　遊擊一員
守備五員　　　　千總二員
把總五員
大通橋把總一員
南營巡捕分防
暢春園。原設守備一員，把總一員，康熙五十一年添設額外守備一員。
守備二員　　　　把總二員
南營巡捕分防
净明園
把總一員
南營巡捕分防
圓明園雍正元年設
守備一員　　　　千總一員
把總二員
北營
參將一員　遊擊一員
守備五員　　　　千總二員
把總五員
大通橋把總一員

〔鎮戍一〕

〔將領一〕

國家幅幀廣大，凡水陸要區，俱設官兵鎮戍，星羅棋布，紀律嚴明，所以壯干城而固封守也。其統馭官軍者，曰提督總兵官；總鎮一方者，曰鎮守總兵官；協守地方者，曰副將，次曰參將，又次曰遊擊，曰都司，曰守備，或同守一城，或分守專城，下及千總把總，亦有分汛備禦之責，皆量地形之險易，酌兵數之多寡。其間隨時度務，因革不一。今以現在經制分鎮序列，并詳載裁復舊制，以備參考。

直隸

古北口提督一員，駐劄古北口。康熙二十九年，設古北口總兵官，將天津、宣府二鎮所轄各營内，分撥三屯：石匣、山永、三協，昌平一營隸焉。雍正元年，改設提督。標下左右二營，管轄三屯：石匣、山永、三協，昌平一營，外轄河屯營，并守護行宮等官。

左營康熙二十九年設，原係遊擊，雍正元年改設參將。

中軍參將一員，兼管左營事。

守備一員　千總三員

把總四員

右營康熙二十九年設

遊擊一員　守備一員

千總二員　把總四員

三屯營原設薊州總兵官一員，中軍遊擊一員，中軍守備一員，旗鼓守備一員，中營參將一員。順治四年，裁總兵官并中軍遊擊，旗鼓守備改設薊州副將一員，駐劄三屯營。其原設之守備即改爲副將、中軍守備，六年裁中營參將，止設左右二營，原屬天津鎮管轄。康熙二十九年，撥屬古北口，改爲三屯營。

副將一員，駐劄三屯營。標下左右二營，所屬遵化城守、薊州城守、喜峰路、潘家口四營。

左營原設左營遊擊守備各一員，順治六年裁遊擊，將守備改爲中軍守備，兼管左營事。

中軍守備一員，兼管左營事。

千總一員　把總一員

右營原設右營都司守備各一員，順治六年裁都司

守備一員　千總一員

把總一員

舊設薊鎮中協副將一員，守備一員，順治四年改副將爲參將，六年裁參將，十二年裁守備。

遵化城守營原設副將都司各一員，順治六年裁。都司設左右二營守備二員，十年裁副將，守備改設遊擊。康熙二十九年，將原屬松棚路都司兼轄之羅文峪、大安口、鮎魚關改隸兼轄。雍正二年，將羅文峪等營改屬馬蘭鎮管轄。

遊擊一員，駐劄遵化州。

千總一員　把總二員

薊州城守營原設參將守備各一員，順治六年裁參將，十一年裁守備，改設都司，兼轄黄崖口、將軍關二汛。雍正二年，二汛改屬馬蘭鎮管轄。

都司僉書一員，駐劄薊州。

千總一員　　把總二員

喜峰路原設參將都司各一員，順治六年俱裁，設遊擊守備各一員。康熙二十三年裁守備。

遊擊一員駐劄喜峰口，兼轄太平路、青山口、李家峪、擦崖子、白羊峪、榆木嶺六汛。

千總一員。舊設喜峰路南臺守備一員，順治十年裁。

太平路原設參將一員，順治六年裁，設都司千總各一員。康熙二十三年，裁都司。

千總一員。舊設太平路南臺守備一員，順治十年裁。

青山口原設守備一員，順治六年裁，設操守。康熙元年改設把總。

把總一員

李家峪原設守備一員，順治六年裁，設操守康熙元年改設把總。

把總一員

擦崖子原設守備一員，順治六年裁，設操守康熙元年改設把總。

把總一員

白羊峪原設守備一員，順治六年裁，設操守。康熙元年，改設把總。

把總一員

榆木嶺原設守備一員，順治六年裁，設操守。康熙元年，改設把總。

把總一員

潘家口原設守備一員，順治六年裁，設操守。十二年裁，復設守備。康熙二十九年，將松棚路龍井口改隸兼轄。雍正四年，將松棚路改屬馬蘭鎮管轄。

守備一員駐劄薊州城，兼轄龍井口。

把總一員

龍井口原設守備一員，順治六年裁，設操守。康熙元年改設把總，原屬松棚路都司兼轄。康熙二十九年，改屬潘家口守備兼轄。

把總一員

石匣協康熙二十九年，設石匣副將并左右二營守備千把等官，原屬宣化鎮管轄，本年撥屬古北鎮。雍正二年，將所屬墻子路一營撥屬馬蘭鎮管轄。

副將一員，駐劄石匣城。標下左右二營，所屬石匣城守、密雲城守、石塘路、古北路、曹家寨五營。

左營康熙二十九年設。

守備一員

千總一員原設二員，内一員康熙五十三年調駐河屯營，止留一員。

把總二員原設四員雍正二年裁二員。

右營康熙二十九年設。

守備一員

千總一員原設二員，雍正二年裁一員。

把總三員原設四員，内一員康熙五十三年調駐河屯營，止留三員。

石匣城守營原設密雲總兵官駐劄石匣城標下參將一員遊擊一員都司二員守備一員，順治五年裁。總兵官并守備改設副將一員六年裁。參將遊擊都司等官仍設守備二員康熙八年，復裁副將改設遊擊又裁守備一員。

遊擊一員，駐劄石匣城。

中軍守備一員

千總一員　　把總一員

密雲城守營原設參將守備各一員，順治十六年裁參將。

守備一員，駐劄密雲縣，兼轄漕河營。

漕河營原設守備一員，順治六年裁，設操守。康熙元年，改設把總。

把總一員

石塘路原設參將守備各一員，順治六年，俱裁設都司

都司僉書一員，駐劄石塘路，兼轄白馬關、大水峪二汛。

千總一員　　把總一員

白馬關原設守備一員，順治六年裁，設操守。康熙元年，改設把總。

把總一員

大水峪原設守備一員，順治六年裁，設操守。康熙元年，改設把總。

把總一員

古北路原設參將守備各一員，順治六年，俱裁設都司

都司僉書一員，駐劄古北口，兼轄潮河川、司馬臺二汛。

千總一員

潮河川原設守備一員，順治六年裁，設操守。康熙元年，改設把總。

把總一員

司馬臺原設提調一員，順治六年裁，設操守。康熙元年，改設把總。

把總一員

曹家路原設遊擊守備各一員。順治六年裁遊擊。

守備一員，駐劄曹家寨，兼轄黑峪關、吉家莊二汛。

把總一員

黑峪關原設守備一員。順治六年裁,設操守。康熙元年,改設把總。

把總一員

吉家莊原設提調一員,順治六年裁,設操守。康熙元年,改設把總。

把總一員

山永協原設遊擊守備各一員,順治六年俱裁,設副將,原屬天津鎮管轄。康熙二十九年,撥屬古北鎮管轄。

副將一員,駐劄永平府。標下左右二營,所屬山海路、石門路、燕河路、建昌路四營。

左營

中軍守備一員,兼管左營事。

千總一員　　把總一員原設二員,後裁一員。

右營原設守備一員,千總一員,把總二員,後裁千總一員。

守備一員　　把總二員

山海路原設參將一員。順治六年裁,設都司。

都司僉書一員,駐劄山海關。

千總一員　　把總一員舊設副將一員,遊擊二員,守備二員。順治十年裁。副將遊擊守備各一員,十三年,俱裁。

石門路原設參將一員,順治六年裁。設都司。

都司僉書一員,駐劄石門路,兼轄義院口、大毛山、黄土嶺三汛。

千總一員　　把總一員

義院口原設副將、守備各一員。順治六年裁副將,添設把總一員。十七年裁守備。

把總一員

大毛山原設提調一員,順治六年裁。設操守,康熙元年改設把總。

把總一員

黄土嶺原設參將守備各一員,順治六年俱裁。設操守,康熙元年改設把總。

把總一員

燕河路原設參將一員,順治六年裁。設守備。

守備一員,駐劄燕河路,兼轄臺頭營、界嶺口二汛。

把總一員

臺頭營原設副將一員,順治六年裁。設都司千總、把總各一員,十二年,俱裁。設操守,康熙元年改設把總。

把總一員

界嶺口原設守備一員，順治六年裁。設操守，康熙元年改設把總。

把總一員

建昌路原設參將一員，順治六年裁，設都司。

都司僉書一員，駐劄建昌城，兼轄桃劉口、冷口關、榛子鎮三汛。

千總一員　　把總一員

桃劉口原設參將守備各一員。順治六年，俱裁。設操守，康熙元年改設把總。

把總一員

冷口關原設副將守備各一員。順治六年，俱裁。設操守，康熙元年改設把總。

把總一員

榛子鎮

把總一員

昌平營原設副將一員，中營遊擊一員，左營遊擊一員，右營參將一員，前營參將一員，後營遊擊一員，守備五員。順治五年裁中營遊擊，前右二營參將并守備三員，六年裁左後二營遊擊，止留守備二員，分爲左右二營。八年，又裁副將并守備一員，改設參將，原屬宣化鎮管轄。康熙二十九年，撥屬古北鎮管轄。

參將一員，駐劄昌平州，標下中軍一員。所屬湯泉營、黄花路、居庸路、鎮邊路、懷柔城、鞏華城六營。

中軍守備一員原設守備一員，千總把總各一員。康熙五十四年裁千總把總，止留守備。雍正二年復設千總把總。

千總一員　　把總一員

湯泉營康熙五十四年設。

守備一員，駐劄湯泉。

把總一員

黄花路原設參將一員，順治六年裁。設都司。康熙三十六年，令都司帶本標下千總一員、把總一員調駐鞏華城，將鞏華城守備調駐黄花路。

守備一員，駐劄黄花路，兼轄慕田峪、黄花鎮二汛。

慕田峪原設守備一員，順治六年裁。設操守，康熙元年改設把總。

把總一員

黄花鎮原設守備一員，順治六年裁。設操守，康熙元年改設把總。

把總一員

居庸路原設參將一員，順治八年裁，設都司。

都司僉書一員,駐劄居庸城。

千總一員

把總三員原設二員,後添設一員。

鎮邊路原設參將一員,順治六年裁。設都司。

都司僉書一員,駐劄鎮邊路,兼轄横嶺城、長峪城二汛。

千總一員　　把總一員

横嶺城原設守備一員,順治六年裁。設操守,康熙元年改設把總。

把總一員

長峪城原設守備一員,順治六年裁。設操守,康熙元年改設把總。

把總一員

懷柔城原設守備一員,順治六年裁。康熙六年,以八達嶺守備移駐懷柔城。

守備一員,駐劄懷柔縣。

把總一員

鞏華城原設守備一員,順治六年裁,設操守。十年,仍設守備一員,把總一員。康熙三十六年,守備移駐黄花路,止留把總一員。將黄花路都司一員、千總一員、把總一員調駐鞏華城。

都司僉書一員,駐劄鞏華城。

千總一員　　把總二員

河屯營康熙五十三年,設守備一員,千總二員,把總八員,本年又將石匣協左營千總一員、右營把總一員調駐該營,共千總三員,把總九員,屬古北口管轄。

守備一員,駐劄喀爾河屯。

千總三員　　把總九員

守護行宫守備一員康熙四十八年設。

千總二員原設五員,雍正二年裁三員。

天津鎮原管轄天津城守等營及河協、通協、薊協、永協并涿州路。康熙二十九年設古北鎮,將所轄薊協改爲三屯營,并永協撥屬古北鎮,薊協内玉田、豐潤二營、永協内蒲河樂亭二營仍屬管轄。

鎮守天津總兵官一員,駐劄天津州。標下左右二營,管轄天津城守、大沽、王慶玧、霸州、文安、大城、蒲河、樂亭、武清九營,通州、河間二協。

左營

遊擊一員,駐劄天津州。

守備一員　　千總二員

把總四員

右營

遊擊一員，駐劄磚河。

守備一員　　千總二員

把總四員。舊設中軍遊擊一員，順治十年裁。旗鼓守備一員，順治十五年裁。

天津城守營

都司僉書一員，駐劄天津州。原駐拱極城，康熙十七年，移駐天津。

千總一員　　把總二員。舊設守備一員，康熙二十三年裁。

大沽營

遊擊一員，駐劄大沽原駐大沽。順治十年，移駐葛沽。十二年，仍移駐大沽。

守備一員原駐大沽。順治十年，移駐葛沽。

千總一員　　把總二員

王慶坨營原設副將一員，左右二營遊擊二員，守備二員。順治九年裁副將，改設參將并裁遊擊二員，十年裁參將，改設都司，并裁守備二員。

都司僉書一員，駐劄王慶坨。

千總一員　　把總二員

霸州營原設遊擊一員，千總一員，把總一員，康熙二十六年，將千總一員調防永清，以永清營原設之把總一員撥歸霸州營。

遊擊一員，駐劄霸州，兼轄永清營。

把總二員

永清營原設守備一員，把總一員，康熙二十六年，裁守備，將把總撥歸霸州，以霸州原設之千總一員調防永清。

千總一員

文安營原設守備一員。順治六年添設遊擊一員。康熙二十三年裁守備。

遊擊一員，駐劄文安縣，兼轄大城營。

千總一員　　把總二員

大城營，原屬涿州參將兼轄。康熙四十年，改歸文安營遊擊兼轄。

守備一員　　把總一員。舊設遊擊千總各一員。順治十一年，俱裁。

蒲河營原係山永協所屬。康熙二十九年設古北鎮，將山永協撥歸古北鎮管轄，止留蒲河營與樂亭營，仍屬天津鎮管轄。

都司僉書一員，駐劄蒲河口，兼轄南海口。

千總一員　　把總二員

南海口原設守備一員、把總二員。康熙二十三年,裁守備一員、把總一員。

把總一員

樂亭營

守備一員,駐劄樂亭縣。原駐劉家墩。康熙十六年,移駐樂亭。兼轄劉家墩。

千總一員　　把總一員

劉家墩

把總一員

武清營原係通州協所屬,康熙四十年,改歸天津鎮管轄。

遊擊一員,駐劄武清縣。

千總一員

把總二員内一員,分防鳳河營。原設鳳河營副將一員,順治六年裁。設遊擊守備各一員,十二年裁遊擊。康熙十六年裁守備。設千總,二十三年裁千總。設把總。舊設守備一員,康熙二十三年裁。

通州協原設總兵官一員,左右二營各遊擊一員,及守千等員。順治七年,裁總兵官,改設副將。十一年,裁遊擊二員。

副將一員,駐劄通州,標下左右二營,所屬張灣、采育、三河、玉田、豐潤、務關、寶坻、崔黄口、涿州、拱極城、舊州十一營。

左營

守備一員　　千總一員

把總二員

右營

守備一員　　千總一員

把總二員

張灣營

守備一員,駐劄張灣。

把總二員

采育營

守備一員,駐劄采育。

千總一員。原設馬駒營守備一員,康熙二十三年裁,設千總。

把總一員

三河營

守備一員，駐劄三河縣。

把總二員

玉田營原設紅山口操守。順治十二年，移駐玉田。康熙元年，改爲玉田汛把總，二十九年，將松棚路都司移駐玉田，改爲玉田營，把總隸焉，原係薊協所屬，二十九年設古北鎮，將薊協撥歸古北鎮管轄，止留玉田營與豐潤營，改爲通協所屬。

都司僉書一員，駐劄玉田縣，兼轄潤河營、豐臺營二汛。

把總一員

潤河營

把總一員

豐臺營

把總一員

豐潤營原名豐玉營，設守備等員，駐遵化城。康熙十四年，移駐豐潤，仍名豐玉營，二十九年，改爲豐潤營。

守備一員，駐劄豐潤縣，兼轄開平、黑羊河二汛。

把總一員

開平汛原係衛守備帶管營事。康熙十四年，以三屯營把總移駐開平。

把總一員

黑羊河

把總一員原駐太平路。康熙十四年，移駐黑羊河。

務關營原設遊擊一員，千總一員，把總一員，康熙四十年裁遊擊，改設參將，添設千總一員，又裁漷縣營守備，撥添守備一員，又裁漷縣營把總二員、楊村營把總二員、香河營把總一員，撥添把總六員。

參將一員，駐劄河西務，兼轄寶坻、崔黄口二汛。

守備一員　　千總二員

把總六員

寶坻營原設遊擊，順治十一年裁，止設守備等官，係通協所屬。康熙四十年，分屬務關營參將兼轄。

守備一員，駐劄寶坻縣。

千總一員　　把總一員

崔黄口原屬涿州營參將兼轄，康熙四十年，改歸務關營參將兼轄。

守備一員，駐劄武清縣崔黄口。

把總一員

涿州營

參將一員,駐劄涿州。

守備一員　　千總二員

把總四員

拱極營原設防守一員,順治二年裁。三年設守備一員,十年裁。設都司一員,康熙十七年,改設遊擊,將都司移駐天津城守營。

遊擊一員,駐劄拱極城。

千總一員　　把總二員。舊設守備一員,康熙二十三年裁。

舊州營原設守備一員。順治六年,改設都司。

都司僉書一員,駐劄東安縣舊州城。

千總一員　　把總三員

河間協副將一員,駐劄河間府。原駐正定,康熙八年,移駐河間。標下左右二營,所屬河間城操營。

左營

守備一員,兼轄任邱縣、高川鎮、肅寧縣、交河縣、故城縣。

千總二員　　把總四員

右營

守備一員兼轄阜城縣景州。

千總二員　　把總四員

任邱縣屬左營兼轄。

千總一員

高川鎮屬左營兼轄。

把總一員

肅寧縣屬左營兼轄。

把總一員

交河縣屬左營兼轄。

把總一員

故城縣屬左營兼轄。

把總一員

阜城縣屬右營兼轄。

千總一員

景州屬右營兼轄。

把總一員

河間城操營

守備一員，駐劄河間府。

把總一員

正定鎮原設正定總兵官一員，標下左右二營。設遊擊守備千總把總等官，管轄龍固、忠順、保定、新雄、易水五營及紫荆、大名二協。康熙二十七年，裁總兵官并裁龍固營，其忠順營改屬河間協，保定新雄易水及紫荆大名二協改屬巡撫標。三十二年，將紫荆關副將移駐正定府，改爲正定協，亦屬巡撫管轄，三十七年添設王家坪一營。雍正二年，將忠順營并紫荆關舊所屬固關、龍泉關、倒馬關、插箭嶺、茨溝營，俱改爲正定協所屬，四年復設正定總兵官，又添設左右二營，遊擊各一員、左營千總一員。復設龍固營，將大名協仍改歸管轄。

鎮守正定總兵官一員，駐劄正定府，標下左右二營，管轄龍固營、固關營、龍泉關、倒馬關、插箭嶺、茨溝營、忠順營、王家坪八營，大名一協。

左營

遊擊一員雍正四年添設　　守備一員

千總三員原設二員，雍正四年添設一員

把總四員

右營

遊擊一員雍正四年添設

守備一員，駐劄深州。

千總二員　　把總四員舊設總兵標下旗鼓守備一員，中軍遊擊一員，守備三員。順治七年裁守備二員，十五年裁旗鼓守備，十七年，中軍各官俱裁。

正定城守龍固營原設龍固營，康熙二十七年裁，雍正四年復設。

守備一員，駐劄正定府。

把總二員

固關營原設守備一員，把總一員，康熙三十七年，改設參將。其固關守備，即改爲參將中軍守備，又添設千總一員，把總一員。原係紫荆關所屬，康熙二十七年，改隸巡撫；雍正二年，改歸正定管轄。

參將一員，駐劄固關。

守備一員　　千總一員

把總二員

龍泉關原設參將一員。康熙三十二年，參將移駐紫荆關，將正定右營遊擊移駐龍泉，改爲龍泉關遊擊，原係紫荆關所屬。康熙二十七年，改隸巡撫；雍正二年，改歸正定管轄。

遊擊一員，駐劄龍泉關。

把總二員

倒馬關原設副將一員，守備三員。順治十年，裁副將守備，改設都司，原係紫荆關所屬。康熙二十七年，改隸巡撫；雍正二年，改歸正定管轄。

都司僉書一員，駐劄倒馬關。

千總一員　　把總二員

插箭嶺原係紫荆關所屬。康熙二十七年，改隸巡撫；雍正二年，改歸正定管轄。

守備一員，駐劄山西大同府廣昌縣地方。

把總一員

茨溝營原設參將一員，順治十年裁。原係紫荆關所屬。康熙二十七年，改隸巡撫；雍正二年，改歸正定管轄。

守備一員，駐劄茨溝。

忠順營原屬正定鎮管轄，康熙二十七年，裁正定總兵，改爲河間協所屬。雍正二年，仍改歸正定管轄。

守備一員，駐劄定州。

把總二員

王家坪康熙三十七年添設。

守備一員，駐劄贊皇縣王家坪。

千總一員　　把總二員

大名協原設總督標員，康熙八年裁，改設大名副將，屬正定總兵管轄。康熙二十七年，裁正定總兵，改隸巡撫；雍正四年復設正定總兵，仍改歸正定鎮管轄。

副將一員，駐劄大名府，標下左右二營，所屬順德、廣平、杜勝、磁州四營。

左營

守備一員　　千總二員

把總四員

右營原設守備一員，雍正五年，移駐磁州營。

千總二員

把總一員原設四員，雍正四年，撥隸河南省三員。

順德營原設順廣營，康熙八年，改爲順德營。

守備一員，駐劄順德府。

千總一員　　　把總二員

廣平營雍正四年，河南磁州改歸直隸，屬廣平營兼轄，添分防磁州千總一員。五年，磁州改爲大名協所屬，額如舊。

守備一員，駐劄廣平府。

千總一員　　　把總二員

杜勝營

守備一員，駐劄東明縣杜勝集。

把總二員

磁州營舊隸河南省，設都司一員，守備一員，千總二員，把總三員。雍正四年，改歸直隸，將都司等員移駐彰德府，改爲彰德營，裁千總一員，撥入廣平營，仍防磁州。五年，將協標右營守備移駐磁州營，改爲大名協所屬。

守備一員，駐劄磁州。

千總一員

宣化鎮原轄張家口、蔚州路、獨石路、龍門路、懷來路、永寧路、昌平營、石匣營。康熙二十九年，添設張家口副將，并左右二營遊擊守備千總把總等官，又添設石匣副將，并左右二營守備千總把總等官，并屬管轄。本年，設古北鎮，將昌平營、石匣協，撥屬古北鎮管轄。

鎮守宣化總兵官一員，駐劄宣化府，標下左右二營，管轄張家口一協，蔚州路、獨石路、龍門路、懷來路、永寧路五營。

左營

遊擊一員　　守備一員

千總一員　　把總二員

右營

遊擊一員　　守備一員

千總一員　　把總二員

深井堡原設守備一員，把總一員，康熙三十二年裁守備。

把總一員

雞鳴驛

把總一員舊設總兵標下團練營參將一員，中軍守備一員，順治六年，俱裁。旗鼓守備一員，順治十五年裁。中營遊擊一員，守備一員，順治十七年俱裁。舊設宣府東南西北二營，遊擊二員，守備四員，順治十年裁。舊設兵機營守備一員，順治六年裁。舊設差操司把總一員，順治六年裁。舊設塘撥司把總一員，順治六年裁。舊設宣府驛把總一員，康熙三十二年裁。

張家口協康熙二十九年添設。

副將一員,駐劄張家口,標下左右二營,所屬張家口路。

左營

遊擊一員　　　守備二員

千總四員内一員,雍正三年,撥屬張家口同知管轄。

把總八員

右營

遊擊一員　　　守備二員

千總四員内一員,雍正三年,撥屬張家口同知管轄。

把總八員

張家口路

參將一員,駐劄張家口。原駐萬全右衛。順治十三年,移駐張家口。兼轄萬全營、膳房堡、新河口、萬全左衛、柴溝堡、洗馬林堡、西陽河堡、懷安城八營。

守備一員　　　把總一員

萬全營原設萬全城守參將一員,坐營一員,守備一員。順治三年裁參將,六年裁坐營,止設萬全右衛守備一員。康熙二十六年,并裁守備。三十二年復設萬全營守備一員。

守備一員,駐劄萬全縣。

膳房營

守備一員,駐劄膳房堡。

新河口

守備一員,駐劄新河口。

萬全左衛

守備一員,駐劄萬全縣。

把總一員

柴溝營原設參將一員,坐營一員,守備一員。順治六年裁坐營,九年裁參將。

守備一員,駐劄柴溝堡。

洗馬林營

守備一員,駐劄洗馬林堡。

西陽河堡

守備一員

懷安城

守備一員　　把總一員

蔚州路

參將一員，駐劄蔚縣。原駐西城，順治十年，移駐蔚縣。兼轄西城、東城、廣昌城三營。

守備一員　　把總一員

西城原設守備一員，把總一員。康熙三十二年裁把總。

守備一員

東城原設守備一員，把總一員。康熙三十二年裁把總。

守備一員

廣昌城

守備一員，駐劄山西蔚州廣昌縣，兼轄黑石嶺、桃花堡。

黑石嶺

把總一員

桃花堡

把總一員

獨石路

參將一員，駐劄獨石城，兼轄雲州堡、赤城堡、鎮安堡、滴水崖、龍門所五營。

守備一員原設坐營一員。順治六年裁。

把總一員

雲州營原設守備一員，把總一員。康熙三十二年裁把總。

守備一員，駐劄雲州堡。

赤城營

守備一員，駐劄赤城堡。

把總一員

鎮安營

守備一員，駐劄鎮安堡。

滴水崖

守備一員，駐劄滴水崖，兼轄馬營堡。

馬營堡原設守備一員，順治六年裁，設操守。康熙元年，改設把總。

把總一員

龍門營原設參將、坐營、守備各一員。順治六年裁坐營；九年裁參將。

守備一員，駐劄龍門縣，兼轄鎮寧堡。

鎮寧堡原設守備一員。順治六年裁，設操守。康熙元年，改設把總。

把總一員

龍門路原設葛峪堡參將，順治十三年，改設都司，移駐龍門城。

都司僉書一員，駐劄龍門縣，兼轄葛峪堡、長安嶺二營。

守備一員　　把總一員

葛峪營

守備一員，駐劄葛峪堡。原駐龍門，順治十三年，移駐葛峪堡。兼轄趙川堡、鵰鶚堡。

趙川堡

把總一員

鵰鶚堡

把總一員

長安嶺原設守備一員，把總一員，康熙三十二年裁把總。

守備一員，駐劄長安嶺。

懷來路

參將一員，駐劄新保安城，兼轄礬山堡、懷來城二營。

守備一員原設坐營一員。順治六年，改設守備。

把總一員

礬山營

守備一員，駐劄礬山堡。

懷來城

守備一員，駐劄懷來城，兼轄土木堡。

土木堡

把總一員

永寧路原設參將、坐營各一員，順治六年，俱裁。設守備一員，駐劄永寧；八年，添設都司；十一年，移駐岔道；十六年，仍移駐永寧。

都司僉書一員，駐劄永寧，兼轄周四溝堡、靖安堡、四海治堡三營。

守備一員　　把總一員

周四溝營原駐周四溝堡，順治十一年，移駐永寧。十六年，仍移駐周四溝堡。

守備一員，駐劄周四溝堡。

靖安營

守備一員,駐劄靖安堡。

四海治營

守備一員,駐劄四海治堡,兼轄榆林堡。

榆林堡

把總一員

馬蘭鎮原設參將一員,順治六年裁。設都司,十八年添設副將。標下左右二營,各設守備一員,千總一員,把總二員,外轄黄花山一營。康熙元年,裁都司;二十七年,添設左營千總一員,把總二員,右營千總一員,把總二員。三十一年,又添設左營千總一員,把總一員,右營把總一員。雍正元年裁副將,改設總兵官,添設中軍遊擊一員。二年,將古北口屬遵化營所轄,大安口把總一員、鮎魚關把總一員改隸。又添設窄道子把總一員,俱屬左營兼轄,將古北口屬薊州營所轄黄崖口把總一員、將軍關把總一員改隸。又添設楊樹溝把總一員,俱屬右營兼轄,又將古北口屬石匣協所轄牆子路都司一員,千總一員、把總二員亦隸焉。四年,又將古北口屬潘家口所轄松棚路千總一員、遵化營所轄羅文峪把總一員,并歸管轄。

鎮守馬蘭口總兵官一員,駐劄馬蘭口,標下左右二營管轄黄花山、墻子路、松棚路、羅文峪。

左營

中軍遊擊一員雍正元年添設。

守備一員,兼轄大安口、鮎魚關、窄道子。

千總三員　　把總五員

右營

守備一員,兼轄黄崖口、將軍關、楊樹溝。

千總二員　　把總五員

大安口原設都司一員,順治六年裁。設守備、把總各一員,十六年,俱裁。設操守,康熙元年,改設把總,原屬松棚路都司兼轄。二十九年,改屬遵化營遊擊兼轄;雍正二年,改歸馬蘭鎮,屬左營兼轄。

把總一員

鮎魚關原設守備一員,順治六年裁,設操守。康熙元年,改設把總,原屬松棚路都司兼轄。二十九年,改屬遵化營遊擊兼轄;雍正二年,改歸馬蘭鎮,屬左營兼轄。

把總一員

窄道子雍正二年,添設,屬左營兼轄。

把總一員

黄崖口原設守備一員,順治六年裁,設操守。康熙元年,改設把總,原屬薊州城守營兼轄。雍正二年,改歸馬蘭鎮,屬右營兼轄。

把總一員

將軍關原設守備一員,順治六年裁,設操守。康熙元年,改設把總,原屬薊州城守營兼轄。雍正二年,改歸馬蘭鎮,屬右營兼轄。

把總一員

楊樹溝雍正二年,添設,屬右營兼轄。

把總一員

黄花山營

守備一員,駐劄黄花山。

千總二員

墻子路原設參將、守備、提調各一員,順治六年,俱裁。設都司,原係石匣協所屬。雍正二年,改歸馬蘭鎮管轄。

都司僉書一員,駐劄墻子路,兼轄鎮羅關。

千總一員　　　把總一員

鎮羅關原設提調一員,順治六年裁。設操守,康熙元年,改設把總。

把總一員

松棚路原設參將一員,順治六年裁,設都司、千總各一員,兼轄羅文峪、大安口、鮎魚關。康熙二十九年,將都司移駐玉田縣,改爲玉田營。其羅文峪、大安口、鮎魚關三營,改屬遵化城守營兼轄,止留千總一員,屬潘家口守備兼轄。雍正四年,改歸馬蘭鎮管轄。

千總一員。舊設松棚路南臺守備一員。順治十年裁。

羅文峪原設守備一員。順治六年裁,設操守。康熙元年,改設把總,原屬松棚路都司兼轄,二十九年,改屬遵化城守營兼轄。雍正四年,改歸馬蘭鎮管轄。

把總一員

撫標外屬正定、大名二協,舊係撫標外屬。雍正四年,正定協改爲正定鎮,將大名協改歸正定鎮管轄。

紫荆關原設副將等員,康熙三十二年,副將移駐正定府,改爲正定協,將龍泉關參將移駐紫荆關。雍正二年,將舊所屬固關、龍泉關、倒馬關、茨溝營、插箭嶺諸營,俱改爲正定協所屬。

參將一員,駐劄紫荆關,兼轄烏龍溝、大龍門二汛。

守備一員　　　千總一員

把總二員

烏龍溝

把總一員

大龍門

把總一員

保定城守營

參將一員，駐劄保定府。

守備一員原設三員。順治七年裁二員。

千總二員　　把總四員

馬水口原設參將、守備各一員，順治十年裁，設都司。

都司僉書一員　　千總一員

把總二員

易水營

守備一員，駐劄易州。

把總二員

新雄營

守備一員，駐劄雄縣。

把總二員

沿河口

守備一員，駐劄沿河口，兼轄平羅營。

把總一員

平羅營原設守備一員，順治十年裁。

把總一員

白石口

守備一員，駐劄白石口，兼轄浮圖峪。

把總一員

浮圖峪

把總一員

四路捕盜康熙二十七年設。

東路屬永平府同知管轄。

千總一員，駐劄通州。

把總一員

南路屬河間府同知管轄。

千總一員,駐劄黄村。

把總一員

西路屬保定府同知管轄。

千總一員,駐劄蘆溝橋。

把總一員

北路屬保定府同知管轄。

千總一員,駐劄沙河。

把總一員

舊設直隸提督一員,駐劄河間府,標下設中左右三營官。康熙七年裁。柳溝總兵官一員,標下設左右二營官。順治二年裁。薊州總兵官一員,標下設中左右三營官。順治四年裁。密雲總兵官一員,駐劄石匣,標下設右前後三營官。順治五年裁。山海路總兵官一員,標下設中左右前後五營官。順治七年裁。通州總兵官一員,標下設左右二營及忠順忠義忠永三營官。順治七年裁。一片石參將一員。順治元年裁。城子峪都司僉書一員。順治六年裁。猫兒峪防守一員。君子堡防守一員。長伸地防守一員。金家莊防守一員。鐵場堡守備一員。以上,順治四年裁。寬佃谷守備一員。沙城操守一員。永安堡操守一員。岔道城守備一員。順義縣守備一員。龍嶺口守備一員。石峽谷守備一員。鎮邊城守備一員。以上,順治六年裁。松樹堡操守一員。青邊口堡操守一員。大白陽堡操守一員。小白陽堡操守一員。新保安城守備一員。延慶州操守一員。青泉堡操守一員。新開口堡守備一員。大山口守備一員。以上,順治九年裁。馬蘭路南臺守備一員。順治十年裁。洪山口操守一員。白羊城操守一員。以上,順治十二年裁。白石營操守一員。河徐營操守一員。箭杆嶺操守一員。花場峪操守一員。舊保安城守備一員。以上,順治十三年裁。冀州守備一員。順治十六年裁。東安營守備一員。康熙二十三年裁。楊村營守備一員。香河營守備一員。漷縣營守備一員。以上,康熙四十年裁。小張家口把總一員。灰嶺口把總一員。以上,順治六年裁。青山口把總一員。董家口把總一員。劉家口把總一員。以上,康熙二十三年裁。

大清會典卷之一百二十一

兵部職方司

〔鎮戍二〕

〔將領二〕

山西

太原鎮原設副將等官，駐劄太原。康熙十一年裁副將，改設總兵官。二十二年，移駐平陽府。

鎮守太原總兵官一員，駐劄平陽府，標下左右二營，管轄太原、平陽、盂壽、汾州四營，蒲州一協。

左營

中軍遊擊一員　　守備一員

千總二員　　把總四員

右營

遊擊一員　　守備一員

千總二員　　把總四員

太原營原設城守遊擊、守備各一員，康熙五年裁。設參將一員、守備一員、千總二員，兼轄代州營千總一員，平樂營、交城營、樂平營把總各一員。三十一年，添標下把總二員，又添代州營把總一員。四十三年，將平樂營把總、樂平營把總改屬盂壽營遊擊兼轄。

參將一員，駐劄太原府，兼轄代州營、交城營二汛。

中軍守備一員　　千總二員

把總二員。康熙三十一年添設。

代州營

千總一員　　　　把總一員。康熙三十一年,添設。

交城營

把總一員

平陽營原設參將等員,順治二年裁參將,設副將。康熙二年裁副將,四年復設,七年裁副將,仍設參將。

參將一員,駐劄平陽府,兼轄靖安、隰州、吉州三營。

中軍守備一員原設守備一員,康熙四年裁,七年復設。

千總一員　　　　把總三員原設二員,康熙三十七年,將靖安營把總一員撥隸。

靖安營原設平陽城守營守備等員,康熙三十八年,改爲靖安營。

守備一員,駐劄交城縣。靖安堡

千總一員　　　　把總一員原設二員,内一員於康熙三十七年撥歸參將標下。

隰州營

守備一員,駐劄隰州,兼轄大寧營、永和營二汛。

千總一員　　　　把總一員

大寧營

把總一員

永和營

把總二員

吉州營

守備一員,駐劄吉州,兼轄冷泉關、黑龍關、西塢嶺三汛。

千總一員　　　　把總一員

冷泉關

把總一員

黑龍關

把總一員

西塢嶺

把總一員

盂壽營

遊擊一員,駐劄平定州。原駐太原,康熙五年,移駐盂縣,四十三年,移駐平定。兼轄平樂營、樂平營二汛。

中軍守備一員　　千總一員

把總二員

平樂營原屬太原營兼轄。康熙四十三年，改屬盂壽營兼轄。

把總一員

樂平營原屬太原營兼轄。康熙四十三年，改屬盂壽營兼轄。

把總一員

汾州營

參將一員，駐劄汾州府，兼轄石樓一營。

中軍守備一員　　把總二員

城守千總一員原設守備一員，順治十六年裁，設千總。

石樓營

守備一員，駐劄石樓縣，兼轄沁州營、遼州營、權店營、和順營四汛。

把總二員

沁州營

千總一員

遼州營

千總一員

權店營

把總一員

和順營

把總一員

蒲州協原設蒲州營遊擊一員，守備一員，把總二員，屬平陽參將兼轄。雍正二年裁遊擊，改設副將，將原屬平陽參將兼轄之平垣營，原屬太原總兵外標之潞澤營，改隸焉。副將一員，駐劄蒲州，標下中軍等官，所屬平垣、潞澤二營。

中軍守備一員　　把總二員

平垣營原屬平陽參將兼轄，雍正二年，改爲蒲州協副將所屬。

遊擊一員，駐劄茅津鎮。

守備一員　　把總二員

潞澤營原係太原鎮標外所屬，雍正二年，分隸蒲州協副將所屬。

參將一員，駐劄潞安府，兼轄東塢嶺一汛。

中軍守備一員　　把總二員

城守千總一員

東塢嶺

把總一員

大同鎮原設總兵官一員，標下中左右前四營遊擊四員，守備五員，東南西北二營遊擊二員，守備二員。順治六年裁總兵官，并裁中左右前四營、東南西北二營等官，設操守一員。十一年裁，仍設總兵官，標下左右二營。康熙三十六年，添設中營等官。

鎮守大同總兵官一員，駐劄大同府城，標下中左右三營管轄新平路、得勝路、助馬路、平魯路、靈邱路、山陰路六營，殺虎口一協。

中營

中軍遊擊一員　　守備一員

千總二員　　把總四員

左營

遊擊一員　　守備一員

千總二員　　把總四員

右營

遊擊一員　　守備一員

千總二員　　把總四員舊設旗鼓守備一員，順治十五年裁。

新平路

參將一員，駐劄新平堡，兼轄瓦窑口、鎮門堡、守口堡、東井集堡四汛，天城衛、陽和城二營。

中軍守備一員

瓦窑口原設守備一員，順治六年裁，設把總。康熙五十八年，改設千總。

千總一員

鎮門堡原設守備一員，順治六年裁。

把總一員

守口堡

把總一員

東井集堡原係小石口把總，康熙五十八年，改爲東井集堡千總，撥歸新平路兼轄。

千總一員

天城衛原設參將一員，守備二員，順治六年裁守備一員，九年裁參將。

守備一員，駐劄天城。

陽和城原設守備一員，順治六年裁，改設副將一員、中軍守備一員。十一年俱裁，將聚落城守備移駐陽和城。

守備一員，駐劄陽和城。

得勝路

參將一員，駐劄得勝堡，兼轄拒墻堡、鎮川堡、聚落城三汛。

中軍守備一員

拒墻堡原設守備一員，順治六年裁。

把總一員

鎮川堡原設守備一員，順治六年裁。

把總一員

聚落城原設守備一員，順治十一年，將守備移駐陽和城，止設把總。康熙五十八年，改設千總。

千總一員

助馬路

參將一員，駐劄助馬堡，兼轄大同左衛、破虎堡、破魯堡、威魯堡、寧魯堡五汛，高山城一營。

中軍守備一員

大同左衛康熙三十八年添設。

千總一員

破虎堡原屬平魯路兼轄，雍正三年，改屬助馬路兼轄。

把總一員

破魯堡原設守備一員，順治六年裁。

把總一員

威魯堡原設守備一員，順治六年裁，設把總，康熙五十八年，改設千總。

千總一員

寧魯堡原設守備一員，順治六年裁。

把總一員

高山營

守備一員，駐劄高山城。

平魯路原轄大水口等六汛，殺虎堡、右衛城守二營，康熙三十年，將殺虎堡改爲殺虎口協。雍正三年，將六汛内破虎堡一汛改屬助馬路兼轄，而以山陰路所轄之井坪堡隸焉。

參將一員，駐劄平魯縣，兼轄大水口堡、敗虎堡、阻虎堡、威遠城、雲石堡五汛，右衞城、井坪堡二營。

中軍守備一員

大水口堡原設守備一員，順治六年裁。

把總一員

敗虎堡

把總一員

阻虎堡原設把總一員，康熙五十八年，改設千總。

千總一員

威遠城原設參將守備把總各一員。順治十年裁參將守備，止留把總一員，康熙五十八年，改設千總。

千總一員

雲石堡原設守備一員，順治六年裁。

把總一員

右衞城原設參將一員，城守守備一員，順治六年裁參將，設副將一員，中軍守備一員，九年裁城守守備，十一年裁副將，十五年，改中軍守備爲城守守備。

守備一員，駐劄朔平府。

井坪堡原設參將守備各一員，順治十三年裁參將，原屬山陰路兼轄，雍正三年，改屬平魯路兼轄。

守備一員，駐劄井坪堡。

靈邱路原設守備一員，順治六年裁，十一年設參將守備等員。

參將一員，駐劄靈邱縣，兼轄渾源城一營。

中軍守備一員　　千總一員

把總二員

渾源城原設守備，順治六年裁，九年設參將守備各一員，十一年裁參將，設副將，十五年裁副將。

守備一員，駐劄渾源州。

山陰路原設守備一員，順治十三年裁，設都司，原轄井坪堡、乃河堡、朔州城、馬邑城、應州城、懷仁城各營汛。雍正三年，將井坪堡守備改屬平魯路兼轄，乃河堡把總改屬老營所兼轄，朔州城守備改屬寧武營兼轄。

都司一員，駐劄山陰縣，兼轄馬邑城一汛，應州城、懷仁城二營。

千總一員　　把總一員

馬邑城原設守備，康熙四年，移駐朔州，改設把總，五十八年，改設千總。

千總一員

應州城

守備一員，駐劄應州。

懷仁城

守備一員，駐劄懷仁縣。

殺虎口協原設殺虎堡守備一員，順治六年裁，十年復設，原屬平魯營參將兼轄，康熙三十年，改設副將。

副將一員，駐劄殺虎口，標下中軍等官，所屬寧武、東路、北樓、偏關、老營、河保、水泉七營。

中軍守備一員原係殺虎堡守備，康熙三十年，改充殺虎口協標中軍守備。

千總二員内一員，原係偏關營千總，康熙三十年，改充殺虎口協標千總，三十六年，復添設一員。

把總四員内二員，原係寧武營把總。康熙三十年，改充殺虎口協標把總，三十六年，復添設二員。

寧武營原設總兵官，順治二年裁，設副將一員、守備一員、把總二員。康熙三十年裁副將，其中軍守備改充寧武營守備。雍正三年，將利民路參將移駐寧武，改爲寧武營參將。

參將一員，駐劄寧武關，兼轄朔州、利民、神池堡、八角堡、陽方口五營。

中軍守備一員

把總二員原設二員，康熙三十年，改充殺虎口協標把總，將忻州營把總内撤一員改充寧武營把總。雍正三年，又將利民路把總一員改充寧武營把總。

朔州城原設守備一員，順治六年裁。康熙四年，將馬邑城守備移駐朔州城。原屬山陰路兼轄，雍正三年，改屬寧武營兼轄。

守備一員，駐劄朔州。

利民營原設利民路參將一員、守備一員、把總二員，係寧武協所屬。康熙三十年，裁寧武協副將，止留守備等官，改爲寧武營。其所屬各營，俱歸利民路參將兼轄。雍正三年，以參將移駐寧武，改爲寧武營參將，并於把總二員内將一員改屬寧武營，止留守備一員、把總一員，改爲利民營，仍屬寧武營參將兼轄。

守備一員，駐劄利民堡。

把總一員

神池堡

守備一員，駐劄神池堡。

千總一員原設把總,康熙五十八年,改設千總。

八角堡

守備一員,駐劄八角堡。

把總二員

陽方口

守備一員,駐劄陽方口,兼轄盤道梁、寧化城二汛。

盤道梁原設守備一員,順治十二年,移駐忻州。

把總一員

寧化城原設大水口把總,康熙三十七年,移駐寧化城。

把總一員

東路營

參將一員,駐劄代州,兼轄横道鎮、白草溝、水峪口、胡峪口四汛,忻州一營。

中軍守備一員　　把總二員

横道鎮原設八岔口把總一員,康熙五十八年,改爲横道鎮千總。

千總一員

白草溝堡

把總一員

水峪口

把總一員

胡峪口

把總一員

忻州營原設盤道梁守備,順治十二年,移駐忻州,屬利民路參將兼轄。雍正三年,改屬東路營參將兼轄。

守備一員,駐劄忻州。

千總一員原設把總二員,康熙三十年,將一員改充寧武營把總,該營止留把總一員,五十八年,改設千總。

北樓營

參將一員,駐劄繁峙縣。原駐北樓城,康熙五十一年,移駐繁峙縣。兼轄茹越口、小石口、平刑關三營。

中軍守備一員　　千總一員康熙五十八年,添設。

把總一員原設二員,康熙五十八年裁一員。

茹越口

守備一員,駐劄茹越口。

把總一員

小石口原設守備一員、把總一員。康熙五十八年,將把總改爲東井集堡千總,撥歸新平路參將兼轄,止留守備一員。

守備一員,駐劄小石口。

平刑關原設守備一員、把總一員。康熙五十一年,將把總移駐臺懷鎮。

守備一員,駐劄平刑關,兼轄臺懷鎮、車道場、金剛庫三汛。

臺懷鎮原設平刑營把總,康熙五十一年,改爲臺懷鎮把總。

把總一員

車道場

把總一員

金剛庫原設大安嶺口把總。康熙四十三年,移駐繁峙縣。五十一年,移駐金剛庫。五十八年裁,把總改設千總。

千總一員

偏關營

參將一員,駐劄偏關城,兼轄樓溝堡、老牛灣、岢嵐營、五寨堡、三岔堡五汛,樺林堡、鎮西衛二營。

中軍守備一員

千總一員原設千總一員,康熙三十年,改充殺虎口協標千總。五十八年,將本營把總内一員改爲千總。

把總一員原設二員,康熙五十八年,將一員改爲千總。

樓溝堡

把總一員

老牛灣

把總一員

岢嵐營

把總一員

五寨堡

把總一員

三岔堡

把總一員

樺林堡

守備一員,駐劄河曲縣。舊設把總一員,康熙三十八年裁。

鎮西衛

守備一員,駐劄岢嵐州。

千總一員原設把總,康熙五十八年,改設千總。

老營所原設副將,順治二年裁,將平陽參將移駐老營,改爲老營所參將,雍正三年,將原屬山陰路兼轄之乃河堡一汛改隸焉。

參將一員,駐劄老營城,兼轄賈家堡、五眼井、馬站堡、永興堡、乃河堡五汛。

中軍守備一員　　千總二員原設把總,康熙五十八年,改設千總。

賈家堡

把總一員

五眼井堡

把總一員

馬站堡

把總一員

永興堡

把總一員

乃河堡原屬山陰路兼轄,雍正三年,改屬老營所兼轄。

把總一員

河保營

參將一員,駐劄河保營城,兼轄河曲、樓子、唐家會、河會、河曲縣五汛,保德一營。

中軍守備一員

千總二員原設一員,康熙五十八年添設一員。

把總一員原設二員,康熙五十八年裁一員。

河曲營原設把總,康熙五十八年,改設千總。

千總一員

樓子營

把總一員

唐家會營

把總一員

河會營

把總一員

河曲縣營

把總一員

保德營

守備一員，駐劄保德州。

把總一員

水泉營

遊擊一員，駐劄水泉營，兼轄草垛山、滑石澗二汛。

千總一員　　把總一員

草垛山堡原設守備一員，順治十五年裁。

把總一員

滑石澗營

把總一員

舊設提督一員，駐劄太原府，標下設中左右三營官。康熙七年裁，十三年復設。二十年裁。

寧武總兵官一員。順治二年裁。

援勦總兵官一員，駐劄太原府，標下設中左右三營官。康熙十四年裁。

許家莊堡操守、把總各一員。順治六年裁。保平堡操守一員。鎮口堡操守、把總各一員。鎮羌堡操守一員。鎮魯堡操守一員。雲崗堡操守、把總各一員。迎恩堡操守一員。牛心堡操守、把總各一員。滅虎堡操守一員。西安堡操守一員。以上，順治九年裁。平遠堡操守一員。洪賜堡操守一員。鎮邊堡操守一員。拒門堡操守一員。滅魯堡操守一員。保寧堡操守一員。左衞城操守一員。威虎堡操守一員。將軍衞堡操守一員。以上，順治十三年裁。鎮寧堡操守、把總各一員。順治十四年裁。北塘營千總一員。康熙五年裁。

大清會典卷之一百二十二

兵部職方司

〔鎮戍三〕

〔將領三〕

陝西

固原提督一員，駐劄固原鎮，標下中左右前後五營，統轄西鳳、潼關、慶陽、靖遠四協，延綏、興漢二鎮。

中營原設參將等員。康熙十五年，改設副將；二十四年，仍設參將；四十八年，復設副將；五十八年，仍改參將。

中軍參將一員　守備一員

千總二員　把總四員

左營

遊擊一員　守備一員

千總二員　把總四員

右營

遊擊一員　守備一員

千總二員　把總四員

前營順治八年裁，康熙十三年復設。

遊擊一員　守備一員

千總二員　把總四員

後營順治八年裁，康熙十三年復設。

遊擊一員　守備一員

千總二員　把總四員。舊設旗鼓守備一員，順治十五年裁。

西鳳協

副將一員,駐劄鳳翔府,標下中軍等官,所屬盩厔、富平、鳳翔城守三營。

中軍守備一員　　千總二員

把總二員

盩厔營原設郿縣營,康熙二十二年,改爲盩厔營,原設遊擊、千、把總各一員,四十七年裁遊擊,改設守備。

守備一員,駐劄盩厔縣。

千總一員　　把總一員

富平營

守備一員,駐劄富平縣。

把總二員

鳳翔城守營

守備一員,駐劄鳳翔府。

把總一員

潼關協原設潼關營參將等員。康熙十三年,改設副將;二十一年,仍設參將,爲西鳳協所屬。四十七年,復改設副將,將原屬西鳳協之神道嶺、商州城守二營,與原屬慶陽協之長武營、原屬靖遠協之關山營并西安城守營,俱改隸焉。

副將一員,駐劄潼關。標下中軍等官,所屬神道嶺、商州城守、長武、關山、西安城守五營。

中軍守備一員　　千總二員

把總四員

神道嶺

遊擊一員,駐劄韓城縣柳溝。

千總一員　　把總二員

商州城守營原設參將,康熙二十一年裁,設守備、千總各一員,屬神道嶺兼轄。四十七年,裁守備、千總,設遊擊,爲潼關協所屬。

遊擊一員,駐劄商州城,兼轄商南縣、山陽縣、雒南縣三汛,金鎖關一營。

商南縣

把總一員

山陽縣

把總一員

雒南縣

把總一員

金鎖關原屬神道嶺兼轄，康熙四十七年，改屬商州城守營兼轄。

守備一員，駐劄金鎖關。

把總一員

長武營原設遊擊一員，係慶陽協所屬。康熙四十三年，添設把總一員；四十七年，改爲潼關協所屬。

遊擊一員，駐劄長武縣，兼轄邠州營。

把總一員康熙四十三年添設

邠州營原設遊擊，順治八年，改爲守備。

守備一員，駐劄邠州。

把總一員

關山營原係靖遠協所屬，後改爲潼關協所屬。

遊擊一員，駐劄關山鎮。

千總一員　　把總二員

西安城守營原設副將，康熙四十七年裁，設參將。

參將一員，駐劄西安府。

守備一員　　千總一員

把總一員

東協慶陽營舊所屬紅德、長武二營，康熙四十七年，將長武營改屬潼關協，而以靖遠協所屬平凉城守營改隸焉。

副將一員，駐劄慶陽府，標下中軍等官，所屬紅德、平凉城守二營。

中軍守備一員原設一員。順治十四年添設一員，康熙二十一年裁一員。

千總一員　　把總三員

紅德營

遊擊一員，駐劄紅德城。

千總一員

平凉城守營原設遊擊守備等員，康熙六年裁守備，十五年裁遊擊，改設副將。二十一年裁副將，仍設遊擊。原係靖遠協所屬，康熙四十七年，改爲慶陽協所屬。

遊擊一員，駐劄平凉府，兼轄涇州營一汛。

千總一員　　把總一員

涇州營原設遊擊,順治八年,改設守備,康熙十二年,改設千總,原屬固原城守營兼轄,後改屬平凉城守營兼轄。

千總一員

西協靖遠營舊所屬西安堡、蘆塘、下馬關、關山、平凉城守五營。康熙四十七年,將關山營改屬潼關協,平凉城守營改屬慶陽協,而以原屬提標之固原城守營改爲靖遠協所屬。

副將一員,駐劄靖遠衛,標下中軍等官所屬固原城守、下馬關、蘆塘、西安州四營。

中軍守備一員　　千總一員

把總三員

固原城守營原屬固原提標,康熙四十七年,分隸靖遠協,原轄八營,後改歸西安營兼轄。

参將一員,駐劄固原州。

中軍守備一員　　千總二員

把總三員

下馬關

参將一員,駐劄下馬關。

中軍守備一員　　把總二員

蘆塘營原轄蘆溝營、永安營,後改歸西安營兼轄。

遊擊一員,駐劄蘆塘堡。

千總一員

西安營

遊擊一員,駐劄西安堡,兼轄蘆溝堡、永安堡、八營堡三營。

千總一員

蘆溝營原屬蘆塘營兼轄,後改屬西安營兼轄。

守備一員,駐劄蘆溝堡。

永安營原屬蘆塘營兼轄,後改屬西安營兼轄。

守備一員,駐劄永安堡。

八營原屬固原城守營兼轄,後改屬西安營兼轄。

守備一員,駐劄八營堡。

延綏鎮

鎮守延綏總兵官一員,駐劄榆林衛,標下中左右三營,管轄延綏城守一營,波羅、神木、定邊三協。

中營

中軍遊擊一員　守備一員

千總二員　把總四員

左營

遊擊一員　守備一員

千總二員　把總四員

右營

遊擊一員　守備一員

千總二員　把總四員。舊設前後二營遊擊等官,順治七年裁。旗鼓守備一員,十五年裁。

延綏城守營

都司僉書一員,駐劄榆林衛。

把總二員

中協波羅營

副將一員,駐劄波羅城,標下中軍等官,所屬保寧堡、常樂堡、雙山堡、魚河堡、歸德堡、綏德城守、響水堡、懷遠堡、威武堡、清平堡十營。

中軍守備一員　千總一員

把總二員

保寧營

守備一員,駐劄保寧堡。

常樂營

守備一員,駐劄常樂堡。

雙山營

守備一員,駐劄雙山堡。

魚河營

守備一員,駐劄魚河堡。

歸德堡

把總一員

綏德城守營

守備一員,駐劄綏德州。

響水營

守備一員，駐劄響水堡。

懷遠營

守備一員，駐劄懷遠堡。

威武堡

把總一員

清平營

守備一員，駐劄清平堡。

東協神木營原設遊擊等員，順治十二年裁遊擊，改設副將。

副將一員，駐劄神木縣。標下中軍等官，所屬清水堡一汛，建安堡、高家堡、柏林堡、永興堡、大栢油堡、鎮羌堡、孤山堡、黄甫川八營。

中軍守備一員　　把總二員

清水堡原設守備，康熙六年，改設把總，原屬黄甫營木瓜園守備兼轄，後改爲神木副將所屬。

把總一員

建安營

守備一員，駐劄建安堡。

高家營原設遊擊，順治十二年，改設守備。

守備一員，駐劄高家堡。

栢林營

守備一員，駐劄栢林堡。

永興營

守備一員，駐劄永興堡。

大栢油營

守備一員，駐劄大栢油堡。

鎮羌營

守備一員，駐劄鎮羌堡。

孤山營原設副將，順治十二年，改設守備。

守備一員，駐劄孤山堡。

黄甫營

遊擊一員，駐劄黄甫川，兼轄木瓜園一營。

把總二員

木瓜園營

守備一員，駐劄木瓜園堡。

西協定邊營

副將一員，駐劄定邊堡，標下中軍等官所屬靖邊、延安、宜君三營。

中軍守備一員　　把總二員

靖邊營

遊擊一員，駐劄靖邊堡，兼轄龍州堡一汛，鎮靖堡、寧塞堡、柳樹澗堡、安邊堡、磚井堡五營。

把總一員

龍州堡

把總一員

鎮靖營

守備一員，駐劄鎮靖堡，兼轄鎮羅堡一汛。

鎮羅堡

把總一員

寧塞營

守備一員，駐劄寧塞堡。

柳樹澗營

守備一員，駐劄柳樹澗堡。

安邊營

守備一員，駐劄安邊堡。

磚井營

守備一員，駐劄磚井堡，兼轄鹽場堡一汛。

鹽場堡

把總一員

延安營

參將一員，駐劄延安府，兼轄鄜州城守一營。

中軍守備一員　　千總一員

把總二員

鄜州城守營

守備一員，駐劄鄜州。

宜君營

參將一員，駐劄宜君縣。

中軍守備一員　　千總一員

把總二員

興漢鎮原設興安總兵官，康熙二十二年，改爲興漢總兵官。

鎮守興漢總兵官一員，駐劄興安州，標下中左右三營，管轄興安城守、白土路、漁渡路、紫陽營、舊縣關五營，漢中城守一協。

中營

中軍遊擊一員　　守備一員

千總二員　　把總四員

左營

遊擊一員　　守備一員

千總二員　　把總四員

右營

遊擊一員　　守備一員

千總二員　　把總四員。舊設前後二營遊擊等官，順治八年裁。康熙十四年復設，二十一年裁。旗鼓守備一員，順治十五年裁。

興安城守營原設興安城守營副將一員，守備一員，千總二員，把總二員。康熙四十年裁副將，改設都司；裁守備、千總，止留把總二員。

都司僉書一員，駐劄興安州。

把總二員

白土路

遊擊一員，駐劄白土關。

守備一員　　把總二員

漁渡路原設守備千把等員。順治十三年添設遊擊。

遊擊一員，駐劄漁渡壩。

守備一員　　千總一員

把總一員原設二員，後裁一員。

紫陽營原設漢陰營，順治九年，改爲紫陽營。

遊擊一員，駐劄紫陽關，兼轄七里關一營。

千總一員　　把總一員原設二員，後裁一員。

七里關原屬舊縣關遊擊兼轄，後改屬紫陽營兼轄。

守備一員，駐劄七里關。

把總二員

舊縣關原轄七里關一營，後改歸紫陽營兼轄。

遊擊一員，駐劄舊縣關。

守備一員康熙十三年裁，二十一年復設。

千總一員　　把總一員

漢中城守協原設漢羌總兵官，順治八年裁，改設漢中城守副將。康熙十四年裁副將，仍設總兵官。二十一年裁總兵官，復設副將。

副將一員，駐劄漢中府，標下中軍等官，所屬漢鳳、陽平關、寧羌、略陽四營。

中軍守備一員　　千總一員原設二員，後裁一員。

把總二員原設四員，後裁二員。

漢鳳營

參將一員，駐劄鳳縣。

中軍守備一員　　千總一員原設二員，後裁一員。

把總一員原設二員，後裁一員。

陽平關

參將一員，駐劄陽平關。

中軍守備一員　　千總一員

把總一員

寧羌營

遊擊一員，駐劄寧羌州。

守備一員　　千總一員

把總一員

略陽營原設遊擊，康熙十四年，改爲水師營遊擊，另設副將一員，二十一年裁副將，仍設略陽營遊擊。

遊擊一員，駐劄略陽縣。

守備一員　　千總一員

把總一員原設二員，後裁一員。

甘肅提督一員，駐劄甘州，標下中左右前後五營，統轄西寧、寧夏、涼州、肅州四鎮。

中營原設中軍遊擊一員。康熙十四年，改設副將；二十三年，改設參將；三十二年，復改副將；四十四年，仍改參將。

中軍參將一員　　守備一員

千總二員　　把總四員

左營

遊擊一員　　守備一員

千總二員　　把總四員

右營

遊擊一員　　守備一員

千總二員　　把總四員

前營

遊擊一員　　守備一員

千總二員　　把總四員

後營

遊擊一員　　守備一員

千總二員　　把總四員

西寧鎮原設副將，順治十五年，改設總兵官。

鎮守西寧總兵官一員，駐劄西寧府，標下中左右前後五營，管轄西寧城守一營，河州洮岷二協。

中營

中軍遊擊一員　　守備一員

千總二員　　把總四員

左營

遊擊一員　　守備一員

千總二員　　把總四員

右營

遊擊一員　　守備一員

千總二員　　把總四員

前營

遊擊一員　　守備一員

千總二員　　把總四員

後營

遊擊一員　　守備一員

千總二員　　把總四員

西寧城守營

都司僉書一員，駐劄西寧府。

把總二員

河州協原設河州營遊擊，順治十五年，改設副將，所屬歸德堡、保安堡、起臺堡、臨洮城守、蘭州、莊浪、阿壩、鎮羌八營。康熙三十年，將莊浪、阿壩、鎮羌三營撥歸凉州鎮管轄。

副將一員，駐劄河州，標下中軍等官，所屬歸德堡、保安堡、起臺堡、臨洮城守、蘭州五營。

中軍守備一員　　千總二員

把總四員

歸德營

守備一員，駐劄歸德堡。

保安營

守備一員，駐劄保安堡。

起臺營

守備一員，駐劄起臺堡。

臨洮城守營

遊擊一員，駐劄臨洮府。

千總一員　　把總二員

蘭州營原設遊擊、守備、千把等員，順治六年裁遊擊，改設副將，十五年裁副將，仍設遊擊。康熙二十一年，裁守備，將莊浪營兼轄之紅城子堡、苦水堡改屬兼轄。

遊擊一員，駐劄蘭州，兼轄紅城子堡、苦水堡二汛。

千總一員　　把總二員

紅城子堡原屬莊浪營兼轄，後改屬蘭州營兼轄。

把總一員

苦水堡原屬莊浪營兼轄，後改屬蘭州營兼轄。

把總一員

洮岷協原設副將，順治六年改設參將。康熙十四年，復設副將。

副將一員，駐劄洮州衛。標下中軍等官，所屬岷州、舊洮州堡、階州鎮、海北川、巴暖、三川、鞏昌、秦州八營。

中軍守備一員　　千總二員

把總四員

岷州營原設岷州營，康熙十五年改爲洮州營，二十四年，復爲岷州營。

守備一員，駐劄岷州衛。

舊洮州營

守備一員，駐劄舊洮州堡。

階州營原設參將千總把總等員。順治六年，改設副將。康熙十四年，改設遊擊。

遊擊一員，駐劄階州，兼轄文縣、西固堡二營。

千總一員　　把總二員

文縣營

守備一員，駐劄文縣。

千總一員　　把總二員

西固營

守備一員，駐劄西固所。

鎮海營原設守備等員。順治十二年，添設遊擊。康熙十四年，改設參將。原轄南川、北川、威遠堡三營，康熙三十三年，北川營裁守備，改設遊擊，添設千把總各一員，以威遠堡改屬北川營兼轄，止轄南川一營。

參將一員，駐劄鎮海城，兼轄南川一營。

中軍守備一員　　千總二員

把總二員

南川營

守備一員，駐劄南川營。

北川營原設守備一員，屬鎮海營兼轄。康熙三十三年，裁守備，改設遊擊，添設千把總各一員，將原屬鎮海營兼轄之威遠堡改屬兼轄。

遊擊一員，駐劄北川營，兼轄威遠堡一營。

千總一員　　把總一員

威遠營原設遊擊，順治十三年，改設守備，原屬鎮海營兼轄。康熙三十三年，改屬北川營兼轄。

守備一員，駐劄威遠堡。

巴暖三川營原設守備千總各一員，康熙十六年裁守備，改設遊擊。

遊擊一員，駐劄巴暖三川營，兼轄碾伯堡一營。

千總一員

碾伯營原轄老鴉堡、冰溝堡二汛。康熙三十年，以莊浪營兼轄之西大通堡改屬兼轄。

守備一員，駐劄碾伯縣，兼轄西大通堡、老鴉堡、冰溝堡三汛。

西大通堡原設把總，屬莊浪營参將兼轄，康熙三十年，改爲碾伯營兼轄。三十三年，改設千總。

千總一員

老鴉堡

把總一員

冰溝堡

把總一員

鞏昌營原設臨鞏總兵官，順治十五年，移駐西寧，改設副將。康熙元年，改設遊擊；十四年，復設副將；二十一年，仍設遊擊。

遊擊一員，駐劄鞏昌府。

千總一員　　　　把總二員

秦州營原設遊擊等員。康熙十三年，改設副將。二十一年，復設遊擊。

遊擊一員，駐劄秦州。

千總一員　　　　把總二員

寧夏鎮原設總兵官。康熙十五年，改設提督。二十年，復設總兵官。標下中左右前後五營。雍正四年，裁後營。

鎮守寧夏總兵官一員，駐劄寧夏府，標下中左右前四營，管轄寧夏城守、平羅、洪廣、玉泉、廣武五營，中衛、花馬池二協。

中營原設遊擊，順治十三年裁，康熙八年復設。十五年，改設參將；二十年復設遊擊。

中軍遊擊一員　　守備一員

千總二員　　　　把總四員

左營順治十三年裁，康熙八年復設。

遊擊一員　　　　守備一員

千總二員　　　　把總四員

右營順治十三年裁，康熙八年復設。

遊擊一員　　　　守備一員

千總二員　　　　把總四員

前營順治七年裁，康熙十四年復設。

遊擊一員　　　　守備一員

千總二員　　　　把總四員舊設旗鼓守備一員，順治十五年裁。

寧夏城守營原設中協寧夏副將一員、守備一員，順治十二年裁，設都司一員、把總二員，康熙四十七年裁都司。

把總二員

平羅營原設副將等員，順治十三年，改設參將。

參將一員，駐劄平羅城，兼轄李剛堡、威鎮堡二汛。

中軍守備一員　　千總一員

把總一員

李剛堡

把總一員

威鎮堡

把總一員

洪廣營

遊擊一員，駐劄洪廣營，兼轄鎮朔堡、鎮北堡二汛。

守備一員　　把總二員

鎮朔堡

把總一員

鎮北堡

把總一員

玉泉營

遊擊一員，駐劄玉泉營，兼轄平羌堡一汛，大壩堡一營。

守備一員　　把總二員

平羌堡

把總一員

大壩營

守備一員，駐劄大壩營。

廣武營

遊擊一員，駐劄廣武營，兼轄棗園堡一汛，石空寺堡、古水井堡二營。

守備一員　　把總二員

棗園堡

把總一員

石空寺營

守備一員，駐劄石空寺堡。

古水井營

守備一員,駐劄古水井堡。

西協中衛營原設參將,順治十三年,改設副將。

副將一員,駐劄中衛縣,標下中軍等官,所屬鎮羅堡、香山堡二汛,靈州、興武二營。

中軍守備一員　　千總二員

把總三員

鎮羅堡

把總一員

香山堡

把總一員

靈州營

參將一員,駐劄靈州,兼轄紅寺堡、紅山堡、臨河堡三汛,横城堡、同心城二營。

中軍守備一員　　把總二員

紅寺堡

把總一員

紅山堡

把總一員

臨河堡

把總一員

横城堡

守備一員,駐劄横城堡,兼轄清水堡一汛。

清水堡原設守備,順治十三年,改設把總。

把總一員

同心城

守備一員,駐劄同心城驛。

興武營

遊擊一員,駐劄興武營,兼轄毛卜剌堡一汛,安定堡一營。

守備一員　　把總二員

毛卜剌堡

把總一員

安定營

守備一員,駐劄安定堡。

東協花馬池營

副將一員,駐劄花馬池,標下中軍等官所屬韋州堡、惠安堡二汛。

中軍守備一員　　千總一員

把總二員

韋州堡

把總一員

惠安堡康熙十四年添設守備一員,二十一年裁。

把總一員

涼州鎮原設甘肅總兵官,康熙十五年,改設提督;二十二年,裁提督,仍設總兵官。原轄永昌、永固、肅州三協,三十年另設肅州總兵官,改甘肅鎮爲涼州鎮,分永固協各營改屬肅州鎮,其永昌協各營,仍屬涼州鎮管轄,又將西寧鎮河州協所屬莊浪、阿壩、鎮羌三營改隸焉。

鎮守涼州總兵官一員,駐劄涼州府,標下中左右前後五營,管轄永昌協。

中營原設遊擊,康熙十六年,改設參將,二十三年,仍設遊擊。

中軍遊擊一員　　守備一員

千總二員　　把總四員

左營

遊擊一員　　守備一員

千總二員　　把總四員

右營

遊擊一員　　守備一員

千總二員　　把總四員

前營康熙四年裁,五年復設。

遊擊一員　　守備一員

千總二員　　把總四員

後營康熙四年裁,五年復設。

遊擊一員　　守備一員

千總二員　　把總四員舊設旗鼓守備一員,順治十五年裁。撫綏守備一員,康熙三十九年裁。

永昌協原設參將等員,康熙十三年改設副將;三十年,將西寧鎮管轄之莊浪、阿壩、鎮羌三營改隸焉。

副將一員,駐劄永昌城,標下中軍等官,所屬寧遠堡、高古城、涼州城守、鎮番、大靖、莊浪、阿壩、鎮羌八營。

中軍守備一員　　千總二員

把總三員

寧遠營

守備一員,駐劄寧遠堡,兼轄永寧堡一汛。

永寧堡

把總一員

高古城原設把總,順治八年添設守備,十二年裁,十七年復設守備,康熙九年裁守備,改設遊擊。原轄新城堡、水泉堡二營,後以涼州營兼轄之高溝堡一營改屬兼轄。

遊擊一員,駐劄高古城,兼轄新城堡、水泉堡、高溝堡三營。

千總一員　　把總二員

新城營

守備一員,駐劄新城堡。

把總一員

水泉營

守備一員,駐劄水泉堡。

高溝營

守備一員,駐劄高溝堡。

涼州城守營原設副將、守備各一員,康熙四年裁,改設都司。原轄之高溝堡一營,後改屬高古城營兼轄。

都司僉書一員,駐劄涼州府,兼轄張義堡、西把截堡、蔡旗堡三營。

把總二員

張義營

守備一員,駐劄張義堡。

西把截堡

守備一員,駐劄西把截堡。

蔡旗營原設守備,康熙十年裁,設千總,十三年復設守備。

守備一員,駐劄蔡旗堡,兼轄上古城堡、炭山堡、南把截堡三汛。

千總一員

上古城堡原設把總，順治八年，改設守備，十七年復設把總。

把總一員

炭山堡原設把總，順治八年，改設守備，十七年復設把總。

把總一員

南把截堡

把總一員

鎮番營

參將一員，駐劄鎮番縣。

中軍守備一員　千總一員

把總二員

大靖營原設參將，康熙十一年，改設守備，十九年，仍設參將。

參將一員，駐劄大靖城，兼轄安遠堡、土門堡二營。

中軍守備一員　千總一員

把總二員

安遠營原設守備，康熙十一年裁，十九年復設。

守備一員，駐劄安遠堡。

土門營

守備一員，駐劄土門堡，兼轄黑松堡一汛。

黑松堡原設黑松堡把總一員。康熙十年，改設古浪堡把總一員；三十年，仍設黑松堡把總一員，而以古浪堡把總一員歸莊浪營兼轄。

把總一員

莊浪營原設參將等官，順治十三年，改設副將，康熙二十一年復設參將。原轄紅城子堡、苦水堡、西大通堡三營，係西寧鎮管轄。三十一年，以原轄之紅城子堡、苦水堡屬西寧鎮之蘭州營兼轄，西大通堡屬西寧鎮之碾伯營兼轄，莊浪營改歸永昌協所屬，以大靖營兼轄之古浪堡撥歸兼轄。

參將一員，駐劄平番縣，兼轄古浪堡一汛。

中軍守備一員　千總一員

把總二員

古浪堡原屬大靖營兼轄。康熙三十年，改歸莊浪營兼轄。

把總一員

阿壩營原係西寧鎮管轄，康熙三十年，改屬凉州鎮永昌協，而以鎮羌營原轄之武勝堡、永泰營二汛，改歸兼轄。

遊擊一員,駐劄阿壩營,兼轄武勝堡、永泰營二汛,松山營一營。

千總一員

武勝堡

把總一員

永泰營原設遊擊,康熙十六年裁。

千總一員

松山營

守備一員,駐劄松山堡,兼轄裴家營一汛。

裴家營原設守備,康熙元年,改設把總。

把總一員

鎮羌營原係西寧鎮管轄,康熙三十年,撥屬涼州鎮永昌協,以原轄之武勝堡、永泰營二汛,撥歸阿壩營兼轄。

遊擊一員,駐劄鎮羌城,兼轄岔口營、紅水營、三眼井三營。

千總一員　　　　把總一員

岔口營原設把總,康熙元年改設守備。

守備一員,駐劄岔口堡。

紅水營原設遊擊,康熙十六年,改設守備。

守備一員,駐劄紅水堡。

三眼井營

守備一員,駐劄三眼井堡。

肅州鎮原設肅州營參將一員,守備一員。順治四年,裁參將,設副將一員、守備一員、千總二員、把總四員,改爲肅州協,屬甘肅鎮管轄。康熙三十年,裁副將,設總兵官,改爲肅州鎮,將原屬甘肅鎮之永固協并協標各營分隸焉。標下設中左右三營,除原設守備一員、千總二員、把總四員外,中營添設遊擊一員,左右二營添設遊擊二員、守備二員、千總四員、把總八員,三十三年,又添設前營遊擊一員、守備一員、千總二員、把總四員。雍正四年,裁前營。

鎮守肅州總兵官一員,駐劄肅州,標下中左右三營,管轄嘉峪關、金塔寺、鎮彝三營,永固一協。

中營

中軍遊擊一員　　　守備一員

千總二員　　　　　把總四員

左營

遊擊一員　　守備一員

千總二員　　把總四員

右營

遊擊一員　　守備一員

千總二員　　把總四員

嘉峪關原設守備等員,康熙十三年,改設遊擊。

遊擊一員,駐劄嘉峪關。

千總一員　　把總二員

金塔寺營原設守備等員,康熙三年,改設遊擊。

遊擊一員,駐劄金塔寺,兼轄兩山口堡、臨水堡、野麻灣、新城堡、金佛寺、卯來泉六汛,下古城一營。

千總一員　　把總二員

兩山口堡

把總一員

臨水堡

把總一員

野麻灣

把總一員

新城堡

把總一員

金佛寺

把總一員

卯來泉

把總一員

下古城營

守備一員,駐劄下古城。

鎮彝營

遊擊一員,駐劄鎮彝城,兼轄清水堡一營。

千總一員

清水堡

守備一員,駐劄清水堡,兼轄雙井堡、鹽池堡、深溝堡三汛。

雙井堡

把總一員

鹽池堡

把總一員

深溝堡

把總一員

永固協

副將一員,駐劄永固城,標下中軍等官,所屬甘州城守、洪水、高臺、山丹、黑城、大馬六營。

中軍守備一員　千總二員

把總四員

甘州城守營原設守備等員,康熙四年添設參將。

參將一員,駐劄甘州府,兼轄梨園堡一營。

中軍守備一員　千總一員

把總二員

梨園營

守備一員,駐劄梨園堡。

把總一員

洪水營原設遊擊、守備、千總、把總等員,康熙八年裁遊擊,改設參將,九年裁參將、守備,復設遊擊。

遊擊一員,駐劄洪水營,兼轄南古城、馬營墩二營。

千總一員　把總二員

南古城營

守備一員,駐劄南古城。

馬營墩

守備一員,駐劄馬營墩。

把總一員

高臺營

遊擊一員,駐劄高臺縣,兼轄平川堡、紅崖堡二營。

千總一員

平川營

守備一員,駐劄平川堡。

紅崖營

守備一員,駐劄紅崖堡。

山丹營原設遊擊等員,康熙十年裁遊擊,改設守備,十三年裁守備,復設遊擊。

遊擊一員,駐劄山丹縣,兼轄石硤口堡一營。

千總一員　　　　把總二員

石峽口營原設守備,康熙十年,改設千總,十三年復設守備。

守備一員,駐劄石峽口堡,兼轄定羌廟一汛。

定羌廟

把總一員

黑城營原設把總,順治十二年添設守備,十七年裁。康熙元年設遊擊一員,千總一員。

遊擊一員,駐劄黑城堡。

千總一員

大馬營原設守備把總各一員,康熙三十三年裁守備,改設遊擊,添設千總把總各一員。

遊擊一員,駐劄大馬營。

千總一員　　　　把總二員

安西鎮雍正三年設,標下原係五營,四年裁二營,止留三營。

鎮守安西總兵官一員,駐劄布隆吉,標下中左右三營,管轄靖逆營、柳溝堡、赤金營、回回堡四營,沙州一協。

中營

中軍遊擊一員　　守備一員

千總二員　　　　把總四員

左營

遊擊一員　　　　守備一員

千總二員　　　　把總四員

右營

遊擊一員　　　　守備一員

千總二員　　　　把總四員

靖逆營

遊擊一員,駐劄靖逆衛。

千總一員　　　　把總一員

柳溝營

守備一員,駐劄柳溝堡。

把總一員

赤金營

守備一員,駐劄赤金衛。

把總一員

回回堡

把總一員

沙州協

副將一員,駐劄沙州,標下左右二營。

左營

中軍守備一員　　千總二員

把總四員

右營

守備一員　　千總二員

把總四員

西大通鎮雍正五年設

鎮守西大通總兵官一員,駐劄西大通,標下左右二營,管轄白塔川、測爾兔二營。

左營

中軍遊擊一員　　守備一員

千總二員　　把總四員

右營

遊擊一員　　守備一員

千總二員　　把總四員

白塔川營

參將一員,駐劄白塔川堡。

中軍守備一員　　千總二員

把總四員

測爾兔營遊擊一員,駐劄測爾兔。

千總二員　　把總四員

舊設臨鞏總兵官一員,駐劄鞏昌,標下設中左右前後五營官。順治十五年裁。

固原總兵官一員，標下設中左右前後五營官順治十一年裁，康熙十四年復設。二十一年裁。漢羌總兵官一員，駐劄漢中，標下設中左右前後五營官順治八年裁，康熙十四年復設，二十一年裁。黑水峪遊擊一員順治十年裁。環慶營守備一員。關隴守備一員以上，順治八年裁。瓦亭營守備一員。康熙五年裁。陽平關水師營守備一員康熙二十一年裁。東樂堡把總一員順治八年裁。三山堡把總一員。饒陽堡把總一員以上順治十七年裁。新河堡把總一員。太平堡把總一員。沙河堡把總一員。胭脂堡把總一員。三岔口把總一員。以上，康熙八年裁。黑山堡把總一員康熙十年裁。

大清會典卷之一百二十三

兵部職方司

〔鎮戍四〕

〔將領四〕

四川

提督一員，駐劄成都府，標下中左右前後五營，統轄全省原設勦撫提督一員，順治五年裁，十七年復設提督。標下中左右三營，康熙三十九年添設前後二營。

中營

參將一員　　守備一員

千總二員　　把總四員

左營

遊擊一員　　守備一員

千總二員　　把總四員

右營

遊擊一員　　守備一員

千總二員　　把總四員

前營

遊擊一員　　守備一員

千總二員　　把總四員

後營

遊擊一員　　守備一員

千總二員　　把總四員

成都城守營原設總兵官，順治八年裁，十七年設副將，康熙四十六年，改設參將。

參將一員，駐劄成都府，標下左右二營，兼轄潼綿營。

左營

守備一員　　千總二員

把總三員

右營

守備一員　　千總二員

把總三員

潼綿營

守備一員，駐劄潼川州。

千總一員　　把總二員

夔州協原設總兵官，康熙十年裁，改設副將，所屬昌寧、巫山、達州、太平、梁萬五營，二十七年裁昌寧營，其大昌大寧地方歸併巫山營管轄。

副將一員，駐劄夔州府，標下左右二營，所屬巫山、達州、太平、梁萬四營。

左營原設遊擊一員，康熙四十年裁。

守備一員　　千總二員

把總四員

右營原設遊擊一員，康熙四十年裁。

守備一員　　千總二員

把總四員

巫山營

遊擊一員，駐劄巫山縣。

守備一員　　千總二員

把總二員原設四員，康熙四十年裁二員。

達州營

遊擊一員，駐劄達州。

守備一員

千總一員原設二員，康熙四十年裁一員。

把總二員原設四員，康熙四十年裁二員。

太平營

都司一員，駐劄太平縣。

千總一員　　　把總二員

梁萬營原設參將一員、守備一員、千總二員、把總四員,康熙三十七年裁參將一員、千總二員、把總三員,移駐化林營,止留守備一員、把總一員。

守備一員,駐劄萬縣。

把總一員

永寧協原設總兵官,順治十年裁,十一年復設。康熙八年,改爲重慶總兵官,永寧另設副將。

副將一員,駐劄永寧衛西城,標下左右二營,所屬叙馬、建武、馬邊、大壩、龍場五營。

左營

遊擊一員　　　守備一員

千總二員　　　把總四員

右營

遊擊一員　　　守備一員

千總二員　　　把總四員

叙馬營原設叙州總兵官,順治十年裁,康熙四年設叙馬營遊擊。

遊擊一員,駐劄叙州府。

守備一員　　　千總二員

把總三員原設四員,康熙四十年裁一員。

建武營

遊擊一員,駐劄建武城。

守備一員　　　千總一員

把總二員

馬邊營

守備一員,駐劄馬邊營。

千總一員　　　把總二員

大壩營

守備一員,駐劄大壩營。

把總一員

龍場營

守備一員,駐劄龍場營。

把總一員

遵義協原設總兵官，康熙十年裁，設副將。

副將一員，駐劄遵義府，標下左右二營，所屬仁懷營。

左營

遊擊一員　　守備一員

千總二員　　把總四員

右營

遊擊一員　　守備一員

千總二員　　把總四員

仁懷營

守備一員，駐劄仁懷縣。

把總二員舊設千總一員，康熙四十年裁。

化林協原設化林營守備一員、把總一員，屬建昌鎮管轄，康熙三十七年，以梁萬營參將一員、千總二員、把總三員，移駐化林，改爲化林營參將，其原駐化林之守備改爲中軍守備。四十六年裁參將，設副將，改爲提標外屬。

副將一員，駐劄化林城，標下中軍等官，所屬黎雅、峩邊二營。

中軍守備一員　　千總二員

把總四員

黎雅營原屬建昌鎮管轄，康熙四十六年，撥歸化林協所屬。

遊擊一員，駐劄雅州。

守備一員　　千總二員

把總四員

峩邊營原屬建昌鎮管轄，康熙四十六年，撥歸化林協所屬。

遊擊一員，駐劄峩眉縣。

守備一員

千總二員原設一員，康熙二十七年，將寧越營千總一員撥添。

把總二員

川北鎮原設保寧總兵官，順治十年，改爲川北總兵官。

鎮守川北總兵官一員，駐劄保寧府，標下中左右三營，管轄順慶、通巴二營。

中營

遊擊一員　　守備一員

千總二員　　把總四員

左營

遊擊一員　　守備一員

千總二員　　把總四員

右營

遊擊一員　　守備一員

千總二員　　把總四員

順慶營原設順慶營守備一員,康熙七年裁,二十七年裁昌寧營,將遊擊守備千總把總等官移駐順慶府,改爲順慶營。

遊擊一員,駐劄順慶府。

守備一員　　千總二員

把總三員原設四員,康熙四十年裁一員。

通巴營

守備一員,駐劄通巴營。

把總二員舊設千總一員,康熙四十二年裁。

重慶鎮原設總兵官一員,駐劄永寧。康熙八年,移駐重慶。

鎮守重慶總兵官一員,駐劄重慶,標下中左右三營,管轄黔彭、忠州二營。

中營

遊擊一員　　守備一員

千總二員　　把總四員

左營

遊擊一員　　守備一員

千總二員　　把總四員

右營

遊擊一員　　守備一員

千總二員　　把總四員舊設重慶城守副將一員,左右二營遊擊二員,守備二員,康熙八年裁。

黔彭營

遊擊一員,駐劄黔江縣。

守備一員　　千總二員

把總四員

忠州營原設雲陽水師總兵官,康熙八年裁,設副將。十年裁,設忠州遊擊一員、守備一員、千總二員、把總四員。四十年，裁遊擊并裁千總一員、把總二員。

守備一員，駐劄忠州。

千總一員　　把總二員

建昌鎮原轄黎雅、峩邊、冕山、會川、寧越、會鹽、越巂、化林八營。康熙三十八年，添設東川營。四十六年，改化林營爲化林協，將黎雅、峩邊二營分隸化林協，改爲提標外屬。雍正四年，將東川營改歸雲南管轄。

鎮守建昌總兵官一員，駐劄建昌衛。標下中左右三營，管轄冕山、會川、寧越、會鹽、越巂五營。

中營

遊擊一員　　守備一員

千總二員　　把總四員

左營

遊擊一員　　守備一員

千總二員　　把總四員

右營

遊擊一員　　守備一員

千總二員　　把總四員

冕山營

遊擊一員，駐劄冕山營。

守備一員　　千總二員

把總四員

會川營

遊擊一員，駐劄會川衛城。

守備一員　　千總二員

把總二員

寧越營

守備一員，駐劄寧越營。

把總二員舊設千總一員，康熙二十七年裁，撥入峩邊營。

會鹽營

守備一員，駐劄鹽井衛。

把總一員

越巂營原設守備、把總各一員。雍正元年，添設遊擊、千總、把總各一員。

遊擊一員，駐劄越雋營。

守備一員　　千總一員

把總三員

松潘鎮

鎮守松潘總兵官一員，駐劄松潘衛。標下中左右三營，管轄龍安、威茂、漳臘、小河、疊溪、平番、石泉七營。

中營

遊擊一員　　守備一員

千總二員　　把總四員

左營

遊擊一員　　守備一員

千總二員　　把總四員

右營

遊擊一員　　守備一員

千總二員　　把總四員舊設松潘副將一員、都司一員，康熙十年裁。松潘城守營守備一員，康熙十一年裁。

龍安營原設總兵官，順治八年裁，十二年設參將。

參將一員，駐劄龍安府。

守備一員　　千總二員

把總四員

威茂營

參將一員，駐劄茂州。

守備一員　　千總二員

把總四員

漳臘營

遊擊一員，駐劄漳臘。

守備一員　　千總二員

把總四員

小河營

遊擊一員，駐劄小河。

守備一員　　千總二員

把總四員

疊溪營

遊擊一員，駐劄疊溪。

守備一員　　千總一員

把總二員

平番營

守備一員，駐劄平番營。

千總一員　　把總二員

石泉營

守備一員，駐劄石泉縣。

把總一員。

舊設龍安總兵官一員順治八年裁。成都總兵官一員順治八年裁。叙州總兵官一員順治十年裁。雲陽水師總兵官一員，標下設中左右三營官。康熙八年裁。夔州總兵官一員順治十年裁，十五年設重夔總兵官。康熙八年，改爲夔州總兵官，十年裁。遵義總兵官一員，標下設中左右三營官康熙十年裁。廣元營副將守備各一員，廣元步兵遊擊守備各一員，昭化屯田遊擊守備各一員，寧羌營屯田遊擊守備各一員以上，順治十五年裁。昌寧營遊擊守備各一員，千總二員，把總四員康熙二十七年裁，移駐順慶。東川營遊擊守備各一員，千總二員，把總四員康熙三十八年設，雍正四年，改歸雲南省。合州營守備一員康熙七年裁。

雲南

提督一員，駐劄大理府，標下中左右前後五營，統轄全省。

中營

參將一員原設遊擊，康熙十五年，改設參將。

守備一員　　千總二員

把總四員

左營

遊擊一員　　守備一員

千總二員　　把總四員

右營

遊擊一員　　守備一員

千總二員　　把總四員

前營

遊擊一員　　守備一員

千總二員　　把總四員

後營

遊擊一員　　守備一員

千總二員　　把總四員

廣羅協原設總兵官，康熙二十一年裁，本年設副將。

副將一員，駐劄廣西府。

守備一員　　千總二員

把總四員

廣南營原設遊擊，雍正二年裁，設參將。

參將一員，駐劄廣南府。

守備一員　　千總二員

把總四員

大理城守營康熙三十一年添設。

遊擊一員，駐劄大理府。

守備一員　　千總二員

把總四員

臨元澂江鎮原設臨元廣西總兵官，順治十八年裁。康熙元年復設，九年，改爲臨元澂江總兵官。

鎮守臨元澂江總兵官一員，駐劄臨安府，標下中左右三營，管轄元江協、新嶍營、普威營。

中營

遊擊一員　　守備一員

千總二員　　把總四員

左營

遊擊一員　　守備一員

千總二員　　把總四員

右營

遊擊一員　　守備一員

千總二員　　把總四員

元江協

副將一員，駐劄元江府。

守備一員　　千總二員

把總四員

新嶍營原設嶍峩參將。康熙七年,改爲新嶍參將,添設守備,九年裁參將,止留守備一員、千總一員、把總二員,駐防嶍峨縣。三十年,將守備移駐新平縣,添設千總一員、把總二員,分防新嶍各汛。三十七年,復設新嶍營參將,即以原設守備改爲中軍守備。

參將一員,駐劄新平縣。

守備一員　　千總二員

把總四員

普威營雍正三年添設。

參將一員,駐劄威遠土州。

守備二員一駐威遠,一駐茶山。　　千總四員

把總八員

曲尋武霑鎮

鎮守曲尋武霑總兵官一員,駐劄曲靖府,標下中左右三營,管轄武定、尋霑二營。

中營

遊擊一員　　守備一員

千總二員　　把總四員

左營

遊擊一員　　守備一員

千總二員　　把總四員

右營

遊擊一員　　守備一員

千總二員　　把總四員

武定營

參將一員,駐劄武定府。

守備一員　　千總二員

把總四員

尋霑營原設遊擊,雍正二年裁,設參將。

參將一員,駐劄霑益州。

守備一員　　千總二員

把總四員

開化鎮

鎮守開化總兵官一員，駐劄開化府，標下中左右三營。

中營

遊擊一員　守備一員

千總二員　把總四員

左營

遊擊一員　守備一員

千總二員　把總四員

右營

遊擊一員　守備一員

千總二員　把總四員

楚雄鎮原設總兵官，康熙六年裁，二十一年復設。原轄洱海營，三十一年裁；雍正三年，添設景蒙營隸焉。

鎮守楚姚蒙景總兵官一員，駐劄楚雄府，標下中左右三營，管轄景蒙營。

中營

遊擊一員　守備一員

千總二員　把總四員

左營

遊擊一員　守備一員

千總二員　把總四員

右營

遊擊一員　守備一員

千總二員　把總四員

景蒙營雍正三年設

參將一員，駐劄景東府。

守備一員　千總二員

把總四員

永順鎮

鎮守永順總兵官一員，駐劄永昌府，標下中左右三營，管轄騰越協、順雲營。

中營

遊擊一員　守備一員

千總二員　把總四員

左營

遊擊一員　守備一員

千總二員　把總四員

右營

遊擊一員　守備一員

千總二員　把總四員

騰越協

副將一員，駐劄騰越州。

守備一員　千總二員

把總四員

順雲營原設參將，康熙四年裁，五年設守備，十年裁，二十一年復設。

守備一員，駐劄順寧府。

千總一員　把總四員

鶴麗鎮原轄永北、劍川二協，康熙三十一年，改永北協爲永北鎮，止轄劍川一協，雍正五年，添設維西營隸焉。

鎮守鶴麗總兵官一員，駐劄鶴慶府，標下中左右三營，管轄劍川協、維西營。

中營

遊擊一員　守備一員

千總二員　把總四員

左營

遊擊一員　守備一員

千總二員　把總四員

右營

遊擊一員　守備一員

千總二員　把總四員

劍川協

副將一員，駐劄劍川州。

守備一員　千總二員

把總四員

維西營雍正五年設。

參將一員，駐劄維西。

守備一員　　千總二員

把總四員

永北鎮原設北勝副將，康熙二十一年，改爲永北協，標下守備一員、千總二員、把總四員。三十一年，改爲永北鎮，設總兵官，標下設中左右三營，將原設協標守備千把總等官改爲鎮標中營等官外，添設中營遊擊一員，又添設左右二營遊擊守備千把總等官。

鎮守永北總兵官一員，駐劄永北府，標下中左右三營。

中營

遊擊一員　　守備一員

千總二員　　把總四員

左營

遊擊一員　　守備一員

千總二員　　把總四員

右營

遊擊一員　　守備一員

千總二員　　把總四員

烏蒙鎮雍正五年，設烏蒙總兵官。初，雲南督標，設援勦左右二協，副將二員、遊擊二員、守備二員、千總四員、把總八員。是年，裁二協副將遊擊，其守備千把總等官撥補鎮營，又將貴州威寧鎮所裁遊擊守備千把總等官撥補該鎮，聽雲貴總督及四川雲南兩省提督節制。所轄烏蒙、鎮雄，係四川地方，東川係雲南地方，威寧係貴州地方，緣屬雲貴總督節制，故載雲南鎮戍之末。

鎮守烏蒙總兵官一員，駐劄四川烏蒙府，標下中左右三營，管轄鎮雄營、東川營、威寧營。

中營

遊擊一員　　守備一員

千總二員　　把總四員

左營

遊擊一員　　守備一員

千總二員　　把總四員

右營

遊擊一員　　守備一員

千總二員　　把總四員

鎮雄營雍正五年，設鎮雄營参將，屬雲貴總督節制。其守備千把總等官，即係貴州威寧鎮撥補。

参將一員，駐劄四川鎮雄府。

守備一員　　千總二員

把總四員

東川營康熙三十八年，設遊擊等員。原係四川建昌鎮所轄，雍正四年，改隸雲南省，屬督標。五年，改設參將，撥歸烏蒙鎮管轄。

参將一員，駐劄東川府。

守備一員　　千總二員

把總四員

威寧營原設貴州威寧總兵官，標下中左右三營，遊擊三員，守備三員，千總六員，把總十二員，管轄畢赤營。雍正五年，裁總兵，設参將，改歸烏蒙鎮管轄，標下三營俱裁，止留守備一員、千總二員、把總四員，其遊擊守備千把總等官，俱撥補烏蒙鎮營及新設之鎮雄營，其原轄畢赤營改爲貴州大定協所屬。

参將一員，駐劄貴州威寧府。

守備一員　　千總二員

把總四員

舊設大鶴麗永總兵官一員，標下設中左右三營官康熙元年裁。廣羅總兵官一員，標下設中左右三營官康熙二十一年裁。鶴麗永北總兵官一員，標下設中左右三營官康熙七年，改爲永北鎮，二十一年裁。援勦左協副將一員，標下設左右二營官雍正三年裁右營遊擊一員、守備一員、千總一員、把總二員，五年全裁；其守備千把總等官撥補烏蒙鎮營。援勦右協副將一員，標下設左右二營官雍正三年裁左營遊擊一員、千總一員、把總二員，五年全裁，其守備千把總等官撥補烏蒙鎮營。洱海營参將守備各一員康熙三十一年裁。龍川營遊擊守備各一員康熙元年裁。奉化營遊擊守備各一員康熙四年裁。馬龍守備一員，雲川守備一員以上，康熙五年裁。易門守備一員康熙九年裁。景東守備一員康熙二十一年裁。

貴州

提督一員，駐劄安順軍民府，標下左右前後四營，統轄全省。

左營

參將一員　守備一員

千總二員　把總四員

右營

遊擊一員　守備一員

千總二員　把總四員

前營

遊擊一員　守備一員

千總二員　把總四員

後營

遊擊一員　守備一員

千總二員　把總四員

黔西協原設總兵官，康熙二十二年裁，設副將。

副將一員，駐劄黔西州，標下左右二營。

左營

遊擊一員　守備一員

千總二員　把總四員

右營

遊擊一員　守備一員

千總二員　把總四員

鎮遠協原設總兵官，康熙七年裁，八年設副將。

副將一員，駐劄鎮遠府，標下左右二營，所屬黄施營、都匀營、凱里營。

左營

遊擊一員　守備一員

千總二員　把總四員

右營

遊擊一員　守備一員

千總二員　把總四員

黄施營原設興偏營參將，康熙四年，改設遊擊，二十八年，改爲黄施營。

遊擊一員，駐劄施秉縣。

守備一員　千總一員

把總二員

都匀營

參將一員,駐劄都匀府。

守備一員　　千總二員

把總四員

凱里營

都司一員,駐劄凱里營。

千總一員　　把總二員

平遠協原設總兵官,康熙八年裁,設副將。

副將一員,駐劄平遠州,標下左右二營。

左營

遊擊一員　　守備一員

千總二員　　把總四員

右營

遊擊一員　　守備一員

千總二員　　把總四員

黎平協原設守備,康熙四年,改設副將,標下中軍守備一員、千總二員、把總四員。五十年,添設西山營守備一員隸焉。五十五年,裁西山營守備一員,又裁千總一員、把總二員。雍正五年,添設守備一員、千總一員、把總二員,分爲左右二營,又將湖廣之天柱營改歸貴州省隸焉。

副將一員,駐劄黎平軍民府,標下左右二營,所屬天柱營。

左營

守備一員　　千總一員

把總二員

右營

守備一員　　千總一員

把總二員

天柱營原係湖廣提督統轄,雍正五年,改歸貴州省,屬黎平協所轄。

參將一員,駐劄天柱縣。

守備一員　　千總二員

把總四員

定廣協原設總兵官,康熙六年裁,設副將,標下中軍等官。雍正三年,裁大定總兵官,將中營守備千把總等官撥歸定廣協,分爲左右二營。五年,將所撥大定中營等官俱裁,止留中軍等官。

副將一員,駐劄定番州,標下中軍等官,所屬平伐營。

中軍守備一員　　　千總二員

把總四員

平伐營

守備一員,駐劄平伐營。

千總一員　　　把總二員

銅仁協原設副將一員,標下守備一員、千總二員、把總四員,康熙四十三年添設遊擊二員、守備一員、千總二員、把總四員,分爲左右二營。

副將一員,駐劄銅仁府,標下左右二營。

左營

遊擊一員　　　守備一員

千總二員　　　把總四員

右營

遊擊一員　　　守備一員

千總二員　　　把總四員

大定協原設大方總兵官,康熙五年,改爲大定總兵官,標下中左右三營,雍正三年裁總兵官,改設副將,并裁中營遊擊,其守備千把總等官改歸定廣協。

副將一員,駐劄大定府,標下左右二營,所屬畢赤營。

左營

遊擊一員　　　守備一員

千總二員　　　把總四員

右營

遊擊一員　　　守備一員

千總二員　　　把總四員

畢赤營

遊擊一員,駐劄畢節衛。

守備一員　　　千總二員

把總四員

思南營原設總兵官,康熙四年裁,設參將。

參將一員,駐劄思南府。

守備一員　　　千總二員

把總四員

石阡營

守備一員，駐劄石阡府。

千總一員　　把總二員

平越營原設參將，順治十七年，改設副將，康熙八年，改設遊擊。

遊擊一員，駐劄平越軍民府。

守備一員　　千總二員

把總四員

新添營

守備一員　　千總一員

把總二員

貴陽營原設參將等員，康熙二年，改設副將，八年，改設遊擊。

遊擊一員，駐劄貴陽軍民府。

守備一員　　千總二員

把總四員

長寨營雍正五年添設。

參將一員，駐劄長寨。

守備一員　　千總二員

把總四員

安順營雍正五年添設。

守備一員，駐劄安順府。

千總一員　　把總二員

安籠鎮原設遊擊，康熙四年，改設總兵官。

鎮守安籠總兵官一員，駐劄南籠府，標下中左右三營，管轄安南營、盤江營、普安營、長壩營。

中營

遊擊一員　　守備一員

千總二員　　把總四員

左營

遊擊一員　　守備一員

千總二員　　把總四員

右營

遊擊一員　　守備一員

千總二員　　把總四員

安南營原設副將,康熙四年,改設遊擊。

遊擊一員,駐劄安南縣。

守備一員　　千總一員

把總二員

盤江營原設遊擊守備各一員,康熙四年裁遊擊。

守備一員,駐劄盤江驛。

千總一員　　把總二員

普安營

守備一員,駐劄普安縣。

千總一員　　把總二員

長壩營雍正五年添設。

遊擊一員,駐劄永豐州。

守備一員　　千總一員

把總二員

舊設湄潭總兵官一員,標下設左右二營官康熙四年裁。思南總兵官一員,標下設中左右三營官康熙四年裁。安順總兵官一員,標下設中左右三營官康熙四年裁。定廣總兵官一員康熙六年裁。鎮遠總兵官一員,標下設中左右三營官康熙七年裁。比喇總兵官一員,標下設中左右三營官康熙五年,改爲平遠總兵官。八年裁。隨征右路總兵官一員,標下設中左右三營官康熙十四年,改爲江西饒州總兵官。隨征左路總兵官一員,標下設中左右三營官康熙十五年,改爲江西九江總兵官。水師總兵官一員,標下設中左右三營官康熙五年,改爲黔西總兵官。二十二年裁。大定總兵官一員,標下設中左右三營官雍正三年裁。威寧總兵官一員,標下設中左右三營官雍正五年裁。烏撒衛守備一員,鎮西衛都司一員,六廣都司一員,三岔河都司一員,清平衛守備一員以上,康熙四年裁。

大清會典卷之一百二十四

兵部職方司

〔鎮戍五〕

〔將領五〕

廣西

提督一員，駐劄柳州府，標下中左右前後五營，統轄全省原設隨征總兵官，順治八年，改設提督，十七年裁，本年復設。

中營原設遊擊，康熙十五年，改設參將。

參將一員　　守備一員

千總二員　　把總四員

左營

遊擊一員　　守備一員

千總二員　　把總四員

右營

遊擊一員　　守備一員

千總二員　　把總四員

前營

遊擊一員　　守備一員

千總二員　　把總四員

後營

遊擊一員　　守備一員

千總二員　　把總四員

柳慶協

副將一員，駐劄慶遠府，標下左右二營，所屬三里營。
左營
守備一員　千總一員
把總二員
右營
守備一員　千總一員
把總二員
三里營
守備一員，駐劄上林縣。
千總一員　把總二員
平樂協原設昭平參將，順治十二年，改設平樂副將。
副將一員，駐劄平樂府，標下左右二營，所屬富賀營。
左營
守備一員　千總一員
把總二員
右營
守備一員　千總一員
把總二員
富賀營原設賀縣營，康熙二十一年，改設富賀營。
守備一員，駐劄賀縣。
千總一員　把總二員
桂林城守協原設都司，康熙八年裁，十八年設城守副將。
副將一員，駐劄桂林府，標下中軍等官。
中軍守備一員原設左右二營守備二員，康熙二十一年裁一營。
千總一員　把總二員
全州營原設總兵官，康熙元年裁，設參將。
參將一員，駐劄全州。
守備一員　千總二員
把總四員
永寧營
參將一員，駐劄永寧州。
守備一員　千總二員

把總四員

河池營

参將一員，駐劄河池州。

守備一員　千總一員

把總二員

左江鎮原設右翼總兵官，康熙元年，改爲左江鎮。

鎮守左江總兵官一員，駐劄南寧府，標下中左右前四營，管轄梧州、潯州二協，鬱林、新太、上思三營。

中營

遊擊一員　守備一員

千總二員　把總四員

左營

遊擊一員　守備一員

千總二員　把總四員

右營

遊擊一員　守備一員

千總二員　把總四員

前營

遊擊一員　守備一員

千總二員　把總四員。舊設後營遊擊等官，康熙二年裁。

梧州協原設遊擊等官，康熙十三年，改設副將。

副將一員，駐劄梧州府，標下左右二營。

左營原設守備一員，康熙二十一年裁。

都司僉書一員　千總一員

把總二員

右營原設都司一員，康熙二十一年裁。

守備一員　千總一員

把總二員舊設梧州水師遊擊守備等官，康熙十三年裁。

潯州協原設潯梧副將，康熙十九年，改爲潯州副將。

副將一員，駐劄潯州府，標下左右二營。

左營原設守備一員，康熙二十一年裁。

都司一員　千總一員

把總二員

右營原設都司一員,康熙二十一年裁。

守備一員　　千總一員

把總二員

鬱林營

參將一員,駐劄鬱林州。

守備一員　　千總二員

把總四員

新太營

參將一員,駐劄太平府,兼轄馗纛營、龍憑營。

守備一員　　千總一員

把總二員

馗纛營

守備一員,駐劄思明土州馗纛地方。

千總一員

龍憑營

守備一員,駐劄龍州。

千總一員

上思營

守備一員,駐劄上思州。

千總一員

右江鎮原設泗城協副將一員,標下左右二營守備二員、千總二員、把總四員。雍正五年裁副將,改爲右江總兵官,添設遊擊二員、千總二員、把總四員。

鎮守右江總兵官一員,駐劄皈樂,標下左右二營,管轄思恩協。

左營

中軍遊擊一員　　守備一員

千總二員　　把總四員

右營

遊擊一員　　守備一員

千總二員　　把總四員

思恩協原設思南副將,康熙十二年,改爲思恩副將,原係提標外屬,雍正五年,改歸右江鎮管轄。

副將一員，駐劄思恩府，標下左右二營，所屬隆林營、鎮安營、上林營。

左營

守備一員　　千總一員

把總二員

右營

守備一員　　千總一員

把總二員

隆林營原設安隆營守備一員、千總一員，雍正五年，改爲隆林營，添設遊擊一員、把總一員，將原設守備改爲中軍守備。

遊擊一員，駐劄西隆州。

中軍守備一員　　千總一員

把總一員

鎮安營

守備一員，駐劄鎮安府。

把總二員

上林營

守備一員，駐劄上林土縣。

千總一員

舊設征剿將軍一員，標下設中左右三營官康熙五年，改爲廣西將軍。十三年裁。撫蠻滅寇將軍一員，標下設中左右前後五營官康熙二十一年裁。隨征總兵官一員順治八年裁。左翼總兵官一員，標下設中左右前後五營官順治十八年裁。全州總兵官一員，標下設中左右三營官康熙元年裁。潯梧總兵官一員康熙十八年裁。水師總兵官一員康熙二十一年裁。懷集營守備一員康熙二十一年裁。泗城協副將一員，標下設左右二營官雍正五年裁，設右江鎮。

湖廣

提督一員，駐劄常德府，標下中左右前後五營，統轄湖北湖南兩省。

中營

參將一員　　守備一員

千總二員　　把總四員

左營

遊擊一員　　守備一員

千總二員　　把總四員

右營

遊擊一員　守備一員

千總二員　把總四員

前營

遊擊一員　守備一員

千總二員　把總四員

後營

遊擊一員　守備一員

千總二員　把總四員

鄖陽協原設鄖襄總兵官,順治十六年,改爲鄖陽總兵官,康熙八年,移駐武昌,改設鄖陽副將,十三年,改設提督,二十一年裁,仍設副將。○以下俱係湖北。

副將一員,駐劄鄖陽府,標下左右二營,所屬竹山營、竹谿營。

左營原設中軍都司一員,左營守備一員,康熙二十八年裁左營守備,改中軍都司爲左營都司。

都司僉書一員　千總二員

把總四員

右營

守備一員　千總二員

把總四員

竹山營

遊擊一員,駐劄竹山縣。

守備一員　千總二員

把總四員

竹谿營

遊擊一員,駐劄竹谿營。

守備一員　千總二員

把總四員

黄州協

副將一員,駐劄黄州府,標下中軍等官,所屬蘄州營。

中軍守備一員　千總二員

把總四員舊設左右二營守備等官,康熙十八年裁右營,二十一年裁左營。

蘄州營原設參將,康熙十三年,改設守備。

守備一員,駐劄蘄州。

千總一員　　把總二員

武昌城守營

參將一員,駐劄武昌府,兼轄武昌水師營。

守備一員　　千總二員

把總四員

武昌水師營康熙二十八年添設。

守備一員　　千總一員

把總二員

興國營

參將一員,駐劄興國州。

守備一員　　千總一員

把總二員

德安營

參將一員,駐劄德安府。

守備一員　　千總一員

把總二員

荆州城守營原設總兵官,康熙五年改設參將。

參將一員,駐劄荆州府,兼轄荆州水師營。

守備一員　　千總二員

把總四員

荆州水師營康熙二十八年添設。

守備一員　　千總一員

把總二員

宜都營原設遊擊,康熙十五年,改入水師鎮標。十九年,復設;二十八年,改水師爲陸營,屬提督統轄。雍正五年,裁遊擊。

守備一員,駐劄宜都縣。

千總一員原設二員,康熙二十八年裁一員。

把總二員

荆門營

遊擊一員,駐劄荆門州。

守備一員　　千總二員

把總四員

安陸營原設副將,順治十八年裁,設守備。康熙十三年,添設遊擊,二十一年裁遊擊。

守備一員,駐劄安陸府。

把總一員

漢陽營原設參將,順治十年裁,設守備。康熙十三年,添設參將,二十一年裁參將。

守備一員,駐劄漢陽府。

把總一員

道士袱營

守備一員,駐劄大冶縣道士袱地方。

把總一員

長沙協以下俱係湖南。

副將一員,駐劄長沙府,標下中軍等官。

中軍都司僉書一員原設二員,康熙五年裁一員。

守備一員原設二員,康熙五年裁一員。

千總四員　　把總八員

衡州協原設遊擊,順治五年,改設副將。

副將一員,駐劄衡州府,標下中軍等官。

中軍都司僉書一員原設二員,康熙五年裁一員。

千總二員　　把總四員舊設守備二員,康熙五年裁一員,二十八年裁一員。

寶慶協原設參將,順治八年,改設都司,十一年,改設副將。

副將一員,駐劄寶慶府,標下中軍等官。

中軍守備一員　　千總二員

把總四員

洞庭水師協原設遊擊,順治八年裁,九年設水師副將。

副將一員,駐劄龍陽縣,標下中軍等官。

中軍守備一員　　千總二員

把總四員

九谿協原設守備,順治十六年,改設遊擊,十八年,改設副將。

副將一員,駐劄九谿衛,標下中軍等官。

中軍守備一員　　　千總二員

把總四員

靖五協

副將一員，駐劄靖州，標下中軍等官。

中軍都司僉書一員原設二員，康熙五年裁一員。

千總四員　　　把總八員舊設守備二員，康熙五年裁一員，二十九年裁一員。

岳州營原設參將，康熙十六年，改入水師鎮標，十八年復設。

參將一員，駐劄岳州府，兼轄岳州水師營。

守備一員　　　千總一員

把總二員

岳州水師營康熙二十八年添設。

守備一員　　　千總一員

把總二員

澧州營原設守備，順治十年，改設參將。

參將一員，駐劄澧州。

守備一員　　　千總二員

把總四員

臨藍營

參將一員，駐劄臨武縣。

守備一員　　　千總二員

把總四員

宜郴營

參將一員，駐劄宜章縣。

守備一員　　　千總二員

把總四員

兩桂營原設遊擊，康熙九年，改設參將。

參將一員，駐劄桂陽縣。

守備一員　　　千總二員

把總四員

永定營原設守備，順治十六年裁，十八年，改設遊擊。康熙十九年，改設副將，二十一年，仍設遊擊。

遊擊一員，駐劄永定衛。

守備一員

千總一員原設二員，康熙二十八年裁一員。

把總二員原設四員，康熙二十八年裁二員。

常德營原設副將，康熙八年，改設遊擊，九年復設副將，二十四年，仍設遊擊。

遊擊一員，駐劄常德府，兼轄常德水師營。

守備一員　　千總一員

把總二員

常德水師營康熙二十八年添設。

守備一員　　千總一員

把總二員

武岡營原設守備，順治五年，改設副將，十二年裁，十八年設遊擊。康熙十八年，改設總兵官，十九年裁總兵，仍設遊擊。

遊擊一員，駐劄武岡州。

守備一員　　千總一員

把總二員

襄陽鎮原設鄖襄水師副將，順治十六年，改設襄陽總兵官。

鎮守襄陽總兵官一員，駐劄穀城縣，標下中左右前四營，管轄襄陽城守營、均房營。

中營

遊擊一員　　守備一員

千總二員　　把總四員

左營

遊擊一員　　守備一員

千總二員　　把總四員

右營

遊擊一員　　守備一員

千總二員　　把總四員

前營

遊擊一員　　守備一員

千總二員　　把總四員

襄陽城守營

遊擊一員，駐劄襄陽府。

守備一員　　千總二員

把總四員

均房營原設房縣參將，順治十二年，改設均房營副將，康熙八年，改設參將，十四年，改設副將。十七年，改設總兵官，十九年裁總兵官，復設參將。

參將一員，駐劄均州，標下左右二營。

左營

守備一員　　千總二員

把總四員

右營

守備一員　　千總二員

把總四員

彝陵鎮原設遊擊。順治十二年，改設副將，十三年，改設總兵官，原轄遠安、施州、宜都水師三營。康熙二十八年，改宜都營爲陸營，屬提標。

鎮守彝陵總兵官一員，駐劄彝陵州，標下中左右前後五營，管轄遠安營、施州營。

中營

遊擊一員　　守備一員

千總二員　　把總四員

左營

遊擊一員　　守備一員

千總二員　　把總四員

右營

遊擊一員　　守備一員

千總二員　　把總四員

前營水師

遊擊一員　　守備一員

千總二員　　把總四員

後營水師

遊擊一員　　守備一員

千總二員　　把總四員舊設旗鼓都司一員，順治十五年裁。

遠安營

遊擊一員,駐劄遠安縣。

守備一員　　千總二員

把總四員

施州營

遊擊一員,駐劄施州衛。

守備一員　　千總二員

把總四員

鎮筸鎮原設鎮筸營參將,順治九年,改設副將,駐劄五寨司,康熙三十八年,移鎮筸副將駐劄沅州,改沅州鎮爲沅州協,以沅州總兵官移駐鎮筸,改鎮筸協爲鎮筸鎮。

鎮守鎮筸總兵官一員,駐劄鎮筸,標下中左右前四營,管轄辰州協、沅州協、綏寧營。

中營

遊擊一員　　守備一員

千總二員　　把總四員

左營

遊擊一員　　守備一員

千總二員　　把總四員

右營

遊擊一員　　守備一員

千總二員　　把總四員

前營原設水師營,康熙三十八年,改爲前營。

遊擊一員　　守備一員

千總二員　　把總四員

辰州協原設副將,順治六年,改設辰常總兵官。康熙八年裁總兵官,仍設副將,原屬提督統轄。康熙三十八年,改歸鎮筸鎮管轄。

副將一員,駐劄辰州府,標下中軍并左右二營。

中軍都司僉書一員

左營原設都司一員,順治六年裁。

守備一員　　千總二員

把總四員

右營原設都司一員,順治六年裁。

守備一員　　千總二員

把總四員舊設辰州水師遊擊守備千把總等官,康熙二十八年裁。

沅州協原設副將,順治八年,改設總兵官,十六年調駐雲南,十八年仍設總兵官,駐劄沅州。康熙三十八年,移總兵官駐劄鎮筸,改鎮筸協爲鎮筸鎮,以鎮筸副將移駐沅州,改沅州鎮爲沅州協,歸鎮筸鎮管轄。

副將一員,駐劄沅州,標下中軍等官。

中軍都司僉書一員　　千總四員

把總六員原設八員,雍正五年裁二員。舊設守備一員,雍正五年裁。

綏寧營雍正五年添設。

遊擊一員,駐劄綏寧縣。

中軍守備一員　　千總三員

把總四員

永州鎮原設參將,順治十七年改設副將。康熙九年,改設總兵官。

鎮守永州總兵官一員,駐劄永州府,標下中左右三營。

中營

遊擊一員　　守備一員

千總二員　　把總四員

左營

遊擊一員,駐劄道州。

守備一員　　千總二員

把總四員

右營

遊擊一員　　守備一員

千總二員　　把總四員

舊設鄖陽提督一員,標下設中左右前四營官康熙二十一年裁。益陽總兵官一員,標下設中左右三營官順治十六年裁。祁陽總兵官一員,標下設中左右三營官順治十六年裁。長沙總兵官一員,標下設中左右三營官順治十八年裁。辰常總兵官一員,標下設中左右三營官康熙八年裁。鄖襄總兵官一員,標下設中左右三營官順治十六年,改爲鄖陽總兵官。康熙八年,移駐武昌。荆州總兵官一員,標下設中左右前後水師六營官康熙五年裁。武昌總兵官一員,標下設中左右三營官康熙九年裁。武岡總兵官一員,標下設中左右三營官康熙十九年裁。均房總兵官一員,標下設中左右三營官康熙十九年裁。沅州總兵官一員,標下設中左右三營官康熙三十八年,移駐鎮筸。鎮筸副將一員,標下設中軍都司等官康熙三十八年,移駐沅州。九永營守備一員。永道營守備一員以上,順治七年裁。郴桂守備一員順治九年裁。靖州營參將守備各一員。鎮偏營參將守備各一員以上,順治十二年裁。東安營參將一員。三江口守備一員以上,順治十六年裁。道州參將守備各一員康熙九年裁。辰州水師營遊擊守備各一員,千總二員,把總四員康熙二十八年裁。天柱營參將守備各一員,千總二員,把總四員雍正五年,改歸貴州。

大清會典卷之一百二十五

兵部職方司

〔鎮戍六〕

〔將領六〕

廣東

鎮守廣東將軍一員，駐劄廣州府，標下左右前後四營。

左營原設左營遊擊，康熙三十八年裁遊擊，改設中軍副將，兼管左營事。

中軍副將一員，兼管左營事。

守備一員　千總二員

把總四員

右營

遊擊一員　守備一員

千總二員　把總四員

前營

遊擊一員　守備一員

千總二員　把總四員

後營

遊擊一員　守備一員

千總二員　把總四員

提督一員，駐劄惠州府，標下中左右前後五營，統轄全省。

中營原設遊擊，康熙二十年，改設參將。

中軍參將一員

守備一員　千總二員

把總四員

左營

遊擊一員　　守備一員

千總二員　　把總四員

右營

遊擊一員　　守備一員

千總二員　　把總四員

前營

遊擊一員　　守備一員

千總二員　　把總四員

後營

遊擊一員　　守備一員

千總二員　　把總四員

東莞水師營原設東莞營守備,康熙元年改設副將,三年裁,復設守備。二十四年,改爲東莞水師營。

守備一員,駐劄東莞縣。

千總二員　　把總二員

惠州協原設副將,康熙三年裁。八年,以海豐副將移駐惠州。

副將一員,駐劄惠州府,標下左右二營,所屬和平營、興寧營。

左營

都司僉書一員　　守備一員

千總二員　　把總四員

右營

都司僉書一員　　守備一員

千總二員　　把總四員

和平營

守備一員,駐劄和平縣。

千總一員　　把總二員

興寧營

守備一員,駐劄興寧州。

把總二員

三江協康熙四十一年,添設三江協,裁韶州協,其副將都司守備千總把總等官撥歸三江協，又裁始興營守備千總把總各一員，撥歸三江協，又添設千總一員、把總三員，分爲左右二營。

副將一員，駐劄連州三江口，標下中軍并左右二營。

中軍都司僉書一員

左營

守備一員　　　千總二員

把總四員

右營

守備一員　　　千總二員

把總四員

肇慶城守協原設總兵官，順治十二年，移駐德慶州，改設副將。十三年，仍設總兵，駐肇慶府，康熙元年裁。八年，復設副將。

副將一員，駐劄肇慶府，標下中軍并左右二營，所屬四會城守營。

中軍都司僉書一員

左營

守備一員　　　千總二員

把總四員

右營

守備一員　　　千總二員

把總四員

四會城守營

守備一員，駐劄四會縣。

千總一員　　　把總一員

羅定協原設副將，康熙九年，移駐廣州府，十三年復設副將。標下原設都司守備各一員，千總二員，把總四員，康熙十四年裁守備，二十三年復設守備二員，以都司爲中軍都司，將守備千總等員分爲左右二營。

副將一員，駐劄羅定州，標下中軍并左右二營。

中軍都司僉書一員

左營

守備一員　　　千總一員

把總二員

右營

守備一員　　千總一員

把總二員舊設東安、西寧二營,遊擊各一員,守備各一員,後俱裁。

連陽營原屬右翼鎮管轄,兼轄始興、英清二營,康熙二十一年,改爲提標外屬,留英清一營,仍屬右翼鎮管轄,四十一年裁始興營。

遊擊一員,駐劄連州。

守備一員　　千總二員

把總四員

平海營原係順德鎮左營遊擊守備千總把總等官,康熙四十二年裁順德總兵官,將鎮標左營改爲平海營,屬提標。原係遊擊,雍正四年改爲參將。

參將一員,駐劄歸善縣平海所。

守備一員　　千總二員

把總四員

大鵬營原係順德鎮右營遊擊守備千總把總等官,康熙四十二年裁順德總兵官,將鎮標右營改爲大鵬營,屬提標。原係遊擊,雍正四年,改爲參將。

參將一員,駐劄東莞縣大鵬所。

守備一員　　千總二員

把總四員

增城營原係左翼鎮中營遊擊守備千總把總等官,雍正二年,改爲增城營,屬提標。

遊擊一員,駐劄增城縣。

守備一員　　千總二員

把總四員

左翼鎮原設中左右前後五營,屬將軍管轄。康熙二十二年,改設三營,歸提督統轄,原轄廣州城守、虎頭門二協,新安一營。四十二年,裁順德總兵,將原屬順德鎮管轄之香山、春江二協,新會、廣海寨二營改隸焉。

鎮守廣州等處總兵官一員,駐劄順德縣原駐廣州府,雍正二年,移駐順德縣。標下中左右三營,管轄廣州城守、虎頭門、香山、春江四協,新安、新會、廣海寨三營。

中營原係順德鎮中營,康熙四十二年裁順德總兵,改爲順德營。雍正二年,改爲左翼鎮中營。其原設左翼鎮中營遊擊守備千總把總等官,改爲增城營,屬提標。

遊擊一員　　守備一員

千總二員　　把總四員

左營

水師遊擊一員，駐劄廣州府東炮臺。

守備一員　　千總二員

把總四員

右營

水師遊擊一員，駐劄廣州府西關汛。

守備一員　　千總二員

把總四員

廣州城守協原設都司等員，康熙九年添設副將。

副將一員，駐劄廣州府，標下中軍等官。

中軍都司僉書一員

守備一員　　千總二員

把總四員

虎頭門協原設參將等員。順治十四年，改設遊擊，康熙三年，改設副將。

副將一員，駐劄虎門寨，標下左右二營。

左營

都司僉書一員　　守備一員

千總二員　　把總四員

右營

都司僉書一員　　守備一員

千總二員　　把總四員

香山協原設參將等員，康熙三年，改設副將，原屬順德鎮管轄，四十二年裁順德鎮，改歸左翼鎮管轄。

副將一員，駐劄香山縣，標下左右二營。

左營

都司僉書一員　　守備一員

千總二員　　把總四員

右營

都司僉書一員　　守備一員

千總二員　　把總四員

春江協原設陽江高明遊擊，順治十七年，改爲春江遊擊。康熙三年，改設參將，八年改設副將，原屬順德鎮管轄。康熙四十三年，裁順德鎮，改歸左翼鎮管轄。

副將一員,駐劄陽江縣,標下中軍并左右二營,所屬那扶一營。

中軍都司僉書一員

左營

守備一員　　千總二員

把總四員

右營

守備一員　　千總二員

把總四員

那扶營

守備一員,駐劄惠州府城那扶地方。

千總一員　　把總一員

新安營

遊擊一員,駐劄新安縣,兼轄三水營、龍門城守營。

守備一員　　千總二員

把總四員

三水營

守備一員,駐劄三水縣。

把總二員

龍門城守營

守備一員,駐劄龍門縣。

千總一員　　把總一員

新會營原屬順德鎮管轄,康熙四十二年裁順德鎮,改歸左翼鎮管轄。

遊擊一員,駐劄新會縣。

守備一員　　千總三員

把總四員原設六員,康熙五十八年裁二員。

廣海寨原設參將等員,康熙二年,改設副將,四年仍設參將,八年改設遊擊。原屬順德鎮管轄,康熙四十二年裁順德鎮,改歸左翼鎮管轄。

遊擊一員,駐劄廣海衛。

守備一員　　千總二員

把總四員

右翼鎮原設標下中左右前後五營,屬將軍管轄。康熙二十二年,改設三營,歸提督統轄。原轄南雄、韶州二協,連陽一營,二十一年,將連陽營改爲提標外屬,止留連陽營,原轄之英清營仍屬管轄。四十一年,裁韶州協。

鎮守韶南等處總兵官一員,駐劄韶州府,標下中左右三營,管轄南雄協、英清江防城守營。

中營

遊擊一員　　守備一員

千總二員　　把總四員

左營

遊擊一員　　守備一員

千總二員　　把總四員

右營

遊擊一員　　守備一員

千總二員　　把總四員

南雄協原設副將,康熙十五年,改爲援剿雄安總兵官,十七年裁,復設副將。

副將一員,駐劄南雄府,標下中軍等官。

中軍都司僉書一員原設左右二營,都司二員,康熙五年裁一員。十三年,復設二員;二十三年,裁一員。

守備一員原設二員,康熙五年裁一員。十三年復設一員,二十四年裁一員。

千總二員　　把總四員

英清江防城守營原設英德守備一員,清遠守備一員。順治十四年,改設英清江防城守守備等官。

守備一員,駐劄英德縣。

千總一員　　把總一員

碣石鎮原設總兵官,康熙三年裁,八年復設。

鎮守碣石總兵官一員,駐劄碣石衛,標下中左右三營,管轄惠來營。

中營

遊擊一員　　守備一員

千總二員　　把總四員

左營

遊擊一員,駐劄捷勝所。

守備一員　　千總二員

把總四員

右營

遊擊一員,駐劄東海滘。

守備一員　　千總二員

把總四員

惠來營

遊擊一員,駐劄惠來縣。

守備一員　　千總二員

把總四員

潮州鎮

鎮守潮州總兵官一員,駐劄潮州府,標下中左右三營,管轄潮州城守營、平鎮營、饒平營、潮陽營、黄岡協。

中營

遊擊一員　　守備一員

千總二員　　把總四員

左營

遊擊一員　　守備一員

千總二員　　把總四員

右營

遊擊一員,駐劄揭陽縣。

守備一員　　千總二員

把總四員舊設旗鼓守備一員,順治十五年裁。水師營遊擊、守備各一員,康熙六年裁。

潮州城守營

遊擊一員,駐劄潮州府。

守備一員　　千總二員

把總四員

平鎮營

遊擊一員,駐劄平遠縣。

守備一員　　千總二員

把總四員

饒平營原設總兵官,康熙八年裁,改設遊擊。

遊擊一員,駐劄饒平縣。

守備一員　　千總二員

把總四員

潮陽營原設守備等官。康熙元年,改設副將。二十年,改設遊擊,兼轄海門水師營。四十二年,海門營添設遊擊等官。另爲一營,改歸南澳鎮管轄。

遊擊一員,駐劄潮陽縣。

守備一員　　千總二員

把總四員

黄岡協

副將一員,駐劄黄岡,標下中軍并左右二營。

中軍都司僉書一員原設左右二營都司各一員,康熙二十四年裁一員。

左營

守備一員　　千總二員

把總四員

右營

守備一員　　千總二員

把總四員

高雷廉鎮原設高州副將。順治十二年,改設高雷廉總兵官。康熙元年,止轄高雷二府。二十三年,仍改爲高雷廉總兵官。標下左右二營,管轄電白營、吴川營、雷州協、海安營、廉州營、欽州營。四十二年,添設硇州營,亦屬管轄。五十七年,將原屬提標之龍門水師協改隸焉。

鎮守高雷廉總兵官一員,駐劄高州府,標下左右二營,管轄雷州、龍門水師二協,電白、吴川、海安、廉州、欽州、硇州六營。

左營

遊擊一員　　守備一員

千總二員　　把總四員

右營

遊擊一員　　守備一員

千總二員　　把總四員舊設高州水師遊擊一員,康熙三年裁。中營遊擊等官,康熙二十三年裁。

雷州協

副將一員,駐劄雷州府,標下中軍并左右二營,所屬徐聞營。

中軍都司僉書一員原設左右二營都司二員,康熙二十四年裁一員。

左營

守備一員　　千總二員

把總四員

右營

守備一員　　千總二員

把總四員舊設雷州水師遊擊一員,康熙三年裁。

徐聞營原設遊擊,康熙八年改設守備。

守備一員,駐劄徐聞縣。

千總一員　　把總一員

龍門水師協原屬提標,康熙五十七年,改歸高雷廉鎮管轄。

副將一員,駐劄龍門,標下中軍并左右二營。

中軍都司僉書一員

左營

守備一員　　千總二員

把總四員

右營

守備一員　　千總二員

把總四員舊設珠場寨遊擊,康熙二年,改爲廉州水師營,九年,改爲乾體營,二十四年裁遊擊,設千總一員、把總二員,四十二年裁乾體營,歸併廉州營兼管。其千總把總等官,裁移硇州營。

電白營

遊擊一員,駐劄電白縣。

守備一員　　千總二員

把總四員

吴川營原設守備,康熙三年添設遊擊。

遊擊一員,駐劄吴川縣,兼轄化石營。

守備一員　　千總二員

把總四員

化石營原設化州石城吴川參將,康熙三年,改設守備。

守備一員,駐劄化州。

千總一員　　把總一員

海安營原設水師副將,康熙八年,改設遊擊。

遊擊一員,駐劄海安所,兼轄白鴿寨營。

守備一員　　千總二員

把總四員

白鴿寨原設守備一員，康熙四十二年，移駐硇州。

千總一員　　把總二員

廉州營原設副將，康熙元年改設總兵官，十年，移駐順德，以順德參將駐廉州，十三年復設總兵官，二十三年裁，設遊擊。

遊擊一員，駐劄廉州府。

守備一員　　千總二員

把總四員

欽州營

遊擊一員，駐劄欽州。

守備一員　　千總二員

把總四員

硇州營康熙四十二年添設，將白鴿寨守備一員、乾體營千總一員、把總二員移駐。

守備一員，駐劄硇州。

千總一員　　把總二員

瓊州鎮

鎮守瓊州總兵官一員，駐劄瓊州府，標下左右二營，管轄儋州、萬州、崖州三營，瓊州水師一協。

左營

遊擊一員　　守備一員

千總二員　　把總四員

右營

遊擊一員　　守備一員

千總二員　　把總四員舊設旗鼓守備一員，順治十五年裁。

儋州營

遊擊一員，駐劄儋州。

守備一員　　千總二員

把總四員

萬州營

遊擊一員，駐劄萬州。

守備一員　　千總二員

把總四員

崖州營

遊擊一員，駐劄崖州。

守備一員　　千總二員

把總四員

瓊州水師協原設參將，康熙八年裁，十四年設副將。

副將一員，駐劄海口所，標下左右二營。

左營

守備一員　　千總一員

把總二員

右營

守備一員　　千總一員

把總二員

閩粵南澳鎮原轄澄海協、達濠營，康熙四十二年，將原屬潮州鎮管轄之海門營改隸焉。

鎮守南澳總兵官一員，駐劄南澳，標下左右二營左營聽福建提督統轄。管轄澄海協、海門水師營、達濠營

右營

遊擊一員　　守備一員

千總二員　　把總四員舊設中營遊擊守備等官，康熙二十四年裁。

澄海協副將一員，駐劄澄海縣，標下中軍并左右二營。

中軍都司僉書一員原設左右二營都司二員，康熙二十四年裁一員。

左營

守備一員　　千總二員

把總四員

右營

守備一員　　千總二員

把總四員

海門水師營原設副將，康熙八年裁。二十年，改設守備千總把總各一員。四十二年，添設遊擊千總各一員、把總三員。五十八年，又添設把總二員，原屬潮州鎮之潮陽營兼轄。四十三年，改歸南澳鎮管轄。雍正四年，裁遊擊，改設參將。

參將一員，駐劄海門所。

守備一員　　千總二員

把總六員

達濠營原設副將，康熙二十三年改設遊擊守備各一員，千總二員，把總四員。四十二年裁遊擊千總各一員、把總三員。五十八年裁督標右營，把總一員撥添。

守備一員，駐劄達濠汛。

千總一員　　把總二員

理猺營康熙四十一年設，係理猺同知所屬。

把總一員

舊設水師提督一員，標下設左右二營官康熙七年裁。肇慶總兵官一員，標下設左右二營官康熙元年裁。海豐總兵官一員康熙五年裁。饒平總兵官一員康熙八年裁。隨征總兵官一員，標下設中左右前後五營官康熙三年，改爲左路水師總兵官，八年裁。廣州水師總兵官一員，標下設中左右三營官康熙三年，改爲右路水師總兵官，八年裁。援勦雄安總兵官一員康熙十七年裁。韶州總兵官一員，標下設左右二營官康熙十八年裁。中鎮總兵官一員，標下設中左右前後五營官康熙十九年裁。潮州水師總兵官一員，標下設左右二營官康熙二十三年裁。廉州總兵官一員，標下設中左右三營官康熙二十三年裁。順德總兵官一員，標下設中左右三營官康熙四十二年裁。韶州副將一員，標下設都司僉書二員，守備二員，千總二員，把總四員康熙二十四年裁都司一員，守備一員，四十一年全裁。肇慶水師參將守備各一員康熙八年裁。瀏州遊擊守備各一員康熙元年裁。大埔營遊擊守備各一員康熙二十三年裁。順德營遊擊守備各一員，千總二員，把總四員雍正元年裁。海豐營遊擊一員，新寧營守備一員，長寧營守備一員，博羅營守備一員，連平營守備一員，大鵬所守備一員，程鄉營守備一員，廣寧營守備一員，封川營守備一員，開建營守備一員，信宜營守備一員，遂溪營守備一員，錦囊所守備一員，恩平營千總一員，開平營千總一員，新興營千總一員，急水河口炮臺千總一員，德慶營千總一員，靖海所千總一員，增城營千總一員，從化營千總一員，樂昌營千總一員，仁化營千總一員，乳源營千總一員，翁源營千總一員以上，康熙二十四年裁。始興營守備千總把總各一員康熙四十一年裁。

大清會典卷之一百二十六

兵部職方司

〔鎮戍七〕

〔將領七〕

江南

鎮海將軍一員，駐劄鎮江府京口，標下左右二營，管轄京口水師協。原設隨旗前後左右四營。康熙二十一年，以四營官兵歸併提督管轄，本年仍歸將軍管轄。二十三年，裁前後二營；三十六年，裁京口水師總兵，改設副將，歸將軍管轄。

左營原設左營副將，康熙三十八年，改設中軍副將，兼管左營事。

中軍副將一員，兼管左營事。

守備一員　千總二員

把總四員

右營

遊擊一員　守備一員

千總二員　把總四員

京口水師協原設左路水師總兵官，屬京口將軍管轄。康熙二十一年，改爲京口水師總兵官，歸提督管轄，標下設中左右三營。三十六年，裁總兵官，改設副將，仍屬京口將軍管轄。其三營内裁右營，將中左二營改爲左右二營。

副將一員，駐劄江陰縣，標下左右二營。

左營

遊擊一員，駐劄瓜洲城。

守備一員　千總二員

把總四員

右營

遊擊一員　　守備一員

千總二員　　把總四員

江南提督一員，駐劄松江府，標下中左右前後城守六營，統轄全省原設蘇松常鎮提督一員。順治十八年，改設通省提督一員，康熙十三年，改爲江寧提督，十七年，仍改爲江南通省提督。

中營

參將一員　　守備一員

千總二員　　把總四員

左營

遊擊一員　　守備一員

千總二員　　把總四員

右營遊擊原駐松江府城，康熙五十八年，移駐上海，將原屬松江城守營兼轄之黄浦水師營改屬兼轄。

遊擊一員，駐劄上海縣，兼轄黄浦水師營。

守備一員　　千總二員

把總四員

前營

遊擊一員　　守備一員

千總二員　　把總四員

後營

遊擊一員　　守備一員

千總二員　　把總四員

松江城守營，駐劄松江府。

遊擊一員　　守備一員

千總二員　　把總四員

黄浦水師營原設黄浦營參將守備各一員，康熙五年裁參將，改設遊擊，九年裁遊擊，五十六年，將黄浦營改爲水師營，原屬松江城守營兼轄。五十八年，改屬提標右營兼轄。

守備一員，駐劄黄浦營。

千總一員　　把總二員

金山營

參將一員,駐劄金山衛,兼轄柘林、青村二營。

守備一員　　千總二員

把總四員

柘林營

守備一員,駐劄柘林。

把總一員

青村營

守備一員,駐劄青村。

把總一員

川沙營

參將一員,駐劄川沙堡,兼轄南匯一營。

守備一員　　千總二員

把總四員

南匯營

守備一員,駐劄南匯縣。

把總一員

吴淞營原設副將等員,康熙五年,改設參將。

參將一員,駐劄吴淞所。

守備一員　　千總二員

把總四員

劉河營

遊擊一員,駐劄茜涇鎮。

守備一員　　千總二員

把總四員

福山營

遊擊一員,駐劄福山堡。

守備一員　　千總二員

把總四員

蘇州城守營原轄平望、太湖二營,雍正二年,太湖營添設參將守備等官,改屬提標城守營,止轄平望一營。

遊擊一員,駐劄蘇州府,兼轄平望營。

守備二員原設一員,雍正五年,添設一員,駐防崑山縣。

千總二員　　　把總五員

平望營

守備一員，駐劄平望驛。

千總一員　　　把總二員

太湖營原係浙江管轄，康熙二十一年，改屬江南。原設守備千總各一員，把總二員，屬蘇州城守營兼轄。雍正二年，添設參將守備千總各一員，把總二員，分爲左右二營，改爲提標外屬。

參將一員，駐劄吴江縣東山。

左營

守備一員，駐劄吴江縣簡村。

千總一員　　　把總二員

右營

守備一員，駐劄宜興縣周鐵橋。

千總一員　　　把總二員

常州營原設參將，康熙元年裁，十一年設遊擊。

遊擊一員，駐劄常州府，標下中左右三軍。

中軍

守備一員　　　千總一員

把總二員

左軍原係無錫營，康熙十一年改爲左軍。

守備一員　　　千總一員

把總一員

右軍原係宜興營，康熙十一年，改爲右軍。

守備一員　　　千總一員

把總一員

江陰營原設參將等員，康熙四年，改設副將，十一年，改設遊擊。

遊擊一員，駐劄江陰縣，兼轄靖江、楊舍、孟河三營。

守備一員　　　千總一員

把總二員

靖江營原設守備等員，康熙九年，添設遊擊，十一年裁遊擊。

守備一員，駐劄靖江縣。

千總一員　　　把總二員

楊舍營

守備一員，駐劄楊舍。

把總一員

孟河營

守備一員，駐劄孟河。

把總一員

鎮江城守營原設副將，康熙四年，改設參將。

參將一員，駐劄鎮江府。

守備一員　　千總二員

把總四員

蘇州鎮原設蘇州總兵官一員。順治十五年，改爲蘇松水師總兵官；康熙十四年裁總兵官，改爲專管崇明提督；二十三年裁提督，仍設總兵官；三十六年，將原屬京口鎮管轄之江寧協改歸管轄。

鎮守蘇松水師總兵官一員，駐劄崇明縣，標下中左右奇四營。

中營

遊擊一員　　守備一員

千總二員　　把總四員

左營

遊擊一員　　守備一員

千總二員　　把總四員

右營

遊擊一員　　守備一員

千總二員　　把總四員

奇營

遊擊一員　　守備一員

千總二員　　把總四員舊設崇明營參將一員，順治十五年裁。

狼山鎮原設副將，順治十八年改設總兵官。

鎮守狼山總兵官一員，駐劄通州，標下中左右三營，管轄揚州、泰州、六安三營，壽春一協，兼轄漕標外屬各營協詳見漕標宿遷營註。

中營

遊擊一員　　守備一員

千總二員　　把總四員

左營

遊擊一員　　守備一員

千總二員　　把總四員

右營

遊擊一員　　守備一員

千總二員　　把總四員

揚州營

遊擊一員，駐劄揚州府。

守備一員　　千總二員

把總四員

泰州營

遊擊一員，駐劄泰州，兼轄泰興營。

守備一員　　千總一員

把總二員

泰興營

守備一員，駐劄泰興縣。

把總二員

六安營原設守備，康熙二年，添設參將，十三年，改設副將，二十一年，仍改參將。

參將一員，駐劄巢縣，兼轄廬州營。

守備一員原設一員，康熙十三年，添設一員，二十一年裁一員。

千總二員　　把總四員

廬州營原設參將，康熙二年裁。

守備一員，駐劄廬州府合肥縣。

把總一員

壽春協

副將一員，駐劄壽州，標下中左右三軍，所屬亳州、泗州二營。

中軍

守備一員　　千總一員

把總二員

左軍

守備一員　　千總一員

把總二員

右軍

守備一員　　千總一員

把總二員

亳州營

守備一員,駐劄亳州。

千總一員　　把總二員

泗州營

守備一員,駐劄泗州。

千總一員　　把總二員

督標外屬

安慶協原設守備,順治十八年,添設遊擊,康熙五年裁遊擊,改設副將。

副將一員,駐劄安慶府,標下左右二軍。

左軍

守備一員　　千總一員

把總二員

右軍

守備一員　　千總一員

把總二員

遊兵營原屬操江巡撫管轄,康熙元年,改隸督標。

遊擊一員,駐劄西梁鎮。

守備一員　　千總二員

把總三員

奇兵營原屬操江巡撫管轄,康熙元年,改隸督標。

遊擊一員,駐劄儀徵江口。

守備一員　　千總二員

把總三員

瓜洲營原設守備,順治十八年,改設參將,康熙十一年裁參將,仍設守備。

守備一員,駐劄瓜洲城。

千總一員　　把總二員

潛山營原設安慶副將,康熙元年,移駐潛山,裁副將,改設遊擊。

遊擊一員,駐劄潛山縣。

守備一員　　千總二員

把總四員

江寧城守協原設提督，順治十八年裁，康熙元年設總兵官，七年裁，八年設副將。副將一員，駐劄江寧府，標下左右二營，所屬浦口、溧陽二營。

左營

遊擊一員　　守備一員

千總二員　　把總四員

右營

遊擊一員　　守備一員

千總二員　　把總四員

浦口營原設副將守備各一員。順治八年，改設參將。康熙十六年裁參將。

守備一員，駐劄浦口。

千總一員　　把總二員

溧陽營原設副將守備各一員。順治七年裁副將，八年設參將。康熙十年裁參將。

守備一員，駐劄溧水縣。

千總一員　　把總二員

徽州營原設總兵官，順治十一年裁，設遊擊。康熙十一年，改設參將；十三年，改設副將；二十一年，仍設參將。原屬京口鎮管轄，後改爲督標外屬。

參將一員，駐劄東山，標下左右二軍。

左軍

守備一員　　千總一員

把總三員

右軍

守備一員　　千總一員

把總三員

寧國營原設副將，順治十一年，改設參將，原屬京口鎮管轄，後改爲督標外屬。

參將一員，駐劄宣城縣。

守備一員　　千總一員

把總三員

池州營原設總兵官，順治十一年裁，設遊擊。原屬京口鎮管轄，後改爲督標外屬。

遊擊一員,駐劄貴池縣。

守備一員原設三員,順治十一年裁二員。

千總一員　　把總三員

蕪采營原設參將,順治十一年,改設遊擊。原屬京口鎮管轄,後改爲督標外屬。

遊擊一員,駐劄蕪湖縣。

守備一員　　千總一員

把總二員

廣德營原設總兵官,順治八年裁,改設遊擊。原屬京口鎮管轄,後改爲督標外屬。

遊擊一員,駐劄廣德州。

守備一員原設三員,順治八年裁二員。

千總一員　　把總二員

掘港營

守備一員,駐劄如皋縣掘港。

把總二員

漕標外屬

淮安城守營原設東海營守備一員、把總二員。康熙三十六年,改爲淮安城守營,添設參將一員、千總二員、把總二員。

參將一員,駐劄淮安府。

守備一員　　千總二員

把總四員

宿遷營原設宿遷後營遊擊等官,屬總漕親標。康熙三十六年,添設淮安城守營參將等官,將宿遷後營改爲宿遷營。○以下各營,兼屬狼山鎮管轄。

遊擊一員,駐劄白洋河。

守備一員　　千總二員

把總四員

廟灣營

遊擊一員,駐劄廟灣塲。

守備一員　　千總一員

把總二員原設三員,康熙三十六年裁一員。

鹽城營

遊擊一員,駐劄鹽城縣。

守備一員　　千總一員

把總二員原設三員，康熙三十六年，將一員撥添海州營。

海州營原設遊擊守備等員，兼轄東海一營。康熙三十六年，裁東海營；雍正二年，復設東海營，將該營守備一員、把總一員改充東海營。

遊擊一員，駐劄海州，兼轄東海營。

千總二員

把總三員原設三員，康熙三十六年，將鹽城營把總一員撥補，共四員。雍正二年，裁一員撥補東海營，止留三員。

東海營原設守備，順治十八年裁，康熙十七年復設。三十六年，裁東海營，將原設守備一員、把總二員改屬淮安城守營。雍正二年，復設東海營，將海州營守備一員、把總一員撥補，又添設把總一員。

守備一員，駐劄雲臺山。

把總二員

徐州協

副將一員，駐劄徐州，標下左右二軍，所屬蕭營一營。

左軍

守備一員　　千總一員

把總二員

右軍

守備一員　　千總一員

把總二員舊設都司一員，康熙六年裁。

蕭營

守備一員，駐劄蕭縣。

把總一員

河標外屬

徐屬河營

守備一員　　千總二員

把總四員原設五員，康熙三十一年裁一員。

邳睢靈璧河營

守備一員　　千總二員

把總三員原設四員，後裁一員。

宿虹河營原設宿桃河營，康熙二十二年，改爲宿虹河營。

守備一員　　　千總二員

把總三員原設四員，後裁一員。

桃源河營

守備一員

千總二員原設一員，康熙三十一年添一員。

把總二員原設三員，康熙三十一年裁一員。

山清裏河營原設山清盱眙河營，康熙三十八年，改爲山清裏河營。

守備一員　　　千總一員

把總四員原設三員，康熙三十六年添設一員。

山清外河營

守備一員　　　千總二員

把總三員

山安河營

守備一員

千總一員原設二員，康熙三十八年裁一員。

把總四員

揚屬河營

守備一員　　　千總二員

把總三員

宿桃山安清中河營康熙三十八年添設。

守備一員　　　千總一員

把總三員

山盱高堰河營康熙三十八年添設。

守備一員　　　千總一員

把總二員

葦蕩河營康熙三十八年設葦蕩營遊擊一員、守備二員、千總二員、把總四員。五十三年，裁遊擊一員、守備二員；五十九年，全營俱裁。雍正四年，復設，將遊擊改爲參將，其餘官員如舊制。

參將一員，駐劄山陽縣人和鎮，標下左右二營。

左營

守備一員　　　千總一員

把總二員

右營

守備一員　　千總一員

把總二員

舊設江寧提督一員，標下設中左右前後五營官順治十八年裁。江寧總兵官一員，標下設中左右前後五營官康熙七年裁。京口右路水師總兵官一員，標下設左右二營官康熙二十三年裁。廣德總兵官一員，標下設左右二營官順治八年裁。池州總兵官一員，標下設左右二營官順治十一年裁。徽州總兵官一員，標下設左右二營官順治十一年裁。隨征左路總兵官一員，標下設中左右三營官。康熙三年裁。隨征右路總兵官一員，標下設中左右三營官康熙三年裁。溧水營副將守備各一員順治七年裁。太平營都司僉書一員，永生營守備一員，永生洲守備一員，周橋營守備一員，寶山營守備一員，三江營守備一員，巡江營守備一員以上，順治十八年裁。大河營守備一員康熙元年裁。海門營守備一員。荻港營守備一員。儀徵營守備一員以上，康熙五年裁。團山營守備一員康熙三年，改爲李陽營，五年裁。

大清會典卷之一百二十七

兵部職方司

〔鎮戍八〕

〔將領八〕

浙江

提督一員，駐劄寧波府，標下中左右前後五營，統轄全省。

中營

參將一員　　守備一員

千總二員　　把總四員

左營

遊擊一員　　守備一員

千總二員　　把總四員

右營

遊擊一員　　守備一員

千總二員　　把總四員

前營

遊擊一員，駐劄大嵩所。

守備一員　　千總二員

把總四員

後營

遊擊一員　　守備一員

千總二員　　把總四員舊設旗鼓都司一員，順治十五年裁。

杭州城守協

副將一員，駐劄杭州府，標下中軍等官，所屬錢塘水師營。

中軍都司僉書一員原設二員。順治七年裁一員。

千總二員　　把總四員舊設守備二員。順治七年裁一員，十年，又裁一員。

錢塘水師營原設左右二營遊擊各一員。順治八年，裁左營各官，改右營爲錢塘水師營。十年，裁遊擊，改設守備。

守備一員　　千總二員

把總三員

嘉興協原設副將，順治十一年裁。改設遊擊，駐劄海鹽縣。康熙五十年，裁遊擊，將温州城守副將改爲嘉興協副將，駐劄嘉興府，以左營守備移防海鹽。

副將一員，駐劄嘉興府，標下左右二營。

左營

守備一員　　千總一員

把總四員

右營

守備一員　　千總一員

把總四員舊設中營都司等官，順治七年裁。左右二營都司各一員，順治十一年裁。

乍浦水師營雍正二年添設。

遊擊一員，駐劄平湖縣乍浦。

守備一員　　千總一員

把總二員

湖州協

副將一員，駐劄湖州府，標下中軍并左右二營，所屬安吉營。

中軍都司僉書一員，兼管左右二營事原設左右二營都司各一員，康熙四十五年裁右營都司，改左營都司爲中軍都司，兼管二營事。

左營

守備一員　　千總二員

把總三員

右營

守備一員　　千總二員

把總四員舊設中營都司等官，順治七年裁。

安吉營

守備一員,駐劄安吉州。

千總一員　　把總二員

太湖營

遊擊一員,駐劄江南蘇州府吴縣角頭地方。

千總一員　　把總二員外,守備一員、千總一員、把總二員。康熙二十一年,改歸江南蘇州城守營兼轄。雍正二年,添設參將守備等官。詳見江南太湖營註。

嚴州協

副將一員,駐劄嚴州府,標下左右二營。

左營

都司僉書一員　　守備一員

千總二員　　把總四員

右營

都司僉書一員　　守備一員

千總二員　　把總四員

黄巖鎮原設水師右路總兵官。康熙八年,改爲黄巖總兵官,調駐平陽。九年,調寧海總兵官爲黄巖總兵官。十五年裁,十八年復設。

鎮守黄巖總兵官一員,駐劄黄巖縣,標下中左右三營,管轄象山協、台州協、寧海營、寧波城守營、太平營。

中營

遊擊一員　　守備一員

千總二員　　把總四員

左營

遊擊一員　　守備一員

千總二員　　把總四員

右營

遊擊一員,駐劄海門衛。

守備一員　　千總二員

把總四員舊設黄巖城守營參將等官,康熙二十三年裁。

象山協原設寧波副將,康熙八年,移駐象山。

副將一員,駐劄象山縣,標下左右二營,所屬昌國汛。

左營

都司僉書一員　　守備一員
千總二員　　把總四員
右營
都司僉書一員　　守備一員
千總二員　　把總四員
昌國汛
守備一員，駐劄昌國衛。
千總一員　　把總一員
台州協
副將一員，駐劄台州府，標下中左右三營。
中營原設都司一員，康熙二十三年裁。
守備一員　　千總二員
把總四員
左營原設都司一員，康熙二十三年裁。
守備一員　　千總二員
把總四員
右營
都司僉書一員　　守備一員
千總二員　　把總四員
寧海營
參將一員，駐劄寧海縣，標下左右二營。
左營
守備一員　　千總二員
把總四員
右營
守備一員　　千總二員
把總四員
寧波城守營
遊擊一員，駐劄寧波府。
守備一員　　千總二員
把總四員
太平營原設太平營，康熙五年裁，八年復設。

參將一員，駐劄太平縣。

守備一員　　千總二員

把總四員

定海鎮原設定海總兵官，順治十六年，調駐京口，本年，又調隨征福建總兵官，駐定海，改爲定海總兵官。十七年，移駐台州，改爲寧紹台總兵官。康熙八年，移水師左路總兵官，駐定海。二十三年，移駐舟山。

鎮守定海總兵官一員，駐劄定海縣舟山，標下中左右三營，管轄鎮海水師營、紹興協。

中營

遊擊一員　　守備一員

千總二員　　把總四員

左營

遊擊一員　　守備一員

千總一員　　把總四員

右營

遊擊一員　　守備一員

千總二員　　把總四員舊設旗鼓守備一員，順治十五年裁。舟山副將一員，陸路中營遊擊，水師左右二營遊擊等官，順治十三年裁。

鎮海水師營原設定海城守營，康熙二十七年改爲鎮海水師營。

參將一員，駐劄定海縣。

守備一員　　千總二員

把總四員舊設定海水師左右二營遊擊等官，順治十八年裁。

紹興協

副將一員，駐劄紹興府，標下左右二營。

左營

都司僉書一員　　守備一員

千總二員　　把總五員原設四員，康熙四十七年添設一員。

右營

都司僉書一員　　守備一員

千總二員　　把總五員原設四員，康熙四十七年添設一員。

温州鎮原轄温州城守營、金華城守營、處州城守營、樂清營、大荊營、盤石營。康熙四十九年裁平陽總兵官，移駐處州，改爲處州鎮，裁處州副將，移駐平陽，改爲平陽協,隸温州鎮管轄。又將原屬温州鎮管轄之金華協撥屬處州鎮,原屬平陽鎮管轄之瑞安協撥屬温州鎮。五十年,裁温州城守副將,移駐嘉興,温州城守改設遊擊。

鎮守温州總兵官一員,駐劄温州府,標下中左右三營,管轄温州城守營、樂清協、瑞安協、平陽協、大荆營、盤石營。

中營

遊擊一員　　守備一員

千總二員　　把總四員

左營

遊擊一員,駐防寧村寨。

守備一員　　千總二員

把總四員

右營

遊擊一員　　守備一員

千總二員　　把總四員舊設旗鼓守備一員,順治十五年裁。

温州城守營原設副將都司千把總等員。順治十三年裁副將,十八年復設副將。康熙五十年,副將調嘉興協,改設遊擊,并裁都司,改設守備。

遊擊一員,駐劄温州府。

守備一員　　千總二員

把總四員

樂清協

副將一員,駐劄樂清縣,標下中軍等官。

中軍守備一員　　千總二員

把總四員

瑞安水師協舊設參將等員,康熙十年,改設副將。雍正二年,改爲水師營。原屬平陽鎮管轄,康熙四十九年,將平陽總兵官移駐處州,改爲處州鎮,併改歸温州鎮管轄。

副將一員,駐劄瑞安縣,標下左右二營。

左營

守備一員　　千總二員

把總二員

右營

守備一員　　千總二員

把總二員

平陽協原設平陽總兵官，標下中左右三營，管轄瑞安協。康熙四十九年，將總兵官及標下三營移駐處州，改爲處州鎮，以處州副將及標下左右二營移駐平陽，改爲平陽協，歸温州鎮管轄。

副將一員，駐劄平陽縣，標下左右二營。

左營

都司僉書一員　　守備一員

千總二員　　把總四員

右營

都司僉書一員　　守備一員

千總二員　　把總四員舊設平陽營參將等官，康熙二十三年裁。

大荆營原設參將等員，雍正二年裁參將，改設遊擊。

遊擊一員，駐劄大荆寨。

守備一員　　千總二員

把總四員

盤石營原設遊擊等員，雍正二年裁遊擊，改設參將。

參將一員，駐劄盤石寨。

守備一員　　千總二員

把總四員

處州鎮原設處州城守營副將，標下左右二營。康熙四十九年，將副將及標下二營移駐平陽，改爲平陽協，其原設平陽總兵官及標下三營移駐處州，改爲處州鎮，將温州鎮管轄之金華協并提標外屬之衢州協，俱歸管轄。

鎮守處州總兵官一員，駐劄處州府，標下中左右三營，管轄金華協、衢州協、麗水營。

中營

遊擊一員　　守備一員

千總二員　　把總四員

左營

遊擊一員　　守備一員

千總二員　　把總四員

右營

遊擊一員　　守備一員

千總二員　　　　把總四員

金華協原設副將，順治五年裁，設總兵官，十三年裁總兵官，復設副將。原屬温州鎮管轄，康熙四十九年，改歸處州鎮管轄。

副將一員，駐劄金華府，標下左右二營。

左營

都司僉書一員　　守備一員

千總二員　　　　把總四員

右營

都司僉書一員　　守備一員

千總二員　　　　把總四員

衢州協原設總兵官，順治五年裁，設副將，係提標外屬，康熙四十九年，改歸處州鎮管轄。

副將一員，駐劄衢州府，標下中左右三營。

中營

都司僉書一員　　守備一員

千總二員　　　　把總四員

左營

都司僉書一員　　守備一員

千總二員　　　　把總四員

右營

都司僉書一員　　守備一員

千總二員　　　　把總四員

麗水營原係蒲壯所守備，康熙五十二年，改爲麗水營守備，又添設千總一員。

守備一員　　　　千總一員

把總一員

浙閩楓嶺營

遊擊一員，駐劄江山縣念八都。

千總一員　　　　把總二員外有守備等官，屬福建管轄。

舊設水師提督一員，標下設中左右前後五營官康熙七年裁，十四年復設，十八年裁。衢州總兵官一員，標下設中左右三營官順治五年裁。金華總兵官一員，標下設中左右三營官順治十三年裁。隨征總兵官一員，標下設中左右三營官康熙三年裁。金衢援勦總兵官一員，標下設中左右三營官康熙十六年裁。平陽總兵官一員,標下設中左右三營官康熙四十九年裁。奉化營參將守備各一員康熙五年裁。寧村營遊擊守備各一員康熙二十三年裁。蒲壯所守備把總各一員康熙五十二年裁。鎮下關千總一員,黑城汛把總一員以上,康熙二十三年裁。

江西

南瑞鎮原設九江總兵官,康熙七年,移駐南昌,改爲南瑞總兵官,十三年裁,二十二年復設。

鎮守南瑞總兵官一員,駐劄南昌府,標下前後二營,管轄南昌城守、南昌水師、銅鼓、武寧、瑞州、撫州、建昌、廣信、饒州九營。

前營

遊擊一員　　守備一員

千總二員　　把總四員

後營

遊擊一員　　守備一員

千總二員　　把總四員舊設中營遊擊等官,康熙二十四年裁。左營遊擊等官,康熙十年裁。

南昌城守營

守備一員,駐劄南昌府。

千總一員　　把總一員

南昌水師營原設城守水師營遊擊等官,康熙六年裁,十三年復設,十四年改設水師總兵官,十九年裁,設水師遊擊守備,二十一年裁遊擊。

守備一員　　千總一員

把總一員

銅鼓營

守備一員,駐劄寧州銅鼓營。

把總一員

武寧營

守備一員,駐劄武寧州。

把總一員

瑞州營原設守備。康熙十五年添設遊擊。二十一年裁遊擊。

守備一員,駐劄瑞州府。

把總一員

撫州營原設守備，順治十二年，改設遊擊，十五年，改設副將，十八年裁，康熙二十四年復設守備。

守備一員，駐劄撫州府。

千總一員　　把總二員

建昌營原設參將，康熙二年裁，五年復設。十年，改設副將。十四年裁，設城守守備。二十一年裁，二十四年復設遊擊。

遊擊一員，駐劄建昌府。兼轄廣昌營。

守備一員　　千總一員

把總二員

廣昌營原設守備，康熙十四年添設遊擊。二十一年裁遊擊。

守備一員，駐劄廣昌縣。

把總一員

廣信營

參將一員，駐劄廣信府。兼轄鉛山營。

守備一員　　千總一員

把總二員

鉛山營

守備一員，駐劄鉛山縣。

把總一員

饒州營原設參將。康熙十四年，改設總兵官。二十一年裁，復設參將。

參將一員，駐劄饒州府。兼轄鄱陽湖營、浮梁營。

守備一員　　千總一員

把總二員

鄱陽湖營

守備一員，駐劄康山。

把總一員

浮梁營

守備一員，駐劄浮梁縣。

把總一員

南贛鎮

鎮守南贛總兵官一員，駐劄贛州府，標下中左後三營，管轄贛州城守、寧都、南安、興國、文英、永鎮、橫岡、羊角、吉安、龍泉、萬安、永豐、永新十三營。

中營

遊擊一員　守備一員

千總二員　把總四員

左營

遊擊一員　守備一員

千總二員　把總四員

後營

遊擊一員　守備一員

千總二員　把總四員舊設旗鼓守備一員,順治十五年裁;右營前營遊擊等官,康熙二十一年裁。

贛州城守營原設副將,康熙六年,改設守備,十五年復設副將,二十一年裁,仍設守備。

守備一員,駐劄贛州府。

把總一員

寧都營原設南贛左協副將,康熙十年,改設寧都營參將。

參將一員,駐劄寧都縣。

守備一員　千總二員

把總四員

南安營原設南贛右協副將,康熙十年,改設南安營參將。

參將一員,駐劄南安府。

守備一員　千總二員

把總四員

興國營

守備一員,駐劄興國州。

千總一員　把總二員

文英營原設長沙營,順治十三年,改爲文英營。

守備一員,駐劄崇義縣文英營。

把總一員

永鎮營

守備一員,駐劄瑞金縣。

把總一員

横岡營
守備一員，駐劄定南縣。
把總一員
羊角營
守備一員，駐劄會昌縣羊角營。
把總一員
吉安營原設參將，康熙十四年，改設副將，二十一年復設參將。
參將一員，駐劄吉安府。
守備一員原設二員，康熙二十一年裁一員。
千總一員　把總二員
龍泉營原設守備，康熙十五年添設遊擊，二十一年裁遊擊。
守備一員，駐劄龍泉縣。
把總一員
萬安營原設守備，康熙十七年添設遊擊，二十一年裁遊擊。
守備一員，駐劄萬安縣。
把總一員
永豐營
守備一員，駐劄永豐縣。
把總一員
永新營原設守備，康熙十七年添設遊擊，二十一年裁遊擊。
守備一員，駐劄永新縣。
把總一員
撫標外屬
九江協原設總兵官。康熙七年，移駐南昌。八年，設九江營參將。十年，改設副將。十三年，改設城守守備。十五年復設總兵官，十七年裁，復設副將。
副將一員，駐劄九江府，標下中軍等官，所屬南康營、南湖水師營。
中軍都司僉書一員原設左右兩軍守備二員，康熙二十四年裁，設都司。
千總二員　把總四員
南康營
守備一員，駐劄南康縣。
把總一員
南湖水師營原設守備，順治十八年添設遊擊，康熙二十四年裁遊擊。

守備一員,駐劄湖口縣。

千總一員　　　把總二員

袁州協原設副將,康熙十三年,改設袁臨總兵官,二十一年裁,復設副將。

副將一員,駐劄袁州府,標下中軍等官,所屬樟樹營。

中軍都司僉書一員　千總二員

把總四員舊設城守營遊擊、守備各一員,康熙二十一年裁。

樟樹營

守備一員,駐劄清江縣樟樹鎮。

把總四員

舊設提督一員,標下設中左右前後五營官康熙七年裁,十三年復設,十五年,以提督分管九江、袁州、臨江、贛州、南安、瑞州六府,添設提督一員,分管吉安、撫州、建昌、廣信、饒州、南康六府,十八年,歸併通省提督,二十一年裁。九江總兵官一員,標下設中左右三營官康熙十七年裁。南昌水師總兵官一員,標下設左右二營官康熙十九年裁。饒州總兵官一員,標下設中左右三營官康熙二十一年裁。袁臨總兵官一員,標下設中前後三營官康熙二十一年裁。豐城營守備一員,奉新營守備一員,靖安營守備一員,臨江城守營遊擊、守備各一員以上,康熙二十一年裁。

大清會典卷之一百二十八

兵部職方司

〔鎮戍九〕

〔將領九〕

福建

鎮守福建兼管緑旗都統將軍一員，駐劄福州府，標下左右二營康熙三十年設。

左營

中軍副將一員原係銅山營副將，康熙三十二年，改屬將軍標下。

守備一員　　千總二員

把總四員

右營

遊擊一員　　守備一員

千總二員　　把總四員

水師原設水師提督，康熙七年裁，八年，改設總兵官，十六年，以海澄公管水師提督事務，十七年復設提督。

提督一員，駐劄厦門，標下中左右前後五營，統轄全省水師鎮營。

中營原設參將等員，康熙八年，改設遊擊，十八年復設參將。

參將一員　　守備一員

千總二員　　把總四員

左營

遊擊一員　　守備一員

千總二員　　把總四員

右營
遊擊一員　　守備一員
千總二員　　把總四員
前營
遊擊一員　　守備一員
千總二員　　把總二員
後營
遊擊一員　　守備一員
千總二員　　把總四員

銅山營原設援勦前鎮總兵官,康熙十九年,改爲銅山總兵官,標下中左右三營。二十三年,裁總兵官,改設副將。裁中營,止留左右二營,遊擊二員,守備二員。本年,裁右營守備,二十五年裁左營守備,二十七年,將右營改爲烽火營,止設中軍遊擊一員,兼管左右二營,仍設左右二營守備各一員。三十二年,副將改屬福州將軍標下,左右二營内裁一營,改中軍遊擊爲銅山營遊擊。雍正二年,裁遊擊,改設參將。

參將一員,駐劄銅山。
守備一員　　千總二員
把總四員

閩安水師協
副將一員,駐劄閩安鎮,標下左右二營,所屬烽火營。
中軍遊擊一員
左營
守備一員　　千總一員
把總四員
右營原設遊擊一員,康熙二十三年裁。
守備一員　　千總二員
把總三員

烽火營原設遊擊等員,康熙二十七年,將銅山協右營遊擊,改爲烽火營遊擊。雍正二年,裁遊擊,改設參將。

參將一員,駐劄秦嶼。
守備一員　　千總二員
把總三員舊設閩安陸營參將等官,康熙二十四年裁。

海壇營原設援勦左鎮總兵官,康熙十九年,改爲海壇總兵官,標下中左右三營,康熙二十七年裁中營，止留左右二營。

鎮守海壇總兵官一員，駐劄海壇汛，標下左右二營。

左營原設遊擊等員，康熙二十三年裁遊擊，二十七年復設遊擊。

遊擊一員　　守備一員

千總二員　　把總四員

右營

遊擊一員　　守備一員

千總二員　　把總三員

金門鎮原設援勦右鎮總兵官，康熙十九年，改爲金門總兵官，標下中左右三營，康熙二十七年裁中營，止留左右二營，原轄桐山營、楓嶺營、雲霄營、詔安營、海澄營，後將桐山、楓嶺二營改歸福寧鎮管轄，雲霄、詔安、海澄三營改歸漳州鎮管轄。

鎮守金門總兵官一員，駐劄金門，標下左右二營。

左營原設遊擊守備等員，康熙二十三年裁守備，二十七年復設守備。

遊擊一員　　守備一員

千總二員　　把總四員原設三員，康熙五十七年添設一員。

右營原設遊擊守備等員，康熙二十三年裁遊擊，二十七年復設遊擊。

遊擊一員　　守備一員

千總二員　　把總四員

臺灣鎮

鎮守臺灣總兵官一員，駐劄臺灣府康熙六十年，移駐澎湖，六十一年，仍駐臺灣府。標下中左右三營，管轄南路營、北路營、淡水營，臺灣水師協、澎湖水師協。

中營

遊擊一員　　守備一員

千總二員　　把總四員

左營

遊擊一員　　守備一員

千總一員　　把總三員原設四員，康熙五十一年裁一員。

右營

遊擊一員　　守備一員康熙六十一年添設。

千總二員　　把總四員

南路營

參將一員，駐劄鳳山縣。
守備一員　千總二員
把總四員
北路營
參將一員，駐劄佳里興。
守備一員　千總二員
把總四員
淡水營康熙五十七年添設。
守備一員，駐劄淡水城。
千總一員　把總一員
臺灣水師協
副將一員，駐劄安平鎮，標下中左右三營。
中營
遊擊一員　守備一員
千總二員　把總四員
左營
遊擊一員　守備一員
千總一員　把總三員
右營
遊擊一員　守備一員雍正元年添設。
千總二員　把總三員
澎湖水師協
副將一員，駐劄娘媽宫，標下左右二營。
左營
遊擊一員　守備一員
千總二員　把總四員
右營
遊擊一員　守備一員
千總二員　把總四員
陸路原設提督，康熙十七年，改設全省水陸提督，本年改專管陸路。
提督一員，駐劄泉州府，標下中左右前後五營，統轄全省陸路鎮營。
中營

參將一員　　守備一員

千總二員　　把總四員

左營

遊擊一員　　守備一員

千總二員　　把總四員

右營

遊擊一員　　守備一員

千總一員　　把總四員

前營

遊擊一員　　守備一員

千總一員原設二員,後裁一員。

把總四員

後營

遊擊一員　　守備一員

千總二員　　把總四員。舊設旗鼓守備一員,順治十五年裁。

興化城守協原設水師右路總兵官,康熙八年,改爲興化總兵官。標下中左右三營,管轄福州城守協,泉州、邵武、長樂、福清、同安五營。三十六年,將興化總兵官移駐汀州,改汀州協爲汀州鎮。以汀州副將移駐興化,改興化鎮爲興化城守協。其鎮標中左右三營,裁一營,改爲協標左右二營,將原轄之福州城守協,改爲提標外屬,邵武營改屬汀州鎮管轄,同安營改屬漳州鎮管轄,其長樂、福清二營併爲長福營,與泉州營仍留管轄。

副將一員,駐劄興化府,標下左右二營,所屬泉州營、長福營。

左營原設興化鎮標左營遊擊守備等員,康熙十九年裁遊擊,二十一年復設遊擊。三十六年,改爲協標左營。

遊擊一員　　守備一員

千總二員　　把總四員

右營原設興化鎮標右營遊擊守備等員,康熙二十五年裁守備,三十六年,改爲協標右營。

遊擊一員　　千總二員

把總四員舊設興化城守遊擊等官,康熙二十三年裁。

泉州營原設參將守備千把總等官,康熙二十三年裁守備,二十五年裁參將,二十七年,以長樂營遊擊、漳州城守營守備撥補。

遊擊一員,駐劄泉州府。

守備一員　　千總二員

把總四員舊設泉州水師参將等官,康熙二年裁。

長福營原設長樂福清遊擊一員,康熙元年,分設二營,各設遊擊一員,二十七年,將長樂營遊擊撥補泉州營遊擊,改福清營遊擊爲長福營遊擊,其長樂福清二營守備千把總等官,改爲長福左右二營。

遊擊一員,駐劄福清縣,標下左右二營。

左營

守備一員

千總一員原設二員,康熙五十七年裁一員。

把總二員原設三員,康熙五十七年裁一員。

右營

守備一員

千總一員原設二員,康熙五十七年裁一員。

把總二員原設三員,康熙五十七年裁一員。

福州城守協原設標下中左右三營遊擊守備各一員,康熙二十五年裁中營守備。二十七年,中營悉裁,止留左右二營。原屬興化鎮管轄,三十六年,改爲提標外屬。

副將一員,駐劄福州府,標下左右二營。

左營原設遊擊守備等員,康熙二十三年裁遊擊,二十七年,將中營遊擊撥補,三十一年,仍裁遊擊,五十六年裁守備,改設都司。

都司僉書一員　　千總二員

把總四員

右營原設遊擊一員,康熙三十五年裁。

守備一員　　千總二員

把總四員

福寧鎮原管轄建寧、延平二協,羅源、連江二營,康熙三十六年,將延平協撥屬汀州鎮,又將原屬金門鎮管轄之桐山營楓嶺營改隸焉。

鎮守福寧總兵官一員,駐劄福寧州,標下中左右三營,管轄建寧城守一協,桐山、連江、羅源、楓嶺四營。

中營

遊擊一員　　守備一員

千總二員　　把總四員

左營原設遊擊，康熙十一年，改設守備。

守備一員　　千總二員

把總三員

右營

遊擊一員，駐劄寧德縣。

守備一員　　千總一員原設二員，康熙三十一年裁一員。

把總四員舊設前營遊擊等官，康熙六年裁。福寧州參將等官，順治十四年裁。福寧營遊擊等官，康熙二十三年裁。

建寧城守協

副將一員，駐劄建寧府，標下中左右三營。

中營

遊擊一員　　守備一員

千總二員　　把總四員

左營原設遊守等員，康熙二十七年，將守備撥補邵武右營。

遊擊一員，駐劄崇安縣。

千總一員　　把總四員

右營

遊擊一員，駐劄松溪縣。

守備一員　　千總二員

把總三員原設四員，康熙三十一年裁一員。

桐山營原屬金門鎮管轄，後改歸福寧鎮管轄。

遊擊一員，駐劄桐山堡原設遊擊，康熙十年裁，十一年復設。

守備一員　　千總二員

把總四員

連江營原設連江羅源遊擊一員，康熙元年，分設二營，六年裁連江營，八年復設。

遊擊一員，駐劄連江縣。

守備一員　　千總二員

把總三員

羅源營

遊擊一員，駐劄羅源縣。

守備一員　　千總二員

把總四員

浙閩楓嶺營原屬金門鎮管轄,後改歸福寧鎮管轄。

守備一員,駐劄浙江界楓嶺關地方。

千總一員　　把總二員外有遊擊等官,屬浙江管轄。

汀州鎮原設汀州城守副將,屬漳浦鎮管轄,康熙元年裁,八年復設,標下中左右三營。三十六年,將汀州副將移駐興化,改興化鎮爲興化城守協,將興化總兵官移駐汀州,改汀州協爲汀州鎮,原設協標三營即改爲鎮標三營,將原屬興化鎮之邵武營、原屬福寧鎮之延平城守協,俱改歸管轄。

鎮守汀州總兵官一員,駐劄汀州府,標下中左右三營,管轄邵武城守營、延平城守協。

中營

遊擊一員　　守備一員

千總二員　　把總四員

左營原設守備一員,康熙四十七年裁。

遊擊一員　　千總二員

把總四員

右營

遊擊一員　　守備一員

千總二員　　把總三員原設四員,康熙三十一年裁一員。

邵武城守營原設副將,標下左右二營。康熙二十五年裁副將,改設遊擊。二十七年裁遊擊,將督標右營參將移駐。雍正二年,復裁參將,仍設遊擊。原屬興化鎮管轄,康熙三十六年,改歸汀州鎮管轄。

遊擊一員,駐劄邵武府,標下左右二營。

左營原設遊擊一員,康熙二十三年裁。

守備一員　　千總二員

把總四員

右營原設守備一員,康熙十一年裁,二十七年,將建寧協標左營守備撥補。

守備一員　　千總二員

把總三員原設四員,康熙三十一年裁一員。

延平城守協原屬福寧鎮管轄,康熙三十六年,改歸汀州鎮管轄。

副將一員,駐劄延平府,標下左右二營。

左營

遊擊一員,駐劄將樂縣。

守備一員　　千總二員

把總四員

右營原設守備一員,康熙三十一年裁。

遊擊一員,駐劄永安縣。

千總二員　　把總四員

漳州鎮原設左路總兵官,順治六年,改爲汀州總兵官,七年,改爲汀邵漳泉總兵官,八年,改爲漳浦鎮總兵官,駐劄漳浦縣,十六年裁,十七年復設。康熙二十七年,移駐漳州,改爲漳州總兵官。其漳浦鎮標下原設之右營遊擊守備千把總等官,仍留原汛,改爲漳浦營,將漳州城守右營遊擊守備千把總等官撥補鎮標右營。三十六年,將原屬興化鎮管轄之同安營,金門鎮管轄之雲霄、詔安、海澄三營,俱改隸焉。

鎮守漳州總兵官一員,駐劄漳州府,標下中左右三營,管轄漳州城守、漳浦、同安、雲霄、詔安、海澄六營。

中營原設遊擊守備各一員,康熙二十七年裁守備。

遊擊一員　　千總一員

把總四員

左營

遊營一員　　守備一員

千總二員　　把總三員原設四員,康熙三十一年裁一員。

右營

遊擊一員　　守備一員

千總二員　　把總四員舊設漳浦鎮標旗鼓守備一員,順治十五年裁。

漳州城守營原設副將一員,標下中左右三營。康熙二十三年,副將調駐澎湖中營,遊擊守備裁,設城守守備。二十七年,將守備撥補泉州城守營,又將右營遊擊守備千把總等官撥補漳州鎮右營,止留左營,改爲漳州城守營。

遊擊一員,駐劄漳州府。

守備一員　　千總二員

把總四員舊設漳州水師副將竝三營遊擊等官,康熙二年裁。

漳浦營原設漳浦營參將等員,屬漳浦鎮總兵官管轄,康熙二十三年裁。二十七年,漳浦總兵官移駐漳州,留右營遊擊守備等官,仍駐原汛,改爲漳浦營。

遊擊一員,駐劄漳浦縣。

守備一員　　千總二員

把總四員

同安城守營原設副將,康熙二年,改設總兵官;五年,仍設副將;八年裁。本年仍設副將,二十三年,改設遊擊。原屬興化鎮管轄,三十六年,改歸漳州鎮管轄。

遊擊一員,駐劄同安縣。

守備一員　　千總二員

把總四員

雲霄營原設守備二員,康熙十八年添設參將一員,二十三年裁守備一員,二十五年裁參將一員,二十七年,將銅山營遊擊移駐,改爲雲霄營遊擊。原屬金門鎮管轄,後改歸漳州鎮管轄。

遊擊一員,駐劄雲霄城。

守備一員　　千總二員

把總三員

詔安營原屬金門鎮管轄,後改歸漳州鎮管轄。

遊擊一員,駐劄詔安縣。

守備一員　　千總二員

把總三員原設四員,康熙五十七年裁一員。

海澄營原設副將,康熙八年裁,十八年復設,二十三年裁。原屬金門鎮管轄,後改歸漳州鎮管轄。

遊擊一員,駐劄海澄縣。

守備一員　　千總二員原設一員,康熙五十七年添一員。

把總三員原設二員,康熙五十七年添一員。舊設中營遊擊等官,康熙八年裁;左營遊擊等官,康熙二十三年裁。

閩粵南澳鎮詳見廣東。

左營

遊擊一員,駐劄南澳城。

守備一員　　千總二員

把總四員

舊設隨征左路總兵官一員,標下設中左右三營官順治十六年裁。同安總兵官一員,標下設中左右三營官康熙五年裁。隨征右路總兵官一員,標下設中左右三營官康熙六年裁。右路總兵官一員,標下設中左右三營官順治六年,改爲泉州總兵官,十一年,改爲隨征中路總兵官,康熙六年裁。閩安水師總兵官一員,標下設中左右三營官康熙元年,改爲水師左路總兵官,八年裁。左翼總兵官一員，標下設中左右前後五營官康熙十五年裁。右翼總兵官一員，標下設中左右前後五營官康熙十五年裁。隨征中路總兵官一員康熙十五年裁。隨征左鎮總兵官一員，標下設中左右三營官。康熙十六年裁。隨征右鎮總兵官一員，標下設中左右三營官康熙十六年裁。隨征前鎮總兵官一員，標下設中左右三營官康熙十六年裁。隨征後鎮總兵官一員，標下設中左右三營官康熙十六年裁。海澄總兵官一員，標下設中左右三營官康熙十七年，改爲漳州總兵官，二十三年裁。厦門總兵官一員，標下設中左右三營官康熙二十三年裁。銅山總兵官一員，標下設中左右三營官康熙二十三年裁。興化總兵官一員，標下設中左右三營官康熙三十六年裁。海澄公一員，標下設中軍左右前後四營官康熙十七年裁標下四營等官。江東橋副將一員，晉江營遊擊守備各一員，洛陽橋營遊擊守備各一員，圍頭營遊擊守備各一員，平海營遊擊守備各一員，浯澳營遊擊守備各一員，鎮東營守備一員以上，康熙十三年裁。惠安營參將守備各一員，浦城營守備一員，灌口龍江參將一員，蒜嶺營守備一員，楓亭營守備一員以上，康熙二十四年裁。

山東

登州鎮原設參將，順治十七年，改設副將，十八年，移臨清總兵官駐登州。標下中左右三營，管轄全省。康熙六年，將左營守備千總各一員、把總二員改爲水師營，十六年裁左營遊擊一員，標下改爲中右水師三營，四十三年添設水師營遊擊二員，守備一員，千總一員，把總四員，分爲水師前後二營，五十三年裁水師後營，標下仍設中右水師三營。雍正二年，設兖州總兵官，將原屬登州鎮管轄之臨清、沂州二協，壽張、曹州、臺莊、東昌、范縣、梁山、沙溝、泰安、高唐、德州十營撥歸兖州鎮管轄。

鎮守登州總兵官一員，駐劄登州府，標下中右水師三營，管轄文登、膠州二協，萊州、濟南城守、即墨、青州、武定、安東、寧福、壽樂八營。

中營

遊擊一員　　守備一員

千總二員　　把總四員

右營

遊擊一員　　守備一員

千總二員　　把總四員

水師營原設水師營守備一員、千總一員、把總二員。康熙四十三年，添設遊擊二員、守備一員、千總三員、把總四員，分爲水師前後二營，五十三年裁後營遊擊等官，添把總一員。

遊擊一員　　守備一員

千總二員　　把總四員

文登協原設守備。順治十七年,改設副將。

副將一員,駐劄文登縣。

中軍守備一員　　千總二員

把總四員舊設中左右營都司三員,守備三員。康熙五年裁右營,十九年俱裁。

膠州協原設總兵官,順治十一年裁,十二年設參將,十五年,移沂鎮總兵官駐膠州,康熙二十一年裁,改設副將。

副將一員,駐劄膠州。

中軍守備一員原設二員,康熙二年裁,二十一年復設一員。

千總二員　　把總四員

萊州營原設遊擊,順治十八年裁,改設副將,康熙二十一年裁副將,復設遊擊,三十九年裁遊擊,將寧福營參將撥補。

參將一員,駐劄萊州府。

守備一員原設二員,康熙十九年裁一員。

千總二員　　把總四員舊設左右二營都司二員,康熙十九年裁。

濟南城守營

參將一員,駐劄濟南府。

守備一員　　千總二員

把總四員

即墨營原係膠州參將,康熙三年,移駐即墨。

參將一員,駐劄即墨縣。

守備一員原設二員,康熙七年裁一員。

千總二員　　把總四員

青州營原設參將,康熙元年裁參將,五年復設。

參將一員,駐劄青州府。

守備一員　　千總二員

把總四員

武定營

遊擊一員,駐劄武定州。

守備一員　　千總二員

把總四員

安東營

都司僉書一員，駐劄安東衛。

千總一員　　把總三員舊設守備一員，康熙二十三年裁。

寧福營原設參將，駐劄寧海州，康熙三十九年，移參將駐萊州，止留守備等官。

守備一員　　千總一員

把總二員原設四員，康熙三十九年裁一員，將一員撥屬德州營。

壽樂營原設參將，駐劄壽光縣。康熙三十九年，移參將駐泰安州，止留守備等官。

守備一員

千總一員原設二員，康熙三十九年裁一員。

把總二員原設四員，康熙三十九年，將二員撥屬泰安營。

兖州鎮原設兖州營參將，屬登州鎮管轄，雍正二年，移參將駐臺莊，改設兖州鎮總兵官，標下中右二營遊擊守備等官。

鎮守兖州總兵官一員，駐劄兖州府，標下中右二營，管轄臨清、沂州二協，壽張、曹州、臺莊、東昌城守、范縣、梁山、沙溝、泰安、高唐、德州十營。

中營

遊擊一員原係臺莊營遊擊，雍正二年改爲鎮標中營遊擊。

守備一員原係兖州營參將中軍守備，雍正二年，改隸鎮標中營。

千總二員原係兖州營參將所屬，止設一員，雍正二年，改隸鎮標中營，添一員。

把總四員原係兖州營參將所屬，雍正二年，改隸鎮標中營。

右營

遊擊一員雍正二年添設。

守備一員原係界河營守備，駐劄界河，雍正二年，改隸鎮標右營。

千總二員雍正二年添設。

把總四員原係滿家硐把總一員，界河營把總二員，雍正二年，改隸鎮標右營，外又添設一員。

臨清協原設總兵官，順治十八年，移駐登州，改設副將。

副將一員，駐劄臨清州。

中軍守備一員原設二員，康熙十九年裁一員。

千總二員　　把總四員舊設城守營都司一員，順治十八年裁。都司僉書二員，康熙十九年裁一員。二十三年，又裁一員。

沂州協原設總兵官，順治十五年，移駐膠州，康熙二十一年，改設副將。

副將一員，駐劄沂州。

中軍守備一員　千總二員

把總四員

壽張營

遊擊一員，駐劄壽張縣。

守備一員　千總二員

把總三員

曹州營

參將一員，駐劄曹州。

守備一員　千總二員

把總二員

臺莊營原設遊擊，雍正二年，改爲鎮標中營遊擊，以兖州參將移駐。

參將一員，駐劄臺兒莊。

守備一員　千總二員

把總四員

東昌城守營

都司僉書一員，駐劄東昌府。

千總一員　把總三員

范縣營

守備一員，駐劄范縣。

把總二員

梁山營

守備一員，駐劄壽張縣梁山營。

把總二員

沙溝營

守備一員，駐劄嶧縣。

把總一員

泰安營原設守備，康熙三十九年，將壽樂營參將移駐泰安，即改守備爲中軍守備。

參將一員，駐劄泰安州。

守備一員原係即墨右營守備，康熙七年，移駐泰安，三十九年，改爲中軍守備。

千總一員　　把總三員原設一員，康熙三十九年裁，壽樂營把總二員撥補。

高唐營

遊擊一員，駐劄高唐州。

守備一員　　千總二員

把總三員

德州營

參將一員，駐劄德州。

守備一員　　千總一員

把總四員原設三員，康熙三十九年裁，寧福營把總一員撥補。

舊設提督一員，標下設中左右三營官康熙二十一年裁。膠州總兵官一員，標下設中左右前後五營官順治十一年裁。沂州總兵官一員，標下設中左右前後五營官順治十五年，移駐膠州，康熙二十一年裁。金州營守備一員康熙十九年裁。界河營守備一員，把總二員雍正二年，改隸兖州鎮標。滿家峒營守備一員雍正二年裁。

河南

河北鎮原設懷慶總兵官，康熙七年，移駐開封府，懷慶另設參將。八年，仍移總兵駐懷慶府，裁參將。

鎮守河北總兵官一員，駐劄懷慶府，標下左右二營，管轄衛輝營、開封城守營、河南城守營、磁州營、嵩縣營、王禄店營。

左營

遊擊一員　　守備一員

千總二員　　把總四員

右營

遊擊一員　　守備一員

千總二員　　把總四員舊設旗鼓守備一員，順治十五年裁。中營遊擊等官，康熙十年裁。

衛輝營

參將一員，駐劄衛輝府。

守備一員　　千總二員

把總五員原設三員，雍正三年，將直隸滑縣濬縣改屬衛輝府，原防二縣之把總二員，添入衛輝營。

開封城守營原設開歸河南總兵官，順治十三年，改設副將一員、都司二員。康熙元年裁副將,并裁都司一員。

都司僉書一員,駐劄開封府。

守備一員原設二員,康熙元年裁一員。

千總二員　　把總三員舊設開封參將一員,左右二營守備等官,康熙十八年裁。

河南城守營原設參將,康熙元年,改設都司。雍正三年,裁都司,改設陝州營守備,城守營仍設參將。

參將一員,駐劄河南府,兼轄陝州營。

守備一員　　千總二員

把總三員

陝州營原係河南營内派千總一員分防。雍正三年,裁河南營都司,添設陝州營守備,仍屬河南營兼轄。

守備一員,駐劄陝州。

把總二員

彰德營原設磁州營都司,雍正四年,磁州改歸直隸廣平府,都司移駐彰德府,改爲彰德營。

都司僉書一員,駐劄彰德府。

守備一員

千總一員原設二員,雍正四年,將一員改歸直隸廣平營。

把總四員原設三員,雍正三年,直隸内黄縣改屬彰德府,撥原防内黄之把總一員隸焉。

嵩縣營

守備一員,駐劄嵩縣。

把總二員雍正三年添設。

王禄店營

守備一員,駐劄滎澤縣地方。

南陽鎮

鎮守南陽總兵官一員,駐劄南陽府,標下左右二營,管轄汝寧營、歸德營、襄城城守營、陳州營、鄧新營、懷河營。

左營

遊擊一員　　守備一員

千總二員　　把總四員

右營

遊擊一員　　守備一員

千總二員　　把總四員舊設旗鼓守備一員，順治十五年裁；中營遊擊等官，康熙二十一年裁。

汝寧營

參將一員，駐劄汝寧府。

守備一員　　千總二員

把總六員原設四員，雍正元年添設一員，三年又添設一員。

歸德營

參將一員，駐劄歸德府。

守備一員　　千總二員

把總四員

襄城城守營

都司僉書一員，駐劄襄城縣。

守備一員　　千總二員

把總四員

陳州營原係懷慶總兵標下中營守備，康熙十年移設。

守備一員，駐劄陳州。

千總一員　　把總三員原設二員，雍正三年添設一員。

鄧新營

守備一員，駐劄鄧州。

千總一員　　把總一員

懷河營雍正元年添設，聽副總河管轄。

千總二員一駐武陟縣，一駐歸德府。

舊設提督一員，標下設中左右三營官康熙七年裁，十三年復設，十八年裁。開歸河南總兵官一員，標下設左右二營官順治十三年裁。援勦河南總兵官一員，標下設中左右三營官康熙十四年裁。

大清會典卷之一百二十九

兵部職方司

〔鎮戍十〕

〔督標撫標〕

國家設將帥之臣，以守封疆，又遣都察院堂官爲總督、巡撫，以統率之。總督節制全省，巡撫專司糧餉而贊理焉，各設標下將弁，以資備禦。直省歷年裁設不一，今將現在標弁開載如左。道員向亦各有標下武弁，歷經裁汰，今亦附載如左。督標例設副將，撫標例設遊擊，道標例設守備，直省巡撫特蒙恩旨，加授總督銜者，中軍設立副將。凡巡撫加授總督，或以總督銜管巡撫事，或以巡撫銜管總督事，因乎其人者，出自特旨，缺出，後不爲例，不載。因地更定，著爲例者，將初設後改之處詳列於後，以備稽考。其漕運河道總督標弁，各分載於所駐劄省。

直隸

贊理軍務巡撫一員，駐劄保定府，標下左右二營原設撫標，順治六年裁，十六年復設，十八年裁，康熙十三年復設，十四年裁，二十一年復設。

左營

遊擊一員　　守備一員

千總二員　　把總四員

右營

遊擊一員　　守備一員

千總二員　　把總四員撫標外屬各營協，及四路捕盜同知所管千把總等官，俱載於直隸將領之後。

舊設總督直隸山東河南軍務一員，駐劄大名府，標下設中左右前後五營官順治十五年裁,康熙元年設直隸總督,四年裁,復設三省總督,八年裁。

順天巡撫一員,標下設中左右三營官順治十八年裁。天津巡撫一員,標下設中軍官順治六年裁。宣府巡撫一員,標下設中左右三營官順治九年裁。天津兵備道一員,標下守備等官順治六年裁。通州兵備道一員,標下守備一員。河間兵備道一員,標下守備等官。定州兵備道一員,標下守備一員。順廣兵備道一員,標下守備一員。保定兵備道一員,標下守備一員。屯牧道一員,標下守備一員以上,順治七年裁。山海兵備道一員,標下守備等官。分巡口北道一員,標下守備一員。赤城兵備道一員,標下守備一員以上,順治十年裁。薊州兵備道一員,標下守備等官順治十六年裁。霸州兵備道一員,標下守備等官。永平兵備道一員,標下守備等官。井陘兵備道一員,標下守備等官。大名兵備道一員,標下守備一員。易州兵備道一員,標下守備一員。分守口北道一員,標下守備等官。懷隆兵備道一員,標下守備等官。密雲兵備道一員,標下守備等官。昌平兵備道一員,標下守備等官以上,順治十八年裁。

山西

提督軍務巡撫一員,駐劄太原府,標下左右二營原設撫標,順治十八年裁,康熙十三年復設,十四年裁,二十一年復設。

左營

遊擊一員　　守備一員

千總二員　　把總四員

右營

遊擊一員　　守備一員

千總二員　　把總四員

舊設總督山西軍務一員,標下設中左右三營官順治十五年裁,康熙元年復設,四年裁。山西巡道一員,標下守備一員。大同兵備道一員,標下守備一員以上,順治六年裁。山西守道一員,標下守備一員。鴈平兵備道一員,標下守備一員。寧武兵備道一員,標下守備一員。分守冀寧道一員,標下守備一員。分巡冀寧道一員,標下守備一員。分守冀南道一員,標下守備一員。分巡冀南道一員,標下守備一員。分守河東道一員,標下守備一員。分巡河東道一員,標下守備一員。岢嵐兵備道一員,標下守備一員。陽和兵備道一員,標下守備一員以上。順治十八年裁。

陝西

總督四川陝西軍務一員，駐劄西安府，標下中左右前後火器六營初設陝西總督，康熙四年，改爲山陝總督，十一年，仍改陝西總督，十九年，改爲川陝總督，五十九年，分川陝爲兩總督，六十年，復改川陝總督。

中營

副將一員　守備一員

千總二員　把總四員

左營

遊擊一員　守備一員

千總二員　把總四員

右營

遊擊一員　守備一員

千總二員　把總四員

前營

遊擊一員　守備一員

千總二員　把總四員

後營

遊擊一員　守備一員

千總二員　把總四員

火器營原設守備一員、千總四員、把總八員。康熙三十二年添設守備一員，分爲左右二營。三十八年添設參將一員，裁守備一員、千總二員、把總四員，仍併爲一營。

參將一員　守備一員

千總二員　把總四員

贊理軍務陝西巡撫一員，駐劄西安府，標下左右二營原設撫標，順治十八年裁，康熙十三年復設。

左營

遊擊一員　守備一員

千總二員　把總四員

右營

遊擊一員　守備一員

千總二員　把總四員

贊理軍務甘肅巡撫一員，駐劄蘭州，標下左右二營原設撫標，順治十八年裁，康熙九年復設。

左營

遊擊一員　　守備一員

千總二員　　把總四員

右營

遊擊一員　　守備一員

千總二員　　把總四員

舊設總督陝西軍務一員，標下設中左右前後五營官。延綏巡撫一員，標下設左右二營官。寧夏巡撫一員，標下設左右二營官。分守關内道一員，標下守備一員。分巡關内道一員，標下守備一員。潼關兵備道一員，標下守備一員。分守關西道一員，標下守備一員。分巡關西道一員，標下守備一員。商雒兵備道一員，標下守備一員。分守河西道一員，標下守備一員。分巡河西道一員，標下守備一員。固原兵備道一員，標下守備一員。靖遠兵備道一員，標下守備一員。榆林兵備道一員，標下守備一員。神木兵備道一員，標下守備一員。靖邊兵備道一員，標下守備一員。漢羌兵備道一員，標下守備一員。分守關南道一員，標下守備一員。肅州兵備道一員，標下守備一員。撫治西寧道一員，標下守備一員。分守西寧道一員，標下守備一員。分巡西寧道一員，標下守備一員。莊浪兵備道一員，標下守備一員。分守隴西道一員，標下守備一員。分巡隴西道一員，標下守備一員。臨洮兵備道一員，標下守備一員。洮岷兵備道一員，標下守備一員。河西兵備道一員，標下守備一員。河東兵備道一員，標下守備一員以上，順治十八年裁。

四川

提督軍務巡撫一員，駐劄成都府，標下左右二營原設撫標，順治十八年裁，康熙十三年復設。

左營

遊擊一員　　守備一員

千總二員原設一員，康熙十九年添設一員。

把總四員原設二員，康熙十九年添設二員。

右營

遊擊一員　　守備一員

千總二員原設一員，康熙十九年添設一員。

把總四員原設二員，康熙十九年添設二員。

舊設總督四川軍務一員，標下設副將等官原設四川總督，康熙七年，改爲川湖總督，八年裁，九年復設川湖總督，十三年設四川總督，十九年，改爲川陝總督，五十九年復設，六十年仍裁。四川守道一員，標下守備一員。四川巡道一員，標下守備一員以上，順治十四年裁。監軍道一員，標下守備一員順治十七年裁。松龍兵備道一員，標下守備一員順治十八年裁。

雲南

總督雲南貴州軍務一員，駐劄雲南府，標下中左右前後城守六營。原設雲貴總督，康熙元年，改設雲南總督，五年，改設雲貴總督。

中營

副將一員　　守備一員

千總二員　　把總四員

左營

遊擊一員　　守備一員

千總二員　　把總四員

右營

遊擊一員　　守備一員

千總二員　　把總四員

前營

遊擊一員　　守備一員

千總二員　　把總四員

後營

遊擊一員　　守備一員

千總二員　　把總四員

雲南城守營原設副將，康熙四年裁，九年設參將。

參將一員　　守備一員

千總二員　　把總四員督標外屬各營協，俱載於雲南將領之後。

贊理軍務巡撫一員，駐劄雲南府，標下左右二營原設撫標，順治十八年裁，康熙十九年復設。

左營

遊擊一員　　守備一員

千總二員　　把總四員

右營

遊擊一員　　守備一員

千總二員　　把總四員

舊設總督雲南軍務一員，標下設中左右三營官康熙五年裁。

貴州

提督軍務巡撫一員，駐劄貴陽府，標下左右二營原設撫標，順治十八年裁，康熙十九年復設。

左營

遊擊一員　　守備一員

千總二員　　把總四員

右營

遊擊一員　　守備一員

千總二員　　把總四員

舊設總督貴州軍務一員，標下設中左右三營官康熙四年裁，十二年復設，十三年裁。貴寧兵備道一員，標下守備一員。分巡威清道一員，標下守備一員。畢節兵備道一員，標下守備一員。分守新鎮道一員，標下守備一員。分巡都清道一員，標下守備一員。分守思仁道一員，標下守備一員。分巡思仁道一員，標下守備一員以上，順治十八年裁。

廣西

提督軍務巡撫一員，駐劄桂林府，標下左右二營原設撫標。順治十八年裁，康熙十三年復設。

左營

遊擊一員　　守備一員

千總二員　　把總四員

右營

遊擊一員　　守備一員

千總二員　　把總四員

舊設總督廣西軍務一員，標下設中左右三營官康熙四年裁。

湖廣

總督湖廣軍務一員，駐劄武昌府，標下中左右三營原設湖廣總督，康熙七年，裁併川湖總督，十三年復設湖廣總督，二十七年裁，本年復設。

中營

副將一員　　守備一員

千總二員　　把總四員

左營

遊擊一員　　守備一員

千總二員　　把總四員

右營

遊擊一員　　守備一員

千總二員　　把總四員

提督軍務湖北巡撫一員，駐劄武昌府，標下左右二營原設撫標，順治十八年裁，康熙十三年復設。

左營

遊擊一員　　守備一員

千總二員　　把總四員

右營

遊擊一員　　守備一員

千總二員　　把總四員

提督軍務湖南巡撫一員，駐劄長沙府，標下左右二營原設撫標，順治十八年裁，康熙十三年復設。

左營

遊擊一員　　守備一員

千總二員　　把總四員

右營

遊擊一員　　守備一員

千總二員　　把總四員

舊設鄖襄撫治一員，標下設中左右三營官順治十八年裁，康熙十五年復設鄖陽撫治，十九年裁。分守武昌道一員，標下守備一員。分巡武昌道一員，標下守備一員。分巡郴桂道一員，標下守備一員。分守上湖南道一員，標下守備一員。分守下湖南道一員，標下守備一員。分巡下湖南道一員，標下守備一員。分守荆西道一員，標下守備一員。分巡荆西道一員，標下守備一員。分守上江防道一員，標下守備一員。分守下江防道一員，標下守備一員。分守上荆南道一員，標下守備一員。分巡上荆南道一員，標下守備一員。分守下荆南道一員，標下守備一員。分巡下荆南道一員，標下守備一員。分守湖北道一員，標下守備一員。分巡湖北道一員，標下守備一員。分巡辰常道一員，標下守備一員。荆南武彝兵備道一員，標下守備一員以上，順治十八年裁。

廣東

總督廣東廣西軍務一員，駐劄肇慶府，標下中左右前後肇慶水師六營。

中營

副將一員　守備一員

千總二員　把總四員

左營

參將一員　守備一員

千總二員　把總四員

右營

參將一員　守備一員

千總二員　把總三員原設四員，康熙五十八年裁一員，添入達濠營。

前營

參將一員　守備一員

千總二員　把總四員

後營

參將一員　守備一員

千總二員　把總四員

肇慶水師營

參將一員　守備一員

千總二員　把總四員

提督軍務巡撫一員，駐劄廣州府，標下左右二營原設撫標，順治十八年裁，康熙十三年復設。

左營

遊擊一員　守備一員

千總二員　把總四員

右營

遊擊一員　守備一員

千總二員　　把總四員

舊設分守嶺南道一員,標下守備一員。分守嶺西道一員,標下守備一員。分巡嶺西道一員,標下守備一員。分守嶺東道一員,標下守備一員。分巡嶺東道一員,標下守備一員。分守海北道一員,標下守備一員。分巡海北道一員,標下守備一員。兵糧道一員,標下守備一員。驛傳道一員,標下守備一員。瓊州兵備道一員,標下守備一員。巡海道一員,標下守備一員。羅定兵備道一員,標下守備一員。水利鹽法道一員,標下守備一員。南韶兵巡道一員,標下守備一員以上,順治十八年裁。

江南

總督江南江西軍務一員,駐劄江寧府,標下中左二營。

中營

副將一員　　守備一員

千總二員　　把總四員

左營

遊擊一員　　守備一員

千總二員　　把總四員督標外屬各營協與遊兵奇兵二營,俱載於江南將領之後。

提督軍務安徽巡撫一員,駐劄安慶府,標下左右二營原設撫標,順治六年裁,康熙十三年復設。

左營

遊擊一員　　守備一員

千總二員　　把總四員

右營

遊擊一員　　守備一員

千總二員　　把總四員

提督軍務江寧巡撫一員,駐劄蘇州府,標下左右二營原設撫標,順治十八年裁,康熙十三年復設。

左營

遊擊一員　　守備一員

千總二員　　把總四員

右營

遊擊一員　　守備一員

千總二員　　　　把總四員

總督漕運軍務一員，駐劄淮安府，標下左右二營原設宿遷後營，亦屬親標。康熙三十六年，改爲宿遷營，列於漕標外屬，兼屬狼山鎮管轄。

左營原設副將，康熙三十二年，改爲中軍副將兼管左營事。

中軍副將一員，兼管左營事。

守備一員　　　　千總二員

把總四員原設五員，内一員，康熙三十六年，撥入淮安城守營。

右營

遊擊一員　　　　守備一員

千總二員

把總四員原設五員，内一員，康熙三十六年，撥入淮安城守營。漕標外屬各營協，俱載於江南將領之後。

舊設鳳陽巡撫一員，標下設遊擊等官順治六年裁，十七年復設，十八年裁。操江巡撫一員，標下設中軍、遊兵、奇兵、新水四營官康熙元年裁。廬州兵備道一員，標下守備一員。滁和兵備道一員，標下守備一員。鳳泗兵備道一員，標下守備一員以上，順治七年裁。池太兵備道一員，標下守備一員。徽寧兵備道一員，標下守備一員。潁州兵備道一員，標下守備一員。安廬兵備道一員，標下守備一員。鳳宿兵備道一員，標下守備一員以上，順治十八年裁。蘇松常鎮督糧道一員，標下守備一員順治十年裁。分巡江寧道一員，標下守備一員順治十五年裁。分守江寧道一員，標下守備一員。蘇松兵備道一員，標下守備一員。常鎮兵備道一員，標下守備一員。淮海兵備道一員，標下守備一員。淮徐兵備道一員，標下守備一員。揚州兵備道一員，標下守備一員以上，順治十八年裁。

浙江

提督軍務巡撫一員，駐劄杭州府，標下左右二營原設撫標，順治十八年裁，康熙十三年復設。

左營

遊擊一員，兼管右營事。

守備一員　　　　千總一員

把總四員

右營

原設遊擊一員，康熙三十九年裁，止留守備千把總等官，歸併左營遊擊管轄。

守備一員　　千總一員

把總四員

舊設總督浙江福建軍務一員,標下設中左右三營官順治十五年裁,康熙八年復設,九年裁。總督浙江軍務一員,標下設中左右三營官康熙八年裁。九年復設,二十三年裁。水利道一員,標下守備一員順治七年裁。督糧道一員,標下守備一員順治十年裁。分巡杭嚴道一員,標下守備一員。分巡嘉湖道一員,標下守備一員。分守金衢道一員,標下守備一員。分巡金衢道一員,標下守備一員。分守温處道一員,標下守備一員。分巡温處道一員,標下守備一員。分巡紹台道一員,標下守備一員。分守寧紹道一員,標下守備一員。寧紹巡海道一員,標下守備一員。分守嘉湖道一員,標下守備一員以上,順治十八年裁。

江西

兼理軍務巡撫一員,駐劄南昌府,標下左右二營原設撫標,順治十八年裁,康熙十三年復設。

左營

遊擊一員　　守備一員

千總二員　　把總四員

右營

遊擊一員　　守備一員

千總二員　　把總四員撫標外屬各營協,俱載於江西將領之後。

舊設總督江西軍務一員,標下設中左右三營官康熙四年,裁併兩江總督,十三年復設江西總督,二十一年裁。

南贛巡撫一員,標下設左右二營官順治十八年裁。瑞南兵備道一員,標下守備一員順治八年裁。督糧道一員,標下守備一員順治十年裁。分巡嶺北道一員,標下守備一員順治十四年裁。分守南瑞道一員,標下守備一員。分巡南瑞道一員,標下守備一員。分守饒南九道一員,標下守備一員。分巡饒南九道一員,標下守備一員。分守嶺北道一員,標下守備一員。廣撫建道一員,標下守備一員。分守湖東道一員,標下守備一員。分守湖西道一員,標下守備一員。分巡湖西道一員,標下守備一員以上,順治十八年裁。

福建

總督福建浙江軍務一員,駐劄福州府浙江衢州府亦設有註劄衙門。標下中左右三營。

中營

副將一員　　守備一員

千總二員　　把總四員

左營

參將一員　　守備一員

千總二員　　把總四員

右營原設參將，康熙二十七年，改爲邵武城守營參將，以邵武城守遊擊改補右營。

遊擊一員　　守備一員

千總二員　　把總四員

提督軍務巡撫一員，駐劄福州府，標下左右二營原設撫標，順治十八年裁，康熙十三年復設。

左營

遊擊一員　　守備一員

千總二員　　把總四員

右營

遊擊一員　　守備一員

千總二員　　把總四員

舊設總督福建軍務一員康熙七年裁，九年復設，二十六年改設福浙總督。

督糧道一員，標下守備一員順治十五年裁。分守建南道一員，標下守備一員。分巡建南道一員，標下守備一員。分守漳南道一員，標下守備一員。分巡漳南道一員，標下守備一員。分守福寧道一員，標下守備一員。分巡福寧道一員，標下守備一員。分巡興泉道一員，標下守備一員。巡海道一員，標下守備一員。驛傳道一員，標下守備一員以上，順治十八年裁。分巡厦門道一員，標下守備千總各一員，把總二員康熙六十一年裁。

山東

總督河道軍務一員，駐劄濟寧州江南清江浦，亦設有駐劄衙門。標下中左右濟寧城守四營。

中營

副將一員　　守備一員

千總二員　　把總四員

左營

遊擊一員　守備一員

千總二員　把總四員

右營

遊擊一員　守備一員

千總二員　把總四員

濟寧城守營

都司一員　守備一員

千總一員　把總二員

江南省河標外屬各營,俱載於江南將領之後。

提督軍務巡撫一員,駐劄濟南府,標下左右二營原設撫標,順治十八年裁,康熙十三年復設。

左營

遊擊一員　守備一員

千總二員　把總四員

右營

遊擊一員　守備一員

千總二員　把總四員

舊設總督山東軍務一員,標下設中左右三營官康熙四年,裁併三省總督。登萊巡撫一員,標下設中左右水師四營官順治九年裁。分守濟南道一員,標下守備一員。分巡濟南道一員,標下守備一員。分守兖東道一員,標下守備一員。分巡兖東道一員,標下守備一員。分巡濟寧道一員,標下守備一員。分巡東昌道一員,標下守備一員。分巡兖西道一員,標下守備一員。分巡武德道一員,標下守備一員。分巡登州道一員,標下守備一員。分巡青州道一員,標下守備一員。分守萊州道一員,標下守備一員以上,順治十八年裁。

河南

副總督河道軍務一員,駐劄武涉縣,不立標營,在巡撫標下撥守備一員、千總一員、把總二員聽歸管轄雍正元年設,五年添設豫河營千總二員、把總四員。提督軍務巡撫一員,駐劄開封府,標下左右二營原設撫標,順治十八年裁,康熙十三年復設。

左營

遊擊一員　守備一員

千總二員　　　　把總四員

右營

遊擊一員　　　　守備一員

千總二員　　　　把總四員

舊設總督河南軍務一員，標下設中左右三營官康熙四年，裁併三省總督。督糧道一員，標下守備一員順治十年裁。河道一員，標下守備一員。驛傳道一員，標下守備一員。分守河北道一員，標下守備一員。分巡河北道一員，標下守備一員。分守大梁道一員，標下守備一員。分巡大梁道一員，標下守備一員。睢陳兵備道一員，標下守備一員。分守河南道一員，標下守備一員。分巡河南道一員，標下守備一員。分守汝南道一員，標下守備一員。分巡汝南道一員，標下守備一員以上，順治十八年裁。

大清會典卷之一百三十

兵部職方司

〔鎮戍十一〕

〔緑旗兵丁〕

國朝兵制，八旗拱衛駐防，緑旗分布守禦，皆量地勢之險易，酌兵數之多寡。兹依現在馬步戰守經制，詳列緑旗兵數。至駐防八旗兵丁，載武選司。

京師巡捕三營經制兵共四千一百二十名，内，馬兵一千四百四十名，守兵二千六百八十名。

直隸

巡撫標下，經制兵共三千九百五十三名，内，馬兵一千三十五名，守兵二千九百一十八名。

古北口提督標下，經制兵共七千七百五十六名，内，馬兵一千五百八十九名，步兵一千六百二十名，守兵三千九百七十三名，墩兵三百四十四名，臺兵二百三十名。

天津鎮，經制兵共八千二百九十一名，内，馬兵一千六百一十四名，守兵六千六百七十七名。

正定鎮，經制兵五千九百九十名，内，馬兵一千三百五名，守兵四千六百八十五名。

宣化鎮，經制兵共六千二百八名，内，馬兵九百七十五名，步兵八百一十二名，守兵三千九百八十五名，臺兵四百三十六名。

馬蘭鎮，經制兵共一千七百四十名，内，馬兵三百六十三名，守兵一千九十一名，臺兵九十六名，墩兵一百九十名。

山西

巡撫標下,經制兵共八百七十六名,内,馬兵一百名,步兵二百七十六名,守兵五百名。

太原鎮,經制兵共八千二百八名,内,馬兵八百十五名,步兵二千五百五十七名,守兵四千八百三十六名。

大同鎮,經制兵共一萬六千九百一十名,内,馬兵三千三百六十七名,步兵三千五百三十二名,守兵一萬一十一名。

陝西

川陝總督標下,經制兵共五千一百八十八名,内,馬兵三千九百八十八名,屯兵一千二百名。

巡撫標下,經制兵共一千二百九十五名,内,馬兵三百四十五名,步兵二百名,守兵七百五十名。

固原提督標下,經制兵共一萬一千五百二十五名,内,馬兵五千五百三名,步兵二千七十六名,守兵三千九百四十六名。

延綏鎮,經制兵共九千二百四十九名,内,馬兵三千一百七十三名,步兵二千二百四十名,守兵三千八百三十六名。

興漢鎮,經制兵共七千二百四十三名,内,馬兵二千五百九十名,步兵一千四百一十三名,守兵三千二百四十名。

甘肅巡撫標下,經制兵共一千三百名,内,馬兵三百五十名,步兵二百名,守兵七百五十名。

甘肅提督標下,經制兵共五千名,内,馬兵三千六百十八名,步兵一千三百八十二名。

西寧鎮,經制兵共一萬四千四百二十五名,内,馬兵四千六百五十八名,步兵五千六百三十一名,守兵四千一百三十六名。

寧夏鎮,經制兵共九千五百四十一名,内,馬兵四千一百名,步兵一千九百四十三名,守兵三千四百九十八名。

凉州鎮,經制兵共九千五百六十名,内,馬兵四千二百三十一名,步兵一千七百六十一名,守兵三千五百六十八名。

肅州鎮,經制兵共八千七百八名,内,馬兵四千四百三十五名,步兵一千五百九十一名,守兵二千六百八十二名。

安西鎮,經制兵共六千五百名,内,馬兵三千六百六十名,步兵二千八百四十名。

西大通鎮,經制兵共三千六百名,内,馬兵二千名,步兵一千六百名。

四川

巡撫標下,經制兵共一千三百名,内,馬兵三百名,步兵三百七十四名,守兵六百二十六名。

提督標下,經制兵共一萬二千五百八十名,内,馬兵二千六百四十名,步兵四千二百七十五名,守兵五千六百六十五名。

建昌鎮,經制兵共四千五十名,内,馬兵七百四十名,步兵八百九十七名,守兵二千四百一十三名。

松潘鎮,經制兵共五千一百四十名,内,馬兵九百五十名,步兵一千四百七名,守兵二千七百八十三名。

川北鎮,經制兵共二千六百名,内,馬兵五百一十五名,步兵七百五十名,守兵一千三百三十五名。

重慶鎮,經制兵共二千七百五十名,内,馬兵五百三十五名,步兵七百九十二名,守兵一千四百二十三名。

雲南

雲貴總督標下,經制兵共六千二百名,内,馬兵一千一百二十名,步兵二千九百八十名,守兵二千一百名。

巡撫標下,經制兵共一千六百名,内,馬兵一百六十名,步兵六百四十名,守兵八百名。

提督標下,經制兵共六千九百名,内,馬兵一千一百九十名,步兵三千七百六十名,守兵一千九百五十名。

臨元澂江鎮,經制兵共五千六百名,内,馬兵五百六十名,步兵二千二百四十名,守兵二千八百名。

曲尋武霑鎮,經制兵共四千五百八十名,内,馬兵四百五十八名,步兵一千八百三十二名,守兵二千二百九十名。

開化鎮,經制兵共二千四百名,内,馬兵二百四十名,步兵九百六十名,守兵一千二百名。

楚姚蒙景鎮,經制兵共三千二百名,内,馬兵三百二十名,步兵一千二百八十名,守兵一千六百名。

鶴麗鎮,經制兵共四千二百名,内,馬兵四百二十名,步兵一千六百八十名,守兵二千一百名。

永順鎮,經制兵共三千九百名,内,馬兵三百九十名,步兵一千五百六十名，守兵一千九百五十名。

永北鎮，經制兵共二千名，内，馬兵二百名，步兵八百名，守兵一千名。

烏蒙鎮，經制兵共五千六百名，内，馬兵六百一十七名，步兵二千二百七十八名，守兵二千七百五名。

貴州

巡撫標下，經制兵共一千三百八十名，内，馬兵一百三十八名，步兵五百五十二名，守兵六百九十名。

提督標下，經制兵共一萬六千四百三名，内，馬兵一千九百四十二名，步兵六千一百二十五名，守兵八千三百三十六名。

安籠鎮，經制兵共二千四百六十名，内，馬兵二百四十六名，步兵九百八十四名，守兵一千二百三十名。

廣西

巡撫標下，經制兵共一千二百六十二名，内，馬兵一百二十名，步兵八百七十二名，守兵二百七十名。

提督標下，經制兵共八千四百六十五名，内，馬兵四百名，步兵四千七十九名，守兵三千九百八十六名。

左江鎮，經制兵共六千四百三十四名，内，馬兵三百二十名，步兵三千二百九十九名，守兵二千八百一十五名。

右江鎮，經制兵共三千一百七十名，内，馬兵一百二十六名，步兵一千二百五十一名，守兵一千七百九十三名。

湖廣

總督標下，經制兵共一千四百六十三名，内，馬兵二百名，步兵一千二百六十三名。

湖北巡撫標下，經制兵共九百七十五名，内，馬兵一百名，步兵一百九十六名，守兵六百七十九名。

湖南巡撫標下，經制兵共一千一百六十一名，内，馬兵一百十九名，步兵一百九十九名，守兵八百四十三名。

提督標下，經制兵共一萬九千七百四十九名，内，馬兵二千二百六十七名，步兵四千四百四十八名，守兵一萬二千四百七十二名，頭舵戰兵一百三十八名，水戰兵一百九十三名，水守兵二百三十一名。

襄陽鎮，經制兵共三千六百六十七名，内，馬兵四百十二名，步兵五百五十五名，守兵二千七百名。

彝陵鎮,經制兵共四千二百九十二名,内,馬兵三百三十八名,步兵八百八十二名,守兵三千七十二名。

鎮筸鎮,經制兵共四千九百三十一名,内,馬兵三百七十名,步兵九百二十四名,守兵三千三百八十八名,舵兵三十名,水戰兵一百一十名,水守兵一百九名。

永州鎮,經制兵共一千五百五十六名,内,馬兵一百六十六名,步兵二百五十九名,守兵一千一百三十一名。

廣東

兩廣總督標下,經制兵共五千三百八十四名,内,馬兵九百七十八名,步兵二千八百二十七名,守兵一千五百七十九名。

巡撫標下,經制兵共一千四百三十名,内,馬兵一百四十七名,步兵二百六十名,守兵一千二十三名。

將軍標下,經制兵共三千四百六十七名,内,馬兵三百九十二名,步兵三千七十五名。

提督標下,經制兵共一萬五千一百九十七名,内,馬兵一千八百二十一名,步兵五千三百九十名,守兵七千九百八十六名。

左翼鎮,經制兵共一萬二千二百四十名,内,馬兵五百七十七名,步兵四千三百一名,守兵七千三百六十二名。

右翼鎮,經制兵共三千七百五十九名,内,馬兵三百八十九名,步兵二千五百七十四名,守兵七百九十六名。

碣石鎮,經制兵共三千五百三十二名,内,馬兵二百一十三名,步兵八百五十一名,守兵二千四百六十八名。

潮州鎮,經制兵共六千二百名,内,馬兵六百二十二名,步兵一千二百一十一名,守兵四千三百六十七名。

高雷廉,鎮經制兵共一萬一百三十四名,内,馬兵五百八十八名,步兵二千三百八十九名,守兵七千一百五十七名。

瓊州鎮,經制兵共五千二百三十九名,内,馬兵四百三名,步兵一千一百七十四名,守兵三千六百六十二名。

南澳鎮,經制兵共四千一百七十八名,内,馬兵一百一十八名,步兵一千三百九十二名,守兵二千六百六十八名。

江南

兩江總督標下,經制兵共九千三百八十四名,内,馬兵一千一百二十名，步兵一千四百八十五名，守兵六千七百十二名，水兵六十七名。

總漕標下，經制兵共六千一十三名，内，馬兵五百七十九名，步兵一千三十一名，守兵四千三百二十一名，水兵八十二名。

江寧巡撫標下，經制兵共五百八十六名，内，馬兵九十七名，步兵二十五名，守兵四百六十四名。

安徽巡撫標下，經制兵共七百八十六名，内，馬兵九十七名，步兵一百十八名，守兵五百七十一名。

京口將軍標下，經制兵共五千五百四十名，内，馬兵三百八十八名，步兵六百八十二名，守兵二千六百六十四名，水兵一千八百六名。

提督標下，經制兵共一萬四千二百二十七名，内，馬兵一千五百七十七名，步兵二千四百三十六名，守兵九千二百九十四名，水兵九百二十名。

蘇州鎮，經制兵共三千五百八十名，内，馬兵一百九十四名，步兵六百八十三名，守兵一千四百八十三名，水兵一千二百二十名。

狼山鎮，經制兵共六千九百名，内，馬兵六百五十一名，步兵一千一百三十三名，守兵四千六百九十八名，水兵四百一十八名。

總河標下外屬各河營，經制兵共一萬三百七十五名，内，馬兵一百名，步兵一百七十六名，守兵一萬九十九名。

浙江

巡撫標下，經制兵共七百八十六名，内，馬兵八十一名，步兵三百四十八名，守兵三百五十七名。

提督標下，經制兵共一萬六百五名，内，馬兵九百五十三名，步兵二千二百二十四名，守兵六千三百六十八名，水兵一千六十名。

黄巖鎮，經制兵共九千三百五十八名，内，馬兵九百九十名，步兵一千三百七十四名，守兵六千四百八名，水兵五百八十六名。

定海鎮，經制兵共五千九百名，内，馬兵二百九十五名，步兵八百二十九名，守兵三千一百三十三名，水兵一千六百四十三名。

温州鎮，經制兵共七千九百九十名，内，馬兵六百七十六名，步兵一千一百三十一名，守兵五千一百二十二名，水兵一千六十一名。

處州鎮，經制兵共六千二百六十六名，内，馬兵六百六十九名，步兵九百八十八名，守兵四千六百九名。

江西

巡撫標下，經制兵共三千二百七名，内，馬兵二百八十八名，步兵六百一十九名,守兵二千三百名。

南瑞鎮,經制兵共五千三百八十四名,内,馬兵五百一十一名,步兵九百七十四名,守兵三千八百九十九名。

南赣鎮,經制兵共五千四百二十一名,内,馬兵五百六十一名,步兵九百三十三名,守兵三千九百二十七名。

福建

福浙總督標下,經制兵共四千二百七十五名,内,馬兵六百六十四名,步兵一千三百四十三名,守兵二千二百六十八名。

巡撫標下,經制兵共一千四百二名,内,馬兵二百八十名,步兵三百七十七名,守兵七百四十五名。

將軍標下,經制兵共一千九百六十名,内,馬兵四百名,步兵五百六十名,守兵一千名。

水師提督標下,經制兵共八千五百四十四名,内步兵四千五十五名,守兵四千四百八十九名。

海壇鎮,經制兵共二千三百四名,内,步兵一千一百四名,守兵一千二百名。

金門鎮,經制兵共二千三百四名,内,步兵一千一百四名,守兵一千二百名。

臺灣鎮,經制兵共九千四百九十名,内,馬兵三百名,步兵四千五百九十五名,守兵四千五百九十五名。

南澳鎮,經制兵共一千一百五十九名,内,步兵五百五十九名,守兵六百名。

陸路提督標下,經制兵共一萬六十八名,内,馬兵一千四百三十一名,步兵三千二百九十五名,守兵五千三百四十二名。

福寧鎮,經制兵共七千五百九十名,内,馬兵九百八十六名,步兵二千五百八十六名,守兵四千一十八名。

汀州鎮,經制兵共六千一百六十六名,内,馬兵八百七十一名,步兵二千五十九名,守兵三千二百三十六名。

漳州鎮,經制兵共七千八百八十四名,内,馬兵一千六名,步兵二千六百九十六名,守兵四千一百八十二名。

山東

總河標下,經制兵共一千九百六十九名,内,馬兵四百五十一名,步兵六百十九名,守兵八百九十九名。

巡撫標下,經制兵共九百十六名,内,馬兵二百名,守兵七百十六名。

登州鎮,經制兵共七千九百二十一名,内,馬兵一千五百七十三名,步兵五千八百四十八名,水兵五百名。

兗州鎮,經制兵共七千五百九十五名,内,馬兵一千五百七十二名,步兵一千二百八十名,守兵四千七百四十三名。

河南

副總河標下,經制河兵共一千一百名,又堡夫九百七十四名堡夫分隸工部。

巡撫標下,經制兵共九百六十六名,内,馬兵二百名,步兵七百六十六名。

河北鎮,經制兵共四千六百五十四名,内,馬兵九百七十名,步兵三千六百八十四名。

南陽鎮,經制兵共四千四百一十名,内,馬兵九百十一名,步兵三千四百九十九名。

〔營馬〕

京師巡捕三營,官員馬一百八十二匹,兵丁馬一千四百四十匹。

直隸撫標,官員馬一百五十匹,兵丁馬一千三十五匹。提鎮標,官員馬一千四百二十五匹,兵丁馬五千八百六十二匹。

山西撫標,官員馬四十四匹,兵丁馬一百匹。鎮標,官員馬四百二十七匹,兵丁馬四千一百八十二匹。

陝西督撫標,官員馬一百六十八匹,兵丁馬四千三百三十三匹。提鎮標,官員馬一千二十八匹,兵丁馬一萬一千三百六匹。

甘肅撫標,官員馬四十四匹,兵丁馬三百五十匹。提鎮標,官員馬一千四百一十二匹,兵丁馬二萬八千六百四十五匹。

四川撫標,官員馬五十六匹,兵丁馬三百匹。提鎮標,官員馬一千一十匹,兵丁馬五千三百八十匹。

雲南督撫標,官員馬二百二匹,兵丁馬一千二百八十匹。提鎮標,官員馬一千一十匹,兵丁馬四千三百九十五匹。

貴州撫標,官員馬四十四匹,兵丁馬一百五十匹。提鎮標,官員馬八百四十二匹,兵丁馬二千一百八十六匹。

廣西撫標,官員馬四十四匹,兵丁馬一百五十匹。提鎮標,官員馬五百一十六匹,兵丁馬八百四十六匹。

湖廣督撫標,官員馬一百六十匹,兵丁馬四百一十九匹。提鎮標,官員馬一千四百三十四匹,兵丁馬三千五百五十三匹。

廣東督撫標,官員馬一百四十二匹,兵丁馬一千一百二十五匹。將軍標,官員馬七十二匹,兵丁馬三百九十二匹。提鎮標,官員馬一千五百一十五匹,兵丁馬四千七百三十一匹。

江南督撫標,官員馬三百七十四匹,兵丁馬一千八百九十三匹。將軍標,官員馬八十八匹,兵丁馬三百八十八匹。提鎮標,官員馬八百七十匹,兵丁馬二千四百二十二匹。

浙江撫標,官員馬三十四匹,兵丁馬八十一匹。提鎮標,官員馬一千三百四匹,兵丁馬三千五百八十三匹。

江西撫標,官員馬七十八匹,兵丁馬二百八十八匹。鎮標,官員馬三百九十二匹,兵丁馬一千七十二匹。

福建督撫標,官員馬一百一十六匹,兵丁馬九百四十四匹。將軍標,官員馬四十四匹,兵丁馬四百匹。提鎮標,官員馬一千二百八十四匹,兵丁馬四千五百九十四匹。

山東督撫標,官員馬一百三十匹,兵丁馬六百五十一匹。鎮標,官員馬五百六十二匹,兵丁馬三千一百四十五匹。

河南撫標,官員馬五十匹,兵丁馬二百匹。鎮標,官員馬五十四匹,兵丁馬一千八百七十五匹。

大清會典卷之一百三十一

兵部職方司

〔輿圖上〕營制附

職方總圖
直隸全圖
盛京全圖
山西全圖
陝西全圖
四川全圖
雲南全圖
貴州全圖

職方總圖

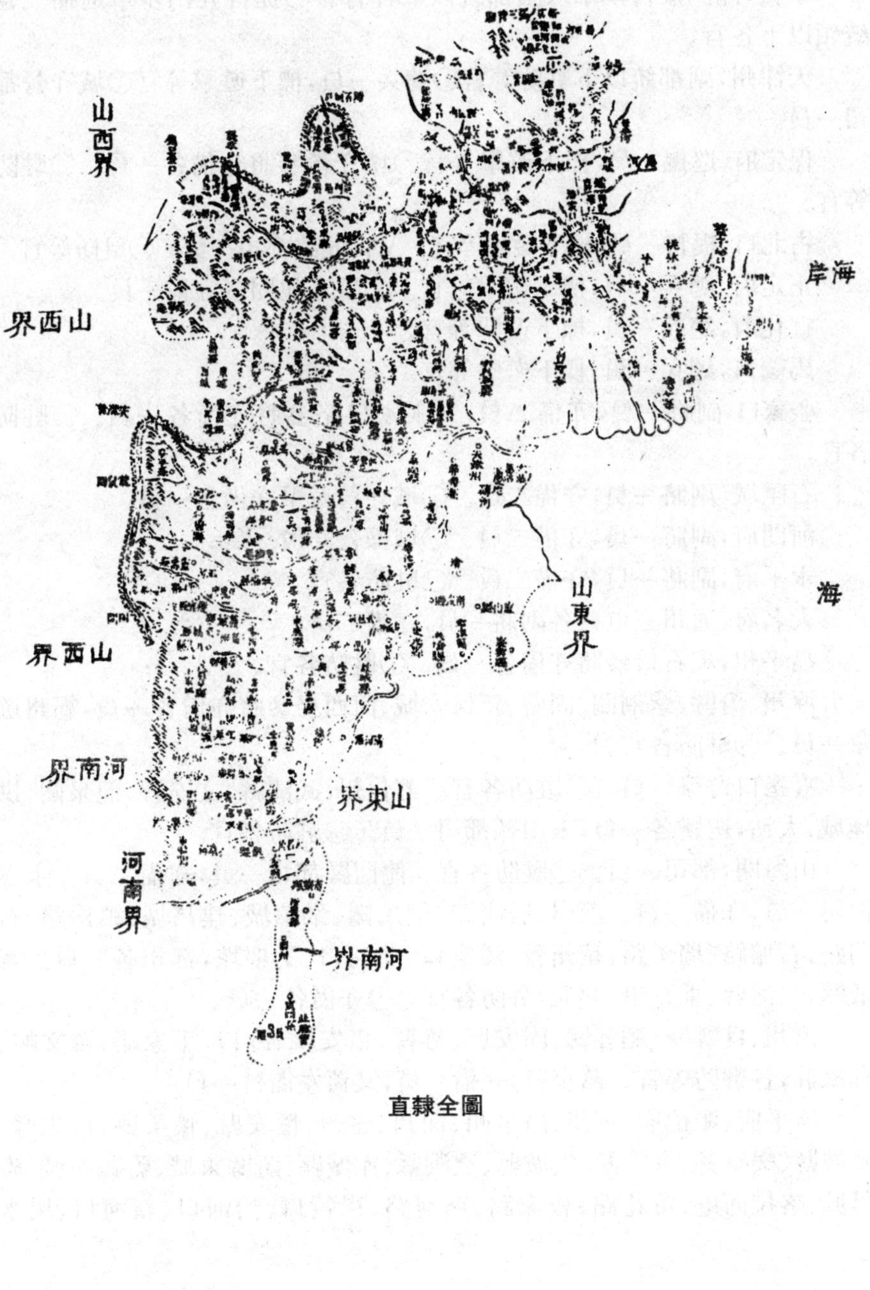

直隸全圖

京營直隸省營制

京城,滿洲蒙古漢軍八旗都統以下各官。○提督九門步軍巡捕三營統領以下各官。

天津州,副都統以下駐防等官○總兵一員,標下遊擊等官○城守營都司一員。

保定府,巡撫一員,標下遊擊等官○城守營参將守備各一員。○駐防等官。

古北口,提督一員,標下参將等官。又古北路都司一員。○駐防等官。

正定府,總兵一員,標下遊擊等官。○城守龍固營守備一員。

宣化府,總兵一員,標下遊擊等官。

馬蘭口,總兵一員,標下遊擊等官。

張家口,副將一員,守備二員,又張家口路参將守備各一員。○駐防各官。

石匣城,副將一員,守備二員。○城守營遊擊守備各一員。

河間府,副將一員,守備二員。○城操營守備一員。

永平府,副將一員,守備二員。○駐防各官。

大名府,通州三屯營各副將一員,守備二員。

昌平州,獨石口参將守備各一員。○駐防各官。

涿州、蔚縣、紫荊關、固關、新保安城、河西務参將守備各一員,霸州遊擊一員。○駐防各官。

喜峯口遊擊一員。○駐防各官。遵化州、武清縣、文安縣、龍泉關、拱極城、大沽,遊擊各一員,玉田縣都司一員。○駐防各官。

山海關,都司一員。○駐防各官。龍門縣都司一員,守備二員。永寧都司一員,守備一員。薊州、居庸關、倒馬關、鞏華城、建昌城、鎮邊路、石門路、石塘路、墻子路、萑州營、潘家口、蒲河口、王慶坨,都司各一員。寶坻縣、三河縣、采育里、熱河,駐防各官。○守備各一員。

滄州、良鄉縣、順義縣、固安縣、雄縣、東安縣、冷口、千家峪、羅文峪、鄭家莊,各駐防等官。萬全縣,守備一員,又舊左衛營一員。

廣平府、順德府、定州、昌平州、深州、磁州、懷安縣、懷柔縣、懷來縣、新城縣、樂亭縣、密雲縣、大城縣、豐潤縣、赤城縣、蔚縣東城、蔚縣西城、廣昌城、喀拉河屯、黄花路、曹家路、燕河路、崔黄口、治河口、新河口、馬水

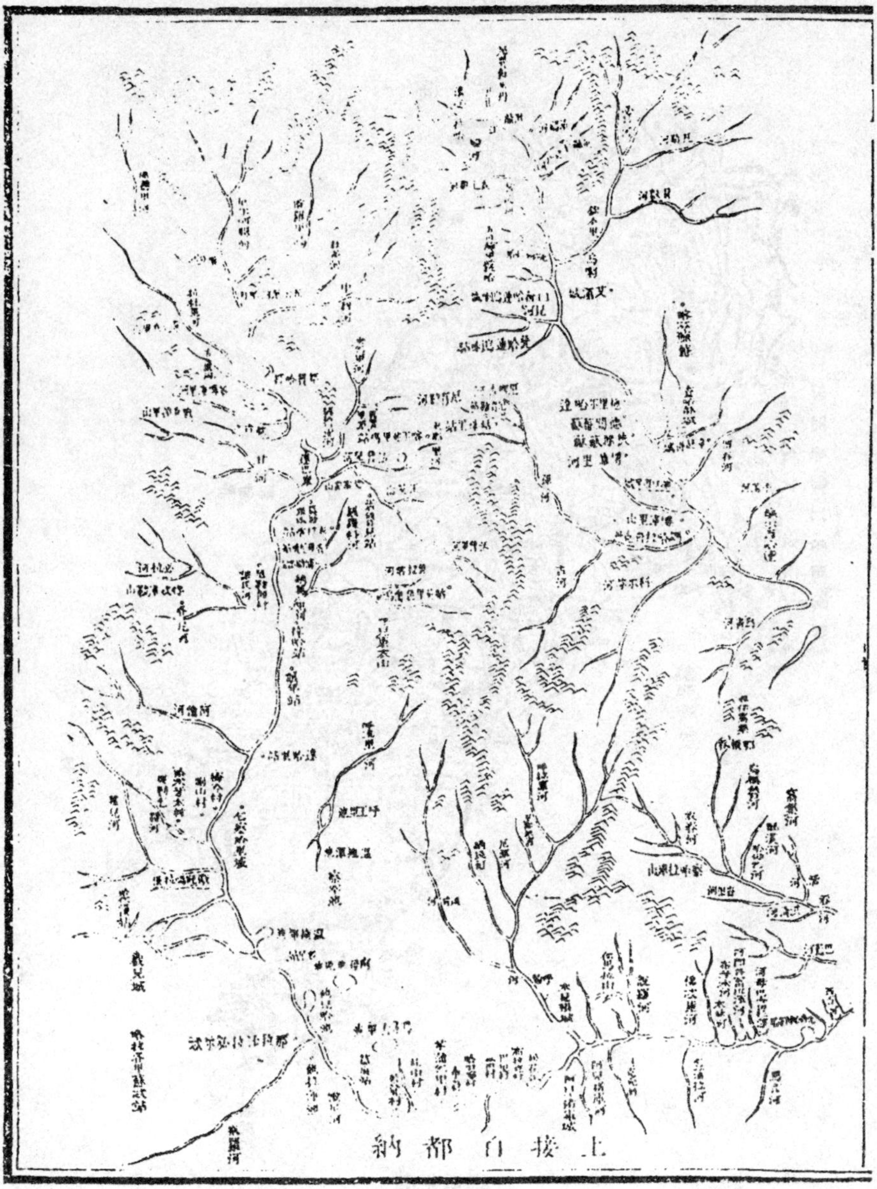

盛京全圖

盛京全圖

口、白石口、雲州堡、柴溝堡、靖安堡、礬山堡、鎮安堡、赤城堡、四海治堡、膳房堡、西陽河堡、洗馬井堡、葛峪、長安嶺、黄花山、滴水崖、插巖嶺係山西大同府廣昌縣地方、茨溝、周四溝、葛沽、張灣、湯泉、王家坪，守備各一員。

盛京營制

盛京，將軍副都統各一員，所屬駐防等官。

錦州府，副都統一員，所屬駐防等官。

金州城，副都統一員，所屬駐防等官。

熊岳城，副都統一員，所屬駐防等官。

寧古塔地方吉林烏喇城，將軍副都統各一員，所屬駐防等官。

寧古塔城，副都統一員，所屬駐防等官。

白都納城，副都統一員，所屬駐防等官。

黑龍江乞察哈里城，將軍副都統各一員，所屬駐防等官。

薩哈連烏喇城副，都統一員，所屬駐防等官。

興京、東京、蓋平縣、開元縣、鐵嶺縣、廣寧縣、秀巖城、鳳凰城、牛莊城、復州城、義州城、中前所、中後所、山海關、鳴水堂門、寛邦門、碾盤口門、新臺門、嵩嶺門、九關臺門、白土廠小門、彰武臺門、法庫門、清河邊門、英額門、興京門、加牟蟾門、巨流河、小黑山、白旗堡、閭陽驛、渾春、三姓，各駐防等官。

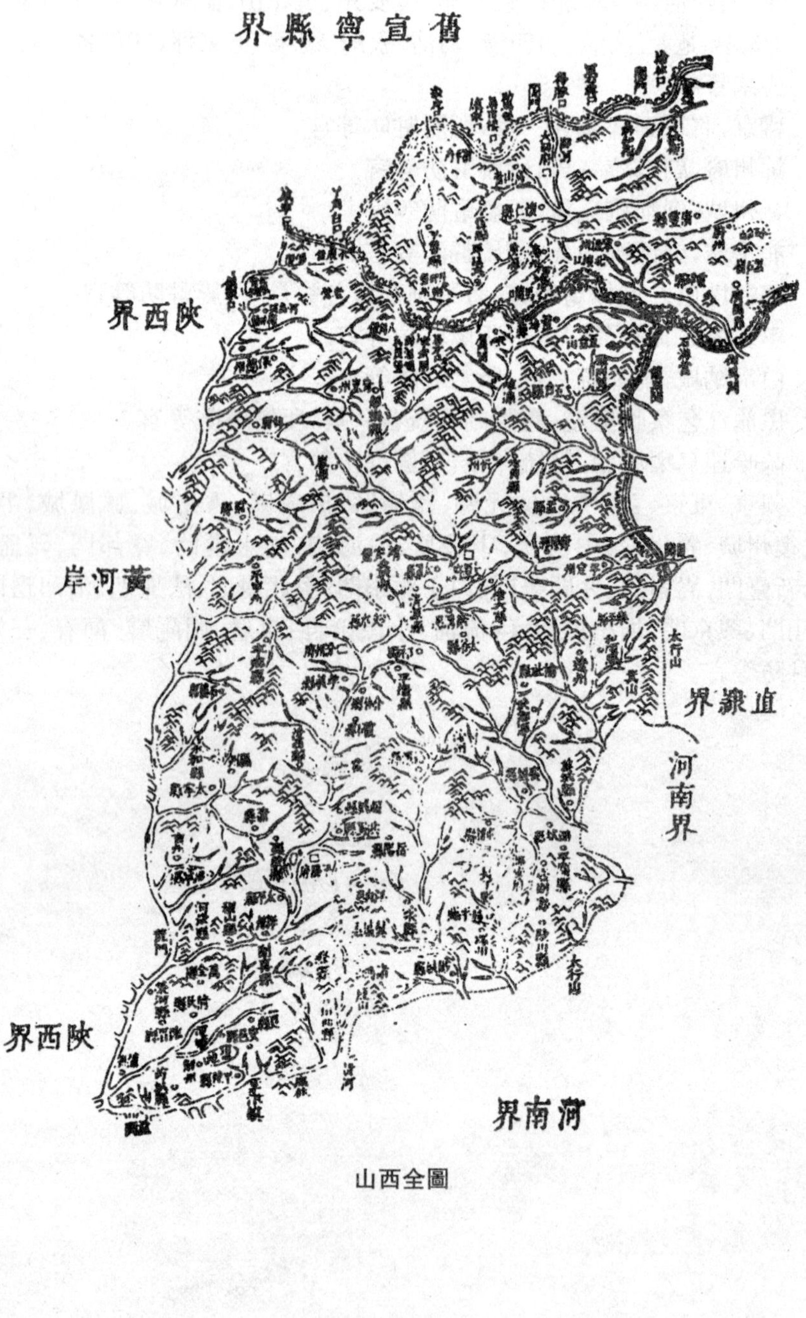

山西全圖

山西省營制

朔平府，將軍一員，副都統以下駐防等官。○城守營守備一員。

太原府，巡撫一員，標下遊擊等官。○城守營參將守備各一員。○城守尉駐防等官。

平陽府，總兵一員，標下遊擊等官。○城守營參將守備各一員。

大同府，總兵一員，標下遊擊等官。蒲州、殺虎口，副將守備各一員。

潞安府、汾州府、代州、靈邱縣、平魯縣、繁峙縣、寧武關、偏關、老營城、河保營、新平堡、助馬堡，參將、守備各一員。平定州、茅津鎮，遊擊、守備各一員。水泉營，遊擊一員。山陰縣，都司一員。吉州、隰州、朔州、渾源州、岢嵐州、保德州、忻州、應州、懷仁縣、石樓縣、天城衛、平刑關、高山城、陽和城、和民營、井坪堡、靖安堡、神池堡、樺林堡、八角堡、茹越口、陽方口、小石口，守備各一員。

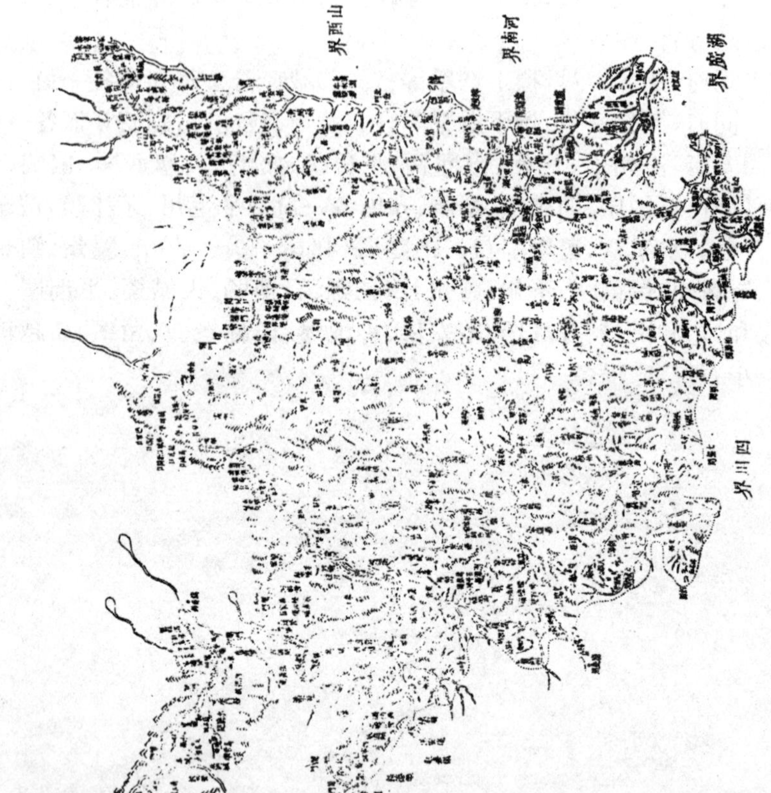

陝西全圖

陝西省營制

西安府,將軍一員,副都統以下駐防等官。〇總督一員,標下副將等官。〇巡撫一員,標下遊擊等官。〇城守營参將、守備各一員。

寧夏府,將軍一員,副都統以下駐防等官。〇總兵一員,標下遊擊等官。

阿爾泰地方在哈密北,圖不繪。將軍、副都統駐防等官。

蘭州,巡撫一員,標下遊擊等官。〇城守營遊擊一員。

甘州府,提督一員,標下參將等官。〇城守營參將、守備各一員。

固原州,提督一員,標下參將等官。〇城守營參將、守備各一員。

西寧府,總兵一員,標下遊擊等官。〇城守營都司一員。

涼州府,總兵一員,標下遊擊等官。〇城守營都司一員。

肅州,總兵一員,標下遊擊等官。

興安州,總兵一員,標下遊擊等官。〇城守營都司一員。

榆林衛,總兵一員,標下遊擊等官。〇城守營都司一員。

西大通,總兵一員,標下遊擊等官。

布隆吉爾,總兵一員,標下遊擊等官。

鳳翔府,副將、守備各一員。〇城守營守備一員。

潼關,副將、守備各一員。〇城守尉駐防等官。

漢中府、慶陽府、河州、永昌縣、神木縣、中衛縣、靖遠衛、洮州、永固城、波羅營、定邊堡、花馬池、沙州,副將、守備各一員。

延安府、靈州、宜君縣、鳳縣、鎮番縣、莊浪縣、平羅縣、陽平關、下馬關、鎮海城、大靖城、白塔川,參將、守備各一員。寧羌州、舊縣關、興武營、洪廣營、玉泉營、廣武營、漁渡路、柳溝,遊擊、守備各一員。

鞏昌府、平涼府、臨洮府、秦州、商州、階州、長武縣、紫陽縣、高臺縣、山丹縣、白土關、嘉峪關、紅德城、鎮羌城、鎮彝城、高古城、北川營、巴煖、三川營、大馬營、洪水營、阿壩營、金塔寺營、靖逆營、靖邊堡、西安堡、黑城堡、關山堡、黄甫川、蘆塘、渕爾兔,遊擊各一員。鄜州、綏德州、富平縣、盩厔縣、略陽縣、碾伯縣、文縣、七里關、金鎖關、八營、南川營、永安堡、紅崖堡、保寧堡、常樂堡、雙山堡、魚河堡、嚮水堡、懷遠堡、清平堡、建安堡、高家堡、栢林堡、大栢油堡、永興堡、鎮羌堡、孤山堡、木瓜園堡、鎮靖堡、寧寨堡、柳樹澗堡、安邊堡、磚井堡、歸德堡、保安堡、起臺堡、石空寺堡、古水井堡、岔口堡、紅水堡、三眼井堡、新城堡、水泉堡、高溝堡、松山堡、横城堡、同心城堡、張義堡、西把截堡、蔡旗堡、安遠堡、土門堡、蘆溝堡、大壩堡、西固堡、寧遠堡、安定堡、梨園堡、舊洮州堡、岷州堡、石峽口、馬營墩,守備各一員。

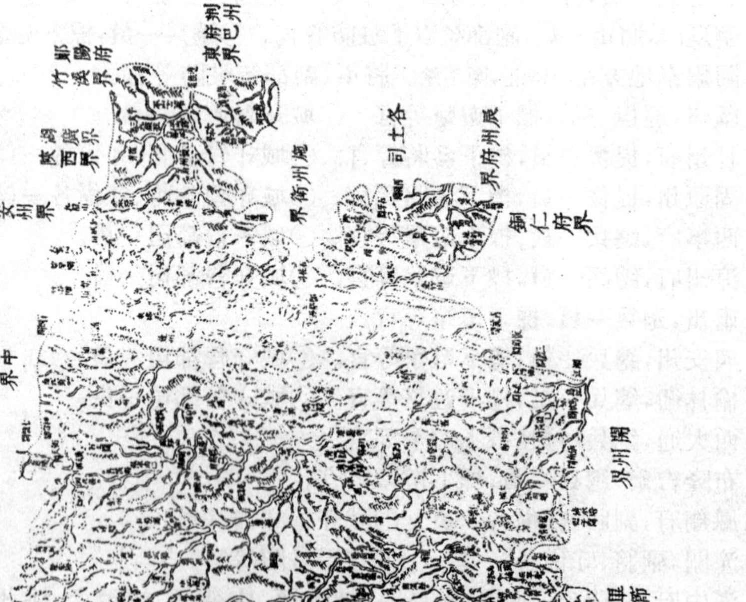

四川全圖

四川省營制

成都府,副都統一員,駐防等官。〇巡撫一員,標下遊擊等官。〇提督一員,標下參將等官。〇城守營參將一員,守備二員。

保寧府,總兵一員,標下遊擊等官。

重慶府,總兵一員,標下遊擊等官。

建昌衛,總兵一員,標下遊擊等官。

松潘衛,總兵一員,標下遊擊等官。

烏蒙府,總兵一員,標下遊擊等官屬雲貴總督節制。

遵義府、永寧衛,副將一員,遊擊守備各二員。

夔州府,副將一員,守備二員。化林城,副將守備各一員。

龍安府、茂州,參將守備各一員。

鎮雄府,參將守備各一員屬雲貴總督節制。

順慶府、叙州府、雅州、達州、巫山縣、峨眉縣、黔江縣、會川衛、建武城、漳臘營、冕山營、叠溪營、越嶲營、小河營,遊擊守備各一員。太平縣,都司一員。潼川州、忠州、石泉縣、仁懷縣、萬縣、鹽井衛、平番營、通巴營、寧越營、大壩營、龍塲營、馬邊營,守備各一員。

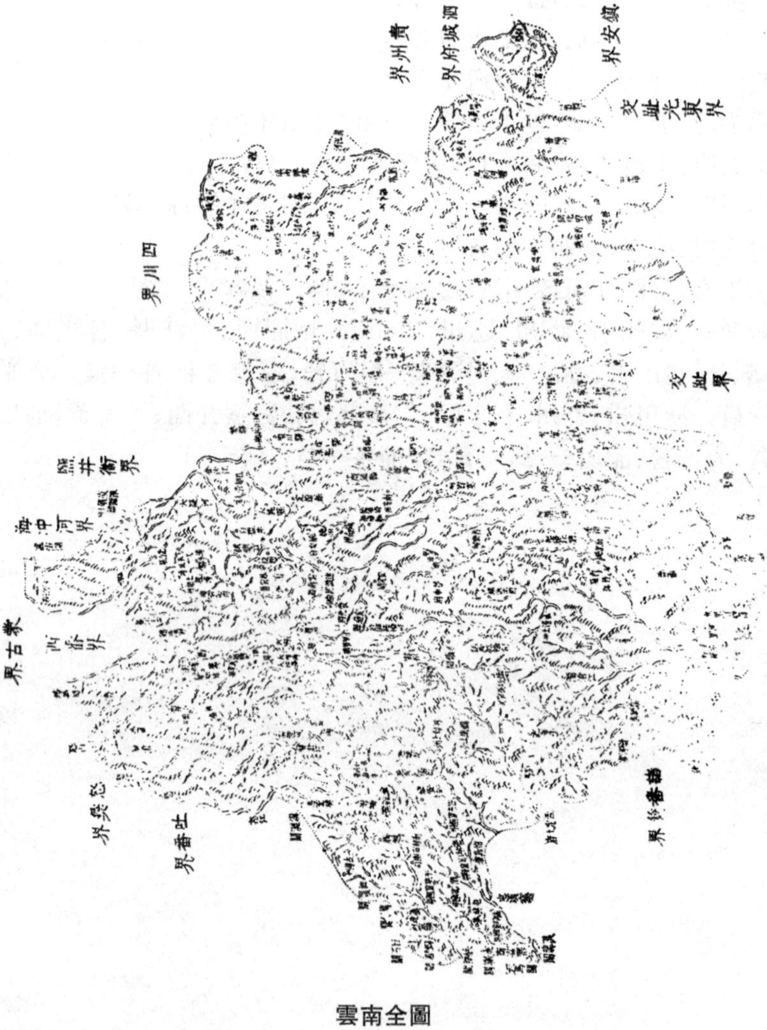

雲南全圖

雲南省營制

雲南府,總督一員,標下副將等官。〇巡撫一員,標下遊擊等官。

大理府,提督一員,標下參將等官。〇城守營遊擊守備各一員。

開化府,總兵一員,標下遊擊等官。

永北府,總兵一員,標下遊擊等官。

楚雄府,總兵一員,標下遊擊等官。

鶴慶府,總兵一員,標下遊擊等官。

永昌府,總兵一員,標下遊擊等官。

臨安府,總兵一員,標下遊擊等官。

曲靖府總兵一員,標下遊擊等官。

廣西府、元江府、騰越州、劍川州,副將守備各一員。

廣南府、武定府、東川府、景東府、霑益州、威遠土州、新平縣、維西,參將守備各一員。

順寧府,守備一員。

彭水縣界
四川界
湖廣界
沅州界
湖廣界
廣西界
荔波縣界
南丹土州界
泗城府界
平彝縣界
東川府界
烏蒙府界
鎮雄府界
仁懷縣界
遵義府界

貴州全圖

貴州省營制

貴陽府,巡撫一員,標下遊擊等官。○城守營遊擊守備各一員。

安順府,提督一員,標下參將等官。○城守營守備一員。

南籠府,總兵一員,標下遊擊等官。

鎮遠府、銅仁府、平遠州、大定州、黔西州,副將各一員,遊擊守備各二員。

黎平府,副將一員,守備二員。

定番州,副將守備各一員。

思南府、都勻府、威寧府、天柱縣、長寨,參將守備各一員。永豐州、安南縣、畢節縣、施秉縣,遊擊守備各一員。凱里營,都司一員。普安縣、盤江縣、平伐營,守備各一員。

大清會典卷之一百三十二

兵部職方司

〔輿圖下〕營制附

廣西全圖
湖廣全圖
廣東全圖
江南全圖
浙江全圖
江西全圖
福建全圖
山東全圖
河南全圖

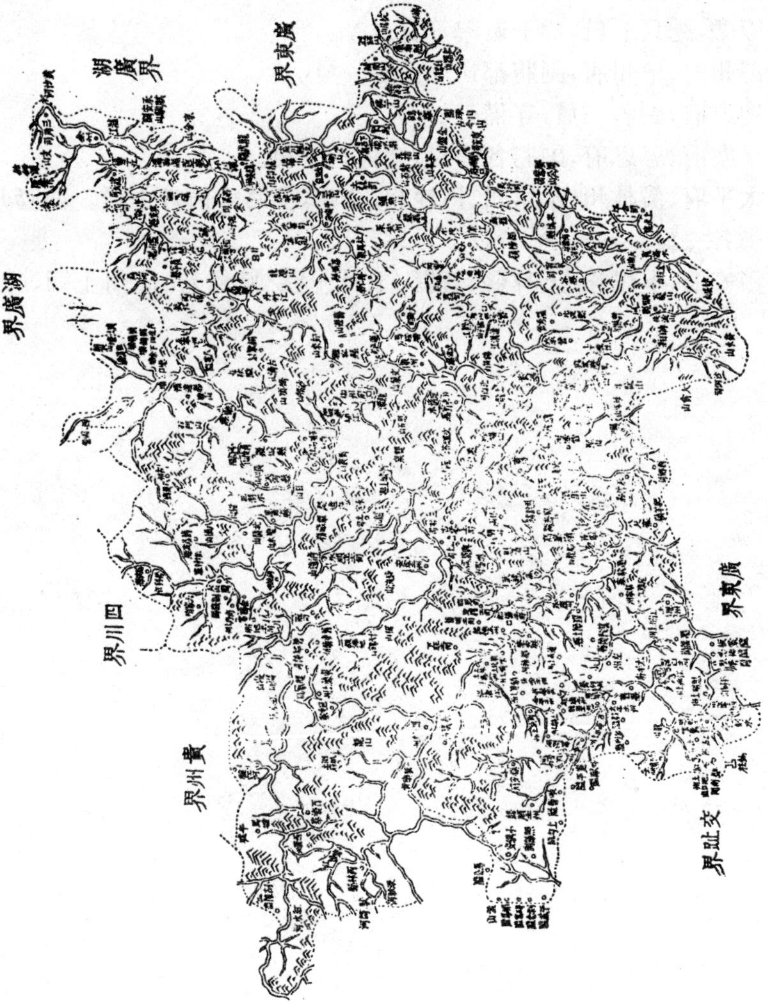

廣西全圖

廣西省營制

桂林府,巡撫一員,標下遊擊等官。○城守協,副將守備各一員。

柳州府,提督一員,標下參將等官。

南寧府,總兵一員,標下遊擊等官。

皈樂,總兵一員,標下遊擊等官。

潯州府、梧州府,副將都司守備各一員。

慶遠府,副將一員,守備三員。

平樂府、思恩府,副將各一員,守備各一員。

太平府、鬱林州、永寧州、河池州、全州,參將守備各一員。西隆州,遊擊守備各一員。

鎮安府、上思州、上林縣、賀縣、上林土縣、尴纛營、龍州土司,守備各一員。

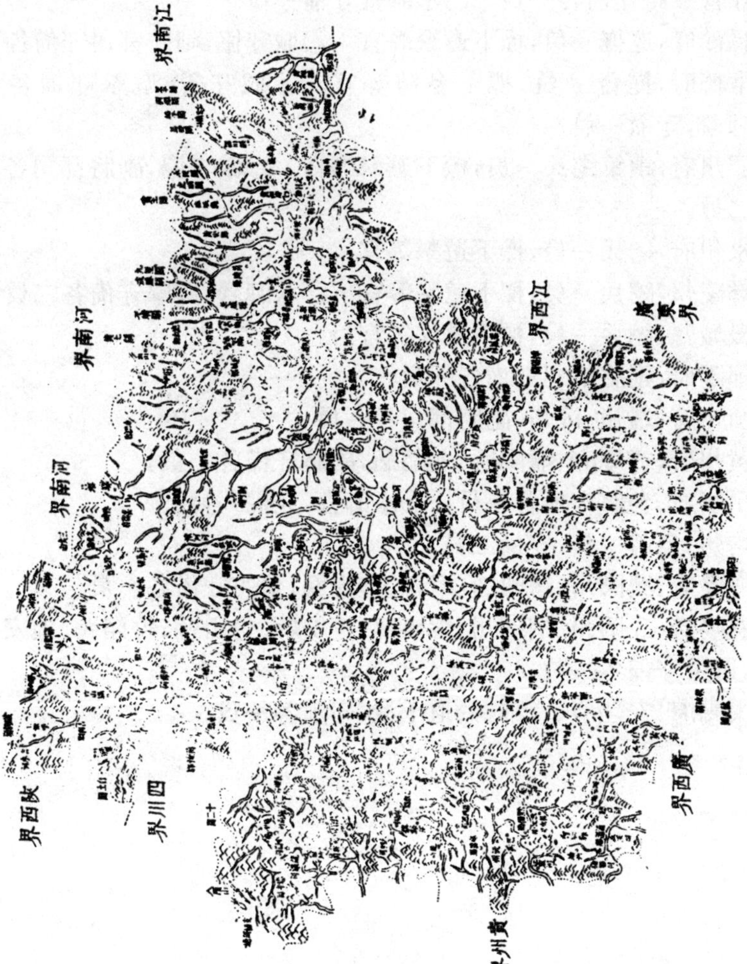

湖廣全圖

湖廣省營制

荆州府,將軍一員,副都統以下駐防等官。○城守營參將守備各一員。○水師營守備一員。

武昌府,總督一員,標下參將等官。○巡撫一員,標下遊擊等官。○城守營參將守備各一員。○水師營守備一員。

長沙府,巡撫一員,標下遊擊等官。○城守協,副將都司守備各一員。

常德府,提督一員,標下參將等官。○城守營,遊擊守備各一員。○水師營,守備一員。

辰州府,鎮筸總兵一員,標下遊擊等官。○城守協,副將都司各一員,守備二員。

永州府,總兵一員,標下遊擊等官。

彝陵州,總兵一員,標下遊擊等官。○水師營,遊擊守備各二員。

穀城縣,總兵一員,標下遊擊等官。

鄖陽府,副將都司守備各一員。

衡州府、靖州、沅州,副將都司各一員。

黄州府、寶慶府、龍陽縣、九谿衛,副將守備各一員。

岳州府、参將守備各一員。○水師營,守備一員。

均州,參將一員,守備二員。

海安府、興國州、澧州、宜章縣、桂陽縣,參將守備各一員。

襄陽府、武岡州、荆門州、綏寧縣、遠安縣、竹山縣、竹谿縣、施安縣、永定衛,遊擊守備各一員。

漢陽府、安陸府、宜都縣、道士洑,守備各一員。

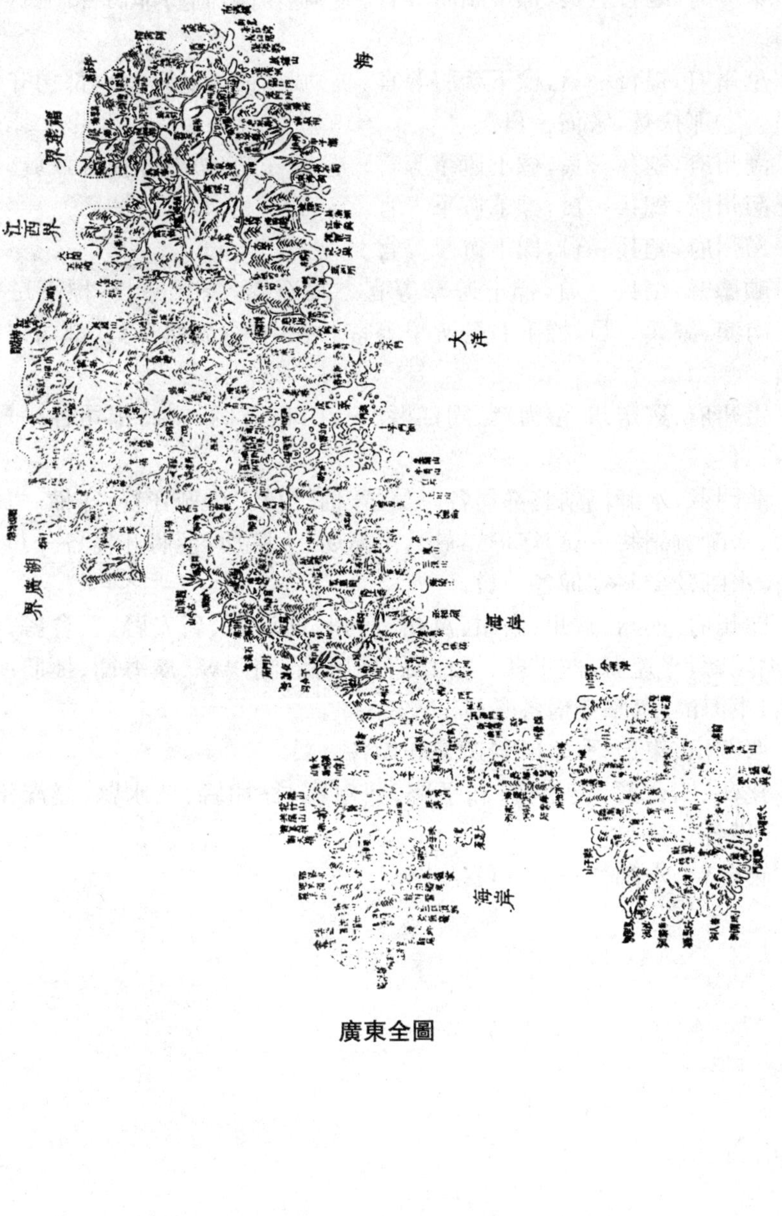

廣東全圖

廣東省營制

廣州府,將軍一員,副都統以下駐防等官,將軍標下副將等官。〇巡撫一員,標下遊擊等官。〇城守協,副將一員,都司守備各二員。〇虎頭門協,副將一員,都司守備各二員。

肇慶府,總督一員,標下副將等官。〇城守協,副將都司各一員,守備二員。

惠州府,提督一員,標下參將等官。〇城守協,副將一員,都司守備各二員。〇那扶營,守備一員。

潮州府,總兵一員,標下遊擊等官。〇城守營,遊擊守備各一員。

韶州府,總兵一員,標下遊擊等官。

瓊州府,總兵一員,標下遊擊等官。

順德縣,總兵一員,標下遊擊等官。碣石衛,總兵一員,標下遊擊等官。南澳,總兵一員,標下右營遊擊等官。香山縣,副將一員,都司守備各二員。

雷州府、羅定州、澄海縣、陽江縣、三江口、黄岡,副將都司各一員,守備各二員。

龍門縣,水師協副將都司各一員,守備二員。〇城守營,守備一員,海口所,水師協副將一員,守備二員。平海所、大鵬所,參將守備各一員。海門所,水師營參將守備各一員。

廉州府、連州、欽州、儋州、萬州、崖州、增城縣、新安縣、新會縣、惠來縣、揭陽縣、平遠縣、饒平縣、電白縣、吴川縣、潮陽縣、廣海衛、捷勝所、海安所、東海涧,遊擊守備各一員。

西關汛、東炮臺,水師營遊擊守備各一員。

化州、四會縣、英德縣、和平縣、興寧縣、徐聞縣、三水縣、達濠汛、硇洲,守備各一員。

東莞縣,水師營守備一員。

江南全圖

江南省營制

江寧府，將軍一員，副都統以下駐防等官。○總督一員，標下副將等官。○城守協副將一員，遊擊守備各二員。

鎮江府，將軍一員，副都統以下駐防等官，將軍標下副將等官。○城守營參將守備各一員。

淮安府，總漕一員，標下副將等官。○城守營參將守備各一員。

安慶府，巡撫一員，標下遊擊等官。○城守協副將一員、守備二員。

蘇州府，巡撫一員，標下遊擊等官。○城守營遊擊守備各一員。

松江府，提督一員，標下參將等官。○城守營遊擊守備各一員。

通州，總兵一員，標下遊擊等官。

崇明縣，總兵一員，標下遊擊等官。

江陰縣，水師協副將遊擊守備各一員。○城守營遊擊守備各一員。

壽州，副將一員，守備三員。

徐州，漕標副將一員，守備二員。

徽州府，東山參將一員，守備二員。

宣城縣、巢縣、吴淞營、金山營、川河堡，參將守備各一員。太湖營，參將一員。

常州府，遊擊一員，守備三員。瓜州，水師營遊擊守備各一員。○城守營守備一員。

揚州府、廣德州、泰州、鹽城縣、蕪湖縣、潛山縣、貴池縣、儀徵縣、白洋河、西梁鎮、劉河、廟灣塲，遊擊守備各一員。海州，遊擊一員。泗州、亳州、溧水縣、合肥縣、崑山縣、蕭縣、泰興縣、靖江縣、南匯縣、周鐵橋、簡村、浦口、雲臺山、掘港營、孟河營、楊舍營、平望營、黄浦營、柘林營、青村營，守備各一員。

總河標下營

山陽縣人和鎮，管理葦蕩參將一員，守備二員。

修防徐州、蕭縣、豐縣、碭山縣堤工河道

修防邳州、睢寧縣、靈璧縣堤工河道

修防宿遷縣黄河北岸堤工河道

修防桃源縣黄河南北二岸堤工河道

修防山陽縣、清河縣堤工河道

修防山陽縣、清河縣、黄河南北二岸堤工河道

修防山陽縣、安東縣堤工河道
修防邳州黄河北岸堤工河道
修防宿遷縣、桃源縣、山陽縣、清河縣四汛堤工河道
修防山陽縣、盱眙縣湖堤工程，守備各一員。

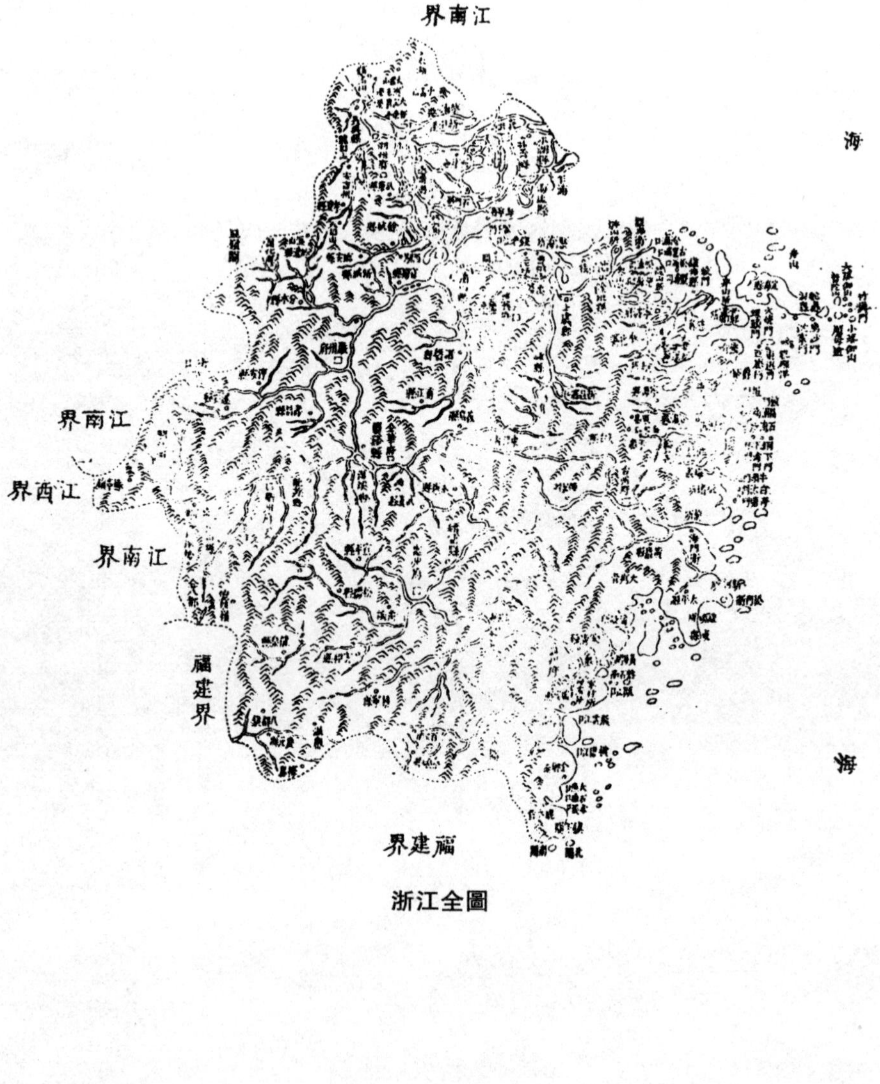

浙江全圖

浙江省營制

杭州府,將軍一員,副都統以下駐防等官。〇巡撫一員,標下遊擊等官。〇城守協水師營,副將都司守備各一員。

寧波府,提督一員,標下參將等官。〇城守營遊擊守備各一員。

温州府,總兵一員,標下遊擊等官。〇城守營遊擊守備各一員。

處州府,總兵一員,標下遊擊等官。

黄巖縣,總兵一員,標下遊擊等官。

定海縣舟山,總兵一員,標下遊擊等官。〇縣城水師營,參將守備各一員。

衢州府,副將一員,都司三員,守備三員。

紹興府、金華府、嚴州府、象山縣、平陽縣,副將各一員,都司各二員,守備各二員。

台州府,副將一員,都司一員,守備三員。

湖州府,副將一員,都司一員,守備二員。

嘉興府、瑞安縣,副將各一員,守備各二員。樂清縣,副將一員,守備一員。寧海縣,參將一員,守備二員。太平縣、盤石衞,參將守備各一員。乍浦所、大嵩所、海門衞、大荆營,遊擊守備各一員。太湖營駐劄江南蘇州界角頭地方。念八都浙閩交界。遊擊各一員。安吉州、麗水營、昌國汛,守備各一員。

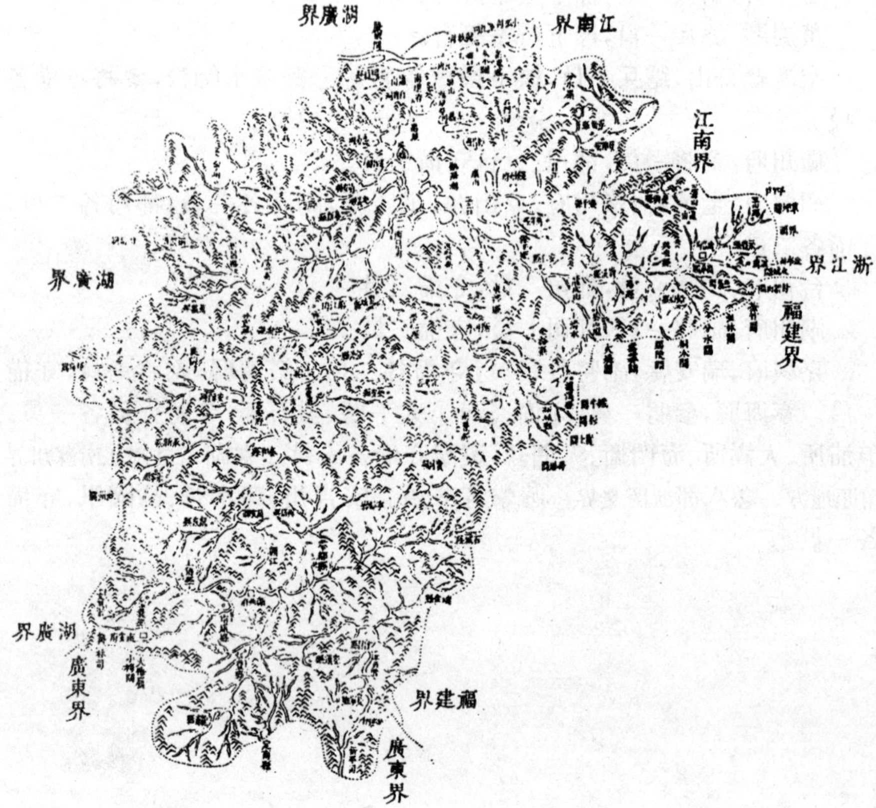

江西全圖

江西省營制

南昌府，巡撫一員，標下遊擊等官。○總兵一員，標下遊擊等官。○城守營守備一員。○水師營守備一員。

贛州府，總兵一員，標下遊擊等官。○城守營守備一員。

袁州府、九江府，副將都司各一員。

廣信府、饒州府、吉安府、南安府、寧都縣，參將守備各一員。

建昌府，遊擊守備各一員。

南康府、撫州府、瑞州府、寧州、龍泉縣、武寧縣、廣昌縣、鉛山縣、浮梁縣、興國縣、崇義縣、瑞金縣、定南縣、永豐縣、萬安縣、湖口縣、永新縣、會昌縣、樟樹鎮、康山，守備各一員。

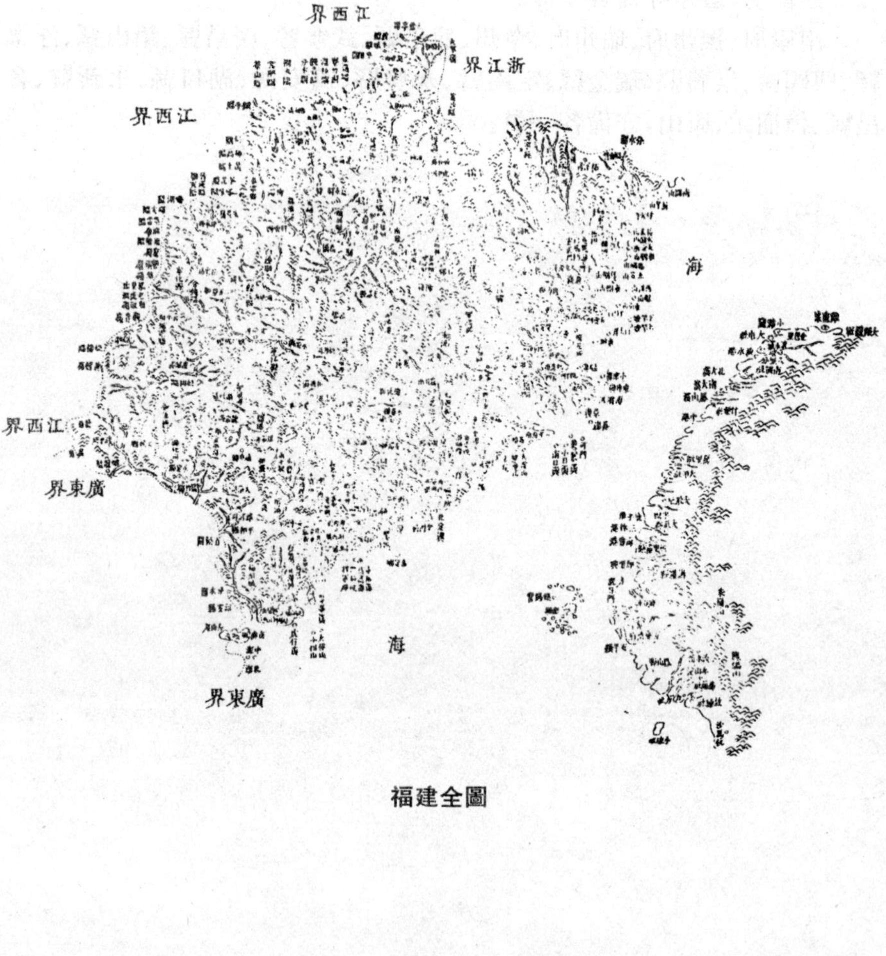

福建全圖

福建省營制

福州府，將軍一員，副都統以下駐防等官。○總督一員，標下副將等官。○巡撫一員，標下遊擊等官。○城守營副將都司守備各一員。

泉州府，陸路提督一員，標下參將等官。○城守營遊擊守備各一員。

厦門，水師提督一員，標下參將等官。

汀州府，總兵一員，標下遊擊等官。

漳州府，總兵一員，標下遊擊等官。○城守營遊擊守備各一員。

臺灣府，總兵一員，標下遊擊等官。福寧州，總兵一員，標下遊擊等官。金門鎮，總兵一員，標下遊擊等官。海壇汛，總兵一員，標下遊擊等官。安平鎮，副將一員，遊擊守備各三員。澎湖，副將一員，遊擊守備各二員。

興化府，副將一員，遊擊二員，守備一員。閩安鎮，副將一員，遊擊一員，守備二員。

建寧府，副將遊擊守備各一員。

延平府，副將一員。鳳山縣、銅山、秦嶼、佳里興，參將守備各一員。

邵武府、福清縣，遊擊各一員，守備各二員。詔安縣、海澄縣、同安縣、羅源縣、連江縣、松溪縣、漳浦縣、將樂縣、南澳、雲霄城、桐山堡，遊擊守備各一員。崇安縣、永安縣，遊擊各一員。淡水城、楓嶺，在浙江界。守備各一員。

山東全圖

山東省營制

濟寧州,河道總督一員,標下副將等官。○城守營都司守備各一員。

濟南府,巡撫一員,標下遊擊等官。○城守營参將守備各一員。

登州府,總兵一員,標下遊擊等官,又水師營遊擊守備各一員。

兖州府,總兵一員,標下遊擊等官。

沂州、臨清州、膠州、文登縣,副將守備各一員。

青州府、萊州府、泰安州、曹州、德州、即墨縣、臺兒莊,参將守備各一員。武定州、高唐州、壽張縣,遊擊守備各一員。

東昌府、安東衛,都司各一員。寧海州、壽光縣、范縣、梁山營、沙溝營,守備各一員。靈山衛,水師守備一員。

河南全圖

河南省營制

開封府，巡撫一員，標下遊擊等官。〇城守營都司守備各一員，駐防等官。

懷慶府，總兵一員，標下遊擊等官。

南陽府，總兵一員，標下遊擊等官。

歸德府、河南府、汝寧府、衞輝府，參將守備各一員。

彰德府、襄城縣，都司守備各一員。陝州、陳州、鄧州、嵩縣、滎澤縣，守備各一員。武陟縣，副總河下撫標守備一員。

大清會典卷之一百三十三

兵部職方司

〔銓選〕

樞曹選政,分屬武選、職方兩司。鎮戍將領,專屬職方。今將京營及直省提鎮以下銓選之隸本司者,具載於後。

凡京營參將員缺,由京營遊擊及在外應陞漢軍舊人,較俸陞補;遊擊員缺,由京營把總及在外應陞漢軍舊人,較俸陞補;把總員缺,由通事陞補;如無通事,於在外應陞漢軍舊人内陞補。

凡守陵副將員缺,由漢軍參領内選擇補授;守備員缺,由漢軍候推守備内選擇補授;如無應補之人,於拖沙喇哈番内選擇補授。

凡提督總兵官員缺,順治初定:總兵官缺出,將俸深有功薦副將,八旗副都統、參領并六部郎中内,兵部會同九卿科道等官擬正陪題補。〇十七年諭:參領郎中,停其推用。〇十八年諭:提督總兵官缺出,停其會推。兵部於應陞各官内,詳察功績,開列堪用者具題。〇又諭:副都統、阿思哈尼哈番等官,以提督推用,參領、阿達哈哈番等官,以總兵官推用。〇康熙三年題准:提督缺出,於俸深副都統、阿思哈尼哈番及俸深有軍功薦紀總兵官内,酌選十員,列名具題;總兵官缺出,於俸深參領、阿達哈哈番及俸深有軍功薦紀副將内,選擇十員列名具題。〇八年題准:提督缺出,於八旗副都統、阿思哈尼哈番現任總兵官内,擇俸深曾得功牌有紀薦者,擬正陪題補;總兵官缺出,若係要地,將八旗有才能參領、阿達哈哈番,現任加府銜有功薦副將,擬正陪題補;若係腹地,查何旗分總兵官少者,將參領阿達哈哈番及現任加府銜並有功薦副將,擬正陪題補。〇又題准:停止推用阿思哈尼哈番、阿達哈哈番并内地論旗之例,如出一缺,將内外應陞官輪推;

如出二缺,將内外應陞官各推一員。〇十一年題准:停止選擇推用,如提督缺出,或於副都統,或於總兵官内,論俸開列;總兵官缺出,或於參領,或於加府銜副將内,論俸開列十員,俱請旨行。〇二十一年覆准:總兵官缺出,以參領、副將、有功牌軍功者開列,若不足十員,仍論俸開列。〇五十一年諭:提督缺出,將副都統照例開列具題,總兵官,按年分開列摺子啓奏;總兵官缺出,將參領照例開列具題,副將,按年分開列摺子啓奏。

凡副將員缺,由副將管副將事,署副將管副將事,參將管副將事,署參將管副將事,遊擊管副將事,署遊擊管副將事,都司僉書管副將事,署都司僉書管副將事,守備管副將事,署守備管副將事,各官内俸滿無功紀者,陞銜一等,仍管副將事,有功紀者,每一次,加銜一等,仍管副將事。又,加府銜管參將事,副將管參將事,署副將管參將事,參將管參將事,各官内俸滿無功紀者,以原銜陞管副將事,有功紀者,每一次,加銜一等。陞管副將事,署參將管參將事,有功紀者,每一次,加銜一等,陞管副將事。以上各官,通較俸陞轉。〇康熙三十二年覆准:各省現任副將,奉旨調補者,仍照俸滿陞授官員,槩與加銜一次。其奉旨調補參遊都守等官,亦照副將加銜。〇三十八年議准:伯、精奇尼哈番、阿思哈尼哈番、參領,俱以副將用。〇雍正四年覆准:嗣後副將缺出,停其在部推陞,將俸深參將十員并應補副將之員,人文到部者,一并開列具題,再將俸淺之參將,查其中有軍功保舉者,不論多寡,另行繕摺,隨本進呈。

凡參將員缺,由無功紀之署參將管參將事,及遊擊管參將事,署遊擊管參將事,都司僉書管參將事,署都司僉書管參將事,守備管參將事,署守備管參將事,各官内俸滿無功紀者,陞銜一等,仍管參將事,有功紀者,每一次,加銜一等,仍管參將事;又,加府銜管遊擊事,副將管遊擊事,署副將管遊擊事,參將管遊擊事,署參將管遊擊事,遊擊管遊擊事,掌印都司,各官内俸滿無功紀者,以原銜陞管參將事,有功紀者,每一次,加銜一等。陞管參將事,署遊擊管遊擊事,有功紀者,每一次,加銜一等,陞管參將事。以上各官,通較俸陞轉。〇康熙三十八年議准:伯、精奇尼哈番、都督銜阿思哈尼哈番、參領、兼都督僉事銜、阿達哈哈番、火器營參領,俱以參將用。〇五十七年覆准:凡遇參將遊擊員缺,將武狀元侍衛、二等侍衛,按年分開列,與記名官員一并具題。

凡遊擊員缺,由無功紀之署遊擊管遊擊事,及都司僉書管遊擊事,署都司僉書管遊擊事,守備管遊擊事,署守備管遊擊事,各官内俸滿無功紀者,陞銜一等,仍管遊擊事。有功紀者,每一次,加銜一等,仍管遊擊事。又,加府銜管都司僉書事,副將管都司僉書事,署副將管都司僉書事,參將管都司僉書事,署參將管都司僉書事,遊擊管都司僉書事,署遊擊管都司僉書事,都司僉書管都司僉書事,署都司僉書管都司僉書事,守備管都司僉書事,署守備管都司僉書事,各官内俸滿無功紀者,以原銜陞管遊擊事。有功紀者,每一次,加銜一等,陞管遊擊事。以上各官,通較俸陞轉。若遇有都司僉書缺出,即同應陞都司僉書之人,一體較俸擬出,仍令坐陞遊擊之人先掣遊擊籤,所餘遊擊籤,令應陞都司僉書之人互掣。〇康熙三十八年議准:兼參將銜佐領,拜他喇布勒哈番,拜他喇布勒哈番品級等官,俱以遊擊用。〇四十三年諭:補放遊擊守備,着將記名官員,并年滿千總等,該部堂官隨本帶領啓奏。〇五十七年覆准:遊擊都司僉書員缺,將三等侍衛按年分開列,與記名官員一并具題。

凡都司僉書員缺,由加府銜守備副將管守備事,署副將管守備事,參將管守備事,署參將管守備事,遊擊管守備事,署遊擊管守備事,都司僉書管守備事,署都司僉書管守備事,各官内俸滿無功紀者,以原銜陞都司僉書,有功紀者,加銜陞遊擊守備管守備事。有功紀者,每一次,加銜一等,陞都司僉書,加都司僉書銜。以上,衛所千總無功紀者,加署都司僉書銜;衛所千總有功紀者,俱陞都司僉書。以上各官,除加署都司僉書銜以上,衛所千總止坐陞都司僉書,不得越陞遊擊,其餘各官通較俸陞轉。若遇有遊擊都司僉書缺並出,即同應陞遊擊之人一體較俸擬出,仍令坐陞遊擊之人先掣遊擊籤,所餘遊擊籤并都司僉書籤,共貯一筒,令以上各官一同籤補。若得遊擊者,即以原銜管遊擊事,有功紀者,仍每一次加銜一等。〇康熙三十八年議准:兼署參將銜拖沙喇哈番品級等官,以都司守備用。〇四十四年題准:遊擊缺多人少,都司缺少人多,候推都司僉書人員,仍令遊都並掣,如有應推遊擊之人,先掣遊擊籤,如無應推遊擊之人,所餘遊擊籤再聽應推都司僉書之員互掣,得缺之後,仍照例引見;其得遊擊籤之人,仍食都司僉書之俸,與都司較俸陞轉。〇五十七年覆准:都司僉書守備員缺,將藍翎按年分開列,與記名官員一併具題。

凡守備員缺,由無功紀之守備管守備事,及署守備管守備事各官,較俸陞轉。如遇都司僉書缺出,將無功紀之守備管守備事,與有功紀之署守備管守備事官員,論俸先陞都司僉書缺,授爲署都司僉書,其餘遇守備缺出,仍加署都司僉書銜管守備事。〇康熙二十七年題准:營守備缺多人少,衛守備缺少人多,嗣後除衛守備之缺,仍將候選衛守備之人推選外,其營守備員缺,將候選衛缺之武進士與候選營缺之武進士相間推補,俟候推衛缺之武進士補授完日,仍照舊例,不分營衛員缺,一體挨次推用。〇三十八年議准:兼都司僉書銜護軍校、驍騎校、六品七品八品等官,與候補筆帖式、執事人頭目,俱以守備用。〇四十七年題准:單月營衛守備缺出,將現任小銜守備等陞用;雙月守備缺出,將各項人員分缺推補;其年滿千總等,如遇十缺,應推三人。今年滿千總等,有註册挨次推用一項,有分發各省以營衛守備補用一項,有揀選留京一項。此三項,千總如遇守備缺出,一體照例掣籤引見,具題補授。又,凡分發省分之年滿千總一項,不准入於掣籤之内,留於該省照常題補。至於衛守備之缺,仍歸月選,其分發各省衛千總,補授衛守備之處,槩行停止。〇六十一年諭:嗣後各省守備缺出報部,部内即將分發各省之年滿千總内,按次序補放,不必引見,亦不必具奏。此所放人員内,如有老弱殘疾之人,該督撫提鎮仍行開缺。〇又覆准:嗣後雙月營守備缺出,停其與候選衛缺之人相間輪補,仍照定例,營衛守備之缺,各歸本班,連用武進士二名。〇雍正元年諭:嗣後雙月單月,遇有守備缺出,其應歸部選者,該部照例銓選外,其應歸分發年滿千總補用者,即速行文該督撫,令其將分發千總不論名次,秉公確加考驗。弓馬優者,具題補用;其弓馬生疎者,仍令學習。〇二年題准:直隸各省守備員缺,遇有應歸分發千總缺出,若分發千總已經用完,無人可補,其缺暫歸在部投供人員銓選。〇又諭:凡用完分發千總省分,遇有應題補守備缺出,仍着該督撫提鎮照例於千總内揀選題補。〇又覆准:裁缺之衛守備,并現任衛所千總,應陞衛守備者,於單月營守備各班之末添設裁班,將此二項人員,除伊原班陞補外,於此裁班内,相間輪補一名。

凡千總員缺,由把總拔補。〇康熙二十七年題准:衛所千總,候選人員甚多,不無壅滯,嗣後除各標營有千總亦有把總者,仍照例聽各省督撫提鎮拔補該標營把總外,其專城止有千總無把總者,遇有缺出,開報兵部,將候選衛所千總人員挨次補授;其專城止有把總,並無千總者,遇有缺出,亦令開報兵部,將候選衛所千總人員情願降補者,令其補授。〇二十九年覆准:各營千總缺出,將各營把總詳加考驗,取才技優長、弓馬嫻熟之人選拔補授。〇三十年覆准:秦省沿邊專城千把缺出,該督撫提鎮照例遴選拔補;其腹裏專城千把缺出,仍令開報兵部推用。〇三十八年議准:兼署守備銜護軍人等,俱以千總用。

凡把總員缺，由經制兵丁内，遴選委用。○康熙三十一年題准：大同所屬沿邊專城把總缺出，令該鎮於兵丁内遴選補授。○雍正四年覆准：嗣後臺灣及南北二路把總缺出，如應補營兵者，准其於戰兵内拔補二名，馬兵内拔補一名。

［推陞］

營鎮銓選，既分隸職方，則推陞之法，亦應專屬本司掌理，或論其銜之大小，或計其俸之淺深，或量其人地之相宜，或考其功績之相稱，事例不一，皆可與選司所掌，參驗而互考焉。

凡推陞，順治初題准：俸滿推陞各官，有功薦者，銜缺並陞；無功薦者，或陞銜不陞缺，或陞缺不陞銜。銜大缺小者，陞缺；銜小缺大者，陞銜。○十五年題准：推陞有薦官員，止論俸次，不計薦之多寡。○十七年題准：圖功與罰俸各官，較論俸薦一體推陞。圖功者，仍於新任圖功；罰俸者，仍於新任罰俸。○又題准：水師各官俸滿應陞者，計其俸薦功次，與各官一體陞轉，如有熟識水性、人地相宜者，聽該撫特疏題留，准加所陞之銜留任。○十八年題准：武職各官，俸滿三年以上，方行陞轉。○康熙元年題准：歷俸三年考滿後遇缺陞轉，照考語次序，一等者先用。○二年題准：推陞之日，有紀録軍功一次者，加一等，多者照數加等。○三年題准：任内有紀薦者，以應得官銜陞轉，如因拏獲逃人盜賊、修築河工、開墾荒田等事加級者，照銜加一級陞轉。○四年題准：推陞武職，不論考滿考語，俱照俸挨次陞轉。○七年題准：在外題補各官，查照報部到任日期，一併論俸推陞。○又題准：推陞時，有軍功紀録一次者，與别項紀録至四次者，一體陞轉，如不及四次，停其銜缺兼陞，或銜或缺准陞一項，所有紀録仍准帶於新任，其紀録多者，照此計算。○又題准：卓異各官，挨俸陞轉時，越缺一等陞用者，銷去軍政紀録。○九年題准：薦舉紀録，積至二次者，加一等挨俸陞轉。○十四年題准：應陞官員，越陞一等者，銷去軍功一次。越陞幾等，即銷幾次。○二十年題准：單月遇有副將以下各官缺出，如應陞官内有俸滿三年者，仍照舊例陞補；如無俸滿三年之員，論俸次陞補。○二十六年題准：凡現任内，調補臺灣武職，到任三年俸滿，該提督等具題到日，於伊等應陞員缺先行陞用。○三十三年覆准：凡捐助開墾之加級紀録官員，推陞時，將加銜陞缺之處，俱行停止。如係隨帶之級，准其隨帶陞任；不隨帶之級，陞任時改爲紀録，其紀録仍准隨帶陞任。○四十一年覆准：副將應陞銜之時，或准陞任，或照所陞之銜留任，該部具題欽定。○五十年題准：臺灣三年俸滿千總，原係先用之員，若與他省調回註册録用年滿千總作爲一項，挨次推用，甚遲，查功加一項，現在無候推之員，將臺灣年滿千總補於此項内，照例引見，具題補授。嗣後如有功加守備，經各該督撫提鎮保題到部者，與臺灣俸滿註册准用之千總，較人文到部，依次推用。〇五十二年題准：武職遇有獲逃加級人員，陞轉之日，相應不准加銜，其獲逃加級，仍准隨帶；其對品調補官員，如奉特旨者，應准加銜一等，至於督撫提鎮題請對品調補者，槩不准其加銜。〇五十七年覆准：武職官員推陞時，如有功加紀録，仍准其加銜，將功紀銷去。此外除捐納隨帶加級，准其隨帶，仍不准銷去加銜，其餘恩詔加級，并捐納加級紀録，一槩不准其銷去加銜，准改紀録，隨帶新任；又凡武職卓異官員，遇陞轉時，銜大者，越銜一等陞用；銜小者，越應陞之銜一等陞用。其有軍功加級者，俟陞後兼銜時，方准其銷去加銜。別項加級紀録，一槩不准其銷去。〇雍正元年諭：推陞之副將參將遊擊各官内，如有小銜陞補者，將所得地方併相隔省分，於月選本具題時，另繕奏摺，酌量以陞銜留任，開載奏明。〇五年覆准：廣東省崖州、儋州、萬州、三營遊擊等官，五年俸滿，三江一協副都守等官，三年俸滿，俱令該督會核題報，照邊俸例陞轉。

凡京城巡捕營推陞，順治十五年題准：巡捕營參將遊擊把總，查其職銜大小、功薦有無，與外官一例陞轉，京營中有銜缺相當者，亦令陞轉，如銜缺太懸，於在外舊人中俸銜相當者陞補；有功薦俸滿實授守備應陞遊都者，遇遊擊都司缺並出，先儘坐陞遊擊，各官掣籤畢，所餘遊擊缺籤，與都司僉書缺籤並置一筒，令其互掣，如遇有遊無都、有都無遊，以別項官員推補。〇康熙三十三年諭：巡捕營官員缺出，移取八旗人員，着步軍統領會同漢軍都統選擇引見；上三旗在内當差漢軍人等，亦有堪用之人，着步軍統領選擇具奏。〇三十六年覆准：巡捕三營查拏地方匪類，關係緊要，員缺不便久懸，嗣後遇有單月參遊守缺出，仍將應陞之員加銜陞補；其雙月參遊守缺出，如有投供候補人員，仍照例推補，如無投供候補人員，即將八旗保送姓名註册之員籤補。〇五十九年覆准：各省督撫提鎮，將年滿千總，以三年俸滿實在漢仗好者，保送引見，候旨揀選，分發八旗巡捕營當差，食千總俸，以守備挨次補用。再，各省保送之把總，亦候旨揀選，分發八旗巡捕營當差，給與把總俸，遇有本省千總缺出，將伊等挨補。至把總所遺之缺，令該督撫提鎮仍於兵丁内挑選拔補。〇雍正五年題准：嗣後交與巡捕營年滿千總，試看一年，將好者題留，人不及者，具題交部，發回原處。

凡巡捕三營門千總陞轉,康熙四十一年覆准:巡捕三營千總,照各省千總一體,六年俸滿離任,送部候缺,其營千總缺出,仍聽統領等於巡捕三營内揀選拔用。又,凡營守備缺出,用七項人員輪推。今投誠一項無人,將年滿千總代推。此項内人員輪班推用,既與年滿千總二缺補用,猶恐遲滯,應再加千總,與年滿千總,共與三缺推用。又,凡調用門千總之驍騎校、營千總等,停其補用衛守備,仍入於衛所千總項内,於正月七月所出營守備之缺,不計算京俸,與衛所千總等較俸陞補。〇雍正三年諭:嗣後巡補營千總應得守備之缺,照常將千總擬正、漢侍衛一員擬陪,引見。

凡衛所陞營缺,定例:每年正七兩月,營都司僉書守備缺出,將衛所及門千總等官推陞,餘月仍將營衛守備推陞。

大清會典卷之一百三十四

兵部職方司

〔選陞通例上〕

國家因時制宜，量地授職，進退黜陟之間，咸有已行之成法，故於推陞之外，復載通例。凡選授考驗分缺題補之事，皆備列焉。

凡選授，順治十年題准：職方司每兩月一選，武選司每三月一選。○康熙元年題准：兩司選期，俱改雙月，兵部官會同科道於十四日驗封名缺籤，十五日，赴天安門外，兵部堂官掣名籤，科道官掣缺籤。○三年題准：除現任推陞官員，仍令兵部科道官代掣籤外，其選補各官，俱令親掣。○又題准：雙月二十五日，遇有副將以下、都司僉書以上缺出，將候補官及投誠等官各分一半兼用；守備以下各官缺出，將初選之投誠官、武進士舉人、咨送年滿千總、考用効勞部劄守備等項兼用，其推補時，將現在投供點卯者，盡行擬出，照依人數，封定缺籤空籤，令其掣補。如初次選補未完，下次封籤後，令其先掣。單月二十五日，遇有缺出，於現任應陞官員内，較考語俸次，照缺陞補。其候選候補大小各官，於單月初一日投供，初三日點卯。至雙月應擬選補時，兵部會同科道官公擬，二十四日，公驗封籤。其大選官員之缺，於二十五日在天安門外，兵部會同科道官籤補。推陞官員之缺，於單月二十五日在兵部衙門會同科道官籤補，如掣籤不到，照規避例題參革職。○七年題准：凡初授官員及推補副將以下官員，在京守候驗到者，註册先用，投結不到者，各令在籍候推。選授之後，移劄該督撫，取地方官印結，給與本官，遵限勒催赴任。如直省候選各官内，有病故罪廢等項，該督撫查核，預行報部，如遺漏不報，或俟部選寄劄後始報，或被他人假冒領劄者，事發將督撫併該地方官議處。○又題准：停止會同科道掣籤。○十一年題准:候選候補各官,俱於單月初一日投供,初三日點卯,照文到先後,於雙月二十五日掣籤。如有衰老病廢者,兵部於過堂時驗明,以原品勒令休致。○又議准:單月推陞缺籤,兵部代掣;雙月大選缺籤,各官親掣。其每月截缺,二十日以内所出之缺,給與本月之人;二十一日以後,所出之缺,留與下月之人。○四十年題准:十二月分大選官員,俱改於次年開印後掣籤。○六十一年覆准:月選遇副參遊都守缺出,内有陝西官員及現在出兵官員應行推陞者,不必令其掣籤,即加銜一等,仍留原任,其缺即將接次應陞之員掣補。

凡考驗,康熙十年題准:候選候補副參遊都守官員,於單月初六日,考驗弓馬,堪用者,註册補用,不堪者,以原品休致。如効力行間,立有軍功者,不在此例。○十四年題准:考驗各官,止用步箭,中二箭以上者,註册選授。不合式者,准其再考,至三次不合式,以應得品級休致。○又題准:陣亡官員子弟,免其考驗,附入功加項下選用;其餘候選各官,仍照例考驗,三次不合式者,停其休致,准令再考。○雍正元年題准:雙月單月營衛選補官員,於每月掣籤後,本部公同考試引見。其未掣籤以前,停其考試。至衛所各官有錢糧之責,并須查伊祖父有拖欠錢糧案件者,扣缺不用,俟所欠錢糧完日,查明再補。○又論:武職人員,原因騎射而得功名,當以弓馬之優劣爲授官之先後。如部發外省年滿千總,向來挨次補用,不論騎射之優劣,伊等以爲名次既定,補授有期,不復以弓馬爲事,何以勵人才而資實用乎?嗣後發往年滿千總,令督撫確加考驗,騎射優者,先行題補;劣者,令其學習,不按名次以爲先後,庶武弁皆知勉力騎射,不至廢弛。

凡武進士選授,順治三年題准:武進士一甲一名,授參將;二名,授遊擊;三名,授都司;二甲,俱授守備;三甲,俱授署守備。○十二年題准:武進士一甲一名起,合計一百名止,由職方司選授,其餘由武選司選授。○康熙十一年題准:一甲一名授參將管參將事;二名授遊擊管遊擊事;三名授署遊擊管都司僉書事;二甲,俱授守備管守備事;三甲,俱授署守備管守備事。自一甲一名起,前一半選授營缺,後一半選授衛缺。○二十九年題准:武進士中式後,兵部請旨,交管侍衛内大臣帶領引見,挑選侍衛。○四十八年題准:直隸各省千把總、年滿千總、中式武進士者,另班照例以營衛守備推用。○五十一年論:考取武進士,除選侍衛外,其餘補參將遊擊守備等員,俱有整飭營伍之職,未登仕前,不知事宜,仕後安有裨益?今歲武進士勿令回籍,分撥八旗,交與護軍統領演習騎射,教以儀度,如遇隨圍,給與馬匹錢糧,每進士一名月給銀三兩,有患病告假丁憂終養等項,仍照例給假。其才力不及者,教習官題參斥革;優長者,不拘科分名次,即行陞補;平常者,三年滿日註册,俱令歸籍,候缺補用。〇六十一年題准:八旗漢軍武進士武舉,凡遇有揀選之處,將漢軍武舉與漢武舉,一體揀選註册,遇門衛千總缺出,分班挨次推用。再漢軍武進士與漢武進士,亦照伊科分一體挨選。前一半以營守備用,後一半以衛守備用。〇雍正元年諭:武進士免其教習。〇二年覆准:衛守備之缺已經裁減,應將後一半之武進士,再分十五名,以營守備用,於雙月營守備各班之末,另立一班推補。〇五年諭:一甲一名,授爲一等侍衛;二名、三名,授爲二等侍衛。二甲挑選十名,俱授爲三等侍衛;三甲挑選十六名,俱授爲藍翎侍衛。嗣後永爲定例。〇又諭:前科武進士,大半皆授爲侍衛,其餘挨次俱得選用。今科武進士,朕恐其多選侍衛,反不能盡心學習,所以揀選侍衛者甚少,但伊等未得一時録用,置之閑散,殊爲可惜。今特廣爲加恩,將未選侍衛之滿洲蒙古進士,授爲藍翎,交與領侍衛内大臣効力行走,漢軍進士交與該旗以驍騎校補用,其餘有人材可用者,分發各省,賞食千總俸。著該督撫提鎮試看,如果効力勤謹,漢仗去得者,著以守備題補。

凡功授世職,康熙九年題准:緑旗武官,有軍功奉旨優叙者,酌議題請給授世職外,有加至左都督,又立軍功議叙加級者,紀功存案,積至加四級,授一拖沙喇哈番。〇十一年題准:加至左都督,無可加之級者,紀功存案,積至八次,授一拖沙喇哈番。

凡功加選授,順治初題准:經制千把總及無職任効用官員内,有因功加至府銜,并副將署副將者,以遊擊缺用;加至參將署參將、遊擊署遊擊者,以都司僉書缺用;加至都司僉書署都司僉書、守備署守備者,以守備缺用;加守備以上各官,如係未補千把總者,咨部照功加官例用。〇康熙十一年題准:已補千把總功加守備職銜以上,不論千總把總俸,俱照功加例用;現任把總銜大者,仍拔補千總;其功加千總,准補營千總。至功加各官咨部選用時,原領劄付,令本弁赴部親繳,如不將原劄親繳者,不准註册。〇二十四年題准:功加遊擊守備等官,有因人多壅滯,願告降千把總者,俱准降選。〇二十五年題准:功加人員,惟經制員缺及部劄有名者,仍照例録用,其餘一概不准。〇三十三年覆准:凡功加人員,保題保咨録用之例,俱行停止。〇三十八年覆准:征戰議叙,功加署守備各員,無力赴部候推者,准其降補千總把總,遇有該省千把缺出,與曾有勞績之領旗兵丁,相兼録用。〇四十四年覆准:功加人員,無論年遠年近,俱令其取本地方官及里族鄰佑印甘各結,或取同案現任功加人員印結到部,准其註册推用。〇四十五年諭:征爐立功把總人員,俟有守備缺出,與揀選年滿千總一體引見。〇四十九年覆准:功加人員,該部咨行各督撫提鎮查明給咨,并造實在年貌清册,令其親賫到部,驗明方准推用。〇五十年題准:現在兵部投供掣籤,未經引見及註册各項功加人員,雖經督撫提鎮保送到部,與議叙功案查對相符,但歷年已久,恐有假冒,應將各項功加人員暫行停用,一并發往該督撫提鎮查驗明白。若果係著有功績、年貌相符者,令該督撫提鎮取具地方官印結及同鄉鄰佑甘結,并將該員久不赴部情由一并查明,保題到日,與原叙功案查對,再行補用。〇又覆准:功加守備經各該督撫提鎮保題到部者,與臺灣三年俸滿註册推用之千總,較人文到部先後次序推用。〇雍正三年覆准:凡功加人員,令督撫提鎮轉行該營協州縣,將該員三代履、歷、年貌、籍貫,并取千把州縣等官印結,分送部科存案。〇又覆准:凡各案功加人員,令督撫提鎮將該員有無功績之處,或領兵將弁或同事現任官出具印結,如有冒濫,將出結之員,照徇庇例議處,本人照假冒軍功律治罪,其從前冒濫之處,或據實聲明,或自行首告,概免究問;其應送印甘各結,及所造册籍,俱限六個月完結,如出結各官,故意勒掯,該督撫據實題參。〇又覆准:凡功加應得遊擊都司者,照例雙月推用,功加守備一班,各附於雙單月十一班之末。雙月,歸於無職任之功加推用;單月,歸於經制千總把總功加推用。〇又覆准:嗣後應用都司僉書之功加人員,照藍翎之例,准以都司僉書守備兼補。〇又覆准:功加人員甚多,遊擊都司守備不能盡補,遇該省有把總缺出,准其三缺内將功加人員補用一員。〇又覆准:功加人員既有職銜,不便令千把管轄,令該督撫提鎮收入標下効力差操,給與兵糧。如果差操勤慎,給與外委把總名色,率兵巡防地方,以觀後效。倘有老病不任差操,題明給與半餉,養贍終身。再令督撫提鎮會同考驗,分爲三等:其人材超羣技藝純熟,或曾經血戰帶有傷痕者,爲第一等,保題送部引見,以應得之缺用,其候缺之際,或令侍衛上行走,或發巡捕營當差;其人材技藝尚屬可觀者,爲第二等,造册報部,以把總用,如能技藝精進,許其再行保題,送部引見,以應得之缺用;其技藝尚須學習、營伍尚未諳練,可以保題者,亦許其再行保題,送部引見,以應得之缺,可以拔補把總者,許其咨部拔補把總。至功加人員内現任之千把總,其有人材超羣,技藝純熟者,概不論俸,令其保題,送部引見,以應得之缺用;人材弓馬稍次者，千總六年俸滿，以守備補用，仍帶功加職銜，把總照常拔補千總；其人材弓馬不堪録用者，咨部註册。

凡録用投誠官，順治八年題准：投誠各官効力著功者，分别録用。〇十八年題准：該督撫於所屬投誠効用各官内，詳加選驗，有青年長技者，開造姓名履歷文册，具題送部之日，本部查驗職銜，酌量籤補實缺，如有應留該省補用者，聽該督撫指名題請；有仍願在標効用者，聽；有年老痼疾，願回籍歸農者，給與執照，移咨原籍該撫安插。〇康熙元年題准：福建、廣東、雲南三省投誠官，與現任俸滿并候缺等官，分缺推用。〇三年題准：投誠各官，不得補福建、廣東、廣西、雲南四省員缺。〇七年題准：海上投誠官，如遇廣東、浙江、福建三省員缺，俱令迴避。〇九年題准：海上投誠官，遇江南、浙江、廣東、福建四省員缺，俱令迴避，其别省投誠者，不在此例。〇十一年題准：凡不准題補省分投誠官内，如果立有功績、才技優長、弓馬嫻熟者，該督提等保題，令其赴部考驗，如與保題相符，准照投誠年月先後推用，如與保題不符，提督等照徇庇例議處。〇又題准：投誠官内有獻納城池、帶領官兵最多功大者，於原銜外酌量優加職銜，給與全俸。若帶領官兵不多，無大功者，仍給原銜全俸。帶領官兵少而無功者，降銜議叙，給與半俸。若隻身投誠與勢窮來歸等官，有僞勑印劄可據者，副將以上，給守備職銜；參將以下，給守禦所千總及衛千總職銜。〇又題准：投誠各官，總兵照原銜以副將缺用，副將照原銜以參將缺用，參將照原銜以遊擊缺用，遊擊照原銜以都司僉書缺用，都司僉書照原銜以守備缺用，守備照原銜以衛千總缺用。〇又題准：投誠隨標効用官，有呈請休致者，許以原品休致。〇十四年題准：軍前投誠官員，統兵大將軍將軍等，照功之大小，酌給劄付，遇缺可用者，即酌量補用，仍行報部。〇二十四年題准：投誠官自投誠後歷有功績至加等加銜者，該督提具題咨部，驗明功績，人文到部之日，准以原銜照功加例註册推用，免其考射；止有軍功紀録者，不照此例。〇又題准：海上投誠各官，遇近海員缺，俱准推補，停其迴避。

凡拔補千把，順治十一年題准：各省千把總，聽該督撫提鎮自行選委，如經制千把總内有効力年久、征勦有功、題報紀録在案者，令拔陞示勸。〇十八年題准：在外營千把總，俱係外委，未給部劄，故無品級，今定營千總授爲正六品，把總授爲正七品，給與部劄，各營千總缺出，令總督提督於把總内選補，不得竟委白身人。把總缺出，於行伍内選補，造册送部給劄。〇康熙三年題准：總督提督標下，外委効用白身人等，令選擇才幹，拔補把總,如有紀録者,拔補千總,其行間功次,仍照把總例議敘。○十一年題准:營千總缺出,該督提鎮於把總内遴選;把總缺出,務於在營食糧兵丁内選擇才技優長、弓馬嫺熟者補用,不許以閑散白身人選用。其選用千把總,報部請劄時,務將原劄繳部,如未經受劄者,止稱委署千把總。至千把總緣事應行斥革者,必須報部准行之後,方許離營。○又題准:提鎮標下効用人員内有才技優長、弓馬嫺熟,亦得選用把總,功加守備職銜以上,給與部劄者,俱令赴部補用,不准以千把總調用,功加千總者,仍以千總補用。若提鎮將部册無名之人選補把總者,降一級留任;該管官詳報提鎮補授者,詳報官降一級留任,提鎮罰俸一年。○三十九年覆准:專城千把員缺,照各標營千把,選拔委用,所有武舉人等,仍准告降,隨伊等籍貫,分發於本省督撫提鎮標下効力,不時操演,俟其弓馬熟習,營伍諳練,在於本省專城及標營千把缺内,一例拔補。○四十二年覆准:楚省本營之兵丁,即補本營之千總,同伍同營,一旦居上,必致失馭,嗣後不拘何營缺出,將弓馬嫺熟者籤補。○四十六年議准:千總缺出,該督撫將分發之年滿千總拔補,咨内須聲明曾否收標緣由,如有已經收標者,遇千總缺出,即行補用。○五十年覆准:凡發往各省標營効用之告降武舉未經補用者,應行文各省督撫提鎮,復加考試,如果弓馬嫺熟、諳練營伍者,仍行間補;其餘仍送兵部,原班註册録用,其武舉告降之處,永行停止。○雍正三年覆准:嗣後本營兵丁不許拔補本營千把,同城者,亦不准行。○四年諭:從前令各省督撫提鎮,將伊本標弓馬嫺熟、漢仗好、人去得之千總保送來京,今所保來者,將已用完,著兵部再行文各省,令其照前再各保一員送來。但從前所保送之内,亦有年幼人平常者,今見保送之員得以擢用,則此次保送蓄私而徇情受賄者必更多矣,况前次所下之旨,如千總不得其人,准於把總兵丁内挑揀,即補放千總保送,是合營伍之内俱得挑選,豈無其人?若今次仍有以平常及年幼之人保送者,著將保送之該督撫提鎮一并議處。○五年諭:向例千把總,俱由督撫提鎮拔補,往往以其家人私自効力、請托夤緣之人補用,徇情面而無公道,以致老弱不堪之人得授千把總者甚多,其所管汛地道路之遠近,俱茫然不知,而兵丁内年力精壯、技勇可觀者,轉不能得一官職,甚爲可憫,此朕所深知者。千把總職掌關係營伍,有稽查汛地、管束兵丁之責,又爲營伍出身之途。若聽其因循冒濫,何以整飭戎政,鼓舞兵心?今定半年,限令該督撫提鎮,將所轄千把總内,除曾經効力、久歷行伍中尚堪任使之人外,凡有老弱不堪不能稱職者,秉公細加看驗考試,盡行沙汰，不可姑容一人，即其中有沙汰甚多者，朕亦寛其已往，不究其向來姑容之罪。其所沙汰之缺，務將兵丁内年力精壯、技勇可觀之人，從公選擇拔補，不得仍蹈故習。俟半年限滿之後，朕當再降諭旨，或於本省布按大員内派人查看，或特差部院京堂大員前往查看。如各省千把内仍有老弱不堪不能稱職之人，則該督撫提鎮有何顔面對朕？卿等當自忖也。〇又諭：本營兵丁，不許拔補本營千把，實有未便之處，蓋兵丁平日所管汛地，其情形險阻，素所深知，及用爲千把，諸事有駕輕就熟之益；若用往他處，則初到之時，一切茫然，必待學習而後通曉，此辦理公事之當籌及者也。至於微員末弁安土重遷，盤費居止，措置匪易，若令調換至數百里外，必至拮据艱難，有家室之累，此私情之當籌及者也。朕思若以本營之兵丁即爲本營之千把，誠不能免於牽制瞻徇；若同城之中更换營頭，如係左營，則用爲右營，前營則用爲後營，又如鎮標撫標之同城者，亦可互相更换，如此，庶於公事有益，而於私情亦便。其地方只有一營者，或應於就近調補，或仍照從前舊例，以上諸條，如何方爲妥協，該部定議具奏。朕辦理天下政務，惟期事事妥協，人人均受其益，至於前後互異之名，朕所不辭。將此諭曉中外知之。遵旨議定：嗣後除本營兵丁，仍不准拔補本營千把外，其督撫提鎮本標下，如左營兵丁拔補右營，前營兵丁拔補後營千把，俱准拔補，或各標協營，同城互相更换，亦准拔補。至於獨營地方，千總有左哨右哨之分，把總有頭司二司之别，令該督等隨地酌量，如無鄰近營汛可以調補，即於本營左哨右哨及頭司二司内彼此調拔。

凡外委千把，雍正五年覆准：各營設立外委千把，須照依兵丁額數拔委，各營中額兵二百名，設外委把總一名，每兵四百名，加外委千總一名，多者以次遞加，務令秉公選擇，不得冒濫，仍報明督撫提鎮騐看，給與劄付，於歲底造册報部。如能巡防勤慎，令該督撫提鎮遇有經制缺出，即行拔補。倘有怠惰偷安者，即行斥革。如有生事擾民等情，該管各官亦即詳報該管上司，即行革除，照所犯之罪按例治罪。如該管各官不行詳報，被督撫提鎮察出題參，將該管官照徇庇例議處。

凡咨部千總，順治初題准：外委千把總，以受劄之日算俸，年滿咨部選用。其咨部時，務將原領劄付令本弁赴部親繳，推補之時，將以前紀録功次，俱行銷去。至經制千把總六年以上無紀録功次，五年以上有紀録功次者，俱以署守備用；五年以上無紀録功次，四年以上有紀録功次者，以署守備管守禦所千總事用；四年以上無紀録功次，三年以上有紀録功次者，以守禦所千總用；三年以上無紀録功次，及三年以下年半以上者，不論有無紀録功次，均以衞千總用。〇十八年題准：千總把總品級既分，把總不准照前例咨部推用，其千總年滿咨部者，仍照舊例推用。〇康熙七年題准：外委千總五年以上有紀薦、六年以上無紀薦者，仍以署守備用，其五年以下千總陞衞所千總之例，概行停止。〇十一年題准：五年以上千總選用時，所有紀録銷去，六年已滿千總選用時，所有紀録仍准隨帶。〇十四年題准：千總五年以上，未滿六年者，選用時銷去軍功紀録一次。〇二十五年覆准：把總陞千總員缺，概行論俸陞轉。〇二十九年題准：各直省督撫提鎮，將各營千總歷俸五年以上有紀薦、六年以上無紀薦者，照例給咨赴部，員缺另行挨補，督撫咨送遲延者，照欽部事件違限例議處。其督撫提鎮等將年滿千總保咨留任者，俱不准行。〇四十三年諭：年滿千總内，直隸、山東、河南人，著以陜西、山西省守備分用；陜西、山西人，著以直隸、山東、河南省分用；福建、江西、江南、浙江、廣東、湖廣，著調省分用；福建、廣東人深識水性，諳練船，務將伊等於沿海水師營分用；其餘省分，亦著調省分用。〇又諭：年滿千總等，俱係朕親身逐一詳問分別，此内亦有步箭好者，亦有馬箭好者，亦有出兵効力功加者，或騎射雖不及亦皆有傷痕，俱係可用之員，伊等到時，將現任守備内，有年老衰弱、騎射不堪者，著一面即行革退，將伊等隨即擬補奏聞，免其引見。如過三年，仍照常引見，若無可用之缺，著分發各處，食額外千總俸候補，朕特頒恩，越例補用。若有不肖之徒，不操練兵丁、不勤勉効力、貪酷者，照常例加倍治罪。〇四十三年諭：記名年滿千總，著給與守備俸，再考試時揀選一二等者，著亦照伊等食俸。〇四十五年覆准：各省年滿千總，遇有千總缺出，先行補用；遇有守備缺出，即照補用千總之先後，補授守備。〇四十六年覆准：閩省内地千總缺出，單月將澎臺俸滿把總拔補，雙月將分發年滿千總拔補。如澎臺各營無年滿之員，不論雙單月，概將分發年滿千總補用。澎臺各營千總俸滿送部員缺，仍選擇内地千總調補。〇四十七年覆准：營千總缺出，將部發年滿千總與營弁武舉輪補。〇又諭：各省督撫提鎮起送年滿千總内，如有在軍前効力者，將効力之處聲明，無効力者，或熟練營務，或騎射兼優，或居官有聲，俱將各情由聲明，保送到部日，俱著引見。〇四十八年覆准：分發各省以守備補用之年滿千總，遇有千總缺出，暫補千總，俟應題補地方守備缺出，仍具題補授守備。〇六十一年題准：揀選留京食俸候缺之營千總，按坐名題補省分，計缺之多寡，分發一半交督撫提鎮，遇坐名之缺，即行題補。將次用完，再請續發。其未發留京者，仍歸月選補用。○雍正二年諭：年滿千總保送時，將伊練兵如何、弓馬如何、人之賢否著督撫提鎮出具考語保送。○又題准：各省督撫提鎮保送千總時，先行詳查，如有拖欠錢糧者，不得保送。

凡分缺，康熙四年題准：守備缺出，候選候補各官，以裁缺改補爲一項，還職降調爲一項，武進士爲一項，年滿咨部千總爲一項，因功給部劄爲一項，効勞爲一項，投誠官爲一項，共分七項，均擬籤補。○七年題准：如遇八缺，以六缺均分六項之人，以二缺選武進士；如遇十缺，以六缺均分六項之人，以四缺選武進士。○三十三年覆准：雙月守備缺出，以七項輪流推用。今招民即用守備人員，應另立一項，分爲八項推用，以署守備管守備事註册，俟考後合式，於雙月守備員缺，輪流推用。○又覆准：守備缺出，以八項人員，輪流推用，但年滿千總一項，人數甚多，候缺甚難。其投誠一項並無候缺人員，嗣後投誠一項應將年滿千總推補，若有投誠之人，仍以投誠推補。○四十三年題准：裁缺、招民二項現在無人候推，應將此二缺亦添給與年滿千總，挨次推用。如裁缺招民二項有人，仍歸此二項推用。○四十六年覆准：凡營千總缺出，補一年滿千總，間補一營弁，又補一年滿千總，間補一武舉。○四十七年覆准：閩省内地遇營千總缺出，一缺，先補一年滿千總，二缺，補一臺澎俸滿把總，三缺，間補一營弁，四缺，又補一年滿千總，五缺，又補一臺澎俸滿把總，六缺，武舉功加人員相間輪補。如無臺澎俸滿把總，則將營弁借拔，如無功加人員，則將武舉儘補。○四十九年題准：十缺内，裁缺、還職、招民三項，現今無人推補。應將先用續用之千總，暫入於此三項内借補。若此三項有人之時，照常推補。其先用續用千總，用完之日，將分發八旗統領當差千總，入於此缺，照人文到部日期，挨次推用。○雍正元年覆准：各省守備缺出，除廣東等七省題補地方，仍照舊例，歸於分發千總。其餘各省，雙月部選缺出，十缺之中，以三缺歸於分發千總，四缺歸於巡捕營當差千總，二缺歸於武進士，一缺歸於難蔭、捐納人員、分缺補用。單月各省部選缺出，十缺之中，四缺歸於分發千總，四缺歸於巡捕營當差千總，一缺歸於無任可到、捐陞兩項人員，分缺補用，一缺歸於現任小銜守備，論俸推陞。再，藍翎一項，係都司守備兼用之員，每單月都司守備缺出，先用藍翎一員，一年止用五員，其所得守備之缺，於當差千總班内扣算。

凡隨征官給劄，各省督提鎮標，隨征効力各官，有軍功者，至五年具題,給以千總劄付,銷去紀録一次。所餘紀録,仍准隨帶。

凡補授提塘,各省提塘缺出,該督撫於聽用人員内選擇,咨部頂補。○康熙六十年覆准:各省提塘缺出,限部文到日,該督撫提即行揀選合例人員,送部頂補。如不速行送部,將該督撫提題參,照遲延事件例議處。如揀選人員領文不即赴部,在路逗留者,亦照赴部違限之例議處。

凡停陞,康熙十年題准:地方失事武職各官,經督撫提鎮題參,科抄到部,即行停陞,提問發審者,不候事結,亦停陞選。若科道官糾參,及督撫提鎮題參,係因公詿誤,或被人訐告等事,雖議覆未結,遇有應陞之缺,不停。如掣籤尚未具題,有以失事題參到部者,亦停陞轉。○十一年題准:地方失事武職被督撫提鎮題參,揭帖到部,即行停陞。如無揭帖者,仍以科抄到部停陞。至督撫提鎮特疏糾參各官,揭帖到部,亦即行停陞。如無揭帖者,亦以科抄到部停陞。

凡開缺,督撫提鎮糾參貪酷官員,或應革職提問,或應解任聽勘者,俱開缺銓補,一應外官如奉旨提解來京,併别部提解質對,及此省官員發彼省質審訊問者,俱行開缺。如本省内所屬官員,有質審訊問情節者,不行開缺。

凡補缺,武職選補之後,或遇前任官員留任,或行至中途,或至新補地方未經到任,即遇員缺奉裁,無任可到等官,領文赴部,將原劄繳驗,隔一選,即行補用。

凡兼銜,康熙四十二年題准:凡小銜副將,奉特旨補授總兵官者,照例兼銜給劄,其原銜係參遊都守,亦加副將銜至小銜總兵。奉旨補授提督者,亦照此例,兼副將銜。○雍正三年題准:嗣後藍翎四等侍衛補授外任者,兼署都司僉書銜。

大清會典卷之一百三十五

兵部職方司

〔選陞通例下〕

凡題補官員。順治十一年題准：各省督撫題補員缺，必擇智勇兼備、品職相近、俸薦相當者具題，不得越等濫用，及以聽用隨征等項坐補實缺。如有徇情題補者，兵部具疏題參。○十八年題准：各省督撫參報降革、病故及應休致各官，即將本省才勇堪用、俸滿三年、銜缺相當之官，於疏内一并題補，如無堪用官員，亦於疏内題明。部推之後，方行題請者，槩不准行。其福建、廣東、廣西、雲南、貴州、江南、浙江、四川、湖廣、江西等處，如果有人地相宜仍應留任之官，須在歷俸未滿三年之前具疏題留，如不預先題留，待俸滿推陞後方請留任者，亦不准行。至直隸、山東、山西、河南、陜西地方，不准題留。○康熙四年題准：福建等十省武職各官，題請留任，槩行停止。○十一年題准：廣東、福建、浙江、江南、雲南、陜西六省，近海沿邊員缺，及四川松潘營、漳臘營、小河營、平番營、叠溪營、建昌鎮、會川營、寧越營、冕山營、越嶲營、化林營等各營缺出，許該督提以才技優長、諳練地方、銜缺相當、人地相宜之人保題請補，若有冒濫，俱照徇庇例處分。部推後方題請者，不准。○十九年題准：各省將軍督提鎮等違例坐名保題者，各降一級留任。○三十年題准：臺灣澎湖副參遊守等官，照文職例於本省各營現任内品級相當、熟悉風土之員題補。千總員缺，咨部調補，不算前俸，三年滿日，照例陞轉。○三十一年覆准：河營官弁，照文職例，以熟習諳練河工之員坐名題補。○三十二年覆准：各省督撫提鎮，將署守備坐名題補守備者，俱准以守備管守備事。○又題准：古北鎮屬各營路將弁缺出，以熟諳地方、銜缺相當之員選擇題補。○又覆准：廣西思恩副將標下二營,及泗城副將標下二營,并安隆營、上林營、鎮安營等五處守備缺出,該提督會同總督將廣西省年滿送部註册候推守備之千總内揀選題補。〇三十五年諭:臺灣總兵、澎湖副將員缺,著於該省現任總兵副將内論俸調補,三年滿後,仍回原任,調補完日,再行奏請。〇三十六年題准:大同地方緊要,鎮標中營遊守等官,該鎮將别省官員并在部候推之人,坐名題補。〇三十七年題准:陝西沿邊地方武職官員及督標員缺,俱屬緊要,果係居官素優,該督等保題引見,准其越陞一二等,若越陞三等以上者,不准。〇三十八年題准:滇省地處極邊,照陝西例,准其越陞一二等題補。〇又諭:廣東提標員缺,准照沿海之例題補。〇三十九年題准:廣西猺獞雜處之地,遇有武職官員缺出,就近於廣東遴選才能照缺題補。〇又題准:鎮筸係湖廣要地,從京補授官員未免遲延。凡鎮筸營遊擊守備缺出,准將現任湖廣武弁題補。〇又覆准:福建水師提標、南澳等十四營,副參遊守缺出,照例於本省各營内揀選題補外,倘揀選不得其人,於附近浙省内有熟習水性、諳練船務、才技優長之員,准其會同督撫、陸路提督保題調補。又,凡水師把總缺出,於本營戰兵内選擇熟習水性、善於步射者拔補。〇四十年諭:四川地方緊要,武職員缺,不可久虚,副參遊守千總等官,著該督於川陝兩省内,或將現任官,或應陞官員,不准越次揀選,一面調補,令其赴任,一面具奏,俟事平後補行引見。〇四十二年題准:近海沿邊缺出,該督撫提鎮將才技優長之員題請引見補授,若係小銜副參遊都守,仍照推陞例准其加銜。其各省題補官員未經俸滿題補,陞缺不陞銜。如有軍功加級紀録,准其銷去加銜。〇又覆准:湖廣鄖竹、荆、襄、施、荆、遠、安、德、九、永、長、衡、岳、澧、洞庭,及督撫提鎮標,遇有將備缺出,暫令督撫提鎮不論省分,各舉所知,保題引見補用,俟三年後停止。〇又覆准:水師行伍衝冒風浪,防勦機宜,所關重大,必須才力諳練精壯,方堪勝任,嗣後水師缺出,除有真知灼見之人,仍照例保舉補授。倘乏邊海幹才,即於記名人員内,請旨補授。〇四十三年覆准:貴州都匀、銅仁、威寧、黎平四府,大定、平遠、黔西三州,武職員缺及貴州提督標下四營員缺,俱准提臣會同督臣,將久任熟悉風土、銜缺相當之人揀選坐名題補,照例送部引見。〇四十五年覆准:貴州省副參遊都守缺出,將雲貴二省内武職官員,該總督等揀選具題補授。〇四十七年覆准:陝西雲南貴州三省,福建水師一十四營官員,俱准越銜題補,但伊等既係越銜題補,又照伊所陞之缺陞用,則陞轉太優,嗣後越銜一二等題補之人奉特旨揀用外,其陝西雲南貴州三省、福建水師一十四營官員越銜題補者,仍照伊原任品級,與應陞之員較俸陞轉。〇又覆准:副將以下應題補地方官員缺出,俱停陞選,行文該督撫提鎮,於文到十日内令其題補,仍計程途照例扣限。其告病告老病故丁憂等缺,該督撫提鎮一面題報,一面即將銜缺相當賢能應題之員,亦於十日内題補。若無應題之人,即於題報疏内一併聲明,照例掣補具題。若不同時題補,或逾題補之限,或於已經補人之後始行題補者,雖或合例,槩不准行。〇又覆准:應行題補省分,如違例越銜題補者,不准行;不應題補省分,永停題補。〇四十八年題准:福建陸路應行題補營分,照水師事例,一體越銜保題補用。〇又題准:福建廣東二省武進士、舉人、生、監或兵民人等,有熟諳水性、練習水師事宜、願隨官兵出洋巡哨効力者,該督撫預先列名咨部,果能擒賊立功,該督撫查明保題,引見叙用。〇四十九年題准:浙江定、黄、温三鎮,遇有水師遊守千總缺出,如陸營内查有諳練之員,即行題補;如無諳練之員,照常揀選題補。〇又題准:浙江定黄、温、三鎮遊擊缺出,即於通省守備中,准其越銜一二等揀選諳練水性之員題補。〇又覆准:閩省延、建、邵、汀四府將弁,原非題補之缺,但分發本省年滿千總人多,沿海地方缺少,嗣後四府守備缺出,將現在分發年滿千總一體簽補,俟補完之日,仍歸部選。〇又覆准:廣東沿海缺出,照福建陜西雲貴之例,就守備中揀選諳練水務之員,越銜一二等題補。〇五十年諭:嗣後由侍衛記名人員補授或調補者,逾二年後,再將名字進呈。〇五十一年諭:直隸各省副將以下、守備以上,有人材敏達、弓馬熟嫻之員,各省督撫提鎮揀選保題引見。〇五十二年題准:一應沿邊應題武職各官,首重人材,必身力壯健,曾出兵効力,先行題補,如無効力之人,始較論資俸,爲揀選保題之序。遊、守必歷俸五年,副將必歷俸三年。查明俸次題補,如一鎮内無合例之員,則通省各營内,從公選舉。如再無人,則題請於奉旨記名人員内,揀選補授。〇又覆准:廣西南、太、慶、思四府武職員缺,以桂、平、梧、潯、柳五府現任熟習水土、人地相宜之員調補,三年無過,照例推陞。〇五十二年覆准:水師員缺,令各督撫提鎮察屬員内深知水性之人,虛公保舉,仍令引見,鑒其才品,本部記名循序補授。〇五十六年覆准:川陜乏大銜之員,應照陜西越銜一二等之例題補,至化林協所屬之黎雅、峩邊二營,永寧協標之左右二營,并所屬之建武、叙馬、龍場、大壩、馬邊五營,又建昌鎮屬會鹽一營,俱在沿邊,與番蠻雜處,亦准照陜省邊缺之例題補。〇五十七年題准:凡記名人員揀補陞補之缺,該省督撫提鎮題請留任,槩不准行。〇五十八年覆准:松江府屬之川沙營,蘇州府屬之吴淞營,遇有參守缺出,准將熟識水性人員題補。〇六十一年覆准:嗣後武職副參遊都守各官,仍照定例内,應題之缺揀選銜缺相當者題補,其餘督撫提鎮歷年請增題補地方,一槩永行停止,送部之員,亦不必引見。以後不應題補調補之缺,及有事故并越銜保題者,將督撫提鎮照徇庇例降三級調用,雖有加級,不准抵銷。〇又覆准:嗣後督撫提鎮等,將本省之人自千把歷任守備者,題補副、參、遊缺,俱不准行,將題補之督撫提鎮,照違例題補之例降三級調用,加級紀録不准抵銷;兵部月選推陞官員,亦照此例,不准陞授。〇雍正元年覆准:雲南省地處極邊,副參遊擊缺出,仍令該督撫提鎮照例將才技優長熟諳邊土之員,越銜一二等揀選題補。至守備員缺,於分發年滿千總内揀選補用。〇又議准:廣東等沿海省分,水師副參遊都缺出,查武職册内有銜缺相當之員,令其照例題補,倘無銜缺相當之員,令該督提於不越次之小銜人員内揀選具題補授。〇又題准:閩省水師一十四營,俱係題補之缺,難得銜缺相當、熟習水性之員,嗣後水師應題各缺,仍照舊越銜一二等之例,不拘本省生長之人揀選題補。〇又諭:近年用兵以來,陝西武官雖陞别省,不令其赴新任,仍留原任,實屬可憫,嗣後凡陞銜留任官員遇有本省相當缺出,該督即行題補。〇又題准:直隸古北鎮所屬密協副將、薊協副將、昌平營參將、鎮標中軍遊擊、喜峯口遊擊、古北口都司、薊州都司、山海路都司、鞏華城都司、居庸路都司、熱河守備等十二缺,請旨簡補。〇又覆准:嗣後河營守備缺出,仍於河營千總内揀選熟習諳練河工之員題補。又奉旨,河標遊都守備缺出,俱著該督保題補授。〇二年諭:朕命各省督撫提鎮將所知官員保題,特爲要缺欲得賢員之故。今見凡陞往别省者,槩不肯令赴陞任,各欲留於本省,越次保舉題留者甚多。夫天下一體,豈得各分爾我?嗣後如係水師營緊要員缺,仍許題請以陞銜留任,倘所陞現係要缺,而所留之缺並無緊要,一槩不許題留。〇又題准:江南添設太湖營,參將守備缺出,令該督等揀選題補。〇又題准:陸營將備千把内,有情願効力水師者,令其於每年出洋巡哨時跟隨一同演習,果能熟習水性,准其陞補水師。〇四年覆准:嗣後三江硇州等缺,令該督提揀選通諳猺情、熟悉水性之員題補調補。〇又覆准:嗣後各省武職題補之缺,令該督撫提鎮每年酌量缺之多寡,分别水師陸路、地方或繁或簡,將現在屬員内有才守兼優、勤慎奉職并熟習水師者,預先公同選擇,合詞保題,將職名咨送兵部註册,俟有本省題補缺出,即將所保之員照依銜缺,掣籤請旨補用。至所保之員有未經引見者,仍令其先行陸續來京引見,除失察大盜、革職留任、帶罪圖功効力之員不准保題外,其有降級、降職、住俸、降俸及承追督催未完案件者,於保題本内詳悉聲明,請旨定奪。○五年覆准:嗣後福建水師將備缺出,不拘本省籍貫,准其揀選題補。其餘陸路各官,及水師各營之中軍將備,並非專管水師事務,仍不准本省人補授。○又覆准:廣西省南寧府屬之上思營守備一缺,及太平、慶遠、思恩三府參將守備等缺,俱令該督等將操防勤謹、熟悉風土、品級相當之員揀選調補,五年俸滿,會核題報,照邊俸例陞轉。○又覆准:雲南元江一協、廣南、普威、東川三營副參守備等官,照文職例揀選調補,三年俸滿,保題到部,照邊俸例陞用。貴州長寨營官員,亦照邊俸例保題陞補。其黎平、定廣二協副參守備等缺,仍令揀選送部引見。○又諭:各省武職内俱有可用之人,因各省有題補不題補之分,則各員陞轉遂有遲速之異。有題缺省分諳練賢員,該督撫提鎮遇有缺出,揀選保題陞遷甚速;其無題缺及題缺無多之省分,即有諳練賢員,亦必論俸陞遷,格於成例,每多遲滯,殊覺不均。嗣後無缺并題缺無多之省分,行令各該督撫提鎮,秉公揀選諳練營伍。操守廉潔、勤慎實力供職之員,將職名開列具本,保題爾部註册,以備朕揀擇酌用。其保題人員,候旨再行送部引見。

凡武職引見,康熙三十七年諭:嗣後陞補參將,將得缺之員調來引見。○三十八年覆准:副將大員,無論曾否引見,坐名題補時,不拘年限,仍照常赴京引見。參將以下官員,坐名題補時,曾經引見未過三年者,停其引見;已過三年,仍令赴京引見。其推陞副將參將内,除副將照常調取外,其參將曾經引見已過三年,亦仍調取。引見未過三年者,停其調取。○四十一年諭:臺灣緊要地方,遠隔海洋,來往行走甚難。嗣後補放副將等官,三年已滿,再行轉調。此間如有調來引見陞轉者,該部奏聞。○又覆准:各省督撫駐防將軍提督總兵官,若有保奏之人,隨本帶來引見。○四十五年覆准:凡提鎮等官有奉旨調取來京引見者,行該督撫計程定限,給咨馳驛,赴部聽候引見,仍將起行日期預行報部,引見後回任日期亦行報部。○四十六年諭:運糧千總員缺,補放時,俱著引見。○五十一年覆准:本年軍政爲始,凡卓異武職官員,照卓異文職例令其引見。○五十二年覆准:水師營員缺,選擇題補,送部引見。○五十四年題准:各省武職官員赴京引見,守候人多,恐致曠日持久,嗣後武弁投文十日之内,即考驗弓馬,奏請引見。如駕幸熱河,即按月帶赴熱河引見,速催赴任。○六十一年議准:嗣後在部投供候補候選捐陞副參以下、衛所千總以上等官,及現任論俸推陞題補調補引見已過三年之副將,仍照例引見外,其現任論俸推陞題補調補參將以下、守備以上,并引見未過三年之副將,俱停其調來引見,將劄票封發督撫提鎮,令其詳加驗看,如有年老有疾、人材不及者,即行具題,另行銓補。○雍正二年論:朕於補放官員,無不加意擢用。各省武職有未經見過者,著行文各省督撫提鎮,自副將以下、遊擊以上,除曾經引見過外,將人材壯勇、聲名著聞者,每省不過四五人,陸續輪流保送來京引見。○又諭:各省武職送京引見者,應於通省官弁中計算,一次不過四五人,陸續送來。其操守如何、操練營伍如何之處,著各省將軍督撫提鎮送人來時,據實密摺具奏。其戰陣有功之人,筋力就衰、長途跋涉艱難者,停其來京,將本人整理營伍、操演兵丁、操守如何之處,亦行據實密奏。再,陝西、甘肅、四川、雲南現今備兵,不必令來京引見。○又諭:輪流引見各官,副將著賞銀三十兩,參將賞銀二十兩,遊擊賞銀十兩,從前輪流引見人員,俱補賞給。○又諭:各省副將以下、遊擊以上官員輪流來京引見者,朕念伊等遠來,皆各賞與銀兩。其雲南、貴州、四川、廣東、廣西、福建六省,路途遥遠,與别省不同,著令馳驛前來,只須照常計程行走,不必過於急速。如有欲自備脚力,不願馳驛,各隨其便。○又諭:輪流到京引見過官員,若遇督撫有將伊等保題陞補者,兵部即將曾引見之處奏聞。○四年論:連年以來,朕令督撫提鎮等保送屬下武弁進京引見,若該上司奏摺内有某員操守平常字樣,朕於召見該員之日,必將該上司所奏論伊知之,冀其洗滌前愆,悛改故習,以圖後効,無非愛惜人才之意。乃間有不肖之員,於回任之後,以上司既有貶抑之詞,心懷怨望,遂與上司日漸參商,或又以平時操守不謹,既爲朕所知,將來難望上進,遂志氣隳頹,見利忘義,此亦武人難免之情態,斷無有素日操守謹慎而陛見之後反改前操者也。凡督撫提鎮保送人員,朕不過觀其外貌技勇,遂分别補用,原不能知其存心如何,豈能保其將來?即督撫提鎮等所保送之人,朕看來平常庸陋者亦多,但伊等任内未嘗顯有過犯,該管上司又未參劾,朕亦姑且容留而試用之。至上司之於屬員,亦有先保舉而後參劾者,或係屬員改操,前後迥異,或始初保舉時,出於情面,本非真實,故易至敗露,此等均未可定。嗣後該上司保送人員,務秉公心,勿存私意,倘伊等陛見擢用之後,改易前轍,即當據實參奏,勿謂朕曾擢用,有所瞻顧;勿謂已曾保舉,回護前非,總以大公至正無偏無黨之心處之,則賞罰明而屬員知所勸懲矣。又如武弁陛見來京,朕念其貧寒,俱加賞賜,此乃格外之恩,若伊等不知感恩圖報,回任之後有過犯參革者,除按律治罪外,著將賞賜之物一併追出,以示懲戒。○五年論:千把總係微末之員,若來京引見,未免艱於路費。前朕已降諭旨,將千把總交與上司,加意甄别,嗣後若尚有劣員,該上司自難辭其咎。總河標下拔補千把,向來有送部引見之例,今著停止引見。

凡陞選具題,順治初,陞選各官,總作一本具題。○十八年題准:副、參、遊、都等,分爲一人一本具題。○康熙九年題准:每項分一本具題。

凡赴任違限,順治八年題准:武職赴任,違限半年以上者,革職;五個月以上者,降三級調用;四個月以上者,降二級調用;三個月以上者,降一級調用;兩個月以上者,罰俸六個月;一個月以上者,罰俸三個月;半月以上者,罰俸一個月;其無級可降者,革職。○十五年題准:違限一月以内者,免議;一月以上者,罰俸三個月。○康熙十一年題准:赴任在途,有耽延事故及患病者,取具中途地方官印結送部,免議。○又題准:推補提鎮等官,自奉旨之日爲始,定限一月内出京赴任。違限者,兵部題參議處。

凡領文赴部違限,舊例:候選候補各項武職,領文赴部違限,俱照赴任違限例議處。其途中患病,在限内,取有地方官印結者,免議;限外者,不准。

〔武會試〕

武闈會試,先考騎射,再試技勇,再較文藝,至詳至慎。兹將會試條例之隸職方者,備列於篇,而以殿試傳臚附其後。至與鄉試事例相同者,已載庫司,不復重見。

凡場期,國朝會試天下武舉,定於辰戌丑未年舉行。九月初九日第一場,試馬箭;十二日第二場,試步箭;十五日第三場,試策論。○康熙二十三年覆准:會試於初六日筵宴。監射大臣等官自初七日起,至十二日止,考射馬步箭技勇。十三日筵宴,主考知武舉等官入簾。十四日,外簾各官編號點名。十五日,考試策論。

凡中額,順治二年題准:武會試中式,定額二百名。○十六年,恩詔再行會試,取中一百名。○十八年諭:武會試取中三百名。○康熙三年題准:取中一百名。○九年,恩詔廣額取中二百名。○十五年題准:廣額取中一百五十名。○十八年,以後定額中式一百名。○三十三年覆准:武舉於頭二場合式後,試第三場策論,分編南北。將直隸、河南、山東、山西、陝西定爲北卷,取中五十名;江南、浙江、湖廣、江西、福建、廣東、廣西、貴州、雲南、四川定爲南卷，取中五十名。○五十二年諭：近見直省武進士額數偏多偏少，嗣後考取武進士，著不必拘定額數，該部預行奏聞。朕計省之大小，定人之多寡取中。○五十四年題准：武會試兵部行文主考官，就八旗各直省，記明頭二場弓馬，好字號卷内擇其佳者，照數取中。如不足額，仍照舊例取中足額。○雍正元年覆准：嗣後武會試，外場所取好字號，皆令監射大臣與監射御史當面註定，較對明白，務於十一日全完，十二日即將號册親交兵部堂官，按册印清卷面，并將號册所註好字號，各就省分，謄清一本，俱用兵部堂印，送入内場。○又覆准：八旗滿洲等，亦照漢軍例考取武進士四名，外場停其舞刀掇石，俱令射馬步箭，有能開硬弓、馬上熟練、樣式好者，令其入内場，編滿字號，照漢軍例考試。其殿試亦照此例。

凡邊籍，康熙五十一年題准：雲南、貴州、廣西兵丁，已經中式武舉，既係邊兵又係邊籍者，會試時准其編邊省字號。如雖係三省邊民，却非三省邊籍者，會試時必查入伍至十年以上，方准作邊籍，編邊省字號。若新募補額，未及十年，會試時仍照原籍編入南北卷内取中，不許編邊省字號。

凡起送，康熙十一年題准：遇武會試年，預期通行直省巡撫，除武舉内選授，并丁憂事故等項不送外，其餘盡行給發文批盤費。自六月十五日起，八月十五日止，赴部查驗真僞，給與執照入試。○四十八年覆准：各營千把總及年滿千總併門衛所等千總有通曉文義願應武會試者，令該督撫提鎮給咨赴部，年滿千總在京候推者，令其自行赴部具呈，同武舉一體會試，亦於原額内取中；不中者，現任千把總仍歸原職，年滿千總仍候推補。其兵丁及千把總等如鄉會試中式之後有願歸職伍者，亦令其暫歸職伍。○五十一年題准：兵丁中過武舉，會試不中，令其就近歸營操演，俟會試之期，給文赴部。○雍正二年題准：現任千把總并門衛所千總有願應武會試者，令該統領督撫提鎮各給與文批，令其赴部會試。其年滿千把在京候推者，臨期兵部出示，令其自行具呈。

凡投文日期，康熙三十年題准：各省武舉來京，如過九月初七日投文者，不准入試。○三十六年題准：各省武舉來京，如過九月初五日投文者，不准入試。

凡監射官，兵部臨期密題，欽遣大臣二員。○康熙二十八年覆准：武會試外場，欽遣内大臣、都統，與内閣大臣、兵部，公同考試。

凡中箭合式，康熙二十八年諭：武鄉會考試，馬箭，以中四箭爲合式；步箭，以中二箭爲合式。不合式者，不准取。○又諭：考試馬箭弓刀等項俱已合式,或因步箭不中兩箭即爲不合式,不准入場,似爲屈抑,著確議定例具奏。遵旨議定:嗣後武場會試時,除馬步箭開弓舞刀掇石合式,中兩箭者仍照常准取外,或有步箭雖未中鵠而射法精善者,亦准考取入場。〇三十三年諭:武舉會試者,或有人材壯健、弓馬俱優,因未合式不中,著兵部出示,有情願効力、情願復試者,令其具呈兵部啓奏請旨,另行考試揀選,歸併火器營操練行走,下科照常考試。若有甚優者,即行補用。

凡主考官,兵部臨期開列内閣、六部、都察院、翰林院、詹事府、漢堂官密題,欽點正主考官一員,副主考官一員。

凡同考官,兵部咨取各部郎中、員外郎、主事、六科給事中内,由進士舉人出身者,密題,欽點四員。

凡知武舉官,開列本部漢左右侍郎二員,密題,欽點一員。

凡提調官,開列本部滿漢司官,題請欽點滿漢官各一員。

凡監試官,兵部咨行都察院開送御史職名,密題,欽點二員。〇康熙五十三年覆准:文武鄉會試場内,除巡綽營官照常派出外,或參將或遊擊添設一員,每翼派都統一員、副都統二員,同考試官一體入場彈壓舉子。漢人責成營官,旗人責成都統,三場試畢,令其出場。若管理不嚴,將該管官治罪。〇雍正四年題准:嗣後文武鄉會場并繙譯,場内每翼止派副都統一員、參領一員、旗員一員,與考試官一同進場彈壓舉子,三場試畢,一同出場。

凡執事各官,兵部將掌卷、受卷、彌封、印卷、巡綽、搜檢、監門、供給等官派定,具題入場。

凡進呈策論題目,本部司官一員齎捧恭進,揭曉日期預行題明。至揭曉日,場内繕寫題名録恭進。〇康熙五十四年覆准:武進士題名録,於考完時業經呈覽,其會試録,停止刊刻。〇雍正元年覆准:武會試録,照舊刊刻。

凡下第武舉,雍正二年,特恩賞給落第武舉盤費銀兩。雲南、廣東、廣西、貴州、四川武舉,每人賞銀十兩。福建、浙江、江南、江西、湖廣、陝西武舉,每人賞銀七兩。直隸、山東、河南、山西武舉,每人賞銀五兩。〇五年諭:今科落第武舉,旗下直隸密邇京畿不必賞賜。其各省落第武舉,每人賞銀四兩。

〔武殿試〕

凡殿試中式武舉,於十月初四日試策一道。初五初六日,試馬步箭及開弓舞刀掇石。或在瀛臺考試,或在景山考試,兵部於臨考試時,具題請旨定奪康熙四十五年以後,或在暢春園西廠考試,亦臨期請旨定奪,其餘與文殿試同者,詳見《禮部》。

傳臚

凡武進士臚唱,行禮畢,贊禮官贊舉榜,兵部官舉榜,由中路捧至午門前,跪置龍亭内,行三叩頭禮。鑾儀衛校尉舉亭,教坊司作樂,行至西長安門外,張掛於長安街,賜給武狀元盔甲,諸武進士隨出觀榜。巡捕營備繖蓋儀從,送武狀元歸第。次日,在兵部賜會武宴與文傳臚同者,詳見《禮部》。

大清會典卷之一百三十六

兵部職方司

〔軍政〕

軍政大典，五年一舉。除内外衛所，分屬武選司外，其京營及直省營鎮官員，則本司掌行。所定條例，具載於後。

順治十一年題准軍政例凡十條

一、軍政考選，定於甲巳之年，永爲成例。

一、直省提督及總兵官賢否，令總督開報，其餘副將以下、千總以上，凡係經制員缺，令各布按及守巡兩道，博採賢否實蹟、各官履歷清造五花文册，照文職大計例，填註考語，擬定去留，送該督撫嚴加考核，確定官評。另註考語，造册密送兵部。其賢不肖之尤者，開具事實，另揭密送。各省俱定限十月内送到，如踰限不到及考語含糊參差者，兵部指名題參。

一、在内及各直省，填造四柱文册，一樣五本，三本送兵部，一送兵科，一送河南道，以備考核。其册開各官，除兵部覆核奏請出榜曉諭外，如有遺漏，仍聽科道糾拾。

一、開造四柱履歷文册，一曰操守，或廉、或平、或貪，一曰才能，或長、或平、或短，一曰功績，或多、或平、或少，一曰年貌，或壯、或平、或老。總括考語，須詳列事實，不得朦混影響。

一、遇軍政考選年，凡應考官員，敢有營求囑托及羅織生事，或親自出名，或主使刁徒，投詞告害、匿名造揭、暗圖誣陷者，在外聽該督撫參奏，在内兵部行五城御史并巡捕營緝拏參處。

一、總兵官、副將帶府銜者，俱令該督撫詳列賢否，一例考核。

一、軍政考核屆期，閲册各官寓所各貼“迴避”字樣，嚴加關防，郎中、員外郎主事，俱宿衙門閱册完，會同兵科河南道參訂賢否，以定去留。

一、各直省副參遊都守等官功罪，重在封疆，如地方有無失事、盜賊有無緝獲、曾否擾害地方、縱兵虐民等情。該督撫據實開造清册，無得徇庇遺漏。

一、在外營千總把總百總以及外委武弁不係部推者，不與軍政，仍令該督撫嚴加考核，如有指稱委署剥軍害民者，聽督撫究處，仍將考核過姓名事實另造清册，報部備考。

一、軍政考選，關係地方休戚、軍民利害，該督撫如有因循舊習、賢否混淆，致使奸慝漏網者，許科道官指名糾參。

凡軍政册籍，康熙二十六年題准：考選軍政，舊例：將軍督撫提鎮等，造送現任將弁五花册五本，應行查議官員，另造簡明册五本，裁缺候補官員册五本，外委署事官員册五本，投誠部劄効用官員册五本，兵馬錢糧册五本。但現任將弁五花册，及簡明册，各造送五本，浮多，應各減去二本，止造三本，送兵部、兵科、河南道各一本。至丁憂裁缺候補官員册籍，不必另造，填入現任將弁五花册内。其提鎮丁憂者，俟服闋之日，照例自陳。至外委署事官、投誠部劄効用等官，原不考覈，俱停其造送。其兵馬錢糧册籍，該督提等歷年造送兵部，即移送户部銷算。其衛所錢糧，亦由户部銷算，此項册籍，亦俱停其造送。前項册籍造送之時，如有總督提督省分，督提造送；無總督省分，提撫造送；無督提省分，撫鎮造送。應行造送册籍，限本年十月二十日以内送到。〇又覆准：凡軍政册籍到日，兵部即會同兵科、河南道，於封門四日内詳看完結具題。其提鎮自陳内，有察議者，於五日内議定具題。〇又覆准：軍政卓異官員仍照舊薦舉，溺職者，仍照八法，通爲一本參奏，部院詳加考覈。其照常留任官員，停其開造四柱册送部。

凡軍政自陳，康熙六年諭：提督及總兵官，俱令自陳。〇七年題准：提督仍令自陳，總兵官令總督提督會同考覈，若無總督省分，令提督會同巡撫考核。〇十一年題准：提督、總兵官，俱令自陳。〇雍正元年題准：軍政自陳處分，向無定例，嗣後自陳各員有遺漏舛錯，上次自陳以前之事者，概免議處，其奉旨察議者，照例議處外，如有遺漏已經議處降罰案件，關係考成者，罰俸一年，遺漏廕子、加級、在任守制等項，無關優劣者，罰俸六個月。至失用印信、不開明籍貫并籍貫舛錯等項細故，概行嚴飭。

凡軍政註考，康熙六年題准：各省陞任及裁缺降調各官，離任一年以上者,令於新任註考,不及一年者,仍於舊任註考,至於安插投誠之員,不必註考。各官内有卓異者,該督提開明實跡,另疏題報,餘欵仍照舊例行。○十一年題准:副將以下、經制把總以上官,令兼轄將領註考,呈該總兵官;不屬總兵官管轄者,令各該兼轄副將、參將,清造五花文册,填註考語,送該提督註考後,轉送總督,嚴加考核,確定去留,造册送部。其賢不肖之尤者,仍照例另揭。巡捕三營各官,令督捕填註考語,造册開送。其内外各官註考,如前後互異,及將離任官應註考而不註,不應註而註,或開報年貌舛錯,或失註去留者,俱罰俸一年,督撫提鎮罰俸六個月。○三十年定:巡捕三營各官,九門提督註考。

凡軍政卓異,順治十二年議准:兵部會同都察院、兵科、河南道,於各督撫疏揭文册内,閲其事實功蹟,量拔數人,先與紀録,酌量優陞,仍移咨禮部具題,賜袍服以示旌勸。○十七年題准:卓異各官,自提鎮至守備,俱賜袍服。○康熙二十三年議准:督撫提鎮濫將匪人薦舉卓異者,各降二級調用,申詳官各降三級調用。○雍正元年諭:嗣後軍政卓異官員有不合例者,將何人保舉并與例不符情由,另行開明具奏。

凡軍政八法,順治十一年題准:龍鍾衰邁者,照老疾例勒令休致;輕稺率妄者,照浮躁例,庸怯無能者,照不及罷軟例,俱降級調用;若贓私狼藉者,照貪例,革職追擬;恣睢虐下者,照酷例,罷職不叙;至敗倫傷化、行止有虧者,照不謹例,革職。如有縱寇殃民、殺良冒功、淫擄焚劫事干重大者,該督撫特疏列欵糾參,另請處分。○康熙十一年題准:貪酷者,革職提問;不謹罷軟者,革職;年老患病者,勒令休致;才力不及者,降二級調用;浮躁者,降一級調用;至外委署事等官,亦照例註考,另造一册,分送部院衙門。其老病休致各官,無庸註考。○三十六年諭:軍政大典,五年一舉,所以黜陟將弁,砥礪官方,使賢者知勸,而不肖者知儆,關係甚重。每見督撫提鎮不能實心奉行,輒向所屬需索部費,恣意誅求,因而將弁以下,節次侵削,重爲兵害。至於所舉所劾,或瞻徇情面,或曲庇私交,將扣尅額餉、虚冒兵糧、濫受餽遺、虐取規例、委係貪酷,及衰懦闒茸、不能騎射之員不行糾劾,止將微員細事草率塞責,以致貪婪庸劣之輩無所戒懲,而守法奉公宣勞盡職者,遏抑不揚,無所激勸,殊負朝廷旌别淑慝之至意。爾部可即通行各督撫提鎮,此次舉行軍政,務矢公矢慎,力破積弊,俾舉一人,衆皆以爲賢;劾一人,衆皆以爲不肖,庶激揚咸當,而國家允收得人之效。倘因仍陋習,不加悛改,後有發覺,定將該管官一并從重治罪。○雍正元年議准:軍政所參貪婪行劣不謹官員,照例處分外,其罷軟、年老、有疾、才力不及官員,有曾在軍前行走、受傷得功之處,應照例革職者,仍給與本身空銜,其照例休致降調,本身尚有職銜者,俱令其子孫一人入伍食糧。○二年諭:軍政革退之劣員,具本啓奏,始行發往,路途遥遠者,多行遲滯,因此劣員等聞知將伊革退,此際不無肆妄之人。嗣後軍政革退之員,令其離任,再行具奏。如有不應革退者,亦可復行補用。○五年諭:向來軍政之年,該管官員往往以千把等官參劾塞責,似此微員,優者可以隨時拔用,劣者原係咨部黜革,何必待五年軍政之時?嗣後將千把總於軍政内舉劾之處,著行停止。

凡不入舉劾官員,雍正元年諭:五年舉行軍政,其居官優者,列爲卓異;劣者,分别輕重,置之八法,所以澄叙官方,勸善懲過,典至重也。朕思卓異八法,所舉所劾不過十數人,而平等供職不列舉劾者尚多,如武官騎射之優劣、訓練之勤惰,皆未填註考語,是考課尚有遺漏之處也。嗣後軍政除卓異八法照舊例舉行外,其平等官員,武職自守備以上,俱於軍政之年令督撫提鎮註明考語,造册詳報兵部,務期秉公核實,不得徇情任意顛倒是非。遵旨議定,嗣後不入舉劾官員,武官營弁,自守備以上,其散給兵餉,註其有無尅扣;訓練營伍,註其果否勤惰,騎射若何、年力若何、緝盗安民若何,至於衛弁亦有經手錢糧,兼註其委無虧空、操守辦事若何,令該管各上司出具印結,逐一填註考語,造册送部,以憑核其優劣。

〔考滿〕

舊例,武職俸滿三年,分列五等考核,衛所則屬武選,營鎮則屬職方,康熙四年停止。今仍列其制,以備參考。

康熙元年定:停止軍政。凡係大小武職官員,實歷俸三年已滿者,舉行考滿之法。在内巡捕營各官,責成督捕;在外各官,責成總督,據實註考。其提督總兵官,仍令自陳。○二年題准:考滿一等稱職者,紀録一次,副將給表裏各二疋,參將、遊擊給表裏各一疋,都司、僉書、守備以下各官給表一疋。○又議准:武職照文職例,凡有罰俸住俸降俸革職帶罪緝賊督徵錢糧并革職降級帶罪圖功者,不必待其開復扣除月日,但計歷任三年,通准考滿。○又題准:副將以下至營千總把總,亦定五等考核,以給劄日爲始,歷俸三年考滿,其操練兵馬、捕盗甚多并有軍功稱職者,紀録一次,操練兵馬、捕盗稱職者,該督提奬賞;無過犯平常者,留任;才力不及者,降一級;庸怯無能、怠惰不稱職者,黜革。該督提咨送到日,部院會同照例考核。〇三年題准:考滿一二等者,遵例保奏。在内巡捕營官,責成督捕衙門保奏;在外副参遊都守等官,責成總督提督保奏。〇四年題准:停止考滿,復行軍政。

康熙元年考滿例

一、提督總兵官,奉旨復職,給與應得恩典。提督,給表裏各四疋;總兵官,給表裏各三疋,俱賜羊酒。其應否加宫保併加銜加級,出自欽定。

一、在京巡捕營,在外副將以下各官,分列五等考核。操練兵馬併有軍功緝逃捕盗,一等稱職者,紀録一次,如紀録後有緣事降級者,抵銷降一級;操練兵馬緝逃捕盗,二等稱職者,給賞,副將給表裏各二疋,參將、遊擊給表裏各一疋,都司、僉書、守備以下各官,給表一疋;操練兵馬供職平常者,留任;才力不及者,降一級調用;懶惰不稱職者,革職。

一、遇缺陞轉,照考語次序,一等者先用。

一、内外註考官員,如徇情不公,或明知屬官俸滿不考,或將不應考滿之官朦混考滿,及各官歷俸已滿規避不考者,各該衙門題參治罪。

〔**降調**〕

營衛選政,所掌各殊,故武選與職方分見。至降調則論品級,不論營衛,故專列職方,而以條例之相因者附其後。

凡降級,順治初題准:左右都督降一級,以都督同知用;都督同知降一級,以都督僉事用;都督僉事降一級,以副將用;副將降一級,以参將用;参將降一級,以遊擊用;掌印都司降一級,亦以遊擊用;遊擊降一級,以都司僉書用;都司僉書降一級,以守備用;守備降一級,以守禦所千總用;守禦所千總降一級,以衛千總用;衛千總降一級,以犧牲所所副用;犧牲所所副、營千總把總降一級,革職。以上降級者,銜缺俱降。〇康熙十一年題准:營千總降一級,以本省内把總用。把總無級可降,革職。〇三十三年覆准:門衛千總因事故降一級,以犧牲所所副用。今犧牲所所副員缺,俱補用滿員。其門衛千總降一級用者,以專城千總把總按文到之日挨次補用。〇三十七年覆准:巡捕營官員降級調用者,仍以巡捕營員缺用。〇雍正元年諭:凡降級調用革職離任官員,有曾經督撫提鎮保題者,著查出另行具奏。〇五年諭:嗣後凡停俸降級革職留任之員,奉特旨陞補者,吏部兵部將停俸降級革職留任之處,查明奏聞。

凡薦紀抵銷,順治十八年諭:緣事降級官員如有薦舉捐助等項紀録,應降一級,以二次紀録抵銷。係軍功所得紀録,應降一級以一次紀録抵銷。○又定：虚降職級者，准以紀録抵銷。○康熙二年題准：有軍功紀録加級者，如遇應降級調用之事，即准抵銷免調。○十一年題准：武職所得軍功，紀録一次，抵銷降一級，别項紀録四次抵銷降一級，二次抵銷罰俸一年，一次抵銷罰俸半年。至軍政考察，未降之先並已降之後所得軍功紀録及别項加級，一概不准抵銷，軍政所降之級止於補官日，仍帶所有加級紀録，若有二次薦舉，抵降一級，一次薦舉抵罰俸一年，一次卓異，亦抵降一級。其因公詿誤降級革職官員，後經開復，任内原有紀薦，准其給還，如因錢糧降級革職官員，後經開復，任内紀薦不准給還。至於老病休致官員，原任内有加級紀薦者，仍准註册，後遇事故，准其抵銷。拖欠錢糧官員，惟有軍功紀録者，准其抵銷，别項紀薦，俱不准。○雍正三年諭：嗣後降級留任官員遇有恩詔及議叙加級，俱准以加一級抵銷降一級。至降後捐納加級者，不准抵銷。

凡離任官處分，順治間定：告老患病官員，任内有盗案未結、錢糧未完者，罰俸一年。○康熙四年議准：裁缺患病官員任内有盗案未結、錢糧未完者，一案降一級，二案降二級，照案處分。其丁憂等官，原任内如無錢糧盗案事情者，許其離任，如有錢糧盗案事情者，仍留原任，俟案結方准離任。若朦朧離任，事發之日，加等處分。裁缺丁憂患病等官，有别案未完事件者，亦照案降級。其未完事件，責成接任官完結。○又題准：裁缺降調官員，前任有未完事件，每一案罰俸一年。○七年題准：年老疾病官員，原任内有未完錢糧盗案者，革職。○十一年題准：已經革職官員，如有前任事故到部議處者，必分註應降應革，題明存案，後遇開復，將前事逐一查核。應降級者，照原任降級；應罰俸者，於補官日罰俸。至於老病休致官員，任内未完錢糧盗案，接任官承追完結者，免其處分。

凡帶罪圖功，康熙十一年題准：内外大小武職官員，有降級留任者，三年無過，准與題請開復。如三年内復有過被降，即以後降之日爲始，計滿三年，方與題請開復。其三年内有過罰俸，仍照日月扣除。若拖欠錢糧，能作速完解，緝拏盗賊，能依限捕獲者，俱即題請開復。至帶罪圖功之武弁，或另立有軍功，或將原案盗賊拏獲，即准開復。若三年内原案盗賊拏獲一半而地方寧謐，並無罪過者，亦准題請開復。若三年内獲賊一半，復有罪過議降議罰者，以後議之日爲始，三年無過，亦准開復。至於應降級帶罪圖功有軍功紀薦抵銷者，免議。○雍正四年諭：向來革職留任官員，從無開復之例，但年久奉職無愆者，亦應開復，以示鼓勵。嗣後革職留任之員，如四年無過，著該督撫等題明，准其開復，著爲定例。

〔告病〕

武職患病，必須查驗確實，方許請告。其諱疾不報與捏疾妄報，並與處分。兹特列告病條目，而起復之例，優恤之典，亦因類而並載焉。

凡武職告病，康熙元年議准：在外漢軍武職患病者，該督提親行確驗代題。如駐劄地方遼遠，責令該管副將參將等官確驗代請，經部覆准者，即將離任回京日期報部。患病官員到京日，即呈報該部堂官驗看具題。如虛，革職，永不敘用，代請之督撫提鎮并委看官員各降二級調用。其漢軍漢人提鎮患病，該督撫親行確驗代題，經該部覆准卸事者，係漢軍，到京日照例呈堂驗看，如虛，革職，永不敘用，代請之督撫提鎮各降二級調用，係漢官，回籍日令原籍督撫提鎮親行確驗具題，如不據實具題，事發日，原籍督撫提鎮亦各降二級調用。〇十一年題准：在外副將以下官員因病請告者，該督撫提鎮委該管官確驗果真，具題，免其赴部，並原籍官員驗看。若捏稱有病具題，當時被人糾參首告，提取到部驗看果虛，本官革職，驗病官、出結官俱降一級調用，代題督撫提鎮罰俸一年。提鎮患病，總督驗明具題。若無總督之省，巡撫驗明具題。若捏稱有疾，當時被人糾參首告，提取到部驗看果虛，本官降二級調用，代題督撫降一級留任。

凡病痊起用，舊例：提督總兵官病痊者，酌議起用。〇康熙十一年題准：副將內，果有効力行間、功績素著、智勇可用者，病痊日，該督提鎮驗明，特疏保舉，仍准起用。參將以下各官告病者，概不起用。

凡優恤病員，雍正元年諭：國家保障封疆，惟武臣是賴。參將以上，責任尤重。其年老有病不能料理，以致營務廢弛者，自難姑容，但其間或有久歷戎行、曾著勞績者，情亦可憫。嗣後參將以上有老疾之員，該督撫提鎮照例題參，仍將伊從前行間効力之處，查明奏聞。朕酌加恩典，以示篤念舊勞之意。

〔丁憂〕

禮曰：三年之喪，金革無避。故武職守制，與文職異。兹備載於篇。

凡武職丁憂，順治初定：內外大小武職官員，遇有親喪者，在任守制二十七日，照常供職，不得回籍丁憂。〇康熙二十五年議准：武職，俱照文職例，准其丁憂，回籍守制，服滿之日，赴部起用。如提鎮內有奉特旨留任者，仍留原任。副將以下各官，係緊要地方者，該督提具題留任。衛所各員，現在運糧，聞喪者，運糧完日，回籍守制。〇又覆准：武職副將以下丁憂者,不必具題,移咨到部,准其離任。〇二十六年覆准:參將以下官員,俱令其在任守制。提鎮副將,俱係大員,與參將以下官員不同,提鎮聽督撫具題,副將聽提鎮具題,俱令離任守制。再,參將以下官員,在任守制。其聞訃日期,停止報部。〇雍正二年覆准:武職參將以下各官,舊例概不准丁憂,亦不准給假葬親,或其中果有實係獨子,及家無以次成丁者,情在可憫。查其所管防守營汛,尚非屬緊要地方,許該督撫提鎮將緣由奏明,請旨給假。至給假限期,應照該員任所地方,與其原籍遠近,近者不得過六個月,遠者不得過十個月。該督撫提鎮臨時酌定,一併聲明,請旨定奪。若所給定限之外,再有借端稱病,遲延逗留,不即回任者,照赴任違限例議處。

大清會典卷之一百三十七

兵部職方司

〔軍功〕

國家法令嚴明，信賞必罰，故撻伐所加，軍心感奮，無不尅期告捷。凡綠旗官兵立軍功者，順治間既酌量議叙，康熙四年復奉諭議定，備列於後。八旗則由武庫掌行，玆不載。

凡議叙攻城，康熙四年題准：綠旗官兵用雲梯攻克城池，分別等第，授以職銜。若攻克一等府城者，議叙五人，第一人授參將，第二人授遊擊，第三人授都司僉書，第四人授守備，第五人授千總，領戰官加四等，指示官加二等；攻克二等府城者，議叙四人，第一人授遊擊，第二人授都司僉書，第三人授守備，第四人授千總，領戰官加四等，指示官加二等；攻克三等府城者，議叙三人，第一人授都司僉書，第二人授守備，第三人授千總，領戰官加二等，指示官加一等；攻克四等府城者，議叙二人，第一人授守備，第二人授千總，領戰官加二等，指示官加一等；攻克五等府城者，第一人授千總，領戰官加一等，指示官不議叙。若攻克一等州城者，議叙四人，第一人授遊擊，第二人授都司僉書，第三人授守備，第四人授千總，領戰官加四等，指示官加二等；攻克二等州城者，議叙三人，第一人授都司僉書，第二人授守備，第三人授千總，領戰官加二等，指示官加一等；攻克三等州城者，議叙二人，第一人授守備，第二人授千總，領戰官加二等，指示官加一等；攻克四等州城者，第一人授千總，領戰官加一等，指示官不議叙。若攻克一等縣城者，議叙三人，第一人授都司僉書，第二人授守備，第三人授千總，領戰官加二等，指示官加一等；攻克二等縣城者，議叙二人，第一人授守備，第二人授千總，領戰官加二等，指示官加一等；攻克三等縣城者，第一人授千總,領戰官加一等,指示官不議敘;若攻克一等衛所城者,議敘二人,第一人授守備,第二人授千總,領戰官加二等,指示官加一等;攻克二等衛所城者,第一人授千總,領戰官加一等,指示官不議敘。若用紅衣砲擊破城池,及刨塌城池先登者,授千總,管轄官加二等,若内應暗取城池者,不准議敘。其賞賚等差,攻克府城者,給賞五人,第一人賞銀二百五十兩,第二人二百兩,第三人一百五十兩,第四人一百兩,第五人五十兩;攻克州城者,給賞四人,第一人賞銀二百兩,第二人一百五十兩,第三人一百兩,第四人五十兩;攻克縣衛所城者,給賞三人,第一人賞銀一百五十兩,第二人一百兩,第三人五十兩。攻城既克,即將首先登城兵丁姓名及攻克之時,或以雲梯、或係紅衣砲、或刨城、或内應,并敵人之數、我兵之數一應攻取勞績,各該將軍督提據實具題。若鋪飾謊奏,將軍督提等官俱行議處。〇十一年題准:奏報軍功不實者,將軍督提降二級,總兵官降三級,俱留任,謊報官革職。

凡議敘首先戰功,康熙十三年題准:大兵所到之處,或敵人挖掘溝塹,安設木柵,排列挨牌相敵,或大列陣勢相敵,我兵勞苦攻戰,敵人不動時,兵丁有能於衆營内,挺身前進,衆營尾後敗敵者,爲首人,賞銀五十兩,授爲守備,第二人賞銀四十兩,授爲千總,第三人賞銀三十兩,授爲把總,遇該省缺出,即准先用;若齊力交鋒之際,有能於本營内越衆衝鋒,本營尾後克敵者,爲首人,賞銀三十兩,授爲千總,第二人賞銀二十兩,授爲把總,遇該營缺出,即准先用;若遇敵水戰,有能躍入敵船,殺敗賊衆得獲者,驗明船隻大小,分爲三等,如係頭等船隻,爲首人,賞銀一百兩,授爲都司僉書,第二人賞銀八十兩,授爲守備,第三人賞銀六十兩,授爲千總,第四人賞銀四十兩,授爲把總,本船首領官加三級,同戰官加二級;係二等船隻,爲首人,賞銀八十兩,授爲守備,第二人賞銀六十兩,授爲千總,第三人賞銀四十兩,授爲把總,本船首領官加二級,同戰官加一級;係三等船隻,爲首人,賞銀六十兩,授爲千總,第二人賞銀四十兩,授爲把總,本船首領官加一級,同戰官紀録一次;各照職銜,准其先用。如係空船小船,及敗走船隻者,不在授官給賞之例。其造册具題時,務將敵兵多寡、船隻大小、攻戰勞苦情形,并首先官兵姓名,逐一據實開列。若鋪飾謊奏者,將軍以下,照攻城例議處。〇十七年題准:砲手捕盗跳船,俱照兵丁議敘。放砲打沉賊船一隻,賞銀二十兩;打沉二隻,賞銀四十兩,給與把總劄付;打沉三隻,賞銀六十兩,給與千總劄付。如有多者,照此賞給加銜。

凡大捷,奉旨從優議叙,康熙二十年,滇黔底定,恢復黔省等處在事各官,紀録二次;恢復普安州等處在事各官,加一等;雲南城外迎敵斬殺逆賊九千餘名,在事各官各加四等;奪取重關太平橋走馬街等處在事各官,各加三等;恢復雲南省城在事各官,各加四等。〇二十一年,攻克海壇各島,恢復厦門金門等處,照例應加一等者,各加二等;應加二等者,各加四等。以次遞加,分别議叙。〇是年平定臺灣,奉旨,在事官員各加一級,兵丁賞賚一次。又奉旨,官兵遠抵海疆,冒險勦寇,非陸路用兵可比,在事官員著各再加一級,兵丁著再賞一次,以示特加優渥至意。〇三十七年,征勦厄魯特大捷,緑旗兵丁陣亡者,爲首之人贈千總,第二第三第四第五之人,贈把總,俱照伊等職銜給與陣亡恤賞。其緑旗官員,各加軍功二等。内,領兵將軍等係現任官,即於現任内加二等;候缺之員,於補官日加二等;部册有名外委官員,照現任官議叙,功加二等。部册無名外委官員,照例將姓名註册,俟續立有功績,照部册有名官議叙。至陣亡官員,亦俱照例議叙,給與恤賞銀兩。又奉旨,緑旗官兵同滿洲大兵勦滅厄魯特,在事有職任守備以上官員,著給與拖沙喇哈番。〇三十八年題准:中西寧夏三路挽運軍需、運米墊道効力人員,分别四等議叙。現任文武官員,頭等者,以應陞之缺即用;二等者,加三級;三等者,加二級;四等者,加一級。候補候選文武官,頭等者,遇缺即用;二等者,於補官日加三級;三等者,於補官日加二級;四等者,於補官日加一級。其停用武職、功加、投誠及外委官、武生,頭等者,以守禦所千總用;二等者,以衛千總用;三等者,以營千總用;四等者,以營把總用。降級官,頭等者,復級以原官用;二等者,於補官日,加三級;三等者,於補官日加二級;四等者,於補官日加一級。革職官,頭等者,復還原職;二等者,給六品頂帶;三等者,給七品頂帶;四等者,給八品頂帶。以上頭等内,有現任參領副將等官,俱係大員,不便應陞即用,俱改爲加四級。其中西寧夏三路護運銀米緞疋茶葉車輛并看米牧放人等,雖非專係運米之員,但伊等既經効力,亦應議叙,現任補選官各加二級,停用、功加、投誠及外委官,俱以千總用。其輓運地方稍近者,現任補選官各加一級,停用、功加、投誠及外委官,俱以營把總用。再,新滿洲隨運墊道効力,有職任者,各加一級;披甲領催,每人各賞銀二十兩。〇五十四年,駐防哈密官兵,擊敗策妄阿喇布坦賊衆,領兵進戰之遊擊,越等以副將用,守備越等以參將用,在事之千總越等以遊擊用,把總越等以守備用。其駐防兵丁一百九十名,俱給與把總劄付。又陣亡兵丁十餘人,亦俱給與把總劄付,其妻子俱食把總俸。○雍正元年,議叙康熙六十一年克復臺灣在事有功人員,征臺官員各功加三等,防守淡水營官員各功加二等,防守澎湖厦門官員各加一級。又奉旨:"臺灣地方,□□□□中國。皇考以聖略神威,取入版圖。逆賊倡亂,占據臺地,皇考籌畫周詳,指授地方官員,遣調官兵,七日之内克復全臺。官兵感戴皇考教育之恩,奮勇攻取,甚屬可嘉。兹仰副皇考從優議叙之旨,官員現行議叙功加之外,槩行各加一等。"○又議叙康熙六十年平定西藏在事有功人員,奉旨:"西藏乃□□□□之絶域,所以皇考曾有從優議叙之旨。此一次議叙軍功,前固無例可援,後亦不得爲例。八旗官員進剿之將軍等,著給與世襲三等阿達哈哈番,議政大臣給與拜他拉布勒哈番,副都統、營總給與拖沙拉哈番,其護軍校、驍騎校,給與頭等功牌,仍加一級。緑旗官員頭等者,功加一倍,二等者,功加五等,三等者,功加二等。至於滿洲漢軍緑旗之外委官,俱係一體効力人員,無論由部委外委,槩行從優議叙。頭等軍功,功加十等,二等軍功,功加五等,三等軍功,功加二等。○又諭:"進藏及克復臺灣有功人員,其現在者,俱已議叙;惟已經身故者,未得議叙。同爲國家立功之人,乃以身故之後不得均沾恩恤,朕心深爲憫惻。著即酌加議叙,著爲定例,以副朕褒録有功之至意。"遵旨議定:立功身故人員,各廕一子監生。

凡議叙招撫,康熙十七年題准:現任官員,如有陸續招撫僞官兵至五百名以上,難民至二千名以上者,准合并議叙;招撫僞官兵五百名以上,或頭號賊船五隻以上,二號賊船十隻以上,三號賊船二十隻以上,或難民二千名以上者,准紀録一次;招撫僞官兵二千名以上,頭號賊船十隻以上,二號賊船二十隻以上,三號賊船四十隻以上,難民五千名以上者,文官加一級,武官加銜一等;招撫僞官兵四千名以上,頭號賊船十五隻以上,二號賊船三十隻以上,三號賊船六十隻以上,難民一萬名以上者,文官加二級,武官加銜二等;招撫僞官兵六千名以上,頭號賊船二十隻以上,二號賊船四十隻以上,三號賊船八十隻以上,難民一萬五千名以上者,文官加三級,武官加銜三等;招撫僞官兵八千名以上,頭號賊船二十五隻以上,二號賊船五十隻以上,三號賊船一百隻以上,難民二萬名以上者,文官加四級,武官加銜四等;招撫僞官兵一萬名以上,頭號賊船三十隻以上,二號賊船六十隻以上,三號賊船一百二十隻以上,難民二萬五千名以上者,文官加五級,武官加銜五等。如數多者,照數加級,候選文武官、文武進士、舉人、廕貢監生、武生,若能照此例招撫者,俱於補官日照例紀録加級。其文生員,如招撫僞官兵五百名以上，頭號賊船五隻以上，二號賊船十隻以上，三號賊船二十隻以上，難民二千名以上者，送禮部移咨國子監讀書；招撫僞官兵二千名以上，頭號賊船十隻以上，二號賊船二十隻以上，三號賊船四十隻以上，難民五千名以上者，授爲功貢，免其坐監，准即考定，以州同州判缺用。數多者，照數加級。効用人員，招撫僞官兵五百名以上，頭號賊船五隻以上，二號賊船十隻以上，三號賊船二十隻以上，難民二千名以上，如係部册有名人員，文職授爲正九品，武職給與千總劄付；部册無名人員，文職授爲從九品，武職給與把總劄付。如數多者，俱照所給劄付品級加級。不及數者，不准議敘，酌量奬賞。其遣發招撫之官，招撫僞官兵五千名以上，頭號賊船十五隻以上，二號賊船三十隻以上，三號賊船六十隻以上，難民一萬名以上者，紀録一次；招撫僞官兵一萬名以上，頭號賊船三十隻以上，二號賊船六十隻以上，三號賊船一百二十隻以上，難民二萬五千名以上者，加一級。多者，照數加級。若以少稱多，謊奏請功者，具題官，降二級留任，呈報官革職。

凡議叙委署，康熙十一年題准：總督提督總兵官標下部册有名効用人員有殺賊功績者，照把總例議叙。〇十四年題准：部册無名効用人員初次立功者，該督奬賞，移送姓名到部註册，嗣後立功，照部册有名人員例議叙。

凡隨軍効力，雍正五年議叙：川陝進藏功加人員内，有自備鞍馬口糧隨軍効力之武舉、武生、俊秀等項，請旨分别叙用。奉旨："此項功加武舉、武生、俊秀人等，既經効力，有不宜於武職者，酌量以雜職文員録用，以示朕格外施恩之意。"〇又諭：隨軍効力之人，往往有未諳營伍而具呈願往、濫邀議叙者，其自備鞍馬之人若後來力量不足，必致遲悮，及遲悮之後，又不便與衆一體治罪，於軍前殊屬無益，嗣後若有自備鞍馬願往効力之人，俱不准行。

凡妄冒軍功，康熙十一年題准：將他人之功妄作己功者，降三級調用。

凡陣亡殉難恤典，康熙四年題准：首先登城以致殞身者，以一子授守備職銜録用。〇十一年題准：陣亡殉難官員三品職任以上，准廕子弟一人，以守備用；四品職任以下，把總以上，准廕子弟一人，以衛千總用。〇十三年題准：有部劄之閑散各官陣亡者，亦准廕子弟一人，以衛千總用。

凡陣亡加贈，康熙十三年題准：總兵官加贈三級，副將參將各加贈二級，遊擊、都司、都司僉書、守備各加贈一級。至加遊擊銜以上閑散官，亦准加贈一級。應得祭葬，行禮、工二部議奏。

凡文官議叙，雍正五年諭：嗣後文職在軍前効力者，令兵部議叙，永爲定例。

〔營伍〕

師必以律，首嚴營伍。操演宜勤，點驗以實，禁約維嚴，毋廢弛，毋扣尅，毋虚伍，毋擾民。條例詳明，具載於後。

凡操賞兵丁，順治十一年題准：緑旗兵丁，每年給與操賞銀兩，定限演習，内有善騎射者，該督撫等酌量奬賞，仍將賞過事宜造册報部。〇康熙五十二年，特命大臣官員分往各直省，頒賞緑旗兵丁，賞畢，仍會同各該督撫提鎮操演騎射，查核兵數。〇五十八年覆准：福建各鎮營官兵，皆分駐於各府州縣，飭令同城駐劄之道府州縣各官，每年冬季備辦牛羊猪酒銀錢等項，會同營員將同城所駐之兵閲看，會操一次，量加犒賞。其水師兵船，派撥附近道府一體會閲犒賞。至分防各汛，兵數無多，止令營官親查操演。至查點兵馬數目、稽核虚冒各事宜，仍遵定例，委廉能武職秉公稽查，如有虚冒扣尅，不時嚴行查參。〇雍正五年諭：浙江緑旗兵丁懦弱，騎射生疎，營伍不整，山陝兵丁人材壯健、弓馬嫻熟者頗多，將陝西各標營兵丁内揀選一百名，移住浙江，分撥各標，教習訓練浙江兵丁，亦知鼓勵，於營伍大有裨益。其撥往兵丁内，有人去得，騎射嫻熟、能約束教習者，即行拔補千把。兵部行文陝西提鎮，將伊等標下及各營兵丁内，漢仗弓馬俱好、人去得、情願攜帶家眷移住浙江者，甘肅固原二提標各選二十名，肅州、涼州、寧夏、西寧、延綏、興漢鎮標各選十名，共一百名，如無家眷隻身願往者，亦准其前往。倘兵丁内不能得願往之人，即行召募人材壯健、弓馬嫻熟、情願移住浙江者，以足其數。再，兵丁自陝至浙路途迢遠，搬移家口車輛船隻等項沿途費用煩多，兵丁難以措辦。係西安地方兵丁，交與西安巡撫，係甘肅地方兵丁，交與甘肅巡撫，酌量家口多少，量給一路盤費，務令兵丁得沾實惠。但人多路遠，照管需人，文職著於同知通判内選派一員，武職著於遊擊守備内選派一員，沿途督送。各兵抵浙之後，一切養贍安置之處，著浙江巡撫提督會同料理。

凡點驗標營，順治十八年題准：督撫每年將所屬標營，差官查驗一次。如將領等官，有營伍整飭、武藝嫻熟，或營伍廢弛、生事害民者，即據實揭報。該督撫舉劾，以示勸懲。〇康熙六年題准：停其差官查驗，令總督提督每年親身密訪二次。〇又題准：停止提督親訪，仍差官查驗。所差官員,遴選本標廉慎賢能者,不許多帶人役,擾害兵民。若奉差官員違禁妄行,該督提訪實題衮,從重治罪。如督提濫差匪人有違禁妄行等弊及知情不舉,督提一併議處。○十一年題准:停止差官查驗。各營内如有老弱兵丁、倒斃馬匹,即行申報,聽該督撫提鎮按季造册報部。如有兵馬不强、盔甲不齊、營伍不實,尅扣兵餉等弊,該督提不時密訪。若互相徇庇,事發,該管官併督撫提鎮等,分别治罪。

凡營伍軍器,雍正五年諭:各處營伍,所習武藝,所用器械,操演隊伍,向來原無一定之制。是以,武弁到任,往往以己所好尚,及素所熟習者,操演所屬兵丁,間或學習未久,而接任官員又另有意見,將從前所習者更改調换。是兵丁之技藝,每視該上司之去留以爲轉移,非訓練專精之道也。凡事久則熟,熟則生巧。宜令各省將軍督撫提鎮因地所宜,酌定規制,永遠遵奉。除騎射最爲緊要,天下通行學習外,其餘各種演習,悉著該上司會同通省人員細心斟酌,應如何操練、用何軍器,詳悉定議奏聞,令各營永遠遵行,而接任官員不得擅自更改。倘將來有應行變通之處,著具題請旨。如此則兵丁各精其業,且使一省之中彼此畫一,將來或有調遣會集之處,正可相資爲用,於訓練營伍大有裨益。

凡扣尅虚冒,舊例:扣尅兵餉,或虚冒兵丁者,革職提問。該管官不行揭報者,統轄兼轄官俱降一級留任,督提鎮糾參疏内,將不行揭報各官併不開列職名者,提鎮各罰俸一年,總督交吏部察議。○康熙二十九年題准:凡武官家丁串通營書,勒扣兵丁銀兩至十二兩以上者,革職。○三十八年諭:各直省營制額兵,虚伍冒餉者甚多,殊干法紀,嗣後須加省改,嚴禁虚冒,如有仍前濫行冒支扣尅者,事發,從重治罪。○又覆准:武官來京陛見,如有借端科斂兵弁,以充私橐者,該督撫提鎮即行指參,照貪贓例治罪,如督撫提鎮不行指參,或兵部查出,或科道糾參,即將督撫提鎮照不行指參劣員例,嚴加議處。○五十一年覆准:凡營兵頂名食糧者,速行報明改正。食糧兵丁,遇有事故,即行開除造册。一有召募,遵照舊例,將募補新兵年貌籍貫,按季造册,并出具並無頂替冒名食糧兵丁印結送部。其應扣截曠糧餉,照例造入截曠項下。倘將弁不行詳查,致兵丁頂替,冒名食糧,混行造報者,察出,將該管各官,以虚冒兵糧,從重議處。○五十七年覆准:各省有假冒營兵,合夥妄行不法之人,督撫提鎮務須嚴飭各營該管官細加稽察,遇兵丁缺出,從公速補,應領糧餉,照數給發,將此冒充之人嚴查逐退。如各省督撫提鎮衙門及各營内有此不法之徒生事擾民、挾制官司者,該地方官審非食糧兵丁,即分别首從,照光棍例治罪。若係現在食糧兵丁,亦照此例治罪。如該管武職不嚴行稽查,或被文官揭報,或被百姓告發,將該管專汛官革職,兼轄統轄武職降四級調用,提鎮不行題參,降二級調用,該地方文職知情不報,降二級留任,該管道府不查明轉報者,降一級留任,督撫不行題參,罰俸一年。各該省督撫提鎮每年仍具"並無此等之人"印結,於歲底保奏。〇雍正二年覆准:外省營伍步兵中,有一分錢糧二三人分食之弊,令各省督撫提鎮逐一清楚,務必按糧一分給食一人。倘違玩不遵,或徇庇不參,將該營官照虚冒侵蝕兵餉治罪,該督撫提鎮各該管上司,俱分别議處。

凡驗放兵餉,康熙三十八年覆准:各營放餉之時,在省令布政司糧道,在府州縣令府州縣等正印官,將兵餉如數足兑,會同封固,按名散給。如有扣尅等弊,照定例從重議處。〇又題准:各省提鎮兵餉,令同城道員監放。〇五十三年覆准:各省官兵俸餉領結,不必按季賫送,應於歲底彙齊,於奏銷前一月,賫送查核。〇五十五年覆准:官兵俸餉,既於奏銷案内造册分送部科,其文武官監放領結,停其造送。

凡兵馬册籍,康熙五十五年覆准:官兵馬匹册,應照分防汛地册,令該管提督將各營員履歷一年一次彙報。如無提督,該總兵官歲底彙報。將軍標下,令各該管衙門彙報。

凡貽誤軍務,順治初題准:武職各官,傲慢托病及擅離汛地,貽誤軍務,廢弛營伍者,革職;兼轄統轄官不行查參者,罰俸一年。〇康熙十一年題准:兼轄統轄官不行查參者,俱照不揭報劣員例處分。

凡營兵私逃,舊例:該管各官俱降一級留任,若虐兵致逃者,降一級調用,護解兵丁與逃人同逃者,該管官罰俸一年。〇康熙十一年題准:營兵私逃,專管官罰俸一年,兼轄官罰俸六個月。若該管官苦累兵丁以致逃走者,降一級調用,兼轄官降一級留任,統轄官罰俸一年。

凡營兵結黨欺官,舊例:兵丁抗糧,地方官追比時,衆兵擁奪人犯,該管官革職提問,兼轄官降三級調用。〇康熙十一年題准:該管官知情者,革職提問;不知情者,革職。兼轄官知情者,革職;不知情者,降二級留任。〇二十八年覆准:凡營兵侵占官地,辱罵職官,威逼致死者,該管官降二級調用,兼轄官降一級留任。

凡營兵屯丁違禁販馬,定例:該管官不嚴行察究者,衛守備、守禦所千總、營都司、守備罰俸一年,衛千總、營千總、把總罰俸六個月,掌印都司、遊擊、參將、副將等官罰俸六個月,督提鎮各罰俸三個月。

凡營兵生事擾民,順治初題准:武弁私遣官兵生事擾民者,專管官革職提問,兼轄官降二級,留任總兵官罰俸一年;失察者,專汛官降一級留任,兼轄官罰俸一年,總兵官罰俸九個月。〇康熙十一年題准:私差營兵未至生事擾民者,專管官革職免提問,上司照例治罪,若武弁在地方殘害百姓者,革職,致死者,革職提問,兼轄官不行揭報者,降二級留任,總兵官罰俸一年,提督罰俸六個月。

凡營兵反叛,順治初題准:營兵反叛,該管遊擊降二級,守備降一級,俱帶罪圖功。千把總,罰俸一年。〇康熙十一年題准:營兵反叛,該管各官俱革職,統轄官降二級留任,提督罰俸一年。

凡營兵譟變,舊例:官員如有稽遲兵餉、侵尅暴虐等弊,許兵丁赴督撫提鎮告理。若不行告理,擅自聚譁者,爲首之人正法;若該管官亡故,營兵借言嚇詐者,爲首之人亦正法;若營兵鼓譟逃走,該管官降一級留任,總兵官罰俸一年;營兵鼓譟作亂,該管官及總兵官各降二級留任,該管官知情者,革職提問。〇康熙十一年題准:提鎮標兵譟變,該管官及提鎮,俱降二級調用。至中軍承理錢糧,如本營兵變,革職,别營兵變,與該管官一體降二級調用,總兵官所轄營兵譟變,總兵官降一級留任,提督罰俸一年,提鎮徇隱不行題參及參不以實者,降二級調用。兵丁赴督撫提鎮具告不准者,許赴部具告,越訴者,不准。〇四十二年覆准:營員内若有扣尅虐使等弊,許各兵赴上司告理,若不行告理,或妄行挾制本官,私聚譁譟者,照例正法。至管兵之員扣尅虐使,又畏罪隱匿,譁譟不報,許上司不時題參,革職提問,從重治罪;若上司不行查出,被傍人首告,上司官員一併治罪。

凡兵丁容留叛屬在營,舊例:該管官各罰俸一年。

凡擅帶營兵,舊例:提鎮營官等陞任别省,將本省營内經制兵丁帶赴新任者,十名以下,罰俸一年,十名以上,於現任内降一級。

凡私役兵丁,雍正二年覆准:各省緑旗兵丁,悉屬經制,原以資戰守巡防之用,除公務差遣之外,如有武弁將私事驅使兵丁者,各省督撫提鎮立即指名題參,從重治罪。

凡家人食糧,康熙四年題准:管兵官將使令之人,充入經制兵丁數内食糧者,該弁降二級調用,兼轄官罰俸一年,總兵官罰俸六個月,總督提督罰俸三個月,督提鎮自犯者,降二級留任。〇十一年題准:督提鎮將使令之人掛名食糧者,各降二級調用。〇十三年題准:督提鎮家下,如有熟諳弓馬、精健人丁,准其入營頂補兵數。至副參遊都守等官,家下果有熟諳弓馬、精健人丁,送該督撫提鎮保結,准其入營,如將懦弱不諳弓馬之人充數者,各弁及該督撫提鎮一併從重議處。〇三十八年覆准:武職家丁人伍,務以熟諳弓馬、精健人才頂補,汰除老弱兵丁之缺,如有以老弱不諳弓馬之人充數食糧及不與營兵同練者,即照虛冒兵丁例革職提問。如各省將軍督撫提鎮不行查參,及不將本標兵丁不時訓練者,或兵部查出,或科道糾參,亦從重議處。〇四十二年覆准:提督准帶親丁八十名,總兵准帶親丁六十名,副將准帶親丁三十名,參將准帶親丁二十名,遊擊准帶親丁十五名,都司准帶親丁十名,守備准帶親丁八名,千總准帶親丁五名,把總准帶親丁四名。馬兵數少,將此官弁親丁,俱於步兵缺内頂補完數。嗣後如將家人額外爲兵,並將老弱不諳弓馬之家人充數,及無家人頂食虛糧等弊,許上司不時嚴查題參。若上司將此等情弊不行查參,或被傍人出首,將該撫提鎮等嚴加議處。

凡裁革人役,康熙十七年題准:直省經制兵丁,不許充伴當、軍牢、夜不收、劊子手、旗手及馬夫、水夫等役,違者,該督撫題參,從重治罪。若不行題參,事發,營員從重治罪,督撫照徇庇例議處。〇二十四年題准:督撫提鎮標下除經制人役及部發効用人員外,凡私設儲將、隨征、戎旗、傳宣、轅門材官、聽用長隨人等,盡行裁革。私留者,照徇庇例議處。

凡奴僕叛主投營,康熙十八年題准:奴僕叛主投營,專管官知而不舉者,降二級調用,兼轄統轄官各降一級留任;不知者,專管官罰俸一年,兼轄統轄官罰俸六個月。

凡設立墩臺,天聰間定:邊境設立墩臺,以司偵瞭,遇有警急,舉烟爲號。寇至百人者,掛蓆一領,放炮一聲;至三百人者,掛蓆二領,放炮二聲;至五百人者,掛蓆三領,放炮三聲;至一千人者,掛蓆五領,放炮五聲;至萬餘人者,掛蓆七領,連聲放炮,接遞來報。〇康熙七年題准:各省孔道,俱設墩臺,戍夫看守,如有緊急軍機,接遞馳報。其邊外地方,各設蒙古兵丁、哨探防守。〇五十六年覆准:閩省山城等要地,添設墩臺。舊有城寨之處,設立砲臺。〇又覆准:廣東沿海地方添設新舊砲臺。每年正九兩月,於南北風信將起之時,製備火藥砲子,委就近文員會同營將親往各砲臺。每砲一位,演放十餘出,具報總督衙門歲底彙報。

凡軍器禁例,康熙二十五年題准:奸商將軍器販賣與土司番蠻之人者,杖一百,發邊遠充軍。該管官知情故縱者,一例治罪;不知情者,專汛官降四級調用,兼轄官降二級留任,總兵官降一級留任,督撫提鎮各罰俸一年。

凡額設砲位,舊例:各省每兵一千名,設砲十位。內,威遠砲四位,子母砲六位。雍正五年覆准:各省砲位,除盛京、寧古塔、近海黑龍江與鄂羅斯接壤,三處兵丁所設子母砲一百位,仍照舊設立。此外各省舊存子母砲,并捐造子母砲,行令各該將軍督撫提鎮查明,悉行送部。另擇衝擊便利、有益軍務之砲位,查明造册到部,按册酌撥,以符一千兵十位之數。若本省不足,於鄰省移取,鄰省倘有不足,應動正項錢糧製造,其餘堪用與不堪用之大小鐵砲,悉令存貯督撫提鎮駐劄地方庫內。再查沿邊沿海砲臺、水師戰船并各省守護城池之砲位,照常存留。其各省大小隘口,俱有砲位,但小口駐兵無多,應將各省小口砲位,俱令撤回收貯。至陝省各汛墩臺應需砲位,俱係小號砲,照舊存留。如有應添設之處,即於本省現存砲內,酌量揀選小號砲應用,仍造册報部查核。

凡土苗作亂,舊例:自相起兵,不犯有司疆界,該地方官申報督撫提鎮,差官諭解。倘侵犯有司疆界,即發兵征討,如殺害軍民,按律治罪,倘自相殘害,殺死人命,該地方官申報督撫提鎮行文責令本管土官土目審問,將兇犯斬抵。如被害之家不願償命者,令賠人一名,仍酌斷牲畜,爲燒埋之資。其新建各府苗民,久入版籍者,不得與各苗同論,均應按律抵償。若攻陷城寨、燒燬倉庫者,專汛兼轄各官,俱革職,總兵官降二級調用,提督降二級帶罪圖功。若焚劫鄉村、搶擄男婦、殺傷兵民者,專汛官革職,兼轄官降二級調用,總兵官降二級,提督降一級,俱帶罪圖功。〇四十七年覆准:紅苗有伏草捉人、勒銀取贖及殺傷人等事,照內地州縣盜案例,取統專兼轄文武疎防職名參處。其外委無品級俸禄百户寨長,向未定有處分之例,嗣後有失事者,責四十板革退,交與地方文武各官另行揀選委任。其遊巡官弁,凡伊巡哨日期之内有失事者,該督提指名題參之日,每案罰俸三個月。〇四十八年覆准:鎮筸紅苗,向化歸誠,然良頑不一,倘有依恃夥衆,潛匿不服者,該地方官訪訊確實,移知營將,量事之大小,動撥官兵協緝務獲,該督撫提鎮等審明具題。如文武各官不量事之大小,動輒生事擾害地方者,令該督撫提鎮不時密查題參。〇雍正五年諭:雲南、貴州、四川、廣西督撫提鎮等,狆苗素稱兇悍,加以漢奸販棍潛藏其中,引誘爲惡,以致燒殺劫掠,毒害善良,居民深受其擾。今督臣遵旨勦撫,業已擒獲兇苗販棍,正在撫恤地方,籌畫久遠之計。朕聞滇黔蜀粵四省接壤之區,猺猓雜處，不時統衆越境仇殺，擾害鄰封，地方文武官員往往以責任不專，彼此推諉，苟且因循，以致塵案莫結者甚多，此天下之共知共聞者。各省所設汛防，在於腹内，而猺猓則環居腹外，防範難週，遇有殺掠，必待事主稟報，始行追捕，而往返耽延，兇徒已遠遁矣。著四省督撫提鎮，各委賢員於四省接壤之地勘明界址。凡猺猓販棍往來要路，設立營汛，派撥遊守等員，帶領弁兵駐防稽查。倘有越境仇殺劫掠之事，即時擒解，不致漏網。其委防弁兵以一年爲期，即於四省附近營伍内輪流撥换。如一年之内無越境生事之人，及有而逐名拏獲者，著四省督撫提鎮會同保題，從優議叙，兵丁量加賞賚。倘有貪功生事騷擾地方者，著即題參，從重治罪。○又覆准：凡遇勾引土苗殺擄掘顱等事，將勾引之奸民與逞惡之兇苗細加訪察，嚴緝務獲，按律治罪。如地方官苟且結案，憚於拏苗，一經督撫查出，即行題參，將地方官照溺職例，嚴加議處。○又覆准：嗣後有奸惡民苗，聚集多人，圍城鬧堂，恃兇拒捕者，令文職移會武職，選撥弁兵，帶領捕役，相機擒拏。倘武弁有推諉退縮不實力奉行者，該督撫一經察出，即將弁員題參，照廢弛營伍例議處，兵丁重責革糧。至於銃砲刀鎗等器械，毋論民苗，令各州縣於編保甲時按户查繳，仍責地方官不時稽察，違者按律治罪。再，販賣硝磺、私造鳥鎗火器等，令該管官嚴加禁約，并飭捕役於苗彝谿峒地方不時稽察，倘有私自造販者，照販賣出洋之例治罪，其該管官知情故縱及失於覺察者，亦照販賣出洋之例分别議處。○又覆准：凡兇苗劫擄旁郡，除被害地方嚴行緝拏外，如果逃脱鄰省，查明確實去來踪跡，該督撫即行文鄰省，務必實力捕緝，速行解送，倘有因循推諉，不即行擒拏轉解者，照本省官弁疎防例一體處分。至本省之民苗在地方生事，本地方官弁希圖卸過、捏稱鄰省者，該督撫察出即行指參，照捏報例嚴加議處。

凡苗民禁例，康熙三十九年覆准：鎮筸紅苗投誠，應嚴禁奸民娶苗婦女，與棍徒豪蠹欺騙勒詐，激苗仇憤。又每月三日，聽苗民互市，仍撥守備帶兵分察，限時聚散。○四十七年覆准：苗入内地，生事作奸，民入苗疆，多罹劫奪之害。今後以塘汛爲界，民人責令有司詳查，苗人責令遊巡官員詳查。若民人無故擅入苗地，應照越度緣邊關塞律杖一百、徒三年；苗人無故擅入民地者，亦即拏究，照民例治罪，充徒内地。查民人私越邊疆；並無處分地方官之例。嗣後如有民人擅入苗地，該管各官失於覺察者，應照奸細出入境内不能查究者，地方官降一級調用，該管上司罰俸一年之例處分。又，凡民苗結親往來，嚴行禁止。如結親者，杖一百，仍離異，媒人減一等、杖九十。失察苗民結親往來，無處分地方官之例。嗣後民苗仍有結親往來者，該管各官失於覺察，應照該管地方外國之人私自進口，不行查報，俱降一級調用，該管上司罰俸一年之例處分。〇雍正三年覆准：黔省頑民，勾串各寨頑苗，綑掠人口販賣。地方文武各官，如一年之内有能拏獲十五人者，准紀録一次，拏獲三十人者，紀録二次，拏獲四十五人者，紀録三次，拏獲六十人者，加一級，再有多獲，照此遞加。若地方官一年之内不能查緝，爲別處文武拏獲者，每五人，罰俸一年，十人，罰俸二年，十五人，降一級調用，二十人，降二級調用，滿五十人者，革職。該管土司無降級之例，凡滿三十人者，革職，其所獲掠販棍徒頑苗，必將被掠人口，一并拏獲審實，定擬報部，方准照數紀獎。如有買囑誣報，或以少報多，俱從重治罪。〇五年覆准：嗣後苗民結親，除已經婚配，姑免離異外，槩不許聘定嫁娶。其已經婚配之兵民，責令地方官弁分別查明。兵則遠移調撥，不使依附生奸；民則取具該苗寨不致擾害甘結，仍造册移送汛弁，以便稽查盤詰。該有司亦不時嚴查，違者照例懲治。〇又覆准：嗣後兵民，向苗借債賣産，飭令各屬文武官弁，槩行永遠嚴禁。犯者，照拐騙例治罪。該管官弁不行查報，及該管上司失於覺察，照民苗結親例參處。其已經與苗借賣者，許兵民自首，勒限還贖。如隱匿不首，或被人告發，或該管官察出，照例治罪。

大清會典卷之一百三十八

兵部職方司

〔馬禁〕

馬政，載在車駕，其禁令，掌之職方。

凡私養馬匹，順治五年定：除現任文武官員及兵丁准其養馬外，其餘人等不許養馬，違者本人處斬，家産入官，鄰佑，十家長杖流，出首者，給犯人家産三分之一。武舉生童等，許各養馬一匹。〇十五年題准：官員、武進士、武舉、兵丁、捕役等，乘馬者，俱令印烙，拴帶木牌。〇十六年題准：停止馬禁。〇康熙元年題准：除滿洲蒙古漢軍外，民間違禁養馬者，仍照前治罪。〇三年題准：民人違禁養馬者，責四十板，兩鄰十家長各責三十板。被人拏首者，馬入官，照依馬價給賞拏獲之人，該管官罰俸一年。〇七年題准：在京民人違禁養馬被人出首者，首人係旗下人，即以所獲之馬給賞，係民人，刑部動支庫銀五兩給賞，馬匹入官；直省民人違禁養馬被人拏首者，該地方官動支貯庫贜罰銀五兩給賞，馬入官，充驛遞用。〇十年題准：復停止馬禁。〇十二年題准：民間養馬，仍行禁止。〇二十九年題准：民間養馬，停其禁止。

凡私販馬匹，順治七年定：喀爾喀、厄魯特販馬來京，一應販子及不係披甲人，俱不許買，違者鞭一百，馬入官；其官員甲兵無馬者，每次准買一匹，多買者，馬匹入官，仍行治罪。〇十二年議准：蒙古馬匹來京，如有馬販私買者，滿洲責成本旗該管官，漢人責成五城及司坊等官嚴緝，若被旁人拏獲者，各該管官俱從重治罪，所買馬匹以一分給拏獲之人，二分入官。〇康熙三年議准：違禁販賣馬匹被人出首者，馬給出首之人，價銀入官。家僕出首者，准其開户，交該都統於本佐領内酌量調撥，不論馬販馬牙，俱處絞。其主係官，罰銀一百兩；係平人，枷號一個月，鞭一百。該管官不行嚴察，佐領罰銀五十兩，驍騎校罰銀三十兩，領催鞭八十。〇又諭：京城兩翼馬市，如有販馬之人，許將馬數呈明佐領，令領催至收税處報明，許其貿易。若在京城外及直省販賣者，照前治罪。〇五年題准：直省民人，或違禁販馬，或私作馬牙被人出首者，價銀給出首之人，馬匹入官。其失察之州縣官罰俸一年，典史吏目驛丞等官罰俸六個月，知府、同知、道官亦罰俸六個月，督撫罰俸三個月。〇七年議准：旗下人在外省販賣馬匹者，販子處絞。牙子係旗下人，枷號兩個月、鞭一百；係民，責四十板、流三千里。〇十二年議准：凡另户人在外省販馬者，將該管之佐領、驍騎校及五城司坊等官，俱議處，該領催鞭責。係家僕，將伊主鞭一百，該管人員免罪，於販子名下追銀十兩，給拏首之人。〇十五年題准：督撫提鎮，差遣官役買馬者，若於部發號票外，多買及挾帶馬販私買者，許經過地方官嚴行查拏。若被旁人拏首，或別處查獲者，經過地方官俱降一級留任，官役從重治罪，差遣之督撫提鎮，俱罰俸一年。〇十六年議准：奸人圖利，將馬匹在賊境接壤處販賣與賊者，不論官兵民人，俱照通賊例處斬，妻子家口入官。該管官及兵役知情故縱者，以同謀論；其不知情者，文職州縣官、武職專汛官俱革職提問，道府官及兼轄官俱降五級調用，該管總兵官降三級調用，督撫提鎮降三級留任。其販馬之人，由本汛拏獲，文武各官俱免罪，將拏獲之官議敘，十名以上者，紀録一次，多者照數紀録，五十名以上者，加一級，百名以上者，加二級。其不係本汛，有能盤獲十名以下者，紀録一次，十名以上者，加一級，二十名以上，加二級，三十名以上，加三級，四十名以上，加四級，五十名以上，不論俸滿即陞，百名以上，越陞一級即用，拏首販馬之人，將所獲馬匹盡行給賞。〇十八年議准：凡馬販子，進喀爾喀、厄魯特館内買馬者，係旗下人，枷號一個月、鞭一百；係民，責四十板、徒二年。〇又議准：凡往各省販馬者，令於該旗呈明販賣地方并馬數，印文咨送兵部，給發印票，經過地方官照票查驗放行。若擾害百姓者，將伊主一併嚴加治罪。〇十九年題准：凡不領印票販馬者，係旗下人，枷號兩個月、鞭一百；係民，責四十板、流三千里，馬入官。〇二十五年覆准：販買馬匹，原因用兵起見。今各處俱已平定撤兵，嗣後馬販子往各省販買馬匹，永行禁止。〇三十二年覆准：屯莊居住之馬，或旗人，或民人，互相買賣者，仍令買馬之人上税，報明地方官，計價收納。至於州縣買補驛馬，兵丁買補營馬，雖爲公用，其中恐有借端私販，盗買漏税者，應亦照例收税。其收過税銀,歲底造入奏銷册内,報部查核。

凡偷盗馬匹,康熙三十一年覆准:嗣後偷盗八旗官兵馬一二匹者,照竊盗刺字治罪。偷盗三匹以上者,係民,杖一百、流三千里;係旗人,枷號兩個月、鞭一百。偷盗十四以上者,不分首從,俱監候秋後絞,窩主,亦照偷馬賊治罪。其有牧馬之人,自行盗賣者,亦照偷馬賊治罪。再,屯莊居住旗人賣馬者,俱令在京上税,准賣。民間既准養馬,屯莊居住民人之馬,旗人買者,或驛站買者,或兵民互相買賣者,令報明本處地方官,確查存案,准其買賣。如不上税,不存案,私自買賣,將買賣之人,旗人鞭一百,民人責四十板,馬匹價銀俱入官。再,八旗官兵、屯莊牧養之馬被偷,令失主即時報明,該地方營弁即帶領所屬兵丁追緝,到伊所屬交界地方,交與連界地方營弁接續追緝。獲賊者,營弁,每案紀録一次;兵丁,將偷馬之賊,每匹追銀一兩給賞。若承報本汛營弁,不即派兵追拏,連界地方官不即接續追拏者,營弁每案降一級,罰俸一年,兵丁俱責二十板。再,向來各省買馬,俱從兵部起票,地方官員驗票放行,如有匪類將違禁馬匹附入票内帶去,地方官難以稽察。嗣後凡各省將軍督撫提鎮等請買馬匹,行文到部,暫停給票,聽其往各口及京城照數購買,報部之日,部内將馬前膀印烙,然後給票,票内註明馬數併所往該省路徑,令經過地方州縣官員、專汛營弁,將票内馬數、兵部印烙驗查放行。若將無兵部印烙馬匹,或比票内數目多帶者,俱拏獲,連人解部,審係偷盗馬匹,照偷盗例治罪。如非偷盗馬匹,照私買私賣例治罪,馬匹入官。如經過地方官員不行查拏,被他處查拏者,將經過地方州縣官員、專汛營弁,各罰俸一年。〇三十四年覆准:官員如有私買偷盗之馬匹者,革職,經過失察各官,各罰俸一年,所買之馬移咨刑部,追取入官。〇三十九年覆准:偷盗馬匹,經過地方官員職名免其行查,其州縣官員拏獲偷馬賊者,每案紀録一次,地方人等,每匹,向賊追銀一兩賞給。

凡偷賣牛羊,康熙三十三年覆准:游牧地方三旗牛羊羣,如有偷賣牛羊者,令張家、古北、喜峰、殺虎等口查拏。其邊外遊牧地方,周圍相近之處,凡大臣牛羊羣及莊村人等,行令蒙古王等嚴禁偷賣。及彼此貿易那换,如有違禁偷賣、貿易那换者,照例從重治罪,將牛隻追出入官,所賣銀兩併那换物件追出,給與出首之人。〇五十九年覆准:蒙古偷盗牛隻,皆由該管捕盗人員巡緝懈弛,嗣後比照偷盗馬匹例,專汛官罰俸一年,兼轄官罰俸六個月。

凡馬販派索,康熙五十三年覆准:各省馬販人等,暗結將軍督撫提鎮子弟,將疲瘦不堪馬匹坐索高價,不肖道府營弁代爲壓派,甚至無驛站之州縣,管步兵之頭目一概派索,其所屬之官勉强收受。行令各省將軍等,嚴查禁止。若有情弊,即行指名題參,從重議處;若將軍等不行題參,或經本部查出,或被科道題參,將該將軍等一併從重議處。

凡解送軍前馬匹,定例:解送馬匹官員,如病瘦三匹以下者,免議;十匹以下者,罰俸三個月;二十匹以下者,罰俸六個月;三十匹以下者,罰俸九個月;四十匹以下者,罰俸一年;五十匹以下者,降一級留任;六十匹以下者,降一級調用;過六十匹者,革職。〇康熙五十四年覆准:喂養馬匹,向例專責州縣,道府並未議及。嗣後如馬匹病瘦五十匹以上者,將府道罰俸三個月;一百匹以上,罰俸六個月;一百五十匹以上,罰俸九個月;二百匹以上,罰俸一年;二百五十匹以上,降一級留任;三百匹以上,降一級,罰俸一年。

凡禁止宰馬,康熙三十一年諭:嗣後一應馬匹,永行禁止宰殺貨賣,交與九門提督、五城嚴查。如有宰馬賣者,拏送刑部,從重治罪。

〔緝盗〕

國家詰奸禁暴,立法詳明。上自督撫提鎮,下至營兵汛弁,巡防查緝,考核綦嚴,文職武弁,均有考成。其武弁處分事宜,先由兵部議定,然後移咨吏部,故並載於篇,以備參考。

凡山海大盗,順治十八年題准:山海大盗,千百成羣,攻陷城池者,該督撫提鎮以下,兵部題參,依律處分。〇又議准:城池失守,同城道府州縣印捕官,俱革職提問,府州縣佐貳首領官,俱革職;不同城該道官,住俸督勦,知府免議。〇康熙元年覆准:各省湖山等處,有盗賊嘯聚刼掠者,附近提督總兵官及駐防將軍等務親率官兵即時勦滅,若止遣守備千把等官前往,致賊蔓延、攻陷城池、搶掠地方、傷害人民者,各照賊情輕重處分。若與大帥駐劄地方相隔寫遠,該汛副參等官,一面申報督提鎮,一面親率官兵前往勦滅,如止遣守備千把等官,致賊蔓延,或致官兵失利,該督提鎮即行題參,亦照賊情輕重處分。〇八年題准:夥賊二百人至三百人刼擄鄉村,掠人勒贖,專汛兼轄文武各官,照地方失事例議處,總督提督降二級,總兵官降三級,俱留任,圖功贖罪。〇十一年題准:盗賊僞稱名號侵犯城池,專汛兼轄各官,俱革職,總兵官降二級調用,提督降二級,帶罪圖功。聚集一二百人焚燬鄉村,刦擄男婦,殺傷兵民者,專汛官革職,兼轄官降二級調用,總兵官降二級,提督降一級,俱帶罪圖功。聚集六七十人焚燬鄉村,刦搶財物,殺傷兵民者,專汛官革職,兼轄官降二級,總兵官降一級,俱帶罪圖功,提督罰俸一年。至於盜賊嘯聚,鄰近之提督總兵官并將軍城守及副参遊等,不親領兵勦滅,止遣守備千把等官往勦者,各降二級調用,其專汛官及副参遊等,聞賊不遞爲申報者,俱革職,督提鎮聞報,不速發兵會勦,以致賊勢蔓延、官兵失利者,俱降三級調用。〇五十二年諭:地方文武官員,原爲弭盜安民而設,如平日綏輯得宜,遇有草竊事發,即時拏獲除滅,自然不至刦奪。若徒然招撫,則官兵漸至疎忽,而盜賊漫無顧忌,於地方殊屬無益。以後山海盜賊有實心向化自行投首者,該督撫察明奏聞。其遣人撫諭招來之處,永行禁止。

凡海賊登岸,康熙三年題准:海賊登岸,擄掠男婦,專汛官降二級,兼轄官降一級,俱帶罪圖功,提督罰俸九個月。〇十一年題准:海賊侵犯城池,殺傷兵民,專汛兼轄各官,俱革職,總兵官降二級調用,提督降二級,帶罪圖功。焚燬鄉村、刦擄男婦、殺傷兵民者,文職州縣官、同城知府各罰俸一年,同城道官罰俸六個月,照案緝拏,武職專汛官革職,兼轄官降二級調用,總兵官降二級,提督降一級,俱帶罪圖功。若兼轄各官聞報退縮不前者,俱革職,提督總兵官聞報不即領兵會勦者,降二級調用。若賊船突出刦掠,同行鎮將等不相救援,率師徑返,以致官兵損傷者,革職提問,專汛官降二級,兼轄官降一級,俱帶罪圖功,提督總兵官罰俸一年。海賊乘夜入城殺傷兵民者,專汛官降二級,兼轄統轄官降一級,俱帶罪圖功。

凡城内失事,順治十八年題准:城内被盜,刦傷官民,同城武職官,外委者,責懲斥逐,現任者革職,專汛者降二級,提鎮將領降一級,俱帶罪限一年緝獲。限内全獲,題明開復;獲一半以上,同城官降一級調用,專汛官罰俸一年,兼轄官罰俸九個月;不及一半者,同城官降二級,專汛官降一級,各調用,兼轄官罰俸一年;全無獲者,同城官革職,專汛官降二級調用,兼轄官降一級留任。〇康熙元年題准:强盜突入城内刦傷官民者,提督罰俸九個月,總督罰俸六個月。〇三年題准:强盜入城刦掠,同城官革職提問,專汛官革職,兼轄官降二級,總兵官降一級,俱帶罪緝拏,提督罰俸一年,總督罰俸六個月。如當時拏獲一半以上者,俱免議,餘賊仍照限緝拏。〇七年議准:强盜入城刦掠倉庫,殺害官民,搶奪獄囚,承緝文武官員俱住俸,限一年緝拏,盡獲開復,限内不獲,各降一級調用,同城知府兼轄武職,俱照此例,有加級紀録,准其抵銷,仍住俸,再限一年緝拏,限内不獲,仍降一級調用。如又有紀録加級抵銷者,照此扣算處分,其同城提鎮罰俸六個月,限一年緝拏,限内不獲,再罰俸一年,免其停陞,仍令緝拏,若被刦後一月内擒獲一半者,免罪,仍停陞,令緝拏餘賊,免其照限議處。○十一年題准:專汛官、同城兼轄官,一月内緝賊一半者,免罪、停陞,限一年緝拏,如不全獲,罰俸一年,餘賊照案緝拏,不停陞。其不同城之文武兼轄官,照地方失事例議處。○又題准:正陽門、崇文門、宣武門外關厢被盜者,巡捕營各官照城内失事例議處。○十五年題准:前三門關厢内,盜賊集至二三十人,執械傷人刦財者,照大夥盜賊例,專汛官革職,兼轄官降二級,俱帶罪緝賊。文職、該兵馬司指揮,革職,令接任官緝賊。○二十一年題准:前三門關厢内失事,馬步兵丁把軍等,當時有能擒獲一二盜賊者,免其責究,如一名不獲,該汛馬步兵丁等,各責四十板。○三十三年覆准:巡捕三營地方,盜賊發覺,千把總免其住俸降調。如城内失事,責三十板,停陞,限一年緝賊,全獲免議,如限内不獲,加責仍停陞,再限一年緝賊,全獲免議,如不獲,再責三十板,仍勒令照案緝拏,免其停陞,如有拏獲逃人例應議叙者,仍照例議叙,若有加級,將一級抵責一次。○三十七年覆准:京城關厢内,係輦轂重地。嗣後遇有白晝賊盜,致死人命、奪去財物,該管官員將賊犯當塲全獲及一月之内全獲者,免議。如一月之内拏獲一半者,將專汛官罰俸一年,兼轄官罰俸六個月,賊犯照案緝拏。如一月之内該管官員不行查拏,致賊兔脱者,即將專汛官降二級調用,兼轄官降一級調用,所有加級薦紀,俱不准抵銷,賊犯令接管官照案緝拏,該汛馬步兵丁人等各責四十板。其直隸各省城内,遇有白晝賊盜致死人命奪去財物之事,該管各官不行查拏,均照强盜入城行刦之例議處。如京城内遇有白晝賊盜致死人命奪去財物,該管官員不行嚴緝者,照現定例,將專汛步軍校降二級調用,兼轄副尉降一級調用,所有加級薦紀,俱不准抵銷,將汛地步軍各鞭一百,賊犯照案緝拏。如一月之内拏獲一半者,亦照關厢之例議處。○四十一年覆准:京城内,若盜賊傷人刦去財物,將該汛值宿步軍校降二級留任,罰俸一年,步軍副尉罰俸九個月,步軍總尉罰俸六個月,步軍統領罰俸三個月。一年内緝賊一半者,准其開復,如一年不獲又失事者,將步軍校降三級調用。臨近兩邊看街之領催兵丁及臨近兩邊看守栅欄兵丁,俱枷號四十日、鞭一百,革退步甲。臨近馬甲堆子相近處失事,亦照步軍例議處。若前三門關厢内失事,將三營專汛兼轄武職各官、文職、兵馬司副指揮吏目,俱降二級留任,罰俸一年,緝賊,將專汛千把總在部各責四十板,該汛馬步兵丁,俱責四十板,限一年内緝賊。全獲者,准其開復,若盗賊不獲,專汛兼轄各官,降三級調用,千把總革職,兵丁革退,仍交與刑部枷號四十日、責四十板,將未獲之賊犯交與接管官照案緝拏。〇四十八年覆准:皇城内貿易人民,與開張舖面閑散人等,俱交與各該管官員,盡行逐出。至於依靠各項當差人役,指稱親戚寓住者,取具各當差人役等保結,并取該管官員保結,准其居住。若保結寓住人内,有盗賊等事發覺者,將保結當差人并出結官員,一併從重治罪。〇五十一年覆准:前三門關厢失盗,專汛兼轄各營弁一年内獲賊一半者,留任効力,如一年無獲,仍照舊例處分。

凡地方失事,順治十八年題准:道路村莊被盗刦財傷人者,除提鎮例不議及外,其專汛官外委者責懲斥逐,現任者降一級,兼轄官住俸,俱帶罪限一年内緝獲,限内全獲,題請開復;獲一半以上,專汛官罰俸九個月,兼轄官罰俸六個月;不及一半者,專汛官罰俸一年,兼轄官罰俸九個月;全不獲者,專汛官降一級調用,兼轄官罰俸一年。各官留任者,仍令緝拏;革職降級離任者,令接任官立案緝拏。〇康熙二年題准:地方失事各官,該督撫未題參之先陞轉者,照錢糧未完官例,撤回原任緝賊,俟全獲日,題請開復。承緝官有别案降革解任及丁憂者,俱照離任官例罰俸一年。未獲盗賊接任官停陞緝拏,俟全獲日開復。若接緝官有别案降革解任丁憂者,俱罰俸六個月。未獲盗賊,復令接管官停陞緝拏,俟全獲日開復。其署事官任内失事者,照離任官例罰俸一年。接緝署事官,在任一月外離任者,罰俸三個月,在任不及一月離任者,免議。至地方失事官,督撫未題參之先陞任者,不許赴新任。若明知盗案未結許赴新任者,督撫各降二級調用,赴任官革職。〇七年議准:强盗刦殺村莊民人,承緝文武官員住俸,限一年緝拏。如限内不獲,罰俸一年,限六個月緝拏,限内不獲,降一級調用。如有加級紀録,准其抵銷,仍住俸,再限六個月緝拏。如不獲,仍降一級調用。如又有加級紀録抵銷者,照例扣算處分。文職道官、武職兼轄官罰俸六個月、停陞,限一年緝拏。如不獲,罰俸一年,免其停陞緝拏。其協緝接緝各官,仍照案緝拏,不停陞。〇八年議准:承緝文武官員一年限滿不獲,罰俸一年,再限六個月緝拏,限滿不獲,無加級紀録者,照例降一級調用,有加級紀録抵銷者,照接緝官例緝拏,不再立限。〇十年題准:直省督撫題參盗案,本省定限四個月,兼管省分定限六個月,俱以失盗日爲始,至逾限月日,專責督撫提鎮,計月處分,不許分坐屬官。〇又覆准:凡一月内獲半,停陞緝拏餘賊者,限一年緝拏,全獲免罪。如不獲,罰俸一年,照案緝拏,不停陞。〇十一年議准:城外村莊道路失事者,除提鎮例不議及外,專汛文武官俱住俸,兼轄文武官俱罰俸六個月,限一年緝拏。一年内拏獲一半者,免罪,餘賊照案緝拏。如不獲,專汛官降一級調用,兼轄官罰俸一年,盜賊照案緝拏,如有加級薦紀,准其抵銷。若盜賊在別處地方行刦,其原住地方該管官,不行察拏者,題參到日,失事地方官住俸緝拏,原住地方官令其協緝,如一年不獲,罰俸六個月,兼轄副將等官,亦照此例議處。〇又題准:該管官,因公他出失事者,概行免議。〇十二年題准:承緝盜案各官病故,或因事革職離任,停其具題,俟限期滿日,該督撫查明接緝官員職名咨部,查核餘賊,照案緝拏。〇二十年議准:道路村莊失事,州縣等官及專汛武職官,一年限滿不獲,降一級留任,再限一年緝拏,無級可降之官革職,仍留任,限一年緝拏,如再不獲,調用、革職;同城之知府與捕盜之同知、通判,初參,停陞,罰俸六個月,限一年緝拏。如不獲,罰俸一年,照案緝拏。道官及兼轄武職,初參,罰俸六個月,免其停陞,限一年緝拏,限滿不獲,罰俸一年。若未滿一年之限陞遷者,照離任官例,罰俸一年。〇二十八年覆准:夥盜十名已獲六名,未獲四名,一年限滿,應將專汛守備照例降一級調用,兼轄都司,亦降一級調用。未獲賊犯,令接緝官緝拏。〇三十五年覆准:地方失事,限年緝盜,於立限之後,捐加級紀録者,概不准其抵銷。〇又覆准:盜案前後接續發覺,每案降一級留任,再限一年緝拏,千總無二級可降,相應革職,盜犯令接管官照案緝拏,若盜案發覺,住俸一年限滿又盜案發覺,應照離任官例議處。〇三十七年覆准:嗣後凡有强竊仇盜疑似未明之處,武職官不拘限期題參,但令限内報明兵部存案,俟文職審明定案後,即將疎防各官題參,照例議處。〇四十五年覆准:直省地方老瓜賊,肆行不法,曠野之處,應責汛兵查捕,至通驛坊店,設給印簿,令店主詢明行客籍貫、來踪去跡,填註明白,次早天明始放起行,仍於季杪出具甘結,同印簿送地方官查驗。其店主汛兵知情故縱者,照窩藏容隱例治罪,鄰佑保長知情不首,一併治罪。如店主早放客人起行,汛兵查捕不力,滿杖。如能獲老瓜賊出首者,照拏獲强盜例,分别賊數多寡,在於州縣無主賊贜内,變價給賞。至於仇盜未明之事,令地方文武官弁通報立案。俟獲賊,審係仇殺,則以仇殺題結;審係刦殺,則以刦殺題參。如從前有此等命案,獲賊供出某州縣村莊,曾同夥賊刦財謀害,行查地方官,將原案呈報,亦止補參疎防,免其從前諱盜處分。至文武官弁拏獲别汛老瓜賊者,照拏獲别汛强盜例議敘。〇四十七年覆准:古北口所屬長峪城、白羊城、横嶺城三處把總,輪流貼防懷柔地方,失事,均照兼轄官例議處,賊犯令接管官緝拏。○雍正元年議准:四路捕盜同知管轄地方失事,捕盜千把,並無處分,嗣後將千把總,於失盜之日,即住俸停陞,限滿不獲,每盜一起,重責二十棍,全獲,始准開復。如該汛地方,三年不致失事,或三年内,凡有失盜,俱能全獲者,該撫查明具題,將千把總不論俸滿,以應陞之缺即用。○三年覆准:嗣後地方失事,承緝官住俸,限一年緝獲。限滿不獲,降一級,無級可降之官革職,俱留任。又限一年緝獲,仍留任,再限一年緝獲。如再不獲,調用革職。又,凡承緝官將每案盜犯全獲者,准紀録二次,其各鄰近地方官及接緝官拏獲别案内盜首,加一級,拏獲夥盜,每二名,紀録一次,兵役分别給賞,令原失事之地方官捐給;如能於一月内拏獲鄰境案内盜首者,加一級,再紀録一次,拏獲夥盜者,每一名紀録一次,拏獲之兵役,令原失事地方官給銀二十兩;至接緝官能將前官未獲盜犯全獲者,准其紀録三次,拏獲過半者,准紀録二次。○四年覆准:嗣後村莊道路失事,武職各官,凡遇盜賊十人以上,並未聲明夥盜確數者,仍與文職一例處分;盜止十人以下者,專汛武職,初參到日,停陞,勒限一年緝賊;二參限滿不獲,罰俸一年;三參限滿不獲,罰俸二年;四參限滿不獲,降一級;無級可降之官革職,俱留任。兼轄統轄官,初參,罰俸三個月;二參,罰俸六個月。賊犯照案緝拏。○五年覆准:嗣後道路村莊失事,將該汛兵丁照疎防老瓜賊例治罪。

凡追緝盜賊,順治十三年題准:鄉村旅店,被賊刦殺,就近速報,該管文武等官嚴行追緝。○康熙十一年題准:盜賊行刦,失主即於本日呈報。夜間被盜,於次日呈報。如呈報後,該管官不速行接續前報,或不親行馳追,止差末弁追緝,或追及脱逃者,俱革職。若止逐離本汛,不行窮追者,降一級留任。至附近地方官,失主呈報不行接受者,革職。如以非其汛地不親身追捕,或追及不能擒獲,或止差末弁追捕者,俱降一級調用。其經過地方官不親身馳追,或追及脱逃,或止差末弁追捕者,亦降一級留任。該督提鎮具題之日,務將某官曾否馳報、曾否親身追捕、經過地方曾否窮追情由逐一開明,如含糊具題者,罰俸一年。○三十三年覆准:道路村莊失事,將千把總責三十板,停陞,限一年緝賊,限内獲賊一半者,免議;如限滿不獲,責三十板,停陞。再限一年緝拏,如不獲,責四十板。未獲賊犯,令照案緝拏。若有加級,將一級抵責一次。○雍正元年議准:查律内强盜雖不分首從,若無爲首之人,則必不能糾集成事,是盜首之情罪,尤重於夥盗。嗣後承緝各官,務期必獲盗首。如限内不獲盗首,雖獲盗過半,於免罪之外仍罰俸一年。再限不獲盗首者,罰俸二年。三限不獲者,降一級調用。如盗首果係病故在某處者,必須查驗供認,實有確據,方准免其處分。若有假借扶同隱匿捏報者,照諱盗例革職。○二年諭:廣西猺獞雜處,匪類不時竊發,踰山越嶺,難以擒拏,汛兵各守地界,不敢擅自越境。嗣後分防各弁,不論何標何汛,凡附近地方,無分彼此,互相應接,庶匪類無可潛藏矣。設兵原以衛民,地方若有匪類,自當彼此照應,協力擒拏。今後着廣東廣西督撫提鎮嚴飭各營汛官弁一體遵行,並傳諭直省督撫提鎮等,凡地方若有此等事,當同心協力,互相照應,不可托言限於疆界而分彼此。○四年覆准:嗣後承緝盗犯官員,於獲盗初審之時,如寔無窩家,即於招内聲明;有窩家者,於獲盗過半之内,務獲盗首,並獲窩家,始准免議。如年限内止獲盗首,並獲夥賊過半,而窩家無獲者,將地方官照不獲盗首例議處。若寔有窩家,地方官删去者,上司審出,將地方官照諱盗例處分。

凡減報盗數,康熙五年題准:地方失事,該管官勒令失主少報盗數,或將未獲盗賊謊報亡故者,革職,文職道府、武職兼轄官不行詳查轉報者,罰俸一年,督撫提鎮妄行具題者,罰俸六個月。

凡諱盗不報,舊例:地方失事隱諱不報者,專汛官革職,兼轄官知而隱諱不報者,降二級調用,不知者,降一級調用,督撫提鎮不行查明糾參者,降一級留任。其拏獲賊盗供出先次行刦之處,雖失主未報,專汛官仍革職,兼轄官降一級調用,若賊全獲者,免議。○康熙十一年題准:兼轄官同城不知者,降一級調用;不同城者,降一級留任。○十五年題准:本汛失盗彼此推諉不報者,亦照諱盗例處分;如已經申報,彼此推諉者,推諉官降一級調用,轉詳官罰俸一年;如上司將州縣官申報盗數删減者,照州縣例處分;如州縣官不確查盗數申報,或不開失事地方官職名申報者,俱罰俸一年;拏獲盗賊供出先次行刦之處,審明,仍行查該督撫。若失主已報,地方官照諱盗例處分;如失主未報及無寔據者,該督撫取具該地方官並無諱盗印結繳報;若失主具報,地方官不行准理,及借端起釁,縱役需索,更换衙門,往來提審,苦累致死者,該督撫查訪題參;如督撫不行題參,事發之日,該管官革職,不行申報之上司,各降二級調用,督撫各降一級留任;若未致死者,該管官降三級調用,上司降一級留任,督撫罰俸一年。○十八年題准:失主報明失盗,地方官不嚴行追緝,反勒索失主受害者,革職;巡撫不查參,降三級調用。○雍正二年覆准:嗣後州縣官諱盗不報,或以强爲竊,或以多爲少，或賄囑事主通同隱匿者，仍照諱盜例革職外，其該管道府與捕盜同知、通判等官漫無覺察者，降二級調用，扶同徇隱者，降三級調用，或州縣官已經揭報，不行轉報者，降四級調用；若州縣官以强爲竊，以多爲少，該管官不行詳查，即據詳轉報者，亦降三級調用。其專汛兼轄武官，亦照文職例議處。

凡餉鞘被刦，順治十八年題准：路途刦失餉鞘，護送官革職，專汛官降二級，兼轄官降一級，俱帶罪限一年緝獲。如限内緝獲一半以上者，護送官降一級調用，專汛官罰俸一年，兼轄官罰俸九個月。〇康熙十一年題准：鎮店路途刦失餉鞘，護送官革職，失事地方文武各官俱住俸，限一年緝拏。盡獲，開復。若限内不獲，各降一級調用，限内拏獲一半者，免罪，停陞緝拏。兼轄武官、同城知府，亦照此例。不同城之知府免議，該提鎮道官各罰俸六個月，限一年緝拏，限内不獲，各罰俸一年，有加級紀録，俱准抵銷。如失事時，鄰汛官員及地方各官拏獲盜賊一半，失事地方官免罪，停陞緝拏。若限内鄰汛官全行拏獲，失事地方官免其住俸。

凡公務官員被刦，順治初題准：奉差及赴任官員經過地方被刦，或被殺擄，專汛官降二級調用，兼轄官降一級留任，統轄官罰俸一年。〇康熙十一年題准：奉差及赴任官員被刦，無護送官兵者，專汛兼轄官照地方失事例議處，有護送官兵者，若在本汛地方，又係本汛官兵護送被刦者，專汛官降二級調用，兼轄官降一級留任，統轄官罰俸一年。若被賊殺擄，無護送官兵者，仍照舊例；有護送官兵者，專汛官革職，兼轄官降二級調用，統轄官降一級留任。〇四十七年覆准：漕船被刦，運官受傷身死者，非尋常盜案可比，應照奉差官員被賊殺擄之例，將專汛官降二級調用，兼轄官降一級留任。

凡兵丁爲盜，順治初題准：營兵爲盜，專管官革職，兼轄官降三級調用，統轄官罰俸一年。該管官隱匿巧飾者，革職；查明呈報者，免議。〇又題准：營兵窩隱賊盜者，專管官降二級調用，兼轄官降一級留任，因公他出者，罰俸一年，統轄官罰俸六個月。〇又題准：貼防兵丁爲盜者，被刦地方專汛、兼轄、統轄各官，照地方失事例議處，領兵貼防官革職，其貼防駐劄地方之兼轄官降二級留任，統轄官罰俸一年。〇康熙十一年題准：營兵爲盜窩盜，若在該管官因公他出之後，事發於未回之前者，免議。〇又題准：官員約束不嚴，以致招撫兵丁復聚爲盜者，專管官降一級調用。〇四十一年覆准：就撫人丁，入營伍爲盜，皆由該管將弁不嚴加約束之故，嗣後應將就撫人丁情願爲民者，聽爲民；情願爲兵者，該管官保留爲兵。若有爲兵之人復行爲盜,將該管將弁照營兵爲盜例,專管官革職,兼轄官降三級調用,統轄官罰俸一年。

凡武弁爲盜,舊例:効用官爲盜者,該管官降三級調用。○康熙十一年題准:提鎮標下効用官爲盜者,該提鎮降三級調用;若營弁爲盜,該管官降三級調用,兼轄官降二級留任,統轄總兵官降一級留任。

凡捕役爲盜,康熙十一年題准:捕役夥盜,該管官革職,其捕役僱覓之人,持票夥盜者,罪同。

凡題參汛轄,康熙四年題准:地方失事,務將專汛千把等官查參,不得以外委官題參塞責。○六年題准:凡盜案,既以該管副參遊都作兼轄處分,標下中軍不必以兼轄參處。○十一年題准:地方失事,不查參經制專汛官,以外委官塞責題參者,呈報官降二級調用,轉報官降一級留任,提鎮罰俸一年。○又題准:各標中軍,不作兼轄。如係伊專汛地方,照例處分。○十四年議准:總督統轄全省,如遇城池失事、道路被刦、鞘餉被刦者,罰俸六個月。若賊衆聚至二三百人,擄掠鄉村者,降二級留任,帶罪圖功。○又議准:總督將大盜諱稱小盜具題者,罰俸六個月。○雍正元年議准:將軍督撫提標貼防地方,附近村莊河道失事,將貼防官弁附參,俱照專汛一體議處,每季造册報部查核。遇軍政之年,將遊巡勤惰備入考語,以示勸懲。

凡捕盜功賞,順治初題准:常人捕獲强盜,計盜數每名賞銀二十兩。○又題准:武官有能拏獲刦殺大盜窩主者,題請紀録,拏獲小盜窩主者,督撫旌賞;鄰里有能出首窩主,番役有能捉獲窩主者,以所起贓私,一半給賞,若窩主有能悛改前惡、擒盜出首者,免罪。○又題准:巡捕别營、在外别汛武職各官,有因緝獲一二盜賊招出夥盜,獲至十五名者,專汛官紀録一次,三十名者,兼轄官紀録一次;有能查緝盜賊十五名者,專汛官加一級,三十名者,兼轄官加一級,專汛官不論俸滿即陞;五十名者,兼轄官不論俸滿即陞,其捕營番役拏獲者,各賞銀五兩。○康熙十一年題准:拏獲竊盜一名,賞銀十兩,二名,賞銀二十兩。○十四年議准:官員除拏獲本汛承緝盜賊不議叙外,如二年内,不論是否同夥,查獲别汛盜賊十五名者,本官加一級,三十名者,不論俸滿即陞;兼轄官查獲三十名者,加一級,五十名者,不論俸滿即陞。京官具呈刑部,外官具呈督撫,具題到日,俟刑部核明,送該部議叙。○二十六年題准:千把等官拏獲别汛盜賊至十二名者,准加一級。○三十二年諭:官員兵丁有擒拏盜賊,中傷及傷亡者,俱着照緑旗陣傷陣亡例,分别具奏給賞。〇三十三年覆准:驛站等官,非係緝拏賊犯專責之員,如有拏獲賊犯者,將驛站官加一級。〇雍正二年題准:江南添設太湖營官兵,擒拏盗賊,倘遇大夥拒捕,奮力當先以致隕命,照陣亡例優恤,果有盡力緝獲大盗者,該督撫提給賞,報部議叙拔補。

凡竊盗處分,定例:挖門穿壁、剪綹割包等項,其本主及父兄,分别二次三次,照例懲治,專汛官罰俸三個月,兼轄官罰俸一個月,值日番役兵丁責二十板。若竊盗未經得財,及無被竊確據,併失主未曾受傷者,該管官免議。

凡借端殺害良民,順治間題准:汛防各官,若借擒勦賊黨殺害無辜良民者,本官革職提問,提鎮不行申報總督,及該督不行查參者,總兵官降一級留任,提督罰俸一年,總督交吏部察議。〇又題准:專汛官借名盤詰,殺戮良民,謊報殺賊爲功者,革職提問,兼轄官代爲報功者,革職,總兵官不行察明轉報者,降一級留任。〇康熙五年議准:凡申報賊情該汛各官,務將殺人刦物情由審問明白,一面申報上司,一面作速追緝,如有借端殺害無辜良民者,該督指名題参革職,敕下該督提問;至此等貪虐官員,提鎮等官不行申報,總督及該督不行查明題參者,或被科道糾參,或被旁人首告得寔,將總兵官降一級,照舊管事,提督罰俸一年。〇又題准:借名殺良謊報爲功者,轉報之總兵官降二級調用,提督不行參出,降一級留任。

凡額設民壯,雍正二年題准:定制各省州縣,揀選民間壯丁,務足五十名之數,每名按年給工食銀六兩,皆於存留項下支發,勿得勒令捐解俸工,務令核寔給發工食。分派習學鳥鎗手二十名,弓箭手二十名,長鎗手十名,就中選其尤壯者各一人,點充頭役,不時操練,務使技藝嫺熟,皆堪應用。如有奉行不力者,即指名揭参,從重議處。

凡土司地方失事,康熙六年題准:土司地方失事者,酌量議處。〇十一年題准:土司地方失事,土官免議,責令緝賊;如土司地方與民人雜處,有官兵設防之處失事者,兼轄、統轄官照例議處。若無民人居住官兵設防之處失事者,兼轄官停陞,勒限一年緝拏,如緝獲一半,免議,全未獲者,兼轄官罰俸一年,免其停陞,仍照案緝拏。如大夥盗賊刦掠村莊殺擄男婦者,兼轉官降一級留任,總兵官罰俸一年,提督罰俸六個月。〇四十年覆准:凡土官管轄之熟苗,侵犯城池,及聚集一二百人六七十人城内爲盗、村莊道路行刦,地方官員不寔力緝拏,互相隱諱者,將地方各官,俱照民人爲盗之例議處,其接緝官員如有以非其任内之事,不寔力緝拏苗賊者,該督撫指名題參議處。其無土官管轄之生苗爲盗,地方各官,仍照野賊苗蠻之例議處。〇四十七年覆准:外委無品級俸禄百户寨長所管之處,遇有失事者,責四十板革退,交與該地方文武各官另行揀選,委任遊巡官弁。凡伊巡哨日期之内有失事者,該督指名題參,每案罰俸三個月。

〔保甲〕

凡編立保甲,康熙二十五年題准:近輔屯莊,旗民雜處,令該撫將旗民人等一體編爲保甲,各立甲長,稽察盗賊;如有面生可疑者,即拏送該地方官,倘甲内人丁爲盗、屯領催窩盗者,該撫即解部具題,鞭一百,仍發回編甲。〇三十六年覆准:八旗及内佐領下人開窑者,亦令地方官一體編立甲長,各該甲内人丁,不時詳加嚴查,如玩法不遵者,該地方官拏解刑部照律治罪。〇四十七年覆准:凡州縣鄉城,十户立一牌頭,十牌立一甲頭,十甲立一保長,户給印牌一張,書寫姓名丁數,出則註明所往,入則稽其所來,其客店亦令各立一簿,每夜宿客姓名幾人、行李牲口幾何、作何生理、往來何處,逐一登記明白;至于寺觀,亦分給印牌,上寫僧道口數姓名,稽察出入;如有虚文應事,徒委捕官、吏、胥需索擾害者,該上司查參治罪。〇雍正四年諭:弭盗之法,莫良于保甲。乃地方官憚其煩難,視爲故套,奉行不實,稽查不嚴,又有藉稱村落畸零,難編排甲,至各邊省,更藉稱土苗雜處,不便比照内地者,此甚不然。村莊雖小,即數家亦可編爲一甲;熟苗熟獞,即可編入齊民,苟有寔心,自有寔效。嗣後督撫及州縣以上各官不寔力奉行者,作何嚴加處分?保正甲長及同甲之人,能據寔舉首者,作何奬賞?隱匿者,作何分别治罪?着九卿詳議具奏。遵旨議准:嗣後每户給印信紙牌一張,書寫姓名丁男口數於上,偶有出入,必使註明,不許容留面生可疑之人。若村落畸零、户不及數,即就其少數編之。至熟苗熟獞已經向化,原可編入齊民,令地方官一體編排保甲。如地方官不實力奉行,不能稽查盗賊,或别經發覺,或經科道糾參,將專管州縣官照不能察緝奸民例,降二級調用,兼轄官係同城,降一級調用,不同城,降一級留任,統轄官降一級,照舊管事。如上司揭報題參者,免議。保正甲長牌頭,果能寔力查訪,據寔舉首,照捕役獲盗過半以上例,按名數酌量奬賞。其同甲之人查出舉首者,亦照此例奬賞。倘牌頭於所管内,知有爲盗之人,復行瞻徇隱匿者,事發之日,如係强盗,照不應重律杖八十,折責三十板,如係竊賊,着地方官分别賊情之輕重,將隱匿之牌頭酌量懲警。倘牌頭曾於甲長保正處首告,不行據寔轉首者,一經發覺,查係甲長,照牌頭减一等發落,保正减二等發落,牌頭免坐。如有堡子村莊,聚族滿百人以上,保甲不能徧查者,揀選族中人品剛方、素爲闔族敬憚之人立爲族正,如有匪類,令其報官究治,倘徇情容隱,與保甲一體治罪。〇五年覆准:直省紳衿,一體編入保甲,聽候稽查,如抗不遵,依地方官詳報題參,比照脱户律治罪;地方官瞻徇情面,不據實詳報者,照徇庇例治罪。其保正甲長紳衿免充,其十家輪值支更看栅等役,亦免其充值。齊民内,有衰老廢疾,及寡婦之家子孫尚未成丁者,一體免役。〇又覆准:各處瞅船等一切小船,易於藏奸,令地方官取具船户鄰佑保結,編列號次,於船隻兩旁刊刻某處船户、某人姓名,給以印照,持照攬載,飭令地方各官塘汛員弁不時稽查。倘書役有借端勒索情弊,該管官立拏枷示。其採捕漁船,奸良更難分辨。照陸地保甲之例,以十船編爲一甲,若一船有犯盜竊者,令九船公首,隱匿不報,事發,將同甲九船一體治罪。再,各州縣漁船停泊之處,百十成羣,多寡不等,十船一甲之外,如有餘船,即照保甲法編作畸零,行令地方官逐一詳查編列,倘有漏匿需索,察出,嚴加治罪。〇又覆准:保正甲長,如有借名武斷鄉曲者,地方官嚴查究革,如違照徇庇例議處。其保正甲長,免其本身差徭,一切户婚田土事件,不得濫與,專一稽查盜賊。其人命賭博等情,仍照定例,一體令其稽查。〇又覆准:保甲之法,苗民謂之合椿,除隔省并生苗地方,或村寨相遠,不必合椿外,其村寨附近者,令其合椿,互相防守。

大清會典卷之一百三十九

兵部職方司

〔海禁〕

國家聲教四訖，德威遐暢，外藩諸國航海而來者，獻琛納賮，誠服恐後，版宇之廣，從古未有。但島嶼叢紛，地方險遠，易於藏奸，是以統轄兼轄，並與考成，分巡委巡，各有專責，輪哨有常期，會哨有定界。至商船漁船，貿易出入，各有禁例，一應處分事宜，備載於後。

凡海禁事宜，順治十二年題准：下海船隻，除有號票文引許令出洋外，若奸豪勢要及軍民人等擅造二桅以上違式大船，將違禁貨物下海，前往番國貿易，潛通海賊，同謀結聚，及爲嚮導，劫掠良民者，正犯處斬梟示，全家發邊衛充軍。其打造海船賣與番人圖利者，爲首處斬，爲從發邊衛充軍。若止將大船僱與下海之人分取番貨，及糾通下海之人，接買番貨，并探聽番貨到時，私販蘇木胡椒至一千觔以上者，俱發邊衛充軍，番貨入官。其小民撑駕單桅小船，給有執照，於沿海近處捕魚打柴，巡捕官軍不許擾害。〇十七年題准：濱海地方，禁止雙桅沙船，不許民間私造，違者照通賊律治罪。〇十八年題准：官員兵民，不許出界貿易，併在遷移海島蓋房種地，違者該管文武各官俱革職，從重治罪，保甲知情不首者，處絞，守口官兵知情者，以同謀論處斬，不知情者，仍從重治罪。〇康熙六年題准：所屬地方奸民，違禁出海，不行查獲，或被傍人訐告，或被他省官員拏獲，總督降二級留任，巡撫降一級留任。〇十一年題准：閩廣地方，嚴禁出海。其餘地方，止令木筏捕魚，不許小艇出海。〇又題准：凡有大小船隻出海貿易及在遷移海島蓋房種地者，不論官兵民人，俱以通賊論處斬，貨物家産，俱給首告之人，該地方保長知情同謀故縱者，斬，知情不首者，絞，不知情者，杖一百、流三千里，該汛守官兵知情故縱者，亦以同謀論，俱處斬，其不知情者，文職知縣知州革職，永不敘用，府道降三級調用，專汛武官革職，與兵丁一併治罪，兼轄副將等官革職，該管總兵官降三級留任，該督提各降二級留任，巡撫降一級留任。有能拏獲本汛出海之人，文武各官均應免罪，拏獲別汛出海之人十名以上者，拏獲之文武官員紀録一次，一百名以上者，加一級，該管文武官員，或兵民拏獲者，督撫提鎮道府副將均應免議。若官兵民人私造出海船隻者，處斬，該管文武官員及地方保甲長同謀者，絞，知而不首者，杖一百、流三千里，文職州縣官所屬民人、武職專汛官所管兵丁，私造船隻失於覺察者，革職，兼管文職知府、武職副將等官，降三級調用，該管總兵官、該道官降二級留任，該督撫提降一級留任。〇又題准：該汛官拏獲出海奸民，止報該鎮，不報督提，及該鎮不即報督提者，俱降二級留任。〇十二年題准：在洋行走船隻，經過地方，并貿易貨物，地方各官知而故縱者，革職，不知者，免議。〇十九年題准：直隸、山東、江南裝載五百石以下船隻，准其沿海行走，不許通大洋行走，違者照例從重治罪，如貪黷官役兵丁借端留難需索者，該督撫提鎮嚴查指名題參，若徇情不參，從重治罪；其出入船隻，令海口官員專理，出則驗船給照，入則估料徵稅，每季造册報部。〇又題准：該管官拏獲本省出海貿易奸民二十名以上者，紀録一次，二百名以上者，加一級，數多者，照數加級紀録。〇二十三年題准：海氛既靖，山東、江南、浙江及瓊州等處，各海口除夾帶禁物者，仍照例從重治罪外，商民人等有願入洋貿易者，稟明該地方官登記姓名，取具保結，給發印票，船頭烙號，令防守海口官員查驗印票人數，准令出入貿易。〇又題准：直隸、山東、江南、浙江等省，許令民人裝載五百石以下船隻海上貿易，其造雙桅五百石以上違式大船，在大洋行走者，減爲發邊衛充軍，該管文武官員及地方甲長與兵民同謀私造者，徒三年，知情不首者，係官革職，係兵民杖一百，文職州縣官所屬民人、武職專汛官所管兵丁私造船隻失於覺察者，降三級調用，兼管文職知府武職副將等官，降一級調用，該管總兵官該道官，降一級留任，該督撫提督罰俸一年；若違禁將焰硝硫黄軍器等物私載出洋貿易者，仍照律處分。防守地方文武官知情縱放者，亦照律治罪；不知情者，專汛文武官革職，兼轄文武官降四級調用，統轄文武官降二級留任，督撫提降一級留任。〇三十三年議准：内地船隻往外國貿易損壞更换船隻者，到關時報明地方官并海關監督，照原出人數姓名，查驗相對所造船隻，准其進口；如坐去船隻不曾損壞，造船帶歸者，船隻軍器入官，商人照打造違式大船在海行走例治罪；如暗帶外國之人偷買犯禁之物者，俱照收買違禁貨物例，分别輕重治罪。如海關監督并防守海口官不行查出，或被旁人首告，該督撫提督將失察官員指名題參，交與該部議處。○四十二年覆准：海洋漁船，止許單桅，樑頭不得過一丈，柁工水手不得過二十名，取魚不許越本省界，未造船時先具呈州縣。該州縣詢供確實，取具澳甲户族、里長鄰佑，當堂畫押保結，方許成造。造定之日，報縣親驗明白，印烙字號姓名，并將柁工水手一體查驗，取具澳甲長船户保結，然後給照。其照内仍將船户柁工水手年貌籍貫開列，庶便汛口地方查驗。如有違例，船户責四十板、徒三年，船隻入官，承驗之州縣降二級調用，加級紀録，不准抵銷。柁工水手如有越數多帶，或詭名頂替者，船户責三十板、徒二年，頂替之人嚴究，如無他故，杖一百。汛口文武官弁盤查不實，亦降二級調用。内有夾帶硝黄等物者，本船户即以通賊論擬斬，柁工水手知情同罪，不知情，責四十板、流三千里，甲長保結之人，各責四十板、徒三年，仍查取結之州縣官革職，汛口盤查之文武官俱革職。如有賄縱情弊，革職，杖一百、流二千里。其内港取魚五六人之小船，不在此例。○四十二年覆准：商賈船隻許用雙桅，樑頭不得過一丈八尺，柁工水手不得過二十八名，其一丈六七尺樑頭者，不得過二十四人，一丈四五尺樑頭者，不得過十七人，一丈二三尺樑頭者，不得過十四人。造船時，先具呈該州縣，取供嚴查，確係殷實良民親身出洋，船户，取具澳里甲、各族長并鄰佑當堂畫押保結，然後准其成造。造完，該州縣親驗樑頭等項，不得過限多帶，并將柁工水手一一驗查，取具澳甲長鄰佑船户當堂畫押保結，并將船身烙號刊名，然後給照。照内將在船之人詳開年貌履歷籍貫，以備汛口查驗。其有樑頭過限并多帶人數、詭名頂替以及汛口盤查不實賣放者，罪名處分，俱照漁船各加一等。惟夾帶違禁物件，其罪名處分與漁船一例。其有謀利富民，自造商船，租與他人及租船者，俱責四十板，枷號三個月，失察之州縣官各罰俸一年，明知造船受租而容其成造者，降二級調用。又各處商船出東洋者，必由定海鎮所轄要汛掛號，往噶喇吧吕宋等處船出洋，必由澎湖南澳所轄之要汛掛號，其或由浙入閩，由閩入浙者，則必經定海、黄巖、温州、閩安、海壇、厦門、澎湖、南澳各鎮協所轄要汛掛號，如有偷越外洋者，查獲之日，船户柁工各責四十板、枷號三個月。劫失，不作盜案；商船軍器，以防不虞，定數砲火不得過兩位，鳥鎗不得過八桿，片刀、腰刀不得過十五把，火藥不得過三十觔，所有器械，俱須鑿鏨船户姓名號數，開載照票,税關先驗州縣印照明白,方許給牌。如有妄給,照州縣給照之例處分。倘汛口盤查掛號文武官弁疎縱及勒索者,發覺,俱降二級調用。所有先經在洋船隻,大者,聽其呈明改造。合式者,查明换照。又如隔縣别府外省之人,欲造船者,必於各該本縣呈明查確,該縣具印結,申詳督撫,轉飭沿海造船地方州縣成造,仍照例查驗式樣刊烙號數姓名以行,違犯處分,俱照商漁船隻例行。如有不遵例報官偷造者,責四十板、徒三年,失察之州縣汛口各官,各降一級調用。○四十五年覆准:福建外洋商船如有違例私造者,照漁船例加一等處分。○四十六年覆准:閩省漁船,准與商船一體往來,欲出海洋者,將十船編爲一甲,取具連環保結,一船有犯,餘船盡坐,桅之雙單,並從其便,嗣後造船責成船主,取澳甲户族里長鄰佑保結,倘有作奸事發,船户同罪。至一船自有一主,若本主在籍而船隻出洋,有事發覺,惟問本主。其船隻出入洋面,令各省沿海汛口各官查驗掛號,如有違禁,照例治罪。○四十七年覆准:江浙所屬各海口出洋商船,食米不得過五十石,如販米出洋貨賣,被獲者入官。○五十年覆准:浙閩捕魚船隻,不許越省行走,令沿海一帶水師營管轄,取州縣官保結,送沿海一帶提鎮副將,令其約束。若出外洋遠走,量撥營船隨去。若爲盗,將專轄兼轄官員照營兵爲盗例議罪。○五十一年覆准:商船查汛掛號,悉由内洋行走,如弁兵有勒索等弊,俱照例議處。如商船不走内洋,不赴汛地掛驗,照例枷責。至於閩省裝載杉木,倣江南沙船式,用布幡平底,俱由内洋行走。○又覆准:凡客商置貨,設立貨單一紙,備細開明貨物數目、年貌籍貫并發往何處、投入何行,令商人大書花押於上,即或在洋被劫,盗在海中,貨無可賣之處,必須投於發貨行内,或有貨而無單,或有單而年貌不符,即呈明地方官細加查明。倘牙行明知來歷不明之貨,希圖厚得牙錢,代爲發賣,獲盗之日,供出某行代發,即以强盗窩家論罪。○又覆准:沿海州縣海岸,有出口爲盗者,文職失察一次者,罰俸一年,二次者,罰俸二年,三四次者,降二級留任,五次以上者,降二級調用。至於沿海口武弁等,失察出口入口,每案罰俸一年。○又覆准:州縣印捕各官,能於匪類出口時,盤獲一起者,准紀録一次,抵罰俸一年,二起抵罰俸二年,三四起者,准開復所降之級,盤獲入口洋盗者,按起加倍計算。至於陸路汛口弁員武職,無稽查保甲之責,如亦能盤獲出口入口洋盗,亦照文職例議叙准抵。○五十三年覆准:各省海洋商漁船隻,分别書寫字樣,其各標營船巡哨,刊刻某營第幾號哨船,照柁工水手例,各給與腰牌,刊明姓名年貌籍貫。如船無字號,人有可疑，即行嚴拏究治。至漁船出洋時，不許裝載酒米，進口，亦不許裝載各樣貨物，違者，嚴加治罪。其守口文武各官，不行盤查者，照奸船出入海口例處分。〇五十六年覆准：凡客商船隻，在五省沿海及東洋貿易外，其南洋吕宋噶喇吧等處，一概不許内地商船前去貿易。俱令在南澳等地方嚴查截住，令廣東一帶水師各營查拏，違者從重治罪。其外國夾板船有來貿易，照舊准其貿易，令地方文武官嚴加防範，不許生事。〇又覆准：出洋船隻，初造時即令報明海關監督，及造完時，地方官必取驗印烙，取船主甘結，查有家口，方許在船，及監督驗明之後，即將船隻丈尺、客商姓名并載何貨貿易、往某處情由填給船單，令口岸文武官照單逐一嚴查，按月造册，具報督撫存案。至一切出洋船隻攜帶口糧，於停泊發貨日期，每人每日准帶食米一升，并帶餘米一升，以防風汛阻滯，出口時守口文武官弁逐一查明，方許放行，不許文武官役借端需索，或受賄縱放。至於小船偷載米糧剥運大船者，嚴拏治罪。倘有打造海船之人希圖厚利，以所造船隻賣與外國者，查出造船與賣船之人，立斬。如其人尚留外國，將知情同去之人枷號三個月，該督撫行文外國將留下之人解回立斬。若有於酌定口糧數目之外多帶米糧查出，米糧入官，帶米之人立絞。沿海凡有稽查責任之文武官員，如遇私賣船隻、多帶米糧、偷越禁地等事隱匿不報，或被出首，或經事發，將文武官員從重治罪。〇又覆准：臺灣米糧，應著落臺灣鎮、道，將内地一體嚴加查禁，不許私運出洋偷賣。至漳、泉、厦門地方米少價貴，該督撫即酌定應需米穀數目，行文臺灣鎮、道，量撥米穀，驗給照支護送兵船，逐汛嚴加押送，令地方官親看發賣，并將原照申送督撫銷案。〇五十七年覆准：澳門彝船，往南洋貿易，及内地商船往安南貿易，准其行走，不在禁例，仍行文該督嚴飭地方文武各官不時巡查。如有澳門彝人夾帶中國之人，并内地商人偷往别國貿易者，查出之日，照例治罪。如該管官盤查不實，徇情疎縱事發，從重治罪。〇五十八年覆准：商漁船隻冗雜，應將客商，責之保家，商船水手，責之船户貨主，漁船水手，責之澳甲同綜，限定人數，出入盤查，并嚴禁漁船不許裝載貨物，接渡人口。一切出海船隻，不許攜帶軍器。〇又覆准：凡往臺灣之船，必令到厦門出入盤查，一體護送。由澎而臺、從臺而歸者，亦令一體護送。由澎到厦，出入盤查，方許放行。又往臺之人必由地方官給照，單身遊民無照偷渡者，嚴行禁止；如有違犯，分别兵民治罪，不許地方官濫給照票，如有哨船偷帶者，將該管專轄各官分别議處。〇雍正三年論：嗣後如仍將無照民人夾帶船内偷渡者，發覺之日,朕必將該管總督提督等一并治罪。該總督提督等務竭力嚴禁。○又覆准:西洋人附居澳門,如有夾帶違禁貨物并中國之人偷載出洋者,地方官照諱盗例革職。其無故前來之人,夾帶入口及容留居住者,將守口官弁并地方文武各官,照失察例議處。○五年覆准:東省外洋,除外來商船,各照彼省驗單查對外,其登萊二府人民往奉天貿易,及奉天等處人民有過海者,商人船隻以及重船出口,回船進口,俱嚴飭各該州縣給與印單,將客人姓名貨物名件賣貨地方,同船户水手姓名一一開載,聽各汛掛號,飭令守口文武官弁照單查驗。倘該管各官不實力奉行,以致勒索情弊,即將該管官照例參處。

凡隱匿洋貨,定例:巡哨官拏獲洋貨,隱匿不報者,革職提問。

凡鹽船出海,定例:長蘆鹽船,從天津大沽出口,每船令鹽院給以印票,填明船内所載人數,海防大沽營將稽查。船到山東省,令海豐縣掛號,河口防汛官兵、巡檢司查驗放行。如無印票,或人船溢數及夾帶違禁貨物等弊,該管文武各官不能查獲者,俱照例處分。每月取具該管文武各官,並無人船溢數,及違禁夾帶貨物等弊印結報部。

凡拏獲禁物,定例:官民人等,將硫黄焰硝鹽觔布疋等物販賣與賊者,依律治罪,該管官知情以同謀論,不知情者,專汛文武官革職提問,守汛兵丁治罪,兼轄文武官降五級,該管總兵官降二級,俱調用,督撫提降三級留任。若盤緝人員將本汛販賣之人拏獲者,每十名以上,紀録一次,五十名以上,加一級,將别汛販賣之人拏獲者,十名以下紀録一次,每十名以上,加一級,五十名以上,不論俸滿即陞,一百名以上,照應陞之缺越一級優陞。○五十九年覆准:沿海各省出洋商船砲械軍器,概行禁止攜帶,其原有砲械軍器,俱令該地方官查收。自禁之後,如有商船仍帶砲鎗軍器出海者,查出從重治罪,其地方官一并嚴加議處。

凡巡查海洋,康熙四十二年覆准:沿海各營洋面,有島有嶼,宜另爲派定船隻,以將備帶領常川駐守。其餘各汛以千把遊巡,如有一年之中該營汛内失事一二案者,仍照例以盗案參處。其失事至三四案者,千把革職,副將參將遊擊降二級留任圖功,倘能拏獲盗船,仍與開復。至五六案者,降四級調用。七八案者,革職。總兵所屬營内共有失事十案者,降二級留任圖功,至十案以外者,降二級調用。再,守備例不作兼轄,但水師與陸路不同,守備兼輪防哨巡之責,亦應與參遊一例處分。○四十三年覆准:廣東沿海地方,派定千把總帶兵會哨,副參遊每月巡察,每年春秋之際,委令鎮臣統巡。○四十五年覆准:山東膠州海口,商船貿易者甚多,巡防倍加嚴毖,應將水師前營移駐膠州,專事巡哨南海一帶海汛,水師後營,專事巡哨登州北海一帶海汛。至内洋海汛失事,責在水師;海岸失事,責在陸營。○四十六年題准:浙閩海洋行船,有被劫者,閩省以總兵官爲統轄,分巡之參遊守爲兼轄,浙省以總兵官爲統轄,本標之遊守爲兼轄,如有盗案,該督撫題參到日,將兩省分巡委巡各官降一級留任,統轄官罰俸一年,俱限一年緝獲。如不獲,題參到日,將分巡委巡之參遊守等官降一級調用,統轄之總兵官降一級,罰俸一年。再,巡哨期内,本汛並無失事,又能獲奸船一隻者,兼轄官紀録一次,二隻者,統轄之總兵官准紀録一次,多者照數遞加。○四十七年覆准:江南崇狼兩鎮,出洋巡哨,照閩浙每歲一輪,行令鎮海將軍,將水艍犁繒船暫撥二十隻,於海洋交界處所,令兩省官兵會哨,仍將日期報明該督提鎮,互相查對。○又覆准:浙省定黄温三鎮出洋巡哨,亦照閩省,每年定於二月初一日起,至九月底止。○四十八年覆准:閩粵江浙四省,每年輪委總兵官親領官兵,自二月初一日出洋,在所屬本汛洋面周遍巡查,至九月底撤回。遇有失事獲賊,照例分别題參議敘。如總兵官不親身出洋巡哨者,令該督撫提指名題參,如有奸船出入海口者,若遇失事,將陸營守口官於每案各罰俸一年。○四十九年覆准:江浙兩省,停其會哨,行令閩粵江浙山東五省督提鎮等,仍照定例派撥官民專力遊巡,各該總兵官不時出洋親身監督,遇賊追擒,無分疆界,務獲盡以清海洋。○五十年覆准:山東登州總兵標下水師前後兩營,戰船二十隻,分令遊守千把等官,在於海内各島,不時往來巡查。○又諭:朕於水陸兵丁,年久深悉其情事,船出海洋必俟風候,若不待時候,不察風汛,而欲强行,必致兵船俱損。官兵皆係朕歷年養育之人,如遇有賊,自應効死。若無賊而徒以巡哨受傷,實屬可惜。該總兵官須留意於此,大加謹慎。○又覆准:山東省戰船水手,將本省各營熟識水性之人挑選更换,如不敷用,另募閩浙熟識水性之人充補,仍將更换及召募兵丁籍貫姓名造册報部。至沿海村莊,揀選壯丁興立團練,多備弓箭鳥鎗,遇有賊警,與地方弁兵協同緝拏。○又覆准:東省海洋失事,專汛兼轄各官,照閩浙海洋失事之例議處。○五十一年覆准:海洋中,凡有形迹可疑之船,已被盤獲,逐一查明。如貨物人數不符税單牌票者,并貨物爲税單所無者,令其詳查,俱限三日内查明。果係商船,即速放行,將放行之處仍令申報;如係賊船,即交與地方官治罪。如巡緝官兵藉此稽查,以賊船作爲商船釋放,事發之日,照隱諱盗賊之例革職。如索取財物者,拏問;如將商船作爲賊船,故爲稽遲擾害,照誣良爲盜例革職,如有勒索財物者,亦拏問。該管上司察出,免其處分;失察,照例治罪。〇五十三年覆准:巡海官兵船隻,倘有因風打破者,令該管官查勘明白,出結詳報督撫,查明具題到日,免其賠補。如有捏報情弊,將出結官革職,嚴加治罪;不查明具題之督撫提鎮,亦嚴加議處。〇又覆准:出洋巡哨被風飄壞者,行令該督撫提鎮等酌量給賞。〇又覆准:盛京與山東,俱各有戰船十隻,水師營官兵,應令各巡該界地方。嗣後南金州之鐵山、舊旅順、新旅順、海帽坨、蛇山島,並頭雙島并虎坪島、桶子溝、天橋廠、菊花島等處,俱係盛京所屬地方,應令盛京將軍撥水師營官兵巡查。至於北隍城島、南隍城島、欽島、砣磯島、黑山島、廟島、長山島、小竹島、大竹島,至直隸交界武定營等處止,并成山頭、八家口、之罘島、崆峒島、養馬島至江南交界等處止,俱係山東地方,應令山東總兵官撥水師營官兵巡查,但鐵山與隍城島中間相隔一百八十餘里,其中並無泊船之所,應自鐵山起九十里之内,盛京官兵巡哨;自隍城島起九十里之内,令山東官兵巡哨。如遇失事,量其境界相近,詳查議處。〇又覆准:福建水師提標五營,每營額設戰船一十四隻,船傍添刻"海國萬年清"五字。分五營,每營以一字爲號,自一號依次編至十四號止,并各鎮協營,一例取字,依次編號,刊刻船傍。〇五十五年覆准:福建水師提標五營,澎湖水師二營,臺灣水師三營,派撥兵船,各書本營旗幟,每月會哨一次,彼此交旗爲驗。如由西路而去者,提標水哨至澎湖交旗,澎湖水哨至臺協交旗,俱送臺灣鎮查驗;由東路而來者,臺協水哨至澎湖交旗,澎湖水哨至厦門交旗,俱送提督查驗。如某月無旗交驗,并遇有失事,題參到日,照例議處;至往臺灣澎湖貿易客船,不許單行,約二三十隻連綜出港,臺厦兩汛酌量船隻多寡,各撥哨船三四隻護送,交代各書"並無疎虞"印結,按月彙送總督查驗。倘客船不候連綜私自出港者,查出之日,將船户人等從重治罪。如護送兵船借端勒索,被客商告發,將護送兵丁計贓治罪,該管各官,照失察例議處。再客商船出口時,須二三十隻連環互結,把口官將在船貿易物件、客商器械逐一查明,填註水單。倘盤查不實,以致賊船混入商船,事發之日,將把口官照失察出口例議處,若有勒索及疎縱者,從重處分。至商船被劫,互結各船如果相近,不彼此救護,將互結人等究明懲治。〇又覆准:外洋失事,將被劫船隻,在内洋何汛出口,查明咨部存案,著令該汛遊守緝拏,獲日審訊盜供。若有以内洋失事捏稱外洋者,即依諱盜例處分。〇又覆准:内洋失事,仍照定例議處。若果係外洋被劫者,難定專汛兼轄,惟責之分委總巡,題參到日,限一年緝賊。如不獲者,照村莊道路失事一年限滿不獲之例,將原參分委總巡分別議處,賊犯仍令接管官照案緝拏,其失察出口入口各官,亦應仍照定例議處。再,海洋緝賊,較陸地倍難。陸地獲賊過半,例得免議;海洋無論内外,獲賊一半者,亦應免其處分。至哨巡官弁,如在巡期之内並無失事,而能拏獲以前盜犯,抑或本汛並無失事,而能拏獲别汛盜犯,十人以上者,審明盜供,行劫洋面,與年月日期相符,分委總巡等官各准紀録一次。其從前如有降罰之案,准其開復,以示鼓勵。倘内洋失事揑稱外洋,後被失主告發,或查出之日,將哨巡及專兼各官,均照諱盜例處分。既經失主告發,該管督撫提鎮若不查明,據實揭報題參,照徇庇例議處。〇五十六年覆准:臺澎兩協副將,每歲帶船三隻親身出洋,總巡各本轄洋面,兩協遊守分巡各本汛洋面,海壇、金門二鎮,各分疆界,爲南北總巡,每歲提標撥船十隻,將六隻歸於巡哨南洋總兵官調度,四隻歸於巡哨北洋總兵官調度,其臺澎二協副將金門海壇總兵官,均於二月初一日起,至九月底止,期滿撤回。至各營分巡官兵船隻,仍照舊例更换,如遇失事,分别内外洋面,照地界查參議處。〇又覆准:東省登州南北二汛水師巡查海洋,地方遼闊,難以兼顧,嗣後如南汛失事,以分巡千把爲專汛,遊擊爲兼轄;如北汛失事,以分巡千把爲專汛,守備爲兼轄。各本汛如有失事,將該管官照例題參。〇五十七年覆准:南澳屬閩粤交界,瓊州孤懸海外,額設南澳總兵及瓊州水師副將,應令各帶標員專巡本管洋面。自南澳而西,平海營而東,分爲東路,以碣石總兵、澄海水師副將輪爲統巡,帶領協鎮標員及海門、達濠、平海等營員爲分巡;自大鵬營而西,廣海寨而東,分爲中路,以虎門、香山二協水師副將輪爲統巡,帶領二協標員及大鵬、廣海二營遊守等官爲分巡;自春江協而西,龍門協而東,分爲西路,以春江、龍門二協水師副將輪爲統巡,帶領二協標員及電門、吴川、海安、硇州等營員爲分巡,共派爲三路,每年分爲兩班巡查。如遇失事,照例查參。〇雍正五年覆准:凡遇海洋失事,無論内外洋面,照内洋失事例處分。

大清會典卷之一百四十

兵部職方司

〔**處分雜例**〕

武臣宣力四方，既厚獎賞以旌其能，復嚴處分以警其失。自督提以至將弁，職守所關，務期勤慎奉公，無曠無越。其一切通行事例，分載各司，而處分則專屬職方，故以條例列如左。

凡奉行事件限期，康熙十一年題准：督撫提鎮奉行欽部事件，俱以文到日爲始，通限四個月具題；總督駐劄本省地方，仍照巡撫限期外，所管隔省地方，亦以文到日爲始，限六個月具題，違限不及一月者，免議，違限一個月者，罰俸三個月，兩個月者，罰俸六個月，三個月者，罰俸九個月，四五個月者，罰俸一年，半年以上者，降一級調用，一年以上者，降二級調用，二年以上者，革職。倘有重大事情限内難完者，許其題明寬限，若承管官將易結之事遲延不結，或將難結情由不預行申詳，經督撫提鎮題參者，違限一月以内，罰俸三個月，一月以外，罰俸一年。○二十三年題准：督撫提鎮違限半年以上者，降一級留任，一年以上者，降二級留任，二年以上者，降三級調用。○三十九年覆准：嗣後土司事件，奉准部咨者，照各省六個月例報結。未奉部行者，總以督撫檄查明確之日，據文題請。○四十七年題准：湖南有苗二十六州縣，以及乾州平溪等處，距省寫遠，其奉行事件并命盜等案，俱於定限之外各展限兩個月。○四十八年議准：總兵官到新任接署者，以到任接署日期扣算。係四個月限期者，准展限兩個月完結。

凡督撫提督處分，康熙三十九年題准：督撫提督，凡有關係錢糧、人命、盜案、地方軍務、縱兵殃民、違法等項重大事件，仍照定例處分。其有欽部事件，借端遲延、塞責題參、扣剋虚冒、不行揭報、軍政互異、薦舉匪人、驛站廢弛、工程不完、朦混奏銷、鹽引矛盾、擅用非刑、承問失入、失察誣良、擅行裁汰、减報盜數等緊要事件,亦仍照定例議處外。至於裁缺戀職、未經查逐、開復丁憂、違限不行轉報、無關緊要之事,及定例内未經開載、應行比例議處,罰俸一個月至六個月者,俱停其議處。

凡迴避,順治初定:武職官員有考核賢否等項,屬其管轄者,不論族屬遠近,令官卑者迴避。〇十八年議准:巡撫不管軍務,武職免其迴避。〇康熙十二年題准:各省巡撫今管軍務,武職官員,仍令從卑迴避。

凡武職交代,順治十八年題准:直隸、山東、山西、河南、陝西等省陞任官,俱令遵限速赴新任,其原任事宜委官署理;至江南、江西、浙江、福建、兩廣、川湖、雲貴各省陞任者,候新官到任交代後赴任。〇康熙十一年題准:江西、湖廣陞任官員,亦照直隸、山東等省例,不必留候交代。〇三十二年覆准:澎臺將備陞任,著新舊交代。

凡委署,順治十八年題准:委署官,如有縱兵殃民、剋餉違法等弊,將保舉委署官一併參處。〇康熙四年題准:總兵官員缺,選擇賢能副將參將署理,不得濫委末員。〇十一年題准:擅行委署,不報上司者,降一級調用。〇又題准:委署官有縱兵殃民、剋餉違法者,本官照例議處,保舉官降三級調用,提督降一級留任,若保舉官察出者,免議,提督題參,亦免議。〇五十五年覆准:提督印務,交與總兵官署理;總兵印務,交與副將署理。

凡擅裁冗官,舊例:督提鎮所屬冗員未經題請,即行裁汰者,罰俸一年。

凡遲悮文册,舊例:官員遲悮元旦冬至萬壽表者,罰俸一年;衛所各官將應進元旦冬至萬壽表不送都司彙進,自給批文賫部,及都司令其自進者,各罰俸六個月,竟不補進者,降一級調用。如官員將慶賀元旦冬至萬壽表、考選册籍舛錯,或遺忘不奏,或遺漏字樣,或借端推諉遲延,或不差的當員役,以致中途差失者,均罰俸一年。如用印歪斜、模糊顛倒、失用印信,及繕寫潦草、不列職名、破裂染污者,均罰俸六個月。〇康熙三十一年覆准:安南國王如有叩關公文,必須開明事由。守關員弁即爲收接,報明該督撫。如守關員弁掯勒不收,及轉報遲延,該督撫即將守關員弁題參,將掯勒不收遲悮員弁從重議處。〇四十六年覆准:凡有關兵馬錢糧各項文册,俱具批投部,由郵遞者,填註提塘姓名,差役遞者,填註差役姓名,務令在部撤領批迴回繳本官。如仍前任意故違者,該督撫即行指名題參。〇又覆准:凡遲悮文册之員,果係因公出境者,免其議處。〇四十七年覆准:馳送本章,務差的當馬夫二名遞送,若將本章遺失,將該管官指名題參。

凡册疏互異,康熙十一年題准:官員造報各項文册,或遺漏重開,數目舛錯,或多開少造,及遺漏職名者,罰俸三個月,轉報官罰俸一個月。提鎮奏疏内,或字樣差訛,或奏疏内所有字樣貼黄内舛錯遺落,或貼黄内所有字樣奏疏内舛錯遺落,或册疏互異者,罰俸三個月。○十二年題准:提鎮疏内無貼黄者,罰俸三個月。

凡擅差守汛官員,舊例:該管各官罰俸一年,被差官免議。

凡辯冤涉虚,康熙四年覆准:官員鳴冤叩閽涉虚者,降四級調用,若先經審虚復稱冤抑叩閽者,革職交刑部。○五年議准:初次叩閽涉虚者,罰銀七十兩,先經審虚復稱冤抑叩閽者,降二級調用。○又覆准:官員在通政司及鼓廳衙門,將已經具告審結之事復稱冤枉具告者,仍准察審,果無冤枉,具告官降一級調用,若於原詞外揑造言語,妄生枝節,具告審虚者,加等治罪。○十一年題准:官員具告通政司鼓廳,審無冤枉者,罰俸六個月;若又稱冤枉具告者,降一級調用;係已經革職之官,交刑部議罪;呈辯冤枉、初次叩閽審虚者,罰俸九個月。

凡混題冤枉,康熙十一年議准:革職降級等官稱冤控告者,該督提鎮察明具題。如將無冤枉之事稱爲冤枉朦混具題者,督提鎮降一級留任,代申各官,降二級調用,朦混咨部者,督提鎮罰俸一年。

凡越參文官,舊例:提鎮違例參文官者,罰俸一年,所參之事不議。

凡越職具題,舊例:提督將總督職掌事件擅自題請者,罰俸三個月。

凡失繳僞劄,舊例:官員將投誠官之劄付印信繳送遲延,或並未繳送者,俱罰俸一年。

凡會同具題,順治初題准:督提將不應具題之事會題者,列名具題官與承行具題官,一體議處。○康熙十一年題准:提鎮將不應具題之事會題者,如承行具題官革職者,列名具題官降四級調用;如承行具題官降級調用者,列名具題官降一級留任;如承行具題官降級留任者,列名具題官罰俸一年;如承行具題官罰俸一年者,列名具題官罰俸六個月;如承行具題官罰俸六個月者,列名具題官罰俸三個月;如承行具題官罰俸三個月者,列名具題官免議。如督提鎮將應會議事件,並未會同議妥,遽稱合詞題覆者,罰俸六個月。

凡虚懸城守,舊例:官員因公出境,將城守營務交與不應管之人者,罰俸一年。如上司將城守官盡行傳去，以致城空者，亦罰俸一年。

凡笞辱官員，舊例：上司將所屬末弁如有事故不行題參，任意笞辱者，罰俸一年；如笞辱守備以上官員，降二級調用。

凡擅受民詞，舊例：武職官擅受民詞者，罰俸一年。〇康熙二十三年議准：降一級調用。

凡私借兵餉，舊例：官員以餉銀抵還公費，未入已者，降一級調用。

凡採買硝磺，舊例：各省採買硝磺，該督撫將所買數目、差買員役職名及採買地方，預先咨明往買地方督撫，其差買員役寫給執照，到彼省時，督撫將咨牌對驗相符，遴選賢能官員照數驗買，完日，給照，押送出境。

凡看守戰船，康熙十四年題准：官員看守戰船不加謹慎，損壞一二隻者，降二級留任；三四隻者，降二級調用；五六隻者，降四級調用；七隻以上，革職。

凡修理戰船，定例：海汛戰哨船隻，自新造之年爲始，歷三年，准其小修。小修之後，再歷三年，准其大修。若不應修理船隻，混行申詳修理之府州縣，都司、守備、千總、把總均降二級調用，轉報之副將、參將、遊擊俱降一級調用，具題之督撫提鎮罰俸一年。其驛船，係驛道經管專責，不便照轉報司道議處，應將驛傳道照州縣例議處。如修理時，武弁縱令捕役人等藉端勒掯，苛索使費，照衙役犯贓失察例處分；武弁需索銀兩，照貪官例處分；總兵官知而不參不報者，照徇庇例處分。

凡移駐投誠官兵，順治初題准：投誠官兵，攜帶家口移駐各省墾荒，經過地方，如有不遵約束亂行者，該管將領一併治罪。〇康熙八年題准：移駐墾荒兵丁，脱逃十名以内者，專管官罰俸六個月，統轄官罰俸三個月；二十名以内者，專管官罰俸九個月，統轄官罰俸六個月；四十名以内者，專管官罰俸一年，統轄官罰俸九個月；六十名以内者，專管官降一級，統轄官罰俸一年；八十名以内者，專管官降二級，統轄官降一級；至一百名者，專管官降三級，統轄官降二級；一百名以上者，專管官革職，統轄官降三級。

凡監犯越獄，康熙三年題准：監犯踰城逃走及由水門逃走者，城守官罰俸三個月，由已開城門逃走者，免議。〇十一年題准：凡將已閉城門之鎖扭壞逃走者，城守官革職；當時全獲者，免議；拏獲一半者，降一級留任。

凡解送人犯，定例：凡武職解送强盗重犯，中途脱逃者，革職。若解送流徙人犯走脱，及看守處脱逃者，將解送官員降一級，住俸一半。解送入官人犯走脱及看守處脱逃者，將解送官亦住俸一半，查緝罪犯。緝獲之日,俱准開復。○雍正二年覆准:嗣後外省解犯,及解京,與京發之犯,其情罪重大者,於批牌上註明“此係要犯,應令員弁管押遞送”字樣,該千把親身督率押送出境。倘有疎虞,斥革。其尋常解犯,仍照定例行。

凡失察私鹽,定例:凡興販私鹽,武職官員失於覺察一次者,降一級,失察二次者,降二級,俱准其帶罪,限一年緝獲,如一年内緝獲私鹽一次者,還職一級,緝獲二次者,還職二級,失察三次者,革職。○康熙三十年覆准:嗣後十人以上,帶有軍器興販私鹽者,失察各官,如係本汛獲賊一半以上者,免其處分,其本汛雖未拏獲,在别汛全獲者,亦應免其處分。○三十九年覆准:大夥鹽船,有能全獲者,該督與巡鹽御史酌量給賞。如私梟知風,預行逃去,止獲私鹽,即將所獲私鹽變價充餉。倘或私梟黨衆,官兵不能全獲,止獲二三名,及兵丁反被打傷者,專兼各官,俱免其處分,限一年緝獲。如不獲,仍照舊例處分。若有縱放私梟不行擒拏者,專汛官革職,兼轄官降二級調用。不知情者,仍照失察私鹽例處分。○四十四年題准:興販私鹽,該管千把總守備等官失察一次者,降一級,失察二次者,降四級,俱留任,失察三次者,革職;副將參將遊擊等官失於覺察一次者,降職一級,失察二次者,降職二級,失察三次者,降職三級留任,失察四次者,降三級調用。再,關津過往,回空糧船、官座船隻裝載私鹽貨賣者,將夾帶私鹽之人,照興販私鹽例杖一百、徒三年,守備千總等官知情故縱夾帶私鹽者,革職。不知情者,降三級調用。○五十九年覆准:嗣後招撫鹽梟内,或願食糧者,發營考驗入伍;願歸農者,量給盤費,遞回原籍,取各該地方官及本管官印甘各結存案。日後如有復出販私者,將出結之地方專汛兼轄及該管各官,俱照失察卦子例議處。○雍正二年覆准:嗣後静海縣所屬之四黨口,果能於三年内無一起私販,將所駐守備把總准其應陞之缺即用。倘私鹽由此而出,不能人鹽並獲,將該員弁照失察私鹽例議處。○三年覆准:嗣後拏獲販私巡鹽兵役,有指使誣扳者,照捕役指使盜賊扳陷平人律治罪。地方官不即行詳究釋放,拖累商民者,亦照失察例降三級調用。

凡革職解任官員歸旗,舊例:地方官若不撥兵挨程護送,取具沿途官員交送印結,並不報起程日期者,罰俸九個月。

凡官員回籍,定例:奉天四川回籍官員,勒限驅逐回籍。○康熙二十九年覆准:内外文武革職降級解任官員,俱勒限令回原籍。○三十二年覆准:除奉天四川回籍官員仍勒限驅逐回籍,此外直隸各省,如有實在無籍可歸之廢弁，著該府州縣官取結呈報，聽其入籍當差。如將有原籍之革職提問武弁，以爲無籍，謊出印結容留者，將該府州縣官及督撫，均照容留廢官例議處。〇五十一年覆准：現任提督總兵等官，丁憂休致解退，俱不許在任所入籍置産，行文直隸各省嚴查。如有此等官員，該地方官勒限六個月，逐回原籍。若該地方官不行查明，或被首告，將地方官降一級調用。〇又諭：任所置立産業，已經身故及不能回籍者，該督撫詳晰具奏。〇雍正元年議准：提督、總兵、副將等官，照例不許在伊現任地方置立産業，即丁憂休致事故解退之後，亦不許在彼處入籍居住。或已經身故及不能回籍者，該督撫詳晰具奏，請旨定奪。至參將以下遊擊、都司、守備、千把等官任所置有産業，或伊本身休致事故解退，或已經身故，子孫留住任所，有欲在彼入籍者，皆許令該地方官報明督撫，即准其入籍居住。〇三年覆准：四川文武宦紳生員并現任官員，遇有丁憂休致降調離任者，聽其自行回籍，停其勒限驅押。〇四年覆准：凡漢官革職離任者，外官，交代完日，即令起程，不得過五個月之限；京官，限一月内起程。違限一月以上者，題參到日，照議處旗員例，將該員交與刑部，分别治罪。地方官徇情容留者，照容留旗員例議處。〇五年諭：向來朕聞廣東福建之人，性多貪利，習俗輕悍，敢於爲非。其曾經身爲武職官弁，或因事革退，閒廢在家，往往不能安分，常於本地方生事。此等人，既久在營伍之中，於武職上司衙門，往來習熟，又因曾任職官，舉動言語足以惑動地方之人，是以藐視國法，肆行無忌，而愚昧之人被其引誘。朕意嗣後廣東福建二省、浙江沿海温台寧波等府之武職官員，有因事參處，已經革職治罪而居家者，不便仍留本地居住。其原任守備千總等官，則酌量派往直隸山東河南等省入伍食糧，免伊等在籍生事。既歸營伍，則有約束，又有兵糧以養贍其身家，其漢仗弓馬好者，仍可改過自新，勉圖効力之路，似有裨益。其副將以下都司以上參革治罪之員，若係本省人，著另行請旨。遵旨議定：廣東人派往山東省，福建人派往河南省，浙江温州台州寧波人派往直隸，令該管官查明眷口人數，備造清册，加結詳送。該督撫照所定省分派往，轉發各營，入伍食糧，嚴加約束。倘原籍地方該管文武各官，不即查明，申報上司，徇情容留，并該督撫提鎮不即遵例派往，任其逗留在籍者，均照容留廢員例議處。此等廢員於派往三省入伍食糧之後，如不能改過自新，循分守法，再有過犯，即按例加倍治罪，其中有漢仗弓馬尚好者，果能勤慎効力，仍令酌量補用。倘有私自逃回本籍，該管專汛兼轄各官，均比照配所脱逃例議處，行文原籍地方官將逃回之廢員遞送原伍,杖責安置。至本省之人曾任副將以下都司以上等官,因事參革,非守備千把微員可比,應令該督撫提鎮即於題參疏内聲明,請旨定奪。

凡嚴禁匪類,康熙五十一年覆准:各直省地方官詳查匪類,如有賣解、躧索、卦子等類,俱各發回原籍,交與地方官安插,嚴禁匪類術藝。如地方官不行查究,事發者,照該管地方有奸民不能察緝之例,各降二級調用,兼轄官均照諱盗不報例,係同城各降一級調用,不同城各降一級留任,統轄官各降一級,照舊管事。卦子等類離籍聚衆,越府州縣行走,經過地方文武官員不行查拏,將經過地方官照盗賊經過伊汛不行窮追之例,各降一級,照舊管事,上司官員各罰俸一年。如經年累月潛住,而該地方官員不行查拏者,照專管文武官不能察緝奸民之例,各降二級調用。兼轄官亦照諱盗不報例,同城各降一級調用,不同城各降一級留任,統轄官各降一級,照舊管事。〇雍正元年覆准:嗣後如有不法之徒歃血結盟,或至蠭起爲盗,抄掠横行,將不行緝拏之地方官革職提問。如平時失察,一遇發覺,即能擒獲者,免議。

凡嚴禁小抄,康熙五十三年覆准:各省提塘,除傳遞公文及進呈御前本章,奉旨科抄事件外,一槩小抄,永行嚴禁,如有違禁者,應將提塘照刷造小説淫詞例革職,仍照軍民例杖一百、流三千里。

凡外城夜禁,舊例:外城設立柵欄,責成各該總甲看守、巡捕營兵丁番役,不時巡邏,起更後,如有違禁夜行者,即拏送督捕,責十板,罰銀一兩,給拏獲之人。除奉旨及部院差遣外,其有因喪事,或生産、請醫、嫁娶行走之人,該總甲等詳詢事務記明,不必拏解,次日呈報。

凡外城地方失火,康熙二十六年覆准:巡捕營官,專管緝盗救火等事。若地方失火,該管官不力行撲救,致延燒房屋甚多者,即將專汛守備革職,兼轄、參將、遊擊,各降三級調用。

凡武職捕蝗不力,康熙四十八年覆准:蝗蝻爲患,該地方武職官員不行公同撲捕,應將專汛官降三級留任,所委協捕各官,罰俸一年。

大清會典卷之一百四十一

兵部車駕清吏司

郎中、主事，分掌天下水陸驛遞夫馬、車船、驛站、錢糧及營伍馬匹等事。舊設員外郎一員，順治十一年裁。

〔驛傳一〕

直省水馬驛，視道里遠近，路途衝僻，酌中適宜，隨地設置。其由京師以適四方，及四方之至京師者，本司會同館掌之。凡官員及兵役持部發勘合火牌，直省照驗應付。需用馬驢車船人夫什物，各有等次；支給草豆銀米僱覔價值，各有定數，俱責成各該督撫驛道稽察整理。

〔會同館〕

凡監督本館馬匹，及大興縣遞運所馬匹，兵部遴委本部滿司官一員監督牧養，限六個月輪差。〇康熙三十四年題准：由本部堂官奏派，三年一次更换。

凡館大使，額設一員，專管夫役馬驢，并遞送公文等事。〇康熙三十八年題准，裁。

凡館夫，歷年裁設多寡不等，康熙二十四年題准：額設夫二百九名，每名月給米九斗、銀四錢五分，移咨户部，按季給發。〇雍正元年題准：裁夫十三名。

凡館馬，歷年增減不一，康熙二十四年題准：額設馬八百八十八匹，遇有倒斃，於口外種馬場撥補，每馬日支草二束、豆六升，移咨户部給發。〇三十一年覆准：肥馬減豆一升，瘦馬仍支豆六升。〇三十四年覆准：館所馬匹，停其支給本色豆草，照户部估定時價折給銀兩，月杪分晰肥瘦，按月移咨户部，支取銀兩，交與該監督散給頭役，加意餧養。此節省豆草之脚價捆垛等項銀兩,共五千五百餘兩,每月每馬以二錢五分合算,一年共需銀四千八百兩,隨馬按季支給。如有馬匹倒斃,動支,令監督買補。如有病馬,即令醫治,其館所監督,令禮部鑄給關防。如有馬匹缺額疲瘦,冒銷錢糧之處,將該監督指名題參,頭役提拏,俱交該部從重治罪,仍令賠補。○四十年題准:草豆照户部估定時價,草每束節省一釐,豆每石節省五分,預領一年折價。○六十一年題准:每馬減穀草一束,給羊草一束,每束領車脚苫蓋銀九釐三毫,令頭役往海子轉運。○雍正元年題准:裁馬五十五匹。○又題准:穀草每束節省時價銀一釐,豆每石節省時價銀三分。○三年題准:羊草脚價等銀,加三節省每束,實領銀六釐五毫一絲,仍令頭役往海子轉運。

凡館驢原額,會同館驢一百頭,供應雲貴川陝等省。初授文武各官騎乘,并遞送直隸公文及犯人等。○康熙十二年題准:裁驢五十頭。○二十四年題准:全裁。其雲貴川陝等省初授官員,令會同館應付馬匹;直屬公文,交原夫步送。一應犯人,僱驢騎乘,其僱覓價值,每月杪,赴户部支領。

〔水馬驛上〕

視道里遠近、衝僻,置驛有定,而官員夫馬,因時裁設不一。官員,驛丞專理驛務,歷年以來有歸併州縣管理者,有歸併衛所管理者,有衛所併入州縣者,有初爲州縣、衛所管理,後仍置驛丞者。夫馬,事煩,隨時題增;事少,隨時題撤,繁賾不能具載。今將直省水馬驛名開後。其驛丞已裁者,即以管驛之州縣衛所名爲名;其額設夫馬現撤者,驛名仍載,以備稽考。

順天府

良鄉縣	固節驛
通州	潞河驛
	和合驛
三河縣	三河驛
武清縣	河西水馬驛
	楊村水馬驛
昌平州	榆河驛
順義縣	順義驛
密雲縣	密雲驛
涿州	涿鹿驛

薊州	漁陽驛
遵化州	遵化驛
	石門驛
直隸	
永平府	
盧龍縣	灤河驛
遷安縣	灤陽驛
撫寧縣	蘆峰口驛
昌黎縣	遷安驛
玉田縣	陽樊驛
豐潤縣	義豐驛
灤州	七家嶺驛
樂亭縣	榆關驛
保定府	
清苑縣	金臺驛
滿城縣	陘陽驛
安肅縣	白溝驛
定興縣	宣化驛
新城縣	汾水驛
唐縣	軍城驛
慶都縣	翟城驛
雄縣	歸義驛
易州	清苑驛
	上陳驛
淶水縣	淶水驛
河間府	
河間縣	瀛海驛
獻縣	樂城驛
阜城縣	阜城驛
任邱縣	鄚城驛
交河縣	新橋驛
	富莊驛

天津州	
青縣	流河驛
	乾寧驛
静海縣	楊青驛
	奉新驛
景州	東光驛
吴橋縣	連窩驛
滄州	磚河驛
正定府	
正定縣	恒山驛
井陘縣	陘山驛
獲鹿縣	鎮寧驛
欒城縣	關城驛
晉州	
藁城縣	伏城驛
定州	永定驛
新樂縣	西樂驛
趙州	鄗城驛
栢鄉縣	槐水驛
順德府	
邢臺縣	龍岡驛
内邱縣	中邱驛
廣平府	
永年縣	臨洺驛
邯鄲縣	叢臺驛
磁州	滏陽驛
宣化府	
宣化縣	宣化驛
	雞鳴驛
	深井驛
延慶州	居庸驛
懷安縣	萬全驛

懷安驛
西寧縣 西城驛
東城驛
蔚縣 馬驛
龍門縣 長安驛
趙州驛
鵰鶚驛
龍門驛
懷來縣 榆林驛
土木驛
赤城縣 赤城驛
雲州驛

盛京

奉天將軍所轄

沙河站、東關站、寧遠站、高橋站、小凌河站、十三山站、廣寧驛、舊小黑山站、二道井站、白旗堡站、巨流河站、舊邊站、盛京驛、十里河站、東京驛、狼子山站、甜水站、連山關站、通遠堡站、雪裏站、鳳凰城、高麗堡、開原站、懿路站

寧古塔將軍所轄

葉赫站、黑爾蘇站、阿爾灘額墨爾站、一把單站、刷烟站、衣兒門站、搜登站、尼石哈站、額黑母站、額伊虎站、推屯站、鄂莫賀索落站、畢爾罕河站、沙蘭站、寧古塔站、雞林城站、景洲俄佛洛站、發忒哈邊界站、蒙古站、孫查包站、合子站、舍里站、白都訥站

黑龍江將軍所轄

莫痕站、枯魯站、他爾哈站、多尼站、温拖渾站、忒默得黑村、布克村、塔哈里站、寧年池、拉哈站、博勒多站、喀母泥喀站、衣喇喀站、莫勒跟站、活魯兒站、喀兒他里幾站、庫母里站、額育勒站、黑龍江站、黑龍江城

山西太原府

陽曲縣 臨汾驛
成晉驛
凌井驛
榆次縣 鳴謙驛

祁縣	賈令驛
	盤陀驛
徐溝縣	同戈驛
平定州	平潭驛
壽陽縣	太安驛
盂縣	芹泉驛
樂平縣	栢井驛
忻州	九原驛
静樂縣	康家會驛
代州	雁門驛
繁峙縣	沙澗驛
崞縣	原平驛
	閙泥驛
岢嵐州	永寧驛
軍站	平刑關
	廣武站
	樓子營
	水泉營
	三坌堡
	五寨城
	神池堡
	利民堡
平陽府	
臨汾縣	建雄驛
洪洞縣	普潤驛
曲沃縣	蒙城驛
	候馬驛
聞喜縣	涑川驛
靈石縣	瑞石驛
	仁義驛
霍州	霍山驛
蒲州	河東驛

臨晉縣	樊橋驛
解州	
安邑縣	泓芝驛
大同府	
大同縣	甕城驛
懷仁縣	西安驛
渾源州	上盤驛
應州	安銀子驛
山陰縣	山陰驛
蔚州	蔚州驛
廣靈縣	馬廠驛
廣昌縣	香山驛
	倒馬關驛
靈邱縣	太白驛
朔平府	
馬邑縣	廣武驛
潞安府	
長子縣	漳澤驛
屯留縣	余吾驛
襄垣縣	褫亭驛
汾州府	
汾陽縣	汾陽驛
平遥縣	洪善驛
介休縣	義棠驛
永寧州	玉亭驛
	吴城驛
	青龍驛
遼州	南關驛
沁州	沁陽驛
武鄉縣	權店驛
澤州	太行驛
	星軺驛

高平縣	長平驛
	喬村驛
陝西	
西安府	
長安咸寧二縣	
	京兆驛
咸陽縣	渭水驛
興平縣	白渠驛
	店張驛
臨潼縣	新豐驛
三原縣	建忠驛
渭南縣	豐原驛
華州	華山驛
華陰縣	潼津驛
潼關縣	潼關驛
耀州	順義驛
同官縣	漆水驛
乾州	威勝驛
武功縣	邰城驛
永壽縣	永安驛
邠州	新平驛
長武縣	宜禄驛
延安府	
膚施縣	金明驛
甘泉縣	撫安驛
保安縣	園林驛
延川縣	文安驛
延長縣	干谷驛
鄜州	鄜城驛
雒川縣	三川驛
中部縣	翟道驛
宜君縣	雲陽驛

綏德州	清陽驛
	義合驛
米脂縣	銀川驛
	魚河驛
	歸德驛
	榆林驛
清澗縣	奢延驛
	石嘴岔驛
葭州	
吴堡縣	河西驛
鳳翔府	
鳳翔縣	岐陽驛
岐山縣	岐周驛
寶雞縣	陳倉驛
	東河驛
扶風縣	鳳泉驛
隴州	長寧驛
漢中府	
南鄭縣	漢陽驛
褒城縣	開山驛
	馬道驛
	清橋驛
鳳縣	松林驛
	草凉驛
	三岔驛
	留壩驛
	武關驛
	梁山驛
寧羌州	柏林驛
	黄壩驛
沔縣	順政驛
	黄沙驛

	大安驛
平凉府	
平凉縣	高平驛
華亭縣	瓦亭驛
鎮原縣	白水驛
固原州	永寧驛
涇州	安定驛
	瓦雲驛
静寧州	涇陽驛
隆德縣	隆城驛
鞏昌府	
隴西縣	通遠驛
安定縣	延壽驛
	秤鈎灣驛
	西鞏驛
	通安驛
會寧縣	保寧驛
	青家驛
	乾溝驛
	郭城驛
漳縣	三岔驛
清水縣	長寧驛
階州	在城驛
	小川驛
	殺賊驛
文縣	在城驛
	臨江關驛
臨洮府	
狄道縣	洮陽驛
	沙泥驛
	窰店驛
渭源縣	慶平驛

蘭州	蘭泉驛
	蘆塘松山驛
	摩雲驛
金縣	清水驛
	定遠驛
河州	長寧驛
	鳳林驛
	定羌驛
	和政驛
慶陽府	
安化縣	弘化驛
合水縣	華池驛
寧州	彭源驛
	政平驛
寧夏府	
寧夏監收廳	在城驛
	王鉉大壩驛
寧夏西路廳	渠口驛
	寧安驛
	沙泉驛
寧夏中路廳	中衛驛
	勝金關驛
	長流水驛
	三塘水驛
	靈州驛
	同心城驛
	紅山驛
	清水驛
	興武驛
	安定驛
	花馬驛
	岷山驛

	酒店驛
	西津驛
甘州府	甘泉驛
	仁壽驛
	山丹驛
	新河驛
	硤口驛
	沙河驛
	東樂驛
	沙井驛
	撫彝驛
	高臺驛
	黑泉驛
涼州府	武威驛
	大河驛
	靖邊驛
	古浪驛
	黑松驛
	安遠驛
	懷安驛
	柔遠驛
	水泉驛
	永昌驛
	酒泉驛
	臨水驛
	雙井驛
	鹽池驛
	深溝驛
平番縣	在城驛
	鎮羌驛
	岔口驛
	武勝驛

	南大通驛
	紅城子驛
	苦水驛
	沙井驛
	西大通驛
	通遠驛
西寧府	在城驛
	平戎驛
	嘉順驛
	老鵶驛
	冰溝驛
	巴州驛
	古鄯驛
四川	
成都府	
成都縣	錦官驛
德陽縣	羅江驛
	德陽驛
新都縣	新都驛
綿州	綿州驛
	魏城驛
簡州	陽安驛
漢州	龍泉驛
保寧府	
閬中縣	隆山驛
南部縣	柳邊驛
	富村驛
梓潼縣	梓潼驛
廣元縣	神宣驛
	圓山驛
	問津驛
	施店驛

昭化縣	昭化驛
	虎跳驛
劍州	劍門驛
	武連驛
	劍州驛
順慶府	
南充縣	烈面鎮
敘州府	
宜賓縣	宣化驛
	月波驛
敘永廳	永寧驛
南溪縣	永安驛
	永寧驛
重慶府	
巴縣	朝天驛
	白市驛
	温湯驛
	白節驛
綦江縣	安穩驛
	東溪驛
永川縣	來鳳驛
榮昌縣	峯高驛
合州	劉家塲
夔州府	
巫山縣	小橋驛
潼川州	建寧驛
	秋林驛
中江縣	古店驛
遵義府	
遵義縣	湘川驛
	烏江驛
	松坎驛

	播州驛
	永定驛
真安州	永安驛
桐梓縣	桐梓驛
	夜郎驛
仁懷縣	儒溪驛
	永鎮驛
瀘州	
江安縣	大洲驛
	真溪驛
納溪縣	江門驛
雅州	沈村驛
	烹壩驛
	打箭爐驛
雲南	
雲南府	
昆明縣	滇陽驛
	板橋驛
嵩明州	楊林驛
曲靖府	
南寧縣	南寧驛
	三岔驛
	白水驛
霑益州	松林驛
	炎方驛
	霑益驛
	倘塘驛
馬龍州	馬龍驛
尋甸州	易隆驛
平彝縣	多羅驛
貴州	
貴陽府	

貴筑縣	皇華驛
貴定縣	新添驛
龍里縣	龍里驛
鎮遠府	
鎮遠縣	鎮遠驛
施秉縣	偏橋驛
安順府	
普定縣	安順驛
永寧州	永寧驛
	盤江坡驛
清鎮縣	威清驛
安平縣	平壩驛
鎮寧州	鎮寧驛
	關山嶺驛
都勻府	
清平縣	清平驛
	楊老坡驛
平越府	
平越縣	重安江驛
黄平州	黄絲坡驛
	興隆驛
	重安驛
思州府	
玉屏縣	平溪驛
青溪縣	清浪驛
南籠府	
普安州	普安驛
	軟橋驛
	亦資孔驛
安南縣	尾灑驛
	江西坡驛
普安縣	新興驛

廣西	
桂林府	
臨桂縣	東江驛
興安縣	白雲驛
靈川縣	大龍驛
陽朔縣	古祚驛
永福縣	三里驛
全州	城南驛
平樂府	
平樂縣	昭潭水馬驛
昭平縣	龍門水馬驛
梧州府	
蒼梧縣	府門水馬驛
藤縣	藤江驛
賓州	
上林縣	思龍驛
湖廣	
武昌府	
江夏縣	將臺驛
	金口驛
	東湖驛
	山坡驛
嘉魚縣	石頭口驛
	簰洲驛
	魚山驛
蒲圻縣	官塘驛
	鳳山驛
	港口驛
咸寧縣	咸寧驛
漢陽府	
漢陽縣	蔡店驛
漢川縣	劉家驛

安陸府	
鍾祥縣	石城驛
	豐樂水馬驛
	郢東驛
荆門州	荆山驛
	建陽驛
	麗陽驛
	石橋驛
襄陽府	
襄陽縣	漢江水馬驛
	吕堰驛
宜城縣	鄢城水馬驛
德安府	
孝感縣	孝感驛
	楊店驛
安陸縣	安陸驛
應山縣	應山驛
	恨這關驛
雲夢縣	雲夢驛
黄州府	
黄岡縣	齊安水馬驛
	李坪驛
	陽邏水馬驛
蘄水縣	浠川驛
	巴水驛
	蘭溪驛
麻城縣	太平驛
黄陂縣	黄陂驛
	楊店驛
蘄州	蘄陽驛
	西河驛
廣濟縣	雙城驛

	廣濟驛
黄梅縣	黄梅驛
	停前驛
	孔龍驛
荆州府	
江陵縣	荆南驛
公安縣	孱陵水馬驛
	孫黄驛
松滋縣	涴市驛
彝陵州	白沙驛
歸州	建平驛
巴東縣	巴山驛
長沙府	
長沙縣	臨湘驛
湘潭縣	南岸驛
	黄茅驛
湘陰縣	湘陰驛
	歸義驛
岳州府	
巴陵縣	岳陽驛
	青岡驛
臨湘縣	長安驛
	雲溪驛
平江縣	大荆驛
澧州	蘭江水馬驛
	清化驛
	順林驛
衡州府	
衡陽縣	衡陽驛
衡山縣	黄堡驛
常德府	
武陵縣	大龍驛

	府河驛
桃源縣	桃源驛
	新店驛
	鄭家驛
龍陽縣	河池驛
辰州府	
沅陵縣	界亭驛
	辰陽驛
	馬底驛
瀘溪縣	船溪驛
辰谿縣	山塘驛
沅州	懷化驛
	羅舊驛
	沅水驛
	便水驛
	晃州驛
永州府	
祁陽縣	祁陽驛
	排山驛
零陵縣	零陵驛
廣東	
廣州府	
番禺縣	五羊驛
東莞縣	鐵岡驛
三水縣	西南驛
清遠縣	安遠驛
韶州府	
曲江縣	芙蓉驛
英德縣	湞陽驛
南雄府	
保昌縣	凌江水馬驛
惠州府	

歸善縣	水東驛
	欣樂水馬驛
	平山驛
	平政驛
博羅縣	莫村驛
	蘇州驛
海豐縣	南豐驛
	東海窖驛
	平安驛
龍川縣	雷鄉驛
河源縣	義合驛
	寶江驛
潮州府	
海陽縣	鳳城水馬驛
	産溪驛
程鄉縣	程江驛
	武寧驛
惠來縣	北山驛
	大陂驛
肇慶府	
高要縣	崧臺水馬驛
陽春縣	樂安驛
陽江縣	太平驛
封川縣	麟山驛
德慶州	壽康驛
高州府	
茂名縣	大陵驛
石城縣	息安驛
廉州府	
合浦縣	白石驛
江南	
江寧府	

上元縣	金陵驛
	江東驛
	龍江水馬驛
江寧縣	江寧驛
	大勝驛
句容縣	雲亭驛
	龍潭水馬驛
江浦縣	江淮驛
	東葛驛
六合縣	棠邑驛
蘇州府	
吴縣	姑蘇驛
吴江縣	平望驛
常州府	
武進縣	毗陵驛
無錫縣	錫山驛
鎮江府	
丹徒縣	炭渚驛
	京口驛
丹陽縣	雲陽驛
淮安府	
山陽縣	淮陰驛
清河縣	清口驛
桃源縣	桃源驛
邳州	下邳驛
	趙村驛
宿遷縣	鍾吾驛
揚州府	
江都縣	廣陵驛
	邵伯驛
儀徵縣	儀徵驛
高郵州	盂城驛

	界首驛
寶應縣	安平驛
徐州	彭城驛
	房村驛
	東岸驛
	利國監驛
	石山驛
	桃山驛
沛縣	泗亭驛
安慶府	
懷寧縣	練潭驛
	同安驛
桐城縣	陶冲驛
	吕亭驛
潛山縣	青口驛
太湖縣	小池驛
宿松縣	楓香驛
望江縣	雷港驛
池州府	
貴池縣	池口驛
銅陵縣	大通驛
東流縣	東流驛
太平府	
當塗縣	采石驛
繁昌縣	荻港驛
蕪湖縣	櫓港驛
廬州府	
合肥縣	金斗驛
	派河驛
	護城驛
	店埠驛
舒城縣	三溝驛

	梅心驛
巢縣	鎮巢驛
	高井驛
鳳陽府	
鳳陽縣	濠梁水馬驛
	王莊驛
臨淮縣	紅心驛
定遠縣	定遠驛
	池河驛
	張橋驛
宿州	睢陽驛
	大店驛
	百善驛
	夾溝驛
靈璧縣	固鎮驛
滁州	滁陽驛
	大柳驛
浙江	
杭州府	
錢塘縣	武林驛
	吴山驛
	浙江驛
富陽縣	會江驛
嘉興府	
嘉興縣	西水驛
石門縣	皂林驛
湖州府	
烏程縣	苕溪驛
寧波府	
鄞縣	四明驛
	車廐驛
奉化縣	連山驛

紹興府	
山陰縣	蓬萊驛
會稽縣	東關驛
蕭山縣	西興驛
餘姚縣	姚江驛
上虞縣	曹娥驛
台州府	
臨海縣	赤城驛
黄巖縣	丹崖驛
天台縣	桑州驛
寧海縣	白嶠驛
	朱家嶴驛
金華府	
金華縣	雙溪水馬驛
蘭溪縣	瀔水驛
永康縣	華溪驛
衢州府	
西安縣	上杭埠頭水馬驛
龍游縣	亭步水馬驛
江山縣	廣濟渡水馬驛
嚴州府	
建德縣	富春驛
桐廬縣	桐江驛
温州府	
永嘉縣	象浦驛
樂清縣	窑嶴驛
	嶺店驛
	館頭驛
	西皐水馬驛
處州府	
麗水縣	括蒼驛
青田縣	芝田驛

縉雲縣	丹峰驛
江西	
南昌府	
南昌縣	南浦驛
	市汊驛
	武陽驛
新建縣	吴城驛
	樵舍驛
豐城縣	劍江驛
進賢縣	鄔子驛
奉新縣	奉新驛
饒州府	
鄱陽縣	芝山驛
餘干縣	龍津驛
安仁縣	紫雲驛
廣信府	
上饒縣	葛陽驛
玉山縣	懷玉水馬驛
弋陽縣	葛溪驛
貴谿縣	薌溪驛
鉛山縣	鵞湖驛
	車盤驛
南康府	
星子縣	匡廬驛
都昌縣	團山驛
建昌縣	新興驛
安義縣	安義驛
九江府	
德化縣	通遠驛
	潯陽驛
湖口縣	彭蠡驛
彭澤縣	龍城驛

德安縣	德安驛
建昌府	
南城縣	盱江驛
撫州府	
臨川縣	孔家渡驛
臨江府	
清江縣	蕭灘驛
新淦縣	金川驛
峽江縣	玉峽驛
新喻縣	羅溪驛
吉安府	
廬陵縣	螺川驛
泰和縣	浩溪驛
吉水縣	白沙驛
萬安縣	五雲驛
袁州府	
宜春縣	秀江驛
瑞州府	
高安縣	高安驛
贛州府	
贛縣	水西驛
	攸鎮驛
	烏兜驛
南安府	
大庾縣	小溪水馬驛
	横浦水馬驛
南康縣	南埜水馬驛
	九牛驛
福建	
福州府	
閩縣	三山驛
	大田驛

侯官縣	芋遠驛
	白沙驛
古田縣	水口驛
	黄田驛
福清縣	弘路驛
	蒜嶺驛
泉州府	
晉江縣	晉安驛
南安縣	康店驛
惠安縣	錦田驛
同安縣	深青驛
	大輪驛
建寧府	
建安縣	太平驛
甌寧縣	城西驛
	葉坊驛
	營頭司
建陽縣	建溪驛
崇安縣	長平驛
	太安驛
	興田驛
	裴村公館
浦城縣	小關驛
	柘浦驛
	人和公館
延平府	
南平縣	劍浦驛
	大横驛
	茶洋驛
	王臺驛
將樂縣	白蓮驛
	三華驛

順昌縣	雙峰驛
	富屯驛
汀州府	
長汀縣	臨汀驛
	館前驛
	三洲驛
寧化縣	石牛驛
上杭縣	平西驛
清流縣	九龍驛
	玉華驛
歸化縣	明溪驛
興化府	
莆田縣	莆陽驛
仙遊縣	楓亭驛
邵武府	
邵武縣	拿口驛
	樵川驛
光澤縣	杭川驛
	杉關驛
漳州府	
龍谿縣	丹霞驛
	甘棠驛
漳浦縣	雲霄驛
龍巖縣	適中驛
南靖縣	平南驛
長泰縣	江東驛
詔安縣	南詔驛
海澄縣	臨漳驛

大清會典卷之一百四十二

兵部車駕司

〔驛傳二〕

〔水馬驛下〕

山東

濟南府

歷城縣	譚城驛
	龍山鎮驛
齊河縣	晏城驛
禹城縣	劉普驛
德州	安德馬驛
	安德水驛
	良店驛
	梁家莊驛
平原縣	桃園驛
泰安州	泰安驛
長清縣	崮山驛
	長城驛
新泰縣	新泰驛
	羊流店驛

兖州府

滋陽縣	新嘉驛
	昌平驛

鄒縣	邾界貳驛
滕縣	滕陽驛
	臨城驛
嶧縣	萬家驛
魚臺縣	河橋驛
東平州	東原驛
	安山驛
汶上縣	新橋驛
	開河驛
東阿縣	銅舊貳驛
陽穀縣	荆門驛
濟寧州	南城驛
沂州	沂州驛
	徐公店驛
	李家莊驛
郯城縣	郯城驛
	紅花舖驛
東昌府	
聊城縣	崇武驛
茌平縣	茌山驛
清平縣	清陽驛
臨清州	清源驛
	渡口驛
高唐州	魚邱驛
恩縣	太平驛
武城縣	甲馬營驛
青州府	
益都縣	青社驛
	金嶺鎮驛
沂水縣	垛莊驛
蒙陰縣	蒙陰驛
登州府	

黄縣	黄山館驛
萊州府	
平度州	灰埠驛
河南	
開封府	
祥符縣	大梁驛
杞縣	雍邱驛
中牟縣	圃田驛
新鄭縣	永新驛
	郭店驛
襄城縣	新城驛
禹州	清潁驛
鄭州	管城驛
滎陽縣	索亭驛
滎澤縣	廣武驛
許州	許州驛
臨潁縣	臨潁驛
郾城縣	郾城驛
歸德府	
商邱縣	商邱驛
寧陵縣	寧城驛
夏邑縣	會亭驛
永城縣	太邱驛
虞城縣	石榴固驛
睢州	葵邱驛
彰德府	
安陽縣	鄴城驛
湯陰縣	宜溝驛
衛輝府	
汲縣	衛源驛
新鄉縣	新中驛
獲嘉縣	崇寧驛

	亢村驛
淇縣	淇門驛
延津縣	廩延驛
懷慶府	
河内縣	覃懷驛
修武縣	武安驛
武涉縣	寧郭驛
孟縣	河陽驛
河南府	
洛陽縣	周南驛
偃師縣	首陽驛
鞏縣	雒口驛
新安縣	函關驛
澠池縣	蠡城驛
	義昌驛
陝州	甘棠驛
	硤石驛
靈寶縣	桃林驛
閿鄉縣	鼎湖驛
南陽府	
南陽縣	宛城驛
	博望驛
	林水驛
新野縣	湍陽驛
裕州	赭陽驛
葉縣	滍水驛
	保安驛
汝寧府	
遂平縣	遂平驛
確山縣	確山驛
西平縣	西平驛
信陽州	信陽驛

明港驛

光州

光山縣　　長潭驛

自京師達於四方,凡四路,一曰東北路,之盛京;一曰東路,之山東;一曰中路,之河南;一曰西路,之山西。盛京,則達於諸藩,餘省則皆由是三省以達。由山東者,凡二路,一,之江寧,之安徽,之江西,之廣東;一,之蘇州,之浙江,之福建。由河南者,凡二路,一,之湖北,之湖南,之廣西;一,之貴州,之雲南。由京師至山西有二路,一由關内行,一由關外行。由山西而之焉,則之陜西,之甘肅,之四川。今將設立督撫衙門驛路,開載於後,餘不具載。

自京師至盛京四十里,至通州潞河驛;七十里,至三河縣三河驛;七十里,至薊州漁陽驛;八十里,至玉田縣陽樊驛;八十里,至豐潤縣義豐驛;一百里,至灤州七家嶺驛;六十里,至盧龍縣灤河驛;七十里,至撫寧縣蘆峰口驛;四十里,至樂亭縣榆關驛;六十里,至昌黎縣遷安驛出山海關;九十七里,至沙河站;三十八里,至東關站;六十四里,至寧遠站;六十里,至高橋站;五十五里,至小凌河站;六十六里,至十三山站;七十五里,至廣寧驛;六十七里,至小黑山站;五十里,至二道井站;五十五里,至白旗堡站;八十里,至巨流河站;四十里,至舊邊站;六十里,至盛京兵部衙門盛京驛。

自京師至直隸巡撫駐劄所;七十里,至良鄉縣固節驛;七十里,至涿州涿鹿驛;七十里,至定興縣宣化驛;七十里,至安肅縣白溝驛;五十里,至保定府清苑縣金臺驛巡撫駐劄所。

自京師至山東省城,一百四十里,至涿州涿鹿驛;由涿鹿驛六十里,至新城縣汾水驛;七十里,至雄縣歸義驛;七十里,至任邱縣鄭城驛;七十里,至河間縣瀛海驛;六十里,至獻縣樂城驛;四十里,至交河縣富莊驛;四十里,至阜城縣阜城驛;五十里,至景州東光驛入山東界;六十里,至德州安德驛;八十里,至平原縣桃園驛;七十里,至禹城縣劉普驛;六十九里,至齊河縣晏城驛;四十里,至省城濟南府歷城縣譚城驛。

自京師至河南省城,三百三十里,至清苑縣金臺驛,與前之直隸巡撫駐劄所同;四十里,至滿城縣陘陽驛;四十五里,至慶都縣翟城驛;六十里,至定州永定驛;五十里,至新樂縣西樂驛;九十里,至藁城縣伏城驛;五十里,至正定縣恒山驛;六十里,至欒城縣關城驛;四十里,至趙州鄗城驛;六十里,至栢鄉縣槐水驛;六十里,至内邱縣中邱驛;六十里,至邢臺縣龍岡驛；七十里，至永年縣臨洺驛；四十五里，至邯鄲縣叢臺驛；七十里，至磁州滏陽驛入河南界；七十里，至安陽縣鄴城驛；七十里，至湯陰縣宜溝驛；六十里，至淇縣淇門驛；五十里，至汲縣衛源驛；七十里，至延津縣廩延驛；九十里，至省城開封府祥符縣大梁驛。

自京師至山西省城，六百六十五里，至正定府正定縣恒山驛；六十里，至獲鹿縣鎮寧驛；九十里，至井陘縣陘山驛入山西界；八十里，至樂平縣柏井驛；五十里，至平定州平潭驛；八十里，至盂縣芹泉驛；七十里，至壽陽縣太安驛；七十里，至榆次縣鳴謙驛；五十里，至太原府陽曲縣臨汾驛。

自京師至山西省城，由關外行，一百四十里，至涿州涿鹿驛，由涿鹿驛九十里，至淶水縣淶水驛；四十里，至易州清苑驛；九十里，至上陳驛入山西界；一百二十里，至廣昌縣香山驛；九十里，至靈邱縣太白驛；六十里，至平刑關平刑站；七十里，至繁峙縣沙澗驛；一百二十里，至代州鴈門驛；一百里，至崞縣原平驛；七十里，至省城太原府陽曲縣成晉驛；七十里，至臨汾驛。

自京師至江南江寧府總督駐劄所，六百里，至景州東光驛入山東界；六十里，至德州安德驛，由安德驛六十里，至恩縣太平驛；七十五里，至高唐州魚邱驛；六十里，至茌平縣茌山驛；五十八里，至東阿縣銅舊貳驛；初爲銅城驛、舊縣驛，後併爲銅舊二驛。一百五里，至東平州東原驛；七十里，至汶上縣新橋驛；四十五里，至滋陽縣新嘉驛；四十里，至昌平驛；七十里，至鄒縣邾界貳驛；初爲鄒縣邾城驛，界河驛，後併爲邾界貳驛。四十里，至滕縣滕陽驛；六十六里，至臨城驛入江南界；六十八里，至徐州利國驛；九十里，至東岸驛；五十里，至桃山驛；四十里，至宿州夾溝驛；六十里，至睢陽驛；五十里，至大店驛；七十里，至靈璧縣固鎮驛；六十里，至鳳陽縣王莊驛；六十里，至濠梁驛；六十里，至臨淮縣紅心驛；四十五里，至定遠縣池河驛；三十五里，至滁州大柳驛；六十里，至滁陽驛；六十里，至江浦縣東葛驛；三十里，至江淮驛；四十里，至江寧府上元縣金陵驛，總督駐劄所。

自京師至江南安徽巡撫駐劄所，六百里，至景州東光驛入山東界；六百四十九里，由德州至恩縣；達於滕縣臨城驛入江南界；七百八里，自徐州利國驛達於臨淮縣紅心驛，俱與前之江寧府總督駐劄所同。自紅心驛，四十五里，至定遠縣定遠驛；四十五里，至張橋驛；六十里，至合肥縣護城驛；四十里，至店埠驛；四十里，至廬州府金斗驛；四十里，至合肥縣派河驛；六十里，至舒城縣三溝驛；五十里，至梅心驛；六十里，至桐城縣吕亭驛；八十里，至懷寧縣練潭驛；六十里，至安慶府懷寧縣同安驛，巡撫駐劄所。

自京師至江南江蘇巡撫駐劄所，六百里，至景州東光驛入山東界；六十里，至德州安德驛。由安德驛，八十里，至平原縣桃園驛；七十里，至禹城縣劉普驛；六十九里，至齊河縣晏城驛；五十里，至長清縣崮山驛；五十里，至長城驛；五十四里，至泰安州泰安驛；八十七里，至新泰縣羊流店驛；五十二里，至新泰縣新泰驛；六十里，至蒙陰縣蒙陰驛；六十里，至沂水縣垛莊驛；六十五里，至沂州徐公店驛；七十里，至沂州沂州驛；三十八里，至李家莊驛；六十五里，至郯城縣郯城驛；四十一里，至紅花舖驛入江南界；六十里，至宿遷縣峒峿站；六十里，至鍾吾驛；六十里，至桃源縣古城站；六十里，至桃源驛；六十里，至清河縣清口驛；六十里，至山陽縣淮陰驛；八十里，至寶應縣安平驛；六十里，至高郵州界首驛；六十里，至盂城驛；六十里，至江都縣邵伯驛；五十四里，至廣陵驛；六十里，至丹徒縣京口驛；七十里，至丹陽縣雲陽驛；九十里，至武進縣毗陵驛；九十里，至無錫縣錫山驛；一百里，至蘇州府姑蘇驛，巡撫駐劄所。

自京師至浙江省城，六百里，至景州東光驛入山東界；九百七十一里，由德州至平原縣，達於郯城縣紅花舖驛入江南界；一千八十四里，自宿遷縣峒峿站達於蘇州府姑蘇驛，俱與前之江蘇巡撫駐劄所同。由姑蘇驛四十五里，至吴江縣平望驛入浙江界；一百二十里，至嘉興縣西水驛；九十里，至石門縣皂林驛；一百二十里，至省城杭州府錢塘縣吴山驛。

自京師至福建省城，六百里，至景州東光驛入山東界；九百七十一里，由德州至平原縣，達於郯城縣紅花舖驛入江南界；一千一百二十九里，自宿遷縣峒峿站達於吴江縣平望驛入浙江界；三百三十里，自嘉興縣西水驛達於浙江省城杭州府錢塘縣吴山驛，俱與前之浙江省城同。自吴山驛三十里，至錢塘縣浙江驛；九十里，至富陽縣會江驛；一百里，至桐廬縣桐江驛；九十五里，至建德縣富春驛；一百里，至蘭谿縣瀔水驛；八十里，至龍游縣亭步驛；一百里，至西安縣上杭埠驛；八十里，至江山縣廣濟渡驛入福建界；一百里，至浦城縣小關驛；一百二十里，至柘浦驛；七十里，至人和館驛；七十里，至甌寧縣營頭司；七十里，至建陽縣建溪驛；七十里，至甌寧縣葉坊驛；六十里，至城西驛；四十里，至建安縣太平驛；四十里，至南平縣大横驛；四十里，至劍浦驛；七十里，至茶洋驛；四十里，至嵢峡司；四十里，至古田縣黄田驛；五十里，至水口驛；一百二十里，至侯官縣白沙驛；六十里，至芋遠驛；二十里，至省城福州府閩縣三山驛。

自京師至江西省城，六百里，至景州東光驛入山東界；六百四十九里，由德州至恩縣，達於滕縣臨城驛入江南界；一千一百四十八里，自徐州利國驛達於桐城縣吕亭驛，俱與前之安徽巡撫駐劄所同。自吕亭驛，六十里，至陶冲驛；六十里，至潛山縣青口驛；六十里，至太湖縣小池驛；六十里，至宿松縣楓香驛入湖廣界；六十里，至黄梅縣停前驛；四十里，至黄梅縣黄梅驛；五十里，至孔壠驛入江西界；四十里，至德化縣潯陽驛；六十里，至通遠驛；六十里，至德安縣德安驛；六十二里，至建昌縣新興驛；一百二十里，至省城南昌府南昌縣南浦驛。

自京師至廣東省城，六百里，至景州東光驛入山東界；六百四十九里由，德州至恩縣，達於滕縣臨城驛入江南界；一千三百八十八里，自徐州利國驛達於宿松縣楓香驛入湖廣界；一百五十里，由黄梅縣停前驛，達於孔壠驛入江西界；二百二十二里，自德化縣潯陽驛，達於建昌縣新興驛，俱與前之江西省城同。自建昌縣，八十里，至安義縣安義驛；七十里，至奉新縣奉新驛；六十五里，至高安縣高安驛；八十里，至清江縣蕭灘驛；六十五里，至新淦縣金川驛；七十里，至峽江縣玉峽驛；一百六十里，至吉水縣白沙驛；六十里，至廬陵縣螺川驛；一百七十里，至泰和縣浩溪驛；一百二十里，至萬安縣五雲驛；一百十里，至贛縣攸鎮驛；一百二十里，至烏兜驛；八十里，至南康縣南埜驛；六十里，至大庾縣小溪驛；六十里，至横浦驛入廣東界；一百十五里，至南雄府凌江驛；三百里，至韶州府曲江縣芙蓉驛；三百里，至英德縣湞陽驛；二百十里，至清遠縣安遠驛；二百里，至三水縣西南驛；一百七十里，至省城廣州府番禺縣五羊驛。

自京師至湖廣湖北巡撫駐劄所，一千一百三十里，至磁州滏陽驛入河南界；二百五十里，至汲縣衛源驛；由衛源驛，五十里，至新鄉縣新中驛；六十里，至獲嘉縣亢村驛；五十里，至滎澤縣廣武驛；四十里，至鄭州管城驛；五十里，至新鄭縣郭店驛；四十里，至永新驛；九十里，至許州許州驛；六十里，至臨穎縣臨穎驛；五十五里，至郾城縣郾城驛；六十里，至西平縣西平驛；六十里，至遂平縣遂平驛；九十里，至確山縣確山驛；九十里，至信陽州明港驛；九十里，至信陽州信陽驛入湖廣界；八十里，至應山縣恨這關驛；七十里，至應山縣應山驛；九十里，至安陸縣安陸驛；六十里，至雲夢縣雲夢驛；四十里，至孝感縣孝感驛；五十里，至孝感黄陂二縣適中楊店驛；七十里，至黄陂縣黄陂驛；九十里，至漢陽縣蔡店驛；七十里，至武昌府江夏縣將臺驛，巡撫駐劄所。

自京師至湖廣湖南巡撫駐劄所，二千八百八十五里，至湖廣江夏縣將臺驛湖北巡撫駐劄所；六十里，至江夏縣東湖驛；七十里，至山坡驛；六十里，至咸寧縣咸寧驛；六十里，至蒲圻縣官塘驛；六十里，至鳳山驛；六十里，至港口驛入湖南界；六十里，至臨湘縣長安驛；六十里，至雲溪驛；六十里，至巴陵縣岳陽驛；六十里，至青岡驛；六十里，至平江縣大荆驛；六十里，至湘陰縣歸義驛；六十里，至湘陰縣湘陰驛；一百二十里，至長沙府長沙縣臨湘驛，巡撫駐劄所。

自京師至廣西省城，三千七百九十五里，至湖廣長沙府巡撫駐劄所；由長沙縣臨湘驛，九十里，至湘潭縣南岸驛；九十里，至黄茅驛；九十里，至衡山縣黄堡驛；一百里，至衡陽縣衡陽驛；九十里，至祁陽縣排山驛；一百里，至祁陽縣祁陽驛；一百里，至零陵縣零陵驛入廣西界；一百四十里，至全州城南驛；一百十里，至興安縣白雲驛；七十里，至雲川縣大龍驛；五十里，至省城桂林府臨桂縣東江驛。

自京師至貴州省城，一千一百三十里，至磁州滏陽驛入河南界；五百四十里，由鄭城達於新鄭縣永新驛；九十里，至禹州清潁驛；九十里，至襄城縣新城驛；六十里，至葉縣滍水驛；六十里，至保安驛；六十里，至裕州赭陽驛；六十里，至南陽縣博望驛；六十里，至宛城驛；六十里，至林水驛；六十里，至新野縣湍陽驛入湖廣界；七十里，至襄陽縣吕堰驛；六十里，至漢江驛；七十里，至宜城縣鄢城驛；九十里，至荆門州麗陽驛；六十里，至石橋驛；七十里，至荆山驛；一百里，至建陽驛；一百里，至江陵縣荆南驛；六十里，至公安縣孱陵驛；六十里，至孫黄驛入湖南界；八十里，至澧州順林驛；六十里，至蘭江驛；七十里，至清化驛；八十里，至武陵縣大龍驛；六十里，至府河驛；八十里，至桃源縣桃源驛；六十里，至鄭家驛；六十里，至新店驛；六十里，至沅陵縣界亭驛；六十里，至馬底驛；六十里，至辰陽驛；六十里，至瀘溪縣船溪驛；七十里，至辰溪縣山塘驛；七十里，至沅州懷化驛；六十里，至羅舊貳驛；六十里，至沅水驛；七十里，至便水驛；六十里，至晃州驛入貴州界；八十里，至玉屏縣平溪驛；六十里，至清溪縣清浪驛；一百里，至鎮遠縣鎮遠驛；六十里，至施秉縣偏橋驛；六十里，至黄平州興隆驛；三十二里，至平越縣重安江驛；三十里，至清平縣清平驛；三十五里，至陽老驛；三十里，至平越縣平越驛；三十里，至黄絲驛；五十里，至貴定縣新添驛；六十五里，至龍里縣龍里驛；六十里，至貴陽府貴筑縣皇華驛，巡撫駐劄所。

自京師至雲南省城，四千八百八十二里，至貴州省城貴陽府貴筑縣巡撫駐劄所；五十里，至清鎮縣威清驛；五十里，至安平縣平壩驛；六十五里，至普定縣普利驛；四十五里，至鎮寧州安莊驛；五十里，至關山嶺驛；四十里，至永寧州查城驛；三十里，至盤江驛；四十里，至安南縣尾灑驛；二十五里，至江西坡驛；三十里，至普安縣新興驛；三十里，至軟橋哨驛；二十五里，至普安州普安驛；五十七里，至亦資孔驛入雲南界；六十里，至平彝縣多羅驛；六十里，至南寧縣白水驛；五十里，至霑益州霑益驛；三十五里，至南寧縣三岔驛；三十五里，至馬龍州馬龍驛；四十里，至尋甸州古城驛；四十里，至易隆驛；七十里，至嵩明州楊林驛；六十里，至昆明縣板橋驛；三十里，至省城雲南府滇陽驛，巡撫駐劄所。

自京師至陝西巡撫駐劄所，九百一十五里，至井陘縣陘山驛入山西界；三百五十里，由樂平縣栢井驛，達於榆次縣鳴謙驛；七十里，至徐溝縣同戈驛；六十里，至祁縣賈令驛；五十里，至平遥縣洪善驛；八十里，至介休縣義棠驛；八十里，至靈石縣瑞石驛；四十里，至仁義驛；六十里，至霍州霍山驛；八十里，至洪洞縣普潤驛；六十里，至臨汾縣建雄驛；八十里，至曲沃縣蒙城驛；五十里，至候馬驛；八十里，至聞喜縣涑川驛；九十里，至安邑縣泓芝驛；七十里，至臨晉縣樊橋驛；七十里，至蒲州河東驛入陝西界；七十里，至潼關縣潼關驛；四十里，至華陰縣潼津驛；七十里，至華州華山驛；五十里，至渭南縣豐原驛；八十里，至臨潼縣新豐驛；五十里，至西安府咸寧縣京兆驛，巡撫駐劄所。

自京師至甘肅巡撫駐劄所，二千五百九十五里，至陝西咸陽縣渭水驛；由渭水驛，四十里，至興平縣店張驛；七十里，至乾州威勝驛；九十里，至永壽縣永安驛；七十里，至邠州新平驛；八十里，至長武縣宜禄驛入甘肅界；四十里，至涇州瓦雲驛；六十里，至安定驛；八十里，至鎮原縣白水驛；七十里，至平凉縣高平驛；九十里，至華亭縣瓦亭驛；五十里，至隆德縣隆城驛；九十里，至静寧州涇陽驛；九十里，至會寧縣青家驛；九十里，至保寧驛；六十里，至安定縣西鞏驛；五十里，至延壽驛；五十里，至秤鉤驛；六十里，至金縣清水驛；六十里，至定遠驛；五十里，至蘭州蘭泉驛，巡撫駐劄所。

自京師至四川省城，二千五百四十五里，至陝西西安府咸寧縣巡撫駐劄所；由京兆驛；五十里，至咸陽縣渭水驛；五十里，至興平縣白渠驛；九十里，至武功縣郃城驛；六十里，至扶風縣鳳泉驛；六十里，至岐山縣岐周驛；

五十里,至鳳翔縣岐陽驛;九十里,至寶雞縣陳倉驛;七十里,至東河驛;七十里,至鳳縣草凉驛;七十里,至梁山驛;七十里,至三岔驛;六十里,至松林驛;五十里,至留壩驛;五十里,至武關驛;六十里,至褒城縣馬道驛;四十里,至清橋驛;五十里,至開山驛;五十里,至沔縣黄沙驛;四十里,至順政驛;九十里,至大安驛;九十里,至寧羌州栢林驛;五十里,至黄壩驛入四川界;六十里,至廣元縣神宣驛;四十五里,至望雲舖;四十五里,至問津驛;四十里,至昭化縣昭化驛;四十里,至大木樹;四十里,至劍州劍門驛;六十里,至劍州本州驛;四十里,至柳池溝;四十里,至武連驛;八十里,至梓潼縣梓潼驛;六十里,至綿州魏城驛;六十里,至綿州綿州驛;六十里,至德陽縣羅江驛;六十里,至德陽驛;九十里,至新都縣新都驛;五十里,至省城成都府成都縣錦官驛。

〔遞運所〕

內外各遞運所,歷年裁設不一,今以現存者開具於後。

順天府

大興縣　　遞運所

凡設官,舊額,大使一員,專管夫馬車輛,支應近京差遣。康熙三十八年題准:裁去遞運所大使一員,凡所送直隸各府州縣公文,俱交與提塘遞送。

凡所夫,歷年裁設,多寡不等。康熙二十四年題准:額設夫頭五名,夫役一百七十八名支給工食與會同館同。○雍正元年題准:裁夫十二名。

凡所馬,歷年增減不一。康熙二十四年題准:額設馬七百一十二匹。○四十二年題准:添馬一百匹。○雍正元年題准:裁馬九十五匹。○三年題准:裁馬一百匹支給草料與會同館同。

凡車輛,順治初,工部備辦。十五年題准:各衙門需用大小車輛,兵部備辦,將各省應解會同館并遞運所夫馬錢糧扣留,動用置買車輛鞍屉繩索等物,交所大使給發。每年春秋二季造册報部,如有損壞,給價修補,其不堪用者,變價以備修補之資,仍於年底彙册奏銷。○康熙九年題准:置買車輛等項錢糧,俱於户部支用。○十二年題准:永交遞運所車一百輛,應付近京差遣。○十三年題准:添給五十輛,其預備隨獵車輛,另行購買。○三十三年題准:添車五十輛、夫一百名。○四十二年題准:添車一百輛、夫二百名。○雍正元年題准:裁車五十輛、夫五十名。○三年題准:裁車一百輛、夫一百名支給工食與會同館同。若額車用完不敷,僱覔應付,移咨户部,按日支領脚價。

凡奏銷車價,歷年酌量時值開銷,未有定價。康熙二十四年題准:每買車一輛,額價銀一兩四錢,於户部支領。

江南	
江寧府	
龍江遞運所	
湖廣	
襄陽府	
襄陽遞運所	
山西	
太原府	
陽曲縣	臨汾遞運所
祁縣	盤陀遞運所
徐溝縣	同戈遞運所
忻州	九原遞運所
代州	鴈門遞運所
邊站	
老營遞運所	
偏頭遞運所	
寧武遞運所	
八角遞運所	
寧化遞運所	
平陽府	
臨汾縣	建雄遞運所
曲沃縣	候馬遞運所
靈石縣	瑞石遞運所
蒲州	河東遞運所
安邑縣	泓芝遞運所
霍州	霍山遞運所
潞安府	
長子縣	漳澤遞運所
屯留縣	余吾遞運所

襄垣縣	虒亭遞運所
汾州府	
平遥縣	洪善遞運所
沁州	
武鄉縣	權店遞運所
澤州	
太行遞運所	
星軺遞運所	
高平縣	長平遞運所
陝西	
西安府	
長安咸寧二縣	
	灞橋遞運所
	西關遞運所
咸陽縣	渭水遞運所
興平縣	店張遞運所
臨潼縣	新豐遞運所
渭南縣	遞運所
華州	遞運所
華陰縣	潼津遞運所
	潼關遞運所
乾州	遞運所
永壽縣	蒿店遞運所
	底窖遞運所
邠州	遞運所
長武縣	宜禄遞運所
	停口遞運所
平凉府	
平凉縣	平凉遞運所
	安國遞運所
	上鄜現遞運所
	花家莊遞運所

華亭縣	瓦亭遞運所
固原州	固原遞運所
涇州	涇州遞運所
	高家凹遞運所
静寧州	静寧遞運所
	高家堡遞運所
隆德縣	隆德遞運所
	神林堡遞運所
鞏昌府	
隴西縣	北關遞運所
	錦布遞運所
	甸子川遞運所
安定縣	秤鈎遞運所
	安定遞運所
	西鞏遞運所
	好地掌遞運所
漳縣	三岔遞運所
會寧縣	會寧遞運所
	青家遞運所
	乾溝遞運所
	郭城遞運所
	翟家遞運所
臨洮府	
狄道縣	柳林遞運所
	沙泥遞運所
	窑店遞運所
渭原縣	石井遞運所
蘭州	蘭泉遞運所
金縣	清水遞運所
	定遠遞運所
河州	鳳林遞運所
	和政遞運所

	定羌遞運所
岷州衛	梅川遞運所
	酒店遞運所

大清會典卷之一百四十三

兵部車駕司

〔驛傳三〕

〔驛遞事例〕

郵傳之設,所以達軺車而通往來也,故水馬驛遞,隸在兵部。其一切撥夫、給馬車輛船隻,各有成規,且擅發有禁,私撥有禁,擾民有禁,扣尅有禁。玆將條例備列於後。

凡驛夫,各站設有夫役,以供舁輿擡損、遞送文書、喂養馬匹等事。若係經由大路,或設一二百名、七八十名;偏僻小路,亦設二三十名,各按衝僻多寡不一。其夫役工食,每名日給銀二三分以至七八分不等,俱於驛站錢糧內開銷。歷年增添裁減,繁賾不入紀載。

凡僱用夫價,順治初,各站僱覓夫價,酌量開銷。○十七年覆准:過往官兵,需用夫役,僱夫一千名以內者,除驛夫外每名給銀一錢五分;一千名以外者,每名給銀三錢。○康熙七年議准:僱用夫役,以一百里爲一站,用夫千名以內者,每名每站給銀一錢五分;用夫千名以外者,每多用夫一百名,每名每站增銀一分至三錢止,多十里者,按分數加增,少十里者,按分數遞減。其僱價,俱於驛站錢糧内開銷。如該督撫多報冒銷及少算累民,查出,從重治罪。○十四年題准:在京各部院衙門遞送各項物件,應用擔挑擡夫,每夫一名送十里給僱價三分,咨户部給發。○十八年議准:凱旋大兵需用船隻縴夫,額設如有不敷,僱覓民船,亦以一百里爲一站,每縴夫一名計銀一錢,給與船户。

凡驛馬,順治初各按驛路衝僻額設馬匹,或一二百匹七八十匹,以至一二十匹,或驢二三十頭不等,其馬匹草料,每匹日支銀一錢或八九分,俱於驛站錢糧内開銷。〇康熙十五年題准:各省驛馬草料銀兩,每匹,每日量裁二三分不等。〇雍正五年覆准:直隸驛站陋規,永行禁革,於額設工料銀内,均匀裁減十分之一,自本年爲始。如有不肖官役別立名色,再行扣尅索取者,照侵欺錢糧例治罪。

凡馬價,順治初定:除在京會同館、遞運所馬匹缺額,於口外種馬羣撥給,陝西、四川驛馬缺額,於招中茶馬内撥給外,其餘各直省驛馬倒斃,即動支本驛錢糧通融買補。其歷年開銷價值,直隸、山西、山東、河南,每匹開銷八九兩;江南、浙江、湖廣、江西,每匹十四五兩;雲南、貴州、廣東、廣西、福建,每匹二十八九兩,至三十兩止。

凡車輛,直隸、通州、永平、河間等處,俱有額設車價銀兩,多寡不一,其餘州縣未經額設,遇有差使,僱覓應付,仍將應付過數目,申詳該撫,報明兵部查核,轉咨户部撥給。至各省應付車輛價值,即於本驛錢糧内開銷。

凡僱用車價,順治初酌量僱覔,未有定價。〇十五年議准:每輛大站給銀一兩,小站給銀七錢。〇康熙七年題准:僱用車價,以一百里爲一站,給銀一兩,多十里增銀一錢,少十里減銀一錢。各按里數遞爲增減,俱於驛站錢糧内開銷。

凡小建截曠等銀,康熙七年覆准:驛遞夫馬小建截曠,併馬匹倒斃皮革變價銀兩,令各該撫查扣,以備撥補衝驛不敷之用。〇十一年題准:各驛每年扣存小建截曠及皮革變價等銀,併驛站餘剩銀兩,移交户部充餉;如有衝驛不敷及災傷缺額者,轉咨户部撥給。

凡御駕行幸安設塘站,康熙十六年議准:御駕行幸之處,本部於各衙門取筆帖式各二員,於八旗取領催各二名,安塘馳報,仍行該撫道。如所設驛站馬不敷,將別站馬匹調協應付,違者參處。

凡值更夫馬,順治十六年題准:八旗額定值更人夫二十名,隨駕行幸,每名月給銀三兩。〇康熙六年題准:隨駕行幸值更人夫共備馬十匹,每匹月支草料銀三兩。〇二十年議准:八旗值更人夫,添設十二名,照例給銀。

凡撥給車輛,順治間酌量撥給,未定觔數。〇康熙五年題准:每四人給車一輛。〇十四年題准:每六百觔,給車一輛,不及六百觔者,酌給駝馬損夫。

凡出兵運米損壞車輛,康熙三十七年覆准:壞車一輛至十輛者,爲數甚少,免其查議,照常議叙外,壞車十一輛至二十輛者,降一級,二十一輛至三十輛者,降二級,三十一輛至四十輛者,降三級,四十一輛至五十輛者,降四級,五十一輛至六十輛者,降五級,俱各留任。此等壞車人員議處,俱將伊等運米議叙加級,減等降抵,如有議叙在頭等,應降一級,改作二等,應降二級,改作三等,應降三級,改作四等,有議叙在二等三等者,亦照此減等抵降。現任候選官員,照此例查議。内如有微員無級可降者,革職,留任三年無過,俱准開復。其舉監生員,及投誠外委閑散贖罪人等,除應叙等第抵減外,如無級可降者,免議。如有舛錯遺漏之處,應聽該部查明改正

凡買補驛馬,康熙三年議准:驛馬缺額,該管州縣等官呈請督撫驛道印文報部,方准購買,不得自行呈請。〇十一年題准:州縣等官,若不詳請督撫驛道咨部,私自買馬者,降一級調用。〇十四年議准:驛馬倒斃,州縣不行詳請買補者,許該管驛傳道揭參,如有容隱,將驛傳道降二級調用。〇十五年題准:購買驛馬,各宜開報實價,若以少爲多,濫行開銷,照貪官例革職提問。〇十六年議准:專管驛站官員,若不督率馬夫用心喂養馬匹,以致驛務廢弛,或缺馬不即買補者,該布政司道府等官指名揭報督撫題參,照例議處。如布政司道府不行揭報,照驛傳道例議處;督撫不行查參,罰俸一年。〇三十八年覆准:驛站馬匹,如有例斃缺額,必須將倒馬月日預行報明兵部,方准照數買補。如有先行請買預備缺額者,概不准行。〇四十六年題准:州縣額設驛馬,原係供應欽差官員及傳遞緊急公文而設,務期膘壯足數,隨到隨應,庶公務不致遲誤。令直隸各省督撫驛傳道,嚴行州縣驛遞,如有倒斃馬匹,不即照數買補,疲傷馬不即更換,留於驛站充數,仍前怠玩廢弛者,聽欽差官報部,將該管官員指名題參。〇五十七年題准:直隸各省驛站倒馬數目,應定額規,除福建、廣東、廣西三省俱係水驛,並無馬匹,浙江、山西、陝西、甘肅、四川五省,歷年不報倒斃外,其餘自本年爲始,直隸、河南、山東、湖廣、雲南、貴州并盛京沙河站、鳳凰城、寧古塔、黑龍江等,十分之内倒斃不得過三分。惟江寧、安徽、江西、偏沅四省地方,潮濕易於倒斃,十分之内倒斃不許過四分,其買補馬匹銀兩,仍動支額銀開銷。

凡私發馬匹,康熙十一年題准:官員將自畜馬匹發州縣驛遞,勒令輸價者,降二級調用,督撫不行訪察題參,罰俸一年。〇十五年題准:在外將軍並督撫提鎮以下大小官員筆帖式,及欽差部差官員筆帖式,將自畜馬匹送入驛站,多取價值者,照貪官例革職提問。若驛站官員人等,已經申報,

督撫不行題參,督撫亦照貪官例治罪。出首之人,係官,照應陞之缺加一等優陞;係平人,授爲七品官職銜。

凡指驛擾民,康熙十一年題准:官員將民間馬匹充驛馬驅使者,降一級調用。〇十四年議准:藉口應付不足,私令民間幫貼者,降三級調用。

凡違誤驛務,康熙十一年題准:奉旨差遣及緊急軍情差遣,官役閉門不容進城、抗不應付,或毆打差官者,俱革職提問。若係賫送上用物件,應付稽遲者,州縣驛遞官,降二級調用。違誤平常奏章者,降一級調用。〇十六年題准:驛員應付稽遲,同城府州縣官不行稽查者,罰俸六個月。〇三十一年題准:驛地舖兵傳遞往來公文,府州縣等官不時巡查,令其依限速遞。若有耽延沉匿諸弊,該督撫御史指名題參,該管官每案罰俸三個月。〇四十五年覆准:凡有關係河務題奏本章,交與驛站即速馳送,限兩日送到,毋得遲悮,仍令該督撫轉行州縣驛官,將本章接收交送時刻,於傳牌上挨站填註,送部稽查。如有違悮,即將該管官指名題參。〇雍正二年覆准:一應平常奏章,各該將軍督撫等,確查何處踰山渡水、何處平坦險峻,計程遠近,逐站查明,酌定日期,具題存案,批迴内註明,同本章投到通政司,按站查核。遇有難行等處,取具地方官印結,免其處分。倘有故意遲延及提塘沉壓情弊,查出,交與該部治罪。〇五年覆准:各省驛站遞送公文,令該管站官各立印信號簿,上站號簿用下站官印信。每月底彼此移明查核,倘有沉匿稽延,即行詳報,該管上司據實題參。若沉匿平常公文,馬夫按角遞加治罪者,司驛官員照例減等議處;如沉匿緊要重情、機密文書,不拘角數,馬夫杖六十、徒一年,司驛官員不准減等,即行革職。

凡污損本章,雍正五年覆准:各省本章,遇有水濕黴損,或係本處拜發之時,包封不謹以致黴濕,或係中途破損本箱以致黴濕,相應分別參處。嗣後通行直省題奏各衙門,將裝本原箱嚴密封固,務令提塘及賫本差役,將裝本原箱賫送通政司衙門查閲,或係内裹黴濕破損,抑或外面黴濕破損,查驗明確,一面揭送内閣,一面咨明兵部,挨查各驛參處。

凡大兵需用夫船,康熙十四年議准:官員將應給縴夫抗拒不給,致縴夫越站者,革職提問;將應解船隻及縴夫不行解到者,革職;如不照數應付,縴夫缺少者,降二級調用;船隻缺少者,降一級調用。該管官不行力催,罰俸一年。

凡移駐官兵船隻,康熙十四年議准:官員將應給移駐官兵口糧、船隻遲延者,罰俸一年。

凡扣尅驛餉，康熙十四年議准：上司將應給驛站錢糧不照額數給發者，照貪官例議處。

凡私撥船隻，康熙十一年題准：官員將應撥之船，不詳上司，私自撥給，或擅行估價者，罰俸一年。

凡修理船隻，康熙二十六年題准：各省驛站設有道官一員，專管站船。三年小修，六年大修，十年拆造，不得分委州縣修造。若獨力難辦，委廉能佐貳官監修。

〔應付通例上〕

國家優待臣工，體恤備至。凡奉使、入覲、朝貢、進表、出征、駐防、赴任、回籍者，俱給與夫馬舟車廩糧，與夫賫奏往返應付脚力者，各有等差。至於私發私應，騷擾需索，均有處分。今將歷年事例，以次詳列焉。

順治二年題准：凡文武官員奉有特旨馳驛者，夫馬船隻，臨時酌填。其恩禮優崇者，另行加增，夫以八十名，馬以十八匹，船以二隻爲率。一品官、額駙、公、侯、伯奉差出京者，以禮回籍、給假、治喪者，内三院、各部院及在外加太子太保以上官奉差出京者，在外起陞赴京者，進表赴任者，以禮予告致仕、給假守制者，俱給勘合，夫六十名，馬十六匹，水路船二隻。近京百里内差，夫十八名，馬九匹，廩給一分。除開載外，餘事往來俱不准給。如在任在差病故者，填給勘合，水陸照前給夫馬船隻外，加車一輛，無車處，准夫十六名，自一品至九品俱同。二品官，内院大學士、各部尚書、都察院左都御史奉差出京者，欽取起陞赴任者，予告致仕、給假守制者，鎮守總兵官都督同知以上，照二品官例。奉命起陞赴任者，奉調遠行出征者，以禮回籍者，衍聖公，正一真人，朝賀及襲封赴京回籍者，俱給勘合，夫五十名，馬十五匹，水路船二隻，近京百里内差，照前一品例支給。内，總兵等官有軍器，酌量撥車。衍聖公、正一真人，帶掌事，加驢一頭，口糧一分，法師加馬一匹，廩給一分。如差官往還，止給馬三匹，廩給不支。三品官，各部侍郎、内院學士、翰林院學士、都察院副都御史、通政司通政使、大理寺卿、府尹、太常寺光禄寺太僕寺卿，再國子監祭酒、僉都御史，以四品照三品例；翰林院編修，檢討内見充經筵日講及先任講官，不拘五六七品，俱照三品例；奉差出京者，在外起陞赴任者，以禮予告致仕者，給假守制者，鑾儀衛加授提督官，不論加授品級，亦照三品例；奉差出京者，以禮予告致仕給假回籍者，鎮守總兵官署都督僉事以上，二品照三品例；奉命起陞赴任者，奉調遠行出征者，以禮回籍者，俱給勘合，夫四十名，馬十四匹，水路船一隻。有詔敕，加馬二匹，近京百里内差，夫十六名，馬八匹，廪給一分。内，總兵等官，有軍器，酌量撥車。四品官，左右通政、大理寺、太常寺、太僕寺少卿，鴻臚寺卿，府丞，奉差出京者，進表赴任來京者，給假守制者，布政司以二品照四品例，奉命起陞赴任者，朝覲進表來京者，以禮致仕守制者，俱給勘合，夫三十名，馬十二匹，水路船一隻，有詔敕，加馬二匹，近京百里内差，夫十四名，馬七匹，廪給一分。五品官，内院侍讀學士，翰林院侍讀學士，侍講學士，通政司參議，大理寺寺丞，光禄寺少卿，尚寶司卿、少卿，各部郎中、員外郎奉差出京，及給假守制者，俱給勘合，夫二十六名，馬十匹，水路船一隻，有詔敕節册及典試，加馬二匹，近京百里内差，無應付。六品官，内院侍讀，翰林院侍讀、侍講、修撰，國子監司業，尚寶司司丞，太僕寺寺丞，各部主事，大理寺寺正、寺副，光禄寺寺丞，奉差出京者，給假守制者，俱給勘合，夫二十二名，馬八匹，水路船一隻，有詔敕節册及典試，加馬二匹、夫四名，近京百里内差，無應付。七品官，翰林院編修、檢討，六科給事中，監察御史，大理寺評事，中書行人，太常寺博士，奉差出京者，給假回籍及守制者，布政司參政、參議，按察司按察使、副使僉事，照七品例；奉差及赴任者，進表代覲來京者，行太僕寺苑馬寺卿，鹽運司運使、同知，不拘三四五品，俱照七品例；在京領敕赴任者，進表代覲來京者，奉調監軍督糧者，在任按行所部者，併解緊急錢糧馬匹進京者，實授都司僉書、副將、參將、遊擊，不論加至一二三品都督等銜，俱照七品例；進表來京者，併在京領敕赴任、奉調隔省征勦者，俱給勘合，夫二十名，馬四匹，驢二頭，水路船一隻，有詔敕節册及典試巡方，加馬二匹，夫四名，近京百里内差，無應付。八品官，翰林院典簿，國子監監丞、博士、助教、典簿，各部院衙門經歷、照磨、知事、都事，太僕寺主簿，鴻臚寺少卿，欽天監監正、監副，俱照八品例；奉差出京者，五經博士朝賀來京，仍照七品應付；鑾儀衛指揮、千百户，不論品級，俱照八品例；奉旨勘事及别項題差出京者，直省府同知、通判、推官，知州，知縣，鹽運司副使、判官，不拘品級，俱照八品例；奉調監軍督餉隨征者，初選雲貴川陕行都司地方之都司守備，領敕由京赴任者，奉調隔省征勦者，俱給勘合，夫十六名，馬三匹，驢二頭，水路船一隻，有詔敕，加馬一匹，近京百里内差，無應付。九品官，各部院衙門司務，翰林院待詔、孔目，國子監學正、學録，太常寺、鴻臚寺寺丞、主簿、鳴贊、序班，太常寺典簿、奉祀，太醫院院使、院判、御醫、吏目，上林苑監監丞、署丞，光禄寺署正、典簿、署丞，欽天監五官正等官、主簿、博士，俱照九品例；奉差出京者，俱給勘合，夫十二名，馬二匹，驢二頭，水路船一隻，有詔敕，加馬一匹，近京百里内差，無應付。〇七年題准：一品官，給夫三十六名，馬十二匹，水路船一隻，近京四百里内差，夫十八名，馬八匹。二品官，給夫三十名，馬十匹，水路船一隻，近京四百里内差，夫十六名，馬六匹。衍聖公、正一真人，如有差官往回者，止給馬二匹。三品官，給夫二十四名，馬八匹，水路船一隻，有詔敕，加馬二匹，近京四百里内差，夫十名，馬四匹。四品官，給夫二十名，馬六匹，水路船一隻，近京四百里内差，夫八名，馬二匹。五品官，給夫十八名，馬四匹，水路船一隻。六品官，給夫十六名，馬三匹，水路船一隻。七品官，給夫十六名，馬二匹，水路船一隻。八品官，給夫八名，馬二匹，水路船一隻。九品官，給夫八名，馬一匹，驢一頭，水路船一隻。其各官，水陸二程不兼支，廩給俱不支。如在任在差病故者，水路加船一隻，陸路加車一輛，無車處，准夫：一品給二十四名，二品給二十名，三品以下俱給十六名，九品病故，察係正途出身者，方給。〇九年題准：一品官，給夫三十名，馬十匹，近京四百里内差，夫十六名，馬六匹。二品官，給夫二十六名，馬八匹，近京四百里内差，夫十四名，馬五匹。三品官，給夫二十二名，馬八匹，近京四百里内差，夫八名，馬三匹。四品以下官，仍如前例，如在任在差病故者，陸路加車一輛，無車處，准夫：一品給二十二名，二品以下給十六名。〇十一年覆准：一品官，給夫二十六名，馬八匹，水路船一隻，近京四百里内差，夫十四名，馬五匹，如在任在差病故者，水路加船一隻，陸路加車一輛，無車處，准夫十八名。二品官，給夫二十二名，馬七匹，水路船一隻，近京四百里内差，夫八名，馬二匹。三品官，給夫二十名，馬六匹，水路船一隻，近京四百里内差，夫六名，馬二匹。四品官，給夫十八名，馬四匹，水路船一隻，近京四百里内差，夫六名，馬二匹。五品官，給夫十六名，馬三匹，水路船一隻。六品官，給夫十二名，馬二匹，水路船一隻。七品官，給夫十名，馬二匹，水路船一隻。餘俱如前例。〇康熙十一年題准：凡文武各官，奉有特旨馳驛者，及恩禮優崇者，俱照起陞赴任例，給與驛馬。公、侯、伯、大學士、尚書、左都御史，起陞來京者，給勘合，夫二十六名，馬八匹，水路船一隻，入覲出差者，給勘合，馬十匹，不用馬者，每馬一匹折夫三名，水路船一隻，夫十四名。一品至九品各官，有詔敕節册，俱加馬二匹，奉差者，給廩給一分，不係奉差者，廩給俱不支。衍聖公、正一真人朝賀、入覲、襲封，俱照此例應付，若帶法師，加廩給一分、馬一匹，掌事，加口糧一分、驢一頭。侍郎、學士、副都御史、宗人府府丞、通政使大理寺卿、總督，起陞赴任者，給勘合，夫二十二名，馬七匹，水路船一隻，入覲出差者，給勘合，馬八匹，不用馬者，照馬折夫，水路船一隻，夫十二名。太常寺卿、府尹、光禄寺太僕寺卿、僉都御史、祭酒、内閣侍讀學士、翰林院侍讀學士、侍講學士、鑾儀使、巡撫、提督、總兵官，起陞赴任者，給勘合，夫二十名，馬六匹，水路船一隻，奉調來京者，奉差出京者，給勘合，馬七匹，不用馬者，照馬折夫，水路船一隻，夫十名。左右通政、大理寺、太常寺、太僕寺少卿，督捕左右理事官。府丞，鴻臚寺卿，内閣侍讀，翰林院侍讀、侍講，布政司，副將，起陞赴任者，給勘合，夫十八名，馬四匹，水路船一隻，入覲奉調來京者，奉差出京者，給勘合，馬七匹，不用馬者，照馬折夫，水路船一隻，夫十名。通政司參議，大理寺寺丞，光禄寺少卿，郎中，司業，修撰，編修，檢討，給事中，御史，按察使，起陞赴任者，給勘合，夫十六名，馬三匹，水路船一隻，入覲奉調來京者，奉差出京者，給勘合，馬七匹，不用馬者，照馬折夫，水路船一隻，夫十名。宗人府經歷，鴻臚寺少卿，員外郎，主事，都察院經歷，庶吉士，奉差出京者，給勘合，馬六匹，不用馬者，照馬折夫，水路船一隻，夫八名。参政，副使，參議，僉事，運使，參將，遊擊，掌印都司，入覲進表、奉調來京者，照宗人府經歷等官出差例應付，起陞赴任者，夫十二名，馬二匹，水路船一隻。五經博士，光禄寺寺丞，大理寺寺正、寺副，行人司司正、司副，行人，大理寺評事，太常寺博士，通政司經歷，理藩院院判，鑾儀衛經歷，中書科中書舍人、撰文辦事中書，國子監監丞，内閣典籍，部寺司務，欽天監監正，太醫院院使，朝賀來京、奉差出京者，給勘合，馬五匹，不用馬者，照馬折夫，水路船一隻，夫八名。國子監博士、助教，翰林院典簿，光禄寺署正，太常寺寺丞、典簿，鴻臚寺寺丞，上林苑監監丞理，藩院知事，光禄寺典簿，欽天監監副，太醫院院判，鑾儀衛各官、運同、運副、運判，府同知，通判，入覲進表來京者，奉調督餉隨征者，俱給勘合，馬三匹，不用馬者，照馬折夫，水路船一隻，夫六名。若新選雲貴，併川陝行都司地方司府州縣衛等官，由京赴任者，給勘合，夫八名，馬二匹，水路船一隻，夫六名。國子監典簿、學正、學録、典籍，理藩院副使，翰林院待詔、孔目，上林苑監署丞，祠祭署奉祀，鴻臚寺鳴贊、主簿、序班，欽天監五官正等官、主簿，太常寺贊禮郎，太醫院御醫、吏目，奉差出京者，給勘合，馬三匹，不用馬者，照馬折夫，水路船一隻，夫六名。○十六年題准：凡文武官員，自一品至九品，陞遷赴任，及鹽差税差夫馬船隻，併賫敕人所騎馬匹，概行停止。○二十二年題准：鹽差税差官員夫馬船隻，永不准給，此外文武大小各官，俱照康熙十一年例給與勘合。○雍正四年諭：山東等省巡察官，著給與驛馬，交九卿議奏。遵旨議定：山東河南湖廣江南四省巡察官，一年之内遍歷各府，令兵部給與勘合，沿途有驛站地方，照例給應。其無驛站地方，令該州縣酌量應付。

大清會典卷之一百四十四

兵部車駕司

〔驛傳四〕

〔應付通例下〕

凡隨獵馬匹，順治年間定：隨獵官員，領騎驛馬，有倒斃者，照分數議處。十分内倒失三分以上者，罰俸一年，六分以上者，降一級調用，八分以上者，革職。如將馬匹私賣私給，併缺馬仍支草料者，革職提問。○康熙十六年覆准：隨獵回日，各部院衙門取用過馬匹内，如有倒失一二匹者，領馬官員罰俸六個月，五匹以下，罰俸一年，八匹以下，降一級留任，十一匹以下，降二級調用，十四匹以下，降三級調用，十七匹以下，降四級調用，十八匹以上，革職，騎馬校尉、當差人役、趕車步兵，交刑部鞭一百。若蹪病損傷五匹以下者，領馬官員罰俸六個月，十匹以下，罰俸一年，十五匹以下，降一級留任，二十匹以下，降二級調用，二十五匹以下，降三級調用，三十匹以下，降四級調用，三十一匹以上，革職，騎馬校尉、當差人役、趕車步兵，交刑部鞭八十。至内閣中書、欽天監、太醫院等官所騎馬匹，蹪病損傷一二匹者，罰俸六個月，三四匹者，罰俸一年，倒失一二匹者，罰俸一年，三四匹者，降一級留任。願賠者，免議。

凡應付隨獵及各衙門差遣，康熙七年題准：隨獵應用人等及各部院緊要差使，應給驛站，如有他事差遣，該衙門具題移送者，亦准給驛。其未經具題，私以印文移咨，及近處地方不係緊要事情者，槩不准給。○十一年題准：各部院衙門緊要差遣不及具題者，仍給驛站。○十六年題准：御駕行幸各處所用馬匹車輛，及校尉等所騎馬匹不及啓奏者，亦准照咨先給，仍令續行補奏，或在沿途，或所到處，如馬匹倒失損傷，領馬官具題後，兵部備馬官記册換給。若中途不及啓奏者,即行換給,仍令續行補奏。至各衙門差遣,不論緩急,務令開具緣由題請,准給驛馬。

凡撥兵護送,康熙四年題准:赴任文職道員以上有勑者,奉旨差遣,各部公務差遣,齎頒詔書、改換印信、發往各省茶引鹽引、押送逃人犯人,及各省駐防旗下官兵等項,兵票内開沿途撥兵護送,不許過二十名,如遇險要地方,酌量添給。至齎送欽賞并盛京銀緞等物、江寧等處織造緞疋餉銀、部發各省馬匹、各營棚樁銀兩、各將軍標下兵丁買補馬匹、流徙人犯等項,俱酌量多寡,撥兵護送。○十二年題准:赴任關差及駐防一二户,准撥兵八名以下護送。○二十八年覆准:凡一應差遣赴任回京家口等項,應給兵丁二十名者,減給十名以内,其駐防單行披甲人,給兵二名。○三十四年諭:近見大路緑旗兵丁,正項差使無甚勞苦,皆因護送往返經過官員人等,以致人馬無休息之暇,甚屬勞苦,俱係私給司印牌票,撥兵護送,嗣後理應撥兵護送之公務及赴任官員,給發部印牌票,其私事官兵護送者,嚴行禁止。著該提督總兵官等,將兵弁若干、護送緣由總數,歲底繕造清册報部,爾部奏聞。○雍正元年題准:凡陞任赴任、平常出差,及駐防官員挈帶家口赴任等官,一槩停其發給兵票。

凡應付進貢夫馬,順治二年題准:外國進貢入京,夫馬廩糧船隻,查照人數方物多寡填給,回日,領有勑書者,加馬一匹。有欽賜物件者,驗實撥車。○雍正二年諭禮兵二部:安南國王遣陪臣賀登大寶,貢獻方物並三年歲貢,因向來驛遞供應差遣多有騷擾,曾降諭旨:定例供給之外,不許溢額應付。今安南國王慶賀大禮,遣使遠來,長途勞瘁,應加恩恤。其經過地方,一切供給食用之物,酌量增加,令其充足,以示朕加惠遠人之至意。

凡應付進表應聘官員,順治二年題准:在外三司首領官代進表箋,及府佐教職等官應聘隔省考試者,俱准應付夫十名,馬四匹。○七年題准:進表應聘各官,減夫二名、馬二匹。○康熙十一年題准:代進表箋及應聘隔省考試者,給勘合,馬三匹,如不用馬者,照馬折夫,水路船一隻,夫六名。○五十五年諭:外省總督巡撫提督總兵等官,凡有奏摺,著伊屬下千總等官一員,或遣兵丁一人,或遣家人一名,一同馳驛前來,每一次,但用馬二匹。

凡解京錢糧,順治二年題准:在外各官解緊急錢糧進京者,給勘合,夫八名,馬二匹,廩給不支。○康熙三十四年覆准:解送錢糧同知通判,給馬三匹;州縣雜職佐貳等官,給馬二匹。○又題准:各關差解送税課,除擡銀人夫,應填用火牌給與外,差役停其驛馬,祗須呈移督撫,酌量撥兵護送。

凡應付奉差官員從役馬匹,順治十三年題准:官員奉差者,一品官,從役七名,馬十匹;二品官,從役六名,馬八匹;三品官,從役五名,馬七匹;四品官,從役四名,馬六匹;五六品官,從役三名,馬五匹;七八品官,從役二名,馬三匹;庫使、通事、領催,從役一名,馬二匹,甲兵馬一匹。○康熙十一年題准:内大臣、都統、大學士、尚書、護軍統領,各准從役七名,馬十匹;前鋒統領、副都統、侍郎、學士、副都御史、宗人府啓心郎,從役六名,馬八匹;參領、一等侍衛護衛、各正卿、侍讀學士、監察御史、給事中、少卿、郎中,從役五名,馬七匹;佐領、二等三等侍衛護衛、員外郎、主事、鳴贊,從役四名,馬六匹;典籍、司庫、司務、五六品筆帖式,從役三名,馬五匹;七八品筆帖式、無品筆帖式,從役二名,馬三匹;庫使、領催,從役一名,馬二匹,甲兵馬一匹。其精奇尼哈番品級等官,照副都統例;阿思哈尼哈番品級等官,照參領例;阿達哈哈番拜他喇布勒哈番品級等官,照佐領例;拖沙喇哈番、驍騎校等,照典籍、司庫例。若係緊急差遣,副都統、侍郎以上官員,准從役四名,馬六匹;佐領、三等侍衛、員外郎、主事以上官員,准從役一名,馬二匹;庫使、領催、甲兵,准馬一匹。○二十六年題准:盛京、直隸、山東、河南、山西、江南、湖北等近省尋常緩差,都統、内大臣、大學士、尚書等,從役、馬匹,各減二名、二匹,從役五名,馬八匹;前鋒統領、護軍統領、副都統、侍郎、學士、副都御史,從役、馬匹,各減二名、二匹,從役四名,馬六匹;參領、頭等侍衛、各正卿、侍讀學士、御史、給事中、少卿、郎中等,從役、馬匹,各減二名、二匹,從役三名,馬五匹;佐領、二等侍衛、三等侍衛、員外、主事、鳴贊等,從役、馬匹,各減二名、二匹,從役二名,馬四匹;典籍、司庫、司務等,從役、馬匹,各減二名二匹,從役一名,馬三匹;五六品筆帖式,前准從役三名,馬五匹,七八品、無品筆帖式等,前准從役二名,馬三匹,筆帖式俱係一體,無品筆帖式以上,俱從役一名,馬二匹,其五六品筆帖式等,如往湖南陝西等遠省差遣,亦照七八品筆帖式一例;至緊急差遣,副都統、侍郎以上官員,從役、馬匹各減一名、一匹,從役三名,馬五匹,親丁不過三名;佐領、三等侍衛、員外、主事以上官員,減馬一匹,從役二名,馬三匹。緊差,前定例内,七八品官、無品筆帖式以上,從役一名,馬二匹,難以減去,仍准從役一名,馬二匹。○二十九年議准:驛馬不敷,一應奉差馳驛官員從役馬匹停止;有緊急事務,該部奏過,許騎營兵馬匹,未經奏過者,不得擅乘。

凡應付輪流引見武職，雍正二年諭：各省副將以下、遊擊以上官員，輪流來京引見者，朕念伊等遠來，故皆賞以銀兩。其雲南、貴州、四川、廣西、廣東、福建此六省路途遥遠，與别省不同，俱著馳驛前來，爾部按其品級，酌量跟役幾人，給與驛馬，只須照常程行走，不必過於急速。如有欲自備脚力，不願馳驛者，各隨其便。遵旨議定：雲南、貴州、四川、廣西、廣東、福建六省引見輪流來京之副將參將遊擊等員，酌議副將跟役四名，共騎驛馬五匹，參將跟役三名，共騎驛馬四匹，遊擊跟役二名，共騎驛馬三匹。

凡出征應帶馬數，順治十五年題准：親王，馬四百匹；郡王，三百匹；貝勒，二百匹；貝子，一百五十匹；鎮國公，一百匹；輔國公，八十匹；未入八分鎮國公，七十匹；輔國公，六十匹；將軍，八十匹；副將軍，七十匹；護軍統領、前鋒統領、副都統，各六十匹；署護軍統領、署前鋒統領、署副都統，各四十匹；前鋒參領、護軍參領、驍騎參領、署護軍參領、署驍騎參領、一等侍衛、護衛，三十五匹；閑散官、前鋒侍衛、二等侍衛、護衛，各二十五匹；委署官、三等侍衛、護衛，各十八匹；護軍校、驍騎校等，各十二匹；署護軍校、署驍騎校等，各八匹；護軍領催，各六匹；甲兵，各四匹；内院學士與副都統同，侍讀學士與參領同，侍讀與閑散官同，六品筆帖式與驍騎校同。

凡駐防准帶馬匹；順治十二年題准：駐防將軍，馬四十匹；副都統，三十匹；協領，二十匹；參領、佐領、閑散官，各十五匹；驍騎校、有品筆帖式，各八匹；無品筆帖式及領催、甲兵，各三匹；弓匠、鐵匠等，各二匹；沿途支給草料。〇十八年議准：駐防京口、杭州參領，准帶馬二十匹。〇康熙十二年題准：各處駐防准帶馬數，將軍七十匹，副都統六十匹，協領、參領五十匹，佐領四十匹，五品閑散官三十匹，驍騎校、六品筆帖式十五匹，七八品筆帖式十二匹，無品筆帖式、領催十匹，披甲當差人六匹，按數支給草料。其額外多帶之馬，不准應付。〇二十二年題准：將軍，五十匹；副都統，四十匹；協領，三十匹；佐領，二十匹；防禦，十五匹；驍騎校、有品筆帖式，十匹；無品筆帖式、領催披甲、炮手，六匹；弓匠、鐵匠，三匹。如馬數多者，止照定例支給草料；少者，照實在數目支給。

凡應付駐防家口，康熙六年題准：滿洲、蒙古、漢軍官兵，往各省駐防家口，公、都統兼將軍，一百四十口；都統，一百二十口；精奇尼哈番、副都統及閑散一品官，八十口；阿思哈尼哈番、協領、參領及閑散二品官，五十口；阿達哈哈番及閑散三品官，四十口；佐領、拜他喇布勒哈番及閑散四品官，三十口；拖沙喇哈番，二十口；驍騎校、六品七品官，十五口；八品九品等官，十二口；領催等，十口；甲兵，八口。照定例撥給車輛、人夫，多帶者，不准多給，少帶者，照報數撥給。如有將見在定數内家口分留者，俟後帶去時撥給。〇二十二年題准：駐防官兵家口；將軍，四十口；副都統，三十五口；協領，三十口；佐領，二十口；防禦，十四口；驍騎校、有品筆帖式，十二口；無品筆帖式、領催披甲、炮手，七口；弓匠、鐵匠，五口。如家口數多者，照定例應付；少者，照實數應付。

凡應付駐防車輛，順治十八年題准：往寧古塔、盛京駐防，將軍等官，給車十輛；副都統等官，八輛；参領等官，六輛；佐領等官，五輛；驍騎校等，三輛；甲兵等，一輛。〇康熙元年題准：自寧古塔回京，將軍，給車五輛；副都統四輛；参領、佐領三輛；驍騎校二輛；甲兵一輛。〇二十二年題准：各處駐防官兵給車，將軍，八輛；副都統，七輛；協領等官，五輛；佐領等官，四輛；防禦等官，三輛；驍騎校、有品筆帖式，二輛；無品筆帖式、領催、披甲匠役人等，一輛。

凡應付出征駐防夫船，順治十二年覆准：大兵進征，及駐防官兵家口，由水路前往，俱用户部回空漕船，其餘各項所需船隻，兵部給發。〇康熙五年題准：自南往北駐防官兵家口，回京大兵，調防兵丁，俱按人數多寡，分撥船隻。如上水，頭號船坐五十人，給縴夫十五名；二號船坐四十人，縴夫十二名；三號船坐三十人，縴夫九名。下水，頭號船，給縴夫八名；二號船，縴夫六名；三號船，縴夫四名。如小船，上水不過五六名，下水不過二三名。〇七年覆准：出征兵船，下水仍給縴夫外，其餘駐防往回官兵及移駐緑旗投誠官兵家口，下水不給縴夫。其上水，頭號船給八名，二號船六名，三號船四名。至各官兵自京起程者，本部定限；自外起程者，該督撫定限。違者參處。〇十二年題准：坐十五人以上之船，給縴夫三名；坐十五人以下之船，給縴夫二名。

凡駐防沿途支給，康熙五年題准：駐防官兵往杭州、江寧、京口、西安、太原、德州等處，從陸路行者，將伊自己馬匹，將軍除三十匹，副都統二十五匹，参領二十匹，佐領十五匹，防禦驍騎校、有品筆帖式等十二匹，無品筆帖式八匹，甲兵、弓匠等各除六匹外，所餘馬匹，每一人一匹，計算沿途每宿給與空草，餧養處給與草料。其無馬匹之人，每四人給車一輛；無車處，每輛折給夫四名。往杭州、江寧、京口去者，無船時，照陸路給與驛站；如自願僱船行水路者，每車一輛，准給縴夫四名。往廣東、福建等處去者，自濟寧州以北，給與驛站；濟寧州以南，照其家口，給與船隻、縴夫。

凡駐防官兵喂養馬匹日期，順治十八年題准：杭州、西安二十五日，江寧二十日，淮安十五日。○康熙二年題准：往寧古塔駐防官兵馬匹，冬季許在盛京歇養一月，春季歇養二十日；兵部發往空馬，冬季歇養二十日，春季十五日，沿途每宿止給空草。

凡公差餧養馬匹日期，康熙三年題准：公務差遣騎乘本身馬匹，自寧古塔、西安、杭州、江寧、京口、蘇州等處來者，春冬許其餧養二十日，夏秋十五日；自盛京來者，春冬十五日，夏秋十日；自太原府來者，春冬十日，夏秋五日；口糧燒柴等物，併馬匹草料，咨行各該部給發，回日每宿止給空草。

凡赴任糧單，舊例：督撫提鎮自京赴任者，俱不給糧單。康熙元年定：督提總兵官、隨征總兵官自京起程，五千里以外者，准給糧單；五千里以內者，不准給。其在外陞調各官，仍照前不給。○五年題准：督撫提鎮自京隨帶家口赴任，計程五千里以外者，給與糧單，總督家口一百名，馬一百匹；提督家口九十名，馬九十匹；總兵官家口七十名，馬七十匹；巡撫家口九十名，不管軍務，准馬三十匹。五千里以外者，餧養馬匹四十日；六千里以外者，五十日。其在外陞轉者，仍不准給。○七年題准：槩行停止。○又題准：滿洲初授者，仍給與口糧馬匹草料。○十年覆准：滿洲督撫等官，俱不准給糧單；如有軍興調遣、道路遥遠者，應否給糧，題請欽定。

凡應付初授雲貴等省官員，順治二年題准：初授雲南、貴州及四川、陝西行都司地方司、府、衞首領、教職，州、縣佐貳、首領及雜職等官，俱給勘合，係七品者，給馬二匹，驢二頭；八九品及未入流者，馬一匹，驢一頭，水路船一隻，廩給不支。如係陞授補選，非初選者，不准。○七年題准：俱給火牌，係七品者，馬一匹，驢一頭；八九品及未入流者，馬一匹，水路各船一隻。○康熙十一年題准：初選雲、貴、四川、陝西行都司地方衞所千總等官，俱於火牌內填：馬一匹、驢一頭。○二十二年覆准：廣西官員赴任，照雲貴例應付。

凡應付雲貴舉貢，順治二年題准：雲貴會試舉人、廷試貢生，俱給火牌，每名馬一匹，驢一頭，廩糧俱不支，回日俱准換給。○七年題准：裁驢一頭。○康熙十一年題准：雲貴初中進士回原籍者，亦准給火牌。

凡應付故官，順治七年題准：在京一品至九品，在外文職道員以上、武職遊擊以上，俱給勘合，照生前應用夫馬外，陸路加車一輛，無車處照品折給人夫，水路加船一隻。○康熙二十八年覆准：都司、守備、守禦所千總病故者,亦給與勘合,將骸骨歸還原籍。

凡應付遠省故官,順治十七年題准:廣西省文官八品以下,武官五品以下在任病故者,俱給勘合,陸路夫十二名,馬二匹,水路船一隻。○康熙十年題准:雲貴二省故官,亦照廣西例。○三十年覆准:雲南、貴州、廣西、四川丁憂、休致、裁缺、降調等文武微員,卸事後五個月內病故者,照給與在任病故微員之例,給與勘合;過五個月者,不准給與勘合;至領憑往雲南貴州廣西四川微員,未經到任,在此四省地方病故,或由此四省陞往别省微員,在此四省地方病故者,報明地方官,轉報督撫,亦照品給與勘合。其犯罪革職病故者,不准給與勘合。○三十八年題准:雲南、貴州、廣西、四川病故微員骸骨,若無親僕,有同鄉之人帶去者,該督查明,給與勘合。

凡應付陣亡官員,順治十二年題准:內外文武官員隨征陣亡者,俱給勘合。文職七品以上,武職四品以上,陸路給夫十六名,馬四匹;文職八品以下,武職五品以下,陸路給夫十二名,馬二匹,水路俱給船一隻。

凡應付駐防寡婦船隻,雍正三年諭:聞江南等省駐防官兵寡婦,每年以船載送。江南浙江等省,俱於七八月起程;福建、廣東、荆州等處,俱於四五月起程;沿途換船,多致遲誤。再,船夫惟利是圖,故意延挨,不肯送至張家灣,一到臨清濟寧,即稱河凍,令寡婦下船,由旱路來京,寡婦多至苦累,甚屬可憫。其各省駐防寡婦每年送來之時,於定限之月以前,展限一月起程。前來之時,交與沿途地方官,於换船處速行换給,與糧船一例照管督催,務令至張家灣,庶寡婦不致苦累,而回空船隻亦不致凍住矣。

凡私發牌票,順治七年覆准:直省齎奏人員,俱用部發火牌,驗明方准應付;如有自發紙牌,索取夫馬者,不准。違者,部科糾參,與受一體治罪。○十二年覆准:督撫濫用私牌,及徇庇屬員不參者,本部與科道訪實糾參議處。州縣驛官將私牌申報者,本官即與紀録。○康熙十一年覆准:州縣驛遞各官,將私牌申送報部者,即令離任,於應陞缺內不論俸滿即陞。至督撫提鎮,會題緊急軍務,方准用部發火牌。司道副將以下官員,有申報上司緊急軍務,於牌票內開明緣由,填馬不過二匹,歲底送部查核。如督撫提鎮以下各官,私用驛遞夫馬,併私發牌票索取夫馬者,各降二級調用;其司道副將以下各官私發牌票索取夫馬者,本官降二級調用,督撫提鎮降一級留任,驛傳道降二級調用。州縣驛遞官不行盤詰,即行應付者,革職。○二十八年覆准:驛傳道自發私牌,違例支取夫馬者,革職。

凡騷擾驛遞,康熙十六年議准:馳驛官員,將同行之領催差官併從役人等不行約束，以致毆傷驛遞員役，或不係緊差故將驛馬馳斃，或故意越站索取財物者，令州縣驛遞官員一面申報上司，一面申報本部，核查情實，將本官革職，其領催差官等交刑部從重治罪，其申報之官照出首私牌例議敘；若應付遲延，反行揑款謊報者，反坐。〇二十七年題准：出差馳驛官役，如騷擾驛站，管站官員徇情不行報部，事發，將管站官員照徇庇例降二級調用。〇五十一年覆准：督撫司道家人，不持勘牌，私騎驛馬，騷擾驛遞者，州縣官即行申報，兵部據報從重治罪。若徇庇不報，或經本部查出，或被旁人首告，將私動驛馬之上司，并濫應州縣驛站官員一併從重治罪。〇雍正元年覆准：自將軍、督撫、提督、總兵官以下各官，如有家人、衙役，擅騎驛馬，需索驛遞財物等弊，令州縣驛遞官員申報上司，該上司即行指名題參，照例治罪。如該上司容隱不參，或經科道糾參，或被旁人告發，將該上司照徇庇例治罪。〇又諭：驛站關係重大，經朕屢加嚴諭，然其間積弊，難以盡詰，有在官之累，有在民之累。如直隸、山西，差徭更爲浩繁，雖驛馬足數，亦供應不敷。乃内而兵部，外而驛道，於給發馬匹時，官吏通情受賄，往往所給浮於勘合之數，且行李錙重，皆令驛卒乘馬背負，多至八九人不等。所到州縣，以見馬换馬，向有舊例，不敢詰問，至督撫提鎮經過之處，更惟命是從。嗣後照勘合之外，有敢多給一夫一馬者，許前途州縣，即據實揭報都察院，以聽糾參。如甲縣容情不揭，而被乙縣揭報者，并甲縣一併治罪。其督撫提鎮騷擾驛遞者，皆照此例，庶少甦在官之累。至若河南、山東諸省，離京稍遠，謂耳目易欺，每驛額設馬匹，不過十存三四，其草料工食，仍照舊開銷，且逐年詳報倒斃，侵蝕補買之價。差使一至，則照里科派，將民間耕種牲口硬遣當差，令其自備物料，跟隨守候，種種累民，尤屬不法。著該地方督撫將所有驛站，逐一徹底清查，缺額者勒限補買。至派借民間牲口，尤當勒石永禁。違者，即從重治罪。〇二年覆准：奉差員役騷擾驛站者，許地方官申報議處。如地方官應付遲悞，亦許奉差員役申報議處。倘有隱匿，督撫題參，若已行申報，而督撫不行題參及失於覺察者，事發，照徇庇例議處。〇四年議准：如遇上司擅騎驛馬，令司驛各官收取牌票，粘入詳文内，立行揭參，將揭報之員交部從優議敘。擅騎驛馬員役，嚴加議處。

凡枉道處分，順治十五年題准：公務差遣江南、浙江、福建、江西、廣東等省，由山東路；湖廣、廣西、雲南、貴州等省，由河南路，俱於勘合火牌内填註明白。〇康熙六年題准：差往江寧、安慶、江西、廣東者，由山東中路；

淮揚、京口、蘇松、浙江、福建者，由山東東路，俱於勘合火牌内註明。如有枉道，即以擾驛指參。〇十一年題准：凡有以枉道擾驛指參者，係官，降一級調用；係差役，杖八十。〇十六年議准：枉道擾驛者，係官，降二級調用；係差役，杖一百。〇三十八年覆准：直隸各省赴京引見之官員，馳驛來時，該督撫提鎮定限二站作爲一日，仍將起程日期并定限日期咨文，即交該員親身投部。倘有不由正道繞道逗遛者，兵部查出，嚴加議處。〇四十五年覆准：給發勘合内，將應走州縣驛站，并中東西道途填註明白給發。如奉差員役，不遵勘合填註道途，繞道行走，應將首先濫應驛站官員一併議處。

凡包馬，順治十二年覆准：齎奏文册背包，以四十觔爲率，如有夾帶私物者，該地方官驗實，申報究處。〇康熙十一年題准：齎奏本章，裝填小匣，騎馬背包，不得過十觔。若送册籍，用馬馱載，不過六十觔。其所負大皮箱，永行禁止。違者，該州縣驛各官驗實，指名申報議處。若該州縣驛各官徇隱不報，本部查出，經過府州縣等官，一併參處。〇雍正四年議准：嗣後勘合内無品人員，止許給包馬一匹；九品八品七品官員，引馬一匹，包馬一匹；六品五品四品官員，引馬一匹，包馬二匹；三品以上大臣，引馬二匹，包馬四匹；其背包不得過六十觔。如有違例多索，及背包過重，騷擾驛遞者，令司驛各官即行申報上司題參，從重議處。

〔勘合火牌〕

郵符頒自兵部，名曰勘合火牌，以防詐僞。自京師公差人員，及在外奏報員役，皆有勘合火牌，計道里之遠近，隨事情之緩急，酌定額數，照例給發，違例者有禁。兹備載焉。

凡郵符數目，順治年間，各省督撫應用火牌未有定數。康熙六年題准：照省分大小，酌定數目給發。直隸、河南、山東三省總督，每年給火牌四十五張；江南、江西、山陜二總督，各給火牌四十張；兩廣、雲貴二總督，各給火牌二十五張；漕運總督，給火牌五十張；河道總督，給火牌三十張。其專管一省總督，照巡撫之數給發。直隸、江寧、浙江、湖廣、陜西、山東六省巡撫，各給火牌三十五張；江西、福建、河南、山西、廣東五省巡撫，各給火牌二十五張；雲南、貴州、四川、廣西四省巡撫，各給火牌十五張；安徽、偏沅、甘肅巡撫，照各本省巡撫給發。公、將軍，各給火牌十張；提督、總兵官、巡鹽御史，各給火牌五張。驛傳道差遣，多寡不等，不拘定數，有逾額多騎馬匹者，許該州縣申報，查參議處。〇十一年題准：公、將軍，俱給火牌十張，勘合四張，如緊急軍務，方許用勘合，其尋常齎奏，止許用火牌。

至管兩省總督與總漕，俱給火牌五十張。管一省總督與總河，併直隸、江寧、安徽、浙江、湖廣、偏沅、陜西、甘肅巡撫，各給四十五張。他省巡撫，給四十張，各提督十張，各總兵官七張，正定、南汝、河北三總兵各九張，山東提督二十張，巡鹽御史五張。驛傳道勘合火牌，於用完日，請部頒發，俱於歲底彙題奏銷。〇十五年議准：公、將軍奉天府尹、提督學政、督、撫、提、鎮、巡鹽御史，應給火牌十張以上者，止給四張；未及十張者，止給三張。

凡廩給數目，順治初定：勘合廩給，一品官，二錢二分；二品官，二錢；三品官，一錢八分；四品五品官，一錢六分；六品七品官，一錢四分；八九品官，一錢二分。火牌內廩給，每分給銀一錢，口糧，每分給銀五分。〇十一年議准：勘合廩給，各減二分，火牌止給口糧，廩給裁革。〇康熙十三年題准：除緊急軍情差遣官役應付廩糧外，其餘槩不准給。〇十六年題准：差遣人員，若給飯食，停止廩糧。若給廩糧，停止飯食。其最緊急差遣，飯食廩糧，仍照舊支給。〇三十八年諭：嗣後侍衛太監等，騎驛馬支給飯食，不必給廩糧。部院衙門人等，仍照舊例給發。

凡齎奏馬數，康熙三年題准：直省齎奏等項所騎馬匹，俱用部發火牌，公、將軍、總督、巡撫、提督許填馬三匹，總兵官、鹽院填馬二匹。〇十三年題准：督撫等齎奏糧餉刑名等平常之事，用火牌一張，止許填馬二匹，如同城駐劄督撫提鎮同日拜本者，彙用火牌一張，亦止許填馬二匹。〇十五年議准：直省火牌，止許齎奏題參貪官巨憝、大計、軍政、薦舉、奏銷、錢糧等事，其餘平常事務三件以上，封固轉發遞送。違者，部科查議，照違例處分。

凡奏繳郵符，順治二年題准：直省督撫，每年將頒發過勘合火牌，造具清册，歲底奏繳到日，分送部科，查明有無違例，據實題參。〇康熙二十七年覆准：盛京部內所有勘合火牌，歸并奉天將軍衙門管理，凡部臣有用，即咨將軍衙門填給；其勘合火牌用完之日，該將軍移咨兵部給發。〇五十一年覆准：一應出差赴任各官，應起兵牌勘合火牌者，務於臨行三日內親身赴領，回到之日，亦於三日內親身繳銷。如有遲延，察出，一并參處。

凡多填馬匹，順治元年題准：勘合火牌內，務填寫官役姓名，併照例填馬數目。如多填馬匹者，降一級調用，或應用硃筆乃用墨筆，或少填官役姓名者，各罰俸六個月。〇康熙十一年題准：勘合火牌，多填馬一匹者，罰俸六個月；二匹者，罰俸一年；三匹者，降一級調用；再多填者，照例遞降。

凡濫給勘合，康熙十一年題准：官員將不應給驛之人濫給勘合，或多支驛站錢糧者,降一級調用;如多支隨即扣解者,罰俸六個月。

凡勘合火牌鈐蓋印信,康熙十五年議准:差遣員役,兵部於所給勘合火牌尾後,將多索驛馬、不用印鈐蓋併處分緣由,兼寫滿漢字一紙,粘貼交接處所,用印鈐蓋給發。若差遣人員照數支取,並無多索,該驛遞官,即於粘貼紙内填明應付過馬匹人數,用該驛印信鈐蓋。若有多騎驛馬騷擾驛遞者,一面申報該督撫,指名題參。若所差員役,無經過州縣驛印信鈐蓋者,仍以多索驛馬處分。如州縣驛遞官員,不即鈐蓋印信者,亦從重處分。〇二十八年覆准:嗣後凡奉差官員從水路行者,止换船隻,因未支縴夫,不赴州縣驛用印鈐蓋者,免其查議。〇三十九年覆准:凡奉差公幹,及駐防赴任官員人等,兵部照例給發兵牌,亦照勘合火牌之例,兼寫滿漢一紙,粘貼尾單,令沿途驗票,取給兵丁,即於尾單内填明並無多索亦無遲悞緣由,用印記鈐蓋。若有借稱緊急事務,將兵牌不與驗看、多索兵丁、擾害營汛,官員故意措勒遲延,不行鈐蓋印記者,許其報明該管上司,題參到日,兵部照驛站例議處。

〔馬快船〕

各省水驛,各按衝僻,設船多寡不等,每船量設水夫。其船隻有因毁廢修補者,有因閒冗裁汰者,歷年增減不一,附載於後。

江寧,原設站馬船四十隻。〇康熙二年,設快船一百八十隻。〇十四年,改設快船六十隻,又添設站馬船一百七十隻。〇四十七年,裁站船五十四隻。

安徽,原設紅差米豆等船三十隻。〇順治十八年,造宣樓船二百隻。〇康熙六年,復造宣樓船四十二隻。〇十五年,將宣樓船編成字號,散歸各埠,聽其裝載民貨,令各船頭自行修造。如有需用,仍行提集。〇十六年,添造紅差米豆等船十二隻。〇二十九年,將宣樓船撥給湖南二十八隻,湖北四十隻。

江西,原設馬座差等船七十七隻。〇順治十四年,造紅船三百五十七隻。〇康熙三年,造差船五十六隻。〇十七年,裁船六十七隻。〇十九年,裁船五十隻。〇二十四年,裁船十二隻,現存船三百六十一隻。〇四十七年,裁座差船一隻、紅船十二隻。

湖廣,原設紅馬座船五十七隻。〇康熙七年,湖南、湖北分轄,湖北設紅馬座船三十二隻,湖南設紅馬座船二十五隻。〇十一年,湖北增船十六隻。〇二十五年,湖南,裁船一十三隻。〇二十九年,將江南現有宣樓船撥與湖南二十八隻，湖北四十隻。〇四十七年，裁湖南紅座船二隻，宣樓船六隻。

廣東，原設座站快小糧差等船，共二百二十六隻。〇康熙三年，造河船一百三十隻。〇四年，造河船九十八隻。〇十二年，裁河船九十八隻。〇十八年題准：共設船四百五十四隻。〇四十七年，裁座船并河馬等船，共二十六隻。

廣西，設差船五十五隻。

福建，原設座站紅船一百二十三隻。〇康熙七年，裁船二十六隻。

浙江，原設炮差紅站等船四百一十一隻。〇康熙十五年，裁船一百七十九隻。〇十七年，裁船三十七隻。〇二十四年，裁船十隻。〇四十九年，裁船十四隻。

四川，設船一百八隻。〇康熙四十七年，裁船三十一隻。〇雍正五年，裁船六十六隻。

〔驛站錢糧〕

直隸各省驛站，俱有額設錢糧。康熙十五年，議裁十分之四。二十年，恩詔，於裁四之中，仍復二分。二十四年後，各省巡撫題請，裁減不一，今備載額數於後。

直隸原額銀，五十萬三百五十八兩四錢一分零，存銀四十四萬七千四百九十九兩八錢四分零。

山西，原額銀，一十六萬九千二百一兩五錢九分零，存銀一十二萬八千六百九十八兩七錢六分零。

陝西，原額銀，二十四萬八千三百三十四兩二錢零，存銀一十五萬四千四百七十六兩七錢零。

甘肅，原額銀，一十二萬二千五百八十三兩二錢零，存銀一十一萬六千八百八十三兩五錢二分零。

四川，原額銀，五萬五千二十九兩六錢零，存銀三萬一千四百九十一兩二錢八分零。

雲南，原額銀，四萬五千九百三十九兩四錢一分零，存銀四萬三千三百八十三兩六錢四分零。

貴州，原額銀，五萬二千六百六十四兩六錢零，存銀三萬二千七百一十七兩零。

廣西，原額銀，三萬五百四十五兩二分零，存銀一萬一千八十一兩一錢零。

湖北,原額銀,一十七萬四千七百二十六兩零,存銀一十一萬二千七百三十三兩七錢二分零。

湖南,原額銀,一十二萬六千七百五十八兩一錢零,存銀七萬六千一百三十一兩五分零。

廣東,原額銀,三萬四千五百五十三兩一錢二分零,存銀二萬七百三十一兩八錢七分零。

江寧,原額銀,二十八萬一千四百九十三兩零,存銀一十九萬一千三百三十七兩六錢零。

安徽,原額銀,二十六萬四千三百三十八兩零,存銀一十三萬五千九十五兩零。

浙江,原額銀,一十一萬九百九十七兩二錢五分零,存銀六萬五千八百八十六兩五錢二分零。

江西,原額銀,一十八萬二百八十五兩二分零,存銀一十萬八千一百七十一兩一分零。

福建,原額銀,六萬五千六百五兩六錢五分零,存銀三萬三千六百二十七兩一錢五分零。

山東,原額銀,三十萬三千六百四十四兩五錢七分零,存銀二十三萬九千三百九兩二錢七分零。

河南,原額銀,三十一萬七百五十六兩七錢八分零,存銀二十九萬九千八百七十一兩五錢八分零。

凡奏銷驛站錢糧,順治初題准:直省驛站錢糧支銷數目,令各該撫歲底造册,報部查核。〇十年覆准:直省驛站錢糧,責成驛傳道,令各州縣按季造册呈送該道,轉繳督撫,核實具題到部,分别考成。至各驛衝僻不同,宜通融協濟,及期完解,仍將完欠數目填册,以憑考核。〇康熙六年題准:凡係驛遞動用錢糧,俱由巡撫查明報部核給。有關兵馬錢糧,轉報該督報部。〇又題准:直省各撫,將驛遞支應錢糧,歲底造具四柱文册,通限次年五月内,分投部科查核。〇又議准:本處正項錢糧,留作驛站支用,將他處協濟銀兩,抵兑正項完解。一應錢糧,總作十分考成。〇十九年題准:各省驛站錢糧,俱歸正印官管理。〇四十三年題准:各省驛站錢糧完欠册籍,俱令驛傳道造册,加結,送部科查核。〇四十五年諭:嗣後,自京城往各省人員所用車馬數目,前去緣由并勘合火牌内填註需用錢糧之處,開明摺子,十日一次啓奏。再,各省來京人員之處,亦照此例繕摺啓奏。

〔馬政〕

國初馬政,有陝西省之苑馬寺七監,有大庫口外之種馬塲,俱隸於兵部。至康熙四年,裁寺監;九年,令大庫種馬塲事務,歸併太僕寺專管。至各營馬匹,皆有定數。其買補撥給之令,朋扣賠椿之法,領支奏報之規,以及茶馬舊例,依類可考。若夫内廐馬匹,上駟院領之,不隸部寺。

凡營馬定數,順治六年題准:提督,馬十五匹;總兵,馬十二匹;副將,馬八匹;參將、遊擊,各馬六匹;都司、守備,各馬四匹;千總、把總,各馬二匹,照例支給草料。〇十六年覆准:提督,馬二十匹;總兵,馬十六匹;副將,馬十二匹;參將,馬八匹。遊擊以下馬,仍照舊額。

凡購買營馬,順治初,各省營伍缺馬,該督提或就近買補,或報部撥給。〇十一年題准:各省將軍、總督、提督、總兵官買馬,開明馬數,印文送部。德州等城併山海關等處,駐防人員買馬,亦用各該管官文書送部准買。〇康熙三年覆准:各營副將以下缺馬,呈請該督提鎮印文報部,方准購買,不得自行呈請。〇十一年題准:各省將軍提鎮標下各官,請買自備馬匹,不得過四百匹。〇又題准:駐防官來京買馬回省者,該都統開寫馬數,印文咨部,給與照驗。〇又題准:駐防官不呈明該將軍報部,私差家人來京買馬者,罰俸一年。〇三十四年題准:直屬營驛馬匹,除仍照舊例,往各口及京城購買者聽其自便外,如有情願赴秦省購買者,該撫等一面報明兵部,一面移會陝西督撫,掛號購買,上税納銀,并移會管理茶馬衙門,將所買馬匹趕赴該衙門印烙,給與印票,沿途照驗,仍將買過馬數移會直撫,查明報部。〇三十五年覆准:購買營驛馬匹,令將買馬數目及赴買地方預行報部,并移會赴買地方之督撫衙門,掛號購買,上納税銀,將所買馬匹趕赴該衙門印烙,給與印票,沿途照驗。如逾數多買,移會該督撫查明減去報部。〇五十六年覆准:陝甘二屬安塘營驛馬匹倒斃,俱係牽領茶馬補給。今茶馬停止,無可牽領,應照時價給銀買補,俟事平之日,仍照舊例遵行。至協濟營驛塘站馬匹,責令神木、榆林、靖邊三廳管轄餧養,毋致疲瘦。〇六十年覆准:川省新設滿兵駐扎,差使甚繁,馬匹應准其買補。倒斃,十分之内,不許過三分。其馬價亦照茶馬之例,每匹給銀八兩購買。

凡撥給營馬,順治初定:各營馬缺,開數報部,本部於各羣撥給。〇十八年覆准:給發各省營伍馬匹,驗閱肥瘦,發往兩廣福建等省者,在途餧養四次或三次;發往浙江者,餧養二次或一次。〇康熙三十四年覆准:古北口緑旗兵丁,人材壯健,凡遇有事,堪以行走。但無馬匹,難以遠行。查古北口鎮標緑旗馬兵三百名,步兵一千二百名,石匣協標緑旗馬兵八十名,步兵三百二十名,二處共馬兵三百八十名。現俱有馬,不行給馬外,二處共步兵一千五百二十名,每二人共拴馬一匹,計算共需馬七百六十匹。二處馬步兵一千九百名,五人共拴駱駝一隻,計算共需駱駝三百八十隻。夏秋令其放青,春冬照支應古北口營馬之例,支給草料。〇三十九年題准:川陝督標所裁兵丁遺馬一千匹,坐給各營額兵騎操,其額兵原騎疲瘦馬匹,俱令變價,每匹准照茶馬八兩之例,扣除還項。〇五十五年覆准:四川建昌鎮屬會川營新撫土司,每年貢馬四匹,自五十四年起,撥給會川營,照數徵收。遇有各營倒斃馬匹,即行頂補,仍將領騎兵丁姓名,造入該年奏銷册内報部。

凡領解營馬,舊例:緑旗各營官兵馬匹缺額,赴部領解官員,於沿途倒斃過多者,罰俸一年。〇康熙十一年題准:領解馬匹,如十分内倒斃三分以上者,罰俸一年,六分以上者,降一級調用,八分以上者,革職。如將馬匹私賣私給,並缺馬仍支草料者,革職提問。

凡私發營馬,康熙十五年題准:在外將軍以下各官及欽差部差各官,將自畜馬匹送入營伍,多取價值者,照貪官例革職提問。該管官不行查參,或徇情隱諱,事發之日,亦照貪官例治罪。有能出首者,係官,照應陞之缺,加一等優陞;係平人,授爲七品官職銜。

凡營馬倒斃賠樁,順治七年題准:各省營馬,如對陣追賊損失者,免賠;如走失被盗者,本人照例賠補;其倒斃馬匹,每馬以十五兩爲額,賠責數目,每年遞減,至十五年免追。〇八年覆准:賠補倒馬,每馬以十兩爲額,每年遞減,至十年免追。〇十年覆准:四川、廣東、廣西、湖廣、福建調征兵丁馬匹倒斃,應免責懲,賠樁銀兩,量減一半。〇康熙三年定:廣東、廣西、福建、雲南、貴州、四川、江南、浙江、江西、湖廣等省,著三年賠樁;直隸、山東、河南、山西、陝西等五省,著五年賠樁。〇四年題准:三年賠樁省分,一年倒斃,本兵賠樁銀七兩,合隊二兩,本管官一兩;二年者,本兵賠樁銀六兩五錢,合隊一兩七錢,本管官八錢;三年者,本兵賠樁銀六兩,合隊一兩四錢,本管官六錢;三年以後免賠;五年賠樁省分,一年内倒斃,本兵賠樁銀七兩,合隊二兩,本管官一兩;二年者,本兵賠樁銀六兩五錢,合隊一兩七錢,本管官八錢;三年者,本兵賠樁銀六兩,合隊一兩四錢,本管官六錢;四年者,本兵賠樁銀五兩五錢,合隊一兩,本管官五錢;五年者,本兵賠椿銀五兩,合隊七錢,本管官三錢;五年以後免賠。如各省馬匹已過賠椿之限,未曾倒斃,妄行捏報者,該管官察出究治,倘該管官通同朦隱,一併參處。〇又題准:廣東地方賠椿銀兩,准照十兩減半。一年内倒斃者,五兩;二年内倒斃者,四兩五錢;過三年者,免賠。〇五年覆准:廣西地方馬匹倒斃賠椿銀兩,准照廣東例十兩減半,三年免賠。〇雍正元年題准:福建、雲南、貴州、四川、江南、浙江、江西、湖廣,此八省營馬,騎過三年倒斃者,免賠椿銀;廣東、廣西二省減半賠椿,過三年倒斃者,亦免賠椿銀;直隸、山東、河南、山西、陝西,此五省,騎過五年倒斃者,免賠椿銀。

凡朋扣,順治八年覆准:直省各營副將以下,把總以上,每月,官,扣銀二錢;馬兵,扣銀一錢;步兵,扣銀五分;守兵,扣銀三分;存貯各營,以幫買馬之用。〇康熙十一年題准:官兵不扣朋銀者,該管官罰俸一年,提督罰俸六個月,如無提督省分,總兵官罰俸六個月。〇十六年議准:各省營馬倒斃,即動用朋銀買補,若有餘剩,交户部充餉,令藩司照數扣貯,報明該督,按季咨報兵部查核,如有捏報等弊,該督即行題參,其營兵倒馬不行申報,照常支領乾銀者,即將該管官題參。〇三十七年覆准:四川營馬倒斃,停其牽領西寧茶馬,准動朋扣銀購買,令其實報開除,核存截曠,仍將倒馬數目按季報部,歲底造入奏報册内查核。〇四十年覆准:四川省營馬倒斃,動朋購買,應照四川土司進貢例,每匹以十二兩購買補額。〇四十四年覆准:楚省營馬倒斃,原係動朋買補,自二十四年以後,四川等省營馬倒斃,俱令牽領茶馬補額,三十七年停止牽領茶馬,動朋購買,今楚省更遠於蜀,亦應准其動朋購買,每匹動支朋銀十五兩。〇四十五年覆准:提鎮各營倒斃馬匹遞年加增,必致將來所扣朋銀不敷買馬之用。嗣後如有倒馬過多、冒銷朋銀情弊,該督查核,即行題參。〇四十七年覆准:營馬倒斃,該管營將,一面驗明耳尾,將倒馬日期,出結詳報撫鎮,一面動朋銀買補,仍照舊例,將倒馬賠椿銀兩、買馬價值、毛齒、領騎兵丁姓名,按季造册報部,於歲底奏報册内查明。如有虚報倒斃、冒銷朋銀情弊,該撫鎮嚴查題參。〇四十八年覆准:東省買補營馬,准照驛馬之例,每年動朋銀十兩購買。

凡歲底奏報,順治七年題准:各營朋扣銀兩,按季造報。〇十二年題准:停止季報,令各督撫將所屬營馬數目彙造總册,歲底奏報查核。〇十八年題准:兵馬總歸督提管理,其馬政朋椿文册,俱聽總督彙報。〇康熙七年議准:各省朋椿銀兩,歲底聽兵部查核;應扣銀兩,咨送户部撥餉;如有營馬缺額,開送户部購買。〇八年覆准:直隸、山東、河南總督已經奉裁,山東朋馬文册,提督會同巡撫奏報;直隸、河南提督亦裁,令各總兵官將所屬馬匹文册,開明造送巡撫,會同總兵官奏報。〇五十五年諭:各省提督總兵官以下,千把總以上,將營兵馬匹,四季造册報部,徒勞驛站,甚屬無益。嗣後,一年止報一次。

凡茶馬,舊例:陝西設洮岷、河州、西寧、莊浪、甘州五茶馬司,及開城、安定、廣寧、黑水、清平、萬安、武安七監,歲遣御史一員專理。康熙七年,裁茶馬御史,歸併甘肅巡撫管理。〇十年題准:山西、陝西、四川、湖廣、河南五省,各營馬匹缺額,開數報部,移行甘肅巡撫,招中發給,仍將補過馬匹毛齒、領騎兵丁姓名,造册報部查核。其驛馬倒斃,除陝西各驛原額茶馬抵補外,山西、四川、湖廣、河南驛遞,領馬路遠,俱令就近買補。〇十一年題准:甘撫於每年底,將招中茶馬併盤獲私馬,給發山西、四川、湖廣、河南四省營馬,陝西省營驛馬數,造册報户兵二部查核。餘例詳載《户部·茶課》。〇三十九年覆准:舊例:直屬營驛馬匹倒斃缺額,將陝西茶馬分給餧養,遇有損缺,即行頂補,但直屬營驛之馬皆有定制,若額外派撥過多,不惟各屬餧養無資,且一時壅積無用,况陝省離直甚遠,撥解不無疲瘦勞傷。嗣後陝西茶馬,應俟管理茶馬衙門每年將中獲馬匹數目題報到日,撥給何處之處,請旨遵行。至兵部有應發馬匹,山、陝路途遥遠,仍就近撥給直隸營驛扣價。〇四十年覆准:解京解省茶馬,輪責茶司廳員解送。〇四十四年,停止茶馬。

凡常盈庫,順治初,設官管理,收貯車駕司朋椿、站銀、廢車、勘合等項,併武庫司弓兵柴炭、缺官柴薪馬值等項,太僕寺馬價銀兩。〇康熙三年,錢糧統歸户部。〇九年,裁管庫等官。

大清會典卷之一百四十五

兵部武庫清吏司

郎中、主事,分掌軍令、功次、恤賞、軍器、畋獵、京察、武舉、武生及考用員役、發遣戍軍等事。舊設員外郎一員,順治十一年裁。

〔軍令〕

國朝禁旅蕃庶,武功赫濯。凡所以簡卒伍、勤訓練、明號令者,既詳且備,而又優恤殘廢,減免壯丁,違抗者必懲,規避者必斥,寬嚴並濟,賞罰兼施。故威以信行,勇以義奮,軍聲所指,無不立奏膚功。兹將軍令條目,備載於後。

凡按丁披甲,國初定:滿洲蒙古壯丁,每二名,披甲一副;漢軍壯丁,每五名,披甲一副。○順治間題准:滿洲蒙古,每佐領下,披甲三十四副;漢軍壯丁,每四名,披甲一副。○康熙十年議定,漢軍佐領下壯丁多者,仍令五名披甲一副,少者,照現在數披甲,每佐領下不得過四十副。○二十一年題准:漢軍每佐領下,仍四名披甲一副,滿洲蒙古,每佐領,亦不過四十副。

凡挑選披甲,順治三年題准:挑選披甲時,如佐領下滿洲蒙古壯丁不足,許在舊漢壯丁及漢壯丁子孫内,擇能射者令其披甲,其因官分給之蒙古,原不令披甲,或佐領下壯丁果缺,本主願令披甲者,亦准披甲。違者,佐領、驍騎校議處。○康熙十二年題准:披甲違例者,該參領罰俸一個月,佐領、驍騎校,各罰俸三個月,領催鞭五十。○雍正二年諭:各處披甲有五十副者,凑成一百副,邊口内有二十四副甲之處,酌量添設,亦可成伍,將京城滿洲内閑散人發往披甲,亦得資藉糧餉養贍,著總理事務王大臣、兵部、八旗都統公同會議具奏。遵旨議定:太原府、德州、保定府、滄州、古北口、喜峰口、冷石、獨石口等處,共添兵四百七十二名。此内,若係本地閑散挑選披甲者,伊等俱係本處之人,不必另造房屋給與。自京城挑選披甲發往者,所居房屋,著該城守尉查明需用多少間數,令其報部,交與該撫詳細料估,動用正項錢糧監造安住。德州、滄州、保定府、太原府,此四處,添鳥鎗手五百名,需用五百鳥鎗,交與内府營造處,照數造給。

凡披甲規避,國初定:八旗舊披甲人,指稱年老規避,令家人頂替披甲,及佐領等官之子,徇情不令披甲者,令該都統、佐領詳查,如有容隱,一併治罪。

凡優恤退甲兵丁,順治初定:八旗兵丁年老患病退甲,家無披甲當差者,仍給米贍養。〇康熙十年題准:委署護軍校、驍騎校及前鋒護軍、領催兵丁,得過軍功,有患病退甲、傷殘退甲、六十歲以上年老退甲者,該都統及外省將軍、副都統等查驗咨送,磨對册籍果實,咨户部,月給銀一兩、米一斛。微績効力者,不准。如假冒者,該管官及本人分别議處。至寧古塔、盛京等處駐防之人,止給銀,不給米。其遊牧地方之人,概不准給。〇十二年題准:如未經効力,假稱咨送,及尚堪披甲,捏詞退甲者,該管佐領、驍騎校,罰俸六個月;不行詳查之參領、協領,罰俸三個月;都統、將軍、副都統,罰俸一個月。

凡革職官員披甲,國初定:八旗文武各官,緣事革職者,令披甲。〇康熙二十三年諭:滿洲蒙古漢軍革職文武各官,俱免其披甲。如有堪用之人,該旗咨送兵部註册,遇驍騎校、護軍校、步軍校缺出,録用。

凡優免壯丁,順治二年題准:八旗舊人,授官赴任者,優免家丁披甲。按品定數,總督、巡撫、總兵官,免六名;道官、副將,免四名;知府、參將、遊擊、知州、知縣、都司、守備,免三名。〇五年題准:總督、巡撫、總兵官,免壯丁十名;道官、副將,免七名;知府、參將、遊擊、知州、知縣、都司、守備等官,免五名;衛千總,免三名;如定數外,家丁多者,仍照例披甲;少者,止照現在優免。

凡親隨甲兵,國初定:滿洲都統,許隨甲兵八名;蒙古、漢軍都統,許隨六名;護軍統領、前鋒統領,許隨五名;民公,隨四名;侯、伯、滿洲副都統,隨三名;蒙古漢軍副都統、領侍衛内大臣、大學士、尚書、左都御史、精奇尼哈番,隨二名;侍郎、副都御史、學士、通政使、大理寺卿、詹事、王府長史、前鋒參領、護軍參領、驍騎參領、阿思哈尼哈番、佐領等,各隨一名。〇康熙六年覆准:領侍衛内大臣,准隨甲兵五名;内大臣,准隨二名。〇十八年覆准：散秩大臣，准隨甲兵一名。

凡發補駐防限期，康熙三年題准：發補盛京、寧古塔、鳳凰城、廣寧、牛莊、西安、江寧、京口、杭州、廣東等處亡故兵丁之缺者，限兩個月起程；補年老患病退甲之缺者，限三個月起程；德州、滄州、保定、太原、山海關等處，俱限一個月起程。

凡頂補駐防，康熙七年題准：寧古塔、盛京、西安、江寧、杭州等處駐防兵丁亡故有子嗣者，准其頂補；若無子嗣，該將軍、副都統將伊奴僕頂補披甲。如有應承受家産之主在京，情願取回其奴僕者，該都統印文咨部，確查果實，准其撤回，此缺即於彼處酌補。若原係奴僕披甲駐防者，本身亡故，應撥另户兵丁往補。〇二十五年題准：西安等省駐防兵丁亡故，其已披甲之子弟内有願扶櫬來京者，亦准回京。願在外者，仍留披甲。如有缺額，該將軍等於滿洲蒙古舊壯丁内選擇補用，果無堪擇人丁，移咨兵部，撥兵往補。如不令舊壯丁披甲，止以新丁充數者，該將軍及該管官俱治罪。〇又題准：各省駐防官員兵丁，或係老病解退，或係亡故，其已披甲之子弟，不論分户，未分户，有願退甲同來者，准其回京；有願分户在外者，仍留披甲。

凡頂補砲手，順治六年題准：漢軍召募砲手，每旗額設五十名，嗣後缺額，即以其子頂補，無子者，行咨外省選取。〇康熙六年題准：砲手缺額，停令外省咨取，聽該都統酌量補用。〇八年題准：砲手缺額，或旗下舊人，或駐防帶回之召募砲手，各旗酌量頂補，無可補者，以召募砲手之子弟頂補。

凡操演弓矢火器，順治十二年題准：每年春季，八旗前鋒護軍馬步兵丁，俱令較射，竪的於三十一弓之地，每人箭五枝，各射二回。中一箭以上者，每箭賞銀五錢，中八箭以上，加賞弓一張，並演放鳥鎗。竪的於四十一弓之地，每人放十鎗，中一鎗以上者，每鎗賞銀五錢，中八鎗以上，加賞折弓價銀三兩。其箭的高五尺，闊一尺，入地一尺。至於紅衣法貢，隔年一次。十月初一日起，演放十日。竪的於八十弓之地，每紅衣法貢一座，各放五次，紅衣中一次者，賞銀一兩，法貢中一次者，賞銀五錢。其的高七尺，闊五尺，入地一尺。至射箭放鎗常期，春季，二月十六日爲始，四月十六日止；秋季，七月十六日爲始，十月初二日止。每年春二次、秋二次，令披甲射箭。〇康熙十年題准：内外射箭賞給暫行停止。〇十九年題准：紅衣等砲，令每年春秋二季演放。〇二十一年題准：停止春季演放紅衣等砲，止令秋季於九月初一日起，演放一月。

凡發兵違約，國初定：發兵之時，或在家，或在外，違限者，該管參領佐領等官，每兵一名罰銀五兩，若至革職等重罪，候旨定奪。兵丁不遵約束違抗者，酌量罪犯責治，該管官仍行議處。○康熙十一年題准：官員出征，在家規避不起身者，革職；在外違約者，革職提問。護軍及領催兵丁等，在家規避不起身者，鞭一百，仍發往軍前；在外違約者，鞭一百，所獲人口入官。若係差遣之處，不遵號令違誤者，鞭一百；出兵之處，不遵號令妄行者，爲首人正法，餘俱枷號三個月、鞭一百，該管官罰俸一年。

凡禁令，國初定：親王、郡王、貝勒、貝子、公等，遇敵交鋒，若七旗敗遁，一旗攻戰，有裨於七旗者，將七旗下七個佐領人丁，給與一旗；若一旗敗遁，七旗攻戰，將敗遁人丁分與七旗；若一旗内一半攻戰，一半敗遁，即將敗遁人丁撥與本旗攻戰之人；如一旗内，一半有事他處，未與攻戰，其半旗雖敗，免其折旗，留給本旗未戰之王貝勒貝子公等，其攻戰之各旗，酌量給賞；若遇敵猝乘七旗未及准備，而一旗獨能攻戰，亦止照功給賞，不在敗遁折旗之例。又，凡曠野遇敵時，如不按隊伍，輕入敵陣，或見敵兵單少擅自奔馳者，將所乘之馬並本次所獲人口入官。又，凡列陣攻戰時，須從容縱馬，各照對敵前進，若遷延趨避，尾附他隊，或他隊已進，立視不前者，各按所犯治罪。又，凡進兵之際，或有稍先稍後者，克敵後不許彼此争競，至敵人敗北，勢宜追逐者，須選精騎當先，其都統護軍統領等，各領本纛分隊隨後，以防追兵陷入埋伏。倘追趕時，或被伏兵攔截，都統護軍統領等即行迎敵。又，凡出兵時，各認本佐領旗號，依隊而行，都統、副都統、護軍統領、參領、佐領各以次第管轄，嚴行約束，不許離伍亂行，争取遺物，不許酗酒諠譁，亂行者，罰銀三兩給拏獲之人，諠譁酗酒者，責治，至失火者，論死。軍士盔甲及軍器馬絆等項，俱釘字號，馬尾後，拴牌烙印，馬無印者，罰銀二兩，箭無字者，罰銀十兩，給拏獲之人，無銀者，鞭三十，如偷盜鞍轡籠頭等物者，照偷盜例鞭責；至夜間行營，勿得吹哨，違者治罪。又，凡有一二人妄行搶掠，被人傷害者，即將妻子入官，該管官仍治罪。又，凡官兵出征，不許拆毁神廟，不許妄殺平人，抗拒者擊，投順者撫，其俘獲之人，勿得剥取衣服，拆散夫妻，至不堪俘獲者，亦不得傷害，俘獲之人，勿令看守馬匹。又，凡出征大臣，務平定地方，救濟生民，嚴禁兵丁，不許搶掠，平定之日，論功陞賞，若縱兵搶掠，指良爲賊，妄行殺戮者，從重治罪。又，凡出征敗陣者，斬，其免死與不至死者，枷號三個月、鞭一百。又，凡搶奪民人柴草者，鞭八十，賠還柴草，該管官罰俸一年。〇康熙十八年諭：領兵諸王將軍等，借通賊爲名，燒民房舍，擄掠子女，搶奪財物，或分兵所往之處私自擄掠者，令該督撫題參治罪。如督撫隱匿，事發日，督撫革職。

凡軍前救人，國初定：臨陣衆寡不敵，在危急時，被人救出者，照被救人陣亡恤賞，減去一半，其一半官出一分，被救人出一分，賞給能救之人；若兩軍相戰時，有能將落馬之人救出與馬騎者，係公以下、副都統以上，給銀一百兩，參領、阿達哈哈番以下，給銀六十兩，平人給銀二十兩，俱於落馬人名下追給。如將屍骸救出者，賞給官馬一匹。其樵牧軍士，亂行陷敵，被人救出者，亦估計恤賞，於帶領官名下追銀一半，賞給能救之人，若不係亂行，帶領官無罪，令被救人給與半分。救出至親，不在此例。

凡攻城救人，國初定：攻城不克，將城下被傷之人，有能救回者，照被傷人應得恤賞例，減去一半，其一半，官出一分，被傷人出一分，給能救之人；如將屍骸救出者，令同領戰官給銀三十兩。〇康熙十九年題准：或攻城或野戰，如將陣亡屍骸不能救出者，同戰之參領、閑散官、護軍校、驍騎校，降二級調用，領戰之該營總，降一級調用，領戰之大臣罰俸一年。

凡官兵被傷，舊例：攻戰失利，被傷官兵概免議處。康熙二十三年議准：被傷官員兵丁，若係頭等、二等傷痕，免議；三等以下傷痕，仍與失利者同罪。如未經被傷，冒作傷痕退回者，照規避例治罪。若係官員重傷，止許親隨人等送出，無親隨人，令甲兵一二名護送；兵丁重傷，亦止令甲兵一二名護送。多差者，差撥各官治罪，多送甲兵，亦同議處。

凡城内號令，順治十年議定：白塔山上，設砲五位，竪旗五桿；九城門上，各設砲五位，竪旗五桿。遇有警急，放砲爲號，白晝旗桿上懸掛彩畫黄旗，夜間懸掛燈籠。八旗官員人等，即便披掛，若係御前直班内大臣侍衛，各照本班所伺候；其不直班内大臣侍衛，係左翼者，俱集東華門外，右翼者，集西華門外。内府佐領等，各帶本佐領馬步兵丁，集神武門外；護軍統領、前鋒統領、護軍參領、護軍前鋒帶領馬步兵丁，係兩黄旗，集地安門；兩白旗，集東安門；兩紅旗，集西安門；兩藍旗，集金水橋。其滿洲蒙古漢軍都統、副都統，各領馬步官兵，照本旗應集之處齊集。都統、護軍統領、前鋒統領，親至午門探聽。若都統他出，令副都統，若無副都統，令參領，若無護軍統領，令護軍參領，若無前鋒統領，令前鋒參領、前鋒侍衛，探聽候旨。步軍總尉、步軍副尉各領所屬官兵，上城防守。議政和碩親王以下、貝子以上，各帶隨從人員。親王許隨十五名，世子隨十二名，郡王隨十名，貝勒隨八名,貝子隨六名,俱赴午門外齊集;不議政之王以下、公以上,各領隨從人員在本旗護軍處齊集;未上朝王以下、公以上,各留本府,止差護衛至午門探聽。其親王以下、公等以上,守門直班各官,及各府護軍、各府佐領下甲兵,俱留該府伺候傳唤。其齊集時,密傳各該管官員人等不許喧譁。

〔軍功〕

國家命將陳師,立法鼓勵。凡效力行間者,各按功績,分别等第,記册給牌,移咨吏部授職。其應予賞賚者,照例分給。至招撫之功,亦與軍功並重,所以廣綏遠之仁,即所以明止戈之義也。兹詳列於篇。

凡移送功牌,國初定:大兵凱旋之後,詢問統兵主帥,實叙官兵勞苦情形,分作等第,給與功牌,如應即授職者,移咨吏部授職,應註册者,兵部註册,令其再行圖功。〇康熙七年題准:議叙攻城功牌等第,與議叙戰功等第同。

凡議叙兵主,順治五年題准:兵主遣發軍士,克城敗敵者,雖本身未經親往,亦照議定等第,給與軍功。

凡議叙委署,順治九年題准:出征委署人員,果係亡故,及患病將領遺缺者,准議叙軍功,額外委署者,不准。〇十四年題准:出征護軍校、驍騎校缺出,委官代署者立功後,即照護軍校、驍騎校議叙。額外多委者,不准。

凡議叙前進軍功,順治十四年題准:大兵所到之處,或敵人挖掘溝塹,安設木柵,排列挨牌相敵,或大列陣勢相敵,我兵勞力攻戰,敵兵不動時,有能奮勇越衆前進,衆皆隨後敗敵者,爲首之人賞銀一百兩,咨吏部授官,第二人賞銀八十兩,第三人賞銀六十兩,俱註册,俟後立功分别授官。若齊力交鋒之際,有能於本旗行隊之前越衆衝鋒,本旗大隊隨後全進克敵者,爲首之人賞銀五十兩,第二人四十兩,第三人三十兩,俱註册。一人能在三處爲首者,咨吏部授官,若仍係二等三等,將兩個三等功牌准作二等,兩個二等功牌准作頭等,積至三個頭等者,亦咨吏部授官。若止照本隊前進,或隨衆斬射,或追擊敗兵,或於敵少處前進者,俱不在授官給賞之例。

凡議叙紅衣砲克城,順治四年題准:官兵用紅衣砲擊破城池者,其擊陷之處,所派護軍統領、副都統,准給末等軍功。〇五年題准:凡攻克城池者,止准將在先官兵議叙,餘俱不准。〇八年題准:凡用紅衣砲攻城,令八旗會於一處,同時點放,叙功時分别等第,移咨吏部,照雲梯克城例,減等議叙。每位紅衣砲,止准議叙官一員,多委者,不准。每參領,若有二位紅衣以上者,參領亦准議叙。其都統、副都統及兩傍管放紅衣砲官員等,俱照例議叙。

凡登城賞例,順治八年題准:官兵用雲梯攻克府城者,准賞五人,爲首者,賞銀五百兩,第二人,三百五十兩,第三人,二百五十兩,第四人,一百五十兩,第五人,一百兩,領戰官照第二人例,指示官照第三人例,射箭官照第五人例,擡雲梯人,各賞銀三十兩;攻克州衛城者,准賞四人,爲首者,賞銀四百兩,第二人,二百五十兩,第三人,一百五十兩,第四人,一百兩,領戰官照第二人例,指示官照第三人例,射箭官照第四人例,擡雲梯人,各賞銀二十兩;攻克縣所城者,准賞三人,爲首者,賞銀三百兩,第二人,一百五十兩,第三人,一百兩,領戰官照第二人例,指示官照第三人例,射箭官各賞銀五十兩,擡梯人各賞銀十兩;用紅衣砲攻克城池,不論府州縣衛所,俱賞三人,爲首者,賞銀二百兩,第二人,一百兩,第三人,五十兩,領戰官照第二人例,指示官照第三人例,射箭官不給賞。紅衣砲手,如克府城,各賞銀十五兩,州衛城,各賞銀十兩,縣所城,各賞銀五兩。如砲手内有効力多者,酌量優賞。其刨塌城垣克城者,領戰官照首登雲梯例給賞,驍騎校、護軍校照末等人例給賞,効力兵丁照擡梯人例給賞,登城者,照用紅衣克城例給賞。奪門入城並無雲梯登城者,准賞三人,爲首者,賞銀一百五十兩,第二人,一百兩,第三人,五十兩,領戰官照第二人例,指示官照第三人例。

凡克城等第,順治十七年題准:如城内敵兵衆多,我兵艱苦,登梯攻克者,爲頭等第一;敵兵雖多,主帥相機設謀,我兵不甚艱苦,登梯攻城者,爲頭等;敵兵雖寡,守禦猶堅,我兵艱苦攻克者,爲二等;敵兵既寡,主將相機設謀,我兵不甚艱苦攻克者,爲三等;敵兵甚少,敢行抗拒,我兵登梯攻克者,爲四等。州城頭等第一,准作府城頭等;縣城頭等第一,准作州城頭等;其餘俱照此例。遞減一等,衛城與州城同,所城與縣城同。如敵衆據寨築垛,我兵勞力攻克者,其功與得城同。此等軍功,詢問兵主,據實分别等第,俱咨吏部議叙。如兵主假捏,即將此次功績不准行,仍從重治罪。○康熙十二年議准:叙功時,如攻戰未勞而謊稱勞,敵寡而謊稱衆者,將兵主此次功績俱不准,仍行革職。

凡水戰,順治十四年覆准:遇敵水戰時,有能躍入敵船得獲者,領兵主帥驗明船隻大小,分爲三等:如係頭等船隻,爲首人,賞銀二百五十兩,第二人,二百兩,俱咨吏部授職,第三人,賞銀一百五十兩,第四人,一百兩,第五人,五十兩,俱註册;如係二等船隻,爲首人,賞銀二百兩,咨吏部授官,第二人,賞銀一百五十兩,第三人,一百兩,第四人,五十兩;如係三等船隻,爲首人,賞銀一百五十兩,第二人,一百兩,第三人,五十兩,一并註册,俟後立功,將兩個五等功牌准作四等,兩個四等功牌准作三等,兩個三等功牌准作二等,兩個二等功牌准作頭等。如至兩個頭等者,咨吏部授官。除分别三等船隻外,其躍入平常船隻者,爲首人,賞銀八十兩,第二人,六十兩,第三人,四十兩,註册,俟後立功積至三個頭等者,咨吏部授官。其在船督戰,爲首官,照第二人例,其餘各官,照第三人例,護軍校、驍騎校等,照第四人例。若叙功時,兵主未經分别等第者,仍照平常船隻例給賞。如追獲空船小船及敗走之船者,不在授官給賞之例。

凡議叙執纛,康熙元年題准:大兵出征處,如敵人掘壕排柵,大列陣勢相拒,我兵力戰不退時,八旗執纛人,有能鼓勇首進者,賞銀一百兩,授與官職,次進者,賞銀八十兩,再次進者,賞銀六十兩;如官兵前進,將及十人,執纛人續進者,賞銀五十兩,其餘執纛人,俱不給賞;若整兵對敵之時,有一參領下執纛人,在衆參領之前首進者,賞銀五十兩,註册,俟後立功,有三次頭等,咨吏部授官,執纛次進者,賞銀四十兩,再次進者,賞銀三十兩;如官兵前進,將及十人,執纛人續進者,賞銀二十兩,餘執纛人,俱不給賞。以上令兵主在外議定,造册送部,分别等第之後,三等軍功以上,執纛人准賞,四等軍功以下,執纛人不准賞。

凡議叙跟隨王等出征人員,雍正四年覆准:嗣後,跟隨王等出征護衛人員内,果有赤心報國、奮勇争先、不顧身命者,令領兵將軍,將伊等功績據實造册報部,分别等第,照出征官兵議叙。如有屈抑遺漏及冒開功績者,一經察出,將該將軍等指名題參,從重治罪。

凡議叙披甲奴僕,康熙十三年題准:八旗下披甲奴僕,得過三個頭等功牌,准其開户。〇十九年定:得過兩個頭等功牌者,亦准開户。〇三十五年議准:官兵家下之馬兵及跟役内,或於駱駝營,或於欓木營,或於排陣對敵之處,如有在旗下超越前進,衆人隨後敗賊殺賊者,將超越前進之家下馬兵、跟役本身并伊父母妻子,俱著出佐領爲另户。其本主照,例按人口給與身價銀兩。

凡招撫官兵船隻,順治五年題准:招撫兵一千名以上,船五十隻以上,及官民未徙之全城者,統兵主帥、分發將領及將領下遣去招撫之人,俱准議叙。○康熙十二年覆准：招撫兵一千名以上，船三十隻以上者，作爲五等軍功；兵一千五百名，船四十隻以上者，爲四等軍功；兵二千名，船五十隻以上者，爲三等軍功；兵二千五百名，船六十隻以上者，爲二等軍功；兵三千名，船七十隻以上者，爲頭等軍功；兵三千五百名，船八十隻以上者，爲頭等第一軍功；如招撫僞王居住之府城者，作爲頭等第一軍功。府，作爲頭等軍功；州，作爲二等軍功；縣，作爲三等軍功；衞所，作爲四等軍功；有名寨崖，作爲五等軍功。其參贊之都統、護軍統領、副都統、分發將領與將領下遣去頭目，以及預事等官，俱准議叙。如以少稱多，以空城作實城者，照例治罪。

凡招撫新滿洲，康熙元年題准：自寧古塔出兵，招新滿洲一百户者，准給頭等軍功，八十户者，准給二等軍功，六十户者，准給三等軍功，四十户者，准給四等軍功，二十户者，准給五等軍功。如不係出兵，遣人招撫及自行來投者，俱不准。

凡請功遲誤，順治九年題准：出征軍功，凱旋之日，各令請功。如已經給與等第後，或稱前功遺忘，再行請給，或稱前次未經請功，欲俟後得功牌並請，或稱有事耽誤者，俱不准行。若果在請功之先，實係因公差遣，許兵主及該管官開明緣由，送部註册，俟差回日請功。

凡不准請功，康熙二十二年議准：官兵攻城對陣，若於敵人未動之先，被傷退回，及敵人既敗不行追擊者，一概不准請功。

〔恤賞〕

國家敦尚忠勇，凡有捐軀殉難者，優恤備至。其行間被傷，亦分别等第，給賞有差。至於病故，尚念其勤勞，妻子並加以養贍。其有預借公帑者，亦得均邀豁免。事例不一，皆從優厚。兹詳列於左。

凡旗員陣亡恤賞，順治五年題准：出征陣亡八旗官兵，各給恤賞：一等精奇尼哈番，銀一千一百兩；二等精奇尼哈番，一千五十兩；三等精奇尼哈番，一千兩。如都統世職小，及無世職者，照三等精奇尼哈番例。一等阿思哈尼哈番又一拖沙喇哈番，銀九百五十兩；一等阿思哈尼哈番，九百兩；二等阿思哈尼哈番，八百五十兩；三等阿思哈尼哈番，八百兩。護軍統領、前鋒統領、副都統，如世職小，及無世職者，照三等阿思哈尼哈番例。一品官不管兵者，亦照此例。一等阿達哈哈番又一拖沙喇哈番，銀七百五十兩；一等阿達哈哈番；七百兩，二等阿達哈哈番，六百五十兩；三等阿達哈哈番，六百兩。參領、王府長史，如世職小及無世職者，照三等阿達哈哈番例。二品官不管兵者,亦照此例。拜他喇布勒哈番又一拖沙喇哈番,銀五百五十兩;拜他喇布勒哈番,五百兩。不管兵阿達哈哈番品級官員,亦照此例。佐領,銀四百五十兩;拖沙喇哈番,四百兩。貝勒司儀長,不管兵拜他喇布勒哈番品級官員,亦照此例。閑散官員,銀三百五十兩,拖沙喇哈番品級官員,亦照此例。護軍校、驍騎校,銀二百五十兩,六品官亦照此例。七品八品官,銀二百二十兩;護軍領催及執纛人,二百兩;甲兵,一百五十兩;委署護軍統領、副都統、参領、閑散官員,或世職小及無世職,各照本身應得陣亡恤賞外,加銀五十兩。未披甲砲手,銀一百三十兩。各部未披甲通事、滿洲蒙古從役,并滿洲家下漢人披綿甲者,俱一百兩;漢從役,七十兩。〇康熙十二年題准:都統,照一等精奇尼哈番,護軍統領、前鋒統領、副都統,照一等阿思哈尼哈番,参領,照一等阿達哈哈番例,給與陣亡恤賞。

凡恤賞緑旗陣亡殉難官兵,順治十年題准:千總,恤銀一百兩;把總,六十兩;馬兵,三十兩;步兵,十五兩。〇康熙三年題准:千總恤銀,一百五十兩;把總,一百兩;馬兵,五十兩;步兵,四十兩。外委官員不論大小,照馬兵例。〇十三年題准:提督恤銀,八百兩;總兵官,七百兩;副將,六百兩;參將,五百兩;遊擊、都司,四百兩;都司僉書,三百五十兩;守備,三百兩;守禦所千總,二百五十兩;衛千總,二百兩;營千總,一百五十兩;把總,一百兩;馬兵,七十兩;步兵,五十兩。外委官員不論大小,照馬兵例。〇十七年覆准:鄉勇助戰陣亡者,照步兵例,減半給賞。

凡被傷恤賞,國初定:八旗兵丁陣傷者,分别給賞:頭等傷,給銀五十兩;二等傷,四十兩;三等傷,三十兩;四等傷,二十兩;五等傷,十兩。若被遠砲中傷者,照例各減銀十兩。滿洲蒙古從役被傷者,頭等傷,給銀三十兩;二等傷,二十兩;三等傷,十兩;四等傷,五兩;五等傷,二兩五錢。各部未披甲通事并滿洲家下漢人披綿甲者,俱照甲兵被傷例:若被遠砲中傷者,頭等、二等傷,減銀十兩,三等、四等傷,各給五兩。向敵人放砲被火藥誤傷者,照從役被傷例。至漢從役人,頭等傷,給銀二十一兩;二等傷,十四兩;三等傷,七兩;四等傷,四兩;五等傷,二兩。被遠砲中傷,亦照此例。〇順治十年題准:緑旗官兵陣傷者,頭等傷,給銀十兩;二等傷,八兩;三等傷,七兩;四等傷,六兩;五等傷,五兩。〇康熙三年題准:頭等傷,給銀二十五兩;二等傷,二十兩;三等傷,十五兩;四等傷,十兩;五等傷,五兩。〇十三年題准:頭等傷,給銀三十兩;二等傷,二十五兩;三等傷,二十兩;

四等傷，十五兩；五等傷，十兩。

凡殘廢恤賞，國初定：出征被傷殘廢之人，或雙目不見，或兩手不能展動，或兩足不能行走，及聾啞者，除照陣亡恤賞各等次給一半外，加銀三十兩；一手一足脱落者，加銀二十兩；若傷一目或兩目，或一手不能展動、一足不能行走，或兩耳聾蔽者，加銀十兩；或一手有一二指不能屈伸難以持弓，或足瘸或齒折一半言語不清者，照陣亡恤賞各等次給與一半；或傷手一二指，或傷足未瘸，或折傷三四足指，或一耳聾蔽者，照給半例，減銀十兩。此等傷痕，俱令該都統、副都統、參領、佐領、驍騎校等驗明，具結咨部。○康熙二十年題准：出征傷殘之人，俟回京三年後，照該旗咨送緣由，驗看傷廢果符，分别具題，照例恤賞。○三十二年諭：凡在軍前受傷殘廢者，雖給一半陣亡恤賞，若不得錢糧，難以生理，伊等雖不能執弓，猶可行走，著於南苑門軍倉庫等處老軍缺補用，令食錢糧。其曾爲護軍校、驍騎校，内猶可行走者，著於各館頭目、副頭目缺補用。

凡優恤出征病故官兵，順治十二年議准：八旗兵丁，遠方出征，除陣亡外，如有不服水土病故者，恤銀二十兩。○康熙元年停止。○七年題准：仍復舊例。○二十年恩詔，出征病故文武虚職，三四品官，恤銀五十兩；五六品官，四十兩；七品以下官，三十兩。

凡優恤老病，雍正元年諭：京城八旗、各省兵丁，年老殘疾退甲者，除子弟現在食糧當差，或家道自能存活者外，若本身既不能當差，又無子弟可以倚賴，家貧無以自給之人，著各該處逐一查明，彙齊奏聞，終身賞給半分錢糧。

凡優恤陣亡官兵家口，國初定：前鋒護軍、領催、兵丁陣亡，及傷廢亡故人之妻子，家無養贍者，該參領、佐領、驍騎校、具結，送該都統，咨部，每月准給一半銀米。若非係陣亡，朦混咨送者，該管官治罪。○康熙十二年題准：不係陣亡，朦混咨送者，該佐領、驍騎校罰俸三個月，參領罰俸兩個月，都統、副都統罰俸一個月。○三十四年諭：將領以下、厮役以上，没於行陣者，除照常給與恤賞外，若係護軍，給伊一子七品官職；若係馬兵，給一子八品官職，令其食禄；或無子嗣，即將伊原糧養贍其妻終身。

凡致祭恤典，康熙八年題准：緑旗兵丁陣亡及傷廢病故，無妻子親屬者，各給銀二兩，交該督撫提鎮委官致祭。○三十六年題准：合門殉難者，按其品級全葬之價，并給一次致祭銀兩，遣官讀文致祭，其妻亦同夫致祭一次。○雍正元年恩詔，文武官員，爲國捐軀，効力行間，甚屬可憫。歷來出征陣亡之拖沙喇哈番三等侍衛以上，文官知縣以上，武官守備以上官員，俱致祭一次。

凡追祀恤典，雍正二年諭：朕惟周禮有司勳之官，凡有功者，書銘太常，祭於大烝，祭法曰：以死勤事則祀之。凡以崇德報功，風勵忠節也。我太祖高皇帝肇造鴻圖，太宗文皇帝式廓區夏，世祖章皇帝奄有萬邦。自創業以至定鼎，將帥之臣，致命立功者不少。聖祖仁皇帝臨御六十一年，中間殲滅三逆，永清朔漠，以及平定西藏、臺灣。雖天戈所指，如疾風振槁，而師旅臣之捐軀馬革，及守土官之見危授命者，所在多有。邇者青海蕩平，西域効順，然自用兵以來，將士奮勇前驅，亦有歿於行陣者，此皆盡忠報國之臣，朕甚嘉之，亦甚憫之。當於京城建立祠廟，春秋妥侑，世世血食，其偏裨士卒力戰敵愾、舍生取義者，亦附列左右，用以褒崇大節，揚表芳徽，俾遠近觀聽，勃然生忠義之心，於治道亦有裨益。仍令翰林官纂其籍貫事跡，各爲立傳，彙成一編，垂諸永久。爾等悉心詳議具奏。遵旨議准：交與兵部詳查册籍，行文八旗、直隸、各省督撫，凡臨陣捐軀守土授命之文武諸臣，以及偏裨士卒，赤心報國、奮不顧身者，將籍貫事跡，詳晰繕册具奏，建立祠廟，垂諸永久。其建祠祭祀各項規制，詳見禮部。

凡優免出征兵丁借扣并應賠倒斃馬匹，康熙五十五年諭：朕維國家綏靖邊圉，翦除賊寇，必須士馬飽騰，行間奮勇。乃克立奏膚功，則恤兵之道，宜亟講也。朕御極五十餘年，無時不以愛養士卒爲念，内而八旗禁旅，外而各省緑旗，視同一體，或代還私債，或遣官犒賞，或嚴禁尅减，或察核虚冒，所以體恤之者，惟恐不至。近策妄阿喇布坦狂逞跳梁，侵我哈密，故特徵兵預備，既已轉輸糗糧，又復頒給馬駝，籌畫倍周，加惠尤渥。而山西、陝西緑旗兵丁首奉調遣，裹糧遠涉，貲用維艱，每預借公帑，例應扣餉抵還，而始終從軍兵丁披堅執鋭，戮力戎行，又責以還帑償逋之事，朕心深爲憫惻，是必特沛格外恩膏，乃足鼓勵士氣。除回汛兵丁所借銀兩外，其始終從軍之緑旗兵丁所借帑金四萬八千八百二十兩有零，咸與蠲免，凱旋後勿復扣抵。並嚴飭統轄將領實心奉行，倘有仍行私扣者，該督撫據實指參，從重治罪，以仰副朕軫恤邊兵至意。〇五十九年諭：朕惟國家綏乂地方，愛養兵民，實屬緊要。朕自臨御以來，夙興夜寐，無時不以軍民生計爲念。比年策妄阿喇布坦蠢動跂扈，侵我哈密，殲及喇藏，占取藏地，騷擾土默特湯古忒人衆。再，土番皆在四川雲南一帶居住，準噶爾人等，若將土番侵取，又將土默特湯古忒人衆脅誘，侵犯庫庫腦兒，不但難於應援，亦且不能復取藏地，是以調遣江寧、杭州、荆州滿兵至四川雲南，滿漢官兵同由拉里路前發，西路大兵由庫庫腦兒進藏。官兵俱感朕素日豢養之恩，遵朕指授，各加奮勵，直抵從古未到險遠之絶域，克取藏地，殊屬可嘉，應大沛恩澤。四川、雲南滿漢官兵從前支領俸餉，俟事定之日，俱著免其扣除。現今即遣堂官將庫内銀兩，賞給取藏之官兵，每人十兩，賞給本人妻子，以示朕軫恤軍前効力勞苦官兵之至意。〇六十年題准：山東馬步兵丁，跟隨陝西大兵進藏，所借司庫餉銀十個月，免其扣追。〇六十一年十一月恩詔，凡前往軍前八旗滿洲蒙古漢軍緑旗兵丁，所借銀兩，俱著寬免。〇雍正元年諭："朕維治安天下，欲兵民各得其所，務必以敷恩減賦爲要。比年以來，策妄阿喇布坦狂逞逆命，發師致討。四川、陝西進藏官兵，經歷險道，往返萬有餘里，甚屬勞苦，朕甚憫念。其倒斃馱載馬匹價銀及口外沿途與西藏留駐兵丁續補馱馬價銀，著悉免追賠。〇二年諭：陝西出征之宣化鎮標兵丁倒斃馬匹，著從寬免其賠補。古北口提標兵丁倒斃馬匹，亦免其賠補。〇五年諭：雲南兵丁由中甸前進察木多時，各兵曾借餉銀五萬七千二百四十餘兩，原議分作三年扣還。今已扣除銀七千一百餘兩，其餘尚有四萬三千兩，著悉行豁免。其已除之七千餘兩，仍照數賞給兵丁，使伊等食用寬裕，以副朕愛養兵丁之至意。〇又諭：出征兵丁所借銀兩，朕已加恩盡行豁免。其官員等所借俸銀，從前所以未曾降旨豁免者，原有深意。蓋官員與兵丁不同，若與兵丁一體豁免，將來遇有差遣之時，本人不便借支，而該管官亦不便借與，緩急之際，轉無所資藉，是以朕之未曾降旨豁免者，正所以加恩於出征之官員也。但已經休致及亡故之人，本身已無可扣除，於其子孫俸餉内扣還，朕心不忍。除有罪革職人員外，著加恩全行豁免。其外委之員，本無俸禄可以指借，當時何以借與本人？著照兵丁例豁免。查明將錢糧市恩原借給之將軍大臣名下追補。凡滿洲蒙古漢軍緑旗各處出征之官員，悉照此旨行。〇又諭：勦撫凴山賊番，苗疆寧謐，在事官兵，加恩議叙賞賚。如有曾經借支銀兩，一概加恩賞給，不必扣還。

凡比照陣亡被傷恤賞，雍正五年諭：查康熙五十三年内，福建、臺灣、廣東碣石，有海洋遭風傷損官兵之事，蒙聖祖仁皇帝特頒諭旨，令地方大吏加以恩恤，並令嗣後通行。但向來未曾分别官、兵，詳著爲例，恐地方官奉行不力，或至日久廢弛，亦未可定。朕思海洋危險之地，凡官弁兵丁等，若因公事差委遭風受困者，當照軍功加恩；倘有不幸至於身故者，當照陣亡之例優恤。再，漕運船隻，在大江黄河危險之處，遭風漂没者，亦係因公，情實可憫。又如黄河下埽之人，辦理工程，不惜身命，均當比照軍前之例，定以恩恤之條。著九卿分别詳細定議具奏。遵旨議准：嗣後，沿海省分因公差委，及河漕領運各弁丁、黄河下埽工役，如在事遭險没水，幸生者，照軍功保守在事有功之例，官，加一級，兵丁、工役，照該督撫查明具題人數，俱以軍功頭等傷例給賞；身故者，官不論銜級大小，照軍功陣亡例，以現在職分准廕加贈，給與祭葬銀兩，兵丁、工役及外委官弁，亦照軍功陣亡例，分别給與祭葬銀兩。其無妻子親屬者，該督、撫、提鎮照例給銀，委官致祭。再，海島、内江運河，如有奉文差委辦公之官弁、兵丁、工役等遭險受困，或幸生，或身故者，亦照此例，分别予恤。至於奉調考驗等事，該員雖亦因公，但與巡哨、輓運、下埽之人不同，應照軍功例減一等予恤。至船内頭柁、水手人等，與巡兵、運丁、工役不同，如有身故者，照軍功二等傷例賞給。

大清會典卷之一百四十六

兵部武庫司

〔軍器〕

造作軍器，職隸工部，而給發則兵部掌之。良楛有等，賞罰有條，點驗有期，私售有禁，皆武庫之所專司。玆備列焉。

凡旗纛，國初設八旗，以鑲黄、正黄、正白、正紅、鑲白、鑲紅、正藍、鑲藍爲旗色。八旗旗纛，各照本旗色樣。又别以都統護軍纛畫龍，前鋒旗畫飛虎。漢軍旗纛畫黑月，都統護軍纛、前鋒旗，俱紅纓，其正紅旗都統護軍纛，俱黑纓。

凡甲面盔纓，國初定：八旗文武官員甲面，及護軍校甲面，俱用藍色，盔上用紅纓；驍騎校、部院筆帖式併馬步兵丁甲面，各照旗色，盔上用紅纓。〇康熙五年題准：八旗護軍校甲面，俱用白色；部院有品筆帖式、驍騎校甲面，用藍色；驍騎校以下兵丁，盔上俱用黑纓；都統以下至有品筆帖式，盔上俱用紅纓。

凡給發兵丁器械，順治五年題准：馬兵每名，各給鐵盔甲一副，弓一張，箭四十枝，腰刀一口；步兵均作三分，一分弓箭手，各給弓一張，箭三十枝，一分長鎗手，各給長鎗一桿，一分鳥鎗手，各給鳥鎗一桿，三分各給綿甲一副，腰刀一口。至直省兵丁需用器械，悉照例給發。〇十二年題准：八旗新披甲兵丁，部發軍器馬匹。後停給馬。

凡製造官弓，國初定：八旗弓匠，製造官弓，造成日，每旗令侍衛、護衛等官到部，分别等第。頭等弓，每張，匠役賞銀一兩；二等弓，五錢。監造頭目，頭等弓，每張，賞銀三錢；二等弓，一錢五分；三等弓，無賞罰；四等弓，每張，匠役及頭目各責五鞭；五等弓，各責十鞭，應得賞銀，每鞭抵算銀三錢,不足抵算者,鞭責。其賞銀移咨户部給發。○康熙十五年,停止給賞。

凡採取樺皮,國初定:八旗需用樺皮,俱於寧古塔地方採取,令弓匠協領一員,每旗匠頭各一名,匠役各二名,前往驗採。其附近驛站村莊,額設壯丁一百八十名,内一百名,隔一年採取一次,餘八十名耕種。

凡採伐弓胎,順治二年題准:每年秋季,於昌平、密雲二處採伐弓胎,弓稍一萬副,額設導引採伐壯丁八名,每年給工食銀四十兩,於户部取給。○康熙四十五年題准:往墻子嶺、曹家路、北山採砍弓胎弓稍之導引採砍民人八名,并給與銀兩之處,俱行停止。武備院派新滿洲八名,并派効力人員一員導引採砍。所採木料,亦交効力人員解送。○雍正五年覆准:採伐弓胎,於八旗内揀選諳練弓匠協領一名,每旗派族長一名,弓匠十名。其弓胎木植,係弓匠成造所用之項,即令弓匠採伐。新滿洲等,停其支取。伊等照例各騎官馬,給領四十日盤費,每年伐弓胎弓稍五千二百副,武備院揀取二千副,餘剩三千二百副,每旗分散四百副,以作兵部賞兵之用,於鄰近驛站,支取車輛,運送至京。如採取木胎所用有餘,隔年採取;如不敷用,再行具奏添採。

凡製造官箭,順治五年題准:兵部額設官箭匠十名,每名月給銀一兩、米二斛,造箭預備恩賞。○康熙十五年,裁六名。○二十五年覆准:箭匠預備賞給各省將軍總督巡撫提督總兵官并蒙古來使等箭,給賞之時,令其修整,再頒發外省之箭,令其扎把包裹,又裁去二名,止留二名。應用其銀米,仍咨户部取給。

凡造作不合式,國初定:八旗匠役,若違式私造弓箭貨賣者,鞭五十。所賣弓箭,一半給拏獲之人,一半入官。○康熙十五年題准:匠役將弓箭不如式製造,或被人首告,或兵部查出,所造之物入官,匠役從重議處。○十九年題准:製造盔甲,其鐵務要摺打鋥光;製造箭枝,務要箭心堅長,手鑽安釘。如草率造作,匠役人等一併治罪。

凡箭枝數目,順治四年題准:各官不論職任,止照官銜,限定箭數。○康熙六年題准:官員兵丁箭數:公,五百五十枝;侯,五百枝;伯,四百五十枝;内大臣、都統、精奇尼哈番、大學士、尚書、左都御史、閑散一品官,四百枝;散秩大臣、護軍統領、前鋒統領、阿思哈尼哈番、副都統、侍郎、學士、副都御史、侍郎品級正卿、閑散二品官,三百五十枝;參領、阿達哈哈番、啓心郎、侍讀學士、郎中、閑散三品官,二百五十枝;佐領、拜他喇布勒哈番、員外郎、漢軍啓心郎、閑散四品官，二百枝；分管佐領、拖沙喇哈番、主事、鳴贊、閑散五品，及六品七品八品官、監生等，一百五十枝；護軍校、驍騎校、六七品筆帖式、城門校等官，一百枝；前鋒護軍、領催等，七十枝；披甲人，五十枝。此定數内，若職任大者，照職任用；官品大者，照官品用。

凡箭枝官價，雍正五年諭：聞得近來各舖所賣箭矢價值，較前加倍騰貴。各項箭矢，乃兵丁不時需用之物，而舖户知兵丁時常操演，所以高擡時價，以致兵丁製買維艱。若不酌定價值，任其勒措，則兵丁不能多買，而舖户亦不能多賣，彼此均屬無益。兵部會同步軍統領、五城御史，酌量箭枝之大小輕重、工價物料之貴賤，因物定價，明晰曉諭各舖户，令其遵照定價售賣，不許勒措。如有不遵定價勒措貴賣者，許兵丁首告治罪。如此，則兵丁舖户，各有裨益。確議具奏。遵旨議定：嗣後各項箭矢，仍照從前價值貨賣，或遇一時物料短少，止許量加增益。青鶴翎配頭等弓者，每把箭五枝，原價銀一兩五錢，不得過一兩八錢；二等者，原價銀一兩四錢，不得過一兩六錢；三等者，原價銀一兩二錢，不得過一兩四錢。蟬鵝翎配頭等弓者，原價銀一兩四錢，不得過一兩七錢；二等者，原價銀一兩三錢，不得過一兩五錢；三等者，原價銀一兩一錢，不得過一兩三錢。鷲老翎頭等者，原價銀一兩二錢，不得過一兩四錢；二等者，原價銀一兩一錢，不得過一兩三錢；三等者，原價銀八錢，不得過一兩。鸛翎頭等者，原價銀九錢，不得過一兩；二等者，原價銀七錢，不得過八錢。鶺翎頭等者，原價銀六錢，不得過七錢；二等者，原價銀五錢，不得過六錢。芝蔴鵰戰箭，每百枝，原價銀六兩五錢，不得過八兩；雁雜等翎，每百枝，原價銀四兩，不得過五兩。定價之後，倘舖户任意高擡時價者，許兵丁首告，照把持行市賣物以賤爲貴者杖八十律治罪。

凡點驗器械，國初定：每年點驗官兵器械。〇順治五年題准：每年秋季，點驗馬兵器械，春季點驗步兵器械、前鋒器械，令該管官互相查點。

凡軍器出邊，國初定：蒙古差來員役，王等不許賞給軍器等物，若經奏請諭旨者，方准給與。其邊口地方，兵部差官員筆帖式前往搜查，果係欽賞喀爾喀、厄魯特者，照理藩院所給印文放出。私買帶去者，不准放出。〇康熙十二年覆准：官員將軍器私賣私給喀爾喀、厄魯特者，革職，其物入官；平人，交刑部治罪。〇十四年覆准：蒙古如有帶去人口，及軍器鋼鐵等物出邊者，務照部内所給印票，詳對數目相符，方准放出。溢數者，拏送；縱令私帶者，守關官員議處。直隸山西地方軍民人等有偷賣人口及軍器鋼鐵等物於蒙古者,該管官及私賣之人,一并治罪。○三十二年覆准:弓刀、牛角、鋼鐵等項軍器、硝磺,俱不許賣與俄羅斯之人并厄魯特。如有偷賣偷出邊口,該管官不行詳查,被人拏獲出首者,將偷賣之人及該管官兵,俱照禁止硝磺例治罪,都統、副都統、將軍照總督巡撫提督例治罪。再,四十九旗喀爾喀各扎薩克、渣哈爾虎虎城蒙古,販應禁軍器,偷賣與俄羅斯、厄魯特者,將偷賣之人、該管官扎薩克等,一併照例治罪。○雍正二年題准:喀爾喀、厄魯特等,俱照内裏扎薩克各編旗分佐領,如有初次置買軍器,并將年久破損之軍器修補者,該扎薩克出結,將所買之軍器數目開明用印,差官呈送理藩院,查明數目,移咨本部,填寫票内給發。若比票内多帶者,或比原進口之數目多者,被守口官弁搜獲,及被傍人首告,均照理藩院定例治罪。其内裏人民將軍器等物販賣與蒙古者,拏獲,不論官民人等,即行處斬,將妻子家口入官。其守口旗員文武官弁及兵丁衙役,知情故縱者,以同謀論斬;如不知情守口旗員併文武官弁多放出者,革職。其該管上司文職府道、武職兼轄官,各降五級調用,該管總兵官,降二級調用,都統、將軍、副都統及總督巡撫提督,各降三級留任。

凡軍器出城,順治十一年題准:各省官兵赴京置買盔甲等物者,俱令報明兵部,照數驗看,出給印票,仍諭守門官兵驗明部票,方准放出。○十六年題准:外省官員差人置買盔甲等物者,必用印文投部,方准購買,兵部仍給印票,令守門官驗實放行,如無印票,即係私買,拏送兵部究擬。如守門官徇縱,一體治罪。○康熙十二年題准:守門官將無印票盔甲私自放出者,罰俸三個月,領催兵丁鞭五十。○十三年題准:文武官員帶有軍器出京者,係旗下人,該都統出給印文,係漢人,本地方官出具保結。若無印文保結,兵部不准給票。

凡禁用軍器,康熙二十二年諭:鳥鎗原係軍器,不應擅放,違者,許兵部、九門提督不時查拏,從重議罪。○二十六年覆准:凡係部院衙門、八旗官員人等,因公差遣,攜帶鳥鎗弓箭者,兵部給發印票。若無印票,私自帶鳥鎗弓箭者,係官,罰俸六個月;係旗人,鞭八十;民,責三十板。○四十七年諭:直隸各省,民人擅用炮鳥鎗等火器,京城週圍處所更多。此等火器,只可行圍出兵、營伍中用。此外,凡旗、民人等,俱不得私用。○又議准:京城内外,除兵丁演習鳥鎗外,止許遇有賊盜點放鳥鎗,免其治罪。其餘違禁私放者,官則題參議處,平人照例治罪。○又議准:直屬地方,旗民雜處。行文八旗都統、副都統等,傳諭各旗并内務府佐領,將各屯莊鳥鎗盡行查收，各交官庫。〇又題准：民間現存鳥鎗，限令各送該管地方官入庫，仍取該管官"並無私藏鳥鎗"印結送部。倘有私藏不交官庫，或發賣者，並責四十板；不行查出之該管官，罰俸一年。如兵丁有借查拏鳥鎗名色擾民者，將該管官一併議罪。〇又議准：商民有不得已須用鳥鎗者，預先呈報，該管官驗明，止許鎗長一尺五寸，上刻姓名地方。如無姓名、越尺寸者，照私造鳥鎗例治罪。〇四十八年題准：湖南所屬，大半苗猺雜處。即無苗州縣，多係深山大澤，鳥鎗實爲民間防苗衛身之具。應將現在所繳鳥鎗，准令該地方官，於木桿上刊刻州縣姓名，烙印編號，給發收存，以防急患，仍嚴飭不許擅帶行走，或有商民續請造用者，令其照造一尺五寸之式，送官刊刻給發。如有私藏，不送官編烙者，照例治罪。〇五十六年覆准：巡鹽商賈保標人等，私用鳥鎗，經盤獲者，解赴地方官治罪。至保標之人，於起標之日，將人數馬匹，報明該地方文武各官，查驗明白，支領鳥鎗等器械，酌定往返期限，毋許逗留。回籍之日，仍點查人數馬匹、鳥鎗等器械，交庫存貯。〇雍正三年覆准：凡民間私造軍器，照律嚴禁外，各省督撫、將軍、提鎮將所屬營内現在一切軍器，逐一查點，造册報部。如願捐造備用者，聽其捐造，仍行報部。倘有私造隱匿不報者，照律議處。

〔畋獵〕

畋獵之制，歲有常期，地有常所，皆於農隙以講武事也。違誤搶奪，規避隱匿，分别輕重，或議懲，或議罰，或議罪，紀律必嚴，隊伍必整。詳列於篇。

國初定：獵場内人員，如行走不齊，前後雜亂，呼應不靈者，該管官罰俸一個月。馱獸覔箭，遷延落後者，該管官拔取箭枝，本官免議，如被旁人查出，該管官罰俸一個月，本人鞭二十七。越衆騎射，擾亂圍場者，該管官之馬入官，係平人委署之員，鞭五十，係侍衛護衛，亦將馬入官。隔山崗射箭者，鞭三十，追銀五兩，給首告之人。將同行之人遺棄或致凍死者，委去首領之人鞭七十，係官，罰俸九個月。在禁約地方畋獵者，爲首人鞭八十，爲從者，鞭五十，所獲之獸入官，係官，罰俸一年。〇康熙二十二年定：凡畋獵時，兵丁三名内，輪流一名帶旗，不令射獸，其餘兵丁，如向内射獸者，沿邊射畢，即回本隊；向外射獸者，馱獸覔箭畢，即馳至圍場，遷延落後，鞭三十；彼此盜獸，鞭八十二；搶奪柴草，鞭八十，令賠還，該管官罰俸一個月；盜鞍轡鞦韂等物，鞭八十二，罰銀三兩；箭無名字，罰銀十兩，俱給拏獲之人；無銀者，鞭三十；失火，鞭一百。畋獵規避，鞭七十。餘如前例。

凡派撥畋獵人員,康熙二十一年題准:每歲畋獵三次,春季定於三月,秋季定於九月,冬季定於十二月内舉行。每次,派滿洲蒙古每佐領下護軍二名、甲兵四名,兩佐領下共派領催一名。其派出領催佐領下,除去甲兵一名,每旗派護軍參領二員。内一員,委署營總,仍管一參領。每參領,護軍校二員,委署參領;護軍二名,委署護軍校。八旗共派前鋒校前鋒一百三十員名,每翼前鋒參領一員、前鋒侍衛一員。滿洲蒙古,或參領,或賢能官,每旗派一員委署營總。每參領,派閑散官三員,驍騎校一員,閑散官内一員委署參領。八旗漢軍,共派總領都統一員,每翼副都統一員。每旗,或參領,或賢能官,各派一員,委署營總。每參領,或閑散官,或驍騎校,各派二員,閑散官内一員委署參領。每參領下,派領催二名;每佐領下,派甲兵二名。其派撥時,部院衙門官員,一體酌派。

凡獵場隨從人數,舊例:親王,許隨十名;郡王,隨九名;貝勒,隨八名;貝子,隨四名;公,隨三名;公等以上之子,帶撒袋隨圍者,亦許隨三名,不帶撒袋者,俱令隨營行走。〇康熙二十二年定:獵場隨役旗色短褂人數,親王許隨十三名,世子十名,郡王九名,長子、貝勒八名,貝子六名,公四名,公等以上之子,帶撒袋隨圍者,亦隨三名,不帶撒袋者,令隨營行走。

凡獵場誤射,舊例:獵場内,王、貝勒、貝子、公等,如誤射王者,罰銀三千兩,給被射之王;誤射貝勒,罰銀二千兩,給被射之貝勒;誤射貝子、公,罰銀一千兩,給被射之貝子、公,仍照本爵各罰俸兩個月。如不係射獸,無端妄射者,請旨審問。誤射下人者,罰俸兩個月,驗看傷痕,照出征被傷等第,追銀給被射之人。如射死,除照陣亡例給銀外,另罰銀二百兩,但傷皮肉,另罰銀一百兩,未傷皮肉,止罰銀五十兩,俱給被射之人。宗室公等被傷,加銀一百兩,宗室被傷,加平人二等,覺羅被傷,加平人一等。王、貝勒、貝子、公等,射中下人所騎馬匹者,罰俸一個月,馬死,除罰俸外,追馬賠還。凡各項人員誤射中王、貝勒,不論有傷無傷,及射中獸,因中王、貝勒身,俱論死;誤射中王、貝勒等所騎馬匹,鞭一百,免死折贖。向王、貝勒等射箭,箭落十步内者,鞭五十。如射傷平人或射死,除照陣亡被傷例追銀外,鞭一百;射傷皮肉者,鞭七十;射中馬者,鞭五十。如射傷馬匹,兩家隱諱者,鞭八十,罰銀三十兩,給首告之人。〇康熙二十二年定:凡人用披子箭射中王、貝勒等,無論有傷無傷,俱處死。如用兔乂骲頭,係官,革職;係平人,鞭一百。射中貝子、公等,如傷重者,亦處死,僅傷皮肉,鞭一百,家産籍没。射中獸,因中貝子、公,身未傷者,鞭一百,免死折贖;射中馬者，鞭一百；向王、貝勒等射箭，箭落十步内者，係披子箭，鞭五十；係兔乂骲頭，免罪。射傷馬匹，兩家隱諱者，亦免罪。餘俱如前例。

凡隱匿失馬，定例：獵塲所失馬匹，兵丁隱匿被人首告者，鞭五十，罰銀十兩，給首告之人。係官，罰銀十五兩，給首告之人，鞭責折贖。該管官統轄不嚴，罰俸一個月。

〔京察〕

軍政考滿，俱由各衙門該管官填註考語。至京察，則定自兵部。其詳具見銓曹。兹載其大略，以備參考。

順治十三年定：每六年，京察一次。三品官自陳，四品以下及所屬五城兵馬司、京衛經歷、武學教授、會同館遞運所大使等官，兵部定其優劣，填註考語，咨送吏部。事例詳見吏部。〇康熙二十四年，停止京察。〇雍正四年，復行京察。

〔武舉武生〕

鄉歲兩試之隸本司者，詳載條例於後。會試殿試，職方所掌，不復重見。

凡塲期，順治二年題准：子午卯酉年，舉行鄉試。京衛武生，在兵部鄉試；直隸各府武生，在保定府鄉試；各省武生，在本省布政司鄉試；大同府武生，在大同府鄉試；西延漢鳳及榆林鎮武生，在西安府鄉試；平慶臨鞏暨兩河等處武生，在甘肅鄉試。十月初九日，第一塲；十二日，第二塲；十五日，第三塲。〇十六年題准：京衛及直隸各府武生，俱歸併順天府鄉試，奉天府武生與順天府武生合試，大同府武生與山西省武生合試。〇康熙五十二年，恭遇聖祖仁皇帝六十萬壽，特恩開文武鄉科，武科定於四月鄉試。〇又覆准：兵丁與武生一體鄉試，千把與武舉一體會試。〇五十六年覆准：武闈鄉試比照會試之例，亦於初七日開弓，十三日入闈。〇六十一年十一月二十日，皇上御極，特恩開文武鄉科武塲，定於雍正元年六月鄉試，其癸卯正科武塲改期，於雍正二年四月鄉試。

凡中式，順治二年題准：第一塲、第二塲，試馬步箭，俱用大把，馬箭中二箭爲合式，步箭中三箭爲合式；再試開弓、舞刀、掇石，以驗技勇。三塲，試策二問，論一篇。〇十四年題准：馬箭，四箭爲合式；步箭，二箭爲合式。〇十七年論：馬箭築堤射毬，步箭射小把，高五尺，闊一尺，以三十五步爲率，停試技勇等項。〇十八年題准：頭塲先試策論，二、三塲試馬步箭。〇康熙七年題准：第一、第二塲，仍先試馬步箭，三塲試策論，馬箭以三箭爲合式，步箭以二箭爲合式。〇九年論：築堤射馬箭，永行停止，令置毬於平地,考試馬箭。○十三年覆准:考試武舉武生童,仍樹大把,試馬步箭,再試開弓、舞刀、掇石。頭場,馬箭,樹立三把,以席筒爲之,各離三十五步,務要縱馬疾馳,三回九箭,中三箭者合式,不合式者,不准入二場,二場,步箭,樹立大把,高七尺,闊五尺,以八十步爲率,務要彀滿中的,九箭中二箭者合式,不合式者,不准入三場。再試八力、十力、十二力弓,八十斤、一百斤、一百二十斤刀,二百斤、二百五十斤、三百斤石。弓必引滿,刀必舞花,石必離地一尺。三項内,有能一二項者,爲合式,全不能者,亦不准入三場。三場,試策二問,論一篇,務取文理明通,以收真才。○三十二年諭:步箭大把,以八十步爲則,太遠,善射之人多致遺棄。嗣後,著改爲五十步,以中二箭爲合式。○四十九年諭:《武經七書》,朕曾閲過。其書文義多駁雜,不能皆合乎正道。孟子云,仁者無敵,又云天時不如地利,地利不如人和。與其用權謀行師,曷若以王道行仁義之爲愈也?前此征三逆,取臺灣,平定塞外蒙古,朕親經理軍務,且曾躬歷行間,深知用兵之道。如七書所言,安可盡用耶?今於七書中,作何分別出題,及增用《論語》《孟子》出題之處,應另行定議。遵旨議定:嗣後考試武生武童,用論二篇。第一篇,出《論語》《孟子》題;第二篇出《孫子》《吴子》《司馬法》題,其鄉會試,原作論一篇、策二篇,今亦照此例,出論題二道,作論二篇,作策一篇。○雍正二年覆准:武鄉試照武會試例,將弓馬、技勇、漢仗好者,另編好字號,移送内簾,先於好字號卷内選取,如不足數,將餘卷選取足額。○又諭:各省武鄉試,或以好字號取中,或以文章好取中之處,於解部鄉試録内註明,以便會試查對。

凡親填籍貫年貌,康熙四十一年覆准:武闈立空白印册二本,第一場馬箭合式武生,於面上用印記時,令本生親筆填註姓名籍貫年貌。第二場合式者,仍照第一場,令本生親筆填註,對其字跡,然後入三場。此填註姓名籍貫年貌册二本,監箭官移交至公堂,監臨官封貯。至拆號之時,監試各官將本生中式策論墨卷,與前册磨對字跡。如有字跡不符,作弊顯然者,除褫革外,仍行究處。倘監臨等官不行查對,失於覺察者,照例議處。

凡京闈鄉試各官,順治二年題准:以兵部右侍郎並啓心郎爲主考官,内院大學士並兵部滿漢堂司各員爲監射官,兵部司屬各員爲同考官。○十六年題准:欽點翰林官二員,爲正副主考;兵部滿漢右侍郎、順天府府尹、監察御史二員,監射;小京官内進士出身者四員,充同考官。揭曉日,兵部堂司入内簾,對箭册填榜。後改順天府掌填榜,不用兵部。○康熙十五年諭:監射官不得進内簾。

凡直省鄉試各官,順治二年題准:以本省巡按爲監臨考試官,仍會同布按都三司各官監射,同知以下、知縣以上正途出身者,酌用四員爲閲卷官。○十七年定:本省巡撫監臨考試,會同三司監射,閲卷官無定員。○康熙八年題准:以本省提學道爲閲卷官,該督撫提等於本省總兵官内,精選諳練騎射者一員,會同巡撫爲監射官。有司内進士出身者,選用四員爲同閲卷官;如無進士,於舉人貢生有司内選用。○十四年題准:各省鄉試不必選取總兵官,該撫仍會同布按監射。○二十四年題准:各省巡撫監臨考試,學臣停止入闈閲卷。

凡解額,舊例多寡不等,康熙二十三年,甲子科鄉試,直隸中式一百四十名,江南一百六十二名,浙江五十名,江西四十四名,湖廣五十名,福建五十名,山東六十名,山西一百一十名,河南六十名,西安四十名,甘肅五十名,四川四十二名,廣東四十名,雲南二十七名,貴州二十名,廣西人數不足,不設科。○二十六年覆准:順天等八府取中一百零八名,奉錦二府取中三名。其江南等各省取中武舉額數,均照文舉額數取中。○三十二年覆准:各省武生鄉試,預於九月内,州縣起送布政司,彙送巡撫,會同三司考驗,取定數目,將題名録解部。○四十年覆准:廣西武生,於壬午年首開鄉試武科。○四十八年諭:漢軍人等,一體考試武舉武進士。遵旨題准:八旗漢軍内務府佐領無品筆帖式庫使,由官學生補授之外郎閑散人等,有願考試武生者,該旗開具姓名,移送順天府,照例考取武生八十名。鄉試時,將所取武生并中書及部院衙門六品七品筆帖式,不論上朝未上朝廕生、監生,以及監生之披甲護軍、領催、執事人員,有願應武鄉試者,該旗亦開列姓名,移送順天府,與武生一體鄉試,取中武舉四十名。如不中式者,仍令當差。會試取中武進士八名,俱照文場格式,另編合字號考取。○又覆准:直隸各省緑旗營兵,有通曉文義、願應武鄉試者,於充伍地方,令該營將弁申送巡撫,同武生一體鄉試,於原額内取中。如不中者,仍令歸伍;中式之後有願歸本伍者,亦仍令其暫歸本伍。○四十九年諭:陝西多才勇之人,今兵丁又准考試,如舉人額少,則人才必致遺漏壅塞,著將武舉額數於原額外增二十名。遵旨議准:增額二十名,陝甘二屬各十名。○五十二年諭:嗣後文生員舉人内,有情願改就武場考試者,武生員舉人内,有情願改就文場考試者,應各聽伊所願,准其考試。○雍正元年覆准:八旗滿洲等,亦照漢軍考試武秀才舉人例,秀才取四十名,舉人取二十名。

○二年諭:陝西人材,壯健强勇者多,騎射嫻熟盛於他省。自雍正四年鄉試爲始,西安、甘肅武舉,每處加中十名。其武童入學額數,照文童改學例,令督撫會同學臣,查明技勇最優之州縣,酌量數目,奏請加額。

凡考試官,並各執事官、筵宴、供給、紙劄、筆墨、心紅等項錢糧,順治二年題准:在京照例先咨户部取用,事竣銷算;在外聽巡撫定擬,於布政司府衛量數出辦。場内合用金鼓旗號響器,及搜檢巡綽官軍,在京,行巡捕營照數差撥,其刊刻題目匠役,俱於州縣取用;在外,聽巡撫酌量取用。

凡武闈筵宴,順治二年題准:武鄉試上馬筵宴、插花、給表裏、下馬筵宴、插花,俱照文場例行。○康熙十四年題准:停止上馬筵宴。○二十三年,仍復舊例。

凡磨勘試卷,刊刻試録,康熙十七年題准:直省中式武舉試卷親供,限出榜後十日内,解部磨勘。如卷内文理不通,字跡不對,馬步箭技勇填寫不明,兵部題參,照例議處。○二十年諭:武舉以弓馬爲重,墨卷不必謄録。○二十六年覆准:直省武闈,停其解卷磨勘。○五十四年覆准:各省武鄉試題名録,已經解部進呈,其武鄉試録,停其刊刻。○雍正元年覆准:武鄉試録,照舊刊刻。

凡考取武生,順治初,京衛武生童,隸在兵部,每年春秋二季考試,每季取五十名。直隸及各省武生童,照文生童例,督學三年一歲考,取進數目,多寡無定額。○康熙三年題准:京衛武生童,亦照直省例,歸併學院考取,三年一考,共取一百名。○九年覆准:直省武生,該督撫提鎮於本省就近副參遊内,委諳練騎射者一員,直隸會同學院,各省會同學道考取。奉天府所屬,令奉天將軍等選滿洲協領一員,會同奉天府府丞考取,三年一考,共取進二十名。○十年題准:直省武童進學,府學額定二十名,大州縣學十五名,中州縣學十二名,小州縣學七八名。○十二年覆准:直隸學院、各省學道,定限到任六個月内,即將考過武生花名造册送部,仍先將到任日期報部,以憑查核。○十四年題准:學院、學道考試武生童,不必會同地方武職官。○二十二年題准:武生員如有緣事黜革收復,及改歸原籍等項,令該提學院道續報,若不逐案開明呈報者,照遺漏例處分。○雍正元年覆准:考試武生馬步箭技勇,滿洲、漢軍、京衛武學考試時,於八旗副都統内,恭候欽點一員,會同順天學院考試。其順天府各州縣,及直隸各省考試時,該督撫提鎮將就近副參遊内選擇一員,會同學臣考試。奉天府考試武生時,令奉天將軍選滿洲參領一員,同奉天府府丞考試。各將武童内弓馬嫻熟、技勇優長者，儘數選取，學臣即將選取之人，考試策論，擇其優者，撥取入學，寧缺勿濫。其歲考武生，如有年老不能騎射者，即給與衣頂，不許仍留學中，歸於州縣管轄。〇三年覆准：京衛武童，定例取進百名。嗣後，分歸順天、保定、河間、正定四府，不拘軍籍民籍，照額取進。大興、宛平，各取進二十名，仍歸武學督率。保定取進二十名，河間取進二十名，正定取進八名，趙州、冀州，各取進三名，定州、晉州、深州，各取進二名，俱撥入本府本州儒學督率。其京衛武學，改爲順天府武學。〇四年題准：滿洲蒙古漢軍武生，歸八旗滿洲教官管轄；大宛兩縣武生，歸順天儒學管轄，順天武學裁。

凡武生督課，順治九年定：考較武生童，即於考較文生童後踵行。無武學處，俱附文學教官管理，除騎射外，教以武經七書、百將傳及孝經、四書，俾知大義。令該管官將各學射圃修葺，置備弓矢，教官率武生童較射，以飭武備。其降黜劣行事宜，俱照文生例行。〇雍正五年覆准：嗣後武生與文生一體按期督課，如有騎射不堪、文理荒疎以及品行不端者，許該教官詳請學臣，即行褫革。

凡嚴查冒濫，康熙十年覆准：直隸各省考取武童，俱照文童例，分別大中小學名數考取，一體報部。至考取武舉武生，學臣取具“並無詭冒”連名保結，細加查驗，除別省人住居年久、入籍置產當差者不議外，若有一人冒進兩途，及現任官子弟並別省人詭名冒籍，匪類濫充頂替等弊，該撫據實題參。若有隱庇，將出結之官，並不行查參之督撫，治以隱庇之罪。〇十一年題准：武途冒濫，巡撫知情不行題參者，照例議處。若巡撫不知，止照保結考試者，罰俸一年；原出結之官，降二級調用；轉結官，降一級調用。〇五十一年覆准：各省文武官員子弟，臨期頂食兵糧，冒濫入場中式者，察出，將保送出結文武各官，會同吏部，照例議處。〇五十四年覆准：江南、蘇松、常、鎮四府武童一項，内多鎗手等弊，應令本生親填年貌籍貫，經書三代，五人互結，廩生花押，并取具地方官印結，方准考試。

凡土苗考試，康熙四十三年覆准：湖南各府州縣熟苗，情願考試文武生童者，即以民籍應試。其進學名數，即入各該學定額内。〇四十四年覆准：湖北湖南各土司情願考試者，即照熟苗生童考試例，一體考試。

〔考試員役〕

員役積勞役滿，則考試授職，俱有定額年分，限定資格，事例不一。兹備載焉。

凡効勞員役，順治初定：兵部辦事官、印官、庫官、站堂官、上本官、傳報官、寫本官、差官、都吏，及兵科辦事、各督撫提塘，著有勤勞者，俱准以守備用。〇十三年題准：差官不許濫用白丁，如有缺出，於武舉中願効勞者選補。各項員役，必俟効勞三年，查無過犯，方准考試。每年考試二次，先試射箭，以中二箭爲合式，後考策論。弓箭韜略俱優者，選授鎮撫標旗鼓、道標中軍及專城守備，其餘選授營守備。〇十五年題准：効勞役滿，嚴加考試，頭等者，以署守備用，次等者，以守禦所千總用。〇康熙元年題准：宗人府供事官及兵部兵科効用、督撫提鎮提塘，各項員役，三年役滿，考試弓箭策論。如係武舉出身，及提塘内有經制千把總、標下聽用官咨送者，頭等，仍以署守備用，次等，仍以守禦所千總用。其餘員役，頭等以守禦所千總用，次等以衛千總用。不合式者，不准選授，仍令下次再考。三次不合式者，除名。〇十四年題准：三次不合式者，停其除名，仍准考試。三次不到者，除名。其兵部都吏，照年滿書辦例，註册咨送吏部考職。〇二十二年議准：鑾儀衛掌房掌案、貼房貼案等，亦照効勞例，三年役滿考用。〇五十四年題准：各衙門効勞人役，三年役滿，本部每年兩次考試弓箭策論。頭等者，給以守禦所千總職銜，次等者，給以衛千總職銜，俱於効勞項下，挨次推用。又凡各部院衙門効力人員缺出，或武舉，或武生，及官員子弟，有情願効力具呈者，行查該地方官，保送到日，著在該部院衙門効力，將伊等三年滿後，照例考試註册，以應得之缺推用。〇五十七年題准：各衙門効力人員，三年役滿，本部於單月點卯之後，考其弓馬，觀其年貌，如有衰老病廢不堪者，題明勒令休致；如有軍功帶傷之員，雖已年老，仍行推用，帶領引見。〇五十九年題准：効勞一途，武生官員子弟，停其取用，專取武舉武進士内有情願効勞者收録；其宗人府、鑾儀衛、兵科、各衙門，如有具呈効勞之人，亦照兵部一體取用武舉，統俟三年役滿，比照考試武進士例，欽點大臣會同兵部嚴加考試。武進士頭等者，以營守備用，二等者，以衛守備用；武舉頭等者，亦以營守備用，二等者，以守禦所千總用。其弓馬生疎、人材不及者，俱不准推用。

凡通事推用，順治十一年題准：在京各部院及在外將軍衙門通事，役滿八年考試，頭等者，以守備用，二等者，以署守備用。〇康熙元年題准：通事八年役滿者，授以七品，仍留三年。役滿考試，頭等，以署守備管守備事用；二等，以守禦所千總用。〇八年覆准：頭等，仍以守備用；二等，仍以署守備用。〇十年覆准：各衙門通事，槩行裁革。

凡考試書辦，順治初題准：京衛守千經歷武學等衙門，召募書辦年滿，兵部咨送吏部考職。〇康熙五年題准：武舉武生，不許充各衙門書辦，書辦亦不得考武生。〇六年題准：兵部所屬衙門，召募書辦，先報本部，行文原籍地方官取具“並無過犯、别衙門重役、假捏姓名、文武生員等弊”，印結到日，方准充役，咨送吏部註册，年滿考職。其兵部各司召募書辦，取印結到部，造册移付本司，轉咨吏部註册，年滿考職。〇十二年題准：各役印結，停咨吏部，即在各衙門存案，五年役滿送考。〇十四年題准：九門提督衙門書辦，亦由兵部取結，起送吏部考職。

〔編發〕

發遣定自西曹，編發則隸兵部。雍正八年，遵旨將前明《邦政紀略》一書，詳計道里遠近，列表於後。兹先將軍犯病故脱逃等條目具載於左。

順治十六年題准：刑部問擬充軍人犯，咨送兵部，發兵馬司羈候，照依《邦政紀略》内開載衛所，定衛發遣。附近充軍者，發二千里；邊衛充軍者，發二千五百里；邊遠充軍者，發三千里；極邊充軍者，發四千里；烟瘴充軍者，發烟瘴地方，亦四千里。如無烟瘴地方，照極邊例發遣，給傳牌一張，劄順天府，著落沿途府、州、縣差役遞解，取收管送部，仍咨該府衛所，取著伍收管，並原發傳牌，繳部查核。若現在定衛發遣時遇赦者，咨刑部援免；病故者，委司坊官驗實，咨刑部，所遺妻小，免其發往。〇又題准：軍犯配所病故者，該撫查明緣由，及無“永遠”字樣，取具該衛所印結送部，所遺妻小，發回原籍。〇十八年題准：軍犯已經發遣，中途脱逃拿獲遇赦者，免其枷號，仍發原衛充軍。〇康熙六年題准：軍犯配所脱逃，經管官罰俸一年，統轄官罰俸九個月，拿獲之日，本犯杖一百，折責四十板，發原衛充軍，遇赦免責，仍發原衛充軍。〇十一年覆准：軍犯免其墩鎖，令該管官加意防範，無令至於饑寒，若致脱逃，該管官罰俸六個月，統轄官罰俸三個月。〇又題准：中途脱逃，不差的役押解之官，住俸，勒限一年督緝，限内不獲，該撫題參，罰俸一年，行文各省，照案緝拿。〇二十八年覆准：永遠軍犯，身死無子，僅存妻氏，有欲回籍者，查明報部，准其各回原籍。〇雍正四年覆准：陝西河西及平、慶、臨、鞏四府各衛所，俱改爲州縣，所存者，惟赤金、靖逆、大通三衛。嗣後，各省解來軍犯，除應發赤金、靖逆、大通三衛外，餘俱分發歸併各衛所改設之州縣充軍，仍註軍籍當差。倘有脱逃，將該知縣知府職名查參。再，各省衛所亦多裁汰，如有軍犯而無衛所可發者，均照此例，發於歸併改設之州縣管轄。

大清會典卷之一百四十七

兵部武庫司

〔軍衛道里表上〕

編發則例，事隸武庫。其定衛發遣、道里遠近，向沿明代《邦政紀略》一書，計里充發。今衛所有歸併，州縣有改更，謹按直省各府，分附近、邊衛、邊遠、極邊、烟瘴，詳核道里遠近，列著爲表。至府分有例不充發，止以枷責完結者，仍因其舊。

直隸

順天府屬軍犯編發地方

附近	邊衛	邊遠	極邊	烟瘴
東至奉天府	東至抵邊不足二千五百里	東至抵邊不足三千里	東至抵邊不足四千里	廣東廣州府
承德縣	南至江南安慶府	南至江南池州府	南至福建延平府	南海縣
南至江南鳳陽府	安慶衛	新安衛	南平縣	番禺縣
宿州衛	又至揚州府	又至浙江杭州府	永安縣	清遠縣
長淮衛	揚州衛	杭州前衛	將樂縣	從化縣
壽州	儀徵衛	杭州右衛	又至浙江台州府	廣西桂林府
又至泗州	西至陝西延安府	海寧所	台州衛	臨桂縣
泗州衛	膚施縣	西至陝西榆林府	太平縣	興安縣
潼安衛	安定縣	榆林縣	寧海縣	全州
西至山西太原府	北至抵邊不足二千五百里	又至綏德州	西至陝西臨洮府	以上里數與極邊
岢嵐州	以上除東北外西	北至抵邊不足三千里	河州	同
又至寧武府	南俱二千五百里	以上除東北外西	蘭州	
寧武縣		南俱三千里	金縣	
又至保德州			北至抵邊不足四千里	

河曲縣				
北至抵邊不足三千里			以上除東北外西	
以上除北外東南			南俱四千里	
西俱三千里				

永平府屬軍犯編發地方

附近	邊衛	邊遠	極邊	烟瘴
東至抵邊不足二千里	東至抵邊不足二千五百里	東至抵邊不足三千里	東至抵邊不足四千里	廣西柳州府
南至山東兗州府	南至江南鳳陽府	南至江南安慶府	南至福建建寧府	馬平縣
任城衛	鳳陽衛	安慶衛	建安縣	又至慶遠府
濟寧衛	長淮衛	又至江南揚州府	甌寧縣	南丹州
又至沂州	宿州衛	高郵州	又至浙江寧波府	貴州貴陽府
西至山西朔平府	又至泗州	興化縣	寧波衛	貴筑縣
右玉縣	泗州衛	泰州	奉化縣	開州
左雲縣	潼安衛	又至通州	象山縣	以上里數與極邊
朔州	西至山西平陽府	如皋縣	鎮海縣	同
北至抵邊不足二千里	臨汾縣	西至陝西西安府	西至陝西臨洮府	
以上除東北外西	又至蒲州府	長安縣	洮州衛	
南俱二千里	永濟縣	咸寧縣	蘭州	

		北至抵邊不足三千五百里 以上除東北外西 南俱二千五百里
臨潼縣	渭源縣	北至抵邊不足三千里 以上除東北外西 南俱三千里
		北至抵邊不足四千里 以上除東北外西 南俱四千里

保定府屬軍犯編發地方

附近	東至山東萊州府	靈山衛	鰲山衛	浮山守禦所	雄崖守禦所	南至湖廣黃州府	黃州衛	蘄州衛	西至陝西延安府	膚施縣
邊衛	東至山東登州府	大嵩衛	靖海衛	威海衛	南至湖廣武昌府	咸寧縣	通山縣	西至陝西慶陽府	安化縣	合水縣
邊遠	東至抵海不足三千里	南至湖廣岳州府	岳州衛	平江縣	又至江西南昌府	南昌衛	豐城縣	奉新縣	西至陝西鳳翔府	鳳翔縣
極邊	東至抵海不足四千里	南至福建汀州府	上杭縣	武平縣	又至江西贛州府	贛州衛	信豐縣	會昌縣	西至陝西臨洮府	歸德守禦所
烟瘴	廣東廣州府	南海縣	東莞縣	從化縣	廣西柳州府	馬平縣	象州	又至賓州	武宣縣	以上里數與極邊

安塞縣
保安縣
北至抵邊不足二千里
以上除北外東南
西俱二千里

寧州
北至抵邊不足二千五百里
以上除北外東南
西俱二千五百里

又至寧夏府
平羅縣
北至抵邊不足三千里
以上除東北外南
西俱三千里

河州
北至抵邊不足四千里
以上除東北外南
西俱四千里

同

河間府屬軍犯編發地方

附近	邊衛	邊遠	極邊	烟瘴
東至山東萊州府	東至山東登州府	東至抵海不足三千里	東至抵海不足四千里	廣西平樂府
鰲山衛	大嵩衛	南至浙江處州府	南至浙江溫州府	平樂縣
浮山守禦所	靖海衛	處州衛	溫州衛	富川縣
南至江南揚州府	南至浙江杭州府	松陽縣	瑞安縣	賀縣
揚州衛	杭州前衛	西至陝西平涼府	又至福建福寧州	貴州安順府
儀徵衛	杭州右衛	涇州	福安縣	永寧州
高郵州	西至陝西西安府	靈臺縣	寧德縣	又至南籠府
興化縣	咸陽縣	崇信縣	西至陝西臨洮府	普安州
泰州	又至乾州	北至抵邊不足三千里	歸德守禦所	以上里數以極邊
西至山西蒲州府	北至抵邊不足二千五百里	以上除東北外南	河州	同

永濟縣
虞鄉縣
北至抵邊不足二千里
以上除北外東南
西俱二千里

以上除北外東南
西俱二千五百里

西俱三千里

北至抵邊不足四千里
以上除東北外南
西俱四千里

天津府屬軍犯編發地方

附近

東至山東登州府
威海衛
成山衛
南至江南揚州府
興化縣
高郵州
泰州
西至山西平陽府
臨汾縣
又至沁州

邊衛

東至抵海不足二千五百里
南至浙江嘉興府
嘉興所
平湖縣
海鹽縣
西至陝西西安府
高陵縣
渭南縣
醴泉縣
北至抵邊不足二千五百里

邊遠

東至抵海不足三千里
南至浙江寧波府
寧波衛
慈溪縣
奉化縣
西至陝西鳳翔府
寶雞縣
隴州
北至抵邊不足三千里
以上除東北外南

極邊

東至抵海不足四千里
南至浙江溫州府
溫州衛
樂清縣
瑞安縣
西至陝西臨洮府
歸德守禦所
蘭州
北至抵邊不足四千里
以上除東北外南

烟瘴

廣東廣州府
從化縣
龍門縣
清遠縣
又至廣西桂林府
全州
興安縣
以上里數與極邊
同

又泌源縣 北至抵邊不足三千里 以上除北外東南 西俱二千里
以上除東北外南 西俱三千五百里
西俱三千里
西俱四千里

正定府屬軍犯編發地方

附近	東至江南徐州 徐州衛 南至湖廣德安府 德安守禦所 應城縣 西至陝西平凉府 平凉縣 華亭縣 北至抵邊不足三千里 以上除北外東南 西俱二千里
邊衛	東至江南淮安府 淮安衛 大河衛 又至海州 贛榆縣 南至湖廣安陸府 沔陽衛 西至陝西鞏昌府 隴西縣 又至階州 北至抵邊不足三千五百里 以上除北外東南
邊遠	東至江南揚州府 揚州衛 儀徵衛 又至江南鎮江府 鎮江衛 丹陽縣 南至湖廣岳州府 岳州衛 臨湘縣 華容縣 西至陝西臨洮府 歸德守禦所
極邊	東至浙江寧波府 寧波衛 慈溪縣 南至福建建寧府 建安縣 建陽縣 松溪縣 西至陝西凉州府 武威縣 鎮番縣 永昌縣 又至甘州府
烟瘴	廣東廣州府 南海縣 東莞縣 從化縣 以上里數與極邊 同

西俱二千五百里北至抵邊不足三千里　山丹縣
以上除北外東南北至抵邊不足四千里
西俱三千里
以上除北外東南
西俱四千里

定州
冀州
晉州
趙州
深州軍犯編發地方　以上五州舊隸正定府

附近　邊衛　邊遠　極邊　烟瘴

以上各等州縣衛分俱與正定府同

順德府屬軍犯編發地方

廣平府屬軍犯編發地方

附近	東至江南海州 贛榆縣 沭陽縣 南至湖廣武昌府 武昌衛 武昌左衛 西至陝西慶陽府 安化縣 合水縣 北至抵邊不足二千里 以上除北外東南西俱二千里
邊衛	東至江南揚州府 揚州衛 儀徵衛 南至湖廣岳州府 岳州衛 西至陝西平凉府 固原州 北至抵邊不足二千五百里 以上除北外東南西俱二千五百里
邊遠	東至江南蘇州府 蘇州衛 又至太倉州 鎮海衛 嘉定縣 南至湖廣長沙府 長沙縣 西至陝西鞏昌府 隴西縣 又至秦州 北至抵邊不足三千里 以上除北外東南西俱三千里
極邊	東至浙江金華府 金華縣 義烏縣 南至江西南安府 大庾縣 西至陝西臨洮府 歸德守禦所 蘭州 北至抵邊不足四千里 以上除北外東南西俱四千里
烟瘴	廣東廣州府 大鵬守禦所 香山縣 廣西桂林府 臨桂縣 全州 灌陽縣 以上里數與極邊同

東至江南淮安府 安東縣 清河縣 南至湖廣黃州府 蘄州衛 西至陝西延安府 膚施縣 安塞縣 安定縣 北至抵邊不足二千里 以上除北外東南西俱二千里	東至江南揚州府 泰州 又至通州 泰興縣 南至湖廣岳州府 岳州衛 西至陝西慶陽府 安化縣 寧州 北至抵邊不足二千五百里 以上除北外東南西俱二千五百里	東至江南太倉州 鎮海衛 崇明縣 南至湖廣長沙府 善化縣 長沙縣 醴陵縣 西至陝西鳳翔府 鳳翔縣 又至寧夏府 平羅縣 北至抵邊不足三千里 以上除北外東南西俱三千里	東至浙江寧波府 奉化縣 象山縣 鎮海縣 南至江西贛州府 贛州衛 信豐縣 西至陝西臨洮府 蘭州 河州 北至抵邊不足四千里 以上除北外東南西俱四千里	廣東廣州府 南海縣 新寧縣 貴州貴陽府 貴筑縣 貴定縣 以上里數與極邊同

大名府屬軍犯編發地方

附近	邊衛	邊遠	極邊	烟瘴
東至江南淮安府 淮安衛	東至江南通州 南至湖廣澧州	東至江南松江府 金山衛	東至浙江台州府 台州衛	廣東惠州府 河源縣

大河衛
南至湖廣岳州府
岳州衛
西至陝西延安府
膚施縣
安塞縣
安定縣
保安縣
北至直隸宣化府
赤城縣
龍門縣
以上俱二千里

永定衛
九谿衛
西至陝西慶陽府
安化縣
合水縣
寧州
北至抵邊不足二千五百里
以上除北外東南
西俱二千五百里

上海縣
南至湖廣衡州府
衡陽縣
常寧縣
西至陝西鳳翔府
鳳翔縣
又至寧夏府
平羅縣
北至抵邊不足三千里
以上除北外東南
西俱三千里

黃巖縣
太平縣
寧海縣
天台縣
南至福建延平府
南平縣
永安縣
西至陝西臨洮府
河州
蘭州
北至抵邊不足四千里
以上除北外東南
西俱四千里

龍川縣
長樂縣
貴州安順府
永寧州
鎮寧州
以上里數與極邊同

宣化府屬軍犯編發地方

附近
東至奉天府
海城縣

邊衛
東至錦州府
廣寧縣

邊遠
東至抵邊不足三千里
南至江南揚州府

極邊
東至抵邊不足四千里
南至浙江嚴州府

烟瘴
廣西梧州府
蒼梧縣

蓋平縣
南至山東兗州府
任城衛
濟寧衛
西至山西平陽府
臨汾縣
北至抵邊不足三千里
以上除北外東南
西俱二千里

南至江南淮安府
淮安衛
大河衛
西至陝西延安府
膚施縣
安塞縣
安定縣
保安縣
北至抵邊不足三千五百里
以上除北外東南
西俱二千五百里

興化縣
泰州
又至通州
西至陝西慶陽府
安化縣
合水縣
環縣
北至抵邊不足三千里
以上除東北外西
南俱三千里

嚴州所
淳安縣
西至陝西臨洮府
歸德守禦所
蘭州
北至抵邊不足四千里
以上除東北外西
南俱四千里

容縣
又至欝林州
貴州黎平府
開泰縣
天柱縣
永從縣
又至貴陽府
龍里縣
以上里數與極邊
同

江南蘇松

江寧府屬軍犯編發地方

附近

東至浙江温州府
温州衛
平陽縣
瑞安縣
樂清縣
南至福建興化府
莆田縣
僊遊縣
西至陝西華州
潼關縣
北至山東濟南府
歷城縣
肥城縣
以上俱二千里

邊衛

東至福建福寧州
福安縣
寧德縣
南至抵海不足二千五百里
西至陝西鳳翔府
鳳翔縣
又至寧夏府
平羅縣
北至直隸河間府
河間縣
滄州
又至天津府
天津左所
天津右所

邊遠

東至福建汀州府
長汀縣
上杭縣
南至抵海不足三千里
西至陝西泰州
泰安縣
禮縣
又至階州
北至直隸順天府
通州左所
通州右所
武清縣
密雲縣
以上除南外東西

極邊

東至廣東肇慶府
高要縣
新興縣
陽江縣
南至抵海不足四千里
西至陝西甘州府
張掖縣
山丹縣
高臺縣
北至直隸宣化府
宣化縣
赤城縣
龍門縣
萬全縣

烟瘴

廣東高州府
茂名縣
電白縣
廣西慶遠府
南丹州
又至賓州
遷江縣
貴州安順府
永寧州
以上里數與極邊同

以上除南外東西
北俱二千五百里

北俱三千里

懷安縣
以上除南外東西
北俱四千里

蘇州府屬軍犯編發地方

附近

東至抵海不足二千里
南至福建福寧州
福安縣
寧德縣
西至河南開封府
祥符縣
陳留縣
又至陳州
又至禹州
北至山東兗州府
濟寧衛
又至濟南府

邊衛

東至抵海不足二千五百里
南至抵海不足二千五百里
西至河南河南府
洛陽縣
新安縣
嵩縣
又至陝州
靈寶縣
北至直隸河間府
河間縣
滄州
又至天津府

邊遠

東至抵海不足三千里
南至抵海不足三千里
西至陝西西安府
長安縣
咸寧縣
咸陽縣
北至直隸順天府
涿州
以上除東南外西
北俱三千里

極邊

東至抵海不足四千里
南至抵海不足四千里
西至陝西臨洮府
洮州衛
蘭州
又至涼州府
武威縣
北至山西大同府
大同縣
天鎮縣
又至朔平府
右玉縣

烟瘴

廣東高州府
茂名縣
電白縣
以上里數與極邊
同

歷城縣 肥城縣 以上除東外西南北俱二千里	天津左所 天津右所 以上除東南外西北俱二千五百里		以上除東南外西北俱四千里	

太倉州軍犯編發地方 舊隸蘇州府

附近	邊衛	邊遠	極邊	烟瘴

以上各等州縣衛分俱與蘇州府同

松江府屬軍犯編發地方

附近	邊衛	邊遠	極邊	烟瘴
東至抵海不足二千里 南至抵海不足二千里 西至河南開封府 祥符縣 陳留縣 又至陳州	東至抵海不足二千五百里 南至抵海不足二千五百里 西至河南河南府 洛陽縣 新安縣 嵩縣	東至抵海不足三千里 南至抵海不足三千里 西至河南懷慶府 河內縣 又至陝西華州 潼關縣	東至抵海不足四千里 南至抵海不足四千里 西至陝西秦州 秦安縣 禮縣 又至階州	廣西南寧府 宣化縣 隆安縣 橫州 以上里數與極邊同

北至山東兗州府
濟寧衛
又至濟南府
歷城縣
肥城縣
以上除東南外西
北俱二千里

北至直隸河間府
河間縣
滄州
景州
以上除東南外西
北俱二千五百里

北至直隸順天府
涿州
以上除東南外西
北俱三千里

文縣
北至山西大同府
大同縣
陽高縣
天鎮縣
以上除東南外西
北俱四千里

常州府屬軍犯編發地方

附近

東至福建福寧州
福安縣
寧德縣
南至福建福州府
閩縣
侯官縣
長樂縣
福清縣

邊衛

東至浙江溫州府
溫州衛
平陽縣
瑞安縣
樂清縣
南至抵海不足二千五百里
西至陝西華州
潼關縣

邊遠

東至抵海不足三千里
南至抵海不足三千里
西至陝西秦州
秦安縣
禮縣
又至階州
文縣
北至直隸順天府

極邊

東至抵海不足四千里
南至抵海不足四千里
西至陝西平涼府
莊浪縣
又至涼州府
武威縣
鎮番縣
永昌縣

烟瘴

雲南曲靖府
南寧縣
平彝縣
馬龍州
以上里數與極邊
同

西至河南河南府
洛陽縣
新安縣
嵩　縣
北至山東濟南府
德州衛
德州左衛
又至武定州
陽信縣
以上俱二千里

又至西安府
長安縣
咸寧縣
北至直隸河間府
河間縣
滄　州
又至天津府
天津左所
天津右所
以上除南外東西
北俱二千五百里

通州左所
通州右所
武清縣
以上除東南外西
北俱三千里

北至直隸宣化府
萬全縣
赤城縣
龍門縣
以上除東南外西
北俱四千里

鎮江府屬軍犯編發地方

附近	邊衛	邊遠	極邊	烟瘴
東至福建福寧州 福安縣 寧德縣 南至福建福州府	東至抵海不足二千五百里 南至福建興化府 莆田縣 僊遊縣	東至抵海不足三千里 南至抵海不足三千里 西至陝西鞏昌府 隴西縣	東至抵海不足四千里 南至抵海不足四千里 西至陝西涼州府 古浪縣	東至貴州貴陽府 貴筑縣 廣西潯州府 桂平縣

閬　縣
猗氏縣
永福縣
長樂縣
西至河南懷慶府
河內縣
孟　縣
又至陝西華州
潼關縣
華陰縣
北至直隸河間府
河間縣
滄　州
以上俱二千里

西至陝西鳳翔府
鳳翔縣
又至山西平陽府
臨汾縣
又至蒲州府
永濟縣
北至直隸順天府
通州左所
通州右所
密雲縣
以上除東外西南
北俱二千五百里

又至秦州
秦安縣
禮　縣
又至階州
文　縣
北至直隸宣化府
延慶衛
懷來縣
以上除東南外西
北俱三千里

又至臨洮府
洮河衛
歸德守禦所
北至抵邊不足四千里
以上除東南北外
西四千里

貴　縣
又至鎮安府
奉議州
向武州
以上里數與極邊
同

淮安府屬軍犯編發地方

附近	邊衛	邊遠	極邊	烟瘴
東至抵海不足二千里	東至抵海不足二千五百里	東至抵海不足三千里	東至抵海不足四千里	雲南曲靖府
南至福建延平府	南至福建福州府	南至福建興化府	南至廣東潮州府	南寧縣

南平縣
永安縣
將樂縣
西至河南河南府
洛陽縣
嵩縣
新安縣
又至陝州
靈寶縣
北至直隸順天府
涿州
以上除東外西南
北俱二千里

閩縣
侯官縣
長樂縣
永福縣
西至陝西華州
蒲城縣
華陰縣
北至直隸宣化府
保安州
懷安縣
以上除東外西南
北俱二千五百里

莆田縣
僊遊縣
西至陝西延安府
膚施縣
安塞縣
又至鳳翔府
鳳翔縣
又至寧夏府
平羅縣
北至直隸宣化府
萬全縣
赤城縣
龍門縣
以上除東外西南
北俱三千里

大城守禦所
海陽縣
潮陽縣
程鄉縣
西至陝西涼州府
武威縣
鎮番縣
永昌縣
又至甘州府
張掖縣
山丹縣
北至抵邊不足四千里
以上除東北外西
南俱四千里

平彝縣
陸涼州
以上里數與極邊
同

海州

邳州軍犯編發地方

以上二州舊隸淮安府

附近	邊衛	邊遠	極邊	烟瘴

以上各等州縣衛分俱與淮安府同

揚州府屬軍犯編發地方

附近	邊衛	邊遠	極邊	烟瘴
東至抵海不足二千里	東至抵海不足二千五百里	東至抵海不足三千里	東至抵海不足四千里	貴州貴陽府
南至福建福州府	南至福建泉州府	南至福建漳州府	南至抵海不足四千里	貴筑縣
閩縣	晉江縣	龍溪縣	西至陝西西寧府	廣東惠州府
侯官縣	南安縣	漳浦縣	西寧縣	博羅縣
長樂縣	惠安縣	南靖縣	碾伯縣	河源縣
福清縣	永春縣	西至陝西秦州	又至甘州府	以上里數與極邊
西至河南河南府	西至河南懷慶府	秦安縣	張掖縣	同
洛陽縣	河內縣	禮縣	山丹縣	
新安縣	北至直隸順天府	又至階州	高臺縣	
嵩縣	通州左所	文縣	北至抵邊不足四千里	
又至陝州	通州右所	北至直隸宣化府	以上除東南北外	
北至直隸河間府	梁城守禦所	宣化縣	西四千里	

河間縣
滄州
以上除東外西南北俱二千里

以上除東外西南北俱二千五百里

懷來縣
懷安縣
以上除東外西南北俱三千里

通州軍犯編發地方 舊隸揚州府

附近	邊衛	邊遠	極邊	烟瘴

以上各等州縣衛分俱與揚州府同

徐州軍犯編發地方

附近	邊衛	邊遠	極邊	烟瘴
東至抵海不足二千里 南至福建建寧府 建安縣 甌寧縣 浦城縣 西至陝西西安府	東至抵海不足二千五百里 南至福建福州府 閩縣 侯官縣 長樂縣 西至陝西鳳翔府	東至抵海不足三千里 南至抵海不足三千里 西至陝西鞏昌府 隴西縣 又至秦州 秦安縣	東至抵海不足四千里 南至抵海不足四千里 西至陝西涼州府 武威縣 鎮番縣 古浪縣	廣東惠州府 碣石衛 平海守禦所 海豐守禦所 以上里數與極邊同

長安縣
咸寧縣
北至直隸宣化府
延慶衛
西寧縣
以上除東外西南
北俱二千里

鳳翔縣
又至寧夏府
平羅縣
北至直隸宣化府
宣化縣
赤城縣
龍門縣
以上除東外西南
北俱二千五百里

醴泉縣
又至肅州
安西縣
北至抵邊不足三千里
以上除東南北外
西三千里

又至甘州府
山丹縣
北至抵邊不足四千里
以上除東南北外
西四千里

江南安徽

安慶府屬軍犯編發地方

附近

東至浙江金華府
金華縣
又至衢州府
衢州所
又至台州府
台州衛
黃巖縣
大平縣
南至福建福州府
閩縣
侯官縣
永福縣
長樂縣
西至河南河南府

邊衛

東至浙江寧波府
寧波衛
奉化縣
鎮海縣
南至抵海不足三千五百里
西至陝西漢中府
南鄭縣
寧羌州
沔縣
又至興安州
平利縣
北至直隸順天府
通州左所
通州右所

邊遠

東至抵海不足三千里
南至抵海不足三千里
西至四川保寧府
閬中縣
又至陝西鳳翔府
鳳翔縣
又至寧夏府
平羅縣
又至延安府
膚施縣
安塞縣
安定縣
保安縣
又至綏德州

極邊

東至抵海不足四千里
南至抵海不足四千里
西至四川敘州府
長寧縣
興文縣
永寧縣
北至奉天府
承德縣
遼陽州
以上除東南外西北俱四千里

烟瘴

雲南曲靖府
尋甸州
平彝州
以上里數與極邊同

洛陽縣 新安縣 嵩縣 又至陝州 靈寶縣 北至直隸河間府 河間縣 滄州 以上俱二千里	武清縣 以上除南外東西 北俱二千五百里	米脂縣 北至直隸宣化府 宣化縣 萬全縣 以上除東南外西 北俱三千里

徽州府屬軍犯編發地方

附近	邊衛	邊遠	極邊	烟瘴
東至抵海不足二千里	東至抵海不足二千五百里	東至抵海不足三千里	東至抵海不足四千里	廣西慶遠府
南至抵海不足二千里	南至抵海不足二千五百里	南至抵海不足三千里	南至抵海不足四千里	宜山縣
西至湖廣襄陽府	西至河南河南府	西至陝西西安府	西至陝西鞏昌府	池河縣
襄陽衛	嵩縣	長安縣	隴西縣	貴州安順府
均州	洛陽縣	咸寧縣	又至秦州	鎮寧州
又至河南南陽府	又至陝州	咸陽縣	秦安縣	永寧州

南陽縣	靈寶縣	又至華州	禮縣	以上里數與極邊
鎮平縣	北至山東濟南府	潼關縣	又至階州	同
唐縣	德州衛	北至直隸河間府	文縣	
鄧州	德州左衛	河間縣	又至臨洮府	
北至山東青州府	歷城縣	滄州	洮州	
益都縣	肥城縣	又至天津府	蘭州	
諸城縣	以上除東南外西	天津左所	北至直隸宣化府	
又至莒州	北俱二千五百里	天津右所	宣化縣	
以上除東南外西		以上除東南外西	懷來縣	
北俱二千里		北俱三千里	以上除東南外西北俱四千里	

寧國府屬軍犯編發地方

附近	邊衛	邊遠	極邊	烟瘴
東至抵海不足二千里	東至抵海不足二千五百里	東至抵海不足三千里	東至抵海不足四千里	貴州南籠府
南至福建興化府	南至抵海不足二千五百里	南至抵海不足三千里	南至抵海不足四千里	普安州
莆田縣	西至河南河南府	西至陝西西安府	西至陝西鞏昌府	雲南景東府
僊遊縣	洛陽縣	長安縣	隴西縣	以上里數與極邊
西至河南南陽府	嵩縣	咸寧縣	又至秦州	同
南陽縣	又至陝州	又至華州	秦安縣	

鎮平縣 鄧州 唐縣 北至山東兗州府 濟寧衛 又至濟南府 歷城縣 肥城縣 以上除東外西南北俱二千里
靈寶縣 北至直隸河間府 河間縣 滄州 又至天津府 天津左所 天津右所 以上除東南外西北俱二千五百里
潼關縣 北至直隸順天府 梁城守禦所 通州左所 通州右所 又至涿州 薊州 遵化州 以上除東南外西北俱三千里
禮縣 又至階州 文縣 北至直隸宣化府 赤城縣 龍門縣 以上除東南外西北俱四千里

池州府屬軍犯編發地方

附近	東至抵海不足二千里 南至福建興化府 莆田縣 僊遊縣 西至河南南陽府 南陽縣
邊衛	東至抵海不足二千五百里 南至抵海不足二千五百里 西至河南河南府 洛陽縣 嵩縣 新安縣
邊遠	東至抵海不足三千里 南至抵海不足三千里 西至陝西漢中府 南鄭縣 寧羌州 沔縣
極邊	東至抵海不足四千里 南至抵海不足四千里 西至四川保寧府 閬中縣 又至陝西鳳翔府 鳳翔縣
烟瘴	雲南臨安府 建水州 通海縣 以上里數與極邊同

鎮平縣
鄧州
唐縣
北至直隸河間府
河間縣
又至天津府
天津左所
天津右所
滄州
以上除東外西南
北俱二千里

又至陝州
靈寶縣
又至湖廣鄖陽府
鄖縣
房縣
北至直隸順天府
通州左所
通州右所
又至涿州
以上除東南外西
北俱二千五百里

又至興安州
平利縣
又至河南懷慶府
河内縣
北至直隸宣化府
宣化縣
萬全縣
以上除東南外西
北俱三千里

又至寧夏府
平羅縣
北至奉天府
承德縣
遼陽州
以上除東南外西
北俱四千里

太平府屬軍犯編發地方

附近
東至抵海不足二千里
南至福建興化府
莆田縣
僊遊縣

邊衛
東至抵海不足二千五百里
南至抵海不足二千五百里
西至陝西西安府
長安縣

邊遠
東至抵海不足三千里
南至抵海不足三千里
西至陝西鞏昌府
隴西縣

極邊
東至抵海不足四千里
南至抵海不足四千里
西至陝西甘州府
張掖縣

烟瘴
雲南曲靖府
南寧縣
平彝縣
馬龍州

西至河南河南府
洛陽縣
嵩縣
又至陝州
靈寶縣
北至山東濟南府
歷城縣
肥城縣
又至武定州
以上除東外西南
北俱二千里

咸寧縣
咸陽縣
又至華州
潼關縣
北至直隸河間府
河間縣
滄州
又至天津府
天津左所
天津右所
以上除東南外西
北俱二千五百里

又至秦州
秦安縣
禮縣
又至階州
文縣
北至直隸順天府
薊州
平谷縣
遵化州
以上除東南外西
北俱三千里

山丹縣
高臺縣
肅州
北至抵邊不足四千里
以上除東南北外
西四千里

以上里數與極邊
同

廬州府屬軍犯編發地方

附近

東至浙江台州府
台州衛
黃巖縣
天台縣

邊衛

東至浙江寧波府
寧波衛
奉化縣
鎮海縣

邊遠

東至抵海不足三千里
南至抵海不足三千里
西至陝西鳳翔府
鳳翔縣

極邊

東至抵海不足四千里
南至抵海不足四千里
西至陝西臨洮府
洮州衛

烟瘴

南至廣東廉州府
合浦縣
欽州
靈山縣

太平縣
南至福建福州府
閩縣
侯官縣
長樂縣
西至河南河南府
洛陽縣
新安縣
又至陝州
靈寶縣
北至直隸順天府
涿州
以上俱二千里

南至福建興化府
莆田縣
仙遊縣
西至陝西西安府
長安縣
北至直隸宣化府
宣化縣
懷來縣
蔚州
以上俱二千五百里

又至寧夏府
平羅縣
北至直隸宣化府
萬全縣
赤城縣
龍門縣
以上除東南外西北俱三千里

歸德守禦所
又至平涼府
莊浪縣
又至涼州府
武威縣
鎮番縣
平番縣
北至抵邊不足四千里
以上除東南北外西四千里

又至廣西平樂府
平樂縣
富川縣
賀縣
以上里數與極邊同

六安州軍犯編發地方　直隸廬州府

附近　邊衛　邊遠　極邊　烟瘴

以上各等州縣衛分俱與廬州府同

鳳陽府屬軍犯編發地方

附近

東至浙江台州府
台州衛
黃巖縣
天台縣
太平縣
南至福建建寧府
建安縣
甌寧縣
浦城縣
西至陜西西安府
長安縣
咸寧縣
咸陽縣
北至直隸順天府
涿州
房山縣

邊衛

東至福建邵武府
邵武縣
南至福建福州府
閩縣
侯官縣
長樂縣
西至陜西鳳翔府
鳳翔縣
又至寧夏府
平羅縣
北至直隸宣化府
萬全縣
赤城縣
龍門縣
以上俱三千五百里

邊遠

東至福建福寧州
福安縣
寧德縣
南至福建興化府
莆田縣
僊遊縣
西至陜西鞏昌府
隴西縣
又至秦州
秦安縣
禮縣
北至抵邊不足三千里
以上除北外東南
西俱三千里

極邊

東至抵海不足四千里
南至抵海不足四千里
西至陜西慶陽府
安化縣
環縣
又至榆林府
定邊縣
懷遠縣
又至綏德州
北至抵邊不足四千里
以上除東南北外
西四千里

烟瘴

廣東惠州府
碣石衛
平海守禦所
海豐守禦所
捷勝守禦所
貴州南籠府
普安州
普安縣
安南縣
以上里數與極邊
同

薊州 以上俱二千里

泗州

潁州

亳州軍犯編發地方 以上三州舊隸鳳陽府

附近	邊衛	邊遠	極邊	烟瘴

以上各等州縣衛分俱與鳳陽府同

廣德州軍犯編發地方

附近	邊衛	邊遠	極邊	烟瘴
東至抵海不足二千里	東至抵海不足二千五百里	東至抵海不足三千里	東至抵海不足四千里	雲南蒙化府
南至福建福寧州	南至抵海不足二千五百里	南至抵海不足三千里	南至抵海不足四千里	以上里數與極邊
福安縣	西至河南河南府	西至陝西漢中府	西至陝西平涼府	同
寧德縣	洛陽縣	南鄭縣	平涼縣	

西至湖廣襄陽府
襄陽衛
均州
北至山東兗州府
濟寧衛
又至濟南府
歷城縣
肥城縣
又至武定州
以上除東外西南北俱二千里

新安縣
嵩縣
又至陝州
靈寶縣
北至直隸河間府
河間縣
滄州
又至天津府
天津左所
天津右所
以上除東南外西北俱二千五百里

沔縣
寧羌州
又至興安州
平利縣
北至直隸順天府
梁城守禦所
遵化州
薊州
以上除東南外西北俱三千里

固原州
北至直隸宣化府
赤城縣
龍門縣
以上除東南外西北俱四千里

和州軍犯編發地方

附近
東至浙江溫州府
溫州衛
平陽縣
瑞安縣

邊衛
東至抵海不足二千五百里
南至福建福州府
閩縣
侯官縣

邊遠
東至抵海不足三千里
南至抵海不足三千里
西至陝西階州
文縣

極邊
東至抵海不足四千里
南至抵海不足四千里
西至陝西甘州府
張掖縣

烟瘴
雲南景東府
以上里數與極邊同

樂清縣 南至福建延平府 南平縣 永安縣 將樂縣 西至河南懷慶府 河內縣 北至直隸河間府 河間縣 滄州 以上俱二千里	
永福縣 長樂縣 西至陝西鳳翔府 鳳翔縣 又至寧夏府 平羅縣 北至直隸順天府 通州左所 通州右所 以上除東外西南北俱二千五百里	
又至秦州 秦安縣 禮縣 北至直隸宣化府 萬全縣 懷安縣 以上除東南外西北俱三千里	
山丹縣 永昌縣 北至抵邊不足四千里 以上除東南北外西四千里	

滁州軍犯編發地方

附近	東至浙江溫州府 溫州衛 平陽縣 瑞安縣
邊衛	東至抵海不足二千五百里 南至福建福寧州 福安縣 寧德縣
邊遠	東至抵海不足三千里 南至抵海不足三千里 西至陝西平涼府 平涼縣
極邊	東至抵海不足四千里 南至抵海不足四千里 西至陝西甘州府 張掖縣
烟瘴	廣東潮州府 海安守禦所 海陽縣 程鄉縣

南至福建建寧府
建安縣
甌寧縣
浦城縣
西至河南懷慶府
河內縣
北至直隸保定府
博野縣
祁州
東鹿縣
以上俱二千里

西至陝西西安府
長安縣
咸寧縣
咸陽縣
北至直隸順天府
薊州
涿州
以上除東外西南
北俱二千五百里

北至直隸宣化府
宣化縣
萬全縣
以上除東南外西
北俱三千里

山丹縣
永昌縣
北至抵邊不足四千里
以上除東南北外
西四千里

以上里數與極邊
同

浙江

杭州府屬軍犯編發地方

附近

東至抵海不足二千里
南至福建福寧州
福安縣
寧德縣
西至湖廣武昌府
興國州
武昌縣
嘉魚縣
蒲圻縣
北至山東兗州府
嶧縣
滕縣
又至沂州
以上除東外南西

邊衛

東至抵海不足二千五百里
南至抵海不足二千五百里
西至湖廣安陸府
沔陽衛
鍾祥縣
又至荊州府
荊州衛
荊州左衛
荊州右衛
遠安縣
北至直隸河間府
河間縣
滄州
又至天津府

邊遠

東至抵海不足三千里
南至抵海不足三千里
西至湖廣襄陽府
襄陽衛
均州
又至河南南陽府
南陽縣
鎮平縣
北至直隸順天府
通州左所
通州右所
武清縣
順義縣
昌平州

極邊

東至抵海不足四千里
南至抵海不足四千里
西至陝西漢中府
南鄭縣
寧羌州
沔縣
又至平涼府
平涼縣
固原州
北至直隸宣化府
宣化縣
赤城縣
龍門縣
以上除東南外西

烟瘴

廣西柳州府
馬平縣
象州
賓州
又至慶遠府
南丹州
貴州安順府
鎮寧州
永寧州
以上里數與極邊
同

附近	邊衛	邊遠	極邊	烟瘴
北俱二千里	天津左所	以上除東南外西	北俱四千里	
	天津右所	北俱三千里		
	以上除東南外西			
	北俱二千五百里			

嘉興府屬軍犯編發地方

附近	邊衛	邊遠	極邊	烟瘴
東至抵海不足二千里	東至抵海不足二千五百里	東至抵海不足三千里	東至抵海不足四千里	廣東廣州府
南至抵海不足二千里	南至抵海不足二千五百里	南至抵海不足三千里	南至抵海不足四千里	大鵬守禦所
西至湖廣德安府	西至湖廣安陸府	西至湖廣襄陽府	西至陝西漢中府	新寧縣
德安守禦所	沔陽衛	襄陽衛	寧羌州	香山縣
隨州	鍾祥縣	均州	沔縣	新會縣
應山縣	又至荆州府	北至直隸河間府	又至興安州	貴州安順府
北至山東青州府	江陵縣	河間縣	平利縣	普定州
益都縣	彝陵州	滄州	北至直隸宣化府	以上里數與極邊
臨朐縣	枝江縣	又至天津府	宣化縣	同
又至莒州	北至山東濟南府	天津左所	萬全縣	
以上除東南外西	德州衛	天津右所	以上除東南外西	
北俱二千里	德州左衛	以上除東南外西	北俱四千里	

	歷城縣 肥城縣 又至武定州 以上除東南外西北俱三千五百里	北俱三千里		

湖州府屬軍犯編發地方

附近	邊衛	邊遠	極邊	烟瘴
東至抵海不足二千里	東至抵海不足二千五百里	東至抵海不足三千里	東至抵海不足四千里	廣東惠州府
南至福建福寧州	南至抵海不足二千五百里	南至抵海不足三千里	南至抵海不足四千里	碣石衛
福安縣	西至湖廣鄖陽府	西至河南懷慶府	西至陝西臨洮府	平海守禦所
寧德縣	鄖縣	河內縣	洮州衛	海豐守禦所
又至興化府	房縣	又至陝西西安府	蘭州	捷勝守禦所
莆田縣	又至河南河南府	長安縣	金縣	廣西潯州府
仙遊縣	洛陽縣	咸寧縣	又至西寧府	桂平縣
西至湖廣襄陽府	嵩縣	咸陽縣	西寧縣	又至鎮安府
襄陽衛	新安縣	北至直隸順天府	北至山西大同府	奉議州
均州	北至直隸河間府	通州左所	大同縣	以上里數與極邊

北至山東濟南府 歷城縣 肥城縣 又至泰安州 以上除東外西南 北俱二千里	河間縣 滄州 以上除東南外西 北俱二千五百里	通州右所 密雲縣 薊州 豐潤縣 以上除東南外西 北俱三千里	陽高縣 天鎮縣 以上除東南外西 北俱四千里	同

寧波府屬軍犯編發地方

附近	邊衛	邊遠	極邊	烟瘴
東至抵海不足二千里 南至抵海不足二千里 西至江西九江府 九江衛 又至江南滁州 滁州衛 北至山東兗州府 濟寧衛 滕縣 嶧縣	東至抵海不足二千五百里 南至抵海不足二千五百里 西至湖廣黃州府 黃州衛 蘄州衛 武昌衛 又至武昌府 武昌左衛 北至山東濟南府 德州衛	東至抵海不足三千里 南至抵海不足三千里 西至湖廣襄陽府 襄陽衛 均州 又至河南南陽府 唐縣 鄧州 內鄉縣 北至直隸宣化府	東至抵海不足四千里 南至抵海不足四千里 西至陝西漢中府 南鄭縣 寧羌州 沔縣 又至興安州 平利縣 北至直隸河間府 河間縣	廣西南寧府 宣化縣 新寧州 隆安縣 永淳縣 以上里數與極邊 同

以上除東南外西北俱二千里
德州左衛 肥城縣 又至武定州 陽信縣 以上除東南外西北俱二千五百里
延慶衛 保安州 西寧縣 以上除東南外西北俱三千里
滄州 又至天津府 天津左所 天津右所 以上除東南外西北俱四千里

紹興府屬軍犯編發地方

附近	邊衛	邊遠	極邊	烟瘴
東至抵海不足二千里	東至抵海不足二千五百里	東至抵海不足三千里	東至抵海不足四千里	廣東羅定州
南至抵海不足二千里	南至抵海不足二千五百里	南至抵海不足三千里	南至抵海不足四千里	東安縣
西至江西南康府	西至湖廣德安府	西至湖廣襄陽府	西至陝西漢中府	又至高州府
星子縣	德安守禦所	襄陽衛	南鄭縣	茂名縣
都昌縣	又至安陸府	均州	寧羌州	電白縣
建昌縣	沔陽衛	北至直隸河間府	沔縣	信宜縣
北至山東兖州府	鍾祥縣	河間縣	又至興安州	化州
任城衛	北至山東濟南府	滄州	平利縣	吳川縣
又至東平州	德州衛	又至天津府	北至山西大同府	以上里數與極邊
又至江南徐州	德州左衛	天津左所	陽高縣	同

徐州衛
以上除東南外西
北俱二千里

歷城縣
肥城縣
又至武定州
陽信縣
以上除東南外西
北俱二千五百里

天津右所
以上除東南外西
北俱三千里

天鎮縣
又至朔平府
右玉縣
以上除東南外西
北俱四千里

台州府屬軍犯編發地方

附近

東至抵海不足二千里
南至抵海不足二千里
西至湖廣黃州府
黃州衛
蘄州衛
北至江南徐州
徐州衛
又至山東兗州府
濟寧衛
又至曹州

邊衛

東至抵海不足二千五百里
南至抵海不足二千五百里
西至湖廣襄陽府
襄陽衛
均州
北至山東濟南府
德州衛
德州左衛
肥城縣
又至武定州

邊遠

東至抵海不足三千里
南至抵海不足三千里
西至湖廣鄖陽府
鄖縣
房縣
又至河南河南府
洛陽縣
嵩縣
新安縣
北至直隸河間府

極邊

東至抵海不足四千里
南至抵海不足四千里
西至陝西漢中府
南鄭縣
寧羌州
沔縣
又至興安州
平利縣
又至鳳翔府
鳳翔縣

烟瘴

廣東廉州府
廉州衛
合浦縣
欽州
靈山縣
貴州安順府
安平縣
清鎮縣
以上里數與極邊同

鉅野縣
以上除東南外西
北俱二千里

陽信縣
又至萊州府
靈山衛
鰲山衛
浮山守禦所
雄崖守禦所
以上除東南外西
北俱二千五百里

河間縣
滄州
又至天津府
天津左所
天津右所
以上除東南外西
北俱三千里

平羅縣
北至直隸宣化府
宣化縣
懷安縣
以上除東南外西
北俱四千里

金華府屬軍犯編發地方

附近
東至抵海不足二千里
南至抵海不足二千里
西至湖廣武昌府
武昌衛
武昌左衛
又至黃州府
黃州衛
蘄州衛

邊衛
東至抵海不足二千五百里
南至抵海不足二千五百里
西至湖廣德安府
德安守禦所
又至安陸府
沔陽衛
鍾祥縣
北至山東濟南府

邊遠
東至抵海不足三千里
南至抵海不足三千里
西至湖廣襄陽府
襄陽衛
均州
北至直隸河間府
河間縣
滄州

極邊
東至抵海不足四千里
南至抵海不足四千里
西至陝西漢中府
南鄭縣
寧羌州
沔縣
又至興安州
平利縣

烟瘴
廣西慶遠府
宜山縣
河池州
雲南楚雄府
楚雄縣
定邊縣
以上里數與極邊
同

北至山東兗州府
濟寧衛
又至東平州
東平所
以上除東南外西北俱二千里

北至德州衛
德州左衛
歷城縣
肥城縣
又至武定州
陽信縣
以上除東南外西北俱二千五百里

又至天津府
天津左所
天津右所
以上除東南外西北俱三千里

北至直隸宣化府
宣化縣
懷安縣
以上除東南外西北俱四千里

衢州府屬軍犯編發地方

附近

東至抵海不足二千里
南至抵海不足二千里
西至湖廣武昌府
武昌衛
武昌左衛
又至漢陽府
漢陽縣
北至江南邳州

邊衛

東至抵海不足二千五百里
南至抵海不足二千五百里
西至湖廣襄陽府
襄陽衛
均州
北至直隸河間府
河間縣
滄州

邊遠

東至抵海不足三千里
南至抵海不足三千里
西至湖廣鄖陽府
鄖縣
房縣
又至河南開封府
祥符縣
陳留縣

極邊

東至抵海不足四千里
南至抵海不足四千里
西至陝西西安府
長安縣
咸寧縣
咸陽縣
又至華州
潼關縣

烟瘴

貴州貴陽府
貴筑縣
廣西潯州府
桂平縣
貴縣
以上里數與極邊同

	宿遷縣 睢寧縣 又至潁州 潁上縣 以上除東南外西北俱二千里
	又至天津府 天津左所 天津右所 以上除東南外西北俱二千五百里
	北至直隸宣化府 延慶州 西寧縣 保安州 以上除東南外西北俱三千里
	北至山西朔平府 右玉縣 左雲縣 以上除東南外西北俱四千里

嚴州府屬軍犯編發地方

附近	東至抵海不足二千里 南至抵海不足二千里 西至湖廣武昌府 武昌衛 武昌左衛 又至漢陽府 漢陽縣 北至山東兗州府 濟寧衛 又至東平州
邊衛	東至抵海不足二千五百里 南至抵海不足二千五百里 西至湖廣德安府 德安守禦所 又至安陸府 沔陽衛 鍾祥縣 北至山東濟南府 德州衛 德州左衛
邊遠	東至抵海不足三千里 南至抵海不足三千里 西至湖廣襄陽府 襄陽衛 均州 北至直隸河間府 河間縣 滄州 又至天津府 天津左所
極邊	東至抵海不足四千里 南至抵海不足四千里 西至陝西漢中府 南鄭縣 寧羌州 沔縣 又至興安州 平利縣 北至直隸宣化府 赤城縣
烟瘴	雲南曲靖府 南寧縣 平彝縣 馬龍州 貴州大定府 威寧州 畢節縣 以上里數與極邊同

東平所 又至江南徐州 徐州衛 以上除東南外西 北俱二千里	歷城縣 肥城縣 又至武定州 陽信縣 以上除東南外西 北俱二千五百里	天津右所 以上除東南外西 北俱三千里	龍門縣 以上除東南外西 北俱四千里

溫州府屬軍犯編發地方

附近	邊衛	邊遠	極邊	烟瘴
東至抵海不足二千里	東至抵海不足二千五百里	東至抵海不足三千里	東至抵海不足四千里	雲南大理府
南至抵海不足二千里	南至抵海不足二千五百里	南至抵海不足三千里	南至抵海不足四千里	太和縣
西至湖廣武昌府	西至湖廣安陸府	西至湖廣襄陽府	西至陝西漢中府	貴州貴陽府
武昌衛	沔陽衛	襄陽衛	南鄭縣	龍里縣
武昌左衛	鍾祥縣	均州	沔縣	又至黎平府
又至漢陽府	又至德安府	北至山東兗州府	又至興安州	開泰縣
漢陽縣	德安守禦所	任城衛	平利縣	錦屏縣
北至江南淮安府	北至江南鳳陽府	又至濟寧州	北至直隸保定府	以上里數與極邊
淮安衛	鳳陽衛	濟寧衛	清苑縣	同
大河衛	長淮衛	滕縣	滿城縣	

鹽城縣
又至海州
贛榆縣
以上除東南外西北俱二千里

泗州衛
宿州衛
又至潁州
潁上縣
以上除東南外西北俱二千五百里

又至沂州
郯城縣
以上除東南外西北俱三千里

安肅縣
唐縣
易州
淶水縣
以上除東南外西北俱四千里

處州府屬軍犯編發地方

附近

東至抵海不足二千里
南至抵海不足二千里
西至湖廣武昌府
武昌衛
武昌左衛
又至漢陽府
漢陽縣
北至江南鳳陽府
鳳陽衛
長淮衛

邊衛

東至抵海不足二千五百里
南至抵海不足二千五百里
西至湖廣安陸府
沔陽衛
鍾祥縣
又至德安府
德安守禦所
北至山東青州府
益都縣
諸城縣

邊遠

東至抵海不足三千里
南至抵海不足三千里
西至湖廣襄陽府
襄陽衛
均州
北至山東濟南府
德州衛
德州左衛
歷城縣
肥城縣

極邊

東至抵海不足四千里
南至抵海不足四千里
西至陝西漢中府
南鄭縣
寧羌州
沔縣
又至興安州
平利縣
北至直隸永平府
山海衛

烟瘴

廣西柳州府
融縣
又至賓州
來賓縣
武宣縣
雲南雲南府
嵩明縣
呈貢縣
以上里數與極邊同

泗州衛
宿州衛
以上除東南外西
北俱二千里

又至莒州
以上除東南外西
北俱二千五百里

又至武定州
陽信縣
又至江南徐州
徐州衛
以上除東南外西
北俱三千里

盧龍縣
撫寧縣
以上除東南外西
北俱四千里

江西

南昌府屬軍犯編發地方

附近

東至浙江寧波府
寧波衛
慈溪縣
南至廣東韶州府
曲江縣
又至南雄府
保昌縣
西至湖廣辰州府
沅陵縣
黔陽縣
北至河南開封府
祥符縣
又至陳州
又至禹州

邊衛

東至抵海不足二千五百里
南至廣東廣州府
南海縣
番禺縣
西至貴州鎮遠府
鎮遠縣
施秉縣
北至山西潞安府
長治縣
屯留縣
以上除東外西南
北俱二千五百里

邊遠

東至抵海不足三千里
南至抵海不足三千里
西至廣西桂林府
臨桂縣
興安縣
北至直隸保定府
清苑縣
安肅縣
蠡縣
以上除東南外西
北俱三千里

極邊

東至抵海不足四千里
南至抵海不足四千里
西至廣西南寧府
宣化縣
隆安縣
上思州
北至直隸宣化府
宣化縣
萬全縣
懷安縣
以上除東南外西
北俱四千里

烟瘴

雲南景東府
又至曲靖府
尋甸縣
以上里數與極邊
同

以上俱二千里

饒州府屬軍犯編發地方

附近	邊衛	邊遠	極邊	烟瘴
東至抵海不足二千里	東至抵海不足二千五百里	東至抵海不足三千里	東至抵海不足四千里	雲南曲靖府
南至廣東廣州府	南至抵海不足二千五百里	南至抵海不足三千里	南至抵海不足四千里	南寧縣
從化縣	西至湖廣鄖陽府	西至河南河南府	西至陝西漢中府	霑益州
清遠縣	鄖縣	洛陽縣	南鄭縣	平彝縣
又至連州	房縣	嵩縣	寧羌州	以上里數與極邊
陽山縣	北至直隸河間府	又至陝州	沔縣	同
西至湖廣襄陽府	河間縣	靈寶縣	又至興安州	
襄陽衛	滄州	北至直隸順天府	平利縣	
均州	又至天津府	通州左所	北至直隸宣化府	
北至山東濟南府	天津左所	通州右所	赤城縣	
歷城縣	天津右所	武清縣	龍門縣	
肥城縣	以上除東南外西	以上除東南外西	以上除東南外西	
以上除東外西南	北俱二千五百里	北俱三千里	北俱四千里	
北俱二千里				

廣信府屬軍犯編發地方

附近

東至抵海不足二千里
南至抵海不足二千里
西至湖廣德安府
德安守禦所
又至安陸府
沔陽衛
鍾祥縣
北至山東兖州府
任城衛
濟寧衛
以上除東南外西
北俱二千里

邊衛

東至抵海不足二千五百里
南至抵海不足二千五百里
西至湖廣襄陽府
襄陽衛
均　州
北至河南彰德府
安陽縣
又至直隸順德府
唐山縣
以上除東南外西
北俱二千五百里

邊遠

東至抵海不足三千里
南至抵海不足三千里
西至湖廣鄖陽府
鄖　縣
房　縣
北至直隸保定府
清苑縣
又至順天府
涿　州
以上除東南外西
北俱三千里

極邊

東至抵海不足四千里
南至抵海不足四千里
西至陝西漢中府
南鄭縣
又至寧羌州
沔　縣
又至興安州
平利縣
北至山西大同府
陽高縣
天鎮縣
又至朔平府
右玉縣
平魯縣
以上除東南外西
北俱四千里

烟瘴

貴州貴陽府
龍里縣
又至安順府
永寧州
清鎮縣
以上里數與極邊
同

南康府屬軍犯編發地方

附近	邊衛	邊遠	極邊	烟瘴
東至抵海不足二千里	東至抵海不足二千五百里	東至抵海不足三千里	東至抵海不足四千里	雲南曲靖府
南至廣東韶州府	南至抵海不足二千五百里	南至抵海不足三千里	南至抵海不足四千里	陸涼州
曲江縣	西至河南河南府	西至陝西漢中府	西至陝西延安府	馬龍州
樂昌縣	洛陽縣	南鄭縣	安定縣	霑益州
又至南雄府	嵩縣	又至寧羌州	又至綏德州	以上里數與極邊
保昌縣	又至陝州	沔縣	米脂縣	同
西至湖廣鄖陽府	靈寶縣	又至興安州	北至直隸宣化府	
鄖縣	北至直隸順德府	平利縣	赤城縣	
房縣	唐山縣	北至直隸順天府	龍門縣	
北至河南彰德府	又至正定府	通州左所	以上除東南外西	
安陽縣	正定縣	通州右所	北俱四千里	
林縣	以上除東南外西	涿州		
以上除東外西南	北俱二千五百里	以上除東南外西		
北俱二千里		北俱三千里		

九江府屬軍犯編發地方

附近

東至浙江台州府
台州衛
黄巖縣
南至福建汀州府
長汀縣
上杭縣
西至湖廣鄖陽府
鄖縣
房縣
北至河南彰德府
安陽縣
林縣
以上俱二千里

邊衛

東至浙江寧波府
寧波衛
慈溪縣
南至福建延平府
南平縣
永安縣
將樂縣
西至河南河南府
洛陽縣
嵩縣
又至陝州
靈寶縣
北至直隸順德府
唐山縣
又至正定府
贊皇縣
以上俱二千五百
里

邊遠

東至抵海不足三千里
南至廣東潮州府
大城守禦所
海陽縣
西至陝西西安府
長安縣
咸寧縣
北至直隸保定府
清苑縣
雄縣
易州
以上除東外西南
北俱三千里

極邊

東至抵海不足四千里
南至抵海不足四千里
西至陝西鞏昌府
隴西縣
又至秦州
禮縣
北至直隸宣化府
宣化縣
萬全縣
懷安縣
以上除東南外西
北俱四千里

烟瘴

貴州南籠府
安南縣
又至大定府
畢節縣
以上里數與極邊
同

建昌府屬軍犯編發地方

附近	邊衛	邊遠	極邊	烟瘴
東至抵海不足二千里	東至抵海不足二千五百里	東至抵海不足三千里	東至抵海不足四千里	雲南臨安府
南至廣東廣州府	南至抵海不足二千五百里	南至抵海不足三千里	南至抵海不足四千里	建水州
南海縣	西至河南南陽府	西至陝西漢中府	西至陝西平凉府	通海縣
番禺縣	南陽縣	南鄭縣	平凉縣	以上里數與極邊
清遠縣	鄧州	又至寧羌州	固原州	同
增城縣	唐縣	又至興安州	北至直隸宣化府	
西至湖廣鄖陽府	北至河南開封府	平利縣	萬全縣	
鄖縣	祥符縣	北至直隸正定府	懷來縣	
房縣	又至陳州	正定縣	懷安縣	
北至河南汝寧府	又至禹州	又至定州	保安州	
信陽州	以上除東南外西北俱二千五百里	曲陽縣	以上除東南外西北俱四千里	
汝陽縣		以上除東南外西北俱三千里		
以上除東外西南北俱二千里				

撫州府屬軍犯編發地方

附近	邊衛	邊遠	極邊	烟瘴
東至浙江寧波府 寧波衛 鎮海縣 南至廣東廣州府 南海縣 番禺縣 西至湖廣辰州府 沅陵縣 辰溪縣 北至河南汝寧府 信陽州 羅山縣 以上俱二千里	東至抵海不足二千五百里 南至抵海不足二千五百里 西至貴州鎮遠府 鎮遠縣 又至思州府 青溪縣 北至河南開封府 祥符縣 陳留縣 又至禹州 以上除東南外西北俱二千五百里	東至抵海不足三千里 南至抵海不足三千里 西至廣西桂林府 臨桂縣 全州 灌陽縣 北至直隸正定府 正定縣 又至定州 曲陽縣 以上除東南外西北俱三千里	東至抵海不足四千里 南至抵海不足四千里 西至廣西南寧府 宣化縣 橫州 北至直隸宣化府 宣化縣 萬全縣 懷安縣 以上除東南外西北俱四千里	雲南景東府 又至姚安府 大姚縣 以上里數與極邊同

臨江府屬軍犯編發地方

附近	邊衛	邊遠	極邊	烟瘴

附近	邊衛	邊遠	極邊	烟瘴
東至浙江寧波府 寧波衛 鎮海縣 南至廣東廣州府 南海縣 清遠縣 西至貴州鎮遠府 鎮遠縣 又至思州府 青溪縣 北至河南汝寧府 信陽州 羅山縣 以上俱二千里	東至抵海不足二千五百里 南至抵海不足二千五百里 西至貴州遵義府 遵義縣 桐梓縣 北至河南開封府 祥符縣 又至陳州 以上除東南外西北俱二千五百里	東至抵海不足三千里 南至抵海不足三千里 西至四川重慶府 巴縣 忠州 北至直隸順德府 唐山縣 又至正定府 正定縣 以上除東南外西北俱三千里	東至抵海不足四千里 南至抵海不足四千里 西至四川成都府 成都縣 華陽縣 又至茂州 北至直隸宣化府 宣化縣 萬全縣 以上除東南外西北俱四千里	雲南曲靖府 尋甸州 平彝縣 以上里數與極邊同

吉安府屬軍犯編發地方

附近	邊衛	邊遠	極邊	烟瘴
東至浙江台州府 台州衛	東至福建福寧州 福安縣	東至抵海不足三千里 南至抵海不足三千里	東至抵海不足四千里 南至抵海不足四千里	貴州南籠府 普安州

僊居縣
南至廣東惠州府
河源縣
龍川縣
長樂縣
西至貴州鎮遠府
鎮遠縣
又至思州府
青溪縣
北至河南汝寧府
信陽州
羅山縣
以上俱二千里

寧德縣
南至廣東潮州府
大城守禦所
程鄉縣
西至貴州遵義府
遵義縣
桐梓縣
北至河南開封府
洛陽縣
又至陳州
以上俱二千五百里

西至四川重慶府
巴縣
黔江縣
北至山西潞安府
長治縣
屯留縣
以上除東南外西北俱三千里

西至四川成都府
郫縣
灌縣
又至茂州
汶川縣
北至山西大同府
大同縣
陽高縣
天鎮縣
又至朔平府
右玉縣
以上除東南外西北俱四千里

普安縣
安南縣
以上里數與極邊同

瑞州府屬軍犯編發地方

附近
東至浙江寧波府
寧波衛

邊衛
東至抵海不足二千五百里
南至抵海不足二千五百里

邊遠
東至抵海不足三千里
南至抵海不足三千里

極邊
東至抵海不足四千里
南至抵海不足四千里

烟瘴
雲南蒙化府
以上里數與極邊

附近	鎮海縣 南至廣東廣州府 南海縣 番禺縣 西至湖廣荆州府 施州衛 大田守禦所 北至河南開封府 祥符縣 又至陳州 又至禹州 以上俱二千里
邊衛	西至貴州遵義府 遵義縣 桐梓縣 北至直隸順德府 唐山縣 內邱縣 以上除東南外西 北俱二千五百里
邊遠	西至四川重慶府 巴縣 黔江縣 忠州 北至直隸保定府 清苑縣 又至順天府 涿州 以上除東南外西 北俱三千里
極邊	西至四川成都府 成都縣 華陽縣 又至茂州 汶川縣 北至直隸宣化府 赤城縣 龍門縣 以上除東南外西 北俱四千里
烟瘴	同

袁州府屬軍犯編發地方

附近	東至浙江台州府 台州衛 僊居縣 南至廣東惠州府
邊衛	東至抵海不足二千五百里 南至廣東潮州府 大城守禦所 程鄉縣
邊遠	東至抵海不足三千里 南至抵海不足三千里 西至四川瀘州 納溪縣
極邊	東至抵海不足四千里 南至抵海不足四千里 西至四川寧遠府 越嶲衛
烟瘴	雲南曲靖府 霑益州 馬龍州 陸凉州

捷勝守禦所 河源縣 龍川縣 長樂縣 西至貴州遵義府 遵義縣 桐梓縣 北至河南汝寧府 信陽州 羅山縣 以上俱二千里	西至四川重慶府 巴縣 黔江縣 忠州 北至河南開封府 祥符縣 又至陳州 又至禹州 以上除東外西南 北俱二千五百里	合江縣 北至直隸順德府 唐山縣 內邱縣 以上除東南外西 北俱三千里	禮州守禦所 黎州大渡河守禦所 打沖河前所 打沖河中左所 北至直隸宣化府 宣化縣 萬全縣 以上除東南外西 北俱四千里	以上里數與極邊 同

贛州府屬軍犯編發地方

附近	邊衛	邊遠	極邊	烟瘴
東至浙江温州府 温州衛 平陽縣 瑞安縣	東至抵海不足二千五百里 南至抵海不足二千五百里 西至廣西潯州府 桂平縣	東至抵海不足三千里 南至抵海不足三千里 西至廣西南寧府 宣化縣	東至抵海不足四千里 南至抵海不足四千里 西至四川寧遠府 越嶲衛	雲南姚安府 姚州 大姚縣 又至蒙化府

南至廣東潮州府
大城守禦所
海陽縣
潮陽縣
程鄉縣
西至廣西平樂府
平樂縣
富川縣
賀　縣
北至河南汝寧府
信陽州
汝陽縣
以上俱二千里

又至鎮安府
奉議州
向武州
北至河南開封府
祥符縣
陳留縣
以上除東南外西北俱二千五百里

永淳縣
北至山西潞安府
長治縣
潞城縣
以上除東南外西北俱三千里

德昌守禦所
晃山守禦所
禮州守禦所
黎州大渡河守禦所
北至直隸宣化府
宣化縣
龍門縣
萬全縣
以上除東南外西北俱四千里

以上里數與極邊同

南安府屬軍犯編發地方

附近

東至福建福寧州
福安縣

邊衛

東至浙江温州府
温州衛

邊遠

東至抵海不足三千里
南至廣東潮州府

極邊

東至抵海不足四千里
南至抵海不足四千里

烟瘴

雲南曲靖府
尋甸州

寧德縣
南至廣東廣州府
南海縣
東莞縣
從化縣
西至廣西潯州府
桂平縣
又至鎮安府
奉議州
向武州
北至湖廣黃州府
黃州衛
蘄州衛
以上俱二千里

平陽縣
瑞安縣
南至廣東惠州府
碣石衛
平海守禦所
海豐守禦所
捷勝守禦所
西至廣西南寧府
宣化縣
隆安縣
又至思恩府
武緣縣
北至河南汝寧府
信陽州
汝陽縣
以上俱二千五百
里

潮州衛
大城守禦所
西至四川成都府
成都縣
華陽縣
新都縣
又至茂州
北至河南開封府
祥符縣
陳留縣
以上除東外南西
北俱三千里

西至四川寧遠府
越巂衛
冕山守禦所
黎州大渡河守禦所
北至直隸宣化府
延慶衛
懷來縣
西寧縣
以上除東南外西
北俱四千里

平彝縣
又至景東府
以上里數與極邊
同

湖廣湖北

武昌府屬軍犯編發地方

附近

東至浙江杭州府
杭州前衛
杭州右衛
海寧所
南至廣東廣州府
南海縣
番禺縣
從化縣
西至陝西漢中府
南鄭縣
沔　縣
又至興安州
平利縣
北至直隸保定府

邊衛

東至浙江寧波府
寧波衛
慈谿縣
鎮海縣
南至廣東廣州府
大鵬守禦所
新寧縣
新會縣
西至四川保寧府
閬中縣
北至直隸宣化府
延慶衛
懷來縣
以上俱二千五百

邊遠

東至浙江台州府
台州衛
黃巖縣
天台縣
南至廣東惠州府
碣石衛
捷勝守禦所
海豐守禦所
西至陝西鳳翔府
鳳翔縣
又至寧夏府
平羅縣
北至山西大同府
大同縣

極邊

東至抵海不足四千里
南至廣東潮州府
大城守禦所
潮陽縣
西至陝西臨洮府
歸德守禦所
又至秦州
岷　州
北至陝西涼州府
武威縣
鎮番縣
永昌縣
古浪縣
以上除東外西南

烟瘴

雲南曲靖府
南寧縣
陸涼州
馬龍州
霑益州
以上里數與極邊同

附近	邊衛	邊遠	極邊	烟瘴
清苑縣 蠡縣 祁州 以上俱二千里	里	廣昌縣 天鎮縣 以上俱三千里	北俱四千里	

漢陽府屬軍犯編發地方 與武昌僅隔一江

附近	邊衛	邊遠	極邊	烟瘴

以上各等州縣衛分俱與武昌府同

安陸府屬軍犯編發地方

附近	邊衛	邊遠	極邊	烟瘴
東至江南廬州府 廬州衛 又至六安州 南至廣東廣州府 清遠縣 又至連州	東至江南鎮江府 鎮江衛 南至廣東廣州府 南海縣 番禺縣 西至四川順慶府	東至江南蘇州府 蘇州衛 又至太倉州 太倉衛 鎮海衛 南至廣東惠州府	東至抵海不足四千里 南至抵海不足四千里 西至四川茂州 保縣 北至直隸宣化府 延慶衛	雲南臨安府 建水州 通海縣 以上里數與極邊同

西至四川重慶府
巴縣
黔江縣
忠州
北至河南衛輝府
汲縣
新鄉縣
以上俱二千里

廣安州
北至直隸順德府
唐山縣
又至正定府
正定縣
以上俱二千五百里

河源縣
龍川縣
長樂縣
西至四川成都府
成都縣
新都縣
北至直隸保定府
易州
雄縣
以上俱三千里

赤城縣
龍門縣
以上除東南外西北俱四千里

襄陽府屬軍犯編發地方

附近

東至江南廬州府
廬州衛
又至六安州
南至江西贛州府
贛州衛
信豐縣

近邊

東至江南鎮江府
鎮江衛
南至廣東韶州府
曲江縣
又至南雄府
保昌縣

邊遠

東至浙江杭州府
杭州前衛
杭州右衛
海寧所
南至廣東廣州府
南海縣

極邊

東至浙江寧波府
寧波衛
象山縣
奉化縣
鎮海縣
南至廣東廣州府

烟瘴

貴州大定府
畢節縣
又至南籠府
安南縣
雲南楚雄府
楚雄縣

西至四川保寧府
閬中縣
蒼溪縣
北至山西汾州府
汾陽縣
又至太原府
陽曲縣
太原縣
以上俱二千里

西至陝西鳳翔府
鳳翔縣
又至寧夏府
平羅縣
北至山西大同府
大同縣
懷仁縣
又至朔平府
平魯縣
以上俱二千五百里

番禺縣
東莞縣
西至陝西鞏昌府
隴西縣
又至秦州
禮縣
又至階州
文縣
北至陝西延安府
膚施縣
安塞縣
保安縣
安定縣
以上俱三千里

大鵬守禦所
新寧縣
新會縣
三水縣
西至陝西西寧府
西寧縣
又至涼州府
鎮番縣
古浪縣
北至陝西榆林府
榆林縣
又至葭州
神木縣
以上俱四千里

定遠縣
以上里數與極邊同

鄖陽府屬軍犯編發地方

附近	邊衛	邊遠	極邊	烟瘴
東至江南安慶府 安慶衛	東至江南廬州府 廬州衛	東至江南鎮江府 鎮江衛	東至江南太倉州 鎮海衛	貴州安順府 安平縣

南至本省永州府
祁陽縣
東陽縣
西至陝西鳳翔府
鳳翔縣
又至寧夏府
平羅縣
北至山西平陽府
臨汾縣
又至蒲州府
永濟縣
以上俱二千里

又至六安州
南至廣西平樂府
平樂縣
賀　縣
西至陝西平凉府
平凉縣
華亭縣
北至山西太原府
陽曲縣
太原縣
以上俱二千五百
里

南至廣西梧州府
蒼梧縣
容　縣
西至陝西鞏昌府
隴西縣
又至秦州
禮　縣
又至階州
文　縣
北至山西大同府
陽高縣
天鎮縣
以上俱三千里

崇明縣
南至抵海不足四千里又至雲南景東府
西至陝西西寧府
西寧縣
又至平凉府
莊浪縣
北至榆林府
榆林縣
又至綏德州
米脂縣
以上除南外東西
北俱四千里

清鎮縣
以上里數與極邊
同

德安府屬軍犯編發地方

附近	東至江南廬州府	廬州衛
邊衛	東至江南鎮江府	鎮江衛
邊遠	東至浙江湖州府	湖州所
極邊	東至浙江寧波府	象山縣
烟瘴	雲南臨安府	建水州

又至六安州
南至本省衡州府
衡陽縣
常寧縣
西至陝西漢中府
南鄭縣
沔縣
北至直隸順德府
邢臺縣
唐山縣
以上俱二千里

南至廣東廣州府
清遠縣
又至連州
西至四川保寧府
閬中縣
蒼溪縣
北至直隸保定府
清苑縣
祁州
以上俱二千五百里

又至杭州府
杭州前衛
杭州右衛
海寧所
南至廣東惠州府
碣石衛
海豐守禦所
平海守禦所
西至陝西鳳翔府
鳳翔縣
又至寧夏府
平羅縣
北至直隸宣化府
延慶衛
赤城縣
以上俱三千里

鎮海縣
南至廣東潮州府
大城守禦所
潮陽縣
西至陝西臨洮府
歸德守禦所
狄道縣
北至抵邊不足四千里
以上除北外東南西俱四千里

石平州
又至曲靖府
尋甸州
以上與極邊同

黃州府屬軍犯編發地方

附近

邊衛

邊遠

極邊

烟瘴

東至浙江湖州府
湖州所
南至廣東廣州府
南海縣
番禺縣
西至河南河南府
洛陽縣
嵩縣
北至直隸順德府
唐山縣
以上俱二千里

東至浙江寧波府
寧波衛
鎮海縣
南至廣東惠州府
碣石衛
海豐守禦所
西至山西平陽府
平陽縣
又至蒲州府
永濟縣
北至直隸保定府
完縣
安州
以上俱二千五百里

東至抵邊不足三千里
南至廣東潮州府
大城守禦所
潮陽縣
西至山西太原府
陽曲縣
太原縣
北至直隸順天府
通州左所
通州右所
以上除東外西南
北俱三千里

東至抵海不足四千里
南至抵海不足四千里
西至陝西榆林府
榆林縣
又至綏德州
北至直隸宣化府
延慶衛
赤城縣
龍門縣
以上除東南外西
北俱四千里

雲南曲靖府
南寧縣
平彝縣
貴州安順府
鎮寧州
永寧州
以上里數與極邊同

荊州府屬軍犯編發地方

附近

東至浙江杭州府
杭州前衛

邊衛

東至浙江金華府
金華縣

邊遠

東至浙江寧波府
寧波衛

極邊

東至抵海不足四千里
南至抵海不足四千里

烟瘴

雲南蒙化府
又至永昌府

杭州右衛
海寧所
南至廣東廣州府
清遠縣
又至連州
陽山縣
西至四川重慶府
黔江縣
忠州
北至山西潞安府
長治縣
長子縣
以上俱二千里

又至衢州府
衢州所
南至廣東廣州府
南海縣
番禺縣
東莞縣
西至四川保寧府
閬中縣
蒼溪縣
北至山西太原府
陽曲縣
太原縣
以上俱二千五百里

鎮海縣
南至廣東廣州府
大鵬守禦所
新寧縣
西至陝西漢中府
寧羌州
又至興安州
平利縣
北至山西朔平府
右玉縣
左雲縣
朔州
以上俱三千里

西至陝西平涼府
平涼縣
華亭縣
北至陝西榆林府
榆林縣
又至綏德州
以上除東南外西北俱四千里

保山縣
以上里數與極邊同

歸州軍犯編發地方

舊隸荊州府

附近　邊衛　邊遠　極邊　烟瘴

以上各等州縣衛分俱與荊州府同

湖廣湖南

長沙府屬軍犯編發地方

附近　邊衛　邊遠　極邊　烟瘴

附近

東至浙江金華府
金華縣
又至衢州府
衢州所
又至福建建寧府
建安縣
浦城縣
南至廣東廣州府
大鵬守禦所
新會縣
香山縣
西至貴州遵義府
遵義縣
又至平越府

邊衛

東至浙江寧波府
寧波衛
鎮海縣
又至福建福寧州
福安縣
寧德縣
南至廣東惠州府
平海守禦所
捷勝守禦所
西至四川敘州府
宜賓縣
又至重慶府
合州
忠州

邊遠

東至抵海不足三千里東至抵海不足四千里地皆不足四千里以
南至廣東潮州府
大城守禦所
西至四川成都府
成都縣
新都縣
北至山西太原府
陽曲縣
太原縣
又至平定州
以上除東外南西
北俱三千里

極邊

南至抵海不足四千里極邊爲烟瘴
西至四川雅州府
雅安縣
名山縣
北至陝西榆林府
榆林縣
又至寧夏府
寧夏縣
寧朔縣
中衛縣
以上除東南外西
北俱四千里

甕安縣
北至河南懷慶府
河內縣
以上俱二千里

北至山西平陽府
平陽縣
又至蒲州府
永濟縣
以上俱二千五百
里

岳州府屬軍犯編發地方

附近

東至江南寧國府
宣州衛
南至廣東廣州府
大鵬守禦所
香山縣
三水縣
西至貴州鎮遠府
鎮遠縣
施秉縣
北至河南懷慶府

邊衛

東至浙江杭州府
杭州前衛
杭州右衛
海寧所
南至廣東惠州府
碣石衛
海豐守禦所
捷勝守禦所
西至四川敘州府
宜賓縣

邊遠

東至浙江寧波府
寧波衛
鎮海縣
南至廣東潮州府
大城守禦所
潮陽縣
西至貴州遵義府
遵義縣
又至平越府
甕安縣

極邊　烟瘴

東至抵海不足四千里地皆不足四千里以
南至抵海不足四千里極邊爲烟瘴
西至四川雅州府
雅安縣
北至陝西榆林府
榆林縣
又至寧夏府
寧夏縣
中衛縣
以上除東南外西

河內縣
以上俱二千里

北至山西太原府
陽曲縣
又至平定州
又至寧武府
偏關縣
以上俱二千五百里

北至山西朔平府
右玉縣
左雲縣
又至大同府
陽高縣
以上俱三千里

北俱四千里

澧州軍犯編發地方 舊隸岳州府

附近 邊衛 邊遠 極邊 烟瘴

以上各等州縣衛分俱與岳州府同

寶慶府屬軍犯編發地方

附近
東至江西饒州府
饒州所
又至撫州府
撫州所

邊衛
東至浙江衢州府
衢州所
又至嚴州府
嚴州所

邊遠
東至浙江台州府
台州衛
黃巖縣
南至廣東潮州府

極邊
東至抵海不足四千里地皆不足四千里以
南至抵海不足四千里極邊爲烟瘴
西至廣西太平府
太平州

烟瘴

南至廣東高州府
茂名縣
信宜縣
西至四川敘州府
宜賓縣
北至貴州遵義府
遵義縣
又至平越府
甕安縣
以上俱二千里

南至廣東惠州府
碣石衛
平海守禦所
海豐守禦所
西至四川雅州府
雅安縣
北至四川重慶府
巴縣
合州
忠州
以上俱二千五百里

海陽縣
靖海縣
程鄉縣
西至廣西潯州府
桂平縣
又至鎮安府
奉議州
向武州
北至四川保寧府
閬中縣
蒼溪縣
以上俱三千里

又至南寧府
宣化縣
又至思恩府
武緣縣
北至陝西鳳翔府
鳳翔縣
又至寧夏府
平羅縣
又至平涼府
固原州
平涼縣
以上除東南外西北俱四千里

衢州府屬軍犯編發地方

附近
東至浙江衢州府
衢州所

邊衛
東至浙江台州府
台州衛

邊遠
東至浙江寧波府
寧波衛

極邊
東至福建福寧州
福安縣

烟瘴
地皆不足四千里以極邊爲烟瘴

又至金華府
金華縣
南至廣東潮州府
大城守禦所
海陽縣
程鄉縣
西至四川敘州府
宜賓縣
北至河南河南府
洛陽縣
又至陝州
以上俱二千里

寧海縣
南至抵海不足二千五百里
西至四川雅州府
雅安縣
北至河南懷慶府
河内縣
以上除南外東西北俱二千五百里

鎮海縣
慈谿縣
南至抵海不足三千里
西至抵番界不足三千里
北至山西平陽府
臨汾縣
又至蒲州府
永濟縣
以上除西南外東北俱三千里

寧德縣
南至抵海不足四千里
西至抵番界不足四千里
北至陝西綏德州
米脂縣
又至榆林府
榆林縣
以上除西南外東北俱四千里

常德府屬軍犯編發地方

附近

東至江西九江府
九江衛
南至廣東高州府
電白縣

邊衛

東至江南寧國府
宣州衛
南至廣東惠州府
歸善縣

邊遠

東至江南太倉州
太倉衛
鎮海衛
崇明縣

極邊

東至抵海不足四千里
南至抵海不足四千里
西至抵番界不足四千里
北至山西大同府

烟瘴

地皆不足四千里以極邊為烟瘴

茂名縣
西至四川敘州府
宜賓縣
北至河南河南府
洛陽縣
又至陝州
以上俱二千里

河源縣
西至四川雅州府
雅安縣
北至河南懷慶府
河内縣
以上俱二千五百
里

南至廣東潮州府
海陽縣
潮陽縣
西至四川寧遠府
西昌縣
北至山西潞安府
長治縣
長子縣
以上俱三千里

大同縣
陽高縣
又至朔平府
右玉縣
平魯縣
又至陝西延安府
膚施縣
安塞縣
安定縣
保安縣
以上除東南西外
北四千里

辰州府屬軍犯編發地方

附近
東至江西九江府
九江衛
又至江南安慶府
安慶衛

邊衛
東至江南寧國府
宣州衛
又至池州府
新安衛

邊遠
東至江南蘇州府
蘇州衛
又至太倉州
太倉衛

極邊
東至抵海不足四千里
南至廣東潮州府
大城守禦所
海陽縣

烟瘴
地皆不足四千里以
極邊爲烟瘴

南至廣西梧州府
蒼梧縣
容縣
懷集縣
又至鬱林州
西至四川雅州府
雅安縣
北至本省鄖陽府
保康縣
鄖西縣
以上俱二千里

南至廣東肇慶府
高要縣
四會縣
德慶州
西至四川成都府
成都縣
新都縣
金堂縣
北至河南河南府
洛陽縣
又至陝州
靈寶縣
以上俱二千五百里

鎮海衛
南至廣東惠州府
歸善縣
河源縣
西至四川茂州
保縣
北至河南懷慶府
河內縣
以上俱三千里

潮陽縣
澄海縣
程鄉縣
西至抵番界不足四千里
北至山西太原府
代州
保德州
又至寧武府
寧武縣
偏關縣
以上除東外南西北俱四千里

永州府屬軍犯編發地方

附近	東至江西饒州府	饒州所
邊衛	東至浙江衢州府	衢州所
邊遠	東至福建福寧府	福安縣
極邊	東至抵海不足四千里地皆不足四千里以	南至抵海不足四千里極邊爲烟瘴
烟瘴		

又至撫州府
撫州所
南至廣東高州府
茂名縣
電白縣
信宜縣
西至廣西太平府
太平縣
又至南寧府
宣化縣
新寧縣
又至思恩府
武緣縣
北至本省襄陽府
襄陽衛
均州
以上俱二千里

龍游縣
又至福建延平府
南平縣
將樂縣
南至抵海不足二千五百里
西至抵土司不足二千五百里
北至河南南陽府
南陽縣
鄧州
唐縣
以上除西南外東
北俱二千五百里

寧德縣
又至邵武府
邵武縣
建寧縣
南至抵海不足三千里
西至抵土司不足三千里
北至河南懷慶府
河內縣
孟縣
又至山西澤州府
鳳臺縣
高平縣
以上除西南外東
北俱三千里

西至抵土司不足四千里
北至山西大同府
大同縣
懷仁縣
山陰縣
又至朔平府
右玉縣
左雲縣
朔州
平魯縣
又至直隸宣化府
蔚州
又至陜西慶陽府
安化縣
寧州
合水縣
以上除東南西外
北四千里

靖州軍犯編發地方

附近

東至江西南昌府
南昌衛
奉新縣
南至廣東廉州府
合浦縣
欽州
靈山縣
西至四川寧遠府
會川衛
越嶲衛
北至本省襄陽府
襄陽衛
均州
以上俱二千里

邊衛

東至江西饒州府
饒州所
又至撫州府
撫州所
南至抵海不足二千五百里
西至抵番界不足二千五百里
北至河南河南府
洛陽縣
又至陝州
靈寶縣
以上除西南外東
北俱二千五百里

邊遠

東至浙江衢州府
衢州所
南至抵海不足三千里
西至抵番界不足三千里
北至河南懷慶府
河內縣
孟縣
又至陝西西安府
咸寧縣
長安縣
又至華州
潼關縣
以上除西南外東
北俱三千里

極邊

東至浙江寧波府
奉化縣
象山縣
鎮海縣
定海縣
南至抵海不足四千里
西至抵番界不足四千里
北至山西太原府
太原縣
又至保德州
又至忻州
又至代州
又至寧武府
偏關縣
神池縣
以上除西南外東
北俱四千里

烟瘴

地皆不足四千里以
極邊爲烟瘴

郴州軍犯編發地方

附近

東至浙江衢州府
衢州所
南至廣東潮州府
大城守禦所
潮陽縣
澄海縣
程鄉縣
西至貴州遵義府
遵義縣
又至平越府
甕安縣
又至河南河南府
洛陽縣
又至陝州
靈寶縣
北至本省鄖陽府

邊衛

東至浙江台州府
台州衛
天台縣
黃巖縣
南至抵海不足二千五百里
西至四川敘州府
宜賓縣
北至河南懷慶府
河內縣
以上除南外東西
北俱二千五百里

邊遠

東至浙江寧波府
寧波衛
奉化縣
慈谿縣
南至抵海不足三千里
西至四川寧遠府
打冲河中前所
打冲河中左所
北至山西潞安府
長治縣
長子縣
屯留縣
以上除南外東西
北俱三千里

極邊

東至抵海不足四千里
南至抵海不足四千里
西至山西保德州
又至平定州
又至代州
北至山西朔平府
右玉縣
陽高縣
又至大同府
山陰縣
以上除東南外西
北俱四千里

烟瘴

地皆不足四千里以
極邊為烟瘴

鄖陽縣
房縣
以上俱二千里

福建

福州府屬軍犯編發地方

附近　邊衛　邊遠　極邊　烟瘴

東至抵海不足二千里東至抵海不足二千五百里東至抵海不足三千里東至抵海不足四千里地皆不足四千里以
南至抵海不足二千里南至抵海不足二千五百里南至抵海不足三千里南至抵海不足四千里極邊爲烟瘴

附近

西至廣東韶州府
曲江縣
又至湖廣郴州
宜章縣
北至江南揚州府
揚州衛
儀徵衛
高郵州
興化縣
泰州
又至通州
以上除東南外西

邊衛

西至湖廣靖州
會同縣
又至貴州思州府
清溪縣
北至山東沂州
郯城縣
費縣
又至兖州府
濟寧衛
以上除東南外西
北俱二千五百里

邊遠

西至貴州鎮遠府
鎮遠縣
施秉縣
北至山東濟南府
歷城縣
濟陽縣
以上除東南外西
北俱三千里

極邊

西至四川寧遠府
越嶲衛
會川衛
黎州大渡河守禦所
禮州守禦所
北至直隸順天府
房山縣
涿州
薊州
平谷縣
遵化州
以上除東南外西

北俱二千里

北俱四千里

泉州府屬軍犯編發地方

東至抵海不足二千里東至抵海不足二千五百里東至抵海不足三千里東至抵海不足四千里地皆不足四千里以

南至抵海不足二千里南至抵海不足二千五百里南至抵海不足三千里南至抵海不足四千里極邊爲烟瘴

附近

西至廣東肇慶府
雙魚守禦所
高要縣
新興縣
陽江縣
北至浙江紹興府
紹興衛
蕭山縣
諸暨縣
以上除東南外西
北俱二千里

邊衛

西至廣西梧州府
蒼梧縣
藤縣
容縣
懷集縣
又至鬱林州
北至江南淮安府
淮安衛
大河衛
鹽城縣
又至邳州
又至海州

邊遠

西至廣西潯州府
桂平縣
貴縣
又至鎮安府
奉議州
向武州
北至山東青州府
益都縣
諸城縣
又至莒州
以上除東南外西
北俱三千里

極邊

西至廣西慶遠府
宜山縣
河池州
北至直隸河間府
河間縣
滄州
又至天津府
天津左所
天津右所
以上除東南外西
北俱四千里

烟瘴

以上除東南外西北俱二千五百里

建寧府屬軍犯編發地方

附近

東至抵海不足二千里

南至抵海不足二千里

西至廣東韶州府曲江縣

又至南雄府保昌縣

北至江南徐州徐州衛

又至淮安府鹽城縣

又至邳州

以上除東南外西北俱二千里

邊衛

東至抵海不足二千五百里

南至抵海不足二千五百里

西至廣東廣州府大鵬守禦所

增城縣

新寧縣

香山縣

新會縣

北至山東濟南府歷城縣

肥城縣

以上除東南外西北俱二千五百里

邊遠

東至抵海不足三千里

南至抵海不足三千里

西至廣東肇慶府雙魚守禦所

高要縣

新興縣

陽江縣

北至直隸河間府滄州

又至天津府天津左所

天津右所

以上除東南外西北俱三千里

極邊

東至抵海不足四千里

南至抵海不足四千里

西至廣西南寧府宣化縣

隆安縣

橫州

北至直隸宣化府宣化縣

懷安縣

以上除東南外西北俱四千里

烟瘴

地皆不足四千里以極邊爲烟瘴

延平府屬軍犯編發地方

附近	東至抵海不足二千里 南至抵海不足二千里 西至廣東廣州府 南海縣 增城縣 新會縣 北至江南鳳陽府 鳳陽衛 長淮衛 泗州衛 宿州衛 又至潁州 潁上縣 以上除東南外西北俱二千里
邊衛	東至抵海不足二千五百里 南至抵海不足二千五百里 西至廣西梧州府 蒼梧縣 藤縣 容縣 懷集縣 又至鬱林州 北至山東兗州府 任城衛 濟寧衛 滕縣 又至東平州 以上除東南外西北俱二千五百里
邊遠	東至抵海不足三千里 南至抵海不足三千里 西至廣西柳州府 馬平縣 融縣 象州 又至賓州 來賓縣 武宣縣 遷江縣 北至山東青州府 益都縣 諸城縣 又至莒州 以上除東南外西北俱三千里
極邊	東至抵海不足四千里 南至抵海不足四千里 西至湖廣寶慶府 邵陽縣 武岡州 又至衡州府 衡陽縣 北至直隸河間府 河間縣 滄州 又至天津府 天津左所 天津右所 以上除東南外西北俱四千里
烟瘴	地皆不足四千里以極邊爲烟瘴

汀州府屬軍犯編發地方

附近

東至浙江溫州府
溫州衛
平陽縣
瑞安縣
樂清縣
南至抵海不足二千里
西至廣東廣州府
南海縣
番禺縣
清遠縣
增城縣
北至湖廣黃州府
黃州衛
蘄州衛
以上除南外東西
北俱二千里

邊衛

東至抵海不足二千五百里
南至抵海不足二千五百里
西至廣西平樂府
平樂縣
富川縣
賀縣
北至河南汝寧府
汝陽縣
正陽縣
又至南陽府
南陽縣
鄧州
唐縣
以上除東南外西
北俱二千五百里

邊遠

東至抵海不足三千里
南至抵海不足三千里
西至廣西潯州府
桂平縣
又至鎮安府
奉議州
向武州
北至河南開封府
祥符縣
陳留縣
又至陳州
又至禹州
以上除東南外西
北俱三千里

極邊

東至抵海不足四千里
南至抵海不足四千里
西至湖廣永州府
零陵縣
東安縣
寧遠縣
江華縣
北至直隸正定府
正定縣
又至定州
以上除東南外西
北俱四千里

烟瘴

地皆不足四千里以
極邊為烟瘴

興化府屬軍犯編發地方

東至抵海不足二千里東至抵海不足二千五百里東至抵海不足三千里東至抵海不足四千里地皆不足四千里以南至抵海不足二千里南至抵海不足二千五百里南至抵海不足三千里南至抵海不足四千里極邊爲烟瘴

附近

西至江西贛州府
贛州衛
信豐縣
北至浙江紹興府
紹興衛
上虞縣
餘姚縣
以上除東南外西北俱二千里

邊衛

西至廣東韶州府
曲江縣
又至南雄府
保昌縣
北至江南揚州府
揚州衛
儀徵衛
高郵州
興化縣
泰州
又至通州
以上除東南外西北俱二千五百里

邊遠

西至湖廣郴州
宜章縣
又至衡州府
衡陽縣
常寧縣
桂陽州
北至江南鳳陽府
長淮衛
泗州衛
宿州衛
又至潁州
潁上縣
以上除東南外西北俱三千里

極邊

西至貴州鎮遠府
鎮遠縣
施秉縣
又至思州府
清溪縣
北至山東濟南府
德州衛
德州左衛
歷城縣
肥城縣
又至武定州
以上除東南外西北俱四千里

烟瘴

邵武府屬軍犯編發地方

附近　邊衛　邊遠　極邊　烟瘴

東至抵海不足二千里東至抵海不足二千五百里東至抵海不足三千里東至抵海不足四千里地皆不足四千里以
南至抵海不足二千里南至抵海不足二千五百里南至抵海不足三千里南至抵海不足四千里極邊爲烟瘴

附近

西至湖廣辰州府
沅陵縣
瀘溪縣
辰溪縣
溆浦縣
沅州
黔陽縣
麻陽縣
北至江南鳳陽府
泗州衛
宿州衛
又至潁州
潁上縣
以上除東南外西

邊衛

西至貴州鎮遠府
鎮遠縣
施秉縣
北至山東兖州府
濟寧衛
滕縣
又至沂州
費縣
以上除東南外西
北俱二千五百里

邊遠

西至四川瀘州
納溪縣
又至貴州遵義府
遵義縣
北至山東青州府
益都縣
諸城縣
又至莒州
以上除東南外西
北俱三千里

極邊

西至四川寧遠府
越巂衛
冕山守禦所
禮州守禦所
德昌守禦所
北至直隸保定府
清苑縣
易州
以上除東南外西
北俱四千里

烟瘴

北俱二千里

漳州府屬軍犯編發地方

東至抵海不足二千里東至抵海不足二千五百里東至抵海不足三千里東至抵海不足四千里地皆不足四千里以南至抵海不足二千里南至抵海不足二千五百里南至抵海不足三千里南至抵海不足四千里極邊爲烟瘴

附近	西至廣東肇慶府 雙魚守禦所 高要縣 新興縣 陽江縣 北至江南廬州府 廬州衛 又至六安州 以上除東南外西北俱二十里
邊衛	西至廣西梧州府 蒼梧縣 藤縣 容縣 懷集縣 又至鬱林州 北至江南徐州 徐州衛 以上除東南外西北俱二千五百里
邊遠	西至廣西柳州府 馬平縣 融縣 象州 又至賓州 來賓縣 武宣縣 北至山東濟南府 歷城縣 肥城縣 以上除東南外西北俱三千里
極邊	西至湖廣辰州府 沅陵縣 瀘溪縣 辰溪縣 溆浦縣 沅州 黔陽縣 麻陽縣 北至直隸順天府 薊州 遵化州 以上除東南外西
烟瘴	

北俱四千里

福寧州屬軍犯編發地方

附近

東至抵海不足二千里

南至抵海不足二千里

西至江西贛州府

贛州衛

北至江南揚州府

揚州衛

儀徵衛

高郵州

興化縣

泰州

又至通州

如皋縣

以上除東南外西

北俱二千里

邊衛

東至抵海不足二千五百里

南至抵海不足二千五百里

西至湖廣郴州

宜章縣

又至衡州府

衡陽縣

常寧縣

桂陽州

北至山東青州府

益都縣

諸城縣

又至莒州

以上除東南外西

北俱二千五百里

邊遠

東至抵海不足三千里

南至抵海不足三千里

西至湖廣靖州

會同縣

北至山東東昌府

平山衛

東昌衛

臨清衛

以上除東南外西

北俱三千里

極邊

東至抵海不足四千里

南至抵海不足四千里

西至貴州鎮遠府

鎮遠縣

施秉縣

北至直隸永平府

山海衛

撫寧縣

以上除東南外西

北俱四千里

烟瘴

地皆不足四千里以極邊爲烟瘴

大清會典卷之一百四十八

兵部武庫司

〔軍衛道里表下〕

大清會典卷之一百四十八

兵部武庫司

〔軍衛道里表下〕

山東

濟南府屬軍犯編發地方

附近

東至江南淮安府
淮安衛
大河衛
鹽城縣
又至海州
又至邳州
南至江南池州府
新安衛
又至浙江杭州府
杭州前衛

邊衛

東至抵海不足二千五百里東至抵海不足三千里東至抵海不足四千里廣東潮州府
南至浙江寧波府
寧波衛
鎮海縣
慈谿縣
西至陝西延安府
膚施縣
安塞縣
安定縣
保安縣

邊遠

南至浙江台州府
台州衛
黃巖縣
寧海縣
天台縣
西至陝西慶陽府
安化縣
合水縣
寧州

極邊

南至福建福寧州
福安縣
寧德縣
西至陝西甘州府
張掖縣
山丹縣
高臺縣
北至抵邊不足四千里
以上除東北外西

烟瘴

大城所
海陽縣
潮陽縣
貴州南籠府
安南縣
又至平越府
平越縣
以上里數與極邊
同

杭州右衛
海寧所
西至山西太原府
陽曲縣
太原縣
又至平定州
北至直隸宣化府
延慶衛
赤城縣
以上俱二千里

北至抵海不足二千五百里
以上除東北外西
南俱二千五百里

北至抵邊不足三千里
以上除東北外西
南俱三千里

南俱四千里

泰安州

武定州

濱州　州軍犯編發地方　以上三州舊隸濟南府

附近　邊衛　邊遠　極邊　烟瘴

以上各等州縣衛分俱與濟南府同

兗州府屬軍犯編發地方

附近

東至抵海不足二千里
南至浙江杭州府
杭州前衛
杭州右衛
海寧所
西至陝西延安府
膚施縣
安塞縣
保安縣
北至直隸宣化府
宣化縣
萬全縣
懷安縣
以上除東外西南
北俱二千里

邊衛

東至抵海不足二千五百里
南至浙江處州府
處州衛
又至台州府
台州衛
黄巖縣
寧海縣
天台縣
西至陝西慶陽府
安化縣
合水縣
寧州
北至直隸宣化府
赤城縣
龍門縣
以上除東外西南

邊遠

東至抵海不足三千里
南至浙江温州府
温州衛
瑞安縣
樂清縣
平陽縣
西至陝西寧夏府
寧夏縣
寧朔縣
中衛縣
北至抵邊不足三千里
以上除東北外西
南俱三千里

極邊

東至抵海不足四千里
南至福建福寧州
福安縣
寧德縣
西至陝西甘州府
張掖縣
山丹縣
又至西寧府
西寧縣
碾伯縣
北至抵邊不足四千里
以上除東北外西
南俱四千里

烟瘴

廣東高州府
茂名縣
電白縣
信宜縣
又至肇慶府
陽春縣
貴州黎平府
開泰縣
天柱縣
以上里數與極邊
同。

北俱二千五百里

曹州

沂州

東平州軍犯編發地方　以上三州舊隸兗州府

附近	邊衛	邊遠	極邊	烟瘴

以上各等州縣衛分俱與兗州府同

東昌府屬軍犯編發地方

附近	邊衛	邊遠	極邊	烟瘴
東至本省登州府	東至抵海不足二千五百里	東至抵海不足三千里	東至抵海不足四千里	廣東潮州府
靖海衛	南至浙江金華府	南至浙江台州府	南至福建漳州府	大城守禦所
成山衛	金華縣	台州衛	龍谿縣	海陽縣
威海衛	又至嚴州府	寧海縣	漳浦縣	澄海縣

大嵩衛
又至莒州
安東衛
南至江南池州府
新安衛
又至寧國府
宣州衛
西至山西大同府
大同縣
山陰縣
又至朔平府
朔州
馬邑縣
北至直隸宣化府
延慶衛
萬全縣
懷安縣
保安州
以上俱二千里

鄜州所
西至陝西延安府
膚施縣
安塞縣
安定縣
保安縣
北至直隸宣化府
赤城縣
龍門縣
以上除東外西南
北俱二千五百里

天台縣
西至陝西綏德州
米脂縣
又至榆林府
榆林縣
北至抵邊不足三千里
以上除東北外西
南俱三千里

詔安縣
又至福寧州
福安縣
西至陝西臨洮府
洮州衛
又至秦州
清水縣
岷州
北至抵邊不足四千里
以上除東北外西
南俱四十里

貴州都匀府
都匀縣
清平縣
以上里數與極邊
同

高唐州

濮州軍犯編發地方　以上二州舊隸東昌府

附近　邊衛　邊遠　極邊　烟瘴

以上各等州縣衛分俱與東昌府同

青州府屬軍犯編發地方

附近	東至抵海不足二千里　南至江南安慶府　安慶衛　又至廬州府　廬州衛　又至六安州　西至山西太原府　陽曲縣
邊衛	東至抵海不足二千五百里　南至江南池州府　新安衛　又至浙江杭州府　杭州前衛　杭州右衛　海寧所　西至山西大同府
邊遠	東至抵海不足三千里　南至浙江台州府　台州衛　黄巖縣　寧海縣　天台縣　西至陝西延安府　膚施縣
極邊	東至抵海不足四千里　南至福建福寧州　福安縣　寧德縣　又至興化府　莆田縣　仙遊縣　西至陝西甘州府
烟瘴	廣西南寧府　宣化縣　新寧州　又至思恩府　武緣縣　貴州安順府　清鎮縣　安平縣

太原縣
保德州
北至直隸宣化府
宣化縣
萬全縣
懷安縣
保安州
以上除東外西南
北俱二千里

廣昌縣
又至朔平府
右玉縣
左雲縣
平魯縣
北至直隸宣化府
赤城縣
龍門縣
以上除東外西南
北俱二千五百里

安塞縣
安定縣
保安縣
北至抵邊不足三千里
以上除東北外西
南俱三千里

山丹縣
高臺縣
肅州
北至抵邊不足四千里
以上除東北外西
南俱四千里

又至南籠府
安南縣
以上里數與極邊
同

莒州軍犯編發地方 舊隸青州府

附近 邊衛 邊遠 極邊 烟瘴

以上各等州縣衛分俱與青州府同

登州府屬軍犯編發地方

附近 邊衛 邊遠 極邊 烟瘴

萊州府屬軍犯編發地方

東至抵海不足三千里
南至江南徐州
徐州衛
蕭　縣
豐　縣
西至山西汾州府
汾陽縣
又至澤州府
鳳臺縣
陽城縣
北至直隸河間府
河間縣
滄　州
又至天津府
天津左所
天津右所
以上除東外西南
北俱三千里

東至抵海不足三千五百里
南至江南廬州府
廬州衛
又至六安州
西至山西太原府
陽曲縣
太原縣
又至寧武府
寧武縣
北至直隸順天府
通州左所
通州右所
武清縣
以上除東外西南
北俱三千五百里

東至抵海不足三千里
南至江南安慶府
安慶衛
又至寧國府
宣州衛
西至山西大同府
大同縣
又至朔平府
右玉縣
左雲縣
平魯縣
北至直隸宣化府
宣化縣
萬全縣
懷安縣
保安州
以上除東外西南
北俱三千里

東至抵海不足四千里
南至福建建寧府
建安縣
崇安縣
浦城縣
西至陝西慶陽府
安化縣
合水縣
寧　州
環　縣
北至抵邊不足四千里
以上除東北外西
南俱四千里

貴州安順府
清鎮縣
又至南籠府
安南縣
又至大定府
畢節縣
廣西太平府
太平州
以上里數與極邊
同

附近	邊衛	邊遠	極邊	烟瘴
東至抵海不足二千里	東至抵海不足二千五百里	東至抵海不足三千里	東至抵海不足四千里	貴州安順府
南至江南鳳陽府	南至江南安慶府	南至浙江杭州府	南至浙江溫州府	鎮寧州
鳳陽衛	安慶衛	杭州前衛	溫州衛	永寧州
泗州衛	又至寧國府	杭州右衛	瑞安縣	廣東惠州府
宿州衛	宣州衛	海寧所	樂清縣	碣石衛
又至潁州	西至山西太原府	西至山西朔平府	平陽縣	平海守禦所
潁上縣	陽曲縣	右玉縣	泰順縣	捷勝守禦所
西至山西太原府	振武衛	朔州	西至陝西凉州府	以上里數與極邊
陽曲縣	又至保德州	馬邑縣	武威縣	同
太原縣	又至代州	又至大同府	鎮番縣	
又至平定州	又至寧武府	山陰縣	永昌縣	
北至直隸順天府	寧武縣	陽高縣	古浪縣	
梁城守禦所	偏關縣	天鎮縣	平番縣	
涿州	北至直隸宣化府	北至直隸宣化府	北至抵邊不足四千里	
薊州	萬全縣	赤城縣	以上除東北外西	
遵化州	懷來縣	龍門縣	南俱四千里	
以上除東外西南	保安州	以上除東外西南		
北俱二千里	以上除東外西南	北俱三千里		

北俱二千五百里

山西

太原府屬軍犯編發地方

附近

東至江南鳳陽府
鳳陽衛
泗州衛
宿州衛
又至潁州
潁上縣
又至山東萊州府
靈山衛
鰲山衛
浮山守禦所
雄崖守禦所
南至湖廣荆州府
荆州衛
荆州左衛

邊衛

東至江南揚州府
揚州衛
儀徵衛
高郵州
興化縣
泰州
又至淮安府
淮安衛
大河衛
又至邳州
宿遷縣
又至海州
又贛榆縣
南至湖廣岳州府

邊遠

東至浙江杭州府
杭州前衛
杭州右衛
海寧所
又至嘉興府
嘉興所
平湖縣
南至湖廣長沙府
長沙縣
茶陵州
又至衡州府
衡陽縣
常寧縣
西至陝西鞏昌府

極邊

東至浙江台州府
台州衛
黄巖縣
天台縣
寧海縣
仙居縣
太平縣
南至廣東廣州府
大鵬守禦所
東莞縣
新寧縣
從化縣
香山縣
增城縣

烟瘴

廣西桂林府
臨桂縣
興安縣
全州
義寧縣
貴州黎平府
開泰縣
天柱縣
又至貴陽府
龍里縣
以上里數與極邊
同

荆州右衛
彝陵州
遠安縣
又至武昌府
武昌衛
武昌左衛
西至陝西延安府
膚施縣
安塞縣
安定縣
保安縣
北至直隸宣化府
赤城縣
龍門縣
以上俱二千里

岳州衛
又至澧州
永定衛
九谿衛
西至陝西慶陽府
安化縣
合水縣
又至平涼府
平涼縣
固原州
北至抵邊不足二千五百里
以上除北外東南
西俱二千五百里

隴西縣
又至秦州
禮縣
又至階州
文縣
北至抵邊不足三千里
以上除北外東南
西俱三千里

又至連州
西至陝西甘州府
張掖縣
山丹縣
又至西寧府
西寧縣
北至抵邊不足四千里
以上除北外東南
西俱四千里

平定州

忻州

代州 以上四州舊隷太原府

保德州軍犯編發地方

附近 邊衛 邊遠 極邊 烟瘴

以上各等州縣衛分俱與太原府同

平陽府屬軍犯編發地方

附近	邊衛	邊遠	極邊	烟瘴
東至山東青州府 益都縣 諸城縣 又至萊州府 靈山衛 鰲山衛 浮山守禦所 雄崖守禦所	東至山東登州府 大嵩衛 靖海衛 成山衛 威海衛 又至莒州 安東衛 南至湖廣岳州府	東至抵海不足三千里 南至湖廣長沙府 長沙縣 茶陵州 又至江西袁州府 袁州衛 西至陝西涼州府 古浪縣	東至抵海不足四千里 南至廣東廣州府 大鵬守禦所 東莞縣 新寧縣 從化縣 又至福建漳州府 龍溪縣	廣西太平府 太平縣 貴州南籠府 普安縣 安南縣 以上里數與極邊同

南至湖廣武昌府
武昌衛
武昌左衛
又至漢陽府
漢陽縣
又至黃州府
黃州衛
蘄州衛
西至陝西平涼府
平涼縣
涇州
崇信縣
又至秦州
秦安縣
北至抵邊不足二千里
以上除北外東西
南俱二千里

岳州衛
又至澧州
永定衛
九谿衛
西至陝西鞏昌府
隴西縣
寧遠縣
伏羌縣
又至臨洮府
渭源縣
北至抵邊不足二千五百里
以上除北外東南
西俱二千五百里

平番縣
又至西寧府
西寧縣
北至抵邊不足三千里
以上除東北外西
南俱三千里

漳浦縣
詔安縣
西至陝西甘州府
高臺縣
肅州
北至抵邊不足四千里
以上除東北外南
西俱四千里

絳州

吉州

隰州軍犯編發地方　以上四州舊隸平陽府

附近	邊衛	邊遠	極邊	烟瘴

以上各等州縣衛分俱與平陽府同

大同府屬軍犯編發地方

附近	邊衛	邊遠	極邊	烟瘴
東至山東萊州府	東至山東登州府	東至抵海不足三千里	東至抵海不足四千里	廣東高州府
靈山衛	大嵩衛	南至湖廣岳州府	南至廣東廣州府	茂名縣
鼇山衛	靖海衛	岳州衛	南海縣	電白縣
浮山守禦所	成山衛	又至澧州	東莞縣	信宜縣
雄崖守禦所	威海衛	永定衛	新寧縣	又至肇慶府
南至河南南陽府	又至莒州	九谿衛	從化縣	陽春縣

南陽縣
鄧州
唐縣
西至陝西平涼府
平涼縣
固原州
北至抵邊不足二千里
以上除北外東南
西俱二千里

安東衛
南至湖廣荊州府
荊州衛
荊州左衛
荊州右衛
彝陵州
西至陝西鞏昌府
隴西縣
又至秦州
又至階州
北至抵邊不足二千五百里
以上除北外東南
西俱二千五百里

西至陝西臨洮府
歸德守禦所
蘭州
金縣
北至抵邊不足三千里
以上除東北外西
南俱三千里

西至陝西甘州府
張掖縣
山丹縣
北至抵邊不足四千里
以上除東北外南
西俱四千里

廣西慶遠府
南丹州
又至賓州
遷江縣
以上里數與極邊
同

潞安府屬軍犯編發地方

附近	邊衛	邊遠	極邊	烟瘴
東至山東兗州府 任城衛	東至江南鳳陽府 宿州衛	東至江南揚州府 揚州衛	東至浙江台州府 台州衛	廣西平樂府 平樂縣

濟寧衛
又至武定州
陽信縣
南至湖廣荆州府
荆州衛
荆州左衛
荆州右衛
彝陵州
西至陝西延安府
膚施縣
安塞縣
安定縣
保安縣
北至抵邊不足二千里
以上除北外東南
西俱二千里

潼安衛
又至泗州
泗州衛
又至潁州
潁上縣
南至湖廣長沙府
善化縣
茶陵州
又至寶慶府
邵陽縣
武岡州
西至陝西慶陽府
安化縣
合水縣
環縣
又至平凉府
平凉縣
固原州
北至抵邊不足二千五百里
以上除北外東南

儀徵衛
高郵州
又至通州
如皋縣
南至湖廣衡州府
衡陽縣
常寧縣
桂陽州
又至永州府
零陵縣
東安縣
寧遠縣
江華縣
西至陝西鞏昌府
隴西縣
又至秦州
禮縣
又至階州
文縣
北至抵邊不足三千里

黃巖縣
天台縣
南至廣東廣州府
大鵬守禦所
從化縣
增城縣
新會縣
又至連州
西至陝西凉州府
武威縣
永昌縣
鎮番縣
古浪縣
北至抵邊不足四千里
以上除北外東南
西俱四千里

貴州安順府
鎮寧州
永寧州
以上里數與極邊
同

西俱二千五百里　以上除北外東南
西俱三千里

汾州府屬軍犯編發地方

附近

東至山東青州府
益都縣
諸城縣
又至莒州
安東衛
南至湖廣岳州府
岳州衛
又至澧州
永定衛
九谿衛
西至陝西慶陽府
安化縣
合水縣
環縣

邊衛

東至江南淮安府
淮安衛
大河衛
又至海州
贛榆縣
又至邳州
宿遷縣
南至湖廣長沙府
善化縣
茶陵州
又至衡州府
衡陽縣
常寧縣
桂陽州

邊遠

東至江南廬州府
廬州衛
又至六安州
南至湖廣衡州府
衡陽縣
常寧縣
桂陽州
又至永州府
零陵縣
東安縣
西至陝西臨洮府
歸德守禦所
河州
又至西寧府

極邊

東至浙江寧波府
寧波衛
鎮海縣
慈谿縣
南至廣東廣州府
南海縣
番禺縣
東莞縣
西至陝西甘州府
張掖縣
山丹縣
北至抵邊不足四千里
以上除北外東南
西俱四千里

烟瘴

貴州安順府
永寧州
普定縣
廣西南寧府
宣化縣
新寧縣
隆安縣
又至思恩府
武緣縣
以上里數與極邊
同

北至抵邊不足二千里西至陝西鞏昌府
以上除北外東南
西俱二千里
隴西縣
又至秦州
禮縣
又至階州
文縣
北至抵邊不足二千五百里
以上除北外東南
西俱二千五百里
西寧縣
碾伯縣
北至抵邊不足三千里
以上除北外東南
西俱三千里

朔平府屬軍犯編發地方

附近	東至直隸永平府 山海衛 撫寧縣 昌黎縣 南至河南汝州 伊陽縣
邊衛	東至抵海不足二千五百里 南至湖廣安陸府 沔陽衛 鍾祥縣 天門縣 西至陝西平涼府
邊遠	東至抵海不足三千里 南至湖廣岳州府 岳州衛 湘陰縣 華容縣 西至陝西鞏昌府
極邊	東至抵海不足四千里 南至湖廣郴州 永興縣 宜章縣 桂陽縣 西至陝西涼州府
烟瘴	廣東廣州府 新寧縣 新會縣 三水縣 廣西平樂府 富川縣

魯山縣
西至陝西延安府
膚施縣
安定縣
清澗縣
又至綏德州
北至直隸宣化府
赤城縣
龍門縣
以上俱二千里

涇州
鎮原縣
崇信縣
北至抵邊不足二千五百里
以上除東北外南
西俱二千五百里

洮州衛
安定縣
會寧縣
又至臨洮府
蘭州
北至抵邊不足三千里
以上除東北外南
西俱三千里

鎮番縣
永昌縣
又至西寧府
西寧縣
碾伯縣
北至抵邊不足四千里
以上除東北外南
西俱四千里

張掖縣
以上里數與極邊
同

寧武府屬軍犯編發地方

附近

東至山東青州府
益都縣
博興縣
壽光縣
南至河南南陽府
南陽縣

邊衛

東至山東萊州府
鰲山衛
雄崖守禦所
浮山守禦所
南至湖廣荊州府
荊州衛

邊遠

東至山東登州府
大嵩衛
靖海衛
威海衛
南至湖廣岳州府
岳州衛

極邊

東至抵海不足四千里
南至廣東韶州府
曲江縣
乳源縣
樂清縣
西至陝西甘州府

烟瘴

廣西桂林府
永寧縣
陽朔縣
貴州銅仁府
銅仁縣
以上里數與極邊

唐縣 裕州 西至陝西慶陽府 安化縣 合水縣 北至陝西葭州 神木縣 府谷縣 以上俱二千里	荊州左衛 荊州右衛 夔陵州 西至陝西平涼府 平涼縣 靜寧州 固原州 北至抵邊不足二千五百里 以上除北外東南 西俱二千五百里	又至澧州 永定衛 九谿衛 西至陝西臨洮府 洮河衛 蘭州 金縣 北至抵邊不足三千里 以上除北外東南 西俱三千里	張掖縣 山丹縣 高臺縣 肅州 北至抵邊不足四千里 以上除東北外南 西俱四千里	同

澤州府屬軍犯編發地方

附近	邊衛	邊遠	極邊	烟瘴
東至江南安慶府 安慶衛 又至江西九江府 九江衛 湖口縣 南至湖廣岳州府	東至江南廬州府 廬州衛 又至六安州 南至湖廣長沙府 善化縣 茶陵州	東至江南鎮江府 鎮江衛 南至湖廣衡州府 衡陽縣 常寧縣 西至陝西鞏昌府	東至浙江寧波府 象山縣 奉化縣 南至廣東廣州府 火鵰守禦所 香山縣	廣東惠州府 碣石衛 捷勝守禦所 貴州平越府 平越縣 又至貴陽府

岳州衛
又至澧州
永定衛
九谿衛
西至陝西延安府
膚施縣
安塞縣
安定縣
保安縣
北至抵邊不足二千里
以上除北外東南
西俱二千里

西至陝西慶陽府
安化縣
合水縣
環縣
北至抵邊不足二千五百里
以上除北外東南
西俱二千五百里

隴西縣
又至秦州
禮縣
又至階州
文縣
北至抵邊不足三千里
以上除北外東南
西俱三千里

東莞縣
西至陝西西寧府
西寧縣
又至涼州府
古浪縣
北至抵邊不足四千里
以上除北外東南
西俱四千里

龍里縣
以上里數與極邊
同

蒲州府屬軍犯編發地方

附近	邊衛	邊遠	極邊	烟瘴
東至山東濟南府 歷城縣 章邱縣 南至湖廣襄陽府	東至山東青州府 益都縣 諸城縣 南至湖廣澧州	東至山東萊州府 鰲山衛 浮山守禦所 雄崖守禦所	東至抵海不足四千里廣西鎮安府 南至廣西柳州府 羅城縣 柳城縣	奉議州 向武州 貴州貴陽府

均　州	又至鄖陽府	房　縣	西至陝西鞏昌府	寧遠縣	伏羌縣	又至秦州	禮　縣	北至陝西榆林府	榆林縣	懷遠縣	以上俱二千里
永定衛	九谿衛	西至陝西臨洮府	洮州衛	歸德守禦所	蘭　州	北至抵邊不足二千五百里	以上除北外東南	西俱二千五百里			
南至湖廣辰州府	沅陵縣	黔陽縣	又至常德府	桃源縣	西至陝西涼州府	武威縣	古浪縣	平番縣	北至抵邊不足三千里	以上除北外東南	西俱三千里
懷遠縣	西至陝西甘州府	張掖縣	高臺縣	肅　州	北至抵邊不足四千里	以上除東北外南	西俱四千里				
貴筑縣	龍里縣	以上里數與極邊	同								

遼州軍犯編發地方

附近	東至山東登州府	大嵩衛	靖海衛	成山衛
邊衛	東至江南徐州	徐州衛	蕭　縣	南至湖廣黃州府
邊遠	東至江南廬州府	廬州衛	又至六安州	南至湖廣岳州府
極邊	東至浙江台州府	台州衛	黃巖縣	天台縣
烟瘴	廣東雷州府	海安守禦所	海康縣	廣西柳州府

南至湖廣襄陽府
襄陽衛
均州
西至陝西慶陽府
安化縣
合水縣
環縣
北至抵邊不足二千里
以上除北外東南
西俱二千里

黃州衛
蘄州衛
西至陝西鞏昌府
隴西縣
又至秦州
禮縣
又至階州
文縣
北至抵邊不足二千五百里
以上除北外東南
西俱二千五百里

岳州衛
又至澧州
永定衛
九谿衛
西至陝西西寧府
西寧縣
又至涼州府
古浪縣
北至抵邊不足三千里
以上除北外東南
西俱三千里

南至湖廣辰州府
沅陵縣
麻陽縣
又至常德府
武陵縣
桃源縣
西至陝西甘州府
張掖縣
高臺縣
肅州
北至抵邊不足四千里
以上除北外東南
西俱四千里

象州
融縣
又至賓州
來賓縣
以上里數與極邊同

沁州軍犯編發地方

附近

東至山東登州府
大嵩衛

邊衛

東至江南揚州府
揚州衛

邊遠

東至浙江杭州府
杭州前衛

極邊

東至浙江台州府
台州衛

烟瘴

廣西南寧府
宣化縣

威海衛
寧海州
福山縣
南至湖廣荊州府
荊州衛
荊州左衛
荊州右衛
彝陵州
枝江縣
西至陝西綏德州
又至榆林府
榆林縣
北至抵邊不足二千里
以上除北外東南
西俱二千里

儀徵衛
高郵州
興化縣
泰州
又至通州
如臯縣
南至湖廣岳州府
岳州衛
又至澧州
永定衛
九谿衛
西至陝西慶陽府
安化縣
合水縣
環縣
北至抵邊不足二千五百里
以上除北外東南
西俱二千五百里

杭州右衛
海寧所
南至湖廣長沙府
善化縣
茶陵州
西至陝西鞏昌府
隴西縣
又至秦州
禮縣
又至階州
文縣
北至抵邊不足三千里
以上除北外東南
西俱三千里

黃巖縣
天台縣
南至貴州鎮遠府
鎮遠縣
又至思州府
清溪縣
西至陝西涼州府
武威縣
鎮番縣
又至平涼府
莊浪縣
北至抵邊不足四千里
以上除北外東南
西俱四千里

新寧州
又至思恩府
武緣縣
貴州南籠府
安南縣
又至大定府
畢節縣
以上里數皆抵邊
同

河南

開封府屬軍犯編發地方

附近

東至浙江杭州府
杭州前衛
杭州右衛
海寧所
南至湖廣岳州府
岳州衛
又至澧州
永定衛
九谿衛
西至陜西鞏昌府
隴西縣
又至秦州
禮縣
又至階州

邊衛

東至浙江寧波府
寧波衛
慈谿縣
鎮海縣
南至湖廣長沙府
善化縣
茶陵州
又至寶慶府
邵陽縣
武岡州
西至陜西臨洮府
歸德守禦所
河州
又至西寧府

邊遠

東至浙江台州府
台州衛
黄巖縣
天臺縣
南至湖廣永州府
零陵縣
東安縣
寧遠縣
江華縣
西至陜西凉州府
武威縣
鎮番縣
古浪縣
北至抵邊不足三千里

極邊

東至福建漳州府
龍溪縣
漳浦縣
詔安縣
又至福寧州
福安縣
南至廣東廣州府
大鵬守禦所
從化縣
新寧縣
增城縣
香山縣
西至陜西甘州府
張掖縣

烟瘴

廣西柳州府
象州
融縣
又至賓州
來賓縣
武宣縣
又至慶遠府
南丹州
貴州安順府
普定縣
以上里數與極邊
同

文[illegible]縣
北至直隸宣化府
宣化縣
萬全縣
懷安縣
以上俱二千里

西寧縣
礤伯縣
北至抵邊不足二千五百里
以上除北外東南
西俱二千五百里

以上除北外東南
西俱三千里

肅州
北至抵邊不足四千里
以上除北外東南
西俱四千里

陳州

許州

鄭州

禹州軍犯編發地方
以上四州舊隸開封府

附近　邊衛　邊遠　極邊　烟瘴

以上各等州縣衛分俱與開封府同

歸德府屬軍犯編發地方

附近

東至浙江紹興府
紹興衛
會稽縣
上虞縣
南至江南池州府
新安衛
西至陝西鳳翔府
鳳翔縣
又至寧夏府
平羅縣
北至直隸順天府
通州左所
通州右所
以上俱二千里

邊衛

東至浙江寧波府
寧波衛
象山縣
奉化縣
南至福建建寧府
建安縣
浦城縣
西至陝西鞏昌府
隴西縣
又至秦州
又至階州
北至直隸宣化府
赤城縣
龍門縣
以上俱二千五百
里

邊遠

東至浙江台州府
黃巖縣
太平縣
南至福建福州府
閩縣
侯官縣
連江縣
西至陝西寧夏府
寧夏縣
寧朔縣
中衛縣
北至抵邊不足三千里
以上除北外東南
西俱三千里

極邊

東至抵海不足四千里
南至廣東潮州府
大城守禦所
潮陽縣
程鄉縣
西至陝西涼州府
武威縣
鎮番縣
永昌縣
又至甘州府
張掖縣
山丹縣
高臺縣
北至抵邊不足四千里
以上除東北外西
南俱四千里

烟瘴

貴州都勻府
清平縣
廣東瓊州府
儋州
崖州
萬州
以上里數與極邊
同

彰德府屬軍犯編發地方

附近

東至山東登州府
大嵩衛
靖海衛
威海衛
南至湖廣黃州府
黃州衛
蘄州衛
西至陝西綏德州
又至榆林府
榆林縣
北至直隸宣化府
赤城縣
龍門縣
以上俱二千里

邊衛

東至江南徐州
徐州衛
沛縣
南至湖廣澧州
永定衛
九谿衛
西至陝西平凉府
平凉縣
固原州
北至抵邊不足二千五百里
以上除北外東南
西俱二千五百里

邊遠

東至江南廬州府
廬州衛
又至六安州
南至湖廣衡州府
衡陽縣
常寧縣
桂陽州
又至常德府
武陵縣
西至陝西鞏昌府
隴西縣
又至秦州
禮縣
文縣
又至階州
北至抵邊不足三千里
以上除北外東南
西俱三千里

極邊

東至江南太倉州
太倉衛
鎮海衛
崇明縣
又至松江府
上海縣
南滙縣
南至廣東廣州府
大鵬守禦所
新寧縣
從化縣
西至陝西凉州府
武威縣
鎮番縣
永昌縣
古浪縣
北至抵邊不足四千里
以上除北外東南

烟瘴

廣西太平府
太平州
貴州大定府
畢節縣
又至安順府
安平縣
以上里數與極邊
同

西俱四千里

衛輝府屬軍犯編發地方

附近	邊衛	邊遠	極邊	烟瘴
東至山東登州府	東至江南淮安府	東至江南廬州府	東至浙江寧波府	貴州南籠府
大嵩衛	淮安衛	廬州衛	寧波衛	普安州
靖海衛	大河衛	又至六安州	定海縣	安南縣
又至莒州	鹽城縣	南至湖廣衡州府	南至廣東廣州府	廣東惠州府
安東衛	又至邳州	衡陽縣	南海縣	捷勝守禦所
南至湖廣岳州府	南至湖廣長沙府	常寧縣	番禺縣	海豐守禦所
岳州衛	茶陵州	桂陽州	從化縣	以上里數與極邊
又至澧州	西至陝西平涼府	西至陝西鞏昌府	西至陝西涼州府	同
永定衛	平涼縣	隴西縣	武威縣	
九谿衛	固原州	又至秦州	永昌縣	
西至陝西綏德州	北至抵邊不足三千五百里	禮縣	古浪縣	
又至榆林府	以上除北外東南	又至階州	北至抵邊不足四千里	
榆林縣	西俱二千五百里	北至抵邊不足三千里	以上除北外東南	
北至直隸宣化府		以上除北外東南	西俱四千里	

延慶衛
西寧縣
懷安縣
以上俱二千里

西俱三千里

懷慶府屬軍犯編發地方

附近

東至山東登州府
大嵩衛
靖海衛
又至莒州
安東衛
南至湖廣長沙府
長沙縣
茶陵州
西至陝西延安府
膚施縣
安塞縣
安定縣

邊衛

東至江南徐州
徐州衛
沛縣
南至湖廣永州府
零陵縣
東安縣
寧遠縣
西至陝西慶陽府
安化縣
合水縣
環縣
北至抵邊不足二千五百里

邊遠

東至江南淮安府
淮安衛
大河衛
又至海州
南至廣西平樂府
平樂縣
富川縣
賀縣
西至陝西臨洮府
洮州衛
又至平涼府
靜寧州

極邊

東至浙江紹興府
紹興衛
會稽縣
上虞縣
南至廣東廣州府
大鵬守禦所
東莞縣
新寧縣
西至陝西甘州府
張掖縣
山丹縣
北至抵邊不足四千里

烟瘴

廣東高州府
茂名縣
電白縣
信宜縣
又至肇慶府
陽春縣
以上里數與極邊
同

保安縣
北至山西大同府
陽高縣
鎮魯縣
又至朔平府
右玉縣
以上俱二千里

以上除北外東南又至秦州
西俱二千五百里　岷州
泰安縣
北至抵邊不足三千里
以上除北外東南
西俱三千里

以上除北外東南
西俱四千里

河南府屬軍犯編發地方

附近	邊衛	邊遠	極邊	烟瘴
東至江南揚州府	東至浙江杭州府	東至浙江寧波府	東至福建福寧州	貴州安順府
揚州衛	杭州前衛	寧波衛	福安縣	清鎮縣
儀徵衛	杭州右衛	鎮海縣	寧德縣	又至南籠府
高郵州	海寧所	慈谿縣	南至廣東廣州府	安南縣
興化縣	南至湖廣長沙府	南至湖廣衡州府	南海縣	廣西慶遠府
泰州	善化縣	衡陽縣	番禺縣	宜山縣
又至通州	茶陵州	常寧縣	西至陝西甘州府	河池州
如臯縣	西至陝西西寧府	西至陝西涼州府	張掖縣	廣東惠州府

南至湖廣岳州府
岳州衛
又至澧州
永定衛
九谿衛
西至陝西臨洮府
狄道縣
蘭州
金縣
北至山西大同府
廣昌縣
陽高縣
天鎮縣
又至朔平府
右玉縣
平魯縣
以上俱二千里

西寧縣
又至涼州府
古浪縣
北至抵邊不足二千五百里
以上除北外東南
西俱二千五百里

武威縣
鎮番縣
永昌縣
北至抵邊不足三千里
以上除北外東南
西俱三千里

山丹縣
肅州
北至抵邊不足四千里
以上除北外東南
西俱四千里

捷勝守禦所
海豐守禦所
以上里數與極邊
同

陝州軍犯編發地方　舊隸河南府

附近　邊衛　邊遠　極邊　烟瘴

以上各等州縣衛分俱與河南府同

南陽府屬軍犯編發地方

附近	邊衛	邊遠	極邊	烟瘴
東至浙江杭州府	東至浙江寧波府	東至浙江溫州府	東至抵海不足四千里	雲南曲靖府
杭州前衛	寧波衛	溫州衛	南至廣東潮州府	陸涼州
杭州右衛	慈谿縣	平陽縣	大城守禦所	馬龍州
海寧所	鎮海縣	瑞安縣	潮陽縣	霑益州
南至湖廣辰州府	南至湖廣永州府	南至廣西平樂府	澄海縣	平彝縣
沅陵縣	零陵縣	平樂縣	程鄉縣	以上里數與極邊同
沅州	東安縣	富川縣	西至抵邊不足四千里	
又至常德府	寧遠縣	賀縣	北至陝西甘州府	
武陵縣	江華縣	西至抵邊不足三千里	張掖縣	
西至四川保寧府	西至陝西漢中府	北至陝西寧夏府	山丹縣	
閬中縣	南鄭縣	寧夏縣	以上除東西外南北俱四千里	
蒼溪縣	沔縣	靈州		

北至山西太原府
陽曲縣
太原縣
又至平定州
以上俱二千里

北至山西大同府
大同縣
又至朔平府
平魯縣
以上俱二千五百里

衛縣
以上除西外東南北俱三千里

汝寧府屬軍犯編發地方

附近

東至浙江嘉興府
嘉興所
平湖縣
海鹽縣
南至湖廣衡州府
衡陽縣
常寧縣
桂陽州
西至四川保寧府
閬中縣

邊衛

東至浙江寧波府
寧波衛
鎮海縣
慈谿縣
南至廣西平樂府
平樂縣
富川縣
賀縣
西至陝西漢中府
南鄭縣

邊遠

東至浙江台州府
台州衛
黃巖縣
寧海縣
南至廣東廣州府
番禺縣
南海縣
西至陝西鳳翔府
鳳翔縣
又至寧夏府

極邊

東至福建漳州府
龍溪縣
漳浦縣
詔安縣
南至廣東潮州府
大城守禦所
海陽縣
澄海縣
程鄉縣
西至陝西臨洮府

烟瘴

雲南姚安府
姚州
大姚縣
又至曲靖府
尋甸州
以上里數與極邊同

蒼溪縣
北至直隸宣化府
延慶衛
西寧縣
以上俱二千里

汚縣
又至興安州
平利縣
北至直隸宣化府
赤城縣
龍門縣
以上俱二千五百
里

平羅縣
北至抵邊不足三千里
以上除北外東南
西俱三千里

河州衛
又至平凉府
莊浪縣
又至陝西西寧府
西寧縣
北至抵邊不足四千里
以上除北外東南
西俱四千里

汝州

光州軍犯編發地方　以上二州舊隸汝寧府

附近　邊衛　邊遠　極邊　烟瘴

以上各等州縣衛分俱與汝寧府同

陝西

西安府屬軍犯編發地方

附近

東至山東東昌府
平山衛
東昌衛
臨清衛
又至兖州府
任城衛
濟寧衛
又至東平州
南至湖廣荆州府
施州衛
荆州衛
荆州左衛
荆州右衛
西至本省平凉府

邊衛

東至山東青州府
益都縣
諸城縣
又至莒州
沂水縣
又至江南徐州
徐州衛
豐　縣
沛　縣
南至湖廣岳州府
岳州衛
又至澧州
永定衛
九谿衛

邊遠

東至山東登州府
大嵩衛
靖海衛
成山衛
威海衛
寧海州
福山縣
又至莒州
安東衛
南至湖廣長沙府
長沙縣
茶陵州
又至寶慶府
邵陽縣

極邊

東至江南太倉州
鎮海衛
崇明縣
又至松江府
上海縣
南至廣東廣州府
大鵬守禦所
南海縣
東莞縣
從化縣
新寧縣
香山縣
清遠縣
西至抵邊不足四千里

烟瘴

貴州黎平府
開泰縣
天柱縣
錦屏縣
廣西平樂府
平樂縣
富川縣
賀　縣
廣東惠州府
碣石衛
捷勝守禦所
海豐守禦所
以上里數與極邊
同

莊浪縣
又至臨洮府
歸德守禦所
蘭州
金縣
北至抵邊不足三千里
以上除北外東南
西俱二千里

石門縣
安福縣
西至本省凉州府
武威縣
鎮番縣
永昌縣
北至抵邊不足三千五百里
以上除北外東南
西俱二千五百里

武岡州
又至衡州府
衡陽縣
常寧縣
桂陽州
西至本省甘州府
山丹縣
高臺縣
肅州
北至抵邊不足三千里
以上除北外東南
西俱三千里

北至抵邊不足四千里
以上除西北外東
南俱四千里

商州

同州

華州

耀州

乾州

邠州軍犯編發地方　以上六州舊隸西安府

附近　邊衛　邊遠　極邊　烟瘴

以上各等州縣衛分俱與西安府同

延安府屬軍犯編發地方

附近

東至山東濟南府
德州衛
德州左衛
歷城縣
肥城縣
又至兗州府
任城衛
濟寧衛

邊衛

東至山東萊州府
靈山衛
鰲山衛
浮山守禦所
雄崖守禦所
南至湖廣荊州府
荊州衛
荊州左衛

邊遠

東至山東登州府
大嵩衛
靖海衛
安東衛
成山衛
威海衛
南至湖廣岳州府
岳州衛

極邊

東至江南淮安府
大河衛
鹽城縣
又至邳州
沛縣
南至湖廣永州府
零陵縣
東安縣

烟瘴

廣東廉州府
合浦縣
靈山縣
欽州
貴州貴陽府
龍里縣
又至平越府
平越縣

南至湖廣襄陽府
襄陽衛
均州
西至本省臨洮府
洮河衛
歸德守禦所
又至西寧府
西寧縣
碾伯縣
北至抵邊不足二千里
以上除北外東南西俱二千里

荆州右衛
彝陵州
西至本省凉州府
武威縣
鎮番縣
永昌縣
北至抵邊不足二千五百里
以上除北外東南西俱二千五百里

又至澧州
永定衛
九谿衛
安福縣
西至本省甘州府
張掖縣
山丹縣
高臺縣
肅州
北至抵邊不足三千里
以上除北外東南西俱三千里

寧遠縣
江華縣
西至抵邊不足四千里
北至抵邊不足四千里
以上除西北外東南俱四千里

以上里數與極邊同

鄜州

綏德州

葭州軍犯編發地方　以上三州舊隸延安府

附近　邊衛　邊遠　極邊　烟瘴

以上各等州縣衛分俱與延安府同

鳳翔府屬軍犯編發地方

附近

東至山東東昌府
平山衛
東昌衛
臨清衛
南至四川重慶府
合州
黔江縣
忠州
西至本省涼州府
武威縣
永昌縣
又至甘州府
張掖縣
北至抵邊不足二千里

邊衛

東至山東青州府
益都縣
諸城縣
又至莒州
蒙陰縣
南至貴州貴陽府
貴筑縣
修文縣
西至本省甘州府
山丹縣
高臺縣
肅州
北至抵邊不足二千五百里
以上除北外東南

邊遠

東至山東登州府
大嵩衛
靖海衛
福山縣
寧海州
又至莒州
安東衛
日照縣
南至廣西桂林府
臨桂縣
興安縣
永寧縣
陽朔縣
永福縣

極邊

東至江南淮安府
大河衛
鹽城縣
又至海州
贛榆縣
又至邳州
南至廣東廉州府
合浦縣
靈山縣
欽州
西至抵邊不足四千里
北至抵邊不足四千里
以上除西北外東
南俱四千里

烟瘴

貴州南籠府
普安州
普安縣
雲南曲靖府
馬隆州
霑益州
以上里數與極邊
同

以上除北外東南西俱二千里

西俱二千五百里

義寧縣

全州

灌陽縣

西至抵邊不足三千里

北至抵邊不足三千里

以上除西北外東南俱三千里

漢中府屬軍犯編發地方

附近

東至湖廣襄陽府

襄陽衛

均州

又至德安府

德安守禦所

南至貴州鎮遠府

鎮遠縣

又至思州府

邊衛

東至湖廣武昌府

武昌衛

武昌左衛

又至黃州府

黃州衛

蘄州衛

南至廣西柳州府

馬平縣

邊遠

東至湖廣岳州府

岳州衛

又至澧州

永定衛

九谿衛

石門縣

安福縣

南至廣西南寧府

極邊

東至廣東廣州府

清遠縣

新會縣

增城縣

又至連州

南至廣東惠州府

河源縣

龍川縣

烟瘴

雲南曲靖府

尋甸州

馬龍州

又至蒙化府

以上里數與極邊同

清溪縣 西至本省西寧府 西寧縣 又至涼州府 古浪縣 平番縣 北至本省寧夏府 寧夏縣 靈州 寧朔縣 平羅縣 以上俱二千里	
融縣 懷遠縣 象州 又至賓州 武宣縣 來賓縣 西至本省涼州府 武威縣 永昌縣 鎮番縣 北至抵邊不足三千五百里 以上除北外東南西俱二千五百里	
宣化縣 新寧州 又至思恩府 武緣縣 西至本省甘州府 張掖縣 山丹縣 高臺縣 北至抵邊不足三千里 以上除北外東南西俱三千里	
長樂縣 西至抵邊不足四千里 北至抵邊不足四千里 以上除西北外東南俱四千里	

興安州軍犯編發地方

附近	東至湖廣德安府	德安守禦所
邊衛	東至湖廣黃州府	黃州衛
邊遠	東至江南安慶府	安慶衛
極邊	東至江南寧國府	宣州衛
烟瘴	廣西梧州府	蒼梧縣

酉陽州
南至四川重慶府
黔江縣
又至湖廣澧州
永定衛
九溪衛
西至四川龍安府
平武縣
北至本省寧夏府
寧夏縣
平羅縣
靈州
以上俱二千里

蘄州衛
羅田縣
南至湖廣辰州府
沅陵縣
瀘溪縣
西至本省凉州府
古浪縣
平番縣
又至西寧府
西寧縣
北至抵邊不足二千五百里
以上除北外東南
西俱二千五百里

桐城縣
南至貴州黎平府
開泰縣
天柱縣
西至本省臨洮府
洮州衛
蘭州
金縣
北至抵邊不足三千里
以上除北外東南
西俱三千里

旌德縣
南至廣西潯州府
桂平縣
貴縣
西至本省甘州府
張掖縣
山丹縣
高臺縣
肅州
北至抵邊不足四千里
以上除北外東南
西俱四千里

滕縣
貴州都匀府
都匀縣
麻哈州
以上里數與極邊
同

平凉府屬軍犯編發地方

附近
東至河南彰德府
安陽縣

邊衛
東至山東登州府
大嵩衛

邊遠
東至江南揚州府
儀徵衛

極邊
東至抵海不足四千里
南至廣東潮州府

烟瘴
雲南曲靖府
南寧縣

沭縣 涉縣 又至衛輝府 新鄉縣 南至四川重慶府 合州 黔江縣 忠州 西至本省甘州府 張掖縣 山丹縣 北至抵邊不足三千里 以上除北外東南 西俱二千里	又至莒州 寧海州 安東衛 蒙陰縣 南至廣東廉州府 合州 靈山縣 欽州 西至本省甘州府 高臺縣 肅州 北至抵邊不足三千五百里 以上除北外東南 西俱二千五百里	高郵州 興化縣 又至淮安府 淮安衛 大河衛 南至廣東肇慶府 雙魚守禦所 四會縣 新興縣 廣寧縣 西至抵邊不足三千里 北至抵邊不足三千里 以上除西北外東 南俱三千里	大城守禦所 海陽縣 潮陽縣 澄海縣 程鄉縣 西至抵邊不足四千里 北至抵邊不足四千里 以上除東西北外 南四千里	陸涼州 馬龍州 霑益州 貴州南籠府 普安州 安南縣 以上里數與極邊 同

鞏昌府屬軍犯編發地方

附近	邊衛	邊遠	極邊	烟瘴
東至山西澤州府 鳳臺縣	東至河南開封府 祥符縣	東至江南鳳陽府 長淮衛	東至山東登州府 大嵩衛	廣東廉州府 合浦縣

陽城縣
又至平陽府
臨汾縣
又至蒲州府
永濟縣
南至本省漢中府
南鄭縣
寧羌州
沔　縣
又至興安州
平利縣
西至本省凉州府
武威縣
古浪縣
平番縣
又至西寧府
西寧縣
碾伯縣
北至抵邊不足二千里
以上除北外東南

陳留縣
扶溝縣
洧川縣
又至禹州
密　縣
南至四川保寧府
閬中縣
蒼溪縣
西至本省甘州府
張掖縣
山丹縣
北至抵邊不足二千五百里
以上除北外東南
西俱二千五百里

壽　州
又至泗州
泗州衛
潼安衛
南至四川重慶府
合浦縣
黔江縣
忠　州
西至本省甘州府
高臺縣
肅　州
北至抵邊不足三千里
以上除北外東南
西俱三千里

靖海衛
寧海州
福山縣
又至莒州
安東衛
南至廣西桂林府
臨桂縣
興安縣
陽朔縣
義寧縣
全　州
灌陽縣
西至抵邊不足四千里
北至抵邊不足四千里
以上除西北外東
南俱四千里

靈山縣
欽　州
雲南臨安府
通海縣
河西縣
以上里數與極邊
同

西俱二千里

秦州

階州軍犯編發地方　以上二州舊隸鞏昌府

附近　邊衛　邊遠　極邊　烟瘴

以上各等州縣衛分俱與鞏昌府同

臨洮府屬軍犯編發地方

附近　東至山西澤州府　沁水縣　高平縣　南至本省漢中府　南鄭縣　寧羌州

邊衛　東至河南河南府　洛陽縣　新安縣　嵩縣　又至陝州　又至懷慶府

邊遠　東至江南鳳陽府　鳳陽衛　長淮衛　宿州衛　又至潁州　潁上縣

極邊　東至山東登州府　大嵩衛　靖海衛　成山衛　威海衛　寧海州

烟瘴　貴州大定府　畢節縣　又至南籠府　安南縣　雲南曲靖府　南寧縣

汚[illegible]縣 又至興安州 平利縣 西至抵邊不足二千里 北至抵邊不足二千里 以上除西北外東 南俱二千里
孟津縣 濟源縣 孟　縣 南至四川保寧府 閬中縣 蒼溪縣 又至順慶府 廣安州 西至抵邊不足二千五百里 北至抵邊不足二千五百里 以上除西北外東 南俱二千五百里
南至山東濟南府 德州衛 德州左衛 肥城縣 又至武定州 陽信縣 西至抵邊不足三千里 北至抵邊不足三千里 以上除西北外東 南俱三千里
福山縣 又至莒州 安東衛 南至貴州遵義府 遵義縣 又至平越府 甕安縣 又至四川夔州府 巫山縣 西至抵邊不足四千里 北至抵邊不足四千里 以上除西北外東 南俱四千里
霑益州 陸涼州 平彝縣 以上里數與極邊 同

慶陽府屬軍犯編發地方

附近	東至直隸正定府 井陘縣
邊衛	東至山東青州府 益都縣
邊遠	東至山東登州府 大嵩衛
極邊	東至江南淮安府 淮安衛
烟瘴	貴州安順府 鎮寧州

獲鹿縣
贊皇縣
南至山西平陽府
臨汾縣
又至蒲州府
永濟縣
又至澤州府
鳳臺縣
陽城縣
西至本省涼州府
武威縣
鎮番縣
古浪縣
北至本省甘州府
張掖縣
山丹縣
以上俱二千里

諸城縣
又至兗州府
任城衛
濟寧衛
鄆城縣
南至河南河南府
洛陽縣
嵩縣
又至陝州
靈寶縣
西至抵邊不足二千五百里
北至本省甘州府
高臺縣
肅州
以上除西外東南
北俱二千五百里

靖海衛
寧海州
福山縣
又至莒州
安東衛
南至河南汝寧府
汝陽縣
西平縣
又至汝州
伊陽縣
西至抵邊不足三千里
北至抵邊不足三千里
以上除西北外東
南俱三千里

大河衛
鹽城縣
又至海州
又至邳州
豐縣
南至湖廣岳州府
岳州衛
又至澧州
永定衛
九溪衛
安福縣
西至抵邊不足四千里
北至抵邊不足四千里
以上除西北外東
南俱四千里

永寧州
普定縣
以上里數與極邊
同

四川

成都府屬軍犯編發地方

附近

東至本省夔州府
巫山縣
南至雲南臨安府
建水州
阿迷州
通海縣
西至土司界不足二千里
北至陝西漢中府
南鄭縣
寧羌州
沔縣
又至興安州
以上除西外東南北俱二千里

邊衛

東至湖廣荊州府
荊州衛
荊州左衛
荊州右衛
彝陵州
枝江縣
又至衡州府
常寧縣
南至抵邊不足二千五百里
西至抵邊不足二千五百里
北至陝西鳳翔府
鳳翔縣
又至寧夏府
平羅縣

邊遠

東至湖廣安陸府
沔陽衛
鍾祥縣
又至岳州府
岳州衛
又至澧州
永定衛
九溪衛
南至抵邊不足三千里
西至抵邊不足三千里
北至陝西平涼府
平涼縣
固原州
又至慶陽府

極邊

東至江南安慶府
安慶衛
又至寧國府
宣州衛
南至抵邊不足四千里
西至抵邊不足四千里
北至陝西甘州府
張掖縣
山丹縣
又至涼州府
永昌縣
又至臨洮府
蘭州
以上除西南外東

烟瘴

地皆不足四千里
以極邊爲烟瘴

又至鞏昌府
隴西縣
又至秦州
禮縣
又至階州
以上除西南外東
北俱二千五百里

安化縣
環縣
寧州
以上除南西外東
北俱三千里

北俱四千里

資州

綿州

茂州軍犯編發地方
以上三州舊隸成都府

附近　邊衛　邊遠　極邊　烟瘴

以上各等州縣衛分俱與成都府同

保寧府屬軍犯編發地方

附近
東至湖廣安陸府
沔陽衛
鍾祥縣
南至廣西桂林府
臨桂縣
永寧州
永福縣
義寧縣
全州
灌陽縣
西至陝西凉州府
武威縣
古浪縣
平番縣
北至陝西平凉府
平凉縣
華亭縣
固原州

邊衛
東至湖廣黃州府
黃州衛
蘄州衛
南至廣西南寧府
宣化縣
新寧縣
又至思恩府
武緣縣
西至陝西西寧府
西寧縣
碾伯縣
北至陝西延安府
膚施縣
安定縣
保安縣
以上俱二千五百
里

邊遠
東至江南安慶府
安慶衛
南至廣東高州府
茂名縣
信宜縣
又至肇慶府
陽春縣
西至陝西甘州府
張掖縣
高臺縣
肅州
北至陝西綏德州
又至榆林府
榆林縣
又至葭州
以上俱三千里

極邊
東至江南太倉州
鎮海衛
崇明縣
南至廣東潮州府
大城守禦所
海陽縣
潮陽縣
西至抵邊不足四千里
北至抵邊不足四千里
以上除西北外東
南俱四千里

烟瘴
地皆不足四千里
以極邊爲烟瘴

以上俱二千里

順慶府屬軍犯編發地方

附近

東至湖廣荊州府
荊州衛
荊州左衛
荊州右衛
彝陵州
枝江縣
又至衡州府
常寧縣
南至廣西南寧府
宣化縣
新寧州
又至思恩府
武緣縣
西至抵邊不足二千里

邊衛

東至湖廣黃州府
黃州衛
蘄州衛
南至廣東雷州府
海安所
海康縣
遂溪縣
西至抵邊不足二千五百里
北至陝西臨洮府
狄道縣
蘭州
以上除西外東南北俱二千五百里

邊遠

東至江南安慶府
安慶衛
又至廬州府
廬州衛
六安州
南至抵海不足三千里
西至抵邊不足三千里
北至陝西涼州府
武威縣
鎮番縣
古浪縣
以上除西南外東北俱三千里

極邊

東至江南太倉州
鎮海衛
崇明縣
南至抵海不足四千里
西至抵邊不足四千里
北至山西大同府
天鎮縣
廣昌縣
又至朔平府
右玉縣
左雲縣
朔州
平魯縣
以上除西南外東

烟瘴

地皆不足四千里
以極邊為烟瘴

北至陝西平涼府
平涼縣
華亭縣
固原州
以上除西外東南
北俱二千里

北俱四千里

敘州府屬軍犯編發地方

附近	邊衛	邊遠	極邊	烟瘴
東至湖廣荊州府 施州衛 大田守禦所 南至廣西南寧府 宣化縣 新寧州 又至思恩府 武緣縣 西至抵番不足三千里 北至陝西漢中府	東至湖廣荊州府 荊州衛 荊州左衛 荊州右衛 彝陵州 枝江縣 又至衡州府 常寧縣 南至廣東高州府 茂名縣	東至湖廣黃州府 黃州衛 蘄州衛 南至抵海不足三千里 西至抵番不足三千里 北至陝西平涼府 華亭縣 固原州 又至鞏昌府 寧遠縣	東至江南安慶府 安慶衛 南至抵海不足四千里 西至抵番不足四千里 北至陝西延安府 安定縣 保安縣 又至綏德州 又至榆林府 榆林縣	地皆不足四千里 以極邊爲烟瘴

南鄭縣
寧羌州
沔縣
又至興安州
以上除西外東南
北俱二千里

電白縣
信宜縣
又至肇慶府
陽春縣
西至抵番不足三千五百里
北至陝西鳳翔府
鳳翔縣
又至寧夏府
平羅縣
以上除西外東南
北俱二千五百里

伏羌縣
以上除西南外東
北俱三千里

又至葭州
以上除西南外東
北俱四千里

重慶府屬軍犯編發地方

附近	邊衛	邊遠	極邊	烟瘴
東至湖廣荊州府 荊州衛 荊州左衛 荊州右衛	東至湖廣黃州府 黃州衛 蘄州衛 南至抵海不足二千五百里	東至江西九江府 九江衛 瑞昌縣 南至抵海不足三千里	東至浙江寧波府 寧波衛 慈溪縣 奉化縣	地皆不足四千里 以極邊爲烟瘴

夔州府屬軍犯編發地方

附近	彝陵州 枝江縣 又至衡州府 常寧縣 南至廣東廉州府 合浦縣 欽州 靈山縣 西至抵番不足二千里 北至陝西鳳翔府 鳳翔縣 又至寧夏府 平羅縣 以上除西外東南北俱二千里
邊衛	西至抵番不足二千五百里 北至陝西平涼府 平涼縣 華亭縣 固原州 以上除西南外東北俱二千五百里
邊遠	西至抵番不足三千里 北至陝西鞏昌府 隴西縣 又至秦州 禮縣 又至階州 又至臨洮府 狄道縣 蘭州 以上除西南外東北俱三千里
極邊	鎮海縣 定海縣 象山縣 南至抵海不足四千里 西至抵番不足四千里 北至陝西甘州府 張掖縣 高臺縣 肅州 以上除西南外東北俱四千里
烟瘴	

達州軍犯編發地方

舊隸夔州府

東至湖廣武昌府
武昌衛
武昌左衛
南至湖廣長沙府
長沙縣
善化縣
茶陵州
西至本省成都府
成都縣
華陽縣
金堂縣
新都縣
北至陝西鳳翔府
鳳翔縣
以上俱二千里

東至江南安慶府
安慶衛
又至寧國府
宣州衛
南至湖廣衡州府
衡陽縣
常寧縣
桂陽州
西至抵番不足二千五百里
北至陝西平涼府
平涼縣
華亭縣
固原州
以上除西外東南
北俱二千五百里

東至江南廬州府
廬州衛
六安州
南至廣東廣州府
新寧縣
清遠縣
又至連州
西至抵番不足三千里
北至陝西寧夏府
寧夏縣
寧朔縣
靈州
中衛縣
以上除西外東南
北俱三千里

東至江南太倉州
鎮海衛
崇明縣
又至松江府
上海縣
南至廣東潮州府
大城守禦所
海陽縣
潮陽縣
揭陽縣
程鄉縣
西至抵番不足四千里
北至陝西甘州府
張掖縣
山丹縣
以上除西外東南
北俱四千里

地皆不足四千里
以極邊爲烟瘴

附近　邊衛　邊遠　極邊　烟瘴

以上各等州縣衛分俱與夔州府同

龍安府屬軍犯編發地方

附近	邊衛	邊遠	極邊	烟瘴
東至湖廣鄖陽府	東至湖廣襄陽府	東至湖廣武昌府	東至江南太倉州	地皆不足四千里
鄖縣	襄陽衛	武昌衛	鎮海衛	以極邊爲烟瘴
房縣	均州	武昌左衛	崇明縣	
南至雲南曲靖府	南至雲南臨安府	南至抵邊不足三千里	又至松江府	
南寧縣	建水州	西至抵番不足三千里	上海縣	
霑益州	阿迷州	北至陝西甘州府	南至抵邊不足四千里	
陸凉州	通海縣	高臺縣	西至抵番不足四千里	
馬龍州	西至抵番不足三千五百里	肅州	北至山西朔平府	
西至抵番不足二千里	北至陝西甘州府	以上除西南外東	右玉縣	
北至陝西凉州府	張掖縣	北俱三千里	又至大同府	
武威縣	山丹縣		陽高縣	
平番縣	以上除西外東南		天鎮縣	

古浪縣
以上除西外東南北俱二千里

北俱二千五百里

以上除西南外東北俱四千里

潼川州軍犯編發地方

附近
東至湖廣荊州府
荊州衛
荊州左衛
荊州右衛
彝陵州
南至廣西潯州府
桂平縣
又至鎮安府
奉議州
向武州
西至抵邊不足二千里
北至陝西漢中府

邊衛
東至湖廣黃州府
黃州衛
蘄州衛
南至廣西梧州府
蒼梧縣
容　縣
藤　縣
又至鬱林州
西至抵邊不足二千五百里
北至陝西鳳翔府
鳳翔縣
又至寧夏府

邊遠
東至江南安慶府
安慶衛
南至廣東高州府
茂名縣
電白縣
又至肇慶府
陽春縣
西至抵邊不足三千里
北至陝西平凉府
平凉縣
華亭縣
固原州

極邊
東至江南淮安府
淮安衛
大河衛
海州所
鹽城縣
又至海州
南至廣東瓊州府
瓊山縣
儋　州
崖　州
萬　州
西至抵邊不足四千里

烟瘴
地皆不足四千里
以極邊爲烟瘴

南鄭縣
寧羌州
沔縣
又至興安州
以上除西外東南
北俱二千里

平羅縣
以上除西外東南
北俱二千五百里

以上除西外東南
北俱三千里

北至陜西涼州府
武威縣
鎮番縣
永昌縣
古浪縣
以上除西外東南
北俱四千里

眉州軍犯編發地方

附近
東至本省夔州府
奉節縣
南至抵邊不足二千里
西至抵番不足二千里
北至陜西漢中府
南鄭縣
寧羌州
沔縣

邊衛
東至湖廣荆州府
荆州衛
荆州左衛
荆州右衛
彝陵州
枝江縣
又至衡州府
常寧縣

邊遠
東至湖廣黄州府
黄州衛
蘄州衛
南至抵邊不足三千里
西至抵番不足三千里
北至陜西平涼府
平涼縣
華亭縣

極邊
東至江南淮安府
鹽城縣
又至海州
南至抵邊不足四千里
西至抵番不足四千里
北至陜西西寧府
西寧縣
碾伯縣

烟瘴
地皆不足四千里
以極邊為烟瘴

又至興安州 以上除西南外東北俱二千里
南至抵邊不足三千五百里 西至抵番不足三千五百里 北至陝西鳳翔府 鳳翔縣 又至寧夏府 平羅縣 以上除西南外東北俱二千五百里
固原州 以上除西南外東北俱三千里
又至涼州府 古浪縣 永昌縣 以上除西南外東北俱四千里

嘉定州軍犯編發地方

附近	東至本省順慶府 廣安州 南至雲南臨安府 建水州 阿迷州 通海縣 西至抵番不足二千里 北至陝西漢中府
邊衛	東至本省夔州府 巫山縣 南至抵邊不足二千五百里 西至抵番不足二千五百里 北至陝西鳳翔府 鳳翔縣 又至寧夏府 平羅縣
邊遠	東至湖廣荆州府 荆州衛 荆州左衛 荆州右衛 彝陵州 南至抵邊不足三千里 西至抵番不足三千里 北至陝西臨洮府
極邊	東至湖廣澧州 永定衛 九谿衛 石門縣 安福縣 南至抵邊不足四千里 西至抵番不足四千里 北至陝西甘州府
烟瘴	地皆不足四千里 以極邊為烟瘴

南鄭縣
寧羌州
沔　縣
又至興安州
以上除西外東南北俱二千里

又至平凉府
平凉縣
華亭縣
固原州
以上除西南外東北俱二千五百里

洮州衛
歸德守御所
以上除西南外東北俱三千里

張掖縣
高臺縣
肅　州
以上除西南外東北俱四千里

邛州軍犯編發地方

附近

東至本省夔州府
奉節縣
雲陽縣
南至雲南臨安府
建水州
阿迷州
通海縣
西至抵番不足二千里
北至陝西鳳翔府
鳳翔縣

邊衛

東至湖廣荊州府
彝陵州
枝江縣
又至衡州府
長寧縣
南至抵邊不足二千五百里
西至抵番不足二千五百里
北至陝西平凉府
平凉縣
華亭縣

邊遠

東至湖廣武昌府
武昌衛
武昌左衛
南至抵邊不足三千里
西至抵番不足三千里
北至陝西秦州
秦安縣
禮　縣
又至階州
文　縣

極邊

東至江南徐州
徐州衛
沛　縣
南至抵邊不足四千里
西至抵番不足四千里
北至陝西綏德州
米脂縣
又至榆林府
榆林縣
又至葭州

烟瘴

地皆不足四千里
以極邊為烟瘴

又至寧夏府
平羅縣
以上除西外東南北俱二千里

以上除西南外東北俱二千五百里

以上除西南外東北俱三千里

神木縣
以上除西南外東北俱四千里

瀘州軍犯編發地方

附近

東至湖廣荊州府
荊州衛
荊州左衛
荊州右衛
南至廣西南寧府
宣化縣
新寧州
又至思恩府
武緣縣
西至抵邊不足二千里
北至陝西漢中府
南鄭縣

邊衛

東至湖廣黃州府
黃州衛
蘄州衛
南至廣東高州府
茂名縣
電白縣
信宜縣
西至抵邊不足二千五百里
北至陝西鳳翔府
鳳翔縣
又至寧夏府
平羅縣

邊遠

東至江西九江府
九江衛
瑞昌縣
南至廣東潮州府
大城守禦所
海陽縣
程鄉縣
西至抵邊不足三千里
北至陝西平涼府
平涼縣
華亭縣
固原州

極邊

東至江南太倉州
鎮海衛
崇明縣
又至松江府
上海縣
南至抵邊不足四千里
西至抵邊不足四千里
北至陝西甘州府
張掖縣
山丹縣
以上除西南外東北俱四千里

烟瘴

地皆不足四千里
以極邊爲烟瘴

寧羌州
沔縣
又至興安州
以上除西外東南
北俱二千里

以上除西外東南
北俱二千五百里

以上除西外東南
北俱三千里

雅州府屬軍犯編發地方

附近

東至本省夔州府
奉節縣
雲陽縣
南至雲南臨安府
建水州
阿迷州
通海縣
西至抵番不足二千里
北至陝西漢中府
南鄭縣

邊衛

東至湖廣荆州府
荆州衛
荆州左衛
荆州右衛
彝陵州
又至衡州府
長寧縣
南至抵邊不足二千五百里
西至抵番不足二千五百里
北至陝西鳳翔府

邊遠

東至湖廣德安府
德安守禦所
又至黃州府
黃州衛
蘄州衛
南至抵邊不足三千里
西至抵番不足三千里
北至陝西慶陽府
安化縣
寧州

極邊

東至江南廬州府
廬州衛
六安州
南至抵邊不足四千里
西至抵番不足四千里
北至陝西寧夏府
寧夏縣
寧朔縣
中衛縣
平羅縣

烟瘴

地皆不足四千里
以極邊為烟瘴

寧羗州
沔縣
又至興安州
以上除西外東南
北俱二千里

鳳翔縣
又至寧夏府
平羅縣
以上除西南外東
北俱二千五百里

環縣
以上除西南外東
北俱三千里

靈州
以上除西南外東
北俱四千里

廣東

廣州府屬軍犯編發地方

附近	邊衛	邊遠	極邊	烟瘴
東至抵海不足二千里 南至抵海不足二千里 西至廣西南寧府 宣化縣 新寧州 又至思恩府 武緣縣 又至太平府 太平州 北至湖廣荊州府 荊州衛 荊州左衛 荊州右衛 彝陵州	東至抵海不足二千五百里 南至抵海不足二千五百里 西至貴州黎平府 開泰縣 錦屏縣 永從縣 天柱縣 又至貴陽府 龍里縣 北至河南南陽府 唐縣 鄧州 新野縣 以上除東南外西	東至抵海不足三千里 南至抵海不足三千里 西至貴州鎮遠府 鎮遠縣 施秉縣 又至思州府 玉屏縣 清溪縣 北至河南河南府 洛陽縣 嵩縣 又至陝州 靈寶縣 以上除東南外西	東至抵海不足四千里 南至抵海不足四千里 西至四川寧遠府 越巂衛 會川衛 德昌守禦所 冕山守禦所 打冲河中前守禦所 打冲河中左守禦所 北至山西太原府 陽曲縣 太原縣 又至寧武府 寧武縣	地皆不足四千里 以極邊爲烟瘴

附近：松滋縣　以上除東南外西北俱二千里

邊衛：北俱二千五百里

邊遠：北俱三千里

極邊：又至平定州　又至代州　以上除東南外西北俱四千里

烟瘴：

連州軍犯編發地方　舊隸廣州府

附近　邊衛　邊遠　極邊　烟瘴

以上各等州縣衛分俱與廣州府同

韶州府屬軍犯編發地方

附近：東至福建福寧州　福安縣　寧德縣　南至本省潮州府　大城守禦所　潮陽縣

邊衛：東至抵海不足二千五百里　南至抵海不足二千五百里　西至貴州黎平府　開泰縣　錦屏縣　永從縣

邊遠：東至抵海不足三千里　南至抵海不足三千里　西至貴州鎮遠府　鎮遠縣　施秉縣　又至思州府

極邊：東至抵海不足四千里　南至抵海不足四千里　西至四川寧遠府　會川衛　冕山守禦所　迷易守禦所

烟瘴：地皆不足四千里　以極邊爲烟瘴

附近	澄海縣 程鄉縣 西至廣西南寧府 宣化縣 橫州 又至思恩府 武緣縣 北至湖廣襄陽府 襄陽衛 均州 以上俱二千里
邊衛	天柱縣 又至貴陽府 龍里縣 北至河南河南府 洛陽縣 嵩縣 又至陝州 以上除東南外西北俱二千五百里
邊遠	清溪縣 北至河南懷慶府 河內縣 孟縣 又至山西澤州府 鳳臺縣 陽城縣 以上除東南外西北俱三千里
極邊	北至山西大同府 大同縣 山陰縣 廣昌縣 又至朔平府 朔州 馬邑縣 平魯縣 以上除東南外西北俱四千里
烟瘴	

南雄府屬軍犯編發地方

附近	邊衛	邊遠	極邊	烟瘴
東至浙江温州府 瑞安縣 平陽縣 南至抵海不足二千里	東至抵海不足二千五百里 南至抵海不足二千五百里 西至廣西柳州府 馬平縣	東至抵海不足三千里 南至抵海不足三千里 西至貴州黎平府 開泰縣	東至抵海不足四千里 南至抵海不足四千里 西至四川瀘州 納溪縣	地皆不足四千里 以極邊爲烟瘴

惠州府屬軍犯編發地方

附近	西至廣西潯州府 桂平縣 貴縣 又至鎮安府 奉議州 向武州 北至湖廣襄陽府 襄陽衛 均州 以上除南外東西北俱二千里
邊衛	融縣 象州 又至賓州 來賓縣 武宣縣 北至湖廣鄖陽府 鄖縣 房縣 以上除東南外西北俱二千五百里
邊遠	錦屏縣 永從縣 又至貴陽府 龍里縣 北至河南河南府 洛陽縣 嵩縣 又至陜州 以上除東南外西北俱三千里
極邊	合江縣 又至重慶府 江津縣 黔江縣 忠州 涪州 北至山西太原府 陽曲縣 又至代州 又至保德州 又至寧武府 寧武縣 偏關縣 以上除東南外西北俱四千里
烟瘴	

東至抵海不足二千里	東至抵海不足二千五百里	東至抵海不足三千里	東至抵海不足四千里	地皆不足四千里
南至抵海不足二千里	南至抵海不足二千五百里	南至抵海不足三千里	南至抵海不足四千里	以極邊爲烟瘴
西至廣西南寧府	西至貴州鎮遠府	西至四川叙州府	西至四川寧遠府	
宣化縣	鎮遠縣	宜賓縣	越嶲衛	
新寧州	施秉縣	長寧縣	禮州守禦所	
又至思恩府	又至思州府	又至瀘州	德昌守禦所	
武緣縣	清溪縣	納溪縣	北至山東兗州府	
北至江西九江府	北至湖廣黃州府	合江縣	任城衛	
九江衛	黃州衛	又至重慶府	濟寧衛	
德安縣	蘄州衛	江津縣	滕縣	
以上除東南外西	又至武昌府	黔江縣	又至東平州	
北俱二千里	武昌衛	忠州	東平所	
	武昌左衛	涪州	又至沂州	
	以上除東南外西	北至河南汝寧府	費縣	
	北俱二千五百里	汝陽縣	以上除東南外西	
		又至信陽州	北俱四千里	
		羅山縣		
		又至南陽府		
		南陽縣		
		唐縣		

鄧州
以上除東南外西北俱三千里

潮州府屬軍犯編發地方

附近	邊衛	邊遠	極邊	烟瘴
東至抵海不足二千里	東至抵海不足二千五百里	東至抵海不足三千里	東至抵海不足四千里	地皆不足四千里
南至抵海不足二千里	南至抵海不足二千五百里	南至抵海不足三千里	南至抵海不足四千里	以極邊爲烟瘴
西至廣西南寧府	西至貴州黎平府	西至湖廣辰州府	西至四川寧遠府	
宣化縣	開泰縣	沅陵縣	德昌守禦所	
新寧州	錦屏縣	瀘溪縣	冕山守禦所	
又至思恩府	天柱縣	沅州	打冲河中前守禦所	
武緣縣	又至貴陽府	又至常德府	打冲河中左守禦所	
北至湖廣武昌府	龍里縣	武陵縣	北至山東濟南府	
武昌衛	北至河南汝寧府	又至貴州思州府	德州衛	
武昌左衛	汝陽縣	玉屏縣	德州左衛	
又至漢陽府	信陽州	北至河南開封府	歴城縣	
漢陽縣	以上除東南外西	祥符縣	肥城縣	

以上除東南外西
北俱二千里

北俱二千五百里

鄢陵縣
又至陳州
沈邱縣
又至禹州
以上除東南外西
北俱三千里

以上除東南外西
北俱四千里

肇慶府屬軍犯編發地方

附近

東至抵海不足二千里
南至抵海不足二千里
西至貴州遵義府
遵義縣
又至平越府
甕安縣
又至大定府
畢節縣
又至四川叙州府
永寧縣

邊衛

東至抵海不足二千五百里
南至抵海不足二千五百里
西至四川成都府
成都縣
華陽縣
金堂縣
簡州
北至河南南陽府
南陽縣
唐縣

邊遠

東至抵海不足三千里
南至抵海不足三千里
西至四川茂州
保縣
北至河南河南府
洛陽縣
新安縣
嵩縣
又至陝州
以上除東南外西

極邊

東至抵海不足四千里
南至抵海不足四千里
西至抵邊不足四千里
北至山西太原府
陽曲縣
太原縣
又至保德州
又至代州
又至寧武府
寧武縣

烟瘴

地皆不足四千里
以極邊為烟瘴

	北至湖廣荆州府 荆州衛 荆州左衛 荆州右衛 彝陵州 以上除東南外西 北俱二千里
	鄧州 以上除東南外西 北俱二千五百里
	北俱三千里
	偏關縣 又至平定州 以上除東南西外 北四千里

高州府屬軍犯編發地方

附近	東至抵海不足二千里 南至抵海不足二千里 西至廣西潯州府 桂平縣 又至鎮安府 奉議州 向武州 北至湖廣靖州
邊衛	東至抵海不足二千五百里 南至抵海不足二千五百里 西至貴州鎮遠府 鎮遠縣 施秉縣 又至思州府 清溪縣 北至湖廣辰州府
邊遠	東至抵海不足三千里 南至抵海不足三千里 西至貴州安順府 永寧州 又至大定府 畢節縣 北至湖廣荆州府 荆州衛
極邊	東至抵海不足四千里 南至抵海不足四千里 西至四川寧遠府 西昌縣 冕寧縣 鹽源縣 北至河南河南府 洛陽縣
烟瘴	地皆不足四千里 以極邊爲烟瘴

	會同縣 又至貴州黎平府 天柱縣 以上除東南外西北俱二千里
	沅陵縣 沅州 又至常德府 武陵縣 又至貴州思州府 玉屏縣 以上除東南外西北俱二千五百里
	荆州左衛 荆州右衛 彝陵州 以上除東南外西北俱三千里
	嵩縣 又至陝州 以上除東南外西北俱四千里

廉州府屬軍犯編發地方

附近	東至本省潮州府 大城守禦所 海陽縣 潮陽縣 程鄉縣 南至抵海不足二千里 西至廣西柳州府 馬平縣
邊衛	東至抵海不足二千五百里 南至抵海不足二千五百里 西至貴州黎平府 開泰縣 錦屏縣 永從縣 天柱縣 北至湖廣靖州
邊遠	東至抵海不足三千里 南至抵海不足三千里 西至貴州鎮遠府 鎮遠縣 施秉縣 又至思州府 清溪縣 北至湖廣辰州府
極邊	東至抵海不足四千里 南至抵海不足四千里 西至四川寧遠府 會川衛 迷易守禦所 北至湖廣鄖陽府 鄖縣 房縣
烟瘴	地皆不足四千里 以極邊爲烟瘴

雒容縣
融縣
象州
又至賓州
來賓縣
武宣縣
北至湖廣寶慶府
邵陽縣
武岡州
以上除南外東西
北俱二千里

會同縣
通道縣
綏寧縣
以上除東南外西
北俱二千五百里

沅陵縣
沅州
又至常德府
武陵縣
以上除東南外西
北俱三千里

又至河南南陽府
南陽縣
唐縣
鄧州
以上除東南外西
北俱四千里

雷州府屬軍犯編發地方

附近	邊衛	邊遠	極邊	烟瘴
東至抵海不足二千里	東至抵海不足二千五百里	東至抵海不足三千里	東至抵海不足四千里	地皆不足四千里
南至抵海不足二千里	南至抵海不足二千五百里	南至抵海不足三千里	南至抵海不足四千里	以極邊爲烟瘴
西至貴州鎮遠府	西至四川叙州府	西至四川叙州府	西至四川寧遠府	
鎮遠縣	永寧縣	宜賓縣	越嶲衛	

施秉縣
又至思州府
清溪縣
北至廣西桂林府
臨桂縣
興安縣
靈川縣
全州
灌陽縣
以上除東南外西北俱二千里

又至貴州大定府
畢節縣
北至湖廣寶慶府
邵陽縣
武岡州
以上除東南外西北俱二千五百里又至永州府

南溪縣
北至湖廣辰州府
沅陵縣
沅州
又至常德府
武陵縣
零陵縣
東安縣
寧遠縣
以上除東南外西北俱三千里

西昌縣
冕寧縣
北至湖廣襄陽府
襄陽衛
均州
以上除東南外西北俱四千里

瓊州府屬軍犯編發地方

附近	邊衛	邊遠	極邊	烟瘴
東至抵海不足二千里	東至抵海不足二千五百里	東至抵海不足三千里	東至抵海不足四千里	地皆不足四千里
南至抵海不足二千里	南至抵海不足二千五百里	南至抵海不足三千里	南至抵海不足四千里	以極邊爲烟瘴
西至貴州黎平府	西至貴州貴陽府	西至貴州大定府	西至四川寧遠府	
開泰縣	貴筑縣	威寧州	越巂衛	

永從縣
天柱縣
又至貴陽府
龍里縣
北至廣西柳州府
馬平縣
象州
又至賓州
遷江縣
又至慶遠府
南丹州
以上除東南外西北俱三千里

開州
北至湖廣靖州
會同縣
通道縣
綏寧縣
又至貴州黎平府
天柱縣
以上除東南外西北俱二千五百里

畢節縣
又至四川瀘州
江安縣
北至湖廣辰州府
沅陵縣
沅州
又至常德府
武陵縣
又至貴州思州府
玉屏縣
以上除東南外西北俱三千里

西昌縣
冕寧縣
北至河南南陽府
南陽縣
唐縣
鄧州
以上除東南外西北俱四千里

羅定州軍犯編發地方 舊隸瓊州府

附近 邊衛 邊遠 極邊 烟瘴

以上各等州縣衛分俱與瓊州府同

廣西

桂林府屬軍犯編發地方

附近

東至江西吉安府
吉安所
安福所
永新所
龍泉縣
南至抵海不足二千里
西至四川叙州府
永寧縣
又至貴州大定府
畢節縣
北至湖廣荊州府
荊州衛
荊州左衛
荊州右衛

邊衛

東至江西建昌府
建昌所
又至撫州府
撫州所
南至抵海不足二千五百里
西至四川叙州府
宜賓縣
長寧縣
北至河南南陽府
南陽縣
唐縣
鄧州
以上除南外東西
北俱二千五百里

邊遠

東至江西饒州府
饒州所
又至廣信府
廣信所
鉛山所
南至抵海不足三千里
西至四川寧遠府
德昌守禦所
禮州守禦所
北至河南開封府
祥符縣
陳留縣
又至禹州
以上除南外東西

極邊

東至浙江台州府
台州衛
黃巖縣
寧海縣
南至抵海不足四千里
西至抵海不足四千里
北至直隸順德府
邢臺縣
又至廣平府
磁州
邯鄲縣
以上除西南外東
北俱四千里

烟瘴

地皆不足四千里
以極邊為烟瘴

彝陵州
松滋縣
以上除南外東西北俱二千里

北俱三千里

柳州府屬軍犯編發地方

附近
東至廣東惠州府
平海守禦所
歸善縣
博羅縣
河源縣
龍川縣
長樂縣
南至抵海不足二千里
西至四川重慶府
安化縣
黔江縣
忠州

邊衛
東至廣東潮州府
大城守禦所
海陽縣
潮陽縣
程鄉縣
南至抵海不足二千五百里
西至四川雅州府
雅安縣
又至寧遠府
大渡河守禦所
北至湖廣安陸府
沔陽衛

邊遠
東至抵海不足三千里
南至抵海不足三千里
西至四川寧遠府
越巂衛
西昌縣
冕寧縣
北至河南南陽府
南陽縣
唐縣
鄧州
以上除東南外西北俱三千里

極邊
東至抵海不足四千里
南至抵海不足四千里
西至抵番界不足四千里
北至陝西西安府
長安縣
咸寧縣
藍田縣
又至商州
山陽縣
鎮安縣
又至華州
潼關縣

烟瘴
地皆不足四千里
以極邊爲烟瘴

北至湖廣岳州府
岳州衛
又至澧州
永定衛
九谿衛
安福縣
以上除南外東西北俱二千里

鍾祥縣
以上除南外東西北俱二千五百里

華陰縣
又至山西澤州府
鳳臺縣
陽城縣
以上除東南西外北四千里

賓州軍犯編發地方 舊隸柳州府

附近
邊衛
邊遠
極邊
烟瘴

以上各等州縣衛分俱與柳州府同

慶遠府屬軍犯編發地方

附近 東至廣東廣州府 南海縣

邊衛 東至廣東惠州府 碣石衛

邊遠 東至廣東潮州府 大城守禦所

極邊 東至抵海不足四千里 南至抵海不足四千里

烟瘴 地皆不足四千里 以極邊爲烟瘴

番禺縣
新寧縣
增城縣
南至抵海不足二千里
西至雲南臨安府
建水州
寧州
通海縣
北至湖廣辰州府
沅陵縣
沅州
又至常德府
武陵縣
又至貴州思州府
玉屏縣
以上除南外東西
北俱二千里

提勝守禦所
海豐守禦所
南至抵海不足三千五百里
西至雲南曲靖府
尋甸州
北至湖廣荊州府
荊州衛
荊州左衛
荊州右衛
彝陵州
以上除南外東西
北俱二千五百里

海陽縣
潮陽縣
程鄉縣
又至四川順慶府
蓬州
南至抵海不足三千里
西至雲南楚雄府
楚雄縣
定遠縣
北至河南汝寧府
汝陽縣
信陽州
以上除南外東西
北俱三千里

西至雲南永昌府
保山縣
永平縣
騰越州
北至直隸大名府
開州
長垣縣
又至河南衛輝府
濬縣
滑縣
以上除東南外西
北俱四千里

平樂府屬軍犯編發地方

附近	東至廣東惠州府 碣石衛 平海守禦所 海豐守禦所 捷勝守禦所 南至抵海不足二千里 西至貴州鎮遠府 鎮遠縣 施秉縣 又至思州府 清溪縣 北至湖廣辰州府 沅陵縣 沅州 又至常德府 武陵縣 又至貴州思州府 玉屏縣
邊衛	東至廣東潮州府 大城守禦所 海陽縣 潮陽縣 程鄉縣 又至四川順慶府 蓬州 南至抵海不足二千五百里 西至貴州大定府 威寧州 畢節縣 北至湖廣岳州府 岳州衛 又至澧州 永定衛 九谿衛 石門縣 安福縣
邊遠	東至抵海不足三千里 南至抵海不足三千里 西至四川松潘衛 又至龍安府 石泉縣 北至湖廣鄖陽府 鄖縣 房縣 又至襄陽府 襄陽衛 均州 以上除東南外西 北俱三千里
極邊	東至抵海不足四千里 南至抵海不足四千里 西至抵邊不足四千里 北至陝西西安府 咸陽縣 盩厔縣 鄠縣 藍田縣 又至華州 潼關縣 華陰縣 又至山西澤州府 鳳臺縣 沁水縣 陽城縣 以上除東南西外 北四千里
烟瘴	地皆不足四千里 以極邊爲烟瘴

以上除南外東西北俱二千里	以上除南外東西北俱二千五百里

梧州府屬軍犯編發地方

附近	邊衛	邊遠	極邊	烟瘴
東至抵海不足二千里	東至抵海不足二千五百里	東至抵海不足三千里	東至抵海不足四千里	地皆不足四千里
南至抵海不足二千里	南至抵海不足二千五百里	南至抵海不足三千里	南至抵海不足四千里	以極邊爲烟瘴
西至四川叙州府	西至四川叙州府	西至四川寧遠府	西至抵邊不足四千里	
永寧縣	宜賓縣	禮州守禦所	北至山西太原府	
又至貴州大定府	長寧縣	西昌縣	陽曲縣	
畢節縣	又至順慶府	鹽源縣	太原縣	
北至湖廣荆州府	廣安州	冕寧縣	又至代州	
荆州衛	北至河南南陽府	北至河南河南府	又至寧武府	
荆州左衛	南陽縣	洛陽縣	寧武縣	
荆州右衛	唐縣	嵩縣	偏關縣	
彝陵州	鄧州	又至陝州	以上除東南西外	
松滋縣	以上除東南外西	以上除東南外西	北四千里	
宜都縣	北俱二千五百里	北俱三千里		
以上除東南外西				

北俱二千里

鬱林州軍犯編發地方 舊隸梧州府

附近 邊衛 邊遠 極邊 烟瘴

以上各等州縣衛分俱與梧州府同

潯州府屬軍犯編發地方

附近

東至廣東潮州府 大城守禦所 潮陽縣 海陽縣 程鄉縣 南至抵海不足二千里 西至雲南雲南府 昆明縣

邊衛

東至抵海不足三千五百里 南至抵海不足二千五百里 西至雲南臨安府 建水州 阿迷州 通海縣 北至湖廣澧州 永定衛

邊遠

東至抵海不足三千里 南至抵海不足三千里 西至四川瀘州 合江縣 江安縣 又至貴州貴陽府 貴筑縣 開州

極邊

東至抵海不足四千里 南至抵海不足四千里 西至四川寧遠府 禮州守禦所 西昌縣 冕寧縣 鹽源縣 北至河南懷慶府

烟瘴

地皆不足四千里 以極邊爲烟瘴

嵩明縣
呈貢縣
北至湖廣辰州府
沅陵縣
沅州
又至常德府
武陵縣
又至貴州思州府
玉屏縣
以上除南外東西
北俱二千里

九谿衛
安福縣
以上除東南外西
北俱二千五百里

北至湖廣荊州府
荊州衛
荊州左衛
荊州右衛
遠安縣
彝陵州
松滋縣
宜都縣
以上除東南外西
北俱三千里

河內縣
又至河南府
洛陽縣
新安縣
以上除東南外西
北俱四千里

南寧府屬軍犯編發地方

附近
東至廣東廣州府
南海縣
番禺縣
新寧縣

邊衛
東至廣東惠州府
平海守禦所
海豐守禦所
捷勝守禦所

邊遠
東至廣東潮州府
大城守禦所
海陽縣
潮陽縣

極邊
東至抵海不足四千里
南至抵海不足四千里
西至四川寧遠府
越嶲衛

烟瘴
地皆不足四千里
以極邊爲烟瘴

新會縣
南至抵海不足二千里
西至雲南臨安府
建水州
寧州
通海縣
北至湖廣長沙府
善化縣
茶陵州
以上除南外東西
北俱二千里

南至抵海不足二千五百里
西至貴州遵義府
遵義縣
又至大定府
畢節縣
又至平越府
甕安縣
又至四川叙州府
赤水縣
北至湖廣襄陽府
襄陽衛
均州
以上除南外東西
北俱二千五百里

程鄉縣
南至抵海不足三千里
西至四川瀘州
瀘州衛
合江縣
江安縣
又至叙州府
宜賓縣
北至河南河南府
洛陽縣
新安縣
嵩縣
以上除南外東西
北俱三千里

會川衛
打冲河中前守禦所
打冲河中左守禦所
德昌守禦所
北至山西太原府
太原縣
又至代州
又至寧武府
寧武縣
偏關縣
以上除東南外西
北俱四千里

太平府屬軍犯編發地方

附近
東至廣東惠州府
平海守禦所

邊衛
東至廣東湖州府
大城守禦所

邊遠
東至抵海不足三千里
南至抵海不足三千里

極邊
東至抵海不足四千里
南至抵海不足四千里

烟瘴
地皆不足四千里
以極邊爲烟瘴

碣石衛
海豐守禦所
南至抵海不足二千里
西至四川重慶府
巴　縣
黔江縣
忠　州
涪　州
北至湖廣靖州
會同縣
通道縣
又至寶慶府
邵陽縣
武岡州
以上除南外東西
北俱二千里

潮陽縣
海陽縣
澄海縣
南至抵海不足二千五百里北至湖廣岳州府
西至四川成都府
華陽縣
成都縣
金堂縣
北至湖廣辰州府
沅陵縣
沅　州
又至常德府
武陵縣
又至貴州思州府
玉屏縣
以上除南外東西
北俱二千五百里

西至四川成都府
又至茂州
保　縣
岳州衛
又至澧州
永定衛
九谿衛
石門縣
以上除東南外西
北俱三千里

西至抵邊不足四千里
北至陝西漢中府
南鄭縣
寧羌州
沔　縣
又至興安州
平利縣
又至平涼府
華亭縣
崇信縣
以上除東南西外
北四千里

思恩府屬軍犯編發地方

思明府屬軍犯編發地方

附近

東至廣東潮州府
大城守禦所
海陽縣
潮陽縣
澄海縣
程鄉縣
南至抵邊不足二千里
西至抵邊不足二千里
北至湖廣寶慶府
邵陽縣
武岡州
以上除西南外東
北俱二千里

邊衛

東至抵海不足二千五百里
南至抵邊不足二千五百里
西至抵邊不足二千五百里
北至湖廣辰州府
沅陵縣
沅　州
又至常德府
武陵縣
又至靖州
會同縣
通道縣
又至貴州思州府
玉屛縣
又至黎平府
天柱縣
永從縣

邊遠

東至抵海不足三千里
南至抵邊不足三千里
西至抵邊不足三千里
北至湖廣岳州府
岳州衛
又至澧州
永定衛
九谿衛
石門縣
安福縣
以上除東南西外
北三千里

極邊

東至抵海不足四千里
南至抵邊不足四千里
西至抵邊不足四千里
北至河南南陽府
南陽縣
唐　縣
鄧　州
又至汝寧府
汝陽縣
信陽州
羅山縣
以上除東南西外
北四千里

烟瘴

地皆不足四千里
以極邊爲烟瘴

以上除東南西外
北二千五百里

鎮安府屬軍犯編發地方

附近

東至本省柳州府
馬平縣
融縣
象州
又至賓州
來賓縣
武宣縣
南至抵邊不足二千里
西至抵邊不足二千里
北至湖廣寶慶府
邵陽縣
武岡州
以上除西南外東
北俱二千里

邊衛

東至本省梧州府
蒼梧縣
容縣
藤縣
又至鬱林州
南至抵邊不足二千五百里
西至抵邊不足二千五百里
北至湖廣靖州
會同縣
通道縣
又至貴州黎平府
天柱縣
以上除西南外東
北俱二千五百里

邊遠

東至廣東廣州府
南海縣
清遠縣
三水縣
增城縣
東莞縣
南至抵邊不足三千里
西至抵邊不足三千里
北至湖廣岳州府
岳州衛
又至澧州
永定衛
九谿衛
安福縣

極邊

東至廣東潮州府
大城守禦所
海陽縣
潮陽縣
程鄉縣
南至抵邊不足四千里
西至抵邊不足四千里
北至湖廣鄖陽府
鄖縣
房縣
以上除西南外東
北俱四千里

烟瘴

地皆不足四千里
以極邊為烟瘴

以上除西南外東北俱三千里

雲南

雲南府屬軍犯編發地方

附近

東至廣西柳州府
馬平縣
羅城縣
融　縣
象　州
又至賓州
遷江縣
上林縣
又至慶遠府
南丹州
南至抵邊不足二千里
西至抵邊不足二千里
北至四川成都府
成都縣

邊衛

東至廣西梧州府
蒼梧縣
容　縣
藤　縣
又至鬱林州
陸川縣
興業縣
南至抵邊不足二千五百里
西至抵邊不足二千五百里
北至四川叙州府
永寧縣
又至瀘州
納溪縣
合江縣

邊遠

東至廣東廣州府
南海縣
番禺縣
東莞縣
新會縣
新寧縣
南至抵邊不足三千里
西至抵邊不足三千里
北至四川重慶府
巴　縣
江津縣
綦江縣
南川縣
彭水縣

極邊

東至廣東潮州府
大城守禦所
海陽縣
潮陽縣
澄海縣
程鄉縣
南至抵邊不足四千里
西至抵邊不足四千里
北至陝西漢中府
南鄭縣
寧羌州
沔　縣
又至興安州
平利縣

烟瘴

地皆不足四千里
以極邊爲烟瘴

華陽縣
雙流縣
崇慶州
新津縣
又至資州
仁壽縣
井研縣
以上除西南外東北俱二千里

又至貴州大定府
畢節縣
以上除西南外東北俱二千五百里

以上除西南外東北俱三千里

以上除西南外東北俱四千里

大理府屬軍犯編發地方

附近

東至廣西慶遠府
宜山縣
河池州
南丹州
又至柳州府
馬平縣

邊衛

東至湖廣永州府
零陵縣
東安縣
永明縣
道州
寧遠縣

邊遠

東至湖廣長沙府
長沙縣
茶陵州
又至常德府
龍陽縣
桃源縣

極邊

東至廣東惠州府
碣石衛
平海守禦所
海豐守禦所
捷勝守禦所
又至江西南昌府

烟瘴

地皆不足四千里
以極邊爲烟瘴

象州 又至賓州 遷江縣 上林縣 來賓縣 武宣縣 南至抵邊不足二千里 西至抵邊不足二千里 北至抵邊不足二千里 以上除南西北外 東二千里
江華縣 新田縣 又至寶慶府 武岡州 新寧縣 南至抵邊不足二千五百里 西至抵邊不足二千五百里 北至抵邊不足二千五百里 以上除南西北外 東二千五百里
又至岳州府 岳州衛 平江縣 又至澧州 永定衛 九谿衛 安福縣 南至抵邊不足三千里 西至抵邊不足三千里 北至抵邊不足三千里 以上除南西北外 東三千里
南昌衛 豐城縣 奉新縣 寧州 南至抵邊不足四千里 西至抵邊不足四千里 北至抵邊不足四千里 以上除南西北外 東四千里

臨安府屬軍犯編發地方

附近	東至廣西柳州府 馬平縣 融縣 象州
邊衛	東至廣西梧州府 容縣 藤縣 又至鬱林州
邊遠	東至廣東廣州府 南海縣 番禺縣 新寧縣
極邊	東至廣東潮州府 大城守禦所 海陽縣 潮陽縣
烟瘴	地皆不足四千里 以極邊爲烟瘴

又至賓州
遷江縣
上林縣
來賓縣
武宣縣
又至慶遠府
南丹州
南至抵邊不足二千里
西至抵邊不足二千里
北至四川成都府
成都縣
華陽縣
雙流縣
崇慶州
又至資州
仁壽縣
井研縣
以上除南西外東
北俱二千里

陸川縣
興業縣
南至抵邊不足二千五百里
西至抵邊不足二千五百里
北至四川重慶府
巴縣
江津縣
綦江縣
南川縣
以上除南西外東
北俱二千五百里

新會縣
南至抵邊不足三千里
西至抵邊不足三千里
北至四川保寧府
南部縣
梓潼縣
又至順慶府
蓬州
西充縣
以上除南西外東
北俱三千里

澄海縣
程鄉縣
南至抵邊不足四千里
西至抵邊不足四千里
北至陝西漢中府
南鄭縣
寧羌州
沔縣
又至興安州
平利縣
白河縣
以上除南西外東
北俱四千里

楚雄府屬軍犯編發地方

附近

東至廣西慶遠府
宜山縣
河池州
又至南寧府
新寧州
上思州
又至思恩府
武緣縣
又至鎮安府
南至抵邊不足二千里
西至抵邊不足二千里
北至抵邊不足二千里
以上除南西北外
東二千里

邊衛

東至廣西桂林府
臨桂縣
永寧州
永福縣
義寧縣
陽朔縣
又至潯州府
貴縣
又至鎮安府
奉議州
向武州
南至抵邊不足二千五百里
西至抵邊不足二千五百里
北至抵邊不足二千五百里
以上除南西北外
東二千五百里

邊遠

東至湖廣永州府
東安縣
道州
寧遠縣
江華縣
永明縣
新田縣
又至寶慶府
武岡州
新寧縣
南至抵邊不足三千里
西至抵邊不足三千里
北至抵邊不足三千里
以上除南西北外
東三千里

極邊

東至廣東潮州府
大城守禦所
海陽縣
潮陽縣
澄海縣
程鄉縣
又至福建漳州府
詔安縣
龍巖縣
漳浦縣
南至抵邊不足四千里
西至抵邊不足四千里
北至抵邊不足四千里
以上除南西北外
東四千里

烟瘴

地皆不足四千里
以極邊爲烟瘴

澂江府屬軍犯編發地方

附近

東至廣西平樂府
修仁縣
荔浦縣
永安州
昭平縣
南至抵邊不足二千里
西至抵邊不足二千里
北至四川成都府
成都縣
雙流縣
崇慶州
新津縣
又至資州
仁壽縣
井研縣
以上除西南外東

邊衛

東至廣西梧州府
蒼梧縣
容　縣
藤　縣
又至鬱林州
陸川縣
興業縣
南至抵邊不足二千五百里
西至抵邊不足二千五百里
北至四川茂州
保　縣
汶川縣
以上除西南外東
北俱二千五百里

邊遠

東至廣東廣州府
南海縣
新寧縣
新會縣
三水縣
南至抵邊不足三千里
西至抵邊不足三千里
北至陝西漢中府
南鄭縣
寧羌州
沔　縣
又至興安州
平利縣
白河縣
以上除西南外東
北俱三千里

極邊

東至廣東潮州府
大城守禦所
海陽縣
潮陽縣
澄海縣
程鄉縣
南至抵邊不足四千里
西至抵邊不足四千里
北至陝西平凉府
平凉縣
華亭縣
以上除西南外東
北俱四千里

烟瘴

地皆不足四千里
以極邊爲烟瘴

北俱三千里

廣南府屬軍犯編發地方

附近

東至廣東高州府
電白縣
石城縣
化州
信宜縣
又至肇慶府
陽春縣
南至抵邊不足二千里
西至本省大理府
太和縣
趙州
雲南縣
賓川州
北至湖廣寶慶府

邊衛

東至廣東廣州府
南海縣
番禺縣
東莞縣
新寧縣
南至抵邊不足二千五百里
西至本省永昌府
騰越州
保山縣
永平縣
北至湖廣辰州府
沅陵縣
沅州
又至常德府

邊遠

東至廣東惠州府
碣石衛
平海守禦所
海豐守禦所
捷勝守禦所
南至抵邊不足三千里
西至抵邊不足三千里
北至湖廣岳州府
岳州衛
又至澧州
永定衛
九谿衛
以上除西南外東
北俱三千里

極邊

東至廣東潮州府
大城守禦所
海陽縣
潮陽縣
澄海縣
程鄉縣
南至抵邊不足四千里
西至抵邊不足四千里
北至河南南陽府
南陽縣
唐縣
鄧州
以上除西南外東
北俱四千里

烟瘴

地皆不足四千里
以極邊為烟瘴

武岡州 新寧縣 以上除南外東西北俱二千里	武陵縣 又至貴州思州府 玉屏縣 以上除南外東西北俱二千五百里

廣西府屬軍犯編發地方

附近	邊衛	邊遠	極邊	烟瘴
東至廣西平樂府 修仁縣 荔浦縣 永安縣 昭平縣 南至抵邊不足二千里 西至抵邊不足二千里 北至本省永昌府 保山縣 永平縣	東至廣西梧州府 蒼梧縣 容縣 藤縣 懷集縣 又至鬱林州 陸川縣 興業縣 又至桂林府 臨桂縣	東至廣東廣州府 南海縣 番禺縣 三水縣 新寧縣 新會縣 南至抵邊不足三千里 西至抵邊不足三千里 北至抵邊不足三千里 以上除南西北外	東至廣東潮州府 大城守禦所 海陽縣 潮陽縣 澄海縣 程鄉縣 南至抵邊不足四千里 西至抵邊不足四千里 北至抵邊不足四千里 以上除南西北外	地皆不足四千里 以極邊爲烟瘴

騰越州
以上除西南外東北俱二千里

永寧州
永福縣
義寧州
南至抵邊不足二千五百里
西至抵邊不足二千五百里
北至抵邊不足二千五百里
以上除南西北外東二千五百里

東三千里

東四千里

曲靖府屬軍犯編發地方

附近
東至廣西桂林府
臨桂縣
永寧州
永福縣
義寧縣
南至抵邊不足二千里
西至抵邊不足二千里
北至四川成都府

邊衛
東至湖廣永州府
道州
東安縣
寧遠縣
江華縣
永明縣
新田縣
南至抵邊不足二千五百里

邊遠
東至湖廣衡州府
衡陽縣
常寧縣
桂陽縣
南至抵邊不足三千里
西至抵邊不足三千里
北至陝西鳳翔府
鳳翔縣

極邊
東至廣東惠州府
碣石衛
海豐守禦所
捷勝守禦所
平海守禦所
南至抵邊不足四千里
西至抵邊不足四千里
北至陝西臨洮府

烟瘴
地皆不足四千里
以極邊爲烟瘴

成都縣
華陽縣
雙流縣
崇慶州
新津縣
又至資州
仁壽縣
井研縣
以上除西南外東北俱二千里

西至抵邊不足三千五百里又至寧夏府
北至陝西漢中府
南鄭縣
寧羌州
沔縣
又至興安州
平利縣
白河縣
以上除西南外東北俱二千五百里

平羅縣
以上除西南外東北俱三千里

洮州衛
又至秦州
秦安縣
岷州
以上除西南外東北俱四千里

姚安府屬軍犯編發地方

附近
東至廣西柳州府
馬平縣
融縣
象州
又至賓州
來賓縣

邊衛
東至廣西梧州府
蒼梧縣
容縣
藤縣
又至鬱林州
陸川縣

邊遠
東至廣東肇慶府
雙魚守禦所
高要縣
四會縣
德慶州
新興縣

極邊
東至廣東潮州府
大城守禦所
海陽縣
潮陽縣
程鄉縣
南至抵邊不足四千里

烟瘴
地皆不足四千里
以極邊爲烟瘴

武宣縣
遷江縣
又至慶遠府
南丹州
南至抵邊不足三千里
西至抵邊不足二千里
北至抵邊不足二千里
以上除南西北外
東二千里

又至廣東高州府
茂名縣
電白縣
信宜縣
又至肇慶府
陽春縣
南至抵邊不足二千五百里
西至抵邊不足二千五百里
北至抵邊不足二千五百里
以上除南西北外
東二千五百里

陽江縣
南至抵邊不足三千里
西至抵邊不足三千里
北至抵邊不足三千里
以上除南西北外
東三千里

西至抵邊不足四千里
北至抵邊不足四千里
以上除南西北外
東四千里

鶴慶府屬軍犯編發地方

附近	東至本省曲靖府 南寧縣 霑益州 平彝縣
邊衛	東至廣西慶遠府 宜山縣 河池州 又至柳州府
邊遠	東至廣西桂林府 臨桂縣 永寧州 永福縣
極邊	東至廣東惠州府 碣石衛 平海守禦所 海豐守禦所
烟瘴	地皆不足四千里以 極邊爲烟瘴

陸凉州
馬龍州
南至抵邊不足二千里
西至抵邊不足二千里
北至抵邊不足二千里
以上除南西北外
東二千里

又馬平縣
融縣
又至賓州
遷江縣
上林縣
南至抵邊不足二千五百里
西至抵邊不足二千五百里
北至抵邊不足二千五百里
以上除南西北外
東二千五百里

義寧縣
全州
灌陽縣
南至抵邊不足三千里
西至抵邊不足三千里
北至抵邊不足三千里
以上除南西北外
東三千里

捷勝守禦所
南至抵邊不足四千里
西至抵邊不足四千里
北至抵邊不足四千里
以上除南西北外
東四千里

武定府屬軍犯編發地方

附近

東至廣西柳州府
馬平縣
融縣
象州
又至賓州
遷江縣

邊衛

東至廣西南寧府
宣化縣
上思州
又至思恩府
武緣縣
南至抵邊不足二千五百里

邊遠

東至廣東廣州府
清遠縣
新會縣
又至連州
連山縣
南至抵邊不足三千里

極邊

東至廣東潮州府
大城守禦所
海陽縣
潮陽縣
澄海縣
程鄉縣

烟瘴

地皆不足四千里以
極邊爲烟瘴

來賓縣
武宣縣
又至慶遠府
南丹州
南至抵邊不足二千里
西至抵邊不足二千里
北至抵邊不足二千里
以上除南西北外
東二千里

西至抵邊不足二千五百里
北至抵邊不足二千五百里
以上除南西北外
東二千五百里

西至抵邊不足三千里
北至抵邊不足三千里
以上除南西北外
東三千里

南至抵邊不足四千里
西至抵邊不足四千里
北至抵邊不足四千里
以上除南西北外
東四千里

永昌府屬軍犯編發地方

附近
東至本省臨安府
建水州
石屏州
新平縣
通海縣
河西縣

邊衛
東至廣西柳州府
馬平縣
融縣
象州
又至賓州
遷江縣

邊遠
東至廣西南寧府
宣化縣
新寧州
又至思恩府
武緣縣
田州

極邊
東至廣東惠州府
碣石衛
平海守禦所
海豐守禦所
捷勝守禦所
南至抵邊不足四千里

烟瘴
地皆不足四千里以
極邊爲烟瘴

嵋峨縣
南至抵邊不足二千里
西至抵邊不足二千里南至抵邊不足二千五百里北至抵邊不足四千里
北至抵邊不足二千里西至抵邊不足二千五百里
以上除南西北外北至抵邊不足二千五百里
東二千里

來賓縣
武宣縣
以上除南西北外
東二千五百里

南至抵邊不足三千里西至抵邊不足四千里
西至抵邊不足三千里北至抵邊不足四千里
北至抵邊不足三千里
以上除南西北外
東三千里
以上除南西北外
東四千里

貴州

貴陽府屬軍犯編發地方

附近　邊衛　邊遠　極邊　烟瘴

東至廣東廣州府
南海縣
番禺縣
三水縣
清遠縣
又至連州
陽山縣
南至抵邊不足二千里
西至雲南曲靖府
北至陝西漢中府
南鄭縣
寧羌州
沔　縣
又至興安州

東至廣東惠州府
碣石衛
平海守禦所
海豐守禦所
捷勝守禦所
南至抵邊不足二千五百里
西至抵邊不足二千五百里
北至陝西鳳翔府
鳳翔縣
又至寧夏府
平羅縣
以上除西南外東
北俱二千五百里

東至廣東潮州府
大城守禦所
海陽縣
潮陽縣
揭陽縣
程鄉縣
南至抵邊不足三千里
西至抵邊不足三千里
北至陝西平涼府
平涼縣
華亭縣
固原州
以上除西南外東
北俱三千里

東至抵海不足四千里地皆不足四千里以
南至抵邊不足四千里極邊爲烟瘴
西至抵邊不足四千里
北至陝西涼州府
武威縣
鎮番縣
永昌縣
古浪縣
平番縣
又至西寧府
西寧縣
又至甘州府
山丹縣
以上除東南西外

平利縣 以上除南外東西北俱二千里	北四千里

思州府屬軍犯編發地方

附近	東至湖廣武昌府 武昌衛 武昌左衛 南至廣東廉州府 合浦縣 靈山縣 欽州 西至四川寧遠府 越巂衛 會川衛 迷易守禦所 冕寧縣
邊衛	東至江西九江府 九江衛 瑞昌縣 南至廣東肇慶府 高要縣 四會縣 廣寧縣 德慶州 西至抵邊不足三千五百里 北至陝西漢中府 南鄭縣 寧羌州
邊遠	東至江南寧國府 宣州衛 南至廣東惠州府 龍川縣 長樂縣 河源縣 和平縣 西至抵邊不足三千里 北至陝西鳳翔府 鳳翔縣 又至寧夏府 平羅縣
極邊	東至浙江台州府 台州衛 黃巖縣 天台縣 南至廣東潮州府 大城守禦所 海陽縣 潮陽縣 揭陽縣 程鄉縣 西至抵邊不足四千里 北至陝西寧夏府
烟瘴	地皆不足四千里以 極邊爲烟瘴

西昌縣
會理州
北至四川保寧府
閬中縣
南部縣
通江縣
以上俱二千里

沔縣
又至興安州
平利縣
以上除西外東南北俱二千五百里

以上除西外東南北俱三千里

寧夏縣
寧朔縣
靈州
中衛縣
以上除西外東南北俱四千里

思南府屬軍犯編發地方

附近

東至湖廣安陸府
沔陽衛
鍾祥縣
又至德安府
德安守禦所
南至抵邊不足二千里
西至四川寧遠府
越巂衛

邊衛

東至江西九江府
九江衛
德安縣
南至抵邊不足二千五百里
西至抵邊不足二千五百里
北至陝西鳳翔府
鳳翔縣
又至寧夏府

邊遠

東至江南池州府
新安衛
東流縣
又至徽州府
祁門縣
南至抵邊不足三千里
西至抵邊不足三千里
北至陝西平涼府

極邊

東至浙江寧波府
寧波衛
慈谿縣
奉化縣
象山縣
南至抵邊不足四千里
西至抵邊不足四千里
北至陝西寧夏府

烟瘴

地皆不足四千里以極邊爲烟瘴

會川衞 迷易守禦所 禮州守禦所 北至陝西漢中府 南鄭縣 寧羌州 沔縣 又至興安州 平利縣 以上除南外東西北俱二千里
平羅縣 以上除西南外東北俱二千五百里
平涼縣 華亭縣 固原州 以上除西南外東北俱三千里
寧夏縣 寧朔縣 靈州 中衞縣 以上除西南外東北俱四千里

鎮遠府屬軍犯編發地方

附近	東至湖廣武昌府 武昌衞 武昌左衞 又至漢陽府
邊衞	東至江西九江府 九江衞 德安縣 南至廣東肇慶府
邊遠	東至江南寧國府 宣州衞 又至池州府 新安衞
極邊	東至浙江台州府 台州衞 黃巖縣 天台縣
烟瘴	地方不足四千里以 極邊爲烟瘴

漢陽縣
南至廣東廉州府
合浦縣
靈山縣
欽州
西至抵邊不足二千里
北至陝西漢中府
南鄭縣
寧羌州
沔縣
又至興安州
平利縣
以上除西外東南
北俱二千里

雙魚守禦所
高要縣
四會縣
新興縣
陽江縣
德慶州
西至抵邊不足二千五百里
北至陝西鳳翔府
鳳翔縣
又至寧夏府
平羅縣
以上除西外東南
北俱二千五百里

東流縣
南至廣東高州府
電白縣
信宜縣
陽春縣
西至抵邊不足三千里
北至陝西慶陽府
安化縣
徵寧縣
寧州
以上除西外東南
北俱三千里

南至廣東潮州府
大城守禦所
海陽縣
潮陽縣
程鄉縣
西至抵邊不足四千里
北至陝西臨洮府
洮河衛
歸德守禦所
狄道縣
河州
以上除西外東南
北俱四千里

石阡府屬軍犯編發地方

附近
東至湖廣黃州府
黃州衛

邊衛
東至江南安慶府
安慶衛

邊遠
東至江南鳳陽府
宿州衛

極邊
東至江南蘇州府
蘇州衛

烟瘴
地皆不足四千里以
極邊爲烟瘴

蘄州衛
又至漢陽府
漢陽縣
漢川縣
南至廣東高州府
電白縣
信宜縣
化　州
又至肇慶府
陽春縣
西至四川寧遠府
西昌縣
冕寧縣
鹽源縣
會理州
北至陝西漢中府
南鄭縣
寧羌州
又至興安州
平利縣

望江縣
又至廬州府
廬州衛
六安州
南至廣東惠州府
歸善縣
連平州
河源縣
西至抵邊不足三千五百里
北至陝西鞏昌府
隴西縣
又至秦州
禮　縣
又至階州
文　縣
以上除西外東南
北俱二千五百里

懷遠縣
壽　州
又至潁州
潁上縣
霍邱縣
南至廣東潮州府
海陽縣
潮陽縣
程鄉縣
西至抵邊不足三千里
北至陝西平涼府
平涼縣
華亭縣
以上除西外東南
北俱三千里

又至太倉州
太倉衛
鎮海衛
崇明縣
又至松江府
上海縣
南至抵海不足四千里
西至抵邊不足四千里
北至陝西寧夏府
寧夏縣
寧朔縣
平羅縣
靈　州
中衛縣
以上除西南外東
北俱四千里

以上俱二千里

銅仁府屬軍犯編發地方

附近

東至湖廣武昌府
武昌衛
武昌左衛
又至漢陽府
漢陽縣
漢川縣
南至廣東廉州府
合浦縣
靈山縣
欽州
西至四川寧遠府
會川衛
迷易守禦所
禮州守禦所

邊衛

東至江西南昌府
南昌衛
靖安縣
寧州
南至廣東廣州府
三水縣
清遠縣
又至連州
陽山縣
西至抵邊不足二千五百里
北至陝西西安府
長安縣
臨潼縣
藍田縣

邊遠

東至浙江衢州府
衢州所
又至金華府
金華縣
南至廣東潮州府
海陽縣
揭陽縣
潮陽縣
普寧縣
西至抵邊不足三千里
北至陝西延安府
膚施縣
安塞縣
保安縣

極邊

東至浙江寧波府
寧波衛
慈溪縣
奉化縣
鎮海縣
定海縣
象山縣
南至抵海不足四千里
西至抵邊不足四千里
北至陝西涼州府
武威縣
鎮番縣
永昌縣
古浪縣

烟瘴

地皆不足四千里以極邊爲烟瘴

打沖河守禦前所又至華州
打沖河守禦中左所
北至陜西平涼府
平涼縣
華亭縣
固原州
以上俱二千里

華陰縣
潼關縣
以上除西外東南北俱二千五百里

安定縣
以上除西外東南北俱三千里

平番縣
以上除西南外東北俱四千里

黎平府屬軍犯編發地方

附近
東至江西南昌府
南昌衛
靖安縣
寧州
南至廣東廣州府
南海縣
番禺縣
東莞縣

邊衛
東至浙江衢州府
衢州所
又至嚴州府
嚴州所
南至廣東惠州府
龍川縣
長樂縣
河源縣

邊遠
東至浙江台州府
台州衛
黃巖縣
天台縣
寧海縣
南至廣東惠州府
碣石衛
平海守禦所

極邊
東至抵海不足四千里地皆不足四千里以
南至廣東潮州府
大城守禦所
海陽縣
澄海縣
程鄉縣
西至抵邊不足四千里
北至山西太原府

烟瘴
極邊爲烟瘴

清遠縣
西至四川寧遠府
越巂衛
冕寧縣
鹽源縣
北至湖廣荊州府
荊州衛
荊州左衛
荊州右衛
彝陵州
松滋衛
以上俱二千里

西至抵邊不足二千五百里
北至湖廣襄陽府
襄陽衛
均州
以上除西外東南
北俱二千五百里

海豐守禦所
捷勝守禦所
西至抵邊不足三千里
北至河南河南府
洛陽縣
嵩縣
又至陝州
以上除西外東南
北俱三千里

陽曲縣
又至代州
崞縣
又至寧武府
寧武縣
偏關縣
以上除東西外南
北俱四千里

安順府屬軍犯編發地方

附近	邊衛	邊遠	極邊	烟瘴
東至廣東高州府	東至廣東肇慶府	東至廣東惠州府	東至廣東潮州府	地皆不足四千里以極邊爲烟瘴
電白縣	雙魚守禦所	歸善縣	大城守禦所	
信宜縣	高要縣	龍川縣	海陽縣	
又至肇慶府	四會縣	長樂縣	揭陽縣	

陽春縣
南至廣西南寧府
宣化縣
新寧州
又至思恩府
武緣縣
西至雲南景東府
北至陝西漢中府
南鄭縣
寧羌州
沔縣
又至興安州
文縣
以上俱二千里

新興縣
陽江縣
德慶州
南至抵海不足二千五百里
西至抵邊不足二千五百里
北至陝西平凉府
平凉縣
華亭縣
以上除西南外東
北俱二千五百里

河源縣
南至抵海不足三千里
西至抵邊不足三千里
北至陝西寧夏府
寧夏縣
寧朔縣
平羅縣
靈州
中衛縣
以上除西南外東
北俱三千里

程鄉縣
南至抵海不足四千里
西至抵邊不足四千里
北至陝西凉州府
武威縣
鎮番縣
永昌縣
又至甘州府
山丹縣
以上除西南外東
北俱四千里

都匀府屬軍犯編發地方

附近

東至廣東廣州府
大鵬守禦所
南海縣
從化縣

邊衛

東至廣東惠州府
歸善縣
龍川縣
長樂縣

邊遠

東至廣東潮州府
大城守禦所
海陽縣
揭陽縣

極邊

東至抵海不足四千里
南至抵海不足四千里
西至抵邊不足四千里
北至山西太原府

烟瘴

地皆不足四千里以
極邊爲烟瘴

新寧縣 清遠縣 南至抵海不足二千里 西至四川寧遠府 越巂衛 會川衛 迷易守禦所 冕山守禦所 禮州守禦所 北至湖廣襄陽府 襄陽衛 均州 以上除南外東西 北俱二千里	河源縣 南至抵海不足二千五百里 西至抵邊不足二千五百里 北至河南河南府 洛陽縣 新安縣 嵩縣 又至陝州 以上除西南外東 北俱二千五百里	程鄉縣 南至抵海不足三千里 西至抵邊不足三千里 北至河南懷慶府 河內縣 孟縣 又至山西澤州府 鳳臺縣 陽城縣 以上除西南外東 北俱三千里	陽曲縣 太原縣 徐溝縣 清源縣 交城縣 文水縣 又至寧武府 寧武縣 以上除東南西外 北四千里

平越府屬軍犯編發地方

附近	東至廣東惠州府	惠州衛
邊衛	東至廣東潮州府	大城守禦所
邊遠	東至抵海不足三千里	南至抵邊不足三千里
極邊	東至抵海不足四千里	南至抵邊不足四千里
烟瘴	地皆不足四千里以	極邊爲烟瘴

龍川縣
長樂縣
河源縣
南至抵邊不足二千里
西至四川寧遠府
越嶲衛
會川衛
迷易守禦所
德昌守禦所
禮州守禦所
北至陝西漢中府
南鄭縣
寧羌州
沔縣
又至興安州
平利縣
以上除南外東西
北俱二千里

海陽縣
揭陽縣
程鄉縣
南至抵邊不足二千五百里
西至抵邊不足二千五百里
北至陝西平涼府
平涼縣
固原州
以上除西南外東
北俱二千五百里

西至抵邊不足三千里
北至陝西鞏昌府
隴西縣
又至秦州
禮縣
又至階州
文縣
以上除東南西外
北三千里

西至抵邊不足四千里
北至陝西臨洮府
洮州衛
歸德守禦所
蘭州
又至西寧府
西寧縣
碾伯縣
又至涼州府
古浪縣
平番縣
以上除東南西外
北四千里

大定府屬軍犯編發地方

附近	東至廣西南寧府 宣化縣 隆安縣 永淳縣 南至廣東廉州府 靈山縣 欽州 西至雲南順寧府 又至雲州 北至四川保寧府 閬中縣 蒼溪縣 以上俱二千里
邊衛	東至廣東廣州府 三水縣 新寧縣 又至肇慶府 高明縣 開平縣 南至抵海不足二千五百里 西至抵邊不足二千五百里 北至陝西漢中府 南鄭縣 寧羌州 沔縣 以上除西南外東北俱二千五百里
邊遠	東至廣東惠州府 碣石衛 平海守禦所 海豐守禦所 捷勝守禦所 南至抵海不足三千里 西至抵邊不足三千里 北至陝西平凉府 平凉縣 華亭縣 鎮原縣 以上除西南外東北俱三千里
極邊	東至廣東潮州府 大城守禦所 澄海縣 南至抵海不足四千里 西至抵邊不足四千里 北至陝西凉州府 鎮番縣 永昌縣 又至甘州府 張掖縣 山丹縣 以上除西南外東北俱四千里
烟瘴	地皆不足四千里以極邊爲烟瘴

遵義府屬軍犯編發地方

附近	
邊衛	
邊遠	
極邊	
烟瘴	

東至湖廣岳州府
岳州衛
又至澧州
永定衛
九谿衛
南至廣東廉州府
合浦縣
靈山縣
欽州
西至四川寧遠府
越巂衛
冕寧縣
北至陝西漢中府
南鄭縣
寧羌州
沔縣
又至興安州
以上俱二千里

東至湖廣武昌府
武昌衛
武昌左衛
南至廣東廣州府
南海縣
清遠縣
又至連州
西至抵番不足二千五百里
北至陝西鳳翔府
鳳翔縣
又至寧夏府
平羅縣
以上除西外東南
北俱二千五百里

東至江西九江府
九江衛
瑞昌縣
又至江南安慶府
安慶衛
南至廣東惠州府
碣石衛
平海守禦所
海豐守禦所
捷勝守禦所
西至抵番不足三千里
北至陝西鞏昌府
隴西縣
又至秦州
禮縣
又至階州
以上除西外東南
北俱三千里

東至江南淮安府
淮安衛
大河衛
鹽城縣
又至海州
南至廣東潮州府
大城守禦所
海陽縣
澄海縣
西至抵番不足四千里
北至陝西涼州府
武威縣
鎮番縣
永昌縣
又至甘州府
山丹縣
以上除西外東南
北俱四千里

地皆不足四千里以
極邊爲烟瘴

南籠府屬軍犯編發地方

附近

東至廣西梧州府
蒼梧縣
容縣
藤縣
懷集縣
又至鬱林州
南至抵邊不足二千里
西至抵邊不足二千里
北至陝西漢中府
南鄭縣
寧羌州
又至興安州
平利縣
以上除西南外東
北俱二千里

邊衛

東至廣東廣州府
南海縣
番禺縣
東莞縣
新寧縣
新會縣
南至抵邊不足二千五百里
西至抵邊不足二千五百里
北至陝西鳳翔府
鳳翔縣
又至寧夏府
平羅縣
以上除西南外東
北俱二千五百里

邊遠

東至廣東惠州府
碣石衛
平海守禦所
海豐守禦所
捷勝守禦所
南至抵邊不足三千里
西至抵邊不足三千里
北至陝西平涼府
平涼縣
華亭縣
固原州
以上除西南外東
北俱三千里

極邊

東至廣東潮州府
大城守禦所
海陽縣
潮陽縣
揭陽縣
程鄉縣
南至抵邊不足四千里
西至抵邊不足四千里
北至陝西涼州府
武威縣
鎮番縣
永昌縣
以上除西南外東
北俱四千里

烟瘴

地皆不足四千里以
極邊爲烟瘴

大清會典卷之一百四十九

刑部

尚書、左右侍郎，掌天下刑名及徒隸勾覆關禁之政令。其屬十五清吏司，初設十四司，曰江南、浙江、福建、四川、湖廣、廣西、陝西、雲南、貴州、河南、廣東、山西、山東、江西。康熙三十八年裁改兵部督捕衙門爲督捕司，隸刑部，併原額爲十五焉。其首領則有司務，有贓罰庫、司獄司。建置沿革詳見《吏部・官制》。

〔十五司職掌〕

江南等十五司各設郎中、員外郎、主事，令各清理所隸本省刑名，仍量其繁簡，帶管直隸府州縣，併在京衙門、盛京地方、寧古塔將軍衙門事件，各照司分辦理。至内務府盛京刑部各省將軍咨送事件、八旗詞訟、五城移申，一切現審人犯，初分江南等十四司承審。雍正元年另立現審左右二司，於司員中揀選滿漢各六員專管奉旨所交事件，審理重案。督捕司於一司中分爲前後，前司郎中掌之，後司主事掌之，專理直省申解逃人。又有督捕廳，以司投牌、銷牌之事，具列於後。

江南清吏司，專管江南所屬各衙門，帶管漕運總督衙門、霸州并所領三縣。

浙江清吏司，專管浙江所屬各衙門，帶管本部、都察院刑科、京畿道南城、涿州。正月停刑。○律例。○彙題十日審結事件。○彙題監斃人犯。

福建清吏司，專管福建所屬各衙門，帶管户部倉場户科、倉院、寶泉局、坐糧廳、大通橋、京通十一倉、宣課司、左右兩翼、保定府。所領州縣内除定興新城二縣外，餘俱隸此，恤刑。

四川清吏司，專管四川所屬各衙門，帶管工部工科、寶泉局、琉璃廠、惜薪司、順治十八年衙門歸併内務府，其事件仍屬本司帶管。街道廳、永平府并所領州縣各省秋審[1]。〇移文修理倒塌衙署監垣。

湖廣清吏司，專管湖廣所屬各衙門，帶管通州并所領二縣通州所武清縣贓罰移文用印。

廣西清吏司，專管廣西所屬各衙門，帶管通政使司、宛平縣、正定府并所領州縣朝審。

陝西清吏司，專管陝西所屬各衙門，帶管大理寺、西城行人司、滄州并所領三縣關領囚糧。

雲南清吏司，專管雲南所屬各衙門，帶管順天府、太醫院、直隸巡撫衙門、遵化州并所領一縣薊州并所領二縣良鄉縣、固安縣、永清縣、東安縣、香河縣、懷柔縣六月停刑。〇學院贓罰。

貴州清吏司，專管貴州所屬各衙門，帶管吏部吏科、河間府并所領州縣、天津州。

河南清吏司，專管河南所屬各衙門，帶管禮部、詹事府、太常寺、光禄寺、國子監、鴻臚寺禮科、東城、大興縣熱審。

廣東清吏司，專管廣東所屬各衙門，帶管鑾儀衛、順德府并所領九縣、昌平州并所領順義、密雲二縣、延慶州、定興縣、延慶衛。

山西清吏司，專管山西所屬各衙門，帶管内閣、翰林院、中書科、欽天監、北城、拱極[2]城宣化府所領州縣内除延慶州，餘俱隸此舊有上林苑監衙門，裁關領本部紙張。

山東清吏司，專管山東所屬各衙門，帶管宗人府、兵部理藩院、太僕寺兵科、盛京地方、寧古塔將軍衙門、河道總督衙門、廣平府并所領九縣彙送議叙拏獲竊盗步軍校。

江西清吏司，專管江西所屬各衙門，帶管中城、大名府并所領州縣新城縣，發遣流徙寧古塔、尚陽堡等處人犯。

督捕清吏司，專管審理逃人督捕廳專派滿官掌一應逃人文卷，並緝逃記功名數，每年繕册奏聞之事。

---

① 秋審：清代沿襲明代的復審死刑案件的制度。因于秋季舉行，故稱。清制，各省每年四月對判處死刑尚未執行的案犯再行審議，分爲"情實""緩決""可矜""可疑""留養承祀"五類，報送刑部。秋八月，刑部會同大理寺等，對上述原判死刑的五類案件集中審核，提出意見，最后奏請皇帝裁判，確實該執行的予以執行死刑。選擇秋天是順應秋無肅殺的天時，與天相應。

② 拱極城：即宛平城。

大清會典卷之一百五十

刑部

〔**律例一**〕

世祖章皇帝定鼎燕京，詳訂律例，纘述太祖太宗兩朝刑期無刑之至意，而參酌於前代律令，削其煩苛，俾悉歸於平允。順治三年，爰刊布天下，名曰《大清律集解附例》，遵行至今。顧民之情僞日殊，必稱情以立文，乃協於中，故律有一定，而例必因時制宜。凡其適輕適重，正所以爲平也。又歷年以來，國家制度曰詳曰備。凡事之條，紀、物之名稱，或昔無而今有，或昔有而今無，故其字句不得不有所更定。康熙二十八年，始命設館考核纂修。皇上繼志述事，聽政之餘，乙夜親覽，定爲萬世法程。今備載舊頒律例之文於前，而以奏准增删之處著於後，以昭損益之宜，而立中正之極。至歷年事例，輕重罪名，各附本條之後，庶展卷瞭如，便於聽斷。若夫明刑弼教，無非與人爲善之心。罪疑惟輕，同乎天地好生之德，則又皇上所敬承於太祖、太宗、世祖、聖祖之心法也。

〔**名例上**〕

五刑

笞刑五

一十	二十
三十	四十
五十	

杖刑五

六十	七十

八十　　九十

一百

徒刑五

一年杖六十　　一年半杖七十

二年杖八十　　二年半杖九十

三年杖一百

流刑三

二千里杖一百　　二千五百里杖一百

三千里杖一百

死刑二

絞　　斬

除罪應決不待時外,其餘死罪人犯,撫按審明成招,具題部覆,奉旨依允監固,務於下次巡按御史再審,分别情實、矜疑兩項,奏請定奪。

雍正三年律例館奏准:按原律笞杖以五折十,現行部例以四折十,并除不及五之零數,故杖一百止折責四十板,今註明原文下。又,巡按御史順治十八年停止。其末節"撫按審明"等句,亦應删改。今將奏准增定删改律文開後。

笞刑五

一十折四板

二十除零折五板

三十除零折一十板

四十除零折一十五板

五十折二十板

杖刑五

六十除零折二十板

七十除零折二十五板

八十除零折三十板　　九十除零折三十五板

一百折四十板

徒刑五

一年杖六十　　一年半杖七十

二年杖八十　　二年半杖九十

三年杖一百

流刑三

二千里杖一百　　二千五百里杖一百

三千里杖一百

死刑二

絞　　　　斬

内外死罪人犯除應決不待時外,餘俱監固,候秋審、朝審分别情實、緩決、矜疑,奏請定奪。

附律定例例内稱納贖者,具詳後圖

一、凡軍民諸色人役及舍餘[1]總小旗[2]審有力者,與文武官吏、舉人、監生、生員、冠帶官、知印吏、承差、陰陽生、醫生、老人、舍人,不分笞杖徒流、雜犯死罪,俱令運炭、運灰、運磚、納米、納料等項贖罪。若官吏人等,例該革去職役,與舍餘、總小旗、軍民人役審無力者,笞杖罪的決[3],徒流、雜犯死罪,各做工、擺站[4]、哨瞭。發充儀從,情重者,煎鹽炒鐵,死罪五年,流罪四年,徒罪照徒年限。其在京軍丁人等無差占者,與例難的決之人笞杖,亦令做工。

雍正三年律例館奏准:舍餘、總小旗,今無此職名,其文武官犯罪,俱以罰俸、降級等項處分,並納贖,又運炭、運灰、做工等項,今已不行,俱照有力、稍有力納贖,俱應删改。今將奏准删改例文開後。後舍餘、總小旗名色,運炭、運灰、做工等項奏准删改者,俱同此。

一、凡軍民諸色人役審有力者,與舉人、監生、生員、冠帶官、知印吏、承、差、陰陽生、醫生、老人、舍人。不分笞杖徒流雜犯死罪。應准贖者,俱照有力、稍有力圖内數目折銀納贖,若舉監生員人等例該除名革役,罪不應贖者,與軍民人等罪應贖而審無力者,笞杖徒流雜犯死罪,俱照律的決發落。

一、贖罪囚犯,除在京已有舊例外,其在外審有力、稍有力二項,俱照原行則例擬斷,不許妄引别例,致有輕重,若婦人審有力,與命婦軍職正妻及例難的決之人贖罪者,笞杖每一十折贖銀一錢,其老幼廢疾及婦人天文生餘罪收贖者,每笞杖一十各贖銀七釐五毫。

---

① 舍餘:明朝指舍人和餘丁。指軍事單位中的非軍事人員。

② 總小旗:明朝最小的軍事單位。總旗 50 人,小旗 10 人。此處指總小旗中的人員。

③ 的決:受杖刑,按判定數施行。亦泛指定罪。

④ 擺站:古代犯人被罰往驛站作驛卒。

雍正三年律例館奏准:今贖罪不分在京在外,文武官員妻俱屬一體,將例文内"除在京已有舊例外其在外"十一字删去,"軍職正妻"改爲"官員正妻"。後軍職正妻奏准改官員正妻,俱倣此。

一、凡在京在外運炭納米贖罪等項囚犯,監追兩月之上,如果貧難,改擬做工、擺站、的決等項發落,若軍職監追三個月之上,及守衛上直旗軍人等納銀贖罪,監追一月之上各不完者,俱先發還職,著役扣俸糧月糧,准抵完官,其一應納紙囚犯追至三月不能完者,放免。

雍正三年律例館奏准:今罪犯應贖而情願贖者,方准折贖,並無監追不完,改擬做工及扣除俸糧之處,例文删。

一、凡囚犯遇蒙恩例通減二等者,罪雖遇例減等,若律應仍盡本法,及例該充軍爲民立功調衛等項者,仍依律例一體擬斷發遣。如竊盗、搶奪等項,仍須刺字;枉法、不枉法等贓,仍須入官,故云仍盡本法。

雍正三年律例館奏准:今遇蒙恩減等發落者,竟減等發落,並無仍令充軍爲民、立功調衛之處,小註内竊盗、搶奪等項仍須刺字,現行定例已奉恩免,俱應删去,但此條例專爲例應減等仍盡本法者言,今移入二罪,俱發以重論律下。

一、問刑衙門以贓入罪,若奏行時估,則例開載未盡,及雖係開載,而貨物不等,難照原估者,仍各照時值估擬斷。

雍正三年律例館奏准:此係估計贓物之例,移附給没贓物律後。

一、太常寺厨役但係訐告詞訟,及因人連累,問該笞杖罪名者,納贖仍送本寺著役;徒罪以上及姦盗詐僞,併有誤供祀等項,不分輕重,俱的決,改撥光禄寺應役。

一、在外軍衛有司但有差遣,及供送人來京,犯罪審無力者,笞杖的決,徒罪以上遞回原籍,官司各照彼中事例發落。

雍正三年律例館奏准增定附律例文

一、凡文武官革職有餘罪,及革職後另犯笞杖徒流雜犯死罪,俱照有力圖内數目納贖。不能納贖者,照無力的決發落。其貪贓官役,槩不准納贖。

一、凡官員有先參婪贓及借名耗費等項,加派入己,革職提問者。如審無婪贓,止擬那用錢糧,因公科斂坐贓致罪,除革職外,其徒杖等罪,納贖俱免;如别案革職者,仍照例納贖。

一、凡律例開明准納贖、不准納贖者,仍照舊遵行外,其律例内未經開載者,問刑官臨時詳審;情罪應准納贖者,聽其納贖;不應准納贖者,照律的決發落;如承問官濫准納贖,並多取肥己者,交該部議處。

歷年事例

天命初諭:生殺之際,不可不慎,聽斷之官,必期得情。

十惡

一曰謀反。謂謀危社稷。

二曰謀大逆。謂謀毁宗廟山陵及宫闕。

三曰謀叛。謂謀背本國潛從他國。

四曰惡逆。謂毆及謀殺祖父母父母、夫之祖父母父母,殺伯叔父母姑兄姊、外祖父母及夫者。祖父母父母,但謀但毆,即坐。伯叔以下,須據殺訖,方入惡逆;若謀而未殺,自當不睦之條,蓋惡逆者,常赦不原,不睦則會赦原宥。

五曰不道。謂殺一家非死罪三人及支解人,若採生折割造畜蠱毒魘魅。

六曰大不敬。謂盗大祀神御之物、乘輿、服御物盗及僞造御寶、合和御藥誤不依本方及封題錯誤,若造御膳誤犯食禁、御幸舟船誤不堅固。

七曰不孝。謂告言咒駡祖父母父母、夫之祖父母父母,及祖父母父母在别籍異財①,若奉養有缺;居父母喪身自嫁娶,若作樂釋服從吉;聞祖父母父母喪,匿不舉哀;詐稱祖父母父母死。

八曰不睦。謂謀殺及賣緦麻以上親,毆告夫及大功以上尊長、小功尊屬。

九曰不義。謂部民殺本屬知府知州知縣,軍士殺本管指揮千户百户,吏卒殺本部五品以上長官,若殺見受業師及聞夫喪匿不舉哀,若作樂釋服從吉及改嫁。

十曰内亂。謂姦小功以上親、父祖妾及與和者。

雍正三年律例館奏准:第九條下注"本管指揮千户百户"等字,改"本管官"。

八議

一曰議親。謂皇家袒免以上親,及太皇太后皇太后緦麻以上親,皇后小功以上親,皇太子妃大功以上親。

二曰議故。謂皇家故舊之人,素得侍見,特蒙恩待日久者。

三曰議功。謂能斬將奪旗摧鋒萬里,或率衆來歸寧濟一時,或開拓疆宇有大勳勞銘功太常者。

四曰議賢。謂有大德行之賢人君子,其言行可以爲法則者。

---

① 别籍異財:祖父母、父母健在時另立門户,自蓄家産。

五曰議能。謂有大才,業能整軍旅、治政事,爲帝王之輔佐,人倫之師範者。

六曰議勤。謂有大將吏謹守官職,早夜奉公,或出使遠方,經涉艱難有大勤勞者。

七曰議貴。謂爵一品及文武職事官三品以上、散官二品以上者。

八曰議賓。謂承先代之後爲國賓者。

雍正三年律例館奉旨:議能條下小註"爲帝王之輔佐人倫之師範者"二句,改爲"爲帝王之良輔佐者"。凡律文小註經律例館奉旨及奏准删改者,具載各條下,其增添字面以疏通文義,非於律文本義有所改易者,見律例本書,不入紀載。

應議者犯罪

凡八議者犯罪,實封奏聞取旨,不許擅自勾問。若奉旨推問者,開具所犯罪名及應議之狀,先奏請議,議定奏聞,取自上裁。議者,謂原其本情,議其犯罪,於奏本之内開寫或親、或故、或功、或賢、或能、或勤、或貴、或賓,應議之人所犯之事,實封奏聞取旨,若奉旨推問者,方推問取責,明白招狀,開具應得之罪,先奏請令八旗都統、與議政大臣、内院三法司集議,後奏聞至死者,唯云准犯依律合死,不敢正言絞斬,取自上裁。〇其犯十惡者,不用此律。十惡之人,王法所必誅,故特表之,以嚴其禁。〇凡應八議之人,問鞫不加考訊,皆據各證定罪。

附律定例

一、凡在京勳戚用强兜攬錢糧,侵欺及騙害納户者,事發參究,將應得禄糧價銀扣除完官、給主事畢,方許照舊關支。

雍正三年律例館奏准:今勳戚有犯前罪,俱按情罪輕重,照律定擬,並無扣除禄糧價銀完官、給主之處,此條删。

律例館奏准律後恭載諭旨

雍正六年三月奉上諭:"朕覽律例舊文,於名例内載有八議之條,其辭曰議親,議故,議功,議賢,議能,議勤,議貴,議賓,此歷代相沿之文,其來已久。我朝律例,於此條雖仍載其文,而實未嘗照此例行者,蓋有深意存焉,不可不察;載而未用之故,亦不可不明也。夫刑罰之設,所以奉天罰罪,乃天下之至公至平,無容意爲輕重者也。若於親故功賢等人之有罪者,故爲屈法,以示優容,則是可意爲低昂,而律非一定者矣,尚可謂之公平乎?且親故功賢等之人,或以効力宣勞,爲朝廷所倚眷,或以勳門戚畹,爲國家所優崇,其人既異於常人,則尤當制節謹度,秉禮守義,以爲士民之倡率。乃不知自愛而致罹於法,是其違理道而蹈愆,尤非蚩蚩之氓無知誤犯者可比也,倘執法者又曲爲之宥,何以懲惡而勸善乎?如所犯之罪,果出於無心,而情有可原,則爲之臨時酌量特與加恩,亦未爲不可,若欲著爲律,是於親故功賢等人未有過之先,即以不肖之人待之,名爲從厚,其實乃出於至薄也。且使恃有八議之條,或任意爲非,漫無顧忌,必有自干大法而不可止者,是又以寬宥之虚文而轉陷之於罪戾,姑息之愛,尤不可以爲優恤矣。今修輯律例各條,俱務詳加斟酌,以期至當,惟此八議之條,若槩爲删去,恐人不知其非理而害法,故仍令載入,特爲頒示諭旨,俾天下曉然於此律之不可爲訓,而親故人等,亦各知儆惕而重犯法,是則朕欽恤之至意也。"

應議者之父祖有犯

凡應八議者之祖父母、父母、妻及子孫犯罪,實封奏聞取旨,不許擅自勾問,若奉旨推問者,開具所犯及應議之狀,先奏請議,議定奏聞,取自上裁。〇若皇親國戚及功臣之外祖父母、伯叔、父母、姑、兄弟、姊妹、女婿、兄弟之子,若四品、五品官之父母、妻及應合襲廕子孫犯罪,從有司依律追問,議擬奏聞,取自上裁。〇其犯十惡反逆緣坐及姦盜殺人受財枉法者,不用此律。〇其餘親屬奴僕管莊佃甲,倚勢虐害良民,陵犯官府者,加常人罪一等,止坐犯人,不在上請之律。其餘親屬謂皇親國戚及功臣之房族兄弟伯叔母舅母姨夫姑夫妻兄弟兩姨夫外甥妻姪之類,及家人伴當管莊佃甲倚仗威勢虐害良民陵犯官府者,事發不須奏聞,比常人加罪一等科斷,止坐犯人本身。〇若各衙門追問之際,占恡[1]不發者,並聽當該官司實封奏聞區處。謂有人於本管衙門告發差人勾問其皇親國戚及功臣,占恡不發出官者,並聽當該官司實封奏聞區處。

附律定例

一、凡先係應議以後革爵者之子孫犯罪,徑自提問發落。

歷年事例

康熙四十五年覆准:凡經恩賜祭葬之子孫難廕出身之人,不可使宗祀斷絶,如審擬大辟,家無次丁,應緩決,令其妻妾入禁相聚,生有子息,再行正法。

職官有犯

凡京官及在外五品以上官有犯,奏聞請旨,不許擅問;六品以下,聽分

---

① 占恡(lìn):占據,多指非分據有。

巡御史按察司并分司取問明白，議擬奏聞區處。〇若府州縣官犯罪，所轄上司不得擅自勾問，止許開具所犯事由，實封奏聞，若許准推問，依律議擬回奏，候委官審實，方許判決。〇其犯應該笞決罰俸收贖紀録者，不在奏請之限。〇若所屬官府州縣被本管上司非理陵虐，亦聽開具實跡實封，徑自奏陳。

雍正三年律例館奏准：今官員爲尋常小事應傳問者傳問，應題參者，不拘大小，俱行題參罰俸等罪，一槩具題結案，見任官員並無收贖及紀録之處，又律文内言屬官兼京，外言小註"府州縣"三字應删，今將删改增定律文開後。

凡在京在外大小官員，有犯公私罪名，所司開具事由實封，奏聞請旨，不許擅自勾問。指所犯事重者言，若事輕傳問，不在此限。若許准推問，依律議擬，奏聞區處，仍候覆准，方許判決。〇若所屬官被本管上司非理陵虐，亦聽開具實跡實封，徑自陳奏。其被參後將原參上司列欵首告者，不准行，仍治罪。

附律定例

一、文武職官有犯，衆證明白，奏請提問者，文職行令住俸，武職候參，提明文到日住俸，俱不許管事，問結之日，犯該公罪，准補支，私罪不准補支。其有因事罰俸，任内未滿陞遷者，仍於新任内住支扣補。

一、文武職官犯該充軍爲民，枷號與軍民罪同者，照例擬斷，應奏請者，具奏發落。

雍正三年律例館奏准：官員犯該提問者，並無准補支俸之處；革職交刑部者，一應罪名俱具題結案二例俱删。

一、凡皇陵祠祭署奉祀祀丞、太常寺典簿、神樂觀提點協律郎、贊禮郎、司樂等官，并樂舞生及養牲官軍，有犯姦盗詐僞失誤供祀，并一應贓私罪名，官及樂舞生各罷黜，仍照例發落，軍發原伍，若訐告詞訟及因人連累并一應公錯，犯該笞杖者，納贖，徒罪以上不礙行止者，運炭等項，各還職著役。

雍正三年律例館奏准：陵寢今無祠祭署，惟各壇有之，"皇陵"二字，改爲"各壇"。太常寺典簿非道官例，"與京官同"應删去。養牲所軍，並無原伍，"仍照例發落，軍發原伍"九字，改爲"軍革役，仍照例發落"，徒罪以上，亦無運炭等項例，"其犯該笞杖者"以下二十五字，改爲"照例納贖"。

一、雲貴軍職及文職五品以上官并各處大小土官，犯該笞杖罪名，不必奏提，有俸者，照罪罰俸，無俸者，罰米；其徒流以上情重者，仍舊奏提。

雍正三年律例館奏准：雲貴文武官有犯，與各省官員一體參處，其土官照流官定例，一體處分，文應增删，今將奏准改定例文開後。

一、各處大小土官有犯，俱照流官例一體處分，但土官例不食俸，如有應罰俸降俸降職等事，俱按品級，照流官俸罰米，每俸銀一兩罰米一石；其徒流以上情重者，仍依律科斷。

一、僧道官係京官，具奏提問，在外依律徑自提問，受財枉法滿數，亦問充軍，及僧道有犯姦盜詐僞逞私争訟怙終故犯并一應贓私罪名，有玷清規，妨礙行止者，俱發還俗，若犯公事失錯因人連累及過誤致罪，於行止戒規無礙者，悉令運炭納米等項，各還職爲僧爲道。

雍正三年律例館奏准：今僧道官有犯，不論在京在外，一體提問，將"係京官具奏提問在外"九字删，又枉法贓滿數充軍，今不用此例，將"滿數亦問充軍"六字，改爲"亦計贓問罪"，"俱發還俗"四字，改爲"究出俗家姓名，責令還俗"，仍依律例科斷，"運炭納米等項"六字，改爲"納贖"。

雍正三年律例館奏准增定附律例文

一、廕生及恩拔歲副貢監生，有應題參處分者，聽各衙門題參外，其例監生有事故應黜革者，不必題參，咨報國子監，國子監察明黜革，知照禮部。

一、除入伍給劄官員有犯，照定例處分外，給劄歸農有職銜之人，若恣肆虐民，占人廬舍，奪人土田，擾害地方者，令該督撫掣回官劄，照民例治罪。

歷年事例

順治十年定：凡官員有犯貪惡重大事情，應發刑部審問者，在部守候，不必鎖拏送門，審有實據，奏請處分。○康熙九年題准：凡官員爲事聽理，不候問結即回原籍者，罰俸六個月，承審官將聽審官員人犯不候結案，聽其回籍者，亦照此例議處。○十年定：文武官員犯罪鎖禁鎖拏，永行禁止。○雍正四年覆准：凡參劾人員蒙恩寬宥，仍加録用者，若不實心報効，又被參劾，加倍治罪。○五年諭：嗣後凡被參革職訊問之員，審係無辜者，俱著以開復定擬，不得稱已經革職，毋庸議。

軍官有犯

凡軍官犯罪，從本管衙門開具事由，申呈兵部奏聞，請旨取問。○若六部察院按察司并分司及有司見問公事，但有干連軍官，及承告軍官不公不法等事，須要密切實封奏聞，不許擅自勾問。○若奉旨推問，除笞罪收贖明白回奏,杖罪以上,須要論功定議,請旨區處。○其管軍衙門首領官有犯,不在此限。

附律定例

一、在京在外大小軍職問革,見任帶俸差操者,俱不許管軍管事,若在外犯該充軍降調者,奏行兵部施行,其餘照例發落。

一、凡軍職并土官,有犯强盗人命等項,實犯死罪者,先行該管衙門拘繫,備由奏提,若軍職有犯别項罪名,散行拘審,果有干礙,然後參提,若問發守哨立功未滿再犯者,徑自提問;其致仕、優給、退職、借職、篤疾、殘疾者,止參提,不論功定議。

一、軍職被告若不奉養繼祖母、繼母,及毆本宗大功以上尊長、小功尊屬,并毆傷外祖父母及妻之父母者,俱要行勘明白,方許論罪。

一、軍職强盗自首免罪及犯該充軍遇蒙恩宥者,俱不得復還原職,發本衛所隨舍餘食糧差操,仍候身故之日,保送應襲之人赴部襲替。

雍正三年律例館奏准:軍職係明時衛所世職之官,其敘用處分,俱與一切職官有别,國初間有存者。今各衛所武職官員,皆由武途出身,陞遷及犯罪問擬,文武一例,與軍職絶不相同,此律例俱删。

文武官犯公罪

凡内外大小軍民衙門官吏,犯公罪該笞者,官收贖,吏每季類決,不必附過。杖罪以上,明立文案,每年一考,紀録罪名,九年一次通考所犯次數重輕,以憑黜陟。

雍正五年律例館奏准:今無納銀、收贖、紀録、通考之事,應將降罰等例,照律文笞杖數目,定處分輕重之差,今將奏准改定律文開後。

凡内外大小文武官犯公罪,該笞者一十,罰俸一個月,二十三十,各遞加一月,四十五十,各遞加三月,四十罰六月,五十罰九月;該杖者,六十罰俸一年,七十,降一級,八十,降二級,九十,降三級,俱留任,一百,降四級調用。如吏兵二部處分,例應降級革職帶罪留任者,仍照例留任。吏典犯者,笞杖決訖,仍留役。

文武官犯私罪

凡文官犯私罪,笞四十以下,附過還職。五十,解見任别敘。杖六十,降一等,七十,降二等,八十,降三等,九十,降四等,俱解見任。流官於雜職内敘用,雜職於邊遠敘用。杖一百者,罷職不敘。○若軍官有犯私罪該笞者,附過收贖,杖罪,解見任降等敘用,該罷職不敘者,降充總旗,該徒流者，照依地里遠近發各衛充軍，若建立事功，不次擢用。○若未入流品官及吏典有犯私罪笞四十者，附過各還職役。五十，罷見役别叙。杖罪，並罷職役不叙。

雍正五年律例館奏准：今文武官員一體議處，律文應改，又照律内笞杖數目，定降罰處分輕重之差，今將奏准改定律文開後。

凡内外大小文武官犯私罪該笞者，一十，罰俸兩個月；二十，罰俸三個月；三十四十五十，各遞加三個月，三十罰六月，四十罰九月，五十罰一年；該杖者，六十，降一級；七十，降二級；八十，降三級；九十，降四級；俱調用。一百，革職離任。犯贓者不在此限。吏典犯者，杖六十以上，罷役。

附律定例

一、文職官吏舉人、監生、生員、冠帶官、義官、知印承差、陰陽生、醫生、但有職役者，犯贓犯姦并一應行止有虧，俱發爲民。

一、文武官吏人等犯罪例該革去職役者，遇赦取問明白，罪雖宥免，仍革去職役，各查發當差。

一、凡外任各官，遇有錢糧刑名事件，應行降調革職者，該督撫題參時，即行摘印委員署理，俟部覆奉旨定案之日，再行開缺。若有旨寬免者，仍准復還原任。

歷年事例

天命六年諭：凡遇應死、應笞、應罰之罪，必追論其功，如係勤勞有功之人，則當死者，贖；當罰者，免；當笞者，戒飭而釋之，功罪令其相準。○順治十二年覆准：旗下滿洲蒙古漢軍官員，除謀爲反叛、殺親祖父母父母伯叔兄、殺一家非死罪三人外，其餘有犯死罪者，查伊親祖父父伯叔兄弟及其子孫有陣亡之功者，准免死一次，伊身出征負有重傷，軍前效力有據者，亦免死一次。○十四年定：凡强盗，犯罪重大，雖有祖父、父、伯、叔、兄弟陣亡之功，不得援免。○十八年諭：向來死罪重犯因有論功免死之例，以致惡人希圖倖免，臨陣退縮，殺人劫財恣肆愈多。以後死罪犯人，不得論功議免，著照其應得之罪議擬，具題請旨定奪。○康熙七年定：凡死罪重犯論功議免，著照原定例行。○十年題准：論功之例，不分旗下官員軍民人等，一體照定例行。○十七年議准：凡打死人命罪犯，雖於出征時負有重傷，軍前効力有據，仍照律擬定死罪，若有在出征之處犯此等罪者，令取供拘禁，俟同師旋之日，送部審結。○二十一年定：凡殺人重犯如有親祖父父伯叔兄弟陣亡者，止叙明情由，仍議死罪，不得論功議免。○二十六年論:嗣後强盗案内,有護軍披甲閑散人應正法者,著查其祖父、父輩陣亡並自身効力之處,繕寫奏摺附入本内具題。

軍官軍人犯罪免徒流

凡軍官軍人犯罪律該徒流者,各決杖一百,徒五等,皆發二千里内衛分充軍,流三等,照依地里遠近,發各衛充軍,該發邊遠充軍者,照律發遣,並免刺字。〇若軍丁軍吏及校尉犯罪,俱准軍人擬斷,亦免徒流刺字。軍丁謂軍官軍人餘丁,軍吏謂入伍請糧軍人能識字選充軍吏者,犯罪與軍人同。若有係各處吏員,發充請俸司吏者,與府州縣司吏一體科斷。

雍正三年律例館奏准:各衛所軍官非皆軍籍,即軍人犯罪,亦應分別輕重,徒罪五等,皆發二千里充軍,亦未允協。軍人犯盗,今不准免刺字,律名律文,俱應删改。又旗下人犯徒流等罪,准折枷號,與此律意相符。另立一律,於此律之前,今將奏准增定改定律名律文開後。

犯罪免發遣

凡旗下人犯罪,笞杖各照數鞭責,軍流徒免發遣,分别枷號,徒一年者,枷號二十日,每等遞加五日,總徒准徒,亦遞加五日;流二千里者,枷號五十日,每等,亦遞加五日;充軍附近者,枷號七十日;邊衛者,七十五日;邊遠、極邊、烟瘴、沿海邊外者,俱八十日;永遠者,九十日。

雍正三年律例館奏准增定附律例文

一、康熙十七年四月内刑部等衙門題准:嗣後出征負有重傷,及軍前効力有據者,若打死人命,仍照律擬罪。

一、凡滿洲蒙古漢軍官員軍民人等,除謀爲叛逆、殺祖父母、父母、親伯叔、兄及殺一家非死罪三人外,凡犯死罪者,察其父祖并親伯叔兄弟及其子孫陣亡者,准免死一次,本身出征負有重傷、軍前効力有據者,亦准免死一次。

一、凡移來盛京新滿洲等,若犯法因未熟識,照新滿洲定例,著將軍審理;如過五年,仍照舊人治罪。

一、盛京所招之民有犯徒流軍罪者,照旗人例分别枷號,應得笞杖,仍照民例分别折責。

律例館奏准律後恭載諭旨

順治十四年七月,刑部等衙門爲拏獲响馬强盗事具題,諭:“强盗犯罪重大,雖有父祖伯叔兄弟陣亡者,難以免死,嗣後强盗重罪,不得援此議免。”

康熙二十一年十二月諭:“嗣後殺人重犯,如有伊祖父、伯叔、兄弟陣亡者,止敘明陣亡情由,仍議死罪,不得論功議免。”

康熙二十六年三月諭:“嗣後强盗案内有護軍披甲閑散人應正法者,著察其祖父、父輩陣亡並自身効力之處,繕寫奏摺,附入本内具題。”

軍籍有犯

凡軍籍人犯罪,該徒流者,各依所犯杖數決訖,徒五等,依律發配,徒限滿日,仍發回原衛所;流三等,照依地里遠近發直省衛所。附籍僉差犯該充軍者,依律發遣。

附律定例

一、軍職有犯監守常人盗受財枉法滿數,律該斬絞罪者,俱發邊方立功,五年滿日還職,仍於原衛所帶俸差操,若監守常人盗受財枉法不滿數與嚇詐求索科斂誆騙等項,計贓滿數,問該流罪,減至杖一百、徒三年者,俱運炭納米等項,完日還職帶俸差操,其減至杖九十、徒二年半以下,與别項罪犯,俱照常發落,原係管事者,照舊管事,原係帶俸者,照舊帶俸。若犯前項流罪,遇例通減二等至杖九十徒二年半者,仍帶俸差操。

一、軍職犯該竊盗掏摸盗官畜産白晝搶奪,並縱容抑勒女及妻妾、子孫之婦、妾與人通姦或典與人,及姦内外有服親屬同僚部軍妻女,一應行止有虧,敗倫傷化者,俱問革,隨本衛所舍餘食糧差操。

一、軍職宿娼及和娶樂人爲妻妾,與盗娶有夫之妻者,俱問調别衛,帶俸差操。

一、在京兵部,選差官舍,押解充軍犯人,若受財賣放,犯該枉法絞罪者,官發立功,滿日還職,調外衛帶俸差操;徒罪以下,照徒年限,立功滿日還職,帶俸差操,舍人抵充軍役,候拏獲替放;中間又犯姦淫囚犯婦女者,官發守哨,滿日革職,隨本衛所舍餘食糧差操,舍人枷號三個月發遣;若酷害軍犯,搜檢財物,縱不脱放,各問罪,官調外衛,舍人發外衛充軍,其該府原選差掌印首領官吏參究治罪。

一、武職有犯容止僧尼在家與人姦宿者,公侯伯問擬,住俸閒住,都指揮、指揮、千百户鎮撫,住俸閒住;若有犯挾妓飲酒者,公侯伯罰俸一年,不許侍衛管軍管事以下,革去見任管事,帶俸差操,原係帶俸者,常參帶俸。

一、凡由將軍歷陞千百户,犯該徒罪以上,行止有虧者,革去見任冠帶閒住。

一、凡各衛所舍人舍餘、總小旗，犯該笞杖罪名，有力運炭納米等項外，無力的決其操備舍餘、勇士人等犯前罪者，有力俱令納贖，若無力的決，發落。

一、鑾儀衛總千旗并將軍校尉，犯該一應姦盜、搶奪、誆騙、恐嚇、求索、枉法、不枉法等項罪名，但係行止有虧者，俱各調衛總小旗，仍充原役，將軍校尉各充軍。其户内人丁有犯，不在此例。

一、凡鑾儀衛旗校軍士在逃一年之内者，聽其首告，初犯復役，再犯調衛充軍，其有侵欺拐騙及爲事避難等弊，各從重科斷。若一年之内，曾經造册清勾者，不准首補，另勾户丁補役。

一、沿邊沿海旗軍舍餘犯，該監守常人盜、竊盜、掏摸、搶奪至徒罪以上者，俱送總兵官處查撥，缺人墪臺守哨，年限滿日疎放。若總兵官截殺等項不在，就行本處巡撫巡按，或分巡官一體查撥，仍行總兵官處知會。其别項徒罪以上者，有力納米等項，無力巡哨。

一、凡軍職犯該立功，如有力者，許納米每年一十石，邊方准折雜糧一十五石，完日免立功，發回原衛所閒住，待年限滿日，方許帶俸。

一、凡應解軍丁，除實犯死罪外，若犯監守常人盜、竊盜、掏摸、搶奪至徒罪以上者，牢固釘解，該衛收伍轉發守哨，年限滿日著役，其犯别項徒罪以上，俱止杖一百，解發著役。

雍正三年律例館奏准：軍衛世職久裁，旗員武職處分定例，與此絶不相符，以上十二條俱删。

一、上班京操及運糧官員旗軍人等，犯該人命强盜等項重罪者，官拘繫奏提，旗軍人等，就便提問外，其餘一切小事，候下班回還交糧畢，日官參奏，與旗軍人等各提問。

雍正三年律例館奏准：移入户律。

一、養象軍奴，犯該雜犯死罪，無力做工，徒流罪，決杖一百，俱住支月糧，各照年限常參，養象滿日，仍舊食糧養象，笞杖的決。

雍正三年律例館奏准：今無做工贖罪等例，“無力做工”四字删去。

一、凡衛所屯丁居住州縣地方者，遇有命盜等案，該州縣一面移會衛所，一面嚴行查拏，限滿無獲，該督撫題參疎防，承緝將州縣官與衛所官弁，一併列參，照例議處。如衛所官弁因州縣既有責成，以致徇庇，屯丁故意推諉者，許承審官揭報，該督撫題參，照徇庇例議處。

歷年事例

順治十二年覆准：校尉犯事，不得徑行拘提，應咨鑾儀衛關取。

犯罪得累減

凡一人犯罪應減者，若爲從減，謂共犯罪以造意者，爲首隨從者，減一等。自首減，謂犯法知人欲告而自首者，聽減二等。故失減，謂吏典故出人罪，放而還獲，止減一等；首領官不知情以失論，失出減五等，比吏典又減一等，通減七等。公罪遞減之類。謂同僚犯公罪失於入者，吏典減三等，若未決放，又減一等，通減四等，首領官減五等，佐貳官減六等，長官減七等之類。並得累減。如此之類，俱得累減科罪。

雍正三年律例館奏准："故失減注，比吏典又減一等"下增"還獲又減一等"六字。

以理去官

凡任滿得代，改除致仕等官，與見任同。謂不因犯罪而解任者，若沙汰冗員裁革衙門之類，雖爲事解任，降等不追誥命者，並與見任同。封贈官與正官同，其婦人犯夫及義絶者，得與其子之官品同。謂婦人雖與夫家義絶，及夫在被出，其子有官者，得與子之官品同，爲母子無絶道故也。犯罪者，並依職官犯罪律擬斷。應請旨者，請旨；應徑問者，徑問，一如職官之法，惟致仕封贈官犯贓，並與無祿人同科。

無官犯罪

凡無官犯罪，有官事發公罪，亦得收贖紀録。〇卑官犯罪，遷官事發，在任犯罪，去任事發，犯公罪笞以下，勿論；杖以上，紀録通考，爲事黜革，笞杖以上皆勿論，若事干埋没錢糧遺失官物罪，雖紀録勿論，事須追究明白；但犯一應私罪，並論如律。遷官者，謂改除及差委權攝鄰近官司；得代去任者，謂考滿丁憂致仕之類。其吏典有犯公私罪名，亦依上擬斷。

雍正三年律例館奏准：今官員有犯，並無紀録，候九年通考之例，將"公罪亦得收贖紀録"八字，改爲"公罪笞杖以上，俱依律納贖"，"紀録通考"四字，改爲"依律科斷"，"罪雖紀録勿論"六字，改爲"雖係公罪"。

附律定例

一、舍人舍餘無官犯罪，有官事發，若犯該雜犯死罪，運炭納米等項完日還職，仍發原衛所帶俸差操，若犯該流罪減至杖一百徒三年者，俱令運炭納米等項還職，原管事者，照舊管事，原帶俸者，照舊帶俸，其犯該竊盗掏摸盗官畜産白晝搶奪及一應姦罪，行止有虧，敗倫傷化者，俱問革，隨本衞所舍餘食糧差操。

雍正三年律例館奏准：今無舍人舍餘，亦無運炭納米帶俸差操等例，此條删。

除名當差

凡職官犯罪罷職不叙追奪除名者，官爵皆除；僧道犯罪曾經決罰者，並令還俗；軍民匠竈，各從本色，發還原籍當差。

雍正三年律例館奏准增定附律例文

一、凡失陷城池行間獲罪及貪贓革職各官，封贈，俱行追奪其因公詿誤革職者，免追。

流囚家屬

凡犯流者，妻妾從之，父祖子孫欲隨者，聽遷徙安置，人家口亦准此，若流徙人身死，家口雖經附籍，願還鄉者，放還；其謀反逆叛及造畜蠱毒，若採生折割人殺一家三人會赦猶流者，家口不在聽還之律。

雍正三年律例館奏准增定附律例文

一、凡軍流徒犯，開明籍貫年歲，行文發遣，軍流犯之妻及有子願隨者，亦開明年歲發遣。其直隸各省解部人犯，照例造册送部；如係旗人，并開明旗色佐領。

一、凡永遠軍犯身死無子，僅存妻室欲回原籍者，查明報部，准其回籍。

一、凡流犯身故除妻子不願回籍，並會赦不准放還外，其餘令該地方官咨明各本省巡撫，行令本犯親戚領回。

律例館奏准律後恭載諭旨

康熙二十三年三月諭："凡犯重罪免死，給與盛京、寧古塔等處新滿洲爲奴者，止并妻發去，仍籍没家産，此等犯重罪給與爲奴僕者，永不許贖身。"

歷年事例

順治十五年題准：凡旗下流徙人犯在配所身死者，將家屬解京，交伊等親族收管。〇十八年諭："凡續解流犯，妻子有親戚人等隨送助給者，聽，仍嚴禁押解官兵，不得横肆擾害。"〇康熙二年定：凡流徙衙役，將其妻及未分家之子一併流徙。〇又定：流徙人犯，將妻室一併流徙；無妻室者，取該管官印結繳部，如有隱漏等情，事發議處。〇三年議准：凡流徙人犯身死，其妻有子有僕，或無子有僕者，仍流徙；如無子無僕，或有乳子無僕者,俱免流徙,若發遣之時其妻家冀免並流,致死伊壻者,以謀殺人律罪之;惡棍覬覦其妻,設謀行害者,照光棍例立斬;地方官將流罪犯人稱係死逃隱匿者,題参重處。〇四年諭:“流徙人犯原令夫妻完聚,一併發遣,其妻子原係無罪,以後除反叛重案連坐及干連人犯,仍照前旨遵行外,其餘流犯身死,妻子俱免流徙。”〇又諭:“凡流犯,除反叛案内干連者,妻子一併發遣,其餘應流徙之人,止僉妻[1]發遣。”〇十二年議准:叛案牽連流犯身故,其妻子亦免流徙。〇十八年議定,凡軍罪及免死擬流人犯,皆僉妻及未分家之子,交户部安插,如分家之子有情願隨去者,聽。〇二十年覆准:反案牽連流犯身故,其妻有子者,仍流徙,無子者,亦免流徙。〇又恩詔,流徙人犯在配所身死,其妻子有願攜骸骨回籍者,該地方官報部,准其各回原籍。〇二十六年覆准:一應查提審擬流犯之妻,將犯人先發順天府羈候,行文該地方官查取妻室,俟解到之日,發順天府,夫妻一同發遣。〇二十七年題准:凡流徙罪犯本身已死,妻子免其僉解。〇三十九年議准:一應問擬充軍人犯,照例咨送兵部,轉發順天府羈候,比依流犯,俟查提妻室到日,一同發遣。〇又議准:一應軍流人犯,於原籍查提妻室,若延捱時日,至熱審之期解送者,不准減等。〇四十一年議准:各省民人在京犯罪擬流,並免死減等之流犯,有應追銀兩僉妻者,順天府即轉發原籍,該地方官追完埋葬銀兩僉妻,俱照各省例,發遣之地發遣,仍將發遣原由報順天府存案,所追銀兩解部,分别給付屍親;各原主如有故違定限及解役中途疎縱需索陵虐情弊,該撫即行題參;各該犯内如無妻室無銀可追者,仍照例順天府定地發遣。〇四十五年議准:凡各省民人在别省犯罪擬流並免死減等流犯,或犯罪處不能完埋葬銀者,均照例解回原籍,追銀僉妻發遣。

常赦所不原

凡犯十惡、殺人、盜係官財物,及强盜、竊盜、放火、發塚、受枉法、不枉法贓、詐僞、犯姦、略人略賣、和誘人口,若奸黨及讒言左使殺人、故出入人罪,若知情故縱、聽行藏匿、引送説事過錢之類,一應實犯雖會赦,並不原宥。謂故意犯事得罪者,雖會赦皆不免罪。其過誤犯罪,謂過失殺傷人失火及誤毁遺失官物之類。及因人連累致罪,謂因别人犯罪,連累以得罪者,如人犯罪失覺察,關防鈐束及干連聽使之類。若官吏有犯公罪謂官吏人等因公事得罪,及失出

---

① 僉妻:清律規定,處流刑者,妻妾應隨同前往。乾隆二十四年廢止。

入人罪,若文書遲錯之罪,皆無心誤犯,並從赦宥。謂會赦皆得免罪。其赦書臨時定罪名特免,謂赦書不言常赦所不原,臨時定立罪名寬宥者,特從赦原及減等從輕者,謂降死從流,流從徒,徒從杖之類不在此限。謂皆不在常赦所不原之限。

雍正三年律例館奏准增定附律例文

一、問刑官、番役妄用腦箍、連根毛竹大板及竹簽、烙鐵等刑至斃人命者,以故殺論,不准援赦。

一、誣告叛逆被誣之人已決者,誣告之人斬立決;被誣之人未決者,擬斬監候,不准援赦,俱不及妻子家產。

一、凡十惡條内謀反謀叛犯人,妻妾子女家産應入官,謀反干連人犯,應流謀叛犯人之父母、祖孫、兄弟及干連人犯應流徒者,不准援赦,雖遇熱審[1],亦不減等,其干連强盗、謀殺、故殺等罪者,軍流徒杖人犯,俱遵赦豁免。

一、凡誣告平民,因而拖累致死三人以上者,以故殺論,不准援赦。

一、凡殺死本宗緦麻以上尊長及外姻小功尊屬者,俱不准援赦。

一、凡關係軍機兵餉大事,俱不准援赦寬免。

歷年事例

順治八年諭:"大貪罪至死者,遇赦不宥。"〇九年覆准:督撫承問叩閽事件,有情罪重大,不在赦例者,依限審結;其餘輕罪,與赦例相符者,即行釋放,彙題銷案。〇康熙元年定:凡謀殺故殺案内干連人犯,自軍流以下,徒杖以上,俱照律例擬罪,不得援赦。〇十七年覆准:隱匿籍没入官人口財物,在赦後發覺者,不准援赦。〇三十五年覆准:秋審減等安插尚陽堡等處人犯,既免死,減等與減降從輕之律相符,應援赦寬免。〇四十二年覆准:赦書一到,火速奉行。如不肖官將軍流徒犯故意遲延,詐取銀兩者,上司官查出,題參重處;若上司徇情不參,一并交與該部嚴行議處。〇五十四年覆准:劈鞘[2]盗課,分用銀兩之犯,不准援赦。〇六十一年十二月諭:"恩詔内赦罪一欵,非朕本心,徒爲惡人儌倖,於事有何裨益?但朕即位之初,諸臣援例陳請,不得不允奏施行。凡此罪人皆因其自取之罪,并非强治其罪也。此番援赦豁免人等,俱宜詳記檔案,如既赦之後,仍不改

---

① 熱審:明清時規定,每年小滿後十日起,至立秋前一日止(立秋在六月内者以七月一日止)因天氣炎熱,凡流徒、笞杖罪,按例減等處理,稱爲熱審。

② 劈鞘:國庫差役把各省繳納的銀兩稱重驗收。

惡,干犯法紀,務將伊等前罪加倍罪之。著詳悉曉諭并行文各省一體遵行。”

徒流人在道會赦

凡徒流人在道會赦,計行程過限者,不得以赦放。謂如流三千里,日行五十里,合該六十日,程若未滿六十日會赦,不問已行遠近,並從赦放,若從起程日總計行過路程有違限者,不在赦限。有故者,不在此律。有故謂如沿途患病,或阻風被盜,有所在官司保勘文憑者,皆聽除去事故日數,不入程限,故云不用此律。若曾在逃,雖在程限内,亦不放免,其逃者身死,所隨家口願還者,聽遷徙安置人准此。〇其徒流遷徙安置人已至配所,及犯謀反叛逆緣坐應流,若造畜蠱毒、採生折割人、殺一家三人會赦猶流者,並不在赦放之限。

雍正三年律例館奏准:徒犯已至配所者,會赦亦得放免,律内“徒”字删,再軍犯與流犯一體援赦,律文内“遷徙安置人准此”之下應注“軍罪亦同”四字,其律名改爲“流犯在道會赦”。

歷年事例

康熙九年覆准:旗下人犯徒罪枷號,日期未滿遇赦,即行釋放;其民人犯徒罪已到配所,遇赦者,亦照旗下人例免徒釋放。

犯罪存留養親

凡犯死罪非常赦所不原者,而祖父母父母老疾應侍,家無以次成丁者,開具所犯罪名,奏聞取自上裁,若犯徒流者,止杖一百,餘罪收贖,存留養親。

雍正三年律例館奏准增定附律例文

一、凡部内題結軍流徒犯及免死流犯發遣,以前告稱祖父母父母老疾家無以次成丁者,如屬宛、大二縣民人,該縣出結,府尹確察報部;如屬五城民人,掌印兵馬司指揮出結,巡城御史確察報部;如屬外省民人,州縣官出結,司道府官轉詳督撫,督撫確察報部;軍流徒犯照數決杖,餘罪收贖,免死流犯,枷號兩個月,杖一百,俱准存留養親;人犯在外省者,不必解部,該督撫照此例發落,若有捏出印結及受賄事發者,從重論失察者,交該部議處;其鄉約地方,總甲十家長兩鄰内有徇庇假捏出結者,杖一百,受財出結者,杖一百、徒三年。若地方官出結後上司復令察出,或原官察出,及鄉約人等首送者,除本犯仍行發遣外,官員及鄉約人等,俱免議。其在外人犯咨解到部之後告留養者,不准。

一、鬬毆人命,以傷至數處及金刃致死者爲重傷,若傷非金刃,而傷止一二處并戲殺誤殺，爲輕傷，内有因伊祖父母父母老疾，應侍奏聞准其存留養親者，令該地方官酌量該犯情由輕重。如係有力之家情重者，追銀五十兩；情輕者，追銀三十兩。如果貧難無力之人情重者，追銀二十兩；情輕者，追銀十兩，給與死者家屬養贍。倘不給銀兩，將該犯仍照原擬治罪；再該犯情重情輕有力無力，該撫於應侍疏内先行聲明。

律例館奏准律後恭載諭旨

康熙五十年九月，禮部會奏朝鮮國人殺害上國人等，因具題。諭："這事情依議前審事旗員奏，朝鮮國罪犯内有親兄弟三四人等語，本朝例兄弟俱擬正法者，存留一人養親，這案罪犯，若有親兄弟三四人，亦著照此例，存留一人養親，將此交部，咨行朝鮮國王。"雍正二年十二月，刑部議覆戳死郭定國之李方義應否留養之處，諭："殺人之犯因伊親老，又家無次丁，即奏請免死留養，然亦須查明被殺之人有無父母，是否獨子，若係親老又係獨子，一旦被殺身死，以致老親無人養贍，而殺人之人反得免死留養，殊與情理未協。著行文直省各督撫，嗣後如奏請殺人之犯存留養親者，將被殺之人有無父母及以次成丁之處一併查明，於本内聲明具奏。"

雍正四年五月内，刑部議覆呂高戳死胞兄呂美一案，諭："一家兄弟二人，弟毆兄至死，而父母尚存，則有家無次丁存留養親之請，倘父母已故，而弟殺其兄已無請留養親之人，一死一抵，必致絶其祖宗禋祀，此處甚宜留意，若因争奪財産，或另有情由，又當别論。呂高毆死其兄，其家中有無承祀之人，交與該部察明具奏，嗣後應如何定例之處，著九卿確議具奏。欽此。"九卿議覆題准：除有父母之人弟殺胞兄，家無次丁，照律存留養親外，其無父母，或因争奪財産，或另有情由致死，并家有承祀之人者，仍照律定擬，如非争奪財産，並無别情，或係一時争角互毆，將胞兄致死，而父母已故，别無兄弟，又家無承祀之人，應令該地方官據實查明，取具鄰佑闔族保長并地方官印甘各結，將該犯情罪疏内聲明請旨。如蒙聖恩准其承祀，將該犯免死，減等枷號三個月，責四十板，存留承祀，若死者與兇手已經分家，各有産業，令地方官查明死者應嗣親支，令其立嗣，日後兇手生子，不得與立嗣之人争産，如無應嗣之人，死者遺有妻女，即給與妻女養贍，俟死者之妻死女嫁後，將産業給與族中公嗣主祭之人，留作祭祀公用，若死者與兇手尚未分居，將産業酌量以十分之二給與兇手，如恃有存留之例，捏稱家無承祀，并隱諱别情以圖開脱，該犯者或經查出，或被旁人首告，將該犯仍照律治罪，其承審各官，俱照故出人罪律，交與吏部議處，將出結之鄉約人等,俱照例責四十板,十家長并鄰族之人徒三年,到配所,責四十板。

歷年事例

康熙四年諭:"凡犯死罪非常赦所不原者,有祖父母、父母老疾應侍家,無以次成丁者,開具所犯罪名奏聞,取自上裁。律文所有者,著照律行。其犯贓等罪流徙人犯有祖父母、父母老疾無人侍養者,取地方官印結,或照律存留養親,或仍應流徙,請旨定奪。"○十年議准:凡擬軍罪之犯,果有祖父母父母老疾,家無以次成丁者,責四十板,將軍罪照依流罪收贖,准其存留養親。○十二年題准:凡免死擬罪人犯,有告稱祖父母、父母老疾,無倚家、無以次成丁者,移文該地方官查取印結,照旗下人例枷號兩個月,責四十板,准其存留養親,若地方官不行詳查,結報不實者,議處。○十四年題准:凡已經具題案内干連軍流徒罪犯人,若有准其存留養親者,不必具題,照例發落。○十八年題准:凡内外問擬軍流,及免死減等犯人,有鄉約地方十家長兩鄰假捏出結,存留養親者,鄉約、地方各責四十板,十家長併兩鄰徒三年,到配所,責四十板。○又覆准:地方官將存留養親人犯假捏出結者,降二級調用,轉詳上司罰俸一年,具題督撫罰俸六個月,如係受賄出結者,革職提問,轉詳上司,降三級調用,督撫降一級留任。○二十一年覆准:凡總甲衙役受流犯財物,通同説事,假捏出結者,俱照兩鄰出結之例,徒三年,到配所,責四十板;其不受財出結者,仍責四十板。○二十六年題准:軍流人犯發遣時,有控告存留養親者,該督撫嚴行確查,並取該管官印結,或應具題,或應咨部,俱照例准其留養,若有假捏情弊,該督撫并地方官俱交與該部照例議處;其人犯咨解到部之後,如有控告年老殘疾及無以次成丁者,仍不准行。○二十九年議准:軍流人犯有祖父母、父母告稱老疾,無依家、無以次成丁者,係宛、大二縣所屬,停其副指揮、吏目具結送部,令宛、大二縣具結申送府尹治中,治中出結,府尹確查轉送;如五城所屬,亦停其副指揮、吏目具結送部,令掌印兵馬司出結,該城御史確查轉送;外省令知府知州出結,司道官確查申詳,督撫嚴察轉送;若有以次成丁而謊出印結,有受賄發覺者,從重議處,若有失查之處發覺者,將不行確查各官,俱照例處分,本犯仍行發遣。○四十二年諭:"凡罪犯存留養親,必其親係無罪可憫之人,方可奏請,若其親係有罪之人,不可引留養例。"○四十三年覆准:凡罪犯之父年五十歲以上,應不准留養,但委係廢疾,家無次丁,應照例將罪犯枷號兩個月,仍准留養。○五十五年覆准：安插奉天人犯，祖父母父母老疾家無次丁者，不准留養。〇雍正二年諭："例内雖有父母年老，家無次丁應存留養之條，但兇徒恃此有意傷人，殊未可定，已死之人，亦屬可矜，嗣後如此類存留養親之人，視其所犯罪之輕重，作何多派出銀兩，給與死者之家，若不給與仍照原擬治罪之處，著刑部定例議奏。"遵旨議准：凡鬬毆人命，以傷至數處，及金刃致死者，爲重傷，若傷非金刃，而傷止一二處，并戲殺、誤殺爲輕傷，内有因伊祖父母、父母老疾，應奏聞准其存留養親者，該地方官酌量該犯情由輕重，係有力之家情重者，追銀五十兩，情輕者，追銀三十兩，如果無力情重者，追銀二十兩，情輕者，追銀十兩，給與死者家屬養贍；倘不給銀兩，將該犯，仍照原擬治罪。該撫於疏内，將情重、情輕、有力、無力之處，先行聲明。〇三年諭："鬬毆殺人，本應抵償，其奏准存留養親追給埋葬銀兩，乃法外之仁，但既俱免其抵償，自應照數追給，以恤死者之家，若止存給付之名，而無收受之實，是不但於情理未協，而於法律亦未爲允當。嗣後一應追給埋葬銀兩之案，務必交於該管地方官，實在照數追出，給付死者之家，然後將該犯釋放，報部存案。若不行照數給付者，必將該犯仍行監追，倘並未追給而捏稱給付，即將該犯釋放者，告發之日，將該管地方官一併從重議處。著詳察定例議奏。"遵旨議准：嗣後遇有此等案件，著該地方官照數追出，給付死者之家，取具的屬收領，然後將該犯釋放，徒杖細事，俱報部存案。若不行給付，將該犯係管押者，仍行管押，監禁者，仍行監禁，勒限追給。如未給付而捏稱給付，並無的屬收領，而捏稱收領，即將本犯妄行釋放者，告發之日，犯人本罪不准援免，地方官一併從重議處。

工樂户及婦人犯罪

凡工匠樂户犯流罪者，三流並決杖一百，留住拘役四年。〇若欽天監天文生習業已成，能專其事，犯流及徒者，各決杖一百，餘罪收贖。犯謀反、逆叛緣坐應流，及造畜蠱毒、採生折割人、殺一家三人家口，會赦猶流及犯竊盜編配刺字，與常人一體科斷，不在留住之限，餘罪照例收贖。其婦人犯罪應決杖者，姦罪去衣受刑，餘罪單衣決罰，皆免刺字；若犯徒流者，決杖一百，餘罪收贖。

雍正三年律例館奏准：天文生乃日官之屬，不合與工樂户婦人同條，特增律文於此條之前，并將附律定例欽天監官爲事一條附後。〇又所犯罪至流，情事已重，不合槩准留住拘役，律文應改定，今將奏准增定删改律名律文開後。

天文生有犯

凡欽天監天文生習業已成明於測驗推步之法自① 能專其事者,犯流及徒,各決杖一百,餘罪收贖。仍令在監習業。犯謀反、叛逆緣坐應流,及造畜蠱毒、採生折割人、殺一家三人家口,會赦猶流,及犯鬭毆傷人、監守常人盜、竊盜、掏摸、搶奪,編配刺字,與常人一體科斷,不在留監習業之限。

附律定例

一、凡欽天監官爲事請旨提問,與職官一例問斷,該爲民者送監,仍充天文生身役;該流徒充軍者,備由奏請定奪;其有不由天文生出身者,悉照例革職發遣。

工樂户及婦人犯罪

凡工匠樂户犯徒罪者,五徒並依杖數決訖,留住照徒年限拘役。住支月糧,惟鬭毆傷人及監守常人盜、竊盜、掏摸、搶奪,發配刺字,與常人一體科斷,不在留住拘役之限。其婦人犯罪應決杖者,姦罪去衣受刑,餘罪單衣決罰,皆免刺字;若犯徒流者,決杖一百,餘罪收贖。

附律定例

一、内府匠作犯,該監守常人盜、竊盜、掏摸、搶奪者,俱問罪送工部做工炒鐵等項,其餘有犯徒流罪者拘役,住支月糧,笞杖准令納贖。

一、在京軍民各色匠役犯該雜犯死罪無力做工,徒流罪拘役,俱住支月糧,笞杖納贖或的決,若犯竊盜、掏摸、搶奪一應情重者,亦擬炒鐵等項發落,不在拘役之限,民匠仍刺字充警②。

一、在京工部各色作頭③犯該雜犯死罪,無力做工,與侵盜、誆騙、受財枉法,徒罪以上者,依律拘役滿日,俱革去作頭,止當本等匠役,若累犯不悛,情犯重者,監候奏請發落;杖罪以下,與别項罪犯拘役滿日,仍當作頭。

一、太常寺、光禄寺厨役私自逃回原籍潛住,許里甲人等首告到部,不許津貼盤纏,若在原籍途中及到部挾詐誆騙告害人者,問罪立案,不行逃回至三次以上者,問發邊外爲民。

一、樂户雜犯死罪無力做工,流罪依律決杖一百,拘役四年,徒杖笞

---

① 自:根據《大清律例》和《讀例存疑》諸文獻,"自"爲衍文。

② 充警:元、明、清對於犯盜竊罪之人,列入應重點防範和監管的册子,可刺字,可不刺字。

③ 作頭:工匠頭目,或手工業作坊業主。

罪，俱不的決，止依拘役滿日著役。若犯竊盜、掏摸、搶奪等項，亦刺字充警。

雍正三年律例館奏准：今匠作等役犯罪，俱與常人一體照律科斷，無做工拘役等例，以上五條俱删。

一、教坊司官俳精選樂工演習聽用，若樂工投托勢要，挾制官俳及抗拒不服拘唤者，聽申禮部送問，就於本司門首枷號一個月發落。若官俳徇私聽囑，放富差貧，縱容四外逃躲者，參究治罪，革去職役。[①]

一、各處樂工縱容女子擅入王府，及容留貝勒、貝子、公在家行姦，并軍民旗校人等與貝勒、貝子、公賭博，誆哄財物及擅入府内教誘爲非者，俱問發邊衛充軍，該管色長[②]革役。

雍正三年律例館奏准：今各省俱無在官樂工，順治十六年裁革女樂後，京城教坊司並無女子，應將"縱容女子擅入王府"一段删去，其賭博一節删改，移附雜犯賭博律後。

一、婦人有犯姦盜不孝，並審無力，與樂婦各依律決罰；其餘有犯笞杖并徒流雜犯死罪，該決杖一百者，審有力，與命婦軍職正妻，俱令納贖。

雍正三年律例館奏准：今無樂婦，"與樂婦"三字删，今充軍一體納贖，"徒流"二字下應增"充軍"二字。軍職久經裁革，"軍職"二字改"官員"。

---

① 職役：唐以后官府無償差派民夫充任衙門胥吏及基層行政人員。

② 色長：教坊司管理樂工的屬官。

大清會典卷之一百五十一

刑部

〔律例二〕

〔名例中〕

徒流人又犯罪

凡罪犯已發又犯罪者，從重科斷；已徒、已流而又犯罪者，依律再科後犯之罪，其重犯流者，依留住法三流並決杖一百，於配所拘役四年。若犯徒者，依所犯杖數，該徒年限決訖，應役亦總不得過四年。謂先徒三年，已役一年又犯徒三年者，止加杖一百、徒一年之類，則總徒不得過四年，三流雖並杖一百，俱役四年，若先犯徒年未滿者，亦止總役四年。其杖罪以下，亦各依數決之，其應加杖者，亦如之。謂工樂户及婦人犯者，亦依律科之。

雍正三年律例館奏准："依留住法"四字删，"依數決之"下增註"充軍又犯罪及重犯軍罪，俱與流罪同科"十六字，末節小註"工樂户及婦人"句上增"天文生"三字。

附律定例

一、先犯雜犯死罪運炭、納米等項未完，及做工等項未滿，又犯雜犯死罪者，決杖一百，除杖過數目，准銀七分五釐，再收贖銀四錢五分，又犯徒流笞杖罪者，決其應得杖數，五徒三流，各依律收贖，銀數仍照先擬發落，若三次俱犯雜犯死罪者，奏請定奪。

雍正三年律例館奏准："運炭等項未完及做工等項未滿"二句改爲"納贖未完及准徒年限未滿"。

一、先犯徒流罪，運炭、做工等項未曾完滿又犯雜犯死罪，除去先犯罪名，止擬後犯死罪，運炭做工等項，若又犯徒流罪者，依已徒而又犯徒，將所犯杖數，或的決，或納銀，仍總徒不得過四年，又犯笞杖者，將後犯笞杖，或的決，或納銀，仍照先擬發落。

雍正三年律例館奏准："運炭、做工等項未曾完滿"句改爲"納贖未完及年限未滿運炭、做工等項，若又犯徒流罪"句改爲"納贖充徒又犯徒流罪"。

一、先犯笞杖罪運炭、做工等項未曾完滿，又犯雜犯死罪，除去先犯罪名，止擬後犯死罪運炭、做工等項，又犯徒流罪，將先犯罪名或納銀，或的決，止擬後犯徒流，又犯笞杖罪若等者，從先發落；輕重不等者，從重發落，餘罪俱照前納銀的決。

雍正三年律例館奏准："運炭、做工等項未曾完滿"句改爲"納贖未完運炭、做工等項又犯徒流罪"改爲"納贖充徒又犯徒流罪"。

一、在京在外問擬，一應徒罪，俱免杖，其已徒而又犯徒，該決訖所犯杖數，總徒四年者，在京遇熱審，在外遇五年審録，俱減一年，若誣告平人死罪未決，杖一百、流三千里，加役三年律，比照已徒而又犯徒總徒四年者，雖遇例不減。

雍正三年律例館奏准：今徒罪俱至配所折責，不免杖，五年審録一次之例亦停，再流罪加徒人犯，曾經減等爲總徒四年者，若遇恩例，亦准再減，例文應删改，今將奏准删定例文開後。

一、凡在京在外已徒而又犯徒，總徒四年者，遇例減等俱減一年，若誣告平人死罪未決，杖一百流三千里加役三年者，遇例減等，減爲總徒四年，若再遇例，仍准減一年。

雍正三年律例館奏准增定附律例文

一、凡寧古塔、黑龍江充發人犯在配所殺人，仍由部具題行文，該將軍於衆人前即行正法。

一、凡發遣人犯，酌定名數，分起解送。如案内人犯衆多至五名以上者，每五名作一起，先後解送，至起解時，務必嚴加鎖鐐，倘解役人等受賄開放者，計贓照枉法加倍治罪。若轉解之該地方官，因前途未曾鎖鐐，不復行查，聽其散行，將該地方官與前途未曾鎖鐐官，均按罪犯輕重，照不加肘鎖脱逃例分别議處。如解犯於經過處所，辱官詐財，生事不法者，無論滿漢官員軍民人等，該地方官即行羈禁嚴審，通詳該上司核明題參，將不法解犯即於經過處所正法示衆。倘州縣官隱匿不報，或已申報，而府道司不行揭報，督撫不行題參者，俱交部照例，分别議處。

歷年事例

雍正五年議准：嗣後凡問擬徒罪人犯，除順天府所屬州縣民人，仍送該府尹衙門發配外，其餘各省民人，俱遞回各該督撫衙門，照伊原籍應發地方，發配充徒，俟年限滿日，交與原籍地方官安插管束，不許再來京城。如有私自再來者，拏獲之日，將該犯枷號一個月、責四十板，仍行遞回，其該管地方官照定例議處，仍令五城宛、大兩縣并巡捕營，不時嚴行查拏。倘奉行不力，以致各該管地方仍有容留潛住者，發覺將該管地方官交與該部議處，總甲人役并容留之房主，俱照不應重律杖八十，折責三十板。如有旗人容留居住者，將容留之房主若係另户并伊族長，若係家人并伊家主，各鞭八十，該佐領、驍騎校交與該部議處，領催[①]鞭八十。〇又諭："嗣後徒犯限滿回籍，交與地方官嚴行管束，不許出境，倘有私自出境及在本地生事者，地方官查明，即將該犯擬流遠省，如該地方官管束不嚴，聽其出境生事，嚴加處分。"〇又議准：嗣後解犯生事地方官有隱匿不報者，降二級調用，該管上司失察者，罰俸一年，若地方官已經申報，而該管司道府不行揭報，督撫不行題參者，將司道府降二級調用，督撫降一級調用，其申報之州縣免議。

老小廢疾收贖

凡年七十以上，十五以下，及廢疾，犯流罪以下收贖。其犯死罪及犯謀反、逆叛、緣坐應流，若造畜蠱毒、採生折割人、殺一家三人家口會赦猶流者，不用此律，其餘侵損於人一應罪名，並聽收贖。八十以上，十歲以下及篤疾，犯殺人應死者，議擬奏聞，取自上裁；盜及傷人者，亦收贖。謂既侵損於人，故不許全免，亦令其收贖。餘皆勿論。謂除殺人應死者上請，盜及傷人者收贖之外，其餘有犯皆不坐罪。九十以上，七歲以下，雖有死罪不加刑。九十以上犯反逆者，不用此律。其有人教令，坐其教令者，若有贓應償，受贓者償之。謂九十以上，七歲以下之人皆少智力，若有教令之者，罪坐教令之人，或盜財物傍人受，而將用受用者償之；若老小自用，還著老小之人追徵。

附律定例

一、凡軍職犯該雜犯死罪，若年七十以上，十五以下及廢疾，并例該革職者，俱運炭、納米等項發落，免發立功。

雍正三年律例館奏准：今老幼廢疾例應收贖者，文武一體，無運炭、納

---

① 領催：清代官名，滿語稱"撥什庫"，負責佐領内的文書、俸餉。

米等項，其應革職者，即行革職，亦不准收贖，此條删。

一、年七十以上，十五以下及廢疾犯該充軍者，准收贖，免其發遣，若有壯丁教令者，止依律坐罪，其實犯死罪免死及例該永遠充軍者，不准收贖。

雍正三年律例館奏准："犯該充軍者准收贖"句"准"字下增"照流罪"三字。

一、凡老幼及廢疾犯罪律該收贖者，若例該枷號，一體放免，照常發落。

雍正三年律例館奏准增定附律例文

一、内外見審人犯，若有老小廢疾，俱照律完結外，其直隸各省審擬具題案内人犯，果有老小廢疾者，該督撫察明取地方官印結具題，照律收贖，人犯不必解部，如實非老小廢疾，徇情題免事發者，將出結轉詳官並督撫交該部議處，其到部人犯，有告稱年老及在中途成廢疾者，察非故延違限，實係老疾，亦得收贖。

一、凡盗案知情分臟之犯，雖年過七十以外，亦不准援赦折贖。

歷年事例

康熙十二年題准：直省人犯已經咨解到部，告稱年老殘疾者，槩不准行。

犯罪時未老疾

凡犯罪時雖未老疾，而事發時老疾者，依老疾論。謂如六十九以下犯罪，年七十事發，或無疾時犯罪，有廢疾後事發，得依老疾收贖；或七十九以下犯死罪，八十事發，或廢疾時犯罪，篤疾時事發，得入上請；八十九犯死罪，九十事發，得入勿論之類。若在徒年限内老疾，亦如之。謂如六十九以下徒役三年，役限未滿，年入七十；或入徒時無病，徒後年限内成廢疾，并聽准老疾收贖，以徒一年三百六十日爲率，驗該杖徒若干應贖銀若干，俱照例折役收贖。犯罪時幼小，事發時長大，依幼小論。謂如七歲犯死罪，八歲事發，勿論；十歲殺人，十一歲事發，仍得上請；十五歲時作賊，十六歲時事發，仍以贖論。

給没臟物

凡彼此俱罪之臟，謂犯受財枉法、不枉法計臟爲罪者。及犯禁之物謂如應禁兵器及禁書之類。則入官；若取與不和，用强生事，逼取求索之臟，並還主。謂恐嚇詐欺强買賣有餘利，科斂及求索之類。○其犯罪應合籍没財産，赦書到後，罪雖決訖，未曾抄劄入官者，並從赦免；其已抄劄入官守掌，及犯謀反逆叛者,並不放免,若罪未處決,物雖送官,未經分配者,猶爲未入,其緣坐人家口雖已入官,罪人得免者,亦從免放。〇若以贓入罪,正贓見在者,還官主。謂官物還官,私物還主,又若本贓是驢轉易得馬,及馬生駒,羊生羔,畜產蕃息,皆爲見在。已費用者,若犯人身死,勿徵。別犯身死者亦同。餘皆徵之。若計僱工賃錢爲贓者,亦勿徵。〇其估贓者,皆據犯處當時中等物價估計定罪,若計僱工錢者,一人一日爲銅錢六十文,其牛馬駝驘驢車船碾磨店舍之類,照依犯時僱工賃直,賃錢雖多,各不得過其本價。謂船價值銅錢一十兩,却不得追賃錢一十一兩之類。〇其贓罰金銀,並照犯人原供成色,從實追徵入官給主,若已費用不存者,追徵足色。謂人原盗或取受正贓金銀使用不存者,並取足色。

雍正三年律例館奏准:註内"計贓爲罪者"五字,改爲"計贓與受同罪者"又律文内"僱工錢"改爲"僱工銀銅錢六十文"改爲"銀八分五釐五毫"。

附律定例

一、在京在外問過囚犯,但有還官贓物值銀一十兩以上,監追年久及入官,贓二十兩以上給主,贓三十兩以上監追一年之上,不能完納者,果全無家產,或變賣已盡,及產雖未盡,止係不堪無人承買者,各勘實具本犯情罪輕重、監追年月久近、贓數多寡,奏請定奪,若不及前數,及埋葬銀監追一年之上,勘實全無家產者,俱免追,各照原擬發落。

一、凡犯侵欺枉法充軍追贓人犯,所在官司務嚴限監追,若至一年以上,先將正犯發遣,仍拘的親家屬監追。如無的親家屬,仍將正犯監追,敢有縱令倩人代監,及挨至年遠,輒稱家產盡絶,希圖赦免者,各治以罪。

雍正三年律例館奏准:今犯侵欺枉法等贓,俱勒限變產完納,或著落妻子,或將妻子入官,不用監追一年以上方行發遣,仍監追的親家屬之例。此條删。

一、軍官旗軍,但有監追入官、還官給主,贓物值銀十兩以下,半年之上不能完納者,將犯人先發立功納贖等項,各完滿日,還職著役,仍將各人俸糧月糧照贓數扣除,入官、還官給主。

雍正三年律例館奏准:今凡有應追銀兩者,軍民一體,不用立功還職及扣除俸糧之例。此條删。

一、問刑衙門以贓入罪,若奏行時估,則例開載未盡及雖係開載,而貨物不等,難照原估者,仍各照時價擬斷。

雍正三年律例館奏准增定附律例文

一、凡應籍没家産者,照律遵行,惟軍機犯罪,於所籍没家産内除妾婢外,照依兵丁例,仍給器械及人口三對、馬三匹、牛三頭。

一、凡州縣自理贖鍰,歲底造册申報,按察司布按自理贖鍰,歲底造册申報督撫,督撫歲底彙造清册題報,刑部察核,其承問各官應開明罰贖人姓名,及所罰數目,曉示各該地方,如有以多報少及隱漏者,督撫參奏,以貪贓治罪。

一、凡旗下應入官之人,令入各旗辛者庫①,其内府佐領人送入官者,亦照此例入辛者庫,辛者庫人犯入官之罪者,照流罪枷責結案。

一、凡官役審實贓銀内,有虧短價值等項,追給原主,其詐騙逼勒者,被害自行首告,亦追給原主,督撫科道參發者,概追入官。

一、追比貪贓侵那銀兩,限一年追完,若違限不完者,將承追督催官員照例議處,犯人枷號兩個月、鞭一百。若限内該旗保送家産盡絶,該部察核應豁免者,豁免,應入官者,察取本犯及妻並未分家之子人口家産入官,承追督催各官免議;至保送之後,如有隱匿家産事發者,該都統、副都統、參領、佐領、驍騎校,俱交該部照例議處,領催鞭一百。本犯如係重罪見在監禁者,免枷責,餘俱枷號三個月、鞭一百。如都統、副都統參領察出者,佐領、驍騎校,仍交該部議處,領催鞭一百。如佐領、驍騎校領催察出者,承追督催各官俱免議,本犯仍照前治罪。如本犯自首,則本犯及承追督催各官俱免議;以上所隱及所首財産俱入官;若承追督催各官有扶同受賄隱匿者,事發照律從重治罪;至歸旗人員内有應追贓者,限五個月内,該督撫察明家産人口造册,並人解部,轉交該旗追贓,其任所有無私置房産,再限地方官六個月察明結報,後有隱匿發覺者,照例議處。

一、凡倉庫銀穀督撫司道知府,年底以實在無欠申報保題,後有虧空,知府即行報參者,免其分賠,如不行報参,别經發覺者,先著落虧空官追取,若虧空官家産盡絶,著落保題之上司官均行賠補;至起解銀兩及漕糧等項,如有虧空者,將解官、運官審明追取,如家産盡絶,亦著落該管上司官均行賠補;若有借端需索等弊,亦許下屬官通報,參究治罪。

一、凡各省贓罰贖鍰私鹽變價等項銀兩起解者,免其具批刑科,仍照例具批刑部,限文到三日内即行查收,倘書役人等指稱估驗掛號等項名色

---

① 辛者庫:漢語即管領之意。辛者庫乃管領下食口糧之人,可能是犯人,也可能不是犯人。

勒索，及棍徒包攬代交，俱從重治罪，係官交與吏部嚴行議處；再各省解官不親身到部投批，尋覓包攬之人，遲延生事，刑部指名題參，交與該部嚴察議處。

一、直隸各省八旗、滿洲、蒙古、漢軍行追贓罰侵那等項銀米穀石，該督撫將追完貯庫銀兩，於本年内解部。如不起解，刑部將承追督催各官並出結之布政司等官題參，從重治罪，其各省督撫各旗都統，務於年底將已未完數目備造清册二本奏聞，送部查核，如逾限不完及不造册具題，將怠玩各官送參，交該部查議，若督撫都統徇庇屬員，不行送參，該部即將該督撫都統指名題參。

歷年事例

順治九年議准：凡贓罰銀，刑部按季造册，咨送户部專官管理，稽察完欠，直隸責成道員及推官，各省責成按察司及推官，統計歷年未完贓罰變價等銀，立限嚴催，逾限不完，照分數議處，每年察參一次。○十二年議准：贓罰變價承追推官州縣官，估勘不實者，各降職一級分賠。○康熙元年諭：凡應追贓罪等項銀兩年久不完者，該管官察明果係家産盡絶，即行具題，將本犯入官，不必復行追銀。○又題准：欠贓正犯身故，家産盡絶者，贓銀免追，妻亦免入官。○四年覆准：凡贓罪流徒笞杖等犯，若因家産盡絶，即令入官，較之原罪反重，仍照原罪的決，免其入官。○又覆准：凡貪官蠹役贓罰銀，果家産盡絶，不能完納，在赦前者，免其入官；在赦後者，仍將本犯入官。○五年覆准：凡侵盜錢糧贓重罪至死者，照例正法，所侵錢糧，勒限一年追完，如不完，將妻及未分家之子併家口財産入官；其流罪以下所侵錢糧，限六個月追完，如不完，將本犯并妻及未分家之子流徙尚陽堡，家口財産變價入官，若此等人犯遇赦免罪追贓者，亦限一年追完，如限内不能完者，將本犯及妻併未分家之子，仍分别入官流徙。○六年題准：推官已經奉裁，贓罰銀責成知府管理。○十二年覆准：凡追比侵盜錢糧犯人贓私，如果家産盡絶，不能完納，該督撫取結具題，免其追贓，并免其入官流徙，若家産未盡徇庇捏結者，從重議處，其追贓限期，俱改限一年。○十四年覆准：凡應追贓銀在直省者，該督撫責令府州縣官嚴追；在旗下者，該都統、副都統責令佐領、驍騎校等嚴追；如承追官遲延以致逾限不完者，督撫、都統、副都統題參，送部議處，不行題參送部者，一併議處。○又議准：經徵經催贓贖錢糧，初參州縣官欠不及一分者，停陞督催，欠一分者，罰俸六個月，欠二分者，罰俸一年，欠三分者，降俸一級，欠四分者，降俸二級，欠五分者，降職一級，欠六分者，降職二級，欠七分者，降職三級，欠八分者，降職四級，俱帶罪督催，完日開復，欠九分十分者，革職；司道府直隸州官，欠不及一分者，停陞督催，欠一分者，罰俸三個月，欠二分者，罰俸六個月，欠三分者，罰俸一年，欠四分者，降俸一級，欠五分者，降俸二級，欠六分者，降職一級，欠七分者，降職二級，欠八分者，降職三級，欠九分者，降職四級俱帶罪督催完日開復，欠十分者，革職；巡撫欠不及一分者，停陞督催，欠一二分者，罰俸三個月，欠三分者，罰俸六個月，欠四分者，罰俸一年，欠五分者，降俸一級，欠六分者，降俸二級，欠七分者，降職一級，欠八分以上者，降職二級，俱帶罪督催，完日開復；署印官欠不及一分者，免議，欠一二分者，罰俸三個月，欠三四分者，罰俸六個月，欠五六分者，罰俸九個月，欠七八分者，罰俸一年，欠九分十分者，降一級調用，署印不及一月者，免議；參後，州縣官限一年内全完，司道府直隸州官限一年半，如不完原欠不及一分者，罰俸一年，欠一二分者，降三級調用，欠三四分者，降四級調用，欠五六分者，降五級調用，欠七八分者，革職；巡撫限二年全完，如不完原欠不及一分者，罰俸一年，欠一二分者，降二級調用，欠三四分者，降三級調用，欠五六分者，降四級調用，欠七八分者，降五級調用，欠九分十分者，革職；接徵接催官以到任日爲始，州縣官限一年催完，司道府直隸州官限一年半，巡撫限二年，如不能完，各照初參例處分。〇又議准：侵盜錢糧官役，仍以命下之日爲始，限一年追完，如不完，將本犯及妻未分家之子并家口財産入官流徙，其旗下人亦照此例，流罪准折枷號鞭責，至官役貪贓銀兩應追入官者，亦照侵欺錢糧例遵行，承追官將犯人可變之家産不行折變，或值多變少，或有需索措勒等情，在外該督撫，旗下該都統、副都統指名題參，從重議處。〇十五年議准：凡侵盜錢糧人犯家産未盡，地方官徇庇捏結者，降四級調用，轉詳官降二級調用，督撫降一級留任。〇二十五年議准：凡官役贓罰侵欺那移等項錢糧，係刑部題覆審擬應追者，俱令刑部行追，將追完銀兩歲底彙送户部，入庫收貯。〇三十九年議准：嗣後一應錢糧米石，如有虧空，著落虧空官員追取，再有實係家産盡絶，不能完納者，保題之日，著落歲底以實係現在申報之上司追完。〇四十年覆准：各省承審之案，俱扣除封印日期；承追之案，不扣除封印日期。〇四十三年議准：嗣後凡一應錢糧米石虧空，在三十九年定例以前者，止著落虧空官員追完，免其上司分賠，若虧空錢糧米石雖在三十九年定例以前，而事發在三十九年以後者，如虧空官員家産盡絶，保題之日，仍應著落彼時歲底盤查，捏報保題銀米，實係現在之上司各官名下分賠。○四十六年議准：凡有管民地方官員借用官銀，不能依限還完者，該督撫題參，令其離任，限一年還完開復，若年限不能還完，革職，旗員交與該旗催令還完，漢官交與該督撫催令還完。○四十七年題准：凡代賠正項錢糧，俱不准十年續完。○又覆准：行追官員借欠官庫銀兩，文職不完者離任，武職留任還完。○四十八年題准：凡管民地方官員借用官銀，不能依限還完者，照例題參離任，未完銀兩，限一年還完。○五十一年議准：外省知州知縣，如有虧欠錢糧，該督撫審明，即著落該犯家產變賠，如係旗員，該督撫勒限查明家口，備造清册，取具該地方官不致容隱遺漏印結解部，刑部按册交與該旗查追，倘有不肖問官以侵欺審作那移，或將伊任所家產嚇索殆盡，併聽該犯任意將奴僕放出爲民，及私自藏匿者，將承問嚇索出結造册各官，併失察各上司一併題參，從重治罪，至該犯有無房地家口，該旗自應嚴查追變，如有在屯莊偷賣房地，謊稱借貸親戚者，一經發覺，將該管官亦照例題參，從重治罪。○五十三年議准：嗣後追賠贓銀及分賠等項，文到之日，定限一年，斬絞等犯將侵盜贓銀通完，比免死減等例，再減一等，軍流等犯俱免罪，追完三百兩以上承追官，每案紀録一次，督催知府直隸州，每三案紀録一次，道員每五案紀録一次，督撫布按每十案紀録一次，不完承追官罰俸一年，督催知府直隸州罰俸六個月，司道督撫罰俸三個月，再限一年追完；死罪軍流等犯減等若不完，軍流充配，死罪監追，承追官降一級留任，督催知府直隸州罰俸一年，司道督撫罰俸六個月，再限一年，著落妻子追賠，限内能追完，承追官開復，若不完，承追官調用，督催知府直隸州降一級留任，司道督撫罰俸一年，如果家產盡絶，保題豁免；倘題後另有財產人口入官，出結官革職，督催知府直隸州降二級調用，司道降一級留任，督撫罰俸一年，所欠銀米出結官賠補，武職官照文官例議處；其交旗死罪人犯，仍監候，軍流等犯，暫停枷責，限一年通完，免其枷責，佐領、驍騎校每案紀録一次，參領三案紀録一次，都統副都統十案紀録一次，若不完，將犯人枷責，佐領、驍騎校罰俸一年，參領罰俸六個月，都統副都統罰俸三個月，再限一年不完，佐領、驍騎校降一級留任，參領罰俸一年，都統副都統罰俸六個月，再限一年追完，佐領驍騎校開復，不完佐領驍騎校降二級調用，參領降一級留任，都統副都統罰俸一年；犯人内實係家產盡絶，保題豁免，題後有財產人口，佐領、驍騎校革職參領，降二級調用，都統副都統罰俸一年，財產入官，銀米著落佐領、驍騎校賠補；又承追官不著落犯人妻子，將親族濫行追賠者，革職，其歷年行追銀兩米穀，文到之日，照現議例扣限追賠。○又諭：該管上司官員，如有逼勒出結之事，屬官不行出首者，著從重治罪。○五十五年題准：虧空贓贖等項銀兩，雲南等七省照舊例留充兵餉，俟歲底造册報部，查核直隸江南浙江湖廣江西河南山東山西各省，停其陸續彙解，各省於歲底將追得銀兩彙齊，解送刑部確查，交送户部；倘一年内追得銀兩或借端推諉不解者，查明題參治罪。○五十七年議准：大、宛二縣五方雜處，各省寄籍者多，且二縣事務繁冗，將承追督催各案俱仍照舊例處分，拖欠銀米穀石之人，仍照部内所定限内全完者，或減等或免罪，不完者，照原擬即行治罪之例遵行，如該縣不著力行追，徇情推諉，一併從重治罪，將犯人不行賠還之項，俱著該縣賠還。○又議准：入官財産，該督撫照例勒限追取，若希圖本身輕脱，將無干之人肆行誣賴者，從重治罪，仍著落伊身追取，承追官徇庇，正犯拖累無干者，亦交與該部嚴加議處。○五十九年議准：嗣後承追不及一千兩者，仍照部定三年之例參處外，一千兩至五千兩者，以五年爲期，每年每案追完二分，五年之内十分全完，免其處分，仍予紀録二次，完不及二分者，初參降俸一級，二參罰俸一年，三參降一級，四参又降一級，俱留任帶罪承追，五年限滿，全完開復，如不完，照所降之級調用，五千兩以上者，亦以一分爲率，勒限五年，初參不完，降俸二級，二次不完，罰俸一年，三次不完，降一級，四次不完，又降一級，五年限滿，如能完至七分者，准其開復，另行按年起限承追。如完不及一分，照所降之二級調用；接任官以接任之日起限承追。如能一年限内全完一千兩以上者，准加一級，追完五千兩以上者，准加二級，追完一萬兩以上者，准加三級，此等加級，如遇别案承追應降調者，准其抵銷。如能限内一年追完一萬五千兩以上者，交與吏部，應陞之缺即用；督催各官，如不及一千兩者，亦仍照部定三年之例參處外，一千兩至五千兩以上者，每案勒限五年，分數督催，遞年完至二分者，免其處分，完不及二分者，知府直隸州，每案初參罰俸六個月，二參罰俸九個月，三參罰俸一年，四參降一級留任，俱令督催，五年限内全完開復，如不完，降二級留任，督撫司道，初參罰俸三個月，二參罰俸六個月，三參罰俸九個月，四參罰俸一年，五年限滿無完，降一級留任，仍令按年起限督催，全完開復；至在外催追武職官員，及在京交與八旗之案，俱照此例議處，餘俱照吏户兵刑四部從前所定之例遵行。○又議准：虧空糧米，責成糧道督催；虧空鹽課，責成鹽道督催；其守巡道員，免其并參。○六十一年題准：嗣後歷年追完贓庫銀兩,於本年内務須彙行解部,如仍不起解,將承追督催各官并出結之布政司查明題參,俱交與該部從重治罪。〇又題准:直隸各省八旗行追贓罰侵那等項銀米穀石,一年追完若干、未完若干,備造清册二本,該督撫八旗都統副都統等,於歲底查明具題。〇雍正元年議准:赦前侵那虧空官員援宥免罪,仍行監禁嚴追,果能三年内全完者,免罪釋放,如三年不完,仍行監追,此内果有家産盡絶,不能全完,令該管官保題,交與該部詳查,援引恩詔具題豁免,如該犯别有隱匿家産查出入官,該管保題各官一併從重治罪。〇又議准:直省承追督催官員,如係離署出口,辦理軍需者,應委員署理,以專責成,若在署兼理軍需者,不得借軍需名色推卸承追不力處分。〇二年議准:凡虧空貪黷之員,在伊親友夥計家寄頓財物生理者,事發後,若三個月内首出,免其治罪,將寄頓之贓補還虧空等項,若不行出首,將寄頓財物之人,照隱匿入官財産律計贓從重治罪,將寄頓之贓補還虧空外,仍將家産一併搜查入官;若挾讐妄首者,審實照誣詐例治罪。〇又奏准:各省解交刑部贓罰銀兩到時,即换咨交送户部收明,知會刑部,其刑部案内入官物件應變價者,十兩以上,交崇文門監督變價交户部,不及十兩之物,該司官與庫官公估變價,其銀存貯刑部庫内,積至萬兩,造册具題解户部。〇三年議准:自雍正四年爲始,凡有州縣虧空,該督撫審結具題時,將該管上司應否分賠之處俱行查明,一并具題,若不聲明具題,即將該督撫交與吏部,照徇庇例議處。〇又議准:追給葬埋銀兩,務必實在照數追出,給付死者之家,取具的屬收領,若不行給付,將該犯監禁,勒限追給。詳見犯罪存留養親律歷年事例内。〇五年諭:"嗣後有變産還項,較原參之數浮多者,俱應議還本人,永爲定例。"〇又諭:"嗣後交完銀兩應減等發落之人,其銀兩全完時,即行具奏請旨。"〇又議准:除侵盗虧空,仍照定例外,其分年追賠拖欠各項銀兩,以一年爲一限,計應追之數,均分三限,務令按限交完,現任職員初限不完者,解任,令同二限銀兩帶罪完納,如照數全完,准以原官補用,若二限内僅完初限銀兩者,仍帶罪追比,或初限二限均不能完,革去職銜,同三限銀兩一併嚴追,此三限内止完一限者,仍革職嚴追,或完兩限者,復其職銜,帶罪完納,能照數全完者,准其開復補用,倘三限均不能完,則交刑部治罪,所欠銀兩於家屬名下嚴追;至無禄人等,初限不完,監禁,令同二限銀兩一併追比,如照數全完,暫予釋放,若僅完初限銀兩,二限未能全完者,仍監禁追比,或初限二限均不能完,令該旗該地方官將財産查封,同三限銀兩一併嚴追,此三限内止完一限者,暫免其變産,或完兩限者，將本身釋放，財産仍行封守，能照數全完者，本身釋放免罪，財産給還，倘三限俱不能完，即將財産入官變賣，本身交刑部治罪；至追比之項有分二年者，一年不完，照初限例處分，二年俱不完，即照三限例治罪，倘二年内完一年之數者，再限一年，仍不能完或完不足數者，即行治罪。

犯罪自首

凡犯罪未發，而自首者，免其罪，猶徵正贓。謂如枉法、不枉法贓徵入官用强生事逼取詐欺科斂求索之類及强竊盜贓徵給主。其輕罪雖發，因首重罪者，免其重罪。謂如竊盜事發自首，又曾私鑄銅錢者，得免鑄錢之罪，止科竊盜之罪。若因問被告之事，而别言餘罪者，亦如之。謂因犯私鹽事發被問，不加拷訊又自别言曾竊盜牛，又曾詐欺人財物，止科私鹽之罪，餘罪俱得免之類。〇其遣人代首，若於法得相容隱者，爲首及相告言，各聽，如罪人身自首法。其遣人代首者，謂如甲犯罪，遣乙代首，不限親疏，亦同自首免罪；若於法得相容隱者，爲首謂同居及大功以上親，若奴婢、僱工人爲家長首及相告言者，皆與罪人自首同，得免罪，其小功緦麻親首告，得減凡人三等，無服之親，亦得減一等。如謀反叛逆未行，若親屬首告，或捕送到官者，其正犯人俱同自首律免罪，若已行者，正犯人不免，其餘應緣坐人，亦同自首律免罪。若自首不實及不盡者，以不實不盡之罪罪之。自首贓數不盡者，止計不盡之數科之。至死者，聽減一等。其知人欲告及逃叛，而自首者，減罪二等坐之其逃叛者，雖不自首，能還歸本所者，減罪二等。〇其損傷於人，因犯殺傷於人，而自首者，得免所因之罪，仍從故殺傷法，本過失者，聽從本法。於物不可賠償，謂如棄毁印信官文書、應禁兵器及禁書之類私家既不合有是，不可償之物不准首，若本物見在，首者，聽同首法免罪；事發在逃，雖不得首，所犯之罪得減逃走之罪二等；若私越度關及姦并私習天文者，並不在自首之律。〇若强、竊盜、詐欺取人財物，而於事主處首服及受人枉法、不枉法贓，悔過回付還主者，與經官司自首同，皆得免罪，若知人欲告，而於財主處首還者，亦得減罪二等。其强竊盜，若能捕獲同伴解官者，亦得免罪，又依常人一體給賞。

雍正三年，律例館奏准：私習天文，已經停其禁止，應删去"并私習天文"五字。

附律定例

一、凡遇强盜係親屬首告到官，審其聚衆不及十人，及止行劫一次者，依律免罪，減等擬斷發落，若聚衆至十人及行劫累次者，係大功以上親首告，發附近，小功以下親首告，發邊衛，各充軍，其親屬本身被劫，因而告訴到官者,徑依親屬相盜律科罪,不在此例。

一、竊盜自首不實不盡及知人欲告而於財主處首還,律該減等擬罪者,俱免刺。

一、凡自首强盜,除殺死人命、姦人妻女、燒人房屋罪犯深重不准自首外,其餘雖曾傷人隨即平復不死者,亦姑准自首,照兇徒執持兇器傷人事例,問擬邊衛充軍,其放火燒人空房及田塲積聚之物者,依律問流,若計所燒之物重於本罪者,亦止照放火延燒事例,俱發邊衛充軍。

雍正三年律例館奏准增定附律例文

一、凡偷採人參率領頭目及財主聞拏投部者,不准首,仍照例擬絞監候。若事未發覺而自首者,照犯罪自首律發落,自首不實不盡者,亦照律治罪。

一、如有潛匿山林有名大盜投歸者,免罪。

一、凡强盜,雖自行投首,伊主仍照例治罪。

一、凡强盜行劫數家,而止首一家者,發黑龍江,給與新滿洲披甲之人爲奴。

一、强盜毆傷事主,傷非金刃,而所傷又輕旋經平復者,係夥盜仍准自首,發邊衛充軍,若事主傷重,雖幸未死,其傷人之夥盜仍擬正法。

律例館又奏准律後恭載諭旨

順治十七年九月内,刑部等衙門爲遵旨再審事具題,奉旨據奏,徐元善寇亂,縱出賊去,遵法投監,情有可矜,著免流徙杖一百發落,以後重囚有此等因變逸出投歸者,俱免死,照此例發落,永著爲例。其自行越獄及看守通同賄縱者,雖投歸,不在此例。

順治十八年九月内諭刑部:"近覽爾部章奏徐勝等一案,因其被擄下海,旋經投歸,仍按律擬罪。但念此輩先雖經從賊,乃能不忘故土,乘間來歸,徐勝等已有旨免罪,以後凡有此等投誠者,俱著免罪。"

歷年事例

順治四年定:凡曾經爲盜之人,無論犯罪輕重,有能赴所在官司,或徑赴兵部,將正賊姓名及居住地方詳悉陳首者,除本身免罪外,仍將賊贓酌議給賞。如脅從多人同心歸正,首告賊渠者,罪止賊渠,來首人悉免究治,仍以賊渠贓物分賞。〇十八年題准:凡山林有名大盜率衆投首來歸者,本犯免罪,其餘賊犯免死,係旗下人,鞭一百,係民責四十板。〇康熙十年覆准:凡强盜首後再犯又首者,照律不准自首,治以强盜之罪。〇二十三年議准:强盗殺人,除下手主謀者不准自首外,若未曾下手殺人自首者,將本犯監候,俟拏獲同夥之人,審明果無下手主謀情由,准免死,發邊衞充軍。〇二十八年題准:凡事發後查拏時,自首之强盗内,如有傷人不死者,照律擬戍,如不曾傷人者,照知人欲告而自首減二等律擬徒。〇三十年覆准:强盗未經放火及姦污婦女,則與不曾傷人之盗無異,如未發投首,照事未發自首免罪,事已發投首,照知人欲告自首,減二等杖徒。〇四十四年覆准:凡自首强盗,行劫數家而止首出一案者,俱免死,發黑龍江給與新滿洲披甲之人爲奴。〇雍正三年議准:嗣後如竊盗已經改過,被夥盗仍行挾制,令其入夥行竊,不願同行,將挾制情由即行自首者,免其前罪。若夥賊自行偷竊,事發之日,誣扳挾制不從之人爲同夥者,將誣扳之人照誣告律加一等治罪,如被逼已經入夥行竊,即能抱贓出首者,亦應免罪;至於强逼同竊,從之恐罹法網,不從又慮扳害,將强逼之人殺死而未經出首者,事發之日,該地方官查明果係同夥犯竊,有案可據,并有挾制實情者,將殺人之人照例免死減等,杖一百、流三千里。如將强逼之人殺死之後,即能自首者,照知人欲告而自首者減罪二等,杖一百、徒三年,各追埋葬銀兩;以上減流減徒之犯發配之後,盗心復萌,又行偷竊者,查明原案所犯之罪治之若有别故殺人,牽引竊案投首者,仍照殺人律定擬,其强盗案内,若本係良民,被積盗挾制入夥,雖同行並未得贓,將挾制之人殺死隨行自首者,應比照罪人本犯應死之罪而擅殺律,杖一百,若被挾入夥,雖同行並未得贓,將挾制之人殺死未經出首者,止照强盗已行而不得財律,杖一百、流三千里。不得更擬殺人之罪;至强竊盗案内將同夥之人謀死滅口,或奪分贓物因而致死者,仍照律定擬。不得濫行減等;倘承審官不行審出實情,濫行開脱,以致兇犯漏網者,將承審官照故出人罪議處。〇四年議准:嗣後凡屬員有以財行求上司保送題陞,并大計軍政卓異薦舉者,如受財之上司果於事後據實盡首者,免其治罪,并免追贓,止治以財行求並説事過錢人之罪;如以財行求之屬員有於事後據實出首者,免其治罪,於受財之上司照原贓數加倍追給,止治受財及説事過錢人之罪;若説事過錢之人據實首明者,免其追贓治罪,仍將與受之贓追出賞給一半,止治與受人之罪;至有贓多首少者,仍照律以不實不盡科之其有贓少首多者,以詐詐律治罪;倘有怙惡不悛,仍復匿不首明者,一經發覺,計贓照律加倍治罪,二罪俱發以重論。

凡二罪以上俱發,以重者論罪,各等者,從一科斷,若一罪先發,已經論決,餘罪後發,其輕若等勿論,重者更論之通計前罪,以充後數。謂如二次犯竊盗一次,先發計贓一十兩,已杖七十,一次後發計贓四十兩,該杖一百,合貼杖三十。如有禄人節次受人枉法贓四十兩,内二十兩先發,已杖六十、徒一年。二十兩後發,難同止累見發之贓合併,取前贓通計四十兩,更科前罪,徒三年。其應入官賠償刺字罷職罪止者,各盡本法。謂一人犯數罪,如枉法、不枉法贓,合入官毁傷器物,合賠償竊盗,合刺字,職官私罪杖一百以上,合罷職;無禄人不枉法贓一百二十兩以上,罪止杖一百、流三千里之類,各盡本法擬斷。

雍正三年律例館奏准:將五刑條例内附律定例一條移附本律後。

一、凡囚犯遇蒙恩例通減二等者,罪雖遇例減等,若律應仍盡本法者,仍依律一體擬斷。如枉法不枉法等贓,仍須入官,故云仍盡本法。

歷年事例

雍正五年諭:嗣後枷責之犯奉旨改爲發遣者,律不重科,俱免其枷責之罪,若有情罪可惡,雖令發遣仍應枷責者,臨時請旨。

犯罪共逃

凡犯罪共逃亡,其輕罪囚能捕獲重罪囚而首告,及輕重罪相等但獲一半以上首告者,皆免其罪。謂同犯罪事發,或各犯罪事發而共逃者,若流罪囚能捕死罪囚、徒罪囚能捕流罪囚首告,又如五人共犯罪在逃内,一人能捕二人而首告之類,皆得免罪,若損傷人及姦者不免,仍依常法。其因人連累致罪而罪人自死者,聽減本罪二等。謂因别人犯罪連累以得罪者,如藏匿引送資給罪人,及保勘供證不實,或失覺察關防鈐束聽使之類,其罪人非被刑殺而自死者,又聽減罪二等。若罪人自首告及遇赦原免,或蒙特恩減罪收贖者,亦准罪人原免減等贖罪法。謂因罪人連累以得罪,若罪人在後自首告,或遇恩赦全免,或蒙特恩減一等二等,或罰贖之類,皆依罪人全免減等收贖之法。

同僚犯公罪

凡同僚犯公罪者,謂同僚官吏連署文案,判斷公事差錯而無私曲者。並以吏典爲首,首領官減吏典一等,佐貳官減首領官一等,長官減佐貳官一等,四等官内如有缺員,亦依四等官遞減科罪,本衙門所設無四等官者,止准見設員數遞減;若同僚官一人有私自依故出入人罪論,其餘不知情者,止依失出入人罪論。謂如同僚連署文案官吏五人,若一人有私,自依故出入人罪論,其餘四人雖連署文案,不知有私者,止依失出入人罪論,仍依四等遞減科罪。〇若申上司不覺失錯准行者,各遞減下司官吏罪二等。謂如縣申州、州申府、府申布政司之類。若上司行下所屬依錯施行者,各遞減上司官吏罪三等,謂如布政司行下府、府行下州、州行下縣之類。亦各以吏典爲首。

公事失錯

凡公事失錯自覺舉者，免罪；其同僚官吏應連坐者，一人自覺舉，餘人皆免罪。謂緣公事致罪而無私曲者，事若未發露，但同僚判署文案官吏一人能檢舉改正者，彼此俱無罪責。〇其斷罪失錯已行論决者，不用此律。謂死罪及笞杖已决訖，流罪已至配所，徒罪已役訖，此等並爲已行論决，官司雖自檢舉，皆不免罪，各依失入人罪律減三等，以及官吏等級遞減科之故云不用此律。其失出人罪雖已决放，若未發露能自檢舉貼斷者，皆得免其失錯之罪。其官文書稽程應連坐者，一人自覺舉，餘人亦免罪。主典不免。謂文案小事五日程，中事十日程，大事二十日程，此外不了是名稽程官人自檢舉者，並得全免，惟當該吏典不免。若主典自舉者，並減二等。

共犯罪分首從

凡共犯罪者，以造意爲首，隨從者，減一等。〇若一家人共犯，止坐尊長。若尊長年八十以上及篤疾，歸罪於共犯，罪以次尊長。謂如尊長與卑幼共犯罪，不論造意，獨坐尊長，卑幼無罪，如尊長年八十以上及篤疾，於例不坐罪，即以共犯罪，次長者當罪，又如婦人尊長與男夫卑幼同犯，雖婦人爲首，仍獨坐男夫。侵損於人者，以凡人首從論。侵謂竊盜財物損謂鬭毆殺傷之類，如父子合家同犯，並依凡人首從之法，爲其侵損於人，是以不獨坐尊長。若共犯罪，而首從本罪各別者，各依本律首從論。謂如甲引他人共毆親兄，甲依弟毆兄杖九十、徒二年半，他人依凡人鬭毆論，笞二十；又如卑幼引外人盗已家財物一十兩，卑幼以私擅用財加二等，笞四十，外人依凡盗從論，杖七十之類。〇若本條言“皆”者，罪無首從；不言“皆”者，依首從法。〇其犯擅入皇城宫殿等門及私越度關，若避役在逃及犯姦者，亦無首從。謂各自身犯，是以亦無首從，皆以正犯科罪。

犯罪事發在逃

凡二人共犯罪，而有一人在逃，見獲者稱逃者爲首，更無證佐，則决其從罪，後獲逃者稱前人爲首，鞫問是實，還依首論，通計前罪以充後數。〇若犯罪事發而在逃者，衆證明白，即同獄成，不須對問。

雍正五年律例館奏准增定附律例文

一、凡負罪潛逃之犯被獲者，除笞杖等罪仍照律遵行外，犯該徒一年者，加倍徒二年；徒一年半者，徒三年；徒二年者，流二千里；徒二年半者，流二千五百里；徒三年者，流三千里；流二千里至二千五百里者，加等發邊衛充軍；流三千里及發邊衛充軍者，擬絞監候；該絞監候者，立絞；該斬監候者，立斬。其知情藏匿罪人者，照本犯原罪治罪，雖官員不准折贖。如窩藏之家出首,免其坐罪,本犯自行出首者,免其加罪,止照原犯之罪科斷。倘窩家與本犯朋比不行出首,除本犯及窩家照定例治罪外,將該管保長甲長地方及知情緊鄰俱杖八十,該地方官稽查不力者,交部議處。如有屬員藏匿罪人,該管上司不行糾參者,亦交部議處。

一、凡免死減等,發遣奉天、黑龍江、寧古塔、西安、荆州、杭州、成都等處人犯,在逃潛匿者,被獲之日,照例於發遣處即行正法,其平常發遣人犯逃走後,有行兇爲非者,亦照例於發遣處即行正法,如無行兇爲非之事,於發遣處枷號兩個月、鞭一百,仍交與該管處嚴行管束。若各該處旗下家人私自逃走者,加逃罪一等治罪,有爲非之處,從重歸結,各該將軍,仍將發遣人犯并旗下家人私自逃走者,俱照例每月造册咨部,歲底彙奏,刑部會同兵部覆核,將已獲幾名,未獲幾名,或並無脱逃,或脱逃後盡數全獲,逐一分晰具題,恭侯欽定賞罰施行。

親屬相爲容隱

凡同居同謂同財共居,親屬不限籍之同異,雖無服者亦是,若大功以上親,謂另居大功以上親屬及外祖父母、外孫、妻之父母、女壻,若孫之婦、夫之兄弟、及兄弟妻有罪,相爲容隱,奴婢、僱工人爲家長隱者,皆勿論。○若漏洩其事及通報消息,致令罪人隱匿逃避者,亦不坐。謂有得相容隱之親屬犯罪,官司追捕,因而漏洩其事及暗地通報消息與罪人,使令隱避逃走故,亦不坐。○其小功以下相容隱及漏洩其事者,減凡人三等,無服之親減一等。謂另居小功以下親屬。○若犯謀叛以上者,不用此律。謂雖有服親屬犯謀反謀大逆謀叛但容隱不首者,依律科罪,故云不用此律。○家長不得爲奴婢、僱工人隱者,義當治其罪也。

吏卒犯死罪

凡在外各衙門吏典祗候禁子,有犯死罪,從各衙門長官鞫問明白,不須申禀,依律處决,然後具由申報,本管上司轉達刑部奏聞知會。

雍正三年律例館奏准:今吏役軍民人等有犯死罪,一例問擬核覆,候旨處决,不用此律,删。

處决叛軍

凡邊境城池,若有軍人謀叛,守禦官捕獲到官,顯跡證佐,明白鞫問招承,行移都指揮使司委官審問,無冤隨即依律處治,具由申達,兵部衙門奏聞知會,若有布政司按察司去處,公同審問處治,如在軍前臨陣擒殺者,不在此限。

雍正三年律例館奏准:"行移都指揮使司委官"九字改爲"申報督撫提鎮。""具由申達,兵部衙門奏聞知會,若有布政司按察司去處,公同審問處治"二十八字,改爲"具由奏聞"。

殺害軍人

凡殺死軍人者,依律處死,仍將正犯人餘丁抵數充軍。

附律定例

一、凡謀故殺死總小旗者,正犯抵死,旗役仍令本户餘丁補當,若無本户餘丁,勾取犯人户内壯丁抵充軍數。

雍正三年律例館奏准:今謀故鬬毆殺人,不論軍民,止將正犯抵死,被殺者雖係軍人,並無將正犯餘丁抵充軍數之事,律例俱删。

在京犯罪軍民

凡在京軍民,若犯杖八十以上者,軍發外衛充軍,民發别郡爲民。

雍正三年律例館奏准:今在京軍民有犯,俱照本律科斷,不用此律,删。

化外人有犯

凡化外人犯罪者,並依律擬斷。

雍正三年御批增定律文

凡化外人犯罪者,並依律擬斷,隸理藩院者,仍照原定蒙古例。

歷年事例

康熙四十年覆准:熟苗生苗[①]若有傷害人者,熟苗照民例治罪,生苗仍照苗人例治罪。○四十四年覆准:苗民犯輕罪者,聽土官自行發落外,若殺死人命强盗擄掠及捉拏人口索銀勒贖等情,被害之苗赴道廳衙門控告,責令土官將犯苗拏解照律例從重治罪,藏匿不送者,將土官照例嚴加議處。○又覆准:嗣後如有仍前伏草捉人枷肘在巢勒銀取贖者,土官將犯罪之苗解送道廳審理,初次有犯,爲首者擬斬監候,爲從俱枷號三個月,責四十板,臂膊刺字,如再犯者,不分首從皆斬立決,内有初犯者,仍分别首從擬罪,其有土哨奸民勾通取利者,審係造意爲首,不分初次再犯,擬斬立決,若通同附和,希圖取利,各枷號兩個月,責四十板,僉妻發邊外爲民;其該管土官雖不知情,平日不嚴行約束所致,有一起,土知府罰俸三個月,百户寨長各罰俸六個月,二起,土知府罰俸半年,百户寨長各罰俸一年,有三

---

① 熟苗生苗:熟苗指基本被漢化的苗族;生苗指未被漢化的苗族。

起者,土知府罰俸一年,百户寨長俱革職;若該管土官知情不行禁止者,俱革職,不准折贖,責四十板,若係教令或通同取利者,革職,不准折贖,枷號三個月。○又覆准:兩省相接之苗,有冤抑之事,令其赴兩廳控告,兩廳會同土官審明發落。如有仍前殺搶者,令土官將犯罪之苗拏赴兩廳審明,俱照白晝搶奪律治罪,免其刺字,照旗下人枷號杖責。若聚衆不及五十人,亦無殺死人命,止傷人不死者,將爲首枷號兩個月,責四十板,爲從各枷號一個月,責三十板。如有殺死人命者,將爲首之人擬斬監候下手之人各枷號三個月責四十板爲從各枷號四十日,責四十板,若聚衆至五十人者,雖無殺死人命,將爲首之人擬斬監候,爲從各枷號五十日,責四十板。如有殺死人命者,將爲首之人擬斬立决,下手之人俱擬絞監候,其餘爲從各枷號兩個月,責四十板。若聚衆至百人者,雖無殺死人命,將爲首之人擬斬立决,爲從者各枷號兩個月,責四十板。如有殺死人命者,將爲首擬斬立决梟示,下手之人俱擬斬監候,其餘爲從各枷號三個月,責四十板,其所搶人畜等物,俱勒令給還原主;其該管各官雖不知情,平日不嚴行約束,以致衆苗互相搆釁,若不及五十人者,將土知府知州罰俸三個月,百户寨長罰俸六個月。若聚衆五十人者,將土知府知州罰俸半年,百户寨長各罰俸一年。若聚衆至百人者,將土知府知州各罰俸一年,百户寨長均革職。若聚衆百人以上者,將土知府知州革職,百户寨長俱革職不准折贖,責四十板。若該管官知情不行禁止,革職不准折贖,枷號一個月,責四十板。若係教令或通同希圖分財物者,俱照爲首之犯一體治罪。

大清會典

雍正朝

4

楊一凡　宋北平　主編

尹泰　等纂

趙東昇　劉宸纓　校點

鳳凰出版社

大清會典卷之一百五十二

刑部

〔律例三〕

〔名例下〕

本條別有罪名

凡本條自有罪名，與名例罪不同者，依本條科斷。○若本條雖有罪名，其有所規避罪重者，自從重論。○其本應罪重，而犯時不知者，依凡人論。謂如叔姪別處生長，素不相識，姪打叔傷，官司推問，始知是叔，止依凡人鬭法。又如別處竊盜偷得大祀。神御之物，如此之類，並是犯時不知，止依凡論，同常盜之律。本應輕者，聽從本法。謂如父不識子，毆打之後，方始得知，止依打子之法，不可以凡毆論。

加減罪例

凡稱加者，就本罪上加重。謂如人犯笞四十，加一等即坐笞五十。或犯杖一百，加一等，則加徒減杖，即坐杖六十、徒一年。或犯杖六十、徒一年，加一等即坐杖七十、徒一年半。或犯杖一百徒三年，加一等即坐杖一百流二千里。或犯杖一百流二千里，加一等即坐杖一百流二千五百里之類。稱減者，就本罪上減輕，謂如人犯笞五十，減一等即坐笞四十。或犯杖六十、徒一年，減一等即坐杖一百。或犯杖一百徒三年，減一等即坐杖九十、徒二年半之類。惟二死三流，各同爲一減，二死謂絞斬，三流謂流二千里、二千五百里、三千里各同爲一減，如犯死罪減一等，即坐流三千里，減二等即坐徒三年，犯流三千里減一等亦坐徒三年。加者數滿乃坐。謂如贓加至四十兩，縱至三十九兩九錢九分，雖少一分，亦不得科四十兩罪之類。又加罪止於杖一百、流三千里，不得加至於死，本條加入死者，依本條。加入絞者，不加至斬。

附律定例

一、在京法司每年熱審,以命下之日爲始,至六月杪止,其在外五年審録,以恤刑官入境日爲始,出境日止,雜犯准徒五年者,減去一等,徒杖以下,俱減等枷號,並笞罪俱釋放,悉遵照勅旨行。

雍正三年律例館奏准:今五年審録例停止。此條删。

雍正三年律例館奏准增定附律例文

一、凡承問官將贓銀那移,赦前赦後之處,照吏部所定贓銀私自改删之例革職,如承審遲延及延挨熱審減等等弊,該部查出,將該管各官照違限月日按月處分,犯人不准減等。

一、凡安插奉天等處並發遣軍流等犯,俱以部文到日爲始,定限兩個月,自該省起解,每日限五十里,如起解違限,雖遇熱審,俱不准減等,將起解之地方官照違限例議處;解役在途故意遲延逾限者,嚴加治罪,犯人在途患病,許具呈該地方官,取具印結,到部查明,果非託故延挨者,仍照例減等。

一、熱審未行之前,已具題奉旨未經發落應減等之罪,遇熱審,仍照例減等發落。

一、直隸各省,熱審之先,審擬具題到部,遇熱審仍行減等發落,督撫熱審時,審擬減等具題,雖過熱審之期到者,亦仍行減等發落,其原具題時遇熱審,有情重不符駁回,後具題逾熱審者,亦減等完結。

一、侵盗錢糧擬徒,後因限内未完,照例擬流之犯,遇熱審不准減等。

律例館又奏准律後恭載諭旨二道附議稿

雍正元年六月内奉上諭,諭:"刑部熱審減等,國朝舊有成例。蓋念時當盛暑,囹圄之地,倍覺炎蒸,笞杖所加,更爲酷烈,故特予減等,以昭法外之仁。迨後日久弊生,罪人妄希巧脱,胥吏貪緣作奸,故延日期,致逃法網,是以停止熱審減等之例,以杜弊端。我聖祖皇帝,如天好生,凡閲讞章,哀矜詳慎,秋審決囚,屢行停止,至每歲夏月,必特沛恩綸。監候者,寬其刑具;枷責者,緩至秋凉雖停熱審之例,仍寓減等之心,恩至渥也。朕仰體聖慈時深欽恤,嗣後每逢熱審之期,仍復減等舊例。其監禁重犯,亦量加寬恤,至情罪可疑及牽連待質人等,暫予保釋,俟秋後再行拘禁。凡内外讞獄衙門,一體詳慎遵行,庶幾刑期無刑之意;其有故意遲延,仍蹈前弊,希圖漏網者,除本犯不准減等外,官吏嚴加治罪。爾部即通行直隸各省遵行特諭。欽此。"刑部題准:熱審減等,舊例每年於小滿後十日起,至立秋前一日止，如遇六月立秋，於六月底止，凡軍流徒枷杖等罪，會同三法司減等，十日一次彙題發落，其笞罪竟行寬免；至於見在拘禁人犯，無論已未結案牽連待質人等，俱交各該旗、該地方官暫行保釋，亦俟立秋後送部審理完結，應枷者，照減等例暫行保釋，亦俟立秋日補枷，其斬絞重犯内，或有情罪可矜可疑者，另行請旨；倘内外讞獄衙門有故意遲延恣行奸弊，或人犯妄希巧脱者，除本犯不准減等外，其夤緣作弊之官吏，嚴加治罪。

雍正二年五月内奉上諭：嗣後凡盜犯熱審，不必減等。

稱乘輿車駕

凡稱乘輿車駕及御者，太皇太后、皇太后、皇后並同；稱制者，太皇太后、皇太后、皇太子令並同。

稱期親祖父母

凡稱期親[①]及稱祖父母者，曾高同；稱孫者，曾元同；嫡孫承祖，與父母同。緣坐者，各從祖孫本法。其嫡母、繼母、慈母、養母與親母同；稱子者，男女同。緣坐者，女不同。

稱與同罪

凡稱與同罪者，止坐其罪至死者，減一等，罪止杖一百、流三千里，不在刺字絞斬之律，若受財故縱與罪同者，全科，至死者，絞；其故縱謀反逆叛者，皆依本律。凡稱同罪者，至死減一等，稱罪同者，至死不減等。○稱准枉法論、准盜論之類，但准其罪，亦罪止杖一百、流三千里，並免刺字。○稱以枉法論，及以盜論之類，皆與實犯同，刺字絞斬，皆依本律科斷。

附律定例

一、凡受財故縱與囚同罪人，犯該凌遲斬絞，依律罪止擬絞者，俱要固監緩决，候逃囚得獲審，豁其賣放充軍人犯者，即抵充軍役；若係永遠同罪者，止終本身，仍勾原犯應替子孫補伍。

稱監臨主守

凡稱監臨者，内外諸司統攝所屬有文案相關涉，及雖非所管百姓，但有事在手者，即爲監臨稱主守者，該管文案吏典專主掌其事，及守掌倉庫獄囚雜物之類，官吏庫子斗級攢攔禁子並爲主守。○其職雖非統屬，但臨時差遣管領提調者，亦是監臨主守。

---

① 期親：依喪服制應服齊衰喪服一年的親屬。

稱日者以百刻

凡稱一日者，以百刻今時憲曆每日九十六刻計工者，從朝至暮；稱一年者，以三百六十日，稱人年者，以籍爲定，謂稱人年紀，以附籍年甲爲准；稱衆者，三人以上；稱謀者，二人以上，謀狀顯跡明白者，雖一人同二人之注。

稱道士女冠

凡稱道士女冠者，僧尼同；若於其受業師，與伯叔父母同；受業師謂於寺觀之内，親承經教合爲師主者；其於弟子與兄弟之子同。

斷罪依新頒律

凡律自頒降日爲始，若犯罪已前者，並依新律擬斷。

附律定例

一、律例申明頒布之後，凡問刑衙門敢有恣任喜怒，引擬失當，或移情就例，故入人罪苛刻顯著者，各依故失出入律坐罪，其因而致死人命，除律應抵死外，其餘俱問革職。

斷罪無正條

凡律令該載不盡事理，若斷罪無正條者，引律比附，應加應減定擬罪名，轉達刑部，議定奏聞；若輒斷決致罪有出入，以故失論。

雍正三年律例館奏准：今督撫審擬，竟自具題，無轉達刑部之處，將"轉達刑部"四字删。

徒流遷徙地方

徒役，各照所徒年限，並以到配所之日爲始。發鹽場者，每日煎鹽三觔；鐵冶者，每日炒鐵三觔，另項結課。江南布政司府分，江南發山東鹽場。〇江北發河間鹽場。福建布政司府分，發兩淮鹽場。浙江布政司府分，發山東鹽場。江西布政司府分，發泰安萊蕪等處鐵冶。湖廣布政司府分，發廣東海北鹽場。河南布政司府分，發浙東鹽場。山東布政司府分，發浙東鹽場。山西布政司府分，發鞏昌鐵冶。直隸府分，發平陽鐵冶。陝西布政司府分，發大寧綿州鹽井。廣西布政司府分，發兩淮鹽場。廣東布政司府分，發浙西鹽場。海北海南府分，發進賢新喻鐵冶。四川布政司府分，發黄梅興國鐵冶。

流三等，照依地里遠近，定發各處荒蕪及瀕海州縣安置。江南布政司府分，流陝西。福建布政司府分，流山東直隸。浙江布政司府分，流山東直隸。江西布政司府分，流廣西。湖廣布政司府分，流山東。河南布政司府分，流福建。山東布政司府分，流福建。山西布政司府分，流福建。直隸府分，流福建。陝西布政司府分，流福建。廣西布政司府分，流廣東。廣東布政司府分，流福建。四川布政司府分，流廣西。

雍正三年律例館奏准：今各省惟雲南有煎鹽熬鉛二項，餘俱發本省驛遞，又今在京人民犯流者發陝西，無發福建者；又直隸畿輔之地，不應安置流犯；又流罪三等，以遠近爲輕重，律文道里亦不相符，俱應删定，今將奏准删改增定律文開後。

凡徒役，各照應徒年限，並以到配所之日爲始，限滿釋放，流犯照依本省地方，計所犯應流道里，定發各處荒蕪及瀕海州縣安置；應遷徙者，遷離鄉土一千里外。

徒五等，發本省驛遞。流三等，直隸布政司府分，流陝西。江南布政司府分，流陝西。安徽布政司府分，流山東。山東布政司府分，流浙江。山西布政司府分，流陝西。河南布政司府分，流浙江。陝西布政司府分，流山東。甘肅布政司府分，流四川。浙江布政司府分，流山東。江西布政司府分，流廣西。湖北布政司府分，流山東。湖南布政司府分，流四川。福建布政司府分，流廣東。廣東布政司府分，流福建。廣西布政司府分，流廣東。四川布政司府分，流廣西。貴州布政司府分，流四川。雲南布政司府分，流四川。

雍正三年律例館奏准增定附律例文

一、凡各省民人在京犯該應流並免死減等流犯，如無妻室及無應追埋葬銀兩者，順天府定地發遣，如有妻室及應追銀兩，順天府轉發原籍地方，令其追銀僉妻，各照本省所定應流地方發遣，追完銀兩解部，分別給主；别省有犯，亦照此例科斷。

一、雲南徒罪人犯，發本省多羅松林等十二驛擺站，罪重者，迤東各府人犯發諾鄧等井煎鹽，迤西各府人犯，發固舊等廠熬鉛；其發遣人犯，年底造册報部。

一、凡軍流人犯，隆冬停其發遣，惟廣東、福建冬月常煖，其彼此應流人犯照常發遣。

一、軍流徒犯俱至配所，照應杖之數折責，惟緣坐流罪不加杖。

一、凡免死强盗、三次竊盗、誘賣人口、私鑄制錢、偷採人參並行兇等犯，應發往黑龍江等處者，除旗下另户人外，其民人及旗下奴僕，即將所犯罪由於左右面上分刺滿漢字樣發遣，仍照例分别枷責，若從發遣處逃回者，亦照此例刺發。

一、各旗將家奴喫酒行兇送部發遣者，令該旗都統確查，用印文送部發遣，如將應行發遣之奴該旗故爲留難，不行送部者，許伊主赴部遞呈，該部審明，應行發遣者發遣，將留難官員交與該部查議，至於行止不端之人，將行占奪家人妻女，揑以喫酒行兇送部者，不准發遣，交與該佐領，將伊妻室子女轉賣身價給主，倘被賣之後揑報原主，希圖報復者，仍照誣告家長律從重治罪；其各省將軍處有送家奴喫酒行兇發遣者，該將軍審明，照此遵行。

一、雲南、貴州、四川、廣西、湖南五省，土司有犯徒罪以下者，仍照例遵行外，其改土爲流之土司本犯係斬絞者，仍於各本省分别正法監候，其家口應遷於遠省安插者，係雲南，遷往江寧，係貴州，遷往山東，係廣西，遷往山西，係湖南，遷往陜西，係四川，遷往浙江，令該督撫將伊等家口在於各該省城安插；如犯軍流罪者，其土司并家口應遷於近省安插，係雲南四川，遷往江西，係貴州廣西，遷往安慶，係湖南，遷往河南，令該督撫將土司并伊等家口在於省城及駐劄提督地方分發安插，令該地方文武各官不時稽查，毋許生事擾民出境，如疎縱，土司本犯及疎脱土司家口者，照例分别議處；其犯有應遷之土司及伊家口，該督撫確查人數多寡，每親丁十口帶奴婢四口，造具清册，連家口一併移送安插之省，仍具册并取該地方官並無隱漏冒濫等弊印結，咨報刑部；其所給房産，令該督撫計其家口多寡，每十口撥給官房五間，官地五十畝，俾得存養，不致失所官地，仍照例輸課，每於年底封印前，將安插人口及所給房産數目造册，咨送户部查核。

一、奉天、寧古塔、黑龍江等處有犯枷責發遣者，令該將軍等查明，或係實在滿洲另户正身，或雖係另户，而行同奴僕卑污下賤者，或係奴僕開户而爲另户者，逐一聲明送部，照例枷責滿日，咨送兵部，將實在滿洲另户正身發西安、荆州、杭州、成都等處滿洲駐防之省城當差，若另户而行同奴僕并奴僕開户者，俱發西安等處滿洲駐防之兵丁爲奴，其同案之犯不得共發一處。

律例館又奏准律後恭載諭旨

康熙九年十二月内諭：刑部等衙門，向來定例流徙尚陽堡、寧古塔等處人犯，六月十二月不行發遣，其餘月分俱發。今思十月至正月，終俱屬寒冷之時，流人多有貧者，衣裝單薄，無以禦寒，以罪不至死之人凍斃道途，殊爲可憫。以後流徙尚陽堡、寧古塔人犯，十月至正月，終及六月，俱停其發遣，餘月照常發遣。

康熙二十一年五月内諭刑部:“頃者逆寇殲滅,海宇蕩平,朕躬詣盛京,展謁永陵福陵昭陵,以告成功,因而巡行邊塞,咨詢民間疾苦,東至烏喇地方,見其風氣嚴寒,由内地發遣安插人犯水土不習,難以資生。念此輩雖干憲典,但既經免死,原欲令其生全,若仍投畀窮荒,終歸踣斃,殊非法外寬宥之初念,朕心深爲不忍。以後免死減等人犯,俱着發往尚陽堡安插,其發往尚陽堡人犯,改發遼陽安插。至於反叛案内應流人犯,仍發烏喇地方,令其當差,不必與新披甲之人爲奴,以昭朕軫恤民隱哀矜保全之意。爾部即遵諭行。”

歷年事例

順治十二年題准:一應流犯,俱照律例所定地方發遣,其解部流徙者,改流尚陽堡。〇十四年議定:凡賣錢經紀舖户興販,攙和私錢者,流徙尚陽堡。〇十六年諭:“貪官贓至十兩者,流徙席北地方。”〇十七年題准:席北係邊外之地,以後流徙席北者,俱改流寧古塔。〇十八年定,凡反叛案内應流人犯,俱流徙寧古塔。〇康熙五年覆准:侵欺錢糧婪贓衙役,遇赦援免後仍入衙門應役者,除死罪外,流徙寧古塔。〇十七年覆准:凡隱匿入官人口至五名,財物至五百兩者,流徙寧古塔。〇十八年議定:凡軍罪及免死擬流人犯,俱安插於烏喇地方;其照常流犯,安插於奉天地方。〇十九年議准:凡貪贓官役免死減等發落者,照例安插於烏喇地方;罪不至死而擬流者,流徙尚陽堡。〇二十一年題准:凡民人假稱逃人,具告行詐者,發寧古塔,與窮披甲之人爲奴。〇二十二年題准:凡三次逃人、三次竊盗免死減等發落,及誘賣人口藥餅迷拐各爲從,并和同被誘知情,及人牙子應擬流徙者,俱改發寧古塔,與窮披甲之人爲奴。〇二十三年諭:“凡充軍流徙犯人,於隆冬嚴寒時發遣,在途苦累,嗣後隆冬時停其發遣。”〇又定凡犯重罪免死,給與盛京、寧古塔等處新滿洲爲奴者,併妻發去,不許贖身,仍籍没其家産。〇又題准:凡誣陷平民爲盗嚇詐銀兩者,比照竊盗三犯免死完結例,發與寧古塔窮披甲之人爲奴。〇又定凡係發給新滿洲爲奴人犯,禁其贖出爲民。〇二十六年恩詔,凡解部及遞解外省各項犯人,應按程給與口糧,勿致饑斃。〇又議准:遞解人犯中途患病者,原解即報該地方官親身驗明,出具印結,如取結後死者,其官役免議,若未取患病印結,途中死一二名者,將僉差之官罰俸一年,解役徒三年,至配所責四十板,死三四名者,僉差之官降一級留任,解役流三千里,至配所責四十板,死五六名以上者,僉差之官降二級調用,解役發邊衛充軍,至配所責四十板。〇又議准：凡解役將犯人恣意陵虐、措勒拷打致死者，該地方官申報，督撫照律從重治罪。〇又議准：凡解役夥同逃人，沿途搶奪擾害良民者，以光棍例治罪，如有解役教唆人犯搶奪者，亦照此例治罪。〇二十八年題准：免死減等發與新滿洲爲奴爲額丁，並免死發往之另户人，若仍不改惡，爲盜或逃走者，該將軍於衆惡之前即行正法，仍將情罪緣由年底彙奏。〇又諭："流徙人犯，遇有勢力者，每羈禁不嚴，及至發遣，又展轉遷延；其貧困之人無力營求者，即肆行陵虐，濱於死亡，向來此等情弊甚多，嗣後如遇有勢力之人，即行發遣；其有貧困之人，毋許陵虐致斃，着户刑二部堂官不時詳加稽察，如有前項，立行指參，從重治罪。"〇二十九年議准：凡流徙官員遇寒暑發遣，俟命下三日内分送户部兵部順天府等衙門，限十五日内令其束裝，即行發遣，若限内不行發遣者，將遲延官員交部議處。〇三十一年覆准：免死減等發往黑龍江爲奴之犯，令該將軍酌量均分，給與新舊滿洲及達古里窮披甲之人爲奴。〇又諭："此後發黑龍江罪人及發爲奴罪人，或留黑龍江，或安插默爾根，着該將軍酌量料理。"〇三十六年議准：犯人中途患病，情有可憫，着令該地方官醫治，仍毋誤遞解。〇四十年題准：甘肅地方起解免死減等及軍流人犯，照逃人例遞解。〇四十一年議准：黑龍江、寧古塔等處將軍捕牲總管等，將免死發遣人犯每月收領者若干、逃走者若干、拏獲者若干、未獲者若干，查明造册咨部，至年底將總數令該將軍開明具奏，該部勘對，若將發遣人犯逃走一名者，伊主係官，罰俸三個月，平人鞭五十，至二三名者，計人數加罪，一年内逃至五名者，該管佐領、驍騎校各罰俸一個月，領催各鞭三十至十名者，協領罰俸一個月，佐領、驍騎校各罰俸三個月，領催各鞭五十，至二十名者，將該將軍、副都統等各罰俸一個月，協領罰俸三個月，佐領、驍騎校各罰俸六個月，領催各鞭八十，至三十名者，將該將軍、副都統等各罰俸三個月，協領罰俸六個月，佐領、驍騎校各罰俸一年，領催各鞭一百，逃走至四十名以上者，將該將軍、副都統等各罰俸六個月，協領罰俸一年，佐領、驍騎校各降一級，罰俸一年，領催各枷號二十日、鞭一百，捕牲總管照協領治罪，翼長照佐領治罪，其發遣人犯逃走，若拏獲時有拒捕者，即行正法，其和同誘賣人口發遣者，逃回並無行兇之處，仍照例完結，若逃回又拐賣人口，或爲竊盜等事發覺，部内查明，發與該將軍，亦照新例即行正法。〇又諭："嗣後免死人犯，仍俱發黑龍江，如逃回獲住，嚴加重處面上刺字。"〇四十四年題准：凡發回原籍安插並軍流等犯，有中途患病者，照逃人例，地方官留養醫治，内有隨行親屬，亦准存留，俟病痊起解，仍將患病日期報部，如不行留養醫治，以致病故者，地方官交與吏部議處。〇四十五年覆准：湖廣、福建、江南、陝西、貴州、廣東等省免死減等及軍流各犯，俱照逃人例遞解。〇四十六年覆准：順天浙江江西河南等省免死減等及軍流各犯，俱照逃人例遞解。〇四十七年覆准：雲南、山西、廣西、山東、四川等省免死減等及軍流各犯，俱照逃人例遞解。〇四十八年覆准：充發人犯仍不改惡，在配所又打死人，應在衆人前即行正法。〇五十一年覆准：嗣後免死減等盗犯，起解時值隆冬，應照軍流人犯停遣之例，准其停遣；解至中途時值封印，准其暫爲留養，於次年開印後再行轉解。〇五十二年諭："此後發遣人犯，俱發在三姓地方。"〇雍正二年議准：嗣後除五旗該管門上送部發遣者，仍照舊例咨送，該王門上轉發捕牲烏喇外，其五旗王府佐領下人因公事犯罪，俱停其送該管門上發捕牲烏喇，均改發三姓地方當差，若情罪稍輕者，酌量發黑龍江等處。〇又議准：嗣後發遣三姓地方人犯，若新編佐領内披甲人有願領者，仍行給與，如無人願領，着令分發各處散住人户爲奴，查明某頭目下某人，領去註册。〇又議准：直隸、山西、河南、山東、陝西五省連家屬發遣之人，除盗賊外有能種地者，前往布隆吉爾地方，令其種地，地方官動用正項錢糧採買籽種牛隻等項，給與耕種之人，三年以後，照例交納糧草。〇三年諭："嗣後年逾七十之人有罪犯發遣者，着另行具奏。〇又議准：嗣後免死發遣人犯，如仍不改惡，該將軍務將所犯情由審明，照例定擬，先行具題請旨，再將該犯正法。〇又議准：嗣後應發遣三姓地方人犯，暫停發三姓地方，即發遣吉林烏喇寧古塔白都諾等三處，人犯發遣到日，該將軍副都統等查明，或給當差之人，或賞給窮披甲之人，即照例安插，該旗参領佐領驍騎校等查明；或不肖之徒混行索取銀兩，將人犯私放變賣令其贖身等弊，即從重治罪，若該管官不行嚴查，被别人首出，該將軍等將該管官指名題參，從重治罪。〇四年議准：嗣後偷刨人參應擬發遣之犯俱行解部，若係滿洲蒙古，發往江寧、荆州、西安、杭州、成都等處有滿洲駐防之省城當苦差，若係漢人，僉妻發往廣東廣西等處地方當差，若係漢軍，發往廣西、雲南、貴州等處烟瘴地方當差。

邊遠充軍

江南布政司府分，江南發直隸永平衛，山西都指揮使司、陝西都指揮使司所轄蘭州衛河州衛，江北發廣東都指揮使司所轄海南衛、四川都指揮使司所轄貴州衛今屬貴州都指揮使司所轄雅州千户所。福建布政司府分，發直隸永平衛。浙江布政司府分，發直隸永平衛。江西布政司府分，發山西都指揮使司。湖廣布政司府分，發山西都指揮使司。河南布政司府分，發廣西都指揮使司所轄南寧衛太平千户所。山西布政司府分，發廣東都指揮使司所轄海南衛。山東布政司府分，發廣東都指揮使司所轄海南衛。直隸府分，發廣西都指揮使司所轄南寧衛太平千户所。陝西布政司府分，發廣西都指揮使司所轄南寧衛太平千户所。廣西布政司府分，發陝西都指揮使司所轄蘭州衛河州衛。廣東布政司府分，發山西行都指揮使司。四川布政司府分，發廣西都指揮使司所轄南寧衛太平千户所。

雍正三年，律例館校准道里遠近，奏定删改律文。

充軍地方

凡問該充軍者，附近發二千里，邊衛發二千五百里，邊遠發三千里，極邊烟瘴俱發四千里，如無烟瘴地方，即以極邊爲烟瘴。定衛發遣充軍人犯，在京兵部定衛，在外巡撫定衛，仍抄招知會兵部。其問該邊外爲民者，抄招解送户部編發。

直隸府分發山東附近、山西附近邊衛、江南附近邊衛邊遠、湖廣附近邊衛邊遠、陝西附近邊衛邊遠極邊、浙江邊衛邊遠極邊、江西極邊、廣東烟瘴衛所。

江南布政司府分發湖廣附近、山東附近邊衛、浙江附近邊衛、陝西附近邊衛邊遠極邊、直隸附近邊衛邊遠、山西邊衛極邊、廣東邊遠極邊烟瘴衛所。

山東布政司府分發登州府附近、直隸附近邊衛、江南附近邊衛邊遠、山西附近邊衛邊遠、浙江附近邊衛邊遠極邊、陝西邊衛邊遠極邊、廣東烟瘴衛所。

山西布政司府分發山東附近邊衛、江南附近邊衛邊遠、陝西附近邊衛邊遠極邊、湖廣附近邊衛邊遠極邊、浙江邊遠極邊、江西邊遠、廣東極邊烟瘴衛所。

河南布政司府分發山東附近、山西附近邊衛、湖廣附近邊衛、直隸附近、江南附近邊衛邊遠極邊、陝西附近邊衛邊遠極邊、浙江附近邊衛邊遠極邊、廣東邊遠極邊烟瘴衛所。

陝西布政司府分發寧夏衛河州衛附近、直隸附近、山西附近、本都行都司附近邊衛邊遠、山東附近邊衛邊遠極邊、湖廣附近邊衛邊遠極邊、江南邊衛邊遠極邊、廣東邊遠極邊烟瘴衛所。

浙江布政司府分發江南附近邊衛邊遠、山東附近邊衛邊遠、湖廣附近邊衛邊遠、直隸邊衛邊遠極邊、山西極邊、陝西極邊、廣東烟瘴衛所。

江西布政司府分發山東附近、浙江附近、湖廣附近邊衛、廣東附近邊衛邊遠、直隸邊衛邊遠極邊、山西極邊、陝西極邊、四川極邊衛所。

湖廣布政司府分發襄陽府附近、江西附近邊衛、浙江附近邊衛邊遠、四川附近邊遠、江南附近邊衛邊遠極邊、山西附近邊衛邊遠極邊、陝西附近邊衛邊遠極邊、直隸邊衛邊遠、廣東附近邊衛邊遠極邊烟瘴衛所。

福建布政司府分發浙江附近、江西附近、江南附近邊衛邊遠、廣東附近邊衛邊遠、湖廣附近極邊、山東邊衛邊遠極邊、直隸邊遠極邊、四川極邊衛所。

廣東布政司府分,發潮州府附近,湖廣附近邊衛、邊遠、極邊,山西極邊,四川極邊,山東極邊衛所。

廣西布政司府分,發江西,附近邊衛、邊遠,湖廣附近邊衛、邊遠,四川邊衛、邊遠、極邊,山西極邊,陝西極邊,浙江極邊,廣東附近邊衛、邊遠、極邊、烟瘴衛所。

四川布政司府分,發越巂衛附近,陝西附近邊衛、邊遠、極邊,湖廣附近邊衛、邊遠、極邊,江南邊衛、邊遠、極邊,山西極邊,浙江極邊,廣東邊衛、邊遠、極邊、烟瘴衛所。

貴州布政司府分,發四川附近,江西附近邊衛,湖廣附近邊衛,陝西附近邊衛、邊遠、極邊,江南邊衛、邊遠、極邊,浙江邊衛、邊遠、極邊,山西極邊,廣東附近邊衛、邊遠、極邊、烟瘴衛所。

雲南布政司府分,發廣東附近邊衛、邊遠、極邊、烟瘴,湖廣邊衛、邊遠,陝西邊遠、極邊,江西極邊衛所。

附律定例

一、凡問該充軍者,在京行兵部定衛,在外係巡撫有行者,巡撫定衛,巡按有行者,巡按定衛,其所屬自問者,有巡撫處申呈巡撫,無巡撫處,巡按定撥,仍抄招行兵部知會;其問該邊外爲民者,亦抄招解送户部編發。

雍正三年律例館奏准:今巡按御史停止,"巡按定衛"四字應删,今將此條删改入律見前。

一、凡問發充軍及邊外爲民者,免其運炭、納米等項并律該决杖,就拘當房家小起發隨往。其餘人口,存留原籍辦納糧差。若發邊衛充軍者,原係邊衛,發極邊,原係極邊常川守哨,其無極邊字樣者,遠不過三千里,程限不過一二月,發邊外爲民者,原係邊外并邊境民人,發别處極邊;前二項人犯雖有共犯,本例不言不分首從者,仍依首從法科斷,爲從者,照常發落。

雍正三年律例館奏准:運炭納米守哨等例俱停,此條應删改,今將奏准改定例文開後。

一、凡問發邊外爲民者，僉妻起發，如原係邊外并邊境人民，俱發別處邊外。

一、凡永遠充軍，或奉有特旨處發叛逆家屬子孫，止於本犯所遺親枝内勾補盡絶，即與開豁。若未經發遣在監病故，免其勾補，其實犯死罪免死充軍者，以著伍後所生子孫替役，不許行勾原籍子孫，已前勾補過者，不得混行告脱；其餘雜犯死罪并徒流等罪，照例充軍，及邊外爲民者，俱止終本身。

雍正三年律例館奏准：今無勾補之例，此條删。

一、凡充軍及邊外爲民人犯屬軍衛者，軍衛僉解。

雍正三年律例館奏准：軍衛僉解下增"屬有司者，有司僉解"八字。

雍正三年律例館奏准增定附律例文

一、凡各省充軍人犯，除發見在各衛所外，其有應發之衛所已改設州縣者，亦照舊發遣，仍註軍籍當差，以該州縣爲專管，該府爲統轄，如有脱逃疎縱，將該府州縣職名查參。

大清會典卷之一百五十三

刑部

〔律例四吏律一〕

〔職制〕

官員襲廕

凡文武官員應合襲廕職事，並令嫡長子孫襲廕。如嫡長子孫有故，嫡次子孫襲廕。若無嫡次子孫，方許庶長子孫襲廕。如無庶出子孫，許令弟姪應合承繼者襲廕。若庶出子孫及弟姪，不依次序攙越襲廕者，杖一百、徒三年。〇其軍官子孫年幼未能承襲者，申聞朝廷，紀録姓名，關請俸給，優贍其家，候年一十六歲，方令襲職管軍辦事；如委絶嗣無可承襲者，亦令本人妻小依例關請俸給，養贍終身；若將異姓外人乞養爲子，瞞昧官府，詐冒承襲者，乞養子杖一百，發邊遠充軍，本家所關俸給截日住罷，他人教令者，竝與犯人同罪。〇若當該官司知其攙越詐冒之罪，而聽行，與同罪；不知者，不坐。

雍正三年律例館奏准：今承襲世職俱憑本族及該管官保送，該部奏請承襲給俸。若年幼者，候年一十八歲，方令上朝應公役律文，子孫年幼者紀録姓名候年一十六歲襲職等句俱删，改爲"其子孫應承襲者，移文奏請承襲支俸，如所襲子孫年幼，候年一十八歲，方預朝参公役"。

附律定例

一、武職守城失機貽患邊方者，及武職臨陣退怯，致所部失陷二十人者，並不准襲，有犯不孝致典刑者，取祖父次子孫承繼襲職，本犯子孫不許。

雍正三年律例館奏准：今武職臨陣退怯即行處分，不論失陷人數多寡,將"致所部失陷二十人"句删去。

一、武職有因年遠及典刑等項,例不應襲,而有嫡子孫弟姪者,給與冠帶操備,月支米一石,有功照舍人例陞賞。

一、武職降調充軍,本身再不准襲。

一、降級官見在,而子孫願就見降職事者,准令襲;逃官不知去向三年者,亦准襲;被告脱逃,該徒以上問革爲民者,至六十,仍許襲。

一、旁枝承襲例如高曾祖原係功陞總小旗,以後從曾伯叔祖,或從伯叔祖堂伯叔又立功陞官者,指揮革襲,試百户,千户革襲,署百户,子孫准承襲百户,革充冠帶,總旗一輩子孫止替旗役,其試職署職,如無軍功,雖遇例不許實授;若高曾祖不係功陞旗役者,旁枝子孫不准承襲。

一、武職爲人命典刑充軍者,子孫襲職調别衛爲事,脱逃革職者,子孫仍照舊例襲職。

一、應襲舍人犯刼盗者,弟姪照祖職降一等承襲,該優給者依此例。

一、軍職犯知强盗後分贓滿數充軍者,子孫襲職或優給,俱於應襲職事上降三級。

以上七條,皆軍職世襲條例,今無此職。雍正三年律例舘奏准删。

一、故官子女幼者,給全俸;女出嫁,住支父母老者,給全俸終身。

雍正三年律例舘奏准:今世職官亡故無襲職之人,母妻支給半俸,女無給俸之例,父年老者,應與母同。今將奏准删定例文開後。

一、世職官亡故户無承襲而父母年老者,給半俸終身。

一、武臣在任亡故及征傷失陷者,自指揮至所鎮撫妻,竝給米五石,終身無子孫者,亦如之;爲事亡故無承襲者,不給。

雍正三年律例舘奏准:今武臣恤典與此軍職例不符,今將奏准删定例文開後。

一、武臣出征受傷者,分别等第給賞,陣亡者,按品予恤,竝給世職。

一、世職年老户無承襲者,支全俸優給。

一、軍職襲替,有不由軍功例該減革,却行捏奏兵部官吏,阻壞選法者,問調邊衛,帶俸差操。

一、軍官子孫告要襲替,移文保勘,如雲南貴州四川廣東廣西福建江西浙江,十五年之外,直隸江南湖廣陝西河南山東山西遼東,十二年之外,人文不曾到部者,不准襲替,發原衛所隨舍餘食糧差操,中間果因追徵錢糧未完、緣事提問未結及年幼例不應襲,以完事出幼之日爲始,亦照前雲南等處十五年、直隸等處十二年之内，但有撫按官給與明文，及限内告有執照者，照舊襲替；若都司本衛所官勒掯財物故意刁難，不與保送者，問發帶俸差操。

一、保到軍職應襲兒男弟姪，但有姻族并無干人奏告姦生乞養、倫序不明等情，已經勘明，繳報兵部，原告又行捏詞奏告者問罪，屬軍衛者，調邊衛差操；屬有司者，發邊外爲民；應襲者，即以入選原詞，立案不行。

一、官軍軍丁有將户内弟姪子孫過房與人，或被官豪勢要和買改易姓名者，不分年歲遠近，許其取贖歸宗聽繼，若占悋不發者，所在官司追究治罪，其誘買各邊軍丁者，問發極邊衛分充軍。

以上四條，雍正三年律例舘奏准删。

一、世職犯該人命失機强盗實犯死罪，及免死充軍者不分已决遣監故，并强盗脱逃自縊，子孫俱不准承襲。

一、軍職犯該侵盗錢糧，問擬永遠軍罪，例應次房子孫承襲者，除正犯見在及有子孫，務要追贓完日，方許保送得襲之人承襲，若正犯故絶遺有該追錢糧准令得襲之人先行承襲，扣俸還官，若贓銀至數百兩，米數百石以上，扣至十年猶不能完者，餘贓應否開豁，撫按官勘明，奏請定奪。

一、各處保送衛所襲替軍職，務要嚴加查核，但係管運曾經漕司參提應追完官入官贓銀，或掛欠京通倉庫各項錢糧，或犯該充軍降級曾經完結，果無違礙，方許保送，如有朦朧保送者，掌印官及首先出結之人問罪帶俸差操，有贓以枉法從重論承襲之人，照舊監追完日，降一級承襲，其有不係充軍降級，勘産盡絶不能辦納者，許其先行襲替，扣俸還官。

以上二條，雍正三年律例舘奏准删。

一、世職將乞養異姓，與抱養族屬疎遠之人，用財買囑冒襲，及受財將官職賣與同姓或異姓人冒襲，已經到部襲過者，其冒襲之人并保勘之官罷職揭黄，永不得襲，其保勘官將受財首先出與保結者爲坐，衛所并都司掌印僉書官連名保結者，俱依律减等科斷，有贓者，並以枉法論。若朦朧保送，違礙子孫弟姪者，俱照常發落，其異姓買襲之人，比照乞養子冒襲律發邊遠充軍。

雍正五年律例舘奏准："揭黄"二字改爲"其世職"，"衛所并都司掌印僉書官"十字删。

一、各處土官襲替，其通事人等及各處逃流軍囚客人等，有撥置土官親族，不該承襲之人争襲，劫奪讐殺者，俱問發極邊烟瘴地面充軍。

一、應襲舍人，若父見在詐稱死亡，冒襲官職者，事發問罪，調邊衛充軍，候父故之日，許令以次兒男承襲，如無以次兒男，令次房子孫承襲。

雍正三年律例舘奏准：今無舍人名色，"應襲舍人""舍"字改"之"字，"調邊衛""調"字改"發"字。

一、校尉事故。必須册籍有名親生兒男弟姪替補，若官旗將别姓朦朧詐冒替補者，問罪。官旗調外衛帶俸食糧差操冒替者，亦調衛充軍。

雍正三年律例舘奏准：今無總小旗名色及軍籍差操之例，此條應改正，今將奏准改定例文開後。

一、鑾儀衛校尉缺出，於現役校尉親生兒男弟姪内，選擇堪用者替補，如校尉子弟不足，移文五城將身家殷實民人保送選補，其養象校尉缺出，即以所生兒男替補；有朦朧冒替者，俱問罪以違制論。

雍正五年律例舘奏准增定附律例文

一、凡襲職之員未及年歲者，支給半俸。

一、凡襲職官員獲罪革職者，其世職與親兄弟承襲，如無親兄弟，將世職註銷；雖原立職之人有别派子孫，亦不准襲。

一、凡世襲官員物故，無應襲之人官册註銷者，其妻給半俸終身，無妻者，查原立職之官有親生母，亦給半俸，如原立職之官無母，而襲職之官或生母或繼母在者，亦給半俸終身。

一、凡土官襲職，由司府州鄰具印甘各結，並土司親供宗圖及原領號紙，詳送督撫具題襲替，若應襲之人年未滿一十五歲者，許本族土舍護理印務，俟歲滿日具題承襲，如有事故遲誤，年久方告襲者，宗圖號紙有據，亦准襲替。

一、凡土官故絶無子，許弟承襲，如無子弟，而其妻或壻爲其下信服者，許令一人襲替。

一、凡土舍嫡妻護印，止令地方官查明出具合例印結咨部，准其護印。

一、凡土官病故，該督撫於題報之時，即查明應襲之人，取具宗圖册結、鄰封甘結并原領號紙，定限六個月内具題承襲，至土官病故之後，未經具題之先，亦即令應襲之人照署事官例用印管事，地方官如有勒措沉擱留難者，將該管上司均照違限例議處；其支庶子弟中有馴謹能辦事者，俱許本土官詳報，督撫具題請旨，酌量給與職銜，令其分管地方事務，其所授職銜視本土官降二等，文職如本土官係知府，則所分者，給與通判銜，本土官係通判，則所分者，給與縣丞銜，武職如本土官係指揮使，則所分者，給與指揮僉事銜，本土官係指揮僉事，則所分者，給與正千户銜，照土官承襲之例一體頒給敕印號紙，其所管地方，視本土官，多不過三分之一，少則五分之一，此後再有子孫可分者，亦再許其詳報，督撫具題請旨，照例分管地方，再降一等給與職銜印信號紙。

一、文武官員例應請封一代，有願以本身及妻封移封祖父母者，皆准移封。

一、八九品官止封本身，有願移封父母者，准其父母並封，教授照知縣例封文林郎，並封一代，學正教諭，照縣丞例封修職郎，訓導照主簿例封登仕郎，俱封本身，有願移封者，亦准其父母並封；其八九品官之母，封爲八品孺人、九品孺人，凡有三母者，繼母生母與嫡母准一並封贈。

罪名

杖一百

鑾儀校尉及養象校尉缺出朦朧冒替者。

徒二年半杖九十

世職攙越及詐冒承襲其連名保結者。

徒三年杖一百

庶出子孫弟姪不依次序攙越襲廕者。〇他人教令者。〇官司知而聽行者。

世職攙越詐冒承襲，其受財連名保結之人，計贓有禄人四十兩，無禄人四十五兩、五十兩、五十五兩者。

流二千里杖一百

攙越襲廕官司，受財扶同保勘有禄人計贓四十五兩者。

世職攙越詐冒承襲，其受財連名保結之人有禄人計贓四十五兩者。

流二千五百里杖一百

攙越襲廕官司，受財扶同保勘有禄人計贓五十兩者。

世職攙越詐冒承襲，其受財連名保結之人有禄人計贓五十兩者。

流三千里杖一百

攙越襲廕官司，受財扶同保勘計贓有禄人五十五兩，無禄人八十兩者。

世職攙越詐冒承襲，其受財連名保結之人，計贓有禄人五十五兩，無禄人八十兩者。

邊衛充軍

應襲之人若父見在詐稱死亡冒襲官職者。

邊遠充軍

乞養子詐冒承襲者杖一百。○他人教令者。○官司知而聽行者。

異姓買襲者前言詐冒係支庶詐冒,此係乞養異姓詐冒。

極邊烟瘴充軍

各處土官襲替其通事人等,及各處逃流軍囚客人等,有撥置土官親族,不該承襲之人争襲劫奪讐殺者。

絞監候

冒詐承襲官司,受財扶同保勘計贓有禄人八十兩、無禄人一百二十兩者。

詐冒承襲其保勘官及連名保結之人,有禄人受財八十兩,無禄人受財一百二十兩者。

大臣專擅選官

凡除授官員,須從朝廷選用,若大臣專擅選用者,斬。○若大臣親戚非奉特旨,不許除授官職,違者,罪亦如之。○其見任在朝官員面諭差遣及改除,不問遠近,託故不行者,並杖一百,罷職不叙。

附律定例

一、内外管屬衙門官吏,有係父子兄弟叔姪者,皆須從卑迴避。

雍正三年律例館奏准增定附律例文

一、文武職官人等不由銓選推舉,徑自朦朧奏請,希求進用,夤緣奔競,阻壞選法者,俱問罪黜革爲民。

罪名

杖一百

朝官差遣改除託故不行者

文武職官人等自行奏請希求進用者職官有犯,革職抵杖一百,詳見"名例"下同。

斬監候

大臣專擅選除官員者。○大臣私將親戚除授官員者。

文官不許封公侯

凡文官,非有大功勳於國家,而所司朦朧奏請,輒封公侯爵者,當該官吏及受封之人皆斬,其生前出將入相,能除大患,盡忠報國者,同開國功勳一體封侯謚公，不用此律。

罪名止有監候斬一條律文已明不複載

選用軍職

凡守禦去處千户百户鎮撫有闕，一具闕本實封，御前開拆，一行都指揮使司，轉達兵部奏聞，取自上裁選用，若先行委人權管，希望實授者，當該官吏各杖一百，罷職役充軍，若選用總旗，須於戳過鐵鎗人内委用，其小旗從便選充，不拘此律。若承委之人希望實授者，照夤緣奔競事例降調，帶俸差操。

附律定例

一、兵部將所屬官員，通行考選，每衛不限指揮使同知僉事共三員，衛鎮撫一員，如無鎮撫，選相應千户署管，每所不拘正副千户一員，百户十員，專管軍政，俱限年二十五歲以上，五十歲以下，有六十以上精力未衰者，驗實存留，現任不敷，許選别衛，先儘見任，次帶俸，後遇在外五年之期，在京亦復舉行，江南衛所照例其終身帶俸官，除犯貪淫，五年之外能改過自新者，巡撫巡按官保用。

一、軍政急缺，在外從巡撫巡按定委奏保，在京從各衛軍政首領保舉，係親軍者，在京兵部覆勘定奪不拘，五年後犯貪淫等罪，連坐舉主。

一、江南各衛所軍政員缺，不許以千户署衛事，百户署所事，漕運有缺，亦行江南該衙門照軍政事例選補，不許坐名行取掌印佐貳官員代替。

一、文武官員軍民人等，有諳曉兵法，謀勇過人，弓馬熟嫻者，並許保舉，試中者無官，授以冠帶；有官，仍舊職撥團營操練，聽調邊方，舉者就各邊操備其有才兼文武堪爲大將而耻於自進者，各舉所知。

一、跟隨出征將官頭目，不分有無職役人等，若非奏帶，不許報功，果係奏帶獲功，該陞職役只合註於本管衙門，不許希求註於鑾儀衛，違者，該陞職役俱革罷，扶同勘報者，參究治罪，若文武職官人等不由銓選推舉，竟自朦朧奏請，希求進用，夤緣奔競，乞恩傳奉等項，阻壞選法者，俱問罪，武職降級調衛旗軍，舍餘發邊衛，俱帶俸食糧差操，文職黜退爲民。

一、軍職五年一次考選，見任管軍管事若營求囑託者，就指名黜退，永令帶俸差操；其刁潑之徒，不得與選，輒生事端，教唆陷害已選官員者，問罪，不分官軍，俱調邊衛，帶俸食糧差操。

雍正三年律例館奏准：今無軍衛世職，其旗員武弁選用之法，俱與此絶不相符，律名律文例文俱删。

濫設官吏

凡内外各衙門官,有額定員數而多添設者,當該官吏一人杖一百,每三人加一等,罪止杖一百、徒三年,若受贓者,計贓以枉法從重論。○若吏典知印承差祗候禁子弓兵人等額外濫充者,杖一百遷徙比流減半,准徒二年;容留一人,正官笞二十,首領笞三十,吏笞四十,每三人各加一等,並罪止杖一百,罪坐所由。○其罷閑官吏在外干預官事,結攬寫發文案,把持官府,蠹政害民者,並杖八十,於犯人名下追銀二十兩,付告人充賞,有所規避者,從重論。○若官府税糧由帖户口籍册雇募攢寫者,勿論。

附律定例

一、府州縣額設祗候禁子弓兵,於該納税糧三石之下,二石之上户内差點,除税糧外,與免雜泛差役,毋得將糧多上户差占。

一、京官假託雇役名色,受財賣放辦事吏典者,官以贓論,吏發原籍爲民,若吏典恃頑私自在逃一年以上者,亦問發爲民。

雍正三年律例館奏准:官員受財,各有本律,吏典在逃即行革役例文删。

一、内外大小衙門撥到吏典,照缺收參,若舊吏索要頂頭錢者,事發問罪,不分得財多寡,俱照行止有虧事例,革役爲民。

雍正三年律例館奏准:今吏典俱由各衙門考取,將"撥到"二字改爲"考取","收參"二字改爲"補用"。

一、在京大小衙門,當該吏典有患病一個月者,勘實就將該支俸糧截日住支,名缺行移吏部撥補,待病痊日,仍送原役衙門收候參補,若有奸懶託故,以圖改撥者,問發原籍爲民。

雍正三年律例館奏准:今吏典不支俸糧,亦無因病革退病痊參補之例,此條删。

一、吏典撒潑抗拒,誣告本管官員,及犯該誆騙詐欺恐嚇取財未得入已并偷盗自首者,俱照律問擬發原籍爲民。

一、各處司府州縣衛所等衙門,主文書算快手皂隸總甲門禁庫子人等,久戀衙門,説事過錢,把持官府,飛詭税糧,起滅詞訟,陷害良善,及賣放强盗,誣執平民爲從,事發有顯跡情重者,旗軍問發邊衛,民并軍丁發附近,俱充軍,情輕者,問罪枷號一個月,縱容官員作罷軟黜退,失覺察者,照常發落,若各鄉里書飛詭税糧二百石以上者,亦問發邊衛充軍。

雍正三年律例館奏准:"旗軍問發邊衛民并軍丁發附近俱充軍"句,改爲"軍民俱問發附近充軍"。

雍正三年律例館奏准增定附律例文

一、坐糧廳所屬八行運役及倉役名缺。責令通州知州僉選誠實良民應役,如保送旗人及民人,以一身而充兩三役者,倉場侍郎巡倉御史察出題參,知州交該部議處,其霸役及保結之人,杖八十、徒二年。

歷年事例

康熙十二年覆准:凡白役隨正身衙役嚇詐,未經查出之官,罰俸六個月,又官員於定數外留用白役承票差遣,累民婪贓者,照失察衙役犯贓例議處,若正役犯贓事發,官員飾稱白役,自圖脱卸失察之罪者,革職。〇又題准:凡衙門供役,止許正身,有私用白役者,將正身及白役俱杖一百革役,其白役犯贓,正身知情同行者,照衙役犯贓例治罪;不知情、不同行者,不坐。〇又覆准:白役犯贓,正身雖不同行,亦照親身犯贓例治罪。〇十八年覆准:凡督撫司道衙門,各照定額供役,不許多設,司道互相揭報,督撫亦互相糾舉,徇庇者,科道據實糾參,治以縱蠹殃民之罪。〇又議准:凡蠹役害民,司道府州縣不行舉報,督撫不行訪拏,别經發覺者,徇庇之司道府州縣等官降二級調用,不題参之督撫罰俸一年;至訪拏衙蠹并贓私數目,年底造册題報。〇雍正五年議准:凡府州縣書役,責成道員,如無道員,責成按察司專管稽查,凡書役投充,務查核的名,取具並無重役冒充親供互結,該地方官加具印結,申送該管稽查衙門,方准著役,每於年底,該役出具並無過犯連名互結,本管官加具印結,申送該管衙門稽查,專管司道仍不時清查,倘有役滿不退者,該役杖一百、徒三年,互結人等杖八十,均革役,或招摇撞騙,包攬詞訟,侵欺錢糧者,按律治罪;府州縣及專管司道不行查出,俱交部分别議處;其司道鹽道關差書役,責成督撫稽查,督撫及總河總漕鹽院書役,令其自行稽查,如失察者,均照司道例處分,若書辦指官撞騙招摇作弊,本官庇護者,許赴該管稽查衙門控告,事實按律治罪。〇又議准:凡直省書役年滿缺出,遵例召募,務查該役本籍本姓,取具鄰佑親族連名保結及地方官印結,方准著役,有暗行頂買索取税銀者,缺主照枉法受財律計贓定擬,至八十兩者,絞,頂缺之人,照以財行求律,至五百兩者,杖一百、徒三年,出結人等,依不應重律杖八十,該管官員及督撫,俱交部分别議處;其年滿考職時,於移咨内填寫並無假姓冒籍字樣,吏部方准收考,若有冒籍冒名等弊事發者,革去職銜,杖一百,不能稽查之該管等官,俱照失察例議處;至衙門一切案件,若書吏定稿以致高下其手,駁詰不已有贓者,照枉法律科罪,無贓者,杖八十革役,該管官并督撫亦交部分别議處。

罪名

笞二十

吏典知印承差祗候禁子弓兵人等額外濫充,其正官容留一人者。

笞三十

吏典知印承差祗候禁子弓兵人等額外濫充,其首領官容留一人者。○正官容留四人者。

笞四十

吏典知印承差祗候禁子弓兵人等額外濫充,其正官容留七人者。○首領官容留四人者。○吏容留一人者。

笞五十

吏典知印承差祗候禁子弓兵人等額外濫充,其正官容留十人者。○首領官容留七人者。○吏容留四人者。

杖六十

吏典知印承差祗候禁子弓兵人等額外濫充,其正官容留十三人者。○首領官容留十人者。○吏容留七人者。

杖七十

吏典知印承差祗候禁子弓兵人等額外濫充,其正官容留十六人者。○首領官容留十三人者。○吏容留十人者。

杖八十

吏典知印承差祗候禁子弓兵人等額外濫充,其正官容留十九人者。○首領官容留十六人者。○吏容留十三人者。

罷閑官吏在外干預官事結攬,寫發文案,把持官府,蠹政害民者。

杖九十

吏典知印承差祗候禁子弓兵人等額外濫充,其正官容留二十二人者。○首領官容留十九人者。○吏容留十六人者。

罷閑官吏在外干預官事結攬,寫發文案,規避杖七十罪者。

杖一百

當該官吏題請不候旨下多添設内外各衙門官一人者。

吏典知印承差祗候禁子弓兵人等額外濫充,其正官容留二十五人者。○首領官容留二十二人者。○吏容留十九人者並罪止此。

罷閑官吏在外干預官事結攬,寫發文案,規避杖八十罪者。

徒一年杖六十

當該官吏題請,不候旨下,多添設内外各衙門官四人者。○員數未至四人,而官吏受財至二十兩者,無禄人二十五兩者。

罷閑官吏在外干預官事結攬,寫發文案,規避杖九十罪者。

徒一年半杖七十

當該官吏題請,不候旨下,多添設内外各衙門官七人者。○員數未至七人,而官吏受財至二十五兩者,無禄人三十兩者。

罷閑官吏在外干預官事結攬,寫發文案,規避杖一百罪者。

徒二年杖八十

當該官吏題請,不候旨下,多添設内外各衙門官十人者。○員數未至十人,而官吏受財至三十兩者,無禄人三十五兩者。

吏典知印承差祗候禁子弓兵人等額外濫充者杖一百遷徙比流減半准此。

罷閑官吏在外干預官事結攬,寫發文案,規避徒一年罪者。

坐糧廳所屬八行運役及倉役名缺,如旗人充當及民人以一身充兩三役者,該役及保結之人。

徒二年半杖九十

當該官吏題請,不候旨下,多添設内外各衙門官十三人者。○員數未至十三人,而官吏受財至三十五兩者,無禄人四十兩者。

罷閑官吏在外干預官事結攬,寫發文案,規避徒一年半罪者。

徒三年杖一百

當該官吏題請,不候旨下,多添設内外各衙門官十六人者罪止此。○員數未至十六人,而官吏受財至四十兩者,無禄人四十五兩五十兩五十五兩者。

罷閑官吏在外干預官事結攬,寫發文案,規避徒二年罪者。

流二千里杖一百

當該官吏題請,不候旨下,多添設内外各衙門官員,其有禄人受財四十五兩者。

罷閑官吏在外干預官事結攬,寫發文案,規避徒二年半罪者。

流二千五百里杖一百

當該官吏題請,不候旨下,多添設内外各衙門官員,其有禄人受財五十兩者。

罷閑官吏在外干預官事結攬，寫發文案，規避徒三年罪者。

流三千里杖一百

當該官吏題請，不候旨下，多添設内外各衙門官員，其有禄人受財五十五兩，無禄人八十兩者。

罷閑官吏在外干預官事結攬，寫發文案，規避流二千里罪者罪止此。

附近充軍。

各衙門主文書算快皂人等久戀衙門，説事過錢，飛詭税糧，起滅詞訟及賣放强盗，誣執平民爲從者。

邊衛充軍

各鄉里書飛詭税糧二百石以上者。

絞監候

當該官吏題請，不候旨下，多添設内外各衙門官員，其有禄人受財八十兩者，無禄人一百二十兩者。

信牌

凡府州縣置立信牌，拘提人犯，催督公事。量地遠近，定立程限，隨事銷繳，違者，一日笞一十，每一日加一等，罪止笞四十。〇若府州縣官遇有催辦事務，不行依律發遣信牌，輒下所屬守併者，杖一百，所屬指鄉村言。其點視橋梁、圩岸、驛傳、遞舖，踏勘災傷、檢屍、捕賊、抄劄之類，不在此限。

雍正三年律例館奏准增定附律例文

一、道府以上官員，凡關係叛逆軍，需驛遞公文等緊要重大事情照例差人外，其餘細事，止許行牌催提，如違例差遣人役者，督撫指名題参，徇情不參者，事發一併議處，其督撫於平常細事差役害民者，亦交該部議處。

罪名

笞一十

信牌違限一日者。

笞二十

信牌違限二日者。

笞三十

信牌違限三日者。

笞四十

信牌違限四日者。

杖一百

催辦事務,不行依律發遣信牌,輒下所屬主守催併者。

貢舉非其人

凡貢舉非其人,及才堪時用應貢舉而不貢舉者,一人杖八十,每二人加一等,罪止杖一百。所舉之人知情與同罪,不知者,不坐。〇若主司考試藝業技能,而不以實者,減二等。〇失者各減三等,受贓俱以枉法從重論。

附律定例

一、歲貢生員,起送到部遇有事故,不許補貢,其在家或中途事故者,勘明准令次考補貢,若丁憂及患病勘明,仍補該年之貢,如託故延至三年之外者,亦不准收;有司朦朧送補者,各治罪。

雍正三年律例館奏准:今各省歲貢生員,俱造册送部,本生停止起送,"起送"二字改"册報","在家或中途"五字改"未經報部遇有事故"。

一、廣西雲貴湖廣四川等處,但有冒籍生員食糧起貢,及買到土人倒過所司起送公文,頂名赴吏部投考者,俱發邊外爲民,賣與者,行移所在官司追贓問罪,若已受職,依律問以詐假官死罪,賣者,發邊衛充軍,其提調經該官吏朦朧起送者,各治罪。

雍正三年律例館奏准:此條已見詐假官律,删。

一、生員有犯該發充軍者,廩膳免追廩米,若犯受贓姦盜冒籍宿娼居喪娶妻妾事理重者,直隸江南,發充國子監膳夫,各布政司,充鄰近儒學膳夫齋夫,滿日原籍爲民廩膳,仍追廩米。

雍正三年律例館奏准:今生員犯罪應褫革問罪者,俱按律問擬,不發充膳夫,例文删。

一、生員考試不諳文理者,廩膳十年以上,發附近;六年以上,發本處;增廣十年以上,發本處;俱充吏;六年以上爲民,未及六年者,量加決罰。〇生員爭貢及越訴者,俱充吏。

雍正三年律例館奏准:今生員考試不諳文理者,六年以上黜革,未及六年者,發社學習,其生員有犯爭貢越訴者,俱按本律問擬,無概發充吏之事,應删改。今將奏准删定例文開後。

一、凡生員考試不諳文理者,入學六年以上,黜退;未及六年者,發社。

一、應試舉監生儒及官吏人等,但有懷挾文字銀兩,并越舍與人换寫文字者,拏送法司問罪,仍枷號一個月,滿日發爲民,其旗軍夫匠人等受財,代替夾帶傳遞及縱容不舉察捉拏者,旗軍調邊衛食糧差操,夫匠發邊外爲民,官縱容者,罰俸一年,受財以枉法論,若冒頂正軍入場看守,屬軍衞者,發邊衞,屬有司者,發附近俱充軍,其武場有犯懷挾等弊,俱照此例擬斷。

雍正三年律例館奏准:今無旗軍名色,"旗軍"二字改"軍役",又"旗軍"至"夫匠"十一字删,"若冒頂正軍"至"俱充軍"二十六字亦删。

一、監生生員撒潑嗜酒,挾制師長,不守監規學規者,問發充吏;挾妓賭博,出入官府,起滅詞訟,説事過錢,包攬物料等項者,問發爲民。

雍正三年律例館奏准删。

雍正五年律例館奏准增定附律例文

一、凡學臣考試,如提調官通同作弊,以及引誘爲非者,同學臣一併革職提問,其學臣暗通關節私鬻名器,提調官雖無通同引誘情弊,而防範不嚴者,照溺職例革職,至學臣應用員役,倘有猾吏奸胥招摇撞騙,以及受賄傳遞等弊,提調官不行訪拏究治者,照失察衙役犯贓例議處。若學臣操守清廉,杜絶情弊,而提調官不得遂其引誘,反行挾制把持者,該學臣即行指參,審實將提調官照貪官例治罪。

律例館又奏准律後恭載諭旨一道

順治十五年正月内諭:"朝廷選舉人才,科目最重,必主考同考官皆正直無私,而後實才始得。昨鄉試賄賂公行,情罪重大,已將李振鄴田耜等特置重辟,家産籍没。會試大典,尤當慎重,考試官同考試官及天下舉人,若不洗滌肺腸,痛絶情弊,不重名器,不惜性命,仍敢交通囑託,賄買關節等弊,或被發覺,或經科道官參,即將作弊人等俱照李振鄴田耜等重行治罪,決不姑貸。爾部即刊刻榜文,通行嚴飭,使知朕取士釐奸至意。"

歷年事例

順治十七年題准:凡房官作弊,聽主考糾參,若主考通同作弊,内許監試御史,外許撫按糾參,其撫按所取簾官有作弊者,將撫按一併治罪。〇康熙二十四年覆准:各項監生,除恩廕恩拔歲副監生應處分者,仍行題參外,其捐納監生有事故應黜革者,不必題參,咨行國子監查明黜革。〇雍正四年議准:文武生員,除事關切己及未分家之父兄,許其出名告理外,如代人具控作證者,該地方官申詳學臣褫革之後,始行審理曲直;至告給衣頂,必限十科之外,或實係年老病廢,及進學時年已衰邁者,該教官出具印結,具詳學臣核驗准給,如給衣頂後有包攬詞訟者,加倍治罪,將出結之教官及學臣交部查議;至捐納貢監妄爲生事,應行褫革者,地方官申報督撫學臣,其事屬督撫者,移咨學臣,事屬學臣者,移咨督撫一面褫革,一面報部，年底仍將審明緣由造册，送部查核；其考職吏員倚恃護符，作奸犯科者，該地方官申報上司，轉詳督撫咨部革去職銜，照所犯罪名加凡人一等治罪。

罪名

笞三十

考試失於去取一人者無心者曰失。

笞四十

考試失於去取三人者。

笞五十

失於貢舉一人者，

考試失於去取五人者。

杖六十

考試不公一人者有心者曰不公。〇所取之人知情者。〇失於去取七人者。失於貢舉三人者。

杖七十

考試不公三人者。〇失於去取九人者。

失於貢舉五人者。

考試不公罪未至杖七十，而受財一兩以下者。

無禄人一兩至五兩者此言考試藝業技能，若科場作弊，依科場條例科罪律例，不備載，故不著。

官受財縱容夫匠人等代替夾帶傳遞，計贓一兩以下者。〇武場同。

杖八十

貢舉不當一人者有心者曰不當。〇所舉之人知情者。〇失於貢舉七人者。考試不公五人者。〇失於去取十一人者。

考試不公罪未至杖八十，而受財一兩至五兩者，無禄人一十兩者。

官受財縱容夫匠人等代替夾帶傳遞，計贓一兩至五兩者。〇武場同。

杖九十

貢舉不當三人者。〇失於貢舉九人者。

考試不公七人者。〇失於去取十三人者。

貢舉不當考試不公罪未至杖九十，而受財一十兩者。無禄人一十五兩者。

官受財縱容夫匠人等代替夾帶傳遞，計贓一十兩者。〇武場同。

杖一百

貢舉不當五人者。○失於貢舉十一人者。

考試不公九人者。○失於去取十五人者。

貢舉不當考試不公罪未至杖一百,而受財一十五兩者。無禄人二十兩者。

官受財縱容夫匠人等代替夾帶傳遞,計贓一十五兩者。○武場同。

徒一年杖六十

貢舉不當考試不公受財二十兩者。無禄人二十五兩者。

官受財縱容夫匠人等代替夾帶傳遞,計贓二十兩者。○武場同。

徒一年半杖七十

貢舉不當考試不公受財二十五兩者。無禄人三十兩者。

官受財縱容夫匠人等代替夾帶傳遞,計贓二十五兩者。○武場同。

徒二年杖八十

貢舉不當考試不公受財三十兩者。無禄人三十五兩者。

官受財縱容夫匠人等代替夾帶傳遞,計贓三十兩者。○武場同。

徒二年半杖九十

貢舉不當考試不公受財三十五兩者。無禄人四十兩者。

官受財縱容夫匠人等代替夾帶傳遞,計贓三十五兩者。○武場同。

徒三年杖一百

貢舉不當考試不公受財四十兩者。無禄人四十五兩五十兩五十五兩者。

官受財縱容夫匠人等代替夾帶傳遞,計贓四十兩者。○武場同。

流二千里杖一百

貢舉不當考試不公受財四十五兩者。

官受財縱容夫匠人等代替夾帶傳遞,計贓四十五兩者。○武場同。

流二千五百里杖一百

貢舉不當考試不公受財五十兩者。

官受財縱容夫匠人等代替夾帶傳遞,計贓五十兩者。○武場同。

流三千里杖一百

貢舉不當考試不公受財五十五兩者。無禄人八十兩者。

官受財縱容夫匠人等代替夾帶傳遞,計贓五十五兩者。○武場同。

邊外爲民

考試時其夫匠軍役人等有受財代替夾帶傳遞及不舉察捉拏者。〇武場同。

絞監候

貢舉不當考試不公受財八十兩者,無禄人一百二十兩者。

官受財縱容夫匠人等代替夾帶傳遞,計贓八十兩者。〇武場同。

舉用有過官吏

凡官吏曾經斷罪罷職役不敘者,諸衙門不許朦朧保舉,違者,舉官及匿過之人,各杖一百,罷職役不敘。受贓俱以枉法從重論,若將帥異才不係貪污規避而罷閑者,有司保勘明白,亦得舉用。

附律定例

一、文職官員舉貢官恩援例監生并省祭知印承差人等,曾經考察論核罷黜,及爲事問革、年老事故例不入選者,若買求官吏增減年歲,改洗文卷,隱匿公私過名,或詐作丁憂起復,以圖選用,事發問罪吏部,門首枷號一個月,已除授者,發邊衛,未除授者,發附近各充軍終身,其起送官吏不分軍衛有司,但知情受賄者,亦發附近充軍,若原不知情,止是失於覺察者,照常發落。

雍正三年律例館奏准:"省祭"今無此名色,二字删,"知印"二字應改爲"吏員"。受賄計贓治罪,滿貫即絞,不合指定充軍,"發附近充軍"句下應添"贓重者,從重論"。

雍正三年律例館奏准增定附律例文

一、凡衙役犯侵盜錢糧婪贓等罪遇赦豁免後,復入原衙門及别衙門應役者,除死罪外,本犯并妻流徙寧古塔,該管官知情故縱及督撫不即糾參者,俱交該部議處。

一、凡部院衙門書辦,或因有疾,或因不諳文移,退役之後,倘有更名重役者,問擬杖一百、徒三年。

一、大計之年,雜職内果有才能傑出,操守卓越,能辦理地方事務,盜息民安,督撫開具事實,造册送部,部院考核,准其卓異。

一、凡參劾人員引見時,寬宥仍加録用者,若不實心報効,又被參劾,加倍治罪。

一、府州縣書役,責成道員,如無道員,責成按察司專管稽察,凡書役投充,務查該役的名,取具並無重役冒充親供互結,該地方官加具印結,申送該管稽察衙門,方准著役,每於年底,該役出具並無過犯連名互結,本管官加具印結,申送該管衙門稽察專管司道,仍不時清查,倘有役滿不退者,該役杖一百、徒三年,互結人等杖八十,均革役,或招摇撞騙,包攬詞訟,侵欺錢糧者,按律治罪;府州縣及專管司道不行查出,俱交部分别議處;其司道鹽道關差書役,責成督撫稽察,督撫及總河總漕鹽院書役,令其自行稽查,如失察者,均照司道例處分,若書辦指官撞騙招摇作弊本官庇護者,許赴該管稽察衙門控告,事實按律治罪。

歷年事例

順治十二年覆准:衙蠹犯罪革役後更名,仍入本衙門或别衙門者,在内聽本管衙門,在外聽各督撫嚴查重究。〇十八年覆准:順天府屬縣及司坊巡捕營等各衙門積役年久者,盡行革换,至在外被訪衙蠹及緣事重犯,有潛住京城者,五城御史嚴查驅逐。〇康熙五年覆准:凡在外大小各衙門,有侵欺錢糧婪贓之衙役,遇赦免罪後,復入原衙門或别衙門應役者,除死罪外,將本犯僉妻流徙寧古塔,其收用之官以知情縱令,論革職,若事經首發,該督撫不行糾參者,降一級留任,如不係本官任内革役,未經查出收用者,本官降一級調用,督撫罰俸一年。

罪名

杖八十

府州縣書役,役滿不退其連名互結者。

杖一百

舉用有過官吏者。〇匿過希圖舉用者。

徒一年杖六十

舉用有過官吏,受財二十兩者。

徒一年半杖七十

舉用有過官吏,受財二十五兩者。

徒二年杖八十

舉用有過官吏,受財三十兩者。

徒二年半杖九十

舉用有過官吏,受財三十五兩者。

徒三年杖一百

舉用有過官吏,受財四十兩者。部院衙門書辦退役後更名重役者。府州縣書役役滿不退者。

流二千里杖一百

舉用有過官吏，受財四十五兩者。

流二千五百里杖一百

舉用有過官吏，受財五十兩者。

流三千里杖一百

舉用有過官吏，受財五十五兩者。

附近充軍

文官舉貢官恩例監并吏員承差人等，曾經考察論劾罷黜及爲事問革，年老事故例不入選之人，買求官吏增減年歲，改洗文卷，隱匿公私過名，或詐作丁憂起復，以圖選用，事發未除授者。〇其起送官吏，不論軍衛有司但知情受賄者。

邊衛充軍

文官舉貢官恩例監并吏員承差人等，曾經考察論劾罷黜及爲事問革，年老事故例不入選之人，買求官吏增減年歲，改洗文卷，隱匿公私過名，或詐作丁憂起復，以圖選用，事發已除授者。

發遣

衙役犯侵盜錢糧婪贓等罪遇赦豁免後，復入原衙門及别衙門應役者，除死罪外本犯并妻流徙寧古塔。

絞監候

舉用有過官吏，受財八十兩者。

擅離職役

凡官吏無故擅離職役者，笞四十，若避難因而在逃者，杖一百，罷職役不叙，所避事重者，各從重論。〇其在官應直不直，應宿不宿，各笞二十，若主守倉庫務場獄囚雜物之類，應直不直，應宿不宿，各笞四十。

附律定例

一、監生不分在監在歷，私逃回籍三個月之上，發回原學肄業，半年以上，問革爲民。

一、監生不分在監在歷及各衙門辦事官吏承差，不許倩人代替，違者俱問罪，照行止有虧事例問革爲民，其代替者，别有職役一體問革。

罪名

笞二十

在官應直不直應宿不宿者。

笞四十

官吏無故擅離職役者。主守倉庫務場獄囚雜物,應直不直,應宿不宿者。

杖一百

官吏避難因而在逃者若所避事係徒一年罪以上者,從本事科罪,擅離職役罪名爲輕罪,不議。

擅勾屬官

凡上司催會公事,立案定限,或遣牌或差人行移所屬衙門督併,如有遲錯,依律論罪,若擅勾屬官,拘喚吏典聽事及差占推官司獄各州縣首領官,因而妨廢公務者,笞四十;若屬官承順逢迎,及差撥吏典赴上司聽事者,罪亦如之;其有必合追對刑名查勘錢糧監督造作重事,方許勾問,事畢隨即發落,無故稽留三日者,笞二十,每三日加一等,罪止笞五十。

雍正三年律例館奏准:"推官"二字删。

附律定例

一、撫按按臨之處,其都司布政司按察司及衛所府州縣官,相見之後,各回衙門辦事,每日不許伺候作揖及早晚聽事,遇有事務,許喚首領官吏抄案,或佐貳一員前來發落,不許輒喚正官,或有合令正佐官計議事務,或正佐官自來稟白者,不在此例,按察司官分巡同都司布政司所至亦同;違者,從風憲官舉劾。

雍正三年律例館奏准:"撫按"二字改"督撫","按察司官分巡同都司布政司"十二字,改"司道"。

罪名

笞二十

勾問下屬官吏追對刑名等件事畢,無故稽留三日者。

笞三十

勾問下屬官吏追對刑名等件事畢,無故稽留六日者。

笞四十

上司官吏擅勾屬官拘喚吏典聽事及差占司獄各州縣首領官,因而妨廢公務者。〇屬官承順逢迎及差撥吏典赴上司聽事者。

勾問下屬官吏追對刑名等件事畢,無故稽留九日者。

笞五十

勾問下屬官吏追對刑名等件事畢,無故稽留十二日者。

官吏給由

凡各衙門官吏給由到吏部，限五日付勘完備，以憑類選銓註，若不即付勘完備者，遲一日，吏典笞一十，每一日加一等，罪止笞四十；首領官減一等。〇若公私過名隱漏不報者，以所隱之罪坐之若罰贖記過者，亦各以所罰所記之罪坐之若報重罪爲輕罪者，坐以所剩罪，當該官司扶同隱漏者，與同罪；承報而差漏及上司失於查照者，並以失錯漏報卷宗科斷。〇其漏附行止者一人至三人，吏典笞一十，每三人加一等，罪止笞四十。〇若有增減月日更易姓名改換出身蔽匿過名者，並杖一百，罷職役不叙。〇有所規避及受贓者，各從重論。

附律定例

一、在京官滿後三月，無故不給由者，參問公差准理。

一、在外有司府州縣官三年考滿。將本官任内行過事蹟保勘，核實明白，出給紙牌，攢造事蹟功業文册、紀功文簿，稱臣僉名，交付本官親齎給由，如縣官給由到州，州官當面察其言行，辦事勤惰，從實考核稱職、平常、不稱職詞語，州官給由到府，府官給由到布政司，如之以上，俱從按察司官核考，仍將考核詞語呈部；直隸府州縣官考核本部覆考類奏，俱以九年通考黜陟，其雲南有司官員任滿給由，一體考核，不稱職者黜降，原係邊方，具奏復任，九年通考。

一、在外起送考滿官，俱要合干上司查勘明白，一一具結，如無一處印信保結者，行查。

一、内外雜職官，三年給由，無私過，未入流陞從九品，從九品陞正九品，税課司局及河泊所倉庫官先於户部查理歲課，軍器織染雜造等局官，送工部查理造作花銷明白，送部通類具奏，其倉官收糧不及千石者，本等用虧折賠納足備者，照依品級降用，其有杖笞者，本等用，但犯贓私並私罪曾經杖斷未入流降邊遠，從九品降未入流，不識字者，本等用，如有學無成效，及罷閑生員除授雜職者，犯贓私杖罪發，在京衙門書寫。

一、官員三年任滿給由，以領文日爲始，若到部過限四個月之上送問，一年之上，發回致仕，其九年任滿者，一年之上送問，二年之上發回致仕，雖有事故並不准理，若九年已滿，託故在任久住，不行赴部及不申缺者，參提究問，就彼革職回籍冠帶閑住。

一、在外吏典除役内丁憂及人多缺少在官服役聽參外，若一考滿後不行轉參，兩考滿後不行給由，展轉捏故在役管事或歇役三年之上，就彼問發爲民，中間雖有事故，亦不准理，其故違收参起送官吏参究治罪，若兩考役滿，接丧丁憂服滿遷延三年之上不行起復者，亦發爲民，其未及三年者，果有事故實跡，各該衙門保結起送，吏部查照定奪，雖在三年之内起送過限到部者，送問重歷。重歷即納贖。

一、考滿各府管糧及州縣掌印管糧官，查勘任内經手錢糧，不分起存，係布政司者，布政司類造，係直隸者，府州類造，内有起解司府州貯庫，聽候總運并遇革減免者，俱明白填寫給付，齎投吏部，先行户部將循環并歲報文册查對完足，回報吏部准令給由，未完仍發回任追補經，該官吏参問，若將行復遇科派，勢難卒完及原非舊額，或有蠲免者，俱准給由，果有别項賢能，不待考滿推陞行取者，照前查有拖欠，追完方許離任。

雍正三年律例館奏准：今無考滿給由之事，此律例俱删。

官員赴任過限

凡已除官員，在京者，以除授日爲始，在外者，以領吏部所給照會日爲始，各依已定程限赴任，若無故過限者，一日笞一十，每十日加一等罪，止杖八十贖並附過還職。〇若代官已到，舊官各照已定限期交割户口錢糧刑名等項，及應有卷宗籍册完備，無故十日之外不離任所者，依赴任過限論減二等。亦附過還職。〇其中途阻風被盗患病丧事不能前進者，聽於所在官司給憑，以備照勘，若有規避詐冒不實者，從重論，當該官司扶同保勘者，罪同。

雍正三年律例館奏准：今現任官員無納贖附過還職例，"附過還職"四字改爲"留任"小註"贖"字，"亦附過還職"五字俱删；再武官亦給限票，將律文吏部所給照會句改爲"該部所給文憑限票，所在官司給憑"，"憑"字改爲"結"字。

附律定例

一、凡官員赴任，兩司方面行太僕苑馬寺卿少卿及鹽運司府州縣正官，除原定硃限外，有違至一月以上，問罪，三月以上，送部别用，半年以上，罷職，内外凡領劄憑官員及佐貳首領雜職等官，違限一月以上，問罪半年以上，降級别用八個月以上，罷職，雖有中途患帖並不准理，其進表朝覲給由公差等項復任官員違限者，各照前例擬斷。

雍正三年律例館奏准：今官員赴任違限者，俱一體處分，無論官分别輕重之事，行太僕寺卿等官久經裁缺朝覲之例，亦已停止，例文删。

一、陞除出外文職已經領勅領憑，若無故遷延，過半年之上不辭朝出城者，參提問罪，若已辭出城，復入城潛住者，改降別用。

雍正五年律例館奏准增定附律例文

一、凡官員領憑後，都察院轉行五城嚴查，如有藏住躲避，不依限赴任者，即報部題參。

一、參將以下各官，概不准給假治喪葬親，或果係獨子，家無以次成丁，并所駐防守營汛非屬緊要地方，許督撫提鎮取具印甘各結，酌量假限，近者不得過六個月，遠者不得過十個月，以上該督撫提鎮臨時酌定，一併聲明，請旨定奪，再於所給定限之外，或有借端稱病遲延，逗遛不即回任者，照例議處。

一、外任漢軍官員有陞轉來京，及年老有病降級革職應歸旗者，務於定限之内起程，照依各省遠近程途定限，大路有驛站者，每日令行一站，僻路無驛站者，每日行五十里，自伊本任地方扣定起程到京日期，咨報該部該旗，如有無故不速起程，或已起程中途逗遛，或在別處居住而不進京，或本身進京而令家口在別處居住者，即令該地方官詳報，督撫題參，革職交刑部治罪，已革職者，交刑部從重治罪。如該地方官不行詳報，該督撫不行題參，經該部該旗查出，或科道糾參，將該地方官並督撫照定例議處，至該員已經起程，該地方官不行申報，或已申報，而督撫提鎮不行咨明該部該旗，以致逗遛生事者，一經發覺，亦照容留之例議處。

一、凡漢官革職離任者，交代完日，即令起程，不得過五個月之限，京官限一月内起程，該督撫五城司坊官將起程日期報部，並知會原籍地方官，仍照旗員歸旗例，自本任地方起至伊原籍，照站數里數計算，扣定到籍日期。到籍之日，該督撫將並無違限之處報部查核，倘違限不即起程，及逗遛中途並違限一月以上者，都察院並該督撫題參到日，照議處旗員例，將該員交刑部分別治罪，該管官徇情容留及他省官員，聽革職人員遨遊境内，或潛住京城，五城司坊官專汛武官不行查出驅逐，俱照容留旗員例議處。其有冤抑欲赴都察院具呈申理者，應赴本地方官具呈詳請督撫給咨來京，事竣之日，都察院轉行五城司坊官發回原籍，仍知會原籍地方官，如借端留滯，照例治罪，五城司坊官徇情容留者，亦照例議處。

罪名

笞一十

官員赴任無故過限一日者。代官已到，舊官無故三十日之外不離任所者。

笞二十

官員赴任無故過限十一日者。代官已到,舊官無故四十日之外不離任所者。

笞三十

官員赴任無故過限二十一日者。○中途詐冒不實,規避笞一十罪者。○當該官司扶同保勘者。代官已到,舊官無故五十日之外不離任所者。

笞四十

官員赴任無故過限三十一日者。○中途詐冒不實,規避笞二十罪者。○當該官司扶同保勘者。代官已到,舊官無故六十日之外不離任所者。

笞五十

官員赴任無故過限四十一日者。○中途詐冒不實,規避笞三十罪者。○當該官司扶同保勘者。代官已到,舊官無故七十日之外不離任所者。

杖六十

官員赴任無故過限五十一日者。○中途詐冒不實,規避笞四十罪者。○當該官司扶同保勘者。代官已到,舊官無故八十日之外不離任所者。

杖七十

官員赴任無故過限六十一日者。○中途詐冒不實,規避笞五十罪者。○當該官司扶同保勘者。

杖八十

官員赴任無故過限七十一日者。○中途詐冒不實,規避杖六十罪者。○當該官司扶同保勘者。

杖九十

官員赴任過限,中途詐冒不實,規避杖七十罪者。○當該官司扶同保勘者。

杖一百

官員赴任過限,中途詐冒不實,規避杖八十罪者。○當該官司扶同保勘者。

徒一年杖六十

官員赴任過限,中途詐冒不實,規避杖九十罪者。○當該官司扶同保勘者。

徒一年半杖七十

官員赴任過限,中途詐冒不實,規避杖一百罪者。○當該官司扶同保勘者。

徒二年杖八十

官員赴任過限，中途詐冒不實，規避徒一年罪者。〇當該官司扶同保勘者。

徒二年半杖九十

官員赴任過限，中途詐冒不實，規避徒一年半罪者。〇當該官司扶同保勘者。

徒三年杖一百

官員赴任過限，中途詐冒不實，規避徒二年罪者。〇當該官司扶同保勘者。

流二千里杖一百

官員赴任過限，中途詐冒不實，規避徒二年半罪者。〇當該官司扶同保勘者。

流二千五百里杖一百

官員赴任過限，中途詐冒不實，規避徒三年罪者。〇當該官司扶同保勘者。

流三千里杖一百

官員赴任過限，中途詐冒不實，規避流二千里罪者。〇當該官司扶同保勘者。

無故不朝參公座

凡大小官員，無故在内不朝参，在外不公座署事，及官吏給假限滿，無故不還職役者，一日笞一十，每三日加一等，各罪止杖八十，並附過還職。

雍正三年律例館奏准："並附過還職"五字改爲"並留職役"。

附律定例

一、在京現任官員并辦事進士乞恩養病者，行原衙門勘實具奏，請旨放回，病痊之日，赴部聽用，仍行巡按御史并按察司查勘，其在外方面有司官員，不許養病。

雍正三年律例館奏准：今進士無部院辦事之例，且京官病痊赴補，即具有地方官並無過犯之文投部，無到部後始行按察司查勘之處，又今無巡按御史，例文應删改，今將奏准改定例文開後。

一、在京現任官員告假養病者，各衙門勘實咨行，該部具奏請旨解任，病痊之日，赴部補用；其在外司道以下官員果係實病，督撫察勘奏請。

一、凡京官養病,到家調理痊可,即便依期聽用,若有托故延,住三年之外起送赴部者,照例革職,若到部雖在三年之外,起文尚在三年之内,照例具由,奏請定奪。

雍正三年律例館奏准:今病痊赴補並不勒定限期,此條删。

雍正五年律例館奏准增定附律例文

一、外官告病,督撫查明確實具題,令其回籍調理痊可,有情願起用者,於本省起文赴部引見,仍以原缺補用。

罪名

笞一十

大小官員無故在内不朝參,在外不公座署事一日者。官吏給假限滿,無故不還職役一日者。

笞二十

大小官員無故在内不朝參,在外不公座署事四日者。官吏給假限滿,無故不還職役四日者。

笞三十

大小官員無故在内不朝參,在外不公座署事七日者。官吏給假限滿,無故不還職役七日者。

笞四十

大小官員無故在内不朝參,在外不公座署事十日者。官吏給假限滿,無故不還職役十日者。

笞五十

大小官員無故在内不朝參,在外不公座署事十三日者。官吏給假限滿,無故不還職役十三日者。

杖六十

大小官員無故在内不朝參,在外不公座署事十六日者。官吏給假限滿,無故不還職役十六日者。

杖七十

大小官員無故在内不朝參,在外不公座署事十九日者。官吏給假限滿,無故不還職役十九日者。

杖八十

大小官員無故在内不朝參,在外不公座署事二十二日者。官吏給假限滿,無故不還職役二十二日者。

姦黨

凡姦邪進讒言左使殺人者，斬。〇若犯罪律該處死，其大臣小官巧言諫免，暗邀人心者，亦斬。〇若在朝官員交結朋黨紊亂朝政者，皆斬，妻子爲奴，財産入官。〇若刑部及大小各衙門官吏不執法律，聽從上司主使出入人罪者，罪亦如之若有不避權勢，明具實跡，親赴御前執法陳訴者，罪坐姦臣，言告之人與免本罪，仍將犯人財産均給充賞，有官者，陞二等，無官者，量與一官，或賞銀二千兩。

罪名

斬監候

姦邪進讒言左使殺人者。人犯罪該死其大臣小官巧言諫免暗邀人心者。

在朝官員交結朋黨紊亂朝政者。

刑部及大小各衙門官吏不執法律，聽從上司主使出入人罪已決放者。

交結近侍官員

凡諸衙門官吏，若與内官及近侍人員互相交結，泄漏事情，夤緣作弊，而扶同奏啓者，皆斬，妻子流二千里安置。

附律定例

一、罷閑官吏在京潛住，有擅出入禁門交結者，各門仔細盤詰拏送，該法司著實究問，發烟瘴地面永遠充軍。

歷年事例

康熙十八年議准：内外官員除至親平常往來外，凡補授督撫司道官，於赴任之時謁見在京大臣各官，及自任所差人問候，或令在京子弟提塘[①]往來行走者，將督撫司道并不行出首之大臣各官俱革職，至督撫司道家人子弟提塘往大臣各官家人處行走，其主知情者，革職，家人免坐，其主不知情者，降二級，將兩家之家人俱正法，提塘有職者，革職，無職者，照家人例正法；其在京大臣各官拜見督撫司道薦引幕賓贈送僕從餽遺禮物，或差人到督撫司道任所者，將大臣各官及不行舉出之督撫司道俱革職，如督撫司道向在京大臣各官因事營求，有所餽送者，將與受之人俱革職拏問；至地方官吏有濫徵苛派餽送大臣官員者，與受之人亦革職提問。

---

① 提塘：官名，古稱“邸吏”“邸官”，清代由各省督撫派專人駐京，上呈下傳本省與各部院之間的公文。

罪名

流二千里杖一百

官吏與内官及近侍人員互相交結,泄漏事情,夤緣作弊而扶同奏啓者之妻子,烟瘴永遠充軍。罷閑官吏在京潛住有擅出入禁門交結者。

斬監候

官吏與内官及近侍人員互相交,結泄漏事情,夤緣作弊而扶同奏啓者。

上言大臣德政

凡諸衙門官吏及士庶人等,若有上言宰執大臣美政才德者,即是奸黨,務要鞫問窮究,來歷明白,犯人處斬。連名上言,止坐爲首者。妻子爲奴,財産入官,若宰執大臣知情與同罪,不知者,不坐,亦依名例至死减一等法,杖一百、流三千里,不追及妻子財産,若係應議大臣,請旨定奪。

雍正三年律例館奏准增定附律例文

一、督撫等官,或陞任更調降謫丁憂離任,而地方百姓赴京保留控告者,不准行,將來告之人交與該部治罪,若下屬交結上官,派斂資斧,驅民獻媚,或本官留戀地方,授之意指,藉公行私,事發得實,亦交該部從重治罪。

歷年事例

雍正三年諭:"凡官員離任,每有地方士民保留,如果該員在任實有政績,惠澤在人,愛戴出於至誠,理應赴上司具呈陳請,即或清正廉幹之官冤抑被劾,百姓爲之抱屈者,亦可赴闕申理。乃邇來積習,無論官員賢否及離任之有無冤抑,概借保留爲名,竟不呈明上司,輒鳴鑼聚衆,擅行罷市,顯然挾制其中,買囑招摇種種弊端,皆於地方生事。如果保留盡係真情,何以陞任官員不聞有人愛戴者?即此乃刁風惡習,例所嚴禁,斷不可縱容使長。嗣後官員離任,士民有擅行鳴鑼聚衆罷市者,除將刁惡之人分别首從從重治罪外,其被保之員,即係好官,然既買囑百姓,亦必加倍治罪,以儆刁風。"

罪名

流三千里杖一百

上言宰執大臣、德政宰執大臣知情者。

斬監候

官吏士庶人等上言宰執大臣美政才德者若連名上言,罪坐爲首者。

大清會典卷之一百五十四

刑部

〔律例五吏律二〕

〔公式〕

講讀律令

凡國家律令，參酌事情輕重，定立罪名，頒行天下，永爲遵守。百司官吏，務要熟讀，講明律意，剖決事務，每遇年終，在内從察院，在外從分巡御史提刑按察司官，按治去處考校，若有不能講解，不曉律意者，初犯罰俸錢一月，再犯笞四十，附過三犯，於本衙門遞降敘用。〇其百工伎藝諸色人等，有能熟讀講解通曉律意者，若犯過失及因人連累致罪，不問輕重，竝免一次。其事干謀反逆叛者，不用此律。〇若官吏人等挾詐欺公，妄生異議，擅爲更改變亂成法者，斬。

雍正三年律例館奏准：今無察院按察司年底考校之事，律文“在内從察院至按治去處考校”二十四字改爲“在内在外各從上司官考校”其處分律文“初犯至遞降敘用”二十四字改爲“官罰俸一月吏笞四十”。

歷年事例

雍正二年諭：“朕披覽奏章，其中人命案件如故殺謀殺者尚少，而以鬬毆傷人者甚多，或因口角相爭，或因微物起釁，揮拳操戈，一時殞命，及至抵罪，雖悔何追！此皆由於愚賤鄉民不知法律，因一朝之忿，貽身命之憂，言之可爲憫惻。古人有月吉讀法之典，聖祖仁皇帝上諭，内有講法律以儆愚頑之條，蓋欲使民知法之不可犯，律之無可寬，畏懼猛醒，遷善而遠過也。但法律包舉甚廣，一時難以遍諭。今將大清律内所載鬬殺人命等律逐條摘出，疏解詳明。爾部可通行各省令地方有司刊刻散布於大小鄉村，處處張掛，風雨損壞，仍復再頒，俾知鬬毆之律尚然如此，則故殺謀殺罪更可知。父兄子弟，互相講論，時存提撕儆惕之念。"〇三年議准：嗣後年底刑部堂官傳集滿漢司員，將律例内酌量摘出一條，令將此條律文背寫完全，考試分别上中下三等，開列名次奏聞。

罪名

笞四十

吏不能講解不曉律意者。

斬監候

官吏人等挾詐欺公，妄生異議，擅爲更改，變亂成法者。

制書有違天子之言曰制，書則載其言者，如詔赦諭劄之類，若奏准施行者，不在此内。

凡奉制書有所施行而違者，杖一百；違皇太子令旨者，同罪；違親王令者，杖九十；失錯旨意者，各減三等。〇其稽緩制書及皇太子令旨者，一日笞五十，每一日加一等，罪止杖一百；稽緩親王令者，各減一等；違親王令者，杖九十。"稽緩親王令者各減一等"二句，雍正三年律例館奉御批删去。

雍正五年律例館奏准增定附律例文

一、每年十月三十日，恭逢皇上萬壽聖節，前後九日内不理刑名，自十月初十日至十一月初十日，此三十日不行刑。

罪名

笞五十

稽緩制書及皇太子令旨一日者。

杖六十

稽緩制書及皇太子令旨二日者。

杖七十

奉制書有所施行，而失錯者。失錯皇太子令旨者。

稽緩制書及皇太子令旨三日者。

杖八十

稽緩制書及皇太子令旨四日者。

杖九十

稽緩制書及皇太子令旨五日者。

杖一百

奉制書有所施行，而違者。違皇太子令旨者。稽緩制書及皇太子令旨六日者。棄毁制書印信。

凡棄毁制書及起馬御寶聖旨謂兵部起舖馬脚力，必關領内府御寶聖旨是也，起船符驗，若各衙門印信及夜巡銅牌者，斬，若棄毁官文書者，杖一百；有所規避者，從重論事；干軍機錢糧者，絞；當該官吏知，而不舉與犯人同罪不知者，不坐，誤毁者，各減三等，其因水火盗賊毁失有顯跡者，不坐。〇若遺失制書聖旨符驗印信巡牌者，杖九十、徒二年半，若官文書，杖七十，事干軍機錢糧者，杖九十、徒二年半；俱停俸，責尋三十日得見者，免罪。〇若主守官物遺失簿書，以致錢糧數目錯亂者，杖八十，亦住俸責尋。限内得見者，亦免罪。〇其各衙門吏典考滿替代者，明立案驗，將原管文卷交付接管之人，違者，杖八十，首領官吏不候交割扶同給由者，罪亦如之。

雍正三年律例館奏准：今起馬起船並無關領御書聖旨及織成符驗之例，且無夜巡銅牌律文，“凡棄毁制書及起馬御寶聖旨起船符驗，若各衙門印信及夜巡銅牌者斬”二十九字改爲“凡棄毁制書及各衙門印信者斬”小註並删。“若遺失制書聖旨符驗印信巡牌者，杖九十。”改爲“若遺失制書聖旨印信者，杖九十。”又“扶同給由”“由”字改爲“照”字。

雍正三年律例館奏准增定附律例文

一、部院各衙門卷案，專責滿漢司官躬親檢點，記明號件，小心收貯，若遇遷轉，將一切經管卷案逐件交代，出具並無遺失甘結存案，倘有不肖官吏通同作弊，盗取改易者，俱照棄毁文書律問罪，有所規避，從重論。

罪名

杖七十

遺失官文書者，誤毁官文書者。

杖八十

主守官物遺失簿書以致錢糧數目錯亂者。

吏典役滿替代不明，立案驗將原管文卷交付接管之人者。〇首領官吏不候交割扶同給照者。

杖一百

棄毁官文書者。〇當該官吏知而不舉者。

部院各衙門卷案官吏通同盗取改易者。

徒一年杖六十

棄毁官文書，規避杖九十罪者。○當該官吏知而不舉者。

部院各衙門卷案官吏通同盗取改易規避杖九十罪者。

徒一年半杖七十

棄毁官文書，規避杖一百罪者。○當該官吏知而不舉者。

部院各衙門卷案官吏通同盗取改易，規避杖一百罪者。

徒二年杖八十

棄毁官文書，規避徒一年罪者。○當該官吏知而不舉者。

部院各衙門卷案官吏通同盗取改易，規避徒一年罪者。

徒二年半杖九十

誤毁制書及各衙門印信者。

誤毁事干軍機錢糧官文書者。

棄毁官文書，規避徒一年半罪者。○當該官吏知而不舉者。

遺失制書聖旨及印信者。

遺失事干軍機錢糧官文書者。

部院各衙門卷案官吏通同盗取改易，規避徒一年半罪者。

徒三年杖一百

棄毁官文書，規避徒二年罪者。○當該官吏知而不舉者。

各部院衙門卷案官吏通同盗取改易，規避徒二年罪者。

流二千里杖一百

棄毁官文書，規避徒二年半罪者。○當該官吏知而不舉者。

部院各衙門卷案官吏通同盗取改易，規避徒二年半罪者。

流二千五百里杖一百

棄毁官文書，規避徒三年罪者。○當該官吏知而不舉者。

部院各衙門卷案官吏通同盗取改易規避徒三年罪者。

流三千里杖一百

棄毁制書及各衙門印信並事干軍機錢糧官文書其當該官吏知而不舉者。

棄毁官文書，規避流二千里罪者。○當該官吏知而不舉者。

部院各衙門卷案官吏通同盗取改易，規避流二千里罪者。

絞監候

棄毁事干軍機錢糧之文書者。

斬監候

棄毁制書及各衙門印信者。

上書奏事犯諱

凡上書，若奏事誤犯御名及廟諱者，杖八十；餘文書誤犯者，笞四十；若爲名字觸犯者，杖一百；其所犯御名及廟諱聲音相似，字樣各别，及有二字止犯一字者，皆不坐罪。〇若上書及奏事錯誤當言原免而言不免，當言千石而言十石之類有害於事者，杖六十；申六部錯誤有害於事者，笞四十；其餘衙門文書錯誤者，笞二十；若所申雖有錯誤，而文案可行無害於事者，勿論。

罪名

笞二十

錯誤文書字樣有害於事者。

笞四十

文書誤犯御名廟諱者。

申六部文書字樣錯誤有害於事者。

杖六十

上書及奏事錯誤字樣有害於事者。

杖八十

上書奏事誤犯御名廟諱者。

杖一百

名字觸犯御名廟諱者。

事應奏不奏

凡軍官犯罪，應請旨而不請旨及應論功上議而不上議，當該官吏照雜犯律處絞。〇若文職有犯應奏請而不奏請者，杖一百；有所規避，從重論。〇若軍務錢糧選法制度刑名死罪災異及事應奏而不奏者，杖八十；應申上而不申上者，笞四十。〇若已奏已申不待回報，而輒施行者，並同不奏不申之罪。至死减一等。〇其合奏公事，須要依律定擬，具寫奏本，其奏事及當該官吏僉書姓名明白奏聞，若有規避增减緊關情節，朦朧奏准施行已後，因事發露，雖經年遠，鞫問明白，斬。非軍務錢糧酌情减等。〇若於親臨上司官處禀議公事，必先隨事詳陳可否定擬禀説，若准擬者，上司置立印署文簿，附寫略節緣由，令首領官吏書名畫字，以憑稽考，若將不合行事務妄作禀准，及窺伺公務冗併，乘時朦朧禀説施行者，依詐傳各衙門官員言語律科罪；有所規避者，從重論。

雍正三年律例館奏准：今無指揮使等世職軍官，“軍官犯罪”四字改爲“應議之人有犯”，“文職有犯”四字改爲“文武職官有犯”。

雍正三年律例館奏准增定附律例文

一、州縣官將小民疾苦之情不行詳報上司，使民無可控愬者，革職永不敘用，若已經詳報，而上司不接准題達者，將上司革職；至於賑濟被災之民以及蠲免錢糧州縣官，有侵蝕肥己等弊，致民不沾實惠者，照貪官例革職拏問，督撫布政司道府等官不行稽察者，俱革職。

歷年事例

雍正二年諭：“嗣後具題案内官員人等，有一人於兩案犯罪者，一案罪輕先行題結，俟後案審明，從重歸結者，至後案從重題結之日，仍將前案所擬輕罪罪名敘入於後案本内，然後再引本案所犯重輕，按律例定擬，如前案已擬重罪，後案罪名輕於前案者，至後案題結之日，亦必將前案所犯重罪罪名聲明，仍歸前案定擬，如再有數案犯罪者，亦必將各案所擬罪名，俱簡明敘入最後題結本内。”〇三年議准：外省人命案件，擬以軍流等罪咨部完結者，俱駁令具題，嗣後不行具題者，將該督撫查議罪名。

笞四十

軍務錢糧選法制度，刑名死罪災異及事應申上而不申者。〇已申不待回報，而輒施行者。

杖八十

軍務錢糧選法制度，刑名死罪災異及事應奏而不奏者。〇已奏不待回報，而輒施行者。

下屬將不合行事務妄稟混稟，以致五品以下衙門誤准施行者。

杖九十

下屬將不合行事務妄稟混稟，致五品以下衙門誤准施行，規避杖七十罪者。

杖一百

文武職官有犯應奏請而不奏請者。〇奏請不待回報而輒施行者。

下屬將不合行事務妄稟混稟，致三品四品衙門誤准施行者。〇致五品以下衙門誤准施行，規避杖八十罪者。

徒一年杖六十

文武職官有犯應奏請而不奏請，規避杖九十罪者。

下屬將不合行事務妄稟混稟，致三品四品五品以下各衙門誤准施行，規避杖九十罪者。

徒一年半杖七十

文武職官有犯應奏請而不奏請，規避杖一百罪者。

下屬將不合行事務妄稟混稟，致三品四品五品以下各衙門誤准施行，規避杖一百罪者。

徒二年杖八十

文武職官有犯應奏請而不奏請，規避徒一年罪者。

下屬將不合行事務妄稟混稟，致三品四品五品以下衙門誤准施行，規避徒一年罪者。

徒二年半杖九十

文武職官有犯應奏請而不奏請，規避徒一年半罪者。

下屬將不合行事務妄稟混稟，致三品四品五品以下各衙門誤准施行，規避徒一年半罪者。

徒三年杖一百

文武職官有犯應奏請而不奏請，規避徒二年罪者。

下屬將不合行事務妄稟混稟，致一品二品衙門誤准施行者。〇致三品四品五品以下各衙門誤准施行，規避徒二年罪者。

流二千里杖一百

文武職官有犯應奏請而不奏請，規避徒二年半罪者。

下屬將不合行事務妄稟混稟，以致誤准施行，規避徒二年半罪者。

流二千五百里杖一百

文武職官有犯應奏請而不奏請，規避徒三年罪者。

下屬將不合行事務妄稟混稟，以致誤准施行，規避徒三年罪者。

流三千里杖一百

文武職官有犯應奏請而不奏請，規避流二千里罪者。

下屬將不合行事務妄稟混稟，以致誤准施行，規避流二千里罪者。

合奏公事若有規避增減緊關情節，朦朧奏准施行，事露應斬，以事非軍務錢糧酌情減等者。

絞雜犯准徒五年

當該官吏於應議之人有犯，應請旨而不請，及應論功上議而不上議者。

斬監候

合奏公事,若有規避增減緊關情節,朦朧奏准施行以後發露事干軍務錢糧者。

出使不復命

凡奉制敕出使不復命,干預他事者,杖一百;各衙門出使不復命干預他事者,常事杖七十,軍情重事杖一百;若越理犯分,侵人職掌行事者,笞五十。○若回還後三日,不繳納聖旨者,杖六十,每二日加一等,罪止杖一百;不繳納符驗者,笞四十,每三日加一等,罪止杖八十。○若有所規避者,各從重論。

罪名

笞四十

出使回還後三日不繳納符驗者。

笞五十

出使越理犯分侵人職掌行事者。

出使回還後六日不繳納符驗者○三日以下不繳納符驗,規避笞三十罪者。

杖六十

出使回還後三日不繳納聖旨者。

出使回還後九日不繳納符驗者○六日以下不繳納符驗,規避笞四十罪者。

杖七十

各衙門出使不復命干預常事者。

出使回還後五日不繳納聖旨者。○三日以下不繳納聖旨,規避笞五十罪者。

出使回還後十二日不繳納符驗者。○九日以下不繳納符驗,規避笞五十罪者。

杖八十

出使回還後七日不繳納聖旨者。○五日以下不繳納聖旨,規避杖六十罪者。

出使回還後十五日以上不繳納符驗者。

奉各衙門使不復命,若回還後十二日以下不繳納符驗,規避杖六十罪者。

杖九十

出使回還後九日不繳納聖旨者。○七日以下不繳納聖旨，規避杖七十罪者。

奉各衙門使不復命，若回還後不繳納符驗，規避杖七十罪者。

杖一百

奉制敕出使不復命干預他事者。○回還後十一日以上不繳納聖旨者。○九日以下不繳納聖旨，規避杖八十罪者。

各衙門出使不復命干預軍情重事者。

奉各衙門使不復命，若回還後不繳納符驗，規避杖八十罪者。

徒一年杖六十

出使不復命各衙門出使不復命及不繳納聖旨符驗，規避杖九十罪者。

徒一年半杖七十

出使不復命各衙門出使不復命及不繳納聖旨符驗，規避杖一百罪者。

徒二年杖八十

出使不復命各衙門出使不復命及不繳納聖旨符驗，規避徒一年罪者。

徒二年半杖九十

出使不復命各衙門出使不復命及不繳納聖旨符驗，規避徒一年半罪者。

徒三年杖一百

出使不復命各衙門出使不復命及不繳納聖旨符驗，規避徒二年罪者。

流二千里杖一百

出使不復命各衙門出使不復命及不繳納聖旨符驗，規避徒二年半罪者。

流二千五百里杖一百

出使不復命各衙門出使不復命及不繳納聖旨符驗，規避徒三年罪者。

流三千里杖一百

出使不復命各衙門出使不復命及不繳納聖旨符驗，規避流二千里罪者。

官文書稽程

凡官文書稽程者，一日吏典笞一十，三日加一等，罪止笞四十；首領官各減一等。○若各衙門遇有所屬申稟公事，隨即詳議可否，明白定奪回報，若當該官吏不與果決，含糊行移，互相推調，以致耽誤公事者，杖八十；其所屬將可行事件不行區處，而作疑申稟者，罪亦如之。

附律定例

一、内外衙門公事,小事五日程,中事七日程,大事十日程,並要限内結絶,若事干外郡官司追會或踏勘田土者,不拘常限。

雍正五年律例館奏准:七日程改爲十日,十日程改爲二十日,追會改爲關追會審。

雍正五年律例館奏准增定附律例文

一、凡在京衙門承審事件,限一個月審結,被證在外者,以到齊日爲始,内外移咨行察者,以文到日爲始,催文至三次無回文者,題參。

一、直隸各省審理人命事件,定限六個月,盗案定限一年,如案内正犯及要證未獲,情事未得確實者,題明展限;按察司自理事件,限一個月完結;府州縣自理事件,俱限二十日審結;上司批審事件限一個月審報;若隔屬提人及行查者,以人文到日起限,如有遲延情弊,該督撫察參,若該督撫將違限各官徇情不行題參,察出一併議處。

一、凡欽部等事件,直省督撫俱以文到日爲始,限四個月具題,總督轄兩省者,隔省事件限六個月具題,陝西總督所屬甘肅,兩廣總督所屬瓊州,亦照隔省例限六個月,福建臺灣府限十個月,其湖廣衡州等府所屬有苗民二十六州縣及乾州平溪等衛,距省寫遠,凡命盗等案,俱於定限外各展限兩個月。

一、督撫新任及署理印務,如欽部等事件原限内難於完結,准分别展限,原限四個月,展兩月,原限六個月,展三月;遇公事出境,一切事件准題請展限;若監臨科場,准按日扣限;隔省提人,准到日扣限。

一、各省審結叛案,凡有應解部流徙入官人口家産,俱立限兩個月,自該省起解,解送人役,仍定行程限期,違者題參。

一、凡承審命盗及欽部事件,至限滿不結,該督撫照例咨參,即於限滿之日接算,再限四個月,如逾限不結,該督撫將易結不結情由詳查,註明題參,照例議處;至承審官内有陞任革職降級,及因公他往委員接審者,准其展限一個月完結,不許又另起限,如有不肖文武官員承審案件,借端巧爲掩飾,不行速結者,令該督撫題參,交與該部嚴加議處,上司徇庇不行題參及下屬已經解審混行駁查,以致承審官違限,並知屬官例限將滿借端故爲派委,希圖展限者,一併從重議處,督撫參遲延時,將何月日解審駁查次數聲明,聽部查核。

一、凡承審土苗案件,俱以獲犯到官日爲始,盗案限一年,命案竊案限六個月，雜件限四個月，限滿不結，照例咨參，接扣限期完結，如仍不審結，該督撫照例題參，若該犯居土官所轄地方，該土官准州縣移會，徇庇不行拏解，經督撫核實題參，將土官革職，擇伊子弟之賢者承襲，若該犯居隔省隔邑者，以文到日爲始限四個月拏解，如庇匿不解，照徇庇例議處，如果兇犯實係在逃，俱限六個月承緝，限滿無獲，照例分别議處。

一、凡命盗案件，如四個月限者，州縣限兩個月解府，州府州限一個月解司，司限二十日解督撫，如六個月限者，州縣限三個月解府州，府州限個半月解司，司限一個月解督撫，如一年限者，州縣限七個月解府州，府州限兩個月解司，司限個半月解督撫，督撫將州縣府司起解年月日期於疏内聲明，如州縣承審遲延及督撫逾限不參者，仍照定例議處，倘州縣已解府州，及府州已經解司，而府州臬司遲延者，將遲延之員計逾限月日，照例分别議處；如上司恃勢將屬員解到日期故爲改遲，或肆意苛駁，以致遲延者，許屬員詳報，督撫據實題參，將改期及苛駁之上司照例議處；至藩司、糧鹽、驛河各道衙門一應欽部案件，亦註明年月日期，如有遲延，亦照此例議處；再盗案如有各省關查口供，必需時日者，許該地方官申詳，督撫咨部展限兩個月，其通省行查之事，令督撫查明，將最後送到逾限之府州縣職名附參，照欽部事件例議處。

一、盗案果有虚實情形未分，盗贓未確，限内不能完結者，許承審有司據實詳報，該管上司核實，即行報部，准其展限四個月，倘承審官有將易結之盗案濫請展限，該督撫漫爲咨部者，有司官照易結不結例革職，轉詳之司道府州及咨部之督撫，一并交部分别議處。

歷年事例

順治十二年覆准：凡直省刑獄案件，倘有耽延，督撫即行指參，仍於年底將已決未決欽件數目，併稽遲緣由開册，咨送三法司查核。〇康熙九年題准：凡承審欽件限期，專責督撫，有違限者，將督撫計月處分，不許分坐道府等官，如有等候提拏犯証，或因隔省行查，限内實難完結者，承問官將情由申詳督撫，該督撫題請展限。如承問官將易結之事遲延不結，或將難結情由不預行申報者，聽督撫題參，將承問官罰俸一年。〇二十二年定，凡刑部審結細事，照熱審例，將到部併審結日期，十日一次彙題。〇又議准：直省人命事件，改限六個月審結，逾限不結不及一月者，承問官罰俸三個月，一月以上者，罰俸一年。〇三十二年諭："嗣後將刑部議結細事，照熱審減等例十日一次彙寫具題，其具題時，著將到部之日、審起、完結之日俱行寫出。”〇三十六年議准:問刑官員審理盜案,供証既明,可結不結逾限至一年以上者,照無故遲延之例,嚴加議處。〇四十年議准:各府州縣人命案件六個月限滿照例題參後,又於四個月限内不行完結,復參遲延者,照題定易結不結之例,將承審各官革職,併將督催之臬司、刑名巡道及承催道員,各降三級調用,如承審官,或爲勢壓,或以賄囑,故爲延緩,聽訟不平,鍛鍊失實等項,該督撫嚴查題參。〇四十四年議准:旗民互告事件,承審官限一月完結,有提人行查之處,以人文到部之日扣限。〇四十六年諭:“嗣後各省一應欽件,交與某官審理及已完未完,該督撫四季奏聞,如部發案件其已完未完,亦著本部查明,四季奏聞。”〇四十八年諭:“應結之事,即當議結,不必數駁致增事端。”〇五十三年議准:現禁審理人犯,每月一次奏聞,即於各犯名下,將所犯事由、到監月日併未完情由,逐一註明;至行提人犯逾限不送行查,事件眈延不覆者,照例題參。〇六十一年議准:各省欽件部件,停其四季造册啓奏,俱照部内定限完結,若將易結之案遲滯不完者,令該衙門查參。〇雍正二年覆准:凡參承審遲延原審官,初次限滿,已經參過遲延,其在二限之内承審官遇有陞任降革,或因公他往委署,及新任之員接審者,即於接審日算起,准其展限四個月,如限内仍不審結,該督撫即將易結不結情由查明題參。〇四年議准:嗣後凡州縣承審欽部命盜等案,審轉造報事件申詳司道府州者,俱用副詳申報督撫,如有駁回之件,即將駁查緣由并駁回月日開明具報,倘有苛駁索詐推卸情弊,應令該督撫查明,將該上司各官題參,照易結不結例議處,倘該督撫徇隱不揭,或被傍人首告,或被科道糾參,將該督撫亦照徇庇例議處。〇五年議准:嗣後刑部行提人犯,行令八旗、内務府、五城、順天府務照定例,於文到之日即行查送過部,如人犯或有他故,即行報明,如有越三日不送到部,并不報明不到情由,即將該管官照例參處;其刑部各司提人,於行文之日,即開明人犯旗分姓名,知會司務,令登記號簿,於三日内按簿查唤,倘人犯已到,而胥役人等勒索不行放入者,該司務察出,即行呈堂,照例嚴加治罪;如該司務徇隱不究,經受勒之人告發,將該司務一併照例參處。〇又諭:“嗣後凡有緝拏人犯之處,各該衙門即速行文,不得稽遲時刻,倘文到之日,彼處奉行不力,以致兔脱,責有攸歸,著將此旨内外通行。”

罪名

笞一十

官文書稽程一日之吏典。〇四日之首領官。

笞二十

官文書稽程四日之吏典。〇七日之首領官。

笞三十

官文書稽程七日之吏典。〇十日之首領官。

笞四十

官文書稽程十日之吏典。

杖八十

上司衙門官吏,遇所屬申稟公事,不與果決,含糊行移,互相推調,以致耽誤公事者。

下司官吏將可行事件不行區處作疑申稟者。

照刷文卷

凡照刷有司有印信衙門文卷,遲一宗二宗,吏典笞一十,三宗至五宗,笞二十,每五宗加一等,罪止笞四十。府州縣首領官及倉庫務場局所河泊等官,各減一等。〇失錯及漏報一宗,吏典笞二十,二宗三宗,笞三十,每三宗加一等,罪止笞五十;府州縣首領官及倉庫務場局所河泊等官,各減一等;其府州縣正官巡檢,一宗至五宗,罰俸一十日,每五宗加一等,罰止一月。〇若錢糧埋没、刑名違枉等事有所規避者,各從重論。

雍正三年律例館奏准:今無罰俸十日之例,罰俸一十日,改爲罰俸一月,罰止一月改爲罰止三月。

雍正三年律例館奏准增定附律例文

一、部院各衙門,每月將已未結科抄事件造册,分送六科科抄,並見理事件造册分送各道,勘對限期,有遲延違誤者,察參。

一、在京各衙門凡關錢糧刑名案件,每年八月内彙造印册,送京畿道刷卷,有遲錯者,察參。

歷年事例

雍正元年諭:"直省命盗案件,主稿雖則刑部,然必由三法司等衙門公同確勘畫題,方行請旨,今刑部議覆被盗疎防及人命失察等案,有該督撫未將所屬地方官弁報參者,刑部於具題完結本尾聲明,行令查參到日再議,嗣經該督撫有照例補參,亦有援例請免者,止用咨覆,刑部再不具題,又不照會都察院、大理寺衙門,是以部中奸猾胥吏,得以操縱其事,暗地招摇,有部費者則爲援引輕例,且有竟將咨文沉匿,日久潛消者;如無部費,雖督撫聲明在所可寬,不准邀免欺隱朦混,事同議異。敕下刑部,嗣後凡三法司會議案件本尾帶及行令補參者,督撫咨覆刑部其或處分或寬免作何完結之後,令刑部知會畫題衙門公同刷卷,如此則胥役不得萌逞故智,上下其手矣。○五年議准:嗣後刑部見審事件,著令承審司官,每於月底,將所審案件逐案開具簡明略節,并監犯名數、收監日期,造具清册,其有行提應質人犯等項,不能依件完結者,將緣由一併造入册内,呈堂查核,若有濫行監禁及無故遲延不結者,即將該司官指名題參,照例議處;若刑部不行題參,或被科道糾參,或别經發覺者,將堂官一併議處;其直省問刑各衙門,亦於每月一體造具清册,呈報督撫查核,如有濫禁等弊,即行題參議處,倘督撫不行題參,别經發覺,將督撫一併議處。

罪名

笞一十

照刷文卷吏典,遲一宗二宗者。○府州縣首領及倉庫務場局所河泊等官,遲三宗至五宗者。

笞二十

照刷文卷吏典,遲三宗至五宗者。○失錯及漏報一宗者。○府州縣首領官及倉庫務場局所河泊等官,遲一十宗者。

笞三十

照刷文卷吏典,遲一十宗者。○失錯及漏報二宗三宗者。○府州縣首領官及倉庫務場局所河泊等官,遲一十五宗者。

錢糧埋没刑名違枉等事,遲延漏報,規避笞一十罪者。

笞四十

照刷文卷吏典,遲一十五宗者。○失錯及漏報六宗者。

錢糧埋没刑名違枉等事,遲延漏報,規避笞二十罪者。

笞五十

照刷文卷吏典失錯及漏報九宗者。

錢糧埋没刑名違枉等事,遲延漏報,規避笞三十罪者。

杖六十

錢糧埋没刑名違枉等事,遲延漏報,規避笞四十罪者。

杖七十

錢糧埋没刑名違枉等事,遲延漏報,規避笞五十罪者。

杖八十

錢糧埋没刑名違枉等事,遲延漏報,規避杖六十罪者。

杖九十

錢糧埋没刑名違枉等事，遲延漏報，規避杖七十罪者。

杖一百

錢糧埋没刑名，違枉等事，遲延漏報，規避杖八十罪者。

徒一年杖六十

錢糧埋没刑名違枉等事，遲延漏報，規避杖九十罪者。

徒一年半杖七十

錢糧埋没刑名違枉等事，遲延漏報，規避杖一百罪者。

徒二年杖八十

錢糧埋没刑名違枉等事，遲延漏報，規避徒一年罪者。

徒二年半杖九十

錢糧埋没刑名違枉等事，遲延漏報，規避徒一年半罪者。

徒三年杖一百

錢糧埋没刑名違枉等事，遲延漏報，規避徒二年罪者。

流二千里杖一百

錢糧埋没刑名違枉等事，遲延漏報，規避徒二年半罪者。

流二千五百里杖一百

錢糧埋没刑名違枉等事，遲延漏報，規避徒三年罪者。

流三千里杖一百

錢糧埋没刑名違枉等事，遲延漏報，規避流二千里罪者。

磨勘卷宗

凡磨勘出各衙門未完文卷，曾經監察御史按察司照刷駁問遲錯，經隔一季之後，錢糧不行追徵足備者，提調官吏以未足之數十分爲率，一分笞五十，每一分加一等，罪止杖一百。刑名造作等事可完而不完，應改正而不改正者，過一季笞四十，每一月加一等，罪止杖八十。受財者，計贓以枉法從重論。〇若有隱漏不報磨勘者，一宗笞四十，每一宗加一等，罪止杖八十；事干錢糧者，一宗杖八十，每一宗加一等，罪止杖一百。有所規避者，從重論。〇若官吏聞知事發，旋補文案未完捏作已完，未改正捏作已改正以避遲錯者，錢糧計所增數，以虚出通關論；刑名等事以增減官文書論。同僚若本管上司知而不舉及扶同作弊者同罪；不知情及不同署文案者，不坐。

雍正三年律例館奏准："監察御史"四字改爲"布政司"。

罪名

笞四十

磨勘刷過卷宗刑名造作等事可完不完可改正不改正過一季者。

隱漏刷過卷宗、不報磨勘一宗者。

笞五十

磨勘刷過卷宗錢糧未足一分者。○刑名等事四月不完不改正者。

隱漏刷過卷宗、不報磨勘二宗者。

杖六十

磨勘刷過卷宗錢糧未足二分者。○刑名等事五月不完不改正者。○錢糧未足刑名等事不完不改正，罪未至杖六十，而無禄人受財一兩以下者。

隱漏刷過卷宗、不報磨勘三宗者。○規避笞四十罪者。

杖七十

磨勘刷過卷宗錢糧未足三分者。○刑名等事六月不完不改正者。○錢糧未足刑名等事不完不改正，罪未至杖七十，而受財一兩以下者，無禄人一兩至五兩者。

隱漏刷過卷宗、不報磨勘四宗者。○規避笞五十罪者。

杖八十

磨勘刷過卷宗錢糧未足四分者。○刑名等事七月不完不改正者。○錢糧未足刑名等事不完不改正，罪未至杖八十，而受財一兩至五兩者，無禄人一十兩者。

隱漏刷過卷宗、不報磨勘五宗者。○隱漏事干錢糧卷宗一宗者。○規避杖六十罪者。

旋補文案以避遲錯錢糧，計增一兩以下者。○刑名等事杖六十罪者。○同僚若本管上司知而不舉及扶同作弊者。

杖九十

磨勘刷過卷宗錢糧未足五分者。○錢糧未足，罪未至杖九十，而受財一十兩者，無禄人一十五兩者。

刑名等事不完不改正受財一十兩者，無禄人一十五兩者。

隱漏、不報磨勘規避杖七十罪者。○隱漏事干錢糧卷宗二宗者。

旋補文案以避遲錯錢糧，計增一兩至二兩五錢者。○刑名等事杖七十罪者。○同僚若本管上司知而不舉及扶同作弊者。

杖一百

磨勘刷過卷宗錢糧未足六分者。〇錢糧未足，罪未至杖一百，而受財一十五兩者，無禄人二十兩者。

刑名等事不完不改正受財一十五兩者，無禄人二十兩者。

隱漏、不報磨勘規避杖八十罪者。〇隱漏事干錢糧卷宗三宗者。

旋補文案以避遲錯錢糧，計增五兩者。〇刑名等事杖八十罪者。〇同僚若本管上司知而不舉及扶同作弊者。

徒一年杖六十

磨勘刷過卷宗錢糧未足刑名等事不完不改正，而受財二十兩者，無禄人二十五兩者。

隱漏、不報磨勘規避杖九十罪者。

旋補文案以避遲錯錢糧，計增七兩五錢者。〇刑名等事杖九十罪者。〇同僚若本管上司知而不舉及扶同作弊者。

徒一年半杖七十

磨勘刷過卷宗錢糧未足刑名等事不完不改正，而受財二十五兩者，無禄人三十兩者。

隱漏、不報磨勘規避杖一百罪者。

旋補文案以避遲錯錢糧，計增一十兩者。〇刑名等事杖一百罪者。〇同僚若本管上司知而不舉及扶同作弊者。

徒二年杖八十

磨勘刷過卷宗錢糧未足刑名等事不完不改正，而受財三十兩者，無禄人三十五兩者。

隱漏、不報磨勘規避徒一年罪者。

旋補文案以避遲錯錢糧，計增一十二兩五錢者。〇刑名等事徒一年罪者。〇同僚若本管上司知而不舉及扶同作弊者。

徒二年半杖九十

磨勘刷過卷宗錢糧未足刑名等事不完不改正，而受財三十五兩者，無禄人四十兩者。

隱漏、不報磨勘規避徒一年半罪者。

旋補文案以避遲錯錢糧，計增一十五兩者。〇刑名等事徒一年半罪者。〇同僚若本管上司知而不舉及扶同作弊者。

徒三年杖一百

磨勘刷過卷宗錢糧未足刑名等事不完不改正,而受財四十兩者,無禄人四十五兩五十兩五十五兩者。

隱漏、不報磨勘規避徒二年罪者。

旋補文案以避遲錯錢糧,計增十七兩五錢者。〇刑名等事徒二年罪者。〇同僚若本管上司知而不舉及扶同作弊者。

准徒四年雜犯三流

旋補文案以避遲錯錢糧,計增二十兩二十五兩三十兩者。〇同僚若本管上司知而不舉及扶同作弊者。

流二千里杖一百

磨勘刷過卷宗錢糧未足刑名等事不完不改正,而受財四十五兩者。

隱漏、不報磨勘規避徒二年半罪者。

旋補文案以避遲錯刑名等事徒二年半罪者。〇同僚若本管上司知而不舉及扶同作弊者。

流二千五百里杖一百

磨勘刷過卷宗錢糧未足刑名等事不完不改正,而受財五十兩者。

隱漏、不報磨勘規避徒三年罪者。

旋補文案以避遲錯刑名等事徒三年罪者。〇同僚若本管上司知而不舉及扶同作弊者。

流三千里杖一百

磨勘刷過卷宗錢糧未足刑名等事不完不改正,而受財五十五兩者,無禄人八十兩者。

隱漏、不報磨勘規避流二千里罪者。

旋補文案以避遲錯刑名等事流二千里罪者。〇同僚若本管上司知而不舉及扶同作弊者。

絞雜犯准徒五年

旋補文案以避遲錯錢糧,計增四十兩者。〇同僚若本管上司知而不舉及扶同作弊者。

斬監候

磨勘刷過卷宗錢糧未足刑名等事不完不改正,而受財八十兩者,無禄人一百二十兩者。

同僚代判署文案

凡應行官文書,而同僚官代判署者,杖八十;若因遺失文案而代爲者,加一等;若有增減出入罪重者,從重論。

罪名

杖八十

應行官文書,而同僚官代判署者。

代判署文書,增減出入人杖九十罪未決放者。此就全出全入言其增輕作重,減重作輕,剩罪見官司出入人罪本律,罪名不具載,餘倣此。

杖九十

遺失同僚文案,而代爲判署者。

代判署文書,增減出入人杖九十罪已決放者,杖一百罪未決放者。

杖一百

代判署文書,增減出入人杖一百罪已決放者,徒一年罪未決放者。

徒一年杖六十

代判署文書,增減出入人徒一年罪已決放者,徒一年半罪未決放者。

徒一年半杖七十

代判署文書,增減出入人徒一年半罪已決放者,徒二年罪未決放者。

徒二年杖八十

代判署文書,增減出入人徒二年罪已決放者,徒二年半罪未決放者。

徒二年半杖九十

代判署文書,增減出入人徒二年半罪已決放者,徒三年罪未決放者。

徒三年杖一百

代判署文書,增減出入人徒三年罪已決放者,流罪未決放者。

流二千里杖一百

代判署文書,增減出入人流二千里罪已決放者。

流二千五百里杖一百

代判署文書,增減出入人流二千五百里罪已決放者。

流三千里杖一百

代判署文書,增減出入人流三千里罪已決放者,死罪未決放者。

絞斬

代判署文書,增減出入人死罪已決放者。

增減官文書

凡增減官文書者,杖六十,若有所規避杖罪以上,各加本罪二等,罪止杖一百、流三千里;未施行者,各減一等;規避死罪者,依常律其當該官吏自有所避增減文案者，罪同；若增減以避遲錯者，笞四十。○若行移文書，誤將軍馬錢糧刑名重事緊關字樣傳寫失錯，而洗補改正者，吏典笞三十，首領官失於對同，減一等，干礙調撥軍馬及供給邊方軍需錢糧數目者，首領官吏典皆杖八十，若有規避故改補者，以增減官文書論，未施行者，各減一等，因而失誤軍機者，無問故失並斬。以該吏爲首，若首領及承發吏杖一百、流三千里。若無規避及常行字樣偶然誤寫者，皆勿論。

罪名

笞二十

行移文書誤將軍馬錢糧刑名重事緊關字樣傳寫失錯，首領官失於對同者。

笞三十

行移文書誤將軍馬錢糧刑名重事緊關字樣傳寫失誤，吏典洗補改正者。

笞四十

當該官吏增減文書以避遲錯者。

杖六十

增減官文書者。

杖七十

增減官文書及官吏自增減文案故改補行移文書，規避杖六十罪未施行者。

杖八十

增減官文書及官吏自增減文案故改補行移文書，規避杖六十罪者。○規避杖七十罪未施行者。

行移文書傳寫失錯當官，該吏洗補改正干礙調撥軍馬及供給邊方軍需錢糧數目者。

杖九十

增減官文書及官吏自增減文案故改補行移文書，規避杖七十罪者。○規避杖八十罪未施行者。

杖一百

增減官文書及官吏自增減文案故改補行移文書，規避杖八十罪者。○規避杖九十罪未施行者。

徒一年杖六十

增減官文書及官吏自增減文案故改補行移文書,規避杖九十罪者。〇規避杖一百罪未施行者。

徒一年半杖七十

增減官文書及官吏自增減文案故改補行移文書,規避杖一百罪者。〇規避徒一年罪未施行者。

徒二年杖八十

增減官文書及官吏自增減文案故改補行移文書,規避徒一年罪者。〇規避徒一年半罪未施行者。

徒二年半杖九十

增減官文書及官吏自增減文案故改補行移文書,規避徒一年半罪者。〇規避徒二年罪未施行者。

徒三年杖一百

增減官文書及官吏自增減文案故改補行移文書,規避徒二年罪者。〇規避徒二年半罪以上未施行者。

流二千里杖一百

增減官文書及官吏自增減文案故改補行移文書,規避徒二年半罪者。

流二千五百里杖一百

增減官文書及官吏自增減文案故改補行移文書,規避徒三年罪者。

流三千里杖一百

增減官文書及官吏自增減文案故改補行移文書,規避流二千里罪者。

洗改文書因而失誤軍機之首領官、承發吏。

斬監候

洗改文書因而失誤軍機之該吏。

封掌印信

凡内外各衙門印信長官,收掌同僚佐貳官,用紙於印面上封記,俱各畫字,若同僚佐貳官差故,許首領官封印,違者,杖一百。

罪名

杖一百

長官不令同僚佐貳若首領官封記印信者。

同僚佐貳及首領官不行封記者。

漏使印信

凡各衙門行移出外文書,漏使印信者,當該吏典、對同首領官并承發,各杖六十。〇全不用印者,各杖八十。〇干礙調撥軍馬供給邊方軍需錢糧者,各杖一百;因而失誤軍機者,斬。亦以當該吏爲首,首領官并承發止坐杖一百、流三千里。〇若倒用印信者,照漏用律杖六十。

罪名

杖六十

各衙門行移出外文書漏使印信之當該吏典,對同首領官並承發。

倒用印信者。

杖八十

全不用印者。

杖一百

公文漏印及全不用印,干礙調撥軍馬供給邊方軍需錢糧者。

流三千里杖一百

公文調撥軍馬供給邊方軍需錢糧漏印、不用印信,因而失誤軍機之首領官承發吏。

斬監候

調撥軍馬及供給邊方軍需錢糧公文當該吏漏印、不用印信,因而失誤軍機者。

擅用調兵印信

凡總兵將軍及各處都指揮使司印信,除調度軍馬辦集軍務,行移公文用使外,若擅出批帖,假公營私,照送物貨者,首領、官吏各杖一百,罷職役不叙;正官奏聞區處。

雍正三年律例館奏准:"總兵將軍"改爲"統兵將軍""都指揮使司"改爲"提督總兵官"。

雍正五年律例館奏准附律例文

一、各省文武大小官員,有以官印用於私書手本者,從重治罪。

罪名

杖一百

統兵將軍及各處提督總兵官印信,若擅出批帖照送貨物其首領官吏,以官印用於私書手本者。

大清會典卷之一百五十五

刑部

〔**律例六**户律一〕

〔**户役**〕

脱漏户口

凡一户全不附籍，有賦役者，家長杖一百，無賦役者，杖八十，附籍當差。〇若將他人隱蔽在户不報，及相冒合户附籍，有賦役者，亦杖一百，無賦役者，亦杖八十；若將另居親屬隱蔽在户不報，及相冒合户附籍者，各減二等，所隱之人並與同罪，改正立户，别籍當差，其同宗伯叔弟姪及壻自來不曾分居者，不在此限。〇其見在官役使辦事者，雖脱户，止依漏口法。〇若隱漏自己成丁人口，不附籍及增減年狀，妄作老幼廢疾，以免差役者，一口至三口，家長杖六十，每三口加一等，罪止杖一百，不成丁三口至五口，笞四十，每五口加一等，罪止杖七十，入籍當差。〇若隱蔽他人丁口不附籍者，罪亦如之所隱之人與同罪，發還本户附籍當差。〇若里長失於取勘，致有脱户者，一户至五户，笞五十，每五户加一等，罪止杖一百，漏口者，一口至十口，笞三十，每十口加一等，罪止笞五十；本縣提調正官首領官吏脱户者，十户笞四十，每十户加一等，罪止杖八十，漏口者，十口笞二十，每三十口加一等，罪止笞四十，知情者，並與犯人同罪，受財者，計贓以枉法從重論；若官吏曾經三次立案取勘，已責里長文狀叮嚀省諭者，事發罪坐里長。

雍正三年律例館奏准增定附律例文

一、直隸各省編審，察出增益人丁，繕册奏聞，名爲《盛世滋生户口册》，其徵收錢糧，但據康熙五十年丁册，定爲常額，續生人丁，遵康熙五十二年三月十八日恩詔,永不加賦;如額徵丁糧數内有開除者,即將各該省新增人丁補足額數,至新增人丁,倘不據實開報,或有私派錢糧,及造册之時藉端需索,該督撫嚴查題參。

歷年事例

雍正五年議准:廣東省山多田少,無田耕種,窮民赶山搭寮,取香砍柴燒炭等項,令各州縣每寮給牌,遇有遷徙消長,赴縣添除違者,寮長應照脱漏户口律治罪,倘窩藏姦宄,勾通匪類,寮長不報官究治,或被旁人首告者,照總甲容留棍徒例治罪,各寮長將此等人查出,即行報官者,免其治罪;至入山之窮民,如不赴官報明搭寮居住,種麻種靛者,照盜耕田畝律治罪;其山主不經官驗,准私自批佃搭寮者,照違令律治罪;文武各官漫不經心約束,以致窩藏姦宄,勾通匪類經督撫題參者,照溺職例處分。

罪名

笞二十

各縣提調正官首領官吏失勘,致漏十口者。

笞三十

里長失勘,致漏一口至十口者。○各縣提調正官首領官吏失勘,致漏四十口者。

笞四十

隱漏自己及隱蔽他人不成丁三口至五口者。○所隱蔽之人。○里長官吏知情者。

里長失勘,致漏二十口者。○各縣提調正官首領官吏失勘,致漏七十口者。○致脱十户者。

笞五十

隱漏自己及隱蔽他人不成丁一十口者。○所隱蔽之人。○里長官吏知情者。

里長失勘,致脱一户至五户者。○致漏三十口者。○各縣提調正官首領官吏失勘,致脱二十户者。

杖六十

隱蔽無賦役另居親屬在户不報及相冒合户附籍者。○隱漏自己及隱蔽他人成丁人口一口至三口者。○不成丁一十五口者。○所隱蔽之人親屬。○里長官吏知情者。○縱容隱漏隱蔽丁口罪未至杖六十,而無禄人受財一兩以下者。

里長失勘，致脱一十户者。〇各縣提調正官首領官吏失勘，致脱三十户者。

杖七十

隱漏自己及他人成丁人口六口者。〇不成丁二十口者。〇所隱蔽之人。〇里長官吏知情者。〇縱容隱漏隱蔽丁口罪未至杖七十，而受財一兩以下者，無禄人一兩至五兩者。

里長失勘，致脱十五户者。〇各縣提調正官首領官吏失勘，致脱四十户者。

杖八十

全户不附籍無賦役者。〇將無賦役他人有賦役另居親屬隱蔽在户不報及相冒合户附籍者。〇隱漏自己及隱蔽他人成丁人口九口者。〇所隱之他人親屬。〇里長官吏知情者。〇縱容隱漏隱蔽丁口罪未至杖八十，而受財一兩至五兩者，無禄人一十兩者。

里長失勘，致脱二十户者。〇各縣提調正官首領官吏失勘，致脱五十户者。

杖九十

隱漏自己及隱蔽他人成丁人口十二口者。〇所隱蔽之人。〇里長官吏知情者。〇縱容隱漏隱蔽丁口罪未至杖九十，而受財一十兩者，無禄人一十五兩者。

里長失勘，致脱二十五户者。

杖一百

有賦役全户不附籍及將有賦役他人隱蔽在户不報并相冒合户附籍者。〇隱漏自己及隱蔽他人成丁人口十五口者。〇所隱蔽之人。〇里長官吏知情者。〇縱容隱漏隱蔽丁户罪未至杖一百，而受財一十五兩者，無禄人二十兩者。

里長失勘，致脱三十户者。

徒一年杖六十

脱漏户口官吏，受財二十兩者，無禄人二十五兩者。

徒一年半杖七十

脱漏户口官吏，受財二十五兩者，無禄人三十兩者。

徒二年杖八十

脱漏户口官吏，受財三十兩者，無禄人三十五兩者。

徒二年半杖九十

脱漏户口官吏,受財三十五兩者,無禄人四十兩者。

徒三年杖一百

脱漏户口官吏,受財四十兩者,無禄人四十五兩五十兩五十五兩者。

流二千里杖一百

脱漏户口官吏,受財四十五兩者。

流二千五百里杖一百。

脱漏户口官吏,受財五十兩者。

流三千里杖一百。

脱漏户口官吏,受財五十五兩者,無禄人八十兩者。

絞監候

脱漏户口里長官吏,受財八十兩者,無禄人一百二十兩者。

人户以籍爲定

凡軍民驛竈醫卜工樂諸色人户,並以籍爲定,若詐冒脱免,避重就輕者,杖八十;其官司妄准脱免,及變亂版籍者,罪同。○若詐稱各衛軍人不當軍民差役者,杖一百,發邊遠充軍。

附律定例

一、軍户子孫畏懼軍役,另開户籍,或於别府州縣入贅寄籍等項,及至原衛發册清勾,買囑原籍官吏里書人等捏作丁盡户絶回申者,俱問罪,正犯發烟瘴地面,里書人等發附近衛所,俱充軍,官吏參究治罪。

雍正三年律例館奏准:"畏懼軍役"四字,"等項及至原衛發册清勾"十字删。

一、各處衛所并護衛儀衛司官軍舍餘人等及竈户置買民田,一體坐派糧差,若不納糧當差,致累里長包賠者,俱問罪其田入官。

雍正三年律例館奏准:今無"護衛儀衛司舍餘",例文内此七字删。

雍正三年律例館奏准增定附律例文

一、康熙六十一年以前白契所買之人,俱不准贖身,若有逃走者,准遞逃牌,雍正元年以後白契所買單身及帶有妻室子女之人,俱准贖身,若買主配給妻室者,不准贖身,未經賣身之先,或已定親未娶,問女家情愿,方許配合,不情愿者,聽。

一、各省樂籍并浙省惰民丐户,皆令確查削籍,改業爲良,若土豪地棍,仍前逼勒陵辱及自甘污賤者,依律治罪;其地方官奉行不力者,該督撫查參議處。

歷年事例

雍正五年議准：凡漢人家生奴僕，印契所買奴僕，并雍正五年以前白契所買及投靠養育年久，或婢女招配生有子息者，俱係家奴，世世子孫，永遠服役，婚配俱由家主，仍造册報官存案，嗣後凡婢女招配并投靠及買奴僕，俱寫文契，報明本地方官鈐蓋印信，如有事犯，驗明官册印契，照例治罪，其奴僕誹謗家長并僱工人駡家長，與官員平人毆殺奴僕，并教令過失殺及毆殺僱工人等欵，俱有律例，應照滿洲主僕論；至不遵約束，傲慢頑梗，酗酒生事者，照滿洲家人喫酒行兇例，面上刺字，流二千里，交與該地方官，令其永遠當苦差，有背主逃匿者，照滿洲家人逃走例，折責四十板，面上刺字，交與本主，仍行存案；容留窩藏者，照窩藏逃人例治罪；如典當僱工限内逃匿者，照滿洲白契所買家人逃走例，責三十板，亦交與本主。若典當立有文券，議有年限，不遵約束，傲慢酗酒生事者，聽伊主酌量懲治，若與家長抗拒毆駡者，照律治罪；再隸身門下爲長隨者有犯，亦照典當僱工人治罪。

罪名

杖八十

軍民驛竈醫卜工樂諸色人户詐冒脱免避重就輕者。〇官司妄准脱免及變亂版籍者。

附近充軍

軍户子孫另開户籍，或於别府州縣入贅寄籍，買囑原籍，捏作丁盡户絶其里書人等。

邊遠充軍

詐稱各衛軍人不當軍民差役者杖一百。

烟瘴充軍

軍户子孫另開户籍，或於别府州縣入贅寄籍買囑原籍官吏，里書捏作丁盡户絶者。

私創菴院及私度僧道

凡寺觀菴院，除見在處所外，不許私自創建增置，違者，杖一百，僧道還俗，發邊遠充軍，尼僧女寇入官爲奴。〇若僧道不給度牒，私自簪剃者，杖八十；若由家長，家長當罪，寺觀住持及受業師私度者，與同罪，並還俗，入籍當差。

附律定例

一、僧道擅收徒弟,不給度牒,及民間子弟户内不及三丁,或在十六以上而出家者,俱枷號一個月,並罪坐所由僧道官及住持知而不舉者,各罷職還俗。

一、僧道犯罪,雖未給度牒,悉照僧道科斷,該還俗者,查發各原籍當差,若仍於原寺觀菴院,或他寺觀菴院潛住者,並枷號一個月,照舊還俗;僧道官及住持知而不舉者,各治以罪。

雍正五年律例館奏准增定附律例文

一、凡僧道犯法,問擬斬絞,免死減等發遣及軍流充徒枷號等罪者,俱勒令永遠還俗;至遣戍之所,令該管官嚴行稽查,其釋罪回籍者,亦令地方官嚴行稽查,不許復爲僧道。

歷年事例

天聰五年題准:凡違法擅爲喇嘛及私建寺廟者,治罪,若已經呈明禮部者,酌議准行。〇崇德八年諭:"除部册紀載寺廟外,有不遵禁約新行創建修整者,治以重罪,其該管佐領領催,亦罪之。"〇康熙六年議准:凡喇嘛將家人及私收人爲班第,并隱留部册無名之喇嘛者,喇嘛處絞,家産籍没,總管大喇嘛罰牲三九,扎薩克喇嘛罰牲二九,得木齊等罰牲一九入官,俱革所管之職;旗下官員人等隱留私自行走之喇嘛班第,及將家人送與喇嘛爲班第者,係官議革,係平人處死,該管都統副都統参領罰俸一年,佐領驍騎校革任領催鞭一百,罰本犯銀五十兩,給出首之人,家人出首者,准其離主班第入官;蒙古部落人等,隱留私自行走之喇嘛班第,及將家人與屬下人送與喇嘛爲班第者,王貝勒各罰馬一百匹,貝子公各罰馬七十匹,台吉塔布囊各罰馬五十匹,都統罰牲三九,副都統罰牲二九,参領罰牲一九,佐領驍騎校革職,係平人處死,其該管之王貝勒,各罰馬七十匹,貝子公各罰馬五十匹,台吉塔布囊各罰馬三十匹,都統副都統各罰牲三九,参領佐領各罰牲二九,驍騎校罰牲一九革任,領催鞭一百革退,十家長鞭一百,家産籍没,以其半入官,半給出首之人,如家人及所屬之人出首者,准其離主班第入官;民人隱留私自行走之喇嘛班第、阿木道等處喇嘛班第,及將子弟家人送與喇嘛爲班第者,本犯枷號三個月,責四十板,罰銀五十兩給出首之人,十家長及兩鄰知而不舉者,責四十板,該城御史及順天府府尹罰俸一年,該管知縣并兵馬司指揮革職;寺廟之僧道尼姑有留隱喇嘛班第并阿木道等處喇嘛班第者,住持之僧道枷號三個月,責四十板,勒令爲民,住持之尼姑與所住之喇嘛俱處絞,同住之僧道尼姑知而不舉者,責四十板爲民,罰住持之僧道與同住之尼姑銀五十兩,給出首之人,該管之僧道録司,罰銀一百兩入官;如空寺廟中有喇嘛班第及阿木道等處喇嘛班第居住,被人拏首者,該管僧道録司及專管僧道罰銀一百兩,以其半入官,半給出首之人。○十年議准:凡隱留阿木道等處喇嘛班第者,都統副都統參領罰俸一年,佐領驍騎校革職領催鞭一百,隱留之人係有職任官,革任,無職任官,革職,係平人枷號一個月,鞭一百。○二十二年議准:喇嘛班第,私建寺廟者,照律治罪。○雍正五年諭:"僧人皈依釋教,自當確守清規,置身方外,始爲清净之徒,若干犯王章,身蹈罪戾,已爲佛法所不容,何得復稱釋教,俾得藉以爲非?嗣後凡僧人犯法,問擬斬絞發遣軍流充徒枷號等罪者,俱勒令永遠還俗;至遣戍之所,令該管官嚴行稽查;其釋罪回籍者,亦令地方官嚴行稽查,不許復爲僧人,著爲定例遵行。"

罪名

杖八十

僧道不給度牒私自簪剃者。○家長主使者。○寺觀住持及受業師私度者。

杖一百

私自創建增置寺觀菴院者。

邊遠充軍

私自創建增置寺觀菴院其僧道還俗發充爲奴。

私自創建增置寺觀菴院其尼僧女寇還俗入官。

立嫡子違法

凡立嫡子違法者,杖八十,其嫡妻年五十以上無子者,得立庶長子,不立長子者,罪亦同。○若養同宗之人爲子,所養父母無子而捨去者,杖一百,發付所養父母收管;若有親生子及本生父母無子欲還者,聽。○其乞養異姓義子以亂宗族者,杖六十,若以子與異姓人爲嗣者,罪同,其子歸宗。○其遺棄小兒年三歲以下,雖異姓仍聽收養,即從其姓。但不得以無子遂立爲嗣。○若立嗣雖係同宗,而尊卑失序者,罪亦如之其子亦歸宗,改立應繼之人。○若庶民之家存養良家男女爲奴婢者,杖一百,即放從良。

附律定例

一、無子者,許令同宗昭穆相當之姪承繼,先儘同父周親,次及大功小功緦麻,如俱無,方許擇立遠房及同姓爲嗣,若立嗣之後却生子,其家産與原立子均分，並不許乞養異姓爲嗣以亂宗族，立同姓者，亦不得尊卑失序以亂昭穆。

一、婦人夫亡無子守志者，合承夫分，須憑族長擇昭穆相當之人繼嗣，其改嫁者，夫家財產及原有裝奩，並聽前夫之家爲主。

一、無子立嗣，除依律外，若繼子不得於所後之親，聽其告官別立，其或擇立賢能及所親愛者，若於昭穆倫序不失，不許宗族指以次序告爭并官司受理；若義男女壻爲所後之親喜悦者，聽其相爲依倚，不許繼子并本生父母用計逼逐，仍酌分給財產，若無子之人家貧，聽其賣產自贍。

罪名

杖六十

乞養異姓義子以亂宗族者。〇以子與異姓人爲嗣者，立嗣雖係同宗，而尊卑失序者。

杖八十

立嫡子違法者。〇嫡妻年五十以上無子，不立庶長子者。

杖一百

養同宗之人爲子，所養父母無子而捨去者。〇庶民家存養良家男女爲奴婢者。

收留迷失子女

凡收留人家迷失子女，不送官司，而賣爲奴婢者，杖一百、徒三年；爲妻妾、子孫者，杖九十、徒二年半；若得迷失奴婢而賣者，各减良人罪一等，被賣之人不坐，給親完聚。〇若收留在逃子女，而賣爲奴婢者，杖九十、徒二年半；爲妻妾、子孫者，杖八十、徒二年；若得在逃奴婢而賣者，各减良人罪一等，其被賣在逃之人又各减一等，若在逃之罪重者，自從重論。〇其自收留爲奴婢妻妾、子孫者，罪亦如之；隱藏在家者，並杖八十。〇若買者及牙保知情，减犯人罪一等，追價入官；不知者，俱不坐，追價還主。〇若冒認良人爲奴婢者，杖一百，徒三年爲妻妾、子孫者，杖九十、徒二年半；冒認他人奴婢者，杖一百。

罪名

杖八十

收留迷失及在逃子女奴婢隱藏在家者。

杖一百

在逃奴婢被賣爲妻妾、子孫者。

冒認他人者。

徒一年杖六十

在逃奴婢被賣爲奴婢者。

知情買在逃奴婢爲妻妾、子孫者。○其牙保[1]。

徒一年半杖七十

收留在逃奴婢爲妻妾、子孫及賣爲妻妾、子孫者。

知情買迷失奴婢在逃子女爲妻妾、子孫并在逃奴婢爲奴婢者。○其牙保在逃子女被賣爲妻妾、子孫者。

徒二年杖八十

收留迷失奴婢并在逃子女爲妻妾、子孫及賣爲妻妾、子孫者。○收留在逃奴婢爲奴婢及賣爲奴婢者。

知情買迷失子女爲妻妾、子孫并迷失奴婢在逃子女爲奴婢者。○其牙保。

徒二年半杖九十

收留迷失子女爲妻妾、子孫及賣爲妻妾、子孫者。○收留迷失奴婢在逃子女爲奴婢及賣爲奴婢者。

知情買迷失子女爲奴婢者。○其牙保冒認良人爲妻妾、子孫者。

徒三年杖一百

收留迷失子女爲奴婢及賣爲奴婢者冒認良人爲奴婢者。

賦役不均

凡有司科徵税糧及雜泛差役,各驗籍内户口田糧,定立等第科差,若放富差貧,那移作弊者,許被害貧民赴控該上司,自下而上陳告,當該官吏各杖一百,若上司不爲受理者,杖八十,受財者,計贓以枉法從重論。

附律定例

一、布按二司分巡分守官、直隸巡按御史,嚴督府州縣掌印正官審編均徭,從公查照歲額差役,於該年均徭人户丁糧有力之家止編本等差役,不許分外加增,餘剩銀兩、貧難下户并逃亡之數,聽其空閒,不許徵銀及額外濫設聽差等項差科,違者,聽撫按等官糾察問罪,奏請改調;若各官容情不舉,各治以罪。

雍正五年律例館奏准:"布按二司分巡分守官直隸巡按御史"十五字,

---

① 牙保:立契的中介人和保人。

改爲"督撫司道,又加增濫設,罪有輕重,不獨改調""奏請改調"四字删,又"撫按等官"改爲"督撫等官"。

一、各布政司并直隸府州縣掌印官,如遇各部派到物料,從公斟酌,所屬大小豐歉坐派,若豪猾規利之徒,買囑吏書,妄稟編派下屬,承攬害民者,俱問發附近衛所充軍,各該掌印官聽從者,參究治罪。

雍正五年律例館奏准:"直隸"二字删,"坐派"下增"採買"二字。

雍正五年律例館奏准增定附律例文

一、凡紳衿優免本身丁銀外,倘借名濫以子孫族户冒入者,該地方官查出生監申革,職官題參,各杖一百,受財者,從重論,如有私立官儒圖户名色,包攬詭寄者,照脱漏版籍律治罪,詭寄與受寄者同論。

一、凡紳衿之家,與齊民一體編次,聽保甲長稽查違者,照脱户律治罪,地方官徇情不詳報者,照徇庇例議處;至充保甲長并輪直支更看柵等役,紳衿免派,齊民内老疾寡婦之家子孫尚未成丁者,亦俱免役。

罪名

笞四十

私立宦儒圖户名色,包攬詭寄田一畝至五畝者〇受寄者。

笞五十

私立宦儒圖户名色,包攬詭寄田一十畝者〇受寄者。

杖六十

私立宦儒圖户名色,包攬詭寄田一十五畝者〇受寄者。

杖七十

私立宦儒圖户名色,包攬詭寄田二十畝者〇受寄者。

杖八十

税糧差役放富差貧那移作弊被害赴控上司不爲受理者。

私立宦儒圖户名色,包攬詭寄田二十五畝者〇受寄者。

杖九十

控告放富差貧那移作弊,上司不爲受理,受財一十兩者,無禄人一十五兩者。

私立宦儒圖户名色,包攬詭寄田三十畝者〇受寄者。

杖一百

當該官吏放富差貧那移作弊者。

控告放富差貧那移作弊,上司不爲受理,受財一十五兩者,無禄人二十兩者。

紳衿除優免本身丁銀外,濫以子孫族户冒入者。

私立宦儒圖户名色,包攬詭寄田三十五畝者〇受寄者。

紳衿不編保甲者。

徒一年杖六十

當該官吏放富差貧那移作弊,受財二十兩者,無禄人二十五兩者〇被害控告,上司不爲受理,受財二十兩者。

紳衿除優免本身丁銀外,以子孫族户冒入,受財二十兩者,無禄人二十五兩者。

徒一年半杖七十

當該官吏放富差貧那移作弊,受財二十五兩者,無禄人三十兩者〇被害控告,上司不爲受理,受財二十五兩者。

紳衿除優免本身丁銀外,以子孫族户冒入,受財二十五兩者,無禄人三十兩者。

徒二年杖八十

當該官吏放富差貧那移作弊,受財三十兩者,無禄人三十五兩者〇被害控告,上司不爲受理,受財三十兩者。

紳衿除優免本身丁銀外,以子孫族户冒入,受財三十兩者,無禄人三十五兩者。

徒二年半杖九十

當該官吏放富差貧那移作弊,受財三十五兩者,無禄人四十兩者〇被害控告,上司不爲受理,受財三十五兩者。

紳衿除優免本身丁銀外,以子孫族户冒入,受財三十五兩者,無禄人四十兩者。

徒三年杖一百

當該官吏放富差貧那移作弊,受財四十兩者,無禄人四十五兩五十兩五十五兩者〇被害控告上司不爲受理,受財四十兩者。

紳衿除優免本身丁銀外,以子孫族户冒入,受財四十兩者,無禄人四十五兩五十兩五十五兩者。

流二千里杖一百

當該官吏放富差貧那移作弊,受財四十五兩者〇被害控告,上司不爲受理,受財四十五兩者。

紳衿除優免本身丁銀外,以子孫族户冒入,受財四十五兩者。

流二千五百里杖一百

當該官吏放富差貧那移作弊,受財五十兩者〇被害控告,上司不爲受理,受財五十兩者。

紳衿除優免本身丁銀外,以子孫族户冒入,受財五十兩者。

流三千里杖一百

當該官吏放富差貧那移作弊,受財五十五兩者,無禄人八十兩者〇被害控告,上司不爲受理,受財五十五兩者。

紳衿除優免本身丁銀外,以子孫族户冒入,受財五十五兩者,無禄人八十兩者。

附近充軍

各省藩司并府州縣遇各部派到物料從公採買,若豪滑規利之徒買囑書吏妄稟編派下屬承攬害民者。

絞監候

當該官吏放富差貧那移作弊,受財八十兩者,無禄人一百二十兩者〇被害控告,上司不爲受理,受財八十兩者。

紳衿除優免本身丁銀外,以子孫族户冒入,受財八十兩者,無禄人一百二十兩者。

丁夫差遣不平

凡應差丁夫雜匠,而差遣不均平者,一人笞二十,每五人加一等,罪止杖六十。〇若丁夫雜匠,承差而稽留不著役,及在役日滿而所司不放回者,一日笞一十,每三日加一等,罪止笞五十。

罪名

笞一十

丁夫雜匠承差稽留不著役及役滿不放回一日者。

笞二十

丁夫雜匠差遣不均一人者。〇稽留不著役及役滿不放回四日者。

笞三十

丁夫雜匠差遣不均六人者。〇稽留不著役及役滿不放回七日者。

笞四十

丁夫雜匠差遣不均十一人者。〇稽留不著役及役滿不放回十日者。

笞五十

丁夫雜匠差遣不均十六人者。○稽留不著役及役滿不放回十三日者。

杖六十

丁夫雜匠差遣不均二十一人者。

隱蔽差役

凡豪民令子孫弟姪跟隨官員,隱蔽差役者,家長杖一百,官員容隱者,與同罪,受財者,計贓以枉法從重論,跟隨之人免罪充軍。○其功臣容隱者,初犯免罪附過,再犯住支俸給一半,三犯全不支給,四犯依律論罪。

雍正五年律例館奏准:功臣分別次數處分,未爲允協,將"初犯"至"依律論罪"二十六字,改爲"照律擬罪,奏請定奪"。

罪名

杖一百

令子孫弟姪跟隨官員隱蔽差役之家長。○官員容隱者。

徒一年杖六十

官員容隱豪民子孫弟姪跟隨隱蔽差役,受財二十兩者。

徒一年半杖七十

官員容隱豪民子孫弟姪跟隨隱蔽差役,受財二十五兩者。

徒二年杖八十

官員容隱豪民子孫弟姪跟隨隱蔽差役,受財三十兩者。

徒二年半杖九十

官員容隱豪民子孫弟姪跟隨隱蔽差役,受財三十五兩者。

徒三年杖一百

官員容隱豪民子孫弟姪跟隨隱蔽差役,受財四十兩者。

流二千里杖一百

官員容隱豪民子孫弟姪跟隨隱蔽差役,受財四十五兩者。

流二千五百里杖一百

官員容隱豪民子孫弟姪跟隨隱蔽差役,受財五十兩者。

流三千里杖一百

官員容隱豪民子孫弟姪跟隨,隱蔽差役,受財五十五兩者。

附近充軍

豪民令子孫弟姪跟隨官員,隱蔽差役其跟隨之人。

絞監候

官員容隱豪民子孫弟姪跟隨隱蔽差役,受財八十兩者。

禁革主保里長

凡各處人民,每一百户内議設里長一名,甲首一十名,輪年應役,催辦錢糧勾攝公事,若有妄稱主保小里長保長主首等項名色,生事擾民者,杖一百遷徙。○其合設耆老,須於本鄉年高有德衆所推服人内選充,不許罷閒吏卒及有過之人充應,違者,杖六十,當該官吏笞四十,若受財枉法從重論。

附律定例

一、天下各府州縣編賦役黄册,以一百一十户爲里,推丁多者十人爲長,餘百户爲十甲,甲凡十人,歲役里長一人,管攝一里之事,城中曰坊,近城曰廂,鄉里曰里,凡十年一周,先後則各以丁數之多寡爲次,每里編爲一册,册首總爲一圖,其鰥寡孤獨不任役者,則帶管於百一十户之外,而列於圖後,名曰畸零册,成一本進户部布政司,各府州縣各存一本。

雍正三年律例館奏准:康熙七年停造黄册,止有報部册籍,應將“黄”字删去。

罪名

笞四十

當該官吏將罷閒吏卒及有過之人充應耆老者。

杖六十

罷閒吏卒及有過之人充應耆老者。○當該官吏,無禄人受財一兩以下者。

杖七十

當該官吏將罷閒吏卒及有過之人充應耆老,受財一兩以下者,無禄人一兩至五兩者。

杖八十

當該官吏將罷閒吏卒及有過之人充應耆老,受財一兩至五兩者,無禄人一十兩者。

杖九十

當該官吏將罷閒吏卒及有過之人充應耆老,受財一十兩者,無禄人一十五兩者。

杖一百

當該官吏將罷閒吏卒及有過之人充應耆老,受財一十五兩者,無禄人二十兩者。

徒一年杖六十

當該官吏將罷閒吏卒及有過之人充應耆老,受財二十兩者,無禄人二十五兩者。

徒一年半杖七十

當該官吏將罷閒吏卒及有過之人充應耆老,受財二十五兩者,無禄人三十兩者。

徒二年杖八十

妄稱主保小里長保長主首等項名色生事擾民者杖一百遷徙比流減半准此

當該官吏將罷閒吏卒及有過之人充應耆老,受財三十兩者,無禄人三十五兩者。

徒二年半杖九十

當該官吏將罷閒吏卒及有過之人充應耆老,受財三十五兩者,無禄人四十兩者。

徒三年杖一百

當該官吏將罷閒吏卒及有過之人充應耆老,受財四十兩者,無禄人四十五兩五十兩五十五兩者。

流二千里杖一百

當該官吏將罷閒吏卒及有過之人充應耆老,受財四十五兩者。

流二千五百里杖一百

當該官吏將罷閒吏卒及有過之人充應耆老,受財五十兩者。

流三千里杖一百

當該官吏將罷閒吏卒及有過之人充應耆老,受財五十五兩者,無禄人八十兩者。

絞監候

當該官吏將罷閒吏卒及有過之人充應耆老,受財八十兩者,無禄人一百二十兩者。

逃避差役

凡民户逃往鄰境州縣,躲避差役者,杖一百,發還原籍當差;其親管里長提調官吏故縱及鄰境人户隱蔽在己者,各與同罪;若里長知而不逐遣,及原管官司不移文起取,若移文起取而所在官司占恡不發者,各杖六十。○若丁夫雜匠在役及工樂雜户逃者,一日笞一十,每五日加一等,罪止笞五十;提調官吏故縱者,各與同罪,受財者,計贓以枉法從重論;不覺逃者,五人笞二十,每五人加一等,罪止笞四十,不及五名者,免罪。

附律定例

一、因兵荒逃避之民,有司多方招撫,仍令附籍復業當差,或年久逃遠,府州縣造逃户周知文册,備開逃民鄉里姓名、男婦口數、軍民匠竈等籍及遺下田地税糧若干、原籍有無人丁、應承糧差,送各處撫按督令復業,其已成家業,願入籍者,給與户由執照,附籍當差,如仍不首、雖首而所報人口不盡,或輾轉逃移及窩家不舉首者,俱發附近衛所充軍。

雍正三年律例館奏准:"撫按"二字改"督撫","附近充軍"改爲"各杖一百"。

一、有司委官挨勘流民名籍、男婦大小丁口,排門粉壁,十家編爲一甲,互相保識,分屬當地里長帶管,若團住山林湖濼,或投托官豪勢要之家藏躲,抗拒官司,不服招撫者,正犯并里老窩家知而不首及占悋不發者,各依律科。

雍正三年律例館奏准:"分屬當地里長帶管"下增小注"如或游蕩作非,公舉治罪"十字。

一、沿邊沿海地方軍民人等,躲避差役,逃入土夷峒寨海島潛住,究問情實,俱發邊遠衛分永遠充軍;本管里長總小旗及兩鄰知而不首者,各治以罪;有能擒拏送官者,不問漢土軍民,量加給賞。

雍正三年律例館奏准:今無總小旗,"總小旗"三字改爲"管軍人"。

歷年事例

順治十六年覆准:凡無籍棍徒游手好閒之人,不許容留,在京令八旗都統五城御史嚴飭各該管官逐户挨查,驅逐回籍,有違法者,該管官即拏送部,嚴審定罪;如或徇情容隱被人拏首,即將該管都統以下,領催以上,分別議處。〇康熙五年覆准:五城司坊及巡捕三營官,查各該管地方有無業游手來歷不明之人,即送該城釘回原籍,仍查明犯事離籍情由擬罪。如該管官不行拏送,别經查出者,聽該部議處;總甲等并容留居住之房主,俱責三十板,各都統并步兵總尉嚴飭各該旗下佐領并各府佐領,責令驍騎校内管領領催詳查佐領下人,有將房屋招人賃住者,查明來歷,并有保人,方許居住。若有惡棍不務本業,生事行詐者,查出送部審實,依光棍定例治罪,該地方官役不行拏送,别經發覺者,照例分别議處。〇十年覆准:凡無業之人在街道打手鼓踢石毬者,拏送到部,係旗下人,鞭五十;係民,責二十板。〇雍正五年議准:各省游蕩奸僞之徒,潛來京城,引類呼朋,招摇撞騙,造言生事,哄誘善良,種種不法,肆行無忌,應嚴加訪逐,飭行五城司坊,宛大兩縣,凡客店之内,俱令各該坊該縣不時稽查,取具"並無容留來歷不明生事妄行之人"甘結,其通衢僻巷賃屋居住者,亦令房主詢明保人來歷,并著令兩鄰稽查,倘有此等游棍,該鄰佑房主協同斥逐,毋得徇情;至於菴觀寺廟,該僧綱、道紀二司留心訪察,亦取具並無容留甘結,以憑各衙門查閲,其該管官仍不時查察,若有徇情及受賄容留者,後經發覺,將本犯按律治罪,并將容留之客店寺廟及房主一體連坐,若該管官不行查出,將該管官員照失察例議處;至編户居民,註有常業,其候補候選讀書貿易諸色人等,確有憑據者,毋許驅逐,倘有借端勒索混擾民人,或經告發,或被查出,照嚇詐例治罪;再游手好閒並無恒業之人,行踪詭秘,往來莫定,應令遞回原籍,交與各該管地方官查明住址安插,不許出境。〇又議准:凡係無業游棍及役滿書辦,令步軍統領都察院順天府,嚴飭所屬地方文武各官將各會館廟宇,及幽僻衚衕等處實力訪察,盡行驅逐回籍,毋許一人潛跡京城,并令六科各道御史留心訪察得實,即交該城御史押逐回籍,仍取具在京該地方文武各官及總甲人等印甘各結,報明都察院順天府提督各該管衙門存查,如有查報不實,及借端生事之處,一經發覺,將文武各官送部議處,總甲人等交該地方官治罪;其回籍之日,仍行文各地方官嚴行收管;如仍有從本籍來京者,一經發覺,亦將該地方官交部議處,仍於年底都察院順天府提督取具各該管官並無隱漏印甘各結,備案存查;如出結之後仍有潛藏逗遛之處,遇有查出以及告發者,將年底出結之官照失察例議處。

罪名

笞一十

丁夫雜匠在役及工樂雜户逃一日者。〇提調官吏故縱者。

笞二十

丁夫雜匠在役及工樂雜户逃六日者。〇提調官吏故縱者。〇逃至五人不覺察者。

笞三十

丁夫雜匠在役及工樂雜户逃十一日者。〇提調官吏故縱者。〇逃至十人不覺察者。

笞四十

丁夫雜匠在役及工樂雜户逃十六日者。〇提調官吏故縱者。〇逃十五人不覺察者。

笞五十

丁夫雜匠在役及工樂雜户逃二十一日者。〇提調官吏故縱者。

杖六十

民户逃住鄰境里長知而不逐遣者。〇原管官司不移文起取者。〇移文起取,而所在官司占悋不發者。

提調官吏故縱在役丁夫雜匠及工樂雜户在逃無禄人,受財一兩以下者。

杖七十

提調官吏故縱在役丁夫雜匠及工樂雜户在逃,受財一兩以下者,無禄人一兩至五兩者。

杖八十

提調官吏故縱在役丁夫雜匠及工樂雜户在逃,受財一兩至五兩者,無禄人一十兩者。

杖九十

提調官吏故縱在役丁夫雜匠及工樂雜户在逃,受財一十兩者,無禄人一十五兩者。

杖一百

民户逃住鄰境州縣躲避差役者。〇親管里長提調官吏故縱者。〇鄰境人户隱蔽在己者。

逃民如不自首、雖首而所報人口不盡,或輾轉逃移者。〇窩家不舉首者。

提調官吏故縱在役丁夫雜匠及工樂雜户在逃,受財一十五兩者,無禄人二十兩者。

徒一年杖六十

提調官吏故縱在役丁夫、雜匠及工樂雜户在逃,受財二十兩者,無禄人二十五兩者。

徒一年半杖七十

提調官吏故縱在役丁夫、雜匠及工樂雜户在逃,受財二十五兩者,無禄人三十兩者。

徒二年杖八十

提調官吏故縱在役丁夫、雜匠及工樂雜户在逃,受財三十兩者,無禄人三十五兩者。

徒二年半杖九十

提調官吏故縱在役丁夫、雜匠及工樂雜户在逃，受財三十五兩者，無禄人四十兩者。

徒三年杖一百

提調官吏故縱在役丁夫、雜匠及工樂雜户在逃，受財四十兩者，無禄人四十五兩五十兩五十五兩者。

流二千里杖一百

提調官吏故縱在役丁夫、雜匠及工樂雜户在逃，受財四十五兩者。

流二千五百里杖一百

提調官吏故縱在役丁夫、雜匠及工樂雜户在逃，受財五十兩者。

流三千里杖一百

提調官吏故縱在役丁夫、雜匠及工樂雜户在逃，受財五十五兩者，無禄人八十兩者。

邊遠永遠充軍

沿邊沿海地方軍民人等，躲避差役，逃入土彝峒寨海島潛住者。

絞監候

提調官吏故縱在役丁夫、雜匠及工樂雜户在逃，受財八十兩者，無禄人一百二十兩者。

點差獄卒

凡各處獄卒，於相應慣熟人内點差應役，令人代替者，笞四十。

罪名止有笞四十一條，律文已明，不複列。

私役部民夫匠

凡有司官私役使部民，及監工官私役使夫匠出百里之外，及久占在家使喚者，一名，笞四十，每五名加一等，罪止杖八十，每名計一日追給雇工銀八分五釐五毫；若有吉凶及在家借使雜役者，勿論，其所使人數不得過五十名，每名不得使過三日，違者，以私役論。

歷年事例

天聰九年諭：凡有濫役民夫致妨農務者，該管佐領領催等俱治罪。

罪名

笞四十

有司官私役部民出百里之外及久占在家使喚一名者。○若有吉凶及在家借使五十人外，多役一名者，一名過三日者。

笞五十

有司官私役部民出百里之外及久占在家使唤六名者。○若有吉凶及在家借使五十人外,多役六名者,六名過三日者。

杖六十

有司官私役部民出百里之外及久占在家使唤十一名者。○若有吉凶及在家借使五十人外,多役十一名者,十一名過三日者。

杖七十

有司官私役部民出百里之外及久占在家使唤十六名者。○若有吉凶及在家借使五十人外,多役十六名者,十六名過三日者。○監工官私役夫匠六名者。

杖八十

有司官私役部民出百里之外及久占在家使唤二十一名者。○若有吉凶及在家借使五十人外,多役二十一名者,二十一名過三日者。○監工官私役夫匠十一名以上者。

别籍異財

凡祖父母、父母在,子孫别立户籍,分異財産者,杖一百。須祖父母、父母親告乃坐;若居父母喪,而兄弟别立户籍,分異財産者,杖八十。須期親以上尊長親告乃坐,或奉遺命,不在此律。

附律定例

一、祖父母、父母在者,子孫不許分財異居,其父母許令分析者,聽。

罪名

杖八十

居喪兄弟别籍異財者。

杖一百

祖父母父母在而子孫别籍異財者。

卑幼私擅用財

凡同居卑幼不由尊長,私擅用本家財物者,十兩,笞二十,每十兩加一等,罪止杖一百。若同居尊長應分家財不均平者,罪亦如之。

附律定例

一、嫡庶子男除有官廕襲,先儘嫡長子孫,其分析家財田産,不問妻妾婢生,止依子數均分,姦生之子依子量與半分,如别無子,立應繼之人爲嗣,與姦生子均分,無應繼之人,方許承繼全分。

一、户絶財産果無同宗應繼者，所有親女承受，無女者，入官。

罪名

笞二十

同居卑幼私擅用財一十兩者。○尊長分財不均一十兩者。

笞三十

同居卑幼私擅用財二十兩者。○尊長分財不均二十兩者。

笞四十

同居卑幼私擅用財三十兩者。○尊長分財不均三十兩者。

笞五十

同居卑幼私擅用財四十兩者。○尊長分財不均四十兩者。

杖六十

同居卑幼私擅用財五十兩者。○尊長分財不均五十兩者。

杖七十

同居卑幼私擅用財六十兩者。○尊長分財不均六十兩者。

杖八十

同居卑幼私擅用財七十兩者。○尊長分財不均七十兩者。

杖九十

同居卑幼私擅用財八十兩者。○尊長分財不均八十兩者。

杖一百

同居卑幼私擅用財九十兩者。○尊長分財不均九十兩者。

收養孤老

凡鰥寡孤獨及篤廢之人，貧窮無親屬依倚，不能自存，所在官司應收養而不收養者，杖六十；若應給衣糧，而官吏尅減者，以監守自盗論。

附律定例

一、鰥寡孤獨，每月官給糧米三斗，每歲給綿布一疋，務在存恤。

歷年事例

康熙十二年題准：赤子關係人命，抛殘有戾天和。凡旗下民人有貧窮不能撫養其子者，許送育養嬰兒之處，聽其撫養；如有輕棄道塗，致傷生命及家主逼勒奴僕抛棄嬰兒者，責令八旗佐領五城御史嚴行禁飭。○三十六年題准：溺女相習成風，著令禁止，違者照律治罪。

罪名

杖六十

鰥寡孤獨及篤廢并貧窮不能自存之人官司不收養者。

杖八十

官吏尅減孤老應給衣糧,計贓一兩以下者。

杖九十

官吏尅減孤老應給衣糧,計贓一兩至二兩五錢者。

杖一百

官吏尅減孤老應給衣糧,計贓五兩者。

徒一年杖六十

官吏尅減孤老應給衣糧,計贓七兩五錢者。

徒一年半杖七十

官吏尅減孤老應給衣糧,計贓一十兩者。

徒二年杖八十

官吏尅減孤老應給衣糧,計贓十二兩五錢者。

徒二年半杖九十

官吏尅減孤老應給衣糧,計贓一十五兩者。

徒三年杖一百

官吏尅減孤老應給衣糧,計贓一十七兩五錢者。

准徒四年雜犯三流

官吏尅減孤老應給衣糧,計贓二十兩二十五兩三十兩者。

斬雜犯准徒五年

官吏尅減孤老應給衣糧,計贓四十兩者。

大清會典卷之一百五十六

刑部

〔律例七户律二〕

〔田宅〕

欺隱田糧

凡欺隱田糧，脱漏版籍者，一畝至五畝，笞四十，每五畝加一等，罪止杖一百，其田入官，所隱税糧依數徵納。〇若將田土移坵换段那移等則，以高作下，減瞞糧額及詭寄田糧，影射差役并受寄者，罪亦如之。其田改正，收科當差。〇里長知而不舉，與犯人同罪。〇其還鄉復業人民丁力少，而舊田多者，聽從儘力耕種，報官入籍，計田納糧當差，若多餘占田而荒蕪者，三畝至十畝，笞三十，每十畝加一等，罪止杖八十，其田入官；若丁力多而舊田少者，告官於附近荒田内驗力撥付耕種。

附律定例

一、凡宗室置買田産，恃强不納差糧者，有司查實，將管莊人等問罪，仍計算應納差糧多寡，抵扣禄米；若有司阿縱不舉者，聽撫按官參奏重治。

雍正三年律例館奏准改定例文

一、凡宗室置買田産，管莊人恃强不納差糧者，該管官察實，將管莊人等問罪，宗室知而縱容者，交該衙門察議，仍追徵應納差糧；若該管官阿縱不舉者，聽督撫參奏重治。

一、將自己田地移坵换段，詭寄他人及灑派等項事發到官，全家抄没，若不如此，靠損小民。

雍正三年律例館奏准：移坵换段詭寄他人正律止於滿杖，至灑派一項，律無明文，全家抄没似乎過重，“靠損”二字不明白，準法平情，應計贓以枉法論。今將奏准改定例文開後。

一、凡將自己田地應納錢糧灑派别户者,按數計贓以枉法論,田地入官,其灑派錢糧,照年分畝數追徵。

一、官田起科,每畝五升三合五勺,民田每畝三升三合五勺,重租田每畝八升五合五勺,蘆地每畝五合三勺四抄,草塌地每畝三合一勺,没官田每畝一斗二升。

雍正三年律例館奏准:此條因仍前明會典,今直省田地高下不同,故田糧輕重不等,其田地科則,具載賦役全書,此條删。

一、各處奸頑之徒,將田地詭寄他人名下者,許受寄之家首告,就賞爲業。

雍正三年律例館奏准:受寄則彼此俱有罪,縱首告秖應免罪,未便就賞爲業,"許"字改"如"字,"就賞爲業"改"准免罪"。

罪名

笞三十

還鄉復業民人多餘占田,而荒蕪三畝至十畝者。

笞四十

欺隱田糧脱漏版籍一畝至五畝者。〇那移減瞞詭寄影射一畝至五畝者。〇受寄者。〇里長知而不舉者。

還鄉復業民人多餘占田,而荒蕪二十畝者。

笞五十

欺隱田糧脱漏版籍一十畝者。〇那移減瞞詭寄影射一十畝者。〇受寄者。〇里長知而不舉者。

還鄉復業民人多餘占田,而荒蕪三十畝者。

杖六十

欺隱田糧脱漏版籍一十五畝者。〇那移減瞞詭寄影射一十五畝者。〇受寄者。〇里長知而不舉者。

還鄉復業民人多餘占田,而荒蕪四十畝者。

將自己田地應納錢糧灑派别户,無禄人按數一兩以下者。

杖七十

欺隱田糧脱漏版籍二十畝者。〇那移減瞞詭寄影射二十畝者。〇受寄者。〇里長知而不舉者。

還鄉復業民人多餘占田,而荒蕪五十畝者。

將自己田地應納錢糧灑派別户，有禄人按數一兩以下者，無禄人一兩至五兩者。

杖八十

欺隱田糧脱漏版籍二十五畝者。○那移減瞞詭寄影射二十五畝者。○受寄者。○里長知而不舉者。

還鄉復業民人多餘占田，而荒蕪六十畝者。

將自己田地應納錢糧灑派別户，有禄人按數一兩至五兩者，無禄人一十兩者。

杖九十

欺隱田糧脱漏版籍三十畝者。○那移減瞞詭寄影射三十畝者。○受寄者。○里長知而不舉者。

將自己田地應納錢糧灑派別户，有禄人按數一十兩者，無禄人一十五兩者。

杖一百

欺隱田糧脱漏版籍三十五畝者。○那移減瞞詭寄影射三十五畝者。○受寄者。○里長知而不舉者。

將自己田地應納錢糧灑派別户，有禄人按數一十五兩者，無禄人二十兩者。

徒一年杖六十

將自己應納錢糧灑派別户，有禄人按數二十兩者，無禄人二十五兩者。

徒一年半杖七十

將自己應納錢糧灑派別户，有禄人按數二十五兩者，無禄人三十兩者。

徒二年杖八十

將自己應納錢糧灑派別户，有禄人按數三十兩者，無禄人三十五兩者。

徒二年半杖九十

將自己應納錢糧灑派別户，有禄人按數三十五兩者，無禄人四十兩者。

徒三年杖一百

將自己應納錢糧灑派別户，有禄人按數四十兩者，無禄人四十五兩五十兩五十五兩者三流竝減。

流二千里杖一百

將自己應納錢糧灑派别户,有禄人按數四十五兩者。

流二千五百里杖一百

將自己應納錢糧灑派别户,有禄人按數五十兩者。

流三千里杖一百

將自己應納錢糧灑派别户,有禄人按數五十五兩者,無禄人八十兩者。

絞監候

將自己應納錢糧灑派别户,有禄人按數八十兩者,無禄人一百二十兩者。

檢踏災傷田糧

凡部内有水旱霜雹及蝗蝻爲害,一應災傷田糧,有司官吏應准告,而不即受理申報檢踏,及本管上司不與委官覆踏者,各杖八十,若初覆檢踏官吏不行親詣田所,及雖詣田所不爲用心從實檢踏,止憑里長甲首朦朧供報,中間以熟作荒,以荒作熟,增減分數,通同作弊,瞞官害民者,各杖一百,罷職役不叙,若致枉有所徵免糧數計贓重者,坐贓論,里長甲首各與同罪,受財者,竝計贓以枉法從重論。〇其檢踏官吏及里長甲首,失於關防致有不實者,計田十畝以下免罪,十畝以上至二十畝,笞二十,每二十畝,加一等,罪止杖八十。官吏係公罪,俱納贖還職役。〇若人户將成熟田地移坵换段冒告災傷者,一畝至五畝,笞四十,每五畝加一等,罪止杖一百,合納税糧依數追徵入官。

雍正三年律例館奏准:小註"納贖還職役"五字改爲"留職役"。

附律定例

一、天下有司凡遇歲饑,先發倉廩賑貸,然後具奏請旨寬恤。

雍正三年律例館奏准增定附律例文

一、凡夏災不出六月底,秋災不出九月底,先以被災情形題報,其被災分數限一月内察明續報,逾限者,交該部議處。

一、凡地方有蝗蝻生發,捕官不實力協捕,致害禾稼,協捕各官罰俸一年,該地方官不實力撲滅,藉口鄰境飛來,希圖卸罪者,該撫查明,題參從重治罪。

歷年事例

康熙十八年議准:凡賑濟災民以及蠲免錢糧,有侵蝕肥己,使民不沾實惠者,事發將州縣官照貪官例革職拏問,督撫司道等官不行糾察者,俱革職。

罪名

笞二十

檢踏官吏及里長甲首失於關防,致有不實計十畝以上至二十畝者。

笞三十

檢踏官吏及里長甲首失於關防,致有不實計四十畝者。

笞四十

檢踏官吏及里長甲首失於關防,致有不實計六十畝者。

人户將成熟田地冒告災傷計一畝至五畝者。

笞五十

檢踏官吏及里長甲首失於關防,致有不實計八十畝者。

人户將成熟田地冒告災傷計一十畝者。

杖六十

檢踏官吏及里長甲首失於關防,致有不實計一百畝者。

人户將成熟田地冒告災傷計十五畝者。

杖七十

檢踏官吏及里長甲首失於關防,致有不實計一百二十畝者。

人户將成熟田地冒告災傷計二十畝者。

杖八十

一應災傷有司官吏不即受理申報檢踏者。○上司不與委官覆踏者。

人户將成熟田地冒告災傷計二十五畝者。

檢踏官吏及里長甲首失於關防,致有不實計一百四十畝以上者。

杖九十

人户將成熟田地冒告災傷計三十畝者。

杖一百

官吏不行親詣田所及雖詣田所不爲用心從實檢踏,止憑朦朧供報者。○里長甲首以熟作荒以荒作熟增減分數通同作弊及瞞官害民者。

人户將成熟田地冒告災傷計三十五畝者。

徒一年杖六十

官吏里長甲首枉有所徵免計糧數一百兩者。

檢踏開報不實,受財二十兩者,無禄人二十五兩者。

徒一年半杖七十

官吏里長甲首枉有所徵免計糧數二百兩者。

檢踏開報不實,受財二十五兩者,無禄人三十兩者。

徒二年杖八十

官吏里長甲首枉有所徵免計糧數三百兩者。

檢踏開報不實,受財三十兩者,無禄人三十五兩者。

徒二年半杖九十

官吏里長甲首枉有所徵免計糧數四百兩者。

檢踏開報不實,受財三十五兩者,無禄人四十兩者。

徒三年杖一百

官吏里長甲首枉有所徵免計糧數五百兩者。

檢踏開報不實,受財四十兩者,無禄人四十五兩五十兩五十五兩者。

流二千里杖一百

檢踏開報不實,受財四十五兩者。

流二千五百里杖一百

檢踏開報不實,受財五十兩者。

流三千里杖一百

檢踏開報不實,受財五十五兩者,無禄人八十兩者。

絞監候

檢踏開報不實,受財八十兩者,無禄人一百二十兩者。

功臣田土

凡功臣之家,除撥賜公田外,但有田土,從管莊人盡數報官,入籍納糧當差,違者,一畝至三畝,杖六十,每三畝加一等,罪止杖一百、徒三年,罪坐管莊之人,其田入官,所隱税糧,依數徵納;若里長及有司官吏踏勘不實,及知而不舉者,與同罪;不知者,不坐。

附律定例

一、公侯禄米各有等第,皆於官田内撥賜,其佃户仍於有司當差。

一、該納本折佃户,赴本管州縣上納,令各該公侯遣人員赴官關領,不許私自收受。

雍正三年律例館奏准:今俱無,此例二條删。

罪名

杖六十

功臣自置田土，其管莊人不盡數報官入籍納糧當差，計所隱一畝至三畝者。○里長有司官吏踏勘不實及知而不舉者。

杖七十

功臣自置田土，其管莊人不盡數報官入籍納糧當差，計所隱六畝者。○里長有司官吏踏勘不實及知而不舉者。

杖八十

功臣自置田土，其管莊人不盡數報官入籍納糧當差，計所隱九畝者。○里長有司官吏踏勘不實及知而不舉者。

杖九十

功臣自置田土，其管莊人不盡數報官入籍納糧當差，計所隱一十二畝者。○里長有司官吏踏勘不實及知而不舉者。

杖一百

功臣自置田土，其管莊人不盡數報官入籍納糧當差，計所隱一十五畝者。○里長有司官吏踏勘不實及知而不舉者。

徒一年杖六十

功臣自置田土，其管莊人不盡數報官入籍納糧當差，計所隱一十八畝者。○里長有司官吏踏勘不實及知而不舉者。

徒一年半杖七十

功臣自置田土，其管莊人不盡數報官入籍納糧當差，計所隱二十一畝者。○里長有司官吏踏勘不實及知而不舉者。

徒二年杖八十

功臣自置田土，其管莊人不盡數報官入籍納糧當差，計所隱二十四畝者。○里長有司官吏踏勘不實及知而不舉者。

徒二年半杖九十

功臣自置田土，其管莊人不盡數報官入籍納糧當差，計所隱二十七畝者。○里長有司官吏踏勘不實及知而不舉者。

徒三年杖一百

功臣自置田土，其管莊人不盡數報官入籍納糧當差，計所隱三十畝者。○里長有司官吏踏勘不實及知而不舉者。

盜賣田宅

凡盜賣换易及冒認，若虚錢實契典買，及侵占他人田宅者，田一畝、屋一間以下，笞五十，每田五畝、屋三間，加一等，罪止杖八十、徒二年，係官者，各加二等。〇若强占官民山場、湖泊、茶園、蘆蕩及金銀銅錫鐵冶者不計畝數，杖一百、流三千里。〇若將互争及他人田産妄作己業，朦朧投獻官豪勢要之人，與者受者，各杖一百、徒三年。〇田産及盜賣過田價并遞年所得花利，各還官給主。〇若功臣初犯免罪附過，再犯住支，俸給一半，三犯全不支給，四犯與庶人同罪。

雍正三年律例館奏准：功臣有犯，不合分别次數將，“若功臣”至“同罪”二十八字改爲“若功臣犯者，照律擬罪，奏請定奪”。

附律定例

一、軍民人等將争競不明并賣過及民間起科，僧道將寺觀各田地，若子孫將公共祖墳山地，朦朧投獻王府及内外官豪勢要之家，私捏文契典賣者，投獻之人問發邊衛永遠充軍，田地給還應得之人，及各寺觀墳山地歸同宗親屬，各管業其受投獻家長并管莊人參究治罪；山東河南及直隸各處空閒地土，俱聽民儘力開種，永不起科，若有占奪投獻者，悉照前例問發。

雍正三年律例館奏准：“山東河南及直隸”七字改爲“直隸各省”。“永不起科”四字改爲“照年限起科”。

一、用强占種屯田五十畝以上，不納籽粒者，問罪照數追納，完日官調邊衛，帶俸差操，旗軍軍丁人等，發邊衛充軍，民發邊外爲民；其屯田人等將屯田典賣與人至五十畝以上，與典主買主各不納籽粒者，俱照前問發，若不滿數及上納籽粒不缺，或因無人承種而侵占者，照常發落，管屯等官不行用心清查者，糾奏治罪。

雍正三年律例館奏准：官調邊衛，“帶俸差操今無此例”八字删。“旗軍軍丁人等，發邊衛充軍”十一字改爲“軍發邊衛充軍”。

一、西山一帶密邇京城地方，内外官豪勢要之家私自開窑賣煤，鑿山賣石，立廠燒灰者，問罪枷號一個月，發邊衛充軍，干礙内外官員，參奏提問。

一、近邊分守守備備禦并府州縣官員，禁約該管官旗軍民人等，不許擅自入山將應禁林木砍伐販賣，違者，問發南方烟瘴衛所充軍；若前項官員有犯，文官革職爲民，武官革職差操鎮守，并副參等官有犯，指實參奏，其經過關隘河道守把官軍容情縱放者，究問治罪。

雍正三年律例館奏准：“分守守備備禦”六字改爲“分守武職”，“官旗”

二字删。又武官無革職差操例,"文官"至"差操"十二字改爲"俱革職爲民"。

罪名

笞五十

盜賣换易冒認及虚錢實契典買,侵占他人田一畝屋一間者。

杖六十

盜賣换易冒認及虚錢實契典買,侵占他人田六畝屋四間者。

杖七十

盜賣换易冒認及虚錢實契典買,侵占他人田一十一畝屋七間者。○官田一畝屋一間者。

杖八十

盜賣换易冒認及虚錢實契典買,侵占他人田一十六畝屋一十間者。○官田六畝屋四間者。

杖九十

盜賣换易冒認及虚錢實契典買,侵占他人田二十一畝屋一十三間者。○官田一十一畝屋七間者。

杖一百

盜賣换易冒認及虚錢實契典買,侵占他人田二十六畝屋一十六間者。○官田一十六畝屋一十間者。

徒一年杖六十

盜賣换易冒認及虚錢實契典買,侵占他人田三十一畝屋一十九間者。○官田二十一畝屋一十三間者。

徒一年半杖七十

盜賣换易冒認及虚錢實契典買,侵占他人田三十六畝屋二十二間者。○官田二十六畝屋一十六間者。

徒二年杖八十

盜賣换易冒認及虚錢實契典買,侵占他人田四十一畝屋二十五間者。○官田三十一畝屋一十九間者。

徒二年半杖九十

盜賣换易冒認及虚錢實契典買,侵占官田三十六畝屋二十二間者。

徒三年杖一百

盜賣换易冒認及虚錢實契典買,侵占官田四十一畝屋二十五間者。

互争及將他人田産妄作己業朦朧投獻官豪勢要之人與者受者。

流三千里杖一百

强占官民山場、湖泊、茶園、蘆蕩及金銀銅錫鐵冶者。

邊外爲民

民人用强占種屯田五十畝不納籽粒者,追完日發往。○其屯田民人將屯田典賣與人至五十畝以上,及民人典賣屯田不納籽粒者。

邊衛充軍

軍人用强占種屯田至五十畝以上不納籽粒者,追完日充發。○其屯田軍人將屯田典賣與人至五十畝以上,及軍人典買屯田不納籽粒者。

西山一帶,如有官豪勢要私自開窑賣煤鑿山賣石立廠燒灰者,枷號一個月,充發烟瘴充軍。

近邊軍民人等擅自入山將應禁林木砍伐販賣者,邊衛永遠充軍。

軍民人等將争競不明并賣過,及民間起科僧道將寺觀各田地,若子孫將公共祖墳山地,朦朧投獻王府及内外官豪勢要之家,私捏文書典賣者。

任所置買田宅

凡有司官吏,不得於見任處所置買田宅,違者,笞五十解任,田宅入官。

雍正三年律例館奏准增定附律例文

一、各關出差官員,奴僕止許跟隨幾人,不許攜帶家眷,及任所置優買妾,任滿回部未經考核者,不許擅買田莊市宅及生息放債,如違交與該部治罪;衙役人等,除解餉公事外,赴京長接及以缺額藉口題請展限者,俱交與該部治罪。

一、提督總兵副將等官,不許在現任地方置立産業,即丁憂事故休致解退,亦不許入籍居住,或任内置有産業,已經身故及不能回籍者,該督撫具奏請旨定奪;至參將以下等官任所置有産業,或本身休致事故解退,或已經身故,子孫留住任所欲入籍者,該地方官報明督撫,准其入籍。

罪名止有笞五十一條律文已明不複載

典買田宅

凡典買田宅不税契者,笞五十,仍追契内田宅價錢一半入官,不過割者,一畝至五畝,笞四十,每五畝加一等,罪止杖一百,其田入官。○若將已典賣與人田宅朦朧重復典賣者,以所得價錢計贓准竊盗論,免刺,追價還主,典宅從原典買主爲業,若重復典買之人及牙保知情者,與犯人同罪,追價入官;不知者,不坐。○其所典田宅園林碾磨等物年限已滿,業主備價取贖,若典主託故不肯放贖者,笞四十;限外遞年所得花利追徵給主,依價取贖,其年限雖滿,業主無力取贖者,不拘此律。

附律定例

一、告争家財田產但係五年之上,并雖未及五年,驗有親族寫立分書,已定出賣文約是實者,斷令照舊管業,不許重分,再贖告詞立案不行。

歷年事例

雍正五年議准:自雍正五年以後,凡民間置買田房地土一切税契,務須粘連布政使所發契尾,州縣官鈐印,給業户收執,如無契尾者,即照匿税例治罪,其該管州縣衙門將所收税契銀兩據實造報,倘仍只用州縣印信,不給契尾粘連,及以多報少者,察出照侵隱錢糧例治罪。

罪名

笞四十

典買田宅不過割,一畝至五畝者。

所典田宅園林碾磨等物年滿不放贖者。

笞五十

典買田宅不税契者。〇不過割,一十畝者。

將已典賣田宅重復典賣,計數一兩以下之爲從者。

杖六十

典買田宅不過割,一十五畝者。

將已典賣田宅重復典賣,計數一兩以下者一兩之上至一十兩之爲從者。〇典買之人及牙保知情者。

杖七十

典買田宅不過割,二十畝者。

將已典賣田宅重復典賣,計數一兩之上至一十兩者二十兩之爲從者。〇典買之人及牙保知情者。

杖八十

典買田宅不過割,二十五畝者。

將已典賣田宅重復典賣,計數二十兩者三十兩之爲從者。〇典買之人及牙保知情者。

杖九十

典買田宅不過割,三十畝者。

將已典賣田宅重復典賣,計數三十兩者四十兩之爲從者。〇典買之人及牙保知情者。

杖一百

典買田宅不過割，三十五畝者。

將已典賣田宅重復典賣，計數四十兩者五十兩之爲從者。○典買之人及牙保知情者。

徒一年杖六十

將已典賣田宅重復典賣，計數五十兩者六十兩之爲從者。○典買之人及牙保知情者。

徒一年半杖七十

將已典賣田宅重復典賣，計數六十兩者七十兩之爲從者。○典買之人及牙保知情者。

徒二年杖八十

將已典賣田宅重復典賣，計數七十兩者八十兩之爲從者。○典買之人及牙保知情者。

徒二年半杖九十

將已典賣田宅重復典賣，計數八十兩者九十兩之爲從者。○典買之人及牙保知情者。

徒三年杖一百

將已典賣田宅重復典賣九十兩者一百兩一百一十兩一百二十兩一百二十兩以上之爲從者。○典買之人及牙保知情者。

流二千里杖一百

將已典賣田宅重復典賣一百兩者。○典買之人及牙保知情者。

流二千五百里杖一百

將已典賣田宅重復典賣一百一十兩者。○典買之人及牙保知情者。

流三千里杖一百

將已典賣田宅重復典賣一百二十兩一百二十兩以上者。○典買之人及牙保知情者。

盗耕種官民田

凡盗耕種他人田者，一畝以下，笞三十，每五畝加一等，罪止杖八十；荒田減一等；强者，各加一等；係官者，各又加二等；花利歸官主。

附律定例

一、近邊地土各營堡草場，界限明白，敢有那移條款盗耕草場，及越出邊牆界石種田者，依律問擬，追徵花利完日，軍職降調差操，軍民調發衛所充軍，有毀壞邊牆私出境外者，枷號三個月發落。

雍正三年律例館奏准："軍職降調差操"今無此例，六字删。"調發"二字改"發附近"。

罪名

笞二十

盗耕種他人荒田一畝以下者。

笞三十

盗耕種他人田一畝以下者。○盗耕種他人荒田六畝以下者。○强耕種他人荒田一畝以下者。

笞四十

盗耕種他人田六畝以下者。○强耕種他人田一畝以下者。○盗耕種他人荒田一十一畝以下者。○强耕種他人荒田六畝以下者。○盗耕種官荒田一畝以下者。

笞五十

盗耕種他人田一十一畝以下者。○强耕種他人田六畝以下者。○盗耕種他人荒田一十六畝以下者。○强耕種他人荒田一十一畝以下者。○盗耕種官田一畝以下者。○盗耕種官荒田六畝以下者。

杖六十

盗耕種他人田一十六畝以下者。○强耕種他人田一十一畝以下者。○盗耕種他人荒田二十一畝以下者。○强耕種他人荒田一十六畝以下者。○盗耕種官田六畝以下者。○盗耕種官荒田一十一畝以下者。○强耕種官荒田一畝以下者。

杖七十

盗耕種他人田二十一畝以下者。○强耕種他人田一十六畝以下者。○盗耕種他人荒田二十六畝以下者。○强耕種他人荒田二十一畝以下者。○盗耕種官田一十一畝以下者。○强耕種官田一畝以下者。○盗耕種官荒田一十六畝以下者。○强耕種官荒田六畝以下者。

杖八十

盗耕種他人田二十六畝以下者。○强耕種他人田二十一畝以下者。○强耕種他人荒田二十六畝以下者。○盗耕種官田一十六畝以下者。○强耕種官田六畝以下者。○盗耕種官荒田二十一畝以下者。○强耕種官荒田一十一畝以下者。

杖九十

强耕種他人田二十六畝以下者。○盗耕種官田二十一畝以下者。○强耕種官田一十一畝以下者。○盗耕種官荒田二十六畝以下者。○强耕種官荒田一十六畝以下者。

杖一百

盗耕種官田二十六畝以下者。○强耕種官田一十六畝以下者。○强耕種官荒田二十一畝以下者。

徒一年杖六十

强耕種官田二十一畝以下者。○强耕種官荒田二十六畝以下者。

徒一年半杖七十

强耕種官田二十六畝以下者。

附近充軍

近邊地土各營堡草場,敢有那移盗耕及越出邊牆界石種田,追徵花利完日,不論軍民俱發充。

荒蕪田地

凡里長部内已入籍納糧當差田地,無故荒蕪及應課種桑麻之類而不種者,俱以十分爲率,一分笞二十,每一分加一等,罪止杖八十;縣官各減二等;長官爲首,佐職爲從,人户亦計荒蕪田地及不種桑麻之類,以五分爲率,一分笞二十,每一分加一等,追徵合納税糧還官。

罪名

笞一十

納糧當差田地無故荒蕪及應課種而不種計二分之長官。○三分之佐職。

笞二十

納糧當差田地無故荒蕪及應課種而不種計一分之里長及人户。○三分之長官。○四分之佐職。

笞三十

納糧當差田地無故荒蕪及應課種而不種計二分之里長及人户。○四分之長官。○五分之佐職。

笞四十

納糧當差田地無故荒蕪及應課種而不種計三分之里長及人户。○五分之長官。〇六分之佐職。

笞五十

納糧當差田地無故荒蕪及應課種而不種計四分之里長及人户。〇六分之長官。〇七分之佐職。

杖六十

納糧當差田地無故荒蕪及應課種而不種計五分之里長及人户。〇七分之長官。

杖七十

納糧當差田地無故荒蕪及應課種而不種計六分之里長。

杖八十

納糧當差田地無故荒蕪及應課種而不種計七分之里長。

棄毁器物稼穡等

凡棄毁人器物及毁伐樹木稼穡者,計贓准竊盜論,免刺,罪止杖一百、流三千里。官物加准竊盜贓上二等,若遺失及誤毁官物者,各於官物加二等上減三等,竝驗數追償;私物者,償而不坐罪。〇若毁人墳塋内碑碣石獸者,杖八十;毁人神主者,杖九十;若毁損人房屋牆垣之類者,計合用修造僱工錢坐贓論,一兩以下笞二十,罪止杖一百、徒三年。各令修立,官屋加二等,誤毁者,但令修立,不坐罪。

罪名

笞二十

毁損人房屋牆垣之類,計值一兩以下者。

笞三十

毁損人房屋牆垣之類,計值一十兩者。

笞四十

毁損人房屋牆垣之類,計值二十兩者。〇係官值一兩以下者。

笞五十

棄毁人器物及毁伐人樹木稼穡,計值一兩以下之爲從者。〇遺失官器物及誤毁官樹木稼穡,計值一兩以下者。

毁損人房屋牆垣之類,計值三十兩者。〇係官值一十兩者。

杖六十

棄毁人器物及毁伐人樹木稼穡,計值一兩以下者一十兩之爲從者。〇遺失官器物及誤毁官樹木稼穡,計值一十兩者。

毁損人房屋牆垣之類,計值四十兩者。○係官值二十兩者。

杖七十

棄毁人器物及毁伐人樹木稼穡,計值一十兩者二十兩之爲從者。○係官值一兩以下之爲從者。○遺失官器物及誤毁官樹木稼穡,計值二十兩者。

毁損人房屋牆垣之類,計值五十兩者。○係官值三十兩者。

杖八十

棄毁人器物及毁伐人樹木稼穡,計值二十兩者三十兩之爲從者。○係官值一兩以下者一十兩之爲從者。○遺失官器物及誤毁官樹木稼穡,計值三十兩者。

毁人墳塋内碑碣石獸者。○毁損人房屋牆垣之類,計值六十兩者。○係官值四十兩者。

杖九十

棄毁人器物及毁伐人樹木稼穡,計值三十兩者四十兩之爲從者。○係官值一十兩者二十兩之爲從者。○遺失官器物及誤毁官樹木稼穡,計值四十兩者。

毁人神主者。○毁損人房屋牆垣之類,計值七十兩者。○係官值五十兩者。

杖一百

棄毁人器物及毁伐人樹木稼穡,計值四十兩者五十兩之爲從者。○係官值二十兩者三十兩之爲從者。○遺失官器物及誤毁官樹木稼穡,計值五十兩者。

毁損人房屋牆垣之類,計值八十兩者。○係官值六十兩者。

徒一年杖六十

棄毁人器物及毁伐人樹木稼穡,計值五十兩者六十兩之爲從者。○係官值三十兩者四十兩之爲從者。○遺失官器物及誤毁官樹木稼穡,計值六十兩者。

毁損人房屋牆垣之類,計值一百兩者。○係官值七十兩者。

徒一年半杖七十

棄毁人器物及毁伐人樹木稼穡,計值六十兩者七十兩之爲從者。○係官值四十兩者五十兩之爲從者。○遺失官器物及誤毁官樹木稼穡,計值七十兩者。

毁損人房屋牆垣之類，計值二百兩者。○係官值八十兩者。

徒二年杖八十

棄毁人器物及毁伐人樹木稼穡，計值七十兩者八十兩之爲從者。○係官值五十兩者六十兩之爲從者。○遺失官器物及誤毁官樹木稼穡，計值八十兩者。

毁損人房屋牆垣之類，計值三百兩者。○係官值一百兩者。

徒二年半杖九十

棄毁人器物及毁伐人樹木稼穡，計值八十兩者九十兩之爲從者。○係官值六十兩者七十兩之爲從者。

毁損人房屋牆垣之類，計值四百兩者。○係官值二百兩者。

徒三年杖一百

棄毁人器物及毁伐人樹木稼穡，計值九十兩者一百兩一百一十兩一百二十兩之爲從者。○係官值七十兩者八十兩九十兩一百兩之爲從者。

毁損人房屋牆垣之類，計值五百兩者。○係官值三百兩者。

流二千里杖一百

棄毁人器物及毁伐人樹木稼穡，計值一百兩者。○係官值八十兩者。

流二千五百里杖一百

棄毁人器物及毁伐人樹木稼穡，計值一百一十兩者。○係官值九十兩者。

流三千里杖一百

棄毁人器物及毁伐人樹木稼穡，計值一百二十兩者。○係官值一百兩者。

擅食田園瓜果

凡於他人田園擅食瓜果之類，坐贓論計，所食之物價一兩以下，笞一十，二兩，笞二十計兩加等，罪止杖六十、徒一年，棄毁者，罪亦如之；其擅將去及食係官田園瓜果，若官造酒食者，加二等，主守之人給與及知而不舉者，與同罪，若主守私自將去者，竝以監守自盗論。

罪名

笞一十

擅食及棄毁他人田園瓜果之類，計價一兩以下者。

笞二十

擅食及棄毁他人田園瓜果之類，計價二兩者。

笞三十

擅食及棄毀他人田園瓜果之類,計價至三兩者。○係官田園瓜果及官造酒食,計價一兩以下者。○主守給與及知而不舉者。

笞四十

擅食及棄毀他人田園瓜果之類,計價至四兩者。○係官田園瓜果及官造酒食,計價至二兩者。○主守給與及知而不舉者。

笞五十

擅食及棄毀他人田園瓜果之類,計價至五兩者。○係官田園瓜果及官造酒食,計價至三兩者。○主守給與及知而不舉者。

杖六十

擅食及棄毀他人田園瓜果之類,計價至六兩者。○係官田園瓜果及官造酒食,計價至四兩者。○主守給與及知而不舉者。

杖七十

擅食及棄毀他人田園瓜果之類,計價至七兩者。○係官田園瓜果及官造酒食,計價至五兩者。○主守給與及知而不舉者。

杖八十

擅食及棄毀他人田園瓜果之類,計價至八兩者。○係官田園瓜果及官造酒食,計價至六兩者。○主守給與及知而不舉者。○主守私自將去官田園瓜果官造酒食,計價一兩以下者。

杖九十

擅食及棄毀他人田園瓜果之類,計價至九兩者。○係官田園瓜果及官造酒食,計價至七兩者。○主守給與及知而不舉者。○主守私自將去官田園瓜果官造酒食,計價一兩至二兩五錢者。

杖一百

擅食及棄毀他人田園瓜果之類,計價一十兩者。○係官田園瓜果及官造酒食,計價至八兩者。○主守給與及知而不舉者。○主守私自將去官田園瓜果官造酒食,計價五兩者。

徒一年杖六十

擅食及棄毀他人田園瓜果之類,計價一十一兩者。○係官田園瓜果及官造酒食,計價九兩者。○主守給與及知而不舉者。○主守私自將去官田園瓜果官造酒食,計價七兩五錢者。

徒一年半杖七十

擅食及棄毁官田園瓜果官造酒食,計價一十兩者。〇主守給與及知而不舉者。〇主守私自將去官田園瓜果官造酒食,計價一十兩者。

徒二年杖八十

擅食及棄毁官田園瓜果官造酒食,計價一十一兩者。〇主守給與及知而不舉者。〇主守私自將去官田園瓜果官造酒食,計價一十二兩五錢者。

徒二年半杖九十

主守私自將去官田園瓜果官造酒食,計價一十五兩者。

徒三年杖一百

主守私自將去官田園瓜果官造酒食,計價一十七兩五錢者。

准徒四年雜犯三流

主守私自將去官田園瓜果官造酒食,計價二十兩二十五兩三十兩者。

斬雜犯准徒五年

主守私自將去官田園瓜果官造酒食,計價四十兩者。

私借官車船

凡監臨主守將係官車船、店舍、碾磨之類私自借用,或轉借與人及借之者,各笞五十,驗日追僱賃錢入官,不得過本價。若計僱賃錢重者,各坐贓論,加一等,加至杖六十。

雍正三年律例館奏准:律文"加一等"係視各坐贓罪加一等,注"加至杖六十"未明晰,應删。

罪名

笞五十

監守私自借用官車船、店舍、碾磨之類,或轉借與人者。〇借者。

杖六十

監守私自借用官車船、店舍、碾磨之類,或轉借與人及借之人,計僱賃錢四十兩者。

杖七十

監守私自借用官車船、店舍、碾磨之類,或轉借與人及借之人,計僱賃錢五十兩者。

杖八十

監守私自借用官車船、店舍、碾磨之類,或轉借與人及借之人,計僱賃錢六十兩者。

杖九十

監守私自借用官車船、店舍、碾磨之類，或轉借與人及借之人，計傭賃錢七十兩者。

杖一百

監守私自借用官車船、店舍、碾磨之類，或轉借與人及借之人，計傭賃錢八十兩者。

徒一年杖六十

監守私自借用官車船、店舍、碾磨之類，或轉借與人及借之人，計傭賃錢一百兩者。

徒一年半杖七十

監守私自借用官車船、店舍、碾磨之類，或轉借與人及借之人，計傭賃錢二百兩者。

徒二年杖八十

監守私自借用官車船、店舍、碾磨之類，或轉借與人及借之人，計傭賃錢三百兩者。

徒二年半杖九十

監守私自借用官車船、店舍、碾磨之類，或轉借與人及借之人，計傭賃錢四百兩者。

徒三年杖一百

監守私自借用官車船、店舍、碾磨之類，或轉借與人及借之人，計傭賃錢五百兩者。

大清會典卷之一百五十七

刑部

〔律例八户律三〕

〔婚姻〕

男女婚姻

凡男女定婚之初，若有殘疾老幼、庶出過房乞養者，務要兩家明白通知，各從所願寫立婚書，依禮聘嫁，若許嫁女已報婚書及有私約，謂先已知夫身殘疾老幼庶養之類。而輒悔者，笞五十；雖無婚書，但曾受聘財者亦是。○若再許他人，未成婚者，杖七十；已成婚者，杖八十，後定娶者，知情與同罪，財禮入官，不知情，不坐，追還財禮女歸前夫，前夫不願者，倍追財禮給還，其女仍從後夫；男家悔者，罪亦如之，不追財禮。○其未成婚男女有犯姦盜者，不用此律。○若爲婚而女家妄冒者，杖八十，謂如女有殘疾，却令姊妹妄冒相見，後却以殘疾女成婚之類。追還財禮；男家妄冒者，加一等。謂如與親男定婚，却與義男成婚，又如男有殘疾，却令弟兄妄冒相見，後却以殘疾男成婚之類。不追財禮；未成婚者，仍依原定，已成婚者，離異。○其應爲婚者，雖已納聘財，期約未至，而男家强娶，及期約已至，而女家故違期者，並笞五十。○若卑幼，或仕宦，或買賣在外，其祖父母、父母及伯叔父母、姑兄姊後爲定婚，而卑幼自娶妻已成婚者，仍舊爲婚，尊長所定女，聽别嫁。未成婚者，從尊長所定，自聘者，從其别嫁。違者，杖八十。仍改正。

附律定例

一、嫁娶皆由祖父母、父母主婚，祖父母、父母俱無者，從餘親主婚，其夫亡攜女適人者，其女從母主婚，若已定婚未及成親，而男女或有身故者，不追財禮。

一、男女婚姻，各有其時，或有指腹割衫襟爲親者，並行禁止。

一、招壻須憑媒妁，明立婚書，開寫養老或出舍年限，止有一子者，不許出贅，如招養老女壻者，仍立同宗應繼者，一人承奉祭祀，家産均分，如未立繼身死，從族長依例議立。

罪名

笞五十

許嫁女已報婚書及有成約，或無婚書，而已受聘財女家輒悔者。

期約未至，而男家强娶者。〇期約已至，而女家故違者。

杖七十

將女再許他人未成婚者。〇後定之男家知情者。〇男家悔而再聘未成婚者。

杖八十

將女再許他人已成婚者。〇後娶之男家知情者。〇男家悔，而再聘已成婚者。〇女家以他女妄冒者。

卑幼在外，尊長在家不相聞而各定婚未成婚者，應依尊長所定已成婚者，應仍舊爲婚違者。

杖九十

男家以他男妄冒者

右各有主婚男女差等及媒人罪，見後嫁娶違律，主婚媒人罪律罪名不再列。

典僱妻女

凡將妻妾受財典僱與人爲妻妾者，杖八十，典僱女者，杖六十；婦女不坐。〇若將妻妾妄作姊妹嫁人者，杖一百；妻妾，杖八十。〇知而典娶者，各與同罪，並離異。女給親妻，妾歸宗。財禮入官；不知者，不坐，追還財禮，仍離異。

附律定例

一、將妻妾作姊妹及將拐帶不明婦女，或將親女并居喪姊妹嫁賣與人作妻妾，使女名色騙財之後，設詞託故，公然領去，或瞰起程中途聚衆行兇，邀搶人財者，除實犯死罪外，其餘屬軍衛者，發邊衛充軍，屬有司者，發邊外爲民；媒人知情，罪同；若婦人有犯，罪坐夫男，若不知情及無夫男者，止坐本婦，照常發落。

罪名

杖六十

將女典僱與人者。○知而典者。

杖八十

將妻妾典僱與人爲妻妾者。○知而典者。○以妻妾作姊妹嫁人其妻妾從者。

杖一百

將妻妾妄作姊妹嫁人者。○知而娶者。

邊衛充軍

將妻妾作姊妹及拐帶不明婦女,或親女并居喪姊妹嫁賣與人作妻妾,使女名色騙財之後,設詞託故,公然領去,或瞰起程中途,聚衆行兇,邀搶人財,除實犯死罪外屬軍衛者。○媒人知情者。○婦人犯,而夫男,聽縱者。

邊外爲民

將妻妾作姊妹及拐帶不明婦女,或親女并居喪姊妹嫁賣與人作妻妾使女名色騙財之後設詞託故公然領去,或瞰起程中途聚衆行兇邀搶人財除實犯死罪外屬有司者。○媒人知情者。○婦人犯,而夫男,聽縱者。

妻妾失序

凡以妻爲妾者,杖一百;妻在以妾爲妻者,杖九十;並改正。○若有妻更娶妻者,亦杖九十,離異歸宗。其民年四十以上無子者,方聽娶妾;違者,笞四十。仍聽爲妾。

罪名

笞四十

民年未四十而娶妾者。

杖九十

以妾爲妻者。

有妻更娶妻者。

杖一百

以妻爲妾者。

逐壻嫁女

凡逐壻嫁女,或再招壻者,杖一百,其女不坐,男家知而娶者,同罪。未成婚者,各減五等,財禮入官不知者,亦不坐。其女斷付前夫,出居完聚。如招贅之女通同者,亦坐杖一百。

罪名

笞五十

逐贅壻而嫁女或再招女壻未成婚者。○男家知而定婚者。

杖一百

逐贅壻而嫁女或再招壻已成婚者。○男家知而娶贅者。○招贅之女通同父母逐壻改嫁者。

居喪嫁娶

凡居父母及夫喪而身自嫁娶者,杖一百;若男子居喪娶妾,妻居夫喪女居父母喪而嫁人爲妾者,各減二等,若命婦夫亡雖服滿再嫁者,罪亦如之追奪並離異;知而共爲婚姻者,各減五等,財禮入官;不知者,不坐,仍離異,追財禮。若居祖父母、伯叔父母、姑兄姊喪而嫁娶者,杖八十,不離異。妾不坐。○若居父母、舅姑及夫喪而與應嫁娶人主婚者,杖八十。○其夫喪服滿願守志,非女之祖父母、父母而强嫁之者,杖八十;期親强嫁者,減二等,其夫家之祖父母、父母及期親强嫁之者,罪亦如之婦人不坐,追歸前夫之家,聽從守志;娶者,亦不坐,追還財禮。

雍正三年律例館奏准:律文末節夫喪服滿妻妾願守志,而女之祖父母、父母及夫家之祖父母、父母强嫁之俱屬不應,至被强嫁而已成婚,與後夫相安者,是業已失身,無志可守,不必追歸,今將奏准改定律文開後。

夫喪服滿,果願守志,而女之祖父母、父母及夫之祖父母、父母强嫁之者,杖八十;期親加一等;大功以下又加一等;婦人及娶者,俱不坐,未成婚者,追歸前夫之家,聽從守志,追還財禮,已成婚者,給與完聚,財禮入官。

歷年事例

康熙十二年題准:凡婦人夫亡之後願守節者,聽欲改嫁者,母家給還財禮,准其領回;至家僕亡故,其婦聽原主給還財禮領回,若僕婦有子,願守節者,不許復配與人,亦不准原主領回;違例復配者,婦人斷歸原主,不追財禮。

罪名

笞三十

知係居喪之女而娶爲妾者。

笞五十

知係居喪之女及命婦而娶爲妾者。

杖八十

妻女居喪而嫁爲人妾者。

居祖父母伯叔父母、姑兄姊喪而嫁娶者。○居父母、舅姑及夫喪而與應嫁娶人主婚者。○夫喪服滿果願守志而祖父母、父母及夫之祖父母、父母强嫁者。

杖九十

夫喪服滿果願守志而内外期親强嫁者。

杖一百

居父母夫喪而身自嫁娶者。○命婦夫亡再嫁者。○夫喪服滿果願守志而内外大功以下親强嫁者。

父母囚禁嫁娶

凡祖父母、父母犯死罪被囚禁，而子孫嫁娶者，杖八十，爲妾者，減二等；其奉祖父母、父母命，而嫁女娶妻者，不坐，亦不得筵宴。忘其至親，而任情縱欲，不孝之大者，也當依棄親之任條下科斷，杖八十，父母囚禁，筵宴自有本律。

罪名

杖六十

祖父母、父母犯死罪囚禁，而子孫娶妾及嫁爲妾者。

杖八十

祖父母、父母犯死罪囚禁，而子孫自嫁娶者。

同姓爲婚。爲婚兼妻妾言，禮不娶同姓，所以厚别也；若買妾不知其姓，則卜之。

凡同姓爲婚者，主婚與男女各杖六十，離異。婦女歸宗，財禮入官。

罪名

杖六十

同姓爲婚之主婚人。○男女

尊卑爲婚

凡外姻有服尊屬卑幼共爲婚姻，及娶同母異父姊妹若妻前夫之女者，各以親屬相姦論。○其父母之姑舅、兩姨姊妹及姨，若堂姨母之姑、堂姑、己之堂姨及再從姨己之堂外甥女，若女壻之姊妹及子孫婦之姊妹，雖無服。並不得爲婚姻，違者，男女各杖一百，有主婚者，獨坐主婚人。○若娶己之姑舅兩姨姊妹者，杖八十。○並離異。婦女歸宗，財禮入官。

附律定例

一、男女親屬尊卑相犯重情，或干有律應離異之人，悉遵成憲，俱照親屬已定名分,各從本律科斷,不得妄生異議,致罪有出入,其間情犯稍有可疑,揆於法制,似爲太重,或於大分不甚有礙者,聽各該原問衙門臨時斟酌擬奏。

一、前夫子女與後夫子女苟合成婚者,以娶同母異父姊妹律條科斷。

罪名

杖八十

己之姑舅兩姨姊妹相爲婚姻者,男女同坐。○有主婚者,主婚獨坐。

杖一百

父母之姑舅、兩姨姊妹及姨,若堂姨母之姑、堂姑、己之堂姨及再從姨、堂外甥女,若女壻及子孫婦之姊妹,相爲婚姻者,男女同坐。○有主婚者,主婚獨坐。

徒三年杖一百

外姻有服尊屬卑幼爲婚者。○娶同母異父姊妹者。○娶妻前夫之女者。○前夫子女與後夫子女苟合成婚者。○俱男女並坐。

娶親屬妻妾

凡娶同宗無服之親及無服親之妻者,男女各杖一百,若娶同宗緦麻親之妻及舅甥妻,各杖六十、徒一年;小功之妻以上,各以姦論,自徒三年至絞斬;其親之妻曾被出及已改嫁,而娶爲妻妾者,無服之親不與各杖八十。○若收父祖妾及伯叔母者,不問被出改嫁各斬;若兄亡收嫂,弟亡收弟婦者,不問被出改嫁俱坐。各絞。○妾父祖妾不與,各減妻二等,被出改嫁,遞減之。○若娶同宗緦麻以上姑姪姊妹者,亦各以姦論。○並離異。

罪名

杖六十

娶同宗被出及改嫁之妾者。

杖八十

娶同宗被出及改嫁之妻爲妻妾者。

娶同宗無服親之妾者。

杖九十

娶緦麻親及舅甥之妾者。

杖一百

娶同宗無服姊妹姑姪及無服親之妻者。

徒一年杖六十

娶緦麻親之妻及舅甥妻者。

徒二年杖八十

娶再從兄弟、堂姪、姪孫堂兄弟之妾者。

徒三年杖一百

娶再從兄弟、堂姪姪孫、堂兄弟之妻及再從姊妹、堂姪女、姪孫女者。

娶從祖、從祖伯叔兄弟、兄弟子孫、伯叔子孫之妾者。

絞決

娶從祖祖母姑、從祖伯叔母姑、從父姊妹、母之姊妹、兄弟妻、兄弟子妻者。

斬決

收父祖妾、伯叔母姑、姊妹子孫之婦、兄弟之女者。

娶部民婦女爲妻妾

凡府州縣親民官,任内娶部民婦女爲妻妾者,杖八十;若監臨官娶見問爲事人妻妾及女爲妻妾者,杖一百,女家並同罪,妻妾仍兩離之女給親,兩離者,不許給與後娶者,亦不給還前夫,令歸宗,其女以父母爲親,當歸宗,或已有夫,又以夫爲親,當給夫完聚。財禮入官;强娶者,各加二等;女家不坐,婦還前夫,女給親。不追財禮;若爲子孫弟姪家人娶者,罪亦如之男女不坐,若娶爲事人婦女,而於事有所枉者,仍以枉法從重論。

罪名

杖八十

府州縣親民官娶部民婦女爲妻妾者。〇爲子孫弟姪家人娶爲妻妾者。

杖一百

府州縣親民官强娶部民婦女爲妻妾者。〇爲子孫弟姪家人娶爲妻妾者。

監臨官娶爲事人妻妾及女爲妻妾者。〇爲子孫弟姪家人娶爲妻妾者。

徒一年半杖七十

監臨官强娶爲事人妻妾及女爲妻妾者。〇爲子孫弟姪家人娶爲妻妾者。

娶逃走婦女

凡娶犯罪逃走婦女爲妻妾,知情者,與同罪,婦人加逃罪二等,娶者不坐。

至死者,減一等離異,不知者,不坐;若無夫會赦免罪者,不離。

罪名

笞一十

知婦女犯笞一十罪逃走,而娶爲妻妾者。

笞二十

知婦女犯笞二十罪逃走,而娶爲妻妾者。

笞三十

知婦女犯笞三十罪逃走,而娶爲妻妾者。

犯笞一十罪婦女逃走嫁人者。

笞四十

知婦女犯笞四十罪逃走,而娶爲妻妾者。

犯笞二十罪婦女逃走嫁人者。

笞五十

知婦女犯笞五十罪逃走,而娶爲妻妾者。

犯笞三十罪婦女逃走嫁人者。

杖六十

知婦女犯杖六十罪逃走,而娶爲妻妾者。

犯笞四十罪婦女逃走嫁人者。

杖七十

知婦女犯杖七十罪逃走,而娶爲妻妾者。

犯笞五十罪婦女逃走嫁人者。

杖八十

知婦女犯杖八十罪逃走,而娶爲妻妾者。

犯杖六十罪婦女逃走嫁人者。

杖九十

知婦女犯杖九十罪逃走,而娶爲妻妾者。

犯杖七十罪婦女逃走嫁人者。

杖一百

知婦女犯杖一百罪逃走,而娶爲妻妾者。

犯杖八十罪婦女逃走嫁人者。

徒一年杖六十

知婦女犯徒一年罪逃走,而娶爲妻妾者。

犯杖九十罪婦女逃走嫁人者。

徒一年半杖七十

知婦女犯徒一年半罪逃走，而娶爲妻妾者。

犯杖一百罪婦女逃走嫁人者。

徒二年杖八十

知婦女犯徒二年罪逃走，而娶爲妻妾者。

犯徒一年罪婦女逃走嫁人者。

徒二年半杖九十

知婦女犯徒二年半罪逃走，而娶爲妻妾者。

犯徒一年半罪婦女逃走嫁人者。

徒三年杖一百

知婦女犯徒三年罪逃走，而娶爲妻妾者。

犯徒二年罪婦女逃走嫁人者。

流二千里杖一百

知婦女犯流二千里罪逃走，而娶爲妻妾者。

犯徒二年半罪婦女逃走嫁人者。

流二千五百里杖一百

知婦女犯流二千五百里罪逃走，而娶爲妻妾者。

犯徒三年罪婦女逃走嫁人者。

流三千里杖一百

知婦女犯流三千里罪死罪逃走，而娶爲妻妾者。

犯流二千里罪婦女逃走嫁人者。

强占良家妻女

凡豪勢之人，强奪良家妻女，姦占爲妻妾者，絞，婦女給親；配與子孫弟姪家人者，罪亦如之男女不坐，仍離異給親。

附律定例

一、强奪良家妻女賣與他人爲妻妾，及投獻王府并勳戚勢豪之家者，俱比照强奪良家妻女姦占爲妻妾，絞罪奏請定奪。

歷年事例

順治十三年覆准：凡就撫賊盗所有在先擄掠良民婦女，被原夫認識不與者，准向該管官控告斷婦原夫。

罪名

絞監候

豪勢强奪良家妻女姦占爲妻妾者。○配與子孫弟姪家人者。

强奪良家妻女賣與人爲妻妾者。○投獻王府及勳戚勢要者。

娶樂人爲妻妾

凡官吏娶樂人爲妻妾者,杖六十,並離異,歸宗,財禮入官。若官員子孫娶者,罪亦如之附過候廕襲之日,降一等於邊遠叙用;其在順治元年赦前娶者,勿論。

雍正三年律例館奏准:"附過"二字改爲"註册"今無邊遠叙用之例,順治元年赦前句亦可删,將"於邊遠叙用"至"勿論"十七字删去,改爲"降一等叙用"。

罪名

杖六十

官吏娶樂人爲妻妾者。○應廕襲官員子孫娶者。

僧道娶妻

凡僧道娶妻妾者,杖八十還俗,女家同罪,離異,財禮入官;寺觀住持知情,與同罪,如因人連累,不在還俗之限。不知者,不坐。○若僧道假託親屬,或僮僕爲名求娶,而僧道自占者,以姦論,婦女還親,財禮入官;係强者,以强姦論。

罪名

杖八十

僧道娶妻妾者。○住持知情者。○女家主婚者。

杖一百

僧道假託求娶而自占者。

流三千里杖一百

僧道假託求娶而强占未成者。

絞監候

僧道假託求娶而强占者。

良賤爲婚姻

凡家長與奴娶良人女爲妻者,杖八十,女家减一等;不知者,不坐;其奴自娶者,罪亦如之家長知情者,减二等,因而入籍爲婢者,杖一百,若妄以奴婢爲良人,而與良人爲夫妻者,杖九十,各離異改正。

罪名

杖六十

奴娶良人爲妻而家長知情者。

杖七十

良人以女爲奴之妻者。

杖八十

家長與奴娶良人女爲妻者。

奴自娶良人女爲妻者。

杖九十

家長妄以奴婢爲良人而與良人爲夫婦者。

奴婢妄冒良人而與良人爲夫妻者。

杖一百

家長與奴娶良人爲妻因而入籍爲婢者。

外番色目人婚姻

凡外番色目人，聽與中國人爲婚姻，務要兩相情願。不許本類自相嫁娶，違者，杖八十；不願爲婚姻者，聽從本類自相嫁娶，不在禁限。飲食居處，各有本俗，不能相同，故婚姻止聽其自便。

雍正三年律例館奏准：今無此禁例，律文删。

出妻

凡妻無應出及義絶之狀而出之者，杖八十；雖犯七出無子〇淫佚〇不事舅姑〇多言〇盜竊〇妒忌〇惡疾有三不去與更三年喪。〇前貧賤後富貴。〇有所娶無所歸而出之者，減二等，追還完聚。〇若犯義絶，應離而不離者，亦杖八十，若夫妻不相和諧，而兩願離者，不坐。〇若妻背夫在逃者，杖一百，從夫嫁賣，因而改嫁者，絞；其因夫逃亡三年之内，不告官司而逃去者，杖八十，擅改嫁者，杖一百；妾各減二等。〇若婢背家長在逃者，杖八十，奴逃者罪亦同。因而改嫁者，杖一百，給還家長。〇窩主及知情娶者，各與同罪，至死者，減一等，財禮入官；不知者，俱不坐財禮給還。〇若由婦女之期親以上尊長主婚改嫁者，罪坐主婚，妻妾止得在逃之罪，餘親主婚者，餘親爲期親卑幼，及大功以下尊長卑幼主婚改嫁者。事由主婚，主婚爲首，男女爲從事，由男女，男女爲首，主婚爲從，至死者，主婚人並減一等。

附律定例

一、妻犯七出之狀，有三不去之理，不得輒絶；犯姦者不在此限。

一、五年無過不娶及夫逃亡三年不還者,並聽經官告給執照,別行改嫁,亦不追財禮。

雍正三年律例館奏准:“五年無過不娶”上增“期約已至”四字。

歷年事例

國初定;凡官員因夫婦不和欲出,其妻已受封者,先呈明吏部削去所封,赴刑部呈明,差人押令離異,未受封者,問明情由,係兩情願離者,聽;若兵民出妻者,任其自便,其中有別項情由,赴部陳告,審理發落;其因夫娶妾而欲求離異者,不准,仍聽本夫自便。○康熙十二年覆准:凡官員出受封之妻,先呈明刑部,審理應離異者,呈明吏部削去所封,聽其離異;其夫妻不和,兩情願離者,准照律行,若係三不去者,不准;强離者,依律治罪。○又題准:凡有夫與妻不和離異者,其女現在之衣飾嫁裝,憑中給還女家;若兩家爭鬬者,照律治罪;有欲娶妾者,聽;若托故出妻者,亦依律治罪。

罪名

杖六十

妻雖犯七出非犯姦,有三不去而出之者。

妾因夫逃亡三年内不告官司而逃去者。

杖七十

妾因夫逃亡三年内不告官司而逃去,改嫁其主婚之人非係期親以上尊長者事由,男女主婚爲從坐此。

杖八十

妻無應出及義絶之狀而出之者。○妻義絶應離而不離者。

妾背夫在逃者。○妾因夫逃亡三年内不告官司而逃去改嫁者。○事由期親以上尊長主婚,主婚坐之。○餘親主婚者事由,主婚主婚者亦坐之。○窩主及知情娶者。

妻因夫逃亡三年内不告官司而逃去者。○婢背家長在逃者。

杖九十

妻因夫逃亡三年内不告官司而逃去,改嫁其主婚之人非係期親以上尊長者若事由,男女主婚爲從坐此。○婢同。

杖一百

妻背夫在逃者。○妻因夫逃亡三年内不告官司而逃去改嫁者。○婢背家長在逃而擅嫁者。○事由期親以上尊長主婚者主婚坐之。○餘親主婚者事由主婚主婚亦坐之。○窩主及知情娶者。

徒二年半杖九十

妾背夫在逃因而改嫁,其主婚之人非係期親以上尊長者事由,男女主婚爲從坐此。

徒三年杖一百

妾背夫在逃因而改嫁者。○事由期親以上尊長主婚者罪坐主婚。○餘親主婚者事由主婚主婚亦坐之。○窩主及知情娶者。

流三千里杖一百

妻背夫在逃因而改嫁其主婚人。

絞監候

妻背夫在逃因而改嫁者。

嫁娶違律主婚媒人罪

凡嫁娶違律,若由祖父母、父母伯叔父母、姑兄姊及外祖父母主婚者,獨坐主婚,餘親主婚者,餘親謂期親卑幼及大功以下尊長卑幼主婚者。事由主婚,主婚爲首,男女爲從,事由男女,男女爲首,主婚爲從;至死者,主婚人並減一等。○其男女被主婚人威逼,事不由已,若男年二十歲以下及在室之女,亦獨坐主婚,男女俱不坐。○未成婚者,各減已成婚罪五等。○若媒人知情者,各減犯人罪一等;不知者,不坐。○其違律爲婚各條稱離異改正者,雖會赦,猶離異改正,離異者,婦女並歸宗。○財禮,若娶者知情,則追入官;不知者,則追還主。

歷年事例

國初定:凡家僕將女子私嫁與人,不問本主者,鞭一百,不論年分遠近生子與未生子,俱離異,給與本主。○康熙八年覆准:凡家僕私嫁女子,伊主五年内控告者,斷歸本主,給還聘禮,將聘女之人仍鞭一百;若過五年者,令償婦人一口給與本主,免其離異,如不能償,仍斷令離異,嫁女之人亦鞭一百;其辛者庫,人之女有聘嫁旗下民人者,不論年分遠近,概行斷回,嫁女之人照例鞭責,該管領催免議。○十二年題准:凡旗下家僕之女私嫁與人過五年者,停其賠償婦人之例,令給銀四十兩,如不能給銀,仍令離異,其有明知辛者庫人之女及旗下家僕私嫁之情,而説媒聘娶者,俱照不應重律治罪;不知情者,不坐。○二十四年議准:投充人之女,聽其隨意聘嫁,永停查點,以前私自聘嫁者,亦免查議,其會計等司所屬投充人等之女,亦照此例行。

罪名

笞一十

嫁娶違律犯該杖六十罪而未成婚者。○其主婚者。

笞二十

嫁娶違律犯該杖八十罪而未成婚之媒人。○未成婚之男女由餘親主婚者,及事由男女之主婚餘親亦坐此。

笞三十

嫁娶違律犯該杖八十罪而未成婚者。○其主婚者。嫁娶違律犯該杖九十罪而未成婚之媒人。○未成婚之男女由餘親主婚者,及事由男女之主婚餘親亦坐此。

笞四十

嫁娶違律犯該杖九十罪而未成婚者。○其主婚者。嫁娶違律犯該杖一百罪而未成婚之媒人。○未成婚之男女由餘親主婚者,及事由男女之主婚餘親亦坐此。

笞五十

嫁娶違律犯該杖一百罪而未成婚者。○其主婚者。嫁娶違律犯該徒一年罪而未成婚之媒人。○未成婚之男女由餘親主婚者,及事由男女之主婚餘親亦坐此。嫁娶違律犯該杖六十罪事由餘親主婚之男女,及事由男女之主婚餘親。○媒人知情者。

杖六十

嫁娶違律犯該徒一年罪而未成婚者。○其主婚者。嫁娶違律犯該杖六十罪其祖父母、父母伯叔父母、姑兄姊外祖父母主婚者。○事由主婚之餘親。

杖七十

嫁娶違律犯該徒二年罪而未成婚之媒人。○未成婚之男女由餘親主婚者及事由,男女之主婚餘親亦坐此。嫁娶違律犯該杖八十罪事由餘親主婚之男女,及事由男女之主婚餘親。○媒人知情者。

杖八十

嫁娶違律犯該徒二年罪而未成婚者。○其主婚者。嫁娶違律犯該杖八十罪其祖父母、父母伯叔父母、姑兄姊外祖父母主婚者。○事由主婚之餘親嫁娶違律犯該杖九十罪,事由餘親主婚之男女,及事由男女之主婚餘親。○媒人知情者。

杖九十

嫁娶違律犯該徒三年罪而未成婚之媒人。〇未成婚之男女由餘親主婚者及事由男女之主婚餘親亦坐此。嫁娶違律犯該杖九十罪其祖父母、父母伯叔父母、姑兄姊外祖父母主婚者。〇事由主婚之餘親。嫁娶違律犯該杖一百罪事由餘親主婚之男女及事由，男女之主婚餘親。〇媒人知情者。

杖一百

嫁娶違律犯該徒三年罪而未成婚者。〇其主婚者。嫁娶違律犯該杖一百罪其祖父母、父母伯叔父母、姑兄姊外祖父母主婚者。〇事由主婚之餘親嫁娶違律犯該徒一年罪事由餘親主婚之男女，及事由男女，之主婚餘親。〇媒人知情者。

徒一年杖六十

嫁娶違律犯該死罪而未成婚之媒人。〇未成婚之男女由餘親主婚者，及事由男女之主婚餘親亦坐此。嫁娶違律犯該徒一年罪，其祖父母、父母伯叔父母、姑兄姊、外祖父母主婚者。〇事由主婚之餘親。

徒一年半杖七十

嫁娶違律犯該死罪而未成婚者。〇其主婚者嫁娶違律犯該徒二年罪事由餘親主婚之男女及事由男女之主婚餘親。〇媒人知情者。

徒二年杖八十

嫁娶違律犯該徒二年罪其祖父母、父母伯叔父母、姑兄姊外祖父母主婚者。〇事由主婚之餘親。

徒二年半杖九十

嫁娶違律犯該徒三年罪事由，餘親主婚之男女及事由，男女之主婚餘親。〇媒人知情者。

徒三年杖一百

嫁娶違律犯該徒三年罪其祖父母、父母伯叔父母、姑兄姊外祖父母主婚者。〇事由主婚之餘親。嫁娶違律犯該死罪事由主婚之媒人。

流三千里杖一百

嫁娶違律犯該死罪其祖父母、父母伯叔父母、姑兄姊外祖父母主婚者。〇事由主婚之餘親及事由餘親主婚之男女。〇事由男女之媒人。

大清會典卷之一百五十八

刑部

〔律例九户律四〕

〔倉庫一〕

錢法

凡錢法，設立寶源寶泉等局，鼓鑄制錢，内外俱要遵照户部議定數目，一體通行。其民間金銀米麥布帛諸物價錢，並依時值，聽從民便，若阻滯不即行使者，杖六十。○其軍民之家，除鏡子、軍器及寺觀菴院鐘、磬、鐃、鈸外，其餘應有廢銅，並聽赴官賣，每觔官給銀七分，增減隨時，若私相買賣及收匿在家不赴官者，笞四十。

雍正五年律例館奏准增定附律例文

一、各省開採銅鉛，令道員總理府佐官分理，州縣官專管其事，凡産銅鉛之處，聽民採取，税其二分，造册季報，所剩八分，任民照時價發賣，有墳墓處所，不許採取。如有不得銅鉛及不便採取之處，該督撫題明停採；道府佐貳官所得税入銅鉛，至十萬觔以上，州縣官得五萬觔以上，俱交該部，照例分别議叙。若上司誅求逼勒者，事發從重議處；其各州縣産銅鉛之山，令地主報名採取，地主無力開採，聽本州縣報名採取，州縣無匠役，許於鄰近州縣僱募，該州縣自行稽察。如有别州縣民人越境採取，并衙役恣意攪擾致人裹足者，爲首者，斬立决，爲從者，絞監候。

一、銷燬制錢，地方官密行嚴查，毋致潛藏，如怠忽疎縱，不行查出，或被旁人首告，將該地方官革職；至黄銅器皿，除樂器、圓鏡、等子外，其餘不准使用，見在所有銅器，悉令交官給價，違者，以私藏禁物律治罪，若舖户人等製造黄銅新器出賣者，照銷燬制錢爲從例治罪。

歷年事例

雍正三年諭:“制錢乃日用之所必需,務使遠近流通,始便民間之用。京師錢局,每歲鼓鑄,則制錢應日加增,雖不致缺乏,聞各省未得流布,民用不敷,是必有銷官錢以爲私鑄者。且聞湖廣、河南等省,私鑄之風尤甚,爲此特頒論旨,著直隸及各省督撫,申飭該地方官密訪查拏,嚴行禁止,毋使奸徒漏網,倘稽察稍疎,仍蹈前弊,一經訪覺,定將大小官吏分别從重治罪。爾督撫不可視爲具文,當實力奉行,嚴加禁緝可也。私鑄治罪之例,當如何嚴定律條處,著詳議具奏。”遵旨議准:私鑄之錢,必藉經紀爲之興販舖户爲之攙和,始得流布,應通行提督五城、宛、大二縣并直隸各省,多張告示,嚴行曉諭經紀舖户人等,嗣後私錢不許攙和一文,其從前有收買在家者,准於示到一月内,赴官首明,量給官錢半價,將私錢暫行貯庫,歲底彙報户部候文銷解,若一月後不行出首,仍敢攙和行使,或被該管官員查拏,或被旁人首告,不論錢數多寡,俱發黑龍江,給披甲人爲奴;至地方文武各官。但能拏獲私鑄者,不論年月遠近,免其處分,即同城各官之處分,亦俱寬免,交界之所,此縣拏獲,彼縣亦免處分,其果能實心查拏者,不論本管地方及别州縣,准以拏獲之多寡交部量予議叙;若該地方官仍前怠玩,一經發覺,仍照舊例處分,餘詳户部錢法,不具載。

罪名

笞四十

軍民人家除鏡子、軍器及寺觀菴院鐘、磬、鐃、鈸外,其餘廢銅私相買賣及收匿在家者。

杖六十

阻滯制錢不即行使者。

杖八十

私藏應禁黄銅器皿一件者。

杖九十

私藏應禁黄銅器皿二件者。

杖一百

私藏應禁黄銅器皿三件者。

徒一年杖六十

私藏應禁黄銅器皿四件者。

徒一年半杖七十

私藏應禁黄銅器皿五件者。

徒二年杖八十

私藏應禁黄銅器皿六件者。

徒二年半杖九十

私藏應禁黄銅器皿七件者。

徒三年杖一百

私藏應禁黄銅器皿八件者。

流二千里杖一百

私藏應禁黄銅器皿九件者。

流二千五百里杖一百

私藏應禁黄銅器皿十件者。

流三千里杖一百

私藏應禁黄銅器皿十一件者。

舖户人等私造黄銅器皿出賣者。

絞監候

各州縣産銅鉛處，如有别州縣民人越境，採取并衙役攬擾致人裹足爲從者。

斬決

各州縣産銅鉛處，如有别州縣民人越境，採取并衙役攬擾致人裹足爲首者。

收糧違限

凡收夏税，於五月十五日開倉，七月終齊足；秋糧十月初一日開倉，十二月終齊足。如早收去處預先收受者，不拘此律，若夏税違限至八月終，秋糧違限至次年正月終不足者，其提調部糧官吏典分催里長欠糧人户，各以十分爲率，一分不足者，杖六十，每一分加一等，罪止杖一百，受財者，計贜以枉法從重論；若違限一年之上不足者，人户里長杖一百。提調部糧官吏典照例擬斷。

附律定例

一、勢豪大户無故恃頑，不納本户秋糧五十石以上，問罪監追完日，發附近；二百石以上，發邊衛俱充軍；如三月之内能完納者，照常發落。

一、各處勢豪大户敢有不行運赴官倉，逼軍私兑者，比照不納秋糧事例問擬充軍，如掌印管糧官不即申達區處，縱容遲誤一百石以上者，提問住俸一年,二百石以上者,提問降二級,三百石以上者,比照罷軟事例罷黜。

雍正三年律例館奏准:今無逼軍私兑,亦無照石數處分之事,例文删。

雍正五年律例館奏准增定附律例文

一、應納錢糧,以十分爲率,欠至四分以下者,舉人問革爲民,貢生監生生員俱黜革,並杖六十;欠至七分以下者,舉人問革爲民,杖八十,貢生監生生員黜革,枷號一個月,杖一百;欠至十分以下者,舉人問革爲民,杖一百,貢生監生生員俱黜革,枷號兩個月,杖一百以上,仍嚴催未完錢糧。

一、運弁督押幫船,以通幫糧米計算,但有掛欠,即革職責徵,發南追比,不完者,分别治罪,如欠不及一分,笞二十,追完還職,不完者,杖一百,欠至一分,笞三十,追完免罪,不完者,杖六十、徒一年;欠至二分,笞四十,追完免罪,不完者,杖一百、徒三年;欠至三分,杖六十,追完免罪,不完者,發附近充軍;欠至四分,杖八十,追完仍杖一百,不完者,發邊遠充軍;欠至五分,杖一百,追完徒一年,不完者,絞;欠至六分以上者,斬,俱監候,照例籍其家産妻子抵償,如仍不足,責令原僉衙門各官代賠;旗丁以一船糧米計算,但有掛欠即革運責徵,拏交運官發南追完,不完治罪,俱與運弁同承追之官,嚴加議處,如家産妻子抵償不足,責令僉丁衞所糧道及監兑州縣各官代賠;至糧船起交足額外原有餘米,聽回空時沿途糶賣。

一、掛欠漕糧弁丁,照例按分數分别治罪外,所欠漕糧,計算分數,分作十分分賠,總漕半分,糧道一分,監兑官半分,押運官半分,運官一分半,僉丁衞所官半分,旗丁五分半,總漕等官令其於限内賠完,如不完,交與該部議處,弁丁於限内全完,分别應治罪者治罪、應免議者免議,如不完,仍照例治罪,將不能賠償米石,仍著落總漕糧道等官賠償,如山東、河南、湖廣漕糧十分全完者,糧道加陞一級,江南、江北、浙江、江西、漕糧十分全完者,糧道加陞二級,各省漕糧十分全完者,總漕加陞二級。

一、同幫運丁將赤貧無賴之丁混行互結,以致掛欠者,將本丁應賠五分半之内,互結各丁攤賠一分,其餘令本丁賠補。

一、凡納糧之户,果能於五月以前依限完半者,則將此户照停忙之例,於開忙後再令完納,如有頑户抗欠不完,及完不如半限之數,仍照常追徵;其州縣官亦不得借停忙之名苟且偷安,或藉以沽邀名譽,倘有此等不肖州縣,督撫即指名題參,照惰徵例議罪。

罪名

杖六十

税糧違限一分之提調部糧官吏典分催里長欠糧人户。〇違限雖不及一分,而該官吏、里長受財容欠,無禄人一兩以下者。

貢監生員欠應納錢糧四分以下者並黜革,下同。〇舉貢監生所欠錢糧,仍嚴催完納,後仿此。

杖七十

税糧違限二分之提調部糧官吏典分催里長欠糧人户。〇違限雖不及二分,而該官吏、里長受財容欠有禄人一兩以下者,無禄人一兩至五兩者。

杖八十

税糧違限三分之提調部糧官吏典分催里長欠糧人户。〇違限雖不及三分,而該官吏、里長受財容欠有禄人一兩至五兩者、無禄人一十兩者。

舉人欠應納錢糧七分以下者。舉人欠糧四分以下,即行問革爲民,本條罪例亦同問革,下仿此。

杖九十

税糧違限四分之提調部糧官吏典分催里長欠糧人户。〇違限雖不及四分,而該官吏、里長受財容欠有禄人一十兩者、無禄人一十五兩者。

杖一百

税糧違限五分之提調部糧官吏典分催里長欠糧人户。〇違限雖不及五分,而該官吏、里長受財容欠有禄人一十五兩者、無禄人二十兩者。

税糧違限一年之上不足者其分催里長欠糧人户。

貢監生員欠應納錢糧七分以下者枷號一個月。〇欠十分以下者枷號兩個月。

舉人欠應納錢糧十分以下者。

運弁旗丁以通幫及一船糧米各計算不及一分不完者。〇欠至四分追完者。

徒一年杖六十

税糧違限其官吏、里長,受財容欠有禄人二十兩者、無禄人二十五兩者。

運弁旗丁以通幫及一船糧米各計算欠至一分不完者。〇欠至五分追完者。

徒一年半杖七十

税糧違限其官吏、里長受財容欠有禄人二十五兩者、無禄人三十兩者。

徒二年杖八十

税糧違限其官吏、里長受財容欠有禄人三十兩者、無禄人三十五兩者。

徒二年半杖九十

税糧違限其官吏、里長受財容欠有禄人三十五兩者、無禄人四十兩者。

徒三年杖一百

税糧違限其官吏、里長受財容欠有禄人四十兩者、無禄人四十五兩五十兩五十五兩者。

運弁旗丁以通幫及一船糧米各計算欠至二分不完者。

流二千里杖一百

税糧違限其官吏、里長受財容欠有禄人四十五兩者。

流二千五百里杖一百

税糧違限其官吏、里長受財容欠有禄人五十兩者。

流三千里杖一百

税糧違限其官吏、里長受財容欠有禄人五十五兩者、無禄人八十兩者。

附近充軍

勢豪大户無故恃頑逾限三月之外不納本户秋糧五十石以上者監追完日充發。如限内完納者照常發落。

運弁旗丁以通幫及一船糧米各計算欠至三分不完者。

邊衛充軍

勢豪大户無故恃頑逾限三月之外不納本户秋糧二百石以上者,監追完日充發。

邊遠充軍

運弁旗丁以通幫及一船糧米各計算欠至四分不完者。

絞監候

税糧違限其官吏、里長,受財容欠有禄人八十兩者、無禄人一百二十兩者。

運弁旗丁以通幫及一船糧米各計算欠至五分不完者。

斬監候

運弁旗丁以通幫及一船糧米各計算欠至六分以上者。

多收税糧斛面

凡各倉收受税糧,聽令納户親自行概平斛交收,作數支銷,依例准除折耗,若倉官斗級不令納户行概,踢斛淋尖,多收斛面在倉者,杖六十,若以附餘糧數計贓重者,坐贓論,罪止杖一百,如入已以監守自盜論;提調官吏知而不舉,與同罪多糧給主,不知者,不坐。

附律定例

一、在京在外并各邊一應收放糧草去處,若職官子弟積年光棍跟子買頭小脚歇家跟官伴當人等,三五成羣,搶奪籌斛占堆行概等項,打攪倉場及欺陵官攢或挾詐運納軍民財物者,杖罪以下,於本處倉場門首,枷號一個月發落,徒罪以上與再犯杖罪以下,免其枷號,屬軍衛者發邊衛,屬有司者發附近,俱充軍;干係内外官員,奏請定奪。

雍正三年律例館奏准:今軍民有犯,一體擬斷,"屬軍衛者"至"屬有司者"十一字删,"俱充軍""俱"字删。

一、各處倉糧每石收耗米三升,查盤之時計守支年分,每年每石准開耗一升,若三年之外原收耗糧已減盡,照例於正糧内遞開一升,准作耗糧,此外若有侵盜者,方照律例問罪。

罪名

杖六十

各倉官役多收斛面者。〇提調官吏知而不舉者。

杖七十

各倉官役多收斛面在倉計數五十兩者。〇提調官吏知而不舉者。

杖八十

各倉官役多收斛面在倉計數六十兩者。〇入己一兩以下者。〇提調官吏知而不舉者。

杖九十

各倉官役多收斛面在倉計數七十兩者。〇入己一兩至二兩五錢者。〇提調官吏知而不舉者。

杖一百

各倉官役多收斛面在倉計數八十兩以上者。〇入己五兩者。〇提調官吏知而不舉者。

徒一年杖六十

各倉官役多收斛面入己七兩五錢者。〇提調官吏知而不舉者。

徒一年半杖七十

各倉官役多收斛面入己一十兩者。〇提調官吏知而不舉者。

徒二年杖八十

各倉官役多收斛面入己一十二兩五錢者。〇提調官吏知而不舉者。

徒二年半杖九十

各倉官役多收斛面入己一十五兩者。〇提調官吏知而不舉者。

徒三年杖一百

各倉官役多收斛面入己十七兩五錢者。〇提調官吏知而不舉者。

准徒四年雜犯三流

各倉官役多收斛面入己計數二十兩二十五兩三十兩者。〇提調官吏知而不舉者。

附近充軍

在京在外并各邊一應收放糧草去處,若三五成羣搶奪籌斛占堆行概等項,打攪倉場及欺陵官攢,或挾詐運納軍民財物,犯徒罪以上與再犯杖罪以下者。

斬雜犯准徒五年

各倉官役多收斛面入己計數四十兩者。〇提調官吏知而不舉者。

隱匿費用稅糧課物

凡送本户應納稅糧課物及應入官之物,而隱匿費用不納,或詐作損失欺妄官司者,並計所虧欠物數,准竊盜論,罪止杖一百、流三千里。免刺;其部運官吏知情與同罪,不知者,不坐。此係公罪,各還職役,若受財故縱,以枉法從重論。小户附搭侵匿者,仍依此律准竊盜。

雍正五年律例館奏准增定附律例文

一、凡石壩大通橋,設立經紀,剥船轉運京倉糧米倉場及坐糧廳各差妥役,沿閘稽查,如剥船回空,搜查無米藏匿者,其掣欠仍責經紀賠補,若船底搜出有米藏匿,即將掣欠之米令船户代役照數攤賠,枷責革役,其失察之經紀一併責懲。

罪名

笞五十

本户將應納稅糧課物及應入官物隱匿費用詐作損失計數一兩以下之

爲從者。〇官吏知情者。此係公罪,依《名例·文武官犯公罪》科,下倣此。

杖六十

本户將應納税糧課物及應入官物隱匿費用詐作損失計數一兩以下者一十兩之爲從者。〇官吏知情者。〇隱匿詐妄罪未至杖六十,而官吏受財故縱,無禄人計贓一兩以下者。

杖七十

本户將應納税糧課物及應入官物隱匿費用詐作損失,計數一十兩者、二十兩之爲從者。〇官吏知情者。〇隱匿詐妄罪未至杖七十,而官吏受財故縱,計贓一兩以下者,無禄人一兩之上至五兩者。

杖八十

本户將應納税糧課物及應入官物隱匿費用詐作損失,計數二十兩者三十兩之爲從者。〇官吏知情者。〇隱匿詐妄罪未至杖八十,而官吏受財故縱,計贓一兩之上至五兩者,無禄人一十兩者。

杖九十

本户將應納税糧課物及應入官物隱匿費用詐作損失,計數三十兩者四十兩之爲從者。〇官吏知情者。〇隱匿詐妄罪未至杖九十,而官吏受財故縱,計贓一十兩者,無禄人一十五兩者。

杖一百

本户將應納税糧課物及應入官物隱匿費用詐作損失,計數四十兩者五十兩之爲從者。〇官吏知情者。〇隱匿詐妄罪未至杖一百,而官吏受財故縱,計贓一十五兩者,無禄人二十兩者。

徒一年杖六十

本户將應納税糧課物及應入官物隱匿費用詐作損失,計數五十兩者六十兩之爲從者。〇官吏知情者。〇隱匿詐妄罪未至徒一年,而官吏受財故縱,計贓二十兩者,無禄人二十五兩者。

徒一年半杖七十

本户將應納税糧課物及應入官物隱匿費用詐作損失,計數六十兩者七十兩之爲從者。〇官吏知情者。〇隱匿詐妄罪未至徒一年半,而官吏受財故縱,計贓二十五兩者,無禄人三十兩者。

徒二年杖八十

本户將應納税糧課物及應入官物隱匿費用詐作損失,計數七十兩者八十兩之爲從者。〇官吏知情者。〇隱匿詐妄罪未至徒二年,而官吏受財故縱,計贓三十兩者,無禄人三十五兩者。

徒二年半杖九十

本户將應納税糧課物及應入官物隱匿費用詐作損失,計數八十兩者九十兩之爲從者。〇官吏知情者。〇隱匿詐妄罪未至徒二年半,而官吏受財故縱,計贓三十五兩者,無禄人四十兩者。

徒三年杖一百

本户將應納税糧課物及應入官物隱匿費用詐作損失,計數九十兩者一百兩一百一十兩一百二十兩之爲從者。〇官吏知情者。〇隱匿詐妄罪未至徒三年,而官吏受財故縱,計贓四十兩者,無禄人四十五兩五十兩五十五兩者。

流二千里杖一百

本户將應納税糧課物及應入官物隱匿費用詐作損失,計數一百兩者。〇官吏知情者。〇隱匿詐妄罪未至流二千里,而官吏受財故縱,計贓四十五兩者。

流二千五百里杖一百

本户將應納税糧課物及應入官物隱匿費用詐作損失,計數一百一十兩者。〇官吏知情者。〇隱匿詐妄罪未至流二千五百里,而官吏受財故縱,計贓五十兩者。

流三千里杖一百

本户將應納税糧課物及應入官物隱匿費用詐作損失,計數一百二十兩者。〇官吏知情者。〇隱匿詐妄罪未至流三千里,而官吏受財故縱,計贓五十五兩者,無禄人八十兩者。

絞監候

隱匿詐妄罪未至絞罪,而官吏受財故縱,計贓八十兩者,無禄人一百二十兩者。

攬納税糧

凡攬納税糧者,杖六十,著落赴倉納足,再於犯人名下追罰一半入官。〇若監臨主守攬納者,加罪二等,仍追罰一半入官。〇其小户畸零米麥,因便輳數於納糧人户處附納者,勿論。包攬侵費正數及多科費用,以誆騙論,若侵尅,以監守自盗論,包與者不應杖罪。

附律定例

一、各處司、府、州、縣,每歲將應解錢糧起數先後編次在册,務要差委的當人員依次起解，其兑頭水脚等項，照數交領，不許分毫侵尅，仍將起解日期預先報部，以憑查催，如有阿徇人情濫差積年無藉之徒，及捏稱把總雜職陰陽省祭等項名色領解，致侵銀一千兩以上者，降一級，若應解錢糧不即起解，因而別項那用一千兩以上者，亦降一級，五千兩以上者，照不謹事例罷黜；其册報錢糧已經解出，違限一年以上，不行追取批迴者，官住俸承行，該吏革役，若聽内外勢要官豪攬納者，問發爲民，干礙勢豪，參究治罪。

雍正三年律例館奏准：今各省起解正項錢糧，俱係巡撫起文委員，侵盗那移俱革職問擬；解送違限，即行處分，例文不符，應删改。今將奏准改定例文開後。

一、直省巡撫，每歲將應解錢糧起數先後編次在册，務要差委的當人員依次起解，其水脚等項照數交領，不許分毫侵尅，仍將起解日期預先報部，以憑查催，若聽内外勢要官豪攬納者，問發爲民，干礙勢豪，參究治罪。

一、内府錢糧及内外倉場糧草各處軍需等項，不拘起運存留，但有包攬誆騙銀一百兩、糧二百石以上不行完納，事發問罪，責限三個月，以裏完納者，照常發落，過期不完者，儘其財産賠納，發邊外充軍，經年不完者，仍枷號一個月，照前發遣；各邊武職主使家人伴當跟隨，交結人員挾勢攬納作弊者，參問降二級，聽使之人，仍照前例問發。

雍正三年律例館奏准：官員有前件作弊等項，俱按所犯輕重，照本律問擬，不合指定降二級，“降二級”三字改爲“究擬”。

一、京通并馬房倉場等處收受草束，若兜攬之徒恃强將不堪水濕小草充數，囑託監收官員收受者，拏送問罪，枷在本處倉場門首，三個月發落。

雍正三年律例館奉御批：“京通并馬房倉場等處”句改爲“内外各處”。

一、在京刁徒光棍訪知舖行，但與解户交關價銀，輒便邀集黨類，數十爲羣，入門嗓鬧，指爲攬納，捉要送官，其家畏懼罪名，厚賂買滅，所費錢物，出在解户，以致錢糧累年不完，如有犯者，聽經該及緝事衙門拏送法司，查照打攬倉場事例發遣。

雍正三年律例館奏准：“緝事衙門”改爲“經該各衙門”。

雍正五年律例館奏准增定附律例文

一、凡貢監生員包攬錢糧，催收入己，拖欠國課者，不論分數多寡，俱黜革，發黑龍江當差，若包攬入己拖欠至八十兩者，擬絞監候；雖未入己，並無拖欠，亦黜革爲民，枷號三個月，杖一百，仍照所納之數，追罰一半入官；至無知愚民，聽人攬納者，杖八十，追包納之數入官，其不行查出之該管官，交部議處。

歷年事例

康熙元年覆准：凡地棍衙蠹侵蝕漕糧者，道府州縣及廳倉監督等官據實揭報，督撫總督倉場及巡倉御史題參，若徇縱不報者，事發之日，一併題參議處。○四十五年覆准：一應捐納錢糧，俱令本人親身赴納，如有包攬誆騙，以致錢糧虧缺，事發限三個月內完納，照常發落，過期不完，發邊遠充軍。

罪名

杖六十

攬納税糧者。

杖七十

包攬税糧侵費及多科計數一十兩者、二十兩之爲從者此所犯贓係侵剝小民。

杖八十

監守攬納税糧者。

包攬税糧侵費及多科二十兩者、三十兩之爲從者。○侵欺入己一兩以下者此所犯贓係虧欠公帑。

將税糧包與人完納者

杖九十

包攬税糧侵費及多科三十兩者、四十兩之爲從者。○侵欺入己一兩至二兩五錢者。

杖一百

包攬税糧侵費及多科四十兩者、五十兩之爲從者。○侵欺入己五兩者。

貢監生員包攬錢糧，雖未入己並無拖欠，亦黜革枷號三個月。

徒一年杖六十

包攬税糧侵費及多科五十兩者、六十兩之爲從者。○侵欺入己七兩五錢者。

徒一年半杖七十

包攬税糧侵費及多科六十兩者、七十兩之爲從者。○侵欺入己一十兩者。

徒二年杖八十

包攬稅糧侵費及多科七十兩者、八十兩之爲從者。〇侵欺入己一十二兩五錢者。

徒二年半杖九十

包攬稅糧侵費及多科八十兩者、九十兩之爲從者。〇侵欺入己一十五兩者。

徒三年杖一百

包攬稅糧侵費及多科九十兩者、一百兩、一百一十兩、一百二十兩之爲從者。〇侵欺入己十七兩五錢者。

准徒四年雜犯三流

包攬稅糧侵欺入己二十兩、二十五兩、三十兩者。

流二千里杖一百

包攬稅糧侵費及多科一百兩者。

流二千五百里杖一百

包攬稅糧侵費及多科一百一十兩者。

流三千里杖一百

包攬稅糧侵費及多科一百二十兩者。

附近充軍

在京刁徒光棍訪知舖行與解户交關價銀集黨噪鬧詐財,以致錢糧累年不完者。

邊衛充軍

内外錢糧及内外倉場糧草各處軍需等項,不拘起運存留但有包攬誆騙銀一百兩、糧二百石以上三月之外不完者。〇經年不完者枷號一個月。〇聽使交結攬納作弊者。

斬雜犯准徒五年

包攬稅糧侵欺入己四十兩者。

發遣

貢監生員包攬錢糧催收入己拖欠國課,俱黜革,發黑龍江當差。

絞監候

貢監生員包攬錢糧催收入己八十兩者。

虚出通關硃鈔。凡錢糧通完則出給印信長單,爲通關;倉庫截收,則暫給紅批照票,爲硃鈔。

凡倉庫收受，一應係官錢糧等物不足，而監臨主守通同有司提調官吏虛出通關者，計所虛出之數併贓，不分攤各犯。皆以監守自盜論。〇若委官盤點錢糧數本不足，扶同申報足備者，罪亦如之亦計不足數以監守自盜論，併贓，受財者，計贓以枉法從重論。〇其監守不收本色，折收財物虛出硃鈔者，亦以監守自盜論；納户知情減二等，免刺，原與之贓入官不知者，不坐，其贓還主。〇同僚知而不舉者，與犯人同罪，至死減等；不知及不同署文案者，不坐。

附律定例

一、各處巡按御史，每年一次委官查盤所屬地方錢糧，及點閘驛遞夫馬等項，事完之日，各委官將查點過緣由并問過罪名，通申巡撫知會，內有與各差御史事體相關者，摘申各差御史知會，從一歸結，不必另委官查點，致滋煩擾，亦不許委州縣正官，致妨職業；若各委官不悉心查點，審究贓數的確，但憑吏書故入人罪者，聽撫按官應提問者提問，應參奏者奏請提問，降一級調用，情重者，革職閑住。

雍正三年律例館奏准：今巡按御史停止，此條删。

雍正三年律例館奏准增定附律例文

一、凡州縣虧空，審明確係知府徇隱獨賠之項，將知府照例革職離任，本犯擬罪監追，勒限一年，令其賠補，無論本犯完補，或知府協同完補，但能於限內全完，係侵欺之項，本犯擬死罪者，照例減二等發落，擬軍流徒杖者，照例釋免。若係那移之項，至二萬兩以上者，本犯照例釋免，未至二萬兩者，本犯照例准其開復，其徇隱之知府，亦照雍正二年八月內上司與本官一體開復之例，俱准其開復。如一年限內無論侵欺那移，本犯家産不能完補，即將本犯照見在未完之數治罪發落，其未完銀兩，盡著落徇隱之知府，勒限一年完補。若能於限內全完者，准其開復，如限滿不完，再限一年完補。若能於二限內賠補全完者，照伊原職降一級調用，如二限內完不足數，再限一年完補。若能於三限內全完者，照伊原職降二級調用，如三限既滿之後徇隱，該管之知府雖賠補照數全完，亦不准其開復。

一、凡州縣虧空錢糧，該管知府革職分賠者，亦先在本犯名下勒限一年追補，限內全完，將本犯分别侵那照例發落開復，如限內本犯止完足一半，或完過一半例得開復者，仍照例俟知府賠完之日，俱准開復外，如本犯限內全無完補，及完不足一半者，仍照例將本犯監追，照伊原虧之數，令知府分賠一半，勒限一年完補，限內全完，准其開復。如限滿不完，再限一年完補，若能於二限内全完者，准其開復，於補官日罰俸一年。如二限内完不足數，再限一年完補，若能於三限内全完者，照伊原職降一級調用，如三次限滿不完，及本犯名下應追銀兩未完者，俱不准開復，未完銀兩，仍著落伊等名下追賠。

歷年事例

雍正三年議准：自雍正四年爲始，凡有州縣虧空，該督撫審結具題時，將該管上司應否分賠處俱行查明，一併具題，若不聲明具題，即將該督撫交與吏部，照徇庇例議處。〇五年議准：州縣交代，除實在民欠外，將已徵錢糧侵蝕虧空捏稱民欠者，後官即揭報督撫司道，如督撫司道庇護離任之員，及該管府州畏慮分賠，因而抑勒交盤者，被勒之員直揭，部科代爲陳奏，其所揭抑勒之司道府州等官，該督撫據實確審定擬。如有干連督撫，將具揭及虧空之員押赴來京，交都察院確審，將抑勒之督撫一併從重議處，或係誣捏枉，揭交刑部，加倍治罪，倘前官虧空，後官容隱不報，出結接受，至本身離任始稱前任虧空者，將欠項追賠外，仍治以徇情私受之罪，其揭報之員調任他省，或該上司因前揭報之故，多方搜求，借端誣陷者，許該員於都察院呈辯，果係冤抑，將該上司交部議處。如該員借名誣辯者，於本罪外加倍治罪。〇又議准：各省倉穀若前官折價存庫，新官不得接受交代，仍令前官買穀還倉，督撫上司亦不得徇情寬縱，違者，將該員及該管官分别治罪。〇又議准：嗣後借糶倉糧，應將每年春間借出穀石自秋收後勒限徵比，務於十月底全數完納，造具册收送部，年底令知府直隸州知州親往盤查，其府州倉穀，責令該管道員盤查，出具印結申報，如逾限不完，或捏造册收，即行揭參議處，在該員名下照數追賠，仍令欠户照數完納；如係頑紳劣衿奸牙積蠹將佃户家人姓名影射，每名借穀四五斗，零星領出入己，積至二三十石者，其紳衿即行黜革，所欠穀石加倍追還，枷責治罪，其代爲造册之鄉保地方嚴審有無受贓，分别治罪，如該管上司不行揭參，照徇庇例議處；再出糶倉糧之時，嚴禁囤積。如有奸商勢豪串通牙蠹，囤積射利者，該地方官即行訪拏，按律治罪，該地方官若不嚴行查禁，該督撫即指名題參，照溺職例議處，或不肖州縣以糶借爲名，掩飾虧空，該督撫即行題參，嚴審是侵是那，分别定罪，該管道府、直隸知州如有徇庇隱匿照例議處將所虧倉穀著落分賠。如道府州已經揭報，而督撫不行題參者，將督撫照徇庇例議處，亦照例分賠。

罪名

杖八十

監守收受錢糧等物不足虛出通關計數一兩以下者。○盤點官扶同申報足備者。○扶同之罪未至杖八十,而受財一兩以上至五兩者、無禄人一十兩者。○同僚官知而不舉者。

監守不收本色虛出硃鈔,計數一兩以下者。○納户知情計五兩者。○同僚官知而不舉者。

以下各罪,定例全完者免科,限内全完者係官,分別開復降調。

杖九十

監守收受錢糧等物不足虛出通關,計數一兩至二兩五錢者。○盤點官扶同申報足備者。○扶同之罪未至杖九十,而受財一十兩者,無禄人一十五兩者。○同僚官知而不舉者。

監守不收本色虛出硃鈔,計數一兩至二兩五錢者。○納户知情計七兩五錢者。○同僚官知而不舉者。

杖一百

監守收受錢糧等物不足虛出通關,計數五兩者。○盤點官扶同申報足備者。○扶同之罪未至杖一百,而受財一十五兩者,無禄人二十兩者。○同僚官知而不舉者。

監守不收本色虛出硃鈔,計數五兩者。○納户知情計一十兩者。○同僚官知而不舉者。

徒一年杖六十

監守收受錢糧等物不足虛出通關,計數七兩五錢者。○盤點官扶同申報足備者。○扶同之罪未至徒一年,而受財二十兩者,無禄人二十五兩者。○同僚官知而不舉者。

監守不收本色虛出硃鈔,計數七兩五錢者。○納户知情計一十二兩五錢者。○同僚官知而不舉者。

徒一年半杖七十

監守收受錢糧等物不足虛出通關,計數一十兩者。○盤點官扶同申報足備者。○扶同之罪未至徒一年半,而受財二十五兩者,無禄人三十兩者。○同僚官知而不舉者。

監守不收本色虛出硃鈔,計數一十兩者。○納户知情計一十五兩者。○同僚官知而不舉者。

徒二年杖八十

監守收受錢糧等物不足虛出通關,計數一十二兩五錢者。○盤點官扶同申報足備者。○扶同之罪未至徒二年,而受財三十兩者,無禄人三十五兩者。○同僚官知而不舉者。

監守不收本色虛出硃鈔,計數一十二兩五錢者。○納户知情計一十七兩五錢者。○同僚官知而不舉者。

徒二年半杖九十

監守收受錢糧等物不足虛出通關,計數一十五兩者。○盤點官扶同申報足備者。○扶同之罪未至徒二年半,而受財三十五兩者,無禄人四十兩者。○同僚官知而不舉者。

監守不收本色虛出硃鈔,計數一十五兩者。○納户知情計二十兩者。○同僚官知而不舉者。

徒三年杖一百

監守收受錢糧等物不足虛出通關,計數一十七兩五錢者。○盤點官扶同申報足備者。○扶同之罪未至徒三年,而受財四十兩者,無禄人四十五兩、五十兩、五十五兩者。○同僚官知而不舉者。

監守不收本色虛出硃鈔,計數一十七兩五錢者。○納户知情計二十五兩、三十兩、四十兩者。○同僚官知而不舉者。

州縣侵欺虧空擬死限内全完者。

准徒四年雜犯三流

監守收受錢糧等物不足虛出通關,計數二十兩、二十五兩、三十兩者。○盤點官扶同申報足備者。○同僚官知而不舉者。

監守不收本色虛出硃鈔,計數二十兩、二十五兩、三十兩者。○同僚官知而不舉者。

流二千里杖一百

盤點錢糧官扶同申報足備,受財四十五兩者。○同僚官知而不舉者。

流二千五百里杖一百

盤點錢糧官扶同申報足備,受財五十兩者。○同僚官知而不舉者。

流三千里杖一百

盤點錢糧官扶同申報足備,受財五十五兩者、無禄人八十兩者。○同僚官知而不舉者知死罪而不舉者。

斬雜犯准徒五年

監守虚出通關計數四十兩者。○盤點官扶同申報足備者。○同僚官知而不舉者。

監守虚出硃鈔計數四十兩者。○同僚官知而不舉者。

絞監候

盤點錢糧官扶同申報足備,受財八十兩者、無禄人一百二十兩者。

附餘錢糧私下補數

凡各衙門及倉庫,但有附餘錢糧,須要盡實報官明白,正收作數,若監臨主守將增出錢糧私下銷補别項事故虧折之數,瞞官作弊者,並計贓以監守自盗論,追賠還官。○若内府承運庫收受金帛,當日交割未完者,許令附簿寄庫,若有餘剩之物,本庫明白立案正收,開申户部作數,若朦朧擅將金帛等物出外者,不分多少。斬;雜守門官失於盤獲搜檢者,杖一百還職,金帛入官。

雍正三年律例館奏准:"内府承運庫"應改爲"内庫小註","還職"二字删。

罪名

杖八十

監守將增出錢糧銷補别項虧折,計數一兩以下者。

杖九十

監守將增出錢糧銷補别項虧折,計數一兩至二兩五錢者。

杖一百

監守將增出錢糧銷補别項虧折,計數五兩者。

解户擅將餘剩金帛出庫守門官失於搜檢者。

徒一年杖六十

監守將增出錢糧銷補别項虧折,計數七兩五錢者。

徒一年半杖七十

監守將增出錢糧銷補别項虧折,計數一十兩者。

徒二年杖八十

監守將增出錢糧銷補别項虧折,計數一十二兩五錢者。

徒二年半杖九十

監守將增出錢糧銷補别項虧折,計數一十五兩者。

徒三年杖一百

監守將增出錢糧銷補别項虧折,計數十七兩五錢者。

准徒四年雜犯三流

監守將增出錢糧銷補别項虧折,計數二十兩、二十五兩、三十兩者。

斬雜犯准徒五年

監守將增出錢糧銷補别項虧折,計數四十兩者。

内庫交收餘剩金帛解户,不行立案寄庫,朦朧擅將出外者。

私借錢糧

凡監臨主守,將係官錢糧等物乃金帛之類,非下條衣服之屬,私自借用,或轉借與人者,雖有文字,並計贜以監守自盗論;其非監守之人借者,以常人盗倉庫錢糧論。原物入官。○若將自己物件抵换官物者,罪亦如之。自己物件亦入官。

雍正三年律例館奏准增定附律例文

一、凡管民地方官員借用官銀,初次逾限不能完者,即令離任,限一年還完開復,若限内不完,革職,著落家産還完;旗員交與該旗催追,漢官交與該督撫催追。

一、凡州縣衛所虧空錢糧,如果民欠未完,捏報全完,或私自借給百姓倉糧,其私借錢糧之員及捏報官員,應照虚出通關硃鈔律,計所虚出之數併贜,皆以監守自盗論,其實在民欠民借,仍著落原借欠之人完納,其那移錢糧有項可抵者,即令接任官催徵補項,若捏報私借那移之項,該員情願一年内代民全完者,准其復還原職。

罪名

杖七十

非監守借官錢糧等物及將自己物件抵换官物,或轉借與人計數一兩以下者。

杖八十

監守私借官錢糧等物及將自己物件抵换官物,或轉借與人計數一兩以下者。

非監守借官錢糧等物及將自己物件抵换官物計數一兩以上至五兩者。

州縣衛所官私借給錢糧及捏報全完計數一兩以下者。

杖九十

監守私借官錢糧等物及將自己物件抵换官物,或轉借與人計數一兩至二兩五錢者。

非監守借官錢糧等物及將自己物件抵换官物計數一十兩者。

州縣衛所官私借給錢糧及捏報全完計數一兩至二兩五錢者。

杖一百

監守私借官錢糧等物及將自己物件抵换官物,或轉借與人計數五兩者。

非監守借官錢糧等物及將自己物件抵换官物計數一十五兩者。

州縣衛所官私借給錢糧及捏報全完計數五兩者。

徒一年杖六十

監守私借官錢糧等物及將自己物件抵换官物,或轉借與人計數七兩五錢者。

非監守借官錢糧等物及將自己物件抵换官物計數二十兩者。

州縣衛所官私借給錢糧及捏報全完計數七兩五錢者。

徒一年半杖七十

監守私借官錢糧等物及將自己物件抵换官物,或轉借與人計數一十兩者。

非監守借官錢糧等物及將自己物件抵换官物計數二十五兩者。

州縣衛所官私借給錢糧及捏報全完計數一十兩者。

徒二年杖八十

監守私借官錢糧等物及將自己物件抵换官物,或轉借與人計數一十二兩五錢者。

非監守借官錢糧等物及將自己物件抵换官物計數三十兩者。

州縣衛所官私借給錢糧及捏報全完計數一十二兩五錢者。

徒二年半杖九十

監守私借官錢糧等物及將自己物件抵换官物,或轉借與人計數一十五兩者。

非監守借官錢糧等物及將自己物件抵换官物計數三十五兩者。

州縣衛所官私借給錢糧及捏報全完計數一十五兩者。

徒三年杖一百

監守私借官錢糧等物及將自己物件抵换官物,或轉借與人計數一十七兩五錢者。

非監守借官錢糧等物及將自己物件抵换官物計數四十兩者。

州縣衛所官私借給錢糧及捏報全完計數一十七兩五錢者。

准徒四年雜犯三流

監守私借官錢糧等物及將自己物件抵換官物,或轉借與人計數二十兩、二十五兩、三十兩者。

非監守借官錢糧等物及將自己物件抵換官物計數四十五兩、五十兩、五十五兩者。

州縣衛所官私借給錢糧及揑報全完計數二十兩、二十五兩、三十兩者。

絞雜犯准徒五年

非監守借官錢糧等物及將自己物件抵換官物計數八十兩者。

斬雜犯准徒五年

監守私借官錢糧等物及將自己物件抵換官物,或轉借與人計數四十兩者。

州縣衛所官私借給錢糧及揑報全完計數四十兩者。

私借官物

凡監臨主守將係官什物衣服氊褥器玩之類私自借用,或轉借與人及借之者,各笞五十,過十日各坐贓論,減二等,罪止杖八十、徒二年,各追所借還官。若有損失者,依毀失官物律坐罪追賠。損以棄毀官物論,加竊盜二等,罪止杖一百、流三千里;失以遺失官物論,減棄毀三等,罪止杖八十、徒二年;俱追贓。

罪名

笞五十

監守將係官什物、衣服、氊褥、器玩之類私自借用,或轉借與人及借之者。

杖六十

監守將係官什物、衣服、氊褥、器玩之類私自借用,或轉借與人及借之人過十日計物值六十兩者。○因借而失計值一十兩者。

杖七十

監守將係官什物、衣服、氊褥、器玩之類私自借用,或轉借與人及借之人過十日計物值七十兩者。○因借而失計值二十兩者。

杖八十

監守將係官什物、衣服、氊褥、器玩之類私自借用,或轉借與人及借之人過十日計物值八十兩者。○因借而損計一兩以下者。○因借而失計值三十兩者。

杖九十

監守將係官什物、衣服、氈褥、器玩之類私自借用，或轉借與人及借之人過十日計物值一百兩者。〇因借而損計值一十兩者。〇因借而失計值四十兩者。

杖一百

監守將係官什物、衣服、氈褥、器玩之類私自借用，或轉借與人及借之人過十日計物值二百兩者。〇因借而損計值二十兩者。〇因借而失計值五十兩者。

徒一年杖六十

監守將係官什物、衣服、氈褥、器玩之類私自借用，或轉借與人及借之人過十日計物值三百兩者。〇因借而損計值三十兩者。〇因借而失計值六十兩者。

徒一年半杖七十

監守將係官什物、衣服、氈褥、器玩之類私自借用，或轉借與人及借之人過十日計物值四百兩者。〇因借而損計值四十兩者。〇因借而失計值七十兩者。

徒二年杖八十

監守將係官什物、衣服、氈褥、器玩之類私自借用，或轉借與人及借之人過十日計物值五百兩以上者。〇因借而損計值五十兩者。〇因借而失計值八十兩者。

徒二年半杖九十

監守將官什物、衣服、氈褥之類私自借用，或轉借與人及借之人因借而損計值六十兩者。

徒三年杖一百

監守將官什物、衣服、氈褥之類私自借用，或轉借與人及借之人因借而損計值七十兩者。

流二千里杖一百

監守將官什物、衣服、氈褥之類私自借用，或轉借與人及借之人因借而損計值八十兩者。

流二千五百里杖一百

監守將官什物、衣服、氈褥之類私自借用，或轉借與人及借之人因借而損計值九十兩者。

流三千里杖一百

監守將官什物、衣服、氊褥之類私自借用,或轉借與人及借之人因借而損計值一百兩以上者。

那移出納

凡各衙門收支錢糧等物,已有文案勘合,若監臨主守不正收正支,那移出納,還充官用者,並計贓准監守自盗論,罪止杖一百、流三千里,免刺。○若不給半印勘合,擅出權帖,或給勘合,不立文案放支,及倉庫不候勘合,或已奉勘合,不附簿放支者,罪亦如之。各衙門及典守者,並計支放之贓,准監守自盗論。○其出征鎮守軍馬經過去處,行糧草料,明立文案,即時應付,具數開申,合干上司准除不在擅支之限,違者,杖六十。

雍正五年律例館奏准增定附律例文

一、上司逼勒所屬那移庫銀,本官自行首告者,審實,上司照貪官例治罪,下屬免議;逼勒至死者,家屬赴控上司,如不行准理,許赴通政司鼓廳衙門具告,審實以逼勒至死之上司抵罪,不行准理之上司革職。

一、凡那移庫銀數止千百兩者,擬雜犯流總徒四年,那移五千兩以上至一萬兩者,擬實犯杖一百、流三千里,不准折贖。若那移一萬兩以上至二萬兩者,發邊衛充軍,二萬兩以上者,雖屬那移,亦照侵盗錢糧例,擬斬監候;統限一年,果能盡數全完,俱免罪,若不完,再限一年,追完減二等發落,二年限滿不完,再限一年,追完減一等發落,若三年限滿,不能全完者,除完過若干之外,照見在未完之數治罪。

一、凡有司私那錢糧捐陞并爲子弟納職者,將該員照侵欺例治罪,子弟所捐職銜革去,該管上司通同徇隱勒,逼接任收受者,或被糾參,或被首告,將上司交與該部,嚴加議處,缺欠銀兩,勒限分賠。

一、州縣徵收錢糧,該知府遴選賢員同封銀櫃,每十日、二十日,另委賢員當衆拆封,起解倉穀按數盤查,如有徇隱,將該知府并委員照徇庇例議處,其虧空官題參時,一面於任所嚴追,一面行文原籍,將伊家産嚴查存案,如任所無完,即變價補完,若承追地方官不行查出,亦照徇庇例議處,再查其子有出仕者,解任發追,至從前行追之案,其子爲官,亦題請離任,不准以過繼掩飾,俱俟其父虧空全完之日,准其開復。若接任官於一年内捐補全完,或任内所有養廉填作全完者,交部分別議叙;至知府盤查倉庫州縣禮物,永行禁止,如仍餽送,而知府收受者,交部嚴加治罪。

一、除侵盗虧空仍照定例外,其分年追賠拖欠各項銀兩,以一年爲一限,計應追之數,按年均分,務令按限交完,見任職員初限不完者,解任,令同二限銀兩帶罪完納。如照數全完,准以原官補用,若二限内僅完初限銀兩者,仍帶罪追比,或初限二限均不能完,革去職銜,同三限銀兩一並嚴追,此三限内止完一限之數者,仍革職嚴追,或完兩限之數者,復其職銜,帶罪完納,能照數全完者,准其開復補用,倘三限均不能完,交刑部治罪,所欠銀兩,於家屬名下嚴追;至無禄人等,初限不完,監禁,令同二限銀兩一並追比,如照數全完,暫予釋放,若僅完初限銀兩,二限未能全完者,仍監禁追比,或初限二限均不能完,令該旗該地方官將財産查封,同三限銀兩一並嚴追,此三限内止完一限之數者,暫免其變産,或完兩限之數者,將本身釋放,財産仍行封守,能照數全完者,本身釋放免罪,財産給還,倘三限俱不能完,即將財産入官變賣,本身交刑部治罪;至追比之項有分二年者,一年不完,照初限例處分,二年俱不完,即照三限例治罪,倘二年内完一年之數者,再限一年,仍不能完,或完不足數者,即行治罪。

一、凡州縣虧空倉穀,以穀一石照銀一兩定罪,係侵蝕入己者,照侵欺錢糧例擬斷,係那移者,照那移庫銀例擬斷,其倉穀,令接任官於秋成穀賤時,申詳督撫藩司酌動何項錢糧,照時價先行買補,該州縣出具倉收,道府加結報部,於虧空人員及妻子名下,勒限一年,將動用銀兩照數追還。如逾限不完,照勒追庫銀例分别治罪;其有倉廒州縣,倘因循怠玩,於滲漏處既不黏補,應蓋造處又不詳請,以致米穀霉爛者,革職,動帑買補,勒限一年,照數追賠。如限内不完,照侵蝕錢糧例按數治罪,遇赦不宥,若倉廒既經修理,有託名霉爛虧空者,亦照侵蝕例治罪。

一、凡地方有軍需公務督撫不及咨題者,行令該州縣墊辦,或那庫項,或墊己資,先行詳報督撫,辦完十日内,即照實價申詳,該督撫照時價核減,於文到半月内題報户部,亦於科抄到日半月内,核定議覆,行文該布政司,不論庫項己資,即令給發;倘州縣申報過限,或督撫題報後期,俱交吏部議處,若該州縣報價不實,及督撫不據實核減題報,希圖冒銷者,户部即行題參,州縣照侵欺例治罪,督撫司道等官俱照徇庇例議處。

一、州縣交代除實在民欠外,將已徵錢糧侵蝕虧空捏稱民欠,令後官接受者,後官即揭報督撫司道。如督撫司道護庇離任之員,及該管府州畏慮分賠,因而抑勒交盤者,被勒之員直揭,部科代爲陳奏,其所揭抑勒之司道府州等官,該督撫據實確審定擬。如有干連督撫,將具揭及虧空之員押赴來京,交都察院確審,將抑勒之督撫一併從重議處,或係誣捏枉揭,交與刑部加倍治罪;倘前官虧空,後官容隱不報,出結接受,至本身離任始稱前任虧空者,將欠項追賠外,仍治以瞻徇私受之罪,其揭報之員調任他省,或該管上司因前揭報之故,多方擠求,借端誣陷者,許該員於都察院呈辯,果係冤抑,將該管上司交部議處,如該員借名誣辯者,於本罪外加倍治罪。

一、凡直省各官應徵錢糧民欠未清,經督撫題請革職留任,以清欠項之員勒限一年催收,能於限内收補足數者,准其開復,如於留任後,一年限滿,不能照數催收全完,即行革任,以未完分數照收糧違限例議罪,督撫各官交部議處,本員留於該處,與新任接催之員再限一年嚴催,限滿又不能完,即將該員照所議治罪,接徵官照例議處,倘實係侵那而捏稱民欠,該督撫不能覺察,題請革職留任者,一經發覺,審實將該員即行正法,其題留督撫亦從重治罪。

一、各省倉穀,若前官折價存庫,新官不得接受交代,仍令前官買穀還倉,督撫上司亦不得徇情寬縱,違者,將該員及該管各官分別治罪。

一、凡追賠還官,各項銀兩有較原參之數浮多者,仍給還本人。

歷年事例

雍正四年題准:嗣後如係軍需那移,立有文案准銷之項,免其議擬;若有不肖官員藉軍需名色,希圖脱卸重罪,至内有並無文卷及不准銷除之項,捏稱軍需那用者,仍照律治罪追賠,承審各官不行詳查案卷,任其巧飾,將不應准銷銀糧即行具題完結者,將原審官從重治罪;其不准銷銀糧,著落原審官分賠還項,其不行詳察之該管各上司,照徇庇例議處。

罪名

杖六十

出征及鎮守軍馬行過去處,合付行糧草料明立文案即時應付具數開申違者。

直省各官應徵錢糧民欠未清,革任再限一年嚴催不完一分者。

杖七十

直省各官應徵錢糧民欠未清,革任再限一年嚴催不完二分者。

杖八十

監守不正收正支,那移出納還充官用及擅出權帖,或不立文案收支并倉庫不候勘合,或不附簿收支計數一兩以下者。

直省各官應徵錢糧民欠未清,革任再限一年嚴催不完三分者。

杖九十

監守不正收正支,那移出納還充官用及擅出權帖,或不立文案收支并倉庫不候勘合,或不附簿收支計數一兩至二兩五錢者。

直省各官應徵錢糧民欠未清,革任再限一年嚴催不完四分者。

杖一百

監守不正收正支,那移出納還充官用及擅出權帖,或不立文案收支并倉庫不候勘合,或不附簿收支計數五兩者。

直省各官應徵錢糧民欠未清,革任再限一年嚴催不完五分者。

徒一年杖六十

監守不正收正支,那移出納還充官用及擅出權帖,或不立文案收支并倉庫不候勘合,或不附簿收支計數七兩五錢者。

徒一年半杖七十

監守不正收正支,那移出納還充官用及擅出權帖,或不立文案收支并倉庫不候勘合,或不附簿收支計數一十兩者。

徒二年杖八十

監守不正收正支,那移出納還充官用及擅出權帖,或不立文案收支并倉庫不候勘合,或不附簿收支計數一十二兩五錢者。

徒二年半杖九十

監守不正收正支,那移出納還充官用及擅出權帖,或不立文案收支并倉庫不候勘合,或不附簿收支計數一十五兩者。

那移庫銀倉穀數止千百兩、千百石二限追完者。○五千兩五千石以上至一萬兩一萬石二限追完者。○一萬兩一萬石以上至二萬兩二萬石二限追完者。

徒三年杖一百

監守不正收正支,那移出納還充官用及擅出權帖,或不立文案收支并倉庫不候勘合,或不附簿收支計數一十七兩五錢者。

那移庫銀倉穀數止千百兩、千百石三限追完者。○五千兩五千石以上至二萬兩二萬石三限追完者。

准徒四年雜犯三流

監守不正收正支,那移出納還充官用及擅出權帖,或不立文案收支并倉庫不候勘合,或不附簿收支計數二十兩二十五兩三十兩者。

那移庫銀倉穀數止千百兩千百石者。

流三千里杖一百

那移庫銀倉穀五千兩、五千石以上至一萬兩一萬石者。

那移庫銀倉穀二萬兩、二萬石以上三限追完者。

邊衛充軍

那移庫銀倉穀一萬兩、一萬石以上至二萬兩二萬石者。

斬雜犯准徒五年

監守不正收正支,那移出納還充官用及擅出權帖,或不立文案收支并倉庫不候勘合,或不附簿收支計數四十兩者。

有司私借錢糧一千兩以下捐陞并爲子弟納職者所捐職銜,革去下仿此。

侵蝕倉穀一千石以下者。○倉廒既經修理託名霉爛虧空一千石以下者。

斬監候

那移庫銀倉穀二萬兩、二萬石以上者。

有司私借錢糧一千兩以上捐陞并爲子弟納職者。

侵蝕倉穀一千石以上者。○倉廒既經修理託名霉爛虧空一千石以上者。

庫秤雇役侵欺

凡倉庫務場局院庫秤斗級,若雇役之人侵欺借貸移易係官錢糧,並以監守自盜論,若雇主同情分受贓物者,罪亦如之,其知情不曾分贓,而扶同申報瞞官及不首告者,減自盜一等,罪止杖一百;不知者不坐。

雍正五年律例館奏准增定附律例文

一、蘇松州縣糧重倉多,印官不能兼顧,遴選老成殷實書吏收糧,如有僉派匪人侵蝕漕糧者,書吏照監守自盜律治罪,州縣官照溺職例議處,侵蝕米石,即著官役名下嚴行追補;如糧户私相折銀訪獲,除銀入官充餉、追交應完米石外,量其多寡,分别枷責;至州縣收糧,倘有贏餘米石,飭令糧道不時盤驗,每斛應有餘米若干、共餘若干,計算明白,存爲修倉賑濟之用,年底將存貯動用數目造册報部,仍令該撫不時查察,如有扶同徇隱及各州縣借名私加斛面苦累小民者,即行參究。

罪名

杖七十

庫秤斗級所雇之役侵欺借貸移易官錢糧,一兩以下,其雇主知情不分贓,而扶同申報及不首告者。

杖八十

庫秤斗級所僱之役侵欺借貸移易官錢糧,一兩以下者。〇僱主同情分受贓物者。〇侵欺一兩至二兩五錢其僱主知情不分贓,而扶同申報及不首告者。

書吏收糧侵蝕一兩以下者。

杖九十

庫秤斗級所僱之役侵欺借貸移易官錢糧一兩至二兩五錢者。〇僱主同情分受贓物者。〇侵欺五兩其僱主知情不分贓,而扶同申報及不首告者。

書吏收糧侵蝕一兩至二兩五錢者。

杖一百

庫秤斗級所僱之役侵欺借貸移易官錢糧五兩者。〇僱主同情分受贓物者。〇侵欺七兩五錢以上其僱主知情不分贓,而扶同申報及不首告者。

書吏收糧侵蝕五兩者。

徒一年杖六十

庫秤斗級所僱之役侵欺借貸移易官錢糧七兩五錢者。〇僱主同情分受贓物者。

書吏收糧侵蝕七兩五錢者。

徒一年半杖七十

庫秤斗級所僱之役侵欺借貸移易官錢糧一十兩者。〇僱主同情分受贓物者。

書吏收糧侵蝕一十兩者。

徒二年杖八十

庫秤斗級所僱之役侵欺借貸移易官錢糧一十二兩五錢者。〇僱主同情分受贓物者。

書吏收糧侵蝕一十二兩五錢者。

徒二年半杖九十

庫秤斗級所僱之役侵欺借貸移易官錢糧一十五兩者。〇僱主同情分受贓物者。

書吏收糧侵蝕一十五兩者。

徒三年杖一百

庫秤斗級所僱之役侵欺借貸移易官錢糧一十七兩五錢者。〇僱主同情分受贓物者。

書吏收糧侵蝕一十七兩五錢者。

准徒四年雜犯三流

庫秤斗級所僱之役侵欺借貸移易官錢糧二十兩二十五兩三十兩者。○僱主同情分受贓物者。

書吏收糧侵蝕二十兩二十五兩三十兩者。

斬雜犯准徒五年

庫秤斗級所僱之役侵欺借貸移易官錢糧四十兩者。○僱主同情分受贓物者。

書吏收糧侵蝕四十兩者。

大清會典卷之一百五十九

刑部

〔律例十户律五〕

〔倉庫二〕

冒支官糧

凡管軍官吏總旗小旗冒支軍糧入己者，計贓准竊盜論，若軍已逃故不扣除而入己，以常人盜官糧論；若承委放支冒支，即以監守自盜論。免刺。

雍正三年律例館奏准："總旗小旗"四字删。

罪名

笞五十

管軍官吏冒支軍糧入己計一兩以下之爲從者。

杖六十

管軍官吏冒支軍糧入己計一兩以下者、一十兩之爲從者。

杖七十

管軍官吏冒支軍糧入己計一十兩者、二十兩之爲從者。〇冒支逃故軍糧入己計一兩以下者。

杖八十

管軍官吏冒支軍糧入己計二十兩者、三十兩之爲從者。〇冒支逃故軍糧入己計一兩之上至五兩者。〇承委放支冒支一兩以下者。

杖九十

管軍官吏冒支軍糧入己計三十兩者、四十兩之爲從者。〇冒支逃故軍糧入己計一十兩者。〇承委放支冒支一兩至二兩五錢者。

杖一百

管軍官吏冒支軍糧入己計四十兩者、五十兩之爲從者。○冒支逃故軍糧入己計一十五兩者。○承委放支冒支五兩者。

徒一年杖六十

管軍官吏冒支軍糧入己計五十兩者、六十兩之爲從者。○冒支逃故軍糧入己計二十兩者。○承委放支冒支七兩五錢者。

徒一年半杖七十

管軍官吏冒支軍糧入己計六十兩者、七十兩之爲從者。○冒支逃故軍糧入己計二十五兩者。○承委放支冒支一十兩者。

徒二年杖八十

管軍官吏冒支軍糧入己計七十兩者、八十兩之爲從者。○冒支逃故軍糧入己計三十兩者。○承委放支冒支一十二兩五錢者。

徒二年半杖九十

管軍官吏冒支軍糧入己計八十兩者、九十兩之爲從者。○冒支逃故軍糧入己計三十五兩者。○承委放支冒支一十五兩者。

徒三年杖一百

管軍官吏冒支軍糧入己計九十兩者、一百兩、一百一十兩、一百二十兩之爲從者。○冒支逃故軍糧入己計四十兩者。○承委放支冒支一十七兩五錢者。

准徒四年雜犯三流

管軍官吏冒支逃故軍糧入己計四十五兩、五十兩、五十五兩者。○承委放支冒支二十兩、二十五兩、三十兩者。

流二千里杖一百

管軍官吏冒支逃故軍糧入己一百兩者。

流二千五百里杖一百

管軍官吏冒支軍糧入己一百一十兩者。

流三千里杖一百

管軍官吏冒支軍糧入己一百二十兩者。

絞雜犯准徒五年

管軍官吏冒支逃故軍糧入己八十兩者。

斬雜犯准徒五年

管軍官吏承委放支冒支四十兩者。

錢糧互相覺察

凡倉庫務場官吏、攢攔、庫子、斗級，皆得互相覺察，若知侵欺盜用借貸係官錢糧，已出倉庫，匿而不舉及故縱者，並與犯人同罪，至死減一等。失覺察者減三等，罪止杖一百。〇若官吏虛文立案，那移出納及虛出通關其斗級庫子攔頭，不知者不坐。

雍正五年律例館奏准增定附律例文

一、凡州縣到任，揀選殷實老成書吏二人，充錢糧總吏，該管知府查實准充，通詳報部；凡徵收銀兩米石，務要隨徵隨解，加謹收貯，不得任本官存留内署，若本官有動用并那新掩舊等弊，總吏力行稟阻，果能五年内新舊俱無拖欠，咨部以九品雜職即用，倘承順本官，或巧計欺瞞，致成虧空者，將該吏嚴加治罪，如審係侵欺，數止一千兩以下，本官照監守自盜律擬斬，准徒五年者，總吏照雜犯流罪例，杖一百、徒四年，一千兩以上，本官照例擬斬監候者，總吏杖一百、流三千里；如係那移，數止千百兩，本官照律總徒四年者，總吏杖一百徒三年，五千兩以上至一萬兩，本官照例流三千里者，總吏杖一百、流二千五百里，一萬兩以上至二萬兩，本官照例發邊衛充軍者，總吏杖一百、流三千里，二萬兩以上，本官照侵盜錢糧例擬斬者，總吏杖一百，發邊衛充軍；將總吏監禁，俟本官虧空完日，分别發落，倘本官少有虧空，總吏稟阻不從，許即赴上司衙門據實首明，本官參處，總吏免罪。

歷年事例

雍正五年諭："凡州縣錢糧之虧空，總不出侵欺、那移二項，當其侵那之時，官果主之而經手之經承自無不知也，乃不及稟阻，且從而慫恿，以便作奸分肥，迨至本官監追，而經承且優游於事外，本官問重罪，而經承僅得不行稟阻之處分，故凡虧空累累，多由於官吏之相成也。朕意以爲經承庫吏，經管倉庫之人，亦宜重其處分之例，更定以勸懲之法。凡州縣官到任，則先揀選殷實老成胥吏二人，以充錢糧總吏，通詳報部。凡徵收錢糧，即令隨徵報解，不得存留内署，承辦五年，該縣無虧空者，即將總吏咨部以九品雜職即用；本官少有虧空，總吏力行稟阻，如不聽從，許徑赴司院呈明免罪。若該吏不行稟阻，本官虧空糾參，即將經承一同監追，該經承減本官一等治罪，如此則經承有所責成，迫於勸懲，不敢順從本官擅動國帑，亦杜絶虧空之一法。"

罪名

笞三十

侵盜借貸官錢糧犯杖六十罪,其倉庫務場官吏、攢攔、庫子、斗級失覺察者。

笞四十

侵盜借貸官錢糧犯杖七十罪,其倉庫務場官吏、攢攔、庫子、斗級失覺察者。

笞五十

侵盜借貸官錢糧犯杖八十罪,其倉庫務場官吏、攢攔、庫子、斗級失覺察者。

杖六十

侵盜借貸官錢糧犯杖六十罪,其倉庫務場官吏、攢攔、庫子、斗級知情不舉及故縱者。〇若侵盜借貸犯杖九十罪,而失覺察者。

杖七十

侵盜借貸官錢糧犯杖七十罪,其倉庫務場官吏、攢攔、庫子、斗級知情不舉及故縱者。〇若侵盜借貸犯杖一百罪,而失覺察者。

杖八十

侵盜借貸官錢糧犯杖八十罪,其倉庫務場官吏、攢攔、庫子、斗級知情不舉及故縱者。〇若侵盜借貸犯徒一年罪,而失覺察者。

杖九十

侵盜借貸官錢糧犯杖九十罪,其倉庫務場官吏、攢攔、庫子、斗級知情不舉及故縱者。〇若侵盜借貸犯徒一年半罪,而失覺察者。

杖一百

侵盜借貸官錢糧犯杖一百罪,其倉庫務場官吏、攢攔、庫子、斗級知情不舉及故縱者。〇若侵盜借貸犯徒二年罪,而失覺察者。

徒一年杖六十

侵盜借貸官錢糧犯徒一年罪,其倉庫務場官吏、攢攔、庫子、斗級知情不舉及故縱者。

徒一年半杖七十

侵盜借貸官錢糧犯徒一年半罪,其倉庫務場官吏、攢攔、庫子、斗級知情不舉及故縱者。

徒二年杖八十

侵盜借貸官錢糧犯徒二年罪，其倉庫務場官吏、攢攔、庫子、斗級知情不舉及故縱者。

徒二年半杖九十

侵盜借貸官錢糧犯徒二年半罪，其倉庫務場官吏、攢攔、庫子、斗級知情不舉及故縱者。

徒三年杖一百

侵盜借貸官錢糧犯徒三年罪，其倉庫務場官吏、攢攔、庫子、斗級知情不舉及故縱者。

州縣官那移錢糧數止千百兩之總吏。

准徒四年雜犯三流

侵盜借貸官錢糧犯雜流罪，其倉庫務場官吏、攢攔、庫子、斗級知情不舉及故縱者。

州縣官侵欺錢糧一千兩以下之總吏。

流二千里杖一百

侵盜借貸官錢糧犯流二千里罪，其倉庫務場官吏、攢攔、庫子、斗級知情不舉及故縱者。

流二千五百里杖一百

侵盜借貸官錢糧犯流二千五百里罪，其倉庫務場官吏、攢攔、庫子、斗級知情不舉及故縱者。

州縣官那移錢糧五千兩以上至一萬兩之總吏。

流三千里杖一百

侵盜借貸官錢糧犯流三千里罪及死罪，其倉庫務場官吏、攢攔、庫子、斗級知情不舉及故縱者。

州縣官侵欺錢糧一千兩以上之總吏。〇本官那移錢糧一萬兩以上至二萬兩之總吏。

絞雜犯准徒五年

侵盜借貸官錢糧犯雜絞罪，其倉庫務場官吏、攢攔、庫子、斗級知情不舉及故縱者。

邊衛充軍

州縣官那移錢糧二萬兩以上之總吏。

斬雜犯准徒五年

侵盜借貸官錢糧犯雜斬罪，其倉庫務場官吏、攢攔、庫子、斗級知情不舉及故縱者。

州縣官侵盗錢糧數止一千兩以下者。

斬監候

州縣官侵欺錢糧一千兩以上者。

倉庫不覺被盗

凡有人從倉庫中出，守把之人不搜檢者，笞二十，因不搜檢，以致盗物出倉庫而不覺者，減盗罪二等，若夜直更之人不覺盗者，減三等；倉庫直宿官攢斗級庫子不覺盗者，減五等，並罪止杖一百；故縱者，各與盗同罪至死減一等，若被强盗者，勿論。互相覺察與此不覺被盗官吏，皆係公罪，完日還職役。隱匿不舉與此故縱皆係私罪，各罷職役。

雍正三年律例館奏准：小註“完日還職役”應改爲“仍留職役”。

附律定例

一、内外官庫被竊盗銀至一千兩以上，一個月不獲，經管該弁巡捕官俱各住俸，半年不獲，提問，被盗二三次者，奏請降調，其該道分巡分守官參奏，罰治不及前數者，俱照常發落庫子，儘其財産均追賠償，候正贜得獲，照數給還，若各官妄拏平人逼認盗贜追賠者，亦問罪降調。

雍正三年律例館奏准：“提問”應改爲“題參議處誣良爲盗不止降調問罪”，“降調”改爲“依律問罪”。

雍正三年律例館奏准增定附律例文

一、將進倉漕糧攔路戳袋、挖倉墻越墻進倉偷米之盗，照例應聽刑部查審，照律治罪，不至死罪者若係另户之人，發黑龍江寧古塔等處披甲當差，若係奴僕及民人，發往黑龍江寧古塔等處，給與披甲之人爲奴；至褲襖細袋裝米偷盗等小賊拏獲，該監督呈報倉場侍郎，即於倉門首枷號四十日，係旗人鞭一百，係民杖一百。

歷年事例

康熙四十四年覆准：凡漕糧偷米等盗，數滿三百兩者，將爲首之人即行處斬，爲從者擬斬監候；不及三百兩者，將爲首之人擬斬監候，爲從者在倉門首枷號三個月，另户之人鞭一百，發黑龍江寧古塔等處當差，奴僕鞭一百，民責四十板刺字，發與黑龍江寧古塔等處新披甲之人爲奴；其零星偷米小賊，俱在倉門首枷號三個月，旗人鞭一百，民人責四十板；被獲盗犯，若係食錢糧之人，將本都統副都統各罰俸三個月，參領罰俸六個月，佐領驍騎校各罰俸一年，領催鞭一百，若閑散人，伊父兄係官罰俸一年，係平人鞭一百,若家下人奴僕,伊主係官,罰俸一年,係平人鞭一百,係民將伊父兄責四十板。〇五十三年題准:倉庫人役偷盗倉庫錢糧米豆,俱割斷兩邊脚筋。

罪名

笞一十

盗竊倉庫物計盗罪犯該杖六十,其直宿官攢斗級庫子不覺者。

笞二十

人從倉庫中出守把人不搜檢者。

盗竊倉庫物計盗罪犯該杖七十,其直宿官攢斗級庫子不覺者。

笞三十

盗竊倉庫物計盗罪犯該杖六十,其直更之人不覺者。

盗罪犯該杖八十,其直宿官攢斗級庫子不覺者。

笞四十

盗竊倉庫物計盗罪犯該杖六十,其守把人因不搜檢,以致盗去而不覺者。〇盗罪犯該杖七十,其直更之人不覺者。〇盗罪犯該杖九十,其直宿官攢斗級庫子不覺者。

笞五十

盗竊倉庫物計盗罪犯該杖七十,其守把人因不搜檢,以致盗去而不覺者。〇盗罪犯該杖八十,其直更之人不覺者。〇盗罪犯該杖一百,其直宿官攢斗級庫子不覺者。

杖六十

盗竊倉庫物計盗罪犯該杖六十,其守把及直更之人故縱者。〇盗罪犯該杖八十,其守把人因不搜檢,以致盗去而不覺者。〇盗罪犯該杖九十,其直更之人不覺者。〇盗罪犯該徒一年,其直宿官攢斗級庫子不覺者。

杖七十

盗竊倉庫物計盗罪犯該杖七十,其守把及直更之人故縱者。〇盗罪犯該杖九十,其守把人因不搜檢,以致盗去而不覺者。〇盗罪犯該杖一百,其直更之人不覺者。〇盗罪犯該徒一年半,其直宿官攢斗級庫子不覺者。

杖八十

盗竊倉庫物計盗罪犯該杖八十,其守把及直更之人故縱者。〇盗罪犯該杖一百,其守把人因不搜檢,以致盜去而不覺者。〇盜罪犯該徒一年,其直更之人不覺者。〇盜罪犯該徒二年,其直宿官攢斗級庫子不覺者。

杖九十

盜竊倉庫物計盜罪犯該杖九十,其守把及直更之人故縱者。〇盜罪犯該徒一年,其守把人因不搜檢,以致盜去而不覺者。〇盜罪犯該徒一年半,其直更之人不覺者。〇盜罪犯該徒二年半,其直宿官攢斗級庫子不覺者。

杖一百

盜竊倉庫物計盜罪犯該杖一百,其守把及直更之人故縱者。〇盜罪犯該徒一年半,其守把人因不搜檢,以致盜去而不覺者。〇盜罪犯該徒二年,其直更之人不覺者。〇盜罪犯該徒三年,其直宿官攢斗級庫子不覺者。

進倉漕糧民人將褲襖細袋裝米偷盜者枷號四十日。

徒一年杖六十

盜竊倉庫物計盜罪犯該徒一年,其守把及直更之人故縱者。

徒一年半杖七十

盜倉庫物犯徒一年半罪,而守把及直更之人故縱者。

徒二年杖八十

盜倉庫物犯徒二年罪,而守把及直更之人故縱者。

徒二年半杖九十

盜倉庫物犯徒二年半罪,而守把及直更之人故縱者。

徒三年杖一百

盜倉庫物犯徒三年罪,而守把及直更之人故縱者。

准徒四年雜犯三流

盜倉庫物犯雜流罪,而守把及直更之人故縱者。

流二千里杖一百

盜倉庫物犯流二千里罪,而守把及直更之人故縱者。

流二千五百里杖一百

盜倉庫物犯流二千五百里罪,而守把及直更之人故縱者。

流三千里杖一百

盜倉庫物犯流三千里罪死罪,而守把及直更之人故縱者。

充軍

盜倉庫物犯充軍罪,而守把及直更之人故縱者。

發遣

將進倉漕糧攔路戳袋,挖倉墻越墻進倉偷米之盜不至死罪者,另户之人發黑龍江寧古塔等處披甲當差。〇奴僕及民人發黑龍江寧古塔等處給與披甲之人爲奴。

絞斬雜犯准徒五年

盜倉庫物犯雜死罪,而守把及直更之人故縱者。

守支錢糧及擅開官封

凡倉庫官攢斗級庫子役滿得代所收錢糧官物,並令守支盡絶。若無短少,方許給由,其有應合相沿交割之物,聽提調官吏監臨盤點見數,不得指廒指庫交割,違者各杖一百。〇若官物有印封記,其主典不請原封官司而擅開者,杖六十。其守支盤點及擅開各有侵盜等弊者,俱從重論,追賠入官。

雍正三年律例館奏准:今無給由之例,應將"給由"二字改爲"各離職役"。

罪名

杖六十

主典官吏擅開原印封者。如係侵那抵換照監守盜本律罪名,下同。

杖一百

倉庫官攢斗級庫子役滿得代不聽盤點指廒指庫交割者。

出納官物有違

凡倉庫出納官物,當出陳物而出新物,應受上物而受下物之類,及有司和僱和買不即給價,若給價有增減不實者,計所虧欠及多餘之價,坐贓論,罪止杖一百、徒三年。〇若應給俸禄未及期而豫給者,罪亦如之。贓分應還官給主。〇其監臨官吏知而不舉,與同罪;不知者,不坐。

附律定例

一、官員、監生、吏典、旗軍人等關過俸糧及豫支應得糧米,遇有事故調用等項,五斗以上失於還官者,事發止問不應追糧還官;五斗以下,俱免追問。

雍正三年律例館奏准:今監、生吏典並不給糧官員,關過俸糧後遇事故調用者,亦不追還俸糧,此條删。

罪名

笞二十

倉庫出納有違買賣增減不實,計虧欠多餘價一兩以下者。○預給俸祿一兩以下者。○監臨官吏知而不舉者。

笞三十

倉庫出納有違買賣增減不實,計虧欠多餘價一十兩者。○預給俸祿一十兩者。○監臨官吏知而不舉者。

笞四十

倉庫出納有違買賣增減不實,計虧欠多餘價二十兩者。○預給俸祿二十兩者。○監臨官吏知而不舉者。

笞五十

倉庫出納有違買賣增減不實,計虧欠多餘價三十兩者。○預給俸祿三十兩者。○監臨官吏知而不舉者。

杖六十

倉庫出納有違買賣增減不實,計虧欠多餘價四十兩者。○預給俸祿四十兩者。○監臨官吏知而不舉者。

杖七十

倉庫出納有違買賣增減不實,計虧欠多餘價五十兩者。○預給俸祿五十兩者。○監臨官吏知而不舉者。

杖八十

倉庫出納有違買賣增減不實,計虧欠多餘價六十兩者。○預給俸祿六十兩者。○監臨官吏知而不舉者。

杖九十

倉庫出納有違買賣增減不實,計虧欠多餘價七十兩者。○預給俸祿七十兩者。○監臨官吏知而不舉者。

杖一百

倉庫出納有違買賣增減不實,計虧欠多餘價八十兩者。○預給俸祿八十兩者。○監臨官吏知而不舉者。

徒一年杖六十

倉庫出納有違買賣增減不實,計虧欠多餘價一百兩者。○預給俸祿一百兩者。○監臨官吏知而不舉者。

徒一年半杖七十

倉庫出納有違買賣增减不實，計虧欠多餘價二百兩者。○預給俸禄二百兩者。○監臨官吏知而不舉者。

徒二年杖八十

倉庫出納有違買賣增减不實，計虧欠多餘價三百兩者。○預給俸禄三百兩者。○監臨官吏知而不舉者。

徒二年半杖九十

倉庫出納有違買賣增减不實，計虧欠多餘價四百兩者。○預給俸禄四百兩者。○監臨官吏知而不舉者。

徒三年杖一百

倉庫出納有違買賣增减不實，計虧欠多，餘價五百兩者。○預給俸禄五百兩者。○監臨官吏知而不舉者。

收支留難

凡收受支給官物，其當該官吏無故留難，刁蹬不即收支者，一日笞五十，每三日加一等，罪止杖六十、徒一年。○守門人留難者，罪亦如之。○若領物納物之人到有先後，主司不依次序收支者，笞四十。

附律定例

一、各處司府州縣并各鈔關解到布絹錢糧等項，赴部驗文，送甲字等庫驗收，若有指稱權貴名色，措勒解户，誆詐財物者，聽巡視庫藏科道官及該部委官拏送法司究問，不分軍民匠役，俱發邊衛充軍；干礙内外官員，一體參奏處治。

雍正三年律例館奏准：今措勒解户誆騙財物，分别輕重問罪，不槩發遣科道，亦不巡視庫藏，此條删。

雍正三年律例館奏准增定附律例文

一、大通橋監督將運進倉内米數，預期行文八倉監督早開倉門，務要本日照數收完。如有至晚收納不及者，該倉監督親身察點，登簿貯倉，次日抽掣收受，違者交該部議處，如運役擅於中途寄放者，以偷盗議罪。

一、凡錢糧物料等項，解送到部，限文到三日内即行查收，掣給批迴，如無故不收完給批者，照律計日治罪；至書役人等，指稱估驗掣批掛號等項費用名色，借端包攬索詐者，許解官解役即於該衙門首告，交送刑部問實，發邊衛充軍，贓重者以枉法從重論，係官革職治罪，該管官失察者，交吏部議處；如解員預先囑託和同行賄，聽其包攬者，與受財人一體治罪；事關錢糧，該衙門堂官應將前項等弊不時嚴行察訪。

一、凡糧船運到石垻土垻，限十日内將米起完。如起米違限，以致回空船隻守凍者，坐糧廳監督革職，若受財監督革職併衙役人等，交刑部從重治罪，倉場侍郎失察者，交該部議處；其漕船盤垻過閘，運至京通各倉曬颺入廒，亦照例限三個月内全完。若石垻土垻五閘大通橋京通各倉米到，不即令過垻過閘及於曬颺時措勒不令入廒者，許運丁首告，將監督等交部，嚴加議處，衙役人等，俱交刑部從重治罪，倉場侍郎不行查参，别經發覺者，亦交該部議處；如坐糧廳及各倉書役人等向運官運丁指稱掣批等項名色勒索者，一兩以下，杖六十、徒一年，一兩以上，杖一百、徒三年，十兩以上，俱僉妻發邊衛充軍，贓重者仍從重論；若支放米石攙和砂土者，亦交與刑部從重治罪；有向關米之人勒索得財者，俱僉妻發邊衛充軍，贓重者各計贓，以枉法從重論；因而打死人命者，擬斬監候；關米人等米色不堪，不行首告，或私給錢者，與受同科；以上各項監督失察者，交該部嚴加議處，知情故縱者，革職，從重治罪，失察之倉場侍郎，亦交該部議處。

罪名

笞四十

領物納物主司不依次序收支者。

笞五十

官吏收支官物無故留難一日者。〇守門人留難一日者。〇解送錢糧物料無故四日不收完給批者。

京通倉運役擅於中途寄放者照竊盗已行而不得財科，如有損失應計數以竊盗科。

杖六十

官吏收支官物無故留難四日者。〇守門人留難四日者。〇解送錢糧物料無故七日不收完給批者。

杖七十

官吏收支官物無故留難七日者。〇守門人留難七日者。〇解送錢糧物料無故十日不收完給批者。

杖八十

官吏收支官物無故留難十日者。〇守門人留難十日者。〇解送錢糧物料無故十三日不收完給批者。

杖九十

官吏收支官物無故留難十三日者。〇守門人留難十三日者。〇解送錢糧物料無故十六日不收完給批者。

杖一百

官吏收支官物無故留難十六日者。○守門人留難十六日者。○解送錢糧物料無故十九日不收完給批者。

徒一年杖六十

官吏收支官物無故留難十九日者。○守門人留難十九日者。○解送錢糧物料無故二十二日不收完給批者。

坐糧廳及各倉書役人等，向運官、運丁指稱掣批等項名色，勒索一兩以下者。

徒三年杖一百

坐糧廳及各倉書役人等，向運官、運丁指稱掣批等項名色，勒索一兩以上者。

邊衛充軍

解送錢糧物料書役人等，指稱估驗掣批掛號等項名色，借端包攬索詐者。○解官預先囑託和同行賄，聽其包攬者。

坐糧廳及各倉書役人等，向運官、運丁指稱掣批等項名色，勒索十兩以上者。○向關米之人勒索得財者俱僉妻。

斬監候

坐糧廳及各倉書役人等，因勒索而打死人命者。

起解金銀足色

凡收受諸色課程變賣貨物起解金銀，須要足色，如成色不及分數，提調官吏、人匠各笞四十，著落均賠還官，如通同作弊，以致虧損侵盜，計贓以侵盜律論。

罪名

笞四十

諸色課程變賣貨物起解金銀不足色之官吏人匠。

杖八十

諸色課程變賣貨物起解金銀不足色，官吏人匠通同作弊，侵盜一兩以下者。

杖九十

諸色課程變賣貨物起解金銀不足色，官吏人匠通同作弊，侵盜一兩至二兩五錢者。

杖一百

諸色課程變賣貨物起解金銀不足色,官吏人匠通同作弊,侵盜五兩者。

徒一年杖六十

諸色課程變賣貨物起解金銀不足色,官吏人匠通同作弊,侵盜七兩五錢者。

徒一年半杖七十

諸色課程變賣貨物起解金銀不足色,官吏人匠通同作弊,侵盜一十兩者。

徒二年杖八十

諸色課程變賣貨物起解金銀不足色,官吏人匠通同作弊,侵盜一十二兩五錢者。

徒二年半杖九十

諸色課程變賣貨物起解金銀不足色,官吏人匠通同作弊,侵盜一十五兩者。

徒三年杖一百

諸色課程變賣貨物起解金銀不足色,官吏人匠通同作弊,侵盜十七兩五錢者。

准徒四年雜犯三流

諸色課程變賣貨物起解金銀不足色,官吏人匠通同作弊,侵盜二十兩二十五兩三十兩者。

絞斬雜犯准徒五年

諸色課程變賣貨物起解金銀不足色,官吏人匠通同作弊,侵盜四十兩者。

損壞倉庫財物

凡倉庫及積聚財物主守之人,安置不如法,曬晾不以時,致有損壞者,計所損壞之物,坐贓論,罪止杖一百、徒三年。著落均賠還官。○若卒遇雨水衝激、失火延燒,若倉庫内失火,自依本律。盜賊分强竊劫奪,事出不測而有損失者,委官保勘覆實,顯跡明白,免罪不賠;其監臨主守,若將侵欺借貸那移之數乘其水火盜賊虚捏文案,及扣换交單籍册,申報瞞官者,並計贓以監守自盜論;同僚知而不舉者,與同罪;不知者,不坐。

罪名

笞二十

損壞倉庫財物計價一兩以下者。

笞三十

損壞倉庫財物計價一十兩者。

笞四十

損壞倉庫財物計價二十兩者。

笞五十

損壞倉庫財物計價三十兩者。

杖六十

損壞倉庫財物計價四十兩者。

杖七十

損壞倉庫財物計價五十兩者。

杖八十

損壞倉庫財物計價六十兩者。

監守乘水火、盗賊將侵盗借那之數,虚捏文案及扣换交單册籍,申報瞞官計一兩以下者。〇同僚知而不舉者。

杖九十

損壞倉庫財物計價七十兩者。

監守乘水火、盗賊將侵盗借那之數,虚捏文案及扣换交單册籍,申報瞞官計一兩至二兩五錢者。〇同僚知而不舉者。

杖一百

損壞倉庫財物計價八十兩者。

監守乘水火、盗賊將侵盗借那之數,虚捏文案及扣换交單册籍,申報瞞官計五兩者。〇同僚知而不舉者。

徒一年杖六十

損壞倉庫財物計價一百兩者。

監守乘水火、盗賊將侵盗借那之數,虚捏文案及扣换交單册籍,申報瞞官計七兩五錢者。〇同僚知而不舉者。

徒一年半杖七十

損壞倉庫財物計價二百兩者。

監守乘水火、盗賊將侵盗借那之數,虚捏文案及扣换交單册籍,申報瞞官計一十兩者。○同僚知而不舉者。

徒二年杖八十

損壞倉庫財物計價三百兩者。

監守乘水火、盜賊將侵盜借那之數，虛捏文案及扣換交單册籍，申報瞞官計一十二兩五錢者。○同僚知而不舉者。

徒二年半杖九十

損壞倉庫財物計價四百兩者。

監守乘水火、盜賊將侵盜借那之數，虛捏文案及扣換交單册籍，申報瞞官計一十五兩者。○同僚知而不舉者。

徒三年杖一百

損壞倉庫財物計價五百兩者。

監守乘水火、盜賊將侵盜借那之數，虛捏文案及扣換交單册籍，申報瞞官計十七兩五錢者。○同僚知而不舉者。

准徒四年雜犯三流

監守乘水火、盜賊將侵盜借那之數，虛捏文案及扣換交單册籍，申報瞞官計二十兩二十五兩三十兩者。

斬雜犯准徒五年

監守乘水火、盜賊將侵盜借那之數，虛捏文案及扣換交單册籍，申報瞞官計四十兩者。

轉解官物

凡各處徵收錢帛買辦軍需成造軍器等物，所在州縣交收，差有職役人員陸續類解本府，若本府不即交收差人轉解，勒令人户就解布政司者，當該提調正官、首領官、吏典各杖八十。若布政司不即交收，勒令各府就解部者，首領官令典，罪亦如之。○其起運官物長押官及解物人安置不如法，致有損失者，計所損失之物坐贓論，著落均賠還官。若船行卒遇風浪及外人失火延燒或盜賊劫奪，事出不測而有損失者，申告所在官司委官保勘覆實，顯跡明白，免罪不賠；若有侵欺者，計贓以監守自盜論。○若起運官物不運本色，而輒齎財物於所納去處收買納官者，亦計所買餘利爲贓以監守自盜論。

雍正三年律例館奏准："令典"改爲"吏典又布政司勒令就解部者，不便止問首領官之罪"，應增"提調正官"於"首領官"之上。

附律定例

一、自天津該運京通二倉糧儲,脚價不敷,許令太倉銀庫借用,如把總官縱容旗軍花費及私下還債,以監守自盗論罪,立功滿日,帶俸差操,債主以盗官物論罪,勢豪官員,奏請發落,家人伴當,發廣西烟瘴衛分充軍。

雍正三年律例館奏准:重運額設隨漕錢糧,今無太倉借銀及帶俸差操等例,且違禁取利條内已有舉放官軍私債一條,此例文删。

一、運糧都司衛所把總官所管船,俱以十分爲率,若有一半以上違限寄放德州等處,不行到倉者,令漕運都司都御史提問降一級,納米完日,照舊管運,一半以下者,参奏提問。

雍正三年律例館奏准:今漕運違限,定有按月處分,此條應删。

一、漕運把總、指揮、千百户等官,索要運軍常例,及指以供辦等費爲由科索,并扣除行月糧與船料等項值銀三十兩以上者,問罪立功,五年滿日,降一級帶俸差操,如未及三十兩者,止照常科斷;其跟官書算人等,指稱使用科索軍人財物入己,贓至二十兩以上,發邊衛充軍。

雍正三年律例館奏准:今無指揮千百户等官名,且押運官科索及跟役求索者俱按律計贓問擬,此條删。

一、漕運把總、指揮、千百户等官,如有漂流數多把總三千石,指揮及千户等官同幫領運者一千石,千户五百石,百户鎮撫二百五十石,俱問罪,於見在職級上降一級,有能自備銀兩,不費别軍羡餘,當年處補完足者,免其問降,若願隨下年糧運補完,亦准復職,止完一年,准復一級,三年内儘數補完,亦准復原職。

雍正三年律例館奏准:今漂没船糧地方官具結題豁有定例在後,此條應删。

一、漕運官軍,如有水次折乾,沿途盗賣,自度糧米短少,故將船放失漂流,及雖係漂流損失不多,乘機侵匿捏作前數,賄囑有司官吏扶同奏勘者,前後幫船及地方居民,有能覺察告首督運官司,查實給賞輕賫銀十兩,官軍不分贓數多少,俱照例發邊衛,永遠充軍,有司官吏從重問擬,仍行原衛所將失事之人家産變賣抵償,不許輕扣别軍月糧,以長姦惡;前後幫船知而不舉,一體連坐,仍於正犯所欠錢糧内責令幫賠十分之三。

雍正五年律例館奏准增定附律例文

一、漕運官員及旗軍人等犯該人命强盗等項,重罪者官拘繫,奏提旗軍人等就便提問外,其餘一切小事,候交糧事畢日審結。

一、漂没船糧，著落沿途催趲各官及汛地文武官員親臨勘實，各出保結，取具運官結狀，該督撫確察，具題豁免，如運糧官丁謊報漂没，并故將船放失漂流及雖係漂流損失不多，乘機侵盜至六百石，照例議斬，不及六百石者照例發邊衛，永遠充軍，米石照數賠補；其沿途催趲各官及汛地文武各官，不親臨確勘的實，遽出保結者，俱革職，該督撫不嚴察確實，遽行題豁，後詐冒事露者，亦交該部議處。

一、空重漕船，沿途州縣衛所照定限時日，驅令出境，如有違限，將專催、督催、押運、領運官俱交該部照例分别議處，隨幫百總旗頭違限一次，笞五十，二次，杖六十，三次，杖七十，每一次加一等，罪止杖一百、徒三年，督撫不行查參，照隱匿不參催糧官例議處；設有非常風阻水凍淺滯，俱令報明，免其議處。

一、凡運解餉鞘到汛，不照撥定兵丁名數護送，或兵丁有於中途私回者，解官即報明該督撫題參，將該汛專兼將弁照少撥解役例議處，中途私回之兵丁責革名糧。

歷年事例

康熙二十二年議准：凡大通橋未交米石不稟官寄倉收貯，私自在外寄頓并受寄者，各照不應重律杖八十，該監督官不行查看任其寄頓者，議處。〇二十五年議准：凡剥船運米有虧少者，將僱募之運夫治罪，米石令正身船户賠補，違限不完，從重治罪，州縣官仍勒定限，將正身船户之家産追賠，如限内不完者，承追官一併參處；至僱募之運夫有攙和石灰藥水等弊，查審果實者，發寧古塔等處與新披甲之人爲奴，米石亦勒限追正身船户之家産賠償；若剥運米好，運官旗丁勒掯不收者，從重治罪。〇四十年議准：收貯米穀挽運江海，遇颶風大雨漂流並霉爛者，俱係無心所致，該督撫題參，著革職離任，限一年之内賠完免罪，復還原職另補，如逾限一年賠完免罪，不准復職，二年之内不完，照例治罪，著落家産追賠。〇四十三年諭："漕糧關係重大，嗣後拖欠漕糧官員即陞任，仍發赴總漕，令其賠完。"

罪名

笞二十

起運官物安置不如法，損失一兩以下者。

笞三十

起運官物安置不如法，損失一十兩者。

笞四十

起運官物安置不如法，損失二十兩者。

笞五十

起運官物安置不如法，損失三十兩者。

隨幫把總旗頭違限一次者。

杖六十

起運官物安置不如法，損失四十兩者。

隨幫把總旗頭違限二次者。

杖七十

起運官物安置不如法，損失五十兩者。

隨幫把總旗頭違限三次者。

杖八十

各處徵收錢糧買辦軍需成造軍器等物，州縣官吏不即交收差，職役人員陸續類解本府者。〇本府官吏不即交收，差人轉解勒令人户就解布政司者。〇布政司官吏不即交收，勒令各府就解部者。起運官物安置不如法，損失六十兩者。〇若侵欺一兩以下者。〇不運本色於所納去處收買，計餘利一兩以下者。

隨幫把總旗頭違限四次者。

杖九十

起運官物安置不如法，損失七十兩者。〇若侵欺一兩至二兩五錢者。〇不運本色於所納去處收買，計餘利一兩至二兩五錢者。

隨幫把總旗頭違限五次者。

杖一百

起運官物安置不如法，損失八十兩者。〇若侵欺五兩者。〇不運本色於所納去處收買，計餘利五兩者。

隨幫把總旗頭違限六次者。

徒一年杖六十

起運官物安置不如法，損失一百兩者。〇若侵欺七兩五錢者。〇不運本色於所納去處收買，計餘利七兩五錢者。

隨幫把總旗頭違限七次者。

徒一年半杖七十

起運官物安置不如法，損失二百兩者。〇若侵欺一十兩者。〇不運本色於所納去處收買，計餘利一十兩者。

隨幫把總旗頭違限八次者。

徒二年杖八十

起運官物安置不如法,損失三百兩者。〇若侵欺十二兩五錢者。〇不運本色於所納去處收買,計餘利十二兩五錢者。

隨幫把總旗頭違限九次者。

徒二年半杖九十

起運官物安置不如法,損失四百兩者。〇若侵欺十五兩者。〇不運本色於所納去處收買,計餘利十五兩者。

隨幫把總旗頭違限十次者

徒三年杖一百

起運官物安置不如法,損失五百兩者。〇若侵欺十七兩五錢者。〇不運本色於所納去處收買,計餘利十七兩五錢者。

隨幫把總旗頭違限十一次者。

准徒四年雜犯三流

起運官物侵欺二十兩、二十五兩、三十兩者。〇不運本色於所納去處收買,計餘利二十兩、二十五兩、三十兩者。

邊衛永遠充軍

官軍水次折乾沿途盜賣自度糧少故將船放失漂流者

運糧官丁謊報漂没及雖係漂流損失不多,乘機侵盗不及六百石者。〇前後幫知而不舉者。

斬雜犯准徒五年

起運官物侵欺四十兩者。〇不運本色於所納去處收買,計餘利四十兩者。

斬監候

運糧官丁謊報漂没,乃雖係漂流損失不多乘機侵盗六百石者。〇前後幫知而不舉者。

擬斷贓罰不當

凡擬斷贓罰,財物應入官而給主及應給主而入官者,坐贓論,罪止杖一百。

歷年事例

康熙九年題准:凡承問官將應追贓銀未斷追贓,及應給主銀兩失斷給主者,罰俸一年,轉詳上司官,罰俸六個月。

罪名

笞二十

擬斷贓罰財物入官給主不當，計一兩以下者。

笞三十

擬斷贓罰財物入官給主不當，計一兩之上至一十兩者。

笞四十

擬斷贓罰財物入官給主不當，計二十兩者。

笞五十

擬斷贓罰財物入官給主不當，計三十兩者。

杖六十

擬斷贓罰財物入官給主不當，計四十兩者。

杖七十

擬斷贓罰財物入官給主不當，計五十兩者。

杖八十

擬斷贓罰財物入官給主不當，計六十兩者。

杖九十

擬斷贓罰財物入官給主不當，計七十兩者。

杖一百

擬斷贓罰財物入官給主不當，計八十兩者。

收掌在官財物

凡官物當應給付與人，已出倉庫而未給，付若私物當供官用，已送在官而未入倉庫但有人守掌在官，若有侵欺借貸者，並計贓以監守自盜論，若非守掌之人侵欺者，依常人盜倉庫律論，其有未納而侵用者，經催里納保歇，各照隱匿包攬欺官取財科斷，不得槩用此律。

附律定例

一、各處衛所管軍頭目人等，關出糧料布花等物，若指以公用爲由，因而扣減入己糧料至一百石、大布棉花錢帛等物值銀三十兩以上者，問罪，追贓完日，軍職發立功，五年滿日降一級帶俸差操，旗軍人等枷號一個月，發極邊墩臺守哨，五年滿日疎放。

雍正三年律例館奏准：今管軍官因公科斂入己者，以枉法論，不用立功差操例，此條應刪。

雍正五年律例館奏准增定附律例文

一、八旗參領、佐領、驍騎校、領催等，將一切收貯公所干係錢糧並交庫銀兩入己三百兩以上者，斬決，百兩以上者，絞決，四十兩以上者，枷號三個月，鞭一百發黑龍江，十兩以上者，枷號三個月，鞭一百，十兩以下者，枷號兩個月，鞭八十；入己銀兩，著將本犯名下家產嚴查，變價賠還，勒限半年全完，如過限不完者，將家產照例入官，若無產業不能賠補者，將本犯妻子入辛者庫；至於此等侵盜之員，該管各上司不行查出者，都統副都統各降二級，罰俸二年，該上司均革職，其罪犯不能賠完銀兩，著落該旗都統等賠補。

罪名

杖七十

應給人官物及供官用私物在倉庫外，若非守掌侵欺一兩以下者。

杖八十

應給人官物及供官用私物在倉庫外，而守掌侵欺借貸一兩以下者。〇非守掌侵欺一兩之上至五兩者。

杖九十

應給人官物及供官用私物在倉庫外，而守掌侵欺借貸一兩至二兩五錢者。〇非守掌侵欺一十兩者。

杖一百

應給人官物及供官用私物在倉庫外，而守掌侵欺借貸五兩者。〇非守掌侵欺一十五兩者。

徒一年杖六十

應給人官物及供官用私物在倉庫外，而守掌侵欺借貸七兩五錢者。〇非守掌侵欺二十兩者。

徒一年半杖七十

應給人官物及供官用私物在倉庫外，而守掌侵欺借貸一十兩者。〇非守掌侵欺二十五兩者。

徒二年杖八十

應給人官物及供官用私物在倉庫外，而守掌侵欺借貸十二兩五錢者。〇非守掌侵欺三十兩者。

徒二年半杖九十

應給人官物及供官用私物在倉庫外，而守掌侵欺借貸十五兩者。

○非守掌侵欺三十五兩者。

徒三年杖一百

應給人官物及供官用私物在倉庫外，而守掌侵欺借貸十七兩五錢者。○非守掌侵欺四十兩者。

准徒四年雜犯三流

應給人官物及供官用私物在倉庫外，而守掌侵欺借貸二十兩二十五兩三十兩者。○非守掌侵欺四十五兩五十兩五十五兩者。

發遣

八旗参領、佐領、驍騎校、領催等將一切收貯公所干係錢糧並交庫銀兩入已四十兩以上者。

絞雜犯准徒五年

應給人官物及供官用私物在倉庫外，若非守掌侵欺八十兩者。

斬雜犯准徒五年

應給人官物及供官用私物在倉庫外，而守掌侵欺借貸四十兩者。

絞決

八旗参領、佐領、驍騎校、領催等將一切收貯公所干係錢糧並交庫銀兩入已百兩以上者。

斬決

八旗参領、佐領、驍騎校、領催等將一切收貯公所干係錢糧並交庫銀兩入已三百兩以上者。

隱瞞入官家産

凡抄没人口財産，除謀反謀叛及奸黨係在十惡，依律抄没，其餘有犯律不該載者，妻子財産不在抄没入官之限，違者依故入人流罪論。抄没尚未入官，各減一等。○若抄劄入官家産，而隱瞞人口不報者，計口以隱漏丁口論，若隱瞞田土者，計田以欺隱田糧論，若隱瞞財物房屋孳畜者，坐贓論；各罪止杖一百，所隱人口財産並入官，罪坐供報之人。○若里長同情隱瞞及當該官吏知情者，並與同罪，計所隱贓重者，坐贓論全科。○受財者，計贓以枉法各從重論，失覺舉者減三等，罪止笞五十。

雍正三年律例館奏准增定附律例文

一、凡罪犯入官財産，止應著落正犯追取，倘正犯將無干之人肆行誣賴者，從重治罪，仍著落伊身追取，承審察追各官，如徇庇正犯拖累無干之人，亦交與該部，嚴加議處。

歷年事例

順治十五年題准:凡隱瞞籍没入官財物者,枷號一個月,杖一百、流徙寧古塔;隱瞞文約因而得財者,枷號兩個月,杖一百;其將犯人銀兩保放,及交關産業情由而不行舉首者,各杖一百。○康熙二年題准:凡隱匿入官財物至五百兩者,枷號一個月,杖一百、流徙寧古塔;四百兩者,杖一百、徒三年;三百兩者,杖九十、徒二年半;二百兩者,杖八十、徒二年;一百兩者,杖七十、徒一年半;九十兩者,杖六十、徒一年;八十兩者,杖一百;七十兩者,杖九十;六十兩者,杖八十;五十兩者,杖七十;四十兩以下至一兩以上者,俱杖六十。○九年題准:凡隱瞞反叛籍没入官人口者,照隱匿入官財物之例,不論男婦大小五口以上,杖一百、流徙寧古塔;四口,杖一百、徒三年;三口,杖九十、徒二年半;二口,杖八十、徒二年;一口,杖七十、徒一年半;旗下人有犯徒流之罪者,照例分别枷號發落。○十二年議准:凡隱匿入官財産及反叛籍没入官人口者,俱照律行。○十七年覆准:凡犯隱匿籍没人口財物者,因律内罪輕,奸詭遂多隱匿,嗣後仍照前定例治罪,其在赦後發覺者,不准援免。○二十年恩詔:"出首逆本銀兩者,著永行停止,如有首告之人,從重治罪。"

罪名

笞一十

供報人隱瞞入官人口、財産犯笞四十罪,而里長官吏失覺舉者。

笞二十

隱瞞入官財産值一兩以下之供報人。○里長同情隱瞞官吏知情者。

供報人隱瞞入官人口、財産犯笞五十罪,而里長官吏失覺舉者。

笞三十

隱瞞入官財産值一十兩之供報人。○里長同情隱瞞官吏知情者。

供報人隱瞞入官人口、財産犯杖六十罪,而里長官吏失覺舉者。

笞四十

隱瞞入官田畝一畝至五畝、財産值二十兩之供報人。○里長同情隱瞞官吏知情者。

供報人隱瞞入官人口、財産犯杖七十罪,而里長官吏失覺舉者。

笞五十

隱瞞入官田畝一十畝、財産值三十兩之供報人。○里長同情隱瞞官吏知情者。

供報人隱瞞入官人口、財產犯杖八十罪，而里長官吏失覺舉者。

杖六十

隱瞞入官人口一口至三口、田畝一十五畝、財產值四十兩之供報人。○里長同情隱瞞官吏知情者。○同情知情隱瞞罪未至杖六十，而無祿人受財一兩以下者。

杖七十

隱瞞入官人口六口、田畝二十畝、財產值五十兩之供報人。○里長同情隱瞞官吏知情者。○同情知情隱瞞罪未至杖七十，而受財一兩以下者，無祿人一兩之上至五兩者。

杖八十

隱瞞入官人口九口、田畝二十五畝、財產值六十兩之供報人。○里長同情隱瞞官吏知情者。○同情知情隱瞞罪未至杖八十，而受財一兩之上至五兩者，無祿人一十兩者。

杖九十

隱瞞入官人口十二口、田畝三十畝、財產值七十兩之供報人。○里長同情隱瞞官吏知情者。○同情知情隱瞞罪未至杖九十，而受財一十兩者，無祿人一十五兩者。

杖一百

隱瞞入官人口十五口、以上田畝三十五畝以上、財產值八十兩以上之供報人。○里長同情隱瞞官吏知情者。○同情知情隱瞞罪未至杖一百，而受財一十五兩者，無祿人二十兩者。

徒一年杖六十

官吏、里長同情知情隱瞞入官財產計值一百兩者。○隱瞞罪未至徒一年，而受財二十兩者，無祿人二十五兩者。

徒一年半杖七十

官吏、里長同情知情隱瞞入官財產計值二百兩者。○隱瞞罪未至徒一年半，而受財二十五兩者，無祿人三十兩者。

徒二年杖八十

官吏、里長同情知情隱瞞入官財產計值三百兩者。○隱瞞罪未至徒二年，而受財三十兩者，無祿人三十五兩者。

徒二年半杖九十

官吏、里長同情知情隱瞞入官財產計值四百兩者。○隱瞞罪未至徒二年半,而受財三十五兩者,無禄人四十兩者。

徒三年杖一百

抄没不應抄没之妻子財産未入官者。

官吏、里長同情知情隱瞞入官財産計值五百兩者。○隱瞞罪未至徒三年,而受財四十兩者,無禄人四十五兩、五十兩、五十五兩者。

流二千里杖一百

官吏隱瞞入官財産,受財四十五兩者。

流二千五百里杖一百

官吏隱瞞入官財産,受財五十兩者。

流三千里杖一百

抄没不應抄没之妻子財産入官者。

官吏、里長隱瞞入官財産,受財五十五兩者,無禄人八十兩者。

絞監候

官吏、里長隱瞞入官財産,受財八十兩者,無禄人一百二十兩者。

大清會典卷之一百六十

刑部

〔律例十一户律六〕

〔課程〕

鹽法一十二條

凡販私鹽者，杖一百、徒三年，若有軍器者，加一等流二千里，鹽徒誣指平人者，加三等流三千里，拒捕者，斬，鹽貨車船頭匹並入官，引領牙人及窩藏寄頓者，杖九十、徒二年半，受傭挑擔馱載者，杖八十、徒二年，非應捕人告獲者，就將所獲私鹽給付告人充賞；有能自首者，免罪一體給賞，若一人自犯而自首，止免罪，仍追原贓。〇若事發止理見獲人鹽，如獲鹽不獲人者，不追獲人不獲鹽者，不坐。當該官司，不許聽其展轉攀指，違者以故入人罪論。謂如人鹽同獲，止理見獲，有確貨無犯人者，其鹽没官，不須追究。

凡鹽場竈丁人等，除正額鹽外夾帶餘鹽出場，及私煎貨賣者，同私鹽法；百夫長知情故縱及通同貨賣者，與犯人同罪。

雍正五年律例館奏准："百夫長"三字改爲"該管總催"。

凡婦人有犯私鹽，若夫在家，或子知情，罪坐夫男；其雖有夫而遠出，或有子幼弱，罪坐本婦，決杖一百，餘罪收贖。

凡買食私鹽者，杖一百；因而貨賣者，杖一百、徒三年。

凡守禦官司及鹽運司、巡檢司，巡獲私鹽即發有司歸勘，各衙門不許擅問，若有司官吏通同脱放者，與犯人同罪，受財者計贓以枉法從重論。

凡守禦官司及有司巡檢司，設法差人於該管地面並附場緊關去處，常參巡禁私鹽，若有透漏者，關津把截官及所委巡鹽人員初犯，笞四十，再犯，笞五十，三犯，杖六十，並附過還職；若知情故縱及容令軍兵隨同販賣者，與犯人同罪，受財者計贓以枉法從重論。〇其巡獲私鹽入己不解官者，杖一百、徒三年，若裝誣平人者，加三等，杖一百、流三千里。

雍正三年律例館奏准："附過還職"四字改爲"並留職役"。

凡軍人有犯私鹽，本管千百户有失鈴束者，百户初犯，笞五十，再犯，杖六十，三犯，杖七十，減半給俸；千户初犯，笞四十，再犯，笞五十，三犯，杖六十，減半給俸並附過還職；若知情容縱及通同販賣者，與犯人同罪。

雍正三年律例館奏准：今武職失察私鹽與文職一例處分，亦無千百户官名及減半給俸之事，此律删。

凡起運官鹽，每引二百觔爲一袋，帶耗五觔，經過批驗所依，數掣摯秤盤，但有夾帶餘鹽者，同私鹽法。〇若客鹽越過批驗所，不經掣摯關防者，杖九十，押回盤驗。

雍正三年律例館奏准："每引二百觔"二句改爲"每引照額定觔數爲一袋，並帶額定耗鹽"。

凡客商販賣官鹽，不許鹽引相離，違者同私鹽法。〇其賣鹽了畢十日之内不繳退引者，笞四十。〇若將舊引影射鹽貨者，同私鹽法。

凡起運官鹽並竈户運鹽上倉將帶軍器，及不用官船起運者，同私鹽法。

凡客商將官鹽插和沙土貨賣者，杖八十。

凡將有引官鹽不於拘該行鹽地面發賣，轉於别境犯界貨賣者，杖一百，知而買食者，杖六十；不知者不坐；其鹽入官。

附律定例

一、各邊召商上納糧草，若内外勢要官豪家人開列詭名，占窩轉賣取利者，俱問發邊衛充軍，干碍勢豪，參究治罪。

雍正三年律例館奏准：今無召商納糧草事，例文删。

一、凡豪强鹽徒聚衆至十人以上，撑駕大船，張掛旗號，擅用兵仗響器，拒敵官兵，若殺人及傷三人以上者，比照强盗已行得財律，皆斬，爲首者仍梟首示衆，其雖拒敵不曾殺傷人，爲首者依律處斬，爲從者，俱發邊衛充軍，若止十人以下原無兵仗，遇有追捕拒敵，因而傷至二人以上者，爲首者依律處斬，下手之人比照聚衆中途打奪罪人因而傷人律絞，其不曾下手者仍爲從論；若貧難軍民將私鹽肩挑背負易米度日者，不必禁捕。

一、越境興販官司引鹽至三千觔以上者，問發附近衛所充軍，原係腹裏衛所者，發邊衛充軍，其客商收買餘鹽買求掣摯至三千觔以上者，亦照前例發遣;經過官司縱放及地方甲鄰里老知而不舉,各治以罪,巡捕官員乘機興販至三千觔以上,亦照前例問發,不及三千觔,在本行鹽地方,雖越府者,仍依本律。

雍正三年律例館奏准:今軍民犯軍罪者,一體發遣,"原係腹裏衛所"二句删。

一、凡兩淮等處運司中鹽商人,必須納過銀兩紙價,方給引目守支,若先年不曾上納,故捏守支年久等項虛詞奏擾者,依律問罪,仍照各處鹽場無藉之徒把持詐害事例發遣。

雍正三年律例館奏准:商人俱納課給引,無守支年久之事,例文删。

一、凡僞造鹽引印信,賄囑運司吏書人等,將已故并遠年商人名籍中鹽來歷填寫,在引轉賣誆騙財物,爲首者,依律處斬外,其爲從并經紀牙行店户運司吏書一應知情人等,但計贓滿數者,不拘曾否支鹽出場,俱發邊衛充軍。

雍正三年律例館奏准:"計贓滿數"下增"應流"二字。

一、各鹽運司總催名下該管鹽課納完者,方許照名填給通關,若總催買囑官吏并覆盤委官指倉指囤扶同作弊者,俱問發邊衛充軍。

一、各處鹽場無藉之徒,號稱長布衫、赶船虎、光棍、好漢等項名色,把持官府,詐害客商,犯該徒罪以上,及再犯杖罪以下者,俱發邊衛充軍。

雍正五年律例館奏准增定附律例文

一、凡兵民聚衆十人以上,帶有軍器,興販私鹽者,不問曾否拒捕傷人,照强盜已行得財律,皆斬立決,若十人以下拒捕殺人,不論有無軍器,爲首者斬,下手者絞,俱監候,不曾下手者,發邊衛充軍,其不帶軍器不曾拒捕,不分十人上下,仍照私鹽律杖一百、徒三年,若十人以下雖有軍器不曾拒捕者,亦照私鹽帶有軍器加一等律,杖一百、流二千里;其失察文武各官,俱交該部照例議處;有能拏獲大夥私販者,亦交該部照例議叙。

一、凡竈丁販賣私鹽,大使失察者,革職,知情者枷號一個月發落,不准折贖,該管上司官,俱交該部議處。

一、凡回空糧船夾帶私鹽闖閘闖關,不服盤查,十人以上持械拒捕殺人及傷三人以上者,將爲首并殺傷人之人擬斬立決,未曾下手殺傷人者,發邊衛永遠充軍,其雖拒捕不曾傷人及十人以下拒捕傷人致死者,爲首擬斬監候,爲從者發邊衛充軍;頭船旗丁頭舵人等雖無夾帶私鹽,但闖閘闖關者,枷號兩個月,發邊衛充軍,隨同之旗丁頭舵照爲從例,枷號一個月,杖一百、徒三年;不知情者不坐;賣私鹽之人及竈丁私賣與糧船者,杖一百、流二千里,窩藏寄頓者,杖一百、徒三年,其雖不闖閘闖關但夾帶私鹽,亦照販私加一等,杖一百、流二千里;兵役受賄縱放者,計贓以枉法從重論,未受賄者,杖一百革退,販私地方之專管官,降三級調用,兼轄官降一級,罰俸一年,押運官弁照徇庇例議處,隨幫革退,其倚恃糧船闖閘闖關者押運等官,照溺職例革退,隨幫責三十板,革退;不服盤查持械傷人者,押運等官革職,隨幫責四十板革退,倘關閘各官勒索留難,運官呈明,該督撫參處。

歷年事例

順治四年定:凡奸民指稱投充滿洲,率領旗下兵丁興販私鹽者,鞭八十,其鹽觔銀錢牲口車輛等物入官;巡緝員役不行緝拏者治罪。〇康熙五十九年議准:嗣後鹽梟就撫復行販私,審實者將本犯解部,發往和撲多烏蘭古木地方,其出結之地方專汛、兼轄及該管各官,俱照例降級議處。〇雍正二年議准:閩省鹽務發帑在各場煎收官買官賣煎販人等,多給肩引,令其販賣,凡裝載私鹽船户,與販私之人,一體治罪,出首及拏獲者給賞,隱匿者治罪,官兵拏獲者併計起數議叙,若有怠玩者參處。〇又議准:閩省鹽觔,現交與地方官行運,應將旗兵停其查緝私鹽,交與地方官嚴查,倘有大夥私梟,總督與將軍會同撥旗兵協捕,江寧、兩浙亦照此例,長江自京口至湖廣、江西等省鹽,俱出於江海交會之所,大夥鹽梟常在此等處所聚集,京口將軍管下兵丁既有船隻,應照常派出旗兵,於揚子江之三江口瓜州儀徵口截江巡查;其零星肩負於民家藏匿者,照常交與地方官查緝。〇又議准:聚集私梟,必有爲首之人,地方官不行揭報,事發之時,督撫題參,將匿報各官革職,嚴加議罪。〇又議准:嗣後有販私鹽梟由他處入境,巡役緝拏拒捕殺傷鹽梟之案,或當場人鹽並獲,或於疎防限内拏獲過半以上者,將事由據實呈報咨部,其疎防餘犯,照案緝拏。〇又議准:貧難男婦藉鹽資生,肩挑背負易米度日者,照例免罪,毋許官弁兵役生事擾民,如有積梟藉稱貧難男婦,將私鹽潛行窩頓興販貿易者,令地方官弁及鹽政衙門一體稽察,照例從重治罪。

罪名

笞四十

關津把截官及巡緝人員透漏私鹽初犯者。

賣鹽了畢十日内不繳退引者。

笞五十

關津把截官及巡緝人員透漏私鹽再犯者。

杖六十

關津把截官及巡緝人員透漏私鹽三犯者。

官鹽於别境貨賣知而買食者。

杖八十

客商賣鹽插和沙土者。

杖九十

客鹽越過批驗所不經掣摯關防者。

杖一百

婦人犯私鹽夫遠出,而子幼弱者坐本婦餘罪收贖。

買食私鹽者。

官鹽不於該行鹽地面發賣者。

兵役縱放糧船夾帶私鹽者。

徒一年杖六十

兵役縱放糧船夾帶私鹽,受財二十兩者,其無禄人二十五兩者。

徒一年半杖七十

兵役縱放糧船夾帶私鹽,受財二十五兩者,其無禄人三十兩者。

徒二年杖八十

販私鹽受雇挑擔馱載者。

兵役縱放糧船夾帶私鹽,受財三十兩者,其無禄人三十五兩者。

徒二年半杖九十

私鹽引領牙人及窩藏寄頓者。

兵役縱放糧船夾帶私鹽,受財三十五兩者,其無禄人四十兩者。

徒三年杖一百

賣私鹽者。

官司,聽鹽犯展轉攀指者。但聽展轉攀指即坐,若因而入人流罪以上者,各以所入罪坐之。

鹽場竈丁人等夾帶餘鹽及私煎貨賣者。○總催知情故縱及通同貨賣者。

婦人犯私鹽其夫在家者坐其夫其子知情者即坐其子謂其夫不在家者。○子成丁者乃坐,若子幼弱,坐本婦,餘罪收贖詳前。

買食私鹽因而貨賣者。

有司官吏通同脱放鹽犯者。

關津把截官及巡鹽人員知情故縱私鹽及容令各軍兵隨同販賣者。

巡獲私鹽入己者。

起運官鹽批驗所掣摯但有夾帶餘鹽者。

客鹽過批驗所掣摯有餘鹽者。

客商鹽引相離者。

舊引影射者。

起運官鹽并竈户運鹽上倉將帶軍器不用官鹽船者。

十人上下興販私鹽不帶軍器不曾拒捕者。

糧船雖無私鹽,但闖閘闖關其隨同旗丁頭舵有窩藏寄頓私鹽賣於糧船者。

兵役縱放糧船夾帶私鹽,受財四十兩者,其無禄人四十五兩五十兩五十五兩者。

流二千里杖一百

賣私鹽帶有軍器者。

有司官吏通同脱放私鹽,受財四十五兩者。

關津把截官、巡緝人員知情故縱私鹽及容令各軍兵隨同販賣,受財四十五兩者。

十人以下興販私鹽雖有軍器不曾拒捕者。

賣私鹽之人及竈丁私賣於糧船者。

糧船雖不闖閘闖關但夾帶私鹽者。

兵役縱放糧船夾帶私鹽,受財四十五兩者。

流二千五百里杖一百

有司官吏通同脱放私鹽,受財五十兩者。

關津把截官巡緝人員知情故縱私鹽及容令軍兵隨同販賣,受財五十兩者。

兵役縱放糧船夾帶私鹽,受財五十兩者。

流三千里杖一百

鹽徒誣指平人者。

巡捕等官吏以私鹽裝誣平人者。

有司官吏通同脱放私鹽,受財五十五兩者。

關津把截官巡緝人員知情故縱私鹽及容令軍兵隨同販賣,受財五十五兩者。

鹽徒聚衆十人以下原無兵仗,遇有追捕拒敵傷人其不曾下手者。

兵役縱放糧船夾帶私鹽,受財五十五兩者,無祿人八十兩者。

附近充軍

越境興販引鹽至三千觔以上者。

客商收買餘鹽買求掣摯至三千觔以上者。

巡捕官員乘機興販至三千觔以上者。

邊衛充軍

僞造鹽引印信賄囑吏書填寫已故并遠年商人名籍、中鹽來歷,轉賣誆騙財物其爲從并經紀、牙行、店户、吏書人等但計贓滿數應流者。

總催買囑官吏并覆盤委官指倉指囤扶同作弊者。

各處鹽場無藉把持官府詐害客商,犯該徒罪以上及再犯杖罪以下者。

豪强鹽徒聚衆十人以上,撑駕大船擅用兵仗響器拒敵官兵,不曾殺傷人之爲從者。

兵民聚衆十人以下帶有軍器興販私鹽拒捕殺人,其不曾下手者。

回空糧船夾帶私鹽闖閘闖關不服盤查十人以下拒捕傷人爲從者。

頭船旗丁頭舵人等雖無夾帶私鹽,但闖閘闖關者枷號兩個月充發。

邊衛永遠充軍

回空糧船夾帶私鹽闖閘闖關不服盤查,十人以上持械拒捕,其未曾下手殺傷人者。

絞監候

有司官吏通同脱放鹽犯受財八十兩者,無禄人一百二十兩者。

關津把截官巡緝人員知情故縱私鹽及容令軍兵隨同販賣,受財八十兩者,無禄人一百二十兩者。

兵役縱放糧船夾帶私鹽受財八十兩者,無禄人一百二十兩者。

豪强鹽徒聚衆十人以下,原無兵仗遇有追捕拒敵因而傷二人以上,其下手之人。

兵民聚衆十人以下,興販私鹽拒捕殺人下手者。

斬監候

私鹽拒捕者。

僞造鹽引印信,賄囑吏書人等將已故并遠年商人名籍填寫花引,轉賣誆騙財物爲首者。

豪强鹽徒聚衆十人以上,撑駕大船擅用兵仗,拒敵官兵不曾殺傷人爲首者。〇十人以下原無兵仗,遇有追捕拒敵因而傷二人以上爲首者。

兵民聚衆十人以下,興販私鹽拒捕殺人,不論有無軍器爲首者。

回空糧船夾帶私鹽闖閘闖關,不服盤查,其雖拒捕不曾傷人及十人以下拒捕傷人致死爲首者。

斬决

豪强鹽徒聚衆十人以上,撑駕大船擅用兵仗,拒敵官兵殺人及傷三人以上者爲首者梟示。

兵民聚衆十人以上,帶有軍器興販私鹽,不問曾否拒捕傷人者。

回空糧船夾帶私鹽闖閘闖關不服盤查,十人以上持械拒捕殺人及傷三人以上爲首并殺傷人下手者。

監臨勢要中鹽

凡監臨官吏詭名及權勢之人中納錢糧,請買鹽引勘合,侵奪民利者,杖一百、徒三年,鹽貨入官。

罪名止有徒三年一條,律文已明不復列。

阻壞鹽法

凡客商中買鹽引勘合,不親赴場支鹽,中途增價轉賣,阻壞鹽法者,買主、賣主各杖八十,牙保減一等;鹽貨價錢並入官;其舖户轉買折賣者,不用此律。

歷年事例

康熙二十八年議准:鹽店小票、商店鹽丁,槩行禁止,若仍擅用,照違禁律治罪。

罪名

杖七十

客商中途轉賣鹽引勘合之牙保。

杖八十

客商中買鹽引勘合不親赴場支鹽中途增價轉賣者。〇買者。

私茶

凡犯私茶者,同私鹽法論罪,如將已批驗截角退引,入山影射照茶者,以私茶論。

附律定例

一、官給茶引付産茶府州縣，凡商人買茶，具數赴官，納銀給引，方許出境，貨賣每引照茶一百觔，茶不及引者，謂之畸零，别置由帖付之，量地遠近，定以程限，於經過地方執照，若茶無由引及茶引相離者，聽人告捕，其有茶引不相當，或有餘茶者，並聽拏問；賣茶畢，即以原給由引赴住賣官司告繳，該府州縣俱各委官一員專理。

一、私茶有興販夾帶五百觔者，照見行私鹽例，押發充軍。

一、凡興販私茶潛往邊境與外國交易，及在腹裹販賣與進貢回還外國人者，不拘觔數，連知情歇家、牙保發烟瘴地面充軍；其在西寧、甘肅、河州、洮州、四川、雅州販賣者，雖不入番，一百觔以上，發附近，三百觔以上，發邊衞，各充軍，不及前數者依律擬斷，仍枷號兩個月，軍官、將官縱容弟男子姪家人軍伴人等興販，及守備把關巡捕等官知情故縱者，各降一級，原衞所帶俸差操，失覺察者，照常發落，若守備把關巡捕等官自行興販私茶通番者，發邊衞，在西寧、甘肅、洮河、雅州販賣至三百觔以上者，發附近各充軍。

雍正三年律例館奏准："軍官將官"四字改爲"文武官員"，"原衞所帶俸差操"七字改爲"調用"。

一、陝西洮州河州西寧等處行茶地方，但有冒頂番名，將老弱不堪馬二匹以上中納支茶者，官軍調别處極邊衞分，帶俸食糧差操，民并舍餘人等，發附近衞分充軍，冒支茶觔俱入官。

雍正三年律例館奏准："官軍調别處"至"差操"十五字改爲"官員問罪"，"民并舍餘人等"六字改爲"軍民人等"。

一、做造假茶五百觔以上者，本商并轉賣之人，俱問發附近，原係腹裹衞所者，發邊衞各充軍，店户窩頓一千觔以上，亦照例發遣，不及前數者，問罪照常發落。

雍正三年律例館奏准："原係腹裹衞所者發邊衞"十字删。

雍正三年律例館奏准增定附律例文

一、甘肅巡撫見今額頒茶引二萬八千七百六十六道，給發商人，每引徵茶五篦入官，每年共徵茶十四萬三千八百三十篦，每篦折銀四錢，該撫造册奏銷，户部核明具題，若中馬，每好馬一匹給茶十二篦，次馬十篦，再次馬八篦，所中馬匹數目，該撫題報交與兵部撥解。

一、凡茶商赴楚買茶，應照例每茶一千觔准帶附茶一百四十觔，令産茶地方官給發船票，開明該商引目茶數，不得另給印票收茶，其應行盤查之地方官，悉照引目及正附茶觔驗放，不許勒措留難，如於部引之外，有搭行印票及正附茶觔外多帶私茶者，即行查拏，照私鹽律治罪，查驗地方官故縱失察者，照失察私鹽例處分；至五司變賣茶觔，如有地僻引多壅滯，不能行銷者，各商具呈，該司詳報甘撫，行令往賣司分照數盤查，聽其發賣辦課。

罪名

笞四十

巡捕官失察私茶初犯者。

笞五十

巡捕官失察私茶再犯者。

杖六十

巡捕官失察私茶三犯者。

徒二年杖八十

興販私茶受雇挑擔馱載者。

徒二年半杖九十

引領牙人及窩藏寄頓者。

徒三年杖一百

犯私茶者。

茶引相離者。

將退引影射照茶者。

部引之外搭行印票及附茶不依一百四十觔數者。

流二千里杖一百

私茶帶有軍器者。

流三千里杖一百

私茶罪犯誣指平人者。

充軍

私茶有興販夾帶五百觔者。

附近充軍

興販私茶在西寧、甘肅、河州、洮州、四川、雅州發賣一百觔以上者。〇守備巡捕等官自行興販三百觔以上者。

做造假茶五百觔以上本商并轉賣之人。〇店户窩頓一千觔以上者。

軍民人等冒頂番名在行茶地方將老弱不堪馬二匹以上中納支茶者。

邊衛充軍

興販私茶在西寧、甘肅、河洮、雅州發賣三百觔以上者。○守備巡捕等官自行興販私茶通番者。

烟瘴充軍

興販私茶潛住邊境與外國交易及在腹裏販賣與來京回還外國人者。○知情歇家牙保。

斬監候

私茶拒捕者。

私礬

凡私煎礬貨，賣者同私鹽法論罪。

罪名

徒三年杖一百

私煎礬貨賣者。礬貨止禁私煎，未有興販之禁巡邏之令，與私茶小異，故罪名依律止一條，仍列之，以見所謂同私鹽法者止於此。

匿税

凡客商匿税及賣酒醋之家不納課程者，笞五十，貨物酒醋一半入官，於入官物内以十分爲率，三分付告人充賞，務官攢攔自獲者，不賞，入門不弔引，同匿税法；其造酒醋自用者，不在此限。○若買頭匹不税契者，罪亦如之。仍於買主名下追徵價錢一半入官。

附律定例

一、在京在外税課司局批驗茶引所，但係納税課去處，皆令客商人等自納，若權豪無藉之徒，結黨把持，攔截生事，攪擾商税者，徒罪以上，枷號兩個月，發附近充軍，杖罪以下，照前枷號發落。

雍正三年律例館奏准增定附律例文

一、屯莊居住旗人賣馬者，俱令在京上税，方准發賣民間馬匹，或賣與旗人，或賣與驛站，或兵民互相買賣，俱報明地方官存案，如不上税及不存案私自買賣者，杖一百，價銀入官。

雍正五年律例館奏准增定附律例文

一、凡民間置買田房産業，不許用白紙寫契，令布政司刊刻契紙并契根用印，給發州縣，該州縣將契根裁存，契紙發各紙舖，聽民間買用，俟立契過户納税時，即令買主照契填入契根，各蓋州縣印信，將契紙給納户收執,契根於解税時一并解司核對;倘不肖州縣於契根上少填價值税銀者,照侵欺錢糧例治罪,若將司契紙藏匿不發,或賣完不預行申明頒給,及縱容書役紙舖昂價累民,并勒索加倍納税,家人里書勒取小包,或布政司不即印給,以致州縣缺少契紙,并縱容司胥苛索者,該督撫查參分别議處;若民間故違,仍用白紙寫契,將産業價值入官,照匿税律治罪,州縣官有將白紙私契用印者,亦照侵欺錢糧例究追,如官民通同作弊將奉旨後所買田産倒填以前年月,仍用白紙寫契,用印者一體治罪;至活契典業,亦照例俱用契紙。

罪名

笞五十

客商匿税及酒醋不納課程者。

入門不弔引者。

買頭匹不税契者。

白紙寫契者。○倒填年月,仍將白紙寫契用印者。

杖八十

州縣官於契根上少填價值,計所少税銀一兩以下者。○將白紙私契用印計所少税銀一兩以下者。○通同作弊倒填年月,仍用白紙寫契用印計所少税銀一兩以下者。

杖九十

州縣官於契根上少填價值,計所少税銀一兩至二兩五錢者。○將白紙私契用印,計所少税銀一兩至二兩五錢者。○通同作弊倒填年月,仍用白紙寫契用印,計所少税銀一兩至二兩五錢者。

杖一百

州縣官於契根上少填價值,計所少税銀五兩者。○將白紙私契用印,計所少税銀五兩者。○通同作弊倒填年月,仍用白紙寫契用印,計所少税銀五兩者。

屯莊居住人賣馬,如不上税不存案私自買賣者。

徒一年杖六十

州縣官於契根上少填價值,計所少税銀七兩五錢者。○將白紙私契用印,計所少税銀七兩五錢者。○通同作弊倒填年月,仍用白紙寫契用印,計所少税銀七兩五錢者。

徒一年半杖七十

州縣官於契根上少填價值，計所少稅銀一十兩者。○將白紙私契用印，計所少稅銀一十兩者。○通同作弊倒填年月，仍用白紙寫契用印，計所少稅銀一十兩者。

徒二年杖八十

州縣官於契根上少填價值，計所少稅銀十二兩五錢者。○將白紙私契用印，計所少稅銀十二兩五錢者。○通同作弊倒填年月，仍用白紙寫契用印，計所少稅銀十二兩五錢者。

徒二年半杖九十

州縣官於契根上少填價值，計所少稅銀十五兩者。○將白紙私契用印，計所少稅銀十五兩者。○通同作弊倒填年月，仍用白紙寫契用印，計所少稅銀十五兩者。

徒三年杖一百

州縣官於契根上少填價值，計所少稅銀十七兩五錢者。○將白紙私契用印，計所少稅銀十七兩五錢者。○通同作弊倒填年月，仍用白紙寫契用印，計所少稅銀十七兩五錢者。

准徒四年雜犯三流

州縣官於契根上少填價值，計所少稅銀二十兩二十五兩三十兩者。○將白紙私契用印，計所少稅銀二十兩二十五兩三十兩者。○通同作弊倒填年月，仍用白紙寫契用印，計所少稅銀二十兩二十五兩三十兩者。

附近充軍

京師及在外稅課司批驗茶引所但係納稅去處，若權豪無藉之徒結黨把持，攔截生事犯該徒罪以上者。

斬雜犯准徒五年

州縣官於契根上少填價值一千兩以下者。○將白契用印，計數一千兩以下者。○通同作弊倒填年月，仍用白紙寫契用印，計數一千兩以下者。

斬監候

州縣官於契根上少填價值一千兩以上者。○將白契用印，計數一千兩以上者。○通同作弊倒填年月，仍用白紙寫契用印，計數一千兩以上者。

舶商匿貨

凡泛海客商舶船到岸，即將貨物盡實報官抽分，若停塌沿港土商牙儈之家不報者，杖一百，雖供報而不盡者，罪亦如之。物貨並入官。停藏之人同罪。告獲者官給賞銀二十兩。

雍正五年律例館奏准增定附律例文

一、川省米船到夔關之時，即令該府查察，除夾帶私鹽及違禁等物按律究擬外，其船隻大小，悉照淮關尺寸則例抽報料税，如有别項貨物，仍照夔關舊例收納，統歸正項，令該管上司不時稽查，倘有縱容胥役額外需索留難等弊，及米船出川，川省地方有不肖官吏借給票稽查名色勒索稽留者，俱着該督撫指名題參，從重治罪。

罪名

杖一百

舶商貨物停塌沿港土商牙儈之家不報者。〇報而不盡不實者物貨並入官。

人户虧兑課程

凡民間週歲額辦茶鹽商税諸色課程，年終不納齊足者，計不足之數，以十分爲率，一分笞四十，每一分加一等，罪止杖八十，追課納官。〇若茶鹽運司鹽場茶局及税務河泊所等官，不行用心辦課，年終比附上年課額虧兑者，亦以十分論，一分笞五十，每一分加一等，罪止杖一百，所虧課程，着落追補還官。〇若有隱瞞侵欺借用者，並計贓以監守自盗論。

罪名

笞四十

商民諸色課程年底不足一分者。

笞五十

商民諸色課程年底不足二分者。〇辦課官司年底比附上年虧兑一分者。

杖六十

商民諸色課程年底不足三分者。〇辦課官司年底比附上年虧兑二分者。

杖七十

商民諸色課程年底不足四分者。〇辦課官司年底比附上年虧兑三分者。

杖八十

商民諸色課程年底不足五分者。〇辦課官司年底比附上年虧兑四分者。〇官司隱瞞侵欺一兩以下者。

杖九十

辦課官司年底比附上年虧兑五分者。〇官司隱瞞侵欺一兩至二兩五錢者。

杖一百

辦課官司年底比附上年虧兑六分者。〇官司隱瞞侵欺五兩者。

徒一年杖六十

辦課官司隱瞞侵欺七兩五錢者。

徒一年半杖七十

辦課官司隱瞞侵欺一十兩者。

徒二年杖八十

辦課官司隱瞞侵欺十二兩五錢者。

徒二年半杖九十

辦課官司隱瞞侵欺十五兩者。

徒三年杖一百

辦課官司隱瞞侵欺十七兩五錢者。

准徒四年雜犯三流

辦課官司隱瞞侵欺二十兩二十五兩三十兩者。

斬雜犯准徒五年

辦課官司隱瞞侵欺四十兩者。

大清會典卷之一百六十一

刑部

〔律例十二户律七〕

〔錢債〕

違禁取利

凡私放錢債及典當財物，每月取利並不得過三分，年月雖多，不過一本一利，違者，笞四十，以餘利計贜，重者坐贜論，罪止杖一百。○若監臨官吏於所部内舉放錢債典當財物者，杖八十，違禁取利以餘利，計贜重者依不枉法論，各主者通算折半科罪。並追餘利給主；其負欠私債違約不還者，五兩以上違三月，笞一十，每一月加一等，罪止笞四十，五十兩以上違三月，笞二十，每一月加一等，罪止笞五十，百兩以上違三月，笞三十，每一月加一等，罪止杖六十；並追本利給主。○若豪勢之人不告官司，以私債强奪去人孳畜産業者，杖八十無多取餘利，聽贖不追，若估價過本利者，計多餘之物坐贜論，罪止杖一百、徒三年。依數追還。○若准折人妻妾子女者，杖一百，强奪者，加二等，因而姦占婦女者，絞，人口給親，私債免追。

附律定例

一、凡勢豪舉放私債，交通運糧官挾勢擅拏官軍綁打陵辱，强將官糧准還私債者，問罪，屬軍衛者發邊衛充軍，屬有司者發邊外爲民，運糧官参究治罪。

一、聽選官吏監生人等借債，與債主及保人同赴任所取償，至五十兩以上者，借者革職，債主及保人各枷號一個月發落，債追入官。

一、凡舉放錢債買囑各衛委官，擅將欠債軍官軍人俸糧銀物領去者，問擬詐欺，委官問擬受財聽囑罪名。

一、在京兵部并在外巡撫、巡按、按察司官，點視各衛所印信，如有軍職將印當錢者，參問帶俸差操，執當之人問罪，枷號一個月，債追入官。

雍正三年律例館奏准：今衛所官管理錢糧刑名每日鈐印，無質當之理，亦不點視，例文删。

一、内外放債之家，不分文約久近，係在京住坐軍匠人等揭借者，止許於原借之人名下索取，不許赴原籍逼擾，如有執當印信關單勘合等項公文者，提問，債追入官。

一、凡負欠私債在京不赴法司而赴别衙門，在外不赴軍衛有司而越赴巡撫巡按三司官處各告理及輒具本狀奏訴者，俱問罪，立案不行，若本京别衙門聽從施行者，一體參究，私債不追。

雍正三年律例館奏准："巡按"二字删。

雍正三年律例館奏准增定附律例文

一、外省駐防旗人與土棍串黨朋奸，舉放私債，盤勒重利，開賭囮騙，准折子女，强買市肆，擅砍樹木，閧然罷市，辱官害民，種種行惡者，酌所犯情罪輕重，照律例定罪，本犯罪至軍罪者，將不行察出之該管驍騎校以上各官，交該部照例分别議處，其駐防協領以下，驍騎校以上官員本身有犯者，革職，該管之將軍、副都統，俱交該部照例議處，督撫不行察參者，亦交該部議處。

一、凡佐領、驍騎校、領催等，有在本佐領或兄弟佐領下指扣兵丁錢糧放印子銀者，枷號三個月，鞭一百，夥同放印子銀者，枷號四十日，鞭一百，所得利銀，俱追入官；該參領失於覺察者，交部議處，佐領驍騎校雖未出本放銀，不能禁止，反與屬下兵丁保借者，革職，該參領交部議處，至佐領驍騎校參領等平時失察，以致兵丁將官錢糧扣還印子銀者，俱交部分别議處。

歷年事例

順治五年定：凡放債之人每銀一兩止加息三分，不許多索及息上增息，併不許放債於赴任之官及外官放債與民，如違，放者、借者，俱治重罪。○康熙八年題准：凡旗下人在境外放債控告者，概不准行，其境内欠債之人故意刁蹬者，准行審理，若借債之人已死，無力償還，雖告亦不准行。○又題准：凡旗下民人，不許質當兵器及貂鼠猞猁猻等衣服、皮端罩朝衣金銀器皿等物，違者治罪，其收當之人，計贓坐以竊盗罪，免刺，至死者減一等。○十二年題准：除兵器不准典當外，其貂鼠猞猁猻等物，對明各主，方許典當,違者俱照例治罪。○四十七年議准:買賣人將遠年私債假名官銀捏告,並將無干人捏稱借帑,私造文約者,照例治罪。○又議准:買賣人所放銀兩,有年遠利浮於本者,照律追取一本一利完交。○雍正五年諭:"兵丁等吉凶事,俱有恩賞銀兩,儘可以完伊等之事,乃仍賣糧米還人印子銀兩,將還過本利銀兩俱著追取,賞給拏獲之旗員披甲人等,嗣後係何人拏獲,即以賞給拏獲之人;再若有七八人將糧米全賣借印子銀者,伊等内凡有一人出首,將伊等所借未還之銀、已還之銀俱追出,遵旨賞給實心出首之人;佐領驍騎校係專理佐領事務之人,伊將一佐領下事不能查察,應革退;將買錢糧米放印子銀兩之人,如何治罪之處俱定議具奏。"遵旨議准:嗣後違禁圖利,將兵丁糧米賤買又放印子轉子重取利息者,枷號三個月,鞭一百,併妻子俱發黑龍江,給窮披甲爲奴,佐領驍騎校革職,作保之驍騎校領催,俱各革退,鞭一百,違禁賣糧米借重利印子轉子銀兩之人,鞭八十;所賣糧米價銀并所借印子轉子未還已還之銀,俱一併追出,分爲二分,一分賞拏獲之旗員,一分賞披甲人等。○又議准:凡旗人在佐領下違禁放印子銀,扣除錢糧,將多得重利勒追入官,若違限不完者,枷號兩個月,鞭一百,入辛者庫。

罪名

笞一十

欠私債五兩以上違約三月者。

笞二十

欠私債五十兩以上違約三月者。○五兩以上違約四月者。

笞三十

欠私債百兩以上違約三月者。○五十兩以上違約四月者。○五兩以上違約五月者。

笞四十

私債典當取利過三分及年月多而過一本一利者。

欠私債百兩以上違約四月者。○五十兩以上違約五月者。○五兩以上違約六月者。

笞五十

私債典當多取利三十兩者。

欠私債百兩以上違約五月者。○五十兩以上違約六月者。

舉放私債買囑各衞領去官軍俸糧銀物一兩以下之爲從者。

杖六十

私債典當多取利四十兩者。

欠私債百兩以上違約六月者。

舉放私債買囑各衛領去官軍俸糧銀物一兩以下者一十兩之爲從者。

杖七十

私債典當多取利五十兩者。

舉放私債買囑各衛領去官軍俸糧銀物一十兩者二十兩之爲從者。

○其衛官受財一兩以下者。

杖八十

私債典當多取利六十兩者。

監臨官吏於所部放債典當者。

私債强奪人孳畜産業者。

舉放私債買囑各衛領去官軍俸糧銀物二十兩者三十兩之爲從者。

○衛官受財一兩以上至五兩者。

杖九十

放債典當多取利七十兩者。

監臨官吏放債典當多取利三十兩者,無禄人四十兩者。

私債强奪人孳畜産業計過本利七十兩者。

舉放私債買囑各衛領去官軍俸糧銀物三十兩者,四十兩之爲從者。

○衛官受財一十兩者。

杖一百

放債典當多取利八十兩者。

監臨官吏放債典當多取利四十兩者,無禄人五十兩者。

私債强奪人孳畜産業計過本利八十兩者。○准折人妻妾子女者。

舉放私債買囑各衛領去官軍俸糧銀物四十兩者,五十兩之爲從者。

○衛官受財十五兩者。

徒一年杖六十

監臨官吏放債典當多取利五十兩者,無禄人六十兩者。

私債强奪人孳畜産業計過本利一百兩者。

舉放私債買囑各衛領去官軍俸糧銀物五十兩者,六十兩之爲從者。

○衛官受財二十兩者。

徒一年半杖七十

監臨官吏放債典當多取利六十兩者，無禄人七十兩者。

私債强奪人孳畜産業計過本利二百兩者。

私債准折人妻妾子女用强奪者。

舉放私債買囑各衛領去官軍俸糧銀物六十兩者，七十兩之爲從者。○衛官受財二十五兩者。

徒二年杖八十

監臨官吏放債典當多取利七十兩者，無禄人八十兩者。

私債强奪人孳畜産業計過本利三百兩者。

舉放私債買囑各衛領去官軍俸糧銀物七十兩者，八十兩之爲從者。○衛官受財三十兩者。

徒二年半杖九十

監臨官吏放債典當多取利八十兩者，無禄人九十兩者。

私債强奪人孳畜産業計過本利四百兩者。

舉放私債買囑各衛領去官軍俸糧銀物八十兩者，九十兩之爲從者。○衛官受財三十五兩者。

徒三年杖一百

監臨官吏放債典當多取利九十兩者，無禄人一百兩一百一十兩一百二十兩者。

私債强奪人孳畜産業計過本利五百兩者。

舉放私債買囑各衛領去官軍俸糧銀物九十兩者，一百兩一百一十兩一百二十兩之爲從者。○衛官受財四十兩者。

流二千里杖一百

監臨官吏放債典當多取利一百兩者。

舉放私債買囑各衛領去官軍俸糧銀物一百兩者。○衛官受財四十五兩者。

流二千五百里杖一百

監臨官吏放債典當多取利一百一十兩者。

舉放私債買囑各衛領去官軍俸糧銀物一百一十兩者。○衛官受財五十兩者。

流三千里杖一百

監臨官吏放債典當多取利一百二十兩者。

舉放私債買囑各衛領去官軍俸糧銀物一百二十兩者。○衛官受財五十五兩者。

邊衛充軍

勢豪舉放私債交通運糧官，擅拏官軍綁打陵辱，强將官糧准還私債屬軍衛者。

邊外爲民

勢豪舉放私債交通運糧官，擅拏官軍綁打陵辱，强將官糧准還私債屬有司者。

絞監候

監臨官吏放債典當多取利一百二十兩以上者。

私債强奪姦占人妻妾子女者。

舉放私債買囑各衛領去官軍俸糧銀物其衛官受財八十兩者。

費用受寄財産

凡受寄人財物畜産，而輒費用者，坐贓論，減一等，罪止杖九十、徒二年半。詐言死失者，准竊盜論，減一等，罪止杖一百、徒三年，免刺並追物還主。其被水火盜賊費失及畜産病死有顯跡者，勿論。

附律定例

一、親屬費用受寄財物，並與凡人一體科罪，追物還主，不必論服制遞減。

雍正三年律例館奏准：親屬相盜，律得按服制減等，而費用受寄物，反不許按服制遞減，殊未允協，應删，今將奏准删改例文開後。

一、親屬費用受寄財物，大功以上及外祖父母得相容隱之親屬，追物給主，不坐罪，小功減三等，緦麻減二等，無服之親減一等，俱追物還主。

罪名

笞二十

費用受寄財物畜産計一十兩者。〇無服之親計二十兩者。〇緦麻親計三十兩者。〇小功親計四十兩者。

笞三十

費用受寄財物畜産計二十兩者。〇無服之親計三十兩者。〇緦麻親計四十兩者。〇小功親計五十兩者。

笞四十

費用受寄財物畜産計三十兩者。〇無服之親計四十兩者。〇緦麻親計五十兩者。〇小功親計六十兩者。

笞五十

費用受寄財物畜産計四十兩者。○無服之親計五十兩者。○緦麻親計六十兩者。○小功親計七十兩者。

杖六十

費用受寄財物畜産計五十兩者。○無服之親計六十兩者。○緦麻親計七十兩者。○小功親計八十兩者。

受寄財物畜産詐言死失,計一十兩者。○無服之親計二十兩者。○緦麻親計三十兩者。○小功親計四十兩者。○隱匿不認計一兩以下者。○無服親計一十兩者。○緦麻親計二十兩者。○小功親計三十兩者。

杖七十

費用受寄財物畜産計六十兩者。○無服親計七十兩者。○緦麻親計八十兩者。○小功親計九十兩者。

受寄財物畜産詐言死失,計二十兩者。○無服親計三十兩者。○緦麻親計四十兩者。○小功親計五十兩者。○隱匿不認計一十兩者。○無服親計二十兩者。○緦麻親計三十兩者。○小功親計四十兩者。

杖八十

費用受寄財物畜産計七十兩者。○無服親計八十兩者。○緦麻親計一百兩者。○小功親計二百兩者。

受寄財物畜産詐言死失,計三十兩者。○無服親計四十兩者。○緦麻親計五十兩者。○小功親計六十兩者。○隱匿不認計二十兩者。○無服親計三十兩者。○緦麻親計四十兩者。○小功親計五十兩者。

杖九十

費用受寄財物畜産計八十兩者。○無服親計一百兩者。○緦麻親計二百兩者。○小功親計三百兩者。

受寄財物畜産詐言死失,計四十兩者。○無服親計五十兩者。○緦麻親計六十兩者。○小功親計七十兩者。○隱匿不認計三十兩者。○無服親計四十兩者。○緦麻親計五十兩者。○小功親計六十兩者。

杖一百

費用受寄財物畜産計一百兩者。○無服親計二百兩者。○緦麻親計三百兩者。○小功親計四百兩者。

受寄財物畜産詐言死失,計五十兩者。○無服親計六十兩者。○緦麻親計七十兩者。○小功親計八十兩者。○隱匿不認計四十兩者。○無服親計五十兩者。○緦麻親計六十兩者。○小功親計七十兩者。

徒一年杖六十

費用受寄財物畜産計二百兩者。○無服親計三百兩者。○緦麻親計四百兩者。○小功親計五百兩者。

受寄財物畜産詐言死失,計六十兩者。○無服親計七十兩者。○緦麻親計八十兩者。○小功親計九十兩者。○隱匿不認計五十兩者。○無服親計六十兩者。○緦麻親計七十兩者。○小功親計八十兩者。

徒一年半杖七十

費用受寄財物畜産計三百兩者。○無服親計四百兩者。○緦麻親計五百兩者。

受寄財物畜産詐言死失,計七十兩者。○無服親計八十兩者。○緦麻親計九十兩者。○小功親計一百兩一百一十兩一百二十兩者。○隱匿不認計六十兩者。○無服親計七十兩者。○緦麻親計八十兩者。○小功親計九十兩者。

徒二年杖八十

費用受寄財物畜産計四百兩者。○無服親計五百兩者

受寄財物畜産詐言死失,計八十兩者。○無服親計九十兩者。○緦麻親計一百兩一百一十兩一百二十兩者。○隱匿不認計七十兩者。○無服親計八十兩者。○緦麻親計九十兩者。○小功親計一百兩一百一十兩一百二十兩者。

徒二年半杖九十

費用受寄財物畜産計五百兩者。

受寄財物畜産詐言死失,計九十兩者。○無服親計一百兩一百一十兩一百二十兩者。○隱匿不認計八十兩者。○無服親計九十兩者。○緦麻親計一百兩一百一十兩一百二十兩者。

徒三年杖一百

受寄財物畜産詐言死失,計一百兩一百一十兩一百二十兩者。○隱匿不認計九十兩者。○無服親計一百兩一百一十兩一百二十兩者。

流二千里杖一百

受寄財物畜産隱匿不認計一百兩者。

流二千五百里杖一百

受寄財物畜產隱匿不認計一百一十兩者。

流三千里杖一百

受寄財物畜產隱匿不認計一百二十兩者。

得遺失物

凡得遺失之物，限五日内送官，官物還官；私物召人識認，於内一半給與得物人充賞，一半給還失物人，如三十日内無人識認者，全給。限外不送官者，官物坐贓論，罪止杖一百、徒三年，追物還官；私物減二等，其物一半入官，一半給主，若無主，全入官。○若於官私地内掘得埋藏之物者，並聽收用，若有古器鐘鼎符印異常之物，限三十日内送官，違者杖八十，其物入官。

歷年事例

雍正五年諭："天地生財，原以濟生民之用，貴乎流轉於宇宙之間，故失之於此，得之於彼，流通轉移，各受其益，此即裒多益寡，酌盈劑虚之道也。乃愚昧無知之人，不明此義，惟恐積之不固，秘之不深，將白銀或以萬計，或以數十萬計埋藏地中，多方掩蓋，其始不欲令人知之，則其所以藏之者甚密，迨歲月久遠，更無有知之者，而此銀遂致迷失。是錙銖而積之，什襲而藏之者，竟歸於烏有，亦惑之甚者矣。或有時被他人掘取，旁觀忮妬，每致紛爭角獄，因而受累招尤，豈非埋藏者實貽之害乎？況地中多藏一金，民間即少一金之用，不可以不察也。似此等藏銀者，大抵皆愚昧無知之流，向來既未曾禁止，又無人明白開導，是以迷而不悟，自謂得計，而不知非。朕爲愛養生民計，欲使財寶流通，彼此得其利濟，其在鄉村之間，慮有竊盜之患，或以金銀藏於墻壁及炕之中，尚在顯淺之處，不致迷失；若深藏於地中者，將來歲月既久，子孫亦不知踪跡，棄置土壤，深爲可惜。其作何曉諭勸戒禁止之處，著會議具奏。"遵旨議准：嗣後有將金銀埋藏地中者，事露之日，將所藏金銀充地方賑恤窮民之用，其或被他人偷掘緝獲之日，將金銀追出，不准給還原主，亦充地方賑恤窮民之用。

罪名

笞二十

得遺失物五日限外不送官，官物計一兩以下者。○私物計二十兩者。

笞三十

得遺失物限外不送官，官物計一十兩者。○私物計三十兩者。

笞四十

得遺失物限外不送官,官物計二十兩者。○私物計四十兩者。

笞五十

得遺失物限外不送官,官物計三十兩者。○私物計五十兩者。

杖六十

得遺失物限外不送官,官物計四十兩者。○私物計六十兩者。

杖七十

得遺失物限外不送官,官物計五十兩者。○私物計七十兩者。

杖八十

得遺失物限外不送官,官物計六十兩者。○私物計八十兩者。

地内掘得古器鐘鼎符印異物三十日内不送官者。

杖九十

得遺失物限外不送官,官物計七十兩者。○私物計一百兩者。

杖一百

得遺失物限外不送官,官物計八十兩者。○私物計二百兩者。

徒一年杖六十

得遺失物限外不送官,官物計一百兩者。○私物計三百兩者。

徒一年半杖七十

得遺失物限外不送官,官物計二百兩者。○私物計四百兩者。

徒二年杖八十

得遺失物限外不送官,官物計三百兩者。○私物計五百兩者。

徒二年半杖九十

得遺失物限外不送官,官物計四百兩者。

徒三年杖一百

得遺失物限外不送官,官物計五百兩者。

大清會典卷之一百六十二

刑部

〔律例十三户律八〕

〔市廛〕

私充牙行埠頭

凡城市鄉村諸色牙行及船埠頭，並選有抵業人户充應，官給印信文簿，附寫客商船户住貫姓名、路引字號、物貨數目，每月赴官查照，私充者，杖六十，所得牙錢入官，官牙埠頭容隱者，笞五十，革去。

附律定例

一、凡客店，每月置店曆一扇，在内赴兵馬司，在外赴有司署押訖，逐日附寫到店客商姓名人數起程月日，各赴所司查照，如有客商病死，所遺財物别無家人親屬者，官爲見數移招，召父兄子弟，或已故之人嫡妻識認給還，一年後無識認，入官。

雍正三年律例館奏准增定附律例文

一、旗民遇有喪葬，聽憑本家之便僱人擡送，不許仵作私分地界，霸占扛擡，分外多取僱值地方，官嚴行查禁，如有恃強攙奪不容本家僱人者，立拏枷號兩個月，杖一百。

一、凡在京各牙行領帖開張，照五年編審例，清查换帖，若有光棍頂冒朋充，巧立名色，霸開總行，逼勒商人不許别投，拖欠客本，久占累商者，問罪，枷號一個月，發附近充軍，地方官通同徇縱者，一并參處。

罪名

笞五十

官牙埠頭容隱私充牙行埠頭者。

杖六十

私充牙行埠頭者。

杖一百

旗民喪葬仵作私分地界恃强攙奪不容本家僱人者枷號兩月。

附近充軍

光棍霸開總行,不許商人别投,拖欠客本久占累商者枷號一個月充發。

市司評物價

凡諸物行人評估物價,或貴或賤令價不平者,計所增減之價坐贓論,一兩以下,笞二十,罪止杖一百、徒三年;入己者,准竊盜論,免刺。○其爲罪人估贓不實致罪有輕重者,以故出入人罪論,受財者計贓以枉法從重論。

罪名

笞一十

牙行估贓不實致罪有輕重笞一十者。○輕重笞二十罪未決放者。

笞二十

牙行估價不平計增減一兩以下者。

牙行估贓不實致罪有輕重笞二十者。○輕重笞三十罪未決放者。

笞三十

牙行估價不平計增減一十兩者。

牙行估贓不實致罪有輕重笞三十者。○輕重笞四十罪未決放者。

笞四十

牙行估價不平計增減二十兩者。

牙行估贓不實致罪有輕重笞四十者。○輕重笞五十罪未決放者。

笞五十

牙行估價不平計增減三十兩者。

牙行估贓不實致罪有輕重笞五十者。○輕重杖六十罪未決放者。

杖六十

牙行估價不平計增減四十兩者。○增減入己一兩以下者。

牙行估贓不實致罪有輕重杖六十者。○輕重杖七十罪未決放者。○估贓不實罪未至杖六十,而受財一兩以下者。

杖七十

牙行估價不平計增減五十兩者。○增減入己一十兩者。

牙行估贓不實致罪有輕重杖七十者。○輕重杖八十罪未決放者。○估贓不實罪未至杖七十,而受財一兩之上至五兩者。

杖八十

牙行估價不平計增減六十兩者。○增減入己二十兩者。

牙行估贓不實致罪有輕重杖八十者。○輕重杖九十罪未決放者。○估贓不實罪未至杖八十,而受財一十兩者。

杖九十

牙行估價不平計增減七十兩者。○增減入己三十兩者。

牙行估贓不實致罪有輕重杖九十者。○輕重杖一百罪未決放者。○估贓不實罪未至杖九十,而受財一十五兩者。

杖一百

牙行估價不平計增減八十兩者。○增減入己四十兩者。

牙行估贓不實致罪有輕重杖一百者。○輕重徒一年罪未決放者。○估贓不實罪未至杖一百,而受財二十兩者。

徒一年杖六十

牙行估價不平計增減一百兩者。○增減入己五十兩者。

牙行估贓不實致罪有輕重徒一年者。○輕重徒一年半罪未決放者。○估贓不實罪未至徒一年,而受財二十五兩者。

徒一年半杖七十

牙行估價不平計增減二百兩者。○增減入己六十兩者。

牙行估贓不實致罪有輕重徒一年半者。○輕重徒二年罪未決放者。○估贓不實罪未至徒一年半,而受財三十兩者。

徒二年杖八十

牙行估價不平計增減三百兩者。○增減入己七十兩者。

牙行估贓不實致罪有輕重徒二年者。○輕重徒二年半罪未決放者。○估贓不實罪未至徒二年,而受財三十五兩者。

徒二年半杖九十

牙行估價不平計增減四百兩者。○增減入己八十兩者。

牙行估贓不實致罪有輕重徒二年半者。○輕重徒三年罪未決放者。○估贓不實罪未至徒二年半,而受財四十兩者。

徒三年杖一百

牙行估價不平計增減五百兩者。○增減入己九十兩者。

牙行估贓不實致罪有輕重徒三年者。〇輕重三流罪未決放者。〇估贓不實罪未至徒三年,而受財四十五兩五十兩五十五兩者。

流二千里杖一百

牙行估價不平增減入己一百兩者。

牙行估贓不實致罪有輕重流二千里者。

流二千五百里杖一百

牙行估價不平增減入己一百一十兩者。

牙行估贓不實致罪有輕重流二千五百里者。

流三千里杖一百

牙行估價不平增減入己一百二十兩者。

牙行估贓不實致罪有輕重流三千里者。〇輕重二死罪未決放者。〇估贓不實罪未至流三千里,而受財八十兩者。

絞監候

牙行估贓不實致罪有輕重實絞者。〇估贓不實罪未至實絞,而受財一百二十兩者。

斬監候

牙行估贓不實致罪有輕重實斬者。

把持行市

凡買賣諸物,兩不和同,而把持行市,專取其利,及販鬻之徒通同牙行,共爲姦計賣物以賤爲貴,買物以貴爲賤者,杖八十。〇若見人有所買賣,在傍高下比價,以相惑亂而取利者,笞四十。〇若已得利物,計贓重者,准竊盜論,免刺。

附律定例

一、會同館内外四鄰軍民人等,代替外國人收買違禁貨物者,問罪,枷號一個月,發邊衛充軍。

一、凡外國人朝貢到京,會同館開市五日,各舖行人等將不係應禁之物入館兩平交易、染作布絹等項,立限交還,如賒買及故意拖延,騙勒遠人久候不得起程者,問罪,仍於館門首枷號一個月,若不依期日及誘引遠人潛入人家,私相交易者,私貨各入官,舖行人等照前枷號。

一、凡外國差使臣人等赴京朝貢,官員與軍民人等交易,止許光素紵絲絹布衣服等件,不許買黄紫黑皂大花西番蓮緞疋及史書,不許將一應兵器并違禁銅鐵等物私易,違者處以極刑。

雍正三年律例館奏准：外國交易禁例，文尚未備，將“及史書”至“處以極刑”二十五字改爲“並不得收買史書及一應違禁兵器焰硝牛角銅鐵等物。如有將違禁兵器等物圖利賣與外國人者，比照私將軍器出境因而走泄事情律，爲首者梟首示衆。”

一、甘肅、西寧等處，遇有番彝到來，本都司委官關防提督，聽與軍民人等兩平交易，若勢豪之家主使弟男子姪家人頭目人等，將遠人好馬奇貨包收，逼令減價，以賤易貴，及將粗重貨物并瘦損頭畜拘收，取覔用錢方許買賣者，聽主使之人問發附近衛分充軍，干礙勢豪及委官知而不舉通同分利者，參問治罪。

雍正三年律例館奏准：“本都司”三字改爲“所在該管官司”。

一、各處客商輻輳去處，若牙行及無藉之徒用强邀截客貨者，不論有無誆賒貨物，問罪，俱枷號一個月，如有誆賒貨物，仍監追完足發落，若監追年久，無從賠還，累死客商，屬軍衛者發邊衛，有司者發附近，俱充軍。

雍正三年律例館奏准：私債無監追之例，應改爲追比，“屬軍衛者”至“俱充軍”十七字改爲“發附近充軍”。

一、楊村蔡村河西務等處，如有用强攔截民運糧船，在家包僱車輛，逼勒多出脚錢者，問追給主，仍發邊衛充軍。

一、凡捏稱皇店，在於京城内外等處邀截客商，掯勒財物者，俱拏送法司問罪，就於害人處所枷號三個月，發極邊衛分永遠充軍。

雍正三年律例館奏准：明代有皇店名色，國初裁停，無此已久，例文删。

雍正三年律例館奏准增定附律例文

一、凡旗下人將在京馬匹販至外省發賣者，販子處絞，説合牙人，不分旗民，減一等科罪，該管佐領、驍騎校、領催及該管五城司坊等官，不行嚴查禁止被旁人拏獲者，將該管官交該部議處，領催鞭八十，係旗下家僕，罪坐伊主，鞭一百，被旁人拏首者，於販子名下追銀十兩充賞。

一、凡内務府人員家人及内外王貝勒貝子公大臣官員家人，領本生理，霸占要地關津，倚勢欺陵，不令商民貿易者，事發將倚勢欺陵之人在犯事處所即行處斬示衆。如民人借貸王以下大臣官員銀兩，指名貿易，霸占要地關津，恃强貽累地方者，亦照此例治罪；又内務府人員家人及王以下大臣官員家人，指名倚勢，網收市利，挾制有司，干預詞訟，肆行非法，該主遣去者，本犯枷號三個月，鞭一百，本犯私去者，照光棍例治罪，内外王貝勒貝子公失察者,俱交各該衙門照例議處,管理家務官革職,大臣官員失察者,亦俱革職,不行查挐之該地方文武官,交該部議處。

歷年事例

順治元年定:凡占踞市行,與民争利,虧損税額者,定置重典。〇十七年議准:凡豪强滿洲霸占市井貿易,及滿洲家人强買市物者,該城御史查參重處。〇康熙六年議准:凡在外王公將軍文武官員家人,有霸占要地關津,用强貿易,欺壓詐害商民者,事發在原犯之處枷號三個月,係民責四十板,係旗下鞭一百,其主係王罰銀一萬兩,係公罰銀五千兩,管理家務官俱革職,係將軍、都統、護軍統領、副都統及督撫、提鎮文武官員,俱革職,其該汛文武各官不行查獲者,各降一級調用,如兵民商人指稱王公文武官員之名,强行欺壓者,爲首之人照光棍例治罪;貨物入官,此等事發,委官稽查徇庇不據實回報者,俱革職。〇十八年議准:凡内務府佐領以及内外王貝勒貝子公大臣官員家人,有領本霸占要地關津,不令商民貿易,倚勢欺陵者,事發在原犯處所立斬;若係内務府佐領下人,將該管官革職,係宗室王以下公以上家人,親王罰銀一萬兩,郡王罰銀五千兩,貝勒罰銀二千五百兩,貝子罰銀一千三百兩,公罰銀七百兩,仍交與宗人府從重議處,其管理家務官,俱革職;若係在外王等家人,親王罰銀一萬兩,降爲郡王,貝勒貝子請旨定奪,郡王貝勒貝子罰銀五千兩,降爲公,管理家務官俱革職;若係大臣官員家人,伊主俱革職 其霸占欺民之人,汛地文武各官不查挐者,俱革職;至於王以下大臣各官,將資本借貸民人,指稱貿易,霸占要地關津,倚勢貽累地方者,亦照此例治罪。

罪名

笞四十

見人買賣從旁比價惑亂取利者。

笞五十

見人買賣從旁比價惑亂取利一兩以下爲從者。

杖六十

見人買賣從旁比價惑亂取利一兩以下者,十兩之爲從者。

杖七十

見人買賣從旁比價惑亂取利一十兩者,二十兩之爲從者。

杖八十

買賣把持通同作奸貴賤不平取利者。

見人買賣從旁比價惑亂取利二十兩者,三十兩之爲從者。

杖九十

買賣把持通同作奸,貴賤不平及見人買賣從旁比價惑亂,取利三十兩者,四十兩之爲從者。

杖一百

買賣把持通同作奸,貴賤不平及見人買賣從旁比價惑亂,取利四十兩者,五十兩之爲從者。

徒一年杖六十

買賣把持通同作奸,貴賤不平及見人買賣從旁比價惑亂,取利五十兩者,六十兩之爲從者。

徒一年半杖七十

買賣把持通同作奸,貴賤不平及見人買賣從旁比價惑亂,取利六十兩者,七十兩之爲從者。

徒二年杖八十

買賣把持通同作奸,貴賤不平及見人買賣從旁比價惑亂,取利七十兩者,八十兩之爲從者。

徒二年半杖九十

買賣把持通同作奸,貴賤不平及見人買賣從旁比價惑亂,取利八十兩者,九十兩之爲從者。

徒三年杖一百

買賣把持通同作奸,貴賤不平及見人買賣從旁比價惑亂,取利九十兩者,一百兩一百一十兩一百二十兩之爲從者。

流二千里杖一百

買賣把持通同作奸,貴賤不平及見人買賣從旁比價惑亂,取利一百兩者。

流二千五百里杖一百

買賣把持通同作奸,貴賤不平及見人買賣從旁比價惑亂,取利一百一十兩者。

流三千里杖一百

買賣把持通同作奸,貴賤不平及見人買賣從旁比價惑亂,取利一百二十兩者。

旗人將在京馬匹販至外省發賣其説合牙人。

附近充軍

甘肅西寧等處番彝到來，勢豪之家主使人將遠人好馬奇貨包收，逼令減價，以賤易貴及將粗重貨物并瘦損頭畜拘收，取覓用錢方許買賣其聽使之人。

牙行及無籍之徒用强邀截客貨誆賒年久累死客商者。

邊衛充軍

會同館四鄰軍民代外國人收買違禁貨物者，枷號一個月充發。

楊村等處用强攔截民運糧船，在家包僱車輛逼勒多出脚錢者。

斬決

外國使臣人等朝貢來京，軍民人等將違禁兵器等物賣與，爲首者梟示。

内務府人員家人及王公大臣官員家人領本生理霸占要地關津，不令商民貿易者。〇民人借貸，王以下大臣官員銀兩指名貿易霸占要地關津，貽累地方者。〇又家人私自指名倚勢網利，干預詞訟，肆行非法爲首者。

私造斛斗秤尺

凡私造斛斗秤尺不平，在市行使，及將官降斛斗秤尺作弊增減者，杖六十，工匠同罪。〇若官降不如法者，杖七十，提調官失於較勘者，減一等，知情與同罪。〇其在市行使斛斗秤尺雖平，而不經官司較勘印烙者，笞四十。〇若倉庫官吏私自增減官降斛斗秤尺收支官物而不平者，杖一百，以所增減物計贜，重者坐贜論，因而得物入己者，以監守自盗論，工匠杖八十，監臨官知而不舉者，與犯人同罪，失覺察者減三等，罪止杖一百。

罪名

笞四十

行使斛斗秤尺不經較勘印烙者。

杖六十

斛斗秤尺私造不平及增減官降者。〇工匠同。

官降斛斗秤尺不如法提調官失於較勘者。

杖七十

官降斛斗秤尺不如法其官吏工匠。〇提調官知情者。

倉庫官吏私自增減斛斗秤尺收支不平，犯該杖一百罪，其監臨官失覺察者。

杖八十

工匠爲倉庫官吏私增減斛斗秤尺者。

倉庫官吏私自增減斛斗秤尺,坐贓及入己贓,犯該徒一年罪,其監臨官失覺察者。

杖九十

倉庫官吏私自增減斛斗秤尺,坐贓及入己贓,犯該徒一年半罪,其監臨官失覺察者。

杖一百

倉庫官吏私自增減斛斗秤尺,收支不平者。○坐贓及入己贓,犯該徒二年罪,其監臨官失覺察者。

徒一年杖六十

倉庫官吏私自增減斛斗秤尺,計增減物一百兩者。○增減入己七兩五錢者。○監臨官知而不舉者。

徒一年半杖七十

倉庫官吏私自增減斛斗秤尺,計增減物二百兩者。○增減入己一十兩者。○監臨官知而不舉者。

徒二年杖八十

倉庫官吏私自增減斛斗秤尺,計增減物三百兩者。○增減入己一十二兩五錢者。○監臨官知而不舉者。

徒二年半杖九十

倉庫官吏私自增減斛斗秤尺,計增減物四百兩者。○增減入己一十五兩者。○監臨官知而不舉者。

徒三年杖一百

倉庫官吏私自增減斛斗秤尺,計增減物五百兩者。○增減入己一十七兩五錢者。○監臨官知而不舉者。

准徒四年雜犯三流

倉庫官吏私自增減斛斗秤尺,計入己二十兩二十五兩三十兩者。

斬雜犯准徒五年

倉庫官吏私自增減斛斗秤尺,計入己四十兩者。

器用布絹不如法

凡民間造器用之物不牢固正實,及絹布之屬紕薄短狹而賣者,各笞五十,其物入官。

罪名止有笞五十一條律文已明不複載。

大清會典卷之一百六十三

刑部

〔律例十四禮律一〕

〔祭祀〕

祭享

凡大祀及廟享所司太常寺，不將祭祀日期豫先告示，將祭則先致齋，將齋則先誓戒，將戒則先告示諸衙門知會者，笞五十，因不告示，而失悞行事者，杖一百；其已承告示，而失誤者，罪坐失誤之人，亦杖一百。〇若百官已受誓戒，傳制與百官齋戒。而弔喪問疾判署刑殺文書及預筵宴者，皆罰俸錢一月；其所司知百官有緦麻以上喪，或曾經杖罪遣充執事及令陪祀者，罪同；不知者不坐；若有喪有過不自言者，罪亦如之。其已受誓戒人員散齋不宿净室，罰俸錢半月，致齋於內不宿本司者，罰俸錢一月。〇若大祀牲牢玉帛黍稷之屬，不如法者，笞五十，一事缺少者，杖八十，一座全缺者，杖一百。〇若奉大祀在滌之犧牲主司犧牲所官喂養不如法，致有瘦損者，一牲笞四十，每一牲加一等，罪止杖八十，因而致死者，加一等。〇中祀有犯者，罪同。餘條准此。

雍正三年律例館奏准：今無罰俸半月之例，將"散齋不宿净室"下"罰俸錢半月"五字删，"致齋不宿本司者"下"罰俸錢一月"上加一"並"字。

附律定例

一、郊祀齋戒，前二日，太常寺官宿於本司，次日，具本奏聞致齋三日，次日進銅人傳制，諭文武官齋戒，不飲酒，不食葱韭薤蒜，不問病，不弔喪，不聽樂，不理刑，不與妻妾同處，定齋戒日期。文武百官先沐浴更衣，本衙門宿歇。次日，聽誓戒畢，致齋三日，宗廟社稷亦致齋三日，惟不誓戒。

一、太常寺厨役,但係訐告詞訟及因人連累問該笞杖罪名者,納贖,仍送本司著役,徒罪以上及姦盜詐僞併有誤供祀等項,不分輕重,俱的決做工,改撥光禄寺應役。

雍正三年律例館奏准:今無做工之例,"做工"二字删。

一、大祀前三月,以犧牲付犧牲所滌治如法,中祀前三十日滌之,小祀前十日滌之。大祭者,祭天地、太社、太稷也。廟享者,祭太廟、山陵也。中祀,如朝日、夕月、風、雲、雷、雨、嶽、鎮、海、瀆及歷代帝王、先師、先農、旗纛等神,小祀如凡載在祀典諸神,唯帝王陵寢及孔子廟,則傳制特遣。

雍正五年律例館奏准增定附律例文

一、每年三月十八日,恭逢聖祖仁皇帝萬壽聖節,凡内外文武官員及軍民人等,俱應虔誠齋戒,不理刑名,禁止屠宰。

一、每年八月二十七日,恭值至聖先師孔子誕辰,内外文武各官以及軍民人等應致齋一日,不理刑名,禁止屠宰。

罪名

笞四十

大祀、中祀犧牲主司喂養不如法致瘦損一牲者。

笞五十

大祀及廟享所司不將祭祀日期預告示諸衙門者。

大祀、中祀牲牢、玉帛、黍稷之屬不如法者。○犧牲喂養不如法致瘦損二牲者。○致死一牲者。

杖六十

大祀、中祀犧牲主司喂養不如法致瘦損三牲者。○致死二牲者。

杖七十

大祀、中祀犧牲主司喂養不如法致瘦損四牲者。○致死三牲者。

杖八十

大祀、中祀牲牢、玉帛、黍稷之屬一事缺少者。○犧牲喂養不如法致瘦損五牲者。○致死四牲者。

杖九十

大祀、中祀犧牲主司喂養不如法致死五牲者。

杖一百

大祀及廟享所司不預先告示祭祀日期,因而失誤行事者。○已承告示而失誤者。

大祀、中祀牲牢、玉帛、黍稷之屬一座全缺者。

毀大祀丘壇

凡大祀丘壇而毀損者，不論故誤。杖一百、流二千里，壝門，減二等，杖九十、徒二年半。〇若棄毀大祀神御之物者，兼太廟。杖一百、徒三年，雖輕必坐。遺失及誤毀者，各減三等，杖七十、徒一年半，如價值重者，以棄毀官物科。

附律定例

一、天地壇内縱放牲畜作踐及私種耤田外餘地，并奪取耤田禾把者，俱問違制，杖一百，牲畜入官，犯人枷號一個月發落。

罪名

杖一百

天地丘壇内縱放牲畜作踐，及私種耤田外餘地，并奪取耤田禾把者枷號一個月。

徒一年半杖七十

大祀、中祀神御之物遺失及誤毀者。

徒二年半杖九十

大祀、中祀壝門毀損者。

徒三年杖一百

大祀、中祀神御之物棄毀者。

流二千里杖一百

大祀、中祀丘壇毀損者。

致祭祀典神祇

凡各府州縣社稷、山川、風、雲、雷、雨等神，及境内先代聖帝、明王、忠臣、烈士，載在祀典，應合致祭。神祇所在，有司置立牌面，開寫神號、祭祀日期，於潔净處常參懸掛，依時致祭。至期失誤祭祀者，所司官吏杖一百，其不當奉祀之神非祀典所載，而致祭者，杖八十。

罪名

杖八十

有司致祭不當奉祀之神非祀典所載者。〇吏同。

杖一百

有司於應合致祭神祇至期失誤祭祀者。〇吏同。

歷代帝王陵寢

凡歷代帝王陵寢及忠臣烈士先聖先賢墳墓，所在有司當加護守。不許於上樵採耕種及牧放牛羊等畜，違者杖八十。

雍正三年律例館奏准："先聖先賢"四字改在"忠臣烈士"之上。

罪名止有杖八十一條律文已明不復列。

褻瀆神明

凡私家告天拜斗，焚燒夜香，燃點天燈告天七燈拜斗褻瀆神明者，杖八十；婦女有犯，罪坐家長。若僧道修齋設醮，而拜奏青詞表文及祈禳火災者，同罪，還俗。重在拜奏，若止修齋而不拜奏青詞表文者，不禁。〇若有官及軍民之家，縱令妻女於寺觀神廟燒香者，笞四十，罪坐夫男，無夫男者，罪坐本婦；其寺觀神廟住持及守門之人不爲禁止者，與同罪。

附律定例

一、凡僧道軍民人等，於各寺觀神廟刁姦婦女因而引誘逃走，或誆騙財物者，問各杖一百，姦夫發三千里充軍，姦婦入官爲婢，財物照追給主。〇若軍民人等縱令婦女於寺觀神廟有犯者，杖七十，枷號一個月發落。

雍正三年律例館奏准增定附律例文

一、凡各省迎神賽會者，照師巫邪術例，將爲首之人從重治罪，其男女嬉遊花費者，照治家不嚴例罪坐家長。

歷年事例

天聰五年諭："凡喇嘛班第居城外清净寺廟焚修，不許容留婦人，違者勒令還俗，其有施齋於喇嘛班第者，許令男人饋送本寺，若婦人私邀喇嘛班第到家者，以姦論罪。家人出首者，准其離主。"〇順治十八年題准：凡婦女，不許私入寺廟燒香，違者治以姦罪。旁人能緝首者，罰本犯銀十兩給之。〇康熙六年議准：喇嘛所住寺廟，若容留婦女行走者，將喇嘛班第鞭一百，其婦之夫係官，罰俸一年，係平人，夫婦各鞭一百，若喇嘛班第有私往婦女家過宿者，喇嘛班第與本婦俱處絞，該管之大喇嘛罰牲三九，扎薩克喇嘛罰牲二九，得木齊等罰牲一九入官；其不稟明大喇嘛於所往處過宿者，革除喇嘛班第入官，留宿之人係官，罰俸一年，係平人鞭一百。〇十二年議准：凡丈夫出外，婦人私請喇嘛班第到家者，照不應重律杖八十，若稟過該佐領驍騎校請來者，無罪；其婦人私入寺廟燒香者，照律治罪，拏首之人照例給賞，若家僕出首者，照首主例治罪。

罪名

笞四十

縱令妻女於寺觀神廟燒香者。〇無夫男者坐本婦。〇寺觀神廟住持及守門人不禁止者。

杖七十

縱令婦女入寺觀神廟因而致被姦逃誆騙者枷號一個月。

縱令男女嬉遊花費之家長枷號一個月。

杖八十

告天拜斗燒夜香點天燈及七燈者。○婦女有犯坐家長。

僧道修齋祈禳而拜奏青詞表文者。

杖一百

婦女入寺觀神廟，以致被人刁姦引誘誆騙者。

邊遠充軍

僧道軍民人等於寺觀神廟刁姦婦女引誘逃走，誆騙財物者。

禁止師巫邪術

凡師巫假降邪神、書符咒水、扶鸞禱聖，自號端公太保師婆名色，及妄稱彌勒佛、白蓮社、明尊教、白雲宗等會一應左道亂正之術，或隱藏圖像，燒香集衆，夜聚曉散，佯修善事，煽惑人民，爲首者絞，爲從者各杖一百、流三千里。○若軍民裝扮神像，鳴鑼擊鼓，迎神賽會者，杖一百，罪坐爲首之人。○里長知而不首者，各笞四十。其民間春秋義社以行祈報者，不在此限。

附律定例

一、各處官吏軍民僧道人等來京，妄稱諳曉扶鸞禱聖、書符咒水一切左道異端邪術，煽惑人民爲從者，及稱燒煉丹藥、出入内外官家，或擅入皇城夤緣作弊，希求進用，屬軍衛者發邊衛充軍，屬有司者發邊外爲民。若容留潛住及薦舉引用，鄰甲知情不舉，并皇城各門守衛官軍不行關防搜拏者，各參究治罪。

一、凡左道惑衆之人，或燒香集徒，夜聚曉散，爲從者及稱爲善友求討布施至十人以上，并軍民人等不問來歷窩藏接引，或寺觀住持容留披剃冠簪，探聽境内事情，若審實探聽軍情，以奸細論。及被誘軍民捨與應禁鐵器等項事發，屬軍衛者發邊衛充軍，屬有司者發邊外爲民。

雍正三年律例館奏准增定附律例文

一、習天文之人，若妄言禍福，煽惑人民者，仍照律治罪。

一、凡端公道士作爲異端法術，醫人致死者，照鬭殺律擬罪。

一、邪教惑衆照律治罪外，如該地方官不行嚴禁，在京五城御史，在外督撫徇庇不行糾參，一并交與該部議處。旁人出首者，於各犯名下併追銀二十兩充賞，如係應捕之人，拏獲者追銀十兩充賞。

歷年事例

天聰五年諭："凡巫覡、星士妄言吉凶，蠱惑婦女，誘取財物者，必殺無赦，該管佐領、領催及本主各坐應得之罪。其信用之人亦坐罪。〇崇德七年諭：凡老少男婦，有爲善友惑世誣民者，永行禁止，如不遵禁約，必殺無赦。該管各佐領、領催及各主不行查究者，一例治罪。〇順治六年定：凡僧道巫覡之流，妄行法術，蠱惑愚衆者，治以重罪。"〇十三年諭："凡左道惑衆，如無爲、白蓮、聞香等教名色，起會結黨，迷誘無知小民，殊可痛恨，今後再有踵行邪教聚會，燒香斂錢號佛等事，在京著五城御史及地方官，在外著督撫司道有司等官，設法緝拏，窮究奸狀，於定例外加等治罪。"〇十八年定：凡無名巫覡私自跳神者，杖一百；因而致人於死者，處死。〇康熙元年題准：人有邪病請巫覡道士醫治者，須稟明都統用印文報部，准其醫治，違者，巫覡道士正法外，請治之人亦治以罪。〇五年覆准：凡邪教惑衆，在京行五城御史，在外行督撫轉行文武各地方官嚴禁查拏，如不行查察，督撫等徇庇不參，事發在内該管官每案罰俸三個月，在外州縣官降二級調用，督撫罰俸一年。〇七年覆准：凡邪教惑衆者，照律遵行，其地方各官，仍照例一併治罪。〇十二年題准：凡端公道士私行跳神醫人者，免死，杖一百，雖曾稟過禮部，有作爲異端，跳神醫治，致人於死者，照鬬毆殺人律擬罪，其私請之人係官議處，係平人，照違令律治罪。〇十八年議准：凡迎神進香、鳴鑼擊鼓，肆行無忌者，爲首之人照邪教惑衆律擬絞監候，秋後處決，爲從之人，枷號三個月，係旗下鞭一百，係民責四十板，俱不准折贖，該管官不行查拏事發，係旗下人，將佐領、驍騎校步軍校，係民，將司坊官府州縣，係兵，將守備把總，每案罰俸半年，領催鞭八十，總甲責三十板，其參領、副尉、五城御史、布按司道副將、參將、遊擊，每案罰俸三個月，步軍統領、總尉、總督、巡撫、提督、總兵官，每案罰俸兩個月，若係内務府佐領下人，該管官照參領、佐領、驍騎校、領催例治罪，若係僧道，將該管僧道官革職，責二十板，僧録、道録司官革職。〇五十七年議准：各處邪教，令該督撫嚴行禁止，若地方官不行嚴查，或别處發覺者，將地方官及該督撫一併嚴行查議。

罪名

笞四十

里長知師巫邪術軍民賽會而不首者。

杖一百

軍民裝扮神像鳴鑼擊鼓迎神賽會爲首者。

流三千里杖一百

師巫假降邪神、書符咒水、扶鸞禱聖,自號端公、太保、師婆及妄稱彌勒佛、白蓮社、明尊教、白雲宗等會一應左道異端之術,或隱藏圖像、燒香集衆、夜聚曉散,佯修善事煽惑人民爲從者。

邊衛充軍

妄稱諳曉扶鸞禱聖、書符咒水一切左道異端邪術,煽惑人民爲從者及稱燒煉丹藥、出入内外官家,或擅入皇城夤緣作弊希求進用屬軍衛者。

左道惑衆燒香、集徒夜聚曉散,爲從者,及稱爲善友求討布施至十人以上,并不問來歷窩藏接引,或寺觀容留披剃冠簪探聽境内事情,及被誘捨與應禁鐵器等項事發屬軍衛者。

邊外爲民

妄稱諳曉扶鸞禱聖、書符咒水一切左道異端邪術,煽惑人民屬有司者發邊外。

左道惑衆燒香,集徒夜聚曉散,屬有司者發邊外。

絞監候

師巫假降邪神、書符咒水、扶鸞禱聖,自號端公、太保、師婆,及妄稱彌勒佛、白蓮社、明尊教、白雲宗等會一應左道異端之術,或隱藏圖像燒香,集衆夜聚曉散,佯修善事煽惑人民爲首者。

端公道士作爲異端法術醫人致死者。

斬監候

左道及稱爲善友若探聽軍情者。○窩藏容留之軍民人等,寺觀住持。

習天文之人妄言禍福煽惑人民爲首者。

大清會典卷之一百六十四

刑部

〔律例十五禮律二〕

〔儀制〕

合和御藥

凡合和御藥，誤不依對症本方，及封題錯誤，經手醫人，杖一百，料理揀擇誤不精者，杖六十，若造御膳誤犯食禁厨子，杖一百，若飲食之物不潔凈者，杖八十，揀擇誤不精者，杖六十，御藥御膳不品嘗者，笞五十；監臨提調官各減厨子醫人罪二等。〇若監臨提調官及厨子醫人等，誤將雜藥至御膳處所者，杖一百，所將雜藥就令自喫；御膳所厨子人等有犯，監臨提調官知而不奏者，門官及守衛官失於搜撿者，與犯人同罪，並臨時奏聞區處。右"厨子人等有犯，監臨提調官知而不奏者"十六字，雍正三年，律例館奉御批增入。

附律定例

一、醫官就内局修製藥餌，本院官診視調服御藥，參看校同，會近臣就内局合藥，將藥貼連名封記，具本開寫本方藥性、治症之法於日月之下，醫官近臣書名以進，置簿曆，用尚方司印合縫進藥，奏本既具，隨即附簿年月下書名近臣收掌，以憑稽考，煎調御藥本院官與近臣監視，二服合爲一服，俟熟分爲二器，其一器御醫先嘗，次院判，次近臣，其一器進御。

雍正三年律例館奏准：今無尚方司衙門及印用尚方司，"印合縫"句删。

罪名

笞三十

御膳及藥不品嘗其監臨提調官。

笞四十

御膳及藥誤揀擇不精其監臨提調官。

笞五十

御膳及藥不品嘗之厨子醫人。

杖六十

御膳及藥揀擇不精之厨子醫人。

御膳飲食之物不潔净其監臨提調官。

杖八十

合和御藥誤不依本方及封題錯誤若造。

御膳誤犯食禁其監臨提調官。

御膳不潔净之厨子。

杖一百

合和御藥誤不依本方及封題錯誤之醫人。

御膳誤犯食禁之厨子、監臨提調官及厨子人等,誤將雜藥至御膳所者。〇厨子誤將雜藥至御膳所其監臨提調官知而不奏者。〇門官及守衛官失於搜撿者。

乘輿服御物

凡乘輿服御物主守之人,收藏修整不如法者,杖六十;進御差失者,進所不當進。笞四十;其車馬之屬不調習,駕馭之具不堅完者,杖八十。〇若主守之人將乘輿服御物私自借用,或轉借與人及借之者,各杖一百、徒三年,若平時怠玩不行看守棄毁者,罪亦如之,遺失及誤毁者,各減三等。〇若御幸舟船誤不堅固者,工匠杖一百,若不整頓修飾及在船篙棹之屬缺少者,杖六十,竝罪坐所由經手造作之人竝主守之人,監臨提調官,各減工匠罪二等,竝臨時奏聞區處。

罪名

笞四十

乘輿服御物進御差失者。

御幸舟船不整修及缺少篙棹之屬,其監臨提調官。

杖六十

乘輿服御物修整不如法者。

御幸舟船不整頓修飾及缺少篙棹之屬者。

杖八十

御幸舟船誤不堅固其監臨提調官。

車馬之屬不調習駕馭之具不堅完者。

杖一百

御幸舟船誤不堅固之工匠。

徒一年半杖七十

主守將乘輿服御物遺失及誤毀者。

徒三年杖一百

主守將乘輿服御物私自借用,或轉借及借之者。○棄毀者。

收藏禁書及私習天文

凡私家收藏天象器物,如璿璣、玉衡、渾天儀之類。天文推步測驗之書占休咎、圖讖圖象讖緯之書推治亂應禁之書,及繪畫歷代帝王圖像、金玉、符璽等物,不首官者,杖一百,若不係天文生,私習天文者,罪亦如之。並於犯人名下追銀一十兩,給付告人充賞。器物等項,並追入官。私習之人術業已成,決訖送欽天監充天文生。

雍正三年律例館奏准:今私習天文之禁已除,應將律名改定。今將奏准改定律文開後。

收藏禁書

凡私家收藏天象器物,如璿璣、玉衡、渾天儀之類、圖讖圖象讖緯之書推治亂、應禁之書,及繪畫歷代帝王圖像、金玉、符璽等物不首官者,杖一百。並於犯人名下追銀一十兩,給付告人充賞。器物等項,並追入官。

歷年事例

康熙二十三年議准:凡習學天文之人及算法儀器,不必禁止,若有妄言禍福煽惑愚人者,仍照律擬罪。

罪名止有杖一百一條律文已明,不複列。

御賜衣物

凡御賜百官衣物,使臣不行親送,轉附他人給與者,杖一百,罷職不敘。

罪名止有杖一百一條律文已明,不複列。

失誤朝賀

凡朝賀及迎接詔書所司不預先告示者,笞四十,其已承告示而失誤者,罪亦如之。

附律定例

一、朝賀聽詔進表入班之際,偶值雨雪,許便服行禮。

罪名

笞四十

朝賀及迎接詔書所司不預先告示者。〇已承告示而失誤者。

失儀

凡陪助祭祀及謁拜園陵,若朝會行禮差錯及失儀者,罰俸錢半月。今罰俸一月。其糾儀官應糾舉而不糾者,罪同。

雍正三年律例館奏准:"罰俸錢半月"五字改"罰俸一月"小註刪。

附律定例

一、朝參近侍病嗽者,許即退班,或一時眩暈及感疾不能侍立者,許同列官掖出。

雍正三年律例館奏准增定附律例文

一、凡壇廟祭祀及聖駕出入並陞殿之日,派委司官及步軍校嚴加巡察,有厮役肆行喊叫衝突擁擠者,拏送該部,杖一百,其主笞五十;尋常朝會日,犯者杖六十,其主笞三十,係官俱交該部議處,若在内執事人並大臣侍衛跟役犯者,交與該管大臣衙門治罪。

罪名

笞三十此笞三十係罰俸六個月,凡官員所犯笞杖,罪名除十惡、姦情、枉法入己贓罪革職的決外,餘皆照名例以降罰科,倣此類推,不備列。

朝會日有厮役喊叫衝突擁擠者,其主。

笞五十

壇廟祭祀聖駕出入並陞殿之日,有厮役喊叫衝突擁擠者,其主。

杖六十

朝會日厮役喊叫衝突擁擠者。

杖一百

壇廟祭祀聖駕出入並陞殿之日,厮役喊叫衝突擁擠者。

奏對失序

凡在朝侍從官員特承顧問,官高者先行回奏,卑者以次進對,若先後失序者,各罰俸錢半月。

雍正三年律例館奏准:"罰俸錢半月"五字改爲"罰俸一月"。

罪名

奏對失序條，私罪，凡文武官犯私罪，該笞一十者，罰俸兩個月，此罰俸一個月尚未及笞一十，未列於五刑，故不條載。

朝見留難

凡儀禮司官將應朝見官員人等託故留難阻當，不即引見者，審實留難之故，得情方斬，大臣知而不問，與同罪；不知者，不坐。

罪名

斬監候

司儀禮官留難人員引見者。○大臣知而不問者。

上書陳言

凡國家政令得失、軍民利病一切興利除害之事，並從六部官面奏區處，及聽監察御史、提刑按察司官各陳所見，直言無隱。○若内外大小官員但有本衙門不便事件，許令明白條陳，實封進呈，取自上裁。若知而不言，苟延歲月者，在内從監察御史，在外從按察司糾察。犯者以事應奏不奏論。○若百工技藝之人，應有可言之事，亦許直至御前奏聞，其言可用，即付所司施行各衙門，但有阻當者，鞫問明白阻當之故，方斬。○其陳言事理，並要直言簡易，每事各開前件，不許虛飾繁文。○若縱横之徒，假以上書巧言令色，希求進用者，杖一百。○若稱訴冤枉，於軍民官司借用印信封皮入遞者，及借與者，皆斬雜犯。

雍正五年律例館奏准："聽監察御史提刑按察官"十字改"科道督撫明白條陳"下添"合題奏之本管官"七字，"在内從監察御史，在外從按察使"改"在内從科道，在外從督撫"。"若百工"一節删。

附律定例

一、内外大小衙門官員但有不公不法等事，在内從臺省，在外從按察司糾舉，須要明著年月，指陳實跡，明白具奏，若係機密重事實封，御前開拆，並不許虛文泛言，若挾私搜求細事及糾言不實者，抵罪；惟生員不許一言建白，違者革黜，以違制論。

雍正三年律例館奏准："按察司"三字改爲"督撫"。

一、各處斷發充軍及安置人等，不許進言，其所管衛所官員，毋得容許。

雍正三年律例館奏准："衛所"二字應删。

歷年事例

康熙四年覆准:凡劣衿奸民妄言國家政事,假公濟私,希圖録用者,照律治罪。〇十二年題准:生員越關赴京,在各衙門謊揑控告,或跪牌瀆奏者,所告不准,革去生員,照違制律杖一百。

罪名

笞四十

知本衙門不便事件不申請上官陳奏,苟延歲月者。

杖八十

知本衙門不便事件不行陳奏,苟延歲月者。

杖一百

假以上書希求進用者。

生員建白者黜革仍杖。

斬雜犯准徒五年

稱訴冤枉借用印信封皮入遞者。〇借與者。

見任官輒自立碑

凡見任官實無政蹟,於所部内輒自立碑建祠者,杖一百,若遣人妄稱己善,申請於上,而爲之立碑建祠者,杖八十;受遣之人,各減一等,碑祠拆毁。

歷年事例

康熙四十二年題准:官員保留陋弊,著嚴行禁革。

罪名

杖七十

部民聽現任官指使爲之稱善申請立碑建祠者。

杖八十

遣人妄稱己善申請立碑建祠者。

杖一百

現任官實無政蹟輒自立碑建祠者。

禁止迎送

凡上司官及奉朝命使客經過,若監察御史、按察司官出巡按治,而所在各衙門官吏出郭迎送者,杖九十;其容令迎送不舉問者,罪亦如之。

雍正三年律例館奏准:今無監察御史、按察司官出巡按治之例,將"若監察御史"至"按治"十三字删。

附律定例

一、文武官員出入應合開道而自不開道,致令應避官員不曾迴避者,不問;若因而生事者,止問上官。

一、軍民人等於街市遇見官員引導經過,即須下馬躲避,不許衝突,違者笞五十。

罪名

笞五十

軍民人等於街市遇見官員引導經過,不下馬躲避者。

杖九十

上司官使客經過出郭迎送者。○容令迎送不舉問者。

公差人員欺陵長官

凡公差人員,如歷事、監生、辦事官之類。在外不循禮法,言語傲慢。欺陵守禦官及知府知州者,杖六十,附過還役,歷過俸月不准,若校尉有犯,杖七十,祗候禁子有犯,杖八十。

雍正三年律例館奏准:今公差無用監生辦事官之事,小註刪,"知州"下增"知縣"二字,今無附過還役歷過俸月不准之例,"附過"至"不准"十字刪。

附律定例

一、公堂乃民人仰瞻之所,如奴僕皂隸人等入正門馳當道坐公座,杖七十、徒一年半。官吏不行舉覺,杖七十,免徒。吏員承差人等敢有如此者,加一等。若六部都察院在京諸衙門及駕前校尉力士旗軍行人等,非捧制書,止收批差,敢有似前越禮犯分者,許所在官長實封入遞,除朝廷差委各處取招行斷外,其布政司至州縣等衙門,毋得輒差吏員皂隸人等於各衙門取招行斷,違者事犯同罪。

雍正三年律例館奏准:今無在京衙役奉制差遣之例,亦無力士等項名色,例文應改,今將奏准改定例文開後。

一、公堂係民人瞻仰之所,如奴僕皂隸人等入正門馳當道坐公座者,杖七十、徒一年半,吏員承差人等,加一等,若六部都察院在京各衙門人役接奉批差,敢有似前越禮犯分者,許所在官長實封參奏,除奉朝廷差委各處取招行斷外,其督撫以下以至州縣等衙門,毋得輒差吏書皂隸人等於各衙門取招行斷,違者事犯同罪。

歷年事例

康熙八年覆准:凡剿逆軍需驛遞公文關係重要者照常差遣外,其平常小事,不許差役催提,若仍前擅差擾害者,督撫指名題参,如督撫徇庇,事發一併議處。○十二年題准:直省督撫有平常小事差役害民,經科道糾參,或部内查出者,議處。○二十二年議准:凡督撫以下,道府以上官員,除緊要事情照例差人外,其餘細事,止許行牌催提,不許擅差人役,違者議處。

罪名

杖六十

公差人員欺陵官長者。

杖七十

公差校尉欺陵官長者。

杖八十

公差祇候禁子欺陵官長者。

徒一年半杖七十

奴僕皂隸人等入正門馳當道坐公座者。○差皂隸於各衙門取招行斷者。

徒二年杖八十

吏員承差人等入正門馳當道坐公座者。○差吏書於各衙門取招行斷者。

服舍違式

凡官民房舍車服器物之類,各有等第,若違式僭用,有官者,杖一百,罷職不叙,軍官降充總旗。無官者,笞五十,罪坐家長,工匠竝笞五十。違式之物,責令改正,工匠自首免罪,不給賞。○若僭用違禁龍鳳紋者,官民各杖一百、徒三年,工匠杖一百,連家小起發,赴京籍充局匠,違禁之物竝入官。○首告者,官給賞銀五十兩。○若工匠能自首者,免罪一體給賞。

雍正三年律例館奏准:今無軍官降總旗之事,小註應删,亦無工匠連家小赴京充局匠之例,"連家小"至"局匠"十一字删。

附律定例

順治二年定:公侯文武各官應用帽頂束帶,及生儒衣帽照品級次第,詳考國制,參酌時宜,擬爲十三等,通行内外文武各衙門如式遵用,以辨等威;官員越品僭用及民間違禁擅用者,重治不宥。其應用東珠者,重不得過三分,如用三分以上,即同違式論。公,起花金帽頂,上銜紅寶石一大顆,中嵌東珠三顆,帶用圓玉板四塊,四圍金鑲,中鑲緑松子石一顆;一品○侯伯同,起花金帽頂,上銜紅寶石一大顆,中嵌東珠一顆,帶用方玉板四塊,四圍金鑲中鑲紅寶石一顆;二品,起花金帽頂,上銜紅寶石一大顆,中嵌小紅寶石一顆,帶用起花金圓板四塊,中鑲紅寶石一顆;三品,起花金帽頂,上銜紅寶石一大顆,中嵌小藍寶石一顆,帶用起花金圓板四塊;四品,起花金帽頂,上銜藍寶石一大顆,中嵌藍小寶石一顆,帶用起花金圓板四塊,銀鑲邊;五品,起花金帽頂,上銜水晶一大顆,中嵌小藍寶石一顆,帶用素金圓板四塊,銀鑲邊;六品,起花金帽頂,上銜水晶一大顆,帶用圓玳瑁板四塊,銀鑲邊;七品,起花金帽頂,中嵌小藍寶石一顆,帶用素銀板四塊;八品,起花金帽頂,帶用明羊角圓板四塊,銀鑲;九品○雜職同,起花銀帽頂,帶用烏角圓板四塊,銀鑲;舉人,金雀帽頂,高二寸,帶同八品,青袍藍邊,披領同;生員,銀雀帽頂,高二寸,帶同九品,藍袍青邊,披領同;外郎○耆老,烏角葫蘆頂衣及披領皆純青。

雍正三年律例館奏准:頂帶品式,順治八年、九年與康熙元年、三年屢加更定,今現在定制與前所載不符,且補服亦宜開載,今增改備列於後。

一、公侯伯俱起花金帽頂,上銜紅寶石一大顆,公中嵌東珠四顆,侯中嵌東珠三顆,伯中嵌東珠二顆,帶俱用圓玉版四塊,四圍金鑲公中嵌猫睛一顆,侯中嵌緑松子石一顆,伯中嵌紅寶石一顆,俱四爪蟒補服;一品,起花金帽頂,上銜紅寶石一大顆,中嵌東珠一顆,帶用方玉版四塊,四圍金鑲中鑲紅寶石一顆,文職仙鶴補服,武職麒麟補服;二品,起花金帽頂,上銜紅寶石一大顆,中嵌小紅寶石一顆,帶用起花金圓板四塊,中鑲紅寶石一顆,文職錦雞補服,武職獅子補服;三品,起花金帽頂,上銜紅寶石一大顆,中嵌小藍寶石一顆,帶用起花金圓版四塊,文職孔雀補服,武職豹補服;四品,起花金帽頂,上銜藍寶石一大顆,中嵌小藍寶石一顆,帶用起花金圓版四塊,銀鑲邊,文職雲雁補服,武職虎補服;五品,起花金帽頂,上銜水晶一大顆,中嵌小藍寶石一顆,帶用素金圓版四塊,銀鑲邊,文職白鷳補服,武職熊補服;六品,起花金帽頂,上銜水晶一大顆,帶用圓玳瑁版四塊,銀鑲邊,文職鷺鷥補服,武職彪補服;七品,起花金帽頂,上嵌小藍寶石一顆,帶用素銀圓板四塊,文職鸂鶒補服,武職補服,與六品同;八品,起花金帽頂,帶用明羊角圓版四塊,銀鑲邊,文職鵪鶉補服,武職犀牛補服;九品及雜職官,起花銀帽頂,帶用烏角圓版四塊,銀鑲邊,文職練雀補服,武職海馬補服;都察院按察司等官,不論品級,俱獬豸補服,其朝服披肩接袖,俱許用粧緞蟒緞;舉人,金雀帽頂,高二寸,帶同八品,青袍藍邊,披領同;生員,銀雀帽頂,高二寸,帶同九品,藍袍青邊,披領同;外郎,錫葫蘆頂,衣及披領皆純青;耆老不用披領,餘與外郎同。

一、服舍鞍馬,貴賤各有等第,上可以兼下,下不可以僭上,官員任滿致仕,與現任同,其父祖有官身没,非犯除名不叙子孫,許居其房舍,用其衣服車馬;其御賜者及軍官軍人服色,不在禁例。

雍正三年律例館奏准:"服舍鞍馬"改爲"房舍車馬衣服等","其父祖有官"至末四十一字,改爲"父祖有官身歿曾經斷罪者,除房舍仍許子孫居住,其車馬衣服等物,父祖既與無罪者有别,則子孫概不得用"。

一、房舍竝不得施用重栱重簷,樓房不在重簷之限,職官一品,二品,廳房七間九架,屋脊許用花樣,獸吻梁棟斗栱,簷桷彩色繪飾,正門三間五架,門用緑油及獸面銅鐶;三品至五品,廳堂五間七架,許用獸吻梁棟斗栱,簷桷青碧繪飾,正門三間三架,門用黑油獸面擺錫鐶;六品至九品,廳房三間七架,梁棟止用土黄刷飾,正門一間三架,門用黑油鐵鐶;庶民所居堂舍不過三間五架,不用斗栱彩色雕飾。

一、庶民男女衣服,竝不得僭用金繡,許用紵絲綾羅紬絹素紗,婦人金首飾一件,金耳鐶一對,餘止用銀翠,不得製造花樣金綫粧飾。

一、車輿不得雕飾鳳龍紋,職官一品至三品,許用間金粧飾銀螭繡帶青幔;四品五品,素獅頭繡帶青幔;六品至九品,用素雲頭素帶青幔,轎子比同車製;庶民車用黑油齊頭平頂皂幔,轎子比同車製,竝不許用雲頭。

一、帳幔竝不許用赭黄龍鳳紋,職官一品至三品,許用金花刺繡紗羅;四品五品,刺繡紗羅;六品以下,許用素紗羅;庶民用紗絹。

一、繖蓋,職官一品、二品,銀葫蘆茶褐羅表紅裏;三品、四品,紅葫蘆茶褐羅表紅裏;以上皆三簷;五品,紅葫蘆青羅表紅裏;六品以下,惟用青絹皆重簷雨繖通油絹;庶民,不得用羅絹涼繖,許用油紙雨繖。

雍正三年律例館奏准:今禮部定例職官所用繖色,與此不同,例文應改,今將改定例文開後。

一、繖蓋,職官一品、二品,銀葫蘆杏黄羅表紅裏;三品、四品,紅葫蘆杏黄羅表紅裏;皆三簷,僉事道亦同;五品,紅葫蘆藍羅表紅裏;六品以下,八品以上,惟用藍絹,皆重簷雨繖,通用油絹;庶民,不得用羅絹涼繖,許用油紙雨繖。

一、鞍轡,並不許雕飾龍鳳紋。

一、器皿,不許造龍鳳紋。

一、墳塋石獸,職官一品,塋地九十步,墳高一丈八尺;二品,塋地八十步,墳高一丈四尺;三品,塋地七十步,墳高一丈二尺;以上石獸竝;四品,塋地六十步;五品,塋地五十步,墳高八尺;以上石獸竝;六品,塋地四十步;七品以下,二十步,墳高六尺;以上發步皆從塋心,各數至邊,五品以上,許用碑龜趺螭首,六品以下,許用碣方趺圓首;庶人塋地九步,穿心十八步,止用壙誌。

一、品官服色鞍轡等物,除官府應用之家許令織造外,其私下與不應用家製造者,工匠依律治罪。

一、軍民僧道人等服色器用,俱有定製,若常服言常服則大服不禁,僭用錦綺紵絲綾羅彩繡,器物用戧金描金,酒器純用言純用,若止用一件不禁,金銀及將大紅銷金製爲帳幔被褥之類,婦女僭用金繡閃色衣服金寶首飾鐲釧言金寶則止用金飾,無珠寶不禁,及用珍珠緣綴衣履并結成補子蓋額纓絡等件,娼妓僭用金首飾鐲釧者,事發,俱問以應得之罪,服飾器用等物竝追入官。婦女罪坐家長。

一、官吏軍民人等,但有僭用元黄紫三色及蟒龍飛魚斗牛,器皿僭用硃紅黄顔色及親王法物者,俱比照僭用龍鳳紋律擬斷,服色器皿追收入官。

雍正三年律例館奏准:今不禁用元色,應删去"元"字。

雍正三年律例館奏准增定附律例文

一、黄色、秋香色五爪龍緞、立龍、緞團補服及四爪暗蟒之四團補、八團補緞紗,官民不許穿用,其大臣官員有特賜五爪龍衣服及緞疋,無論色樣,俱許穿用,若頒賜五爪龍緞立龍緞,挑去一爪穿用,若官員軍民人等有違定例濫用者,係官革職,平人,枷號一個月,杖一百,失察官交該部議處,衣服入官。

雍正五年律例館奏准增定附律例文

一、督撫提鎮相見,務遵會典所載儀制,倘有違例者,一同治罪;至屬員謁見上司,遇穿公服之日,止用補服相見,不許擅用朝衣,違者重處。

一、凡平時所戴煖帽凉帽,親王世子、郡王長子、貝勒、貝子入八分公,俱用紅寶石頂;未入八分公固倫額駙、和碩公主額駙、民公、侯、伯、鎮國將軍、和碩額駙及一品大臣,俱用珊瑚頂;輔國將軍、奉國將軍、多羅額駙、二品、三品大臣官員,俱用起花珊瑚頂;奉恩將軍、固山額駙及四品,俱用青金石頂；五品六品，俱用水晶石頂；七品以下及進士舉人貢生，俱用金頂；生員監生，俱用銀頂；候補候選與見任同。

律例館又奏准律後恭載諭旨

順治二年閏六月内諭："禮部公侯文武各官應用帽頂束帶及生儒衣帽，照品級次第酌議繪圖來看。欽此。"禮部詳考國制，參酌時宜，擬爲十三等，繪圖貼説，奏呈御覽，伏乞聖明裁定，勑行内外各衙門一體遵奉，不許僭越，違者治罪。奉聖旨，是這帽頂束帶圖樣通行内外文武各衙門，如式遵用，以辨等威，官員越品僭用及民間違禁擅用者，重治不宥。凡應用東珠，重不得過三分，如用三分以上，即同違式。

歷年事例

順治十年諭："漢人冠服體製，務照滿式，如有參差者，以違制究罪。"○十八年議定：凡官民人等擅用黄色、秋色并以綫爲帽纓者，俱笞五十。○康熙十八年議准：凡家僕，止許用綾絹、紡絲、綿紬、繭紬、褐葛布、夏布，狐皮、沙狐皮、貉皮、羊皮等物，帽及圍領，許用染黄鼠皮、狐皮、沙狐皮，其腰刀靴，不許鑲緑皮，腰刀腰帶撒袋鞦轡等物，不許用金，其妻亦照其夫服用，若越分服用者，係旗下人，枷號兩個月，鞭一百，係民枷號兩個月，責四十板，違禁之物入官，其主係官，罰俸一年，係平人鞭八十，係民責三十板，該管官不行查拏，傍人有能拏送者，現獲之物即給拏獲人充賞，失察之佐領驍騎校，每事罰俸三個月，領催鞭五十，地方官失察者亦照例每事罰俸三個月，總甲責二十板。

罪名

笞五十

軍民人等服舍違式者坐家長。成造違式服舍之工匠。○私下與不應用之家製造服色鞍轡者。

杖一百

居官服舍違式者罷職，仍杖。成造違禁龍鳳紋之工匠

平人濫用黄色、秋香色五爪龍、緞立龍團補、四爪暗蟒四團補、八團補緞紗者枷號一個月

徒三年杖一百

官民僭用違禁龍鳳紋者。

官民僭用黄紫二色及蟒龍、飛魚、斗牛服飾、硃紅黄色器皿及親王法物者。

僧道拜父母

凡僧、尼、道士、女冠，並令拜父母，祭祀祖先，本宗親屬在內。喪服等第，謂斬衰期功緦麻之類。皆與常人同，違者杖一百，還俗。〇若僧道衣服，止許用紬絹布疋，不得用紵絲綾羅，違者笞五十，還俗，衣服入官。其袈裟道服，不在禁限。

罪名

笞五十

僧道衣服用紵絲綾羅者。

杖一百

僧、尼、道士、女冠不拜父母祭祀祖先服喪者。

失占天象

凡天文如日月五緯二十八宿之屬，垂象，如日重輪及旄頭彗孛景星日月珥蝕之類。欽天監官失於占候奏聞者，杖六十。

附律定例

一、占候天象，欽天監設觀星臺，令天文生分班，晝夜觀望，或有變異，開具揭帖呈堂，上官當奏聞者，隨即具奏。

罪名止有杖六十一條律文已明不複列

術士妄言禍福

凡陰陽術士，不許於大小文武官員之家妄言國家禍福，違者杖一百。其依經推算星命卜課，不在禁限。

罪名止有杖一百一條律文已明不複列

匿父母夫喪

凡聞父母若嫡孫承重與父母同及夫之喪匿不舉哀者，杖六十、徒一年，若喪制未終，釋服從吉，忘哀作樂及參預筵宴者，杖八十，若聞期親尊長喪匿不舉哀者，亦杖八十，若喪制未終，釋服從吉者，杖六十。〇若官吏父母死應丁憂，詐稱祖父母伯叔姑兄姊之喪，不丁憂者，杖一百，罷職役不敘，若父母見在。無喪詐稱有喪，或父母已殯舊喪詐稱新喪者，與不丁憂罪同；有規避者從重論。〇若喪制未終，冒哀從仕者，杖八十，亦罷職。〇其當該官司知而聽行，各與同罪；不知者，不坐。〇其仕宦遠方丁憂者，以聞喪月日爲始，奪情起復者，不拘此律。

附律定例

一、官吏丁憂，除公罪不問外，其犯贓罪及係官錢糧，依例勾問。

一、内外官吏人等例合丁憂者,務要經由本部京官具奏,關結内府孝字號勘合,吏典人等劄付順天府給引照回,在外官吏人等,移文知會所在官司給引回還,及移文原籍官司體勘,明白開寫是否承重祖父母及嫡親父母,取具官吏里鄰人等結狀回報,如有詐冒,就便解部查實,仍以聞喪月日爲始,不計閏二十七個月服滿起復,若有過期不行移文,催取過部,果無事故在家遷延者,咨送法司問罪。

雍正三年律例館奏准:此條多與現行例不合,應删改,今將奏准删定例文開後。

一、内外官員例合守制者,在内經由該部具題,關給執照,在外經由該撫照例題咨,回籍守制京官取具同鄉官印結,外官取具原籍地方官印甘各結,將承重祖父母及嫡親父母,與爲所後父母例應守制開明呈報,如有詐冒,照律例治罪,俱以聞喪月日爲始,在外旗員丁憂,以赴部驗到日爲始,不計閏二十七個月,服滿起復,若服滿果無事故在家遷延者,交該部照例議處。

一、文職官吏人等,若將遠年亡過父母詐作新喪者,問發爲民,若父母見在詐稱死亡者,發邊外獨石等處充軍,其父母喪,計原籍程途,每千里限五十日,過限匿不舉哀不離職役者,俱發邊外爲民。

雍正三年律例館奏准:今依前律文斷罪,不用此例,删。

罪名

杖六十

喪制未終釋服從吉者。

杖八十

居喪釋服從吉作樂筵宴者。

聞期親尊長喪匿不舉哀者。

喪制未終冒哀從仕者。

杖一百

官吏詐不丁憂者。〇詐作丁憂者。〇無喪詐稱有喪,舊喪詐稱新喪者。〇官司知而聽行者。

徒一年杖六十

聞父母夫喪匿不舉哀者。

匿喪詐喪規避杖九十罪者。〇官司知而聽行者。

徒一年半杖七十

匿喪詐喪規避杖一百罪者。〇官司知而聽行者。

徒二年杖八十

匿喪詐喪規避徒一年罪者。〇官司知而聽行者。

徒二年半杖九十

匿喪詐喪規避徒一年半罪者。〇官司知而聽行者。

徒三年杖一百

匿喪詐喪規避徒二年罪者。〇官司知而聽行者。

流二千里杖一百

匿喪詐喪規避徒二年半罪者。〇官司知而聽行者。

流二千五百里杖一百

匿喪詐喪規避徒三年罪者。〇官司知而聽行者。

流三千里杖一百

匿喪詐喪規避流二千里罪者。〇官司知而聽行者。

棄親之任

凡祖父母、父母年八十以上及篤疾,别無以次侍丁,而棄親之任及妄稱祖父母、父母老疾,求歸入侍者,竝杖八十。棄親者,令歸養,候親終服闋,降用;求歸者,照舊供職。若祖父母、父母及夫犯死罪現被囚禁,而筵宴作樂者,罪亦如之。筵宴不必本家,并他家在内。

附律定例

一、官員祖父母、父母及年七十果無以次人丁,自願離職侍養者,聽親終服滿,方許求叙。

雍正三年律例館奏准增定附律例文

一、官員祖父母、父母年七十以上而子男俱仕在外户内,别無以次人丁者,許回籍侍養,雖有兄弟而篤疾不能侍奉,及母老雖有兄弟而同父異母者,亦俱准侍養,其父母年至八十以上,雖家有次丁而請歸養者,亦聽。

雍正五年律例館奏准增定附律例文

一、凡應補應選人員,有親老情願終養者,於本省起文時即具呈,該地方官轉詳咨部,在籍終養。若現任官員有父母衰疾,迎養維艱,詳請終養者,必歷俸三年後,該督撫查明該員政務並無怠忽、倉穀錢糧並無虧空,取結具題,照例准其回籍終養;其或從前家有次丁出仕,後兄弟忽遭事故,無人奉侍者,該督撫取具原籍地方官印結具題,不拘年限,准其回籍終養;如歷俸未滿三年,親年雖老兄弟别無事故,妄請終養者,俱照規避例革職。

罪名

杖八十

祖父母、父母老疾別無次丁,而之任者。〇妄稱祖父母、父母老疾求歸者。〇祖父母、父母夫犯死罪囚禁而筵宴作樂者。

喪葬

凡有尊卑喪之家,必須依禮定限安葬,若惑於風水及託故停柩在家,經年暴露不葬者,杖八十,若棄毀死屍,又有本律。其從尊長遺言將屍燒化及棄置水中者,杖一百,從卑幼,竝減二等;若亡歿遠方,子孫不能歸葬而燒化者,聽從其便。〇其居喪之家修齋設醮,若男女混雜所重在此,飲酒食肉者,家長杖八十,僧道同罪還俗。

歷年事例

雍正五年諭:"金銀殉葬,尤屬愚昧之極,毫無益於死者,而徒起小人覬覦之心,百餘年尚不免偷掘之事。此其於理不順,於事非宜,更不待智者而後知矣。滿洲從無有金銀殉葬者,漢人則間有之。著通行曉諭勸導,俾此後官民人等勿爲此無益有害之事。"

罪名

杖八十

喪家停柩經年不葬者。

從卑幼遺言將屍燒化及棄置水中者。

喪家齋醮男女混雜飲酒食肉者坐家長。〇僧道同。

杖一百

從尊長遺言將屍燒化及棄置水中者。

鄉飲酒禮

凡鄉黨敘齒及鄉飲酒禮,已有定式,違者笞五十。

附律定例

一、鄉黨叙齒士農工商人等,平居相見及歲時宴會揖拜之禮,幼者先施,坐次之例,長者居上,如佃户見佃主不論齒叙,竝行以少事長之禮,若親屬不拘主佃,止行親屬禮。

一、鄉飲坐叙,以高年有德者居於上,高年淳篤者竝之,以次序齒而列,其有曾違條犯法之人,列於外坐,同類者成席,不許干預善良之席,主者若不分別,致使貴賤溷淆,或察知,或坐中人發覺,主者坐以違制;奸頑不由其主,紊亂正席,全家移出化外。

雍正三年律例館奏准:"全家移出化外"六字改爲"全家發邊外安插"。

罪名

笞五十

鄉黨不叙齒者。○鄉飲不照定儀者。

杖一百

鄉飲坐叙主者若不分别致使溷淆者。

發遣

奸頑不由主者紊亂鄉飲正席者,全家發邊外安插。

大清會典卷之一百六十五

刑部

〔律例十六兵律一〕

〔宫衛〕

太廟門擅入

凡無故擅入太廟門及山陵兆域門者，杖一百；太社門，杖九十；但至閾外未過門限者，各減一等，守衛官故縱者，各與犯人同罪，失覺察者，減三等。

罪名

杖六十

無故擅入太社門守衛官失覺察者。

杖七十

無故入太廟門及山陵兆域門守衛官失覺察者。

杖八十

無故至太社未過門限者。

杖九十

無故至太廟及山陵兆域未過門限者。

無故擅入太社門者。〇守衛官故縱者。

杖一百

無故擅入太廟門及山陵兆域門者。〇守衛官故縱者。

宫殿門擅入

凡擅入皇城午門、東華、西華、神武門及禁苑者，各杖一百；擅入宫殿門，杖六十、徒一年；擅入御膳所及御在所者，絞；未過門限者，各減一等。

稱御者,太皇太后、皇太后、皇后並同。〇若無門籍冒他人名籍,而入者,兼已入未過。罪亦如之。〇其應入宫殿宿直之人未著門籍而入,或當下直而輒入,及宿次未到雖應入,班次未到越次而輒宿者,各笞四十。〇若不係宿衛應直合帶兵仗之人,但持寸刃入宫殿門内者,絞,不言未入門限者,以須入門内乃坐。入皇城門内者,杖一百,發邊遠充軍。〇門官及宿衛官軍故縱者,各與犯人同罪,至死減一等。失覺察者,減三等,罪止杖一百,軍人又減一等,並罪坐直日者。通指官與軍言,餘條准此。

雍正三年律例館奏准:律文"午門、東華、西華、神武"皆係紫禁城門,應將"皇城"改爲"紫禁城"。

罪名

笞一十

直宿人未著門籍而入宫殿門,或當下直而輒入,及越次輒宿,直日門官宿衛官失覺察者。

笞四十

直宿人未著門籍而入宫殿門,或當下直而輒入,及越次輒宿者。〇門官及守衛官軍故縱者。

杖六十

軍民人等擅入紫禁城午門、東華、西華、神武門及禁苑或冒名而入,直日門軍宿衛軍失覺察者。

杖七十

軍民人等擅入紫禁城午門、東華、西華、神武門及禁苑或冒名而入,直日宿衛門官失覺察者。

軍民人等擅入宫殿門或冒名而入,直日宿衛門軍失覺察者。

杖八十

軍民人等擅入宫殿門或冒名而入,直日宿衛門官失覺察者。

杖九十

軍民人等擅入紫禁城午門、東華、西華、神武門及禁苑或冒名而入未過門限者。

軍民人等擅入御膳所御在所或冒名而入,直日宿衛軍失覺察者。

不係合帶兵仗宿衛之人,但持寸刃入宫殿門紫禁城門内,直日宿衛門軍失覺察者。

杖一百

擅入紫禁城午門、東華、西華、神武門及禁苑者。○冒名而入者。○直日門官宿衛官軍故縱者。

擅入宫殿門未過門限者。○冒名而入未過門限者。

軍民人等擅入御膳所御在所或冒名而入,直日門官宿衛官失覺察者。

不係合帶兵仗宿衛之人但持寸刃入宫殿門、紫禁城門内,直日門官宿衛官失覺察者。

徒一年杖六十

擅入宫殿門者。○冒名而入者。○直日門官宿衛官軍故縱者。

流三千里杖一百

擅入御膳所御在所未過門限者。○冒名而入未過門限者。

軍民人等擅入御膳所御在所或冒名而入,直日門官宿衛官軍故縱者。

不係合帶兵仗宿衛之人但持寸刃入宫殿門,其直日門官宿衛官軍故縱者。

邊遠充軍

不係合帶兵仗宿衛之人,但持寸刃入紫禁城門内者,杖一百充發。○直日門官宿衛官軍故縱者。

絞監候

擅入御膳所御在所者。○冒名而入者。

不係合帶兵仗宿衛之人但持寸刃入宫殿門者。

宿衛守衛人私自代替

凡宫禁宿衛及皇城門守衛人,應直不直者,笞四十,以應宿衛守衛人下直之人私自代替,及替之人,各杖六十,以别衛不係宿衛守衛人冒名私自代替,及替之人,各杖一百;百户以上,各加一等。○若在直而逃者,罪亦如之。應直不直之罪,百户以上加等。○京城門减一等,各處城門又减一等,親管頭目知而故縱者,各與犯人同罪,失覺察者,减三等,有故而赴所管告知者,不坐。

雍正三年律例館奏准:"皇城"字上應增"紫禁城"字,今宿衛守衛官兵無衛籍人,"别衛"二字删,且無百户官名,應將律文及小註"百户以上"四字俱改爲"官員"。

附律定例

一、皇城各門各舖上直守衛,該管官旗鈐束不嚴,及容情故放所管軍人離直,點視不到十名以上者,各杖一百,指揮降千户,千户降百户,衛鎮撫降所鎮撫,百户及所鎮撫各降總旗,總旗降小旗,小旗降軍,俱調邊衛,帶俸食糧差操,若受財賣放者,不分人贓多寡問罪,亦照前降調;其或各衛晝夜輪流點城官員,但受財賣放者,一體參問降調,若止是巡點不嚴,以致軍士不全,問罪還職,其各該直宿官旗軍人,點視不到一二次者,送問,三次以上者,問發邊衛差操。

雍正三年律例館奏准:今無指揮等官名,受贓者依律問罪,不止降調,亦無帶俸差操之例,此條删。

罪名

笞一十

宫禁宿衛紫禁城皇城門守衛人及京城門守衛官,應直不直、在直而逃;并各處城門守衛人以下直人代替,親管頭目失覺察者。

笞二十

宫禁宿衛紫禁城皇城門守衛官,應直不直、在直而逃及京城門守衛人各處城門守衛官以下直人代替,親管頭目失覺察者。

各處城門守衛人應直不直者。○在直而逃者。○親管頭目故縱者。

笞三十

京城門守衛人應直不直者。○在直而逃者。○各處城門守衛官應直不直者。○在直而逃者。○親管頭目故縱者。

宫禁宿衛紫禁城皇城門守衛人及京城門守衛官以下直人代替,親管頭目失覺察者。

笞四十

宫禁宿衛紫禁城皇城門守衛人應直不直者。○在直而逃者。○親管頭目故縱者。○宿衛守衛官以下直人代替,其親管頭目失覺察者。○京城門守衛官應直不直者。○在直而逃者。○親管頭目故縱者。

各處城門守衛人以下直人代替者。○替之人。○親管頭目故縱者。

笞五十

宫禁宿衛紫禁城皇城門守衛官應直不直者。○在直而逃者。○親管頭目故縱者。○京城門守衛人及各處城門守衛官以下直人代替者。○替之人。○親管頭目故縱者。

各處城門守衛人,以不係守衛人冒替,其親管頭目失覺察者。

杖六十

宫禁宿衛紫禁城皇城門守衛人及京城門守衛官以下直人代替者。

○替之人。○親管頭目故縱者。○京城門守衛人及各處城門守衛官,以不係守衛者冒替其,親管頭目失覺察者。

杖七十

宫禁宿衛紫禁城皇城門守衛官以下直人代替者。○替之人。○親管頭目故縱者。

宫禁宿衛紫禁城皇城門守衛人京城門守衛官,以不係宿衛守衛者冒替其親管,頭目失覺察者。

杖八十

宫禁宿衛紫禁城皇城門守衛官,以不係守衛官冒替,其親管頭目失覺察者。

各處城門守衛人以不係守衛人冒替者。○替之人。○親管頭目故縱者。

杖九十

京城門守衛人及各處城門守衛官以不係守衛者冒替者。○親管頭目故縱者。

杖一百

宫禁宿衛紫禁城皇城門守衛人及京城門守衛官,以不係宿衛守衛者冒替者。○替之人。○親管頭目故縱者。

徒一年杖六十

宫禁宿衛紫禁城皇城門守衛官,以不係宿衛守衛官冒替者。○替之人。○親管頭目故縱者。

從駕稽違

天子巡幸,應扈從車駕之人違原定之期不到,及從車駕而先回還者,一日笞四十,每三日加一等,罪止杖一百,百户以上各加一等,罪止杖六十、徒一年。○若從車駕行而逃者,杖一百,發邊遠充軍,百户以上,絞。○親管頭目故縱不到先回在逃者,各與犯人同罪,至死減一等。失覺察者,減三等,罪止杖一百。

雍正三年律例館奏准:“百户以上”四字改爲“職官有犯”。

罪名

笞一十

從駕不到及先回,計日論罪應笞四十,其親管頭目失覺察者。

笞二十

從駕不到及先回計日論罪應笞五十,其親管頭目失覺察者。

笞三十

從駕不到及先回計日論罪應杖六十,其親管頭目失覺察者。

笞四十

從駕不到及先回計期一日者。○親管頭目故縱者。○計日論罪應杖七十,其親管頭目失覺察者。

笞五十

從駕不到及先回計期四日者。○職官一日者。○親管頭目故縱者。○計日論罪應杖八十,其親管頭目失覺察者。

杖六十

從駕不到及先回計期七日者。○職官四日者。○親管頭目故縱者。○計日論罪應杖九十,其親管頭目失覺察者。

杖七十

從駕不到及先回計期一十日者。○職官七日者。○親管頭目故縱者。○計日論罪應杖一百,其親管頭目失覺察者。

杖八十

從駕不到及先回計期十三日者。○職官一十日者。○親管頭目故縱者。○計日論罪應徒一年,其親管頭目失覺察者。

杖九十

從駕不到及先回計期十六日者。○職官十三日者。○親管頭目故縱者。○軍役脱逃其親管頭目失覺察者。

杖一百

從駕不到及先回計期十九日者。○職官十六日者。○親管頭目故縱者。○職官脱逃其親管頭目失覺察者。

徒一年杖六十

從駕職官不到及先回計期十九日者。○親管頭目故縱者。

流三千里杖一百

從駕職官中途脱逃,其親管頭目故縱者。

邊遠充軍

從駕人中途脱逃者。○親管頭目故縱者。

絞監候

從駕職官中途脱逃者。

直行御道

凡午門外御道至御橋,除侍衛官軍導從車駕出入,許於東西兩傍行走外,其餘文武百官軍民人等,非侍衛導從。無故於上直行及輒度御橋者,杖八十,若於宫殿中直行御道者,杖一百,守衛官故縱者,各與犯人同罪,失覺察者减三等;若於御道上横過係一時經行者,不在禁限。

雍正五年律例館奏准增定附律例文

一、凡至下馬牌不下而竟過者,笞五十,看守人役失於防範者,笞四十。

歷年事例

順治初定:凡至下馬牌處騎馬竟過者,鞭五十,看守人不知者,責二十七鞭。

罪名

笞四十

過下馬牌不下馬其看守人役失於防範者。

笞五十

直行御道輒度御橋其守衛官失覺察者。

過下馬牌不下馬者。

杖七十

直行宫殿中御道其守衛官失覺察者。

杖八十

直行御道輒度御橋者。○守衛官故縱者。

杖一百

直行宫殿中御道者。○守衛官故縱者。

内府工作人匠替役

凡諸色當班工匠辨驗貨物,各行人役差撥赴内府及承運庫工作,若不親身關牌入内應役,僱人冒己名并關牌私自代替,及替之人,各杖一百,僱工錢入官。雍正三年律例館奏准:"承運庫"字,改爲"内庫"。

罪名

杖一百

内府庫工作諸色人匠不親應役者。○受僱代替者。

宫殿造作罷不出

凡宫殿内造作所管官司,具工匠姓名報所入之處,門官及守衛官就於所入門首逐一點姓名，視形貌放入，工作至申時分，仍須相視形貌，照數點出，其不出者絞；監工及提調内使，監官門官守衛官軍點視，如原入名數短少，就便搜捉，隨即奏聞，知而不舉者，與犯人同罪，至死減一等。失覺察者減三等，罪止杖一百。

雍正三年律例館奏准："内使監官"四字應改爲"内監"。

罪名

杖一百

宫殿造作工匠至申時不出，其監工提調内監門官、守衛官軍失覺察者。

流三千里杖一百

宫殿造作工匠至申時不出，其監工提調内監門官、守衛官軍故縱者。

絞監候

宫殿造作工匠至申時點視放出時不出者。

輒出入宫殿門

凡應出宫殿凡下直如差遣給假等項，而門籍已除，輒留不出及應入直之人被告劾已有公文禁止，籍雖未除，輒入宫殿者，各杖一百晝禁。〇若宿衛人已被奏劾者，本管官司先收其兵仗，違者，罪亦如之。〇若於宫殿門雖有籍至夜雖應直之人，皆不得出入，若入者，杖一百，出者，杖八十，無籍夜入者，加二等，若夜持仗入殿門者，絞；入宫門亦坐此，夜禁比晝加謹。

罪名

杖八十

有門籍而夜出者。

杖一百

門籍已除而輒留不出者。〇被告劾未除籍而輒入者。

宿衛人被奏劾本司不先收其兵仗者。

有門籍而夜入者。

徒一年半杖七十

無門籍而夜入者。

絞監候

持仗夜入宫殿門者。

關防内使出入

凡各庫局司有印署衙門之内使監官，並奉御内使長隨大駕者也，但遇出外各守門官，須要收留本人在身關防牌面，於門簿上印記姓名，及牌面字號，明白附寫前去某處幹辦是何事務，其門官與守衛官軍搜檢沿身，別無夾帶官私器物，方許放出，回還一體搜檢，給牌入内，以憑，該監逐月稽考出外次數，但有搜出應干雜藥，就令帶藥之人自喫，若有出入不服搜檢者，杖一百充軍，若非奉旨私將兵器帶進入皇城門内者，杖一百，發邊遠充軍，將入宫殿門内者，絞。其直日守門官及守衛官失於搜檢者，與犯人同罪，至死減一等。内使例不擬充軍，惟此須依本律。

雍正三年律例館奏准：小註“各庫局司有印署衙門”之十字又“該監”二字俱删，“内使監官”四字改爲“内監”，“皇城”改爲“紫禁城”。

歷年事例

康熙二十九年題准：凡太監在紫禁城内持金刃自傷者，擬斬立決；在紫禁城外因公事持金刃抹脖自傷者，擬斬監候，秋後處決。〇三十六年諭：太監係内廷執役之人，所關之處甚大，嗣後太監内有逃出在外索詐者，俱照光棍例議罪。

罪名

流三千里杖一百

内監奉御内使私將兵器入宫殿門内門官守衛官失於搜檢者。

充軍内監奉御内使不服搜檢者杖一百充發。〇門官守衛官失於搜檢者。

邊遠充軍

内監奉御内使私將兵器入紫禁城門内者，杖一百充發。〇門官守衛官失於搜檢者。

絞監候

内監奉御内使私將兵器入宫殿門内者。

向宫殿射箭

凡向太廟及宫殿射箭放彈投磚石者，絞。須箭石可及乃坐之，若遠不能及者，勿論。向太社，杖一百、流三千里，但傷太社之人者，斬。則殺人者可知，若箭石不及致傷外人者，不用此律。

罪名

流三千里杖一百

向太社射箭放彈投磚石者。

絞監候

向太廟及宫殿射箭放彈投磚石者。

斬監候

向太廟及宫殿射箭放彈投磚石傷守衛人者。

宿衛人兵仗

凡宿衛人,兵仗不離身,違者笞四十,輒暫離應直之地職掌處所,笞五十,别處宿經宿之離,杖六十,百户以上,各加一等,親管頭目知而不舉者,與犯人同罪,失覺察者减三等。

雍正三年律例館奏准:"百户以上"四字改爲"官員"。

罪名

笞一十

宿衛人兵仗離身其親管頭目失覺察者。

笞二十

宿衛官兵仗離身及宿衛人輒離職掌處所,其親管頭目失覺察者。

笞三十

宿衛官輒離職掌處所及宿衛人别處宿,其親管頭目失覺察者。

笞四十

宿衛人兵仗離身者。〇親管頭目知而不舉者。

宿衛官别處宿其親管頭目失覺察者。

笞五十

宿衛官兵仗離身及宿衛人輒離職掌處所者。〇親管頭目知而不舉者。

杖六十

宿衛官輒離職掌處所及宿衛人别處宿者。〇親管頭目知而不舉者。

杖七十

宿衛官别處宿者。〇親管頭目知而不舉者。

禁經斷人充宿衛

凡在京城犯罪,被極刑之家同居人口不論親屬所司隨即遷發别郡住,坐其本犯異居親屬人等并一應有犯笞杖曾經同決斷之人,竝不得入充近侍及宫禁宿衛守把皇城京城門禁,若隱匿前項情由朦朧充當者,斬。其當該官司不爲用心詳審,或聽人囑託及受財容令充當者,罪同,並究囑託人。〇若極刑親屬及經斷人,奉有特旨選充,曾經具由覆奏明立文案者,所選之人及官司。不在此限。

罪名

斬監候

被極刑之家之親屬及經斷人充近侍宿衛者。〇官司不用心詳審或聽人囑託及受財容令充當者。〇囑託者。

衝突儀仗三條

凡車駕行處,除近侍及宿衛護駕官軍外,其餘軍民並須迴避,衝入儀仗内者,絞係雜犯准徒五年;若在郊野之外,一時不能迴避者,聽俯伏道傍,以待駕過,其隨行文武百官,非奉宣喚無故輒入儀仗内者,杖一百,典仗護衛官軍故縱者與犯人同罪,不覺者,减三等

凡有伸訴冤抑者,止許於仗外俯伏以聽,若衝入儀仗内,而所訴事不實者,絞,係雜犯准徒五年。得實者免罪。

凡軍民之家縱放牲畜,若守衛不備因而衝突儀仗者,守衛人。杖八十,衝入皇城門内者,守衛人。杖一百,其縱畜之家并以不應事從重論。

雍正三年律例館奏准:正律三條應并作一條,第三條内"皇城"二字改"紫禁城"小注"不應事從重論"改爲"不應重律論罪"。

附律定例

一、聖駕出郊,衝突儀仗妄行奏訴者,追究主使、教唆、捏寫本狀之人,俱問罪,各杖一百,發邊衛充軍,所奏情詞不分虛實,立案不行。

雍正五年律例館奏准附律例文

一、凡車駕行幸瀛臺等處,有申訴者,照迎車駕申訴律擬斷;車駕出郊行幸有申訴者,照衝突儀仗律擬斷。

歷年事例

崇德八年題准:凡有衝突儀仗者,治以死罪。〇順治十一年覆准:凡擅入午門、長安等門内叫訴冤枉者,照律擬罪。〇康熙八年諭:"凡在行幸之處跪告,發部者若不審明虛實,即照律治罪,恐有冤枉以後著將所告之事審明,虛者責四十板,免充軍。"〇又諭:近見惡棍多以小事捏稱重大,陷害善良,或受人僱託,擅入禁地行幸之所喊告,及交部院審理,並無冤枉,反將良民株連受累。以後著嚴行禁止,如仍前瀆告者,不准行,著照律治罪。

罪名

杖七十

文武官無故輒入儀仗内,其典仗護衛官軍不覺者。

杖八十

縱放牲畜衝突儀仗内及紫禁城門内者。〇守衛不備以致牲畜入儀仗者。

杖一百

文武官無故輒入儀仗者。〇典仗護衛官軍故縱者。

守衛人守衛不備,以致人縱放牲畜入紫禁城門内者。

徒二年半杖九十

軍民衝入儀仗,其典仗護衛官軍不覺者。

邊遠充軍

聖駕出郊衝突儀仗妄行奏訴者,杖一百、充發。〇主使教唆捏寫本狀者。

絞雜犯准徒五年

軍民衝入儀仗内者。〇典仗護衛官軍故縱者、衝入儀仗訴事不實者。

車駕行幸瀛臺等處申訴不實者。

車駕出郊行幸申訴者。

行宫營門

凡行宫外營門、次營門,與皇城門同,若有擅入者,杖一百;内營牙帳門,與宫殿門同,擅入者杖六十、徒一年。

雍正三年律例館奏准:"皇城"二字改爲"紫禁城"。

罪名

杖一百

擅入外營門次營門者。

徒一年杖六十

擅入内營牙帳門者。

越城

凡越皇城者,絞;京城者,杖一百、流三千里;越各府州縣鎮城者,杖一百;官府公廨牆垣者,杖八十;越而未過者,各減一等;若有所規避者,各從重論。

罪名

杖七十

越官府公廨牆垣未過者。

杖八十

越官府公廨牆垣者。

杖九十

越官府公廨牆垣規避杖七十罪者。

越府州縣鎮城未過者。

杖一百

越府州縣鎮城者。

越官府公廨牆垣規避杖八十罪者。

徒一年杖六十

越府州縣鎮城及官府公廨牆垣,規避杖九十罪者。

徒一年半杖七十

越府州縣鎮城及官府公廨牆垣,規避杖一百罪者。

徒二年杖八十

越府州縣鎮城及官府公廨牆垣,規避徒一年罪者。

徒二年半杖九十

越府州縣鎮城及官府公廨牆垣,規避徒一年半罪者。

徒三年杖一百

越京城未過者。

越府州縣鎮城及官府公廨牆垣,規避徒二年罪者。

流二千里杖一百

越府州縣鎮城及官府公廨牆垣,規避徒二年半罪者。

流二千五百里杖一百

越府州縣鎮城及官府公廨牆垣,規避徒三年罪者。

流三千里杖一百

越皇城未過者。

越京城者

越府州縣鎮城及官府公廨牆垣,規避流二千里罪者。

絞監候

越皇城者

門禁鎖鑰

凡各處城門應閉而誤不下鎖者,杖八十;非時擅開閉者,杖一百;京城門各加一等;其有公務急速非時開閉者,不在此限。〇若皇城門應閉而誤不下鎖者,杖一百,發邊遠充軍;非時擅開閉者絞,其有旨開閉者,勿論。

罪名

杖八十

各處城門應閉而誤不下鎖者。

杖九十

京城門應閉而誤不下鎖者。

杖一百

各處城門非時擅開閉者。

徒一年杖六十

京城門非時擅開閉者。

邊遠充軍

皇城門應閉而誤不下鎖者,杖一百、充發。

絞監候

皇城門非時擅開閉者。

懸帶關防牌面

凡朝參文武官及内官,懸帶牙牌鐵牌,厨子校尉入内,各帶銅木牌面,如有遺失,官照品罰銀,未入流罰一兩,九品罰二兩,至一品遞罰,止十兩。厨子校尉罰一兩,若有拾得隨即報官者,將各人該罰銀充賞;有牌不帶、無牌輒入内者,杖八十,借者及借與人者,杖一百;事有規避者從重論;隱藏者,杖一百、徒三年,首告者於犯人名下追罰銀充賞;詐帶朝參及在外詐稱官員名號,有所求爲者,絞;僞造者,斬;首告者於犯人名下追銀照品加二等充賞。

雍正三年律例館奏准:今官員不帶牙牌,且關防内使出入,律内載有於門簿上印記姓名及牌面字號之語,律文删。

附律定例

一、凡各衛直宿軍職使,令上直軍人,内官使,令上直校尉各懸帶銅牌,出百里之外營幹私事者,參問奏請,軍職降一級,調邊遠衛分帶俸差操,内官發充净軍,軍人校尉,俱發邊衛充軍,若由各官挾勢逼勒者,軍人校尉照常發落,不應杖罪發落。

雍正三年律例館奏准:今無衛軍直宿及内監發充净軍之例,删。

大清會典卷之一百六十六

刑部

〔律例十七兵律二〕

〔軍政〕

擅調官軍

凡將帥部領軍馬守禦城池及屯駐邊鎮,若所管地方遇有報到草賊生發,即時差人體探緩急聲息,須先申報本管上司,轉達朝廷奏聞,給降御寶聖旨,調遣官軍征討,若無警急不先申上司、雖已申上司不待回報,輒於所屬擅調軍馬及所屬擅發與者,各杖一百,罷職發邊遠充軍。○其暴兵卒至欲來攻襲及城鎮屯聚軍馬之處,或有內賊作反作叛,或賊有內應,事有警急及路程遥遠者,並聽從便火速調撥軍馬乘機勦捕,若賊寇滋蔓,應合會捕者,鄰近衛所雖非所屬,亦得行文調發策應,並即申報本管上司轉達朝廷知會,若不即調遣會合,或不即申報上司及鄰近衛所不即發兵策應者,並與擅調發罪同;其餘上司及大臣將文書調遣將士提撥軍馬者,非奉御寶聖旨,不得擅離汛地,若軍官有改除别職,或犯罪取發,如無奏奉聖旨,亦不許擅動,違者罪亦如之。

雍正三年律例館奏准:今頒發聖旨,無概用御寶之例,應删去"御寶"二字,"鄰近衛所"四字應改爲"鄰近官軍"。

罪名

邊遠充軍

無警急擅於所屬調軍馬者,杖一百、充發。○所屬擅發與者。

遇警急不即調遣會合,或不申報上司及鄰近官軍不即發兵策應者,各杖一百、充發。

文書非奉旨事件，將士擅離汛地改除别職犯罪取發，未得奉旨文書，而軍官擅動者，各杖一百、充發。

申報軍務

凡將帥參隨總兵官征進，如總兵官分調攻取城寨，克平之後，隨將捷音差人飛報，一申總兵官，一行兵部，另具奏本，實封御前。○若賊人數多，出没不常，如所領軍人不敷，須要速申總兵官添撥軍馬，設策勦捕，不速飛申者，從總兵官量事輕重治罪，至失誤軍機，自依常律。○若有來降之人，即便送赴總兵官，轉達朝廷區處，其貪取來降人財物因而殺傷其人，及中途逼勒逃竄者，斬，若無殺傷逼勒，止依嚇騙律科。

雍正三年律例館奏准："總兵官"應改爲"統兵官再將領克捷，無自行具奏"之例，應將"一申總兵官，一行兵部，另具奏本，實封御前"十七字改爲"飛報統兵官轉行兵部，兵部統兵官另具奏本，實封御前"。

歷年事例

天聰三年諭："凡掠取歸降財物者，擅殺降民者，死。"○崇德二年諭："凡有劫掠降民者，該管官領催俱治罪，劫掠之人置之重典，爲首者，斬以徇。"

罪名

笞五十

將領局騙降人財物一兩以下之爲從者。

杖六十

將領嚇取降人財物一兩以下之爲從者。○局騙降人財物一兩以下者、一十兩之爲從者。

杖七十

將領嚇取降人財物一兩以下者、一十兩之爲從者。○局騙降人財物一十兩者、二十兩之爲從者。

杖八十

將領嚇取降人財物一十兩者、二十兩之爲從者。○局騙降人財物二十兩者、三十兩之爲從者。

杖九十

將領嚇取降人財物二十兩者、三十兩之爲從者。○局騙降人財物三十兩者、四十兩之爲從者。

杖一百

將領嚇取降人財物三十兩者、四十兩之爲從者。○局騙降人財物四十兩者、五十兩之爲從者。

徒一年杖六十

將領嚇取降人財物四十兩者、五十兩之爲從者。○局騙降人財物五十兩者、六十兩之爲從者。

徒一年半杖七十

將領嚇取降人財物五十兩者、六十兩之爲從者。○局騙降人財物六十兩者、七十兩之爲從者。

徒二年杖八十

將領嚇取降人財物六十兩者、七十兩之爲從者。○局騙降人財物七十兩者、八十兩之爲從者。

徒二年半杖九十

將領嚇取降人財物七十兩者、八十兩之爲從者。○局騙降人財物八十兩者、九十兩之爲從者。

徒三年杖一百

將領嚇取降人財物八十兩者、九十兩、一百兩、一百一十兩以上之爲從者。○局騙降人財物九十兩者、一百兩、一百一十兩、一百二十兩之爲從者。

流二千里杖一百

將領嚇取降人財物九十兩者。○局騙降人財物一百兩者。

流二千五百里杖一百

將領嚇取降人財物一百兩者。○局騙降人財物一百一十兩者。

流三千里杖一百

將領嚇取降人財物一百一十兩以上者。○局騙降人財物一百二十兩者。

斬監候

將領所領軍人不敷,不速飛申因而失誤軍機者。

將領貪取降人財物,因而殺傷人及逼勒中途逃竄者。

飛報軍情

凡飛報軍情,在外府州即差人申督撫按布政司按察司,本道仍行移都指揮使司,其守禦官差人各申督撫按,仍行本管都指揮使司督撫按,得報差人,一行移兵部,一具實封御前,若互相知會隱匿,不速奏聞者,杖一百,罷職不敘;因而失誤軍機者,斬。

雍正三年律例館奏准:今無巡按,將三處"按"字删去,亦無"都指揮使司",應改爲"將軍提鎮"四字,再"得報"上增"將軍提鎮"四字。

罪名

杖一百

飛報軍情互相知會隱匿不速奏聞者。

斬監候

飛報軍情互相知會隱匿不速奏聞因而失誤軍機者。

漏洩軍情大事

凡聞知朝廷及總兵將軍調兵討襲外番及收捕反逆賊徒機密大事,而輒漏洩於敵人者,斬。○若邊將報到軍情重事而漏洩者,杖一百、徒三年,若有心洩於敵人,作奸細論。仍以先傳説者爲首,傳至者爲從,减一等。○若私開官司文書印封看視者,杖六十;事干軍情重事者,以漏洩論。○若近侍官員漏洩機密重事於人者,斬;常事,杖一百,罷職不敘。

雍正三年律例館奏准:"總兵將軍"改爲"統兵將軍"。

附律定例

一、在京在外軍民人等與朝貢外國人,私通往來投託撥置害人,因而透漏事情者,俱問發邊衛充軍,軍職調邊衛帶俸差操,通事並伴送人等,係軍職者,從軍職例,係文職者,革職爲民。

雍正三年律例館奏准:今無軍職,應將"軍職調邊衛帶俸差操"句及"係軍職者從軍職例"句俱删去,其"係文職者"句改爲"係官革職"。

雍正五年律例館奏准增定附律例文

一、凡督撫提鎮關涉緊要陳奏本章,及移咨部院緊要事件,并緝拏人犯之案,將封面用密封字樣封固投遞,通政司收到密封副本,堂官親拆,另存檔案,仍封固收貯;各部院收到密封揭帖文移,該堂官親拆,面交司官密行收貯,謹慎辦理;其在京各部院文移咨呈及知照各省文書,有緊要事件,亦必密封遞發,督撫提鎮接到部院密封文書,務須親拆收貯;其各省督撫提鎮以至州縣來往公文,亦將緊要事件密封投遞,本官親拆收貯,不得令吏胥經手;倘有未經上達,先已傳播及緝拏之犯聞風遠颺等事,查究根由,分别議處;如將應密之事並不密封,及收受承辦衙門不行謹慎,以致漏洩者,將封發收受承辦官查參,事理重者,照紅本不謹慎收存例,事理輕者,照不應輕律各議處;如收貯之處及投遞之前,提塘及衙役人等將密封事件私開竊視，以致漏洩者，杖六十，事重者，爲首杖一百、徒三年，爲從，減一等治罪，仍令科道不時稽查，如不行查出糾參，別經發覺者，將該管科道一併交部，照奉旨事情未到部先抄傳例議處。

一、凡平常事件，雖非密封但未經御覽批發之本章，刊刻傳播，概行嚴禁，如提塘與各衙門書辦彼此勾通，本章一到，即抄寫刊刻圖利者，將買抄之報房與賣抄之書辦，俱照漏洩密封事件例治罪。其捏造訛言刊刻者，杖一百、流二千里。若有招摇詐騙情弊犯該徒罪以上，不分首從，俱發邊衞充軍，該管官失於覺察，該科道不行查參者，均交部亦照例議處。其紅本科抄遍傳天下，令承辦官詳悉較對，敬謹奉行，如有增減錯漏者，查出交部，照錯誤本章例議處。

罪名

笞四十

應密之事其封發、收受、承辦官並不密封及不行謹慎，以致漏洩事理輕者。

杖六十

私開官文書印封看視者。

密封事件私開竊視，以致漏洩者。

杖一百

近侍官員漏洩常事者。

徒二年半杖九十

漏洩邊將報到軍情重事其傳説者。

私開官文書印封看視漏洩重事其傳説者。

密封事件私開竊視漏洩重事其傳説者。

提塘與各衙門書辦彼此勾通，本章一到，抄寫刊刻圖利爲從者。

徒三年杖一百

邊將報到軍情重事，而漏洩其先傳説者。

私開官文書印封看視漏洩重事先傳説者。

密封事件私開竊視漏洩重事之先傳説者。

提塘與各衙門書辦彼此勾通，本章一到，抄寫刊刻圖利爲首者。

流二千里杖一百

捏造訛言刊刻者。

邊衞充軍

捏造訛言,若有招摇詐騙情弊,犯該徒罪以上者,不分首從。

與朝貢外國人往來投託撥置害人透漏事情者。

斬監候

討襲外番收捕反逆機密大事,而輒漏洩於敵人者。

近侍官員漏洩機密重事於人者。

斬決

討襲外番收捕反逆機密大事,有心漏洩於敵人者。

邊將報到軍情重事,有心漏洩於敵人者。

邊境申索軍需

凡守邊將帥但有取索軍器錢糧等物,須要差人一行布政司,一行都指揮使司,再差人一行合干部分及具奏本實封御前,其公文若到該部,須要隨即奏聞區處,發遣差來人回還。若稽緩不即奏聞,及各處不行依式申報者,並杖一百,罷職不叙;因而失悮軍機者,斬。

雍正三年律例館奏准:"一行都指揮使司"七字改爲"一申督撫將軍提鎮","一行合干部分"六字改爲"轉行合干部分"。

罪名

杖一百

守邊將領取索軍器錢糧等物,若稽緩不即奏聞者。○合干去處不依式申報者。

斬監候

索取軍需不申奏以致失悮軍機者。

失悮軍事

凡臨軍征討,應合供給軍器行糧草料,違期不完者,當該官吏各杖一百,罪坐所由。○若臨敵缺乏及領兵官,已承調遣,不依期進兵策應,若承差告報會軍日期而違限,因而失誤軍機者,並斬。

歷年事例

雍正五年諭:嗣後凡有關係軍機兵餉之事,俱不應援赦寬免,著永爲定例。

罪名

杖一百

臨軍征討供給軍器行糧草料違期,其上司移文稽遲及下司徵解不完之當該官吏。

斬監候

臨敵缺乏軍器糧料因而失誤軍機者。

已承調遣不依期策應因而失誤軍機者。

告報軍期違限因而失誤軍機者。

從征違期

凡軍官軍人臨當征討,已有起程日期,而稽留不進者,一日杖七十,每三日加一等,若故自傷殘及詐爲疾患之類以避征役者,各加一等,並罪止杖一百,仍發出征,若傷殘至不堪出征,選丁撥補,仍勾本户壯丁。○若軍臨敵境,託故違期,一日不至者,杖一百,三日不至者,斬,若能立功贖罪者,從總兵官區處,若果傷殘篤疾不堪征進者,驗實開役,不在仍發出征之限。

雍正三年律例館奏准:"軍官軍人"四字改爲"官軍","總兵官"改爲"統兵官"再小註"選丁撥補,仍勾本户壯丁"十字改爲"仍選本户壯丁充補,令其出征"又律文末節小註重複,删。

雍正三年律例館奏准增定附律例文

一、凡官兵從征,無故起程違期者,官革職,兵杖一百,仍發出征;在外違期者,官革職拏問,兵杖一百,將所俘獲人口入官;出兵處所,兵丁藐視該管官,干犯號令,違法亂行者,將爲首之人正法,爲從者俱枷號三個月,杖一百,該管官仍交該部議處。

罪名

杖七十

官軍從征起程稽留一日者。

杖八十

官軍從征起程稽留四日者。○故自傷殘詐爲疾患違一日者。

杖九十

官軍從征起程稽留七日者。○故自傷殘詐爲疾患違四日者。

杖一百

官軍從征起程稽留一十日者。○故自傷殘詐爲疾患違七日者。

軍臨敵境違期一日不至者。

出征兵丁藐視該管官干犯號令違法亂行爲從者枷號三個月。

斬監候

軍臨敵境違期三日不至者。

斬決

出征兵丁藐視該管官干犯號令違法亂行爲首者。

軍人替役

凡軍人不親出征,僱倩人冒名代替者,替身杖八十,收籍充軍,正身杖一百,依舊充軍,若守禦軍人僱人冒名代替者,各減二等,其子孫弟姪及同居少壯親屬自願代替者,聽;若果有老弱殘疾,赴本管官司陳告驗實,與免軍身。〇若醫工承差關領官藥,隨軍征進,轉僱庸醫冒名代替者,各杖八十,僱工錢入官。

雍正三年律例館奏准:兵有定額,無代替收籍之例,應將"收籍充軍"四字删去,其"依舊充軍"四字改爲"依舊著伍"。

附律定例

一、各處備倭貼守,其把總等官縱容舍餘人等代替正軍者,正軍問調沿海衛分,舍餘人等就收該衛充軍,把總等官參問治罪。

雍正三年律例館奏准:今無舍餘名色及該衛充軍等例,此條删。

一、在京在外各都司衛所解到新軍,官吏旗甲附寫名數,半月内幫支月糧,各照地方借房安插,存恤三個月,方許送營差操,如有指稱使用等項名色,勒要財物逼累在逃者,不問指揮千百户鎮撫,俱照賣放正軍事例,計一年之内所逃人數多寡降級,充軍擬斷。若不及數及不曾得財者,照常發落,軍勾補伍,如無逼累等情,逃軍依律科斷。

雍正三年律例館奏准:今兵丁召募選充無衛所解送存恤等例,此條删。

一、京衛及在外衛所解到新軍,以投文日爲始,不過十日將收管批迴給付長解,若刁蹬留難者,該吏軍吏總小旗提問,衛所掌印并本管官不拘曾否得財,參問帶俸差操。

雍正三年律例館奏准:今無衛所解送兵丁之事,此條删。

雍正三年律例館奏准增定附律例文

一、凡兵丁不親出征,以奴僕代替及行間放撥瞭哨等處,以奴僕代替者,兵杖七十,奴僕入官,如打圍放馬及看守京城周圍處所,以奴僕代替者,兵杖一百,奴僕免入官。

罪名

杖六十

受守禦軍人僱倩冒替者。

杖七十

出征以奴僕代替者。〇行間放撥瞭哨等處以奴僕代替者。

杖八十

受出征軍人傭倩冒替者。

守禦軍人傭人代替者。

醫工隨征轉傭庸醫代替者。〇替之人。

杖一百

出征軍人傭人代替者。

打圍放馬及看守城池週圍處所,以奴僕代替者。

主將不固守

凡守邊將帥,被賊攻圍城寨,不行固守而輒棄去,及守備不設,爲賊所掩襲因而失陷城寨者,斬;若與賊臨境,其望高巡哨之人失於飛報,以致陷城損軍者,亦斬;若被賊侵入境内擄掠人民者,杖一百,發邊遠充軍。〇其官軍臨陣先退及圍困敵城而逃者,斬。

附律定例

一、失誤軍機。除律有正條者議擬監候奏請外,若是賊擁大衆入寇,官軍卒遇交鋒,損傷被擄數十人以上,不曾虧損大衆,或賊衆入境擄殺軍民數十人以上,不曾擄去大衆,或被賊白晝貪夜突入境内,擄掠頭畜衣糧數多不曾殺擄,軍民者俱問守備不設,被賊侵入境内擄掠人民本律,發邊遠充軍,若是交鋒入境損傷擄殺四五人,搶去頭畜衣糧不多者,亦問前罪;以上各項内情輕律重,有礙發落者,備由奏請處置;其有被賊入境將爪探夜不收及飛報聲息等項,公差官軍人等一時殺傷捉去事出不測者,俱問不應杖罪還職;或境外被賊殺擄爪探夜不收,非智力所能防範者,免其問罪。

雍正三年律例館奏准:"還職"二字改爲"留任"。

一、凡各邊及腹裏地面遇賊入境,若是殺擄男婦十名口以上,牲畜三十頭隻以上不行開報者,軍民職官問罪,降一級,加前數一倍者,降二級,加二倍者,降三級,甚者,罷職,其上司及總兵等官知情扶同,事發參究治罪。

雍正三年律例館奏准:今守汛文武官諱盜不報者,即革職,此條删。

一、凡沿邊沿海及腹裏府州縣與衛所同住一城,及衛所自住一城者,若遇邊警及盜賊生發攻圍,不行固守而輒棄去,及守備不設,被賊攻陷城池,劫殺焚燒者,衛所掌印與專一捕盜官,俱比照守邊將帥失陷城寨者律斬,府州縣掌印并捕盜官與衛所同住一城,及設有守備官駐劄本城者,俱比照守邊將帥被賊侵入境内擄掠人民律，發邊遠充軍，其兵備守巡官駐劄本城者，罷職爲民。若非駐劄處所兵備守巡及守備官，俱降三級調用；若府州縣原無設有衛所，但有專城之責者，不論邊腹，遇前項失事，掌印捕盗官照前律處斬，兵備守巡官亦照前罷職降調，其有兩縣同住一城，及府州縣佐貳首領但分有守城汛地，各以賊從所管城分進入坐罪；若無城池，與雖有城池被賊潛隱設計越入，劫盗隨即逃散，不係失陷者，止以失盗論，俱不得引用此例。

雍正三年律例館奏准：今衛所官俱經管錢糧刑名，與州縣無異，並無管兵之責；其府州縣城内俱設有專汛武官，且今無兵備道，此條應删改。今將奏准删定例文開後。

一、凡沿邊沿海及腹裏府州縣，與武職官同住一城者，若遇邊警及盗賊生發攻圍，不行固守而輒棄去，及守備不設，被賊攻陷城池，劫殺焚燒者，武職官比照守邊將帥失陷城寨者律，擬斬監候外，其府州縣掌印併捕盗官，俱比照守邊將帥被賊侵入境内，擄掠人民者律，發邊遠充軍，其守巡道官駐劄本城者，罷職爲民。若非駐劄處所，降三級調用；若有兩縣同住一城，專管官分有守城汛地，各以賊從所管城分進入坐罪；若無城池與雖有城池被賊潛隱設計越入劫盗隨即逃散，不係失陷者，止以失盗論俱不得引用此例。

歷年事例

天聰六年諭："凡遇敵臨陣擅自退縮者，貝勒等奪其部衆，兵丁處死，妻子没爲奴。"

罪名

杖八十

被賊入境將爪探夜不收及公差官軍人等一時殺傷事出不測者。

邊遠充軍。

被賊侵入境内擄掠人民者。

賊擁大衆入寇卒遇交鋒被傷擄數十人以上不曾虧損大衆者。

賊衆入境擄殺軍民數十人以上不曾擄去大衆者。

被賊白晝黄夜突入境内擄掠頭畜衣糧數多不曾殺擄軍民者。

交鋒入境損傷擄殺四五人搶去頭畜衣糧不多者。

府州縣掌印并捕盗官若遇寇警及盗賊生發攻圍，不行固守而輒棄去及守備不設被賊攻陷城池劫殺焚燒者。

斬監候

守邊將帥不行固守城寨而輒棄去者。〇守備不設爲賊掩襲失陷城寨者。

望高巡哨之人失於飛報以致陷城損軍者。

官軍臨陣先退及圍困敵城而逃者。

縱軍擄掠

凡守邊將帥,非奉調遣,私自使令軍人於外境擄掠人口財物者,杖一百,罷職充軍,所部聽使軍官及總旗,遞減一等,並罪坐所由,小旗軍人不坐。〇若軍人不曾經由本管頭目,私出外境擄掠者,爲首杖一百,爲從杖九十,傷人,爲首者,斬,爲從杖一百,俱發邊遠充軍;若本管頭目鈐束不嚴,杖六十,附過還職。〇其邊境城邑有賊出没,乘機領兵攻取者,不在此限。〇若於已附地面擄掠者,不分首從,皆斬;本管頭目鈐束不嚴,杖八十,附過還職。〇其知情故縱者,各與犯人同罪,至死減一等。

雍正三年律例館奏准:守邊將帥即奉調遣,亦不應擄掠,應將"非奉調遣"四字删去,其罷職充軍未指明處所,應增小註"發附近"字於"充軍"上,"又總旗"應改爲"管隊","小旗"字删,"附過還職"字俱改爲"留任"。

附律定例

一、輪操軍人軍丁,沿途劫奪人財,殺傷人命,占奪車船,作踐田禾等項,許被害之人赴所在官司具告,拏解兵部,轉送法司究問,除實犯死罪外,徒罪以上,俱調發邊衛充軍,其管操、指揮、千百户等官往回,不許與軍相離。若不行鈐束并故縱劫奪殺人等項者,參問調衛。

雍正三年律例館奏准:今兵丁無遠出輪操之事,如兵丁犯劫奪等罪,各有本例,此條删。

一、土官土舍縱容本管土民頭目爲盗,聚至百人,殺擄男婦二十名口以上者,問罪,降一級,加前數一倍者,奏請革職,另推土人信服親枝土舍襲替,若未動官軍,隨即擒獲解官者,准免本罪。

雍正五年律例館奏准增定附律例文

一、凡領兵王、貝勒、將軍,借通賊爲名,燒燬良民廬舍,搶掠子女財物者,領兵將軍、參贊大臣及營總等,俱革職,係王貝勒,交宗人府從重治罪,參領以下官免議,若分兵征進,有犯前項罪名者,統兵將領及分管兩翼官並管領旗分官,俱革職;至於官員兵丁一二人私自焚掠者,係官革職,係護軍領催兵丁鞭一百,係厮役正法,若厮役之主知情者,鞭一百,係官革職,不知情降二級,所管参領以下之官員,各降四級,營總降二級,其搶掠攜帶男婦人口,仍追出,給還完聚,若該督撫隱匿不行題參,别經發覺者,該督撫俱行革職。

歷年事例

天聰三年諭:“凡違令淫人婦女者,斬毁廬舍祠宇及離大纛入村落私掠者,鞭一百,若都統、參領、佐領不行嚴禁,一併治罪。”〇六年諭:“軍行所至有離人夫婦及淫人婦女者,死;擅殺不拒敵之人及掠人衣服者,將所得之物賞給首告之人,仍行鞭責。”

罪名

杖六十

本管頭目鈐束不嚴,致軍人私出外境擄掠者。

杖八十

邊將私令軍人於外境擄掠人口財物,其聽使之管隊。

本管頭目鈐束不嚴,致軍人於已附地面擄掠者。

杖九十

邊將私令軍人於外境擄掠人口財物,其聽使之武官。

附近充軍

邊將私令軍人於外境擄掠人口財物者,杖一百、充發。

邊遠充軍

軍人私出外境擄掠爲首者杖一百。〇爲從者杖九十。〇擄掠傷人爲從者杖一百俱充發。〇將領知情故縱者同。

斬監候

軍人私出外境擄掠傷人爲首者。〇將領知情故縱者。

軍人於已附地面擄掠者,不分首從。〇將領知情故縱者。

斬決

分兵征進斷役焚掠者。

不操練軍士

凡各處守禦官不守紀律,不操練軍士及城池不完,衣甲器仗不整者,初犯杖八十,附過還職,再犯,杖一百,指揮使降充同知,同知降充僉事,僉事降充千户,千户降充百户,百户降充總旗,總旗降充小旗,小旗降充軍役,并發邊遠守禦。〇若提備不嚴,撫馭無方,致有所部軍人反叛者,親管指揮、千百户、鎮撫,各杖一百,追奪誥勅,發邊遠充軍,若棄城而逃者,斬。

雍正三年律例館奏准:“附過還職”四字删,“指揮使”以至并“發邊遠守禦”四十九字删,其“親管指揮、千百户、鎮撫”十字改爲“該管官”。

附律定例

一、各衛所京操官員,故行搆訟,不肯赴操者,除犯該死罪并立功降調,罪名另行更替外,其餘聽掌印官申呈巡撫巡按衙門鎖項,差人解兵部發操,若有抗違不服,或挾私排陷者,參奏問調邊衛,帶俸差操,掌印官縱容不舉,參究治罪。

雍正三年律例館奏准:今無衛所京操之事,此條删。

一、各邊關堡墩臺等項守備去處,若官軍用錢買閑者,官員問罪,調極邊衛分,守禦旗軍人等,發沿邊枷號一個月,常參守哨,若原在關營官軍逃回原籍潛住,及架砲夜不收守墩軍人夤夜回家,輪班不去者,俱照前項調衛枷號守哨發落。

雍正三年律例館奏准:官軍買閑,有縱放軍人歇役正律,官軍逃回原籍,有從征守禦官軍逃正律,“各邊關堡”至“及”字共六十一字,删,“俱照前項調衛”六字亦删。

罪名

杖八十

守禦官不守紀律,不操練軍士及城池不完,衣甲器仗不整初犯者。

杖一百

守禦官不守紀律,不操練軍士及城池不完,衣甲器仗不整再犯者。

邊遠充軍

隄備不嚴,撫馭無方致所部軍人反叛者,該管官各杖一百充發。

斬監候

軍人反叛,該管官棄城而逃者。

激變良民

凡牧民之官失於撫字,非法行事,激變良民,因而聚衆反叛,失陷城池者,斬。城池未陷者,依守禦官撫綏無方致軍人反叛按充軍律奏請。

雍正三年律例館奏准增定附律例文

一、山陝刁惡頑梗之輩,假地方公事强行出頭,逼勒平民,約會抗糧,聚衆聯謀斂錢搆訟抗官塞署,或有冤抑不於上司控告,擅自聚衆至四五十人者,地方官與同城武職,無論是非曲直,拏解審究,爲首者,照光棍例擬斬立決,爲從擬絞監候,其逼勒同行之人,各杖一百,承審官若不將實在爲首之人擬罪，混行指人爲首者，革職從重治罪，其同城專管武職不行擒拏，及該地方文職不能彈壓撫恤者，俱革職，其該管之文武上司官徇庇不即申報，該督撫、提鎮不行題參者，俱交該部照例議處。

一、福建地方，如有借事聚衆罷市罷考打官等事，均照山陜題定光棍之例，分别治罪，其不行查拏之文武官弁，亦俱照例議處。

罪名

杖一百

山陜、福建地方借事聚衆抗糧搆訟罷市罷考打官塞署，其逼勒同行之人。

邊遠充軍

激變良民聚衆反叛未陷城池者。

絞監候

山陜、福建借事聚衆罷市罷考抗糧搆訟打官塞署爲從者。

斬監候

非法激變良民聚衆反叛失陷城池者。

斬决

山陜、福建借事聚衆罷市罷考抗糧搆訟打官塞署爲首者。

私賣戰馬

凡軍人出征獲到馬匹，須要盡數報官，若私下貨賣者，杖一百，軍官賣者罪同，罷職充軍，買者笞四十，馬匹價錢並入官；軍官軍人買者，勿論。賣者追價入官，仍科罪。

雍正三年律例館奏准：軍官私賣者既云罪同，當科杖一百，不便又坐充軍，應删去“充軍”二字。

雍正三年律例館奏准增定附律例文

一、凡披甲隨圍將肥官馬偷賣到家，交瘦馬者，照竊盜例治罪。

罪名

笞四十

常人買出征獲到馬匹者。

笞五十

披甲隨圍將肥馬偷賣到家交瘦馬，計贓一兩以下之爲從者。

杖六十

披甲隨圍將肥馬偷賣到家交瘦馬，計贓一兩以下者，一十兩之爲從者。

杖七十

披甲隨圍將肥馬偷賣到家交瘦馬,計贓一十兩者,二十兩之爲從者。

杖八十

披甲隨圍將肥馬偷賣到家交瘦馬,計贓二十兩者,三十兩之爲從者。

杖九十

披甲隨圍將肥馬偷賣到家交瘦馬,計贓三十兩者,四十兩之爲從者。

杖一百

軍官軍人將出征獲到馬匹貨賣與常人者

披甲隨圍將肥馬偷賣到家交瘦馬,計贓四十兩者,五十兩之爲從者。

徒一年杖六十

披甲隨圍將肥馬偷賣到家交瘦馬,計贓五十兩者,六十兩之爲從者。

徒一年半杖七十

披甲隨圍將肥馬偷賣到家交瘦馬,計贓六十兩者七十兩之爲從者。

徒二年杖八十

披甲隨圍將肥馬偷賣到家交瘦馬,計贓七十兩者,八十兩之爲從者。

徒二年半杖九十

披甲隨圍將肥馬偷賣到家交瘦馬,計贓八十兩者,九十兩之爲從者。

徒三年杖一百

披甲隨圍將肥馬偷賣到家交瘦馬,計贓九十兩者,一百兩一百一十兩一百二十兩之爲從者。

流二千里杖一百

披甲隨圍將肥馬偷賣到家交瘦馬,計贓一百兩者。

流二千五百里杖一百

披甲隨圍將肥馬偷賣到家交瘦馬,計贓一百一十兩者。

流三千里杖一百

披甲隨圍將肥馬偷賣到家交瘦馬,計贓一百二十兩者,一百二十兩以上之爲從者。

絞監候

披甲隨圍將肥馬偷賣到家交瘦馬,計贓一百二十兩以上者。

私賣軍器

凡軍人關給衣甲鎗刀旗幟一應軍器私下貨賣者,杖一百,發邊遠充軍,軍官賣者,罪同,罷職附近充軍,買者笞四十,應禁者一件杖八十,每一件加一等,罪止杖一百、流三千里,以私有論,軍器價錢並入官;軍官軍人買者勿論。賣者仍坐罪,追價入官。

歷年事例

康熙二十五年覆准:凡邊界地方,有奸徒私將軍器賣與土司番蠻之人者,不論官民兵丁,俱杖一百,發邊遠充軍,該管官知情故縱者,與軍民一例治罪;不知情者,州縣官武職專汛官,俱降四級調用,道府武職兼轄官,俱降二級留任,該管總兵官降一級留任,督撫提督各罰俸一年。○雍正三年議准:嗣後弓箭盔甲等物,如遇查驗時全無者,雖報有家人攜帶逃走之處,亦照私賣軍器律治罪。

罪名

笞四十

買軍官軍人之軍器者。

杖八十

買應禁軍器一件者。

杖九十

買應禁軍器二件者。

杖一百

買應禁軍器三件者。

徒一年杖六十

買應禁軍器四件者。

徒一年半杖七十

買應禁軍器五件者。

徒二年杖八十

買應禁軍器六件者。

徒二年半杖九十

買應禁軍器七件者。

徒三年杖一百

買應禁軍器八件者。

流二千里杖一百

買應禁軍器九件者。

流二千五百里杖一百

買應禁軍器一十件者。

流三千里杖一百

買應禁軍器十一件者。

附近充軍

軍官賣軍器與常人者杖一百充發。

邊遠充軍

軍人賣軍器與常人者杖一百充發。

毀棄軍器

凡將帥關撥一應軍器,征守事訖,停留不回納還官者,十日杖六十,每十日加一等,罪止杖一百。〇若輒棄毀者,一件杖八十,每一件加一等,二十件以上斬;遺失及誤毀者,各減三等;軍人各又減一等,並驗數追賠,其曾經戰陣,而有損失者,不坐不賠。

雍正三年律例館奏准增定附律例文

一、凡看守城池倉庫街道等處兵丁遺失本身器械者,杖七十。

一、箭上不書姓名及書他人姓名者,杖八十。

罪名

笞四十

軍人征守事訖將軍器遺失及誤毀一件者。

笞五十

軍人征守事訖不納還軍器十日者。

軍官征守事訖將軍器遺失及誤毀一件者。〇軍人二件者。

杖六十

軍官征守事訖不納還軍器十日者。〇軍人二十日者。

軍官征守事訖將軍器遺失及誤毀二件者。〇軍人三件者。

杖七十

軍官征守事訖不納還軍器二十日者。〇軍人三十日者。

軍人征守事訖棄毀軍器一件者

軍官征守事訖將軍器遺失及誤毀三件者。〇軍人四件者。

看守城池倉庫街道等處兵丁遺失本身軍器者。

杖八十

軍官征守事訖不納還軍器三十日者。〇軍人四十日者。

軍官征守事訖棄毀軍器一件者。〇軍人二件者。

軍官征守事訖將軍器遺失及誤毀四件者。〇軍人五件者。

箭上不書姓名及書他人姓名者。

杖九十

軍官征守事訖不納還軍器四十日者。○軍人五十日者。

軍官征守事訖棄毁軍器二件者。○軍人三件者。

軍官征守事訖將軍器遺失及誤毁五件者。○軍人六件者。

杖一百

軍官征守事訖不納還軍器五十日者。

軍官征守事訖棄毁軍器三件者。○軍人四件者。

軍官征守事訖將軍器遺失及誤毁六件者。○軍人七件者。

徒一年杖六十

軍官征守事訖棄毁軍器四件者。○軍人五件者。

軍官征守事訖將軍器遺失及誤毁七件者。○軍人八件者。

徒一年半杖七十

軍官征守事訖棄毁軍器五件者。○軍人六件者。

軍官征守事訖將軍器遺失及誤毁八件者。○軍人九件至二十件者。

徒二年杖八十

軍官征守事訖棄毁軍器六件者。○軍人七件者。

軍官征守事訖將軍器遺失及誤毁九件至二十件者。○軍人二十件以上者。

徒二年半杖九十

軍官征守事訖棄毁軍器七件者。○軍人八件者。

軍官征守事訖將軍器遺失及誤毁二十件以上者。

徒三年杖一百

軍官征守事訖棄毁軍器八件者。○軍人九件、十件、十一件、十二件至二十件者。

流二千里杖一百

軍官征守事訖棄毁軍器九件者。

流二千五百里杖一百

軍官征守事訖棄毁軍器一十件者。

流三千里杖一百

軍官征守事訖棄毁軍器十一件至二十件者。○軍人二十件以上者。

斬監候

軍官征守事訖棄毀軍器二十件以上者。

私藏應禁軍器

凡民間私有人馬甲、傍牌、火筒、火炮、旗纛、號帶之類應禁軍器者，一件杖八十，每一件加一等，私造者加私有罪一等，各罪止杖一百、流三千里，非全成者並勿論，許令納官；其弓箭鎗刀弩及魚叉禾叉，不在禁限。

雍正三年律例館奏准增定附律例文

一、凡私鑄紅衣等大小砲位者，不論官員軍民人等及鑄砲匠役，一併處斬，妻子家産入官，鑄砲處所鄰佑房主里長等，俱擬絞監候，專管文武官革職，兼轄文武官及該督撫提鎮俱交該部議處。

一、凡私放鳥鎗者，係官參處，平人嚴行治罪，其兵丁衹令白晝演放，若遇盜賊放鳥鎗者，免其治罪。

一、凡私造鳥鎗發賣者，杖一百，該管官不行查出，罰俸一年，如兵丁有借查鳥鎗名色擾民者，該管官一併議罪，其商民有必欲用鳥鎗者，豫先呈報，該管官驗明，止許長一尺五寸上刻姓名地方，如無姓名越尺寸者，照私造例治罪。

罪名

杖八十

私有人馬甲、傍牌、火筒、火砲、旗纛、號帶一件者。

杖九十

私有人馬甲、傍牌、火筒、火砲、旗纛、號帶二件者。○私造一件者。○用無姓名越尺寸鳥鎗一件者。

杖一百

私有人馬甲、傍牌、火筒、火砲、旗纛、號帶三件者。○私造二件者。○用無姓名越尺寸鳥鎗二件者。

私造鳥鎗發賣者

徒一年杖六十

私有人馬甲、傍牌、火筒、火砲、旗纛、號帶四件者。○私造三件者。○用無姓名越尺寸鳥鎗三件者。

徒一年半杖七十

私有人馬甲、傍牌、火筒、火砲、旗纛、號帶五件者。○私造四件者。○用無姓名越尺寸鳥鎗四件者。

徒二年杖八十

私有人馬甲、傍牌。火筒、火砲、旗纛、號帶六件者。○私造五件者。○用無姓名越尺寸鳥鎗五件者。

徒二年半杖九十

私有人馬甲、傍牌、火筒、火砲、旗纛、號帶七件者。○私造六件者。○用無姓名越尺寸鳥鎗六件者。

徒三年杖一百

私有人馬甲、傍牌、火筒、火砲、旗纛、號帶八件者。○私造七件者。○用無姓名越尺寸鳥鎗七件者。

流二千里杖一百

私有人馬甲、傍牌、火筒、火砲、旗纛、號帶九件者。○私造八件者。○用無姓名越尺寸鳥鎗八件者。

流二千五百里杖一百

私有人馬甲、傍牌、火筒、火砲、旗纛、號帶一十件者。○私造九件者。○用無姓名越尺寸鳥鎗九件者。

流三千里杖一百

私有人馬甲、傍牌、火筒、火砲、旗纛、號帶十一件者。○私造一十件者。○用無姓名越尺寸鳥鎗一十件者。

絞監候

私鑄紅衣等大小砲位處所鄰佑房主里長。

斬決

不論官員軍民人等但私鑄紅衣等大小砲位者。○私鑄砲位匠役。

縱放軍人歇役

凡管軍百户及總旗小旗軍吏,縱放軍人出百里之外買賣或私種田土,或隱占在己使喚空歇軍役者,一名杖八十,每三名加一等,罪止杖一百,罷職充軍,若受財賣放者,以枉法從重論;所隱軍人並杖八十,若私使出境,因而致死或被賊拘執者,杖一百,罷職發邊遠充軍,至三名者,絞,本管官吏知情容隱不行舉問,及虚作逃亡扶同報官者,與犯人同罪,至死減一等。若小旗總旗百户縱放軍人,其本管指揮千户鎮撫當該首領官吏知情故縱,或容隱不行舉問,及指揮千户鎮撫故縱軍人,其百户總旗小旗知而不首告者,罪亦如之。○若鈐束不嚴,致有違犯及失於覺舉者,小旗名下一名,總旗名下五名,百户名下十名,千户名下五十名,各笞四十,小旗名下二名,總旗名下十名,百户名下二十名,千户名下一百名者,各笞五十,並附過還職,不及數者不坐。〇若軍官私家役使軍人,不曾隱占歇役者,一名笞四十,每五名加一等,罪止杖八十。〇並每名計一日追僱工銀八分五釐五毫入官。〇若有吉凶借使者,勿論。

雍正三年律例館奏准:律文内武職名目與見行不符,再縱放軍人七名歇役者即罷職充軍,然例止降級,今將改定律文開列於後。

凡管軍千總把總及管隊軍吏,縱放軍人出百里之外買賣或私種田土,或隱占在己使唤空歇軍役,不行操備者,計所縱放及隱占之軍數。一名杖八十,每三名加一等,罪止杖一百,罷職。若受財賣放者,以枉法從重論;所隱縱放隱占賣放各項軍人,並杖八十。若私使出境因而致死,或被賊拘執者,杖一百,罷職發邊遠充軍,至三名者,絞監候,本營專管官吏知情容隱不行舉問,及虚作逃亡扶同報官者,與犯人同罪,至死減一等。若管隊把總千總縱放軍人,其本營專管官吏知情故縱,或容隱不行舉問,及本營專管官故縱軍人,其千總把總管隊知而不首告者,罪亦如之。私使出境而不首告者,同罪。〇若鈐束不嚴,原無縱放私使之情。致有違犯,或出百里,或出外境私自歇役及原無知情容隱止失覺舉者,管隊名下一名,把總名下五名,千總名下十名,本營專管官名下五十名,各笞四十,管隊名下二名,把總名下十名,千總名下二十名,本營專管官名下一百名,各笞五十;並留任不及數者不坐。〇若武職官私家役使軍人,不曾隱占歇役妨廢操備者,一名笞四十,每五名加一等,罪止杖八十。〇並每名計一日追僱工銀八分五釐五毫八官。〇若有吉凶借使者,勿論。

附律定例

一、凡各處鎮守總兵官,跟隨軍伴二十四名,協守副總兵二十名,遊擊將軍分守參將十八名,守備官十二名,都指揮六名指揮四名,千百户鎮撫二名,不管事者一名,但有額外多占正軍至五名,餘丁至六名以上,俱問罪降一級,正軍六名以上,餘丁十名以上,降二級,正軍十名以上,餘丁二十名以上,止於降三級;其賣放軍人包納月錢者,正軍五名至十名,餘丁六名至二十名,俱問罪,照前分等降級,若正軍至二十名以上,餘丁至三十名以上,俱罷職發邊衛充軍;其役占賣放紀録幼軍者,照餘丁例,役占賣放備邊壯勇者,照正軍例,各擬斷律七名以上,充軍例止降級,有犯者宜從例。

雍正三年律例館奏准:今無按官大小派軍跟隨之例,有隱占及賣放包納月錢者,俱依律治罪,且無紀録幼軍備邊壯勇等名,例文删。

一、軍職賣放併役占軍人二罪俱發,其賣放已至十名以上,役占不及數者,依賣放例罷職充軍;役占已至十名以上,賣放不及數者,依役占例降三級;賣放役占俱至十名以上者,從重發落;俱不及十名者,併數通論降級;役占軍人五名又占餘丁十名及包納月錢滿數者,從重降級,仍發立功滿日,照所降品級,於原衞所帶俸差操。

雍正三年律例館奏准:今賣放及包納月糧,俱依律計贓科罪,如二罪俱發,從其重者論,已詳名例,且無立功及帶俸差操之例,删。

一、圍子手併皇城内外守衞軍士及紅盔將軍下班之日,其本管官員及守門官把總指揮等官,不許擅撥與人做工等項役使,違者參問;雖不係自己占用,亦照私役軍人事例發落。

雍正三年律例館奏准:今無圍子手紅盔將軍及指揮等官,且軍士下班皆不許私役,不獨看守皇城内外軍士,應將前段"一、圍子手"至"把總指揮等官"三十七字改爲"一、凡軍士下班,其本管官員"。

罪名

笞四十

鈐束不嚴及失覺舉致軍人私自歇役管隊名下一名者。○把總名下五名者。○千總名下十名者。○本營專管官名下五十名者。

武職官私家役使軍人一名者。

軍士下班其本管官擅撥與人做工等項役使一名者。

笞五十

鈐束不嚴及失覺舉致軍人私自歇役管隊名下二名者。○把總名下十名者。○千總名下二十名者。○本營專管官名下一百名者。

武職官私家役使軍人二名者。

軍士下班其本管官擅撥與人做工等項役使二名者。

杖六十

武職官私家役使軍人三名者。

軍士下班其本管官擅撥與人做工等項役使三名者。

杖七十

武職官私家役使軍人四名者。

軍士下班其本管官擅撥與人做工等項役使四名者。

杖八十

千把總管隊縱放軍人及隱占在己致歇役一名者。○本營專管官吏知情容隱者。○專管官吏故縱千把總管隊知而不首告者。

縱放隱占賣放歇役之軍人。

武職官私家役使軍人五名者。

軍士下班其本管官擅撥與人做工等項役使五名者。

杖九十

千把總管隊縱放軍人及隱占在已致歇役二名者。○本營專管官吏知情容隱者。○專管官吏故縱千把總管隊知而不首告者。

杖一百

千把總管隊縱放軍人及隱占在已致歇役三名者。○本營專管官吏知情容隱者。○專管官吏故縱千把總管隊知而不首告者。

徒一年杖六十

千把總管隊縱放歇役,受財二十兩者,無祿人二十五兩者。○本營專管官吏知情容隱者。○專管官吏故縱受財如前數,千把總管隊知而不首者。

徒一年半杖七十

千把總管隊縱放歇役,受財二十五兩者,無祿人三十兩者。○本營專管官吏知情容隱者。○專管官吏故縱受財如前數,千把總管隊知而不首者。

徒二年杖八十

千把總管隊縱放歇役,受財三十兩者,無祿人三十五兩者。○本營專管官吏知情容隱者。○專管官吏故縱受財如前數,千把總管隊知而不首者。

徒二年半杖九十

千把總管隊縱放歇役,受財三十五兩者,無祿人四十兩者。○本營專管官吏知情容隱者。○專管官吏故縱受財如前數,千把總管隊知而不首者。

徒三年杖一百

千把總管隊縱放歇役,受財四十兩者,無祿人四十五兩五十兩五十五兩者。○本營專管官吏知情容隱者。○專管官吏故縱受財如前數,千把總管隊知而不首者。

流二千里杖一百

千把總管隊縱放歇役,受財四十五兩者。○本營專管官吏知情容隱者。○專管官吏故縱受財如前數,千把總管隊知而不首者。

流二千五百里杖一百

千把總管隊縱放歇役,受財五十兩者。○本營專管官吏知情容隱者。○專管官吏故縱受財如前數,千把總管隊知而不首者。

流三千里杖一百

千把總管隊縱放歇役,受財五十五兩者,無禄人八十兩者。○本營專管官吏知情容隱者。○專管官吏故縱受財如前數,千把總管隊知而不首者。

邊遠充軍

千把總管隊私令軍人出境因而致死,或被賊拘執者杖一百充發。○本營專管官知情容隱扶同揑報者。○專管官吏有犯千把總管隊知而不首者。

絞監候

千把總管隊縱放歇役,受財八十兩者,無禄人一百二十兩者。○本營專管官吏知情容隱者。○專管官吏故縱受財如前數,千把總管隊知而不首者。

千把總管隊私使軍人出境因而致死,或被賊拘執三名者。○本營專管官知情容隱扶同揑報者。○專管官吏有犯千把總管隊知而不首者。

公侯私役官軍

凡公侯非奉特旨,不得私自呼喚各衛軍官軍人前去役使,違者初犯再犯,免罪,附過三犯,准免死一次。其軍官軍人聽從,及不出征時輒於公侯之家門首伺立者,軍官各杖一百,罷職發邊遠充軍,軍人同罪,若伯爵及旗校有犯,亦准此律奏請。

雍正三年律例館奏准:"各衛"二字,"附過"二字俱删,"軍官軍人"四字二處俱改爲"官軍","准免死一次"五字改爲"奏請區處","軍官各杖一百"句"軍"字删,小註内"及旗校"三字删。

罪名止有邊遠充軍一條律文已明不複列

從征守禦官軍逃

凡軍官軍人從軍征討私逃還家,及逃往他所者,初犯杖一百,仍發出征,再犯者絞,知情窩藏者,杖一百充軍,里長知而不首者,杖一百,若軍還而先歸者,減五等,因而在逃者,杖八十;若在京各衛軍人在逃者,初犯杖九十,發附近衛分充軍;各處守禦城池軍人在逃者,初犯杖八十,仍發本衛充軍,再犯並杖一百,俱發邊遠充軍,三犯者絞,知情窩藏者,與犯人同罪,罪止杖一百充軍,里長知而不首者,各減窩藏二等,本管頭目知情故縱者,各與同罪,罪止杖一百罷職,附近充軍;其在逃官軍一百日内能自出官首告者,免罪,若在限外自首者,減罪二等;但於隨處官司首告者,皆得准理,准免罪及減罪二等。〇若各衛軍人轉投别衛充軍者,同逃軍論。〇其親管頭目不行用心鈐束,致有軍人在逃,小旗名下逃去五名者,降充軍人,總旗名下逃去二十五名者,降充小旗,百户名下逃去一十名者,減俸一石,二十名者,減俸二石,三十名者,減俸三石,四十名者,減俸四石,逃至五十名者,追奪降充總旗,千户名下逃去一百名者,減俸一石,二百名者,減俸二石,三百名者,減俸三石,四百名者,減俸四石,逃至五百名者,降充百户,不追封誥。其管軍多者,各驗人數折算減俸,降級不及數者,不坐;若有病亡殘疾提撥等項事故者,不在此限。

雍正三年律例館奏准:“軍官軍人”改爲“官軍”,“若在京各衛”至“仍發本衛充軍”四十四字改爲“若在京軍人逃者,初犯杖九十;各處守禦城池軍人逃者,初犯杖八十,俱發充伍”。次節“各衛軍人轉投别衛充軍”句改爲“若各營軍人轉投别營當軍者。”第三節親管頭目鈐束不嚴,兵部有處分定例,律文删。

附律定例

一、軍官軍人,遇有征調點選,已定至期起程,不問已未關給賞賜,若有避難在逃者,依律問斷,其征期已過,送兵部編發宣府獨石等處沿邊墩臺哨瞭半年,滿日放回原衛,還職著役;若仍發出征及哨瞭在逃者,依從征私逃再犯者律處絞。

雍正三年律例館奏准:官軍征調違期治罪之處,前律開載甚明,今無送兵部發沿邊哨瞭之例,此條删。

一、輪操官軍逃在京城内外潛住,初犯打七十,再犯打一百送操,事例發落,官旗無力納贖者,就在原問衙門單衣決打,若逃回原籍原衛者,以越關論,其在逃三次者,不分革前革後,各免決打納贖,京衛調外衛,外衛調邊衛,俱帶俸食糧差操。

雍正三年律例館奏准:今無輪操送操等例,此條删。

歷年事例

順治十三年議准:凡隨征軍士私自逃回者,鞭一百,遞發軍前二次者,正法。

罪名

笞五十

軍還而官軍先歸者。○本管頭目知情故縱者。

杖六十

官軍在逃罪,該杖八十其里長知而不首者。○該杖八十在逃官軍及轉投別營軍人限外自首者。

杖七十

軍人在逃罪,該杖九十其里長知而不首者。○該杖九十在逃軍人及轉投別營軍人限外自首者。

杖八十

軍還而官軍在逃者。○各處守禦軍人在逃及轉投別營初犯者。○知情窩藏者。○本管頭目知情故縱者。

從征初犯在逃官軍及在逃轉投別營再犯軍人,其限外自首者。

杖九十

在京軍人在逃及轉投別營初犯者。○知情窩藏者。○本管頭目知情故縱者。

杖一百

從征官軍私逃還家及逃往他所初犯者。○本管頭目故縱者。

里長知從征在逃官軍而不首者。

徒二年半杖九十

再犯三犯在逃軍人里長知而不首者。

徒三年杖一百

在逃及轉投別營軍人三犯其限外自首者。

附近充軍

知情窩藏從征在逃官軍者。○窩藏再犯三犯在逃軍人者,俱杖一百、充發。

本管頭目知情故縱軍人再犯三犯在逃者杖一百充發邊遠充軍。

守禦軍人在逃并轉投別營再犯者杖一百、充發。○本管頭目知情故縱者。

絞監候

從征官軍在逃再犯者。○守禦軍人在逃并轉投別營三犯者。

優恤軍屬

凡陣亡病故官軍回鄉,家屬行糧脚力有司不即應付者,遲一日笞二十,每三日加一等,罪止笞五十。

罪名

笞二十

陣亡病故官軍家屬還鄉,而有司應付行糧脚力遲一日者。

笞三十

陣亡病故官軍家屬還鄉,而有司應付行糧脚力遲四日者。

笞四十

陣亡病故官軍家屬還鄉,而有司應付行糧脚力遲七日者。

笞五十

陣亡病故官軍家屬還鄉,而有司應付行糧脚力遲十日以上者。

夜禁

凡京城夜禁,一更三點,鐘聲已静,五更三點,鐘聲未動,犯者笞三十,二更、三更、四更犯者,笞五十,外郡城鎮各减一等;其公務急速疾病生産死喪,不在禁限。〇其暮鐘未静,曉鐘已動,巡夜人等故將行人拘留,誣執犯夜者,抵罪。〇若犯夜拒捕及打奪者,杖一百,因而毆人至折傷以上者,絞,死者,斬。

雍正三年律例館奏准增定附律例文

一、凡旗下兵丁無故在城外夜宿者,杖八十。

罪名

笞二十

外郡城鎮於一更三點後、五更三點前犯夜禁者。〇巡夜人於一更三點前、五更三點後故拘執行人者。

笞三十

京城於一更三點後、五更三點前犯夜禁者。〇巡夜於一更三點前、五更三點,後故拘執行人者。

笞四十

外郡鎮守於二更、三更、四更犯夜禁者。

笞五十

京城於二更、三更、四更犯夜禁者。

杖八十

旗下兵丁無故在城外夜宿者。

杖一百

犯夜拒捕及打奪者。

絞監候

犯夜拒捕打奪毆巡夜人至折傷以上者。

斬監候

犯夜拒捕打奪殺巡夜人者。

大清會典卷之一百六十七

刑部

〔律例十八兵律三〕

〔關津〕

私越冒度關津

凡無文引私度關津者，杖八十，若關不由門，津不由渡而越度者，杖九十，若越度緣邊關塞者，杖一百、徒三年，因而出外境者，絞；守把之人知而故縱者，同罪，至死減一等。失於盤詰者，各減三等，罪止杖一百，軍兵又減一等，並罪坐直日者。〇若有文引冒名度關津者，杖八十，家人相冒者，罪坐家長，守把之人知情，與同罪；不知者，不坐。〇其將馬贏私度冒度關津者，杖六十，越度杖七十。私度謂人有引，馬贏無引者，冒度謂馬贏冒他人引上馬贏毛色齒歲者，越度謂人由關津，馬贏不由關津而度者。

附律定例

一、官吏、旗校、舍餘軍民人等，有因爲事問發爲民充軍，或罷職冠帶閒住，與降調出外各來京潛住者，問擬明白，除充軍并發邊外爲民照逃例改發外，文官降調者，革職冠帶閒住，閒住者，發原籍爲民，爲民者，改發邊外爲民，武官帶俸者革職，隨舍餘食糧差操，原隨舍餘食糧差操者，發邊衛差操，其知情容留潛住之人，各治以罪。

雍正三年律例館奏准：今軍流等犯在逃，各有正律，革職官員，不許潛住他處，另有定例，此條删。

一、關隘引送邊外邊衛逃軍過關，并守把盤詰之人賣放者，俱問發邊衛充軍。

雍正三年律例館奏准：今衛所軍犯在逃，依軍犯逃回律科罪，賣放者應計贓坐罪,此條刪。

雍正三年律例館奏准增定附律例文

一、凡傭倩口内之人往口外種地及砍木燒炭者,户部、工部照例給票出口,回日,仍查收無票之人,令各處查拏。若捏稱雅圖溝、波羅河屯等處砍木、燒炭各色起票前往,而將票轉賣與人,及買者一并拏送,該部治罪。

一、凡民人無票私出口外者,杖一百,並妻發往山海關外遼陽等處安插。

一、凡湖廣沿邊苗民,俱以塘汛爲界,民人責令有司詳查,苗人責令遊巡官員詳查,若民人無故擅入苗地,照私越冒度關津律,杖一百、徒三年,苗人無故擅入民地,亦照民例充徒内地,該管各官失於覺察,照奸細出入境内不能查獲例議處,該管上司亦照例議處。

罪名

笞四十

直日軍兵失於盤詰致人私度關津者。

笞五十

直日官失於盤詰致人私度關津者。○軍兵失於盤詰致人越度關津者。

杖六十

直日官失於盤詰致人越度關津者。

無引馬贏私度冒度關津者。

杖七十

無引馬贏越度關津者。

杖八十

無文引私度關津者。○有文引冒度關津者家人相冒罪坐家長。○守把之人知情故縱者。

杖九十

越度關津者。○守把之人知情故縱者。

直日軍兵失於盤詰致人越度緣邊關塞出外境者。

杖一百

直日官失於盤詰致人越度緣邊關塞出外境者。

徒三年杖一百

越度緣邊關塞者。○守把之人知情故縱者。

湖廣沿邊人民擅入苗地者。〇苗人擅入民地者。

流三千里杖一百

越度關塞交通外境其守把之人知情故縱者。

發遣

民人無票私出口外者杖一百,並妻發山海關外遼陽等處安插。

絞監候

潛出關塞交通外境者。

詐冒給路引

凡不應給路引之人,而給引,及軍詐爲民,民詐爲軍,若冒名告給引,及以所給引轉與他人者,並杖八十;若於經過官司停止去處,倒給路引,及官豪勢要之人囑託軍民衙門擅給批帖,影射出入者,各杖一百,若官吏人匠供送文引,年深於原任原役衙門告給新引,照身回還者,不在此限。當該官吏聽從及知情給與者,並同罪,若不從及不知者,不坐。〇若巡檢司越分給引者,罪亦如之。〇其不立文案,空押路引,私填與人者,杖一百、徒三年。〇受財者,計贓以枉法及有所規避者,各從重論。〇若軍民出百里之外不給引者,軍以逃軍論,民以私度關津論。

雍正三年律例館奏准:今軍民俱無給引之事,末節删。

歷年事例

康熙五年題准:凡官員有給軍流人犯出關印文,或給執照者,降四級調用。

罪名

杖八十

不應給及詐冒告給而給路引者。〇當該官吏聽從知情及巡檢司越分給引者。

杖九十

不應給及詐冒告給而給路引規避杖七十罪者。〇官吏聽從給引受財一十兩者,無禄人一十五兩者。

杖一百

經過去處倒給及豪勢囑託批給路引者。〇當該官吏聽從知情及巡檢司越分給引者。

不應給及詐冒告給而給路引規避杖八十罪者。〇官吏聽從給引受財一十五兩者,無禄人二十兩者。

徒一年杖六十

給路引規避杖九十罪者。〇官吏給與路引受財二十兩者,無禄人二十五兩者。

徒一年半杖七十

給路引規避杖一百罪者。〇官吏給與路引受財二十五兩者,無禄人三十兩者。

徒二年杖八十

給路引規避徒一年罪者。〇官吏給與路引受財三十兩者,無禄人三十五兩者。

徒二年半杖九十

給路引規避徒一年半罪者。〇官吏給與路引受財三十五兩者,無禄人四十兩者。

徒三年杖一百

不立文案空押路引私填與人者。

給路引規避徒二年罪者。〇官吏給與路引受財四十兩者,無禄人四十五兩五十兩五十五兩者。

流二千里杖一百

給路引規避徒二年半罪者。〇官吏給與路引受財四十五兩者。

流二千五百里杖一百

給路引規避徒三年罪者。〇官吏給與路引受財五十兩者。

流三千里杖一百

給路引規避流二千里罪者。〇官吏給與路引受財五十五兩者,無禄人八十兩者。

絞監候

官吏給與路引受財八十兩者,無禄人一百二十兩者。

關津留難

凡關津往來船隻,守把之人不即盤驗放行,無故阻當者,一日笞二十,每一日加一等,罪止笞五十。〇若官豪勢要之人乘船經過關津,不服盤驗者,杖一百。〇若撑駕渡船梢水,如遇風浪險惡,不許擺渡,違者笞四十,若不顧風浪,故行開船,至中流停船勒要船錢者,杖八十,因而殺傷人者,以故殺傷論。

罪名

笞二十

關津直日守把人無故阻當船隻一日者。

笞三十

關津直日守把人無故阻當船隻二日者。

笞四十

關津直日守把人無故阻當船隻三日者。

梢水遇風浪擺渡者。

笞五十

關津直日守把人無故阻當船隻四日者。

杖六十

關津直日守把,無禄人阻當船隻,受財一兩以下者。

杖七十

關津直日守把人阻當船隻,受財一兩以下者,無禄人一兩以上至五兩者。

杖八十

關津直日守把人阻當船隻,受財一兩以上至五兩者,無禄人一十兩者。

梢水不顧風浪故行開船至中流勒要船錢者。

杖九十

關津直日守把人阻當船隻,受財一十兩者,無禄人一十五兩者。

杖一百

關津直日守把人阻當船隻,受財一十五兩者,無禄人二十兩者。

豪勢乘船經過關津不服盤驗者。

乘危勒要船錢因而傷折人一齒,手足一指,眇人一目,抉毀人耳鼻,破人骨及以湯火銅鐵汁傷人者。

徒一年杖六十

關津直日守把人阻當船隻,受財二十兩者,無禄人二十五兩者。

乘危勒要船錢因而傷折人二齒二指以上及髡髮者。

徒一年半杖七十

關津直日守把人阻當船隻,受財二十五兩者,無禄人三十兩者。

徒二年杖八十

關津直日守把人阻當船隻,受財三十兩者,無禄人三十五兩者。

乘危勒要船錢因而傷折人肋,眇人兩目,墮人胎及刃傷人者。

徒二年半杖九十

關津直日守把人阻當船隻,受財三十五兩者,無禄人四十兩者。

徒三年杖一百

關津直日守把人阻當船隻,受財四十兩者,無禄人四十五兩、五十兩、五十五兩者。

乘危勒要船錢因而折跌人肢體及瞎人一目者。

流二千里杖一百

關津直日守把人阻當船隻,受財四十五兩者。

流二千五百里杖一百

關津直日守把人阻當船隻,受財五十兩者。

流三千里杖一百

關津直日守把人阻當船隻,受財五十五兩者,無禄人八十兩者。

乘危勒要船錢因而瞎人兩目,折人兩肢,損人二事以上及因舊患令至篤疾,若斷人舌、毀敗人陰陽者。

絞監候

關津直日守把人阻當船隻,受財八十兩者,無禄人一百二十兩者。

斬監候

乘危勒要船錢因而殺人者。

遞送逃軍妻女出城

凡在京守禦官軍,遞送逃軍妻女出京城者,絞,雜民犯者,杖一百,若各處守禦城池及屯田官軍,遞送逃軍妻女出城者,杖一百,發邊遠充軍,民犯者,杖八十,受財者計贓以枉法從重論;分有禄無禄人。其逃軍買求者,罪同;守門之人知情故縱者,與犯人同罪,至死減一等。失於盤詰者,減三等,罪止杖一百,軍人又減一等。〇若遞送非逃軍妻女出城者,杖八十,有所規避者如刁姦誘賣,或犯罪法應緣坐,從重論。

雍正三年律例館奏准:"發邊遠充軍"改爲"徒三年"小註"至死減一等"五字删。

罪名

笞四十

遞送逃軍妻女出城犯該杖八十罪,其直日守門軍失盤詰者。

笞五十

遞送逃軍妻女出城犯該杖八十罪,其直日守門官失盤詰者。○犯該杖九十罪,其直日守門軍失盤詰者。

杖六十

遞送逃軍妻女出城犯該杖九十罪,其直日守門官失盤詰者。○犯該杖一百罪,其直日守門軍失盤詰者。

杖七十

遞送逃軍妻女出城犯該杖一百罪,其直日守門官失盤詰者。○犯該徒一年罪,其直日守門軍失盤詰者。

杖八十

各處平民遞送逃軍妻女出城者。○守門之人知情故縱者。

遞送逃軍妻女出城犯該徒一年罪其直日守門官失盤詰者。○犯該徒一年半罪,其直日守門軍失盤詰者。

遞送非逃軍妻女出城者。

杖九十

各處平民遞送逃軍妻女出城,受財一十兩者,無祿人十五兩者。○逃軍買求者。○守門人知情故縱者。

遞送逃軍妻女出城犯該徒一年半罪,其直日守門官失盤詰者。○犯該徒二年罪,其直日守門軍失盤詰者。

遞送該杖一百罪,犯妻女出城有所規避者。

杖一百

在京平民遞送逃軍妻女出城者。

各處平民遞送逃軍妻女出城,受財十五兩者,無祿人二十兩者。○逃軍買求者。○守門人知情故縱者。

遞送逃軍妻女出城犯該從二年罪,其直日守門官失盤詰者。○犯該徒二年半罪,其直日守門軍失盤詰者。

遞送該徒一年罪,犯妻女出城有所規避者。

徒一年杖六十

在京及各處平民遞送逃軍妻女出城,受財二十兩者,無祿人二十五兩者。○逃軍買求者。○守門人知情故縱者。

遞送該徒一年半罪犯妻女出城有所規避者。

徒一年半杖七十

在京及各處平民遞送逃軍妻女出城,受財二十五兩者,無祿人三十兩者。○逃軍買求者。○守門人知情故縱者。

遞送該徒二年罪,犯妻女出城有所規避者。

徒二年杖八十

在京及各處平民遞送逃軍妻女出城,受財三十兩者,無祿人三十五兩者。○逃軍買求者。○守門人知情故縱者。

遞送該徒二年半罪,犯妻女出城有所規避者。

徒二年半杖九十

在京及各處平民遞送逃軍妻女出城,受財三十五兩者,無祿人四十兩者。○逃軍買求者。○守門人知情故縱者。

遞送該徒三年罪,犯妻女出城有所規避者。

徒三年杖一百

在京及各處平民遞送逃軍妻女出城,受財四十兩者,無祿人四十五兩五十兩五十五兩者。○逃軍買求者。○守門人知情故縱者。

各處官軍遞送逃軍妻女出城者。○守門人知情故縱者。

遞送該流罪犯妻女出城有所規避者。

流二千里杖一百

在京平民及各處軍民遞送逃軍妻女出城,受財四十五兩者。○逃軍買求者。○守門人知情故縱者。

流二千五百里杖一百

在京平民及各處軍民遞送逃軍妻女出城,受財五十兩者。○逃軍買求者。○守門人知情故縱者。

流三千里杖一百

在京平民及各處軍民遞送逃軍妻女出城,受財五十五兩者,無祿人八十兩者。○逃軍買求者。○守門人知情故縱者。

受財遞送逃軍妻女出城犯死罪其,知情故縱之守門人。

遞送該死罪犯妻女出城有所規避者。

絞監候

在京官軍遞送逃軍妻女出京城者。

在京平民及各處軍民遞送逃軍妻女出城,受財八十兩者,無祿人一百二十兩者。○逃軍買求者。

盤詰奸細

凡緣邊關塞及腹裏地面,但有境内奸细走透消息於外人,及境外奸細入境内探聽事情者,盤獲到官,須要鞫問接引起謀之人,得實皆斬,經過去處守把之人知而故縱,及隱匿不首者,並與犯人同罪,至死減等。失於盤詰者,杖一百,軍兵杖九十。

附律定例

一、交結外國,互相買賣借貸,誆騙財物,引惹邊釁及潛住苗寨教誘爲亂,貽患地方者,除實犯死罪外,俱問發邊衞永遠充軍。

一、沿邊關塞及腹裏地面盤詰奸細處,所有歸復鄉土人口被獲到官,查審明白,即照例起送,有妄作奸細,希圖冒功者,以故入人罪論,若的實奸細能首降者,亦一體給賞安插。

雍正三年律例館奏准增定附律例文

一、凡州縣鄉城十户立一牌頭,十牌立一甲頭,十甲立一保長,户給印牌一張,書寫姓名丁數,出則註明所往,入則稽其所來;其客店亦令各立一簿,每夜宿客姓名幾人、行李牲口幾何、作何生理、往來何處,逐一登記明白;至於寺觀亦分給印牌,上寫僧道口數姓名,稽察出入;如有虛文應事,徒委捕官吏胥需索擾害者,該上司查參治罪。

一、凡盤獲形迹可疑之船,貨物人數不符税單牌票者,限三日内查明,果係商船,即速放行,如係賊船,交與地方官治罪,如巡緝官兵以賊船作爲商船釋放者,照諱盜例治罪,以商船作爲賊船擾害者,照誣良爲盜例治罪,索取財物者,拏問,該管上司查出,免其議處,失察,照例治罪。

一、凡看守關口官員,若無印票私出不查拏者,降一級調用,加級紀録不准抵銷,若放出私販人口奸棍者,革職,其關口兵丁及販賣之奸棍,加常罪一等治罪,如受財物放出私販人口者,該管關口官照例革職,計贓以枉法治罪,兵丁依衙役枉法犯贓從重治罪,均遇恩赦不宥。

一、沿柳條邊之蒙古地方,有内地民人種地居住者,交與扎薩克等,十家内設立一長,逐户嚴查,不許無事閒人存留,令扎薩克等著落十家長取具保結,如民人内有隱匿内地逃人者著該扎薩克查拏將逃人一併送部,其逃人照定例治罪,將容留隱匿逃人之民人,亦交與該部治罪。

一、發遣人犯,或有混入邊地貿易,割草人中,偷行渡河,逃入蒙古境内者,應令汛渡弁兵,將貿易割草之人於去時登記人數,回時仍查原數,若人數短少,顯有脱逃隱匿,即行文知會蒙古,若有閒蕩遊手久留不歸之人,即係逃脱兇犯,當即拏送該處,照本犯原罪分别治罪。倘仍有弁兵不行稽查,疏縱脱逃,漫無覺察者將汛渡弁員照失察例議處,兵照失於盤詰律治罪;蒙古既知係内地脱逃之人,仍容留隱匿者,將蒙古照窩藏逃人例治罪。

一、廣東省山多田少,無田耕種窮民趕山搭寮,取香砍柴燒炭等項,令各州縣每寮給牌,遇有遷徙消長,赴縣添除,違者寮長應照脱漏户口律治罪,倘窩藏奸宄勾通匪類,寮長不報官究治,或被旁人首告者,照總甲容留棍徒例治罪,各寮長將此等人查出,即行報官者,免其治罪;至入山之窮民,如不赴官報明搭寮居住種麻種靛者,照盜耕田畝律治罪,其山主不經官驗准,私令批佃搭寮種麻種靛者,照違令律治罪,山主經官驗准者,免其治罪,若文武各官漫不經心約束,以致窩藏奸宄勾通匪類,經督撫題參者,照溺職例革職。

歷年事例

康熙十四年議准:凡奸細放火兇徒,專責步兵五城三營宛大二縣嚴拏,有能拏獲一名者,將拏送之官紀録一次,至五名者,加一級,十名者,不論俸滿即陞,拏獲之人照所獲犯人每名賞銀二十兩;除專責緝拏官員人等外,其餘官員人等有能拏獲一名者,官加一級,至五名者,不論俸滿即陞,平人照所獲犯人每名賞銀五十兩;此給賞之銀,户部給發;其該汛地各官不能查拏,被别汛官員拏獲者,降四級調用,該上司降二級調用,若將平人挾讐拏送者,照誣告律擬罪。

罪名

笞三十

廣東無田耕種窮民入山搭寮,不報官居住,種麻、種靛計一畝以下者。

笞四十

廣東無田耕種窮民入山搭寮,不報官居住,種麻、種靛計六畝者。

笞五十

廣東無田耕種窮民入山搭寮,不報官居住,種麻、種靛計十一畝者。

山主不經官驗准私令批佃搭寮種麻種靛者。

杖六十

廣東無田窮民趕山搭寮不赴縣,添除一口至三口者。

廣東無田耕種窮民入山搭寮,不報官居住,種麻、種靛計十六畝者。

杖七十

守關官放出私販人口,受財一兩以下者。

廣東無田窮民趕山搭寮,不赴縣添除六口者。

廣東無田耕種窮民入山搭寮,不報官居住,種麻、種靛計二十一畝者。

杖八十

守關官放出私販人口,受財一兩以上至五兩者。

廣東無田窮民趕山搭寮不赴縣,添除全户者。〇九口者。

廣東無田耕種窮民入山搭寮,不報官居住,種麻、種靛計二十六畝者。

杖九十

緣邊關塞守把軍兵失於盤詰奸細者。

守關官放出私販人口,受財一十兩者。

汛渡軍兵將冒出邊界之人疏縱脱逃者。

廣東無田窮民趕山搭寮不赴縣,添除十二口者。

杖一百

緣邊關塞守把官失於盤詰奸細者。

守關官放出私販人口,受財一十五兩者。

廣東無田窮民趕山搭寮不赴縣,添除十五口者。

徒一年杖六十

守關官放出私販人口,受財二十兩者。

徒一年半杖七十

守關官放出私販人口,受財二十五兩者。

徒二年杖八十

守關官放出私販人口,受財三十兩者。

徒二年半杖九十

守關官放出私販人口,受財三十五兩者。

徒三年杖一百

守關官放出私販人口,受財四十兩者。

流二千里杖一百

守關官放出私販人口,受財四十五兩者。

流二千五百里杖一百

守關官放出私販人口,受財五十兩者。

流三千里杖一百

奸細鞫問得實,其經過去處守把之人知而故縱及隱匿不首者。

盤詰奸細處所將歸鄉土人口妄作奸細希圖冒功未決者。

守關官放出私販人口,受財五十五兩者。

邊衛永遠充軍

交結外國互相買賣借貸誆騙財物,引惹邊釁及潛住苗寨教誘爲亂,貽害地方除實犯死罪外者俱問發。

絞監候

守關官放出私販人口,受財八十兩者。

斬監候

境内奸細走透消息於外,境外奸細入境探聽事情及接引起謀之人鞫問得實者不分首從。

盤詰奸細處所將歸復鄉土人口妄作奸細,希圖冒功已決者。

私出外境及違禁下海

凡將馬牛軍需鐵貨銅錢段疋紬絹絲綿,私出外境貨賣及下海者,杖一百,挑擔馱載之人,減一等,物貨船車並入官,於内以十分爲率,三分付告人充賞,若將人口軍器出境及下海者,絞,因而走泄事情者,斬;其拘該官司及守把之人通同夾帶,或知而故縱者,與犯人同罪,至死減等。失覺察者官減三等,罪止杖一百,軍兵又減一等,罪坐直日者若守把之人,受財以枉法論。

律文"拘該官司"四字,雍正三年,律例館奉御批,改"其該拘束官司"。

附律定例

一、各邊將官并管軍頭目私役及軍民人等,私出境外釣豹捕鹿,砍木掘鼠等項,并把守之人知情故縱,該管里老官旗軍吏扶同隱蔽者,除實犯死罪外,其餘俱調發烟瘴地面,民人里老爲民,軍丁充軍,官旗軍吏帶俸食糧差操。

雍正三年律例館奏准:文内"該管里老官旗軍吏"句將"官旗"二字改爲"兵目","其餘俱調發"以下至末二十九字改爲"其餘俱發烟瘴地面,民發爲民,軍發充軍"。

一、凡守把海防武職官員,有犯聽受通番土俗哪嗟報水分利金銀貨物等項,值銀百兩以上,名爲買港,許令船貨私入串通交易,貽患地方及引惹番賊海寇出没,戕殺居民,除實犯死罪外,其餘俱問受財枉法罪名,發邊衛永遠充軍。

雍正三年律例館奏准:"問受財枉法罪名"七字删。

一、凡他國貢船到岸,未曾報官盤驗,先行接買番貨,及爲外國收買違禁貨物者,俱發邊衛充軍。

一、凡沿海去處下海船隻，除有號票文引許令出洋外，若奸豪勢要及軍民人等，擅造二桅以上違式大船，將帶違禁貨物下海，前往番國買賣，潛通海賊，同謀結聚及爲嚮導劫掠良民者，正犯比照謀叛已行律處斬，仍梟首示衆，全家發邊衛充軍，其打造前項海船賣與他國圖利者，比照私將應禁軍器下海因而走泄事情律，爲首者處斬，爲從者發邊衛充軍，若止將大船僱與下海之人，分取番貨，及雖不曾造有大船，但糾通下海之人接買番貨，與探聽下海之人番貨到來，私買販賣蘇木胡椒至一千觔以上者，俱發邊衛充軍，番貨並入官；其小民撑使單桅小船，給與執照，於海邊近處捕魚打柴，巡捕官軍不許擾害。

一、私自販賣硫黄五十觔，焰硝一百觔以上者，問罪，硝黄入官；賣與外國及邊海賊寇者，不拘多寡，比照私將軍器出境因而走泄事情律，爲首者處斬，爲從者，俱發邊衛充軍；若合成火藥賣與鹽徒者，亦問發邊衛充軍，兩鄰知而不舉，各治以罪。

一、各邊夜不收出境探聽賊情，若與賊人私擅交易貨物者，除實犯死罪外，其餘問調廣西烟瘴地面衛所，食糧差操。

雍正三年律例館奏准：例文首二句改爲“一、各邊兵役出境巡察，或探聽賊情”末二句改爲“其餘問發烟瘴地面充軍”。

一、凡官員軍民人等，私將應禁軍器賣與進貢他國圖利者，比依將軍器出境因而走泄事情者律斬，爲從者問發邊衛充軍。

雍正五年律例館奏准增定附律例文

一、奸商販賣軍器與土司番蠻者，杖一百，發邊遠充軍，該管官知情故縱者，罪同，不知情之道府州縣官及武職專管兼轄官，並該管督撫提鎮，俱交該部照例分别議處。

一、商漁船隻，不分單桅雙桅，悉從民便，造船時呈報，州縣官查取澚甲户族里長鄰佑保結，方准成造，完日報官親驗給照，開明在船人年貌籍貫，並船中所帶器械件數，以便汛口查驗。若船中夾帶違禁硝黄釘鐵樟板等物，接濟外洋者，船户以通賊論斬，舵工水手知情同罪，不知情者，皆杖八十、徒二年，保結之人皆杖一百、徒三年。若船主在籍，而船隻出洋有事，並責問船主，承察取結之該地方官及汛口盤察之文武各官，俱革職，賣放者革職，流二千里，其税關衙門先驗，該地方官印照然後給牌，有妄給者，亦照地方官例議處；若汛口之盤察掛號文武各官有勒索疏縱者，亦交與該部議處。

一、船隻出洋，十船編爲一甲，取具連環保結，一船爲非，餘船並坐，餘船能將爲非船户首捕到官者，免其坐罪，初出口時，必於汛口掛號，將所有船照呈送地方官，或營官驗明，填註月日，蓋印放行，入口時呈驗亦如之，總計經過省分，一省必掛一號，回籍時，仍於本籍印官處送照查驗，違者治罪，如有不由各汛偷越外洋者，船户舵工人等，並富民謀利自造商船，租與他人及租之者，各杖一百，枷號三個月，失察及知情之該管各官，俱交該部議處。

一、凡商漁船隻，分別書刻字樣，其營船刊刻某營第幾號，哨船舵工水手人等，俱各給與腰牌，刊明姓名年貌籍貫，如船無字號，人有可疑，即嚴加究治，至漁船出洋，不許裝載米酒，進口不許裝載貨物，違者嚴加治罪；其守口之文武各官不行盤查，照奸船出入海口例處分。

一、凡沿海船隻在朝鮮國境界漁採及私行越度者，被朝鮮國人捕送，嚴行治罪，將該地方官員交部察議。

一、凡緣邊關口，如有來歷不明，無印票可驗者，不許私放出口，每季將出口人數造册，取具並無匪類出口印甘各結申報，倘守口官不驗明印票，及私受賄賂混行出入，該管官察出，即行詳報，該管將軍督撫提鎮題參，交刑部嚴行治罪。若該管將軍督撫提鎮通同徇庇，不行查參，及稽查不嚴，以致匪類越境生事者，一併從重議處。

一、凡盜賊前往朝鮮國劫掠者，該國王即行追拏殺戮，生擒解送，若飄風船隻人内有無票妄行生事者，該國王即照伊律懲戒治罪，倘有匪類越境生事，而朝鮮不能擒獲以致漏網者，該國王將伊國防汛之員題參治罪，該王一併交部議處。

歷年事例

凡私帶人參珠子過山海等關，雍正二年議准：山海等關若有搜查不力，以致私帶人參珠子過關者，該管官照失察例降三級調用，巡查人等，照不應重律杖八十，明知故縱者，該管官革職，巡查人等杖一百，枷號一個月，受賄賣放者，計贓以枉法從重論。

凡出海貿易，順治十三年諭：海氛未靖，必有奸民暗通綫索，資以糧物，若不立法嚴禁，何由廓清？今後凡有商民船隻私自下海，將糧食貨物等項與逆賊貿易者，不論官民，俱奏聞處斬，貨物入官，本犯家産盡給告發之人，其該管地方文武各官不行盤緝，皆革職，從重治罪；地方保甲不行舉首，皆處死。凡沿海地方口子處處嚴防，不許片帆入口。一賊登岸，如有疏虞專汛各官，即以軍法從事，督撫鎮一併議罪。〇十八年題准：福建、浙江、江南三省所禁沿海境界，凡有官員兵民違禁出界貿易及蓋房居住耕種田地者，不論官民俱以通賊論處斬，貨物家産俱給訐告之人，該管文武官不能查獲，俱革職，從重治罪，地方保甲知情不首者，處絞，其違禁出境之人，審明係何地方出口，將守口官兵知情者以同謀論立斬，不知情者從重治罪。〇康熙四年題准：青登萊沿海等處居民，准令捕魚外，若有借端捕魚在沿海貿易通賊來往者，照先定例處分。〇六年議准：兵民違禁出海，文武各官該管汛地拏獲者免罪，將别汛出口之人查緝十名以上者，紀録一次，百名以上者，加一級，督撫所屬地方有奸民違禁出海不行查獲，事發之日，將總督降二級留任，巡撫降一級留任，至於督撫提鎮副將道府所轄兵民，有將違禁出海之人拏獲者，統轄各官均免議。〇七年議定：凡官兵民人有犯違禁出海貿易等罪者，照例擬罪外，其地方保甲長同謀故縱者，處斬；知情不首者，絞；不知情者，杖一百、流三千里，該管文職不知情者，州縣官革職永不叙用，府道官各降三級調用，巡撫降一級留任。〇九年題准：凡官兵拏獲出海貿易者，將貨物家産一半給賞，一半入官，若遇赦免罪，免其入官，仍將一半給拏獲之人。〇二十三年議准：出海貿易之禁已開，其先定處分之例，拏獲奸民議叙之條，俱行停止，凡直隸山東江南浙江等省民人，情願在海上貿易捕魚者，許令乘載五百石以下船隻往來行走，仍於各口出入之處預行禀明，該地方官登記姓名，取具保結，給發印票，令防守官員驗票點數，准其出入，如有打造雙桅五百石以上違式船隻出海者，不論官兵民人，俱發邊衛充軍，該管文武官員及地方甲長同謀打造者，徒三年，明知打造不行舉首者，官革職，兵民杖一百。

凡販賣硝黄，康熙十四年覆准：販賣硝黄者，俱令呈明出産地方，取領府州縣官印票，於經過府州縣關津隘口，將印票呈明，各官填註“驗訖”字樣，用關防印記放行，若無印票出境，賣與賊寇者，照賣與外國邊海賊寇律，爲首者處斬，爲從者俱責四十板，發邊衛充軍；其在内地私行販賣者，照合成火藥賣與鹽徒律，發邊衛充軍；若府州縣及關津各官不行查獲，被别處盤詰者，該督撫將疏縱各官題參治罪，督撫不行查參一併議罪。〇十五年議准：凡奸商自逆賊接壤處所，將硫黄焰硝鹽觔布疋等物販賣與賊者，不論官兵民人，俱照通賊例立斬，妻子家口入官，該管官員及兵丁衙役知情故縱者，以同謀論，俱處斬；其不知情者，文職州縣官、武職專汛官，俱革職，將守汛兵丁治罪，文職府道官、武職兼轄官俱降三級調用，該管總兵官降二級留任,總督巡撫提督各降一級留任;若該汛文武各官將由本汛販賣之人盤獲者,免罪議叙,十名以上者,紀録一次,二十名以上者,紀録二次,三十名以上者,紀録三次,四十名以上者,紀録四次,五十名以上者,加一級,百名以上者,加二級,其不係本汛,於别汛盤獲十名以下者,紀録一次,十名以上者,加一級,二十名以上者,加二級,三十名以上者,加三級,四十名以上者,加四級,五十名以上者,不論俸滿即陞,一百名以上者,越陞即用,拏獲販賣之兵民,將所獲貨物盡行給賞;至於盤獲一人,供出夥黨者,該管官即應免議,若誣拏良民者,照律反坐。○二十三年議准:凡違禁將硫黄、焰硝、軍器等物私載在船出洋貿易者,仍照律治罪。其防守該管官員知情故縱者,亦照律處分。

罪名

杖六十

私將馬牛軍需、鐵貨銅錢、段疋紬絹絲綿出外境及下海,其守把軍兵失覺察者。

杖七十

私將馬牛軍需、鐵貨銅錢、段疋紬絹絲綿出外境及下海,其守把官員失覺察者。

杖九十

私將馬牛軍需、鐵貨銅錢、段疋紬絹絲綿出外境及下海,其受僱挑擔馱載之人。

將人口軍器出境及下海,因而走泄事情,其守把軍兵失覺察者。

杖一百

私將馬牛軍需、鐵貨銅錢、段疋紬絹絲綿出外境及下海者。○守把之人通同夾帶,或知而故縱者。

將人口軍器出境及下海,因而走泄事情其守把官員失覺察者。

富民謀利自造海船租與他人及租之者各枷號三個月。

徒一年杖六十

將馬牛等物出境下海,而守把人受財二十兩者,無禄人二十五兩者。

徒一年半杖七十

將馬牛等物出境下海,而守把人受財二十五兩者,無禄人三十兩者。

徒二年杖八十

將馬牛等物出境下海,而守把人受財三十兩者,無禄人三十五兩者。

商漁船户夾帶違禁等物接濟外洋，其不知情之舵工水手。

徒二年半杖九十

將馬牛等物出境下海，而守把人受財三十五兩者，無祿人四十兩者。

徒三年杖一百

將馬牛等物出境下海，而守把人受財四十兩者，無祿人四十五兩五十兩五十五兩者。

商漁船户夾帶違禁等物接濟外洋，實犯死罪，其造船之原保結人。

流二千里杖一百

將馬牛等物出境下海，而守把人受財四十五兩者。

商漁船夾帶違禁等物及船主在籍而船隻出洋有事，其承察取結汛口盤察各官賣放者。

流二千五百里杖一百

將馬牛等物出境下海，而守把人受財五十兩者。

流三千里杖一百

將人口軍器出境下海因而走泄事情，其該管官及守把人通同夾帶或知而故縱者。

將馬牛等物出境下海，而守把人受財五十五兩者，無祿人八十兩者。

商漁船户夾帶違禁等物接濟外洋，其舵工水手知情者。

烟瘴爲民

邊將頭目私役及私出境外釣豹捕鹿砍木掘鼠等項，并守把人知情故縱，該管里老兵目軍吏扶同隱蔽者，除實犯死罪外，屬有司者。

邊衛充軍

外國貢船未曾報官盤驗，先買番貨及爲收買違禁貨物者。

擅造二桅以上船將帶違禁貨物下海，買賣通海同謀及爲嚮導劫掠良民，除正犯外其全家打造違式海船，賣與外國圖利爲從者。

止將大船僱與下海之人，分取番貨及不曾有船但糾通接買番貨，與探聽番貨到來私買販賣蘇木胡椒至一千觔以上者。

販賣硝黄與外國及邊海賊寇者。〇合成火藥賣與鹽徒者。

私將應禁軍器賣與進貢外國圖利爲從者。

邊遠充軍

奸商販賣軍器與土司番蠻者杖一百發充。〇該管知情故縱者。

烟瘴充軍

邊將頭目私役及私出境外釣豹捕鹿砍木掘鼠等項，并守把之人知情故縱，該管里老兵目軍吏扶同隱蔽，除實犯死罪外屬軍衛者。

各邊兵役巡察探聽與賊人私擅交易貨物，除實犯死罪外者。

邊衛永遠充軍

守把海防武職官員，聽受金銀貨物值百兩以上，買港放入船貨，串通交易貽害地方及引惹賊寇戕殺居民，除實犯死罪外者。

絞監候

將人口軍器出境及下海者。

將馬牛等物出境下海，而守把人受財八十兩者，無禄人一百二十兩者。

斬監候

販賣貨物出境及下海因而走泄事情者。

打造違式海船賣與外國圖利爲首者。

將硝黄賣與外國及邊境海寇爲首者。

私將應禁軍器賣與進貢外國圖利爲首者。

商漁船户夾帶違禁等物接濟外洋者。

斬決

擅造二桅以上大船，將帶違禁貨物下海買賣，通賊同謀結聚及爲嚮導劫掠良民之正犯。

私役弓兵

凡私役弓兵者，一人笞四十，每三人加一等，罪止杖八十，每名計一日追傭工銀八分五釐五毫入官，當該官司應付者，同罪，罪坐所由。

罪名

笞四十

私役弓兵一人者。○應付所由官吏。

笞五十

私役弓兵四人者。○應付所由官吏。

杖六十

私役弓兵七人者。○應付所由官吏。

杖七十

私役弓兵十人者。○應付所由官吏。

杖八十

私役弓兵十三人者。○應付所由官吏。

大清會典卷之一百六十八

刑部

〔**律例十九**兵律四〕

〔**廐牧**〕

牧養畜産不如法

凡牧養馬牛駝贏驢羊，並以一百頭爲率，若死者損者失者，各從實開報死者，即時將皮張鬃尾入官，牛觔角皮張亦入官，其牧長牧副，每一頭各笞三十，每三頭加一等，過杖一百，每十頭加一等，罪止杖一百、徒三年，羊減馬三等，四頭笞一十，每三頭加一等，過杖一百，每十頭加一等，罪止杖七十、徒一年半。贏驢減馬牛駝二等，一頭笞一十，每三頭加一等，過杖一百，每十頭加一等，罪止杖八十、徒二年。若胎生不及時日，而死者灰醃視看明白，不坐，若失去賠償損傷不堪用，減死者一等坐罪，其死損數目，並不准除。

雍正三年律例館奏准："灰醃"句下增"并年老而自死者"七字。

附律定例

一、凡太僕寺所屬十四牧監九十八羣，專一提調牧養孳生馬贏驢牛，其養户俱係近京民人，或五户十户共養一匹，若人户不行用心孳牧，致有虧欠倒死，就便著令買補還官，每歲將上年所生馬駒起解赴京，調撥本寺，每遇年底比較，或羣監官員怠惰，或人户姦頑，致有馬匹瘦損虧欠數多，依律坐罪。

雍正三年律例館奏准：今官馬不令近京民人牧養，删。

雍正三年律例館奏准增定附律例文

一、口外騙騍馬匹，如有倒斃將皮張，令沿途地方官員按站解送，太僕寺查驗數目，咨送工部揀選留用，其朽爛破壞者，變價咨送户部。

罪名

笞一十

羊死四頭者。○失去賠償損傷不堪用七頭者。

驢贏死一頭者。○失去賠償損傷不堪用四頭者。

笞二十

馬牛駝失去賠償損傷不堪用一頭者。

羊死七頭者。○失去賠償損傷不堪用十頭者。

驢贏死四頭者。○失去賠償損傷不堪用七頭者。

笞三十

馬牛駝死一頭者。○失去賠償損傷不堪用四頭者。

羊死十頭者。○失去賠償損傷不堪用十三頭者。

驢贏死七頭者。○失去賠償損傷不堪用十頭者。

笞四十

馬牛駝死四頭者。○失去賠償損傷不堪用七頭者。

羊死十三頭者。○失去賠償損傷不堪用十六頭者。

驢贏死十頭者。○失去賠償損傷不堪用十三頭者。

笞五十

馬牛駝死七頭者。○失去賠償損傷不堪用十頭者。

羊死十六頭者。○失去賠償損傷不堪用十九頭者。

驢贏死十三頭者。○失去賠償損傷不堪用十六頭者。

杖六十

馬牛駝死十頭者。○失去賠償損傷不堪用十三頭者。

羊死十九頭者。○失去賠償損傷不堪用二十二頭者。

驢贏死十六頭者。○失去賠償損傷不堪用十九頭者。

杖七十

馬牛駝死十三頭者。○失去賠償損傷不堪用十六頭者。

羊死二十二頭者。○失去賠償損傷不堪用二十五頭者。

驢贏死十九頭者。○失去賠償損傷不堪用二十二頭者。

杖八十

馬牛駝死十六頭者。○失去賠償損傷不堪用十九頭者。

羊死二十五頭者。○失去賠償損傷不堪用二十八頭者。

驢贏死二十二頭者。○失去賠償損傷不堪用二十五頭者。

杖九十

馬牛駝死十九頭者。○失去賠償損傷不堪用二十二頭者。

羊死二十八頭者。○失去賠償損傷不堪用三十一頭者。

驢贏死二十五頭者。○失去賠償損傷不堪用二十八頭者。

杖一百

馬牛駝死二十二頭者。○失去賠償損傷不堪用二十五頭者。

羊死三十一頭者。○失去賠償損傷不堪用三十四頭者。

驢贏死二十八頭者。○失去賠償損傷不堪用三十一頭者。

徒一年杖六十

馬牛駝死二十九頭者。○失去賠償損傷不堪用三十二頭者。

羊死四十一頭者。○失去賠償損傷不堪用四十四頭者。

驢贏死三十八頭者。○失去賠償損傷不堪用四十一頭者。

徒一年半杖七十

馬牛駝死三十九頭者。○失去賠償損傷不堪用四十二頭者。

羊死五十一頭者。

驢贏死四十八頭者。○失去賠償損傷不堪用五十一頭者。

徒二年杖八十

馬牛駝死四十九頭者。○失去賠償損傷不堪用五十二頭者。

驢贏死五十八頭者。

徒二年半杖九十

馬牛駝死五十九頭者。○失去賠償損傷不堪用六十二頭者。

徒三年杖一百

馬牛駝死六十九頭者。

孳生馬匹

凡牧長管領騍馬，一百匹爲一羣，每年孳生駒一百匹，若一年之內止有駒八十匹者，笞五十；七十匹者，杖六十，都羣所官不爲用心提調者，各減三等，太僕寺官又減都羣所官罪二等。

雍正三年律例館奏准："每年"下增"三羣"二字，"都羣所官"四字改爲"典牧官"。

附律定例

一、太僕寺少卿二員，一巡視京營及各邊騎操馬匹，一巡視順天府所屬寄牧馬匹，寺丞一十二員，一管順天府所屬寄牧馬匹，其餘分管京衛及保定等府孳牧寄操馬匹。

雍正三年律例館奏准:今太僕寺不出巡,寺丞缺裁,畿内亦無寄養馬匹,例删。

一、凡把總等官尅減官馬草料,計贜滿例發邊衛立功,滿日就彼帶俸,盗賣者發瞭哨,賣至料豆十石以上者,充軍管領縱容盗賣,發邊衛立功滿日,就彼帶俸,買者問罪。

雍正三年律例館奏准:今官員尅減草料者以監守自盗論,此條删。

雍正三年律例館奏准增定附律例文

一、凡上駟院太僕寺所管游牧馬羣,每三年整頓一次,不論騍馬兒馬馬駒,每三匹内合算,當孳生馬一匹,除合算正額外,多孳生一百六十匹以上者,爲頭等,八十匹以上者爲二等,十匹以上者爲三等,牧長牧副分别給賞,若合算正額内少孳生五十匹以下者,牧長罰馬五匹,牧副各笞四十,一百匹以下者,牧長罰馬七匹,牧副各笞五十,一百匹以上者,牧長罰馬九匹,牧副各杖六十;騸馬羣倒斃少者賞,多者罰,相半者,免議賞罰之數,視騍馬羣第三等例,其各馬羣賞罰相半者,總管官免議,賞多者,按羣給賞,罰多者,按羣受罰。

罪名

笞一十

一年内三羣孳生止七十匹,其太僕寺官。

笞二十

一年内三羣孳生止八十匹,其提調典牧官。

笞三十

一年内三羣孳生止七十匹,其提調典牧官。

笞四十

三年合算正額内少孳生五十匹以下之牧副。

笞五十

一年内三羣孳生止有駒八十匹,其牧長。

三年合算正額内少孳生一百匹以下之牧副。

杖六十

一年内三羣孳生止有七十匹,其牧長。

三年合算正額内少孳生一百匹以上之牧副。

驗畜産不以實

凡相驗分揀官馬牛駝贏驢不以實者,一頭笞四十,每三頭加一等,罪止杖一百,驗羊不以實,減三等,若因而價有增減者,計所增減價坐贓論,入己者,以監守自盗論,各從重科斷。

附律定例

一、州縣起解備用馬匹,各要經由該管官驗中起解,若有馬販交通官吏醫獸人等兜攬作弊者,問罪,枷號一個月,發邊衛充軍,再犯累犯者,枷號一個月,發極邊衛分充軍。

一、大同三路官旗舍人軍民人等,將不堪馬匹通同光棍引赴該管官處,及管軍頭目收買私馬,詭令伴當人等出名情囑各守備等官倲,與軍士通同醫獸作弊,多支官銀者,俱問罪,官旗軍人調別處極邊衛所,帶俸食糧差操,民並舍餘人等,俱發附近充軍,引領光棍並作弊醫獸及詭名伴當人等,各枷號一個月發落,干礙内外官員,奏請提問。

雍正三年律例館奏准:今無大同三路收買馬匹之事,此條應删。

罪名

笞一十

驗羊不以實一頭者。

笞二十

驗羊不以實四頭者。

笞三十

驗羊不以實七頭者。〇不實罪未至笞三十,而價有增減計一兩以下者。

笞四十

驗馬牛駝贏驢不以實一頭者。〇羊十頭者。〇不實罪未至笞四十,而價有增減計一十兩者。

笞五十

驗馬牛駝贏驢不以實四頭者。〇羊十三頭者。〇不實罪未至笞五十,而價有增減計二十兩者。

杖六十

驗馬牛駝贏驢不以實七頭者。〇羊十六頭者。〇不實罪未至杖六十,而價有增減計三十兩者。

杖七十

驗馬牛駝贏驢不以實十頭者。〇羊十九頭者。〇不實罪未至杖七十,而價有增減計四十兩者。

杖八十

驗馬牛駝贏驢不以實十三頭者。〇不實罪未至杖八十,而價有增減計六十兩者。〇增減入己一兩以下者。〇羊價增減及入己同。

杖九十

驗馬牛駝贏驢不以實十六頭者。〇不實罪未至杖九十,而價有增減計七十兩者。〇增減入己一兩之上至二兩五錢者。〇羊價增減及入己同。

杖一百

驗馬牛駝贏驢不以實十九頭者。〇不實罪未至杖一百,而價有增減計八十兩者。〇增減入己五兩者。〇羊價增減及入己同。

徒一年杖六十

驗畜不實價有增減計一百兩者。〇入己七兩五錢者。

徒一年半杖七十

驗畜不實價有增減計二百兩者。〇入己一十兩者。

徒二年杖八十

驗畜不實價有增減計三百兩者。〇入己十二兩五錢者。

徒二年半杖九十

驗畜不實價有增減計四百兩者。〇入己十五兩者。

徒三年杖一百

驗畜不實價有增減計五百兩者。〇入己十七兩五錢者。

准徒四年雜犯三流

驗畜不實價有增減計入己二十兩二十五兩三十兩者。

邊衛充軍

州縣起解備用馬匹,若有馬販、交通官吏、醫獸人等,兜攬作弊者枷號一個月發充。

極邊衛充軍

州縣起解備用馬匹,若有馬販、交通官吏、醫獸人等,兜攬作弊再犯累犯者,枷號一個月發充。

斬雜犯准徒五年

驗畜不實價有增減計入己四十兩者。

養療瘦病畜産不如法

凡養療瘦病馬牛駝贏驢不如法，笞三十，因而致死者，一頭笞四十，每三頭加一等，罪止杖一百，羊減三等。

罪名

笞一十

養療瘦病羊致死一頭者。

笞二十

養療瘦病羊致死四頭者。

笞三十

養療瘦病馬牛駝贏驢不如法者。〇致死羊七頭者。

笞四十

養療瘦病馬牛駝贏驢致死一頭者。〇羊十頭者。

笞五十

養療瘦病馬牛駝贏驢致死四頭者。〇羊十三頭者。

杖六十

養療瘦病馬牛駝贏驢致死七頭者。〇羊十六頭者。

杖七十

養療瘦病馬牛駝贏驢致死十頭者。〇羊十九頭者。

杖八十

養療瘦病馬牛駝贏驢致死十三頭者。

杖九十

養療瘦病馬牛駝贏驢致死十六頭者。

杖一百

養療瘦病馬牛駝贏驢致死十九頭者。

乘官畜脊破領穿

凡官馬牛駝贏驢乘駕不如法，而脊破領穿，瘡圍繞三寸者，笞二十，五寸以上，笞五十，若牧養瘦者，計百頭爲率，十頭瘦者，牧養人及牧長牧副各笞二十，每十頭加一等，罪止杖一百；羊減三等。典牧所官各隨所管牧長多少通計科罪，太僕寺官各减典牧所官罪三等。

雍正三年律例館奏准：今無典牧所衙門，"所"字删。

附律定例

一、下班官軍將原領馬匹兑與見操缺馬官軍領騎餧養，若有擅騎回衛者，問罪罰馬一匹，解兵部給操，其原領馬匹倒失者，追賠。

雍正三年律例館奏准：今無下班兵丁騎官馬回衛之事，此條删。

雍正五年律例館奏准增定附律例文

一、車駕行幸所需馬匹車輛，及校尉等所乘馬匹，俱令該管職事人員親身關領，嚴行約束。若校尉當差人役趕車步軍，將馬匹不按時飲水餧草，私自濫行馳驟，或在沿途或到處所倒斃走失者，各杖一百，躦病損傷者，減二等。

歷年事例

康熙十六年題准：凡皇帝行幸應用車馬，及校尉所騎馬匹，俱交與該執事及領去官員，嚴飭校尉步兵及當差人役，令其按時餧養，毋得濫行騎騁，如有倒失一二匹者，將該執事領去官員罰俸六個月，五匹以下者，罰俸一年，八匹以下者，降一級留任，十一匹以下者，降二級調用，十四匹以下者，降三級調用，十七匹以下者，降四級調用，十八匹以上者，革職，校尉步兵當差人役，鞭一百；其馬匹躦病損傷者，五匹以下，將該執事領去官員罰俸六個月，十匹以下者，罰俸一年，十五匹以下者，降一級留任，二十匹以下者，降二級調用，二十五匹以下者，降三級調用，三十匹以下者，降四級調用，三十一匹以上者，革職，校尉步兵當差人等，鞭八十；至隨駕内閣中書、欽天監、太醫院等官，將所騎馬匹躦病損傷一二匹者，罰俸六個月，三四匹者，罰俸一年，倒失一二匹者，亦罰俸一年，三四匹者，降一級留任；已上馬匹倒傷等項，如該管官員情願賠補者，免其處分。

罪名

笞一十

牧養人牧長牧副牧養羊瘦三十頭者。

笞二十

乘駕官馬牛駝羸驢脊破領穿瘡圍三寸者。

牧養人牧長牧副牧養馬牛駝羸驢瘦十頭者。○羊四十頭者。

笞三十

牧養人牧長牧副牧養馬牛駝羸驢瘦二十頭者。○羊五十頭者。

笞四十

牧養人牧長牧副牧養馬牛駝羸驢瘦三十頭者。○羊六十頭者。

笞五十

乘駕官馬牛駝羸驢脊破領穿，瘡圍五寸以上者。

牧養人牧長牧副牧養馬牛駝羸驢瘦四十頭者。〇羊七十頭者。

杖六十

牧養人牧長牧副牧養馬牛駝羸驢瘦五十頭者。〇羊八十頭者。

杖七十

牧養人牧長牧副牧養馬牛駝羸驢瘦六十頭者。〇羊九十頭者。

杖八十

牧養人牧長牧副牧養馬牛駝羸驢瘦七十頭者。

校尉當差人役趕車步軍,將馬匹不按時飲餧,私濫馳驟蹪病損傷者。

杖九十

牧養人牧長牧副牧養馬牛駝羸驢瘦八十頭者。

杖一百

牧養人牧長牧副牧養馬牛駝羸驢瘦九十頭者。

校尉當差人役趕車步軍,將馬匹不按時飲餧,私濫馳驟倒斃走失者。

官馬不調習

凡牧馬之官,聽乘官馬而不調習者,一匹笞二十,每五匹加一等,罪止杖八十。

罪名

笞二十

官馬不調習一匹者。

笞三十

官馬不調習六匹者。

笞四十

官馬不調習十一匹者。

笞五十

官馬不調習十六匹者。

杖六十

官馬不調習二十一匹者。

杖七十

官馬不調習二十六匹者。

杖八十

官馬不調習三十一匹者。

宰殺馬牛

凡私宰自己馬牛者,杖一百,駝贏驢,杖八十,觔角皮張入官;誤殺及病死者,不坐。○若故殺他人馬牛者,杖七十、徒一年半,駝贏驢,杖一百。官畜產同。若計贓重於本罪者,准盜論,係官者,准常人盜官物斷罪,並免刺,追價給主。若傷而不死,不堪乘用及殺猪羊等畜者,計殺傷所減價,亦准盜論,各追賠所減價錢還官給主,價不減者,笞三十;其誤殺傷者,不坐罪,但追賠減價。○爲從者,各減一等,官物不分首從。○若故殺緦麻以上親馬牛駝贏驢者,與本主私宰罪同,追價賠主;殺猪羊等畜者,計減價坐贓論,罪止杖八十;其誤殺及故傷者俱不坐,但各追賠減價。○若官私畜產毀食官私之物因而殺傷者,各減故殺傷三等,追賠所減價還畜主,畜主賠償所毀食之物,還官主。○若放官私畜產損食官私物者,笞三十,計所食之贓重者,坐贓論,罪止杖一百、徒三年。失防者減二等,各賠所損物還官主。○若官畜產毀食官物者,止坐其罪,不在賠償之限。○若畜產欲觸觝踢咬人,登時殺傷者,不坐罪,亦不賠償,兼官私。

附律定例

一、凡宰殺耕牛并私開圈店,及知情販賣牛隻與宰殺者,俱問罪,枷號一個月發落,再犯累犯者,免其枷號,發附近衛充軍;若盜而宰殺及貨賣者,不分初犯再犯,枷號一個月,照前發遣。

雍正五年欽定盜牛則例,律例館奏准:舊例應改,今將改定例交開列於後。

一、盜牛一隻,枷號一個月,杖八十;二隻,枷號三十五日,杖九十;三隻,枷號四十日,杖一百;四隻,枷號四十日,杖六十、徒一年;五隻,枷號四十日,杖八十、徒二年;五隻以上者,枷號四十日,杖一百、徒三年;再犯者,杖一百、流三千里,累犯者,發邊衛充軍,仍俱照竊盜律刺字;十隻以上者,絞監候;窩家知情分贓者,同罪,不分贓者,杖一百;若窩竊牛之犯至三人,牛至五隻者,杖一百、徒三年,若人至五人,牛至十隻者,發邊衛充軍;其宰殺耕牛并私開圈店及販賣與宰殺之人,初犯俱枷號兩個月,杖一百,再犯發附近累犯發邊衛,俱充軍;盜殺及盜賣者,初犯枷號一個月,發附近,再犯枷號一個月,發邊衛,累犯枷號一個月,發烟瘴地方,各充軍;殺自已牛者,計隻照盜牛例治罪,故殺他人牛者,仍照律杖七十、徒一年半,若計隻重於本罪者,亦照盜牛例治罪,俱免刺罪,止杖一百、流三千里;其殘老病死者,勿論。

律例館又奏准增定附律例文

一、凡屠户將堪用牲畜買去宰殺者，雖經上税，仍照故殺他人駝驘律，杖一百，若將竊盜所偷堪用牲畜不上税買去宰殺者，與竊盜一體治罪。

律例館又奏准律後恭載諭旨

康熙三十一年九月諭：以後一應馬匹，不許宰殺貨賣，著永行禁止，交與步軍統領五城嚴察，如有殺馬賣者，拏送刑部，從重議罪。

歷年事例

國初定：凡盜宰駝馬牲畜者，於犯人名下追價銀，罪銀以一分入官，一分給失主，一分給出首之人，仍各賠償牲畜。

罪名

笞一十

失防官私畜産損食官私物者。

失防官私畜産損食官私物，計所食物價一十兩者。

笞二十

故殺緦麻以上親之豬羊等畜，計減價一兩以下者。

失防官私畜産損食官私物，計所食物價二十兩者。

笞三十

故傷係官與他人馬牛駝驘驢未死而不堪乘用，及殺豬羊等畜價不減者。

故殺緦麻以上親之豬羊等畜計減價一十兩者。

故放官私畜産損食官私物者。〇失防損食計所食物價三十兩者。

笞四十

故殺緦麻以上親之豬羊等畜計減價二十兩者。

故放官私畜産損食官私物，計所食物價二十兩者。〇失防損食四十兩者。

笞五十

故傷他人馬牛駝驘驢及殺豬羊等畜，計減價一兩以下之爲從者。

故殺緦麻以上親之豬羊等畜計減價三十兩者。

故放官私畜産損食官私物，計所食物價三十兩者。〇失防損食五十兩者。

屠户買竊盜所偷堪用牲畜不上税，宰殺計值一兩以下者。

杖六十

故傷他人馬牛駝鸁驢及殺豬羊等畜,計減價一兩以下者,一十兩之爲從者。

故殺緦麻以上親之豬羊等畜,計減價四十兩者。

私駝鸁驢毀食官私物,因而殺之爲從者。

故放官私畜産損食官私物,計所食物價四十兩者。○失防損食六十兩者。

屠户買竊盜所偷堪用牲畜不上税宰殺計值一十兩者。

杖七十

私宰自已駝鸁驢爲從者

故傷官與他人馬牛駝鸁驢及殺豬羊等畜,計減價係官一兩以下者。○他人一十兩者,二十兩之爲從者。

故殺緦麻以上親之豬羊等畜,計減價五十兩者。

官私駝鸁驢毀食官私物因而殺者。

故放官私畜産損殺官私物,計所食物價五十兩者。○失防損食七十兩者。

屠户買竊盜所偷堪用牲畜不上税,宰殺計值二十兩者。

杖八十

私宰自已駝鸁驢者

故傷官與他人馬牛駝鸁驢及殺豬羊等畜,計減價係官一兩之上至五兩者。○他人二十兩者,三十兩之爲從者。

故殺緦麻以上親之豬羊等畜,計減價六十兩者。

私馬牛毀食官私物因而殺之爲從者。

官私駝鸁驢毀食官私物因而殺傷,計減價係官二十兩者。○係私五十兩者,六十兩之爲從者。

故放官私畜産損食官私物,計所食物價六十兩者。○失防損食八十兩者。

屠户買竊盜所偷堪用牲畜,不上税宰殺計值三十兩者。

盜牛一隻者枷號一個月。○窩家分贓者。

杖九十

私宰自已馬牛爲從者。

故殺他人駝鸁驢爲從者。

故傷官與他人馬牛駝鸁驢及殺豬羊等畜,計減價係官十兩者。○他人三十兩者、四十兩之爲從者。

官私馬牛毁食官私物因而殺者。

官私駝贏驢毁食官私物因而殺傷,計减價係官二十五兩者。○係私六十兩者,七十兩之爲從者。

故放官私畜産損食官私物,計所食物價七十兩者。○失防損食一百兩者。

屠户買竊盜所偷堪用牲畜,不上税宰殺計值四十兩者。

盜牛二隻者枷號三十五日。○其窩家分贓者。

杖一百

私宰自己馬牛者。

故殺他人及官之駝贏驢者。

故殺官與他人馬牛駝贏驢及殺豬羊等畜,計减價係官十五兩者。○他人四十兩者,五十兩之爲從者。

官私畜産毁食官私物因而殺傷,計减價係官三十兩者。○係私七十兩者,八十兩之爲從者。

故放官私畜産損食官私物,計所食物價八十兩者。○失防損食二百兩者。

屠户將堪用牲畜買去宰殺者。○若買竊盜所偷堪用牲畜,不上税宰殺計值五十兩者。

盜牛三隻者枷號四十日。○其窩家分贓者。窩竊牛犯三人以下及牛五隻以下而不分贓者。

宰殺耕牛并私開圈店及販賣與宰殺之人,初犯者枷號兩個月。

徒一年杖六十

故殺他人馬牛爲從者。

故殺他人及官之駝贏驢,計贓係官二十兩者。○他人五十兩者,六十兩之爲從者。

故傷官與他人馬牛駝贏驢及殺豬羊等畜,計减價係官二十兩者。○他人五十兩者,六十兩之爲從者。

官私畜産毁食官私物因而殺傷,計减價係官三十五兩者。○係私八十兩者,九十兩之爲從者。

故放官私畜産損食官私物,計所食物價一百兩者。○失防損食三百兩者。

屠户買竊盜所偷堪用牲畜,不上税宰殺計值六十兩者。

盜牛四隻者枷號四十日。○其窩家分贓者。

徒一年半杖七十

故殺他人及官之馬牛者。

故殺他人及官之駝羸驢,計贓係官二十五兩者。○他人六十兩者。七十兩之爲從者。

故傷官與他人馬牛駝羸驢,計減價係官二十五兩者。○他人六十兩者,七十兩之爲從者。

官私畜産毁食官私物因而殺傷,計減價係官四十兩者。○係私九十兩者,一百兩、一百一十兩、一百二十兩之爲從者。

故放官私畜産損食官私物,計所食物價二百兩者。○失防損食四百兩者。

屠户買竊盜所偷堪用牲畜不上税宰殺,計值七十兩者。

徒二年杖八十

故殺及傷他人與官之畜産,計贓并減價係官三十兩者。○他人七十兩者,八十兩之爲從者。

官私畜産毁食官私物因而殺傷,計減價係官四十五兩、五十兩、五十五兩者。○他人一百兩、一百一十兩、一百二十兩者。

故放官私畜産損食官私物,計所食物價三百兩者。○失防損食五百兩者。

屠户買竊盜所偷堪用牲畜,不上税宰殺計值八十兩者。

盜牛五隻者枷號四十日。○其窩家分贓者。

故殺他人牛五隻者。

徒二年半杖九十

故殺及傷他人與官之畜産,計贓并減價係官三十五兩者。○他人八十兩者,九十兩之爲從者。

故放官私畜産損食官私物,計所食物價四百兩者。

屠户買竊盜所偷堪用牲畜,不上税宰殺計值九十兩者。

徒三年杖一百

故殺及傷他人與官之畜産,計贓并減價係官四十兩者。○他人九十兩者,一百兩、一百一十兩、一百二十兩之爲從者。

故放官私畜産損食官私物,計所食物價五百兩者。

屠户買竊盗所偷堪用牲畜,不上税宰殺計值一百兩、一百一十兩、一百二十兩者。

盗牛五隻以上者枷號四十日。〇其窩家分贓者。

窩竊牛之犯至三人牛至五隻者。

故殺他人牛五隻以上者。

准徒四年雜犯三流

故殺及傷官之畜產,計贓并减價四十五兩、五十兩、五十五兩者。

流二千里杖一百

故殺及傷他人畜產,計贓并减價一百兩者。

流二千五百里杖一百

故殺及傷他人畜產,計贓并减價一百一十兩者。

流三千里杖一百

故殺及傷他人畜產,計贓并减價一百二十兩者。

盗牛再犯者。〇其窩家分贓者。

故殺他人牛十隻以上者。

附近充軍

宰殺耕牛私開圈店及販賣與宰殺之人再犯者。

盗殺盗賣牛初犯者枷號一個月。

邊衛充軍

盗牛累犯者。〇其窩家分贓者。

窩竊牛之犯至五人牛至十隻者。

宰殺耕牛私開圈店及販賣與宰殺之人累犯者。

盗殺盗賣牛再犯者枷號一個月。

烟瘴充軍

盗殺盗賣牛累犯者枷號一個月。

絞監候

盗牛十隻以上者。〇其窩家分贓者。

畜產咬踢人

凡馬牛及犬,有觸觝踢咬人而記號拴繫不如法,若有狂犬不殺者,笞四十,因而殺傷人者,以過失論,各准鬭毆殺傷,收贖給主。若故放令殺傷人者,减鬭毆殺傷一等,親屬有犯者,依尊卑相毆殺傷律。〇其受僱醫療畜產,及無故觸之而被殺傷者,不坐罪。〇若故放犬令殺傷他人畜產者,各笞四十，追賠所減價錢。

罪名

笞四十

馬牛犬觸觝踢咬人，其畜主記號拴繫不如法者若有殺傷，以過失論，除子孫於祖父母、父母，妻妾於夫之祖父母、父母，若故夫祖父母、父母，奴婢於家長，弟妹於兄姊姪於伯叔父母、姑，外孫於外祖父母，律不收贖及律稱過失殺傷勿論者外，餘各依本律罪名，按贖圖定數收贖，又奴婢過失殺家長者，絞，律文小註稱准准者，不入於死，應以流三千里科斷，仍不准收贖，罪名詳各本律，銀數詳贖圖，俱不另載。

有狂犬不殺者。

故放犬令傷他人畜産者。

杖七十

故放馬牛犬觸觝踢咬人，血從耳目中出及内損吐血者。此言凡人，若係親屬名義，所在依各鬬毆殺傷本律科斷，具見本律，不另載，後倣此。

杖九十

故放馬牛犬觸觝踢咬人，折一齒，手足一指、眇一目、抉毁耳鼻傷骨者。

徒一年半杖七十

故放馬牛犬觸觝踢咬人，折肋、眇兩目、墮胎者。

徒二年半杖九十

故放馬牛犬觸觝踢咬人，折跌肢體，瞎一目者。

徒三年杖一百

故放馬牛犬觸觝踢咬人，瞎兩目、折兩肢、損二事以上及因舊患致令篤疾斷舌毁敗陰陽者。

流三千里杖一百

故放馬牛犬觸觝踢咬人致死者。

隱匿孳生官畜産

凡牧養係官馬贏驢等畜所得孳生，限十日内報官，若限外隱匿不報，計所隱匿之價爲贓，准竊盜論，止杖一百、流三千里。因而盜賣或將不堪孳生抵换者，並以監守自盜論罪，不分首從并贓至四十兩雜犯，斬。其都羣所太僕寺官知情不舉，與犯人同罪，不知者，俱不坐。買主知情以故買盜贓科，匿賣抵换之物還官。

雍正三年律例館奏准："都羣所"三字改爲"典牧官"。

附律定例

一、凡盜賣官馬者,追罰馬二匹,知情和買牙保鄰人,各罰馬一匹,宰殺及盜賣官驢者,俱照此例,首告於犯人名下追馬銀三兩,贏二兩,驢一兩充賞。凡巡馬官,每三月一換。

雍正三年律例館奏准:今有犯盜賣及宰殺官馬者,俱應按律計贓,以常人盜官物論,無不論馬數於犯人名下罰馬一匹二匹之例,首告給賞之例亦停,此條删。

一、凡寄養馬除年老外,其餘作踐成疾,不堪給軍者,原領人户追罰銀二兩,盜賣三匹以上者,充軍;知情和買者,民發擺站,軍發邊方瞭哨。

雍正三年律例館奏准:今無寄養馬匹之事,此條删。

一、凡印烙馬匹,民馬照舊印左,給軍則印右,如京營邊關馬無右印,即係盜買民間官馬,追究問罪。

雍正三年律例館奏准:今官馬用旗色印烙,不用此例,删。

雍正三年律例館奏准增定附律例文

一、凡屯莊居住旗人莊頭畜養馬匹,各用該旗印烙,無印烙者,察出將馬入官,養馬之人杖一百,屯領催不行察出者,笞五十,首報免罪。

一、口外馬羣内馬匹,盜賣抵換,照監守自盜律科罪,若將有太僕寺滿字印烙馬匹明知故買者,與犯人同罪。

罪名

笞二十

盜賣官畜孳生明知故買,計贓一兩以下者。

笞三十

盜賣官畜孳生明知故買,計贓一十兩者。

笞四十

盜賣官畜孳生明知故買,計贓二十兩者。

笞五十

盜賣官畜孳生明知故買,計贓三十兩者。

畜養馬匹無印烙屯領催不行察出者。

杖六十

限外不報孳生計隱匿價一兩以下者,一十兩之爲從者。○典牧官太僕寺官知情不舉者。

盜賣官畜孳生明知故買,計贓四十兩者。

杖七十

限外不報孳生計隱匿價一十兩者,二十兩之爲從者。○典牧官太僕寺官知情不舉者。○買主知情,計贓五十兩者。

杖八十

限外不報孳生,計隱匿價二十兩者,三十兩之爲從者。○因而盜賣抵換,計贓一兩以下者。○典牧官及太僕寺官知情不舉者。○買主知情,計贓六十兩者。

盜賣抵換口外羣内馬匹,計贓一兩以下者。○明知故買者。

杖九十

限外不報孳生,計隱匿價三十兩者,四十兩之爲從者。○因而盜賣抵换,計贓一兩之上至二兩五錢者。○典牧官及太僕寺官知情不舉者。○買主知情,計贓七十兩者。

盜賣抵换口外羣内馬匹,計贓一兩之上至二兩五錢者。○明知故買者。

杖一百

限外不報孳生,計隱匿價四十兩者,五十兩之爲從者。○因而盜賣抵換,計贓五兩者。○典牧官及太僕寺官知情不舉者。○買主知情,計贓八十兩者。

盜賣抵換口外羣内馬匹,計贓五兩者。○明知故買者。

屯莊居住旗人莊頭畜養馬匹無印烙者。

徒一年杖六十

限外不報孳生,計隱匿價五十兩者,六十兩之爲從者。○因而盜賣抵換,計贓七兩五錢者。○典牧官及太僕寺官知情不舉者。○買主知情,計贓一百兩者。

盜賣抵換口外羣内馬匹,計贓七兩五錢者。○明知故買者。

徒一年半杖七十

限外不報孳生,計隱匿價六十兩者,七十兩之爲從者。○因而盜賣抵換,計贓一十兩者。○典牧官及太僕寺官知情不舉者。○買主知情,計贓二百兩者。

盜賣抵換口外羣内馬匹,計贓一十兩者。○明知故買者。

徒二年杖八十

限外不報孳生,計隱匿價七十兩者,八十兩之爲從者。○因而盜賣抵換,計贓一十二兩五錢者。○典牧官及太僕寺官知情不舉者。○買主知情,計贓三百兩者。

盗賣抵换口外羣内馬匹,計贓十二兩五錢者。○明知故買者。

徒二年半杖九十

限外不報孳生,計隱匿價八十兩者,九十兩之爲從者。○因而盗賣抵换,計贓十五兩者。○典牧官及太僕寺官知情不舉者。○買主知情,計贓四百兩者。

盗賣抵换口外羣内馬匹,計贓十五兩者。○明知故買者。

徒三年杖一百

限外不報孳生,計隱匿價九十兩者,一百兩、一百一十兩、一百二十兩之爲從者。○因而盗賣抵换十七兩五錢者。○典牧官及太僕寺官知情不舉者。○買主知情,計贓五百兩者。

盗賣抵换口外羣内馬匹十七兩五錢者。○明知故買者。

准徒四年雜犯三流

盗賣抵换孳生官畜及口外羣内馬匹,計二十兩、二十五兩、三十兩者。○典牧官及太僕寺官知情不舉者。○明知故買者。

流二千里杖一百

限外不報孳生計隱匿價一百兩者。○典牧官及太僕寺官知情不舉者。

流二千五百里杖一百

限外不報孳生計隱匿價一百一十兩者。○典牧官及太僕寺官知情不舉者。

流三千里杖一百

限外不報孳生計隱匿價一百二十兩者。○典牧官及太僕寺官知情不舉者。

斬雜犯准徒五年

盗賣抵换孳生官畜及口外羣内馬匹,計四十兩者。○典牧官及太僕寺官知情不舉者。○明知故買者。

私借官畜産

凡監臨主守之人將係官馬牛駝騾驢私自借用,或轉借與人及借之者,各笞五十,驗日追僱賃錢入官,若計僱賃錢重者,各坐贓論,加一等。

雍正三年律例館奏准:律文下應添小注"僱錢不得過其本價,官畜死,依毁棄官物,在場牽去,依常人盗”二十四字。

附律定例

一、在京坐營管操内外官并把總以下官,若將馬匹私占騎用,及撥與人騎坐至五匹者,降一級,六匹以上,降二級;其各邊分守守備把總管隊等官,將騎操并驛傳走遞官馬,擅撥與人騎坐,及私用伺候等項,亦照前例問擬。

雍正三年律例館奏准:今無坐營管操官員名色,删。

一、官軍將所領官馬耕田、走驛、馱載物件及傭與人騎坐,問罪,俱罰馬一匹。

雍正三年律例館奏准:今無問罪復罰馬之例,此條删。

罪名

笞五十

監守將官馬牛駝赢驢私自借用,或轉借與人及借之者。

杖六十

監守將官畜借用或借與人及借之者,計傭賃錢三十兩者。

杖七十

監守將官畜借用或借與人及借之者,計傭賃錢四十兩者。○若在場牽去計贓一兩以下者。

杖八十

監守將官畜借用或借與人及借之者,計傭賃錢五十兩者。○因借而死計值一兩以下者。○若在場牽去計贓一兩之上至五兩者。

杖九十

監守將官畜借用或借與人及借之者,計傭賃錢六十兩者。○因借而死計值一十兩者。○若在場牽去計贓一十兩者。

杖一百

監守將官畜借用或借與人及借之者,計傭賃錢七十兩者。○因借而死計值二十兩者。○若在場牽去計贓十五兩者。

徒一年杖六十

監守將官畜借用或借與人及借之者,計傭賃錢八十兩者。○因借而死計值三十兩者。○若在場牽去計贓二十兩者。

徒一年半杖七十

監守將官畜借用或借與人及借之者,計傭賃錢一百兩者。○因借而死計值四十兩者。○若在場牽去計贓二十五兩者。

徒二年杖八十

監守將官畜借用或借與人及借之者,計傭賃錢二百兩者。○因借而死計值五十兩者。○若在場牽去計贓三十兩者。

徒二年半杖九十

監守將官畜借用或借與人及借之者,計傭賃錢三百兩者。○因借而死計值六十兩者。○若在場牽去計贓三十五兩者。

徒三年杖一百

監守將官畜借用或借與人及借之者,計傭賃錢四百兩者。○因借而死計值七十兩者。○若在場牽去計贓四十兩者。

准徒四年雜犯三流

在場牽去官畜計贓四十五兩、五十兩、五十五兩者。

流二千里杖一百

監守將官畜借用或借與人及借之者,計傭賃錢五百兩者。○因借而死計值八十兩者。

流二千五百里杖一百

借官畜致死計值九十兩者。

流三千里杖一百

借官畜致死計值一百兩者。

絞雜犯准徒五年

在場牽去官畜計贓八十兩者。

公使人等索借馬匹

凡公使人等,承差經過去處除應付脚力外,索借有司官馬匹騎坐者,杖六十,驢鸁,笞五十,官吏應付者,各減一等,罪坐所由。

罪名

笞四十

公差索借驢鸁而官吏應付者。

笞五十

公差索借有司驢鸁者。○索借馬匹而官吏應付者。

杖六十

公差索借有司馬匹者。

大清會典卷之一百六十九

刑部

〔律例二十兵律五〕

〔郵驛〕

遞送公文三條

凡舖兵遞送公文，晝夜須行三百里，稽留三刻，笞二十，每三刻加一等，罪止笞五十。其公文到舖，不問角數多少，須要隨即遞送，不許等待後來文書，違者，舖司笞二十。

凡舖兵遞送公文，若磨擦及破壞封皮不動原封者，一角笞二十，每三角加一等，罪止杖六十；若損壞公文，一角笞四十，每二角加一等，罪止杖八十；若沉匿公文及拆動原封者，一角杖六十，每一角加一等，罪止杖一百；若事干軍情機密文書與漏泄不同，不拘角數，即杖一百；有所規避而沉拆者，各從重論。其舖司不告舉者，與犯人同罪，若已告舉，而所在官司不即受理施行者，各減犯人罪二等。

凡各縣舖長，專一於該管舖分往來，巡視提調官吏，每月一次親臨各舖刷勘，若失於檢舉者，通計公文稽留及磨擦破壞封皮不動原封十件以上，舖長笞四十，提調吏典笞三十，官笞二十，若損壞及沉匿公文若拆動原封者，與舖兵同罪，提調吏典減一等，官又減一等；府州提調官吏失於檢舉者，各遞減一等。

附律定例

一、無印信文字，不許入遞。

一、各舖司兵，若有無藉之徒不容正身應當，用强包攬多取工錢，致將公文稽遲沉匿等項，問罪，旗軍發邊衛，民并軍丁人等，發附近俱充軍，其提調官,該吏舖長,各治以罪。

雍正三年律例館奏准:“旗軍發邊衞”至“俱充軍”十七字改爲“不分軍民,俱發附近充軍”。

歷年事例

雍正五年議准:嗣後各省驛站遞送公文,令該管站官各立印信號簿,上站號簿用下站官印信,每月底彼此移明查考,倘有沉匿稽延,即行詳報,該上司據實題參;至司驛官員,凡沉匿平常公文,馬夫按角遞加治罪者,仍照律減等議處外,如不拘角數,馬夫即杖一百者,將司驛官員不准減等,即行革職,馬夫杖六十、徒一年。

罪名

笞一十

舖司告舉磨破公文四角而所在官司不即理行者。

每月通計公文損壞三角,其失於檢舉之府州提調官。○稽留磨破十角以上及損壞一角,其失於檢舉之府州提調吏典。

笞二十

舖兵遞送公文稽留三刻者。

舖司將公文不即遞送等待後來文書者。

舖兵磨破公文封皮一角者。○舖司不告舉者。

舖司告舉磨破公文七角,及損壞公文一角而所在官司不即理行者。

每月通計公文稽留磨破十角以上,及損壞一角其失於檢舉之提調官。○沉拆一角及損壞五角,其失於檢舉之府州提調官。○損壞三角其失於檢舉之府州提調吏典。

笞三十

舖兵遞送公文稽留六刻者。舖兵磨破公文封皮四角者。○舖司不告舉者舖司告舉磨破公文十角,及損壞三角而所在官司不即理行者。

每月通計公文稽留磨破十角以上,及損壞一角其失於檢舉之提調吏典。○損壞三角,其失於檢舉之提調官。○損壞五角及沉拆一角,其失於檢舉之府州提調吏典。○損壞七角及沉拆二角之府州提調官。

笞四十

舖兵遞送公文稽留九刻者。

舖兵磨破公文封皮七角及損壞公文一角者。○舖司不告舉者。

舖司告舉磨破公文十三角,及損壞五角,沉拆一角而所在官司不即理行者。

每月通計公文稽留磨破十角以上及損壞一角,其失於檢舉之舖長。○損壞三角其失於檢舉之提調吏典。○損壞五角及沉拆一角其失於檢舉之提調官。○損壞七角及沉拆二角,其失於檢舉之府州提調吏典。○損壞九角及沉拆三角其失於檢舉之府州提調官。

笞五十

舖兵遞送公文稽留十二刻者。

舖兵磨破公文封皮十角及損壞公文三角者。○舖司不告舉者。

舖司告舉損壞公文七角及沉拆二角,而所在官司不即理行者。

每月通計公文損壞三角,其失於檢舉之舖長。○損壞五角及沉拆一角,其失於檢舉之提調吏典。○損壞七角及沉拆二角,其失於檢舉之提調官。○損壞九角及沉拆三角,其失於檢舉之府州提調吏典。○沉拆四角其失於檢舉之府州提調官。

杖六十

舖兵磨破公文封皮十三角,及損壞公文五角沉拆一角者。○舖司不告舉者。

舖司告舉損壞公文九角,及沉拆三角而所在官司不即理行者。

每月通計公文損壞五角,及沉拆一角其失於檢舉之舖長。○損壞七角及沉拆二角,其失於檢舉之提調吏典。○損壞九角及沉拆三角,其失於檢舉之提調官。○沉拆四角其失於檢舉之府州提調吏典。○沉拆五角,若軍情機密文書其失於檢舉之府州提調官。

杖七十

舖兵損壞公文七角及沉拆二角者。○舖司不告舉者。

舖司沉拆公文罪未至杖七十而有所規避笞五十罪者。

舖司告舉沉拆公文四角,而所在官司不即理行者。

每月通計公文損壞七角及沉拆二角,其失於檢舉之舖長。○損壞九角及沉拆三角其失於檢舉之提調吏典。○沉拆四角其失於檢舉之提調官。○沉拆五角若軍情機密文書,其失於檢舉之府州提調吏典。

杖八十

舖兵損壞公文九角沉拆三角者。○舖司知而不舉者。

舖兵沉拆公文罪未至杖八十而有所規避杖六十罪者。

舖司告舉沉拆公文五角,而所在官司不即理行者。

每月通計公文損壞九角及沉拆三角，其失於檢舉之舖長。〇沉拆四角其失於檢舉之提調吏典。〇沉拆五角若軍情機密文書，其失於檢舉之提調官。

杖九十

舖兵沉拆公文四角者。〇舖司知而不舉者。

舖兵沉拆公文罪未至杖九十而有所規避杖七十罪者。

舖司告舉沉拆軍機文書而所在官司不即理行者。

每月通計公文沉拆四角，其失於檢舉之舖長。〇沉拆五角若軍情機密文書，其失於檢舉之提調吏典。

杖一百

舖兵沉拆公文五角者。〇舖司知而不舉者。

舖兵沉拆軍情機密文書者。〇舖司知而不舉者。

舖兵沉拆公文罪未至杖一百而有所規避杖八十罪者。

每月通計公文沉拆五角若軍情機密文書其失於檢舉之舖長。

徒一年杖六十

舖兵沉拆公文規避杖九十罪者。

徒一年半杖七十

舖兵沉拆公文規避杖一百罪者。

徒二年杖八十

舖兵沉拆公文規避徒一年罪者。

徒二年半杖九十

舖兵沉拆公文規避徒一年半罪者。

徒三年杖一百

舖兵沉拆公文規避徒二年罪者。

流二千里杖一百

舖兵沉拆公文規避徒二年半罪者。

流二千五百里杖一百

舖兵沉拆公文規避徒三年罪者。

流三千里杖一百

舖兵沉拆公文規避流二千里罪者。

附近充軍

各舖司兵若有無藉之徒不容正身，應當用强包攬多取工錢，致將公文稽遲沉匿等項不分旗民俱發充。

邀取實封公文

凡在外大小各衙門官,但有入遞進呈實封公文至御前,下司被上司非禮陵虐,亦許其實封奏。而上司官令人於中途急遞舖邀截取回者,不拘遠近,從本舖舖司舖兵赴所在官司告舉,隨即申呈上司轉達,該部追究得實,斬其舖司舖兵,容隱不告舉者,各杖一百,若已告舉而所在官司不即受理施行者,罪亦如之。○若邀取實封至六部察院公文者,各減二等,下司畏上司劾參,而邀取者比此。

雍正三年律例館奏准:"追究得實"四字改"奏聞追究得實"。

罪名

杖八十

邀取至六部、都察院實封公文,而舖司、舖兵容隱不告舉者。○告舉而所在官司不即理行者。

杖一百

邀取至御前實封公文及表文,而舖司、舖兵容隱不告舉者。○告舉而所在官司不即理行者。

徒三年杖一百

邀取至六部、都察院實封公文追究得實者。

斬監候

邀取至御前實封公文及表文追究得實者。

舖舍損壞

凡急遞舖舍損壞不爲修理,什物不完,舖兵數少不爲補置,及令老弱之人當役者,舖長笞五十,有司提調官吏各笞四十。

附律定例

一、急遞舖每一十五里設置一所,每舖設舖兵四名,舖司一名,於附近有丁力糧近一石之上二石之下者點充,須要少壯正身,與免雜泛差役,每舖置備各項什物,十二時輪日晷牌子一個,紅綽屑一座,并牌額舖曆二本,上司行下一本,各府申上一本。遇夜常明燈燭,舖兵每名合備什物夾板一副,鈴攀一副,纓鎗一副,油絹三尺,輭絹包袱一條,箬帽蓑衣各一件,紅悶棍一條,回曆一本。

罪名

笞四十

急遞鋪舍不修什物不備，鋪兵數少及老弱當役，其提調官。○吏笞五十

急遞鋪舍不修什物不備，鋪兵數少及老弱當役，其鋪長。

私役鋪兵

凡各衙門一應公差人員，不許差使鋪兵挑送官物及私己行李，違者笞四十，每名計一日追僱工銀八分五釐五毫入官。

罪名止有笞四十一條律文已明不複列

驛使稽程

凡出使馳驛違限常事，一日笞二十，每三日加一等，罪止杖六十；軍情重事，加三等；因而失誤軍機者，斬。若各驛官故將好馬藏匿，推故不即應付，以致違限者，對問明白，罪坐驛官。其遇水漲路道阻礙經行者，不坐。○若驛使承受官司文書誤不依題寫去處，錯去他所而違限者，減二等，四日笞一十，每三日加一等，罪止笞四十；事干軍務者不減。若由公文題寫錯者，罪坐題寫之人，驛使不坐。

附律定例

一、各王府公差人員但係尋常事務及各王禮節往來，不許馳驛，有擅應付及假以軍情爲由馳驛者，處死。

雍正三年律例館奏准：今無勘合火牌者，皆不得馳驛，此條應删。

一、各處水馬驛遞運所夫役巡檢司弓兵，若有用强包攬不容正身著役，多取工錢害人，攪擾衙門者，問罪，旗軍調發邊衛，民並軍丁人等，發附近俱充軍，其官吏通同縱容者，各治以罪；若不曾用强多取工錢者，不在此例。多取工錢問求索，計贓依不枉法論。

雍正三年律例舘奏准："旗軍調發"至"俱充軍"十八字改爲"不分軍民，俱發附近衛所充軍"。

一、直隸、江南、山東等處各屬馬驛僉到馬頭，情願僱募土民代役者，聽，若用强包攬者，問罪，旗軍發邊衛，民並軍丁人等，發附近俱充軍。其有光棍交通包攬之徒將正身姓名捏寫虚約，投托官豪勳戚之家前去原籍妄拏正身家屬，逼勒取財者，所在官司應提問者提問，應奏請者，將人員覊留奏請提問，俱照前例充軍，該管官司坐視縱容者，參究治罪。光棍妄拏逼勒，問恐嚇詐欺罪律。

雍正三年律例館奏准：今無各屬僉解馬頭之事，此條删。

一、會同館夫供役三年轉發，該管官司收當民差，另僉解補，不許過

役更易姓名捏故僉補，違者官吏一體坐罪，若五年以上不行替役，及近館無藉軍民人等用强攬當者，俱問發邊衛充軍。

雍正三年律例館奏准：今會同館夫役召募充當不拘年限，此條應删。

雍正五年律例館奏准增定附律例文

一、凡齎奏不騎驛馬，違限十日以内者免罪，十日以外，係常事，笞三十，密事，笞四十。

律例館又奏准律後恭載諭旨

順治三年五月諭："凡滿洲官員因軍務差遣，及自軍前赴京齎奏軍情，倘經過地方不照依勘合火牌、糧單，隨即供應驛馬廪給，不爲預備公館以致遲悮者，按遲悮事情巨細，將本城長官及所派催辦驛馬糧餉官，俱指名題參，該部察議擬罪，具奏發落。若長官他出不在本城而有遲悮者，其委托怠玩亦不得免罪，仍行罰治。"

罪名

笞一十

驛使承受官司常事文書，誤不依題寫錯去他所，而違限四日者。○原行題寫錯者坐所由。

笞二十

出使常事違限一日者。○由驛官應付稽遲者坐驛官。

驛使承受官司常事文書，誤不依題寫錯去他所，而違限七日者。○原行題寫錯者坐所由。

笞三十

出使常事違限四日者。○由驛官應付稽遲者坐驛官。

驛使承受官司常事文書，誤不依題寫錯去他所，而違限十日者。○原行題寫錯者坐所由。

齎奏常事不騎驛馬違限十日以外者。

笞四十

出使常事違限七日者。○由驛官應付稽遲者坐驛官。

驛使承受官司常事文書，誤不依題寫錯去他所，而違限十三日者。○原行題寫錯者坐所由。

齎奏密事不騎驛馬違限十日以外者。

笞五十

出使常事違限十日者。○軍務一日者。○由驛官應付稽遲者俱坐驛官。

驛使承受軍務文書,誤不依題寫錯去他所違限一日者。〇原行題寫錯者坐所由。

杖六十

出使常事違限十三日者。〇軍務四日者。〇由驛官應付稽遲者俱坐驛官。

驛使承受軍務文書,誤不依題寫錯去他所違限四日者。〇原行題寫錯者坐所由。

杖七十

出使軍務違限七日者。〇由驛官應付稽遲者坐驛官。

驛使承受軍務文書,誤不依題寫錯去他所違限七日者。〇原行題寫錯者坐所由。

杖八十

出使軍務違限十日者。〇由驛官應付稽遲者坐驛官。

驛使承受軍務文書,誤不依題寫錯去他所違限十日者。〇原行題寫錯者坐所由。

杖九十

出使軍務違限十三日者。〇由驛官應付稽遲者坐驛官。

驛使承受軍務文書,誤不依題寫錯去他所違限十三日者。〇原行題寫錯者坐所由。

杖一百

夫役弓兵用强包攬不容正身著役,多取工錢害人,攪擾衙門,其官吏通同縱容者。

附近充軍

各處水馬驛夫役弓兵,用强包攬不容正身著役,多取工錢害人,攪擾衙門,不分軍民俱發充。

斬監候

出使軍務違限因而失誤軍機者。〇由驛官應付稽遲者坐驛官。

驛使承受軍務文書,誤不依題寫錯去他所,違限因失誤軍機者。〇原行題寫錯者坐所由。

多乘驛馬

凡出使人員應乘驛船驛馬數外,多乘一船一馬者,杖八十,每一船一馬加一等,若應乘驢而乘馬,及應乘中等下等馬,而勒要上等馬者,杖七十,因而毆傷驛官者,各加一等,若驛官容情應付者,各減犯人罪一等,其應乘上等馬,而驛官却與中等下等馬者,罪坐驛官;本驛如無上等馬者,勿論。○若枉道馳驛及經驛不換船馬者,杖六十,因而走死驛馬者,加一等,追償馬匹還官。○其事非警急不曾枉道,而走死驛馬者,償而不坐。○若軍情警急及前驛無船馬倒换者,不坐不償。

附律定例

一、凡指稱勳戚文武大臣近侍官員姻黨族屬家人名目,虚張聲勢,擾害經過軍衛有司驛遞衙門,占宿公館,索取人夫馬匹車輛財物等項,及奸徒詐稱勢要衙門,乘坐黑樓等船隻懸掛牌面,希圖免税誆騙違法者,徒罪以上,俱於所犯地方枷號一個月,發邊衛充軍,杖罪以下,枷號一個月發落。

雍正三年律例館奏准增定附律例文

一、凡馳驛官員縱容差官跟役毆罵驛官、驛夫,或並無急務走死驛馬,并額馬既足,故行越站以及索詐財物者,該地方官、驛官一面申詳上司,一面具報該部,察究得實,官員革職,差官人等拏送刑部,從重治罪;若無勘合火牌謊稱公差,支取夫馬船隻及索詐財物者,亦俱拏送刑部,從重治罪;其不照依所定程途,枉道擾驛者,係官交該部議處,差役杖一百。

律例館又奏准律後恭載諭旨

雍正元年十月諭:"查驛站關係重大,經朕屢加嚴諭,然其間積弊難以盡詰,有在官之累,有在民之累。如直隸、山西等差役更爲浩繁,雖驛馬足數,亦供應不敷,乃内而兵部,外而驛道,於給發馬匹時,官吏通情受賄,往往所給浮於勘合之數。且行李輜重皆令驛卒乘馬背負,多至八、九人不等。所到州縣以見馬换馬向有舊例,不敢詰問,至督撫提鎮經過之處,更惟命是從。嗣後照勘合之外,有敢多給一夫一馬者,許前途州縣即據實揭報都察院,以聽糾參,如甲縣容情不揭,而被乙縣揭報者,并甲縣一并治罪。其督撫提鎮騷擾驛遞者,皆照此例,庶少甦在官之累。至若河南、山東諸省,離京稍遠,謂耳目易欺。每驛額設馬匹不過十存三、四,其草料工食,仍照舊開銷,且逐年詳報倒斃侵蝕補買之價。差使一至,則照里科派,將民間耕種牲口硬遣當差,令其自備物料跟隨守候,種種累民,尤屬不法,著該地方督撫將所有驛站逐一徹底清查,缺額者,勒限補買。至派借民間牲口,尤當勒石永禁,違者即從重治罪。"

罪名

笞五十

詐稱勢要衙門乘船懸掛牌面希圖免稅者，枷號一個月。

杖六十

不應乘馬及不應乘上等馬而驛官容情應付者。

枉道馳驛者。〇經驛不换船馬者。

指稱勳戚大臣近侍官員姻族家人名目，索取夫馬船車財物等項，計贓一兩以下者，無禄人一兩之上至十兩者，枷號一個月。

詐稱勢要誆騙違法，計贓一兩以下者、一十兩之爲從者，枷號一個月。

杖七十

不應乘馬及不應乘上等馬而勒要者。

驛官容情數外多應付一船、一馬者。

應乘上等馬而驛官與中等下等馬者本驛無上等者勿論。

枉道馳驛及經驛不换而走死驛馬者。

指稱勳戚大臣近侍官員姻族家人名目，索取夫馬船車財物等項，計贓一兩之上至十兩者，無禄人二十兩者，枷號一個月。

詐稱勢要誆騙違法，計贓一十兩者、二十兩之爲從者，枷號一個月。

杖八十

出使應乘驛船驛馬，而數外多乘一船一馬者。

不應乘馬及不應乘上等馬而勒要，因而毆傷驛官者折齒以上依鬬毆傷律。

驛官容情多應付二船二馬者。

指稱勳戚大臣近侍官員姻族家人名目，索取夫馬船車財物等項，計贓二十兩者，無禄人三十兩者枷號一個月。

詐稱勢要誆騙違法，計贓二十兩者、三十兩之爲從者，枷號一個月。

杖九十

出使人員數外勒要多乘一船、一馬，因而毆傷驛官者折齒以上依鬬毆傷律。〇多乘二船二馬者。

驛官容情多應付三船三馬者。

指稱勳戚大臣近侍官員姻族家人名目，索取夫馬船車財物等項，計贓三十兩者，無禄人四十兩者枷號一個月。

詐稱勢要誆騙違法，計贓三十兩者、四十兩之爲從者，枷號一個月。

杖一百

出使人員數外勒要多乘二船、二馬因而毆傷驛官者。○多乘三船、三馬者。

驛官容情多應付四船、四馬者。

指稱勳戚大臣近侍官員姻族家人名目,索取夫馬船車財物等項,計贓四十兩者、無禄人五十兩者,枷號一個月。

詐稱勢要誆騙違法,計贓四十兩者,五十兩之爲從者,枷號一個月。

不照依所定程途,枉道擾驛之差役。

徒一年杖六十

出使人員數外多乘四船、四馬者。

驛官容情多應付五船、五馬者。

徒一年半杖七十

出使人員數外多乘五船、五馬者。

驛官容情多應付六船、六馬者。

徒二年杖八十

出使人員數外多乘六船、六馬者。

驛官容情多應付七船、七馬者。

徒二年半杖九十

出使人員數外多乘七船、七馬者。

驛官容情多應付八船、八馬者。

徒三年杖一百

出使人員數外多乘八船、八馬者。

驛官容情多應付九船、九馬以上者。

流二千里杖一百

出使人員數外多乘九船、九馬者。

流二千五百里杖一百

出使人員數外多乘十船、十馬者。

流三千里杖一百

出使人員數外多乘十一船、十一馬者。

邊衛充軍

指稱勳戚大臣近侍官員姻族家人名目,索取夫馬船車財物等項,及詐稱勢要誆騙違法,計贓犯該徒罪以上,俱枷號一個月發充。

多支廪給

凡出使人員多支領廪給者,計贓以不枉法論,分有禄無禄。當該官吏與者,減一等,强取者以枉法論,官吏不坐,多支口糧比此。

附律定例

一、各處地方如遇外國人入貢,經過驛遞即便查照勘合應付,不許容令買賣連日支應,違者重治;若街市舖行人等私與外國人交通買賣者,貨物入官,犯人問罪,枷號一個月發落。貨物若不係違禁,引違制,若係禁貨,引爲外國收買違禁貨物例,發邊衞充軍。

罪名

笞四十

官吏多與無禄人廪給一兩以下者。

笞五十

出使無禄人多支廪給一兩以下者。

官吏多與有禄人廪給一兩以下者、無禄人一兩之上至十兩者。

杖六十

出使有禄人多支廪給一兩以下者。

出使無禄人多支廪給一兩之上至十兩者。〇强取一兩以下者。

官吏多與有禄人廪給一兩之上至十兩者、無禄人二十兩者。

杖七十

出使有禄人多支廪給一兩之上至十兩者。〇强取一兩以下者。

出使無禄人多支廪給二十兩者。〇强取一兩之上至五兩者。

官吏多與有禄人廪給二十兩者、無禄人三十兩者。

杖八十

出使有禄人多支廪給二十兩者。〇强取一兩之上至五兩者。

出使無禄人多支廪給三十兩者。〇强取一十兩者。

官吏多與有禄人廪給三十兩者、無禄人四十兩者。

杖九十

出使有禄人多支廪給三十兩者。〇强取一十兩者。

出使無禄人多支廪給四十兩者。〇强取十五兩者。

官吏多與有禄人廪給四十兩者、無禄人五十兩者。

杖一百

出使有禄人多支廪給四十兩者。〇强取十五兩者。

出使無禄人多支廪給五十兩者。〇强取二十兩者。

官吏多與有禄人廪給五十兩者、無禄人六十兩者。

外國人入貢經過去處如街市舖行人等,私與交通買賣貨物不係違禁者,枷號一個月。

徒一年杖六十

出使有禄人多支廪給五十兩者。〇强取二十兩者。

出使無禄人多支廪給六十兩者。〇强取二十五兩者。

官吏多與有禄人廪給六十兩者、無禄人七十兩者。

徒一年半杖七十

出使有禄人多支廪給六十兩者。〇强取二十五兩者。

出使無禄人多支廪給七十兩者。〇强取三十兩者。

官吏多與有禄人廪給七十兩者、無禄人八十兩者。

徒二年杖八十

出使有禄人多支廪給七十兩者。〇强取三十兩者。

出使無禄人多支廪給八十兩者。〇强取三十五兩者。

官吏多與有禄人廪給八十兩者、無禄人九十兩者。

徒二年半杖九十

出使有禄人多支廪給八十兩者。〇强取三十五兩者。

出使無禄人多支廪給九十兩者。〇强取四十兩者。

官吏多與有禄人廪給九十兩者、無禄人一百兩、一百一十兩、一百二十兩者。

徒三年杖一百

出使有禄人多支廪給九十兩者。〇强取四十兩者。

出使無禄人多支廪給一百兩一百一十兩一百二十兩者。〇强取四十五兩、五十兩、五十五兩者。

官吏多與有禄人廪給一百兩、一百一十兩、一百二十兩者、無禄人一百二十兩以上者。

流二千里杖一百

出使有禄人多支廪給一百兩者。〇强取四十五兩者。

流二千五百里杖一百

出使有禄人多支廪給一百一十兩者。〇强取五十兩者。

流三千里杖一百

出使有禄人多支廩給一百二十兩者。○强取五十五兩者。

出使無禄人多支廩給一百二十兩以上者。○强取八十兩者。

邊衛充軍

外國人入貢經過去處如街市舗行人等私與交通,買賣違禁貨物者,枷號一個月發充。

絞監候

出使有禄人强取廩給八十兩者、無禄人一百二十兩者。

文書應給驛而不給

凡朝廷調遣軍馬及報警急軍務至邊將,若邊將及各衙門飛報軍情詣朝廷文書,故不遣使給驛者,杖一百;因而失誤軍機者,斬。○若進賀表箋及賑救饑荒申報災異取索軍需之類重事故,不遣使給驛者,杖八十;失誤軍機,仍從重論。若常事不應給驛而故給驛者,笞四十。

罪名

笞四十

常事不應給驛而故給者。

杖八十

進表賑荒報災取索軍需故不遣使給驛者。

杖一百

朝廷調軍報急至邊及邊將飛報軍情文書,故不遣使給驛者。

斬監候

軍情警急故不遣使給驛而失誤軍機者。

取索軍需故不遣使給驛而失誤軍機者。

公事應行稽程

凡公事有應起解官物、囚徒、畜産,差人管送而輒稽留,及事有期限而違者,一日笞二十,每三日加一等,罪止笞五十,若起解軍需隨征供給,而管送違限者,各加二等,罪止杖一百;以致臨敵缺乏,失誤軍機者,斬。若承差人誤不依題寫去處錯去他所,以致違限者,減二等;事干軍務者,不減,或笞或杖或斬,照前科罪;若由公文題寫錯者,罪坐題寫之人,承差人不坐。

附律定例

一、各處有司起解逃軍并軍丁及充軍人犯,量地遠近,立定程限,責令管送,若長解縱容在家遷延不即起程,違限一年之上者,解人發附近,正犯原係附近,發邊衛,原係邊衛,發極邊衛分,各充軍。

雍正三年律例館奏准:“逃軍并軍丁”五字改爲“在逃軍犯”。

罪名

笞一十

承差常事誤不依題寫去處錯去他所,致違限四日者。○原行題寫錯者坐所由。

笞二十

起解稽留及公事不依期限違一日者。

承差常事誤不依題寫去處錯去他所,致違限七日者。○原行題寫錯者坐所由。

笞三十

起解稽留及公事不依期限違四日者。

承差常事誤不依題寫去處錯去他所,致違限十日者。○原行題寫錯者坐所由。

笞四十

起解稽留及公事不依期限違七日者。○若軍需隨征供給違限一日者。

承差軍務誤不依題寫去處錯去他所,致違限一日者。○原行題寫錯者坐所由。

笞五十

起解稽留及公事,不依期限,違十日者。○若軍需隨征供給,違限四日者。

承差軍務誤不依題寫去處錯去他所,致違限四日者。○原行題寫錯者坐所由。

杖六十

起解軍需隨征供給稽留及軍務公事,違限七日者。○若誤不依題寫去處錯去他所致違限七日者。○原行題寫錯者坐所由。

杖七十

起解軍需隨征供給稽留及軍務公事,違限十日者。○若誤不依題寫去處錯去他所致違限十日者。○原行題寫錯者坐所由。

杖八十

起解軍需隨征供給稽留及軍務公事,違限十三日者。○若誤不依題寫去處錯去他所致違限十三日者。○原行題寫錯者坐所由。

杖九十

起解軍需隨征供給稽留及軍務公事,違限十六日者。〇若誤不依題寫去處錯去他所,致違限十六日者。〇原行題寫錯者坐所由。

杖一百

起解軍需隨征供給稽留及軍務公事,違限十九日者。〇若誤不依題寫去處錯去他所,致違限十九日者。〇原行題寫錯者坐所由。

附近充軍

長解縱容起解及充軍人犯在家一年之上者。

邊衛充軍

起解人犯違限一年之上正犯原係附近者。

極邊衛充軍

起解人犯違限一年之上正犯原係邊衛者。

斬監候

起解軍需隨征供給稽留及軍務公事,違限因而失誤軍機者。〇若誤不依題寫去處錯去他所,致違限因而失誤軍機者。〇原行題寫錯者坐所由。

占宿驛舍上房

凡公差人員出外幹辦公事,占宿驛舍正廳上房者,笞五十。

罪名止有笞五十一條律文已明不複列

乘驛馬齎私物

凡出使人員應乘驛馬,除隨身衣仗外齎帶私物者,十觔杖六十,每十觔加一等,罪止杖一百,驛驢減一等,私物入官。

罪名

笞五十

出使人員應乘驛驢齎帶私物十觔者。

杖六十

出使人員應乘驛馬齎帶私物十觔者。〇乘驛驢帶二十觔者。

杖七十

出使人員應乘驛馬齎帶私物二十觔者。〇乘驛驢帶三十觔者。

杖八十

出使人員應乘驛馬齎帶私物三十觔者。〇乘驛驢帶四十觔者。

杖九十

出使人員應乘驛馬齎帶私物四十觔者。○乘驛驢帶五十觔者。

杖一百

出使人員應乘驛馬齎帶私物五十觔者。

私役民夫擡轎

凡各衙門官吏及出使人員,役使人民擡轎者,杖六十,有司應付者,減一等,若豪富之家役使佃客擡轎者,罪亦如之。每名計一日追給僱工銀八分五釐五毫。○其民間婦女若老病之人及出錢僱工者,不在此限。

雍正三年律例館奏准增定附律例文

一、凡内務府官員執事之人及各部院衙門官員人等,並無印信憑據,詐欺索取民夫等項,該地方官即行拘拏,一面申報該督撫具題,一面申報該部,審實係官革職,係領催執事人等,拏送刑部,從重治罪;拏首之地方官,照出首私牌例於應陞之缺即陞。

罪名

笞五十

官吏及出使人員役使人民擡轎而有司應付者。

杖六十

官吏及出使人員役使人民擡轎者。

豪富役使佃客擡轎者。

病故官家屬還鄉

凡軍民官在任以理病故,家屬無力不能還鄉者,所在官司差人管領應付脚力,隨程驗口,官給行糧,遞送還鄉;違而不送者,杖六十。

罪名止有杖六十一條律文已明不複列

承差轉僱寄人

凡承差起解官物囚徒畜産,不親管送而僱人寄人代領送者,杖六十;因而損失官物畜産及失囚者,依律各從重論。損失重問,損失輕則仍科僱寄。受寄、受僱人,各減承差人一等。○其同差人自相替者放者,各笞四十;取財者,計贜以不枉法論。若事有損失者,亦依損失官物及失囚律追斷,不在減等之限。

罪名

笞四十

同差人自相替者。○放者。

笞五十

同差人自相替放損失官物畜産計三十兩者。
受僱受寄代領送官物囚徒畜産者。
承替,無禄人取財一兩以下者。
杖六十
承差起解官物囚徒畜産,而僱人寄人者。
受僱寄人損失官物畜産計五十兩者。○失囚二名者。
承替人取財一兩以下者,無禄人一兩之上至十兩者。
同差人自相替放損失官物畜産計四十兩者。○失囚一名者。
杖七十
僱人寄人代領送損失官物畜産計五十兩者。○失囚二名者。
受僱寄人損失官物畜産計六十兩者。○失囚三名者。
承替人取財一兩之上至十兩者,無禄人二十兩者。
同差人自相替放損失官物畜産計五十兩者。○失囚二名者。
杖八十
僱人寄人代領送損失官物畜産計六十兩者。○失囚三名者。
受僱寄人損失官物畜産計七十兩者。○失囚四名者。
承替人取財二十兩者,無禄人三十兩者。
同差人自相替放損失官物畜産計六十兩者。○失囚三名者。
杖九十
僱人寄人代領送損失官物畜産計七十兩者。○失囚四名者。
受僱寄人損失官物畜産計八十兩者。○失囚五名者。
承替人取財三十兩者,無禄人四十兩者。
同差人自相替放損失官物畜産計七十兩者。○失囚四名者。
杖一百
僱人寄人代領送損失官物畜産計八十兩者。○失囚五名者。
受僱寄人損失官物畜産計一百兩者。○失囚六名者。
承替人取財四十兩者,無禄人五十兩者。
同差人自相替放損失官物畜産計八十兩者。○失囚五名者。
徒一年杖六十
僱人寄人代領送損失官物畜産計一百兩者。
受僱寄人損失官物畜産計二百兩者。
承替人取財五十兩者,無禄人六十兩者。

同差人自相替放損失官物畜産計一百兩者。

徒一年半杖七十

僱人寄人代領送損失官物畜産計二百兩者。

受僱寄人損失官物畜産計三百兩者。

承替人取財六十兩者,無禄人七十兩者。

同差人自相替放損失官物畜産計二百兩者。

徒二年杖八十

僱人寄人代領送損失官物畜産計三百兩者。

受僱寄人損失官物畜産計四百兩者。

承替人取財七十兩者,無禄人八十兩者。

同差人自相替放損失官物畜産計三百兩者。

徒二年半杖九十

僱人寄人代領送損失官物畜産計四百兩者。

受僱寄人損失官物畜産計五百兩者。

承替人取財八十兩者,無禄人九十兩者。

同差人自相替放損失官物畜産計四百兩者。

徒三年杖一百

僱人寄人代領送損失官物畜産計五百兩者。

承替人取財九十兩者,無禄人一百兩、一百一十兩、一百二十兩者。

同差人自相替放損失官物畜産計五百兩者。

流二千里杖一百

承替人取財一百兩者。

流二千五百里杖一百

承替人取財一百一十兩者。

流三千里杖一百

承替人取財一百二十兩者,無禄人一百二十兩以上者。

乘官畜産車船附私物

凡因公差應乘官馬牛駝羸驢者,除隨身衣仗外,私馱物不得過十觔,違者五觔笞一十,每十觔加一等,罪止杖六十。不在乘驛馬之條。○其乘船車者私載物,不得過三十觔,違者十觔笞一十,每二十觔加一等,罪止杖七十;家人隨從者,不坐。若受寄私載他人物者,寄物之人同罪,其物並入官,當該官司知而容縱者,與同罪;不知者,不坐。若應合遞運家小,如陣亡病故官軍及軍民官在任以理病故者，不在此限。

附律定例

一、運軍土宜每船許帶六十石，沿途過淺盤剥，責令旗軍自備脚價，例外多帶者，照數入官，監兑糧儲等官水次先行搜檢，督押司道及府佐官員沿途稽查，經過儀徵，聽趲運御史盤詰，淮安天津，聽理刑主事兵備道盤詰，經盤官員徇情賣法，一并參治，其餘衙門，俱免投文盤詰。多帶，問違制；徇情賣法，問聽從囑託事已施行；受財，問枉法；出錢之人，問行求。

雍正三年律例館奏准："督押司道"改爲"督押糧道"，"經過儀徵"至"兵備道盤詰"二十五字改爲"經過儀徵淮安天津等處，聽趲運鎮道官盤詰，經盤官員徇情賣法，一并參治"。

一、漕運船隻，除運軍自帶土宜貨物外，若附搭客商勢要人等、酒麵糯米花草竹木板片器皿貨物者，將本船運軍并附載人員参問發落，貨物入官，其把總等官有犯，降一級回衛帶俸差操；民運船不在此例。

雍正三年律例館奏准："回衛帶俸差操"六字應改爲"留任"。

一、黄船附搭客貨及夾帶私物者，小甲客商人等俱問，發極邊衛分永遠充軍，貨物入官，若客商人等止是空身附搭者，亦連小甲俱發附近充軍；其馬快船隻附搭客貨及夾帶私物者，小甲客商人等俱發邊外充軍，貨物亦入官，若客商人等止是空身附搭者，照常發落。

雍正三年律例館奏准：今黄快船隻俱係應差官船，有裝載私物者，依正律科斷，此條删。

一、沿河一帶省親省祭丁憂起復，并陞除外任及内外公差官員，若有乘坐馬快船隻興販私鹽，起撥人夫，并帶去無藉之徒辱駡鎖綁官吏，勒要銀兩者，巡撫巡按巡河巡鹽管河管閘等官，就便拏問，干礙應奏官員，奏請提問；其軍衛有司驛遞衙門，若有懼勢應付者，參究治罪。三事不備，不引此例，止犯一事，依本律論。

雍正三年律例館奏准："省親省祭丁憂起復并"九字删，"馬快船隻"改爲"在官船隻"，"巡撫巡按"四字改爲"督撫"。

罪名

笞一十

乘官畜産私馱物十五觔者。〇車船私載物四十觔者。〇私受寄馱載他人物，如數者。〇官司知而故縱者。

笞二十

乘官畜産私馱物二十五觔者。○車船私載物五十觔者。○私受寄馱載他人物,如數者。○官司知而故縱者。

笞三十

乘官畜産私馱物三十五觔者。○車船私載物七十觔者。○私受寄馱載他人物,如數者。○官司知而故縱者。

笞四十

乘官畜産私馱物四十五觔者。○車船私載物九十觔者。○私受寄馱載他人物,如數者。○官司知而故縱者。

笞五十

乘官畜産私馱物五十五觔者。○車船私載物一百一十觔者。○私受寄馱載他人物,如數者。○官司知而故縱者。

杖六十

乘官畜産私馱物六十五觔者。○車船私載物一百三十觔者。○私受寄馱載他人物,如數者。○官司知而故縱者。

杖七十

乘官車船私載物一百五十觔者。○私受寄馱載他人物,如數者。○官司知而故縱者。

杖一百

運軍於六十石外多帶土宜者依違制論。

經盤官員徇情賣法者依聽從囑託已施行者,若受財,以枉注論,出錢人以行求坐贓論。

客商勢要將貨物附搭漕運船者。○運軍若受財以枉法論。

私借驛馬

凡驛官將驛馬私自借用,或轉借與人,及借之者,各杖八十;驛驢減一等,驗日追僱賃錢入官。若計僱賃錢重者,各坐贓論,加二等。

罪名

杖七十

驛官將驛驢私自借用或轉借與人者。○若人借之者。

杖八十

驛官將驛馬私自借用或轉借與人者。○若人借之者。○借驛驢計僱賃錢四十兩者。

杖九十

借驛驢驛馬計傭賃錢五十兩者。

杖一百

借驛驢驛馬計傭賃錢六十兩者。

徒一年杖六十

借驛驢驛馬計傭賃錢七十兩者。

徒一年半杖七十

借驛驢驛馬計傭賃錢八十兩者。

徒二年杖八十

借驛驢驛馬計傭賃錢一百兩者。

徒二年半杖九十

借驛驢驛馬計傭賃錢二百兩者。

徒三年杖一百

借驛驢驛馬計傭賃錢三百兩者。

流二千里杖一百

借驛驢驛馬計傭賃錢四百兩者。

流二千五百里杖一百

借驛驢驛馬計傭賃錢五百兩者。

大清會典卷之一百七十

刑部

〔律例二十一刑律一〕

〔賊盜一〕

謀反大逆

凡謀反謂謀危社稷及大逆謂謀毁宗廟及山陵宫闕，但共謀者，不分首從已未行，皆凌遲處死，正犯之祖父、父、子、孫、兄弟及同居之人，如本族無服親屬及外祖父妻、父女壻之類。不分異姓正犯之期親及伯、叔、父、兄弟之子，不限籍之同異，年十六以上不論篤疾廢疾，皆斬；其十五以下，及正犯之母、女、妻妾、姊妹，若子之妻妾給付功臣之家爲奴。正犯財産入官。若女兼姊妹許嫁已定歸其夫，正犯子孫過房與人，及聘妻未成者，俱不追坐。下條准此，上止坐正犯兄弟之子，不及其孫，餘律文不載，并不得株連。知情故縱隱藏者，斬。有能捕獲者，民授以民官，軍授以軍職，仍將犯人財産全給充賞。知而首告官爲捕獲者，止給財産，不首者杖一百、流三千里。未行而親屬告捕到官，正犯與緣坐人俱同自首，免已行，惟正犯不免，餘免；非親屬首捕，雖未行，仍依律坐。

雍正三年律例館奏准：小註"下條准此"四字指下條謀叛而言，但隔條立解，文義未明，今將"下條准此"四字删去，增註謀叛條内。

雍正三年律例館奏准增定附律例文

一、凡反逆案内干連流犯並妻子，俱流徙烏喇地方，如本犯身故有子者，其妻仍同流，無子者免流。

罪名

流三千里杖一百

知謀反大逆人所在而不首者。

爲奴

謀反大逆干連斬犯係男年十五歲以下者。〇謀反大逆人之母未許嫁之女，若姊妹已成婚之妻妾，子之已成婚妻妾，俱給付功臣之家爲奴。

發遣

謀反大逆干連流犯並妻子流徙烏喇地方，如本犯身故有子者，其妻仍同流，無子者，其妻免流。

斬決

謀反大逆人之祖父、父、子、孫、兄弟、伯叔父、嫡親兄弟之子，同姓異姓人，但同居者以上並男年十六以上不論篤疾廢疾皆斬。

謀反大逆知情者。

故縱謀反大逆人者。

隱藏謀反大逆人者。

凌遲處死

謀反及大逆但共謀者不分首從。

謀叛

凡謀叛謂謀背本國潛從他國但共謀者，不分首從皆斬，妻妾子女給付功臣之家爲奴，姊妹不坐。財產並入官，女許嫁已定，子孫過房與人，聘妻未成者，俱不坐。父母祖孫兄弟不限籍之同異，皆流二千里安置。知情故縱隱藏者，絞。有能告捕者，將犯人財產全給充賞。知已行而不首者，杖一百、流三千里。若謀而未行，爲首者，絞，爲從者，皆杖一百、流三千里；知未行而不首者，杖一百、徒三年。〇若逃避山澤不服追喚者，或避差，或犯罪，負固不服，非暫逃比以謀叛未行論；其拒敵官兵者，以謀叛已行論。

雍正三年律例館奏准增定附律例文

一、叛案内干連流犯流徙烏喇地方，如本犯身故，妻子免流。

一、凡叛犯之孫，如有年幼不便與父母拆離流徙者，一併交與該管衙門。

一、凡審擬叛案，如果謀叛情實，在本省者取本犯確實口供、原籍住址，將該犯父母、祖孫、兄弟、妻妾、子女家屬財產俱察明嚴行看守，詳開數目具題，如係隔省，確取本犯口供，行文該地方官嚴拏看守，有隱漏者，該督撫即將該管官指名題參，以憑議處。

一、叛逆旗下人口，照例交與該管衙門，其民人叛犯之奴僕，交與户部入官。

一、就撫盗賊有爲盗時擄掠民間婦女，若原夫及其父母期親認識而堅執不與者，聽赴官司告理，將婦女斷歸完聚，女已配合不願還者，聽。

一、凡異姓人歃血訂盟，焚表結拜弟兄，不分人數多寡，照謀叛未行律，爲首者擬絞監候，其無歃血盟誓焚表事情，止結拜弟兄者，爲首杖一百，爲從者各減一等。

一、凡不逞之徒歃血訂盟，轉相結連土豪、市棍、衙役、兵丁彼倡此應，爲害良民，據鄰佑鄉保首告，地方官如不准理，又不緝拏惟圖掩飾，或至蠭起爲盗抄掠横行，將不行准理又不緝拏之地方文武各官革職，從重治罪，其平時失察首告之後不自隱諱，即能擒獲之地方官，免其議處；至鄉保鄰佑知情不行首告者，亦從重治罪，如傍人確知首告者，該地方官酌量給賞，倘借端妄告者，仍照誣告律治罪。

歷年事例

康熙三年覆准：凡審定情實叛犯，在本省者查明家屬財産父母、祖孫、兄弟、妻妾、子女，看守具題，係隔省者，取本犯確供，一面具題，一面行令該地方官將本犯家屬財産、父母、祖孫、兄弟、妻妾、子女確查看守，照依覆咨具題，如有隱漏情弊，該督撫指名參處。〇又題准：凡撥給叛逆家屬有私賣私贖者，事發之日，係官革職，係旗下人枷號兩個月，鞭一百，係民杖一百、流三千里，人與價俱入官；其盛京寧古塔驛站等處有私賣私贖者，將專管官并領催從重議罪。〇又題准：反叛情罪重大，其許聘之女及姊妹俱入官，旗下有犯，亦照此例。〇四年覆准：反叛已許聘之女及姊妹，俱免入官，仍照律取該管官印結并兩鄰甘結，歸與原夫。〇二十三年題准：凡應流寧古塔叛犯家口，若係十四歲以下及不堪流徙者，准隨其父母一併交與内務府。〇三十一年諭：嗣後逆屬婦女出嫁年久生子，著停其解送，仍給與完聚，一槩不必行察。

罪名

杖九十

結拜弟兄爲從者。

杖一百

結拜弟兄爲首者。

徒三年杖一百

謀叛未行知而不首者。

流二千里杖一百

謀叛已行其謀叛人之祖父父母孫兄弟。

流三千里杖一百

謀叛未行之爲從者。

謀叛已行知而不首者。

犯罪逃避山澤不服追唤爲從者。

歃血訂盟焚表結拜異姓弟兄爲從者。

爲奴

謀叛已行其謀叛人之子、未許嫁之女、已成婚之妻妾俱給付功臣之家爲奴。

發遣

叛案内干連流犯流徙烏喇地方本犯身故妻子免流。

絞監候

歃血訂盟焚表結拜異姓弟兄爲首者。

絞決

謀叛未行爲首者。

犯罪逃避山澤不服追唤爲首者。

謀叛已行知情者。

故縱謀叛人者。

隱藏謀叛人者。

斬決

謀叛但共謀者不分首從。

犯罪逃避山澤不服拘唤但共拒敵官兵者。

造妖書妖言

凡造讖緯妖書妖言及傳用惑衆者,皆斬,被惑人不坐不及衆者,流三千里,合依量情分坐。若私有妖書隱藏不送官者,杖一百、徒三年。

雍正三年律例館奏准增定附律例文

一、凡妄布邪言書寫張貼煽惑人心者,交與步軍統領五城順天府不時嚴拏,爲首者,斬立决,爲從者,皆斬監候。

一、凡有狂妄之徒因事造言,捏成歌曲,沿街唱和及以鄙俚褻嫚之詞刊刻傳播者,内外各地方官即時察拏坐,以不應重罪,若係妖言惑衆,仍照律科斷。

一、凡坊肆市賣一應淫詞小説,在内交與八旗都統、都察院、順天府,在外交督撫等，轉行所屬官弁嚴禁，務搜板書，盡行銷毁，有仍行造作刻印者，係官革職，軍民杖一百、流三千里，市賣者杖一百、徒三年，買看者杖一百，該管官弁不行查出者交與該部，按次數分别議處，仍不准借端出首訛詐。

一、各省抄房在京探聽事件，揑造言語録報各處者，係官革職，軍民杖一百、流三千里，該管官不行查出者，交與該部按次數分别議處，其在京貴近大臣家人子弟，倘有濫交匪類前項，事發者將家人子弟并不行約束之家主，一併照例議處治罪。

歷年事例

崇德元年諭："凡有傳布訛言者，處死。"○康熙十六年題准：凡揑造俚歌刊刻傳頌沿街唱和者，内外地方官即時查拿，照不應重律治罪；若係妖言惑衆等詞，照律擬罪。○十八年議准：凡妄説訛言書寫張貼煽動人心，爲首者，立斬，爲從者，俱擬斬監候。

罪名

杖八十

因事造言揑成歌曲沿街唱和，及以鄙褻之詞刊刻傳播者。

杖一百

買淫詞小説看者。

徒三年杖一百

私有妖書隱藏不送官者。

賣淫詞小説者。

流三千里杖一百

造讖緯妖書妖言及傳用不及惑衆者。

軍民人等造作刻印淫詞小説者。

各省抄房在京探事揑造言語録報各處者。

斬監候

造讖緯妖書妖言及傳用惑衆者。

在京城地方書寫妖言張貼煽惑人心爲從者。

斬決

在京城地方書寫妖言張貼煽惑人心爲首者。

盜大祀神御物

凡盜大祀神祇御用祭器帷帳等物，及盜饗薦玉帛牲牢饌具之屬者，皆斬，不分首從，監守常人謂在殿内至祭所而盜者。其未進神御及營造未成，若已奉祭訖之物及其餘官物，雖大祀所用非應薦之物。皆杖一百、徒三年，若計贓重於本罪者，各加盜罪一等，謂監守常人盜者，各加監守常人盜罪一等，至雜犯絞斬，不加。並刺字。

罪名

徒三年杖一百

盜大祀未進神御及營造未成之祭器品物，若已奉祭訖之物及其餘大祀所用官物非應薦享者刺字。

准徒四年雜犯三流

監守自盜大祀未進神御及營造未成之祭器品物，若已奉祭訖之物及其餘大祀所用非應薦享之物，計贓十七兩五錢、二十兩、二十五兩者刺字。○常人盜計贓四十兩、四十五兩、五十兩者刺字。

絞斬雜犯准徒五年

監守自盜大祀未進神御及營造未成之祭器品物，若已奉祭訖之物及其餘大祀所用非應薦享之物，計贓三十兩、四十兩者刺字。○常人盜計贓五十五兩、八十兩者刺字。

斬監候

凡大祀不分監守常人首從，但至殿内祭所盜神御祭器帷帳等物，及享薦玉帛牲牢饌具之屬者。

盜制書

凡盜制書，若非御寶原書止抄行者，以官文書論。及起馬御寶聖旨起船符驗者，皆斬。○盜各衙門官文書者，皆杖一百，刺字，若有所規避者，或侵欺錢糧，或受財買求之類。從重論；事干軍機錢糧者，皆絞。

雍正三年律例館奏准：今驛遞無用御寶聖旨之例，應將“及起馬”至“符驗”十一字删去。

罪名

杖一百

盜各衙門文書者刺字。

徒一年杖六十

盜各衙門文書，規避杖九十罪者。○因而侵欺錢糧監守七兩五錢，常人二十兩者。○若受財爲人盜取有祿人二十兩、無祿人二十五兩者。

徒一年半杖七十

盜各衙門文書，規避杖一百罪者。○因而侵欺錢糧監守一十兩，常人二十五兩者。○若受財爲人盗取有禄人二十五兩、無禄人三十兩者。

徒二年杖八十

盗各衙門文書,規避徒一年罪者。○因而侵欺錢糧監守一十二兩五錢,常人三十兩者。○若受財爲人盗取有禄人三十兩、無禄人三十五兩者。

徒二年半杖九十

盗各衙門文書,規避徒一年半罪者。○因而侵欺錢糧監守一十五兩,常人三十五兩者。○若受財爲人盗取有禄人三十五兩、無禄人四十兩者。

徒三年杖一百

盗各衙門文書,規避徒二年罪者。○因而侵欺錢糧監守一十七兩五錢,常人四十兩者。○若受財爲人盗取有禄人四十兩、無禄人四十五兩五十兩、五十五兩者。

流二千里杖一百

盗各衙門文書,規避徒二年半罪者。○若受財爲人盗取有禄人四十五兩者。

流二千五百里杖一百

盗各衙門文書,規避徒三年罪者。○若受財爲人盗取有禄人五十兩者。

流三千里杖一百

盗各衙門文書,規避流二千里罪者。○若受財爲人盗取有禄人五十五兩、無禄人八十兩者。

准徒四年雜犯三流

盗各衙門文書因而侵欺錢糧監守二十兩、二十五兩、三十兩,常人四十五兩、五十兩、五十五兩者。

絞斬雜犯准徒五年

盗各衙門文書因而侵欺錢糧監守四十兩、常人八十兩者。

絞監候

盗各衙門文書事干軍機及軍機之錢糧者。

斬監候

盗各衙門文書因而侵欺錢糧一千兩以上者。

斬決

盗制書者。

盜印信

凡盜各衙門印信及皇城京城夜巡銅牌者，皆斬。又僞造印信曆日條記欽給關防與印信，同盜關防印記者，皆杖一百，刺字。

雍正三年律例館奏准：今夜禁定例，一應看守皇城京城，皆該管官親身巡察，並不用夜巡銅牌，應將“及夜巡銅牌”五字及小註俱删。

罪名

杖一百

盜各衙門關防印記者刺字。

斬監候

盜各衙門印信欽給關防者。

盜内府財物

凡盜内府財物者，皆斬。雜但盜即坐，不論多寡，不分首從，若未進庫，止依常人盜，内庫字要詳。

雍正三年律例館奏准：此律兼監守常人而言，小註“若未進庫止依常人盜”語意未明，改爲“若財物未進庫，止依盜官物論”，又“内庫”二字應照律文改爲“内府”。

附律定例

一、凡盜内府財物，係乘輿服御物者，仍作實犯死罪，其餘監守盜銀三十兩、錢帛等物值銀三十兩以上，常人盜銀六十兩、錢帛等物值銀六十兩以上，俱問發邊衛，永遠充軍；内員同。

雍正三年律例館奏准：十惡條内大不敬下有“盜御寶”字樣，明律此條註亦有“盜御寶及乘輿服御物皆斬”字，應於“乘輿”字上增“御寶”二字。

一、凡盜内府財物，係雜犯及監守常人盜竊盜掏摸搶奪等項但三次者，不分所犯各别曾否刺字革前革後俱得並論，比照竊盜三犯律處絞，奏請定奪。

雍正三年律例館奏准改定例文

凡盜内府財物，係雜犯及監守常人盜竊盜掏摸，但三次者，俱得並論，比照竊盜三犯律處絞，仍照例分赦前赦後。

歷年事例

康熙二十六年諭：此後拏獲偷盜金銀器皿者，照律計銀數目擬罪。〇三十二年議准：凡相近内地看守倉庫，并公所倉庫之官員兵丁，拏獲竊盜者，官員紀録一次，兵丁向賊犯追銀二兩充賞；看守此等處官員兵丁非係專責拏賊之人,不照賊數,只照拏獲次數紀録充賞。

罪名

杖七十

常人盗未進内之内府財物一兩以下者。

杖八十

監守盗未進内之内府財物一兩以下者。〇常人一兩至五兩者。

杖九十

監守盗未進内之内府財物一兩以上至二兩五錢者。〇常人一十兩者。

杖一百

監守盗未進内之内府財物五兩者。〇常人一十五兩者。

徒一年杖六十

監守盗未進内之内府財物七兩五錢者。〇常人二十兩者。

徒一年半杖七十

監守盗未進内之内府財物一十兩者。〇常人二十五兩者。

徒二年杖八十

監守盗未進内之内府財物一十二兩五錢者。〇常人三十兩者。

徒二年半杖九十

監守盗未進内之内府財物一十五兩者。〇常人三十五兩者。

徒三年杖一百

監守盗未進内之内府財物一十七兩五錢者。〇常人四十兩者。

准徒四年雜犯三流

監守盗未進内之内府財物二十兩二十五兩三十兩者。〇常人四十五兩、五十兩、五十五兩者。

絞斬雜犯准徒五年

盗内府財物者但盗即坐不分首從。

監守盗未進内之内府財物四十兩者。〇常人八十兩者。

邊衛永遠充軍

監守盗内府財物三十兩以上者。〇常人六十兩以上者。

絞監候

盗乘輿服御物者。〇内府財物三次盗者並論。

盜城門鑰

凡盜京城門鑰，皆杖一百、流三千里雜犯，盜府州縣鎮城關門鑰，皆杖一百、徒三年，盜倉庫門等鑰，皆杖一百並刺字。盜皇城門鑰，律無文，當以盜内府物論。

罪名

杖一百

盜倉庫門鑰者刺字。

徒三年杖一百

盜府州縣鎮城關門鑰者刺字。

准徒四年雜犯三流

盜京城門鑰者刺字。

斬雜犯准徒五年

盜紫禁城門鑰者刺字。

盜軍器

凡盜軍器，如衣甲鎗刀弓箭之類者，計贓以凡盜論，若盜應禁軍器，如人馬甲傍牌火筒火砲旗纛號帶之類者，與私有事主已得私有之罪同，若行軍之所及宿衛軍人相盜入已者，准凡盜論；若不入己還充官用者，各減二等。

罪名

笞四十

行軍之所及宿衛人相盜應禁軍器還充官用，計值一兩以下者。

笞五十

行軍之所及宿衛人相盜應禁軍器還充官用，計值一十兩者。

杖六十

盜非應禁軍器，計值一兩以下者。

行軍之所及宿衛人相盜應禁軍器，計值一兩以下者。〇還充官用計值二十兩者。

杖七十

盜非應禁軍器計值一兩之上至一十兩者。

行軍之所及宿衛人相盜應禁軍器，計值一兩之上至一十兩者。〇還充官用計值三十兩者。

杖八十

盜非應禁軍器計值二十兩者。

盜應禁軍器一件者。

行軍之所及宿衛人相盜應禁軍器,計值二十兩者。○還充官用計值四十兩者。

杖九十

盜非應禁軍器計值三十兩者。

盜應禁軍器二件者。

行軍之所及宿衛人相盜應禁軍器,計值三十兩者。○還充官用計值五十兩者。

杖一百

盜非應禁軍器計值四十兩者。

盜應禁軍器三件者。

行軍之所及宿衛人相盜應禁軍器,計值四十兩者。○還充官用計值六十兩者。

徒一年杖六十

盜非應禁軍器計值五十兩者。

盜應禁軍器四件者

行軍之所及宿衛人相盜應禁軍器,計值五十兩者。○還充官用計值七十兩者。

徒一年半杖七十

盜非應禁軍器計值六十兩者。

盜應禁軍器五件者。

行軍之所及宿衛人相盜應禁軍器,計值六十兩者。○還充官用計值八十兩者。

徒二年杖八十

盜非應禁軍器計值七十兩者。

盜應禁軍器六件者

行軍之所及宿衛人相盜應禁軍器,計值七十兩者。○還充官用計值九十兩者。

徒二年半杖九十

盜非應禁軍器計值八十兩者。

盜應禁軍器七件者

行軍之所及宿衛人相盜應禁軍器,計值八十兩者。○還充官用計值一百兩一百兩以上者。

徒三年杖一百

盜非應禁軍器計值九十兩者。

盜應禁軍器八件者

行軍之所及宿衛人相盜應禁軍器，計值九十兩者。

流二千里杖一百

盜非應禁軍器計值一百兩者。

盜應禁軍器九件者

行軍之所及宿衛人相盜應禁軍器，計值一百兩者。

流二千五百里杖一百

盜非應禁軍器計值一百一十兩者。

盜應禁軍器十件者

行軍之所及宿衛人相盜應禁軍器，計值一百一十兩者。

流三千里杖一百

盜非應禁軍器計值一百二十兩者。

盜應禁軍器十一件者。

行軍之所及宿衛人相盜應禁軍器，計值一百一十兩者。

絞監候

盜非應禁軍器，計值一百二十兩以上者。

不論贓數但三犯者。

盜園陵樹木

凡盜園陵内樹木者，皆杖一百、徒三年，若盜他人墳塋内樹木者，首杖八十，從減一等。若計贓重於徒杖本罪者，各加盜罪一等，各加監守常人竊盜罪一等，若未駄載，仍依毁論。

附律定例

一、車馬過陵者及守護官民入陵者，百步外下馬，違者以大不敬論。

雍正三年律例館奏准：例以大不敬論者一，無罪名，查名例大不敬條下註斬者三、杖一百者四，此應杖一百例，文末添“杖一百”三字。

一、凡山前山後，各有禁限，若有盜砍樹株者，驗實樁楂，比照盜大祀神御物斬罪，奏請定奪；爲從者發邊衛充軍。取土取石開窑燒造放火燒山者，俱照前擬斷。

罪名

杖七十

盗人墳塋内樹木爲從者。

杖八十

盗人墳塋内樹木爲首者。〇計贓二十兩爲從者。

杖九十

盗人墳塋内樹木計贓二十兩爲首者。〇三十兩爲從者。

杖一百

園陵應下馬處不下馬者常赦不原。

盗人墳塋内樹木計贓三十兩爲首者。〇四十兩爲從者。

徒一年杖六十

盗人墳塋内樹木計贓四十兩爲首者。〇五十兩爲從者。

徒一年半杖七十

盗人墳塋内樹木計贓五十兩爲首者。〇六十兩爲從者。

徒二年杖八十

盗人墳塋内樹木計贓六十兩爲首者。〇七十兩爲從者。

徒二年半杖九十

盗人墳塋内樹木計贓七十兩爲首者。〇八十兩爲從者。

徒三年杖一百

盗人墳塋内樹木計贓八十兩爲首者。〇九十兩一百兩一百一十兩爲從者。

盗園陵地禁限外樹木者。

准徒四年雜犯三流

盗園陵地禁限外樹木計贓監守一十七兩五錢、二十兩、二十五兩，常人四十兩、四十五兩、五十兩者。

流二千里杖一百

盗人墳塋内樹木計贓九十兩爲首者。

流二千五百里杖一百

盗人墳塋内樹木計贓一百兩爲首者。

流三千里杖一百

盗人墳塋内樹木，計贓一百一十兩爲首者。〇一百二十兩以上爲從者。

絞斬雜犯准徒五年

盜園陵地禁限外樹木計贓監守四十兩，常人八十兩者。

邊衛充軍

園陵禁限内盜樹木爲從者。

絞監候

盜人墳塋内樹木，計贓一百二十兩以上爲首者。

不論贓數但三犯者。

斬監候

園陵禁限内樹木但盜者不分監守，常人爲首者皆斬奏請定奪。

監守自盜倉庫錢糧

凡監臨主守自盜倉庫錢糧等物，不分首從，併贓論罪併贓謂如十人節次共盜官銀四十兩，雖各分四兩入己，通算作一處，其十人各得四十兩，罪皆斬，若十人共盜五兩皆杖一百之類，三犯者絞，問實犯。〇並於右小臂膊上刺盜官銀、糧、物三字，每字各方一寸五分，每畫各闊一分五釐，上不過肘，下不過腕，餘條准此。一兩以下，杖八十；一兩之上至二兩五錢，杖九十；五兩，杖一百；七兩五錢，杖六十、徒一年；一十兩，杖七十、徒一年半；一十二兩五錢，杖八十、徒二年；一十五兩，杖九十、徒二年半；一十七兩五錢，杖一百、徒三年；二十兩，杖一百、流二千里；二十五兩，杖一百、流二千五百里；三十兩，杖一百、流三千里；四十兩，斬。雜犯徒五年。

雍正三年律例館奏准：定例雜犯三流俱總徒四年，於“三十兩，杖一百、流三千里”下添註“雜犯三流總徒四年”八字，其常人盜律内並增。

附律定例

一、凡倉庫錢糧，若宣府、大同、甘肅、寧夏、榆林、遼東、四川、建昌、松潘、廣西、貴州并各沿邊沿海去處，有監守盜糧四十石、草八百束銀二十兩、錢帛等物值銀二十兩以上，常人盜糧八十石、草一千六百束、銀四十兩、錢帛等物值銀四十兩以上，俱問發邊衛，永遠充軍；在京各衙門及漕運并京、通、臨、淮、徐、德六倉，有監守盜糧六十石、草一千二百束、銀三十兩、錢帛等物值銀三十兩以上，常人盜糧一百二十石、草二千四百束、銀六十兩、錢帛等物值銀六十兩以上，亦照前擬充軍；其餘腹裏但係撫按等官，查盤去處，有監守盜糧一百石、草二千束、銀五十兩、錢帛等物值銀五十兩以上，常人盜糧二百石、草四千束、銀一百兩、錢帛等物值銀一百兩以上，亦照前擬充軍；以上人犯俱依律併贓論罪，仍各計入己之贓數滿，方照前擬斷,不及數者照常發落;若正犯逃故者,於同爨家屬名下追賠,不許濫及各居親屬,其各處徵收在官應該起解錢糧有侵盜者,俱照腹裏例擬斷。

一、凡沿邊沿海錢糧有侵盜銀二百兩糧四百石、草八千束、錢帛等物值銀二百兩以上,漕運錢糧有侵盜銀三百兩、糧六百石以上,俱照本律,仍作實犯死罪,係監守盜者,斬,係常人盜者,絞,奏請定奪。

雍正三年律例館奏准:凡侵盜錢糧,止分别監守常人,計贓入己數目科罪,並不因地方而殊,即侵盜正犯逃故應著落妻子者,著落妻子追賠,並無於同爨家屬名下追賠之例,應將以上二條與現行例不符之處删去。惟侵盜漕糧現照此例行,將監守常人分作二條,一入本律後,一移入常人盜律,後今將奏准改定例文開後。

一、凡漕運糧米監守盜六十石入已者,發邊衛永遠充軍,入已數滿六百石者,擬斬監候。

雍正三年律例館奏准增定附律例文

一、漕白二糧過淮以後,責令該管道府州縣往來巡察,有盜賣盜買之人拏獲,即各枷號一個月,糧米仍交本船,米價入官充餉,運弁俟回南日,聽總漕綑打四十,如地方官失察者,交該部議處。

一、侵盜錢糧那移虧空監追等犯遇恩赦,仍行監禁嚴追,有能三年内全完,免罪釋放,果係家産盡絶不能完納者,令各該管處查明保題,交部詳查,與恩赦相符者具題豁免,如該犯别有隱匿家産,被旁人告發,其隱匿之家産俱行入官,該管保題上司一併從重治罪。

一、凡侵欺錢糧入已自一千兩以下者,仍照監守自盜律,擬斬准徒五年,數滿一千兩以上者,擬斬監候,遇赦不准援免,其侵欺銀兩,著落妻子名下照追入官;至如一人名下有侵欺又有那移者,應無論那移侵欺之案並發及侵欺之案先發那移之案後發,均著勒限一年,令其先完那移之項,後完侵欺之項,若完那移數内完足侵欺之數,其餘侵欺那移之數,委屬力不能限内全完者,暫停正法,仍再勒限監追,此等虧空之案,該督撫務宜秉公確審,固不可以那爲侵使人冤抑;其有以侵爲那及非實在力量不足者,該督撫扶同徇庇,借端巧爲開脱,或被人首告,或經指參,將該督撫交部,嚴加議處。

一、凡侵盜那移等贓,一年内全完,將死罪人犯比免死減等例,再減一等發落,軍流徒罪等犯免罪,追完三百兩以上者,承追及督催等官計案議敘,若不完,交部分别議處,俱帶罪督催,犯人暫停治罪,再限一年追賠完者,死罪人犯免死減等發落,軍流徒罪亦減等發落。若不完,軍流徒罪犯人即行充配，死罪照原擬監追，承追及督催等官再交部分别議處，仍再限一年，著落犯人妻及未分家之子追賠，限内照數能完，承追官開復，不完承追官照所降之級調用，督催等官又交部分别議處，其接任承追督催等官，照到任之日扣限；如果家産盡絶，正犯身死及妻子不能賠補，地方官取具印甘各結申報，督撫保題豁免結案，倘保題後别有田産錢財人口發覺者，盡行入官，將承追出結官革職，所欠贓銀米穀，著落賠補，督催等官，亦交部分别議處；再在外承追督催武職，俱照文官例議處；至交旗行追人犯到部，暫停枷責，亦限一年通完，免其枷責，佐領驍騎校照外省承追官例，參領照知府例，都統、副都統照督撫例，各交部分别議叙，若不完，將犯人枷責，佐領、驍騎校、參領、都統、副都統各交部分别議處，著落犯人妻及未分家之子再限一年賠完，將佐領、驍騎校所降之級開復，如仍不完，又交部分别議處，如實係家産盡絶，不能賠完，該管佐領、驍騎校、參領保送，都統、副都統保題豁免，倘保題後有房産人口可以賠補者，查出盡行入官，將保送之佐領驍騎校革職，所欠銀米俱著落賠補，都統、副都統、參領亦並革職；至一應贓私察果家産盡絶，力不能完者，概予豁免，不得株連親族，倘濫行著落親族追賠，將承追官革職，其該管上司，如有逼迫出結之事，屬官不行出首，從重治罪。

罪名

杖八十起科至雜犯斬准徒五年，前律文内已分晰開載，不另列，其未曾分載者具後。

杖一百

犯該徒一年於二年内監追完足者。

徒一年杖六十

犯該徒一年半於二年内監追完足者。

徒一年半杖七十

犯該徒二年於二年内監追完足者。

徒二年杖八十

犯該徒二年半於二年内監追完足者。

徒二年半杖九十

犯該徒三年於二年内監追完足者。

徒三年杖一百

實犯雜犯死罪於一年内監追完足者。

犯該軍流於二年内監追完足者。

邊衛充軍

監守盜漕糧數滿六十石入己者。

斬監候

監守盜漕糧數滿六百石入己者。

監守盜倉庫錢糧侵欺贓數滿一千兩以上者。

常人盜倉庫錢糧

凡常人盜倉庫錢糧等物,不得財,杖六十,從減一等。但得財者,不分首從併贓論罪,並於右小臂膊上刺盜官銀糧物三字,一兩以下,杖七十;一兩至五兩,杖八十;一十兩,杖九十;一十五兩,杖一百;二十兩,杖六十、徒一年;二十五兩,杖七十、徒一年半;三十兩,杖八十、徒二年;三十五兩,杖九十、徒二年半;四十兩,杖一百、徒三年;四十五兩,杖一百、流二千里;五十兩,杖一百、流二千五百里;五十五兩,杖一百、流三千里;八十兩,絞。雜其監守直宿之人以不覺察科罪。

雍正三年律例館奏准:"流三千里"下增註"雜犯三流總徒四年"。

附律定例

一、監守常人盜侵欺人犯,但有贓至二十兩以上者,限一個月,二百兩以上者,限三個月,果能盡數通完,照本律發落,實犯死罪者減等,免死充軍,充軍以下,俱減一等。如過期不完,各依本等律例從重定擬。

雍正五年律例館奏准:盡數通完照本律發落,及過期不完從重定擬,俱與現行例不符,應删。

雍正三年律例館奏准移改增定附律例文

一、凡漕運糧米常人盜一百二十石入己者,發邊衛永遠充軍,入己數滿六百石者擬絞監候。

一、凡常人盜倉庫錢糧,不分腹裏沿邊沿海,但入己數滿三百兩者,擬絞監候;不滿三百兩者,照正律併贓擬罪。

歷年事例

順治七年定:凡錢糧欵項隱匿欺蒙被人告發,審係果實者,殺毋赦,仍行籍没人口入官,家産充告發之賞。〇康熙三年議准:凡侵盜腹裏錢糧併庫錢至二百兩以上,不論内外,俱照侵盜沿邊沿海錢糧律,擬以應斬立決;不至二百兩者,仍照律行。〇六年題准:凡侵盜腹裏錢糧二百兩以上,比照侵盜沿邊沿海錢糧正律,擬死監候。〇八年題准:凡衙役侵盜倉庫錢糧者，照前定例一體遵行。○十年覆准：除盗漕糧仍照律遵行外，凡盗錢糧，不分腹裏沿邊沿海，至三百兩者，擬斬監候；不至三百兩者，仍照律治罪。○又覆准：監守自盗倉庫錢糧四十兩並常人盗八十兩者，照律斬絞擬罪准徒五年；監守自盗二十兩以上常人盗四十五兩以上者，擬流總徒四年；盗三百兩以上，仍照律擬斬。○又題准：侵盗錢糧入己數滿三百兩者，照例擬斬；不及三百兩者，照監守自盗正律併贓擬罪。○十四年覆准：凡官員侵盗錢糧，免其刺字。○二十七年議准：嗣後司庫交代錢糧時，如有侵欺虧欠等弊，將隱匿不參之督撫革職，如督撫有侵取入己之處，照侵欺例從重治罪。○六十一年十二月諭："自古惟正之供，所以儲軍國之需。當治平無事之暇日，必使倉庫充足，斯可有備無患。皇考躬行節儉，裕國愛民，六十餘年以來，蠲租賜復，殆無虚日，休養生息之恩至矣。而近日道府州縣虧空錢糧者，正復不少。揆厥所由，或係上司勒索，或係自己侵漁，豈皆因公那用？皇考好生，如天不忍即正典刑，故伊等每恃寬容，毫無畏懼，恣意虧空，動輒盈千累萬。督撫明知其弊，曲相容隱，及至萬難掩飾之時，又往往改侵欺爲那移，勒限追補視爲故事，而全完者絶少，遷延數載，但存追比虚名，究竟全無著落。新任之人上司逼受前任交盤，彼既畏大吏之勢，雖有虧空，不得不受，又因以啓效尤之心，遂借此挾制上司不得不爲之隱諱，任意侵蝕。展轉相因，虧空愈甚，庫藏全虚，一旦地方或有急需，不能支應，關係非淺！朕深悉此弊，本應即行徹底清查，重加懲治，但念已成積習，姑從寬典。除陝西省外，限以三年，各省督撫將所屬錢糧嚴行稽查，凡有虧空，無論已經參出及未經參出者，三年之内務期如數補足，毋得苛派民間，毋得借端遮飾；如限滿不完，定行從重治罪。三年補完之後，若再有虧空者，決不寬貸。其虧空之項，除被上司勒索及因公那移者，分别處分外，其寔在侵欺入己者，確審具奏，即行正法。倘仍徇私容隱，或經朕訪聞得實，或被科道糾參，將督撫一併從重治罪。即如山東藩庫虧空至數十萬，雖以俸工抵補爲名，實不能不取之民間額外加派，山東如此，他省可知。以小民之膏血，爲官府之補苴，地方安得不重困乎？既虧國帑，復累民生，大負皇考愛養元元之至意，此朕所斷斷不能姑容者。前日恩詔中，内閣引例開列有豁免虧空一條，朕未曾允行，誠恐開貪吏僥倖之端，而於民間究無禆益也。至於署印之官，更爲緊要，必須慎重簡擇，諺云署印如行劫，皇考每言及此，未嘗不痛恨之。蓋署印之人，始而百計鑽營，既而視如傳舍，故肆意貪婪，圖飽慾壑，或取媚上官供其索取，貽害小民尤非淺鮮;其於前任虧空視作泛常,接受交盤,復轉授新任,苟且因循,虧空之弊,終不得清。嗣後如察出此等情弊,必將委署之上司,與署印之員,一併加倍治罪,決不寬貸。爾部可即傳諭各省督撫。”○雍正元年議准:侵盜錢糧那移虧空監追等犯,遇恩赦仍行監禁嚴追,有能三年内全完,免罪釋放;果係家産盡絶,不能完納者,令各該管處查明保題,交該部詳查,與恩詔相符,具題豁免;如該犯别有隱匿家産,被傍人告發,其隱匿之家産,俱行入官,該管保題上司,一併從重治罪。○二年議准:嗣後凡虧空貪贓之員,事發之前在伊親友夥計家寄頓財物生理者,事發之後,若三個月内首出,免其治罪,將寄頓之贓補還虧空等項,若不行出首,或别經發覺,將寄頓財物之人,照隱匿入官財産律,計贓從重治罪,將寄頓之贓補還虧空外,仍將家産一併搜查入官;若挾仇妄首者,審實照誣詐例治罪。○五年諭:“向來内外文武官員虧空甚多,我聖祖仁皇帝深知其弊,屢降諭旨,諄諄戒飭。祗以聖心仁慈寬大,不忍加誅,冀其悛改。乃伊等不知感戴天恩,反至肆行無忌,日積月累,虧空之數愈多。朕即位以來,念此虧空之項,關係國帑,朕爲天下主,豈能以國家一定之經費,任貪官污吏之侵漁,令小人藐視國法,可乎?且聞貪婪之員,平日侵蝕國帑,而於被參之後,則將所有貲財,或匿藏於衙署,或送歸於鄉里,或分寄於宗族親黨之家,及接任查出虧空,則故作貧窶之狀,希冀遷延數年,援家産盡絶之例以圖豁免,此種伎倆,朕知之甚悉,而内外臣工條陳此事者亦甚多。是以朕從衆所奏,將被參虧空之員搜查其宦囊家産並及其寄放之處,蓋不欲使貪污之輩盜國帑,剥民膏,以飽囊橐也。此輩本有應死之罪,但朕念弊端已久,相習成風,若遽然按律治罪,則誅戮者衆,幾乎不教而殺,固心有所不忍;若仍任其温飽,朕心又所不甘,故令其完補虧項,而復全其身命。此朕仁育義正用中之大道,而無知小人妄以爲嚴刻,乃坐井觀天之輩,亦無足論也。朕意原欲暫行二三年,俟天下咸聞朕諭,共知朕心之時,若再有犯者,則按法律治罪。今已曉諭四年,不得謂之不教而殺矣。上年已令九卿酌定條例,向後倘有侵欺虧空之員,則按所定之例治罪,有應正法者,即照例正法,其搜查宦囊家産,並追及於寄放宗族親黨之處,應不必行矣,自此諭下之日,俱著停止。伊等若知朕化導保全之恩,盡洗從前侵剋之弊,實伊等之福,亦朕之所深望;若仍執迷不悟,顧貲財而不恤身命,亦其自取,不足憫惻。”

罪名

杖七十起科至雜犯絞准徒五年,前律文内已分晰載明,不另列;其未曾分載者具後。

笞四十

常人盜倉庫錢糧一兩以下監守直宿人失覺察者。

笞五十

常人盜倉庫錢糧不得財爲從者。

常人盜倉庫錢糧一兩至五兩,監守直宿人失覺察者。

杖六十

常人盜倉庫錢糧不得財爲首者。

常人盜倉庫錢糧一十兩,監守直宿人失覺察者。

杖七十

常人盜倉庫錢糧一十五兩,監守直宿人失覺察者。

杖八十

常人盜倉庫錢糧二十兩,監守直宿人失覺察者。

杖九十

常人盜倉庫錢糧二十五兩,監守直宿人失覺察者。

杖一百

常人盜倉庫錢糧三十兩以上,監守直宿人失覺察者。

邊衞永遠充軍

常人盜漕糧一百二十石入己者。

絞監候

常人盜漕糧入己數滿六百石者。〇倉庫錢糧入己數滿三百兩者。

大清會典卷之一百七十一

刑部

〔律例二十二刑律二〕

〔賊盜二〕

强盜

凡强盜已行而不得財者，皆杖一百、流三千里；但得財者，不分首從皆斬，雖不分贓亦坐。〇若以藥迷人圖財者，罪同，但得財皆斬。〇若竊盜臨時有拒捕及殺傷人者，皆斬，得財不得財皆斬，須看臨時二字。因盜而姦者，罪亦如之。不論成姦與否，不分首從。共盜之人不曾助力，不知拒捕殺傷人及姦情者，止依竊盜論。分首從得財不得財。〇其竊盜事主知覺棄財逃走，事主追逐因而拒捕者，自首者但免其盜罪，仍以鬬毆傷人律。自依罪人拒捕律科罪，如竊盜不得財，本罪上加二等，杖七十，毆人至折傷以上，絞，殺人者，斬；爲從各減一等。〇凡强盜自首不實不盡，只宜以名例自首律内至死減等科之，不可以不應從重科斷。

附律定例

一、凡常人捕獲强盜一名，竊盜二名，各賞銀二十兩，强盜五名以上，竊盜十名以上，各與一官，名數不及折算賞銀，應捕人不在此限；强竊盜賊，止追正贓給主，無主者没官，若諸人典當收買盜賊贓物，不知情者，勿論，止追原贓，其價於犯人名下追徵給主。

雍正三年律例館奏准：捕獲强竊盜並無給官之事，將“凡常人”至“不在此限”五十字删去，其獲盜賞格奏准增改，今將改定例文開後。

一、凡强盜行劫，鄰佑知而不協拏者，杖八十，如鄰佑或常人或失主家人拏獲强盜一名者，官給賞銀二十兩，多者照數給賞，受傷者移送兵部，驗明等第，照另户及家僕軍傷例，將無主馬匹等物變價給賞，其在外者以各州縣審結無主贓物變給，如營汛防守官兵捕賊受傷者，照緑旗陣傷例分別給賞，被傷身亡者，亦照緑旗陣亡例分別給與身價銀兩。

一、强竊盗再犯及侵損於人，不准首，家人共盗，以凡人首從論。

雍正三年律例館奏准：名例内强盗雖曾傷人隨即平復不死者，亦姑准自首，“及侵損於人”五字删。

一、强盗殺傷人放火，燒人房屋，姦污人妻女，打劫牢獄倉庫及干係城池衙門，並積至百人以上，不分曾否得財，俱照得財律斬，隨即奏請審決梟示，若止傷人，而未得財，比照搶奪傷人律科斷。凡六項有一於此，即引梟示，隨犯摘引所犯之事。

雍正三年律例館奏准：按律文首句原無“傷”字，且此條例内强盗若止傷人，而未得財者，比照搶奪傷人律科斷，爲首者斬監候，爲從者杖一百、流三千里，既照搶奪傷人律科斷，應將首句“强盗殺傷人”五字改爲“强盗殺人”。

一、響馬强盗執有弓矢軍器，白日邀劫道路，贓證明白，俱不分人數多寡曾否傷人，依律處決，於行劫去處梟首示衆，如傷人不得財，依白晝搶奪傷人斬。

一、凡捕獲强盗，不許私下擅自拷打，俱送問刑衙門，務要推究得實，若徇情扶同，致有冤枉，一體治罪。

雍正三年律例館奏准：現行定例私拷取供官參役處，凡承問官初審之時，即有先驗有無傷痕之例，開招必載並無私拷傷痕字樣，例文不詳，應删改增定，今將增定例文開後。

一、凡强盗重案，交與印官審鞫，不許捕官私自審訊，番捕等役私拷取供，違者捕官參處，番役等於本衙門首枷號一個月，杖一百革役。如得財及誣陷無辜者，從重科罪；其承問官於初審之時，即先驗有無傷痕，若果無傷，必於招内開明並無私拷傷痕字樣，若疎忽不開，扶同隱諱及縱容捕官私審者，即將印官題參交該部議處。

一、凡强盗，必須審有贓證明確，及係當時見獲者，照例即決，如贓跡未明，招扳續緝涉於疑似者，不妨再審，其問刑衙門。如遇鞫審强盗，務要審有贓證，方擬不時處決，或有被獲之時夥賊供證明白；年久無獲，贓亦花費，夥賊已決無證者，俱引監候處決。

雍正三年律例館奏准：此條末節“或有被獲之時”以下語意未明，應照三法司題定之例改"或有續獲强盗無自認口供；贓跡未明，涉於疑似；夥盗已決無證者；俱引監候處決"。

雍正五年律例館奏准增定附律例文

一、凡投首之賊，借追贓名色將平人捏稱同夥，或挾讐扳害，或索詐財物，不分首從得財與未得財，皆斬立決。

一、凡夥盗數目，以初獲强盗所供爲確，初招既定，不許續扳。

一、賊盗見獲之贓，各令事主認領外，如不足原失之數，或賊花費已盡，將無主之贓賠補失數，餘剩者入官，如仍不足，將盗犯家産變價賠償。

一、事主呈報盗案失單，須逐一詳細開明報官，不准續行報補，至所失贓物，必須地方官差捕員眼同起認，如捕役私起贓物，或借名尋贓，逐店拶察，或囑賊誣扳，指稱收頓，或將賊犯己物作贓，或買物栽贓，或混認瞞贓等弊，事發除捕役照律例從重問擬外，其承問官不嚴禁詳審，該督撫不嚴飭題參者，一併交部議處。

一、旗下人在直省有犯强盗等項，罪名定擬重辟者，即在彼處正法，内有滿洲及另户之人，仍行解部，解到繕寫緑頭牌，奏聞處決，其餘有犯，俱解部審理。

一、凡各省駐防及昌平、德州等處駐防旗下兵丁有爲盗者，將軍以下及城守尉、防守尉等官，俱交部照例議處，若該管官察獲者免議；其兵丁之家人有爲盗者一名以上，本主鞭一百，三名以上，枷號一個月，鞭一百，該管各官交部照例議處，將軍、副都統、城守尉、防守尉免議；如將軍以下駐防官員家人有爲盗者，本主交部照例議處，該管各官俱免議。

一、事主報盗，止許到官聽審一次，認贓一次，所認贓物即給主寧家，不許往返拖累，違者，將承審官嚴加議處。

一、凡以竊爲强，或並無被劫謊稱被劫報官者，杖一百。

一、强盗除殺人放火等六項外，若造意爲首之盗脱逃，將夥盗監禁，令其供出首盗逃匿處所，限一年之内緝獲，倘限内不獲，將各盗照律題結，如供出首盗所在即時拏獲者，將供出之夥盗免死，發黑龍江給窮披甲人爲奴。

一、凡江洋行劫大盗，俱照響馬例立斬梟示。

一、强盗内有老瓜賊一種甚爲兇惡，或在客店内用悶香藥麵等物迷人取財，或五更早起在路將同行客人殺害，此等兇徒拏獲之日，務必究緝同夥，照强盗得財律，不分首從皆斬。

一、事主呈報盜情，不許虚誣捏飾，倘有以姦報盜者，照不應重律杖八十，以人命鬭毆等事報盜者，其本身無罪，照以竊爲强例杖一百，有應得之罪本罪重者，照本罪治罪，本罪輕者，加一等治罪，若奸棍、豪紳憑空捏報盜劫，藉以陷害平人，詐印捕官役者，照誣告人死罪未決律問遣，其甲長鄰佑有扶同捏報者，各照事主減一等治罪。

一、地方文武官員因畏疎防承緝處分，恐嚇事主抑勒諱盜，或改强爲竊者，均照諱盜例革職，承行書辦杖一百，若抑勒苦累事主至死者，除革職外，照故勘平人致死律治罪，該管司道府廳州不行查報，督撫不行查參者，俱交部照例議處。

一、事主呈報强劫盜案到官，該管印官不論遠近，無分風雨，立即會同營汛武弁赴事主家查驗前後出入情形，有無撞門毁户遺下器械油捻之類，及事主有無拷燎、綑扎傷痕，并訊地鄰更夫救護人等有無見聞影響，當場訊取確供，填註通報文内，詳明該管各上司，倘印官不親詣查驗，捏飾填報，照溺職例議處，該管道府直隸州不揭報者，均照徇庇例議處；如印官公出，佐貳捕官一面會同汛弁查驗，先行緝捕，一面申請鄰邑印官覆加查驗，據實申報，倘鄰邑印官推諉不即赴驗，或將未曾目見之情形附會佐貳捕官，捏作親驗者，將鄰邑印官照徇庇例議處。

一、外地人民行商過客有失事者，責令居停，或令船户與事主一同據實報官，地方官即親詣查驗嚴緝，務獲追贓給主，倘商民有捏報等情，及地方官有隱諱抑勒不行親驗等弊，俱照前例分别治罪。

一、凡拏獲盜犯到案，即行嚴訊，如有行劫别案，該地方官務詳細訊明行劫幾次、所得何贓，取具確供申報，并行文被盜之府州縣，查訊彼此供同，無庸對質者，應即正法，不得因别案未結仍行監禁。若别案應擬斬梟示重於本案者，仍聽彼案審明歸結，如供出行劫之别案夥盜未獲一人，必須監候待質者，該督撫於疏内聲明，將該犯提解省城，嚴行監禁，俟彼案獲有夥盜，對質明確，題請正法，如别州縣有指已正法之盜作爲首盜，或盜數未足作爲夥盜，希圖銷案者，該督撫題參從重議處；至地方官員遇有行查盜犯口供，不即詳細訊明關覆，以致各案不能完結者，該督撫題參，照易結不結例議處。

一、凡强盜初到案時，審明夥盜幾人贓數若干起，有贓物經事主確認，即按律定罪，如係竊賊，審明行竊幾次并事主初供是否滿貫，但搜有正贓，不待追比全完，即分别定擬。若原贓花費，將本犯并窩家家産追變賠償,如事主有冒開贓物,審出杖八十,其盜賊供出所賣贓物之處;如有伊親黨并胥捕藉端嚇詐者,計贓准竊盜論,加一等治罪。

一、獲盜到案時,扳出夥盜,有別處地方已經審實定罪者,行文取供,兩處供同即行定案,不必提審對質;如兩案犯罪輕重相等,及彼案罪輕此案罪重者,即於被獲本案歸結;如被獲本案罪輕,而彼案罪重應正法者,既將供情關會明確,亦即於被獲之處監禁,候彼案命下之日正法;若其間有必須解質,該州縣詳明各該管上司嚴押解質,該上司勒限質明,從重歸結。

一、凡老瓜賊强盜等犯拏獲時,研審曾在某省州縣行劫有案,將盜犯不得解往他省,仍在被獲處監禁,關會行劫各案確實口供具題,於監禁處即行正法,仍知照他省原行劫之處張掛告示,諭衆知之。

歷年事例

康熙三十一年覆准:凡上盜年未及歲被誘同行,贓無入己者,免死減等,杖一百、流三千里。〇三十五年覆准:强盜遺火焚人房屋,與放火有間,免其梟示。〇五十年議准:强盜行劫糧船者,關係重大,比照響馬律梟首示衆。〇雍正元年題准:凡强盜案件内造意爲首及殺人者照律正法外,其傷人之盜亦應與殺人同論罪,以傷人之時,其心原不顧事主之生死。若傷非金刃,而傷輕平復者,其盜仍准自首,照兇徒執持兇器傷人例,擬邊衛充軍,若係金刃而所傷重,雖未死,其盜不准首減,仍擬正法。〇二年議准:竊盜拒捕殺人,定例咨行各省,雖有部文到省定限,但文到之日,未必即能遍行曉諭,今雲南貴州、四川、廣東、廣西、福建等遠省,以八個月爲期,盛京江南江西湖廣陝西河南,以六個月爲期,山東山西直隸,以四個月爲期,過其月日,有犯竊盜拒捕殺人者,照依定例具擬。〇三年議准:强盜案内,若本係良民被積盜挾制入夥,雖同行並未得贓,將挾制之人殺死隨行自首者,杖一百,未經自首者,杖一百、流三千里,不得更擬殺人之罪;至强盜將同夥之人謀死滅口,或因奪分贓物致死者,仍照律定擬,不得濫行減等;倘承審官不行審出實情,濫行開脱,以致兇徒漏網者,照故出人罪議處。〇四年諭:直隸畿輔重地,理宜整肅,乃近來盜案較他省居多。定例内强盜不分首從皆斬,立法甚嚴。當聖祖仁皇帝法外施仁,凡有盜案,令大學士會同三法司核擬,只將爲首起意并傷人之犯擬斬,餘俱減等發落。乃不法之徒不思感激,愈肆玩法,甚屬可惡。自雍正五年正月初一日爲始,直隸盜案事發,仍照舊例,不分首從皆斬。直隸盜賊不盡係直隸之人,多由各省匪類聚集上盜，著行文各省督撫出示遍行曉諭，使皆知所畏懼，毋致自投法網，如此於弭盜似有裨益。○五年議准：嗣後盜案，自州縣以及巡撫，務令嚴行究審，將法所難宥及情有可原者，一一分晰，於疏内開明，照律不分首從定擬斬決具題，大學士會同三法司，仍照從前分別詳議，將應正法者正法，應發遣者分發内地三千里，撥給驛站及營兵差使。○又諭："弭盜安民，乃爲治之首務，但緝盜之例最難於斟酌盡善，行之無弊。如立法稍嚴，似可以防盜犯漏網之虞，杜地方官諱匿不報之患，然上司督責州縣，州縣督責捕役，按期處分，勒限責比，若過於迫切，恐人多顧恤考成，巧圖脱卸，勢必有誣陷冤濫之事；如立法稍寬，似可設法緝捕，免累無辜，然又恐州縣視同膜外，漫不經心，捕役玩法養奸，盜風愈熾。此緝盜設法之難也。至於失事之家，往往亦有張大其辭，或以少爲多，以竊爲强，甚至扳害平人，挾其私忿脅制官長，任意肆行，此又報盜之弊也。以上種種情形，朕雖知之甚悉，時時籌畫於懷，而未得盡善之道。今覽河南總督摺奏，其言甚爲明悉，且現今豫省地方有全無影響而捏報被盜者，有别因事故而託稱盜案者，有以竊爲强欲快其挾制之私者，有以口角微嫌遂報盜案，欲逞其刁誣之計者，此皆現在鑿鑿可據之事。既有如此惡習，法當嚴加禁止。但思若嚴報盜，刁誣者固知斂跡，恐謹良者必致不敢報盜矣，朕實難之。夫爲民害者，莫甚於盜；則爲治者，莫切於弭盜。弭盜之法，貴於至公至平，確當不易，寬嚴輕重之間，皆須斟酌得宜，無私毫偏僻之處，則盜犯不能漏網，平民不致拖累，官吏皆盡緝盜之責，而不敢任意輕重以失實；事主得申被盜之苦，而不敢借端生事以滋擾，如此匪類方知儆懼，而良民悉得寧居，於吏治民生乃有裨益。大學士會同九卿、科道、部曹曾經外任年久者，悉心酌議，務期妥協。并將河南總督摺奏事宜詳議具奏。"遵旨議准：如無知愚民以姦報盜，情可原者，照不應重律杖八十；如以人命鬬毆等事捏報爲盜，其本身無罪者，杖一百；若本身自有應得之罪者，本罪屬重，照本罪治罪，本罪屬輕，即於本罪上加等治罪；若奸棍豪紳憑空捏報强劫，藉以誣陷平人爲盜，詐許印捕官役，照誣告人死罪未決律問遣；再强盜明火執械，甲鄰無不知覺，舊例地方失事，甲長鄰佑與事主一同報官，如有捏報情弊，應將甲鄰照事主各減一等治罪，至失主已報到官，而有司抑勒諱盜，或改强爲竊者，一經發覺，除照定例將地方官革職外，仍將該吏嚴加治罪；若抑勒苦累事主致死者，除革職外，照故勘平人致死律治罪，該管司道府廳及直隸州不行查報，各降三級調用，督撫不行查參，各降一級留任；又凡呈報强劫盗案責令州縣印官不論遠近，無分風雨，立即會同營汛飛赴事主之家查驗前後出入情形、有無撞門毁户、有無遺下器械油捻之類、事主有無拷燎綑扎傷痕併訊地鄰更夫救護人等有無見聞影響，當場訊取確供，俱填註通報文内，如州縣官不親詣查驗，或竟將不曾目見之情形捏作親驗填報，將州縣官照溺職例革職，該管官不揭者，照徇庇例議處，若正印官公出，即令佐貳官并捕官會同營汛星速代驗；如驗看不實，亦照正印官處分；至於外地人民行商過客有失事者，亦應責令居停，或令船户與事主一同據實報官，地方官亦即親身飛赴查驗情形，嚴緝務獲，追贓給主，倘民人有捏報等情，及地方官有隱諱抑勒與不行查驗等弊，俱照前議分别治罪。"○又議准：初報盗劫，如遇印官公出，佐貳捕官一面會同汛弁查驗，先行緝捕，一面申請鄰邑印官覆加查驗，據實申報；倘鄰邑印官推諉不即赴驗，或將未曾目見之情形附會佐貳捕官，捏作親驗者，將鄰邑印官降三級調用，至地方文武官員因畏疎防承緝處分，恐嚇事主抑勒改供者，照諱盗例革職，承行書辦杖一百，折責四十板。○又諭："嗣後凡係强盗拒捕，將官兵傷死之案，除同夥傷人之時，該犯不在一處者仍照例議罪外，其同在一處，或三五成羣，雖非下手之人，既在旁目覩，即係同惡共濟，法在難宥，應照舊例皆即行斬決，著各省督撫將此通行曉諭，務令悉使聞知。向來各省督撫於命盗案件，或稱酒後殺傷，或稱飢寒所迫，以種種套語巧爲開釋，是皆婦寺之仁，而未聞聖賢之義。夫酗酒之徒，已非良善，况恃酒致傷人命，更屬兇殘。今不因酗酒而加其罪，反因酗酒而寬其罪，不但非化民成俗之道，且恐奸惡之徒借麯蘖迷心之名，以肆其兇暴殺人之計。蓋刑罰寬嚴之間，一不得當，其流弊固無窮也。至迫於飢寒之説，在老弱之人容或有之，然老弱之人雖迫於飢寒，亦不能爲盗賊，其爲盗賊者，必係年力强壯之人。既係年力强壯，則耕種傭工，何事不可以資生餬口，而乃喪心滅理，甘蹈刑戮而不惜乎？蓋良善之人，雖遇飢寒，而亦斷不爲盗；兇惡之人，不必飢寒，而後爲盗，其理顯而易明。其以爲盗由於飢寒者，乃盗賊巧於避罪之辭，而不能化民善俗之庸劣；有司亦遂以此藉口，欲輕己身之罪。凡爲封疆大臣者，豈可不察情理，而亦存此庸劣之見，姑息以養奸乎？朕代天以出治，督撫受職以理民，兇暴在所當懲，良善在所當恤，所謂天命天討也。一夫不獲，其所實吾君臣之責，倘無辜之民不能保護而安全之，而使之有轉徙流亡者，此必水旱之不時，積貯之未備，地利之未興，科派苦累之未革，實朕與該督撫經理失宜，而使斯民罹於困阨也。清夜捫心，應何如之抱慙負疢！若坐視百千良善之失所，而不生惻隱之心，而轉於兇暴殃民之盜賊，加之憐憫，欲枉法以保全之，豈非賞罰顛倒，重負父母斯民之責耶？朕儆惕之切，無一時或釋於懷，願天下督撫臣工咸體斯意。"○又諭：嗣後凡係盜案，贓犯無論年過七十以外，俱不准援赦折贖，著爲定例。

凡捕獲强盜，順治四年議定：常人捕獲强盜，將現獲贓銀賞給十分之一，不得過一百兩，如無贓物，酌量官給賞銀，不得過二十兩。若拒捕對敵受傷，驗看傷痕等第，照兵部定例給賞。○康熙二十九年議准：凡常人，或鄰佑或失主家人，拏獲强盜一名，賞銀二十兩，又能多拏者，照數給賞，其賊犯拒捕拏獲之人被傷者，另户之人，照軍傷頭等傷，賞銀五十兩，二等傷，四十兩，三等傷，三十兩，四等傷，二十兩，五等傷，十兩；若係家人，亦照軍傷頭等傷賞銀二十一兩，二等傷，十四兩，三等傷，七兩，四等傷，四兩，五等傷，二兩；此所賞銀之處，交與兵部，分别傷等，將兵部無主馬匹等件變價給賞；在外者將各州縣審結無主之贓等物變價給賞。○三十三年議准：嗣後内外官兵，擒拏盜賊被傷致死者，照兵部定例内陣亡死難例給賞，中傷者照緑旗陣傷例給賞。○雍正元年議准：州縣捕役，能盡心訪緝，經年無有失事，又能拏獲别案大盜者，著本失事之地方官每一起賞銀五十兩；其地方素無盜案者，以三年無事照此給賞。○又議准：通路、蘆溝、黄村、沙河設捕盜同知，並設千、把總各一員，馬兵八十名，步兵二十名，伊等係微末武弁，無可降調，應於失盜日即住俸停陞，每盜一起不獲，重責二十棍，全獲日始准開復。若能拏獲别案盜犯者，亦照捕役例給賞，或能嚴飭該汛防守地方，三年不致失事，或三年之内凡有失盜，俱能全獲，該撫查明具題，將千、把總不論俸滿以應陞之缺即用。○又議准：拏獲大夥盜賊仍照定例議叙給賞外，嗣後若鄰境他省文武官有能拏獲别案内首盜，質審明確者，該地方文武官各加一級，兵役由巡撫酌量給賞，武職統轄官捐給；若拏獲失事州縣案内夥盜者，每二名紀録一次，兵役緝獲夥盜每二名，給與半賞。○又議准：凡强盜自首，雖免梟決，仍與充發，嗣後拏獲夥盜有供出首盜即行拏獲者，全免其罪，若不在夥内之人首出盜首即行拏獲者，地方官從優給賞。○又議准：不肖捕役貪圖獎賞，將良民誣指爲盜者，照律發邊衛永遠充軍，州縣官員不行詳審失於覺察者，照溺職例革職。○又議准：州縣官員能於每案全獲强盜者，應於每案紀録一次，餘處仍照定例遵行。○又議准：嗣後州縣捕役募定名數，遇有盜賊，責令緝獲，每一案之盜於例限一年之内拏獲過半，免其治罪，其不及半者，一名笞三十，按名叠加,限滿仍不及半者,杖八十,其總不獲者,滿杖;俱仍令緝拏,按限比較,若先曾拏盜記功,准其折贖。〇又議准:承緝各官,務期必獲盜首,如限内不獲盜首,雖獲盜過半,於免罪之外,仍罰俸一年,二限内不獲盜首者,罰俸二年,三限不獲盜首者,降一級調用,如盜首果係病故在某處者,必須查驗供認實據,方准免其處分。若有假借别州縣所獲之盜指爲本案盜首,别州縣亦扶同搪塞,或先報以盜首脱逃,後經審出仍在該地方隱匿,或捏報盜首病故,後於别案發覺者,將從前假借扶同隱匿捏報之該地方文武各官,照諱盜例革職。〇又議准:各省州縣,務於本衙門額設工食内每捕役一名,將他役工食量爲併給,使其養贍充裕,若拏獲盜首者,令州縣官從優給賞,如盜首不獲,將承緝捕役家口監禁勒比。

凡失察賊盜,順治十三年諭:"畿輔地方土賊充斥,拏獲者多係旗下之人,此皆各旗該管官督察怠玩所致。其查某都統者若干,某參領者若干,某佐領者若干,視數多寡,將該管官分别議處。如該管官及領催隱諱不首,從重治罪。"〇康熙十二年題准:旗下另户之人在外行劫被獲者,將本犯依律治罪外,每一佐領下有一二人行劫者,佐領罰俸一個月,驍騎校罰俸兩個月,領催鞭五十;三四人者,佐領罰俸兩個月,驍騎校罰俸三個月,領催鞭七十;五六人者,佐領罰俸六個月,驍騎校罰俸一年,領催鞭八十;七人至十人者,佐領罰俸一年,驍騎校革職,領催鞭一百;十人以上者,佐領驍騎校領催,俱從重治罪;其佐領驍騎校出征,及奉差在外有佐領下之人行劫者,俱免議,將護軍校並該管各項匠役有頂帶頭目,俱照驍騎校例議處,係平人照領催例治罪;其差遣在外之人行劫者,將該管頭目等,照佐領驍騎校例分别議處;至内府管領并各王、貝勒、貝子、公等府管領、屯領、催長及八旗屯領催等,該管人役有犯,將内府管領各王府管領照驍騎校例議處,貝勒貝子公等府管領、屯領、催長屯領催等,俱照領催例治罪;其在京旗下官員人等,家僕有犯,本主係官,照驍騎校例處分,係平人,照領催例治罪,在外駐防官員并披甲家下人爲盜者,其本主亦照此例處分,該管官員頭目俱免議;一年内每佐領下有爲盜十人以上者,將佐領降一級,罰俸一年,驍騎校革職,領催鞭一百,二十人以上者,將佐領革去職任,驍騎校革職,鞭一百折贖,領催鞭一百革退。〇十六年題准:昌平州等十二城,德州等四城兵丁,有一二名爲盜者,將該管防禦罰俸一年,防守尉罰俸九個月;三四名者,該管防禦降一級調用,防守尉罰俸一年;五六名者,該管防禦降二級調用,防守尉降一級調用;十名以上者,該管防禦革職,防守尉降二級調用；若甲兵之家僕爲盜一二名者，本主鞭一百，三四名以上者，枷號一個月，鞭一百，該管防禦罰俸六個月，防守尉罰俸三個月；若官員之家僕爲盜一二名者，將官員罰俸一年，三四名者，降一級調用，五六名以上者，降二級調用，十名以上者，革職；其奉天、寧古塔、江寧、西安、杭州、京口等外省兵丁及各官之家人爲盜者，俱照此例處分，兵丁之家人爲盜者，將本主嚴行治罪，該管官協領俱照此例行；其將軍副都統係總管兵馬之官，應免議，若將軍、副都統、駐防、協領等家人爲盜，俱照各官家人爲盜例處分，佐領、防禦、驍騎校各照城守防禦處分，駐防、協領、管旗、參領照防守尉處分；至通轄將軍、副都統等本管兵丁有一二三人爲盜者，罰俸三個月，四五六人者，罰俸六個月，七人以上者，罰俸九個月，十一人以上者，罰俸一年，十六人以上者降一級留任，二十一人以上者，降二級留任，三十一人以上者，降三級調用；如該管官員將盜犯自行查獲者，俱免議。〇又議准：强盜自行投首者，止免本人之罪，其本主未經查出，仍照例治罪。〇十七年議准：墳園住居另户之人爲盜窩盜者，將該管官俱照定例處分；其家奴爲盜窩盜者，本主係官，照驍騎校例處分，係平人，照領催例治罪，該管官員免議。〇又議准：在屯强盜事犯，該管屯領催雖係另莊居住，不行嚴查，仍照例鞭五十。

凡審理盜案，康熙十九年題准：審擬强盜已經供出失主，及招認夥賊之數明確者，即行歸結，不許續行妄扳拖累。〇二十六年諭：嗣後强盜案内有護軍披甲閑散人正法者，著查其祖父陣亡並自身効力之處，繕寫摺子夾在本内具題。〇三十六年議准：一切盜案獲盜日期，應備載疏内，以憑細核，如不行開載，應照不寫失事地方官職名申報之例，罰俸一年。〇四十二年題准：直隸各省强盜案件定擬具題，於貼黄本内，務將動手傷人綑縛火炙之强盜姓名並用何器械之處，詳細分晰聲明。〇四十五年覆准：續獲强盜無自認口供，贓跡未明涉於疑似者，仍監候待質。〇四十六年議准：嗣後如案内已獲盜犯贓證明確，不速行完結，任意遲延者，應照人命定例，將承審官及該管上司議處，其盜案内如果有贓證未明尚須質審者，該督撫另行題明。〇五十年議准：凡捕役拏盜到官，必須詢明拏盜根由，敘入招詳，該督撫親審時，并詢捕役確供，核明題報，如有不肖官員誣良爲盜者，將捕役官員照例從重治罪。〇雍正元年議准：爲盜之人，必有行劫多家者，若别州縣盜案内審出該犯行劫情由，起獲實贓，方准於别案分别盜首夥盜完結，若無實贓，惟於初獲到案時，即訊明曾經行劫某處、同夥幾人、共劫幾次，審擬定案以後，不許聽其任意狡供，倘續獲之賊所供出之案，仍應行查，亦以初供爲定，如不肖州縣賄買如此之供，輾轉行查，希圖銷案，照易結不結例治罪。〇二年議准：審理盜案，以獲盜初供爲主，初到案時，即問明夥盜若干，窩主何人，其中造謀及知情不知情分贓不分贓，再於各盜名下即問明曾經行劫幾案、所劫何處、同夥何人、所分何贓、有無現存，俱一一取具確供申報，并即行查被盜之各府州縣，此後有陸續扳出與供出某案者，一概不與准行。〇又題准：盜案內有數盜下手傷及事主幾人者，須分別某盜執何器械打傷事主某人某處，訊供詳細，開載看語，方可定擬。

凡强盜贓物，順治六年定：凡家僕爲盜行劫者，處死，將其自置妻子財物盡入官，係旗下人賞給本旗窮丁，各府下者，聽各主發落，其本主給付者，不必入官。〇十年覆准：强盜止追正贓給主，其有傷人而復劫其財者，將其家産追賠失主，餘免入官。〇十八年議定：强盜賠償贓物，應將在外搶劫財物、所娶妻妾並自置物件盡數賠償失主，如不足者，將案內另户强盜妻子變價賠償；其有主之强盜不在此例。〇康熙三年題准：家僕爲賊自娶買之妻，追賠失主。〇十二年題准：家僕爲强賊者，將伊自置奴僕財物盡行賠償所劫之數，如不足者，將案內無主贓物賠補，倘仍不足，將賊犯自買之妻變價賠償，其本身自娶之妻免其變價；至另户强盜賠償贓物，將伊搶劫財物所娶之妻及家産奴僕等物，盡行變價賠償，如不足，將案內無主入官之贓變價賠補，其原定妻子變價之例應停止。

凡失主報盜，雍正三年議准：嗣後如有地方官借端嚇阻事主者，核實題參，照諱盜例革職，其有失察書役需索及拖累事主者，一併題參從重議處，若事主有以竊報强挾制官府妄行控告者，亦查明治罪，以遏刁風。

凡弭盜，康熙四十七年覆准：弭盜良法，無如保甲，宜倣古法，而用以變通。一州一縣城關各若干户，四鄉村落各若干户，户給印信紙牌一紙，書寫姓名丁男口數於上，出則註明所往，入則稽其所來，面生可疑之人，非盤詰的確，不許容留，違者治罪，十户立一牌頭，十牌立一甲頭，十甲立一保長。若村莊人少户不及數，即就其少數編之，無事遞相稽查，有事互相救應，保長牌頭甲頭不得借端魚肉衆户，違者治罪；凡道路客店，令其各立一簿，每夜宿客姓氏、幾人、行李牲口幾何、并何生業往來何處，須一一登記明白，違者治罪；凡有寺廟，不得開除，亦分給紙牌，上寫僧道口數姓名，稽查出入。一如紳民每月底保長出具無事甘結，報明州縣，季底加具印結報明道府，年底報明院司道府，按册檢閲，不得疎漏，如虚文應事，或徒委捕官吏胥致有需索擾害者，該上司查明題參，從重議處。〇雍正四年諭："弭盗之法，莫良於保甲，朕自御極以來，屢頒諭旨，必期實力奉行。乃地方官憚其煩難，視爲故套，奉行不實，稽查不嚴，又有藉稱村落畸零難編排甲，至各邊省，更藉土苗雜處，不便比照内地者，此甚不然。村莊雖小，即數家一可編爲一甲，熟苗、熟獞即可編入齊民。苟有實心，自有實效，嗣後督撫及州縣以上各官不實力奉行者，作何嚴加處分，保正甲長及同甲之人能據實舉首者，作何奬賞，隱匿者作何分别治罪；其各省通行文到半年以内，被舉盗犯可否照家長自首之例暫治以輕罪；舉首之盗，倘有從前未經發覺之案，地方官可否從輕處分，以免瞻徇畏縮。著九卿詳議具奏。"遵旨議准：嗣後保甲編排，十户立一牌頭，十牌立一甲長，十甲立一保正，每户給印信紙牌一張，書寫姓名丁男户口於上，偶有出入，必使註明，不許容留面生可疑之人；若村落畸零户不及數，即就其少數編之，至熟苗、熟獞已經向化，原可編入齊民，應令地方官一體編排保甲，地方官有不實力奉行，不能稽查盗賊，或别經發覺，或經科道糾參，將專管州縣官照不能查緝奸民例降二級調用，兼轄官係同城降一級調用，不同城降一級留任，統轄官降一級，照舊管事，如上司揭報題參者，免議。餘詳兵部保甲條内，不具載。

罪名

杖六十

竊盗因事主知覺棄財逃走，事主追逐因而拒捕不曾傷人爲從者。

杖七十

竊盗因事主知覺棄財逃走，事主追逐因而拒捕不曾傷人爲首者。

事主親戚及胥捕人等在盗賊賣贓處所恐嚇取財一兩以下者。

事主諱姦爲盗甲長鄰佑扶同捏報者。

杖八十

事主諱姦捏報爲盗者。〇冒開贓物者。

强盗行刦鄰佑知而不協拏者。

事主親戚及胥捕人等，在盗賊賣贓處所恐嚇取財一兩之上至一十兩者。

杖九十

事主以竊爲强，或並無被劫，而謊報甲長鄰佑扶同捏報者。

事主親戚胥捕人等於盜賊賣贓處所恐嚇取財二十兩者。

杖一百

竊盜因事主知覺棄財逃走事主追逐,因而拒捕毆人成傷本律應杖一百罪者。

番役私拷强盜者本衙門首枷號一個月。

事主以竊爲强或謊稱被劫報官者。

以人命鬭毆等事揑報劫盜其本身無罪者若應得之罪重於杖一百者仍照人命毆鬭本律科罪。

文武地方官恐嚇事主,抑勒諱盜或改强爲竊其承行胥吏。

事主親戚及胥捕人等,在盜賊賣贓處所恐嚇取財三十兩者。

徒一年杖六十

以人命鬭毆等事揑報劫盜本身原犯杖一百罪者。

事主親戚及胥捕人等,在盜賊賣贓處所恐嚇取財四十兩者。

徒一年半杖七十

事主親戚及胥捕人等,在盜賊賣贓處所恐嚇取財五十兩者。

徒二年杖八十

事主親戚及胥捕人等,在盜賊賣贓處所恐嚇取財六十兩者。

徒二年半杖九十

事主親戚及胥捕人等,在盜賊賣贓處所恐嚇取財七十兩者。

徒三年杖一百

事主親戚及胥捕人等,在盜賊賣贓處所恐嚇取財八十兩者。

奸棍豪紳揑報盜劫藉以誣害平人,訛詐印捕官役其甲長鄰佑扶同揑報者。

流二千里杖一百

事主親戚及胥捕人等,在盜賊賣贓處所恐嚇取財九十兩者。

流二千五百里杖一百

事主親戚及胥捕人等,在盜賊賣贓處所恐嚇取財一百兩者。

流三千里杖一百

上盜年未及十六歲被誘同行無入己贓者。

夥盜自首雖案内有放火情罪,但係燒人空房及田場積聚之物者。

事主親戚及胥捕人等,在盜賊賣贓處所恐嚇取財一百一十兩者。

强盜已行而不得財者不分首從。

以藥迷人圖財而不得財者。

竊盜因事主知覺棄財逃走，事主追逐因而拒捕毆所捕人至折傷以上爲從者。〇殺所捕人爲從者。

奸棍豪紳捏報盜劫藉以誣害平人，詭詐印捕官役者。

附近充軍

强盜聚衆止十人以下，雖累次行劫未曾傷人，自首及大功親以上首者

邊衞永遠充軍。

捕役誣良爲盜未決者。

發遣

非係梟示之强盜，其夥盜能供出首盜即時拏獲，免死發黑龍江與窮披甲之人爲奴。

絞監候

竊盜因事主知覺棄財逃走，事主追逐因而拒捕毆所捕人至折傷以上爲首者。

斬監候

竊盜因事主知覺棄財逃走，事主追逐因而拒捕殺所捕人爲首者。

文武地方官恐嚇抑勒苦累被盜事主致死者。

斬決

强盜已行而得財不分首從雖不分贓亦坐。

以藥迷人圖財但得財者不分首從雖不分贓亦坐。

老瓜賊不分首從。

投首之賊將平人捏稱同夥或挾讐扳害，索詐財物，不分首從得財，不得財。

竊盜臨時拒捕殺人者。〇行姦者拒捕及傷人殺人者，不論得財與否，行姦者不論成姦與否，俱不分首從皆斬，若同行之人止是共謀爲竊，或在外未入，或得財先出，不知有拒殺行姦等情者，仍依竊盜律得財不得財，分別首從科罪。

斬梟示

强盜殺人者。

强盜放火燒人房屋者。

强盜姦污人妻女妾婢者。

强盜刧牢獄倉庫者。

强盜刧干係城池衙門者。

强盗積至百人以上爲首者。

響馬强盗不分人數多寡,曾否傷人,但執有弓矢軍器白日邀劫道路,贓證明白者。

江洋行劫大盜不分首從。

大清會典卷之一百七十二

刑部

〔律例二十三刑律三〕

〔賊盜三〕

劫囚

凡劫囚者，皆斬。但劫即坐，不須得囚。若私竊放逃人逃走者，與囚同罪，至死者減一等。雖有服親屬，與常人同。竊而未得囚者，減二等；因而傷人者，絞；殺人者，斬。雖殺傷被竊之囚，亦坐前罪，不問得囚與未得囚。爲從各減一等。○若官司差人追徵錢糧、勾攝公事及捕獲罪人聚衆中途打奪者，杖一百、流三千里；因而傷差人者，絞；殺人及聚至十人爲首者，斬；下手致命者，絞；爲從各減一等。其率領家人隨從打奪者，止坐尊長，若家人亦曾傷人者，仍以凡人首從論。家長坐斬，爲從坐流。不言殺人者，舉輕以該重也。○其不於中途而在家打奪者，若打奪之人原非所勾捕之人，依威力於私家拷打律，主使人毆者依主使律，若原係所勾捕之人自行毆打，在有罪者依罪人拒捕律，無罪者依拒毆追攝人律。

附律定例

一、凡官司差人追徵錢糧勾攝公事并捕獲罪人，但聚衆至十人以上中途打奪爲從者，如係親屬并同居家人，照常發落，若係異姓同惡相濟及槌師打手，俱發邊衛充軍。

罪名

笞一十

私竊放囚逃走囚係笞一十罪者。○囚係笞二十罪竊囚爲從者。

竊，而未得囚囚係笞三十罪者。○囚係笞四十罪竊囚爲從者。

笞二十
私竊放囚逃走囚係笞二十罪者。○囚係笞三十罪竊囚爲從者。
竊而未得囚囚係笞四十罪者。○囚係笞五十罪竊囚爲從者。
笞三十
私竊放囚逃走囚係笞三十罪者。○囚係笞四十罪竊囚爲從者。
竊而未得囚囚係笞五十罪者。○囚係杖六十罪竊囚爲從者。
笞四十
私竊放囚逃走囚係笞四十罪者。○囚係笞五十罪竊囚爲從者。
竊而未得囚囚係杖六十罪者。○囚係杖七十罪竊囚爲從者。
笞五十
私竊放囚逃走囚係笞五十罪者。○囚係杖六十罪竊囚爲從者。
竊而未得囚囚係杖七十罪者。○囚係杖八十罪竊囚爲從者。
杖六十
私竊放囚逃走囚係杖六十罪者。○囚係杖七十罪竊囚爲從者。
竊而未得囚囚係杖八十罪者。○囚係杖九十罪竊囚爲從者。
杖七十
私竊放囚逃走囚係杖七十罪者。○囚係杖八十罪竊囚爲從者。
竊而未得囚囚係杖九十罪者。○囚係杖一百罪竊囚爲從者。
杖八十
私竊放囚逃走囚係杖八十罪者。○囚係杖九十罪竊囚爲從者。
竊而未得囚囚係杖一百罪者。○囚係徒一年罪竊囚爲從者。
杖九十
私竊放囚逃走囚係杖九十罪者。○囚係杖一百罪竊囚爲從者。
竊而未得囚囚係徒一年罪者。○囚係徒一年半罪竊囚爲從者。
杖一百
私竊放囚逃走囚係杖一百罪者。○囚係徒一年罪竊囚爲從者。
竊而未得囚囚係徒一年半罪者。○囚係徒二年罪竊囚爲從者。
徒一年杖六十
私竊放囚逃走囚係徒一年罪者。○囚係徒一年半罪竊囚爲從者。
竊而未得囚囚係徒二年罪者。○囚係徒二年半罪竊囚爲從者。
徒一年半杖七十
私竊放囚逃走囚係徒一年半罪者。○囚係徒二年罪竊囚爲從者。

竊而未得囚囚係徒二年半罪者。○囚係徒三年罪竊囚爲從者。

徒二年杖八十

私竊放囚逃走囚係徒二年罪者。○囚係徒二年半罪竊囚爲從者。

竊而未得囚囚係徒三年罪者。○囚係三流罪竊囚爲從者。

徒二年半杖九十

私竊放囚逃走囚係徒二年半罪者。○囚係徒三年罪竊囚爲從者。

竊而未得囚囚係三流罪者。○囚係絞斬罪竊囚爲從者。

徒三年杖一百

私竊放囚逃走囚係徒三年罪者。○囚係三流罪竊囚爲從者。

竊而未得囚囚係絞斬罪者。

官司差人追徵錢糧勾攝公事及捕獲罪人聚衆中途打奪爲從者。律注開載各見本律者罪名亦各見本條不列。

流二千里杖一百

私竊放囚逃走囚係流二千里罪者。

流二千五百里杖一百

私竊放囚逃走囚係流二千五百里罪者。

流三千里杖一百

私竊放囚逃走囚係流三千里罪者。○囚係絞斬罪竊囚爲從者。

竊囚因而殺傷人爲從者。

官司差人追徵錢糧勾攝公事及捕獲罪人聚衆中途打奪爲首者。○因而傷差人爲從者。○若殺死差人爲從非下手致命者。○聚衆至十人爲從者。

邊衛充軍

中途奪捕獲罪人毆官司差人之槌師、打手及異姓同惡共濟者。

絞監候

竊囚因而傷人者

中途打奪因傷官司差人爲首者。

中途打奪致死官司差人下手致命者。

斬監候

劫囚者不分首從。

竊囚因而殺人者。

中途打奪因致死官司差人爲首者。

中途打奪聚衆至十人爲首者。

白晝搶奪

凡白晝搶奪人少而無兇器，搶奪也；人多而有兇器，强劫也。人財物者，杖一百、徒三年，計贓重者，加竊盜罪二等，罪止杖一百、流三千里；傷人者，斬；爲從各減一等，並於右小臂膊上刺"搶奪"二字。〇若因失火及行船遭風著淺而乘時搶奪人財物及拆毀船隻者，罪亦如之。〇其本與人鬬毆，或勾捕罪人因而竊取財物者，計贓准竊盜論，因而奪去者，加二等，罪止杖一百、流三千里，並免刺。若有殺傷者，各從故鬬論。其人不敢與争而殺之曰故，與争而殺之曰鬬。

附律定例

一、凡號稱喇唬等項名色，白晝在街撒潑口稱聖號，及總甲快手應捕人等指以巡捕勾攝爲由，各毆打平人，搶奪財物者，除實犯死罪外，犯該徒罪以上，不分人多人少，若初犯一次，屬軍衛者發邊衛充軍，屬有司者發邊外爲民，雖係初犯，若節次搶奪及再犯累犯笞杖以上者，俱發原搶奪地方，枷號一個月，照前發遣；若里老鄰佑知而不舉，所在官司縱容不問，各治以罪。

雍正三年律例館奏准："各治以罪"句下添小註"里老鄰佑依同行知有謀害而不救阻，律杖一百，官司照故出人罪律科斷"二十九字。

一、凡問白晝搶奪，要先明事犯根由，然後揆情剖決，在白晝爲搶奪，在夜間爲竊盜，在途截搶者，雖昏夜仍問搶奪，止去白晝二字，若搶奪不得財，及所奪之物即還事主，俱問不應如强割田禾依搶奪科之；探知竊盜人財而於中途搶去，問搶奪，係强盜贓，止問不應，若見分而奪問盜後分贓，其親屬無搶奪之文，比依恐嚇科斷。

雍正三年律例館奏准：搶去竊盜人財問搶奪，是搶奪竊盜之贓者，重於竊盜贓輕者之本罪，且與搶奪平人財物者無别，將"問搶奪"三字改爲"准竊盜論"。

雍正三年律例館奏准增定附律例文

一、凡聚衆夥謀搶奪路行婦女，或賣或自爲奴婢者，審實不分得財與未得財，爲首者斬立決，爲從者，皆絞監候，如知情故買者，減正犯罪一等，不知者不坐；其搶奪人犯之主，知情不首者，照知情故買治罪，該管官員不行嚴禁察拏者，交該部議處領催總甲杖八十。

一、凡白晝搶奪殺人者，俱照竊盜拒捕殺人例擬斬立決，其搶奪傷人者，仍照本律科罪。

一、凡白晝搶奪三犯者，擬絞立決，如搶奪、竊盜各不及三次者，免其併擬，各照所犯之罪發落。

一、凡惡徒夥衆將良家子弟搶去强行鷄姦，爲首者，斬決，爲從者，絞監候，和同者，照律擬罪。

一、凡黔楚兩省相接紅苗，彼此讐忿聚衆搶奪者，照搶奪律治罪，人數不及五十名傷人爲首者，枷號兩個月，爲從者一個月，殺人者，斬監候，下手者，枷號三個月，爲從者，四十日；聚至五十人者雖不殺人，爲首者亦斬監候，爲從者枷號五十日，殺人者斬決，下手之人絞監候，爲從者各枷號兩個月；聚至百人者雖不殺人，爲首者斬決，爲從者，各枷號兩個月，殺人者，斬決梟示，下手之人俱斬監候，爲從者各枷號三個月；所搶人畜財物追還給主。

一、凡苗人犯搶奪，該管土官約束不嚴，俱交部議，若至百人以上，土司府州革職，百户寨長，罷職役滿杖，知情故縱者，革職枷號一個月；俱不准折贖，若教令指使，或通同圖利者，照爲首例治罪。

一、凡賜宴處混行搶奪食物者，比照盗内府財物律治罪，伊主照家僕爲盗例治罪。

一、糧船水手夥衆十人以上，執持器械搶奪，爲首者，照强盗律治罪，爲從者減一等，如十人以下又無器械者，照搶奪律治罪；出結之旗丁頭舵拏送者，免罪，如容隱不首及徇庇不拿者，照强盗窩主律分别治罪。

歷年事例

順治十三年題准：凡犯白晝搶奪者，民人依律問罪，旗下人枷號一個月，鞭一百，初犯者刺一臂，再犯者又刺一臂，三犯者，不分旗下民人，擬絞立決。○康熙三年題准：凡家僕犯白晝搶奪應賠贓物，俱照依竊盗賠贓之例一體遵行。○十年覆准：凡白晝搶奪三次者，將伊主父兄係官議處，係旗下鞭五十，係民責二十板。○十一年議准：白晝搶奪至二次者，將伊主父兄照前定例治罪。○三十九年覆准：鬭毆人命，未經告官，屍親統衆先抄兇身之家，該地方官按律究擬。○五十五年覆准：凡地方米價騰貴，爲首寫帖知會衆人將稻穀搶奪，應僉妻送部，照例刺字，發三姓等處給與披甲之人爲奴。

罪名

笞一十

期親尊長搶奪卑幼財物一兩以下爲從者。

笞二十

期親尊長搶奪卑幼財物一兩以下者。○以親論贜犯該笞三十爲從者。

笞三十

中途搶奪强盗贜爲從者。

大功尊長搶奪卑幼財物一兩以下者。○期親一兩至十兩者。○以親論贜犯該笞四十爲從者。

笞四十

白晝搶奪,不得財及旋即給還本主者。

中途搶奪强盗贜者。

見强竊盗分贜,而搶奪一兩以下爲從者。

小功尊長搶奪卑幼財物一兩以下者。○大功一兩至十兩者。○期親二十兩者。○以親論贜犯該笞五十爲從者。

糧船水手夥衆搶奪,而旗丁頭舵係不知情失於察拏者。

笞五十

見强竊盗分贜,而搶奪一兩以下者。○一兩至十兩,爲從者。

緦麻尊長搶奪卑幼財物一兩以下者。○小功一兩至十兩者。○大功二十兩者。○期親三十兩者。○以親論贜犯該杖六十爲從者。

探知竊盗贜中途搶奪一兩以下爲從者。

與人鬬毆,或勾捕罪人因而行竊一兩以下爲從者。

杖六十

見强竊盗分贜,而搶奪一兩至十兩者。○二十兩,爲從者。

無服尊長搶奪卑幼財物一兩以下者。○緦麻一兩至十兩者。○小功二十兩者。○大功三十兩者。○期親四十兩者。○以親論贜犯該杖七十爲從者。

探知竊盗贜中途搶奪一兩以下者。○一兩至十兩,爲從者。

與人鬬毆,或勾捕罪人因而行竊一兩以下者。○一兩至十兩,爲從者。

杖七十

見强竊盗分贜,而搶奪二十兩者。○三十兩,爲從者。

無服尊長搶奪卑幼財物一兩至十兩者。○緦麻二十兩者。○小功三十兩者。○大功四十兩者。○期親五十兩者。○以親論贜犯該杖八十爲從者。

探知竊盜贓中途搶奪一兩至十兩者。○二十兩,爲從者。

與人鬬毆,或勾捕罪人因而行竊一兩至十兩者。○二十兩,爲從者。○若行奪一兩以下爲從者。

杖八十

搶奪,不得財及所奪財物即還事主者。

見强竊盜分贓,而搶奪三十兩者。○四十兩,爲從者。

無服尊長搶奪卑幼財物二十兩者。○緦麻三十兩者。○小功四十兩者。○大功五十兩者。○期親六十兩者。○以親論贓犯該杖九十爲從者。

探知竊盜贓中途搶奪二十兩者。○三十兩,爲從者。

與人鬬毆,或勾捕罪人因而行竊二十兩者。○三十兩,爲從者。○若行奪一兩以下者。○一兩至十兩,爲從者。

聚衆夥謀搶奪路行婦女其領催總甲不舉首者。

杖九十

見强竊盜分贓,而搶奪四十兩者。○五十兩,爲從者。

無服尊長搶奪卑幼財物三十兩者。○緦麻四十兩者。○小功五十兩者。○大功六十兩者。○期親七十兩者。○以親論贓犯該杖一百爲從者。

探知竊盜贓中途搶奪三十兩者。○四十兩,爲從者。

與人鬬毆,或勾捕罪人因而行竊三十兩者。○四十兩,爲從者。○若行奪一兩至十兩者。○二十兩,爲從者。

杖一百

見强竊盜分贓,而搶奪五十兩者。○六十兩,爲從者。

無服尊長搶奪卑幼財物四十兩者。○緦麻五十兩者。○小功六十兩者。○大功七十兩者。○期親八十兩者。○以親論贓犯該徒一年爲從者。

探知竊盜贓中途搶奪四十兩者。○五十兩,爲從者。

與人鬬毆,或勾捕罪人因而行竊四十兩者。○五十兩,爲從者。○若行奪二十兩者。○三十兩,爲從者。

號稱喇唬等項名色白晝在街撒潑毆打平人搶奪財物及總甲快手應捕人等,借巡捕勾攝爲由毆打平人搶奪財物里老鄰佑知而不舉者。

雞姦和同者

土司地方有聚衆百人以上搶奪，事發其百户寨長。

糧船水手夥衆搶奪財物，而容隱徇庇之旗丁頭舵，雖不分贓審有共謀之情者。

徒一年杖六十

見强竊盜分贓，而搶奪六十兩者。○七十兩，爲從者。

無服尊長搶奪卑幼財物五十兩者。○緦麻六十兩者。○小功七十兩者。○大功八十兩者。○期親九十兩者。○以親論贓犯該徒一年半爲從者。

探知竊盜贓中途搶奪五十兩者。○六十兩，爲從者。

與人鬭毆，或勾捕罪人因而行竊五十兩者。○六十兩，爲從者。○若行奪三十兩者。○四十兩，爲從者。

徒一年半杖七十

見强竊盜分贓，而搶奪七十兩者。○八十兩，爲從者。

無服尊長搶奪卑幼財物六十兩者。○緦麻七十兩者。○小功八十兩者。○大功九十兩者。○期親一百兩一百一十兩一百二十兩者。○以親論贓犯該徒二年爲從者。

探知竊盜贓中途搶奪六十兩者。○七十兩，爲從者。

與人鬭毆，或勾捕罪人因而行竊六十兩者。○七十兩，爲從者。○若行奪四十兩者。○五十兩，爲從者。

徒二年杖八十

見强竊盜分贓，而搶奪八十兩者。○九十兩，爲從者。

無服尊長搶奪卑幼財物七十兩者。○緦麻八十兩者。○小功九十兩者。○大功一百兩一百一十兩一百二十兩者。○期親一百二十兩以上者。○以親論贓犯該徒二年半爲從者。

探知竊盜贓中途搶奪七十兩者。○八十兩，爲從者。

與人鬭毆，或勾捕罪人因而行竊七十兩者。○八十兩，爲從者。○若行奪五十兩者。○六十兩，爲從者。

徒二年半杖九十

白晝搶奪人財物爲從者。○若因失火及行船遭風過淺乘時搶奪財物拆毁船隻爲從者。

强割田禾爲從者。

見强竊盜分贓，而搶奪九十兩者。〇一百兩爲從者。

無服尊長搶奪卑幼財物八十兩者。〇緦麻九十兩者。〇小功一百兩一百一十兩一百二十兩者。〇大功一百二十兩以上者。〇以親論贓犯該徒三年爲從者。

探知竊盜贓中途搶奪八十兩者。〇九十兩，爲從者。

與人鬭毆，或勾捕罪人因而行竊八十兩者。〇九十兩，爲從者。〇若行奪六十兩者。〇七十兩，爲從者。

糧船水手夥衆十人以下，不執器械搶奪人財物爲從者。

徒三年杖一百

白晝搶奪人財物者。〇搶奪財物八十兩、九十兩、一百兩爲從者。期親以下卑幼搶奪尊長財物者，即依凡人論不載，下同。因失火及行船遭風著淺乘時搶奪財物拆毁船隻者。〇乘時搶奪財物八十兩、九十兩、一百兩爲從者。

强割田禾者。〇强割田禾，計贓八十兩、九十兩、一百兩爲從者。

見强竊盜分贓，而搶奪一百兩、一百一十兩、一百二十兩者。〇一百二十兩以上爲從者。

無服尊長搶奪卑幼財物九十兩、一百兩、一百一十兩、一百二十兩者。〇緦麻一百兩、一百一十兩、一百二十兩者。〇小功一百二十兩以上者。

探知竊盜贓中途搶奪九十兩者。〇一百兩、一百一十兩、一百二十兩，爲從者。

與人鬭毆，或勾捕罪人因而行竊九十兩者。〇一百兩、一百一十兩、一百二十兩，爲從者。〇若行奪七十兩者。〇八十兩、九十兩、一百兩爲從者。

糧船水手夥衆十人以下不執器械搶奪人財物爲首者。〇搶奪財物八十兩以上之爲從者。

流二千里杖一百

白晝搶奪人財物八十兩者。〇乘人水火困厄搶奪財物八十兩者。

强割田禾，計贓八十兩者。

探知竊盜贓中途搶奪一百兩者。

與人鬭毆，或勾捕罪人因而行竊一百兩者。〇若行奪八十兩者。

糧船水手夥衆十人以下不執器械搶奪財物八十兩者。

流二千五百里杖一百

白晝搶奪人財物九十兩者。○乘人水火困厄搶奪財物九十兩者。

强割田禾,計贓九十兩者。

探知竊盗贓中途搶奪一百一十兩者。

與人鬭毆,或勾捕罪人因而行竊一百一十兩者。○若行奪九十兩者。

糧船水手夥衆十人以下不執器械搶奪財物九十兩者。

流三千里杖一百

白晝搶奪人財物一百兩者。○乘人水火困厄搶奪財物一百兩者。

强割田禾,計贓一百兩者。○傷人以上爲從者。

探知竊盗贓中途搶奪一百二十兩者。

與人鬭毆,或勾捕罪人因而行竊一百二十兩者。○若行奪一百兩者。

白晝搶奪人財物傷人以上爲從者。○乘人水火困厄搶奪拆毁船隻因而傷人以上爲從者。

知情故買搶奪路行之婦女者。

家僕聚衆夥謀搶奪路行婦女其主知情者。

糧船水手夥衆十人以下不執器械搶奪財物一百兩者。○傷人爲從者。○十人以上執持器械行奪之爲從者。○旗丁頭舵容隱徇庇,雖不分贓審有造意之情者。

邊衛充軍

號稱喇唬等項名色白晝在街撒潑及總甲快手人等,指巡捕勾攝爲名,各毆打平人搶奪財物除實犯死罪外,犯該徒以上屬軍衛者。○若累犯再犯者雖犯該笞杖以上亦枷號一個月,發遣。

邊外爲民

號稱喇唬等項名色白晝在街撒潑及總甲快手人等,指巡捕勾攝爲名,各毆打平人搶奪財物除實犯死罪外,犯該徒以上屬有司者。○若累犯再犯者雖犯該笞杖以上亦枷號一個月,發遣。

斬雜犯准徒五年

賜宴去處搶食物者。

絞監候

與人鬭毆,或勾捕罪人因而竊奪財物鬭殺人者。

苗人聚衆至五十人搶奪雖非爲首,而下手殺人者。

搶奪路行婦女爲從者。

惡徒夥衆將良人子弟搶去强行鷄姦爲從者。

斬監候

與人鬬毆,或勾捕罪人因而竊奪財物故殺人者。

白晝搶奪因而傷人爲首者。〇乘人水火困厄搶奪及拆毁船隻因而傷人爲首者。

苗民聚衆搶奪下手殺人爲首者。〇若聚衆至五十人爲首者雖不殺人亦坐。〇聚衆至百人雖非爲首,而下手殺人者。

强割田禾因而傷人爲首者。

糧船水手夥衆十人以下不執器械搶奪財物,因而傷人爲首者。

絞決

白晝搶奪三犯者。

斬決

聚衆搶奪路行婦女爲首者。

惡徒夥衆將良人子弟搶去强行鷄姦爲首者。

白晝搶奪以金刃殺人者。傷人以上至殺人非以金刃者,俱監候。

糧船水手聚衆十人以上執持器械搶奪爲首者。〇旗丁頭舵容隱徇庇審係造意共謀分贓者。

苗民聚衆至五十人搶奪殺人爲首者。〇若聚衆至百人爲首者雖不殺人亦坐。

斬梟示

苗民聚衆至百人搶奪殺人爲首者。〇教令指使或通同圖利者。

竊盜

凡竊盜已行而不得財,笞五十免刺;但得財不論分贓不分贓,以一主爲重,併贓論罪,爲從者各減一等。以一主爲重,謂如盜得二家財物,從一家贓多者科罪,併贓論謂如十人共盜得一家財物,計贓四十兩,雖各分得四兩,通算作一處,其十人各得四十兩之罪,造意者爲首,該杖一百,餘人爲從,各減一等,止杖九十之類,餘條准此。初犯並於右小臂膊上刺"竊盜"二字,再犯刺左小臂膊,三犯者,絞,以曾經刺字爲坐。〇掏摸者罪同。〇若軍人爲盜或竊或掏摸,贓至一百二十兩者,雖免刺字,三犯立有文案明白,一體處絞。

雍正三年律例館奏准:今兵丁犯竊盜俱刺字,"軍人爲盜"一節删。一兩以下,杖六十;一十兩,杖七十;二十兩,杖八十;三十兩,杖九十;四十兩,杖一百;五十兩,杖六十、徒一年;六十兩,杖七十、徒一年半;七十兩,杖八十、徒二年;八十兩,杖九十、徒二年半;九十兩,杖一百、徒三年;一百兩，杖一百、流二千里；一百一十兩，杖一百、流二千五百里；一百二十兩，杖一百、流三千里；一百二十兩以上，絞。○三犯不論贓數，絞。

附律定例

一、凡遇三犯竊盜中有贓數不多，或在赦前一次赦後二次，或赦前二次赦後一欠者，併入矜疑辯問疏内，參酌奏請改遣。

雍正三年律例館奏准改定例文

一、凡遇三犯竊盜中有贓數不多者，入矜疑疏内，奏請改遣。

雍正三年律例館奏准增定附律例文

一、凡三犯竊盜擬絞，如有一二次在赦前者，停其具題，部内完結；旗下人軍罪折枷號，後再犯三次者，仍擬絞，一二次者，止照常發落。

一、凡竊盜，停其臂膊刺字，應明刺面上，另户人，仍於臂膊上刺字。

一、凡另户兵丁奴僕披甲人，另户當差人爲竊盜或搶奪，及奴僕盜家長者，亦俱刺字。

一、凡三次竊盜，免死減等發落者，不分旗民，概發寧古塔，與窮披甲人爲奴，旗人止發本身，民人並妻發遣。

一、凡竊盜搶奪掏摸等犯遇赦，俱免刺字。

一、凡直隸各省竊盜初犯者，皆應照例刺字，不得以贓少罪輕遂行免刺，其應遣者，俱發極邊衛分充軍，除問擬徒流外，其餘刺責發落者，交與保甲收管，該地方官仍不時查點，毋許出境。

一、凡竊盜臨時拒捕，有殺人者，照强盜律擬斬立決，若非金刃而傷輕平復者，照强盜自首律，發邊衛充軍，非金刃而傷輕平復者，充軍；則以金刃傷人及成重傷不平復者，照律擬斬監候，不得概擬減免；若自首者杖一百、徒三年。

一、凡三次竊盜與贓至一百二十兩以上者，並依律擬絞，初犯再犯，依律刺字，如州縣官擬罪不照贓，初犯再犯不刺字，三犯不擬絞，擅自輕縱者，該督撫指名題參，均照失出例議處。

一、凡竊盜已經改過，夥賊仍挾制行竊，將挾制情由自首，并被逼入夥能抱贓出首者，俱免罪；如夥賊自行偷竊，事發誣扳者，照誣告律加一等治罪；若强逼同竊，將强逼人殺死未首，事發地方官查明果有挾制實情，減罪一等，杖一百、流三千里，其自首者減罪二等，杖一百、徒三年，各追埋葬銀兩；若減等流徒人犯於配所復行偷竊者，照原案所犯科罪，其有别故殺人牽引竊案投首者，仍照殺人律定擬，如係良民被挾入夥，同行並未得贓，將挾制人殺死自首者，照罪人本犯應死而擅殺律，杖一百，若未首，照已行不得財律，杖一百、流三千里；至欲圖滅口及奪分贓物因而謀死同夥者，仍照律問擬，倘承審官不審出實情，濫行開脱，以致兇犯漏網者，照故出人罪例議處。

一、凡捕役行竊，除計贓分首從照常人擬罪外，各加枷號兩個月。

律例館又奏准律後恭載諭旨

康熙五十二年閏五月内，刑部將竊賊二小子拒捕戳傷步兵等因具題。奉旨：二小子依議應絞，著監候，秋後處決。步兵黑子擒賊被戳，若傷痕平復，當得差，着照例賞賚；若身已殘疾，不能當差，着給與半分身價，嗣後以此爲例。

歷年事例

順治四年定：竊盗贓至一百二十兩者，絞監候。〇十三年題准：竊盗照律刺字，三犯者，絞監候，秋後處決。〇康熙三年題准：凡家僕竊盗贓物，限一月追完；若不能完者，責令伊主代賠，如伊主不能代賠者，將本犯并妻子，聽各主估價變賣賠償，餘剩者給本主，不足者伊主免賠，其竊盗已犯死罪者，將伊自置財物賠償；如本犯别無財物，伊主亦免代賠；至滿洲另户之人所盗贓物數多不能追賠，及滿洲僕人贓多，伊主又不能賠者，查失主係本旗下，即將賊犯并妻子估價賠償，係别旗下，或係民人者將賊犯并妻子在本旗變賣，賠給失主，其民人竊盗財物不能追賠者，將本身并妻子估價，各給失主。白晝搶奪之賊，亦照此例。〇五年題准：凡八旗大臣及官員人等家僕傭工人將本主財物私自偷盗，或串通外人偷盗，或家僕傭工人自相偷盗得財者，俱照凡人竊盗律，計贓刺字擬罪，贓至一百二十兩者，擬絞監候，不得財者，照律治罪；民人犯者仍照律行。〇八年題准：凡竊盗折軍罪枷號完結之後，再犯三次者，擬絞；一二次者，照常完結。〇十年覆准：竊盗三犯之伊主父兄，係官議處，係旗下鞭五十，係民責二十板。〇十一年議准：竊盗犯至二次者，伊主父兄照前定例治罪，其司坊巡捕營步軍校等在該汛自行拏送，或别汛官拏送者，免議，若被他人拏送者，將失察之專汛官罰俸三個月，兼轄官罰俸一個月，步軍校等亦照此例，值日番役兵丁，責二十板，步兵領催兵丁鞭五十。〇又覆准：竊盗贓至一百二十兩者，杖一百、流三千里；一百二十兩以上，擬絞監候，秋後處決，其家僕傭工人盗家長財物者，旗下民人不便互異，俱照律一體擬罪。〇又議准：竊盗三次者，照律擬絞監候，若竊盗二次，搶奪一次，或搶奪二次，竊盗一次者，免其並擬,各照所犯之罪發落。○十二年題准:凡旗下民人家僕所盗贓物,將伊自置物件賠償,其另户旗下民人,儘其家産變價賠補,若果家産盡絶,不能賠償,該管官出具印結免追其竊盗本身并妻子變價賠償及令伊主代賠之例俱停止,若該管官徇庇出結者議處其犯搶奪之贓亦照此例。○十九年題准:凡竊盗贓數不滿一兩者免刑審其拏獲之兵丁及查緝之步軍校,亦不賞銀記檔。○四十八年論:"嗣後兩次竊盗,俱發往黑龍江。應當差者着當差。應給窮披甲爲奴者着給與爲奴。"○五十二年覆准:凡拏獲皇城内暢春園週圍偷竊之盗、搶奪盗犯,并出名兇狠可惡之賊,提督衙門將兩腿懶筋割斷;拏獲皇城内外爬房踰墻挖孔偷竊撬開門板進内偷竊馬驘牛驢等賊,割斷一邊懶筋;其年未及歲并年邁在道路街衢抽取零星物件細賊,責懲夾剌,存案,仍不悛改,三次被獲者,亦割斷一邊懶筋;窩主知情留一二賊,照常治罪,留三賊,發遣;其熱河及跟隨圍場抽取零星物者,俱割斷一邊懶筋,偷牛驘驢等物并白晝搶奪之賊,割斷兩邊懶筋,係民交與五城遞回原籍,另户護軍披甲,提督會同該旗等奏聞,再行割筋;其京城外別府州縣竊盗搶奪賊犯,仍照律治罪。○雍正二年定:停止割筋例。○五年論:嗣後竊賊拒捕殺人者,著三法司酌量情罪輕重,分別斬絞定擬具奏。

罪名

竊盗掏摸,計贓定罪,律文内已分載罪名,不另列,其未經分載者具於後。

笞四十

竊盗掏摸已行而不得財爲從者。

捕役行竊不得財爲從者。捕役行竊,照常人擬罪外,各加枷號兩個月,下同。

笞五十

竊盗掏摸已行而不得財者。○得財一兩以下爲從者。

捕役行竊者。○計贓一兩以下爲從者。

杖六十

竊盗掏摸一兩之上至一十兩爲從者。

捕役行竊一兩以下者。○一兩之上至一十兩爲從者。

杖七十

竊盗掏摸二十兩爲從者。

捕役行竊一兩之上至一十兩者。○二十兩爲從者。

杖八十

竊盜掏摸三十兩爲從者。
捕役行竊二十兩者。○三十兩爲從者。
杖九十
竊盜掏摸四十兩爲從者。
捕役行竊三十兩者。○四十兩爲從者。
杖一百
竊盜掏摸五十兩爲從者。
捕役行竊四十兩者。○五十兩爲從者。
良民被竊盜掏摸挾制入夥,同行並未得贓,將挾制人殺死自首者。
徒一年杖六十
竊盜掏摸六十兩爲從者。
捕役行竊五十兩者。○六十兩爲從者。
徒一年半杖七十
竊盜掏摸七十兩爲從者。
捕役行竊六十兩者。○七十兩爲從者。
徒二年杖八十
竊盜掏摸八十兩爲從者。
捕役行竊七十兩者。○八十兩爲從者。
徒二年半杖九十
竊盜掏摸九十兩爲從者。
捕役行竊八十兩者。○九十兩爲從者。
徒三年杖一百
竊盜掏摸一百兩、一百一十兩、一百二十兩爲從者。
捕役行竊九十兩者。○一百兩、一百一十兩、一百二十兩爲從者。
竊盜掏摸拒捕傷人傷非金刃而傷輕平復准自首者。
竊盜掏摸殺死强逼同竊之人自首者。
流二千里杖一百
捕役行竊一百兩者。
流二千五百里杖一百
捕役行竊一百一十兩者。
流三千里杖一百
竊盜掏摸一百二十兩以上爲從者。

捕役行竊一百二十兩者。〇一百二十兩以上爲從者。

竊盜掏摸殺死强逼行竊之人,未經自首官司發覺者。

良民被竊盜掏摸挾制入夥,同行並未得贓將挾制人,殺死未經自首官司發覺者。

邊衛充軍

竊盜掏摸拒捕傷非金刃而傷輕平復者。

絞監候

捕役行竊一百二十兩以上者。〇三犯者。

斬監候

竊盜掏摸拒捕以金刃傷人及傷重不平復者。

斬決

竊盜掏摸拒捕以金刃殺人者。

盗馬牛畜産

凡盗民間馬牛驢驘豬羊鷄犬鵝鴨者,並計贓以竊盗論,若盗官畜産者,以常人盗官物論。〇若盗馬牛而殺者,杖一百、徒三年,驢驘,杖七十、徒一年半,若計贓重於本罪者,各加盗罪一等。

附律定例

一、凡盗御用馬匹者,問罪,枷號三月,發邊衛充軍,若將自己及他人騎操官馬盗賣者,枷號一個月發落,盗至三匹以上及再犯不拘匹數,俱免枷號,屬軍衛者,發邊衛,屬有司者,發附近衛所,各充軍,五匹以上屬軍衛者,發極邊衛,屬有司者,發邊衛,各永遠充軍;若養馬人户盗賣官馬至三匹以上,亦問發附近充軍。

雍正三年律例館奏准:今軍民一體科斷,將“屬軍衛者發邊衛”至“各充軍”十九字改爲“發附近衛所充軍屬軍衛者發極邊衛”至“各永遠充軍”二十字改爲“發邊衛充軍”。

一、凡冒領太僕寺官馬至三匹者,問罪,於本寺門首枷號一個月,發邊衛充軍,若家長令家人冒領三匹,不分首從俱問,常人盗官物,罪家長引例,家人不引。

雍正三年律例館奏准增定附律例文

一、凡偷盗馬二匹以下,仍以竊盗論,三匹以上,杖一百、流三千里,十匹以上,不分首從皆絞監候;窩主及牧馬人役自行盗賣者,罪亦如之。

罪名

笞五十

盗民間畜產計一兩以下爲從者。
杖六十
盗民間畜產計一兩以下者。○一兩之上至一十兩爲從者。
杖七十
盗民間畜產計一兩之上至一十兩者。○二十兩爲從者。
盗官畜產計一兩以下者。
杖八十
盗民間畜產計二十兩者。○三十兩爲從者。
盗官畜產計一兩以上至五兩者
杖九十
盗民間畜產計三十兩者。○四十兩爲從者。
盗官畜產計一十兩者
杖一百
盗民間畜產計四十兩者。○五十兩爲從者。
盗官畜產計一十五兩者。
徒一年杖六十
盗民間畜產計五十兩者。○六十兩爲從者。
盗官畜產計二十兩者。
徒一年半杖七十
盗民間畜產計六十兩者。○七十兩爲從者。
盗官畜產計二十五兩者。
盗驢臝而殺者。
徒二年杖八十
盗民間畜產計七十兩者。○八十兩爲從者。
盗官畜產計三十兩者。
盗殺民間驢臝計六十兩者。
盗殺官驢臝計二十五兩者。
徒二年半杖九十
盗民間畜產計八十兩者。○九十兩爲從者。
盗官畜產計三十五兩者。
盗殺民間驢臝計七十兩者。
盗殺官驢臝計三十兩者。

徒三年杖一百

盜民間畜産計九十兩者。○一百兩、一百一十兩、一百二十兩爲從者。

盜官畜産計四十兩者。

盜馬牛而殺者。

盜殺民間驢贏計八十兩者。

盜殺官驢贏計三十五兩者。

准徒四年雜犯三流

盜官畜産計四十五兩、五十兩、五十五兩者。

盜殺官驢贏馬牛計四十兩、四十五兩、五十兩者。

流二千里杖一百

盜民間畜産計一百兩者。

盜殺民間驢贏馬牛計九十兩者。

流二千五百里杖一百

盜民間畜産計一百一十兩者。

盜殺民間驢贏馬牛計一百兩者。

流三千里杖一百

盜民間畜産計一百二十兩者。○一百二十兩以上爲從者。

盜殺民間驢贏馬牛計一百一十兩者。

偷殺官馬三匹以上者。○窩主及牧馬人役自行盜賣者。

附近衛所充軍

將自己及他人騎操官馬盜賣至三匹四匹者。○再犯者。

邊衛充軍

盜御用馬匹者。

冒領太僕寺官馬至三匹者。

邊衛永遠充軍

盜賣自己及他人騎操官馬五匹以上者。

絞雜犯准徒五年

盜官畜産計八十兩者。

絞監候

盜民間畜産計一百二十兩以上者。

偷盜官馬十匹以上者不分首從。○窩主及牧馬人役自行盜賣者。

盜田野穀麥

凡盜田野穀麥菜果及無人看守器物者，並計贜，准竊盜論，免刺。○若山野柴草木石之類，他人已用工力斫伐積聚而擅取者，罪亦如之。

附律定例

一、凡盜掘金銀銅錫水銀等項，礦砂每金砂一觔，折銀二錢五分，銀砂一觔，折銀五分，銅錫水銀等砂一觔，折銀一分二釐五毫，俱比照盜無人看守物，准竊盜論；若在山洞捉獲者，分爲三等，持杖拒捕者，爲一等，不論人數礦數多寡及初犯再犯，不分首從，俱發邊遠充軍，若殺傷人爲首者，比照竊盜拒捕殺傷人律斬；其不曾拒捕，若聚至三十人以上者，爲二等，不論礦數多寡及初犯再犯，爲首者，發邊衛充軍，爲從者，枷號三個月，照罪發落；若不曾拒捕又人數不及二十名者，爲三等，爲首者，初犯枷號三個月，照罪發落，再犯亦發邊衛充軍，爲從者，止照罪發落；凡非山洞捉獲，止是私家收藏道路背負者，惟據見獲論罪，不許巡捕人員逼令展轉攀指，違者參究治罪。

雍正三年律例館奏准增定附律例文

一、凡旗民越禁約山河，偷採人參，已得參者，財主併率領頭目擬絞監候，爲從者，係在京旗下另户人，發往盛京當差，係家人，止將本身，係内地，民人僉妻，俱發烏喇寧古塔，給與窮披甲之人爲奴，係内府佐領下另户人，交各該管官責令打牲，係家人，給與打牲之人爲奴，若係盛京等處旗下另户人，發黑龍江當差，家人給黑龍江窮披甲之人爲奴，併發驛站，係盛京等處内府佐領下另户人，解京入辛者庫當差，家人給辛者庫窮披甲之人爲奴，係盛京等處民人，僉妻發往黑龍江分撥驛站；其刨參免死減等人犯，亦照爲從例發落，牲畜等物付拏獲之人充賞，人參入官；家僕有犯其主知而不遣去者，杖八十，知而巧供不知，杖一百，係官交該部儀處，不知者，不坐；若未得參者，財主並率領頭目係旗下人，枷號兩個月，鞭一百，係民，不分盛京内地，俱枷號一個月，杖一百，併妻送户部入官，爲從者，各枷號一個月，杖一百。

一、凡財主併率領頭目，一人名下所放之人至百名以上，所收之參至五百兩以上者，仍照例擬絞監候；所放之人不滿百名，所收之參不滿五百兩者，杖一百、流三千里；一二人刨參，所得人參不至十兩者，交與盛京刑部，係旗人鞭一百，係民杖一百，遞回原籍。

一、偷刨人參應擬發遣之犯，係滿洲蒙古，發江寧、荆州、西安、杭州、成都等處滿洲駐防省城當苦差,係民人,僉妻發廣東、廣西等處烟瘴地方當差,係漢軍,發廣西、雲南、貴州等處烟瘴地方當差。

一、山海等關,如有拶獲人參珠子,巡查人等,户部按數給賞,該管官兵部按數議叙,若有拶查不力,以致私帶過關者,該管官照失察例議處,巡查人等,照不應重律治罪,明知故縱者,該管官革職,巡查人等,杖一百,枷號一個月,受賄賣放者,計贓以枉法從重治罪。

歷年事例

雍正元年議准:偷刨人參已得之犯,若在寧古塔拏獲者,令欽差辦事官員與船廠將軍等會同審結;若在盛京地方拏獲者,令盛京刑部會同奉天將軍等審結彙題。〇又議准:偷刨人參未得之犯,亦照刨參已得之例,在各本處審結彙題。

罪名

笞五十

盗田野穀麥及無人看守器物一兩以下爲從者。

擅取他人砍伐柴草木石之類,計一兩以下爲從者。

盗取柴草木石雖離本處未曾馱載者。

私掘金銀銅錫水銀等項礦砂,計一兩以下爲從者。

杖六十

盗田野穀麥及無人看守器物,計一兩以下者。

擅取他人砍伐柴草木石之類,計一兩以下者。

私掘金銀銅錫水銀等項礦砂,計一兩以下者。其在山洞捉獲聚衆不及二十人,初犯爲首者,枷號三個月發落,爲從者,照常發落;若聚衆至三十人以上,爲從者,枷號三個月發落,後同。

犯前項罪名得財一兩至十兩爲從者。

杖七十

盗田野穀麥及無人看守器物,計一兩以上至十兩者。

擅取他人砍伐柴草木石之類,計一兩以上至十兩者。

私掘金銀銅錫水銀等項礦砂,計一兩以上至十兩者。

犯前項罪名得財二十兩爲從者。

杖八十

盗田野穀麥及無人看守器物計二十兩者。

擅取他人砍伐柴草木石之類計二十兩者。

私掘金銀銅錫水銀等項礦砂計二十兩者。

犯前項罪名得財三十兩爲從者。

家僕犯偷刨人參其主知情者。

山海等關巡查人等搒查不力,致有私帶人參珠子過關者。

杖九十

盗田野穀麥及無人看守器物計三十兩者。

擅取他人砍伐柴草木石之類,計三十兩者。

私掘金銀銅錫水銀等項礦砂,計三十兩者。

犯前項罪名得財四十兩爲從者。

杖一百

盗田野穀麥及無人看守器物,計四十兩者。

擅取他人砍伐柴草木石之類,計四十兩者。

私掘金銀銅錫水銀等項礦砂,計四十兩者。

犯前項罪名得財五十兩爲從者。

家僕犯偷刨人參其主知而巧供不知者。

偷刨人參未得參者財主併率領頭目枷號兩個月。

一二人刨參得人參未至十兩者。

山海等關巡查人等故縱人參珠子私帶過關者枷號一個月。

徒一年杖六十

盗田野穀麥及無人看守器物,計五十兩者。

擅取他人砍伐柴草木石之類,計五十兩者。

私掘金銀銅錫水銀等項礦砂,計五十兩者。

犯前項罪名得財六十兩爲從者。

山海等關巡查人等受賄二十兩賣放人參珠子私帶過關者。○無禄人受賄二十五兩者。

徒一年半杖七十

盗田野穀麥及無人看守器物,計六十兩者。

擅取他人砍伐柴草木石之類,計六十兩者。

私掘金銀銅錫水銀等項礦砂,計六十兩者。

犯前項罪名得財七十兩爲從者。

山海等關巡查人等受賄二十五兩賣放人參珠子私帶過關者。○無禄人受賄三十兩者。

徒二年杖八十

盗田野穀麥及無人看守器物,計七十兩者。

擅取他人砍伐柴草木石之類,計七十兩者。

私掘金銀銅錫水銀等項礦砂,計七十兩者。

犯前項罪名得財八十兩爲從者。

山海等關巡查人等受賄三十兩賣放人參珠子私帶過關者。○無禄人受賄三十五兩者。

徒二年半杖九十

盗田野穀麥及無人看守器物,計八十兩者。

擅取他人砍伐柴草木石之類,計八十兩者。

私掘金銀銅錫水銀等項礦砂,計八十兩者。

犯前項罪名得財九十兩爲從者。

山海等關巡查人等受賄三十五兩賣放人參珠子私帶過關者。○無禄人受賄四十兩者。

徒三年杖一百

盗田野穀麥及無人看守器物,計九十兩者。

擅取他人砍伐柴草木石之類,計九十兩者。

私掘金銀銅錫水銀等項礦砂,計九十兩者。

犯前項罪名得財一百兩、一百一十兩、一百二十兩爲從者。

山海等關巡查人等受賄四十兩賣放人參珠子私帶過關者。○無禄人受賄四十五兩、五十兩、五十五兩者。

流二千里杖一百

盗田野穀麥及無人看守器物,計一百兩者。

擅取他人砍伐柴草木石之類,計一百兩者。

私掘金銀銅錫水銀等項礦砂,計一百兩者。

山海等關巡查人等受賄四十五兩賣放人參珠子私帶過關者。

流二千五百里杖一百

盗田野穀麥及無人看守器物,計一百一十兩者。

擅取他人砍伐柴草木石之類,計一百一十兩者。

私掘金銀銅錫水銀等項礦砂,計一百一十兩者。

山海等關巡查人等受賄五十兩賣放人參珠子私帶過關者。

流三千里杖一百

盗田野穀麥及無人看守器物，計一百二十兩者。

擅取他人砍伐柴草木石之類，計一百二十兩者。

私掘金銀銅錫水銀等項礦砂，計一百二十兩者。

偷刨人參之財主頭目所放之人不滿百名，所收之參不滿五百兩者。

山海等關巡查人等受賄五十五兩，賣放人參珠子私帶過關者。

邊衛充軍

山洞捉獲盗掘礦砂人犯，雖不拒捕而聚至三十人以上爲首者，不論砂數多寡及初犯再犯，俱坐。

邊遠充軍

山洞捉獲盗掘礦砂人犯拒捕者，不論人數砂數多寡及初犯再犯，俱坐。〇若不拒捕又所聚不及三十人而爲首係再犯者。

發遣

越渡禁約山河偷刨人參已得參爲從者，係在京旗下另户發盛京當差，係家人止發本身。〇内地民人僉妻俱發烏喇寧古塔給披甲人爲奴。〇内佐領下另户交該總管責令打牲，係家人給與打牲人爲奴。〇盛京等處旗下另户發黑龍江當差，家人給黑龍江披甲人爲奴并發驛站。〇盛京等處内佐領下另户解京入辛者庫當差，家人給辛者庫披甲人爲奴。〇盛京等處民人僉妻發黑龍江分撥驛站。其刨參免死減等人犯，亦照爲從例發落。

偷刨人參之犯係滿洲、蒙古，發江寧、荆州、西安、杭州、成都等處滿洲駐防省城當差。〇民人僉妻發廣東、廣西等處烟瘴地方當差。〇漢軍發廣西、雲南、貴州等處烟瘴地方當差。

絞監候

越渡禁約山河偷刨人參已得參者，財主并率領頭目。

偷刨人參之財主頭目，所放百人以上、所收參五百兩以上者。

山海等關巡查人等受賄八十兩，賣放人參珠子私帶過關者。〇無禄人受賄一百二十兩者。

斬監候

山洞捉獲盗掘礦砂人犯拒捕傷人以上爲首者。

親屬相盗

凡各居本宗外姻親屬相盗財物者，期親減凡人五等，大功減四等，小功減三等，緦麻減二等，無服之親減一等，並免刺，若行强盗者，尊長犯卑幼亦各依上減罪；卑幼犯尊長，以凡人論，若有殺傷者，各依殺傷尊長卑幼本律，從重論。〇若同居卑幼將引他人盜己家財物者，卑幼以私擅用財物論，加二等，罪止杖一百，他人減凡盜罪一等，免刺；若有殺傷者，自依殺傷尊長卑幼本律科罪，他人縱不知情，亦依强盜論，若他人殺傷人者，卑幼縱不知情，亦依殺傷尊長卑幼本律從重論。〇其同居奴婢、傭工人盜家長財物及自相盜者，減凡盜罪一等，免刺。

附律定例

一、同居卑幼將引他人盜己家財物，如係强劫，比依各居親屬行强盜；卑幼犯尊長，以凡人論斬，奏請定奪。

罪名

親屬相盜致有殺傷，及將引他人而他人殺傷者，親屬雖不知情，亦各依鬬毆律内殺傷尊長卑幼本律科斷；其所引之人行强盜者，以凡論，依强盜律内造意已行、未行，得財、未得財及竊盜拒捕殺傷本律科斷，各具本條，罪名不另列。

笞一十

各居期親相盜財物一兩以下者，

笞二十

各居大功親相盜財物一兩以下者。〇期親一兩之上至一十兩者。〇以親論贓犯該笞三十爲從者。

笞三十

各居小功親相盜財物一兩以下者。〇大功親一兩之上至一十兩者。〇期親二十兩者。〇以親論贓犯該笞四十爲從者。

笞四十

各居緦麻親相盜財物一兩以下者。〇小功親一兩之上至一十兩者。〇大功親二十兩者。〇期親三十兩者。〇以親論贓犯該笞五十爲從者。

同居卑幼引他人盜己家財物一十兩者。

同居奴婢、傭工人盜家長財物及自相盜一兩以下爲從者。

笞五十

各居無服親相盜財物一兩以下者。〇緦麻親一兩之上至一十兩者。〇小功親二十兩者。〇大功親三十兩者。〇期親四十兩者。〇以親論贓犯該杖六十爲從者。

同居卑幼引他人盜己家財物二十兩者。

從人同居卑幼引至其家盜財物一兩以下者。

同居奴婢、僱工人盜家長財物及自相盜一兩以下者。○一兩之上至一十兩爲從者。

杖六十

各居無服親相盜財物一兩之上至一十兩者。○緦麻親二十兩者。○小功親三十兩者。○大功親四十兩者。○期親五十兩者。○以親論贓犯該杖七十爲從者。

同居卑幼引他人盜己家財物三十兩者。

從人同居卑幼引至其家盜財物一兩之上至一十兩者。

同居奴婢、僱工人盜家長財物及自相盜一兩之上至一十兩者。○二十兩爲從者。

杖七十

各居無服親相盜財物二十兩者。○緦麻親三十兩者。○小功親四十兩者。○大功親五十兩者。○期親六十兩者。○以親論贓犯該杖八十爲從者。

同居卑幼引他人盜己家財物四十兩者。

從人同居卑幼引至其家盜財物二十兩者。

同居奴婢、僱工人盜家長財物及自相盜二十兩者。○三十兩爲從者。

杖八十

各居無服親相盜財物三十兩者。○緦麻親四十兩者。○小功親五十兩者。○大功親六十兩者。○期親七十兩者。○以親論贓犯該杖九十爲從者。

同居卑幼引他人盜己家財物五十兩者。

從人同居卑幼引至其家盜財物三十兩者。

同居奴婢、僱工人盜家長財物及自相盜三十兩者。○四十兩爲從者。

杖九十

各居無服親相盜財物四十兩者。○緦麻親五十兩者。○小功親六十兩者。○大功親七十兩者。○期親八十兩者。○以親論贓犯該杖一百爲從者。

同居卑幼引他人盜己家財物六十兩者。

從人同居卑幼引至其家盜財物四十兩者。

同居奴婢、僱工人盜家長財物及自相盜四十兩者。○五十兩爲從者。

杖一百

各居無服親相盗財物五十兩者。○緦麻親六十兩者。○小功親七十兩者。○大功親八十兩者。○期親九十兩者。○以親論贓犯該徒一年爲從者。

各居期親尊長强盗卑幼未得財爲從者。

同居卑幼引他人盗己家財物七十兩者。

從人同居卑幼引至其家盗財物五十兩者。

同居奴婢、僱工人盗家長財物及自相盗五十兩者。○六十兩爲從者。

徒一年杖六十

各居無服親相盗財物六十兩者。○緦麻親七十兩者。○小功親八十兩者。○大功親九十兩者。○期親一百兩者。○以親論贓犯該徒一年半爲從者。

各居大功尊長强盗卑幼未得財爲從者。

各居期親尊長强盗卑幼未得財爲首、已得財爲從者。

從人同居卑幼引至其家盗財物六十兩者。

同居奴婢、僱工人盗家長財物及自相盗六十兩者。○七十兩爲從者。

徒一年半杖七十

各居無服親相盗財物七十兩者。○緦麻親八十兩者。○小功親九十兩者。○大功親一百兩一百一十兩一百二十兩者。○期親一百二十兩以上者。○以親論贓犯該徒二年爲從者。

各居小功尊長强盗卑幼未得財爲從者。

各居大功尊長强盗卑幼未得財爲首、已得財爲從者。

各居期親尊長强盗卑幼已得財爲首者。

從人同居卑幼引至其家盗財物七十兩者。

同居奴婢、僱工人盗家長財物及自相盗七十兩者。○八十兩爲從者。

徒二年杖八十

各居無服親相盗財物八十兩者。○緦麻親九十兩者。○小功親一百兩一百一十兩一百二十兩者。○大功親一百二十兩以上者。○以親論贓犯該徒二年半爲從者。

各居緦麻尊長强盗卑幼未得財爲從者。

各居小功尊長强盗卑幼未得財爲首、已得財爲從者。

各居大功尊長强盗卑幼已得財爲首者。

從人同居卑幼引至其家盗財物八十兩者。

同居奴婢、僱工人盜家長財物及自相盜八十兩者。○九十兩爲從者。

徒二年半杖九十

各居無服親相盜財物九十兩者。○緦麻親一百兩一百一十兩一百二十兩者。○小功親一百二十兩以上者。○以親論贓犯該徒三年爲從者。

各居無服尊長强盜卑幼未得財爲從者。

各居緦麻尊長强盜卑幼未得財爲首、已得財爲從者。

各居小功尊長强盜卑幼已得財爲首者。

從人同居卑幼引至其家盜財物九十兩者。

同居奴婢、僱工人盜家長財物及自相盜九十兩者。○一百兩、一百一十兩、一百二十兩爲從者。

徒三年杖一百

各居無服親相盜財物一百兩、一百一十兩、一百二十兩者。○緦麻親一百二十兩以上者。○無服親一百二十兩以上爲從者。

各居無服尊長强盜卑幼未得財爲首、已得財爲從者。

各居緦麻尊長强盜卑幼已得財爲首者。

從人同居卑幼引至其家盜財物一百兩、一百一十兩、一百二十兩者。

同居奴婢、僱工人盜家長財物及自相盜一百兩一百一十兩一百二十兩者。○一百二十兩以上爲從者。

流三千里杖一百

各居無服親相盜財物一百二十兩以上者。

各居無服尊長强盜卑幼已得財爲首者。

各居卑幼强盜尊長未得財者。

從人同居卑幼引至其家盜財物一百二十兩以上者。

同居奴婢、僱工人盜家長財物及自相盜一百二十兩以上者。

斬決

各居同居卑幼强盜尊長得財者。

從人同居卑幼引至其家行强劫，其卑幼殺傷自已尊長，他人雖不知情，亦坐。

恐嚇取財

凡恐嚇取人財者，計贓准竊盜論，加一等，免刺。○若期親以下自相恐嚇者，卑幼犯尊長，以凡人論；尊長犯卑幼，亦依親屬相盜律遞減科罪。

附律定例

一、監臨恐嚇所部取財者,依挾勢求索强者,准枉法論。

一、知人犯罪不虚而恐嚇取財者,合計贓以枉法論。

一、凡將良民誣指爲盗,及寄買賊贓捉拏拷打嚇詐財物,或以起贓爲由沿房搜撿搶奪財物,淫辱婦女,除實犯死罪外,其餘不分首從,俱發邊衛,永遠充軍。誣指送官,以誣告論;淫辱婦女,以强姦論。

雍正三年律例館奏准增定附律例文

一、凡八旗内有兇惡光棍好鬬之徒,生事行兇,無故擾害良人者,該都統等嚴察送部,發往寧古塔烏喇地方,其官員有犯,該部奏聞發遣。

一、凡惡棍設法索詐官民,或各處張貼揭帖,或捏告各衙門,或勒寫借約,種種嚇詐取財,或因鬬毆糾衆繫頸謊言,欠債不容分辯,蜂擁凌虐,逼寫文券,或因詐財不遂,竟行毆斃,此等實在光棍事發者,不分曾否得財,爲首者,斬立決,爲從者,俱絞監候;其犯人家主父兄各笞五十,係官交該部議處;如家主父兄首者,免罪,犯人仍照例治罪。

一、凡旗下民人結夥指稱隱匿逃人索詐財物者,不分得財與未得財,爲首者,立斬,爲從者,俱擬絞監候。

一、凡在内太監逃出索詐者,俱照光棍例治罪。

一、凡苗人有伏草捉人,横加枷肘,勒銀取贖者,初犯爲首者,斬監候,爲從者,俱枷號三個月,臂膊刺字,再犯者,不分首從,皆斬立決;其有土哨奸民勾通取利造意者,不分初犯再犯,竝斬立決,附和者,各枷號兩個月,僉妻發邊外爲民;該管土官雖不知情,亦按起數交部議,知情故縱者,革職杖一百,若教令指使,或和同取利者,革職,枷號三個月,俱不准折贖。

歷年事例

順治十三年議准:凡惡棍設法索詐内外官民,或書張揭貼,或聲言控告,或勒寫契約逼取財物,或鬬毆拴拏處害者,不分得財與未得財爲首者,立絞,爲從者,係民責四十板,發邊衛充軍,係旗下人,枷號三個月,鞭一百;其滿洲家人私往民間,結夥三人以上,指稱隱匿逃人索詐財物者,亦照此例,分别首從治罪,如止一二人者,俱依爲從例擬罪。○十八年定:京師重大之地,有惡棍挾詐官民肆行擾害者,俱照强盗例治罪。○又覆准:光棍在外事犯,潛匿來京,聲言嚇詐者,許地方官差人赴京擒拏。○康熙七年覆准:光棍審實者,照順治十三年題定條例治罪。○十二年覆准:惡棍勒寫文約,嚇詐財物,聚衆毆打致死人命,審有實據爲首者,立斬,爲從助毆傷重者，擬絞監候，餘仍照光棍爲從例治罪；其家主父兄係旗下人，鞭五十，係民，責二十板，係官，議處；其家主父兄出首者，免議，本犯仍照例治罪。○十五年議定：光棍事犯，不分首從得財與未得財，俱擬斬立決，旗下民人指稱隱匿逃人索詐財物者，亦照此定例治罪。○十九年議准：惡棍事犯，不分得財與未得財，爲首者，立斬，爲從者，俱擬絞監候，秋後處決，旗下民人結夥，指稱隱匿逃人，索詐財物者，亦照此例治罪。○二十一年題准：民人假稱逃人具告行詐者，照督捕定例治罪，停其具題，即行發落。○二十三年題准：凡誣陷平民爲盗嚇詐銀兩者，比照竊盗三犯免死完結例，各枷號三個月，發與寧古塔窮披甲之人爲奴，係旗下人鞭一百，將本身發遣，係民責四十板，同妻一併發遣；銀兩俱追入官。○五十二年題准：奸民挾持官長，誣害良民，捏名控告者，照例治罪；若上司因控告而嚇詐所屬財物，或所欲未遂而陰囑刁民控告者，該督撫嚴查參究。○六十年題准：捏造無影之言，妄行詐詐銀兩，發和撲多烏蘭古木地方，係民，僉妻發遣。

罪名

笞一十

期親尊長恐嚇卑幼財物一兩以下爲從者。

笞二十

期親尊長恐嚇卑幼財物一兩以下者。○大功親一兩以下期親一十兩爲從者。

笞三十

大功尊長恐嚇卑幼財物一兩以下者。○期親一兩至一十兩者。○以親論贓犯該笞四十爲從者。

笞四十

小功尊長恐嚇卑幼財物一兩以下者。○大功一兩至一十兩者。○期親二十兩者。○以親論贓犯該笞五十爲從者。

笞五十

緦麻尊長恐嚇卑幼財物一兩以下者。○小功親一兩至一十兩者。○大功親二十兩者。○期親三十兩者。○以親論贓犯該杖六十爲從者實在光棍之家主父兄不首者。

杖六十

無服尊長恐嚇卑幼財物一兩以下者。○緦麻親一兩至一十兩者。○小功親二十兩者。○大功親三十兩者。○期親四十兩者。○以親論贓犯該杖七十爲從者。

監臨恐嚇所部取財無禄人一兩以下者。

知人犯罪不虚而恐嚇取財無禄人一兩以下者。

杖七十

恐嚇取人財一兩以下者。

無服尊長恐嚇卑幼財物一兩至一十兩者。○緦麻親二十兩者。○小功親三十兩者。○大功親四十兩者。○期親五十兩者。○以親論贓犯該杖八十爲從者。

監臨恐嚇所部取財一兩以下者。○無禄人一兩至五兩者。

知人犯罪不虚而恐嚇取財一兩以下者。○無禄人一兩至五兩者。

杖八十

恐嚇取人財一兩至一十兩者。

無服尊長恐嚇卑幼財物二十兩者。○緦麻親三十兩者。○小功親四十兩者。○大功親五十兩者。○期親六十兩者。○以親論贓犯該杖九十爲從者。

監臨恐嚇所部取財一兩至五兩者。○無禄人一十兩者。

知人犯罪不虚而恐嚇取財一兩至五兩者。○無禄人一十兩者。

杖九十

恐嚇取人財二十兩者。

無服尊長恐嚇卑幼財物三十兩者。○緦麻親四十兩者。○小功親五十兩者。○大功親六十兩者。○期親七十兩者。○以親論贓犯該杖一百爲從者。

監臨恐嚇所部取財一十兩者。○無禄人一十五兩者。

知人犯罪不虚而恐嚇取財一十兩者。○無禄人一十五兩者。

杖一百

恐嚇取人財三十兩者。

無服尊長恐嚇卑幼財物四十兩者。○緦麻親五十兩者。○小功親六十兩者。○大功親七十兩者。○期親八十兩者。○以親論贓犯該徒一年爲從者。

監臨恐嚇所部取財一十五兩者。○無禄人二十兩者。

知人犯罪不虚而恐嚇取財一十五兩者。○無禄人二十兩者。

苗人伏草捉人勒銀取贖,該管官知而故縱者。

徒一年杖六十

恐嚇取人財四十兩者。

無服尊長恐嚇卑幼財物五十兩者。〇緦麻親六十兩者。〇小功親七十兩者。〇大功親八十兩者。〇期親九十兩者。〇以親論贓犯該徒一年半爲從者。

監臨恐嚇所部取財二十兩者。〇無禄人二十五兩者。

知人犯罪不虚而恐嚇取財二十兩者。〇無禄人二十五兩者。

徒一年半杖七十

恐嚇取人財五十兩者。

無服尊長恐嚇卑幼財物六十兩者。〇緦麻親七十兩者。〇小功親八十兩者。〇大功親九十兩者。〇期親一百兩一百一十兩一百二十兩者。〇以親論贓犯該徒二年爲從者。

監臨恐嚇所部取財二十五兩者。〇無禄人三十兩者。

知人犯罪不虚而恐嚇取財二十五兩者。〇無禄人三十兩者。

徒二年杖八十

恐嚇取人財六十兩者。

無服尊長恐嚇卑幼財物七十兩者。〇緦麻親八十兩者。〇小功親九十兩者。〇大功親一百兩一百一十兩一百二十兩者。〇期親一百二十兩以上者。〇以親論贓犯該徒二年半爲從者。

監臨恐嚇所部取財三十兩者。〇無禄人三十五兩者。

知人犯罪不虚而恐嚇取財三十兩者。〇無禄人三十五兩者。

徒二年半杖九十

恐嚇取人財七十兩者。

無服尊長恐嚇卑幼財物八十兩者。〇緦麻親九十兩者。〇小功親一百兩一百一十兩一百二十兩者。〇大功親一百二十兩以上者。

監臨恐嚇所部取財三十五兩者。〇無禄人四十兩者。

知人犯罪不虚而恐嚇取財三十五兩者。〇無禄人四十兩者。

徒三年杖一百

恐嚇取人財八十兩者。

無服尊長恐嚇卑幼財物九十兩一百兩一百一十兩一百二十兩者。〇緦麻親一百兩一百一十兩一百二十兩者。〇小功親一百二十兩以上者。

監臨恐嚇所部取財四十兩者。○無禄人四十五兩五十兩五十五兩者。

知人犯罪不虛而恐嚇取財四十兩者。○無禄人四十五兩五十兩五十五兩者。

流二千里杖一百

恐嚇取人財九十兩者。

監臨恐嚇所部取財四十五兩者。

知人犯罪不虛而恐嚇取財四十五兩者。

流二千五百里杖一百

恐嚇取人財一百兩者。

監臨恐嚇所部取財五十兩者。

知人犯罪不虛而恐嚇,取財五十兩者。

流三千里杖一百

恐嚇取人財一百一十兩以上者。

監臨恐嚇所部取財五十五兩者。○無禄人八十兩者。

知人犯罪不虛而恐嚇取財五十五兩者。

邊衛永遠充軍

將良民誣指爲盜及寄買賊贓捉拏拷打嚇詐財物,或以起贓爲由沿房搜撿搶奪財物、淫辱婦女,除實犯死罪外,其餘不分首從,俱充發。

凡八旗内有兇惡光棍好鬬之徒,生事行兇無故擾害良人者,發往寧古塔烏喇地方。

邊外爲民

苗人伏草捉人横加枷肘勒銀取贖,其有土哨民人附和者,枷號兩個月,僉妻發邊外爲民。

絞監候

知人犯罪不虛而恐嚇取財八十兩者。○無禄人一百二十兩者。

實在光棍爲從者。

指稱隱匿逃人索詐爲從者。

太監逃出在外索詐爲從者。

斬監候

苗人伏草捉人勒銀取贖初犯爲首者。

斬決

實在光棍爲首者。

指稱隱匿逃人索詐爲首者。

太監逃出在外索詐爲首者。

苗人伏草捉人勒銀取贖再犯者不分首從。〇土哨奸民勾通取利造意者不分初犯再犯。

大清會典卷之一百七十三

刑部

〔律例二十四刑律四〕

〔賊盜四〕

詐欺官私取財

凡用計詐欺官私以取財物者，竝計贓，准竊盜論，免刺。若期親以下自相詐欺者，亦依親屬相盜律，遞減科罪。〇若監臨主守詐取所監守之物者，以監守自盜論；未得者，減二等。〇若冒認及誆賺局騙拐帶人財物者，亦計贓准竊盜論，免刺。

附律定例

一、凡誆騙聽選官吏及舉人、監生、生員人等財物，指稱買官賣缺及買求中式等項，俱問罪，不分首從，於該衙門門首枷號三個月，發烟瘴地面充軍；其央浼營幹致被誆騙者，免其枷號，亦照前發遣。

一、凡指稱内外大小官員名頭，併各衙門打點使用名色誆騙財物，計贓犯該徒罪以上者，俱不分首從，發邊衛充軍；情重者，仍枷號兩個月發遣。

歷年事例

順治十六年覆准：凡衙役指稱代納銀兩，巧爲騙詐良民者，照衙役犯贓例治罪。

罪名

笞一十

期親相詐欺取官私財物一兩以下者。〇以親論贓犯該笞二十爲從者。親屬冒認誆賺局騙拐帶財物同，下倣此。

笞二十

大功親相詐欺取官私財物一兩以下者。○期親一兩至一十兩者。○以親論贓犯該笞三十爲從者。

笞三十

小功親相詐欺取官私財物一兩以下者。○大功親一兩至一十兩者。○期親二十兩者。○以親論贓犯該笞四十爲從者。

笞四十

緦麻親相詐欺取官私財物一兩以下者。○小功親一兩至十兩者。○大功親二十兩者。○期親三十兩者。○以親論贓犯該笞五十爲從者。

笞五十

用計詐欺官私取財一兩以下爲從者。冒認誆賺局騙拐帶人財物，分首從科罪同，下倣此。

無服親相詐欺取官私財物一兩以下者。○緦麻親一兩至一十兩者。○小功親二十兩者。○大功親三十兩者。○期親四十兩者。○以親論贓犯該杖六十爲從者。

杖六十

用計詐欺官私取財一兩以下者。○一十兩爲從者。

無服親相詐欺取官私財物一兩至一十兩者。○緦麻親二十兩者。○小功親三十兩者。○大功親四十兩者。○期親五十兩者。○以親論贓犯該杖七十爲從者。

監臨詐欺同監守之人取所監守之物計一兩以下未得者。

杖七十

用計詐欺官私取財一兩至一十兩者。○二十兩爲從者。

無服親相詐欺取官私財物二十兩者。○緦麻親三十兩者。○小功親四十兩者。○大功親五十兩者。○期親六十兩者。○以親論贓犯該杖八十爲從者。

監臨詐欺同監守之人取所監守之物，計一兩之上至二兩五錢未得者。

杖八十

用計詐欺官私取財二十兩者。○三十兩爲從者。

無服親相詐欺取官私財物三十兩者。○緦麻親四十兩者。○小功親五十兩者。○大功親六十兩者。○期親七十兩者。○以親論贓犯該杖九十爲從者。

監臨詐欺同監守之人取所監守之物,計一兩以下者。○五兩未得者。

杖九十

用計詐欺官私取財三十兩者。○四十兩爲從者

無服親相詐欺取官私財物四十兩者。○緦麻親五十兩者。○小功親六十兩者。○大功親七十兩者。○期親八十兩者。○以親論贓犯該杖一百爲從者。

監臨詐欺同監守之人取所監守之物,計一兩之上至二兩五錢者。○七兩五錢未得者。

杖一百

用計詐欺官私取財四十兩者。○五十兩爲從者。

無服親相詐欺取官私財物五十兩者。○緦麻親六十兩者。○小功親七十兩者。○大功親八十兩者。○期親九十兩者。○以親論贓犯該徒一年爲從者。

監臨詐欺同監守之人取所監守之物計五兩者。○一十兩未得者。

徒一年杖六十

用計詐欺官私取財五十兩者。○六十兩爲從者。

無服親相詐欺取官私財物六十兩者。○緦麻親七十兩者。○小功親八十兩者。○大功親九十兩者。○期親一百兩一百一十兩一百二十兩者。○以親論贓犯該徒一年半爲從者。

監臨詐欺同監守之人取所監守之物,計七兩五錢者。○一十二兩五錢未得者。

徒一年半杖七十

用計詐欺官私取財六十兩者。○七十兩爲從者。

無服親相詐欺取官私財物七十兩者。○緦麻親八十兩者。○小功親九十兩者。○大功親一百兩一百一十兩一百二十兩者。○以親論贓犯該徒二年爲從者。

監臨詐欺同監守之人取所監守之物,計一十兩者。○一十五兩未得者。

徒二年杖八十

用計詐欺官私取財七十兩者。○八十兩爲從者。

無服親相詐欺取官私財物八十兩者。○緦麻親九十兩者。○小功親一百兩一百一十兩一百二十兩者。○以親論贓犯該徒二年半爲從者。

監臨詐欺同監守之人取所監守之物，計一十二兩五錢者。○一十七兩五錢未得者。

徒二年半杖九十

用計詐欺官私取財八十兩者。○九十兩爲從者。

無服親相詐欺取官私財物九十兩者。○緦麻親一百兩一百一十兩一百二十兩者。○以親論贓犯該徒三年爲從者。

監臨詐欺同監守之人取所監守之物，計一十五兩者。○二十兩、二十五兩、三十兩未得者。

徒三年杖一百

用計詐欺官私取財九十兩者。○一百兩、一百一十兩、一百二十兩爲從者。

無服親相詐欺取官私財物一百兩、一百一十兩、一百二十兩者。

監臨詐欺同監守之人取所監守之物，計一十七兩五錢者。○四十兩未得者。

准徒四年雜犯三流

監臨詐欺同監守之人取所監守之物，計二十兩、二十五兩、三十兩者。

流二千里杖一百

用計詐欺官私取財一百兩者。

流二千五百里杖一百

用計詐欺官私取財一百一十兩者。

流三千里杖一百

用計詐欺官私取財一百二十兩者。

邊衛充軍

指稱内外大小官員名頭并各衙門，打點使用名色誆騙財物計贓犯該徒罪以上者，不分首從充發。

烟瘴充軍

誆騙聽選官吏及舉人監生生員人等，指稱買官賣缺及中式等項，不分首從，枷號三個月，充發。○央浼營幹致被誆騙者不枷號，但充發。

斬雜犯准徒五年

監臨詐欺同監守之人取所監守之物，計四十兩者。

略人略賣人

凡設方略而誘取良人及略賣良人爲奴婢者，皆杖一百、流三千里；爲妻妾子孫者，杖一百、徒三年；因而傷人者，絞；殺人者，斬。被略之人不坐，給親完聚。〇若假以乞養過房爲名，買良家子女轉賣者，罪亦如之。不得引例，若買來長成而賣者難同此律。〇若和同相誘及相賣良人爲奴婢者，杖一百、徒三年；爲妻妾、子孫者，杖九十、徒二年半；被誘之人減一等，仍改正給親。未賣者，各減一等。十歲以下雖和，亦同略誘法，被誘略者不坐。〇若略賣和誘他人奴婢者，各減略賣和誘良人罪一等。〇若略賣子孫爲奴婢者，杖八十；弟妹及姪、姪孫、外孫，若己之妾子孫之婦者，杖八十、徒二年；子孫之妾，減二等；同堂弟妹堂姪及姪孫者，杖九十、徒二年半；和賣者，減一等；未賣者，又減一等；被賣卑幼不坐，給親完聚。〇其賣妻爲婢及賣大功以下親爲奴婢者，各從凡人和略法。〇若窩主及買者知情，竝與犯人同罪，至死減一等；牙保各減一等；竝追價入官，不知者俱不坐，追價還主。

附律定例

一、凡設方略而誘取良人，與略賣良人子女，不分已賣未賣，俱問發邊衛充軍；若略賣至三口以上及再犯者，用一百觔枷枷號一個月，照前發遣，三犯者不分革前革後，發極邊衛分永遠充軍；其窩主與買主併牙保人等知情者，各依律治罪；婦人有犯，罪坐夫男，若不知情及無夫男者，止坐本婦，照常發落。

雍正三年律例館奏准：今略賣子女者，俱以被略之人知情、不知情分別擬絞發遣爲奴，與此例不符，删。

一、將腹裏人口用强略賣與境外土官土人峒寨去處圖利，除殺傷人律該處死外，若未曾殺傷人，比依將人口出境律，絞，爲從者，文官問革，武官調烟瘴地面衛分帶俸差操，軍民人等發邊衛永遠充軍，原係邊衛者，改發極邊衛充軍。

雍正三年律例館奏准：凡用强略賣爲從者，俱發寧古塔爲奴，無分别問革充軍之例，此條"爲從者"至"充軍"四十三字删。

雍正三年律例館奏准增定附律例文

一、凡誘取婦人子女，或典賣或爲妻妾子孫者，不分良人奴婢已賣、未賣，但誘取者被誘之人若不知情，爲首者，擬絞監候，被誘之人不坐；若以藥餅迷幼小子女及以一切邪術拐誘子女，爲首者，絞立決；其爲從及和誘知情之人，律應流徙者，俱發寧古塔，給與窮披甲之人爲奴，若係旗人，止將本身發遣，係民，竝妻發遣；有服親屬犯者，仍依本律服制科罪；婦人有犯，罪坐夫男，夫男不知情及無夫男者，仍坐本婦。

一、凡人雖知拐帶情由，竝無和同誘拐分受財物，暫容留數日者，不分旗民，俱枷號兩個月。

一、夥衆開窑，誘取婦人子女，藏匿勒賣事發者，不分良人奴婢已賣、未賣，審係開窑情實，爲首者，照光棍例擬斬立決，爲從者，仍照例發寧古塔，給與窮披甲之人爲奴。

一、凡誘拐人口，爲首擬絞，人犯若奉旨免死減等發落者，發寧古塔，給與窮披甲之人爲奴。

一、凡盛京烏喇等處居住之人，買人仍照例用印行買外，若不詳詢來歷買人者，係另户，連妻子發往江寧杭州披甲，係家人，止將本身發往江寧杭州，給窮披甲之人爲奴。

一、貴州地方有外省流棍勾通本地玩法之徒，將民間子女拐去四川、湖廣販賣，甚將荒村居住之人硬行綁去販賣，爲首者，照聚衆搶奪路行婦女例，立斬，在犯事地方正法，爲從者，俱擬絞監候。

歷年事例

順治九年諭："有市棍不守本分貿易，瞞哄無知，私禁土窖因而外販人口者，或將旗下婦女圈哄販賣者，或掠賣民間子女者，更有强悍棍徒，託賣身爲名得銀夥分者，惡弊滋害，著嚴行禁止；如故違發覺，治以重罪。"〇康熙六年諭："凡搶奪婦女拐騙幼子此等光棍，嚴行五城巡捕營步軍副尉等查拏，除本犯從重治罪外，係旗下人，將佐領及伊主一併治罪；如所屬地方不行查拏，被傍人拏獲者，該管巡緝官亦治罪。"〇又議准：凡聚衆搶奪路行婦女，及以藥餅撲項邪術迷拐男婦子女，或賣或自爲奴婢者，審實凡夥謀之人，照光棍例，俱擬斬立決，買者知情，減正犯一等，旗下人枷號兩個月，鞭一百，民人責四十板，流三千里，不知情者不坐；其正犯之主知情不首者，係官革職，係旗人枷號兩個月，鞭一百，係民人，責四十板，流三千里，將失察之領催鞭八十，總甲責三十板，五城坊官罰俸一年，司官罰俸六個月，在外州縣捕官罰俸一年，印官罰俸六個月，知府捕廳罰俸三個月，其八旗佐領驍騎校，併府佐領内管領、步軍副尉、步軍校巡捕營官不行察拏，於該管汛内事發者，一併議處。〇七年覆准：凡聚衆搶奪路行婦女，照光棍例，不論得財與未得財，爲首者立絞，爲從者，係民責四十板，發邊衛充軍，係旗下枷號三個月，鞭一百。〇十二年題准：凡以撲項藥餅邪術迷拐男婦子女者，俱照設方略誘取良人爲奴婢，及略賣良人與人爲奴婢之律遵行。〇十五年題准：凡聚衆搶奪路行婦女，或賣或自爲奴婢者，照光棍例，不分首從得財與未得財,俱立斬。〇十六年題准:凡誘取他人子女典賣,或爲妻妾等事者,不分良人奴婢已賣未賣,爲首者立絞,爲從者,旗下人枷號兩個月,鞭一百,民人杖一百、流三千里,如止一人者,照爲首例立絞;被誘之人係和同者,照爲從例治罪,不係和同者不坐,典買之人不知情,免罪,追價給還;其以藥餅撲項邪術迷拐男婦子女者,亦照此例。〇十九年議准:凡誘取不知情之人口者,爲首之人擬絞監候,爲從者照例治罪,如被誘之人知情和同者,仍照律行;其聚衆搶奪路行婦女,照光棍例爲首者立斬,爲從者俱擬絞監候,秋後處決。〇二十一年題准:凡有略賣人口,藏頓於窰子老虎洞等處,地方官知情故縱者,軍職治罪,不知情失於覺察者,革職;該管上司官俱降三級調用。〇二十二年議准:旗下人將誘來人口隱藏在家販賣,本佐領、驍騎校、領催知而不首者,佐領、驍騎校俱革職,領催枷號一個月,鞭一百,失察者佐領罰俸一個月,驍騎校罰俸三個月,領催鞭五十;伊主知而不首者,係平人枷號一個月,鞭一百,係官革職,失察者係平人,鞭五十,係官罰俸三個月,若各該管之人拏首或犯人自行投首者,該管官併本主俱免議;如城内之民事犯,將五城該管官議處,其城外看莊家人事犯,本主亦照此例議處,在屯内住者,將屯領催照佐領下領催例治罪。〇又題准:凡誘賣人口,除爲首及被誘不知情者,仍照例擬罪外,其爲從併藥餅迷拐子女,各爲從及和同被誘知情之人應擬流徙者,不分旗下民人,一概發寧古塔,給與窮披甲之人爲奴,係旗下人,止將本身發遣,係民,妻子一併發遣。〇二十三年定:五城御史巡捕三營及步軍統領等,將私設窰子誘拐人口犯人嚴行查拏,務盡其類,以靖地方。若不行查拏别經發覺者,照錢局官員處分例議罪;不得借查拏爲名妄擾良民。

罪名

杖七十

略賣子孫爲奴婢而未賣者。

略賣子孫爲奴婢之牙保。

杖八十

略賣子孫爲奴婢者。〇窩主。〇知情買者。

杖九十

和賣子孫之妾而未賣者。

和賣子孫之妾之牙保。

杖一百

和賣子孫之妾者。○窩主。○知情買者。

略賣子孫之妾未賣者。

略賣子孫之妾之牙保。

徒一年杖六十

略賣子孫之妾者。○窩主。○知情買者。

和賣弟、妹、姪、姪孫、外孫、己之妾、子孫之婦未賣者。

和賣弟、妹、姪、姪孫、外孫、己之妾、子孫之婦之牙保。

和誘和賣他人奴婢爲妻妾子孫未賣之爲從者。

徒一年半杖七十

和誘和賣他人奴婢爲妻妾、子孫未賣者。

和誘和賣他人奴婢爲妻妾、子孫爲從者。○牙保。

被和誘賣爲妻妾子孫之奴婢。

和誘和賣他人奴婢爲奴婢未賣之爲從者。

和誘和賣良人爲妻妾、子孫未賣之爲從者。

和賣同堂弟妹堂姪姪孫未賣者。

和賣同堂弟妹堂姪姪孫之牙保。

略賣弟、妹、姪、姪孫、外孫、己之妾、子孫之婦未賣者。

略賣弟、妹、姪、姪孫、外孫、己之妾、子孫之婦之牙保。

和賣弟、妹、姪、姪孫、外孫、己之妾、子孫之婦者。○窩主。○知情買者。

徒二年杖八十

和誘和賣良人爲妻妾、子孫之被誘賣者。○和賣良人爲妻妾、子孫之牙保。○和賣良人爲妻妾、子孫未賣者。○和誘和賣良人爲妻妾、子孫爲從者。○和賣良人爲奴婢未賣之爲從者。○略誘略賣他人奴婢爲妻妾、子孫爲從者。○略賣他人爲奴婢及和賣他人十歲以下奴婢、妻妾、子孫之牙保。○和賣他人奴婢爲奴婢之牙保。○和誘和賣爲奴婢之他人奴婢。

和誘和賣他人奴婢爲妻妾子孫爲首者。○窩主。○知情買者。

和賣他人奴婢爲奴婢未賣者。

略賣弟妹姪姪孫外孫己之妾子孫之婦者。○窩主。○知情買者。

和賣同堂弟妹堂姪姪孫者。○窩主。○知情買者。○略賣同堂弟妹堂姪姪孫未賣者。○略賣同堂弟妹堂姪姪孫之牙保。

徒二年半杖九十

略誘略賣良人和誘和賣十歲以下良人爲妻妾、子孫爲從者。〇以乞養過房爲名買良家子女隨轉賣爲妻妾、子孫爲從者。〇略賣良人及和賣十歲以下良人爲妻妾、子孫之牙保。

和誘和賣爲奴婢之被誘賣者。〇和賣良人爲奴婢之牙保。〇和賣良人爲奴婢未賣者。〇和誘和賣良人爲妻妾、子孫者。〇窩主。〇知情買者。

略誘略賣他人奴婢及和誘和賣十歲以下他人奴婢爲妻妾、子孫爲首者。〇和誘和賣他人奴婢爲奴婢者。〇窩主。〇知情買者。〇略賣他人奴婢及和賣十歲以下他人奴婢爲奴婢之牙保。

略賣同堂弟妹堂姪姪孫者。〇窩主。〇知情買者。

和賣妻爲婢及大功以下親屬爲奴婢之牙保。

徒三年杖一百

略誘略賣良人及和誘和賣十歲以下良人爲妻妾、子孫爲首者。〇以乞養過房爲名買良家子女隨即轉賣與人爲妻妾子孫者。〇窩主。〇知情買者。

略誘略賣良人及和誘和賣十歲以下良人爲奴婢之牙保。

和同相誘及相賣良人爲奴婢者。〇窩主。〇知情買者。

略誘略賣他人奴婢及和誘和賣十歲以下他人奴婢爲奴婢者。〇窩主。〇知情買者。

和賣妻爲婢及賣大功以下親屬爲奴婢者。〇窩主。〇知情買者。

略賣妻爲婢及大功以下親屬爲奴婢之牙保。

略誘略賣良人及和誘和賣十歲以下良人爲奴婢爲從者。〇未賣者。

以乞養過房爲名買良家子女隨即轉賣爲奴婢爲從者。〇未賣者。

流三千里杖一百

略誘略賣良人及和誘和賣十歲以下良人爲奴婢者。〇窩主。〇知情買者。〇因誘賣良人不從而殺傷人之爲從者。〇窩主。〇知情買者。

誘賣他人奴婢不從而傷之者。〇窩主。〇知情買者。〇因他人奴婢不從而殺之爲從者。〇窩主。〇知情買者。

以乞養過房爲名買良家子女隨即轉賣爲奴婢者。〇窩主。〇知情買者。

略賣妻爲婢及賣大功以下親屬爲奴婢者。〇窩主。〇知情買者。

略賣妻爲婢及賣大功以下親屬爲奴婢不從而殺傷人之窩主。○知情買者。

發遣

以藥餅迷幼小子女及以一切邪術拐誘子女爲從者。○和誘知情者俱發寧古塔。

夥衆開窑誘取婦人子女藏匿勒賣爲從者，發寧古塔。

誘拐人口爲首擬絞人犯免死減等者，發寧古塔。

絞監候

誘賣不從而傷被略之人者。

將腹裏人口用强略賣與境外土官、土人峒寨去處，未曾殺傷人者。

誘取婦人子女或典賣或爲妻妾子孫爲首者。

絞立決

以藥餅迷幼小子女及以一切邪術拐誘子女爲首者。

斬監候

誘賣不從而殺被略之人者。

斬立決

夥衆開窑誘取婦人子女藏匿勒賣爲首者。

發冢

凡發掘墳冢見棺槨者，杖一百、流三千里；已開棺槨見屍者，絞；發而未至棺槨者，杖一百、徒三年。若冢先穿陷及未殯埋而盗屍柩者，杖九十、徒二年半；開棺槨見屍者，亦絞雜。其盗取器物磚石者，計贓准凡盗論，免刺。○若卑幼發尊長墳冢者，同凡人論；開棺槨見屍者，斬；若棄屍賣墳地者，罪亦如之。買地人牙保知情者，各杖八十，追價入官，地歸同宗親屬；不知者不坐。若尊長發卑幼墳冢開棺槨見屍者，緦麻杖一百、徒三年，小功以上各遞減一等；發子孫墳冢開棺槨見屍者，杖八十；其有故而依禮遷葬者，俱不坐。○若殘毁他人死屍及棄屍水中者，各杖一百、流三千里。謂死屍在家或在野未殯葬，將屍焚燒殘毁之類，若已殯葬者，自依發冢開棺槨見屍律從重論。若毁棄緦麻以上尊長死屍者，斬；棄而不失及髡髮若傷者，各減一等。凡人減流一等，卑幼減斬一等。○緦麻以上卑幼各依凡人遞減一等。毁棄子孫死屍者，杖八十。其子孫毁棄祖父母、父母及奴婢僱工人毁棄家長死屍者，斬。律不載妻妾毁棄夫屍，有犯依緦麻以上尊長律上請。○若穿地得死屍不即掩埋者，杖八十。若於他人墳墓熏狐狸因而燒棺槨者，杖八十、徒二年；燒屍者，杖一百、徒三年，若緦麻以上尊長，各遞加一等，卑幼各依凡人遞減一等。若子孫於祖父母、父母及奴婢僱工人於家長墳墓熏狐狸者，杖一百；燒棺槨者，杖一百、徒三年；燒屍者，絞。〇若平治他人墳墓爲田園者，杖一百仍令改正，於有主墳地内盜葬者，杖八十；勒限移葬。〇若地界内有死人，里長地鄰不申報官司檢驗，而輒移他處及埋藏者，杖八十；以致失屍者，杖一百；殘毁及棄屍水中者，杖六十、徒一年；棄而不失及髡髮若傷者，各減一等；因而盜取衣服者，計贜准竊盜論，免刺。

附律定例

一、凡發掘貝勒、貝子、公夫人等及歷代帝王、名臣、先賢墳冢開棺爲從，與發見棺槨爲首者，俱發邊衛；發見棺槨爲從，與發而未至棺槨爲首，及發常人冢開棺見屍爲從，與發見棺槨爲首者，俱發附近充軍；如有糾衆發冢起棺索財取贖者，比依强盜得財律，不分首從皆斬。

雍正三年律例館奏准：此條前段“發掘貝勒、貝子、公夫人等及歷代帝王、名臣、先賢墳冢”止問充軍，與現行例不符，應删改，今將奏准删定例文開後。

一、凡發掘貝勒、貝子、公夫人等墳冢開棺槨見屍者，爲首斬立決，爲從皆絞立決；見棺者，爲首絞立決，爲從皆絞監候；未至棺者，爲首絞監候，爲從皆僉妻發邊衛永遠充軍；如有發掘歷代帝王陵寢、先賢、名臣及前代藩王墳墓者，俱照此例治罪，所掘金銀交與該撫餙，令地方官修葺墳冢。其玉帶珠寶等物，仍置冢内。

一、凡發掘常人墳冢開棺見屍爲從，與發見棺槨爲首者，俱發附近充軍；如有糾衆發冢起棺索財取贖者，比依强盜得財律，不分首從皆斬。

雍正三年律例館奏准增定附律例文

一、凡奴婢僱工人發掘家長墳冢，見棺槨者，爲首絞立決，爲從絞監候，若開棺見屍者，爲首斬立決，爲從斬監候；毁棄抛撒死屍者，不分首從，皆斬立決；子孫犯者，皆照此例科斷。

歷年事例

康熙三十九年議准：奴僕發掘家長期親墳冢，比照卑幼發五服以内尊長墳冢開棺見屍者斬監候律，衣服等物，交給伊主。〇又覆准：凡喪葬之家，倚恃强族，於他人來龍安葬，或兇徒恃强不許他人安葬，需索阻撓者，該地方官親身驗視，盡法究處。

罪名

笞五十

冢先穿陷及未殯埋盗取器物磚石值一兩以下爲從者。

地界内有死人里鄰竊取衣服財物一兩以下爲從者。

杖六十

冢先穿陷及未殯埋盗取器物磚石值一兩以下者。○一兩至一十兩爲從者。

地界内有死人里鄰竊取衣服財物一兩以下者。○一兩至一十兩爲從者。

杖七十

冢先穿陷及未殯埋盗取器物磚石值一兩至一十兩者。○二十兩爲從者。

地界内有死人里鄰竊取衣服財物一兩至一十兩者。○二十兩爲從者。

杖八十

冢先穿陷及未殯埋盗取器物磚石值二十兩者。○三十兩爲從者。

卑幼棄五服尊長屍賣墳地其買地人及牙保知情者。

祖父母父母發子孫墳冢開棺槨見屍者。○毁棄子孫死屍者。

穿地得死屍不掩埋者。

於有主墳地内盗葬者勒限移葬。

地界内有死人,里鄰不申報官司檢驗而輒移他處及埋藏者。○竊取衣服財物二十兩者。○三十兩爲從者。

杖九十

冢先穿陷及未殯埋盗取器物磚石值三十兩者。○四十兩爲從者。

於期親卑幼墳墓熏狐狸因而燒棺槨者。

地界内有死人里鄰竊取衣服財物三十兩者。○四十兩爲從者。

杖一百

冢先穿陷及未殯埋盗取器物磚石值四十兩者。○五十兩爲從者。

於大功卑幼墳墓熏狐狸因而燒棺槨者。

子孫於祖父母父母奴婢僱工人於家長墳墓熏狐狸者。

平治他人墳墓爲田園者。

地界内有死人,里鄰不申報官司檢驗輒移他處埋藏以致失屍者。

○棄而不失毁而但至髡髪若傷者。○竊取衣服財物四十兩者。○五十兩爲從者。

徒一年杖六十

冢先穿陷及未殯埋盗取器物磚石值五十兩者。○六十兩爲從者。

期服尊長毁棄卑幼死屍,棄而不失毁而但髡髪若傷者。

於期服卑幼墳墓熏狐狸因而燒屍者。○燒小功卑幼棺槨者。

地界内有死人,里鄰不申報官司以致死屍殘毁及棄水中者。○竊取衣服財物五十兩者。○六十兩爲從者。

徒一年半杖七十

冢先穿陷及未殯埋盗取器物磚石值六十兩者。○七十兩爲從者。

期服尊長發卑幼冢開棺槨見屍者。

毁棄期服卑幼死屍者。○大功尊長毁棄卑幼死屍,棄而不失毁而但髡髪若傷者。

於大功卑幼墳墓熏狐狸因而燒屍者。○燒緦麻卑幼棺槨者。

於他人墳墓熏狐狸因而燒棺槨爲從者。

地界内有死人里鄰竊取衣服財物六十兩者。○七十兩爲從者。

徒二年杖八十

冢先穿陷及未殯埋盗屍柩爲從者。○盗取器物磚石值七十兩者。○八十兩爲從者。

大功尊長發卑幼冢開棺槨見屍者。

毁棄大功卑幼死屍者。○小功尊長毁棄卑幼死屍,棄而不失毁而但髡髪若傷者。

於他人墳墓熏狐狸因而燒棺槨爲首者。○燒小功卑幼屍者。

地界内有死人里鄰竊取衣服財物值七十兩者。○八十兩爲從者。

徒二年半杖九十

發掘他人墳冢未至棺槨爲從者。

冢先穿陷及未殯埋而盗屍柩者。○盗取器物磚石值八十兩者。○九十兩爲從者。

小功尊長發卑幼冢開棺槨見屍者。

毁棄小功卑幼死屍者。○緦麻尊長毁棄卑幼死屍,棄而不失毁而但髡髪若傷者。

緦麻以上卑幼於五服尊長墳墓熏狐狸,因而燒棺槨者。○燒緦麻卑幼屍者。

於他人墳墓熏狐狸因而燒屍爲從者。

地界内有死人里鄰竊取衣服財物八十兩者。〇九十兩爲從者。

徒三年杖一百

發掘他人墳冢見棺槨爲從者。〇未至棺槨爲首者。

卑幼發掘五服尊長冢未至棺槨者。

冢先穿陷及未殯埋盜取器物磚石值九十兩者。〇一百兩、一百一十兩、一百二十兩以上爲從者。

緦麻尊長發卑幼冢開棺槨見屍者。

毁棄緦麻卑幼死屍者。

毁棄他人死屍,棄而不失毁而但髡髮若傷爲首者。

殘毁他人死屍及棄屍水中爲從者。

於他人墳墓熏狐狸因而燒屍爲首者。

子孫奴婢傭工人熏狐狸,因而燒祖父母父母家長棺槨者。

地界内有死人里鄰竊取衣服財物九十兩者。〇一百兩、一百一十兩、一百二十兩、一百二十兩以上爲從者。

准徒四年雜犯三流

冢先穿陷及未殯埋而開棺槨見屍爲從者。

流二千里杖一百

冢先穿陷及未殯埋盜取器物磚石,值一百兩者。

地界内有死人里鄰竊取衣服財物一百兩者。

流二千五百里杖一百

冢先穿陷及未殯埋盜取器物磚石,值一百一十兩者。

地界内有死人,里鄰竊取衣服財物一百一十兩者。

流三千里杖一百

發掘他人墳墓見棺槨爲首者。〇開棺槨見屍爲從者以上二條俱改附近充軍例。

卑幼發五服尊長冢見棺槨者。

冢先穿陷及未殯埋盜取器物磚石,值一百二十兩及一百二十兩以上者。

殘毁他人死屍及棄屍水中者。

卑幼毁棄五服尊長死屍,棄而不失毁而但髡髮若傷者。

緦麻以上卑幼於五服尊長墳墓熏狐狸因而燒屍者。

地界内有死人,里鄰竊取衣服財物一百二十兩及一百二十兩以上者。

卑幼棄五服尊長棺而賣墳地者。

妻妾毁棄夫屍棄而不失毁而但髡髮若傷者。

附近充軍

發掘常人墳冢開棺見屍爲從見棺爲首者。

邊衛永遠充軍

發掘歷代帝王陵寢、先賢、名臣、貝勒、貝子、公夫人及前代藩王墳冢未至棺爲從者僉妻充發。

絞雜犯准徒五年

冢先穿陷及未殯埋而開棺槨見屍者。

絞監候

發掘他人墳冢開棺槨見屍爲首者。

子孫於祖父母父母奴婢僱工人,於家長墳墓熏狐狸因而燒屍者。

奴婢僱工人發掘家長墳冢取財見棺槨爲從者。

發掘歷代帝王陵寢、先賢、名臣、貝勒、貝子、公夫人等及前代藩王墳冢見棺槨爲從者。〇未至棺爲首者。

絞決

奴婢僱工人發掘家長墳冢取財見棺槨爲首者。〇見屍爲從者。

子孫發掘祖父母父母墳冢取財見棺槨者。

發掘歷代帝王陵寢、先賢、名臣、貝勒、貝子、公夫人等及前代藩王墳冢見屍爲從者。〇見棺爲首者。

斬監候

卑幼發掘尊長墳墓開棺槨見屍者。

卑幼棄五服尊長屍而賣墳地者。

毁棄五服内尊長死屍者。

妻妾毁棄夫屍者。

斬決

奴婢僱工人發掘家長墳冢取財見屍爲首者。

子孫發掘祖父母父母墳冢取財見屍者。

子孫奴婢僱工人毁棄祖父母父母家長死屍皆坐。

發掘歷代帝王陵寢、先賢、名臣、貝勒、貝子、公夫人等及前代藩王墳冢見屍爲首者。

糾衆發冢起棺索財取贖者不分首從。

夜無故入人家

凡夜無故入人家内者，杖八十；主家登時殺死者，勿論；其已就拘執而擅殺傷者，減鬬殺傷罪二等，至死者，杖一百、徒三年。

雍正三年律例館奏准增定附律例文

一、凡黑夜偷竊，或白日入人家内偷竊財物，被失主毆打至死者，仍照律擬徒。若非黑夜又未入人家内，止在曠野白日摘取苜蓿野菜等類，不得濫引夜無故入人家律。

罪名

笞二十

夜無故入人家已就拘執而擅以他物毆致成傷者。

笞三十

夜無故入人家已就拘執而擅毆拔髮方寸以上者。

杖六十

夜無故入人家已就拘執而擅毆至血從耳目中出及内損吐血者。

杖八十

夜無故入人家已就拘執而擅毆至折人一齒、手足一指、眇人一目、抉人耳鼻，毁人骨湯火銅鐵汁傷者。

夜無故入人家者。

杖九十

夜無故入人家已就拘執而擅毆至折人二齒、手足二指以上及髮盡拔去者。

徒一年杖六十

夜無故入人家已就拘執而擅毆至折人肋、眇人二目、墮人胎者。

徒二年杖八十

夜無故入人家已就拘執而擅毆至折人肢體及瞎人一目者。

徒二年半杖九十

夜無故入人家已就拘執而擅毆至瞎人二目、折人二肢、損人體二事以上及因舊患致令篤疾，若斷人舌、毁敗人陰陽者。

徒三年杖一百

夜無故入人家已就拘執而擅毆至死者。

盗賊窩主

凡强盗窩主造意,身雖不行但分贓者,斬;若不行又不分贓者,杖一百、流三千里;共謀者,行而不分贓及分贓而不行,皆斬;若不行又不分贓者,杖一百。〇竊盗窩主造意,身雖不行但分贓者,爲首論;若不行又不分贓者,爲從論;以臨時主意上盗者爲首,其爲從者,行而不分贓及分贓而不行,仍爲從論;若不行又不分贓,笞四十。〇若本不同謀,相遇共盗强盗固不分首從,竊盗以臨時主意上盗者爲首,餘爲從論。〇其知人略賣和誘人及强竊盗後而分贓者,計所分贓,准竊盗爲從論,免刺。〇若知强竊盗贓而故買者,計所買物坐贓論,折半科罪;知而寄藏者,減一等,各罪止杖一百;其不知情故買及受寄者,俱不坐。

附律定例

一、凡推鞫窩主窩藏分贓人犯,必須審有造意共謀實情,方許以窩主律論斬,若止是勾引容留往來住宿,竝無造意共謀情狀者,但當以窩藏例發遣,毋得附會文致概坐窩主之罪。

一、凡各處大户家人佃僕結搆爲盗,殺官劫庫,劫獄放火,許大户即送官追問,若大户知情故縱,除實犯死罪外,其餘徒流杖罪,屬軍衛者發邊衛,屬有司者,發附近各充軍。

雍正三年律例館奏准:“屬軍衛者”至末十七字改爲“俱發附近充軍”。

一、凡皇親功臣管莊家僕佃户人等,及諸色軍民大户勾引來歷不明之人,窩藏强盗二名以上,竊盗五名以上,坐家分贓者,俱問發邊衛充軍,若有造意共謀之情者,各依律從重科斷;干礙勳戚功臣者,參究治罪。

一、各處無藉之徒引賊劫掠,以復私仇,探報消息致賊逃竄者,比照奸細律處斬,梟首示衆。

一、知强竊盗贓而接買受寄,若馬贏等畜至二頭匹以上銀貨,坐贓至滿數者,俱問罪,不分初犯再犯,枷號一個月發落,若三犯以上,不拘贓數多寡,與知强盗後而分贓至滿數者,俱免枷號,發邊衛充軍。

雍正五年律例館奏准增定附律例文

一、凡强盗窩主之鄰佑知而不首者,杖一百。

一、强盗窩主雖不行又不分贓,但知情存留一人者,杖一百、徒三年,存留二人者,杖一百、流三千里,存留三人以上者,充發三姓地方;遇赦不准援免。

一、編保甲後,保正、甲長、牌頭果實力查訪盗賊,據實舉首者,照捕役獲盜過半以上例，按名酌賞，同甲人舉首者，亦照此奬賞；倘牌頭於所管内知有爲盜之人，復行瞻徇隱匿者，杖八十，如係竊賊，分别賊情輕重懲警，若牌頭曾於甲長、保正處首告而不行轉首者，甲長照牌頭減一等發落，保正減二等發落，牌頭免坐；其盜犯於被舉減等後復行爲盜者，照所犯加倍治罪；至地方有堡子村莊聚族滿百人以上，保甲不能編查，揀選族中人品剛方素爲闔族敬憚者，立爲族正，若有匪類，令其報官究治，倘徇情容隱，與保甲一體治罪。

一、保正、甲長，須選勤慎練達之人點充，如有豪横之徒藉名武斷者，該地方官嚴查究革，從重治罪，如地方官徇縱不究，照徇庇例議處；其甲内有窩盜爲盜之人，甲長不報，則與族正户正牌頭一體問罪，一切户婚田土，不得問及保甲，惟人命重情，取問地鄰牌甲，賭博一項爲盜賊淵藪，仍令其同盜賊一併查舉。

一、凡潛來京城遊蕩奸僞之徒，飭行五城司坊宛大兩縣不時稽查，客店之内取具並無容留來歷不明生事妄行之人甘結，賃房居住者，亦令房主詢明保人來歷并著兩鄰稽查，倘有此等遊棍，該鄰佑房主協同斥逐；至於菴院，該僧綱、道紀二司留心訪察，亦取具並無容留甘結，以憑各衙門查閱；若有徇情受賄容留者，除本犯按律治罪遞回原籍，交地方官查明安插，不許出境外，并將容留之客店、寺廟住持、房主一體連坐，該管官不行查出者，照失察例議處；至編户居民住有常業，及候補候選讀書貿易諸色人等，確有憑據者，毋許驅逐，倘有借端勒索混擾良民者，照嚇詐例治罪。

歷年事例

康熙三十三年覆准：窩藏强盜窩主之鄰佑知盜情由不行首告者，仍照例責四十板，如無窩盜之處挾仇妄報者，依誣告律治罪。

凡拏獲盜賊窩主，順治十八年議准：職官有拏獲大盜窩主者，督撫具題吏部註册紀録，拏獲小盜窩主，該督撫酌量奬賞。〇雍正四年議准：嗣後承緝各官於獲盜初審之時，如實無窩主，即於招内聲明，毋得誣扳良民，其訊明盜犯有窩家者，於獲盜過半之内，務獲盜首竝獲窩家，始准免議，如年限内只獲盜首併夥賊過半，而窩家無獲者，將地方各官亦照不獲盜首例議處，若實有窩家之案地方官畏避不獲之處分，因將窩家删去，及上司審出者，將該地方官照諱盜例處分。〇又議准：嗣後，該村地保如有懈於稽查，或畏威不舉，失察窩家者，亦應照兩鄰容留盜賊不行出首例，責四十板;其地保兩鄰果於未事之先循例舉報,審實時,該地方官應酌量給賞,以示奬勵,倘敢挾讐誣首,照律治罪。〇又議准:嗣後分贓之窩家所有財産房屋,亦應照例變價賠償,至窩主之妻,審實與盜賊相通者,即將其妻變賣,亦賠事主所失之贓。

凡傾銷盜竊器皿,順治九年題准:傾銷匠藝,有通同鎔化偷盜之物者,與本賊一體治罪。〇康熙十二年題准:匠藝將他人盜來之金銀器皿容隱傾銷者,減竊盜一等擬罪。

罪名

笞一十

知强竊盜贓而寄藏一兩以下者。

笞二十

故買强竊盜贓一兩以下者。〇知而寄藏一兩以上至一十兩者。

笞三十

故買强竊盜贓一兩以上至一十兩者。〇知而寄藏二十兩者。

笞四十

故買强竊盜贓二十兩者。〇知而寄藏三十兩者。

强盜窩主不知情只暫時停歇者。

笞五十

竊盜一兩以下,其造意不行、不分贓及不造意行而不分贓、分贓而不行之窩主。

知人略賣和賣人及强竊盜後分贓一兩以下者。

故買强竊盜贓三十兩者。〇知而寄藏四十兩者。

杖六十

竊盜一兩以下造意不行而分贓之窩主。〇竊盜一兩至一十兩其造意不行不分贓及不造意行而不分贓、分贓而不行之窩主。

知人略賣和賣人及强竊盜後分贓一兩至一十兩者。

故買强竊盜贓四十兩者。〇知而寄贓五十兩者。

杖七十

竊盜一兩至一十兩造意不行而分贓之窩主。〇竊盜二十兩其造意不行不分贓及不造意行而不分贓、分贓而不行之窩主。

知人略賣和賣人及强竊盜後分贓二十兩者。

故買强竊盜贓五十兩者。〇知而寄贓六十兩者。

杖八十

竊盜二十兩造意不行而分贓之窩主。○竊盜三十兩其造意不行不分贓及不造意行而不分贓、分贓而不行之窩主。

知人略賣和賣人及强竊盜後分贓三十兩者。

故買强竊盜贓六十兩者。○知而寄贓七十兩者。

杖九十

竊盜三十兩造意不行而分贓之窩主。○竊盜四十兩其造意不行不分贓及不造意行而不分贓、分贓而不行之窩主。

知人略賣和賣人及强竊盜後分贓四十兩者。

故買强竊盜贓七十兩者。○知而寄贓八十兩者。

杖一百

竊盜四十兩造意不行而分贓之窩主。○竊盜五十兩其造意不行不分贓及不造意行而不分贓、分贓而不行之窩主。

知人略賣和賣人及强竊盜後分贓五十兩者。

故買强竊盜贓八十兩以上者。○知而寄贓一百兩以上者。

强盜窩主之鄰佑知而不首者。

徒一年杖六十

竊盜五十兩造意不行而分贓之窩主。○竊盜六十兩其造意不行不分贓及不造意行而不分贓、分贓而不行之窩主。

知人略賣和賣人及强竊盜後分贓計六十兩者。

徒一年半杖七十

竊盜六十兩造意不行而分贓之窩主。○竊盜七十兩其造意不行不分贓及不造意行而不分贓、分贓而不行之窩主。

知人略賣和賣人及强竊盜後分贓七十兩者。

徒二年杖八十

竊盜七十兩造意不行而分贓之窩主。○竊盜八十兩其造意不行不分贓及不造意行而不分贓、分贓而不行之窩主。

知人略賣和賣人及强竊盜後分贓八十兩者。

徒二年半杖九十

竊盜八十兩造意不行而分贓之窩主。○竊盜九十兩其造意不行不分贓及不造意行而不分贓、分贓而不行之窩主。

知人略賣和賣人及强竊盜後分贓九十兩者。

徒三年杖一百

竊盜九十兩造意不行而分贓之窩主。○竊盜一百兩、一百一十兩、一百二十兩其造意不行不分贓及不造意行而不分贓、分贓而不行之窩主。

知人略賣和賣人及强竊盜後分贓一百兩、一百一十兩、一百二十兩者。

强盜窩主雖不行又不分贓但知情存留一人者。

流二千里杖一百

竊盜一百兩造意不行而分贓之窩主。

强盜窩主雖不行又不分贓但知情存留二人者。

流二千五百里杖一百

竊盜一百一十兩造意不行而分贓之窩主。

流三千里杖一百

竊盜一百二十兩造意不行而分贓之窩主。

竊盜一百二十兩以上其造意不行不分贓及不造意行而不分贓、分贓而不行之窩主。

知人略賣和賣人及强竊盜後分贓一百二十兩以上者。

造意若不行又不分贓之强盜窩主。

强盜窩主雖不行又不分贓但知情存留三人者。

附近充軍

各處大户家人佃僕結搆爲盜殺官劫庫劫獄放火、大户知情故縱除實犯死罪外,其餘犯杖徒流罪者。

邊衛充軍

窩主若止勾引容留往來住宿並無造意共謀者。

皇親功臣管莊之家僕人等及軍民大户窩藏,强盜二名以上、竊盜五名以上坐家分贓者。

知强竊盜贓而接買受寄三犯以上,不拘贓數多寡與知强盜後而分贓至滿數者。

發遣

强盜窩主雖不行又不分贓但知情存留强盜三人以上者,發三姓地方。

斬決

强盜窩主造意分贓者。○若共謀行而不分贓及分贓而不行者。

共謀爲盜

凡共謀爲强盜，臨時不行，而行者却爲竊盜，共謀者、分贓造意者爲竊盜首，餘人竝爲竊盜從；若不分贓造意者，即爲竊盜從，餘人竝笞五十，以臨時主意上盜者爲竊盜首。〇其共謀爲竊盜，臨時不行，而行者爲强盜，其不行之人造意者分贓，知情不知情竝爲竊盜首，造意者不分贓及餘人分贓，俱爲竊盜從，以臨時主意及共爲强盜者，不分首從論，此條與下公取竊取皆爲盜，俱係賊盜科罪，義例與名例同，無指實罪名可列，公取竊取皆爲盜。

凡盜公取竊取，皆爲盜。公取謂行盜之人公然而取其財；竊取謂潛形隱面私竊取其財，皆名爲盜。器物錢帛之類，須移徙已離盜所，珠玉寶貨之類，據入手隱藏，縱未將行亦是。其木石重器，非人力所勝，雖移本處未駝載間，猶未成。盜馬牛駝贏之類，須出闌圈；鷹犬之類，須專制在己，乃成爲盜。若盜馬一匹，别有馬隨，不合併計爲罪；若盜其母而子隨者，皆併計爲罪。〇此條乃以上盜賊諸條之通例，未成盜而有顯跡證見者，依已行而未得財科斷；已成盜者，依律以得財科斷。

起除刺字

凡盜賊曾經刺字者，俱發原籍收充警跡，該徒者役滿充警，該流者於流所充警，若有起除原刺字様者，杖六十，補刺。

雍正三年律例館奏准增定附律例文

一、凡竊盜等犯有自行用藥銷毁面膊上所刺之字者，枷號三個月，杖一百，補刺；代毁之人，枷號兩個月，杖一百。

一、凡强盜人命重犯，督撫審結，果係贓實盜確，并拒捕殺人竊盜及律應斬決盜案，一面具題，即將面上刺"强盜"二字；如内有監候待質者，於一邊面上刺"待質"二字；命案斬決等犯，亦即刺"兇犯"二字，仍將已經刺字之處俱於本内聲明；其命案斬絞監候等犯情重難宥者，該督撫將應行刺字之處本内聲明，俟奉旨之日，刺字監候；其戲殺誤殺鬬毆殺，俱免刺。直省等處，如遇面刺强盜兇犯待質等字様者，即擒拏送官。

歷年事例

康熙三十四年議准：擅將家人刺字者，民照違制律杖一百，官照例折贖。〇雍正五年議准：凡直隸各省竊盜初犯者，皆照例刺字，不得以贓少罪輕遂免刺；其應遣者，俱發極邊衞充軍，除問擬徒流外，其餘刺責發落者，交與保甲收管地方官不時查點，毋許出境。

罪名

杖六十

徒流充警盜賊擅自起除刺字者原刺字樣補刺。

杖一百

竊盜等犯自行銷毀面膊所刺字者枷號三個月。○代毀之人枷號兩個月。

大清會典卷之一百七十四

刑部

〔律例二十五刑律五〕

〔人命一〕

謀殺人

凡謀殺人造意者，斬；從而加功者，絞；不加功者，杖一百、流三千里，殺訖乃坐。○若傷而不死，造意者，絞；從而加功者，杖一百、流三千里；不加功者，杖一百、徒三年。○若謀，而已行，未曾傷人者，杖一百、徒三年，爲從者，各杖一百。但同謀者，皆坐。○其造意者，身雖不行，仍爲首論。從者，不行，減行者一等。○若因而得財者，同强盗，不分首從論，皆斬。

附律定例

一、凡勘問謀殺人犯，果有詭計陰謀者，方以造意論斬。助毆傷重者，方以加功論絞，謀而已行，人贓見獲者，方與强盗同辟，毋得據一言爲造謀，指助勢爲加功，坐虚贓爲得財，一槩擬死，致傷多命。

雍正三年律例館奏准增定附律例文

一、凡謀財害命，照律擬斬立决外，其因他事殺人，後偶見財物因而取去者，必審其行兇挾何仇隙，有何証據，果係初無圖財之心，殺人，後見有隨身衣物銀錢爲數無多，乘便取去者，將所得之財倍追給主，仍依本律科斷，若殺人，後掠取家財，並知有藏蓄而取去者，審得實情，仍同强盗論罪。

歷年事例

康熙二十六年議准：謀殺人得財，其父兄自首者，照自首律内因犯殺傷於人而自首，得免所因之罪，仍從故殺治罪。○又覆准：繼母因姦謀殺前妻之女,應比照故殺妻前夫之子,以凡人論斬監候律。○五十九年覆准:圖財已經謀殺而復甦者,依謀殺人因而得財,同强盜論皆斬律,擬斬立決。○雍正三年議准:嗣後人命案件,擬以軍流等罪咨請完結者,俱令具題,有不行具題者,將該督撫查議。

罪名

杖一百

謀殺人未殺而邂逅身死,其爲從者。

謀殺人已行未傷,其爲從同行者。○同謀而不行者同。

徒二年半杖九十

謀殺人已傷其爲從不行者。

徒三年杖一百

謀殺人已殺其爲從不行者。

謀殺人已傷其爲從不加功者。

謀殺人已行未傷爲首者。○造意而不行者同。

流三千里杖一百

謀殺人已殺其爲從不加功者。

謀殺人未殺邂逅身死其爲首者。

謀殺人已傷其爲從加功者。

絞監候

謀殺人已殺其爲從加功者。

謀殺人已傷爲首者。○造意而不行者同。

斬監候

謀殺人已殺爲首者。○造意而不行者同。

斬決

謀殺人因而得財者不分首從行,不分贓,及不行又不分贓,仍依謀殺爲從律科斷。

謀殺制使及本管長官

凡奉制命出使而官吏謀殺,及部民謀殺本屬知府、知州、知縣,軍士謀殺本管指揮、千户、百户,若吏卒謀殺本部五品以上長官,已行者,杖一百、流二千里,已傷者,絞,已殺者,皆斬。官吏謀殺,監候,餘皆決不待時。

雍正三年律例館奏准:今無指揮、千户、百户官名,將此六字改爲“本管官”。

罪名

謀殺六品以下長官，及府州縣佐貳首領官，各依凡論。又謀殺制使及本管長官之爲從不同行，同行不加功者，無論已殺、已傷、未傷，亦俱依凡論，並即用前謀殺人律，罪名不複載。

徒三年杖一百

謀殺制使本屬府州縣官、本營該管官、五品以上長官已行未傷爲從者。

流二千里杖一百

謀殺制使本屬府州縣官、本營該管官、五品以上長官已行未傷爲首者。

流三千里杖一百

謀殺制使本屬府州縣官本營該管官五品以上長官已傷爲從者。

絞監候

謀殺制使已傷者，其官吏。

絞決

謀殺本屬府州縣官、本營該管官、五品以上長官已傷者。

斬監候

謀殺制使已殺者，其官吏，不分首從。

斬決

謀殺本屬府州縣官、本營該管官、五品以上長官已殺者，不分首從。

謀殺祖父母父母

凡謀殺祖父母、父母及期親尊長外祖父母、夫、夫之祖父母、父母已行者，皆斬；已殺者，皆凌遲處死。謀殺緦麻以上尊長已行者，杖一百、流二千里；已傷者，絞；已殺者，皆斬。○其尊長謀殺卑幼已行者，各依故殺罪減二等；已傷者，減一等；已殺者，依故殺法。依故殺法者，謂各依鬬毆條内尊長故殺卑幼律問罪。○若奴婢及僱工人謀殺家長及家長之期親、外祖父母，若緦麻以上親者，罪與子孫同。

附律定例

一、凡子孫謀殺祖父母、父母者，巡按御史會審情實，即單詳到院，院寺即行單奏決，單到日，御史即便處決，如有監故在獄者，仍戮其屍。

雍正三年律例館奏准：今無巡按單詳到院院寺單奏之例，文應改，今將奏准改定例文開後。

一、凡子孫謀殺祖父母、父母者，法司核覆具題，奉旨即行處決，如有監故在獄者，仍戮其屍。

雍正三年律例館奏准增定附律例文

一、官民之家，凡倩工作之人立有文券，議有年限者，以僱工人論，止是短僱月日，受值不多，依凡論；其財買義男，如恩養年久，配有室家者，照例同子孫論；如恩養未久，不曾配合者，士庶之家依僱工人論，縉紳之家比照奴婢律論，從謀故殺、毆罵、凌遲、斬、絞各條科斷。

罪名

杖七十

謀殺子孫已傷爲從不行者。

杖八十

謀殺子孫已行爲從者〇已殺爲從不行者〇已傷爲從不加功者。

杖九十

謀殺子孫已行者〇已殺爲從不加功者〇已傷爲從加功者。

杖一百

謀殺子孫已傷者〇已殺爲從加功者。

謀殺子孫之妾已傷爲從不行者。

徒一年杖六十

謀殺子孫已殺者。

謀殺子孫之妾已行爲從者〇已殺爲從不行者〇已傷爲從不加功者。

徒一年半杖七十

謀殺子孫之婦已傷爲從不行者。

謀殺子孫之妾已行者〇已殺爲從不加功者〇已傷爲從加功者。

謀殺嫡弟妹嫡姪姪孫外孫已傷爲從不行者。

徒二年杖八十

謀殺子孫之婦已行爲從者〇已殺爲從不行者〇已傷爲從不加功者

謀殺子孫之妾已傷者〇已殺爲從加功者。

謀殺嫡弟妹嫡姪姪孫外孫已行爲從者〇已殺爲從不行者〇已傷爲從不加功者。

謀殺大功以下卑幼已傷爲從不行者卑幼妻妾同後倣此。

謀殺夫之期服以下卑幼已傷爲從不行者。

徒二年半杖九十

謀殺子孫之婦已行者〇已殺爲從不加功者〇已傷爲從加功者。

謀殺子孫之妾已殺者。

謀殺嫡弟妹嫡姪姪孫外孫已行者〇已殺爲從不加功者〇已傷爲從加功者。

謀殺大功以下卑幼已行爲從者〇已殺爲從不行者〇已傷爲從不加功者。

謀殺夫之期服以下卑幼已行爲從者〇已殺爲從不行者〇已傷爲從不加功者。

嫡繼慈養母謀殺子孫已殺致令絶嗣爲從不行者。

謀殺緦麻以上尊長已傷爲從不行者。

奴婢僱工人謀殺家長之緦麻以上親已傷爲從不行者。

徒三年杖一百

謀殺子孫之婦已傷者〇已殺爲從加功者。

謀殺嫡弟妹嫡姪姪孫外孫已傷者〇已殺爲從加功者。

謀殺大功以下卑幼已行者〇已殺爲從不加功者〇已傷爲從加功者。

謀殺夫之期服以下卑幼已行者〇已殺爲從不加功者〇已傷爲從加功者。

嫡繼慈養母謀殺子孫已殺致令絶嗣爲從不加功者。

謀殺緦麻以上尊長已行爲從者〇已傷爲從不加功者。

奴婢僱工人謀殺家長之緦麻以上親已行爲從者〇已傷爲從不加功者。

流二千里杖一百

謀殺子孫之婦已殺者。

謀殺嫡弟妹嫡姪姪孫外孫已殺者。

謀殺緦麻以上尊長已行者。

奴婢僱工人謀殺家長緦麻以上親已行者。

流三千里杖一百

謀殺大功以下卑幼已傷者〇已殺爲從加功者。

嫡繼慈養母謀殺子孫已殺致令絶嗣爲從加功者。

謀殺夫之期服以下卑幼已傷者〇已殺爲從加功者。

謀殺緦麻以上尊長已傷爲從加功者。

奴婢僱工人謀殺家長緦麻以上親已傷爲從加功者。

絞監候

謀殺大功以下卑幼已殺者。

謀殺夫之期服以下卑幼已殺者。

嫡繼慈養母謀殺子孫已殺致令絕嗣者。

絞決

謀殺緦麻以上尊長已傷者。

奴婢僱工人謀殺家長緦麻以上親已傷者。

斬決

謀殺祖父母父母期親尊長外祖父母夫、夫之祖父母、父母已行者,不分首從。

奴婢僱工人謀殺家長及家長之期親外祖父母已行者,不分首從。

謀殺緦麻以上尊長已殺者,不分首從。

奴婢僱工人謀殺家長之緦麻以上親已殺者,不分首從。

凌遲處死

謀殺祖父母父母期親尊長外祖父母夫、夫之祖父母、父母,已殺者,不分首從。

奴婢僱工人謀殺家長及家長之期親外祖父母,已殺者,不分首從。以上子孫奴婢等,如監斃者,仍戮其屍。右服屬不備列於罪名者,俱依凡謀殺科。

殺死姦夫

凡妻妾與人姦通而於姦所親獲姦夫姦婦,登時殺死者,勿論。若止殺死姦夫者,姦婦依律斷罪,入官爲奴。〇其妻妾因姦同謀殺死親夫者,凌遲處死,姦夫處斬。若姦夫自殺其夫者,姦婦雖不知情,絞。

附律定例

一、本夫拘執姦夫姦婦而毆殺者,比照夜無故入人家已就拘執而擅殺至死律條。

雍正三年律例館奏准改定例文

一、姦夫已就拘執而毆殺,或雖在姦所捉獲,非登時而殺,並須引夜無故入人家已就拘執而擅殺至死律。

雍正三年律例館奏准增定附律例文

一、登時姦所獲姦止殺姦婦,或非姦所,姦夫已去,將姦婦逼供而殺,俱依毆妻至死律。

一、姦夫已離姦所,本夫登時逐至門外殺之,止依不應杖,非登時,依不拒捕而殺。

一、姦夫奔走良久,或趕至中途,或聞姦次日追而殺之,並依故殺。

一、本夫之兄弟及有服親屬,或同居人,或應捕人,皆許捉姦。其婦人之父母、伯叔、姑、兄、姊、外祖父母捕姦殺傷姦夫者,與本夫同,但卑幼不得殺尊長,犯則依故殺伯叔母姑兄姊律科罪;尊長殺卑幼,照服輕重科罪。

一、弟見兄妻與人行姦,趕上殺死姦夫,依罪人不拒捕而殺。

一、外人或非應捕人有殺傷者,並依鬬殺傷論。

一、姦婦自殺其夫,姦夫果不知情,止科姦罪。

一、因姦謀殺本夫傷而不死,姦婦依謀殺夫已行,斬;姦夫依謀殺人傷而不死從而加功滿流。若是造意,依造意絞。

一、姦夫自殺夫之父母,以便往來,姦婦雖不知情,亦絞。

一、嫂叔通姦有指實,本夫得知,不於姦所而殺二命,依本犯應死而擅殺。以上諸條,先須姦情確審得實乃坐。

雍正五年律例館奏准增定附律例文

一、凡指稱姦所獲姦,姦夫脱逃,止將姦婦殺死者,若審無確據,仍照律議擬外,如本夫於姦所獲姦,一時氣忿,將姦婦毆死,姦夫當時脱逃,後被拏獲到官,審明姦情是實,姦夫供認不諱者,將姦夫擬絞監候,本夫杖八十。

一、凡姦夫同謀殺死親夫,復行設計謀娶姦婦爲妻妾者,擬斬立決。

律例館又奏准律後恭載諭旨

雍正三年諭:"姦夫殺死親夫,姦婦雖不知情,而親夫之死,實由其已經失節,與人通姦之故,擬以絞罪,此律固不可改。但本婦一聞姦夫殺害本夫,即行喊叫,將姦夫指拏,尚有不忍死其夫之心,猶屬可憫,若將此等婦人按律擬罪而必致之死,恐將來有犯此等事情之人,畏法律之嚴,反隱匿而不肯自行出首。嗣後如有此等情事,仍照律定擬,加簽呈覽。"

罪名

笞二十

不應捕姦之外人捕姦,以手足毆姦夫姦婦不成傷者。

笞三十

不應捕姦之外人捕姦，毆姦夫姦婦，以手足成傷，以他物不成傷者。

笞四十

不應捕姦之外人捕姦，毆姦夫姦婦，以他物成傷者。

笞五十

不應捕姦之外人捕姦而傷姦夫姦婦，拔髪方寸以上者。

杖八十

本夫捕姦，於姦所登時殺死姦夫，其姦婦仍入官爲奴。○本夫之兄弟、有服親屬、同居人應捕人及婦人之父母、伯叔、姑、兄、姊、外祖父母，皆許捕姦，其殺傷姦夫者，與本夫同，下倣此。

姦夫已離姦所，本夫登時逐至門外殺之者。

本夫於姦所獲姦，氣忿將姦婦毆死，姦夫當時脱逃，後被拏獲到官，姦夫供認不諱者，其本夫不應捕姦之外人捕姦而傷姦夫姦婦血從耳目中出及内損吐血者。

杖九十

本夫於姦所獲姦，止殺姦夫，其姦婦入官爲奴。

姦婦自殺其夫，姦夫果不知情者。

杖一百

嫂叔通姦有指實，本夫不於姦所而殺二命者。

不應捕姦之外人捕姦，而傷姦夫姦婦折一齒、手足一指、抉毁耳鼻破骨者。

妻妾犯姦，雖登時于姦所但止殺姦婦者。

徒一年杖六十

不應捕姦之外人捕姦，而傷姦夫姦婦折二齒二指以上及髡髪者。

徒二年杖八十

不應捕姦之外人捕姦，而傷姦夫姦婦折肋、眇兩目、墮胎及刃傷者。

徒三年杖一百

妾犯姦，非姦所，姦夫已去，逼供而殺者○指稱無確據者○姦夫已就拘執而毆殺者○雖在姦所捉獲，非登時而殺者。

期親尊長捕姦殺卑幼者。

不應捕外人捕姦而傷姦夫姦婦折跌肢體、瞎一目者。

流三千里杖一百

姦夫謀殺本夫傷而不死者。

堂兄姊、堂伯叔、父母、姑捕姦殺卑幼者。

不應捕姦之外人捕姦，而傷姦夫姦婦瞎兩目、折兩肢、損二事以上、斷舌、毀敗陰陽、因舊患至篤疾者。

絞監候

大功以下尊長捕姦殺卑幼者。

姦夫自殺本夫，若殺夫之父母，姦婦雖不知情，但已殺者。

妻犯姦非姦所，姦夫已去，逼供而殺者〇指稱無確據者〇姦夫離姦所，本夫殺之非登時者。

弟見兄之妻與人行姦，趕上殺死姦夫者。

不應捕姦之外人捕姦而殺姦夫姦婦者。

因姦謀殺本夫傷而不死，姦夫造意者。

本夫於姦所獲姦，氣忿將姦婦毆死，姦夫脱逃，後被拏獲到官供認不諱者其姦夫。

斬監候

姦夫與姦婦同謀殺死本夫者其姦夫。

姦夫不與姦婦，謀自殺本夫者。

姦夫奔走良久，趕至中途，或聞姦次日，追而殺之者。

斬決

因姦謀死親夫傷而不死者。

姦夫同謀殺死親夫復設計娶姦婦爲妻妾者。

凌遲處死

因姦謀殺親夫者。

卑幼捕姦殺尊長本律應凌遲處死者。

謀殺故夫父母

凡妻妾謀殺故夫之祖父母、父母者，並與謀殺舅姑罪同。〇若奴婢謀殺舊家長者，以凡人論。謂將自己奴婢轉賣他人者，皆同凡人。餘條准此。

罪名

杖一百

謀殺已故子孫改嫁之妾已傷爲從不行者。

徒一年杖六十

謀殺已故子孫改嫁之妾已行爲從者〇已殺爲從不行者〇已傷爲從不加功者。

徒一年半杖七十

謀殺已故子孫改嫁之妻已傷爲從不行者。

謀殺已故子孫改嫁之妾已行者〇已殺爲從不加功者〇已傷爲從加功者。

徒二年杖八十

謀殺已故子孫改嫁之妻已行爲從者〇已殺爲從不行者〇已傷爲從不加功者。

謀殺已故子孫改嫁之妾已傷者〇已殺爲從加功者。

徒二年半杖九十

謀殺已故子孫改嫁之妻已行者〇已殺爲從不加功者〇已傷爲從加功者。

謀殺已故子孫改嫁之妾已殺者。

徒三年杖一百

謀殺已故子孫改嫁之妻已傷者〇已殺爲從加功者。

流二千里杖一百

謀殺已故子孫改嫁之妻已殺者。

斬決

子孫改嫁妻妾謀殺故夫祖父母、父母已行者被出者,不用此律,下同。

贖身奴婢謀殺舊家長已行者。

凌遲處死

子孫改嫁妻妾謀殺故夫祖父母、父母已殺者。

贖身奴婢謀殺舊家長已殺者。

經賣奴婢謀殺舊家長,同凡論,即用卷首謀殺人律科,罪名不另列。

殺一家三人

凡殺一家非死罪三人及支解人者,凌遲處死。財産斷付死者之家,妻子流二千里;爲從者,斬。

附律定例

一、凡殺一家非死罪三人及支解人,爲首監故者,將財産斷付被殺之家,妻子流二千里,仍剉碎死屍,梟首示衆。

一、支解人,如毆殺故殺人殺死之後,欲求避罪,割碎死屍,棄置埋没;原無支解之心,各以毆殺故殺論,若初心本欲支解,其人行兇之時,或勢力不遂,乃先行殺,隨又支解,惡狀昭著者,以支解論,俱奏請定奪。

雍正五年律例館奏准增定附律例文

一、凡本宗及外姻尊長殺緦麻、小功、大功卑幼一家非死罪主僕傭工三人者，俱斬決；殺期服卑幼一家主僕傭工三人者，絞決；如謀占家産，圖襲官職，殺期服卑幼一家三人者，斬決；殺大功、小功、緦麻卑幼一家三人者，凌遲處死。

一、凡家長殺奴僕非死罪三人者，不分官民，俱發黑龍江，被殺人父母妻子，悉放爲民；若殺期親奴僕一家三人，俱絞監候；殺内外大功、小功、緦麻親及族中奴僕一家三人者，俱斬監候。

一、凡發遣當差爲奴之犯人，若殺死伊管主一家三人并三人以上者，除正犯凌遲處死外，其知情之子孫，擬斬立決，不知情者，擬斬監候，其子孫年未及歲，並該犯之妻妾，俱發寧古塔等處，給披甲之人爲奴，如已發寧古塔等處者，轉發西安、成都等處，給駐防兵丁爲奴。

罪名

流二千里杖一百

殺一家非死罪三人及支解人者之妻子。

流三千里杖一百

殺一家非死罪三人及支解人爲從而不加功者。

本謀殺一人而行者臨時殺非死罪三人，其同謀非造意之不行者。

發遣

家長殺奴僕非死罪三人者，不分官民，發黑龍江。

爲奴

發遣當差爲奴犯人殺管主一家三人并三人以上，其妻妾及年未及歲子孫，發寧古塔等處，給披甲人爲奴。○若在寧古塔等處犯事，發西安、成都，給駐防兵丁爲奴。

絞監候

殺期親奴僕一家非死罪三人者。

毆殺人後欲求避罪，割碎死屍，棄置埋没，原無支解之心者。

絞決

殺期服卑幼一家主僕非死罪三人者。三人内有功服緦麻卑幼，仍坐斬決。

斬監候

本謀殺一人而行者臨時殺非死罪三人其同謀造意之不行者。

故殺人後，欲求避罪，割碎死屍，棄置埋没，原無支解之心者。

殺大功以下親屬之奴僕一家非死罪三人者。

發遣當差爲奴犯人殺管主一家三人并三人以上其不知情之子孫。

斬決

殺一家非死罪三人及支解人爲從加功者。

謀占家産、圖襲官職而殺期服卑幼一家三人者。

殺大功以下卑幼一家主僕非死罪三人者。

發遣當差爲奴犯人殺管主一家三人并三人以上其知情之子孫。

凌遲處死

殺一家非死罪三人爲首者○支解人爲首者，若監斃，仍剉碎死屍，梟首示衆。

本謀殺一人而行者臨時殺三人其行者。

本欲支解人，勢力不遂，乃先殺訖而支解者。

謀占家産、圖襲官職而殺大功以下卑幼一家三人者。

發遣當差爲奴犯人殺管主一家三人并三人以上者。

採生折割人

凡採生折割人者，凌遲處死，財産斷付死者之家，妻子及同居家口，雖不知情，並流二千里安置；爲從者，斬。若已行而未曾傷人者，亦斬，妻子流二千里；爲從者，杖一百、流三千里。里長知而不舉者，杖一百，不知者，不坐。告獲者，官給賞銀二十兩。

罪名

杖一百

里長知採生折割人而不首者。

徒三年杖一百

採生折割已行而未曾傷人其爲從不加功者。

流二千里杖一百

採生折割已殺傷人妻子及同居家口不知情及行而未曾傷人者之妻子及同居家口。

流三千里杖一百

採生折割已殺傷人其爲從不加功者○已行而未曾傷人其爲從加功者。

斬決

採生折割已行而未傷人爲首者○已殺傷人其爲從加功者。

凌遲處死

採生折割人已傷已殺爲首者。

造畜蠱毒殺人

凡造畜蠱毒堪以殺人及教令者，斬。造畜者財産入官，妻子及同居家口，雖不知情，並流二千里安置。若以蠱毒毒同居人，其被毒之人父母、妻妾、子孫不知造蠱情者，不在流遠之限。若里長知而不舉者，各杖一百不知者，不坐告獲者，官給賞銀二十兩。〇若造魘魅符書咒詛，欲以殺人者，各以謀殺論。因而致死者，各依本殺法。欲令人疾苦者，減二等。其子孫於祖父母、父母，奴婢、僱工人於家長者，各不減。〇若用毒藥殺人者，斬。買而未用者，杖一百、徒三年。知情賣藥者，與同罪。至死減等。不知者，不坐。

罪名

杖七十

造魘魅符書咒詛，欲令子孫疾苦者。

杖八十

造魘魅符書咒詛，欲以殺子孫已行爲從者。

杖九十

造魘魅符書咒詛，欲以殺子孫已行者。

杖一百

知人造畜蠱毒而不舉首之里長。

造魘魅符書咒詛，欲以殺人已行爲從者論凡人用此罪名，其官長親屬之不另列罪名者，即依凡論，同此科。

造魘魅符書咒詛殺子孫已殺爲從者。

造魘魅符書咒詛，欲令子孫之妾疾苦者。

徒一年杖六十

造魘魅符書咒詛殺子孫已殺者。

造魘魅符書咒詛，欲以殺子孫之妾已行爲從者。

徒一年半杖七十

造魘魅符書咒詛，欲以殺子孫之妻已行者。

徒二年杖八十

造魘魅符書咒詛，欲以殺子孫之婦已行爲從者。

造魘魅符書咒詛，欲殺嫡弟妹、嫡姪、姪孫、外孫已行爲從者。

造魘魅符書咒詛殺子孫之妾已殺爲從者。

造魘魅符書咒詛,欲令大功以下卑幼疾苦者。

造魘魅符書咒詛,欲令夫之期服以下卑幼疾苦者

以上二條,雖與論凡人同,但各從故殺本律減得,非依凡論得者,故,仍列其罪名。

造魘魅符書咒詛,欲令人疾苦者論凡人用此罪名,其官長親屬之不另列罪名者,即依凡論,同此科。

徒二年半杖九十

造魘魅符書咒詛,欲以殺子孫之婦已行者。

造魘魅符書咒詛,欲以殺嫡弟妹、嫡姪、姪孫、外孫已行者。

造魘魅符書咒詛,欲以殺大功以下卑幼已行爲從者。

造魘魅符書咒詛,欲以殺夫之期服以下卑幼已行爲從者。

造魘魅符書咒詛殺子孫之妾已殺者。

造魘魅符書咒詛,欲令制使本屬府州縣官、本營專管官、五品以上長官疾苦者。

造魘魅符書咒詛,欲令緦麻以上尊長疾苦者。

奴婢造魘魅符書咒詛,欲令家長之緦麻以上親疾苦者。

徒三年杖一百

造魘魅符書咒詛,欲以殺人已行者論凡人用此罪名,其官吏親屬之不另列罪名者,即依凡論,同此科。

造魘魅符書咒詛,欲以殺制使本屬府州縣官、本營該管官、五品以上長官已行爲從者。

造魘魅符書咒詛,欲以殺大功以下卑幼已行者。

造魘魅符書咒詛,欲以殺夫之期服以下卑幼已行者以上二條,雖與論凡人同,但各從故殺本律減得,非依凡論得者,故,仍列其罪名。

造魘魅符書咒詛殺子孫之婦已殺爲從者。

造魘魅符書咒詛殺嫡弟妹、嫡姪、姪孫、外孫已殺爲從者。

造魘魅符書咒詛,欲以殺緦麻以上尊長已行爲從者。

奴婢、僱工人造魘魅符書咒詛,欲以殺家長之緦麻以上尊長已行爲從者。

造魘魅符書咒詛,欲令期親尊長外祖父母疾苦者。

奴婢、僱工人造魘魅符書咒詛,欲令家長之期親、外祖父母疾苦者。

買毒藥殺人而未用者〇知情賣與者。

流二千里杖一百

造畜蠱毒堪以殺人者,不論曾否殺人,其妻子及同居人並坐,惟以蠱毒毒同居人,其被毒之人之父母、妻妾、子孫不知造蠱毒情者,不坐。如知情惟父母於子孫,依本律流,夫於妻妾,依凡論斬決,子孫於父母、妻妾於夫,凌遲處死。

造魘魅符書咒詛,欲以殺制使本屬府州縣官、本營該管官、五品以上長官已行者。

造魘魅符書咒詛殺子孫之婦已殺者。

造魘魅符書咒詛殺嫡弟妹、嫡姪、姪孫、外孫已殺者。

造魘魅符書咒詛,欲以殺緦麻以上尊長已行者。

奴婢、僱工人造魘魅符書咒詛,欲以殺家長緦麻以上親已行者。

流三千里杖一百

造魘魅符書咒詛殺人已殺爲從者。論凡人用此罪名,其官吏親屬之不另列者,即依凡論,同此科。

造魘魅符書咒詛殺大功以下卑幼已殺爲從者。

造魘魅符書咒詛殺夫之期服以下卑幼已殺爲從者。

嫡、繼、慈、養母造魘魅符書咒詛殺子孫已殺致絶嗣爲從者。

以上三條雖與論凡人同但各從故殺本律减得非依凡論得者,故仍列。

絞監候

造魘魅符書咒詛殺大功以下卑幼已殺者。

造魘魅符書咒詛殺夫之期服以下卑幼已殺者。

嫡、繼、慈、養母造魘魅符書咒詛殺子孫已殺致絶嗣者。

斬監候

造魘魅符書咒詛殺人已殺者,論凡人用此罪名,其官吏親屬之不另列罪名者,即從凡論,同此科。

官吏造魘魅符書咒詛,殺制使本屬府州縣官、本營該管官、五品以上長官已殺者,不分首從。

用毒藥殺人者〇知情賣與者。

斬決

造畜蠱毒堪以殺人者,不論曾否用以殺人但造但畜者財産入官。

教令人造畜蠱毒堪以殺人者,不論曾否用以殺人但教令人造教令人畜者。

軍民人等，造魘魅符書咒詛殺制使本屬府州縣官、本營該管官、五品以上長官已殺者，不分首從。

造魘魅符書咒詛，欲以殺祖父母、父母、期親尊長、嫡兄姊、外祖父母、夫、夫之祖父母、父母已行者不分首從。

奴婢、僱工人造魘魅符書咒詛，欲以殺家長及家長之期親、外祖父母已行者不分首從。

造魘魅符書咒詛殺緦麻以上尊長已殺者，不分首從。

奴婢、僱工人造魘魅符書咒詛殺家長緦麻以上親已殺者，不分首從。

造魘魅符書咒詛，欲令祖父母、父母、夫、夫之祖父母、父母疾苦者，不分首從。

奴婢、僱工人造魘魅符書咒詛，欲令家長疾苦者，不分首從。

凌遲處死

造魘魅符書咒詛殺祖父母、父母、期親尊長、外祖父母、夫、夫之祖父母、父母已殺者，不分首從。

奴婢、僱工人造魘魅符書咒詛殺家長及家長之期親、外祖父母已殺者，不分首從。

鬭殺及故殺人

凡鬭毆殺人者，不問手足、他物、金刃，並絞。○故殺者，斬。○若同謀共毆人因而致死者，以致命傷爲重。下手者，絞。原謀者，杖一百，流三千里，餘人各杖一百。

附律定例

一、凡同謀共毆人，除下手致命傷重者，依律處絞外，其共毆之人，審係執持鎗刀等項，兇器，亦有致命傷痕者，發邊衛充軍。

一、凡同謀共毆人犯，除下手者，擬絞外，必實係造意首禍之人，方以原謀擬流，毆有重傷而又持有兇器者，方以合例發遣；其但曾與謀而未造意，并有重傷而無兇器，有兇器而無重傷者，毋得槩擬流戍。

一、凡審共毆下手，擬絞，人犯果於未決之前，遇有原謀助毆重傷之人監斃在獄，與解審中途因而病故者，准其抵命。若係配發事結之後在家病亡者，不得濫改抵償，仍將下手之人依律處決。

雍正三年律例館奏准增定附律例文

一、凡審理命案，一人獨毆人致死，無論致命不致命，皆擬抵償；若兩人共毆人致死，則以頂心顖門、太陽穴、耳竅、咽喉、胸堂、兩乳、心坎、肚腹、臍肚、兩脇、腎囊、腦後、耳根、脊背、脊膂、兩後脇、腰眼并頂心之偏左偏右、額顱、額角爲致命，論抵。

一、文武生員，除謀故殺人及戲殺、誤殺、過失殺、鬬毆殺傷人者，仍照律治罪外，如有武斷鄉曲、倚仗衣頂橫行，欺壓平民，其人不敢與爭，旁人不敢勸阻，將人毆打至死者，審實，從重擬斬監候。

歷年事例

雍正三年議准：凡持刀將人連戳傷重者，不論旗民，俱發寧古塔。〇五年諭："凡因賭博致毆殺、誤殺、戲殺等罪擬絞監候之犯，遇秋審、朝審時，俱擬情實；即外省擬緩決可矜者，亦俱擬情實。"

罪名

杖一百

共毆人致死，其非原謀，又不曾下手傷命者。

流三千里杖一百

同謀共毆人致死，其原謀而非下手傷命者。

邊衛充軍

共毆人致死，雖非正犯而係執持刀鎗等項兇器，亦有致命傷痕者。

絞監候

鬬毆殺人者

同謀共毆人致死，其下手傷命者。

斬監候

故殺人者

文武生員武斷鄉曲，欺壓平民，其人不敢與爭，旁人不敢勸阻而將人毆打至死者。

大清會典卷之一百七十五

刑部

〔律例二十六刑律六〕

〔人命二〕

屏去人服食

凡以他物置人耳鼻及孔竅中，若故屏去人服用飲食之物而傷人者，杖八十。謂寒月脱去人衣服，饑渴之人絶其飲食，登高乘馬私去梯轡之類。致成殘廢疾者，杖一百，徒三年。令至篤疾者，杖一百，流三千里。將犯人財産一半，給付篤疾之人養贍。至死者，絞。○若故用蛇蝎毒蟲咬傷人者，以鬬毆傷論，因而致死者，斬。

罪名

笞四十

故用蛇蝎毒蟲傷人者。

笞五十

故用蛇蝎毒蟲傷人。拔髪方寸以上者。

杖八十

以他物置人耳鼻孔竅中，及故屏去服用飲食之物而傷人者。

故用蛇蝎毒蟲傷人血從耳目中出及内損吐血者。

杖一百

故用蛇蝎毒蟲傷人折一齒，手足一指，眇一目，抉毁耳鼻破骨者。

徒一年杖六十

故用蛇蝎毒蟲傷人折二齒、二指以上及髠髪者。

徒二年杖八十

故用蛇蝎毒蟲傷人折肋,眇兩目,墮胎者。

徒三年杖一百

以他物置人耳鼻孔竅中,及故屏去服用飲食之物致成廢疾者。

故用蛇蝎毒蟲傷人折跌肢體,瞎一目者。

流三千里杖一百

以他物置人耳鼻孔竅中及故屏去服用飲食之物,致令篤疾者。

故用蛇蝎毒蟲傷人瞎兩目,折兩肢,損二事以上,斷舌,毁敗陰陽,及因舊患令至篤疾者。

絞監候

以他物置人耳鼻孔竅中,及故屏去服用飲食之物而致死者。

斬監候

故用蛇蝎毒蟲傷人致死者。

戲殺誤殺過失殺傷人

凡因戲而殺傷人及因鬭毆而誤殺傷旁人者,各以鬭殺傷論。其謀殺故殺人而誤殺旁人者,以故殺論。〇若知津河水深泥濘而詐稱平淺,及橋梁渡船朽漏不堪渡人而詐稱牢固,誑令人過渡,以致陷溺死傷者,亦以鬭殺傷論。〇若過失殺傷人者,各准鬭殺、傷罪依律收贖,給付其家。過失謂耳目所不及思慮所不到,如彈射禽獸因事投擲磚瓦,不期而殺人者,或因升高險足,有蹉跌累及同伴,或駕船使風,乘馬驚走,馳車下坡,勢不能止,或其舉重物力不能制,損及同舉物者,凡初無害人之意而偶致殺傷人者,皆准鬭毆殺傷人罪依律收贖,給付被殺被傷之家,以爲營葬及醫藥之資。

附律定例

一、應該償命罪囚,遇蒙赦宥,俱追銀二十兩,給付被殺家屬。如果十分貧難者,量追一半;

一、收贖過失殺人絞罪,與被殺之家營葬折銀十二兩四錢二分。

雍正五年律例館奏准增定附律例文

一、凡捕役拏賊,與賊格鬭而誤殺無干之人者,仍照過失殺人律,於犯人名下追銀十二兩四錢二分給付死者之家;

一、瘋病殺人者,從犯人名下追取埋葬銀十二兩四錢二分給付死者之家;

一、凡各項埋葬銀兩,地方官照數追給,取具嫡屬收領,然後將該犯釋放,報部存案;若不給付,該犯係管押者,仍行管押,係監禁者,仍行監禁,勒限追給;如捏稱給付,將本犯釋放者,告發之日,本犯不准援免,地方官一併從重議處。

歷年事例

國初定:凡過失殺傷人者,鞭一百,賠人一口。○順治五年定:凡人鬬毆誤傷致死者,責四十板,賠人一口。其素有讐怨因而鬬殺者,仍依本律審擬,請旨定奪。○康熙三年題准:凡旗下過失殺傷人者,仍照例鞭責賠人,其民人有犯,責四十板,追銀四十兩給付被殺之家。或民人過失殺傷旗下人,或旗下過失殺傷民人,俱照此例。○四年題准:凡鬬毆打死人命遇赦免死發落者,追銀四十兩給付死者之家,如本犯自稱不能給銀,情願與死者之家爲奴者,即將本人給與爲奴。○七年覆准:過失殺傷人者,停其追銀賠人之例,仍照律追營葬銀十二兩四錢二分,給被殺之家。○十年題准:凡毆死人命罪犯已經宥免者,停其賠人給銀四十兩之例,仍照律追銀二十兩,給付被殺家屬。

凡捕役誤殺無干之人者,康熙六年議准:照過失殺傷人治罪,於罪贖銀兩内取銀四十兩,給被殺之家。○十年題准:捕役誤殺無干之人,停其追銀四十兩之例,於本犯名下追銀十二兩四錢二分,給與被殺之家。

凡瘋病殺傷人者,康熙六年題准:免議。○八年題准:從本犯名下追埋葬銀十二兩四錢二分,給與被殺之家。○二十八年覆准:假粧瘋病殺人者,審訊明白,或係謀殺、故殺、鬬毆殺人,各依本律治罪,如無瘋病而殺人,或證佐之人説稱實有瘋病者,審無同謀受賄情弊,照證佐不言實情減罪人二等律治罪;如有同謀受賄情弊,各照本律治罪。○又覆准:瘋病之人,應令父祖叔伯兄弟,或子姪親屬之嫡者,防守如無此等親屬,令鄰佑鄉約地方防守,如有疎縱,以致殺人者,照不應重律杖八十。

罪名

笞三十

因戲而傷人,以手足傷者,戲謂以堪殺人之事爲戲,如比較拳棒之類。○鬬毆誤傷旁人,以手足傷者。

笞四十

因戲而傷人,以他物傷者○鬬毆誤傷旁人,以他物傷者○誆令過渡陷溺傷者。

笞五十

因戲而傷人，拔髮方寸以上者○鬬毆誤傷旁人傷同者○詐令過渡陷溺傷同者。

杖八十

因戲而傷人血從耳目中出及内損吐血者○鬬毆誤傷旁人傷同者○詐令過渡陷溺傷同者。

杖一百

因戲而傷人折一齒、手足一指、眇一目、抉毁耳鼻破骨者○鬬毆誤傷旁人傷同者○詐令過渡陷溺傷同者。

徒一年杖六十

因戲而傷人折二齒、二指以上及髡髮者○鬬毆誤傷旁人傷同者○詐令過渡陷溺傷同者。

徒二年杖八十

因戲而傷人折肋、眇兩目、墮胎、刃傷者○鬬毆誤傷旁人傷同者○詐令過渡陷溺傷同者。

徒三年杖一百

因戲而傷人折跌肢體，瞎一目者○鬬毆誤傷旁人傷同者○詐令過渡陷溺傷同者。

流三千里杖一百

因戲而傷人瞎兩目，折兩肢，損二事以上，斷舌，毁敗陰陽，及因舊患令至篤疾者○鬬毆誤傷旁人傷同者○詐令過渡陷溺傷同者。

絞收贖

過失殺人者。傷者亦依所傷輕重得罪差等，照律收贖，罪名同前，不另列。

絞監候

因戲而殺人者○鬬毆誤殺旁人者○詐令過渡致溺死者。

斬監候

謀殺故殺人而誤殺旁人者。

夫毆死有罪妻妾

凡妻妾因毆罵夫之祖父母、父母而夫擅殺死者，杖一百。○若夫毆罵妻妾因而自盡身死者，勿論。

雍正三年律例館奏准增定附律例文

一、凡妻與夫口角自縊，無傷痕者，無庸議。○若毆有重傷縊死者，其夫杖八十。

罪名

杖八十

夫毆妻有重傷縊死者。

杖一百

妻妾毆罵夫之祖父母、父母而夫擅殺者。

絞監候

妻有他罪不致死而夫擅殺者。

殺子孫及奴婢圖賴人

凡祖父母、父母故殺子孫及家長故殺奴婢圖賴人者,杖七十,徒一年半。○若子孫將已死祖父母、父母,奴婢、僱工人將家長身屍圖賴人者,杖一百,徒三年。期親尊長杖八十,徒二年。大功,小功,緦麻,各遞減一等。○若尊長將已死卑幼及他人身屍圖賴人者,杖八十。○其告官者,隨所告輕重,並依誣告平人律論罪。○若因而詐取財物者,計贓准竊盜論,搶去財物者,准白晝搶奪論,免刺,各從重科斷。

附律定例

一、凡故殺子孫,若遇謀故殺人,不赦者,依律斷放。其誣賴於人遇革者,所誣之人罪,若該原,犯人止從故殺子孫科斷;如所誣之人罪不該原,亦從重論。

雍正三年律例館奏准:故殺子孫與謀故殺人各律,此條首二語牽混。至所誣之人本罪遇赦時。自應分別該原不該原。但該原者,固從故殺子孫科斷;即不當原者,犯人,亦不便從重,此條删。

一、有服親屬互相以屍圖賴者,依干名犯義律。

一、妻將夫屍圖賴人,比依卑幼將期親尊長圖賴人律;若夫將妻屍圖賴人者,依不應重律,其告官司詐財搶奪者,依本律科斷。

一、故殺妾及弟妹、子孫、姪、姪孫與子孫之婦圖賴人者,俱問罪,屬軍衛者,發邊衛,屬有司者,發附近各充軍。

雍正三年律例館奏准:"今軍民一體科斷,屬軍衛者,至各充軍"十七字,改爲"發附近充軍"。

雍正五年律例館奏准增定附律例文

一、凡旗人自縊,抹脖,投井身死等事,部内官員已檢驗屍傷,令其擡送者,惡棍,或將棺材攔阻,亂行吵鬧,或打壞棺材,將屍擡去,勒措行詐,

該堆子該門之人拏解刑部,或受害之人首告者,從重懲治,若該堆子該門該班官兵知而不拏,將兵治罪外,官交與該部議處;

一、尊長致死卑幼,其因家務及卑幼有過者,仍照律科斷外,或因己身犯罪,或與他人有嫌,將期親卑幼致死以脱卸己罪,及誣賴他人者,擬絞監候;若已死卑幼之父母妻子無人養贍,將該犯財産斷給一半,以爲養贍之資。

罪名有服親屬互相以屍圖賴以干犯名義論俱見本律不複列

杖八十

將已死卑幼及他人身屍圖賴人者。

夫將妻屍圖賴人者。

杖九十

將已死卑幼或妻屍及他人身屍圖賴人,詐取財物三十兩者、四十兩之爲從者。

杖一百

卑幼將緦麻尊長身屍圖賴人者

將已死卑幼或妻屍及他人身屍圖賴人,詐取財物四十兩者、五十兩之爲從者。

徒一年杖六十

卑幼將小功尊長身屍圖賴人者。

將緦麻尊長身屍圖賴人,詐取財物五十兩者、六十兩之爲從者。

將已死卑幼或妻屍及他人身屍圖賴人,詐取財物五十兩者、六十兩之爲從者。

徒一年半杖七十

祖父母父母故殺子孫圖賴人者。

家長故殺奴婢圖賴人者。

卑幼將大功尊長身屍圖賴人者。

將緦麻小功尊長身屍圖賴人,詐取財物六十兩者、七十兩之爲從者。

將已死卑幼或妻屍及他人身屍圖賴人,詐取財物六十兩者、七十兩之爲從者。

將屍圖賴人罪未至徒一年半而以逼勒告官未論決者。

徒二年杖八十

卑幼將期親尊長身屍圖賴人者。

妻將夫屍圖賴人者

將功緦尊長身屍圖賴人，詐取財物七十兩者、八十兩之爲從者。

將已死卑幼或妻屍及他人身屍圖賴人，詐取財物七十兩者、八十兩之爲從者。

將屍圖賴人，罪未至徒二年而以逼勒告官已論決者。

徒二年半杖九十

將期親以下尊長身屍及妻將夫屍圖賴人，詐取財物八十兩者、九十兩之爲從者。〇搶去財物七十兩之爲從者。

將已死卑幼或妻屍及他人身屍圖賴人，詐取財物八十兩者、九十兩之爲從者。〇搶去財物七十兩之爲從者。

徒三年杖一百

子孫將已死祖父母父母身屍圖賴人者。

奴婢僱工人將家長身屍圖賴人者。

將期親以下尊長身屍及妻將夫屍圖賴人，詐取財物九十兩者、一百兩、一百一十兩、一百二十兩之爲從者。〇搶去財物七十兩者八十兩、九十兩、一百兩之爲從者。

將已死卑幼或妻屍及他人身屍圖賴人，詐取財物九十兩者、一百兩、一百一十兩、一百二十兩之爲從者。〇搶去財物七十兩、者八十兩、九十兩、一百兩之爲從者。

流二千里杖一百

將屍圖賴人詐取財物一百兩者。〇搶取財物八十兩者。

流二千五百里杖一百

將屍圖賴人詐取財物一百一十兩者。〇搶取財物九十兩者。

流三千里杖一百

將屍圖賴人詐取財物一百二十兩者。〇搶取財物一百兩者。〇將屍圖賴人以謀殺故殺毆殺告官未論決者。

附近充軍

故殺妾及弟妹子孫姪姪孫與子孫之婦圖賴人者。

絞監候

將期親卑幼致死以脱卸己罪，及誣賴他人者。

將屍圖賴人，以毆殺告官已决者。

斬監候

將屍圖賴人以謀殺故殺告官已決者。

弓箭傷人

凡故向城市及有人居止宅舍放彈射箭、投擲磚石者，笞四十。傷人者，減凡鬬傷一等。因而致死者，杖一百，流三千里。

雍正三年律例館奏准："故向城市"，"故"字不明顯，應照下條改爲"無故"二字。

罪名

笞四十

無故向城市及有人居止宅舍放彈射箭、投擲磚石者。

杖七十

無故向城市及有人居止宅舍放彈射箭、投擲磚石，傷人血從耳目中出及内損吐血者。

杖九十

無故向城市及有人居止宅舍放彈射箭、投擲磚石，傷人折一齒，手足一指，眇一目，抉毁耳鼻破骨者。

杖一百

無故向城市及有人居止宅舍放彈射箭、投擲磚石，傷人折二齒、二指以上者。

徒一年半杖七十

無故向城市及有人居止宅舍放彈射箭、投擲磚石，傷人折肋、眇兩目及墮胎者。

徒二年半杖九十

無故向城市及有人居止宅舍放彈射箭、投擲磚石，傷人折肢、瞎一目者

徒三年杖一百

無故向城市及有人居止宅舍放彈射箭，投擲磚石，傷人折兩肢、瞎兩目、損二事以上、斷舌、毁敗人陰陽，因舊患至篤疾者。

流三千里杖一百

無故向城市及有人居止宅舍放彈射箭、投擲磚石因而致死者。

車馬殺傷人

凡無故於街市鎮店馳驟車馬因而傷人者，減凡鬬傷一等，致死者，杖

一百,流三千里。若於鄉村無人曠野地内馳驟,因而傷人致死者,杖一百,並追埋葬銀一十兩。○若因公務急速而馳驟殺傷人者,以過失論。

雍正三年律例館奏准增定附律例文

一、凡騎馬踹傷人,除依律擬斷外,仍將所騎之馬給與被踹之人,若被踹之人身死,其馬入官。

罪名

笞三十

無故於街市鎮店馳驟車馬因而傷人者。

笞四十

無故於街市鎮店馳驟車馬,因而傷人拔髪方寸以上者。

杖七十

無故於街市鎮店馳驟車馬,因而傷人血從耳目中出及内損吐血者。

杖九十

無故於街市鎮店馳驟車馬,因而傷人折一齒、手足一指、眇一目、抉毁耳鼻破骨者

杖一百

無故於街市鎮店馳驟車馬,因而傷人折二齒、二指以上者。○於鄉村無人曠野地内馳驟車馬,因而傷人致死者。

徒一年半杖七十

無故於街市鎮店馳驟車馬,因而傷人折肋、眇兩目、墮胎者。

徒二年半杖九十

無故於街市鎮店馳驟車馬,因而傷人折肢、瞎一目者。

徒三年杖一百

無故於街市鎮店馳驟車馬,因而傷人折兩肢、瞎兩目、損二事以上、斷舌、毁敗陰陽、因舊患至篤疾者。

流三千里杖一百

無故於街市鎮店馳驟車馬因而傷人致死者。

絞收贖

因公務急速而馳驟殺人者傷者,依鬬毆律所傷輕重得罪差等,照律收贖,不另列。

庸醫殺傷人

凡庸醫爲人用藥鍼刺,誤不如本方因而致死者,責令别醫辯驗藥餌穴

道，如無故害之情者，以過失殺人論，不許行醫。〇若故違本方，詐療疾病而取財物者，計贓准竊盜論。因而致死及因事故用藥殺人者，斬。

罪名

杖六十

故違本方，詐療疾病而取財物一兩以下者、一十兩之爲從者。

杖七十

故違本方，詐療疾病而取財物一十兩者、二十兩之爲從者。

杖八十。

故違本方，詐療疾病而取財物二十兩者、三十兩之爲從者。

杖九十

故違本方，詐療疾病而取財物三十兩者、四十兩之爲從者。

杖一百

故違本方，詐療疾病而取財物四十兩者、五十兩之爲從者。

徒一年杖六十

故違本方，詐療疾病而取財物五十兩者、六十兩之爲從者。

徒一年半杖七十

故違本方，詐療疾病而取財物六十兩者、七十兩之爲從者。

徒二年杖八十

故違本方，詐療疾病而取財物七十兩者、八十兩之爲從者。

徒二年半杖九十

故違本方，詐療疾病而取財物八十兩者、九十兩之爲從者。

徒三年杖一百

故違本方，詐療疾病而取財物九十兩者、一百兩、一百一十兩、一百二十兩之爲從者。

流二千里杖一百

故違本方，詐療疾病而取財物一百兩者。

流二千五百里杖一百

故違本方，詐療疾病而取財物一百一十兩者。

流三千里杖一百

故違本方，詐療疾病而取財物一百二十兩者。

絞收贖

庸醫用藥及針刺，誤不如本方，因而致死者。

斬監候

故違本方,詐療疾病而取財物因而致死,及因事故用藥殺人者。

窩弓殺傷人

凡打捕户,於深山曠野,猛獸往來去處,穿作阬穽,及安置窩弓,不立望竿[①]及抹眉小索[②]者,笞四十。以致傷人者,減鬭毆傷二等。因而致死者,杖一百,徒三年。追徵埋葬銀一十兩。

罪名

笞四十

打捕户於猛獸往來去處,穿作防穽,及安置窩弓,不立望竿及抹眉小索者。

杖六十

捕户不立望竿及抹眉小索,傷人,血從耳目中出及内損吐血者。

杖八十

捕户不立望竿及抹眉小索,傷人,折一齒、手足一指、眇一目、抉毁耳鼻、破骨者。

杖九十

捕户不立望竿及抹眉小索,傷人,折二齒、二指以上及髡髪者。

徒一年杖六十

捕户不立望竿及抹眉小索,傷人折肋、眇兩目、墮胎者。

徒二年杖八十

捕户不立望竿及抹眉小索,傷人折肢、瞎一目者。

徒二年半杖九十

捕户不立望竿及抹眉小索,傷人折兩肢、瞎兩目、損二事以上、斷舌、毁敗陰陽,因舊患至篤疾者。

徒三年杖一百

捕户不立望竿及抹眉小索,傷人致死者。

威逼人致死

凡因事威逼人致死者,杖一百。若官吏公使人等,非因公務而威逼平民致死者,罪同。並追埋葬銀一十兩。○若威逼期親尊長致死者,絞。大

---

① 望竿:本指懸挂酒旆的旗竿。此處指懸挂驚示標誌的竹竿。

② 抹眉小索:在捕捉野獸的陷阱旁所拴的細繩。高度齊眉,提示行人不要誤入,故稱。

功以下,遞減一等。〇若因姦盜而威逼人致死者,斬。

附律定例

一、凡因姦威逼人致死人犯,務要審有挾制窘辱情狀,其死者,無論。本婦本夫父母親屬,姦夫亦以威逼擬斬;若和姦縱容而本婦本夫媿迫自盡,或妻妾自逼死其夫,或父母夫自逼死其妻女,或姦婦以別事致死其夫而姦夫無干者,毋得概坐因姦威逼之條。

一、凡因事用强,毆打威逼人致死,果有致命重傷,及成殘廢篤疾者,雖有自盡實跡,依律追給埋葬銀兩,發邊衛充軍。

一、凡因事威逼人致死一家二命,及非一家,但至三命以上者,發邊衛充軍;若一家三命以上,發邊衛,永遠充軍,仍依律各追給埋葬銀兩。

一、凡子孫威逼祖父母、父母,妻妾威逼夫之祖父母、父母致死者,俱比依毆者律,斬;其妻妾威逼夫致死者,比依妻毆夫至篤疾者律,絞,俱奏請定奪。

一、婦人夫亡願守志,别無主婚之人,若有用强求娶,逼受聘財,因而致死者,依律問罪,追給埋葬銀兩,發邊衛充軍。

一、凡軍民人等,因事威逼本管官致死,爲首者,比依威逼期親尊長致死律,絞,爲從者,枷號半年,發邊衛充軍。

雍正五年律例館奏准增定附律例文

一、凡奉差員役執持勘合火牌照數支取而該地方官不能措辦因而自盡者,勿論;若奉差員役額外需索,逼死印官者,審實依威逼致死律,杖一百,加徒三年;若有受賄實跡,仍依枉法從重論。

一、凡喇嘛和尚等,有强姦致死人命者,照光棍例,分别首從,定擬治罪。

歷年事例

康熙四十六年議准:衙役詐贓逼死人命,應比照奸徒串結衙門人役陷害良善詐騙財物者,枷號兩個月發落律,仍追埋葬銀四十兩,給付死者之家。〇雍正五年諭:"從來兇悍之人,偷竊姦宄,怙惡不悛,以致伯叔兄弟等,重受其累。其本人所犯之罪,在國法雖未至於死而其尊長族人,剪除兇惡,訓誡子弟,治以家法,至於身死,亦是懲惡防患之道,使不法之子弟知所儆懼悛改,情非得已,不當按律擬以抵償。嗣後凡遇兇惡不法之人,經官懲治,怙惡不悛,爲合族之所共惡者,准族人鳴之於官,或將伊流徙遠方,以除宗族之害。或以家法處治,至於身死,免其抵罪。著定議具奏。"

遵旨議准：嗣後同族之中，果有兇悍不法偷竊姦宄之人，許族人呈明該地方官照所犯本罪，依律科斷發落，詳記檔案；若已經官懲治之後，尚復怙惡不悛，准族人公同鳴官，該地方官查明從前過犯實跡，將該犯流三千里安置，仍令該管官嚴行管束，不許擅離配所，潛回原籍，生事爲非；倘族人不法，事起一時，動合族公憤，不及鳴官，合族人等，處以家法，以致身死，隨即報明該地方官，該地方官審明死者，所犯劣跡確有實據，取具里保甲長公結，若死者實有應死之罪，將爲首者照罪人應死而擅殺律，治以杖罪；若死者，罪不至死，但其素行爲通族之所共惡，將爲首者，照應得之罪減一等，免其抵擬；倘本宗之人並非兇悍不法，别無過犯實跡而宗族之人捏稱怙惡，托名公憤，將族人毆斃者，該地方官審明致死實情，將爲首之人，仍照本律科斷。

罪名

杖一百

因事威逼人致死者。

官吏公使人等，非因公務而威逼人致死者。

徒二年半杖九十

威逼緦麻尊長致死者。

徒三年杖一百

奉差員役額外需索，逼死印官者。

威逼小功尊長致死者。

流二千里杖一百

奉差員役額外需索，逼死印官，計受賄四十五兩者。

流二千五百里杖一百

奉差員役額外需索，逼死印官，計受賄五十兩者。

流三千里杖一百

奉差員役額外需索，逼死印官，計受賄五十五兩者，無禄人八十兩者。

威逼大功尊長致死者。

邊衛充軍

威逼本管官致死爲從者，枷號半年。

因事用强，毆打威逼人致死，果有致命重傷及成殘廢篤疾自盡者。

因事威逼人致死一家二命及非一家，但三命以上者。

婦人夫亡守志，有用强求娶，逼受聘財因而致死者。

邊衛永遠充軍

因事威逼人致死一家三命以上者。

絞監候

威逼期親尊長致死者。

威逼本管官致死爲首者。

奉差員役額外需索,逼死印官,計受賄八十兩者,無禄人一百二十兩者。

絞決

妻妾威逼夫致死者。

喇嘛和尚强姦致死人命爲從者。

斬監候

因姦而威逼人致死者。

斬決

子孫威逼祖父母、父母,妻妾威逼夫之祖父母、父母致死者。

喇嘛和尚强姦致死人命爲首者。

尊長爲人殺私和

凡祖父母、父母及夫,若家長爲人所殺而子孫、妻妾、奴婢、僱工人私和者,杖一百,徒三年。期親尊長被殺而卑幼私和者,杖八十,徒二年。大功以下,各遞減一等。其卑幼被殺而尊長私和者,各減卑幼一等。若妻妾、子孫及子孫之婦、奴婢、僱工人被殺而祖父母、父母、夫家長私和者,杖八十。受財者,計贓准竊盗論,從重科斷。○常人私和人命者,杖六十,受財,准枉法論。

罪名

杖六十

常人私和人命者。

杖七十

常人私和人命,受財,有禄人一兩以下、無禄人一兩至五兩者。

杖八十

妻妾、子孫及子孫之婦、奴婢、僱工人被殺而祖父母、父母夫家長私和者。

常人私和人命,受財,有禄人一兩至五兩、無禄人一十兩者。

杖九十

緦麻卑幼被殺而尊長私和者。

常人私和人命，受財，有禄人一十兩、無禄人一十五兩者。

妻妾、子孫及子孫之婦、奴婢、僱工人被殺而祖父母、父母、夫家長私和，受財三十兩者。

杖一百

緦麻尊長被殺而卑幼私和者。

小功卑幼被殺而尊長私和者。

常人私和人命，受財，有禄人一十五兩、無禄人二十兩者。

妻妾、子孫及子孫之婦、奴婢、僱工人被殺而祖父母、父母、夫家長私和，受財四十兩者。

緦麻卑幼被殺而尊長私和，受財四十兩者。

徒一年杖六十

小功尊長被殺而卑幼私和者。

大功卑幼被殺而尊長私和者。

常人私和人命，受財，有禄人二十兩、無禄人二十五兩者。

妻妾、子孫及子孫之婦、奴婢、僱工人被殺而祖父母、父母、夫家長私和，受財五十兩者。

緦麻、小功卑幼被殺而尊長私和，緦麻尊長被殺而卑幼私和，受財五十兩者。

徒一年半杖七十

大功尊長被殺而卑幼私和者。

期親卑幼被殺而尊長私和者。

常人私和人命，受財，有禄人二十五兩、無禄人三十兩者。

妻妾、子孫及子孫之婦、奴婢、僱工人被殺而祖父母、父母、夫家長私和，受財六十兩者。

緦麻，小功，大功卑幼被殺而尊長私和，緦麻、小功尊長被殺而卑幼私和，受財六十兩者。

徒二年杖八十

期親尊長被殺而卑幼私和者。

常人私和人命，受財，有禄人三十兩、無禄人三十五兩者。

妻妾、子孫及子孫之婦、奴婢、僱工人被殺而祖父母、父母夫家長私和，受財七十兩者。

緦麻,小功,大功期親卑幼被殺而尊長私和緦麻、小功、大功尊長被殺而卑幼私和,受財七十兩者。

徒二年半杖九十

常人私和人命,受財,有禄人三十五兩、無禄人四十兩者。

妻妾、子孫及子孫之婦、奴婢、僱工人被殺而祖父母、父母夫家長私和,受財八十兩者。

緦麻,小功,大功期親卑幼被殺而尊長私和,緦麻、小功、大功期親尊長被殺而卑幼私和,受財八十兩者。

徒三年杖一百

祖父母、父母及夫,若家長爲人所殺而子孫、妻妾、奴婢、僱工人私和者

常人私和人命,受財,有禄人四十兩、無禄人四十五兩、五十兩、五十五兩、八十兩、一百二十兩者。

妻妾、子孫及子孫之婦、奴婢、僱工人被殺而祖父母、父母、夫家長私和,受財九十兩者。

緦麻、小功、大功期親卑幼被殺而尊長私和,緦麻、小功、大功期親尊長被殺而卑幼私和,受財九十兩者。

流二千里杖一百

常人私和人命,受財,有禄人四十五兩者。

尊卑各親屬被殺,私和,受財一百兩者。

流二千五百里杖一百

常人私和人命,受財,有禄人五十兩者。

尊長各親屬被殺,私和,受財一百一十兩者。

流三千里杖一百

常人私和人命,受財,有禄人五十五兩、八十兩者。

尊卑各親屬被殺,私和,受財一百二十兩、一百二十兩以上者

同行知有謀害

凡知同伴人欲行謀害他人,不即阻當、救護,及被害之後,不首告者,杖一百。

罪名止有杖一百一條律文已明不複列

大清會典卷之一百七十六

刑部

〔律例二十七刑律七〕

〔鬭毆一〕

鬭毆

凡鬭毆，相争爲鬭，相打爲毆。以手足毆人，不成傷者，笞二十；成傷，及以他物毆人不成傷者，笞三十；成傷者，笞四十。青赤腫爲傷。非手足者，其餘皆爲他物，即兵不用刃亦是。拔髮方寸以上，笞五十。若血從耳目中出及内損吐血者，杖八十。以穢物污人頭面者，罪亦如之。〇折人一齒及手足一指、眇人一目、抉毁人耳鼻，若破人骨及用湯火、銅鐵汁傷人者，杖一百。以穢物灌入人口鼻内者，罪亦如之。〇折二齒、二指以上及髡髮者，杖六十，徒一年。〇折人肋、眇人兩目、墮人胎及刃傷人者，杖八十，徒二年。墮胎者，謂辜内子死及胎九十日之外成形者，乃坐。若子死辜外，及墮胎九十日之内者，仍從本毆傷法，不坐墮胎之罪。〇折跌人肢體及瞎人一目者，杖一百，徒三年。〇瞎人兩目、折人兩肢、損人二事以上，及因舊患令至篤疾，若斷人舌及毁敗人陰陽者，並杖一百，流三千里，仍將犯人財産一半，斷付被傷篤疾之人養贍。若將婦人非埋毁壞者，止科其罪，以不妨生育，不在斷付財産一半之限。〇同謀共毆傷人者，各以下手傷重者爲重罪，原謀減一等。〇若因鬭互相毆傷者，各驗其傷之輕重定罪，後下手理直者，減二等至死。及毆兄姊伯叔者，不減。

附律定例

一、兇徒因事忿争，執持鎗、刀、弓、箭、銅鐵簡、劒、鞭、斧、扒頭、流星、骨朶、麥穗、秤錘兇器，但傷人及誤傷旁人，與凡剜瞎人眼睛、折跌人肢體、全抉人耳鼻口唇、斷人舌、毁敗人陰陽者，俱問發邊衛充軍。若聚衆執持兇器傷人,及圍繞房屋,搶檢家財,棄毁器物,姦淫婦女,除實犯死罪外,徒罪以上,俱不分首從,發邊衛,永遠充軍。

雍正三年律例館奏准增定附律例文

一、凡兇徒執持刀鎗兇器殺人者,依律問擬外,傷人者,杖一百,發邊衛,永遠充軍;雖執兇器而未傷人者,杖一百;執兇器自傷者,亦杖一百;其傷人之犯,有能首先拏獲者,官給賞銀十五兩,其次協拏者,給賞十兩,再次協拏者,給賞五兩,未傷人者,不在給賞之限;其捕拏受傷之人,除官給賞銀外,仍驗傷痕等第,於犯人名下追給傷銀,若果有瘋疾,依過失傷人律收贖,將贖銀給被傷之人。

一、無賴兇徒聚衆行惡,無故將人擡去,涠行毆打,爲首者,杖一百,徒三年,爲從者,皆杖一百;若有勒寫借約,張貼揭帖,詐財及事理重者,仍照律例,從重科罪。

一、護軍兵丁及食糧當差人役,若執持金刃傷人,或自傷者,除革役照律例問擬外,永不准食糧;閑散人有犯立案,永不准食糧充役。

一、凡執持金刃將人連戳傷重者,不論旗民,俱發寧古塔。

歷年事例

國初定:凡人鬬毆持刀者,死罪,於行兇殺人時有能拏獲者,除本犯妻子外,將家産盡數給賞。〇順治十八年議定:凡拏獲持刀行兇之人,停其將家産給賞之例,照兵部定例給賞,若格鬬被傷,與受傷之人,俱驗傷痕等第,於本犯名下,各追銀兩調理,將犯人杖一百,發邊衛永遠充軍;其未傷人者,杖一百。〇康熙十二年覆准:凡人持兇器自傷者,杖一百;棍徒聚衆行兇,無故擡人亂打,爲首者,係民,責四十板,徒三年,係旗下人,枷號四十日,鞭一百,餘人係民,責四十板,係旗下人,鞭一百;若罪有重於此者,仍照律科罪。

罪名

笞二十

以手足毆人不成傷者。

共毆人,犯該笞三十罪,其非係下手致傷之人。

互相毆,犯該笞四十罪,後下手理直者。

笞三十

以手足毆人成傷及以他物毆人不成傷者。

共毆人,犯該笞四十罪,其非係下手致傷之人。

互相毆,犯該笞五十罪,後下手理直者。

笞四十

以他物毆成傷者。

共毆人,犯該笞五十罪,其非係下手致傷之人。

笞五十

拔髪方寸以上者。

杖六十

互相毆,犯該杖八十罪,後下手理直者〇犯該杖一百罪,後下手理直,又辜内平復者。

杖七十

共毆人,犯該杖八十罪,其非係下手致傷之人。

互相毆,犯該徒一年罪,後下手理直,又辜内平復者。

杖八十

血從耳目中出者〇内傷吐血者。

以穢物污人頭面者。

互相毆,犯該杖一百罪,後下手理直者,又辜内平復者。

杖九十

共毆人,犯該杖一百罪,其非係下手致傷之人。

互相毆,犯該徒一年罪,後下手理直者,又辜内平復者〇犯該徒二年罪,後下手理直,又辜内平復者。

杖一百

折人一齒者,此下並爲折傷。

折人手一指者。

折人足一指者。

眇人一目者。

抉毁人耳,或鼻者。

破人骨者。

用湯火、銅鐵汁傷人者。

以穢物灌入人口鼻内者。

共毆人,犯該徒一年罪,其非係下手致傷之人。

兇徒執持兇器向人,未傷人者〇即自傷者,亦坐。

兇徒聚衆擡人溷打,爲從者。

徒一年杖六十。

折人二齒者。

折人二指者。

髡髮者。

互相毆,犯該徒二年罪,後下手理直者,又辜内平復者〇犯該徒三年罪,後下手理直,又辜内平復者。

徒一年半杖七十

共毆人,犯該徒二年罪,其非係下手致傷之人。〇犯該流三千里罪,後下手理直,又辜内平復者。

徒二年杖八十

折人肋者。

眇人兩目者。

墮人九十日外胎者。

以金刃傷人者。

互相毆,犯該徒三年罪,後下手理直者,又辜内平復者。

徒二年半杖九十

共毆人,犯該徒三年罪,其非係下手致傷之人。

互相毆,犯該流三千里罪,後下手理直者,又辜内平復者。

徒三年杖一百

折跌人肢體者

瞎人一目者

共毆人,犯該流三千里罪,其非係下手致傷之人。

兇徒聚衆擡人溷打,爲首者。

流三千里杖一百

瞎人兩目者。

折人二肢者。

損人二事以上者。

因舊患致令篤疾者。

斷人舌者。

毁敗人陰陽者

以上皆比篤疾。

邊衛充軍

兇徒,因事忿争執,持兇器但傷人及誤傷旁人,與凡剜瞎人眼睛,折跌人肢體,全抉人口鼻唇耳,斷人舌,毁敗人陰陽者。

邊衛永遠充軍

兇徒執持刀鎗兇器傷人者。

發遣

執持金刃將人連戳傷重者,不論旗民,俱發寧古塔。

保辜限期

凡保辜者,責令犯人醫治,辜限内皆須因傷死者,如打人頭傷,風從頭瘡而入,因風致死之類。以鬭毆殺人論。○其在辜限外,及雖在辜限,傷已平復,官司文案明白,别因他故死者,謂打人頭傷,不因頭瘡得風,别因他病而死者,是爲他故。各從本毆傷法。若折傷以上,辜内醫治平復者,各減二等。辜内雖平復而成殘廢篤疾,及辜限滿日不平復者,各依律全科。○手足及以他物毆傷人者,限二十日。○以刃及湯火傷人者,限三十日。○折跌肢體及破骨墮胎者,無問手足他物,皆限五十日。

附律定例

一、鬭毆傷人,辜限内不平復,延至限外,若手足他物金刃及湯火傷,限外十日之内,折跌肢體及破骨墮胎,限外二十日之内,果因本傷身死,情確事實者,方擬死罪,奏請定奪。此外,不許一概濫擬瀆奏。

雍正五年律例館奏准律後恭載諭旨

雍正四年諭:"查律載鬭毆成傷,定有保辜之限,所以重民命而慎刑罰也。聞京城内外,凡鬭毆傷人者,各該地方步軍無分輕重,即將兩造並拘,如遇重傷之人,則用門板扛擡,先赴該旗協領報驗,次赴兩翼總尉衙門掛號,然後解送步軍統領衙門,聽審。倘係應行咨部之案,則拖累之日更多。大凡被毆之人,受傷雖重而生氣猶存,一經動摇搬移,失於調理,勞頓風吹,或至殞命。此等命案,雖係愚民好勇鬭狠而亦未必非理問各官懈忽之所致也。嗣後凡係鬭毆成傷者,應分别傷痕之輕重,若傷重不能動履者,禁止搬移,勒令即時加意調治。著理問衙門委官親詣驗看,使被毆之人得以安卧醫救,不致悮傷性命。其應如何定例通行之處,著三法司詳議具奏。"遵旨議准:嗣後京城内外,除鬭毆傷輕之人,照律解送理問衙門外,凡傷重不能動履之人,或具控到官,或步軍拏獲,止將兇毆人犯拏送理問衙門,該衙門即行委官帶領仵作親詣驗看,如應行咨部之案,咨報刑部衙門,刑部即委官帶領仵作赴驗，就取確供，定限保辜，其將被傷之人扛擡赴驗之處，永行禁止；至直隸各省州縣，凡遇鬬毆重傷不能動履之人，亦照此例該地方官即親詣驗看，訊取確供，定限保辜，倘内外理問衙門，遇有傷重不能動履之人，該官不行赴驗，仍前扛擡那動，聽候驗看者，該管各上司不時查察，即行指參，交與該部議處。

宫内忿争

凡於宫内忿争者，笞五十。聲徹於御在所及相毆者，杖一百。折傷以上，加凡鬬傷二等，殿内又遞加一等。

雍正三年律例館奏准增定附律例文

一、凡太監在紫禁城内持金刃自傷者，斬立決；在紫禁城外皇城内持金刃自傷者，斬監候。

罪名

笞五十

宫内忿争者。

杖六十

殿内忿争者。

杖一百

宫内忿争，聲徹於御在所及相毆者凡止言毆者，但毆便坐，後仿此。

徒一年杖六十

殿内忿争，聲徹於御在所及相毆者。

徒一年半杖七十

宫内毆人，至折一齒及手足一指、眇一目、抉毁耳鼻，若破傷骨及用湯火、銅鐵汁傷者，或以穢物灌入口鼻内者。

徒二年杖八十

宫内毆人，至折二齒二指以上及髡髮者。

殿内毆人，至折一齒及手足一指、眇一目、抉毁耳鼻，若破傷骨及用湯火、銅鐵汁傷者，或以穢物灌入口鼻内者。

徒二年半杖九十

殿内毆人，至折二齒、二指以上及髡髮者。

徒三年杖一百

宫内毆人，至折肋、眇兩目及刃傷者。

流二千里杖一百

殿内毆人,至折肋、眇兩目及刃傷者。

流二千五百里杖一百

宫内毆人,至折跌肢體及瞎一目者。

流三千里杖一百

殿内毆人,至折跌肢體及瞎一目者,篤疾以上,同凡論,不加等。

斬監候

太監在紫禁城外皇城内持金刃自傷者。

斬決

太監在紫禁城内持金刃自傷者。

皇家袒免以上親被毆

凡皇家袒免親而毆之者,杖六十,徒一年。傷者,杖八十,徒二年。折傷以上重者,加凡鬬二等。緦麻以上,各遞加一等。篤疾者,絞。死者,斬。

罪名

徒一年杖六十

皇家袒免親而毆之者,此言無爵位之人,下仿此。

徒一年半杖七十

皇家緦麻親而毆之者。

徒二年杖八十

皇家小功親而毆之者。

皇家袒免親而毆之致傷者,止言傷者,但傷便坐,後仿此。

徒二年半杖九十

皇家大功親而毆之者。

皇家緦麻親而毆之致傷者。

徒三年杖一百

皇家期親而毆之者。

皇家小功親而毆之致傷者。

皇家袒免親而毆之至折肋、眇兩目、墮胎及刃傷者。

流二千里杖一百

皇家大功親而毆之致傷者。

皇家緦麻親而毆之至折肋、眇兩目、墮胎及刃傷者。

流二千五百里杖一百

皇家期親而毆之致傷者。

皇家小功親而毆之至折肋、眇兩目、墮胎及刃傷者。

皇家袒免親而毆之至折跌肢體及瞎一目者。

流三千里杖一百

皇家期親、大功親而毆之至折肋、眇兩目、墮胎及刃傷者，自此以上，未至篤疾，皆同此科。

皇家小功親而毆之至折跌肢體及瞎一目者，自此以上，未至篤疾，皆同此科。

絞監候

皇家袒免以上親而毆之至篤疾者。

斬監候

皇家袒免以上親而毆之至死者。

毆制使及本管長官

凡奉制命出使而官吏毆之及部民毆本屬知府、知州、知縣，軍士毆本管指揮、千、百户，若吏卒毆本部五品以上長官，杖一百，徒三年，傷者，杖一百，流二千里，折傷者，絞。若毆六品以下長官，各減三等。毆佐貳官首領官，又各遞減一等。減罪輕者，加凡鬭一等，篤疾者，絞；死者，斬。若流外官及軍民吏卒，毆非本管三品以上官者，杖八十，徒二年；傷者，杖一百，徒三年；折傷者，杖一百，流二千里。毆傷五品以上官者，減二等。若減罪輕及毆傷九品以上官者，各加凡鬭傷二等。○其公使人在外毆打有司官者，罪亦如之。從所屬上司拘問。

雍正三年律例館奏准："指揮千百户"五字改爲"本管官"。

附律定例

一、凡因事聚衆，將本管官及公差勘事催收錢糧等項，一應監臨官，毆打綁縛者，俱問罪，不分首從，屬軍衛者，發極邊衛分充軍，屬有司者，發邊外爲民；若止是毆打，爲首者，俱照前充軍爲民問發，若是爲從與毁罵者，武職并總小旗，俱改調衛所，文職并監生生員冠帶官吏典承差知印，革去職役爲民軍民舍，餘人等，各枷號一個月發落，其本管并監臨官，與軍民人等，飲酒、賭博、宿娼，自取陵辱者，不在此例。

雍正三年律例館奏准："總小旗"三字，改"總隊"，"俱改調衛所"五字，"舍餘"二字俱删。

雍正三年律例館奏准增定附律例文

一、凡軍民人等，毆死在京見任官員，照毆死本管官律擬斬監候，若謀死者，擬斬立決。

一、八旗兵丁，並無私讐別故，因管教將本管官戳死者，本犯即行正法，妻子發遣黑龍江，領催族長，各鞭一百；若閑散及護軍披甲人記讐，將該管官動兵刃致傷者，本犯即行正法，妻子免發遣，領催族長，各鞭五十，若殺死者，領催族長各鞭八十，族長係官，交部議處，其平日不能管教之該管各官，交部分别議處。

罪名

笞四十

流外官軍民人等，毆非本管六品以下、九品以上官者〇公使人在外，毆六品以下，九品以上有司官同。

笞五十

流外官軍民人等，毆非本管六品以下、九品以上官，以手足毆成傷，以他物毆不成傷者〇公使人在外，毆六品以下、九品以上有司官同。

杖六十

流外官軍民人等，毆非本管六品以下、九品以上官，以他物毆成傷者〇公使人在外，毆六品以下、九品以上有司官同。

杖七十

流外官軍民人等，毆非本管六品以下、九品以上官至拔髮方寸以上者〇公使人在外，毆六品以下、九品以上有司官同。

杖一百

流外官軍民人等，毆非本管六品以下、九品以上官至血從耳目中出及内損吐血者，或以穢物污頭面者，折一齒及手足一指、眇一目、抉毁耳鼻，若破傷骨及用湯火、銅鐵汁傷者，或以穢物灌入口鼻内者，自折傷以上，仍從本律科。

軍民吏卒毆首領官者。

徒一年杖六十

軍民吏卒毆佐貳官者。

軍民吏卒毆首領官至傷者。

流外官軍民人等，毆非本管五品四品官者〇公使人在外，毆五品四品有司官同。

徒一年半杖七十

軍民人等,毆六品以下長官者。

軍民人等,毆佐貳官傷者。

軍民吏卒毆首領官至折一齒及手足一指、眇一目、抉毀耳鼻,若破傷骨及用湯火、銅鐵汁傷者,或以穢物灌入口鼻内者,折二齒、二指以上及髡髮者,二等同科。

徒二年杖八十

軍民人等,毆六品以下長官傷者。

軍民吏卒毆佐貳官至折一齒及手足一指、眇一目、抉毀耳鼻,若破傷骨及用湯火、銅鐵汁傷者,或以穢物灌入口鼻内者,折二齒、二指以上及髡髮者,二等同科。

流外官軍民人等,毆非本管三品以上官者。○公使人在外,毆三品以上有司官同。

流外官軍民人等,毆非本管五品、四品官傷者。○公使人在外,毆五品四品有司官同。

徒二年半杖九十

軍民人等,毆六品以下長官至折一齒及手足一指、眇一目、抉毀耳鼻,若破傷骨及用湯火、銅鐵汁傷者,或以穢物灌入口鼻内者,折二齒、二指以上及髡髮者,折肋、眇兩目及刃傷者,三等同科。

軍民吏卒毆佐貳官至折肋、眇兩目及刃傷者。

軍民吏卒毆首領官至折肋、眇兩目及刃傷者。

流外官軍民人等,毆非本管五品四品官至折一齒及手足一指、眇一目、抉毀耳鼻,若破傷骨,及用湯火、銅鐵汁傷者,或以穢物灌入口鼻内者,折二齒、二指以上及髡髮者,二等同科。○公使人在外,毆五品四品有司官同。

徒三年杖一百

官吏毆奉制使臣,部民毆府州縣正印,兵毆本管將弁,吏卒毆本部五品以上長官者。

流外官軍民人等,毆非本管三品以上官傷者○公使人在外,毆三品以上有司官同。

流外官軍民人等,毆非本管五品、四品官至折肋,眇兩目及刃傷者,折跌肢體及瞎一目者,二等同科。○公使人在外,毆五品、四品有司官同。

篤疾以上,仍從鬭毆本律科。

流二千里杖一百

官吏毆奉制使臣,部民毆府州縣正印,兵毆本管將弁,吏卒毆本管五品以上長官傷者。

軍民吏卒毆六品以下長官、佐貳官、首領官至折跌肢體及瞎一目者。

流外官軍民人等,毆非本管三品以上官至折一齒及手足一指、眇一目、抉毀耳鼻,若破傷骨及用湯火、銅鐵汁傷者,或以穢物灌入口鼻内者,折二齒二指以上及髠髮者,折肋、眇兩目及刃傷者,折跌肢體及瞎一目者,四等同科。○公使人在外,毆三品以上有司官同。

邊外爲民

因事聚衆將本管官及公差并一應監臨毆打綁縛屬有司者。○若止是毆打,爲首者。

極邊充軍

因事聚衆將本管官及公差并一應監臨毆打綁縛屬軍衛者。○若止是毆打,爲首者。

發遣

八旗兵丁,因管教將本管官戳死者,其妻子發遣黑龍江。

絞監候

官吏毆奉制使臣,部民毆本管府州縣正印官,兵毆本管將弁,吏卒毆本部五品以上長官至折傷者。

軍民吏卒毆佐貳首領官至折傷者。

斬監候

官吏毆奉制使臣,軍民吏卒毆長官、佐貳、首領官至死者。

軍民人等,毆死在京現任官員者,不論官員品級,俱坐。

斬決

軍民人等,謀殺現任官員者。

八旗兵丁,並無私讐别故,因本管官管教,將本官戳死者。

佐職統屬毆長官

凡本衙門首領官及所統屬官毆傷長官者,各減吏卒毆傷長官二等。佐貳官毆長官者,又各減二等。減罪輕者,加凡鬭一等,篤疾者,絞;死者,斬。

罪名

杖八十

佐貳官毆六品以下長官者。

杖九十

佐貳官毆六品以下長官傷者。

杖一百

本衙門首領統屬官毆六品以下長官者。

徒一年杖六十

本衙門首領統屬官毆六品以下長官傷者。

佐貳官毆五品以上長官者〇毆六品以下長官至折一齒及手足一指、眇一目、抉毀耳鼻,若破傷骨,及用湯火、銅鐵汁傷者,或以穢物灌入口鼻內者。

徒一年半杖七十

本衙門首領統屬官毆六品以下長官折傷者。

佐貳官毆長官至折二齒、二指以上及髡髮者。

徒二年杖八十

本衙門首領統屬官毆五品以上長官者。

徒二年半杖九十

本衙門首領統屬官毆五品以上長官傷者。

毆六品以下長官至折肋、眇兩目及刃傷者。

佐貳官毆長官至折肋、眇兩目及刃傷者。

徒三年杖一百

本衙門首領統屬官毆五品以上長官折傷者。

流二千里杖一百

本衙門首領統屬官毆長官至折跌肢體及瞎一目者。

佐貳官毆長官至折跌肢體及瞎一目者。

絞監候

佐貳首領統屬官毆長官至篤疾者。

斬監候

佐貳首領統屬官毆長官至死者。

上司官與統屬官相毆

凡監臨上司、佐貳首領官與所統屬下司官品級高者,及與部民有高官而相毆者，並同凡鬬論。若非相統屬官，品級同，自相毆者，亦同凡鬬論。

罪名即同鬬毆本律不另列

九品以上官毆長官

凡流内九品以上官，毆非本管三品以上官者，杖六十，徒一年。折傷以上及毆傷五品以上，若五品以上毆傷三品以上官者，各加凡毆傷二等。

罪名

徒一年杖六十

流内官毆非本管三品以上官者。

徒一年半杖七十

九品以上毆非本管五品以上，五品以上毆非本管三品以上官至折一齒及手足一指、眇一目、抉毁耳鼻，若破傷骨，及用湯火、銅鐵汁傷者，或以穢物灌入口鼻内者。

徒二年杖八十

九品以上，毆非本管五品以上，五品以上毆非本管三品以上官至折二齒、二指以上及髡髮者。

徒三年杖一百

九品以上，毆五品以上，五品以上毆三品以上官至折肋、眇兩目及刃傷者。

流二千五百里杖一百

九品以上，毆非本管五品以上，五品以上毆非本管三品以上官至折跌肢體及瞎一目者，篤疾以上，仍從鬬毆本律科。

拒毆追攝人

凡官司差人追徵錢糧，勾攝公事而抗拒不服及毆所差人者，杖八十。若傷重至内損吐血以上及本犯重者，各加二等，罪止杖一百、流三千里；至篤疾者，絞；死者，斬。

罪名此係本無罪者，因毆差人致罪，若本有罪則依罪人拒捕律。

杖八十

毆徵糧勾攝公事差人者。

杖一百

毆徵糧勾攝公事差人至血從耳目中出及内損吐血者，或以穢物污頭面者。

徒一年半杖七十

毆徵糧勾攝公事差人至折一齒及手足一指、眇一目、抉毁耳鼻，若破傷骨，及用湯火、銅鐵汁傷者，或以穢物灌入口鼻内者。

徒二年杖八十

毆徵糧勾攝公事差人至折二齒、二指以上及髡髮者。

徒三年杖一百

毆徵糧勾攝公事差人至折肋、眇兩目及刃傷者。

流二千五百里杖一百

毆徵糧勾攝公事差人至折跌肢體及瞎一目者。

絞監候

毆徵糧勾攝公事差人至篤疾者。

斬監候

毆徵糧勾攝公事差人至死者。

毆受業師

凡毆受業師者，加凡人二等，死者，斬。凡者，非徒，指儒言，百工技藝亦在内。

雍正三年律例館奏准增定附律例文

一、凡僧尼謀殺受業師者，照謀殺大功尊長律，已殺者，斬決；已傷者，絞決；已行未傷者，杖一百，流二千里；毆故殺者，亦照毆故殺大功尊長律，斬決。

歷年事例

康熙二十五年定：凡僧尼有殺其師者，即處斬，爲從者，擬斬監候，秋後處決。

罪名

笞四十

毆受業師者。

笞五十

毆受業師，以手足毆成傷及以他物毆不成傷者。

杖七十

毆受業師，拔髮方寸以上者。

杖一百

毆受業師至血從耳目中出及内損吐血者，或以穢物污頭面者。

徒一年半杖七十

毆受業師至折一齒及手足一指、眇一目、抉毁耳鼻,若破傷骨,及用湯火、銅鐵汁傷者,或以穢物灌入口鼻内者。

徒二年杖八十

毆受業師至折二齒、二指以上及髡髮者。

徒三年杖一百

毆受業師至折肋、眇兩目及刃傷者。

流二千里杖一百

僧尼謀殺受業師已行者。

流二千五百里杖一百

毆受業師至折跌肢體及瞎一目者。

流三千里杖一百

毆受業師至篤疾者,仍從本律科。

絞決

僧尼謀殺受業師已傷者。

斬監候

毆受業師至死者。

斬決

僧尼謀殺受業師已殺者〇毆殺故殺者,同。

威力制縛人

凡争論事理,聽經官陳告。若以威力制縛人,及於私家拷打監禁者,並杖八十;傷重至内損吐血以上,各加凡鬬傷二等;因而致死者,絞。若以威力主使人毆打而致死傷者,並以主使之人爲首,下手之人爲從,論減一等。

附律定例

一、在京在外無藉之徒,投托勢要,作爲心腹,誘引生事,綁縛平民在於私家拷打,脅騙財物者,枷號一個月,發烟瘴地面充軍。勢要知情並坐。

雍正三年律例館奏准增定附律例文

一、凡旗下家人莊頭等,有在外倚勢害民,把持衙門,霸占子女,將良民無故拏至私家綑綁拷打致死者,除本犯照律例從重治罪外,若係内府之人,將該管官交該部議處;係王、貝勒、貝子、公家人,將管理家務官亦交該部議處;係民公、侯、伯、大臣、官員家人,將各主亦交該部議處;係平人,鞭一百。

一、凡不法紳衿私置板棍擅責佃户者，鄉紳照違制律議處，衿監吏員，革去衣頂職銜，杖八十，地方官失察，交部議處，如將佃户婦女占爲婢妾者，絞；監候地方官失察徇縱，及該管上司不行揭參者，俱交部分别議處；至有奸頑佃户拖欠租課，欺慢田主者，杖八十，所欠租課，照數追給田主。

罪名

杖八十

威力制縛人私家拷打監禁者。

不法衿監吏員私置板棍，擅責佃户者。

奸頑佃户拖欠租課，欺慢田主者。

杖九十

私家拷打人至血從耳目中出及内損吐血，或以穢物污頭面其下手者。

杖一百

私家拷打人至血從耳目中出及内損吐血，或以穢物污頭面其主使者。

徒一年杖六十

私家拷打人至折一齒及手足一指，眇一目，抉毁耳鼻，若破傷骨，及用湯火、銅鐵汁傷者，或以穢物灌入口鼻内其下手者。

徒一年半杖七十

私家拷打人至折一齒及手足一指，眇一目，抉毁耳鼻，若破傷骨，及用湯火、銅鐵汁傷者，或以穢物灌入口鼻内其主使者。

私家拷打人至折二齒、二指以上及髡髮其下手者。

徒二年杖八十

私家拷打人至折二齒、二指以上及髡髮其主使者。

徒二年半杖九十

私家拷打監禁人至折肋、眇兩目墮胎及刃傷其下手者。

徒三年杖一百

私家拷打監禁人至折肋、眇兩目墮胎及刃傷其主使者。

流二千里杖一百

私家拷打監禁人至折跌肢體及瞎一目其下手者。

流二千五百里杖一百

私家拷打監禁人至折跌肢體及瞎一目其主使者。

流三千里杖一百

私家拷打人至篤疾者,仍同鬬毆本律。

烟瘴充軍

在京在外無藉之徒,投託勢要,作爲心腹,誘引生事,綁縛平民在於私家拷打,脅騙財物者,枷號一個月。〇勢要知情者。

絞監候

私家拷打人至死者,仍同鬬毆本律。

不法紳衿威力姦占佃户婦女爲婢妾者。

良賤相毆

凡奴婢毆良人者,加凡人一等。至篤疾者,絞;死者,斬。其良人毆傷他人奴婢者,減凡人一等。若死,及故殺者,絞。若奴婢自相毆傷殺者,各依凡鬬傷、殺法。相侵財物者,不用此律。〇若毆緦麻,小功親之奴婢,非折傷,勿論;至折傷以上,各減殺傷凡人奴婢罪二等,大功減三等,至死者,杖一百,徒三年。故殺者,絞,過失殺者,各勿論。〇若毆緦麻,小功親之僱工人,非折傷,勿論;至折傷以上,各減凡人罪一等,大功減二等,至死及故殺者,並絞;過失殺者,各勿論。

雍正三年律例館奏准增定附律例文

一、凡奴僕毆辱職官者,家長笞五十,係官,交該部議處。

一、凡遞回原籍之犯,不思悛改守分,仍在地方生事,與人鬬毆,致被毆斃者,如初次遞回之人,下手者,各依應得之罪減一等科罪;二次遞回之人,下手者,減二等科罪;三次以上遞回之人,下手者,減三等科罪;其毆傷者,下手之人,亦按每遞回一次,減一等科罪;倘遞回人犯,復有行兇爲非等事者,俱加倍治罪;若已改悔守分而他人或以舊忿私讐擅行毆斃者,仍照律治罪;其遞回原籍之後,令該地方官嚴行管束,歲底將遞到人犯數目及有無生事出境之處,出具印甘各結,一併造册報部查核,如有逃脱出境者,按名議處,仍著該地方官勒限一年緝拏,逾限不獲者,亦按名分别議處;倘已脱逃,該地方官捏稱並未出境,及該管上司知而不舉者,俱交部照例議處。

歷年事例

康熙十五年議准:官員毆死族人奴僕者,降一級留任,故殺者,降一級調用,追人一口給主,持刃殺死者,革職,鞭一百折贖;平人毆死族人奴僕,枷號一個月,鞭一百,故殺者,枷號兩個月,鞭一百,追人一口給主,持刃殺死者，枷號三個月，鞭一百。○十八年議准：官員毆死他人奴僕者，革職，追人一口給主故殺者，照律擬絞監候。○二十一年議准：官員毆死族人奴僕者，降一級調用，故殺者，降二級調用，俱追人一口給主，持刃殺死者，革職，鞭一百折贖；平人毆死族人奴僕者，枷號四十日，鞭一百，故殺及持刃殺死者，枷號三個月，鞭一百，追人給主。

罪名

笞一十

良人毆他人奴婢者。

初次遞回原籍之犯，生事鬬毆而人毆之者。○二次遞回之犯人，毆之以手足，毆成傷，以他物毆不成傷者。○三次遞回之犯人，毆之以他物，毆成傷者。

笞二十

良人毆他人奴婢，以手足毆成傷，以他物毆不成傷者。

初次遞回原籍之犯，生事鬬毆而人毆之以手足毆成傷，以他物毆不成傷者。○二次遞回之犯人毆之以他物毆成傷者。○三次遞回之犯人毆之，拔髪方寸以上者。

笞三十

他人奴婢毆良人者。

良人毆他人奴婢，以他物毆成傷者。

初次遞回原籍之犯，生事鬬毆而人毆之以他物毆成傷者。○二次遞回之犯人毆之拔髪方寸以上者。

初次遞回原籍之犯毆人者。

笞四十

他人奴婢毆良人，以手足毆成傷，以他物毆不成傷者。

良人毆他人奴婢，拔髪方寸以上者。

初次遞回原籍之犯生事鬬毆而人毆之拔髪方寸以上者。

初次遞回原籍之犯毆人，以手足毆成傷，以他物毆不成傷者。○二次遞回之犯毆人者。

笞五十

他人奴婢毆良人，以他物毆成傷者。

奴婢毆辱職官其家長。

三次遞回原籍之犯生事鬬毆，而人毆之血從耳目中出及内損吐血者，或以穢物污頭面者。

初次遞回原籍之犯毆人,以他物毆成傷者。○二次遞回之犯毆人,以手足毆成傷,以他物毆不成傷者。○三次遞回之犯毆人者。

杖六十

他人奴婢毆良人,拔髮方寸以上者。

毆大功親奴婢至折一齒、手足一指、眇一目、抉毀耳鼻,若破傷骨及用湯火、銅鐵汁傷者,或以穢物灌入口鼻内者。

二次遞回原籍之犯生事鬬毆,而人毆之血從耳目中出及内損吐血者,或穢物污頭面者。

初次遞回原籍之犯毆人,拔髮方寸以上者。○二次遞回之犯毆人,以他物毆成傷者。○三次遞回之犯毆人,以手足毆成傷,以他物毆不成傷者。

杖七十

良人毆他人奴婢,血從耳目中出及内損吐血者,或以穢物污頭面者。

毆緦麻,小功親奴婢至折一齒、手足一指、眇一目、抉毀耳鼻,若破傷骨,及用湯火、銅鐵汁傷者,或以穢物灌入口鼻内者。○毆大功親奴婢至折二齒、二指以上及髡髮者。

初次遞回原籍之犯生事鬬毆,而人毆之血從耳目中出及内損吐血者,或以穢物污頭面者。○三次遞回之犯人毆之至折一齒、手足一指、眇一目、抉毀耳鼻,若破傷骨,及用湯火、銅鐵汁傷者,或以穢物灌入口鼻内者。

二次遞回原籍之犯毆人拔髮方寸以上者。○三次遞回之犯毆人以他物毆成傷者。

杖八十

毆緦麻、小功親奴婢至折二齒、二指以上及髡髮者。○毆大功親僱工人長隨白契所買,典當人同,後仿此。至折一齒、手足一指、眇一目、抉毀耳鼻,若破傷骨,及用湯火、銅鐵汁傷者,或以穢物灌入口鼻内者。

二次遞回原籍之犯生事鬬毆而人毆之至折一齒、手足一指、眇一目、抉毀耳鼻,若破傷骨,及用湯火、銅鐵汁傷者,或以穢物灌入口鼻内者。○三次遞回之犯人毆之至折二齒、二指以上及髡髮者。

三次遞回原籍之犯毆人拔髮方寸以上者。

杖九十

他人奴婢毆良人至血從耳目中出及内損吐血者,或以穢物污頭面者。

良人毆他人奴婢至折一齒、手足一指、眇一目、抉毀耳鼻，若破傷骨，及用湯火、銅鐵汁傷者，或以穢物灌入口鼻内者。

毆大功親奴婢至折肋，眇兩目，墮胎及刃傷者。○毆大功親僱工人至折二齒二指以上及髡髮者。○毆緦麻，小功親僱工人至折一齒，手足一指，眇一目，抉毀耳鼻，若破傷骨，及用湯火、銅鐵汁傷者，或以穢物灌入口鼻内者。

初次遞回原籍之犯生事鬬毆而人毆之至折一齒，手足一指，眇一目，抉毀耳鼻，若破傷骨，及用湯火、銅鐵汁傷者，或以穢物灌入口鼻内者。○二次遞回之犯人毆之至折二齒、二指以上及髡髮者。

初次遞回原籍之犯毆人，血從耳目中出及内損吐血者，或以穢物污頭面者。

杖一百

良人毆他人奴婢至折二齒、二指以上及髡髮者。

毆緦麻，小功親奴婢至折肋、眇兩目、墮胎及刃傷者。○毆緦麻、小功親，僱工人至折二齒、二指以上及髡髮者。

初次遞回原籍之犯生事鬬毆，而人毆之至折二齒、二指以上及髡髮者。○三次遞回之犯人毆之至折肋、眇兩目及刃傷者。

二次遞回原籍之犯毆人，血從耳目中出及内損吐血者，或以穢物污頭面者。

徒一年杖六十

他人奴婢毆良人至折一齒、手足一指、眇一目、抉毀耳鼻，若破傷骨，及用湯火、銅鐵汁傷者，或以穢物灌入口鼻内者。

毆大功親奴婢至折跌肢體及瞎一目者。○毆大功親僱工人至折肋、眇兩目，墮胎及刃傷者。

二次遞回原籍之犯生事鬬毆，而人毆之至折肋、眇兩目及刃傷者。

初次遞回原籍之犯毆人至折一齒、手足一指、眇一目、抉毀耳鼻，若破傷骨，及用湯火、銅鐵汁傷者，或以穢物灌入口鼻内者。○三次遞回之犯毆人，血從耳目中出及内損吐血者，或以穢物污頭面者。

徒一年半杖七十

他人奴婢毆良人至折二齒、二指以上及髡髮者。

良人毆他人奴婢至折肋、眇兩目墮胎及刃傷者。

毆大功親之奴婢至篤疾者○毆緦麻、小功親奴婢至折跌肢體及瞎一目者。〇毆緦麻,小功親僱工人至折肋、眇兩目、墮胎及刃傷者。

初次遞回原籍之犯生事鬬毆,而人毆之至折肋、眇兩目刃傷者。〇三次遞回之犯人毆之至折趺肢體及瞎一目者。

初次遞回原籍之犯毆人至折二齒、二指以上及髡髮者。〇二次遞回之犯毆人至折一齒、手足一指、眇一目、抉毀耳鼻,若破傷骨,及用湯火、銅鐵汁傷者,或以穢物灌入口鼻内者。

徒二年杖八十

毆緦麻、小功親奴婢至篤疾者。〇毆大功親僱工人至折趺肢體及瞎一目者。

二次遞回原籍之犯生事鬬毆,而人毆之至折趺肢體及瞎一目者。〇三次遞回之犯人毆之至篤疾者。

二次遞回原籍之犯毆人至折二齒、二指以上及髡髮者。〇三次遞回之犯毆人至折一齒、手足一指、眇一目、抉毀耳鼻,若破傷骨,及用湯火、銅鐵汁傷者,或以穢物灌入口鼻内者。

徒二年半杖九十

他人奴婢毆良人至折肋、眇兩目、墮胎及刃傷者。

良人毆他人奴婢至折趺肢體及瞎一目者。

毆大功親僱工人至篤疾者〇毆緦麻、小功親僱工人至折趺肢體及瞎一目者。

初次遞回原籍之犯生事鬬毆,而人毆之至折趺肢體及瞎一目者。〇二次遞回之犯人毆之至篤疾者。〇三次遞回之犯人毆殺之者。

初次遞回原籍之犯毆人至折肋、眇兩目、墮胎及刃傷者。〇三次遞回之犯毆人至折二齒、二指以上及髡髮者。

徒三年杖一百

良人毆他人奴婢至篤疾者。

毆緦麻、小功,大功親奴婢至死者。〇毆緦麻、小功親僱工人至篤疾者。

初次遞回原籍之犯生事鬬毆而人毆之至篤疾者〇二次遞回之犯人毆殺之者。

二次遞回原籍之犯毆人至折肋、眇兩目、墮胎及刃傷者。

流二千里杖一百

他人奴婢毆良人至折趺肢體及瞎一目者。

初次遞回原籍之犯毆人至折跌肢體及瞎一目者。〇三次遞回之犯毆人至折肋、眇兩目、墮胎及刃傷者。

流二千五百里杖一百

二次遞回原籍之犯毆人至折跌肢體及瞎一目者。

流三千里杖一百

三次遞回原籍之犯毆人至折跌肢體及瞎一目者，至篤疾者，不分次數，俱仍依本律。

絞監候

他人奴婢毆良人至篤疾者。

良人毆他人奴婢至死者〇故殺者。

故殺緦麻，小功，大功親奴婢者〇毆殺緦麻、小功、大功親僱工人及故殺者。

斬監候

他人奴婢毆良人至死者。

奴婢毆家長

凡奴婢毆家長者，皆斬；殺者，皆凌遲處死；過失殺者，絞；傷者，杖一百，流三千里。若奴婢毆家長之期親及外祖父母者，絞；傷者，皆斬；過失殺者，減毆罪二等；傷者，又減一等；故殺者，皆凌遲處死。毆家長之緦麻親，杖六十，徒一年，小功，杖七十，徒一年半，大功，杖八十，徒二年。折傷以上，緦麻，加毆良人罪一等，小功，加二等，大功，加三等，加者，加入於死，但絞不斬。死者，皆斬。〇若僱工人毆家長及家長期親，若外祖父母者，杖一百，徒三年；傷者，杖一百，流三千里；折傷者，絞；死者，斬；故殺者，凌遲處死；過失殺傷者，各減本殺、傷罪二等。毆家長之緦麻親，杖八十，小功，杖九十，大功，杖一百，傷重至内損吐血以上，緦麻、小功，加凡人罪一等，大功，加二等；死者，各斬。〇若奴婢有罪，其家長及家長之期親，若外祖父母不告官司而毆殺者，杖一百，無罪而殺者，杖六十，徒一年，當房人口，悉放從良。〇若家長及家長之期親，若外祖父母，毆僱工人，非折傷，勿論，至折傷以上，減凡人三等，因而致死者，杖一百，徒三年；故殺者，絞。〇若違犯教令而依法決罰，邂逅致死及過失殺者，各勿論。

雍正五年律例館奏准增定附律例文

一、凡官員將奴婢責打身死者，罰俸二年，故殺者，降二級調用，刃殺者，革職，不准折贖，鞭一百；若將族中家僕毆打死者，降二級調用，故殺者,降三級調用,各追人一口給主,刃殺者,革職,不准折贖,鞭一百;毆殺他人奴婢者,革職,追人一口給主,故殺者,依律擬絞監候;平人將奴婢責打身死者,枷號四十日,鞭一百,故殺者,枷號三個月,鞭一百,刃殺者,枷號一百零五日,鞭一百;毆族中家僕至死者,枷號兩個月,鞭一百;若將族中家僕故殺者,枷號一百零五日鞭一百,刃殺者,發黑龍江當差,仍各追人一口給主。

一、凡官員之祖母、母、妻毆殺奴婢者,照伊夫子孫見任品級罰俸,若離任與身故者,仍照原品追俸,革職者,照例收贖,故殺者,照例治罪。

一、旗人故殺白契所買并典當之人,俱照故殺傭工人律,擬絞監候,若毆打死者,照律治罪。

一、凡民人奴僕背主投營,挾制家主,勒索原契及妻子財物,不分首從,得財與未得財,皆斬立決,若止背主投營,審無挾制勒索者,枷號四十日,杖一百,交還原主;該營初雖不知,後知而不舉發者,交該部議處。

一、凡監生生員人等,毆殺、故殺、刃殺奴婢者,俱黜革,故殺、刃殺者,仍杖一百,不准折贖。

一、凡八旗官員、平人將奴僕責打身死及故殺者,仍照例治罪外,其責打被殺奴僕之父母妻子情願,仍在伊主家者,聽其存留,不願者,交與該管官處變價給主,如故意毆殺者,其被殺奴僕之親屬,悉行開放,係旗人,聽其在旗投主,係民人,放出爲民,不得追取身價。

一、凡漢人家生奴僕印契所買奴僕,并雍正五年以前白契所買,及投靠養育年久,或婢女招配生有子息者,俱係家奴,世世子孫永遠服役,婚配俱由家主,仍造册報官存案,嗣後凡婢女招配,并投靠及買奴僕,俱寫立文契,報明本地方官鈐蓋印信,如有事犯,驗明官册印契,照例治罪,其奴僕誹謗家長,并傭工人罵家長,與官員平人毆殺奴僕,并教令過失殺及毆殺傭工人等欵,俱有律例,應照滿洲主僕論。至不遵約束,傲慢頑梗,酗酒生事者,照滿洲家人喫酒行兇例,面上刺字,流二千里,交與該地方官,令其永遠當苦差;有背主逃匿者,照滿洲家人逃走例,折責四十板,面上刺字,交與本主,仍行存案;容留窩藏者,照窩藏逃人例治罪,如典當傭工限内逃匿者,照滿洲白契所買家人逃走例,責三十板,亦交與本主,若典當立有文券,議有年限,不遵約束,傲慢酗酒生事者,聽伊主酌量懲治,若與家長抗拒毆罵者,照律治罪;再隸身門下爲長隨者,有犯,亦照典當傭工人治罪。

歷年事例

國初定：凡本主私殺家僕者，鞭一百，追人入官。〇康熙三年題准：凡内務府佐領下并辛者庫有毆死奴僕者，其追賠之人，交該管之主撥給。〇七年議准：官員毆死奴僕者，罰銀七十兩，故殺者，罰銀一百兩，追人入官；平人毆死奴僕者，枷號二十日，鞭一百，故殺者，枷號一個月，鞭一百，追人入官。〇十年議准：官員毆死奴僕者，罰俸九個月，故殺者，罰俸一年，追人入官，持刃殺死者，革職。〇十五年議准：官員毆死奴僕者，罰俸一年，平人持刃殺死奴僕者，枷號兩個月，鞭一百，餘如舊。〇二十一年議准：官員故殺奴僕者，降一級留任，持刃殺死者，革職，平人故殺奴僕者，枷號四十日，鞭一百，持刃殺死者，枷號三個月，鞭一百，俱追人入官。〇三十九年議准：不食俸禄之監生俊秀人等，將奴僕責打致死者，革職，故意毆殺者，革職，追人一口入官，持刃殺死者，革職，杖一百收贖，仍追人一口入官。〇四十二年論："筆帖式俱係陞司員之人，豈可打死家人，妄行不端之事！嗣後筆帖式等有打死家人，妄行不端之事者，著革退。"

罪名

杖七十

家長及家長之期親、外祖父母毆僱工人至折一齒及手足一指，眇一目，抉毁耳鼻，若破傷骨，及用湯火、銅鐵汁傷者，或以穢物灌入口鼻内者，長隨白契所買典當人同，後倣此。

杖八十

僱工人毆家長緦麻親者。

家長及家長之期親、外祖父母毆僱工人至折二齒、二指以上及髡髮者。

杖九十

僱工人毆家長小功親者。

僱工人毆家長緦麻親至血從耳目中出及内損吐血者，或以穢物污頭面者。

杖一百

僱工人毆家長大功親者。

家長及家長之期親、外祖父母毆僱工人至折肋、眇兩目、墮胎及刃傷者。

奴婢有罪，家長及家長之期親、外祖父母不告官司而私毆殺者。

生監故殺及刃殺奴婢者。

奴僕背主投營,審無挾制勒索等情者。

徒一年杖六十

奴婢毆家長緦麻親者。

僱工人毆家長緦麻,小功親至折一齒及手足一指、眇一目、抉毁耳鼻,若破傷骨,及用湯火、銅鐵汁傷者,或以穢物灌入口鼻内者。

家長及家長之期親、外祖父母私毆殺無罪奴婢者。

徒一年半杖七十

奴婢毆家長小功親者。

奴婢毆家長緦麻親至折一齒及手足一指,眇一目,抉毁耳鼻,若破傷骨,及用湯火、銅鐵汁傷者,或以穢物灌入口鼻内者。

僱工人毆家長緦麻,小功親至折二齒二指以上及髠髮者。

僱工人毆家長大功親至折一齒及手足一指,眇一目,抉毁耳鼻,若破傷骨及用湯火、銅鐵汁傷者,或以穢物灌入口鼻内者。

家長及家長之期親、外祖父母毆僱工人至折跌肢體及瞎一目者。

徒二年杖八十

奴婢毆家長大功親者。

奴婢毆家長緦麻親至折二齒、二指以上及髠髮者。

奴婢毆家長小功親至折一齒及手足一指、眇一目、抉毁耳鼻,若破傷骨,及用湯火、銅鐵汁傷者,或以穢物灌入口鼻内者。

僱工人毆家長大功親至折二齒、二指以上及髠髮者。

家長及家長之期親、外祖父母毆僱工人至瞎兩目、折兩肢、損二事以上,及因舊患至篤疾,若斷舌及毁敗陰陽者。

徒二年半杖九十

奴婢過失傷家長之期親、外祖父母者。

奴婢毆家長小功親至折二齒、二指以上及髠髮者。

奴婢毆家長大功親至折一齒及手足一指、眇一目、抉毁耳鼻,若破傷骨,及用湯火、銅鐵汁傷者,或以穢物灌入口鼻内者。

僱工人過失傷家長及家長之期親、外祖父母者。

僱工人毆家長緦麻、小功親至折肋、眇兩目、墮胎及刃傷者。

徒三年杖一百

奴婢過失殺家長之期親、外祖父母者。

奴婢毆家長緦麻親至折肋、眇兩目、墮胎及刃傷者。○大功親至折二齒、二指以上及髡髮者。

僱工人毆家長及家長期親、外祖父母者。○過失殺者。

僱工人毆家長大功親至折肋、眇兩目、墮胎及刃傷者。

家長及家長之期親、外祖父母毆僱工人至死者。

流二千里杖一百

奴婢毆家長小功親至折肋、眇兩目、墮胎及刃傷者。

僱工人毆家長緦麻、小功親至折跌肢體及瞎一目者。

漢官家人酗酒生事不遵約束者,刺配。

流二千五百里杖一百

奴婢毆家長緦麻親至折跌肢體及瞎一目者。

奴婢毆家長大功親至折肋、眇兩目、墮胎及刃傷者。

僱工人毆家長大功親至折跌肢體及瞎一目者。

流三千里杖一百

奴婢過失傷家長者。

奴婢毆家長小功親至折跌肢體及瞎一目者。

僱工人毆家長及家長期親、外祖父母傷者。

發遣

平人將族中家僕刃殺者,發黑龍江。

絞監候

奴婢過失殺家長者。

奴婢毆家長期親及外祖父母者。

奴婢毆家長大功親至折跌肢體及瞎一目者。○篤疾者。

僱工人毆家長及家長期親、外祖父母至折傷者。

家長及家長之期親、外祖父母故殺僱工人者。

斬監候

奴婢毆家長者

奴婢毆家長之期親及外祖父母傷者,不分首從。

僱工人毆家長之期親、外祖父母至死者。

奴婢毆家長之緦麻以上大功以下親至死者,不分首從。

僱工人毆家長緦麻以上大功以下親至死者。

斬決

傭工人毆家長至死者。

奴僕背主投營，挾制家主，勒索原契及妻子財物，不分首從，得財與，不得財，皆坐。

凌遲處死

奴婢毆殺家長者○故殺同。

奴婢故殺家長之期親、外祖父母者。

傭工人故殺家長及家長之期親、外祖父母者。

妻妾毆夫

凡妻毆夫者，杖一百，夫願離者，聽。須夫自告乃坐。至折傷以上，各加凡鬬傷三等；至篤疾者，絞；死者，斬；故殺者，凌遲處死。○若妾毆夫及正妻者，又各加一等，加者，加入於死，但絞不斬。○其夫毆妻，非折傷，勿論；至折傷以上，減凡人二等，須妻自告乃坐。先行審問夫婦，如願離異者，斷罪離異；不願離異者，驗罪收贖；至死者，絞。毆傷妾至折傷以上，減毆傷妻二等，至死者，杖一百，徒三年。妻毆傷妾，與夫毆妻罪同。亦須妾自告乃坐。過失殺者，各勿論。○若毆妻之父母者，杖一百，折傷以上，各加凡鬬傷罪一等；至篤疾者，絞；死者，斬。

雍正三年律例館奏准：毆妻之父母，雖係外姻緦麻律，比毆緦麻兄姊科罪太輕，改爲毆妻之父母者，杖六十，徒一年，折傷以上，各加凡鬬傷罪二等。

罪名

杖六十

夫毆妾至折一齒、手足一指、眇一目、抉毁耳鼻，若破傷骨，及用湯火、銅鐵汁傷者，或以穢物灌入口鼻内者。

杖七十

夫毆妾至折二齒、二指以上及髡髮者。

杖八十

夫毆妻至折一齒、手足一指、眇一目、抉毁耳鼻，若破傷骨，及用湯火、銅鐵汁傷者，或以穢物灌入口鼻内者○妻毆妾，傷同者，罪同。

杖九十

夫毆妻至折二齒二指以上及髡髮者○妻毆妾，傷同者，罪同。

夫毆妾至折肋，眇兩目，墮胎及刃傷者。

杖一百

妻毆夫者。

徒一年杖六十

妾毆夫及正妻者。

夫毆妻至折肋、眇兩目、墮胎及刃傷者。〇妻毆妾,傷同者,罪同。

夫毆妾至折跌肢體及瞎一目者。

毆妻之父母者。

徒一年半杖七十

夫毆妾至篤疾者。

毆妻之父母至折一齒、手足一指、眇一目、抉毁耳鼻,若破傷骨,及用湯火、銅鐵汁傷者,或以穢物灌入口鼻内者。

徒二年杖八十

妻毆夫至折一齒、手足一指、眇一目、抉毁耳鼻,若破傷骨,及用湯火、銅鐵汁傷者,或以穢物灌入口鼻内者。

夫毆妻至折跌肢體及瞎一目者。〇妻毆妾,傷同者,罪同。

毆妻之父母至折二齒、二指以上及髡髮者。

徒二年半杖九十

妻毆夫至折二齒、二指以上及髡髮者。

妾毆夫及正妻至折一齒、手足一指、眇一目、抉毁耳鼻,若破傷骨,及用湯火、銅鐵汁傷者,或以穢物灌入口鼻内者。

夫毆妻至篤疾者〇妻毆妾,傷同者,罪同。

徒三年杖一百

妾毆夫及正妻至折二齒、二指以上及髡髮者。

夫毆妾至死者

毆妻之父母至折肋、眇兩目、墮胎及刃傷者。

流二千里杖一百

妻毆夫至折肋、眇兩目及刃傷者。

流二千五百里杖一百

妾毆夫及正妻至折肋、眇兩目、墮胎及刃傷者。

毆妻之父母至折跌肢體及瞎一目者。

流三千里杖一百

妻毆夫至折跌肢體及瞎一目者。

絞監候

夫毆妻至死者。○故殺者。

妾毆正妻至折跌肢體及瞎一目,若篤疾者。

毆妻之父母至篤疾者。

斬監候

毆妻之父母至死者。○故殺者。

絞決

妻毆夫至篤疾者。

妾毆夫至折跌肢體及瞎一目,若篤疾者。

斬決

妻妾毆夫至死者。

凌遲處死

妻妾故殺夫者○蠱毒魘魅同。

大清會典卷之一百七十七

刑部

〔律例二十八刑律八〕

〔鬭毆二〕

同姓親屬相毆

凡同姓親屬相毆，雖五服已盡而尊卑名分猶存者，尊長減凡鬭一等，卑幼加一等。至死者，並以凡人論。

雍正五年律例館奏准增定附律例文

一、凡同族之中，果有兇悍不法，偷竊姦宄之人，許族人呈明地方官照所犯本罪，依律科斷，詳記檔案，若經官懲治之後，尚復怙惡不悛，准族人公同鳴官，查明從前過犯實跡，將該犯流三千里安置，不許潛回原籍生事爲非；倘族人不法，事起一時，合族公憤，不及鳴官，處以家法，以致身死，隨即報官者，該地方官審明死者所犯劣蹟，確有實據，取具里保甲長公結，若實有應死之罪，將爲首者照罪人應死而擅殺律，杖一百，若罪不至死，但其素行爲通族之所共惡，將爲首者，照應得之罪減一等，免其抵擬；倘宗族之人，捏稱怙惡，託名公憤，將族人毆斃者，該地方官審明致死實情，仍照本律科斷。

罪名

笞一十

無服尊長毆卑幼者。

笞二十

無服尊長毆卑幼，以手足毆成傷，以他物毆不成傷者。

笞三十

無服卑幼毆尊長者。○毆卑幼，以他物成傷者。

笞四十

無服卑幼毆尊長,以手足毆成傷,以他物毆不成傷者。

無服尊長毆卑幼,拔髮方寸以上者。

笞五十

無服卑幼毆尊長,以他物毆成傷者。

杖六十

無服卑幼毆尊長,拔髮方寸以上者。

杖七十

無服尊長毆卑幼至血從耳目中出及内損吐血者,或以穢物污頭面者。

杖九十

無服尊長毆卑幼至折一齒及手足一指、眇一目、抉毁耳鼻,若破傷骨,及用湯火、銅鐵汁傷者,或以穢物灌入口鼻内者。

無服卑幼毆尊長至血從耳目中出及内損吐血者,或以穢物污頭面者。

杖一百

無服尊長毆卑幼至折二齒、二指以上及髡髮者。

族人不法,事起一時,實有應死劣蹟,合族公憤,家法處死,事後報官,其爲首擅殺者。

徒一年杖六十

無服卑幼毆尊長至折一齒及手足一指、眇一目、抉毁耳鼻,若破傷骨,及用湯火、銅鐵汁傷者,或以穢物灌入口鼻内者。

徒一年半杖七十

無服尊長毆卑幼至折肋、眇兩目、墮胎及刃傷者。

無服卑幼毆尊長至折二齒、二指以上及髡髮者。

徒二年半杖九十

無服尊長毆卑幼至折跌肢體及瞎一目者。

無服卑幼毆尊長至折肋、眇兩目、墮胎及刃傷者。

徒三年杖一百

無服尊長毆卑幼至瞎兩目、折兩肢、損二事以上及因舊患至篤疾,若斷舌及毁敗陰陽者。

徒二千里杖一百

無服卑幼毆尊長至折跌肢體及瞎一目者。

流三千里杖一百

族中兇悍不法，偷竊姦宄之人，呈官懲治，尚復怙惡不悛者。

族人不法，罪不至死，事起一時，合族公憤，不及鳴官，處以家法因而身死，爲首者。

毆大功以下尊長

凡卑幼毆本宗及外姻緦麻兄姊，杖一百；小功兄姊，杖六十，徒一年；大功，杖七十，徒一年半；尊屬又各加一等。尊屬與父母同輩者，如同堂伯叔父母、姑及母舅、母姨之類。折傷以上，各遞加凡鬬傷一等；篤疾者，絞；死者，斬。絞斬在本宗小功，大功兄姊及尊屬，則決，餘俱監候。〇若尊長毆卑幼，非折傷，勿論；至折傷以上，緦麻，減凡人一等；小功，減二等；大功，減三等，至死者，絞。其毆殺同堂弟妹、堂姪及姪孫者，杖一百，流三千里；故殺者，絞。

罪名

杖七十

毆大功卑幼至折一齒及手足一指、眇一目、抉毁耳鼻，若破傷骨，及用湯火、銅鐵汁傷者，或以穢物灌入口鼻内者。

杖八十

毆小功卑幼至折一齒及手足一指、眇一目、抉毁耳鼻，若破傷骨，及用湯火、銅鐵汁傷者，或以穢物灌入口鼻内者。

毆大功卑幼至折二齒、二指以上及髡髪者。

杖九十

毆緦麻卑幼至折一齒及手足一指、眇一目、抉毁耳鼻，若破傷骨，及用湯火、銅鐵汁傷者，或以穢物灌入口鼻内者。

毆小功卑幼至折二齒、二指以上及髡髪者。

杖一百

毆緦麻兄姊者凡姊妹出嫁，兄弟爲人，後者，不以服降異其罪，後倣此。

毆緦麻卑幼至折二齒、二指以上及髡髪者。

毆大功卑幼至折肋、眇兩目、墮胎及刃傷者。

徒一年杖六十

毆小功兄姊者。

毆緦麻尊屬者。

毆緦麻兄姊至折一齒及手足一指、眇一目、抉毁耳鼻，若破傷骨，及用湯火、銅鐵汁傷者，或以穢物灌入口鼻内者。

毆小功卑幼至折肋、眇兩目、墮胎及刃傷者。

徒一年半杖七十

毆大功兄姊者。

毆小功尊屬者。

毆緦麻兄姊至折二齒、二指以上及髠髮者。

毆小功兄姊緦麻尊屬至折一齒及手足一指、眇一目、抉毁耳鼻，若破傷骨，及用湯火、銅鐵汁傷者，或以穢物灌入口鼻内者。

毆緦麻卑幼至折肋、眇兩目、墮胎及刃傷者。

毆大功卑幼至折跌肢體及瞎一目者。

徒二年杖八十

毆大功尊屬者。

毆小功兄姊緦麻尊屬至折二齒、二指以上及髠髮者。

毆大功兄姊小功尊屬至折一齒及手足一指、眇一目、抉毁耳鼻，若破傷骨，及用湯火、銅鐵汁傷者，或以穢物灌入口鼻内者。

毆小功卑幼至折跌肢體及瞎一目者。

毆大功卑幼至瞎兩目、折兩肢、損二事以上及因舊患至篤疾，若斷舌及毁敗陰陽者。

徒二年半杖九十

毆緦麻兄姊至折肋、眇兩目、墮胎及刃傷者。

毆大功兄姊小功尊屬至折二齒、二指以上及髠髮者。

毆緦麻卑幼至折跌肢體及瞎一目者。

毆小功卑幼至瞎兩目、折兩肢、損二事以上及因舊患至篤疾，若斷舌及毁敗陰陽者。

徒三年杖一百

毆小功兄姊緦麻尊屬至折肋、眇兩目、墮胎及刃傷者。

毆緦麻卑幼至瞎兩目、折兩肢、損二事以上及因舊患至篤疾，若斷舌及毁敗陰陽者。

流二千里杖一百

毆緦麻兄姊至折跌肢體及瞎一目者。

毆大功兄姊小功尊屬至折肋、眇兩目墮胎及刃傷者。

流二千五百里杖一百

毆小功兄姊緦麻尊屬至折跌肢體及瞎一目者。

流三千里杖一百

毆大功兄姊至折跌肢體及瞎一目者。

毆小功，大功尊屬至折跌肢體及瞎一目者。

毆殺同堂大功弟妹、小功堂姪及緦麻姪孫者。

絞監候

毆外姻大功以下兄姊及尊屬至篤疾者。

本宗外姻大功以下尊長毆卑幼至死者。○故殺者。

故殺同堂弟妹、小功堂姪及緦麻姪孫者。

絞決

毆本宗大功以下兄姊及尊屬至篤疾者。

斬監候

毆外姻大功以下兄姊及尊屬至死者。

斬決

毆本宗大功以下兄姊及尊屬至死者。

毆期親尊長

凡弟妹毆兄姊者，杖九十，徒二年半；傷者，杖一百，徒三年；折傷者，杖一百，流三千里。刃傷及折肢，若瞎其一目者，絞；死者，皆斬。若姪毆伯叔父母、姑及外孫毆外祖父母，各加一等；其過失殺傷者，各減本殺、傷罪二等；故殺者，皆凌遲處死。若與外人謀故殺親屬者，外人造意、下手，從而加功，從而不加功，自依凡人故殺律科罪。其兄姊毆殺弟妹及伯叔、姑毆殺姪并姪孫，若外祖父母毆殺外孫者，杖一百，徒三年；故殺者，杖一百，流二千里；過失殺者，各勿論。

附律定例

一、凡卑幼毆期親尊長，執有刀刃趕殺，情狀兇惡者，雖未傷，依律問罪，發邊衛充軍。

一、凡兄與伯叔謀奪弟姪財産、官職等項，故行殺害者，問罪，屬軍衛者，發邊衛充軍，屬有司者，發邊外爲民，仍斷給財産一半，與被殺家屬養贍。

雍正三年律例館奏准：現行定例，與此不符，今將奏准改定例文開後。

一、凡兄與伯叔因争奪弟姪財産、官職並平素讐隙不睦，有意執持兇器，故行殺害者，擬絞監候，仍斷給財産一半，與被傷家屬養贍；如無前項情由，仍照律擬罪。

歷年事例

康熙二十二年議准:凡親兄因争奪財産、官職,及挾讐持金刃等兇器,故殺弟命者,擬絞監候;如無争奪等情,仍照律擬罪。〇又題准:凡親伯叔争伊姪財産及奪官職,挾讐故殺者,亦照例擬絞監候。

罪名

徒二年半杖九十

弟妹毆兄姊者。

姪過失傷伯叔父母、姑,外孫過失傷外祖父母者。

徒三年杖一百

姪毆伯叔父母、姑,外孫毆外祖父母者。

弟妹毆兄姊傷者。

弟妹過失殺兄姊,姪過失殺伯叔父母,外孫過失殺外祖父母者。

兄姊毆殺弟妹,伯叔、姑毆殺姪并姪孫,外祖父母毆殺外孫者。

流二千里杖一百

姪毆伯叔父母、姑,外孫毆外祖父母傷者。

兄姊故殺弟妹,伯叔故殺姪并姪孫,外祖父母故殺外孫者。

流三千里杖一百

弟妹毆兄姊至折一齒及手足一指,眇一目,抉毀耳鼻,若破傷骨,及用湯火、銅鐵汁傷者,或以穢物灌入口鼻内者,折二齒二指以上及髡髮者,折肋,眇兩目墮胎三等同科。〇姪毆伯叔父母、姑,外孫毆外祖父母同。

邊衛充軍

卑幼毆期親尊長,執有刀刃趕殺,情狀兇惡,未傷者。

絞監候

兄及伯叔因争奪弟姪財産官職,並素不睦,有意執持兇器,故行殺害者。

絞決

弟妹毆兄姊至以刃傷及折跌肢體及瞎一目者、瞎兩目、折兩肢、損二事以上及因舊患至篤疾,若斷舌及毀敗陰陽者,二等同科。〇姪毆伯叔父母、姑,外孫毆外祖父母同。

斬決

弟妹毆兄姊至死者。〇姪於伯叔父母、姑,外孫於外祖父母同。

凌遲處死

弟妹故殺兄姊者○姪於伯叔父母、姑，外孫於外祖父母同。

毆祖父母、父母

凡子孫毆祖父母、父母，及妻妾毆夫之祖父母、父母者，皆斬；殺者，皆凌遲處死；過失殺者，杖一百，流三千里；傷者，杖一百，徒三年。○其子孫違犯教令而祖父母、父母非理毆殺者，杖一百；故殺者，杖六十，徒一年；嫡、繼、慈、養母殺者，各加一等，致令絶嗣者，絞。若非理毆子孫之婦及乞養異姓子孫，致令廢疾者，杖八十；篤疾者，加一等，並令歸宗。子孫之婦，追還嫁裝，仍給養贍銀一十兩。乞養子孫，撥付合得財産養贍。至死者，各杖一百，徒三年；故殺者，各杖一百，流二千里。妾各減二等。○其子孫毆罵祖父母、父母，及妻妾毆罵夫之祖父母、父母而毆殺之，若違犯教令而依法決罰邂逅致死，及過失殺，各勿論。

附律定例

一、繼母告子不孝，及伯叔父母、兄、姊、伯叔祖，同堂伯叔父母、兄、姊奏告弟姪人等，打罵者，俱行拘四鄰親族人等，審勘是實，依律問斷；若有誣枉，即與辨理，果有顯跡傷痕，輸情服罪者，不必行勘。

一、凡義子過房，在十五歲以下，恩養年久，或十六歲以上，曾分有財産，配有室家，若於義父母及義父之祖父母、父母有犯毆罵、侵盜、恐嚇、詐欺、誣告等情，即同子孫，取問如律；若義父母及義父之祖父母、父母毆殺、故殺者，並以毆故殺乞養異姓子孫論。○若過房雖在十五以下，恩養未久，或在十六以上，不曾分有財産，配有室家，及於義父之期親并外祖父母有違犯者，並以傭工人論。○義子之婦亦依前擬歲數，如律科斷。其義子，後因本宗絶嗣，或應繼軍伍等項，有故歸宗而義父母與義父之祖父母、父母無義絶之狀，原分家産，原配妻室不曾拘留，遇有違犯，仍以傭工人論。若犯義絶及奪其財産、妻室，與其餘親屬，不分義絶與否，並同凡人論。

雍正三年律例館奏准：今無勾軍之例，“或應繼軍伍等項”七字删。

罪名

杖六十

祖父母、父母、嫡、繼、慈、養母非理毆子孫及乞養子孫之妾致令廢疾者。

杖七十

祖父母、父母、嫡、繼、慈、養母非理毆子孫及乞養子孫之妾致令篤疾者。

杖八十

祖父母、父母、嫡、繼、慈、養母非理毆子孫及乞養子孫之妻致令廢疾者。

杖九十

祖父母、父母、嫡、繼、慈、養母非理毆子孫及乞養子孫之妻致篤疾者。

杖一百

子孫違犯教令而祖父母、父母非理毆殺者。

徒一年杖六十

祖父母、父母故殺子孫者。

嫡、繼、慈、養母毆殺子孫者。

徒一年半杖七十

嫡、繼、慈、養母故殺子孫者。

徒二年杖八十

毆子孫及乞養子孫之妾至死者。

徒二年半杖九十

故殺子孫及乞養子孫之妾者。

徒三年杖一百

子孫過失傷祖父母、父母者。〇子孫之妻妾過失傷夫之祖父母、父母者

毆子孫之婦及乞養子孫至死者義子同,後倣此。

流二千里杖一百

故殺子孫之婦及乞養子孫者。

流三千里杖一百

子孫過失殺祖父母、父母者。〇子孫之妻妾過失殺夫之祖父母、父母者。

絞監候

嫡、繼、慈、養母殺子孫,致令絶嗣者。

斬決

子孫毆祖父母、父母,妻妾毆夫祖父母、父母者。

凌遲處死

子孫毆祖父母、父母，妻妾毆夫之祖父母、父母死者。

妻妾與夫親屬相毆

凡妻妾毆夫之期親以下，緦麻以上尊長，與夫毆同罪。至死者，各斬。〇若妻毆傷卑屬，與夫毆同。至死者，絞。若毆殺夫之兄弟子，杖一百，流三千里；故殺者，絞；妾犯者，各從凡鬭法。〇若尊長毆傷卑幼之婦，減凡人一等；妾又減一等。至死者，絞。〇若弟妹毆兄之妻，加毆凡人一等。〇若兄姊毆弟之妻及妻毆夫之弟妹及弟之妻，各減凡人一等。若毆妾者，各又減一等。〇其毆姊妹夫妻之兄弟，及妻毆夫之姊妹夫者，以凡鬭論。若妾犯者，各加一等。〇若妾毆夫之妾子，減凡人二等；毆妻之子，以凡人論。若妻之子毆傷父妾，加凡人一等；妾子毆傷父妾，又加二等。至死者，各依凡人論。

罪名

笞一十

尊長於卑幼之妾，以手足毆成傷，以他物毆不成傷者期服以下，緦麻以上並同，後倣此。

兄姊於弟妻，若妻於夫之弟妹及夫弟之妻，以手足毆不成傷者。

妾毆夫之妾子，以手足毆成傷，以他物毆不成傷者。

笞二十

尊長於卑幼之妻，以手足毆成傷，以他物毆不成傷者。

尊長於卑幼之妾，以他物毆成傷者。

兄姊於弟妻，若妻於夫之弟妹及夫弟之妻，以手足毆成傷，以他物毆不成傷者。

兄姊於弟妾，若妻於夫弟之妾，以他物毆成傷者。

妾於夫之妾子，以他物毆成傷者。

笞三十

尊長於卑幼之妻，以他物毆成傷者。

尊長毆卑幼之妾，拔髮方寸以上者。

兄姊於弟妻，若妻於夫之弟妹及夫弟之妻，以他物毆成傷者。

兄姊毆弟妾，若妻毆夫弟之妾，拔髮方寸以上者。

弟妹毆嫂者

妾毆夫主姊妹之夫及正妻之兄弟者。

妻之子毆父之妾者。

妾毆夫之妾子,拔髮方寸以上者。

笞四十

尊長毆卑幼之妻,拔髮方寸以上者。

兄姊毆弟妻,若妻毆夫之弟妹及夫弟之妻,拔髮方寸以上者。

弟妹於嫂,以手足毆成傷,以他物毆不成傷者。

妾於夫主姊妹之夫及正妻之兄弟,以手足毆成傷,以他物毆不成傷者。

毆父之妾,以手足毆成傷,以他物毆不成傷,本犯係正妻所生者。

笞五十

弟妹於嫂,以他物毆成傷者。

妾於夫主姊妹之夫及正妻之兄弟,以他物毆成傷者。

妻之子毆父之妾,以他物毆成傷者。

妻毆夫之大功卑幼至血從耳目中出及内損吐血者,或以穢物污頭面者。

妾之子毆父之妾者。

杖六十

尊長毆卑幼之妾至血從耳目中出及内損吐血者,或以穢物污頭面者。

妻毆夫之小功卑幼至血從耳目中出及内損吐血者,或以穢物污頭面者。

兄姊毆弟之妾,若妻毆夫弟之妾至血從耳目中出及内損吐血者,或以穢物污頭面者。

弟妹毆嫂,拔髮方寸以上者。

妾毆夫主姊妹之夫及正妻之兄弟,拔髮方寸以上者。

妻之子毆父妾,拔髮方寸以上者。

妾之子毆父妾,以手足毆成傷,以他物毆不成傷者。

妾毆夫之妾子至血從耳目中出及内損吐血者,或以穢物污頭面者。

杖七十

妻毆夫之大功卑幼至折一齒及手足一指、眇一目、抉毁耳鼻,若破傷骨,及用湯火、銅鐵汁傷者,或以穢物灌入口鼻内者。〇毆夫之緦麻卑幼至血從耳目中出及内損吐血者,或以穢物污頭面者。

尊長毆卑幼之妻至血從耳目中出及内損吐血者,或以穢物污頭面者。

兄姊毆弟妻,若妻於夫之弟妹及夫弟之妻至血從耳目中出及内損吐血者,或以穢物污頭面者。

妾之子毆父妾,以他物成傷者。

杖八十

妻毆夫之小功卑幼至折一齒及手足一指、眇一目、抉毁耳鼻,若破傷骨,及用湯火、銅鐵汁傷者,或以穢物灌入口鼻内者〇毆夫之大功卑幼至折二齒二指以上及髡髮者。

尊長毆卑幼之妾至折一齒及手足一指、眇一目、抉毁耳鼻,若破傷骨,及用湯火、銅鐵汁傷者,或以穢物灌入口鼻内者。

兄姊毆弟妾,若妻毆夫弟之妾至折一齒及手足一指、眇一目、抉毁耳鼻,若破傷骨,及用湯火、銅鐵汁傷者,或以穢物灌入口鼻内者。

妾毆夫之妾子至折一齒及手足一指、眇一目、抉毁耳鼻,若破傷骨,及用湯火、銅鐵汁傷者,或以穢物灌入口鼻内者。

妾之子毆父妾拔髮方寸以上者。

杖九十

妻毆夫之緦麻卑幼至折一齒及手足一指、眇一目、抉毁耳鼻,若破傷骨,及用湯火、銅鐵汁傷者,或以穢物灌入口鼻内者〇毆夫之小功卑幼至折二齒、二指以上及髡髮者。

尊長毆卑幼之妻至折一齒及手足一指、眇一目、抉毁耳鼻,若破傷骨,及用湯火、銅鐵汁傷者,或以穢物灌入口鼻内者。

尊長毆卑幼之妾至折二齒、二指以上及髡髮者。

兄姊毆弟之妻,若妻毆夫之弟妹及夫弟之妻至折一齒及手足一指、眇一目、抉毁耳鼻,若破傷骨,及用湯火、銅鐵汁傷者,或以穢物灌入口鼻内者。

兄姊毆弟之妾,若妻毆夫弟之妾至折二齒以上及髡髮者。

弟妹毆嫂至血從耳目中出及内損吐血者,或以穢物污頭面者。

妾毆夫主姊妹之夫及正妻之兄弟至血從耳目中出及内損吐血者,或以穢物污頭面者。

妻之子毆父妾至血從耳目中出及内損吐血者,或以穢物污頭面者。

妾毆夫之妾子至折二齒、二指以上及髡髮者。

杖一百

妻毆夫之緦麻兄姊者。〇妾同。

妻毆夫之緦麻卑幼至折二齒、二指以上及髡髮者。〇毆夫之大功卑幼至折肋、眇兩目、墮胎及刃傷者。

尊長毆卑幼之妻至折二齒、二指以上及髡髮者。

兄姊毆弟之妻，若妻於夫之弟妹及夫弟之妻至折二齒、二指以上及髡髮者。

徒一年杖六十

毆夫小功兄姊者。〇妾同。

毆夫緦麻尊屬者。〇妾同。

毆夫緦麻兄姊至折一齒及手足一指、眇一目、抉毁耳鼻，若破傷骨，及用湯火、銅鐵汁傷者，或以穢物灌入口鼻内者。〇妾同。

妻毆夫之小功卑幼至折肋、眇兩目、墮胎及刃傷者。

尊長毆卑幼之妾至折肋、眇兩目、墮胎及刃傷者。

弟妹毆兄之妻至折一齒及手足一指、眇一目、抉毁耳鼻，若破傷骨，及用湯火、銅鐵汁傷者，或以穢物灌入口鼻内者。

兄姊毆弟之妾及妻毆夫弟之妾至折肋、眇兩目、墮胎及刃傷者。

妾毆夫主姊妹之夫、正妻之兄弟至折一齒及手足一指、眇一目、抉毁耳鼻，若破傷骨，及用湯火、銅鐵汁傷者，或以穢物灌入口鼻内者。

妾毆夫之妾子至折肋，眇兩目，墮胎及刃傷者。

妻之子毆父妾至折一齒及手足一指、眇一目、抉毁耳鼻，若破傷骨，及用湯火、銅鐵汁傷者，或以穢物灌入口鼻内者。

妾之子毆父妾至血從耳目中出及内損吐血者，或以穢物污頭面者。

徒一年半杖七十

毆夫大功兄姊者。〇妾同。

毆夫小功尊屬者。〇妾同。

毆夫緦麻兄姊至折二齒二指以上及髡髮者。〇妾同。

毆夫小功兄姊緦麻尊屬至折一齒及手足一指、眇一目、抉毁耳鼻，若破傷骨，及用湯火、銅鐵汁傷者，或以穢物灌入口鼻内者。〇妾同。〇妾毆妻之父母同。

尊長毆卑幼之妻至折肋、眇兩目、墮胎及刃傷者。

妻毆夫之緦麻卑幼至折肋、眇兩目、墮胎及刃傷者。〇毆夫之大功卑幼至折跌肢體及瞎一目者。

弟妹毆兄之妻至折二齒、二指以上及髡髮者。

兄姊毆弟之妻，若妻毆夫之弟妹及夫弟之妻至折肋、眇兩目、墮胎及刃傷者。

妾毆夫主姊妹之夫、正妻之兄弟至折二齒、二指以上及髡髮者。

妻之子毆父妾至折二齒二指以上及髡髮者。

徒二年杖八十

毆夫大功尊屬者。〇妾同。

毆夫小功兄姊緦麻尊屬至折二齒、二指以上及髡髮者。〇妾同。

毆夫大功兄姊小功尊屬至折一齒及手足一指、眇一目、抉毀耳鼻，若破傷骨，及用湯火、銅鐵汁傷者，或以穢物灌入口鼻内者。〇妾同。

妻毆夫之小功卑幼至折跌肢體及瞎一目者。〇毆夫之大功卑幼至瞎兩目，折兩肢、損二事以上及因舊患至篤疾，若斷舌及毀敗陰陽者。

尊長毆卑幼之妾至折跌肢體及瞎一目者。

兄姊毆弟之妾，及妻毆夫弟之妾至折跌肢體及瞎一目者。

妾毆夫之妾子至折跌肢體及瞎一目者。

妾之子毆父妾至折一齒、手足一指、抉毀耳鼻，若破傷骨及用湯火、銅鐵汁傷者，或以穢物灌入口鼻内者。

徒二年半杖九十

毆夫緦麻兄姊折肋、眇兩目、墮胎及刃傷者。〇妾同。

毆夫大功兄姊，小功尊屬至折二齒、二指以上及髡髮者。〇妾同。

毆夫緦麻卑幼至折跌肢體及瞎一目者。〇毆夫小功卑幼至瞎兩目，折兩肢，損二事以上及因舊患至篤疾，若斷舌及毀敗陰陽者。

毆夫兄姊者。〇妾同。

過失傷夫伯叔父母、姑外祖父母者。

尊長毆傷卑幼之妾至瞎兩目、折兩肢、損二事以上及因舊患至篤疾，若斷舌及毀敗陰陽者。

尊長毆卑幼之妻至折跌肢體及瞎一目者。

弟妹毆兄之妻至折肋、眇兩目、墮胎及刃傷者。

兄姊毆弟之妻，若妻毆夫之弟妹及夫弟之妻至折跌肢體及瞎一目者。

兄姊毆弟之妾及妻毆夫弟之妾至瞎兩目，折兩肢，損二事以上及因舊患至篤疾，若斷舌及毀敗陰陽者。

妾毆夫主姊妹之夫、正妻之兄弟至折肋、眇兩目及刃傷者。

妾毆夫之妾子至瞎兩目、折兩肢、損二事以上及因舊患至篤疾，若斷舌及毁敗陰陽者。

妻之子毆父妾至折肋、眇兩目、墮胎及刃傷者。

妾之子毆父妾至折二齒、二指以上及髡髮者。

徒三年杖一百

毆夫伯叔父母、姑、外祖父母者。〇妾同。

毆夫小功兄姊緦麻尊屬至折肋,眇兩目,墮胎及刃傷者。〇妾同。〇妾毆妻之父母同。

毆夫緦麻卑幼至瞎兩目、折兩肢、損二事以上及因舊患至篤疾,若斷舌及毁敗陰陽者。

毆夫兄姊傷者。

過失殺夫兄姊伯叔父母、姑、外祖父母者。〇妾同。

尊長毆傷卑幼之妻至瞎兩目、折兩肢、損二事以上及因舊患至篤疾,若斷舌及毁敗陰陽者。

兄姊毆弟之妻,若妻毆夫之弟妹及夫弟之妻至瞎兩目、折兩肢、損二事以上及因舊患至篤疾,若斷舌及毁敗陰陽者。

流二千里杖一百

毆夫緦麻兄姊至折跌肢體及瞎一目者。〇妾同。

毆夫大功兄姊小功尊屬至折肋、眇兩目、墮胎及刃傷者。

毆夫伯叔父母、姑、外祖父母傷者。〇妾同。

弟妹毆兄之妻至折跌肢體及瞎一目者。

妾毆夫主姊妹之夫、正妻之兄弟至折跌肢體及瞎一目者。

妻之子毆父妾至折跌肢體及瞎一目者。

妾之子毆父妾至折肋、眇兩目、墮胎及刃傷者。

流二千五百里杖一百

毆夫小功兄姊緦麻尊屬至折跌肢體及瞎一目者〇妾同。〇妾毆妻之父母同。

毆同居繼父至折跌肢體及瞎一目者。

流三千里杖一百

過失殺夫祖父母、父母者。

毆夫大功兄姊小功,大功尊屬至折跌肢體及瞎一目者。〇妾同。

妻毆夫兄姊,若期親尊屬至折傷者。〇妾同。

妾毆正妻父母至篤疾者。

妻毆殺夫兄弟子者。

妾之子毆父妾至折跌肢體及瞎一目者。

絞監候

妻毆夫之卑幼至死者。〇故殺夫之兄弟子者。

尊長毆卑幼之妻妾至死者。〇故殺者。

斬監候

妻妾毆夫期親以下,緦麻以上尊長至死者。

毆妻前夫之子

凡毆妻前夫之子者,謂先曾同居,今不同居者。減凡人一等,同居者,又減一等。至死者,絞。〇若毆繼父者,亦謂先曾同居,今不同居者。杖六十,徒一年。折傷以上,加凡鬭傷一等,同居者,又加一等。至死者,斬。〇其故殺及自來不曾同居者,各以凡人論。

罪名

笞一十

毆不同居妻前夫之子,以手足毆不成傷者謂先曾同居,今不同居者其自來不曾同居者,依凡人鬭毆本律。後言"繼父"者,亦倣此。

毆同居妻前夫之子,以手足毆成傷,以他物毆不成傷者。

笞二十

毆不同居妻前夫之子,以手足毆成傷,以他物毆不成傷者。

毆同居妻前夫之子,以他物毆成傷者。

笞三十

毆不同居妻前夫之子,以他物毆成傷者。

毆同居妻前夫之子,拔髮方寸以上者。

笞四十

毆不同居妻前夫之子,拔髮方寸以上者。

杖六十

毆同居妻前夫之子至血從耳目中出及内損吐血者,或以穢物污頭面者。

杖七十

毆不同居妻前夫之子至血從耳目中出及内損吐血者,或以穢物污頭面者。

杖八十

毆同居妻前夫之子至折一齒及手足一指，眇一目，抉毁耳鼻，若破傷骨，及用湯火、銅鐵汁傷者，或以穢物灌入口鼻内者。

杖九十

毆不同居妻前夫之子至折一齒及手足一指、眇一目、抉毁耳鼻，若破傷骨，及用湯火、銅鐵汁傷者，或以穢物灌入口鼻内者。

毆同居妻前夫之子至折二齒二指以上及髡髮者。

杖一百

毆不同居妻前夫之子至折二齒、二指以上及髡髮者。

徒一年杖六十

毆同居妻前夫之子至折肋、眇兩目、墮胎及刃傷者。

毆不同居繼父者〇毆至折一齒及手足一指、眇一目、抉毁耳鼻，若破傷骨，及用湯火、銅鐵汁傷者，或以穢物灌入口鼻内者。

徒一年半杖七十

毆不同居妻前夫之子至折肋、眇兩目、墮胎及刃傷者。

毆同居繼父者〇毆至折一齒及手足一指、眇一目、抉毁耳鼻，若破傷骨，及用湯火、銅鐵汁傷者，或以穢物灌入口鼻内者。

毆不同居繼父至折二齒、二指以上及髡髮者。

徒二年杖八十

毆同居妻前夫之子至折跌肢體及瞎一目者。

徒二年半杖九十

毆不同居妻前夫之子至折跌肢體及瞎一目者。

毆同居妻前夫之子至瞎兩目、折兩肢、損二事以上及因舊患至篤疾，若斷舌及毁敗陰陽者。

毆不同居繼父至折肋，眇兩目及刃傷者。

徒三年杖一百

毆不同居妻前夫之子至瞎兩目、折兩肢、損二事以上及因舊患至篤疾，若斷舌及毁敗陰陽者。

毆同居繼父至折肋、眇兩目及刃傷者。

流二千里杖一百

毆不同居繼父至折跌肢體及瞎一目者至篤疾者，仍依鬬毆本律，滿流不加入於死，下同。

流二千五百里杖一百

毆同居繼父至折跌肢體及瞎一目者。

絞監候

毆妻前夫之子至死者不分同居、不同居，下同。

斬監候

毆繼父至死者。〇故殺者。

故殺妻前夫之子者。

妻妾毆故夫父母

凡妻妾夫亡改嫁，毆故夫之祖父母、父母者，並與毆舅姑罪同。其舊舅姑毆已故子孫改嫁妻妾者，亦與毆子孫婦同。〇若奴婢毆舊家長及家長毆舊奴婢者，各以凡人論。

罪名

杖八十

非理毆已故子孫改嫁之妻，致令廢疾者。

杖九十

非理毆已故子孫改嫁之妻，致令篤疾者。

徒二年杖八十

非理毆殺已故子孫改嫁之妾者。

徒二年半杖九十

非理毆殺已故子孫改嫁之妻者。

徒三年杖一百

故殺已故子孫改嫁之妾者。

已故子孫改嫁之妻妾過失傷故夫之祖父母、父母者。

流二千里杖一百

故殺已故子孫改嫁之妻者。

流三千里杖一百

已故子孫改嫁之妻妾過失殺故夫之祖父母、父母者。

斬決

已故子孫改嫁之妻妾毆故夫之祖父母、父母者。

凌遲處死

已故子孫改嫁之妻妾毆故夫之祖父母、父母至死者。

父祖被毆

凡祖父母、父母爲人所毆，子孫即時救護而還毆，非折傷，勿論。至折傷以上,減凡鬬三等。至死者,依常律。〇若祖父母、父母爲人所殺而子孫擅殺行兇人者,杖六十。其即時殺死者,勿論。

雍正五年律例館奏准增定附律例文

一、凡祖父母、父母爲人所殺,本犯擬抵,或遇恩赦免死而子孫報讐,將本犯,仍復擅殺者,杖一百,流三千里。

一、人命案内,如有救父情切,因而毆死人者,於疏内聲明,援例兩請,候旨定奪,其或有子之人與人角口,故令伊子將人毆死者,仍照律科罪,不得概擬減等。

罪名

杖六十

祖父母、父母爲人所殺,其子孫擅殺行兇人,非登時殺死者。

杖七十

救護祖父母、父母,毆人至折一齒及手足一指、眇一目、抉毀耳鼻,若破傷骨及用湯火、銅鐵汁傷人者,或穢物灌入人口鼻内者。

杖八十

救護祖父母、父母,毆人至折二齒、二指以上及髡髪者

杖九十

救護祖父母、父母,毆人至折肋、眇兩目、墮胎及刃傷者。

徒一年半杖七十

救護祖父母、父母,毆人至折跌人肢體及瞎一目者。

徒二年杖八十

救護祖父母、父母,毆人至瞎兩目、折兩肢、損二事以上及因舊患至篤疾,若斷舌及毀敗陰陽者。

流三千里杖一百

祖父母、父母爲人所殺,本犯擬抵後,或遇恩赦免死而子孫報讐,擅殺本犯者。

〔駡詈〕

駡人

凡駡人者,笞一十。互相駡者,各笞一十。

歷年事例

康熙六十一年十二月諭:“看得八旗官員,將所屬兵民人等,開口辱駡,及人父母。此等惡俗,甚不可聞。先經朕皇考不時教訓,毋得駡人父

母。此等惡俗，屢經奉旨，官兵即有不是，只可責及本身，豈可駡人父母！將此概行傳示，如仍前不改，駡及人之父母者，即行回明，該管大臣，令其參處。再宫内太監等，亦常駡人父母。此後太監等在街道處混行駡人者，令其重打綑綁，交與首領太監。將此概傳，仍傳示提督，交與内務府大臣傳示内裏首領太監，各行曉諭永行禁止駡人父母。”

罪名止有笞一十一條律文已明不複列

駡制使及本管長官

凡奉制命出使而官吏駡詈之者，及部民駡本屬知府、知州、知縣，軍士駡本管指揮、千户、百户，若吏卒駡本部五品以上長官，杖一百；若吏卒駡六品以下長官，各減三等；駡佐貳官、首領官，又各遞減一等，並親聞乃坐。

雍正三年律例館奏准："指揮千百户"應改爲"本管官"。

附律定例

一、凡毁駡公、侯、駙馬、伯及京省文職三品以上者，問罪，枷號一個月發落。雍正三年律例館奏准："文官三品以上"下增"武職二品以上"六字。

一、凡在長安門外等處妄叫冤枉，辱駡原問官者，問罪，用一百觔枷，枷號一個月發落；婦人有犯罪，坐夫，男，若不知情及無夫男者，止坐本婦，照常發落。

罪名

笞五十

軍民吏卒駡本屬本管本部之首領官者。

杖六十

軍民吏卒駡本屬本管本部之佐貳官者。

杖七十

吏卒駡六品以下至雜職長官者。

杖一百

奉制命出使而官吏駡之者。〇部民駡本屬知府、知州、知縣，軍士駡本管官，若吏卒駡本部五品以上長官者。

佐職統屬駡長官

凡首領官及統屬官駡五品以上長官，杖八十；若駡六品以下長官，減三等。佐貳官駡長官者，又各減二等。並親聞乃坐。

罪名

笞三十

佐貳官罵六品以下長官者。

笞五十

首領統屬官罵六品以下長官者。

杖六十

佐貳官罵五品以上長官者。

杖八十

首領統屬官罵五品以上長官者。

奴婢罵家長

凡奴婢罵家長者,絞。罵家長之期親及外祖父母者,杖八十,徒二年;大功,杖八十;小功,杖七十;緦麻,杖六十。若僱工人罵家長者,杖八十,徒二年;罵家長期親及外祖父母,杖一百;大功,杖六十;小功,笞五十;緦麻,笞四十。並親告乃坐。

罪名

笞四十

僱工人罵家長之緦麻親者。

笞五十

僱工人罵家長之小功親者。

杖六十

奴婢罵家長之緦麻親者。

僱工人罵家長之大功親者。

杖七十

奴婢罵家長之小功親者。

杖八十

奴婢罵家長之大功親者。

杖一百

僱工人罵家長之期親及外祖父母者。

徒二年杖八十

奴婢罵家長之期親及外祖父母者。

僱工人罵家長者。

絞監候

奴婢罵家長者。

罵尊長

凡罵緦麻兄姊,笞五十;小功兄姊,杖六十;大功兄姊,杖七十。尊屬各加一等。若罵期親同胞兄姊者,杖一百;伯叔父母、姑、外祖父母,各加一等。並須親告乃坐。

罪名

笞五十

罵緦麻兄姊者。

杖六十

罵緦麻尊屬,若小功兄姊者。

杖七十

罵小功尊屬,若大功兄姊者。

杖八十

罵大功尊屬者。

杖一百

罵期服兄姊者。

徒一年杖六十

罵伯叔父母、姑外祖父母者。

罵祖父母、父母

凡罵祖父母、父母,及妻妾罵夫之祖父母、父母者,並絞。須親告乃坐。

附律定例

一、凡毀罵祖父母、父母及夫之祖父母、父母,告息詞者,奏請定奪;再犯者,雖有息詞,不與准理;若祖父母、父母聽信後妻愛子蠱惑,謀襲官職,争奪財産等項,捏告打罵者,究問明白,不拘所犯次數,亦與辨理。

罪名止有絞監候一條律文已明不複列

妻妾罵夫期親尊長

凡妻妾罵夫之期親以下,緦麻以上尊長,與夫罵罪同。妾罵夫者,杖八十。妾罵妻者,罪亦如之。若罵妻之父母者,杖六十。並須親告,乃坐。

罪名

笞五十

妻妾罵夫主之緦麻兄姊者。

杖六十

妻妾罵夫主之緦麻尊屬，若小功兄姊者。

妾罵妻之父母者。

杖七十

妻妾罵夫主之小功尊屬，若大功兄姊者。

杖八十

妻妾罵夫主之大功尊屬者。

妾罵夫者。○罵正妻者。

杖一百

妻妾罵夫主之期服兄姊者。

徒一年杖六十

妻妾罵夫主之伯叔父母、姑、外祖父母者。

妻妾罵故夫父母

凡妻妾夫亡改嫁，罵故夫之祖父母、父母者，並與罵舅姑罪同。○若奴婢罵舊家長者，以凡人論。

罪名

笞一十

奴婢轉賣與人，罵舊家長者。

杖一百

子孫之婦守志在室而罵已改嫁之親姑者。

絞監候

妻妾夫亡改嫁，罵故夫之祖父母、父母者。

大清會典卷之一百七十八

刑部

〔律例二十九刑律九〕

〔訴訟一〕

越訴

凡軍民詞訟，皆須自下而上陳告。若越本管官司，輒赴上司稱訟者，笞五十。○若迎車駕及擊登聞鼓申訴而不實者，杖一百，事重者，從重論；得實者，免罪。

附律定例

一、擅入午門、長安等門内，叫訴冤枉，奉旨勘問得實者，問罪，枷號一個月；若涉虚者，仍杖一百，發邊遠衛分充軍；其臨時奉旨，止將犯人拏問者，所訴情詞，不分虚實，立案不行，仍將本犯枷號一個月發落。

一、凡假以建言爲由，挾制官府，及將曖昧不明姦贓事情污人名節，報復私讐者，俱問罪，文官，革職爲民，武官，革職差操，旗軍人等，發邊衛，民，發附近，俱充軍；其有曾經法司并撫按等衙門問斷明白，意圖翻異，輒於登聞鼓下及長安左右門等處自刎、自縊、撒潑、喧呼者，拏送法司追究；教唆、主使之人，從重問擬。

雍正三年律例館奏准："俱問罪"至"俱充軍"二十九字，改爲"文武官俱革職，軍民人等，皆發附近充軍"。又"撫按"二字改"督撫"。"從重問擬"四字改爲"俱杖一百，徒三年"。

一、朝覲，聽選給由等項，人員，及解送軍匠物料，聽奏儀賓，會試舉人，歲貢生員人等到京，若在京及原籍來京一應親識閒雜人等，設謀奏告，欺詐嚇取財物者，問罪，枷號一個月發落，原詞立案不行。

雍正三年律例館奏准："一朝覲"至"到京"三十四字，改爲"一、聽選人員及會試舉人貢監生並解送物料人等到京。"若在京及原籍來京"八字删；

一、江西等處客人，在於各處買賣生理，若有負欠錢債等項，事情，止許於所在官司陳告，提問發落，若有驀越赴京奏告者，問罪；遞回奏告情詞，不問虚實，立案不行。

雍正三年律例館奏准："江西等處客人"六字改爲"直省客商"。

一、凡土官衙門人等，除叛逆機密并地方重事，許差本等頭目赴京奏告外，其餘户婚田土等項，俱先申合干上司，聽與分理，若不與分理及阿徇不公，方許差人奏告，給引照回該管上司從公問斷，若有驀越奏告及已奏告文書到後，三月不出官，聽理，與已問理不待歸結，復行奏告者，原詞俱立案不行；其妄捏叛逆重情全誣十人以上，并教唆、受僱替人妄告，與盗空印紙，填砌奏訴者，遞發該管衙門照土俗事例發落；若漢人，投入土官地方，冒頂土人親屬頭目名色，代爲奏告報讐，占騙財産者，問發邊衛充軍。

一、爲事官吏軍民人等，赴京奏訴一應事情，審係被人奏告，曾經巡撫、巡按，或在京法司見問未結者，仍行原問各該衙門併問歸結；若曾經被人在巡撫、巡按官，或在京法司具告，事發，却又朦朧赴隔别衙門告理，或隱下被人奏告緣由，牽扯别事，赴京奏行别衙門勘問者，查審明白，俱將奏告情詞立案不行，仍將犯人轉發原問衙門收問歸結；若已經巡撫巡按官，或在京法司問結發落，人犯赴京奏訴冤枉者，方許改調，無礙衙門勘問辯理。

雍正三年律例館奏准："巡撫巡按"四字改爲"督撫文内"，三處俱同改。

一、軍民人等，干己詞訟，若無故不行親齎，並隱下壯丁，故令老幼殘疾、婦女家人抱齎奏訴者，俱各立案不行，仍提本身，或壯丁問罪。

一、曾經考察、考核、被劾人員，若懷挾私忿，妄捏摭拾，經該官員别項贓私不干己事奏告，以圖報復者，不分現任致仕閒住，文官，問發爲民，武官，問革差操，奏告情詞，不問虚實，立案不行。

雍正三年律例館奏准："致仕閒住"四字改爲"去任"。"文官，問發爲民，武官，問革差操"十二字改爲"文武官俱革職爲民，已革者，問罪"。

一、凡驀越赴京及赴巡撫、巡按、按察司官處各奏告叛逆等項，機密重事不實，并全誣十人以上，屬軍衛者，發邊外充軍，屬有司者，發邊遠爲民。

雍正三年律例館奏准："巡撫巡按"四字改爲"督撫其誣告叛逆反坐罪

重,不得一例充軍","叛逆等項"四字删。

一、在外刁徒,身背黄袱,頭插黄旗,口稱奏訴,直入衙門,挾制官吏者,所在官司就拏奏問,若係干己事情及有冤枉者,照常發落,不係干己事情,别無冤枉,並追究主使之人,一體問罪,屬軍衛者,俱發邊衛充軍,屬有司者,俱發邊遠爲民。

雍正五年律例館奏准增定附律例文

一、凡跪午門長安等門及打長安門内石獅鳴冤者,俱照擅入禁門訴冤例治罪;若打正陽門石獅者,照損壞御橋例治罪。

一、凡奸徒身藏金刃,欲行叩閽,擅入午門、長安等門者,不問所告虚實,立案不行,仍杖一百,發邊衛充軍;若違禁入堂子跪告者,杖一百。

一、凡生員越關赴京,在各衙門謊捏控告,或跪牌并奏瀆者,將所奏告事件不准,仍革去生員,照違制律杖一百。

一、凡在外州縣有事欵干礙本官,不便控告,或有冤抑,審斷不公,須於狀内將控過衙門、審過情節開載明白,上司官,方許受理,若未告州縣,及已告州縣,不候審斷越訴者,治罪;上司官違例受理者,亦議處。

一、文武生員,除事關切己及未分家之父兄,許其出名告理外,如代人具控作證者,令地方官申詳學臣褫革之後,始行審理曲直;至告給衣頂,必限十科之外,及實係年老病廢,及進學時,年已衰邁者,該教官出具印結,具詳學臣核驗准給;如給衣頂後,有包攬詞訟者,加倍治罪,將出結之教官及學臣,交部查議;至捐納貢監,妄爲生事,應行褫革者,地方官申報督撫、學臣,其事屬督撫者,移咨學臣,事屬學臣者,移咨督撫,一面褫革,一面報部,年底,仍將審明緣由造册,送部查核;其考職吏員,倚恃護符,作奸犯科者,該地方官申報上司轉詳督撫,咨部革去職銜,照所犯罪名,加凡人一等治罪。

歷年事例

天命五年諭:"凡有下情,不得上達者,書訴牒懸諸木。朕據其詞之顛末,以便審鞫。隨竪二木於門外。"○崇德八年題准:凡叩閽者,鞭一百。○順治元年定:凡鬬毆及户婚田土細事,止就道、府、州、縣官,聽斷歸結,重大事情,方赴撫按告理;在京,仍投通狀,聽通政司查實,轉送刑部問擬,其五城御史,有應受理送問者,方准送問,非係機密重情,入京越訴者,加等反坐。○九年題准:官民告狀,不赴該管官及部院衙門告理,或將已結之案多添情詞,赴御前跪告者,係官,鞭一百折贖,係旗下人,鞭一百,係民,責四十板,仍審其情詞虚實治罪。○十三年諭:内外官民,有冤抑情節，不赴應告衙門陳訴，擅入禁地，聲冤抹項，捏欵越告者，原詞概不准行，拏送法司，照律從重治罪。○十七年諭："民間冤抑事情，自當據實陳告，以求伸理。乃近來刁風日熾，常有持刀抹項，故爲情急，以圖倖准者，深爲可惡。以後除所告不准外，本人按法究懲，妻子一併流徙尚陽堡。"○十八年定：凡有冤抑事情，在原問衙門、通政使司及登聞鼓控告不爲審理者，方赴長安門外，將不准官姓名一併叩訴，如不赴原問衙門控告，輒行越訴及不直陳實情，於原供外捏添欵項，審係虚誣者，照原罪外加等治罪；至於果係冤枉，原問衙門及通政使司登聞鼓不與審理，或審斷不明，經別衙門審出，原問官及不准官，俱治罪。○又定：凡將久定之案瀆奏者，除所告不准外，仍加等治罪。○康熙二年覆准：凡有教唆捏欵，囑人叩閽者，照叩閽人之罪罪之。○三年題准：凡已經叩閽，不候審結，復行叩閽者，旗下人，枷號兩個月，鞭一百，民人，責四十板，流三千里，所告之事不准行；其祖父母、父母、伯叔、兄弟、子孫及大功以下，緦麻以上親族并無服兄弟代告者，旗下人，鞭一百，民人，責四十板，所告之事，均不准行；其奸棍代人叩閽者，俱照光棍例，不論曾否得財，處斬立決。○四年題准：凡叩閽事情，大功以下，緦麻以上親族代告者，旗下人，枷號四十日，鞭一百，民人，責四十板，徒三年；無服兄弟代告者，旗下人，枷號兩個月，鞭一百，民人，責四十板，流三千里，所告之事，俱不准行。○又覆准：革職官員及旗下民人，將審結之案稱係冤枉，叩閽審虚者，係旗下人，枷號一個月，鞭一百，民人，責四十板，徒一年，革職官員係旗下人，鞭一百，係民，責四十板，俱不准折贖；其先經叩閽審虚之事，復行瀆叩，所告之狀，不與審理，係旗下人，枷號三個月，鞭一百，係民，責四十板，發邊遠衛分充軍。○又覆准：凡官民將順治十七年以前已結之案叩閽控告者，俱不准行，仍照例治罪。○六年覆准：凡跪陵控告者，照初次叩閽例治罪，所告之事，概不准行。○七年定：凡内外官民果有冤抑事情，照例於通政司、登聞鼓衙門告理叩閽之例，永遠停止。○又覆准：凡有違禁叩閽及跪陵者，俱照律行。○八年題准：凡有捏欵跪殿前者，照叩閽例治罪。○九年定：凡爲已事叩閽，審無冤枉者，責四十板。○二十二年議准：凡民間詞訟，有未告州縣，或已告而不候審斷，輒行越訴者，治罪；上司官准其越訴者，議處；其州縣果有審斷不公，顛倒是非，經别衙門審出者，題參，嚴加議處。○雍正二年議准：嗣後天安、長安左右門等處，凡有打石獅子控告及持刀抹頦，撒潑喧呼，故爲情急，以圖倖准者，俱將所告之事，不分虚實，概不審理，止訊問旗分佐領及原籍地方，即枷號三個月，旗人，鞭一百，民人，責四十板，發往黑龍江、寧古塔等處，係另户，令其當差，係民及家人，給與披甲人爲奴；教唆、主使之人，係民，杖一百，徒三年，旗人，枷號四十日，鞭一百。

罪名

笞二十

文武生員，代人具控作証，及告給衣頂[①]後，包攬詞訟，若考職吏員倚恃護符，犯笞一十罪者。

笞三十

文武生員，代人具控作証，及告給衣頂後，包攬詞訟，若考職吏員倚恃護符，犯笞二十罪者。

笞四十

文武生員，代人具控作証，及告給衣頂後，包攬詞訟，若考職吏員倚恃護符，犯笞三十罪者。

笞五十

軍民越本管官司，輒赴上司稱訴，事雖得實者。

文武生員，代人具控作証，及告給衣頂後，包攬詞訟，若考職吏員倚恃護符，犯笞四十罪者。

杖六十

文武生員，代人具控作証，及告給衣頂後，包攬詞訟，若考職吏員倚恃護符，犯笞五十罪者。

打正陽門外石獅鳴冤者，枷號一個月。

杖七十

文武生員，代人具控作証，及告給衣頂後，包攬詞訟，若考職吏員倚恃護符，犯杖六十罪者。

杖八十

文武生員，代人具控作証，及告給衣頂後，包攬詞訟，若考職吏員倚恃護符犯杖七十罪者。

---

① 告給衣頂：是科舉落第政策的一部分，始於明萬曆年間，清朝繼承並完善之。鍼對屢試不第且患篤疾或“入學已歷三十年，或年届七旬”的生員，朝庭准許其終身穿着標誌其功名等級衣服和頂戴，可免一定的賦税徭役。一旦享有衣頂、則不再參加學政主持歲試和科試，不准參加鄉試。

杖九十

文武生員,代人具控作証,及告給衣頂後,包攬詞訟,若考職吏員倚恃護符,犯杖八十罪者。

杖一百

迎車駕及擊登聞鼓申訴而不實者所誣罪重者,照誣告律科罪。

違禁入堂子跪告者。

生員越關赴京,在各衙門謊捏控告,或跪牌并奏瀆者。

文武生員代人具控作証,及告給衣頂後,包攬詞訟,若考職吏員倚恃護符,犯杖九十罪者。

徒一年杖六十

文武生員,代人具控作証,及告給衣頂後,包攬詞訟,若考職吏員倚恃護符,犯杖一百罪者。

徒一年半杖七十

文武生員,代人具控作証,及告給衣頂後,包攬詞訟,若考職吏員倚恃護符,犯徒一年罪者。

徒二年杖八十

文武生員,代人具控作証,及告給衣頂後,包攬詞訟,若考職吏員倚恃護符,犯徒一年半罪者。

徒二年半杖九十

文武生員,代人具控作証,及告給衣頂後,包攬詞訟,若考職吏員倚恃護符,犯徒二年罪者。

徒三年杖一百

文武生員,代人具控作証,及告給衣頂後,包攬詞訟,若考職吏員倚恃護符,犯徒二年半罪者。

事經法司、督撫、本衙門問斷明白,意圖翻異,輒於登聞鼓下及長安左右門等處自刎,自縊,撒潑,喧呼者。〇教唆、主使者。

流二千里杖一百

文武生員,代人具控作証,及告給衣頂後,包攬詞訟,若考職吏員倚恃護符,犯徒三年罪者。

流二千五百里杖一百

文武生員,代人具控作証,及告給衣頂後,包攬詞訟,若考職吏員倚恃護符,犯流二千里罪者。

流三千里杖一百

文武生員,代人具控作証,及告給衣頂後,包攬詞訟,若考職吏員倚恃護符,犯流二千五百里罪者。

邊外爲民

驀越赴京,及赴督撫、按察司官處奏告機密重事不實,并全誣十人以上屬有司者。

在外刁徒,身背黄袱,頭插黄旗,口稱奏訴,直入衙門,挾制官吏,若不係干己事情,别無冤枉,屬有司者。〇主使之人。

附近充軍

軍民人等,假以建言爲由,挾制官府,及將曖昧不明姦贓事情污人名節,報復私讐者。

邊衛充軍

漢人投入土官地方,冒領土人親屬頭目名色,代爲奏告報讐,占騙財産者。

驀越赴京,及赴督撫、按察司官處奏告機密重事不實,并全誣十人以上,屬軍衛者。

在外刁徒,身背黄袱,頭插黄旗,口稱奏訴,直入衙門,挾制官吏,若不係干己事情,並無冤枉,屬軍衛者。〇主使之人。

邊遠衛分充軍

擅入午門、長安等門内叫訴冤枉涉虚者。

跪午門、長安等門及打長安門内石獅鳴冤者。

身藏金刃叩閽,擅入午門、長安等門,欲行自刎撒潑者。

投匿名文書告人罪

凡投隱匿姓名文書,告言人罪者,絞。見者,即便燒毁,若將送入官司者,杖八十。官司受而爲理者,杖一百。被告言者,不坐。若能連文書捉獲解官者,官給銀一十兩充賞。

雍正五年律例館奏准增定附律例文

一、凡布散匿名揭帖及投遞部院衙門者,俱不准行,仍將投遞之人拏送刑部,照例治罪,不行拏送者,交該部議處,接受揭帖具題及審理者,革職;若不肖官員,唆使惡棍粘貼揭帖,或令布散投遞者,與犯人同罪,如該管官不嚴加察拏,别有發覺者,將司坊官、專汛把總、步軍校及巡城御史兼轄營官、步軍副尉、總尉、統領,俱交該部分别議處,步軍營兵及司坊衙役,並枷號三個月,杖一百。

律例館又奏准律後恭載諭旨

康熙十四年十月諭:"投貼匿名揭帖,前經嚴禁甚明,近見兇惡之徒投貼匿名揭帖者,愈加猖熾。如果有裨國家之事,不妨明白具奏,况且設有通政使司衙門,令其上達。此等兇惡之徒,並不知國家事務,揑造悖謬言詞,妄行投貼,大干法紀,理應從重治罪,以懲兇惡之輩。嗣後如有投貼匿名揭帖事犯者,將投貼之人及知而不首者,俱著即行處死。若旁人出首者,授之官職。奴僕出首者,令開户,俾得其所。著即通行曉諭在京官員并八旗内佐領、辛者庫軍民人等,知悉。"

歷年事例

順治十七年議准:凡有投遞匿名揭帖及張貼揭帖,串通棍徒夥詐者,責成五城御史及該地方官役,嚴行拏究,除揭帖情由不議外,將犯人照光棍爲首例治罪,其容留、教唆之人,照光棍爲從例治罪;若地方官役徇縱不拏,五城御史查明題參,一併治罪。〇康熙七年議准:凡投匿名文書者,仍照律行。〇二十一年議准:凡匿名揭帖,不係兩造對理,首告部院衙門及投送者,俱不准行,仍將本犯拏送刑部照例治罪,不行拏送者,降四級調用,有接受具題審理者,革職;其有不肖官員,唆使劣棍粘貼揭帖布散首告者,即照本犯之例治罪,若該管地方官不行查拏,別經發覺,將司坊官、專汛把總等,各罰俸一年,御史兼轄營官,罰俸六個月,步軍校等,各罰俸一年,副尉罰俸六個月,統領、總尉等,各罰俸三個月,看守地方之步軍,枷號三個月,鞭一百,營兵、司坊、衙役,枷號三個月,責四十板。

罪名

杖八十

將他人所投貼匿名文書送入官司者。

杖一百

官司受人匿名文書而爲理者。

布散匿名揭帖及投遞部院不加察拏之步軍、營兵及司坊衙役,並枷號三個月。

絞監候

投貼隱匿姓名文書告言人罪者。

詭寫他人姓名詞帖,訐人陰私、陷人,或空紙用印,虚揑他人文書,買囑舖兵遞送,詐以他人姓名註附木牌,進入内府,不銷名字,陷人得罪者。

告狀不受理

凡告謀反逆叛，官司不即受理掩捕者，杖一百，徒三年；以致聚衆作亂，或攻陷城池，及劫掠人民者，斬。若告惡逆不受理者，杖一百。告殺人及强盗不受理者，杖八十。鬭毆、婚姻、田宅等事不受理者，各减犯人罪二等。並罪止杖八十。受財者，計贜，以枉法從重論。〇若詞訟原告、被論，在兩處州縣者，聽原告就被論官司告理歸結。推故不受理者，罪亦如之。〇若各部院監察御史、按察司及分司巡歷去處，應有詞訟，未經本管官司陳告及本宗公事未結絶者，並聽置簿立限，發當該官司追問，取具歸結緣由勾銷；若有遲錯，不即舉行改正者，與當該官吏同罪。〇其已經本管官司陳告，不爲受理，及本宗公事已絶，理斷不當，稱訴冤枉者，各衙門即便勾問，若推故不受理及轉委有司，或仍發原問官司收問者，依告狀不受理律論罪。〇若追問詞訟及大小公事，須要就本衙門歸結，不得轉行批委，違者，隨所告事理輕重，以坐其罪。謂如所告公事合得杖罪，坐以杖罪；合得笞罪，坐以笞罪。死罪已决放者，同罪；未决放，减等。徒流罪抵徒流。

雍正三年律例館奏准："各部院"下增"督撫"二字。

雍正三年律例館奏准增定附律例文

一、每年自四月初一日至七月三十日時，正農忙，一切民詞，除謀反、叛逆、盗賊、人命及貪贜壞法等重情照舊受理外，其一應户婚、田土以及鬭毆等細事，一概不准受理，自八月初一日以後，方許聽斷；若農忙期内受理細事者，該督撫指名題參。

一、各省州縣及有刑名之廳衛等官，將每月自理事件作何審斷，與准理拘提完結之月日，逐件登記，按月造册，申送該府道司撫督查考，其有隱漏裝飾，按其干犯，別其輕重，輕則記過，重則題參，如該地方官自理詞訟，有任意拖延，使民朝夕，聽候，以致廢時失業，牽連無辜，小事累及婦女甚至賣妻鬻子者，該管上司即行題參；若上司徇庇不參，或被人首告，或被科道糾參，將該管上司一併交與該部從重議處。

歷年事例

凡首告不即准理，雍正元年議准：嗣後如有不逞之徒，歃血結盟，轉相結連土豪市棍、衙役兵丁，爲害良民，據鄰佑鄉保、首告地方官如不准理，又不緝拏，或至蠭起爲盗，將該督撫、地方文武各官，據實題參革職，從重治罪，其平時失察，首告之後，不自隱諱，即能擒獲之地方官，免其議處；至鄉保鄰佑知情不行首告者，亦從重治罪；如傍人確知據實首告者，該地方官從重給賞,借端妄告者,照誣告律治罪。

凡收受詞狀,康熙二十年覆准:凡有司自四月以後,有受理細事,通賄起滅及違例用大枷夾棍,追比錢糧慘斃人命者,該督撫嚴查參究,若督撫徇情不參,受害之人首告及别有發覺者,一併議處。

凡查審詞訟,康熙七年覆准:上司官批審事件,查案内係何處人,即交該地方官確審申詳,勿得改批别地方,以滋遲延拖累。〇二十二年議准:督撫等官,察審事件原批某衙門者,即於某衙門完結,如情事未明,即詳指批駁,倘仍朦混,即將承問官題參,方委别官審理,若督撫等官將已明應結之事故生枝節,屢行批駁,遲延不結者,從重議處。〇五十四年議准:凡具題大案,府司審時,如有别情,將情由寫入本内,若無别情,但註"府司供看與州縣無異"一語,其送部揭帖,仍將府司所審口供看語送部查核。

罪名

笞一十

告鬭毆、婚姻、田宅等事不受理,其事應笞三十罪者。

部院督撫等官所應勾問詞訟,推故不受理及轉委有司,或仍發原經陳告理斷不當之官司收問,計所告事應笞一十罪者。

詞訟原被在兩處州縣,原告就被論本管官司告理歸結而官司推故不受理,所告事應笞一十罪者。

本管衙門應自受理並上司批發詞訟,不即追問歸結,轉行批委,致冤枉人笞一十罪者。

笞二十

告鬭毆、婚姻、田宅等事不受理,其事應笞四十罪者。

部院督撫等官所應勾問詞訟,推故不受理及轉委有司,或仍發原經陳告理斷不當之官司收問,計所告事應笞二十罪者。

詞訟原被在兩處州縣,原告就被論本管官司告理歸結而官司推故不受理,所告事應笞二十罪者。

本管衙門應自受理,並上司批發詞訟不即追問歸結,轉行批委,致冤枉人笞二十罪者。

笞三十

告鬭毆、婚姻、田宅等事不受理,其事應笞五十罪者。

部院督撫等官所應勾問詞訟,推故不受理及轉委有司,或仍發原經陳告理斷不當之官司收問,計所告事應笞三十罪者。

詞訟原被在兩處州縣,原告就被論本管官司告理歸結而官司推故不受理,所告事應笞三十罪者。

本管衙門應自受理,並上司批發詞訟不即追問歸結,轉行批委,致冤枉人笞三十罪者。

笞四十

告鬬毆、婚姻、田宅等事不受理,其事應杖六十罪者。

部院督撫等官所發當該官司追問歸結詞訟,若有遲錯,不即舉行改正,其事輕者。○遲錯之當該官吏部院督撫等官所應勾問詞訟,推故不受理及轉委有司,或仍發原經陳告理斷不當之官司收問,計所告事應笞四十罪者。

詞訟原被在兩處州縣,原告就被論本管官司告理歸結而官司推故不受理,所告事應笞四十罪者。

本管衙門應自受理並上司批發詞訟不即追問歸結,轉行批委,致冤枉人笞四十罪者。

笞五十

告鬬毆、婚姻、田宅等事不受理,其事應杖七十罪者。

部院督撫等官所應勾問詞訟,推故不受理及轉委有司,或仍發原經陳告理斷不當之官司收問,計所告事應笞五十罪者。

詞訟原被在兩處州縣,原告就被論本管官司告理歸結而官司推故不受理,所告事應笞五十罪者。

本管衙門應自受理並上司批發詞訟,不即追問歸結,轉行批委,致冤枉人笞五十罪者。

杖六十

告鬬毆、婚姻、田宅等事不受理,其事應杖八十罪者。

部院督撫等官所應勾問詞訟,推故不受理及轉委有司,或仍發原經陳告理斷不當之官司收問,計所告事應杖六十罪者。

詞訟原被在兩處州縣,原告就被論本管官司告理歸結而官司推故不受理,所告事應杖六十罪者。

本管衙門應自受理並上司批發詞訟不即追問歸結,轉行批委,致冤枉人杖六十罪者。

杖七十

告鬬毆、婚姻、田宅等事不受理,其事應杖九十罪者。

告狀不受理,受被告財一兩以下者。

部院督撫等官所應勾問詞訟,推故不受理及轉委有司,或仍發原經陳告理斷不當之官司收問,計所告事應杖七十罪者。〇若受財一兩以下者。

詞訟原被在兩處州縣,原告就被論本管官司告理歸結而官司推故不受理,所告事應杖七十罪者。〇若受財一兩以下者。

本管衙門應自受理並上司批發詞訟,不即追問歸結,轉行批委,致冤枉人杖七十罪者。

杖八十

告殺人及强盗不受理者。

告鬭毆、婚姻、田宅等事不受理,其事應杖一百罪者。

告狀不受理,受被告財一兩至五兩者。

部院督撫等官所發當該官司追問歸結詞訟,若有遲錯,不即舉行改正,其事重者。〇遲錯之當該官吏。

部院督撫等官所應勾問詞訟,推故不受理及轉委有司,或仍發原經陳告理斷不當之官司收問,計所告事應杖八十罪者。〇罪未至杖八十而受財一兩至五兩者。

詞訟原被在兩處州縣,原告就被論本管官司告理歸結,而官司推故不受理,所告事應杖八十罪者。〇罪未至杖八十而受財一兩至五兩者。

本管衙門應自受理並上司批發詞訟,不即追問歸結,轉行批委,致冤枉人杖八十罪者。

杖九十

告狀不受理,受被告財一十兩者。

部院督撫等官所應勾問詞訟,推故不受理及轉委有司,或仍發原經陳告理斷不當之官司收問,計所告事應杖九丨罪者。〇罪未至杖儿十而受財一十兩者。

詞訟原被在兩處州縣,原告就被論本管官司告理歸結,而官司推故不受理,所告事應杖九十罪者。〇罪未至杖九十而受財一十兩者。

本管衙門應自受理並上司批發詞訟,不即追問歸結,轉行批委,致冤枉人杖九十罪者。

杖一百

告惡逆不受理者。

告狀不受理,受被告財一十五兩者。

部院督撫等官所應勾問詞訟,推故不受理及轉委有司,或仍發原經陳告理斷不當之官司收問,計所告事應杖一百罪者。○罪未至杖一百而受財一十五兩者。

詞訟原被在兩處州縣,原告就被論本管官司告理歸結而官司推故不受理,所告事應杖一百罪者。○罪未至杖一百而受財一十五兩者。

本管衙門應自受理並上司批發詞訟,不即追問歸結,轉行批委,致冤枉人杖一百罪者。

徒一年杖六十

告狀不受理,受被告財二十兩者。

部院督撫等官所應勾問詞訟,推故不受理及轉委有司,或仍發原經陳告理斷不當之官司收問,計所告事應徒一年罪者。○罪未至徒一年而受財二十兩者。

詞訟原被在兩處州縣,原告就被論本管官司告理歸結而官司推故不受理,所告事應徒一年罪者。○罪未至徒一年而受財二十兩者。

本管衙門應自受理並上司批發詞訟,不即追問歸結,轉行批委,致冤枉人徒一年罪者。

徒一年半杖七十

告狀不受理,受被告財二十五兩者。

部院督撫等官所應勾問詞訟,推故不受理及轉委有司,或仍發原經陳告理斷不當之官司收問,計所告事應徒一年半罪者。○罪未至徒一年半而受財二十五兩者。

詞訟原被在兩處州縣,原告就被論本管官司告理歸結而官司推故不受理,所告事應徒一年半罪者。○罪未至徒一年半而受財二十五兩者。

本管衙門應自受理並上司批發詞訟,不即追問歸結,轉行批委,致冤枉人徒一年半罪者。

徒二年杖八十

告狀不受理受被告財三十兩者。

部院督撫等官所應勾問詞訟,推故不受理及轉委有司,或仍發原經陳告理斷不當之官司收問,計所告事應徒二年罪者。○罪未至徒二年而受財三十兩者。

詞訟原被在兩處州縣,原告就被論本管官司告理歸結,而官司推故不受理,所告事應徒二年罪者。○罪未至徒二年而受財三十兩者。

本管衙門應自受理並上司批發詞訟,不即追問歸結,轉行批委,致冤枉人徒二年罪者。

徒二年半杖九十

告狀不受理,受被告財三十五兩者。

部院督撫等官所應勾問詞訟,推故不受理及轉委有司,或仍發原經陳告理斷不當之官司收問,計所告事應徒二年半罪者。○罪未至徒二年半而受財三十五兩者。

詞訟原被在兩處州縣,原告就被論本管官司告理歸結而官司推故不受理,所告事應徒二年半罪者。○罪未至徒二年半而受財三十五兩者。

本管衙門應自受理並上司批發詞訟,不即追問歸結,轉行批委,致冤枉人徒二年半罪者。

徒三年杖一百

告謀反叛逆官司不即受理掩捕者。

告狀不受理,受被告財四十兩者。

部院督撫等官所應勾問詞訟,推故不受理及轉委有司,或仍發原經陳告理斷不當之官司收問,計所告事應徒三年罪者。○罪未至徒三年而受財四十兩者。

詞訟原被在兩處州縣,原告就被論本管官司告理歸結,而官司推故不受理,所告事應徒三年罪者。○罪未至徒三年而受財四十兩者。

本管衙門應自受理並上司批發詞訟,不即追問歸結,轉行批委,致冤枉人徒三年罪者。

流二千里杖一百

告狀不受理,受被告財四十五兩者。

部院督撫等官所應勾問詞訟,推故不受理及轉委有司,或仍發原經陳告理斷不當之官司收問,計所告事應流二千里罪者。○罪未至流二千里而受財四十五兩者。

詞訟原被在兩處州縣,原告就被論本管官司告理歸結,而官司推故不受理,所告事應流二千里罪者。○罪未至流二千里而受財四十五兩者。

本管衙門應自受理並上司批發詞訟,不即追問歸結,轉行批委,致冤枉人流二千里罪者。

流二千五百里杖一百

告狀不受理,受被告財五十兩者。

部院督撫等官所應勾問詞訟，推故不受理及轉委有司，或仍發原經陳告理斷不當之官司收問，計所告事應流二千五百里罪者。○罪未至流二千五百里而受財五十兩者。

詞訟原被在兩處州縣，原告就被論本管官司告理歸結，而官司推故不受理，所告事應流二千五百里罪者。○罪未至流二千五百里而受財五十兩者。

本管衙門應自受理並上司批發詞訟，不即追問歸結，轉行批委，致冤枉人流二千五百里罪者。

流三千里杖一百

告狀不受理，受被告財五十五兩者。

部院督撫等官所應勾問詞訟，推故不受理及轉委有司，或仍發原經陳告理斷不當之官司收問，計所告事應流三千里罪者。○罪未至流三千里而受財五十五兩者。

詞訟原被在兩處州縣，原告就被論本管官司告理歸結，而官司推故不受理，所告事應流三千里罪者。○罪未至流三千里而受財五十五兩者。

本管衙門應自受理並上司批發詞訟，不即追問歸結，轉行批委，致冤枉人流三千里罪，若死罪未決放者。

絞監候

告狀不受理，受被告財八十兩者。

部院督撫等官所應勾問詞訟，推故不受理及轉委有司，或仍發原經陳告理斷不當之官司收問，計所告事應絞罪者。○罪未至絞而受財八十兩者。

詞訟原被在兩處州縣，原告就被論本管官司告理歸結，而官司推故不受理，所告事應絞罪者。○罪未至絞而受財八十兩者。

本管衙門應自受理並上司批發詞訟，不即追問歸結，轉行批委，致冤枉人絞罪已決放者。

斬監候

告謀反叛逆官司不受理掩捕，以致聚衆作亂，或攻陷城池及劫掠人民者。

部院督撫等官所應勾問詞訟，推故不受理及轉委有司，或仍發原經陳告理斷不當之官司收問，計所告事應斬罪者。

詞訟原被在兩處州縣，原告就被論本管官司告理歸結，而官司推故不受理,所告事應斬罪者。

本管衙門應自受理並上司批發詞訟,不即追問歸結,轉行批委,致寃枉人斬罪已决放者。

聽訟迴避

凡官吏於訴訟人内,關有服親,及婚姻之家,若受業師,及素有讐隙之人,並聽移文迴避。違者,笞四十。若罪有增减者,以故出入人罪論。

罪名

笞四十

官吏於有服親屬及婚姻之家,若受業師及素有讐隙人訴訟不迴避者。〇若有出入增减人笞五十罪未决放者。

笞五十

官吏於有服親屬及婚姻之家,若受業師及素有讐隙人訴訟不迴避,出入增减人笞五十罪者。〇出入增减杖六十罪未决放者。

杖六十

官吏於有服親屬及婚姻之家,若受業師及素有讐隙人訴訟不迴避,出入增减人杖六十罪者。〇出入增减杖七十罪未决放者。

杖七十

官吏於有服親屬及婚姻之家,若受業師及素有讐隙人訴訟不迴避,出入增减人杖七十罪者。〇出入增减杖八十罪未决放者。

杖八十

官吏於有服親屬及婚姻之家,若受業師及素有讐隙人訴訟不迴避,出入增减人杖八十罪者。〇出入增减杖九十罪未决放者。

杖九十

官吏於有服親屬及婚姻之家,若受業師及素有讐隙人訴訟不迴避,出入增减人杖九十罪者。〇出入增减杖一百罪未决放者。

杖一百

官吏於有服親屬及婚姻之家,若受業師及素有讐隙人訴訟不迴避,出入增减人杖一百罪者。〇出入增减徒一年罪未决放者。

徒一年杖六十

官吏於有服親屬及婚姻之家,若受業師及素有讐隙人訴訟不迴避,出入增减人徒一年罪者。〇出入增减徒一年半罪未决放者。

徒一年半杖七十

官吏於有服親屬及婚姻之家,若受業師及素有讐隙人訴訟不迴避,出入增減人徒一年半罪者。〇出入增減徒二年罪未決放者。

徒二年杖八十

官吏於有服親屬及婚姻之家,若受業師及素有讐隙人訴訟不迴避,出入增減人徒二年罪者。〇出入增減徒二年半罪未決放者。

徒二年半杖九十

官吏於有服親屬及婚姻之家,若受業師及素有讐隙人訴訟不迴避,出入增減人徒二年半罪者。〇出入增減徒三年罪未決放者。

徒三年杖一百

官吏於有服親屬及婚姻之家,若受業師及素有讐隙人訴訟不迴避,出入增減人徒三年罪者。〇出入增減流罪未決放者。

流二千里杖一百

官吏於有服親屬及婚姻之家,若受業師及素有讐隙人訴訟不迴避,出入增減人流二千里罪者。

流二千五百里杖一百

官吏於有服親屬及婚姻之家,若受業師及素有讐隙人訴訟不迴避,出入增減人流二千五百里罪者。

流三千里杖一百

官吏於有服親屬及婚姻之家,若受業師及素有讐隙人訴訟不迴避,出入增減人流三千里罪者。〇出入增減死罪未決放者。

絞監候

官吏於有服親屬及婚姻之家,若受業師及素有讐隙人訴訟不迴避,出入增減人絞罪者。

斬監候

官吏於有服親屬及婚姻之家,若受業師及素有讐隙人訴訟不迴避,出入增減人斬罪者。

誣告

凡誣告人,笞罪者,加所誣罪二等;流徒杖罪,加所誣罪三等;各罪止杖一百,流三千里。若所誣徒罪人已役,流罪人已配,雖經改正,放回驗日,於犯人名下追徵用過路費給還,若曾經典賣田宅者,著落犯人備價取贖。因而致死隨行有服親屬一人者,絞,將犯人財産一半,斷付被誣之人。至死罪所誣之人已決者,反坐以死。雖坐死罪,仍令備償取贖,斷付財産一半養贍。未決者，杖一百，流三千里，加徒役三年。○其犯人如果貧乏，無可備償路費，取贖田宅，亦無財産斷付者，止科其罪。○其被誣之人，詐冒不實，反誣犯人者，亦抵所誣之罪。犯人止反坐本罪。謂被誣之人，本不曾致死親屬，詐作致死，或將他人死屍冒作親屬，誣賴犯人者，亦抵絞罪。犯人止反坐誣告本罪，不在加等備償路費，取贖田宅，斷付財産一半之限。○若告二事以上，重事告實，輕事招虛，及數事罪等，但一事告實者，皆免罪。○若告二事以上，輕事告實，重事招虛，或告一事，誣輕爲重者，皆反坐，所剩，若已論決，全抵剩罪；未論決，笞杖收贖，徒流止杖一百，餘罪亦聽收贖。謂誣輕爲重至徒流罪者，每徒一等，折杖二十，若從徒入流者，三流並准徒四年，皆以一年爲所剩罪，折杖四十。若從近流入至遠流者，每流一等，准徒半年，爲所剩罪，亦各折杖二十。收贖者，謂如告一人二事，一事該笞五十是虛，一事該笞三十是實，即於笞五十上准告實笞三十外，該剩下告虛笞二十。贖銀一分四釐八毫；或告一人一事，該杖一百是虛，一事該杖六十是實，即於杖一百上准告實杖六十外，該剩下告虛杖四十，贖銀二分九釐六毫；及告一人一事，該杖一百，徒三年是虛，一事該杖八十是實，即於杖一百、徒三年上准告實杖八十外，該剩下告虛杖二十，徒三年之罪。徒五等，該折杖一百，通計杖一百二十，反坐原告人杖一百，餘剩杖二十，贖銀一分四釐八毫。又如告一人一事，該杖一百，流三千里，於内問得止招該杖一百，三流並准徒四年，通計折杖二百四十，准告實杖一百外，反坐原告人杖一百，餘剩杖四十，贖銀二分九釐六毫之類。若已論決，並以剩罪全科，不在收贖之限。至死罪而所誣之人已決者，反坐以死；未決者，止杖一百，流三千里。○若律該罪止者，誣告雖多，不反坐。謂如告人不枉法贓二百兩，一百二十兩是實，八十兩是虛，依律不枉法贓一百二十兩以上，罪應監候絞，即免其罪。○其告二人以上，但有一人不實者，罪雖輕，猶以誣告論。謂如有人告三人，二人徒罪是實，一人笞罪是虛，仍以一人笞罪上加二等，反坐原告之類。○若各衙門官進呈實封誣告人，及風憲官挾私彈事，有不實者，罪亦如之。若反坐及加罪輕者，從上書詐不實論。○若獄囚已招伏罪，本無冤枉而囚之親屬妄訴者，減囚罪三等，罪止杖一百。若囚已決配而自妄訴冤枉，摭拾原問官吏者，加所誣罪三等，罪止杖一百，流三千里。

附律定例

一、誣告人因而致死被誣之人，委係平人及因拷禁身死者，比依誣告人因而致死隨行有服親屬一人絞罪，奏請定奪；若誣輕爲重，及雖全誣平人，却係患病在外身死者，止擬應得罪名發落。

一、旗軍有欲陳告運官不法事情者，許候糧運過淮并完糧回南之日，赴漕司告理，如赴别衙門挾告詐財者，聽把總官就拏送問，犯該徒罪以上，調發邊衛充軍另拘户丁補伍。

雍正三年律例館奏准："把總"二字改爲"該管官"，"另拘户丁補伍"今無此例，六字删。

一、各處奸徒，串結衙門人役，假以上司訪察爲由，纂集事件，挾制官府，陷害良民，或詐騙財物，或報復私讐，名爲窩訪者，事發，勘問得實，依律問罪，用一百二十觔枷，枷號兩個月發落，該徒流者，發邊衛充軍。

雍正五年律例館奏准："一百二十觔枷"六字改"重枷"。

一、凡無藉棍徒，私自串結，將不干己事情捏寫本詞，聲言奏告，恐嚇得財，計贓滿數者，不分首從，俱發邊衛充軍；若妄指宫禁親藩爲詞，誣害平人者，不分首從，枷號三個月，照前發遣。

雍正三年律例館奏准增定附律例文

一、凡詞狀，止許一告一訴，告實犯實証，不許波及無辜，亦不許陸續投詞，牽連原狀無名之人，如有牽連婦女，另具投詞，波及無辜者，一概不准，仍從重治罪；承審官於聽斷之時，如供証已確，縱有一二人不到，非係緊要犯証，即據見在人犯成招，不得借端稽延，違者，議處。

一、凡告言人罪，不即赴審，輒行脱逃者，除將被誣及証佐俱行釋放外，脱逃犯人獲日，所告之事，不與審理，仍以誣告擬罪。

一、凡實係切己之事，方許陳告，若將弁兦餉，務須營伍管隊等頭目率領兵丁公同陳告，州縣官徵派，務須州縣里長率領衆民公同陳告，方准受理，如有違禁，將非係公同陳告之事懷挾私讐，改捏姓名，砌欵粘單，牽連羅織，希圖准行妄控者，除所告不准外，仍照律治以誣告之罪。

一、凡偷参爲從人犯，誣扳良民爲財主，及率領頭目者，不論旗民，俱枷號兩個月，折責，仍照例發遣。

一、八旗有將伊祖父時，或係養子，或係分户年久之人子孫，復行混告者，該部題參，係官，革職，平人，枷號兩個月，鞭一百，如有訛詐逼勒等情，被害人告發，審實者，照嚇詐律治罪。

一、挾讐誣告人，謀死人命，致屍遭蒸檢，爲首者，比照開棺見屍律，絞監候，爲從，杖一百，流三千里；受囑妄供之証佐及捏報之仵作，均杖一百，徒三年，如証佐先行誣詐，後供實情者，杖八十，不准收贖，其官司刑逼招認妄供者，革職永不叙用，審出實情者，交部議叙。

歷年事例

天命十一年定：凡有告訐者，所告實，則坐被告之人；虚則反坐。〇順治十六年覆准：凡誣告人笞杖徒流等罪，仍照律加等科罪，不准折贖，其誣告叛逆，被誣之人已决者，本犯擬斬立决，若未决者，擬斬監候，其妻子家産，勿得株連；如已告人不赴審脱逃者，將被誣及証佐俱行釋放，本犯獲日，不與審理，仍以誣告擬罪。〇又覆准：奸民刁訟，有一詞而一時數告，一衙門未結，又赴别衙門陳告者，照不應重律擬罪；其有揑飾重情，審係告虚者，照光棍爲從例治罪。〇康熙二十二年議准：凡惡棍包攬詞訟，串通官役，揑詞誣告者，審實，從重治罪，承問官不將誣告惡棍依律例定罪者，嚴加議處。

罪名

笞一十

被誣告之人詐冒不實，反誣告犯人笞一十罪者不加等科罪，下同。

誣告人笞一十罪，本應加等科罪。又被所誣人誣告者止反坐本罪，不加等，下同。

應笞四十獄囚已招伏罪而囚之親屬妄爲辨訴者。

笞二十

被誣告之人詐冒不實，反誣告犯人笞二十罪者。

誣告人笞二十罪又被所誣人誣告者。

應笞五十獄囚已招伏罪而囚之親屬妄爲辨訴者。

笞三十

誣告平人笞一十罪者。

被誣告之人詐冒不實，反誣告犯人笞三十罪者。

誣告人笞三十罪又被所誣人誣告者。

應杖六十獄囚已招伏罪而囚之親屬妄爲辨訴者。

告言人笞一十罪，不即赴審脱逃者。

將非係公同陳告之事懷挾私讐，揑名砌欵，牽連羅織，所誣告人笞一十罪者。

笞四十

誣告平人笞二十罪者。

被誣告之人詐冒不實，反誣告犯人笞四十罪者。

誣告人笞四十罪又被所誣人誣告者。

應杖七十獄囚已招伏罪而囚之親屬妄爲辨訴者。

囚已決配而自妄訴冤枉，摭拾原問官吏，所誣笞一十罪者。

告言人笞二十罪不即赴審脱逃者。

將非係公同陳告之事懷挾私讐,揑名砌歘,牽連羅織,所誣告人笞二十罪者。

笞五十

誣告平人笞三十罪者。

被誣告之人詐冒不實,反誣告犯人笞五十罪者。

誣告人笞五十罪又被所誣人誣告者。

應杖八十獄囚已招伏罪而囚之親屬妄爲辨訴者。

囚已決配而自妄訴冤枉,摭拾原問官吏,所誣笞二十罪者。

告言人笞三十罪不即赴審脱逃者。

將非係公同陳告之事懷挾私讐,揑名砌歘,牽連羅織,所誣告人笞三十罪者。

杖六十

誣告平人笞四十罪者。

被誣告之人詐冒不實,反誣告犯人杖六十罪者。

誣告人杖六十罪又被所誣人誣告者。

應杖九十獄囚已招伏罪而囚之親屬妄爲辨訴者。

囚已決配而自妄訴冤枉,摭拾原問官吏,所誣笞三十罪者。

告言人笞四十罪不即赴審脱逃者。

將非係公同陳告之事懷挾私讐,揑名砌歘,牽連羅織,所誣告人笞四十罪者。

杖七十

誣告平人笞五十罪者。

被誣告之人詐冒不實,反誣告犯人杖七十罪者。

誣告人杖七十罪又被所誣人誣告者。

應杖一百獄囚已招伏罪而囚之親屬妄爲辨訴者。

囚已決配而自妄訴冤枉,摭拾原問官吏,所誣笞四十罪者。

告言人笞五十罪不即赴審脱逃者。

將非係公同陳告之事,懷挾私讐,揑名砌歘,牽連羅織,所誣告人笞五十罪者。

杖八十

被誣告之人詐冒不實,反誣告犯人杖八十罪者。

誣告人杖八十罪又被所誣人誣告者。

應徒一年獄囚已招伏罪而囚之親屬妄爲辨訴者。

囚已決配而自妄訴冤枉，摭拾原問官吏，所誣笞五十罪者。

挾讐誣告人謀死人命，致屍遭蒸檢，其受囑妄供之證佐，後雖供吐實情者不准收贖。

杖九十

誣告平人杖六十罪者。

被誣告之人詐冒不實，反誣告犯人杖九十罪者。

誣告人杖九十罪又被所誣人誣告者。

應徒一年半獄囚已招伏罪而囚之親屬妄爲辨訴者。

囚已決配而自妄訴冤枉，摭拾原問官吏，所誣杖六十罪者。

告言人杖六十罪不即赴審脱逃者。

將非係公同陳告之事，懷挾私讐，捏名砌欵，牽連羅織，所誣告人杖六十罪者。

杖一百

誣告平人杖七十罪者。

被誣告之人詐冒不實，反誣告犯人杖一百罪者。

誣告人杖一百罪又被所誣人誣告者。

應徒二年獄囚已招伏罪而囚之親屬妄爲辨訴者。

囚已決配而自妄訴冤枉，摭拾原問官吏，所誣杖七十罪者。

告言人杖七十罪不即赴審脱逃者。

將非係公同陳告之事，懷挾私讐，捏名砌欵，牽連羅織，所誣告人杖七十罪者。

徒一年杖六十

誣告平人杖八十罪者。

被誣告之人詐冒不實，反誣告犯人徒一年罪者。

誣告人徒一年罪又被所誣人誣告者。

囚已決配而自妄訴冤枉，摭拾原問官吏，所誣杖八十罪者。

告言人杖八十罪不即赴審脱逃者。

將非係公同陳告之事，懷挾私讐，捏名砌欵，牽連羅織，所誣告人杖八十罪者。

徒一年半杖七十

誣告平人杖九十罪者。

被誣告之人詐冒不實,反誣告犯人徒一年半罪者。

誣告人徒一年半罪又被所誣人誣告者。

因已決配而自妄訴冤枉,摭拾原問官吏,所誣杖九十罪者。

告言人杖九十罪不即起審脱逃者。

將非係公同陳告之事,懷挾私讐,捏名砌欵,牽連羅織,所誣告人杖九十罪者。

徒二年杖八十

誣告平人杖一百罪者。

被誣告之人詐冒不實,反誣告犯人徒二年罪者。

誣告人徒二年罪又被所誣人誣告者。

因已決配而自妄訴冤枉,摭拾原問官吏,所誣杖一百罪者。

告言人杖一百罪不即赴審脱逃者。

將非係公同陳告之事,懷挾私讐,捏名砌欵,牽連羅織,所誣告人杖一百罪者。

徒二年半杖九十

誣告平人徒一年罪者被誣人用過路費、典賣田宅,俱著賠償贖還,五徒已役,三流已配者,並同。

被誣告之人詐冒不實,反誣告犯人徒二年半罪者。

誣告人徒二年半罪又被所誣人誣告者。

因已決配而自妄訴冤枉,摭拾原問官吏,所誣徒一年罪者。

將非係公同陳告之事,懷挾私讐,捏名砌欵,牽連羅織,所誣告人徒一年罪者。

徒三年杖一百

誣告平人徒一年半罪者。

被誣告之人詐冒不實,反誣告犯人徒三年罪者。

誣告人徒三年罪又被所誣人誣告者。

各衙門進呈實封,告人全誣,及風憲官挾私彈事,全不以實者〇所告人全誣徒一年以下罪者若誣輕爲重,所應坐剩罪有輕於滿徒者,亦依此科斷。其誣輕爲重,折實剩罪,並同,後表。

因已決配而自妄訴冤枉,摭拾原問官吏,所誣徒一年半罪者。

挾讐誣告人謀死人命,致屍遭蒸檢,其受囑妄供之證佐及捏報之仵作。

告言人徒一年半罪不即赴審脱逃者。

將非係公同陳告之事,懷挾私讐,捏名砌欵,牽連羅織,所誣告人徒一年半罪者。

流二千里杖一百

誣告平人徒二年罪者。

被誣告之人詐冒不實,反誣告犯人流二千里罪者。

誣告人流二千里罪又被所誣人誣告者。

各衙門進呈實封及風憲官挾私彈事不實,全誣人徒二年罪者其誣輕爲重,入至三流者,准徒四年,具詳,後表,不載,下同。

囚已決配而自妄訴冤枉,摭拾原問官吏,所誣徒二年罪者。

告言人徒二年罪不即赴審脱逃者。

將非係公同陳告之事,懷挾私讐,捏名砌欵,牽連羅織,所誣告人徒二年罪者。

流二千五百里杖一百

誣告平人徒二年半罪者。

被誣告之人詐冒不實,反誣告犯人流二千五百里罪者。

誣告人流二千五百里罪又被所誣人誣告者。

各衙門進呈實封及風憲官挾私彈事不實,全誣人徒二年半罪者。

囚已決配而自妄訴冤枉,摭拾原問官吏,所誣徒二年半罪者。

告言人徒二年半罪不即赴審脱逃者。

將非係公同陳告之事,懷挾私讐,捏名砌欵,牽連羅織,所誣告人徒二年半罪者。

流三千里杖一百

誣告平人徒三年罪者。

誣告平人死罪未決者於配所加役三年。

被誣告之人詐冒不實,反誣告犯人流三千里罪者○誣告犯人致死隨行有服親屬罪未論決者,並不加役。

誣告人流三千里罪又被所誣人誣告者,不加役。

各衙門進呈實封及風憲官挾私彈事不實,全誣人徒三年罪者。

囚已決配而自妄訴冤枉,摭拾原問官吏,所誣徒三年罪者。

告言人徒三年罪不即赴審脱逃者。

將非係公同陳告之事,懷挾私讐,揑名砌欵,牽連羅織,所誣告人徒三年罪者。

挾讐誣告人謀死人命,致屍遭蒸檢爲從者。

邊衛充軍

旗軍陳告運官不法事情,不赴漕司告理,赴别衙門挾告詐財,犯該徒罪以上者。

奸徒假以上司察訪爲由,挾制官府,陷害良善,名爲窩訪,犯該徒流者

無藉棍徒,私自串結,將不干己事情揑寫本詞,聲言奏告,恐嚇得財,計贓滿數者,不分首從。〇若妄指宫禁親藩爲詞,誣害平人者,不分首從,枷號三個月。

絞監候

誣告平人絞罪已論決者。

誣告平人徒役配流,因而致死隨行有服親屬一人者。

被誣告之人詐冒不實,反誣犯人絞罪已論決者。

被誣告徒流之人反誣犯人,致死隨行有服親屬罪已論決者。

各衙門進呈實封及風憲官挾私彈事不實,誣人絞罪已論決者。

誣告平人因而致死及因拷禁身死者。

挾讐誣告人謀死人命,致屍遭蒸檢爲首者。

斬監候

誣告平人斬罪已論決者。

被誣告之人詐冒不實,反誣犯人斬罪已論決者。

各衙門進呈實封及風憲官挾私彈事不實,誣人斬罪已論決者。

凌遲處死

誣告平人凌遲處死已論決者。

被誣之人詐冒不實,反誣犯人凌遲處死已論決者。

各衙門進呈實封及風憲官挾私彈事不實,誣人凌遲處死已論決者。

誣輕爲重罪名

笞一十

誣笞一十罪作笞二十,笞二十罪作笞三十,笞三十罪作笞四十,笞四十罪作笞五十,笞五十罪作杖六十,杖六十罪作杖七十,杖七十罪作杖八十,杖八十罪作杖九十,杖九十罪作杖一百,徒三年罪作流二千里,流二千里罪作流二千五百里,流二千五百里罪作流三千里,罪已論決者。〇未論

決者,收贖。每笞一十,折贖銀七釐五毫。杖亦同之。徒折杖,亦同之下倣此。

笞二十

誣笞一十罪作笞三十,笞二十罪作笞四十,笞三十罪作笞五十,笞四十罪作杖六十,笞五十罪作杖七十,杖六十罪作杖八十,杖七十罪作杖九十,杖八十罪作杖一百,杖一百罪作徒一年,徒一年罪作徒一年半,徒一年半罪作徒二年,徒二年罪作徒二年半,徒二年半罪作徒三年,徒三年罪作流二千五百里,流二千里罪作流三千里,罪已論決者。○未論決者,收贖。笞二十,折贖銀一分五釐。

笞三十

誣笞一十罪作笞四十,笞二十罪作笞五十,笞三十罪作杖六十,笞四十罪作杖七十,笞五十罪作杖八十,杖六十罪作杖九十,杖七十罪作杖一百,杖九十罪作徒一年,徒二年半罪作流二千里,徒三年罪作流三千里,罪已論決者。○未論決者,收贖。笞三十,折贖銀二分二釐五毫。

笞四十

誣笞一十罪作笞五十,笞二十罪作杖六十,笞三十罪作杖七十,笞四十罪作杖八十,笞五十罪作杖九十,杖六十罪作杖一百,杖八十罪作徒一年,杖一百罪作徒一年半,徒一年罪作徒二年,徒一年半罪作徒二年半,徒二年罪作徒三年,徒二年半罪作流二千五百里,罪已論決者。○未論決者,收贖笞四十,折贖銀三分。

笞五十

誣笞一十罪作杖六十,笞二十罪作杖七十,笞三十罪作杖八十,笞四十罪作杖九十,笞五十罪作杖一百,杖七十罪作徒一年,杖九十罪作徒一年半,徒二年罪作流二千里,徒二年半罪作流三千里,罪已論決者。○未論決者,收贖笞五十,折贖銀三分七釐五毫。

杖六十

誣笞一十罪作杖七十,笞二十罪作杖八十,笞三十罪作杖九十,笞四十罪作杖一百,杖六十罪作徒一年,杖八十罪作徒一年半,杖一百罪作徒,二年,徒一年罪作徒二年半,徒一年半罪作徒三年,徒二年罪作流二千五百里罪已論決者。○未論決者,收贖。杖六十,折贖銀四分五釐。

杖七十

誣笞一十罪作杖八十,笞二十罪作杖九十,笞三十罪作杖一百,笞五十罪作徒一年,杖七十罪作,徒一年半,杖九十罪作徒二年,徒一年半罪作流二千里，徒二年罪作流三千里，罪已論決者。○未論決者，收贖。杖七十，折贖銀五分二釐五毫。

杖八十

誣笞一十罪作杖九十，笞二十罪作杖一百，笞四十罪作徒一年，杖六十罪作徒一年半，杖八十罪作徒二年，杖一百罪作徒二年半，徒一年罪作徒三年，徒一年半罪作流二千五百里，罪已論決者。○未論決者，收贖。杖八十，折贖銀六分。

杖九十

誣笞一十罪作杖一百，笞三十罪作徒一年，笞五十罪作徒一年半，杖七十罪作徒二年，杖九十罪作徒二年半，徒一年罪作流二千里，徒一年半罪作流三千里，罪已論決者。○未論決者，收贖。杖九十，折贖銀六分七釐五毫。

杖一百

誣笞二十罪作徒一年，笞四十罪作徒一年半，杖六十罪作徒，二年，杖八十罪作徒二年半，杖一百罪作徒三年，徒一年罪作流二千五百里，罪已論決者。○未論決者，收贖。杖一百，折贖銀七分五釐。

徒一年笞五十

誣笞一十罪作徒一年，笞三十罪作徒一年半，笞五十罪作徒二年，杖七十罪作徒二年半，杖九十罪作徒三年，杖一百罪作流二千里，徒一年罪作流三千里，罪已論決者。○未論決者，決杖一百，餘笞收贖。笞一十，折贖銀七釐五毫。

徒一年杖六十

誣笞二十罪作徒一年半，笞四十罪作徒二年，杖六十罪作徒二年半，杖八十罪作徒三年，杖九十罪作流二千里，杖一百罪作流二千五百里，罪已論決者。○未論決者，決杖一百，餘笞收贖。笞二十，折贖銀一分五釐。

徒一年半杖六十

誣笞一十罪作徒一年半，笞三十罪作徒二年，笞五十罪作徒二年半，杖七十罪作徒三年，杖八十罪作流二千里，杖九十罪作流二千五百里，杖一百罪作流三千里，罪已論決者。○未論決者，決杖一百，餘杖收贖。杖六十，折贖銀四分五釐。

徒一年半杖七十

誣笞二十罪作徒二年，笞四十罪作徒二年半，杖六十罪作徒三年，杖七十罪作流二千里，杖八十罪作流二千五百里，杖九十罪作流三千里，罪已論決者。○未論決者，決杖一百，餘笞收贖。笞四十，折贖銀三分。

徒二年杖七十

誣笞一十罪作徒二年，笞三十罪作徒二年半，笞五十罪作徒三年，杖六十罪作流二千里，杖七十罪作流二千五百里，杖八十罪作流三千里，罪已論決者。○未論決者，決杖一百，餘笞收贖。笞五十，折贖銀三分七釐五毫。

徒二年杖八十

誣笞二十罪作徒二年半，笞四十罪作徒三年，笞五十罪作流二千里，杖六十罪作流二千五百里，杖七十罪作流三千里，罪已論決者。○未論決者，決杖一百，餘杖收贖。杖七十，折贖銀五分二釐五毫。

徒二年半杖八十

誣笞一十罪作徒二年半，笞三十罪作徒三年，笞四十罪作流二千里，笞五十罪作流二千五百里，杖六十罪作流三千里，罪已論決者。○未論決者，決杖一百，餘杖收贖。杖八十，折贖銀六分。

徒二年半杖九十

誣笞二十罪作徒三年，笞三十罪作流二千里，笞四十罪作流二千五百里，笞五十罪作流三千里，罪已論決者。○未論決者，決杖一百，餘杖收贖。杖七十，折贖銀五分二釐五毫。

徒三年杖九十

誣笞一十罪作徒三年，笞三十罪作流二千五百里，笞四十罪作流三千里，罪已論決者。○未論決者，決杖一百，餘杖收贖。杖九十，折贖銀六分七釐五毫。

徒三年杖一百

誣笞一十罪作流二千里，笞二十罪作流二千五百里，笞三十罪作流三千里，罪已論決者。○未論決者，決杖一百，餘杖收贖。杖一百，折贖銀七分五釐。

徒三年半杖一百

誣笞一十罪作流二千五百里，笞二十罪作流三千里，罪已論決者。○未論決者，決杖一百，餘杖收贖。杖一百一十，折笞五十，徒一年，折贖銀八分二釐五毫。

徒四年杖一百

誣笞一十罪作流三千里，罪已論決者。○未論決者，決杖一百，餘杖收贖。杖一百二十,折杖六十,徒一年,折贖銀九分。

流三千里杖一百

誣流徒杖笞輕罪作死罪未論決者,不加役,不准折贖。

絞

誣流徒杖笞輕罪作絞罪已論決者。

斬

誣流徒杖笞輕罪作斬罪已論決者。

凌遲處死

誣流徒杖笞輕罪作凌遲處死已論決者。

大清會典卷之一百七十九

刑部

〔律例三十刑律十〕

〔訴訟二〕

干名犯義

凡子孫告祖父母、父母,妻妾告夫及告夫之祖父母、父母者,杖一百,徒三年。但誣告者,絞。若告期親尊長、外祖父母,雖得實,杖一百;大功,杖九十,小功,杖八十;緦麻,杖七十。其被告期親、大功尊長及外祖父母,若妻之父母,並同自首,免罪;小功、緦麻尊長,得減本罪三等。若誣告罪重者,各加所誣罪三等。加罪不入於絞,若徒流已未決,償費、贖產、斷付、加役,並依誣告本律。若被告無服尊長,減一等,依名例律。○其告謀反、大逆、謀叛、窩藏奸細及嫡母、繼母、慈母、所生母殺其父,若所養父母殺其所生父母,及被期親以下尊長侵奪財產,或毆傷其身,應自理訴者,並聽告,不在干名犯義之限。○若告卑幼得實,期親大功及女壻亦同自首,免罪,小功、緦麻亦得減本罪三等。誣告者,期親,減所誣罪三等;大功,減二等;小功、緦麻,減一等。若誣告妻及妻誣告妾,亦減所誣罪三等。○若奴婢告家長及家長緦麻以上親者,與子孫卑幼罪同。若僱工人告家長及家長之親者,各減奴婢罪一等。誣告者,不減。○其祖父母、父母、外祖父母誣告子孫、外孫、子孫之婦妾及已之妾,若奴婢及僱工人者,各勿論。○若女壻與妻父母果有義絶之狀,許相告言,各依常人論。義絶之狀,謂如身在遠方,妻父母將妻改嫁,或趕逐出外,重別招壻,及容止外人通姦。又如女壻毆妻致折傷,抑妻通姦,有妻詐稱無妻,欺妄更娶妻,以妻爲妾,受財將妻妾典僱,妄作姊妹嫁人之類。

雍正三年律例館奏准增定附律例文

一、凡家僕告主,除謀反、大逆、謀叛、隱匿奸細,許其首告外,其餘一切事情,家僕首告者,除所告之事不准行,仍杖一百。

一、八旗有將家人爲養子分户開户之人,年久值伊原主之子孫庸懦,或至絶嗣,伊等自稱原爲養子,或謊稱近族兄,反行欺壓,希圖占産争告者,審明,係官,革職,枷號一個月,鞭八十,平人,枷號三個月,鞭一百,將養子分户開户之檔銷毁,仍給與原主子孫爲奴。

一、下五旗諸王、貝勒、貝子、公等所屬王府佐領下人等,係累世與伊主家効力年久之人,有伊小主無故尋釁拘羈,或發遣揑造死罪送部者,許被害妻子赴宗人府,或都察院具呈該衙門奏聞,審明如果寃抑,將被害人咨送内務府,入上三旗内府辛者庫,將誣陷之主酌量事之輕重治罪;如所告盡誣,照誣告家長律,加等治罪。

歷年事例

天聰六年諭:"家僕訐告伊主二事以上,重罪有實據而輕罪虚者,不以誣告論,准出户;如開列欵内一欵有實據者,亦不以誣告論,若各欵俱實,原告准出户;各欵俱虚及虚實相半者,原告俱不准出户。訐告二事以上,輕罪有實據而重罪涉虚,或止告一事而以輕爲重者,除實欵應坐外,共誣告之欵反坐,原告不准出户。如子告父,妻告夫,同胞兄弟互相訐告者,係謀反、大逆等事,許其訐告,其餘有訐告者,除被告犯罪照常審擬外,原告亦同罪之不准出户。"○崇德元年題准:家僕告主,審實者,原告撥與他人爲奴。○康熙十八年覆准:家僕投充營伍,挾制主人,勒索原契、妻子、財物者,照光棍例立斬;若無挾制勒索等情,止背主投營者,枷號四十日,責四十板,仍還原主,營官知情不發,議處。○十九年議准:家僕投營,挾制主人者,不分首從,得財未得財,俱立斬。

罪名

笞一十

無服尊長被卑幼及卑幼之奴婢、僱工人告實,本罪應笞二十者。

小功緦麻尊長被卑幼及卑幼之奴婢、僱工人告實,本罪應笞四十者。○卑幼被告實者,同期親尊長於卑幼、夫於妻、妻於妾,誣告笞四十罪者。○大功尊長誣告笞三十罪者。○小功、緦麻尊長誣告笞二十罪者。

笞二十

無服尊長被卑幼及卑幼之奴婢、僱工人告實,本罪應笞三十者。

小功緦麻尊長被卑幼及卑幼之奴婢、僱工人告實，本罪應笞五十者。○卑幼被告實者，同期親尊長於卑幼，夫於妻，妻於妾，誣告笞五十罪者。○大功尊長誣告笞四十罪者。○小功緦麻尊長誣告笞三十罪者。

笞三十

無服尊長被卑幼及卑幼之奴婢、僱工人告實，本罪應笞四十者。

小功緦麻尊長被卑幼及卑幼之奴婢、僱工人告實，本罪應杖六十者。○卑幼被告實者，同期親尊長於卑幼，夫於妻，妻於妾，誣告杖六十罪者。○大功尊長誣告笞五十罪者。○小功、緦麻尊長誣告笞四十罪者。

笞四十

無服尊長被卑幼及卑幼之奴婢、僱工人告實，本罪應笞五十者。

小功緦麻尊長被卑幼及卑幼之奴婢、僱工人告實，本罪應杖七十者。○卑幼被告實者，同期親尊長於卑幼夫於妻妻於妾誣告杖七十罪者。○大功尊長誣告杖六十罪者○小功、緦麻尊長誣告笞五十罪者。

笞五十

無服尊長被卑幼及卑幼之奴婢、僱工人告實，本罪應杖六十者。

小功、緦麻尊長被卑幼及卑幼之奴婢、僱工人告實，本罪應杖八十者。○卑幼被告實者，同期親尊長於卑幼，夫於妻，妻於妾，誣告杖八十罪者。○大功尊長誣告杖七十罪者○小功、緦麻尊長誣告杖六十罪者。

杖六十

無服尊長被卑幼及卑幼之奴婢、僱工人告實，本罪應杖七十者。

小功緦麻尊長被卑幼及卑幼之奴婢、僱工人告實本罪應杖九十者。○卑幼被告實者，同期親尊長於卑幼，夫於妻，妻於妾，誣告杖九十罪者。○大功尊長誣告杖八十罪者○小功、緦麻尊長誣告杖七十罪者。

僱工人告家長之緦麻親得實者不得實者，依凡誣告律，後同。

杖七十

無服尊長被卑幼及卑幼之奴婢、僱工人告實本罪應杖八十者。

小功緦麻尊長被卑幼及卑幼之奴婢、僱工人告實本罪應杖一百者。○卑幼被告實者，同期親尊長於卑幼，夫於妻，妻於妾，誣告杖一百罪者。○大功尊長誣告杖九十罪者○小功、緦麻尊長誣告杖八十罪者。

卑幼告緦麻尊長得實者不得實者，依凡誣告律，後同。○奴婢告家長之緦麻親得實者不得實者，依凡誣告律，後同。○僱工人告家長之小功親得實者。

杖八十

無服尊長被卑幼及卑幼之奴婢、僱工人告實本罪應杖九十者。

小功緦麻尊長被卑幼及卑幼之奴婢、僱工人告實，本罪應徒一年者。○卑幼被告實者，同期親尊長於卑幼，夫於妻，妻於妾，誣告徒一年罪者。○大功尊長誣告杖一百罪者。○小功、緦麻尊長誣告杖九十罪者。

卑幼告小功尊長得實者。○奴婢告家長之小功親得實者。○僱工人告家長之大功親得實者。

杖九十

無服尊長被卑幼及卑幼之奴婢、僱工人告實，本罪應杖一百者。

小功緦麻尊長被卑幼及卑幼之奴婢、僱工人告實，本罪應徒一年半者。○卑幼被告實者，同期親尊長於卑幼，夫於妻，妻於妾，誣告徒一年半罪者。○大功尊長誣告徒一年罪者。○小功、緦麻尊長誣告杖一百罪者。

卑幼告大功尊長得實者。○奴婢告家長之大功親得實者。○僱工人告家長之期親、外祖父母得實者。

杖一百

無服尊長被卑幼及卑幼之奴婢、僱工人告實本罪應徒一年者。

小功、緦麻尊長被卑幼及卑幼之奴婢、僱工人告實本罪應徒二年者。○卑幼被告實者，同期親尊長於卑幼，夫於妻，妻於妾，誣告徒二年罪者。○大功尊長誣告徒一年半罪者。○小功緦麻尊長誣告徒一年罪者。

卑幼告期親尊長外祖父母得實者。○奴婢告家長之期親、外祖父母得實者。

家僕出首家主事非謀反、大逆、謀叛、隱匿奸細等重情者。

徒一年杖六十

無服尊長被卑幼及卑幼之奴婢、僱工人告實本罪應徒一年半者。

小功緦麻尊長被卑幼及卑幼之奴婢、僱工人告實，本罪應徒二年半者。○卑幼被告實者，同期親尊長於卑幼，夫於妻，妻於妾，誣告徒二年半罪者。○大功尊長誣告徒二年罪者。○小功、緦麻尊長誣告徒一年半罪者。

徒一年半杖七十

無服尊長被卑幼及卑幼之奴婢、僱工人告實本罪應徒二年者。

小功緦麻尊長被卑幼及卑幼之奴婢、僱工人告實，本罪應徒三年者。○卑幼被告實者，同期親尊長於卑幼，夫於妻，妻於妾，誣告徒三年罪者。

○大功尊長誣告徒二年半罪者。○小功、緦麻尊長誣告徒二年罪者。

徒二年杖八十

無服尊長被卑幼及卑幼之奴婢、僱工人告實,本罪應徒二年半者。

小功緦麻尊長被卑幼及卑幼之奴婢、僱工人告實本罪應流者。○卑幼被告實者,同期親尊長於卑幼,夫於妻,妻於妾,誣告流罪者。○大功尊長誣告徒三年罪者。○小功、緦麻尊長誣告徒二年半罪者。

徒二年半杖九十

僱工人告家長得實者。

無服尊長被卑幼及卑幼之奴婢、僱工人告實,本罪應徒三年者。

小功緦麻尊長被卑幼及卑幼之奴婢、僱工人告實,本罪應死者。○卑幼被告實者,同期親尊長於卑幼,夫於妻,妻於妾,誣告死罪者。○大功尊長誣告流罪者。○小功、緦麻尊長誣告徒三年罪者。

徒三年杖一百

子孫告祖父母、父母妻妾告夫及夫之祖父母、父母得實者。○奴婢告家長得實者。

無服尊長被卑幼及卑幼之奴婢、僱工人告實,本罪應流者。○大功尊長於卑幼誣告死罪者。○小功、緦麻尊長誣告流罪者。

流三千里杖一百

無服尊長被卑幼及卑幼之奴婢、僱工人告實,本罪應死者。

小功、緦麻尊長於卑幼誣告死罪者。

絞決

子孫告祖父母、父母,妻妾告夫及夫之祖父母、父母,但誣者。○奴婢、僱工人告家長,但誣者。

子孫違犯教令

凡子孫違犯祖父母、父母教令及奉養有缺者,杖一百。謂教令可從而故違,家道堪奉而故缺者,須祖父母、父母親告乃坐。

附律定例

一、子貧不能營生養贍其父因致自縊死者,子依過失殺父律,杖一百,流三千里。

罪名

杖一百

子孫違祖父母、父母教令者。○奉養缺者。

流三千里杖一百

子貧不能營生養贍,致父縊死者。

見禁囚,不得告舉他事

凡被囚禁,不得告舉他事。其爲獄官獄卒,非理陵虐者,聽告。若應囚禁被問,更首别事,有干連之人,亦合准首,依法推問科斷。○其年八十以上,十歲以下,及篤疾者,若婦人,除謀反、叛逆、子孫不孝,或己身及同居之内爲人盗,詐侵奪財産及殺傷之類,聽告,餘並不得告。官司受而爲理者,笞五十。

附律定例

一、年老及篤疾之人,除告謀反、叛逆及子孫不孝,聽自赴官陳告外,其餘公事,許令同居親屬通知,所告事理的實之人代告誣告者,罪坐代告之人。

罪名

笞五十

官司受理見禁囚告舉人之他事者。

官司受理八十以上,十歲以下老幼收贖合例之人,首告非係謀反叛逆子孫不孝,或己身及同居之内爲人盗詐侵奪財産及殺傷之類,不得已之事者。

官司受理廢疾篤疾收贖合例之人,首告非係謀反、叛逆、子孫不孝,或己身及同居之内爲人盗詐、侵奪財産及殺傷之類,不得已之事者。

官司受理婦女輩收贖合例之人,首告非係謀反、叛逆、子孫不孝,或己身及同居之内爲人盗詐、侵奪財産及殺傷之類,不得已之事者。

教唆詞訟

凡教唆詞訟及爲人作詞狀增減情罪誣告人者,與犯人同罪。至死者,減一等。若受僱誣告人者,與自誣告同。至死者,不減等。受財者,計贓,以枉法從重論。其見人愚而不能伸冤,教令得實,及爲人書寫詞狀而罪無增減者,勿論。

附律定例

一、代人捏寫本狀,教唆,或扛幫赴京,及赴巡撫、巡按并按察司官處,各奏告叛逆等項,機密、强盗人命重罪不實,並全誣十人以上者,俱問發邊衛充軍。

雍正三年律例館奏准:“巡撫巡按”四字,改爲“督撫”,“叛逆等項,機密”六字删。

一、凡將本狀用財僱寄與人赴京奏訴者，并受僱受寄之人，屬軍衛者，發邊衛充軍，屬有司者，發邊外爲民，其在京校尉軍匠舍餘人等，并各處因事至京人員，將原籍詞訟因便奏告者，各問罪，原詞俱立案不行。

雍正三年律例館奏准："爲民"下增註"贓重者，從重論"，又"校尉軍匠舍餘"六字，改爲"匠役"。

雍正三年律例館奏准增定附律例文

一、凡赴内外問刑衙門控告事情，應寫録實情呈訴，若有訟師教唆詞訟，及代寫詞狀，增減情罪，誣告人並駕詞越訴者，令地方官嚴拏，照律例從重治罪，如徇畏不報，經該上司官訪參，將該地方官交與該部議處。

一、凡民人投充及賣身後，或代伊親屬具控，或將民籍舊事具控者，槩不准理。

歷年事例

康熙二十二年題准：凡犯人，聽審時，有閑人隨進衙門，扛幇原被傳遞口供，串通作弊者，係官，議處，係平人，在本衙門枷責；其看門領催及甲兵皂隸，一併照例枷責。〇三十九年覆准：奸徒包攬詞訟，有不由州縣，徑行奔赴上控者，有已經結案多年，希圖翻案者，有誣衊問官，牽告衙役，羅織多人者，此等訟棍，應按光棍例定擬，以儆刁風。〇雍正二年題准：此後刑部大門外，著滿漢司務輪班看守，稽查閑人，嚴究奸徒，各司書辦皂隸，俱腰繫木牌，刻寫滿漢字樣姓名，如有奸徒假稱書辦皂隸，即行問明，倘有作弊之處，輪班司務呈堂，係官，交與該部議罪，閑散人，在大門外枷號一月，照例鞭責釋放；若司務任其出入，交與吏部議處，看門人役，亦照舊例責革。

罪名

笞二十

僱人誣告，計贓一兩以下者。

笞三十

教唆及代作增減詞狀，并受僱而誣告人笞一十罪者老小廢疾婦人之親屬，代告而誣者，與受僱同，下倣此。

僱人誣告，計贓一十兩者。

笞四十

教唆及代作增減詞狀，并受僱而誣告人笞二十罪者。

僱人誣告，計贓二十兩者。

笞五十

教唆及代作增減詞狀,并受僱而誣告人笞三十罪者。

僱人誣告,計贓三十兩者。

杖六十

教唆及代作增減詞狀,并受僱而誣告人笞四十罪者。

僱人誣告,計贓四十兩者。

杖七十

教唆及代作增減詞狀,并受僱而誣告人笞五十罪者。〇誣告應得罪未至杖七十,計受財一兩以下者,無禄人一兩之上至五兩者。

僱人誣告,計贓五十兩者。

杖八十

誣告應得罪未至杖八十,計受財一兩之上至五兩者,無禄人一十兩者。

僱人誣告,計贓六十兩者。

杖九十

教唆及代作增減詞狀,并受僱而誣告人杖六十罪者。〇誣告應得罪未至杖九十,計受財一十兩者,無禄人一十五兩者。

僱人誣告,計贓七十兩者。

杖一百

教唆及代作增減詞狀,并受僱而誣告人杖七十罪者。〇誣告應得罪未至杖一百,計受財一十五兩者,無禄人二十兩者。

僱人誣告,計贓八十兩者。

徒一年杖六十

教唆及代作增減詞狀,并受僱而誣告人杖八十罪者。〇誣告應得罪未至徒一年,計受財二十兩者,無禄人二十五兩者。

僱人誣告,計贓一百兩者。

徒一年半杖七十

教唆及代作增減詞狀,并受僱而誣告人杖九十罪者。〇誣告應得罪未至徒一年半,計受財二十五兩者,無禄人三十兩者。

僱人誣告,計贓二百兩者。

徒二年杖八十

教唆及代作增減詞狀,并受僱而誣告人杖一百罪者。〇誣告應得罪未至徒二年計,受財三十兩者,無禄人三十五兩者。

僱人誣告,計贓三百兩者。

徒二年半杖九十

教唆及代作增減詞狀,并受僱而誣告人徒一年罪者。〇誣告應得罪未至徒二年半,計受財三十五兩者,無禄人四十兩者。

僱人誣告,計贓四百兩者。

徒三年杖一百

教唆及代作增減詞訟并受僱而誣告人徒一年半罪者。〇誣告應得罪未至徒三年,計受財四十兩者,無禄人四十五兩,五十兩,五十五兩者。

僱人誣告,計贓五百兩者。

流二千里杖一百

教唆及代作增減詞狀,并受僱而誣告人徒二年罪,流二千里罪者〇誣告應得罪未至流二千里,計受財四十五兩者。

流二千五百里杖一百

教唆及代作增減詞狀,并受僱而誣告人徒二年半罪,流二千五百里罪者〇誣告應得罪未至流二千五百里,計受財五十兩者。

流三千里杖一百

教唆及代作增減詞狀,誣告人徒三年罪,流三千里罪,死罪者〇受僱誣告人徒三年罪流三千里罪者〇誣告應得罪未至流三千里,計受財五十五兩者,無禄人八十兩者。

邊外爲民

將本狀僱寄與人赴京奏訴,并受僱受寄之人,屬有司者。

邊衛充軍

代人捏寫本狀,教唆奏告强盗人命重罪不實,并全誣十人以上者。

將本狀僱寄與人赴京奏訴,并受僱受寄之人,屬軍衛者。

絞監候

受僱誣告人絞罪者。〇誣告應得罪未至於死,計受財八十兩者,無禄人一百二十兩者。

教唆及代作增減詞狀誣告人,計受財八十兩者,無禄人一百二十兩者。

斬監候

受僱誣告人斬罪者。

姦夫教令姦婦誣告其子不孝者。

軍民約會詞訟

凡軍官軍人有犯人命,管軍衙門約會有司檢驗歸問。若姦盜、詐僞、户婚、田土、鬭毆,與民相干事務,必須一體約問;與民不相干者,從本管軍職衙門自行追問。其有占恡不發,首領官吏,各笞五十。○若管軍官越分輒受民訟者,罪亦如之。

雍正三年律例館奏准:"軍官"二字删。

附律定例

一、在外軍民詞訟,除叛逆機密重事許鎮守總兵、參將、守備等官受理外,其餘,不許濫受輒行,軍衞有司問理其户婚、田土、鬭毆、人命一應詞訟,悉赴通政使司告送法司問理,其在外軍衞有司,不係掌印官,不許接受詞訟。

雍正三年律例館奏准:"許鎮守總兵"至"受理外"十四字,改爲"許提鎮、副參、遊守等官接受,會同有司追問外","輒行軍衞有司問理"八字删,"悉赴通政使司告送法司問理"十二字,改爲"悉赴該管衙門告理"。

一、緝事官役,只於京城内外察訪不軌妖言、人命、强盗重事,其餘軍民詞訟及在外事情,俱不干預。

雍正三年律例館奏准增定附律例文

一、凡民人串通旗人代訟投詞,違例控告,旗、民,俱從重治罪,旗人控告民人,提審時,旗人故意勒掯推諉,不到官者,所告之事,立案不行,仍將原告照誣告律治罪。

一、凡旗人謀故鬬、毆殺等案,仍照例令地方官會同理事同知審擬外,其自盡人命等案,即令地方官審理,如果情罪已明,供證已確,免其解犯,仍由同知衙門核轉,倘有恃旗狡賴,不吐實供,將案内無辜牽連人等,先行摘釋,止將要犯解赴同知衙門審明;如該同知事外苛駁,借應質名色,濫差提擾,該上司立即題參。

罪名止有笞五十一條律文已明不複列

官吏詞訟家人訴

凡官吏有爭論婚姻、錢債、田土等事,聽令家人告官對理,不許公文行移,違者,笞四十。

罪名止有笞四十一條律文已明不複列

誣告充軍及遷徙

凡誣告充軍者,民告抵充軍役,軍告發邊遠充軍。○若官吏故將平人頂替他人軍役者,以故出入人流罪論,杖一百,流三千里。〇若誣告人説事過錢者,於遷徙比流減半,准徒二年上加所誣罪三等,併入所得笞杖通論。

雍正三年律例館奏准:誣告人充軍者,即應照所誣地理遠近,抵充軍役,不便分别軍民,亦不便指定邊遠,又今無勾補充軍之例,則亦無頂替軍役之事;又官司出入人流罪入者,杖一百,流三千里出者,減三等,不合指定滿流以當故入軍罪之律;又誣告人應遷徙者,不合專指説事過錢,俱應删改,今將奏准改定律文開後。

凡誣告充軍者,照所誣地里遠近,抵充軍役。〇若官吏故失出入人軍罪者,以故失出入人流罪論。〇若誣告人罪應遷徙者,於比流減半,准徒二年上加所誣罪三等,並入所得杖罪通論。

罪名

笞四十

失出人遷徙罪未論決之長官。

笞五十

失出人遷徙罪未論決之佐貳官。〇已論決之長官。

杖六十

失出人遷徙罪未論決之首領官。〇已論決之佐貳官。

失入人遷徙罪未論決之長官。

杖七十

失出人遷徙罪未論決之吏典。〇已論決之首領官。

失入人遷徙罪未論決之佐貳官。〇已論決之長官。

失出人軍罪未論決之長官。

杖八十

失入人遷徙罪未論決之首領官。〇已論決之佐貳官。

失出人軍罪未論決之佐貳官。〇已論決之長官。

杖九十

失入人遷徙罪未論決之吏典。〇已論決之首領官。

故出入人遷徙罪未論決之長官。

失出人軍罪未論決之首領官。〇已論決之佐貳官。

失入人軍罪未論決之長官。

杖一百

失入人遷徙罪已論決之吏典。
故出入人遷徙罪未論決之佐貳官。〇已論決之長官。
失出人軍罪未論決之吏典。〇已論決之首領官。
失入人軍罪未論決之佐貳官。〇已論決之長官。
徒一年杖六十
故出入人遷徙罪未論決之首領官。〇已論決之佐貳官。
失出人軍罪已論決之吏典。
失入人軍罪未論決之首領官。〇已論決之佐貳官。
徒一年半杖七十
故出入人遷徙罪未論決之吏典。〇已論決之首領官。
失入人軍罪未論決之吏典。〇已論決之首領官。
故出入人軍罪未論決之長官。
徒二年杖八十
故出入人遷徙罪已論決之吏典。
失入人軍罪已論決之吏典。
故出入人軍罪未論決之佐貳官。〇已論決之長官。
徒二年半杖九十
故出入人軍罪未論決之首領官。〇已論決之佐貳官。
徒三年杖一百
故出入人軍罪未論決之吏典。〇已論決之首領官。
流二千里杖數不定隨所應得
誣告遷徙者
流二千里杖一百
故出入人附近軍罪已論決之吏典。
流二千五百里杖一百
故出入人邊衛軍罪已論決之吏典。
流三千里杖一百
故出入人邊遠軍罪已論決之吏典。
流四千里杖一百
故出入人極邊烟瘴軍罪已論決之吏典。
附近充軍
誣告附近充軍者。

邊衛充軍

誣告邊衛充軍者。

邊遠充軍

誣告邊遠充軍者。

極邊充軍

誣告極邊充軍者。

烟瘴充軍

誣告烟瘴充軍者。

誣告流以下罪爲軍罪者,與誣輕爲重至流罪者,同,不在抵充之限。又官吏故失增減軍罪者,亦如流罪折杖法,俱見《誣告及出入人罪》本律,不具載。

大清會典卷之一百八十

刑部

〔律例三十一刑律十一〕

〔受贓一〕

官吏受財

凡官吏受財者，計贓科斷。無祿人各減一等。官追奪除名，吏罷役，俱不敘用。〇説事過錢者，有祿人減受錢人一等，無祿人減二等，罪止杖一百、徒二年。照遷徙比流減半科罪。有贓者，計贓，從重論。有祿人枉法贓各主者，通算全科。謂受有事人財而曲法處斷者，如受十人財，一時，事發，通算作一處，全科其罪。

一兩以下，杖七十。

一兩至五兩，杖八十。

一十兩，杖九十。

一十五兩，杖一百。

二十兩，杖六十，徒一年。

二十五兩，杖七十，徒一年半。

三十兩，杖八十，徒二年。

三十五兩，杖九十，徒二年半。

四十兩，杖一百，徒三年。

四十五兩，杖一百，流二千里。

五十兩，杖一百，流二千五百里。

五十五兩，杖一百，流三千里。

八十兩，實絞監候。

不枉法贓各主者，通算折半科罪。雖受有事人財，判斷不爲曲法，受一人之財不半科，如非一人財，一時事發，通算作一處，准半科罪。准半折者，皆依此。

一兩以下，杖六十。

一兩之上至一十兩，杖七十。

二十兩，杖八十。

三十兩，杖九十。

四十兩，杖一百。

五十兩，杖六十，徒一年。

六十兩，杖七十，徒一年半。

七十兩，杖八十，徒二年。

八十兩，杖九十，徒二年半。

九十兩，杖一百，徒三年。

一百兩，杖一百，流二千里。

一百一十兩，杖一百，流二千五百里。

一百二十兩，杖一百，流三千里。

一百二十兩以上，實絞監候。

無禄人枉法，一百二十兩，絞監候；不枉法，一百二十兩之上，罪止杖一百，流三千里。

附律定例

一、凡在官人役，取受有事人財律無正條者，果於法有枉縱，俱以枉法，計贓科罪；若屍親鄰證等項，不係在官人役取受有事人財，各依本等律條科斷，不在枉法之律。

雍正五年律例館奏准增定附律例文

一、貪贓官役，罪至死而免死，減等發落者，並妻及未分家之子，俱發尚陽堡安插；其罪不至死擬流者，發遼陽安插。

一、凡衙門蠹役，恐嚇索詐十兩以上者，并妻安插奉天地方居住；至一百二十兩者，照枉法擬絞。

一、縣總里書，如犯贓入己者，照衙役犯贓擬罪，不准折贖；保人歇家，串通衙門行賄者，照不係在官人役取受有事人財科斷。

一、凡正身衙役違禁，私帶白役者，並杖一百，革役如白役犯贓，照衙役犯贓例治罪，正身衙役知情同行者與同罪，不知情，不同行者不坐。

一、司、道、府、州、縣等官不時察訪衙蠹，申報督撫究擬，若該管官員不行察報，經督撫上司訪拏，或別經發覺者，照徇庇例交該部議處，如督撫不行訪參者，亦交該部議處；其訪拏衙蠹并贓私數目，仍應年底造册題報。

一、直省書役年滿缺出，遵例召募，務查該役本籍本姓，取具鄰佑親族連名保結及地方官印結，方准着役，有暗行頂買，索取租銀者，缺主照枉法受財律，計贓定擬，至八十兩者，絞，頂缺之人，照以財行求律，至五百兩者，杖一百、徒三年，出結人等，依不應重律，杖八十，該管官員，依衙役犯贓失於覺察例，十兩以上者，革職，倘該督撫陽奉陰違，照徇庇例議處；其年滿考職時，於移咨内填寫"竝無假姓冒籍"字樣，吏部方准收考，若有冒籍冒名等弊，事發者，革去職銜，杖一百，不能稽查之該管等官，俱照失察例交部議處；至各衙門一切案件，若假手書吏，以致定稿，時高下其手，駁詰不已，有贓者，照枉法受財律科罪，無贓者，依不應重律，杖八十，革役，該管官員照溺職例議處，如該督撫不行題參，照不參劣員例議處。

一、凡各衙門書吏，如有舞文作弊者，係知法犯法，應照平人加一等治罪。

律例館又奏准律後恭載諭旨

雍正五年，刑部爲參奏事具題奉旨："朕勵精圖治，整飭弊端而胥吏之作姦犯科，尤爲嚴禁。數年以來，頒發諭旨再三曉諭誡飭不止，三令五申矣。各部院堂官，皆能凜遵朕訓，恪勤奉職而司官等，亦知慎守法度，不敢爲非。乃書辦章孔昭，愍不畏死，輒敢指稱部費，招摇撞騙，違背朕旨，干犯國憲，非尋常犯贓可比，應置重典以儆姦蠹。著將章孔昭即行處斬。陶東山金秉衡湯福張盛，既屬知情，又朋分銀兩，俱著發往黑龍江，給披甲之人爲奴，餘依議著。各部院衙門堂司官，曉諭各該管書辦等，嗣後倘不遵朕諭旨，痛改舊習，仍有舞文弄法者，一經發覺，定照章孔昭之例，即行正法，不稍寬貸。"

歷年事例

順治元年定：凡官吏犯贓審實者，立行處斬。違禁多收錢糧火耗者，即以犯贓論。〇八年諭："治國安民，首在懲貪。大貪罪至死者，遇赦不宥。"〇十二年議准：衙役犯贓，一百二十兩以上，分别絞、斬；一兩以上，俱流徙，一兩以下，責四十板，革役。〇又諭："貪官雖經革職，猶得享用贓資，故貪風不息，今後内外大小貪官，受贓至十兩以上者，不分枉法不枉法，俱籍没家産入官，仍依律定罪。"〇十三年覆准：衙役犯贓，流徙尚陽堡。〇又覆准：凡衙役犯贓，本官查出揭報者，免議，若不行揭報，別經告發訪聞者，該督撫按一并糾參治罪。〇十六年諭："貪官贓至十兩者，免其籍没,責四十板,流徙席北地方,其應杖責者,不准折贖。"○康熙九年題准:凡衙役犯贓,本管官失於覺察,十兩以上者,革職,一兩以上者,降二級調用,不及一兩者,降一級調用。○十一年覆准:犯贓官役,分别枉法不枉法,照數多寡輕重擬罪之條,俱仍照律行。○又覆准:在京部院衙門書辦,指依本司事犯贓,刑部審實,贓至十兩以上者,將該管司官各降一級留任,不及十兩者,罰俸一年;無司分衙門書辦犯贓,將該管官亦照此例議處。○十二年題准:凡貪贓官役流、徒、杖罪,俱不准折贖。○又題准:凡外官有失察衙役犯贓吏部已經革職者,俱免其擬杖折贖。○十八年議定:凡州縣等官,因聽理案件勒詐人財物者,革職拏問,司道府等官,知而不行揭報,聽督撫題參革職,若已經揭報,督撫不行參奏,降五級調用。○四十一年題准:凡賄囑財物,已經過付,方准出首,即將所首財物,賞給出首之人。

罪名

笞二十

直省書役租買名缺,行賄一兩以下者。

書吏舞文作弊,犯笞一十罪者。

笞三十

直省書役租買名缺,行賄一兩之上至一十兩者。

書吏舞文作弊,犯笞二十罪者。

笞四十

無禄人説事過付不枉法贓一兩以下者。

直省書役租買名缺,行賄二十兩者。

書吏舞文作弊,犯笞三十罪者。

笞五十

無禄人受不枉法贓一兩以下者。

有禄人説事過付不枉法贓一兩以下者。

無禄人説事過付枉法贓一兩以下者。○過付不枉法贓一兩之上,至一十兩者。

説事過付罪未至笞五十而無禄人受不枉法贓一兩以下者。

直省書役租買名缺,行賄三十兩者。

書吏舞文作弊,犯笞四十罪者。

杖六十

有祿人受不枉法贓一兩以下者。

無祿人受枉法贓一兩以下者。〇受不枉法贓一兩之上至一十兩者。

有祿人説事過付枉法贓一兩以下者。〇過付不枉法贓一兩之上至一十兩者。

無祿人説事過付枉法贓一兩至五兩者。〇過付不枉法贓二十兩者。

説事過付罪未至杖六十而有祿人受不枉法贓一兩以下,無祿人受枉法贓一兩以下,受不枉法贓一兩之上至一十兩者。

直省書役租買名缺,行賄四十兩者。

書吏舞文作弊,犯笞五十罪者。

杖七十

有祿人受枉法贓一兩以下者。〇受不枉法贓一兩之上至一十兩者。

無祿人受枉法贓一兩至五兩者。〇受不枉法贓二十兩者。

有祿人説事過付枉法贓一兩至五兩者。〇過付不枉法贓二十兩者。

無祿人説事過付枉法贓一十兩者。〇過付不枉法贓三十兩者。

説事過付罪未至杖七十而有祿人受枉法贓一兩以下,受不枉法贓一兩之上至一十兩者。

無祿人受枉法贓一兩至五兩,受不枉法贓二十兩者。

直省書役租買名缺,行賄五十兩者。

缺主頂買書役名缺,索取租銀一兩以下者。

書吏舞文作弊,犯杖六十罪者。

杖八十

有祿人受枉法贓一兩至五兩者。〇受不枉法贓二十兩者。

無祿人受枉法贓一十兩者。〇受不枉法贓三十兩者。

有祿人説事過付枉法贓一十兩者。〇過付不枉法贓三十兩者。

無祿人説事過付枉法贓一十五兩者。〇過付不枉法贓四十兩者。

説事過付罪未至杖八十而有祿人受枉法贓一兩至五兩,受不枉法贓二十兩者,無祿人受枉法贓一十兩,受不枉法贓三十兩者。

直省書役租買名缺,行賄六十兩者。〇其出結人等。

缺主頂買書役名缺,索取租銀自一兩至五兩者。

各衙門書吏舞文駁詰不已者有贓者,照枉法,受財律科罪。

書吏舞文作弊,犯杖七十罪者。

杖九十

有禄人受枉法贓一十兩者。〇受不枉法贓三十兩者。

無禄人受枉法贓一十五兩者。〇受不枉法贓四十兩者。

有禄人説事過付枉法贓一十五兩者。〇過付不枉法贓四十兩者。

無禄人説事過付枉法贓二十兩者。〇過付不枉法贓五十兩者。

説事過付罪未至杖九十,而有禄人受枉法贓一十兩,受不枉法贓二十兩者,無禄人受枉法贓一十五兩,受不枉法贓四十兩者。

直省書役租買名缺,行賄七十兩者。

缺主頂買書役名缺,索取租銀一十兩者。

書吏舞文作弊,犯杖八十罪者。

杖一百

有禄人受枉法贓一十五兩者。〇受不枉法贓四十兩者。

無禄人受枉法贓二十兩者。〇受不枉法贓五十兩者。

有禄人説事過付枉法贓二十兩者。〇過付不枉法贓五十兩者。

無禄人説事過付枉法贓二十五兩者。〇過付不枉法贓六十兩者説事過錢者,罪止杖一百,各遷徙。

説事過付罪未至杖一百,而有禄人受枉法贓一十五兩,受不枉法贓四十兩者,無禄人受枉法贓二十兩,受不枉法贓五十兩者。

正身衙役違禁私帶白役者白役犯贓,正役知情、同行者一體治罪。〇白役同坐。犯贓者,照本律科罪。

直省書役租買名缺,行賄八十兩者。

缺主頂買書役名缺,索取租銀一十五兩者。

直省年滿考職書役冒籍冒名者。

書吏舞文作弊,犯杖九十罪者。

徒一年杖六十

有禄人受枉法贓二十兩者〇受不枉法贓五十兩者。

無禄人受枉法贓二十五兩者〇受不枉法贓六十兩者。

説事過付罪未至徒一年,而有禄人受枉法贓二十兩,受不枉法贓五十兩者,無禄人受枉法贓二十五兩,受不枉法贓六十兩者。

直省書役租買名缺,行賄一百兩者。

缺主頂買書役名缺,索取租銀二十兩者。

書吏舞文作弊,犯杖一百罪者。

徒一年半杖七十

有禄人受枉法贓二十五兩者。○受不枉法贓六十兩者。

無禄人受枉法贓三十兩者。○受不枉法贓七十兩者。

説事過付罪未至徒一年半,而有禄人受枉法贓二十五兩,受不枉法贓六十兩者,無禄人受枉法贓三十兩,受不枉法贓七十兩者。

直省書役租買名缺,行賄二百兩者。

缺主頂買書役名缺,索取租銀二十五兩者。

書吏舞文作弊,犯徒一年罪者。

徒二年杖八十

有禄人受枉法贓三十兩者○受不枉法贓七十兩者。

無禄人受枉法贓三十五兩者○受不枉法贓八十兩者。

有禄,無禄人説事過錢罪至杖一百遷徙者比流减半,准徒二年。

説事過付罪未至遷徙,而有禄人受枉法贓三十兩,受不枉法贓七十兩者,無禄人受枉法贓三十五兩,受不枉法贓八十兩者。

直省書役租買名缺,行賄三百兩者。

缺主頂買書役名缺,索取租銀三十兩者。

書吏舞文作弊,犯徒一年半罪者。

徒二年半杖九十

有禄人受枉法贓三十五兩者。○受不枉法贓八十兩者。○説事過付而受贓同此者。

無禄人受枉法贓四十兩者。○受不枉法贓九十兩者。○説事過付而受贓同此者。

直省書役租買名缺,行賄四百兩者。

缺主頂買書役名缺,索取租銀三十五兩者。

書吏舞文作弊,犯徒二年罪者。

徒三年杖一百

有禄人受枉法贓四十兩者。○受不枉法贓九十兩者。○説事過付而受贓同此者。

無禄人受枉法贓四十五兩、五十兩、五十五兩者。○受不枉法贓一百兩、一百一十兩、一百二十兩者。○説事過付而受贓同此者。

直省書役租買名缺,行賄五百兩者。

缺主頂買書役名缺,索取租銀四十兩者。

書吏舞文作弊,犯徒二年半罪者。

流二千里杖一百

有禄人受枉法贓四十五兩者。○受不枉法贓一百兩者。○説事過付而受贓同此者。

缺主頂買書役名缺,索取租銀四十五兩者。

書吏舞文作弊,犯徒三年罪者。

流二千五百里杖一百

有禄人受枉法贓五十兩者。○受不枉法贓一百一十兩者。○説事過付而受贓同此者。

缺主頂買書役名缺,索取租銀五十兩者。

書吏舞文作弊,犯流二千里罪者。

流三千里杖一百

有禄人受枉法贓五十五兩者。○受不枉法贓一百二十兩者。○説事過付而受贓同此者。

無禄人受枉法贓八十兩者。○受不枉法贓計一百二十兩以上者。○説事過付而受贓同此者。

缺主頂買書役名缺,索取租銀五十五兩者。

書吏舞文作弊,犯流二千五百里罪者。

安插

貪贓官役,罪至死而免死,減等發落者,並妻及未分家之子,俱發尚陽堡安插;其罪不至死擬流者,發遼陽安插。

衙門蠹役恐嚇索詐十兩以上者,並妻安插奉天地方居住。

絞監候

有禄人受枉法贓八十兩者。○受不枉法贓一百二十兩以上者。○説事過付而受贓同此者。

無禄人受枉法贓一百二十兩者。○説事過付而受贓同此者。

缺主頂買書役名缺,索取租銀八十兩者。

斬決

書辦指稱部費,招摇撞騙,干犯國憲者。

坐贓致罪

凡官吏人等,非因事而受財坐贓,致罪各主者,通算折半科罪,與者,減五等。謂如被人盜財,或毆傷,若賠償及醫藥之外,因而受財之類,各主者,並通算折半科罪。爲兩相和同取與,故出錢人減受錢人罪五等。又如擅科斂財物,或多收少徵，雖不入已，或造作虚費人工物料之類。凡罪由此贓者，皆名坐贓致罪。

一兩以下，笞二十。

一兩至十兩，笞三十。

二十兩，笞四十。

三十兩，笞五十。

四十兩，杖六十。

五十兩，杖七十。

六十兩，杖八十。

七十兩，杖九十。

八十兩，杖一百。

一百兩，杖六十、徒一年。

二百兩，杖七十、徒一年半。

三百兩，杖八十、徒二年。

四百兩，杖九十、徒二年半。

五百兩，罪止杖一百、徒三年。

歷年事例

康熙十二年題准：凡婪贓官員，審係那用錢糧，私自加派，公用科斂，坐贓致罪革職者，其徒、杖等罪折贖，俱免。

罪名

笞二十

官吏非因事而受財，坐贓一兩以下者。〇與財五十兩者。

笞三十

官吏非因事而受財，坐贓一兩之上至十兩者。〇與財六十兩者。〇與財而規避笞一十罪者。

笞四十

官吏非因事而受財，坐贓二十兩者。〇與財七十兩者。〇與財而規避笞二十罪者。

笞五十

官吏非因事而受財，坐贓三十兩者。〇與財八十兩者。〇與財而規避笞三十罪者。

杖六十

官吏非因事而受財，坐贓四十兩者。〇與財一百兩者。〇與財而規避笞四十罪者。

杖七十

官吏非因事而受財,坐贓五十兩者。〇與財二百兩者。〇與財而規避笞五十罪者。

杖八十

官吏非因事而受財,坐贓六十兩者。〇與財三百兩者。〇與財而規避杖六十罪者。

杖九十

官吏非因事而受財,坐贓七十兩者。〇與財四百兩者。〇與財而規避杖七十罪者。

杖一百

官吏非因事而受財,坐贓八十兩者。〇與財五百兩者。〇與財而規避杖八十罪者。

徒一年杖六十

官吏非因事而受財,坐贓一百兩者。〇與財而規避杖九十罪者。

徒一年半杖七十

官吏非因事而受財,坐贓二百兩者。〇與財而規避杖一百罪者。

徒二年杖八十

官吏非因事而受財,坐贓三百兩者。〇與財而規避徒一年罪者。

徒二年半杖九十

官吏非因事而受財,坐贓四百兩者。〇與財而規避徒一年半罪者。

徒三年杖一百

官吏非因事而受財,坐贓五百兩者。〇與財而規避徒二年罪者。

流二千里杖一百

與財而規避徒二年半罪者。

流二千五百里杖一百

與財而規避徒三年罪者。

流三千里杖一百

與財而規避流二千里罪者。

事後受財

凡有事先不許財,事過之後而受財,事若枉斷者,准枉法論,事不枉斷者,准不枉法論。

罪名

笞五十

官吏事後受財,察其事不枉斷,無禄人,計贓一兩以下者。

杖六十

官吏事後受財,察其事不枉斷,有禄人計贓一兩以下,無禄人計贓一兩之上至一十兩者。〇事若枉斷,無禄人計贓一兩以下者。

杖七十

官吏事後受財,察其事若枉斷,有禄人計贓一兩以下者。〇事不枉斷,有禄人計贓一兩之上至一十兩者。

風憲官吏事後受財,察其事不枉斷,無禄人計贓一兩以下者。

杖八十

官吏事後受財,察其事若枉斷,有禄人計贓一兩至五兩,無禄人計贓一十兩者。〇事不枉斷,有禄人計贓二十兩,無禄人計贓三十兩者。

風憲官吏事後受財,察其事若枉斷,無禄人計贓一兩以下者。〇事不枉斷,有禄人計贓一兩以下,無禄人計贓一兩之上至一十兩者。

事,後餽送承行官吏財物者。〇過付者。

杖九十

官吏事後受財,察其事若枉斷,有禄人計贓一十兩,無禄人一十五兩者。〇事不枉斷,有禄人計贓三十兩,無禄人四十兩者。

風憲官吏事後受財,察其事若枉斷,有禄人計受贓一兩以下,無禄人一兩至五兩者。〇事不枉斷,有禄人計贓一兩之上至一十兩,無禄人二十兩者。

杖一百

官吏事後受財,察其事若枉斷,有禄人計贓一十五兩,無禄人二十兩者。〇事不枉斷,有禄人計贓四十兩,無禄人五十兩者。

風憲官吏事後受財,察其事若枉斷,有禄人計贓一兩至五兩,無禄人一十兩者。〇事不枉斷,有禄人計贓二十兩,無禄人三十兩者。

徒一年杖六十

官吏事後受財,察其事若枉斷,有禄人計贓二十兩,無禄人二十五兩者。〇事不枉斷,有禄人計贓五十兩,無禄人六十兩者。

風憲官吏事後受財,察其事若枉斷,有禄人計贓一十兩,無禄人一十五兩者。〇事不枉斷,有禄人計贓三十兩,無禄人四十兩者。

徒一年半杖七十

官吏事後受財，察其事若枉斷，有禄人計贓二十五兩，無禄人三十兩者。〇事不枉斷，有禄人計贓六十兩，無禄人七十兩者。

風憲官吏事後受財，察其事若枉斷，有禄人計贓一十五兩，無禄人二十兩者。〇事不枉斷，有禄人計贓四十兩，無禄人五十兩者。

徒二年杖八十

官吏事後受財，察其事若枉斷，有禄人計贓三十兩，無禄人三十五兩者。〇事不枉斷，有禄人計贓七十兩，無禄人八十兩者。

風憲官吏事後受財，察其事若枉斷，有禄人計贓二十兩，無禄人二十五兩者。〇事不枉斷，有禄人計贓五十兩，無禄人六十兩者。

徒二年半杖九十

官吏事後受財，察其事若枉斷，有禄人計贓三十五兩，無禄人四十兩者。〇事不枉斷，有禄人計贓八十兩，無禄人九十兩者。

風憲官吏事後受財，察其事若枉斷，有禄人計贓二十五兩，無禄人三十兩者。〇事不枉斷，有禄人計贓六十兩，無禄人七十兩者。

徒三年杖一百

官吏事後受財，察其事若枉斷，有禄人計贓四十兩，無禄人四十五兩、五十兩、五十五兩者。〇事不枉斷，有禄人計贓九十兩，無禄人一百兩、一百一十兩、一百二十兩者。

風憲官吏事後受財，察其事若枉斷，有禄人計贓三十兩，無禄人三十五兩、四十兩、四十五兩者。〇事不枉斷，有禄人計贓七十兩，無禄人八十兩、九十兩、一百兩者。

流二千里杖一百

官吏事後受財，察其事若枉斷，有禄人計贓四十五兩者。〇事不枉斷，有禄人計贓一百兩者。

風憲官吏事後受財，察其事若枉斷，有禄人計贓三十五兩者。〇事不枉斷，有禄人計贓八十兩者。

流二千五百里杖一百

官吏事後受財，察其事若枉斷，有禄人計贓五十兩者。〇事不枉斷，有禄人計贓一百一十兩者。

風憲官吏事後受財，察其事若枉斷，有禄人計贓四十兩者。〇事不枉斷，有禄人計贓九十兩者。

流三千里杖一百

官吏事後受財，察其事若枉斷，有祿人計贓五十五兩、八十兩，無祿人八十兩、一百二十兩者。〇事不枉斷，有祿人計贓一百二十兩及一百二十兩以上，無祿人一百二十兩以上者並罪止此。

風憲官吏事後受財，察其事若枉斷，有祿人計贓四十五兩、四十五兩以上，無祿人五十兩，五十兩以上者。〇事不枉斷，有祿人計贓一百兩、一百兩以上者，無祿人一百一十兩、一百一十兩以上者並罪止此。

官吏，聽許財物

凡官吏聽許財物，雖未接受，事若枉者，准枉法論；事不枉者，准不枉法論，各減一等。所枉重者，各從重論。

附律定例

一、官吏聽許財物，依律議罪，不問爲民。

雍正三年律例館奏准删。

歷年事例

康熙二十七年覆准：官員過贓未受，照聽許財物律，杖一百、徒三年。

罪名

笞四十

官吏聽許財物，雖未接受，事若不枉，無祿人計贓一兩以下者。

笞五十

官吏聽許財物，雖未接受，事若有枉，無祿人計贓一兩以下者。〇事若不枉，有祿人計贓一兩以下，無祿人一兩之上至一十兩者。

杖六十

官吏聽許財物，雖未接受，事若有枉，有祿人計贓一兩以下，無祿人一兩至五兩者。〇事若不枉，有祿人計贓一兩之上至一十兩，無祿人二十兩者。

杖七十

官吏聽許財物，雖未接受，事若有枉，有祿人計贓一兩至五兩，無祿人一十兩者。〇事若不枉，有祿人計贓二十兩，無祿人三十兩者。

杖八十

官吏聽許財物，雖未接受，事若有枉，有祿人計贓一十兩，無祿人一十五兩者。〇事若不枉，有祿人計贓三十兩，無祿人四十兩者。

杖九十

官吏聽許財物，雖未接受，事若有枉，有禄人計贓一十五兩，無禄人二十兩者。〇事若不枉，有禄人計贓四十兩，無禄人五十兩者。

杖一百

官吏聽許財物，雖未接受，事若有枉，有禄人計贓二十兩，無禄人二十五兩者。〇事若不枉，有禄人計贓五十兩，無禄人六十兩者。

徒一年杖六十

官吏聽許財物，雖未接受，事若有枉，有禄人計贓二十五兩，無禄人三十兩者。〇事若不枉，有禄人計贓六十兩，無禄人七十兩者。

徒一年半杖七十

官吏聽許財物，雖未接受，事若有枉，有禄人計贓三十兩，無禄人三十五兩者。〇事若不枉，有禄人計贓七十兩，無禄人八十兩者。

徒二年杖八十

官吏聽許財物，雖未接受，事若有枉，有禄人計贓三十五兩，無禄人四十兩者。〇事若不枉，有禄人計贓八十兩，無禄人九十兩者。

徒二年半杖九十

官吏聽許財物，雖未接受，事若有枉，有禄人計贓四十兩，無禄人四十五兩者。〇事若不枉，有禄人計贓九十兩，無禄人一百兩，一百一十兩，一百二十兩者。

徒三年杖一百

官吏聽許財物，雖未接受，事若有枉，有禄人計贓四十五兩、五十兩、五十五兩、八十兩，無禄人五十兩、五十五兩、八十兩、一百二十兩、一百二十兩以上者。〇事若不枉，有禄人計贓一百兩、一百一十兩、一百二十兩，無禄人一百二十兩以上者。

大清會典卷之一百八十一

刑部

〔律例三十二刑律十二〕

〔受贓二〕

有事以財行求

凡諸人有事以財行求得枉法者，計所與財坐贓論。若有避難就易，所枉重者，從重論。其官吏刁蹬，用强生事，逼抑取受者，出錢人不坐。

雍正三年律例館奏准增定附律例文

一、凡有以財行求及説事過錢者，審實，皆計所與之贓，與受財人同科，仍分有禄、無禄，如抑勒詐索取財者，與財人及説事過錢人，俱不坐；至於别項餽送，不係行求，仍照律擬罪。

一、凡屬員以財行求上司保送題陞，并大計軍政卓異薦舉者，如受財之上司，果於事後據實盡首者，免其治罪，并免追贓，止治以財行求並説事過錢人之罪；如以財行求之屬員有於事後據實出首者，免其治罪，將受財之上司照原贓數，加倍追給，止治受財及説事過錢人之罪；若説事過錢之人據實首明者，免其追贓治罪，仍將與受之贓追出，賞給一半，止治與受人之罪；至有贓多首少者，照不實不盡律科罪，其贓少首多者，以誣詐律治罪，倘復隱匿不首，一經發覺，計贓，照律加倍治罪。

歷年事例

順治元年定：凡人犯事，用賄求免者，枷號鞭責，受賄之人，亦枷號，依盗罪鞭責，財物入官；若本管部内人役餽送禮物，與者、受者，俱問罪。○十四年覆准：凡保人歇家，串通衙役，行賄害民事犯，照衙役一體治罪。○康熙十二年題准：保人歇家與衙役不同，其犯事治罪，照不係在官人役受有事人財律條科斷。○二十四年議准：凡有土豪積蠹，紳衿父兄，在衙門左近開店者，嚴拏，照律從重治罪，該管官不行查禁，督撫題參議處。

罪名

笞二十

有事以財行求，欲得枉法，計所出財一兩以下者說事過錢者，同。受財人，分有祿、無祿，隨受財官吏減一等科罪。詳見《官吏受財律·罪名》，茲不載，下做此。

笞三十

有事以財行求，欲得枉法，計所出財一兩之上至一十兩者。○若避難就易，所避應笞一十罪者。

笞四十

有事以財行求，欲得枉法，計所出財二十兩者。○若避難就易，所避應笞二十罪者。

笞五十

有事以財行求，欲得枉法，計所出財三十兩者。○若避難就易，所避應笞三十罪者。

杖六十

有事以財行求，欲得枉法，計所出財四十兩者。○若避難就易，所避應笞四十罪者。

杖七十

有事以財行求，欲得枉法，計所出財五十兩者。○若避難就易，所避應笞五十罪者。

杖八十

有事以財行求，欲得枉法，計所出財六十兩者。○若避難就易，所避應杖六十罪者。

杖九十

有事以財行求，欲得枉法，計所出財七十兩者。○若避難就易，所避應杖七十罪者。

杖一百

有事以財行求，欲得枉法，計所出財八十兩者。○若避難就易，所避應杖八十罪者。

徒一年杖六十

有事以財行求，欲得枉法，計所出財一百兩者。○若避難就易，所避應杖九十罪者。

徒一年半杖七十

有事以財行求,欲得枉法,計所出財二百兩者。○若避難就易,所避應杖一百罪者。

徒二年杖八十

有事以財行求,欲得枉法,計所出財三百兩者。○若避難就易,所避應徒一年罪者。

徒二年半杖九十

有事以財行求,欲得枉法,計所出財四百兩者。○若避難就易,所避應徒一年半罪者。

徒三年杖一百

有事以財行求,欲得枉法,計所出財五百兩者。○若避難就易,所避應徒二年罪者。

流二千里杖一百

有事以財行求官吏,欲避難就易,所避應徒二年半罪者。

流二千五百里杖一百

有事以財行求官吏,欲避難就易,所避應徒三年罪者。

流三千里杖一百

有事以財行求官吏,欲避難就易,所避應流二千里罪者。

在官求索借貸人財物

凡監臨官吏挾勢,及豪强之人求索借貸,所部内財物並計贓,准不枉法論,强者,准枉法論。財物給主。○若將自己物貨散與部民,及低價買物,多取價利者,並計餘利,准不枉法論;强者,准枉法論物;貨價錢並入官給主。○若於所部内買物,不即支價,及借衣服器玩之屬,各經一月不還者,並坐贓論。○若私借用所部内馬牛駝鸁驢及車船碾磨店舍之類,各驗日計僱賃錢,亦坐贓論,追錢給主。○若接受所部内饋送土宜禮物,受者,笞四十,與者,減一等,若因事而受者,計贓,以不枉法論,其經過去處供饋飲食及親故饋送者,不在此限。○其出使人於所差去處,求索借貸,賣買多取價利,及受饋送者,並與監臨官吏罪同。○若去官而受舊部内財物及求索借貸之屬,各減在官時三等。

附律定例

一、文武職官,索取土官、外國猺獞財物,犯該徒三年以上者,俱發邊衛充軍。

一、凡各沿邊地方,各該鎮守總兵、副参、遊擊、守備、都司衛所等官,但有科歛軍人財物及扣減月糧,計入己贓至三十兩以上,降一級,帶俸差操,百兩以上,降一級,改調烟瘴地面,帶俸差操,二百兩以上,照前調發充軍,三百兩以上,亦照前調發,永遠充軍;其沿海地方有犯,亦照前例科斷,應改調及充軍者,俱發邊遠衛分。

雍正三年律例館奏准:今營將各官如有科歛扣剋者,俱革職問罪,入己贓至滿數者,即擬絞,不止於降調及軍罪,此條删。

一、雲貴、兩廣、四川、湖廣等處流官,擅自科歛土官財物,僉取兵夫徵價入己,强將貨物發賣,多取價利,各贓至滿數,犯該徒三年以上者,問發附近衛所充軍;若買賣不曾用强,及贓數未滿者,照行止有虧事例問革,其科歛財物明白公用,僉取兵夫不曾徵價者,照常發落。

雍正三年律例館奏准律内非因公科歛人財物者,有禄人一百二十兩以上,即擬絞,例文内"各贓至滿數,犯該徒三年以上者"十三字改爲"贓至該徒三年以上","及贓數未滿者"六字改爲"贓數未至滿徒"。

雍正三年律例館奏准增定附律例文

一、苗蠻黎獞等僻處外地之人,并改土歸流地方,如該管官員有差遣兵役騷擾逼勒,科派供應等弊,較内地之例,應加倍治罪,若贓不多,犯該杖一百以下者,俱加倍,徒一年,犯該徒一年者,加倍徒二年,徒一年半者,加倍徒三年,徒二年者,加倍流二千里,徒二年半者,加倍流二千五百里,徒三年者,加倍流三千里,犯該流二千里及二千五百里者,俱發邊衛充軍,若贓數滿貫,罪止杖一百,流三千里者,擬絞監候,其勒取贓銀,應照追入官給主,雖於限内全完,亦不免罪。

律例館又奏准律後恭載諭旨

雍正元年諭:"旗員爲外吏者,每受該旗都統、参領等官所制。自司道以至州縣,於將選之時,必勒索重賄,方肯出結。咨部及得缺後,即遣人往其任所,或稱平日受恩,責其酬報,或稱家有婚喪等事,緩急求助,或以舊日私事要挾,或五旗本王府不體下情,分外勒取,或縱本府大人肆意貪求,種種應酬,不可枚舉,以致該員竭蹶餽送,不能潔己自好。凡虧空公帑,敗壞身名者多由於此。嗣後如有仍蹈前轍,恣意需索等弊,許本官據實封章密詳督撫轉奏,督撫即據詳密奏。倘督撫瞻顧容隱,即許本官封章揭都察院轉爲密奏。倘不爲奏聞,即各御史亦得據揭密奏,務期通達下情,以除積弊。外任旗員,勿得隱忍畏懼。朕不治以犯上舉首之罪。”

歷年事例

順治十三年諭:“凡屬吏借節禮生辰名色,饋送上司,公行賄賂者,重治。”〇康熙十七年議准:凡府州縣等官,借名拜壽行賀,私謁上司,夤緣通賄,事發,將與受之官,俱革職提問,其上司雖未接受不行舉發者,罰俸一年。〇又議准:上司官於所屬借貸財物,事發,照貪官例處分。〇十八年議准:凡有司官供應芻粟物料,不發見銀採買,借取於民,或虧短價值者,督撫題參拏問,若督撫徇隱不參,別經發覺,將該管上司各官俱革職拏問該督撫革職。〇三十七年覆准:州縣等官上司,多借訪事爲名,索取餽遺,嗣後如有此等情弊,許州縣官揭報,督撫指名題參,如督撫抑勒徇庇,不行題參,許其開具實跡實封,徑達通政司衙門奏聞,事實,將該督撫從重議處。

罪名

笞二十

去官而受舊部内財物及索借,無禄人計一兩以下者。

笞三十

監臨官吏,於所部内買物,不即支價,及借衣服器玩,經月不還,價值一兩至一十兩者。〇借馬、牛、駝、贏、驢、車船、碾磨、店舍,驗日計僱賃錢同者。

非因事而餽送土宜禮物與監臨官吏者。

去官而受舊部内財物及索借,有禄人計一兩以下者,無禄人一兩以上至一十兩者。

笞四十

監臨官吏,於所部内買物,不即支價,及借衣服器玩,經月不還,價值二十兩者。〇借用馬、牛、駝、贏、驢及車船、碾磨、店舍,驗日計僱賃錢同者。

監臨官吏非因事接受所部餽送土宜禮物者。

去官而受舊部内財物及索借,有禄人計一兩以上至一十兩者,無禄人二十兩者。

笞五十

監臨官吏挾勢及豪强於所部内,若出使人於所差去處,索借財物,貴賣賤買,多取價利,無禄人計贓一兩以下者。

監臨官吏挾勢及豪强於所部内,若出使人於所差去處,接受有事在官人餽送，無禄人計贓一兩以下者。

監臨官吏，於所部内買物，不即支價，及借衣服器玩，經月不還，價值三十兩者〇借用馬、牛、駝、𩨡、驢及車船、碾磨、店舍，驗日計僱賃錢同者。

去官而受舊部内財物及索借，有禄人計二十兩者，無禄人三十兩者。

杖六十

監臨官吏挾勢及豪强於所部内，若出使人於所差去處，索借財物，貴賣賤買，多取價利，有禄人計贓一兩以下者，無禄人一兩之上至一十兩者〇强者，無禄人，計贓一兩以下者。

監臨官吏挾勢及豪强於所部内，若出使人於所差去處，接受有事在官人餽送，有禄人計贓一兩以下者，無禄人一兩之上至一十兩者。

監臨官吏，於所部内買物，不即支價，及借衣服器玩，經月不還，價值四十兩者。〇借用馬、牛、駝、𩨡、驢及車船、碾磨、店舍，驗日計僱賃錢同者。

去官而受舊部内財物，有禄人計贓三十兩者，無禄人四十兩者。

杖七十

監臨官吏挾勢及豪强於所部内，若出使人於所差去處索借財物，貴賣賤買，多取價利，有禄人計贓一兩之上至一十兩者，無禄人二十兩者。〇强者，有禄人計贓一兩以下者，無禄人一兩至五兩者。

監臨官吏挾勢及豪强於所部内，若出使人於所差去處，接受有事在官人餽送，有禄人計贓一兩之上至一十兩者，無禄人二十兩者。

監臨官吏，於所部内買物，不即支價，及借衣服器玩，經月不還，價值五十兩者〇借用馬、牛、駝、𩨡、驢及車船、碾磨、店舍，驗日計僱賃錢同者。

去官而受舊部内財物，有禄人計贓四十兩者，無禄人五十兩者。

杖八十

監臨官吏挾勢及豪强於所部内，若出使人於所差去處，索借財物，貴賣賤買，多取價利，有禄人計贓二十兩者，無禄人三十兩者。〇强者，有禄人計贓一兩至五兩者，無禄人一十兩者。

監臨官吏挾勢及豪强於所部内，若出使人於所差去處，接受有事在官人餽送，有禄人計贓二十兩者，無禄人三十兩者。

監臨官吏，於所部内買物，不即支價，及借衣服器玩，經月不還，價值六十兩者〇借用馬、牛、駝、𩨡、驢及車船、碾磨、店舍，驗日計僱賃錢同者。

因事在官而餽送土宜禮物與監臨官吏者，去官而受舊部内財物，有禄人計贓五十兩者,無祿人六十兩者。

杖九十

監臨官吏挾勢及豪强於所部内,若出使人於所差去處,索借財物,貴賣賤買,多取價利,有祿人,計贓三十兩者,無祿人四十兩者〇强者,有祿人計贓一十兩者,無祿人一十五兩者。

監臨官吏挾勢及豪强於所部内,若出使人於所差去處,接受有事在官人餽送,有祿人計贓三十兩者,無祿人四十兩者。

監臨官吏,於所部内買物,不即支價,及借衣服器玩,經月不還,價值七十兩者〇借用馬、牛、駝、鸁、驢及車船、碾磨、店舍,驗日計傭賃錢同者。

去官而受舊部内財物,有祿人計贓六十兩者,無祿人七十兩者。

杖一百

監臨官吏挾勢及豪强於所部内,若出使人於所差去處,索借財物,貴賣賤買,多取價利,有祿人計贓四十兩者,無祿人五十兩者。〇强者,有祿人計贓一十五兩者,無祿人二十兩者。

監臨官吏挾勢及豪强於所部内,若出使人於所差去處,接受有事在官人餽送,有祿人計贓四十兩者,無祿人五十兩者。

監臨官吏,於所部内買物,不即支價,及借衣服器玩,經月不還,價值八十兩者。〇借用馬、牛、駝、鸁、驢及車船、碾磨、店舍,驗日計傭賃錢同者。

去官而受舊部内財物,有祿人計贓七十兩者,無祿人八十兩者。

徒一年杖六十

監臨官吏挾勢及豪强於所部内,若出使人於所差去處,索借財物,貴賣賤買,多取價利,有祿人計贓五十兩者,無祿人六十兩者。〇强者,有祿人計贓二十兩者,無祿人二十五兩者。

監臨官吏挾勢及豪强於所部内,若出使人於所差去處,接受有事在官人餽送,有祿人計贓五十兩者,無祿人六十兩者。

監臨官吏,於所部内買物,不即支價,及借衣服器玩,經月不還,價值一百兩者。〇借用馬、牛、駝、鸁、驢及車船、碾磨、店舍,驗日計傭賃錢同者。

去官而受舊部内財物,有祿人計贓八十兩者,無祿人九十兩者。

官員騷擾逼勒,科派苗蠻黎獞并改土歸流地方,計贓犯該杖罪以下者。

徒一年半杖七十

監臨官吏挾勢及豪强於所部内,若出使人於所差去處,索借財物,貴賣賤買,多取價利,有禄人計贓六十兩者,無禄人七十兩者〇强者有禄人計贓二十五兩者,無禄人三十兩者。

監臨官吏挾勢及豪强於所部内,若出使人於所差去處,接受有事在官人餽送,有禄人計贓六十兩者,無禄人七十兩者。

監臨官吏,於所部内買物,不即支價,及借衣服器玩,經月不還,價值二百兩者〇借用馬、牛、駝、蠃、驢及車船、碾磨、店舍,驗日計傭賃錢同者。

去官而受舊部内財物,有禄人計贓九十兩者,無禄人一百兩、一百一十兩、一百二十兩者。

徒二年杖八十

監臨官吏挾勢及豪强於所部内,若出使人於所差去處,索借財物,貴賣賤買,多取價利,有禄人計贓七十兩者,無禄人八十兩者。〇强者,有禄人計贓三十兩者,無禄人三十五兩者。

監臨官吏挾勢及豪强於所部内,若出使人於所差去處,接受有事在官人餽送,有禄人計贓七十兩者,無禄人八十兩者。

監臨官吏,於所部内買物,不即支價,及借衣服器玩,經月不還,價值三百兩者〇借用馬、牛、駝、蠃、驢及車船、碾磨、店舍,驗日計傭賃錢同者。

去官而受舊部内財物,有禄人計贓一百兩、一百一十兩、一百二十兩者,無禄人一百二十兩以上者。

官員騷擾逼勒,科派苗蠻黎獞并改土歸流地方,計贓犯該徒一年罪者。

徒二年半杖九十

監臨官吏挾勢及豪强於所部内,若出使人於所差去處,索借財物,貴賣賤買,多取價利,有禄人,計贓八十兩者,無禄人,九十兩者。〇强者,有禄人計贓三十五兩者,無禄人四十兩者。

監臨官吏挾勢及豪强於所部内,若出使人於所差去處,接受有事在官人餽送,有禄人計贓八十兩者,無禄人九十兩者。

監臨官吏,於所部内買物,不即支價,及借衣服器玩,經月不還,價值四百兩者〇借用馬、牛、駝、蠃、驢及車船、碾磨、店舍,驗日計傭賃錢同者。

去官而受舊部内財物,有禄人計贓一百二十兩以上者。

徒三年杖一百

監臨官吏挾勢及豪强於所部内,若出使人於所差去處,索借財物,貴賣賤買,多取價利,有禄人計贓九十兩者,無禄人一百兩、一百一十兩、一百二十兩者〇强者,有禄人計贓四十兩者,無禄人四十五兩、五十兩、五十五兩者。

監臨官吏挾勢及豪强於所部内,若出使人於所差去處,接受有事在官人餽送,有禄人計贓九十兩者,無禄人一百兩、一百一十兩、一百二十兩者。

監臨官吏,於所部内買物,不即支價,及借衣服器玩,經月不還,價值五百兩者〇借用馬、牛、駝、贏、驢及車船、碾磨、店舍,驗日計僱賃錢同者。

官員騷擾逼勒,科派苗蠻、黎獞并改土歸流地方,計贓犯該徒一年半罪者。

流二千里杖一百

監臨官吏挾勢及豪强於所部内,若出使人於所差去處,索借財物,貴賣賤買,多取價利,有禄人計贓一百兩者。〇强者,有禄人計贓四十五兩者。

監臨官吏挾勢及豪强於所部内,若出使人於所差去處,接受有事在官人餽送,有禄人計贓一百兩者。

官員騷擾逼勒,科派苗蠻、黎獞并改土歸流地方,計贓犯該徒二年罪者。

流二千五百里杖一百

監臨官吏挾勢及豪强於所部内,若出使人於所差去處索借財物,貴賣賤買,多取價利,有禄人計贓一百一十兩者。〇强者,有禄人計贓五十兩者。

監臨官吏挾勢及豪强於所部内,若出使人於所差去處,接受有事在官人餽送,有禄人計贓一百一十兩者。

官員騷擾逼勒,科派苗蠻、黎獞并改土歸流地方,計贓犯該徒二年半罪者。

流三千里杖一百

監臨官吏挾勢及豪强於所部内,若出使人於所差去處,索借財物,貴賣賤買,多取價利,有禄人計贓一百二十兩,一百二十兩以上者〇强者,有禄人五十五兩,八十兩者,無禄人八十兩、一百二十兩者。

監臨官吏挾勢及豪强於所部内,若出使人於所差去處,接受有事在官人餽送,有禄人計贜一百二十兩、一百二十兩以上者。

官員騷擾逼勒,科派苗蠻、黎獞并改土歸流地方,計贜犯該徒三年罪者。

附近充軍

雲貴、兩廣、川湖等處流官,擅科土官財物,僉取兵夫徵價入已,將貨物發賣,多取價利,計贜至犯徒三年以上罪者。

邊衛充軍

文武職官,索取土官、外國猺獞財物,犯該徒三年以上罪者。

苗蠻、黎獞并改土歸流地方該管官,有騷擾逼勒科派等弊,犯該流二千里及流二千五百里罪者。

絞監候

官員騷擾逼勒,科派苗蠻,黎獞并改土歸流地方,若犯贜滿貫,罪止杖一百,流三千里者。

家人求索

凡監臨官吏家人,於所部内取受求索,借貸財物,及役使部民,若賣買多取價利之類,各减本官吏罪二等。若本官吏知情,與同罪;不知者,不坐。

罪名

笞三十

監臨官吏家人,取受索借所部内財物,及役使部民賣買,多取價利,其無禄人之家人,計贜一兩以下者。〇本官吏知情者。

笞四十

監臨官吏家人,取受索借所部内財物,及役使部民賣買,多取價利,其有禄人之家人,計贜一兩以下,無禄人之家人,計贜一兩以上至一十兩者。〇本官吏知情者。

笞五十

監臨官吏家人,取受索借所部内財物,及役使部民賣買,多取價利,其有禄人之家人,計贜一兩之上至一十兩,無禄人之家人,計贜二十兩者。〇本官吏知情者。

杖六十

監臨官吏家人,取受索借所部内財物,及役使部民賣買,多取價利,其有禄人之家人,計贜二十兩,無禄人之家人,計贜三十兩者。〇本官吏知情者。

杖七十

監臨官吏家人，取受索借所部内財物，及役使部民賣買，多取價利，其有禄人之家人，計贓三十兩，無禄人之家人，計贓四十兩者。〇本官吏知情者。

杖八十

監臨官吏家人，取受索借所部内財物，及役使部民賣買，多取價利，其有禄人之家人，計贓四十兩，無禄人之家人，計贓五十兩者。〇本官吏知情者。

杖九十

監臨官吏家人，取受索借所部内財物，及役使部民賣買，多取價利，其有禄人之家人，計贓五十兩，無禄人之家人，計贓六十兩者。〇本官吏知情者。

杖一百

監臨官吏家人，取受索借所部内財物，及役使部民賣買，多取價利，其有禄人之家人，計贓六十兩，無禄人之家人，計贓七十兩者。〇本官吏知情者。

徒一年杖六十

監臨官吏家人，取受索借所部内財物，及役使部民賣買，多取價利，其有禄人之家人，計贓七十兩，無禄人之家人，計贓八十兩者。〇本官吏知情者。

徒一年半杖七十

監臨官吏家人，取受索借所部内財物，及役使部民賣買，多取價利，其有禄人之家人，計贓八十兩，無禄人之家人，計贓九十兩者。〇本官吏知情者。

徒二年杖八十

監臨官吏家人，取受索借所部内財物，及役使部民賣買，多取價利，其有禄人之家人，計贓九十兩，無禄人之家人，計贓一百兩、一百一十兩、一百二十兩者。〇本官吏知情者。

徒二年半杖九十

監臨官吏家人，取受索借所部内財物，及役使部民賣買，多取價利，其有禄人之家人，計贓一百兩、一百一十兩、一百二十兩，無禄人之家人，計贓一百二十兩以上者。○本官吏知情者。

徒三年杖一百

監臨官吏家人，取受索借所部内財物，及役使部民賣買，多取價利，其有禄人之家人，計贓一百二十兩以上者。○本官吏知情者。

風憲官吏犯贓

凡風憲官吏，受財，及於所按治去處求索借貸人財物，若賣買多取價利及受餽送之類，各加，其餘官吏罪二等。

歷年事例

康熙十七年議准：凡督撫有私，差内司人等，借名訪察事件，徧歷州縣，并督撫兩司另開便門，容令所屬人員交通出入者，俱革職，其將遊客優伶人等，貽書薦送所屬，亦照此議處。

罪名

笞五十

風憲官吏家人犯贓，其無禄人之家人，計贓一兩以下者。○本官吏知情者。

杖六十

風憲官吏家人犯贓，其有禄人之家人，計贓一兩以下，無禄人之家人，計贓一兩之上至一十兩者。○本官吏知情者。

杖七十

風憲官吏因不枉法事，受財及於所按去處求索借貸，賣買多取價利，接受餽送禮物，其無禄人，計贓一兩以下者。

風憲官吏家人犯贓，其有禄人之家人，計贓一兩之上至一十兩，無禄人之家人，計贓二十兩者。○本官吏知情者。

杖八十

風憲官吏因不枉法事，受財及於所按去處求索借貸，賣買多取價利，接受餽送禮物，其有禄人計贓一兩以下，無禄人計贓一兩之上至一十兩者○枉法及强者，計贓一兩以下之無禄人。

風憲官吏家人犯贓，其有禄人之家人，計贓二十兩，無禄人之家人，計贓三十兩者。○本官吏知情者。

杖九十

風憲官吏因不枉法事，受財及於所按去處求索借貸，賣買多取價利，接受餽送禮物，其有禄人計贓一兩之上至一十兩，無禄人計贓二十兩者。

○枉法及强者，計贓一兩以下之有禄人，一兩至五兩之無禄人。

風憲官吏家人犯贓，其有禄人之家人，計贓三十兩，無禄人之家人，計贓四十兩者。○本官吏知情者。

杖一百

風憲官吏因不枉法事，受財及於所按去處求索借貸，賣買多取價利，接受餽送禮物，其有禄人，計贓二十兩，無禄人，計贓三十兩者。○枉法及强者，計贓一兩至五兩之有禄人，一十兩之無禄人。

風憲官吏家人犯贓，其有禄人之家人，計贓四十兩，無禄人之家人，計贓五十兩者。○本官吏知情者。

徒一年杖六十

風憲官吏因不枉法事，受財及於所按去處求索借貸，賣買多取價利，接受餽送禮物，其有禄人計贓三十兩，無禄人計贓四十兩者。○枉法及强者，計贓一十兩之有禄人，一十五兩之無禄人。

風憲官吏家人犯贓，其有禄人之家人，計贓五十兩，無禄人之家人，計贓六十兩者。○本官吏知情者。

徒一年半杖七十

風憲官吏因不枉法事，受財及於所按去處求索借貸，賣買多取價利，接受餽送禮物，其有禄人計贓四十兩，無禄人計贓五十兩者。○枉法及强者，計贓一十五兩之有禄人，二十兩之無禄人。

風憲官吏家人犯贓，其有禄人之家人，計贓六十兩，無禄人之家人，計贓七十兩者。○本官吏知情者。

徒二年杖八十

風憲官吏因不枉法事，受財及於所按去處求索借貸，賣買多取價利，接受餽送禮物，其有禄人，計贓五十兩，無禄人，計贓六十兩者。○枉法及强者，計贓二十兩之有禄人，二十五兩之無禄人。

風憲官吏家人犯贓，其有禄人之家人，計贓七十兩，無禄人之家人，計贓八十兩者。○本官吏知情者。

徒二年半杖九十

風憲官吏因不枉法事，受財及於所按去處求索借貸，賣買多取價利，接受餽送禮物，其有禄人，計贓六十兩，無禄人，計贓七十兩者。○枉法及强者，計贓二十五兩之有禄人，三十兩之無禄人。

風憲官吏家人犯贓，其有禄人之家人，計贓八十兩、九十兩、一百兩、一百一十兩、一百二十兩,無祿人之家人,計贓九十兩、一百兩、一百一十兩、一百二十兩、一百二十兩以上者。○本官吏知情者。

徒三年杖一百

風憲官吏因不枉法事,受財及於所按去處求索借貸,賣買多取價利,接受餽送禮物,其有祿人,計贓七十兩,無祿人,計贓八十兩者。○枉法及强者,計贓三十兩之有祿人,三十五兩之無祿人。

風憲官吏家人犯贓,其有祿人之家人,計贓一百二十兩以上者。○本官吏知情者。

流二千里杖一百

風憲官吏因不枉法事,受財及於所按去處求索借貸,賣買多取價利,接受餽送禮物,其有祿人計贓八十兩,無祿人計贓九十兩者。○枉法及强者,計贓三十五兩之有祿人,四十兩之無祿人。

流二千五百里杖一百

風憲官吏因不枉法事,受財及於所按去處求索借貸,賣買多取價利,接受餽送禮物,其有祿人,計贓九十兩,無祿人,計贓一百兩、一百一十兩、一百二十兩者。○枉法及强者,計贓四十兩之有祿人,四十五兩、五十兩、五十五兩之無祿人。

流三千里杖一百

風憲官吏因不枉法事,受財及於所按去處求索借貸,賣買多取價利,接受餽送禮物,其有祿人,計贓一百兩、一百一十兩、一百二十兩,無祿人一百二十兩以上者。○枉法及强者,計贓四十五兩、五十兩、五十五兩之有祿人,八十兩之無祿人。

絞監候

風憲官吏因不枉法事,受財及於所按去處求索借貸,賣買多取價利,接受餽送禮物,其有祿人計贓一百二十兩以上者。○枉法及强者,計贓八十兩之有祿人,一百二十兩之無祿人。

因公科斂

凡有司官吏人等,非奉上司明文,因公擅自科斂所屬財物,及管軍官吏總旗、小旗科斂軍人錢糧賞賜者,杖六十。贓重者,坐贓論;入己者,並計贓,以枉法論。○其非因公務科斂人財物入己者,計贓,以不枉法論。若饋送人者,雖不入己罪,亦如之。

雍正三年律例館奏准:"總旗小旗"四字删。

附律定例

一、在京在外衙門，不許分外罰取紙劄、筆墨、銀硃、器皿、錢穀、銀兩等項，違者，計贓論罪，若有指稱修理，不分有無罪犯，用强科罰米穀至五十石，銀至二十兩以上，絹帛貴細之物值銀二十兩以上者，事發，問罪，起送吏部，降一級調用。

雍正三年律例館奏准："事發問罪"至末十二字，改爲"事發，交該部降一級調用"。

一、科罰修理，果曾經手不准花銷，照例起送，若自不經手，支銷明白，只依科斂律發落。

雍正三年律例館奏准：上條已有議處之例，此條删。

歷年事例

康熙三年議准：凡有司詞訟，有借名備賑罰穀肥私者，該督撫指名參處，如督撫不行題參，被科道糾舉者，該督撫及承問各官，一併議處。〇又議准：凡有司官借稱差使大臣供應科斂百姓者，照貪官例治罪，督撫司道等官，俱照失察貪官例處分。

罪名

杖六十

有司管軍官吏人等，因公科斂所屬財物、軍人錢糧賞賜者。

杖七十

有司管軍官吏人等，因公科斂所屬財物、軍人錢糧賞賜五十兩者。〇入己及餽送人者，計贓一兩以下之有禄人，一兩至五兩之無禄人。〇其非因公務而科斂人財物入己及餽送人者，計贓一兩至十兩之有禄人，二十兩之無禄人。

各衙門罰取紙劄、筆墨、銀硃、器皿、錢穀、銀兩，計值五十兩者。

杖八十

有司管軍官吏人等，因公科斂所屬財物、軍人錢糧賞賜六十兩者。〇入己及餽送人者，計贓一兩至五兩之有禄人，一十兩之無禄人。〇其非因公務而科斂人財物入己及餽送人者，計贓二十兩之有禄人，三十兩之無禄人。

各衙門罰取紙劄、筆墨、銀硃、器皿、錢穀、銀兩，計值六十兩者。

杖九十

有司管軍官吏人等，因公科斂所屬財物、軍人錢糧賞賜七十兩者。

○入己及餽送人者,計贓一十兩之有禄人,一十五兩之無禄人。○其非因公務而科斂人財物入己及餽送人者,計贓三十兩之有禄人,四十兩之無禄人。

各衙門罰取紙劄、筆墨、銀硃、器皿、錢穀、銀兩,計值七十兩者

杖一百

有司管軍官吏人等,因公科斂所屬財物、軍人錢糧賞賜八十兩者。○入己及餽送人者,計贓一十五兩之有禄人,二十兩之無禄人。○其非因公務而科斂人財物入己及餽送人者,計贓四十兩之有禄人,五十兩之無禄人。

各衙門罰取紙劄、筆墨、銀硃、器皿、錢穀、銀兩,計值八十兩者。

徒一年杖六十

有司管軍官吏人等,因公科斂所屬財物、軍人錢糧賞賜一百兩者。○入己及餽送人者,計贓二十兩之有禄人,二十五兩之無禄人。○其非因公務而科斂人財物入己及餽送人者,計贓五十兩之有禄人,六十兩之無禄人。

各衙門罰取紙劄、筆墨、銀硃、器皿、錢穀、銀兩,計值一百兩者。

徒一年半杖七十

有司管軍官吏人等,因公科斂所屬財物、軍人錢糧賞賜二百兩者○入己及餽送人者,計贓二十五兩之有禄人,三十兩之無禄人。○其非因公務而科斂人財物入己及餽送人者,計贓六十兩之有禄人,七十兩之無禄人。

各衙門罰取紙劄、筆墨、銀硃、器皿、錢穀、銀兩,計值二百兩者。

徒二年杖八十

有司管軍官吏人等,因公科斂所屬財物、軍人錢糧賞賜三百兩者。○入己及餽送人者,計贓三十兩之有禄人,三十五兩之無禄人。○其非因公務而科斂人財物入己及餽送人者,計贓七十兩之有禄人,八十兩之無禄人。

各衙門罰取紙劄、筆墨、銀硃、器皿、錢穀、銀兩,計值三百兩者。

徒二年半杖九十

有司管軍官吏人等,因公科斂所屬財物、軍人錢糧賞賜四百兩者。○入己及餽送人者,計贓三十五兩之有禄人,四十兩之無禄人。○其非因公務而科斂人財物入己及餽送人者,計贓八十兩之有禄人,九十兩之無禄人。

各衙門罰取紙劄、筆墨、銀硃、器皿、錢穀、銀兩，計值四百兩者。

徒三年杖一百

有司管軍官吏人等，因公科斂所屬財物、軍人錢糧賞賜五百兩者。〇入己及餽送人者，計贓四十兩之有禄人，四十五兩，五十兩，五十五兩之無禄人。〇其非因公務而科斂人財物入己及餽送人者，計贓九十兩之有禄人，一百兩，一百一十兩，一百二十兩之無禄人。

各衙門罰取紙劄、筆墨、銀硃、器皿、錢穀、銀兩，計值五百兩者。

流二千里杖一百

有司管軍官吏人等，因公科斂所屬財物、軍人錢糧賞賜入己及餽送人者，計贓四十五兩之有禄人。〇其非因公務而科斂人財物入己及餽送人者，計贓一百兩之有禄人。

流二千五百里杖一百

有司管軍官吏人等，因公科斂所屬財物、軍人錢糧賞賜入己及餽送人者，計贓五十兩之有禄人。〇其非因公務而科斂人財物入己及餽送人者，計贓一百一十兩之有禄人。

流三千里杖一百

有司管軍官吏人等，因公科斂所屬財物、軍人錢糧賞賜入己及餽送人者，計贓五十五兩之有禄人，八十兩之無禄人。〇其非因公務而科斂人財物入己及餽送人者，計贓一百二十兩之有禄人，一百二十兩以上之無禄人。

絞監候

有司管軍官吏人等，因公科斂所屬財物、軍人錢糧賞賜入己及餽送人者，計贓八十兩之有禄人，一百二十兩之無禄人。〇其非因公務而科斂人財物入己及餽送人者，計贓一百二十兩以上之有禄人。

私受公侯財物

凡内外各衞指揮、千百户、鎮撫并總旗、小旗等，不得於私下，或明白接受公侯伯所與金銀、緞疋、衣服、糧米、錢物，若受者，軍官，杖一百，罷職，發邊遠充軍，總旗、小旗，罪同；再犯，處死。公、侯與者，初犯、再犯，免罪，附過，三犯，准免死一次。若奉命征討，與者、受者，不在此限。

雍正三年律例館奏准："凡内外各衞至小旗"等十八字改爲"凡内外武官"，其"軍官"二字、"總旗小旗罪同"六字、"附過"二字俱删，"准免死一次"五字，改爲"奏請區處"。

罪名

邊遠充軍

内外武官,私下,或明白接受公、侯、伯所與金銀、緞疋、衣服、糧米、錢物者杖一百。

絞監候

内外武官,私下,或明白接受公、侯、伯所與金銀、緞疋、衣服、糧米、錢物再犯者。

尅留盗贜

凡巡捕官,已獲盗賊尅留贜物不解官者,笞四十;入己者,計贜,以不枉法論;仍將其贜并論盗罪。若軍人弓兵有犯者,計贜,雖多罪,止杖八十。

歷年事例

雍正五年議准:胥捕有侵剥盗贜者,計贜,照不枉法律,從重科斷。

罪名

笞四十

巡捕官尅留盗贜不解官者。

笞五十

巡捕官尅留盗贜入己,若胥捕侵剥入己,計贜一兩以下之無禄人。〇軍人弓兵尅留盗贜入己,計贜同者。

杖六十

巡捕官尅留盗贜入己,若胥捕侵剥入己,計贜一兩以下之有禄人,一兩至十兩之無禄人。〇軍人弓兵尅留盗贜入己,計贜同者。

杖七十

巡捕官尅留盗贜入己,若胥捕侵剥入己,計贜一兩以上至一十兩之有禄人,二十兩之無禄人。〇軍人弓兵尅留盗贜入己,計贜同者。

杖八十

巡捕官尅留盗贜入己,若胥捕侵剥入己,計贜二十兩之有禄人,三十兩之無禄人。〇軍人弓兵尅留盗贜入己,計贜同者。

杖九十

巡捕官尅留盗贜入己,若胥捕侵剥入己,計贜三十兩之有禄人,四十兩之無禄人。

杖一百

巡捕官剋留盜贓入己，若胥捕侵剥入己，計贓四十兩之有禄人，五十兩之無禄人。

徒一年杖六十

巡捕官剋留盜贓入己，若胥捕侵剥入己，計贓五十兩之有禄人，六十兩之無禄人。

徒一年半杖七十

巡捕官剋留盜贓入己，若胥捕侵剥入己，計贓六十兩之有禄人，七十兩之無禄人。

徒二年杖八十

巡捕官剋留盜贓入己，若胥捕侵剥入己，計贓七十兩之有禄人，八十兩之無禄人。

徒二年半杖九十

巡捕官剋留盜贓入己，若胥捕侵剥入己，計贓八十兩之有禄人，九十兩之無禄人。

徒三年杖一百

巡捕官剋留盜贓入己，若胥捕侵剥入己，計贓九十兩之有禄人，一百兩，一百一十兩，一百二十兩之無禄人。

流二千里杖一百

巡捕官剋留盜贓入己，若胥捕侵剥入己，計贓一百兩之有禄人。

流二千五百里杖一百

巡捕官剋留盜贓入己，若胥捕侵剥入己，計贓一百一十兩之有禄人。

流三千里杖一百

巡捕官剋留盜贓入己，若胥捕侵剥入己，計贓一百二十兩之有禄人，一百二十兩以上之無禄人。

絞監候

巡捕官剋留盜贓入己，計贓一百二十兩以上之有禄人。

大清會典卷之一百八十二

刑部

〔律例三十三刑律十三〕

〔詐僞〕

詐爲制書

凡詐爲制書及增减者，皆斬；未施行者爲首，絞；爲從者，减一等。傳寫失錯者爲首，杖一百，爲從者，减一等。〇詐爲將軍、總兵官、六部、都察院、都指揮使司、内外各衛指揮使司、守禦緊要隘口千户所文書，套畫押字，盗用印信及將空紙用印者，皆絞。不分首從。未施行者爲首，减一等；爲從，又减一等。〇察院、布政司、按察司、府州縣衙門者爲首，杖一百，流三千里，其餘衙門者爲首，杖一百，徒三年，爲從者，减一等。未施行者各减一等。若有規避，事重者，從重論。〇其當該官司知而聽行，各與同罪。至死，减等。不知者，不坐。

雍正三年律例館奏准："將軍、總兵官、六部、都察院、都指揮使司、内外各衛指揮使司"二十三字，改爲"六部、都察院、將軍、督撫、提鎮"，其"千户所"三字，改爲"衙門"。

附律定例

一、詐爲將軍、總兵官、六部等衙門文書，依律問斷外，若詐爲察院、布政司、按察司、府州縣及其餘衙門文書，誆騙科斂財物者，問發邊衛充軍。

雍正三年律例館奏准："將軍、總兵官"五字删。

一、凡詐爲各衙門文書，盗用印信者，不分有無押字，依律坐罪，若止套畫押字，各就所犯事情輕重，查照本等律條科斷；其詐爲六部各司軍衛各所文書者，俱與，其餘衙門同科。

一、通政司、大理寺、鹽運司部屬各管軍所，仍照，其餘衙門擬斷，若情犯深重者，聽臨時查照，比依何衙門，具由奏請定奪。

罪名

杖九十

傳寫制書失錯，爲從者。

杖一百

傳寫制書失錯，爲首者。

徒二年杖八十

詐爲閑散衙門印信文書，未施行爲從者。

徒二年半杖九十

詐爲察院、布政司、按察司、府州縣衙門印信文書，未施行爲從者

詐爲閑散衙門印信文書，已施行爲從者。○未施行爲首者。

徒三年杖一百

詐爲六部、都察院、將軍、督撫、提鎮、守禦緊要隘口衙門文書，套畫押字，盗用印信，及將空紙用印，未施行爲從者。

詐爲察院、布政司、按察司、府州縣衙門印信文書，已施行爲從者。○未施行爲首者。

詐爲閑散衙門印信文書，已施行爲首者。○官司知而聽行者。

流二千里杖一百

詐爲閑散衙門印信文書，規避徒二年半罪者。

流二千五百里杖一百

詐爲閑散衙門印信文書，規避徒三年罪者。

流三千里杖一百

詐爲及增減制書，未施行爲從者。

詐爲六部、都察院、將軍、督撫、提鎮、守禦緊要隘口衙門文書，套畫押字，盗用印信及將空紙用印，未施行爲首者。

詐爲察院、布政司、按察司、府州縣衙門印信文書，已施行爲首者。○官司知而聽行者。

詐爲及增減制書，官司知而聽行者。

詐爲六部、都察院、將軍、督撫、提鎮、守禦緊要隘口衙門文書，官司知而聽行者。

邊衛充軍

詐爲察院、布政司、按察司、府州縣及其餘衙門印信文書，誆騙科斂財

物者。

絞監候

詐爲及增減制書,未施行爲首者。

詐爲六部、都察院、將軍、督撫、提鎮、守禦緊要隘口衙門文書,套畫押字,盜用印信及將空紙用印者不分首從。

將印信空紙捏寫他人文書,投遞官司害人者。

盜用欽給關防者。

斬監候

詐爲及增減制書者不分首從。

詐傳詔旨

凡詐傳詔旨者爲首斬;皇后懿旨,皇太子令旨,親王令旨者爲首絞。〇若詐傳一品、二品衙門官言語,於各衙門分付公事,有所規避者,杖一百,徒三年;三品、四品衙門官言語者,杖一百;五品以下衙門官言語者,杖八十。爲從者,各減一等。若得財者,計贓,以不枉法,因而動事曲法者,以枉法,各從重論。〇其當該官司知而聽行,各與同罪。至死減一等。不知者,不坐。〇若各衙門追究錢糧,鞫問刑名公事,當該官吏將奏准合行事理妄稱奉旨追問者,斬。

雍正三年律例館奉御批:“親王令旨”四字删。

罪名

杖七十

詐傳五品以下衙門官言語,有所規避,爲從者。

杖八十

詐傳五品以下衙門官言語,有所規避,爲首者〇官司知而聽行者。

杖九十

詐傳五品以下衙門官言語,得財三十兩者,無禄人四十兩者〇若詐傳而動事曲法,受財一十兩者,無禄人一十五兩者。

詐傳三品、四品衙門官言語,有所規避,爲從者。

杖一百

詐傳五品以下衙門官言語,得財四十兩者,無禄人五十兩者。〇若詐傳而動事曲法,受財一十五兩者,無禄人二十兩者。

詐傳三品四品衙門官言語,有所規避,爲首者。〇官司知而聽行者。

徒一年杖六十

詐傳三品、四品、五品以下衙門官言語,受財五十兩者,無禄人六十兩者。○若詐傳而動事曲法,受財二十兩者,無禄人二十五兩者。

徒一年半杖七十

詐傳三品、四品、五品以下衙門官言語,受財六十兩者,無禄人七十兩者。○若詐傳而動事曲法,受財二十五兩者,無禄人三十兩者。

徒二年杖八十

詐傳三品、四品、五品以下衙門官言語,受財七十兩者,無禄人八十兩者。○若詐傳而動事曲法,受財三十兩者,無禄人三十五兩者。

徒二年半杖九十

詐傳一品、二品衙門官言語,有所規避,爲從者。

詐傳三品、四品、五品以下衙門官言語,受財八十兩者,無禄人九十兩者。○若詐傳而動事曲法,受財三十五兩者,無禄人四十兩者。

徒三年杖一百

詐傳一品、二品衙門官言語,有所規避,爲首者。○官司知而聽行者。

詐傳三品、四品、五品以下衙門官言語,受財九十兩者,無禄人一百兩、一百一十兩、一百二十兩者。○若詐傳而動事曲法,受財四十兩者,無禄人四十五兩、五十兩、五十五兩者。

流二千里杖一百

詐傳一品以下各衙門官言語,受財一百兩者。○若詐傳而動事曲法,受財四十五兩者。

流二千五百里杖一百

詐傳一品以下各衙門官言語,受財一百一十兩者。○若詐傳而動事曲法,受財五十兩者。

流三千里杖一百

詐傳詔旨爲從者。○官司知而聽行者。

詐傳皇后懿旨,皇太子令旨,爲從者。○官司知而聽行者。

詐傳一品以下各衙門官言語,受財一百二十兩者,無禄人一百二十兩以上者。○若詐傳而動事曲法,受財五十五兩者,無禄人八十兩者。

絞監候

詐傳皇后懿旨皇太子令旨爲首者,詐傳一品以下各衙門官言語,動事曲法,受財八十兩者,無禄人一百二十兩者。

斬監候

詐傳詔旨爲首者。

官吏將奏准免追免問事理妄稱奉旨追問者。

對制上書詐不以實

凡對制及奏事上書,詐不以實者,杖一百,徒三年。非密而言有密者,加一等。○若奉制推按問事,報上不以實者,杖八十,徒二年;事重者,以出入人罪論。

罪名

徒二年杖八十

奉制推按問事,報不以實者。

徒二年半杖九十

推按問事,報不以實,出入人徒二年半罪已決放者。○徒三年罪未決放者。

徒三年杖一百

對制及奏事上書,詐不以實者。

推按問事,報不以實,出入人徒三年罪已決放者。○流罪未決放者。

流二千里杖一百

對奏上書,妄言有密者。

推按問事,報不以實,出入人流二千里罪已決放者。

流二千五百里杖一百

推按問事,報不以實,出入人流二千五百里罪已決放者。

流三千里杖一百

推按問事,報不以實,出入人流三千里罪已決放者。○死罪未決放者。

絞監候

推按問事,報不以實,出入人絞罪已決放者。

斬監候

推按問事,報不以實,出入人斬罪已決放者。

僞造印信曆日等

凡僞造諸衙門印信及曆日、符驗、夜巡銅牌、茶鹽引者爲首雕刻,斬。有能告捕者,官給賞銀五十兩。僞造關防印記者爲首,杖一百,徒三年。告捕者,官給賞銀三十兩。爲從及知情、行用者,各減一等。若造而未成者,各又減一等。其當該官司知而聽行,與同罪。不知者,不坐。

雍正三年律例館奏准:“夜巡銅牌”四字删。

附律定例

一、凡盗用總督、巡撫、審録、勘事、提學、兵備、屯田、水利等官欽給關防,俱照各官本衙門印信擬罪,若盗及棄毁僞造,悉與印信同科。

一、凡描摹印信,行使誆騙財物,犯該徒罪以上者,問發邊衛,永遠充軍。

一、僞造并盗用通政使司關防印記,及僞印工部批迴,賣放人匠者,俱問罪,於本衙門首枷號三個月發落。

雍正三年律例館奏准:今僞造通政司印信,與各衙門同,工部匠役皆僱募,無賣放之事,此條删。

一、起解軍士,捏買僞印批迴者,除實犯死罪外,解人,發附近,軍士,調邊衛,原係邊衛者,調極邊衛,各充軍。

雍正三年律例館奏准:今無起解軍士之事,此條删。

律例館又奏准律後恭載諭旨

雍正五年,刑部議覆廣東化州民林邦瑜等僞造茂名縣印信一案。奉旨:“刑部議將僞造印信之林邦瑜,擬斬立決,查此案内蘇文韜用假印偷賣米票,同夥三人,共得錢三千一百文,爲數無多,非假印得官及大干法紀者,可比從前只議定假印立斬之條,至於作弊之事有大小,所犯之罪有輕重,未曾詳細分别,尚未允協,著另行定議具奏,欽此。”欽遵。又經刑部議覆,查雍正元年七月内定例“凡僞造各部院衙門印信,爲首雕刻者,擬斬立決,爲從者,擬絞監候。僞造關防印記爲首者,發寧古塔,給披甲之人爲奴;爲從及知情行用者,各減一等。造而未成者,各又減一等。凡描摹印信行使,誆騙財物,犯該徒罪以上者,發極邊衛,永遠充軍,遇恩赦不准援宥。”等語,請嗣後凡有僞造諸衙門印信,及欽給關防,事關軍機,冒支錢糧,假冒官職,大干法紀者,俱仍照定例,擬斬立決,爲從者,擬絞監候;若非關軍機、錢糧、假官等弊,止圖誆騙財物,爲數多者,俱照律擬斬監候,爲從者,杖一百,流三千里;若誆騙財物,爲數無多,銀不及十兩,錢不及十千者爲首雕刻者,杖一百,流三千里,爲從及知情行用者,各減一等;其僞造關防印記,誆騙財物爲數多者,將爲首雕刻之人,照例發寧古塔,給披甲人爲奴,若爲數無多,爲首者,仍照律徒三年,爲從及知情行用者,各減一等;其造而未行者又各減一等;若描摹印信行使,誆騙財物,犯該徒罪以上者,問發邊衛，永遠充軍，其爲數無多，犯該徒罪以下者，各計贓，以次遞減等，因奉旨依議。

罪名

杖六十

描摹印信行使，誆騙財物一兩以下者。○一十兩之爲從者。

杖七十

描摹印信行使，誆騙財物一十兩者。○二十兩之爲從者。

杖八十

描摹印信行使，誆騙財物二十兩者。○三十兩之爲從者。

杖九十

描摹印信行使，誆騙財物三十兩者。○四十兩之爲從者。

杖一百

描摹印信行使，誆騙財物四十兩者。○五十兩之爲從者。

徒二年杖八十

僞造關防印記雕刻未成，及成而未行爲從者。

徒二年半杖九十

僞造關防印記雕刻未成，及成而未行爲首者。○已行爲從者。○知情行用者。

徒三年杖一百

僞造各衙門印信、欽給關防、曆日、符驗、茶鹽引，雕刻未成，及成而未行爲從者。

僞造各衙門印信、欽給關防，止圖誆騙財物，銀數未及十兩，錢未及十千，爲從雕刻者。○知情行用者。

僞造關防印記，爲首雕刻者。○當該官司知而聽行者。

流三千里杖一百

僞造各衙門印信、欽給關防、曆日、符驗、茶鹽引，雕刻未成，及成而未行爲首者。○已行爲從者。○知情行用者。○官司知而聽行者。

僞造各衙門印信、欽給關防，止圖誆騙財物，銀不及十兩，錢不及十千，爲首雕刻者。○銀數過十兩，錢數過十千，爲從雕刻者。

邊衛永遠充軍

描摹印信行使，誆騙財物，爲首五十兩以上，爲從六十兩以上者。

爲奴發寧古塔

僞造關防印記已成，誆騙財物，銀數過十兩，錢數過十千，爲首雕刻者。○官司知而聽行者。

絞監候

僞造各衙門印信、欽給關防，事關軍機，冒支錢糧，假冒官職，爲從雕刻者。

斬監候

僞造各衙門印信、欽給關防、曆日、符驗、茶鹽引，爲首雕刻者。

僞造各衙門印信、欽給關防，止圖誆騙財物，銀數過十兩，錢數過十千，爲首雕刻者。

斬決

僞造各衙門印信、欽給關防，事關軍機，冒支錢糧，假冒官職，爲首雕刻者。

私鑄銅錢

凡私鑄銅錢者，絞。匠人罪同。爲從及知情買使者，各減一等。告捕者，官給賞銀五十兩。里長知而不首者，杖一百。不知者，不坐。○若將時用銅錢剪錯薄小，取銅以求利者，杖一百。○若僞造金銀者，杖一百，徒三年。爲從及知情買使者，各減一等。

附律定例

一、私鑄銅錢爲從者，問罪，用一百觔枷，枷號一月，民匠舍餘，發附近充軍，旗軍，調發邊衞，食糧差操；若販賣行使者，亦枷號一月，照常發落。

一、僞造假銀及知情買使之人，俱問罪，於本地方枷號一個月發落。

雍正三年律例館奏准：以上二條，俱與正律不符，删。

雍正三年律例館奏准增定附律例文

一、私鑄，爲首及匠人，斬決，家產入官；爲從及知情買使者，絞決；房主及鄰佑總甲、十家長，知私鑄而不拏獲舉首者，俱照爲從例，絞決；不知情者，係旗人，鞭一百，係民，杖一百，係官，降一級留任；該地方官，知情任其私鑄者，亦照爲首例，斬決，家產入官，不知情者，與該管各上司，俱交部分別議處；旁人告捕私鑄，審實者，官給賞銀五十兩；官船户夾帶私錢者，枷號兩個月，杖一百，流徙尚陽堡。照例改發遼陽安插。同船之人，知情不舉首者，枷號一個月，杖一百，徒二年；押船官，知情任其夾帶者，革職，不知情者，降三級調用。

一、凡經紀舖户人等,攙和私錢行使者,或被該管官員查拏,或被旁人首告,不論錢數多寡,俱發黑龍江,給披甲人爲奴。

一、凡地方文武各官,務宜上下一心,嚴拏私鑄,於山陬水濱,人跡罕到及居民繁庶,人烟稠密處所,尤當差委妥練員役,不時察訪查拏。

一、凡將前代廢錢攙和行使者,不論錢數多寡,枷號一個月,杖一百。

一、凡燬化制錢犯人及失察各官,俱依私鑄例治罪。

雍正五年律例館又奏准增定附律例文

一、凡用銅鐵錫鉛藥煮僞造假銀,不分旗民,爲首者,擬絞監候,爲從及知情買使者,即在本地方枷號兩個月,杖一百,係旗下另户,發黑龍江當差,係民及旗下家人,照例,俱發黑龍江,給披甲人爲奴,雖遇恩赦,不准援免。

一、凡燬化小制錢,爲首者,即在本處枷號兩個月,杖一百,發三姓地方,給披甲之人爲奴,爲從,在本處枷號一個月,杖一百,流三千里;該管地方官知情故縱者,與同罪,不知情者,交該部照例降三級調用;房主及鄰佑,知情不拏獲舉首者,照爲從例治罪,不知情者,杖九十。

一、凡傾造錫錁,充假銀貨賣者,在本地方枷號一個月,杖一百,流三千里。

一、地方官,遇有私鑄之事,知情故縱者,應從重治罪外,其不知情者,從前雖漫無覺察,今但能拏獲,不論年月遠近,俱免其處分,文官拏獲者,并免同城武職之處分,武弁拏獲者,亦免同城文官之處分;交界之所,此縣拏獲,彼縣亦免處分;至果能實心查拏者,不論本管地方及别州縣,准以拏獲之多寡,交部量予議叙,若該地方官,仍前怠玩,不加意緝拏,或係上司查出,或被旁人告發,俱仍照舊例處分。

一、凡將銀挖孔傾入銅鉛等物,及用銅鉛等物傾成錠錁,外用銀皮包好,并銅鉛等物,每兩内攙實銀二、三、四、五錢不等,僞造銀使用者,均照以銅鐵水銀僞造金銀律,分别首從擬徒。

歷年事例

康熙四十五年題准:凡以銅鐵水銀僞造金銀,騙人行使,爲首者,係旗下另户人,枷號兩個月,鞭一百,發黑龍江當差,係旗下家人,枷號兩個月,鞭一百,發黑龍江,給窮披甲人爲奴,係民,枷號兩個月,責四十板,僉妻發黑龍江,給窮披甲人爲奴;爲從、知情買使者,係旗人,枷號一個月,流三千里,折枷號兩個月,鞭一百,係民,亦枷號一個月,僉妻流三千里,至配所,杖一百,折責四十板。〇四十七年諭:"嗣後私鑄及販賣,事發,地方文武官員知情,則立斬,家産人口入官,不知情,則革職。司道官員,事發一起,則降二級,事發兩起,則降四級調用。私鑄爲首之人及工匠,私販買賣爲首之人被獲,則立斬,家産人口入官;爲從之人,則立絞。鄰佑、總甲、十家長,知情而不擒拏舉首,俱照私鑄倡首之人治罪。糧船上人私販被獲,亦照此例治罪。管船千總、船頭則立斬,家産人口入官;總管、運船廳官,知情者,亦照此例治罪,不知情者,革職。凡商船鹽船内私裝販賣之人,亦照此例治罪,貨物、船隻俱入官。糧船過往,取沿途河泊所在地方官員'並無興販買賣私錢'保結,立刻給付,催趕起行。給此文後,别處搜獲船中私錢,何處買錢,即將賣錢地方出結官革職"。○雍正元年諭:"僞造假銀之人,甚屬可恨。此等人犯治罪之例甚輕,著交與九卿詹事科道另行,嚴加定例議奏。俟命下,通行曉諭直隸各省,自雍正三年起,照新例擬罪。"遵旨議准:嗣後,若用銅鐵錫鉛藥煮僞造假銀,不分旗民,爲首者,擬絞監候;爲從及知情買使者,即在本地方枷號兩個月,杖一百,係旗人另户,發往黑龍江當差,係民及旗下家人,俱發黑龍江,給披甲之人爲奴,雖遇恩赦,不准援免。

罪名

杖九十

燬化小制錢,其房主及鄰佑不知情者。

杖一百

將時用銅錢剪錯薄小,取銅求利者。

私鑄銅錢,燬化制錢,其鄰佑、總甲、十家長不知情者。

將前代廢錢攙和行使者,枷號一個月。

徒二年杖八十

官船户夾帶私錢,同船之人知情不舉首者,枷號一個月,杖一百。

徒二年半杖九十

以銅鐵水銀僞造金銀,及將銀挖孔傾入銅鉛,用銀皮包銅鉛錠錁,并銅鉛攙銀使用,爲從者。○知情買使者。

徒三年杖一百

以銅鐵水銀僞造金銀,及將銀挖孔傾入銅鉛,用銀皮包銅鉛錠錁,并銅鉛攙銀使用,爲首者。

流三千里杖一百

燬化小制錢爲從者,枷號一個月。○房主、鄰佑知情不拏獲舉首者,同。

傾造錫錁，充假銀貨賣者，枷號一個月。

發遣

官船户夾帶私錢者，枷號兩個月，杖一百，遼陽安插。

用銅鐵錫鉛藥煮僞造假銀，爲從及知情買使者，枷號兩個月，杖一百，係旗下另户，發黑龍江當差。

爲奴

用銅鐵錫鉛藥煮僞造假銀，爲從及知情買使者，枷號兩個月，杖一百，係民及旗下家人，發黑龍江，給披甲人。

燬化小制錢爲首者，枷號兩個月，杖一百，發三姓地方，給披甲之人。○地方官知情故縱者。

經紀舖户人等，攙和私錢行使，發黑龍江，給披甲人。

絞監候

用銅鐵錫鉛藥煮僞造假銀爲首者，不分旗民。

絞決

私鑄銅錢燬化制錢爲從者。○知情買使者。○房主及鄰佑、總甲、十家長知而不拏獲舉首者。

斬決

私鑄銅錢爲首者。○地方官知情任鑄者。○匠人燬化制錢爲首者。○地方官知情任燬者按律文：私鑄銅錢爲首者，絞監候，爲從及知情買使者，俱流三千里。地方官及房主鄰佑等，俱無處分，與例不符，罪名不載。

詐假官

凡詐假官假與人官者，斬。其知情受假官者，杖一百，流三千里；不知者，不坐。○若無官而詐稱有官，有所求爲。或詐稱官司差遣而捕人，及詐冒官員姓名者，杖一百，徒三年。若詐稱現任官子孫、弟姪、家人、總領，於按臨部内有所求爲者，杖一百。爲從者，各減一等。若得財者，並計贓，准竊盗從重論。○其當該官司知而聽行，與同罪；不知者，不坐。

附律定例

一、廣西、雲南、貴州、湖廣、四川等處，但有冒籍生員食糧起貢到部者，問革，發原籍爲民，若買到上人，倒過所司起送公文，頂名赴部投考者，發邊外爲民；賣與者，行所在官司追贓治罪；若已受職，比依詐假官律處斬，賣者，發邊衛充軍，經該官吏朦朧起送，各治以罪。

雍正三年律例館奏准：冒籍起貢，已載貢舉非人條下，冒籍取中生員，俱行問革，不分別省分遠近，“廣西”起至“投考者”五十一字，改爲“一、凡買他人起送赴考赴選之公文，頂名赴部者”。

一、凡詐冒皇親族屬、姻黨、家人，在京在外巧立名色，挾騙財物，侵占地土，并有禁山場，攔當船隻，指要銀兩，出入大小衙門，囑託公事，販賣制錢、私鹽，包攬錢糧，假稱織造，私開牙行，擅搭橋梁，侵漁民利者，除實犯死罪外，徒罪以上，俱於所犯地方，枷號一個月，發邊衛充軍，杖罪以下，亦枷號一個月發落，若被害之人赴所在官司告訴，不即受理，及雖受理，觀望逢迎，不即問斷舉奏者，各治以罪。

一、假充大臣及近侍官員家人名目，豪横鄉村，生事害民，强占田土房屋，招集流移住種者，所在官司拏問，犯該徒罪以上者，發邊衛充軍，杖罪以下，枷號一個月發落。

雍正三年律例館奏准增定附律例文

一、凡各省各營，有不食錢糧，假冒營兵生事擾民，及合夥挾制官司，擾害地方者，該地方官審明，分別首從，照光棍例治罪，若係食糧兵丁，亦照此例治罪；如該管專汛官不嚴行稽查，兼轄統轄官不轉報，提鎮不題參，俱交該部分别議處；地方文職知情不報，該管道府不轉報，督撫不題參，俱交該部分别議處；該督撫、提鎮，每年仍具有無此等之人印結，於年底保奏。

律例館又奏准律後恭載諭旨

吏部議覆河道總督齊蘇勒具題監生火政升等假冒州同一案。奉旨："監生火政升陳琦，假冒州同職銜，効力河工，希圖補用，今經敗露。該部引無官而詐稱有官有所求爲之例，將火政升陳琦擬以杖徒，援赦寬免具題。夫大小官職，皆國家名器所關，假冒之人，欺君罔上，盜竊名器，其罪較十惡不赦者，亦不爲輕，理應不准援赦。况此等之人，若僥倖得官，是其出身先已不正，何以爲地方百姓之表率且狡詐性成，罔知信義，必至於貪贓壞法，無所不爲，其弊不可枚舉。若但擬以杖徒，不足示懲。火政升陳琦，著發邊衛充軍，不准援赦。向後除僞造憑劄、詐爲假官等情，仍照定例應斬外，其有假冒官職者，俱照火政升陳琦之例充發，不准援赦，永遠遵行。目今現在各省官員雜職内，若有假冒頂替之人，著本人自行出首，朕開恩免其治罪，但令革退回籍。倘仍復戀職，潛藏不遵旨出首，將來，或被糾參，或被告發，則於邊衛充軍之外，加等治罪。著通行直省督撫遍諭，所屬官員人等，知之。"

罪名

杖九十

詐稱現任官子孫、弟姪、家人、總領,於按臨所部内有所求爲,爲從者。

杖一百

詐稱現任官子孫、弟姪、家人,於按臨所部内有所求爲,爲首者。○受財五十兩,爲從者。○官司知而聽行者。

徒一年杖六十

詐稱現任官子孫、弟姪、家人,於按臨所部内有所求爲,受財五十兩者,六十兩之爲從者。

徒一年半杖七十

詐稱現任官子孫、弟姪、家人,於按臨所部内有所求爲,受財六十兩者,七十兩之爲從者。

徒二年杖八十

詐稱現任官子孫、弟姪、家人,於按臨所部内有所求爲,受財七十兩者,八十兩之爲從者。

徒二年半杖九十

無官詐稱有官,或詐稱官司差遣而捕人,及詐冒官員姓名,有所求爲,爲從者。

詐稱現任官子孫、弟姪、家人,於按臨所部内有所求爲,受財八十兩者,九十兩之爲從者。

徒三年杖一百

無官詐稱有官,或詐稱官司差遣而捕人,及詐冒官員姓名,有所求爲,爲首者。○受財一百兩、一百一十兩、一百二十兩之爲從者。○官司知而聽行者。

詐稱現任官子孫、弟姪、家人,於按臨所部内有所求爲,受財九十兩者,一百兩、一百一十兩、一百二十兩之爲從者。

流二千里杖一百

無官詐稱有官,或詐稱官司差遣而捕人,及詐冒官員姓名,有所求爲,受財一百兩者。

詐稱現任官子孫、弟姪、家人,於按臨所部内有所求爲,受財一百兩者。

流二千五百里杖一百

無官詐稱有官，或詐稱官司差遣而捕人，及詐冒官員姓名，有所求爲，受財一百一十兩者

詐稱現任官子孫、弟姪、家人，於按臨所部内有所求爲，受財一百一十兩者。

流三千里杖一百

詐假官假與人官，其官司知而聽行者。

知情受假官者

無官詐稱有官，或詐稱官司差遣而捕人，及詐冒官員姓名，有所求爲，受財一百二十兩，一百二十兩以上者一百二十兩以上之爲從者。

詐稱現任官子孫、弟姪、家人，於按臨所部内有所求爲，受財一百二十兩者，一百二十兩以上之爲從者。

各省各營不食錢糧假冒營兵及食糧兵丁生事擾民，合夥挾制官司，貽害地方爲從者。

邊外爲民

買他人起送赴考赴選公文，頂名赴部者。

邊衛充軍

賣起送赴考赴選公文而人已受職者。

詐冒皇親姻族家人，巧立名色，挾騙財物，侵占地土，并有禁山場，攔當船隻，掯要銀兩，出入衙門，囑託公事，販賣制錢、私鹽，包攬錢糧，假稱織造，私開牙行，擅搭橋梁，侵漁民利，除實犯死罪外，該徒罪以上者，枷號一個月，充發。杖罪以下，亦枷號一個月發落。

假充大臣近侍、官員家人，豪横鄉村，生事擾民，强占田房，招集流移住種，犯該徒罪以上者杖罪以下，枷號一個月發落。

絞監候

各省各營有不食錢糧假冒營兵及食糧兵丁，生事擾民，合夥挾制官司，擾害地方，爲從者。

斬監候

詐假官者。〇假與人官者。

買他人起送赴考赴選公文，已受職者。

斬決

各省各營不食錢糧假冒營兵及食糧兵丁，生事擾民，合夥挾制官司，貽害地方，爲首者。

詐稱内使等官

凡詐稱内使、内院、六科、六部、都察院、監察御史、按察司官在外體察事務,欺誑官府,煽惑人民者,斬。知情隨行者減一等。其當該官司知而聽行,與同罪;不知者,不坐。〇若詐稱使臣乘驛者,杖一百,流三千里;爲從者,減一等。驛官知而應付者,與同罪;不知情,失盤詰者,笞五十;其有符驗而應付者,不坐。

附律定例

一、凡詐冒内官親屬家人等項名色,恐嚇官司,誆騙財物者,除實犯死罪外,其餘枷號一個月,發邊衛充軍,所在官司畏徇故縱,不行擒拏者,各治以罪。

一、凡詐充鑾儀衛旗校,假以差遣體訪事情,緝捕盜賊爲由,占宿公館,妄拏平人,嚇取財物,擾害軍民者,除實犯死罪外,徒罪以上,枷號一個月,發邊衛充軍,杖罪以下,亦枷號一個月發落,所在官司阿從故縱者,各治以罪。

雍正三年律例館奏准:“鑾儀衛旗校”五字,改爲“各衙門人役”。

歷年事例

康熙九年題准:凡奸棍私造假印假票,冒稱職官,或謊充帶翎,假託差使者,所在府州縣官員不行查拏,各降一級調用;如官員有將此等奸棍給與印結執照者,事發,即行革職。

罪名

笞五十

詐稱使臣乘驛而驛官失盤詰者。

徒三年杖一百

詐稱使臣乘驛爲從者。

流三千里杖一百

詐稱内使、閣科、部院御史、按察司等官在外體察,欺詐煽惑,其知情隨行者。〇官司知而聽行者。

詐稱使臣乘驛爲首者。〇驛官應付者。

邊衛充軍

詐冒内官親屬家人,恐嚇官司,誆騙財物,除實犯死罪外,枷號一個月,充發。

詐充各衙門人役體訪緝捕,占宿公館,妄拏平人,嚇取財物,擾害軍民，除實犯死罪外，該徒罪以上者，枷號一個月，充發。杖罪以下，亦枷號一個月發落。

斬監候

詐稱内使、閣科、部院御史、按察司等官在外體察，欺詐煽惑，爲首者。

近侍詐稱私行

凡近侍之人，在外詐稱私行體察事務，煽惑人民者，斬。

罪名止有斬監候一條律文已明不複列

詐爲瑞應

凡詐爲瑞應者，杖六十，徒一年。〇若有災祥之類而欽天監官不以實對者，加二等。

罪名

徒一年杖六十

詐爲瑞應者。

徒二年杖八十

有災祥而欽天監官不以實對者。

詐病死傷避事

凡官吏人等，詐稱疾病，臨事避難者，笞四十；事重者，杖八十。〇若犯罪待對，故自傷殘者，杖一百；詐死者，杖一百，徒三年。所避事重者，各從重論。若無避故自傷殘者，杖八十。其受僱倩爲人傷殘者，與犯人同罪，因而致死者，減鬬殺罪一等。〇若當該官司知而聽行，與同罪；不知者，不坐。

雍正三年律例館奏准增定附律例文

一、各省獲罪之犯，報稱病故者，著該管官員出具印結，並行文原籍地方官稽查，倘有詐稱病故者，分別從重治罪。

一、凡未經到案之犯報稱病故者，該撫嚴飭地方官悉心確查，取具印甘各結報部，倘有捏報等情，日後發覺，將該地方官與該撫，一併嚴加議處。

罪名

笞四十

官吏人等，詐病避難，其事輕者。〇官司知而聽行者。

杖八十

官吏人等，詐病避難，其事重者。〇官司知而聽行者。

犯罪待對,故自傷殘,無避罪之情者。○受傭倩爲人傷殘者。

杖一百

犯罪待對,故自傷殘,規避拷訊者。○受傭倩爲人傷殘者。○官司知而聽行者。

徒三年杖一百

犯罪待對詐死者。○官司知而聽行者。

流三千里杖一百

受傭倩爲人傷殘而致死者。

詐教誘人犯法

凡諸人設計用言教誘人犯法,及和同令人犯法,却行捕告,或令人捕告,欲求賞給,或欲陷害人得罪者,皆與犯法之人同罪。

律例館奏准律後恭載諭旨

雍正五年十一月内上諭:"向來外間常有演習拳棒武藝之人,自號教師,召誘徒衆,甚有害於民生風俗。此等多係游手好閒,不務本業之流,誘惑愚民。而强悍少年,投之學習,廢弛營生之道。羣居終日,尚氣角勝,以致賭博、酗酒、鬬狠、打降之類,往往由此而起,甚且有以行教爲名,窺探村莊人家之虚實,因而勾引劫盜竊賊,擾累地方者況拳棒之技藝,國家無用,若言愚民學習,可以防身禦侮,不知學習拳棒者,能幾人。天下人民,未有盡習拳棒之理。果使人人謹遵國法,爲善良,尚廉恥,則盜賊之風盡息而鬬訟之累自消,又何須拳棒以爲防乎?若使實有膂力勇健過人者,何不習學弓馬,或就武科考試,或投營伍食糧,爲國家效力,以圖榮身上進,詎不美乎?豈可私行教習,作爲無用,誘惑小民,以爲人心風俗之害,甚屬無益。著各省督撫轉飭地方官將拳棒一事嚴行禁止。如有仍前敢於自號教師,以演弄拳棒教人,及投師學習者,即行拏究。庶游手浮蕩之徒,知所儆懼;好勇鬬狠之習,不致漸染而民俗可歸於謹厚矣。"特諭。

罪名

笞一十

設計用言教誘,及和同令人犯笞一十罪,却自行,或令人捕告,欲求給賞,或陷害人者。

笞二十

設計用言教誘,及和同令人犯笞二十罪,却自行,或令人捕告,欲求給賞,或陷害人者。

笞三十

設計用言教誘,及和同令人犯笞三十罪,却自行,或令人捕告,欲求給賞,或陷害人者。

笞四十

設計用言教誘,及和同令人犯笞四十罪,却自行,或令人捕告,欲求給賞,或陷害人者。

笞五十

設計用言教誘,及和同令人犯笞五十罪,却自行,或令人捕告,欲求給賞,或陷害人者。

杖六十

設計用言教誘,及和同令人犯杖六十罪,却自行,或令人捕告,欲求給賞,或陷害人者。

杖七十

設計用言教誘,及和同令人犯杖七十罪,却自行,或令人捕告,欲求給賞,或陷害人者。

杖八十

設計用言教誘,及和同令人犯杖八十罪,却自行,或令人捕告,欲求給賞,或陷害人者。

杖九十

設計用言教誘及和同令人犯杖九十罪,却自行,或令人捕告,欲求給賞,或陷害人者。

杖一百

設計用言教誘,及和同令人犯杖一百罪,却自行,或令人捕告,欲求給賞,或陷害人者。

徒一年杖六十

設計用言教誘,及和同令人犯徒一年罪,却自行,或令人捕告,欲求給賞,或陷害人者。

徒一年半杖七十

設計用言教誘,及和同令人犯徒一年半罪,却自行,或令人捕告,欲求給賞,或陷害人者。

徒二年杖八十

設計用言教誘,及和同令人犯徒二年罪,却自行,或令人捕告,欲求給賞,或陷害人者。

徒二年半杖九十

設計用言教誘,及和同令人犯徒二年半罪,却自行,或令人捕告,欲求給賞,或陷害人者。

徒三年杖一百

設計用言教誘,及和同令人犯徒三年罪,却自行,或令人捕告,欲求給賞,或陷害人者。

流二千里杖一百

設計用言教誘,及和同令人犯流二千里罪,却自行,或令人捕告,欲求給賞,或陷害人者。

流二千五百里杖一百

設計用言教誘,及和同令人犯流二千五百里罪,却自行,或令人捕告,欲求給賞,或陷害人者。

流三千里杖一百

設計用言教誘,及和同令人犯流三千里罪及死罪,却自行,或令人捕告,欲求給賞,或陷害人者。

大清會典卷之一百八十三

刑部

〔律例三十四刑律十四〕

〔犯姦〕

犯姦

凡和姦，杖八十；有夫者，杖九十；刁姦者，杖一百。〇强姦者，絞。未成者，杖一百，流三千里。〇姦幼女十二歲以下者，雖和，同强論。〇其和姦、刁姦者，男女同罪。姦生男女，責付姦夫收養，姦婦從夫嫁賣，其夫願留者，聽。若嫁賣與姦夫者，姦夫、本夫各杖八十，婦人離異歸宗，財物入官。〇强姦者，婦女不坐。〇若媒合容止通姦者，各減犯人罪一等。〇私和姦事者，各減二等。〇其非姦所捕獲及指姦者，勿論。若姦婦有孕，罪坐本婦。

雍正三年律例館奏准增定附律例文

一、凡職官及軍民姦職官妻者，姦夫姦婦並絞監候；若職官姦軍民妻者，革職，杖一百，姦婦枷號一個月，杖一百；其軍民相姦者，姦夫姦婦各枷號一個月，杖一百；其奴婢相姦，不分一主各主，及軍民與官員、軍民之妾婢相姦者，姦夫姦婦，各杖一百。

一、凡有輪姦之案，審實，俱照光棍例，分別首從定擬。

歷年事例

康熙元年題准：凡姦婦有孕犯死罪者，俟生産，後處決。〇十八年議准：凡惡棍夥衆，將良家子弟搶去，强行鷄姦，爲首者，立斬；爲從者，俱擬絞監候；若係和同者，照律治罪。〇三十五年覆准：不肖惡徒，將良人子弟搶去，强行鷄姦，爲從擬絞監候，亦不准援赦；若係和同者，照常治罪。〇四十六年覆准：姦幼女，照光棍例擬斬立決。

罪名

杖六十

私和和姦事,姦婦無夫者。

杖七十

媒合容止和姦,姦婦無夫者。

私和和姦事,姦婦有夫者。

杖八十

和姦姦婦無夫者,姦夫姦婦。

本夫將姦婦嫁賣與姦夫者。○姦夫娶買者。

媒合容止和姦,姦婦有夫者。

私和刁姦事者。

無夫姦婦有孕,姦夫無憑,止坐本婦。

杖九十

和姦姦婦有夫者,姦夫姦婦。

媒合容止刁姦者。

有夫姦婦有孕,姦夫無憑,止坐本婦。

杖一百

刁姦之姦夫。婦人已被刁姦,即同和論,仍以有夫、無夫,分杖八十、杖九十罪科。

職官姦軍民妻者,革職的決。○姦婦枷號一個月,決杖。

軍民相姦者,姦夫姦婦各枷號一個月,決杖。

奴婢相姦者,姦夫姦婦。不分一主各主。

軍民與官員軍民之妾婢相姦者,姦夫姦婦。

徒三年杖一百

私和强姦事者。

流三千里杖一百

强姦未成者。○媒合容止强姦者。

絞監候

强姦者。○姦十二歲以下幼女者。

職官及軍民姦職官妻姦夫姦婦。

輪姦爲從者。

斬決

輪姦爲首者。

縱容妻妾犯姦

凡縱容妻妾與人通姦，本夫、姦夫、姦婦，各杖九十。抑勒妻妾及乞養女與人通姦者，本夫、義父，各杖一百，姦夫杖八十，婦女不坐，並離異歸宗。〇若縱容、抑勒親女及子孫之婦妾與人通姦者，罪亦如之。〇若用財買、休賣、休和娶人妻者，本夫本婦及買休人，各杖一百，婦人離異歸宗，財禮入官。若買休人與婦人用計逼勒本夫休棄，其夫別無賣休之情者，不坐，買休人及本婦各杖六十，徒一年，婦人餘罪收贖，給付本夫，從其嫁賣。妾減一等。媒合人，各減犯人罪一等。

罪名

杖八十

抑勒妻妾、乞養女、親女、子孫婦妾與人通姦而姦之者。

媒合人買休賣休妾者。

杖九十

縱容妻妾、親女、子孫婦妾與人通姦者，枷號一個月。〇姦夫姦婦

買休人妾者。〇賣休者。〇本婦。

媒合人買休賣休妻者。

媒合人妾逼勒本夫賣休者。

杖一百

抑勒妻、妾、乞養女、親女、子孫婦、妾與人通姦者，枷號一個月

買休人妻者。〇賣休者。〇本婦。

買休人妾，逼勒本夫者。〇其妾用計同逼勒者。

媒合人妻逼勒本夫賣休者。

徒一年杖六十

買休人妻逼勒本夫者〇其妻用計同逼勒者。

親屬相姦

凡姦同宗無服之親及無服親之妻者，各杖一百。强者，姦夫斬。〇姦內外緦麻以上親及緦麻以上親之妻，若妻前夫之女同母異父姊妹者，各杖一百，徒三年；强者，斬。若姦從祖祖母、姑、從祖伯叔母、姑、從父姊妹母之姊妹及兄弟妻、兄弟子妻者，各決絞；强者，姦夫決斬，惟强姦小功再從姊妹、堂姪女、姪孫女出嫁降服者，監候斬。〇若姦妻之親生母者，比依伯叔母、母之姊妹論。〇若姦父祖妾、伯叔母、姑、姊妹、子孫之婦、兄弟之女者，各決斬。〇妾各減一等。强者，絞。

雍正三年律例館奏准:小註“婿姦妻母者,比依伯叔母、母之姊妹論,按姦伯叔母者,立斬;姦母之姊妹者,立絞”。罪名不同,應將“母之姊妹”四字删去,以從畫一。

附律定例

一、凡親屬犯姦至死罪者,若强姦未成,依律問發邊衛充軍。

一、凡犯姦内外緦麻以上親,及緦麻以上親之妻,若妻前夫之女同母異父姊妹者,依律擬罪,姦夫發附近衛充軍。

罪名

杖九十

姦同宗無服親之妾者。〇姦婦。

杖一百

姦同宗無服親及無服親之妻者。〇姦婦。

徒二年半杖九十

姦緦麻以上親之妾者。〇姦婦。

徒三年杖一百

姦緦麻以上親及緦麻以上親之妻,若妻前夫之女同母異父姊妹者其姦婦。

流三千里杖一百

姦從祖之妾、從祖伯叔妾、兄弟妾、兄弟子妾、伯叔妾、子孫之妾者姦夫姦婦。

附近充軍

姦緦麻以上親、緦麻以上親之妻,若妻前夫之女同母異父姊妹之姦夫。

邊衛充軍

親屬犯姦至死罪,若强姦其未成者。

絞監候

姦出嫁祖姑、從祖伯叔姑其姦夫姦婦。

强姦同宗無服以上親屬之妾者。

絞決

姦從祖祖母、姑、從祖伯叔母、姑、從父姊妹母之姊妹、兄弟妻、兄弟子妻其姦夫姦婦。

斬監候

强姦同宗無服内外緦麻以上親，及無服緦麻以上親之妻并小功再從姊妹、堂姪女、姪孫女出嫁降服者，若妻前夫之女同母異父姊妹者。

斬決

强姦從祖祖母、姑、從祖伯叔母、姑、從父姊妹母之姊妹、兄弟妻、兄弟子妻者。

姦父祖妾、伯叔母、姑、姊妹、妻之親生母、子孫之婦、兄弟之女其姦夫姦婦。

誣執翁姦

凡男婦誣執親翁及弟婦誣執夫兄欺姦者，斬。

罪名

流三千里杖一百

嫂誣執夫弟姦而罪未決者。

緦麻以上親誣執姦者。

邊衛充軍

强姦子婦未成而婦自盡者。

絞監候

義子誣執義父欺姦者。

絞決

嫂誣執夫弟姦而罪已決者。

斬監候

男婦誣執翁姦者。〇弟婦誣執夫兄姦者。

奴及僱工人姦家長妻

凡奴及僱工人姦家長妻、女者，各斬決。〇若姦家長之期親，若期親之妻者，絞。婦女減一等。若姦家長之緦麻以上親及緦麻以上親之妻者，各杖一百，流二千里。强者，斬。〇妾各減一等。强者，亦斬。

雍正三年律例館奏准增定附律例文

一、凡奴姦家長之妾者，絞監候；若家長姦家下人有夫之婦者，笞四十，係官，交部議處。

歷年事例

康熙元年題准：凡官員兵丁之侍妾，與本家奴僕通姦者，男、婦俱立絞。〇七年覆准：將立絞之例改爲監候，秋後處決。

罪名

笞四十

姦家下人有夫之婦者。

徒三年杖一百

奴及僱工人姦家長期親之妾其姦婦。

奴及僱工人姦家長緦麻以上至大功親之妾者，其姦夫姦婦。

流二千里杖一百

奴及僱工人姦家長緦麻以上親及緦麻以上親之妻者，其姦夫姦婦。

流三千里杖一百

奴及僱工人姦家長之期親，若期親之妻其姦婦。

奴及僱工人姦家長期親之妾者。

絞監候

奴及僱工人姦家長之妾其姦夫姦婦。

奴及僱工人姦家長之期親及期親之妻者。

斬監候

奴及僱工人强姦家長緦麻以上親及緦麻以上親之妻者。

奴及僱工人强姦家長妾及家長親屬妾者。

斬決

奴及僱工人姦家長妻女其姦夫姦婦。

姦部民妻女

凡軍民官吏姦所部妻女者，加凡姦罪二等，各罷職役，不叙。婦女以凡姦論。〇若姦囚婦者，杖一百，徒三年，囚婦止坐原犯罪名。

附律定例

一、凡軍職及應襲舍人犯姦，除姦所捕獲及刁姦坐擬姦罪者，官革職，與舍人，俱發本衞，隨舍餘食糧差操，其指姦及非姦所捕獲者，俱照常發落。

雍正三年律例館奏准：今職官犯姦現有定例，無軍職與舍人，俱發本衞食糧差操之例，此條删。

罪名

杖一百

軍民本管官吏姦所部妻女無夫者姦婦以凡姦論。

徒一年杖六十

軍民本管官吏姦所部妻女有夫者姦婦以凡姦論。

徒一年半杖七十

軍民本管官吏刁姦所部妻女者姦婦以凡姦論。

徒三年杖一百

軍民本管官吏姦囚婦者姦婦不坐姦罪。

絞監候

軍民本管官吏强姦所部妻女及囚婦者。

居喪及僧道犯姦

凡居父母及夫喪,若僧尼道士女冠犯姦者,各加凡姦罪二等。相姦之人以凡姦論。

附律定例

一、僧道,不分有無度牒及僧尼女冠犯姦者,依律問罪,各於本寺觀菴院門首枷號一個月發落。

一、僧道官、僧人、道士有犯挾妓飲酒者,俱問發原籍爲民。

雍正三年律例館奏准:"問發原籍爲民"六字,改爲"俱問違制,發原籍爲民"。

歷年事例

雍正二年議准:嗣後喇嘛和尚有强姦致死人命者,照光棍例,分别首從定擬治罪。

罪名

杖一百

居父母喪,姦無夫婦女者姦婦以凡姦論。

無夫婦女居父母喪、舅姑喪犯姦者姦夫以凡姦論。

居夫喪犯姦者姦夫以凡姦論。

僧道姦無夫婦女者姦婦以凡姦論。

尼姑女冠犯姦者姦夫以凡姦論。

僧道官、僧、道挾妓飲酒者。

徒一年杖六十

居父母喪,姦有夫婦女者姦婦以凡姦論。

有夫婦女居父母、舅姑喪犯姦者姦夫以凡姦論。

僧道姦有夫婦女者姦婦以凡姦論。

徒一年半杖七十

居父母喪,刁姦婦女者姦婦以凡姦論。

僧道刁姦婦女者姦婦以凡姦論。以上姦夫犯强者,仍照律絞監候。僧尼道士女冠犯姦者,各枷號一個月發落。

良賤相姦

凡奴姦良人婦女者,加凡姦罪一等。良人姦他人婢者,減凡姦一等。奴婢相姦者,以凡姦論。

歷年事例

國初定:凡姦有夫之僕婦者,責二十七鞭。〇康熙元年題准:凡家長姦家下有夫之婦者,照例鞭責,係職官,罰俸一個月,婦人免罪;奴婢通姦者,各鞭一百;其官員兵丁之侍婢,與軍民人及別家奴僕通姦者,俱各鞭一百。〇十二年議准:凡姦家下有夫之僕婦者,照不應輕律,笞四十;民人有犯,亦照此例。〇二十三年議准:家主姦家下有夫之婦者,係平人,笞四十,係官,罰俸六個月。

罪名

杖七十

良人姦他人婢無夫者,姦夫姦婦。

杖八十

良人姦他人婢有夫者,姦夫姦婦。

杖九十

奴姦良人婦女無夫者,姦夫姦婦。

良人刁姦他人婢者。

杖一百

奴姦良人婦女有夫者,姦夫姦婦。

徒一年杖六十

奴刁姦良人婦女者。

斬監候

奴强姦良人婦女者良人强姦他人之婢,仍依律絞。〇奴婢相姦,以凡論。

官吏宿娼

凡官吏宿娼者,杖六十。媒合人,減一等。〇若官員子孫宿娼者,罪亦如之。附過候襲廕之日,降一等,於邊遠敘用。

雍正三年律例館奏准:今無附過降等於邊遠敘用之例,應將"附過"至末十五字删。

雍正三年律例館奏准增定附律例文

一、監生生員撒潑嗜酒,挾制師長,不守監規學規,及挾妓賭博出入官府,起滅詞訟,説事過錢,包攬物料等項者,問發爲民,各治以應得之罪,得贓者,計贓從重論。

罪名

笞五十

媒合官吏及官員子孫宿娼者。

杖六十

官吏宿娼者○應廕襲官員子孫犯者,同。

買良爲娼

凡娼優樂人買良人子女爲娼優及娶爲妻妾,或乞養爲子女者,杖一百。知情嫁賣者,同罪。媒合人减一等。財禮入官,子女歸宗。

附律定例

一、凡買良家子女作妾并義女等項名目,縱容、抑勒與人通姦者,本夫、義父問罪,於本家門首枷號一個月發落;若樂工私買良家子女爲娼者,不分買賣,媒合人等,亦問罪,俱於院門首枷號一個月,婦女並發歸宗。

雍正三年律例館奏准增定附律例文

一、凡藉充人牙將領賣婦人逼勒賣姦圖利者,枷號三個月,杖一百,發三姓地方,給披甲人爲奴。

罪名

杖九十

媒合娼優樂人買、娶、乞養良人子女者,枷號一個月,決杖。

杖一百

娼優樂人買、娶、乞養良人子女者,枷號一個月,決杖。○知情嫁賣者,同。

爲奴

人牙將領賣婦女逼勒賣姦圖利者,枷三月,杖一百,發三姓地方,給披甲人。

大清會典卷之一百八十四

刑部

〔律例三十五刑律十五〕

〔雜犯〕

折毁申明亭

凡折毁申明亭房屋及毁板榜者，杖一百，流三千里。

罪名止有流三千里一條律文已明不複列

夫匠軍士病給醫藥

凡軍士在鎮守之處，丁夫雜匠在工役之所而有疾病，當該官司不爲請給醫藥救療者，笞四十，因而致死者，杖八十；若已行移所司而不差撥良醫及不給對症藥餌醫治者，罪同。

罪名

笞四十

官司不爲軍士夫匠請給醫藥者。〇不差撥良醫及不給對症藥餌者。

杖八十

官司不爲軍士夫匠請給醫藥而致死者。〇不差撥良醫及不給對症藥餌致死者。

賭博

凡賭博財物者，皆杖八十，攤場財物入官。其開張賭坊之人，同罪。止據見發爲坐。職官加一等。〇若賭飲食者，勿論。

附律定例

一、凡賭博人犯，若自來不務生理，專一沿街酗酒撒潑，或曾犯誆騙、竊盜、不孝、不弟等項罪名，及開張賭坊者，定爲第一等問罪，枷號兩個月；

若平昔不係前項人犯，止是賭博，但有銀兩衣服錢物者，定爲第二等問罪，枷號一個月，各發落；若年幼無知，偶被人誘引在内者，定爲第三等，照常發落；其職官有犯一等二等者，奏請問罪，文官革職爲民，武官革職，隨舍餘食糧差操。

雍正三年律例館奏准：今犯賭博，無分等第枷責之例，亦無武官食糧差操之事，此條删。

雍正三年律例館奏准增定附律例文

一、軍民人等，擅入宗室府内，教誘爲非及賭博、誆哄財物者，俱問，發邊衛充軍。

一、凡賭博，不分兵民，俱枷號兩個月，開場窩賭及抽頭之人，各枷號三個月，竝杖一百；官員有犯，革職，枷責不准折贖，在場財物入官；奴僕犯者，家主係官，交與該部，係平人，責十板；該管各官不行嚴查緝拏，别經發覺者，交該部議處，總甲笞五十；若旁人出首，或賭博中人出首者，自首人免罪，仍將在場財物一半給首人充賞，一半入官，凡以馬弔混江賭博財物者，俱照此例治罪，賭飲食者，坐不應重律，係官，交該部議處；以上俱拏獲牌骰，見發有據者，方坐，不許妄攀拖累。

一、凡旗人賭錢，事發，開場抽頭及容留房主，俱照光棍爲從例，擬絞監候；賭博之人，枷號兩個月，鞭一百，如係官員，革職，枷號三個月，鞭一百，不准折贖，永不叙用，發令披甲，當下賤差役，有世職者，給應襲之人承襲，有世管佐領者，給與兄弟内才能之人承管，俱不得令伊子襲替，如係三品以上官，仍追銀二百兩，有頂帶官以上，追銀一百兩，護軍披甲閑散人，追銀四十兩，給拏獲之人充賞；其失察該管各官，俱交該部議處，領催，鞭五十，族長，鞭二十五，係官，亦交部議處，餘俱照前例科斷。

一、凡旗人造賣紙牌骰子者，照開場抽頭存留賭博例，擬絞監候，失察該管各官，亦照失察賭博例治罪，但必有製造牌骰器具及開舖販賣確據，方許拏送，不得借端罔詐。

一、凡開鵪鶉圈、鬭鷄坑、蟋蟀盆並賭鬭者，照開局賭博例治罪，其該管官亦照開局賭博之該管官員例議處。

一、凡民人造賣紙牌骰子，爲首者，發邊衛，永遠充軍，爲從及販賣爲首者，杖一百，流二千里，爲從販賣者，杖一百，徒三年；如藏匿賭具器物，不行銷燬者，查出，照造賣爲首例治罪；地方保甲知有造賣賭具之人，不行首報者，杖一百，將自己銀錢開場，引誘賭博，放頭抽頭及開場存留賭博之人,該地方官分别等次,詳記檔案,初犯開場,引誘賭博,放頭抽頭者,杖一百、徒三年,開場存留賭博者,杖八十、徒二年,再犯者,引誘賭博之人,杖一百、流三千里,存留賭博之人,杖一百、徒三年,其輸錢之人,據實出首者,免罪,仍追所輸之銀錢給還;若官員無論賭錢、賭飲食等物,有打馬弔鬭混江者,俱革職,杖一百、枷號兩個月,不准折贖;上司有與屬員鬭牌擲骰爲樂者,均革職,杖一百、枷號三個月,不准折贖,俱永不叙用,令該管上司及督撫不時察參,如有賭博之事,該督撫及該管上司并稽查官弁,容隱疎縱者,俱交部,嚴加議處,兵役亦照例治罪。

歷年事例

順治初,定:凡犯賭博者,枷號鞭責,被獲財物,一分給首告人充賞,二分入官。〇六年定:凡旗下官民人等,賭博者,嚴拏治罪,追銀十兩,給拏首人充賞,該管佐領、領催知而不舉者,問罪。〇十一年覆准:凡開立賭場之人,照律枷號兩個月,係旗下人,鞭一百,民人,責四十板,賭博之人,枷號八日,照例鞭責,仍追銀給賞。〇十五年覆准:凡賭博人犯,係民,杖一百、徒三年,係旗下,枷號一個月、鞭一百;開立賭場之人,係民,杖一百、流三千里,係旗下,枷號兩個月、鞭一百;兩鄰知而不舉者,係民,責四十板,係旗下,鞭一百;五城司坊官不行嚴拏者,交部議處。〇十八年覆准:凡甲兵在出征處賭博及開場者,俱照例治罪,兩鄰知而不首者,鞭一百,該管領催,鞭五十,將現獲銀錢,一分給出首之人,二分入官。〇康熙二年定:將賭博銀錢一半給與出首之人,一半入官。〇七年題准:凡招集賭博之人放頭抽頭者,係旗下,枷號兩個月、鞭一百,係民,責四十板、流三千里,官員有犯賭博枷責者,不准折贖。〇又議准:凡賭博之人,係旗下,枷號兩個月、鞭一百,係民,責四十板、流三千里;其開場及放頭抽頭者,係旗下,枷號三個月、鞭一百,係民,責四十板,充軍;該管官不行查拏,被人首發,係旗下人犯賭博,將失察之佐領、驍騎校,每一起罰俸一個月,每参領下至二起者,参領罰俸一個月,每旗下至三起者,該管都統、副都統,俱罰俸一個月,領催,每起鞭五十;民犯賭博,將失察之司坊官,每起罰俸三個月,巡城御史至二起者,罰俸三個月,總甲,每起責二十板;巡捕營兵犯賭博,將失察之把總,每起罰俸三個月,遊擊、参將至二起者,罰俸三個月内佐領下有犯賭博將失察之佐領、内管領,照在外佐領驍騎校例處分,領催,鞭五十;至家僕有犯賭博,其主係官,罰俸一個月,係平人,責二十五鞭,係漢官,罰俸三個月,民人,責十板,該管員役,俱免議;在外莊屯有犯賭博者,將屯領催鞭五十，該管官并領催及本主，俱免議府；佐領下人有犯賭博者，該管都統等免議，此等人犯係應管查拏之人，拏送者，俱免議；至失察賭博之領催、屯領催、總甲人等，應鞭責者，槩不准折贖。○十一年覆准：凡以財物打馬弔鬬混江者，照賭博例治罪，其賭飲食等物者，照不應重律，係民，折責三十板，係旗下，鞭八十，係官，罰俸一年，俱以現發有據爲坐。○十二年題准：民人犯賭博者，照旗下人例，分别枷號，責四十板，免其軍流。○十五年議准：失察賭博之司坊官與把總，照旗下佐領例，每起罰俸一個月，二起者，將遊擊、參將、巡城御史，照參領一體罰俸一個月；賭博中人出首者，免罪。仍將財物賞給一半。○三十年議准：凡造賣紙牌骰子，俱嚴行禁止，京城内現在所有之紙牌骰子，俱限一月内銷燬，其直隸各省，俟文到日，亦限一月内銷燬；若有違禁，仍然造賣者，地方官查拏，將製造并販賣之人，俱照存留賭博例，枷號三個月，係旗人，鞭一百，係民，責四十板，該管官不行查拏，亦照不拏賭博例治罪，查拏之時，必有造牌骰子之器、開舖販賣確據，方許查拏，不得借端囮詐。○又議准：凡賭博不自檢束，及一應嫁娶嘉會喪葬之越分過費者，令八旗都統、副都統、參領、佐領等官嚴行查拏，交與該部照定例治罪，若有酗酒無賴者，拏送該都統，傳集衆人之前懲責，其該管都統、副都統、參領、佐領、驍騎校、領催、族長等，當不時誡訓，務令儉約，各安本業，勤生理。○三十一年諭："近見賭博愈盛如此，雖恩養兵丁，未能有益於生計。此皆大臣等管轄不嚴所致，且大臣内亦有賭博者既身係大臣，尚行賭博，焉能管轄以下之人？如果自身不賭，嚴行管查，有何不能之處？"遵旨議准：賭博開場之人，存留賭博家主，不分官員平人，俱照光棍爲從例，擬絞監候，世職承襲、世管佐領，不准與伊子承襲，與兄弟内才能之人管理承襲；犯賭博之大臣，俱革職，枷號三個月，不准折贖，永不敘用，著令披甲；其造賣紙牌骰子者，應照開場抽頭之人例，擬絞監候，餘俱照定例遵行。○三十八年題准：嗣後拏獲一起官員賭博，經刑部審實，係旗員拏獲，將旗員紀録一次，番役拏獲，將步軍統領紀録一次，拏獲數次者，照數次紀録，永爲定例。○雍正二年議准：嗣後旗下有犯五次賭博全無覺察者，都統、副都統罰俸一個月，參領下有犯三次賭博者，參領罰俸一個月，佐領、驍騎校，每次罰俸一個月，族長係官，每次罰俸兩個月，係平人，鞭二十五，領催，每次鞭五十；内府佐領下有犯賭博者，内管領及副管領，每次罰俸一個月内參領、佐領、驍騎校、領催、族長，亦照在外之參領、佐領、驍騎校、領催、族長，一體治罪，旗下家人犯賭博者，伊主係官，罰俸兩個月，係平人，仍鞭二十五，該管官免其議處在；屯居住之人犯賭博者，屯領催，仍鞭五十，該管官亦免其議處，如應議處各官，有因公他往者，免其議處，若該管官員自行拏獲者，亦應免其議處；至派出查拏賭博之員，職有專責，應仍照舊例，每次罰俸一年，其民人營兵以及在外各州縣地方賭博者，該地方文武各官，仍照舊例遵行。〇四年諭："賭博最壞人之品行，若下等之人習此，必致聚集匪類，作奸犯科，放辟邪侈之事，多由此而起。若讀書居官之人習此，必致廢時誤事，志氣昏濁，何能立品上進！乃向來屢申禁飭而此風尚未止息，深可痛恨，若不嚴禁賭具，究不能除賭博之源。京城内外及各省地方官，將紙牌骰子悉行嚴禁，不許再賣，違者，重治其罪。嘗有窩賭之家，誘人入門，以取其利，嗣後准輸錢之人自行出首，免其賭博之罪，仍追所輸之銀錢還與之，庶使賭博之人有害而無利，則其風可以止息矣。又見漢軍惡習，嘗以工於馬弔互相誇尚，且借此爲消閑解悶之具。夫既已居官，則應辦之事甚多，日夕不遑，尚恐遲誤，安有閒工夫爲此無益之戲？且聞有上司與屬員鬬牌爲樂者，尤非體統，大玷官箴。嗣後，若有官員鬬牌賭博之事，著該上司及該督撫指名題參。至禁止賭博作何定例之處，該部議奏。"遵旨議准：嗣後造賣紙牌骰子，爲首者，發邊衛，永遠充軍；爲從及販賣爲首者，杖一百、流二千里；爲從販賣者，杖一百、徒三年；已造之賭具及造賭具之器物，限文到三個月内悉行銷燬，如有藏匿者，查出，照造賭具爲首例治罪；如該地方保甲知有造賣賭具之人，不行首報者，杖一百；該地方官不嚴行查禁，一經發覺，罰俸三個月；其開場窩賭抽頭者，除旗人并文武官員俱照舊例遵行外，其漢人有開場窩賭者，不分官員平人，俱杖一百、徒三年，若設計誘人入局，將自己銀錢放頭抽頭以取利者，俱杖一百、流三千里；其輸錢之人出首者，免罪，仍追所輸之物給還；至於打馬弔鬬混江，無論賭錢、賭飲食之物，滿漢官員犯者，俱革職，永不敘用，仍杖一百、枷號兩個月，不准折贖；若上司有與屬員鬬牌擲骰子爲樂者，不分内外文武官員，均革職，永不敘用，仍杖一百、枷號三個月，不准折贖，仍令該上司及該督撫不時查參，如有官員犯賭博之事，徇庇不行題參，一經發覺，將該管上司及督撫，俱降三級調用。〇又諭：嗣後緝拏一切賭博所獲銀錢，俱著賞給拏獲之人。

罪名

笞五十

賭博處之總甲。〇鬬馬弔、混江、鵪鶉、蟋蟀、鷄處者，同。

杖八十

兵民賭博飲食者。

杖一百

開鵪鶉圈、鬬鷄坑、蟋蟀盆者，枷號三個月。

兵民賭博者，枷號兩個月，決杖。〇賭鬬鵪鶉、蟋蟀、鷄者，同。

開場賭博者，枷號三個月，決杖。

官員賭財物飲食及打馬弔鬬混江者，枷號兩個月，決杖。不准折贖。

上司與屬員鬬牌擲骰者，各枷號三個月，決杖。不准折贖。

地方保甲知造賣賭具而不首者。

徒二年杖八十

開場存留賭博初犯者。

徒三年杖一百

販賣紙牌骰子爲從者。

開場引誘賭博，放頭抽頭初犯者。

開場存留賭博再犯者。

流二千里杖一百

造賣紙牌骰子爲從者。〇販賣爲首者。

流三千里杖一百

開場引誘賭博，放頭抽頭再犯者。

邊衛充軍

擅入宗室府内，教誘爲非及賭博，誆哄財物者。

邊衛永遠充軍

造賣紙牌骰子爲首者。

藏匿賭具器物不銷燬者。

絞監候

旗人開場抽頭及容留房主。〇造賣紙牌骰子者。

閹割火者

凡官民之家，不得乞養他人之子閹割火者，違者，杖一百、流三千里，其子給親。

附律定例

一、净身人曾經發回，若不候朝廷收取，官司明文起送，私自來京，圖謀進用者，問發邊衛充軍。

一、敢有私自浄身者,本身并下手之人處斬,全家發邊遠充軍,兩鄰及歐家不舉首者,問罪,有司里老人等,仍要時常訪察,但有此等之徒,即便捉拏送官,如或容隱,一體治罪。

一、民間有四、五子以上,願以一子報官閹割者,聽有司造册送部,候收補之日,選用。

雍正五年律例館奏准增定附律例文

一、凡誆騙閹割、强勒閹割者,仍照例治罪外,其父母及本身情願報官閹割者,免其治罪。

罪名

流三千里杖一百

乞養他人子閹割火者。

有司里老容隱私自浄身者。

邊衛充軍

發回浄身人私自來京,圖謀進用者。

邊遠充軍

私自浄身者之全家。

斬監候

私自浄身者○下手之人。○誆騙及强勒者。

囑託公事

凡官吏諸色人等,曲法囑託公事者,笞五十,但囑即坐。當該官吏,聽從者,與同罪;不從者,不坐。若事已施行者杖一百;所枉罪重者,官吏以故出入人罪論。若爲他人及親屬囑託者,減官吏罪三等;自囑託已事者,加本罪一等。○若監臨勢要爲人囑託者,杖一百;所枉重者,與官吏同罪;至死者,減一等。○若受贓者,竝計贓,以枉法論。○若官吏不避監臨勢要,將囑託公事實跡赴上司首告者,陞一等。

雍正三年律例館奏准增定附律例文

一、凡民附合結黨妄與官府之事者,杖一百,如有降調斥革之員賄囑百姓保留者,審實,將與受官民,俱照枉法贓治罪。

歷年事例

康熙二十五年諭:凡有内外閑散官員人等,及民間豪惡黨類,竝無職任,乃攬説公事,交結衙門,妄行罔詐,賄囑關通者,發覺之時,從重治罪。○二十八年議准:紳宦監生,倚仗勢力,作害地方,騷擾百姓。如霸占田房,强奪妻子,致斃人命,免自己錢糧,令百姓代納等類。此等惡棍,訪確即行題參,照律從重治罪;若州縣徇庇不行呈報者,革職,司道府不行轉詳者,同城,各降三級調用,不同城,各降一級留任,督撫不行題參者,照不行題參大小官員貪婪之例處分。○二十九年議准:紳宦、監生、生員等本身及子弟、家人,若以私事出入大小衙門,央求囑託,詐欺銀兩等弊,將知情、縱使竝聽行之人,均照律例治罪。

罪名

笞五十

曲法囑託公事者。○官吏,聽從者。

杖六十

爲已囑託笞五十罪已施行者。

杖七十

曲法囑託及官吏,聽從,事未施行,計得贓一兩以下者,無禄人,一兩之上至五兩者。

爲已囑託杖六十罪已施行者○囑託已行罪未至杖七十,而取利一兩以下者,無禄人,一兩之上至五兩者。

降調黜革官賄囑保留,官民與受一兩以下者,無禄人一兩之上至五兩者。

杖八十

曲法囑託及官吏,聽從,事未施行,計得贓一兩之上至五兩者,無禄人,一十兩者。

爲人囑託徒一年罪已施行者○爲已囑託杖七十罪已施行者○囑託已行罪未至杖八十而取利一兩之上至五兩者,無禄人一十兩者。

降調黜革官賄囑保留,官民與受一兩之上至五兩者,無禄人一十兩者。

杖九十

曲法囑託及官吏,聽從,事未施行,計得贓一十兩者,無禄人一十五兩者。

爲人囑託徒一年半罪已施行者。○爲已囑託杖八十罪已施行者。○囑託已行罪未至杖九十而取利一十兩者,無禄人一十五兩者。

降調黜革官賄囑保留,官民與受一十兩者,無禄人一十五兩者。

杖一百

曲法囑託及官吏,聽從,事未施行,計得贓一十五兩者,無禄人二十兩者。

曲法囑託公事,已施行者。

爲人囑託徒二年罪已施行者。〇爲已囑託杖九十罪已施行者。〇囑託已行罪未至杖一百而取利一十五兩者,無禄人二十兩者。

監臨勢要囑託公事者。

民人附合結黨,妄與官司之事者。

降調黜革官賄囑保留,官民與受一十五兩者,無禄人二十兩者。

徒一年杖六十

曲法囑託及官吏,聽從,事未施行,計得贓二十兩者,無禄人二十五兩者。

官吏,聽從囑託及監臨勢要囑託事已施行,致枉徒一年罪者增減出入剩罪坐科見本律,下同。〇聽從及囑託罪未至徒一年而受財二十兩者,無禄人二十五兩者。

爲人囑託徒二年半罪已施行者。〇爲已囑託杖一百罪已施行者。〇囑託已行罪未至徒一年而取利二十兩者,無禄人二十五兩者。

降調黜革官賄囑保留,官民與受二十兩者,無禄人二十五兩者。

徒一年半杖七十

曲法囑託及官吏,聽從,事未施行,計得贓二十五兩者,無禄人三十兩者。

官吏,聽從囑託及監臨勢要囑託,事已施行,致枉徒一年半罪者。〇聽從及囑託罪未至徒一年半而受財二十五兩者,無禄人三十兩者。

爲人囑託徒三年罪已施行者。〇爲已囑託徒一年罪已施行者。〇囑託已行罪未至徒一年半而取利二十五兩者,無禄人三十兩者。

降調黜革官賄囑保留,官民與受二十五兩者,無禄人三十兩者。

徒二年杖八十

曲法囑託及官吏,聽從,事未施行,計得贓三十兩者,無禄人三十五兩者。

官吏,聽從囑託及監臨勢要囑託,事已施行,致枉徒二年罪者〇聽從及囑託罪未至徒二年而受財三十兩者,無禄人三十五兩者。

爲人囑託流罪已施行者。〇爲已囑託徒一年半罪已施行者。〇囑託已行罪未至徒二年而取利三十兩者，無禄人三十五兩者。

降調黜革官賄囑保留，官民與受三十兩者，無禄人三十五兩者。

徒二年半杖九十

曲法囑託及官吏，聽從，事未施行，計得贓三十五兩者，無禄人四十兩者。

官吏，聽從囑託及監臨勢要囑託，事已施行，致枉徒二年半罪者〇聽從及囑託罪未至徒二年半而受財三十五兩者，無禄人四十兩者。

爲人囑託死罪已施行者。〇爲已囑託徒二年罪已施行者。〇囑託已行罪未至徒二年半而取利三十五兩者，無禄人四十兩者。

降調黜革官賄囑保留，官民與受三十五兩者，無禄人四十兩者。

徒三年杖一百

曲法囑託及官吏，聽從，事未施行，計得贓四十兩者，無禄人四十五兩、五十兩、五十五兩者。

官吏，聽從囑託及監臨勢要囑託，事已施行，致枉徒三年罪者〇聽從及囑託罪未至徒三年而受財四十兩者，無禄人四十五兩、五十兩、五十五兩者。

爲已囑託徒二年半罪已施行者。〇囑託已行罪未至徒三年而取利四十兩者，無禄人四十五兩、五十兩、五十五兩者。

爲人囑託已行取利四十兩者，無禄人四十五兩、五十兩、五十五兩者。

降調黜革官賄囑保留，官民與受四十兩者，無禄人四十五兩、五十兩、五十五兩者。

流二千里杖一百

曲法囑託及官吏，聽從，事未施行，計得贓四十五兩者。

官吏，聽從囑託及監臨勢要囑託，事已施行，致枉流二千里罪者。〇聽從及囑託罪未至流二千里而受財四十五兩者。

爲已囑託徒三年罪已行者。

爲人囑託已行取利四十五兩者。

降調黜革官賄囑保留，官民與受四十五兩者。

流二千五百里杖一百

曲法囑託及官吏，聽從，事未施行，計得贓五十兩者。

官吏，聽從囑託及監臨勢要囑託，事已施行，致枉流二千五百里罪者。〇聽從及囑託罪未至流二千五百里而受財五十兩者。〇爲已囑託流二千里罪已施行者。

爲人囑託已行取利五十兩者。

降調黜革官賄囑保留,官民與受五十兩者。

流三千里杖一百

曲法囑託及官吏,聽從,事未施行,計得贜五十兩者,無禄人八十兩者。

官吏,聽從囑託致枉流三千里罪及監臨勢要囑託,致枉流三千里罪、死罪已施行者。〇聽從及囑託罪未至流三千里而受財五十五兩者,無禄人八十兩者。

爲已囑託流二千五百里罪已施行者。

爲人囑託已行取利五十五兩者,無禄人八十兩者。

降調黜革官賄囑保留,官民與受五十五兩者,無禄人八十兩者。

絞監候

曲法囑託及官吏,聽從,事未施行,計得贜八十兩者,無禄人一百二十兩者。

官吏,聽從囑託,事已施行,致枉絞罪者〇聽從囑託罪未至死而受財八十兩者,無禄人一百二十兩者。

爲人囑託已行取利八十兩者,無禄人一百二十兩者。

降調黜革官賄囑保留,官民與受八十兩者,無禄人一百二十兩者。

絞斬監候

官吏,聽從囑託,事已施行,致枉絞斬罪者。

私和公事

凡私和公事,減犯人罪二等,罪止笞五十。

罪名

笞一十

私和笞三十公事者。

笞二十

私和笞四十公事者。

笞三十

私和笞五十公事者。

笞四十

私和杖六十公事者。

笞五十

私和杖七十公事者。

失火

凡失火燒自己房屋者，笞四十。延燒官民房屋者，笞五十。因而致傷人命者，杖一百，罪坐失火之人。若延燒宗廟及宮闕者，絞；社，減一等。〇若於山陵兆域内失火者，杖八十，徒二年。延燒林木者，杖一百、流二千里。若於官府公廨及倉庫失火者，亦杖八十、徒二年。主守之人因而侵欺財物者，計贓，以監守自盜論。其在外失火而延燒者，各減三等。〇若於庫藏及倉廒内燃火者，杖八十。〇其守衛宮殿及倉庫，若掌囚者，但見內外火起，皆不得離所守，違者，杖一百。

雍正三年律例館奏准增定附律例文

一、凡出征行獵處失火者，杖一百。

歷年事例

康熙九年議准：凡官員該管地方有失火延燒房屋者，罰俸三個月；延燒文卷倉廒者，罰俸一年，如將錢糧文册擅藏私家，以致焚燬者，降一級調用。〇十五年議准：凡文武官員，有違禁在紫禁城内及倉庫壇廟等處喫烟者，革職，旗下人，枷號兩個月，鞭一百，民人，責四十板、流三千里，該管官不行捕首者，罰俸六個月，宗室覺羅有犯，交與宗人府議。〇二十二年議定：五城巡捕營所屬地方，有失火延燒房屋，十間以下，即行撲滅者，免議，自十一間以上至三十間者，吏目、守備，罰俸九個月，兵馬司指揮、參將、遊擊，罰俸六個月，巡城御史，罰俸三個月，延燒至三十一間以上者，吏目、守備，罰俸一年，兵馬司指揮、參將、遊擊，罰俸九個月，巡城御史，罰俸六個月。〇二十三年議准：失火延燒房屋二百間以上者，吏目、守備，降一級調用，兵馬司指揮、參將、遊擊，降一級留任，巡城御史，罰俸一年，延燒四百間以上者，吏目、守備，降二級調用，兵馬司指揮、參將、遊擊，各降一級調用，巡城御史，降一級留任，延燒六百間以上者，吏目、守備，各降三級調用，兵馬司指揮、參將、遊擊，降二級調用，巡城御史，降一級調用。〇二十六年議准：傭倩之人失火，致燒本主房屋，延燒他人房屋，因而致傷人命者，照房主自己失火律治罪。

罪名

笞四十

失火燒自己房屋者。

笞五十

失火延燒官民房屋者。

杖七十

常人因公廨倉庫失火,因而盜取財物一兩以下者。

杖八十

官府公廨及倉庫内失火,主守因而侵欺財物,計贓一兩以下者。〇常人因而盜取財物一兩以上至五兩者。

庫藏及倉廒内燃火者。

杖九十

倉庫失火,主守因而侵欺財物一兩以上至二兩五錢者。〇常人因而盜取財物一十兩者。

杖一百

失火因而致傷人命者。

在外失火,因而延燒官府公廨倉庫者。

倉庫失火,主守因而侵欺財物,計贓五兩者。〇常人因而盜取財物一十五兩者。

守衛宫殿及倉庫,若掌囚見火起而離其所守者。

出征行獵處失火者。

點放火花爆仗者。

徒一年杖六十

倉庫内失火,主守因而侵欺財物七兩五錢者。〇常人因而盜取財物二十兩者。

徒一年半杖七十

倉庫失火,主守因而侵欺財物,計贓一十兩者。〇常人因而盜取財物,計贓二十五兩者。

徒二年杖八十

山陵兆域内失火雖不延燒者。〇在外失火而延燒者。〇公廨及倉庫失火者。

倉庫失火,主守因而侵欺財物一十二兩五錢者。〇常人因而盜取財物三十兩者。

徒二年半杖九十

在外延燒山陵林木者。

倉庫内失火,主守因而侵欺財物一十五兩者。〇常人因而盗取財物三十五兩者。

徒三年杖一百

倉庫内失火,主守因而侵欺財物一十七兩五錢者。〇常人因而盗取財物四十兩者。

准徒四年雜犯三流

倉庫内失火,主守因而侵欺財物二十兩、二十五兩、三十兩者。〇常人因而盗取財物四十五兩、五十兩、五十五兩者。

流二千里杖一百

山陵兆域内失火延燒林木者。

流三千里杖一百

失火所由延燒太社者。

絞斬雜犯准徒五年

倉庫内失火,主守因而侵欺財物四十兩者。〇常人因而盗取財物八十兩者。

絞監候

失火延燒宗廟及宫闕者。

放火故燒人房屋

凡放火故燒自己房屋者,杖一百。若延燒官民房屋及積聚之物者,杖一百,徒三年,因而盗取財物者,斬。殺傷人者,以故殺傷論。〇若放火故燒官民房屋及公廨倉庫係官積聚之物者,皆斬。須於放火處捕獲,有顯迹証驗明白者,乃坐。其故燒人空閒房屋及田場積聚之物者,各減一等。〇並計所燒之物減價,儘犯人財産折剉賠償,還官給主。

附律定例

一、各邊倉場,若有故燒係官錢糧草束者,拏問明白,將正犯梟首示衆,燒燬之物,先儘犯人財産折剉賠償,不敷之數,著落經收看守之人照數均賠。

一、凡放火故燒自己房屋,因而延燒官民房屋及積聚之物,與故燒人空閒房屋及田場積聚之物者,俱發邊衛充軍。

雍正三年律例館奏准:此條與律不符,删。

罪名

杖一百

放火故燒自己房屋者。

徒三年杖一百

故燒自己房屋,因而延燒官民房屋及積聚之物者。

流三千里杖一百

放火故燒人空閒房屋及田場積聚之物者。

故燒自己房屋及延燒而傷人瞎兩目,折兩肢,損二事以上,若斷舌,毁敗陰陽及因舊患至篤疾者。

斬監候

放火故燒自己房屋,若延燒官民房屋,因而盜取財物者。

放火故燒官民房屋及公廨倉庫係官積聚之物者不分首從。

斬立決

放火延燒盜取財物因而殺人者。

各邊倉場故燒官錢糧草束爲首者梟示。

搬做雜劇

凡樂人搬做雜劇戲文,不許粧扮歷代帝王、后妃、先聖、先賢、忠臣、烈士、神象,違者,杖一百。官民之家容令粧扮者,與罪同。其神仙道扮及義夫節婦,孝子順孫,勸人爲善者,不在禁限。

罪名止有杖一百一條律文已明不複列

違令

凡違令者,笞五十。謂令有禁制而律無罪名者。

罪名止有笞五十一條律文已明不複列

不應爲

凡不應得爲而爲之者,笞四十;事理重者,杖八十。

罪名

笞四十

不應爲而爲,事情輕者。

杖八十

不應爲而爲,事情重者。

大清會典卷之一百八十五

刑部

〔律例三十六刑律十六〕

〔捕亡一〕

應捕人追捕罪人

凡應捕人,承差追捕罪人而推故不行,若知罪人所在而不捕者,減罪人罪一等,限三十日内能自捕得一半以上,雖不及一半,但所獲者,最重,皆免其罪。雖一人捕得,餘人亦同。若罪人已死及自首各盡者,亦免罪;不盡者,止以不盡之人爲坐。其非應捕人臨時差遣者,各減應捕人罪一等。受財故縱者,不給捕限,各與囚同罪。贓重者,計贓,以枉法從重論。分首從。

雍正三年律例館奏准:贓重科罪者,律例無分首從,删去小註"分首從"三字。

罪名

笞一十

在官應捕人,差捕犯笞二十罪人而推故不行,或知所在而不即捕者。○非應捕人,臨時差遣追捕犯笞三十罪人,推故不行,或知而不捕者。

受財故縱犯笞一十罪人者。

笞二十

在官應捕人,差捕犯笞三十罪人而推故不行,或知所在而不即捕者。○非應捕人,臨時差遣,追捕犯笞四十罪人,推故不行,或知而不捕者。

受財故縱犯笞二十罪人者。

笞三十

在官應捕人,差捕犯笞四十罪人而推故不行,或知所在而不即捕者。

○非應捕人，臨時差遣，追捕犯笞五十罪人，推故不行，或知而不捕者。

受財故縱犯笞三十罪人者。

笞四十

在官應捕人，差捕犯笞五十罪人而推故不行，或知所在而不即捕者。

○非應捕人，臨時差遣，追捕犯杖六十罪人，推故不行，或知而不捕者。

受財故縱犯笞四十罪人者。

笞五十

在官應捕人，差捕犯杖六十罪人而推故不行，或知所在而不即捕者。

○非應捕人，臨時差遣，追捕犯杖七十罪人，推故不行，或知而不捕者。

受財故縱犯笞五十罪人者。

杖六十

在官應捕人，差捕犯杖七十罪人而推故不行，或知所在而不即捕者。

○非應捕人，臨時差遣，追捕犯杖八十罪人，推故不行，或知而不捕者。

受財故縱犯杖六十罪人者。

不捕及故縱罪未至杖六十而受贓一兩以下者。

杖七十

在官應捕人，差捕犯杖八十罪人而推故不行，或知所在而不即捕者。

○非應捕人，臨時差遣，追捕犯杖九十罪人，推故不行，或知而不捕者。

受財故縱犯杖七十罪人者。

不捕及故縱罪未至杖七十而受贓一兩之上至五兩者。

杖八十

在官應捕人，差捕犯杖九十罪人而推故不行，或知所在而不即捕者。

○非應捕人，臨時差遣，追捕犯杖一百罪人，推故不行，或知而不捕者。

受財故縱犯杖八十罪人者。

不捕及故縱罪未至杖八十而受贓一十兩者。

杖九十

在官應捕人，差捕犯杖一百罪人而推故不行，或知所在而不即捕者。

○非應捕人，臨時差遣，追捕犯徒一年罪人，推故不行，或知而不捕者。

受財故縱犯杖九十罪人者。

不捕及故縱罪未至杖九十而受贓一十五兩者。

杖一百

在官應捕人，差捕犯徒一年罪人而推故不行，或知所在而不即捕者。

○非應捕人，臨時差遣，追捕犯徒一年半罪人，推故不行，或知而不捕者。

受財故縱犯杖一百罪人者。

不捕及故縱罪未至杖一百而受贓二十兩者。

徒一年杖六十

在官應捕人，差捕犯徒一年半罪人而推故不行，或知所在而不即捕者。○非應捕人，臨時差遣，追捕犯徒二年罪人，推故不行，或知而不捕者。

受財故縱犯徒一年罪人者。

不捕及故縱罪未至徒一年而受贓二十五兩者。

徒一年半杖七十

在官應捕人，差捕犯徒二年罪人而推故不行，或知所在而不即捕者。○非應捕人，臨時差遣，追捕犯徒二年半罪人，推故不行，或知而不捕者。

受財故縱犯徒一年半罪人者。

不捕及故縱罪未至徒一年半而受贓三十兩者。

徒二年杖八十

在官應捕人，差捕犯徒二年半罪人而推故不行，或知所在而不即捕者。○非應捕人，臨時差遣，追捕犯徒三年罪人，推故不行，或知而不捕者。

受財故縱犯徒二年罪人者。

不捕及故縱罪未至徒二年而受贓三十五兩者。

徒二年半杖九十

在官應捕人，差捕犯徒三年罪人而推故不行，或知所在而不即捕者。○非應捕人，或臨時差遣追捕犯流罪人，推故不行，或知而不捕者。

受財故縱犯徒二年半罪人者。

不捕及故縱罪未至徒二年半而受贓四十兩者。

徒三年杖一百

在官應捕人，差捕犯流罪人而推故不行，或知所在而不即捕者。○非應捕人。或臨時差遣追捕犯死罪人，推故不行，或知而不捕者。

受財故縱犯徒三年罪人者。

不捕及故縱罪未至徒三年，而受贓四十五兩、五十兩、五十五兩者。

流二千里杖一百

受財故縱流二千里罪人者。

流二千五百里杖一百

受財故縱流二千五百里罪人者。

流三千里杖一百

在官應捕人,差捕犯死罪人而推故不行,或知所在而不即捕者。

受財故縱犯流三千里罪及死罪人者。

不捕及故縱罪未至流三千里而受贓八十兩者。

絞監候

不捕及故縱罪未至死而受贓一百二十兩者。

罪人拒捕

凡犯罪逃走拒捕者,各於本罪上加二等,罪止杖一百,流三千里。毆人至折傷以上者,絞。殺人者,斬。爲從者,各減一等。○若罪人持杖拒捕,其捕者,格殺之及因逃走捕者,逐而殺之若囚窘迫而自殺者,皆勿論。○若已就拘執及不拒捕而殺之或折傷者,各以鬬殺傷論。罪人本犯應死而擅殺者,杖一百。

雍正五年律例館奏准增定附律例文

一、捕役拏獲罪犯,因其兇悍狡猾,設法制縛,誤傷其命者,務研審確據,如實係强盗及兇犯應死之人,將誤傷之捕役,照罪人應死而擅殺律,杖一百;如係輕罪不應死之人,將誤傷之捕役,照夜無故入人家已就拘執而擅殺律,杖一百,徒三年;若非誤傷,仍照本律科斷。

罪名

笞三十

犯應笞一十罪,事發逃走者。○拒捕者。

笞四十

犯應笞二十罪,事發逃走者。○拒捕者。

傷已就拘執及不拒捕罪囚者。

笞五十

犯應笞三十罪,事發逃走者。○拒捕者。

傷已就拘執及不拒捕罪囚,拔髮方寸以上者。

杖六十

犯應笞四十罪,事發逃走者。○拒捕者。

杖七十

犯應笞五十罪,事發逃走者。○拒捕者。

杖八十

犯應杖六十罪,事發逃走者。○拒捕者。

傷已就拘執及不拒捕罪囚血從耳目中出及内損吐血者。

杖九十

犯應杖七十罪,事發逃走者。○拒捕者。

杖一百

犯應杖八十罪,事發逃走者。○拒捕者。

傷已就拘執及不拒捕罪囚折一齒,手足一指、眇一目、抉毁耳鼻、破骨及用銅鐵汁、湯火傷者,或以穢物灌入口鼻内者。

罪人本犯死罪,不拒捕,或已就拘執而擅殺者。

捕役拏獲强盗及兇犯應死之囚,因其兇猾,設法制縛,誤傷其命者。

徒一年杖六十

犯應杖九十罪,事發逃走者。○拒捕者。

傷已就拘執及不拒捕罪囚折二齒、二指以上及髡髮者。

徒一年半杖七十

犯應杖一百罪,事發逃走者。○拒捕者。

徒二年杖八十

犯應徒一年罪,事發逃走者。○拒捕者。

傷已就拘執及不拒捕罪囚折肋、眇兩目、墮胎及刃傷者。

徒二年半杖九十

犯應徒一年半罪,事發逃走者。○拒捕者。

徒三年杖一百

犯應徒二年罪,事發逃走者。○拒捕者。

傷已就拘執及不拒捕罪囚折跌肢體、瞎一目者。

捕役拏獲罪輕不應死之囚,因其兇猾,設法制縛,誤傷其命者。

流二千里杖一百

犯應徒二年半罪,事發逃走者。○拒捕者。

流二千五百里杖一百

犯應徒三年罪,事發逃走者。○拒捕者。

流三千里杖一百

犯應流二千里罪,事發逃走者。○拒捕者。

殺傷捕役之爲從者

傷已就拘執及不拒捕罪囚折兩肢、瞎兩目、損二事以上,若斷舌,毀敗陰陽及因舊患令至篤疾者。

絞監候

犯人拒捕,毆捕役至折傷以上者。

犯人已就拘執及不拒捕而追捕人殺之者。

捕役拏獲不應死罪囚,因其兇悍狡猾,設法制縛,故傷其命者。

斬監候

犯人拒捕,殺捕役者。

獄囚脱監及反獄在逃

凡犯罪被囚禁而脱監,及解脱自帶枷鎖,越獄在逃者,各於本罪上加二等。因而竊放他囚罪重者,與囚同罪。並罪止杖一百、流三千里。本犯應死者,依常律。○若罪囚反獄在逃者,皆斬。同牢囚人,不知情者,不坐。

雍正三年律例館奏准:今監禁犯人,不用枷,"枷鎖"二字改爲"鎖杻"。

附律定例

一、各府、州、縣掌印巡捕官,但有死罪重囚越獄三名以上,俱住俸,帶罪勒限緝拏,六名以上,調用,十名以上,降一級,十五名以上,降二級,通限三個月以裹,有能盡數拏獲者,免罪;衛所官,遇有失囚,亦照前例;若偶因公事他出致有疎虞者,減見在主守之人罪各一等;其兵備守巡官,係駐劄處所失事,二次參奏罰治,撫按官有隱匿不以實開者,聽部院該科參究。

雍正三年律例館奏准:今重犯越獄,該管官即革職,帶罪勒限緝拏,無三名以上始行住俸之例删。

歷年事例

康熙十五年題准:凡有反叛人犯越獄,不論名數多寡,將獄官革職拏問該管各官革職,帶罪勒限一年督緝,全獲者,開復,逾限不全獲者,即行革職,若係斬絞人犯越獄,不論名數,獄官革職拏問,自一名至五名者,將該管各官革職,帶罪照限一年督緝,全獲者,開復,限外一名不獲者,降一級,二名者,降二級,三名者,降三級,四名者,降四級俱調用,五名全不獲者,革職,六名以上越獄者,亦照例督緝,如限滿不獲,仍按名數多寡,分別議處;如原參帶罪督緝官員限滿降調有抵銷留任者,再限一年緝拏,如仍不獲,照接緝官例分别議處,全獲者,不議叙;至接緝官,亦勒限一年緝拏,能全獲者,不論俸滿即陞,一名不獲者,罰俸三個月,二、三名者,罰俸六個月,四、五名者,罰俸九個月,六名以上者,罰俸一年,人犯照案緝拏,若軍流徒杖笞等犯越獄者,不論名數,獄官革職,該管各官,自一名至十名者,俱住俸,帶罪照限一年督緝,全獲者,開復,逾限不獲,一、二名,照原品調閑散用,三、四名者,降一級,五、六名者,降二級,七、八名者,降三級,九名、十名者,降四級,俱調用,十一名以上者,革職,帶罪照限督緝,如限滿不獲,照例計名數多寡,分別議處;其原參帶罪督緝官員限滿降調有抵銷留任者,再限一年緝拏,不獲者,照接緝官例議處,全獲者,亦不議敘;接緝各官,亦勒限一年督緝,全獲者,不論俸滿即陞,一名至四名不獲者,罰俸三個月,五、六名者,罰俸六個月,七、八名者,罰俸九個月,九名、十名以上者,罰俸一年,未獲人犯,照案緝拏;凡署印官有越獄之事者,照見任官例處分,其虚革虚降官員限内有事故離任者,即照離任官例罰俸一年,逃犯,責令接管官再限一年緝拏,如能全獲者,不論俸次即陞,若前官已獲一、二名,接管官將所餘逃犯全獲者,不論名數多寡,紀録一次,逾限不獲者,仍按罪犯輕重、名數多寡,照接緝官例議處;至於監犯越獄,該管官當時拏獲,或窮追自盡者,俱免處分,若將别案緝獲賊犯詐作越獄案内之犯,謊報已獲已死者,俱革職,將轉詳官罰俸一年,具題之該督撫罰俸六個月;如該管官將斬絞重犯越獄隱諱不報者,即行革職;該管官因公出境,有反叛人犯越獄者,照承緝官例處分,若係斬絞人犯越獄,初參免其處分,限一年督緝,逾限一、二名不獲者,罰俸六個月,三、四名者,罰俸一年,五、六名者,降一級調用,七、八名以上者,降二級調用,如係軍流徒杖笞等犯越獄,初參免處分,亦限一年督緝,逾限一、二名不獲者,罰俸三個月,三、四名者,罰俸六個月,五、六名者,罰俸一年,七、八名以上者,降一級調用。〇三十年諭:"越獄已經全獲,該管官即行免議。"〇雍正元年議准:山海巨盗及斬絞重罪人犯越獄脱逃,將獄官革職拏問該管官革職,帶罪勒限一年督緝,限内全獲,准其開復,如逾限一名不獲者,降一級調用,二名不獲者,降二級調用,如三名不獲一名者,革職;至獄卒有受罪人讐家賄囑謀死本犯者,依謀殺人首從律治罪,其失察之該管官,交與該部從重議處;再獄官果有堪於薦舉者,該督撫據實題奏,交該部酌加議叙。〇四年議准:嗣後凡斬絞重犯越獄,該管官除赴部引見委解錢糧調查案件承辦要務等件因公出境及奉調入闈者,該督撫即於疏内聲明吏部,仍照因公出境例查議,但此等人犯,理應嚴加監禁,鐐鐐牢固,該管官,或委署鄰邑,或檄調赴省等項,公出時，尤當嚴飭吏卒委交屬員加謹稽查，小心防守，如有此等公出而斬絞重犯越獄者，仍照越獄例議處；至軍流徒罪等犯，該管官員因公出境，一時防檢偶疎，或致越獄脱逃，該督撫務將該員於某月日因何事公出何處逐一聲明，仍照因公出境例議處，如有並非因公出境而捏飾具奏者，將該管上司照徇情例降二級調用，該管有司獄官，照規避例革職。

罪名

笞三十

犯笞一十獄囚脱監及自解鎖杻越獄逃者。〇脱監罪未至笞三十而竊放笞三十他囚同逃者越獄逃者，同，下仿此。

笞四十

犯笞二十獄囚脱監及自解鎖杻越獄逃者。〇脱監罪未至笞四十而竊放笞四十他囚同逃者。

笞五十

犯笞三十獄囚脱監及自解鎖杻越獄逃者。〇脱監罪未至笞五十而竊放笞五十他囚同逃者。

杖六十

犯笞四十獄囚脱監及自解鎖杻越獄逃者。〇脱監罪未至杖六十而竊放杖六十他囚同逃者。

杖七十

犯笞五十獄囚脱監及自解鎖杻越獄逃者。〇脱監罪未至杖七十而竊放杖七十他囚同逃者。

杖八十

犯杖六十獄囚脱監及自解鎖杻越獄逃者。〇脱監罪未至杖八十而竊放杖八十他囚同逃者。

杖九十

犯杖七十獄囚脱監及自解鎖杻越獄逃者。〇脱監罪未至杖九十而竊放杖九十他囚同逃者。

杖一百

犯杖八十獄囚脱監及自解鎖杻越獄逃者。〇脱監罪未至杖一百而竊放杖一百他囚同逃者。

徒一年杖六十

犯杖九十獄囚脱監及自解鎖杻越獄逃者。〇脱監罪未至徒一年而竊放徒一年他囚同逃者。

徒一年半杖七十

犯杖一百獄囚脱監及自解鎖杻越獄逃者。○脱監罪未至徒一年半而竊放徒一年半他囚同逃者。

徒二年杖八十

犯徒一年獄囚脱監及自解鎖杻越獄逃者。○脱監罪未至徒二年而竊放徒二年他囚同逃者。

徒二年半杖九十

犯徒一年半獄囚脱監及自解鎖杻越獄逃者。○脱監罪未至徒二年半而竊放徒二年半他囚同逃者。

徒三年杖一百

犯徒二年獄囚脱監及自解鎖杻越獄逃者。○脱監罪未至徒三年而竊放徒三年他囚同逃者。

流二千里杖一百

犯徒二年半獄囚脱監及自解鎖杻越獄逃者。○脱監罪未至流二千里而竊放流二千里他囚同逃者。

流二千五百里杖一百

犯徒三年獄囚脱監及自解鎖杻越獄逃者。○脱監罪未至流二千五百里而竊放流二千五百里他囚同逃者。

流三千里杖一百

犯流二千里獄囚脱監及自解鎖杻越獄逃者。○脱監罪未至流三千里而竊放流三千里他囚同逃者。

斬監候

罪囚反獄在逃者。○共謀助力者。

徒流人逃

凡徒、流、遷徙囚人,役限内而逃者,一日笞五十,每三日加一等,罪止杖一百,仍發配所。其徒囚照依原犯徒年,從新拘役。役過月日,並不准理。○若起發已經斷決徒、流、遷徙充軍囚徒,未到配所,中途在逃者,罪亦如之。○主守及押解人不覺,失囚者,一名杖六十,每一名加一等,罪止杖一百,皆聽一百日内追捕。提調官及長押官,减主守及押解人罪三等,限内能自捕得,或他人捕得,若囚已死及自首,皆免罪;故縱者,各與囚同罪;受財者,計贓,以枉法從重論。贓罪重以枉法科之縱罪重,仍以故縱科之。

雍正三年律例館奏准:首句"凡徒流遷徙囚人"改爲"徒流遷徙充軍囚人"。

附律定例

一、積年害民官吏見在各處軍者,軍工者,工安置者,安置設,若潛地逃回,兩鄰親戚即當速首,拏赴上司,毋得容隱在鄉,以爲民害,敢有容隱不首者,亦許四鄰首,其容隱者,同其罪而遷發之以本家産業,給賞其首者。

雍正三年律例館奏准:此用明初大誥之文,與今例不合,其知情藏匿罪,自有正律,删。

一、凡問發充軍人犯逃回,原犯實犯死罪免死充軍者,照依原問死罪處决,雜犯死罪以下充軍者,初犯問罪,枷號三個月,仍發本衛,再犯,枷號三個月,調極邊衛,若犯至三次,通係著伍以後者,即依守禦官軍律絞。有一次中途在逃者,即,不得絞。其有在逃遇恩赦,不分初犯再犯,俱免枷號,仍發原衛,三犯亦併論擬絞,奏請定奪。

雍正三年律例館奏准:今軍犯無著伍之例,與守禦官軍不同,應將"通係著伍以後者,即依守禦官軍律絞"十五字改爲"通係著軍籍以後者,絞";又犯罪俱分恩赦前及恩赦後,併論非例,此條"三犯亦併論擬絞奏請定奪"十一字删。

雍正三年律例館奏准增定附律例文

一、凡發遣黑龍江、寧古塔等處人犯逃走,若拏獲時有拒捕者,即行正法,若逃回又犯拐賣竊盜行兇等罪者,審明,即行正法。

一、凡行兇發與披甲爲奴之犯,伊主,或給親戚,或親身攜帶來京,或差做買賣來京,永行禁止;若伊主搬移來京,亦留下,另給披甲爲奴。

一、凡在京問擬徒罪人犯,除順天府所屬民人,仍令府尹發配外,其餘各省民人俱遞回各該督撫照伊原籍應發地方,發配充徒,俟年限滿日,交原籍地方官嚴行管束,不許出境,倘有私自出境及在本處生事者,即將該犯擬流遠省,其管束不嚴之地方官,交部,嚴加議處;仍令五城大、宛二縣并巡捕營嚴行查拏,倘有匪人容留潛住,發覺者,將該地方官交部議處,總甲人役并容留之房主,各杖八十,如有旗人容留居住者,將容留之房主,若係另户,并族長,若係家人,并伊主及領催,各鞭八十,該佐領驍騎校交部議處。

歷年事例

康熙九年題准：凡軍罪人犯在配所脱逃者，將該管官罰俸六個月，統轄官罰俸三個月，軍流徒罪人犯私自逃回原籍，地方官不行查出者，罰俸一年。〇五十二年諭："凡從發遣處逃回行兇之人，交與該將軍正法。來往遞送官兵，驛站受累。嗣後此等人犯，停止發與，該將軍在此隨即正法。"〇雍正四年議准：嗣後凡減等盜犯，從遣所逃回被獲者，除多加兵役，嚴行鎖械，仍發往原處，遵例於衆惡之前，即行正法外，其殺人之盜越獄脱逃被獲者，仍照原擬於本地方斬決梟示，其未殺人之首盜，與傷人之夥盜越獄脱逃被獲者，亦於本地方斬決梟示；其未殺傷人之夥盜原係改擬免死發遣之犯，如越獄脱逃被獲者，於本地方擬斬立決；若因越獄殺傷兵役者，亦擬斬梟；其外省越獄及在途脱逃盜犯，被別省拏獲，即令拏獲之地方官審報，該撫具題刑部，查明原案，奏聞咨覆，拏獲之該省，即擬斬在於拏獲之地方立決，其從刑部刺字，發遣在途用酒灌醉，用藥迷倒解差，乘間遠颺者，拏獲時，該地方官即便報部，刑部查明原案奏聞，亦行令拏獲之地方官將該犯擬斬立決，若因脱逃殺傷兵役者，亦擬斬梟，其疎虞之該管官，仍照例議處；刑書禁卒有無賄縱、與不嚴加肘鎖，少差兵役及並非正身，致盜犯中途脱逃者，地方官及兵役，俱仍照定例議處治罪；再地方文武官，有能將別省越獄脱逃之犯拏獲一名者，准紀録一次，拏獲二名者，紀録二次，拏獲三名者，准加一級，如有拏獲三名以上者，應予紀録加級，按此遞加，拏獲此等盜犯之捕快兵役，該本官酌行給賞。〇五年議准：嗣後負罪潛逃之犯被獲者，犯杖笞之罪，仍照律遵行外，犯該徒一年者，加倍徒二年，徒一年半者，徒三年，徒二年者，流二千里，徒二年半者，流二千五百里，徒三年者，流三千里，流二千里至二千五百里者，發邊衛充軍，流三千里及發邊衛充軍者，擬絞監候，該絞監候者，立絞，該斬監候者，立斬。

罪名

笞三十

配所提調官及途中長押官不覺，失囚一名者。

笞四十

配所提調官及途中長押官不覺，失囚二名者。

笞五十

配所徒流遷徙充軍囚人，役限内逃一日者。

起發中途逃一日者。

配所提調官及途中長押官不覺,失囚三名者。

杖六十

配所徒流遷徙充軍囚人役限内逃四日者。

起發中途逃四日者。

配所主守及途中押解人不覺,失囚一名者。

配所提調官及途中長押官不覺,失囚四名者。

杖七十

配所徒流遷徙充軍囚人役限内逃七日者。

起發中途逃七日者。

配所主守及途中押解人不覺,失囚二名者。

配所提調官及途中長押官不覺,失囚五名者。

杖八十

配所徒流遷徙充軍囚人役限内逃十日者。

起發中途逃十日者。

配所主守及途中押解人不覺,失囚三名者。

徒囚限滿回籍,私自出境及在本處生事,其總甲人役、房主容留潛住者。

杖九十

配所徒流遷徙充軍囚人,役限内逃十三日者。

起發中途逃十三日者。

配所主守及途中押解人不覺,失囚四名者。

杖一百

配所徒流遷徙充軍囚人,役限内逃十六日者。

起發中途逃十六日者。

配所主守及途中押解人不覺,失囚五名者。

徒一年杖六十

徒一年罪人役限未滿逃者。

官役故縱徒一年罪人逃者。

徒一年半杖七十

徒一年半罪人役限未滿逃者。

官役故縱徒一年半罪人逃者。〇故縱罪未至徒一年半而受贓二十五兩者,無禄人三十兩者。

徒二年杖八十

徒二年罪人役限未滿逃者。〇遷徙罪人逃者。

官役故縱遷徙罪人及徒二年罪人逃者。〇故縱罪未至徒二年而受贓三十兩者,無禄人三十五兩者。

徒二年半杖九十

徒二年半罪人役限未滿逃者。

官役故縱徒二年半罪人逃者。〇故縱罪未至徒二年半而受贓三十五兩者,無禄人四十兩者。

徒三年杖一百

徒三年罪人役限未滿逃者。

官役故縱徒三年罪人逃者。〇故縱罪未至徒三年而受贓四十兩者,無禄人四十五兩、五十兩、五十五兩者。

流二千里杖一百

官役故縱流二千里罪人逃者。〇故縱徒囚罪未至流二千里而受贓四十五兩者。

流二千五百里杖一百

官役故縱流二千五百里罪人逃者。〇故縱流徒囚逃罪未至流二千五百里而受贓五十兩者。

流三千里杖一百

官役故縱流三千里罪人逃者。〇故縱流徒囚逃罪未至流三千里而受贓五十五兩者,無禄人八十兩者。

附近充軍

官役,故縱附近充軍罪人逃者贓重者,從重論,下同。

邊衛充軍

官役,故縱邊衛充軍罪人逃者。

邊遠充軍

官役,故縱邊遠充軍罪人逃者。

極邊充軍

官役,故縱極邊充軍罪人逃者。

雜犯死罪以下免死充軍罪人逃回再犯者。

烟瘴充軍

官役,故縱烟瘴充軍罪人逃者。

爲奴

行兇發與披甲人爲奴之犯，伊主搬移來京，另給披甲人。

絞監候

官役故縱徒流遷徙充軍罪人脱逃罪未至死而受贓八十兩，無禄人一百二十兩者。

雜犯死罪以下免死充軍罪人逃回三犯，通係著軍籍以後者。

絞決

實犯絞罪，免死充軍逃回者。

斬決

實犯斬罪，免死充軍逃回者。

發遣黑龍江寧古塔人犯逃走拒捕者。〇逃回又犯拐盜行兇者。

稽留囚徒

凡應徒、流、遷徙充軍囚徒，斷決後，當該官司限十日内，如法枷杻，差人管押，牢固關防，發遣所擬地方交割，若限外無故稽留不送者，三日笞二十，每三日，加一等，罪止杖六十。因而在逃者，就將提調官吏，抵犯人本罪，發遣候捕獲犯人到官，替役至日，疎放別叙。〇若鄰近官司囚到稽留，不即遞送者，罪亦如之。〇若發遣之時，提調官吏不行如法枷杻，以致囚徒中途解脱，自帶枷杻在逃者，與押解人同罪。〇並罪坐所由，受財者，計贓，以枉法從重論。

雍正三年律例館奏准："枷杻"二字改爲"鎖杻"，今有司限内拏獲逃犯者，即行開復，無別叙之例，應删去"別叙"二字。

歷年事例

順治十八年題准：凡各省審結叛案内流徙入官人口家産，以部文到日爲始，限兩個月，自該省起解，違限者，題參議處，其押解人役，亦定限起發，遲延者，重責革役。〇康熙四年題准：凡外省擬定軍流人犯，以部咨到日，限一個月起解，仍照律扣定路程，如贓多不完，限内不能解者，聽督撫據實題明，若地方官違限不解，押解人役限内不到，聽督撫指名參究。〇七年覆准：起解軍流人犯，停其新定一月之限，仍照律行。〇九年題准：發遣軍流徒犯，該管官兩月内不行起解者，罰俸一年，過一年者，降一級調用，不行查催之上司罰俸半年；若起解遲延，致人犯斃獄者，降一級調用，上司官罰俸一年；官員將應解人犯錯解別處者，罰俸六個月，若將未經題結軍流等犯，先行發遣者，降一級留任。〇二十九年諭："官員獲罪革職，即與民人一體，不必另立限期，仍照現行例行”。

罪名

笞一十

無故稽留徒、流、遷徙充軍囚徒，發遣越限，若鄰境囚到，不即遞送，稽留越限三日之官司。

笞二十

無故稽留徒、流、遷徙充軍囚徒，發遣越限，若鄰境囚到，不即遞送，稽留越限三日之該吏，六日之官司。

笞三十

無故稽留徒、流、遷徙充軍囚徒，發遣越限，若鄰境囚到，不即遞送，稽留越限六日之該吏，九日之官司。

笞四十

無故稽留徒、流、遷徙充軍囚徒，發遣越限，若鄰境囚到，不即遞送，稽留越限九日之該吏，十二日之官司。

笞五十

無故稽留徒、流、遷徙充軍囚徒，發遣越限，若鄰境囚到，不即遞送，稽留越限十二日之該吏，十五日之官司。

提調官發遣囚徒，不如法鎖杻，以致中途解脱失囚一名者。

杖六十

無故稽留徒、流、遷徙充軍囚徒，發遣越限，若鄰境囚到，不即遞送，稽留越限十五日之該吏。

提調官發遣囚徒，不如法鎖杻，以致中途解脱失囚二名者。〇該吏及押解人失囚一名者。〇失囚罪未至杖六十而無禄人，受財一兩以下者。

受財稽留不遞送，無禄人，計贓一兩以下者。

杖七十

提調官發遣囚徒，不如法鎖杻，以致中途解脱失囚三名者〇該吏及押解人失囚二名者。〇失囚罪未至杖七十而受財一兩以下者，無禄人一兩之上至五兩者。

受財稽留不遞送，計贓一兩以下者，無禄人一兩之上至五兩者。

杖八十

提調官發遣囚徒，不如法鎖杻，以致中途解脱失囚四名者〇該吏及押解人失囚三名者。〇失囚罪未至杖八十而受財一兩之上至五兩者，無禄人一十兩者。

受財稽留不遞送,計贓一兩之上至五兩者,無禄人一十兩者。

杖九十

提調官發遣囚徒,不如法鎖杻,以致中途解脱失囚五名者。○該吏及押解人失囚四名者。○失囚罪未至杖九十而受財一十兩者,無禄人一十五兩者。

受財稽留不遞送,計贓一十兩者,無禄人一十五兩者。

杖一百

提調吏發遣囚徒,不如法鎖杻,以致中途解脱失囚五名者。○押解人。○失囚罪未至杖一百而受財一十五兩者,無禄人二十兩者。

受財稽留不遞送,計贓一十五兩者,無禄人二十兩者。

徒一年杖六十

稽留徒一年囚犯,因而囚逃之該吏。○不遞送鄰境徒一年囚犯,因而囚逃之該吏。

受財稽留不遞送,不如法鎖杻,致囚在逃,計贓二十兩者,無禄人二十五兩者。

徒一年半杖七十

稽留徒一年半囚犯,因而囚逃之該吏。○不遞送鄰境徒一年半囚犯,因而囚逃之該吏。

受財稽留不遞送,不如法鎖杻,致囚在逃,計贓二十五兩者,無禄人三十兩者。

徒二年杖八十

稽留徒二年及遷徙囚犯,因而囚逃之該吏。○不遞送鄰境徒二年及遷徙囚犯,因而囚逃之該吏。

受財稽留不遞送,不如法鎖杻,致囚在逃,計贓三十兩者,無禄人三十五兩者。

徒二年半杖九十

稽留徒二年半囚犯,因而囚逃之該吏。○不遞送鄰境徒二年半囚犯,因而囚逃之該吏。

受財稽留不遞送,不如法鎖杻,致囚在逃,計贓三十五兩者,無禄人四十兩者。

徒三年杖一百

稽留徒三年囚犯，因而囚逃之該吏。〇不遞送鄰境徒三年囚犯，因而囚逃之該吏。

受財稽留不遞送，不如法鎖杻，致囚在逃，計贓四十兩者，無禄人四十五兩，五十兩，五十五兩者。

流二千里杖一百

稽留流二千里罪囚，因而囚逃之該吏。〇不遞送鄰境流二千里罪囚，因而囚逃之該吏。

受財稽留不遞送，不如法鎖杻，致囚在逃，計贓四十五兩者。

流二千五百里杖一百

稽留流二千五百里罪囚，因而囚逃之該吏。〇不遞送鄰境流二千五百里罪囚，因而囚逃之該吏。

受財稽留不遞送，不如法鎖杻致囚在逃，計贓五十兩者。

流三千里杖一百

稽留流三千里罪囚，因而囚逃之該吏。〇不遞送鄰境流三千里罪囚，因而囚逃之該吏。

受財稽留不遞送，不如法鎖杻，致囚在逃，計贓五十五兩者，無禄人八十兩者。

附近充軍

稽留附近充軍罪囚，因而囚逃之該吏。〇不遞送鄰境附近充軍罪囚，因而囚逃之該吏。贓重者，從重論，下同。

邊衞充軍

稽留邊衞充軍罪囚，因而囚逃之該吏。〇不遞送鄰境邊衞充軍罪囚，因而囚逃之該吏。

邊遠充軍

稽留邊遠充軍罪囚，因而囚逃之該吏。〇不遞送鄰境邊遠充軍罪囚，因而囚逃之該吏。

極邊充軍

稽留極邊充軍罪囚，因而囚逃之該吏。〇不遞送鄰境極邊充軍罪囚，因而囚逃之該吏。

烟瘴充軍

稽留烟瘴充軍罪囚，因而囚逃之該吏。〇不遞送鄰境烟瘴充軍罪囚，因而囚逃之該吏。

絞監候

受財稽留不遞送,不如法鎖杻,致囚在逃,計贓八十兩者,無禄人一百二十兩者。

大清會典卷之一百八十六

刑部

〔律例三十七刑律十七〕

〔捕亡二〕

主守不覺失囚

凡獄卒不覺失囚者，減囚罪二等。若囚自内反獄在逃，又減二等，聽給限一百日追捕，限内能自捕得，及他人捕得，若囚已死及自首，皆免罪。司獄官典，減獄卒罪三等。其提牢官，曾經躬親逐一點視罪囚枷鎖杻俱已如法，取責獄官獄卒牢固收禁文狀者，不坐；若不曾點視，以致失囚者，與獄官同罪；故縱者，不給捕限，各與囚同罪。未斷之間，能自捕得及他人捕得，若囚已死及自首，各減一等。受財者，計贓，以枉法從重論。〇若賊自外入劫囚，力不能敵者，免罪。〇若押解罪囚中途不覺失囚者，罪亦如之。

雍正三年律例館奏准：監犯今不用枷，應删去"枷"字。

雍正三年律例館奏准增定附律例文

一、凡押解人犯中途脱逃者，短解及護送營兵，俱照長解治罪。

一、凡發遣黑龍江、寧古塔等處人犯，沿途官員不行親身押解，交與兵丁解送，或不謹慎看守，以致罪人脱逃者，官交部，嚴加議處，將兵丁照律治罪，再加枷號一個月。

歷年事例

康熙九年題准：凡官員將斬絞犯人在獄不加肘鎖，以致脱逃者，革職，上司官不據實申報，降二級調用，若已加肘鎖脱逃者，照越獄例，限一年緝拏，不獲者，照罪犯輕重處分；其起解斬絞重犯，不加肘鎖，少差解役，以致脱逃者，降一級調用，軍流、徒罪人犯，罰俸一年緝拏；如已加肘鎖，多差解役脱逃者,俱照越獄例,按罪犯輕重處分;若係差役得財,將人犯疎縱脱逃者,本管官照失察衙役犯贓例處分,原解未經交付之先,疎縱脱逃者,將原地方各官議處,如已經交付明白脱逃者,將承接該管各官議處。○雍正二年議准:外省解犯及解京,與京發之犯其情罪重大者,於批上註明"要犯該弁押送"字樣,即從首先接遞處,該千、把總親督所派兵役送往交替,若該弁公出,則令伊百隊親押,若該州縣無設防武弁,令吏目典史親押出境交替,俱於取獲收管内,註明某官某弁送交,倘有疎虞,該撫題參斥革;其尋常解犯,仍照定例選差押送。○又議准:押解盜犯中途致有脱逃者,將僉差不慎之該縣,照例議處,其加級紀録,俱不准抵銷。○三年議准:嗣後該管知府并直隸知州所屬州縣,若山海巨盜,斬絞重犯越獄脱逃,有一、二案者,罰俸一年,三、四案者,降一級,五、六案以上者,降二級,俱限一年催緝,限内全獲,准其開復,逾限不獲,照所降之級調用;若軍流、徒、杖、笞等犯越獄,有一二案者,罰俸六個月,三、四案者,罰俸九個月,五、六案以上者,降一級,限一年催緝,限内全獲,准其開復,逾限不獲,再限一年,如不獲,照所降之級調用。○又議准:嗣後該管知府并直隸知州所屬州縣,若山海巨盜,斬絞重犯中途脱逃,有一、二案者,罰俸九個月,三、四案者,罰俸一年,五、六案以上者,降一級,限一年催緝,限内全獲,准其開復,逾限不獲,照所降之級調用,若軍流、徒、杖、笞等犯中途脱逃,有一、二案者,罰俸三個月,三、四案者,罰俸六個月,五、六案以上者,住俸,限一年催緝,限内全獲,准其開復,逾限不獲,降一級留任,仍著照案緝拏。○又議准:山海巨盜,斬絞重犯,州縣官已加肘鎖,多差解役,有致脱逃者,降一級,限一年督緝,限内全獲,准其開復,逾限不獲,照所降之級調用;若軍流、徒、杖等輕犯,州縣官已加肘鎖,多差解役,有致脱逃者,罰俸六個月。

罪名

笞一十

獄卒不覺失笞三十罪囚者。○反獄逃笞五十罪囚者給限追捕,限内捕得及他人捕得,若囚已死及自首者,皆免罪,下同。

司獄官典不覺失杖六十罪囚者。○反獄逃杖八十罪囚者。

提牢官不曾點視禁固,以致失杖六十罪囚及杖八十罪囚反獄逃者。

官役故縱笞一十獄囚失逃者。○故縱笞二十獄囚能自捕得,或他人捕得,若囚死及自首者係故縱者,不給限,不免罪,下同。

押解中途不覺失笞三十罪囚者。○故縱笞一十罪囚者。○故縱笞二十罪囚能自捕得及他人捕得,若囚死及自首者。〇短解及護送兵。

笞二十

獄卒不覺失笞四十罪囚者。〇反獄逃杖六十罪囚者。

司獄官典不覺失杖七十罪囚者。〇反獄逃杖九十罪囚者。

提牢官不曾點視禁固,以致失杖七十罪囚及杖九十罪囚反獄逃者。

官役故縱笞二十獄囚失逃者。〇故縱笞三十獄囚能自捕得,或他人捕得,若囚死以及自首者。

押解中途不覺失笞四十罪囚者。〇故縱笞二十罪囚者。〇故縱笞三十罪囚能自捕得及他人捕得,若囚死及自首者。〇短解及護送兵。

笞三十

獄卒不覺失笞五十罪囚者。〇反獄逃杖七十罪囚者。

司獄官典不覺失杖八十罪囚者。〇反獄逃杖一百罪囚者。

提牢官不曾點視禁固,以致失杖八十罪囚及杖一百罪囚反獄逃者。

官役故縱笞三十獄囚失逃者。〇故縱笞四十獄囚,能自捕得,或他人捕得,若囚死以及自首者。

押解中途不覺失笞五十罪囚者。〇故縱笞三十罪囚者。〇故縱笞四十罪囚,能自捕得,或他人捕得,若囚死及自首者。〇短解及護送兵。

笞四十

獄卒不覺失杖六十罪囚者。〇反獄逃杖八十罪囚者。

司獄官典不覺失杖九十罪囚者。〇反獄逃徒一年罪囚者。

提牢官不曾點視禁固,以致失杖九十罪囚及徒一年罪囚反獄逃者。

官役故縱笞四十獄囚失逃者。〇故縱笞五十獄囚,能自捕得,或他人捕得,若囚死以及自首者。

押解中途不覺失杖六十罪囚者。〇故縱笞四十罪囚者。〇故縱笞五十罪囚,能自捕得,及他人捕得,若囚死及自首者。〇短解及護送兵。

笞五十

獄卒不覺失杖七十罪囚者。〇反獄逃杖九十罪囚者。

司獄官典不覺失杖一百罪囚者。〇反獄逃徒一年半罪囚者。

提牢官不曾點視禁固,以致失杖一百罪囚及徒一年半罪囚反獄逃者。

官役故縱笞五十獄囚失逃者。〇故縱杖六十獄囚能自捕得,或他人捕得,若囚死以及自首者。

押解中途不覺失杖七十罪囚者。〇故縱笞五十罪囚者。〇故縱杖六十罪囚能自捕得及他人捕得,若囚死及自首者。○短解及護送兵。

杖六十

獄卒不覺失杖八十罪囚者。○反獄逃杖一百罪囚者。

司獄官典不覺失徒一年罪囚者。○反獄逃徒二年罪囚者。

提牢官不曾點視禁固,以致失徒一年罪囚及徒二年罪囚反獄逃者。

官役故縱杖六十獄囚失逃者。○故縱杖七十獄囚,能自捕得,或他人捕得,若囚死以及自首者。

押解中途不覺失杖八十罪囚者。○故縱杖六十罪囚者。○故縱杖七十罪囚,能自捕得,及他人捕得,若囚死及自首者。○短解及護送兵。

故縱獄囚解犯失逃罪未至杖六十,而無祿人受財一兩以下者。

杖七十

獄卒不覺失杖九十罪囚者。○反獄逃徒一年罪囚者。

司獄官典不覺失徒一年半罪囚者。○反獄逃徒二年半罪囚者。

提牢官不曾點視禁固,以致失徒一年半罪囚及徒二年半罪囚反獄逃者。

官役故縱杖七十獄囚失逃者。○故縱杖八十罪囚,能自捕得,或他人捕得,若囚死以及自首者。

押解中途不覺失杖九十罪囚者。○故縱杖七十罪囚者。○故縱杖八十罪囚能自捕得及他人捕得,若囚死及自首者。○短解及護送兵。

故縱獄囚解犯失逃罪未至杖七十而受財一兩以下者,無祿人一兩之上至五兩者。

杖八十

獄卒不覺失杖一百罪囚者。○反獄逃徒一年半罪囚者。

司獄官典不覺失徒二年罪囚者。○反獄逃徒三年罪囚者。

提牢官不曾點視禁固,以致失徒二年罪囚及徒三年罪囚反獄逃者。

官役故縱杖八十獄囚失逃者。○故縱杖九十獄囚,能自捕得,或他人捕得,若囚死以及自首者。

押解中途不覺失杖一百罪囚者。○故縱杖八十罪囚者。○故縱杖九十罪囚,能自捕得,或他人捕得,若囚死及自首者。○短解及護送兵。

故縱獄囚解犯失逃罪未至杖八十而受財一兩之上至五兩者,無祿人一十兩者。

杖九十

獄卒不覺失徒一年罪囚者。〇反獄逃徒二年罪囚者。

司獄官典不覺失徒二年半罪囚者。〇反獄逃三流罪囚者。

提牢官不曾點視禁固,以致失徒二年半罪囚及三流罪囚反獄逃者。

官役故縱杖九十獄囚失逃者。〇故縱杖一百獄囚能自捕得,或他人捕得,若囚死以及自首者。

押解中途不覺失徒一年罪囚者。〇故縱杖九十罪囚者。〇故縱杖一百罪囚,能自捕得,或他人捕得,若囚死及自首者。〇短解及護送兵。

故縱獄囚解犯失逃罪未至杖九十而受財一十兩者,無祿人一十五兩者。

杖一百

獄卒不覺失徒一年半罪囚者。〇反獄逃徒二年半罪囚者。

司獄官典不覺失徒三年罪囚者。〇反獄逃死罪囚者。

提牢官不曾點視禁固,以致失徒三年罪囚及死罪囚反獄逃者。

官役故縱杖一百獄囚失逃者。〇故縱徒一年獄囚能自捕得,或他人捕得,若囚死以及自首者。

押解中途不覺失徒一年半罪囚者。〇故縱杖一百罪囚者。〇故縱徒一年罪囚能自捕得,或他人捕得,若囚死及自首者。〇短解及護送兵。

故縱獄囚解犯失逃罪未至杖一百而受財一十五兩者,無祿人二十兩者。

徒一年杖六十

獄卒不覺失徒二年罪囚者。〇反獄逃徒三年罪囚者。

司獄官典不覺失三流罪囚者。

提牢官不曾點視禁固,以致失三流罪囚者。

官役故縱徒一年獄囚失逃者。〇故縱徒一年半獄囚能自捕得,或他人捕得,若囚死及自首者。

押解中途不覺失徒二年罪囚者。〇故縱徒一年罪囚者。〇故縱徒一年半罪囚能自捕得,或他人捕得,若囚死及自首者。〇短解及護送兵。

故縱獄囚解犯失逃罪未至徒一年而受財二十兩者,無祿人二十五兩者。

徒一年半杖七十

獄卒不覺失徒二年半罪囚者。〇反獄逃三流罪囚者。

司獄官典不覺失死罪囚者。

提牢官不曾點視禁固,以致失死罪囚者。

官役故縱徒一年半獄囚失逃者。〇故縱徒二年獄囚能自捕得,或他人捕得,若囚死及自首者。

押解中途不覺失徒二年半罪囚者。〇故縱徒一年半罪囚者。〇故縱徒二年罪囚能自捕得,或他人捕得,若囚死及自首者。〇短解及護送兵。

故縱獄囚解犯失逃罪未至徒一年半而受財二十五兩者,無祿人三十兩者。

徒二年杖八十

獄卒不覺失徒三年罪囚者。〇反獄逃死罪囚者。

官役故縱徒二年獄囚失逃者。〇故縱徒二年半罪囚,能自捕得,或他人捕得,若囚死及自首者。

押解中途不覺失徒三年罪囚者。〇故縱徒二年罪囚者。〇故縱徒二年半罪囚,能自捕得,或他人捕得,若囚死及自首者。〇短解及護送兵。

故縱獄囚解犯失逃罪未至徒二年而受財三十兩者,無祿人三十五兩者。

徒二年半杖九十

獄卒不覺失三流罪囚者。

官役故縱徒二年半獄囚失逃者。〇故縱徒三年獄囚能自捕得,或他人捕得,若囚死及自首者。

押解中途不覺失三流罪囚者。〇故縱徒二年半罪囚者。〇故縱徒三年罪囚,能自捕得,或他人捕得,若囚死及自首者。〇短解及護送兵。

故縱獄囚解犯失逃罪未至徒二年半而受財三十五兩者,無祿人四十兩者。

徒三年杖一百

獄卒不覺失死罪囚者。

官役故縱徒三年獄囚失逃者。〇故縱三流獄囚能自捕得,或他人捕得,若囚死及自首者。

押解中途不覺失死罪囚者。〇故縱徒三年罪囚者。〇故縱三流罪囚,能自捕得,或他人捕得,若囚死及自首者。〇短解及護送兵。

故縱獄囚解犯失逃罪未至徒三年而受財四十兩者,無祿人四十五兩、五十兩、五十五兩者。

流二千里杖一百

官役故縱流二千里獄囚失逃者。

押解中途,故縱流二千里罪囚者。○短解及護送兵。

故縱獄囚解犯失逃罪未至流二千里而受財四十五兩者。

流二千五百里杖一百

官役故縱流二千五百里獄囚失逃者。

押解中途,故縱流二千五百里罪囚者。○短解及護送兵。

故縱獄囚解犯失逃罪未至流二千五百里而受財五十兩者。

流三千里杖一百

官役故縱流三千里獄囚及死罪之獄囚失逃者。

押解中途,故縱流三千里及死罪囚者。○短解及護送兵。

故縱獄囚解犯失逃罪未至流三千里而受財五十五兩者,無祿人八十兩者。

絞監候

故縱獄囚解犯失逃罪未至死而受財八十兩者,無祿人一百二十兩者。

知情藏匿罪人

凡知人犯罪,事發,官司差人追喚而藏匿在家,不行捕告,及指引道路,資給衣糧,送令隱避者,各減罪人罪一等。其展轉相送而隱藏罪人,知情者,皆坐;不知者,勿論。○若知官司追捕罪人而泄漏其事,致令罪人得以逃避者,減罪人罪一等。未斷之間,能自捕得者,免罪。若他人捕得,及罪人已死,若自首,又各減一等。

歷年事例

康熙九年題准:凡州縣官有潛逃反叛正犯未經查出,或出具並無印結,被人首發者,革職,將該管知府降四級調用,司道降二級調用,督撫降一級留任;如係斬絞要犯未經查出,或具結,後被人首發者,降二級調用,該府道罰俸一年;如係反叛牽連之人及軍流人犯未經查出者,罰俸一年;若將緊要重犯官員自行藏匿者,革職。○四十四年諭:"塞外蒙古,凡犯罪爲盜後俱投入喇嘛藏匿者多,嗣後喇嘛收留此等罪犯者,察出與犯人一體治罪。"○四十九年覆准:殺人兇犯藏匿本境,該管官員委不知情,係地方棍徒容隱者,止將容隱之人治罪,如先雖容隱,後仍自行出首,亦准免罪。○雍正五年議准:嗣後藏匿之家,除不知情者,仍照律遵行外,若係民人知情藏匿罪人者,照本犯原罪治罪,若係職官知情窩隱者,除革職外,仍照本犯原罪治罪,不准折贖;至於犯罪之人在於境内隱藏,地方官怠忽因循,不實力稽查,或被旁人首發,或被鄰境官司拏獲,將該地方官交與該部,照失察例議處;如有屬員藏匿罪人,該管上司不行覺察糾參,應將該管上司交與該部,亦照失察例議處;仍通行直隸各省督撫,遍行所屬州縣,飭令悉心稽查,出示曉諭於文到之日,爲始,限兩個月内,准窩藏之家自行出首,免其坐罪,如本犯自行出首,免其加罪,仍照伊原犯之罪治罪;倘本犯及窩匿之家錮爲朋比,不行出首,一經發覺,除將本犯及窩隱之家,照此所定之例治罪外,仍將該管保長、甲長、地方及知情緊鄰,照不應重律治罪。

罪名

笞一十

知人笞二十罪事發藏匿在家不行捕告及指引資給送令隱匿者。○展轉相送隱匿者。

知官司追捕笞二十罪人漏泄令逃避者。○漏泄致笞三十罪人逃避若他人捕得及罪人已死若自首者。

笞二十

知人笞三十罪事發藏匿在家不行捕告及指引資給送令隱匿者。○展轉相送隱匿者。

知官司追捕笞三十罪人漏泄令逃避者。○漏泄致笞四十罪人逃避若他人捕得及罪人已死若自首者。

笞三十

知人笞四十罪事發藏匿在家不行捕告及指引資給送令隱匿者。○展轉相送隱匿者。

知官司追捕笞四十罪人漏泄令逃避者。○漏泄致笞五十罪人逃避若他人捕得及罪人已死若自首者。

笞四十

知人笞五十罪事發藏匿在家不行捕告及指引資給送令隱匿者。○展轉相送隱匿者。

知官司追捕笞五十罪人漏泄令逃避者。○漏泄致杖六十罪人逃避若他人捕得及罪人已死若自首者。

笞五十

知人杖六十罪事發藏匿在家不行捕告及指引資給送令隱匿者。○展轉相送隱匿者。

知官司追捕杖六十罪人漏泄令逃避者。○漏泄致杖七十罪人逃避若他人捕得及罪人已死若自首者。

杖六十

知人杖七十罪事發藏匿在家不行捕告及指引資給送令隱匿者。○展轉相送隱匿者。

知官司追捕杖七十罪人漏泄令逃避者。○漏泄致杖八十罪人逃避若他人捕得及罪人已死若自首者。

杖七十

知人杖八十罪事發藏匿在家不行捕告及指引資給送令隱匿者。○展轉相送隱匿者。

知官司追捕杖八十罪人漏泄令逃避者。○漏泄致杖九十罪人逃避若他人捕得及罪人已死若自首者。

杖八十

知人杖九十罪事發藏匿在家不行捕告及指引資給送令隱匿者。○展轉相送隱匿者。

知官司追捕杖九十罪人漏泄令逃避者。○漏泄致杖一百罪人逃避若他人捕得及罪人已死若自首者。

杖九十

知人杖一百罪事發藏匿在家不行捕告及指引資給送令隱匿者。○展轉相送隱匿者。

知官司追捕杖一百罪人漏泄令逃避者。○漏泄致徒一年罪人逃避若他人捕得及罪人已死若自首者。

杖一百

知人徒一年罪事發藏匿在家不行捕告及指引資給送令隱匿者。○展轉相送隱匿者。

知官司追捕徒一年罪人漏泄令逃避者。○漏泄致徒一年半罪人逃避若他人捕得及罪人已死若自首者。

徒一年杖六十

知人徒一年半罪事發藏匿在家不行捕告及指引資給送令隱匿者。○展轉相送隱匿者。

知官司追捕徒一年半罪人漏泄令逃避者。○漏泄致徒二年罪人逃避若他人捕得及罪人已死若自首者。

徒一年半杖七十

知人徒二年罪事發藏匿在家不行捕告及指引資給送令隱匿者。○展轉相送隱匿者。

知官司追捕徒二年罪人漏泄令逃避者。○漏泄致徒二年半罪人逃避若他人捕得及罪人已死若自首者。

徒二年杖八十

知人徒二年半罪事發藏匿在家不行捕告及指引資給送令隱匿者。○展轉相送隱匿者。

知官司追捕徒二年半罪人漏泄令逃避者。○漏泄致徒三年罪人逃避若他人捕得及罪人已死若自首者。

徒二年半杖九十

知人徒三年罪事發藏匿在家不行捕告及指引資給送令隱匿者。○展轉相送隱匿者。

知官司追捕徒三年罪人漏泄令逃避者。○漏泄致三流罪人逃避若他人捕得及罪人已死若自首者。

徒三年杖一百

知人三流罪事發藏匿在家不行捕告及指引資給送令隱匿者。○展轉相送隱匿者。

知官司追捕三流罪人漏泄令逃避者。○漏泄致犯死罪人逃避若他人捕得及罪人已死若自首者。

流三千里杖一百

知人犯死罪事發藏匿在家不行捕告及指引資給送令隱匿者。○展轉相送隱匿者。

知官司追捕犯死罪人漏泄令逃避者。

盜賊捕限

凡捕强竊盜賊,以事發日爲始。當該應捕弓兵,一月不獲强盜者,笞二十,兩月笞三十,三月笞四十,捕盜官罰俸錢兩月。弓兵一月不獲竊盜者,笞一十,兩月笞二十,三月笞三十,捕盜官罰俸錢一月。限内獲賊及半者,免罪。○若經隔二十日以上告官者,不拘捕限。捕殺人賊,與捕强盜限同。

雍正三年律例館奏准:"應捕弓兵"字及下文"弓兵"二字,俱改爲"捕役汛兵"再"罰俸錢兩月"及下文"罰俸錢一月"俱改爲"罰俸三個月"。

附律定例

一、凡府、州、縣,係有城池及設有衛所,被賊打劫倉庫,獄囚或殺死職官,或聚至百人以上者,撫按官就將各掌印操備等官,先行參奏,住俸帶罪緝捕,限半年以裏,盡數拏獲,免罪,如過限拏獲未盡,再限三個月盡獲,亦准免罪,若全無拏獲及再限内不能盡數拏獲者,不分軍衛有司,俱問罪,降二級,文官送部,武官,仍於本衛所,各調用,衛所失事,止坐衛所掌印操備等官,兵備、守巡并守備官駐劄本城者,降一級調用,不係駐劄處所,止調用;若自來不曾設有城池者,掌印巡捕等官,止降一級,兵備、守巡、守備等官,分别罰治。

雍正三年律例館奏准:今盗案無初限半年再限三月之例,亦無武官於本衛所調用之處,此條删。

一、各處民間被賊打劫,即時擒獲者,不分城内城外,各掌印巡捕等官,俱免罪,一月之外不獲,通行住俸,候拏獲一半以上,方准開支,若中間能獲别起及别府州縣正實强盗,及各越獄重囚,亦准抵數,但不許將照捕名數朦朧捉拏,以圖抵飾,仍通計一年之内,除盡數拏獲及拏獲一半以上免罪者不計外,城内積至五起,城外及無城去處至十起以上,不分軍衛有司,掌印巡捕等官,參究問罪,俱降一級,文官送部,武官於本衛所各調用,兵備、分巡官,分别罰治。

雍正三年律例館奏准:今盗案無一月之外方行住俸,失察五起以上,方行降調,及拏獲别案盗賊並越獄犯人亦准抵算之處,此條删。

一、凡强盗打劫,各該有司軍衛員役,不分事情輕重,務要登時從實申報,如有隱匿者,撫按官,即將各該員役應提問者,提問,應參奏者,就便參奏,酌量情罪,輕則罰治,重則降黜,議擬上請,不許容隱,其撫按官,遇有報到。若係殺官、劫庫、劫獄併聚至百人以上,或嘯聚不散,及城内打劫至殺人者,即行奏報,其民間被劫事情稍輕者,類入歲報册内,年終具奏,俱不許容隱,違者,部院該科參奏重治。

雍正三年律例館奏准:今盗案概行奏聞無年底彙奏之例,且諱盗即行革職,亦無酌量情罪降罰之例,此條删。

一、京城内外,但有强盗得財傷人者,巡捕、把總、兵馬等官即時擒獲,免罪,仍論功叙録,若有脱逃,俱即住俸,限三個月,以裏拏獲一半以上,始准開俸,過限不獲,各罰俸三個月,仍總計一年之内,除盡數拏獲及拏獲一半免罪者不計外,城内積至五起,城外十起以上,俱問罪降一級,文官,仍調外用。

雍正三年律例館奏准:今京城内外失盜,並無即時拏獲將兵馬等官叙録及積至五起十起,方行降調之例,此條删。

雍正三年律例館奏准增定附律例文

一、凡京城内有强盜劫財傷人者,該汛直宿領催兵丁俱枷號四十日,斥革發落,步軍統領、總尉、副尉、步軍校,俱分别交部降罰,賊犯限一年緝拏,獲半者,開復,如不獲又失事者,降調;若正陽、崇文、宣武三門關厢内失事者,該汛兼轄三營武職及文職、兵馬司官,俱交該部降罰,專汛、千把總及馬步兵丁,各杖一百,賊犯限一年緝拏,全獲者,開復,獲一半者,免其議處,不及一半者,仍照定例議處,不獲者,兼轄各官俱降調,千把總俱革職,兵丁枷號四十日,斥革發落,賊犯交接管官緝拏。

一、凡隔省關提人犯,承問官一面詳請督撫移咨,一面差人關會隔省該地方官添差協緝,如擅給批牌,竟行拘提者,照誣良爲盜例議處。若隔省地方官徇庇不行協緝,亦交該部議處;至於本省隔屬關提人犯,亦行令該地方官添差拘提,如違例擅自拘拏者,捕役照誣良爲盜例治罪,原差地方官,照失察例,交該部議處。

一、凡承緝各官,務期必獲盜首,如限内不獲盜首,雖獲盜過半,仍罰俸一年,再限不獲,罰俸二年,三限不獲者,降一級調用;如盜首果係病故,必須查驗確據,方准免其處分。若有假借别州縣所獲之盜,指爲本案盜首,别州縣亦扶同唐塞,或先報盜首脱逃,後仍在該地方隱匿,或捏報盜首病故,後於别案發覺者,將從前假借扶同隱匿捏報之該地方文武各官,照諱盜例革職;其鄰境他省之文武官,有能拏獲别案内首盜,質審明確者,該地方文武官各加一級,兵役由巡撫酌量給賞,令原失事之地方文武官捐給,若原失事之文武官有已經離任者,令該撫暨武職統轄官捐給,若拏獲别案内夥盜者,按每二名紀録一次,兵役緝獲夥盜者,按每三名給與半賞;至夥盜之内,有首出盜首,即行拏獲者,全免其罪,若不在夥内之人首出盜首,即行拏獲者,地方官從優給賞;再各直省州縣捕役,務於本衙門額設工食内,每捕役一名,將他役工食量爲併給,使其養贍充裕,若拏獲盜首者,令州縣官從優給賞,如盜首不獲,將承緝捕役家口監禁勒比,如獲盜過半之外又獲盜者,地方官亦酌量給賞;若州縣賄盜狡供,展轉行查,希圖銷案者,照易結不結例治罪。

一、凡官兵拏獲起意捏造謡言,煽惑人心,毁壞制錢,容留犯法人在家,隱匿不報及偷盜官銀物件等犯,將拏獲之兵賞銀二十兩,官紀録一次,拏獲造作紙牌、骰子,販賣紙牌一千以上,骰子五十以上,官員賭博,坐地虎光棍,隱匿入官銀兩物件等人,兵賞銀十兩,官拏獲兩次者,紀録一次,拏獲配所逃回之人,宰賣牛肉之人及官員越品用頂馬,兵丁、旗下閑散人等賭博,并典當軍器、潛賣紙牌骰子之人,兵賞銀五兩,拏獲販賣牛肉,喜喪事違禁奢華及違禁使用黄銅器皿,玩鵪鶉、鬬鷄蟋蟀、賭錢并民人跟役等玩紙牌骰子等犯,兵賞銀三兩,拏獲逃人至五案者,亦賞銀三兩,以上各項獎賞紀録銀兩,俱給首先拏獲之人。若有不肖官役借端訛詐,圖賴好人,或將實在犯法之人拏獲,受賄釋放等弊,該管官嚴查參奏,將訛詐圖賴者,照誣告例治罪,受賄釋放罪犯者,照枉法贓治罪,若該都統等不行查參者,罰俸一年。

律例館又奏准律後恭載諭旨

雍正四年諭:"安民必先弭盜。而捕盜之法,在於速拏。聞有交界地方失事,盜賊竄匿鄰境,有司官以地非管轄,不便徑拘,必用文移關提,掛號添差,方許緝拏,以致遲需時日,聞風遠颺。即使日後拏獲而贓已花銷,懸案不結。凡係地方官,均有弭盜之責,何分此疆彼界?嗣後交界地方失事,探實贓盜藏匿之處,無論隔縣隔府隔省,一面差役執持印票,即行密拏,一面移文關會,拏獲之後,仍報明該管地方官添差移解。倘捕役借端誣害良民,照例從重治罪。各該有司,務須協力稽查,使姦宄無可潛藏,以副息盜安民至意。"

歷年事例

順治十三年諭:"近見各處盜賊生發,人民受害,地方官往往懼罪隱匿,以致益無顧忌,嗣後失事者,立刻申報,速圖緝捕自贖,若仍前隱諱不報,定行法外治罪。"〇康熙九年題准:捕役誣拏良民爲盜,私用非刑,致死人命者,將該管官革職,道府降二級調用,按察使降一級調用,督撫罰俸一年;如未致死者,該管官降四級調用,道府降一級調用,按察使罰俸一年,督撫罰俸六個月。〇又題准:武職官獲盜,即交有司審理,若不速送,私用非刑審理及誣良爲盜,致死者,失察之總督罰俸九個月,未致死者,罰俸六個月。〇又題准:凡承緝叛犯,將承緝文武各官,俱革職帶罪,限三年緝拏,如不獲,將文職降一級,武職降二級,各調用,如有加級紀録,准其抵銷,盜犯,仍照案緝拏,武職兼轄各官降二級,帶罪限三年緝拏,如不獲,亦降一級調用,加級紀録,亦准抵銷,該省總兵官,罰俸一年,免其停陞,其接緝協緝文武各官，於賊犯發覺之日，計算未滿三年者，仍停其陞轉，緝拏人犯，若已滿三年，俱各罰俸一年，免其停陞，未獲賊犯，仍照案緝拏。○十二年覆准：凡審問强盜，有供出在先行劫之處，即行咨查督撫，當日失主曾經報官者，即將該地方官照諱盜例處分，若失主未報，無有實據者，令該督撫取地方官"並無諱盜"印結繳報，若具結之後，別有發覺，確查隱諱屬實者，仍坐以諱盜不報之罪。○又題准：失主被盜不報，該管官者，照不應重律治罪。○十三年題准：地方民人聚衆千餘，執持器械，兩相對敵，焚燒房屋，殺傷多人，州縣官雖報司道，未報督撫者，降一級調用。○十五年題准：凡地方有殺死人命重情，該管官知情隱諱不報者，革職，將不行查出之司道，降一級調用，督撫罰俸一年，不知情不行查出者，降一級留任，上司官免議。○二十三年議准：凡失主所報盜犯，止令存案，不爲確數，俟嚴審初獲之盜供出實盜，方爲確數，依限緝捕，如限内不能拏獲者，照定例計數處分。○又議准：叛逆人犯，若令案緝恐地方官員疎忽，仍令嚴行緝拏。○二十四年議准：叛逆人犯三年未獲者，仍照舊例，照案緝拏。○三十二年諭："近見有司官員，欲避盜案參罰，或諱强爲竊，或諱盜殺爲謀殺，緝捕不力，以致盜賊愈熾，民生不安，著再嚴議。具奏。"遵旨議准：嗣後，若再照前避罪隱諱賊情者，或被部查出，或被科道指參，將隱諱地方官員、督撫，一併交與該部，嚴加議處。○三十三年覆准：嗣後將此案拏獲之賊作彼案未獲之賊，影射銷案者，官員照例革職。○三十六年諭："每見廣東省所題盜案，糾集夥黨，多至數十人，或恣行焚劫，或勒贖子女。種種不法，皆由文武大小官員不能化導百姓，禁戢奸頑所致。嗣後該督撫提鎮及有司各官，務實心教養，綏靖地方，以副朕息盜安民至意。該部即行嚴飭。"○四十七年覆准：凡命案，地方官從前不知不報，後能自行查出通報，將本案審明者，不論年月遠近，俱免其議處；若係上司查出，或被旁人告發者，一槩不免。○四十九年覆准：承緝命案兇犯官，初次，仍照例以六個月，扣限查參，將承緝官住俸，勒限一年緝拏，如限滿不獲，罰俸一年，准其照案緝拏接緝之官比盜案例，照案緝拏，免其參處。○雍正元年諭："覽刑部議覆盜案三本，皆以未經拏獲之盜作爲首犯，明係地方官吏不肯追捕全夥，嚴審確情，避重就輕，草率結案。見獲各犯，若概置重典，則原非首惡；若悉從末減，又何以懲兇暴而安善良？寬嚴之義，未得其中，滋盜長奸，莫此爲甚。此三案首犯，交與該巡撫，著落印捕各官設立賞格，勒限嚴緝，務令就擒，毋使漏網；逾限不獲，從重議處。庶幾法無枉縱，盜風可望少息矣。"

○又諭:“朕惟靖盗所以安民。而欲靖盗,必須嚴諱盗之處分,并正竊盗之刑法。州縣有司,因畏盗案參處,顧惜功名,往往諱盗不報,或以强爲竊,或以多爲少,或賄囑事主,通同隱匿,以致盗賊肆無忌憚。定例諱盗處分,不爲不嚴,無如督撫等官,全無覺察,殊負朕保愛民生之至意。再竊賊雖非强劫,然行竊日久,必至夥劫,所以律載竊盗三犯即絞。立法之意,原在防微杜漸,今各直省竊盗依律究擬者,絶少,盗案之多,實由於此。如何使有司不敢諱盗併,如何重懲竊盗之處,會同詳議具奏。”遵旨議准:嗣後州縣官諱盗不報,或以强爲竊,或以多爲少,或賄囑事主,通同隱匿者,仍照諱盗例革職外,其該管道府與捕盗同知、通判等官漫無覺察者,降二級調用;扶同徇隱者,降三級調用,或州縣官已經揭報,不行轉報者,降四級調用;若州縣官以强爲竊,以多爲少,該管官不行詳查,據以轉報,及解審時又不能審出者,亦降三級調用;若督撫不能稽察屬員,一任隱諱减報,將該督撫照例降一級留任;再地方失事,定例文職州縣官與武職專汛官共事一方,均畏參處,往往商同諱匿,嗣後,若文職之該管上司失於覺察,或扶同隱匿武職之兼轄官查出,即行申報提鎮,提鎮即移咨督撫據實題參,若武職之兼轄等官失於覺察,或扶同隱匿,道府等官查出,申報督撫,督撫據實題參,其專汛兼轄之武官,俱照文職例議處;至竊盗,州縣官,若不照贓究擬,並不依律刺字者,照失出例議處,若竊盗自行除去面上刺字者,事犯,係旗人,枷號兩個月,鞭一百,係民,枷號兩個月,責四十板,所燬之字,仍行補刺;再凡皇城内暢春園及凡行在之處,有犯竊盗三次,與所竊之贓至一百二十兩以上者,俱照律究擬,餘俱仍照康熙五十二年定例遵行。○二年議准:凡奉特旨緝拏重犯,該地方官拏獲一名者,准加一級,其專城專汛官弁將奉旨緝拏重犯拏獲一名者,亦照州縣官例,准其加一級,賞拏獲人銀三十兩,若該文武各官所屬地方無獲,即出具印結報部,若於未出具印結之前,與已出具印結之後,如有隱藏被旁人首告拏獲者,將該管地方官降二級調用,知府、直隸知州,罰俸一年,道官罰俸九個月,巡撫罰俸六個月,所有加級紀録,不准抵銷。如該管各官知情,聽其隱藏者,與罪人一體治罪;武職專城專汛官弁,應照文職例降二級調用,兼轄官罰俸一年,統轄官罰俸六個月,所有加級紀録,亦不准抵銷。如該管各官弁知情,聽其隱藏者,與罪人一體治罪。○三年議准:嗣後不論本省及别省,有能拏獲通緝人犯者,該督撫具奏,官予紀録,兵民等給賞。如拏獲者,係要犯,另加議叙。○又議准:嗣後承緝官初限不獲,仍照舊例遵行外,至再限不獲,例應調用革職者,今議再留任一年,如一年内能獲盗過半,照例開復。如再不獲,始調用革職,將一案盗犯全獲者,每案准其紀録二次。○又議准:嗣後再限不獲盗首者,仍照舊例遵行外,三限不獲盗首者,改爲降一級留任。○又議准:嗣後,遇有盗案,一面申報上司,即一面關會鄰境州縣、營汛等官,遍處察緝,有能一月内拏獲鄰境案内首盗者,加一級,再紀録一次,拏獲夥盗者,每一名紀録一次,拏獲之兵役,令原失事之地方官給銀二十兩,至一月,後拏獲者,仍照舊例議叙給賞;至接緝官能將前官未獲盗犯全獲者,准其紀録三次,拏獲過半者,准其紀録二次。○又議准:州縣官如有諱盗不報,及以强爲竊者,該廳官察出即行揭報者,免議,倘有失察者,罰俸一年,徇隱不報者,革職;再州縣申報盗案,須令該廳官遍檄所轄地方協同緝拏,三月内全獲一案盗犯者,將該廳官准其紀録一次。○又議准:嗣後盗賊案件扣限六個月,審結,如逾限不結,照例查參。○又諭:"盗案疎防,文武各有處分,雖著有成例,但中間情事尚有分别。凡山海大盗聚衆多人,土獞苗蠻成羣劫奪,及響馬老瓜等賊,聚有窩穴,勢難擒捕者,當責之弁兵,如久無緝獲,則文武一例處分,情罪俱當。若盗止十人以下,踪跡散處,則力能擒制,雖事發潛逃,不難躧探而管汛弁兵,各有職守,勢難遠緝,此等盗犯,似當專責州縣武職處分,可否酌量從輕,庶情法得平,中無冤抑。"遵旨議准:嗣後村莊平常盗案,武職各官凡遇盗賊十人以上,並未經申明夥盗確數者,仍與文職一例處分,如盗止十人以下者,專汛武職初參到日,應停其陞轉,限一年緝賊,二參限滿不獲,罰俸一年,三參限滿不獲,罰俸二年,四參限滿不獲,降一級,無級可降之官,革職,俱留任,其兼轄各官,定例初參罰俸六個月,今議罰俸三個月,一年限滿不獲,定例罰俸一年,今議罰俸六個月,賊犯照案緝拏,至盗案所重,在於盗首,若獲賊一半,盗首未獲,專汛官應仍照定例處分。○五年議准:嗣後盗案果有虚實情形未分,盗贓未確,限内不能完結者,許承審官將限内不能完結情由逐細核明,如果是實,即行報部,准其展限四個月,倘該承審官有將易結之盗案不行速結,濫請展限,該督撫等不能詳情度理,漫爲咨部,經部查出者,將濫請展限之有司,照易結不結例革職,轉詳咨部之司、道、府併直隷州等官,各降一級留任,督撫罰俸一年。○又議准:嗣後有劫失餉鞘,事發,將該地方文武官員革職留任,勒限一年緝拏,限内全獲,准其開復,限内獲賊過半,已獲盗首者,仍留任緝拏,倘逾限獲賊不及過半,及獲賊雖經及半而盗首無獲者,革任,未獲賊犯,交與接任官照案緝拏,如一經失事,鄰汛官員及地方文武官員即能獲賊過半,已獲盗首者,將該地方文武官員免其處分,其劫失錢糧賠補分數,并解官道府等員議處各款,仍照舊例遵行。

罪名

笞一十

捕役汛兵一月不獲竊盗者。

笞二十

捕役汛兵一月不獲强盗者。

捕殺人賊一月不獲者。

捕役汛兵兩月不獲竊盗者。

笞三十

捕役汛兵兩月不獲强盗者。

捕殺人賊兩月不獲者。

捕役汛兵三月不獲竊盗者。

官役借端囮詐,圖賴好人犯笞一十罪者。誣輕爲重見本律,下同。

笞四十

捕役汛兵三月不獲强盗者。

捕殺人賊三月不獲者。

官役借端囮詐,圖賴好人犯笞二十罪者。

笞五十

官役借端囮詐,圖賴好人犯笞三十罪者。

杖六十

官役借端囮詐,圖賴好人犯笞四十罪者。

官役受賄釋放犯人無禄人計贓一兩以下者。

杖七十

官役借端囮詐圖賴好人犯笞五十罪者。

官役受賄釋放犯人計贓一兩以下者,無禄人一兩之上至五兩者。

杖八十

官役受賄釋放犯人計贓一兩之上至五兩者,無禄人一十兩者。

杖九十

官役借端囮詐圖賴好人犯杖六十罪者。

官役受賄釋放犯人計贓一十兩者,無禄人一十五兩者。

杖一百

官役借端囮詐圖賴好人犯杖七十罪者。

官役受賄釋放犯人計贓一十五兩者,無禄人二十兩者。

千把總、馬步兵丁所守正陽、崇文、宣武門關厢内失事者。

徒一年杖六十

官役借端囮詐圖賴好人犯杖八十罪者。

官役受賄釋放犯人計贓二十兩者,無禄人二十五兩者。

徒一年半杖七十

官役借端囮詐圖賴好人犯杖九十罪者

官役受賄釋放犯人計贓二十五兩者,無禄人三十兩者。

徒二年杖八十

官役借端囮詐圖賴好人犯杖一百罪者。

官役受賄釋放犯人計贓三十兩者,無禄人三十五兩者。

徒二年半杖九十

官役借端囮詐圖賴好人犯徒一年罪者。

官役受賄釋放犯人計贓三十五兩者,無禄人四十兩者。

徒三年杖一百

官役借端囮詐圖賴好人犯徒一年半罪者。

官役受賄釋放犯人計贓四十兩者,無禄人四十五兩、五十兩、五十五兩者。

流二千里杖一百

官役借端囮詐圖賴好人犯徒二年罪者。

官役受賄釋放犯人計贓四十五兩者。

流二千五百里杖一百

官役借端囮詐圖賴好人犯徒二年半罪者。

官役受賄釋放犯人計贓五十兩者。

流三千里杖一百

官役借端囮詐圖賴好人犯徒三年罪者。

官役受賄釋放犯人計贓五十五兩者,無禄人八十兩者。

絞監候

官役受賄釋放犯人計贓八十兩者,無禄人一百二十兩者。

大清會典卷之一百八十七

刑部

〔律例三十八刑律十八〕

〔斷獄一〕

囚應禁而不禁

凡獄囚應禁而不禁，應枷鎖杻而不枷鎖杻，及脱去者，若囚該杖罪，笞三十，徒罪，笞四十，流罪，笞五十，死罪，杖六十。若應枷而鎖，應鎖而枷者，各减一等。〇若囚自脱去及司獄官、典獄卒私與囚脱去枷鎖杻者，罪亦如之。提牢官知而不舉者，與同罪；不知者，不坐。〇其不應禁而禁及不應枷鎖杻而枷鎖杻者，各杖六十。〇若受財者，並計贜，以枉法從重論。

雍正三年律例館奏准：今獄囚概不用枷，律文"枷"字删，"枷而鎖，鎖而枷"改"杻而鎖，鎖而杻"。

附律定例

一、凡枷號人犯，除例有正條及催徵税糧用小枷枷號，朝枷夜放外，敢有將罪輕人犯用大枷枷號傷人者，奏請降級調用，因而致死者，問發爲民。

雍正三年律例館奏准增定附律例文

一、凡枷犯以滿日責放，不許先責後枷，若遇患病，即行保釋，醫治痊日補枷，如不行醫治以致斃命，及違例濫用重枷，并連根帶鬚竹板者，該督撫指參，俱交該部，嚴加議處，倘該督撫不行察參，或經科道糾參者，該督撫司道一併議處。

歷年事例

凡羈禁罪囚，順治十六年覆准：五城人犯，有事關重大者，方許羈舖候審;其餘小事,不得濫行羈舖,如各役有索詐等情,該御史指名題參,按例治罪,至在外各府、州、縣重犯,應寄監候審,其輕罪人犯,亦不得濫行羈禁,如衙官禁役將無辜之人濫送監倉,及有索詐等弊者,該撫按據實糾參。〇十七年覆准:凡遇重大事情,該撫按就近秉公審理,除有罪者,監禁具題外,其有攀累無辜之人,即行釋放。〇康熙四年覆准:凡將不係重犯違例監禁者,題參治罪。〇又覆准:直省督撫審理事件,除情罪重大要犯監禁外,如案内牽連犯人有情罪稍輕者,取保候題發落,其有挾讐攀害,或無辜牽連者,審明之日,不俟本犯之罪結案,即行釋放。〇九年覆准:凡情輕事件一應人犯,俱在外候審,若問刑衙門遲延羈禁者,聽科道指名參處。〇又題准:凡官員將斬絞重犯不行羈禁,令人取保,以致脱逃者,革職,將發到監犯故推别衙門,以致脱逃者,降四級調用,該上司不行揭報,降二級調用,若將軍流、徒罪人犯取保脱逃者,降一級調用。笞杖人犯脱逃者,罰俸六個月。〇又題准:督撫所參貪劣屬員,責令委官看守,如疎忽,以致自盡者,承委官罰俸三個月。〇三十六年議准:凡重犯案内干連人犯,州縣官確審果係無辜牽連者,止録原供,申詳上司結案,牽連之人不必起解,即行釋放。〇四十五年覆准:問刑衙門,設有監獄,將倉舖柵店盡行折毁,除重犯羈監外,其干連輕罪人犯,即令保候審理,如有私設倉舖等項,將輕罪人犯私禁致斃者,該督撫即行指參,將該管官照律治罪。〇五十七年議准:拏送人犯,審係徒罪以下者,取具的保,免其收監,旗下交與各佐領,民人交與地方官,保候審結,俟彙題命下之日,照所擬之罪發落。〇雍正元年題准:刑部各司審理事件,不許擅行司坊拘拏,任意收禁釋放,若情罪果有關係,回明堂官,唤同司獄諭明,方准收禁,若不回堂,濫行送監者,將該司官并聽從收禁之司獄,一併參處。〇三年諭:"朕每覽審理案件,常有無辜之人,因稍有干連,即行解審,以致往返拖累,守候日久,必待結案之後,始得歸業,使無辜之人枉受拖累,深爲可憫。乃承審各官,並不留心民瘼,視爲故常,殊非朕愛育黎民之至意。嗣後刑部暨各直省審案,凡係干連之人,作何即行釋放,或有待質者,作何取保之處,刑部詳議具奏。"遵旨議准:嗣後京城八旗、提督衙門、五城、順天府所屬宛平、大興二縣解部案件,刑部審明除無干之人即行釋放,應擬死罪並軍流徒罪人犯監禁,俟具題完結外,其笞杖人犯,遵旨先行懲責發落,至直隸所屬霸州東安等十四州縣,山海關、古北口等八關口,駐防總管、城守尉、防守禦、防禦、熱河理事、同知、陵寢各總管、遊牧各總管、太僕寺羊馬羣各總管等應解部完結之案,令各該處審明，將應擬死罪并軍流、徒罪正犯，照常解部審理完結外，其案内應擬笞杖人犯并証佐干連待質及無干之人，俱免解部，取具確供繕寫文册，連正犯一併送部，將無干之人，竟行釋放，証佐干連待質之人，取保釋放，笞杖人犯，亦暫取保，俟刑部審結之日，飭令先行發落。如部審時罪犯改供，别有應質之處，飭取供詞送部，倘另有供出必須審訊之要犯，詳審明確，再行拘提，如供出之人不係要犯，亦止飭取供詞送部；至命案内屍親，亦止申送口供，免其解部，若有情願隨審者，聽其赴部至直隸各省、州、縣衙門其應申解上司之案，亦如解部之例遵行，其細事不應申解之案，俱令即行審結，如不能隨即完結者，取保候審，不得濫行監禁，差押看守。〇又議准：案内干連人犯，既免解送，則審斷全憑供詞，如承審各官不細心研鞫，訊取確供，以及徇情受賄，改捏口供等弊，致有情詞互異，案件久懸者，或經首告，或於别案發覺，將承審官令各該上司題參，交與該部，嚴加議處。〇又諭："刑部題奏案件所擬笞杖人犯，多禁一日，則多受日之苦，嗣後凡此等人犯，刑部即先行責釋，於題奏之日，聲明。"〇五年議准：嗣後提督五城拿獲輕犯，未經審理之先，應行收禁者，仍令該衙門照常收禁；若情罪甚輕，令取具的保候審，不必監禁，如有踈縱等弊，即將原保之人一併究治。

凡罪人枷鎖，順治十七年議准：凡徒罪以上，帶鐵鎖三條；笞杖以下輕罪，止帶鐵鎖一條。〇康熙八年覆准：部内監禁人犯，止用細鍊，不用長枷，其應枷號人犯，重者，七十觔，輕者，六十觔，長三尺，闊二尺九寸，内外問刑衙門，俱照部式遵行。〇九年題准：官員將斬絞人犯在獄不加杻鎖，以致自盡者，降一級調用，上司不申報者，罰俸一年，如已上杻鎖自盡，或病死者，免議。〇十二年題准：凡關係强盗人命等重罪人犯，脖項手足，應用鐵鎖杻鐐各三條，其餘人犯，用鐵鎖杻鐐各一條。〇四十五年覆准：枷犯患病，即行釋放醫治，病痊之日補枷。

罪名

笞二十

鞫獄官於杖罪囚人應杻而鎖應鎖而杻者。

笞三十

鞫獄官於杖罪囚人應禁不禁，應鎖杻不鎖杻及脱去者。〇於徒罪囚人應杻而鎖，應鎖而杻者。

杖罪囚人自脱去鎖杻及司獄官、典獄卒私與脱去者。〇提牢官知而不舉者。

笞四十

鞫獄官於徒罪囚人應禁不禁,應鎖杻不鎖杻及脱去者。〇於流罪囚人應杻而鎖,應鎖而杻者。

徒罪囚人自脱去鎖杻及司獄官、典獄卒私與脱去者。〇提牢官知而不舉者。

笞五十

鞫獄官於流罪囚人應禁不禁,應鎖杻不鎖杻及脱去者。〇於死罪囚人應杻而鎖,應鎖而杻者。

流罪囚人自脱去鎖杻及司獄官、典獄卒私與脱去者。〇提牢官知而不舉者。

杖六十

鞫獄官於死罪囚人應禁不禁,應鎖杻不鎖杻及脱去者。〇於囚之不應禁而禁,不應鎖杻而鎖杻者。

死罪囚人自脱去鎖杻及司獄官、典獄卒私與脱去者。〇提牢官知而不舉者。

杖七十

鞫獄司獄、提牢官、典獄卒受財故爲操縱輕重,計贓一兩以下者,無禄人一兩至五兩者。

杖八十

鞫獄司獄、提牢官、典獄卒受財故爲操縱輕重,計贓一兩至五兩者,無禄人一十兩者。

杖九十

鞫獄司獄、提牢官、典獄卒受財故爲操縱輕重,計贓一十兩者,無禄人一十五兩者。

杖一百

鞫獄司獄、提牢官、典獄卒受財故爲操縱輕重,計贓一十五兩者,無禄人二十兩者。

徒一年杖六十

鞫獄司獄、提牢官、典獄卒受財故爲操縱輕重,計贓二十兩者,無禄人二十五兩者。

徒一年半杖七十

鞫獄司獄、提牢官、典獄卒受財故爲操縱輕重,計贓二十五兩者,無禄人三十兩者。

徒二年杖八十

鞫獄司獄、提牢官、典獄卒受財故爲操縱輕重，計贓三十兩者，無禄人三十五兩者。

徒二年半杖九十

鞫獄司獄、提牢官、典獄卒受財故爲操縱輕重，計贓三十五兩者，無禄人四十兩者。

徒三年杖一百

鞫獄司獄、提牢官、典獄卒受財故爲操縱輕重，計贓四十兩者，無禄人四十五兩、五十兩、五十五兩者。

流二千里杖一百

鞫獄司獄、提牢官、典獄卒受財故爲操縱輕重，計贓四十五兩者。

流二千五百里杖一百

鞫獄司獄、提牢官、典獄卒受財故爲操縱輕重，計贓五十兩者。

流三千里杖一百

鞫獄司獄、提牢官、典獄卒受財故爲操縱輕重，計贓五十五兩者，無禄人八十兩者。

絞監候

鞫獄司獄、提牢官、典獄卒受財故爲操縱輕重，計贓八十兩者，無禄人一百二十兩者。

故禁故勘平人

凡官吏懷挾私讐，故禁平人者，杖八十；因而致死者，絞。提牢官及司獄官、典獄卒，知而不舉首者，與同罪；至死者，減一等；不知者，不坐。若因公事干連平人在官，無招誤禁致死者，杖八十；有文案應禁者，勿論。○若故勘平人者，杖八十。折傷以上，依凡鬭傷論。因而致死者，斬。同僚官及獄卒知情共勘者，與同罪，至死者，減一等；不知情及依法拷訊者，不坐。若因公事干連平人在官事須鞫問及罪人贓仗，證佐明白，不服招承，明立文案，依法拷訊，邂逅致死者，勿論。

附律定例

一、内外問刑衙門，一應該問死罪并竊盗搶奪重犯，須用嚴刑拷訊，其餘止用杖朴常刑，若酷刑官員不論情罪輕重，輒用梃棍腦箍非刑等項，慘刻刑具，若但傷人，不曾致死者，俱奏請，文官降級調用，武官降級，於本衛所帶俸;因而致死者,文官發原籍爲民,武官革職,隨舍餘食糧差操;若致死至三命以上者,文官發附近,武官發邊衛各充軍。

雍正三年律例館奏准:官員酷刑傷人及致死者,文武一體依律擬罪,此條删。

雍正三年律例館奏准增定附律例文

一、内外在監人犯,槩不用枷,俱照常用細鍊,其在外大小衙門所用刑杖,並應枷罪犯所用木枷,俱照部式遵行。

一、凡强竊盜人命等事,先已招認明白,後竟改供,或證據已明,再三詳究,不吐實情者,始行夾訊,其餘小事,不得亂用夾棍,違者,題參治罪,在外衙門,除督撫、按察司正印官於强盜人命許酌用夾棍外,其餘大小衙門,不許擅用。

雍正五年律例館奏准增定附律例文

一、佐貳等官,不准亂用夾棍拶指等刑,若係正印官批發審理者,呈請批准,方許刑審,若不呈請而擅用,及佐貳等官並武弁擅設夾棍拶指等刑具者,該督撫題參,交該部議處,該管正印官亦照失察例處分。

一、凡謀反、叛逆十惡并實犯死罪,及搶奪、强竊盜、貪污、蠹役、人命、光棍、賭博等情罪重大正犯及干連有罪人犯,仍准夾訊外,其别項小事,概不許濫用夾棍;若内外問刑官將案内不應夾訊之人擅用夾棍,及雖係應夾之人而因夾身死,並恣意疊夾致死者,將問刑官題參,交該部分别議處,如有别項情弊,從重論,若屬官將不應夾訊人犯呈明,堂官、上司夾訊者,其不詳慎之堂官、上司官,亦交該部議處。

一、凡大小衙門問刑官員,將刑獄供招無故遲延,不行速結,及無故淹禁平人者,承審官革職,因而致死及故勘致死者,俱依律治罪。

一、夾棍中梃木長三尺四寸,兩旁木各長三尺,上圓下方,圓頭各闊一寸八分,方面各闊二寸,從下量至六寸處,鑿成夾懷子骨圓窩,四個面方各一寸六分深,各七分拶指,以五根圓木爲之各長七寸,徑圓各四分五釐,其應夾人犯,不得實供,方夾一次,再不實供,許再夾一次,打攅四十,有司官員任意多用者,該督撫不時察參,上司徇隱,事發,並交該部議處。

一、凡内外大小問刑衙門,設有監獄,除監禁重犯外,其餘干連並一應輕罪人犯,即令地保保候審理,如有不肖官員,擅設倉舖所店等名,私禁輕罪人犯及致淹斃者,該督撫即行指參,照律擬斷。

一、凡用刑衙門不照題定夾棍式樣造用者,用刑官照酷刑例治罪,上司各官照徇庇例治罪。

歷年事例

順治十二年覆准:凡官員擅取監犯病呈致死者,依謀殺人律擬斬,獄官禁卒人等,聽從指使下手者,依從而加功律擬絞,不加功杖一百、流三千里。○十八年議定:官員擅用柙牀者,革職,杖一百、流三千里,禁卒杖一百,革役。○又覆准:凡捕獲强盗,有妄用腦箍毛竹連根大板及竹簽烙鐵等刑致斃人命者,以故殺人律擬罪。○康熙三年覆准:凡獄卒有創爲木籠,苛虐獄犯者,督撫查參,從重擬罪。○四年覆准:凡地方官將殷實平民指稱土豪,拘禁勒財者,督撫題參,從重治罪。○九年題准:凡官員將重罪要犯致死,以圖滅口者,革職提問該上司不據實揭報,降二級調用。○十二年覆准:凡司、道、府、廳批審州縣事件,將人犯發該州縣監禁,其自審事件,將人犯即在本衙門監禁,本衙門無監者,方發州縣,若有監而故發州縣者,督撫查參議處。○四十年議准:問刑官員違例用刑,故勘平人,誣指良民爲盜,擅責無罪生員者,該督撫指名題參,交與該部,嚴加議處,如督撫容隱,一併交與該部議處。

罪名

杖八十

官吏懷挾私讐,故禁平人者。○提牢官及司獄官、典獄卒知而不舉首者。

因公事干連平人在官,無招誤禁致死者。

官吏懷挾私讐,故勘平人者。○同僚官及獄卒知情而與之共勘者。

杖一百

官吏懷挾私讐,故勘平人,折一齒及手足一指,眇一目,抉毀耳鼻,若破傷骨者○同僚官及獄卒知情而與之共勘者。

徒一年杖六十

官吏懷挾私讐,故勘平人,折二齒二指以上及髡髮者。○同僚官及獄卒知情而與之共勘者。

徒二年杖八十

官吏懷挾私讐,故勘平人,折人肋,眇人兩目,墮人胎者。○同僚官及獄卒知情而與之共勘者。

徒三年杖一百

官吏懷挾私讐,故勘平人,折跌人肢體及瞎人一目者。○同僚官及獄卒知情而與之共勘者。

流三千里杖一百

官吏懷挾私讐,故勘平人,瞎人兩目,折兩肢,損二事以上及因舊患令至篤疾,若斷人舌及毁敗人陰陽者。○同僚官及獄卒知情而與之共勘者。

官吏故禁、故勘平人致死,其提牢官及司獄官、典獄卒知而不舉首,其同僚官及獄卒知情而與之共勘者。

絞監候

官吏懷挾私讐,故禁平人致死者。

斬監候

官吏懷挾私讐,故勘平人致死者。

淹禁

凡獄囚情犯已完,監察御史、提刑按察司審録無冤,别無追勘事理,應斷決者,限三日内斷決,應起發者,限一十日内起發,若限外不斷決不起發者,當該官吏三日笞二十,每三日加一等,罪止杖六十,因而淹禁致死者,若囚該死罪杖六十,流罪杖八十,徒罪杖一百,杖罪以下杖六十、徒一年。

雍正三年律例館奏准:監察御史指巡按御史言,今無巡按御史,律文"監察御史"四字應删,今直省刑名事件,俱係督撫詳定具題候旨定奪,無按察司官審録無冤别無追勘事理即行斷決之事,律文提刑按察司五字應删,總改爲法司督撫。

雍正五年律例館奏准增定附律例文

一、凡恩詔頒到赦款内,除已經刑部法司覆核明白應免罪囚,逐一詳查,登時釋放,另行題明外,如有情罪可疑者,限赦到一月内,即彙疏奏請,其未經法司核覆明白者,俟法司核覆文到之日,即時釋放,毋得耽延時日,如赦到奏請違限及將應免輕罪人犯並無辜之人,仍濫行監禁者,交該部議處。

一、刑部現審事件,著令承審司官每於月底,各將所審案件,逐案開具簡明略節,并監犯名數、收監日期造具清册,其有行提應質人犯等項,不能依限完結者,將緣由一併造入册内,呈堂查核;若有濫行監禁及無故遲延不結者,即將該司官指名題參,照例議處,若刑部不行題參,或被科道參出,或别經發覺,將堂官一併議處;其直省問刑各衙門,亦於每月一體造具清册,呈報督撫查核,如有濫禁等弊,該督撫即行題參,照例議處,若督撫不行題參,或被部院科道糾參,或别經發覺,將該督撫一併議處。

歷年事例

順治十二年諭:“凡問刑事件隨至隨結,如任意遲悞者,决不輕恕。”〇十三年題准:凡有大案獄情,即應具招定罪,其州縣等官自理事件,亦不得濫行監禁,違者,該撫按指名參處。〇十五年覆准:凡各府、州、縣官,每季將現監罪犯姓名、年月、情節併係何官未經審結緣由造册,申報司道,轉詳撫按,有無故縶獄,淹斃人命者,按察司指名開報,撫按據實題參。〇十八年覆准:凡案件未結,監斃多人者,該撫按將承問官題參,按律治罪。〇康熙四年題准:凡督撫現在提問究擬人犯,無應追之贓者,遇赦即行釋放,然後具題,其有應追之贓者,亦將人犯釋放,審明贓物,具題候結。〇八年覆准:凡承問各官遲延,監斃多人者,該督撫逐件題參議處,督撫不行題參,一併議處。〇九年議准:凡承審各官,將正犯取定口供,在限内監斃者,免議;限内不取口供,一案淹斃一、二人者,罰俸六個月,三、四人者,罰俸一年,五、六人者,降一級留任,七、八人者,降二級調用,九人以上者,革職;若淹斃因事干連至一、二人者,罰俸一年,三人者,降一級留任,四人者,降二級調用,五人者,革職,上司官不據實題參者,降二級調用;至已取口供,逾限不結,將正犯監斃者,照限内不取口供例處分,若將牽連無干之人監斃一人者,降一級調用,二人者,降二級調用,三人以上者,革職,上司官不據實題參者,亦降二級調用;若限内不能完結,雖經展限,有淹禁致死者,仍照限内監斃例處分,若在展限之外死者,亦照逾限例處分;其因私讐監斃人命者,照律議罪。〇十一年題准:凡承問各官,將正犯取定口供限内不行題結,於一案内監斃一、二人者,免議,三、四人者,罰俸三個月,五、六人者,罰俸六個月,七、八人者,罰俸一年,九人、十人以上者,降一級留任,若在具題之後監斃者,免議。〇十二年題准:凡承問官將正犯及牽連無干之人遲延監斃者,查係某官承審,止將承審之官議處。〇十六年覆准:凡遇恩詔到日,欵内應免罪囚,已經部覆明白者,即時詳察釋放,該管官濫行監禁,遲至十日不放者,革職,其應候法司核覆人犯文到之後,不即遵照釋放者,亦革職,該上司不行查參,俱降二級調用,該督撫降一級留任,若人犯情罪可疑者,限赦到一月内,即詳明奏請,遲至一月以上者,降一級調用,上司官罰俸一年,該督撫罰俸六個月,違限二月以上者,該管官降二級調用,該上司降一級留任,督撫罰俸一年,違限三月以上者,該管官革職,該上司降二級調用,督撫降一級留任,如係該上司及督撫有遲延者,亦照此例處分,該管官免議。〇十七年題准:凡遲延監斃人犯,於一案内,或監斃,或中途病死但至三名,即將承審各官一併議處,督撫不據實題参者,亦議處。〇二十二年議准:凡京城内問刑衙門承審各官,將問理事件於限内不取口供審明,或取供逾限不結,及不速行具題,以致正犯并牽連之人監禁斃命,或羈門斃命者,查一案内所斃人數,將承審司官照外官例處分,堂官不據實題参者,照督撫例處分。〇二十三年諭:"人犯雖係有罪,監斃亦屬可憫。以後著該管官員加意存恤,無致濫斃,以副慎重人命至意。"〇三十五年議准:外省併各州縣獄内監禁重犯,甚少不便,照在京獄官例處分,嗣後外省獄内監斃一人者,罰俸三個月,二人者,罰俸六個月,三人者,罰俸九個月,四人者,罰俸一年,五人以上者,革職;其州縣監獄,係吏目、典史專管,亦照此例議處。〇五十三年諭:"朕聽政多年,勤求民瘼,刑獄之事,尤所留心。詳閱直隸及各省題奏命盗各案,自審結以至題請,或踰時,或經歲部議,間有覆駁,再令詳審者,案内牽連之人,雖笞杖輕罪,不免羈禁,以需完結,淹歷歲時,離家失業,致於飢寒病斃者,往往有之。朕軫念民命,深用憫惻,嗣後直省刑名,除重犯案内軍流徒罪,仍行候旨完結外,所有杖罪以下輕罪,著該督撫於審結日,即行發落,不必羈候部覆,只於疏内逐一聲明,務使無知罣誤之民,早得脱身寧家,以副朕哀矜體恤至意。其不關題請各督撫應自行審結發落者,仍照舊例。"〇五十四年覆准:嗣後各省具題案内,應擬枷號者,俱照依杖罪,先行發落。〇雍正二年題准:凡命盗等案有監斃人犯者,或隨招附参,或監斃在具題之後仍行補参,勿得於正案未審結之先咨参監斃,借端銷案,其有重犯已斃,餘犯無庸具題者,務將原供全案備細,造報刑部,嚴加察核,不協者,駁令改正,其允協者,務須註明情罪允協,應照該督撫所咨完結等語、監斃職名,交與吏部照例議處。〇三年議准:嗣後除管獄官將盗犯未經取供案、未審明監斃及滅口致死者,仍照例議處外,如已經取供審明,後管獄官並無致斃情事,在監病故四人以下者,將管獄官免其議處;至將一案内盗犯監斃五人以上者,仍將管獄官罰俸一年。凡强盗案件,督撫具題,將監斃人數於本内聲明,即行免議。〇四年諭:"從來監斃人犯,多由獄官疎忽,一任禁卒陵逼所致。若使本犯有應死之罪,又當一論。其軍流以下輕罪之人,瘐斃在獄,甚屬可憫。向來監斃人犯之處分,不分本犯情罪之輕重,似屬未協。嗣後監斃不應死之輕犯,與應死之重犯,其處分似應分别輕重,著爲定例,著九卿議奏。其犯輕罪之人在獄病者,如何應否保釋調治,再督撫題報監斃人犯本内,務將本犯情罪並病故緣由如何聲明,不令朦混之處,亦著議奏。"遵旨議准:嗣後獄卒陵虐罪囚及司獄官典等知而不舉者,仍照律治罪外,若非陵虐而病斃者,如係監斃斬絞重犯,應比定例量爲減輕,一案内監斃一人者,管獄官罰俸一個月,二人者,罰俸三個月,三人者,罰俸六個月,四人者,罰俸九個月,五人以上者,罰俸一年,監斃軍流罪犯者,應仍照外省獄内定例處分,監斃徒罪以下人犯者,應比定例量爲加重。如一案内徒罪以下監斃一人,管獄官罰俸六個月,二人者,罰俸九個月,三人者,罰俸一年,四人以上者,革職;至於刑部,乃刑名總匯之地,案件繁多,其司獄官典之處分,向例原與外省之處分有别,嗣後監斃斬絞重犯者,應比定例量爲減輕,一案内監斃三、四人者,罰俸一個月,五、六人者,罰俸三個月,七、八人者,罰俸六個月,九人、十人者,罰俸九個月,十一人以上,罰俸一年,監斃軍流罪犯者,應仍照在京問刑部司獄内定例處分,監斃徒罪以下人犯者,應比照定例量爲加重,一案内徒罪以下監斃三、四人者,司獄罰俸六個月,五、六人者,罰俸九個月,七、八人者,罰俸一年,九人以上者,革職;至有一案内監斃二三人以上,其間有斬、絞、軍流、徒、杖之犯,仍照以上各條分别議處;再徒罪以下輕罪人犯在監患病者,獄官即行報明,承審官即行赴監所,驗看是實,行令該佐領、驍騎校、地方官取具的保保出調治,俟病愈即送監審結,其外解人犯無人保出者,令其散處外監,加意醫治。如獄官不即呈報及承審官不即驗看保釋者,俱照淹禁律治罪。如本犯無病而串通獄官、醫生捏稱有病者,該犯並獄官、醫生,俱照詐病避事律治罪,或病已痊愈而該佐領、驍騎校、地方官不即送監審結者,將本犯及該佐領、驍騎校、地方官,亦俱照詐病避事律治罪,若保出故縱者,將保人治以本犯應得之罪,疎脱者,減一等,仍將取保不的之該佐領、驍騎校、地方官題參議處;若有受賄情弊,並計贓,以枉法從重論;至督撫題報監斃人犯,務將本犯所犯罪名、所患病症及有無陵虐、曾否保釋逐一聲明。如有朦混情弊,查出,交部分别議處。〇五年議准:嗣後彙題事件,除奉旨所交并情罪可惡者,仍俟奉旨後發落,其餘平常罪犯,如竊盗三犯,贓數不多,改遣家奴,吃酒行兇發遣及賭博擬流,販私擬徒,男婦通姦擬以枷責等項,凡與此相類罪犯,於審結之後,即照例先行發落,仍於彙題疏内聲明。〇又議准:嗣後現審事件,著令承審司官每於月杪,各將所審案件逐案開具簡明略節,并監犯名數、收監日期,造具清册,其有行提應質人犯等項,不能依限完結者,將緣由一併造入册内,呈堂查核,若有濫行監禁及無故遲延不結者,即將該司官指名題參,照例議處,若堂官不行題參,或被科道參出,或别經發覺者，將堂官一并議處，其直省問刑各衙門，亦於每月一體造具清册，呈報督撫查核。如有濫禁等弊，該督撫即行題參，照例議處，若督撫不行題參，或被部院科道糾參。或别經發覺者，將該督撫一併議處。

罪名

笞二十

官吏斷決起發罪囚逾限三日者。

笞三十

官吏斷決起發罪囚逾限六日者。

笞四十

官吏斷決起發罪囚逾限九日者。

笞五十

官吏斷決起發罪囚逾限十二日者。

杖六十

官吏斷決起發罪囚逾限十五日者。〇因而淹禁致死死罪之囚者。

杖八十

官吏逾限不斷決起發流罪之囚因而淹禁致死者。

杖一百

官吏逾限不斷決起發徒罪之囚因而淹禁致死者。

徒一年杖六十

官吏逾限不斷決起發笞杖罪囚因而淹禁致死者。

陵虐罪囚

凡獄卒非理在禁陵虐毆傷罪囚者，依凡鬬傷論；尅減衣糧者，計贓以監守自盗論；因而致死者，絞。司獄官典及提牢官知而不舉者，與同罪；至死者，減一等。

附律定例

一、法司問斷過各處進本等項，人犯發各衙門程遞者，除原有杻鐐及牢固字樣照舊外，押解人役若擅加杻鐐，非法亂打，搜檢財物，剥脱衣服逼致死傷及受財故縱，并聽憑狡猾之徒買求殺害者，除實犯死罪外徒罪以上，屬軍衛者，發邊衛充軍，屬有司者，發邊外爲民。

雍正三年律例館奏准："一、法司問斷"至"程遞者"二十一字改爲"一、在内法司問發程遞人犯，在外問刑衙門程遞來京及遞解别省人犯"。

雍正三年律例館奏准增定附律例文

一、凡强盗人命等案重罪人犯，項及手足用鐵鎖杻鐐各三道，其餘人犯，俱用鐵鎖杻鐐各一道。

一、凡部發遞解及外省解部並解别省人犯，僉差官員務選有家業正役解送，如解役違禁，沿途措勒拷打人犯事發者，所在官司即將解役嚴行懲治，若因而致死人犯者，所在官司申報，督撫嚴審，照律從重定擬，其解役教唆人犯通同搶奪者，俱以光棍例治罪；中途患病者，原解即報明所在官司親身驗明，出具印結，取結後犯人身死者，官役俱免議，若未取病結，在途身死者一名以上，僉差官員交該部照例按名議處，解役杖一百、徒三年，三名以上，杖一百、流三千里，五名以上，發邊衛充軍。

一、刑部各司，如遇有應掌嘴訊問之事，照請刑例，令具稿回堂，不許任意掌嘴。

一、凡流徙寧古塔尚陽堡等處人犯，及各省解京并解别省軍流等犯，若押解兵役驛夫人等，敢於中途擅加杻鐐，及毆打逼勒財物者，照例治罪外，如姦污犯人妻女者，依姦囚婦律杖一百、徒三年，押解官雖不知情，亦交該部嚴加議處。如押解官自犯姦污及陵虐勒財者，交該部從重議罪；其被害犯人係流徙寧古塔等處者，許赴盛京户部控告，係外省解京及解各省者，許赴刑部並所在官司控告。

一、凡在京各省發回原籍安插並流徙充軍等犯，有中途患病者，即著該地方官留養醫治，隨行親屬病者，亦准留養，俟病痊起解，仍將患病日期報部，如不行留養致有病故，及受財囑托捏病遲延者，將該地方官交部議處。

雍正五年律例館奏准增定附律例文

一、凡獄卒有受罪人讐家賄囑，謀死本犯者，依謀殺人首從律治罪。

一、凡犯人出監之日，提牢官司獄細加查問，如有禁卒人等陵虐需索者，計贓治罪，仍追贓給還犯人，提牢官司獄不行查問，事發之日，亦照失察例議處。

一、徒罪以下人犯患病者，獄官報明，承審官即行赴監，驗看是實，行令該佐領驍騎校地方官取具的保，保出調治，俟病愈即送監審結，其外解人犯無人保出者，令其散處外監，加意醫治，如獄官不即呈報及承審官不即驗看保釋者，俱照淹禁律治罪；若本犯無病而串通獄官醫生，捏稱有病者，該犯并獄官醫生俱照詐病避事律治罪，或病已痊愈，而該佐領驍騎校地方官不即送監審結者，將本犯及該佐領驍騎校地方官，亦俱照詐病避事律治罪；若保出故縱者，將保人治以本犯應得之罪，疎脱者，減一等，仍將取保不的之該佐領驍騎校，該地方官題參議處。若有受賄情弊，計贓以枉法從重論；至督撫題報監斃人犯，將本犯所犯罪名、所患病症及有無陵虐、曾否保釋逐一聲明，如有朦朧情弊，查出交部分别議處。

歷年事例

康熙二十二年議准：凡獄卒及守門人等，有將犯人陵虐尅減需索者，承審官嚴察拘拏，照律治罪，若陵虐致斃一案内三、四人者，司獄罰俸三個月，五、六人者，罰俸六個月，七、八人者，罰俸九個月，九人、十人者，罰俸一年，十一人以上者，革職；在門斃命者，該城門尉、城門校、千總，俱照司獄例處分。〇四十五年議准：人犯審後發回，行至中途帶病，進監即故，管獄官毋容指參。〇雍正元年議准：獄官通同獄卒勒索罪囚銀錢者，該管官揭報，督撫即行題參，照律治罪；至獄卒有受罪人讐家賄囑謀死本犯者，均照謀殺人首從律治罪，其失察之該管官交與該部從重議處。〇三年議准：嗣後若非强盗，而解役人等擅用觀音鐲，並將應毁之背鐐陵虐罪囚者，一經受害之人告發，或經查出，即將該管官并司獄禁卒解役人等，一併交與該部，從重治罪。〇又議准：提牢司獄當不時嚴查，在監人犯有被禁卒人等設法陵虐，需索銀錢者，將禁卒人等計贓治罪，仍追原贓給還犯人；提牢司獄不行查問，事發之日，照失察例議處。〇四年諭："朕欽恤刑獄，每遇讞決，無論罪之重輕，必原情酌理，再三推求，務使情罪允協。又念罪人幽囚叢棘，易致痍斃，屢諭問刑衙門修整監獄，督責禁卒不時灑掃潔净，遇有疾病，必加意調治，務令痊可，此亦矜恤罪囚之一端也。乃近閲各省本章，監斃人犯不少，多由羈禁之處跼隘倒敝，以致嚴寒暴暑侵骨刻肌，潮濕穢惡之氣熏蒸傳染之故也。況監獄不固防禦，多疎罪人越獄，脱逃亦所不免。特飭各直省督撫通查所屬監獄，逐一修葺，並高築墻垣，以資防範。其地勢低窪者，改造高阜之處；狹隘者，酌量刑獄繁簡，展寬蓋造。凡枷號暫羈之門，關倉所亦必繕治完固。正印官仍不時稽察，毋令獄官獄卒任意陵虐，懈弛疎防，如此則罪人不致痍病，而監禁既固亦可免越逃之虞。該督撫其各仰體朕好生至意，督令有司遵行無忽。"

罪名

笞一十

應笞一十罪犯患病保出保人故縱者。〇笞二十罪犯保出疎脱者。

笞二十

應笞二十罪犯患病保出保人故縱者。○笞三十罪犯保出疎脱者。

笞三十

獄卒虐毆罪囚以手足毆成傷以他物毆不成傷者。○司獄官典及提牢官知而不舉者。

應笞三十罪犯患病保出保人故縱者。○笞四十罪犯保出疎脱者。

笞四十

獄卒虐毆罪囚以他物毆成傷者。○司獄官典及提牢官知而不舉者。

應笞四十罪犯患病保出保人故縱者。○笞五十罪犯保出疎脱者。

徒罪以下監犯詐病避輕事者該犯并獄官醫生。○患病保出監犯病愈而該佐領、驍騎校、地方官不即送監審結避輕事者，本犯及該佐領、驍騎校、地方官。

笞五十

獄卒虐毆罪囚拔髮方寸以上者。○司獄官典及提牢官知而不舉者。

應笞五十罪犯患病保出保人故縱者。○杖六十罪犯保出疎脱者。

杖六十

應杖六十罪犯患病保出保人故縱者。○杖七十罪犯保出疎脱者。

徒罪以下患病人犯保出故縱脱逃保人及該管官受財，其無禄人計贓一兩以下者。

杖七十

應杖七十罪犯患病保出保人故縱者。○杖八十罪犯保出疎脱者。

徒罪以下患病人犯保出故縱脱逃保人及該管官受財，其有禄人計贓一兩以下，無禄人計贓一兩至五兩者。

杖八十

獄卒虐毆罪囚血從耳目中出及内損吐血若以穢物污頭面者。○剋減官給囚衣糧計贓一兩以下者。○司獄官典及提牢官知而不舉者。

徒罪以下監犯詐病避重事者該犯并獄官醫生。○患病保出監犯病愈而該佐領、驍騎校、地方官不即送監審結避重事者，本犯及該佐領、驍騎校、地方官。

應杖八十罪犯患病保出保人故縱者。○杖九十罪犯保出疎脱者。

徒罪以下患病人犯保出故縱脱逃保人及該管官受財，其有禄人計贓一兩至五兩，無禄人計贓一十兩者。

杖九十

獄卒剋減官給囚衣糧計贜一兩之上至二兩五錢者。○司獄官典及提牢官知而不舉者。

應杖九十罪犯患病保出保人故縱者。○杖一百罪犯保出疎脱者。

徒罪以下患病人犯保出故縱脱逃保人及該管官受財,其有禄人計贜一十兩,無禄人計贜一十五兩者。

杖一百

獄卒虐毆罪囚折一齒手足一指、眇一目、抉毁耳鼻,若破傷骨及用湯火、銅鐵汁傷人,若以穢物灌入口鼻内者。○剋減官給囚衣糧計贜五兩者。○司獄官典及提牢官知而不舉者。

禁卒於獄内用桎牀者。

應杖一百罪犯患病保出保人故縱者。○徒一年罪犯保出疎脱者。

徒罪以下患病人犯保出故縱脱逃保人及該管官受財,其有禄人計贜一十五兩,無禄人計贜二十兩者。

徒一年杖六十

獄卒虐毆罪囚折二齒、二指以上及髡髮者。○剋減官給囚衣糧計贜七兩五錢者。○司獄官典及提牢官知而不舉者。

應徒一年罪犯患病保出保人故縱者。○徒一年半罪犯保出疎脱者。

徒罪以下患病人犯保出故縱脱逃保人及該管官受財其有禄人計贜二十兩,無禄人計贜二十五兩者。

徒一年半杖七十

獄卒剋減官給囚衣糧計贜一十兩者。○司獄官典及提牢官知而不舉者。

應徒一年半罪犯患病保出保人故縱者。○徒二年罪犯保出疎脱者。

徒罪以下患病人犯保出故縱脱逃保人及該管官受財,其有禄人計贜二十五兩,無禄人計贜三十兩者。

徒二年杖八十

獄卒虐毆罪囚折肋、眇兩目墮人胎及刃傷人者。○剋減官給囚衣糧計贜一十二兩五錢者。○司獄官典及提牢官知而不舉者。

應徒二年罪犯患病保出保人故縱者。○徒二年半罪犯保出疎脱者。

徒罪以下患病人犯保出故縱脱逃保人及該管官受財,其有禄人計贜三十兩,無禄人計贜三十五兩者。

徒二年半杖九十

獄卒剋減官給囚衣糧計贓一十五兩者。〇司獄官典及提牢官知而不舉者。

應徒二年半罪犯患病保出保人故縱者。〇徒三年罪犯保出疎脱者。

徒罪以下患病人犯保出故縱脱逃保人及該管官受財,其有禄人計贓三十五兩,無禄人計贓四十兩者。

徒三年杖一百

獄卒虐毆罪囚折跌肢體及瞎一目者。〇剋減官給囚衣糧計贓一十七兩五錢者。〇司獄官典及提牢官知而不舉者。

解役遞解人犯,中途患病未取所在官司病結,犯人身死一名以上者。

押解兵役驛夫人等姦污犯人妻女者。

應徒三年罪犯患病保出保人故縱者。

徒罪以下患病人犯保出故縱脱逃保人及該管官受財,其有禄人計贓四十兩,無禄人計贓四十五兩、五十兩、五十五兩者。

准徒四年雜犯三流

獄卒剋減官給囚衣糧二十兩、二十五兩、三十兩者。〇司獄官典及提牢官知而不舉者。

流二千里杖一百

徒罪以下患病人犯保出故縱脱逃保人及該管官受財,其有禄人計贓四十五兩者。

流二千五百里杖一百

徒罪以下患病人犯保出故縱脱逃保人及該管官受財,其有禄人計贓五十兩者。

流三千里杖一百

獄卒虐毆罪囚瞎兩目、折兩肢、損二事以上及因舊患令至篤疾若斷舌及毁敗陰陽者。〇司獄官典及提牢官知而不舉者。

獄卒虐毆罪囚及剋減囚衣糧致死,其司獄官典及提牢官知而不舉者。

解役遞解人犯中途患病未取所在官司病結,犯人身死三名以上者。

獄官禁卒人等聽從鞫獄官員指使致死監犯,其爲從而未曾下手者。

問刑官於獄内用榧牀者。

獄卒受罪人讐家賄囑謀死本犯其爲從而不加功者。

徒罪以下患病人犯故縱脱逃,保人及該管官受財,其有禄人計贓五十五兩,無禄人計贓八十兩者。

邊外爲民

内外程遞人犯其押解人役逼致死傷,及受財故縱并聽憑買求殺害,除實犯死罪外徒罪以上屬有司者。

邊衛充軍

内外程遞人犯其押解人役逼致死傷,及受財故縱并聽憑買求殺害,除實犯死罪外徒罪以上屬軍衛者。

解役遞解人犯中途患病未取所在官司病結,犯人身死五名以上者。

絞監候

獄卒虐毆罪囚及剋減官給囚衣糧致死者。

解役違禁沿途措勒拷打人犯因而致死者。

獄官禁卒人等聽從鞫獄官員指使致死監犯下手者。

獄卒受罪人讐家賄囑謀死本犯從而加功者。

徒罪以下患病人犯保出故縱脱逃保人及該管官受財,其有禄人計贓八十兩,無禄人計贓一百二十兩者。

斬雜犯准徒五年

獄卒剋減官給囚衣糧計贓四十兩者。○司獄官典及提牢官知而不舉者。

斬監候

官員擅取病呈致死監犯者。

獄卒受罪人讐家賄囑謀死本犯爲首者。

斬決

解役教唆人犯通同搶奪者。○搶奪人犯者。

與囚金刃解脱

凡獄卒以金刃及他物可以自殺及解脱枷鎖之具而與囚者,杖一百;因而致囚在逃及自傷或傷人者,並杖六十、徒一年;若囚自殺者,杖八十、徒二年;致囚反獄及殺人者,絞。其囚在逃未斷之間能自捕得及他人捕得,若囚已死及自首者,各減一等。○若常人以可解脱之物與囚人,及子孫與祖父母、父母奴婢、僱工人與家長者,各減一等。○若司獄官典及提牢官知而不舉者,與同罪;至死者,減一等。○若受財者,計贓以枉法從重論。○若獄囚失於檢點,致囚自盡者,獄卒杖六十,司獄官典各笞五十,提牢官笞四十。

雍正三年律例館奏准:“枷鎖”二字改爲“鎖杻”。

歷年事例

康熙六年題准:獄官防範不嚴,以致斬絞人犯執持鐵器等物在獄傷人,未出獄者,降一級調用,該管官罰俸一年。

罪名

笞四十

提牢官失於檢點致囚自盡者。

笞五十

司獄官典失於檢點致囚自盡者。

杖六十

獄卒失於檢點致囚自盡者。

杖九十

常人以金刃及他物,可以自殺及解脱鎖杻之具與囚,得贓一十兩者,無禄人一十五兩者。

常人囚之子孫奴婢僱工人以金刃及他物,可以自殺及解脱鎖杻之具與囚者。〇司獄官典及提牢官知而不舉者。

常人囚之子孫奴婢僱工人以金刃及他物與囚致囚在逃,未斷之間能自捕得及他人捕得,若囚已死及自首者。

杖一百

獄卒以金刃及他物,可以自殺及解脱鎖杻之具與囚者。〇司獄官典及提牢官知而不舉者。

獄卒以金刃及他物與囚致囚在逃,未斷之間能自捕得及他人捕得,若囚已死及自首者。

常人囚之子孫奴婢僱工人以金刃及他物,可以自殺及解脱鎖杻之具與囚,因而致囚在逃及自傷或傷人者。〇司獄官典及提牢官知而不舉者。

以金刃他物及可解脱之具與囚,其獄卒常人提牢司獄官典受財一十五兩,無禄人二十兩者。

徒一年杖六十

獄卒以金刃他物,可以自殺及解脱鎖杻之具與囚,因而致囚在逃及自傷或傷人者。〇司獄官典及提牢官知而不舉者。

以金刃他物及可解脱之具與囚,其獄卒常人提牢司獄官典受財二十兩,無禄人二十五兩者。

徒一年半杖七十

常人以金刃他物及可解脱之具與囚,及囚之子孫奴婢僱工人與在獄之祖父母父母家長致自殺者。○司獄官典及提牢官知而不舉者。

以金刃他物及可解脱之具與囚,其獄卒常人提牢司獄官典受財二十五兩,無禄人三十兩者。

徒二年杖八十

獄卒以金刃他物可以自殺及可解脱鎖杻之具與囚,因而自殺者。○司獄官典及提牢官知而不舉者。

以金刃他物及可解脱之具與囚,其獄卒常人提牢司獄官典受財三十兩,無禄人三十五兩者。

徒二年半杖九十

以金刃他物及可解脱之具與囚,其獄卒常人提牢司獄官典受財三十五兩,無禄人四十兩者。

徒三年杖一百

常人因之子孫奴婢僱工人以金刃及他物與囚,致囚反獄在逃,未斷之間能自捕得及他人捕得,若囚已死及自首者。

以金刃他物及可解脱之具與囚,其獄卒常人提牢司獄官典受財四十兩,無禄人四十五兩、五十兩、五十五兩者。

流二千里杖一百

以金刃他物及可解脱之具與囚,其獄卒常人提牢司獄官典受財四十五兩者。

流二千五百里杖一百

以金刃他物及可解脱之具與囚,其獄卒常人提牢司獄官典受財五十兩者。

流三千里杖一百

獄卒以金刃他物與囚,致囚反獄及殺人,其司獄官典及提牢官知而不舉者。

獄卒以金刃他物與囚,致囚反獄及殺人能於,未斷罪前捕得及他人捕得,若囚已死及自首者。

常人因之子孫奴婢僱工人以金刃及他物與囚,致反獄殺人者。○司獄官典及提牢官知而不舉者。

以金刃他物及可解脱之具與囚,其獄卒常人提牢司獄官典受財五十五兩,無禄人八十兩者。

絞監候

獄卒與囚金刃解脱致囚反獄及殺人者。

以金刃他物及可解脱之具與囚其獄卒常人提牢司獄官典受財八十兩,無禄人一百二十兩以上者。

主守教囚反異

凡司獄官、典獄卒教令罪囚反異,變亂事情,及與通傳言語,有所增減其罪者,以故出入人罪論;外人犯者,減一等。○若縱容外人入獄及走泄事情於囚,罪無增減者,笞五十。○若受財者,並計贓以枉法從重論。

雍正三年律例館奏准增定附律例文

一、刑部乃總理刑名之地,如有閑雜人等,擅自出入及跟隨聽審人犯,私入衙門窺探者,本犯及守門領催兵皂俱責治,於刑部門首枷號,官員犯者,交該部議處。

一、凡書辦皂隸及官員家僕人等,有擅自出入監所者,令提牢官司獄禁卒立拏回堂,將書隸革役責四十板,家人枷號一個月,責四十板,遞回原籍,家人之主交部議處,若不行拘拏被查出者,提牢官司獄俱以失察例議處。

歷年事例

雍正元年題准:現審事件,惟該承審滿漢司官、審問該司之筆帖式與書辦登記口供,若有别司司官與筆帖式過來同坐遞話者,連容隱之官參處。

罪名

笞四十

外人入獄通傳言語走泄事情者。若於罪有所增減,以出入增減科,從官司出入人罪本律。

笞五十

司獄官典獄卒縱容外人入獄通傳言語,走泄事情者。若於罪有所增減,以出入增減科,從官司出入人罪本律。

杖六十

典吏獄卒内無禄人縱容外人入獄通傳言語,教囚反異變亂,增減計所增減,該犯笞五十而受贓一兩以下者。

典吏獄卒内無禄人縱容外人入獄,受贓一兩以下者。

杖七十

司獄官典獄卒縱容外人入獄與囚通傳言語,教囚反異變亂,增減計所增減,犯該杖六十以下而受贓一兩以下,無禄人一兩至五兩者。

司獄官典獄卒縱容外人入獄,受贓一兩以下,無禄人一兩至五兩者。

杖八十

司獄官典獄卒縱容外人入獄與囚通傳言語,教囚反異變亂,增減計所增減,犯該杖七十以下而受贓一兩至五兩,無禄人一十兩者。

司獄官典獄卒縱容外人入獄,受贓一兩至五兩,無禄人一十兩者。

杖九十

司獄官典獄卒縱容外人入獄與囚通傳言語,教囚反異變亂,增減計所增減,犯該杖八十以下而受贓一十兩,無禄人一十五兩者。

司獄官典獄卒縱容外人入獄,受贓一十兩,無禄人一十五兩者。

杖一百

司獄官典獄卒縱容外人入獄與囚通傳言語,教囚反異變亂,增減計所增減,犯該杖九十以下而受贓一十五兩,無禄人二十兩者。

司獄官典獄卒縱容外人入獄,受贓一十五兩,無禄人二十兩者。

刑部獄内若書辦皂隸官員家僕人等擅出入者。

徒一年杖六十

司獄官典獄卒縱容外人入獄與囚通傳言語,教囚反異變亂,增減計所增減,犯該杖一百以下而受贓二十兩,無禄人二十五兩者。

司獄官典獄卒縱容外人入獄,受贓二十兩,無禄人二十五兩者。

徒一年半杖七十

司獄官典獄卒縱容外人入獄與囚通傳言語,教囚反異變亂,增減計所增減,犯該徒一年以下而受贓二十五兩,無禄人三十兩者。

司獄官典獄卒縱容外人入獄,受贓二十五兩,無禄人三十兩者。

徒二年杖八十

司獄官典獄卒縱容外人入獄與囚通傳言語,教囚反異變亂,增減計所增減,犯該徒一年半以下而受贓三十兩,無禄人三十五兩者。

司獄官典獄卒縱容外人入獄,受贓三十兩,無禄人三十五兩者。

徒二年半杖九十

司獄官典獄卒縱容外人入獄與囚通傳言語,教囚反異變亂,增減計所增減,犯該徒二年以下而受贓三十五兩,無禄人四十兩者。

司獄官典獄卒縱容外人入獄，受贓三十五兩，無祿人四十兩者。

徒三年杖一百

司獄官典獄卒縱容外人入獄與囚通傳言語，教囚反異變亂，增減計所增減，犯該徒二年半以下而受贓四十兩，無祿人四十五兩、五十兩、五十五兩者。

司獄官典獄卒縱容外人入獄，受贓四十兩，無祿人四十五兩、五十兩、五十五兩者。

流二千里杖一百

司獄官典獄卒縱容外人入獄與囚通傳言語，教囚反異變亂，增減計所增減，犯該徒三年以下而受贓四十五兩者。

司獄官典獄卒縱容外人入獄，受贓四十五兩者。

流二千五百里杖一百

司獄官典獄卒縱容外人入獄與囚通傳言語，教囚反異變亂，增減計所增減，犯該流二千里而受贓五十兩者。

司獄官典獄卒縱容外人入獄，受贓五十兩者。

流三千里杖一百

司獄官典獄卒縱容外人入獄與囚通傳言語，教囚反異變亂，增減計所增減，犯該流二千五百里而受贓五十五兩，無祿人八十兩者。

司獄官典獄卒縱容外人入獄，受贓五十五兩，無祿人八十兩者。

絞監候

司獄官典獄卒縱容外人入獄與囚通傳言語，教囚反異變亂，增減計所增減，犯該流三千里而受贓八十兩，無祿人一百二十兩者。

司獄官典獄卒縱容外人入獄，受贓八十兩，無祿人一百二十兩者。

獄囚衣糧

凡獄囚應請給衣糧醫藥，而不請給，患病應脱去枷鎖杻，而不脱去，應保管出外而不保管，應聽家人入視而不聽，司獄官、典獄卒笞五十；因而致死者，若囚該死罪，杖六十，流罪，杖八十，徒罪，杖一百，杖罪以下，杖六十、徒一年；提牢官知而不舉者，與同罪。〇若已申禀上司不即施行者，一日笞一十，每一日加一等，罪止笞四十；因而致死者，若囚該死罪，杖六十，流罪，杖八十，徒罪，杖一百，杖罪以下，杖六十、徒一年。

雍正三年律例館奏准："枷鎖杻"，"枷"字删。

附律定例

一、凡各府司獄專管囚禁，如有冤濫，許令檢舉申明，如本府不准，直申憲司各衙門，不許差占府州縣牢獄，仍委佐貳官一員提調，其男女罪囚，須要各另監禁，司獄官常加點視，州縣無司獄去處，提牢官點視；若囚患病，提牢官檢實給藥治療，除死罪不開枷杻外，其餘徒流杖罪囚人病重者，開疎枷杻，令親人入視，笞罪以下，保管在外醫治，病痊依律斷決，如事未完者，復收入禁，即與歸結。

雍正三年律例館奏准：凡各州縣吏目典史，亦係管獄之官，不應專指各府司獄；至病給醫藥，本律已經載明，無庸再入條例；其“枷杻”二字應改“鎖杻”，今將奏准改定例文開後。

一、凡司獄吏目典史，專管囚禁，如犯人果有冤濫，許管獄官檢舉申明，如府州縣不准，許即直申憲司各衙門提訊，其男女罪囚，須各另監禁，常加點視；若患病，除死罪不開鎖杻外，其餘徒流杖罪等囚病重者，開疎鎖杻，令親人入視，杖罪以下，保管在外醫治，病痊依律斷決，如事未完者，復收入禁，即與歸結。

一、凡牢獄禁繫囚徒年七十以上、十五以下、廢疾，散收，輕重不許混雜，枷杻常須洗滌，蓆薦常須鋪置，冬設煖床，夏備涼漿，無家屬者，日給倉米一升，冬給絮衣一件，夜給燈油，病給醫藥，並令於本處有司係官錢糧內支放，獄官預期申明關給，毋致缺誤；有官者，犯私罪除死罪外徒流鎖收，杖以下，散禁，公罪自流以下，皆散收。

雍正三年律例館奏准：“枷杻”二字改爲“鎖杻”。

雍正三年律例館奏准增定附律例文

一、各省解送到部免死減等發遣，及見擬軍流應行充發人犯，如遇隆冬停遣，照重犯例給與衣帽，動支贓罰庫銀，俟年底奏銷。

一、在監人犯，許令祖父母、父母、伯叔兄弟、妻妾、子孫一月兩次入視，使役之人不越兩名，若有送飲食者，提牢官驗明，禁子轉送。

一、內外刑獄醫治罪囚，各選用醫生二名，每遇年底稽考優劣，如醫治痊愈者多，照例俟六年已滿，在内咨授吏目，在外咨授典科訓科，不能醫治，病死多者，即責革更換。

律例館又奏准律後恭載諭旨

康熙二十六年五月內恩詔，凡解部及遞解外省各項犯人，沿途口食不敷，困於飢餓者可憫，應令有司按程給與口糧，勿致飢斃。

歷年事例

康熙十三年覆准：凡内外監禁人犯，有親戚家人送飯者，不給口糧外，如無親戚家人者，每囚月給米三斗，在内於户部支取，在外直省各該撫於年底開明事案罪囚名數與給過口糧數目，造册報部銷算。〇雍正三年議准：凡擬死罪監候人犯之親屬，許於每月初二十六入監探視，嗣後須逐一查明伊父母妻子嫡親弟兄姓名年貌，登記號簿，交付獄官，遇放家口日期，嚴行查對放入，至未結案之犯親屬人等，一概不許入監；如不應放入之人朦混放入者，將管獄官及該管禁卒，俱從重治罪，其頂冒混入之犯，照擅入衙門例，在刑部衙門前枷責示衆。〇又議准：北監南所兩處囚犯，每日散飯二次，提牢官務必身領獄官閲視，若止委之司獄，不親至監所，堂官察出，即以怠玩題參。

罪名

笞一十

獄囚應請給衣糧醫藥及患病應脱鎖杻，或應保管在外或應家人入視，官典獄卒已申稟上司而不即施行一日者。

笞二十

獄囚應請給衣糧醫藥及患病應脱鎖杻，或應保管在外或應家人入視，官典獄卒已申稟上司而不即施行二日者。

笞三十

獄囚應請給衣糧醫藥及患病應脱鎖杻，或應保管在外或應家人入視，官典獄卒已申稟上司而不即施行三日者。

笞四十

獄囚應請給衣糧醫藥及患病應脱鎖杻，或應保管在外或應家人入視，官典獄卒已申稟上司而不即施行四日者。

笞五十

獄囚無家屬應請給衣糧，病應請給醫藥或應脱鎖杻，或應保管在外或應聽家人入視，而司獄官、典獄卒不許者。〇提牢官知而不舉者。

杖六十

獄囚無家屬應請給衣糧，病應請給醫藥或應脱鎖杻，或應保管在外或應聽家人入視，而司獄官、典獄卒不許，致囚死，囚係死罪者。〇提牢官知而不舉者。〇官典獄卒已申稟上司而上司不施行者。

杖八十

獄囚無家屬應請給衣糧,病應請給醫藥或應脱鎖杻,或應保管在外或應聽家人入視,而司獄官、典獄卒不許,致囚死,囚係流罪者。〇提牢官知而不舉者。〇官典獄卒已申禀上司而上司不施行者。

杖一百

獄囚無家屬應請給衣糧,病應請給醫藥或應脱鎖杻,或應保管在外或應聽家人入視,而司獄官、典獄卒不許,致囚死,囚係徒罪者。〇提牢官知而不舉者。〇官典獄卒已申禀上司而上司不施行者。

徒一年杖六十

獄囚無家屬應請給衣糧,病應請給醫藥或應脱鎖杻,或應保管在外或應聽家人入視,而司獄官、典獄卒不許,致囚死,囚係杖罪以下者。〇提牢官知而不舉者。〇官典獄卒已申禀上司而上司不施行者。

大清會典

嘉慶朝

3

楊一凡　宋北平　主編

（清）托　津　等纂

王帥一　劉盈皎　王正華　校點

鳳凰出版社

欽定大清會典卷五十一

王會清吏司,郎中,滿洲一人、蒙古二人,員外郎,滿洲二人、蒙古三人,主事,蒙古二人,掌頒禄於内扎薩克而治其朝貢、燕饗、賚予之事。○制外藩之禄,有俸銀,有俸幣,其等各有七。外藩親王,俸銀二千兩,俸緞二十五疋;郡王,俸銀一千二百兩,俸緞十五疋;貝勒,俸銀八百兩,俸緞十三疋;貝子,俸銀五百兩,俸緞十疋;鎮國公,俸銀三百兩,俸緞九疋;輔國公,俸銀二百兩,俸緞七疋;扎薩克台吉、塔布囊,俸銀一百兩,俸緞四疋。公主、格格之下嫁者,亦如之。下嫁外藩之固倫公主,俸銀一千兩,俸緞三十疋;和碩公主,俸銀四百兩,俸緞十五疋;郡主,俸銀一百六十兩,俸緞十二疋;縣主,俸銀一百十兩,俸緞十疋;郡君,俸銀六十兩,俸緞八疋;縣君,俸銀五十兩,俸緞六疋;鄉君,俸銀四十兩,俸緞五疋。如下嫁後仍在京居住者,不給俸緞,按俸銀之等照例給與俸米。額駙亦如之。固倫公主額駙,俸銀三百兩,俸緞十疋;和碩公主額駙,俸銀二百五十五兩,俸緞九疋;郡主額駙,俸銀一百兩,俸緞八疋;縣主額駙俸銀六十兩,俸緞六疋;郡君額駙,俸銀五十兩,俸緞五疋;縣君額駙,俸銀四十兩,俸緞四疋。如尚主後留京者,不給俸緞,改給俸米。其尚主或遇公主、格格逝後未别娶者,仍稱額駙,照常給俸。已别娶者,停止。惟科爾沁親王三、郡王一,各視其等而優焉。科爾沁右翼中旗扎薩克和碩土謝圖親王一人,左翼中旗扎薩克和碩達爾漢親王一人,閒散和碩卓哩克圖親王一人,各俸銀二千五百兩,俸緞四十疋。科爾沁右翼前旗扎薩克多羅扎薩克圖郡王一人,俸銀一千五百兩,俸緞二十疋。凡台吉宿衛者,給俸以其等。御前乾清門行走之一等台吉,俸銀一百兩;二等者,俸銀八十兩;三等者,俸銀六十兩;四等者,俸銀四十兩;其餘閒散一、二、三、四等台吉,不給俸。世爵子男而下,凖内俸之半給焉。子男、輕車都尉、雲騎尉等之俸,視八旗世爵之半。仲春之月則頒俸,前期覈其數而截册。蒙古王公等俸銀、俸緞,每年於二月内放給。先於上年十二月十五日截數,出缺在十二月十五日以後者,仍准給與。凡公罪,王以下,各視其罰之差以奪俸。公罪,王應罰牲九九及罰馬百,貝勒、貝子、公應罰牲七九及罰馬七十,扎薩克台吉應罰牲五九及罰馬五十者,皆罰俸一年。王應罰牲五九及罰馬四十,貝勒、貝子、公應罰牲四九及罰馬三十,扎薩克台吉應罰牲三九及罰馬二十者,皆罰俸九月。王應罰牲四九及罰馬三十,貝勒、貝子、公應罰牲二九及罰馬二十,扎薩克台吉應罰牲一九及罰馬十者,皆罰俸六月。王應罰牲一九及罰馬十,貝勒、貝子、公應罰牲一七及罰馬七,扎薩克台吉應罰牲一五及罰馬五者,皆罰俸三月。○凡朝正於京師,内扎薩克王以下各以其班至,曰年班,王、貝勒、貝子、公、扎薩克台吉、塔布囊,每年來朝定於十二月十五日以後、二十五日以前到齊。三歲而遍。年班,以科爾沁左翼中旗閒散和碩卓哩克圖親王一人、科爾沁左翼中旗扎薩克和碩達爾漢親王一人、巴林右翼旗扎薩克多羅郡王一人、科爾沁右翼前旗扎薩克多羅扎薩克圖郡王一人、敖漢旗閒散多羅郡王一人、蘇尼特右翼旗扎産克多羅杜稜郡王一人、浩齊特右翼旗扎薩克多羅郡王一人、阿巴噶左翼旗扎薩克多羅郡王一人、科爾沁右翼中旗閒散多羅貝勒一人、翁牛特左翼旗扎薩克多羅達爾漢貝勒一人、鄂爾多斯右翼中旗扎薩克多羅貝勒一人、烏珠穆沁左翼旗扎薩克多羅額爾德尼貝勒一人、阿巴哈納爾右翼旗扎薩克多羅貝勒一人、喀爾喀左翼旗扎薩克多羅貝勒一人、土默特右翼旗扎薩克固山貝子一人、巴林左翼旗閒散固山貝子一人、阿巴噶左翼旗閒散固山達爾漢貝子一人、烏珠穆沁右翼旗閒散鎮國公一人、科爾沁左翼中旗閒散輔國公一人、科爾沁左翼後旗閒散輔國公一人、喀喇沁中旗扎薩克輔國公一人、喀喇沁中旗閒散輔國公一人、喀喇沁右翼旗閒散輔國公一人、烏喇特中旗扎薩克輔國公一人、烏珠穆沁右翼旗閒散輔國公一人、歸化城土默特閒散輔國公一人、阿巴噶右翼旗扎薩克一等台吉一人爲第一班,以喀喇沁右翼旗扎薩克多羅杜稜郡王一人、柰曼旗扎薩克多羅達爾漢郡王一人、科爾沁左翼中旗閒散多羅郡王一人、翁牛特右翼旗扎薩克多羅杜稜郡王一人、四子部落旗扎薩克多羅達爾漢卓哩克圖郡王一人、鄂爾多斯左翼中旗扎薩克多羅郡王一人、蘇尼特左翼旗扎薩克多羅郡王一人、浩齊特左翼旗扎薩克多羅額爾德足郡王一人、扎賚特旗扎薩克多羅貝勒一人、扎嚕特左翼旗扎薩克多羅貝勒一人、蘇尼特左翼旗閒散貝勒一人、茂明安旗閒散多羅達爾漢貝勒一人、敖漢旗閒散固山貝子一人、阿巴哈納爾左翼旗扎薩克固山貝子一人、巴林左翼旗扎薩克固山貝子一人、鄂爾多斯右翼前旗扎薩克固山貝子一人、鄂爾多斯左翼前旗扎薩克固山貝子一人、喀爾喀右翼旗閒散固山貝子一人、郭爾羅斯前旗扎薩克鎮國公一人、翁牛特右翼旗閒散鎮國公一人、扎嚕特右翼旗閒散鎮國公一人、科爾沁左翼中旗門散輔國公二人、喀喇沁右翼旗閒散輔國公一人、郭爾羅斯後旗扎薩克輔國公一人、茂明安旗扎薩克一等台吉一人、鄂爾多斯右翼前末旗扎薩克一等台吉一人、敖漢旗扎薩克一等台吉一人爲第二班,以科爾沁右翼中旗扎薩克和碩土謝圖親王一人、烏珠穆沁右翼旗扎薩克和碩車臣親王一人、科爾沁左翼後旗扎薩克多羅郡王一人、科爾沁左翼前旗扎薩克多羅冰圖郡王一人、敖漢旗閒散多羅郡王一人、阿巴噶右翼旗扎薩克多羅卓哩克圖郡王一人、科爾沁左翼中旗閒散多羅貝勒一人、土默特左翼旗扎薩克多羅達爾漢貝勒一人、阿嚕科爾沁旗扎薩克多羅貝勒一人、扎嚕特右翼旗扎薩克多羅貝勒一人、喀爾喀右翼旗扎薩克多羅達爾漢貝勒一人、土默特左翼旗内附牧之閒散喀爾喀多羅貝勒一人、科爾沁左翼中旗閒散固山貝子一人、翁牛特右翼旗閒散固山貝子一人、鄂爾多斯右翼後旗扎薩克固山貝子一人、鄂爾多斯左翼後旗扎薩克固山貝子一人、杜爾伯特旗扎薩克固山貝子一人、喀爾喀右翼旗閒散固山貝子一人、科爾沁右翼後旗扎薩克鎮國公一人、敖漢旗閒散鎮國公一人、烏喇特前旗扎薩克鎮國公一人、烏喇特後旗扎薩克鎮國公一人、喀爾喀右翼旗閒散鎮國公一人、科爾沁左翼中旗閒散輔國公一人、蘇尼特右翼旗閒散輔國公一人、阿巴噶左翼旗閒散輔國公一人、克什克騰旗扎薩克一等台吉一人、喀喇沁左翼旗扎薩克一等塔布囊一人爲第三班。其三班内有承襲後年未及十八歲者，不必前來，至及歲，仍入原班行走。閒散額駙之班亦如之。閒散額駙亦按人數匀分三班，每年以一班來京。若御前，若乾清門行走者，二歲而遍。王、貝勒、貝子、公、台吉在御前、乾清門行走者，於王、貝勒、貝子、公、扎薩克台吉、塔布囊年班外，另立爲御前、乾清門班，按人數匀分二班，每年以一班來京。公主之子孫台吉，則視其衆寡以爲班。科爾沁右翼中旗公主之子孫台吉，分爲六班，每班四十七人，敖漢旗公主之子孫台吉，分爲十班，每班六十人，巴林右翼旗公主之子孫台吉，分爲六班，每班二十九人。其他台吉之入貢者，亦如之。台吉、塔布囊准於每年冬季進貢一次，各令輪流行走。有千餘台吉之旗，令二百人前來，五百台吉之旗，令百人前來，百餘台吉之旗，令二十人前來。不能來者，聽，毋得抑勒。其來者，扎薩克豫於六月内造册報院覈定。至入貢時，扎薩克各以其職名、年歲、附丁及貢物，開明給與印文遣來。如册檔無名，濫給印文者，扎薩克、協理台吉各論罰。其假冒台吉入貢及准入貢之台吉本身不來，遣人頂替者，分別治罪。扎薩克非其班者，以其旗之協理台吉至焉。扎薩克不直年班之歲，仍各派協理台吉一人來京。歸，各以其限。年班，王、貝勒、貝子、公、扎薩克台吉、塔布囊、閒散額駙、公主子孫台吉、姻戚台吉、該班之協理台吉及在乾清門行走者，均定限留京四十日。入貢台吉，收貢者，留京十日，不收貢者，留京五日。惟在御前行走者，不定限。凡王以下不獲來者，皆望闕而賀正歲焉。王、貝勒、貝子、公、台吉，每遇元旦，皆會集扎薩克處，朝服望闕行三跪九叩禮。○凡内扎薩克，歲貢無過羊酒，内扎薩克各旗，歲遣管旗章京、副章京一人，貢羊一、乳酒一缾。台吉之貢則以羊。台吉貢湯羊者，皆陳於東華門内橋西路南，由内膳房選收。喀喇沁各旗台吉亦有貢麄者。○凡朝會、燕饗，令各習於儀而與焉。蒙古王公等來京，遇皇帝陞殿及筵燕，皆隨内王公、臣工等行禮。其會集敘次：親王在内親王之下，郡王在内郡王之下，貝勒在内貝勒之下，貝子在内貝子之下，公在内公之下，一、二等台吉在内大臣之下，至一、二等台吉而下，子、三等台吉、管旗章京、男、四等台吉、副章京、參領、佐領各按品級分別敘坐。祭祀，駕出、入，則令迎、送。蒙古王公等來京，凡遇壇、廟祭祀，免其陪祀，於聖駕出、入時，與不陪祀之内王公按翼排班，一例迎、送。○凡公主、格格之下嫁者，其來京師，皆奏聞以候旨。格格等下嫁蒙古部落者，例於十年來京一次。如未及十年之限有故欲來京者，或扎薩克報院，或格格母家王公報院，皆由院奏准後行令前來。公主下嫁後，非奉特旨留京者，其自游牧來京，亦俟奏聞奉旨。歸，各以其限。公主非奉特旨留京者，其來京時住京六十日，近派之郡主，亦准在京六十日，縣主准住京五十日，郡君准住京四十日，縣君以下准住京三十日，支派稍遠之郡主、縣主、郡君及縣君以下，各遞減十日，遠派之郡主、縣主、郡君及縣君以下，再遞減十日。

○凡外藩之供給，各辨以僕、馬之等而區其廩餼芻秣。親王，護衛官二十三人、隨侍七人、從役十人，廩給每日銀六兩三錢五分、米三斗三升，坐馬十五匹、從馬四十匹，草料每日銀三兩七錢四釐一絲三忽。郡王，護衛官十八人、隨侍七人、從役十人，廩給每日銀五兩三錢五分、米二斗八升，坐馬十匹、從馬三十五匹，草料每日銀三兩三分六毫一絲五忽。貝勒，護衛官十一人、隨侍九人、從役十人，廩給每日銀三兩四錢、米二斗二升，坐馬八匹、從馬三十匹，草料每日銀二兩五錢五分九釐一毫八絲六忽。貝子，護衛官八人、隨侍七人、從役十人，廩給每日銀二兩九錢、米一斗八升，坐馬六匹、從馬二十五匹，草料每日銀二兩八分七釐七毫五絲七忽。公，護衛官六人、隨侍六人、從役八人，廩給每日銀二兩四錢一分、米一斗四升五合，坐馬四匹、從馬二十匹，草料每日銀一兩六錢一分六釐三毫二絲八忽。扎薩克台吉，從役十人，廩給每日銀一兩六錢一分、米六升五合，坐馬三匹、從馬十匹，草料每日銀八錢七分五釐五毫一絲一忽。公主子孫台吉，隨侍三人、從役三人，廩給每日銀一兩五錢三分五釐、米四升五合，坐馬三匹、從馬十匹，草料每日銀八錢七分五釐五毫一絲一忽。姻戚台吉，從役六人，廩給每日銀一兩一錢六分、米四升五合，坐馬三匹、從馬十匹，草料每日銀八錢七分五釐五毫一絲一忽。台吉，從役四人，廩給每日銀九錢二分、米三升五合，坐馬一匹、從馬六匹，草料每日銀四錢七分一釐四毫二絲九忽。進貢之台吉，從役二人，廩給每日銀八錢二分、米三升，坐馬一匹，草料每日銀六分七釐三毫四絲七忽。進貢之塔布囊，每日米二升，餘同管旗章京。子，從役四人，廩給每日銀三錢八分、米二升，坐馬一匹、從馬四匹，草料每日銀三錢三分六釐七毫三絲五忽。副章京、男，從役四人，廩給每日銀三錢二分、米二升，坐馬一匹、從馬四匹，草料每日銀三錢三分六釐七毫三絲五忽。參領、佐領、驍騎校、長史、護衛騎都尉、雲騎尉，從役一人，廩給每日銀一錢五分、米二升，坐馬一匹、從馬二匹，草料每日銀二錢二釐四絲一忽。領催、馬甲閒散，廩給每日銀五分、米一升，坐馬一匹，草料每日銀六分七釐三毫四絲七忽。公主、格格之下嫁者，亦如之。固倫公主，護衛官二十三人、婢女十三人、僕從十四人，廩給每日銀六兩三錢五分、米三斗八升，坐馬十五匹、從馬四十五匹，草料每日銀三兩四錢七分六釐五毫二絲。和碩公主，護衛官十四人、婢女十六人、僕從十人，廩給每日銀五兩二錢五分、米二斗三升五合，坐馬十三匹、從馬四十匹，草料每日銀三兩七分九毫二絲二忽。郡主，婢女二十人、僕從十五人，廩給每日銀四兩三錢七分五釐、米一斗八升七合，坐馬十匹、從馬三十五匹，草料每日銀二兩六錢七釐三毫九絲。縣主，婢女十八人、僕從十二人，廩給每日銀三兩五錢、米一斗五升九合，坐馬八匹、從馬三十匹，草料每日銀二兩二錢一釐七毫九絲六忽。郡君，婢女十五人、僕從十人，廩給每日銀二兩八錢五分、米一斗三升四合，坐馬六匹、從馬二十五匹，草料每日銀一兩七錢九分六釐二毫二忽。縣君，婢女十一人、僕從八人，廩給每日銀二兩八分、米一斗九合，坐馬四匹、從馬二十匹，草料每日銀一兩三錢九分六毫四絲三忽。鄉君，婢女一人、僕從九人，廩給每日銀一兩二分五釐、米五升九合，坐馬三匹、從馬八匹，草料每日銀六錢三分七釐三毫六絲二忽。宗女，婢女一人、僕從七人，廩給每日銀九錢二分五釐、米四升九合，坐馬三匹、從馬六匹，草料每日銀四錢二分一釐四毫八絲八忽。額駙亦如之。固倫額駙、和碩額駙，護衛官六人、隨侍九人、從役十人，廩給每日銀四兩、米一斗六升七合，坐馬六匹、從馬二十五匹，草料每日銀二兩八分七釐七毫四絲七忽。郡主額駙，隨侍十三人、從役十二人，廩給每日銀三兩二錢五分、米一斗三升七合，坐馬四匹、從馬二十五匹，草料每日銀一兩九錢五分三釐六絲三忽。縣主額駙，隨侍十人、從役十人，廩給每日銀二兩一分、米一斗九合，坐馬四匹、從馬二十匹，草料每日銀一兩六錢一分六釐三毫二絲八忽。郡君額駙，隨侍八人、從役七人，廩給每日銀一兩八錢一分五釐、米八升四合，坐馬四匹、從馬二十匹，草料每日銀一兩六錢一分六釐三毫二絲八忽。縣君額駙，隨侍三人、從役七人，廩給每日銀一兩三錢三分五釐、米五升九合，坐馬三匹、從馬十匹，草料每日銀八錢七分五釐五毫一絲一忽。鄉君額駙，從役六人，廩給每日銀一兩一分、米二升四合，坐馬一匹、從馬六匹，草料每日銀四錢七分一釐四毫二絲九忽。惟科爾沁親王三、貝勒一，各視其等而優焉。科爾沁右翼中旗扎薩克和碩土謝圖親王一人、左翼中旗扎薩克和碩達爾漢親王一人、閒散和碩卓哩克圖親王一人，廩給每日銀七兩三錢五分、米三斗三升；科爾沁左翼中旗閒散多羅貝勒一人，廩給每日銀六兩三錢、米二斗二升，從馬皆四十五匹。三親王坐馬、從馬草料，每日銀四兩四分八毫二絲，貝勒，每日銀三兩五錢六分九釐三毫九絲一忽。凡供給，皆以例限。御前班，自來日起去日止，皆供給。王、貝勒、貝子、公、扎薩克台吉、塔布囊班，額駙班，公主子孫台吉、姻戚台吉班，協理台吉班，年例貢羊酒章京班，乾清門班，皆供給四十日。入貢之台吉按收貢、不收貢例限供給。下嫁之公主來京者，按應留京之日供給，如奉特旨留京及奏明展限者，不在此例。格格等逾十年之限來京者，各分別留京定限供給，如未逾十年來京者，不供給。其台吉來京聘娶格格者，婚禮前七日、後九日皆供給，同來筵燕者，前七日供給，如到京在婚前不及七日者，仍按日供給。惟公主下嫁及格格之由指配者，婚禮前、後皆按日供給，福晉同來筵燕者，按其夫之爵供給，其夫偕來者，不重支供給。○凡外藩之至者，有燕衎，年班來京，於除夕燕一次，設於保和殿，元宵燕一次，設於圓明園正大光明殿。除夕前、元旦後、元宵前後加燕數次，或設於中正殿，或設於紫光閣，或設於圓明園山高水長，皆由院豫期奏請。五旗王府各令設燕一次，蒙古王以下，副章京、長史以上，並准入燕。有錫賚。年班來京，王以下，例賞衣帽、撒袋、腰刀、鞍轡、緞疋、茶、布等物，皆計直折銀。親王給銀四百三十兩，科爾沁三親王加給銀七十二兩，郡王給銀三百十七兩，科爾沁一郡王加給銀七十三兩，貝勒給銀二百三十八兩，貝子給銀一百五十兩，公給銀一百十七兩，扎薩克台吉給銀七十六兩，一、二等台吉給銀六十三兩，三、四等台吉給銀五十三兩。進貢之台吉，每收羊一，賞給布四疋。歸，則給以資。年班，王以下禮畢回游牧，各給以路費。親王，給銀十二兩八錢，隨從四十人，按程限，每日給銀三錢、米三斗三升。郡王，給銀七兩八錢八分，隨從三十五人，每日給銀二錢、米二斗八升。貝勒，給銀五兩，隨從三十人，每日給銀一錢八分、米二斗二升。貝子，給銀三兩七錢，隨從二十五人，每日給銀一錢五分、米一斗八升。公，給銀三兩七錢，隨從二十人，每日給銀一錢二分、米一斗四升五合。扎薩克台吉，給銀七錢五分，隨從十人，每日給銀五分、米六升五合。公主子孫台吉，給銀二兩五錢七分，隨從六人，每日給銀三分、米四升五合。姻戚台吉，給銀七錢五分米四升五合。台吉，給銀七錢五分、米三升五合。管旗章京以下，每日給銀一分。程限，扎賚特、郭爾羅斯、杜爾伯特三十日，科爾沁二十五日，烏珠穆沁、阿嚕科爾沁、鄂爾多斯、扎嚕特二十日，土默特十六日，巴林四子部落、克什克騰、蘇尼特、阿巴噶、阿巴哈納爾、喀爾喀左翼、喀爾喀右翼、浩齊特、茂明安、烏喇特十五日，柰曼、翁牛特左翼、歸化城、土默特十三日，喀喇沁、敖漢、翁牛特右翼十一日。台吉以下因入貢來者，不給路費。惟科爾沁親王三、貝勒一，往來皆給焉。科爾沁三親王、一貝勒來京，給銀十八兩五錢，回，日給銀二十五兩五錢九分。隨從，各視親王、貝勒例，來、回皆按程限給銀米。凡格格之下嫁者，歸，則給以資。郡主，給銀十五兩一錢，隨從三十五人，按程限，每日給銀二錢、米一斗八升七合。縣主，給銀八兩五分，隨從三十人，每日給銀一錢八分、米一斗五升九合。郡君，給銀六兩五錢五分，隨從二十五人，每日給銀一錢五分、米一斗三升四合。縣君，給銀三兩八錢，隨從二十人，每日給銀一錢二分、米一斗九合。鄉君，給銀二兩四錢九分，隨從十人，每日給銀五分、米五升九合。宗女，給銀二兩，隨從八人，每日給銀四分、米四升九合。額駙亦如之。固倫額駙、和碩額駙，出喜峰口者，給銀二十五兩五錢九分，出古北口者，給銀二十四兩九分，出張家口者，給銀二十五兩九分，隨從二十五人，按程限，每日給銀一錢五分。郡主額駙，給銀十五兩一錢，隨從二十五人，每日給銀一錢三分、米一斗三升七合。縣主額駙，給銀八兩五分，隨從二十人，每日給銀一錢、米一斗九合。郡君額駙，給銀六兩五錢五分，隨從十五人，每日給銀八分、米八升四合。縣君額駙，給銀三兩八錢，隨從十人，每日給銀五分、米五升九合。鄉君額駙，給銀二兩四錢九分，隨從六人，每日給銀三分、米三升九合。惟公主，往來皆給焉。固倫公主，來時給銀四十兩七錢九分，回，日給銀四十兩一錢九分，隨從五十人，每日給銀三錢。和碩公主，進喜峰口者，來時給銀十八兩五錢，回，日給銀二十五兩五錢九分，進古北口者，來時給銀十七兩，回，日給銀二十四兩九分，進張家口者，來時給銀十八兩，回，日給銀二十五兩九分，隨從四十人，每日給銀三錢。○凡内扎薩克王以下，各以其班，覲於山莊，以備木蘭行圍，曰圍班，王、貝勒、貝子、公、扎薩克台吉、塔布囊及御前、乾清門行走者，是年春，朝正之班，至秋即直圍班。其有因生身年班不來京者，至圍班則畢集。惟閒散額駙，於是年秋列圍班者，至冬始直年班，皆先於喀喇河屯迎駕，隨至熱河，再隨駕入木蘭圍場。若御前、乾清門行走非直圍班者，亦准前來熱河。其准隨圍與否，及期請旨。遂管圍、隨圍。王、貝勒、貝子、公、扎薩克台吉、塔布囊内有派令管圍者，餘皆令隨圍。其隨圍王等内，又以其能者爲默爾根、爲噶拉達椿。每圍先於五更時，管圍王等率佈圍兵由遥山撒圍，圍既合，皇帝出看城，隨圍王等畢從。若卓索圖，若昭烏達二盟長，皆率其部以執圍場之役，圍場在卓索圖盟之西、昭烏達盟之南，故兩盟内各旗就近率其屬下官兵執役。凡用喀喇沁、翁牛特佈圍兵一千人，巴林、克什克騰佈圍兵一百人，敖漢佈圍兵五十人。又，喀喇沁進哨槍手六人，隨從槍手十人，打鹿槍手四十人，哈瑪爾三十人，巴林槍手二十六人，喀喇沁、土默特、翁牛特杭愛車二百輛。其非卓索圖、昭烏達二盟者，惟科爾沁佈圍兵一百人。又，黑龍江將軍派出索倫默爾根三十人，察哈爾都統派出巴爾虎默爾根八十人。乃進御燕於行在。卓索圖、昭烏達二盟長例進公燕、家燕數次，高宗純皇帝始命合爲一次。燕日，設蒙古包六，白駝十八，鞍馬十八，騸馬一百六十二，牛十八，羊一百六十二，席二十七，酒八十一缾，什榜九十人，布庫二十人，騎生駒二十人，跑馬二百五十，生駒無定數。先期行在，理藩院開列各部王公名，請欽派一人進爵，武備院設所進蒙古包於行營月牙城内，列駝、馬、牛、羊於道左，理藩院官率各部王以下跪迎。皇帝陞帳殿寶座，理藩院官引王等各按爵列坐帳殿内左、右及兩旁蒙古包内。皇帝進茶，王等興，行一叩禮，賜王等茶，復一叩，飲畢，坐。皇帝進膳，進爵者出班，接爵，恭進御座前，退，復位，跪，一叩，衆皆跪，叩，進爵者興，復詣御座前接爵，退。有旨賜進爵者酒，進爵者跪，飲畢，復一叩，興，復原坐，什榜樂作。膳畢，獻茶，跑等、相撲、騎生駒各技以次陳。燕畢，駕還行營，王等跪送如儀。恩賚以其等。圍場例賞：管圍之親王、郡王，賞蟒緞一、大緞二、彭緞二，貝勒、貝子、公，蟒緞一、大緞一、官緞二，額駙等，蟒緞一、官緞二，扎薩克台吉、塔布囊，蟒緞一、官緞一，分管佈圍兵之台吉、官員等，官緞一，佈圍兵，銀七兩。隨圍之親王、郡王及在御前、乾清門行走者，賞大緞一、官緞一，貝勒、貝子、公、多羅額駙，官緞二，固山額駙、台吉等，官緞一。默爾根之親王、郡王，賞大緞二、官緞二，貝勒、貝子、公，大緞一、官緞二，額駙、台吉等，大緞一、官緞一。噶拉達椿之親王、郡王，賞大緞二、官緞二，貝勒、貝子、公，大緞一、官緞二，台吉等，大緞一、官緞一。分管哈瑪爾槍手、杭愛之台吉、官員及管索倫默爾根、察哈爾默爾根之官員等，賞官緞一，哈瑪爾槍手，銀六兩，杭愛兵及王等之護衛、從役等，銀三兩、毛青布一。

欽定大清會典卷五十二

典屬清吏司，郎中，滿洲一人、蒙古一人，員外郎，滿洲二人、蒙古六人，主事，滿洲一人、蒙古一人，掌覈外扎薩克部旗之事，治其郵驛、互市，則頒其禁令。凡内、外之喇嘛，皆掌之，掌游牧之内屬者。〇凡外蒙古之衆，曰喀爾喀，元，部衆居漠北，至明中葉，徙於漠南者，爲察哈爾及内扎薩克、科爾沁各部。其留漠北者，曰喀爾喀。今土謝圖汗、三音諾顔、車臣汗、扎薩克圖汗四部，有喀爾喀八十三旗，又，青海有公中扎薩克喀爾喀一旗。惟漠南之喀爾喀左翼一旗、右翼一旗，則列於内扎薩克。曰杜爾伯特，曰土爾扈特，曰和碩特，曰輝特，曰綽囉斯，曰額魯特。杜爾伯特、土爾扈特、和碩特，昔與準噶爾同爲四額魯特。方準噶爾强時，土爾扈特徙牧俄羅斯之厄濟勒河避之，遂以出於杜爾伯特部之輝特同稱四額魯特。乾隆十九年平定準噶爾，其族遂微，存者，附牧喀爾喀三音諾顔部二旗，曰額魯特，附牧青海二旗，曰綽囉斯，不復著舊號。土爾扈特，先有游牧額濟納河舊土爾扈特一旗及游牧青海之土爾扈特四旗。和碩特，先有游牧青海之和碩特二十一旗，其游牧阿拉善之和碩特一旗，亦曰額魯特，不著和碩特之號。至乾隆三十六年，土爾扈特偕和碩特自俄羅斯面内投誠，賜牧伊犁之珠勒都斯濟爾哈朗、精河、霍博克薩里者，有舊土爾扈特十旗、和碩特三旗，賜牧科布多之烏隴古哈弼察克者，有新土爾扈特二旗、和碩特一旗。杜爾伯特於乾隆十九年投誠後，賜牧烏蘭古木，有左翼杜爾伯特十一旗、右翼杜爾伯特三旗。輝特，有附牧青海之輝特一旗，附牧喀爾喀扎薩克圖汗部之輝特一旗，附牧杜爾伯特左、右翼之輝特二旗。别於蒙古者，曰和托輝特，曰哈柳沁，曰托斯，曰奢集努特，喀爾喀扎薩克圖汗部中左翼、左旗中左翼、末旗中右翼、末次旗右翼、右末旗所屬有大和托輝特、小和托輝特、哈柳沁、托斯、奢集努特、明阿特，凡六鄂托克之人，後明阿特撤出，爲科布多之屬，其五鄂托克之人仍分隸四旗。曰古羅格沁，喀爾喀土謝圖汗旗所屬，有古羅格沁打牲人，居卡倫附近。皆屬以外扎薩克。〇凡外扎薩克之游牧，各限以界。以山河鄂博之名，表其四至，如内扎薩克。若邊裔，若禁地，則以卡倫守之。於要隘處設官兵瞭望，曰卡倫。喀爾喀杜爾伯特，阿爾泰烏梁海之北沿邊一帶，東接呼倫貝爾所設之察漢鄂勒卡倫起，迤而西，係庫倫辦事大臣所管，設有括布勒哲庫、蒙克托羅蓋、哲格勒它音、孟格几各、華鄂博果、鄂凌圖、托爾羅克、土爾克能、托克托爾、呼林納爾素、托蘇克、夥爾沁、博爾克、烏勒混、巴彦阿都爾噶、阿嘎楚、齊勒博爾、齊爾混、庫木里哈、蘇魯克、阿仍烏、庫野、明几、烏雅勒嘎、庫得里、奇克泰、奇蘭、薄拉各卡倫，以接於恰克圖。由恰克圖迤而西，設有察漢烏蘇、哈拉呼几爾、哈布塔海、濟爾格岱、鄂爾多果、特木倫、額林沁拉木、阿勒混博勒爾、鄂依拉噶、達爾沁圖、庫克托羅蓋、哈特呼勒卜木、博爾特斯、察漢布隆、阿噶里灑巴利、齊噶勒、哈起克、巴彦布拉克各卡倫，以接於近吉里克卡倫，皆北與俄羅斯爲界，迤而西，係科布多參贊大臣所管，設有近吉里克、額爾遜薩木噶勒台、阿拉克鄂博、鄂爾濟呼布拉克、齊齊爾噶那、漢達蓋圖、博羅沁格格圖、博托過尼豁壘、烏魯克諾爾、齊格爾素台、哈韜、烏里雅蘇台、哈克諾爾各卡倫，其外爲唐努烏梁海。阿爾泰諾爾烏梁海迤而西，設有索果克謂火爾、噶魯圖、烏克克、禽達蓋圖、烏爾魯昌吉斯台、那林、枯蘭河濟爾噶、和呢邁拉虎各卡倫，皆北與哈薩克爲界，以接於塔爾巴哈台所設之輝邁拉虎卡倫而止，皆由喀爾喀四部派出官兵駐守。又，呼圖斯産金處所，禁止私採。自喀爾喀三音諾顔部左翼右旗，額爾德尼班第達呼圖克圖游牧，扎薩克圖汗部左翼後旗、右翼前旗、右翼後末旗之西，沿霍爾碩特至喀喇山丹，設卡倫十處。又，自喀喇山丹至塔沁和碩，設卡倫十處，由三音諾顔、扎薩克圖汗兩部派出官兵駐守。又，於新土爾扈特、扎哈沁派出官兵，於呼圖斯偵緝。〇凡封爵，有汗，以列王、貝勒、貝子、公之右，無塔布囊，而有台吉。外蒙古有汗爵，喀爾喀有斡齊賴巴圖土謝圖汗一人、格根車臣汗一人、扎薩克圖汗一人，杜爾伯特左翼有特固斯庫魯達賴汗一人，舊土爾扈特南路有卓哩克圖汗一人，喀爾喀有三音諾顔一人。次於汗，號親王，喀爾喀土謝圖汗部有扎薩克和碩親王一人，喀爾喀三音諾顔部有三音諾顔扎薩克和碩親王一人、扎薩克和碩親王一人，喀爾喀車臣汗部有扎薩克和碩親王一人，阿拉善有扎薩克和碩親王一人，杜爾伯特右翼有扎薩克和碩親王一人，舊土爾扈特北路有扎薩克和碩布延圖親王一人。郡王，喀爾喀土謝圖汗部有扎薩克多羅郡王二人，喀爾喀三音諾顔部有扎薩克多羅郡王二人，喀爾喀車臣汗部有扎薩克多羅郡王一人，喀爾喀扎薩克圖汗部有扎薩克圖汗兼扎薩克多羅郡王一人，青海和碩特部有扎薩克多羅郡王三人，杜爾伯特左翼有扎薩克多羅郡王一人，舊土爾扈特東路有扎薩克多羅畢錫呼勒圖郡王一人，新土爾扈特有扎薩克多羅弼里克圖郡王一人。貝勒，喀爾喀三音諾顔部有扎薩克多羅貝勒二人，喀爾喀車臣汗部有扎薩克多羅貝勒一人、閒散多羅貝勒一人，喀爾喀扎薩克圖汗部有扎薩克多羅貝勒一人，青海和碩特部有扎薩克多羅貝勒一人，青海綽囉斯部有扎薩克多羅貝勒一人，杜爾伯特左翼有扎薩克多羅貝勒一人，杜爾伯特右翼有扎薩克多羅貝勒一人，額濟納舊土爾扈特有扎薩克多羅貝勒一人，舊土爾扈特西路有扎薩克多羅濟爾哈朗貝勒一人。貝子，喀爾喀土謝圖汗部有扎薩克固山貝子一人，喀爾喀三音諾顔部有閒散固山貝子一人，附牧喀爾喀三音諾顔部之額魯特有扎薩克固山貝子二人，喀爾喀車臣汗部有扎薩克固山貝子二人，青海和碩特部有扎薩克固山貝子一人、扎薩克一等台吉兼固山貝子一人,青海綽囉斯部有扎薩克固山貝子一人,杜爾伯特左翼有扎薩克固山貝子一人,舊土爾扈特南路有扎薩克固山雅巴爾圖貝子一人,舊土爾扈特東路有扎薩克固山伊特格勒貝子一人,新土爾扈特有扎薩克固山烏察喇勒圖貝子一人,和碩特中路有扎薩克固山阿穆爾聆貴貝子一人。鎮國公,喀爾喀土謝圖汗部有扎薩克鎮國公一人,喀爾喀三音諾顔部有扎薩克鎮國公二人、閒散鎮國公一人,喀爾喀車臣汗部有扎薩克鎮國公一人、閒散鎮國公一人,喀爾喀扎薩克圖汗部有扎薩克鎮國公二人,阿拉善有閒散鎮國公二人,杜爾伯特右翼有扎薩克鎮國公一人。輔國公,喀爾喀土謝圖汗部有扎薩克輔國公五人,喀爾喀三音諾顔部有扎薩克輔國公四人、閒散輔國公四人,喀爾喀車臣汗部有扎薩克輔國公二人、閒散輔國公一人,喀爾喀扎薩克圖汗部有扎薩克輔國公六人、閒散輔國公一人,青海和碩特部有扎薩克輔國公三人,青海輝特部有扎薩克輔國公一人,杜爾伯特右翼有扎薩克輔國公二人,舊土爾扈特南路有扎薩克輔國公一人,舊土爾扈特北路有扎薩克輔國公一人,察哈爾有附牧之和碩特輔國公二人,呼倫貝爾有附牧之伊克明安輔國公一人,西藏有扎薩克銜輔國公一人。其不入鎮國、輔國公者,科布多有扎哈沁閒散三等公一人。台吉,喀爾喀土謝圖汗部有扎薩克公銜一等台吉一人、閒散公銜一等台吉一人、扎薩克一等台吉八人,喀爾喀三音諾顔部有閒散公銜一等台吉二人、扎薩克一等台吉十人、閒散公銜三等台吉一人,喀爾喀車臣汗部有扎薩克一等台吉十四人,喀爾喀扎薩克圖汗部有扎薩克一等台吉八人、閒散公銜三等台吉二人,附牧喀爾喀扎薩克圖汗部之輝特有扎薩克一等台吉一人,青海和碩特部有扎薩克多羅郡王兼扎薩克一等台吉一人、固山貝子兼扎薩克一等台吉一人、扎薩克一等台吉十人、公中扎薩克一等台吉一人,青海土爾扈特部有扎薩克一等台吉四人,青海喀爾喀部有公中扎薩克一等台吉一人,杜爾伯特左翼有扎薩克一等台吉四人,附牧杜爾伯特部之輝特有扎薩克一等台吉二人,舊土爾扈特南路有扎薩克一等台吉一人,舊土爾扈特北路有扎薩克一等台吉一人,和碩特中路有扎薩克一等台吉二人,科布多和碩特有扎薩克一等台吉一人,察哈爾有附牧之和碩特扎薩克銜一等台吉一人,呼倫貝爾有附牧之伊克明安扎薩克銜一等台吉一人,西藏有扎薩克銜一等台吉一人。其非扎薩克及加銜之一、二、三、四等台吉不具列受封者,按等給以册、誥、章服、儀衛,及有爵者之子弟,分别給銜。扎薩克一等台吉以上,分别生身、熟身引見,閒散台吉皆具題給爵如内扎薩克。惟青海及杜爾伯特、土爾扈特、和碩特各部,扎薩克一等台吉以上,除願來引見外,其不能來者,亦具題承襲,皆延以世。外扎薩克之爵,舊例不世襲,出缺時,或降襲,或否,奏聞定奪。惟雍正九年,封唐古特閒散輔國公一人,詔世襲罔替。乾隆四十六、四十七、四十八年,高宗純皇帝令追考勳勤,覃敷恩錫,於是襲爵之制一如内扎薩克。土謝圖汗部左翼中旗扎薩克多羅郡王、左翼末旗扎薩克一等台吉,三音諾顔部左翼右旗扎薩克一等台吉,車臣汗部中末旗扎薩克固山貝子、右翼前旗扎薩克一等台吉、右翼後旗扎薩克一等台吉,扎薩克圖汗部右翼前旗扎薩克一等台吉、右翼後旗扎薩克一等台吉,皆於康熙三十年封今爵。三音諾顔部左翼左旗扎薩克輔國公,右翼後旗扎薩克一等台吉,皆於康熙二十一年封今爵。土謝圖汗部中左翼末旗扎薩克一等台吉,於康熙三十三年封今爵。車臣汗部左翼前旗扎薩克鎮國公、中末次旗扎薩克一等台吉,皆於康熙三十四年封今爵。三音諾顔部右翼前旗扎薩克輔國公,先於康熙三十年封扎薩克一等台吉,車臣汗部中右旗扎薩克多羅郡王,先於康熙三十年封扎薩克固山貝子,皆於三十五年晉封今爵。土謝圖汗部右翼右末次旗扎薩克一等台吉,三音諾顔部左翼左末旗扎薩克一等台吉、中右翼末旗扎薩克一等台吉、右翼中右旗扎薩克一等台吉,皆於康熙三十五年封今爵。扎薩克圖汗部左翼後旗扎薩克輔國公,先於康熙三十年封扎薩克一等台吉,三十六年晉封今爵。三音諾顔部右翼左末旗扎薩克一等台吉,車臣汗部中左前旗扎薩克一等台吉、中右後旗扎薩克一等台吉,扎薩克圖汗部右翼後末旗扎薩克一等台吉,皆於康熙三十六年封今爵。車臣汗部左翼左旗扎薩克一等台吉,先於康熙三十五年封一等台吉,四十年加扎薩克,車臣汗部右翼左旗扎薩克一等台吉、左翼右旗扎薩克一等台吉,皆於康熙四十年封今爵。三音諾顔部中後末旗扎薩克一等台吉,扎薩克圖汗部中右翼末次旗扎薩克一等台吉,皆於康熙四十八年封今爵。三音諾顔部中左旗扎薩克多羅貝勒,先於康熙三十年封扎薩克多羅郡王,四十七年降今爵,四十九年晉封多羅郡王,五十年仍降今爵。扎薩克圖汗部左翼前旗扎薩克輔國公,先於康熙三十年封扎薩克一等台吉,五十年晉封今爵。土謝圖汗部左翼左中末旗扎薩克輔國公,車臣汗部左翼後末旗扎薩克一等台吉,皆於康熙五十年封今爵。三音諾顔部右翼中末旗扎薩克一等台吉,於康熙五十一年封今爵。車臣汗旗閒散輔國公,於康熙五十六年封今爵。土謝圖汗部中次旗扎薩克一等台吉,於康熙五十八年封今爵。土謝圖汗先於康熙三十年封今爵,六十年賜號斡齊賴巴圖土謝圖汗。車臣汗部右翼中右旗扎薩克輔國公,先於康熙五十年封一等台吉,五十一年加扎薩克,雍正二年晉封今爵。扎薩克圖汗中右翼末旗扎薩克輔國公,先於康熙五十三年封扎薩克一等台吉,雍正二年晉封今爵。扎薩克圖汗部右翼右末旗扎薩克輔國公、右翼前旗閒散輔國公,皆於雍正二年封今爵。扎薩克圖汗部左翼後末旗扎薩克一等台吉,於雍正四年封今爵。車臣汗,先於康熙三十年封今爵,雍正六年賜號格根車臣汗。土謝圖汗部左翼左後旗扎薩克一等台吉,於雍正八年封今爵。車臣汗部右翼中旗扎薩克多羅貝勒,先於康熙三十年封今爵,雍正元年晉封多羅郡王,八年削,九年復今爵。三音諾顔部中左末旗扎薩克和碩親王,先於康熙四十五年封貝子銜,六十年加扎薩克,雍正元年封多羅郡王,九年晉封今爵。扎薩克圖汗兼右翼左旗扎薩克多羅郡王,先於康熙三十年封和碩親王,四十二年晉封扎薩克圖汗,雍正十年削,以扎薩克圖汗部先於康熙三十年所封之右翼左旗扎薩克多羅郡王兼襲扎薩克圖汗。土謝圖汗部右翼右末旗扎薩克輔國公,先於雍正九年封扎薩克一等台吉,十年晉封今爵。土謝圖汗部左翼中左旗扎薩克一等台吉,於雍正十年封今爵。扎薩克圖汗部左翼右旗扎薩克鎮國,公先於康熙三十年封扎薩克多羅貝勒,雍正十二年降今爵。三音諾顔部中後旗扎薩克輔國公,先於康熙五十一年封扎薩克一等台吉,乾隆元年晉封今爵。三音諾顏部中右翼末旗閒散輔國公,於乾隆元年封今爵。三音諾顏部中末旗扎薩克鎮國公,先於康熙三十一年封扎薩克一等台吉,雍正十年晉封輔國公,乾隆二年晉封今爵。三音諾顏部額魯特扎薩克固山貝子,先於康熙四十四年封扎薩克輔國公,雍正元年晉封固山貝子,八年晉封多羅貝勒,乾隆二年降今爵。土謝圖汗部左翼前旗扎薩克輔國公,先於康熙三十年封扎薩克一等台吉,乾隆三年晉封今爵。三音諾顏部右末旗扎薩克一等台吉,先於乾隆三年封一等台吉,四年加扎薩克。車臣汗部中右旗閒散多羅貝勒,先於雍正十一年封多羅郡王,乾隆九年降今爵。三音諾顏部額曾特前旗扎薩克固山貝子,先於康熙四十一年封扎薩克多羅郡王,乾隆十三年降今爵。車臣汗部中末右旗扎薩克一等台吉,先於雍正十三年封一等台吉,乾隆十四年加扎薩克。車臣汗部左翼中旗扎薩克和碩親王,先於康熙三十年封扎薩克多羅郡王,乾隆二十年晉封今爵。車臣汗部中左旗扎薩克固山貝子,先於康熙三十年封今爵,五十年晉封多羅貝勒,五十二年降輔國公,乾隆二十年復今爵。土謝圖汗部右翼右旗扎薩克輔國公,先於康熙三十年封扎薩克一等台吉,乾隆二十年晉封今爵。扎薩克圖汗部中右翼左旗扎薩克一等台吉,於乾隆二十年封今爵。土謝圖汗部右翼左旗扎薩克和碩親王,先於康熙三十年封扎薩克一等台吉,三十五年晉封輔國公,乾隆三年晉封多羅郡王,二十一年晉封今爵。三音諾顏部右翼右後旗扎薩克多羅郡王,先於康熙三十年封扎薩克鎮國公,雍正二年晉封固山貝子,十年降鎮國公,乾隆三年晉封固山貝子,二十一年晉封多羅貝勒,是年晉封今爵。三音諾顏部中前旗扎薩克多羅貝勒,先於康熙三十年封扎薩克鎮國公,四十二年降一等台吉,五十年晉封輔國公,雍正九年晉封固山貝子,乾隆二十一年晉封今爵。扎薩克圖汗部中左翼左旗扎薩克多羅貝勒,先於康熙三十三年封今爵,三十六年降輔國公,四十三年降一等台吉,四十四年復輔國公,雍正元年復今爵,乾隆二十一年削,以扎薩克圖汗部先於乾隆十九年所封之扎薩克輔國公兼襲。三音諾顏部中右旗扎薩克多羅郡王,先於雍正十年封輔國公,乾隆十六年加扎薩克,二十年晉封多羅貝勒,二十一年晉封今爵。三音諾顏部中末旗閒散輔國公,扎薩克圖汗部左翼左旗扎薩克一等台吉,皆於乾隆二十一年封今爵。土謝圖汗部中旗扎薩克固山貝子,先於康熙三十年封扎薩克多羅郡王,三十九年晉封和碩親王,四十一年降多羅郡王,雍正元年復和碩親王,乾隆二十年削,二十二年復今爵。扎薩克圖汗部中左翼右旗扎薩克輔國公,先於乾隆二十一年封輔國公,二十二年加扎薩克。三音諾顏部中左末旗閒散輔國公,扎薩克圖汗部中左翼末旗扎薩克一等台吉,皆於乾隆二十二年封今爵。車臣汗部左翼後旗扎薩克一等台吉,先於康熙三十年封今爵,乾隆二十一年削,二十四年復。三音諾顏部右翼中左旗扎薩克輔國公,先於康熙四十六年封扎薩克一等台吉,是年晉封今爵,乾隆十四年降一等台吉,二十四年復。土謝圖汗部中右末旗扎薩克輔國公,先於康熙五十八年封扎薩克一等台吉,乾隆二十四年晉封今爵。車臣汗部中前旗扎薩克一等台吉,先於康熙三十年封扎薩克固山貝子,三十六年除扎薩克,四十四年降鎮國公,是年復扎薩克,雍正二年晉封固山貝子,乾隆二十五年降黜,别以旗内一等台吉襲扎薩克。車臣汗部中左旗扎薩克一等台吉,先於康熙五十一年封今爵,乾隆二十一年削,二十五年復。車臣汗部中前旗閒散鎮國公,於乾隆二十五年由扎薩克固山貝子降今爵。三音諾顔部中左末旗閒散固山貝子,先於雍正元年封多羅貝勒,是年降今爵,乾隆二十年復多羅貝勒,二十七年仍降今爵。三音諾顔旗閒散鎮國公,先於乾隆十七年封公銜,二十年晉封固山貝子,二十七年降今爵。三音諾顔部中左末旗閒散輔國公,先於乾隆二十二年封公銜,二十八年晉封今爵。土謝圖汗部中右旗扎薩克多羅郡王,先於康熙三十年封扎薩克多羅貝勒,雍正元年晉封今爵,八年晉封和碩親王,十一年降今爵,乾隆元年復和碩親王,三年仍降今爵,二十年復和碩親王,三十年削,是年復今爵。扎薩克圖汗部輝特旗扎薩克一等台吉,先於乾隆二十年封一等台吉,三十年加扎薩克。三音諾顔旗扎薩克和碩親王,先於康熙三十年封扎薩克多羅郡王,三十五年晉封和碩親王,乾隆三十一年賜號三音諾顔。三音諾顔部右翼末旗扎薩克鎮國公,先於康熙三十年封扎薩克一等台吉,雍正十年晉封輔國公,乾隆三十一年晉封今爵。扎薩克圖汗部右翼右旗扎薩克輔國公,先於康熙三十年封扎薩克固山貝子,四十二年降鎮國公,乾隆三十一年降今爵。扎薩克圖汗部左翼中旗扎薩克鎮國公,先於雍正六年封扎薩克一等台吉,十年削,十三年復,乾隆三十一年以先於二十三年所封之閒散鎮國公襲扎薩克。土謝圖汗部右翼左末旗扎薩克一等台吉,先於康熙三十年封扎薩克輔國公,三十八年晉封固山貝子,四十五年降鎮國公,雍正元年晉封多羅貝勒,十年晉封多羅郡王,十一年降多羅貝勒,乾隆十九年降固山貝子,二十年復多羅貝勒,二十一年降輔國公,三十五年降今爵。車臣汗部中後旗扎薩克輔國公,先於康熙三十年封扎薩克固山貝子,四十五年降鎮國公,五十三年降今爵,乾隆二十年削,二十一年復,二十五年復鎮國公,三十六年仍降今爵。車臣汗部右翼中前旗扎薩克一等台吉,先於乾隆十九年封今爵,二十年晉封扎薩克輔國公,四十三年降今爵,皆於乾隆四十六年詔世襲罔替。青海和碩特北前旗扎薩克輔國公、南右翼後旗扎薩克輔國公,皆於康熙五十年封輔國公,雍正三年加扎薩克。青海和碩特南右翼末旗扎薩克一等台吉,先於康熙五十年封固山貝子,六十一年降輔國公,雍正二年削,三年復封今爵。青海和碩特西後旗扎薩克多羅貝勒,先於康熙五十五年封今爵,六十一年降固山貝子,雍正二年復,三年加扎薩克。青海和領特北右翼旗扎薩克固山貝子,先於雍正元年封多羅貝勒,二年降固山貝子,三年加扎薩克。青海和碩特東上旗扎薩克一等台吉、西右翼前旗扎薩克一等台吉、西左翼後旗扎薩克一等台吉、西右翼後旗扎薩克一等台吉、北左末旗扎薩克一等台吉、北右末旗扎薩克一等台吉,青海土爾扈特南後旗扎薩克一等台吉、南中旗扎薩克一等台吉、西旗扎薩克一等台吉,皆於雍正三年封今爵。青海和碩特西前旗扎薩克多羅郡王,先於康熙四十二年封多羅郡王,四十六年降多羅貝勒,雍正三年加扎薩克,四年晉封今爵。青海和碩特南左翼中旗扎薩克一等台吉,土爾扈特南前旗扎薩克一等台吉,皆於雍正九年封今爵。阿拉善旗閒散鎮國公,先於雍正九年封輔國公,十年晉封固山貝子,乾隆六年降今爵。青海和碩特南左翼末旗扎薩克一等台吉,先於康熙三十七年封多羅貝勒,雍正二年削,三年封今爵,六年晉封輔國公,乾隆七年仍降今爵。青海輝特南旗扎薩克輔國公,先於雍正三年封扎薩克一等台吉,九年晉封今爵。青海和碩特南左翼次旗扎薩克一等台吉,於乾隆十一年封今爵。青海和碩特南左翼後旗扎薩克輔國公,先於康熙五十年封輔國公,雍正元年晉封鎮國公,三年加扎薩克,乾隆十三年降今爵。青海綽囉斯北中旗扎薩克固山貝子,先於康熙五十五年封一等台吉,雍正三年晉封扎薩克輔國公,乾隆十五年晉封今爵。杜爾伯特右翼前右旗扎薩克多羅貝勒、左翼中左旗扎薩克多羅貝勒、左翼守前右旗扎薩克固山貝子、左翼中前旗扎薩克輔國公、左翼中後旗扎薩克輔國公、左翼中下旗扎薩克一等台吉、左翼中後左旗扎薩克一等台吉、左翼中前左旗扎薩克一等台吉、左翼中後右旗扎薩克一等台吉,皆於乾隆十九年封今爵。杜爾伯特汗,先於乾隆十九年封扎薩克和碩親王,二十年晉封今爵。杜爾伯特右翼前旗扎薩克和碩親王,先於乾隆十九年封扎薩克多羅郡王,二十年晉封今爵。杜爾伯特左翼中旗扎薩克多羅郡王,先於乾隆十九年封扎薩克多羅貝勒,二十年晉封今爵。杜爾伯特左翼中上旗扎薩克固山貝子,先於乾隆十九年封扎薩克輔國公,二十年晉封今爵。阿拉善旗閒散鎮國公,先於康熙三十七年封輔國公,是年晉封今爵,雍正元年晉封固山貝子,乾隆二年降輔國公,二十年復今爵。杜爾伯特左翼輝特下後旗扎薩克一等台吉、右翼輝特下前旗扎薩克一等台吉,皆於乾隆二十年封今爵。三音諾顏部右翼左末旗閒散公銜三等台吉,於乾隆二十一年封今爵。阿拉善額魯特扎薩克和碩親王,先於康熙三十六年封扎薩克多羅貝勒,雍正元年晉封多羅郡王,七年降多羅貝勒,九年復,乾隆四年降多羅貝勒,二十二年復,三十年晉封今爵。青海綽囉斯南右翼頭旗扎薩克多羅貝勒,先於康熙四十二年封多羅貝勒,雍正二年晉封多羅郡王,三年加扎薩克,乾隆三十年降今爵。杜爾伯特右翼中右旗扎薩克鎮國公,先於乾隆十九年封扎薩克圍山貝子,三十三年降今爵。青海和碩特前頭旗扎薩克多羅郡王,先於康熙四十年封多羅貝勒,五十七年晉封多羅郡王,雍正元年晉封和碩親王,三年加扎薩克,乾隆三十六年降今爵。青海和碩特南右翼中旗扎薩克一等台吉,先於康熙五十九年封輔國公,雍正三年加扎薩克,乾隆四十一年降今爵,皆於乾隆四十七年詔世襲罔替。青海和碩特前左翼頭旗扎薩克多羅郡王兼前左翼次旗扎薩克一等台吉,先於康熙四十三年封多羅貝勒,雍正元年晉封多羅郡王,三年加扎薩克,乾隆四十七年詔世襲罔替,嘉慶十一年以先於乾隆十一年封、至四十七年詔世襲罔替之扎薩克一等台吉兼襲。唐古特扎薩克銜一等台吉,於雍正六年封今爵。唐古特扎薩克銜輔國公,先於雍正八年封扎薩克一等台吉,九年晉封今爵。額濟納舊土爾扈特扎薩克多羅貝勒,先於康熙四十三年封固山貝子,雍正七年晉封多羅貝勒,乾隆十八年加扎薩克。呼倫貝爾之伊克明安扎薩克銜一等台吉,於乾隆十九年封今爵。察哈爾之和碩特閒散輔國公、扎薩克銜一等台吉,呼倫貝爾之伊克明安閒散輔國公,皆於乾隆二十年封今爵。察哈爾之和碩特閒散輔國公,先於乾隆十九年封今爵,二十一年晉封固山貝子,是年仍降今爵。舊土爾扈特汗,舊土爾扈特北路旗扎薩克和碩布延圖親王、東路右旗扎薩克多羅畢錫呼勒圖郡王、西路旗扎薩克多羅濟爾哈朗貝勒、南路中旗扎薩克固山雅巴爾圖貝子、東路左旗扎薩克固山伊特格勒貝子、南路右旗扎薩克輔國公、南路左旗扎薩克一等台吉,新土爾扈特右旗扎薩克多羅弼里克圖郡王、左旗扎薩克固山烏察喇勒圖貝子、和碩特中路中旗扎薩克固山阿穆爾聆貴貝子、中路右旗扎薩克一等台吉,皆於乾隆三十六年封今爵。和碩特中路左旗扎薩克一等台吉,先於乾隆三十六年封一等台吉,四十年加扎薩克,皆於乾隆四十八年詔世襲罔替。青海和碩特北左翼旗扎薩克固山貝子,先於雍正元年封固山貝子,三年加扎薩克,乾隆三十一年削扎薩克,以旗内一等台吉襲之,四十七年詔世襲罔替,五十六年仍兼襲固山貝子。舊土爾扈特北路左旗扎薩克輔國公,先於乾隆四十年封扎薩克一等台吉,四十八年詔世襲罔替,五十七年晉封輔國公。土謝圖汗部左翼後旗扎薩克鎮國公,先於康熙三十二年封扎薩克一等台吉,乾隆十九年晉封輔國公,二十一年晉封固山貝子,四十六年詔世襲罔替,五十七年降今爵。土謝圖汗部左翼右末旗扎薩克一等台吉,先於康熙三十六年封今爵,乾隆四十六年詔世襲罔替,是年削,五十六年復。扎哈沁閒散三等公,於乾隆二十年封今爵。三音諾顔部中左末旗閒散公銜一等台吉,於乾隆二十一年封今爵。土謝圖汗部右翼左旗閒散公銜一等台吉,三音諾顔旗閒散公銜一等台吉,皆於乾隆二十二年封今爵。三音諾顔部左翼中旗扎薩克一等台吉,先於乾隆十九年封一等台吉,二十四年加扎薩克。扎薩克圖汗旗閒散公銜三等台吉,先於康熙三十年封輔國公,乾隆二十年削,二十二年復公銜二等台吉,四十八年降今爵。舊土爾扈特北路右旗扎薩克一等台吉,先於乾隆三十六年封一等台吉,四十年加扎薩克,四十四年停襲,五十年復。土謝圖汗部中左旗扎薩克公銜一等台吉,先於乾隆十八年封輔國公,二十三年加扎薩克,五十三年降今爵。科布多之和碩特扎薩克一等台吉,先於乾隆三十六年封一等台吉,嘉慶元年加扎薩克,皆非世襲罔替。其青海和碩特、喀爾喀兩公中扎薩克一等台吉,或暫襲,或另簡,並候旨。各考其系而書之。外蒙古各扎薩克内喀爾喀、和碩特皆爲元裔,姓博爾濟吉特。喀爾喀,系出元太祖十六世孫格呼森扎扎賚爾琿台吉。土謝圖汉,始封曰察琿多爾濟,爲格呼森扎扎賚爾琿台吉五世孫,右翼左旗扎薩克,始封曰車木楚克納木扎勒,爲察琿多爾濟從子,中右旗扎薩克,始封曰西第什里,爲察琿多爾濟弟,左翼中旗扎薩克,始封曰固嚕什喜,爲察琿多爾濟族弟,中旗扎薩克,始封曰噶勒丹多爾濟,左翼左中末旗扎薩克,始封曰車淩巴勒,皆爲察琿多爾濟子,左翼後旗扎薩克,始封曰禮塔爾,爲察琿多爾濟族子,右翼左末旗扎薩克,始封曰錫布推哈坦巴圖爾,左翼前旗扎薩克,始封曰巴朗,皆爲察琿多爾濟從弟,右翼右旗扎薩克,始封曰班珠爾多爾濟,爲察琿多爾濟孫,右翼右末旗扎薩克,始封曰巴海,爲錫布推哈坦巴圖爾子,右翼右末次旗扎薩克,始封曰青多爾濟,爲錫布推哈坦巴圖爾弟,中左翼末旗扎薩克,始封曰車璘扎布,爲錫布推哈坦巴圖爾從子,中右末旗扎薩克,始封曰辰丕勒多爾濟,爲西第什里子,中左旗扎薩克,始封曰三達克多爾濟,爲西第什里孫,左翼中左旗扎薩克始,封曰遜篤布,左翼右末旗扎薩克始,封曰開木楚克,皆爲固嚕什喜從子,左翼末旗扎薩克,始封曰車淩,爲固嚕什喜從弟,中次旗扎薩克,始封曰成衮扎布,爲固嚕什喜子,左翼左後旗扎薩克,始封曰朋素克喇布坦,爲車木楚克納木扎勒弟。三音諾顔扎薩克,始封曰善巴,爲格呼森扎扎賚爾琿台吉五世孫,中左末旗扎薩克,始封曰策淩,右翼右後旗扎薩克,始封曰托多額爾德尼,右翼前旗扎薩克,始封曰阿玉什,左翼右旗扎薩克,始封曰丹津額爾德尼,右翼中末旗扎薩克,始封曰多爾濟,左翼左末旗扎薩克,始封曰納木扎納,右翼左末旗扎薩克,始封曰素達尼,中後末旗扎薩克,始封曰濟納達彌,右翼中右旗扎薩克,始封曰沙嚕伊勒都齊,中右翼末旗扎薩克,始封曰伊達木,皆爲善巴從弟,中左旗扎薩克,始封曰衮布,爲善巴叔祖,中前旗扎薩克,始封曰素泰伊勒登,爲善巴族弟,中末旗扎薩克,始封曰阿里雅,爲善巴族子,左翼左旗扎薩克,始封曰旺舒克,爲善巴從子,右翼中左旗扎薩克,始封曰車淩達什,爲善巴子,左翼中旗扎薩克,始封曰齊旺多爾濟,爲善巴曾孫,中右旗扎薩克,始封曰車布登扎布,爲策淩子,右翼末旗扎薩克,始封曰圖巴,爲托多額爾德尼從子,中後旗扎薩克,始封曰諾爾布扎布,爲托多額爾德尼從孫,右翼後旗扎薩克,始封曰薩木濟特,爲阿里雅叔祖,右末旗扎薩克,始封曰額墨根,爲衮布曾孫。車臣汗,始封曰烏默客,爲格呼森扎扎賚爾琿台吉七世孫,左翼中旗扎薩克,始封曰納木扎勒,中右旗扎薩克,始封曰朋素克,右翼中旗扎薩克,始封曰車布登,左翼左旗扎薩克,始封曰額爾德尼,左翼右旗扎薩克,始封曰垂扎木素,右翼左旗扎薩克,始封曰根敦,皆爲烏默客叔父,右翼中右旗扎薩克,始封曰車淩旺布,中末次旗扎薩克,始封曰韜賚,中右後旗扎薩克,始封曰羅卜藏,皆爲烏默客從叔父,中末旗扎薩克,始封曰達哩,左翼後旗扎薩克,始封曰車淩達什,皆爲烏默客族祖,中後旗扎薩克,始封曰車布登,中前旗扎薩克,始封曰阿南達,皆爲烏默客從曾祖,左翼前旗扎薩克,始封曰車布登,右翼中前旗扎薩克,始封曰車淩多岳特,右翼前旗扎薩克,始封曰色淩達什,中左旗扎薩克,始封曰吹音珠爾,皆爲烏默客族叔父,中左旗扎薩克,始封曰布達扎布,爲烏默客從曾孫,左翼後末旗扎薩克,始封曰多爾濟,爲車淩達什弟,右翼後旗扎薩克,始封曰固嚕扎布,爲車淩達什從子,中左前旗扎薩克,始封曰貢楚克,爲阿南達子,中末右旗扎薩克,始封曰旺扎勒扎布,爲達哩孫。扎薩克圖汗,始封曰策旺扎布,爲格呼森扎扎賚爾琿台吉七世孫,右翼左旗扎薩克,始封曰朋素克喇布坦,爲格呼森扎扎賚爾琿台吉六世孫,至其子格埒克延丕勒,遂兼襲扎薩克圖汗,左翼後旗扎薩克,始封曰素諾木伊斯扎布,爲朋素克喇布坦從弟,左翼前旗扎薩克,始封曰衮占,爲朋素克喇布坦從叔父,中左翼左旗扎薩克,始封曰根敦,爲格埒克延丕勒族祖,繼以嗣子博貝襲封,左翼右旗扎薩克,始封曰卓特巴,爲格埒克延丕勒族祖,右翼前旗扎薩克,始封曰烏爾占,爲格埒克延丕勒從祖,中右翼末旗扎薩克,始封曰通謨克,爲格埒克延丕勒族叔父,右翼右旗扎薩克,始封曰包貝,右翼後末旗扎薩克,始封曰哈瑪爾岱青,皆爲格埒克延丕勒從叔父,左翼左旗扎薩克,始封曰諾爾布,爲格埒克延丕勒族弟，左翼中旗扎薩克，始封曰喇布坦，爲卓特巴子，右翼後旗扎薩克，始封曰額爾德尼衮布，爲卓特巴從子，右翼右末旗扎薩克，始封曰沙克扎，爲博貝弟，中右翼末次旗扎薩克，始封曰納瑪璘藏布，中左翼末旗扎薩克，始封曰達什朋素克，皆爲博貝從子，中左翼右旗扎薩克，始封曰齊巴克扎布，爲博貝從孫，左翼後末旗扎薩克，始封曰伊達木扎布，爲衮占子，中右翼左旗扎薩克，始封曰普爾普車凌，爲通謨克從子。和碩特，系出元太祖弟哈布圖哈薩爾十七世孫博貝密爾咱，始稱額魯特汗，其孫曰顧實汗。青海前頭旗扎薩克，始封曰察罕丹津，爲顧實汗曾孫，西前旗扎薩克，始封曰策旺喇布坦，前左翼頭旗扎薩克，始封曰固木布，東上旗扎薩克，始封曰扎布，皆爲察罕丹津從叔父，北右翼旗扎薩克，始封曰車凌敦多布，北左翼旗扎薩克，始封曰素諾木達什，南左翼末旗扎薩克，始封曰納木扎勒，南左翼後旗扎薩克，始封曰噶勒丹達什，皆爲察罕丹津從弟，南右翼中旗扎薩克，始封曰阿喇布坦，爲察罕丹津從子，南左翼中旗扎薩克，始封曰察罕喇布坦，爲察罕丹津從孫，西後旗扎薩克，始封曰達顔，爲策旺喇布坦從子，北左末旗扎薩克，始封曰伊什多勒扎布，爲策旺喇布坦孫，南右翼後旗扎薩克，始封曰索勒木達什，爲噶勒丹達什從祖，北前旗扎薩克，始封曰車凌，爲噶勒丹達什從叔父，西右翼前旗扎薩克，始封曰阿喇布坦，爲納木扎勒弟，南右翼末旗扎薩克，始封曰羅卜藏達爾扎，爲納木扎勒從弟，北右末旗扎薩克，始封曰達瑪璘色布騰，爲納木扎勒從子，西右翼後旗扎薩克，始封曰色布騰博碩克圖，爲車凌敦多布從叔父，西左翼後旗扎薩克，始封曰色稜哈坦巴圖爾，爲顧實汗弟，南左翼次旗扎薩克，始封曰車凌多爾濟，爲固木布孫。阿拉善額魯特，即和碩特扎薩克，始封曰和囉理，爲顧實汗孫。珠勒都斯之和碩特，係顧實汗之兄，昆都倫烏巴什裔，中路左旗扎薩克，始封曰巴雅爾拉瑚，爲昆都倫烏巴什五世孫，中路右旗扎薩克，始封曰諾海，爲昆都倫烏巴什孫，中路中旗扎薩克，始封曰雅蘭丕勒，爲昆都倫烏巴什元孫。科布多之和碩特扎薩克，始封曰布彦科什克，爲蒙衮子，係巴雅爾拉瑚之族，世系未詳。杜爾伯特，姓綽囉斯，與準噶爾同姓，爲元臣孛罕裔，孛罕六世孫額森，其子曰博羅納哈勒，後爲杜爾伯特，曰額斯墨特達爾漢諾顔，後爲準噶爾。杜爾伯特左翼特固斯庫魯克達賴汗，始封曰車凌，左翼中左旗扎薩克，始封曰色布騰，皆爲博羅納哈勒八世孫，左翼中旗扎薩克，始封曰車凌蒙克，爲車凌從叔父，右翼前旗扎薩克，始封曰車凌烏巴什，爲車凌從子，左翼中上旗扎薩克，始封曰瑪什巴圖，左翼中前右旗扎薩克，始封曰班珠爾，皆爲色布騰從弟，左翼中後旗扎薩克，始封曰巴圖蒙克，爲班珠爾從祖，左翼中前旗扎薩克，始封曰剛，爲班珠爾從叔父，左翼中前左旗扎薩克，始封曰額布根，爲班珠爾從兄，左翼中後左旗扎薩克，始封曰恭錫喇，爲巴圖蒙克從弟，右翼中右旗扎薩克，始封曰根敦，爲巴圖蒙克子，左翼中後右旗扎薩克，始封曰巴爾，爲巴圖蒙克孫，左翼中下旗扎薩克，始封曰達什登多布，爲恭錫喇弟，右翼前右旗扎薩克，始封曰剛多爾濟，爲車凌烏巴什叔父。額斯墨特，達爾漢諾顔七世孫，號巴圖爾琿台吉，青海綽囉斯南右翼頭旗扎薩克，始封曰色布騰扎勒，北中旗扎薩克，始封曰阿喇布坦，皆爲巴圖爾琿台吉孫。附牧三音諾顔部之額魯特旗扎薩克,始封曰丹濟拉,爲巴圖爾琿台吉孫,又前旗扎薩克,始封曰阿拉布坦,爲巴圖爾軍台吉從曾孫。土爾扈特,姓不著,爲元臣翁罕之裔,翁罕十二世孫曰阿玉奇,舊土爾扈特南路扎薩克卓里克圖汗,始封曰渥巴錫,爲阿玉奇曾孫,南路中旗扎薩克,始封曰額默根烏巴什,南路右旗扎薩克,始封曰拜濟瑚,皆爲渥巴錫從子,南路左旗扎薩克,始封曰伯爾哈什哈,爲渥巴錫從弟,北路旗扎薩克,始封曰策伯克多爾濟,爲渥巴錫族子,東路右旗扎薩克,始封曰巴木巴爾,爲渥巴錫族弟,西路旗扎薩克,始封曰默們圖,爲渥巴錫叔父,北路右旗扎薩克,始封曰奇哩布,北路左旗扎薩克,始封曰阿克薩哈勒,皆爲策伯克多爾濟弟,東路左旗扎薩克,始封曰奇布騰,爲巴木巴爾從子。額濟納舊土爾扈特扎薩克,始封曰阿拉布珠爾,爲阿玉奇從子。新土爾扈特右旗扎薩克,始封曰舍稜,爲翁罕十四世孫,左旗扎薩克,始封曰沙拉扣肯,爲舍稜從子。青海土爾扈特南中旗扎薩克,始封曰索諾木拉布坦多爾濟,爲翁罕十世孫,無嗣,以族曾孫棟襲封,西旗扎薩克,始封曰色特爾布木,爲揀從弟,南前旗扎薩克,始封曰達爾扎,爲索諾木喇布坦多爾濟族子,南後旗扎薩克,始封曰丹忠,爲達爾扎從子。輝特,姓伊克明安,附牧杜爾伯特之輝特,爲元臣扎巴甘墨爾根之裔。右翼下前旗扎薩克,始封曰達瑪璘,爲扎巴甘墨爾根十五世孫,左翼下後旗扎薩克,始封曰羅卜藏,爲達瑪璘從祖。青海之輝特扎薩克,始封曰貢格,爲納木占元孫,納木占以前世系未詳。附牧扎薩克圖汗部之輝特扎薩克,始封曰噶勒丹達爾扎,爲羅布藏子,羅布藏以前世系未詳。其餘閒散貝勒、貝子、公、台吉,皆係各本旗扎薩克之族。惟附牧察哈爾之和碩特閒散輔國公一人,始封曰納噶察,爲拉藏汗之孫,拉藏汗者,顧實汗之曾孫也。又,閒散補國公一人,始封曰色布騰,爲納噶察從叔父。又,扎薩克銜台吉一人,始封曰特默齊,爲拉藏汗從孫。附牧呼倫貝爾之額魯特閒散輔國公一人,始封曰巴桑,姓伊克明安,與輝特同姓而非其族。又,扎薩克銜台吉一人,始封曰阿卜達什,爲巴桑族,世系均未詳。附牧科布多之扎哈沁閒散公一人,始封曰瑪木特,爲額魯特人。西藏扎薩克銜輔國公一人,始封曰珠爾默特策布登,爲頗羅鼐子。又,扎薩克銜台吉一人,始封曰諾顔和碩齊,爲頗羅鼐弟。又,閒散輔國公一人,始封曰噶錫巴納木扎勒色布騰,爲康濟鼐從子,皆唐古特人,其世系均未詳。每届十年奏修家譜一次,撤舊册、進新册如内扎薩克。○凡旗衆,編以佐領,土謝圖汗旗,佐領一,中旗,佐領四,中次旗,佐領一,中左旗,佐領一,中右旗,佐領三,中右末旗,佐領一,中左翼末旗,佐領四,左翼中旗,佐領十四,左翼中左旗,佐領一,左翼前旗,佐領三,左翼後旗,佐領四,左翼末旗,佐領一,左翼左中末旗,佐領一,左翼右末旗,佐領五,右翼左旗,佐領七有半,右翼右旗,佐領一,右翼左後旗,佐領二,右翼左末旗,佐領一,右翼右末旗,佐領一,右翼右末次旗,佐領一有半。三音諾顔旗,佐領四有半,中左旗,佐領三,中右旗,佐領一,中前旗,佐領一,中後旗,佐領一,中末旗,佐領一,中左末旗,佐領四,中後末旗,佐領一,中右翼末旗,無佐領,右末旗,佐領一,左翼中旗,佐領一,左翼左旗,佐領二,左翼右旗,佐領三,左翼左末旗,佐領一,右翼中左旗,佐領四,右翼中右旗,無佐領,右翼中末旗,佐領一,右翼左末旗,佐領一,右翼右後旗,佐領二,右翼前旗,佐領一,右翼後旗,佐領一,右翼末旗,佐領二。額魯特旗,佐領一。額魯特前旗,佐領一。車臣汗旗,佐領二,中左旗,佐領二有半,中右旗,佐領四,中左前旗,佐領一,中右後旗,佐領半,中前旗,佐領五,中後旗,佐領一有半,中末旗,佐領三,中末次旗,佐領一有半,中末右旗,佐領一,左翼中旗,佐領二,左翼左旗,佐領一有半,左翼右旗,佐領一,左翼前旗,佐領一有半,左翼後旗,佐領二有半,左翼後末旗,佐領一有半,右翼中旗,佐領八,右翼中左旗,佐領一,右翼中右旗,佐領一有半,右翼中前旗,佐領一,右翼左旗,佐領半,右翼前旗,佐領一有半,右翼後旗,佐領三。扎薩克圖汗兼管右翼左旗,佐領三中,左翼左旗,佐領二,中左翼右旗,佐領一,中左翼末旗,佐領一,中右翼左旗,佐領一,中右翼末旗,佐領二,中右翼末次旗,佐領一,左翼中旗,佐領一,左翼左旗,佐領一,左翼右旗,佐領一,左翼前旗,佐領二,左翼後旗,佐領一,左翼後末旗,佐領一,右翼右旗,佐領一,右翼右末旗,佐領一,右翼前旗,佐領一有半,右翼後旗,佐領一,右翼後末旗,佐領一。輝特旗,佐領一。阿拉善旗,佐領八。額濟納土爾扈特旗,佐領一。青海和碩特前頭旗,佐領十一,前左翼頭旗兼前左翼次旗,佐領九,東上旗,佐領一,西前旗,佐領八,西後旗,佐領九,西左翼後旗,佐領一,西右翼中旗,佐領一,西右翼前旗,佐領二,西右翼後旗,佐領一,南左翼中旗,佐領七,南左翼後旗,佐領一,南左翼末旗,佐領二,南右翼中旗,佐領五,南右翼後旗,佐領四,南右翼末旗,佐領一,北前旗,佐領二,北左末旗,佐領四,北右末旗,佐領二,北左翼旗,佐領三,北右翼旗,佐領六。綽囉斯前右翼頭旗,佐領四,北中旗,佐領二有半。土爾扈特西旗,佐領四,南中旗,佐領四,南前旗,佐領一,南後旗,佐領三。輝特南旗,佐領一。喀爾喀旗,佐領一。左翼杜爾伯特汗旗,佐領十,中旗,佐領一,中左旗,佐領一,中上旗,佐領一,中下旗,佐領一,中前旗,佐領一,中後旗,佐領一,中前左旗,佐領一,中前右旗,佐領二,中後左旗,佐領一,中後右旗,無佐領。輝特下後旗,佐領一。右翼杜爾伯特前旗,佐領十一,中右旗,佐領二,前右旗,佐領二。輝特下前旗,佐領一。南路舊土爾扈特汗旗,佐領五十,中旗,佐領二,左旗,佐領一,右旗,佐領一。北路舊土爾扈特旗,佐領四,左旗,佐領四,右旗,佐領六。東路舊土爾扈特左旗,佐領三,右旗,佐領四。西路舊土爾扈特旗,佐領四。中路和碩特中旗,佐領四,左旗,佐領四,右旗,佐領三。新土爾扈特左旗,佐領二,右旗,佐領一。科布多之和碩特旗,佐領一。而頒其治於扎薩克。每旗設協理台吉、管旗章京、副章京、參領、佐領、驍騎校領、催什長、馬甲。其地土、賦役、户婚、優恤、禁令之制,皆如内扎薩克。○凡盟,喀爾喀其盟四,喀爾喀四盟:一曰汗阿林,會土謝圖汗部喀爾喀二十旗;一曰齊齊爾里克,會三音諾顔部喀爾喀二十二旗、額魯特二旗;一曰克魯倫巴爾和屯,會車臣汗部喀爾喀二十三旗;一曰扎克畢拉色欽畢都爾諾爾,會扎薩克圖汗部喀爾喀十八旗、輝特一旗。杜爾伯特其盟二,杜爾伯特二盟:一曰賽因濟雅哈圖左翼,會杜爾伯特十旗、輝特一旗;一曰賽因濟雅哈圖右翼,會杜爾伯特三旗、輝特一旗。土爾扈特其盟五,舊土爾扈特四盟:一曰南烏訥恩素珠克圖，會土爾扈特四旗；一曰北烏訥恩素珠克圖，會土爾扈特三旗；一曰東烏訥恩素珠克圖，會土爾扈特二旗；一曰西烏訥恩素珠克圖，會土爾扈特一旗。新土爾扈特一盟，曰青塞特奇勒圖，會土爾扈特二旗。和碩特其盟一，和碩特一盟，曰巴圖塞特奇勒圖，會和碩特三旗。盟各建其長，每盟設盟長一人、副盟長一人，於同盟扎薩克内請旨簡放，如内扎薩克。惟西烏訥恩素珠克圖盟以盟内祇一旗，其盟長印交東烏訥恩素珠克圖盟長處。惟青海之盟無長。青海二十九旗及察漢諾們罕爲一盟，不設盟長，以西寧辦事大臣莅盟。盟以三歲。比丁口、平獄訟如内扎薩克。凡旗之畸者，不設盟。阿拉善一旗、額濟納土爾扈特一旗、科布多之和碩特一旗，皆不設盟。○凡外扎薩克之兵，各以將軍，若大臣統之。喀爾喀四部之兵，統於定邊左副將軍；杜爾伯特、新土爾扈特、和碩特之兵，統於科布多參贊大臣；舊土爾扈特、和碩特之兵，統於伊犁將軍；青海各部之兵，統於西寧辦事大臣。遇應用時，各由將軍大臣奏調。惟阿拉善、額濟納、土爾扈特之兵，不統以將軍大臣，徵調如内扎薩克。以時簡其軍實。喀爾喀四部，每部設副將軍一人、參贊一人，杜爾伯特爾翼，每翼設副將軍一人，各以其部内、翼内扎薩克請旨簡任，每歲察驗各旗軍容器械。不設副將軍、參贊者，責成盟長，不設盟長者，責成本旗扎薩克察驗。若烏里雅蘇台，若科布多，皆徵蒙古兵以戍、以屯、以牧焉。烏里雅蘇台駐班喀爾喀副將軍、參贊，或扎薩克汗王、貝勒、貝子、公一人，扎薩克公、台吉四人，協理台吉四人，管旗章京、副章京四人，聽差台吉二人，嚮導兵六人，每季一更代。又，協理台吉一人，管旗章京、副章京一人，驍騎校一人，兵二百人，每年一更代。牧場，喀爾喀扎薩克一人，協理台吉一人，管旗章京、副章京一人，兵三十五人，每季一更代。孳生駝場，喀爾喀土謝圖汗左翼中旗扎薩克一人，管旗章京、副章京一人，兵七十二人，孳生馬場，三音諾顔部中右旗兵二十二人，皆不更代。科布多駐班喀爾喀扎薩克一人，協理台吉一人，管旗章京、副章京一人，聽差台吉二人，嚮導兵二人，每季一更代。又，杜爾伯特、土爾扈特、和碩特、烏梁海、扎哈沁汗王、貝勒、貝子、公、散秩大臣、副都統，或二人，或三人，或四人，每二月一更代。屯田，喀爾喀參領二人，佐領二人，驍騎校三人，兵二百五十人，每年一更代。牧場，喀爾喀協理台吉一人，每年一更代。又，管旗章京、副章京二人，兵五十人，每半年一更代。○凡驛，北路皆由阿爾泰軍臺達之，張家口外阿爾泰軍臺，自出内扎薩克四子部落境起，由第十九站奇拉伊木呼爾至賽爾烏蘇，凡六站，由賽爾烏蘇至哈拉尼敦，凡二十一站，由哈拉尼敦至烏里雅蘇台，凡二十站，由烏里雅蘇台至科布多，凡十四站，是爲阿爾泰軍臺。由賽爾烏蘇至庫倫，凡十四站，由庫倫至恰克圖，凡十二站，以備巡查卡倫，並達俄羅斯互市。由烏里雅蘇台至近吉里克卡倫，凡九站，由科布多至索果克卡倫，凡八站，以備巡查卡倫，皆以喀爾喀官兵供役。由科布多至古城所屬之搜吉卡倫，凡八站，以達於西路，以扎哈沁官兵供役。喀爾喀、杜爾伯特、新土爾扈特、和碩特各扎薩克及烏梁海、扎哈沁等游牧，均由此分達。阿拉善、額魯特、額濟納、土爾扈特，亦出張家口行邊外達其游牧。西路，則循内驛焉。青海各部由西寧出口，達其游牧。珠勒都斯、舊土爾扈特、和碩特，由喀喇，沙爾濟爾哈朗、精河、舊土爾扈特，由庫爾喀喇，烏蘇霍博克薩里、舊土爾扈特，由塔爾巴哈台，各達其游牧。各示其禁令。喀爾喀四部，聽於本旗内給人烏拉票，令所屬應付馬匹廪給。其越境者，概不准給烏拉票。惟哲布尊丹巴呼圖克圖因事遣使喀爾喀四部者，准給烏拉票，回日繳銷。外扎薩克各旗王公、扎薩克台吉，如有事出境，各令呈報駐劄之將軍大臣，合例者，給予執照，並酌量隨從人數，毋令逾制。如與别部結親者，由將軍大臣具奏，予限准其親迎。王公、扎薩克台吉之妻，亦准其歸寧。至送女探親，衹准遣其屬下人，或閒散台吉前往。其王公、扎薩克台吉概不准親身越境，惟隨侍父母往返者，仍准行。○凡互市，商給以院票。各商至烏里雅蘇台、庫倫、恰克圖及喀爾喀各部落者，皆給院票。由直隸出口者，在察哈爾都統，或多倫諾爾同知衙門領票，由山西出口者，在綏遠城將軍衙門領票。以該商姓名、貨物及所往之地、起程之期，書單黏合院票，給與其已至所往之處。又欲他往者，許呈明該處將軍大臣、扎薩克，改給執照。所至，則令將軍，若大臣，若扎薩克而稽察之。各商至烏里雅蘇台者，由定邊左副將軍兵部司官稽察，至庫倫者，由庫倫辦事大臣本院司官稽察，至喀爾喀四部落者，由各旗扎薩克稽察，至恰克圖者，出卡倫時，由卡倫上會哨之扎薩克稽察，至商集，由恰克圖本院司官稽察。頒其商禁。票商令以現銀、現貨交易，定限一年催回，不准藉索欠爲名，潛留各部落娶妻立産，不准取蒙古名字。無票者即屬私商，查出照例治罪，逐回，貨物一半入官。烏里雅蘇台北邊九站，不准商民通市。其烏梁海等，准於進貂之便在烏里雅蘇台城交易。○置庫倫辦事大臣，以司俄羅斯邊務，東、西會兩將軍而理之。庫倫辦事大臣二人，一由在京滿洲、蒙古大臣内簡放，一由喀爾喀扎薩克内特派。所屬庫倫，本院司官二人、筆帖式二人，恰克圖，本院司官一人，轄卡倫會哨之各扎薩克以理邊務。凡行文俄羅斯薩那特，衙門皆用庫倫辦事大臣印文。其東黑龍江境内，則由黑龍江將軍、呼倫貝爾副都統經理，其西至近吉里克以西，則由定邊左副將軍、科布多參贊大臣經理，皆與庫倫辦事大臣會同酌辦。定其内、外之界。康熙二十八年，平定羅刹，聖祖仁皇帝命内大臣索額圖與俄羅斯國使臣費要多羅等定議：一、以流入黑龍江之綽羅那阿倫穆河相近格爾畢齊河爲界，循河而上，自興安嶺以至於海，嶺以南爲内地，嶺以北爲俄羅斯地；一、以流入黑龍江之額爾古納河爲界，河以南爲内地，河以北爲俄羅斯地。雍正五年，世宗憲皇帝命郡王額駙策凌與俄羅斯使臣薩瓦等定議：自額爾古納河岸至阿魯哈當蘇、阿魯奇都勒、齊克泰奇蘭等處，以相對之楚庫河爲界。自此以西沿布爾古特山，以博木沙畢鼐嶺爲界，各定立界石。設俄羅斯市於恰克圖。恰克圖商集，以本院司官一人主之，隸庫倫辦事大臣管理，設書吏畢協齊。該班蒙古章都瑪那奇等，每歲支給口糧賞需銀二百十二兩有奇。又，該司員給賞俄羅斯瑪玉爾、普爾魯克喀密薩爾等綢緞價值，皆於口北道衙門支領、報銷。商集分設八行，選商之良善、殷實者爲行首，與衆商會同估定貨價。該司官按各商到集日期先後，令以次交易。蒙古扎薩克及哲布尊丹巴呼圖克圖等差人來市者，價值百兩以下，聽其交易，百兩以上，由扎薩克及商卓特巴以印文咨恰克圖司官，交各行首交易後，覆文遣回。其有不肖商人，希圖射利頂冒者，察出，將該商與喇嘛、蒙古等一併治罪，貨物入官，扎薩克、商卓特巴參處。先示以禁約，乃與通市焉。康熙三十二年定例，俄羅斯國人准其三年來京貿易一次，不得過二百人，令自備馬駝，到京時安置俄羅斯館，不支廪給，定限八十日起程，禁物不准買賣外，一應貨物免其納稅。五十九年，始准於庫倫互市。雍正五年，始准於恰克圖互市。乾隆年間，屢經禁絶通市，於三十三年、四十五年、五十七年三次皆因俄羅斯國遵守法制，請開市，始降旨允准。五十七年，與該國定約五條：一、恰克圖互市，於中國初無利益，大皇帝普愛衆生，不忍爾國小民困窘，又因爾薩那特衙門請，是以允行，若復失和，罔再希冀開市；一、中國與爾國貨物，原係兩邊商人自相定價，爾國商人應由爾國嚴加管束，彼此貨物交易後，各令不爽約期，即時歸結，勿令負欠致啓争端；一、今爾國守邊官皆恭順知禮，我游牧官群相稱好，爾從前守邊官皆能視此，又何至兩次妄行失和，以致絶市乎！嗣後，爾守邊官當慎選賢能，與我游牧官遜順相接；一、恰克圖以西十數卡倫，爾之布里雅特、哈里雅特不法，故致有烏呼勒咱之事，今爾國宜嚴加禁束，杜其盜竊；一、此次通市，一切仍照舊章，已頒行爾薩那特衙門矣，兩邊民人交涉事件，如盜賊、人命，各就近查驗緝獲罪犯，會同邊界官員審訊明確後，本處屬下人由本處治罪，爾處屬下人由爾處治罪，各行文知照示衆。其盜竊之物，或一倍，或幾倍罰賠，一切皆照舊例辦理。據俄羅斯使臣一一悦服遵依，出具甘結存案。〇凡哈薩克之牲畜，設官市。伊犁塔爾巴哈台與哈薩克互市，牲畜每馬十，給回布三十至五十疋，牛十，給回布二十至四十疋，羊百，給回布七十五至八十疋。每回布十疋，合銀四兩。如哈薩克願得綢緞者，計值給與，皆官爲經理。〇以黄教行於蒙古、唐古特者，曰喇嘛。唐古特僧宗喀巴始以黄教授其弟子達賴、班禪，後其教遂盛，蒙古番族無不崇奉。凡喇嘛，有駐京喇嘛，駐京喇嘛，大者曰掌印扎薩克大喇嘛，曰副掌印扎薩克大喇嘛；其次曰扎薩克喇嘛；其次曰達喇嘛，曰副達喇嘛；其次曰閒散喇嘛；其次曰德木齊，曰格思規。其徒衆曰格隆，曰班第。熱河、盛京、多倫諾爾、五臺山各廟，皆分駐喇嘛，定有額缺，按等陞轉，與駐京喇嘛一例。又，伊犁之掌教堪布一人，四川懋功之廣法寺堪布一人，係由駐京喇嘛内派往，三年一更代。駐京喇嘛中，歷輩闡揚黄教，如章嘉呼圖克圖、噶勒丹錫呼圖呼圖克圖、敏珠爾呼圖克圖、濟隆呼圖克圖，或在京掌教，或赴藏辦事，俱曾加國師、禪師等名號。乾隆五十一年，高宗純皇帝欽定喇嘛班次：左翼，頭班，章嘉呼圖克圖，二班，敏珠爾呼圖克圖；右翼，頭班，噶勒丹錫呼圖呼圖克圖，二班，濟隆呼圖克圖，皆列於雍和宫總堪布、避暑山莊普寧寺總堪布之上。其餘駐京之呼圖克圖，有洞科爾呼圖克圖、果蟒呼圖克圖、那木喀呼圖克圖、鄂薩爾呼圖克圖、阿嘉呼圖克圖、喇果呼圖克圖、貢唐呼圖克圖、土觀呼圖克圖，多倫諾爾有錫庫爾錫哷圖諾顏綽爾濟呼圖克圖，皆出呼畢勒罕入於院册。有藏喇嘛，西藏喇嘛，自達賴喇嘛、班禪額爾德尼外，尚有第穆呼圖克圖、噶喇木巴呼圖克圖、色本巴呼圖克圖、布魯克巴呼圖克圖、嘉拉薩賴呼圖克圖、鄂朗濟永呼圖克圖，朋多江達籠廟之呼圖克圖，摩珠鞏之誌鞏呼圖克圖，貢噶爾之嘉克桑呼圖克圖、奈囊保呼圖克圖，朗哷仔之薩木黨多爾濟奈覺爾女呼圖克圖、覺爾隆阿里呼圖克圖、楚爾普嘉爾察普呼圖克圖、多爾吉雅靈沁呼圖克圖，倫色之覺爾澤呼圖克圖、協布隆呼圖克圖，摩珠鞏之誌鞏小呼圖克圖、達拉岡布呼圖克圖，凡十八人，及沙布隆十二人，皆出呼畢勒罕入於院册。勒正呼圖克圖，原係沙布隆，今爲呼圖克圖。有番喇嘛，甘肅之莊浪河州、循化西寧岷州、四川之木里及將入藏境之乍雅察木多類烏齊各番寺，皆喇嘛居之。其出呼畢勒罕入院册者，莊浪二人，西寧三十三人，木里一人，乍雅察木多類烏齊四人。有游牧喇嘛。歸化城、土默特、察哈爾、錫哷圖庫倫、内扎薩克四十九旗，喀爾喀、阿拉善各游牧，皆有喇嘛居之。其出呼畢勒罕入院册者，歸化城十二人，察哈爾九人，錫哷圖庫倫二人，科爾沁三人，郭爾羅斯一人，土默特六人，烏珠穆沁六人，浩齊特一人，阿巴噶一人，阿巴哈納爾五人，蘇尼特二人，四子部落一人，烏喇特五人，鄂爾多斯一人，喀爾喀十九人，阿拉善二人。凡喇嘛有行者，能以神識轉生於世，曰呼畢勒罕，皆入名於奔巴金瓶而掣定焉。呼圖克圖轉生，向由達賴喇嘛所屬之拉穆吹忠作法，降神其體，指出呼畢勒罕所在，訪求迎歸供養。乾隆五十七年，高宗純皇帝平定廓爾喀後，整飭藏務，斥拉穆吹忠之妄，特頒奔巴金瓶一於布達拉大昭。凡達賴喇嘛、班禪額爾德尼、哲布尊丹巴呼圖克圖及西藏、蒙古各處已出數輩之呼圖克圖、大喇嘛圓寂後，將報出之呼畢勒罕數人名字、生辰繕籤入奔巴金瓶内，令喇嘛等唪經，駐藏大臣監看，掣出一人以爲呼畢勒罕。復設奔巴金瓶一於雍和宫，其内、外扎薩克等所奉之呼圖克圖，如力不能赴藏識認者，即令盟長擬定報院繕籤，入雍和官奔巴金瓶内，令掌印扎薩克、大喇嘛等唪經，理藩院大臣監掣。其王公、扎薩克等子弟指爲呼畢勒罕及呼畢勒罕復出於達賴喇嘛、班禪額爾德尼本族者，概行禁止。惟青海察漢諾們罕擬呼畢勒罕時，無論係察漢諾們罕親族，有爲沙畢那爾等帖服者，准其一體入籤掣定。其尋常喇嘛，不准尋呼畢勒罕。有證，則疏聞以候欽定。嘉慶十三年，達賴喇嘛呼畢勒罕尋得時，靈徵衆著，由駐藏大臣具奏，不復入奔巴金瓶掣定。頒喇嘛之禁令。喇嘛等服黄紅色，班第等服紅色，並用黄帽，餘色不得服用，烏巴什烏巴三察停其服黄紅色。違者，喇嘛論罰，班第以下鞭責。喇嘛、班第不告知大喇嘛私出爲人看病、念經及擅宿人家，或留婦女於寺廟，若齊巴察汗犯姦者，並治罪，該管大喇嘛論罰。喇嘛、徒衆除院册有名外，不准增設，禁以民田展修廟宇。唐古特喇嘛、徒衆，非奉旨不准私來。在京喇嘛，奉使赴藏，不准擅帶彼處班第回來。非達賴喇嘛、班禪額爾德尼，凡告白於人，不准用噶舒克字様。喇嘛因事涉訟，先革退喇嘛，如訊係無罪，再復喇嘛。喇嘛犯罪，抄出財物送院存貯，作賞給各寺廟喇嘛之用。○置駐藏大臣，以統前藏、後藏而理喇嘛之事。駐藏大臣二人，所屬本院司官一人，筆帖式一人。又，於四川省同知、通判、知縣、縣丞内派糧員三人，成都駐防内派書清字馬甲八人，又，於唐古特内派識廓爾喀字貼寫一人，曉廓爾喀話通事一人，以辦理藏務。又，於四川省緑營内派游擊一人，都司一人，守備三人，千總二人，把總四人，外委八人，兵六百四十六人，以分駐前藏、後藏、定日、江孜。又，游擊一人，都司一人，守備三人，千總二人，把總七人，外委九人，兵七百八十二人，以分駐由打箭爐至前藏一帶糧臺。乃正其官族，前、後藏唐古特官、喇嘛官初由達賴喇嘛、班禪額爾德尼自署，其大者，如噶布倫，亦由達賴喇嘛選定，後始移交駐藏大臣具奏。乾隆五十九年，乃定官制：自三品至七品給與頂戴。前藏官缺出，駐藏大臣，會同達賴喇嘛選補，後藏官缺出，會同班禪額爾德尼選補。前藏唐古特官，三品噶布倫四人，四品仔琫三人、商卓特巴二人，五品業爾倉巴二人、朗仔轄二人、協爾幫二人、碩第巴二人，六品達琫二人、大中譯二人、卓尼爾三人，七品小中譯三人、司門第巴三人、司稭粑第巴二人、司草第巴一人、司薪第巴二人、司帳第巴二人、司牛羊第巴三人。噶布倫爲總辦藏務之官，仔琫、商卓特巴爲商上辦事之官。凡喇嘛謂庫藏、出納之所，曰商上。業爾倉巴爲管糧之官，朗仔轄爲管街道之官，協爾幫爲管刑名之官，碩第巴爲管理布達拉一帶番民之官，達琫爲司馬廠之官，大中譯、卓尼爾、小中譯爲噶厦辦事之官，噶布倫議事之所曰噶厦。又，管兵之官，四品戴琫六人，五品如琫十二人，六品甲琫二十四人，七品定琫一百二十人。又，分理地方之官，五品邊營官二十三人、大營官十九人，六品中營官五十九人，七品小營官二十五人。後藏唐古特官，有三品大營官四人，六品中營官十七人，七品小營官十六人。以上各唐古特官内，亦有以喇嘛充補者，則不給頂戴。喇嘛官，前藏有商上及噶厦辦事之濟仲喇嘛，後藏有歲琫喇嘛、森本喇嘛、濟仲喇嘛、卓尼爾喇嘛等缺，皆不給頂戴。西藏稱唐古特世家子弟曰東科爾，先是唐古特官皆用東科爾，率以稺齒躐等登進，其餘唐古特除拔補定琫之外，不能再有陞轉。乾隆五十八年，乃定制：非東科爾出身者，亦准由定琫陞至戴琫。其東科爾年十八以上，始准選用。卓尼爾、小中譯、小營官等缺，視其才能，再加擢用。治其營寨，前藏，乃東營、瓊結營、貢噶爾營、崙孜營、桑昂曲宗營、工布則岡營、江孜營、昔孜營、協噶爾營、納倉營，凡十營，爲大營；洛隆宗營、角木宗營、打孜營、桑葉營、巴浪營、仁本營、仁孜營、郎嶺營、宗喀營、撒噶營、作岡營、達爾宗營、江達營、古浪營、沃卡營、冷竹宗營、曲水營、突宗營、僧宗營、雜仁營、茹拖營、鎖莊子營、奪營、結登營、直谷營、碩般多營、拉里營、朗營、沃隆營、墨竹官營、卡爾孜營、文扎卡營、轄魯營、策堆得營、達爾瑪營、聶毋營、拉噶孜營、嶺營、納布營、嶺喀爾營、錯朗營、羊八井營、麻爾江營，凡四十三營，爲中營；雅爾堆營、金東營、拉歲營、撒拉營、浪蕩營、頗章營、扎溪營、色營、堆冲營、汪墊營、甲錯營、拉康營、瓊科爾結營、蔡里營、曲隆營、扎稱營、折布嶺營、扎什營、洛美營、嘉爾布營、朗茹營、里烏營、降營、業黨營、工布塘營，凡二十五營，爲小營；江卡營、堆噶爾本營、喀喇烏蘇營、錯拉營、帕克里營、定結營、聶拉木營、濟嚨營、官覺營、補人營、博窩營、工布碩卡營、絨轄爾營、達巴喀爾營，凡十四營，爲邊營。後藏，拉孜營、練營、金龍營，凡三營，爲大營；昂忍營、仁侵孜營、結侵孜營、帕克仲營、翁貢營、千殿熱布結營、托布甲營、里卜營、德慶熱布結營、央營、絨錯營、葱堆營、脅營、干壩營，凡十四營，爲中營；彭錯嶺營、倫珠子營、拉耳塘營、達爾結營、甲冲營、哲宗營、擦耳營、晤欲營、碌洞營、科朗營、扎喜孜營、波多營、達木牛廠營、凍噶爾營、扎苦營，凡十五營，爲小營。每營設營官，或一人，或二人，以分理各寨番民。練其兵隊，西藏額設番兵三千，前藏、後藏各駐一千，定日、江孜各駐五百。制以十之五習鳥鎗，十之三習弓箭，十之二習刀矛兵，皆薙髮。鳥鎗兵服紅褐背心，弓箭兵服白褐背心，刀矛兵服紅鑲白褐背心，各書番兵二字。每兵二十五人轄以定琫一人，五定琫轄以甲琫一人，二甲琫轄以如琫一人，二如琫轄以戴琫一人，各按期操演，駐藏大臣每歲於五、六月農隙之時親巡查閲一次。其操演所用火藥，由駐藏大臣委千總、把總等，並令噶布倫派出番目，同赴工布地方製配。鉛丸、火繩由四川省解送，並於前藏貯炮十三位，後藏貯炮二位。固其邊隘，西藏西南與布魯克巴、哲孟雄、作木朗、洛敏湯、廓爾喀各部落接界，自薩迦、宗喀、聶拉木、絨轄、定結、帕克里一帶，皆堆設鄂博。定日、江孜二處爲外番，各部落來藏要隘，皆特設汛防，駐藏大臣每歲於閲兵之便親加巡察。覈其財賦，番賦，或徵糧，或徵氆氌、藏香、木棉、鹽茶、酥油、奶渣、羊腔，其遠處寨落，各以藏錢折交。又有牛群、羊群者，每牛二交藏錢一，羊十亦交藏錢一。又，番民身故者，例交服飾物件一半，其布施、罰贖等項無定數。前藏所屬交達賴喇嘛，後藏所屬交班禪額爾德尼。其公用及達賴喇嘛、班禪額爾德尼自奉，前藏以商上商卓特巴經理，後藏以歲琫喇嘛經理，其出、入，皆由駐藏大臣總覈。西藏商上，初不鑄錢，番民易换廓爾喀銀錢行用，乾隆五十八年定制，於前藏商上鑄藏錢，皆鑄以銀，大錢重一錢，小錢半之，每銀一兩易大錢九文，小錢十八文。濟嚨聶拉木税課，入口之米，每一包抽税米一木碗，出口之鹽，每一包抽税鹽一木碗。其巴勒布各貨，皆於入口時營官報知商上，及運貨到藏之時，不論精粗，每貨一包納藏錢一文。平其刑罰，番民犯罪，仍依其俗論罰，按罪名輕重以定納贖多寡，譯寫定例，存駐藏大臣處。凡罪，經協爾幫、朗仔轄、噶布倫剖斷後，皆呈駐藏大臣覈定。除婪贓至多者，仍籍家産示懲，其餘犯公、私罪者，不准輒議查抄。定其法制，達賴喇嘛、班禪額爾德尼族屬，不准挑取大、小官目及辦事喇嘛。各寺廟坐牀堪布，令達賴喇嘛會同駐藏大臣及遣往西藏辦事之在京喇嘛公同挑選。各寺廟喇嘛名數、寨落人户及各營户口，均造名册，於駐藏大臣、達賴喇嘛處各存一册。其喇嘛、番民往來，皆令請領路票，如無路票私行往來者，交各該管番官究治。達賴喇嘛、班禪額爾德尼及噶布倫、戴琫、各大呼圖克圖等，均不准擅給番户免差照票，如實有勞績者，令達賴喇嘛告知駐藏大臣，方准給票。惟挑充番兵者，給與照票，免其門户差使，事故革退，仍令繳銷。喇嘛、番官私自往來，不准擅用烏拉私發信票，如公事差遣，呈明駐藏大臣，達賴喇嘛給發印票,沿途始准應付。蒙古各部落赴藏熬茶者,十人以上,概令請領路引,十人以下,聽其自便。青海、蒙古延請喇嘛赴該游牧誦經、教經者,令呈明西寧辦事大臣行文,再由駐藏大臣給與執照,聽往。其私相往來者,查禁。廓爾喀、布魯克巴、哲孟雄、宗木等,或因事商請,或布施通問來藏者,由邊界營官稟明駐藏大臣,驗放進口。至江孜、定日,再令駐劄備弁稽查。到藏後,其各部落稟駐藏大臣者,由駐藏大臣給諭,呈達賴喇嘛者,亦由駐藏大臣與達賴喇嘛商同給諭。遣回噶布倫等,不准與各部落私行通信,各部落有寄信噶布倫者,亦呈送駐藏大臣、達賴喇嘛商同給諭。以安唐古特。○凡西藏之貢,以期至,西藏每年遣使入貢一次,前藏、後藏各間一年輪直,所貢哈達、銅佛、舍利、珊瑚、琥珀、數珠、藏香、氆氌。其附前藏達賴喇嘛之使入貢者,有由京派往西藏辦事之呼圖克圖、曾恩賜名號之呼圖克圖及噶布倫四人、閒散輔國公一人、空銜扎薩克一等台吉一人、閒散台吉四人,附後藏班禪額爾德尼入貢者,有曾恩賜名號之諾們罕及商卓特巴一人,其貢使堪布亦附貢。各貢哈達、銅佛,或益以數珠、紅花、藏香、氆氌。其前藏達賴喇嘛及由京派往西藏辦事之呼圖克圖、四噶布倫,後藏班禪額爾德尼,各呈進慶祝之禮,曰丹書克,所貢吉祥哈達、銀曼達吉祥佛、金字經、銀塔、七寶八珍。察木多帕克巴拉呼圖克圖,四年遣使入貢一次,所貢金碗、黄連。嘉喇呼圖克圖間隨帕克巴拉呼圖克圖入貢,無定時。各優其賚予而遣焉。達賴喇嘛、班禪額爾德尼貢使回時,皆降勅慰問。賜達賴喇嘛,鍍金銀茶筒一、鍍金銀瓶一、銀鍾一、各色緞二十、大哈達五、小哈達四十五、色哈達十,正使,二等雕鞍一、銀茶筒一、銀茶盆一、緞三十、毛青布四百、豹皮一、虎皮三、江獺皮五,副使,三等蟒緞一、方補緞一、大緞一、三梭布二十四,從人,彭緞各一、三梭布各八。賜班禪額爾德尼,銀茶筒一、銀瓶一、銀鍾一、各色大緞二十、大小哈達各十,來使,金黄蟒緞一、銀茶盆一、緞一、毛青布六十二,從人,緞各二、毛青布各二十,從役,緞各一、毛青布各十。賜察木多帕克巴拉呼圖克圖,銀茶筒一、各色大緞十二、大小哈達各七,正使,三等蟒緞一、緞二、布二十四,副使,緞二、布十二,從人,布六。廓爾喀亦如之。廓爾喀額爾德尼王,五年遣使入貢一次,所貢象、馬、孔雀、厲幣、象牙、犀角、孔雀尾,無定物。賜廓爾喀額爾德尼王及來使人等事,隸内務府。凡貢使堪布入境、出境皆衛。前、後藏貢使,皆以堪布充之。堪布等來京、回藏,例派理藩院郎中、員外郎一人,經過省分道一人、副將一人,帶領兵役。來時,自西寧起,回時,至西寧止,沿途彈壓護送,各按本省程站催令前進,報明入境、出境日期。前藏堪布准給騾一百六十,後藏堪布准給騾一百二十,官爲雇辦,開銷例價。其堪布等自帶貨物,官爲代雇脚力者,前藏堪布准代雇騾一百,後藏堪布准代雇騾八十。堪布徒衆、跟役不得過四十人,其同行商貨自備脚力者,亦不得過二十馱,違例多帶者,不准放行。如堪布等中途不遵法度,滋擾地方者,即交護送之員具奏懲辦。○凡游牧之内屬者,曰察哈爾,察哈爾,爲元部衆,天聰時,林丹汗暴虐,太宗文皇帝興師伐之,林丹汗走死,乃封其子額哲於義州邊外,康熙十四年復叛，削平之，收其衆，令游牧於宣化、大同邊外，編爲八旗。其後，各蒙古有内附者，陸續安插於察哈爾，分隸八旗，編爲佐領，屬察哈爾都統。現有察哈爾佐領六十二，科爾沁佐領七，烏喇特佐領三，茂明安佐領四，蘇尼特佐領一，伊蘇特佐領一，喀爾喀佐領三，巴爾呼佐領十五，額魯特佐領十八，新額魯特佐領六。高宗純皇帝平定西域後，移察哈爾人户游牧伊犂塔爾巴哈台，伊犂察哈爾屬伊犂將軍，編爲八旗，現有佐領十六。塔爾巴哈台、察哈爾屬塔爾巴哈台參贊大臣，現有佐領一。曰巴爾呼，附牧察哈爾之巴爾呼，佐領十五，爲康熙年間所收，其時，尚有分屬齊齊哈爾、呼倫貝爾之巴爾呼，即編入駐防旗，分不隸於院。乾隆年間，復收巴爾呼人户附牧呼倫貝爾，曰新巴爾呼，屬黑龍江將軍，現有佐領二十四。曰額魯特，額魯特自康熙、雍正至乾隆十九年以前，陸續内附者爲舊額魯特，十九年以後安插者爲新額魯特。除附察哈爾之新、舊二十四佐領外，尚有呼倫貝爾新、舊額魯特，已編入駐防旗，分不隸於院。伊犂額魯特，除杜爾伯特首先投誠，土爾扈特、和碩特避居俄羅斯之厄濟勒續後投誠外，其準噶爾、輝特及留居伊犂之和碩特，屢經叛亂剿除。有準噶爾族達什達瓦者，率屬内附，及身故無嗣，安插其衆於熱河。伊犂建設駐防時，分移達什達瓦、額魯特於伊犂。留熱河者，屬熱河都統，現有鑲黄一旗，佐領二，其移伊犂者，是爲額魯特上三旗。又有自哈薩克布嚕特中投回伊犂者，是爲額魯特下五旗。又，土爾扈特投誠時，自厄濟勒携來之準噶爾額魯特及喇嘛之沙畢那爾額魯特，亦附入下五旗，屬伊犂將軍。現有上三旗，佐領六，下五旗，佐領十，沙畢那爾，佐領四。塔爾巴哈台之額魯特，即自伊犂分移游牧於巴爾魯克、齋爾等處，屬塔爾巴哈台參贊大臣，現有佐領六。科布多之額魯特，本台吉達木拜之屬，達木拜有罪削除，以其衆屬科布多參贊大臣，現有佐領二。曰扎哈沁，準噶爾謂守卡之人曰扎哈沁，三等信勇公瑪木特投誠後，其隨來之扎哈沁即令統轄。乾隆四十年，其孫扎木禪身故，以扎哈沁原非瑪木特之阿爾巴圖撤出，設一旗，屬科布多參贊大臣，現有佐領四，其扎木禪之族丁及其阿爾巴圖三十餘户，亦附近科布多之烏裕克齊博多克齊游牧。嘉慶五年，扎木禪之孫托克托巴圖之屬已足一百五十丁，復編爲一佐領，即以托克托巴圖爲總管。曰明阿特，明阿特出於烏梁海，後爲扎薩克圖汗部中左翼左旗之屬，乾隆三十年撤出，設一旗，屬科布多參贊大臣，現有佐領二。曰烏梁海，烏梁海，居唐努山者爲唐努烏梁海，屬定邊左副將軍，設五旗，又設三佐領，現有佐領八。居阿爾泰山者爲阿爾泰烏梁海，屬科布多參贊大臣，設兩翼，左翼四旗，右翼三旗，現有佐領七。環阿爾泰諾爾以居者爲阿爾泰諾爾烏梁海，亦屬科布多參贊大臣，設二旗，現有佐領二。曰達木，達木蒙古，屬駐藏大臣，設八旗，現有佐領八。曰哈薩克，塔爾巴哈台以哈薩克投誠之人，編爲一佐領，屬塔爾巴哈台參贊大臣。自乾隆四十四年以後定例，凡哈薩克來投者，皆不納。皆統其治於將軍，若都統，若大臣，而以達於院。察哈爾八旗，每旗設總管一人、參領一人、副參領一人、親軍校一人、捕盗官一人，每佐領設佐領一人、驍騎校一人、護軍校一人,總管以下,並由察哈爾都統選擬,總管送直年旗引見,餘皆咨院送各蒙古本旗引見。又八旗,設理事章京十七人,其九人由理藩院揀選、引見、補放,其八人由察哈爾都統選擬,咨院送各蒙古本旗引見。伊犁察哈爾兩翼,每翼設總管一人、副管一人,每佐領設佐領一人、驍騎校一人;塔爾巴哈台察哈爾,設佐領一人、驍騎校一人;熱河額魯特一旗,設總管一人、副管一人、參領一人,每佐領設佐領一人、驍騎校一人,又,伊犁額魯特上三旗,設總管一人、副管一人,下五旗,設總管一人、副管一人;沙畢那爾,設副管一人,每佐領設佐領一人、驍騎校一人;塔爾巴哈台額魯特,設總管一人、副管一人、佐領六人、驍騎校六人,又,塔爾巴哈台哈薩克,設佐領一人、驍騎校一人,皆由伊犁將軍選擬、送院引見。科布多額魯特,設總管一人、參領一人、佐領二人、驍騎校二人;明阿特,設總管一人、參領一人、佐領二人、驍騎校二人;扎哈沁,設總管一人、參領一人、佐領四人、驍騎校四人,皆由科布多參贊大臣選擬奏補。又,扎哈沁三等信勇公所兼之總管,亦由科布多參贊大臣奏補。唐努烏梁海五旗,設總管五人,每旗設佐領一人、驍騎校一人,三佐領設佐領三人、驍騎校三人;阿爾泰烏梁海,設總理七旗副都統一人,分理左、右兩翼散秩大臣二人,副都統散秩大臣仍兼理本旗總管事務,餘四旗設總管四人,每旗各設佐領一人、驍騎校一人;阿爾泰諾爾烏梁海二旗,設總管二人,每旗設佐領一人、驍騎校一人。唐努烏梁海由定邊左副將軍奏補,阿爾泰烏梁海、阿爾泰諾爾烏梁海,由科布多參贊大臣奏補。達木八旗,設防禦八人、佐領八人、驍騎校八人,由駐藏大臣選補。

欽定大清會典卷五十三

柔遠清吏司，郎中，宗室一人，員外郎，滿洲二人、蒙古五人，主事，蒙古一人，掌外扎薩克喇嘛祿廩、朝貢之事。○凡外扎薩克之俸，汗之等視親王有加焉。汗，俸銀二千五百兩，俸緞四十疋。其親王、郡王、貝勒、貝子、鎮國公、輔國公、扎薩克台吉，下嫁之公主、格格及各額駙之俸，皆如内扎薩克。若世襲公、台吉，扎哈沁世襲三等公一人，俸銀二百兩，喀爾喀有陣亡世襲一等台吉，給俸銀五十兩，又有世職八品官，給俸銀二十兩。若達爾漢，各部蒙古有功加達爾漢號奉旨令食俸者，給俸銀二十兩，俸緞四疋。若噶布倫，西藏噶布倫，俸銀一百兩。其喇嘛任噶布倫者，亦給口糧銀一百兩。各給俸以其差。凡駐京之喇嘛，給月廩。駐京扎薩克大喇嘛隨從，格隆六人、班第六人，月給糧銀十五兩一錢二分二釐二絲二忽，米九石七斗五升，坐馬四匹，乳牛三頭，月給料三石三斗草二百十束。副扎薩克大喇嘛隨從，格隆五人、班第六人，月給糧銀十三兩八錢九分九釐六毫七絲二忽，米九石，坐馬二匹，乳牛二頭，月給料一石八斗草一百二十束。扎薩克喇嘛隨從，格隆四人、班第六人，月給糧銀十三兩五毫一絲二忽，米八石二斗五合。達喇嘛隨從，格隆二人、班第六人，月給糧銀十一兩二錢二釐一毫九絲二忽，米六石七斗五升。副達喇嘛隨從，格隆二人、班第四人，月給糧銀九兩四錢七分一釐六毫四絲八忽，米五石二斗五升，馬牛料草均與副扎薩克大喇嘛同。閒散喇嘛隨從，班第二人，月給糧銀三兩七錢三分五毫四絲四忽，米二石二斗五升，坐馬一匹，月給料六斗草三十束。德木齊格思規隨從，班第一人，月給糧銀二兩八錢六分五釐二毫七絲二忽，米一石五斗。格隆，月給糧銀八錢九分九釐一毫六絲，班第，月給糧銀八錢六分五釐二毫七絲二忽。其格隆、班第月糧增給者，有二兩，有一兩五錢，有一兩，米皆七斗五升。○凡年班，喀爾喀之班六，阿拉善、額濟納附焉，遞以至。喀爾喀四部，附以阿拉善、額魯特、額濟納、土爾扈特爲六班：以喀爾喀車臣汗一人、喀爾喀土謝圖汗部左翼中旗扎薩克多羅郡王一人、喀爾喀車臣汗部中左旗扎薩克固山貝子一人、喀爾喀車臣汗部中末旗扎薩克固山貝子一人、喀爾喀三音諾顏部中末旗扎薩克鎮國公一人、喀爾喀土謝圖汗部左翼後旗扎薩克鎮國公一人、喀爾喀扎薩克圖汗部中右翼末旗扎薩克輔國公一人、扎薩克圖汗部中左翼右旗扎薩克輔國公一人、三音諾顔部中左末旗閒散輔國公一人、喀爾喀土謝圖汗部左翼中左旗扎薩克一等台吉一人、喀爾喀土謝圖汗部中左翼末旗扎薩克一等台吉一人、喀爾喀三音諾顔部左翼右旗扎薩克一等台吉一人、喀爾喀三音諾顔部中後末旗扎薩克一等台吉一人、喀爾喀扎薩克圖汗部輝特旗扎薩克一等台吉一人爲第一班,以喀爾喀三音諾顔扎薩克和碩親王一人、喀爾喀三音諾顔部中前旗扎薩克多羅貝勒一人、喀爾喀車臣汗部右翼中旗扎薩克多羅貝勒一人、喀爾喀土謝圖汗部中旗扎薩克固山貝子一人、喀爾喀三音諾顔部中左末旗閒散固山貝子一人、喀爾喀車臣汗部左翼前旗扎薩克鎮國公一人、喀爾喀土謝圖汗部中右末旗扎薩克輔國公一人、喀爾喀三音諾顔部右翼中左旗扎薩克輔國公一人、喀爾喀扎薩克圖汗旗閒散公銜三等台吉一人、喀爾喀三音諾顔部左翼中旗扎薩克一等台吉一人、喀爾喀土謝圖汗部中左旗扎薩克一等台吉一人、喀爾喀三音諾顔部右翼左末旗扎薩克一等台吉一人、喀爾喀車臣汗部右翼中左旗扎薩克一等台吉一人、喀爾喀三音諾顔部右翼中右旗扎薩克一等台吉一人、喀爾喀土謝圖汗部中次旗扎薩克一等台吉一人、喀爾喀扎薩克圖汗部右翼後旗扎薩克一等台吉一人、喀爾喀車臣汗部左翼後旗扎薩克一等台吉一人、喀爾喀扎薩克圖汗部右翼末次旗扎薩克一等台吉一人爲第二班,以阿拉善扎薩克和碩親王一人、喀爾喀扎薩克圖汗部中左翼左旗扎薩克多羅貝勒一人、喀爾喀土謝圖汗部右翼右末旗扎薩克輔國公一人、喀爾喀三音諾顔部右翼前旗扎薩克輔國公一人、喀爾喀三音諾顔部中後旗扎薩克輔國公一人、喀爾喀扎薩克圖汗部右翼右旗扎薩克輔國公一人、喀爾喀三音諾顔部中左末旗閒散輔國公一人、喀爾喀車臣汗部右翼中前旗扎薩克一等台吉一人、喀爾喀土謝圖汗部右翼右末次旗扎薩克一等台吉一人、喀爾喀車臣汗部中末右旗扎薩克一等台吉一人、喀爾喀車臣汗部右翼後旗扎薩克一等台吉一人、喀爾喀車臣汗部中右後旗扎薩克一等台吉一人、喀爾喀三音諾顔部右翼後旗扎薩克一等台吉一人、喀爾喀扎薩克圖汗部左翼後末旗扎薩克一等台吉一人、喀爾喀車臣汗部左翼右旗扎薩克一等台吉一人、喀爾喀三音諾顔部中右旗閒散公銜二等台吉一人、喀爾喀三音諾顔部中左末旗閒散一等台吉一人爲第三班,以喀爾喀土謝圖汗一人、喀爾喀三音諾顔部中左末旗扎薩克和碩親王一人、喀爾喀三音諾顔部右翼右後旗扎薩克多羅郡王一人、喀爾喀三音諾顔部額魯特前旗扎薩克固山貝子一人、喀爾喀扎薩克圖汗部左翼右旗扎薩克鎮國公一人、喀爾喀三音諾顔部閒散鎮國公一人、喀爾喀扎薩克圖汗部左翼後旗扎薩克輔國公一人、喀爾喀三音諾顔部左翼左旗扎薩克輔國公一人、喀爾喀扎薩克圖汗部左翼前旗閒散輔國公一人、喀爾喀土謝圖汗部左翼前旗扎薩克輔國公一人、喀爾喀車臣汗部右翼中右旗扎薩克輔國公一人、喀爾喀三音諾顔部右翼右旗閒散輔國公一人、喀爾喀車臣汗旗閒散輔國公一人、喀爾喀車臣汗部左翼左旗扎薩克一等台吉一人、喀爾喀三音諾顔部右末旗扎薩克一等台吉一人、喀爾喀車臣汗部中末次旗扎薩克一等台吉一人爲第四班,以喀爾喀土謝圖汗部右翼左旗扎薩克和碩親王一人、喀爾喀三音諾顔部中右旗扎薩克多羅郡王一人、喀爾喀三音諾顔部中左旗扎薩克多羅貝勒一人、阿拉善旗閒散鎮國公一人、喀爾喀扎薩克圖汗部左翼中旗扎薩克鎮國公一人、阿拉善旗閒散鎮國公一人、喀爾喀三音諾顏部中末旗閒散輔國公一人、喀爾喀車臣汗部左翼末旗扎薩克一等台吉一人、喀爾喀土謝圖汗部左翼末旗扎薩克一等台吉一人、喀爾喀土謝圖汗部左翼右末旗扎薩克一等台吉一人、喀爾喀三音諾顏部左翼左末旗扎薩克一等台吉一人、喀爾喀扎薩克圖汗部中左翼末旗扎薩克一等台吉一人、喀爾喀扎薩克圖汗部右翼前旗扎薩克一等台吉一人、喀爾喀三音諾顏部右翼中末旗扎薩克一等台吉一人、喀爾喀土謝圖汗部右翼左後旗扎薩克一等台吉一人、喀爾喀土謝圖汗部右翼左旗閒散公銜一等台吉一人、喀爾喀三音諾顏部中左末旗閒散一等台吉一人爲第五班，以喀爾喀扎薩克圖汗兼右翼左旗扎薩克多羅郡王一人、喀爾喀車臣汗部左翼中旗扎薩克和碩親王一人、喀爾喀土謝圖汗部中右旗扎薩克多羅郡王一人、額濟納土爾扈特旗扎薩克多羅貝勒一人、喀爾喀三音諾顏部額魯特旗扎薩克固山貝子一人、喀爾喀車臣汗部中前旗閒散鎮國公一人、喀爾喀三音諾顏部右翼末旗扎薩克輔國公一人、喀爾喀土謝圖汗部左翼左中末旗扎薩克輔國公一人、喀爾喀土謝圖汗部右翼右旗扎薩克輔國公一人、喀爾喀土謝圖汗部右翼左末旗扎薩克一等台吉一人、喀爾喀三音諾顏部中右翼末旗扎薩克一等台吉一人、喀爾喀扎薩克圖汗部右翼後末旗扎薩克一等台吉一人、喀爾喀車臣汗部右翼左旗扎薩克一等台吉一人、喀爾喀車臣汗部右翼前旗扎薩克一等台吉一人、喀爾喀車臣汗部中左前旗扎薩克一等台吉一人、喀爾喀扎薩克圖汗部中右翼左旗扎薩克一等台吉一人、喀爾喀三音諾顏部中左末旗閒散四等台吉一人爲第六班。其圍班亦如之。喀爾喀圍班，於生身王、貝勒、貝子、公、扎薩克台吉及已保嗣子内分爲六班。青海之班四，伊克明安附焉，遞以至。青海五部，附以黑龍江之伊克明安爲四班：以青海和碩特西前旗扎薩克多羅郡王一人、青海綽囉斯前右翼頭旗扎薩克多羅貝勒一人、青海和碩特北左翼旗扎薩克固山貝子一人、青海綽囉斯北中旗扎薩克固山貝子一人、青海和碩特南左翼後旗扎薩克輔國公一人、青海和碩特北左末旗扎薩克一等台吉一人、青海土爾扈特南中旗扎薩克一等台吉一人爲第一班，以青海和碩特前頭旗扎薩克多羅郡王一人、青海和碩特西後旗扎薩克多羅貝勒一人、青海輝特南旗扎薩克輔國公一人、青海和碩特南右翼中旗扎薩克一等台吉一人、青海和碩特北右末旗扎薩克一等台吉一人、青海土爾扈特西旗扎薩克一等台吉一人、青海和碩特南右翼末旗扎薩克一等台吉一人爲第二班，以青海和碩特南右翼後旗扎薩克輔國公一人、青海和碩特北前旗扎薩克輔國公一人、黑龍江伊克明安扎薩克輔國公一人、青海和碩特西右翼後旗扎薩克一等台吉一人、青海和碩特南左翼中旗扎薩克一等台吉一人、青海土爾扈特南後旗扎薩克一等台吉一人、青海和碩特西右翼前旗扎薩克一等台吉一人爲第三班，以青海和碩特前左翼頭旗兼管前左翼次旗扎薩克多羅郡王一人、青海和碩特北右翼旗扎薩克固山貝子一人、青海和碩特西左翼後旗扎薩克一等台吉一人、青海土爾扈特南前旗扎薩克一等台吉一人、青海喀爾喀南旗公中扎薩克一等台吉一人、青海和碩特南左翼末旗扎薩克一等台吉一人、青海和碩特西右翼中旗扎薩克一等台吉一人、青海和碩特東上旗扎薩克一等台吉一人、黑龍江伊克明安扎薩克一等台吉一人爲第四班。其圍班亦如之。青海蒙古於年班外另編爲圍班,凡四班:以青海和碩特前頭旗扎薩克多羅郡王一人、青海綽囉斯前右翼頭旗扎薩克多羅貝勒一人、青海和碩特南右翼後旗扎薩克輔國公一人、青海和碩特西左翼後旗扎薩克一等台吉一人、青海和碩特東上旗扎薩克一等台吉一人、青海土爾扈特南後旗扎薩克一等台吉一人、青海和碩特南左翼末旗扎薩克一等台吉一人爲第一班,以青海和碩特前左翼頭旗扎薩克多羅郡王一人、青海和碩特西後旗扎薩克多羅貝勒一人、青海和碩特南左翼中旗扎薩克一等台吉一人、青海土爾扈特西旗扎薩克一等台吉一人、青海和碩特北右末旗扎薩克一等台吉一人、青海和碩特西右翼後旗扎薩克一等台吉一人、青海和碩特西右翼前旗扎薩克一等台吉一人爲第二班,以青海和碩特西前旗扎薩克多羅郡王一人、青海和碩特北右翼旗扎薩克固山貝子一人、青海和碩特南左翼後旗扎薩克輔國公一人、青海和碩特北前旗扎薩克輔國公一人、青海和碩特南右翼中旗扎薩克一等台吉一人、青海土爾扈特南中旗扎薩克一等台吉一人、青海和碩特北左末旗扎薩克一等台吉一人爲第三班,以青海和碩特北左翼旗扎薩克固山貝子一人、青海綽囉斯北中旗扎薩克固山貝子一人、青海輝特南旗扎薩克輔國公一人、青海和碩特西右翼中旗扎薩克一等台吉一人、青海土爾扈特南前旗扎薩克一等台吉一人、青海和碩特南右翼末旗扎薩克一等台吉一人、青海喀爾喀南旗公中扎薩克一等台吉一人爲第四班。北路杜爾伯特、土爾扈特之班四,西路土爾扈特、和碩特之班四,間以至。北路科布多所屬杜爾伯特、新土爾扈特,西路伊犁所屬舊土爾扈特、和碩特各以熟身之汗王、貝勒、貝子、公、扎薩克台吉,分編爲年班四。班少者,以二人爲率,不足,則選其閒散台吉之狀貌好、知禮節者備列。通北路、西路每年一班,相間輪值。其圍班亦如之。北路、西路以生身之汗王、貝勒、貝子、公、扎薩克台吉,各編爲圍班四班。其不及二人者,亦以閒散台吉足之,每一班相間輪直。御前、乾清門行走者,喀爾喀,年班二、圍班二,喀爾喀御前、乾清門行走之汗王、貝勒、貝子、公、台吉分編爲四班,其二班爲年班,二班爲圍班,各以次輪直。察哈爾,年班五、圍班五。察哈爾乾清門侍衛及行走者,分編爲五班,年班、圍班同,各以次輪直。不列年班者,扎哈沁、烏梁海,圍班四,扎哈沁公,阿爾泰烏梁海、唐努烏梁海之副都統、散秩大臣、總管,分編爲圍班四班,以次輪直。附牧察哈爾之土爾扈特、新額魯特、綽囉斯,圍班四,附牧察哈爾鑲黄、鑲白、正藍三旗之土爾扈特、新額魯特、綽囉斯公、台吉、侍衛,分編爲四班,以正藍旗附牧之土爾扈特台吉四人、綽囉斯侍衛一人爲第一班,以鑲黄旗附牧之新額魯特公一人、台吉二人、綽囉斯台吉二人爲第二班,以鑲黄旗附牧之新額魯特公一人、空銜扎薩克台吉一人、台吉三人爲第三班,以鑲白旗附牧之綽囉斯台吉五人爲第四班,以次輪直。各遞以至。凡圍班,前期疏以聞,得旨乃至。圍班,或來、或止,每年由院豫行具奏一次,奉旨後由院行知。凡大喇嘛，駐漠南、北蒙古部者，班六，歲一至。内扎薩克四十九旗、歸化城、察哈爾、阿拉善、喀爾喀及庫倫、錫哷圖庫倫各處大喇嘛除哲布尊丹巴呼圖克圖不列年班外，其餘分編爲六班：以喀爾喀那嚕班禪呼圖克圖一人、阿拉善達克布呼圖克圖一人、科爾沁諾顔呼圖克圖一人、土默特邁達爾呼圖克圖一人、浩齊特畢里克圖諾們罕一人、阿巴哈納爾班第達喇嘛一人、鄂爾多斯那旺端多布呼圖克圖一人、歸化城額爾德尼達彦齊呼圖克圖一人、産察爾齊喇嘛一人、烏喇特羅布藏達木巴喇布齊喇嘛一人、喀爾喀墨爾根班第達呼圖克圖一人爲第一班，以察哈爾額爾德尼諾木齊羅本綽爾濟大喇嘛一人、喀爾喀額爾德尼伊拉古克散喇嘛一人、土默特喇克巴鄂雜爾大喇嘛一人、阿巴哈納爾喇木扎木巴錫喇布扎木蘇喇嘛一人、烏喇特巴爾多爾濟喇嘛一人、歸化城垂斯哈布達彦齊呼圖克圖一人、吹齊托音呼圖克圖一人、察哈爾葉固則爾呼圖克圖一人、阿拉善托布桑喇嘛一人、烏珠穆沁羅布藏多布丹喇嘛一人爲第二班，以察哈爾岱青綽爾濟羅布藏丹達爾喇嘛一人、喀爾喀西瓦錫勒圖呼圖克圖一人、庫倫章楚布多爾濟喇嘛一人、郭爾羅斯沙布隴藴端扎木蘇喇嘛一人、烏珠穆沁固沙哩綽爾濟那旺索特巴喇嘛一人、阿巴哈納爾固錫羅布藏吹珠爾喇嘛一人、烏喇特東廓爾班第達喇嘛一人、歸化城寧寧呼圖克圖一人、那旺達木巴大喇嘛一人、察哈爾固什敏珠爾綽爾濟喇嘛一人爲第三班，以喀爾喀青蘇珠克圖諾們罕一人、羅布藏扎木禪諾們罕一人、土默特阿玉什墨爾根綽爾濟喇嘛一人、蘇尼特羅布藏喇什大喇嘛一人、烏珠穆沁阿旺羅布藏彭楚克喇嘛一人、阿巴哈納爾馬儂寺羅布藏尼瑪喇嘛一人、烏喇特喇木扎木巴格圖彭楚克喇嘛一人、歸化城錫勒圖呼圖克圖一人、達彦齊呼圖克圖一人、察哈爾喇木扎木巴羅布藏丹巴喇嘛一人爲第四班，以喀爾喀額爾德尼班第達呼圖克圖一人、扎雅班第達呼圖克圖一人、土默特蘇蘇克圖綽爾濟阿旺錫喇布喇嘛一人、烏珠穆沁莫羅木喇木扎木巴羅布桑里瓦喇嘛一人、阿巴哈納爾拜扎奢布東喇嘛一人、錫哷圖庫倫薩木魯阿旺扎木揚呼圖克圖一人、烏喇特固什羅布藏達木闢勒喇嘛一人、歸化城達爾漢綽爾濟呼圖克圖一人、察漢第彦齊呼圖克圖一人、察哈爾達賚呼圖克圖一人爲第五班，以土默特察漢第彦齊呼圖克圖一人、蘇尼特幹珠爾巴額爾德尼堪布喇嘛一人、烏珠穆沁莫羅木喇木扎木巴衮楚克喇什喇嘛一人、阿巴哈納爾德尼墨爾根喇嘛一人、烏喇特墨爾根第産齊喇嘛一人、歸化城扎彦班第達呼圖克圖一人、鄂木布扎木散大喇嘛一人、察哈爾額木齊達爾漢綽爾濟喇嘛一人、固什扎木張雍嚕依喇嘛一人爲第六班，每年以一班來京。岷州喇嘛班四，三歲而一至。岷州二十六寺，除荔川寺、工布寺喇嘛不入班外，其餘分編爲四班：以圓覺寺、大崇教寺、剎藏寺、宏教寺、洪福寺、講堂寺喇嘛爲第一班，以法藏寺、朝定寺、三竹寺、藏經寺、裕竜寺、石崖寺喇嘛爲第二班，以魯班寺、永安寺、廣德寺、昭慈寺、洪濟寺、廣善寺、羊圈寺喇嘛爲第三班，以崇隆寺、永寧寺、寫兒朵寺、讃林寺、寶净寺喇嘛爲第四班，間三年以一班來京。紅山喇嘛自爲班，五歲而一至。莊浪紅山堡報恩寺喇嘛，間五年來京一次。○凡外扎薩克之貢羊、馬、香𥕢、刀械，無定額，以年班進焉。喀爾喀、阿拉善、額濟納貢羊、馬，青海貢藏香、氆氌，杜爾伯特、土爾扈特、和碩特貢羊、馬、佩刀、手槍，不定以額，皆於年班來時進貢。其或貢與否，仍聽。如年班，王等有故不至者，准遣使來京進貢。喇嘛之貢亦如之。蒙古部喇嘛，貢哈達、佛、馬，不定以額。惟岷州喇嘛，每寺貢青木香二筒、馬一，紅山堡報恩寺喇嘛，貢青木香二包、降香二包、延壽果二包、馬一，皆於年班來時進貢。惟哲布尊丹巴呼圖克圖、車臣汗、土謝圖汗，歲貢以九白。哲布尊丹巴呼圖克圖，每歲遣使進白駝一、白馬八，是爲九白。車臣汗、土謝圖汗，皆遣使貢九白。各優其恩賚而遣之。年班，外扎薩克王以下來京，供給、筵燕、例賞並如内扎薩克。回時，按等給與路費，亦如内扎薩克，惟不計程，概按應得之數給十五日。其有旨令馳驛者，不更給路費。蒙古部喇嘛來京，呼圖克圖、扎薩克大喇嘛隨格隆四人、班第三人、從役二人、坐馬三匹，每日廪給銀八錢五分，米一斗五升，草料銀二錢二釐四絲一忽。副扎薩克大喇嘛隨格隆、班第、從役、坐馬同，每日廪給銀七錢三分，米同，草料銀同。扎薩克喇嘛隨格隆三人、班第二人，從役同，坐馬二匹，每日廪給銀六錢二分，米一斗二升，草料銀一錢三分四釐六毫九絲四忽。達喇嘛、副達喇嘛隨格隆二人、班第同，從役一人、坐馬一匹，每日廪給銀四錢七分，米九升，草料銀六分七釐三毫四絲七忽。閒散喇嘛隨格隆一人、班第一人，坐馬同，每日廪給銀三錢七分，米六升，草料銀同。德木齊格思規格隆隨班第二人、從役二人，坐馬同，每日廪給銀三錢，米同，草料銀同。格素勒，班第、坐馬同，每日廪給銀七分米一升，草料銀同。遇紫光閣、中正殿、山高水長各處筵燕，呼圖克圖、大喇嘛咸與岷州各寺喇嘛及九白貢使來京，由光禄寺供給。九白貢使燕於禮部，岷州各寺喇嘛燕於柔遠司署。九白貢，賞三十兩重銀茶筒一、茶盆一、緞三十、布七十，來使，緞各三、布各二十四，從人，布各六。岷州四班喇嘛來京，賞班首達喇嘛，表緞三、裏一、袈裟一、裙一、紅緞夾衣一襲、韡韈各一雙、漆鞍一，隨班各寺達喇嘛，減表緞一，小喇嘛，表緞一、裏一、紅布夾衣一襲、韡韈各一雙，從人，布四，貢馬，每匹給賞表緞一、裏一、絹一。紅山堡喇嘛來京，賞達喇嘛金黄綢衣一襲、袈裟一，小喇嘛，紅布夾衣一襲，所貢馬，共給賞表緞四、裏四。

徠遠清吏司，郎中，蒙古一人，員外郎，滿洲二人、蒙古三人，主事，蒙古二人，掌回部、扎薩克、伯克之政令。凡回番之年班，皆掌之，掌外裔之朝貢。〇凡回衆，惟哈密、吐魯番治以扎薩克。哈密回部，自康熙年間内附吐魯番，於雍正年間内附後，移部衆於瓜州，至乾隆年間，高宗純皇帝平定西域，復還吐魯番。兩扎薩克皆世有勞績，至今列爲藩封。内屬者，回城八，準噶爾强時，各回城皆受凌制，拘縶其酋長而歲輸貢賦。乾隆十九年，平定伊犁後始釋之。既而兩和卓木叛，遂討除之，收其各城回民隸於版圖，並移回户於伊犁屯田。三十年，烏什回子叛，殄滅無遺，於喀什噶爾、英吉沙爾、阿克蘇等處遷回户實之，現有南路回城七，曰喀什噶爾，曰葉爾羌，曰阿克蘇，曰烏什，曰和闐，曰庫車，曰喀喇沙爾，北路伊犁屯田回城一,曰寧遠城。吐魯番,自哈喇和卓以西,其回民爲吐魯番領隊大臣所屬,兼轄於烏嚕木齊都統,不列南路七城之内。各統其治於將軍,若大臣,而以達於院。伊犁寧遠城,轄於伊犁將軍。喀什噶爾城,設參贊大臣一人、幫辦大臣一人,喀什噶爾所屬之英吉沙爾城,設領隊大臣一人,葉爾羌城,設辦事大臣一人、幫辦大臣一人,阿克蘇城,設辦事大臣一人,烏什城,設辦事大臣一人,和闐城,設辦事大臣一人、幫辦大臣一人,庫車城,設辦事大臣一人,喀喇沙爾城,設辦事大臣一人,各轄本城事務。其喀什噶爾參贊大臣,復兼轄南路七城,皆統以伊犁將軍。○凡回爵,有王、貝勒、貝子、公、台吉,回部之爵,有吐魯番扎薩克多羅郡王一人,哈密扎薩克郡王銜多羅貝勒一人,回城閒散固山貝子二人,閒散公銜一人,吐魯番閒散公銜一等台吉一人。其住京之回爵,有郡王銜貝勒、鎮國公、輔國公各一人,二等、三等台吉三人,已入正白旗蒙古,不隸於院。皆延以世。吐魯番扎薩克多羅郡王,先於雍正十年封扎薩克輔國公,乾隆二十年晉封鎮國公,二十一年晉封固山貝子,二十二年加貝勒銜,二十三年晉封多羅貝勒,是年加郡王銜,二十四年晉封多羅郡王,四十八年詔世襲罔替,始封曰額敏和卓哈密。扎薩克郡王銜多羅貝勒,先於康熙三十五年授扎薩克一等達爾漢,雍正五年封輔國公,七年晉封固山貝子,乾隆五年降鎮國公,十年晉封固山貝子,二十三年加貝勒銜,二十四年晉封今爵,五十三年詔世襲罔替,始封曰額貝都拉。回城閒散公銜,先於乾隆二十四年封今爵,四十年詔世襲罔替,始封曰噶岱默特。回城閒散固山貝子,先於乾隆二十八年封公銜,二十九年加輔國公,四十三年晉封今爵,五十三年詔世襲罔替,始封曰色提小阿勒氏。回城閒散固山貝子,先於乾隆二十三年封公銜,二十四年加輔國公,是年晉封固山貝子加貝勒銜,四十年詔世襲罔替,四十三年削,四十九年復今爵,始封曰鄂對。吐魯番閒散公銜一等台吉,於乾隆三十一年封一等台吉,五十三年詔世襲罔替,五十五年加公銜,始封曰鄂羅木咱卜。扎薩克,令治其部衆,吐魯番部佐領十五,哈密部佐領十三,各設協理台吉,管旗章京、副章京,參領、佐領、驍騎校、領催、什長、馬甲,三歲一比丁。扎薩克各設護衛官,隨丁如蒙古内、外扎薩克。閒散,則備任使焉,閒散回爵,由新疆大臣察其才能,奏請簡放伯克。其扎薩克亦有特簡伯克者。俸各以其等。王以下,俸銀、俸緞如蒙古内、外扎薩克。○凡回户,南路,賦、南路七城,回賦有銀,有普爾錢,有糧,亦有以銅、鉛、硫黄、布疋、棉花折糧者,皆有歲額,由各城大臣奏銷,隸户部。貢、喀什噶爾、葉爾羌、和闐回貢,有黄金,有葡萄,亦有以布疋折黄金者,皆有歲額,惟和闐貢玉無定額。税、南路七城,回税有屋税,有園税,有商税。役,南路七城臺站,各設回户應差,免其納賦,木素爾嶺修治山道,設有役銀,附於糧額。各徵以其額,惟兵無徵。喀什噶爾,設回兵五百人,免其納賦,設回子總管一人、副總管一人、百長五人管領。北路,則納其屯糧,伊犁寧遠城回屯,按户交納屯糧,隸户部。皆分治於回城、回村,南路七城,各有所領城村。喀什噶爾，領城二，曰本城，曰英吉沙爾；領村十七，曰牌素巴特，曰阿斯圖阿爾圖什，曰巴什克勒木，曰塔斯渾，曰玉斯圖阿爾圖什，曰塔什密里克，曰阿爾呼，曰烏帕勒，曰罕愛里克，曰霍爾罕，曰赫塞勒布伊，曰賽爾滿，曰托古薩克，曰阿爾瓦特，曰穆什蘇魯克，曰岳普爾呼，曰英吉沙爾屬之賽里克。葉爾羌，領城一，曰本城；領村十六，曰色哷庫勒，曰托郭斯虔，曰哈爾噶里克，曰霍什喇布，曰頗斯虔，曰桑珠，曰舒克舒，曰裕拉里克，曰巴爾楚克，曰塔克，曰頗斯卡木，曰喇布齊，曰鄂湍楚魯克，曰鄂頗爾，曰察特西林，曰塔噶喇木。阿克蘇，領城三，曰本城，曰賽里木，曰拜；領村十二，曰道蘭，曰柯勒品，曰雅爾巴什，曰呼木巴什，曰阿克雅爾，曰喀喇塔勒，曰哈爾喀密什，曰雅爾賽里木，曰愛庫勒，曰揚噶里克，曰伯什里克，曰赫賽勒。和闐，領城三，曰伊里齊，即本城，曰哈喇哈什，曰克里雅；領村三，曰玉隴哈什，曰車哷，曰塔克。庫車，領城二，曰本城，曰沙雅爾。喀喇沙爾，領城二，曰布古爾，曰庫爾勒。而任以伯克。○凡伯克，各著以號而界之職。回官，皆曰伯克，其職以號別之。統理城、村大小事務者，曰阿奇木伯克，爲之副者，曰伊什罕伯克。阿奇木之首領官，曰都噶伯克。管理庫藏錢糧者，曰噶雜那齊伯克。管理糧務者，曰商伯克。管理買賣田園、房屋契税者，曰密特瓦里伯克。分理回衆千人者，曰明伯克，百人者，曰玉資伯克，數十人者，曰鄂爾沁伯克。管理派差催科者，曰阿爾布巴伯克。徵收商税者，曰克勒克雅喇克伯克。稽查税務者，曰巴濟格爾伯克。整齊市廛、調停行販者，曰賽特里伯克。管理市集細務者，曰巴匝爾伯克。總理刑名者，曰哈子伯克，分理回子頭目詞訟者，曰斯帕哈子伯克，分理小回子詞訟者，曰拉雅哈子伯克，緝奸捕盜兼管獄務者，曰帕提沙布伯克。專管水利疏濬灌溉者，曰密喇布伯克。管瓜果園者，曰巴克瑪塔爾伯克。管理營造、稽察匠役者，曰訥克布伯克。修治城濠、開山塹路者，曰伊爾哈齊伯克。管理臺站、軍械者，曰哈喇都管伯克，爲之副者，曰哲博伯克。管理管驛供給者，曰什呼爾伯克。管卡倫者，曰喀魯爾伯克。承辦採玉事務者，曰哈什伯克，承辦淘金事務者，曰阿爾屯伯克，承辦挖銅事務者，曰密斯伯克。管理回教經典、整飭教務不與民事者，曰摩提沙布伯克。專司經館教習者，曰雜布提摩克塔布伯克。其級有五：一曰三品伯克，三品，阿奇木伯克，喀什噶爾一人，葉爾羌一人，阿克蘇一人、又屬城一人，和闐一人，庫車一人、又屬城一人，喀喇沙爾屬城二人，寧遠城一人。二曰四品伯克，四品，有阿奇木伯克，有伊什罕伯克，有噶雜那齊伯克，有商伯克。阿奇木伯克，喀什噶爾屬城一人、屬村一人，阿克蘇屬城一人，和闐屬城二人、屬村三人。伊什罕伯克，喀什噶爾一人，葉爾羌一人，阿克蘇一人、又屬城一人，和闐一人，庫車一人、又屬城一人，喀喇沙爾屬城二人，寧遠城一人。噶雜那齊伯克，喀什噶爾一人，葉爾羌一人。商伯克，喀什噶爾二人，葉爾羌二人。三曰五品伯克，五品，有阿奇木伯克，有伊什罕伯克，有噶雜那齊伯克，有商伯克，有克勒克雅喇克伯克，有哈子伯克，有斯帕哈子伯克，有拉雜哈子伯克，有訥克布伯克，有哈喇都管伯克，有帕提沙布伯克，有密喇布伯克、密特瓦里伯克，有哈什伯克，有摩提沙布伯克，有都噶伯克。阿奇木伯克，喀什噶爾屬村二人，葉爾羌屬村六人，烏什一人。伊什罕伯克，阿克蘇屬城一人。噶雜那齊伯克，阿克蘇一人、又屬城一人，和闐一人，庫車一人、又屬城一人，寧遠城二人。商伯克，阿克蘇一人，和闐屬城二人，庫車一人、又屬城一人，喀喇沙爾屬城二人，寧遠城二人。克勒克雅喇克伯克，葉爾羌一人。哈子伯克，喀什噶爾一人。斯帕哈子伯克、拉雅哈子伯克，葉爾羌各一人。訥克布伯克，喀什噶爾一人，葉爾羌一人。哈喇都管伯克，葉爾羌一人。帕提沙布伯克，葉爾羌一人。密喇布伯克，喀什噶爾屬村一人，葉爾羌一人。密特瓦里伯克，喀什噶爾一人，葉爾羌一人，和闐一人。哈什伯克，和闐一人。摩提沙布伯克，喀什噶爾一人。都噶伯克，葉爾羌一人。四曰六品伯克，六品，有阿奇木伯克，有伊什罕伯克，有噶雜那齊伯克，有商伯克，有哈子伯克，有哈喇都管伯克，有帕提沙布伯克，有密喇布伯克，有摩提沙布伯克，有明伯克，有都噶伯克，有阿爾巴布伯克，有巴濟格爾伯克，有什呼爾伯克，有巴克瑪塔爾伯克，有雜布提摩克塔布伯克，有哲博伯克，有伊爾哈齊伯克，有鄂爾沁伯克，有賽特里伯克，有喀魯爾伯克。阿奇木伯克，喀什噶爾屬村四人，葉爾羌屬村三人，阿克蘇屬村二人。伊什罕伯克，葉爾羌屬村一人。噶雜那齊伯克，阿克蘇屬城一人。商伯克，葉爾羌屬村一人。哈子伯克，喀什噶爾屬城一人、屬村五人，葉爾羌屬村三人，烏什一人，阿克蘇一人、又屬城一人，和闐一人、又屬城二人、屬村三人，庫車一人、又屬城一人，喀喇沙爾屬城二人，寧遠城一人。哈喇都管伯克，和闐一人。帕提沙布伯克，喀什噶爾一人，葉爾羌一人。密喇布伯克，喀什噶爾屬城一人、屬村七人，葉爾羌屬村四人，寧遠城一人。摩提沙布伯克，葉爾羌一人。明伯克，喀什噶爾一人、又屬村二人，葉爾羌一人、又屬村三人。都噶伯克，喀什噶爾一人，葉爾羌一人，寧遠城七人。阿爾巴布伯克，喀什噶爾一人，葉爾羌一人。巴濟格爾伯克，喀什噶爾一人，葉爾羌一人，阿克蘇一人，寧遠城一人。什呼爾伯克，喀什噶爾一人，葉爾羌一人。巴克瑪塔爾伯克，喀什噶爾一人，葉爾羌一人。雜布提摩克塔布伯克、哲博伯克，葉爾羌各一人。伊爾哈齊伯克，阿克蘇二人。鄂爾沁伯克、賽特里伯克，葉爾羌各一人。五曰七品伯克，七品，有哈子伯克，有訥克布伯克，有哈喇都管伯克，有帕提沙布伯克，有密喇布伯克，有密特瓦里伯克，有摩提沙布伯克，有明伯克，有都噶伯克，有阿爾巴布伯克，有巴濟格爾伯克，有什呼爾伯克，有賽特里伯克，有巴匝爾伯克，有玉資伯克，有阿爾屯伯克，有密斯伯克，有喀魯爾伯克。哈子伯克，葉爾羌屬村二人，阿克蘇屬城一人、屬村一人。訥克布伯克，阿克蘇一人，和闐一人，庫車一人，喀喇沙爾一人。哈喇都管伯克，和闐一人。帕提沙布伯克，阿克蘇一人，和闐一人、又屬城一人，庫車一人，寧遠城一人。密喇布伯克，喀什噶爾屬村二人，烏什一人，阿克蘇屬城二人、又屬村七人，和闐一人、又屬城四人、屬村三人，庫車二人、又屬城一人，喀喇沙爾屬城二人。密特瓦里伯克，阿克蘇一人，和闐一人，庫車一人。摩提沙布伯克，阿克蘇一人，和闐一人，庫車一人。明伯克，喀什噶爾二人、又屬城四人、屬村十九人，葉爾羌屬村二人，烏什三人，阿克蘇三人、又屬城二人、屬村十二人，和闐二人、又屬城六人、屬村三人，庫車三人、又屬城二人，喀喇沙爾屬城一人，寧遠城七人。都噶伯克，阿克蘇三人，和闐一人、又屬城一人，庫車三人、又屬城一人。阿爾布巴伯克，葉爾羌屬村一人，阿克蘇一人，庫車一人。巴濟格爾伯克，烏什一人。什呼爾伯克，葉爾羌屬村一人，阿克蘇一人，和闐一人，寧遠城一人。賽特里伯克，寧遠城一人。巴匝爾伯克，葉爾羌屬村一人。玉資伯克，喀喇沙爾屬城六人。阿爾屯伯克，葉爾羌屬村一人。密斯伯克，阿克蘇三人，庫車一人、又屬城一人，喀喇沙爾屬城二人。喀魯爾伯克，喀什噶爾屬城一人。皆有常額，額外則無級。額外空銜伯克，亦給以頂戴。凡授伯克，大者，候旨，喀什噶爾、葉爾羌、阿克蘇之阿奇木伯克，由參贊大臣以各城應調、應陞之伯克開列，請旨簡放。英吉沙爾、賽里木拜、和闐、哈喇哈什、克里雅、塔克、玉隴哈什、車呼、庫車、沙雅爾、庫爾勒、布古爾、寧遠城之阿奇木伯克，喀什噶爾、葉爾羌、阿克蘇、賽里木、和闐、庫車、沙雅爾之伊什罕伯克，由各城大臣、公保應陞伯克送參贊大臣擬定正、陪，奏請補放。小者，選用而彙奏焉。牌素巴特、阿斯圖阿爾圖什、巴什克勒木、阿爾呼、烏帕勒、玉斯圖阿爾圖什、塔什密里克之阿奇木伯克，賽里木拜、沙雅爾之伊什罕伯克，喀什噶爾、葉爾羌、和闐、阿克蘇、賽里木拜、庫車、沙雅爾之噶雜那齊伯克，喀什噶爾、葉爾羌、阿克蘇、哈喇哈什、玉隴哈什、庫車、沙雅爾之商伯克，由各城大臣揀選，送參贊大臣驗放，其餘伯克由各城大臣揀選補用，皆年終彙奏。凡伯克，皆制以俸。各城伯克，皆給與俸地。喀什噶爾、葉爾羌、和闐，兼給俸普爾。俸地，計以巴特滿，普爾，計以滕格。回俗，不設量米穀，皆以輕重權之。十斤曰察拉克，八察拉克曰噶爾布爾，八噶爾布爾曰巴特滿，一巴特滿，當倉斛五石三斗。回地無頃畝，多寡即計以糧。每給俸地，即給以種地，回子曰騰齊，多寡視其地。普爾錢，每五十爲一滕格。俸地，多者至二百巴特滿、一百騰齊，少者止十巴特滿、二騰齊，亦有不給地止給騰齊者。俸普爾，多者至八百滕格，少者止五十滕格，各以品級、大小、職司繁簡爲差。○凡回部，扎薩克之貢，以歲進。吐魯番，歲貢瑪什魯綢二、超達爾布二、佩刀四、手巾十、大葡萄二囊、小葡萄二囊、緑葡萄二囊、乾瓜二筐。哈密，歲貢超達爾布四、佩刀二、鷹五、盤羊角十、礪石十方、瓜乾二十盤，由二扎薩克遣使恭進。又，吐魯番，歲貢糧四千石，除例賞布疋、茶葉抵給免糧一千石外，應納糧三千石，解吐魯番廳倉收貯。乾隆四十四年議准：吐魯番回衆，自哈喇和卓迤東一千六百餘户，爲羅布淖回户，歸吐魯番扎薩克管束，編十五佐領，分納貢糧二千二百五十石。哈喇和卓迤西七百五十九户，爲吐魯番回户，歸吐魯番領隊大臣專管，編四佐領，分納貢糧七百五十石。又，羅布諾爾回子一百八十户，設五品伯克三人、六品伯克六人管束，亦令吐魯番扎薩克兼管，歲貢水獺皮九張，由吐魯番徵收代進。各賚其使而遣之。哈密、吐魯番貢使來京給賞。管旗章京、副章京，各緞二、布十二；參領、佐領，各緞二、布七；驍騎校，各緞一、布六，各與廩給四十日。伯克，則列於年班六，歲而遍，伯克六班，每班擇三品、四品伯克一人爲班首，其餘伯克隨同班首來京者，無定額，由各城駐札大臣派定具奏。其朝會坐次，王、貝勒、貝子、公，各以其等，列於蒙古王、貝勒、貝子、公之次，伯克列於管旗章京、副章京之次。來、往皆給驛。年班，伯克從役、行李皆有定額，其伯克原有爵者，視其爵之等，無爵者，視其伯克之等，如伯克所得多於爵者，仍准從伯克例。從役，王十五人，貝勒、貝子、公六人，台吉五人，三品伯克四人，四品伯克三人，五品伯克二人，六品伯克及伯克子弟一人。行李，王六千斤，貝勒四千斤，貝子、三品伯克三千五百斤，公三千斤，四品伯克二千五百斤，五品伯克一千五百斤，六品伯克一千二百斤，台吉、伯克子弟六百斤。本身，從役給馬，行李給車，其王公、伯克攜子弟者，無論品級，止准攜二、三人。番子土司亦如之。乾隆四十一年，高宗純皇帝平定兩金川後定例，西、南兩路附近金川之土司，照回子伯克例，分年入覲，先期由四川總督酌派具奏，來、往皆給驛。其土司承襲各事，宜仍隸兵部。○附牧於回城卡倫之外，曰布魯特。布魯特散處邊外，自烏什所屬雅滿素沙、土畢底爾、巴什雅哈瑪，喀什噶爾所屬巴爾昌、伊蘭烏瓦斯、伊斯里克、圖舒克他什、喀浪圭、烏帕喇特、玉都巴什、伊爾古楚，英吉沙爾所屬圖木舒克、特爾格奇克、特比斯烏魯克、鐵列克各卡倫外，凡二十餘部落，不相統屬。每部有長，曰比，理其部之事者，曰阿哈拉克齊。内附者，各給以銜，布魯特之内附者，無論其長與其屬，視其忱誠效力，量給銜頂。喀什噶爾所屬，布魯特冲巴噶什部，二品、四品、五品銜各一，六品銜二，七品銜一，無品金頂二；胡什齊部，六品銜一；奇里克部，六品銜三，無品金頂一；薩爾巴噶什部，三品銜一，五品銜三；薩雅克部，四品銜一，五品銜一；察哈爾薩雅克部，三品銜一；岳瓦什部，無品金頂一；提依特部，六品銜二；喀爾提金部，四品銜四，六品銜一；奈曼部，六品銜三；希布察克部，二品銜一，五品銜三，六品銜九，無品金頂五；薩爾特額托克部，無品金頂二；圖爾愛格部，六品銜一，無品金頂一；巴斯奇斯部，無品金頂一；額德格訥部，無品金頂一；素勒團部，三品銜一；色呼庫勒部，五品銜二。烏什所屬，胡什齊部，五品銜四，六品銜四，無品金頂一；奇里克部，四品銜一，五品銜一，六品銜一，無品金頂一。而輸馬焉。内附之布魯特，每歲或一次，或二次遣使來喀什噶爾、烏什進馬，曰伯勒克。若哈薩克，哈薩克有左、右二部，左部在塔爾巴哈台及科布多所屬阿爾泰烏梁海卡倫外，右部在伊犁卡倫外。若霍罕，霍罕部在喀什噶爾所屬喀浪圭卡倫外，其所統有安集延、那木干、瑪爾噶朗三部，安集延在喀什噶爾所屬烏帕喇特卡倫外，那木干、瑪爾噶朗在其西。若博羅爾，博羅爾部在葉爾羌所屬和什拉普卡倫外。若巴達克山，巴達克山部在葉爾羌所屬亮噶爾卡倫外，當博羅爾之西，又西爲布哈爾，巴達克山之南爲痕都斯坦，痕都斯坦之東爲巴勒第，巴勒第之東南爲圖伯特，即與西藏接境。若塔什罕，塔什罕部在哈薩克之西南，那木干之西北，其西爲賽瑪爾堪，又西爲哈拉克則，又西爲烏爾根齊，又西至達里岡阿海，西境盡矣。若愛烏罕，愛烏罕部在痕都斯坦西北、布哈爾西南,爲西南極遠之部。則各效其職貢。各部來朝,無定期,其貢亦無定物。自高宗純皇帝平定西域陸續通貢後,至今咸輸誠效順。

理刑清吏司,郎中,蒙古二人,員外郎,滿洲二人、蒙古四人,主事,蒙古一人,掌外藩各部刑罰之事。〇凡蒙古犯罪,皆論罰。罰牲,有一,或罰三歲牛一,或罰二歲牛一。有五,罰五者,罰犍牛一、乳牛一、三歲牛二、二歲牛一。有七,罰七者,罰犍牛二、乳牛二、三歲牛一、二歲牛二。有九。罰九者,於罰七牲數加馬二。九以上,則絫之至九,九而止焉。九以上,自二九至九九,每等加一九。罰馬,有五,有七,有十,十以上,則絫之至百而止焉。凡當罰而牲不足者,鞭之,鞭止於百。應罰牲數不足者,缺牲一,鞭二十五,至四牲以上,止於鞭一百。無牲,則令誓。犯罪應罰無牲者,除鞭一百外,令佐領,或於佐領内擇一人設誓,三九以上,令管旗章京設誓,有隱匿後經發覺者,仍以其所隱之牲罰取外,設誓之人罰一九。疑獄亦如之。犯罪應死不承無證據者,令設誓完結。遺失馬匹、牲畜,蹤蹟至舊游牧處值已遷移游牧者,令設誓,其蹤蹟去人居處在一箭以内者,亦令設誓,過一箭者,不設誓。管旗王、貝勒、貝子、公、台吉諱盜及台吉爲盜事發不認者,令其伯叔設誓,無伯叔,令伯叔之子設誓。出首事件,不令首告者誓,令犯者誓。〇凡蒙古之獄,各以扎薩克聽之。蒙古爲匪者,各責成本旗扎薩克拏治,有訟,亦令於扎薩克呈訴。納罰牲,九之一,扎薩克於罰牲内按九數取一,不足九數者,不取。越旗,則納罰牲十之一。別旗之蒙古應罰牲歸本旗者,扎薩克於十中取一、二十中取二、三十中取三,過此不准多取。其旗之扎薩克取馂牛焉。輸罰牲之旗,扎薩克勒追罰牲交納後,遣人取三歲牛一。不决,則盟長聽之,蒙古之訟,扎薩克不能决者,合報盟長,公同審訊。或扎薩克判斷不公,亦准兩造赴盟長呈訴。不决,則報於院。扎薩克、盟長俱不能决者,即將全案遣送赴院,其或扎薩克、盟長均判斷不公,亦准兩造赴院呈訴。駐司官者,司官會扎薩克而聽之。八溝、塔子溝、三座塔、烏蘭哈達、神木、寧夏,皆駐劄司官。喀喇沁、敖漢、柰曼、喀爾喀左翼、土默特、翁牛特、巴林克什克騰之案,八溝、塔子溝、三座塔、烏蘭哈達四司官分境管理。鄂爾多斯七旗之案,神木、寧夏二司官會同管理。又,管理驛站司官,遇有驛站蒙古之案,亦就近管理,皆會同扎薩克審辦。其命案,則先會地方官檢驗,應報院者,八溝、塔子溝、三座塔、烏蘭哈達,由熱河都統覆覈報院,驛站司官由阿爾泰軍臺都統覆覈報院,惟神木、寧夏司官徑行報院。蒙古内屬者,將軍、都統大臣各率其屬而聽之。歸化城、土默特之案,歸化城副都統、土默特旗員審擬,綏遠城將軍覆覈。察哈爾之案,察哈爾各旗司官審擬,都統覆覈。伊犁塔爾巴哈台所屬額魯特、察哈爾之案,伊犁司官審擬,將軍覆覈。科布多所屬烏梁海、扎哈沁、明阿特、額魯特之案,科布多大臣率司官審擬,唐努烏梁海之案,烏里雅蘇台司官審擬,皆定邊左副將軍覆覈。應報院者,由將軍、都統報院。與民訟，地方官會聽之。直隸邊民與卓索圖昭、烏達二盟各旗蒙古交涉者，平泉州會八溝司官，建昌縣會塔子溝司官，朝陽縣會三座塔司官，赤峰縣會烏蘭哈達司官審擬，熱河都統、直隸總督覆覈。盛京邊民與科爾沁旗蒙古交涉者，由昌圖廳鐵嶺縣會扎薩克審擬，盛京將軍會盛京刑部覆覆。吉林旗民與哲里木盟各旗蒙古交涉者，長春廳、伯都訥廳及旗員各會扎薩克審擬，吉林將軍覆覈。直隸、山西邊民與察哈爾交涉者，多倫諾爾廳會正藍、鑲白二旗司官，獨石口廳會正白旗司官，張家口廳會鑲黄旗司官，豐鎮廳會正黄、正紅二旗司官，寧遠廳會鑲紅、鑲藍二旗司官審擬，其與察哈爾游牧之外各扎薩克旗蒙古交涉者，亦按各廳所管地方會察哈爾司官審擬，張家口廳、獨石口廳、多倫諾爾廳，由察哈爾都統、直隸總督覆覈，豐鎮廳、寧遠廳，由察哈爾都統、山西巡撫覆覈。山西邊民與土默特交涉者，歸化城廳、和林格爾廳、薩拉齊廳、清水河廳、托克托城廳各會土默特旗員審擬，其與土默特游牧之外各扎薩克旗蒙古交涉者，亦按各廳所管地方會土默特旗員審擬，皆由綏遠城將軍、山西巡撫覆覈。如察哈爾、土默特與各扎薩克旗蒙古交涉者，各由察哈爾、土默特旗内派員審擬，察哈爾都統、綏遠城將軍覆覈。山西邊民與鄂爾多斯旗蒙古交涉者，雁平道會神木司員審擬，由雁平道報山西巡撫覆覈。陝西邊民與鄂爾多斯旗蒙古交涉、甘肅邊民與鄂爾多斯旗阿拉善旗蒙古交涉者，各州縣就近會神木、安邊、寧夏三理事廳及扎薩克審擬，陝西則延榆綏道神木司員會覈，再由延搶綏道報陝西巡撫覆覈，甘肅則寧夏道寧夏司員會覈，再由寧夏道報陝甘總督覆覈。甘肅邊民與青海蒙古交涉者，各州、縣報西寧大臣派員會審，由西寧大臣、陝甘總督覆覈。鎮西府迪化州境内之民與蒙古交涉者，各州、縣會理事廳審擬，烏魯木齊都統、陝甘總督覆覈。其各交涉案内，如遇人命，皆先由地方官檢驗通報，再行會審，應報院者，由將軍、都統、司官報院。伊犁境内之民與蒙古交涉者，由撫民理事同知會審，伊犁將軍覆覈。庫倫、恰克圖及喀爾喀土謝圖汗、車臣汗部内商民伊綳地方，種地之民與蒙古交涉者，由庫倫司官審擬，大臣覆覈報院。烏里雅蘇台及喀爾喀三音諾顔、扎薩克圖汗部商民與蒙古交涉者，由烏里雅蘇台司官審擬，科布多商民與蒙古交涉者由科布多大臣審擬，皆定邊左副將軍覆覈報院。凡罪至遣者，遣罪以發河南、山東爲一等，發湖廣、福建、江西、浙江、江南爲一等，發雲南、貴州、廣東、廣西、極邊湮瘴爲一等。令報於院，以會於刑部而决焉。死者，死罪有斬，有絞，有斬梟，有凌遲處死。則會三法司以定讞。若監候，則入於秋審。秋審，滿洲九卿會院議奏。如命案應減等者，罰三九給死者之家，無牲者，遣。凡監，皆寄。蒙古重囚，除西寧、伊犁各處就近於所在地方官獄内寄監外，其餘皆於八溝、多倫諾爾、歸化城三處同知獄内寄監。科爾沁、扎賚特、杜爾伯特、郭爾羅斯、敖漢、柰曼、扎魯特、喀爾喀左翼、土默特、喀喇沁各旗之囚，寄監八溝；翁牛特、巴林阿魯、科爾沁、克什克騰、烏珠穆沁、阿巴噶浩齊特、蘇尼特、阿巴哈納爾、阿拉善、喀爾喀車臣汗部、土謝圖汗部各旗之囚，寄監多倫；諾爾四子部落、喀爾喀右翼、烏喇特、茂明安、鄂爾多斯、喀爾喀三音諾顏部、扎薩克圖汗部各旗之囚,寄監歸化城。

蒙古房,員外郎,蒙古一人,主事,蒙古一人,掌蒙古翻譯。如托忒字、回字、唐古特字、俄羅斯字,則由各館、各學翻譯。筆帖式,滿洲三十有六人、蒙古五十有五人、漢軍六人,旗籍司,滿洲六人、蒙古十人,王會司,滿洲三人、蒙古六人,典屬司,滿洲四人、蒙古五人,柔遠司,滿洲二人、蒙古十一人,徠遠司,滿洲三人、蒙古五人,理刑司,滿洲三人、蒙古五人,清檔房,滿洲四人、蒙古十一人,漢檔房,滿洲九人、漢軍六人,司務廳,滿洲二人、蒙古二人。掌翻譯。

内館,監督,一人。由六部保送司官,本院引見充補。

外館,監督,一人,由都察院保送科道,本院引見充補。掌監察内、外館之事。内館,在東長安門外,玉河橋側,以住年班内扎薩克各部。外館,在德勝門外,正黄旗教場之北,以住年班外扎薩克各部。

銀庫,司官,二人,於本院郎中、員外郎、主事内酌委。司庫,滿洲一人,筆帖式,滿洲二,庫使,滿洲二人,掌庫藏出納。院庫額貯廪給銀五萬兩,芻薪銀五千兩,又,豫備貢湯羊給賞布七千匹,由承辦之司覈定應給數目,付庫放給。支用銀數,月一具奏,年終奏銷,支用布數,亦年終奏銷。

欽定大清會典卷五十四

都察院,左都御史,滿洲一人、漢一人,左副都御史,滿洲二人、漢二人,掌司風紀,察中外百司之職,辨其治之得失與其人之邪正,率科道官而各矢其言責,科道陳奏,或邀褒獎,或經訓飭,奉旨後皆抄録呈堂。遇開列及引見,摘其事由,咨吏部開單進呈御覽。以飭官常以秉國憲。率京畿道以治其考察、處分、辨訴之事。京察、大計、軍政,都察院皆與考察,鹽政差滿,由都察院考覈,吏部官應議處、議敘者,由都察院議奏,官民寃抑陳訴,都察院鞫實奏聞,皆令京畿道查覈,呈堂定議。大政事下九卿議者,則與焉。六部、都察院、通政使司、大理寺爲九卿。凡重辟,則會刑部、大理寺以定讞。刑部、都察院、大理寺爲三法司。與秋審、朝審。大祭祀,則侍儀。皇帝親祭圜丘、祈年殿、太廟、歷代帝王廟、先農壇、先師廟,侍儀左都御史、左副都御史滿洲一人、漢一人,立於西班,東嚮;方澤、社稷壇,立於東班,西嚮;日壇,立於北班,南嚮;月壇,立於南班,北嚮。朝會亦如之。皇帝御殿,侍儀左都御史、左副都御史滿洲二人、漢二人,於殿檐下西第三柱前東嚮立。又,左都御史、左副都御史滿洲一人、漢一人,於甬道旁品級山第一層前北嚮立。皇帝御經筵亦如之。經筵,侍儀左都御史滿洲一人、漢一人。臨雍亦如之。臨雍,侍儀左都御史滿洲一人、漢一人,有缺,皆以左副都御史補班。右都御史,爲總督兼銜。右副都御史,爲巡撫、河道總督、漕運總督兼銜。經歷,滿洲一人、漢一人,都事,滿洲一人、漢一人,掌出納、文移。

筆帖式,十人,掌翻譯。

六科,吏科掌印給事中滿洲一人、漢一人,給事中滿洲一人、漢一人,户科掌印給事中滿洲一人、漢一人,給事中滿洲一人、漢一人。

禮科掌印給事中滿洲一人、漢一人,給事中滿洲一人、漢一人。

兵科掌印給事中滿洲一人、漢一人,給事中滿洲一人、漢一人。

刑科掌印給事中滿洲一人、漢一人,給事中滿洲一人、漢一人。

工科掌印給事中滿洲一人、漢一人,給事中滿洲一人、漢一人,掌發科抄，稽察在京各衙門之政事，而註銷其文卷，吏科，稽察吏部、順天府，户科，稽察户部，禮科，稽察禮部、宗人府、理藩院、太常寺、光禄寺、國子監、欽天監，兵科，稽察兵部、太僕寺、鑾儀衛，刑科，稽察刑部、通政使司、大理寺及河南道刷卷，工科，稽察工部。每月兩次，以各衙門所辦之事造册，送科註銷。其逾限有因者，皆令於册内聲明，無故逾限者，由科指參，皆於月終具題。皆任以言事。皇帝御門，則侍班。御門侍班給事中滿洲二人、漢二人，在西階下東嚮立。御經筵亦如之。御經筵侍班給事中滿洲一人、漢一人，在文華殿内西嚮立。臨雍亦如之。臨雍侍班給事中滿洲一人、漢一人，在辟雍東、西檐柱内，東、西嚮立。朝會，則糾其儀。皇帝陞殿，糾儀給事中與御史，凡三十六人，於甬道旁每一層品級山之次北嚮立。○凡科抄給事中，親接本於内閣，以給事中一人直日，赴内閣接本。各分其正抄、外抄而下於部。本章命下事屬某部者，即由某科抄清、漢文交出某部，爲正抄。如關涉數處者，即以本送於别科轉發，爲外抄。應封駁，則以聞。部院、督撫本章已經奉旨，如確有未便施行之處，許該科封還執奏。如内閣票簽、批本錯誤及部院、督撫本内事理未協，並聽駁正。歲終，則彙其本，以納於内閣。凡抄本，皆副以史書、録書。紅本發抄後，由科别録二，通供史官記注者，曰史書，貯科以備編纂者，曰録書，皆校對鈐印。史書送内閣，録書存科。惟密本則不抄。密本，由科登號，以原封送部，該部辦畢，仍密封送科。○凡直，以給事中一人，二日而代。六科官署皆在端門内，又，於端門外東朝房内，給吏科三間、户科六間、禮科二間，西朝房内，給兵科、刑科各三間，工科二間，收貯册卷。凡六科移取册卷，並知會護軍營直班官，同啓封識。每日以給事中一人，在六科署輪直上宿。聖製臺省箴之碑，即令守護焉。聖祖仁皇帝聖製臺省箴：

臺省之設，言責斯專，寄以耳目，寧取具員，通明無滯，公正無偏，黨援宜化，畛域宜捐，洞達政體，斯曰能賢，古昔諍臣，風規凜然，訏謨讜論，垂光簡編，朕每覽譯，如鑒在懸，居是官者，表裏方直，精白乃心，充廣其識，國計民生，臧否黜陟，凡所敷陳，敬將悃愊，風霜之任，以懲姦慝，搏擊之威，以儆貪墨，毋摭細務，苟塞言職，毋紛成憲，妄逞胸臆，書思入告，當宁對揚，沽名匪正，營私孔傷，或藏嫌怨，謬爲雌黄，受人指囑，尤爲不臧，形諸奏牘，有玷皁囊，職司獻替，亟宜審詳，敬爾在公，風紀巖廊，辭箴用勗，誕告聯常。

雍正八年奉世宗憲皇帝諭旨，午門外朝房之南、科垣之北有碑亭一所，供奉聖祖仁皇帝御製臺省箴碑文，著六科輪班撥人守護。常朝，六科更番而察其朝單。每月逢五常朝，給事中輪流稽察。吏部、禮部以各部院所送之朝單及所收職名交輪直之科覈對。若勅書，總督、巡撫、布政使、按察使、道勅書由吏科，漕運總督、倉場總督、坐糧廳監督、鹽政、各户關監督及户部錢法堂勅書由户科，學政勅書及旌表宗室、節婦勅諭由禮科，提督、總兵官、副將、參將、游擊勅書由兵科，河道總督、各工關監督及工部錢法堂勑書由工科，内閣豫開省分官銜，併勑書若干道，傳知到科。每勑書一道，具印信一紙，本官在京者，傳至午門親領，如交提塘官齎送者，由科登號，取提塘官領狀存案。計籍，京察大計册籍由吏科察覈，軍政册籍由兵科察覈。文憑，各官赴任文憑，文職由吏部送吏科註限，武職由兵部送兵科註限，傳各官到科畫憑，仍送吏部、兵部給領。其文職憑限：順天，限十日；直隸，限二十日；奉天、山東之濟南府、兖州府、東昌府、青州府、泰安府、武定府、臨清州、濟寧州，山西之太原府、潞安府、汾州府、大同府、寧武府、朔平府、遼州、沁州、忻州、保德州、平定州、代州，河南之開封府、歸德府、彰德府、衛輝府，限三十日；山東之曹州府，山西之綏遠城、平陽府、澤州府、隰州，河南之懷慶府、河南府、陳州府、許州、汝州，限三十五日；山東之登州府、萊州府、沂州府，山西之蒲州府、解州、絳州、霍州，河南之南陽府、汝寧府，江蘇之淮安府、揚州府、徐州府、海州，安徽之鳳陽府，陝西之榆林府、綏德州，限四十日；河南之陝州、光州，江蘇之江寧府、常州府、鎮江府，安徽之潁州府，限四十五日；江蘇之蘇州府、松江府、通州，安徽之池州府、太平府、廬州府、泗州，浙江之嘉興府、湖州府，湖北之武昌府、漢陽府、德安府、襄陽府，陝西之西安府、延安府、同州府、商州、鄜州，甘肅之秦州，限五十日；江蘇之太倉州，安徽之安慶府、寧國府、滁州、六安州、和州，江西之九江府，浙江之杭州府、紹興府、寧波府，湖北之安陸府、鄖陽府、黄州府、荆州府、荆門州，陝西之鳳翔府、漢中府、邠州、乾州，甘肅之蘭州府、平凉府、鞏昌府、階州、涇州，限五十五日；安徽之徽州府，江西之南昌府、饒州府、廣信府、建昌府、南康府、撫州府、臨江府、瑞州府、袁州府，浙江之金華府、衢州府、嚴州府，甘肅之慶陽府、寧夏府，限六十日；安徽之廣德州，江西之吉安府，浙江之温州府、處州府、台州府，湖南之岳州府、澧州，陝西之興安府，限六十五日；江西之贛州府，福建之延平府、建寧府、汀州府，湖北之宜昌府，湖南之長沙府、常德府，甘肅之西寧府、凉州府、甘州府，限七十日；江西之南安府、寧都州，湖南之衡州府、辰州府，限七十五日；福建之福州府、興化府、泉州府、邵武府，湖南之寶慶府、永州府、永順府，四川之成都府、潼川府、綿州，廣東之韶州府、南雄府，貴州之石阡府、黎平府，限八十日；福建之福寧府、漳州府，湖北之施南府，湖南之沅州府、桂陽府、郴州，甘肅之肅州，四川之寧遠府、夔州府、眉州、邛州、茂州，限八十五日；福建之永春州，湖南之靖州，四川之順慶府、嘉定府、資州，廣東之廣州府、肇慶府，貴州之銅仁府，限九十日；四川之敘州府、重慶府、瀘州，廣東之惠州府，貴州之思州府，限九十五日；四川之保寧府，廣西之桂林府、平樂府，貴州之貴陽府、思南府、鎮遠府、都匀府、安順府、興義府、遵義府、平越州，限一百日；四川之雅州府，廣東之廉州府、雷州府、羅定州，廣西之柳州府、慶遠府、梧州府、潯州府，限一百五日；福建之臺灣府，甘肅之安西州，四川之龍安府，廣東之潮洲府、瓊州府、嘉應州、連州，廣西之思恩府、南寧府、太平府、泗城府，雲南之雲南府、臨安府、楚雄府、澂江府、曲靖府、東川府、昭通府、廣西州、武定州，貴州之大定府，限一百十日；甘肅之哈密廳，四川之綏定府、忠州，雲南之大理府、順寧府、永昌府、開化府、景東廳、蒙化廳、永北廳、元江州，限一百十五日；甘肅之鎮西府，雲南之廣南府、麗江府、普洱府、鎮沅州，限一百二十日；四川之酉陽州，廣西之鬱林州，限一百二十五日；廣西之鎮安府，限一百三十日；甘肅之迪化州，限一百四十日。如在籍候選及在外推陞，例不引見之員，由本省督撫給憑者，亦由科覈定。省分遠近，豫註憑限：江蘇至安徽，陝西至甘肅，限二十日；順天及直隸至奉天、山東、山西、河南，山東至山西、河南、江蘇、安徽，山西至河南、陝西，河南至江蘇、安徽，江蘇至江西、浙江、湖北，安徽至江西、浙江、湖北，江西至福建、浙江、湖北、湖南，福建至浙江，湖北至湖南，湖南至四川、貴州，四川至貴州，廣東至廣西，雲南至貴州，限三十日；山西至甘肅，河南至湖北，江西至廣東，湖北至四川、貴州，限四十日；順天及直隸至江蘇、湖北、陝西，奉天至山西，山東至浙江、湖北，山西至湖北，河南至江西、甘肅，江蘇至湖南，安徽至湖南，浙江至湖北，湖北至陝西，湖南至甘肅、廣西，陝西至四川，四川至雲南，限五十日；順天至安徽、浙江，直隸至安徽，限五十五日；順天至江西，直隸至浙江、陝西，奉天至陝西，山東至江西、陝西，山西至江蘇、安徽、江西、湖南，河南至浙江、湖南，江蘇至福建、陝西、四川、貴州，安徽至福建、陝西、四川，江西至四川、貴州，福建至湖北、廣東，浙江至湖南、廣東，湖北至廣東、廣西，湖南至陝西、廣東、雲南，陝西至貴州，甘肅至四川，四川至廣西，廣東至貴州，廣西至貴州，限六十日；奉天及直隸至湖南、甘肅，直隸至江西，奉天至湖北，山東至福建、湖南，山西至浙江、四川，河南至貴州，安徽至貴州，江西至廣西，福建至湖南，湖北至甘肅、雲南，甘肅至貴州，四川至廣東，限七十日；山東至甘肅，限七十五日；順天及直隸至福建、四川，直隸至貴州，奉天至江蘇、安徽、江西、浙江、甘肅，山東至四川、廣東、貴州，山西至福建，河南至福建、四川，江蘇至甘肅、廣東、廣西，安徽至甘肅、廣東、廣西，福建至廣西，廣西至雲南，限八十日；順天及直隸至廣東，順天至廣西，奉天至湖南，山東至廣西，山西至貴州，河南至廣東、廣西、雲南，江蘇至雲南，安徽至雲南，江西至陝西、雲南，浙江至陝西、四川、廣西，陝西至雲南，廣東至雲南，限九十日；順天至貴州，直隸至廣西、雲南，奉天至福建、四川，山西至廣東、廣西、雲南，福建至四川、貴州，浙江至甘肅、貴州，甘肅至雲南，限一百日；順天至雲南，奉天至廣東、廣西，限一百十日；奉天至雲南、貴州，山東至雲南，福建至陝西、甘肅、雲南，浙江至雲南，陝西至廣東、廣西，甘肅至廣東、廣西，限一百二十日。武職緑營赴任，限期按所在省分、府、州與文職憑限同。其無文職憑限之處，伊犁慶綏城緑營，限一百四十五日。又，四川、金川地方新設之懋功營，限一百八日；崇化營，限一百十六日；撫邊營，限一百十八日；綏靖營，限一百二十一日；慶寧營，限一百二十九日。又，駐防引見後，回任限期，盛京、德州、綏遠城右衛，限三十日；吉林、京口，限四十五日；乍浦，限五十五日；黑龍江，限六十日；莊浪，限七十日；巴里坤，限一百二十日；吐魯番，限一百三十五日；烏嚕木齊，限一百四十日；古城，限一百四十五日；伊犁，限一百五十八日。賦册，在京部院衙門支領户部銀物月册，各省收成分數易知由單，并奏銷錢糧册，錢糧交盤册，漕糧全單及漕運交兑册，各倉收放米豆册，坐糧廳歲報抵通漕白册，鹽課奏銷册，各户關一年彙報册，皆由户科察覈。官兵俸餉册，朋椿奏銷册，驛站奏銷册，由兵科察覈。贓贖銀穀册，由刑科察覈。工程奏銷册，工關一年彙報册，由工科察覈。批迴，各省運解户部錢糧及各物料批迴，由户科磨對，運解工部物料批迴，由工科磨對。試卷，各省歲科試卷及鄉會試卷，皆由禮部會同禮科，並請旨派員磨勘。學案，各省學政造送文生童學册，由禮科察覈，武生童學册，由兵科察覈。郵符，各省督撫、提鎮、學政、鹽政、按察使等，每年領過勘合火牌，皆由兵科察覈。爰書，秋審情實人犯，刑科皆覆奏一次，朝審情實人犯，覆奏三次。其内、外立决人犯，奉旨後，刑科發抄密封下刑部施行。至朝審决囚，則刑科給事中監視行刑。則科各分其職。筆帖式，八十人，吏科、户科、兵科、刑科，各十五人，禮科、工科，各十人。掌翻譯。

十五道，京畿道掌印監察御史滿洲一人、漢一人，監察御史滿洲一人、漢一人，河南道掌印監察御史滿洲一人、漢一人，監察御史滿洲一人、漢一人，江南道掌印監察御史滿洲一人、漢一人，監察御史滿洲三人、漢三人，浙江道掌印監察御史滿洲一人、漢一人，監察御史滿洲一人、漢一人，山西道掌印監察御史滿洲一人、漢一人，監察御史滿洲一人、漢一人，山東道掌印監察御史滿洲一人、漢一人，監察御史滿洲二人、漢二人，陝西道掌印監察御史滿洲一人、漢一人，監察御史滿洲一人、漢一人，湖廣道掌印監察御史滿洲一人、漢一人，監察御史滿洲一人、漢一人，江西道掌印監察御史滿洲一人、漢一人，監察御史滿洲一人、漢一人，福建道掌印監察御史滿洲一人、漢一人，監察御史滿洲一人、漢一人，四川道掌印監察御史滿洲一人、漢一人，廣東道掌印監察御史滿洲一人、漢一人，廣西道掌印監察御史滿洲一人、漢一人，雲南道掌印監察御史滿洲一人、漢一人，貴州道掌印監察御史滿洲一人、漢一人，滿洲御史二十八人，内有宗室御史四人、蒙古御史二人、漢御史二十八人，内兼用漢軍。掌稽察在京各衙門之政事，京畿道稽察内閣、順天府、大興縣、宛平縣，河南道稽察吏部、詹事府、步軍統領衙門、五城，江南道稽察户部、寶泉局、三庫左右兩翼、税務衙門、在京十二倉，浙江道稽察禮部、都察院，山西道稽察兵部、翰林院、六科中書科、總督倉場、坐糧廳、大通橋監督、通州二倉，山東道稽察刑部、太醫院，陝西道稽察工部、寶源局，湖廣道稽察通政使司、國子監，江西道稽察光禄寺，福建道稽察太常寺，四川道稽察鑾儀衛，廣東道稽察大理寺，廣西道稽察太僕寺，雲南道稽察理藩院、欽天監，貴州道稽察鴻臚寺。而註銷其限。各衙門文卷皆由稽察之道依限註銷，與六科同。分覈各省之刑名，京畿道掌直隸、盛京刑名，河南道掌河南刑名，江南道掌江蘇、安徽刑名，浙江道掌浙江刑名，山西道掌山西刑名，山東道掌山東刑名，陝西道掌陝西、甘肅刑名，湖廣道掌湖北、湖南刑名，江西道掌江西刑名，福建道掌福建刑名，四川道掌四川刑名，廣東道掌廣東刑名，廣西道掌廣西刑名，雲南道掌雲南刑名，貴州道掌貴州刑名。凡重辟，會審、會覆，並熱審減等，皆會刑部各司及大理寺左、右寺覈議呈堂。秋審、朝審，各題以俟勾決，秋審勾決由各道具題刑科覆奏，朝審由京畿道具題刑科三覆奏，命下各道御史齎本授刑部施行。皆任以言事。皇帝御門、御經筵、臨雍，則偕給事中而侍班。御門、御經筵、臨雍，各以御史滿洲一人、漢一人，於給事中之次侍班。朝會，則糾其儀。皇帝陞殿，以御史與給事中各三十六人，左、右分立品級山之次糾儀。常朝及天安門外宣詔，午門外頒《時憲書》，頒賞文武鄉、會試，進士、舉人謝恩，臨雍之次日，衍聖公率五經博士、各氏後裔，國子監堂官率六堂及各學師生謝恩，各以御史滿洲二人、漢二人，分東、西二班糾儀。祭祀亦如之。壇、廟祭祀，皇帝親詣行禮，以御史滿洲二人分左、右班，於陪祀王公行禮處監儀，御史漢四人分左、右班，於百官行禮處監儀，午門以御史四人分左、右班，稽察迎送百官。如遣官恭代，則遣官行禮處，以御史滿洲二人、漢二人監禮，百官行禮處，以御史滿洲二人、漢二人監禮。告祭圜丘、方澤、太廟、社稷，祫祭前期一日告祭，中殿、後殿祈禱，三壇報祀，各以御史滿洲二人、漢二人監禮。祭祀宰牲，以京畿道御史滿洲一人、漢一人監視。耕耤亦如之。耕耤，以御史滿洲二人、漢二人，分東、西班侍儀。救護日、月食亦如之。救護日、月食，以御史滿洲一人、漢一人，分東、西班糾儀。〇凡有旨，令御史監察者，月選官以掌科、掌道開列，候欽點，會九卿驗看，大挑舉人，亦以御史四人監視，孝廉、方正堪備召用者，以科道會九卿、翰、詹驗看。會試、順天鄉試，内簾監試以御史二人，内場監試以御史四人，號舍巡綽以御史四人，外場巡綽以御史四人，棘牆外巡綽以御史八人。武會試、順天武鄉試，外圍監試以御史四人，即爲内場監試，武會試，内簾監試以御史二人。殿試監察以御史四人，朝考監察以御史四人。拔貢生朝考，内簾監試以御史二人，内場監試以御史四人，外場以御史二人。各項考試人數在百名以下者，監試以御史二人，百名以上者，監試以御史四人。至士子出場後，即以外場監試籤掣一、二人入内簾監試。磨勘稽察分卷，以御史四人，順天府童試審音，以御史二人。巡視者，查旗，八旗、滿洲、蒙古、漢軍驍騎營，每營以御史一人，前鋒營、護軍營，每翼各以御史一人，火器營以御史一人，凡御史二十九人，於滿洲、蒙古、漢軍御史内點派。清理街道，以御史二人。查倉，京通倉，以御史十五人，内倉，以御史一人。通州抽查漕糧，以御史二人。巡漕，淮安、濟寧、天津、通州，各以御史一人。巡鹽，長蘆、兩淮、兩浙，各以御史一人。皆並列以科道。各處監察由承辦衙門咨取給事中御史職名開列，請旨點派。巡城、巡倉、巡漕，由都察院以給事中御史引見，巡鹽，非經奉旨特放者，由都察院以給事中御史開列具題，均請旨簡用。惟稽察宗人府、内務府，以御史。稽察宗人府，以宗室御史二人，另設印信，於稽察二人内，一人掌印，一人協理，内有轉補科缺者，仍行按辦出缺後復補用御史。稽察内務府，以滿洲御史二人。若掣籤，文職月選籤，河南道御史監掣，武職月選籤，山西道御史監掣。搭餉，局錢搭放兵餉，寶泉局以江南道御史監放，寶源局以陝西道御史監放。刷卷，在京部院諸司關繫錢糧卷宗，皆由河南道照刷。磨册，三庫月終奏銷之册，由江南道磨勘。比緝，五城命盜緝捕之事，由山東道催比。勘工，在京工程，除内務府承辦及特派大臣承辦者，由承辦大臣收工外，其由工部承辦之工，皆由陝西道覆勘。則道各分其職。

筆帖式三十有二人，京畿道、江南道各三人，河南道、浙江道、山西道、山東道、陝西道、湖廣道、江西道、福建道、四川道、廣東道、廣西道、雲南道、貴州道各二人。掌翻譯。

五城，中城巡城御史滿洲一人、漢一人，兵馬司指揮一人，副指揮一人，吏目一人，東城巡城御史滿洲一人、漢一人，兵馬司指揮一人，副指揮一人，吏目一人，南城巡城御史滿洲一人、漢一人，兵馬司指揮一人，副指揮一人，吏目一人，西城巡城御史滿洲一人、漢一人，兵馬司指揮一人，副指揮一人，吏目一人，北城巡城御史滿洲一人、漢一人，兵馬司指揮一人，副指揮一人，吏目一人，五城御史，由都察院以科道引見，請旨簡派，一年更替。掌分轄京師五城十坊之境，中城二坊副指揮分管曰中西坊，吏目分管曰中東坊。東城二坊副指揮分管曰朝陽坊，吏目分管曰崇南坊。南城二坊副指揮分管曰東南坊，吏目分管曰正東坊。西城二坊副指揮分管曰關外坊，吏目分管曰宣南坊。北城二坊副指揮分管曰靈中坊，吏目分管曰日南坊。而平其獄訟，詰其姦慝，弭其盜竊。人命案件，五城指揮相驗，盜賊案件，十坊副指揮、吏目踏勘，即准拏犯、審解，其餘詞訟，皆由巡城御史聽斷。杖罪以下，自行完結，徒罪以上，送部按擬。月吉，各率其鄉約而宣條教。五城各設公所，每月朔、望，御史司坊官督率鄉約宣講世祖章皇帝《六諭文》、聖祖仁皇帝《聖諭十六條》、世宗憲皇帝《廣訓》。掌凡振卹之政令。五城設棲流所，收卹無依流民及街衢病卧者，給其衣食醫藥。中城設所一，東城設所一，南城設所一，西城設所二，北城設所一，指揮司之西城地方設有普濟堂，東城地方設有有嬰堂，皆由順天府經理，交巡城御史稽察。冬季煮賑，五城設十廠，副指揮、吏目分司之。京城市糶價昂，有旨撥給倉米平糶者，於京城内、外設廠十，五城指揮、副指揮分司之，皆由巡城御史督察。凡五城街道、溝渠、柵欄、房舍，則會街道廳以稽察。

通政使司，通政使，滿洲一人、漢一人，副使，滿洲一人、漢一人，參議，滿洲一人、漢一人，掌納各省之題本，以達於内閣。凡大政事下九卿議者，則與焉。〇凡本，視其所題之繁簡以斷幅，幅六行，行二十格，而空其二，遇尊敬，乃别而書之。本内稱朝、稱國、稱宫殿者，上一格；稱皇帝、稱上諭、稱旨、稱御者，上二格；稱天地、宗廟、山陵、廟號、列聖諭旨者，逾格一字。具其銜名、月日,首列官銜、姓名,末書年月日。鈐印而加貼黄焉。别紙摘録本中要語,黏於本之尾,曰貼黄。○凡受本,則承以案,設黄案於司堂正中,堂官一人侍案旁,齎本人捧本至堂檐,跪,經歷接本陳案上,乃退。及校閲,乃送閣。五日,則以隨本之揭帖畀提塘官以投於部科。隨本之揭帖三,一存司,一送部、送科。題本封送内閣後五日,乃以部科揭帖,交提塘官分投。惟題本有關員缺者,送本内閣之日即以揭帖移送吏部,不拘五日之期。凡本,違式者,本内擡寫錯誤,本面挖補、摺皺、沾汚、破損,譌字、遺字,接縫處遺漏背印,空台、空幅,首行官銜雙列、年月下遺書官銜、前後官銜不符、本内僅書某官不書名者,均爲違式,由司揭送内閣,請旨飭行,重者參處。貼黄違式同。逾限者,各省題本到京定限,馬蘭鎮、泰寧鎮總兵,限二日;直隸總督、提督,宣化鎮、天津鎮總兵,限三日;長蘆鹽政,正定鎮、大同鎮總兵,限四日;山東巡撫、熱河都統,限五日;山西巡撫、綏遠城將軍、山海關副都統,限六日;河東河道總督,限七日;盛京將軍、奉天府尹、青州副都統,限八日;河南巡撫,限八日七時;河北鎮總兵,限八日十時;徐州鎮總兵,限八日十一時;太原鎮總兵,限九日;南陽鎮總兵,限十一日二時;漕運總督、吉林將軍,限十二日;陜西巡撫、西安將軍、京口副都統、狼山鎮總兵,限十三日;湖北提督,限十三日二時二刻;兩江總督、江寧將軍,限十三日四時;蘇松鎮、壽春鎮總兵,限十四日;江蘇巡撫,限十四日四時;湖廣總督、湖北巡撫,限十四日六時;安徽巡撫,延綏鎮、河州鎮總兵,限十五日;兩淮鹽政、荆州將軍、乍浦副都統、宜昌鎮總兵,限十六日;鄖陽鎮總兵,限十六日二時二刻;九江鎮總兵,限十六日四時;浙江巡撫,兩浙鹽政,杭州將軍,江南、陜西提督,限十七日;陜甘總督,江西巡撫,黑龍江將軍,湖南提督,陜安鎮、漢中鎮總兵,限十八日;湖南巡撫,限十八日九時;浙江提督、衢州鎮總兵,限二十二日六時;寧夏將軍,建寧鎮、綏靖鎮、寧夏鎮、川北鎮總兵,限二十三日;廣西巡撫,限二十三日十一時四刻;四川總督,成都將軍,凉州副都統,悰州鎮、西寧鎮、松潘鎮總兵,限二十四日;黄巖鎮、處州鎮、鎮遠鎮總兵,限二十五日右;翼鎮總兵,限二十六日;廣西提督,限二十六日十時四刻;閩浙總督,福建巡撫,福州將軍,温州鎮、古州鎮總兵,限二十七日;貴州巡撫,甘肅提督,汀州鎮、海壇鎮總兵,限二十八日;福建陸路提督、重慶鎮總兵,限二十九日;福建水師、貴州提督、安義鎮總兵,限三十日;巴里坤總兵,限三十日十一時四刻;漳州鎮、肅州鎮總兵,限三十一日;左江鎮總兵,限三十一日十一時四刻;兩廣總督、廣東巡撫、廣州將軍、南澳鎮總兵,限三十二日;左翼鎮總兵,限三十二日六時;福寧鎮總兵,限三十三日;廣東提督、建昌鎮總兵,限三十四日;威寧鎮總兵,限三十五日;碣石鎮總兵,限三十五日六時;烏嚕木齊提督,限三十六日七時六刻;高州鎮總兵,限三十七日;右江鎮總兵,限三十八日;潮州鎮總兵,限三十八日六時;雲貴總督,雲南巡撫,臨元鎮、昭通鎮總兵,限四十日;伊犂鎮總兵,限四十三日;瓊州鎮總兵,限四十四日;雲南提督、開化鎮總兵,限四十五日;鶴麗鎮總兵,限四十八日;普洱鎮總兵,限五十日;騰越鎮總兵,限五十日七時；登州鎮總兵，五、六、七、八月限二十二日，餘月限十六日；兖州鎮總兵，五、六、七、八月限十六日，餘月限十二日；江南河道總督，限十日，兵馬奏銷，限十二日；臺灣鎮、金門鎮總兵，自大輪驛起，限三十日。凡逾限者，皆移交部議。如途中猝，遇大雨，或陰雨連綿、河水暴漲、路途泥濘者，察實，則免議。皆察焉。

經歷，滿洲一人、漢一人，知事，滿洲一人、漢一人，掌出納文移。筆帖式，滿洲六人、漢軍二人，掌翻譯。

登聞鼓廳以參議一人分直以知事，飭役巡查。筆帖式，滿洲一人、漢軍一人，掌達冤民。有擊鼓之人，由通政司訊供，果有冤抑，確據奏聞，請旨交部昭雪。若誣妄越訴，即送部按律治罪，加一等發落。

大理寺，卿，滿洲一人、漢一人，少卿，滿洲一人、漢一人，掌平天下之刑名。凡重辟，則率其屬而會勘，罪應斬、絞之犯，在京，由三法司會審，在外，由三法司會覆。大政事下九卿議者，則與焉。與秋審、朝審。

檔房堂，評事，滿洲一人，掌繕左、右寺之題本與其奏摺，收在京衙門之文書。

司務廳，司務，滿洲一人、漢一人，掌治吏役，收外省衙門之文書。凡案之註銷者，卷之照刷者，皆彙而送焉。左、右寺承辦之案，月終造册註銷於陝西道，文卷應照利者，每歲移送於河南道。

左寺，寺丞，滿洲一人、漢軍一人、漢一人，評事，漢一人，右寺，寺丞，滿洲一人、漢軍一人、漢一人，評事，漢一人，掌分覈内、外之刑名。刑部奉天司、江蘇司、安徽司、浙江司、山東司、四川司、廣東司、貴州司，都察院山東道、江南道、浙江道、四川道、廣東道、貴州道及京畿道所管盛京會審、會覆之案，左寺分掌。刑部江西司、福建司、湖廣司、河南司、山西司、陝西司、廣西司、雲南司，都察院河南道、山西道、陝西道、湖廣道、江西道、福建道、廣西道、雲南道會審、會覆之案，右寺分掌。刑部直隸司，都察院京畿道所管直隸會審、會覆之案，左、右二寺輪掌。凡重辟，在京者，左、右寺各會其刑司與其道而聽之，以質成於卿、少卿。左、右寺官暨各道御史過部，與承辦之司官會審，曰小三法司。各以供詞呈堂，大理寺堂官復與部院堂官會審，無疑義者，俟刑部定稿送寺，堂屬一體畫題。在外者，寺受揭帖，各省總督、巡撫具題，重辟，皆以隨本揭帖投寺，各按其應分、應輪發左、右寺。各定讞，以質成於卿、少卿，而參合於部讞。左、右寺先據揭帖，詳推案情與所擬罪名、所引律例是否符合，豫定讞語呈堂，俟刑部定稿送寺。讞語相合無疑義者，堂屬一體畫題。凡重辟，必三法司之議協於一，而後獄成。三法司會覈之案，由刑部定稿鈐印，會都察院及寺畫題，限十日送回，如有改易，限五日内聲明緣由，交回酌議。刑部定期移知院、寺赴部細繹案情，詳推例意，各秉虚公畫一定讞。不協,許兩議候上裁決焉。三法司覈擬重案,如迹涉兩是,有一、二人不能盡歸書一者,許各抒所見,候旨酌奪,但不得一衙門立一意見,判然與刑部立異。其有兩議者,刑部進本時亦不得夾片申明前議之是,指駁後議之非,惟當兩議並陳,静候上裁。〇凡熱審,左、右寺各會其刑司與其道,面決之。每年小滿後十日起,至立秋前一日止,如立秋在六月内,以七月初一日爲止,左、右寺會刑部各司與各道,將刑部現審之案審擬呈堂。笞罪寬免,枷杖減等,其犯暫行保釋,俟立秋後送部發落,十日一次彙題。重囚内有可矜、疑者,請旨定奪。〇凡枷犯,擬以永遠者,歲終,察其内、外衙門之數而彙奏。在京、在外各衙門永遠枷示之犯,由寺行查,歲終開列名單,並所犯畧節彙奏一次,定以十年之限,由刑部疏枷發遣。

筆帖式,滿洲四人、漢軍二人,掌翻譯。

欽定大清會典卷五十五

翰林院，掌院學士，滿洲一人，漢一人，於大學士、尚書、侍郎内特簡。掌論撰文史之事，率在院之列而勵其學行，以備任使，以充侍從。〇萃禮部之進士以朝考，每科於殿試傳臚後，禮部以進士名册送院，掌院學士奏請御試於保和殿，曰朝考。欽命題，論一、詔一、疏一、五言八韻詩一，欽派閲卷大臣選擬進呈欽取，無定額，不分等第。其鼎甲試卷，不揭浮籤，隨所取各卷進呈。取者、遺者，皆引見，以候欽點。進士朝考後，由大學士、掌院學士引見，以宗室、滿洲、蒙古、漢軍、直隸、奉天、江蘇、安徽、江西、浙江、福建、湖北、湖南、河南、山東、山西、陝西、甘肅、四川、廣東、廣西、雲南、貴州爲序，各分班按甲第先後，以次帶領。其朝考録取者，皆於緑頭籤及排單内註明。得旨，乃送庶吉士於庶常館，皆分書，每科庶吉士由掌院學士酌派年三十以下者十人，内外習清書，惟八旗及四川、廣東、廣西、雲南、貴州五省不派。其直隸、山東、山西、河南、陝西五省庶吉士，在三四員以上者，派一二人，如祇有一二員者，亦不派。三年則散館。庶吉士教習三年期滿，由教習庶吉士奏請御試，曰散館。欽命題，賦一、五言八韻詩一，欽派閲卷大臣，第爲三等及不列等，進呈欽定，由大學士、掌院學士引見。其宗室、滿洲、蒙古、漢軍，以及各省次序，俱照新進士引見之例，仍按等第先後，以次帶領，候旨授編修、檢討之職。其改主事、知縣及歸班銓選者，歸吏部辦理。遇特開恩科，即於會試之年散館。〇凡御殿，則侍直。皇帝御殿，掌院學士於殿左門外侍班，班在閣臣之次。歲春、秋二仲，舉經筵。

直講官，滿洲二人、漢二人，豫開列以候欽定，經筵講官，滿洲八人、漢八人。滿洲講官，以大學士以下、副都御史以上充；漢講官，以翰林出身之大學士，六部尚書、侍郎及内閣學士、詹事、少詹事，本衙門侍讀學士、侍講學士，國子監祭酒充，均由掌院學士咨取銜名，奏請簡用。將届舉行經筵之期，由院開列講官名，奏請欽派四人直講。乃撰講章、翻御論而進講。掌院學士會同直講官，先擬所講經書，奏定，然後撰講章，繕清、漢文進呈，併繕正、副二本，恭俟御論發出，併翻成清文進呈。届期，皇帝御文華殿，直講官出班至講案前，行一跪三叩禮，興，進講。講畢，恭聽御論，禮成，復由本院恭進御論及講章正本。皇帝幸院，前期，會各衙門以供備，豫備陳設寶座,行武備院;御席、燕席、賜茶、賜酒及承應,行内務府;設樂,行樂部;鳴鐘,行鑾儀衛;導駕謁先師祠及開列請點應行賜酒之王大臣,行禮部;唱贊,行鴻臚寺。駕至,謁於先師,皇帝御龍袍衮服,至院,穿堂降輿,禮部堂官恭導聖駕,詣至聖先師祠,行二跪六拜禮。乃燕,王大臣以下,皆與,設寶座於二堂之北,南嚮,設御膳席於寶座前,稍遠設王大臣等席於兩旁,設各官席於左、右階下。駕至清秘堂少憩,掌院學士奏請升座,中和韶樂作,奏隆平之章,王大臣、官員各於坐次跪接,皇帝升座,樂止。丹陛大樂作,奏慶平之章,王大臣、官員俱各於坐次行三叩禮,樂止,一叩,坐。丹陛清樂作,奏文物京華盛之章,皇帝進茶,王大臣、官員各於坐次行一叩禮,樂止,侍衛等授王大臣、官員茶,各於坐次一叩,飲畢,一叩,坐。賜茶畢,移御膳席近前,中和清樂作,奏玉署廷英之章,皇帝進饌,樂止,承應上,尚膳侍衛等以饌分授各筵。呈技畢,徹御前膳席,王大臣、官員席並徹。進御酒燕席及王大臣、官員酒席,掌儀司官捧臺盞、壺卮,由中墀進,丹陛清樂作,奏延閣雲濃之章,王大臣暨各官俱起立,掌儀司官進至廊下東邊,西嚮立,酌酒,進爵大臣出班,在中門内跪,王大臣、官員俱跪,掌儀司官捧臺盞跪,恭授進爵大臣,進爵大臣接奉臺盞,恭進御前,仍復原跪處跪。皇帝進酒,進爵大臣行一叩禮,王大臣、官員俱行一叩禮,進爵大臣起,至御前接臺盞,退至原跪處跪,掌儀司官跪接臺盞,退,王大臣、官員興,掌儀司官以金卮酌酒,立賜進爵大臣,進爵大臣行一叩禮,飲畢,掌儀司官立接卮,退,進爵大臣行一叩禮,興,退,樂止,王大臣、官員皆坐,承應上。領侍衛内大臣視侍衛等,分授王大臣、官員酒,王大臣、官員跪,一叩,飲畢,復行一叩禮。御前侍衛捧酒進,欽派賜酒之王大臣各出位,以次詣御座旁,跪,受酒,一叩,飲畢,復行一叩禮,以次復位,一叩,坐,承應畢,鴻臚寺堂官奏禮成,王大臣、官員均各於坐位行一跪三叩禮,丹陛大樂作,奏慶平之章,王大臣、官員各於坐位跪,樂止。中和韶樂作,奏顯平之章,禮部堂官恭導皇帝至清秘堂少憩,掌院學士奏請駕還宫。命賦詩以紀焉。嘉慶九年二月,皇帝幸翰林院,用乾隆九年故事,以唐張説"東壁圖書府"詩四十字爲韻,御製賦東字、音字二首,其餘欽派王大臣以下分韻三十八人。又,仿柏梁體,欽派聯句二百五人。其與燕之王大臣等,頒賞御製《味餘書室全集》《九家集註杜詩》及名茶、文綺、箋絹、硯石有差。駕出、入,則迎、送。王大臣暨翰林出身大臣,迎駕於長安左門道旁,送駕於院門外,俱蟒袍補服。禮成,則率其屬以謝恩,而獻詩册。翼日,與燕之王大臣、官員,具摺恭赴乾清門外,行三跪九叩禮。〇凡丁祭,戒其屬,以分獻。每歲春、秋上丁釋奠於先師,以修撰、編修、檢討資深者二人,分獻十二哲。如遇親詣行禮,以修撰、編修、檢討四人,分獻崇聖祠、四配、兩廡。又,本院先師祠,以本院官之資深者一人主祭,餘俱助祭。

侍讀學士,滿洲二人、漢三人,侍講學士,滿洲二人、漢三人,侍讀,滿洲二人、漢三人,侍講,滿洲二人、漢三人,修撰、以每科第一甲第一名進士授修撰,無定員。編修、一甲第二、三名進士授編修,二甲進士,散館後亦授編修,無定員。檢討，三甲進士，散館後授檢討，無定員。掌撰著文章，與於侍從。〇凡館局，則充提調、纂修，慎其編校。恭修《實録》《聖訓》《本紀》，侍讀學士以下，皆由掌院學士派充提調官、纂修官。恭修《玉牒》，由本院以滿洲、蒙古、漢軍修撰、編修、檢討職名，咨送宗人府，派充提調官。勅撰書史亦如之。翰林院官以編輯、校勘爲職業，勅撰書史咸與。如順治二年勅撰《明史》，十三年，勅纂《通鑑全書》《孝經衍義》《易經通註》。康熙十六年，勅編《日講四書解義》，十八年，勅纂《欽定皇輿表》、勅修《明史》，十九年，勅編《日講書經解義》，二十一年，勅纂《平定三逆神武方畧》，二十二年，勅編《日講易經解義》，二十三年，勅纂《大清會典》，二十四年，勅撰《大清一統志》、勅編《古文淵鑑》，三十六年，勅纂《平定朔漠方畧》，三十八年，勅撰《春秋傳説彙纂》，四十三年，勅撰《佩文韻府》，四十四年，勅撰《佩文齋書畫譜》，四十五年，勅編《歷代賦彙》《佩文齋詠物詩選》，四十六年，勅編《全唐詩》《歷代題畫詩類》《歷代詩餘》，四十七年，勅撰《廣群芳譜》，四十八年，勅編《皇清文穎》《四朝詩》，四十九年，勅撰《康熙字典》《淵鑑類函》，五十年，勅編《全金詩》，五十一年，勅撰《歷代紀事年表》，五十二年，勅修《萬壽盛典》、勅編《朱子全書》，五十四年勅撰《周易折中》《月令輯要》《音韻闡微》《詞譜》《曲譜》，五十六年，勅撰《性理精義》，五十八年，勅撰《駢字類編》，五十九年，勅撰《韻府拾遺》，六十年，勅撰《書經傳説彙纂》《詩經傳説彙纂》《子史精華》《分類字錦》。雍正元年，勅續修《明史》、勅撰《功臣傳》，二年，勅續修《大清會典》，五年，勅撰《孝經集註》《八旗通志初集》，六年，勅撰《執中成憲》，七年，勅編《日講春秋解義》，十一年，勅增輯《皇清文穎》。乾隆元年，勅撰《周官義疏》《儀禮義疏》《禮記義疏》《大清通禮》、勅編《日講禮記解義》，二年，勅撰《授時通考》，四年，勅纂《明紀綱目》，五年，勅撰《宮史》，九年，勅撰《皇朝詞林典故》《石渠寶笈》《秘殿珠林》、勅編《八旗滿洲氏族通譜》，十年，勅撰《天禄琳琅書目》、勅編《皇清奏議》，十二年，勅修《皇清文穎》、勅纂《續文獻通考》《皇朝文獻通考》、勅續修《大清會典》《大清會典則例》，十三年，勅纂《平定金川方畧》，十四年，勅撰《西清古鑑》、勅編《經史講義》，十五年，勅撰《同文韻統》《叶韻彙輯》，十六年，勅撰《皇朝職貢圖》、勅編《錢録》，十九年，勅撰《盤山志》，二十年，勅撰《周易述義》《詩義折中》，二十一年，勅纂《皇輿西域圖志》《熱河志》，二十三年，勅撰《春秋直解》，二十四年，勅纂《皇朝禮器圖式》，二十六年，勅修《宮史》，二十八年，勅纂《西域同文志》《音韻述微》，二十九年，勅纂《宗室王公功績表傳》、勅修《大清一統志》、勅校勘《皇朝禮器圖式》，三十二年，勅纂《續通典》《續通志》《皇朝通典》《皇朝通志》《御批通鑑輯覽》，三十四年，勅修《校正淳化閣帖釋文》，三十六年，勅編《增訂清文鑑》、勅纂《評鑑闡要》，三十七年，勅纂《平定準噶爾方畧》，三十八年，勅纂《開國方畧》《四庫全書》《日下舊聞考》，三十九年，勅纂《臨清紀畧》，四十年，勅撰《通鑑綱目三編》，四十一年，勅纂《平定兩金川方畧》《勝朝殉節諸臣録》，四十二年，勅纂《滿洲源流考》《滿洲祭神祭天典禮》，四十三年，勅撰《國子監志》，四十四年，勅撰《蒙古王公功績表傳》《滿洲蒙古漢字三合切音清文鑑》《明季奏疏》《盛京通志》，四十五年，勅纂《歷代職官表》,四十六年,勅纂《蘭州紀畧》、勅續纂《宗室王公功績表傳》,四十七年,勅纂《河源紀畧》,四十九年,勅纂《石峰堡紀畧》,五十年,勅編《清凉山志》,五十一年,勅修《南巡盛典》,五十三年,勅纂《平定臺灣紀畧》,五十六年,勅纂《八旬萬壽盛典》,五十八年,勅修《八旗通志》。嘉慶二年,勅纂《平苗紀畧》,六年,勅續修《大清會典》《大清會典事例》《宫史》,七年,勅纂《剿平三省邪匪方畧》,八年,勅撰《功臣傳》,九年,勅續纂《皇朝詞林典故》,十一年,勅續修《皇清文穎》,十三年,勅編《全唐文》,十五年,勅續修《宗室王公功績表傳》《蒙古王公功績表傳》《皇清奏議》,十六年,勅重修《清凉山志》《大清一統志》、勅纂《西巡盛典》,十七年,勅纂《治河方畧》。以上纂書,各館由本院奏請及奉特旨交本院辦理者,其總裁、副總裁、提調、纂修,皆由掌院學士奏派。其由別衙門辦理者,需用纂修人員,皆據承辦衙門咨取,由掌院學士派送。○凡撰文,一曰祝文,歲舉大祀、中祀、群祀,祝文最初擬定後,各依常式,不更撰。其因事祭告者,有祝文。二曰册寶文,册立,有册文,有寶文。册封,有册文。應得寶者,有寶文。印,則有印文。三曰册誥文,親王、郡王、貝勒、貝子、公等世爵,初次受封,有册文。其應給誥命者,有誥文。凡軍功昭著者,均行載入,至世及襲封,祇添寫世次、緣由與襲封年月,由院恭擬字樣,移交中書科,不更撰文字。四曰碑文,内、外文、武官奉旨予謚者,有碑文。五曰諭祭文,奉旨賜祭者,有諭祭文。凡諸文,皆翻清文,惟諭祭漢大臣文,不翻。皆撰而進御。○凡大考,則偕詹事府官以與焉。大考,無定期,逾數年,則特旨考試。欽命題,賦一、五言八韻詩一、疏一,疏或易以論。詹事府自少詹事以下與翰林院侍讀學士以下,一體與試。欽派閱卷大臣,分爲四等,一等者,予以超擢;二等者,或量陞一階,或於應陞時具名題奏;三等者,分别留任、罰俸、降調;四等者,罰俸、降調、休致有差,皆由特旨遵行。○凡御門聽政,則侍班。凡遇御門日期,編修、檢討四人於乾清門右階下侍班。如遇駐蹕圓明園御門,於勤政殿右階下侍班,班在科道之上。直日,各奏其名。駐蹕圓明園,翰林院輪班直日之期,如無摺奏之事,則開列讀講學士二人名單呈遞。遇簡放、試差之年,每逢直日,以修撰、編修、檢討十人引見,在内直班,亦開列讀講學士二人名單呈遞。巡幸,則扈從。每歲木蘭秋獮及聖駕巡幸各處,侍讀學士、侍講學士、侍讀、侍講由吏部開列,欽派隨往。

典簿廳,由掌院學士於編修、檢討資淺者派充辦事翰林,滿洲二人、漢二人,督率典簿、孔目辦事。典簿,滿洲一人、漢一人,孔目,滿洲一人、漢一人,掌章奏文移,治其吏役,守書籍之藏。本院存貯書籍其鉅者,有聖祖仁皇帝欽定《圖書集成》,高宗純皇帝欽定《四庫全書》底本及前明《永樂大典》,俱藏於敬一亭、寶善亭諸處。

待詔廳,待詔,滿洲二人、漢二人,掌繕寫、校勘之事。滿洲待詔,掌校對、翻譯奏章一應文史,漢待詔,掌校對、繕寫一應文史。筆帖式,滿洲四十人、漢軍四人,掌翻譯。

庶常館,教習,滿洲一人、漢一人,由吏部開列,掌院學士、内閣學士題請欽派,或於大學士、尚書、侍郎内特簡。掌教庶吉士。每月課庶吉士一次,題賦一、五言八韻詩一。又,會同掌院學士,於侍讀學士以下選學問優長者數人,充小教習,亦每月課庶吉士一次。提調,二人,由掌院學士於編修、檢討内派充。掌庶吉士廩餼。每月每員給餼廩銀四兩五錢,行户部支取。又,各鹽政關差,歲幫庶吉士俸銀一千四百四十兩,按在館人數分給。

起居注館,日講起居注官,滿洲十人、漢十有二人,翰林院掌院學士、詹事府詹事俱坐充,餘於翰林院侍讀學士以下、詹事府少詹事以下簡充。掌記注之事。〇凡朝會,則侍直以記言、記動。三大節朝賀,皇帝御太和殿,記注官四人,朝服,先詣中和殿,立甬道之西,俟皇帝御中和殿,行禮畢,由太和殿後西門趨出,立於殿内西楹第三柱下,東嚮。皇帝升座,諸臣行禮畢,駕還宫,乃退。遇常朝及因事陞殿,儀同萬壽聖節。如遇皇帝駐蹕圓明園,御正大光明殿,記注官四人,朝服,升西階,立於殿外西檐,東嚮,俟諸臣行禮畢,駕還,降階,偕執事人員行禮。若在避暑山莊,御澹泊敬誠殿,儀同。御門,記注官四人,立乾清門西階下,俟皇帝升座,記注官升階,立於御座西介右扉之中,東嚮。啓奏折本時,記注官移近立,恭聽玉音。若駐蹕圓明園,御勤政殿,記注官至殿牆門外,依西角門墻下,俟皇帝升座,即由西角門入,升右階,二人入殿右門,立門内,二人立門外,俱東嚮,奏本時,四人俱入殿門内立,東嚮。逢五、逢十補服,餘俱常服。傳臚,前一日,進呈十卷,皇帝御乾清宫,記注官常服,於西階入門内立,東嚮,次日,御太和殿,記注官朝服侍班,與陞殿儀同。御試,武進士於紫光閣,先馬步射,次技勇,每日記注官常服,立西階下,東嚮。乾清宫引見、傳臚,皇帝御太和殿,侍班儀與文進士同。新進士引見,如御勤政殿,記注官四人,常服,入右門内序立,東嚮。元旦、萬壽聖節及慶典,燕於太和殿,公主釐降,賜額駙燕、天燕外藩,或於保和殿,或於正大光明殿,記注官燕席俱設於寶座西北隅。記注官蟒袍補褂,立於坐次,皇帝升座,賜坐、賜茶、賜酒、賜克食,俱行一跪一叩禮,燕畢,仍立於坐次。燕於山高水長,觀火戲,記注官侍幄外,西立,東嚮。勾到日,皇帝御懋勤殿,記注官常服,立於丹墀之西,西嚮,皇帝升座,記注官趨過門中,升階入門,負北立,南嚮,末一人距門尺許。若駐蹕圓明園,皇帝御洞明堂,俟升座,記注官入門,分南、北各二人,西嚮,夾門立。若駐蹕避暑山莊,御行殿,則豫視其地,以爲侍立之準。御經筵、臨雍亦如之。經筵,皇帝御文華殿,記注官補服,立西階下,東嚮,皇帝升座,記注官升西階,入殿右門,立於中柱之西,東嚮,同直講諸臣跪聆御論,畢,皇帝御文淵閣,記注官立閣内,賜坐、賜茶俱行一跪一叩禮,文華殿筵燕畢,於殿墀東行一跪三叩禮。臨雍,皇帝御辟雍殿,記注官蟒袍補褂,立於殿内西南隅,東嚮。軍禮亦如之。皇帝大閲,記注官蟒袍補褂,立於御營前,皇帝御幄殿,記注官立西階上,東嚮。皇帝郊勞,御郊勞臺,記注官立階下之西,東嚮。北上御樓受俘,記注官立午門樓上前楹之西,東嚮北上。耕耤亦如之。耕耤,皇帝躬耕禮畢,御觀耕臺,升座,記注官蟒袍補褂,於臺西升階立,東嚮。祭祀,皇帝親詣亦如之。冬至,圜丘,記注官朝服,立於三成階下、神道之西,東嚮,常雩同。孟春,祈穀,記注官朝服,立西階下,東嚮。夏至,方澤,記注官朝服,立於二成階下、神道之東,西嚮。社稷壇,記注官朝服,立於壝門東,接福胙、侍衛二人之次,西嚮。元旦,堂子,滿洲記注官二人,朝服,立於門外,北嚮。太廟時饗、祫祭,記注官朝服,立於前殿西階上,東嚮。日壇,記注官朝服,立於壝門外之右,南嚮。月壇,記注官朝服,立於壝門外之左,北嚮。歷代帝王廟,記注官朝服,立西階上,東嚮。傳心殿,記注官補服,立殿門外之西,南嚮。親釋奠於先師,記注官朝服,立於大成殿西階上,東嚮,臨雍釋奠同。耕耤祀先農,記注官朝服,立於壇下之西,東嚮。閲祝版、香帛、三大祀,御太和殿,記注官立於殿中間門外檐西柱下,東嚮。冬至、孟春,蟒袍貂褂,常雩,蟒袍補褂。餘祀,御中和殿,記注官立於殿中間門外檐西柱下,東嚮。惟歲暮祫祭,蟒袍貂褂,餘俱常服補褂。謁亦如之。皇帝恭謁陵寢,記注官釋行衣更素服,立於隆恩殿西北隅、琉璃花門前階下之西,東嚮,如無琉璃門者,則立於隆恩殿西配殿北牆西,東嚮。隆恩殿大饗,皇帝拜位設隆恩殿門内,則記注官立於丹墀上,如設殿門外,則記注官立於丹墀下,均蟒袍補褂,東嚮。〇凡侍直,既退,則載筆,載事之序:首上諭,次部本,次通本,次旗摺,次京外各官摺,先公後私,次各部院衙門引見,次八旗引見。其載上諭,以本日事務大小輕重爲序,若事關壇廟、陵寢,俱首載。其載部本,首内閣,次宗人府,次翰林院,次六部,次都察院,次理藩院,若遇有禮部慶賀、太常寺祭祀本,俱列於内閣之前。其載通本,首總督,次巡撫、督撫,先後以省分爲序。其載吏部引見,首月選,次翰林,次京堂,次科道,次部屬官,次小京官,外官以大小爲次,首卓異官,次原任,次開復,次降調,次革職,次病痊,次起復,次六法官,次筆帖式,次廕生。載兵部引見,首京官,次外官,次降革,次開復。其旗,分次序,首鑲黄,次正黄,次正白,次正紅,次鑲白,次鑲紅,次正藍,次鑲藍,各首滿洲,次蒙古,次漢軍,次護軍。必具年月日,書其當直官之名,乃匭而藏焉。編纂記注,每月分作二册,每年計二十四册,先成草本,由總辦記注官逐條查覈、增改,送掌院學士閲定。書年月及當直官姓名,例以上年之事至次年,分月排纂,前、後謹撰序、跋,册中用翰林院印,鈐縫,貯以鐵匭扃鐍封識。歲終,以送於内閣而貯諸庫。每歲十二月具疏,以起居注送内閣,記注官會内閣學士監視貯庫。

主事,滿洲二人、漢一人,掌文移。筆帖式,滿洲十有四人、漢軍二人,掌翻譯。

國史館,總裁,特簡,無定員。掌修國史。〇定國史之體,一曰本紀,列聖《實録》告成後,皆由館恭纂本紀。二曰傳,傳之目,有大臣傳、忠義傳、儒林傳、文苑傳、循吏傳、孝友傳、列女傳、土司傳、四裔傳,又有貳臣傳、逆臣傳。乾隆四十一年,高宗純皇帝諭:我朝開創之初,明末諸臣望風歸附,如洪承疇,以經畧喪師俘擒,投順祖,大壽,以鎮將懼禍,帶城來投。及定鼎時,若馮銓、王鐸、宋權、謝陞、金之俊、党崇雅等,在明俱曾躋顯秩,入本朝,仍忝爲閣臣。至若天戈所指,解甲乞降,如左夢庚、田雄等,不可勝數。蓋開創大一統之規模,自不得不加之録用,以靖人心而明順逆,今事後平情而論,若而人者,皆以勝國臣僚,乃遭際時艱,不能爲其主臨危授命,輒復畏死倖生,靦顔降附,豈得復謂之完人!即或稍有片長足録,其瑕疵自不能掩。若既降復叛之李建泰、金聲桓及降附後潛肆詆毁之錢謙益輩,尤反側僉邪,更不足比於人類矣。此輩在《明史》既不容闌入,若於我朝國史因其畧有事蹟,列名敘傳,竟與開國時范文程、承平時李光地等之純一無疵者毫無辨别,亦非所以昭褒貶之公。若以其身事,兩朝概爲削而不書,則其過蹟轉得藉以掩蓋,又豈所以示傳信乎。朕思,此等大節有虧之人,不能念其建有勲績,諒於生前,亦不能因其尚有後人,原於既死。今爲準情酌理,自應於國史内另立貳臣傳一門,將諸臣仕明及仕本朝各事蹟據實直書,使不能纖微隱飾,即所謂雖孝子慈孫百世不能改者,而其子若孫之生長本朝者,原在世臣之列,受恩無替也。此實朕大中至正之心,爲萬世臣子植綱常,即以是示彰癉。昨歲已加謚勝國死事諸臣,其幽光既爲闡發,而斧鉞之誅不宜偏廢,此貳臣傳之不可不覈定於此時,以補前世史傳所未及也。五十四年諭:前因國史館所進貳臣傳乙編内,有先順流賊仍降本朝,投誠後復行從逆者,皆係反覆小人,不值爲之立傳,是以降旨,令將伊等列傳概行撤去,衹爲立表,排立姓名,摘敘事蹟。今思此等偷生嗜利之徒,進退無據,實爲清議所不容,若僅於表内畧摘事蹟,敘述不詳,使伊等醜穢之行不彰後世,得以倖逃訾議轉,不足以示懲戒。但貳臣傳内,原分甲、乙二編,如甲編内洪承疇、李永芳諸人,皆曾著績宣勞本朝,有功可紀,即列入乙編者,歸順本朝之後,並未嘗别生反側。若吴三桂、耿精忠、李建泰、姜瓖、王輔臣、薛所藴、張炘等,或先經從賊,復降本朝,或已經歸順,復行叛逆,此等行同狗彘、靦顔無恥之人,並不得謂之貳臣,若亦一同編列,轉乖史例。著國史館總裁即行詳悉查明,特立逆臣傳,另爲一編,庶使叛逆之徒不得與諸臣並登汗簡,而生平穢蹟亦難逃斧之誅,方爲公當。其於各傳外,别爲專書者,曰宗室王公功績傳,曰外藩蒙古回部王公傳,曰賢良祠小傳,曰昭忠祠小傳。三曰志,志之曰有天文志、時憲志、禮志、兵志、刑志、樂志、藝文志、地理志、河渠志、輿服志、儀衛志、食貨志、職官志、選舉志。四曰表,表之目,有大臣年表,其宗室王公功績傳,亦冠以表。又,益以恩封表,外藩蒙古回部王公傳亦冠以表。皆撰而進御。

提調,滿洲二人、以内閣侍讀學士、侍讀派充。漢二人,以翰林院侍讀學士以下等官派充。掌章奏文移,治其吏役。總纂,滿洲四人、漢六人,纂修,滿洲十有二人、漢二十有二人,滿洲總纂、纂修,以内閣侍讀學士、侍讀中書及部屬科道等官派充。漢總纂、纂修,以翰林院侍讀學士以下等官派充。掌分司編纂之事。校對,滿洲八人、漢八人,以内閣中書派充。掌分司校勘之事。

詹事府，詹事，滿洲一人、漢一人，少詹事，滿洲一人、漢一人，掌文學待從。乾隆十八年，高宗純皇帝諭：會典館進呈詹事府，《會典》《則例》沿襲舊文，未加更定。詹事，乃東宫僚佐，儲貳未建，其官原可不設，第翰林敘進之階，姑留以備詞臣遷轉地耳。古稱建儲爲國本計，朕酌古準今，深知於理，勢有所難行，是以皇考鑒於前事，默定宸衷，不事建儲、分府，惟擇老成宿望大臣，勸讀内廷。朕纘承以來，恪遵家法，亦惟慎簡師傅，俾之薰陶德性，講習經書，日有程課，其視出閤就傅有名無實者爲何如耶！《會典》載春、秋進講，虚文縟節，甚爲無謂，著改正進呈。自後，詹事府官以備翰林院遷轉之資，無他職掌。○凡御殿，則侍直。三大節朝賀及常朝，皇帝御太和殿，詹事、少詹事序於翰林院掌院學士之次。與秋審、朝審。秋審、朝審集議，詹事坐於大理寺卿之次，少詹事坐於大理寺少卿之次。

左春坊，左庶子，滿洲一人、漢一人，左中允，滿洲一人、漢一人，左贊善，滿洲一人、漢一人。右春坊，右庶子，滿洲一人、漢一人，右中允，滿洲一人、漢一人，右贊善，滿洲一人、漢一人。司經局，洗馬，滿洲一人、漢一人，掌修書撰文，偕翰林院官而共其事。一切職掌，俱與翰林院侍讀學士以下同。主簿，滿洲一人、漢一人，掌文移。筆帖式，滿洲六人，掌翻譯。

欽定大清會典卷五十六

太常寺，兼管事務大臣，一人，以禮部滿洲尚書兼之。卿，滿洲一人、漢一人，少卿，滿洲一人、漢一人，掌相祭祀之儀，辨其器數與其品物。大祀、中祀、群祀，各率其屬以共事。○凡祀前期，疏以聞，祀期，由禮部於豫年正月行知太常寺，寺届期豫行題請，冬至圜丘，孟春、立春後得辛祈穀，孟夏初昏龍始見常雩，夏至方澤，均前期二十五日具題。孟春上旬、孟夏、孟秋、孟冬、朔日太廟時饗，除夕前一日太廟祫祭，仲春、仲秋上戊祭社稷，春分朝日，秋分夕月，二月終三月初吉亥祭先農，春、秋諏吉祭歷代帝王廟，仲春、仲秋上丁釋奠先師，均前期二十日具題。仲春、仲冬上甲日祭先醫，春、秋諏吉及五月十三日祭關帝廟，二月初三日及秋季諏吉祭文昌廟，六月二十三日祭火神廟，萬壽聖節設供顯佑宫、東嶽廟、都城隍廟，春、秋諏吉祭都城隍廟、黑龍潭龍神廟、玉泉山龍神廟、昆明湖龍神廟、賢良祠、昭忠祠、獎忠祠、雙忠祠、旌勇祠、褒忠祠，均前期十五日具題。惟先蠶壇由禮部具題。祭炮神，於八月内具奏，無定期。睿忠親王、定南武壯王、宏毅公、恪僖公、遏必隆文襄公、勤襄公、恪僖公、哈什屯祠，由寺舉行，不具題。圜丘、祈穀、常雩、方澤、太廟、社稷、先農及日壇遇甲丙戊庚壬年，月壇遇丑辰未戌年，疏内恭請親詣行禮，或遣官恭代，並候欽定。如值聖駕時巡及日壇、月壇，非親祭之年，並其餘中祀、群祀，均專請遣官行禮。開列承祭官、分獻官，以候旨。承祭官，圜丘、祈穀、常雩、方澤、太廟、社稷以近支親王、郡王開列，太廟後殿、日壇、月壇、歷代帝王廟以親王、郡王、貝勒、貝子開列，先師廟以大學士開列，崇聖祠以祭酒、司業開列，如親詣釋奠，則崇聖祠以大學士開列，先農壇、太歲殿以親王、郡王開列，先醫廟以禮部堂官開列，火神廟、顯佑宫、東嶽廟以本寺堂官開列，黑龍潭龍神廟以管理圓明園事務大臣開列，玉泉山龍神廟、昆明湖龍神廟以管理清漪園事務大臣開列，關帝廟、文昌廟、都城隍廟、賢良祠、昭忠祠、雙忠祠、獎忠祠、旌勇祠、褒忠祠以内大臣、散秩大臣、尚書、都統開列，關帝廟後祠、文昌廟後祠以本寺堂官開列，賢良後祠、睿忠親王等祠均以本寺堂官承祭。分獻官，圜丘、常雩、方澤分獻，從位各四人，以内大臣、散秩大臣、尚書、都統開列。太廟分獻，東廡一人，以宗室、散秩大臣開列；西廡一人，以滿洲散秩大臣開列。月壇分獻，配位一人，親祭，以内大臣、散秩大臣、尚書、都統開列；遣官祭，以侍郎開列。歷代帝王廟分獻，兩廡四人，以侍郎、内閣學士、副都統、副都御史開列；如恭遇親祭，則以散秩大臣、尚書、左都御史、都統開列。先師廟分獻，十二哲二人，咨取翰林院修撰、編修、檢討，兩廡四人。崇聖祠分獻，四配暨兩廡四人，均用國子監官；如恭遇親祭分獻，四配四人，以尚書開列分獻；十二哲、兩廡六人，以侍郎開列。太歲殿分獻，兩廡二人，以本寺堂官開列。先醫廟分獻，兩廡二人，以太醫院堂官開列。昭忠祠分獻，兩廡及後祠十三人，均用本寺官。其承祭官、分獻官開列欽派後，如遇出差事故，即以原開列之員奏請改派，如不及再奏，即知會原開列之大臣，代爲行禮，於祀畢補奏。皇帝親詣，則會樂部而奏進儀注，皇帝親詣各壇、廟行禮，均由寺會同樂部先期奏進儀注。惟閲祝版御齋宫奏進儀注，不會樂部。乃戒其執事，祭日，執事官奏派者豫期開列，或引見，或繕進名籤，恭候欽定，不奏派者，本寺官由堂官臨期酌派，别衙門官由寺咨傳供職。與其陪祀，圜丘、祈穀、常雩、方澤，宗室，奉國將軍以上，八旗滿洲、蒙古、漢軍，輕車都尉、佐領以上，文職官，員外郎以上，武職官，冠軍使游擊以上，外任來京官，文職，知府以上，武職，協領副將以上，皆與陪祀。太廟、社稷及中祀，佐領、員外郎不陪祀，餘同。遂演禮。祀前二日，本寺堂官率屬演禮於神樂署内之凝禧殿，即會同樂部演樂。凡捧福胙之光禄寺堂官、接福胙之侍衛、太廟奠帛獻爵之宗室覺羅官、先師廟執事之國子監官生，均各按其應與行禮之處，赴凝禧殿演習。如演禮日適遇忌辰，則改期於次日演習。○凡祀，皇帝齋，圜丘、祈穀、常雩、方澤、太廟、社稷，皇帝親詣，致齋三日，中祀之親詣者，致齋二日。則進齋戒牌、銅人。齋戒牌，木製，飾以黄紙，以清、漢文書齋戒日期。銅人，立形，手執齋戒銅牌。圜丘、祈穀、常雩，皇帝宿齋宫，則設齋戒牌、銅人於乾清門二日，於齋宫一日，其餘皆設於乾清門，大祀三日，中祀二日，陳於黄案，齋戒牌南嚮，銅人西嚮，太常寺官行一跪三叩禮，退。皇后齋亦如之。饗先蠶，皇后親詣者，致齋二日，太常寺進齋戒牌、銅人至乾清門，交内監，設於交泰殿。執事官、陪祀官皆齋。祀天、冬至圜丘，上辛祈穀，孟夏常雩。地，夏至方澤。則頒制辭，以誓於百官。制辭，書於龍牌。首書某年月日某祀，次書惟爾群臣，其蠲乃心，齋乃志，各揚其職，敢或不共，國有常刑，欽哉勿怠。各衙門設於大堂正中。凡齋，必於公。親王、郡王、領侍衛内大臣、御前大臣、散秩大臣、御前侍衛、乾清門侍衛，於紫禁城内致齋，宗室、八旗、文職武職官，各於衙門致齋，外任來京官，在附近地方致齋。至皇帝宿壇之日，均於壇外致齋。前期，各以齋者之名送於寺。齋戒職名，宗室，覺羅官由宗人府，八旗滿洲、蒙古、漢軍官及文職官由吏部，鑾儀衛官由鑾儀衛，巡捕營官由步軍統領衙門，皆送寺。在京、外任文職官由吏部，外任武職官由兵部送寺。乃布其齋之禁令。齋戒之日，不理刑名，不辦事，有要緊事，仍辦，不聽音樂，不入内寢，不問疾，不吊喪，不飲酒，不食葱、韭、薤、蒜，不祈禱，不祭神，不掃墓。前期一日，沐浴。其有灸艾、體氣、殘疾、瘡毒者，不與齋戒，有期服者，一年不與齋戒，大功、小功、緦麻在京者，一月不與齋，戒聞訃者，十日不與齋戒。王公大臣年逾六十者，或齋戒而不陪祀，或不齋戒，許其自行酌量。齋之日，令各設牌於署。各衙門設齋戒朱牌於大堂正中，大祀三日，中祀二日。齋者，皆懸牌焉。齋戒牌，廣一寸，長二寸，書清、漢齋戒字，佩著心胸之間。〇凡祀，皇帝親詣，則率欽天監官奏時刻。閱祝版御齋宫、方澤、太廟、社稷及中祀之親詣者，皆於乾清門奏時請駕，圜丘、祈穀、常雩，詣壇行禮，於齋宫奏時請駕。圜丘、祈穀、常雩於日出前七刻，方澤於日出前六刻，太廟、社稷於日出前四刻，日壇於日出前六刻，月壇於酉時前四刻，先農壇於巳時前六刻，歷代帝王廟、先師廟於日出前六刻。將祭，率其屬而奉神牌於座，祭畢，奉而復御焉。

奉安神位之禮

皇帝御齋宫者，於齋宫鳴鐘時。駕由宫詣祭所者，於皇帝降輿時，禮部尚書一人，詣神龕前上香，行三跪九叩禮。太常寺卿率屬跪，三叩，恭請神位，以次奉安於亭，跪、叩如初。校尉舁亭，太常寺官前引至祭所，太常寺官詣亭前，三叩，恭請神位，奉安於座。祭畢，太常寺卿率屬詣各神位前，跪，三叩，恭請奉安於亭，跪、叩如初。校尉舁亭，至復御，跪、叩、恭請如初。禮部尚書上香，行三跪九叩禮。惟太廟後殿以公一人，率覺羅官奉請神位，中殿以王一人，率宗室官奉請神位，以太常寺官前引。

皇帝行禮，則卿二人充贊引、對引。壇、廟，皇帝行禮，設左贊引、右對引。太常寺卿二人，贊引以卿、少卿兼充，間以贊禮郎、讀祝官揀選，豫期引見、欽點。對引以禮部滿洲尚書攝充，或以曾充對引之各部院滿洲尚書、侍郎、左都御史、内閣滿洲學士開列，奏請欽派。〇凡祀，皇帝親詣，則御太和殿，若中和殿，閱其祝版。圜丘、祈穀、常雩，閱祝版於太和殿，並閱玉帛香，豫設黄案一，於殿内正中，鑪亭一，於左楹之東，祝版亭一、玉帛香亭一，於右楹之西。皇帝陞殿，至近中間東槅扇立，西嚮，奉祝版、玉帛香官進，至殿中，依次設於案上，一跪三叩，退。太常寺卿展祝版，退。司拜褥官布拜褥，皇帝詣案前，次第視祝版、玉帛香，畢，行一跪三拜禮，復西嚮立。太常寺卿韜祝版，司拜褥官起拜褥，司祝各官就案前，一跪三叩。奉祝版、玉帛香設亭内，司拜褥官布拜褥於香亭前，司香官奉香盒立鑪亭東，太常寺卿二人，恭導皇帝至鑪亭前，司香跪，進香，皇帝上香，畢，行一跪三拜禮，鑾儀衛率校尉舁亭出，太常寺卿跪奏禮成。方澤、太廟、社稷及中祀之親詣者，閱祝版於中和殿，不閱玉帛香，不設鑪亭、玉帛香亭，不上香，餘儀同。祝版亭及奉玉帛香官，均俟於午門外。三大祀，皇帝御齋宫，圜丘、祈穀、常雩三大祀，皆御齋宫。則詣皇穹宇，若皇乾殿行禮，閱其壇位。

閱壇位之禮

圜丘、常雩，皇帝至昭亨門外神路西降輦，贊引官、對引官恭導皇帝由昭亨左門入櫺星左門，至皇穹宇前升階，入皇穹宇。皇帝詣上帝香案前立，司香官跪，進香，皇帝跪,接香,拱舉授,司香官興,皇帝三上瓣香,畢,以次詣列聖配位前上香,儀同,司拜褥官布拜褥,皇帝行三跪九拜禮,分獻官兩廡上香,行禮。贊引官、對引官恭導皇帝升壇午階,北嚮立,贊引官跪奏上帝壇,皇帝東嚮立,贊引官跪奏配位壇,皇帝西嚮立,贊引官跪奏配位壇。贊引官、對引官恭導皇帝由欞星左門至神路西升輦,入齋宫。祈穀,皇帝至甎城門外甬路西降輦,皇帝由甎城左門、祈年左門入至皇乾殿,上香、行禮畢,皇帝至祈年殿閲壇位,畢,升輦,入齋宫。凡閲壇位,則籩、豆、牲、牢以次而閲焉。

閲籩、豆、牲、牢之禮

閲壇位畢,圜丘、常雩,贊引官、對引官恭導皇帝由東欞星門出,祈穀由東甎城門出,詣神庫内,皇帝詣上帝籩、豆前立,贊引官跪奏上帝籩、豆,以次詣列聖籩、豆前,贊引官跪奏儀同。贊引官、對引官恭導皇帝至神廚内正中嚮上立,贊引官跪奏燔牛,皇帝右轉進前立,贊引官跪奏正壇牲,次配一壇牲、次配二壇牲、次配三壇牲、次配四壇牲、次配五壇牲、次配六壇牲,同。閲畢,升輦,入齋宫。

〇凡行禮,皆合諸樂以爲度。凡備禮,則九舉,備樂,則九奏,三大祀用焉。一曰迎帝神,二曰奠玉帛,三曰進俎,四曰初獻,五曰亞獻,六曰終獻,七曰徹饌,八曰送帝神,九曰望燎。餘祀,則各節其數,以協於樂之成。方澤,樂八奏,行禮,合望瘞於送神。太廟,樂六奏,不行進俎禮,合奠帛於初獻,送燎時,以請神還御爲一節,不行望燎禮。社稷壇,樂七奏,不行進俎禮,合奠玉帛於初獻,有望瘞禮。日壇,樂七奏,有奠玉帛禮,不行進俎、望燎禮。月壇,樂六奏,合奠玉帛於初獻,不行進俎、望瘞禮。先農壇,樂七奏,行禮之節與社稷壇同。歷代帝王廟、先師廟、太歲殿,樂六奏,不行進俎禮,合奠帛於初獻,合望燎於送神。凡讀祝,則於初獻,讀祝之禮,舉於初獻奠爵之後,圜丘、祈穀、常雩、方澤舉於正位奠爵之後,讀祝後,乃獻爵於配位。受胙,則於徹饌,受胙之禮,舉於徹饌之前,受胙畢,乃行徹饌禮。皆止樂。凡群祀,不設懸,群廟之樂,樂部和聲署豫備,曰慶神歡,群祠不設樂。而簡其禮節。群廟之禮,迎神、三獻、送神,凡五節。群祠之禮,上香、三獻、送燎亦五節。〇凡壇、廟之禮,皆定其陳設,圜丘,第一成,設上帝幄,南嚮,幄内設座一,前設案一,上設爵墊一、登一,簠、簋各二,籩、豆各十二,幄前設俎一,前設鑪几、鐙几,幄前左旁,設饌桌,左、右設列聖配位幄各三,東、西嚮,幄内、幄前陳設與正位同。正中少西,設祝案,東設胙桌,又設尊桌二,一上設尊一、爵三,一上設尊三、爵九,接桌一,上設玉帛篚一、帛篚三、香盒四,西設尊桌一,上設尊三、爵九,接桌一,上設帛篚三、香盒三。一成西,設胙桌一。從神,東二幄,均西嚮,大明幄内,設座一,前設懷桌一,上設爵墊一、琖二十,又前設案一,上設登一,簠、簋各二,籩、豆各十,幄前設俎一,又前設鑪几、鐙几,星辰幄,案上設琖三十,增設鉶二,餘陳設同。西二幄,均東嚮,夜明幄陳設與大明幄同,雲雨風雷幄陳設與星辰幄同。東設尊桌二,上各設尊一、爵三，接桌二，上各設帛篚一、香盒一，西設尊桌、接桌同。祈穀正位、配位均設於祈年殿內，不設從神位，餘陳設同。常雩，陳設如圜丘。方澤，第一成設皇地祇幄，北嚮，左、右設列聖配位幄各三，東、西嚮，幄内、幄外陳設如圜丘。二成設從神幄，左、右各二，各陳設如星辰幄。太廟時饗，後殿正中，肇祖原皇帝、原皇后案一，左興祖直皇帝、直皇后案一，右景祖翼皇帝、翼皇后案一，次左顯祖宣皇帝、宣皇后案一，皆南嚮，各設座二，案上每座設爵墊一、金箸二、金匙一，案設登、鉶、簠、簋各二，籩、豆各十二，前設俎一，又前設香案，中案前少西設祝案，東設尊桌二，上設尊五、爵十五，接桌二，上設帛篚三、香盒三，西設尊桌二，上設尊三、爵九，接桌二，上設帛篚一、香盒一。前殿正中，太祖高皇帝、孝慈高皇后案一，南嚮，設座二，左太宗文皇帝、孝端文皇后、孝莊文皇后案一，南嚮，設座三，右世祖章皇帝、孝惠章皇后、孝康章皇后案一，南嚮，設座三，東聖祖仁皇帝、孝誠仁皇后、孝昭仁皇后、孝懿仁皇后、孝恭仁皇后案一，西嚮，設座五，西世宗憲皇帝、孝敬憲皇后、孝聖憲皇后案一，東嚮，設座三，東次高宗純皇帝、孝賢純皇后、孝儀純皇后案一，西嚮，設座三，每案陳設均與後殿同，中案前少西，設祝案，東設胙桌，又設尊桌四，上設尊十二、爵三十六，接桌四，上設帛篚四、香盒四，西設胙桌，又設尊桌二，上設尊七、爵二十一，接桌五，上設帛篚二、香盒二。東廡，功王十二案，座十五，每座設鉶一，每案設簠、簋各二，籩、豆各十，前設俎一，又前設香案。西廡，功臣十一案，每案設鉶、簠、簋各一，籩、豆各四，前設俎一，又前設香案，各設尊桌、接桌，陳設尊、爵、帛篚、香盒。太廟祫祭，恭請後殿、中殿列聖、列后神位於前殿正中，肇祖原皇帝、原皇后案一，左興祖直皇帝、直皇后案一，右景祖翼皇帝、翼皇后案一，次左顯祖宣皇帝、宣皇后案一，次右太祖高皇帝、孝慈高皇后案一，又左太宗文皇帝、孝端文皇后、孝莊文皇后案一，又右世祖章皇帝、孝惠章皇后、孝康章皇后案一，皆南嚮，東聖祖仁皇帝、孝誠仁皇后、孝昭仁皇后、孝懿仁皇后、孝恭仁皇后案一，西嚮，西世宗憲皇帝、孝敬憲皇后、孝聖憲皇后案一，東嚮，東次高宗純皇帝、孝賢純皇后、孝儀純皇后案一，西嚮，案各設座，案上每座設爵墊、金箸、金匙、登、鉶、簠、簋、籩、豆，案前設俎，又前設香案，均與時饗同，中案前少西，設祝案，東設胙桌，又設尊桌六，上設尊十六、爵四十八，接桌六，上設帛篚六、香盒六，西設胙桌，又設尊桌五，上設尊十一、爵三十三，接桌六，上設帛篚四、香盒四，兩廡陳設與時饗同。社稷壇上，太社位東，太稷位西，俱北嚮，后土句龍氏位東，西嚮，后稷氏位西，東嚮，各設座一，前設懷桌一，上設爵墊一、登一、鉶二，又前設案一，上設簠、簋各二，籩、豆各十二，又前設俎一，又前設香案，旁設饌桌子。階下少西，設祝案，東設胙桌，又設尊桌一，上設尊二、爵六，接桌一，上設玉帛篚一、帛篚一、香盒二，西設胙桌，又設尊桌一、接桌一，陳設與東同。午階下，設龕四，以備風雨，左、右各設竿一，以禦鳥雀。日壇上，大明位西嚮，設座一，前設懷桌一，上設爵墊一、琖三十，又前設案一，上設登一，鉶、簠、簋各二，籩、豆各十，又前設俎一，又前設鑪几、鐙几，東南隅，設饌桌，正中少北，設祝案，南設胙桌，又設尊桌一，上設尊一、爵三，接桌一，上設玉帛篚一、香盒一，北設胙桌。東階下，設龕一，以備風雨，左、右各設竿一，以檠爲雀。月壇上，設夜明幄，東嚮，幄内設座一，前設懷桌一，上設爵墊一，琖三十，又前設案一，上設登一，鉶、簠、簋各二，籩、豆各十，又前設俎一，又前設鑪几、鐙几，幄外左旁，設饌桌，北設星辰幄，南嚮，幄内設座一，前設桌案、鑪几、鐙几，陳設與正位同，正中少南，設祝案，北設胙桌，又設尊桌一，上設尊二、爵六，接桌一，上設玉帛篚一、帛篚一、香盒二，南設胙桌。先農壇上，設先農幄，南嚮，幄内設座一，前設桌案、鑪几、鐙几，正中少西，設祝案，東設胙桌、尊桌、接桌，陳設如日、月壇。歷代帝王廟，殿内中龕，三皇位，設案三，案各設爵墊一、登一，鉶、簠、簋、各二，籩豆各十，統設俎一，前設香案三。東一龕，五帝位，統設案三、俎一、香案三，西一龕，夏王十四位、商王二十六位，統設案二、俎一、香案二，東二龕，周王三十二位，統設案一、俎一、香案一，西二龕，漢帝十九位、晉帝七位、魏帝八位、宋帝三位、齊帝一位、陳帝二位，統設案三、俎一、香案三，東三龕，唐帝十六位、後唐帝一位、後周帝一位、遼帝六位、宋帝十四位，統設案三、俎一、香案三，西三龕，金帝六位、元帝十一位、明帝十三位，統設案三、俎一、香案三，陳設均與中龕同中。案前少西，設祝案，東設胙桌，又設尊桌二，上設尊四、爵三十，接桌一，上設帛篚十、香盒十，旁設饌桌，西設胙桌，又設尊桌一，上設尊三、爵二十四，接桌一，上設帛篚八、香盒八，旁設饌桌。東廡，前代名臣四十位，設案十，案設爵十二、鉶二，簠、簋各一，籩、豆各四，統設俎二。西廡，前代名臣三十九位，設案十，惟十案設爵九，餘陳設與東同，各設尊桌、饌桌。先師廟，殿内正位，設案一、俎一、香案一，陳設如歷代帝王廟，前設周笵案一，上設鼎、尊、卣、罍、壺、簠、簋、觚、爵、洗各一，旁設饌桌。四配位前，各設案一，上設爵墊一，鉶、簠、簋、各二，籩、豆各八，前各設俎一，又前各設香案，旁各設饌桌。十二哲位前，各設案一，上設爵三，鉶、簠、簋各一，籩、豆各四。東六位、西六位，各統設俎一，前統設香案，上添設爵墊一，北設饌桌，殿中少西設祝案，東設尊桌一，上設尊四、爵十二，接桌一，上設帛篚四、香盒四，西設尊桌一，上設尊三、爵九，接桌一，上設帛篚三、香盒三。東廡，從祀六十二位，設案三十二，案各設爵二，簠、簋各一，籩、豆各四，統設俎三，前統設香案二，上各添設爵墊一，旁設饌桌。西廡，從祀六十一位，設案三十一，陳設與東同。崇聖祠，設案五，案設鉶、簠、簋、各二，籩、豆各八，前設俎五，東、西設饌桌，四配位各設案一，上設鉶、簠、簋各一，籩、豆各四，東、西各統設俎一，東、西各設饌桌，中少西，設祝案，東、西設尊桌、接桌各二，上設尊七、爵二十七、帛篚九、香盒九。東廡，案二，西廡，案一，案各設簠、簋各一，籩、豆各四，東、西各統設俎一，各設尊桌、饌桌。太歲殿，陳設與先農壇同，太歲東廡，案二，西廡，案二，陳設均與正位同。凡鑪几，皆設鑪，鐙几，皆設鐙，香案，皆鑪鐙，並設祝案，皆設祝版，架上安祝版。左胙桌，皆設壺一，實福酒，盤一，實福胙，右胙桌則虚以待接福酒、福胙。饌桌皆設饌盤，饌每種各置少許。凡尊，皆冪旁設勺。若遣官承祭，惟先師廟及太歲殿常祭，東、西均設胙桌，餘皆不設胙桌。列其位次，圜丘、常雩第一成，午階上爲讀祝及受福胙皇帝拜位，北嚮，司拜牌一人，立於拜位東，西面，司拜褥一人，立於拜位西，東面，司祝一人，立於祝案前，東面，司香四人、司玉帛一人、司帛三人、司爵四人，立於東案之東，西面，司香三人、司帛三人、司爵三人，立於西案之西，東面，捧福酒、福胙光禄寺卿二人，立於東司香之後，西面，接福酒、福胙侍衛二人，立於西司香之後，贊胙一人，立於西司爵之次，東面，禮部尚書一人、侍郎一人，立於東案之南，西面，都察院左都御史一人、副都御史一人，樂部典樂一人，立於西案之南，東面。第二成，正中幄次爲皇帝拜位，北嚮，司拜牌、司拜褥各一人，分立於幄次東、西。第三成，階上爲陪祀王、貝勒拜位，階下爲貝子、公拜位，左翼東階、右翼西階、庭中夾神道東、西爲分獻官拜位，典儀一人，立於三成東階之上，唱樂一人，立於三成東階之下，西面，記注官四人，立於三成西階之下，東面，引王、貝勒鴻臚寺官二人，糾儀御史四人，禮部祠祭司官四人，分立於王、貝勒拜位左、右，引貝子、公鴻臚寺官二人，分立於貝子、公拜位左、右，各東、西面，庭中神道左、右，設樂懸、樂舞。外壝門外爲陪祀百官拜位，糾儀御史四人、禮部祠祭司官四人、鴻臚寺序班二人，分立於百官拜位左、右，各東、西面，傳贊四人，二人循内壝牆立，二人循外壝牆立。内壝左門外爲皇帝望燎位，掌燎官一人，率燎人立於燎鑪之東南。祈穀，殿内南正中爲皇帝拜位，北嚮，前爲讀祝、受福胙皇帝拜位，丹陛東、西爲陪祀王、貝勒、貝子、公拜位，丹墀内東、西爲陪祀百官拜位，祈年左門外爲皇帝望燎位，餘執事官辨位如圜丘之次。方澤，皇帝拜位南嚮，執事官視圜丘各互易其東、西面，惟司拜褥、司祝贊胙仍西位東面。内壝左門外爲皇帝望瘞位，掌瘞官率瘞人立於瘞坎之西北。太廟時饗，前殿門内正中爲皇帝拜位，北嚮，司拜褥鑾儀衛官一人，立於拜位之左，東，司香四人、司帛宗室官四人、司爵宗室官十二人，西，司香二人、司帛宗室官二人、司爵宗室官七人，餘殿内執事官辨位如圜丘一成上之次。殿外階上，東、西爲陪祀王、貝勒、貝子、公拜位，階下甬道東、西爲兩廡分獻官拜位，廟庭東、西爲百官拜位，餘殿外執事官辨位如圜丘三成階上、下、庭中及外壝門外之次。太廟祫祭，殿内，東，司香六人、司帛宗室覺羅官六人、司爵宗室覺羅官十六人，西，司香四人、司帛宗室覺羅官四人、司爵宗室覺羅官十一人，餘辨位與時饗同。社稷壇，壝門外正中爲皇帝拜位，南嚮，司拜褥鑾儀衛官一人，立於拜位之左，東，司香二人、司玉帛一人、司帛一人、司爵二人，西，司香二人、司玉帛一人、司帛一人、司爵二人，拜殿之南夾甬道左、右爲陪祭王、貝勒、貝子、公拜位，拜殿前東、西隅爲百官拜位，餘執事官辨位如方澤之次。日壇，西階上幄次正中爲皇帝拜位，東嚮，司香一人、司玉帛一人、司爵一人，負南立，餘執事官視圜丘易東、西面爲南、北。月壇，卯階上正中爲皇帝拜位，西嚮，壇下之左當階爲分獻官拜位，司香二人、司玉帛一人、司帛一人、司爵二人，負北立，餘執事官視日壇各互易其南、北面。先農壇，幄次正中爲皇帝拜位，北嚮，執事官辨位如日壇，易南、北面爲東、西，壇下東南爲皇帝望瘞位，掌瘞官一人，率瘞人立於瘞坎之南。歷代帝王廟，如遇親祭，殿門内正中爲皇帝拜位，北嚮，司拜褥鑾儀衛官一人，立於拜位之左，東，司香十人、司帛十人、司爵十人，西，司香八人、司帛八人、司爵八人，殿外階下甬道左、右爲分獻官拜位，餘殿内、殿外執事官辨位如先農壇階上、階下之次。先師廟，如遇親行釋奠禮，殿門内正中爲皇帝拜位，北嚮，東，司香三人、司帛三人、司爵三人，西，司香二人、司帛二人、司爵二人，東司香、司帛、司爵，國子監官各一人，西司香、司帛、司爵，國子監官各一人，餘執事官辨位如歷代帝王廟之次。其遣官承祭者，遣官拜位，圜丘列於三成階上，祈年殿列於丹陛上，方澤列於二成階下，太廟前殿、後殿均列於殿外階上，社稷壇列於壝門外甬道中，日壇、月壇、先農壇均列於階下，歷代帝王廟列於殿外階上，先師廟、崇聖祠均列於階下，分獻官、陪祀百官及執事官、司祝、司香、司帛、司爵，典儀及樂部設樂懸、樂舞、掌燎、掌瘞俱如常位，王公不陪祀左右，惟糾儀御史二人、禮部祠祭司官二人，列於承祭官拜位之次，又，御史二人、禮部祠祭司官二人、鴻臚寺官二人，列於陪祀官拜位之次。太歲殿，承祭官拜位列於檐下，分獻官拜位列於甬道左、右，無陪祀官拜位，餘執事官位次同。慎其贊導，壇、廟，皇帝進、退，皆贊引、對引恭導。皇帝行，則左贊引、右對引前導，皇帝就位立，則左贊引、右對引立於拜位之前，皇帝詣神位前，對引恭導至祝案前立，惟贊引恭導，皇帝行禮，皆贊引贊奏。圜丘、祈穀、常雩，皇帝進拜次，贊引奏就位，皇帝就位立。迎帝神，贊引奏升壇，皇帝詣香案前立，贊引奏跪，皇帝跪，奏上香，皇帝上炷香三，上瓣香，興，以次上香畢，贊引奏復位，皇帝復位，贊引奏拜、跪、興，皇帝行三跪九拜禮，興。奠玉帛，贊引奏升壇，奏跪，奏奠玉帛，皇帝受篚，拱舉奠於案，以次奠帛畢，奏復位。進俎，贊引恭導皇帝轉立東旁，既沃俎，恭導皇帝復位立，奏升壇，奏跪，奏進俎，皇帝拱舉進俎，以次進俎畢，奏復位。初獻，贊引奏升壇，奏跪，奏獻爵，皇帝受爵，拱舉奠於墊中，贊引奏就讀祝位，皇帝就位，奏跪，奏讀祝，司祝讀畢，奏拜、興，皇帝行一跪三拜禮，興，以次獻爵畢，奏復位。亞獻，奠爵於墊之左，終獻，奠爵於墊之右，皆贊引奏升壇，奏跪，奏獻爵，奏復位。徹饌，贊引奏就受福胙位，皇帝就位，奏跪，皇帝受胙畢，奏拜、興，皇帝行一跪三拜禮，興，奏復位，皇帝復位，奏跪、拜、興，皇帝行三跪九拜禮，興。送帝神，贊引奏跪、拜、興，皇帝行三跪九拜禮，興，恭導皇帝轉東旁立，祝帛香饌過，恭導皇帝復位立。望燎，贊引奏就望燎位，皇帝就望燎位立，既燎，贊引奏禮成。方澤望瘞，贊引奏就望瘞位，餘同。太廟迎神，奏詣香案前，奏上香，奏復位，奏跪、拜、興，皇帝行三跪九拜禮。讀祝，奏跪，奏讀祝，奏拜、興，皇帝行一跪三拜禮。受福胙，奏跪，奏跪、拜、興，皇帝行三跪九拜禮，請還御，奏跪、拜、興，皇帝行三跪九拜禮。送燎，恭導皇帝轉東旁立，俟過，恭導復位，奏禮成。社稷壇迎神，癸升壇望，奏就望瘞位，餘與太廟同。日壇受福胙，奏跪、拜、興，皇帝行二跪六拜禮，不奏望燎，餘與社稷同。月壇迎神、送神，奏跪、拜、興，皇帝行二跪六拜禮，餘與日壇同。先農壇迎神，奏詣上香位，望瘞，奏就望瘞位，餘與月壇同。歷代帝王廟、先師廟均與月壇同。惟先師廟，親詣釋奠，不贊受福胙。備其承侍，行禮之時，左、右執事各率其職，皇帝將詣拜次，則司拜褥官布拜褥，皇帝就位立，則司拜牌官安拜牌，皇帝將詣神案前，則司拜牌官起拜牌，皇帝復位立，則復安拜牌。進俎、送燎、送瘞，皇帝轉立拜位旁，則司拜褥官起拜褥，及過，仍布拜褥。別設讀祝、受胙拜位者，讀祝，則司拜褥官布拜褥，司拜牌官安拜牌，及讀祝，皇帝行禮畢，司拜牌官起拜牌，司拜褥官起拜褥，受福胙，布拜褥、安拜牌同。別設望燎、望瘞位者，送燎、送瘞，皆豫布拜褥。太廟、社稷壇、歷代帝王廟、先師廟，皇帝拜褥，以鑾儀衛官一人司之，不設拜牌，其布拜褥、起拜褥，儀同。皇帝上香，則司香豫進，恭俟皇帝詣香案前，司香跪，進香，皇帝上香，司香退。皇帝親奠玉帛，則司玉帛、司帛各奉篚豫進，恭俟皇帝詣正位前，司玉帛跪，進篚，皇帝受篚，拱舉奠於案，以次詣配位前，奠帛，則司帛進篚，儀同。皇帝親進俎，則執壺官進至神位前，跪，拱舉，興，以羹沃俎者三，退。皇帝親獻爵，則司爵執爵豫進，恭俟皇帝詣正位前，司爵跪，進爵，皇帝受爵，司爵退。非親奠、親獻者，皇帝就拜位立，司帛、司爵奉篚、執爵進至神位前，司帛跪，奠篚，三叩，興，司爵立獻爵，奠於墊中，退。讀祝，皇帝就拜位立，司祝至祝案前，跪，三叩，興，奉祝版跪，皇帝跪，司祝讀祝畢，興，奉祝版跪，安中案帛篚内，三叩，興，退。受福胙、贊胙，詣祝案前立，大祀，贊賜福胙，中祀，贊答福胙，光禄寺卿二人，捧福酒、福胙至神位前，拱舉，皇帝就位立，光禄寺卿捧福酒、福胙祗立拜位之右，侍衛二人，進立於左，皇帝跪，左、右官咸跪，右官進福酒，皇帝受爵，拱舉授左官，右官進福胙，皇帝受胙，拱舉授左官，右官退，左官奉爵、奉胙以退。先師廟，不設贊胙、奉福胙、接福胙官。若遣官承祭，惟先師廟及太歲殿常祭，設奉福胙、接福胙生各二人，贊胙、贊唱如儀，餘皆不設贊胙及奉福胙、接福胙官。徹饌有玉者，則司玉帛詣神位前，跪，三叩，奉玉以退。送燎、送瘞，則司祝、司帛詣神位，跪，三叩，司祝奉祝，司帛奉篚，興，司香詣香案，跪，奉香，司爵詣饌桌，跪，奉饌，興，以次恭送燎所、瘞所，司燎、司瘞率燎人、瘞人以燎、瘞。太廟，不設饌盤，司祝、司帛、司香，奉祝、帛、香，送燎同。遣官承祭，司香、司祝、司帛、司爵、司燎、司瘞執事，皆如儀。以肅將祀事。告祭亦如之。因事祗告，圜丘、方澤、太廟後殿、社稷，設籩五、豆三，不作樂，不陪祀，行迎神、三獻、送神禮。圜丘、方澤，不設配位、從位，社稷壇不設配位，皆無玉。皇帝親告太廟，中殿不設配饗，王公百官陪祀，餘與祗告後殿同。祈禱於社稷，不設配位，祈祭設籩五、豆三，有玉，作樂，陪祀、報祭如常祭。祈禱於三壇，祈祭設籩五、豆三，作樂、報祭如太歲殿常祭，皆陪祀。大雩，設從位，不設配位，設籩五、豆三，有玉，從位設籩五、豆三，王公百官陪祀，設童子舞、翳歌詩，行禮如常雩，惟不進俎。皇帝御經筵，告祭傳心殿，不作樂，不陪祀，每案設鉶一、籩二、豆二。因事祗告先師，不設配位、哲位、從位，設籩五、豆三。皇帝臨雍釋奠，與上丁親詣釋奠同。升配、升祔亦如之。

列聖升配圜丘、祈年殿、方澤之禮

以昭穆豫設供奉配位神龕於皇穹宇、皇乾殿、皇祗室，豫設升配幄次於圜丘、方澤一成壇上，升配神座於祈年殿内，圜丘、方澤一成壇上正中爲神牌。行祗見禮，拜位稍後爲皇帝恭代行禮拜位，在讀祝、受福胙皇帝拜位之前，皇帝恭奉神牌升壇，贊引跪，奏廟號，皇帝祗見皇天上帝、皇地祗，皇帝恭奉神牌跪，安於拜褥，退，就拜位，贊引奏跪、拜、興，皇帝恭代行三跪九拜禮，贊引跪，奏請升座，皇帝跪，奉神牌興，詣升配位前，跪，奉安於寶座，退至香案前。贊引奏跪、拜、興，皇帝行一跪三拜禮。祈年殿不行祇見禮，皇帝恭奉神牌入殿，奉安於寶座，行一跪三拜禮，乃舉大祀禮，禮畢，請神牌供奉於神龕，與歲行大祀儀同。

列聖、列后升祔太廟之禮

以昭穆豫設供奉神龕於中殿，豫設神座於前殿，前殿正中爲帝主行祇見禮拜位，西稍後爲后主行祇見禮拜位，在殿門内正中，皇帝拜位之前，皇帝恭奉帝主，親王恭奉后主入殿，贊引跪，奏新祔帝、后祇見列聖、列后，皇帝跪，親王隨跪，奉安神牌於拜褥，親王退，出殿右門，皇帝就拜位，贊引奏跪、拜、興，皇帝恭代行三跪九拜禮，興，進前，跪，奉帝主，親王入殿右門，跪，奉后主，興，皇帝奉安帝主於寶座，接奉后主，同安於寶座，親王出殿右門入陪祀班，皇帝至香案前，行一跪三拜禮，乃舉大饗禮，禮畢，請神牌奉御於中殿，與時饗同。進玉册、玉寶亦如之。

進玉册、玉寶之禮

皇帝入太廟街門，至采幔黄案前，恭視《玉册》、玉寶，畢，上香，行一跪三拜禮，奉《册》、寶王公大臣至案前，跪，三叩，興，恭奉《册》、寶於亭，跪、叩如初。校尉舁亭，由中門入，皇帝隨行，由左門入，至戟門外幄次少俟，亭入至殿外階上，王公大臣詣亭前，跪，三叩，興，奉《册》、寶入殿中門，恭設於案上，跪、叩如初，退，皇帝入殿左門，就正中拜位，行三跪九拜禮，王公大臣跪，三叩，恭奉《册》、寶行，皇帝隨行，至中殿，王公大臣奉《册》、寶，恭藏於金匱，跪、叩如初，退，皇帝上香，行一跪三拜禮。加上列聖、列后尊謚亦如之。

加上列聖、列后尊謚之禮

改題禮畢，奉安於中殿，皇帝祇告，加上列聖、列后尊謚，行禮於前殿，與時饗同。

○凡玉，祀天，以蒼璧；圜丘、祈穀、常雩，皆陳蒼璧一，其制，圓徑六寸一分，方徑四分，通厚七分有奇。祭地，以黄琮；方澤，陳黄琮一，其制，方徑四寸有奇，中厚七分，邊厚二分，微作剡首下正方。朝日，以赤璧；日壇，陳赤璧一，其制，圓徑四寸六分，方徑四分，通厚五分。夕月，以白璧；月壇，陳白璧一，其制，圓徑三寸六分，其方徑二分有奇，通厚三分有奇。祭太社、太稷，則以黄珪、青珪合焉。社稷壇，陳黄珪、青珪各一，其制，俱方徑三寸，厚三分，左、右出剡首，厚二分，旁厚二分有奇，底厚三分有奇。凡帛之制六：一曰郊祀制帛，圜丘正位，陳郊祀制帛，色青；方澤正位，陳郊祀制帛，色黄。二曰告祀制帛，祈穀、常雩，均陳告祀制帛，色青。三曰奉先制帛，太廟，陳奉先制帛，圜丘、祀穀、常雩、方澤配位，亦俱陳奉先制帛，均色白。四曰禮神制帛，社稷壇，陳禮神制帛，色黑；圜丘、常雩、方澤從位，陳禮神制帛，青、赤、黄、白、黑色各具；日壇，陳禮神制帛，色赤；月壇正位，陳禮神制帛，色白，星辰位，青、赤、黄、白、黑色各具；先農壇、先蠶壇，各陳禮神制帛，色青；歷代帝王廟正位，先師廟與崇聖祠及配位、哲位、兩廡，先醫廟三皇位，關帝廟，文昌廟及各後殿，顯佑宫，都城隍廟，各設禮神制帛，色白；火神廟，設禮神制帛，色紅；東嶽廟，設禮神制帛，色青；三龍神廟，各設禮神制帛，色黑。五曰展親制帛，太廟東廡用展親制帛，色白。六曰報功制帛，太廟西廡、昭忠祠、獎忠祠、雙忠祠、旌勇祠、褒忠祠、睿忠親王祠、定南武壯王祠，各用報功制帛，色白。不入於六者之制，曰素帛。歷代帝王廟兩廡，先醫廟配位及兩廡，賢良祠、宏毅公祠、文襄公祠、二恪僖公祠、勤襄公祠，均用素帛。凡香，有炷香，有瓣香，上香，則並爇。凡祝版，有純，有緣，别其紙與其書之色而表以版。祝版之制：圜丘、祈穀、常雩，純青紙，朱書；方澤，黄紙，黄緣，墨書；太廟、社稷壇，白紙，黄緣，墨書；日壇，純紅紙，朱書；月壇、先農壇、歷代帝王廟、先師廟、三壇、先醫廟、關帝廟、文昌廟、火神廟、顯佑宫、東嶽廟、都城隍廟，白紙，黄緣，墨書；三龍神廟，炮神、賢良、昭忠等祠，白紙，墨書，皆加於方版，版製以木。惟專祠，無版。睿忠親王等祠祝文，白紙，墨書，不設版。凡祝文，各定其式。

祝文之式

皆書曰維嘉慶某年歲次某干支、某月某干支、朔越若干、日某干支，圜丘、祈穀、常雩、方澤，皆書嗣天子臣，書御名；日壇、月壇，皆書嗣天子，書御名；太廟，書孝孫嗣皇帝，書御名；社稷壇，書皇帝，書御名，餘祀，皆書皇帝，不書御名。圜丘、祈穀、常雩、方澤、太廟、社稷壇，曰敢昭告；中祀、日壇、月壇，曰謹告，餘中祀及群廟，皆曰致祭。群祠，皆曰諭祭。

欽定大清會典卷五十七

〇凡祭器，曰簠，簠制，各壇用陶，圜丘、祈穀、常雩、天神壇色青，方澤、社稷壇、先農壇、先蠶壇、地祇壇色黄，日壇色紅，月壇色月白，太歲壇色白，俱通高四寸四分，深二寸三分，口縱六寸五分、横八寸，底縱四寸四分、横六寸，兩耳蓋高一寸六分，上有棱，四周縱四寸八分、横六寸四分，亦附以耳。惟祈穀配位及月壇，通高三寸八分，深一寸七分，口縱四寸八分、横六寸二分，底縱三寸三分、横四寸三分，蓋高一寸五分，上有棱，四周縱三寸五分、横四寸三分。太廟用木，髹以漆塗金，四面飾以玉，通高四寸六分，深二寸六分，口縱六寸四分、横八寸，底縱五寸一分、横六寸四分，蓋高一寸四分，上有棱，四周縱六寸四分、横八寸，兩廡制同，惟不飾玉。歷代帝王廟、先師廟、先醫廟、關帝廟、文昌廟、都城隍廟、三龍神廟用銅，俱深二寸一分，蓋縱四寸一分、横六寸四分，餘制與太廟同。曰簋，簋制，各壇、廟用陶、用木、用銅及陶之色、木之飾並與簠同。陶者，俱通高四寸六分，深二寸三分，口徑七寸二分，底徑六寸一分，兩耳蓋高一寸八分，上有棱，四出高一寸三分，惟祈穀配位及月壇，通高四寸，深一寸九分，口徑六寸一分，底徑四寸五分，蓋高一寸三分、徑五寸五分，上有棱，四出高八分。木者、銅者，俱通高四寸二分，深二寸一分，口徑七寸二分，底徑六寸，蓋高一寸八分，上有棱，四出高一寸一分。曰登，登制，各壇暨太廟用陶，圜丘、祈穀、常雩、天神壇色青，方澤、太廟、社稷壇、先農壇、先蠶壇、地祇壇色黄，日壇色紅，月壇色月白，太歲壇色白，俱通高六寸一分，深二寸一分，口徑五寸，校圍六寸六分，底徑四寸五分，蓋高一寸八分、徑四寸五分，頂高四分，惟祈穀配位及月壇，通高五寸三分，深一寸九分，口徑四寸五分，校圍六寸，底徑四寸二分，蓋高一寸七分、徑四寸，頂高三分。歷代帝王廟、先師廟、關帝廟、文昌廟用銅，俱通高六寸，深二寸，口徑四寸九分，校圍六寸九分，足徑四寸七分，蓋高一寸六分、徑四寸六分，頂高三分。曰鉶，鉶制，圜丘、常雩、方澤從位，社稷壇、日壇、月壇、先農壇、先蠶壇、三壇用陶，色各殊如登，俱通高三寸九分，深三寸六分，口徑五寸，底徑三寸三分，足高一寸三分，兩耳蓋高二寸五分，上有三峰，高九分，惟月壇，通高三寸八分，深三寸六分，口徑五寸，底徑三寸二分，足高一寸一分，蓋高二寸六分，三峰高一寸。太廟用銅，兩耳及緣飾以金，歷代帝王廟、傳心殿、先師廟、先醫廟、關帝廟、文昌廟、都城隍廟用銅，俱高四寸一分，深四寸，口徑五寸一分，底徑三寸三分，足高一寸三分，蓋高二寸二分，三峰高一寸。曰籩，籩制，用竹，以絹飾裹頂及緣，皆髹以漆，圜丘、祈穀、常雩、方澤、太廟、社稷壇、日壇、月壇、先農壇、先蠶壇，色如登，三壇、關帝廟、文昌廟、都城隍廟色黑，俱通高五寸八分，深九分，口徑五寸，足徑四寸五分，蓋高二寸一分，頂正圓，高五分，惟祈穀配位及月壇，通高五寸二分，深九分，口徑四寸四分，足徑四寸一分，蓋高一寸八分，頂高五分。太廟兩廡色紅，通高五寸五分，深八分，口徑四寸八分，足徑四寸二分，蓋高二寸，頂高四分。歷代帝王廟、傳心殿、先師廟、先醫廟色紅，俱通高五寸四分，深八分，口徑四寸六分，足徑四寸，蓋高一寸九分，頂高四分。三龍神廟用銅，制與三壇同。曰豆，豆制，各壇用陶，色各殊如簠、簋。三壇色白，俱通高五寸五分，深一寸七分，口徑五寸，校圍六寸六分，足徑四寸五分，蓋高二寸三分，頂綯紐，高六分，惟祈穀配位及月壇，通高五寸，深一寸七分，口徑四寸五分，校圍二寸，足徑四寸一分，蓋高一寸八分，頂高六分。太廟用木，髹以漆塗金，三方飾以玉，兩廡不飾玉；歷代帝王廟、傳心殿、先師廟、先醫廟、關帝廟、文昌廟、都城隍廟、三龍神廟用銅，俱通高五寸五分，深二寸，口徑四寸九分，校圍二寸，足徑四寸七分，蓋高二寸二分，惟太廟，豆頂高五分，餘皆高三分。曰爵，爵制，圜丘、祈穀、常雩、方澤正位、配位用匏，高一寸八分，深一寸三分，口徑三寸七分，金裹下歧出爲三足，高二寸九分。太廟用玉，通高五寸三分，深二寸四分，兩柱高九分，三足相距各一寸六分、高二寸一分。社稷壇正位，一爵用玉，二爵用陶，配位用陶，玉爵，通高三寸四分，深八分，兩柱高一寸，三足相距各一寸六分、高一寸四分；陶爵，色黄，通高四寸六分，深二寸四分，兩柱高七分，三足相距各一寸八分、高二寸。圜丘、常雩、方澤從位、日壇、月壇、先農壇、先蠶壇、三壇用陶，色各殊如豆制，與社稷壇同。太廟兩廡用陶，色白，通高四寸二分，深二寸二分，兩柱高六分，三足相距各一寸六分、高一寸八分。歷代帝王廟、傳心殿、先師廟、先醫廟、關帝廟、文昌廟、都城隍廟、三龍神廟用銅，俱通高四寸六分，深二寸三分，兩柱高七分，三足相距各一寸五分、高二寸。曰琖，琖制，用陶。圜丘、常雩從位色青，太歲殿色白，俱通高一寸九分，深一寸五分，口徑三寸四分，足徑一寸二分。方澤從位色黄，通高二寸，口徑三寸五分，足徑一寸八分，深與圜丘從位同。日壇色紅，通高一寸八分，足徑一寸四分，深及口徑俱與方澤從位同。月壇色月白，先農壇、先蠶壇色白，俱足徑一寸二分，餘與日壇同。曰尊，尊制，各壇用陶，色各殊如豆。圜丘、祈穀、常雩、方澤、日壇、月壇、先農壇、先蠶壇、三壇，俱通高八寸四分，口徑五寸一分，腹圍二尺三寸七分，底徑四寸三分，足高二分。社稷壇，通高九寸四分，口徑五寸六分，腹圍三尺，底徑五寸五分，足高三分，皆兩耳爲犧首形。太廟用銅，孟春時饗爲犧尊，作犧形尊加其上，高四寸八分，口徑三寸三分，腹圍一尺三寸五分，四面有棱，底徑二寸六分，蓋高二寸一分，犧高五寸一分、長八寸三分；孟夏時饗爲象尊，作象形尊加其上，高四寸二分，口徑三寸三分，腹圍一尺四寸四分，底徑三寸，蓋高一寸九分，徑四寸，象高五寸二分、長七寸一分；孟秋時饗爲著尊，高八寸五分，深八寸二分，口徑八寸三分，底徑六寸八分；孟冬時饗爲壺尊，高八寸四分，深七寸九分，口徑五寸二分，項圍一尺二寸六分，腹圍二尺一寸九分，底徑五寸二分，足徑四寸三分；祫祭爲山尊，高九寸七分，口徑五寸二分，項圍九寸九分，腹圍一尺六寸五分，底徑三寸七分，足徑五寸三分，四面有棱，中爲山形，蓋高二寸四分、徑五寸六分，亦有棱，如器之飾，頂高五分。兩廡用陶，色白，通高八寸二分，口徑四寸七分，腹圍二尺三寸三分，底徑四寸，足高二分。餘祀均用銅，通高八寸六分，口徑五寸一分，腹圍二尺四寸，底徑四寸六分。曰俎，俎制，用木，髹以漆，錫裏。圜丘、祈穀、常雩色青，方澤色黄。正位、配位及圜丘大明、夜明二從位，縱二尺三寸，横三尺二寸，通高二尺三寸，中一區外四周各銅鐶二，四足有跗。圜丘、星辰、雲雨風雷二從位、方澤從位，縱六尺有奇，横三尺二寸，通高二尺六寸有奇，中三區外四周各銅鐶二，八足有跗。太廟前殿、後殿及東廡，社稷壇、日壇、月壇、先農壇、先蠶壇、三壇、歷代帝王廟正位、先師廟正位、先醫廟正位、關帝廟正殿、文昌廟正殿、都城隍廟、火神廟，色紅，制與方澤從位同。太廟西廡，歷代帝王廟兩廡，先師廟四配、十二哲、兩廡，崇聖祠正位、配位、兩廡，先醫廟配位，關帝廟後祠，文昌廟後祠，三龍神廟、賢良等各祠色紅，縱三尺九寸，横二尺八寸，通高二尺七寸有奇，中二區外左、右各銅鐶二，六足有跗。曰篚，篚制，用竹，髹以漆，色各殊如籩。圜丘、祈穀、常雩、日壇，俱高五寸，縱五寸六分，横二尺三寸三分，足高一寸一分，蓋高一寸八分。祈穀配位、月壇，俱高三寸五分，縱四寸五分，横二尺二寸一分，足高七分，蓋高一寸三分。方澤，高三寸六分，深四寸一分，横二尺二寸五分，足高七分，蓋高一寸一分。社稷壇，高三寸五分，縱四寸九分，横二尺六分，足高七分，蓋高一寸二分。先農壇、先蠶壇，俱高三寸二分，縱四寸五分，横二尺二寸一分，足高七分，蓋高一寸一分。太廟色黄，高五寸，縱四寸九分，横二尺二寸五分，足高七分，蓋高一寸一分；兩廡，高五寸，縱五寸六分，横二尺二寸五分，足高一寸，蓋高一寸七分。歷代帝王廟、傳心殿、先師廟、先醫廟，縱五寸，餘與太廟兩廡同。三壇、關帝廟、文昌廟、都城隍廟、三龍神廟，俱高三寸一分，縱四寸三分，横二尺二寸三分，足高八分，蓋高一寸三分。各考其形與其飾，以合於壇、廟之用。若鑪，圜丘、祈穀、常雩、方澤，正位、配位用金鑪，從位用銅鑪，太廟用鍍金銅鑪，社稷壇及中祀用銅鑪。鑪，皆有蓋，皆設靠以倚炷香，金銅之制如鑪。鐙，圜丘、祈穀、常雩、方澤，正位、配位用金絲鐙、羊角魫鐙，從位及社稷壇、日壇、月壇、先農壇用羊角魫鐙，太廟、歷代帝王廟、先師廟、太歲殿用銅燭臺。埶，埶制以木，容奠三爵。盒，盒制以木，置香於内，與帛、篚同，陳於接桌。盤，盤制以木，以實饌。又，群祀無籩、豆者，實糕果於盤，無俎者，實豕於盤，亦制以木。壺，圜丘、祈穀、常雩、方澤，進俎時，貯羹於壺，壺制以銀。匕、箸，太廟列聖列后位前各陳七箸，皆制以金。勺、冪，尊桌皆具勺、冪。勺以挹酒，大祀及日壇、月壇，制以銀，先農壇、歷代帝王廟、先師廟、太歲殿，制以錫。冪以冪尊，制以疏布。則各因其宜以爲制。

寺丞，滿洲一人，掌本衙門揀選、考察、保送之政令，祭祀，則與於執事。贊禮郎，滿洲二十有四人，學習贊禮郎，滿洲十人，讀祝官，滿洲九人，學習讀祝官，滿洲八人，掌習趨蹡詔號之儀，祭祀，則各充其執事。〇凡贊禮、讀祝，以清語，皆擇其音之洪以朗者而充之。凡贊禮，有典儀，行禮之節，皆贊以典儀。大祀、中祀，皆先贊樂舞生就位，執事官各司其事。圜丘、祈穀、常雩，贊燔柴迎帝神，贊奠玉帛，贊進俎，贊行初獻禮，贊行亞獻禮，贊行終獻禮，贊徹，贊送帝神，贊奉祝帛、饌恭送燎所，贊望燎。方澤，贊瘞王血迎神，贊奉祝帛、饌恭送瘞所，贊望瘞，餘同。太廟，贊迎神，贊奠帛、爵行初獻禮，贊行亞獻禮，贊行終獻禮，贊徹饌，贊奉祝帛恭送燎所。社稷壇，贊與方澤同，惟不贊進俎。日壇，贊與圜丘同，惟不贊進俎、望燎。月壇，贊奠玉帛、爵行初獻禮，贊奉祝帛、饌恭送瘞所，餘與日壇同。先農壇，贊奠帛、爵行初獻禮，餘與社稷壇同。歷代帝王廟、先師廟、太歲殿，贊奠帛、爵行初獻禮，贊奉祝帛、饌恭送燎所，餘與月壇同。群祀，皆先贊執事官各司其事，内群廟，贊與太歲殿同。群祠，贊奠帛、爵行初獻禮，贊讀祝，贊行亞獻禮，贊行終獻禮，贊奉祝帛恭送燎所，贊望燎。有唱樂，作樂，贊以唱樂。樂九奏者，贊舉迎帝神，樂奏某章；贊舉奠玉帛，樂奏某章；贊舉進俎，樂奏某章；贊舉初獻，樂奏某章；贊舉亞獻，樂奏某章；贊舉終獻，樂奏某章；贊舉徹饌，樂奏某章；贊舉送帝神，樂奏某章；贊舉望燎，樂奏某章。樂八奏者，不贊舉望瘞樂。樂七奏者，不贊舉進俎樂，社稷壇、先農壇，不贊舉奠帛樂；日壇，不贊舉望燎樂。樂六奏者，不贊舉進俎、奠帛、望燎樂。群祀，不設唱樂。有贊胙，皇帝親祭，則設贊胙一人於受福胙，先贊賜福胙，贊答福胙，乃行受胙禮。惟親釋奠於先師，不設贊胙。遣官釋奠及祭太歲，贊胙即兼以典儀。有傳贊，王公陪祀，贊以傳贊二人，百官陪祀，贊以傳贊二人。大祀，於迎神、送神、受福胙，贊跪、叩、興，皆隨皇帝行三跪九叩禮；於讀祝，贊跪，皆隨皇帝跪，贊叩、興，皆隨皇帝行三叩禮。日壇，於迎神、送神，贊跪、叩、興，隨皇帝行三跪九叩禮；於受福胙，贊跪、叩、興，隨皇帝行二跪六叩禮。餘中祀，於迎神、送神、受福胙，贊跪、叩、興，皆隨皇帝行二跪六叩禮；於讀祝，贊跪，贊叩、興，與大祀同。遣官承祭，大祀、中祀於迎神、送神，皆贊行三跪九叩禮；於讀祝，贊行一跪三叩禮。有導引，大祀、中祀遣官承祭，皆設導引一人，如皇帝親詣行禮左贊引、右對引之儀。圜丘、常雩、方澤從位，太廟兩廡、社稷壇、月壇配位、歷代帝王廟兩廡分獻官，各設導引二人，崇聖祠行禮官，亦設導引二人。先師廟四配、十二哲、兩廡，崇聖祠四配、兩廡，太歲殿兩廡分獻官，各設導引一人，群祀正位，承祭官及關帝廟、文昌廟後祠、賢良祠後祠行禮官，亦設導引二人。凡行禮，皆贊、皆導。圜丘、祈穀、常雩、方澤，祀前五日，遣官恭代視牲，祀前二日，禮部堂官省牲。太廟、社稷，祀前三日，各中祀，祀前二日，禮部堂官省牲，祀前一日，光禄寺堂官監視宰牲，皆設導引二人引禮。俾壇、廟，無愆儀。凡讀祝，當御名不避焉。康熙二十四年，聖祖仁皇帝諭：往見贊禮郎宣讀祝版，至朕名，聲輒不揚，嗣後俱應高聲朗讀,無所顧忌。○凡執事,於其職之可兼者,則攝。大祀、中祀,司香、司帛、司爵、司祝案鐙、司拜褥、司拜牌、司沃壺、司燎、司瘞、司提鐙、司提鑪,皆充以贊禮郎、讀祝官,司香兼繼燭,司帛兼安鑪蓋,司爵兼奉饌盤。凡恭奉神牌官,即充司爵。

博士,滿洲一人、漢軍一人、漢一人,掌考祝文儀注之用而著於籍,以爲式。凡題奏咨移之事,皆具稿以呈於堂。壇、廟陳設畢,則引禮部侍郎而省齍,歲支銷其祀賦。○凡祭品,辨其簠、簋、登、鉶、籩、豆之實,治而展於神庫,將祭,則陳之。凡簠,實黍、稷;簠二,則一實以黍,一實以稷;簠一,則兼實以黍、稷。簋,實稻、粱;簋二,則一實以稻,一實以粱;簋一,則兼實以稻、粱。惟先師廟兩廡,簠、簋有黍、稷,無稻、粱。登,實太羹;鉶,實和羹;籩,實形鹽、藁、魚、棗、栗、榛、菱芡、鹿脯、白餅、黑餅、糗餌、粉餈;籩十二,並陳之;籩十,則減糗餌、粉餈;籩八,則減黑餅、白餅;籩四,則減藁、魚、榛、菱芡。豆,實韭菹、醓醢、菁菹、鹿醢、芹菹、兔醢、笋菹、魚醢、脾析、豚拍、酏食、糝食。豆十二,並陳之;豆十,則減酏食、糝食;豆八,則減脾析、豚拍;豆四,則減韭菹、醓醢、笋菹、魚醢。群祀,不備器,則以盤實之。群祀,無籩、豆者,用木盤五,實以棗、栗、核桃、荔枝、龍眼。凡告祭,籩、豆各殊其實。告祭,籩、豆實以棗、榛、蓮、核桃、葡萄,豆三,實以鹿脯、鹿醢、兔醢。傳心殿告祭,鉶一,實以和羹;籩二,實以栗、龍眼;豆二,實以醓醢、鹿醢。○凡祀賦,皆準以歲之常式,每歲大祀、中祀、群祀及皇穹宇、皇乾殿、皇祇室朔、望上香,傳心殿朔、望供酒,先師廟月朔釋菜,太廟每日上香、供鐙,上元挂慶成鐙,所需品物,皆有常額。有支備,祭祀所用品物,應於各衙門移支者,皆祭前豫行支取。牛、羊、豕,支於犧牲所;米、麪,支於神倉;祝版、制帛、龍圓柱沉香、描龍圓柱沉速香、沉香餅、降香餅、沉速塊香、束香、帛包、五色絨、黄絲線、炭墼、木柴、燔木、木炭、冰,支於工部;圓柱沉速香、塊香、圓柱速香、圓柱方柱降香塊香三合、降香沉速香速香三合、沉速香、檀香、柱香、沉速香丁、攢香、馬牙香、沉速香降香丁、降香檀香丁、挂紅蠟、黄蠟、燭心、棉鐙、油鐙、草取鐙、各色紙張、蘇木、銀硃、錠粉、白礬、土鹻,支於户部;鹿瓷、青紙,支於内務府;酒、甎鹽、白鹽、兔,支於光禄寺;蘆葦,支於順天府。有採備,祭祀所用品物,應採買者,由寺庫支銀豫備,黍、稷、稻、粱、白麪、莜麪,動支神倉穀、麥碾用外,不敷之數由先農壇奉祀採辦,青菜、芹菜、韭菜、葱亦由奉祀採辦,棗、栗、榛、菱芡、核桃、核桃仁、荔枝、龍眼、葡萄、蓮子、藁、魚醢、魚笋、糖鹻、梔子、蜜椒、大小苜頂、花燭心葦,由博士採辦。各視其歲例、月例以供具。匝歲,則覈其庫貯、出納之數而題焉。祭祀,額支銀四千餘兩,豫於户部撥銀,存貯寺庫,每歲夏季題銷。以上届庫貯實存銀爲舊管,户部所撥銀及天壇、地壇、先農壇草價銀四百五十兩,並牛、羊、豕傷損變價銀爲新收,歲採辦品物動用銀爲開除,視實存銀若干,題請撥支户部銀若干，以備次年之用。陵寢支銷亦如之。陵寢祭祀所用品物，應於各衙門移支者，由寺轉行支取送往。其盛京陵寢，果品應由京運送者，即由寺採辦，入於本寺歲額報銷。至東陵、西陵所用果品、黑牛、鮮魚，由承辦事務衙門咨寺領取庫銀，就近採辦。每歲春季，以支過寺庫銀及徵收地租，並祭羊傷損變價銀爲新收，採辦品物用銀爲開除，造册送寺題銷。

筆帖式，滿洲九人、漢軍一人，掌翻譯。

典簿廳，典簿，滿洲一人、漢一人，掌治吏役。凡壇、廟官，太廟内監，神樂署官及其樂生、舞生、執事生補充之事，皆隸焉，稽各庫之祭器。祭祀，則率廚役以供令，辨其牲、牢。○凡祭器，皆著於册，祭器，由承辦衙門造成交寺，由廳造册收貯，並咨禮部備查。而貯諸神庫，各壇、廟所用祭器，即就近貯於神庫。惟城外各壇金銀祭器及各壇、廟玉與玉特磬先醫廟祭器，通用祭器，貯於寺庫。金鎛鐘，貯於廣儲司庫。將祭，各出而授於所司，既事，則藏之，敝，則焚之、瘞之，而弗敢褻焉。祭器，新後舊存祭器，應留修用者，仍貯本庫，其不堪用者，會同禮部福建道，驗看焚瘞。○凡廚役，各服其服，厨役，各給以小領小袖藍布袍，紅布帶、布袴，曰净衣。以役於神廚。凡宰、烹、滌、濯及陳設之事，各分其使令。廚役，二百九十人，内陳設廚役十二人，著壇廚役五十二人，鋪排厨役二十五人，宰大牲廚役三十四人，宰小牲廚役二十三人，宰鹿兔廚役二十五人，供祀廚役七十一人，造餈廚役四人，造餌廚役四人，造餅廚役四人，報牲廚役一人，瘞毛血廚役一人，造燭廚役四人，修香廚役二人，挑酒廚役三人，雜差廚役二十五人。凡遣官視籩、豆、牲、牢，則跪以告。遣官詣神庫，視籩、豆，詣神廚視牲、牢，以報牲廚役一人跪報。○凡牲，皆治而展於神廚，將祭則陳之。凡牲，有犢，圜丘、祈穀、常雩、方澤正位、配位，皆實俎以犢一。有特，圜丘、常雩、大明、夜明從位，皆實俎以特牛一。有太牢，太廟、社稷壇正位、配位，日壇、月壇正位、配位，圜丘、常雩、星辰雲雨風雷從位，先農、先蠶、歷代帝王廟、先師廟、太歲殿，報祭，社稷、三壇、太廟東廡、先醫廟、關帝廟、文昌廟、火神廟、東嶽廟、都城隍廟，皆實俎以牛一、羊一、豕一。有少牢，太廟西廡，歷代帝王廟兩廡，先師廟四配、十二哲、兩廡，崇聖祠及四配、兩廡，關帝廟後祠，文昌廟後祠，三龍神廟，賢良祠前殿、後祠，昭忠祠前殿、東配室、西配室、後正室、左室、右室，獎忠祠，雙忠祠，旌勇祠，褒忠祠及各功臣專祠，皆實俎以羊一、豕一。有豚，先醫廟兩廡，昭忠祠前左序室、右序室、東廡、西廡、正屋、左群房、右群房、東屋群房、西屋群房，皆實盤以豚。皆别其等，而登於俎。凡登、鉶、籩、豆之腥，皆取焉。太羹、和羹用牛、鹿脯，鹿醢用鹿，兔醢用兔，醓醢、豚拍用豕，糝食用羊。供燔牛、胙牛。圜丘、祈穀、常雩，各用燔牛一，迎帝神則燔之。皇帝親祭，各用胙牛一，交光禄寺豫備福胙。

工程處，寺丞、博士、典簿、贊禮郎、讀祝官，由堂官酌委，無定員。掌壇、廟修除整飾之事，歲支銷其工帑。各壇、廟糊窗、担塵、拔草、勾抿、擦抹祭器，擡運裝卸幄架、牲棚門扇、護板、擋木、絲綢、雨搭、神馬椿槽，鋪設階級、椶薦，攢箍牲桶，熨衣，點筆等工，各按成例開銷，於寺庫工程銀錢内動用，等年題銷一次，視庫存，如不敷用量數，題請撥發工部銀錢，收貯寺庫備支。

寺庫，司庫，滿洲一人，庫使，滿洲二人，掌守庫藏。户部撥交之果品項，工部撥交之工程項，皆貯於庫，亦分貯神庫之祭器。

壇、廟官，天壇，五品官，滿洲一人，六品官，滿洲七人；地壇，五品官，滿洲一人，六品官，滿洲七人；太廟，四品官，滿洲二人，五品官，滿洲二人；社稷壇，五品官，滿洲二人，六品官，滿洲四人，掌守壇、廟。凡神庫之藏，皆稽之。司壇門、廟門之啓閉。太廟，首領内監一人，内監二十人，掌潔蠲之事，展後殿、中殿之常供，後殿、中殿寢室内，各設檀香神龕，内具衾枕、施幃帳，外設册、寶箱、衣履箱、衣架、盆架、香案五，供海鐙、雨繖、寶椅、鑪几、鐙几、銅鑪、燭臺。守其祭器。太廟各祭器外，每神案一，各設金壺一、金盂一，陳於金器案。每神座一，各設金盆一，陳於暖閣内。祭畢，與各祭器並藏於神庫。寺丞，漢二人，兼隸樂部。掌稽祠祭署、神樂署之事。祭祀，則與於執事。朔、望，詣傳心殿而展其供。協律郎，五人，贊禮郎，十有四人，司樂，二十有三人，皆兼隸樂部。掌供祭祀之事。

祠祭署，天壇奉祀一人、祀丞一人、執事生一人，地壇奉祀一人、祀丞一人、執事生一人，日壇奉祀一人、祀丞一人、執事生一人，月壇奉祀一人、祀丞一人、執事生一人，先農壇奉祀一人、祀丞一人、執事生一人，歷代帝王廟執事生一人，關帝廟執事生一人，文昌廟執事生一人，火神廟執事生一人，東嶽廟執事生一人，都城隍廟執事生一人，賢良祠執事生一人，昭忠祠執事生一人，獎忠祠執事生一人，雙忠祠執事生一人，旌勇祠執事生一人，褒忠祠執事生一人，皆兼隸樂部，各執事生由本寺酌委。掌氾埽、守護之事，率壇户、廟户、祠户以供令。天壇，壇户十八人，夫役十二人；祈穀壇，壇户十四人；地壇，壇户十八人，夫役八人；日壇，壇户十二人，夫役四人；月壇，壇户十二人，夫役四人；歷代帝王廟，廟户十二人；關帝廟，廟户五人；文昌廟，廟户六人；賢良祠，祠户十人；昭忠祠，祠户十人；獎忠祠，祠户六人；雙忠祠，祠户六人；旌勇祠，祠户六人；褒忠祠，祠户六人，皆由順天府於州縣募充，月銀於地丁項内扣解支給。惟先農壇，壇户二十人，由奉祀募充，於地租銀内撥給月糧。月朔、望，則展禮。皇穹宇、皇乾殿、皇祇室，每月以本寺堂官上香前期一日，典守官拂拭殿宇。其日壇、月壇、先農壇、歷代帝王廟及群祀各廟、各祠，即以典守官上香。

神樂署，署正，一人，署丞，二人，樂生，百八十人，舞生，三百人，執事生，九十人，皆兼隸樂部。掌給壇、廟之執事。圜丘、常雩、方澤從位，太廟兩廡、歷代帝王廟兩廡、太歲殿兩廡、先醫廟兩廡，昭忠祠後室、配室、序室、兩廡、群房，司香、司帛、司爵及各祀司尊，皆用執事生。凡樂生、舞生、執事生，服各以其禮之所稱。文舞生，帽用銅貼金，三楞火燄頂；武舞生，用銅貼金，三叉頂；樂生、執事生，頂與文舞生同，皆夏用絨稷涼帽，冬用絨纓獺皮帽，均用緑緞帶、皁布韡。樂生、舞生，圜丘、常雩、天神壇用天青綢袍，方澤、地祇壇用黑屯絹袍，祈穀、社稷壇、日壇、歷代帝王廟用紅羅袍，太廟、先農壇、先師廟、太歲壇用紅雲緞袍，月壇用月白綢袍。文舞生，均畫葵花補服，武舞生，均銷金印葵花袍。執事生，圜丘、常雩、方澤，袍與樂、舞生同，祈穀用天青羅緣紅青邊袍，太廟、先師廟、三壇用青雲緞緣藍邊袍，社稷壇、日壇、歷代帝王廟用青羅緣藍邊袍，月壇用青綢緣月白邊袍，先農壇用青絹緣藍邊袍。如祀日遇雨，用雨衣，各制同。

犧牲所，屬内務府，惟所軍十九人，由本寺挑補，按季關支銀米。昭西陵讀祝官二人、贊禮郎四人，孝陵讀祝官二人、贊禮郎四人，孝東陵讀祝官二人、贊禮郎四人，景陵讀祝官二人、贊禮郎四人，景陵皇貴妃園寢讀祝官二人、贊禮郎三人，景陵妃園寢讀祝官二人、贊禮郎三人，泰陵讀祝官二人、贊禮郎四人，泰東陵讀祝官二人、贊禮郎四人，泰陵妃園寢讀祝官二人、贊禮郎三人，裕陵讀祝官二人、贊禮郎四人，裕陵皇貴妃園寢讀祝官二人、贊禮郎三人，端慧皇太子園寢讀祝官二人、贊禮郎三人，孝淑皇后陵寢讀祝官二人、贊禮郎四人，妃園寢讀祝官二人、贊禮郎三人，掌陵寢、園寢祭奠之儀，供其執事。

太僕寺，卿，滿洲一人、漢一人，少卿，滿洲一人、漢一人，掌牧馬之政令，課其孳息，戒其馴習。三歲，則滿洲卿、少卿一人，莅而閲焉，遂均齊其數以聞，而聽覈於兵部。〇設種馬場二於邊外，本寺牧場，始屬兵部，曰大庫，口外種馬二場，康熙九年，改屬本寺。曰左翼場，左翼種馬場，在獨石口外、都石山之北，騍馬、騸馬均牧於此，東至布輝布拉克，與右翼騍馬場之西南爲界，西至察漢齊老圖，與内務府鑲黄旗牛場爲界，南至都石山前横道，與獨石口廳屬張麻子井爲界，北至哈特呼拉台，與正白旗察哈爾游牧爲界，東、西長二百里，南、北寬一百七十里。曰右翼場。右翼種馬場，原在山西大同邊外豐鎮廳境，後移而東，分騍馬場、騸馬場爲二。騍馬場，在獨石口外，商都河之南，東至呼德里，與正藍旗察哈爾游牧爲界，西至烏蘭喀勒罕山，與鑲白旗察哈爾游牧爲界，南至塔爾奎哈布齊老，與多倫諾爾廳所屬諸海和朔爲界，北至霍約爾奔巴，與内務府正白旗牛羊場爲界，東、西長一百二十里，南、北寬八十里。騸馬場，在張家口外、布爾噶蘇台河之西北，東至伊克昂古里，與内務府鑲黄旗牛場爲界，西至齊倫翁果齊，與正黄旗察哈爾游牧爲界，南至布楞布拉克，與正黄旗察哈爾游牧爲界，北至哈穆科山，與内務府鑲黄旗牛場、鑲黄旗察哈爾游牧爲界，東、西長七十里，南、北寬五十里。凡馬，牡曰兒，牝曰騍，不及三歲，曰駒。及歲，擇其牡者而割之，曰騸。凡牧馬，别其騍馬、騸馬以爲群，騍馬群，率以騍馬五配兒馬一，三歲以下之駒一併入群計數；騸馬群，三歲騸後始入群。群無過四百匹。均齊之年，按兩翼各群通計馬數，騍馬群與騍馬群均，騸馬群與騸馬群均，就各群匀配，逾四百匹，則增群。設牧長、牧副、牧丁，任其牧事，而轄以協領，協領轄以翼長，翼長轄以總管。凡統轄總管一人，統轄總管，統理兩翼事務，或特放，或以察哈爾都統兼管關防。總管二人，左翼總管一人，右翼總管一人。翼長四人，左翼騍馬場翼長一人，騸馬場翼長一人，右翼騍馬場翼長一人，騸馬場翼長一人。協領十人，左、右翼騍馬各分爲四旗，每旗協領一人，左、右翼騸馬場各協領一人。副協領十有二人，副協領係兵丁委署，騍馬場每旗副協領一人，騸馬場每翼副協領二人。牧長、牧副、牧丁，各視其群之數而設之。牧長、牧副，每群各一人。牧丁，騍馬群，每群七人；騸馬群，每群八人。統轄總管率其副管、防禦、驍騎校、護軍校、護軍以偵捕盜竊場馬者，牧丁等私賣者，私與人乘者，擅墾牧地者，皆拏報。率其筆帖式以書算。非均齊之年，由統轄總管察驗孳生、倒斃之數，造册報寺。凡副管一人，左、右翼輪設。防禦二人，左翼防禦一人，右翼防禦一人。驍騎校三人，左翼驍騎校一人，右翼驍騎校一人，其一人左、右翼輪設，左翼有副管，則此驍騎校歸右翼，右翼有副管，則此驍騎校歸左翼。護軍校八人，左翼護軍校四人，右翼護軍校四人，護軍校即令兼充協領、副協領、牧長等缺。護軍四百七十有四人，左翼護軍二百三十七人，右翼護軍二百三十七人，護軍即令兼充牧丁。筆帖式二十人。筆帖式，係兵丁委署，左翼筆帖式十人，右翼筆帖式十人。凡牧官、牧兵，皆以察哈爾。牧場官，自兩翼總管以下，皆由統轄總管擬定正、陪送寺引見補放。牧場兵、牧長、牧副、牧丁、護軍及副協領、筆帖式，皆由統轄總管挑補、統轄，總管而外官兵，皆用察哈爾。〇凡均齊，則察其馬之息耗。凡騍馬之群，三歲以其息，補其耗，三馬而取一駒。騍馬群，於均齊之年，合騍馬、兒馬及駒爲群，下届均齊之年，通計馬數，除補倒斃外，原交馬三匹應孳生馬一匹。騸馬之群，歲耗其十之一騸馬群，以均齊時，原交騸馬及騍馬群内，每歲所交三歲騸馬，各按年分計，每年每馬十匹，准倒斃一匹。以爲率，贏、不足，則有賞、罰焉。騍馬群，於孳生定額外有餘者，牧長、牧副皆得賞，餘一匹至八十匹，賞牧長毛青布二十疋，牧副十疋；餘八十匹以上至一百六十匹，賞牧長毛青布四十疋，牧副二十疋；餘一百六十匹以上者，賞牧長毛青布六十疋，牧副四十疋。於孳生定額内不足者，牧長、牧副、牧丁皆受罰。不足五十匹以下，牧長、牧副、牧丁各鞭四十，牧長仍罰牲畜一五；不足五十匹以上至一百匹，牧長、牧副、牧丁各鞭五十，牧長仍罰牲畜一七；不足一百匹以上，牧長、牧副、牧丁各鞭六十，牧長仍罰牲畜一九。若於原交之數缺額者，牧長、牧副、牧丁各鞭八十，牧長仍罰牲畜二九。協領管一旗内騍馬群，如十二群以上得賞者，賞協領毛青布十疋，如各群皆得賞者，賞協領毛青布二十疋。如十二群以上受罰者，罰協領牲畜一七。翼長管一翼内騍馬群，如得賞、受罰各半，則翼長無賞罰；如至七群、八群得賞，則賞翼長緣領羊皮緞袍一件，毛青布二十疋；九群、十群得賞，則賞翼長狼皮或狐皮端罩一件，毛青布二十疋；十一群、十二群得賞，則賞翼長狼皮或狐皮端罩一件，緣領羊皮緞袍一件，毛青布二十疋。如至七群、八群受罰，則罰翼長牲畜一九；九群、十群受罰，則罰翼長牲畜二九；十一群、十二群受罰，則罰翼長牲畜三九。左、右翼總管，通計本翼騍馬群，於孳生定額外餘五百匹爲一分，統轄總管，合計兩翼騍馬群，於孳生定額外餘一千匹，爲一分，餘一分、二分者，存案，至三分，則加一級，三分以上，按分數存案、加級。如於原交騍馬群之數缺額者，左、右翼總管缺至二百匹爲一分，統轄總管缺至四百匹爲一分缺，不及一分者，免議；一分，罰俸六月；二分，罰俸一年；三分，降一級留任；四分以上者，革職。騸馬群符倒斃定額者，牧長、牧副視騍馬群三等賞；倒斃至二分者，免議；三分者，罰牧長馬一五，入群牧，副，鞭四十；三分以上，牧長、牧副、牧丁各鞭一百，牧長降爲牧丁，仍罰牧長馬三九，入群。○凡場馬，皆烙以印。圓太字印十，貯統轄總管處，隨時烙用；方太字印一，貯本寺，於堂官赴場查驗時烙用。馬病，則療之，斃，則驗其印而報焉。馬病，責成協領調治，如齒老殘傷倒斃者，驗明印烙註册，十日内報翼長，翼長報總管，總管報統轄總管，於夏、秋二季造册，報寺察覈。凡馬斃，則入其皮。每年點驗馬場之後，以倒斃馬皮交張家口監督，於年内解送到京，交製造庫擇用，不堪用者，由寺變價，奏交户部。○凡調場馬，兵部察其數以聞，合御馬場之馬調焉。每歲，皇帝恭謁陵寢、木蘭行圍及時巡需調用場馬者，兵部酌定應用之數，於兩翼牧場及上駟院所屬之商都達布遜諾爾、達里岡愛牧場内奏調，用畢，則交回牧場。凡乘場馬，各以其額。稽查牧場堂司官，出口許乘場馬，照内地馳驛之例，各按品級應付，厩長、厩丁，給馬一匹，不准逾額。

左司，員外郎，滿洲一人、蒙古一人，主事，滿洲一人、蒙古一人；右司，員外郎，滿洲一人、蒙古一人，主事，滿洲一人、蒙古一人，掌覈左、右翼場馬之數，而計其功過。左司掌左翼，右司掌右翼。凡閱馬於場，則率厩長、厩丁而供令。三年均齊時，員外郎、主事均由本堂官派出，隨同赴場查驗。本寺額設厩長、厩丁十人，每出口，則隨行，司其點烙之事。

主簿廳，主簿，滿洲一人，掌章奏文移。筆帖式，十有六人，左司五人，右司五人，主簿廳六人。掌翻譯。

欽定大清會典卷五十八

光禄寺，管理事務大臣，滿洲一人，於部院大臣内特簡。卿，滿洲一人、漢一人，少卿，滿洲一人、漢一人，掌燕勞、薦饗之政令，辨其品式，稽其經費。凡治具，則戒其屬以供事。○大祭祀前期，則視宰牲。天壇、地壇祀前二日，太廟、社稷及報祀天壇、地壇祀前一日，各中祀，惟月壇以祀日，餘俱祀前一日，太常寺官設香案於宰牲亭外，導引二人，前導本寺堂官一人，詣案前，嚮宰牲亭立，三上香，畢，同御史、禮部司官監視，太常寺官豫赴犧牲所，領牲至宰牲亭，覆牛以綵緞過案入亭，每宰一牛，報牲廚役於香案前跪報。皇帝受福胙，以卿二人執事。進爵以兼管寺事大臣，進胙以滿洲卿，如有故，則漢卿、滿洲少卿、漢少卿，以次遞充。祀日，司爵、司胙官豫詣神庫，恭奉福酒、福胙，陳於左胙桌。福酒，龍壺一、爵一，福胙，龍盤一。皇帝行終獻禮畢，司爵官執爵酌酒，實爵授進爵官，司胙官奉胙，授進胙官，皇帝詣拜位，跪，受福酒、福胙，畢，侍衛恭接陳於右胙桌。祭畢，司爵、司胙官注酒於壺，盛胙於盤，率廚役恭舁，導以御仗，以福酒送清茶，另以福胙送内膳房。既事，而頒胙。圜丘、方澤、太廟、社稷、歷代帝王廟，祭畢，由本寺頒胙，豫以胙單分行各衙門，持單赴祭所祗領。宗人府、内閣爲一等，六部、理藩院、都察院、京畿道、通政使司、大理寺、樂部爲一等，太常寺、詹事府、光禄寺、太僕寺、順天府、鴻臚寺、鑾儀衛、六科五城爲一等，翰林院、起居注、國子監、欽天監、太醫院、中書科爲一等，頒胙各有差。惟掌儀司胙由寺撥役送交。祈穀、常雩、日壇、月壇、先農壇，由太常寺頒胙；先師廟，由國子監頒胙；先蠶壇，由内務府頒胙，餘祀不頒胙。○凡席，滿、漢各以其等。滿席，自一等至六等，漢席，自一等至三等，又有上席、中席。一等滿席，用麪一百二十斤，定額玉露霜、方酥、夾餡各四盤，白蜜印子、雞蛋印子各一盤，黄、白點子松餅各二盤，合圖例大餑餑六盤，小餑餑二碗，紅白饊枝三盤，乾果十二盤，鮮果六盤，甎鹽一碟，陳設計高一尺五寸；二等滿席，用麪一百斤，定額玉露霜二盤，緑印子、雞蛋印子各一盤，方酥、翻餡餅各四盤，白蜜印子、黄白點子松餅各二盤，餑餑以下與一等席同，陳設計高一尺四寸；三等滿席，用麪與二等席同，定額方酥以下，與一等席同，無黄、白點子松餅，别有四色印子四盤，福禄馬四碗，鴛鴦瓜子四盤，陳設計高一尺三寸；四等滿席,用麪六十斤,定額方酥以下,俱與三等席同,陳設計高一尺二寸;五等滿席,用麪四十斤,定額方酥以下,俱與四等席同,陳設計高一尺一寸;六等滿席,用麪二十斤,無方酥、夾餡、四色印子、雞蛋印子,餘與五等席同,陳設計高一尺。一等漢席,肉饌鵞、魚、雞、鴨、豬肉等二十三碗,果食八碗,蒸食三碗,蔬食四碗;二等漢席,肉饌二十碗,不用鵞,果食以下與一等席同;三等漢席,肉饌十五碗,不用鵞、鴨,果食以下與二等席同。上席,高桌,陳設寶裝一座,用麪二斤八兩,寶裝花一攢,肉饌九碗,果食五盤,蒸食七盤,蔬菜四碟;矮桌,陳設豬肉、羊肉各一方,魚一尾。中席,高桌,陳設寶裝一座,用麪二斤,絹花三朵,肉饌以下與上席高桌同。燕饗,則監布席,元旦、萬壽聖節、冬至及皇帝大婚,燕於太和殿;固倫公主下嫁,行初定禮、成婚禮,和碩公主下嫁,行初定禮,燕於保和殿;凱旋,燕於豐澤園或紫光閣;經筵禮成,賜燕於文華殿之東、西配殿;臨雍次日賜燕,文會試入場、出場賜燕,恩榮燕,衍聖公來京賜燕,朝鮮、琉球、暹羅、越南、南掌、西洋、蘇祿、緬甸、荷蘭等國貢使事竣賜燕,皆於禮部;修書開館日、告成日賜燕,或於禮部,或於館所;赫哲、費雅喀來京娶婦賜燕,於精膳司;武會試入場、出場賜燕,會武燕,皆於兵部。太和殿燕,本寺堂官會領侍衛内大臣、禮部、理藩院堂官、内務府大臣監設殿内之席,本寺承辦官會内務府監設丹陛、丹墀之席;保和殿燕,無丹墀之席,餘監視設席同文華殿燕;禮部及館所燕,本寺承辦官會禮部官監視;兵部燕,本寺承辦官會兵部官監視。其席,元旦、萬壽聖節、冬至及皇帝大婚,固倫公主下嫁行初定禮、成婚禮,和碩公主下嫁行初定禮,凱旋燕,俱用四等滿席;除夕賜外藩王公、各國貢使饌筵,俱用五等滿席;經筵禮成賜燕、衍聖公來京賜燕,俱用六等滿席;臨雍次日賜燕,文會試入場、出場賜燕,武會試入場、出場賜燕,俱兼用一、二、三等漢席;恩榮燕、會武燕,俱兼用上席、中席;修書開館日、告成日賜燕,俱兼用一、二等漢席;朝鮮國貢使事竣賜燕,兼用五、六等滿席;琉球、暹羅、越南、南掌、西洋、蘇祿、緬甸、荷蘭等國貢使事竣賜燕及赫哲、費雅喀來京娶婦賜燕,俱用六等滿席。其皇子、皇孫、皇曾孫婚禮初定、成婚燕,除夕賜蒙古王公燕於保和殿,元夕賜燕於正大光明殿,普燕宗親、千叟燕,皆隸内務府。視其煠食。寺署設煠食房,爲廚役烹飪之所。各席製造成,置器於紅油矮桌,實酒於瓷罐,繫以紅絡,均列於餑餑棚内。本寺堂官驗視畢,按桌纒以紅布,覆以紅袱,承辦官督廚役看守,翼日,乃舁往陳設。列聖、列后大事,供饌筵、奠筵。列聖、列后大事,初喪,朝、晡、日中三設奠,朝、晡,各獻羹飯餚饌一席;午奠,供饌筵一席;殷奠、啓奠,俱供奠筵二十一席。初祭次日繹祭、大祭次日繹祭,俱供奠筵八十一席。月奠,初滿月,供奠筵二十一席,每滿月十一席。百日奠,供奠筵二十五席。四時大祭,清明,供奠筵二十五席,中元二十一席,冬至、歲暮三十一席。祖奠,供奠筵三十一席。塗次朝、晡奠,朝奠,獻羹飯餚饌一席;晡奠,供饌筵一席;饗奠、遷奠,俱供饌筵二十五席。期年、再期、三周年致祭,俱供奠筵三十一席。二十七月致祭,供奠筵二十五席。凡近前饌筵用一等滿席,午奠饌筵用二等滿席,俱准禮部來文敬謹供備。凡饌奠,各辨其等。皇貴妃、貴妃、妃、嬪及皇子、皇子福晉,自初薨至奉移殯宫後所用饌筵、奠筵由禮部會同内務府奏准行寺,如數供備。○凡經壇,備其供筵、齋筵。凡僧、道誦經,造辦供筵。僧、道各四十八人對壇誦經,按大例、中例、小例供備;僧、道各二十四人對壇誦經,按小例覈減供備。按大例供備者,僧壇、道壇,每壇佛正棚用供品八十碗,兩壇共計一百六十碗,黏果十碗,大鮮果、大乾果、大爐食、大蜜煠餜、大蒸食各三十碗;佛正棚左、右各用供品三十碗,兩壇共計一百二十碗,大乾果六十碗,大爐食、大蜜煠餜、大蒸食各二十碗;天地亭、九廟棚、韋馱棚、樓棚、庫棚,每棚用供品二十碗,兩壇共計二百碗,中乾果、中爐食、中蜜煠餜、中蒸食各五十碗;供獻棚内用供品八十一碗,兩壇共計一百六十二碗,大乾果三十六碗,黏果、大鮮果、大爐食、大蜜煠餜、大蒸食、茶食、拖葷煠素各十八碗;取水,用供品二十五碗,兩壇共五十碗,大鮮果、大乾果、大爐食、大蜜煠餜、大蒸食各十碗,其大供陳設計高一尺四寸,中供陳設計高一尺三寸四分。按中例供備者,佛正棚左、右,乾果、爐食、蜜煠餜、蒸食俱用中供,又,供獻棚用供品四十九碗,兩壇共計九十八碗,大乾果二十八碗,黏果、大鮮果、大爐食、大蜜煠餜、大蒸食各十四碗,餘俱與大例同,其大供陳設計高一尺三寸,中供陳設計高一尺二寸。按小例供備者,俱與中例同,惟大供陳設計高一尺二寸,中供陳設計高一尺一寸。按小例覈減供備者,佛正棚無大鮮果供,又,供獻棚用供品二十五碗,兩壇共計五十碗,黏果、大乾果、大爐食、大蜜煠餜、大蒸食各十碗;取水用供品二十碗,兩壇共計四十碗,大乾果、大爐食、大密煠餜、大蒸食各十碗,餘俱與小例同。凡黏果用纓絡,乾果用紙套頂花,各色供果用紙欄杆頂花,其每次七日所需。齋筵,凡僧、道壇,佛前供獻,每日用素饌三席;取水供獻,每次用素饌一席;請神供獻,每次用素饌一席。其禪僧誦經,佛前供獻,每日用素饌三席,監經大臣每人每日用素饌二席,執事各官每二人每日用素饌二席,每席俱素餚十二碗。喇嘛誦經,果供用荔枝、龍眼、乾葡萄、曬棗、松子、爐食,每盤二十箇,俱據禮部來文如數備辦。若飯桌,文武殿試,賜讀卷、執事等官飯食,備辦飯桌,定額每桌陳設肉饌六碗、二盤,蒸食三盤,乾果八盤,閱卷之末日,讀卷大臣朝餐加用實裹一座,金餅、白餅、芝蔴餅各一盤,饅首二盤。大軍凱旋,賜解俘官飯食,備辦飯桌,定額肉饌十碗,蒸食三盤,乾果四盤,鮮果四碗。若乳茶,凡慶典、筵燕、臨雍用茶,親耕禮成,如奉旨舉行茶燕,賜從耕王以下文武各官茶及除夕給下嫁外藩公主、蒙古王等筵席,迎、送下嫁外藩公主、蒙古王等,迎、送出征大將軍、經畧,並達賴喇嘛貢使五日所給筵席,朝鮮國貢使除夕所給筵席各應賜茶,均以桶計。豫期,於司員内酌派數員承辦,承辦官先期一日,率熬茶蒙古至備茶所監視熬茶,每桶用牛乳一鏇,計三斤八兩,乳油二錢二兩重,黄茶一包,青鹽一兩,如式煎熬、合對。乳茶皆實於銀茶桶,以備應用。皆以時庀具。○凡廩餼,據各衙門文以供備,衍聖公來京,日給鵞二,麫二十斤及茶葉、鹽、醬、黄燭等物。赫哲、費雅喀等處鄉長娶婦,索倫、達呼爾鄂倫春等處貢貂皮來京,俱日給肉二斤,醃菜八兩,鹽、醬、鐙油,間日給羊肉三斤、黄酒一缾,間五日給饅首五箇,隨役,各給肉、鹽、饅首等物,足二十日停給。盛京禮部差送各陵寢祭祀鮋魚、蜂蜜來京員役，給十五日廪餼；盛京將軍，盛京户部、禮部，吉林將軍，差送官物及領取官物來京員役，給十日廪餼；打牲烏喇送東珠來京員役，給三十日廪餼，送人参、鰉魚來京員役，給十日廪餼。以上員役，凡協領、翼領、總領，均每人日給羊肉三斤，魚一尾，鹽五錢；佐領、防禦、輕車都尉、騎都尉、雲騎尉，均每人日給羊肉二斤，鹽五錢；四品、五品官同；驍騎校、司轡三等侍衛、贊禮郎、庫使、讀祝官、筆帖式、廕監生，均每人日給肉一斤，鹽五錢；領催、披甲、外郎、工匠、水手、牧丁、僕從，俱每名日給鹽五錢。凡四品官，隨役四名，五品官，隨役三名，六品官，隨役二名，領催、披甲，隨役各一名，俱有日給食、鹽。喀爾喀哲布尊丹巴呼圖克圖進貢來京，日給蒙古羊一、鵞二、雞三、魚三、牛乳七鏇，間十日給牛一、黄茶一百五十包、乳油五斤、甎鹽十八斤及頻果、柿子、檳子、黄梨、葡萄、栗、棗、核桃，並醬、醋、黄燭、黄油等物，回日，給牛一隻半、蒙古羊十二隻半、天池茶一百包、乳油五斤及鹽、燭等物。噶勒丹錫哷圖呼圖克圖來京，日給蒙古羊一、黄茶二包、茶麪一斤、牛乳二斤、乳油二兩；拉木札木巴、噶布楚、格隆，每人日給黄茶一包、茶麪三兩二錢、牛乳一斤、乳油一兩；葛蘇爾，每人日給黄茶半包、茶麪二兩九錢，通共日給鹽一斤十兩、鐙油二斤。其拉木札木巴以下人等，每二十五人日給漢羊一，如人數有餘，各日給肉二斤。西藏敏珠爾呼圖克圖、西寧蘇木布木呼圖克圖來京，俱與噶勒丹錫哷圖呼圖克圖同。達賴喇嘛來使，正使，日給蒙古羊一、天池茶二包、麪二斤、牛乳一斤八兩、乳油八兩及鹽、燭等物；副使，日給漢羊一，每二日給天池茶一包、麪二斤、乳油四兩及鹽、鐙油等物；拉木札木巴、噶布楚等，各日給肉二斤、鹽二兩，間日給羊肉三斤、天池茶一包、麪一斤、乳油二兩；從役等，每名日給肉一斤八兩、鹽一兩。班禪額爾德尼來使、第穆呼圖克圖來使，均與達賴喇嘛來使同。盛京喇嘛領取杭綢等物來京，喇嘛、格隆、班第、從役，每人日給肉八兩、鹽五錢；陝西岷州、魯班等七寺喇嘛進貢來京，大喇嘛及從人，每人日給肉一斤、鹽五錢，俱據禮部來文給發。内藥房切造醫生十名，日給豬肉一斤、醃菜十五兩二錢及醬、醋、鐙油等物，據太醫院來文給發。琉球國陪臣子弟，每人日給肉二斤、雞一貫、酒一壺、醃菜一斤、天池茶五錢及鹽、椒、豆腐、鐙油等物；從役，每名日給肉一斤、醃菜十兩、鹽一兩，據國子監來文給發。通曉天文西洋人，每人日給肉三斤、白麪一斤、醃菜四兩、鹽五錢及黄酒、鐙油等物；從役，每名日給肉一斤八兩、白麪八兩、醃菜二兩、鹽五錢，據欽天監來文給發。遇殿試，内閣寫牓供事、禮部收掌辦事書吏，每名日給米一升、豬肉一斤，每四名酒一壺；刊刷匠役，每名日給白米一升、豬肉十二兩，據内閣禮部來文給發。官支亦如之。恭鑄《册》、寶日，祭鑪，用豕一、祭酒十五斤、紅燭一對，據禮部來文備辦。恭遇頒詔，用白麪四斤、羊油燭五百枝，亦據禮部來文備辦。歲除，給蒙古王以下牲物、鮮物，外藩、蒙古王公等慶賀來京，除夕頒賜筵席、乳茶外，固倫公主額駙、科爾沁土謝圖汗親王等，各給豕一，雉、魚各三十；和碩公主額駙等，豕一，雉、魚各二十；郡主和碩額駙等，豕一、雉十五、魚二十；縣主多羅額駙、縣君固山額駙、公主子孫等，豕一，雉、魚各五；親王，漢羊一、豕一、魚二十五；

郡王，豕一、魚二十；貝勒，豕一、魚十；貝子，豕一、魚五；公、台吉、塔布囊等，各給漢羊一、魚五；達賴喇嘛、班禪額爾德尼等來使，各給漢羊一；歸化城参領、佐領等及蒙古各旗送羊酒來京官員，每二人共漢羊一；蒙古各旗進貢來京官員暨護衛人等，各給羊肉五斤，其餘官員，每二人共漢羊一。貢使亦如之。各國貢使來京，除夕頒賜筵席、乳茶外，朝鮮國正使，給羔羊二、魚十、酒一缾；副使、書狀官，共漢羊三，魚各十，酒各一缾；大通官、押物官，共漢羊四、豕一、酒五缾，魚各一，衆人等共給鵞三、雞二、酒三缾。琉球國正、副使，共漢羊三、魚二十、酒二缾；使者都通事、王舅通事，各魚一、豬肉五斤，衆人等共給鵞一、雞一、酒一缾。越南等國正、副使，共漢羊五、魚三十、酒三缾；行人通事，共漢羊二、酒二缾，魚各一，衆人等與琉球國同。〇春、秋豫支銀於户部，每歲支領户部銀一萬七千兩，按春、秋二次題請，每次請領銀八千五百兩。其舊行户積欠，每兩應扣帶銷銀二分五釐，户部於本寺每年應領數内先行扣存。歲終，本寺以應扣帶銷與不應扣帶銷之處，併和過帶銷銀兩實數，行知户部，除應扣外，餘銀具文補領。凡歷年餘剩銀積至足敷半年備用之數，奏明停領一次。如遇差務繁多，不敷動支，酌量應用數目，奏請於廣儲司庫添領備用。越歲，則奏銷。每月用銀數目，由庫以各處發銀印付彙送黄册房，由黄册房造册送典簿廳，按月奏銷，每歲夏季統計一歲出納帑項，並用過酒、鹽、榛、栗、茶葉、黄蠟及庫貯金銀器皿，暨移取户、工二部，米、布、棉、柴、煤炭等物，俱由典簿廳彙繕四柱，清册奏銷。

典簿廳，典簿，滿洲一人、漢一人，掌章奏文移。

督催所，由堂官於四署司員内酌派數人管理。掌催理檔案。各衙門送到文移當月，官移付督催所，逐件依限督催辦理完案，每十五日一次，摘事由詳已、未完結具稿，呈堂備查。

當月處，四署署正、署丞、筆帖式輪直。掌收文監印。

大官署，署正，滿洲一人、漢一人，署丞，滿洲二人，掌供豕物，祭祀、筵燕、廩給需用豬、豬肉，俱據各該處來文供備。其咸安宫教習及辦理經咒人員、景山教習日給豬肉，又，内廷各處造辦餑餑桌張，御書處造墨應用豬油、豬膽，均由掌儀司以所用數目行知，由署折給價值。豬肉、豬油，每斤俱折銀五分，豬膽，每箇折銀六釐，劄庫發給。徵菜地之賦而致諸庫。額設菜園頭九名，每歲額徵菜園税銀一百七十九兩四錢五分，由署徵收，付送本寺銀庫，歸入正項。支用祭祀、筵燕應用鮮菜，由菜園頭供備，照依本寺定價，於應徵銀内覈實扣抵。備其器用，祭祀、筵燕及殿試等事，應用紅油、矮桌、八仙桌、一字桌、奠桌、策桌及交椅、幃、墊等物，先由工部送交本寺存貯，大官署庫按事應用。稽其市值。祭祀、筵燕、廩給承辦官用過銀數，設稽察所，分别例價、時價據實覈銷。其備辦漢席應用廚役，每工給銀一錢五分，亦由稽察所付知銀庫給領，其職掌係大官署兼攝。

筆帖式，滿洲五人，掌翻譯。

珍羞署，署正，滿洲一人、漢一人，署丞，滿洲二人，掌供禽、兔打牲網户長六名，壯丁五十四名，每名給地五十一畝，由珍羞署管理。奉先殿薦新，每月朔、望供用活兔七，每歲七月上旬以水鳧、九月上旬以鴻雁、十一月上旬以活兔，各十八，十二月薦獻鴨蛋二百箇；又，天壇、地壇、常雩供用造醢活兔十一，祈穀供用兔七，太廟時饗、祫祭供用兔三十三，祫祭前二日告祭供用兔十，元旦及萬壽聖節致祭供用兔四；元旦祭，壽皇殿供用兔五，社稷供用兔四，日壇、先農、先蠶、都城隍廟，黑龍潭、玉泉山、昆明湖龍神祠俱供用兔一，月壇、文昌帝君廟俱供用兔二，歷代帝王廟供用兔十八，先師廟供用兔十，太歲供用兔五，先醫供用兔十一，關帝廟供用兔四；其因事告祭，天壇、地壇俱供用兔一，太廟供用兔四，社稷供用兔二，奉先殿供用兔七，先師廟供用兔一；祈雨告祭，三壇供用兔十二，社稷供用兔二，大雩供用兔五；報祀，天壇、地壇俱供用兔五，社稷供用兔二，三壇供用兔十二；興工告祭，皇穹宇、皇祇室供用兔十，太廟供用兔九，奉先殿供用兔六，社稷供用兔四，日壇供用兔一，月壇供用兔二，歷代帝王廟供用兔七，先師廟供用兔一，先農壇供用兔十二，先蠶壇供用兔一，太歲供用兔五，俱由署飭令網户敬謹供備。又，廩給需用雞隻，亦由署備辦。及其魚物。捕魚網户長二名，網户八十九名，每名給地三十畝，由珍羞署管理。奉先殿，每歲冬月，薦銀魚二百尾，並筵燕、廩給應用鮮魚，由署飭令網户供備。大祭祀，供其龍壺、龍爵。壇、廟祭祀，恭進福酒、福胙，應用白瓷龍壺二把、白瓷爵二箇、白瓷龍盤二箇、白瓷龍缾一箇，並由江西巡撫燒造，送交本寺存貯署庫，届期備用。皇后親蠶亦如之。親蠶，應用白瓷龍壺二把、白瓷爵二箇、白瓷龍盤二箇，亦由江西巡撫燒造，送寺存署庫備用。○凡麪，行户部取麥，以備磑。額設麪行户一名，凡供應白麪，豫領户部倉貯麥石給發行户，磨麪備用。每麥一石，例出白麪九十四斤七兩一錢一分，黑麪十二斤，麪麩十四斤，其麪麩、黑麪，抵給運脚磨工，白麪，存貯署庫。凡祭祀、筵燕、廩給及恭遇頒詔所需白麪，並修書各館用糨糊麪，俱由署飭令行户備辦。供茗亦如之。黄茶、天池茶，亦行文户部，每次移取二兩重，黄茶四千八百包，天池茶六百斤，存庫備用。凡豫備乳茶，各處廩給所需茶葉俱由署給發。其煎熬乳茶，額設茶長一名，熬茶蒙古十一名，亦由署管理。給後黄寺僧之齋食。每歲正月初八日起，至十五日止，後黄寺喇嘛四百衆，誦經八日，所需齋食等折給價銀。大喇嘛三十四衆，每衆日給銀四錢五分文；贊德木齊六十四衆，每衆日給銀三錢；散衆喇嘛三百二衆，每衆日給銀一錢五分，通計銀六百三十八兩四錢，由署據理藩院文移覈，實付庫發給。凡造辦，則總其事。備辦筵席、乳茶，並各處來使日給食物，承辦官督令廚役、茶拜唐阿在總辦處成造。其應用銀兩，承辦官酌定由總辦處付庫給發，所需木柴、煤炭、爐竈及動用器皿等項，行工部移取；白米等項，行户部關支；夫馬車輛，行兵部撥給。其應用酒、茶、鹽、布、銅盤、桌椅等項，付各該署給發，皆由總辦處行文。事竣，器皿、車輛等項，由承辦官移文各處收回。其職掌，由珍羞署兼攝。

筆帖式，滿洲五人，掌翻譯。

良醞署，署正，滿洲一人、漢一人，署丞，滿洲二人，掌供羊酒。○凡酒，一曰乳酒，乳酒，藏於内務府乾肉庫，由本署呈明，奏請發給本寺應用。每次奏請八十缾，每缾重十三斤八兩，得旨後，行文内務府照數給與。恭遇皇帝展謁，盛京三陵供用乳酒三缾，東陵供用三十三缾，西陵供用二十一缾，暨凡祭祀，供用乳酒每缾俱重三斤。二曰祭酒，由本署酒局釀造，天壇、地壇、雩祭供用祭酒七十二缾、洗魚酒二缾，祈穀供用四十八缾、洗魚酒一缾，社稷供用二十八缾、洗魚酒一缾，日壇、先農、先蠶俱供用六缾、洗魚酒一缾，月壇供用十缾、洗魚酒一缾，歷代帝王廟供用六十六缾、洗魚酒二缾，先師廟丁祭及臨雍釋奠俱供用七十四缾、洗魚酒二缾，月、朔釋菜供用十缾，傳心殿供用六缾，太歲供用二十二缾、洗魚酒一缾。又，太廟每歲，春用七十缾，夏用九十三缾，秋用二百有八缾，冬用一百六十二缾，祫祭用九十三缾、洗魚酒各二缾，祫祭前二日，祗告太廟，供用六十九缾。萬壽聖節致祭用六十四缾，元旦致祭用十六缾、洗魚酒各一缾，先醫供用十六缾，文昌帝君廟供用六缾，關帝廟供用十缾、洗魚酒各一缾，火神、東嶽、都城隍廟俱供用四缾，黑龍潭、玉泉山、昆明湖龍神祠俱供用四缾、洗魚酒一缾，炮神，紅衣炮位供用三十二缾，子母炮位供用四缾。春、秋仲月致祭，睿忠親王祠、雙忠祠、定南武壯王祠、宏毅公祠、文襄公祠、獎忠祠、褒忠祠俱供用二缾，賢良祠、恪僖公哈什屯祠俱供用八缾，昭忠祠供用一百十六缾，旌勇祠供用四缾，恪僖公遏必隆祠、勤襄公祠俱供用六缾。其因事告祭，天壇、地壇俱供用八缾，太廟，春用十六缾，夏用二十四缾，秋用六十四缾，冬用四十八缾，社稷供用十六缾，傳心殿供用十八缾，先師廟供用六缾。祈雨告祭，三壇供用七十二缾，社稷供用十六缾，大雩供用三十二缾。報祀，天壇、地壇俱供用三十二缾、洗魚酒一缾，社稷供用十六缾。興工告祭，皇穹宇、皇祇室俱供用七十二缾，太廟，春用四十六缾，夏用六十九缾，秋用一百八十四缾，冬用一百三十八缾，社稷供用二十八缾，三壇供用七十二缾，日壇供用六缾，月壇供用十缾，歷代帝王廟供用四十二缾，先師廟供用六缾，先農壇供用七十二缾，先蠶壇供用六缾，太歲供用二十二缾。致祭司土、司工之神供用八缾，窰神、門神供用四缾。凡祭祀需用祭酒，每缾俱重一斤十二兩。恭遇皇帝親祀壇、廟，應用福酒，每次計二十二斤。三曰燕酒，由本署酒局釀造。凡筵燕，供備滿席，每缾重十五斤，供備漢席，每席一斤，各處來使支給，分例每壺重一斤八兩，每缾重十五斤。四曰燒酒。本署酒局釀酒所餘糟粕，每米一石，得酒二斤。凡祭祀、筵燕，並各處支給，分例應用燒酒，照數給發，如不敷用，由署覈價，付庫發給行户採買。凡釀酒，別其水泉，祭酒，用玉泉水成造，行文奉宸苑給發，燕酒，取本局井水成造。量其麴櫱，祭酒，每九十斤，用糯米一石、淮麴七斤、豆麴八斤、引酵八兩、花椒八錢、箬葉四兩、麻經三兩、香油四兩；燕酒，每一百三十斤，用米各數與祭酒同，惟淮麴八斤、豆麴五斤。糯米，行户部關支；麴酵、花椒、箬葉、麻經，付掌醢署備辦；香油，由本寺四署按月輪辦。

備其物用，凡釀造祭酒、燕酒，應用黄蠟、絹袋、白布、毛頭紙，行户部發給，煤炭及器皿等項，行工部發給，取水人夫車輛，行兵部發給。飭局使而以時釀焉。酒局庫吏，正黄旗、鑲藍旗滿洲各一人，由本署管理，每歲春、秋二季釀造諸酒。壽皇殿日供，則備乳油。額設乳油行户一名。凡壽皇殿等處造辦供獻餑餑桌張，每日用乳油六十斤，由署據掌儀司來文採買送交。陵寢祭祀亦如之。東陵、西陵，歲用乳油四千一百五十二斤有奇，如遇閏月，按例增加，俱由各該奉祀郎中呈明，承辦事務衙門移文本寺，亦由署按數採買送交。○凡造辦，則供羊。額設羊行户一名。凡祭祀、筵燕、廩餼，應用漢羊、羊肉及内膳房諳達哈哈珠子、侍衛、拜唐阿，養心殿、御書處、武英殿、武備院拜唐阿、匠役等，御船處水手、網户，慎刑司番役等，日食羊肉，與養狗處所需羊肝腸，據各該衙門來文，飭令行户採辦送交。供大内之牛酪。内廷供應牛乳，據掌儀司來文，飭令行户照數採買送交。凡牛乳，例分内用、外用，内用者，以斤計，外用者，以鏇計，每鏇重三斤八兩。

筆帖式，滿洲四人，掌翻譯。

掌醢署，署正，滿洲一人、漢一人，署丞，滿洲二人，掌供醢醬之物。造辦筵席，支給分例應用醬、醋、花椒等，由署據所司來文發給。○凡鹽，一曰白鹽，由本署煎熬，每青鹽三斤煎白鹽一斤。二曰甎鹽，長蘆鹽運使歲解甎鹽二千斤，存貯本署鹽庫，每歲百斤銷鹵耗鹽一斤。三曰青鹽，長蘆鹽運使歲解青鹽三萬斤，存貯鹽庫，每歲百斤銷鹵耗鹽一斤。四曰土鹽。由署按應用數目，付庫採買。凡壇、廟之祭，供其白鹽、甎鹽；天壇、地壇、常雩，供用白鹽一斤、甎鹽七斤；祈穀，供用白鹽一斤、甎鹽四斤八兩；社稷，供用白鹽一斤、甎鹽三斤。太廟時饗、祫祭，供用白鹽一斤、甎鹽十一斤八兩。元旦及萬壽聖節致祭，供用白鹽一斤、甎鹽二斤八兩；日壇、先農壇、先蠶壇，供用白鹽八兩、甎鹽十兩；月壇，供用白鹽八兩、甎鹽一斤四兩；歷代帝王廟，供用白鹽一斤、甎鹽十六斤十四兩；先師廟丁祭及臨雍釋奠，俱供用白鹽一斤、甎鹽三十六斤十四兩；傳心殿，供用白鹽一斤；太歲，供用白鹽八兩、甎鹽三斤二兩；先醫，供用白鹽八兩、甎鹽五斤十兩；文昌帝君廟，供用白鹽八兩、甎鹽十四兩；關帝廟，供用白鹽八兩、甎鹽二斤二兩；黑龍潭、玉泉山、昆明湖龍神祠及萬壽聖節致祭都城隍廟，俱供用白鹽八兩、甎鹽十兩。報祀，天壇、地壇，俱供用白盤一斤、甎鹽三斤四兩；社稷，供用白鹽八兩、甎鹽一斤八兩；三壇，供用白鹽一斤、甎鹽六斤四兩，俱據太常寺來文供備。陵寢之祭，供其白鹽、甎鹽、青鹽。東陵、西陵，歲用白鹽六百七十六斤有奇，甎鹽一千五百八斤有奇，青鹽八千九百八十一斤有奇，俱據禮部來文供備，如遇閏月，按例增加。若筵燕，若廩餼，皆供其物。凡造辦筵席，所用青鹽、甎鹽，煎熬乳茶所用青鹽及各項廩給所需白鹽、甎鹽、青鹽，俱後各該處來文給發。養牲，則供土鹽。犧牲所餵養黑牛一頭，每季用土鹽一斤，該處按季行知本寺，由署給領。〇徵果園之賦而致諸庫。果園地四千二百五十六畝，每畝歲徵銀一錢，共計銀四百二十五兩六錢，由署徵收付庫，歸入正項支用。額設總園頭二人，魯家灘園頭六人、園丁四十五名，鳳河營園頭八人、園丁十八名，葡萄園園頭二人、園丁八名，亦由署管理。立夏，則供菜以薦新。奉先殿，每歲立夏日薦獻吉祥菜一盤，由署飭令果園頭供辦。納榛、栗之歲入者以備用。昌平州歲解榛子四石、栗子四石，懷柔縣歲解榛子四石五斗，均於季冬解送本寺，由署驗收，以備辦理。餑餑桌張，應用榛子，每石覈重八十斤，每百斤得榛仁三十八斤八兩，栗子，每石覈重一百二十斤。若土鹻，東陵、西陵，歲用土鹻一百四十一斤有奇，由各該處奉祀郎中呈明，承辦事務衙門移咨到寺，由署供備，如遇閏月，按例增加。若麴醇，本寺良醞署所需豆麴、麥麴、引醇、椒箬等物，由署備辦。東陵、西陵，歲用豆麴六百六十一斤有奇，麥麴三百十五斤有奇，引醇三百八斤有奇，箬葉三十二斤有奇，據禮部來文供備，如遇閏月，按例增加。若燭，燭有黄燭、羊油燭、黄燭，行文户部，每次移取五百枝，貯庫備用。羊油燭，由署採買。凡親祀壇、廟，供備福胙需用黄燭，每祭四枝，據司爵、胙官移付，並各處支給。分例需用黄燭，禮部備辦筵席，宰牲處需用羊油燭，據禮部、理藩院各來文備給。若更香，圓明園、暢春園，月用更香二十四束，據兵部行知，觀象臺、譙樓，月用更香二十四束，據欽天監行知，均由署採買送交。恭遇皇帝巡幸，沿途應用更香，亦據兵部行知本寺，照數辦給。皆採買，以供備。

筆帖式，滿洲四人，掌翻譯。

銀庫，司庫，滿洲二人，掌銀庫之藏，額設庫使八人，兼司出納。與其尊、壺、盤、碟。凡祭祀、筵燕，應用金奠池、金臺盞、金鍾、金大執壺、金小執壺、銀奠池、銀臺盞、銀鍾、銀杓、銀大罐、銀大執壺、銀小執壺、銀茶壺、銅盤、銅碗、銅碟等，由庫收貯，按事應用。其盛蓋金銀器皿所用緞袱、布袱、板、筐、繩、槓及油單、布單等物，均由庫行文工部移取。

黄册房，滿、漢署正共二人，筆帖式二人，由堂官酌派管理。掌繕册奏銷。

欽定大清會典卷五十九

順天府，兼管府尹事大臣一人，於漢尚書、侍郎内特簡。順天府自兼管府尹事大臣及尹、丞、治中、通判、經歷、照磨、司獄，皆係漢員。尹一人，掌京畿地方之事，以布治於四路。順天府所屬京縣二，近京州五、縣十七，分隸於四路同知，皆轄以府尹，陞調所屬同知州縣，則直隸總督會列尹銜具題。其刑名，流以上由四路廳申按察司轉總督達部，徒杖以下，尹自決之。錢糧奏銷，由四路廳申布政使轉總督會尹達部。所屬完欠分數，與總督一例考成。率二京縣，而頒其禁令，京城内外民間干禁之事，由順天府率大興、宛平二縣，與步軍統領衙門五城示禁，犯者，一體察拏。宣其條教，令大興、宛平二縣訪舉年高有德者，具結送府，充鄉約、耆老，於朔、望日集公所，宣讀《聖諭》《廣訓》。以成首善之化。凡民控告者，則聽。其獄，大事以聞，小事決之。所屬五州十九縣控案，即與提審。重案，奏請定奪，輕者，或咨部辦理，或自行審結。○凡守土官之祀事，歲以時舉之。遇府學、文廟春秋丁祭，兼尹、尹率屬行禮、祈禱。三壇、五廟、黑龍潭龍神祠救護，日、月食，關帝廟、文昌廟祭祀，由大興、宛平二縣供備祭品；金太祖、世宗陵，由房山縣辦祭；元太祖、世祖陵，望祭於宛平縣清河之北，由宛平縣辦祭；明宣宗、孝宗、世宗陵，由昌平州辦祭。壇、廟，備其犧牛。太常寺犧牛，歲額二百四十，由順天府飭屬採買。大興縣、宛平縣、通州、涿州、昌平州、霸州、薊州及遵化直隸州，各牛十；良鄉縣、房山縣、文安縣、大城縣、武清縣、寶坻縣、三河縣及遵化直隸州所屬之豐潤縣、玉田縣，各牛八；固安縣、永清縣、東安縣、香河縣、寧河縣、順義縣、懷柔縣、密雲縣，各牛五；保定縣、平谷縣，各牛四，餘牛四十，由内務府牧群牛内挑取。如牧群所交逾額，則順天府減買，如不及額，則順天府增買。供五色之土於太社。太社之制，用五色土施於五方，由順天府飭東安縣、房山縣、涿州、霸州辦解工部。察京師之糧價、銀價，月終而陳之。糧價、銀價月摺，據京縣申報入奏。時雨、雪，則以聞。雨雪分寸，據所屬申報，隨時具奏。給雇役、募役。差車，由順天府雇用者，於民車雇十之七，内務府、莊頭車雇十之三，給與例價。壇户、廟户、庫夫、所夫等役，皆由順天府飭州縣募充。行其施卹。廣寧門外普濟堂，廣渠門内育嬰堂，皆順天府經理。自康熙六十一年，賜普濟堂銀一千兩,乾隆四十八年,賜普濟堂京倉小米三百石,自後歲以爲常。嘉慶七年,復賜普濟堂銀五千兩,以其息爲經費。又,官民之樂善者,捐施銀、米、衣、孺。凡就養於堂者,均而散之。〇凡迎春,製土牛、芒神。歲以六月,移欽天監豫定春牛、芒神之制。冬至後辰日,於歲德方取水土製造,以桑柘木爲骨。牛身高四尺,象四時;長八尺,象八節;尾長一尺二寸,象十二月;頭色,視年干;身色,視年支;腹色,視年納音;角、耳、尾色,視立春日干;脛色,視立春日支;蹄色,視立春日納音;口開合、尾左右麾,視年陰、陽,陽,口開,陰,口合,陽,麾左,陰,麾右。芒神,長三尺六寸五分,象三百六十五日;鞭長,二尺四寸,象二十四氣;老少,視年支。孟仲季,衣色、帶色,視立春日支,衣色,用剋支,帶色,用支生;置髻,視立春日納音,金,耳前,木,耳後,水,左前右後,火,左後右前,土,在頂直上;罨耳,視立春時晝夜,子丑,全戴,寅,揭左,亥,揭右,卯至戌,則手提,陽時,左提,陰時,右提;行纏鞵袴,視立春日納音,水俱有,火俱無,土有袴,餘無,金、木俱有,金,左行纏懸於腰,木,右行纏懸於腰。土牛鼻用拘,芒神手執鞭,拘以桑柘木,鞭以柳枝。拘繫繩,鞭著絲,視立春日支,寅巳申亥用麻,子卯午酉用苧,丑辰未戌用絲。芒神立牛左右,視年陰陽,陽,立牛左,陰,立牛右。芒神立牛前後,視立春距歲前後,歲前五日外立春者,立牛前,歲後五日外立春者,立牛後歲,前後五日内立春者,立與牛並。豫日,迎於東郊,先立春一日,設綵棚於東直門外迎春坊,置土牛、芒神於中,復設綵棚於順天府大門内,府尹率屬出郊迎春,鼓吹入府大門内綵棚。及時,乃進春於大内,

進春之禮

製春山,飾土牛、芒神,府屬官率護春吏舁至禮部,府學生員七十二人接舁,欽天監天文生前導,由東長安門、天安門、端門各中門入,京縣豫陳案於午門外正中,舁至,陳於案,兼尹、尹、丞及禮部尚書、侍郎畢集。生員舁案,禮部官前導,禮部尚書、侍郎、兼尹、尹、丞從,由午門中門、昭德門至後左門外止,俟欽天監官報時刻,内監接舁至乾清門,兼尹、尹跪,進表,首領内監接舁,入乾清門中門,恭進皇帝春山,呈覽後,貯太和殿東暖閣,恭進皇后春山,呈覽後,貯保和殿東暖閣。遂鞭春。兼尹、尹、丞進春禮畢,退至府署,率屬執綵杖,立土牛旁,擊鼓,環鞭土牛者三,以勸耕。〇凡耕耤,則供具,恭製御用耒耜絲鞭,色黄,箱色青,從耕三王、九卿,耒耜絲鞭色赤,箱色黑,箱各實穜稑。御用牛色黄,從耕牛色黑。率耆老、農夫以執事。順天府額設耆老三十五人、農夫四十二人,給劄承充。皇帝親耕,以耆老二人牽牛,農夫二人扶犂,從耕三王、九卿,各以耆老一人牽牛,農夫二人扶犂。尹率屬蟒袍補服,御前耆老青絹采袍補服,三王、九卿前耆老青布采袍,俱頂帽。農夫,纓氈帽,布襖袴,終畝時,皆荷蓑戴笠。

皇帝親耕,尹進鞭,遂視終畝。躬推禮成,尹率屬及耆老、農夫均序立於觀耕臺前西旁,北嚮,聽贊,行三跪九叩,禮畢,視耆老、農夫。終畝,如皇上不親耕,則尹

率屬及耆老、農夫耕而終畝。既穫，則告成，乃納帝耤之實於神倉，供粢盛焉。玉粒告成，由順天府以稻、黍、穀、麥、豆之數具題，交欽天監擇吉藏於神倉。○凡鄉飲，則爲之主，擇鄉之齒與德者爲之賓，鄉飲，先期訪紳士之年高德劭者一人爲大賓，其次一人爲介賓，餘爲衆賓。衆賓之長三人，爲一賓、二賓、三賓。大賓、介賓、衆賓，皆由縣報府覈定，以姓名、籍貫造册報部。其有仕至顯宦居鄉願來觀禮者，是爲僎，無，則缺之，不在舉報之內。孟春之望、孟冬之朔舉焉。舉行於順天府學明倫堂。辨其位次，鄉飲前一日，執事者於明倫堂設坐，次賓席於堂西北，南嚮，主人席於堂東南，西嚮，介席於堂西南，東嚮，一賓、二賓、三賓席於賓西，南嚮，東上衆賓席於西序，東嚮，僚屬席於東序，西嚮，皆北上。禮部堂官監禮一人，席於庭東，北嚮，司正席於主人之東，北嚮，有僎者，席於堂東北，一品南嚮，二、三品西嚮。作其揖讓，鄉飲，設贊禮二人，引禮二人，以生員充。凡行禮，皆贊、皆引。賓至，主人率僚屬出迎於庠門之外，揖賓，揖介，揖衆賓，皆答揖，咸入。賓就西階，主人就東階，三揖三讓，乃升，賓東嚮，主人西嚮，再拜，賓即席，乃延介，一讓升，拜如初儀，介即席，乃延衆賓，以次升，主人揖，皆答揖，即席，主人率僚屬即席，咸坐。司正升，賓以下皆起立，司正揖，賓以下皆揖。揚觶畢，司正揖，賓以下皆揖，讀律升，起立，皆揖如初儀。及供饌，主人酌獻，賓置於席，賓酌酢，主人置於席，皆再拜，主人獻介，介酢主人，拜如初儀，咸坐。執事者獻衆賓。及徹饌，咸興，主人及僚屬西嚮，賓、介、衆賓東嚮，再拜，賓、介、衆賓出，主人僚屬送於庠門外，一揖，退。監禮，先賓至，主人迎，後賓出，主人送。有僎者，亦先至、後出，主人迎、送如之。道其禮法，鄉飲，有揚觶之儀，有讀律之儀。司正，堂中北嚮立，執事以觶酌授司正，乃舉酒曰：

恭維朝廷，率由舊章，敦崇禮教，舉行鄉飲，非爲飲食，凡我長幼，各相勸勉，爲臣盡忠，爲子盡孝，長幼有序，兄友弟恭，內睦宗族，外和鄉黨，無或廢墜，以忝所生。

讀畢，乃飲，司正復位。執事者設律令案於堂之中，讀律一人，以生員充之，詣案北面立，讀律畢，乃復位。協其樂奏。鄉飲，順天府學樂舞生設樂於西階下，歌者四人，樂以笙四、笛四、簫四、琴二、瑟一、雲璈一、方響一、手鼓一，拍版。樂章，以高宗純皇帝聖製補笙詩六章：

南陔三章，二章章六句，一章八句。

我逝南陔，言陟其岵。昔我行役，瞻望有父。欲養無由，風木何補。

我逝南陔，言陟其屺。今我行役，瞻望有母。母也倚閭，歸則寧止。

南陔有筍，簎實勹之。孱孱孩提，孰奥咻之。愼爾温凊，潔爾旨肴。今爾不養，日月其慆。

白華四章，章六句。

有白者華，不汚纖塵。咨爾士兮，宜修其身。不修其身，乃貽羞於二人。

有白者華，婉兹静好。咨爾女兮，宜修婦道。不修婦道，乃貽羞於二老。

白華匪玉，涅而不緇。白華匪蘭，芬乃勝之。我擷白華，載咏載思。

白華匪王，質玉之令。白華匪蘭，臭蘭之净。我擷白事，載思載咏。

華黍三章，二章章四句，一章五句。

瞻彼阪田，厥黍始華。胝手胼足，嗟嗟我農夫。

瞻彼阪田，黍華以秀。胼手胝足，惟勤斯殖茂。

華有不秀矣，秀有不實矣。其雨其雨矣，杲杲出日矣，惄予愁之恤矣。

由庚四章，章四句。

王庚便便，東西朔南。六符調燮，八風節宣。

王庚容容，朔南西東。惟敬惟勤，百王道同。

王庚廓廓，東西南朔。先憂而憂，後樂而樂。

王庚恢恢，南朔東西。皇極執建，惟德之依。

崇邱三章，章六句。

澗松童童，蛙黽鄰兮。邱草萋萋，藹青雲兮。凡百君子，慎乃託身兮。

澗松童童，澗則卑兮。邱草萋萋，邱則崎兮。凡百君子，審乃所依兮。

有崇者邱，物無不遂，有卓者道，愚無不智，資生育德，永植毋替。

由儀四章，二章章四句，二章章二句。

在上曰天，在下曰地。君君臣臣，父父子子。

在下曰地，在上日天。父父子子，君君臣臣。

由其儀矣，物則熙矣。

儀其由矣，物則休矣。

始奏，以笙引，乃歌工歌一篇，間生歌一篇，歌畢，遂奏笙成。凡賓不備，則不舉。鄉飲，賓、介如無齒德允孚衆望之人，即行停止，報部存案。〇凡鄉試，治其場務。順天鄉試，例以兼尹或尹一人，入場監臨。乾隆五十二年，始由禮部開列侍郎以下、三品卿以上欽點監臨，滿洲一人、漢一人入場，總理内場事務。八月八日，鄉試間有不在八月者，皆以頭場點名之日。尹一人，請欽命題，以下於貢院。順天鄉試，頭場題係欽命，尹赴乾清門恭請，送入貢院。及榜發，張於府前，三日而斂之。凡鄉試，入場、出場，皆燕於府，樂以鹿鳴。鄉試，八月初六日，入場之先，燕於順天府，曰上馬燕，出場之次日，復燕於順天府，中式舉人咸與。其有前六十年中式之舉人，亦准奏請入燕，是爲鹿鳴燕。兩燕之樂，皆譜鹿鳴詩三章。

上馬燕

正主考、副主考、監臨、彈壓、副都統、監試御史席於堂北，南嚮。同考官席於堂中，左、右各一行，外簾官左、右各一行，次之，監場參領、章京、供事、游擊、守備、巡綽官、筆帖式，左、右各一行，又次之，負序，均東、西嚮。兼尹、尹席於堂西南，提調席於堂東南，印卷官、供給官席於提調之東稍後，均北嚮。供事官席於東、西序之南，左、右各一行，大興縣、宛平縣經歷、照磨、内外委官席於月臺，左、右各一行，均東、西嚮。月臺之西南，望闕設香案。是日，午門外宣旨畢，欽點各官辭朝，出東長安門上馬，鼓樂繖扇執事前導，至府二門外，治中、通判揖迎入，主考、監臨、副都統、御史、同考官、外簾等官升西階，兼尹、尹、提調、治中、通判等升東階，至月臺香案前排班，主考、監臨、副都統、御史、兼尹、尹、提調爲一班，餘官爲一班，次之，行三跪九叩禮畢，升堂，揖，乃即席。兼尹、尹、提調酌獻，主考、監臨、副都統、御史、治中、通判酌獻，同考、外簾等官各酌酬，乃入席。和聲署作樂，飲畢，香案前行禮如初。兼尹、尹送各官入貢院。

鹿鳴燕

堂上、月臺上設席，與上馬燕同。惟增設舉人席於丹墀左、右，東、西嚮。是日，各官、舉人平明見朝畢，出東長安門上馬，至府入門、升階，並與上馬燕同。月臺香案前行禮，舉人列爲第三班，各官升堂，一揖後，解元率衆舉人行庭參禮，跪，起，再跪，起，跪，稟，拜，起。先正、副主考，次監臨，次都統，次兼尹、尹、提調，次内外監試，四拜，皆全受，次同考官，次治中、通判、兩縣，四拜，皆受二、答二，次外簾官、五所官府首領、縣佐，貳二拜，皆答，乃告坐，再跪，起，一揖，各退。簪花披紅，咸就席，餘均與上馬燕同。

武鄉試亦如之。武鄉試兩燕之樂，亦譜鹿鳴詩三章，入場，亦曰上馬燕，出場，中式武舉人咸與，是爲鷹揚燕。上馬燕舉於十月十三日，監場、參領、章京及供事官、外簾官，俱席於堂左、右次行，餘與文鄉試上馬燕同。鷹揚燕，監射大臣、兵部堂官、主考、彈壓、副都統、監試、御史席於堂北，南嚮。同考官席於堂中，左、右各一行，監場、參領、章京、外簾官、監箭官左、右各一行，次之，供事官、筆帖式左、右各一行，又次之，負序，餘席與鹿鳴燕同。各官、武舉人平明見朝畢，上馬至府，入門，升階，香案前行禮畢，各官升堂，揖，解元率衆武舉人跪，稟，拜，先監射大臣、兵部堂官、主考，次副都統、監試、兼尹、尹、提調、同考官，四拜，皆全受，次參領、章京、治中、通判、外簾官、監箭官，四拜，皆受二、答二，次供事官、兩縣府首領、縣佐，貳二拜，皆答，餘與鹿鳴燕同。凡鄉試、會試，皆飭其屬，而供庀。鄉試、會試，宗室鄉試、會試，武鄉試、會試，翻譯鄉試、會試，修號舍、辦供給，皆順天府飭屬經理。鄉試、宗室鄉試、翻譯鄉試，併備試卷。凡傳臚，則迎一甲三人，於長安門燕，而送歸第。傳臚日，兼尹、尹、丞朝服，俟於東長安門外棚内，狀元、榜眼、探花出朝廷，入棚内，一揖，簪花披紅。兼尹、尹、丞奉酒三盃，俱立，同飲畢，一揖，送上馬。兩縣備執事，和聲署作樂，前導至府，狀元等升西階，兼尹、尹、丞升東階，於月臺香案前行禮畢，升堂，一揖，兼尹、尹、丞酌獻，再拜，狀元等答拜，乃酌酬，再拜，兼尹等亦答拜。府屬官致賀，再拜，狀元等答再拜。燕畢，香案前行禮，乃送上馬，兼尹、尹、丞更衣，穿補服，送狀元歸第。〇凡四路捕盜官兵，皆察其功過，歲終則彙，而咨於兵部。〇凡五徒、三流，刑部以送於府，各定其地而配焉。徒五等，由順天府定地發驛。流三等，由順天府照三流道里表定地，飭縣遞解。五軍，則兵部定地，以送於府而發配。軍五等，由兵部定地，送府，飭縣遞解。

丞，一人，掌分理學務，歲試、科試，則録其童生而送於學政，八旗及順天府四路州縣童生，由府丞府考後送順天學政，考取入學。以時教養其士。正陽門外金臺書院，聘掌教正學長、副學長，上舍内課、外課，諸生月給膏火銀，由府丞經理。皇帝耕耤，奉青箱，以待播種。皇帝親推，府丞奉青箱，以從户部侍郎播種。鄉試，則充提調，以佐監臨之治。

治中，一人，通判，一人，掌分理地方之事，以呈於堂而定議。治中，分理錢糧、户婚、田土等事，通判，分理詞訟、禮儀及一應雜事，各於稿面書名、畫押，呈兼尹、尹覈定。經歷，一人，照磨，一人，掌出納文移。照磨，兼管貢院號舍什物。司獄，一人，掌獄。

順天府學，教授，滿洲一人、漢一人，訓導，滿洲一人、漢一人，掌教在學之士。文生，觀其藝，武生，觀其射，皆月課，不率教者，戒飭之。三歲則察其士之優劣，以報於學政。凡天下府、州、縣、衛之學，仿焉。〇凡禮樂之器，皆守其藏。文廟内祭器、樂器，皆令造册存貯，易任，則交代。書籍亦如之。學宫奉頒書籍，准在學諸生就抄、就讀，亦責成學官藏庋。釋菜、釋奠於先師，則率樂、舞生而敬供其事。鄉飲，則充司正，以教授或訓導一人充之。

奉天府，兼管府尹事大臣，一人，於盛京五部侍郎内特簡。尹，一人，奉天府尹由特簡，與通判皆用滿洲，餘自府丞以下皆漢缺。掌盛京地方民人之事，盛京十四城，旗人皆統於將軍，其民人則轄以府尹。以布治於府、廳、州、縣，奉天府所屬京縣一、廳三、州二、縣六，又，領錦州府一，所屬州二、縣二。承德縣所治，在盛京城附郭。盛京之東與京城附近民人，治以興京理事廳，東南，岫巖城、鳳凰城一帶民人，治以岫巖廳。南路，與遼陽城、牛莊城、蓋州城、熊岳城、復州城、金州城旗屯相間者，爲遼陽州、海城縣、蓋平縣、復州、寧海縣；西路，與錦州城、廣寧城、義州城旗屯相間者，爲錦縣、廣寧縣、義州、寧遠州；北路，與開原城旗屯相間者，爲開原縣、鐵嶺縣；邊外科爾沁一帶，民人治以昌國廳。其官屬考察陞調、刑名判擬、錢糧奏銷，並統於尹。大事以聞，小事决之。凡各省巡撫之治，仿焉。〇凡三大節，前期，則遞表，奉天府尹賀表送盛京將軍衙門，彙總驛遞。届日，率其屬而慶賀於大政殿。朝服，排班，行三跪九叩禮。國有慶典亦如之。常朝之日，則坐班。每月逢五日，朝服，坐班於大政殿前。有事於陵寢，皆與焉。福陵、昭陵，四時大饗，朔、望供獻，尹皆隨班行禮。舉守土官之歲祀，每歲，時例祭文廟、社稷壇、風雲雷雨山川壇、先農壇、關帝廟、都城隍廟、護都豐農龍王廟、賢王祠、忠義孝弟祠、節孝祠，皆奉天府尹將事。立春,則迎春。

丞,一人,掌盛京、吉林學校之政令,按歲試、科試,文、武生各取中以其額。凡各省學政之治,仿焉。〇凡宗學,盛京設宗學一,教宗室子弟清書,教習以現任司官筆帖式兼充,騎射教習以閒散官或領催、披甲嫺騎射者兼充。漢書教習二人,於奉天進士、舉人、恩拔副歲優貢生内考取,考官以五部侍郎及府丞銜名,由盛京將軍開列,奏請欽點。覺羅學,盛京設覺羅學一,教覺羅子弟,制與宗學同。官學,盛京設官學四,每翼二學,教八旗滿洲、蒙古子弟,設滿洲助教四人,屬盛京禮部漢教習,每學二人,於恩拔副歲優貢生及生員内,由府尹考取充補。義學,盛京設義學四,教八旗漢軍子弟,由盛京將軍選學官兼充教習。皆稽其學務。治中一人,理事通判一人,掌分理地方之事。治中,治盛京城稅務,理事通判,治旗民交涉之訟。經歷一人,掌出納文移。司獄一人,掌獄。

欽定大清會典卷六十

鴻臚寺，兼管事務大臣，一人，以禮部滿洲尚書兼之。卿，滿洲一人、漢一人，少卿，滿洲一人、漢一人，掌襄朝會、燕饗之禮，率其屬而贊、導，陪祀，則引其儀。〇凡常朝，前期，則奏請，王公百官有承襲世爵、陞遷、兼銜、加級紀録、照舊供職、降秩、開復、革職、留任、寬免、解任等事，應行謝恩者，滿百人，由寺具奏，於初一、初五、初十、十五、二十、二十五等日，請陞殿一次。若遇文、武殿試，即於傳臚陞殿，率謝恩官行禮，無庸另行奏請。得旨，則戒其供備。常朝，奉旨後，由寺行文應行供備，各衙門至期供備，並行各衙門，傳知應行侍班、謝恩官至期會集。大朝供備亦如之。及期，收職名於掖門之外，百官集午門外，委員於左、右掖門外，收取行禮各官職名。惟侍班前引糾儀及執事等官，例應先入，無庸投遞職名。遂請駕。王公百官既按班就位，管寺禮部尚書一人、卿一人、鳴贊二人詣乾清門請駕，退至保和殿後檐下，東、西各二人立，候駕出。皇帝御太和殿，大朝及常朝遇覃恩後，百官皆謝恩者，則先御中和殿，執事等官行禮畢，乃御太和殿。若慶賀，大朝慶賀，王公大臣官員除執事等官外，皆就班行禮。若謝恩，常朝，惟謝恩官行禮，其餘百官仍按本位立。如有外藩使臣來京，恭遇陞殿，丹墀内侍班之王公大臣官員與謝恩官一體行禮。其外藩使臣行禮班位，先期請旨遵行。皆贊以儀，贊進，皆進，贊跪，皆跪，贊叩、興，行三跪九叩禮興，贊退，各復原位立。禮成，乃引退。皇帝策士於保和殿，讀卷官與諸貢士行禮，皆引焉。引讀卷官於丹陛上行禮畢，禮部堂官奉題置丹陛中黄案，引諸貢士於中和殿後兩旁丹陛上行禮。及傳臚，傳臚，御太和殿，引王公百官、侍班、讀卷執事各官於左翼仗後立，諸貢士於仗南左、右立，三傳官三人，分立於三成階西，皆東面，鳴贊官四人，侍立如儀。百官行禮畢，大學士一人由殿内左楹案上舉牓出，至階上，授禮部堂官，禮部堂官跪接，設牓於丹陛中黄案上。引貢士序立，由仗南進，至品級山前重行，北面序立，至宣制時，乃跪。遂宣制。鳴贊官贊有制：宣制官立丹陛東，西面，宣制曰，某年月日，策試天下，貢士第一甲，賜進士及第，第二甲，賜進士出身，第三甲，賜同進士出身。行禮，則贊以儀，傳臚官唱，第一甲第一名某，以次接傳至丹陛下序班，引至左班正六品品級山跪；唱第一甲第二名某，三傳，引至右班正七品品級山跪；唱第一甲第三名某，三傳，引至左班從七品品級山跪；唱第二甲第一名某等若干名，第三甲第一名某等若干名，均三傳，不引出班。禮成，乃引退。禮部官舉牓，自中階降，出太和門中門，引一甲三人隨牓後出，引諸進士由昭德門、貞度門、午門左右門出。若武殿試，亦大學士一人由殿內舉牓出，授兵部堂官，兵部堂官跪接，設於丹陛案上，禮成，兵部司官捧牓出。皇帝御經筵，卿二人，分引講官以入殿。皇帝御寶座，各官於東、西階行禮畢，卿一人，引滿洲講官由殿左門闑右入，又一人引漢講官由殿右門闑左入，咸依位序立，卿二人退就檐下。講畢，引出。及賜茶，各官進殿及退，皆引如前。恭進《實録》《聖訓》，引奉書官以入陳。龍亭至太和殿階下，纂修官詣亭，恭奉書升階，由殿中門入，詣保和殿，陳於中案。於時，卿二人恭導。皇帝御殿，則以卿二人奏致辭，宣制答。皇帝既受書，御太和殿受賀，各官就位，跪，卿一人進至殿中檻外，北面，跪，代奏臣工慶賀致辭畢，興。又一人出，自丹陛前西面，宣制答畢，皆退。駕幸闕里詩禮堂，宣勑亦如之。講學詩禮堂，禮畢，卿一人於中門左，奏宣勑，大學士奉勑，授宣勑官，西面，宣於階前。耕耤慶成宮，稱賀亦如之。耕耤禮成，如皇帝御慶成宮受賀，滿洲卿一人，至中門左，跪，奏致辭，云：躬耕禮成，群臣慶賀。鳴贊官遂贊，群臣行禮如儀。〇凡燕饗，群臣行禮，則贊。陪祀，則引，而聽太常寺官贊焉。惟祭堂子，則由寺贊禮。〇凡引禮，出、入辨其門，太和殿朝賀，王公由午門、太和門左右門引入，百官由左右掖門、昭德門、貞度門引入，禮成，引出如之。臨雍釋奠，禮成，王公引由戟門右門出，百官引由持敬門出。耕耤，御慶成宮，王公由南門左右門引入，百官由左右門東西門引入。祭社稷，王公隨豹尾班後由壇北門入，百官由壇街南門入。上、下辨其班，朝賀班次，卿引王、貝勒立丹陛上第四楹階下，貝子、公在其後，鳴贊官引百官立丹墀內。及排班，王、貝勒由丹陛鹵簿戟前進就稷薦上，貝子、公在稷薦後，百官及外國陪臣由丹墀鹵簿仗前進就品級山拜位。若在正大光明殿，王以下，文職三品、武職二品以上官，排立階下左、右，文職四品、武職三品以下官，排立出入賢良門外。在澹泊敬誠殿，王以下、三品官以上，蒙古王公以下、三等台吉以上，立階下左、右，四品官以下及蒙古四等台吉以下，立二宮門外。巡幸時，行殿朝賀，王公，一、二品官在黄幔城外，三品以下官在網城外。太和殿筵燕，王公、台吉暨入班大臣等進殿坐，一、二品大臣等就丹陛上坐，三品以下官就丹墀內坐。午門頒朔，王公序立左、右觀自南第二楹下，百官及朝鮮陪臣序立闕門相對處。及排班，王公於御道上左、右，百官於御道下左、右，受俘王公序立兩觀下、鹵簿外，百官序立甬道旁、鹵簿外，其拜位與頒朔同。耕耤，慶成宮賜茶，王公列坐階上，百官列坐階下。謁陵、祭日，王公拜位在隆恩殿階上、銅鼎左右，百官拜位在階下、對兩廡第二楹。巡幸盛京，御殿受賀，隨駕王公及蒙古王公等排立殿外左、右，隨駕官及盛京官、陵寢官排立丹墀東、西。大祀圜丘，王、貝勒拜位在第三成階上，左、右對第二成午階闌版第二柱；貝子、公拜位在第三成階下，左、右嵌設拜石；百官拜位在外壝門外，嵌設品級拜石，左、右各五行。祈年殿，王公拜位在第一成階上，左、右對石闌版第三柱樂懸之後重行；百官拜位在階下嵌設品級拜石，左、右各五行。大祭方澤，王公拜位在壇前嵌設拜石，左、右重行；百官拜位在外壝門外，嵌設品級拜石，左、右各五行。饗太廟，王公拜位在階上，對一成東、西闌版第二柱，左、右重行；百官拜位在階下，對兩廡南第四楹，左、右各四行。祭社稷壇，王公拜位在拜殿之南，嵌設拜石，左、右重行；百官拜位在拜殿兩旁，嵌設品級拜石，左、右各四行。朝日、夕月，王公拜位在内壝門内階下，對第一紅鐙，左翼在南，右翼在北，左、右重行；百官拜位在内壝門外，左、右各四行。饗先農，王公拜位在壇下大鐙之北，左、右重行；百官拜位在樂懸之南，左、右各四行。祭歷代帝王廟，王公拜位在階上，對左、右石闌第二柱，左、右重行；百官拜位在階下，相對兩廡第二楹，左、右各四行。左、右辨其位。南郊齋宫門外，引王公百官，左翼南嚮立，右翼東嚮立。祀日，引王公隨豹尾班後，進外壝、内壝，皆左翼由左門，右翼由右門。方澤、祭日，引王公隨豹尾班後，右翼至内壝門右門，相對止，左翼至甬路左止，以俟駕出大次。饗太廟，引王公於廟街門外，左翼在南，北面，右翼在北，西面，候駕至，南北面，駕過，亦分左、右門引進。祭社稷壇，送祝帛時，引左翼王公避立東旁，右翼王公退立拜殿階下；望瘞時，引左翼王公退立於内壝左牆角，右翼王公於拜殿西、百官之前立。日壇，内壝門外，引百官左翼序於拜位東上，北嚮立；右翼序於神路之東南上，西嚮立。月壇，内壝門外，引百官左翼序於神路之東南上，西嚮立；右翼序於拜位西上，北嚮立。饗先農，引百官入壇，右翼序於神路之西，東面；左翼序於甬路之南，北面。祭歷代帝王廟，引王公於廟門外，左翼門東，西上，南嚮立；右翼門西，北上，東嚮立。耕耤，駕入太歲殿，行禮時，引左翼王公百官於觀耕臺之左，右翼王公百官於臺右序立。及禮成，引左翼王公百官於甬道南，西上，北面序立，駕過，引右翼王公自臺南共隨行。謁陵，駕入隆恩門，自下馬處引王公、三品以上官，左翼由左門，右翼由右門，隨行。祭日，駕入隆恩殿，引王公隨入，如之鑾輿。巡狩，由午門、神武門出、入，王公百官，左翼在左，右翼在右，跪候迎、送。若由東華門出入，則左翼在北，右翼在南；由西華門出入，則左翼在南，右翼在北。凡典禮，各設其案。由寺應行陳設各案。有表案，大朝，設表案於太和殿内，左楹之南，西嚮；授受大典，設表案於右楹，及皇帝登極，奉表陳於東案；進《實録》《聖訓》，設表案於保和殿外稍東，南嚮；狀元表謝，設表案於午門外，兩觀第五楹正中。有筆硯案，大朝及常朝，皆設筆硯案於右楹之南，東嚮。有詔案，大朝頒詔者，皆設詔案二，一設於太和殿内左楹之南，一設於丹陛正中；盛京頒詔者，設詔案於崇政殿，如之。有寶案，授受大典，設寶案於太和殿内正中；登極之禮，如之。有册寶案，恭上皇太后尊號、徽號，設册寶案四，一於太和殿内正中，一於慈寧門檻外正中，一於檻外東旁，一於階下正中；册立中宫，設册案於太和殿御座前之左，設寶案於右；尊封太妃，設册寶案於太妃宫門正中，設宣讀册寶案於東旁；册封皇貴妃、貴妃，設册寶案，册封妃，設册印案，俱與册立中宫同；册封嬪，設册案於太和殿御座之左。有奏書案，恭上皇太后尊號、徽號，設奏書案二，一於中和殿内正中，一於慈寧門檻外正中。有節案，册立中宫，册封妃、嬪，設節案於太和殿御座前正中；册封親王及世子、郡王、公主，設節案於丹陛正中；册封郡王長子、貝勒、貝子、福晉夫人、郡主、縣主、郡君，設節案於階下正中。有勅印案，命將出師，設勅印案於太和殿内左楹之南。有書案，進《實録》《聖訓》，設書案於保和殿；進《玉牒》，設書案於中和殿，皆正中設一案，南嚮，餘案，視書之多寡，分設於左右。有題案，殿試，設題案二，一設於保和殿内左楹之南，一設於丹陛正中。有膀案，傳臚設膀案二，一設於太和殿内左楹之南，一設於丹陛正中。有御書案，經筵設御書案於文華殿御座前，臨雍設御書案於辟雍殿，如之。有講案，經筵設講案於御書案之前，北嚮，臨雍設講案於御書案前兩旁，東、西嚮。○凡坐班，常朝之期，皇帝不陞殿，群臣坐班。文職於初五、十五、二十五等日，武職於初一、初十、二十等日，春、冬以辰正，夏、秋以卯正，爲列坐之節。若遇雨雪及七月初十、十二月二十五等日，素服之期，均免坐班。各辨其内外、左右之位，王公於太和門外，東、西各二班，百官於午門外，東、西各九班，皆東、西面坐，重行，北上。劾其不到班者百官無故不到及不遞職名者，與禮部、都察院會疏題參。凡各衙門堂官，除有事故不能與朝者，許於册内聲明，其餘率屬坐班，違者，參奏。内廷行走、軍機處行走官員及内閣大學士、學士等，每晨進内辦事，遇常朝日，毋庸坐班。上元、端陽、中秋等日，恭遇皇帝駐蹕圓明園，各部院堂官俱宜赴賀，則不坐班。又，每逢朝期，該堂官適有奏事及引見等事，均免坐班。及不如儀者。朝班各官，如有言語喧譁、附耳交談，或背面坐立及無故逾越御道者，糾儀及引禮官指名題參。○凡外官謝恩者，引於朝，以行禮。外任官員，急於赴任者，具朝服，引至午門前，行三跪九叩禮。新選外任官，於給憑前十日内，四品以上，引至午門前，五品以下，引至天安門前，謝恩赴任。違誤不到者，指名題參。如書吏需索以致稽延，亦嚴行究辦。○凡駕出、入，傳百官以迎、送。壇、廟祭祀，駕出、入，王公百官朝服迎、送；巡幸，駕出、入，設鹵簿，則職官補服迎、送，不設鹵簿，則不迎、送。巡幸接駕，則豫定其遠近焉。乾隆十六年，奉旨向例：鑾輿巡幸，經過地方，官員應行接駕，由鴻臚寺具奏里數請旨，臨時，該寺率領接駕。至駐蹕後，復奏聞行禮。朕入疆，考績地方，大吏隨營行走，不時召見，即州縣各官，凡有承辦差務者，業已於道旁隨便跪接，此皆不在率領接駕之例。其率領行禮者，非散員，即武弁、教職充數之人，此何爲者？而鴻臚寺官員，先期傳示，不免滋擾。嗣後，凡應接駕人員，衹令鴻臚寺在京奏請里數，得旨行知，其一切繁文及接駕後赴鴻臚寺投遞職名，概著停止，以示朕行簡務實之意。

鳴贊，滿洲十有四人、漢二人，學習鳴贊，滿洲四人，掌贊、導朝會之禮儀。○凡贊禮，進、退則贊，朝賀，陞殿後，贊排班，班齊，贊進，既就位，贊跪，贊奏表，贊叩、興，禮成，贊退班。上皇太后尊號、徽號，贊進奏書，贊進册寶，贊宣册寶文。

親封太妃,贊進册寶印,贊宣册寶印文。頒詔、頒朔、臨雍、册立中宫,贊宣制。奏捷,贊受俘。御經筵、臨雍,贊進講。親耕,贊進耒耜,贊進鞭。跪、拜則贊。凡行禮,皆三跪九叩。惟親封太妃,進册寶印,奏行二跪六拜禮。太和殿筵燕畢,贊各官行一跪三叩禮。御經筵升座,各官行二跪六叩禮,講畢,復行二跪六叩禮,臨雍升座,亦行二跪六叩禮。進《實録》《聖訓》,監修等官奉綵亭至太和殿階下,行一跪三叩禮。皇帝謁陵,祭酒時,各官隨行一跪三叩禮。恩榮燕,諸進士於主席大臣、讀卷官、禮部堂官、鑾儀衛使,俱四拜,於執事官兩拜。宣制、頒詔,百官集天安門外,屆時,宣詔官西面,宣於臺;盛京,大政殿外,如之。頒朔,百官集午門闕下,屆時,宣制官西面,宣於甬道左。臨雍,講畢時,宣制官西面,宣於中門左。册立中宫,正、副使升階時,宣制官西面,宣於中門左。宣表則贊。大朝,贊宣表;授受大典,太上皇帝授璽後,贊宣表;皇帝登極,贊宣表;臨雍禮成、衍聖公表謝及新進士表謝,若陞殿,宣表者,則皆贊。其有不贊者,亦各辨其儀。皇帝御殿受賀,至中和殿,侍班、執事等官按班行三跪九叩禮,不贊。鄉、會試宣旨,引考官於御道左、右行三跪九叩禮,不贊。殿試賜題,諸貢士跪接行禮,不贊。狀元率諸進士表謝,奉表跪,陳黄案,行一跪三叩禮,不贊。考試,庶吉士未散卷前,行三跪九叩禮,不贊。頒賜外藩、朝貢使臣品物,引至午門前恭謝,鳴贊官指行三跪九叩禮,不贊。進《玉牒》,陳中和殿,總裁以下各官,行三跪九叩禮,不贊。下嫁蒙古之公主來朝、還國,於接官廳賜茶畢,引公主於廳内,望闕行六肅三跪三叩禮,引蒙古王、貝勒於廳外,望闕行三跪九叩禮,不贊。若太和殿大燕,以鳴贊官分立於丹陛三成,皇帝進茶、進酒,俱舉手傳示丹墀内百官行禮;耕耤,皇帝御慶成宫進茶,鳴贊官於階上,傳示階下百官,行一叩禮;皇帝謁陵祭酒,鳴贊官進至陵寢門外,傳示隆恩殿左、右各官,隨班行禮,皆不贊。

序班,漢四人,學習序班,由順天學政咨送生員到寺行走,無定額。掌序百官之班次。○凡朝班,王公班於丹陛,立位二、親王、親王世子、郡王、郡王長子、貝勒爲一班,貝子、入八分鎮國公、輔國公爲一班,左翼西面,右翼東面,皆北上。拜位四;親王一班,親王世子、郡王一班,郡王長子、貝勒、貝子一班,入八分鎮國公、輔國公一班,左翼西上,右翼東上,皆北面。百官班於丹墀,八旗官,以左翼鑲黄、正白、鑲白、正藍爲東班,右翼正黄、正紅、鑲紅、鑲藍爲西班;部院官,以宗人府、内閣、吏部、户部、禮部、通政使司、翰林院、詹事府、太常寺、光禄寺、鴻臚寺,國子監吏科、户科、禮科,欽天監、太醫院爲東班,兵部、刑部、工部、都察院、大理寺、鑾儀衛,太僕寺中書科、兵科、刑科、工科,順天府京縣、五城兵馬司、巡捕營爲西班,仍各以品級爲序。立位九、立位,在鹵簿後,依本寺所設紅漆木牌分九班,正、從同班。拜位十有八,拜位,在鹵簿前,依品級銅山分十八位,正、從異班。文職,詹事府少詹事,翰林院侍讀學士、侍講學士列三品班,庶子、洗馬、侍讀、侍講列四品班,中允、贊善、修撰、編修、檢討、庶吉士列五品班。武職,除八旗及左、右翼總兵,各依品級爲班外,巡捕營副將、參將列四品班，游擊列五品班，守備列六品班，千總等官列七品班，附於右翼各班之末。外官，總督加尚書、右都御史銜者，列六部尚書、左都御史之末；巡撫加侍郎、右副都御史銜者，列六部侍郎、左副都御史之末；總督兼侍郎、右副都御史銜者，亦如之。布、按兩司，列四品京堂之末，道列郎中之末，府列員外郎之末，提督加將軍銜者，列都統之末，提督列副都統之末，總兵官列參領之末，副將、參將以下，列右翼各班之末。衍聖公來京朝賀，班次在大學士之下、吏部尚書之上。外藩蒙古親王、郡王、貝勒、貝子、公，在宗室親王、郡王、貝勒、貝子、公之下，其次各依品級爲序。哈薩克回子等封王、公品級者，入蒙古王公班内，封王者，在王之次，封公者，在公之次。外國貢使，在西班百官之末，以朝鮮國領班。新附外藩，應入何班朝賀，俱由禮部奏定。各序其次，以肅朝儀焉。凡朝賀，本寺鳴贊官四員，立東、西檐第二柱，引王公官二員，立於丹陛，引百官、引外國使臣官各四員，立於丹墀，皆北上，東、西面。

主簿，滿洲一人、漢一人，掌章奏文移。筆帖式，滿洲四人，掌翻譯。

欽定大清會典卷六十一

國子監，管理監事大臣，一人，或滿洲，或漢，於大學士、尚書、侍郎内特簡。祭酒，滿洲一人、漢一人，司業，滿洲一人、蒙古一人、漢一人，掌國學之政令。凡貢生、監生、學生之隸於監者，皆教焉。○凡丁祭，前期，祭酒、司業率其屬而迎祝版，先丁祭一日，本監官均補服，迎祝版於大成殿丹墀。及祭，各敬共其事。丁祭，正位及崇聖祠正位承祭官由太常寺奏派，十二哲分獻官由翰林院咨送。正位，司香、帛、爵官各一人，四配，每位司香、帛、爵官各一人，侍班二人、陳設二人，東、西廡，分獻官二人、陳設二人，角門，陳設二人，持敬門，陳設二人，大成門，陳設二人，致齋所，陳設二人；崇聖祠，東、西配，分獻官各一人、侍班二人、陳設一人，東、西廡，分獻官各一人、陳設各一人，大門，陳設二人，外門，陳設二人；土地祠，正獻官一人，以本監監丞、助教、學正、學録充。十二哲，每位司香、帛、爵生各一人，東、西二總案，司香、帛、爵生，案各一人，司尊生四人、奉福酒生一人、接福酒生一人、奉胙生一人、接胙生一人，東廡二總案，司香、帛、爵生，案各一人，司尊生二人，西廡二總案，司香、帛、爵生，案各一人，司尊生二人；崇聖祠，正位五案，司、香、帛、爵生，案各一人，四配位二總案，司香、帛、爵生，案各一人，東廡二案，司香、帛、爵生，案各一人，西廡一案，司香、帛、爵生三人，司尊生四人；土地祠，司香、帛、爵生二人，司壺生一人，以本監肄業生、官學生充。皇帝釋奠於先師，戒其執事，亦如之。特學盛典、親詣釋奠，或臨雍講學，先行釋奠禮，大成殿正位、配位執事，皆用太常寺官，其分獻官，亦由太常寺奏派。惟十二哲位及崇聖祠正位執事，以本監監丞、助教、學正、學録充，兩廡及崇聖祠配位、兩廡執事，以本監肄業生充。禮成，則送駕。祭酒、司業率所屬官，蟒袍補服，在成賢街跪送聖駕。月朔，率其屬而釋菜。每月朔日，以總理監事大臣，或祭酒一人，行釋菜禮，按月輪轉，十二哲、兩廡位前以監丞、博士、助教等官分獻，崇聖祠以監丞、博士、助教等官行禮。前、後殿設糾儀官各二人，以博士、助教等官充。其執事生，前殿，侍班二人、通贊四人、引禮四人，司爵，正位三人、配位八人，司尊一人；東、西哲，引禮四人、司爵六人、司尊二人；東、西廡，引禮四人、司爵四人、司尊三人。崇聖祠，侍班二人，通贊、引禮各一人，司爵七人、司尊一人；東、西廡，引禮二人、司爵二人、司尊二人，俱以内班肄業生充。是日清晨，主獻祭酒及隨班行禮之祭酒、司業，俱詣致齋所，更朝服，贊引導由東角門入，監丞、博士、八旗官學助教、六堂助教、學正、學録官、八旗官學教習，暨肄業貢、監生，皆從詣階下，通贊贊排班，班齊，贊跪、叩、興，行三跪九叩禮，畢，贊引導詣盥所，盥畢，再詣酒尊所，司尊舉羃酌酒，司爵由中道上，贊引贊祭酒，由東階升，從殿左門入，贊引贊詣至聖先師神位前，一跪一叩，興，獻三爵，一跪三叩，興，階下俱隨班行禮，贊引贊詣復聖顔子位前、宗聖曾子位前、述聖子思子位前、亞聖孟子位前，各行三獻禮，如正位儀，階下隨班者，不叩。哲、廡分獻官，俱俟祭酒詣復聖位前時，各贊引引詣十二哲、兩廡神位前，行禮如四配儀。卑贊引導各官，由殿右門北而揖出，下西階，各復位，通贊贊跪、叩、興，祭酒及各官俱行三跪九叩禮，興，贊禮畢，導由西角門出。崇聖祠主獻、分獻與前殿同。月望，上查司業詣致齋所，更朝服，儀如月朔，不獻爵。如遇元旦朝賀，則釋菜移於次日，餘月朔、望。如遇壇、廟大祀，祭酒、司業均與陪祀，則派監丞等率領八旗教習、六堂諸生在階下行三跪九叩禮，不獻爵，不上香。先師誕日亦如之。每歲八月二十七日爲先師孔子誕辰，祭酒、司業行釋菜禮，與月朔釋菜同。新進士入廟亦如之。每科新進士釋褐，先行釋菜禮。是日清晨，諸進士至集賢門外，下馬入持敬門，詣致齋所，贊引導由東角門入，通贊贊排班，班齊，贊就位，行謁見禮，贊跪、叩、興，三跪九叩畢，通贊贊行釋菜禮，先師孔子位前、四配位前，以一甲第一名主獻，東、西哲位，以一甲第二名、第三名分獻，東、西兩廡，以二甲第一名、三甲第一名分獻，其餘諸進士俱隨班行禮，儀與月、朔釋菜同。既事，而釋褐。新進士釋菜畢，由西角門出，詣致齋所神庫前釋褐，候祭酒、司業朝服升堂，諸進士由太學左門入，至階下序立，曾入監者，升露臺，四拜，起，立臺西，未入監者，露臺下兩拜，祭酒、司業，俱坐受禮，畢，一甲三名由堂東門入，執事者設食案於座前，祭酒、司業下座，面南立，一甲三名面北立，執事者簪花、斟酒，一甲三名嚮上揖，飲酒三爵，出，祭酒、司業送至堂門内。諸進士由堂西門入，本監屬官接待、簪花、飲酒如前儀，畢，送出堂檐下。○建辟雍於監，方殿圜池，四出，廣修如一。辟雍，建於彝倫堂之前，圓頂方宇，重檐，殿槅扇四嚮，各成三間，殿内合爲一，寬、深皆五丈三尺，外周以廊，深六尺八寸，出檐，四尺三寸。池内方基，長、寬皆十一丈二尺，池圓徑十九丈二尺，四達以橋，橋各長四丈，寬二丈二尺，周池以欄。凡臨雍，前期，會各衙門以供備。彝倫堂前、後聖駕經行處所修葺飾裱，堂後擋牆、池中貯水，由工部，辟雍殿内陳設及彝倫堂豫備御膳陳設，由内務府。

臨雍典禮

及臨時，奏請欽定儀文，行取衍聖公及各氏五經博士，並至聖裔五人，四配、十二哲裔各二人，又，元聖周公裔二人，乘傳來京。開列進講官，奏請欽派。由禮部設寶座、鋪陳，並進講官坐氈，由武備院設經書案、講案。及行禮時，排班、鳴贊由鴻臚寺，鋪設樱薦由太常寺，設中和韶樂、丹陛大樂由樂部，鳴鐘鼓由鑾儀衛，豫備御前進茶及賜茶由内茶房。豫擬四書題四道、經題四道呈進，候硃筆圈出，由内閣交出，御論由南書房。以御論及講官撰擬之講章交翻書房，翻出清文轉交，由軍機處送交。觀禮人數、名册由宗人府，吏部、禮部、八旗及各館豫派官員、兵丁攔阻閒人車馬由步軍統領衙門，咨取翰林院鎮紙、蓋袱、牙籤，繕寫御論及講章清、漢字，排列觀禮生、臨時陳設，由本監。

祭酒二人，與於進講，祭酒，滿洲一人、漢一人，由欽派，列於兩班講經。司業而下，率諸生圜橋而觀聽焉，東班，率性堂、誠心堂、崇志堂肄業生及有職人員在樹内甬道東，守部進士、貢監生，左翼宗學、東四旗覺羅學、左翼幼官學、咸安宫官學教習官、學生及候補教習、八旗貢監生在樹東；八旗東四旗官學教習官、學生在牌樓南之東。西班，修道堂、正義堂、廣業堂肄業生及有職人員在樹内甬道西，守部舉人，右翼宗學、西四旗覺羅學、右翼幼官學、景山官學教習官、學生，算學生、俄羅斯館學生在樹西，八旗西四旗官學教習官、學生在牌樓南之西。駕出、入，則迎、送。迎駕，東班在成賢街南，西班在成賢街北，候駕過，東班進集賢東角門，西班進集賢西角門，聽講禮畢，仍按班列成賢街南、北，祗候送駕。乃頒御論於天下。臨雍後，本監敬刊御論，頒發在京各衙門官學及直省學政、各儒學。〇凡貢生之别六：曰恩貢生，遇恩詔出貢，以廩生資深者，府、州、縣、衛學各舉一人。又，臨雍之年，聖賢後裔入監聽講，係廩生、增生、附生、監生者，恩賜貢生。曰拔貢生，逢酉年，各省學政選拔一次。曰副貢生，各省鄉試中式副牓。曰歲貢生，各學廩生資深者，挨次出貢。曰優貢生，每三歲，各省學政選學中優行者貢之，其由廩生、增生舉報者，是爲優貢生。曰例貢生。廩、增、附生及監生援例入貢者。監生之别四：曰恩監生，臨雍聽講，聖賢後裔係武生、奉祀生、俊秀者，恩賜監生。又，八旗官學生、算學生，漢算學生、算學肄業生，每屆三年，欽派大臣考取恩監生一次。曰廕監生，遇恩詔予廕，在京四品以上、在外三品以上文職官，在京、在外二品以上武職官，皆廕一子入監。又，大小各官因公差委在大洋、大江、黄河，洞庭、洪澤等湖遭風飄没身故者，七品以上官在内洋、内河飄没者，軍營辦事因病身故者，均廕一子入監。曰優監生，由附生或武生舉報者，是爲優監生。曰例監生。廩、增、附生及俊秀援例入監者。學生之别二：曰八旗官學生，八旗滿洲、蒙古、漢軍及下五旗包衣，皆挑取官學生入八旗官學，其宗學、覺羅學、幼官學、咸安宫官學、景山官學皆不隸於監。曰算學生。滿洲、蒙古、漢軍算學生，於官學生内考取，漢算學生，舉人、貢生、監生，廩、增、附生，俊秀，並准考取。貢生、監生教於堂，貢生、監生肄業者，按六堂内、外班額缺分撥。學生教於學。凡入貢、入監，非以俊秀者，曰正途。恩拔、副歲、優貢生、恩廕、優監生，由廩、增、附生援例所得之貢、監生，皆爲正途。〇凡教，有月課，六堂肄業生，於每月望日，或祭酒，或司業輪流考試，課以四書文一篇、五言六韻詩一首。有季考，八旗官學生,於春、秋二季,赴監會考,習漢文者,試四書文一篇、五言六韻詩一首,滿、漢祭酒、司業公同閱看;習清文者,試翻譯一道,滿洲祭酒、司業閱看;習蒙古文者,亦試翻譯一道,蒙古司業閱看,並試以步射、騎射。皆第其優劣,有一等、二等、三等、附三等之别。歲終,則甄别。每歲終,六堂助教、八旗助教查明各肄業生、官學生平日功課勤惰,開列名單,呈堂甄别,量予去留。期滿,各視學之成否而咨焉,六堂肄業生,積三十六月期滿,恩拔、副貢生,咨吏部議敘,以復設教諭選用。歲優貢生及廩生之例貢生,咨吏部議敘,以復設訓導選用。其增、附生及俊秀之例貢、監生皆咨回本籍,不予議敘。恩廕監生積二十四月,難廕監生積六月,均咨吏部選用。八旗官學生以十年爲限,習漢文者不能取中生員,習翻譯者不能取中中書、筆帖式、庫使,皆咨回本籍,另挑差使。察其經明事治者以聞而備用。六堂教法,仿宋儒胡瑗,經義、治事兩齋遺意設立課程。習經義者,課以經文、經解,習治事者,課以策論。凡肄業貢、監生,三年期滿,有能經明事治、堪膺保薦者,祭酒、司業隨時保薦,再留三年,期滿,奏請欽派大臣試以經解一、策問一,進呈引見,以知縣擢用。

繩愆廳,監丞,滿洲一人、漢一人,掌頒肄業之規制,肄業生之别,恩貢生、副貢生、歲貢生及廩、增、附之例貢、監生,取旗籍文,或同鄉六品以上京官印結入監。拔貢生、優貢生,朝考後由禮部劄監,其未經朝考者不收。考廕監生,由吏部、兵部及本籍行文到監。俊秀之例貢、監生,取本籍文結入監。恩監生考取後,即准入監。内、外官員親兄弟子姪,准取隨任印文送監。凡到監之恩、拔、副、歲、優貢生,取列一、二等,均准肄業,例貢、監生,取列一等,方准肄業,三次不録者,不准再考。取中諸生,因其願補内班、外班之序,注於册,分撥六堂,挨次補缺。其内、外班懸缺,統於每月二十六日截定,以歸次月充補。其補内班者,即遷入學舍,如有無故離學者,積二次則記過,三次改外班,惟籍隸八旗及大宛二縣者,不補内班。其外班,舍館僦寓之所不得過三十里,若内班願改外班,外班願改内班者,聽。如丁憂服闋、告病銷假者爲復班,與考班新舊間補。每年考課,以二月爲始,十二月爲止,遇鄉試之年,四月停止,十月照舊舉行。至恩監生,聖賢後裔、外藩子弟入監肄業者,不在此例。其肄業生内,祇准拔、副、優貢生考武英殿校録。而稽其勤惰,内班肄業生,無故曠堂課一次者改外班,無故曠堂課三次者扣除,曠博士廳及六堂助教、學正、學録課一次者記過,二次者停一月膏火,三次者改外班。外班,曠二次者記過,三次者停一月衣服銀,積久不悛者扣除。有過,則書之。監丞置立集愆册,有不守學規者,既經懲治,仍填入集愆册,以憑通考。考職,彙送於吏部。貢、監生有考職之例。如奉旨舉行,各扣滿得貢、監後之期,恩貢生及廩生之副貢生滿六月,歲貢生及增生、附生之副貢生滿八月,廩生之拔貢生、例貢生滿十四月,增生、附生之拔貢生、例貢生滿十六月,例貢生、四品廕監生滿二十四月,例監生滿三十六月者,查驗册送吏部考職。書教習之勤過。八旗官學教習,按四季清查,如功課皆全者,録勤一次,十不及七、八者,記過一次,十不及五、六者，記大過一次，均注册統計。録勤一次抵記過一次，録勤三次抵大過一次，三年期滿，察覈辦理。凡釋奠、釋菜，則辨其執事。釋奠、釋菜所用分獻、侍班、糾儀、陳設各官及司香、帛、爵，司尊、司壺、奉福胙、接福胙、通贊、正引、廡引各生，均先期由廳派定，如有禮儀錯誤及無故不到者，官員回堂辦理，肄業生、官學生視其過之大小，或扣除，或記過。朔、望隨班行禮之肄業生，無故不到者，記過。正引、通贊各生，儀節無誤、始終勤勉者，獎賞。

博士廳，博士，滿洲一人、漢一人，掌教經義，每月朔、望集諸生，講解經義。先期，於五經内撰定講題，遵御纂經傳、欽定義疏諸書作講章，宣明經，旨務俾通曉，併令諸生將所習五經於會講之期隨時挑背，每月復課以經文、經解及策論一次。立肄業生、官學生之課程而考其業。

課肄業生之法

每月初一日，由廳出題，十一日收卷，二十一日呈堂查閱。初三日，六堂助教出題，十一日由廳彙齊，呈堂查閱。十八日，六堂學正、學録出題，二十六日由廳彙齊，呈堂查閱。逾限交卷者不收，以曠課論。上、中、下三旬，稽察南學三次，六堂諸生各令自立一册，逐日登記所讀之書、所習之字，朔、望由廳查驗呈堂。

課官學生之法

習清文、蒙古文者，每月將應讀清書若干句、記清語若干句，讀蒙古書若干句、記蒙古語若干句，量其資性，由該學助教隨時酌定，按四季造册，由廳分呈滿洲祭酒、司業查覈，每月將所課之清書翻譯、蒙古翻譯，各學助教於次月初一日移交，由廳彙總註册，於初六日呈堂。習漢文者，每日將應讀經書若干行，量其資性，各學助教、教習隨時酌定，按四季造册移交，由廳查覈呈堂。其作文者，每月除課期外，將應讀時文若干篇、試律若干首，量其資性，各學助教按季造册移交，由廳查覈呈堂。其每月所課之漢文，各學助教於次月初一日移交，由廳彙總註册，於初六日呈堂。八旗助教、教習，四季會課批閱之卷，由廳彙總呈堂。凡官學生補缺之日，將從前已讀經書註册，並註明該生現在所讀何書。如有習漢文學生願改習清文者，聽，若在教習期滿之年，不准改撥，以杜規避。凡聖製、御製之頒發者，皆繕於册而敬貯。

典簿廳，典簿，滿洲一人、漢一人，掌章奏文移之事，治其吏役。○凡入監，皆給以印照。各省俊秀及廩、增、附生報捐者，户部給與執照，即將該生年貌、籍貫、三代履歷造册送監，俟該生親齎部照到監，加監照給發。若八旗官學生、算學生、漢算學生、欽天監肄業生考取恩監生者，亦給照。如有錯誤應更正者，改籍貫、姓名、三代者，遺失者，皆准另給。有鄉試中式及斥革身故者，將原照繳監銷毁。貢生、監生之録科者，各省貢、監生願赴順天鄉試者，取本籍地方文結，滿洲、蒙古、漢軍及内務府包衣，各省駐防貢、監生，取本旗文結，皆於鄉試年二月送監，遠省准於四月送監。官員子隨任者，取具隨任印文，游幕者，取具游幕所在之地方官印文，俱准送監。各衙門小京官、各官學教習、各館謄録、武英殿校録、欽天監天文生、吏部候選候補人員，凡貢、監生出身者，俱由各該處册送到監。其恩、拔、副、歲、優貢生及廩、增、附之例貢、監生，即無本籍文結，准取同鄉六品以上京官印結送監。若俊秀出身者，無地方官文結不准送監。其本年之例貢、監生，不及回籍起文者，亦准取具同鄉六品以上京官印結送監。於文結到日，管理監事大臣，滿、漢祭酒，司業，陸續考試，謂之考到，再行録科册送順天府鄉試。若在監之八旗教習與肄業生，無庸考到，如曾經肄業及期滿、告假之貢、監生，在一年内，准取具親供及同考五人連名、互結，由各助教等移付過廳，在一年以外者，加具同鄉六品以上京官印結，亦免其考到，均分别録送。各示以期而録之，録科以四月十五日爲始，先本監六堂肄業生、八旗官學教習、武英殿校録録科一次，考到以五月初一日爲始，考到後，視其考到之貢、監生多寡，陸續示期録科，至七月二十一日爲止。其有故及新得之例貢、監生未及考到者，於録科將畢之日，示期另録科一次。凡録科取中者，均於鄉試十日前册送順天府，不得逾限。按其文結與其照而察覈焉。各省貢、監生投遞文結後，赴廳呈驗，貢、監照自四月初一日始，隨到隨驗，於部監照上蓋用驗訖戳記。其有文結而無照，或部監照不全者，不准收考。如照中有添註、錯落、接扣、挖補、不經鈐印及印信模糊、年歲不符者，除咨查本籍外，准取具同鄉六品以上京官印結收考，俟覆到，另照來文覈辦。驗照日，並取年貌、籍貫、履歷，親供以憑造册。滿洲、蒙古、漢軍同。○凡禮器、欽頒周笵器，犧尊一、雷紋壺一、子爵一、内言卣一、康侯鼎一、盟簋一、雷紋觚一、召仲簠一、素犧首罍一、洗一。親詣釋奠加用禮器，鎏金銀爵一、鎏金銅爵一、鎏金銅香鑪一、鎏金銅香案一、銀勺一、錫香盒一、黄緞拜褥一、導駕銅香鑪二、白羊角鐙二。春、秋釋奠禮器，龕幔一百五十四、龕裹單帳十七、仔龕幔一、龕裹帷衣一、緞簾刷三，相木案一、翹頭案二十、平頭案八十三、案衣四十，香几一，尊桌八、接桌二、桌衣八，饌桌十三、桌衣十三、祝版桌二、桌衣二，籩四百一十、豆四百一十、簠一百二、簋一百二、登一、鉶三十六、爵二百三十、太牢俎一、少牢俎二十一、篚二十二、尊二十、尊羃二十、錫勺二、果匣三十三、大銅鑪一、大銅燭臺二、平口銅鑪二十二、銅燭臺四十四、熏鑪二、鐵鑪七十九、靠三十四、鐵燭臺一百九十九、香盒二十六、爵墊三十四、饌盤二十二、祝版架二、祝版罩二、胙盤一、看祝版羊角鐙一、托砂鑪九、托砂燭臺十八、錫盆三、錫執壺八、鐙籤盤十、托盤二、焚帛鑪二、鐵盆四、銅絲紗照鐙十四、遣官引鐙二、路鐙五十四、毛血瓷盤三十五、椶毯二十二。致齋所，錫燭臺二、鐵火盆一、木牀二、更衣桌二、路鐙六、椶毯二。樂器，樂器，鎛鐘二、編鐘十六、特磬二、編磬十六、琴六、瑟四、排簫二、簫六、篪四、龍頭笛六、笙六、壎二、大鼓一、搏拊二、柷一、敔一、木笏六、麾一、籥三十六、羽三十六、旌節一。皆稽其數，將祭而陳之，既事，則藏於神庫。

典籍廳，典籍，漢一人，掌守書籍、碑、版之藏。署中所藏書籍：世祖章皇帝，御製《資政要覽》；聖祖仁皇帝，《聖諭十六條》，御製《文集》，御纂《周易折中》《性理精義》《朱子全書》,欽定《書經傳説彙纂》《詩經傳説彙纂》《春秋傳説彙纂》《孝經衍義》《古文淵鑒》《康熙會典》《康熙字典》《佩文韻府》《韻府拾遺》《音韻闡微》《子史精華》《分類字錦》《全唐詩》,御批《資治通鑑綱目全書》,御選《唐詩》;世宗憲皇帝,硃批諭旨,御製文《日講春秋解義》《上諭八旗》,欽定《八旗通志》《八旗氏族通譜》《雍正會典》;高宗純皇帝,御製《文集》《詩集》,清字《盛京賦》,增訂《清文鑑》《皇朝禮器圖式》,欽定《三禮義疏》《四書文》《國子監志》《重刻淳化閣帖十卷》《乾隆會典》《通志堂經解》《十種彝器圖》。碑文:世祖章皇帝,曉示生員碑;聖祖仁皇帝,御製至聖先師孔子贊碑、四子贊碑、訓飭士子文碑、平定朔漠告成太學碑、御書聖經石刻、御筆牓書四碑;世宗憲皇帝,御製平定青海告成太學碑,御製仲丁詣祭文廟詩碑、諭禮部會試舉人合詞陳謝碑;高宗純皇帝,御製廟易蓋黄瓦臨雍紀事碑、訓飭士子文碑、平定金川告成太學碑、平定準噶爾告成太學碑、平定回部告成太學碑、伊犁勒銘、平定兩金川告成太學碑、重修文廟碑,乾隆庚申仲秋、甲子仲秋、癸酉仲秋、丙子仲春、己丑仲春、癸卯仲春、乙巳仲春釋奠詩石刻、太學古槐詩石刻、勅修御書樓碑、國學新建辟雍圜水工成碑、記三老五更説碑、重排石鼓集石鼓所有文成十章製鼓重刻序碑、重排石鼓文詩石刻、御題張照書韓愈石鼓歌,欽定石經一百九十通,御製經論、經序碑十六通。其歷代石刻,有石鼓十枚,潘迪石鼓文音訓二碣,定武蘭亭序石版,顔真卿争坐位藁石版,趙孟頫樂毅論石版,元加封先師文宣王遣祀闕里碑,加封先師父母及聖配夫人顔曾思孟四子碑,明洪武學制碑、勅諭碑,正統新建太學碑,廟學全圖記敬一箴碑、心箴碑、四箴碑,王同祖丁香花詩石刻,李元春丁香花詩和韻石刻,老彭觀井圖石刻,古文孝經石刻,張業監臣題名記,孫應鰲祭酒司業題名記,元明進士題名碑。又,國朝題名碑版片,聖祖仁皇帝御製詩文初集至四集版,世宗憲皇帝御製文版,御纂周易折中版,欽定書經傳説彙纂版、詩經傳説彙纂版、春秋傳説彙纂版,御纂性理精義版、周易版、尚書版、毛詩版、周禮版、儀禮版、禮記版、左傳版、公羊傳版、穀梁傳版、論語版、孟子版、孝經版、爾雅版、史記版,前、後漢書版,三國志版、晉書版、宋書版、南齊書版、梁書版、陳書版、隋書版、魏書版、北周書版、北齊書版、南史版、北史版,新、舊唐書版,五代史版、宋史版、遼史版、金史版、元史版、明史版、通典版、通志版、文獻通考版、子史精華版,八旗氏族通譜清字版、漢字版,月令輯要版、音韻闡微版,欽定四書文版、大學衍義版、近思録版,八旗通志清字版、漢字版,授時通考版、大數表版、小數表版、對數廣韻版。其各書籍、碑、版外,復尊藏高宗純皇帝欽頒表章經學之寶《高宗純皇帝御筆册》。

六堂,率性堂助教,漢一人,學正,漢一人,修道堂助教,漢一人,學正,漢一人,誠心堂助教,漢一人,學正,漢一人,正義堂助教,漢一人,學正,漢一人,崇志堂助教,漢一人,學録,漢一人,廣業堂助教,漢一人,學録,漢一人,掌分教肄業之士。凡肄業,按其内、外班之額而分撥焉。内班肄業生,每堂二十五名,六堂共一百五十名,外班肄業生,每堂二十名,六堂共一百二十名。每月,六堂以内、外出缺若干,移付繩愆廳,繩愆廳以每次考試録取應入肄業之貢、監生,按等第先後，視各堂出缺多寡，分撥充補。各率以班長，每堂於内班中擇正途貢生、爲人醇謹者作班長。凡同堂肄業生，有改内、改外、告假、銷假及丁憂、事故等事，均由班長呈報本堂辦理。皆月課，助教於每月初三日課四書文一、詩一，或賦一，學正、學録於每月十八日，所課同。以時講貫其義。助教於每月初旬，學正、學録於望後，五日一次講書，諸生環聽，務期通曉，其各生請業無定時。講後三日，掣籤覆講，有觸發貫串者加以獎勵，未能通徹者，仍曲爲訓解。

八旗鑲黄旗官學助教，滿洲二人、蒙古一人，教習，滿洲一人、蒙古二人、漢四人，正黄旗官學助教，滿洲二人、蒙古一人，教習，滿洲一人、蒙古二人、漢四人，正白旗官學助教，滿洲二人、蒙古一人，教習，滿洲一人、蒙古二人、漢四人，正紅旗官學助教，滿洲二人、蒙古一人，教習，滿洲一人、蒙古二人、漢四人，鑲白旗官學助教，滿洲二人、蒙古一人，教習，滿洲一人、蒙古二人、漢四人，鑲紅旗官學助教，滿洲二人、蒙古一人，教習，滿洲一人、蒙古二人、漢四人，正藍旗官學助教，滿洲二人，蒙古一人，教習，滿洲一人、蒙古二人、漢四人，鑲藍旗官學助教，滿洲二人、蒙古一人，教習，滿洲一人、蒙古二人、漢四人，掌分教學生。凡學生，各定以額，每學設滿洲學生六十名、蒙古二十名、漢軍二十名，下五旗每學添設包衣學生，滿洲六名、蒙古二名、漢軍二名，由各旗都統選擇聰俊子弟十八歲以下者，咨送到監，助教等帶領上堂呈驗、挑取。滿洲、蒙古每名月給銀一兩五錢，漢軍月給銀一兩。清、漢分其業焉，滿洲教習每日教以清語、清書，每月三八日出題，試翻譯或清書一道。蒙古教習每日教以蒙古語、蒙古書，每月三八日出題，試蒙古翻譯一道。漢教習教以經書、文藝，每日常課，有授書、背書、講書、回講、習字、默書諸事。其已作文者，每旬三、八日出題，試四書文一、五言六韻詩一，未能成篇者，令作半篇。皆月課。每月，助教、教習會課一次，漢館學生作文，蒙童背書，滿洲、蒙古二館學生，各試翻譯，其功課造册，移送博士廳查覈。以時，令其習射。各官學生，年十三以上者學習步箭，十六歲以上者學習馬箭，各學蒙古教習二人内，以一人專司教演步射、騎射，每月會同助教率諸生出城校試一次，春、秋二季，赴監集射圍，祭酒、司業親臨考試。

檔子房，無定員，由堂官專派滿洲、蒙古助教及筆帖式數員管理。掌清字奏摺文移。

錢糧處，由堂官專派廳官、助教各二員管理。掌關領支銷之事。每歲領户部銀六千兩。凡膏火、六堂内班肄業生，每月給膏火銀二兩五錢，至十一月、十二月，每月各加給煤炭銀五錢，外班肄業生，每月給衣服銀五錢。獎賞、六堂肄業生，大課，獎賞一等一名，賞銀一兩，二、三名，八錢，四、五名，六錢，六名至十名，五錢，十一名至二等一名，三錢。八旗官學，春、秋季考獎，賞一等一名，賞筆十枝、紙兩束、墨刻二張，其餘列在一等者,每名賞筆十枝、紙一束、墨刻二張。賙助,六堂内、外班肄業生,有丁憂、病故者,按省分遠近,量加賙助。雲南、貴州、四川、廣東、廣西、甘肅、福建,丁憂八兩,病故十二兩;陝西、湖南、江西、浙江,丁憂六兩,病故十兩;江蘇、安徽、河南、湖北、山東、山西、奉天,丁憂四兩,病故八兩;直隸,丁憂二兩,病故四兩。皆註於册,以入奏。年終,將一歲用銀若干兩奏銷。筆帖式,滿洲四人、蒙古二人、漢軍二人,掌翻譯。

算學管理大臣,滿洲一人,由特簡。教習,漢二人,掌教算法。額設算學生,滿洲十二人、蒙古六人,月給銀一兩六錢,漢軍六人,月給銀一兩,漢六人,月給銀一兩五錢。凡線、面、體三部,各限一年通曉,七政,共限二年通曉,每季小試,歲終大試,會欽天監考試,五年期滿,管算學大臣會同欽天監考取。凡滿洲、蒙古、漢軍充補各旗天文生,漢人,若舉人,引見,以博士用,貢、監、生、童,亦以天文生補用。其有通習經史者,照官學生例,俟考取恩監生時,咨送國子監一例考驗,文理明通者即爲監生。

琉球學教習,漢一人,在内、外班肄業生中揀選正途貢生一人充之。掌教琉球學生。琉球國王遣陪臣子弟入監讀書,由禮部劄監,本監派博士一人董率教課,祭酒、司業不時稽察,俾講解經書,學習道藝。每人日給米二升、豬肉二斤、雞一隻、菜二斤、麪八兩、鹽一兩、酒一瓶、油十二,兩月給紙筆墨銀一兩五錢,冬給緞面羊皮袍褂、紡絲襦袴染貂帽、鹿皮韡、氊襪,春、秋給緞棉袍褂、紡絲衫袴絨緯凉帽、馬皮韡、緞襪,夏給紗袍褂羅衫袴、紡絲被褥。其從人,每人日給米一升、肉一斤,冬給羊皮裘、襦袴、皮帽、牛皮韡、布襪,春、秋給布棉袍褂,夏給單布袍衫袴、布被褥、雨纓凉帽。其朔、望拜廟及上堂謁見儀注與内、外班肄業生同。學成,則歸國。琉球學生學業既成後,本監咨送禮部,每人賞大綵緞一疋、裹綢一疋、毛藍布四疋,其從人,每人賞給毛藍布四疋,在部筵燕一次,給驛,令同貢使返國。若有物故者,咨禮部奏賜恩卹銀三百兩,以二百兩交貢使,附歸其家,以一百兩交禮部官,於近京地方營葬。

俄羅斯學助教,滿洲一人、漢一人,滿洲助教於八旗助教内派充,漢助教於六堂助教内派充,由監選擬正、陪引見。其派往之員,或遇缺出,由監選員更换,咨吏部、理藩院存案。掌教俄羅斯學生。俄羅斯國子弟來學,由理藩院咨監奏派助教二人專司教習,其學即由理藩院稽察。

欽定大清會典卷六十二

欽天監，管理監事大臣，特簡，無定員。監正，滿洲一人、漢一人，西洋人兼用。監副，滿洲一人、漢一人，左監副，西洋一人，右監副，西洋一人，掌測候推步之政令，以協天紀以授人時。凡占驗選擇之事，皆掌之。〇仲春之朔，以來歲時憲書式進於上，得旨，乃製書，有《時憲書》，有《七政時憲書》。《時憲書》有御覽者，有頒行者。御覽《時憲書》，首列月大小合朔時刻、都城節氣總目；次太歲干支五行納音、歲德、歲德合、幾日得辛、幾龍治水、年神九宫方位圖；次三合、六合、天喜等神；次六十花甲納音；次按月紀日，每月四頁，月大小建干支，下注交節日時刻，天道、天德、月厭、月煞、月德、月合、月空諸神所宜方嚮及月九宫，每日分四格，首格標合朔、弦、望時刻，每日干支納音、陰陽，次格紀宿建除、生尅日名，次格節、候、交宫、月將、日出入晝夜時刻、伏社日、土王用事日及每日吉神，次格用事後列紀年男女九宫，下列宜忌等日。頒行《時憲書》，首列月大小都城節氣總目；次太歲干支、五行納音、歲德、歲德合、幾日得辛、幾龍治水，年神九宫方位圖；次各地方日出入晝夜時刻、節氣時刻；次按月紀日、月大小建干支，下注交節日時刻，天道、天德、月厭、月煞、月德、月合、月空諸神所宜方嚮及每月六候日躔宫；次月九宫，日上標合朔、弦、望時刻及伏社日，下注干支納音，紀宿建除、土王用事日、節氣、日出入晝夜時刻，用事後列紀年男女九宫，下列宜忌等日；末列監官銜名。《七政時憲書》首列五星伏見目録；次每月大小建干支，合朔、弦、望時刻，每日干支子正時，七政黄道經度、宿度，月、五星黄道緯度，七政交宫時刻，月下注月之正升、横升、斜升，五星晨夕伏見，日下注五星衝伏、順退、留，後列七政行高、卑、中距限及月孛、羅喉、計都紫氣行度，均進呈後翻譯繕刻。御覽《時憲書》有清字、有漢字，《頒行時憲書》有清字、有漢字、有蒙古字，《七政時憲書》有清字、有漢字。豫頒式於各省。山東、山西、河南、江蘇、安徽、江西、福建、浙江、湖北、湖南、陝西、甘肅、四川、廣東、廣西、雲南、貴州十七省，皆於四月初一日，以漢字《時憲書》式由兵部驛遞各省布政使司，令照式刋刷，至期頒發各府、州、縣。孟冬之朔，乃進《時憲書》於皇帝、繕録清、漢字御覽《時憲書》各一本，刷印清、漢、蒙古字《時憲書》各一本，清、漢字《七政時憲書》各一本，皆黄綾面套，不鈐印，裏以銷金黄羅。皇后,刷印清、漢、蒙古字《時憲書》各一本,清、漢字《七政時憲書》各一本,皇貴妃、貴妃、妃、嬪均同,不鈐印,皇后用黄綾面套裹以銷金黄羅,皇貴妃、貴妃、妃均用金黄綾面套裹以銷金金黄羅,嬪用紅綾面無套裹以銷金紅羅。遂頒朔。王公清、漢字《時憲書》各一本,清、漢字《七政時憲書》各一本,親王用紅綾面裹以銷金紅羅,郡王、貝勒用紅綾面,貝子、公用黄紙面。公主清、漢字《時憲書》各一本,紅綾面。八旗各部院衙門官人各一本,滿洲給清字,蒙古給蒙古字,漢軍、漢人給漢字,均黄紙面,交各旗、各衙門分給,其各衙門坐書,續令赴監支取。直隸、盛京、吉林、黑龍江文武衙門官人各一本,各照應得清字、漢字、蒙古字行文,赴監支取。直隸、奉天各府均給漢字《七政時憲書》二本、《時憲書》千本,惟承德府不給《七政時憲書》,止給漢字《時憲書》三百本。大興、宛平二縣各給漢字《七政時憲書》二本、《時憲書》九十本,廣昌縣給漢字《時憲書》二百本,各具文申監支取。蒙古各旗各給蒙古字《時憲書》百本,由理藩院頒發。朝鮮、越南國各給紅綾面漢字《時憲書》一本、黄紙面漢字《時憲書》百本,由禮部頒發,皆鈐以“欽天監時憲書印”。若《月、五星相距時憲書》《中星更録》,則各按時以進。《月、五星相距時憲書》,首列總目,紀一年中月、五星距十二宫恒星次數;次按月日時刻,紀月、星互相掩距,別其上下,繫以宫次;末列監官銜名,於歲終進呈。《中星更録》,按日躔,每五度一候,自立春始,每候列日出入時刻、晝夜刻分,起更、二更、三更、四更、五更攢點時刻中星宿度,末列黄、赤道十二宫緯南北諸星圖,於九月内繕録送御書處。〇元日,則占風,八節亦如之。觀象臺上建相風竿,上置相風烏。元日寅時及二至、二分、立春、立夏、立秋、立冬,各以交節之時驗風起何方,按占三日後具題。始雷、占雷亦如之。雷始發聲,驗雷起何方,亦按占具題。日、月食前期疏以聞。豫推京師、各省見食分秒時刻、方位,前期五月,繪圖具奏,旨下禮部,頒行中外,令見食地方至期救護,食前數日復具題。及期,登觀象臺以測驗。監正以下同禮部官登臺測驗,按占具奏。另派官、生赴救護衙門置香候時,報初虧、食甚、復圓,食既者,報食既生光,陰雲不見,不占。立春前期,定芒神、土牛之制。順天府以六月移文欽天監,校歲建干支納音,定芒神、土牛形色,繪圖進呈。立春日,分諸王、貝勒各一圖。〇凡祭祀,則諏日。冬至圜丘,夏至方澤,春分朝日,秋分夕月,孟夏、孟秋、孟冬、朔日太廟時饗,除夕前一日太廟祫祭、祭太歲,孟春上辛祈穀,如立春在上辛後及上辛在初四前,皆用次辛,立春在次辛後,用下辛,初昏龍始見日常雩,孟春太廟時饗及祭太歲於初八、初九、初十三日内擇吉,仲春、仲秋上戊祭社稷,上、下釋奠先師,二月終、三月初吉亥祭先農,三月吉巳祭先蠶,仲春、仲冬上甲祭先醫,春、秋擇吉及五月十三日祭關帝,二月初三日及仲秋擇吉祭文昌,六月二十三日祭火神,春、秋擇吉祭歷代帝王廟,萬壽聖節設供顯佑宫、東嶽廟、都城隍廟及凡群祀之日,均於前二年九月擇定,行知太常寺。及期,皇帝親詣,請駕,則候時。圜丘、祈穀、常雩以日出前七刻,方澤以日出前六刻,太廟、社稷以日出前四刻,日壇以日出前六刻,月壇以酉時前四刻,先農壇以巳時前六刻,歷代帝王廟、先師廟以日出前六刻,皆由監查明係祀日何時何刻,行知太常寺,祀日派博士二人同禮部太常寺官候時。圜丘、祈穀、常雩,皇帝御齋宫,於齋宫門候時,餘皆於乾清門候時,各壇、廟恭請神位,另派博士二人於祭所候時。朝會亦如之。三大節、大朝、每月常朝及傳臚日皇帝陞殿,皆派博士二人同禮部、鴻臚寺官於乾清門候時,因事陞殿、慶賀、燕饗及臨雍、經筵諸典,皆諏日候時。凡營建,題派相度官前往。皆相其陰陽,别其宜忌,疏聞以候旨。營建所候時官由監派往,事竣,相度官、候時官賞賚有差。○凡推步,必測九重天以立法,一曰宗動天,左旋日一周不足,不足者即太陽每日東行度。二曰恒星天,右旋恒星每歲行五十一秒,七十年餘一度,二萬五千四百一十一年餘一周,古謂歲差,今爲恒星東行。三曰土星天,右旋土星每日平行二分三十六微八纖七忽六芒,二十九年餘一周,本天距地心爲日天半徑者九又一百四萬二千六百,分日天半徑之六十一萬六千六百。四曰木星天,右旋木星每日平行四分五十九秒一十七微七纖四忽七芒,十一年餘一周,本天距地心爲日天半徑者五又一百九十二萬九千四百八十,分日天半徑之三十三萬二千六百。五曰火星天,右旋火星每日平行三十一分二十六秒四十微一十二纖七四十四芒,六百八十六日餘一周,本天距地心爲日天半徑者一又六百五十四萬九千五百,分日天半徑之三百四十五萬五百,星行次輪下半周,則在日天之下。六曰日天,七曰金星天,八曰水星天,右旋日每日平行五十九分八秒一十九微四十四纖四十三忽二十二芒三塵,三百六十五日五小時三刻三分五十七秒四十一微三十八纖二忽二十六芒五十六塵一周,距地心,均輪法中距時爲地半徑者一千一百四十二,橢圓法中距時爲地半徑者二萬六百二十六,金、水以日天爲本天,平行與日天同,距地心亦與日天同。其繞日而行,時在日上,時在日下,則本輪、均輪、次輪爲之。金星行次輪周,每日平行三十六分五十九秒二十五微五十二纖一十六忽四十四芒,五百八十三日八十九刻九分五秒四十五微三十六纖一周,水星行次輪周,每日平行三度六分二十四秒六微五十九纖二十九忽二十二芒,一百一十五日八十四刻五分一十二秒五十一微一十五纖五十忽二十四芒一周。九曰月天,右旋月每日平行一十三度一十分三十五秒一微二十四纖一十六忽一十六芒,二十九日一十二小時四十四分三秒一微一十八纖二十七忽四芒與日一會,距地心,均輪法中距朔、望時爲地半徑者五十六又百,分地半徑之七十二,橢圓法中距時爲地半徑者五十九又百,分地半徑之七十八。各定其極宗動天之極爲南、北極,南極常在地下,北極常出地上。日天之極爲黄極,黄極距北極二十三度二十九分,月天之極爲白極,白極繞黄極左旋,時有遠近,距限最大五度一十七分二十秒,最小四度五十九分三十五秒,中距五度八分二十七秒半。土、木、火天各有其極,土星天之極距黄極二度三十一分,木星天之極距黄極一度一十九分四十秒,火星天之極距黄極一度五十分,恒星與金、水天即以黄極爲極。與其道。道在兩極之間,適當天腰。宗動天之道爲赤道,日天日所行之道爲黄道,月天月所行之道爲白道,黄道與赤道斜交,白道與黄道斜交,土、木、火各有其道,皆與黄道斜交。兩道相距爲距緯,離交處經度九十度,則距最大,近交漸小至交無距。黄赤距緯,二至時,黄赤經度離交九十度處,當初宫、六宫初度,距緯與黄赤極距度等,爲二十三度二十九分,是爲黄赤大距。黄道經度初宫、五宫、六宫、十一宫一十五度,距緯二十二度三十八分一十六秒。一宫、五宫、七宫、十一宫初度,距緯二十度一十一分一十六秒,一宫、四宫、七宫、十宫一十五度,距緯一十六度二十一分五十七秒,二宫、四宫、八宫、十宫初度,距緯一十一度二十九分三十三秒,二宫、三宫、八宫、九宫一十五度,距緯五度五十五分一十一秒,三宫、九宫初度,爲春、秋分時,正當交處,無距。初一、二、九、十、十一宫黄道在南,三、四、五、六、七、八宫黄道在北,黄、白距緯離交處經度九十度時,距緯與黄、白極距度等,最小緯四度五十九分三十五秒,最大緯五度一十七分二十秒,是爲黄白大距。白道經度離交六十度時,最小緯四度一十九分二十二秒,最大緯四度三十四分四十三秒,離交三十度時,最小緯二度二十九分三十九秒,最大緯二度三十八分三十秒,當正交、中交,無距。正交後,白道在北,中交後,白道在南,土、木、火距黄道緯度,各以木極距黄極度爲大距。金、水、恒星俱以黄道爲道,金、水又各以次輪周,斜交於黄道。金星次輪周距黄道最大三度二十九分,水星次輪心當正交,則星在黄道北,大距五度五分一十秒,星在黄道南,大距六度三十一分二秒。次輪心當中交,則星在黄道北,大距六度一十六分五十秒,星在黄道南,大距四度五十五分三十二秒,次輪心當兩交之中,則星在黄道南或黄道北,大距皆五度四十分。凡度,皆三百有六十,度六十分,分六十秒,秒六十微,微六十纖,纖六十忽,忽六十芒,芒六十塵,全圓周均分三百六十度,半周一百八十度,又,半之九十度爲一象限,一象限分三宫,全圓周爲十二宫,每宫三十度。紀數之法,宫之奇爲度,度之奇爲分,分之奇爲秒,微以下如之。未及一宫者,命曰初宫若干度,未及一度者,命曰初度若干分,秒以下如之。而分以經、緯。東、西爲經,南、北爲緯,赤道、黄道、白道、五星各有徑、緯。赤道以南、北極爲樞,黄道以黄極爲樞,白道以白極爲樞,土、木、火各以其極爲樞,各於其樞出南、北弧線,分東、西之度爲經度,環樞作圈爲距等圈,分南、北之度爲緯度,金、水經度即黄道經度,因次輪而亦各有經、緯度,各道經、緯彼此互準,各不相合,互求之法用弧三角比例。○凡黄道之宫,十有二,皆識以恒星。恒星在黄道,緯度古今不變,經度歲差五十一秒。今按乾隆甲子年恒星黄道經、緯度表,推得嘉慶十五年黄道十二宫恒星識之。一曰星紀之宫,星紀宫得全宿一、半宿二,箕宿東三星在緯南,斗宿六星,五星在緯南,一星在緯北,牛宿西一星在緯北。其列星,緯北,中山、齊、吴越、徐、東海各一星,帛度東一星,屠肆東一星,宗二星,天弁九星,建六星,天雞二星,河鼓三星,天桴西二星,右旗九星,左旗西二星,織女三星,漸臺四星,輦道西三星,扶筐西三星;緯南,農丈人一星,狗二星,狗國四星,鼈十一星,天淵三星。新增星,斗外二,牛外四,中山外四,齊外八,吴越外七,徐外四,東海外三,帛度外一,屠肆外二,宗人外二,天弁外五,建外八,天雞外三,河鼓外七,右旗外十二,左旗外七，織女外四，漸臺外六，輦道外四，在緯北；斗外一、牛外一、狗外六，在緯南。二曰元枵之宫，元枵宫得全宿二、半宿二，牛宿東五星、女宿四星、虚宿二星、危宿西一星，均在緯北。其列星，緯北，羅堰北二星，天壘城十三星，蓋屋西一星，天桴東二星，左旗東七星，離珠四星，敗瓜五星，瓠瓜五星，司非二星，司危二星，司禄二星，司命二星，人西一星，輦道東二星，天津西四星，奚仲四星，扶筐東四星；緯南，羅堰南一星，周、秦、代、趙各二星，越、齊、楚、鄭、魏、韓、晉、燕各一星，哭二星，壘壁陣西五星，羽林軍十二星，天田四星，離瑜三星，天錢五星，九坎四星，敗日四星，天綱一星。新增星，牛外四，女外五，虚外八，危外四，羅堰外一，河鼓外二，天桴外二，左旗外二十二，離珠外一，敗瓜外三，瓠瓜外五，司非外二，司禄外二，人外二，輦道外五，天津外二十八，奚仲外三，扶筐外三，在緯北；代外二，哭外四，泣外二，離瑜外三，天錢外四，敗臼外一，在緯南。三曰娵訾之宫，娵訾宫得全宿一、半宿一，危宿東二星、室宿二星均在緯北。其列星，緯北，墳墓四星，離宫六星，蓋屋東一星，泣二星，虚梁四星，土公吏二星，雷電六星，霹靂五星，雲雨四星，人東三星，臼四星，杵三星，天津東五星，車府西五星，螣蛇西四星；緯南，壘壁陣東七星，羽林軍三十三星，鈇三星，八魁六星，天倉西一星，土司空一星，天園西三星，北落師門一星。新增星，危外七，室外四，墳墓外四，離宫外六，壘壁陣外一，雷電外七，霹靂外七，雲雨外九，人外二，臼外五，杵外二，天津外十，奚仲外四，扶筐外一，車府外十二，螣蛇外一，天鈎外四，在緯北；壘壁陣外六，鈇外二，在緯南。四曰降婁之宫，降婁宫得全宿二，壁宿二星、奎宿十六星均在緯北。其列星，緯北，土公二星，外屏西二星，右更北四星，天厩三星，車府東二星，螣蛇東十八星，閣道西一星，天鈎西七星，造父五星，天廚西五星；緯南，外屏東五星，右更南一星，天倉東五星，天庾三星，天囷西二星，天溷四星，芻藁西三星，鈇鑕五星，天苑西二星，天園中三星。新增星，室外三，離宫外二，雷電外一，霹靂外一，壁外二十三，奎外十八，婁外二，土公外六，外屏外五，右更外四，天厩外一，車府外七，螣蛇外十三，閣道外一，天鈎外十二，造父外五，天廚外二，在緯北；土公外五，外屏外十，右更外一，天倉外十八，天庾外三，天囷外四，天溷外六，芻藁外二，天苑外三，天園外三，在緯南。五曰大梁之宫，大梁宫得全宿三、半宿一，婁宿三星、胃宿三星、昴宿七星均在緯北，畢宿西一星在緯南。其列星，緯北，左更北三星，大陰北四星，天阿一星，天大將軍十一星，大陵八星，積尸一星，卷舌西二星，天讒一星，天船西二星，軍南門一星，附路一星，王良五星，策一星，閣道東五星，天鈎東二星，傳舍西六星，華蓋七星，杠西三星，少丞、少衛、上衛、少弼各一星，天廚東一星，天柱西二星，御女西一星；緯南，左更南二星，天陰南一星，天囷東十一星，天廪四星，芻藁東三星，天苑東十四星，天園東七星，九州殊口西二星。新增星，奎外四，婁外十三，胃外五，昴外五，左更外七，天陰外二，天大將軍外十六，大陵外二十，卷舌外一，天船外四，王良外五，閣道外四，傳舍外一，少丞外一，少衛外八，上衛外三，御女外一，柱史外二，在緯北；畢外五，天陰外二，天囷外十六，天廪外二,芻藁外三,天苑外十三,天園外三,九州殊口外七,在緯南。六曰實沈之宫,實沈宫得全宿二、半宿一,畢宿東七星、觜宿三星、參宿七星均在緯南。其列星,緯北,月一星,天街北一星,礪石四星,卷舌東四星,諸王六星,司怪北一星,五車五星,柱九星,天潢五星,咸池三星,天船東六星,積水一星,八穀八星,傳舍東三星,上丞、少衛各一星,杠東六星,六甲西二星,五帝内座五星,句陳西四星,天皇大帝一星,天柱東三星,御女中二星,柱史一星;緯南,天街南一星,附耳一星,天高四星,天關一星,司怪南三星,水府西一星,天節八星,參旗九星,九斿九星,九州殊口東四星,伐三星,玉井四星,軍井四星,屏二星,厠四星,屎一星,丈人二星,子二星。新增星,月外一,天街外三,卷舌外五,諸王外四,五車外十六,天潢外二,天船外五,積水外一,八穀外二十,傳舍外三,上丞外三,少衛外一,上衛外二,杠外一,六甲外一,五帝内座外二,句陳外六,天柱外五,在緯北;畢外八,參外三十一,天街外一,附耳外一,天高外四,天關外六,司怪外四,水府外五,參旗外十一,九斿外五,九州殊口外三,伐外二,玉井外二,軍井外一,厠外七,子外一,老人外二,在緯南。七曰鶉首之宫,鶉首宫得全宿一,井宿八星,七星在緯南,一星在緯北。其列星,緯北,天罇北二星,五諸侯五星,北河三星,積水一星,積薪一星,爟四星,座旗九星,内階六星,三師三星,少輔、上衛各一星,六甲東四星,陰德二星,四輔四星,大理二星,北極一星,句陳東二星,御女東一星,女史一星;緯南,鉞一星,水府東三星,天罇南一星,水位四星,四瀆四星,闕邱二星,南河三星,天狼一星,軍市六星,野雞一星,弧矢西五星,孫二星,老人一星。新增星,參外六,井外一,天罇外六,五諸侯外五,北河外四,積薪外三,爟外八,座旗外十一,五車外二,八穀外十四,朝轅外二,上台外四,文昌外一,内階外十三,師外一,上衛外一,少輔外一,陰德外一,四輔外一,句陳外三,天柱外一,在緯北;參外六,司怪外二,水府外三,井外十一,天罇外三,水位外十一,四瀆外六,闕邱外七,南河外八,天狼外五,軍市外五,弧矢外十,孫外四,老人外二,在緯南。八曰鶉火之宫,鶉火宫得全宿三,鬼宿四星,三星在緯北,一星在緯南,柳宿八星、星宿七星均在緯南。其列星,緯北,積尸一星,酒旗北一星,軒轅北十四星,内平四星,上台、中台各二星,文昌六星,勢四星,太尊一星,天牢西四星,天樞、天璇、天璣、天權各一星,天理四星,内廚二星,太乙一星,上輔、少尉各一星,天牀西二星,后宫、庶子、帝、太子各一星,尚書西二星;緯南,酒旗南二星,軒轅南二星,外廚六星,弧矢東四星,天狗西六星,天社西一星。新增星,爟外三,鬼外六,積尸外三,酒旗外三,軒轅外三十八,内平外十一,上台外三,中台外三,少微外二,文昌外七,勢外十四,天樞外三,天璇外八,天權外二,天理外一,内廚外二,上輔外二,少尉外二,大理外一,天牀外一,庶子外三,句陳外一,尚書外一,在緯北;鬼外十二,柳外十,星外十四,酒旗外二,軒轅外十三,南河外二,外廚外十七,弧矢外十四,天社外一,在緯南。九曰鶉尾之宫,鶉尾宫得全宿一、半宿一,張宿六星、翼宿西十七星均在緯南。其列星,緯北,軒轅東一星,長垣北三星,靈臺北一星,右執法、西上將、西次將、西次相、西上相各一星,少微四星,下台二星,五帝座五星,太子一星,從官一星,幸臣一星，五諸侯西二星，内屏四星，虎賁一星，郎位十五星，郎將一星，常陳七星，周鼎西一星，天牢東二星，太陽守一星，相一星，三公三星，玉衡、開陽、摇光各一星，輔一星，天乙一星，天槍三星，右樞一星，天牀東四星，尚書中一星；緯南，長垣南一星，靈臺南二星，明堂三星，天相三星，天狗東一星，天社中四星，天記一星。新增星，軒轅外一，長垣外一，明堂外二，次相外三，上相外二，少微外六，下台外二，勢外二，五帝座外三，五諸侯外四，内屏外六，九卿外一，謁者外一，郎位外三，郎將外二，常陳外六，天牢外二，太陽守外一，相外三，天權外一，開陽外二，輔外三，天槍外一，在緯北；星外一，張外四，翼外七，軒轅外四，長垣外八，靈臺外八，明堂外四，天相外十二，天社外四，天記外二，在緯南。十曰壽星之宫，壽星宫得全宿二、半宿一，翼宿東五星、軫宿四星均在緯南，角宿二星，一星在緯北，一星在緯南。其列星，緯北，左執法、東上相、東次相、東次將、東上將各一星，謁者一星，三公三星，九卿三星，五諸侯東三星，進賢一星，平道二星，天田二星，亢池四星，帝席三星，大角一星，右攝提三星，左攝提西一星，梗河三星，招摇一星，元戈一星，周鼎東二星，七公西一星，左樞、上宰、少宰、上弼各一星，尚書東二星；緯南，左轄、右轄、長沙各一星，天門二星，平西一星，青邱七星，天社東一星，庫樓西四星，柱西二星。新增星，角外六，左執法外一，次相外一，次將外三，上將外二，謁者外一，九卿外八，五諸侯外三，進賢外四，天田外六，帝席外一，大角外一，右攝提外三，梗河外一，元戈外二，天槍外三，七公外二，亢外一，尚書外一，在緯北；軫外五，角外九，進賢外五，天門外十一，平外一，青邱外三，在緯南。十有一曰大火之宫，大火宫得全宿二、半宿一，亢宿四星在緯北，氐宿四星，三星在緯北，一星在緯南，房宿西一星在緯南。其列星，緯北，日一星，西咸四星，罰西二星，左攝提東二星，天乳一星，河中、河間、晉、鄭、周、秦、蜀、巴梁各一星，斗西三星，貫索九星，七公東六星，天紀西二星；緯南，平東一星，庫樓東六星，柱東九星，衡四星，天輻二星，折威七星，陽門二星，頓頑二星，陣車三星，騎官十星，車騎三星，騎陳將軍一星，南門二星，從官西一星。新增星，亢外十一，氐外二十七，房外二，日外一，西咸外二，左攝提外三，天乳外三，河間外一，晉外三，周外十四，秦外一，蜀外二，巴外四，斗外七，梗河外四，貫索外十三，七公外十四，天紀外六，天棓外二，在緯北；氐外二，房外四，平外二，庫樓外一，天輻外一，折威外六，頓頑外一，陣車外二，南門外二，從官外一，在緯南。十有二曰析木之宫。析木宫得全宿二、半宿二，房宿東三星，一星在緯北，二星在緯南，心宿三星、尾宿九星、箕宿西一星均在緯南。其列星，緯北，鉤鈐二星，鍵閉一星，罰東一星，東咸四星，楚、韓各一星，魏、趙、九河各一星，燕、南海、宋各一星，帝座一星，候一星，宦者四星，斗東二星，斛四星，列肆二星，車肆二星，市樓六星，宗正二星，宗人四星，帛度西一星，屠肆西一星，天紀東七星，女牀三星，天棓五星，天籥北四星；緯南，天籥南四星，天江四星，神宫一星，從官東一星，積卒二星，傅説一星，魚一星，龜五星，糠一星，杵三星。新增星，罰外三，東咸外一，魏外八，趙外三，九河外一，中山外三，東海外一,宋外二,候外五,宦者外五,斗外七,斛外六,列肆外四,車肆外二,市樓外一,宗正外三,宗人外二,帛度外二,屠肆外一,天紀外八,天棓外八,斗宿外一,天江外二,在緯北;天籥外四,天江外九,心外八,杵外一,在緯南。赤道之宫亦如之。恒星在赤道,經、緯度皆歲有遷移,求之者,必以黄道爲根,黄赤大距度爲一邊,星距黄極度爲一邊,黄道經度爲所夾之角,用弧三角總較法或垂弧法比例得赤道經、緯度。○凡地平、地球之度,各分以經、緯。地平,以隨人所居天頂爲樞,自樞垂弧,分地平周度爲經度,環樞作距等圈,分高下度爲緯度,所截之弧爲高弧。地球,以當北極下地面爲樞,當赤道下圜周爲腰,自樞垂弧至腰,分東、西之度爲經度,環樞作距等圈,分南、北之度爲緯度。其里差,緯度,南、北視北極出地,經度,東、西以京師爲中線,中線以東爲偏東,西爲偏西,緯度二百里差一度,經度當赤道下亦二百里差一度,近極以次而減。北極出地,京師,三十九度五十五分。東三省,盛京四十一度五十一分,吉林四十三度四十七分,伯都訥四十五度十五分,阿爾楚喀四十五度五十一分,寧古塔四十四度四十六分,三姓四十七度二十分,打牲烏拉城四十四度十二分,齊齊哈爾城四十七度四十六分,墨爾根城四十七度二十二分,黑龍江城五十度一分,門倫貝爾四十九度二十四分,呼蘭城四十六度七分,打牲處四十八度四十分,雅克薩城五十二度五十五分。各省,山東三十六度四十五分,山西三十七度五十四分,河南三十四度五十二分,江蘇三十二度四分,安徽三十度三十七分,江西二十八度三十七分,福建二十六度二分,浙江三十度十八分,湖北三十度三十四分,湖南二十八度十三分,陝西三十四度十六分,甘肅三十六度八分,四川三十度四十一分,廣東二十三度十分,廣西二十五度十三分,雲南二十五度六分,貴州二十六度三十分。金川一帶地方,勒烏圍三十一度三十四分,噶拉依三十一度十九分,美諾三十一度三分,雜谷三十二度一分,黨壩三十一度五十六分,綽斯甲布三十一度五十三分,瓦寺三十一度十七分,革布什咱三十一度八分,布拉克底三十一度四分,巴旺三十度五十八分,鄂克什三十度五十六分,明正三十度二十八分,木坪三十度二十五分。新疆地方,哈密四十二度五十三分,巴里坤四十三度三十九分,烏嚕木齊四十三度二十七分,哈布塔克四十四度四十三分,拜達克四十西度四十三分,穆壘四十三度四十五分,魯克沁四十二度四十八分,吐魯番四十三度四分,濟木薩四十三度四十分,烏沙克塔勒四十二度十六分,烏隴古河四十六度四十分,喀喇沙爾四十二度七分,庫爾勒四十一度四十六分,塔爾巴哈台四十七度,齋爾四十五度三十分,安濟海四十四度十三分,崆吉斯四十三度三十三分,布古爾四十一度四十四分,伊犁四十三度五十六分,額爾齊斯河齋桑諾爾四十八度三十五分,哈什四十四度八分,博囉塔拉四十四度五十分,庫車四十一度三十七分,克里雅三十七度,賽里木四十一度四十一分,玉隴哈什三十六度五十二分,和閶伊里齊三十七度,哈喇哈什三十七度十分,阿勒輝山四十八度二十分,阿克蘇四十一度九分,三珠三十六度五十八分,巴爾噶什諾爾四十七度,烏什四十一度六分,特穆爾圖諾爾四十二度五十分,巴爾楚克三十九度十五分,葉爾羌三十八度十九分,英吉沙爾三十八度四十七分，吹河四十四度五十分，喀什噶爾三十九度二十五分，色呼庫勒三十七度四十八分，喀楚特三十七度十一分，塔拉斯河四十三度五十分。内蒙古部落，科爾沁四十六度十七分，扎賚特四十六度三十分，郭爾羅斯四十五度三十分，杜爾伯特四十七度十五分，喀喇沁四十一度三十分，土默特四十一度四十分，扎嚕特四十三度三十分，柰曼四十三度十五分，敖漢四十二度十五分，喀爾喀左翼四十二度四十分，巴林四十三度三十六分，翁牛特四十二度三十分，阿嚕科爾沁四十五度三十分，烏珠穆沁四十四度四十五分，克什克騰四十三度，浩齊特四十四度六分，阿巴噶阿巴哈納爾四十三度二十三分，蘇尼特四十三度，四子部落四十一度四十一分，茂明安四十一度十五分，喀爾喀右翼四十一度四十四分，烏喇特四十度五十二分，鄂爾多斯三十九度三十分，歸化城土默特四十度四十九分。外蒙古喀爾喀部落内地方，喀爾喀河克勒和碩四十七度三十五分，克嚕倫巴爾城四十八度六分，肯特四十八度三十三分，圖拉河汗山四十七度五十七分，翁吉四十五度三十分，固爾班賽堪四十三度四十八分，布嚨堪布爾噶蘇台四十九度二十八分，額格色楞額四十九度二十七分，鄂爾坤額爾德尼昭四十六度五十八分，推河四十六度二十九分，桑錦達賚四十九度十二分，薩克薩克圖古哩克四十五度二十四分，扎布堪阿爾洪四十六度四十二分，烏里雅蘇台四十七度四十八分，哈屯河五十一度十分，科布多城四十八度二分，赫色勒巴斯諾爾四十六度四十分。外蒙古各部落，阿拉善三十八度三十分，烏蘭固木杜爾伯特四十九度二十分，珠勒都斯土爾扈特四十三度十七分，珠勒都斯和碩特四十三度，扎哈沁四千六度三十分，庫爾喀喇烏蘇土爾扈特四十四度三十分，霍博克薩哩土爾扈特四十六度四十分，晶河土爾扈特四十四度三十五分，烏隴古土爾扈特四十七度，唐努山烏梁海五十度四十分，阿爾泰山烏梁海四十八度三十分，阿爾泰諾爾烏梁海五十三度三十分。青海、西藏地方，青海三十七度，黄河源三十四度四十分，木魯烏蘇庫克賽爾多軍三十四度五十分，布達拉三十度三十分，察木多三十一度二十五分，扎什倫布二十九度五十分，阿里二十八度二十五分。外裔地方，哈薩克四十七度三十分，博羅爾三十七度，巴達克山三十六度二十三分，布嚕特四十一度，那林山四十三度，斡罕三十八度，鄂囉善三十六度四十九分，納木干四十一度三十八分，霍罕四十一度二十三分，塔什干四十三度三分，鄂什四十度十九分，什克南三十六度四十七分。外國，朝鮮三十七度三十九分，越南二十二度十八分，琉球二十六度二分。偏東、偏西度，東三省，盛京東七度十五分，吉林東十度二十七分，伯都訥東八度三十七分，阿爾楚喀東十度四十七分，寧古塔東十三度三十五分，三姓東十三度二十分，打牲烏拉城東十度三十二分，齊齊哈爾城東七度二十九分，墨爾根城東八度三十五分，黑龍江城東十度五十八分，呼倫貝爾東二度四十分，呼蘭城東十度二十六分，打牲處東八度，雅克薩城東六度三十五分。各省，山東東四十分，山西西三度五十八分，河南西一度五十六分，江蘇東二度十八分，安徽東三十四分，江西西三十七分，福建東二度五十九分，浙江東三度四十一分，湖北西二度十七分，湖南西三度四十二分，陝西西七度三十四分，甘肅西十二度三十六分，四川西十二度十六分，廣東西三度三十三分，廣西西六度十五分，雲南西十三度三十七分，貴州西九度五十三分。金川一帶地方，勒烏圍西十四度三十四分，噶拉依西十四度二十九分，美諾西十四度七分，三雜谷西十三度五十六分，黨壩西十四度二十九分，綽斯甲布西四度四十四分，瓦寺西十二度五十八分，革布什咱西十四度五十一分，布拉克底西十四度二十二分，巴旺西十四度三十四分，鄂克什西十三度五十一分，明正西十四度四十九分，木坪西十三度三十七分。新疆地方，哈密西二十二度三十二分，巴里坤西二十三度，烏嚕木齊西二十七度五十六分，哈布塔克西二十四度二十六分，拜達克西二十五度，穆壘西二十五度三十六分，魯克沁西二十六度十一分，吐魯番西二十六度四十五分，濟木薩西二十六度五十二分，烏沙克塔勒西二十八度二十六分，烏隴古河西二十九度十五分，喀喇沙爾西二十九度十七分，庫爾勒西二十九度五十六分，塔爾巴哈台西三十度，齋爾西三十一度，安濟海西三十度五十四分，崆吉期西三十二度，布古爾西三十二度七分，伊犁西三十四度二十分，額爾齊斯河齋桑諾爾西三十二度二十五分，哈什西三十三度，博囉塔拉西三十三度三十分，庫車西三十三度三十二分，克里雅西三十三度三十三分，賽哩木西三十四度四十分，玉隴哈什西三十五度三十七分，和闐伊里齊西三十五度五十二分，哈喇哈什西三十六度十四分，阿勒輝山西三十六度五十分，阿克蘇西三十七度十五分，三珠西三十七度四十七分，巴爾噶什諾爾西三十八度十分，烏什西三十八度二十七分，特穆爾圖諾爾西三十九度二十分，巴爾楚克西三十九度三十五分，葉爾羌西四十度十分，英吉沙爾西四十一度五十分，吹河西四十二度，喀什噶爾西四十二度二十五分，色哷庫勒西四十二度二十四分，喀楚特西四十二度三十二分，塔拉斯河西四十四度。内蒙古部落，爾沁東四度三十分，扎賚特東七度四十五分，郭爾羅斯東八度十分，杜爾伯特東六度十分，喀喇沁東二度，土默特東四度二十分，扎魯特東五度，柰曼東五度，敖漢東四度，喀爾喀左翼東五度三十分，巴林東二度十四分，翁牛特東二度，阿嚕科爾沁東三度五十分，烏珠穆沁東一度十分，克什克騰東一度十分，浩齊特東三十分，阿巴噶阿巴哈納爾東二十八分，蘇尼特西一度二十八分，四子部落西四度二十二分，茂明安西六度九分，喀爾喀右翼西五度五十五分，烏喇特西六度三十分，鄂爾多斯西八度，歸化城土默特西四度四十八分。外蒙古喀爾喀部落内地方，喀爾喀河克勒和碩東二度四十六分，克嚕倫巴爾城西二度五十二分，肯特西七度三分，圖拉河汗山西九度十二分，翁吉西十一度，固爾班賽堪西十一度，布嚨堪布爾噶蘇台西十一度二十二分，額格色楞額西十二度二十五分，鄂爾坤額爾德花昭西十三度五分，推河西十五度十五分，桑錦達賚西十六度二十分，薩克薩克圖古哩克西十九度三十分，扎布堪阿爾洪西二十度十二分，烏里雅蘇台西二十二度四十分，哈屯河西二十九度，科布多城西二十七度二十分，赫色勒巴斯諾爾西二十九度十五分。外蒙古各部落，阿拉善西十二度，烏蘭固木杜爾伯特西二十五度四十分，珠勒都斯土爾扈特西三十度五十分，珠勒都斯和碩特西三十一度，扎哈沁西二十三度十分，庫爾客喇烏蘇上爾扈特西三十一度五十六分，霍博克薩哩土爾扈特西三十一度十五分，晶河土爾扈特西三十三度三十分，烏隴古土爾扈特西二十八度十分，唐努山烏梁海西二十四度二十分，阿爾泰山烏梁海西二十八度三十五分，阿爾泰諾爾烏梁海西二十八度四十分。青海、西藏地方，青海西十六度，黄河源西十九度二分，木魯烏蘇庫克賽爾多渾西二十一度，布達拉西二十四度五十分，察木多西十八度四十分，扎什倫布西二十七度二十八分，阿里西三十一度十五分。外裔地方，哈薩克西三十四度五十分，博羅爾西四十三度三十八分，巴達克山西四十三度五十分，布嚕特西四十四度，那林山西四十五度，斡罕西四十五度九分，鄂囉善西四十五度二十六分，納木干西四十五度四十分，霍罕西四十五度五十六分，塔什千西四十七度四十三分，鄂什西四十二度五十分，什克南西四十四度四十六分。外國，朝鮮東十度三十分，越南西十度，琉球東十一度三十分。緯度，北極出地愈高，夏晝愈長，冬晝愈短。經度，每偏一度，差時四分，偏東時刻早，節氣遲，偏西時刻遲，節氣早○凡推步之法，有均輪法，均輪法，日、月、五星之本天皆正圓，以地心爲心，於本天設本輪，於本輪設均輪，本輪心循本天周行，均輪心循本輪周行，在本輪上爲最高，在本輪下爲最卑，在本輪左、右爲中距，聯其行跡又成一正圓形，是爲不同心天，其心與地心不同，相距之數爲兩心差。太陽本輪自本天冬至右旋爲平行度，均輪自本輪最卑左旋爲引數，最卑前後行見贏，最高前後行見縮。太陽自均輪最近右旋，行倍引數之度。太陰又於本天周加負均輪圈爲負圈，其圈大於本輪，其心，即本輪心循本天周右旋爲平行度，均輪自負圈最高左旋爲引數，最高前後行見遲，最卑前後行見疾。又設次輪，其心循均輪周自最近右旋，行倍引數之度，又設次均輪，其心循次輪周自最近右旋，行月距日之倍度爲倍離。太陰循次均輪周自最下左旋，亦行倍離度，太陰交均，則於黄極設白極繞黄極本輪，又設負白極均輪，其心循本輪周左旋，日行三分一十秒有奇，白極循均輪周左旋，行倍離度。五星本輪各於本天右旋爲平行度，均輪各自本輪最高左旋爲引數，見遲、見疾與太陰同理。又各設次輪，土、木、火、金次輪心自均輪最近右旋，行倍引數之度，水次輪心自均輪最遠右旋，行三倍引數度，五星皆循次輪周右旋，土、木、火自最遠行本輪心距日度，金、水自平遠行自行伏見度。星在次輪上弧行見順，在次輪下弧行見退，在次輪左、右行見留。自乾隆七年改推日、月用擴圓法後，惟推五星仍用均輪法。有擴圓法，擴圓法以日、月本天爲擴圓，其心與地心各不同，爲兩心差。太陽、太陰各循擴圓周右旋，太陽始最卑，太陰始最高，以擴圓面積自地心瓜分之，每分積等而角度不等，近最卑角度大，近最高角度小，以其積當太陽、太陰之平行，以其角當太陽之實行，在太陰爲實行初得之數是爲初實行。太陽兩心差有定數，太陰兩心差隨時不同，於地心設最高本輪、最高均輪，均輪心循本輪周右旋，行最高平行度，本天擴圓心循均輪周右旋，行日距月最高之倍度，其緯度亦於黄極設白極繞黄極本輪、均輪，又設小均輪，其半徑四百八十二秒，設小輪，其全徑五十秒，均輪心循本輪周左旋，爲正交行度，小均輪以均輪心爲心，小輪周切小均輪周右旋，行日距正交之倍度，白極循小輪周左旋，行輪心之倍度，又於白道之上設小輪，其周之下點與白道相切，其徑隨時不同，日距交九十度時最大，全徑二分四十三秒，逐度小輪全徑，與最大小輪日距正交倍度之正矢等。朔、望後至兩弦，白道漸張，與白道小輪月距日倍度之正矢等。以密合日、月、五星本天之高卑，均輪法命日、月、五星之本天半徑各爲一千萬，日最高高於本天半徑、最卑卑於本天半徑，皆十七萬九千二百八，月最高高於本天半徑、最卑卑於本天半徑之數隨時不同，朔、望時十七萬二千五百，兩弦時八十四萬一千五百，土星最高高於本天半徑、最卑卑於本天半徑，皆一百六十一萬一千七百七十四，木星最高高於本天半徑、最卑卑於本天半徑，皆二百三十八萬六千八百二十，火星最高、最卑之數亦隨時不同，太陽、火星同在最卑時，卑於本天半徑七百四十一萬五千七百五十，太陽在最高，火星在最卑時，卑於本天半徑七百六十五萬七百五十，太陽在最卑，火星在最高時，高於本天半徑七百六十七萬四千二百五十，金星最高高於本天半徑、最卑卑於本天半徑，皆七百三十六萬七千九百六十，水星最高高於本天半徑、最卑卑於本天半徑，皆四百五十三萬二千一百五十五。橢圓法命日、月本天橢圓大半徑各爲一千萬，日最高高於本天大半徑、最卑卑於本天大半徑，皆十六萬九千，月最高高於本天大半徑、最卑卑於本天大半徑之數，日當月天最高、卑時，六十六萬七千八百二十，日當月天中距時，四十三萬三千一百九十，高、卑之中皆爲中距，漸高、漸卑之數各如法推算得之。皆立一天正冬至爲之元，均輪法以康熙二十三年甲子歲前天正冬至爲元，橢圓法以雍正元年癸卯歲前天正冬至爲元。定其歲實與其黄赤大距，康熙甲子元歲實三百六十五日二四二一八七五，黄赤大距二十三度二十九分三十秒。雍正癸卯元歲實三百六十五日二四二三三四四二，黄赤大距二十三度二十九分。各命以用數，用數，周天三百六十度，入算化一百二十九萬六千秒，周日一萬分，紀法六十，宿法二十八，均輪法、橢圓法同。均輪法，氣應七日六五六三七四九二六，宿應五日六五六三七四九二六，橢圓法，氣應三十二日一二二五四，宿應二十七日一二二五四。橢圓法推日躔用數，太陽日平行三千五百四十八秒，小餘三二九〇八九七，最卑歲行六十二秒，小餘九九七五，日行十分秒之一又七二四八，太陽本天大半徑一千萬，小半徑九百九十九萬八千五百七十一，小餘八五，兩心差十六萬九千，最卑應八度七分三十二秒二十二微。推月離用數，太陰日平行四萬七千四百三十五秒，小餘〇二三四〇八六，最高日平行四百一秒，小餘〇七〇二二六，正交日平行一百九十秒，小餘六三八六三。太陽最大均數一度五十六分一十三秒，太陰最大一平均一十一分五十秒，最高、最大平均一十九分五十六秒，正交最大平均九分三十秒。太陽最高立積方一〇五一五六二，太陽高卑立方積一〇一四一〇，太陽在最高，太陰最大二平均三分三十四秒，太陽在最卑，太陰最大二平均三分五十六秒，太陰最大三平均四十七秒。太陰本天橢圓大半徑一千萬，最大兩心差六十六萬七千八百二十，最小兩心差四十三萬三千一百九十。最高本輪半徑五十五萬零五百零五，最高均輪半徑一十一萬七千三百一十五。太陽在最高，太陰最大二均三十三分一十四秒，太陽在最卑，太陰最大二均三十七分一十一秒，太陰最大三均二分二十五秒。兩最高相距十度，兩弦最大末均六十一秒，相距二十度，兩弦最大末均六十七秒，相距三十度，兩弦最大末均七十六秒，相距四十度，兩弦最大末均八十八秒，相距五十度，兩弦最大末均一百零三秒，相距六十度，兩弦最大末均一百二十秒，相距七十度，兩弦最大末均一百三十九秒，相距八十度，兩弦最大末均一百五十九秒，相距九十度，兩弦最大末均一百八十秒。正交本輪半徑五十七分半，正交均輪半徑一分半。最大黄白大距五度一十七分二十秒，最小黄白大距四度五十九分三十五秒，黄白大距中數，即白極繞黄極本輪半徑五度八分二十七秒三十微，黄白大距半較，即繞黄極均輪半徑八分五十二秒三十微，最大交角加分一十七分四十五秒，最大距日加分二分四十三秒。太陰平行應五宫二十六度二十七分四十八秒五十三微，最高應八宫一度一十五分四十五秒三十八微，正交應五宫二十二度五十七分三十七秒三十三微。推交食用數，朔策二十九日五三〇五九〇五三，望策十四日七六五二九五二六五，太陰交周朔策十一萬四百一十三秒，小餘九二四四一三三四，太陰交周望策六宫一十五度二十分六秒五十八微，中距太陰地半徑差五十七分三十秒，太陽地半徑差一十秒，中距太陽距地心一千萬，中距太陰距地心一千萬，中距太陽視半徑一十六分六秒，中距太陰視半徑一十五分四十秒三十微。太陽光分一十五秒，朔應十五日一二六三三，首朔太陰交周應六宫二十三度三十六分五十二秒四十九微。均輪法推五星用數，土星，日平行一百二十秒，小餘六〇二二五五三，最高日行十分秒之二又一九五八〇三，正交日行十分秒之一又一四六七二八，本天半徑一千萬，本輪半徑八十六萬五千五百八十七，均輪半徑二十九萬六千四百一十三，次輪半徑一百零四萬二千六百，本道與黄道交角二度三十一分，平行應七宫二十二度四十九分四十四秒五十五微，最高應十一宫二十八度二十六分六秒五微，正交應六宫二十一度二十分五十七秒二十四微。木星，日平行二百九十九秒，小餘二八五二九六八，最高日行十分秒之一又五八四三三，正交日行百分秒之三又七二三五五七，本天半徑一千萬，本輪半徑七十萬五千三白二十，均輪半徑二十四萬七千九百八十，次輪半徑一百九十二萬九千四百八十，本道與黄道交角一度一十九分四十秒，平行應入宫九度一十三分一十三秒一十一微，最高應九宫九度五十一分五十九秒二十七微，正交應六宫七度二十一分四十九秒三十五微。火星，日平行一千八百八十六秒，小餘六七〇〇三五八，最高日行十分秒之一又八三四三九九，正交日行十分秒之一又四四九七二三，本天半徑一千萬，本輪半徑一百四十八萬四千，均輪半徑三十七萬一千，最小次輪半徑六百三十萬二千七百五十，本天高、卑大差二十五萬八千五百，太陽高、卑大差二十三萬五千，本道與黄道交角一度五十分，平行應二宫一十三度三十九分五十二秒一十五微，最高應八宫初度三十三分一十一秒五十四微，正交應四宫一十七度五十一分五十四秒七微。金星，日平行與太陽同，最高日行十分秒之二又一七一〇九五，伏見日行二千二百一十九秒，小餘四三一一八八六，本天半徑一千萬，本輪半徑二十三萬一千九百六十二，均輪半徑八萬八千八百五十二，次輪半徑七百二十二萬四千八百五十，次輪面與黄道交角三度二十九分,平行應二十分一十九秒一十八微,最高應六宫一度三十三分三十一秒四微,伏見應初宫一十八度三十八分一十三秒六微。水星,日平行與太陽同,最高日行十分秒之二又八八一一九三,伏見日行一萬一千一百八十四秒,小餘一一六五二四八,本天半徑一千萬,本輪半徑五十六萬七千五百二十三,均輪半徑十一萬四千六百三十二,次輪半徑三百八十五萬,次輪心在大距,與黄道交角五度四十分,次輪心在正交當黄道北交角五度五分一十秒,其與大距交角較三十四分五十秒,次輪心在中交當黄道北交角六度一十六分五十秒,其與大距交角較三十六分五十秒,次輪心在正交當黄道南交角六度三十一分二秒,其與大距交角較五十一分二秒,次輪心在中交當黄道南交角四度五十五分三十二秒,其與大距交角較四十四分二十八秒,平行應二十分一十九秒一十八微,最高應十一宫三度三分五十四秒五十四微,伏見應十宫一度一十三分一十一秒一十七微。察其各均、均輪法,太陽合本輪、均輪之贏縮差爲均數。太陰因本輪、均輪、次輪心行度所生之遲疾差,朔、望時用之,爲初均,因次均輪心行度所生之遲疾差,兩弦時用之,爲二均,因太陰行次均輪周所生之遲疾差,兩弦前後用之,爲三均。五星因次輪心行度有初均,星行次輪周有次均。橢圓法,太陽均數,即橢圓角積之差。太陰因日行贏縮,太陰平行、最高行、正交行皆有差,設一平均,因日距月天最高有遠近,兩心差面積有大小,設二平均,其最高之差爲最高均,因白極繞黄極轉移,白道有進退,設三平均,因兩心差有大小,而遲疾之差不等,設初均,分大、中、小三數,因最大差在朔弦、弦望之間,設二均,因月高距日高與月距日之共度半周内差而疾,半周外差而遲,設三均,因月高距日高遠近不等,朔後差而遲,望後差而疾,設末均,因日在交後一象限交行疾,交前一象限交行遲,設正交均。各差,各均數皆有加減差,日、月各有兩心差,日有黄赤升度差,月有黄白升度差,土、木、火各有升度差,均數所變時差爲均數時差,升度所變時差爲升度時差,日、月、火、金、水各有地半徑差,交食有高下差、東西差、南北差、影差,五星有伏見距日加減差,土、木、火因次輪面與黄道平行,與本道相交而生本道之緯差,金、水因次輪面與本道即黄道相交而生緯差,七政恒星皆有清蒙氣差。太陽均數差,最卑後加,最高後減。太陰一平均,太陽在日天最高前,太陰行正交行減,最高行加,太陽在日天最高後,反是。二平均,太陽在日天最高時小,最卑時大,太陽在月天最高、卑時,太陰行減,中距時加,太陽在月天高、卑後四十五度時,爲二平均最大差,最高、卑後減,中距後加。三平均,太陽在兩交後,太陰行減,大距後加。初均,太陰在最高前加,最高後減。二均,太陰在弦度朔望前減,朔望後弦前加。三均,太陰距太陽度與月高距日高度,兩數相併,在半周内加,半周外減。末均,朔後減,望後加。最高均,太陽在月天最高、卑後加,中距後減。正交均,太陽在交前一象限加,後一象限減。五星均數差,初均皆初宫後減,六宫後加,次均反是。黄赤升度差,即黄道、赤道經度不相合之數,二至後,赤道度加,二分後減。均數時差,最卑後減,最高後加,升度時差,二至後減,二分後加,皆每一度變時四分十五分,變時一分十五秒,變時一秒。黄白升度差,即黄道、白道經度不相合之數,土、木、火升度差，即三星本道與黄道不相合之數，兩交後，三宫内黄道度皆減，兩交前，三宫内皆加。地半徑差，太陽最卑時一十秒一十微，最高時九秒五十微。太陰，兩心差最大時，最高，地半徑差五十三分五十四秒，最卑，地半徑差六十一分三十七秒，兩心差最小時，最高，地半徑差五十五分七秒，最卑，地半徑差六十分六秒。火星最大地半徑差二十五秒，金星最大地半徑差一十一分二十五秒，水星最大地半徑差五分一十七秒。高下差，即日、月高下之視差，爲東西、南北兩差之根，於太陰地半徑差内減太陽地半徑差，餘爲高下差。影差，有實影、有視影，以太陽、太陰两地半徑相加，内減太陽半徑，餘爲實影半徑。視影，則生於清蒙氣，太陽實徑爲地徑之九十六倍又十分之六，太陰實徑爲地徑百分之二十七，小餘二六强。五星伏見距日加減差，南緯加，北緯減。緯差，次輪心在兩交之中，星在次輪最近時，視緯極大，土星，北緯二度四十八分，南緯二度四十九分；木星，北緯一度三十八分，南緯一度四十分；火星，北緯四度三十一分，南緯六度四十七分；金星，南、北皆九度二分；水星，南、北皆三度三十三分。清蒙氣差，西人第谷謂隨地不同，北極出地五十五度餘，地平上最大差三十四分，自地平以上，其差漸少，至四十五度，其差五秒，更高無差。厥後西人又謂北極出地四十八度地方，太陽高四十五度時，蒙氣差尚有一分，自地平至天頂，皆有差。至噶西尼，則謂蒙氣之厚，爲地半徑千萬分之六千九十五，其差在地平上最大爲三十二分一十九秒，近天頂漸小，視線角與光線角正弦之比，常如一千萬與一千萬二千八百四十一，用以推逐度之蒙氣差，至八十九度尚有一秒。以平行求實行，均輪法，用平三角法求得太陽均數，加、減太陽平行，得實行。求得太陰初均數，加、減太陰平行，得初實行，再求二、三均數，加、減初實行，得實行。五星，各求得初均、次均數，加、減平行，得實行。撱圓法，撱圓角積互求，用平三角法。角求積，用垂弧或切線分外角法，先得太陽或太陰距地心線，次求分圓面積比例得撱圓角積。積求角，有用中率比例法，有借積求積法，有借角求角法，求得太陽均數，加、減平行，得實行，太陰，用兩三角形法，求得初均數，加、減平行，得初實行，再求各均數，遞相加、減，得實行。上考下推，皆準焉。

欽定大清會典卷六十三

〇凡日行於黄道，歲一周，月行於白道，月一周。其在宿度，日曰躔，推日躔，以雍正元年癸卯，距所求之年若干年，減一年，得積年，以乘歲實，得中積分，加氣應，上考，則減氣應，得通積分，滿紀法去之，餘爲天正冬至日分，上考，則以所餘轉減紀法，餘爲天正冬至日分。自初日起甲子，得天正冬至干支，以周日一千四百四十分通其小餘，得時分秒，以周日一萬分爲一率，太陽每日平行爲二率，天正冬至分減周日一萬分，餘爲三率，得四率爲秒，以分收之，得年根，以天正冬至干支加一日，得紀日，置中積分加宿應，上考，則減宿應，得通積宿，滿宿法去之，外加一日，上考，則以所餘轉減宿法，外加一日，爲值宿日分。自初日起角宿，得值宿日，天正冬至次日距所求本日若干日，乘太陽每日平行，得數爲秒，以宫度分收之，得日數，以加年根，得太陽平行，以積年乘最卑每歲行，得積年之行，以日數乘最卑每日行，得日數之行，兩數相併，加最卑應，得最卑行，上考，則置最卑應減積年之行，加日數之行，得最卑行，以減太陽平行，得引數，以二千萬爲一邊，倍兩心差爲一邊，引數在六宫内，爲所夾之角，六宫外，引數減全周，餘爲所夾之角，用切線分外角法，兩邊和爲一率，兩邊較爲二率，半外角正切爲三率，得四率，檢正切得半較角，以減半外角，餘爲對倍兩心差之角，倍之爲撱圓界角。又以撱圓小半徑爲一率，大半徑爲二率，引數正切爲三率，得四率，爲撱圓正切，檢表得度，以減引數，餘爲撱圓差角，最卑前後各三宫，與撱圓界角相加，最高前後各三宫相減，得均數，加減平行，得實行，於本年黄道宿鈐内，察實行足減某宿度，分減之，得宿度。月曰離。推月離，求積年、中積分、通積分，天正冬至與日躔同，置中積分，加氣應分一二二五四，減本年天正冬至分，上考，則置中積分減氣應分，加本年天正冬至分，得積日，以乘太陰每日平行，得數，滿周天秒去之，餘以宫度分收之，爲積日太陰平行。加太陰平行應，上考，則置太陰平行應減積日太陰平行，得太陰年根，以積日乘最高每日平行，得數，滿周天秒去之，餘以宫度分收之，爲積日最高平行。加最高應，上考，則置最高應減積日最高平行，得最高年根，以積日乘正交每日平行，得數，滿周天秒去之，餘以宫度分收之，爲積日正交平行，以減正交應，如不足減，加十二宫減之，上考，則置正交應加積日正交平行，滿十二宫去之，得正交年根，以所設日數與太陰每日平行最高、每日平行正交、每日平行各相乘，得數皆爲秒，各以宫度分收之，得太陰日數。最高日數、正交日數，以太陰年根加太陰日數，得太陰平行，以最高年根加最高日數，得最高平行，置正交年根減正交日數，得正交平行，以太陽最大均數六千九百七十三秒爲一率，太陰最大一平均七百十秒爲二率，本日太陽均數化秒爲三率，得四率爲秒，以分收之，爲太陰一平均。加、減太陰平行，太陽均數加者爲減，減者爲加，得二平行，如以最高最大平均一千一百九十六秒爲二率，則得四率，以分收之，爲最高平均，加、減最高平行太陽均數，加者亦加，減者亦減，得用最高。如以正交最大平均五百七十秒爲二率，則得四率，以分收之，爲正交平均，加、減正交平行太陽均數，加者爲減，減者爲加，得用正交。置太陽實行減用最高，得日距月最高，如減用正交，得日距正交半徑一千萬爲一率，太陽平引加、減均數，爲太陽實引，以其餘弦爲二率，太陽倍兩心差爲三率，得四率，爲分股，太陽實行之正弦爲二率，得四率，爲句，以分股與全徑二千萬相加減，實引九宫至二宫加，三宫至八宫減，得句弦和爲首率，句爲中率，中率自乘，首率除之，得末率，爲句弦較，加句弦和，折半爲弦，以減全徑二千萬，得太陽距地心數，自乘、再乘得立方積，以減太陽最高立方積，餘爲立方較半徑爲一率，太陽在最高時最大二平均二百十四秒爲二率，日距月最高倍度之正弦爲三率，得四率爲秒，以分收之，爲太陽在最高時日距月最高之二平均。太陽在最卑時，最大二平均二百三十六秒爲二率，得四率，以分收之，爲太陽在最卑時日距月最高之二平均。太陽高、卑立方大較爲一率，本時立方較爲二率，所得高、卑兩二平均相減，餘化秒爲三率，得四率爲秒，以分收之，加前所得太陽在最高時日距月最高之二平均，得本時二平均，半徑爲一率，最大三平均爲二率，日距正交倍度之正弦爲三率，得四率，爲三平均。置二平行，加、減二平均，日距月最高倍度不及半周爲減，過半周爲加，再加、減三平均，日距正交倍度不及半周爲減，過半周爲加，得用平行。以最高本輪半徑爲一邊，最高均輪半徑爲一邊，日距月最高之倍度與半周相減，餘爲所夾之角，用切線分外角法求得小角，爲最高實均，加、減用最高，日距月最高倍度不及半周爲加，過半周爲減，得最高實行，以減用平行得太陰引數，最高實均之正弦爲一率，最高均輪半徑爲二率，日距月最高倍度之正弦爲三率，得四率，爲本天心距地數，即本時兩心差。以半徑爲一邊，本時兩心差爲一邊，太陰引數與半周相減，餘爲所夾之角，用切線分外角法求得對兩心差之小角，加前所夾之角，復爲所夾之角，仍以前二邊用切線分外角法，求得對半徑之大角，爲平圓引數，半徑爲一率，本天心距地數爲正弦，取其餘弦爲二率，平圓引數之正切爲三率，得四率，檢正切，得實引，與太陰引數相減，得初均數，加、減用平行引數初宫至五宫爲減，六宫至十一宫爲加，得初實行，減本日太陽實行，得月距日半徑爲一率，太陽在最高時之最大二均一千九百九十四秒爲二率，月距日倍度之正弦爲三率，得四率爲秒，以分收之，爲太陽在最高時月距日之二均數，太陽在最卑時之最大二均二千二百三十一秒爲二率，得四率，以分收之，爲太陽在最卑時月距日之二均數，太陽高、卑立方大較爲一率，本時立方較爲二率，前所得高、卑兩二均數相減，餘化秒爲三率，得四率爲秒，以分收之，加前所得太陽在最高時月距日之二均數，得本時二均數。置初實行加、減二均,得二實行,置月距日加、減二均,得實月距日,月距日倍度不及半周,皆爲加,過半周皆爲減。置太陽最卑平行加、減六宫,得太陽最高,置太陰最高實行減太陽最高,得日月最高相距,以加實月距日,滿十二宫去之,得相距總數,半徑爲一率,最大三均一百四十五秒爲二率,相距總數之正弦爲三率,得四率爲秒,以分收之爲三均數,加、減二實行,總數初宫至五宫爲加,六宫至十一宫爲減,得三實行,半徑爲一率,按兩最高相距度,取其兩弦最大末均,日月最高相距有零度者,用中比例取之,爲二率,實月距日之正弦爲三率,得四率爲秒,以分收之,爲末均數,加、減三實行,實月距日初宫至五宫爲減,六宫至十一宫爲加,得白道實行,以正交本輪半徑爲一邊,正交均輪半徑爲一邊,日距正交之倍度爲所夾之外角,用切線分外角法,邊總五十九爲一率,邊較五十六爲二率,日距正交之正切爲三率,得四率,檢正切,得度,與日距正交相減,餘爲正交實均,加、減用正交,日距正交倍度不及半周爲加,過半周爲減,得正交實行,以減白道實行,得月距正交,半徑爲一率,日距正交倍度之正矢爲二率,日距正交倍度過半周者,則與全周相減,餘爲距交倍度,黄白大距半較五百三十二秒半爲三率,得四率爲秒,以分收之,得交角減分,以減最大黄白大距,餘爲距限,半徑爲一率,日距正交倍度之正矢爲二率,最大兩弦加分折半八十一秒半爲三率,得四率爲秒,以分收之,得距交加差,半徑爲一率,實月距日倍度之正矢爲二率,距交加差折半化秒爲三率,得四率爲秒,以分收之,得距日加分,以加距限,得黄白大距半徑爲一率,黄白大距之正弦爲二率,月距正交之正弦爲三率,得四率,檢正弦,得黄道緯度,月距正交初宫至五宫爲北,六宫至十一宫爲南,半徑爲一率,黄白大距之餘弦爲二率,月距正交之正切爲三率,得四率,檢正切,得月距正交之黄道度,與月距正交相減,餘爲升度差。加減白道實行,月距正交初一、二、六、七、八宫爲交後,爲減,三、四、五、九、十、十一宫爲交前,爲加,得黄道實行,於本年黄道宿鈐内,減黄道實行,得黄道宿度,減最高實行,得月孛宿度,減正交實行,得羅睺宿度,加、減六宫,得計都宿度。黄道、白道之交當日之朔,則日食,推日食,求積日以上,同日躔、月離。置積日減朔應,上考,則加朔應,得通朔,以朔策除之,得數加一爲積朔,餘數與朔策相減爲首朔,上考,則得數爲積朔,餘數爲首朔,以積朔乘太陰交周朔策,滿周天秒去之,餘爲秒以宫度分收之,爲積朔太陰交周,加首朔、太朔交周應,上考,則置首朔太陰交周應,減積朔太陰交周,得首朔太陰交周,以太陰交周朔策遞加十三次,得逐月朔太陰交周,自十一宫二十度四十六分至初宫二十一度一十八分,自五宫八度四十二分至六宫九度一十四分,皆爲太陰入交,第幾月入交,即第幾月有食。以太陰入交月數乘朔策,加本年首朔日分,得平朔距冬至日數,加紀日,滿紀法去之,自初日起甲子,得平朔干支,以周日一千四百四十分通其小餘,得平朔時分秒,以平朔距冬至日數,用推日躔、月離法,各求其子正黄道實行,視太陰實行,未及太陽,則平朔日爲實朔本日,平朔次日爲實朔次日,太陰實行已過太陽,則平朔前一日爲實朔本日,平朔日爲實朔次日。又用推日躔、月離法,各求其本日或次日子正黄道實行,以本日、次日兩太陽實行相減爲一日之日實行,兩太陰實行相減爲一日之月實行，一日之兩實行相減爲一日之月距日實行，化秒爲一率，周日一千四百四十分爲二率，本日太陽實行内減本日太陰實行，餘化秒爲三率，得四率，爲距本日子正後之分數，以時收之，得實朔泛時。如次日太陰實行仍未及太陽，則次日爲實朔日，即於次日太陽實行内減次日太陰實行，餘爲三率，所得四率，爲距次日子正後之分數。如本日太陰實行已過太陽，則前一日爲實朔日，即以本日太陽實行轉於本日太陰實行内減之，餘爲三率，所得四率，爲距本日子正前之分數，以減一千四百四十分，餘爲距前一日子正後之分數。以實朔泛時之時刻設前後兩時，用推日躔、月離法，各求其黄道實行。以前後兩時太陽實行相減，爲一小時之日實行，兩時太陰實行相減，爲一小時之月實行，一小時兩實行相減爲一小時月距日實行，化秒爲一率，一小時三千六百秒爲二率，前時太陽實行内減前時太陰實行，餘化秒爲三率，得四率爲秒，以分收之，加前時得實朔實時，再以實朔實時用推日躔、月離法，各求其黄道實行，則太陽、太陰必同宫同度，乃視本時月距正交自十一宫二十三度三十八分至初宫一十八度二十六分，自五宫一十一度三十四分至六宫六度二十二分，皆入食限爲有食，不入此限不食。以實朔太陽均數變時，得均數時差，均數加者爲減，減者爲加，半徑爲一率，黄赤大距之餘弦爲二率，實朔太陽黄道經度不及三宫者，與三宫相減，過三宫者減三宫，過六宫者與九宫相減，過九宫者減九宫，得太陽距春、秋分黄道經度，以其正切爲三率，得四率，檢正切，得距春、秋分赤道經度，與距春、秋分黄道經度相減，餘爲升度差，變時，得升度時差，二分後爲加，二至後爲減，均數時差與升度時差同爲加、同爲減者，相加，一加一減者，相減，爲時差總。置實朔實時加、減時差總，均數時差與升度時差同加者爲加，同減者爲減，一加一減，加數大爲加，減數大爲減，得實朔用時，距日出前、日入後五刻以外者，全在夜，五刻以内可以見食。以本時、次時兩太陰白道實行相減，得一小時太陰白道實行，化秒爲一邊，兩太陽黄道實行相減，得一小時太陽黄道實行，化秒爲一邊，實朔黄白大距爲所夾之角，用切線分外角法求得對小邊之角，爲斜距交角差，加實朔黄白大距，得斜距黄道交角，即黄白二經交角，實朔月距正交初宫、十一宫，白經在黄經西，五宫、六宫，白經在黄經東，斜距交角差正弦爲一率，一小時太陽實行化秒爲二率，實朔黄白大距正弦爲三率，得四率爲秒，以分收之，得一小時兩經斜距，半徑爲一率，斜距黄道交角餘弦爲二率，實朔月離黄道實緯化秒爲三率，得四率爲秒，以分收之，得食甚實緯，即食甚用時。兩心實相距，南北與實朔黄道實緯同，半徑爲一率，斜距黄道交角正弦爲二率，實朔月離黄道實緯化秒爲三率，得四率爲秒，以分收之，得食甚距弧。一小時兩經斜距化秒爲一率，一小時三千六百秒爲二率，食甚距弧化秒爲三率，得四率爲秒，以分收之，得食甚距時，加、減實朔用時，月距正交初宫、六宫爲減，五宫、十一宫爲加，得食甚用時。置實朔太陽引數加、減本時太陽均數，得太陽實引，置實朔太陰引數加、減本時太陰初均數，得太陰實引，以太陽兩心差倍之爲一邊，二千萬爲兩邊，和太陽實引爲一角，用三角作垂線成兩句股法算之，實引三宫内，即以實引爲一角，過九宫，與全周相減爲一角，俱作垂線於形外，實引過三宫與六宫相減,過六宫減六宫爲一角,俱作垂線於形内,求得地心至撱圓界之一邊爲太陽距地,以實朔太陰本天心距地數倍之爲一邊,二千萬爲兩邊和,太陰實引爲一角,用三角作垂線成兩句股法算之,線垂形外、内與太陽相反,求得地心至撱圓界之一邊,即太陰距地,以爲一率,中距太陰距地一千萬爲二率,太陰中距最大地半徑差三千四百五十秒爲三率,得四率爲秒,以分收之,得本日太陰在地平上最大地半徑差,減太陽地半徑差一十秒,得地平高下差。太陽距地爲一率,中距太陽距地一千萬爲二率,中距太陽視半徑九百六十六秒爲三率,得四率爲秒,以分收之,得太陽視半徑,減太陽光分一十五秒,得太陽實半徑,太陰距地爲一率,中距太陰距地一千萬爲二率,中距太陰視半徑九百四十秒半爲三率,得四率爲秒,以分收之,得太陰視半徑,與太陽實半徑相加,得併徑,一小時三千六百秒爲一率,一小時太陽黄道實行化秒爲二率,食甚距時化秒爲三率,得四率爲秒,以分收之,得距時日實行。加、減實朔太陽黄道實行,食甚距時,加者亦加,減者亦減,得食甚太陽黄道經度,於本年黄道宿鈐内減之,餘爲食甚太陽黄道宿度,半徑爲一率,黄赤大距餘弦爲二率,食甚太陽距春、秋分黄道經度之正切爲三率,得四率,檢正切,得距春、秋分赤道經度,自冬至起初宫,得食甚太陽赤道經度,於本年赤道宿鈐内減之,餘爲食甚太陽赤道宿度,半徑爲一率,黄赤大距正弦爲二率,食甚太陽距春、秋分黄道經度之正弦爲三率,得四率,檢正弦,得食甚太陽赤道緯度,春分後爲北,秋分後爲南,以加、減九十度,緯南加,緯北減,得太陽距北極,食甚太陽距春、秋分黄道經度餘弦爲一率,黄赤大距餘切爲二率,半徑爲三率,得四率,檢餘切,得黄赤二經交角,冬至後,黄經在赤經西,夏至後,黄經在赤經東,適當冬、夏至,黄經與赤經合,無交角,黄、赤二經交角與黄、白二經交角同爲東,或同爲西者,相加,得赤、白二經交角,東亦爲東,西亦爲西,一東一西者相減,東數大爲東,西數大爲西,若相等,則白經與赤經合,無交角,如無黄、赤二經交角,則黄、白二經交角即赤、白二經交角,東、西並同。以食甚用時與十二時相減,餘數變赤道度,一時爲十五度,一分爲十五分,一秒爲十五秒,得用時太陽距午赤道度。以北極距天頂爲一邊,太陽距北極爲一邊,用時太陽距午赤道度爲所夾之角,用斜弧三角法,自天頂作垂弧,至赤道、經圈成兩正弧三角,先以半徑爲一率,用時太陽距午赤道度之餘弦爲二率,北極距天頂之正切爲三率,得四率,檢正切,得距極分邊,與太陽距北極相加、減,得距日分邊,太陽距午赤道度不及九十度,垂弧在形内,則相減,過九十度,垂弧在形外,則相加,若距極分邊與太陽距北極等,則赤經高弧交角爲九十度。次以半徑爲一率,用時太陽距午赤道度之正切爲二率,距極分邊之正弦爲三率,得四率,爲垂弧之正切,又以距日分邊之正弦爲一率,垂弦正切爲二率,半徑爲三率,得四率,檢正切,得用時赤經高弧交角。若距極分邊轉大於太陽距北極,則所得爲外角,以減半周,餘爲赤經高弧交角,午前赤經在高弧東,午後在西,若太陽在正午,無距午赤道度,則赤道與高弧合,無交角。若太陽距赤道爲九十度,則北極距天頂即爲垂弧,用正弧三角法,太陽距北極之正弦爲一率,北極距天頂之正切爲二率,半徑爲三率,得四率,檢正切,得赤經高弧交角。若太陽距午赤道、距北極皆九十度，則北極距天頂度，即赤經高弧交角，用時赤經高弧交角之正弦爲一率，北極距天頂之正弦爲二率，用時太陽距午赤道度之正弦爲三率，得四率，檢正弦，得用時太陽距天頂，半徑爲一率，地平高下差化秒爲二率，用時太陽距天頂之正弦爲三率，得四率爲秒，以分收之，得用時高下差。用時赤經高弧交角與赤白二經交角同爲東、同爲西者，相加，得用時白經高弧交角，東亦爲東，西亦爲西，一東一西者，相減，赤經高弧交角大，東西同赤經高弧交角小，則同白經高弧交角，如無赤經高弧交角，則赤白二經交角即白經高弧交角，如無赤白二經高弧交角，則赤經高弧交角即白經高弧交角，東西並同，如二交角俱無，或相等，則白經與高弧合，無交角，食甚用時即真時。用時高下差與食甚實緯相加、減，白經高弧交角九十度以内，南加北減，外，則反是，即食甚兩心視相距，月在黄道北，用時白經高弧交角，即對兩心視相距角，實距在高弧東、西與白經同，月在黄道南，則以白經高弧交角與半周相減，餘爲對兩心視相距角，白經在高弧東者，實距在高弧西，白經在高弧西者，實距在高弧東，若白經高弧交角過九十度，則緯南如緯北，緯北如緯南。以食甚用時兩心實相距，即食甚實緯爲一邊，用時高下差爲一邊，用時對兩心視相距角爲所夾之角，用切線分外角法求得半較角，與半外角相加、減，用時兩心實相距大於高下差，則加，小則減，得用時兩心實相距角，用時對兩心實相距角之正弦爲一率，用時兩心實相距化秒爲二率，用時對兩心視相距角之正弦爲三率，得四率爲秒，以分收之，得用時兩心視相距，白經在高弧西，用時兩心視相距大於併徑者，或無食，或食未及，與併徑等者，食甚用時即初虧真時，小於併徑者，在初虧、食甚之間。白經在高弧東，用時兩心視相距大於併徑者，或無食，或食已過，與併徑等者，食甚用時即復圓真時，小於併徑者，在食甚、復圓之間。求食甚設時，用時白經高弧交角，東嚮前取，西嚮後取，角大遠取，角小近取，遠不過九刻，近或數分，量距用時前後若干，分爲食甚設時，以與食甚用時相減，得設時距分，一小時三千六百秒爲一率，一小時兩經斜距化秒爲二率，設時距分化秒爲三率，得四率爲秒，以分收之，得設時距弧，食甚實經化秒爲一率，設時距弧化秒爲二率，半徑爲三率，得四率，爲對距弧角之正切，檢其正弦爲一率，設時距弧化秒爲二率，半徑爲三率，得四率爲秒，以分收之，得設時兩心實相距。求設時太陽距午赤道度，至設時白經高弧交角，法同用時，而皆以設時比例。求設時對兩心視相距角，以設時白經高弧交角與設時對距弧角相加、減，月在黄道北者相減，爲設時對兩心視相距角，對距弧角小，實距在高弧之東、西與白經同，大，則異，月在黄道南者相加，與半周相減，餘爲設時對兩心視相距角，實距東、西與白經異，如兩角相等或相加適足一百八十度，則兩心實相距與高弧合，無交角，亦無對，設時兩心實相距角，即以設時高下差與設時兩心實相距相減，餘爲設時兩心視相距，若白經高弧交角過九十度，則緯南如緯北，緯北如緯南。求設時對兩心實相距，兩心視相距，法同用時，以設時白經高弧交角與用時白經高弧交角相減，得白經高弧交角較，以與用時對兩心實相距角相加、減，緯北減，緯南加，若白經高弧交角過九十度，反是，得設時高弧交用時視距角，以與設時對兩心實相距角相加、減，兩實距同在高弧東，或西者，減，一東一西者，加，得對設時視行角，加過半周者，與全周相減，用其餘，如無設時對兩心實相距角，設時高下差大於設時兩心實相距，則設時高弧交用時視距角，即對設時視行角，設時高下差小於設時兩心實相距，則以設時高弧交用時視距角，與半周相減，餘爲對設時視行角，以用時兩心視相距爲一邊，設時兩心視相距爲一邊，對設時視行角爲所夾之角，用切線分外角法，求得半較角，與半外角相加、減，設時兩心視相距大於用時兩心視相距，則加，小，則減，得對設時視距角，以其正弦爲一率，設時兩心視相距化秒爲二率，對設時視行角正弦爲三率，得四率爲秒，以分收之，得設時視行，半徑爲一率，對設時視距角餘弦爲二率，用時兩心視相距化秒爲三率，得四率爲秒，以分收之，得真時視行，半徑爲一率，對設時視距角正弦爲二率，用時兩心視相距化秒爲三率，得四率爲秒，以分收之，得真時兩心視相距，設時視行化秒爲一率，設時距分化秒爲二率，真時視行化秒爲三率，得四率爲秒，以分收之，得真時距分，加、減食甚用時，白經在高弧西爲加，東爲減，得食甚真時。求真時距弧，至真時，對兩心實相距角法同設時，而皆以真時比例。求考真時兩心視相距，真時白經高弧交角較，亦同求設時兩心視相距，白經高弧交角較法，以真時白經高弧交角較與設時對兩心實相距角相加、減，月在黄道北，白經在高弧東，設時、真時兩實距同在高弧西，或白經在高弧西，兩實距同在東，設時白經高弧交角小則加，大則減，若白經與兩實距同在高弧東或西，設時交角小則減，大則加，若兩實距一在東、一在西，則皆減，月在黄道南，設時交角小則加，大則減，得真時高弧交設時視距角。如無設時對兩心實相距角，設時高下差大於設時兩心實相距，則真時白經高弧交角較即真時高弧交設時視距角，設時高下差小，則以真時白經高弧交角較與半周相減，餘爲真時高弧交設時視距角，若白經高弧交角過九十度，則緯南如緯北，緯北如緯南。以真時高弧交設時視距角與真時對兩心實相距角相加、減，兩實距同在高弧東或西，則相減，一東一西則相加，設時實距與高弧合無東西者，設時高下差大於設時兩心實相距，則相減，小則加，得對考真時視行角，加過半周者，與全周相減，用其餘，如真時白經高弧交角較與設時對兩心實相距角相等，則真時對兩心實相距角即對考真時視行角，如相加適足一百八十度，則真時對兩心實相距角與半周相減，即對考真時視行角。求對考真時視距角，考真時視行，法同設時，求定真時視行，法同設時求真時視行，如定真時視行與考真時視行等，則食甚真時即食甚定真時，即以考真時兩心視相距求食甚分秒，如或大或小，則求定真時兩心視相距，法同求真時，而以考真時設時比例，考真時視行化秒爲一率，設時距分與真時距分相減餘化秒爲二率，定真時視行化秒爲三率，得四率爲秒，以分收之，得定真時距分，加、減食甚設時，白經在高弧東，設時距分小爲減，大爲加，西則反是，得食甚定真時，太陽實半徑倍作全徑化秒爲一率，十分化六百秒爲二率，併徑内減定真時兩心視相距餘化秒爲三率，得四率爲秒，以分收之，得食分。求初虧復圓前設時，白徑在高弧西，食甚用時兩心視相距與併徑相去不遠，即以食甚用時爲初虧前設時，小則嚮前取，大則嚮後取，量距食甚用時前後若干分,爲初虧前設時,與食甚定真時相減,餘與食甚定真時相加,爲復圓前設時,白經在高弧東,食甚用時兩心視相距與併徑相去不遠,即以食甚用時爲復圖前設時,小則嚮後取,大則嚮前取,量距食甚用時前後若干分,爲復圓前設時,以食甚定真時與之相減,餘數又與食甚定真時相減,爲初虧前設時。用初虧前設時數,求前設時距分,至白經高弧交角,法皆同食甚前設時,求對兩心視相距角,以初虧前設時白經高弧交角與初虧前設時對距弧角相加、減,月在黄道北,二角同爲東或同爲西,則相加,一東一西則相減,月在黄道南,二角同爲東或同爲西,則相減,又與半周相減,一東一西則相加,又與半周相減,若白經高弧交角過九十度,則緯南如緯北,緯北如緯南,得初虧前設時對兩心視相距角。求對兩心實相距角,兩心視相距,法皆同食甚前設時,求初虧後設時,初虧前設時兩心視相距,小於併徑則嚮前取,大則嚮後取,察其較之多寡,量取前後若干分,爲初虧後設時,用後設時數,逐條推算,法與前設時同,以初虧前後設時各兩心視相距相減,得初虧視距較化秒爲一率,以初虧前後設時各距分相減,得初虧設時較化秒爲二率,以初虧前後設時兩心視相距與併徑相減,得初虧視距併徑較化秒爲三率,得四率爲秒,以分收之,得初虧真時距分,加、減初虧後設時,初虧後設時兩心視相距大於併徑爲加,小則減,得初虧真時,依法求其兩心視相距,果與併徑等,則初虧真時即初虧定真時,初虧真時對兩心實相距角,即初虧方位角,如或大或小,則以初虧前後設時兩心視相距與併徑尤近者,與考真時兩心視相距相較,依法比例,得初虧定真時,以復圓前設時,與食甚用時相減,得復圓前設時距分。用復圓前設時數求距弧,至兩心視相距,法同初虧前設時,求復圓後設時、復圓前設時兩心視相距,小於併徑則嚮後取,大則嚮前取,察其較之多寡,量取前後若干分,爲復圓後設時,用後設時數,逐條推算,至得復圓定真時,法皆與初虧同,又法食甚、初虧、復圓,皆以用時、近時、真時求定真時,求得用時太陽距天頂後,先求白經高弧交角,後求用時高下差,法亦同本法。次以半徑爲一率,用時白經高弧交角之正弦或餘弦爲二率,用時高下差化秒爲三率,得四率爲秒,各以分收之,得用時東西差及南北差,以南北差與食甚實緯相加、減,白平象限在天頂南,緯南則加,仍爲南,緯北則減,仍爲北,南北差大,則反減,變北爲南,白平象限在天頂北,緯北則加,仍爲北,緯南則減,仍爲南,南北差大,則反減,變南爲北,得用時視緯以爲股。用時東西差爲句,求得弦爲用時兩心視相距,一小時兩經斜距化秒爲一率,一小時三千六百秒爲二率,用時東西差爲近時實距弧化秒爲三率,得四率爲秒,以分收之,得近時距分,加、減用時,限西加,限東減,得近時。近時求太陽距午赤道度,至南北差,法同用時,近時東西差與用時東西差相減,得近時視距弧以爲句,近時視緯爲股,求得弦,爲近時兩心視相距,以近時視距弧與用時東西差相減爲句,近時視緯與用時視緯相加、減,南北同則減,異則加,爲股,求得弦,爲近時視行,以近時兩心視相距與用時兩心視相距各自乘,相減,以近時視行除之,得數,如與近時視行等,則近時即定真時,或大或小,則相加折半,得真時視行以爲句,用時兩心視相距爲弦,求得股,爲真時兩心視相距。求真時距分以下,法同近時,一小時三千六百秒爲一率,一小時兩經斜距化秒爲二率,真時距分化秒爲三率,得四率爲秒,以分收之,得真時實距弧,以與真時東西差相減,得真時視距弧,以與近時視距弧相加、減,東西同則減,異則加,爲股,真時視緯與近時視緯相加、減,南北同則減,異則加,爲句,求得弦,爲考真時視行。求定真時視行至定真時距分,法同真時,求食甚定真時、求食分,同本法。以食甚定真時兩心視相距化秒爲句,併徑化秒爲弦,求得股爲秒,以分收之,得初虧復圓平距,定真時視行化秒爲一率,定真時距分化秒爲二率,初虧復圓平距化秒爲三率,得四率爲秒,以時分收之,得初虧復圓用時距分,置食甚定真時,以初虧、復圓用時距分減之,得初虧用時,加之,得復圓用時,各用初虧、復圓數。求近時真時至定真時,法與食甚同,惟於得用時南北差後,求用時實距弧,以一小時三千六百秒爲一率,一小時兩經斜距化秒爲二率,初虧、復圓用時與食甚用時相減,餘化秒爲三率,得四率爲秒,以度分收之,得初虧、復圓用時實距弧,初虧、復圓用時早於食甚用時,爲緯西,遲爲緯東。求用時視距弧,以初虧、復圓用時東西差與初虧、復圓用時實距弧相加、減,初虧限西,緯東則減,緯西則加,限東必在緯西,則減,復圓反是,得初虧、復圓用時視距弧。求真時距分,以初虧、復圓各用時兩心視相距與初虧、復圓各近時兩心視相距相減,餘化秒爲一率,初虧、復圓各近時距分化秒爲二率,初虧、復圓各用時兩心視相距與併徑相減,餘化秒爲三率,得四率爲秒,以分收之,得初虧及復圓真時距分,以加、減各用時,用時兩心視相距大於併徑,初虧加,復圓減,小則反是,得初虧、復圓真時。求真時視距弧,法同用時求定真時距分,以初虧、復圓各近時兩心視相距,與各考真時兩心視相距相減,餘化秒爲一率,初虧、復圓各近時距分與各真時距分相減,餘化秒爲二率,初虧、復圓各考真時兩心視相距與併徑相減,餘化秒爲三率,得四率,爲初虧及復圓定真時距分,以加、減各真時,兩心視相距大於併徑,初虧加,復圓減,小則反是,得初虧、復圓定真時,乃以初虧、復圓各真時視緯化秒爲一率,各真時視距弧化秒爲二率,各半徑爲三率,各得四率,檢正切,得初虧、復圓各併徑白經交角,如真時無視緯,則併徑與白道合,併徑白經交角爲九十度,置初虧、復圓各併徑白經交角各加、減真時白徑高弧交角,得各併徑高弧交角,初虧在限東者,緯南加,與半周相減,緯北減,在限西者,緯北加,與半周相減,緯南減,復圓反是,若白平象限在天頂北,緯南如緯北,緯北如緯南,如無白經高弧交角,則併徑白經交角即併徑高弧交角,如兩角相等,或相加適足一百八十度,則交角爲初度。求初虧、復圓方位,在限東者,併徑高弧交角初度,初虧正上,復圓正下,四十五度内,初虧上偏右,復圓下偏左,四十五度外,初虧右偏上,復圓左偏下,九十度,初虧正右,復圓正左,過九十度,初虧右偏下,復圓左偏上。在限西者,併徑高弧交角初度,初虧正下,復圓正上,四十五度内,初虧下遍右,復圓上偏左,四十五度外,初虧右偏下,復圓左偏上,九十度,初虧正右,復圓正左,過九十度,初虧右偏上,復圓左偏下。白經高弧交角大,反減併徑白經交角者,初虧變右爲左,復圓變左爲右,置復圓定真時減初虧定真時,得食限總時。推日食帶食,半徑爲一率,本省北極高度之正切爲二率,本時黄赤距緯之正切爲三率,得四率,檢正弦，得卯酉前後赤道度，變時，春分後、秋分前，以減卯正加酉正，秋分後、春分前，以加卯正減酉正，得日出、入時分，以日出或日入時分，與食甚用時相減，得帶日距時，一小時三千六百秒爲一率，一小時兩經斜距化秒爲二率，帶食距時化秒爲三率，得四率爲秒，以分收之，得帶食距弧，黄赤距緯餘弦爲一率，北極高度正弦爲二率，半徑爲三率，得四率，檢餘弦，得赤經高弧交角，帶出地平爲東，帶入地平爲西，以赤經高弧交角與赤白二經交角相加、減，得白經高弧交角。求對距弧角兩心實相距，同設時法，以白經高弧交角與對距弧角相加、減，緯北減，緯南加，又與半周相減，得對兩心視相距角，以兩心實相距爲一邊，地平高下差爲一邊，對兩心視相距角爲所夾之角，用切線分外角法求得半較角，與半外角相加、減，兩心實相距大於高下差爲加，小則減，得對兩心實相距角。求兩心視相距，同用時法。又法，求東西差、南北差、視距弧、視緯、兩心視相距，同用時，以太陽實半徑倍作全徑化秒爲一率，十分化六百秒爲二率，併徑内減兩心視相距，餘化秒爲三率，得四率爲秒，以分收之，得帶食分秒。求帶食方位，帶食在食甚前，用初虧方位法，食甚後，用復圓方位法。求帶食初虧、復圓時刻，帶食不見食甚者，以帶食視緯化秒爲句，併徑化秒爲弦，求得股，爲初虧、復圓視距弧，與帶食視距弧相加、減，東西差小於帶食距弧則加，大則減，得初虧、復圓實距弧，一小時兩經斜距化秒爲一率，一小時三千六百秒爲二率，帶食初虧、復圓實距弧化秒爲三率，得四率爲秒，以分收之，得初虧、復圓距時，帶出地平者，與日出時分相加，得復圓用時，帶入地平者，與日入時分相減，得初虧用時，按初虧、復圜法求之，得時刻。當月之望，則月食，推月食，求首朔太陰交周以上，同日食。以本年首朔太陰交周，加太陰交周望策，以太陰交周朔策，遞加十三次，得逐月望太陰交周，自十一宫一十四度五十一分至初宫一十五度九分，自五宫一十四度五十一分至六宫一十五度九分，皆爲太陰入交，即第幾月有食，以太陰入交月數乘朔策，加望策，與首朔日分相加，所得日數，即平望距冬至之日數，再加紀日，滿紀法去之，自初日起甲子，得平望干支，以周日一千四百四十分通其小餘，得平望時分秒，以平望距冬至之日數，用推日躔、月離法，各求其子正黄道實行，將太陽黄道實行加、減六宫，與太陰黄道實行相較，視太陰實行，未及太陽，則平望日爲實望本日，太陰實行已過太陽，則平望前一日爲實望本日。又用推日躔、月離法，各求其本日或次日子正黄道實行，如推日食法，一日之月距日實行化秒爲一率，周日一千四百四十分爲二率，本日太陽實行加、減六宫内減本日太陰實行，餘化秒爲三率，得四率，爲距本日子正後之分數，以時收之，得實望泛時。以實望泛時之時刻設前後兩時，用推日躔、月離法，各求其黄道實行，如推日食法，一小時之月距日實行化秒爲一率，一小時三千六百秒爲二率，前時太陽實行加、減六宫内減前時太陰實行，餘化秒爲三率，得四率爲秒，以分收之，加於前時得實望實時，再用推日躔、月離法，各求其黄道實行，則太陰、太陽必對宫而同度，視本時月距正交，自十一宫一十七度四十三分至初宫一十二度一十七分，自五宫一十七度四十三分至六宫一十二度一十七分，皆入食限，爲有食，不入此限，不食。以實望太陽均數求均數時差、升度時差、時差總，皆如推日食法，惟易朔爲望，以實望實時加、減時差總，得實望用時，距日出後、日入前，九刻以外者，全在晝，九刻以内，可以見食。求斜距交角差、斜距黄道交角、兩經斜距，食甚實緯、食甚距弧、食甚距時、食甚時刻，太陽、太陰實引，太陽、太陰距地，太陰地半徑差、太陽視半徑，皆如推日食法，以太陰地半徑加太陽地半徑差一十秒，減太陽視半徑，得影半徑，以太陰地半徑差化秒，以六十九除之，得影差，以加影半徑，得實影半徑。求太陰視半徑，如日食，視半徑與實影半徑相加，得併徑，相減，得兩徑較，太陰全徑化秒爲一率，一十分化六百秒爲二率，併徑内減食甚實緯，餘化秒爲三率，得四率爲秒，以分收之，得食分，以併徑與食甚實緯相加化秒爲首率，相減化秒爲末率，首、末率相乘，開平方得中率爲秒，以分收之，得初虧、復圓距弧，一小時兩經斜距化秒爲一率，一小時三千六百秒爲二率，初虧、復圓距弧化秒爲三率，得四率爲秒，以時分收之，得初虧、復圓距時，置食甚時刻減距時，得初虧時刻，不足減者，加二十四時減之。初虧在前一日，置食甚時刻加距時，得復圓時刻，加滿二十四時去之，復圓在次日，以兩徑較與食甚實緯相加化秒爲首率，相減化秒爲末率，求得中率爲秒，以分收之，得食既生光距弧。以一小時兩經斜距求食既生光距時時刻，法同初虧、復圓，一小時三千六百秒爲一率，一小時太陰白道實行化秒爲二率，食甚距時化秒爲三率，得四率爲秒，以分收之，得距時月實行，加、減實望太陰白道實行，食甚距時加亦加，減亦減，得食甚太陰白道經度，以距時月實行，加、減實望月距正交，得食甚月距正交，半徑爲一率，實望黄白大距之餘弦爲二率，食甚月距正交之正切爲三率，得四率，檢正切，得黄道度，與食甚月距正交相減，餘爲黄白升度差，加、減食甚太陰白道經度，食甚距時加亦加，減亦減，得食甚太陰黄道經度。求食甚太陰黄道宿度，法同日食，半徑爲一率，實望黄白大距之正弦爲二率，食甚月距正交之正弦爲三率，得四率，檢正弦，得食甚太陰黄道緯度，南北同，食甚實緯半徑爲一率，食甚太陰距春、秋分黄道經度之正弦爲二率，食甚太陰黄道緯度之餘切爲三率，得四率，檢餘切，得太陰距二分弧與黄道交角，加、減黄赤交角，得太陰距二分弧與赤道交角，黄道在赤道南者，緯南加，仍爲南，緯北減，亦爲南，黄道在赤道北者，反是。又，太陰距二分弧與黄道交角大於黄赤交角，則反減，南爲北，北爲南，太陰距二分弧與黄道交角之餘弦爲一率，半徑爲二率，食甚太陰距春、秋分黄道經度之正切爲三率，得四率，爲太陰距二分弧之正切，半徑爲一率，太陰距二分弧與赤道交角之餘弦爲二率，太陰距二分弧之正切爲三率，得四率，檢正切，得太陰距春、秋分赤道經度，自冬至初宫起算，得食甚太陰赤道經度，察食甚太陰黄道經度，不及三宫者，則以距春、秋分赤道經度與三宫相減，過三宫者加三宫，過六宫者與九宫相減，過九宫者加九宫，即得冬至初宫起算赤道經度。求食甚太陰赤道宿度，法同日食，半徑爲一率，太陰距二分弧與赤道交角之正切爲二率，食甚太陰距春、秋分赤道經度之正弦爲三率，得四率，檢正切，得食甚太陰赤道緯度，半徑爲一率，黄赤大距正弦爲二率，太陽距春、秋分黄道經度即影距春、秋分黄道徑度之正弦爲三率，得四率，檢正弦，得影距赤道度，太陽在春分後，影在赤道南，秋分後，影在赤道北，影距春、秋分黄道經度之餘弦爲一率，黄赤大距餘切爲二率，半徑爲三率，得四率，檢正切，得黄道赤經交角，即黄道交極圈角，置九十度加、減影距赤道度，影在赤道南則加，北則減，得影距北極，以初虧、復圓各距子正之時刻變赤道度，得初虧、復圓影距正午各赤道度，初虧、復圓時刻在子正前者，影在正午東，在子正後者，影在正午西，以北極距天頂爲一邊，影距北極爲一邊，初虧、復圓影距正午各赤道度爲所夾之角，用斜弧三角作垂弧法，先求得距極分邊，以與影距北極相加、減，爲距影分邊，次求得初虧、復圓赤經高弧各交角，以加、減黄道赤經交角，得初虧、復圓黄道高弧交角，太陰在夏至前六宫，影在午西則減，亦爲限西，影在午東則加，加過九十度，與半周相減，亦爲限東，若不及九十度，則不與半周相減，變爲限西，太陰在夏至後六宫，反是。若影在正午，無赤經高弧交角，則黄道赤經交角即黄道高弧交角，太陰在夏至前爲限西，後爲限東。併徑化秒爲一率，食甚實緯化秒爲二率，半徑爲三率，得四率，檢餘弦，得併徑交實緯角，置九十度加、減斜距黄道交角，食甚月距正交初宫、六宫，初虧減，復圓加，五宫、十一宫反是，得初虧、復圓各黄道交實緯角，以與併徑交實緯角相減，得初虧復圓各併徑黄道交角，併徑交實緯角小於初虧、復圓黄道交實緯角，則初虧、復圓距緯之南北與食甚同，大則相反，若相等，則併徑與黄道合，無交角。置初虧、復圓黄道高弧交角加、減初虧、復圓併徑黄道交角，得初虧、復圓各併徑高弧交角，初虧在限東者，緯南加，緯北減，在限西者，緯南減，緯北加，復圓反是，如無初虧、復圓併徑黄道交角，則初虧、復圓黄道高弧交角即初虧、復圓併徑高弧交角。求初虧、復圓方位，在限東者，併徑高弧交角初度，初虧正下，復圓正上，四十五度内，初虧下偏左，復圓上偏右，四十五度外，初虧左偏下，復圓右偏上，九十度，初虧正左，復圓正右，過九十度，初虧左偏上，復圓右偏下。在限西者，併徑高弧交角初度，初虧正上，復圓正下，四十五度内，初虧上偏左，復圓下偏右，四十五度外，初虧左偏上，復圓右偏下，九十度，初虧正左，復圓正右，過九十度，初虧左偏下，復圓右偏上，併徑黄道交角大，反減黄道高弧交角者，初虧變左爲右，復圓變右爲左，以初虧、復圓距時倍之，得食限總時。推月食帶食，求帶食距弧以上，法同日帶食，半徑爲一率，帶食距弧之餘弦爲二率，食甚實緯之餘弦爲三率，得四率，檢餘弦，得帶食兩心相距，太陰視半徑倍作全徑化秒爲一率，一十分化六百秒爲二率，併徑内減兩心相距餘化秒爲三率，得四率爲秒，以分收之，得帶食分秒，影距赤道度之餘弦爲一率，北極高度之正弦爲二率，半徑爲三率，得四率，檢餘弦，得赤經高弧交角，帶出地平爲東，帶入地平爲西，置黄道赤經交角，加、減赤經高弧交角，太陰在夏至前六宫，影在午西則減，午東則加，太陰在夏至後六宫，反是，得黄道高弧交角，兩心相距化秒爲一率，食甚實緯化秒爲二率，半徑爲三率，得四率，檢餘弦，得兩心相距交實緯角，以與初虧或復圓黄道交實緯角相減，帶食在食甚前，用初虧，在食甚後，用復圓，得兩心相距與黄道交角，帶食兩心相距交實緯角小於黄道交實緯角，則帶食距緯之南北與食甚同，大，則相反，若相等，則兩心相距與黄道合，無交角。置黄道高弧交角加、減兩心相距與黄道交角，得兩心相距與高弧交角，食甚前帶出，食甚後帶入者，緯南加，緯北減，食甚後帶出，食甚前帶入者，緯南減，緯北加，如兩心相距與黄道無交角，則帶食黄道高弧交角即兩心相距與高弧交角。求帶食方位，食甚前同初虧，食甚後同復圓。求各省日、月食時刻分秒、方位，以京師日食食甚用時、月食時刻，按各省東、西偏度所變之時分加、減之，得各省日食食甚用時、月食時刻，以各省北極高度依法算之，得各省日食時刻分秒、方位。月食方位，若北極出地二十三度以上，黄平象限有時在天頂北，則併徑黄道交角之加、減相反，初虧、復圓方位之左、右亦相反。各以橢圓法推之。五星，則以均輪法推焉。推五星，以康熙二十三年甲子距所求之年，求積年、中積分、通積分、天正冬至、積日、年根、最高年根皆如推月離法，而用數各不同。土、木、火求正交年根，各以積日與各正交每日平行相乘，得數爲積日正交平行，各加正交應，上考，則置正交應減積日正交平行，得各正交年根。金、水求伏見年根，各以積日與伏見每日平行相乘，滿周天秒去之，餘爲積日伏見平行，各加伏見應，上考，則置伏見應減積日伏見平行，得伏見年根。求日數、最高日數，土、木、火正交日數，金、水伏見日數，求平行、最高平行，皆如推月離法。土、木、火各以年根加正交日數，得正交平行，金、水各以伏見年根加伏見日數，得伏見平行。金星以最高平行減一十六度，得正交平行，各置平行減最高平行，得引數，土、木、火、金四星，各按均輪心自本輪最高左旋，行引數度，次輪心自均輪最近點右旋，行倍引數度，用兩平三角法，以直角正弦半徑爲一率，引數，即本輪心角度過三宫、六宫，與半周相減，過九官減全周，用餘角以其正弦爲二率，本輪半徑内減均輪半徑，餘爲對直角之邊，爲三率，得四率，爲對本輪心之邊，以本輪心角減九十度爲又一角，直角正弦半徑爲一率，又一角正弦爲二率，對直角之邊爲三率，得四率，爲對又一角之邊，以加、減本天半徑一千萬，本輪心角三宫内、九宫外則加，三宫外、九宫内則減，爲一率，以均輪半徑比例，得次輪心，行均輪度之正弦，倍作通弦，與對本輪心角之邊相加，爲對地心角之邊，爲二率，直角正弦半徑爲三率，得四率，檢正切，得地心之角，爲初均數。又以直角正弦半徑爲一率，地心角餘割爲二率，對地心之邊爲三率，得四率，爲次輪心距地心線。水星，按均輪心自本輪最高左旋，行引數度，次輪心自均輪最遠點右旋，行三倍引數度，用兩平三角法，本輪半徑爲一邊，均輪半徑爲一邊，次輪心行均輪周度與半周相減，以其餘爲所夾之角，用切線分外角法求得對均輪半徑之角及對所夾角之邊，均輪心自行度與半周相減，餘加對均輪半徑角爲一角，本天半徑一千萬爲角旁一邊，前所得對夾角之邊爲角旁又一邊，用切線分外角法，求得地心之角爲初均數，又求得次輪心距地心線，置各平行加、減初均數，引數初宫至五宫減，六宫至十一宫加，得各星初實行。土、木、火三星，以初實行減本日太陽行，得星距日次引，土、木二星求次均數，星自次輪最遠點右旋，行距日度，以次輪心距地心線爲一邊，次輪半徑爲一邊，星距日度爲所夾之外角，過半周者與全周相減，用其餘求得地心對次輪半徑之角，爲次均數，又求得星距地心之邊，置初實行加、減次均數，星距日初宫至五宫加，六宫至十一宫減，得本道實行。置初實行減正交平行，得距交實行，半徑爲一率，本道與黄道交角之餘弦爲二率，距交實行之正切爲三率，得四率，檢正切，得黄道度，與距交實行相減，餘爲升度差，加、減本道實行，距交實行在一象限内、二象限外減，一象限、三象限外加，得黄道實行，半徑爲一率，本道與黄道交角之正弦爲二率，距交實行之正弦爲三率，得四率，檢正弦，得初緯，半徑爲一率，初緯之正弦爲二率，次輪心距地心線爲三率，得四率，爲星距黄道線，星距地心線爲一率，星距黄道線爲二率，半徑爲三率，得四率，檢正弦，得視緯，距交實行初宫至五宫爲黄道北，六宫至十一宫爲黄道南，火星得星距日次引後，以本輪全徑命爲二千萬爲一率，本天高卑大差爲二率，引數與半周相減，得均輪心距最卑之度，以其正矢爲三率，得四率，爲本天高卑差，以太陽本輪半徑命爲二千萬爲一率，太陽高卑大差爲二率，本日太陽引數之正矢爲三率，得四率，爲太陽高卑差，置最小次輪半徑加本天高卑差，又加太陽高卑差，得次輪半徑，求次均數至視緯，法皆與土、木二星同。金、水二星得初實行後，置伏見平行加、減初均數，初均減者加，加者減，得伏見實行。求次均數，星自次輪最遠點右旋，行伏見實行度，以其度爲所夾之外角，法如土、木二星，得次均數，得星距地心之邊，置初實行加、減次均數，伏見實行初宫至五宫加，六宫至十一宫減，得黄道實行。金星置初實行減正交平行，得距交實行，以加伏見實行，得距次交實行，半徑爲一率，次輪面與黄道交角之正弦爲二率，距次交實行之正弦爲三率，得四率，檢正弦，得次緯，半徑爲一率，次緯之正弦爲二率，次輪半徑爲三率，得四率，爲星距黄道線。求視緯，法同土、木、火，距次交實行，初宫至五宫爲黄道北，六宫至十一宫爲黄道南。水星，置初實行減最高平行，加、減六宫，得距交實行，以加伏見實行，得距次交實行，初宫至五宫爲黄道北，六宫至十一宫爲黄道南，半徑爲一率，大距交角較化秒爲二率，距交實行之正弦爲三率，得四率，爲交角差，加、減交角，距交實行九宫至二宫，星在黄道北則加，南則減，距交實行三宫至八宫，反是，得實交角，半角爲一率，實交角之正弦爲二率，距次交實行之正弦爲三率，得四率，檢正弦，得次緯，求星距黄道緯，同金星，求視緯，同土、木、火。五星求黄道宿度法，皆同日躔。凡恒星，必推以黄道。推恒星，從黄道經緯度，求得赤道經緯度，推中星，以本時太陽黄道經度，求得本時太陽赤道經度及太陽距午後赤道經度，兩相加，得本時正午赤道經度。又求得黄道經度，按恒星每歲東行五十一秒就黄道推算，得與黄道經度相當之恒星，以其經度求赤道經度，得與本時正午赤道經度相當之中星，無適當經度之恒星，取其相近者，與本時正午赤道經度相加、減，餘爲偏東、西之度，赤道經度大於正午赤道經度，則偏東，小則偏西，於本星赤道經度内減本日太陽赤道經度，餘爲太陽距午後赤道經度，加、減半周變時，自子正初刻起算，得中星時刻。推恒星出入地平，以北極高度及本星赤道經緯度，用正弧三角法，求得本星與赤道同出入地平之度，與本時太陽赤道經度相減，餘變時即爲本星出入地平之時刻。二十八宿度，角一十度三十九分一十九秒，亢一十度三十六分，氐一十七度五十分四十五秒，房四度五十一分五十九秒，心八度一十五分，尾一十五度一十一分二十三秒，箕八度五十四分五十五秒，斗二十三度五十三分一十五秒，牛七度四十分九秒，女一十一度四十分一十六秒，虛九度五十七分五十四秒，危二十度六分五十七秒，室一十五度四十分三十七秒，壁一十三度一十六分一十八秒，奎一十一度三十一分五十一秒，婁一十二度五十七分四十八秒，胃一十二度二十九分三十四秒，昴九度二分五十秒，畢一十五度一十四分七秒，觜五十九分二十七秒，參一十度三十六分二十五秒，井三十度二十六分三十四秒，鬼四度三十四分一十九秒，柳一十六度五十八分五十六秒，星八度二十五分三十四秒，張一十八度三分一十秒，翼一十六度五十九分一十五秒，軫一十三度五分二十三秒。乾隆甲子年黄道十二宫初度值宿，星紀宫箕二度一十九分一十三秒，元枵宫斗二十三度二十四分一十八秒，娵訾宫危初度一十二分四十四秒，降婁宫室一十度五分四十七秒，大梁宫奎一十一度八分五十二秒，實沈宫昴四度九分三十九秒，鶉首宫參八度五十三分一十五秒，鶉火宫井二十八度一十六分五十秒，鶉尾宫星六度一十七分一秒，壽星宫翼九度四十八分一十七秒，大火宫角九度四十三分三十九秒，析木宫房初度三十七分三十五秒，以每歲恒星行五十一秒加、減之，在前加，在後減，得各年黄道海宫初度值宿，每度按宿列之，即各年黄道宿鈐。〇凡算法，馭以三角、八線，三角，曰平三角，於平面作三角形爲平三角，三邊皆直線，三角以度計，每角皆有八線，角度在九十度内爲鋭角，九十度外爲鈍角，適足九十度爲直角，合三角，皆半周一百八十度。有直角三角形，一角直、二角鋭，即句股形；有鋭角三角形，三角皆鋭；有鈍角三角形，一角鈍、二角鋭。凡三角三邊，皆知其三而可求其三。如知兩角、一邊求其餘，則以兩角度減半周得又一角，以對所知之角正弦爲一率，對所求之角正弦爲二率，所知之邊爲三率，得四率，即所求之邊。知兩邊、一角，求又一角，以對所知之邊爲一率，對所求之邊爲二率，所知之角正弦爲三率，得四率，檢正弦，得所求之角。如所知一角在所知兩邊之間，角無對邊，邊無對角，求又一角，直角形，則以對所求之邊爲一率，又一邊爲二率，直角正弦即半徑爲三率，得四率，檢正切，得所求之角。鋭、鈍形，則以所知兩邊相加之和爲一率，相減之較爲二率，所知角與半用減餘折半爲半外角，以其正切爲三率，得四率，檢正切，得半較角，以加、減半外角，得餘二角。如知三邊求三角，則用中垂線分爲兩直角，以一邊爲底爲一率，餘二邊爲大小兩腰，兩腰和爲二率，較爲三率，得四率，爲分底邊之較，以減底邊，餘折半，得小分邊，小腰邊爲一率，不分邊爲二率，半徑爲三率，得四率，爲分角正弦，檢其餘弦，即得對中垂線之角，乃用兩邊一角比例，得餘二角。又法，併三邊爲邊總，半之爲半總，以三邊各減之，得三較，三較連乘，半總除之，開平方，爲三角形自心至邊之垂線，以對所求角之邊較爲一率，垂線爲二率，半徑爲三率，得四率，爲半角正切，檢表得度，倍之，得所求角。若衹知有三角度無三邊者，大小無定形，不可求。曰弧三角。於球面作三角形爲弧三角，三邊皆弧線，而皆自球心剖出，三角與三弧皆以度計，各有八線，角與弧各有大小，角適足九十度爲正角，大爲鈍，小爲鋭，合三角，最小必大於一百八十度，最大不滿五百四十度，合三弧，不滿三百六十度。有正弧三角形，或一正角，或二正角，而餘角或鈍或鋭，若三角皆正，則角皆九十度，三弧亦皆九十度，不待算。有斜弧三角形，或三角俱鋭、俱鈍，或鋭鈍不等。凡三角三弧，亦知其三而可求其三。有所知、對所知、對所求者，無論求角、求弧，皆以對所知之正弦爲一率，對所求之正弦爲二率，所知之正弦爲三率，得四率，檢正弦，得所求。正弧三角，知對正角弧，知又一角，求對不知角之弧，正角正弦即半徑爲一率，又一角餘弦爲二率，弧正切爲三率，得四率，檢正切，得弧度。如求對不知弧之角，則用次形法，弧餘弦爲一率，角餘切爲二率，半徑爲三率，得四率，檢正切，得角度。知對所求弧之角，知又一弧，半徑爲一率，角正切爲二率，弧正弦爲三率，得四率，檢正切，得所求弧度。知對不知弧之角，知對不知角之弧，求對正角弧，角餘弦爲一率，半徑爲二率，弧正切爲三率，得四率，檢正切，得弧度。知對不知弧之角，知對所求角之弧，用次形法，半徑爲一率，弧餘弦爲二率，角正弦爲三率，得四率，檢餘弦，得所求角度。知一角，知對所知角之弧，求對不知角之弧，角正切爲一率，半徑爲二率，弧正切爲三率，得四率，檢正弦，得弧度。如求對不知弧之角，用次形法，弧餘弦爲一率，角餘弦爲二率，半徑爲三率，得四率，檢正弦，得角度。知對正角弧，知又一弧，求對不知弧之角，對正角弧正切爲一率，又一弧正切爲二率，半徑爲三率，得四率，檢餘弦，得角度。如求不知弧，用次形法，所知又一弧餘弦爲一率，半徑爲二率，對正角弧餘弦爲三率，得四率，檢餘弦，得弧度。知正角旁兩弧，求餘角，角旁一弧正弦爲一率，對所求角之弧正切爲二率，半徑爲三率，得四率，檢正切，得角度。求對正角弧，用次形法，半徑爲一率，角旁兩弧之餘弦爲二率、三率，得四率，檢餘弦，得弧度。知三角，求對正角弧，用次形法，一角正切爲一率，半徑爲二率，又一角餘切爲三率，得四率，檢餘弦，得弧度。如求角旁弧，用次形法，一角正弦爲一率，對所求弧之角餘弦爲二率，半徑爲三率，得四率，檢餘弦，得弧度。斜弧三角，所知有相對之弧角，又有對所求之弧角，則用弧角比例，所知有相對之弧角，而無對所求之弧角，則用垂弧法。如知一角、知對弧、知又一弧，求又一弧及其對角，半徑爲一率，角正弦爲二率，所知又一弧正弦爲三率，得四率，檢正弦，得中垂弧，半徑爲一率，角餘弦爲二率，所知又一弧正切爲三率，得四率，檢正切，得分弧，所知又一弧正弦爲一率，分弧正弦爲二率，半徑爲三率，得四率，檢正弦，得分角，垂弧餘弦爲一率，對所知角之弧餘弦爲二率，半徑爲三率，得四率，檢餘弦，得又一分弧，對所知角之弧正弦爲一率，又一分弧正弦爲二率，半徑爲三率，得四率，檢正弦，得又一分角，兩分弧相加，得所求弧，兩分角相加，得所求角。如知一角，知對弧，知又一角鈍角，求對不知角之弧，半徑爲一率，鈍角正弦爲二率，對所知角之弧正弦爲三率，得四率，檢正弦，得外垂弧，半徑爲一率，鈍角餘弦爲二率，對所知角之弧正切爲三率，得四率，檢正切，得所求弧外之虚弧，對所知弧之角即對垂弧之角正切爲一率，半徑爲二率，垂弧正切爲三率，得四率，檢正弦，得度，内減虚弧，得所求弧。所知無相對之弧、角，則用總較法。如知三弧，求一角，以角旁兩弧相加爲總弧，相減爲較弧，總弧、較弧之餘弦相加、減，總弧、較弧同象限，或一在象限内、一過三象限，皆減，一在象限内、一過象限或二象限，一過象限、一過三象限，皆加，得數折半爲中數，以爲一率，對所求之弧正矢與較弧正矢相減，餘爲矢較爲二率，半徑爲三率，得四率，爲所求角，正矢以與半徑相減,餘檢餘弦,得角度。如知一角及角旁兩弧,求對角之弧,則以半徑爲一率,角正矢爲二率,中數爲三率,得四率,爲矢較,加較弧正矢,以與半徑相減,餘檢餘弦,得弧度。如知三角,求一弧,用次形法,易三角爲三弧,三弧爲三角,以本形所求弧爲次形所求角,本形弧旁兩角,一取本角度,一取外角度,爲次形夾所求角之兩弧,以本形對所求弧之角爲次形對所求角之弧,取中數比例,如三弧求一角法,得四率,爲次形所求角正矢,即本形所求弧正矢,以與半徑相減,餘檢餘弦,得所求弧。如知一弧及弧旁兩角,求又一角,亦用次形法,以本形所知弧爲次形所知角,本形所求角爲次形所求弧,本形所知弧旁兩角,一取本角度,一取外角度,爲次形夾所知角之兩弧,取中數比例,如知一角及角旁兩弧,求對角之弧法,得四率,矢數加較弧正矢,以與半徑相減,餘檢餘弦,得次形所求弧,即本形所求角。又,兩弧夾一角,兩角夾一弧,一角取外角,皆可用外垂弧法,比例三次,得所求之弧、角。凡取外角,皆以本角減半周,用其餘度。八綫,於平圓面内作過心全徑二綫,均分圓周爲四象限,皆九十度。凡四半徑綫輳於圓心,成直角形四,命半徑綫爲一千萬,於一象限内,任作一半徑綫,分象限弧爲兩弧,此爲正則彼爲餘,正弧、餘弧皆有弦、矢、切、割,而八綫備。曰正弦,曰餘弦,弦在圓内,一端屬截圓周,一端抵本弧半徑,在正弧爲正弦,在餘弧爲餘弦,互與半徑綫平行,正弦、餘弦一縱一横,爲句股,分弧半徑爲其弦,倍正、餘弦,皆爲通弦。曰正矢,曰餘矢,矢亦在圓内,弦縱則矢横,弦横則矢縱,餘弦減半徑之餘爲正矢,正弦減半徑之餘爲餘矢。曰正切,曰餘切,切綫在圓外,一端切圓周,一端與割綫遇,各與弦平行而長過之,在正弧爲正切,在餘弧爲餘切。曰正割,曰餘割,割綫自圓心至圓外,就分弧半徑引而長之,與切綫遇,在正弧爲正割,在餘弧爲餘割。正切、餘切各與半徑爲句股,正割、餘割各爲其弦。求八綫,用六宗三要二簡之法越四十五分得一弦,又用新增二法越五分得一弦,五分内用中比例求之,皆於一象限中,豫求其弦、切、割,列爲表,以待檢。捷法,任取一弧可求弦、矢,任取一弦、一矢可求弧。先以圓周定率三一四一五九二六五三五八之數,以二千億乘之,得圓周本數,四除之,得一象限弧本數,又九十除之,得一度弧本數,又六十除之,得一分弧本數,又六十除之,得一秒弧本數。弧求正弦,以弧本數爲第一條,半徑爲連比例第一率,弧本數爲第二率,自乘一率除之,得第三率,置第一條,三率乘之,一率除之,得第四率,二除之,三除之,爲第二條,應減,另書之,置第二條,三率乘之,一率除之,得第六率,四除之,五除之,爲第三條,應加,書於第一條之下,置第三條,三率乘之,一率除之,得第八率,六除之,七除之,爲第四條,應減,書於第二條之下,以後每條恒以三率乘,一率除,得每率後,除法遞增,如十率,則以八除、九除,十二率,則以十除、十一除,除至單位下而止,以一、三、五、七條相併,二、四、六、八條相併,兩數相減,餘即正弦。正弦求弧,以正弦爲第一條,半徑爲連比例第一率,正弦爲第二率,自乘一率除之,得第三率,置第一條,三率乘之,一率除之,得第四率,二除之,三除之,爲第二條,置第二條,三率乘之,一率除之,得第六率,九乘之,四除之,五除之,爲第三條,置第三條,三率乘之,一率除之,得第八率,二十五乘之,六除之,七除之,爲第四條,以後每條恒以三率乘、一率除,每率後,皆用隔位自乘數乘之,如十率,則用七自乘四十九之數乘之,十二率,則用九自乘八十一之數乘之,除法遞增,除至單位下而止,以諸條相併,即弧本數,分收之,得分,度收之,得度。弧求正矢,法如求正弦,而以第三率,二除之,爲第一條,每條恒以三率乘、一率除,得五、七、九率,五率,三除、四除,爲第二條,七率,五除、六除,爲第三條,九率,七除、八除,爲第四條,以後遞增,除至單位下而止,以一、三、五條相併,二、四、六條相併,兩數相減,餘即正矢。正矢求弧,倍正矢爲第一條,以半徑爲連比例第一率,倍正矢爲第三率,自乘一率除之,得第五率,三除之,四除之,爲第二條,置第二條,四乘之,三率乘之,一率除之,得第七率,五除之,六除之,爲第三條,置第三條,九乘之,三率乘之,一率除之,得第九率,七除之,八除之,爲第四條,以後每條皆用連位自乘數乘之,如四條,以四自乘十六之數乘之,五條,以五自乘二十五之數乘之,恒以三率乘、一率除,得每率後,九除、十除遞增,除至單位下而止,以諸條相併,又爲連比例第三率,以與第一率半徑相乘,開平方得第二率,即弧本數,分收之,得分,度收之,得度。以弧求正弦之法,每條連除以前,各用四除之,即爲通弧求通弦之法。以正弦求弧之法,每條連除以前,各用四除之,即爲通弦求通弧之法。如以六十度之通弦,倍之即爲全徑,三乘之爲第一條,即爲圓徑求周之法,弧與弦、矢相求,在四十五度以外,條數過多,則與象限相減,以其餘求之,四十五度以内,條數尚多,則有借弧求正餘弦法,以半徑爲一率,借四十五度正弦,即餘弦七〇七一〇六八爲二率,四十五度弧與本弧相減,餘爲較弧,如法求其弦、矢,弦與矢相加、減,本弧小於借弧,求正弦則加,求餘弦則減,本弧大於借弧,反是,爲三率,得四率,以與借弧、弦相加、減,本弧小於借弧,求正弦則減,求餘弦則加,本弧大於借弧,反是,得本弧正餘弦。有借弦求弦法,正弦過半徑十分之三至十分之六,借三十度正弦五〇〇〇〇〇〇,餘弦八六六〇二五四用之,過半徑十分之六至十分之八,借四十五度正、餘弦用之,過半徑十分之八至十分之九,借六十度正弦八六六〇二五四,餘弦五〇〇〇〇〇〇用之,先以本弧正弦求得本弧餘弦,次以本弧正、餘弦與借弧正、餘弦各相減,得正弦較,爲股,餘弦較,爲句,各自乘,相併,開平方,得弦,爲較弧通弦,如法求得通弧,即較弧與借弧相加、減,本弧正弦大於借弧,正弦則加,小則減,得本弧。八線相求,正弦求餘弦,正弦爲句,半徑爲弦,各自乘,相減,餘開平方,得股,即餘弦。正弦求正切,餘弦爲一率,正弦爲二率,半徑爲三率,得四率,即正切。正弦求正割,正弦爲一率,半徑爲二率,正切爲三率,得四率,即正割。餘弦求餘切、餘割亦如之。鈍角之八線與外角同,惟正矢爲大矢,以外角正矢減全徑,餘爲大矢,弧在一象限外,如鈍角,在兩象限外,減半周而用其餘,如鋭角,在三象限外,減半周而用其餘,如鈍角。以相求而比例,以盡其用。比例四率,皆二、三率相乘,一率除之,得四率,如半徑在二、三率,一率爲弦、切、割者,可代用,而易除爲乘,餘割與正弦相代,正割與餘弦相代,正切與餘切相代,皆移半徑爲一率,移代用之一率爲二、三率,則二、三率用乘,一率不用除,惟降位而已。凡連用兩次比例,可以兩一率相乘,兩二率相乘,兩三率相乘,爲一、二、三率,得四率,爲兩四率相乘積,連用三次比例者,皆可各率連乘,得四率,爲立方積,如此一、四率内有與彼二、三率同數者,皆可省去不用,而以其不同數連乘之,爲每率,則得四率,即末一次所求之四率。如用對數表,則凡乘、除、開方,皆可以加、減、代。○凡數,皆先得其成數,而列爲表,以入算。有對數表、有八線表、有八線對數表,七政各有年根表、周歲平行表、周日平行表,日躔有均數表、黄赤距度表、黄赤升度表、升度時差表、均數時差表、太陽距地心表、清蒙氣差表,月離有一平均表、立方較表、二平均表、三平均表、最高均及本天心距地表、初均表、二均表、三均表、末均表、正交實均表、交角加分表、黄白升度差表、黄白距緯表,交食有首朔諸根表、朔望策表、黄道赤經交角表、太陽視半徑表、太陰視半徑表、太陰距地心表、太陰距地半徑差表、太陽實行表、太陰實行表,五星各有均數表、距黄道表,土、木、火各有升度差表,金、水各有距限表,土、木、金、水各有距地表、火、金、水各有地半徑差表,五星伏見距日有黄道度表、加減差表,恒星有黄道經緯度表、赤道經緯度表、赤道經緯度歲差表,月、五星與恒星相距有黄道經緯度表,天漢有經緯度表,黄赤經緯度有互推表。

主簿廳,主簿,滿洲一人、漢一人,掌管吏役,司章奏文移。製《時憲書》所用紙、絹、顔料、工價,觀象臺測驗開寫封呈紙張、黄蠟,神武門更香,均行文户部支領;梨木版、包袱、筆、墨、蘆席、冬月木炭及三年一次换造香匣,均行文工部支領;觀象臺之時辰香、譙樓夏香,行文光禄寺支領;内廷時辰房及各處候時所用時辰香、油、燭、煤炭,均行文内務府支領。巡幸,派官隨從,行文兵部給與八旗官馬,户部給盤費,順天府給官車,每鐘一,分大車一輛、帳房二架,於工部支領。如有修造相度官驛馬,行文兵部,給與博士騎鞍三副、馱鞍一副,天文生騎鞍二副、馱鞍一副,於工部支領。官、生俸廪,漢人,行文户部支領,滿洲、蒙古、漢軍,由本旗支領。其每月公費,由本監給與。天文生,每年各給布面羊裘一、貉皮帽一、狐皮領一,譙樓值班之博士等官,初任時,各給貉皮端罩一,均行文工部支領。凡本衙門官、生陞補之事,皆具稿以呈於堂。欽天監應行引見人員,皆由本監堂官定擬正、陪,先期行吏部查覈。滿洲、蒙古、漢軍天文生,由國子監算學生肄業有成,會監考定名次,送吏部註册,按旗依次補用;漢食俸天文生,由本監三科食糧天文生按科考補;天文、時憲兩科食糧天文生,由本監新舊世業子弟,暨算學生肄業生,分爲四班補用;漏刻科食糧天文生,由陰陽生考補;陰陽生,由三科世業子弟與本科肄業生合考補用。守書籍之藏。署内貯聖祖仁皇帝御製《律書淵源》版,高宗純皇帝御製《曆象考成後編》版、《協紀辨方書》版、《萬年書》版,願刷者,聽。高宗純皇帝勅製《靈臺儀象志圖》,二本。

欽定大清會典卷六十四

時憲科，五官正，滿洲二人、蒙古二人，春官正，漢一人，夏官正，漢一人，中官正，漢一人，秋官正，漢軍一人、漢一人，冬官正，漢一人，五官司書，漢一人，博士，滿洲四人、蒙古二人、漢軍一人、漢十有五人，天文生，滿洲八人、蒙古四人、漢軍八人、漢四十有三人，漢天文生內，食九品俸十三人，食糧三十人。掌製《時憲書》，辨御覽者與頒行者，而著以其式。凡日、月食，則掌其推算。〇凡製《時憲書》之法，先推其歲之節候，二十四節氣，依日躔法，推得太陽實行星紀宮初度爲冬至，十一月中十五度爲小寒，十二月節，元枵宮初度爲大寒，十二月中十五度爲立春，正月節，娵訾宮初度爲雨水，正月中十五度爲驚蟄，二月節，降婁宮初度爲春分，二月中十五度爲清明，三月節，大梁宮初度爲穀雨，三月中十五度爲立夏，四月節，實沈宮初度爲小滿，四月中十五度爲芒種，五月節，鶉首宮初度爲夏至，五月中十五度爲小暑，六月節，鶉火宮初度爲大暑，六月中十五度爲立秋，七月節，鶉尾宮初度爲處暑，七月中十五度爲白露，八月節，壽星宮初度爲秋分，八月中十五度爲寒露，九月節，大火宮初度爲霜降，九月中十五度爲立冬，十月節，析木宮初度爲小雪，十月中十五度爲大雪，十一月節，皆以子正日躔未交節氣宮度者爲交節氣本日，已過節氣宮度者爲次日。本日實行與次日實行相減，餘爲一率，一千四百四十分爲二率，本月實行與節氣宮度相減，餘爲三率，得四率，爲距子正後之分數，以六十分收爲小時，十五分收爲一刻，得節氣時刻。以交節氣本日均數變時一度爲四分，十五分爲一分，十五秒爲一秒，得均數、時差，均數減者，時差加，均數加者，時差減。又以半徑爲一率，黄赤大距餘弦爲二率，本節氣黄道度之正切爲三率，得四率，檢正切，得赤道度，與黄道度相減，餘數變時得升度時差，二分後加，二至後減，以兩時差加、減節氣時刻，得節氣用時。各地方節氣時刻，皆以京師爲主，視各處東、西偏度加、減之，偏東加，偏西減，每一度當時之四分七十二候，太陽實行五度爲一候。立春後三候，東風解凍，蟄蟲始振，魚陟負冰。雨水後三候，獺祭魚，候雁北，草木萌動。驚蟄後三候，桃始華，倉庚鳴，鷹化爲鳩。春分後三候，玄鳥至，雷乃發聲，始電。清明後三候，桐始華，田鼠化爲鴽，虹始見。穀雨後三候，萍始生，鳴鳩拂其羽，戴勝降於桑。立夏後三候，螻蟈鳴，蚯蚓出，王瓜生。小滿後三候，苦菜秀，靡草死，麥秋至。芒種後三候，螳螂生，鵙始鳴，反舌無聲。夏至後三候，鹿角解，蜩始鳴，半夏生。小暑後三候，温風至，蟋蟀居壁，鷹始摯。大暑後三候，腐草爲螢，土潤溽暑，大雨時行。立秋後三候，凉風至，日露降，寒蟬鳴。處暑後三候，鷹乃祭鳥，天地始肅，禾乃登。白露後三候，鴻雁來，元鳥歸，群鳥養羞。秋分後三候，雷始收聲，蟄蟲坏户，水始涸。寒露後三候，鴻雁來賓，雀入大水爲蛤，菊有黄華。霜降後三候，豺乃祭獸，草木黄落，蟄蟲咸俯。立冬後三候，水始冰，地始凍，雉入大水爲蜃。小雪後三候，虹藏不見，天氣上升地氣下降，閉塞而成冬。大雪後三候，鶡鴠不鳴，虎始交，荔挺出。冬至後三候，蚯蚓結，麋角解，水泉動。小寒後三候，雁北鄉，鵲始巢，雉雊。大寒後三候，雞乳，征鳥厲疾，水澤腹堅。月之朔、望，依日躔、月離法，推得太陰實行與太陽實行，同宫同度爲合朔限，相距三宫爲上弦限，六宫爲望限，九宫爲下弦限，皆以太陰未及限度爲本日，已過限度爲次日。本日太陽、太陰實行與次日太陽、太陰實行各相減，餘爲太陽、太陰一日之實行，於太陰一日實行内減太陽一日實行，餘爲一率，一千四百四十分爲二率，合朔本日太陽實行爲三率，弦、望則加限度，減本日太陰實行，餘爲三率，得四率，爲距子正之分數，以時刻收之，得合朔、弦、望時刻。日之出入，推日出入、晝夜時刻，以半徑爲一率，北極高度之正切爲二率，本日距緯度之正切爲三率，得四率，檢正弦，得日出入。卯酉前後，赤道度變爲時分，春分前、秋分後爲卯後酉前，分以加卯正爲日出時刻，以減酉正爲日入時刻。春分後、秋分前爲卯前酉後，分以減卯正爲日出時刻，以加酉正爲日入時刻。自日出至日入爲晝刻，以減一日九十六刻，餘爲夜刻。凡春、秋分，皆日出卯正初刻，日入酉正初刻，晝夜均四十八刻。京師冬至，日出辰初一刻十分，日入申正二刻五分，晝三十六刻十分，夜五十九刻五分；小寒、大雪，日出辰初一刻七分，日入申正二刻八分，晝三十七刻一分，夜五十八刻十四分；大寒、小雪，日出辰初初刻十二分，日入申正三刻三分，晝三十八刻六分，夜五十七刻九分；立春、立冬，日出卯正三刻十二分，日入酉初初刻三分，晝四十刻六分，夜五十五刻九分；雨水、霜降，日出卯正二刻九分，日入酉初一刻六分，晝四十二刻十二分，夜五十三刻三分；驚蟄、寒露，日出卯正一刻五分，日入酉初二刻十分，晝四十五刻五分，夜五十刻十分；清明、白露，日出卯初二刻十分，日入酉正一刻五分，晝五十刻十分，夜四十五刻五分；穀雨、處暑，日出卯初一刻六分，日入酉正二刻九分，晝五十三刻三分，夜四十二刻十二分；立夏、立秋，日出卯初初刻三分，日入酉正三刻十二分，晝五十五刻九分，夜四十刻六分；小滿、大暑，日出寅正三刻三分，日入戌初初刻十二分，晝五十七刻九分，夜三十八刻六分；芒種、小暑，日出寅正二刻八分，日入戌正一刻七分，晝五十八刻十四分，夜三十七刻一分；夏至，日出寅正二刻五分，日入戌初一刻十分，晝五十九刻五分，夜三十六刻十分。各地方日出入、晝夜時刻，俱以本處北極高度立算。以定年、月、日、時之紀，前冬至距後冬至爲一歲，歲，凡三百六十五日二十三刻三分五十七秒，正月朔日至十二月晦日爲一年，年十二月，凡三百五十日有奇，有閏月者，三百八十日有奇，其奇爲三、四、五、六日不等，視一年積日，於十二朔策外又滿一朔策，則置閏，以無中氣之月爲閏月，交節前作上月用，交節後作下月用，月大小視朔干前後，朔同干，則月大，三十日，不同，則月小，二十九日。日，凡十二時，時分初正二小時，每小時四刻，子初屬上日，爲夜子時，子正屬本日。凡日，皆始子正，終夜子時。皆命以干支。天干十，甲、乙屬木，丙、丁屬火，戊、己屬土，庚、辛屬金，壬、癸屬水；地支十二，寅、卯屬木，巳、午屬火，申、酉屬金，亥、子屬水，丑、未、辰、戌屬土。干支相配，六十而周，年始甲子，終癸亥爲一元，上、中、下三元，凡一百八十年。月以建寅爲正月，甲巳年始丙寅，乙庚年始戊寅，丙辛年始庚寅，丁壬年始壬寅，戊癸年始甲寅。日干支如年，時干支如月，甲己日始甲子，乙庚日始丙子，丙辛日始戊子，丁壬日始庚子，戊癸日始壬子。凡鋪注，審其方位，方位，一爲九宫，即洛書之數，一宫居北，二宫居西南，三宫居東，四宫居東南，五宫居中，六宫居西北，七宫居西，八宫居東北，九宫居南。一爲八卦，按《繫辭》，帝出乎震，至成言乎艮之位。一爲十干，甲乙東，丙丁南，庚辛西，壬癸北，戊己中。一爲十二支，卯、酉、午、子爲東、西、南、北四正位，丑、寅居東北，辰巳居東南，未申居西南，戌亥居西北。八卦以配入宫，每宫得三嚮，北壬子癸，東北丑艮寅，東甲卯乙，東南辰巽巳南丙午丁，西南未坤申，西庚酉辛，西北戌乾亥，是爲二十四嚮。察其臨值，九宫以色配，坎白、坤黑、震碧、巽緑、中黄、乾白、兑赤、艮白、離紫，依一、二、三、四、五、六、七、八、九之次而飛之，由中而乾、而兑、而艮、而離、而坎、而坤、而震、而巽、而中。從三元起例，年月皆然。年九宫，上元甲子，一白在中，二黑在乾，三碧在兑，四緑在艮，五黄在離，六白在坎，七赤在坤，八白在震，九紫在巽，乙丑年，九紫入中宫，而一白居乾，以次遞推。中元甲子，四緑入中宫，一白居坤。下元甲子，七赤入中宫，一白居艮。月九宫，子午卯酉年，正月八白入中宫，一白居兑。寅申巳亥年，正月二黑入中宫，一白居巽。辰戌丑未年，正月五黄入中宫，一白居坎。納音五行，甲子、乙丑、甲午、乙未、壬寅、癸卯、壬申、癸酉、庚辰、辛巳、庚戌、辛亥，皆爲金；丙子、丁丑、丙午、丁未、甲寅、乙卯、甲申、乙酉、壬辰、癸巳、壬戌、癸亥，皆爲水；戊子、己丑、戊午、己未、丙寅、丁卯、丙申、丁酉、甲辰、乙巳、甲戌、乙亥，皆爲火；庚子、辛丑、庚午、辛未、戊寅、己卯、戊申、己酉、丙辰、丁巳、丙戌、丁亥，皆爲土；壬子、癸丑、壬午、癸未、庚寅、辛卯、庚申、辛酉、戊辰、己巳、戊戌、己亥，皆爲木。日以干支，分陰、陽，如甲子日爲陽，乙丑日爲陰，以干支生尅，分寶、義、制、專、伐，干生支爲寶，支生干爲義，干尅支爲制，支尅干爲伐，干支同類爲專。惟御覽《時憲書》注陰、陽及生尅日名，頒行者不注。值宿，二十八，角、亢、氐、房、心、尾、箕、斗、牛、女、虚、危、室、壁、奎、婁、胃、昴、畢、觜、參、井、鬼、柳、星、張、翼、軫，周而復始。建除，十二，建、除、滿、平、定、執、破、危、成、收、開、閉，於月所建之支起建，交節時重一日。伏、社，以二分前後最近之戊爲社，夏至後第三庚爲初伏，第四庚爲中伏，立秋後第一庚爲末伏。土王用事，立夏、立秋、立冬、立春前各十八日得辛，計元旦至值辛之日爲幾日；龍治水，計元旦至值辰之日爲幾龍。值年之神，太歲、從歲支順行，歲破、大耗與之對。歲德，甲巳年在甲，乙庚年在庚,丙辛年在丙,丁壬年在壬,戊癸年在戊;歲德合,甲巳年在己,乙庚年在乙,丙辛年在辛,丁壬年在丁,戊癸年在癸;大將軍,寅卯辰年在子,巳午未年在卯,申酉戌年在午,亥子丑年在酉;奏書,寅卯辰年在艮,巳午未年在巽,申酉戌年在坤,亥子丑年在乾,博士與之對;力士,寅卯辰年在巽,巳午未年在坤,申酉戌年在乾,亥子丑年在艮,蠶室與之對;蠶官,寅卯辰年在戌,巳午未年在丑,申酉戌年在辰,亥子丑年在未;蠶命,寅卯辰年在亥,巳午未年在寅,申酉戌年在巳,亥子丑年在申;金神,甲己年在午未申酉,乙己年在辰巳,丙辛年在寅卯午未子丑,丁壬年在寅卯戌亥,戊癸年在申酉子丑;太陰,子年在戌,順行至亥年在酉,吊客與之同,官符、畜官與之對;白虎,子年在申,至亥年在未,喪門與之對;病符,子年在亥,至亥年在戌,死符、小耗與之對,皆順行。歲刑,子年在卯,丑年在戌,寅年在巳,卯年在子,辰年在辰,巳年在申,午年在午,未年在丑,申年在寅,酉年在酉,戌年在未,亥年在亥;歲煞,申子辰年在未,巳酉丑年在辰,寅午戌年在丑,亥卯未年在戌;大煞,申子辰年在子,巳酉丑年在酉,寅午戌年在午,亥卯未年在卯,災煞與之對;刼煞,申子辰年在巳,巳酉丑年在寅,寅午戌年在亥,亥卯未年在申;黄旛,申子辰年在辰,巳酉丑年在丑,寅午戌年在戌,亥卯未年在未,豹尾與之對;伏兵,申子辰年在丙,巳酉丑年在甲,寅午戌年在壬,亥卯未年在庚;大禍,申子辰年在丁,巳酉丑年在乙,寅午戌年在癸,亥卯未年在辛;飛廉,子年在申,丑年在酉,寅年在戌,卯年在巳,辰年在午,巳年在未,午年在寅,未年在卯,申年在辰,酉年在亥,戌年在子,亥年在丑;五鬼,子年在辰,退行至亥年,在巳;破敗五鬼,甲壬年在巽,乙癸年在艮,丙年在坤,丁年在震,戊年在離,己年在坎,庚年在兑,辛年在乾。值月之神,天道,正月、九月南行,二月西南行,三月、七月北行,四月、十二月西行,五月西北行,六月、十月東行,八月東北行,十一月東南行;天德,正月在丁,二月在坤,三月在壬,四月在辛,五月在乾,六月在甲,七月在癸,八月在艮,九月在丙,十月在乙,十一月在巽,十二月在庚;月厭,正月在戌,退行至十二月,在亥;月煞,寅午戌月在丑,亥卯未月在戌,申子辰月在未,巳酉丑月在辰;月德,寅午戌月在丙,亥卯未月在甲,申子辰月在壬,巳酉丑月在庚,月空與之對;月德合,寅午戌月在辛,亥卯未月在己,申子辰月在丁,巳酉丑月在乙。御覽《時憲書》,每日下注吉神、歲德、歲德合、天德、月德、月德合、月空,各以日干支起例如前。天德合,正月壬,三月丁,四月丙,六月己,七月戊,九月辛,十月庚,十二月乙;天赦,春戊寅,夏甲午,秋戊申,冬甲子;母倉,春亥子,夏寅卯,秋辰戌、丑未,冬申酉;土王後,己午四相,春丙丁,夏戊己,秋壬癸,冬甲乙;時德,春午、夏辰、秋子、冬寅;王日,春寅、夏巳、秋申、冬亥;官日,春卯、夏午、秋酉、冬子;守日,春辰、夏未、秋戌、冬丑;相日,春巳、夏申、秋亥、冬寅;民日,春午、夏酉、秋子、冬卯。五富,寅午戌月亥,亥卯未月寅,申子辰月巳,巳酉丑月申;臨日,正月午,二月亥,三月申,四月丑,五月戌,六月卯,七月子,八月巳,九月寅,十月未,十一月辰,十二月酉;驛馬天后,寅午戌月申,亥卯未月巳,申子辰月寅,巳酉丑月亥;要安,正月寅,二月申,三月卯,四月酉,五月辰,六月戌,七月巳,八月亥,九月午,十月子,十一月未,十二月丑，普護與之對；玉字，正月卯，二月酉，三月辰，四月戌，五月巳，六月亥，七月午，八月子，九月未，十月丑，十一月申，十二月寅，福生與之對；金堂，正月辰，二月戌，三月巳，四月亥，五月午，六月子，七月未，八月丑，九月申，十月寅，十一月酉，十二月卯；敬安，正月未，二月丑，三月申，四月寅，五月酉，六月卯，七月戌，八月辰，九月亥，十月巳，十一月子，十二月午，續世與之對；聖心，正月亥，二月巳，三月子，四月午，五月丑，六月未，七月寅，八月申，九月卯，十月酉，十一月辰，十二月戌；益後，正月子，二月午，三月丑，四月未，五月寅，六月申，七月卯，八月酉，九月辰，十月戌，十一月巳，十二月亥；天願，正月乙亥，二月甲戌，三月乙酉，四月丙申，五月丁未，六月戊午，七月己巳，八月庚辰，九月辛卯，十月壬寅，十一月癸丑，十二月甲子；三合，正月午戌，二月未亥，三月子申，四月丑酉，五月寅戌，六月卯亥，七月子辰，八月丑巳，九月寅午，十月卯未，十一月辰申，十二月巳酉；兵吉，正月子丑寅卯，二月亥子丑寅，三月戌亥子丑，四月酉戌亥子，五月申酉戌亥，六月未申酉戌，七月午未申酉，八月巳午未申，九月辰巳午未，十月卯辰巳午，十一月寅卯辰巳，十二月丑寅卯辰；六儀，正月辰，退行至十二月巳；天倉，正月寅，退行至十二月卯；六合，正月亥，退行至十二月子。陽德，正、七月戌，二、八月子，三、九月寅，四、十月辰，五月、十一月午，六月、十二月申，司命與之同，金匱與之對；陰德，正、七月酉，二、八月未，三、九月巳，四、十月卯，五月、十一月丑，六月、十二月亥；青龍，正、七月子，二、八月寅，三、九月辰，四、十月午，五月、十一月申，六月、十二月戌，天馬與之對；明堂，正、七月丑，二、八月卯，三、九月巳，四、十月未，五月、十一月酉，六月、十二月亥，玉堂與之對；解神，正、二月申，三、四月戌，五、六月子，七、八月寅，九、十月辰，十一、十二月午；寶光，正、七月巳，二、八月未，三、九月酉，四、十月亥，五月、十一月丑，六月、十二月卯；月恩，正月丙，二月丁，三、九月庚，四月己，五月戊，六月、十二月辛，七月壬，八月癸，十月乙，十一月甲。兵福建日、吉期、兵寶、除日、天巫、福德、滿日、時陰、定日、天喜、天醫、成日、時陽，生氣、開日、不將，正月，丙寅、丁卯、丙子、丁丑、己卯、丁亥、己丑、庚寅、辛卯、己亥、庚子、辛丑、辛亥；二月，乙丑、丙寅、乙亥、丙子、丁丑、丙戌、丁亥、己丑、庚寅、己亥、庚子、庚戌；三月，甲子、乙丑、甲戌、乙亥、丙子、丁丑、乙酉、丙戌、丁亥、己丑、丁酉、己亥、己酉；四月，甲子、甲戌、乙亥、丙子、甲申、乙酉、丙戌、丁亥、戊子、丙申、丁酉、戊戌、戊申；五月，癸酉、甲戌、乙亥、癸未、甲申、乙酉、丙戌、乙未、丙申、戊戌、戊申、癸亥；六月，壬申、癸酉、甲戌、壬午、癸未、甲申、乙酉、甲午、乙未、戊戌、戊申、戊午、壬戌；七月，壬申、癸酉、壬午、癸未、甲申、乙酉、癸巳、甲午、乙未、乙巳、戊申、戊午；八月，戊辰、辛未、壬申、辛巳、壬午、癸未、甲申、壬辰、癸巳、甲午、甲辰、戊申、戊午；九月，戊辰、庚午、辛未、庚辰、辛巳、壬午、癸未、辛卯、壬辰、癸巳、癸卯、戊午；十月，己巳、庚午、己卯、庚辰、辛巳、壬午、庚寅、辛卯、壬辰、癸巳、壬寅、癸卯；十一月，丁卯、己巳、丁丑、己卯、庚辰、辛巳、己丑、庚寅、辛卯、壬辰、辛丑、壬寅、丁巳；十二月，丙寅、丁卯、丙子、丁丑、己卯、庚辰、己丑、庚寅、辛卯、庚子、辛丑、丙辰，皆未交，本月節從上月，已交下月節從下月。凡甲子、乙丑、丙寅、丁卯、戊辰、己卯、庚辰、辛巳、壬午、癸未、己酉、庚戌、辛亥、壬子、癸丑日，皆天恩；申酉日，皆除神；寅卯日，皆五合。辨其宜忌，御用六十七事，祭祀、祈福、求嗣、上册、進表章、頒詔、覃恩肆赦、施恩封拜、詔命公卿、招賢、舉正直、施恩惠、卹孤惸、宣政事、布政事、行惠愛、雪寃枉、緩刑獄、慶賜、賞賀、燕會、入學、冠帶、行幸、遣使、安撫邊境、選將訓兵、出師、上官赴任、臨政親民、結婚姻、納采問名、嫁娶、進人口、般移、安牀、解除、沐浴、整容剃頭、整手足甲、求醫療病、裁製、營建宮室、修宮室、繕城郭、築隄防、興造動土、豎柱上梁、經絡、開市、立券、交易、納財、修置産室、開渠穿井、安碓磑、補垣、埽舍宇、修飾垣牆、平治道塗、伐木、捕捉、畋獵、取魚、栽種、牧養、納畜；民用三十七事，祭祀、上表章、上官、入學、冠帶、結婚姻、會親友、嫁娶、進人口、出行移徙、安牀、沐浴、剃頭、療病、裁衣、修造動土、豎柱上梁、經絡、開市、立券、交易、納財、修置産室、開渠穿井、安碓磑、埽舍宇、平治道塗、破屋壞垣、伐木、捕捉、畋獵、栽種、牧養、破土、安葬、啓攢、通書；選擇六十事，祭祀、祈福、求嗣、上册受封、上表章、襲爵受封、會親友、入學、冠帶、出行、上官赴任、臨政親民、結婚姻、納采問名、嫁娶、進人口、移徙、遠回、安牀、解除、沐浴、剃頭、整手足甲、求醫療病療目、針刺、裁衣、築隄防、修造動土、豎柱上梁、修倉庫、鼓鑄、苫蓋、經絡、醞釀、開市、立券、交易、納財、開倉庫、出貨財、修置産室、開渠穿井、安碓磑、補垣、塞穴、埽舍宇、修飾垣牆、平治道塗、破屋壞垣、伐木、捕捉、畋獵、取魚、乘船渡水、栽種、牧養、納畜、破土、安葬、啓攢，各於日值之神，循其義例，權其輕重而分注其宜、不宜，宜者，併注用時，兼注坐嚮。御覽中於諸事不宜之日，概不注值日之神。諏吉，則取用焉。凡齋期、忌辰，各記於其日。齋戒日期，於日旁加圈作記，恭遇列聖、列后忌辰，亦於日旁加圈作記，不注巡幸、燕會等事，祇注安撫邊境、安牀、解除、求醫療病、裁製、繕城郭、築隄防、經絡、立券、交易、納財、修置産室、開渠穿井、安碓磑、補垣、埽舍宇、修飾垣牆、平治道塗、伐木、捕捉、栽種、牧養、納畜，頒行《時憲書》内，仍注豎柱上梁、開市。〇凡七政，《時憲書》各表其七政之宫度、宿度。宫度依黄道宫度，宿度依本年黄道宿鈐，皆爲每日子正時。七政所值經度，其交宫時刻，按日分注。求之之法，以七政一日之實行爲一率，一千四百四十分爲二率，本日實行距某宫初度之度分，順行者，以本日實行與三十度減餘，逆行者，即用本日實行爲三率，得四率，爲距子正之分數，以時刻分收之，得交宫時刻。月、五星，則别其緯度焉。緯度以黄道爲界，從黄道起初度而分南、北，皆爲子正時緯度。凡月升之横斜，合朔日，太陰實行自子宫十五度至酉宫十五度，正升自酉宫十五度至未宫初度，自寅宫十五度至子宫十五度，斜升，自未宫初度至寅宫十五度，横升。推太陰出入時刻，用正弧三角法，以本日太陽黄道經度，求其相當赤道經度，又用斜弧三角法，求得太陰在赤道南、北緯度，并求得太陰距冬至赤道經度，乃以半徑爲一率，北極高度之正切爲二率，太陰赤道緯度之正切爲三率，得四率，檢正弦，得太陰出入在卯酉前後赤道度。太陰在赤道北，出在卯正前，入在酉正後；太陰在赤道南，出在卯正後，入在酉正前。於太陰赤道經度内，減太陽赤道經度，餘爲太陰距太陽赤道度，又加、減太陰出地在卯正前後赤道度，前減後加，得數變時，自卯正後計之，得何時刻，再加本時太陰行度所變時刻，約一小時行三十分，變爲時之二分，得太陰出地時太陽所臨之時刻。如以太陰距太陽赤道度，加、減太陰入地在酉正前後赤道度，得數變時，自酉正後計之，得何時刻，再加本時太陰行度所變時刻，得太陰入地時、太陽所臨之時刻，即太陰出入時刻。星見之晨夕，土、木、火三星黄道實行，與太陽實行同度爲合伏，合伏後距日漸遠，爲晨見。東方順行，順行漸遲，遲而留，爲留退初，退行距日半周爲退衝，退衝之次日爲夕見。退行漸遲，遲而留，爲留順初，順行漸疾，復近合伏，爲夕不見。金、水二星黄道實行，與太陽實行同度爲合伏，合伏後距日漸遠，爲夕見。西方順行，順行漸遲，遲而留，爲留退初，退行漸近太陽，爲夕不見。復與太陽同度爲合退伏，自是又漸遠太陽爲晨見。東方退行，退行漸遲，遲而留，爲留順初，順行漸疾，復近合伏爲晨不見。求衝伏時刻，土、木、火於太陽一日實行内，加、減星一日之實行，合伏減，退衝加，金、水於星一日實行内，加、減太陽一日之實行，合伏減，退伏加，爲一率，一千四百四十分爲二率，土、木、火合伏，本日星實行内減本日太陽實行退衝，加六宫而減之，金、水合伏，本日太陽實行内減星實行，退伏本日星實行内減本日太陽實行，爲三率，得四率，爲距子正之分數，以時刻收之，得時刻。求晨夕伏見限度，土星限十一度，木星限十度，火星限十一度三十分，金星限五度，水星限十度，合伏前後，或退伏前後某日，太陽實行與本星實行相距近此限度，即以某日本星實行宫度察五星伏見距日黄道表、五星伏見距日加減差表，取距日黄道度與距日加減差，相加、減，緯南加，緯北減，得伏見限度。土、木、火合伏前某日，太陽實行與星實行相距近此限度，即爲某日夕不見，合伏後爲某日晨見，金、水合伏前爲晨不見，後爲夕見，退伏前爲夕不見，後爲晨見。各以月、以日而列之。經緯，日注之，月升星見，月注之，而各注順、退、流、伏、見、不見於本日下。四餘亦如之。四餘，一爲月孛，即月最高，其度順行；一爲羅睺，即正交；一爲計都，即正交之對，爲中交，其度，皆退行；一爲紫氣，日行二分六秒，小餘七二〇七七七，順行，以乾隆九年天正冬至次日，子正在七宫一十七度五十分一十四秒五十三微爲元推算，均按旬注之。凡日、五星之最高、最卑，各著其歲限。太陽，注最高過夏至，最卑過冬至若干度分及冬至、夏至限宿度。五星，各注自最高下行，或最卑上行，或中距上下行及過最高、最卑、中距之日。〇凡月、五星相距，《時憲書》推其月、星之相距，經度、緯度皆同，爲掩，經度同，緯度不同，爲距，太陰與五星相距，以本日太陰經度在星前，次日太陰經度在星後，爲入限。察其緯度，太陰與星同在黄道北者，緯多在上，緯少在下，同在黄道南者，緯多在下，緯少在上，一北一南，北在上，南在下，皆以近天頂爲上，近地平爲下。太陰在上者，相距二度以内取用，太陰在下者，相距一度以内取用，兩緯相距十七分以内爲凌，十八分以外爲犯。五星互相距，以行遲或退行者爲所距之星，行速或順行者爲距之之星，入限與月、五星相距同,無論在上、在下,皆以相距一度以内取用,兩緯相距三分以内爲凌,四分以外爲犯,皆以彼此一日之實行相加、減,同順、同逆者減,一順一逆者加,得日行度,本日各經度相減,得相距度,日行度化分爲一率,一千四百四十分爲二率,相距度化分爲三率,得四率,爲距子正之分數,以時刻收之,得時刻。與其距恒星者,月、五星與恒星相距,限度與月、五星相距同,以月、星本日經度與次日經度相減,得日行度,以月、星本日經度與恒星經度相減,得相距度,求時刻法亦同。推月與星相距,視差法同交食。求視時,以太陰實行化秒爲一率,三千六百秒爲二率,東西差化秒爲三率,得四率,爲秒,以分收之,得視時距分,以加、減相距時刻,太陰距限西爲加,東爲減,得視時。按其月日而注焉。凡相距,皆紀其宫度。總目以十二宫爲次,每月日下,相距者注緯度之上下及分數相掩者,無緯度,各注以屬某宫。〇凡交食,必推其食之方與其時,繪圖以頒行於天下而驗焉。繪日食圖,先作縱、横二線,十字交,横線爲黄道,縱線爲黄道經圈,用日半徑爲度,於中心作圜以爲日體,又以日、月兩半徑相併爲度,作虚圈,爲初虧、復圓之限,次於虚圈上周黄經線左、右取黄白大距五度作識,實交周初宫、十一宫右取,五宫、六宫左取,自所識作線,過圜心,至虚圈下周爲白道經圈,於此線上,自圜心取食甚視緯度作識,即食甚時月心所在,從此作横線,與白道經圈十字交,即爲白道,白道與虚圈右周相割之點,即初虧時月心所在,白道與虚圈左周相割之點,即復圓時月心所在,以初虧、食甚、復圓三點各爲心,月半徑爲度,各作圜以象月體,即初虧、食甚、復圓之象。繪月食圖,亦先作縱、横十字交黄道經、緯二線,用地影半徑爲度,於中心作圜,以象闇虚,又以月半徑與地影半徑相減,用其餘數作内虚圈爲食,既生光之限,又以兩半徑相併爲度,作外虚圈爲初虧、復圓之限,次作白道經緯、線,如日食法,經線上自圜心取食甚距緯度作識,即食甚時月心所在,白道割外虚圈右周之點,爲初虧時月心所在,左周之點爲復圓時月心所在,割内虚圈右周之點爲食,既時月心所在左周之點,爲生光時月心所在,各以月心所割之點爲心,月半徑爲度,作各小圜以象月體,即初虧、食甚、食既、生光、復圓之象。省各一圖,各注食分及各限時刻,上下左右黄赤道、宫度、宿度。帶食者,注日、月出地平時刻帶食分秒。繪日食坤輿圖,取見食極多之分,每分爲一限,止於二十一限,又取見食時刻早晚,每刻爲一限,止於九十六限,交錯相求,反推得見食各地北極高下度、東西偏度,按度聯爲一圖,乃以各地名逐一注之。凡食甚,皆計以分。太陽、太陰視徑,皆命爲十分。日食,以太陽、太陰兩視半徑相併内減食甚視緯,餘爲兩體相掩之分,以太陽視徑度分與十分之比,即同於減餘度分,與十分中幾分之比,或食甚視緯大於併徑,則兩周不相切,食甚視緯與併徑等,則兩周相切而不相掩,皆爲不食。或太陰正當黄道而無食甚視緯,即以併徑爲食分,兩心相掩,是爲全食。若太陰視徑小於太陽視徑,則四周露光,爲金鐶食。月食,以太陰半徑、地影半徑相併而與距緯相較,併徑大於距緯之較,即爲月食之分,以太陰視徑度分與十分之比,即同於併徑距緯之較與十分中幾分之比。

天文科，五官靈臺郎，滿洲二人、蒙古一人、漢軍一人、漢四人，五官監候，漢一人，博士，漢二人，天文生，滿洲二人、漢三十有一人，漢天文生内，食九品俸九人，食糧二十二人。掌觀天象。設觀象臺於京城東南隅，日以滿、漢官各一人，率天文生十五人，登臺觀候，每時以四人分觀四方，晝、夜輪直。〇凡天行晝，測以晷影。

測候之法

先以定南、北真線及歲實爲要。

定南、北真線法

於春、秋分日，植表於案，取日影，自午前至午後，隨表末影所至作點爲識，聯之成一直線，即東、西線，取其正中作垂線，即南、北線。或不拘何日，如決作識，取其與表心最近之點爲午正表影，依此嚮表心作直線，即南、北線。又法，作圜數層，植表於心，視午前後兩點同在一圜上，作直線，聯之，即東、西線，取其正中嚮圜心作垂線，即南、北線。又法，於冬至前後，用儀器測句陳第五星極西、極東時，視兩表線之正中，即南、北線。又法，不拘何日，取恒星之大者，用兩儀器，一測高度，一測地平經度，視此星在東、在西時其高度等，測兩經度之正中，即南、北線。

定歲實法

或用冬至，或用春分，皆於午正，測得太陽高度，加地半徑差，減清蒙氣差，得實高，與赤道高度相減，得太陽在赤道南、北之緯度。用正弧三角法，黄赤大距爲一率，半徑爲二率，緯度正弦爲三率，得四率，檢正弦，得黄道經度，變時，本日太陽一日之實行爲一率，二十四時化一千四百四十分爲二率，黄道經度爲三率，得四率，爲分，以時收之，得冬至或春分在午正前後時刻。又於次年，如法測得冬至或春分在午正前後時刻，總計兩冬至或兩春分相距之日、時刻、分、秒，得歲實。黄赤大距，則於夏至午正累測得太陽高度，以與北極高度，即南極入地度相加，内減一象限而得之。每日太陽未出之先、已入之後，距地平一十八度，皆有光，是爲曚影限，隨時隨地不同，二分刻分常少，二至常多，地面愈北，刻分愈多，愈南愈少。求法，以北極距天頂爲一邊，天頂距曚影限爲一邊，北極距曚影限爲一邊，用斜弧三角三邊求角法，求得對天頂距曚影限弧之角，内減半晝分，得曚影度。測日出、入，加、減清蒙氣，日出減，日入加，而得真度。測日高，減清蒙氣，得真高。凡測月、星，皆加、減清蒙氣，而得真度、真高。

夜測，以中星。

測中星法

測其方中時刻及正午高度，以本時太陽赤道經度，加太陽距午正時刻所變赤道經度，即星之赤道經度，如無適中之星而偏東、偏西，則加、減其經度，得正午時刻，或加、減其時刻，得正午經度，以正午高弧與赤道高度相加、減，緯南加，緯北減，得星之赤道緯度，用弧三角法，推得黄道經、緯度。

凡月、星之相距,必測其度而驗焉。

測相距法

先測一星之地平偏東、西經度及其高弧,以北極距天頂弧、星距天頂弧,即高弧,減象限之餘弧及兩弧所夾之角,即偏東、西經度,角之外角用斜孤三角法,求得星距北極弧,與一象限相加、減,得星之赤道緯度,又求得星距天頂弧之對角,即星距午正赤道經度,與太陽正午赤道經度相加、減,星在午西減,午東加,得星之赤道經度,用弧三角法求得黄道、經緯度,即以此星爲距,再測他星,得相距經、緯度。測月相距,同。

皆揆以儀器。○凡儀器,曰天體儀,鑄銅爲球,徑六尺,面刻黄、赤二道,十二宫周天星漢,兩端中心爲南、北極。以鋼軸貫於外正立之子午圈,子午圈兩面刻去極度,上爲天頂,下當圈之半爲地平圈,刻四象限度及地平時刻、方位。下施四足,承以圓座。設機輪,使北極能高下,自天頂設高弧帶地平游表以察諸曜地平經、緯度。於子午圈定時盤,以北極爲心,設游表以指日度,又隨天體轉旋,以指時。曰赤道經緯儀,儀二重三圈,外正立子午圈,徑六尺一寸,兩面刻去極度,以京師北極爲準。兩極貫以鋼軸,距極各九十度,横置赤道圈,與子午圈交,徑五尺九寸,内規面上,側面刻周日時刻,外規面下,側面刻周天度分,自南極作兩象限弧承之,其内爲赤道,過極經圈,徑五尺六寸,四面刻赤道經、緯度,内爲通軸,徑一寸中半,設横表,長三寸,於赤道圈上設游表對直軸,以測赤道經度,於過極圈上設游表對横表,以測赤道緯度。下爲半圓,雲座承之。曰黄道經緯儀,儀三重四圈,外正立子午圈,與赤道經緯儀同,次内爲過極至圈,徑五尺五寸,兩面亦刻去極度象天,左旋,又從赤道南、北極各距二十三度三十一分三十秒,定黄極,距黄極九十度,横置黄道圈,與過極至圈交,徑亦如之,四面皆刻黄道經度象七政,右旋,又内爲黄道經圈,徑五尺一寸四分,四面皆刻黄道緯度,象黄道,四游兩極安直軸,設横表、游表,與赤道經緯儀同,以測黄道經、緯度。下爲半圓,雲座承之。曰地平經儀,平置地平圈,徑六尺二寸,上面、側面皆刻四象限度,東、西設通徑,下設圓盤,立柱適當圈心上出圓軸,東、西植二龍柱結爲横梁,中穿孔,爲天頂,與圈心相直,安立表,長四尺四寸,下端結十字横表,與地平圈相切,立表中空,立一直線左、右,自上端分引二線,斜繫於横表之兩端,旋轉横表,令三線與所測參直視表所指,以測各曜之地平經度。曰象限儀,亦名地平緯儀,其弧爲全圓四分之一,以直角爲心,縱横兩邊,皆爲半徑,長六尺,弧正面刻九十度,外規面刻度數字,自上而下紀地平高度,自下而上紀距天頂度,背面中心爲一軸,長九尺七寸,東西立柱,上下横梁中穿圓孔,以受立軸,令能東西運轉,於直角安横軸,長二寸一分,軸本加游表,長與半徑等,表末設立耳,以測地平緯度。曰紀限儀,亦名矩度儀,其制一弧、一幹,弧爲圓周,六分之一列六十度,幹爲半徑,長六尺,末有柄,以便運旋。幹上端爲圓心,設立柱,加游表,長與半徑等,游表末設立耳,爲測一曜之用,弧左、右設窺表,爲另測一曜之用。又於幹兩旁設立柱,相距應弧之十度,以爲借測之用。背以樞,低昂之，承以半圓，有齒加小輪，可使平、側，下立柱入圓座，以左、右之。凡兩曜相距之度，皆可測。曰地平經緯儀，平置地平圈，徑五尺，周刻四象限度，下設四柱圓座承之，上設立軸，東西立柱，高一丈一尺，上結曲梁，中安象限儀，直角在下，半徑六尺，弧面刻九十度，背結於立軸運之，直角安游表，長八尺，本設横耳，末設横柱，以仰窺。凡測諸曜，旋象限儀以游表低昂合之，令與所測參直，其横半徑所指即地平經度，游表所指即地平緯度。曰璣衡撫辰儀，儀三重五圈，外正立雙鐶，爲子午圈，徑六尺三寸，兩面刻去極度，以雲座承之，距兩極九十度結天緯，單鐶，爲天常赤道，徑六尺一寸二分，兩面刻周日時刻，兩柱扶之。内結經度，雙鐶，爲赤道經圈，兩面刻去極度，中腰結游旋赤道，兩面刻周天度，徑皆五尺五寸六分，以象七政運行，自南極作兩象限弧承之。又内爲四游圈，徑五尺，兩面刻周天度，定於游圈之兩極，爲直距，中施窺衡，長四尺七寸二分，方一寸二分，中空一寸，上下有蓋。游圈中腰設直表，以指經度及時窺衡，右旁設直表，以指緯度，用縮經度表，以定游旋赤道之經度，於四游圈用縮時度表，互求經度時刻，並以太陽時刻及經度測月、星。又用借弧指時度表、立表、平行借弧表、平行線測經度表，以爲借表窺測之用。凡儀，皆座施螺柱以取平，上施垂線以取正，惟紀限儀，不施螺柱、垂線。皆陳於臺。舊有渾儀、簡儀二座，陳於臺下之紫微殿、前月臺左、右。又象咭唎國所進象限儀一座，設殿内。曰日圭，則陳於室而竅以承日焉。圭表，設觀象臺下晷影堂，平置銅圭於石臺，長一丈六尺二寸，濶二尺七寸，南端立銅表，高一丈，上施銅葉，曲嚮。外上屬屋梁，屋開方孔，表開圓孔，午正，日影自圓孔射圭面成撱圓形，南界爲日體上邊之界，北界爲日體下邊之界，中心爲中影。京師夏至，影二尺九寸四分八釐，冬至，影一丈九尺九寸四分，以次贏縮。因圭長不及冬至影長之數，於北端設立圭，高三尺五寸，自表外臺面對上圓孔處起度，至立圭，一丈四尺五寸四分八釐，冬至影上立圭二尺七十四釐。〇凡恒星之等六：一等之星，十有六；紫微垣内，天樞宿次内，角宿一、心宿二、畢宿五，参宿四、七，南門二，大角、河鼓二，織女一、北落師門五、車二、南河三，天狼、老人、軒轅十四。二等之星，五十有八；紫微垣内，帝，勾陳一，天璇，天璣，天權，玉衡，開陽，摇光，天棓四；太微垣内，五帝座一，常陳一，西土相；天市垣内，候，貫索四；蜀宿次内，氐宿一、四，房宿四，尾宿五，室宿一、二，壁宿一、二，奎宿九，婁宿三，参宿一、二、三、五，井宿三，星宿一，庫樓三、七，南門二，天津四，王良一，土司空，天大將軍一，大陵五，天船三，天囷一，天苑一，五軍三、五，北河二、三，軍市一，丈人一，弧矢一、二、七，天記，天社一、三、四、五，軒轅十二，新增弧矢外一星。三等之星，百八十有九；紫微垣内，太子，勾陳二，右樞，少尉，上輔，左樞，上宰，少宰，上弼，太尊，文昌四、天廚一，天棓一、三；太微垣内，右執法，左執法，西次相，東上相，次相，次將，中台一、二；天市垣内，帝座，宗正一、二，河中，河間，鄭，周，秦，巴，梁，楚，韓，吴越，徐，東海，宋，天紀二、三，女牀一，七公；七宿次内，角宿二，房宿一、三，尾宿一、二、六、八，箕宿一、二、三、四，斗宿四、六，牛宿

一、二,虛宿一,危宿一、三,奎宿五,婁宿一,胃宿三,昴宿六,畢宿一、四,參宿六,井宿五、七,翼宿十、六,軫宿一、三,四平一,庫樓一,二柱十、一,右攝提一,左攝提二、三,折威七,梗河一,招摇,騎官四、十,天江三,龜一,天弁七,天桴一、四,河鼓一、三,右旗三、五、六,漸臺二、三,天津一、二、八、九,九坎一、二、三,敗瓜一,瓠瓜一、二、四,敗白一,墳墓二,白一,天鈎五,離宫四,雷電一,壘壁陣四,羽林軍八、二十六,王良四,策閣道二、三,外屏七,天倉一、二、三、四、五,天船二、五,天國八、九,卷舌二、四,芻藁六,天范三、四、五、六、七、十,天關,九州殊口二、三,九斿八,天園一、六、十、十二,伐三,玉井三,厠一、二、三、四,天罇二,南河二,子二,弧矢六、九,外廚二,天狗五,軒轅九、十、十一、十三。新增上衛外,少衛外、晉外、吴越外、東海外、天紀外、貫索外、七公外、南門外、輦道外、敗白外、天苑外、九斿外、参外、天狼外、孫外、外廚外,各一星;老人外、弧矢外、天社外,各二星。四等之星,四百三十有六;紫微垣内,庶子,勾陳二、四,御女一、二、四,女史、尚書二,杠五,少輔,少弼,天槍一、二、三,元戈,太陽守,天牢一,勢一、二、三、四,文昌二,内階一、四、八,穀一、六,天廚二、六,天棓二、五;太微垣内,太子,西上將、次將,東上將、郎將、郎位十一,上台一、二,下台一、二,少微二、靈臺一,明堂一、二、三,謁者;天市垣内,斗四,斛一、二,列肆二,市樓一、四、六,宗人一、二、三、四,宗二,帛度一、二,屠肆一、晉,魏,趙,九河,中山,齊,燕,南海,天紀九,女牀二、三,貫索二、三、五、六、七,七公二;六宿次内,亢宿一、二、三、四,氐宿二、三,房宿二,心宿一、三,尾宿三、四、七、九,斗宿二、三、五,女宿一、二,虛宿二、危宿二,奎宿一、二、四、六、七、八,婁宿二,胃宿一、二,畢宿三、八,觜宿一,井宿二、四、八,鬼宿三、四、六,柳宿一、三、五、八,星宿四,張宿二、三、五,翼宿一、二、三、五、六、七、十、十三,軫宿二、平道一,周鼎二、三,天門一、平二,庫樓四、五、六、八,柱五、六、七、八、九,衡一、二、二,右攝提二、三,左攝提一,陽門一、二,梗河三、天乳,天輻一、二,騎官一、二、三、六,鍵閉罰一,西咸二、三、四,東咸一,日,天江四,傅説,魚龜二、三、四、五,杵二、三,天弁一、四、五、六,建三,天淵一、二、三,鼈一,右旗一,左旗三、五,漸臺一,離珠二,瓠瓜三,天津三、五、六,奚仲一、三,扶筐四,司危一,司非一、二,泣二,離瑜一、二,墳墓一、三,天錢一、三、四,人一、二、四,杵二,白二、三,車府四、六,造父一、二,天鈎四、八,離宫一、二,螣蛇一、四、九、十九、二十、二十一、二十二,壘壁陣二、三、五、七、十一,羽林軍六、八,魁二,天厩一,霹靂二,鈇鑕四、五,王良二、三,附路,閣道四,外屏一、二、三,天大將軍二、九、十,右更二,大陵三、六、七,天船一、七,積水,天廩三、四,天囷二、三、四、五、六、七,卷舌一,天陰四,芻藁一,天苑二、八、九、十一、十二、十三、十九,十六天高一,諸王二,五車一,四柱一、二、三,九州殊口四,參旗一、二、五、六、七、八、九,九斿二,天園二、三、四、五、七、八、九、十三,司怪二,座旗六,伐二,玉井一、四,軍井三,屏一、二,水府一、二、五,諸侯一、三,積薪四,瀆一、三、四,闕邱一,丈人二,子一,弧矢三、五,積口,爟一,外廚一,天狗三、四、六,天社六,酒旗二,天相二,軒轅一、二、三、四、七、八、十五、十六,右轄,青邱一、五。新增尚書外、勢外、五諸侯外、明堂外、周外、蜀外、魏外、齊外、貫索外、房外、午外、婁外、胃外、觜外、井外、天門外、左攝提外、漸臺外、天大將軍外、大陵外、天囷外、諸王外、座旗外、南河外、四瀆外、闕邱外、孫外、老人外、天社外、内平外，各一星；八穀外、中山外、七公外、亢外、天江外、天錢外、天園外、天狼外、外廚外、天記外、軒轅外，各二星；氐外、畢外、左旗外、天津外、九州殊口外、厠外，各三星；天棓外、參外、柳外、天苑外、弧矢外，各四星。五等之星，六百七十有六；紫微垣内，后官，北極，天柱一、二、五，柱史，尚書一、三、五，天牀一、五，大理一、二，陰德一、二、六，甲二、六、五，帝内座二，華蓋三、五，杠一、七，石上衛、少衛，上丞，左上衛、少衛，天乙，内廚二，輔三公一、二，文昌一、三、五、六，内階二、三、五、六，三師一、三，八穀二、三、四、五、七、八，傳舍一、六、七、八、九，天廚三、四、五；太微垣内，五諸侯一、二、三、五，九卿一，内屏一、二、三、四，郎位一、三、四、五、六、七、八、九、十、十二，常陳四、五、六，虎賁，少微一、三，靈臺二；天市垣内，斗三，斛三、四，列肆一，車肆一，市樓二、三，宗一，屠肆二，天紀一、六、七，八貫索一、八；宿次内，斗宿一，女宿四，奎宿十、十一、十三、十四、十五、十六，昴宿一、二、四、五、七，畢宿二、六，觜宿二、三，鬼宿一、二，柳宿二、四，星宿二、三，張宿一、六，翼宿四、八、九、二十，天田二，周鼎一，天門二，庫樓十，柱一、二、三、四、十，衡四，折威一、二，頓頑一、二，亢池一，帝席一、三，梗河二，陣車一、三，騎官五、七、八、九，車騎一、二、三，騎陣將軍，鈎鈐一、二，西咸一，東咸二、三、四，從官一、二，積卒一、二，天江二，糠杵一，天籥一、三、六，天弁三、三，建一、二、五、六，天雞一，狗二，狗國一、二、三、四，鼈五、六、七，右旗二、四、九，左旗一、二、九，織女二、三，漸臺四，輦道五，羅堰一、二，天田四，九坎四，離珠一、四，瓠瓜五，天津七，扶筐一、二、三、七，周一，秦一，代一，齊，燕，哭一，泣一，天壘城一、四、八十，敗白二、三、四，墳墓四，蓋屋一，虚梁三，天錢五，杵一，車府一、二、三、五，造父五，天鈎三、六、九，離宮三，螣蛇二、三、五、六、十、十三，雷電二、四、六，壘壁陣一、六、八、九、十、十二，羽林軍四、五、七、十一、二十四、二十五、二十九、三十一、三十二、三十三、三十四、三十七、三十八、三十九、四十二、四十四、四十五，天綱鈇一、二，八魁一、六，天厩二、三，土公一，霹靂一、三、五，雲雨一、四，鈇鑕二、三，王良，五軍，南門，閣道一、五、六，外屏四、五，天溷二、四，天大將軍三、四、六、七、十一，右更一、三、四，天倉六，天庾三，大陵二、四，天船四、六、八，天廩一，天囷十，月卷舌三、五，礪石一、三、四，天陰二，天苑十四，附耳天街一，諸王一、六，柱五、六、七，咸池二、三，天潢二、四、五，天節一、二、四、五、七、八，九州殊口一，九斿一、三、七，天園十一，司怪一、三、四，座旗三、五、七，八，伐一，玉井二，軍井一、二、四、六，天罇一、五，諸侯二、四、五，北河一，積水，水位三、四，四瀆二，闕邱二，軍市二、五，野雞，孫一、二，弧矢八，爟四，外廚三，天狗一、二、七，天社二，酒旗三，内平二，左轄，長沙、青邱七。新增天牀外、陰德外、杠外、開陽外、天牢外、三師外、内屏外、西上相外、郎將外、常陳外、中台外、少微外、長垣外、斛外、宗正外、晉外、巴外、徐外、房外、虚外、壁外、胃外、柳外、軫外、天田外、天門外、南門外、大角外、右攝提外、左攝提外、陣車外、罰外、杵外、天弁外、狗外、天桴外、河鼓外、敗瓜外、瓠瓜外、離瑜外、天錢外、杵外、造父外、壘壁陣外、霹靂外、左更外、積水外、卷舌外、天高外、伐外、積薪外、四瀆外、闕邱外、子外、老人外、爟外、外廚外，各一星；天柱外、少衛外、天樞外、五諸侯外、九卿外、明堂外、宦者外、屠肆外、周外、魏外、中山外、齊外、角外、畢外、井外、張外、進賢外、折威外、建外、右旗外、織女外、輦道外、奚仲外、扶筐外、天鈎外、外屏外、天溷外、天大將軍外、天倉外、天囷外、九斿外、水位外、天狼外、孫外、天社外、內平外，各二星；句陳外、上丞外、天璇外、勢外、文昌外、帛度外、亢外、氐外、危外、奎外、婁外、梗河外、車府外、螣蛇外、大陵外、天船外、天苑外、天街外、天園外、南河外、軍市外、天相外，各三星；上衞外、上台外、五車外、參旗外、座旗外、北河外，各四星；八穀外、貫索外、九州殊口外，各五星；內階外、七公外，各六星；天紀外、弧矢外，各七星；左旗外、天津外、軒轅外，各九星；參外，十星。六等之星，千五百四十有四。紫微垣內，四輔一、二、三、四，勾陳五、六，天皇大帝天柱三、四，御女三，尚書四，天牀二、三、四、六，六甲一、三、四、五，五帝內座一、三、四、五，華蓋一、二、四、六，七杠二、三、四、六、八、九，少丞，太乙，內廚一，相天理一、二、三、四，三公三，天牢二、三、四、五、六，三師二，傳舍二、三、四、五；太微垣內，五帝座二、三、四、五，從官、幸臣五，諸侯四，九卿二、三，三公一、二、三，郎位二、十三、十四、十五，常陳二、三、七，少微四，長垣一、二、三、四，靈臺三；天市垣內，宦者二、三、四，斗一、二，五車肆二，市樓五，天紀四、五，貫索九，七公一、三、四、五；宿次內，午宿三，女宿三，奎宿三十二，昴宿三，畢宿七，井宿六，柳宿七，星宿五、六、七，張宿四，翼宿十一、十二、十四、十五、十七、十八、十九、二十一、二十二，平道二，天田一，進賢，庫樓九，折威三、四、五、六，亢池二、三、四，帝席二，陣車二，罰一、三，天江一，天籥二、四、五、七、八，天弁八、九，建四，天雞二，狗一，農丈人，鼈二、三、四、八、九、十、十一，天桴二、三，右旗六、七，左旗四、六、七、八，輦道一、二、三、四，羅堰三，天田一、二、三，離珠三，敗瓜二、三、四、五，奚仲二、四，扶筐五、六，周二，秦二，代二，趙一、二，越，楚，鄭，魏，韓，晉，司命一、二，司禄一、二，司危二，哭二，離瑜三，天壘城二、三、五、六、七、九、十一、十二、十三，蓋屋二，虛梁一、二、四，天錢一，人三，杵三，日四，車府七，造父三、四，天鈎一、二、七，離宮五、六，螣蛇七、八、十一、十二，十四、十五、十六、十七、十八，雷電三、五，土公吏一、二，羽林軍一、二、三、九、十、十二、十三、十四、十五、十六，十七、十八、十九、二十、二十一、二十二、二十三、二十七、三十、三十五、三十六、四十、四十一、四十三，鈇鉞三、八，魁三、四、五，土公二，霹靂四，雲雨二、三，閣道六，天溷一、三，天大將軍五、八，右更五，左更一、二、三、四、五，天庾一、二，大陵一、八，天船九，天廩二，天囷十一，天阿，卷舌六，天讒礪石二，天陰一、三、五，芻藁二、三、四、五，天街二，天高二、三、四，諸王三、四、五，柱四、八、九，咸池一，天潢一、三，天節三、六，九州殊口五、六，參旗三、四，九斿四、五、六、九，座旗一、二、四、九，屎水府三、四，天鐏三，水位一、二，南河一，軍市三、四，弧矢四，爟二、三，外廚四、五、六，酒旗一，天相一、三，軒轅五、六、十七，內平一、三、四，青邱二、三、四、六。新增四輔外、御女外、女史外、尚書外、天牀外、大理外、六甲外、上衛外、少輔外、少丞外、天樞外、開陽外、天理外、太陽守外、天牢外、西上相外、左執法外、東次相外、郎將外、市樓外、屠肆外、河間外、晉外、秦外、蜀外、九河外、尾外、左攝提外、頓頑外、帝席外、天桴外、陣車外、東咸外、日外、從官外、天桴外、羅堰外、離珠外、杵外、天厩外、鈇鑕外、月外、附耳外、天街外、天園外、伐外、軍井外、鉞外，各一星；柱史外、五帝内座外、上輔外、少尉外、内厨外、元戈外、天廚外、東上將外、中台外、下台外、謁者外、車肆外、宗正外、宋外、張外、右攝提外、梗河外、罰外、西咸外、織女外、敗瓜外、扶筐外、代外、司禄外、司非外、泣外、離瑜外、天錢外、鈇鉞外、天廩外、天潢外、九州殊口外、九斿外、玉井外、積薪外、軍市外，各二星；庶子外、天權外、輔外、相外、五帝座外、西次相外、東次將外、郎位外、上台外、明堂外、宦者外、巴外、趙外、中山外、徐外、東海外、胃外、平外、天乳外、天雞外、天庾外、天高外、諸王外、青邱外，各三星；天柱外、天槍外、内階外、傳舍外、五諸侯外、列肆外、宗人外、房外、斗外、軫外、折威外、天籥外、天弁外、瓠瓜外、哭外、墳墓外、人外、造父外、天溷外、天陰外、芻藁外、厠外、四瀆外，各四星；天璇外、文昌外、内屏外、常陳外、候外、斛外、魏外、齊外、女外、昴外、柳外、天田外、狗外、漸臺外、奚仲外、臼外、王良外、閣道外、右更外、卷舌外、五諸侯外、闕邱外、酒旗外，各五星；少衛外、天棓外、吴越外、天紀外、貫索外、建外、輦道外、壘壁陣外、左更外、天船外、天關外、司怪外、座旗外、南河外，各六星；勾陳外、九卿外、少微外、七公外、亢外、牛外、虚外、室外、翼外、進賢外、霹靂外、參旗外，各七星；長垣外、靈臺外、心外、危外、畢外、河鼓外、離宫外、雷電外、天苑外、水府外、内平外，各八星；天門外、天江外、雲雨外、天罇外、水位外、天相外，各九星；弧矢外、爟外，各十星；斗外、周外、婁外、右旗外、騰蛇外、土公外，各十一星；勢外、天大將軍外，各十二星；角外、外屏外、外廚外，各十三星；井外、天鈎外、五車外，各十四星；星外、左旗外，各十五星；車府外、天倉外、大陵外，各十六星；奎外、鬼外，各十八星；天囷外，十九星；參外，二十一星；壁外，二十二星；氐外，二十三星；天津外，一十六星；八穀外，二十七星；軒轅外，四十六星。其微者、入地不見者，不與焉。六等星外，如尾宿旁，神宫，牛宿四、五、六，積尸及新增庫樓内、午宿南、奎宿北、左旗北、天大將軍内、芻藁北、積尸北、積尸南、積尸東，均係氣之所積，又如天漢，係無數小星所積，皆不可以等計。天漢起伏，則自東方經箕尾之間分二道，其南道，經傅説、魚、天弁、石旗、河鼓、左旗，貫天津，其北道，繞尾下，經天江、市樓、宗正、宗人，穿齊與吴越之間，傍輦道，至天津左，與南道合。西北行絡車府、騰蛇、造父、王良、附路，逾閣道、北端大陵、天船，南行貫五車，經天關、司怪，東南行逾水府、四瀆、闕邱，挾弧矢至星宿，南而没，近南極星，常隱不見。浮海之人，見黄道，丑宫有蛇尾四星，丑子宫有波斯十一星，子宫有鳥喙七星，外增一星，鶴十二星，外增二星，附白二星，子亥宫有蛇腹四星，火鳥十星，外增一星，亥宫有蛇首二星，水委三星，亥戌宫有夾白二星，戌酉寅宫有金魚五星，外增一星，巳辰宫有海石五星，外增三星，辰宫有馬尾三星，卯辰宫有飛魚六星，南船五星，外增一星，海山六星，卯宫有十字四星，馬腹三星,蜜蜂四星,卯寅宫有小斗九星,外增一星,寅宫有三角形三星,外增四星,巽雀九星,寅丑宫有孔雀十一星。見天漢,過天狗之墟,抵天社、海石之南,逾南船,帶海山,貫十字架、蜜蜂,傍馬腹,經南門、絡三角、龜、杵,而屬於尾宿。凡日、月、五星,各測其體。日面有小黑形,常運行二十八日而一周,月中淡黑雜影在東、在西時,各不同,係球面倒吸大地、山河之影。土星,體如卵形,星面近於赤道窄,遠於赤道寬,旁繞小星五點,最近第一星行二日弱,第二星三日弱,第三星四日半强,第四星畧大,行十六日,第五星行八十日,而皆一周。木星,面有平行暗影,外繞小星四點,第一星行一日七十三刻,第二星三日五十三刻,第三星畧大,行七日十六刻,第四星十六日七十二刻,而皆一周。火星,面内有無定黑影。金、水,繞日而行,合朔、弦望如月,皆以遠鏡測之。○凡晴、雨、風、雷、雲、霓、暈珥、流星、異星,皆察而記之。晴明風雨,按日記注,彙録於册,爲晴明風雨録,繕寫清、漢文各一本,於次年二月初一日恭進。每日雲氣、暈珥單雙及流星出没,彗、孛諸異星,應奏者報監,按占具題,不應奏者注册。

漏刻科,五官挈壺正,滿洲一人、蒙古一人、漢二人,五官司晨,漢軍一人,博士,漢軍一人、漢七人,天文生,滿洲二人、漢六人,漢天文生内,食九品俸二人,食糧四人。陰陽生,漢十人,掌候時、諏日、擇地之事。○凡候時,皆準以晝、夜,周日,十二時,時八刻,刻十五分,分六十秒。春、秋分時,晝、夜均四十八刻,其餘因地面之南、北,白晝、夜長短隨時不同。京師冬至晝、夏至夜,皆三十六刻十分,是爲最短,冬至夜、夏至晝,皆五十九刻五分,是爲最長,以次消長。合晝夜,皆九十六刻,析之,爲一千四百四十分,又析之,爲八萬六千四百秒。而定其譙漏。歲以博士二人,司壺漏、更香,督率陰陽生十人,晝夜輪直譙樓,報時、報更。日以博士一人輪直神武門,指示更點。凡朝祭慶典,皆候時,巡幸,派官隨從候時。漏壺設觀象臺下,其制,播水壺三,俱方,上曰日天,壺口方一尺九寸,底方一尺三寸,高一尺七寸,注水常滿;次曰夜天,壺口方一尺八寸,底方一尺二寸,高一尺六寸;又次曰平水,壺口方一尺七寸,底方一尺一寸,高一尺五寸,層遞而下,承以朱座,覆以亭。分水壺一,制同平水壺,在平水壺下少後。受水壺一,曰萬水壺,制圓,徑一尺四寸,高三尺一寸,在座前地平上,壺皆有蓋。播水三壺前面近下,皆爲龍口玉滴,以次漏於受水壺、平水壺後,近上穿孔,洩於分水壺。受水壺蓋安銅人,抱時刻漏箭,長三尺一寸,鐫晝夜時刻,上起午正,下盡午初,壺中安箭舟,如銅鼓形,水長舟浮,則箭上出,水盈箭盡,則洩之於池。

高宗純皇帝御製銘,鐫於平水壺面,曰:

粤昔重黎,分司地天。迎日揆景,舉分測辰。明時敬授,欽若昊乾。予承百王,省歲祈年。齊政協紀,命彼疇人。徵宫戒井,斟衡酌權。范金規木,製兹漏蓮。玉注金筒,水火燥寒。協其高卑,别以方圓。九十六刻,成一日焉。視彼陽晷，明晦無愆。較自鳴鐘，淫巧徒傳。攝提有紀，孟陬用平。于以考時，寢興慎旃。于以熙績，勤民禮賢。業業兢兢，俯察仰觀。器與道偕，是驗是虔。作銘垂誡，貽百曾元。

内廷候時，則備直。以食糧天文生、陰陽生七人，每日一人，輪直内廷時辰房，置香候時。○凡舉事諏日，祭祀太廟、孟春時饗及祭太歲，於正月初八、初九、初十三日内擇吉歲。祭先蠶壇，春、秋祭歷代帝王廟、關帝廟，秋祭文昌廟，春、秋祭都城隍廟、龍神廟、昭忠祠、雙忠祠、睿忠親王祠、定南武壯王詞、奬忠祠、褒忠祠、宏毅公祠、二恪僖公祠、勤襄公祠、文襄公祠、賢良祠、旌勇祠，秋季祭炮神及凡告祭日期，皆擇吉。朝會，惟萬壽、冬至、元旦、孟冬頒朔有定期外，因事御殿、巡幸、臨雍、經筵、進書及諸慶典，皆擇吉。凡營造興工、迎吻諸日時，皆擇吉。若出師，按奇門，開注方嚮、日時。必考其宜忌。擇地亦如之。擇地之術，以地勢之起伏，視其氣之行，以地勢之迴繞，視其氣之止。建都邑，覘山河之包絡，營宫室，驗旺相之居臨，至其精微之旨，尤致詳於龍穴沙水。龍者，地之生氣，龍止，則爲穴，穴之所坐爲主山，龍之所起爲祖山，辨龍於祖山，辨穴於主山，穴左右前方，高者爲沙，下者爲水，龍真穴，正沙環水嚮，是爲吉壤，形家之要，大概如此。若五行、九曜，察山之性情，八卦、九宫，推地之運氣，又餘事矣。

筆帖式，滿洲十有一人、蒙古四人、漢軍二人，掌翻譯。

太醫院，院使，一人，本院自院使以下各官，皆漢缺。左院判，一人，右院判，一人，院使由左院判陞補，左院判由右院判轉補，右院判由御醫陞補。掌考九科之術，率其屬以供醫事。○凡給事於内廷者，皆直以其班。院使、院判及所屬官，各以所屬之科，分班侍直。給事宫中者，曰宫直，給事外廷者，曰六直，宫直於内藥房及各宫外班房侍直，六直於外直房侍直。皇帝駐蹕圓明園，侍直亦如之，圓明園宫直直於圓明園藥房，六直直於圓明園外直房。行在扈從亦如之。巡幸，本院官隨駕，有奉旨特派者，有按班輪委者。其支給之例：堂官每人給帳房一架、行李車一輛、馬四匹，每日給盤費銀三錢；屬官醫士，每人給馬三匹，每日各給盤費銀二錢，每三人給帳房一架、行李車一輛，撥馬甲二人看守車馬，若四人，不添給帳房、車輔，若五人，添給帳房一架、車一輔、馬甲二人。凡進御，則敬供其職，本院官診視，會内監，就内局合藥，將藥帖連名封記，具本開載本方、藥性、治症之法於日月之下，醫官、内監書名以進。凡進藥，奏本既具，隨即登簿，年月下書名，内監收掌，以憑稽考。煎調御藥，本院官與内監監視，二服合爲一服，俟熟，分爲二器，其一器，御醫先嘗，次院判，次内監，其一器進御。若將方奏明，交内藥房按方煎調者，内藥房辦理。其和合誤、不依本方，或封題錯誤者，均以大不敬論。豫辨其藥物。内藥房所需藥材，均按定例給價，令藥商採辦，由本院官驗視，擇其佳者，以生藥交進，令内藥房醫生切造、炮製。○祭先醫,則分獻。每年二月十一月上甲日,於本院之景惠殿祭先醫,以禮部堂官一人主祭,本院堂官二人分獻兩廡。其不與分獻之堂官及屬官,皆一體陪祀。○凡九科,國初設十一科,於九科外,有咽喉、痘疹二科,後以咽喉、口齒合爲一科,以痘疹歸小方脈,定爲九科。一曰大方脈科,二曰小方脈科,三曰傷寒科,四曰婦人科,五曰瘡瘍科,六曰鍼灸科,七曰眼科,八曰口齒科,九曰正骨科,習各專其藝。醫官、醫士、醫生習業,皆令專精一科。○凡奉使視疾,既事,則具狀以聞。諸王、公主府,暨文武大臣遇疾,或欽派侍衛等帶同本日直班醫前往,或本院奉旨差官前往。其所患及如何治療之處,均即具奏。適外藩,則携其藥具。外藩公主、額駙,暨王公、台吉遇疾,奉旨前往者,由部給驛馬、箱籢、繩氈、油單等項。其藥材,於内藥房支領,回日覈銷。若軍營,軍營需醫,奉旨差官,先由禮部選委二人具題,乘驛前往,並遣兵部官一人送至軍前,亦或有奉特旨前往者。其隨征醫官,私以庸醫充代者,罪之。若試院,文、武會試由禮部、兵部,順天鄉試由順天府,各咨取醫生二人入場供事,由院遴選通曉醫理之大方脈科、瘡瘍科各一人,申送委用。如有用過藥材,開單,量給藥價。若禁獄,刑部監獄,由院選派醫生二人供役,每月給發藥價、銀、米,效力滿六年,劄回到院,陞授吏目。各委官以供令。

御醫,十有五人,吏目,三十人,醫士,四十人,醫生,三十人,初進醫生,以通曉醫理、身無過犯者,取本院醫官、醫士保結,方准入院。遇醫生缺,掣補;其醫士缺,以額缺醫生掣補;吏目缺,以醫士陞補;御醫缺,以吏目陞補,皆由本院堂官以内直勤勞者,擬定正、陪具奏,請旨補授,如内直補完,方以外直應陞之員奏補。御醫以下官,老疾不能行走者,呈堂驗實,奏准告退。病痊,仍補原缺,不得託故在外行醫,違者參處。掌分任醫事。

欽定大清會典卷六十五

侍衛處，領侍衛内大臣，六人，上三旗，旗各二人。掌上三旗侍衛、親軍之政令，侍衛、親軍，皆分三旗，其由下五旗選用之侍衛及宗室侍衛、漢侍衛，皆掣分上三旗行走。親軍，由下五旗挑取者，亦分入三旗。以供宿衛、扈從之事。○選上三旗滿洲、蒙古子弟之能者爲侍衛，三等侍衛缺出，以藍翎侍衛、雲騎尉以上世職，親軍校、前鋒校補放；藍翎侍衛缺出，以侍衛處筆帖式、恩騎尉、拜唐阿、親軍前鋒補放，由領侍衛内大臣揀選、引見，宗室侍衛由領侍衛内大臣會宗人府揀選、引見。又，内、外大員子弟，京官文職三品以上、武職二品以上，外官文職知府以上、武職總兵以上兄弟子孫，每五年由軍機處開列名單，奉硃筆圈出者，引見挑補侍衛，無定額。而以其兵爲親軍，滿洲、蒙古，每佐領下親軍二人，親軍缺出，由領侍衛内大臣於本佐領下護軍、馬甲及養育兵閒散内挑補。以時訓練其藝，侍衛、親軍，每月校步射。鑲黄、正白二旗以初三、初八、十三、十八、二十三、二十八，凡六日，正黄旗以初二、初七、十二、十七、二十二、二十七，凡六日，由侍衛班領督率訓練。簡其優者，侍衛則升等，凡初選侍衛，或授三等侍衛，或授藍翎侍衛，以次推升，至勳戚後裔及公、侯、伯初選時有特旨，即授爲一、二等侍衛者，即坐補本旗員缺。親軍，以入於侍衛班焉。親軍内，遴選騎射嫺熟及世胄子弟入侍衛班行走，每旗各六十人。常日，率其屬而會於太和門，以坐班，每日黎明，除直宿有差外，均會於太和門坐班，分爲兩翼。鑲黄旗爲左翼，正黄旗爲右翼，正白旗半爲左翼、半爲右翼，太和門左、右次設榻，各二重，東、西嚮，散秩大臣以上得與坐。是日，太和門直班侍衛亦按次坐，負壁，東、西嚮，北上，門東三、四間爲鑲黄旗侍衛班，門西三四間爲正黄旗侍衛班，一等侍衛列第一班，齊前楹，二等、三等藍翎侍衛以次列，爲二、三、四班，東、西上，東次間、西次間爲正白旗侍衛班，各二行，北上，均北面序坐。至王公入朝，領侍衛内大臣以下咸降榻，坐於一等侍衛之前。乃頒茶。茶，左、右各二桶，由尚茶頒給。兩翼侍衛什長各二人，起立，視侍衛等授王公以下至一、二等侍衛茶，畢，以次退。新侍衛隨班學習，惟宗室侍衛、漢侍衛不散茶齋。戒日、忌日不頒茶。萬壽聖節日再會，萬壽聖節前、後七日，朝、晡坐班二次。元日、元宵亦如之。元日前後七日、元宵前後三日，皆朝、晡坐班二次。御門聽政，則列侍，御門聽政，領侍衛内大臣、直班内大臣侍衛於左、右階下立，侍衛班領，每翼一人，於階上左、右楹前立，御前侍衛隨駕出，同乾清門侍衛，均於御榻兩旁立。大學士等升階，侍衛班領各侍衛由左、右階降，同階下侍衛，均退立螭頭左、右。俟大學士承旨，退，仍升階，各就原處立。直班侍衛引奏事官以次進。御門之日，直班侍衛引侍班、記注及奏事各官，由後左門入，駕出，侍班、記注官各就列，以直日侍衛三人隨第一部奏事官至階下，侍衛止，部臣升階奏事，畢，降階，仍隨退，各部依次以三人隨，進、退如之。其常日，入奏官亦由直班侍衛引入。凡祭祀，備其執事。祭祀，皇帝輦前，執鑪侍衛二人、執鐙侍衛二人，輦後，執鐙侍衛一人，壇、廟，接福酒、福胙侍衛二人，太廟，奠帛、獻爵，宗室侍衛六十人。皇帝宿齋宫，則環衛，宿衛齋宫，以侍衛班領二人、侍衛二十人直内正門，外正門亦如之。以侍衛班領一人、署侍衛班領一人、侍衛十人直内左角門，内右角門亦如之。週圍設堆撥四，各以侍衛什長一人、侍衛十人守衛。晝，則以御前侍衛直殿左門，以乾清門侍衛直殿右門，宵，則俱在殿左門直宿，領侍衛内大臣、散秩大臣在外正門内直宿。詣壇、廟，則設後管，皇帝親祀壇、廟，以散秩大臣一人、侍衛班領一人、署班領一人、什長二人，同宗人府王公二人、前鋒護軍統領一人、科道暨六部司官各一人爲後管，列於豹尾班之後。燕饗，則視席，大燕日布席，領侍衛内大臣蟒袍補服視席。上賜飲，遂視其屬而巡酒。大燕日，俟進酒大臣退，内務府執事官舉反坫至檐下，御前侍衛各奉卮酒進至御前，以待親賜王公大臣酒，領侍衛内大臣二人起立，指示一、二等侍衛巡酒，王公大臣皆令遍。大閲，列隊以衛御營，鳴海螺，則承傳以達於陳。大閲，駕入御營前，引後扈大臣、侍衛、親軍皆擐甲導從，皇帝周視隊伍畢，御帳殿前，引後扈大臣、侍衛皆隨入。御營外，侍衛、親軍各按隊環衛，俟御營前蒙古大角鳴，侍衛班領二人，率鳴海螺親軍十二人，以次承傳，達於軍陳，乃開操。巡幸，率其屬而扈駕。巡幸，御前大臣、領侍衛内大臣皆從，内大臣、散秩大臣，臨期奏請簡派。大圍，每旗派侍衛三班，每班十七人，三旗共一百五十三人，親軍，一百八十三人。小圍，每旗派侍衛二班，每班十五人，三旗共九十人，親軍，一百五十人。駕出、入，以侍衛二十人前導，以二十人左、右翊衛，均屬櫜鞬，以豹尾班侍衛二十人後衛，以領侍衛内大臣一人、班領一人統之。凡扈從、侍衛，皆服黄馬褂。駐行宫，則守衛，守衛行宫，領侍衛内大臣一人、散秩大臣一人，御前大臣、御前侍衛、乾清門侍衛分六班入直。守衛宫門，以侍衛十人入直。張幔城亦如之。駐蹕御營，以侍衛二十人守衛幔城旌門，以二十人守衛前東、西隅，以二十人守衛後東、西隅，共直宿侍衛六十人。凡駕出、入，則建黄龍大纛而殿焉。祭祀駕出、入，黄龍大纛建於後管之後，臨幸駕出、入，黄龍大纛建於豹尾班之後，皆持以親軍，領以領侍衛内大臣或内大臣、散秩大臣一人，什長一人。

協理事務侍衛班領，十有二人，旗各四人。主事，一人，署主事，三人，內奏署二人，委署一人。筆帖式，十有二人，旗各四人。署筆帖式，十有五人，旗各五人。掌章奏文移。內大臣，六人，於散秩大臣、都統、前鋒統領、護軍統領內特簡。散秩大臣，無定員，由特恩補授。如員少，於宗室、鎮國公、輔國公、鎮國將軍、輔國將軍、宗室、一等侍衛及公、侯、伯、子、男內揀選引見，或授散秩大臣，或署散秩大臣，均候欽定。掌率侍衛、親軍，以宿衛。

扈從侍衛班領，十有二人，旗各四人。署班領，二十有四人，旗各八人。侍衛什長，六十人，旗各二十人。宗室侍衛什長，九人，旗各三人。掌分轄侍衛。

侍衛，滿洲、蒙古無定額。一等六十人，旗各二十人。二等百五十人，旗各五十人。三等二百七十人，旗各九十人藍翎侍衛，九十人，旗各三十人，三旗侍衛共五百七十人，內隸上駟院二十一人，尚虞備用處三十六人，養鷹狗處、善撲營、什榜處，無定額。宗室侍衛，一等九人，旗各三人。二等十有八人，旗各六人。三等六十有三人，旗各二十一人。四等，無定額。漢侍衛，一等、二等、三等藍翎侍衛，俱無定額。掌環衛周廬。凡扈從，則戒其執事。○凡派往卡倫者，視其遠近而任事焉。伊犁十五人，烏里雅蘇台九人，葉爾羌十二人，塔爾巴哈台十二人，喀什噶爾八人，烏什六人，科布多二人。三年而代。

親軍校，七十有七人，署親軍校，七十有七人，掌分轄營衆。

御前大臣、於王大臣內特簡，無定員。御前侍衛、於侍衛內特簡，無定員。御前行走、於蒙古王、貝勒、貝子、公、台吉內特簡，無定員。乾清門侍衛、於侍衛內特簡，無定員。乾清門行走，於蒙古王、貝勒、貝子、公、台吉內特簡，無定員。掌翊衛近御。○常日，直班於內廷。臨幸，亦皆扈從直班。凡官之行走者，皆稽，其出入引見者亦如之。武職官，則引而上焉。武職官引見，由兵部司員帶進乾清門，御前大臣派侍衛分班帶至御前，引見畢，仍由兵部司員帶出。宣旨，皆令退於宮門之外。各衙門引見，御前大臣派乾清門侍衛於引見後，令帶領引見各官，俱退出乾清門外傳旨。如係內廷行走大臣帶領，亦於門外，傳旨後，再入。若在乾清門內丹墀下傳旨，御前大臣指名參奏。閱射，有旨賞翎者，給焉。皇帝閱射，布靶，旗員中五枝、漢員中三枝以上，有旨賞戴花翎者，即時給戴，並帶該員謝恩。○侍衛之奉差者，序其次。侍衛出差，非奉旨特派者，由御前大臣按次輪派。

後扈大臣，二人，於御前大臣、領尚衛內大臣內特簡。前引大臣，十人，於內大臣、散秩大臣及前鋒統領、護軍統領、副都統內特簡。豹尾班侍衛，於直班侍衛內派充，執豹尾槍十人，佩刀十人，佩弓矢十人。掌供先後導從之事。○凡朝會、祭祀，駕出、入，皆引扈。常朝，皇帝御太和殿，後扈大臣如係御前大臣充者，自宫内隨出，係領侍衛内大臣充者，自乾清門隨行，先以侍衛二人前導，至殿後止，前引大臣豫於太和殿北階下立，俟駕至，按翼前導進殿，於御座前東、西面序立，後扈大臣隨升於御座後，東、西僉立，豹尾班侍衛三十人，於御座下兩旁序立。如三大節朝賀，則先於中和殿行禮，前引大臣於中和殿南兩旁序立，内大臣、散秩大臣、侍衛與部院有執事官，各如之，均東、西面，北上。駕至，東、西班各官就拜位，北面立，後扈大臣於殿階視排班齊，趨入班，行三跪九叩禮，殿前、後直班侍衛，各就立處行禮，畢，後扈大臣進至階下，前引大臣進至御道左、右，駕興，導從如前。駕還宫，直日侍衛班領率豹尾班侍衛，於乾清門階下御道左、右，行三跪九叩禮。祭祀，御太和殿、中和殿閲祝版，後扈大臣僉立於左、右，豹尾班侍衛隨入，按翼序立。壇、廟、堂子親詣者，前引、後扈、豹尾班皆自午門外乘馬，至壇、廟、堂子各門外下馬。如圜丘、方澤，豹尾班於壝門外，兩翼序立，前引大臣，圜丘於三成階下，方澤於二成階下，均按翼各東、西面侍立，後扈大臣隨升階，於駕後僉立。祈穀，豹尾班至祈年殿三成階下左、右僉立，前引大臣由左階升駕，入殿門，按翼於中門外北上，東、西面侍立，後扈大臣隨入，於駕後僉立。太廟時饗、祫祭，豹尾班至前殿階下僉立，前引大臣於殿門外東、西侍立，後扈大臣隨入，於駕後僉立。親告於中殿，豹尾班入戟門左、右，各由前殿東、西行至中殿東、西階下序立，前引大臣由殿東導駕升中殿東階，駕入，於殿門外分東、西侍立，餘與時饗、祫祭同。奉先殿，前引大臣於景運門立，俟駕至，引由誠肅門、奉先門左門入，餘與太廟同。奉先殿後殿上香、行禮，前引大臣由東夾道引進至後殿，候駕入，按翼於中門外穿堂内北上，東、西面侍立，豹尾班止立於夾道門外。社稷壇，前引大臣於駕後北上，東、西面侍立，後扈大臣在後僉立，駕升壇上香，後扈大臣隨升。日、月壇，先農壇，引扈準方澤。堂子，前引大臣由堂子街門引進内門、中門，由甬道引至丹陛止，候駕過，皆於甬道北南嚮立，隨行禮畢，左翼五人趨過甬道，仍由内、中門引出。如遇拜纛，引出内門，嚮南，引至纛前，退，立駕後，東、西面侍立。親告傳心殿，前引大臣止於殿門，外豹尾班止於景行門外階下，後扈大臣隨入。歷代帝王廟、先師廟，引扈準傳心殿。皇帝謁陵殿亦如之，陵寢，隆恩殿行大饗禮，前引大臣由幄次導駕，自隆恩門左門入，駕入殿，前引大臣止於殿門外，豹尾班止於階下，後扈大臣隨入。駕詣明樓前，前引大臣導駕，由東階降，自殿東至陵寢門止，立，豹尾班由殿東、西行，立於陵寢門外左、右階下，後扈大臣隨入。躬詣寶城，惟後扈大臣從。耕耤亦如之。耕耤，前引大臣於具服殿階上立，俟皇帝更衣，導至耕所，每推、每返，皆引扈。禮成，導駕升觀耕臺午階，於御座前左、右侍立。畢耕，左、右翼俱由東階降。御經筵，則列侍，御經筵，後扈大臣於御座後僉立，御前侍衛、乾清門侍衛於御座後兩旁立，豹尾班於文華殿階下序立。大閲亦如之，大閲皇帝御帳殿，前引大臣於殿前東、西面立，後扈大臣於御座左、右僉立，豹尾班於帳殿外東、西面立。御樓受俘亦如之，御樓受俘，後扈大臣於御座旁僉立，前引大臣於檐下兩旁左、右序立，豹尾班於御座後立。外裔來朝賜見亦如之。外裔來朝及召見使臣，或於便殿，或於駐蹕行宫，前引、後扈大臣，皆侍班。御前侍衛、乾清門侍衛、直日侍衛班領，率豹尾班侍衛，均於殿内，按翼序立。燕饗，布席於近御。燕饗，後扈大臣席於御座後僉設，前引大臣席於御座前左、右，侍衛席於丹陛上左、右。

直班領侍衛内大臣，一人，如領侍衛内大臣出差，或兼他職，以内大臣、散秩大臣奏請簡派，皇帝巡幸或駐蹕圓明園，則以内大臣直紫禁城。散秩大臣，二人，直乾清門一人，直寧壽門一人。内班侍衛，四十人，宿衛乾清門、寧壽門、内右門、神武門爲内班，每處侍衛十人。外班什長，三人，宿衛太和門爲外班，每旗派什長一人，率親軍四十人入直。掌禁城之宿衛。〇凡直班，越日而代，直班大臣及侍衛、親軍，皆每日更代。夜，則守扃鑰。凡官，上朝者，各頒以門禁。每日奏事，入直官員、御前大臣、御前侍衛、乾清門侍衛、乾清門行走，奏事處、奏蒙古事處、批本處、軍機處章京，南書房翰林，尚書房師傅、諳達、哈哈珠子，太醫院堂官、御醫，俱由乾清門出入。御前大臣、軍機大臣、總管内務府大臣，造辦處員外郎、筆帖式，茶膳房額設膳章京五人、侍衛四人、拜唐阿十人，茶章京四人、侍衛二人、拜唐阿六人、廚役三人，俱由内右門出入。皇帝駐圓明園，守衛宫門，亦如之。駐蹕圓明園，派侍衛二十人，於大宫門、二宫門直班，統以領侍衛内大臣一人。

奏事處以御前大臣兼管。侍衛，一人，於御前侍衛、乾清門侍衛内特簡。章京，六人，以内務府司員兼充者四人，各部院司員兼充者二人，缺出，各衙門堂官保送，由御前大臣引見充補。掌接清字、漢字之奏摺。〇凡接摺於宫門，皆以昧爽。乾清門啓以寅正，奏事直班章京豫俟於門外，門啓，乃接摺。在京各衙門之摺，皆貯以黄匣，其有密奏事件，則加封貯匣。外省奏摺，皆固封，加貼印花，外加夾板。駐蹕圓明園，則接於出入賢良門左門，駐蹕熱河，則接於大宫門，行在，則接於行宫門，接摺後，彙交奏事太監呈覽。惟郵遞者，接無時。各省奏摺，有應速遞者，准由驛，或馬上飛遞，或四百里、五百里、六百里馳至。伊犁南、北兩路及烏里雅蘇台、科布多、庫倫、西藏奏摺，皆由驛馳遞。其各省、各城驛遞之摺，曾經頒賞報匣者，用報匣馳遞，其未有報匣者，亦固封，加貼印花，外加夾板。遞至捷報處，由兵部司員詣宫門呈遞，奏事處隨到隨接，即交奏事太監呈覽。凡奏摺，辨其應遞者而接焉。在京，宗室、王公、文職京堂以上、武職副都統以上及翰、詹授日講、起居注官者，皆得遞奏摺，科道言事亦得遞奏摺。在外，各省文職按察使以上、武職總兵以上、駐防總管城守尉以上，新疆西路、北路辦事大臣、領隊大臣以上，皆得遞奏摺，道員言事亦得遞奏摺。其言事得遞奏摺者，遇除、授謝恩，老疾、請假等事，仍不准自遞奏摺。凡在京，例不准遞奏摺人員，如特旨派往外省查辦事件及任學政、鹽政、織造關監督，併科道巡漕及抽查者，亦得遞奏摺。其派各省正、副考官者，例得遞奏摺。人員出京、回京，皆遞奏摺，例不准遞奏摺人員，惟回京時，准遞摺復命。其外省得遞奏摺人員來京時，亦准遞摺請安，例不准遞奏摺人員，惟道、府於簡放出京及來京引見時，皆得遞摺請訓。遞膳牌亦如之。宗室、王公用紅頭牌，文職副都御史以上、武職副都統以上用緑頭牌，遇直班奏事、引見之日，各於御膳前呈遞日膳牌，惟内廷行走之王公大臣不遞膳牌，内閣學士及班次在副都御史以下之京堂官亦不遞膳牌。凡外官來京者，文職按察使以上、武職副都統、總兵以上，皆遞膳牌。遇皇帝巡幸，則隨從行在之道、府，亦遞膳牌。國有大慶，若萬壽聖節，若元旦，遞如意亦如之。遇有國慶，王公大臣，或呈遞如意，或不必呈遞如意，或祇王公及内廷行走之大臣呈遞如意，皆臨時遵旨辦理，惟萬壽聖節及元旦，王公大臣例准呈遞如意。凡呈遞如意者，於次日各回賞如意一枝。遞貢亦如之。各省土貢，外藩、外國例貢，皆由奏事處呈遞。凡摺，親遞者，在京各部院之摺，必令堂官親遞。如係自奏之摺，貝勒以下，皆令親遞，惟親王、郡王，准屬官代遞，文武大臣，年逾六十者，亦准代遞。其應遞膳牌者，或親遞，或准代遞，亦與奏摺同。遣遞者，各省奏摺，或遣差弁，或遣家丁齎摺，並外備奏事處公文，由奏事處筆帖式引進，交章京接遞。既下，則給領，若有旨，則宣焉。每日所遞各摺，除驛遞之摺，皆由奏事太監徑交軍機處封發，不由奏事處發下外，其餘外省各摺，無論有旨、無旨，皆由奏事太監封固，於次日交本處，發給原遞摺之人祇領。其在京，所遞各摺，除留中及由軍機處發下，或飭交是日召見之大臣發下外，其餘各摺，或奉旨依議，或奉旨知道了，由本處發下者，即由本處傳旨給領。○辨直日之班。各旗營定爲十班，侍衛處一班，八旗驍騎營八班，兩翼前鋒營、八旗護軍營一班，皇帝在宫及駐蹕圓明園，皆以次輪班直日。各部院定爲九班，吏部、翰林院一班，户部、通政使司、詹事府一班，禮部、宗人府、欽天監一班，兵部、太常寺、太僕寺一班，刑部、大理寺一班，工部、鴻臚寺一班，都察院、理藩院一班，内務府、國子監一班，鑾儀衛、光禄寺一班，駐蹕圓明園，則以次輪班直日。凡直日衙門，各於此日奏事、引見，其非係直日，亦各准其奏事、引見，不得拘泥直日，以致事有積壓。其輪班直日之期，適遇無事，亦令該衙門遞片聲明。翰林院如遇直日之期，開列侍讀、侍講學士名單，以備召見。其舉行鄉試之年，每遇直日，由掌院學士以修撰、編修、檢討十員引見，周遍後停止。每歲十月，皇帝進宫後，則令宗人府、翰林院、通政使司、詹事府、太常寺、光禄寺、太僕寺、鴻臚寺、國子監、欽天監，以每衙門爲一班，輪班直日，以備召見。凡召見者、引見者，皆傳旨於宫門而納焉。每日召見各起皆以次傳進，其引見，或在召見之後，或在召見之前，或介乎召見各起之中，皆遵旨以次傳進。

筆帖式，二人，以内務府筆帖式兼充。掌給使令。

奏蒙古事侍衛，六人，以乾清門侍衛，或大門侍衛兼充。掌奏蒙古字之奏摺。

欽定大清會典卷六十六

鑾儀衛，掌衛事大臣，一人，於王公或滿洲、蒙古大臣内特簡。鑾儀使，滿洲二人、漢一人，掌輿衛之政令，辨其名物與其行列，以供上出、入警蹕。凡儀駕、儀仗、采仗，皆掌焉。〇凡陳鹵簿，前期，戒其屬，以執事。祭祀、朝會，准禮部、太常寺、鴻臚寺衙門行知陳設鹵簿，巡幸及駕至圓明園，或自圓明園入宫，應否陳設鹵簿，由衛請旨。巡幸，則扈駕。巡幸，以掌衛事大臣一人、滿洲鑾儀使二人扈從，設行在，鑾儀衛印本衛屬官校尉，由掌衛事大臣、鑾儀使酌派。大祭祀，皇帝乘輦，則奉輦，陞、降，皆跪奏。六祀，豫陳輦於太和門外，皇帝乘輿出太和門，掌衛事大臣一人，跪奏升輦，鑾儀使二人左、右奉輦，司陛官四人，納陛，皇帝升輦，乃撤陛。鑾儀使二人奉輦行，扶輦官六人，夾侍。及祭所降輦處，掌衛事大臣跪奏降輦，司陛官納陛，皇帝降輦。〇凡鹵簿，輦之屬，曰玉輦，玉輦，木製，髹朱，圓蓋，方軫，高一丈一尺一寸。蓋飾以青，銜玉版四，金頂方檐，徑六尺一寸，重幨繡金龍，青緞，四柱繪金雲龍，幃，四面各三，冬青氊，夏易以簾，座，高二尺四寸，綴版二層，繪雲，環以朱欄，中設金雲龍寶座，左列鼎，右植劍，四轅，内二轅，長三丈八寸五分，外二轅，長二丈九尺，舁以三十六人，陛五級。曰金輦。金輦，高一丈五寸，蓋飾泥金，銜金版四，檐徑七尺一寸，幨幃，皆色黄，内二轅，長二丈八尺一寸，外二轅，長二丈六尺一寸，舁以二十八人，餘制如玉輦。輿之屬，曰禮輿，禮輿，桐製，高六尺三寸。蓋二層，上層八角，次層四角，金頂，檐縱四尺七寸、横三尺五寸，重幨繡金龍，黄緞，四柱飾蟠龍，門端飾雲龍，幃，黄緞，紗氊，惟時左、右櫺，夏以紗，冬以玻瓈，轅二，長一丈七尺六寸五分，大横杆二，長九尺，小横杆四，長二尺二寸五分，肩杆八，長五尺八寸，舁以十六人。曰步輿，步輿，木製，塗金，不施幰、蓋，座高一尺八寸五分、縱一尺八寸、横二尺二寸，倚高一尺六寸五分，鏤花紋，中爲蟠龍踏几，高三寸一分，底縱三尺，轅長一丈五尺五寸，大横杆長七尺六寸，小横杆長二尺八寸，肩杆長五尺六寸，舁如禮輿。曰輕步輿。輕步輿，髹朱，座高一尺八寸二分、縱一尺八寸三分、横二尺二寸，倚高一尺五寸八分，象牙爲之踏几，高三寸，轅長一丈五尺四寸五分，大横杆長九尺一寸，小横杆長二尺八寸四分，肩杆長五尺八寸五分，餘制如步輿。輅之屬，曰玉輅，玉輅，木製，髹朱，圓蓋方軫，高一丈二尺一寸。蓋飾以青，銜玉版四，金頂，檐徑八尺一寸，幨三層，四柱繪金龍，四面垂朱簾各三，座，縱八尺五寸、横八尺四寸，環以朱欄，中設雲龍寶座，軫，長一丈一尺一寸五分、廣八尺四寸，兩輪徑三尺三寸，十八輻，貫以軸，轅二，長二丈二尺九寸五分，後建大常十二斿，縿繡日、月、五星，斿繡二十八宿。駕象一，靷以朱紃。曰金輅，金輅，蓋飾以黄，銜金版四，幨黄色，後建大旗十二斿，繡交龍，餘制如玉輅。曰象輅，象輅，高一丈一尺三寸，蓋飾以紅，銜象牙版四，幨紅色，座縱一丈五分、横九尺一寸，轅三，長二丈二尺三寸，後建大赤十二斿，繡金鳳、服馬二、驂馬六，餘制如玉輅。曰木輅。木輅，高一丈一尺六寸五分，蓋飾以黑，銜花梨版四，幨黑色，座縱九尺、横八尺八寸，轅長二丈一尺，後建大麾十二斿，繡神武、服馬二、驂馬四，餘制如象輅。曰革輅。革輅，蓋飾以泥銀，銜黄圜革四，幨白色，座縱一丈六寸、横八尺三寸五分，轅二，長一丈九尺五分，後建大白十二斿，繡金虎、服馬一、驂馬三，餘制如象輅。饚頭之屬，曰仗，仗有引仗、御仗、吾仗。引仗，即饚頭削竹，長四尺三寸八分，闊一寸七分厚二分，髹朱，首加圓木，長九寸二分，闊如身，厚五分，髹黄，繪金雲龍，通高五尺三寸。御仗，攢竹，長六尺九寸，圍四寸三分，髹朱，兩端銅鉆。吾仗，攢竹，長七尺一寸，圍四寸三分，髹朱，兩端繪金雲龍，銅鉆塗金。曰瓜，瓜有立瓜、卧瓜。立瓜，雕木，立置柄首，長四寸五分，圍一尺四寸二分，六棱，柄，攢竹，髹朱，鐓以銅鋟銀，通高八尺二寸五分。卧瓜，卧置柄首，通高七尺八寸五分，柄如立瓜。曰星，星，雕木，首長六寸三分，圍五寸四分，六瓣交攢，鏤雲蝙蝠，上爲圓頂如星，高一寸四分，旁如之差小，銜以龍首，皆塗金，柄如瓜，通高八尺七寸。曰鉞，鉞，雕木，刃長八寸五分、闊九寸，背刻龍首，貫直刃，長八寸，爲劒脊形，銜以龍首，皆塗金，柄如瓜，通高八尺九寸。曰幟，五色金龍幟，五色緞，不加緑，銷金龍間以流雲，縿徑二尺五寸，斿徑三尺，杆，攢竹，髹朱，首爲矛形，注朱旄，鐓以鐵，塗金，通高一丈一尺七分。曰旗，旗有出警旗、入蹕旗、翠華旗、金鼓旗、門旗、日旗、月旗、雲旗、雷旗、風旗、雨旗、列宿旗、五星旗、五嶽旗、四瀆旗、神武旗、朱雀旗、白虎旗、青龍旗、天馬旗、天鹿旗、辟邪旗、犀牛旗、赤熊旗、黄羆旗、白澤旗、角端旗、游麟旗、彩獅旗、振鷺旗、鳴鳶旗、赤烏旗、華蟲旗、黄鵠旗、白雉旗、雲鶴旗、孔雀旗、儀鳳旗、翔鸞旗、驍騎旗。出警旗，黄緞，繡清、漢文出警字，加緑及影帶，爲火燄形，縿徑四尺八寸，斿徑六尺五寸，影帶九尺五寸，杆首冠金花頂，餘如金龍幟。入蹕旗，繡清、漢文入蹕字，餘如出警旗。翠華旗，藍緞，繡孔雀間以彩雲，加緑及影帶，爲火燄形，杆首冠鈒金垂雲頂，注緑緞，繡孔雀翎，餘如出警旗。金鼓旗，黄緞，不加緑，中繡清、漢文金鼓字，縿徑五尺二寸五分，斿徑六尺四寸五分，杆首鏤金火燄頂，餘如出警旗。門旗，紅緞，中繡清、漢文門字，餘如金鼓旗。日旗，藍緞，中繡日，内爲踆烏，餘如金鼓旗。月旗，中繡月，内爲顧兔，餘如日旗。五色雲旗，五色緞，中繡彩雲，杆首冠鈒金垂雲頂，餘如出警旗。五色雷旗，中繡雷文，餘如雲旗。風旗八，乾風，黑緞，緣及影帶白色；坎風，黑緞，緣及影帶黑色；艮風，黑緞，緣及影帶藍色；震風，藍緞，緣及影帶藍色；巽風，紅緞，緣及影帶藍色；離風，紅緞，緣及影帶紅色；坤風，紅緞，緣及影帶白色；兑風，白緞，緣及影帶白色，中繡各依其卦，杆首冠相風烏，餘如出警旗。甘雨旗，淺黑緞，繡龍簇以水雲，緣紅，影帶黑色，俱爲火𦦨形，餘如雲旗。列宿旗，藍緞，二十八旗，中繡角、亢、氐、房、心、尾、箕、斗、牛、女、虚、危、室、壁、奎、婁、胃、昴、畢、觜、參、井、鬼、柳、星、張、翼、軫各一宿，房宿旗附鈎、鈐二星，尾宿旗附神宫一星，室宿旗附離宫六星，畢宿旗附附耳一星，參宿旗附伐三星，井宿旗附鉞一星，軫宿旗附左、右轄二星、長沙一星。五星旗，土星黄緞，木星青緞，金星白緞，火星紅緞，水星黑緞，中繡各依其星。五嶽旗，東嶽青緞，西嶽白緞，南嶽紅緞，北嶽黑緞，中嶽黄緞，中繡各依其嶽。四瀆旗，江瀆紅緞，河瀆白緞，淮瀆藍緞，濟瀆黑緞，中繡各依其瀆。神武旗黑緞，繡龜蛇相糾，朱雀旗紅緞，繡朱雀，白虎旗白緞，繡虎髃起火𦦨，青龍旗青緞，繡龍銜火珠，俱間以流雲。自列宿旗以下，制俱如金鼓旗。天馬旗、天鹿旗、辟邪旗、犀牛旗、赤熊旗、黄羆旗、白澤旗、角端旗、游麟旗、彩獅旗，俱黄緞，緣及影帶紅色；振鷺旗、鳴鳶旗、赤烏旗、華蟲旗、黄鵠旗、白雉旗、雲鶴旗、孔雀旗、儀鳳旗、翔鸞旗，俱月白緞，緣及影帶藍色，縿、斿俱如出警旗，杆如金鼓旗，中繡各如其形。驍騎旗，緞從八旗之色，鑲黄、鑲白、鑲藍，皆紅緣，鑲紅，白緣，俱左平、右剡，繡金雲龍，縿徑四尺二寸，斿中徑四尺，上、下各徑三尺，緣繡火𦦨，周闊八寸；正黄、正白、正紅、正藍，俱正幅繡同，不加緣，縿徑六尺，斿徑四尺，杆如金鼓旗。曰纛，纛有五色金龍纛、前鋒纛、護軍纛。五色金龍纛，五色緞銷金雲龍，縿徑五尺二寸，斿徑六尺四寸五分，餘如金鼓旗。前鋒纛，杆頂金盤，植豹尾，餘如驍騎旗。護軍纛，斜幅，縿徑四尺八寸，斿徑六尺五寸，影帶九尺五寸，色與緣同正黄、正白、正紅、正藍四旗，緣如旗色，餘如驍騎旗。曰麾，黄麾，紅緞，長六尺一寸，闊六寸五分，通繡花文，中銜黄緞，一尺三寸，闊四寸，荷首蓮趺，繡清、漢文黄麾字，下綴版四寸，髹以五采，紅緞羃之黄緣，垂幨紫、緑、黄三重，杆，攢竹，髹朱，長一丈，上爲曲項，加塗金龍首，銜鐶繫之，通高一丈一尺一寸。曰氅，儀鍠氅，五色緞相間爲之，長六尺五寸，闊六寸五分，中繡金龍，夾以雲文，蓋，鈒銅朵雲三，高五寸五分，闊九寸，中豐下斂。儀鍠，高二尺五寸，竹節刃，銜龍首，貫金版，形如雙鉞相背，龍首繫氅，杆如黄麾。曰節，金節，朱紃，貫朱旄八，下繫朱綏，屬以杆，韜以黄紗，通繡雲龍，蓋緑緞羃之，紅緣，垂幨紅緑二重，餘如黄麾。曰旌，旌有進善旌、納言旌、敷文旌、振武旌、褒功懷遠旌、行慶施惠旌、明刑弼教旌、教孝表節旌。進善旌，紅緞，長七尺三寸，闊六寸五分，通繡金花草文，下剡綴金鈴三，中銜黄緞，緑緣，荷首蓮趺，長一尺三寸，闊四寸，繡清、漢文進善字，蓋如儀鍠氅，旁垂青緞影帶二，各綴鈴三，杆上爲矛形，注朱旄，繫鐶如黄麾。納言旌、敷文旌、振武旌、褒功懷遠旌、行慶施惠旌、明刑弼教旌、教孝表節旌，繡清、漢文各依其名，餘如進善旌。曰旛，旛有龍頭旛、豹尾旛、絳引旛、信旛。龍頭旛，五色緞，繡文、尺寸俱如儀鍠氅，下綴金鈴五，蓋紅緞，羃之藍緣，垂幨紫、黄、緑三重，杆首爲戟形，横刻龍首繫旛，下斜出揹之，餘如黄麾。豹尾旛，懸豹尾，長八尺，上銜金葉，冒以緑革，綴金鈴四，高二寸五分，徑三寸三分，加金鐶繫旛，杆如黄麾。絳引旛，如龍頭旛，惟垂幨青、紫、黄三重，杆如黄麾。信旛，繡清、漢文信旛字，藍緣，垂幨青、黄、紅三重，餘俱如黄麾。曰幢，幢有羽葆幢、霓幢、紫幢、長壽幢。羽葆幢，朱紃，貫朱旄五，各銜金葉，冒以緑革，綴鈴四，緑緞羃，紅緣，垂幨紅、黄二重，杆如黄麾，惟飾翟首。霓幢，朱紃，貫朱旄五，韜以月白紗，長八尺，圍二尺七寸，繡五色虹霓，下垂五采流蘇，蓋高九寸，徑一尺，穹曲，下覆黄緞羃，緑緣，垂幨青、緑二重，繡金雲龍，四角飾銅龍首，懸雲佩五，就綴以金索，杆如黄麾。紫幢，韜以紫紗，繡花蝶，下垂金黄流蘇，餘如霓幢。長壽幢，韜以黄紗，繡青壽字，篆文，餘如霓幢。曰扇，扇有鸞鳳扇、雉尾扇、孔雀扇、單龍扇、雙龍扇、壽字扇。鸞鳳扇，紅緞，上橢下方，徑三尺四寸，上闊二尺八寸，下闊二尺五寸，繡鸞、鳳各一，間以花文，周繡孔雀翎，緑緣，中貫柄處繡流雲，上爲金蹲龍，下如之，承以波文，横飾青緞，繡金花文，雙鳳相對，柄，攢竹，髹黑，長八尺五寸，鐓以銅，通高一丈一尺二寸。雉尾扇，霞色緞，上斂下橢，徑三尺，上闊三寸，中闊二尺七寸，下闊二尺，通繡雉尾，下約以金花翠葉銜寶石四，柄，髹朱，如鸞鳳扇，通高一丈一尺八寸。孔雀扇，緑緞，繡孔雀尾，餘如雉尾扇。單龍扇，有赤團扇、黄團扇，俱以緞，圓徑三尺五寸，繡五彩蟠龍一，間以流雲，紅、緑暈二重，周爲襞積，中貫柄處飾藍，上、下爲金蹲龍，背爲金團龍，約以金花翠葉，柄，長七尺五寸，餘如雉尾扇，通高一丈八寸。雙龍扇，有赤團扇、黄團扇，俱繡五彩升降龍，其黄團扇，有銷金升降龍，餘如單龍扇。壽字扇，黄緞，圓徑三尺二寸，繡青壽字一，夾以五彩雙龍，間流雲火珠，中貫柄處飾藍緞，上繡花文，中繡流雲蝙蝠，下繡山水文，緣亦藍，周繡金回文，背黄緞銷金龍二，餘如單龍扇，通高一丈一尺八寸。曰繖，繖有赤方繖、紫方繖、五色花繖、五色九龍繖、黄九龍繖。赤方繖，紅緞，方五尺，不施繡，四角出銅龍首，垂五彩流蘇，金頂，直柄，攢竹，髹朱，通長一丈二尺二寸，鐓以銅鋄銀。紫方繖，色紫，制同。五色花繖，有五色緞，有五色糚緞，圓徑五尺，施四季花，或瑞草，垂幨三重，各深一尺一寸，下綴金鈴，旁垂影帶二，長三尺五寸，闊二寸五分，如繖色，亦綴金鈴，餘如赤方繖。五色九龍繖，五色緞，繡金龍，間以流雲，如五色花繖。黄九龍繖，色黄，餘如五色九龍繖。曰蓋，蓋有紫芝蓋、翠華蓋、九龍黄蓋。紫芝蓋，紫緞，繡五色芝，曲柄，其曲處木質，塗金龍首，長二尺三寸，上柄長三尺七寸，下柄長五尺二寸，皆攢竹，髹朱，餘如五色花繖。翠華蓋，緑緞，繡孔雀翎，餘如紫芝蓋。九龍黄蓋，如黄九龍繖，惟柄如紫芝蓋。曰戟，戟，鍛鐵，通長一丈一尺，援長一尺三寸，胡外曲，徑七寸三分，中有鉇，鉇上横二寸五分，下横五寸，内、外各半，外鏤龍首，銎長九寸，鏤龍首上銜，塗以金，柄，攢竹，髹朱，長八尺，繪金雲龍，鐓以鐵鋄銀。曰殳，殳，首長一尺四寸，八棱，上徑一寸一分，下徑六分，鋄金龍文，上、下鈷以鐵，塗金，鏤花，柄如戟。曰槍，豹尾槍，長一丈一尺七寸，四長一尺五寸，肩以木，黄油繪行龍，銎鏤垂雲文，下綴朱氂，垂鐶，懸豹尾，長三尺三寸，柄長九尺五寸，制如戟。曰櫜，櫜，黑色革，緑緣，飾鏤金鉸，具銜以雜寶，繫以黄鹿皮，懸於革帶，長一尺一寸四分，圍一尺四寸三分，底，木質，髹朱，徑五寸五分，盛矢十有二。曰鞬，鞬，質、飾皆如櫜，長二尺三寸三分，上徑一尺一寸五分，中徑七寸七分，下徑二寸五分，韜弓及半。曰刀，儀刀，鍊鐵，刃長二尺四寸八分，木柄，長一尺二寸五分，端垂緑綏，鞘長二尺七寸五分，通鞔緑沙魚皮，鋈及鞊皆塗金，鏤花文。曰杌，金杌，梋質，髹朱，高一尺五寸，方一尺八寸，面繪金雙龍，間以流雲，中爲火珠四足，鏤螭首、虎爪，承以圓珠，下周横距，雜繪八寶。曰椅，金交椅，梋質，塗金，交足，横距貫以鐵樞，雙疊舉之，通高二尺九寸二分，縱一尺一寸五分，横二尺二寸，座面織黄絲，倚刻花草雲龍文。踏几，高三寸三分，縱九寸五分，横一尺八寸六分，亦塗金。曰缾，金水缾，笵金，有蓋，大者，通高一尺五寸七分，深一尺三寸五分，口徑四寸四分，鈒花文，腹圍二尺八寸八分，鈒雲龍火珠，下爲波紋，耳爲螭首，銜鐶，底徑七寸，蓋高一寸五分，徑九寸四分，飾以雜寶；小者，通高一尺四寸五分，深一尺二寸五分，口徑四寸一分，腹圍二尺六寸六分，底徑五寸四分，蓋徑八寸六分。陳設時，盛以八角盤，盤口徑一尺三寸五分，底徑一尺一寸一分，通髹朱，繪金花文，置方几上，几高一尺四寸五分，上徑一尺四寸四分，下徑一尺四寸八分，足四，鏤螭首、虎爪，承以圓珠，下周横距，通髹朱，繪金雲龍火珠。曰槃，金盥槃，笵金，形圓，十二稜，高四寸五分，口徑一尺五寸，邊鈒花文，飾以雜寶，底徑一尺六寸，鏤雲龍，中銜紅玻璃。曰壺，金唾壺，笵金，形圓，有蓋，通高五寸，口徑一寸五分，蓋高二寸五分，頂爲蟠龍，下深二寸五分，底徑二寸一分，座高四寸，徑三寸三分，足四，鏤螭首、虎爪，承以圓珠，下周横距，飾以雜寶。曰盒，金香盒，笵金，形圓，有蓋，通高三寸五分，口徑六寸三分，蓋高一寸四分，面爲蟠龍，周爲雲龍，口爲回文，足高五分，飾以雜寶。曰鑪，金提鑪，笵金，形圓，有蓋，通高七寸八分，深四寸六分，口徑三寸二分，腹圍一尺七寸六分，頂鈒花文，銜珊瑚，耳爲雙龍，三足，各高一寸二分，蓋高二寸，徑與口徑同，鐶鏤芙蕖，下垂雲葉，頂鏤蟠龍，提以金索四，三屬鑪，一屬蓋，並繫雲葉上，提杆，攢竹，髹朱，長四尺五寸，兩端飾金龍，首、尾上綴金鈎，以懸鑪。行，則提之。自盥槃至鑪，陳設槃，几與金缾同。曰拂。拂塵，朱氂，長二尺，結於木柄，髹金，上飾鏤金龍首，銜小金鐶，以綴拂，下飾鏤金龍尾，通長二尺七寸，末屬金鐶，垂朱綏。若仗馬，仗馬，鞅及絡首、鈎膺、鞦攀，皆編黄絨紃，飾以雜寶，項及膺，各懸朱纓，黄緞爲韉，繡金龍，周爲八寶，鞍鐙，皆銅鋄金，坐具黄氈，青緣。若儀象，儀象有寶象，有導象。寶象，絡首、鈎膺、鞦攀，俱如仗馬，前、後各綴朱纓二，後絡朱網流蘇，膺懸銅鈴各三，白革爲韉，繪金龍彩雲，周爲花文，鞍，髹朱，飾金，上載寶。缾，銅質，鋄金，飾以雜寶，深一尺六寸五分，口徑八寸六分，腹圍五尺七寸六分，鏤垂珠文，底徑一尺一寸三分，足徑一尺七寸，鏤朵雲文，蓋徑一尺二寸，冠火燄頂，座高一尺三寸。導象，亦曰朝象，披藍罽，不加羈飾。若静鞭，静鞭，黄絲，長一丈三尺，闊三寸，梢長三丈，漬以蠟，柄，木質，髹朱，長一尺，刻金龍首。若紅鐙,紅鐙,銅盤承燭,鐵絲籠之,韜以紅紗,高九寸,圍一尺七寸,柄,攢竹,髹朱,長六尺二寸,圍三寸一分,上加龍首,曲項嚮前,銜鐶,懸鐙,通高七尺二寸。各間而列焉。凡陳鹵簿,皆備以樂。鹵簿内所設之樂,有鹵簿樂,有行幸樂,有前部大樂,有導迎樂。鹵簿樂,掌於本衛,行幸樂、前部大樂,藏器於本衛,用時,以和聲署署史奏之,導迎樂,掌於和聲署。〇凡鹵簿之制有四:一曰大駕鹵簿,惟三大祀陳焉;圜丘、祈穀、常雩,三大祀前一日,皇帝詣齋官及祭日禮成,皇帝回宫,皆陳大駕鹵簿。其制:皇帝乘玉輦,前列導象四,次寶象五,雲麾使二人、治儀正一人,次静鞭四、治儀正一人,次樂部列前部大樂,次革輅、木輅、象輅、金輅、玉輅各一,雲麾使一人、治儀正二人,次樂部列行幸樂,閒以紅鐙六,次鹵簿樂,冠軍使一人、整儀尉二人,次引仗六,次御仗十六,次吾仗十六,次立瓜十六、卧瓜十六,次星十六,次鉞十六,次出警、入蹕旗各一,雲麾使一人、整儀尉二人,次五色金龍小旗四十,次翠華旗二,次金鼓旗二,次門旗八,次日、月旗各一,次五雲旗五,次五雷旗五,次八風旗八,次甘雨旗四,次列宿旗二十八,次五星旗五,次五嶽旗五,次四瀆旗四,次神武、朱雀、白虎、青龍旗各一,次天馬、天鹿、辟邪、犀牛、赤熊、黄羆、白澤、角端、游麟、彩獅、振鷺、鳴鳶、赤鳥、華蟲、黄鵠、白雉、雲鶴、孔雀、儀鳳、翔鸞旗各一,次五色龍纛四十,次前鋒纛八,次護軍纛八,次驍騎旗二十四,雲麾使二人、治儀正二人、整儀尉二人,次黄麾四,次儀鍠氅四,次金節四,次進善納言旌二,次敷文振武旌二,次褒功懷遠旌二,次行慶施惠旌二,次明刑弼教旌二,次教孝表節旌二,次龍頭旛四,次豹尾旛四,次絳引旛四,次信旛四,次羽葆幢四,次霓幢四,次紫幢四,次長壽幢四,雲麾使二人、治儀正二人、整儀尉二人,次鸞鳳赤方扇八,次雉尾扇八,次孔雀扇八,次單龍赤團扇八,次單龍黄團扇八,次雙龍赤團扇八,次雙龍黄團扇二十,次壽字扇八,雲麾使一人、治儀正二人、整儀尉二人,次赤方繖四,次紫方繖四,次五色花繖二十,次五色九龍繖十,次黄九龍繖二十,次紫芝蓋二,次翠華蓋二,次九龍黄蓋四,鑾儀使一人、雲麾使一人、治儀正二人、整儀尉二人,次戟四,次殳四,次豹尾槍三十,次弓矢三十,次儀刀三十,雲麾使一人、治儀正二人、整儀尉四人,次仗馬十,冠軍使一人、雲麾使一人,次金杌一,次金交椅一,次金水缾二,次金盥盤一,次金唾壺一,次金香盒二,次金鑪二,次拂塵二,雲麾使一人、治儀正二人,次武備院,設黄龍華蓋,次侍衛處設提鑪,皆陳於皇帝玉輦之前,奉輦鑾儀使二人扶輦,冠軍使一人、雲麾使一人、治儀正二人、整儀尉二人隨輦,侍衛處設豹尾槍、儀刀、弓矢,而殿以黄龍大纛。二曰法駕鹵簿,祭祀則陳於路,祭方澤,陳法駕鹵簿。其制:皇帝乘金輦,前列導象,次寶象,次静鞭,次樂部,設前部大樂,次五輅,如大駕,次鹵簿樂,次引仗、御仗、吾仗、立瓜、卧瓜、星、鉞各六,次出警、入蹕旗,如大駕,次五色金龍小旗二十,次翠華至翔鸞各旗,如大駕,次五色龍纛二十,次前鋒、護軍、驍騎各纛,次麾、氅、節、旌、旛、幢,次鸞鳳赤方扇、雉尾扇、孔雀扇、單龍赤黄團扇、雙龍赤團扇,皆如大駕,次雙龍黄團扇八,次壽字扇,次赤、紫方繖,皆如大駕,次五色花繖十、五色九龍繖十、黄九龍繖十，次紫芝翠華蓋、九龍黄蓋，次戟、殳，皆如大駕，次豹尾槍二十、弓矢二十、儀刀二十，次仗馬，次杌、椅、缾、盤、壺、盒、鑪、拂，次武備院設黄龍華蓋，次侍衛處設提鑪，皆如大駕，陳於皇帝金輦之前，隨輦侍衛處設豹尾槍、儀刀、弓矢、黄龍大纛，皆如大駕所列，鑾儀使、冠軍使、雲麾使，治儀、正整儀尉之數，亦如大駕。祭太廟、社稷壇，陳法駕鹵簿，樂部不設前部大樂，餘同。祭日壇、月壇、先農壇、歷代帝王廟、先師廟，陳法駕鹵簿，皇帝乘禮輿，餘同。朝會則陳於庭；朝會，皇帝御太和殿，陳法駕鹵簿。其制：太和殿門外正中，武備院設黄龍華蓋，拂、鑪、盒、壺、盤、缾、杌、椅在殿檐東、西，儀刀、弓矢、豹尾槍、殳、戟在丹陛東、西，九龍黄蓋、翠華蓋、紫芝蓋、黄九龍繖、五色九龍繖、五色花繖自丹陛三成相間達於兩階，静鞭、仗馬列階下甬道東、西，紫赤方繖、扇、幢、旛、旌、節、氅、麾、纛、旗、鉞、星、瓜、仗列丹墀東、西，玉輦、金輦在太和門外，五輅在午門外，寳象在五輅之南，鹵簿樂在寳象之南朝象在天安門外。駐蹕圓明園，御正大光明殿，陳法駕鹵簿，不設輦轎儀象。三曰鑾駕鹵簿，行幸於皇城，則陳之。皇城内行幸，陳鑾駕鹵簿。其制：皇帝乘步輦，前列樂部，設導迎樂，次御仗四，次吾仗四，次立瓜四，次卧瓜四，次星四，次鉞四，次五色金龍小旗十，次五色龍纛十，次雙龍黄團扇十，次黄九龍繖十，次武備院設九龍華蓋，皆在皇帝步輦前，次侍衛處設豹尾槍、儀刀、弓矢、黄龍大纛。四曰騎駕鹵簿，省方，若大閲，則陳之。時巡省方，陳騎駕鹵簿。其制：皇帝乘輕步輿，前列樂部，設行幸樂，次御仗六，次吾仗六，次立瓜六，次卧瓜六，次星六，次鉞六，次五色金龍小旗十，次五色龍纛十，次單龍赤團扇六，次雙龍黄團扇六，次五色花繖十，次豹尾槍十，次弓矢十，次儀刀十，次武備院設九龍華蓋，皆在皇帝輕步輦之前，次侍衛處設豹尾槍、儀刀、弓矢、黄龍大纛。駐蹕於御營，朝陳蒙古角，夕陳行幸樂。大閲，陳騎駕鹵簿於行宫門外，開操時鳴角。

〇凡校尉，有軍尉，軍尉有親軍，有護軍，用時，親軍於上三旗親軍内傳取，護軍於内務府護軍内傳取。又，蒙古畫角軍，於上三旗蒙古内挑取。有旗尉，旗尉於内務府閒散内挑取，樂部署史同。有民尉，民尉由五城民人内募充，如不得其人，亦於内務府閒散内挑取補額。各服其遜衣，以執事。

遜衣之制

舁輦、舁輿之旗尉，冬冠二，有豹皮、有黑氊，夏冠一，頂皆用鏤花銅座，上植明黄翎，執仗、鳴鞭、控馬、馭象之軍尉、旗尉、民尉，冠同，惟頂用素銅座，不鏤花。軍尉袍，用石青緞，織金壽字，緣領及袖端用片金，織金葵花。旗尉、民尉及樂部署史袍，用紅緞，織小團葵花，惟執戲竹之署史袍用紅緞，前、後方襴，繡黄鸝，帶皆用雲緞。

〇凡儀駕、

皇后儀駕

鳳輿一，儀輿二，鳳車一，儀車二，拂塵二，提鑪二，香盒二，盥槃一，唾壺一，水缾二,金杌一,金交椅一,九鳳黄蓋一,九鳳繖十,花繖四,方繖四,龍鳳扇八,鸞鳳扇八,金節二,龍鳳旗十,卧瓜四,立瓜四,吾仗四。鳳輿、儀輿、鳳車、儀車,俱木製,髹黄。鳳輿,高七尺,穹蓋二重,高一尺五寸五分,上爲八角,各飾金鳳,下方四隅飾如之,金頂,鏤雲,銜以雜寶,檐縱五尺横三尺七寸六分,黄緞,垂幨銷金鳳,四柱皆繪金鳳,前爲雙扉,内髹淺紅,中置朱座,高一尺七寸,倚高一尺八寸,髹黄,繪金鳳,直轅二,各長一丈七尺二寸五分,大横杆二,各長八尺,小横杆四,各長三尺,肩杆八,各長五尺,舁以十六人。儀輿,高五尺九寸,穹蓋高六寸七分,銀頂,塗金,檐縱四尺七寸,横三尺六寸,四隅繫黄絨紃屬轅,垂幨、四柱,黄緞幃紅裏,朱座,高一尺五寸,倚高一尺六寸,直轅長一丈五尺五寸,横杆長七尺七寸,肩杆長五尺二寸,舁以八人,餘制如鳳輿。鳳車,高九尺五寸,穹蓋二重,高一尺七寸,上爲八角,下繪雲文,金頂,檐縱四尺九寸,横四尺,紃屬於軫,垂幨、四柱、座如鳳輿,輪徑四尺九寸十有八,輻轅二,各長一丈七尺五寸,軫長六尺二寸,闊三尺三寸,駕馬一。儀車,穹蓋,上圓下方,銀頂,塗金,幨縱五尺五寸,横四尺一寸,垂幨、四柱不加繪飾,内髹淺紅,黄緞幃黄裏,輪徑四尺,轅長一丈五尺,軫長五尺八寸,闊三尺四寸,餘制如鳳車。拂塵、朱氅,柄飾鏤金鳳,首尾通長二尺五寸五分,餘如法駕鹵簿拂塵之制。提鑪,通高八寸二分,深四寸三分,頂鏤立鳳,雙鳳爲耳,提杆長三尺八寸,兩端飾金鳳,陳設槃几,皆繪金鳳,餘如法駕鹵簿提鑪之制。香盒,橢圓,通高五寸二分,口縱七寸二分、横四寸二分,蓋高一寸三分,面爲立鳳,周爲翔鳳,四足高四分,餘如法駕鹵簿香盒之制。盥槃,高三寸六分,口徑一尺二寸,底徑一尺,中立雙鳳,餘如法駕鹵簿盥槃之制。唾壺,通高六寸六分,口徑四寸五分,蓋高二寸,頂爲立鳳,下深一寸八分,底徑二寸二分,餘如法駕鹵簿唾壺之制。水鉼,大者,通高一尺五寸三分,深一尺一寸六分,口徑四寸,腹圍二尺七寸七分,底徑六寸,蓋高一寸,徑六寸;小者,通高一尺四寸三分,深一尺三寸,口徑三寸四分,腹圍二尺五寸七分,底徑五寸四分,蓋徑五寸七分,蓋頂皆爲立鳳,餘如法駕鹵簿水鉼之制。金杌,高一尺六寸,方一尺九寸五分,面繪金鳳,餘如法駕鹵簿金杌之制。金交椅,通高一尺九寸五分,倚刻鳳,餘如法駕鹵簿金交椅之制。九鳳黄蓋,通高一丈二尺,圓徑五尺二寸,繡彩鳳九,餘如九龍黄蓋之制。九鳳繖,五色各二,銷金鳳,直柄長一丈一尺,餘如九鳳黄蓋花繖。繡雜花方繖,紅緞,方五尺,不施繡文,餘如九鳳繖。龍鳳扇,黄、赤各四,通高一丈九寸,扇圓徑三尺二寸五分,繡龍、鳳各一,貫柄處鏤鳳,餘如法駕鹵簿黄赤團扇之制。鸞鳳扇,通高一丈一尺八寸,扇上、下徑三尺四寸五分,上闊二尺九寸五分,下闊二尺五寸五分,餘如法駕鹵簿鸞鳳扇之制。金節,通高一丈一尺,韜以黄紗,繡五色龍鳳,杆加鳳首,餘如法駕鹵簿金節之制。龍鳳旗,五色緞各二,斜幅,銷金龍、鳳各一,間以流雲,縿徑四尺七寸,斿徑六尺,斜徑八尺二寸,通高一丈四尺七寸,餘如法駕鹵簿旗制。卧瓜,通高七尺三寸,立瓜,通高七尺五寸,餘如法駕鹵簿瓜制。吾仗,長六尺八寸,圍四寸,餘如法駕鹵簿吾仗之制。

儀仗、

皇貴妃儀仗

翟輿一,儀輿一,翟車一,儀車一,拂塵二,提鑪一,香盒一,盥槃一,唾壺一,水缾二,金杌一,金交椅一,七鳳蓋一,花繖六,瑞草繖四,鸞鳳扇四,團扇六,金節二,鳳旗六,彩旗四,卧瓜四,立瓜四,吾仗四。翟輿,繪飾、彩繡,皆金翟,舁以八人,餘制如鳳輿儀輿。翟車、儀車,繡皆以翟,餘制如皇后儀輿、鳳車。儀車、拂塵、提鑪、香盒、盥槃、唾壺、水缾、金杌、金椅,並如皇后儀駕之制,惟鏤飾彩鳳者,悉易以翟七鳳,蓋繡彩鳳七,餘如九鳳蓋花繖,黄、紅、藍緞各二,餘如皇后儀駕之制。瑞草繖,紅、黑緞各二,繡瑞草,餘如花繖。鸞鳳扇,紅、黑緞各二,通高一丈一尺七寸,扇上、下徑三尺,上闊二尺九寸,下闊二尺五寸,貫柄處繪金翟,餘如皇后儀駕之制。團扇,黄、紅、黑緞各二,圓徑三尺五寸,不施繡,餘俱如龍鳳扇。金節,韜以紅紗,繡彩翟,杆加翟首,餘如皇后儀駕金節之制。鳳旗,黄、紅、黑緞各二,中銷金鳳一,縿徑四尺,斿徑六尺,斜徑八尺,通高一丈四尺五寸,餘如皇后儀駕龍鳳旗之制。彩旗,紅、黑緞各二,不繡,餘如鳳旗。卧瓜、立瓜、吾仗,俱如皇后儀駕之制。

貴妃儀仗

翟輿一,儀輿一,儀車一,拂塵二,提鑪一,香盒一,唾壺一,盥槃一,水缾二,杌一,交椅一,七鳳蓋一,花繖六,瑞草繖四,鸞鳳扇四,團扇六,金節二,鳳旗四,彩旗四,卧瓜二,立瓜二,吾仗二,應用黄色,皆易以金黄,餘俱如皇貴妃儀仗之制。

采仗,

妃采仗

翟輿一,儀輿一,儀車一,拂塵二,提鑪一,香盒一,盥槃一,唾壺一,水缾二,杌一,交椅一,七鳳蓋一,黄繖二,花繖四,團扇四,金節二,鳳旗四,卧瓜二,立瓜二,吾仗二。翟輿、儀輿、儀車,俱銅頂,塗金,儀輿,舁以四人,提鑪、香盒、盥槃、唾壺、水缾,皆以銀飾,金黄繖,金黄緞,不施繡文,直柄,花繖,紅、黑各二,團扇,亦紅、黑各二,餘俱如貴妃儀仗之制。

嬪采仗

翟輿一,儀輿一,儀車一,提鑪一,香盒一,盥槃一,唾壺一,水缾二,杌一,交椅一,七鳳蓋一,花繖四,團扇二,金節二,鳳旗二,卧瓜二,立瓜二,吾仗二。花繖,金黄、紅緞各二,團扇,以紅雲緞,鳳旗以紅緞,餘俱如妃采仗之制。

各辨其制用,則五所左、右、中、前、後,五所。以授於内監而設之。

正辦事章京,滿洲二人,以七所滿洲冠軍使兼充。副辦事章京,滿洲二人,以七所滿洲雲麾使兼充。掌總司七所之事。正、副辦事章京,隨掌衛事大臣、鑾儀使辦事,缺出,由本衛堂官選擬引見充補。滿洲鑾儀使缺出,除特旨簡放外,由掌衛事大臣等,以正辦事章京引見補授。巡幸,則與於扈駕。正、副辦事章京,皆例服黄馬褂。主事,滿洲一人,掌章奏。經歷,漢一人,掌出納文移,支放民尉之錢糧。民尉,左所三百七十五名,右所二百三名,中所二百五十七名,前所二百三十八名,後所二百五十五名,馴象所二百六名,旗手衛三百二十二名,内二十四名,月給錢糧銀二兩五錢,二百三十三名,月給錢糧銀二兩,五百九十六名,月給錢糧銀九錢五分五釐,一千三名,月給錢糧銀七錢。其左所旗尉,二百二十八名,右、中、前、後四所旗尉,二百四十六名,内五十二名,月給錢糧銀二兩五錢,四百二十二名,月給錢糧銀二兩,與樂部署史錢糧,皆由内務府三旗隨旗支領,蒙古吹角軍、漢軍、更夫錢糧,亦由各旗支領,至親軍尉、護軍尉,皆臨時咨取,無額設錢糧。筆帖式,滿洲七人、漢軍三人,掌翻譯,給使令。

左所掌印冠軍使,滿洲一人,掌所事雲麾使,漢軍一人,鑾輿司掌印雲麾使,滿洲一人,掌司事治儀正,漢軍一人。馴馬司掌印雲麾使,滿洲一人,掌司事治儀正,漢軍一人,閒散雲麾使,滿洲一人,治儀正,滿洲四人,整儀尉,滿洲二人,掌奉輦、輿,左所二司,所管玉輦一、金輦一、禮輿一、步輿一、輕步輿一。用大駕鹵簿,則奉玉輦,用法駕鹵簿,則奉金輦,如用大駕、法駕鹵簿,皇帝乘禮輿,則輦仍設,用鑾駕鹵簿,則奉步輿,用騎駕鹵簿,則奉輕步輿,如用鑾駕、騎駕鹵簿,皇帝乘騎、乘便輿,則步輿仍設。玉輦,用旗尉三十六人,金輦,用旗尉二十八人,禮輿、步輿、輕步輿,皆用旗尉十六人。便輿,有暖輿,有涼輿,其制,惟宜或用八人,或用四人,出宫用旗尉,宫内用内監校尉,皆届時豫備。設五輅。玉輅、金輅、象輅、木輅、革輅各一,大駕、法駕鹵簿,皆並設玉輅、金輅,所駕之象,取於馴象所,象輅、木輅、革輅所駕之馬,調於兵部。玉輅、金輅,各用民尉四十四人,象輅,用民尉三十四人,木輅、革輅,各用民尉三十二人。

右所掌印冠軍使,滿洲一人,掌所事雲麾使,漢軍一人,擎蓋司掌印雲麾使,滿洲一人,掌司事治儀正,漢軍一人,弓矢司掌印雲麾使,滿洲一人,掌司事治儀正,漢軍一人,閒散雲麾使,滿洲一人,治儀正,滿洲三人,整儀尉,滿洲二人,掌設繖、蓋、刀、戟、弓、矢、殳、槍,右所二司,所管赤方繖四、紫方繖四、五色花繖二十、五色九龍繖十、黄九龍繖二十、紫芝蓋二、翠華蓋二、九龍黄蓋四、殳四、豹尾槍三十、櫜鞬三十、弓矢具儀刀三十、戟四,大駕鹵簿並設之,繖、蓋用旗尉六十人、民尉一百三十八人,刀、戟、弓、矢、殳用親軍尉一百三十六人,槍用護軍尉六十人。法駕鹵簿,減五色花繖十、黄九龍繖十、儀刀十、弓矢十、豹尾槍十,繖、蓋用民尉一百三十八人,刀、戟、弓、矢、殳用親軍尉九十六人,槍用護軍尉四十人。鑾駕鹵簿,惟設黄九龍繖十,用旗尉三十人。騎駕鹵簿,惟設五色花繖十,用旗尉三十人。與鳥獸之旗。天馬、天鹿、辟邪、犀牛、赤熊、黄羆、白澤、角端、游麟、彩獅、振鷺、鳴鳶、赤烏、華蟲、黄鵠、白雉、雲鶴、孔雀、儀鳳、翔鸞旗各一,大駕、法駕鹵簿,皆設之,用民尉四十人。

中所掌印冠軍使,滿洲一人,掌所事雲麾使,漢軍一人。旌節司掌印雲麾使，滿洲一人，掌司事治儀正，漢軍一人，旛幢司掌印雲麾使，滿洲一人，掌司事治儀正，漢軍一人，閒散雲麾使，滿洲一人，治儀正，滿洲三人，整儀尉，滿洲二人，掌設麾、氅、旌、節、旛、幢、纛、幟、鉞，中所二司，所管黄麾四、儀鍠氅四、進善旌二、納言旌二、敷文旌二、振武旌二、褒功懷遠旌二、行慶施惠旌二、明刑弼教旌二、教孝表節旌二、金節四、龍頭旛四、豹尾旛四、絳引旛四、信旛四、羽葆幢四、霓幢四、紫幢四、長壽幢四、五色龍纛四十、前鋒纛八、護軍纛八、五色金龍幟四十、鉞十六，大駕鹵簿並設之，麾、氅、旌、節、旛、幢用民尉百二十人，纛用旗尉四十人、民尉七十二人，幟用旗尉四十人、民尉四十人，鉞用旗尉十五人、民尉九人。法駕鹵簿，減五色龍纛二十、五色金龍幟二十、鉞十，減旗尉九十五人。鑾駕鹵簿，設五色龍纛十、五色金龍幟十、鉞四，用旗尉四十六人。騎駕鹵簿設五色龍纛十、五色金龍幟十、鉞六，用旗尉四十九。與其仗馬。仗馬十，大駕、法駕鹵簿，皆並設之。其馬，調於上駟院，用護軍尉二十人。

前所掌印冠軍使，滿洲一人，掌所事雲麾使，漢軍一人，扇手司掌印雲麾使，滿洲一人，掌司事治儀正，漢軍一人，斧鉞司掌印雲麾使，滿洲一人，掌司事治儀正，漢軍一人，閒散雲麾使，滿洲一人，治儀正，滿洲三人，整儀尉，滿洲二人，掌設金八器、交椅、方杌、前所二司，所管金鉼二、金槃一、金壺一、金盒二、金鑪二，是爲金八器，又金交椅二、金方杌一，大駕、法駕鹵簿，皆並設之，用旗尉二十人。八風之旗，八風旗八，大駕、法駕鹵簿皆設之，用民尉十六人。與其扇、星、御仗、引仗。鸞鳳赤方扇八、雉尾扇八、孔雀扇八、單龍赤團扇八、單龍黄團扇八、雙龍赤團扇八、雙龍黄團扇二十、壽字黄扇八、星十六、御仗十六、引仗六，大駕鹵薄並設之，扇用旗尉二十四人、民尉一百二十八人，星、御仗、引仗用旗尉三十人、民尉二十七人。法駕鹵簿，減雙龍黄團扇十二、星十、御仗十，減旗尉五十四人。鑾駕鹵簿，設雙龍黄團扇十、星四、御仗四，用旗尉三十二人。騎駕鹵簿，設單龍赤團扇六、雙龍黄團扇六、星六、御仗六，用旗尉四十二人。暑，則備以拂。拂二，立夏後、處暑前，大駕、法駕鹵簿皆設之，用旗尉二人。凡奉盥器，祭祀，皇帝於大次前盥手，以冠軍使、雲麾使奉盥槃，進帨巾。列静鞭，静鞭四，大駕、法駕鹵簿，持鞭以行，用民尉十四人。法駕鹵簿，設鞭於丹墀，用民尉四人。藉椶薦，朝會及駕出、入，皆用民尉，前期設椶薦於殿陛。整級山，太和殿前設品級山，笵以銅，凡十八行，按級，自北而南，每行列山四，鐫正、從品級於上，朝會，則豫排列整齊。皆掌焉。

後所掌印冠軍使，滿洲一人，掌所事雲麾使，漢軍一人，班劍司掌印雲麾使，滿洲一人，掌司事治儀正，漢軍一人，戈戟司掌印雲麾使，滿洲一人，掌司事治儀正，漢軍一人，閒散雲麾使，滿洲一人，治儀正，滿洲三人，整儀尉，滿洲二人，掌設旗、瓜、吾仗。後所二司，所管出警、入蹕旗各一，翠華旗二、金鼓旗二、門旗八、日旗一、月旗一、五雲旗五、五雷旗五、甘雨旗四、列宿旗二十八、五星旗五、五嶽旗五、四瀆旗四，神武、朱雀、白虎、青龍旗各一，驍騎旗二十四、立瓜十六、卧瓜十六、吾仗十六，大駕鹵簿並設之，旗用民尉二百人，瓜、吾仗用旗尉四十五人、民尉二十七人。法駕鹵簿，減立瓜十、卧瓜十、吾仗十，減旗尉四十五人。鑾駕鹵簿，設立瓜四、卧瓜四、吾仗四，用旗尉十八人。騎駕鹵簿，設立瓜六、卧瓜六、吾仗六，用旗尉二十七人。

馴象所掌印冠軍使，滿洲一人，掌所事雲麾使，漢軍一人，東司掌印雲麾使，滿洲一人，掌司事治儀正，漢軍一人，西司掌印雲麾使，滿洲一人，掌司事治儀正，漢軍一人，閒散雲麾使，滿洲一人，治儀正，滿洲二人，整儀尉，滿洲二人，掌設朝象、儀象。朝象四，日以旭旦，設於天安門外，朝會亦設之，用民尉二十四人。儀象，凡寳象五、導象四，大駕、法駕鹵簿皆設之，用民尉一百八人。庋行幸樂前部樂之器，用則以畀於署史。行幸樂，金二、銅鼓四、鈸二、鼓二、點二、篴四、雲璈二、管二、笙二、金口角八、大銅角八、小銅角八，又蒙古角六。大駕鹵簿，内設行幸樂，備蒙古角二，共用署史四十八人。騎駕鹵簿，内設行幸樂同，作於馬上，又别設蒙古角六於行宫門外，用蒙古拜唐阿三十八。凡行幸樂，内間以紅鐙六，用民尉六人。前部樂，大銅角四、小銅角四、金口角四，大駕鹵簿設之。法駕鹵簿内，惟祭方澤設前部樂，御樓受俘亦設前部樂，用署史十二人，餘皆不設。〇凡象，以時飼而擾之。緬甸、南掌、廓爾喀貢象至，則畀於所而畜焉。如額象不敷，奏交雲貴總督購備。三伏，則洗象。初伏、中伏、末伏三伏，洗象於宣武門外城河，設綵棚、旗手、衞備、金鼓。

旗手衞掌印冠軍使，滿洲一人，掌所事冠軍使，漢軍一人，左司掌印雲麾使，滿洲一人，掌司事治儀正，漢軍一人，右司掌印雲麾使，滿洲一人，掌司事治儀正，漢軍一人，閒散治儀正，滿洲三人，整儀尉，滿洲四人，掌設鹵簿樂。鹵簿樂，大銅角八、小銅角八、鉦四、畫角二十四、龍鼓四十八、篴十二、拍版四、杖鼓四、金四，大駕、法駕鹵簿，皆設之，用民尉一百八十八人。朝會，則午門鳴鐘鼓，祭祀、巡幸，駕出、入，亦如之。朝會，駕出宫，午門嚴鼓鳴鐘；祭太廟，駕出，午門嚴鼓，回鑾鳴鐘，餘祀，駕出、入，皆鳴鐘。巡幸，駕出、入午門，鳴鐘。皇帝出齋宫，鳴鐘亦如之。三大祀，皇帝宿齋宫，將祭，駕出齋宫，鳴鐘。日、月食，則陳金鼓以救護。日、月食，冠軍使四人、雲麾使一人隨班救護，率校尉鳴金伐鼓。夜，則直更。神武門外鐘鼓樓，設更鼓、晨鐘，每夜派校尉承直。皇帝駐蹕圓明園，添設更一分。如遇巡幸，則於行在所，設更一分，由兵部行取光禄寺更香。陪祀冠軍使，漢軍二人，掌充陪祀。祭祀，則與。如遇朝會、巡幸，則一體派管鹵簿。駕儀管理雲麾使，漢軍一人，治儀正，漢軍三人，掌齊鹵簿行止之次。步輦管理雲麾使，漢軍一人，治儀正，漢軍一人；玉輅管理整儀尉，漢軍二人，金輅管理整儀尉，漢軍二人，象輅管理整儀尉，漢軍二人，革輅管理整儀尉，漢軍二人，木輅管理整儀尉，漢軍二人，掌整二輦、五輅。饱頭管理整儀尉，漢軍一人，掌齊饱頭行止之次。駕庫管理整儀尉，漢軍二人，掌守鹵簿之藏。東華門内設内駕庫，東長安門外設外駕庫，以分藏鹵簿，仍由堂官委員，偕駕庫官專理，與七所官同監出納。椶毯管理治儀正，漢軍一人，整儀尉，漢軍一人，掌監設椶毯。拜褥管理治儀正，漢軍一人，掌司拜褥。皇帝親祭太廟、社稷、歷代帝王廟、先師廟、傳心殿，皆以鑾儀衛官司拜褥。亭座管理整儀尉，漢軍一人，掌監舁亭座。祭祀祝版、玉帛、香亭，壇、廟奉請神位亭，朝會表亭、詔亭，恭進《實録》《聖訓》《本紀》《玉牒》及每歲《進時憲書》書亭，耕耤、耒耜、穜稑亭，傳臚金牓、雲盤、繖蓋，每歲太廟燎鑪灰舁送金海河内，其執事校尉皆由左、右、中、前、後五所派撥。又，殿試、朝考、散館及銜史試差、博學鴻辭等考試，執事校尉亦由五所派撥。静鞭管理鳴贊官，滿洲四人，學習鳴贊官，滿洲二人，掌唱鳴鞭。朝會，皇帝升座、降座，皆三唱，則鞭鳴。太和殿丹陛三成階上，每成以鳴贊官一人，西位立，東嚮。皇帝升座，一成階上鳴贊官唱鳴鞭，再成、三成以次傳唱，校尉四人，執静鞭四，齊鳴者三，皇帝降座亦如之。侍衛。無定員，每科武進士簡拔。侍衛者，以十之四撥入鑾儀衛行走，陞轉，仍視侍衛，與七所十四司官一同辦事。

欽定大清會典卷六十七

八旗，都統，滿洲八人、蒙古八人、漢軍八人，每旗滿洲、蒙古、漢軍各一人。副都統，滿洲十有六人、蒙古十有六人、漢軍十有六人，每旗滿洲、蒙古、漢軍各二人，掌滿洲、蒙古、漢軍八旗之政令，稽其户口，經其教養，序其官爵，簡其軍賦，以贊上理旗務。〇定八旗之方位，皇城之北，曰鑲黄、正黄旗；鑲黄旗居安定門内，正黄旗居德勝門内，並在北方。其東，曰正白、鑲白旗；正白旗居東直門内，鑲白旗居朝陽門内，並在東方。其西，曰正紅、鑲紅旗；正紅旗居西直門内，鑲紅旗居阜成門内，並在西方。其南，曰正藍、鑲藍旗，正藍旗居崇文門内，鑲藍旗居宣武門内，並在南方。各按其左翼、右翼之界，以環衛焉。鑲黄、正白、鑲白、正藍四旗爲左翼，正黄、正紅、鑲紅、鑲藍四旗爲右翼，左翼自北而東、自東而南，右翼自北而西、自西而南。凡行圍、簡閲及朝會、祭祀班列，皆以左、右翼爲辨。〇序八旗之上、下，鑲黄、正黄、正白，曰上三旗，餘曰下五旗。凡上三旗包衣，隸於内務府，下五旗包衣，各隸於其旗。上三旗包衣，詳内務府，其王公府包衣，俱入下五旗。凡氏族、官爵及執事之等差，皆辨焉。編審户籍、官制、兵制及宿衛、扈從，俱以上三旗、下五旗爲辨。〇乃設駐防於畿輔，竇坻、采育、東安、滄州四處爲左翼，保定、固安、雄縣、良鄉、霸州五處爲右翼，是爲小九處，統以稽察大臣；密雲、昌平、玉田、三河、順義、古北口，統以密雲副都統；山海關、永平、喜峰口、冷口，又，分駐之羅文峪，統以山海關副都統；張家口、獨石口，又，分駐之千家店，統以張家口都統；熱河，治以都統。若東三省，盛京城、開原城、興京城、撫順、遼陽城、鳳凰城、牛莊城、廣寧城、巨流河、白旗堡、小黑山、閭陽驛、熊岳城、復州城、金州城、岫巖城、蓋州城、錦州城、小凌河，寧遠中後所、中前所，義州城及水師營，統以盛京將軍；吉林城及分駐之伊通、額穆赫索羅、打牲烏拉城、寧古塔城、琿春城、伯都訥城、三姓城、阿勒楚喀城、拉林城及水師營、火器營，統以吉林將軍；齊齊哈爾城、墨爾根城、黑龍江城、呼蘭城及水師營、火器營，統以黑龍江將軍。若各省，江寧、京口，統以江寧將軍；杭州、乍浦，統以杭州將軍；福州、荆州、西安、寧夏、成都、廣州，各統以將軍；綏遠城右衛，統以綏遠城將軍；青州、德州，統以青州副都統；凉州、莊浪，統以凉州副都統；開封、太原，各統以城守尉。若新疆，惠遠城、惠寧城、錫伯索倫部落，統以伊犁將軍；烏嚕木齊、巴里坤、古城、吐魯番，統以烏嚕木齊都統。若圍場，木蘭圍場，治以總管。若邊門，盛京法庫邊門、彰武臺邊門、松嶺子邊門、新臺邊門、白石嘴邊門、梨樹溝邊門、明水塘邊門、清河邊門、九關臺邊門、白土廠邊門、汪清邊柵、威遠堡邊柵、英額邊柵、靉陽邊柵、鹻廠邊柵，統以盛京將軍；吉林巴彦鄂佛羅、伊通、赫爾蘇、佈爾圖庫四邊門，統以吉林將軍。皆分地，以别爲營。陵寢，則置守衛。永陵、福陵，昭陵、昭西陵，孝陵、孝東陵，景陵、景陵皇貴妃園寢、景陵妃園寢，泰陵、泰東陵，泰陵妃園寢，裕陵、裕陵妃園寢，端慧皇太子園寢、孝淑皇后陵寢、妃園寢，皆置守衛，統以總管及翼長。邊鎮，無額兵者，則换防。伊犁北路，塔爾巴哈台，由伊犁駐防派往；南路，喀什噶爾、英吉沙爾、葉爾羌、阿克蘇、烏什，由烏嚕木齊、巴里坤、古城、吐嚕番駐防派往。烏里雅蘇台、科布多，由綏遠城駐防派往。塔爾巴哈台换防之滿營及錫伯官兵，二年而代；索倫及察哈爾、額魯特官兵，一年而代；南路各城换防及烏里雅蘇台、科布多，三年而代。若打牲，若游牧，别其部衆而分治焉。打牲之部，混同江岸及海中大洲居住之赫哲、費雅喀、庫頁、鄂倫春、奇勒爾，不編佐領，轄以三姓副都統，統以吉林將軍，打牲處之索倫、達呼爾、鄂倫春、畢拉爾，統以黑龍江將軍。游牧之部，察哈爾八旗，統以察哈爾都統，呼倫貝爾之索倫、巴爾呼、額魯特，轄以副都統銜總管，統以黑龍江將軍。〇編佐領，以均其户籍，每佐領，編壯丁一百五十人爲率。有滋生者，則又分焉。有餘丁及户口之滋生者，另編佐領，或所餘僅百人以上，能無誤披甲當差者，都統等出結送部，亦准編作佐領，餘丁不足額者，准編爲半分佐領，或合半分佐領二爲整佐領一。凡滿洲佐領，六百八十有一，鑲黄旗佐領，八十四，又，半分佐領二，内宗室佐領一，覺羅佐領四，新滿洲佐領四，蒙古佐領九，俄羅斯佐領一；正黄旗佐領，九十二，又，半分佐領一，内宗室佐領三，覺羅佐領四，新滿洲佐領四，蒙古佐領八，蒙古半分佐領一，朝鮮佐領二，番子佐領一；正白旗佐領，八十六，内宗室佐領二，覺羅佐領四，新滿洲佐領四，蒙古佐領二；正紅旗佐領，七十四，内覺羅佐領三，蒙古佐領一，朝鮮佐領四；鑲白旗佐領，八十四，内宗室佐領一，覺羅佐領一，蒙古佐領四；鑲紅旗佐領八十六，内覺羅佐領四，蒙古佐領一；正藍旗佐領八十三，又，半分佐領一，内宗室佐領八，覺羅佐領四，蒙古佐領八；鑲藍旗佐領，八十七，又，半分佐領一，内覺羅佐領四，蒙古佐領二，蒙古半分佐領一。每旗佐領，各分五甲喇，統以參領五人。鑲黄旗，第一參領，所屬佐領十八；第二、第三、第四、第五參領，所屬佐領各十七。正黄旗，第一、第三、第四參領，所屬佐領各十九；第二、第五參領，所屬佐領各十八。正白旗，第一參領，所屬佐領十八；第二、第三、第四、第五參領，所屬佐領各十七。正紅旗，第一、第三、第四、第五參領，所屬佐領各十五；第二參領，所屬佐領十四。鑲白旗，第一參領，所屬佐領十六；第二、第三、第四、第五參領，所屬佐領各十七。鑲紅旗，第一、第四參領，所屬佐領各十八；第二參領，所屬佐領十六；第三、第五參領，所屬佐領各十七。正藍旗,第一參領,所屬佐領十六;第二、第三、第四、第五參領,所屬佐領各十七。鑲藍旗,第一、第二、第四參領,所屬佐領各十六;第三、第五參領,所屬佐領各十七。蒙古佐領,二百有四,鑲黄旗佐領二十八,正黄旗佐領二十四,正白旗佐領二十九,正紅旗佐領二十二,鑲白旗佐領二十四,鑲紅旗佐領二十二,正藍旗佐領三十,鑲藍旗佐領二十五,每旗佐領,各分二甲喇,統以參領二人。鑲黄旗,第一、第二參領,所屬佐領各十四。正黄旗,第一、第二參領,所屬佐領各十二。正白旗,第一參領,所屬佐領十五;第二參領所屬佐領十四。正紅旗,第一、第二參領,所屬佐領各十一。鑲白旗,第一、第二參領,所屬佐領各十二。鑲紅旗,第一、第二參領,所屬佐領各十一。正藍旗,第一、第二參領,所屬佐領各十五。鑲藍旗,第一參領,所屬佐領十三;第二參領,所屬佐領十二。漢軍佐領,二百六十有六,鑲黄旗佐領四十一,正黄、正白二旗佐領各四十,正紅旗佐領二十七,又,半分佐領一,鑲白旗佐領三十,鑲紅、正藍、鑲藍三旗佐領各二十九,每旗佐領,各分五甲喇,統以參領五人。鑲黄旗,第一參領,所屬佐領九;第二、第三、第四、第五參領,所屬佐領各八。正黄旗、正白旗,第一至第五參領,所屬佐領各八。正紅旗,第一、第二、第三參領,所屬佐領各六;第四、第五參領,所屬佐領各五。鑲白旗,第一至第五參領,所屬佐領各六。鑲紅旗,第一、第二、第三、第四參領,所屬佐領各六;第五參領,所屬佐領五。正藍旗、鑲藍旗,皆如之。駐防佐領,八百四十。密雲,副都統一人,協領四人,轄佐領十六;山海關,副都統一人,協領二人,轄佐領八;張家口,都統一人,協領三人,轄佐領十;熱河,都統一人,協領五人,轄佐領二十。盛京將軍一人,盛京城,副都統一人,協領十一人,轄佐領六十六;熊岳城,副都統一人,協領一人,轄佐領一;錦州城,副都統一人,協領一人,轄佐領十二,又,分駐之小凌河、寧遠、中後所、中前所四處佐領各二;遼陽城,城守尉一人,轄佐領一;復州城,城守尉一人,轄佐領一;鳳凰城,城守尉一人,轄佐領一;岫巖城,城守尉一人,轄佐領一;金州城,城守尉一人,轄佐領四;義州城,城守尉一人,轄佐領十七,内隸内務府八;廣寧城,城防守尉一人,轄佐領三,又,分駐之巨流河、白旗堡、小黑山、閭陽驛四處佐領各二;開原城,城守尉一人,轄佐領二,自盛京城以下,皆統以盛京將軍。吉林將軍一人,吉林城,副都統一人,協領九人,轄佐領四十八,又,分駐之伊通佐領二,額穆赫索羅佐領一;打牲烏拉城,協領一人,轄佐領八;寧古塔城,副都統一人,協領二人,轄佐領十二;琿春城,協領一人,轄佐領三;伯都訥城,副都統一人,協領二人,轄佐領十二;三姓城,副都統一人,協領一人,轄佐領十五;阿勒楚喀城,副都統一人,協領一人,轄佐領七;拉林城,協領一人,轄佐領六;火器營,參領一人,轄佐領八,自吉林城以下,皆統以吉林將軍。黑龍江將軍一人,齊齊哈爾城,副都統一人,協領八人,轄佐領四十;黑龍江城,副都統一人,協領四人,轄佐領二十六;墨爾根城,副都統一人,協領四人,轄佐領十七;呼蘭城,城守尉一人,副總管一人,轄佐領八,自齊齊哈爾城以下,皆統以黑龍江將軍。青州,副都統一人,協領四人,轄佐領十六;開封城,守尉一人,轄佐領十;綏遠城將軍一人,協領五人,轄佐領二十;江寧將軍一人,副都統一人，協領八人，轄佐領四十；江寧將軍兼轄之京口，副都統一人，協領二人，轄佐領十六；福州將軍一人，副都統一人，協領八人，轄佐領十六；水師營，協領一人，轄佐領二；杭州將軍一人，副都統一人，協領九人，轄佐領三十二；杭州將軍兼轄之乍浦，副都統一人，協領五人，轄佐領十六；荆州將軍一人，副都統一人，協領十人，轄佐領五十六；西安將軍一人，副都統一人，協領八人，轄佐領四十；寧夏將軍一人，副都統一人，協領五人，轄佐領二十四；涼州，副都統一人，協領二人，轄佐領十；涼州副都統兼轄之莊浪城，守尉一人，轄佐領五；成都將軍一人，副都統一人，協領五人，轄佐領二十四；廣州將軍一人，副都統一人，協領八人，轄佐領十六；水師營協領一人，轄佐領二；伊犂將軍一人，惠遠城，協領八人，轄佐領四十；伊犂將軍兼轄之惠寧城，領隊大臣一人，協領四人，轄佐領十六；錫伯部落，領隊大臣一人，總管一人，副總管一人，轄佐領八；索倫達呼爾部落，領隊大臣一人，總管一人，副總管一人，轄佐領八，其察哈爾、額魯特兩部落，領隊大臣、總管、副總管所屬佐領，俱隸理藩院；烏嚕木齊，都統一人，領隊大臣一人，協領六人轄佐領二十；烏嚕木齊都統兼轄之巴里坤，領隊大臣一人，協領二人，轄佐領八；古城，領隊大臣一人，協領二人，轄佐領八；吐魯番，領隊大臣一人，協領二人，轄佐領四，共駐防佐領八百四十。吉林水師營，設四品官二人，五品官二人，六品官一人；齊齊哈爾城水師營，設四品官二人，五品官一人，六品官三人；黑龍江城水師營，設總管一人，四品官二人，五品官二人，六品官二人；齊齊哈爾城火器營，設参領一人，俱不編佐領。丁少，則治以防禦。防禦專設者，保定城守尉一人，轄防禦四人；滄州城守尉一人，轄防禦四人；寶坻防守尉一人，轄防禦一人；東安防守尉一人，轄防禦一人；采育防守尉一人，轄防禦一人；固安防守尉一人，轄防禦一人；雄縣防守尉一人，轄防禦一人；良鄉防守尉一人，轄防禦一人；霸州防守尉一人，轄防禦一人；昌平防守尉一人，轄防禦二人；三河防守尉一人，轄防禦二人；玉田防守尉一人，轄防禦二人；順義防守尉一人，轄防禦二人；古北口防守尉一人，轄防禦二人；永平防守尉一人，轄防禦二人；喜峰口防守尉一人，轄防禦二人；冷口防守尉一人，轄防禦二人，兼轄羅文峪防禦一人；獨石口防守尉一人，轄防禦二人，兼轄千家店防禦二人；興京城守尉一人，轄防禦四人，兼轄撫順防禦四人；開原城兼轄之鐵嶺，防禦四人；牛莊城防守尉一人，轄防禦三人；蓋州城防守尉一人，轄防禦三人；盛京水師營，協領一人，四品官三人，轄防禦四人；德州城守尉一人，轄防禦四人；太原城守尉一人，轄防禦四人；右衞城守尉一人，轄防禦四人；莊浪城守尉一人，轄防禦五人；木蘭圍場，總管一人，翼長二人，轄防禦八人。盛京法庫邊門防禦一人，彰武臺邊門防禦一人，松嶺子邊門防禦一人，新臺邊門防禦一人，白石嘴邊門防禦一人，梨樹溝邊門防禦一人，明水塘邊門防禦一人，清河邊門防禦一人，九關臺邊門防禦一人，白土廠邊門防禦一人，汪清邊柵防禦一人，威遠堡邊柵防禦一人，英額邊柵防禦一人，吉林巴彦鄂佛羅邊門防禦一人，伊通邊門防禦一人，克爾素邊門防禦一人，佈爾圖庫邊門防禦一人。其與佐領兼設者，密雲十六人，山海關八人，張家口十人，熱河二十人，盛京城十人，熊岳城七人，開原城六人，遼陽城七人，復州城七人，金州城七人，鳳凰城七人，岫巖城七人，廣寧城三人，吉林城二十四人，伊通二人，額穆赫索羅一人，打牲烏拉城四人，寧古塔十二人，琿春城四人，伯都訥城八人，三姓城八人，阿勒楚喀城八人，拉林城二人，齊齊哈爾城八人，墨爾根城八人，黑龍江城八人，青州十六人，開封十人，綏遠城二十人，江寧四十人，京口十六人，福州八人，又水師營二人，杭州二人，乍浦八人，荆州五十六人，西安四十人，寧夏二十六人，涼州十人，成都二十人，廣州三十二人，又，水師營，二人，伊犁惠遠城四十人，惠寧城十六人，烏嚕木齊二十四人，巴里坤八人，古城八人。凡各處佐領、防禦所屬驍騎校，九百九十八人，熱河前鋒校，十人。守衛陵寢亦如之。永陵，總管一人，翼長二人，轄防禦十六人。福陵，總管一人，翼長二人，轄防禦十六人。昭陵，總管一人，翼長二人，轄防禦十六人，昭西陵，防禦十六人；孝陵，總管一人，翼長二人，轄防禦十六人，孝東陵，防禦十六人，昭西陵、孝東陵事務，統以孝陵總管、翼長。景陵，總管一人，翼長二人，轄防禦十六人；景陵皇貴妃園寢，防禦四人；景陵妃園寢，防禦八人。泰陵，總管一人，翼長二人，轄防禦十六人；泰東陵，防禦十六人；泰陵妃園寢，防禦八人。裕陵，總管一人，翼長二人，轄防禦十六人；裕陵妃園寢，防禦八人；端慧皇太子園寢，防禦八人；孝淑皇后陵寢，總管一人，翼長二人，轄防禦十六人；妃園寢，防禦八人。凡防禦所屬驍騎校，二十一人。打牲佐領，九十有七，黑龍江將軍所屬打牲處，總管三人，副總管十六人，轄索倫佐領四十七，達呼爾佐領三十九，鄂倫春佐領六，步軍鄂倫春佐領五，共佐領九十七人，所屬驍騎校九十六人。游牧佐領，百有七十。察哈爾，都統一人，即以張家口都統兼任，副都統一人，總管八人，參領、副參領十六人，轄察哈爾佐領六十三、科爾沁佐領七、烏拉特佐領三、茂明安佐領四、蘇尼特伊蘇特佐領一、喀爾喀佐領三、巴爾呼佐領十五、額魯特佐領十八、新額魯特佐領六、凡佐領一百二十人，所屬親軍校八人、護軍校一百二十人、驍騎校一百二十人、捕盜官八人。黑龍江將軍所屬呼倫貝爾，副都統銜總管一人，索倫巴爾呼，總管二人，副總管四人，轄佐領二十四；新巴爾呼，總管二人，副總管四人，轄佐領二十四；額魯特，總管二人，轄佐領二，凡佐領五十人，所屬驍騎校五十二人、額魯特護軍校二人。凡隸駐防者，以在京之佐領統焉。駐防官兵，皆統於在京之原佐領下，歲終，將在京各旗更換佐領名數，彙咨各省駐防。〇以編審之法，周知丁壯之數。凡生子女，則告於所司，官員、兵丁、閒散人等，生有子女，逾月，報佐領註册，至十歲，由佐領、參領以報於都統註册。各省駐防及外任文武官，各由該管衙門呈報。三年乃編審焉。編審人丁，三年一次。在京，由佐領編審造册，在屯，派領催赴屯查覈，陵寢各衙門及各省駐防併外任旗員家口，各由該管官編審造册。凡丁册，各具二分，佐領、驍騎校、領催，皆於册内列名，開寫保結，鈐用都統印信，在京丁册，一存旗，一存户部；駐防丁册，一存户部，一咨旗覈對畢，併存户部。自十有六歲以上，皆登於册，凡壯丁，以十六歲爲準，及歲者皆入册，比較舊册，應增、減者，皆聲明焉。而書其氏族、官爵，無職者，曰閒散某。凡父兄、子弟、兄弟之子與其家奴，皆書焉。每户書某氏某官，上書父兄官職、名字，旁書子弟、兄弟之子及户下家奴姓名，未任者，書閒散某。幼丁之食俸餉者，亦如之。官員子弟，有職任者，不論已、未及歲，俱准分户養育。兵之未及虞者，亦入丁册。○凡户之别，曰另户，官員、兵丁、閒散丁册，内書另户某人、另户人之子弟，俱作另户分編。曰户下，家奴，或係契買，或係從盛京帶來，或係帶地投充，或係乾隆元年以前白契所買之人，俱於本名下註明，編入另户本主人户下。户下之開户者，亦爲另户。户下人，或在軍營出力，或因技藝出衆奉旨入册者，其本身及父子、親兄弟俱開爲另户。遷移，則均其數。佐領内，如有越旗移置閒散，多寡不一，每五年或十年，都統、副都統將丁數均齊。如遇領催、馬甲等缺，即於均齊旗分内挑補，駐防分四旗者，即於四旗内均齊，分八旗者，即於八旗内均齊。其新滿洲、索倫、達呼爾人等，移駐來京者，按伊等原處旗分編入在京旗分户口較少之公中佐領下管理。有罪者，削之犯罪，應刺字者，即削除旗籍，逃亡在外，受雇傭工及被獲發遣在配，怙惡不悛者，亦如之。凡削除本身旗籍，其子孫仍入丁册。重，則削其嗣。犯行竊、計贓，逾貫行同積匪者，併子孫削除旗籍。辨民人，若户下人之混冒者。民人投充入旗檔者，造丁册二分，一咨户部，一交原籍地方官備案，其弟兄、叔姪不得混入。如抱養民間子弟，指稱歸宗，私入旗檔者，除治罪外，仍歸民籍。其私出爲民之人，查係根底不明，旗、民兩無可考者，亦入民籍。又，民人之子，自幼隨母改嫁於另户旗人者，俟成丁後，仍入民籍。如旗下家人之子隨母改嫁於另户旗人，民人之子隨母改嫁於旗下家人及家人抱養民人之子爲嗣，均以户下造報。如另户旗人抱養民人之子及家人之子爲嗣者，罪之。凡漢軍之出旗爲民者，定其所居之府、州、縣而編籍焉。漢軍，除職官外，其兵丁、閒散人等，願改入民籍者，在京，呈明本旗，在外，呈明該管督、撫、統，由本旗造具家口清册，轉行入籍省分，收入民籍，按其成丁人口，給以鈐印、手票。如入順天府屬籍貫者，本旗造册，派員帶領入籍人口交順天府查收、編管。其由京赴各省入籍者，本旗給以執照，沿途查驗，至入籍地方，繳换手票，以憑稽查。其另記檔案養子開户人等，出旗爲民者，亦如之。○設族長，以教其族人。每佐領下，各設族長管束同族之人，其獨户小族，即令兼管，由都統於男爵以下，世職官及舉人，貢、監生員，護軍、領催内揀補。凡繼嗣，則審其序，旗人無子者，以同宗昭穆相當之姪承繼，先儘同父周親，次及五服之内，如俱無，則擇立遠房。族長及族人，暨其本生父，出具甘結，參領、佐領加具印結，准其過繼，列入丁册。駐防，則由該將軍等取具，本管官及族人甘結，咨在京旗分，由本旗查覈丁册，加具族長甘結及參領、佐領印結，准其過繼。凡子，已婚而故及已聘未娶而其媳能守志者，與未聘娶而因出兵陣亡者，皆立繼，如無可繼，則仍爲其父立繼，如繼子不得於所後之親，許其另繼。凡孀婦擇立之人，其本房願繼者，取具族長及合族甘結，無論獨子出繼及一人承兩房宗祀,皆聽。歸宗亦如之。立嗣後,如所繼之父母有子,所生之父母無子及不得於所後之親,欲歸宗者,查取兩族保結,併參領、佐領印結,俱准其歸宗。其另户旗人之子,隨母改適,撫養成丁,其有子、母不能相離,兩家情願依倚者,仍將本人造入本宗丁册。如自幼給與開户、户下家奴及民人撫養,後有指稱,原係另户,請歸宗者,不准行。正其氏族,滿洲、蒙古姓氏,各有源流,其書寫漢字,惟取清語之對音者,不得書漢姓字樣,如鈕祜禄姓之譌爲郎姓者,皆禁之。凡引見人員,俱於緑頭牌内繕寫姓氏。引閱秀女亦如之。與其名。旗人命名,以清文意義書寫,其書寫漢字,惟取清語之對音者,不得擇用纖麗字面及將首一字用漢姓,字面或數代通以一字爲首,其有以漢字命名者,書寫清字,亦以對音字,聯貫書寫,不得分寫單字。凡各陵名,清語如恩特和墨、瑚圖靈阿、額勒登額、孝順阿、安巴靈武、額勒和托謨宏武等字面,官員、兵丁皆不得以此等字命名。至各陵名漢字,如有以景字、泰字之類命名者,其下一字不得用齡、林等兩音相叶之字。凡襲官,則列其家譜。承襲世職及佐領,皆繕家譜進呈,其一譜不能盡者,即繕兩譜。○凡文武官子弟之充執事者,自十有八歲以上,皆與選。挑取各項拜唐阿,於在京大臣官員子弟内,將未得差使之閒散、捐納監生、天文生、捐納候補筆帖式及各項小京官,考取候補,各館謄録官年十八歲以上者,咨送挑選。外任旗員子弟,文職知府以上,武職副將以上,駐防副都統以上,除不准挑哈哈珠子外,俟及歲時,亦送京挑差。至内、外大員子弟,每五年,由軍機處開列名單進呈,奉硃筆圈出者,引見,或授侍衛,或授拜唐阿,其年限亦如之。其挑選哈哈珠子,則自十一歲以上,十三歲以下,皆與選。隨任者,及歲,則歸旗,留者,限以制。旗員授外任,其子弟已及十八歲欲隨往者,具呈都統奏請,其未及歲者,將年歲報明本旗存案,俟及歲時,催令回旗。若及歲後,仍欲留侍幫辦家務者,咨明本旗,轉咨吏部、兵部,歲終,由部覈實彙題。凡文職知府以上,武職總兵以上,駐防副都統以上子弟之及歲者,准留一人。其由京補放協領、城守尉之子弟,願存該處當差者,聽。○凡秀女之及歲者,三歲而一選。應選者,具名册、名牌而引閱焉。滿洲、蒙古護軍、領催以上,漢軍筆帖式、驍騎校以上女子皆與選,三年一次。先期,取具族長保結,參領、佐領再加查覈造册,彙咨户部,由户部將年若干以上者,備選之處,奏請行知。其隨仕及駐防應選之女子,由本旗行文各省,令於年内到京,俟到齊後,由本旗彙總奏請,另行選閱。有殘疾者,由都統驗明,停其送選。其外任,文職同知以下,武職游擊以下,駐防三品以下官員隨任之女,皆免。其送選,如有隱匿者、遺漏者及私自聘嫁者,分别治罪。記名,則覆閱。秀女閱選畢,將記名數目請旨覆閱,不記名,乃聽其婚嫁。凡宗室近支,則指配焉。嘉慶五年諭:朕綜理庶務,皆率由舊章從前,皇考高宗純皇帝,每次挑選八旗秀女時,特派王等於聖祖仁皇帝派衍二十四近支宗室内,查明應進緑頭牌者指配,今朕挑選秀女,自應遵照此例,於世宗憲皇帝派衍近支宗室内,按其世系指配,著將此旨交派出王等,嗣後應行呈進宗室等名次。惟於世宗憲皇帝派衍近支宗室,繕寫緑頭牌,照例呈進,俟朕挑選秀女時,酌量指配,永著爲令。其不得與,則俟再選。應選之女子,屆期適有事故,不及送選,年未及歲者,俟下次選驗。若十八歲以上,至二十歲者,本旗查明遲誤緣由,具奏,或補行送選,或即令許聘,請旨遵行。惟公主之女,不與選。如其母爲宗室覺羅之女,則令聲明。皇后、妃、嬪之娣姪,則别其班。皇后、妃、嬪之姊妹及親兄弟、親姊妹之女,另爲一班,於各本旗第一班帶領。凡秀女之出、入,頒其門禁。選看秀女之日,令本旗領排章京等,按照原排次序,將車輛領至神武門外東栅欄,交領排太監。引閲畢,仍照原排次序,由宫門送出,令吏部及本旗章京等公同看視,在甬道之西上車,由西栅欄放出。其北上門兩栅欄,令步軍營官兵嚴行管束,前鋒統領、護軍統領帶領官兵禁約内外,閒人毋得擁擠。是日,自王以下大臣官員,皆由東華門、西華門行走,不准出、入神武門。○凡官兵、閒散之出境者,驗其符信,定其程限。旗人告假,前往近地及口外游牧等處者,呈明該管官係因何事、前往何處及告假限期,詳晰聲明,存記檔案。係官,由都統咨兵部給與路引,係領催、馬甲人等,由參領給與印票,前鋒、護軍及各處執事人,俱憑本處來文給票,係閒散,由佐領給與圖記印票,所往之地與其呈限,均註於票。其往外省者,官兵均咨兵部給引,回日,將引票繳銷。如逾限不回及回後不繳引票,或不告假而私往,暨往而非所指之地者,係有職人,分别議處,無職人,分别鞭責。屯居旗人,有來京及往他處者,由管屯領催報明,酌量給限,仍每月彙報州、縣,如逾限不回,該州、縣申報理事同知,行查所往之處,有故意逗遛及潛往他處者,分别治罪。如有私自出境,屯領催不報明者,照領催例治罪。駐防旗人,因考試、襲爵、承廕、赴選、省親等事來京,該管官取具本人三代年貌册,咨明本旗,另具印文,併將年貌註明,給本人齎投。外省隨任子弟有事來京者,係大臣子弟,即由父兄具册咨旗,餘官子弟,申報該管上司轉咨,各具印文,給本人齎投,並如前例來京。事畢,仍回本處者,本旗行知該省,另具咨文,給本人齎呈該管官覈驗。如不候給咨,私自往來及領咨而另往他處,并該管官留難不給咨者,均分别議處。若外任,若駐防之歸旗者,亦如之。外任官及駐防官兵,遇有陞轉、降革應回本旗及家口回旗者,限三月内起程,定其程限。凡有驛站之路,每日行一站,無驛站之路,每日行五十里。將起程之日及家口名數,咨會本旗,到京之日,由旗查明,咨兵部,給回文。其已經回旗者,不准藉端告假,復回原處。如回旗人員中途患病,違限一月,風水阻滯,違限一、二月,不及報明,地方官照領憑赴任人員之例,查覈辦理。如有違限逗遛在外,應行枷號者,按其年月之多寡,以爲枷號之期,若逗遛一年者,即枷號一年。凡旗員及家口回旗,由該省給與護牌,沿途營汛黏貼印花,按家口人數多寡,酌撥兵役護送。其由駐防回旗者,給與勘合陸路車價、水路船隻,俱照駐防出京之例給與,降調者,照所降之級給與,革職者,照馬甲之例給與。按家口實數,給以口糧,該管將軍等查明,填給照驗,移取糧單,沿途給付。就養者,覈其親屬。凡有子姪外任,懇請留養者,照子弟隨任之例,詳明各上司，由督撫覈實，咨明本旗，查係並未當差者，准其留養。出差人員，其父兄同往者，在京，由本旗奏明，在外，由督撫咨部彙題。駐防退休官兵及孀婦家口，例應回京者，其兄弟子孫，或兄弟之子居官、當兵，或有家人當兵，足以養贍者，亦准留養。如彼處無可養贍之人，懇請就依京中子嗣者，該管將軍大臣等查明，令其自備資斧，回京就養。逃，則遞逃牌，投遞逃牌，在京者限五日，二百里以内限十日，四百里以内限十五日，將姓名、年貌、服色及逃亡日期、有無携帶軍器，並初次、二次、三次詳悉聲明，咨刑部及步軍統領衙門，嚴行緝拏。外省駐防逃人，赴該管之將軍、都統等衙門投遞逃牌，各該衙門轉咨督、撫存案。盛京所屬逃人，將逃牌送盛京刑部存案。別其次數，辨其投回者與其緝獲者。另户旗人逃亡被獲者，初次，鞭一百，二次，枷號一月，鞭一百，三次，發黑龍江等處當差。投回者，初次，一年内免罪，一年外鞭六十，二次，六個月内免罪，六個月外鞭八十，三次，三個月内免罪，三個月外鞭一百三次。後復逃者，不論投回月日，俱鞭一百，仍准其挑補差使。罪應發遣者，如在配安静守法，亦准其挑補差使，儻怙惡不悛及逃亡者，削除旗檔，改發雲貴、兩廣邊遠地方，交地方官嚴加約束。其屯居及各省駐防旗人有逃亡者，俱照此例辦理。至在京及各處旗下另户婦女及旗下家人婦女逃亡者，亦照此例科斷，按律收贖。凡逃人發遣，遇赦釋回者，准挑補步甲，如再有滋事，發往煙瘴地方，永不釋回。旗下家人逃亡者，初次，左面刺字，鞭一百，二次，右面刺字，枷號一月，鞭一百，三次，發吉林等處，給披甲人爲奴。其自行投回者，初次，一年以内，二次，六個月以内，三次，三個月以内，并年在十五歲以下、六十歲以上者，俱免其治罪。盛京旗下家奴逃亡者，初次，枷號兩月，二次，發往伊犁等處，給駐防兵丁爲奴。職官，則以聞。職官及有頂戴人逃亡者，立即具奏通緝，不得捏作常人投遞逃牌。凡幼丁之迷失者，不加刑焉。幼丁迷失，該管官取具本家及族長甘結，咨户部轉行各旗及步軍統領衙門、順天府五城，各飭屬嚴緝姦拐。凡幼丁，年在十五歲以下迷失，即於十五歲以下緝獲投回，或迷失時不知祖、父姓名、住址，後經認回，以及年在十五歲以下迷失，至年長始投回者，俱免其治罪，給付本家收領。○凡買奴僕，具印契、印照而書於册。官兵人等，契買奴僕，報明本佐領，鈐用圖記，赴左、右翼驗明，加給印照，歲終，將身價、户口數目造册，送户部備查。凡正身旗人子女，不許私自典賣，滿洲、蒙古家人，不許賣與漢軍及民人，漢軍家人，不許賣與民人。其東三省官兵，來京買奴僕，由該佐領處立契，於原領進口票内，添載所買奴僕姓名、年貌，以備查覈。打牲壯丁人等，在京買奴僕者，管轄之副總管等，並賣主之佐領，各具保結。如所買係民人，報地方官税契註册。隨任，則定其數，督、撫准帶一百五十人，藩、臬准帶八十人，道、府准帶六十人，同知、通判、州縣准帶四十人，佐雜准帶二十人，臺灣武職，總兵、副將准帶三十人，參將、游擊、都司准帶二十人，守備以下准帶十人，各直省緑營官弁倍之。駐防亦如之。駐防官員買民人爲奴僕者，不得過四人，兵丁不得過二人。没爲奴者，得旨，則分給。罪人妻拏，賞給功臣子孫爲奴者,應嚴加管束。如任外官及駐防外省,將所賞之人帶往,不得聽其留京滋事,違者,從重治罪。入官者,定其價。入官人口變價者,十歲至六十歲,每口作價十兩,六十一歲以上,每口作價五兩,九歲以下幼丁,按年歲作價,未週歲者,不作價。出户,則聽爲民,户下家人,無論印契、白契所買及遠年舊僕,本主念其數輩出力,願放出爲民者,本旗造册取結,咨户部覈對名姓,相符,轉行地方官,收入民籍。而限以進身之制,家奴放出爲民,其子孫准應試、出仕,仍限以制,外官不得至三品,内官不得至京堂。絶户亦如之,絶户家奴,無族主可歸者,本旗查明,實係遠年舊僕,准出旗爲民。贖身者亦如之。契買家奴,本主不能養贍,或念有微勞,願令贖身及絶户家奴,並非遠年舊僕,例不准放出者,皆聽其贖身爲民。禁私買、私贖者。凡有借他人名色認買出旗者,查明治罪,仍給本主爲奴,如有鑽營勢力欺壓孤幼贖身者,給駐防兵丁爲奴,仍追加倍身價給原主。如本主得受身價,放出潛入民籍者,仍准爲民。凡家奴之以罪遣者,不留其孥。家奴滋事,經本主報明本旗,罪應發遣者,其妻亦令帶往,如實有不能帶往者,或就親屬依棲,或聽本婦另嫁,不准仍留服役。○以授地之法,定八旗之世業。凡王公宗室,則有莊地、園地,鑲黄旗宗室,莊、園地三十六頃六十畝,正黄旗宗室,莊、園地一百六頃五十六畝,正白旗宗室,莊、園地三十六頃,正紅旗宗室,莊、園地一千二百四十四頃一十四畝有奇,鑲白旗宗室,莊、園地二千七百十頃十四畝,鑲紅旗宗室,莊、園地二千六百三十頃一畝,正藍旗宗室,莊、園地五千三百十三頃二十四畝有奇,鑲藍旗宗室,莊、園地二千二百五十四頃七十四畝有奇。其由内務府公産地撥給者,不與焉。官兵,則有圈地,凡丈量田地,用步弓,曰丈,用繩,曰圈。鑲黄旗,滿洲,初次給地一萬一千六百三十一頃六十畝,二次給地二千五百三十八頃九十畝,三次給地一千三百十三頃十畝;蒙古,初次給地一千七百九十四頃三十畝,二次給地一千七百頃十畝,三次給地四百十三頃七十畝;漢軍,初次給地二千頃四十畝,二次給地一千一百八十八頃三十畝,三次給地一千五十三頃。正黄旗,滿洲,初次給地四千四百六頃四十畝,二次給地九千一百七十四頃九十畝,三次給地一千八百七十三頃八十畝;蒙古,初次給地七百五十六頃九十畝,二次給地一千一百二十七頃十畝,三次給地一千八百八十四頃六十畝;漢軍,初次給地一千二百七十四頃二十五畝,二次給地一千八百七十八頃七十五畝,三次給地一千六十七頃十五畝。正白旗,滿洲,初次給地五千七百二十七頃三十畝,二次給地三千三百二十六頃七十畝,三次給地四千三百三十四頃十畝;蒙古,初次給地一千二百九十三頃七十五畝,二次給地一千二百四十七頃五十五畝,三次給地一千九十四頃五十八畝;漢軍,初次給地八百六十七頃六十畝,二次給地一千四百六十五頃二十畝,三次給地一千四百三十九頃七十畝。正紅旗,滿洲,初次給地二千一百二十九頃八十八畝,二次給地五千三百十頃八十四畝,三次給地二千一百二十頃七十畝;蒙古,初次給地二百三十五頃六十八畝,二次給地七百六十五頃六十畝,三次給地五百五十頃三十畝;漢軍,初次給地二百七十八頃十畝，二次給地六百四十頃八十畝，三次給地三百七十頃二十畝。鑲白旗，滿洲，初次給地六千二百六十八頃五十畝，二次給地二千六百七十四頃二十畝，三次給地二千二百九十頃二十畝；蒙古，初次給地一千十四頃三十畝，二次給地一千八百六十一頃九十畝，三次給地四百六十六頃十畝；漢軍，初次給地六百九頃，二次給地三百三頃三十畝，三次給地四百六十六頃八十畝。鑲紅旗，滿洲，初次給地一千一百頃七十畝，二次給地五千七百八十七頃十五畝，三次給地二千六百十二頃二十五畝；蒙古，初次給地三十五頃四十畝，二次給地一千三百四十五頃五十畝，三次給地六百四十三頃二十畝；漢軍，初次給地三百七頃八十畝，二次給地六百三十頃，三次給地五百九十三頃七十畝。正藍旗，滿洲，初次給地六千一百九十八頃七十五畝，二次給地三千九百九十二頃七十畝，三次給地二千二百七十九頃四十畝；蒙古，初次給地一千二百三頃，二次給地七百二十三頃九十畝，三次給地七百十一頃六十畝；漢軍，初次給地八百八十三頃九十五畝，二次給地七百三十二頃九十畝，三次給地四百十頃四十畝。鑲藍旗，滿洲，初次給地六千五百二頃八十畝，二次給地二千三百四十頃九十畝，三次給地一千四百六十頃四十畝；蒙古，初次給地一千五百四十八頃三十畝，二次給地二百四十頃七十八畝，三次給地三百二十二頃二十畝；漢軍，初次給地七百五十八頃七十畝，二次給地四百八十三頃六十畝，三次給地四百五十三頃六十畝。盛京各城，旗地十四萬七千五百七十九頃八十二畝，吉林、黑龍江兵丁，各於駐防處所給地墾種。伊犁惠遠城、惠寧城及錫伯部落，各設旗屯，分給官兵、閒散人等。正其經界，丈量旗地，各由本旗將地畝實數，並坐落州縣地方、四至造册，咨户部，轉行地方官存貯。遇有隱匿田畝及旗民互争之案，據册勘斷。有更换業户者，由兩翼監督，於歲終將税過地畝若干，造册咨户部，轉行各處。别其多寡之數。國初定制：王、貝勒等，大莊每所地四百二十畝至七百二十畝不等，半莊每所地二百四十畝至三百六十畝不等，園每所地六十畝至百畝不等。王、貝勒、貝子、公以下，至管領執事人等，各分給莊、園地有差。凡壯丁，給圈地三十畝，參領以下官，給二名壯丁地，尚書、侍郎、都統、副都統，暨騎都尉以上世爵，量加圈地。自定制後，雖增丁不加，減丁不退，官員陞遷不加，已故降革不退。又，新滿洲官兵來京者，按差使之等次而給以地，頭等、二等侍衛，給十名壯丁地；三等侍衛、藍翎侍衛、護軍校、驍騎校，給八名壯丁地；親軍、護軍、前鋒、司鞍、司匠，給六名壯丁地；披甲、拜唐阿、馬上人，給五名壯丁地，按每畝租銀一錢五分之數，減半折給。圈地之入官者，爲公産，歲徵其租。民典旗地，官爲回贖，原業主無力領贖及不准領贖者，并緣事扺追官項入官者，皆爲公産，官爲徵租。若屯地，霸州、固安、永清、新城四州縣，井田改屯地一百五十四頃九十八畝有奇，每户給田一百二十五畝，孀婦給養贍田四十畝。又，入官圈地，於乾隆十六年以前下屯種地者，准照舊承種，每人上地百畝，中地百五十畝，下地二百畝，孀婦給養贍田，上地四十畝，中地六十畝，下地八十畝，皆按則輸租。若牧地，八旗官兵牧場地，坐落畿輔各州縣，皆以次給民開墾，爲恩賞地外，其王公宗室牧場，坐落張家口、獨石口外及山西豐鎮寧遠廳等處，各有原定界址，准其牧放。其節次奏准給民開墾陞科者，每歲按則輸糧，仍分別賞給本王公，地租銀有差。亦如之。絶户，則覈其親屬而給焉。絶户，地畝在一頃以上者，作爲十分，以七分入官，二分給族人祭埽墳墓，無族人者，給本户之親女，次給親姊妹、姪女，再次給親外甥、外孫。如在一頃以下者，槩給三十畝，餘地入官。本户無親屬者，派給家奴二人，看守主墓，如無家奴，將地畝交該佐領，擇人代爲收租、祭埽。出旗，則爲恩賞地。另户漢軍及另記檔案人等，出旗爲民，入籍在三百里以内者，原領之井田及屯種官地，准其隨帶，令地畝坐落之州縣，覈明界址、地數，填給印照，按畝徵租。係井田改屯地，每畝徵穀一斗，係屯種入官地，上地，每畝徵租六分，中地，每畝徵租四分，下地，每畝徵租三分，作爲恩賞官地，於給發串票内註明衹准承種，不准典賣。如典賣於旗人，則聽。有遠徙及絶户，撤地歸公。凡民地之投充者、投充人丁帶來地畝，即照圈地之例，歸入旗籍，典賣，悉由本主自便，家奴不得藉稱投充，措地不交。典賣者，旗人典買民地，一體按則輸糧。官地之撥補者，開濬河道佔用旗地，於興工前丈明地畝數目，撥補。其開挖泡子，減半折給。皆世守焉。○凡田租，皆定以額，禁其長租者與其增額者。租銀，每畝三錢以上者，爲頭等地，自二錢至二錢九分九釐者，爲二等地，自五分六釐至一錢九分九釐者，爲三等地，自一分至五分五釐者，爲四等地，佃户按年交租。若豫交租過三年者，爲長租，照私典旗地例，業户、佃户均治罪。凡民人，佃種旗地，地雖易主，佃户仍舊。如佃户拖欠租銀及業户欲自種者，皆令退地。若業户無故奪佃增租者，有禁。○定第宅之等，國初定制，王、貝勒、貝子、公、侯以下，官兵房屋、臺基、門户、牆垣，高、廣尺寸，儀飾、繪畫，各有制度，不得逾越。賜宅，自一品以下至領催、馬甲，間數多寡，各有差，詳見工部。分其方位，房宅，俱按本旗地方居住，若遇調遣更地，願仍住原處者，聽。辨其價值。房屋分六等，一等房，每間折價百一十兩，二等房，每間九十兩，三等房，每間七十兩，四等房，每間五十兩，五等房，每間三十兩，六等房，每間二十兩，凡給官地建屋，均照此例折價。東三省、新滿洲官兵來京者，頭等、二等侍衛，給銀六百兩，三等侍衛、藍翎侍衛，給銀四百兩，前鋒、護軍、各項執事人，給銀二百兩，以爲房屋及器具等項之費。兵丁之别爲營者，則建營房，城外舊營房、新營房，暨圓明園八旗護軍營外，火器營、健鋭營各蓋造營房，撥給官兵居住，屯居及各處駐防，皆如之。有故，則撤。因罪革退差使者，將原給官房撤出。如陞、除官職，另置房屋，不願居住者，聽。設租房，以裕其息。每旗各設取租官房，令調旗管理。鑲黄旗官房，派正白旗官員管理，正白旗官房，派鑲黄旗官員管理，鑲白旗官房，派正藍旗官員管理，正藍旗官房，派鑲白旗官員管理，正黄旗官房，派正紅旗官員管理，正紅旗官房，派正黄旗官員管理，鑲紅旗官房，派鑲藍旗官員管理，鑲藍旗官房，派鑲紅旗官員管理，所有房租，仍交原領官房之旗備用。凡房屋之臨衢巷者，無隙地，旗房臨街者，俱令聯絡整齊，有損壞者，隨時修理，不得拆毁，留存空地。辨其自修者與官修者。各旗營房，遇有應修處所，令住房之人修理。如實係年久，牆房倒塌，兵丁力不能修者，該管官確實查明銀數，逾二百兩者，奏請修理。取租官房應修者，隨時呈報本旗大臣，咨明工部，料估修理，不准私修，扣租抵價。凡因雨水傾圮，特恩賞給銀兩修理兵丁房屋者，不爲例。其各省駐防官房，皆隨時自行修理。○凡買房地者，報於左、右翼而輸税焉。官兵、閒散人等置買房地，呈明本管佐領，按旗分於左、右兩翼，監督衙門納税過契。其典契已過十年，原業主不能回贖者，亦如之。典者，記於册。房地典置者，以十年爲率，報明本管佐領記檔，回贖時銷檔。在官者，辨其全價、半價與其先後，官地，分四等，頭等地，每畝價銀一兩六錢，二等地，每畝價銀一兩二錢六分六釐有奇，三等地，每畝價銀六錢。官房，則覈其估價、契價之數，如官估浮於契載，則從官價，契載浮於官估，則從契價。承買房地者，以具呈先、後爲定，同日具呈者，先准現交全價之人，次准先交半價之人，如俱無，方准坐扣俸餉，年近之人交價及扣俸餉同者，掣籤。凡承買入官房地，皆不納税。定典賣之限。入官之契典房地，原業主願回贖者，限一年完交。其家奴典買伊主旗地，續經自首，官爲回贖者，聽伊主交價認領。如係賣出之地，令交足全價，方准認領，係典出之地，准於俸餉内分五年扣交，典與别姓家奴者，亦如之。若賣與别姓家奴者，將地畝作爲公産，不准認領，亦不准他人承買。其以俸餉抵者，官地無過五年，凡地價，准分五限，無論銀數多寡，俱限五年完結。如俸餉不敷者，先交不敷銀。係契典地畝，緣事入官，原業主指俸餉扣贖者，銀數在二百兩以下，限一年坐扣，二百兩以上至五百兩，限二年坐扣，五百兩以上至一千兩，限三年坐扣，一千兩以外，限五年坐扣。官房無過八年。凡房價，無論全扣、半扣俸餉，價在一千兩以下者，限五年坐扣，一千兩以上者，限八年坐扣。凡旗産，典賣於民人，若户下人，則入官。圈地自清查後，典賣於民人及典賣於家奴，或借家奴莊頭、側户人等名色置産者，皆以私典、私賣論，除按律治罪外，將地畝價銀入官。出旗爲民之漢軍及另記檔案養子開户人等，隨帶旗地典賣者，亦如之。在京、在屯旗房，不准民人典買，如家人典買自住者，聽。其取租官房，無論家奴、民人，俱不准典買，違者，追價入官。凡入官房地，俱照契價，以十一議租，如契價百兩，議准租銀十兩，仍减去一成三分，實徵銀八兩七錢。其有因地畝過瘠，不能如數議租，計租銀百兩，短在十兩以内者，聽。凡塋地，則以三而易一焉。指换官地，作爲墳塋者，以自置地三畝换官地一畝覈計。自置地租與官地，租息有贏無絀，准其兑换。領贖，則定其等。官贖旗地，内有原業正身墳塋、祭田，請回贖者，三品以上官，不得過二頃，四品以下官，不得過一頃，兵丁、閒散，不得過五十畝。其緣事入官地，墳園、祭田數在三頃以下者，准其給還，若三頃以上，除給還三頃外，餘皆入官。凡承追官帑，各分其限，應追官項，除奉旨定有期限完繳外，其餘銀數在三百兩以下者，於文到日，限半年完繳，三百兩以上至一千兩者，限一年完繳，一千兩以上至五千兩者，限四年完繳，五千兩以上，限五年完繳。以產抵者，地準其租，以地畝抵帑入官者，無論典買，均令將原契、原價、原租各數呈報，按其租數定價作抵，通以一分三釐之息爲斷，佃户輸租，則減一成三分，以庫平銀色徵收。屋準其價。以房屋抵帑入官者，準以官估價值。凡借支者、浮支者、豫支者，皆覈其應追、應賠、應免之數，而定其款。出征官兵，豫借銀兩，如因病存留，或途中患病，或至軍營後患病撤回，隨即痊愈者，照數追繳，俸賞銀兩亦如之，如陣亡及受傷亡故者，俱豁免。兵丁出差及隨圍，豫支路費銀兩，如因病存留，或中途患病撤回，計日扣繳，病故者，豁免。屯防官兵浮支銀、米亦如之。兵丁緣事革退，其長支銀、米，如在檔册過部之後、關支之前革退者，槩令追繳，在關支之後革退者，豁免。逃亡兵丁長支錢糧，以逃亡之日爲始，餉銀按日追繳，餉米按月追繳，如本人名下力不能繳，令佐領、驍騎校分賠十分之六，參領分賠十分之四。

欽定大清會典卷六十八

○頒卹賞之式。凡紅事、白事，賞俸給於部，賞銀給於旗。世職公、侯、伯、子，紅事給俸四十五兩，白事給俸六十兩；男爵，紅事給俸四十兩，白事給俸五十兩；輕車都尉，紅事給俸三十兩，白事給俸四十兩；騎都尉，紅事給俸二十五兩，白事給俸三十五兩；雲騎尉，紅事給俸二十兩，白事給俸三千兩；恩騎尉，紅事給俸十兩，白事給俸二十兩；三品官，紅事給俸三十兩，白事給俸四十兩；四品官，紅事給俸二十五兩，白事給俸三十五兩；五品官，紅事給俸二十兩，白事給俸三十兩；六品官，紅事給俸十五兩，白事給俸二十五兩；七品以下官，紅事給俸十兩，白事給俸二十兩。凡旗員，紅事賞俸，咨户部請領，遇有白事，查與應給賞俸之例，相符即於旗庫存貯兵丁紅白事件賞銀内先行給發，再行取户部庫銀補還款項。惟驍騎校、護軍校、親軍校、前鋒校、庫使、各衙門繕本筆帖式應給銀兩，均由旗庫頒給。其兵丁及各項閒散人等賞銀，領催、親軍、前鋒、護軍、食四兩錢糧兵丁及各項執事人，休致前鋒校、護軍校，原食四、五兩錢糧老病殘廢裁餉及永食半餉人，紅事給銀十兩，白事給銀二十兩；馬甲、閒散進士、候補文武微員、休致官員，停俸世職、應襲世職因殘疾給食錢糧人，食三兩錢糧兵丁及各項執事人，原食三兩錢糧老病殘廢裁餉及永食半餉人，紅事給銀六兩，白事給銀十二兩；養育兵、閒散舉人，貢、監生，生員、官學生、食一兩公費貼寫繕本筆帖式，食二兩以下錢糧兵丁及各項執事人，革職勒休官員、食餉鰥寡孤獨，原食二兩以下錢糧老病殘廢裁餉及永食半餉人，暨閒散人等，紅事給銀四兩，白事給銀八兩。凡兵丁紅白事件銀兩，滿洲旗分每月需銀七百兩，蒙古旗分每月需銀三百兩，漢軍上三旗每月各需銀三百兩，下五旗每月各需銀二百二十兩，按季赴户部支領，存貯旗庫，所領一季銀兩，如有盈絀，於下季找抵。兵丁人等遇有紅事，先期呈明都統請領，遇有白事，佐領、驍騎校、領催、族長等出具鈐記保結，先赴庫支領，補行呈明都統。凡官員之祖父母、父母病故，其祖父不在請賞之列者，俱照子孫品級賞給。子孫多者，准照一人品級賞給。其原在應得賞俸之列者，不准援子孫官請賞。娶妻及本身妻室病故，俱照本身賞給。官員之子病故，其子不在得賞之列，如年在十六歲以上者，准照其父品級賞給。娶媳及媳故亦如之。銜大俸小者，照所食俸之品級賞給，賞銜食俸及額外行走官員、休致食全俸官員，俱照品級賞給，食半俸休致官、世職官、降革留任官、折罰半俸之世職官,俱照原品減半賞給。現食錢糧人等之祖父母、父母病故,其祖父不在請賞之列者,准照子孫所食錢糧賞給,子孫多者,視其應得之一人賞給。娶妻及本身妻室病故,亦如之。嫁女,則視其父所食錢糧,如無父,視其同胞伯叔、兄弟、承辦其事之人,如俱不在得賞之列者,照養育兵例賞給。養育兵娶妻及本身妻室病故,視其父所食錢糧,無父,則視其兄,如父、兄俱無,或俱不在得賞之列者,照本身賞給。告退及休致不食俸官員、因病停俸世職本身及妻故,視其子孫所食錢糧,如無子,或子幼未當差者,照馬甲例賞給。革職勒休官員本身及妻故,亦視其子孫所食錢糧,如無子,或子幼未當差者,照養育兵例賞給,革退兵丁亦如之。閒散進士及候補、候選微員娶妻,則視其父所食錢糧,如無父,則視其胞兄,如父、兄俱不在得賞之列者,仍照馬甲例賞給。閒散舉人,貢、監、生員,官學生娶妻,則視其父所食錢糧,如無父,則視其胞兄,如父、兄俱不在得賞之列者,仍照養育兵例賞給。自幼殘廢及未經挑差之閒散,本身、妻室病故,視其子孫所食錢糧,如無子,或子幼未當差者,照養育兵例賞給。娶妻,則視其父所食錢糧,如無父,則視其胞兄,若父兄俱不在得賞之列者,仍照養育兵例賞給。孀婦病故,視其子孫所食錢糧,如無子,或子幼未當差者,其夫原係職官,照領催例,係告休職官,照馬甲例,係革職勒休官員,照養育兵例,係食餉兵丁及因病告退者,照伊夫原食錢糧賞給,係革退兵丁及閒散人等,俱照養育兵例賞給。陣亡無嗣官員之妻、食終身半俸者病故,照領催例賞給,陣亡兵丁之妻、食終身半分錢糧者病故,照原食錢糧賞給。官員、兵丁生有子嗣之妾,在夫後病故者,照伊子應得之例賞給。凡在京文職副都御史以上,武職副都統、散秩大臣以上及外任官員、盛京陵寢官員,並屯莊居住人等、下五旗包衣人等,暨步軍匠役由户下人挑補者,俱不准請賞。其各處駐防賞例,歲於地丁項下估撥,俱照在京八旗應得款項賞給。官兵之退休者,有軍功,則給俸餉。三品以下武職官員告休,分别軍功、年歲,按原品給全俸,或半俸銀米,或半俸之半,文職,則減原品一等。一、二品武職大臣,因老病自行奏請休致,奉旨允准者,應否給俸,由兵部請旨。東三省人員請給俸者,如應給全俸,則減爲半俸,應給半俸者,給與半俸之半,應給半俸之半者,再減半。出征兵丁,因殘疾駁回者,如係打仗殺賊受傷者,列爲頭等,打仗殺賊者,列爲二等,尋常行走者,列爲三等,分别給與養贍錢糧。在京八旗兵丁,因老病告退,如曾在軍前打仗立功者,月給銀一兩、米一斛,若曾在軍前行走並未打仗立功,查係實無倚賴者,月給銀一兩。東三省兵丁,曾在軍前打仗立功者,亦如之。孀婦之守節者,亦如之。官兵病故,其妻守節者,照伊夫原食俸餉之半支給週年。如伊夫係原品休致,給半俸半餉者,准照原食整俸整餉之半支給。如伊夫係陣亡者,照原食俸餉之半支給終身,有子者,俟伊子當差所食銀、米足抵半俸半餉之日,即行停支。如無妻而父母在者,亦如之。世職官病故,因無人承襲,將世職註銷者,其妻照伊夫原職給與半分銀、米養贍終身。如妻故而母尚在,或母、妻俱故而原立官之人尚在,或其妻尚在者,亦如之。現任世職官及因病停俸世職官病故,其妻照伊夫原職支給週年半俸銀、米,如子孫及夫之親兄弟承襲者,即行裁扣。匱乏,則貸以帑。驍騎校准借庫銀三十兩，親軍校、前鋒校、藍領長如之，領催弓匠、族長准借銀二十兩，親軍、前鋒、護軍如之，馬甲弓匠准借銀十六兩，月以五釐爲之息，按月於應支錢糧内坐扣。每月，左翼四旗於初九日開放，右翼四旗於初十日開放，各處駐防官兵因公差遣及不得已之事，均准借官項，免予計息，於每月應得俸餉内，分二年扣還。如借過二次，扣完過一、二次者，准其再借，三次全未坐扣者，除白事外，不准再借。官兵衙署房屋，查係倒塌不堪者，准其借項修理。官兵之出征者，亦如之。出征官兵，未進兵之前，頭等侍衛、護軍參領等，每人借銀四十兩，二等侍衛、副護軍參領等，每人借銀三十兩，三等侍衛、藍翎侍衛、委署護軍參領等，每人借銀十兩，前鋒、護軍等，借銀六兩，侍衛、章京於俸銀内分二季扣還，護軍校、前鋒、護軍等於所食錢糧内分六月扣還。其有陣亡及受傷病故者，俱豁免。定孤寡之養贍。鰥寡孤獨人等，查明實無倚賴者，照養育兵之例，月給養贍銀一兩五錢，係滿洲、蒙古，歲給稜米一石六斗，係漢軍，不給米。孤女之無依者，亦如之。凡鰥寡，皆養贍終身。如有子，俟及歲食餉之日即裁汰，孤子，俟挑補養育兵即裁汰，孤女，俟出嫁即裁汰。凡孀婦内，如有親翁、親伯叔兄弟係現任五品以上武職、六品以上文職及外任官，暨翁姑子媳親孫現食錢糧，並有房地者，又孤子内有母現食恩賞錢糧者，俱不准給與養贍錢糧。盛京，額設寡獨五十六缺，將極貧者挑補，每人歲給銀二兩，其餘各處駐防，每人月給錢糧，自銀一兩五錢至銀五錢、錢六百文不等。旗租之入官者，歲終則普賚焉。官贖圈地，除存留内務府、圓明園、太常寺等處公用租銀，並滄州兵餉、祭祀留支、新滿洲官兵地租銀及屯户、網户地畝外，其餘每年所收租銀，普賞八旗兵丁一月錢糧，按照各旗應領餉銀覈計，每旗應分銀自六千二百五十餘兩至二萬六千四百餘兩不等，其不當差之養育兵及下五旗包衣，不與焉。歲終，由旗造册具結，咨户部覈給。凡公費，則頒其數。八旗公費，滿洲旗分，每年留房租銀一千兩，蒙古旗分，每年留房租銀三百兩，漢軍旗分，每年留房租銀五百兩，作爲公費。凡備辦家譜、摺匣，奏銷黄册各項册檔，印房公費，官學、義學公費，置辦印箱、印袱，拉載冰水車脚，修補官房，丈量地畝，添設堆撥，修製軍械，派往各處駐防官兵賞給銀兩，由京補放吉林、黑龍江等處官員路費銀兩，官員、兵丁隨圍出差路費銀兩，均於留旗房租内支用，歲終，將用過實數恭繕黄册奏銷。凡護軍營，每月公費銀十四兩，前鋒營，每月每旗公費銀三兩五錢，火器營，每月每旗公費銀二兩，嚮導處，每月公費銀一兩三旗，虎槍營，每月公費銀一兩，景運門檔房，每月公費銀一兩，鐵匠局，每月公費銀十兩三錢，均於滿洲旗分公費銀内支給。新營房、舊營房公費，每月於滿洲旗分各撥銀三兩，蒙古、漢軍旗分各撥銀一兩分給。○乃施教法於其屬，定其儀制，旗人遇有婚喪事，均報知佐領、族長，服飾、儀衛俱照定例，不得違例僭用。官兵人等，不得僭用黄色、五色龍緞、立龍緞團龍補服及錯用頂馬、錫胸、懸纓，違者，分别議處治罪。凡旗人服制，居父母、祖父母之喪及承重者，俱持服百日；本生父母之喪，持服兩月；親伯叔父母、親兄弟、慈母、妻、已授室之子，持服一月；同居治喪者，持服兩月。親伯叔祖父、親伯叔祖父之子、親兄弟、庶母、親伯叔之子、親兄弟之子、親子婦、已授室之孫，出殯後七日當差；親伯叔祖母、親伯叔祖父之子婦、親伯叔祖父之孫、親弟婦、親伯叔之子婦、親兄弟之子、親兄弟之子婦、親孫婦，出殯後當差。族人故者，不持服。申其訓誡。官兵、閒散，務令崇立品行，敦尚樸素。凡忠孝節義，俱准旌表。平時演習清語、騎射以爲根本，每月關餉之日，令識字，領催宣讀《聖諭》《廣訓》一、二條，以相儆勸，並禁服飾華麗、重利借債、酗酒滋事、不戴翎頂、街市閒游、私入園館、狎比優伶、設局賭博、傳習天主邪教等事。嘉慶十六年，頒示御製，訓諭八旗，簡明語曰：

八旗子弟，國之世僕也。百有餘年，英才輩出，不可勝紀。然生齒日衆，間有失於教訓之子弟，又遇不肯爲國家作養人才，祇知户禄保位之都統、副都統，加之以作奸犯科、開局哄騙之莠民，以致趨於下流，甘爲卑污，如蛾投火，不知改悔，惟圖片時逸樂，罔恤一世身家，深可懼也。奸匪棍徒，多方引誘，最可恨者，無如聚賭蓋開局之惡棍，其意總在斂錢，受其愚弄昏迷不覺，誠可哀也。好賭之人，其弊有五：爲我八旗子弟言之，食禄於朝，罔知節儉，妄希恩澤，終至困窮，其弊一也；上不能供父母之甘旨，下不能顧妻子之飢寒，其弊二也；學文習武，俱缺資本，終爲無用之人，其弊三也；一入賭局，有敗無勝，典賣之物，既窮偷竊之心頓起，其弊四也；偶爲鼠竊，未犯王章，膽益放恣，卒致身名皆喪，其弊五也。此五弊，賢者，必不犯，不肖者，必不改，特書此數語，誕告八旗，務令家喻户曉。爾都統、副都統七十餘員，何忍視國家有用之子弟，半爲無用之匪徒，不爲朕加意訓導耶！諸臣中，能盡一分心力，國家受一分之福，八旗子弟，覯朕此旨，能翻然改悔，日引月長，皆復舊習成佳士，誠國家之大福也。若諸臣中，無一人盡心、盡力，八旗子弟，無一人翻然改悔，是國家之大不幸，此篇文字不必存，朕亦不再饒舌矣。

其不率教者，則有刑。凡應笞、杖者，準以鞭責，應遣者，準以枷號。旗人犯笞、杖者，如數鞭責發落；徒一年者，折枷二十日，每等加五日；流二千里者，折枷五十日，每等亦加五日；發附近充軍者，折枷七十日；近邊充軍者，折枷七十五日；沿海邊外充軍者，折枷八十日；極邊充軍者，折枷九十日。情罪重者，不與焉。凡旗人，三次逃亡及犯竊盜等案，情節較重者，不准以鞭責、折枷完結。○選官兵子弟之俊秀者，入於官學，咸安宫官學生，由八旗貢、監生員、國子監官學生、閒散大臣子弟揀充；隸内務府八旗官學生，由官兵子弟揀充；唐古特官學生，由八旗官學生揀充；俄羅斯官學生，由各官學生、義學生、馬甲、閒散揀充。八旗官學以下，俱隸國子監。世職官學，凡世職及世管佐領等十歲以上未上朝者，俱入學，漢軍清文義學，每佐領下各揀選一、二人入學。盛京，設左、右翼官學二、漢軍義學四，墨爾根城，設義學二，齊齊哈爾城、黑龍江城，各設義學一，綏遠城，設義學一，伊犁惠遠城，設官學一。

應歲科試者,入於順天府學。滿洲、蒙古、漢軍考試文生員,漢軍考試武生,俱入順天府學,設滿洲教授、訓導各一人,專司訓課。盛京,設奉天府滿洲教授、訓導,各處駐防童生考試,附於各府學。其歲科進額及廩、增員額,詳見禮部,漢軍武生員額,詳見兵部。翻譯,則設科。考試翻譯,有清、漢字翻譯,有滿洲、蒙古字翻譯,鄉、會試,照文闈例三年一舉,遇恩科亦如之,童生歲試以八月,科試以五月。凡翻譯舉人、文舉人及由翻譯舉人、文舉人出身之筆帖式、小京官,俱准應翻譯會試,翻譯生員、文生員,貢、監生天文生,七、八品筆帖式,小京官,俱准應翻譯鄉試,九品筆帖式,俟考取翻譯生員後,准其應翻譯鄉試。其進身之階,各有差。挑選官學生,以十八歲以内者入學。肄業咸安宫及八旗官學生,遇有考試中書、筆帖式、庫使等項,由本旗咨送考取者出學。俄羅斯官學生,五年期滿考試,列一等者給與八品官,二等者給與九品官,下次考試仍一體與考,優者以主事補用,劣者革去原銜,仍留學。唐古特官學士,由理藩院考試,翻譯蒙古、唐古特字話,優者,挑補唐古特筆帖式及喇嘛隨印筆帖式。世職官學,五年考試,一等者,或分部,或授侍衛,二等者,在印房學習行走,優者,對品補用,三等者,留學,再遇考驗,仍屬平常者,革退。清文義學,每年考試,文理清通者,准考試筆帖式,其次挑補領催、馬甲、生員,歲科兩考,三年則大比。翻譯會試揭曉後,賜進士出身,引見,分别受官。◯凡考試,則具名册。鄉試,於兩月之前,本旗將應考人等開具姓名、年貌,備造清册,送順天府覈辦,會試,則造册送禮部,各項考試,先期咨送名册,皆如之。文生員及漢軍武生歲考,届期,都統等令參領、佐領、傳催赴考。其駐防或隨任各省,并親喪二十七月之内及患病、事故與年老有疾、告給衣頂者造册,咨會順天學政。先期,皆試騎射,各項考試先期,簡派王大臣監試騎射,不能騎射者,不准送考。十五歲以下、五十五歲以上者,止令考步射,其願考騎射者,聽。考試武生,簡派副都統一人,會順天學政,考試騎射、弓、刀、石。及試之日,副都統率其屬而彈壓焉。文鄉會試及翻譯鄉、會試,簡派左、右兩翼副都統二人,隨帶本管之參領、章京四人,領催十人,入場彈壓。號舍外,令領催等加意看守,查照卷面字號,放進封號後,率參領等嚴行稽察。考試翻譯生員,副都統隨帶參領、章京外,帶領催四人,馬甲二十人。其考試中書、筆帖式等項,人數逾二百名,在貢院考試者,簡派副都統一人,入場彈壓。參領、章京,皆會於轅門。臨考點名時,每旗參領一人,每參領下派賢能章京一人送考,該佐領、管領各派領催一人,帶領應試人等,與派出送考之參領、章京識認,各旗將派出之參領、章京及領催等職名,一併咨送,每翼各派參領一人,協同點名官點名、給籤,併嚴禁送考人等混入轅門。兵部試騎射日,參領等官識認,亦如之。凡具名册,辨滿洲、漢軍之混冒者、各旗所送名册,分别滿洲、蒙古、漢軍,如不詳加查覈,致有漢軍冒入滿洲額内取中者,本人斥革治罪,造册之承辦官參處。有罪者、凡有頂戴人員,緣事斥革,或曾發遣,併入辛者庫赦回者,俱不准應試。應追帑者。凡因代賠祖、父虧空,力不能完治,以枷責等罪者,俱准應試。若本人虧空,緣事枷責,併原案内載有不准考試字樣者,俱扣除。○凡官之由考選者,曰中書,滿洲公缺中書,以閒散文舉人與本旗貼寫中書考選。蒙古中書,以筆帖式、文舉人,並文舉人、翻譯舉人出身之筆帖式考選,與本旗貼寫中書間用。漢軍中書,以筆帖式及翻譯舉人出身之筆帖式考選。滿洲貼寫中書,以文舉人,貢、監生員、官學生、算學生、現任繕本筆帖式、各項候補筆帖式、庫使、教習、各館翻譯謄録官,由舉、貢、生、監、官學生挑選之候補翻譯謄録官,年滿候考及年滿留旗之印房筆帖式,議敘以筆帖式用之現任翻譯官謄録官,由舉、貢、生、監出身未滿五年之兵部外郎考選。蒙古貼寫中書,以舉、貢、生、監、官學生考選。曰助教,滿洲助教,由吏部將應陞、應用人員傳齊,奏請考試,録取後引見,記名補用。唐古特學蒙古助教,由理藩院於應用人員内考選。盛京禮部助教,以本處筆帖式、文舉人、副貢生考選。曰筆帖式,以文舉人、漢軍武舉貢生、文生員、翻譯生員、漢軍武生、官學生、義學生、各館翻譯謄録官考選。唐古特學筆帖式,以唐古特官學生考選。其理藩院貼寫筆帖式、善撲營掌稿筆帖式、火器營筆帖式、侍衛處筆帖式、各旗營房筆帖式、盛京滿洲漢軍筆帖式、各省駐防筆帖式,俱由各該處應用人員内考選。現任筆帖式,每三年考試一次。曰庫使,以覺羅官學生、咸安宫官學生、八旗官學生考選。各試以翻譯而甄録焉。若外郎,滿洲、蒙古、漢軍舊設外郎,以本旗年久官學生考選。蒙古新設外郎,以本旗漢軍生員、監生、官學生、兵丁、閒散考選。若教習,宗學、覺羅學教習,以進士、舉人、貢生、生員,翻譯進士、舉人、生員,筆帖式、廢員考選,咸安宫、景山八旗官學教習,以筆帖式、文舉人、貢生、生員、翻譯生員、廢員考選。若翻譯謄録官,各館翻譯謄録官,以文舉人、副貢生、監生、生員、官學生、漢軍義學生考選。亦如之。○乃建官屬,以頒其職事。凡授官,有公中缺,於八旗應用人員内通行揀選。有翼缺,於本翼四旗應用人員内揀選。有旗缺,一旗之缺,於本旗應用人員内揀選,兩旗之缺,於兩旗應用人員内揀選。有佐領下缺,於本佐領下應用人員内揀選。各簡而任之。若記名,由豫保引見記名者,各省協領保舉城守尉,記名後,遇有城守尉缺出,軍機處呈進名單,候旨簡放。由揀選擬陪引見記名者,各省駐防官員缺出,保送正、陪,如奉旨將擬陪者記名,係協領遇缺出時,專摺奏補,係佐領以下官遇缺出時,咨報本旗及兵部,即與坐補。由俸滿引見記名者,各省駐防協領、參領、總管,併由京補放之察哈爾參領六年俸滿,該管大臣出具考語,引見記名後,遇有應陞缺出,由兵部照例開列。凡四品以下記名人員,如兼有軍政卓異及軍前效力年久者,遇有應陞缺出,即與奏補。如記名未卓異、未在軍前效力年久者,遇應陞之缺擬正,以卓異者擬陪,以軍前效力年久者,一併列名,如無卓異之人,以軍前效力年久者擬陪。記名已陞者,將記名註銷,如記名後行走怠惰者,亦將記名註銷。若卓異,軍政慶舉人員,奉旨准其卓異者,遇有應陞缺出,開列在前,其内、外三品卓異人員,奉旨記名者,遇有應陞缺出,由軍機處開列名單進呈,候旨簡放。若軍功,凡曾經出兵打仗人員,分別等第,列爲頭等者,有應陞之缺,即陞，俟陞用後，將等第報部註銷，列二等註册者，遇選用時，將所得軍功繕入名籤具奏，陞用後，亦即註銷。其在軍營效力補放之額外官員，遇有缺出，儘先補用，如無此項人，再照例選用。又，軍營效力人員，除軍營所出之缺，照例論功陞用外，如遇本旗、本營應行揀選之缺，仍與本處當差人等一體比較，揀選陞用。以分列而敘進，皆定其正、陪而引見。由本旗都統擬補者，滿洲驍騎參領缺出，以本旗副驍騎參領，按年分通行開列，並咨取宗室一等、二等侍衛、鎮國將軍以下等官，一併引見補放；蒙古、漢軍驍騎參領缺出，以本旗副驍騎參領，按年分通行開列，引見補放；滿洲、蒙古、漢軍副驍騎參領缺出，以本旗兼印房章京之世職佐領、驍騎校選定正、陪二人，引見補放；滿洲、蒙古驍騎校缺出，以本佐領下親軍、前鋒、護軍、鳥鎗護軍，併在印房行走之恩騎尉，七、八品官，選定正、陪二人，引見補放，如員少，則於本旗通行揀選；漢軍驍騎校缺出，以本佐領下領催，併在印房行走之恩騎尉，七、八品官，選定正、陪二人，引見補放，如領催内不得人，以本佐領下出兵效力年久之馬甲通行揀選，如本佐領下不得人，於本旗通行揀選驍騎校、委署步軍校，其驍騎校缺，以本佐領下親軍、前鋒、護軍、領催，選定正、陪二人，引見，署理能辦事者，俟缺出時坐補；印房參領缺出，以本旗驍騎參領，選定正、陪二人，引見補放；印房章京缺出，以印房學習行走之世職佐領、驍騎校，選定正、陪二人，引見補放；舊營房營總缺出，以滿洲、蒙古前鋒、參領、護軍參領、驍騎參領，選定正、陪二人，引見補放；新營房營總缺出，以滿洲、蒙古、漢軍驍騎參領，選定正、陪二人，引見補放；看守城門散秩官缺出，以滿洲、蒙古、漢軍隨旗行走世職官，選定正、陪二人，引見補放；城門吏缺出，以親軍、前鋒、護軍、領催、馬甲，選定正、陪二人，引見補放；監守信炮官缺出，以騎都尉、雲騎尉、親軍校、前鋒校、護軍校、驍騎校、整儀尉，隨旗行走之六品、七品官，擬定正、陪二人，引見補放。由直年都統擬補者，信炮總管缺出，以滿洲輕車都尉、騎都尉，並輕車都尉、騎都尉兼職任官、監守信炮官，揀選二、三人，引見補放；開封城守尉缺出，以前鋒、參領、護軍參領、驍騎參領，揀選二、三人，引見補放；興京城、復州城、岫巖城、鳳凰城、開原城、遼陽城、金州城，各城守尉缺出，以宗室頭等侍衛、前鋒參領、護軍參領，揀選二、三人，引見補放；呼蘭城右衛、莊浪等處，城守尉缺出，以頭等侍衛、健鋭營前鋒參領、八旗前鋒參領、護軍參領，揀選二、三人，引見補放；獨石口防守尉缺出，以四、五品職任官，及世職官，併該處歷俸五年之防禦，揀選二、三人，引見補放。駐防之咨擬者，亦如之。陵寢防禦、盛京調繁官員、各處駐防協領以下官員，俱由各該處大臣揀選，咨送本旗都統引見補放；陵寢驍騎校、小九處左右翼防禦，俱由各該處大臣揀選，咨送擬正之本旗都統，引見補放；陵寢翼長、熱河蒙古協領、綏遠城蒙古協領、黑龍江水師營官員，俱由各該處大臣揀選，咨送直年都統引見補放；察哈爾總管，由察哈爾都統揀選，咨送直年都統，再於在京應用人員内揀選，一併引見補放；伊犁、烏嚕木齊等處防禦驍騎校，由該管大臣擬定正、陪，奏請補放，無庸引見。其協領、佐領，擬補引見事，隸兵部。〇凡除官於各旗、各營者，則會專管大臣以合選。由本旗都統會步軍統領擬補者，步軍協尉缺出，如步軍營無可揀選之人，於本旗男以下、騎都尉以上世職官，選定正、陪二人，引見補放；步軍副尉缺出，以本旗步軍校騎都尉、雲騎尉，選定正、陪二人，引見補放；步軍校缺出，以委署步軍校、雲騎尉、親軍校、前鋒校、護軍校、驍騎校、整儀尉、城門吏，隨旗行走之五品、六品、七品官，調旗對品補用之部員，選定正、陪二人，引見補放；委署步軍校缺出，以雲騎尉、親軍校、前鋒校、護軍校、驍騎校、城門吏，隨旗行走之五品、六品、七品官，選定正、陪二人，引見補放；城門領缺出，如步軍營無可揀選之人，以本旗騎都尉、雲騎尉，選定正、陪二人，引見補放。由本旗都統會領侍衛内大臣、前鋒統領、護軍統領擬補者，古北口、昌平、三河、順義、玉田、良鄉、寶坻、固安、采育、東安、霸州、雄縣等處，防守尉缺出，如本處不得人，以本旗前鋒侍衛、副護軍參領、副驍騎參領、佐領、二等侍衛、三等侍衛及歷俸五年以上之德州等處防禦，選定正、陪二人，引見補放。由兩旗都統會領侍衛内大臣、前鋒統領、護軍統領擬補者，德州城守尉，係兩黄旗缺，滄州城守尉，係兩白旗缺，保定城守尉，係兩紅旗缺，太原城守尉，係兩藍旗缺，以兩旗前鋒參領、護軍參領、驍騎參領、頭等侍衛，選定正、陪二人，引見補放。由本翼四旗都統會步軍統領、護軍統領擬補者，步軍翼尉缺出，以本翼驍騎參領、護軍參領，旗各一人，並本翼幫辦步軍翼尉、協尉揀選，引見補放。由直年都統會領侍衛内大臣擬補者，東陵、西陵總管缺出，如本處無可揀選之人，以滿洲頭等侍衛、前鋒參領、護軍參領、驍騎參領，併記名人員，揀選二、三人，引見補放；盛京、三陵總管缺出，以滿洲頭等侍衛、前鋒參領、護軍參領、驍騎參領，併記名人員，揀選二、三人，引見補放；陵寢翼長缺出，如本處無可揀選之人，以滿洲二等侍衛、前鋒侍衛、副護軍參領、副驍騎參領，併記名人員，揀選二、三人，引見補放。下五旗包衣之咨擬者，則加審焉。下五旗包衣參領缺出，由該王公等於屬下品級相當之護衛世職及五、六品官，揀選二人，咨送本旗都統覆加驗看，引見補放，如所送之人平常，則另選。下五旗包衣佐領缺出，由該王公等於屬下品級相當之護衛官員，揀選二人，咨送本旗都統覆加驗看，引見補放。如本屬下無人，即於别王公屬下另選，其缺仍爲本屬下之缺。王府官，則彙咨以待選。王府長史缺出，上三旗都統於所屬頭等侍衛、冠軍使、前鋒參領、護軍參領、驍騎參領、佐領、子、男、輕車都尉、騎都尉内，每旗揀選二人；王府司儀長缺出，於二等侍衛、雲麾使、前鋒侍衛、副護軍參領、副驍騎參領、佐領、輕車都尉、騎都尉内，每旗揀選二人，俱咨送兵部，會領侍衛内大臣，揀選正、陪，引見補放。凡兼管者，省其職，侍郎、副都統以下官，兼管公中佐領及參領兼佐領，與參領、佐領之由科、道、部屬等官兼任者，其本身職任，皆不開缺。印房參領、章京，管理舊營房、新營房營總、章京，俸餉房、馬册房、管理馬圈、鐵匠局，稽察世職官學，直年旗、衙門參領、章京，稽察清文義學參領，皆如之。熱河、密雲、山海關、張家口、青州、江寧、京口、杭州、乍浦、綏遠城、凉州、福州、荆州、成都、廣州、盛京、錦州城、蒙古左翼等處協領，俱兼佐領，盛京城八旗，協領兼佐領者六旗，黑龍江城協領四人，兼佐領者三人，齊齊哈爾城協領八人，兼佐領者六人，墨爾根城協領四人，兼佐領者一人，三姓城協領二人，兼佐領者一人。調補者，辦其旗翼與其城,參領之調補者二,一兼本甲喇佐領者,令間配旗翼調補;一候補參領,不論旗分,按候補在前者補放,俟本旗缺出,即與調補。駐防協領兼佐領者,亦如參領兼佐領之例。驍騎校之調補者二,一新襲佐領,不諳旗務,如本佐領下之驍騎校又不能辦事者,揀選别佐領下之驍騎校調補;一印房筆帖式,年滿留旗,以驍騎校補用,如所補之缺,係在别佐領下者,遇有各佐領下驍騎校員缺,即與調補,俟調至本佐領下之缺而止。東三省官員之調補者二,一盛京城及錦州城、廣寧城、遼陽城、牛莊城、鳳凰城、中後所、巨流河、法庫、彰武臺、松嶺子、九關臺各邊門官員,俱作爲繁缺,如有才具不能勝任者,即於通省官員内揀選調補;一東三省各城官員,遇有補放,别城無力搬移眷口者,准就近互相調補。防守尉之調補者二,古北口防守尉,以三河、玉田防守尉調補;三河、玉田防守尉,以順義、昌平防守尉調補。署理者,試其能而用焉。委署官之額設者,驍騎校、委署步軍校、領催及親軍、護軍、委署驍騎校、駐防前鋒、委署前鋒校、領催、馬甲、委署筆帖式,又,盛京委署官一百人,吉林委署官一百五十人,黑龍江委署官七十人,皆係額設。〇凡佐領之别有二,曰世管佐領,凡因祖、父宣力所得佐領及伊祖、父帶來之人編爲佐領,或初編佐領即令承管,積有數輩者,皆爲世管佐領。曰公中佐領。凡無根由,佐領初編時,即非一姓承管者,爲公中佐領。世管,則有勲舊,國初功臣帶來之人編爲佐領,或因功得賜户口,皆爲勲舊佐領。有優異,立佐領之人著有勞績,或承管之人著有勞績,作爲優異世管佐領。若兄弟,若族人之合管者、兄弟同帶來之人編爲佐領及族人合編之佐領,皆令其世管。互管者、原立佐領之人,有親子孫而讓與親兄弟子孫、親伯叔子孫、親伯叔祖子孫、曾伯叔祖子孫及遠族人均有分者,謂之互管。滋生者,因丁多分編者爲滋生佐領,又有將半分佐領二合爲整佐領一,現滋生爲二者,亦如之。皆覈其次數與其房族之親疏而延以世。承管佐領,選擬正、陪各一人,暨有分支派内每支揀選一人列名。其出缺者,係長房,以出缺之子孫擬正,别房管過之子孫擬陪,其餘無論曾否管過,通行揀選列名,出缺之人,或無嗣,或有罪,子係例不應補,仍於長房别支内擬正。别房管理佐領員缺,以出缺之子孫擬正,長房之子孫,無論曾否管過,俱准擬陪,其餘通行揀選列名,出缺之人,或無嗣,或有罪,子孫例不應補,以管過之長房擬正。若未經管過,或現管佐領,以管過之别房擬正,若别房亦未經管過,仍以出缺之别支擬正,若現管佐領者,以無佐領之長房擬正,别房及出缺之房,通行揀選列名。如立佐領之人無嗣,由親兄弟以及親伯叔之子孫,無論曾否管過,一體得分。親兄弟、伯叔之子孫内,僅存一房者,照親子孫之例辦理,若係兩、三房,以出缺之子孫擬正,管過之子孫擬陪,其餘列名。立佐領之親兄弟、伯叔有子孫,而被親伯叔祖之子孫管理者,其員缺,仍以親兄弟、伯叔之子孫擬正,管過之子孫擬陪、列名。若立佐領之親兄弟子孫,未經管過,向係遠族承管者,管過之子孫亦列名。親兄弟、伯叔之子孫無嗣,係親伯叔祖之子孫管過者,亦將出缺之子孫擬正,無佐領之房分擬陪,其餘列名。若兩、三箇佐領,俱係一房管理，其員缺由無佐領之房分擬正、擬陪，出缺房分與别房及管過此佐領遠族之子孫列名。立佐領之人無嗣，被别房承管後，僅存一房，即令其承奉。立佐領人之祀世襲罔替，勳舊世管佐領，俱如此例。世管佐領之優異者，如因立佐領之人著有勞績，始爲優異，而歷次承管，又係立佐領之子孫，與親兄弟之子孫互管者，除立佐領之子孫管過得分辦理外，立佐領之親兄弟承管員缺，以立佐領之子孫擬正，出缺之子孫擬陪，其餘立佐領之子孫與管過之子孫列名。如起初承管之人，並未將佐領作爲優異，至親兄弟承管始得優異，除係立佐領之子孫與優異佐領人之子孫承管缺出照例辦理外，如係立佐領人兄弟之子孫承管缺出，仍以立佐領之子孫擬正，出缺之子孫擬陪。兄弟同帶來之人所編佐領，若僅兩、三房，以出缺之子孫擬正，無佐領之房擬陪，現有佐領之房列名。若係一人之子孫管過員缺，於無佐領同帶來人之子孫内一房擬正，一房擬陪，出缺之子孫列名。若三、四房僅係一佐領，以出缺之子孫擬正，其餘擬陪列名，出缺之人無嗣，乃以本房之别支擬正。如有罪，子孫例不應補，本房之别支祗准擬陪，其無佐領同帶來人之親伯叔祖之子孫，亦得擬陪，遠族管過之子孫列名。族人合編之佐領缺出，以出缺之子孫擬正，族中通行揀選列名。同姓互管之佐領，如係立佐領人親兄弟之子孫承管缺出，以出缺之子孫擬正，立佐領之子孫擬陪，其餘立佐領之子孫與管過之子孫列名，出缺之子孫，或無嗣，或有罪，子孫例不應補，本房即有别支，祗准擬陪，以立佐領之子孫擬正。若立佐領之子孫管過員缺，以出缺之子孫擬正，管過此佐領之親兄弟、伯叔之子孫擬陪，其餘立佐領與管過之子孫列名，出缺之人，或無嗣，或有罪，子孫例不應補，仍以本房之别支擬正。若有兩、三箇佐領，係立佐領之親子孫，管過員缺，以出缺之子孫擬正，出缺房分現有管過者，以無佐領房分擬正，管過此佐領之親兄弟、伯叔之子孫擬陪，其餘立佐領之子孫與管過之子孫列名。若兩、三箇佐領，俱係立佐領之親兄弟、伯叔之子孫，管過員缺，以立佐領之子孫擬正，出缺之子孫擬陪，其餘立佐領之子孫與管過之子孫列名。若係遠族子孫管理者，其員缺，仍以立佐領之子孫與管過此佐領之親兄弟子孫内擬正，立佐領之親伯叔祖、曾伯叔祖子孫内有管過者擬陪，其餘立佐領與管過此佐領之子孫及現出缺之子孫列名。滋生佐領，即照世管佐領之例，其有各將半分佐領合爲整佐領，現滋生爲二者，原管過半分佐領之子孫，均應得分，若無嗣，於親兄弟之子孫内，無論曾否管過，一體得分。原管者，選其才，原管佐領，經異姓管理數次後，原管之子孫復得管理者，其員缺，仍於立佐領之子孫内揀選管理，如子孫年幼，於旗員内揀選管理，俟及歲時，將現管之人另補。公中佐領遺缺，令其管理，其庸懦不能辦事者，與現管之人一併引見，如奉旨將現管之人留任者，俟本族得人，再行調補。無族譜者，準以世不及五世者爲公中。無根由佐領一家承管五世以上者，作爲族中承管佐領，其員缺，照世管佐領之例揀選，如有才具優長、官職尊顯者，不必按照支派，皆選取列名。其承管四世以下者，作爲公中佐領。數姓之互管者，亦如之。數姓互管之佐領缺出，如有一姓承管五世以上者，即於其族人内，不論有無官職，揀選數人，與本旗應用人員，一併引見補放。其承管四世以下者，作爲公中佐領。如其族人内,有六品以上官,准其與本旗應用人員,一併揀選,無六品以上官,則不與選。世管不得人,則代管,世管佐領内,如有因庸劣衰老,奏請革退,其本族内無應管之人,而其佐領係伊祖父宣力所得,不便革除者,於本旗官員内,揀選才具明晰之人,令其代管。其敘功、治罪,俱照佐領之例辦理。出京,則署焉。世管佐領出差,其族中有佐領者,令佐領兼署,如無佐領,以族中應署之員署理,本族無人,則以異姓署理。凡佐領陞用外任,如奉旨將佐領仍留本身,即照出差之例請署。凡公中佐領,本旗之大臣官員,皆與選。公中佐領缺出,侍郎、副都統,凡二品大臣,皆與選。如無應選之大臣,於本旗不兼佐領之三品以下、五品以上文武官,閒散世職、印房章京、驍騎校,揀選四、五人引見。如係一姓承管之佐領,後改爲公中者,本姓之子孫,亦與選。宗室佐領缺出,於本旗四品以上宗室官員内,選定正、陪,引見補放,如不得人,則於五品官内揀選。○班列爵之等,列爵之等二十六,公之等三,侯、伯、子、男、輕車都尉之等,皆四,騎都尉之等二,雲騎尉之等一。凡授爵目,雲騎尉始積二十六等而爲一等公。凡因陣亡得世爵者,襲次盡,則給與恩騎尉,罔替。其封爵等差、襲封次數及併襲、分襲各事宜,詳見吏部。給誥、勅,以世守之。封爵之罔替者,給誥命,有襲次者,給勅命,襲次盡,改授恩騎尉,亦給誥命。凡世職缺出,本旗將出缺緣由及原領誥、勅送吏部審定,由吏部覈其應襲及應行銷減之處,咨覆本旗具奏承襲,既襲,則由吏部揭送,内閣書其名與其日月,而加寶焉。襲,則以其子,若孫,原立世職之子孫,與襲職者之子孫,皆揀選引見。其因病告退及有罪應革而不至除爵者,皆如之。與其近族,世職無嗣,以親兄弟之子孫承襲,無親兄弟之子孫,以親伯叔之子孫承襲,無親伯叔子孫,按其譜牒,擇宗支相近者承襲。其應行擬正、擬陪、列名,俱照承管佐領之例辦理。無,則除。無嗣,併無近族,則將世職查銷。凡襲爵,皆與俸,不及歲者,半之。世職引見准襲後,即給俸。凡襲爵者,以十八歲爲及歲,當差者,與全俸,不及歲,未上朝者,與半俸,如不及歲,已當差者,亦與全俸。其入幼官學肄業五年考試仍留學者,雖已及歲,亦與半俸。三歲,則考其藝,考察世職,每三年,該管大臣詳加甄別,將騎射、清語嫻習者,列爲頭等,引見,准紀録二次。如騎射、清語生疏,年歲尚壯,堪以教訓者,罰俸一年,俟下次再考,老病者,革退另襲。恩騎尉之改爲文、武生員者,弗與焉。承襲恩騎尉,願以本職頂戴改爲文、武生員者,准其一體應試,即停俸,亦不與考察。凡散秩大臣之襲,以勲,功臣後裔,奉旨世襲散秩大臣罔替者,應襲時,照承襲世爵之例辦理。陵寢防禦之襲,以年。守護陵寢防禦缺出,其出缺之人,在陵寢守護過三世,已逾八十年者,於伊子孫内揀選一人承襲,如守護未至八十年,而伊子孫内有品級相當、人材可觀者,准揀選一人,作爲擬正。○凡襲官,辨其正者、陪者、列名者,皆覈其譜而定焉。承襲佐領及世爵,俱造具譜牒,將原立官之子孫,按其名數,皆書焉。有在軍前者,註明其應列名之人,遇有患病、緣事及漢軍在外倚親居住者，分應擬正，則調取揀選。如有派往拉林、阿勒楚喀種地及駐防人員，分應擬正，先將家譜進呈，併行文該處大臣，詢明本人願來京者，咨送來京引見，不願來京者，聽。其分應擬陪、列名，無庸調取。若在京，無擬陪、列名之人，本旗先行文詢問，如願來京者，再將職名開列進呈。引見，則視其歲。凡襲官，自十二歲以上皆引見，不及十二歲者，進緑頭牌。既襲，以佐領書於印軸，凡承管佐領，其原得佐領緣由及原係何地之人、編入此佐領之處，查明造册。自佐領以下，至兵丁閒散，皆書其姓名，每名下畫押，將畫押册檔，一分存旗署，一分存兵部，又另造一分，交兵部繕寫、印軸、鈐印，交與各佐領及族長收貯。承管佐領時，將新承管之姓名添註軸内。以世職書於印册。凡襲職，家譜造册二分，一鈐用旗印，交内閣存貯，一鈐用參領關防佐領圖記，存貯旗署。歲終，將新襲職之人及續生子孫添註册内，至十年，將修過之譜，彙交内閣。病廢者，以其嗣襲焉。凡佐領及世職，如有老病殘廢者，於伊子弟及族人之有分者，另請承襲。如本族無人，其佐領係有根由不便革除者，於本旗内揀員兼管，雲騎尉以上世職，給與養贍錢糧，俟有子嗣，再行移襲。有罪者，亦如之。罪重，則廢其嗣，承管佐領犯罪，發遣及入辛者庫人等，遇恩旨放還及放出包衣者，其子孫照常開列，罪止革職者，亦如之。如罪犯十惡及因軍機獲罪，併因命案擬斬、絞，與枉法婪贓、以財行求等情，其子孫皆不准承襲。若軍機獲罪之人，其子孫官職較大者，仍准其有分及奉有恩詔與應免之例相符者，亦如之。獲罪後，復蒙録用者，亦如之。凡承襲世職，俱照此例。世爵之罪重者，除其爵。世職官犯贓，則除爵，恩騎尉亦如之。〇凡世職之兼職任者，視其品秩以爲差。世職，除現任大臣官員承襲外，公、侯、伯於引見後，或在散秩大臣上行走，或在一等、二等侍衛上行走。雲騎尉以上，令在三等侍衛上行走，恩騎尉，令在藍翎侍衛上行走。其在護軍營行走者，滿洲、蒙古三品以上世職，擬補護軍參領，五品以上者，擬補副護軍參領，六品以下者，擬補護軍校，漢軍人員，咨送本旗及兵部，以應補之缺補用。其在各旗印房及舊營房、新營房章京上行走者，各以相當之缺補用。拜唐阿之授官者，亦如之。各處拜唐阿行走已過五年者，按品以旗員補用。騎都尉，以四品旗員補用，雲騎尉，一、二品廕生，藍翎侍衛候補，五、六品人員及有頂戴現食五、六品俸者，以五品旗員補用。其由親軍、護軍、馬甲、養育兵、閒散挑補者，以藍翎侍衛、整儀尉、驍騎校、藍翎長等官，分别補用。文、武官之改補者，亦如之。文職改武者，科、道郎中，道、府，以副參領、佐領、城門領改補，員外郎、同知、知州以步軍副尉、監守信炮官改補，主事通判、知縣以驍騎校改補，小京官，司、府首領官，州縣佐貳筆帖式，以城門吏改補。盛京由貢生考取之候補筆帖式，願改武職者，准以委署官補用，綏遠城派往烏里雅蘇台等處换防兵丁，挑補筆帖式，不識漢字者，准以驍騎校補用。降補者，亦如之。旗員降調，除一品大臣降一級調用者，由兵部辦理外，一品大臣降二級調用者，係滿洲，以陵寢總管、步軍翼尉、城守尉、協領、前鋒參領、驍騎參領擬補；係蒙古，以察哈爾總管、協領、前鋒參領、護軍參領、驍騎參領擬補;係漢軍,以參領、協領擬補。二品大臣降一級調用者,如一品降二級例。一品大臣降三級調用者,係滿洲,以陵寢翼長、信炮總管、前鋒侍衛、副護軍參領、副驍騎參領、佐領、步軍協尉、城門領、防守尉擬補;係蒙古,以前鋒侍衛、副護軍參領、副驍騎參領、佐領、步軍協尉、城門領擬補;係漢軍,以在京副參領、佐領、步軍協尉、城門領、駐防佐領擬補。二品大臣降二級者,亦如之。一品大臣降四級調用者,係滿洲,漢軍以監守信炮官、步軍副尉、外省防禦擬補,係蒙古,以步軍副尉、外省防禦擬補。二品大臣降三級者,亦如之。一品降至五級,二品降至四級者,不補。驍騎校等官,除該員原有世職者,仍以世職隨旗行走外,其無世職者,照所降之級隨旗行走,果能勤慎無過,俟三年後,都統等出具考語,引見,將降五級之一品官,照降四級例擬補,降四級之二品官,照降三級例擬補,如降級之數再多者,停其補用。三品旗員降一級調用者,以四品官擬補,降二級調用者,以五品官擬補,降三級調用者,以六品官擬補,降四級調用者,以城門吏擬補;四品旗員降一級、二級、三級調用者,與三品旗員降二級、三級、四級之例同;五品旗員降一級、二級調用者,與四品旗員降二級、三級之例同;六品旗員降一級調用者,與五品旗員降二級之例同。遇應補之官,列名於應陞各官之後引見,恭候欽定。如降級之數再多者,停其補用,有世職者,仍以世職隨旗行走。各處駐防三品以下官降調者,俟本處駐防之缺應陞人員補用二人後,至第三缺,將降調人員擬補。其總管城守尉、防守尉及該處所屬官降調者,悉令回京,俟該旗出有各處總管城守尉、防守尉所屬員缺,都統等按其應補者,列名於應陞各官之後引見,恭候欽定。駐防官降至七品者,停其補用,有世職,則在世職上行走。如由京補放,駐防人員降至七品者,准以城門吏擬補。又,旗員補放,緑營將弁緣事應降三品者,以四品旗員補用,應降四品者,以五品旗員補用,應降五品者,以六品旗員補用,降至六品、七品者,令隨旗行走。又,參領兼管佐領,降一級調用者,仍留佐領,降二級、三級者,查係公中佐領,照所降之級,一併降調。若世管佐領,每一級折罰世職半俸,三年免其降調。世職兼職任者,皆如之。如軍政,由世職參劾及佐領入於軍政參劾者,亦一併降調。監生之承廕者,則計品而授以官。三品官及子爵廕生改旗員者,作七品監生,四品官及男爵廕生改旗員者,作八品監生。願授武職者,隨旗行走,照品食俸,遇有委署前鋒校、委署護軍校、藍翎長缺出,准其揀補。出征得功後病故官員,係一等、二等者,廕七品監生,三等、四等者,廕八品監生。其授官,亦如之。○議功過之式,别其優劣而勸懲焉。

旗員議功之式

凡承追虧空官,能將隱匿房產查出,價在二千兩以上者,准紀録一次,值四千兩者,紀録二次,值六千兩者,紀録三次,值八千兩者,加一級,更多者,按數遞加。牧場官校,加意牧放,如一參領所轄之馬肥腯者,其屬官、校各紀録一次,一旗所轄之馬肥腯者,參領紀録二次,其屬官、校各紀録一次。族長能教導族人,日進於善者,三年無過,係官,紀録一次,係領催、甲兵,將應行紀録之處註册。印房、俸餉房及各參領承辦之事，於一年内依限全完者，准紀録一次，佐領承辦之事，於三年内均依限全完者，佐領、驍騎校各紀録一次，領催照族長之例，將應行紀録之處註册。參領等官，兼管佐領及署理佐領者，三年無過，准紀録一次。歲終，將紀録人員彙奏。特旨賞給紀録者，亦如之。紀録至四次者，准改爲加一級。

旗員議過之式

凡各參領等會辦之事，如實係限内不能完結者，呈明展限，如無故逾限，承辦官記過一次，印房、俸餉房、參領專辦之事，如一月内逾限至三件者，承辦官記過一次，佐領承辦之事，如一月内逾限一件者，佐領、驍騎校、領催各記過一次，承辦展限事務之參領官員等，並不將展限之處報明，至遺漏者，記過一次。歲終，彙考記過各官，記過一次者，免議，記過二次以上者，咨兵部議處，領催記過至三次者，交參領責懲。其軍功，分别等第及各項議處條款，俱隸兵部。

軍政，則定其舉劾，以會於兵部。軍政之格有四，曰操守，曰才能，曰騎射，曰年歲。其等，各有三，每届五年，都統等將所屬官員填註考語，開明四柱，併將各官履歷及有、無出兵打仗，受傷得功牌之處，分晰造册，於三月十五日以前，咨送兵部。各省駐防官員，由各該管大臣出具考語，造册，於十月内，咨送兵部。凡駐防，六品以下官不入薦舉，其舉劾條款、卓異額數及奏請欽派王大臣考驗、引見，併議陞、議降、議休，致革職，俱隸兵部。

欽定大清會典卷六十九

○凡祭祀，率其屬而陪祀。恭遇圜丘、方澤、祈穀、常雩大祀，佐領及世職輕車都尉以上皆陪祀，社稷壇，太廟時饗、大祫，日壇、月壇、歷代帝王廟等祀，驍騎參領及世職輕車都尉以上皆陪祀。齋戒，則設稽察大臣以糾執事。壇、廟大祀，陪祀官致齋三日於公署，先期，兵部開列各旗都統、副都統職名，奏請欽派稽察齋戒大臣八人，由各該旗查取陪祀官職名，併造册咨送太常寺，稽察大臣按照名册，於晚間親往各旗營公署嚴查一次。如遇圜丘、方澤、祈穀、常雩大祀，三品以上及有執事各官先期一日齋宿於城外，稽察大臣四人在城外查在壇齋宿之官，四人在城内查在署齋宿之官，每旗各派賢能章京一人隨同稽察，有齋戒不到及不敬者指名參奏。日壇、月壇、歷代帝王廟陪祀官齋宿於家。序朝會之班聯。凡遇三大節及常朝日上朝外，每月初一、初十、二十日於午門外坐班，萬壽聖節、元旦前後七日、元宵前後三日，坐班亦如之。皇帝詣壇、廟，駕出、入，凡不與齋戒之官員俱於午門外迎、送，其典禮儀注，暨公署辦事及各官相見禮，俱詳禮部。凡直日奏事，八旗分爲八班，列領侍衛内大臣之次。支兵、米於各倉，則監之。每月支放甲米，都統、副都統會查旗御史前往監放。巡幸，則備扈從。聖駕巡幸，由直年大臣開列都統、副都統職名，併聲明兼任内曾否派出之處，繕寫清單，候欽點隨往，其章京、兵丁由上駟院、茶膳房、大糧倉等處，按旗咨取挑派，無定額。凡行營隨從之副都統，除賞穿黄馬褂者，無庸按本旗顔色穿用，其餘皆令穿本旗顔色馬褂。駐防官兵，則分班以習行圍。各處駐防官兵來京學習行圍，除福州、廣州、凉州、寧夏、莊浪、綏遠城等處地居邊遠，太原、德州及寶坻左、右翼等處官兵較少，無庸輪派外，杭州派官兵十六人，乍浦派官兵八人，荆州派官兵十六人，爲第一班，西安派官兵二十四人，青州派官兵十六人，爲第二班，江寧派官兵十六人，京口、開封、右衛各派官兵八人，爲第三班，每次一班來京輪流更替，到京後歸上三旗護軍統領管轄，沿途差使亦照護軍校、護軍一體行走。其熱河官兵派行圍五十人，即在本處豫備隨往，無庸來京。○稽户丁之册，以定兵額。編審人丁，自十六歲以上入册者，准披甲當差。凡滿洲、蒙古兵，曰親軍，每佐領下二人。曰前鋒，每佐領下二人。曰護軍，每佐領下十七人。曰鳥鎗護軍，每佐領下六人。曰炮甲，每佐領下一人。皆別爲營。前鋒,隸前鋒統領,上三旗親軍及由下五旗公中佐領下附入上三旗當差者,俱隸領侍衛内大臣,下五旗王公府屬下親軍,則執事於各王公門上護軍,隸護軍統領,鳥鎗護軍,隸火器營總統大臣,每佐領下内火器營三人、外火器營三人,炮甲,隸火器營。其圓明園護軍,健鋭營前鋒、護軍,各由本營挑補。步軍,則合滿洲、蒙古、漢軍,而隸於統領,滿洲、蒙古,每佐領下步軍領催二人、步軍十八人,漢軍,每佐領下步軍領催一人、步軍十二人,隸步軍統領。其隸驍騎營者,曰馬甲,滿洲、蒙古,每佐領下馬甲二十人,漢軍,每佐領下馬甲四十二人。以都統專轄焉。馬甲缺出,由本旗都統會查旗御史,於本佐領下步軍養育兵、閒散内挑補,如本佐領下不得人,即於本參領下挑補。〇凡馬甲之應選者,試以藝,月終則稽其缺。挑甲定限,每月初十日以前缺出,於本月錢糧册檔未送户部之前挑補,一併造入錢糧册檔。其在初十日以後缺出,則於下月初十日之前挑補。廢官及需次者、護軍之年老者,皆選焉。文武官因公詿誤革職,年力尚壯,情願披甲者,驗其騎射,准其挑補候選。微員得缺尚遠,查係兵丁子弟,願披甲者,於挑補兵丁子弟所剩餘缺,准其挑補,俟應選時,仍准輪班選用。如係降調人員,將所降之銜註銷,方准披甲。其自發遣處釋回或自行贖回,併籍没家産人等之子嗣,亦准挑甲。護軍如曾經出兵效力,至年已老邁不得陞用者,准其調補馬甲,其缺即以年壯之馬甲充補。如因騎射生疏革退者,俟挑補步軍三年後,方准挑補馬甲。其優者,則選爲領催,以司其册籍。領催,每佐領下五人,掌登記檔册及支領俸餉,缺出,於本佐領下馬甲、閒散内挑補,如係滿洲、蒙古,兼於本佐領下識字護軍内挑取。漢軍,則有炮甲,漢軍炮甲,每旗四十人,食二兩錢糧者二十缺,食三兩錢糧者二十缺,缺出,即以其子弟挑補,先補二兩錢糧之缺,由二兩錢糧挑補三兩錢糧之缺。有藤牌兵,漢軍藤牌兵,每旗百人,於額設馬甲内選充。有鹿角兵,舁鹿角鄂爾布,每佐領下八人,缺出,於養育兵、閒散内挑補。令各專其藝。設匠役,以治其軍器,弓匠,每佐領下一人,以另户閒散挑補,上三旗隸武備院,下五旗隸王公府屬。鐵匠,每佐領下一人,以另户閒散及户下人挑補,隸鐵匠局。鞍匠、鋄匠、銅匠,璺司矢、親隨箭匠、備箭人箭匠、骲頭匠,俱隸武備院。每旗以滿洲額設馬甲六缺,蒙古、漢軍額設馬甲各二缺,統計八十缺,撥入武備院。又,以上三旗,滿洲旗分匠役六十缺,撥入鑲黄、正黄、正白、正紅四旗,漢軍各八缺,鑲紅、鑲白、正藍、鑲藍四旗,漢軍各七缺,作爲匠役額缺,俱聽武備院挑補。皆有額,額外曰隨甲,各以官之等撥焉。惟佐領之隨甲,撥以其額。領侍衛内大臣、滿洲都統隨甲八名,蒙古、漢軍都統、前鋒統領、護軍統領隨甲六名,步軍統領隨甲五名,滿洲副都統隨甲四名,蒙古、漢軍副都統隨甲三名,前鋒参領、護軍参領、驍騎参領、包衣三旗参領隨甲二名,副護軍参領、副驍騎参領、前鋒侍衛隨甲一名有半,民公隨甲四名,侯、伯隨甲三名,滿洲大學士、尚書、左都御史、内大臣、子爵隨甲二名,滿洲侍郎、内閣學士、副都御史、通政使、大理寺卿、詹事、散秩大臣、男爵、王府長史、下五旗包衣參領、各旗佐領隨甲一名。凡隨甲，皆非額兵，惟佐領隨甲，即於本佐領下額設馬甲内發給。餘丁、幼丁之可教者，則設養育兵，以別其等而遞升焉。滿洲，有米養育兵一萬二千六百六十四人，無米養育兵五千四百二十八人，蒙古，有米養育兵三千二百七十九人，無米養育兵一千二百二十四人，漢軍養育兵四千八百十三人，皆不給米。養育兵缺出，於本佐領下另户餘丁十歲以上者挑補，如人數不敷，將九歲以下餘丁挑補，如本佐領下不得人，即於本參領下、本旗下挑補，先補無米養育兵，由無米養育兵挑補有米養育兵。官員之子及捐納監生皆不准挑補，惟步軍校、閒散雲騎尉、驍騎校、護軍校、筆帖式等微員之子仍准挑補。○凡八旗兵，滿洲、蒙古、漢軍各爲營，曰驍騎。漢軍，有鎗營，有炮營，有藤牌營，皆於驍騎營附焉。漢軍馬甲，每旗設鎗營、炮營，併護炮之藤牌營各一。駐防，則合滿洲、蒙古、漢軍以爲營。若打牲，若游牧，則別以其部。凡畿輔駐防，二十有五，兵，八千七百五十有八人；畿輔、小九處駐防，寶坻、采育、固安、東安、雄縣、霸州、良鄉，領催、馬甲各五十人；保定，領催、馬甲五百人，匠役四人、養育兵十一人；滄州，領催、馬甲四百人，鳥鎗領催、馬甲一百人，匠役四人、養育兵十一人。密雲副都統所屬，密雲，前鋒二百二十人，領催、馬甲九百人，鳥鎗馬甲四百八十人、步甲一百人、炮甲一百八十人、養育兵二百二十人；昌平、順義，領催、馬甲各五十人；三河、玉田，領催、馬甲各一百人；古北口，領催、馬甲二百人。山海關副都統所屬，山海關，前鋒四十人，領催、馬甲五百人，鳥鎗馬甲二百人、炮甲八十人；冷口，領催、馬甲七十五人，鳥鎗領催、馬甲七十五人；永平、羅文峪，領催、馬甲各一百人；喜峰口，領催、馬甲一百人，鳥鎗領催、馬甲一百人。張家口都統所屬，張家口，前鋒四十人，領催、馬甲六百四十人，步甲一百六十人、匠役二十人、養育兵一百八十人；獨石口，領催、馬甲一百人，養育兵二十人；千家店，領催、馬甲四十人，養育兵八人。熱河都統所屬，熱河及喀喇、河屯，前鋒三百人，領催、馬甲一千二百六十人，鳥鎗領催、馬甲五百人，炮甲四十人、養育兵一百人。東三省各城駐防，四十有四，兵，三萬五千三百六十一人；盛京將軍所屬，盛京城，前鋒二百人，領催、馬甲五千八十人，守門兵八人、守庫兵二十人、守御花園兵十人、守黄寺兵八人、步軍一千一百八十八人、夜捕手二十八人、匠役一百二十七人、養育兵三百六十二人；開原城，領催、馬甲八百五十五人，匠役十人；鐵嶺城，領催、馬甲二百人，匠役二人；興京城，領催、馬甲四百七十五人，匠役八人；撫順，領催、馬甲一百三十人，匠役二人；遼陽城，領催、馬甲四百四十九人，匠役九人；鳳凰城，領催、馬甲六百三十五人，匠役九人；牛莊城，領催、馬甲三百七十七人，匠役二人；廣寧城，領催、馬甲四百人，匠役五人；巨流河、白旗堡、小黑山、閭陽驛，領催、馬甲各二百人，匠役各二人；熊岳城，領催、馬甲九百五十四人，匠役九人；復州城，領催、馬甲五百九十九人，匠役九人；岫巖城，領催、馬甲五百四十七人，匠役九人；金州城，領催、馬甲七百三十人，匠役九人；蓋州城，領催、馬甲三百八十五人，匠役二人；錦州城，領催、馬甲七百八十六人，匠役十三人、步甲一百七十四人；小凌河、寧遠、中後所、中前所，領催、馬甲各二百人，匠役各二人；義州城，領催、馬甲九百六十七人，匠役十八人、步甲二百十四人；金州水師營，領催、馬甲六百人，水手一百人。吉林將軍所屬，吉林城，領催、馬甲三千一百人，鳥鎗馬甲六百七十四人；伊通，領催、馬甲二百人；額穆赫索羅，領催、馬甲一百二十人；打牲烏拉城，領催、馬甲七百人；寧古塔城，領催、馬甲一千四百人；琿春城，領催、馬甲四百五十人；伯都訥城，領催、馬甲一千人；三姓城，領催、馬甲一千五百二十人；阿勒楚喀城、拉林城，領催、馬甲各四百六人；水師營，領催、水手、匠役三百三人。黑龍江將軍所屬，齊齊哈爾城，前鋒八十人，領催、馬甲一千九百三十三人，匠役六十一人、養育兵三百二十人，水師營領催、水手五百八十三人；墨爾根城，前鋒四十人，領催、馬甲八百三十六人，匠役三十一人、養育兵一百八十人，水師營水手四十四人；黑龍江城，前鋒四十人，領催、馬甲一千三百十三人，匠役四十四人、養育兵二百七十人，水師營領催、水手四百二十七人；呼蘭城，領催、馬甲四百八十四人，匠役十六人，水師營水手四十人。各省駐防，二十，兵，四萬五千五百四十有一人；青州副都統所屬，青州，前鋒二百人，領催、馬甲一千二百六十三人，步甲二百八人、匠役十六人、養育兵一百人；德州，前鋒十二人，領催、馬甲五百人，匠役四人、養育兵四十人。綏遠城將軍所屬，綏遠城，前鋒二百人，領催、馬甲一千八百人，步甲七百人、匠役四十人、養育兵三百人；右衛，領催、馬甲三百人，養育兵八十人。太原城守尉所屬，領催、馬甲五百六十人，步甲四十人、匠役四人、養育兵四十人。開封城守尉所屬，領催、馬甲四百六十八人，鳥鎗領催、馬甲二百九十三人，炮領催、炮甲三十九人，步甲一百人、匠役二十人、養育兵六十人。江寧將軍所屬，江寧，前鋒一百四十四人，領催、馬甲一千九百五十九人，鳥鎗馬甲七百六十人、炮甲六十一人、步甲五百七十二人、匠役一百二十人，養育兵一千五十人；京口，前鋒五十六人，領催、馬甲四百八十一人，鳥鎗領催、馬甲六百人，炮甲二十九人、匠役四十八人、步甲二百二十八人、養育兵二百五十人。福州將軍所屬，前鋒二百人，領催、馬甲一千三百六十人，步甲三百二十人、匠役一百二十人、養育兵一百二十人，水師營領催、馬甲五百六十八人，水手二十四人、匠役八人。杭州將軍所屬，杭州前鋒二百人，領催、馬甲四百八十人，鳥鎗領催、馬甲八百人，炮領催、炮甲一百九十人，匠役九十六人、步甲三百二十二人、養育兵一百二十八人；乍浦水師營，前鋒二百人，領催、馬甲一千二百二十八人，炮領催、炮甲七十二人，水手五十人、匠役四十八人、養育兵一百人。荆州將軍所屬，鳥鎗前鋒一百人、弓箭前鋒一百人，鳥鎗領催、馬甲一千九百人，弓箭領催、馬甲一千九百人，炮甲八十人、步甲七百人、匠役一百六十八人、養育兵七百二十人。西安將軍所屬，前鋒四百人，領催、馬甲四千六百人，炮甲一百人、步甲五百人、匠役一百二十人、養育兵八百六十八人。寧夏將軍所屬，前鋒二百人，領催、馬甲一千九百人，步甲五百八十四人、炮甲十六人、匠役七十二人、養育兵六百人。凉州副都統所屬，凉州，前鋒六十人，領催、馬甲四百七十八人，鳥鎗馬甲七百三十二人、炮甲十人、步甲七十人、匠役十五人、養育兵七十五人；莊浪，前鋒三十人，領催、馬甲二百五十七人，鳥鎗領催、馬甲三百九十三人，炮甲十人、步甲七千人、匠役十五人、養育兵七十五人。成都將軍所屬，前鋒六十人，領催、馬甲一千四百四十人，步甲二百五十人、匠役九十六人、養育兵一百四十四人。廣州將軍所屬，前鋒一百五十人，領催、馬甲二千一百五十人，副甲兵四百人、步甲四百人、炮甲二十四人、匠役二十六人、養育兵一千五百人，水師營領催、馬甲五百人，副工兵一百人、匠役四人。新疆駐防，八，兵，萬五千一百四十人；伊犁將軍所屬，惠遠城，前鋒三百二十人，領催、馬甲二千九百六十人，步甲六百人、鳥鎗步甲四百人、炮甲四十人、匠役八十人、養育兵二百四十人；惠寧城，前鋒一百六十人，領催、馬甲一千五百三十六人，步甲三百二十人、炮甲十六人、匠役四十八人、養育兵六十四人；錫伯部落，領催、馬甲一千六人；索倫部落，前鋒四十人，領催、馬甲一千十人，養育兵二百人；烏嚕木齊，前鋒二百四十人，領催、馬甲二千四百二十四人，炮甲四十八人、步甲三百三十六人、匠役四十八人、養育兵二百八十人；巴里坤古城，前鋒各四十人，領催、馬甲各八百八人，炮甲各十六人、步甲各一百四十四人、匠役各十六人、養育兵各六十人；吐魯番，前鋒四十人，領催、馬甲四百四人，步甲五十六人、炮甲八人、匠役八人、養育兵四十人。其塔爾巴哈台等處换防兵，即在各處駐防額兵之内，不具列。守圍場，兵，八百五十人；木蘭圍場，領催、馬甲八百五十人。盛京、吉林守邊門，兵，七百人；盛京，法庫邊門、松嶺子邊門、彰武臺邊門、新臺邊門、白石嘴邊門、清河邊門、九關臺邊門，領催、馬甲各四十人；梨樹溝邊門、明水塘邊門、白土廠邊門，領催、馬甲各三十人；威遠堡邊柵、英額邊柵、汪清邊柵、靉陽邊柵、鹻廠邊柵，領催、馬甲各五十人。吉林巴彦鄂佛羅、伊通、赫爾蘇、布爾圖庫四邊門，領催、馬甲各二十人。守衞陵寢，兵，千四百十有九人。永陵，領催、馬甲一百七十九人；福陵、昭陵，領催、馬甲各一百八十人；昭西陵、孝陵、孝東陵、景陵、泰陵、泰東陵、裕陵，領催、馬甲各八十人；景陵皇貴妃園寢、景陵妃園寢、泰陵妃園寢、裕陵妃園寢、端慧皇太子園寢，領催、馬甲各四十人；孝淑皇后陵寢，領催、馬甲八十人；妃園寢，領催、馬甲四十人。打牲、游牧之隸八旗者，察哈爾都統所屬，兵，萬有八百人；察哈爾親軍二百四十人，前鋒二百四十人，護軍三千人，領催、馬甲四千九百二十人，捕盜兵二千四百人。黑龍江將軍所屬，兵，四千四百九十四人，黑龍江將軍所屬，布特海打牲部落、索倫，領催、馬甲九百七十三人；達呼爾，領催、馬甲八百六十人；鄂倫春，領催、馬甲一百六十五人；呼倫貝爾游牧部落、舊巴爾虎、新巴爾虎，領催、馬甲各一千一百七十六人；額魯特，前鋒二十六人，領催、馬甲一百十八人。各審其邊地、腹地之宜，以控制焉。〇凡軍器之屬，曰纛，每旗都統龍纛一，滿洲、蒙古，每佐領纛二，漢軍每佐領纛一，漢軍每旗藤牌營熊纛一。凡纛旗，各從本旗之色。曰旗，每領催小旗一，漢軍，每旗鳥鎗營，令旗二，藤牌營，令旗一、熊旗五，炮營，熊旗、火旗各一。曰盔甲，都統以下官，各鐵盔甲一，驍騎校、領催、馬甲及漢軍炮甲、藤牌兵、鹿角兵，俱用棉盔甲。曰弓，親王弓十，親王世子弓九，郡王弓八，郡王長子弓七，貝勒、貝子弓各六，鎮國公、輔國公弓各四，鎮國將軍以下至文武大小官員弓各二。曰箭，親王箭三千，親王世子二千五百，郡王二千，郡王長子一千七百，貝勒一千五百，貝子一千，鎮國公七百，輔國公六百，鎮國將軍四百，輔國將軍三百，奉國將軍二百，奉恩將軍一百七十，民公五百五十，侯五百，伯四百五十，子四百，一品官亦如之，男三百五十，二品官及文職三品亦如之，輕車都尉二百五十，三品官及文職四品京堂、科、道郎中亦如之，騎都尉二百，四品官及文職員外郎亦如之，雲騎尉百五十，五品官及文職主事、鳴贊、六品廕生，七、八品廕監生亦如之，六品以下官一百，親軍、前鋒、護軍、領催七十，馬甲五十。曰撒袋，都統以下至領催、馬甲，每人撒袋一，每佐領下各設撒袋五。曰刀，都統以下至領催、馬甲，每人腰刀一，每佐領下各設腰刀五，漢軍每旗藤牌營各設牌刀八十。曰長槍，滿洲、蒙古每佐領下設長槍五，漢軍每馬甲二人合長槍一。曰棍，漢軍鄂爾布每人連枷棍一。曰藤牌，漢軍每旗藤牌八十。曰海螺，滿洲、蒙古，每佐領下海螺一，每参領下海螺二，漢軍，每佐領下海螺一，藤牌營海螺七。曰鹿角，漢軍每佐領下鹿角一。曰鑼，漢軍每旗鳥鎗營、炮營，號鑼各五。曰鼓，漢軍每旗鳥鎗營、炮營，號鼓各一。曰帳房；每佐領下帳房二。火器之屬，曰鳥鎗，漢軍每兵一人給鳥鎗一。曰炮，炮有神威無敵大將軍銅炮，九節十成銅炮，渾銅炮，制勝將軍銅炮、金龍銅炮，神功將軍銅炮，神威將軍銅炮，行營鐵炮，武成永固大將軍銅炮，臺灣銅炮，衝天銅炮，鐵心銅炮，紅衣鐵炮，子母炮鐵，心得勝銅炮，威遠銅炮，威遠鐵炮，鐵信炮。八旗漢軍炮局，鑲黄旗炮六十九，正黄旗炮七十九，正白旗炮六十九，正紅旗炮七十四，鑲白旗炮六十二，鑲紅旗炮六十八，正藍旗炮六十五，鑲藍旗炮七十二。又，存貯各城門炮位，安定門炮七，東便門炮五，附鑲黄旗炮營；德勝門炮六，西便門炮五，附正黄旗炮營；東直門炮六，廣渠門炮五，附正白旗炮營；西直門炮五，廣寧門炮五，附正紅旗炮營；朝陽門炮七，左安門炮五，附鑲白旗炮營；阜成門炮六，右安門炮五，附鑲紅旗炮營；崇文門炮七，永定門炮五，附正藍旗炮營；正陽門炮七，宣武門炮五，附鑲藍旗炮營。皆頒其式，而以時點驗焉。凡旗、纛、盔甲、弓矢、撒袋、腰刀、長槍、連枷棍、海螺、帳房，各官兵自製，漢軍鳥鎗營、炮營、藤牌營之旗、纛、金鼓、鹿角、鳥鎗、炮位、藤牌、牌刀、海螺、鹿角，係官爲製造。又，豫備閲兵，官製盔甲、腰刀、撒袋各一萬八千，梅鍼箭十八萬。每五年欽派五大臣點驗一次，武職六品以下、文職七品以下俱免其點驗。若門汛，每堆撥一分設長槍四、腰刀四、弓四、箭四十，俱官爲製造。若火班，每火班一處設撒袋三十，每兵各帶腰刀一，直班兵丁於换班時由本旗帶往。各陳其器，其頒於駐防者，亦如之。各處駐防軍器，除官兵應自置者遵照定例製備外，其由京頒給者，各因其地氣之燥、濕操演之期限，分别修製，年分有差。〇立官馬之圈八,滿洲,每旗圈養馬二百匹,蒙古,每旗圈養馬一百匹,滿洲、蒙古合立一圈,共官圈八處,馬二千四百匹。驗其烙印,烙印之式,長三寸、徑二寸,各按旗分鑄造。凡更換新馬,報明該管大臣驗看印烙。如有傷病馬匹,驗明,毀其火印,更換。飼以時,而馴擾焉,每圈馬,一匹月給豆八斗、米四斗,馬乾銀一兩二錢三分,各設官兵專司餧養。孟夏則出青,季秋而歸圈。出青馬匹,將毛片、口歲詳造清册,交察哈爾收領,每年於立夏後四日,陸續趕赴口外,簡派左、右翼副都統各一人,會察哈爾總管侍衛各一人,前往稽查牧放,霜降後,奏明歸圈。官兵之拴養者,亦如之。官兵拴馬,滿洲,每旗九十匹,蒙古,每旗四十五匹,漢軍,每旗十五匹,併護軍營每旗八十一匹,前鋒營每翼四十匹,内火器營七十二匹,共官拴馬二千匹。遇出青時,以六成留京,以四成牧放。其鑄造烙印及支給馬乾銀兩,俱如圈馬之例。惟傳事者,不出青。八旗設傳事馬七百七十六匹,均於各營派選幹練官兵分拴餧養,概不出青。凡官馬之點驗,以時,點驗,圈馬副都統間一月輪往一次,查旗御史間兩月輪往一次,都統每季孟月點驗一次,都統、副都統、查旗御史新莅任者,各點驗一次,遇出青放馬、收馬之時,公同到圈點驗。其官兵拴養馬匹,除本旗大臣及查旗御史察驗外,每旗由侍衛處奏派侍衛二、三人查馬。其隨圍派調馬匹及奏請欽派王大臣監收、監放事,隸兵部。其斃者,别其多少而勸懲焉。圈馬倒斃,領四箇月馬乾銀買補,殘廢者,領三箇月馬乾併變價銀買補,統以三年覈計,作爲十分,如三年内倒斃一分者,官兵分别獎賞,二分者,免議,三分者,分别罰懲,殘廢者,亦照此計算。如交察哈爾出青馬匹逾額倒斃者,令賠五歲以上肥壯之馬歸圈。官兵領騎圈馬倒斃者,將馬耳、鬃尾烙印呈驗,賠銀七兩,遺失及殘疾者,均責令賠補肥壯之馬歸圈。其各旗拴養傳事馬匹,倒斃及殘廢者,均照圈馬之例買補。〇乃簡其營衆,而訓之以藝。凡步射,月有六,每月習步射,左翼四旗以初四、初八、十四、十八、二十四、二十八,凡六日,右翼四旗以初二、初七、十二、十七、二十二、二十七,凡六日,自開印日起至四月十六日止,自七月十六日起至封印日止,每日赴各旗教場演習,都統、副都統親往閲看。遇有奏事及會議,留副都統前往,並將較射大臣職名先期送查旗御史,届期親往監視。騎射,歲有六,每歲春、秋二季,官兵演習騎射各三次,由兵部定期遵行。官兵内有年逾六十者,免其騎射。步射之擐甲者,歲有四。每歲春、秋二季,官兵擐甲習步射各二次,由本旗定期,咨明兵部委員查驗。合操,則會六營,滿洲、蒙古、漢軍三營,會前鋒、護軍、内火器三營,每歲秋季,一旗各營合操二次於本旗教場,兩旗各營合操一次於兩黄旗教場,八旗各營合操一次於仰山窪。凡合操,皆如大閲之制。三年乃考驗焉。每届三年,由兵部奏請欽派大臣考驗馬步、射。秋、冬,則演火器,漢軍鎗營,每年八月開操至十二月止,每月操演三次,共十五次。每次用鳥鎗二百杆,俱演三進、四連環,九月操演坐鎗三次,火器營大臣會本旗大臣閲看。炮營,每年九月初一日起至初五日止，赴盧溝橋演炮，每旗各出炮九位，每炮每日演放三出，共十五出，八旗輪演神威無敵銅炮一位，設木靶以百步爲率統計，十五出中十三出爲合式。凡演炮俱用炮車，每旗簡派侍衛一人前往稽查。每三年，兵部堂官一人，閲看一次。仲春，鳴海螺，孟秋亦如之。演習海螺，春季二月十五日起至三月初一日止，秋季七月十五日起至八月初一日止，各於本旗城門上吹演，兵部委官稽察。皇帝大閲，每三年，由兵部奏請。大閲得旨，則行知各旗營豫備。則列鹿角於陣前，間以火器，越九進，乃止，列陣之制，去陣前一百有五丈，建大纛以爲表，左翼四旗，以次而東，西上，右翼四旗，以次而西，東上，各營皆按表以列隊。最前爲漢軍火器營，每旗鹿角二十、長槍二十、連枷棍二十，鹿角兵八十人、引繩兵四人，神威將軍炮十，掌炮車兵百有十人、炮甲三十人，護炮車小旗十，執旗領催十人，參領纛十，執纛馬甲三十人，在鹿角左、右按翼排列。護炮小旗十，執旗領催十人，護炮鳥鎗百，鳥鎗馬甲百人，紅旗二，執旗領催二人，金五，鳴金馬甲十人，鼓二舁，鼓馬甲四人，擊鼓馬甲二人，海螺五，鳴海螺馬甲五人，參領二人、章京十人、驍騎校十人，列於炮後。鳥鎗營，每旗纛一，執纛領催一人、馬甲三人，隨纛章京一人，護纛小旗二，執旗領催二人，護纛鳥鎗二十，鳥鎗馬甲二十人，參領纛五，執纛馬甲十五人，小旗二十，執旗領催二十人，鳥鎗二百，鳥鎗馬甲二百人，紅旗二，執旗領催二人，金五，鳴金馬甲十人，鼓二舁，鼓馬甲四人、擊鼓馬甲二人，海螺十三，鳴海螺馬甲十三人，每翼都統一人，每旗副都統一人、參領二人、章京五人、驍騎校七人，列於鹿角後。信炮三，隨炮參領一人、炮甲五人，藤牌營，每旗纛一，執纛馬甲三人，小旗五，執旗領催五人，藤牌八十六，藤牌兵八十六人，紅旗一，執旗馬甲一人，金一，鳴金馬甲二人，鼓一舁，鼓馬甲二人、擊鼓馬甲一人，海螺五，鳴海螺馬甲五人，參領一人、章京二人、驍騎校二人，列於炮營之後。共總統大臣十二人，官校三百三十七人，兵六千三百五十七人。俟御營前，蒙古大角鳴，舉信炮三，擊鼓鳴螺，舁鹿角前進，鳴金即止。紅旗一麾，鎗、炮齊發，如是九次，至第十次，鳴金三，乃止。護炮之藤牌兵，以四百人出鹿角前舞牌，舞畢退立於原所，次合滿洲火器營，施放進步連環鳥鎗，鳴金即止，乃開鹿角。設次隊，張兩翼，鹿角開，則隨首隊以俱進，既成列，則先退焉。火器營之後爲頭隊，前鋒爲兩隊，護軍爲八隊，兩翼隊，左爲健鋭營官兵，右爲外火器營官兵。頭隊之後爲次隊，則列驍騎營官兵。每旗，滿洲，大纛一、參領纛五、小旗六十三、海螺十、門纛二，蒙古，大纛一、參領纛二、小旗二十一、海螺四，每翼都統一人，每旗副都統一人，滿洲參領二人、章京十五人、驍騎校十五人、領催六十三人，兩黄旗、兩白旗、兩紅旗馬甲各百九十人，兩藍旗馬甲各百八十九人，蒙古參領一人、章京六人、驍騎校六人、領催二十一人、馬甲六十三人，共總統大臣十二人，官校三百六十人，兵二千六百九十四人。翼隊，每旗，滿洲，參領纛二、小旗二十、海螺五，蒙古，參領纛一、小旗六、海螺二，每翼都統一人、副都統二人，每旗滿洲參領一人、章京五人、驍騎校五人、領催二十人、馬甲六十人，蒙古章京二人、驍騎校二人、領催六人、馬甲十八人,共總統大臣六人,官校百二十人,兵八百三十二人。火器營連環鳥鎗既畢,開鹿角爲八門,首隊、翼隊以次出鹿角外,次隊從之,首隊兵鼓譟而進,兩翼隊馳馬交衝,畢,殿後兵即出,鹿角隊、次隊、翼隊全伍疾退,列於原立之處,行至半,首隊兵、殿後兵鳴螺,皆退。設大閱長,以總統之。大閱長八人,總辦閱兵事務,缺出,由直年旗開列王大臣職名請簡。凡屆大閱,各旗營管隊大臣由大閱長奏派,其官校兵丁、應用器械,俱由大閱長先期行文各處豫備。每年合操,都統、副都統於大閱長處投遞職名,有不到者參奏。凡營陣,皆頒其式。

大閱營陣之式

陣後兩翼設三十六營,左翼,滿洲内火器營、漢軍火器營各四,前鋒營一,護軍營、驍騎營各四,右翼如之。又,左翼健鋭營、右翼外火器營各一,每營寬二十四丈、縱四十丈,相間各一丈,共九百丈,自立營處去次隊七十五丈。次隊八,每隊寬八十一丈七尺五寸,共六百五十四丈,距首隊十五丈。首隊前鋒隊八,每隊寬六丈,護軍隊八,每隊寬七十五丈七尺五寸,共六百五十四丈。首隊兩翼左、右隊各四,每隊斜寬二十五丈,共二百丈,次隊兩翼如之,左、右翼相距七百十四丈,自首隊至鹿角隊二十五丈。鹿角隊八,每隊寬二十丈二尺五寸,共一百六十二丈。漢軍炮位排列,每旗寬二十二丈,共一百七十六丈。滿洲火器營鳥鎗排列,每旗寬三十二丈,炮位排列,每旗寬五丈共二百九十六丈,鹿角及火器排列共六百三十四丈。自鹿角距初進第一層五丈,至第十層,每進五丈,共四十五丈,自第十層距演藤牌施放進步連環,首隊出鹿角外排列處十丈,聲喊前進、駐立,距演藤牌進步連環處十丈。殿後軍立處距前進駐立處十丈,自殿後軍號纛距閱武臺八十丈,自立營處距閱武臺二百七十五丈,兩翼及禁約聲息官兵排列,共寬七百五十丈,自閱武臺距鹿角排列處一百六十丈。

駕出、入,則鳴信炮,駕出宫,鳴信炮三,掌以鑲黄旗漢軍參領一人、炮甲五人,駕入宫,鳴信炮三,掌以正白旗漢軍參領一人、炮甲五人,禁其聲息。禁約聲息,每旗護軍參領一人、護軍校一人、護軍四十人,驍騎營章京一人、驍騎校一人、馬甲四十人,共官三十二人,兵六百四十人。備其使令。八旗給使官,滿洲、蒙古,每旗一人,漢軍,每旗二人,共給使官三十二人。〇置守衛,以定官、兵之班,户部三庫,以上三旗官兵守衛,銀庫直以官三人、兵三十人,顔料庫直以官四人、兵四十人,緞疋庫直以官四人、兵五十二人。工部,製造庫直以正紅旗官一人、兵五人,硝黄庫直以正紅旗官二人、兵二十人,節慎庫直以鑲紅旗官一人、兵十人。宗人府庫直以鑲白旗官四人、兵四十人,光禄寺庫直以正藍旗官一人、兵十人,理藩院庫直以正藍旗官二人、兵二十人,刑部贓罰庫直以鑲藍旗官一人、兵十人,太常寺庫直以鑲藍旗官二人、兵二十人,禮部册寳庫直以正藍旗官二人、鑲藍旗兵二十人。鑾儀衛内外庫,以八旗官二人、兵四十人輪直,工部濯靈廠,以八旗漢軍官四人、兵四十人輪直,直年旗衙門檔案庫,以八旗官八人輪直。户部内倉直以正白旗官一人、兵八人,海運倉直以鑲黄、鑲藍旗官四人，兵四十八人，北新倉直以正黄、鑲白旗官四人，兵四十人，舊太倉直以正白、鑲藍旗官四人，兵四十人，興平倉直以正紅、鑲紅旗官四人，兵四十人，南新倉直以鑲白旗官四人，兵四十人，富新倉直以鑲紅旗官四人，兵四十人，禄米倉直以正紅、正藍旗官四人，兵三十五人，通州中、西二倉，以八旗官二人、兵四十人輪直。雍和宫，以八旗官八人、兵八十人輪直。城上，每旗滿洲、蒙古、漢軍共安設堆撥十五，直以官十人、兵一百五十人。宗人府空房，直以鑲白旗官二人、兵四人，正紅、鑲紅旗兵各二人，鑲藍旗兵十二人。鴻臚寺，龍亭直以正紅旗兵八人，喀爾喀館直以正白旗官二人、兵十人，喀爾喀館門直以正藍旗官一人、兵十人，俄羅斯館，於俄羅斯到日設堆撥十六，每四處直以八旗參領一人，每處直以八旗官一人、兵十五人。後黄寺，於蒙古使臣及喇嘛到日設堆撥一，直以八旗官一人，兵十人。稽以期日，禁其曠班者與其代班者。看守各處倉庫兵丁，造具清册，由直班官查對，該管大臣親往查驗。如有曠班、頂替情弊，查出參奏。城内七倉，特派王大臣稽查，其城上堆撥，除本旗大臣親往查驗外，每十日將直班官兵名册咨送兵部查覈，由兵部輪派司員分城稽查，如有私行雇、替，並不親身到班，分别議處治罪。巡幸，則於城内各增直，封印後亦如之。恭遇巡幸及每年封印後，每旗滿洲、蒙古、漢軍於街道上合添堆撥十，正陽門内設堆撥一，八旗輪直，其餘各門内，每旗設堆撥各一，每處直以官二人、兵二十人。封印後，堆撥合内火器營官兵輪直，每旗各派參領稽察，仍由兵部委員巡查。凡門汛之增直者，過期則徹。遇巡幸添設堆撥，於回鑾日徹，封印後堆撥，於開印日徹，俄羅斯館及後黄寺，於俄羅斯、蒙古喇嘛去日即徹。火班，則辨其方位，各以大臣統焉。火班八處，滿洲、蒙古、漢軍輪派參領二人，滿洲每班派章京四人，領催、馬甲三十九人，蒙古每班派章京一人，領催、馬甲十四人，漢軍每班派章京三人，領催、馬甲二十七人，統以都統或副都統一人，每班拴馬十匹，撒袋三十副，並佩帶腰刀等項軍器，遇有失火之事，即報知就近該火班之大臣。如係東南失火，正藍、鑲白二旗往救，西南失火，鑲藍、鑲紅二旗往救，東北失火，鑲黄、正白二旗往救，西北失火，正黄、正紅二旗往救。若係皇城之内，每翼二旗往救。凡救火，該班大臣於該班官兵内帶領一半前往，其餘一半仍留該班處備用。

協理事務參領，滿洲十有六人、旗各二人。蒙古八人、旗各一人。漢軍十有六人，旗各二人。章京，滿洲六十有四人、旗各八人。蒙古三十有二人、旗各四人。漢軍四十有八人，旗各六人。掌章奏、文移。印房設外郎，滿洲、漢軍旗各一人，蒙古旗各二人。繕寫人，滿洲旗各六十人，蒙古旗各三十六人，漢軍旗各四十八人。凡銀庫之出納，皆掌焉。每旗各設恩賞銀庫，以印房參領管理。隨印房行走散秩官，於閒散世職、不掌圖記之佐領及改補、降補等官派委，無定員。掌供印房之使令。筆帖式，滿洲六十有四人、旗各八人，以四缺咨送吏部考試，其餘四缺於印房繕寫人内揀選補放。蒙古三十有二人、旗各四人，以二缺咨送吏部考試,其餘二缺於印房繕寫人内揀選補放。漢軍四十有八人,旗各六人,以三缺咨送吏部考試,其餘三缺於印房繕寫人内揀選補放。掌翻譯。參領,滿洲四十人、旗各五人。蒙古十有六人、旗各二人。漢軍四十人,旗各五人。副參領,滿洲四十人、旗各五人。蒙古十有六人、旗各二人。漢軍四十人,旗各五人。掌頒都統之政令,以達於佐領。凡佐領之事,則受其成而審定焉。佐領,滿洲六百八十有一人、鑲黄旗八十六人,正黄旗九十三人,正白旗八十六人,正紅旗七十四人,鑲白旗八十四人,鑲紅旗八十六人,正藍旗八十四人,鑲藍旗八十八人。蒙古二百有四人、鑲黄旗二十八人,正黄旗二十四人,正白旗二十九人,正紅旗二十二人,鑲白旗二十四人,鑲紅旗二十二人,正藍旗三十人,鑲藍旗二十五人。漢軍二百六十有六人,鑲黄旗四十一人,正黄旗四十人,正白旗四十人,正紅旗二十八人,鑲白旗三十人,鑲紅旗二十九人,正藍旗二十九人,鑲藍旗二十九人。驍騎校,滿洲六百八十有一人、蒙古二百有四人、漢軍二百六十有六人,每佐領下各一人。掌佐領下之政令。隨旗行走散秩官,閒散世職、不掌圖記之佐領及改補、降補等官,除挑補印房章京及隨印房學習行走外,皆令隨本旗衙門行走,無定員。掌供本旗之使令。

俸餉房,參領,滿洲八人、蒙古八人、漢軍八人,俱旗各一人。章京,滿洲十有六人、蒙古十有六人、漢軍十有六人,俱旗各二人。驍騎校,滿洲四十人、蒙古十有六人、漢軍四十人,每參領下一人。掌關支俸餉。○凡俸册、餉册之咨部者,立其限,俸銀、俸米册,春季於上年十二月十五日以前,秋季於六月十五日以前,餉册於上月十五日以前,咨送户部。展限,無過五日。俸餉册檔如因款項繁多不能依限,准展限五日,如册檔舛錯不符本旗,俸餉房章京赴户部更正,領回鈐印,亦不得逾五日之限。餉銀序以月,餉銀兼放錢文,每月初一、二日關支錢文,初三、四日關支銀兩。餉米序以季,餉米分四季支領,鑲黄、正黄二旗以孟月,正白、正紅、鑲白三旗以中月,鑲紅、正藍、鑲藍三旗以季月,遇閏,則另造册檔支領。六品以下官,則入於餉册。驍騎校及前鋒校、親軍校、護軍校、筆帖式等官應領俸銀,俱造入兵丁餉册内,按月支領,如遇閏月,一體支給。凡官兵之别爲營者,皆附焉。圓明園八旗、内務府三旗、健鋭營,内、外火器營,前鋒、護軍、步軍各營官兵俸餉册,俱附於各旗,彙總咨部。

馬册房,參領,滿洲八人、蒙古八人,俱旗各一人。章京,滿洲十有六人、蒙古十有六人,俱旗各二人。驍騎校,滿洲四十人、蒙古十有六人,每參領下各一人。掌交馬、收馬與其芻牧之事。○凡馬册之咨部者,立其限,每月關領馬銀、馬錢,左翼四旗於初六日,右翼四旗於初七日,關領料豆,左翼四旗於十四日，右翼四旗於十五日。馬銀、馬錢册於上月十八日送部，馬豆册於上月終送部，回圈、回廠馬册於將次回京之先，覈計數目送部，回京後即關領。官兵拴馬，將官兵姓名造册送部關支，每年九月自廠回京至次年三月出廠以前，官拴馬月支料豆一石二斗，兵拴馬月支料豆一石，四月至八月留京馬匹，不給料豆。漢軍旗分官兵拴馬册檔，派印房參領、章京兼管。各營之支領者，皆附焉。本旗各營及侍衛拜唐阿，馬銀、馬豆皆隨旗支領。

營理馬圈，參領，滿洲十有六人、蒙古十有六人，俱旗各二人。章京，滿洲十有六人、蒙古十有六人，俱旗各二人。驍騎校，滿洲三十有二人、蒙古十有六人，滿洲旗各四人，蒙古旗各二人。掌理圈務。參領總司圈務，章京、驍騎校分班在圈住宿，滿洲每旗派領催四人、馬甲三十人，蒙古每旗派領催二人、馬甲十六人，專司餧養。

漢軍鳥鎗營領催，十有六人，旗各二人。章京，五十有六人，旗各七人。驍騎校，六十有四人，旗各八人。炮營參領，八人，旗各一人。驍騎校，十有六人，旗各二人。藤牌營參領，八人，旗各一人。章京，十有六人，驍騎校，十有六人，俱旗各二人。掌分轄營衆。漢軍額設馬甲内，上三旗每旗選一千人，下五旗每旗選八百人，爲正額兵，輪流操演。炮營除額設炮甲外，設護炮鳥鎗馬甲一百人，即於正額兵内派撥，再於正額兵之外選馬甲一百人爲藤牌兵，其餘附入各處當差。

下五旗包衣，參領，二十有五人，旗各五人。佐領，四十有二人，正紅旗八人，鑲白旗九人，鑲紅旗九人，正藍旗六人，鑲藍旗十人。旗鼓佐領，十人，鑲紅旗一人，正藍旗六人，鑲藍旗三人。管領，四十有二人，正紅旗四人，鑲白旗十一人，鑲紅旗七人，正藍旗八人，鑲藍旗十二人。分管，四十有一人，正紅旗一人，鑲白旗一人，鑲紅旗十八人，正藍旗二十一人。旗鼓分管，十人，正紅旗七人，鑲白旗二人，正藍旗一人。驍騎校，四十有二人，每佐領下一人。掌轄下五旗包衣，以供王公府屬之執事。〇定包衣之兵制，曰護軍，曰領催，曰紅甲、白甲，曰藍甲，皆辨其等，親王，護軍、領催四十人，紅甲、白甲一百六十人，藍甲六十人。郡王，護軍、領催三十人，紅甲、白甲一百二十人，藍甲五十人。貝勒，護軍、領催二十人，紅甲、白甲八十八，藍甲四十人。貝子，護軍，領催十六人，紅甲、白甲六十四人，藍甲三十人。鎮國公，護軍、領催十二人，紅甲、白甲四十八人，藍甲二十人。輔國公，護軍、領催八人，紅甲、白甲三十二人，藍甲二十人。春、秋，則鳴海螺。府屬各設海螺二，仲春、仲秋令護軍等赴城上吹演。

直年旗大臣，八人，旗各一人，於都統、副都統内特簡，歲終則更代。掌八旗會理之事。〇凡官之擬補於公中者，則揀選，其引見於熱河者，則總各旗、各營之官而帶領焉。駐蹕熱河，凡各旗、各營官之應引見者，皆由直年旗大臣帶領前往。六品以下官，則驗放。補放驍騎校、護軍校以下官，遇駐蹕熱河，則由留京王大臣驗放。凡職任之兼攝者，請簡大臣則以聞。稽察舊營房、新營房及管理官房，稽查城内七倉，稽查壇、廟齋戒王大臣，由直年大臣咨取各旗大臣銜名請簡。管理鐵匠局副都統缺出，亦如之。歲終請襲世職亦如之。在京及各處駐防世職官缺出，統俟歲終由各該旗揀選應襲之人咨報直年旗，由直年旗奏請進呈摺譜及引見日期，得旨後由各該旗按奏定日期辦理。〇凡事之應結者，立其限。各旗易結之事，限十日完結，參領以下官員以出缺，日期起限二十日，承管、佐領限三十日，各處駐防官員出缺來京者，以人、文到日起限二十日，終養、告病、丁憂等事回旗，例應引見者，亦如之。其不能依限完結者，聲明緣由，於原限外寬限十日。有行查調取稽延時日者，隨時咨會查旗御史查覈，仍速行辦結註銷。各衙門查辦檔册，於到旗日，酌量事務繁簡定限。各處駐防大臣承辦緊要案件，限一月完結，其奉部駁查事件，以文到日爲始，近在同城者，限二十日出咨送部。其不同城須行文轉查者，聲明程途遠近扣限外，限一月出咨送部。有特交者，則會各旗大臣以定議，歲終，則彙已結、未結與其年例之事，而具奏焉。歲終，將八旗已結、未結事件及官兵人等有無放重利債、官房有無租典，送挑各處拜唐阿大臣官員子弟分別已去、未去，分給罪人爲奴有無逃亡，俱由直年大臣彙奏。

直年旗參領、章京，由直年大臣於各旗參領、章京内派委，無定員。掌章奏文移。

筆帖式，由直年大臣於各旗印房筆帖式内派委，無定員，掌翻譯。

管理舊營房大臣，滿洲八人、蒙古八人，旗各一人，於都統、副都統内特簡，歲終則更代。掌統轄舊營房官兵。兵丁内有不安本分滋事者，大臣等嚴加訓飭。如一年内能悔過自新，准其居住，若仍不悛改，則遣往拉林種地。歲終，將應去、應留者具奏一次。

舊營房營總，滿洲八人、蒙古八人，章京，滿洲八人、蒙古八人，俱旗各一人。驍騎校，滿洲四十人、蒙古十有六人，每參領下一人。掌分轄營衆。營房，每旗二千間，滿洲千五百間，蒙古五百間，凡滿洲、蒙古官兵住營房者，各歸舊營房該管官分轄。

管理新營房大臣，滿洲八人、蒙古八人、漢軍八人，旗各一人，於都統、副都統内特簡，歲終則更代。掌統轄新營房官兵。職掌與管理舊營房大臣同。

新營房營總，滿洲八人、蒙古八人、漢軍八人，旗各一人。章京，滿洲十有六人、旗各二人。蒙古八人、漢軍八人，旗各一人。驍騎校，滿洲十有六人、旗各二人。蒙古八人、漢軍八人，旗各一人。掌分轄營衆。營房每旗四百間，滿洲二百四十間，蒙古、漢軍各八十間，係守衛九門之滿洲、蒙古、漢軍馬甲，每旗二百名居住，歸新營房該管官分轄。

城門偏吉，於九門外各設官廳，正陽門左、右二處，餘八門各一處，是爲偏吉官廳。以新營房滿洲、蒙古、漢軍營總内，每旗合派一人，仍在本職，遥爲督轄，以滿洲旗章京、驍騎校各二人，蒙古、漢軍旗章京、驍騎校各一人，分偏吉守衛，仍按八旗方位。以鑲黄旗章京、驍騎校各四人，守衛安定門；以正黄旗章京、驍騎校各四人，守衛德勝門；以正白旗章京、驍騎校各四人，守衛東直門；以鑲白旗章京、驍騎校各四人，守衛朝陽門；以正紅旗章京、驍騎校各四人，守衛西直門；以鑲紅旗章京、驍騎校各四人，守衛阜成門；以正藍旗章京、驍騎校各四人，守衛崇文門；以鑲藍旗章京、驍騎校各四人，守衛宣武門。其正陽門左、右門於各城官内合派章京、驍騎校各四人輪直。掌率直班兵以守衛。正陽左、右門，直班兵八十人，餘八門，每門直班兵五十人。

管理官房大臣，滿洲八人、蒙古八人、漢軍八人，旗各一人，於都統、副都統内簡派，歲終則更代。掌八旗官房之事。凡兵之貧乏者，則給焉。空地官房，查係實無住址之兵丁，准撥給居住。稽其租典者、敝壞者，歲終，則彙報於直年旗。歲終，將官房有無租典、倒壞之處，會查旗御史公同出結，咨直年旗彙奏。

管理左、右翼鐵匠局副都統，二人，每翼一人，於各旗副都統内特簡。參領，二人，每翼一人。散秩官，滿洲八人、蒙古八人、漢軍八人，旗各一人。驍騎校，滿洲八人、蒙古八人、漢軍八人，旗各一人。掌教習四局之匠役。兩翼設鐵匠局各二，其匠役額缺，於另户閒散及户下人挑補，其優者作爲頭目。〇凡鐵匠之學習於武備院者，二年而代。兩翼四局，每局以匠役四十人送武備院學習，二年更换一次。在局者，以時稽之，在局匠役，除本局大臣官員隨時查驗外，每年由武備院委官查驗一次。歲終，則會八旗大臣，驗其優劣而勸懲焉。歲終，由本局大臣會同八旗都統查驗一次，詳較優劣分别賞罰。

稽察寶坻等處駐防大臣二人，每翼一人，於護軍統領、副都統内特。掌稽察駐防官兵，以時訓練其藝。兩翼稽察大臣每三年前往各處巡視一次，閲看官兵騎射，分别勸懲，兵丁務令勤學技藝、安静守分，官員甄别優劣具奏。

左、右翼世職官學，總理大臣，十人，於滿洲一、二品大臣内特簡。參領，六人，章京，四人，參領，左、右翼各三人，章京，左、右翼各二人，由總理大臣派委，輪流稽察課程。清書教習，八人，旗各一人，於滿洲散秩官、筆帖式及因公降、革人員内選充。騎射教習，八人，旗各一人，於滿洲前鋒校、護軍校、驍騎校、前鋒護軍内選充。掌教世職官學生。左、右翼各設世職官學二，鑲黄、正白二旗爲一學，鑲白、正藍二旗爲一學，正黄、正紅二旗爲一學，鑲紅、鑲藍二旗爲一學。凡世職及佐領十歲以上、十八歲以下者，皆就學焉。五年則考試，别其等而用焉。每五年由管學大臣請旨，派大臣考試清語、騎射，分别等第。

漢軍清文義學，稽察學務參領，八人，旗各一人。清文教習，十有六人，旗各二人，其選充與世職官學同。弓箭教習，每旗於官兵閒散内挑選一、二人，無定額。掌教漢軍學生。每旗設義學一，每佐領下各選一、二人入學。

十五善射處，管理大臣，一人，於都統、副都統兼十五善射人之王大臣内特簡。

翼長，二人，於職官兼十五善射人内，由管理大臣奏派。掌習射。十五善射處，額設三旗，每旗十五人，八旗每旗十五人，共爲官缺四十五，兵缺一百二十，皆係兼缺官，仍食原俸兵，仍食原餉，缺出，由管理大臣於王公、文武大臣官員、侍衛、拜唐阿、兵丁及閒散宗室内揀選補放，每月習射六次。

欽定大清會典卷七十

前鋒營，前鋒統領，二人，左翼一人，右翼一人。前鋒營自統領以下俱用滿洲、蒙古人員，護軍營、火器營、健鋭營並同。掌左、右翼前鋒之政令。左翼前鋒統領掌左翼四旗，右翼前鋒統領掌右翼四旗。〇選滿洲、蒙古兵之尤鋭者，爲前鋒，八旗滿洲、蒙古每佐領下前鋒二人，前鋒缺出，由統領會同護軍統領挑補，護軍馬甲、養育兵、閒散材技優者，並准各本旗保送與選，親軍挑補後未逾十年者，亦准與選調補，惟已逾十年之親軍不准保送。如各本旗將材技優者隱匿不送，准統領請旨，特派大臣普傳選視，屬實，即將該管官參處。以時訓練其藝。每月以初二、初六、十一、十六、二十一、二十六，凡六日，校步射，每歲春、秋校騎射，並擐甲步射、騎射一、二次，届三歲考驗一次。又，分兩翼前鋒之半，每月以初九、十四、十九、二十九，凡四日，演鳥鎗。每歲八旗合操時，以鳥鎗前鋒與火器營合操。大閲，則爲首隊，介護軍以列陣，鹿角開，則前進，返，則分前鋒之半殿焉。大閲，鹿角内首隊之中，列前鋒營兵八隊，每隊廣六丈，共廣四十八丈。左、右列護軍營兵同爲首隊，前距鹿角二十五丈，用每翼前鋒統領一人，每旗前鋒參領一人、前鋒侍衛一人、前鋒校八人，鑲黄、正黄二旗前鋒各一百三人，正白、正紅、鑲白、鑲紅、正藍、鑲藍六旗前鋒各一百二人，每隊小旗八、海螺四，俟鎗、炮連環發畢，鹿角分爲八門，前鋒與護軍營兵齊進，次隊乃繼進。豫於前鋒隊内撥定統領一人，鑲黄、正黄、鑲白、鑲紅四旗前鋒參領各一人、前鋒侍衛各一人、前鋒校各八人，鑲黄、正黄二旗前鋒各一百三人，鑲白、鑲紅二旗，前鋒各一百二人，分爲八隊，小旗各八、海螺各四，爲殿後軍，與護軍營殿後軍於退兵時殿後，俟各隊以次回至原列處，殿後軍乃結隊亦回原列處。巡幸，則警蹕。巡幸，隨從官兵，如木蘭行圍及巡幸各處，派前鋒參領侍衛四人，前鋒校前鋒一百四十人，如駕謁東陵、西陵，則官兵各減半。距御營前後一、二里外，於御道旁安設卡倫，爲出入門，每門立前鋒旗八、列帳十，以守衛，懸撒袋於門旁。聖駕出、入，官兵佩刀侍立迎、送。

協理事務前鋒參領，二人，前鋒侍衛，二人，前鋒校，四人，協理事務參領、侍衛左、右翼各一人，由統領於本翼前鋒參領、侍衛内選擬、引見充補。協理事務前鋒校左、右翼各二人，由統領於本翼前鋒校内酌委。筆帖式，四人，左、右翼各二人。掌章奏、文移。

前鋒參領,八人,左翼四人,右翼四人,皆旗各一人。委署前鋒參領,四人,左翼二人,右翼二人,由統領於前鋒校内酌委。前鋒侍衛,八人,左翼四人,右翼四人,皆旗各一人。委署前鋒侍衛,四人,左翼二人,右翼二人,由統領於前鋒校内酌委。前鋒校,九十有六人,左翼四十八人,右翼四十八人,皆旗各十二人。掌分轄營衆。前鋒兵之制,以其半習鳥鎗,是爲鳥鎗前鋒,前鋒設隊長,鳥鎗前鋒設什長,皆於前鋒數内選充。每旗隊長六人,什長六人,各率其隊。

護軍營,護軍統領,八人,旗各一人。掌上三旗、下五旗護軍之政令。〇選八旗滿洲、蒙古兵之精者,爲護軍,八旗滿洲、蒙古,每佐領下護軍十七人,護軍缺出,由各旗統領會本旗都統於本佐領下馬甲、拜唐阿、養育兵、步軍閒散内挑補。以時訓練其藝。每月以初二、初六、十一、十六、二十一、二十六,凡六日,校步射,每歲春、秋各擐甲騎射一、二次,届三歲考驗一次,均由本旗統領督率訓練。大閲,則爲首隊,夾前鋒以列陣,鹿角開,則前進,返,則分護軍之半殿焉。大閲,鹿角内首隊前鋒之左、右列,護軍營兵八隊,每隊廣七十五丈七尺五寸,左四旗共廣三百三丈,右四旗如之。每翼護軍統領二人,每旗護軍參領七人、護軍校十四人,鑲黄、正黄、正白、正紅四旗護軍各二百三十二人,鑲白、鑲紅、正藍、鑲藍、四旗護軍各二百三十一人,每旗纛一、小旗六十一、海螺十四,鹿角開,前鋒營兵進,首隊護軍與俱進。豫於護軍隊内撥定統領一人,每旗護軍參領二人、護軍校四人、護軍九十六人,分爲八隊,小旗各二十五、海螺各四,爲殿後軍,與前鋒殿後軍於退兵時殿後,俟各隊以次回,乃結隊回原列處。常日,令上三旗參領、副參領坐班於太和門外,上三旗護軍參領、副參領及前鋒參領、副參領、侍衛,除直宿有差外,均會集太和門左、右門外,分兩翼列坐,鑲黄旗左翼,正黄旗右翼,正白旗半左翼、半右翼。朝會,則侍於陛前,以管轄,不敬者,執之。皇帝陞殿,護軍統領於階上及兩角各委護軍參領侍立管轄。凡執事官員,有於階上正面站立者,護軍參領即拏交監禮御史參處。燕饗,戒其執事,皇帝大燕,以上三旗護軍參領六人,舉御饌案,護軍參領六人監視,護軍校八十人、護軍八十人及前鋒校十人,展王公百官席冪。部燕,則率以彈壓。部燕由部請旨,派護軍統領一人,酌率本旗官兵至燕所彈壓。午門頒賞亦如之。午門領賞,亦以護軍統領酌率官兵彈壓。

大祭祀,統領一人與於後管,皇帝親祀壇、廟,護軍統領一人,同散秩大臣二人、侍衛班領二人、什長二人、宗人府王公二人,科道及六部司官各一人爲後管,列於豹尾班之後。皇帝宿齋宫,率其屬以環衛。天壇大祀,皇帝宿齋宫,除齋宫東門以侍衛守護外,北門,以直班護軍統領、前鋒統領一人,上三旗直班司鑰章京一人,鑲黄旗護軍校二人、護軍十三人及前鋒五人守衛;南門,以八旗直班印務參領一人,正黄旗護軍參領一人，護軍校、護軍二十人守衛；東門左、右兩旁堆撥二，以兩藍旗護軍參領一人，鑲藍旗護軍校、護軍十人，正藍旗護軍校、護軍十人守衛；東南角堆撥二，以鑲藍旗護軍參領一人，護軍校、護軍二十人守衛；東北角堆撥二，以正藍旗護軍參領一人，護軍校、護軍二十人守衛；北門西堆撥二，以鑲白旗護軍參領一人，護軍校、護軍二十人守衛；南門西堆撥二，以鑲紅旗護軍參領一人，護軍校、護軍二十人守衛；西北角堆撥二，以鑲黄旗護軍參領一人，護軍校、護軍十人，正白旗護軍校、護軍十人守衛；西南角堆撥二，以上三旗直班護軍參領一人，正黄旗護軍校、護軍十人，正紅旗護軍校、護軍十人守衛。駕出、入，則警蹕。聖駕在皇城内出、入，以紫禁城直班之護軍營官兵酌派，於經由處所清蹕。駕詣天壇，以八旗護軍參領三十二人，護軍校、護軍八百人，自午門至齋宫，分翼於道旁清蹕，又以八旗護軍參領八人，護軍校、護軍八十人，於神樂署週圍清蹕。駕詣地壇，以八旗護軍營官兵道旁清蹕如天壇。又以上三旗護軍參領三人，護軍校、護軍六十人於外西門至内北門清蹕，又以下五旗護軍參領三人，護軍校、護軍三十人於外西門外清蹕，護軍參領二人，護軍校、護軍二十人於祠祭署週圍清蹕。駕幸承光殿、西苑等處，以上三旗護軍參領十二人，護軍校、護軍三百人，於道旁清蹕。駕幸圓明園、南苑等處，道旁清蹕官兵如駕詣天壇。駕詣雍和宫，道旁清蹕官兵減半。若由雍和宫幸圓明園，道旁清蹕官兵亦減半。巡幸，則設管營大臣，以統轄營衆，巡幸，以護軍統領及前鋒統領合派管營大臣三人，護軍參領及前鋒參領合派營總三人，如木蘭行圍及巡幸各處，派護軍營官五十二人、兵二百九十人，合前鋒營官四人、兵一百四十人，火器營官三人、兵一百人，健鋭營官三人、兵一百人，善撲營官二人、兵七十人，共官六十四人，兵七百人。駕謁東陵、西陵，派護軍營官四十一人、兵三百三十人，合前鋒營官二人、兵七十人，火器營官二人、兵五十人，健鋭營官三人、兵五十人，共官四十八人，兵五百人，皆交管營大臣統轄。張幔城、網城。

御營之制

帳殿之外，環以幔城，制方，縱二十丈六尺，廣十七丈四尺，門南嚮，門内樹屏，幔城及屏，均製以黄布。幔城之外環以網城，依網城設連帳，是爲内城，内城之外復環以連帳，是爲外城，外城之外復間段設警蹕，帳、内外城均制圓。網城製以黄繩，距幔城東、西、南各十八丈，北十五丈。内城連帳一百七十五啓，旌門三，東門建鑲黄纛，西門建正黄纛，南門建正白纛各二，周建鑲黄金龍旗四十一。外城連帳二百五十四啓，旌門四，東門建鑲白纛，西門建鑲紅纛，南門一日建正藍纛，一日建鑲藍纛，北門建正紅纛各二，周建方旗，東北鑲黄，西北正黄，東南正白，西南正紅各十五。警蹕帳四十，東北建鑲黄護軍旗，西北建鑲紅護軍旗，東南建正藍護軍旗，西南建鑲藍護軍旗各一。

頓營之制

幔城縱、廣各二丈，幔城之外亦環以網城，行圍看城之制與頓營同。幔城以護軍參領八人，護軍校、護軍六十四人張設，網城以護軍參領一人，護軍校、護軍七人張設，頓營以護軍參領二人，護軍校、護軍四十人張設。

止，則環衛，内城旌門，每門以上三旗護軍參領二人，護軍校、護軍二十人守衛，設汛九，每汛以上三旗護軍參領一人，護軍校、護軍十人守衛。外城旌門，每門以下五旗護軍參領二人，護軍校、護軍二十人守衛，設汛四，每汛以下五旗護軍參領一人，護軍校、護軍十人守衛。警蹕帳，每旗以護軍參領二人，護軍校、護軍八人守衛。圍纛，以護軍五人守衛，蒙古纛，以護軍十人守衛，内、外汛，各傳籌五，以護軍校、護軍二人守籌，每夕交進班營總遞送。聖駕出、入御營，以警蹕帳守衛之護軍參領、護軍校、護軍清蹕。聖駕出、入頓營，即以張設頓營之護軍參領、護軍校、護軍清蹕。行，則扈從。以護軍參領三人，護軍校、護軍四十人管輜重，以護軍參領八人，護軍梭、護軍一百二十人豫備。行圍以護軍參領二人，護軍校、護軍二十四人指立市場，以護軍參領一人，護軍校、護軍十人隨護御用輜重。

協理事務護軍參領，八人，副護軍參領，八人，護軍校，十有六人，協理事務護軍參領、副護軍參領，皆旗各一人，由護軍統領各於本旗護軍參領、副護軍參領内選擬、引見充補。護軍校旗各二人，由護軍統領於本旗護軍校内酌委。筆帖式，十有六人，旗各二人。掌章奏、文移。護軍參領，滿洲八十人、旗各十人。蒙古三十有二人，旗各四人。護軍校，滿洲六百八十有一人、每佐領下一人。蒙古二百有四人，每佐領下一人。掌分轄營衆。

景運門直班大臣，一人，以前鋒統領、護軍統領十人輪直。印務章京，一人，以兩翼前鋒營、八旗護軍營印務參領十人輪直。上三旗司鑰章京，一人，上三旗每旗設司鑰章京一人，署司鑰章京一人，各以本旗護軍參領奏充輪直。下五旗司鑰章京，一人，下五旗每旗設司鑰章京，輪直如上三旗之例。掌司門禁，率直班官兵以守衛宮闕。○凡直班，越日而代。以直班大臣一人、上三旗司鑰章京一人直景運門，以印務章京一人直隆宗門，以下五旗司鑰章京一人直闕左門。凡直班大臣、印務章京、下五旗司鑰章京之班，十日而遍，上三旗司鑰章京之班，六日而遍。紫禁城内，以上三旗官兵直焉，紫禁城内以巴克什護軍六人、護軍校二人、護軍十八人直景運門；以護軍參領一人、巴克什護軍一人、護軍校二人、護軍十八人直隆宗門；以護軍參領一人、巴克什護軍一人、護軍校二人、護軍十三人直後左門，後右門如之；以護軍參領一人、巴克什護軍二人、護軍校一人、護軍九人直中左門，左翼門、右翼門各如之；以前鋒參領一人、巴克什護軍二人、前鋒校一人、前鋒九人直中右門；以護軍參領一人、巴克什護軍二人、護軍校二人、護軍十八人直東華門，西華門、神武門各如之；以護軍參領一人、巴克什護軍二人、護軍校二人、護軍十三人直午門左門，蒼震門、啓祥門如之；以護軍校二人、護軍十三人直午門右門；以護軍校一人、護軍九人直體仁閣，宏義閣、昭德門、貞度門、協和門、熙和門、箭亭、中正殿正門堆撥、中正殿後鐵門堆撥、大宫東北角堆撥、奉先殿東南角堆撥、壽康宫西堆撥、午門樓栅欄、東華門樓栅欄、西華門樓栅欄、神武門樓栅欄各如之；以護軍參領一人、護軍校一人、護軍九人直吉祥門，文華門、大宫西北角堆撥、内銀庫及銀庫門，壽康宫之長庚門、西南門，寧壽宫之斂禧門、錫慶門、皇極門、履順門、蹈和門、保泰門，茶膳房東北角堆撥、西北角堆撥各如之；以護軍參領一人、護軍校一人，護軍十人直茶膳房；以軍校一人、護軍四人直内東小庫，内西小庫如之；以護軍校一人、護軍九人直景運門送籌，隆宗門送籌如之；以護軍校一人、護軍七人直火班。紫禁城外，惟北上門亦直以三旗護軍校一人、護軍九人。紫禁城外，以下五旗官兵直焉，紫禁城外，以護軍校一人、護軍九人直闕左門；以護軍參領一人、護軍校一人、護軍九人直闕右門；以護軍參領一人、護軍校二人、護軍十八人直端門，天安門、長安左門、長安右門如之；以前鋒參領一人、前鋒校一人、前鋒九人、護軍校一人、護軍九人直大清門；西華門外北栅欄，神武門外西栅欄、東栅欄，東華門外北栅欄，各直以護軍參領一人、護軍校一人、護軍九人。又，自闕右門外一堆撥起至闕左門外十六堆撥止，内四堆撥，即以西華門外北栅欄護軍參領兼管；八堆撥，即以神武門外西栅欄護軍參領兼管；九堆撥，即以神武門東栅欄護軍參領兼管；十三堆撥，即以東華門外北栅欄護軍參領兼管，仍各直以護軍校一人、護軍九人，其餘堆撥，各直以護軍參領一人、護軍校一人、護軍九人。二日而代。上三旗官兵，以巳亥日爲正黄旗首班，子午日爲正黄旗二班，丑未日爲鑲黄旗首班，寅申日爲鑲黄旗二班，卯酉日爲正白旗首班，辰戌日爲正白旗二班，凡十二日而遍。下五旗官兵以甲乙日爲正紅旗班，丙丁日爲鑲白旗班，戊己日爲鑲紅旗班，庚辛日爲正藍旗班，壬癸日爲鑲藍旗班，凡十日而遍。皇帝巡幸，則紫禁城三門各增直。巡幸之日，增設前鋒護軍印務參領一人於東華門上直，增設前鋒印務參領二人於西華門、神武門上直。○凡門，各陳軍器，每門各設弓、箭、撒袋、長槍，堆撥如之。守門、守堆撥官兵，並佩腰刀。以護軍二人執紅棒而坐焉。每門二人坐於門外，親王以下出、入，執棒護軍不起立。擅入者，撻之。凡官上朝者，輿、騎至下馬牌則止，惟貝子而上乃乘馬。貝子以上紫禁城騎馬者，入東華門，則至箭亭旁下馬，入西華門，則至内務府前下馬。有特旨乘馬者，亦如之。大臣中如年老者，所管事務殷繁者，奉特旨紫禁城騎馬，得視貝子以上例。凡官出、入，各由其門。領侍衛内大臣、散秩大臣、侍衛、侍衛處主事筆帖式、軍機章京、内閣、六部、提督衙門、理藩院、上駟院、武備院、奉宸苑、鑾儀衛、尚虞備用處，由景運門、隆宗門出入。宗人府王公司員、八旗、都察院、科道、翰詹、侍衛處主事筆帖式、鷹狗處、各部院衙門直日引見官員，由後左門出入，内務府各庫官員，尚虞備用處、侍衛處主事筆帖式由後右門出入。其由午門出入者，宗室王公以下由右門，大臣官員及各衙門書吏均由左門。定從人之制，王公百官入紫禁城所帶護衛、僕從之數，親王、郡王准帶十人，貝勒、貝子、公及文武一品官准帶八人，文、武二品官及文三品京堂官准帶六人，文四品、五品、六品京堂官准帶四人，文五品、六品、七品官，武三品、四品、五品、六品官准帶二人，文八品、武七品以下官准帶一人。王公以下至文三品、武二品以上官從人,准至景運門、隆宗門外階下二十步爲止,餘官從人,准至左翼門、右翼門階下爲止。其從人出入神武門者,俱令循東、西夾道,不許於附近景運門、隆宗門外停立,不許於左翼門、右翼門東西出入,不許於東華門内三所西夾道穿行。惟蒙古王公班房在三所西夾道,其從人准於夾道停立。至蒙古進湯羊者,俱令於三座門外、石橋以南排列,其蒙古人等不許入三座門内。其隨從王公大臣入景運門、隆宗門、後左門者,親王准帶護衛五人,郡王准帶四人,貝勒准帶三人,貝子准帶二人,宗室、公准帶一人,文武大臣奏事准帶驍騎校、藍翎長、筆帖式一、二人。官役、官物驗其門牌、門單而放焉。内閣、内務府及内廷行走各處、内廷各館供事書吏、蘇拉、皂隸、茶役、廚役、匠役等,皆由内務府給與火焔腰牌入禁門,令巴克什護軍驗明放過。其官物出入禁門者,由各衙門豫出門單,送景運門直班處照驗,飭知各門放過。〇凡門,晝則啓,各門皆於天明時啓鑰,惟東華門、西華門、神武門、景運門、隆宗門於五更先啓。如皇帝駐蹕圓明園及遇巡幸,則東華門等五處亦於天明時方啓。夜則扃,各門皆於日入後上鑰。司鑰章京巡驗而藏其鑰。每夕,景運門司鑰章京自後左門、後右門、中左門、中右門、左翼門、右翼門、太和門、昭德門、貞度門以次驗視扃鐍,午門以隆宗門護軍參領驗視,東華門以蒼震門護軍參領驗視,西華門以啓祥門護軍參領驗視,神武門以吉祥門護軍參領驗視,各扃鐍畢,報景運門司鑰章京,並各繳其鑰。端門、天安門、大清門、長安左門、長安右門,由直班護軍參領驗視,扃鑰報闕左門司鑰章京。紫禁城内,傳籌十有三,紫禁城内,每夕傳籌,自景運門發籌,西行過乾清門,出隆宗門循而北過啓祥門,迤而西過凝華門,迤而北過中正殿後門至西北隅,迤而東過順貞門、吉祥門至東北隅,迤而南過蒼震門至東南隅,迤而西仍至景運門,凡十二汛爲一週,傳籌五。自隆宗門發籌,東行出景運門,循而南過左翼門、協和門,迤而北過昭德門,循而西過貞度門,迤而南過熙和門,循而北過右翼門,仍至隆宗門,凡八汛爲一週,傳籌五。太和門院内自中左門發籌,過東大庫、西大庫、中右門,仍至中左門,凡四汛爲一週,傳籌三,共以十三籌遞傳。紫禁城外,傳籌八。紫禁城外,每夕傳籌,自闕左門發籌,西行過午門出闕右門,循而西經一汛至西南隅二汛,迤而北,經三汛、南栅欄過西華門,經北栅欄、四汛、五汛、六汛至西北隅七汛,迤而東,經八汛、西栅欄,過神武門,經東栅欄、九汛,至東北隅十汛,迤而南,經十一汛、十二汛、十三汛、北栅欄,過東華門,經南栅欄、十四汛,至東南隅十五汛,迤而西,經十六汛仍至闕左門,凡二十二汛爲一週,以八籌遞傳。中夜有旨出禁城者,持合符至門,既驗乃啓焉。景運門、隆宗門、東華門、西華門、神武門各交存陰文合符一扇,以陽文合符存大内,如夜間有奉旨差遣及緊急軍務應即時啓門者,大内持出陽文合符至門,護軍參領以陰文合符照驗,相符即啓門,仍報直班統領。其蒼震、啓祥各門,遇陽文合符至門,護軍參領即報統領,親齎陰文合符至門,與陽文合符照驗,相符即啓門,於次日具奏。主事,一人,上三旗,每旗設主事一人、委署主事一人,以一人輪直。門筆帖式，五人，上三旗，每旗設門筆帖式十人，以五人輪直，掌章奏、文移。景運門直班主事一人、門筆帖式二人，隆宗門、後左門、後右門，直班門筆帖式各一人。直班前鋒護軍參領，二十有九人，内前鋒參領二人，護軍參領二十七人。巴克什護軍，二十有九人，前鋒護軍校，九十有三人，内前鋒校二人，護軍校九十一人。掌率直班兵，以宿衛。直班前鋒十八人，護軍七百八十七人。

提督九門步軍巡捕五營，統領，一人，左翼總兵，一人，右翼總兵，一人，掌九門之管鑰，統率八旗步軍、京營馬步兵，頒其禁令，以肅清輦轂。○凡都城内外各分汛，以直班，皇城内，設滿洲堆撥九十，左翼，鑲黄、鑲白二旗各分汛十，正白、正藍二旗各分汛十一，右翼，正黄、正紅、鑲紅、鑲藍四旗各分汛十二，每旗直以步軍校二人，每汛步軍十二人，又，管理街道灑水兼管河道，每旗步軍校一人、步軍百二十人。内城，設堆撥六百二十六，左翼，鑲黄旗滿洲分汛五十三、蒙古分汛二十二、漢軍分汛十七，正白旗滿洲分汛五十一、蒙古分汛二十、漢軍分汛十四，鑲白旗滿洲分汛四十六、蒙古分汛十三、漢軍分汛十二，正藍旗滿洲分汛四十五、蒙古分汛十九、漢軍分汛十五。右翼，正黄旗滿洲分汛五十五，蒙古、漢軍各分汛十八，正紅旗滿洲分汛三十八、蒙古分汛十四、漢軍分汛十，鑲紅旗滿洲分汛四十八、蒙古分汛十三、漢軍分汛十，鑲藍旗滿洲分汛五十、蒙古分汛十五、漢軍分汛十。每旗滿洲步軍校五人，蒙古、漢軍步軍校各二人，每汛滿洲、蒙古、漢軍步軍各十二人，惟正黄旗滿洲五十五汛内一汛，止設步軍五人。每旗滿洲各設激筒十二，蒙古、漢軍各設激筒四。圓明園設滿洲步軍堆撥五十，激筒八，直以協尉四人、步軍校十二人，每汛領催、步軍十三人。外城，七門城上設巡捕營堆撥四十三，直以千總、把總三人，每堆撥直以步兵三人，中營分汛五，設堆撥二百五十人、激筒十，南營分汛六，設堆撥二百九十六、激筒十，北營分汛四，設堆撥百二十四、激筒四，左營分汛四，設堆撥百六十二、激筒四，右營分汛四，設堆撥百有十、激筒四，每汛各分左、右哨千總轄之，每哨各分頭司、二司、把總轄之，每堆撥直以馬、步兵二人。界以栅欄。皇城内，左翼，鑲黄旗界栅欄十八，正白旗界栅欄十，鑲白旗界栅欄十三，正藍旗界栅欄九；右翼，正黄旗界栅欄十二，正紅旗界栅欄十七，鑲紅旗界栅欄二十四，鑲藍旗界栅欄九。内城，左翼，鑲黄旗界栅欄百五十，隸滿洲者九十四，隸蒙古者二十九，隸漢軍者二十七；正白旗界栅欄百五十六，隸滿洲者九十，隸蒙古者三十五，隸漢軍者三十一；鑲白旗界栅欄百三十三，隸滿洲者八十，隸蒙古者三十五，隸漢軍者十八；正藍旗界栅欄百四十七，隸滿洲者八十七，隸蒙古者四十五，隸漢軍者十五。右翼，正黄旗界栅欄百六十二，隸滿洲者九十一，隸蒙古者三十，隸漢軍者四十一；正紅旗界栅欄百二十九，隸滿洲者七十九，隸蒙古者三十六，隸漢軍者十四；鑲紅旗界栅欄百五十八，隸滿洲者九十六，隸蒙古者二十三，隸漢軍者三十九；鑲藍旗界栅欄百五十五，隸滿洲者九十七，隸蒙古者二十四，隸漢軍者三十四，每處直以步軍三人，其附近堆撥者，即由堆撥步軍兼管。巡捕中營栅欄十二,南營栅欄二百八十九,各分隸於專汛官兵兼轄,北營、左營、右營俱無栅欄。宵,則聚柝傳籌,每堆撥處所俱設更籌,自初更起,上下汛往來傳送巡更擊柝,竟夕巡邏,至黎明乃止。稽夜行者。自起更後閉栅欄,除奉旨特差及各部院衙門傳事准行走外,其因喪事、生産、問疾延醫等事需行走者,步軍校等詳問事故,開栅欄聽出,仍遞行傳送。如有無故夜行者,係王公登記姓名,係官或婦女送至其家,係民人即於盤獲處所羈留,均於次日呈報統領。王公、官員請旨察議,民人分别責懲。火班,則以時申儆焉。城内火班會驍騎營輪直防範,遇有失火處所,係東南,令正藍、鑲白二旗往救,西南,令鑲藍、鑲紅二旗往救,東北,令鑲黄、正白二旗往救,西北,令正黄、正紅二旗往救。如在皇城内,每翼二旗往救。西華門内設火班直房,以協尉一人、步軍校一人,率八旗步軍輪流駐宿。如城外失火,統領等率所屬官兵往救,左、右翼尉率官兵於附近城門防守,仍報兵部存案。朝會,巡警於午門之外。凡遇朝會之期,派協尉四人、步軍校十六人,於午門外、大清門内御道兩旁,禁止喧譁,長安門外,每門派步軍校二人,阻逐閒人。常日,則自午門以外至大清門,皆供其灑埽之役。皇帝宿齋宫,列次舍以環衛。皇帝宿齋宫,統領於附近城内直宿,翼尉一人,協尉、副尉各二人,於壇内直宿,參將、游擊各一人,在附近要路防守。外垣以内,設步軍堆撥二十四,直以步軍校十六人,領催、步軍百六十八人,外垣以外,設巡捕營堆撥四十,直以守備二人,千總、把總各四人,步兵百六十人。巡幸,則門、汛各增直。聖駕巡幸,左翼添設堆撥三十五,右翼添設堆撥四十四,每旗添派步軍協尉一人,輪流直宿,其巡察堆撥、栅欄官兵及捕盗步軍校等,亦嚴加巡防。正陽、崇文、宣武三門外,巡捕營參將、游擊等,各率所屬坐班看守,其餘各門,令專汛之守備在門外坐班,千、把總等在關厢坐班,城門領等在附近直宿。俟回鑾日,撤。總兵一人,率其屬而扈從。巡幸扈蹕,簡派總兵一人,其隨帶官弁,大圍,派司員一人、筆帖式二人,健步官,都司守備酌派一人,千、把總九人,捕盗官,參將、游擊酌派一人,都司守備酌派一人,千、把總二人,協尉、副尉酌派一人,捕盗步軍校八人。小圍,派司員一人、筆帖式一人,健步官,都司守備酌派一人,千、把總九人,捕盗官,都司守備酌派一人,千、把總二人,協尉、副尉酌派一人,捕盗步軍校八人。其兵丁、捕役人等,酌量派委,無定額。駐蹕圓明園,宿衛亦如之。駐蹕圓明園,總兵一人,在園駐班,統率中營官兵晝夜巡邏。大閲,列隊以衛御營,禁其聲息。大閲,派五營守備二人,千、把總八人,兵五百人在外四面巡邏。翼尉一人、協尉六人、捕盗章京十四人、步軍校十六人、領催、步軍五百人,在次隊後、八旗大營之前,備控驚馬,禁約聲息。凡駕出、入,則除道,駕出、入經過街道,城内,督率步軍修墊埽除,城外,督率步軍及五營兵修墊埽除。張圍幕。圍幕以藍布爲之,高八尺、寬八尺八寸,穿以竹絆,内裹網繩,加以木杆,承以鐵樁,駕出、入,於衢巷、栅欄張設,以蹕行人。〇凡非法之事,則飭禁,詰其犯令作慝者,王公以下及軍、民人等,宫室、輿服俱遵守儀制,不得違例僭用。九門以内,毋許開設戲園,旗人及職官不得私去翎頂、潛入園館,各鋪户,米、麥、雜糧不得囤積居奇,私販出城商民,不得私放短票、重利盤剝及編造聲詞、小説,傳習天主邪教,私鑄、私銷、賭博、鬭毆。凡違制、不法之事,皆出示嚴行禁止。有違犯禁令及竊盜、搶奪、挾詐、局騙等事,皆隨時緝治。嚴緝捕之限,程其賞罰。凡姦匪、逃亡、窩藏,責成旗營、京營官兵及番役人等,立限緝拏。能捕獲者,官則按名議敘,兵役按名獎賞。有諱匿不報、受賄縱放及該管官扶同徇隱者,並論如法。其奉特旨勒限緝捕者,亦如之。凡斷獄,罪自杖以下,皆治之,罪重,則移於刑部。獄訟,罪止笞、杖者,步軍統領衙門自行審結,徒罪以上,録供,送刑部定擬。匪徒之緝獲者,亦如之。枷示者羈於門監,旗人犯罪,刑部定擬折枷,或本衙門奏明永遠枷示人犯,皆發門監羈禁。崇文門監禁鑲白旗人,宣武門監禁鑲紅旗人,朝陽門監禁正藍旗人,阜成門監禁鑲藍旗人,東直門監禁鑲黄旗人,西直門監禁正黄旗人,安定門監禁正白旗人,德勝門監禁正紅旗人。凡永遠枷示人犯,逾十年,則交刑部覈其罪名輕重,奏明請旨,分别發遣或釋放有差。有訴寃者,大事則專奏,小事則咨於本籍,計月而彙奏焉。各省民人呈控寃抑,覈其情事較重者,即行具奏,其有應咨回本省審辦之案,亦於一月或兩月視控案之多寡彙奏一次。○凡城内街道,皆以時修治焉。城内街道,皆令平坦堅固,毋許堆積穢土,有窪下者,隨時填築。大街中間,量培土埂,厚數寸、寬數尺,輕車從土埂行走,重車從兩旁行走,道旁開設攤棚,不得有礙車轍,以利遄行。其附近城垣處所,毋許搭蓋席棚。房屋,則别其界,禁其拆毁者。旗人房屋,俱按本旗地方居住。凡房屋臨街者,令聯絡整齊,有倒塌者,令該户酌量修補,如實係無力,令其修砌牆垣,不得私自拆毁,存留隙地。如有騎溝礙道者,勘明,俟拆造時清出還官。修造及移置者,皆令呈報,記檔備案。仲春,則道達溝瀆。内城每年掏挖官溝,自二月初開凍後始,至三月底完竣,由該管官報明,統領委員查勘掩蓋。○頒内、外城之門禁,啓、閉以時。朝啓以昧爽,夕閉以日入。朝會、祭祀,則辨其晷刻。每月常朝之日,兵部先期行知,於黎明啓正陽門。御門聽政,兵部先期行知,於曉鐘後啓正陽門。壇、廟祭祀,各衙門陪祀官員有應早入城、出城者,由太常寺先期咨兵部轉行,於五鼓後啓門。内務府衙門遇有祭祀出城取水,或早啓或遲閉及各部院衙門應早啓門出、入者,俱如之。如無兵部印文,概不准啓門。駐蹕圓明園,若南苑,亦如之。駐蹕圓明園,各衙門輪日奏事,傳知西直門、德勝門、西便門早啓、遲閉,駐蹕南苑,傳知正陽門、永定門早啓、遲閉,俱由兵部印文行知。中夜有旨出城者,持合符至門,既驗乃啓焉。統領署及正陽、西直二門,各貯陰文合符一扇,夜間有旨啓門,大内出陽文合符至門,係正陽、西直二門,該城門領取陰文合符,驗明啓鑰,仍報知統領,其餘各門,並無陰文合符存貯者,遇有陽文合符至門,即報知統領,親齎陰文合符至門,與陽文合符照驗啓鑰,俱於次日奏聞。凡馬道、柵欄,皆直班以守衛,内九門馬道、柵欄,每處直以步軍校一人、步軍十人,柵欄鎖鑰,即令直班之步軍校收掌。稽城班之出入。內九門城上堆撥,由八旗驍騎營派委官兵輪直,五日一班,換班之期,該旗將接班官兵開具花名、年貌册,派參領一人親身帶往,會兵部委員眼同掌鑰步軍校,啓册點驗,以杜頂冒、曠誤之弊。城上官兵需買食物,每日以辰巳爲度,由看守柵欄步軍稟明掌鑰官啓,放兵丁二、三人出、入,即按期關鎖,不得由城上縋繩取物。放米於各倉,則均其車轍。朝陽門外三倉放米之日,自倉門至朝陽門外,令巡捕營將備派委弁兵逐段稽查,自朝陽門至城內大街,令左翼翼尉、城門領派委官兵逐段稽查,各分上下車轍,以次隨行,毋許攙越、停留。至通倉放米之日,自東嶽廟之東首起,俱令循轍,魚貫而行。如城外五倉同時放米,令尋常來往車輛俱繞道,由東直門行走,毋使稍有壅塞。其平時各門外車輛、行人出入,亦令該管官一體嚴行稽查。〇凡訓練,各以其時,八旗步軍習步射,城門馬甲習鳥鎗,自二月十六日起至立夏日止,立秋日起至立冬日止,步軍,令兩翼翼尉督率訓練馬甲,令翼尉同城門領更番考閱。巡捕五營,每月初三、初八、十三、十八、二十三、二十八日,副將、參將、游擊考閱弁兵步射,初一、初六、十一、十六、二十一、二十六日,守備考閱本汛兵丁步射,春、秋加習鳥鎗,令五營弁兵合演。季秋,則演炮。內城九門、外城七門,城上貯炮一千九百三十七位,除各城信炮,並例不出演之千斤以上炮位及歷年久遠存貯各炮外,其堪以演放之得勝等炮九十四位,神機、神樞炮一千七百二十九位,分貯各門。每年秋季,勻配一百位運赴盧溝橋,用碎丸演放一次,毋庸計算中牌成數。届期,奏請於統領及兩翼總兵內簡派一人,會同派出演放八旗炮位之大臣公同監視。凡調遣,頒其令箭。統領署設令箭十二,以備隨時調遣之用。

郎中,一人,員外郎,二人,主事,二人,掌章奏文移與審理詞訟之事。

司務廳,司務,一人,掌守檔案。凡俸餉之關支,皆掌焉。

筆帖式,十有二人,掌翻譯。

步軍營,翼尉,二人,左、右翼各一人。幫辦翼尉,二人,左、右翼各一人,於協尉內補放兼管。協尉,滿洲八人、蒙古八人、漢軍八人,副尉,滿洲八人、蒙古八人、漢軍八人,俱旗各一人。步軍校,滿洲百九十有二人、旗各二十四人。蒙古七十有二人、漢軍七十有二人,俱旗各九人。委署步軍校,滿洲四十人、旗各五人。蒙古十有六人、漢軍十有六人,俱旗各二人。掌分轄八旗,步軍,滿洲、蒙古,每佐領下步軍領催二人、步軍十八人,漢軍,每佐領下步軍領催一人、步軍十二人,領催於該旗步軍內選補,步軍於閒散壯丁及旗下家人內選補。以供守衛巡警之事。

捕盜步軍校,於步軍校內派委。滿洲二十有四人、旗各三人。蒙古八人、漢軍八人,俱旗各一人。掌緝捕盜賊。額設捕盜步軍三百二十人,各於本旗步軍內調充。城門領,滿洲十有八人、漢軍七人,內九門,以滿洲每門二人,外七門,以漢軍每門一人。城門吏,滿洲十有八人、漢軍七人,如城門領之制。門千總,漢軍三十有二人，門各二人。掌司門禁，率直班兵以守衛。額設馬甲三百二十人，於本旗馬甲内調充，門軍六百四十人，於本旗步軍内選補。内九門以滿洲、蒙古，外七門以漢軍。炮手，每門二人，内九門，於本旗漢軍炮手内選充，外七門，即以看守城門之馬甲選充。

巡捕五營，副將，一人，中營統以副將。参將，四人，南營、北營、左營、右營各一人。游擊，五人，都司，五人，五營，營各一人，守備，十有七人，中營、南營各四人，北營、左營、右營各三人。千總，四十有六人，中營十人，南營十二人，北營、左營、右營各八人。把總，九十有二人，中營二十人，南營二十四人，北營、左營、右營各十六人。外委，二百有五人，經制外委，中營三十人，南營三十六人，北營、左營、右營各二十四人；額外外委，中營十五人，南營十六人，北營、左營、右營各十二人。掌分轄京營馬步兵，額設馬兵，中營一千八十人，南營一千四十人，北營、左營各六百四十人，右營六百人，戰兵，中營八百四十人，南營七百六十人，北營、左營各四百八十人，右營四百四十人。守兵各如戰兵之數，俱由八旗漢軍、内務府閒散壯丁與召募民人内選補。以供守衛巡警之事。

信炮總管，滿洲一人，監守信炮官，滿洲四人、漢軍四人，掌司白塔信炮。設領催四人、炮手八人，於八旗漢軍領催、炮手内選充，步軍十六人，於八旗漢軍步軍内調充。〇凡信炮五，白塔山設信炮五位，豎旗杆五枝，存旗燈各五。若有警，得旨，則鳴焉，設金牌，書奉旨放炮字樣存於大内，遇有緊急，或由御前差遣，或由衙門差遣，有金牌持到，經白塔直班官驗明，方准放炮。杆上，晝則懸旗，夜則懸燈。九門信炮畢應，九門，每門各設信炮五、豎旗杆五枝、存旗燈各五，一聞白塔信炮，則九門信炮皆應，杆上亦各懸旗、懸燈。或傳報不及，係何方緊急，即先放何門之炮，一處放炮，别處炮聲皆應。官兵聞信，則皆集，各就其班與其門汛，以候旨。在禁城内直班之王大臣、侍衛官兵及各門、各堆撥、各栅欄、各火班，並城上直班官兵，各守本班處所，毋得暫離。其不直班者，聞炮聲亦各披執侍衛處。内大臣侍衛，左翼集東華門外，右翼集西華門外，内務府官兵集神武門外，前鋒護軍營官兵、兩黄旗集地安門，兩白旗集東安門，兩紅旗集西安門，兩藍旗集天安門，護軍統領等親至午門前聽候。八旗驍騎營官兵各就汛地，鑲黄旗滿洲、蒙古、漢軍，在鼓樓迤東至新橋，自新橋大街北至城根府學衚衕東口；正黄旗滿洲、蒙古、漢軍，在鼓樓迤西至新街口大街，由城根至馬狀元衚衕西口；正白旗滿洲、蒙古、漢軍，在府學衚衕口外大街迤南至東四牌樓報房衚衕東口；正紅旗滿洲、蒙古、漢軍，在馬狀元衚衕口外大街迤南至西四牌樓羊肉衚衕東口；鑲白旗滿洲、蒙古、漢軍，在報房衚衕迤南至東單牌樓；鑲紅旗滿洲、蒙古、漢軍，在羊肉衚衕迤南至西單牌樓；正藍旗滿洲、蒙古、漢軍，在東單牌樓至崇文門，自金水橋往東至城根；鑲藍旗滿洲、蒙古、漢軍，在西單牌樓至宣武門，自金水橋往西至城根。都統、副都統等親至午門前聽候，步軍營官兵各上城看守，巡捕營官兵各於城外窩橋看守。

欽定大清會典卷七十一

火器營，掌印總統大臣，一人，於總統大臣内特簡。

總統大臣，於王公、領侍衛内大臣、都統、前鋒統領、護軍統領、副都統内特簡，無定員。掌内、外火器營之政令。○選八旗滿洲、蒙古兵之習火器者，別爲營，滿洲、蒙古每佐領下，鳥鎗護軍六人、炮甲一人，鳥鎗護軍缺出，先儘東三省進貂皮及學習行圍奉旨留京之人坐補，如無此項人，即於本營炮甲、養育兵内挑補。炮甲缺出，於本營養育兵、閒散内挑補，如不及額，即咨會本旗，於驍騎營養育兵、閒散内挑補。分内、外，以習其藝。設内火器營於城内，外火器營於城外，藍靛廠後内營分鎗、炮二營。外營專習鳥鎗，其操演馬步射及各項按藝，各由本營翼長、營總等督率訓藝。巡幸，則備扈從。木蘭行圍及巡幸，各處派火器營官三人、兵一百人扈從，駕謁東陵、西陵，派火器營官二人、兵五十人扈從，皆統以翼長一人。凡扈從之翼長，服黄馬褂，參領章京，服鑲白邊黄馬褂，護軍校護軍等，服鑲白邊藍馬褂。○凡火器之屬，曰鳥鎗，内營鳥鎗，鑲黄旗三百二十一、正黄旗三百三十、正白旗三百二十九、正紅旗二百七十二、鑲白旗三百有八、鑲紅旗三百有九、正藍旗三百二十五、鑲藍旗三百二十二，外營如之。又，内營炮甲鳥鎗八百八十。曰子母炮，内營每旗子母炮五，共子母炮四十。用，則頒其式。演鳥鎗有步鎗、有過馬鎗，過馬鎗以三鎗過二馬爲合式，每次演，準頭用鉛子五，樹木牌，以中牌爲合式。演炮，樹炮靶以百步爲率，每十五出中十三出爲合式。定軍械之制。内營，龍纛十六、素纛十六，龍旗、素旗各二百二十四，外營如之。内炮營，龍纛、素纛各八，龍旗、素旗各四十。龍纛三年更换，龍旗、素旗四年更换。内、外營帳房二十七、棉甲百有四、梅鍼箭三萬四千九百，俱用本營生息銀兩隨時修理。盔甲二百九十，撒袋、腰刀各二百九十，弓六千五百十九、海螺三百三十、鈚子箭二萬九千六百九十五，俱官兵自置。

協理事務翼長，一人，署翼長營總，一人，營總，三人，鳥鎗護軍參領，四人，俱以内營人員兼充。筆帖式，八人，旗各一人，掌章奏文移。

内火器營，翼長，一人，於營總内揀補。署翼長營總，一人，於營總内揀選兼充。營總，三人，於鳥鎗護軍參領内揀補，每人各給關防。鳥鎗護軍參領，四人，於副参領内揀補。副鳥鎗護軍参領，八人，於署参領内揀補，管理炮營。署鳥鎗護軍参領，十有六人，於護軍校内揀補。掌内火器營訓練之事。〇凡内營之訓練，以時，内營每月初二、初六、十一、十六、二十一、二十六，凡六日，習步射，初五、初九、十五、十九、二十五、二十九，凡六日，習騎射，初三、初四、十三、十四、二十三、二十四、初七、初八、十七、十八、二十七、二十八，凡十二日，習各種技藝，初一、初十、十二、二十、二十二、三十，凡六日，比演各種技藝。每年春季操演鳥鎗十次，秋季操演鳥鎗九次，八旗會演鳥鎗七次，春、秋二季演放鉛子各五次，秋季於盧溝橋演炮五日，用子母炮四十，钦派總統大臣一人前往監視，其中靶儀式與漢軍火器營同。合操，會六營者四，每年秋季，本旗六營合操二次於本旗教場，兩旗六營合操一次於兩黄旗教場，八旗六營合操一次於仰山窪，内火器營皆入隊。會外營者二。每年春、秋二季，内、外二營合演鳥鎗大隊於兩黄旗教場，每季各一次。大閲，超首隊以列陣，鳴海螺，則前進，越九進，乃合漢軍火器營，以俱退焉。大閲，鹿角隊漢軍火器營之左、右列，内火器營兵八隊，每隊廣三十七丈，左四旗共廣一百四十八丈，右四旗如之，統以總統大臣五人，每翼翼長一人，每旗營總一人、鳥鎗護軍参領一人、副鳥鎗護軍参領一人、署鳥鎗護軍参領四人、鳥鎗護軍校二十三人、鳥鎗藍翎長二十四人、鳥鎗隊長二十四人、鳥鎗護軍二百七十二人，每旗纛四、小旗二十四、紅旗二、海螺二十、鳥鎗二百四十，又，炮營每旗副鳥鎗護軍参領一人、鳥鎗護軍校五人、鳥鎗藍翎長五人、炮甲六十二人，每旗纛一、小旗五、子母炮五。俟承傳海螺鳴達於軍陣，乃擊鼓前進，紅旗一麾，鎗、炮齊發，鳴金即止，如是九次，每進五丈，共進四十五丈。子母炮放至第七進即止，將炮馱載隨行至第十進，放連環鎗，鳴金三，乃止。漢軍藤牌兵舞藤牌畢，火器營兵及漢軍鳥鎗營兵俱出鹿角外排列，統以翼長二人、鳥鎗營總八人、鳥鎗護軍参領八人、副鳥鎗護軍参領八人、署鳥鎗護軍参領三十二人、鳥鎗護軍校二百二十四人，鳥鎗藍翎長、鳥鎗隊長、鳥鎗護軍二千三百二十八人，放進步連環鎗。俟首隊前鋒護軍營兵進，即皆退回原列處。

鳥鎗護軍校，百十有二人，旗各十四人，内揀選十人，戴五品虚職花翎，在委署参領上行走。掌分轄營衆。鳥鎗護軍二千六百四十人，内護軍校一百十二人、藍翎長一百十二人、隊長一百十二人、筆帖式十二人，俱在護軍額内。養育兵九百四十二人，又，炮甲八百八十人，由副鳥鎗護軍参領管轄。筆帖式，四人，掌文移。

外火器營，翼長，一人，署翼長營總，一人，營總，三人，鳥鎗護軍参領，四人，副鳥鎗護軍参領，八人，署鳥鎗護軍参領，十有六人，其陞補、職掌與内營同。掌外火器營訓練之事。〇凡外營之訓練，以時，外營每月初一、初六、十一、十六、二十一、二十六，凡六日，習步射，初十、二十、三十，凡三日，習騎射，初四、初七、十四、十七、二十四、二十七，凡六日，習鳥鎗，初二、初五、初八、十二、十五、十八、二十二、二十五、二十八，凡九日，操演大隊、小過堂、馬上三箭三鎗、過馬鎗、步不硬、弓輭、弓舞、刀舞、鞭舞、長槍、騙馬、跳馬、跳駝、摜跤等技，初三、初九、十三、十九、二十三、二十九，凡六日，操演小過堂亦如之，春、秋二季演放鉛子各十日。養育兵及餘丁之未及歲者，亦與焉。養育兵及閒散子弟選七歲以上、十一歲以下者百人，按期操演小過堂，以備閱操。大閱，則爲翼隊，會健鋭營以交衝。大閱，首隊前鋒護軍之左、右爲兩翼隊，以外火器營官三十七人、兵三百十三人爲右翼隊，與左翼隊健鋭營官兵馳馬交衝，詳載健鋭營。凡水操，與健鋭營間日而習焉。每年三月初一日起至霜降日止，與健鋭營輪替操演。戰船火器營以單日派翼長或營總一人、章京四人，護軍校、護軍一百四十六人，分翼輪演，再帶領爬桅官校二人、爬桅二十人以備閱操。如遇皇帝進宫及巡幸，每月以初三、十三、二十三，凡三日，操演，又自初伏日起至末伏止，派參領一人，帶領演水軍四十人，交與健鋭營，自閩省來京之水師千總等教演水操。

烏鎗護軍校，百十有二人，内有虚職花翎在署參領上行走十人。掌分轄營衆。烏鎗護軍二千六百四十三人，内護軍校一百十二人、藍翎長一百十二人、隊長一百十二人、筆帖式四人，俱在護軍額内，養育兵七百八人。

筆帖式，四人，掌文移。

圓明園八旗、内務府三旗護軍營，掌印總統大臣，一人；於本營總統大臣内特簡。總統大臣，於王公大臣内特簡，無定員。掌圓明園八旗、内務府三旗護軍之政令。〇護軍之駐圓明園者，别爲營，圓明園設八旗護軍三千六百三十二人、馬甲三百人、養育兵一千八百二十六人，三旗護軍一百十三人、馬甲三十人、養育兵一百六十人。護軍缺出，於營内本旗馬甲、養育兵、閒散内選補，馬甲缺出，於養育兵、閒散内選補，養育兵缺出，按閒散内丁口多者酌補。以時訓練其藝。左翼四旗，每月以初三、初八、十三、十八、二十三、二十八，凡六日，校步射，右翼四旗，每月以初二、初七、十二、十七、二十二、二十七，凡六日，校步射，皆春、秋校騎射。又，八旗護軍内，每旗習鳥鎗者一百二十五人、習善撲者五人、習大鈚箭者五人、習騙馬者三人，皆於十月内聖駕進城後操演，至封印日止。駕駐園出、入，則警蹕。聖駕由城至圓明園及由圓明園至城，沿途派營總參領十二人，護軍校、護軍二百四十人清蹕，往返俱以紅橋爲界。由圓明園至清漪園，沿途派營總參領二十四人，護軍校、護軍五百四十人清蹕。由圓明園至静明園，沿途派營總參領二十二人，護軍校、護軍五百六十人，由圓明園至静宜園，沿途派營總參領三十三人，護軍校、護軍八百五十人，由圓明園至黑龍潭，沿途派營總參領二十三人，護軍校、護軍八百八十五人。環園門汛，皆直班以守衛。圓明園，直班營總二人、參領二人，左翼門、右翼門直以參領二人，護軍校、護軍二十人，周圍設堆撥七十二，直以參領八人，護軍校、護軍七百二十人。西南門直以包衣參領一人，護軍校、護軍十人，後樓門直以參領一人，護軍校、護軍十人，清茶房門、奶茶房門、内庫，各直以護軍五人，長春園周圍設堆撥二十，直以參領五人、護軍校護軍二百人。綺春園左翼門、右翼門直以參領一人，護軍校、護軍二十人，園内設堆撥八，直以參領二人，護軍校、護軍八十人。西宫門直以包衣參領二人，護軍校、護軍十人，太平郵門外直以包衣護軍校、護軍五人，周園設堆撥七，直以護軍三十五人。熙春園宫門直以參領一人，護軍校、護軍十人，園内設堆撥四，直以護軍校、護軍四十人。清漪園周圍設堆撥五，直以參領一人，護軍校、護軍五十人。○凡直班，四日而代，八旗護軍、三旗護軍官兵各自輪直，均以四日。宵，則傳籌。圓明園周圍堆撥，每夕以十六籌遞傳。凡門汛，各陳軍器，環園門汛一百二十四處，額設弓一千二百四十二、箭二萬九千七百、撒袋一千二百四十二、腰刀一千二百十、長槍五百九十五、鳥鎗一千。總統大臣以時稽察焉。總統大臣輪流駐班，晝則教演技藝，宵則稽察堆撥，怠惰者參奏。

協理事務營總，二人，護軍參領，二人，護軍校，四人，營總參領，由總統大臣於現任營總、參領内揀選、引見充補，護軍校於現任護軍校内派委。筆帖式，八人，掌章奏文移。

營總，八人，旗各一人。護軍參領，八人，旗各一人。副護軍參領，十有六人，旗各二人。署護軍參領，三十有二人，旗各四人。護軍校，百二十有八人，旗各十六人。副護軍校，百二十有八人，旗各十六人。掌分轄營衆。

筆帖式，三十有二人，隨營總關防行走。掌文移。

包衣，營總，一人，護軍參領，三人，旗各一人。副護軍參領，三人，旗各一人。署護軍參領，三人，旗各一人。護軍校，九人，旗各三人。副護軍校，三人，旗各一人。掌分轄包衣營衆。

筆帖式，四人，隨營總關防行走。掌文移。

官學，鑲黄、正黄、正白、鑲白四旗，於適中之地，共立官學一，正紅、鑲紅二旗共立官學一，正藍、鑲藍二旗，各立官學一，包衣三旗官學一。教習，六人，鑲黄、正黄、正白、鑲白四旗教習二人，正紅、鑲紅二旗教習一人，正藍旗教習一人，鑲藍旗教習一人，包衣三旗教習一人，於翻譯生員内選充。掌教學生。教習各月給銀二兩，歲給米四十二斛二斗，四年期滿，生徒内有考取翻譯録用者，則列爲一等，以筆帖式補用，二等者，咨回本旗，怠惰者，斥革。

健鋭營，掌印總統大臣，一人，於總統大臣内特簡。總統大臣，於王大臣内特簡，無定員。掌左、右翼健鋭營之政令。○選前鋒之習雲梯者，别爲營，乾隆十四年，金川凱旋，以八旗兵習雲梯者，設爲專營，是爲健鋭營，營分兩翼，額設滿洲、蒙古前鋒二千人、委前鋒千人。前鋒缺出，於委前鋒内選補，委前鋒缺出，於本營養育兵、閒散及在京各旗馬甲、養育兵、閒散内選補。以時訓練其藝。每月初四、初九、十四、十九、二十四、二十九，六日，演雲梯大隊三鎗，初二、初七、十二、十七、二十

三、二十七,六日,演相撲、騙馬、過馬、三鎗、三箭、舞鞭、舞刀,初一、初六、十一、十六、二十一、二十六,六日,校馬步射、演鳥鎗。仲春、仲秋演鳥鎗準頭各十二日,每日五次,築土隄立牌,計中牌多寡,列爲三等,分別獎賞、責懲有差。大閱,則爲翼隊,會外火器營以交衝。大閱,首隊前鋒護軍之左、右爲兩翼隊,左翼隊用健鋭營,官三十七人、兵三百十三人,右翼隊用外火器營官兵如之,乘馬斜轡排列,俟鎗、炮連環畢,開鹿角爲八門,首隊、翼隊皆出鹿角外,左翼隊列鑲白旗號纛下,右翼隊列鑲紅旗號纛下,俟首隊前進,兩翼隊即馳馬交衝,至殿後兵出,皆退。常日,備静宜園之守衛,以參領一人,前鋒校、前鋒十人守衛静宜園宫門,駕幸静宜園,則移駐碧雲寺孔道。巡幸,則扈從。巡幸以官兵十分之一出派扈從,統以翼長一人。翼長穿黄馬褂,前鋒參領藍鑲黄馬褂,兵丁黄鑲藍馬褂。

協理事務章京,由總統大臣於本營參領内委派,無定員。筆帖式,八人,於前鋒内補放。掌章奏文移。

翼長,二人,每翼一人,於署翼長内補放。署翼長前鋒參領,二人,於前鋒參領内補放兼管。前鋒參領,八人,於副參領内補放。副前鋒參領,十有六人,於署參領内補放。署前鋒參領,三十有二人,於前鋒校内補放,給與五品虚職花翎。前鋒校,百人,於副前鋒校内補放。副前鋒校,四十人,於筆帖式、藍翎長内補放。掌分轄營衆。前鋒二千人,内有副前鋒校四十人及藍翎長一百人、筆帖式八人,俱不開前鋒之缺。又,設有米養育兵五百人、無米養育兵三百三十三人。

番子佐領,一人,防禦,一人,驍騎校,一人,俱於本營章京内補放。掌轄番子。以自金川移京之番子編爲一佐領,額設番子領催四人、馬甲五十四人。

水師教習署千總,四人,額設把總四人、委署把總四人、水手四十人,以把總作爲委署千總,其員缺,於委署把總内補放,委署把總於水手内選充,水手於福建水師營調取。掌教演水師。季春,則開操,與外火器營間日而習焉。選前鋒千人充水手戰兵,額設戰船四。每年三月初一日始至霜降日止,與外火器營輪流,每日操演水戰於昆明湖。

官學,清書教習,八人,旗各一人,於文生員、翻譯生員内選充。騎射教習,八人,旗各一人,於前鋒校、藍翎長、前鋒内選充。掌教學生。

總理行營大臣,六人,於宗室、王公、蒙古王公及滿洲大臣内特簡兼管。掌行營之政令。〇皇帝巡幸,前期,則考其行在之月日蹕路經行,某日,大營在某處,頓營,或一分,或二分,各在某處,由鑾導處奏定。其沿途有行宫者,不設尖城、大城,或大營有行宫,頓營無行宫,則祗設尖城,皆由本處奏明,交工部、武備院、護軍營分別豫備。每歲木蘭行圍,除豫備尖城外,其大城豫送至博羅河屯,以備進哨。與其程之水陸,巡幸,奉旨後,即奏明,交兵部上駟院,照例調用馬駝。其有水程者,並奏明,交該督撫豫備船隻。以定其翊衛、扈從。翊衛、扈從之侍衛,或二班,或三班,前鋒護軍及健鋭營前鋒、火器營護軍各若干名,沿途應調駐防兵協濟或更换者各若干名。其舉行有例者,皆查照向例,奏明,行知豫備。其奉特旨應增、應減,或向無成例者,皆俟奏准後遵行。其翊衛、扈從官兵,除應給馬匹外,其有例給盤費者,亦奏明,行户部辦給。凡大營、頓營,既建,則巡閲焉。大營、頓營安設齊備後,總理行營大臣周歷巡視,並監看隨扈喇嘛諷經祓除。行宫亦如之。行宫巡視、祓除皆同。其有行宫依山建設者,並令虎槍營官兵巡看周圍林麓,以辟除猛獸。駕至則警蹕,聖駕將至數刻前,豫將掃除陳設人等查明。凡不應在内者,概行驅出,其行宫深邃者,則以鳴金爲令。凡直宿則稽其環衛者,總理行營大臣每夕以一人直宿,稽察各營翊衛宫兵,有曠班及滋事者奏問辦理。辦事章京十有六人,以護軍參領兼充。掌章奏文移。

嚮導處,掌印總統大臣一人,於總統大臣内特簡。總統大臣,於前鋒統領、護軍統領副都統内特簡,無定員。掌嚮導之事以備扈從。〇凡巡幸,先期率其屬以往,相其程途之遠近而還奏焉。恭遇巡幸,先期總統大臣率所屬官兵前往相度,周知路徑、詳記地名、通橋梁、平險阻,計程途之遠近以聞。啟鑾則前導,駐御營先期則奏請,得旨遂傳於各營。每日駐蹕後,以次日程途及駐蹕之所開列奏請,得旨則交行在兵部通行,傳諭闔營。回鑾亦如之,張幔城、網城則相其地,頓營亦如之。駐蹕御營及頓營看城,均由總統等先期指示,飭所在有司修築平整。協理事務章京二人。於嚮導章京内遴選補放。筆帖式二人。於前鋒護軍内補放。掌章奏文移。

嚮導章京,三十有二人,旗各四人,於護軍參領内遴選補放。又,額設拜唐阿四十八人,於八旗前鋒校、護軍校、驍騎校、前鋒護軍内選充。掌分司嚮導之事。

虎槍營,總統,於王公或御前大臣、領侍衛内大臣内特簡,無定員。總領,六人,上三旗,旗各二人,於一品至五品大臣官員内特簡,或總統選擬、引見補用。掌轄虎槍兵以備扈從。〇凡行圍,以虎槍十,列於前導。總統、總領日以佩虎槍者十人,於前導侍衛前行。遇虎,列槍以備,得旨則殪之。或追蹤,或尋山得虎,則具奏以獻。先殺虎者,以名聞。首先殺虎者,由總統、總領以一、二人具奏。凡駐御營,必伏弩以禦猛獸。每歲木蘭秋圍,虎槍營備地弩六十,分於安御營後,以地弩分兩路安設,以防虎豹。

筆帖式,六人,上三旗筆帖式,旗各一人,委筆帖式,旗各一人。掌章奏文移。

虎槍校,二十有一人,委虎槍校,二十有一人,皆旗各七人。掌分率虎槍以給役。上三旗,每旗設虎槍兵一百六十人,學習虎槍兵四十人,遇聖駕巡幸,近畿及各處派出一百人隨從，木蘭秋圍，派出三百人隨從。虎槍營，除總統、總領所服馬褂用黄色外，虎槍校馬褂皆紅色鑲青，虎槍兵馬褂皆白色鑲青。駕幸山莊，則率以巡御道。聖駕至熱河，分御道爲八段，每段由直隸總督、提督派營員四、五人，各率兵十人隨欽派管道大臣彈壓，再於虎槍營派虎槍兵四十人，每段以虎槍兵五人隨同分管。

尚虞備用處，亦曰黏杆處。管理大臣，於宗室、王公、蒙古王公、額駙，滿洲、蒙古大臣内特簡，無定員。掌率三旗侍衛以入直。黏杆處侍衛，分上三旗，與侍衛處例同，分爲六班，入直亦同門上侍衛。巡幸，則從供其執事。聖駕巡幸，本處侍衛均隨扈，備鑾輿之旁幫扶差使，天未明以前，並備提鐙差使，其應用網上、魚鈎上人者，並隨帶豫備。

協理事務頭等侍衛，一人，即以黏杆長頭等侍衛兼充。笔帖式，三人，掌章奏文移。

黏杆長頭等侍衛，一人，於本處二等侍衛内揀補。二等侍衛，三人，每旗一人，於三等侍衛内揀補。三等侍衛，二十有一人，每旗七人，於藍翎侍衛内揀補。藍翎侍衛，十有五人，每旗五人，於拜唐阿内揀補。掌翊衛、隨扈之事。額設黏杆拜唐阿四十名、備網拜唐阿十二名、魚鈎匠二名，豫備巡幸時執事。

庫掌，一人，於庫拜唐阿内揀補。掌守庫。額設庫拜唐阿十名，係内務府包衣人，隨同守庫。

管理養鷹狗處大臣，由特簡，無定員。掌養鷹狗而馴擾之。皇帝獮狩，率其屬而供執事。每遇聖駕行圍，養鷹狗處官屬拜唐阿等俱隨扈。

養鷹鷂處，統領，二人，由管理大臣於侍衛内揀選、引見補放，或由特旨派管。藍翎侍衛頭領，五人，内養鷹四人，於養鷹副頭領内揀補，養鵰四人，於養鵰副頭領内揀補。副頭領，五人，皆六品頂戴，内養鷹四人，由養鷹班長内揀補，養鵰一人，由養鵰班長内揀補。掌養鷹、養鵰之事。設九品頂戴養鷹拜唐阿班長六人、八旗拜唐阿三十人、養鵰拜唐阿班長一人、額魯特拜唐阿八人、回子拜唐阿五人。養鷹班長缺出，由八旗拜唐阿内挑補，養鵰班長缺出，由額魯特回子拜唐阿内挑補，共養鷹三十架、鷂六架、鵰六架。

筆帖式，三人，掌文移翻譯。設内務府拜唐阿五名，遇筆帖式缺出，即於此項拜唐阿内補放。

養狗處，統領，二人，或於侍衛内引見補放，或由特旨派管，如養鷹鷂處。藍翎侍衛頭領，五人，内一人係額魯特回子缺，各分缺揀補如養鷹鷂處。副頭領，十人，六品頂戴者，九人，七品頂戴者，一人。六品頂戴副頭領内有一人係額魯特回子缺，各分缺揀補如養鷹鷂處，六品、七品揀補例同。掌養狗之事。設九品頂戴拜唐阿班長六人、拜唐阿二十九名、額魯特回子九品班長一人、拜唐阿十七名，各挑補如養鷹鷂處,養狗無定數。

筆帖式,三人,掌文移翻譯。設内務府拜唐阿十名,補放筆帖式如養鷹鷂處。

善撲營,總統大臣,於都統、前鋒統領、護軍統領、副都統内特簡,無定員。掌選勇力之士,各習其藝以供應。〇凡藝之别,曰善撲,兩人相撲爲戲,以傾跌其敵者爲優,蒙古習俗重此,國語謂之布庫,額設善撲二百名。曰勇射,以弓力多者爲優,額設勇射五十名。曰騙馬,以趫捷爲優,騙駝者同,額設騙馬五十名。皆以時精練。設教習二十四名,内善撲教習十六名,勇射教習二名、委署教習二名,騙馬教習二名、委署教習二名,分管訓練。孟冬,皇帝幸瀛臺,則陳而閲焉,乃頒賞。每年十月内,例給皮衣賞,翼長等,每人銀十兩,教習等,每人銀三兩。其善撲人等,以御前技藝優劣爲差,優者,或十兩,或五兩,劣者,三兩。御試,武進士於紫光閣,則供其執事。紫光閣御試中式武舉,本營派勇射三十名豫備有旨較射、較弓力,又派善撲十名豫備移石。扈從,則備宿衛。每巡幸有應豫備蒙古藩部筵燕者,本營皆照例隨扈。如遇安設大營,則於北面設堆撥二分,與護軍一併進班。〇凡燕,蒙古藩部與者,則承應。每歲中正殿、紫光閣、山高水長筵燕及熱河、萬樹園、張三營行宫筵燕,並木蘭月牙城,蒙古王公進膳,善撲人等皆豫備呈技。

協理事務翼長,二人,由總統大臣於左、右翼翼長内揀派。筆帖式,六人,於拜唐阿内揀補。掌章奏文移。本營於善撲、勇射、騙馬三項人額設三百名外,另設檔子人八名,管善撲人拉對檔子,又設拜唐阿五十四人,隨印行走。

翼長,六人,左翼三人,右翼三人,由總統大臣於本營侍衛、教習及外營侍衛、章京内揀選、引見補放。掌轄營衆。本營額設藍翎侍衛三人,以優等善撲人充補,與善撲人等三百名一體當差。善撲人等及拜唐阿等缺出,由八旗滿洲、蒙古、漢軍護軍校、驍騎校、領催、前鋒、護軍、馬甲、步甲、馬兵内,以年力精壯者挑取。

欽定大清會典卷七十二

總管内務府大臣，特簡，無定員。掌上三旗包衣之政令，與宫禁之治。凡府屬吏、户、禮、兵、刑、工之事，皆掌焉。〇皇帝親祭奉先殿、壽皇殿，則前引；皇帝親饗奉先殿及詣奉先殿後殿上香行禮，並親祭壽皇殿，均以總管大臣一人前引。詣各寺廟拈香，則侍班；皇帝詣各寺廟拈香行禮，該寺廟僧、道均於御道旁跪迎，總管大臣一人率班侍立。皇帝拜堂子，則陳楮於圜殿。元旦，皇帝詣堂子拜天，總管大臣一人豫詣圜殿内，挂紙錢二十七張於高案下所立杉柱之上。春、秋，則祀龍神。春秋祭黑龍潭、玉泉山、昆明湖三處龍神祠，以總管大臣三人，分往行禮。若爲馬祀神，則偕上駟院卿以行禮。每年春、秋二季爲馬祀神，於祭馬神室，以總管大臣一人，偕上駟院卿一人致祭。皇后饗先蠶，設齋戒牌、銅人，季春饗先蠶，前期二日，總管大臣一人豫竢於乾清門外，迨太常寺官奉齋戒牌、銅人至，總管大臣轉授宫殿監督領侍，陳於交泰殿，行三跪九叩禮，退。視籩、豆，前期一日，贊禮郎引總管大臣一人，詣神廚周視牲、牢、籩、豆。陳器具，至日，總管大臣一人先入壇，陳其器具。躬桑，則進鈎、筐。皇后躬桑，前期一日，總管大臣恭送皇后、妃、嬪、公主、福晉、命婦採桑鈎、筐於交泰殿。千秋節，則朝賀於内右門外，皇后千秋節，總管大臣率屬朝賀於内右門外，如在圓明園，則朝賀於右門外。歲正朔亦如之。每歲元旦，總管大臣率屬朝賀皇后於内右門外。皇后、妃、嬪出入，則扈從。皇后、妃、嬪出入，總管大臣一人扈從，如遇有差事，别簡散秩大臣一人。皇子既婚，則總理其家事，皇子既婚後，簡總管大臣一人管理家務。公主下嫁亦如之。公主下嫁朝臣，或下嫁外藩、未歸游牧時，皆簡總管大臣一人管理家務。凡筵燕，則視設席。每歲筵燕由府辦理者，均由總管大臣監視設席。用寶，則會内閣學士以監視。遇用寶之日，准内閣移咨後，總管大臣會同内閣學士，於乾清門監視鈐用，行在用寶同。如總管大臣均别有差事，以直宿郎中代爲監視。〇日直班於紫禁城，每日以總管大臣一人在署直宿，遇駐蹕圓明園，仍以一人在署直宿。以次而代，皇帝在宫，直班總管大臣日以一人進班，遇駐蹕圓明園，則在署之班五日一輪。圓明園直班亦如之。圓明園直宿之班，遇皇帝進宫，亦仍以總管大臣一人在圓明園進班，五日一輪。〇定内務府官之秩。府屬文職、武職官，皆不由部銓選，其不兼隸於吏、兵二部者，亦不入二部品級考。文職，有二品，總管大臣、盛京總管大臣及盛京陵寢總管大臣以將軍兼，東陵總管大臣以馬蘭鎮總兵兼，西陵總管大臣以泰寧鎮總兵兼，皆係正二品。有三品，上駟院卿、武備院卿、奉宸苑卿，皆係正三品。有四品，永陵、福陵、昭陵掌關防官，皆不分正、從，熱河行宫總管，係四品銜。有五品，郎中、内管領處内管領、陵寢内管領、永陵内管領以副關防官兼，皆係正五品；員外郎、武英殿修書處正監造員外郎，湯泉、盤山、黄新莊行宫總管，皆從五品；永陵、福陵、昭陵副關防官，皆不分正、從；盛京内管領，係五品銜食六品俸；熱河行宫副總管、苑丞，皆五品銜。有六品，主事内管領處副内管領，中正殿、雍和宫、孝陵、景陵、泰陵、裕陵、孝淑皇后陵寢、端慧皇太子園寢、泰陵、皇貴妃園寢、孝淑皇后陵寢、妃園寢副内管領，武英殿修書處副監造、副内管領，掌儀司司爼官，皆正六品；樂部和聲署滿洲署正，以掌儀司郎中、員外郎兼，係從六品；廣儲司六品司庫、御書處正監造司庫，織染局、盛京廣儲司，江寧、蘇州、杭州三織造處司庫，奉宸苑、圓明園、暢春園、清漪園、静明園、静宜園、天壇齋宫六品苑丞，武備院、造辦處、奉宸苑稻田廠、圓明園六品庫掌，皆不分正、從。委署主事係六品銜，食筆帖式原俸；三旗六品朝鮮通官，食六品單俸；武備院委署六品庫掌，係六品銜，食筆帖式及八品司匠原俸；掌儀司贊禮郎，係六品銜，食七品俸。奉宸苑、南苑、天壇齋宫六品銜苑丞，湯泉行宫苑丞、武英殿修書處六品銜庫掌、御書處副監造庫掌，皆六品銜，食八品俸。清漪園、静明園、静宜園六品銜苑丞，有食七品俸，有食八品俸。有七品，樂部和聲署滿洲署丞，以掌儀司郎中、員外郎兼，係從七品；圓明園、清漪園、瀞明園、静宜園七品苑丞、七品苑副，圓明園七品庫掌，皆不分正、從。三旗七品朝鮮通官，食七品單俸；暢春園七品苑丞，武英殿修書處、御書處七品銜庫掌，御藥房庫掌，皆七品銜，食八品俸；御藥房委署庫掌，係七品銜，食筆帖式原俸；孝東陵、景陵、妃園寢、裕陵、純惠皇貴妃園寢委署副内管領，皆七品銜。有八品，廣儲司、武備院、御鉛處八品司匠，廣儲司、造辦處、先蠶壇、御船處、南府八品催長，圓明園、暢春園、清漪園、静明園、静宜園八品苑副，皆不分正、從；三旗八品朝鮮通官，食八品單俸；南苑八品銜苑副，有食九品俸，有食餉；永陵、福陵、昭陵副内管領，皆八品銜。有九品，盛京九品催長，奉宸苑、圓明園九品苑副，皆不分正、從；掌儀司掌果、副掌果、果上人，造辦處委署司匠，掌儀司催長、副催長，造辦處委署催長，南苑、暢春園、清漪園、静明園、静宜園委署苑副，皆九品銜。有未入流，湯泉行宫苑副、奉宸苑下清河柳村閘閘官，皆係未入流。圓明園委署苑副，係未入流，食筆帖式原俸。打牲烏拉倉官，係未入流，食筆帖式原俸、原餉。奉宸苑未入流苑副、催長，盛京未入流催長、倉領長，皆未入流。其微者，則無品級、廣儲司無品級司庫、委署無品級司庫，織染局委署司庫，盛京廣儲司副司庫，營造司、官房租庫、内管領處、御茶膳房、御鳥鎗處庫掌，武備院無品級庫掌、織房庫掌，營造司、官房租庫、御茶膳房副庫掌，造辦處、武英殿修書處委署庫掌，御書處無品級委署庫掌、武英殿修書處額外委署庫掌，廣儲司、織染局、盛京廣儲司江寧、蘇州、杭州三織造處庫使，營造司、武備院、造辦處、官房租庫、圓明園庫守，織染局司匠、廣儲司無品級司匠，管造司、武備院、武英殿修書處、御書處委署司匠，天壇齋宫苑副、奉宸苑委署苑副、内管領處倉長、盛京倉長，都虞司、會計司、三旗莊頭處、錦州糧莊、管造司、慎刑司、奉宸苑稻田廠、清漪園、静明園、静宜園、御茶膳房、侍衛飯房、御藥房催長，廣儲司、南府、景山、盛京無品級催長，廣寧催長，都虞司、三旗莊頭處、奉宸苑、奉宸苑稻田廠、造辦處副催長，會計司、南府、景山無品級副催長，營造司委署催長，御膳房庖長、副庖長，御茶膳房承應長，皆無品級食餉。無頂戴焉。内管領處、御鳥鎗處副庫掌，武備院、織房委署庫掌，御書處無頂戴委署庫掌，内管領處、御茶膳房、御鳥鎗處庫守，造辦處副庫守、營造司無頂戴司匠、廣儲司副司匠、内管領處副倉長、掌儀司司俎、宰牲司俎、廣儲司無頂戴催長，慎刑司、清漪園、静明園、静宜園副催長，會計司、南府、景山無頂戴副催長，造辦處額外副催長，皆無頂戴。筆帖式，各視其出身以爲差。筆帖式，由舉人、貢生考取、議敘、捐納者，食七品俸；由生員、監生考取、議敘、捐納者，食八品俸；由庫使、庫守、官學生、護軍、馬甲、蘇拉及佐領、管領下閒散人考取、議敘者，食九品俸。惟中正殿有六品銜筆帖式三缺、八品筆帖式二缺，均食八品俸。其無品級筆帖式，中正殿有蘇拉筆帖式三十四缺，仍食護軍、馬甲原餉；三旗護軍營，每旗有印務筆帖式十缺，各食護軍原餉；打牲烏拉筆帖式六缺，由貼寫之生員、監生補放者，食八品俸，由貼寫之拜唐阿及委署筆帖式補放，並委署筆帖式二缺，均仍食領催、拜唐阿、珠軒長原餉。武職，有三品，三旗護軍統領、御茶房一等侍衛尚茶正、御膳房一等侍衛尚膳正、打牲烏拉總管、牧群總管，張家口外及商都達布遜諾爾、達里岡愛總管以察哈爾都統兼，大凌河總管以錦州副都統兼，皆正三品；固倫公主府長史副内管領，係正三品，食六品副内管領單俸；三旗驍騎參領以郎中兼，圓明園三旗護軍營營總，皆從三品，食四品俸；三旗護軍參領、圓明園三旗護軍參領，皆從三品，食五品俸；固倫公主府一等護衛，係從三品食餉。有四品，南苑總尉、御茶房二等侍衛尚茶正、御膳房二等侍衛尚膳正，張家口外牛羊群、商都達布遜諾爾馬駝群、達里岡愛馬駝群、羊群小總管，皆正四品；和碩公主府長史副内管領，係正四品，食六品副内管領單俸；三旗佐領以郎中、員外郎、副參領兼，朝鮮佐領係世襲，皆從四品；三旗副驍騎參領、副護軍參領，圓明園三旗副護軍參領，皆從四品，食五品俸；固倫公主、和碩公主府二等護衛，係從四品食餉；昭西陵、孝陵、孝東陵、景陵、泰陵、泰東陵、裕陵、孝淑皇后陵寢尚茶正、尚膳正，皆不分正、從；打牲烏拉翼長，係四品銜，食五品俸。有五品，御茶房三等侍衛尚茶副、御膳房三等侍衛尚膳副、御茶房三等侍衛尚茶、御膳房三等侍衛尚膳、張家口外牛羊群副總管、南苑防禦，張家口外牛羊群、商都達布遜諾爾馬駝群、達里岡愛馬駝群羊群防禦，皆係正五品；三旗委署護軍參領、委署前鋒參領、圓明園三旗委署護軍參領，皆從五品，食護軍校前鋒校原俸；固倫公主、和碩公主府三等護衛，係從五品食餉；武備院司幄，係五品，食六品雙俸；福陵、昭陵尚茶正，永陵、福陵、昭陵尚膳正，永陵尚膳正以副關防官兼，皆不分正、從；打牲烏拉委署翼長，係五品銜，食驍騎校原俸。有六品，御茶房藍翎侍衛尚茶、御膳房藍翎侍衛尚膳、上駟院藍翎侍衛司鞍長、藍翎侍衛、蒙古醫師長，三旗護軍校、前鋒校、驍騎校，商都達布遜諾爾馬駝群、大凌河馬群、達里岡愛馬駝群羊群翼長，張家口外牛羊群協領、南苑千總，熱河、湯泉、盤山、黃新莊行宮千總，皆係正六品；三旗委署前鋒校、委署驍騎校，圓明園三旗副護軍校、打牲烏拉六品委署驍騎校，固倫公主、和碩公主府六品典儀，三旗六品藍翎長以前鋒營委署前鋒校兼，皆從六品食餉；武備院掌蓋，食六品雙俸；御鳥鎗處藍翎總承，武備院司弓、司矢、副司幄，皆六品，食七品雙俸，皆不分正、從；御鳥鎗處副總承、上駟院副司鞍長、達里岡愛羊群委署翼長、張家口外牛羊群委署協領、打牲烏拉六品委署章京，皆六品銜食餉。有七品，熱河行宮副千總、南苑把總、湯泉行宮把總，皆正七品；打牲烏拉七品委署驍騎校、和碩公主府七品典儀，皆從七品食餉；上駟院廄長、牧長，皆食七品雙俸；大凌河馬群牧長食七品單俸；武備院副掌蓋、副司弓、副司矢，皆七品，食八品雙俸；御鳥鎗處鳥鎗長，孝東陵、端慧皇太子園寢、景陵妃園寢、裕陵、純惠皇貴妃園寢尚茶副、尚膳副，皆七品食餉，皆不分正、從；商都達布遜諾爾、達里岡愛馬駝群委署翼長、牧長，打牲烏拉七品委署章京，皆七品銜食餉。有八品，湯泉、盤山、黃新莊行宮委署千總、熱河行宮委署副千總、養息牧牛羊群翼長，皆正八品食餉；永陵、福陵、昭陵尚茶副、尚膳副，上駟院蒙古副醫師長、大凌河馬群副牧長，皆不分正、從食餉；三旗頂戴領催、南苑領總，皆八品頂戴食餉。有九品，后陵寢尚茶副、尚膳副，皆不分正、從食餉；上駟院及商都達布遜諾爾、達里岡愛馬駝群副牧長，南苑莊頭長，皆九品頂戴食餉。其微者，亦無品級、慶豐司犧牲所、盛京黑牛館廄長，慶豐司犧牲所、盛京都虞司、張家口外牛羊群、達里岡愛羊群牧長，武備院司函長、幄長，備弓處、備箭處、繖房班長，番役處番役頭目、番役副頭目，打牲烏拉委官養息牧牛羊群副翼長，各司、各處頂戴拜唐阿，皆無品級食餉。無頂戴焉。營造司屯千總、屯把總，盛京乳牛館廄長，養息牧牛羊群牧長、副牧長，慶豐司犧牲所、上駟院廄副，慶豐司、上駟院及張家口外牛羊群、商都達布遜諾爾馬駝群、達里岡愛馬駝群羊群、大凌河馬群牧副，上駟院司鞍、司轡、散司轡，御鳥鎗處副鳥鎗長、委署鳥鎗長，打牲烏拉珠軒長、副珠軒長，武備院副司函長、副幄長、弓匠長、箭匠長、骲頭匠長，皆無頂戴食餉。○凡缺，有公缺，堂郎中，廣儲司郎中、員外郎、主事、委署主事、六品司庫、庫使，都虞司郎中、員外郎、主事、委署主事，會計司郎中、員外郎、主事、委署主事，掌儀司郎中、員外郎、主事、委署主事、贊禮郎，慶豐司郎中、員外郎、主事，慎刑司郎中、員外郎、主事、委署主事，營造司郎中、員外郎、主事、委署主事、庫守，三旗莊頭處郎中、員外郎、委署主事，寧壽宮郎中、員外郎、主事、委署主事，内管領處内管領、副内管領，造辦處員外郎、主事、委署主事，官房租庫庫守、總理工程處委署主事，雍和宫郎中、員外郎，御藥房主事、委署主事，織染局司庫，上駟院、武備院、奉宸苑郎中，南苑郎中，圓明園、暢春園、清漪園郎中，湯泉、盤山、黄新莊行宫總管，三旗護軍統領、驍騎參領、驍騎校，盛京佐領，皆公缺。慶豐司委署主事，二人内一人公缺，上駟院主事，四人内二人公缺，委署主事，三人内一人公缺。堂筆帖式，各司及三旗莊頭處、官房租庫、雍和宫、寧壽宫、内管領處、咸安宫、奉宸苑、南苑、御藥房、織染局、南府、景山筆帖式，皆公缺。有題缺，堂主事、委署主事，廣儲司司匠及廣儲司所屬三織造處司庫，都虞司所屬打牲烏拉總管、翼長、委署翼長、驍騎校、六七品委署驍騎校、六七品委署章京、委官、倉官、筆帖式，掌儀司司俎官、掌果、副掌果、催長、副催長，盛京内務府所屬永陵、福陵、昭陵掌關防官、副關防官、内管領、副内管領、尚茶正、尚茶副、尚膳正、尚膳副、筆帖式，陵寢内務府所屬昭西陵、孝陵、孝東陵、景陵、泰陵、泰東陵、裕陵、孝淑皇后陵寢、各陵妃園寢郎中、員外郎、主事、内管領、副内管領、尚茶正、尚茶副、尚膳正、尚膳副、筆帖式，會計司催長、副催長及會計司所屬錦州糧莊委署主事、筆帖式、催長，營造司庫掌、委署庫掌、委署司匠，慶豐司廐長、廐副及慶豐司所屬張家口外總管、副總管、協領委署、協領牧長、牧副、筆帖式、防禦、驍騎校、護軍校，達里岡愛翼長、委署翼長、牧長、牧副、筆帖式、防禦、護軍校，盛京黑牛館、乳牛館廐長，養息牧翼長、副翼長、牧長，内管領處庫掌、倉長、副倉長、庫守，三旗莊頭處催長、副催長，官房租庫庫掌、副庫掌，中正殿員外郎、筆帖式，武英殿修書處委署主事、庫掌、筆帖式，御書處副監造、庫掌、七品庫掌、委署庫掌、筆帖式，造辦處庫掌、委署庫掌、催長、委署催長、委署司匠、筆帖式，御茶膳房主事、委署主事、尚茶正侍衛、尚茶副侍衛、尚膳正侍衛、尚膳副侍衛、尚茶侍衛、尚膳侍衛、庫掌、庖長、副庫掌，御船處催長、筆帖式，御藥房庫掌、委署庫掌、催長，上駟院員外郎、主事二人，委署主事二人、侍衛、廐長、廐副、牧長、副牧長、牧副、司鞍長侍衛及副司鞍長、蒙古醫師長侍衛及副醫師長，並上駟院所屬商都達布遜諾爾、達里岡愛總管、翼長、牧長、副牧長、牧副、防禦、驍騎校、護軍校，大凌河翼長、牧長、副牧長、牧副，武備院員外郎、主事、委署主事、庫掌、委署庫掌、庫守、筆帖式、司弓、副司弓、司矢、副司矢、掌蓋、副掌蓋、司幄、副司幄、司匠、委署司匠，備弓處、備箭處班長，穿甲處司函長，奉宸苑員外郎、主事、委署主事、苑丞、苑副及奉宸苑所屬稻田廠庫掌，湯泉苑丞、苑副，盤山、黄新莊行宫千總、委署千總，南苑員外郎、主事、委署主事、苑丞、苑副、委署苑副、總尉、防禦、驍騎校，圓明園員外郎、主事、委署主事、苑丞、苑副、委署苑副、庫掌、筆帖式，暢春園苑丞、苑副、委署苑副、筆帖式，清漪園、静明園、静宜園員外郎、苑丞、苑副、委署苑副、筆帖式，南府、景山催長，熱河行宫千總、副千總、委署副千總，三旗護軍營護軍參領、副護軍參領、委署護軍參領、護軍校、護軍藍翎長、筆帖式，圓明園、三旗護軍營營總、護軍參領、副護軍參領、委署護軍參領、護軍校、副護軍校、護軍藍翎長、筆帖式，前鋒營前鋒校、委署參領、前鋒校、委署前鋒校、前鋒藍翎長，御鳥鎗處藍翎總承、副總承、鳥鎗長、庫掌，養鷹養狗處尚虞、備用處筆帖式，俱由各該處自行題補。有佔缺，御書處正監造司庫，佔廣儲司司庫缺；武英殿修書處正監造員外郎，佔慶豐司員外郎缺；御書處副監造庫掌，佔本處六品銜庫掌缺；雍和宮副内管領、中正殿副内管領，武英殿修書處副監造、副内管領，俱佔内管領處副内管領缺，遇有缺出，各由佔缺處自行題補。有兼缺，内管領處掌關防郎中、員外郎，官房租庫、郎中、員外郎、主事，景山官學郎中、員外郎，回緬學郎中、筆帖式、驍騎校，三旗驍騎營驍騎參領、副驍騎參領、佐領，咸安宮官學及番役處司官、筆帖式，慈寧宮及慈寧宮花園司官、筆帖式，文淵閣司官，太和殿、保和殿、中和殿司官，内管領犧牲所司官、筆帖式，總理工程處、御書處、織染局司官，御船處員外郎，御藥房司官、内管領，南府、景山郎中、員外郎，樂部和聲署署正、署丞，皆以七司及各該處官兼任。有調缺，堂郎中，廣儲司六庫郎中、員外郎，由各司各該處郎中、員外郎内揀選調補；銀庫、茶庫司庫、庫使，由皮、磁、緞、衣四庫調補；江寧、蘇州、杭州三織造處筆帖式，由府屬官調補；稽察本府御史衙門筆帖式，由各司各處調補；御船處、養鷹養狗處筆帖式，三年期滿，調補各司各處筆帖式。有差缺，缺出，一次由該處題陞，一次由府屬推陞，輪班間補。上駟院筆帖式如之。有特簡之缺，各省鹽政、織造關差，以上駟院、武備院、奉宸苑卿，護軍統領、驍騎參領及京察記名之郎中、員外郎，特旨簡放。有直年之缺，廣儲司直年總管大臣一人，營造司直年總管大臣一人，慶豐司直年總管大臣一人，牛圈直年員外郎二人，羊圈直年員外郎一人，張家口外牛羊群直年委署主事一人、筆帖式一人，會計司所屬錦州糧莊直年委署主事一人，上駟院張家口外直年委署主事一人，天壇齋宮直年員外郎一人，各庫、作直年官由堂奏派，無定額。有世襲之缺。朝鮮佐領，其餘世職官，均按爵承襲。○凡選法，缺出截以期，府屬文職郎中以下、武職護軍參領、驍騎參領以下，均於月底截缺，次月初十日内揀選應陞人員，於二十五日以内引見。乃揀擬正、陪以引見，府屬各司各處應陞人員，俱揀選二人擬定正、陪，由總管大臣引見，其各院各該處有特簡管理王大臣者，即由該管王大臣揀選引見。惟京察各員，該管王大臣祇分别等第，咨府彙奏，俱由總管大臣引見。盛京及陵寢、打牲烏拉、張家口外、商都達布遜諾爾、達里岡愛、大凌河等處應陞人員，由各該管官擬定正、陪，咨府及上駟院，均於文到一月内引見，欽定一員補放。其一員，如奉旨記名，即坐補下次所出之缺，不復引見。得旨出而宣焉，皆移咨於吏部、兵部。文職移咨吏部，武職移咨兵部。不引見者，堂議，則補放。文職，筆帖式、庫使、庫守、掌果、副掌果，無品級司庫、司匠、催長、庫掌、倉長、副倉長、庖長、委署苑副、委署庫掌、委署催長，武職，副牧長、牧副、厩副、委署驍騎校、副司鞍長、蒙古副醫師長及養息牧翼長以下等官，有管理王大臣者，即由該管王大臣補放，餘由總管大臣揀補，均不引見。定迴避之例。三旗人員，如有祖孫、父子、伯叔、兄弟同在一署者，以官小者迴避，俱由軍機大臣會同外旗總管大臣，將府屬七司各處、各園苑應行迴避人員，公同掣籤調補。上駟院、武備院、奉宸苑、清漪園、静明園、静宜園等處,仍由總管大臣引見,其上駟院、武備院、奉宸苑、清漪園、静明園、静宜園等處人員,亦與堂司各處人員互相調補。三年,乃糾其群吏之治而考察之,府屬文職官,自郎中以下,皆三年京察一次,由總管大臣分別等第,其各院各該處官,有該管王大臣者,由該管王大臣分別等第,仍咨府引見。熱河總管以下官,由熱河都統分別等第;盛京各佐領下官及三陵官,由盛京總管大臣分別等第;湯泉、盤山、黄新莊行宫官及東陵、西陵官,由陵寢總管大臣分別等第;商都達布遜諾爾、達里岡愛、大凌河、打牲烏拉等處官,由各該管大臣分別等第,均咨府引見。各司員均於七人内保送一等一人,筆帖式於八人内保送一等一人,其人缺較少者,酌量保送,寧缺毋濫。武職各員,均照八旗例,該管官出具考語,咨送欽派王大臣,入於軍政考察,惟御茶、膳房各侍衛官不入軍政。護軍統領照八旗護軍統領之例,奏請欽定。曰稱職,一等、二等者,爲稱職。遇有應陞缺出,先用一等人員陞補後,次用二等人員。曰平等,三等者,爲平等。遇有應陞之缺,均入俸深班内揀選,若上次列入一等下次改列三等者,將上次一等註銷。曰不及,不入等者,爲不及,概行罷黜。若其人才具平庸、年力就衰而別無過犯者,酌量降補。各別以其等。

堂郎中,一人,主事,二人,委署主事,二人,掌府屬文職官銓選與督催之事。○凡文職官之制,各辨其班府屬各司、各院、各該處公缺人員,均由堂郎中掌其陞選。每次缺出,以應陞人員分爲二班,一班以京察一等人員,一班以俸深人員,輪流揀選。如有議敘應陞,與議敘列爲一、二等,於應陞處列名人員,列爲一班,與京察一等及俸深人員分爲三班間補。如議敘即陞人員,則不論班次先儘陞用。筆帖式各班,有以清文考取者,曰翻譯,有以漢文考取者,曰文章,有由舉人告降考取者,有遵例捐納者,有由議敘者,其補用之班,先翻譯二人,次文章一人,次舉人告降一人,次捐納二人,次議敘一人,周而復始,如無捐納、議敘人員,即以各班輪流銓選。與其出身,三旗佐領下人出身者,不補管領各缺,管領下人出身者,不補佐領各缺,如佐領、管領下人中式文進士及翻譯進士,奉旨以翰林、主事、中書、知縣等官用者,照八旗例,由吏部補用。其歸進士原班,並文舉人、翻譯舉人應以知縣用者,亦照八旗例,由吏部選補。至京察一等記名之郎中、員外郎,亦分別以道、府用,其餘佐領、管領下人,有由筆帖式者,有由閒散考取庫使、庫守者,有由披甲、閒散人挑補者,祇准補府屬官,其由舉人告降筆帖式者,同。惟擢至卿貳,始簡任各部、院堂官。以定月選之法。凡授官,先別其缺,以定議。公缺各官,由堂郎中察例辦理,若調缺、差缺、直年缺、世襲缺、間補缺,均同其題缺各官。如在上駟院、武備院、奉宸苑,並各該處有特簡王大臣管理者,即由該管王大臣定議題陞,仍咨明本府。遷轉,各以其敘,公缺陞選之法:堂郎中由廣儲司六庫郎中,並銀庫、緞庫及各司、各處郎中調補;銀庫、緞庫郎中由各司、各處郎中調補;郎中由各司、各處員外郎陞三缺後,以上駟院、武備院、奉宸苑員外郎輪陞一人;員外郎由各司、各處主事,六品司庫陞,或以内管領轉補。其圓明園、暢春園、清漪園、静明園、静宜園主事，六品苑丞，如列入京察一等者，亦准保陞。至十一缺後，以造辦處六品庫掌陞用一人。又，上駟院出差張家口年滿主事來京，歸府屬，公缺三缺後，陞用一人，歸該院，題缺三缺後，陞用一人。主事由各司、各處委署主事及京察一等之贊禮郎陞，至打牲烏拉倉官、慶豐司出差張家口外委署主事期滿來京，遇三缺後，加班陞用；委署主事由堂筆帖式及各司、各處京察一等者，陞三人後，以俸深者陞一人，其會計司三旗莊頭處出差錦州之委署主事年滿，仍轉補京缺。内管領由副内管領、六品司庫陞，副内管領，一班以筆帖式，一班以贊禮郎、倉長、庫掌、催長、厩長、掌果、頂戴領催、番役頭目，無品級庫掌、無品級司庫、庖長陞，其御茶、膳房三等侍衛、尚茶、尚膳及掌儀司司俎官之列入京察一等者，俱准轉補。又，舊内管領子孫之無職者，亦准補授六品司庫，由筆帖式、無品級司庫、六庫八品司匠陞，其委署無品級司庫、庫使得議敘者，亦准陞補。湯泉、盤山、黄新莊行宫總管，由各司、各處員外郎簡放，贊禮郎，由筆帖式、拜唐阿、護軍挑補；三織造處司庫，由筆帖式、庫使陞；筆帖式、庫使，由堂司及各處筆帖式、庫使、庫守、果上人調補；筆帖式，由各班補用；庫使、庫守，由三旗佐領、管領下人考取挨補。其題缺陞補之法：廣儲司無品級司庫由委署無品級司庫陞，委署無品級司庫由庫使陞，無品級催長由領催陞，無品級買辦催長由無頂戴買辦催長陞，無頂戴買辦催長由買辦領催、拜唐阿補放，八品司匠由無品級司匠、副司匠、催長、拜唐阿、果上人陞，無品級司匠由副司匠、領催、拜唐阿補放，副司匠由領催、拜唐阿補放，領催由三旗披甲人挑補，拜唐阿由三旗閒散幼丁挑補。都虞司催長由副催長陞，副催長由領催、拜唐阿挑補。打牲烏拉無品級委官由領催、珠軒長、貼寫人補放，倉官由筆帖式保送選補，筆帖式由監生、生員、委署筆帖式補放，委署筆帖式由貼寫拜唐阿補放。掌儀司司俎官由司俎補放，司俎由佐領、管領下滿洲閒散，並廢員内挑補，宰牲司俎由管領下滿洲幼丁挑補，掌果由副掌果陞，副掌果由果上人陞，果上人由考取庫守人員補用。會計司催長由無品級副催長陞，無品級副催長由無頂戴副催長陞，無頂戴副催長由領催補放，錦州糧莊委署主事由該處筆帖式、催長陞，如該處無堪陞人員，由會計司三旗莊頭處筆帖式陞，筆帖式、催長由拜唐阿補放，拜唐阿由該處幼丁挑補。營造司無品級庫掌由副庫掌陞，副庫掌由庫守陞，無品級催長由委署催長陞，委署催長及委署司匠由領催補放。慶豐司厩長由厩副陞，厩副由厩丁補放，厩丁由佐領、管領下閒散人挑補，慶豐司所屬牛羊群牧長，由護軍、牧副陞，牧副由牧丁補放，筆帖式由牧副陞，或牧丁補放，牧丁由察哈爾蒙古幼丁挑補。慎刑司催長由副催長陞，副催長由領催補放。上駟院員外郎由主事陞，主事由委署主事陞，委署主事由筆帖式陞，筆帖式由牧丁、厩丁考取，厩長由牧長、副牧長及盛京牧長陞，或司鞍長、侍衛轉補，牧長由筆帖式、副牧長陞，副牧長由厩副、牧副陞，厩副、牧副由司鞍、司轡、散司轡、領催、厩丁、牧丁補放，上駟院所屬馬駝群牧長由護軍、牧副陞，牧副由牧丁補放，筆帖式由牧副陞，或牧丁補放，牧丁由察哈爾蒙古幼丁挑補。武備院員外郎由主事、六品庫掌陞，主事由委署主事、委署六品庫掌陞，委署主事由筆帖式、八品司匠陞,六品庫掌由委署六品庫掌、委署主事陞,委署六品庫掌由筆帖式及各作八品司匠、無品級庫掌陞,無品級庫掌由庫守陞,庫守由三旗閒散人考取,筆帖式由庫守考取,各作八品司匠由筆帖式及本作委署司匠陞,委署司匠由本作領催、拜唐阿補放。備弓處司弓由副司弓陞,副司弓由本處班長陞,班長由弓匠長及親隨弓匠補放,弓匠長、親隨弓匠由弓匠補放,弓匠由三旗及外八旗護軍、披甲、閒散人挑補。備箭處司矢由副司矢陞,副司矢由本處班長陞,班長由箭匠長、親隨備箭拜唐阿補放,親隨備箭拜唐阿、箭匠長由箭匠補放,箭匠由三旗及外八旗護軍、披甲、閒散人挑補。髈頭作八品司匠由本作委署司匠陞,委署司匠由髈頭匠長陞,髈頭匠長由髈頭匠補放,髈頭匠由三旗及外八旗披甲、閒散挑補。織房掌蓋由副掌蓋陞,副掌蓋由本房班長陞,班長由掌繖人補放,庫掌由本房委署庫掌陞,委署庫掌由掌繖人補放,掌繖人由三旗護軍、披甲、閒散挑補。帳房庫司幄由副司幄陞,副司幄由幄長陞,幄長由副幄長陞,副幄長由牽駝人及幄匠補放,牽駝人由三旗及外八旗披甲挑補,幄匠由八旗蒙古披甲、閒散挑補。穿甲處司函長由副司函長陞,副司函長由穿甲拜唐阿補放,穿甲拜唐阿由三旗護軍、披甲、閒散人挑補。奉宸苑員外郎由主事、六品苑丞、稻田廠庫掌陞,主事由委署主事、八品苑丞陞,委署主事由筆帖式陞,六品苑丞由委署主事、六品銜八品苑丞陞,六品銜八品苑丞由筆帖式、九品苑副陞,九品苑副由未入流苑副陞,未入流苑副由委署苑副陞,委署苑副由拜唐阿補放,稻田廠庫掌由委署主事、六品銜八品苑丞陞,催長由副催長陞,副催長由領催補放。織染局司庫由廣儲司六品司庫轉補,委署司庫由庫使陞,庫使由堂考取,司匠由本局領催補放。南苑員外郎由主事陞,主事由委署主事、六品銜苑丞陞,委署主事由筆帖式陞,六品銜苑丞由筆帖式、八品苑副陞,八品苑副由八品銜食俸苑副陞,食俸苑副由八品銜食餉苑副陞,食餉苑副由委署苑副陞,委署苑副由拜唐阿補放。天壇齋宮六品苑丞由本處六品銜苑丞陞,六品銜苑丞由本處苑副陞,苑副由奉宸苑委署苑副陞。圓明園員外郎由主事、六品苑丞、六品庫掌陞,主事由委署主事、七品庫掌、七品苑丞、苑副陞,委署主事由八品苑副、委署苑副、筆帖式陞,筆帖式由庫守陞,庫守由拜唐阿補放,六品苑丞由七品苑丞、苑副、庫掌陞,七品苑丞、苑副、庫掌由八品苑副陞,八品苑副由委署苑副陞,委署苑副由筆帖式轉補,六品庫掌由七品庫掌、苑丞、苑副陞。暢春園六品苑丞由七品苑丞陞,七品苑丞由八品苑副陞,八品苑副由筆帖式、委署苑副陞,委署苑副由拜唐阿補放,筆帖式由拜唐阿考取。清漪園、静明園、静宜園員外郎由六品苑丞陞,六品苑丞由六品銜苑丞、七品苑丞、七品苑副陞,六品銜苑丞、七品苑丞、七品苑副由八品苑副陞,八品苑副由委署苑副陞,委署苑副由筆帖式、無品級催長陞及拜唐阿補放,筆帖式由拜唐阿考取,無品級催長由副催長陞,副催長由領催補放,凡三園員外郎以下各官,俱互相陞轉。内管領處倉長由副倉長陞,庫掌由庫守陞,副倉長、庫守由管領下披甲、蘇拉挑補。三旗莊頭處催長由副催長陞,副催長由領催補放。官房租庫庫掌由副庫掌陞,副庫掌由庫守陞,庫守由堂考取。造辦處郎中由員外郎陞,庫掌由筆帖式、八品催長陞,筆帖式由委署庫掌、委署催長、委署司匠、庫守、拜唐阿考取，八品催長由委署催長、委署庫掌、委署司匠及庫守陞，委署庫掌、委署催長、委署司匠、庫守由拜唐阿、領催補放。雍和宫副内管領由筆帖式陞。中正殿員外郎由副内管領陞，副内管領由六品銜筆帖式陞，六品銜筆帖式由八品筆帖式陞，八品筆帖式由蘇拉筆帖式陞，蘇拉筆帖式由蘇拉考取。武英殿修書處正監造員外郎由副監造、副内管領陞，副監造、副内管領由委署主事、六品銜庫掌陞，委署主事由筆帖式陞，筆帖式由拜唐阿考取，六品銜庫掌由七品銜庫掌陞，七品銜庫掌由委署庫掌陞，委署庫掌由額外委署庫掌陞，額外委署庫掌由拜唐阿補放，御書處正監造司庫由副監造庫掌陞，副監造庫掌由七品銜庫掌、筆帖式陞，七品銜庫掌由筆帖式、無品級委署庫掌陞，筆帖式由無頂戴委署庫掌及拜唐阿考取，無品級委署庫掌由無頂戴委署庫掌陞，無頂戴委署庫掌由拜唐阿補放。御茶、膳房主事由委署主事陞，委署主事由筆帖式陞，乾肉庫庫掌由副庫掌陞，副庫掌由庫守陞，庫守由庖人、承應人補放，銀器庫庫掌由拜唐阿陞，庖長由副庖長陞，副庖長由庖人補放，承應長由承應人補放，庖人、承應人由管領下蘇拉挑補，侍衛飯房催長由領催陞。御藥房庫掌由委署庫掌陞，委署庫掌由筆帖式選補，催長由拜唐阿、領催補放。南府八品催長由無品級催長陞，無品級催長由副催長、拜唐阿補放，副催長由披甲人補放。景山催長由拜唐阿補放。三旗護軍營、圓明園三旗護軍營印務筆帖式由護軍挑補。御船處八品水手催長由水手頭目、拜唐阿頭目補放，八品網户催長由網户頭目、拜唐阿頭目補放，筆帖式由額外筆帖式選補，額外筆帖式由拜唐阿考取。御鳥鎗處庫掌由副庫掌陞，副庫掌由庫守陞，庫守由所屬朝鮮佐領下披甲補放。養鷹養狗處筆帖式由拜唐阿補放。盛京堂主事由六品司庫、委署主事、筆帖式陞，委署主事由筆帖式陞，筆帖式由佐領、管領下閒散人考取。廣儲司司庫由九品催長、筆帖式、副司庫、庫使陞，副司庫由庫使陞，庫使由佐領、管領下閒散人考取。各司及文淵閣九品催長由無品級催長、筆帖式、副司庫、庫使陞，無品級催長由黑牛館厩長、領催、拜唐阿補放，廣寧催長由園丁補放，牧長由領催、拜唐阿、幼丁補放，黑牛館厩長六人，内四人，由拜唐阿、幼丁補放，其二人並乳牛館厩長二人，由盛京禮部屬下人補放。内管領由管領下主事、六品司庫、筆帖式、九品催長陞，如不得人，以倉領長、副司庫、無品級催長等揀選陞授，倉領長由倉長陞，倉長由倉上人補放，倉上人由三旗幼丁挑補。有積缺，有不積缺，積缺之法：降調者積六缺，降調捐復者積五缺，特用人員非即補者，亦積五缺，捐納者積三缺。張家口外牛羊群委署主事期滿，以主事候補者，積三缺，張家口外馬駝群主事期滿，以上駟院員外郎陞用者，積三缺，上駟院、武備院、奉宸苑員外郎京察一等，保送府屬公缺郎中者，由府積三缺後，各該院輪流截陞一缺。造辦處庫掌應陞員外郎者，由府屬官積十一缺後陞一人，其特用即補及議敘即補者，皆不積缺。皆定以年限。員外郎歷俸五年，主事歷俸二年，六品司庫、六七品庫掌、六品苑丞歷俸六年，内管領歷俸六年，副内管領除舊内管領子孫不計俸外，其餘歷俸八年，筆帖式歷俸十二年，贊禮郎、八品苑丞、八品催長歷俸八年，司俎官行走三年，無品級司庫、催長、庫掌、苑副等歷職八年，方准陞轉，其各項無品級雜職員缺，所有應陞之庫使、庫守、拜唐阿、領催人等，俱於本差行走十年者，方准補放。如京察列入一等，或保列上等者，不以俸次論准關筆帖式及織造處筆帖式、庫使等缺出，無論公缺、題缺，人員俱食俸六年後，方准保送。○凡督催，別其事以定限，督催事宜，除奉旨特交速議毋庸立限即催令該處辦理題奏外，其各司、各處抄出各部院、衙門、八旗等處咨文，併本府本摺堂抄及付咨事件，俱於即日報明注限，如特派官員辦理事件，由都虞司報明注限，應付咨完結者，限十日，應呈堂完結及呈堂咨結者，限二十日，應題奏者，限三十日。其無例可循者，由堂酌量注限。依限完結者，報明銷限，逾限者，記過。如實有不能依限完結者，於限内將不能如限情由備印文，聲明展限，如原限已滿，始行請展者，仍以遲延記過。至一應來文、本摺堂抄，各司、各處呈移，每日按件查對，如有遲漏注限者，將筆帖式記大過一次，呈稿者記過一次。如事關緊要，有意遲漏、希圖朦混者，即回堂參處。各記其功過，都虞司、會計司、掌儀司、慎刑司、營造司列爲事繁之處，廣儲司、慶豐司、三旗莊頭處、官房租庫、内管領處、番役處、織染局、三旗參領處列爲事簡之處。事繁之處，一月内勒限事及三十件，無一事逾限者，筆帖式記功一次，二月内無一事逾限者，掌稿筆帖式、筆帖式各記功一次，三月内無一事逾限者，官員、掌稿筆帖式及筆帖式各記功一次。一月内逾限三事者，筆帖式記過一次，四事者，掌稿筆帖式及筆帖式各記過一次，六事者，官員、掌稿筆帖式各記過一次，筆帖式記過二次。事簡之處，一月内勒限事及三十件，無一事逾限者毋庸議外，二月内無一事逾限者，筆帖式記功一次，三月内無一事逾限者，掌稿筆帖式及筆帖式各記功一次，四月内無一事逾限者，官員、掌稿筆帖式及筆帖式各記功一次。一月内逾限二事者，筆帖式記過一次，三事者，掌稿筆帖式及筆帖式各記過一次，四事者，官員、掌稿筆帖式各記過一次，筆帖式記過二次。每月將各司、各處有無逾限、遺漏、應記功過及已、未完結情由，呈明存案。至各該處無品級人員及庫使、庫守、拜唐阿等，均比照掌稿筆帖式及筆帖式記注功過。佐領、管領下領催比照筆帖式例記功，若一月内逾限一事，即記過一次。其特派官員辦理事件，如三月内逾限至二次，將該員記過一次。三月，則彙奏而賞罰之。每三月一次，將月記功過人員彙奏，除記過一次者從寬免議外，凡有職官員，記過二次者，罰俸兩月，記過三次者，罰俸三月，如有紀録，積算至罰俸六月，將紀録注銷一次抵補。無品級以下人等，記過二次者，交慎刑司鞭責二十，記過三次者，鞭責三十，均不准折贖。若勒限事及百件俱能如限完結，無一事逾限、遺漏者，將承辦有職官員紀録一次，無品級以下人等於當鋪滋生銀内給銀十兩。俟京察、軍政揀選時，視其有無記過，分别優、劣，其承辦、督催之堂郎中、主事、筆帖式等，一年内能實心查催者，奏請議敘，膽徇者參處。

筆帖式，六十有四人，内堂佔司缺者，二十八人。掌翻譯，給使令。

欽定大清會典卷七十三

廣儲司，每年欽派總管內務府大臣一人，直年管理。總辦郎中，四人，內二人由各部保送兼攝。郎中，四人，內銀庫二人，兼管皮庫、磁庫，緞庫二人，兼管衣庫、茶庫。主事，一人，委署主事，一人，掌庫藏出納之政令。◎設六庫以儲上用，一曰銀庫，二曰皮庫，三曰磁庫，四曰緞庫，五曰衣庫，六曰茶庫，皆時其啓、閉，每月銀、緞二庫於一、四、七日，皮、衣二庫於二、五、八日，磁、茶二庫於三、六、九日開庫收發，每開庫必偕司庫、庫使二、三員上庫，不准一人。即啓，仍令上庫官二人同畫押、封黏、鎖眼。如遇不應開庫日期，有奉旨傳用，事關緊急者，令該庫官報知堂郎中，方准開庫。每日令庫官一員直宿，每晚鑰匙令直宿司庫、庫使等收聚一處，交乾清門侍衛，次日仍分交六庫。各稽其出納之數，金，由陝、甘、雲、貴等省解交，無定額，今按嘉慶十一年分，陝甘總督解交沙洲等廠課金四百三十七兩有奇，烏嚕木齊都統解交八、九兩年分各廠課金二百九十七兩有奇，雲南巡撫解交十年分慢梭等廠課金一百十九兩有奇，貴州巡撫解交六年至九年分中峰嶺廠課金一百十九兩有奇。銀，每年長蘆鹽政額交滋生及節省銀共八萬兩有奇，兩淮鹽政額交滋生及折玉貢銀共七十六萬兩有奇，浙江鹽政額交折玉貢銀十萬兩，浙江巡撫額交茶課銀五千兩，山東巡撫額交歸公銀八九千兩，會計司額交豬穀草豆及莊頭錢糧銀八萬兩有奇，三旗莊頭處額交莊頭等錢糧銀一萬兩有奇，掌儀司額交果園莊頭錢糧銀八九千兩，都虞司額交牲丁等錢糧銀三、四千兩。人參，每年盛京、吉林、寧古塔額交人參一百四十八斤十四兩。貂皮，每年黑龍江額交五千餘張，吉林額交二、三千張不等，烏梁海額交四千一百餘張，如不足數，以狼、狐、猞猁猻、灰鼠等皮充抵。海龍皮、狐皮、狼皮，每年右屯衛等處打牲户按丁額交，缺，則折銀歸款。虎皮、豹皮，每年馬蘭鎮、泰寧鎮總兵及熱河總管交進，無定額。緞綢、絹布、絨線，每年蘇州、江寧、杭州三處織造交進，無定額。氆氇，每年陝甘總督額交五十疋。潞綢，每年山西潞安府額交八十疋。棉花，東安、香河二縣及鳳河營各莊頭額交三千一百斤。布，盛京佐領等所屬壯丁額交細布三千五百四疋，麤布二千三百三十六疋，棉線四千七十二斤。高麗布，每年朝鮮國額貢三千疋。高麗紙，每年朝鮮國額貢頭號高麗紙四萬張，二號高麗紙六萬張，每逢萬壽聖節，進三號高麗紙四萬張，油厚紙十塊，每逢謝恩，進三號高麗紙四萬張，其黄毛筆、油煤,無定額。水靛,每年東安、香河二縣及鳳河營莊頭額交六千二百斤。紅花,每年關内各糧莊頭每名額交八兩。茶葉,每年江南六安州額交茶葉四百袋,每袋一斤十二兩,浙江額交茶葉二十八簍,每簍八百包。得勒蘇草,即玉草,每年三旗游牧處蒙古王公額交一百四十七把,每把重四斤。磁器,每年九江關監督燒造、交進,額銷銀五千兩。香,每年達賴喇嘛交進青木香、黑白芸香、槓香,無定額,每三年,暹羅國額進沉香三斤、檀香一百五十斤、降香四百五十斤、龍涎香一斤八兩、白膠香一百五十斤。圍屏紙,由琉球國進到,無定額,無年分。東珠,每年打牲烏拉各珠軒額交一千餘顆。紅銅,每三年暹羅國額進一千五百斤。剛錫,每三年暹羅國額進五百斤。顔料紙張,均由户部咨取存貯。犀角、象牙由暹羅、越南二國進,藤黄蘇木、烏木由暹羅國進,龍席、凉席、水獺皮由朝鮮國進,冠服及金銀銅錫器皿,並各鐙,均隨時成造貯庫。凡由六庫支領之物,開列細數,按庫支領。其由造辦處咨領,分别實用、暫用,各庫於月終開列給過物數清册送司,由司覈對某庫、某物實用若干、暫用若干,移文該庫覆覈,仍咨覆本司。所有出、入各款項定限,磁庫於前一月初六日,銀庫、茶庫於前一月初八日,皮庫、緞庫、衣庫於前一月初十日,各將舊管、新收、開除、實在細數造册,送司查對,譯漢銷算,限於月底送堂,至次月初十日以内,由堂交司繕寫清册具奏。書於黄册、藍册,每月奏過各款項,其列於黄册者,每年一次,造成於八月題銷。其列於藍册者,每三月一次,造成呈堂,至十一月題銷。若蒙古王公、貝勒等進馬等項所賞緞疋,於每年三月題銷。又,本司題奏各事件及行取各物,均造具滿、漢清册,每月兩次,移送稽察内務府御史衙門查覈。五年,則欽派大臣以察覈之。每届五年,欽派大臣將六庫盤查一次,並將官房、租庫、織染局一體清查。○凡歷代帝后、聖賢、名臣之像,敬貯於南薰殿,而司其扃庋。南薰殿尊藏古昔帝后、聖賢、名臣圖像,爲軸者百:宓犧氏一軸,帝堯一軸,夏禹王一軸,商湯王一軸,周武王一軸,梁武帝一軸,係半身像,唐高祖一軸,唐太宗三軸,内一軸半身,一軸畫納諫圖,後唐莊宗一軸,宋宣祖二軸,内一軸半身,宋太祖四軸,内二軸半身,宋太宗一軸,宋真宗二軸,内一軸半身,宋仁宗一軸,宋英宗二軸,内一軸半身,宋神宗二軸,内一軸半身,宋哲宗一軸,宋徽宗二軸,内一軸半身,宋欽宗二軸,内一軸半身,宋高宗一軸,宋孝宗一軸,宋光宗一軸,宋寧宗一軸,宋理宗二軸,内一軸半身,宋度宗一軸,明太祖十二軸,内四軸半身,明成祖一軸,明仁宗一軸,明宣宗三軸,明英宗一軸,明憲宗一軸,明孝宗一軸,明武宗一軸,明世宗一軸,明穆宗一軸,明神宗一軸,明光宗二軸,明熹宗二軸,明興獻王二軸。宋宣祖后一軸,宋真宗后一軸,宋仁宗后一軸,宋英宗后一軸,宋神宗后一軸,宋哲宗后一軸,宋徽宗后一軸,宋欽宗后一軸,宋高宗后一軸,宋光宗后一軸,宋寧宗后一軸,明孝慈高皇后一軸。漢,張良、韓信、周亞夫、岑彭、祭遵、冠恂、班超、諸葛亮、張飛各一軸,苻秦、王猛一軸,唐,尉遲敬德、狄仁傑、薛仁貴、郭子儀、李光弼、李晟、李孝恭、李克用各一軸,宋,范仲淹、岳飛各一軸,明,姚廣孝一軸。爲册者十八:古帝王像一册,内繪宓犧、神農、黄帝、少昊、顓頊、帝嚳、帝堯、帝舜、禹、湯，周文王、武王，漢高祖、文帝、景帝、光武、昭烈帝，吴大帝、東晉元帝，南朝宋武帝、文帝，齊高祖、陳武帝、梁武帝、隋文帝，唐高祖、太宗、元宗、憲宗、宣宗，閩王審知、後主煜，宋太祖、仁宗、高宗、孝宗、寧宗，共三十七像。又，聖君、賢臣像一册，内繪宓犧、神農、黄帝、少昊、帝堯、帝舜、禹、湯，周文王、武王、成王、宣王，漢高祖、文帝、景帝、武帝、宣帝、光武帝、明帝、昭烈帝，吴大帝，晉武帝、元帝、明帝，唐高祖、太宗、元宗、德宗，伯夷、叔齊、姜太公、周公、老子、孔子、顔子、孫武子、伍員、孟子、列子、莊子、鬼谷子、藺相如、屈原、張良、蕭何、韓信，共四十六像。又，宋朝帝像一册，内繪宣祖、太祖、太宗、真宗、仁宗、英宗、神宗、哲宗、徽宗、欽宗、高宗、孝宗、光宗、寧宗、理宗、度宗，共十六像。又，宋朝后像一册，内繪宣祖后、真宗后、仁宗后、英宗后、神宗后、哲宗后、徽宗后、欽宗后、高宗后、孝宗后、光宗后、寧宗后，共十二像。又，元朝帝像一册，内繪太祖、太宗、世祖、成宗、武宗、仁宗、文宗、寧宗，共八像。又，元朝后妃、太子像一册，内繪仁宗后、英宗后二、武宗后二、明宗后、后納罕、世祖第四子平王諾木罕、文宗太子雅克特古思，共十三像，其第一、第八、第九、第十各像無標題。又，元朝后像一册，内繪世祖后徹伯爾、順宗后塔濟，武宗后珍格，又武宗后，又武宗后濟雅圖，皇帝母，仁宗后，英宗后，又英宗后，明宗后，寧宗后額森圖嚕默色、后納罕，共十四像，其第十二、第十三、第十四各像無標題。又，明朝帝、后像二册，上册，内繪明太祖高皇帝、孝慈高皇后，太宗文皇帝、仁孝文皇后，仁宗昭皇帝、誠孝昭皇后，宣宗章皇帝、孝恭章皇后、孝惠皇后，英宗睿皇帝、孝莊睿皇后，憲宗純皇帝、孝貞純皇后、孝肅皇后，孝宗敬皇帝、孝康敬皇后，武宗毅皇帝、孝静毅皇后，共十八像；下册，内繪世宗肅皇帝、孝潔肅皇后、孝恪皇后，穆宗莊皇帝、孝懿莊皇后、孝安皇后、孝定皇后，神宗顯皇帝、孝端顯皇后、孝靖皇后，光宗貞皇帝、孝元貞皇后、孝和皇后、孝純皇后，熹宗悊皇帝，共十五像。又，至聖、先賢像一册，内繪孔子、伯魚、子思及孔門從祀各弟子，其餘荀況、公羊高、穀梁赤、伏勝、高堂生、賈逵、毛萇、戴聖、劉向、孔安國、揚雄、鄭衆、鄭康成、杜子春、馬融、盧植、范寧、服虔、何休、王弼、杜預、王肅、韓愈、周子敦頤、程子顥、程子頤、邵雍、張載、司馬光、朱子熹、張栻、吕祖謙、許衡，共一百二十像。又，歷代聖賢像一册，内繪舜、蒼頡、咎繇、后稷、伊尹、傅説、姜太公、周公、老子、孔子、屈原、張良、東方朔、董仲舒、司馬遷、揚雄、嚴子陵、諸葛亮、司馬懿、王羲之、陶淵明、謝靈運、檀道濟、蕭統、王通、房元齡、杜如晦、李靖、李勣、尉遲敬德、狄仁傑、姚崇、宋璟、顔真卿、郭子儀、李白、杜甫、韓愈、柳宗元、白居易、孟郊、賈島、高瓊、包拯、劉凝之、司馬光、蘇軾、黄庭堅、邵雍、周子敦頤、程子顥、程子頤、張載、楊時、岳飛、朱子熹、張栻、吕祖謙、蔡元定、蔡沈、真德秀、許衡，共六十二像。又，歷代聖賢名臣像一册，内繪周公、姜太公、屈原、荀況、蕭何、韓信、東方朔、嚴子陵、揚雄、鄧禹、華陀、蔡邕、諸葛亮、杜預、孫登、阮咸、謝安、謝靈運、王通、趙普、陳摶、寇準、陳堯叟、韓琦、文彦博、范仲淹、歐陽修、司馬光、王安石、包拯、周子敦頤、蘇洵、邵雍、程子顥、程子頤、蘇轍、黄庭堅、秦觀、周必大、張栻、吕祖謙、黄榦、真德秀、趙景文，共四十五像，末一像無標題。又，孔子世家像一册，又，歷代功臣像一册、唐名臣像一册、唐宋名臣像一册，又，明太祖御筆二册。爲卷者三：明宣宗行樂圓一卷，出警入蹕圖二卷。每年夏，茶庫員外郎率司庫等檢、曝一次，其扃皮亦茶庫專司。皇帝親祭壇、廟，則奉冠袍帶履，每年皇帝親詣壇、廟，本司派官一人、司庫一人，緞、衣、茶三庫庫使各二人，按期齋戒，恭奉冠袍帶履隨往。如駕幸圓明園，出、入亦派官一人，銀、衣、茶三庫庫使各一人，恭奉冠袍帶履以從。設引鐙、門鐙，每年皇帝詣天壇、祈穀壇、先農壇致祭，豫備引鐙三對、門鐙十三對，詣地壇、堂子、日壇、月壇、歷代帝王廟、文廟致祭，豫備引鐙三對、門鐙八對，詣太廟、社稷壇致祭，豫備門鐙六對。午門前，每次各設羊角鐙二十對，堂子下馬處，亦設羊角鐙十對。歲時，則進鐙。每年十二月二十四日進鐙，派司官，皮庫、磁庫、衣庫各二人，庫使，皮庫、衣庫各四人，磁庫六人，拜唐阿、領催，皮庫、衣庫各二人，磁庫四人，匠役，皮庫十四人、衣庫二十人，蘇拉，磁庫八十人，送進天鐙二盞、銅回回八箇及萬壽鐙鐙聯十六掛、銅回回八箇、銅鼓十六箇，安設訖。除夕前一日，内管領六人，皮庫司官二人，庫使八人，拜唐阿、領催三十六人，蘇拉三百人，匠役三百人，總管大臣同宮殿監督領侍帶領人員進内安設萬壽鐙十六掛，共大、小鐙一百二十八盞，乾清宮檐前鐙九盞，乾清門鐙五盞，日精門鐙一盞，月華門鐙一盞，兩廊檐圍廊鐙一百二十盞，欄杆鐙一百九十四盞。本日先將鐙聯收回，至次年正月十八日，將萬壽鐙並乾清官等處各鐙及銅回回、銅鼓等一併收回，二月初三日，將天鐙並銅回回收回。其寧壽宮天鐙、萬壽鐙鐙聯，均於十二月二十日進設，除夕前二日安設萬壽鐙，將鐙聯收回，至次年正月二十一日，將天鐙收回，二月初四日，將萬壽鐙收回。正月初七日，皮庫司庫一人、庫使二人，以慶成鐙十對交内監，安設於奉先殿，至十七日收回。皇帝駐蹕圓明園，則齎金錢皮幣以從。皇帝駐蹕圓明園，以本司員外郎一人、司庫一人、六庫庫使各二人，率匠役輪流直班。其銀錢、緞疋、人参、皮張等物，亦酌量帶往。謁陵、巡幸亦如之。皇帝謁陵、巡幸，本司於郎中、員外郎内派二人，司庫一人、筆帖式一人、庫使十二人，率裁縫匠十二人、毛毛匠一人隨往，豫備金銀、緞綢、綾布、貂皮、人参、茶紙、香線、銀鈕、棉花手帕、竹竿絡子、玻璃鐙、琺瑯鐙、羊角鐙、書鐙、竹篾鐙、遮鐙、紗帳幔、春綢帳幔、氆氌帳幔、孔雀翎、吉祥草、喇巴里旛、銀寶瓶、金執壺、金盃盤、鍍金大盃、銀馱壺、銀水壺、銀火壺、銀柿子壺、錫滷銚、錫柿子壺、錫座壺、錫雙陸馬壺、錫湯壺、錫盆、錫水缸、銅燭臺、銅簽盤、銅舀子、磁鍾、鷹脚絆、鷹脚絆墊、金獎武牌、銀獎武牌、銀養老牌，若親詣各寺廟拈香，則豫備手巾、攢香銀兩，若熱河筵燕，添備玉盃、金卮、玉碗、玉大盃，皆用夫舁往。每夫，日給銀一錢三分，遇駐蹕之日，給銀一錢，回京，計其程限，仍日給盤費銀一錢。所用帳房，由武備院領取，至裘載服用車輛，每屆巡幸時，由各該處將應用車輛數目移司，本司彙咨順天府，交大興、宛平、房山三縣雇募，每車裘一千六百斤，日給行價銀七錢二分，往，日給五錢二分，若重車行走十日者，回空以七日計，亦日給銀五錢二分。

皇后、妃、嬪隨駕亦如之。皇后隨駕巡幸，本司添派庫使八人，率裁縫匠一人，拜唐阿、領催一人，披甲八人，豫備銀柿子壺、銀滷銚、錫座壺、錫湯壺、錫蓮子壺、錫滷銚、錫盆、銅燭臺、銅簽盤、銅舀子，妃、嬪，每位豫備錫雙陸馬壺、錫座壺、錫湯壺、錫蓮子壺、錫滷銚、銅燭臺、銅簽盤、銅舀子。皇子謁陵及隨駕亦如之。命皇子謁陵及皇子隨駕巡幸，本司派副司庫一人、庫使二人，率裁縫匠一人，豫備錫火壺、錫座壺、錫柿子壺、錫蓮子壺、銅燭臺、銅簽盤、銅舀子。〇凡祀神，供其金銀紙幣。每年春、夏、秋、冬四孟月，坤寧宫敬神，進金銀、緞布，每月坤寧宫祀神，進竹料、連四紙、高麗紙、棉線，春、秋立杆大祭，每次進綢綾、夏布、棉線、高麗紙、竹料、連四紙，春、秋二季爲馬祀神，每次進紅潞綢、青潞綢、緑潞綢、高麗紙、竹料、連四紙、棉線、布幔，皇子分封初次敬神，應用金銀、緞布及神幔、坐褥、祭器等物，均由掌儀司奏定數目交進。四月十八日，堂子浴佛，進棉花、棉線、高麗紙。封寶、開寶，供其鑪、爵，洗寶，供其盂、杓。每年封寶、開寶吉日，磁庫備香鑪一、燭臺一、白磁爵三，洗寶，銀庫備銀折盂一、銀杓一。其封寶，黄封，由銀庫呈進。〇凡頒賞，則辨其等，蒙古王公、扎薩克台吉及西藏等進貢馬駝、海東青、鷹、鶻、鷂、鵰、獵犬、鱘鰉魚、野豬、熏豬、熊、麞鹿、麅、雉、湯牛、湯羊、風牛、風羊、鹿尾、乳腐、乳油、乳酒、乳餅、乳皮、香牛皮、猞猁猻皮、藏棗、阿墨棗、喀齊杏、喇古爾椀、鳥鎗、腰刀、黑白芸香、紅黄藏香、大天花、磨菇、鹿角、麋角、野羊、黄羊、小刀、手帕、氆氇、延壽果、緞、鞍、轡、鎖子甲、硇砂、玻璃金銀器皿等項，俱視物之等次，酌量銀數折賞。其達賴喇嘛、呼圖克圖等，俱折賞上用蟒緞、粧緞、片金、官用緞；公主等，俱折賞上用緞、官用緞；蒙古王以下，扎薩克頭等台吉、協理台吉、塔布囊以上，俱折賞官用緞、彭緞、海龍皮；頭等台吉以下人員，俱折賞毛青布，如銀數多者，亦折賞官用緞、彭緞；京城大臣併察哈爾旗下侍衛、商都達布遜諾爾及達里岡愛人等，俱折賞上用緞。每上用緞一，抵賞銀十二兩，蟒緞一，抵賞銀二十四兩，粧緞一，抵賞銀三十三兩，片金一，抵賞銀十八兩，暗花官綢素緞一，抵賞銀十兩，官用暗花素緞宫綢一，抵賞銀七兩，彭緞一，抵賞銀五兩，毛青布一，抵賞銀八錢，海龍皮一，抵賞銀三兩。貢皮者，賞緞，貢緞者，賞皮。管轄圍埸之蒙古親王、郡王等，每人賞上用蟒緞一，大緞、彭緞各二；貝勒、貝子、公等，每人賞官用蟒緞、大緞各一，緞二；和碩額駙、多羅額駙、固山額駙等，每人賞官用蟒緞一、緞一；扎薩克台吉、塔布囊等，每人賞官用蟒緞一、緞一。其索倫、察哈爾之善捕射人及嚮導、兵丁等，每人賞銀七兩；鎗手等，每人賞銀六兩；駕鞍車夫，並跟隨管圍王、貝勒、貝子、公、額駙、台吉、塔布囊之護衛官役、奴僕等，每人賞銀三兩，毛青布一；親王、郡王等快手，每人賞大緞、官用緞各二；貝勒、貝子、公等快手，每人賞大緞一、官用緞二；扎薩克台吉、額駙、閒散台吉等快手，每人賞大緞、官用緞各一。每次木蘭行圍，凡備燕，入燕之蒙古親王、郡王等，每人賞上用蟒緞、大緞、彭緞各一，公主、格格、福晉等，每人賞上用蟒緞、大緞各一。萬壽、冬至、元旦三大節朝賀，每次賞朝鮮國王貂皮一百張、上用蟒緞四、緞九，賞朝鮮國使臣上用緞、帽緞、彭緞各一。每年以參餘銀四萬兩，分賞堂上辦公二千兩，三旗各二千五百三兩六分，鑾儀衛九百九十兩六錢，尚虞備用處五百一兩二錢，上駟院三百十八兩六錢，茶膳房三百兩，侍衛處三百八十兩四錢，步軍統領衙門二千兩，軍機處四千五百兩，筆帖式九千五百兩，庫使等六千兩，以爲飯銀。又，以長蘆滋生銀一萬二千二百六十兩，由堂派員分給盛京佐領三人各二百兩，打牲烏拉總管二百兩，熱河總管二人各二百兩，湯泉、盤山、黃新莊總管各四十兩，堂主事等一百六十兩，慎刑司二百兩，回緬教習七十五兩，總理工程處八十兩。其餘隨圍、出青、齊群，並南府茶水及各項雜差，酌量津貼。賜幣、賜衣亦如之。每年冬季，昭西陵、孝陵、孝東陵、景陵、泰陵、泰東陵、裕陵、孝淑皇后陵寢首領內監，每名給衣、素紡絲各一，毛青布五，棉花四斤；內監，每名給彭緞、杭細各一，毛青布四，棉花三斤；茶飯房頭目婦人，每名給硬紗一、高麗布二；茶飯房婦人，每名給屯絹、高麗布各一；慈寧宮新進內監、喇嘛，初次各給染貂帽、藤凉帽、緞面羊皮褂、棉緞單緞單紗袍褂、氆氌長袖大領衣、偏衫、禪裙、坐褥各一，嗣後三年一次，給單紗袍褂、棉緞袍褂各一；法淵寺漢經廠學經內監，每人歲給細布棉襖袴各一；圓明園佛樓小和尚十三名，小道士十名，每名春、秋各給衣服銀六兩。盛京長寧寺達喇嘛，歲給素黃緞面氆氌裏帽二，黃緞面綿綢裏鑲片金糚緞大領禪袍、褐子面氆氌裏黃素緞長袖大領衣、褐子禪裙、褐子千佛衣、紡絲裙、緞面片金領袖糚緞領彭緞裏衻被、紡絲長褂、繭綢衫、褐子偏衫各一，氆氌面素緞鑲沿領袖齊肩衣、氆氌偏衫各二，鑲片金素緞面氆氌裏汚單一，倭緞韡、糚緞襪各一；格隆三人，每人給氆氌面緞裏帽一，緞面綿綢裏鑲片金糚緞大領禪袍、氆氌面素緞鑲沿領袖齊肩衣、褐子面氆氌裏素緞領長袖大領衣、氆氌偏衫、布裙、褐子禪裙、緞面片金領袖糚緞領彭緞裏衻被各一；班第七人，每人給氆氌面素緞裏帽一，緞面綿綢裏鑲片金糚緞大領禪袍、氆氌面素緞鑲沿領袖齊肩衣、褐子面緞領袖氆氌裏長袖大領衣、氆氌偏衫、褐子禪裙、布裙、緞面布裏片金領袖糚緞領衻被各一。內庭各處坐更內監，每人歲給羊皮袍一、狐皮領一；三大殿及文華殿新進坐更內監，每人給狐皮帽一、狐皮領一；奉先殿茶飯房新進內監，每人給狐皮領一；欽安殿內監、道士，每人春給細布二，冬給細布四、棉花一斤；萬壽山大報恩延壽寺滿洲喇嘛四十人，每人給三綠布一、細布二、老羊皮七張、棉花八兩，每逾五年關領一次。紫禁城內直班官員、侍衛，每人給綢面布裏隨氈條被褥一分；護軍校等，每人給隨氈條紡絲面布裏被、細布裏面褥一分；護軍、拜唐阿，每人給細布裏面隨氈條被褥一分；領催、披甲、步甲、校尉、蘇拉，每人給布裏面被褥一分。每年十月初一日，鞔贏羊皮，二月初一日，拆皮交庫，每五年一次更換。圓明園直班、乾清門侍衛等，各給紡絲被褥、紗帳葛布褥單一分，其更換年分同。圓明園承應水手，每年春、夏季給單布袍褂、衫袴各一，秋、冬季給棉布袍褂、襖袴各一，每五年一次給狐皮帽一、狐皮領一、布面老羊皮袍一，其未婚配子女，每年各給細布二、棉花八兩，種稻人同。又，琉球國遣陪臣子弟入監讀書，每人每年冬季各給貂皮領袖緞面細羊皮袍、羊皮褂、紡絲棉襖袴各一，染貂皮帽一，春、秋二季各給緞面杭細裏棉袍、緞面紡絲裏棉褂、紡絲衫袴各一，絨縷凉帽一，緞襪一，夏季各給硬紗袍褂、羅衫袴各一，每年春季各給紡絲面布裏棉被褥、紡絲枕各一；從人，每年冬季各給布面老羊皮袍、布棉襖袴各一，貂皮帽一，布棉襪一，春、秋二季各給布棉袍褂一，夏季各給單布袍、布衫袴一，雨纓凉帽一，每年春季各給布棉被褥、枕各一分。凡典禮，給端罩、朝服，既事而納之。每年遇有典禮，侍衛處應領皮端罩、朝衣、蟒緞袷朝衣、百壽蟒緞袷袍，並鑾儀衛、上虞備用處、武備院應領皮端罩、朝衣、蟒緞袷朝衣，樂部應領蟒緞袷朝衣、蟒緞袷袍，什榜處應領蟒緞袷袍，掌儀司應領祭先蠶壇女官蟒緞袷袍褂裙，大常寺應領貂皮褂，坤寧宫祭神應用薩滿衣，俱按來文數目，由衣庫給發，用畢均繳回。○凡内庭之服用，以歲進者，皇后及妃、嬪以下，銀、緞、紗、綢、綾、布、貂皮、金線、絨線、棉花等物，皆按歲例恭進。皇子、皇孫、福晉及官女子、福晉下女子，各按歲例供備同。以月進者，皇帝、皇后黄茶、六安茶，妃、嬪以下六安茶、芽茶、散茶，各按月例恭進。皇子、公主、福晉、格格，各按月例供備同。各辨其物而供焉。皇子、公主婚嫁，則備其儀，凡皇子聘娶福晉及側福晉，所用朝衣、朝帽、金領約、簪珥、鐲、鈕釦、緞疋、皮張、棉花，併賞福晉之母金珥、朝衣、皮袍、金銀等項，俱據掌儀司奏准咨文，照數成造給發。公主、格格等下嫁，所用朝冠、朝服、首飾、簪珥、領約、數珠、衣帽、被褥、帳幔、金銀、綢緞、布疋、絲絨、棉線、脂粉、銅磁器皿等項，俱據掌儀司咨文給與。遇喜事亦如之。皇子、皇女生，應用素緞小枕、紡絲小枕籠套、緞紗汚單、紡絲帶、潞綢襠頭、布襠頭、布口袋、銅錫磁器等件，據宫殿監督領侍傳交，照數供備。皇孫生，彌月，應用緞、綢、綾及杭細、杭細汚單，公主生子，洗三用金錁、銀錁，九日上摇車用琺瑯銀麒麟、綢襖、閃緞被褥、緞被褥、潞綢被褥、緞枕、潞綢襠頭、緞布汚單、布口袋，彌月應用染貂皮帽、嵌珊瑚金串帶、緞棉袍褂、綢襖、糚緞襪、緞韡、杭細汚單及銀緞、綢綾、紡絲，俱按例供備，其架鞍，由武備院交進。格格生子及公主生女，亦各按例供備。皇子、皇女週歲，用金匙、銀盒、玉扇器、瑪瑙扇器、犀角小鍾、拴紅絲繩綏小棒槌，亦按例供備。○凡匠作之等七，曰銀作，成造金銀首飾、器皿，裝修數珠、小刀等事，設八品司匠二人、拜唐阿領催五人、化銀匠十四人、鍊金匠七人、絫絲匠二十五人、鏨花匠二十二人、大器匠三十五人、鈕子匠十四人、琺瑯匠三人、點翠匠三人、梅洗匠十八人、玉匠二十一人、數珠匠五人、小刀匠八人，召募玉匠一人。曰銅作，成造銅錫器皿等事，設八品司匠二人、拜唐阿領催五人、化銅匠五人、銅匠十一人、錫匠二十五人、拔絲匠十三人、擰索匠六人、鑄銅匠三人、撥蠟匠三人、上泥匠一人、燒古匠三人、胎鈒匠八人、打銅匠十二人、洗鏡匠四人、琵琶匠四人，召募化銅匠一人、銅匠三人、撥蠟匠一人、上泥匠一人、鑄銅匠一人。曰染作，染洗綢綾、緞布、絲絨、棉線、氆氇、嗶嘰，羊羔、鹿等皮、氈韂、鞍籠、緞繩、馬尾、羊角鐙片及湅絹、彈棉等事，設無品級司匠一人、拜唐阿領催五人、染匠三十人、彈棉匠二十人。曰衣作，成造冠服等事，設八品司匠二人、拜唐阿領催五人、裁縫匠一百六十二人、毛毛匠八十一人、帽匠三十人、條匠三十九人，召募裁縫匠一人。曰繡作，繡造服、御賞用領袖、補服、荷包等事，設無品級司匠一人、拜唐阿領催六人、繡匠一百三十五人、捺匠四十二人，召募繡匠四十人。曰花作，成造各色供花、燕花、瓶花及鷹、鷂脚絆合線、做弦等事，設無品級司匠一人、拜唐阿領催二人、花匠十二人、絡絲匠十人、絛匠四人，召募花匠一人、弦匠二人。曰皮作，熟洗皮張及成造各鐙，並寶蓋纓絡、流蘇、氆氇、鷹帽等事，設無品級司匠一人、拜唐阿領催五人、熟皮匠一百十八人、鐙匠十七人、穿珠匠八人、米家匠二人、絲鐙匠三人、繚絲匠一人、牙匠六人、刷尾匠二人、鷹帽匠二人、氆氇匠十人，召募米家匠四人、絲鐙匠一人、繚絲匠一人、堆紗匠一人、彈墨匠一人。各定其額以供令。凡匠役，皆食一兩錢糧，如其中特等精巧者，給食二兩錢糧，頭等精巧者，給食一兩五錢錢糧。其新挑匠役，一年者，爲學手，不令成造活計，二年者，爲半工，三年者，爲整工。各匠役每人每日應領豆腐四兩，折銀二釐五絲六忽，老米七合五勺、羊肉二兩、鹽三錢、煤一斤、炭一兩。其召募民匠，每年自二月初一日至九月三十日，定爲長工，每日給制錢一百五十四文，自十月初一日至正月三十日，定爲短工，每日給制錢一百三十四文。若内庭冠服，則佐以婦功。帽房，設蒙古婦人領催三人，其做帽婦人，鑲黄旗蒙古八人，正黄、正白旗蒙古各六人，共二十人，内頭目一人、副頭目四人，在内承應，每人每日各給官飯一次，每月各給馬銀三兩。鍼線房，設内監領催二人、鍼線婦人四百八十六人、做韈襪婦人四百八十人、做荷包婦人七十人、打結子婦人六十六人、做鞍褥婦人五十四人、做甲裹婦人十四人，織額魯特條子頭目一人、婦人五人，在内承應，每人每日給制錢二十五文。○設織造官三人，江寧織造一人，蘇州織造一人，杭州織造一人，均於内務府司員内請旨簡放，各隨司庫一人、筆帖式二人、庫使二人。以歲供上用、官用之幣。每年，三處織就上用緞，由陸路運京，官用緞由水路運京。凡大紅蟒緞、大紅緞、片金、折纓等項，派江寧織造承辦，紡絲、綾、杭細等項，杭州織造承辦，毛青布等項，每年需用三萬匹以内，蘇州織造承辦，需用至四、五萬匹，則分江寧等處織辦。其所織緞、紗、綢、綾、紡絲、布疋、絨線等項，由緞庫、茶庫擬定，花樣、顔色、數目分派該織造處，照式承辦，解送本司，派官挑選，將所收數目具奏，並移會户部銷算。○凡盛京棉莊、靛莊、鹽莊，各輸賦以其額。盛京鑲黄旗，棉花莊頭十五名，共額交棉花四千斤外，折交棉花四千八百九十斤，計銀二百八十三兩；靛莊頭三名，共額交靛六百五十斤外，折交靛七千七百八十八斤二兩九錢，計銀七十三兩九錢八分七釐；鹽莊頭一名，額交鹽四千斤外，折交鹽七千五百十五斤二兩四錢二分，計銀二十四兩四分八釐。正黄旗，棉花莊頭十五名，共額交棉花四千斤外，折交棉花四千四百斤，計銀二百五十五兩二錢；靛莊頭四名，共額交靛六百五十斤外，折交靛四千四百十一斤十三兩，計銀四十一兩九錢三分四釐；鹽莊頭一名，額交鹽四千斤外，折交鹽七千二百九十四斤一兩六錢，計銀二十三兩三錢四分一釐。正白旗，棉花莊頭十五名，共額交棉花四千斤外，折交棉花四千六百十斤，計銀二百六十七兩三錢八分；靛莊頭四名，共額交靛六百十五斤外，折交靛八千九百五十斤，計銀八十五兩二分五釐；鹽莊頭一名，額交鹽四千斤外，折交鹽六千斤，計銀十九兩二錢，每年由盛京廣儲司司庫徵收，咨報到司覈銷。

銀庫，員外郎，三人，內一人由吏部保送兼攝。司庫，四人，副司庫，二人，庫使，十有六人，掌金錢珠玉之守藏。銀庫貯金錢、珠玉、珊瑚、瑪瑙及諸寶石。

皮庫，員外郎，三人，內一人由禮部保送兼攝。司庫，四人，副司庫，二人，庫使，十有三人，掌羽毛齒革之守藏。皮庫貯貂、狐、猞猁猻、水獺、銀鼠、羔羊等皮及哆囉呢、氆氌、絨褐羽緞、象牙、犀角、涼席，每年解到貂皮，除揀選上用及備賞用外，咨取三品以上大臣及南書房、尚書房行走之翰林、乾清門侍衛等銜名，奏請欽定等第，准其認買，每等貂皮八十張，給一等者，繳銀一百四十兩，給二等者，繳銀一百二十兩，給三等者，繳銀九十兩。其狼、狐、灰鼠等皮，奏交杭州、蘇州、江寧織造，兩淮、長蘆鹽政，淮關監督等變價，狼皮，每張銀一兩二錢，狐皮，每張銀八錢，灰鼠皮，每張銀八分，俱解交銀庫。

磁庫，員外郎，三人，內一人由刑部保送兼攝。司庫，四人，副司庫，二人，庫使，十有三人，掌器物之守藏。磁庫貯磁器及銅錫器皿。

緞庫，員外郎，三人，內一人由户部保送兼攝。司庫，四人，副司庫，二人，庫使，十有三人，掌幣帛之守藏。緞庫貯緞、紗、綢、綾、絹布。

衣庫，員外郎，三人，內一人由工部保送兼攝。司庫，四人，副司庫，二人，庫使，二十有三人，掌冠服之守藏。衣庫貯朝衣、端罩及各項衣服，並會試舉子衿袚、八旗兵丁棉甲。

茶庫，員外郎，三人，內一人由兵部保送兼攝。司庫，四人，副司庫，二人，庫使，十有三人，掌參、茶、香、紙之守藏。茶庫貯人參、茶葉、香、紙、顏料、絨綫，每年解到人參，除揀選大枝參及四等參交進內庭存貯外，將五等參及渣末、泡丁配合分兩，分別一等、二等、三等，並三等減半者，咨取王以下三品大臣以上，並南書房、尚書房行走之翰林及乾清門侍衛等銜名，奏請欽定等第，准其認買，由府定價繳納，或分別頒賞之處，候旨遵行，其餘各參，奏交兩淮鹽政變價，四等參每兩銀四百兩，五等參每兩銀三百兩，渣末每兩銀一百五十兩，泡丁每兩銀一百兩，俱解交銀庫。

筆帖式，二十有五人，掌翻譯。

織染局，管理事務大臣特簡，無定員。兼管司員，一人，以內務府官兼充。司庫，一人，委署司庫，一人，庫使，五人，掌組織繪繡之事，以供內庭之服用。○凡絲，採於江浙以備織，每年所需絲，經由本局量一年足用，約計八絲經、五絲經各若干，分於江寧、蘇州、杭州三織造處，每處各若干，行廣儲司，轉咨該織造、辦造應用，無定額。又，織造緞疋所用絲經，亦由本局量一年足用，行户部，轉咨浙江巡撫辦造。染物，則供具，織染局，額設靛户一百名，各給官地二十四畝，每年每名交乾靛三十五斤，水靛六十五斤備用，此外，各顔料如六庫有存貯者，行廣儲司領取，無者，由廣儲司領銀，照例價採買。其熬顔料所用木柴，行營造司領取，俱無定額。皆覈其數，凡絲斤顔料，每於歲底造具清册，送總管内務府大臣查覈，每届五年，廣儲司清查六庫之時，本局庫貯一體盤查。其貯絲木箱，遇有殘毁，行營造司更换。稽其匠役。設無品級司匠二人、織匠二十六人、絡絲匠二十二人、絡經匠六人、染匠五人、挑花匠四人、繡匠二人、畫匠一人、帶子匠四人，共匠役七十人，以手藝高下按數給與錢糧，内月給銀二兩五錢者，六人，二兩者，十七人，一兩五錢者，四十七人，每季各給米三石五斗。遇有缺出，俱由本局召募、充補，各給印票一張，如有事故，原票撤回。其南匠、挑花匠三人，紡車匠三人，高手織匠六人，由江寧、蘇州、杭州三織造處送京，每人月給銀三兩、米六斗。又，領催六名，一體承應差務。○凡織，備其織具，凡新機所用引機綪絲，上嵌、中渠、下墜線，併新挑造花本線，二年黏補一次，黏補後一年，又黏補二次。其泛湛線及繫泛湛所用斷瓜糙絲繩，一年黏補一次，俱由本局官員驗明，監看黏補。又，需用泛湛、鐵梭、翦鑷等，如年久不堪應用，開明數目，咨户部行浙江巡撫辦送。工料，皆有程。凡織五彩糚花緞，經絲一萬三千二百根，每工織一寸八分；五彩糚花寧綢，經絲五千六百十根，每工織一寸八分；錦緞、閃緞，經絲九千三百五十根，每工織七寸；八絲暗花緞，經絲一萬三千二百根，每工織八寸；八絲素緞，經絲一萬三千二百根，每工織一尺；五絲素緞，經絲九千三百五十根，每工織一尺三寸；暗花宫綢，經絲九千九百根，每工織九寸；暗花寧綢，經絲五千六百十根，每工織九寸；暗花廣紗，經絲二千八百六十根，每工織九寸；線紗，經絲一千一百根，每工織四尺；暗花七里絲屯絹，經絲五千七百二十根，每工織七寸；暗花石門絲屯絹，經絲五千七百二十根，每工織一尺二寸；素羅緞，經絲八千四百根，每工織一尺；素屯絹，經絲三千三百十五根，每工織二尺。緞地領袖、緞地披領袖口、紗地領袖、紗地披領袖口，每工織一寸八分五；絲帶、官綢帶、高麗花帶、賞用帶、白筒帶，每工織六尺；鳥鎗帶，每工織九尺；帳幔帶，每工織二丈；緣帶、摇車帶、鰲山帶，每工織一丈二尺；藍筒帶，每工織八尺；轡帶，每工織一丈；錦帶，每工織八寸。凡領袖及帶，其經絲無定數。既成，乃度之、權之長短、輕重必以制，而後進御。各料丈尺，袍料一件長二丈七尺四寸、寬二尺二寸，褂料一件長一丈五尺二寸、寬二尺七寸，行袍料一件長二丈六尺、寬二尺二寸，行褂料一件長一丈、寬二尺四寸。其下機分兩，八絲緞，每袍一件重三斤一兩二錢，褂一件重一斤十兩二錢；線緞，每袍一件重三斤二錢，褂一件重二斤三錢，行褂一件重一斤二兩九錢；斗紋緞，每袍一件重二斤九兩七錢，褂一件重一斤十三兩九錢；宫綢，每袍一件重二斤二兩二錢，褂一件重一斤六兩五錢；寧綢，每袍一件重一斤九兩五錢，褂一件重一斤五錢；屯絹，每袍一件重一斤七兩，褂一件重十五兩二錢，行袍一件重一斤五兩八錢，行褂一件重八兩九錢；直經漏地花屯絹，每袍一件重十四兩，褂一件重十兩三錢，行袍一件重十三兩三錢，行褂一件重六兩。又，五絲帶，每折見方一尺，重一兩六、七錢不等；宫綢帶，每折見方一尺，重五、六錢不等；高麗花帶，每折見方一尺，重一兩四、五錢不等；賞用帶、摇車帶、軟帶，每折見方一尺，重一兩六、七錢不等；白筒帶、藍筒帶，每折見方一尺，重一兩九錢二兩不等；鳥鎗帶、帳幔帶、鑾帶、線帶、經線帶、纓帶，每折見方一尺，重一兩七、八錢不等；緑帶，每折見方一尺，重一兩五、六錢不等；鰲山帶，每折見方一尺，重五兩二、三錢不等；錦帶，每折見方一尺，重一兩。綢手巾，每條長三尺六寸，兩頭綏各長五寸，寬一尺三寸，重二兩二錢。凡絡絲、織絲，皆有耗。絡絲折耗，凡絡生荒絲一斤，絡成共折耗三兩，每斤得净絲十三兩。織絲折耗，八絲緞、線緞，每袍一件共折耗六兩九錢八分，褂一件共折耗六兩四錢七分；線緞，行褂一件共折耗四兩八錢五分；斗紋緞，每袍一件共折耗六兩四錢八分，褂一件共折耗五兩九錢七分；宫綢、寧綢，每袍一件共折耗五兩九錢八分，褂一件共折耗五兩二錢三分；屯絹、漏地屯絹，每袍一件共折耗五兩六錢八分，褂一件共折耗四兩八錢三分，行袍一件共折耗五兩五錢，行褂一件共折耗三兩六錢二分。緞地領袖、緞地披領袖口，每副共折耗三兩六錢；紗地領袖、紗地披領袖口，每副共折耗三兩四錢。五絲帶、宫綢帶、高麗花帶、賞用帶、軟帶，每條共折耗四錢五分；白筒帶，每條共折耗二錢；鳥鎗帶，每條共折耗五錢；帳幔帶、線帶、經線帶、纓帶，每條共折耗七錢；緑帶，每條共折耗六錢五分；摇車帶，每條折耗一錢，復按每尺折耗四分；鰲山帶，每條折耗六錢，復按每尺折耗六分；藍筒帶，每條共折耗三錢一分；鑾帶，每條共折耗四錢二分；錦帶，每條折耗一錢，復按每尺折耗三分。凡織新花樣緞疋，其挑花式樣，每用絲線一斤，折耗拴子線一兩。○凡染造，辨其色之宜。凡染造各色，有明黄、金黄、柿黄、杏黄、葵黄、大紅、桃紅、水紅、紫紅、火餤紅、銀紅、魚紅、紅青、石青、元青、油緑、豆緑、沙緑、官緑、松花緑、瓜皮緑、寳藍、月白、古銅、沉香、秋香、黄香、青蓮、藕荷、玫瑰紫及米色、灰色、醬色、墨色、紫色，皆以生經緯絲先湅净，而後染，其顔料等，按經緯斤數覈銷。○課其蠶事。養蠶人五户，平時歸稻田廠種稻，養蠶時，由本局傳唤飼養，每年清明時，修整器具，至穀雨日浴蠶，蠶出，即採桑飼養，三眠後入夏，令蠶長，分箔，小滿前後，蠶上山成繭抽絲，得絲後，其蠶户等仍歸稻田廠。

筆帖式，三人，掌翻譯，給使令。

都虞司，郎中，二人，員外郎，五人，主事，一人，委署主事，一人，掌府屬武職官之銓選，覈官兵之俸餉、賞卹。凡山澤採捕之事，皆掌焉。○凡武職官之制，各辨其缺公缺，由司察例辦理，其題缺，各官各由該管王大臣定議題陞，仍咨明本府。與其班，武職公缺、題缺，均分二班，軍政一等者爲一班，俸深者爲一班，輪班間用。其有議敘者，選法與交職同。以定月選之法，皆限以年。副護軍參領歷俸二年，委署護軍參領歷職二年，護軍校歷職十年，驍騎校歷職六年，守護行宫千總歷俸六年，方准陞轉，其餘各官，皆不定年限。護軍等，止擇其當差勤勉，並清語、弓馬嫻熟者，挑陞各缺。視其出身，武職官，有由佐領、管領下馬甲、閒散人挑補者，有世襲者，有由文職官陞補者。以敘遷轉之次。

公缺陞選之法

三旗護軍營護軍統領由郎中、護軍參領、盛京佐領陞，三旗驍騎營驍騎參領以郎中兼，佐領以員外郎、副參領兼，惟朝鮮佐領，以其子孫世襲，盛京佐領以員外郎陞，驍騎校以筆帖式及各項無品級官、領催、拜唐阿陞，惟朝鮮佐領下驍騎校，以朝鮮佐領下人陞，回子佐領下驍騎校，以回子佐領下回子陞。

其題缺陞補之法

三旗護軍營司鑰長由護軍參領兼，護軍衆領由副護軍參領陞，副護軍參領由委署參領、前鋒營委署參領陞，委署參領由護軍校陞，護軍校由護軍藍翎長、印務筆帖式陞，護軍藍翎長由護軍陞，護軍由閒散人挑補，前鋒營委署參領由前鋒校陞，前鋒校由委署前鋒校陞，委署前鋒校由前鋒藍翎長陞，前鋒藍翎長由前鋒陞，前鋒由閒散人挑補。圓明園三旗護軍營營總由護軍參領陞，護軍參領由副護軍參領陞，副護軍參領由委署護軍參領陞，委署護軍參領由護軍校陞，護軍校由副護軍校、印務筆帖式陞，副護軍校由護軍藍翎長、印務筆帖式陞。三旗驍騎營副驍騎參領由驍騎校及京察一等司庫、司俎官、六品苑丞，藍翎總承、副總承陞，盛京驍騎校由該處筆帖式、食餉催長、庫使、領催陞。御鳥鎗處藍翎總承由副總承陞，副總承由鳥鎗長陞，鳥鎗長由副鳥鎗長、委署鳥鎗長陞，副鳥鎗長、委署鳥鎗長由拜唐阿陞。御茶膳房一等侍衛尚膳正由侍衛處咨補，一等侍衛尚茶正由二等侍衛尚茶正陞，二等侍衛尚茶正、尚膳正由三等侍衛尚茶副、尚膳副陞，三等侍衛尚茶副、尚膳副由三等侍衛尚茶、三等侍衛尚膳陞，三等侍衛尚茶、尚膳由藍翎侍衛尚茶、尚膳陞，藍翎侍衛尚茶、尚膳由庫掌庖長、領班、頂戴拜唐阿陞。上駟院侍衛由侍衛處咨送充補，皆外八旗人。南苑總尉由防禦陞，防禦由驍騎校陞，驍騎校由領催陞，亦外八旗人。永陵、福陵、昭陵尚茶正、尚膳正由尚茶副、尚膳副、副内管領陞，尚茶副、尚膳副、副内管領由茶膳房拜唐阿、香鐙拜唐阿陞，拜唐阿由閒散挑補。昭西陵、孝陵、孝東陵、景陵、泰陵、泰東陵、裕陵孝淑皇后陵寢尚茶正、尚膳正由主事副内管領陞，孝東陵及各園寢尚茶副、尚膳副由茶膳房拜唐阿陞。湯泉、盤山、黄新莊行宫千總由委署千總陞，委署千總由兵丁拔補。熱河行宫藍翎千總由千總陞，千總由副千總陞，副千總由委署千總陞，委署千總由兵丁拔補，兵丁由各兵丁子弟内挑補。營造司灰項、炭項、炸項無頂戴屯千總由屯把總陞，屯把總由屯丁挑補，無頂戴楊棍木屯千總由木丁挑補。上駟院所屬商都達布遜諾爾、達里岡愛馬駝群小總管由翼長、防禦陞，翼長由牧長陞，防禦由護軍校、驍騎校陞，護軍校、驍騎校均由護軍陞。其大凌河翼長，同慶豐司所屬張家口外牛羊群小總管由副總管陞，副總管由協領陞，協領由委署協領護軍校、驍騎校陞，委署協領由牧長陞，防禦由護軍校、驍騎校陞，護軍校、驍騎校由護軍陞，達里岡愛牛羊群翼長由委署翼長、護軍校陞，護軍校由委署驍騎校陞，委署驍騎校由護軍挑補，均察哈爾人。盛京養息牧牛羊群翼長由副翼長陞，副翼長由牧長陞。都虞司所屬打牲烏拉總管由府屬郎中及該處翼長陞，翼長由委署翼長陞，委署翼長由驍騎校陞，驍騎校由六、七品委署驍騎校、委署章京及倉官陞，六品委署驍騎校、委署章京由七品委署章京、委署驍騎校、八品筆帖式、無品級筆帖式陞，七品委署章京由無品級筆帖式、委官領催陞，七品委署驍騎校由無品級筆帖式、委官領催、珠軒長陞，無品級委官由領催、珠軒長、貼寫拜唐阿陞。上三旗六品朝鮮通官由七品朝鮮通官陞，七品朝鮮通官由八品朝鮮通官陞，八品朝鮮通官由朝鮮佐領下通習朝鮮語者補放，均由府引見，至下五旗朝鮮通官，由禮部引見補放。凡授官，先驗其騎射以引見，武職官揀選，先由總管大臣及該管大臣驗其騎射，分別正、陪引見，各官於奏對履歷時，皆裼而執弓。由堂補放者，亦如之。武職官自委署驍騎校、盛京養息牧翼長以下，皆由各該管大臣補放，不引見。其補放時，亦先驗其騎射以定議，至每月挑補領催、護軍、披甲、養育兵等，均由司呈堂辦理。若世職官，則考其勅書、家譜以定襲，承襲三旗世職，該參領覈明勅書、家譜親疏支派，取具該佐領內管領保結，呈明總管大臣，仍由該旗引見，移本司註册，咨行俸餉。以時課其步射、騎射。每旗於護軍校内擇二人，專令教習各旗世職官員騎射、清語，每月初二日、十六日，令世職官員赴司，本司官驗其步射、清語及應對進退之儀，初八日、二十三日，令世職官員赴城外，本司官驗其騎射，均於月底分別優劣，造册呈堂，請總管大臣定期驗看。如派出之護軍校教授有方，於應陞處列名，若不加意教授，以致世職官員騎射平庸者，重處。○凡俸餉，分季與月以支領，三旗佐領、管領下文武大臣官員，春、秋二季俸銀、俸米、養廉公費，並兵丁錢糧、米石，各該佐領、管領造册送司查覈後，於前一月初十日以內咨送各該旗，將應得俸米、兵米赴倉領取，應得俸銀、養廉銀、公費錢糧赴部領取。至昆明湖駕馭戰船把總銜正舵工六名、水手四十名，其應得錢糧及米，亦由司出具印文支領。遇閏，則增給，驍騎校、前鋒校、護軍校、副護軍校、委署驍騎校、由兵丁補放之貼寫筆帖式及印務筆帖式、教習、護軍校，休致、食半餉之護軍校、驍騎校、前鋒、護軍、領催、馬甲、弓匠、箭匠、鐵匠、拜唐阿、各項匠役及鰥寡孤獨，俱增給閏中米，由司出具印文支領，其餘官員人等概不增給。歲頒其賞，每歲，由兩淮滋生銀内賞給武職官員人等一萬兩，内二品官、二等男、三品官、圓明園護軍營營總、茶膳房一等侍衛各官，驍騎參領、護軍參領、三等輕車都尉，每員各給銀三十六兩；四品官、茶膳房二等侍衛各官，佐領、副驍騎參領、副護軍參領、騎都尉，每員二十四兩；五品官、茶膳房三等侍衛各官，委署護軍參領、雲騎尉、六品官、茶膳房藍翎侍衛各官，驍騎校、護軍校、前鋒營六品藍翎長，每員十六兩；七品以下官，恩騎尉、各營藍翎長，每員十三兩。其熱河總管，每員百兩，熱河苑丞，每員三十兩。至内管領處車庫馬甲、上駟院駕馬廄馬甲，每名三兩；紫禁城内三旗進班馬甲，每名二兩；打埽地面蘇拉，每名三兩；乾清宫等處内監蘇拉、三大殿蘇拉、酒醋房蘇拉，内膳房、内餑餑房、茶膳房、内班房等處蘇拉，每名二兩。其餘銀兩，作紙筆等費，均由司發給，入於年終奏銷。

而卹其貧者。三旗官兵貧乏者，護軍校、驍騎校准借銀三十兩，護軍、領催准借銀二十兩，驍騎兵丁准借銀十五兩，均五釐起息，惟十二月、正月免息。每月借三十兩者，於給餉時坐扣本銀一兩，息銀一錢五分，至十箇月後，再借銀十兩；借二十兩者，每月坐扣本銀六錢，息銀一錢，至十箇月後，再借給銀六兩；借十五兩者，每月坐扣本銀五錢，息銀七分五釐，至十箇月後，再借給銀五兩；借十兩者，每月坐扣本銀三錢，息銀五分，至十箇月後再借給銀三兩。如因年老告退者、豁免獲罪者，令有家產子孫賠補，無著者，寬免。其茶膳房、鷹狗處拜唐阿，食四兩錢糧者，准借銀二十兩，食三兩錢糧者，准借銀十五兩，食二兩錢糧者，准借銀十兩，均由會計司咨行，照護軍等起息坐扣之例辦理。若大臣官員等遇有紅事，准借四箇月俸銀，遇有白事，准借六箇月俸銀，均由司咨户部支領。至普賞八旗銀兩，府屬三旗亦一體給賞。五年，則籍其軍器以聽驗。文職七品以下、武職六品以下及兵丁等之盔甲、軍械俱免點驗，其餘官員，均五年一次，欽派大臣驗視，惟紫禁城内防火大激桶八分，並桶具等項，由本司隨時查驗，如有損壞者，交營造司修理。○凡總管大臣，奉旨議敘、議處者，列其例以疏請。總管大臣遇有應行議敘、議處之事，奉旨交府辦理者，由司察例具奏。若奉旨交部者，即由司咨部辦理。府屬官議敘亦如之。府屬各官，遇有應行議敘者，均由司察例具奏，議處者，由慎刑司覈辦，惟慎刑司官遇有議處之事，由司辦理。若出差，府屬官員人等，如奉差出口，由司將人馬器械咨兵部給票，惟鳥鎗不准携帶。若請封，府屬官員應給封典者，文職由司咨吏部，武職咨兵部。皆移咨於部，其有事故者，亦如之。府屬官員因事告假出京者，無論候補、候選，均由司先期咨明吏部，覆准後再咨兵部。至官員服制，與八旗同，遇有丁憂服闋，皆由司咨吏部。○凡巡幸扈從，各給以馬。府屬隨駕官員人等應領馬匹，由兵部察例辦理。若聽差之馬，分牧於各佐領下，按日以供令，擇三旗佐領下馬甲三十三名，拴養官馬三十三匹，按日輪流聽差。其堂筆帖式等，拴養官馬三十三匹，亦由本司點驗，如有倒斃，責令賠補。盛京差馬，則牧於牧長、牧丁。盛京聽差馬三群，每群五十匹，群設牧長一人、牧丁六人，每年倒斃不准逾六匹，如在七匹以上至九匹者，牧長、牧丁各鞭八十，十匹以上，各鞭一百，如無倒斃者，賞牧長毛青布二十疋，牧丁毛青布十疋。其老疾殘廢不堪應差者，交該佐領，賞給陵寢各匠役，其缺額之馬，移咨上駟院，於大凌河騸馬群内撥補。至每年賞罰，由盛京將軍咨府本司覈議具題。皇后、妃、嬪出入，則設馬步官以導引。皇后出入，馬引司官、内管領各四人，步引司官、内管領各四人，妃、嬪出入，馬引司官、内管領各二人，步引司官、内管領各二人，設豹尾班，以總管大臣一人、護軍統領一人、護軍參領二人，率護軍十人、執槍十人，佩儀刀以從。如詣圓明園，步引官恭竢於順貞門外，步行引導至景山西門外，馬引官騎馬佩弓矢，接引至圓明園；由圓明園進宫，馬引官引導至景山西門外，步引官接引至順貞門止，後從護軍統領一人、護軍參領二人,率豹尾班護軍校、護軍二十人隨從,再以護軍十人前導,三十人兩翼巡邏,十人後扈,均由司除派稽察。隨駕、巡幸亦如之。皇后、妃、嬪隨駕巡幸,以護軍統領一人、護軍參領二人、護軍校三人、副護軍校一人、護軍三十六人,沿途扈從。皇子、公主出入,導引亦如之。皇子出入,用外旗護軍參領、護軍校、護軍導引、隨從,由司移會景運門直班護軍統領除派。公主出入,用六品官一人、護軍參領一人、護軍校二人、護軍二十人導引、隨從。若皇子之福晉出入,用六品官二人、護軍參領二人、護軍校二人、護軍十八人導引、隨從。〇設打牲官於松花江,打牲烏拉,三品總管一人,四品銜翼長二人,統轄採捕及屯莊之事。五品銜委署翼長四人,内二人掌採東珠、松子、蜂蜜,二人掌捕魚。六品驍騎校七人,六品銜委署驍騎校四人,内八人掌採東珠、松子、蜂蜜,二人掌捕魚,一人掌屯莊糧務,並牧放,滋生牛糧報會計司,牛報慶豐司。六品銜委署章京四人,七品銜委署章京四人,分查四路屯莊,每路六品、七品各一人。七品銜委署驍騎校七人,委官十四人,率珠軒等採捕東珠、松子、蜂蜜及魚。無品級筆帖式六人,掌文移、翻譯。倉官一人,掌屯莊所納倉糧,委署筆帖式二人,掌該倉文移翻譯,皆由該處八旗人員充補。其官員俸餉,由盛京户部支領。其丁,曰珠軒。打牲烏拉牲丁有上三旗、下五旗之别,上三旗牲丁採捕者,納於内務府,下五旗牲丁採捕者,納於王、貝勒、貝子府。凡牲丁三十,編爲一珠軒,各置珠軒長一人、副珠軒長一人。上三旗珠軒六十五,内五十九珠軒專採東珠、松子、蜂蜜,六珠軒專捕魚,設領催十二人,内九人專司珠軒等採東珠、松子、蜂蜜,三人專司珠軒等捕魚。下五旗珠軒四十五,内三十五珠軒專採東珠,十珠軒專捕魚,設領催十五人,内十人專司珠軒等採東珠,五人專司珠軒等捕魚。如遇分封親王、郡王、貝勒、貝子時,將上三旗珠軒撥給,即入下五旗珠軒額内。其撥給珠軒遇有缺出,仍以上三旗幼丁挑補。每月,珠軒長給銀二兩,副珠軒長給銀一兩五錢,牲丁等各給銀一兩,由盛京户部支領。至珠軒内如有將珠隱匿、盜賣者,永遠枷示,同排人知而不舉者,鞭一百,流三千里,領排委官及領催各鞭一百,革退,珠軒長鞭,革,驍騎校,革職,總管翼長等,議處。其驍騎校、領催、珠軒長等能查出者,於應陞處列名。歲覈其所納者,每歲,上三旗珠軒各應納東珠十六顆,解交廣儲司,各珠軒共應納蜂蜜五千斤,解交内管領,松塔一千、松子五十四倉石,解交掌儀司,魚無定額,解交膳房。而賞罰之。打牲烏拉總管解交東珠時,將數目呈報本司及工部,由總管大臣定期會工部滿洲堂官一人,公同選擇,分别等第,經廣儲司開單具奏後,咨工部議定。官員、珠軒等賞罰,移司轉咨該總管,所有應賞緞、綢、布,行廣儲司折給銀兩,由司支領轉發。至解送蜂蜜、松塔、松子、魚,無賞罰。若口内、口外牲丁,牲丁有新、舊之别,自國初管業者,曰舊丁,其後帶地投充者,曰新丁。舊丁按丁納賦,所給官地概免徵輸,如於額地之外别行開墾者,增其丁賦。新丁按地納賦,如所種之地有官佔、河佔、水衝沙壓者,減其地賦。舊丁,口内、口外共九百六十四丁,又單丁一人,每歲共應交折差銀四千三百十四兩二錢五分。新丁，口内、口外共一千一百十六丁，計旱地二萬二千八百五十二晌四畝五分三釐，每晌地六畝，各徵銀三錢五分，水田五十晌四分，每晌徵銀一兩五分，又餘地二十四晌四畝九分四釐，每歲共應徵銀八千七十一兩四錢九分。各給以票，打牲舊丁有鷹户、鎗手户、鸛户、獵户、蜜户、海龍户、狐皮户、網户、細鱗魚户之别，打牲新丁有鷹户、鵪鶉户、狐皮户、獵户、雀户、鵰户、野鴨户之别，每年俱由司咨户部换給信票，惟鷹户咨兵部給票，網户、細鱗魚户無票。徵其畋漁之物以準賦。

舊丁徵輸之法

每年，密雲縣等處，鷹户一百七十三丁，又單丁一人，每丁交雉一百隻，單丁交雉五十隻，缺一隻折銀一錢。平谷縣等處，鎗手户十八丁，每丁交鹿二隻，缺一隻折銀三兩。薊州等處，蜜户六丁，每丁交蜂蜜二瓶；永平府等處，蜜户十一丁，每丁交蜂蜜三瓶；盛京等處，蜜户三百五十九丁，每丁交蜂蜜二瓶半，每缾各二十斤，缺一瓶折交銀五錢。右屯衛等處，狐皮户二百六十一丁，每丁交狐皮四張，缺一張折交銀五錢。王多羅樹等處，獵户三十丁，每丁交野豬二隻，鹿腊九十把，缺野豬一折，交鹿二隻，如無鹿，折交銀六兩，缺鹿腊三把，折交銀一錢；海龍皮户十八丁，每丁交海龍皮四張，缺一張折交銀一兩；鸛户十丁，每丁交鸛翎十五副，缺一副折交銀三錢；細鱗魚户三十丁，每丁交細鱗魚五十尾，缺一尾折交銀四分。牛莊等處，網户四十八丁，每丁交魚五百斤，缺一斤折交銀三分。所交魚、雉、鹿、鹿腊交膳房，鸛翎交武備院，蜂蜜交内管領，海龍皮、狐皮交廣儲司，其應折銀兩亦交廣儲司，作爲額賦。

新丁徵輸之法

每年，宛平縣等處鷹户，交海東青者，每架折銀三十兩，仍賞銀十兩、毛青布二十疋，白鷹，每架折銀三十兩，一等鷹折銀十五兩，二等鷹折銀十兩，三等鷹折銀互兩，四等鷹折銀一兩，鷂鶻，每架折銀一兩，小鷹，每架折銀五錢。密雲縣等處獵户交鹿，每隻折銀二兩，四月至九月，折銀三兩，麅，每隻折銀一兩三錢，活麅，每隻折銀一兩五錢，兔，每隻折銀一錢五分。遷安縣等處狐皮户交狐皮，每張折銀一兩五錢。東安縣等處雕户交芝蔴雕翎，每副折銀一兩五錢。順義縣等處雀户交鴿，每隻折銀五分，鵲鴉，每隻折銀六分雀，每隻折銀一分。三河縣等處野鴨户交野鴨，每隻折銀三分。通州等處鵪鶉户交鵪鶉，每隻折銀二分，俱准抵銷正賦。

逋欠者，舊丁欠錢糧者，限六箇月完納，如逾限一錢至三兩者，鞭六十，三兩至六兩者，鞭八十，六兩至十兩者，鞭一百，十兩至十五兩者，枷一月，鞭八十，將所欠銀兩豁免。新丁欠錢糧者，限次年麥秋時完納，如逾限，將該丁撥發各莊頭充壯丁，如子弟内有願代繳舊欠者，准頂補，無，則免其所欠，將地畝交會計司，另行酌撥。其各丁應納錢糧數目，編爲十分，除未完不及一分者，承催官員人等免議外，其欠一分以上者，承催之催長鞭二十，領催鞭三十，官員罰俸三月；欠二分以上者，催長鞭三十，領催鞭四十，官員罰俸六月；欠三分以上者，催長鞭四十，領催鞭六十，官員罰俸九月；欠四分以上者，催長鞭六十，領催鞭八十，官員罰俸一年；欠五分以上者，催長鞭八十，降充領催，領催鞭一百，斥革，官員降一級；欠六分以上者，催長鞭一百，斥革，領催枷一月，鞭一百，斥革，官員降一級，仍罰俸一年。如一年全完者，催長、領催記名陞轉，官員紀録一次；三年全完者，催長、領催即以應陞之缺陞轉，官員紀録一次；六年全完者，官員加一級。逃亡者，新丁、舊丁内有因事逃亡者，擇其子弟承頂，如絶嗣及無人頂補者，歸地方官徵收。皆察焉。〇凡牲丁，三歲則編審。三年一次比查新、舊牲丁，遣本司官前往。凡自五歲以上，即呈報入檔，或有患病等情，所報不准過三次，亦不得逾十五歲。其牲丁子女，皆免挑選。至打牲烏拉牲丁，三年一次，由吉林將軍查比呈報，本司如丁數繁衍，添設珠軒。子弟赴試者，前期以申報，新、舊牲丁等子弟，有願考試者，先期呈明，由本司咨送各該旗辦理。熱河官兵子弟亦如之。熱河看守行宫官兵及莊頭園頭子弟，如有讀書願考生員者，由該管官驗看騎射，彙咨地方官考試録送學政，仍咨明本司。〇凡書吏役滿，咨部而授以職。府屬書吏，堂五人，廣儲司、掌儀司、會計司、營造司、慎刑司、三旗莊頭處及本司，均三人，慶豐司二人，樂部一人，缺出，自行召募，均由本司轉咨吏部。如遇五年役滿，堂書吏不考職，其餘由本司考職，分别等第，咨吏部註册銓選。惟寧壽宫一人、奉宸苑二人，由該處辦理。其各院及各該處，皆不設書吏。

筆帖式，二十有五人，掌翻譯。

欽定大清會典卷七十四

掌儀司，郎中，二人，員外郎，八人，主事，一人，委署主事，一人，掌内庭禮樂之事，考太監之品級。凡果園之賦，覈焉。○舉滿洲祭神、祭天之禮。朝、夕，則祭神，日祭，分朝、夕，朝祭神釋迦牟尼佛、觀世音菩薩、關聖帝君，夕祭神阿琿、年錫、安春阿雅喇、穆哩穆哩哈、納丹岱琿、納爾琿軒初、恩都哩僧固、拜滿章、京納丹威瑚哩、恩都蒙鄂樂、喀屯諾延，朝祭以寅時，夕祭以申時。凡朝祭神，設香碟三、净水三琖，並糕，司祝擎神刀，誦神歌，三弦、琵琶和之，以致祝，未進牲，佛、菩薩前净水琖先撤，闔亭貯像後，進牲於神，司祝致禱，灌净水於牲耳，乃取血，解牲，熟之，司祝獻肉，遂致祝，關帝神像，於撤肉後撤貯。夕祭神，設香碟五、净水五琖，並糕，司祝束腰鈴，執手鼓，踹步誦神歌，以禱擊鼓、拍版和之，三次，乃致祝於神，進牲，以净水灌牲耳，熟之，司祝獻肉，致祝於神。撤香碟内火，並鐙，掩牲竈内之火，展背鐙青幕，衆退出闔户，司祝執神鈴，振腰鈴，誦神歌，以禱擊鼓、拍版和之，凡四次，乃捲幕開户，明鐙，撤肉，貯像。如皇帝、皇后親詣，則朝祭、夕祭皆於當致祝時行禮，朝祭撤肉時，皇帝、皇后受胙，其派王大臣等食肉，請旨遵行。月祭神，正月初二日，餘月初一日，舉月祭之禮，亦以朝、夕分祭，神前所供净水易以醴酒，糕與時果並陳，灌牲耳亦以酒，餘如日祭儀。翌日，乃祭天，月祭之次日，行祭天禮。於神杆石前設案，供銀碟三，中一碟盛米，東、西二碟空設，卸神杆，以杆端斜仰於倚柱上，神杆東北設牲案，祭時，司俎灑米二次，致祝畢，復灑米二次，乃進牲，取血，先解頸骨，並擇肉熟之，頸骨盛西碟，膳盛東碟，熟肉縷切盛二器，間以稗米飯，二器自東而西，肉、飯間陳，具匕箸，其牲之餘節，解列盆内，置骨其前，蒙皮於上，以供司俎灑米，致祝如前儀，貫頸骨於神杆之端，剔頸餘肉及膽，與所灑米貯於神杆之斗，乃立杆。如皇帝、皇后親詣，於初次致祝時行禮，祭畢，撤東首所供肉飯，皇帝、皇后受胙。如皇帝、皇后不親詣，司祝恭奉御衣行禮。皆於坤寧宫。朝祭神於坤寧宫西大炕上，就西山牆設神幔，東嚮。夕祭神於坤寧宫西間北炕上，懸架，設神幔，南嚮。祭天神，杆立坤寧宫庭内。若獻神，每歲四季獻神，朝祭、夕祭，神幔並設香碟，各上香，上駟院以白馬二，侍衛牽之，慶豐司以牛二，廐長牽之，廣儲司以金二鋌、銀二鋌，蟒緞、龍緞、片金、倭緞、閃緞及各色緞十，毛青布四十，銀庫緞庫官舉之，司俎前引，總管大臣、上駟院卿率由乾清門右門入，自乾清宫西楹經交泰殿至坤寧宫門外，陳馬於西，陳牛於東，司俎、太監等捧金銀、舁緞布入坤寧宫，司香等接受，至朝祭神位前，司祝致祝，畢，司香等復至夕祭神位前，司祝致祝，畢，大臣、侍衛等以馬、牛出。越三日，總管太監以金、銀、緞、布出，留其銀，以金與緞、布、馬、牛交犧牲所，亦售銀以備牲。又，背鐙祭，有四時獻鮮之禮，春季獻雛雞，夏季獻鵞，秋季獻魚，冬季獻雉。若祈福，祈福，所祭神佛立佛多鄂謨錫瑪瑪，朝與朝祭神並祭，夕與夕祭神並祭，司俎豫於瀛臺，會同奉宸苑官，監取柳樹，徑三寸、高九尺者一株，至期，以石植於坤寧宫户外廊下，供朝祭神，設酒、糕如儀，别設祈福案一於南，供醴酒九琖，熟鯉魚二器，稗米飯二器，水饋子二器，並糕，司祝擎神刀，誦神歌，致禱如朝祭儀。司香舉神箭，繫以線索練麻，授司祝，乃舁祈福案出户外供柳枝前，司祝左擎神刀，右持神箭出，進立案前，於柳枝之右，舉神箭以練麻拂柳枝，誦神歌，致禱三次，皇帝、皇后行禮，受福胙。夕祭供神，設酒、糕，司祝誦神歌、致禱，皇帝、皇后行禮，司祝以柳枝送赴堂子，亦如之。元旦，皇帝拜天，則於堂子，元旦，皇帝先於坤寧宫神位前行禮，復駕詣堂子圜殿拜天，行三跪九拜禮。出征拜天亦如之。皇帝親征，告祭堂子，先於圜殿行禮，次於黄龍大纛前行禮。如命將出師，皇帝率大將軍告祭堂子，其儀同。凱旋行禮，與出征同。若圜殿，圜殿所祭神紐歡台吉、武篤本貝子，正月初二日，餘月初一日，設時食、醴酒，掛楮於杉柱，司祝擎神刀，誦神歌，致祝，和以三弦、琵琶、拍版。若神亭，堂子東南隅建神亭，每月初一日祭尚錫之神，設時食、醴酒，掛楮於杉柱，内管領一人，免冠、脱褂、解帶入，跪祝，叩頭。皆以月之首祭焉。四月八日，則奉神於堂子而祭之。每歲四月初八日，恭迎坤寧宫朝祭神供於堂子饗殿，菩薩、關帝像先懸於神幔，設黄瓷浴池，注紅蜜，和以净水，佛亭豫啓門，恭請浴畢，以新綿敷亭座，仍請奉安，乃設醴酒並糕，掛楮於杉柱。是日，並祭圜殿神，司祝於兩處各擎神刀，誦神歌，致祝，祭畢，仍請朝祭神入宫。春、秋，立神杆，則祭神於堂子，春、秋立杆大祭，前期一、二日，先於坤寧宫報祭，儀與朝祭、夕祭同。届期，請朝祭神至堂子饗殿，豫派副内管領一人率馬甲往延慶州山内，取徑五寸、長二丈松樹梢，留枝葉九節，製爲神杆，先期一日，立杆於圜殿前石上，至日，並祭圜殿神，饗殿、圜殿各設清酒及糕，自饗殿神幔設引繩三，屬於神杆，杆懸神旛掛楮，圜殿内杉柱亦掛楮，司祝於兩處擎神刀，誦神歌，致祝三次，和以三弦、琵琶、拍板。如皇帝親詣饗殿、圜殿，俱於致祝時行禮，皇帝受胙。復祭於宫，春、秋立杆大祭，於堂子祭畢後，請神入坤寧宫，設清酒、時果及糕，進牲獻肉及夕祭背鐙，各儀均如月祭。翌日，乃祭天。大祭之次日，行祭天禮，其儀均如月祭。若禱馬，則祭神於别室，爲馬祭神，每祭以二日、正日爲御馬祭神，次日爲御馬場牧群繁息祭神，皆於祭馬神室。朝祭、夕祭均如月祭儀。正日朝祭，設繫馬鬉尾紅綢條七十對，夕祭以青綢條三十對，司祝於致祝時以綢條於香碟上熏禱，畢，授上駟院各廐。次日，朝祭以繫馬鬉尾青綢條二百八十對，夕祭以青綢條三十對,熏禱畢,授上駟院分給。圜殿神並祭焉。正日爲御馬祭神,並於堂子祭圜殿神。皇帝幸盛京,則祭神於清寧宮。

清寧宮祀神之禮

先期二日,行日祭禮,届期,則大祭,翌日,乃祭天,儀均與坤寧宮同。所有司祝,由盛京將軍挑選,令其學習唪誦祝讃之詞,派京城司俎官一人,前往演習供獻陳設各禮儀,其祭品交隨往之膳房各官及尚膳侍衛等備辦,所供神幔及銀香碟、盤等物由京城製往,亭座、神杆並木器等物,俱派員於本處成造,米、豕等物由盛京佐領令莊頭豫備。祭畢,其器物均交盛京佐領存貯。

凡祭糕、酒,别其製,糕之别八,曰打糕,曰搓條餑餑,於春、秋大祭供之,曰馓子,供於正月,曰椴葉餑餑,供於五月,四月八日同,曰蘇葉餑餑,供於六月,曰淋漿糕,供於七月,曰餃子,供於八月,餘月所供者,曰灑糕,日祭同。造糕之法,惟淋漿糕用黍,餘俱用稷。酒之别二,立杆大祭前四十日,蒸稷米和麴釀成者,曰清酒,於春、秋大祭及坤寧宮月祭翌日祭天用之。每月常祭三日前,蒸稷米和麴釀成者,曰醴酒,於坤寧宮月祭用之,四月八日同。其每日朝祭、夕祭,則於神位前供净水。牲以豕。坤寧宮及祭馬神室,朝祭、夕祭,各用豕二,月祭、翌日大祭及春、秋立杆大祭,各用豕一,惟堂子祭天不用豕。〇建奉先殿,以祀列聖、列后。奉先殿前殿、後殿均九間,中爲穿堂,以聯前後,繚以周垣。前殿設列聖、列后龍鳳寶座,籩豆案、祝案、尊案,後殿同殿異室,各設神龕、寶牀、寶椅、楎椸及帷幔、衾枕、鑪檠,均如事生之儀。中室奉安太祖高皇帝神位居左,孝慈高皇后神位居右,左室奉安太宗文皇帝神位居中,孝端文皇后神位居左,孝莊文皇后神位居右,右室奉安世祖章皇帝神位居中,孝惠章皇后神位居左,孝康章皇后神位居,右左第二室奉安聖祖仁皇帝神位居中,孝誠仁皇后神位居左,孝昭仁皇后神位居右,孝懿仁皇后神位居左次,孝恭仁皇后神位居右次,右第二室奉安世宗憲皇帝神位居中,孝敬憲皇后神位居左,孝聖憲皇后神位居右,左第三室奉安高宗純皇帝神位居中,孝賢純皇后神位居左,孝儀純皇后神位居右,右第三室奉安孝淑皇后神位,均南嚮。皇帝行大饗禮,則奉神位於前殿。每歲萬壽聖節、元旦、冬至及國有大慶,皇帝親饗奉先殿,齋三日,前一日,本司官進祝版。届日,啓寢室,神龕執事官入殿,具祭器,均如太廟時饗儀,惟不設牲俎,不行飲福受胙禮,王公百官不陪祀。司祝、司香以府屬官充,司帛、司爵以侍衛充,樂部率太常寺陳中和韶樂,樂舞列於次,府屬官分詣後殿寢室前,恭奉列聖、列后神位以次行,孝淑皇后祔位隨行,至前殿,設列聖、列后之位,各以其次,均南嚮,孝淑皇后祔位東嚮。届時,本司官詣乾清門告時,皇帝乘輿出宮,至誠肅門降輿,入奉先左門,盥洗畢,升左階,詣拜位,立,贊引以太常寺卿,迎神樂作,皇帝詣列聖香案前,跪,上香行禮,畢,次詣孝淑皇后香案前,立,上香,復位,樂止,奠帛爵,讀祝,徹饌,送燎,各奏樂,皇帝行禮如儀,禮成還宮,府屬宮恭奉列聖、列后、孝淑皇后祔位還寢室。若遣皇子祭,前殿贊引以府屬贊禮郎，拜位在殿檻外，皇子由奉先右門入，迎神、上香俱出入殿右門，祝帛、送燎，皇子避立西旁，餘如親饗儀。遣王公等致祭，儀與皇子同。恭遇列聖、列后升祔，奉先殿加上尊謚，俱行大饗禮。

升祔之禮

先期，工部官於奉先殿神庫内敬造神牌，前一日，皇帝親詣後殿祗告。届日，本司官詣前殿，設寶座、陳祭器、具樂懸，恭奉列聖、列后神位於寶座，皇帝乘輿出宮，至神庫外，盥畢，詣帝、后神位前，上香，行三拜禮，奉后主親王於門外隨行，禮畢，皇帝恭奉帝神牌前行，奉后主親王趨入，恭奉后神牌隨行，入奉先左門，升東階，進殿左門，奉安帝神牌於寶座，三拜，興，奉后主親王恭奉后神牌，跪，安祗見位，皇帝恭代行三跪九拜禮，恭請后神牌奉安於寶座，三拜，興，乃行大饗禮，儀與常饗同，禮成，本司官恭請神位還寢室。若后主祔廟在帝主之後，皇帝親奉后主，餘儀同。恭遇皇后升祔，奉先殿前一日，皇帝親詣祗告，届日，大臣一人，由几筵殿恭奉神位於大儀輿内，由東華門入，皇子從府屬官豫詣前殿，設寶座，恭請列聖、列后神位，奉安行禮均如儀，神輿至誠肅門，皇子詣輿前，行三叩禮，恭奉神位，由奉先左門入，進殿左門，奉安於祗見位，皇子恭代行三跪九拜禮，恭奉神位升寶座，乃行致祭禮，如大饗儀。

加上尊謚之禮

由禮部奏交内閣，翰林院會同恭擬，進呈欽定，乃改題新加尊謚神牌，以内閣中書書清字，翰林院官書漢字。前期，遣官祗告，至日，奉安新題神牌於奉先殿，皇帝行大饗禮如儀。每月朔、望，遣官恭奉神位，於前殿上香行禮。

歲時，則於後殿祭焉。每歲恭遇列聖誕辰，列聖、列后忌辰及上元、清明、霜降、歲除日，皇帝親詣後殿上香行禮，所司詣後殿寢室前陳酒、脯、果實、鑪、鐙具，司香官執事殿内，本司官請駕，皇帝御衮服，若忌辰，御素服。凡祭，先於後殿各案前上香，次詣孝淑皇后神案前上香，若遣官上香，與大饗遣官同。若立春、端陽、重陽等節，本司官入後殿明鐙，太監啓神龕案，陳酒、脯、果實，本司官一人，詣各神案前上香。惟四月八日、七月望日，陳素果，不設酒、脯，餘月同。如遇皇帝御經筵、耕耤及巡幸前一日、還宮次日，並國有慶典，均祗告後殿，儀與前殿親饗同，惟不設樂懸、樂舞。若遣皇子暨王公大臣祗告後殿，與大饗遣官同。皆備其陳設，大饗樂懸奉先殿，東設麾一、搏拊一、柷一、琴五、瑟二、簫五、笛五、排簫一、篪三、壎一、笙五、鼓一、金鐘一，西設麾一、搏拊一、敔一、琴五、瑟二、簫五、笛五、排簫一、篪三、壎一、笙五、玉磬一，樂生六十三名，歌章十六名，執節武舞生二名，武舞生六十四名，執節文舞生二名，文舞生六十四名，每神位前奉先制帛各一，孝淑皇后祔位前素帛一、金爵三，登、鉶、金匕、尊各一，金箸一雙，每案簠、簋各二，籩、豆各十二，篚一、鑪一、鐙二，祝版以柵木爲之。登實以太羹，鉶實以和羹，簠實以黍、稷，簋實以稻、粱，籩實以形鹽、槀魚、棗、栗、榛、菱芡、脯，元旦、萬壽聖節用鹿脯，朔、望用羊脯，白餅、黑餅、糗餌、粉餈，豆實以韭、菹、醓醢、菁菹、鹿醢、芹菹、兔醢、筍菹、魚醢、脾析、豚胉、飽食、糝食，尊，春犧尊，夏象尊，秋著尊,冬壺尊。若祗告,每神位前,帛、爵七,箸、尊咸具案,各籩六,實以脯,經筵用鹿,餘用羊,並葡萄、核桃、棗、榛、蓮子,豆二,實以鹿醢、免醢,篚、鑪各一,鐙二。列聖誕辰,列聖、列后忌辰,元宵、清明、四月八日、霜降、歲除,均於後殿每神位前設瓷爵三,果實十二盤,頻果、秋梨、棠梨、紅梨、鮮葡萄、西葡萄、荔枝、龍眼、核桃、栗、紅棗、黑棗、羊、豕、脯各一盤,立春、端陽、重陽,設果實八盤,内紅棗、黑棗、栗、核桃、頻果三節皆同,羊、豕、脯各一盤,自十二月初七日至元宵,用鹿雉,四月八日不設酒脯。月各薦以時物。每月,奉先殿薦新,正月,鯉魚、韭菜、鴨蛋;二月,生菜、菠菜、小葱、芹菜、鱖魚;三月,黄瓜、蔞蒿菜、蕓臺菜、茼蒿菜、水蘿蔔;四月,櫻桃、茄、雛雞;五月,杏、李、蕨、香瓜、雛鵞、桃、桑葚;六月,杜梨、西瓜、葡萄、頻果;七月,梨、蓮子、菱、榛子、藕、雉;八月,野鴨、山藥、栗;九月,雁柿;十月,松仁、棗、蘑菇、木耳;十一月,銀魚、鹿肉;十二月,免、鱘鰉魚、蓼芽菜、菉豆芽。惟立春用紅梨、黄梨、棠梨,端陽用紅梨、黄梨、櫻桃,重陽用黄梨、檳子、桃。○建壽皇殿,以供聖容。壽皇殿,大殿九室,左、右耳殿各三間,東、西配殿各五間,碑亭、井亭各二,神廚、神庫各五。大殿正中恭懸聖祖仁皇帝聖容,東一室恭懸世宗憲皇帝聖容,西一室恭懸高宗純皇帝聖容,皆不設寶座。每日獻餑餑桌各一,每案前各陳供物,遇誕辰、忌辰及令節、朔、望,聖容前俱陳酒、脯、果,實鑪、鐙具。本司官請駕,皇帝由甎城門入,詣聖容前上香三次,行三跪九拜禮。若萬壽聖節及謁陵、巡幸啓蹕、回鑾同。如遣官,與奉先殿上香同。歲除,則奉列聖、列后以合祭,越日,斂而藏焉。每歲除夕,恭懸太祖高皇帝、太宗文皇帝、孝莊文皇后、世祖章皇帝、孝惠章皇后、孝康章皇后、孝誠仁皇后、孝恭仁皇后、孝敬憲皇后、孝聖憲皇后、孝賢純皇后、孝儀純皇后聖容,各設以案,陳饌果及酒、匕、箸具,皇子蟒袍補服,由甎城門、戟門、西翼門入,升月臺西階,入殿右門,詣列聖聖容前,上香,不贊禮,於月臺上行禮如儀。至正月初二日,恭收列聖、列后聖容同。元旦,大祭。皇帝祭奉先殿畢,出神武門,進北上門,至甎城門外降輿入,盥畢,升月臺,入殿左門,上香,奠帛爵,徹饌,送燎,各奏樂,禮成還宫。若遣王恭代,王蟒袍補服,本司贊禮郎導引、贊儀,由甎城門、戟門、西翼門入,升月臺西階稍後,就拜位,由殿右門入行,禮畢,仍由殿右門出,復位,儀與親詣同。則設粢,盛脯、醢。元旦,聖容前每案供黍、稷、稻、粱、白餅、黑餅、糗餌、粉餈、飽食、糝食、稾魚、鹿脯、鹿醢、免醢、脾析、豚胉、菁菹、芹菹、韭菹、笋菹、榛、菱、芡、棗、荔枝各一盤,每位聖容前,設羊脯、羊羮各一,碗酒各三,爵七,箸具,制帛各一端。圓明園安佑宫亦如之,安佑宫,大殿九室,中龕恭懸聖祖仁皇帝聖容,前設一案,供聖祖仁皇帝、孝恭仁皇后神位,左龕恭懸世宗憲皇帝聖容,右龕恭懸高宗純皇帝聖容,龕旁几案皆陳彝器、書册及佩用服物,中,和韶樂一分,左,金鐘一、琴五、瑟二、笙五、笛五、簫五、篪三、壎一、排簫一、麾二、大鼓一、搏拊一、柷一、鎛鐘一,右,玉磬一、琴五、瑟二、笙五、笛五、篪三、壎一、排簫一、搏拊一、敔一、特磬一。每日,聖容前各獻餑餑桌一,每案各供水、米、香、茶、紅花水、乾果、蜜果、乳餅、絹花各九碗。皇帝駐蹕圓明園，恭遇列聖誕辰、忌辰及令節、朔、望、上元日，並聖駕謁陵啓蹕、回鑾，皆詣安佑宫上香行禮。熱河永佑寺亦如之。永佑寺，樓五間，中室恭懸聖祖仁皇帝聖容，左室恭懸世宗憲皇帝聖容，右室恭懸高宗純皇帝聖容，龕旁几案皆陳彝器、服物。駕幸熱河時，恭請懸供，皇帝上香行禮，回鑾，即敬謹收藏。○凡群神之祀，以時舉。建凝和廟於紫禁城東，以奉雲師之神，歲以萬壽聖節並秋分後三日致祭；建宣仁廟於紫禁城東北隅，前殿奉風伯之神，後殿奉八風之神，歲以萬壽聖節並立春後丑日致祭；建昭顯廟於紫禁城西，以奉雷師之神，歲以萬壽聖節並立夏後申日、六月二十四日致祭；建時應宫於紫禁城西北隅，前殿奉四瀆龍神，中殿奉京畿龍神，後殿奉八方龍神，歲以萬壽聖節、元旦並六月十三日致祭，均素羞香燭，遣大臣行禮。如遇亢旱，遣官祈雨，各神位前均陳帛一、果饌十五盤、尊一、爵三、鑪一、鐙二，祭日，設樂於西階下，遣官及執事官皆雨纓冠素服詣廟，府屬贊禮郎二人，引遣官入廟左門，盥畢，升左階，進殿左門，就拜位，迎神至望燎，皆奏樂。得雨後，報祀，陳帛一、羊一、豕一、果實五盤，餘同祈告，遣官及執事官咸朝服行禮。建城隍廟於紫禁城内西北隅，奉紫禁城城隍之神；建永佑廟於皇城西安門内，奉皇城城隍之神，歲以萬壽聖節並季秋，遣總管大臣各一人致祭。萬壽聖節，神位前陳帛一、羊一、豕一、果實五盤，尊一、爵三、鑪一、鐙二，秋祭，陳鉶二，簠、簋各二，籩、豆各十，餘同。祭日，遣官具朝服詣廟，儀如祭風雲諸神。建神木廠、木神廟於東便門外，歲以春、秋二季致祭，祭日，神位前陳羊一、豕一、果實五盤、爵一，遣總管大臣一人，行禮如前儀。備寺廟之歲供，景山關帝廟，月給香供銀，分季給香蠟、菜蔬銀。神武門内内城隍廟，月給素供銀。神武門外乾元閣，月給香供銀，分季給香蠟、菜蔬銀。西苑内大西天，月給香供銀；大悲壇，月給香供銀，分季給香蠟銀；萬善殿，月給香供銀，並喇嘛錢糧銀，分季給香蠟銀；時應宫，月給素蠟、素供銀；闡福寺、極樂世界、永安寺，俱月給素供銀。地安門内法淵寺，月給香供、素供銀，分季給香蠟銀；嵩祝寺、智珠寺、法海寺，俱月給香供銀。地安門外火神廟，月給香供銀；慈善寺，正月、朔日、四月八日，給素供銀。東安門内普度寺，即嘛哈嘎拉廟，月給香供、素供銀，分季給香蠟銀，一年二次給顏料銀；普勝寺，月給香供銀；宣仁廟、凝和廟，俱月給素蠟、素供銀。東安門外賢良寺，月給香供銀。西安門内昭顯廟、永佑廟、福佑寺，俱月給素蠟、素供銀；宏仁寺，月給香供及廟户銀，一年二次給顏料銀；大光明殿，月給香供銀，分季給香蠟銀，一年一次給辦萬壽道場銀；仁壽寺，月給香供及廟户銀，分季給香蠟、菜蔬銀，天元閣即在大光明殿之内，分季給菜蔬銀；天慶宫，月給香供及廟户銀。東長安門外馬、趙二帥廟，西長安門外温、岳二帥廟，俱月給香供銀。東直門内慈壽寺、廣慈寺，俱月給香供銀。西直門内護國寺，正月、朔日、四月八日，給素供銀，一年一次給辦萬壽道場銀；龍王廟，月給香供銀。安定門内柏林寺，月給香供銀。德勝門内拈花寺、積水潭龍王廟，俱月給香供銀。朝陽門内隆福寺，正月、朔日、四月八日，給素供銀。阜成門内廣濟寺，一年一次給辦萬壽道場銀。阜成門外衍法寺，正月、朔日、四月八日，給素供銀。朝陽門外東嶽廟，月給香供銀，一年一次給辦萬壽道場銀；净住寺，即四天王廟，正月、朔日、四月八日，給素供銀，分季給香蠟銀。正陽門外黑窰廠、龍王廟，一年二次給香供銀。宣武門外崇效寺，正月、朔日、四月八日，給素供銀；法源寺，正月、朔日、四月八日，給素供銀，一年一次給辦萬壽道場銀。右安門外廣仁宫，分季給錢糧銀。德勝門外後黄寺、達賴喇嘛廟，俱月給香供銀，一年二次給顔料銀；慈度寺、察漢喇嘛廟，俱於正月、朔日、四月八日給素供銀；覺生寺，月給香供銀；清净化城大湯山、資福院，俱月給素供銀。西直門外昌運宫、廣通寺、觀音庵，俱月給香供銀；萬壽寺，月給香供銀，一年一次給辦萬壽道場銀；五塔寺、永寧觀，俱月給素供銀；壽福禪林，月給喇嘛錢糧及公費銀；海淀雙關帝廟，月給香鐙銀；南苑元靈宫、仁佑廟，俱月給香供銀，分季給香蠟銀；寧佑廟，月給香蠟素供銀；關帝廟，月給香供銀；圓明園内佛樓，月給喇嘛錢糧及公費銀，含經堂，月給素供銀；附近圓明園之恩佑寺，分季給菜蔬銀；善緣庵、娘娘廟、慧福寺，俱月給香供銀；正覺寺，月給喇嘛錢糧及公費銀；永寧寺、聖化寺，俱月給素供銀；清漪園小廟，月給香供銀；萬壽山大報恩延壽寺，月給素供銀；玉泉山妙喜寺、觀音庵釋迦佛廟、觀音廟，俱月給香供銀；香山寶諦寺，月給素供銀並喇嘛錢糧銀；寶相寺，月給素供銀；功德寺，月給喇嘛錢糧及公費銀；普覺寺，月給香供銀；静安莊佛殿，一年一次給香蠟銀；西山城子山斗姥廟、冷泉至靈觀，俱一年二次給香供銀；黑龍潭龍王廟、過街塔山神廟、寶藏寺，俱月給香供銀；湯山惠澤龍王廟，分季給錢糧銀，一年二次給香供銀。僧官、道官，則掌其除、補。在京僧録司、道録司各正、副二人，由司呈堂奏補。僧録司下左、右善世、闡教、講經、覺義各二人，道録司下左、右正一、演法、至靈、至義各二人，均由司呈堂選補，咨禮部給劄。〇皇帝演耕於豐澤園，前期，則請旨。每年恭遇皇帝致祭先農壇，行耕耤禮，先於豐澤園演耕，由欽天監選定吉期，咨府具奏，或親行，或遣官，得旨後，行知奉宸苑。皇后祀先蠶，則會禮部以備儀，歲以季春吉巳日，皇后親祀先蠶之神，由禮部具題，移咨本府，奏派陪祀妃、嬪、公主、福晉、命婦及執事女官，並會同光禄寺、太常寺豫備祭品、祭儀。前期二日，太常寺進齋戒牌、銅人，恭設於交泰殿，皇后齋二日，陪祀妃、嬪、公主、福晉以下，文官三品、武官二品以上命婦，咸致齋。視牲、視割牲，均與饗先農儀同。前一日，奉宸苑卿率其屬以潔壇，爲瘞坎於壇之西北，設黄幄於壇上，太常寺官恭設先蠶神座於幄内，工部官張皇后拜幄於南階上，太常寺典簿具牲俎，博士辨簠、簋、籩、豆、登、鉶之實，以次展於神廚。太常寺卿詣神庫，以恭請神位之儀，指授蠶宫令，贊禮郎引總管太臣一人詣神廚，周視牲、牢、籩、豆，太常寺官以陳設之儀，指授宫殿監侍。至日，總管大臣及宫殿監侍率太監入壇，陳牛一、羊一、豕一、登一、鉶二，簠、簋各二，籩、豆各十，琖三十、鑪一、鐙二，東設一案，西嚮，陳禮神制帛一，色青，香盤一、尊一、爵三，設福胙於尊、爵之旁，加爵一，牲陳於俎，帛實於篚，尊實酒，承以舟疏，布冪、勺具，太監設洗於具服殿，樂部率本司太監設樂於壇下，應鼓在東，琴四、瑟二、簫六、笛六、笙六、杖鼓二、方響十六、雲璈二、版二，東、西分列如式，樂工、歌工以童監充。步軍統領豫飭所部清蹕除道，自神武門至西苑御道，左、右塗巷皆設布障。太常寺卿、總管大臣各一人，赴乾清門奏時，宫殿監督領侍轉奏，皇后御禮服乘鳳輿出宫，陪祀妃、嬪咸升輿從，由順貞門、神武門、北上門入陟山門，至壇内壝左門，皇后降輿，妃、嬪咸下輿從，前引女官十人，右贊引、左對引女官二人，恭導皇后入具服殿，妃、嬪隨入配殿祗俟，公主、福晉、命婦於具服殿門外東、西序立，蠶宫令詣神庫上香，恭請先蠶神位入壇，安奉黄幄畢，皇后出具服殿，盥畢，詣壇，妃、嬪以下隨行，司拜褥女官布拜褥於壇上，皇后升中階，就拜位，立，妃、嬪、公主、福晉、命婦均就拜位，序立，迎神樂作，皇后詣香案前，上香，畢，復位，行六肅三跪三拜禮，妃、嬪以下隨行禮，樂止，奠帛、爵，各奏樂，皇后飲福受胙，畢，撤饌、送瘞均如儀，禮成，還宫，蠶宫令恭請神位復御宫殿，監侍撤交泰殿齋戒牌、銅人，授太常寺官送寺。如遇皇后不親蠶之年，遣妃致祭，先二日，致齋供具如式，至日，妃朝服乘輿詣壇，清道辟除如常儀，至壇外壝右門下輿入，行禮，於階下上香，進、退均由西階，不飲福受胙，香帛送瘞，避立西旁，餘如前儀。如遣官致祭，贊引以太常寺贊禮郎二人，引由壇左側門入，儀與遣官祭先農同。越日，乃躬桑。

躬桑之禮

於祭先蠶次日舉行，由禮部具奏，如蠶未生，由府奏請另期舉行。以妃、嬪二人，公主、福晉三人，命婦四人，從採本司豫治桑畦，飾採桑筐、鈎，皇后金鈎，妃、嬪銀鈎，均黄筐，公主、福晉以鍍銀鈎，命婦以火漆鈎，均紅筐。前期一日，府屬官蟒袍補服，於内務府衙門陳設採桑各筐、鈎，總管大臣恭閲畢，本司官奉安綵亭内前導，總管大臣後隨，校尉舁亭，進隆宗門，至内右門外，太監舁亭，本司首領太監前導，宫殿監督領侍後隨至交泰殿，宫殿監督領侍陳設皇后採桑筐、鈎於殿内，妃、嬪、公主、福晉採桑筐、鈎於廊下，命婦採桑筐、鈎於庭下，俱筐左、鈎右，陳設畢，宫殿監督領侍恭請皇后閲視筐、鈎，皇后御龍袍，妃、嬪隨後侍立。皇后先閲鈎，後閲筐，畢，還宫，宫殿監督領侍仍奉置綵亭内，太監舁亭，至内右門授蠶宫令，蠶宫令受之，校尉舁亭，本司官前引，蠶宫令後隨至内務府衙門，導迎樂前導，至壇内，奉宸苑卿跪迎至壇前，以次陳設，奉宸苑卿恭閲畢，交蠶宫令敬謹收貯。届日，公主、福晉、命婦以下，並執事各女官，俱蟒袍補服入壇，由府會同禮部堂官轉傳宫殿監督領侍，恭請皇后詣壇。皇后龍袍乘輿，出順貞門入陟山門，妃、嬪咸登輿從，至壇壝東門降輿，詣採桑處，立，相儀奉鈎、筐，採桑歌作，皇后先至東邊第一株桑前，東嚮，採桑一條，蠶母二人助採，復至西邊第一株桑前，仍東嚮，採桑二條，蠶母二人助採，畢，以鈎、筐授相儀，升觀桑臺寶座。妃、嬪於第二株桑前，公主、福晉於第三株桑前，各採桑五條，大臣命婦於第四株桑前，各採桑九條，各蠶婦二人，授筐、鈎，接筐、鈎。及助採畢，蠶母、蠶婦至皇后前，跪，典儀等官次第舉筐授蠶母、蠶婦，蠶母恭受皇后筐，興，蠶婦奉各筐隨蠶母興，至蠶室取桑切之，蠶婦灑箔，採桑歌止，禮成。引皇后詣具服殿升座，妃、嬪以下、命婦以上，蠶母、蠶婦各就本班次序，行六肅三跪三拜禮，畢，還宫。如皇后不親蠶之年，遣妃祭先蠶壇翌日，蠶宫令監視蠶母及蠶婦行採桑禮，至浴蠶及逢眠上蔟之日，均由府具奏。其執事，女官四十六人、蠶母二人，由各佐領下命婦奏派，於親蠶日服朝服躬桑，皆服蟒服；婦二十七人，以内苑歷年養蠶婦人充，如不敷，於各佐領、管領下蘇拉、馬甲妻室内挑補，服屯絹袷袍，執彩旗，唱桑歌；太監等五十六人，服畫金錢五色緞面貫錢襖，蠶宫令以首領太監奏簡。禮成後，執事女官各賞大緞二端、綢二端、銀二兩，蠶母各賞銀二十兩，蠶婦各賞銀十兩。蠶母、蠶婦居蠶室飼蠶，每月，蠶母各給米二斛，蠶婦各給米一斛。

繭成，獻於皇帝，遂繅絲，繭成之日，由府擇日奏請皇后親詣先蠶壇，行獻繭繅絲禮。是日，蠶宫令獻酒、果，祭告先蠶之神，設繅絲器具於織室正殿，福晉、命婦不傳集，總管大臣奏請皇后詣壇宫殿，監督領侍轉奏，皇后常服乘輿出宫，妃、嬪亦常服乘輿從，至壇降輿，詣織室御座，妃、嬪隨入，蠶母擇繭之圓潔者貯筐，跪獻，皇后受繭，擇圓潔者，恭獻皇帝，仍分繭，與妃、嬪有差。宫殿監督領侍奏請皇后至繅絲處，繅絲相儀命婦二人，捧金盆注水，蠶母納繭於盆，助皇后繅絲，皇后濯繭出絲者三，相儀捧盆退，次蠶婦助妃、嬪繅絲，以五爲節，餘布與蠶婦繅之，禮成，還宫。以供郊廟之服。繅絲禮成，由府具本題奏劄，欽天監擇吉，將所繅絲交織染局織染，以供郊、廟祭祀之服。

欽定大清會典卷七十五

〇凡内庭朝賀之禮，歲正朔，皇帝御乾清宫受賀，皇后率妃、嬪行禮，歲正朔，皇帝御太和殿，禮成後，御内殿受賀。前期，禮部恭繕皇后率妃、嬪行禮儀注，奏呈御覽，後咨府轉交總管太監，恭進皇后懿覽，皇后受賀儀注同。是日，太監豫設中和韶樂於乾清宫檐下，設丹陛大樂於乾清門内，北嚮，俟皇帝還宫，中和韶樂作，皇帝御乾清宫寶座，樂止，皇后禮服詣乾清宫，就正中拜位立，妃、嬪禮服左、右北嚮立，行六肅三跪三拜禮，禮成，皇后、妃、嬪俱退，皇子等詣皇帝前，行三跪九叩禮。冬日至朝賀同。如遇圓明園行禮，皇后御龍袍補服。既事，皇后御交泰殿受賀，亦如之。太監豫陳皇后儀駕於交泰殿檐下及殿門外，設中和韶樂於殿左、右檐下，設丹陛大樂於乾清宫後左、右，均北嚮，俟皇后詣皇帝前行禮畢，引禮命婦二人，引妃、嬪於皇后宫門内月臺上兩旁立，太監引公主、福晉以下及二品命婦以上，由隆宗門内右門入至皇后宫門内，於丹陛上排立，引禮命婦轉傳太監，奏請皇后御交泰殿，皇后禮服出宫。如遇圓明園行禮，皇后御龍袍補服，升座，引禮命婦引妃、嬪、公主、福晉、命婦行六肅三跪三拜禮，禮成，皇后還宫，妃、嬪退，公主以下皆出，皇子等詣皇后宫，行三跪九叩禮，各退。冬日至朝賀同。萬壽聖節、如皇帝駐蹕圓明園，則於圓明園宫中受賀。千秋令節亦如之。如皇后在圓明園，其受賀同。〇凡筵燕之禮八，筵燕於太和殿者，由禮部奏辦，其餘各筵燕儀注及燕圖，均由司奏進，所用桌張亦由司查察，有不潔者，參奏。一曰萬壽之燕，萬壽聖節，如遇皇帝御正大光明殿筵燕，是日，皇子、王、貝勒以下咸蟒袍補服，王以下入八分公以上各進桌張、羊酒，本司官率太監設中和韶樂於殿檐下左、右，復陳清樂於右，設丹陛大樂於出八賢良門後左、右，均北嚮。總管大臣視設席，尚膳正設御筵於寶座前，稍遠分列衆席於殿内、外，僉東、西嚮，設備賞諸物於殿前兩旁。武備院張黄幕於出入賢良門後廡下，内管領設反坫，壺、爵、金卮具，皇子、王、貝勒、貝子、公、蒙古王公、回子王公、文武滿漢大臣，外省將軍、督撫、提督、副都統，外藩諸國及土司貢使等以次坐，御前大臣及乾清門侍衛分立寶座左、右。届時，中和韶樂作，皇帝升座，樂止，衆均行一叩禮，坐。尚膳正舉御筵移近，丹陛清樂作，尚茶正進茶，皇帝用茶，衆各於坐次行一叩禮，侍衛分賜皇子、王、貝勒等茶，衆各於坐次行一叩禮，飲畢，復行一叩禮，樂止，展席冪，本司官入黄幕内，於反坫上恭奉壺、爵、金卮,以次由中路進至殿中門閾外之左,西嚮立,丹陛清樂作,進爵大臣離席釋補服,皇子以下皆興。進爵大臣近前跪,皇子以下咸於坐次跪,本司官舉壺,實酒於爵,跪授進爵大臣,興,退,進爵大臣奉爵,興,由中陛升進至御座側跪,進爵,皇帝受爵,進爵大臣由右陛下復跪,皇帝用酒,進爵大臣行一叩禮,皇子以下皆行一叩禮,進爵大臣由右陛升,跪接爵,仍由中陛下,跪,本司官接爵,退,皇子以下皆興。本司官以金卮酌酒進,立賜進爵大臣,進爵大臣跪受,行一叩禮,畢,本司官接卮退,進爵大臣行一叩禮,服補服,樂止,皇子以下各就坐,進爵大臣入席,坐。皇帝用饌,中和清樂作,皇帝賜食品於皇子、王、大臣,畢,尚膳正進肉饌,皇帝復分賜皇子、王、大臣,畢,進反坫,樂止,侍衛等分賜酒,皇子以下均於坐次行一叩禮,畢,復行一叩禮,奏蒙古樂,畢,奏喜起舞樂,皇子進舞,衆均於坐處立,皇子於正中,跪行三叩禮,舞畢,復行三叩禮,退,王、貝勒、貝子、公、大臣等,依次進舞,每一次舞畢,正中行三叩禮。本司官陳百戲,尚膳正徹御筵,丹陛大樂作,衆均於坐次行一叩禮,畢,中和韶樂作,皇帝還宫,衆均出。二曰千秋之燕,皇后千秋令節,於何宫設燕,由禮部豫期請旨,尚膳太監備皇后燕桌、妃嬪燕桌,諸王進桌張、羊酒,公主、福晉、一二品大臣、命婦咸與燕。届期,本司太監設中和韶樂於宫檐下,設丹陛大樂於宫門内檐下,俱北嚮,進爵命婦及前引並引禮散茶之侍衛命婦,俱蟒服,於皇后宫會集。府屬官視設席,尚膳女官、内管領妻等豫設皇后燕桌於寶座前,稍遠設妃、嬪燕桌於寶座東、西兩旁,設公主、福晉以下,鄉君、入八分公夫人以上席於殿内,重行,設公、侯、伯、子、男、滿洲一品大臣命婦、侍衛妻席於丹陛上,張黄幕,設反坫案於宫門内正中,壺、爵、金卮具。届時,妃、嬪俱龍袍補服,乘輿依次出,侍衛命婦前引至殿内,各就位次,少立,中和韶樂作,皇后升座,樂止,妃、嬪各於位次行一叩禮,坐,公主、福晉以下,鄉君、入八分公夫人以上及大臣命婦各就本位,行一叩禮,坐。其進茶、賜茶、進酒、賜酒、進饌、賜饌各儀節,與萬壽筵燕同,惟進反坫後,太監垂簾,蒙古樂歌人員由東角門入,至丹陛上,奏蒙古樂歌,畢,退,太監升簾,妃、嬪以下皆起立,謝恩,丹陛大樂作,行二肅一跪一拜禮,中和韶樂作,皇后還宫,妃、嬪均退,公主、福晉以下隨出。三曰宗室之燕,

筵燕宗室之禮

樂部太監陳中和韶樂、丹陛大樂於惇敘殿外兩旁,豫設御筵於寶座前,設皇子、王公等燕桌於殿内左、右,設宗室等燕桌於東、西配殿内。届時,皇帝御吉服,至澄懷堂少憩,皇子、王、公、宗室等咸蟒袍補服,由東、西角門入,豫至惇敘殿内及東、西配殿内,各就坐次,跪,皇帝升座,中和韶樂作,衆皆行一叩禮,坐,其儀節均與萬壽筵燕同,惟進爵,則以王,奏樂而不進舞。若燕於乾清宫,同。

四曰外藩之燕,歲除日,賜外藩、蒙古王公等燕於保和殿。前期,會禮部奏進儀注,戒所司庀饌,請簡進酒大臣。届日,樂部和聲署陳中和韶樂於殿檐下左、右,陳丹陛大樂於中和殿北檐下左,古笳吹隊、舞雜技、百戲俟於殿外東隅。張黄幕,設反坫於殿南正中,尚膳正於寶座前設御筵,殿内左、右布蒙古王公及文武大臣席,寶座左、

右陛布後扈大臣席，前布前引大臣席，後布領侍衛内大臣暨記注官席，丹陛上左、右布台吉、侍衛席，按翼、按品爲序，理藩院堂官設席於殿東檐下西南，禮部帶慶隆舞大臣及總管大臣設席於黄幕左、右。皇帝御殿行燕禮儀與太和殿筵燕同。新正，筵燕蒙古王公於紫光閣，儀注由理藩院進，其燕桌由府辦理。如駐蹕圓明園，則設筵燕於山高水長，用餑餑桌六十張，不設筵燕。上元節，筵燕於正大光明殿，儀與保和殿同，若賜燕保和殿，仍如歲除儀。每次筵燕，用餑餑桌九十張，牲肉五九，酒四十缾，若遇停止筵燕之年，即以此項桌張頒賜。若駐蹕避暑山莊，筵燕外藩、蒙古及各省貢使於澹泊敬誠殿，設中和韶樂於殿檐下左、右，設中和清樂於東，設丹陛大樂於二宫門下左、右後檐，張黄幕，設反坫於二宫門中門内，宗室、蒙古王公及文武滿漢大臣並外藩貢使等，俱按次列坐，儀與正大光明殿同。如皇帝巡幸盛京，御大政殿，筵燕儀亦同。五曰千叟之燕，千叟筵燕向均設於乾清宫，嘉慶元年，設於皇極殿，庀筵八百席，設中和韶樂於殿檐下，設丹陛大樂於寧壽門内後檐下，設大玉器八於反坫案，設賞物及飯桌於兩旁檐下，應行入燕之王公、蒙古王公、額駙、台吉、一二品大臣殿内序爵對坐，外國貢使於殿檐下對坐，在京之三品大臣官員，俱於丹墀角路序爵對坐，四品以下有品級官員等，俱於丹墀兩旁相對列坐，其餘年老拜唐阿、護軍、領催、馬甲，以及工、民人等，俱於寧壽門外列坐。先時，文武官員及各國貢使併兵民人等豫行入班祗俟，其殿内入坐之王公大臣、蒙古王公等，俱於殿外階下立俟。届時，中和韶樂作，高宗純皇帝、皇帝升座，丹陛大樂作，管燕大臣二人引王公大臣、蒙古王公等，由兩旁進至丹墀中間，行三跪九叩禮，其檐下列坐之貢使及官員、兵、民等，俱於坐次隨行禮。樂止，内、外王公大臣等入殿内坐，次行一叩禮，坐，衆皆於本坐次隨行禮，丹陛清樂作，尚茶正進茶，高宗純皇帝、皇帝用茶，衆皆於坐次行一叩禮，茶畢，樂止。恭進高宗純皇帝、皇帝果筵，展筵羃，本司官由反坫奉壺、爵、金卮由中路進，丹陛清樂作，衆皆立，執壺、爵、金卮官至殿檐下序立，實酒於爵，進酒大臣由中路進，跪，執爵官舉爵進，跪授進酒大臣，興，退，進酒大臣奉爵興，由中陛升，跪，進爵於皇帝，皇帝受爵，跪，進高宗純皇帝，興，就地正中行一叩禮，衆王公、年老人等俱隨行一叩禮，皇帝興，就高宗純皇帝寶座前，跪接爵，興，授進酒大臣，還寶座。高宗純皇帝召入燕，王公、一品大臣及衆叟中一百六歲至九十歲者，至寶座前跪，手賜卮酒，命皇子、皇孫、皇曾孫、皇元孫等賜殿内王大臣酒，侍衛等行各官、衆叟酒，並承旨分賜果食於各燕席，咸就坐次行一叩禮，其餘儀節均與各筵燕同。徹饌後，衆皆於坐次行一跪三叩禮，中和韶樂作，高宗純皇帝、皇帝還宫，樂止，管燕大臣分頒恩賚詩刻、如意、壽杖、朝珠、繒綺、貂皮、文玩、銀牌各有差，衆皆跪接，畢，管燕大臣二人引至寧壽門前，行三跪九叩禮。六曰凱旋之燕，

凱旋筵燕之禮

先由府奏定燕桌額數，至期，樂部和聲署陳樂器，笳吹隊、舞雜技、百戲並集祗俟。光禄寺備饌，武備院張黄幕，尚膳正設皇帝御筵於帳殿中，所司設入燕王公大臣席於左翼，設大將軍、從征大臣、將士席於右翼，皆按品爲序，設卒伍席於右翼之後。届時，

皇帝御帳殿，中和韶樂作，升座，樂止，樂章、樂辭隨事、隨時撰擬，大將軍奉觴上壽，丹陛清樂作，皇帝以卮酒親賜大將軍，大將軍跪飲，如進爵大臣儀，命侍衛分賜從征大臣酒，既遍，樂止，進饌，殿内、外群臣行酒，樂舞入，侑酒三巡，饌再舉，尚膳正徹御筵，群臣謝恩行禮，中和韶樂作，皇帝還宫，各退，餘儀與保和殿筵燕同。經畧大臣凱旋筵燕與燕勞大將軍，同。如賜燕於紫光閣，儀均同。

七曰皇子婚禮之燕，皇子婚禮，由府會禮部具奏。初定日，於福晉家設内、外燕五十席，餑餑桌五十張，酒五十缾，羊三十六，由南府學藝處備伶樂，外燕於廳，福晉親族職官及不入直之公、侯、伯、内大臣侍衛、一二品大臣朝服畢會，午刻，鴻臚寺官引入升堂，福晉親族及本旗大臣、侍衛東位西面，各旗公、侯、伯等官西位東面就席，一叩，坐。司茶奉茶，衆飲茶畢，皆一叩。司筵奉果食、酌酒，伶工入奏，衆獻酬，樂闋興，出，司筵徹果食，衆易蟒袍補服，仍就位。司筵奉饌、酌酒、奏樂、獻酬交錯如初，樂闋興，鴻臚寺官引衆官俱詣堂下，望闕北面序立，行三跪九叩禮，興，退。内燕於中堂，福晉親屬諸婦及一二品命婦咸會，内管領妻引禮，進酒如外堂燕儀。成婚日，於紫禁城箭亭内設燕六十席，餑餑桌六十張，酒六十缾，羊四十五。其燕福晉父及親族群臣與初定禮同，至福晉及親屬諸婦俱燕於皇子宫。皇孫婚禮，初定日，設燕三十席，餑餑桌三十張，酒三十缾，羊二十六，成婚日，設燕四十席，餑餑桌四十張，酒四十缾，羊三十五；皇曾孫婚禮，初定日，設燕十六席，餑餑桌十六張，酒十六缾，羊十二，成婚日，設燕二十席，餑餑桌二十張，酒二十缾，羊十六，儀均與皇子同。八曰公主下嫁之燕。固倫公主下嫁，於初定日、成婚日筵燕兩次，和碩公主下嫁，衹於初定日筵燕一次。所有初定、成婚各吉期，由司移會禮部。額駙於前一日進一九禮，駝一、馬八，届日，進燕九十席，牲九九，酒四十五缾，其燕席、羊酒，或交光禄寺代辦，或特旨交府備辦，至恭進御前及皇后、妃、嬪前席，並反坫、金器俱交府豫備。皇帝前進酒大臣，應用内大臣一人，或額駙族中二品以上官，外藩以該族王公等。皇后進酒命婦，應用内大臣命婦一人，或額駙族中命婦，外藩以該族王公福晉夫人，均由禮部奏派。筵燕日，樂部和聲署設中和韶樂於保和殿檐下，設丹陛大樂於中和殿後檐下，俱北嚮。入燕之王公大臣、侍衛及執事官員，俱蟒袍補服，其執事之拜唐阿人等，俱蟒袍，張黄幕，設反坫於中和殿後階下正中，壺、爵、金卮具。尚膳正設御筵，内大臣、總管大臣，禮部、光禄寺堂官咸視席。鴻臚寺官引額駙並其族中人員，俱朝服，至保和殿丹陛上立，入燕之王大臣、侍衛各就班次立。届時，禮部堂官奏設燕齊備，皇帝龍袍衮服升座，儀均與各筵燕同，惟皇帝升座時，鴻臚寺官引額駙並族中人員排班行禮，畢，復引入坐次，與衆俱行一叩禮，坐。賜茶時，額駙並族中人員就坐次，行一叩禮，進酒時，鴻臚寺官引額駙並族中人員出，至階下兩旁排立，進爵大臣進前，跪，額駙並族中人員在殿階下兩旁跪，賜酒時，額駙並族中人員行一叩禮。如額駙係外藩，奏蒙古樂歌，如係朝臣，奏滿洲樂歌。徹饌後，鴻臚寺官引額駙並族中人員至階下謝恩，行一跪三叩禮，皇帝還宫，鴻臚寺官引額駙並族中人員至内右門外，不贊，嚮皇后宫行三跪九叩禮，退。額駙族中女眷於皇后宫筵燕，是日，本司太監設中和韶樂於宫檐下，設丹陛大樂於宫門内左、右，俱北嚮。派出陪燕之公主、福晉等咸蟒袍補服，額駙族中女眷咸朝服，均詣宫門外會集。府屬官視設席，尚膳太監豫設皇后燕桌於寶座前，稍遠設妃、嬪燕桌於寶座東、西兩旁，稍後設陪燕之公主、福晉燕桌於東旁，西嚮，設額駙族中女眷燕桌於西旁，東嚮。張黄幕，設反坫於宫門内正中，壺、爵、金卮具。届時，妃、嬪龍袍補服，由内宫出，各就位次少立，首領太監奏設燕齊備，皇后龍袍補服出宫，儀與燕額駙族中人員於保和殿同，惟引禮、尚膳用太監。賜酒後，南府太監於宫門内階下，奏滿洲樂歌，陳伎，畢，退，引禮太監引額駙族中女眷至階下謝恩，行二肅一跪一叩禮，皇后還宫，公主、福晉出，額駙族中女眷隨出，鴻臚寺官引額駙族中人員，朝服，至内右門外，不贊，行三跪九叩禮，退。如皇后不御燕，妃、嬪舉行筵燕，是日，額駙族中女眷咸朝服，進宫内排立，派出陪燕之公主、福晉，俱蟒袍補服會集，豫備妃、嬪燕桌於皇后寶座兩旁，設公主、福晉燕桌於東旁，設額駙族中女眷燕桌於西旁。届時，妃、嬪龍袍補服由内宫出，各就位次少立，引禮太監引額駙族中女眷排立，行六肅三跪三拜禮，妃、嬪升座，儀與皇后筵燕同。〇凡皇子婚禮，既指婚，則宣制辭，皇子於指婚後由府奏定吉期，並請簡夫婦偕老之大臣一人襄事。届日，襄事大臣偕福晉父，蟒服，詣乾清門東階下，福晉父北面跪，襄事大臣西面宣制，辭曰：今以某氏女，作配與皇子，某爲福晉。福晉父承制，訖行三跪九叩禮，退。擇日，皇子綵服，往見福晉父母，至門，福晉父母及族衆均跪迎於門内外，皇子入，升堂，皇子拜福晉父母，俱拜，出，俱跪送。公主下嫁，指婚後，襄事大臣宣制，辭曰：今以某公主擇配某額駙，其儀與皇子指婚同。納采，則頒賜，皇子納采，其儀幣，金約領一，銜東珠七，大金簪五，銜珍珠各五，小金簪三，銜珍珠各一，金珥六，銜東珠各一，金釧四、金衣鈕百、銀衣鈕二百、製衣貂皮一百四十、製帽貂皮三、製衾褥狐皮二百五十、緣朝衣水獺皮七、采幣表裏一百端、棉三百斤。賜福晉父，金十兩、銀七百兩、狐皮朝衣一、熏貂帽一，金帶、佩飾、韡、襪具，馬一，鞍、轡具；福晉母，銜珍珠金珥六、狐肷袍一、緣朝衣貂皮六，馬一，鞍、轡具。以總管大臣將事，福晉父朝服迎於大門外，入，陳儀幣於堂，陳賜幣於階上，陳馬於中階下，以次授福晉父，福晉父跪受訖，率子弟等序立於中階下之東，望闕行三跪九叩禮，福晉母率諸婦出，序立於中階下之西，望闕行六肅三跪三拜禮，總管大臣退，福晉父送於門外。及婚，總管大臣率屬以迎。皇子成婚，既擇吉，由司會禮部奏進儀注。前一日，福晉家以奩具送皇子宫陳設。届日，皇子蟒服，詣皇帝、皇后前行禮，若妃、嬪所出，並詣行禮。總管大臣率屬官二十人，蟒服，護軍四十名，至福晉第奉迎，豫派隨從、命婦詣福晉家祗候，贊事命婦詣皇子宫内别室祗俟，步軍統領飭屬清道，鑾儀衛備綵輿轎，用紅緞幃，以校尉舁行，福晉家咸綵服以俟，校尉奉綵輿陳於中堂，執事女官以升輿吉時告福晉，禮服升輿，母率諸婦送於庭，父率子弟送於門，太監舁綵輿行，女官隨從，出大門乘馬。總管大臣率屬及護軍前後導護，行至紫禁城門外，衆下馬，步入，女官隨綵輿入，至皇子宫前下輿，女官恭導入宫。合巹吉時届，贊事命婦上合巹酒，皇子與福晉行合巹禮，執事皆退。翌日,皇子偕福晉夙興朝服,内管領妻二人引導,詣皇帝、皇后前,行朝見禮,皇子三跪九叩,福晉六肅三跪三拜,如妃、嬪所出,並詣行禮,皇子二跪二叩,福晉四肅二跪二拜。既婚之九日,行歸寧禮,皇子偕福晉至福晉第設燕,畢,偕還。皇孫、皇曾孫婚禮亦如之。皇孫婚禮,納采,大金簪三、緣朝服海龍皮七、采幣表裏八十端、棉二百五十斤,餘物與皇子同。皇曾孫婚禮,納采,金珥二、金衣鈕六十、銀衣鈕一百三十、采幣表裏五十端、棉一百七十斤,餘物與皇孫同。賜福晉父母物,均與皇子同,惟皇曾孫,用金六兩、銀四百兩。其婚禮儀,均與皇子同。既分府,則於各府第行禮。○凡公主下嫁,則先進其駝、馬、甲冑,公主下嫁,初定日,額駙進一九禮,駝一、馬八,成婚前一日,額駙進九九禮,鞍馬各二九,甲冑二九,駝六,馬二十一。届吉,備羊酒,合巹禮,額駙備羊酒各九,前期,額駙蟒服,率族人詣乾清門外、内右門外,各行三跪九叩禮,府屬官率鑾儀衛校尉以公主奩具詣額駙邸第,内管領命婦陳設。届日,陪送之王福晉,貝勒、貝子夫人,暨總管大臣命婦二人,内管領命婦十人,皆盛服,於宫外别室祗候,贊事命婦豫詣額駙邸别室祗候。步軍統領飭屬清道,鑾儀衛備儀仗綵輿,總管大臣一人、官屬四人、内管領二人、護軍參領二人、護軍校二人蟒袍補服,偕護軍二十名,於綵輿所出宫門前祗候。升輿吉時届,公主吉服,詣皇帝、皇后前行禮,若妃、嬪所出,並詣行禮。命婦導翼升輿,太監舁輿行出宫。儀仗前列,陪送之福晉夫人及隨從命婦登輿隨行,總管大臣、内管領乘騎稍遠導從,參領及護軍乘騎護行,詣額駙邸第。及門,衆下馬,步入,儀仗止,及儀門,各官止,輿入,至廳事正中,輿止,命婦階下下輿,升堂,導公主出輿,福晉夫人下輿,隨公主入室,額駙父禮賓於外堂,額駙母禮賓於中堂,饗各執事人。合巹吉時届,贊事命婦上合巹酒,設燕,額駙與公主行合巹禮,衆退。九日歸寧,行謝恩禮,公主、額駙夙興朝服,公主詣皇帝、皇后及所出之妃、嬪前行禮,額駙詣乾清門外、内右門外行禮,如奉旨入宫,則偕公主行禮。乃具媵送。固倫、和碩公主奩具,凡金珠、簪珥、金銀器物、冠服、衾褥、采幣、朝珠、鞍轡、馬、駝、瓷器、木器、女子、人户、莊頭,並賜額駙朝珠、冠服、玉帶、金帶,各異其數。若下嫁外藩及朝臣,其媵送亦有别。設護衛,固倫公主府,設二品翎頂長史一人、一等護衛二人、二等護衛二人、三等護衛二人、六品典儀二人,其看守,正門派府屬護軍參領一人,護軍校、護軍十人,兩翼門派散秩官一人,領催、披甲各五人,兩角門,每處各領催、披甲十人。和碩公主府,設四品翎頂長史一人,二等護衛二人,三等護衛一人,六品、七品典儀各一人,其看守,正門派府屬護軍校一人,委署護軍校、護軍十人,兩翼門派散秩官一人,領催、披甲十人。其餘八品太監一人,導引隨從府屬官一人,府屬護軍參領一人、護軍校二人、護軍二十人,固倫公主、和碩公主並同。如公主下嫁外藩,已出游牧、暫來京城者,其看守門汛之弁兵,不復出派。各視其爵,以爲差。由内庭下嫁之格格亦如之。由内庭下嫁朝臣之郡主、縣主、郡君、縣君、鄉君納采,均不進禮物,停筵燕。成婚聘禮,郡主額駙,進鞍、馬各七,筵燕,進燕五十席、酒五十缾、羊三十

六、茶五十桶；縣主額駙，進鞍、馬各五，筵燕，進燕四十席、酒四十缾、羊二十七、茶四十桶；郡君額駙，進鞍、馬各四，筵燕，進燕三十席、酒三十缾、羊二十一、茶三十桶；縣君額駙，進鞍、馬各三，筵燕，進燕二十席、酒二十缾、羊十七、茶二十桶；鄉君額駙，進鞍、馬各二，筵燕，進燕十六席、酒十六缾、羊十四、茶十六桶。下嫁外藩之郡主、縣主、郡君、縣君、鄉君納采，均停筵燕，郡主額駙，進駝一、馬四、羊四，成婚聘禮進馬六、牛六、羊六十，筵燕進燕三十六席、酒三十六缾、羊三十六、茶二十八桶；縣主額駙，進駝一、馬三、羊五，成婚聘禮進馬五、牛五、羊五十，筵燕進燕三十六席、酒三十六缾、羊三十六、茶二十八桶；郡君額駙，進駝一、馬二、羊六，成婚聘禮進馬四、牛四、羊四十，筵燕進燕三十席、酒三十缾、羊二十四、茶二十桶；縣君額駙，進馬三、羊六，成婚聘禮進馬三、牛三、羊三十，筵燕進燕二十四席、酒二十四缾、羊二十一、茶十八桶；鄉君額駙，進馬二、羊七，成婚聘禮進馬二、牛二、羊二十，筵燕進燕二十四席、酒二十四缾、羊二十一、茶十八桶，均設燕於額駙第。其奩具等物，各按其爵以頒給，合巹儀與公主同。○凡分封之等五，各頒以儀、衛、莊園與其服物。皇子、皇孫分封，親王、郡王、貝勒、貝子、公，俱特派大臣會同總管大臣，查例奏請辦理，除晉封王公字號移咨内閣，恭迎册寶事宜移咨禮部，應隸何旗及應得藍甲移咨宗人府辦理外，其應給府第，查該旗附近房屋，繪圖奏明，移咨工部修理鋪設，如無現成房屋，亦由工部建造，應給外旗、滿洲、蒙古、漢軍佐領，並府屬三旗佐領、管領之處，移咨領侍衛内大臣，會同該旗並總管大臣奏請給與。其長史、護衛官員，該王公於本屬人員内揀選，移咨兵部，帶領引見補授，應得太監，視該王公現在太監多寡，按例給與。分封王公移居新府，豫期咨欽天監，擇吉奏聞，併奏派王公偕往。是日，總管大臣率府屬官送入新府，並於府屬官内選派年老結髮夫婦二人，在府迎導。其賞給送往人員及執事人等所食桌張、羊隻、奶茶，移咨各該處豫備。王公等移居後，管理家務，奏派總管大臣一人，祭神所用牛、馬、金、銀、緞、布、豕、米、油、麪等物及每日所用米、肉、鵞、鴨，乾、鮮果品，糖、燭、煤炭等項，俱按奏准分例給與。應得盛京等處糧莊，奏派府屬官員前往，會同該處佐領等，照例撥給，應給牲丁及帶地投充人丁、包衣人丁、銀莊，瓜、菜、果園，並金銀器具、冠服、皮幣、弓矢、駝、馬、牛、羊等物，移咨各司院豫備，均按其爵秩以爲差等。○凡修《玉牒》，則以其未載者書之册，移送於宗人府。每十年，恭修《玉牒》時，本司呈請具奏後，由宫殿監督領侍將未經載入《玉牒》《黄册》之皇子、皇孫、公主、格格開送到司，移咨宗人府，敬謹纂入。進春，則奉春山、春牛以藏於殿閣。立春日，禮部、順天府恭進春山、春牛，本司官前期知會宫殿監督領侍，至期，本司官導引至乾清門，宫殿監督領侍恭呈御覽及恭呈皇后懿覽，畢，仍請出，交本司官分藏太和殿、保和殿東暖閣，將上次春山、春牛奉出。○凡列聖、列后大事，則考其儀，會外衙門以供備。歷届列聖、列后大事，由司豫行知會禮部檢稽典禮，工部管繕司備物材、器皿，兵部備守衛，光禄寺、茶膳房、關防衙門備供用，自始事以訖，除服，均本司綜理。妃、嬪以降亦如之。妃、嬪之事,亦由司會同禮部、工部襄理,惟常在、答應之事,則本府專司。〇設陵寢官屬,盛京總管内務府大臣以盛京將軍兼,管理盛京及陵寢事宜。永陵,掌關防官一人,副關防官兼内管領一人,副關防官兼尚膳正一人,副内管領、尚茶副、尚膳副各一人,筆帖式二人。福陵,掌關防官一人,副關防官二人,尚茶正、尚膳正、尚茶副、尚膳副各一人,内管領一人,副内管領一人,筆帖式二人。昭陵,掌關防官一人,副關防官二人,内管領、副内管領、尚茶正、尚膳正、尚茶副、尚膳副各一人,筆帖式二人;東陵,總管内務府大臣,以馬蘭鎮總兵兼;昭西陵,員外郎、主事、尚茶正、尚膳正、内管領各一人,筆帖式二人。孝陵,郎中、員外郎、主事、尚茶正、尚膳正、内管領、副内管領各一人,筆帖式二人;孝東陵,郎中、員外郎、主事、尚茶正、尚膳正、尚茶副、尚膳副、内管領、副内管領各一人,筆帖式二人。景陵,郎中、員外郎、主事、尚茶正、内管領、副内管領各一人,尚膳正、筆帖式各二人;皇貴妃園寢,員外郎一人;妃園寢,尚茶副、尚膳副、委署副内管領各一人。裕陵,郎中、員外郎、主事、尚茶正、尚膳正、内管領、副内管領各一人,筆帖式二人;純惠皇貴妃園寢,尚茶副、尚膳副、委署副内管領各一人;端慧皇太子園寢,尚茶副、尚膳副、副内管領各一人;西陵,總管内務府大臣,以泰寧鎮總兵兼。泰陵,員外郎、主事、尚茶正、尚膳正、尚茶副、尚膳副、内管領、副内管領各一人,筆帖式二人;皇貴妃園寢,主事、副内管領各一人;泰東陵,郎中、員外郎、主事、尚茶正、尚膳正、尚茶副、尚膳副、内管領各一人,筆帖式二人;孝淑皇后陵寢,郎中、員外郎、主事尚茶正、尚膳正、尚茶副、尚膳副、内管領、副内管領各一人,筆帖式二人;妃園寢,主事、副内管領各一人。以供祀事。每月朔、望,小祭,啓神龕,掌關防官、郎中等行禮,尚茶正進茶桌,供乳茶,尚膳正進膳桌,内管領進果桌、獻粉餌,尚茶副、尚膳副、副内管領隨同進獻,尚膳、尚茶、司香人等,遞香盒、燃燭、供爵墊。每年清明、中元、冬至,歲暮及各陵忌辰大祭之期,遣官行禮,俱恭請神牌出龕,各官供獻如儀,妃園寢供獻各員亦如制。〇凡宫庭傳事,皆由太監以達府。設敬事房,屬總管大臣管轄,置總管太監,宫殿監督領侍、正侍,專管大内一切事務。凡奉行諭旨及承行府屬各文移,俱照欽定宫中則例辦理。至本司,設首領太監二人,無品級副首領太監四人,太監六十人,承應一切事宜及傳送敬事房發交文移,如本府應行敬事房文書,亦由本司太監轉送。若奏樂亦如之。司設中和樂處,無品級副首領太監二人,太監八十人,凡遇皇帝御内殿、皇后御中宫所用中和韶樂及行禮所用之丹陛大樂,皆掌於中和樂處,其中和韶樂、丹陛大樂陳樂之次、作樂之節,俱與外朝同。至筵燕,應用觔斗人一百名,由三旗佐領、管領下閒散人挑補,承應樂技。其每歲除夕、元旦,於乾清宫奏樂,正月十四、十五、十六等日,於奉三無私、正大光明殿奏樂,俱由中和樂處太監豫備,所奏樂章皆詳見樂部。〇凡太監之職,自四品以降,凡五等,太監品級,自四品至八品止。四品,宫殿監督領侍,五品,宫殿監正侍、宫殿監副侍,六品,宫殿監執事侍,七品,執守侍,八品,侍監。月給以銀米,每月,宫殿監督領侍給銀八兩、米八斛、公費制錢一串三百，宫殿監正侍、宫殿監副侍均給銀七兩、米七斛、公費制錢一串二百，宫殿監執事侍均給銀五兩、米五斛、公費制錢一串一百，執守侍給銀四兩、米四斛、公費制錢一串，侍監給銀四兩、米四斛、公費制錢七百，筆帖式侍監給銀三兩、米三斛、公費制錢七百，其餘太監，給銀三兩者，米三斛，給銀二兩五錢者，米二斛半，給銀二兩者，米一斛半，公費制錢，均六百文。銀由會計司行户部支領，米由會計司行恩豐倉支領，公費錢由廣儲司行户部支領。其年終恩賞，太監銀二千五百兩，由崇文門稅務支領。陞降遷調，皆咨於吏部。太監遇有陞降遷調，據敬事房宫殿監督領侍來文，移咨吏部。〇凡果園之賦，歲覈其數以具題。南苑果園五，各給地一頃十九畝，别給贍家地各二頃十畝，歲納桃、李，不徵地賦。畿輔果園頭二百九十名，内舊園頭以丁計，每丁給地三十畝，徵銀三兩，家不過六丁，餘丁按差均分，新園頭以地計，每畝徵銀五分，補放園頭，亦以地計，每畝徵銀一錢，共地一千九百十二頃四十畝七釐八毫九絲，應額徵銀七千五百七十三兩有奇，每歲應交櫻桃、杏、文官果、馬兒李、狼發桃、花紅、頻果、葡萄、梨、石榴、柿、核桃、白果、榛、栗等物，均准抵銷錢糧。其園地分屬永平府，屬及延慶、通、滄、薊、涿、易、安、霸、灤、昌平、遵化等州，大興、宛平、房山、順義、三河、東安、鹽山、南皮、武清、懷來、懷柔、臨榆、寶坻、密雲、任邱、定興、安肅、香河、良鄉、新城、豐潤、平谷、淶水、永清、固安等縣。盛京廣寧果園二百四十一，其果園頭六均以丁計，與畿輔同。盛京額徵銀一千五十八兩有奇，廣寧額徵銀三百五十六兩有奇，每歲應交櫻桃、梨、榛子、花紅、山楂、香水梨、雪梨、紅肖梨、野雞等物，俱准抵銷錢糧。其園地分屬遼陽、開原、鐵嶺、義州、牛莊、岫巖等處。畿輔，催長一人、領催八人，連本身各免兩丁，盛京，催長一人、領催五人，廣寧，催長一人、領催三人，各免本身一丁，均於每年十二月奏銷。其徵輸考成及三年比丁之法，均與會計司同。園頭子弟，亦准應試。

果房，掌果，二人，副掌果，二人，司果執事，十二人，掌供祭祀、筵燕之果。奉先殿、壽皇殿、安佑宫、恩佑寺、恩慕寺、福佑寺、坤寧宫、御花園中正殿、慈寧宫佛樓、英華殿、永佑廟、寧佑廟、内城隍廟、昭顯廟、凝和廟、宣仁廟、永慕寺、聖化寺、時應宫等處，每月朔、望及應用餑餑桌時，均供獻各種果品。大高殿、天穹寶殿、欽安殿、宏仁寺、仁壽寺、嵩祝寺等處，諷經道場應用餑餑桌，亦供獻各種果品。至筵燕，果品按時豫備。若内庭之果，各以時而進焉。御茶膳房並皇后、妃、嬪應用果品，各照分例，隨時進奉。如遇巡幸，每次遣六庫庫使一人，由驛馳送果報，除自京三百里以内不議外，其三百里以外，一日能馳逾二百八十里者，爲一等，於應陞處列名，仍賞緞一，能馳二百五十里至二百八十里者，爲二等，賞緞一。如在二百里内者，記過一次，在一百八十里内者，責四十。

贊禮郎，十有七人，掌贊祭祀之禮。

司俎官，五人，掌供祭祀之俎實。司俎官下設司俎十八人、宰牲司俎十人，協供俎實。

神房司祝，十有二人，即薩滿，以上三旗覺羅命婦充，内司祝長二人、司祝十人，每歲均給官用緞二端，紗、綾、綢、絹、杭細各一端，其長二人，加給官用緞一端，由廣儲司領取。司香，三十人，司碓，三十有七人，司爨，十有九人，均以府屬佐領、管領下婦人充，内司香長六人，每月給銀二兩、米二斛，司香二十四人、司碓長六人、司爨長三人，每月給銀一兩、米一斛，司碓三十一人、司爨十六人，每月給銀五錢、米一斛，銀由廣儲司，米由内管領處支領。掌祭祀、祝禱、香供之事。

筆帖式，三十有一人，掌翻譯。

南府、景山管理事務大臣，一人，於内務病大臣内簡充兼管。司員，八人，以内務府宫兼充，内以二員管理壽安宫錢糧庫事務。掌學藝人之承應。南府、景山，各設有印信一顆，南府，額設八品催長一人、拜唐阿催長二人、委署催長三人、拜唐阿七人、委署領催十三人。景山，額設拜唐阿催長二人、拜唐阿七人、委署領催十六人，壽安宫，領催二人、披甲人十二名、蘇拉二名，西檔房，設副催長三人，東檔房，設蘇拉八名，管理承應差務，其學藝人，無定數。

筆帖式，六人，掌給使令。

欽定大清會典卷七十六

會計司，郎中，二人，員外郎，六人，主事，一人，委署主事，一人，掌徵三旗莊賦、園賦而稽其出納。凡選宫女、太監，則掌其政令。〇凡畿輔之莊五百三十有九，畿輔，一等莊六十三，二等莊十，三等莊二十三，四等莊二百十五，半分莊二百十九，豆糧莊六，稻田莊三，在宣化、永平等府及通、灤、霸、涿、易、滄、薊、安、昌平、延慶、遵化、保安等州，大興、宛平、三河、豐潤、玉田、樂亭、平谷、昌黎、盧龍、遷安、香河、青、雄、完、蠡、唐、寶坻、東安、武清、天津、南皮、新城、静海、固安、永清、容城、交河、任邱、新安、良鄉、房山、順義、密雲、懷柔、安肅、定興、淶水、懷來、滿城、萬全、河間、清苑、懷安、高陽、撫寧等縣。盛京之莊七十有六，盛京，一等莊三十四，二等莊五，三等莊五，四等莊三十二，在盛京、興京、牛莊、金州、蓋州、遼陽、熊岳、岫巖、廣寧、鐵嶺、鳳凰城等處。錦州之莊二百九十有六，錦州，一等莊六十六，二等莊四十，三等莊三十八，四等莊一百十五，外納糧莊二十九，納租莊四，納銀莊四，均不分等次，在錦州、寧遠、廣寧、義州等處。熱河之莊百三十有四，熱河莊均一等，在喜峰口、古北口外。歸化城之莊十有三，歸化城莊不分等次，在黑河、渾津等處。打牲烏拉之莊五，打牲烏拉莊不分等次，在吉林城之北。駐馬口外之莊十有五，駐馬口外莊不分等次，均在彌陀山等處。莊各設其長，每莊各設莊頭一人，其缺，各以其親族承充，欠糧或緣事革退及新設之莊，均於本莊及别屬壯丁内選補，除緣罪没入及投充之人選爲莊頭外，餘舊人子弟均准應試。三歲則比其丁數而書於册。每三年編審壯丁，畿輔莊由府委本司官編審，盛京莊、錦州莊、熱河莊、歸化城莊、打牲烏拉莊、駐馬口外莊均由各該處將軍、都統、總管等編審，各具册報府，由府彙册奏聞。凡丁，自二、三歲以上均入册，有逾十歲未報者，不准載入，若莊頭自買之人，亦如之。其自國初投充及無罪撥遣之壯丁内，有力能謀生願退出爲民者，命莊頭報府，聽入民籍。〇凡莊賦，皆準其地以爲額，畿輔各莊，共地九千六百五十頃四十九畝有奇，歲納稻米四百三石有奇，穀、豆、雜糧、油豬、秫稭、草束共折徵銀十萬三千八十七兩有奇；盛京各莊，共地七千一百四十七頃十六畝，歲納銀一千二百四十五兩有奇，糧二萬二千四百二十七石，鵞、鴨各八十四，又，二歲一次納豬二十；錦州各莊,共地一萬二千二百六十八頃二十六畝,歲納米、穀、蘇子、草束、茜草共折徵銀二萬九千六百五十二兩有奇,小根菜二千五百九十瓣,黄花菜、蔞蒿菜各二千五百九十斤,麻四千六百六十二斤,鵞二百九十六,又,三歲二次納豬二十;熱河各莊,共地五千二百七十五頃八十四畝有奇,歲納糧折米一萬五千二百六十四石有奇,雜糧折銀四千四百四十五兩有奇;歸化城各莊,共地一千十四頃,歲納糧一千五百五十三石有奇;打牲烏拉各莊,共地一百四十七頃,歲納糧三千二十四石;駐馬口外各莊,共地二百七十頃,歲納糧折銀二千二百四十五兩有奇。別其正徵、雜徵之數,原定雜糧、菽芻、油,俱爲正徵,豕、鵞,麻、麥、稻、秫、諸秸,蔞蒿、黄花諸蔬,茜草、紅花、線麻、蘇子、芥子、瓢帚、飄翎之屬,俱爲雜徵,嗣惟稻田莊仍徵稻米,其餘各莊正、雜等款,或徵本色,或折色,各另編徵額。以屬於經徵之官,畿輔糧莊由司派催長等徵收,盛京糧莊由將軍派盛京會計司筆帖式、催長等徵收,熱河糧莊由總管派喀喇河屯同知,由司派委署主事、催長等徵收,錦州糧莊由副都統派本司委署主事、筆帖式、催長等徵收,歸化城糧莊由將軍派綏遠城同知徵收,打牲烏拉糧莊由總管派倉官徵收,駐馬口外糧莊由朔平府同知徵收。而考成焉。考成,按各莊應納糧數及折色雜徵統計,編爲十分,莊頭等欠一分者,限一月,欠二分至五分者,遞行給限,照限完納者,免罪,逾限,則革充壯丁,仍按分枷責,欠一分以上者,枷二十日、鞭四十,欠二分以上者,枷四十日、鞭六十,欠三分以上者,枷兩月、鞭八十,欠四分至五分以上者,枷三月、鞭一百,欠六分以上者,均不給限,即革退壯丁,錢糧豁免,仍按分枷責,欠六分至七分以上者,枷四十日、鞭六十,欠八分至九分以上者,枷兩月、鞭八十,欠十分者,枷三月、鞭一百。若輸將急公,閱四、五十年無逋欠者,給八品頂戴,閱二、三十年及經久無欠,因年老告退者,均給九品頂戴,領催於承催之莊,三年無欠者,亦給九品頂戴。其催長官員等,亦編爲十分,除拖欠不至一分者免議外,欠一分以上者,催長鞭二十,領催鞭三十,官員罰俸三月;欠二分以上者,催長鞭三十,領催鞭四十,官員罰俸六月;欠三分以上者,催長鞭四十,領催鞭六十,官員罰俸九月;欠四分以上者,催長鞭六十,領催鞭八十,官員罰俸一年;欠五分以上者,催長鞭八十,降爲領催,領催鞭一百,斥革,官員降一級;欠六分以上者,催長鞭一百,斥革,領催枷一月,鞭一百,斥革,官員降一級,罰俸一年。如一年全完者,官員紀録一次,催長、領催於應陞處記名;三年全完者,官員仍紀録一次,催長、領催於應陞處列名陞轉;六年全完者,官員加一級。凡畿輔莊頭及催長、領催應得賞罰者,均各交慎刑司辦理,其盛京、錦州及口外各處莊頭、催長、領催應得賞罰者,均由各該處自行辦理,仍咨明本司。徵存入於倉,若庫,以共一歲之用,畿輔莊折徵銀兩交廣儲司銀庫,米交官三倉,其祭祀所用紅黏穀亦交官三倉,准於雜糧内抵款。盛京莊折徵銀兩貯盛京户部庫,其糧以一萬石交莊頭窖貯,每年以新易陳,發給入辛者庫人等口糧,以一萬石貯盛京倉,又給各項口糧,餘糧按時價減糶。錦州莊折徵銀兩俱交廣儲司庫。熱河莊折徵銀兩貯熱河庫,發給看守行宫弁兵及太監等,錢糧米貯熱河、喀喇河屯、樺榆溝三處倉内,支放駐防官兵俸餉。歸化城莊徵收丁米貯本城旗倉充餉。打牲烏拉莊徵糧二萬石貯倉，支給俸餉。駐馬口外莊折徵銀兩貯於該廳庫充餉，餘糧按時價減糶、貯庫。歲終，則會覈其數而題焉。畿輔莊，糧於十二月，各莊芻菽於四月，豕穀於二月，盛京及錦州、熱河、歸化城、打牲烏拉、駐馬口外各莊，於文到一月內各具題，均於次年覈銷上年之數。旱澇，則蠲租，畿輔各莊，遇旱澇即報司，由地方官履勘後，具册結於總督，轉達於府，如與原報相符，准蠲免，揑報者，莊頭治罪，盛京等處各莊同，均由總管、將軍、都統、副都統以達部。磽瘠，則減則。各莊地內如有鹵磽、沙瘠，不能按則輸將者，勘實，大莊改半莊，半莊交地方官召佃，其已廢者，豁之。凡地之入官者，徵其糧於州、縣，各莊頭名下撤出、退出並抵項入官各地畝，均由州、縣召佃、徵糧、解送户部，仍將糧數咨司。其絶嗣地畝，至數頃者，七分入官，三分作爲墓田，如有親女、親姊妹者，概以地分給，若親女、親姊妹在别佐領、管領下者，則仍以餘地交地方官徵糧、解部。惟三旗無力回贖地畝，由州、縣徵糧、解司，彙入廣儲司庫收貯。園賦亦如之。畿輔菜園屬於司者三十五，均分隸大興、宛平等縣，園各置其長，每園給畦地一頃八十畝，或以旱地五畝、准畦地一畝，歲各徵銀一百六十二兩。〇凡奉先殿薦新、皇帝嘗新，供其黍、稷、稻、粱。每年奉先殿薦新、皇帝嘗新，應用大黄米、粟米、穈米、高粱、大麥，無定額，均派朝陽門外居住八莊頭交送官三倉，不准抵銷額糧。坤寧宫祀神，則供秫、菽。每年八月朔祀神，豫令朝陽門外莊頭、房山縣莊頭，各納紅黏穀三斗六升，白小豆二升，蘇子二斗，又，豫選六莊，各納白黏穀三斗五升，俱送官三倉，不准抵銷額糧。春、秋立杆大祭，豫選二莊，令各納紅黏穀二十九石五斗二升，皇子分封後，别選二莊交納，俱送官三倉，准抵額糧。至祭祀，應用安春香，每年五月，由司派領催一人，出居庸關採取，交納掌儀司。若禁苑之稻田、麥田，則分設莊長以種藝。南苑稻田設莊頭五人，於各莊遴選承充，各給地三十五畝，瀛臺麥田莊頭，由各莊遴選一人，直年管理，其納賦，由各該處徵收。〇凡餼廩，各辨其等而頒焉。每年盛京捕送鹿、兔官役到京後，給口糧五日，每日官給米二升，役給米一升，由户部支領，每馬日給豆四升、草二束，由盛京豫行支給。打牲烏拉呈進東珠官役，准馳驛赴京，其日給口糧與送鹿、兔官役同。三旗各佐領、管領下拜唐阿、匠役、太監銀米，雍和宫後佛樓道童公費，萬善殿、慈寧宫、暢春園等處太監、和尚，大西天經廠太監、喇嘛銀米，均由各佐領、管領造册移司，查覈後，仍咨回該旗，赴户部及恩豐等倉支領。管領下無業者，人各給以糧。凡管領下俱爲辛者庫人，其無官地者，十歲以上爲一口，月給糧三斗六升，十歲以下爲半口，月給糧一斗八升，由内管領造册送司，轉咨户部支領。其隸張家口外者，由總管造册送司，轉咨地方官給發。其隸盛京於本管領下，由盛京總管大臣給發。至從前緣罪入辛者庫人，其口糧一體支給。三旗賢孝節義應旌表者，咨禮部以具題。三旗佐領、管領下人有賢孝節義者，由司移咨禮部具題請旌。〇凡選宫女，書其氏族、年齒，以備閲，每年於内府三旗佐領、管領及回子佐領、健鋭營番子佐領下，女子年十三歲以上者,造册送司,奏交宫殿監督領侍等帶領引閲,每六人爲一班,挨次帶領。如女子内有嬪以上之親姊妹及親兄弟、親姊妹之女者,另爲一班,先行帶領。入選者留宫,餘令其父母擇配。惟盛京及關内、關外打牲烏拉各莊女子及乳母之女,皆不赴選。既入選,則待其及歲而遣還焉。留宫之女,至二十五歲皆遣還,聽其與八旗及三旗佐領、管領下人等結婚。○凡選乳母、保姥,乳母於各佐領、管領下人内挑選,保姥於在京居住、東三省侍衛官員妻室内能清語者挑選,俱由司造册,送交宫殿監督領侍挑取。月贍以銀、米,每月給乳母、保姥銀二兩、米二斛,復按月加給乳母銀十兩,令别雇以哺其子女。没,則置守塚。乳母殁,則置守塚之人,並給其家口米石。○凡選太監,稽其籍貫,設召募太監牙行二人,由大興、宛平兩縣造册申送,每月各給錢糧一兩。凡有太監投充,均由該牙行赴司報名,如召募太監一人,給賞制錢一串。太監報名後,取具投狀,詢明籍貫,如年在二十歲内及雖在二十歲以外,尚可選充者,均分别在内、在外當差。若年歲過大,或係外省之人,即奏明給親王、郡王府使用,别將該王府二十歲以内太監送進當差,仍行文直省並順天府,咨取印結,存案備查。乃會掌儀司,以驗視而進之。新充太監到司,先移咨掌儀司官會同本司官監視,由掌儀司派出之年老首領太監驗净後,交與宫殿監督領侍挑選當差。新進太監自六、七歲至二十歲者,賞銀五兩,二十歲以外者,賞銀三兩,仍按月給與應食錢糧。米石錢糧由廣儲司支領,米石由恩豐倉支領。老疾,則出爲民,年老及病廢太監,皆放出爲民,發給執照,令回原籍。遇病痊,該地方官查驗確實,仍送府當差。設揑改姓名,投入王公府者,查出,太監治罪,地方官參處。如有潛匿京城者,交步軍統領及内務府番役查拏。至内庭效力,年久緣老病退役,免原籍一丁,仍令宫殿監督領侍等具保,由府給與印票,並行該地方官,亦給與護身印票,任其在京、在籍居住。逃者,罪之。太監私逃,拏獲交慎刑司治罪。○凡王公大臣之太監,各辨其數。親王用七品首領太監一人、太監四十人,郡王用八品首領太監一人、太監三十人,貝勒用太監二十人,貝子及公主、額駙用太監十人,入八分公用太監八人,民公用太監六人,一品以上文武大臣用太監四人,餘均不准私用。其所用太監,俱將年貌、姓名、籍貫咨報本府,移咨掌儀司,轉交宫殿監督領侍等識認,如非宫内逃出者,聽其召募,該王公大臣遇有事故,仍交出送内當差。

筆帖式,二十有五人,内熱河直年一人。掌翻譯,給使令。

三旗莊頭處,郎中一人,員外郎六人,委署主事一人,掌徵莊地之賦税。本處所管銀兩莊頭,有三百兩莊頭一名,地二十七頃,二百兩莊頭十七名,共地三百十六頃三十三畝有奇,一百兩莊頭二名,共地十八頃,又,按地徵銀莊頭一百三名,共地一千一百三十九頃二十九畝有奇,投充人八十二名,共地一千六百八十五項七十六畝有奇,又,蜜户三十六名,共地二百四十八項十五畝有奇,葦户七名,共地一百二十五頃四十六畝有奇。凡莊頭、投充人、蜜户、葦户各名下所領地畝多寡,俱無定額，總計莊地三千一百八十六頃三十七畝有奇，歲應徵銀二萬三千一百三十四兩有奇，穀草十六萬八千五百七十六束有奇，葦三萬二百四十五斤有奇。各莊地坐落直隸、順天府之大興、宛平、良鄉、固安、永清、東安、通州、三河、武清、寶坻、寧河、昌平、順義、密雲、懷柔、涿州、房山、霸州、文安、薊州、平谷，保定府之清苑、滿城、安肅、定興、新城、唐縣、容城、蠡縣、雄縣、新安，永平府之盧龍、昌黎、灤州、樂亭、臨榆，河間府之河間、肅寧、任邱、交河，天津府之天津、青縣、滄州、南皮，正定府之獲鹿，宣化府之懷來、延慶，遵化州及所屬玉田、豐潤，易州及所屬淶水，并定州，凡五十三州、縣。每年應徵錢糧，設催長三名、副催長三名、領催十二名、副領催十二名隨同催徵，分爲十成，除未完不及一分者不議外，其欠一分至六分以上者，官員罰俸降級，催長等鞭責、斥革，各有差。全完者，官員紀録一次，催長等記名陞轉，如將應徵錢糧三年全完者，官員於每年紀録一次外，准再紀録一次，催長等即以應陞之缺陞用，六年全完者，官員加一級。遇有旱澇，由莊頭等報明該地方官，該地方官會同鄰境州、縣官查明被災地畝成數，出具印甘册結送部，咨送内務府，彙總具題。凡被災一分者，蠲免錢糧一成，自二分、三分以上，俱遞次按成蠲免。凡報災，不得過九月内，逾限者，不准呈報。奉先殿薦新，則供禽物。每年正月，奉先殿薦新，需用雛雞、雛鵞各二十一隻，由本處交所屬莊頭備辦，於是月上旬派員恭送奉先殿飯房應用。治其藝植，凡景山等處補栽松柏等樹，據奉宸苑來文開明數目，派各莊頭及投充人等效力栽種，概不准抵除錢糧。備其物用。内管領處、官三倉應用青白柳條線、麻䌰、麻繩、帚等，由本處派催長動用所徵地畝錢糧採買、交送，例價銀一千四百八十三兩有奇，於歲底呈堂具題覈銷。

筆帖式，十有一人，掌給使令。

營造司，直年大臣，一人，每年於總管大臣内欽派管理。郎中，二人，員外郎，八人，主事，一人，委署主事，一人，掌宫禁之繕修，率六庫、三作以供令。○凡駕出、入，前期咨各衙門以清蹕，皇帝出、入，如在城内，則移咨步軍統領衙門，如在城外，並移咨工部街道廳，皆先期潔除御道，皇子出、入同。皇后、妃、嬪出入，陳步幛。皇后、妃、嬪出入，本司太監設步幛，其移咨步軍統領及工部街道廳，與皇帝出、入同，公主出、入並同。祭祀，供楊、葦，祭奉先殿、内城隍廟等處，焚制帛所用楊木、葦柴，咨工部領取。歲時進鐙，則供役。每年宫中進鐙、出鐙，均派員率領催、蘇拉會同廣儲司官進内。○凡六庫，一曰木庫，二曰鐵庫，三曰房庫，四曰器庫，五曰薪庫，六曰炭庫，外有圓明園薪炭庫亦由司管理。三作，一曰鐵作，二曰漆作，三曰炮作，皆貯其物材，各庫作需用紫檀、花梨等木，咨造辦處領取；鐵紙、魚膘、牛筋、黄丹、顔料，並年例寫檔案所用銀硃，咨户部領取；杉木、桅木、杉篙、榪木、椶椶絲、椶毯、葵藤、葵藤皮、毛竹、黄花竹、火硝、硫黄、琉璃瓦，咨工部領取;線麻、木槓,咨内管領處領取;綵綢、紗布,咨緞庫領取;絲絨、高麗紙,並各工作應用銀珠、黄丹,咨茶庫領取;楊木、椴木由伐木軍丁交納;斑竹由織造交進;車軸由盛京將軍衙門咨取。灰煤、薪炭、席箔、甎瓦、石桐、油漆、竹竿、鐵渣、椶繩、竹槅漏、松木等物由司採買,所有採買各項工程物料銀兩,由官房租庫咨領,花炮作採買各物料銀兩,由廣儲司咨領。萃其匠役。木庫,椙木匠三十名,内旗缺五、民缺二十五;木匠四十四名,内旗缺四十二、民缺二;雕匠三十名,内旗缺二、民缺二十八;鋸匠三十六名,内旗缺十三、民缺二十三;捲胎匠八名,内旗缺二、民缺六;車匠六名,内旗缺二、民缺四;鏇匠七名,笛匠一名,俱旗缺;桶匠六名,鋪筋匠二名,攢竹匠二名,頂子匠二名,菱花匠二名,俱民缺。鐵庫,扳絲匠六名,俱旗缺。房庫,瓦匠五十五名,内旗缺五十、民缺五;山子匠十二名,内旗缺七、民缺五;繩匠十三名,内旗缺九、民缺四;井匠五名,内旗缺三、民缺二;綵子匠三名,内旗缺一、民缺二;平子匠三名,内旗缺一、民缺二;搭材匠二十七名,石匠十八名,管子匠三名,俱民缺。器庫,翎毛匠二名,内旗缺一、民缺一;織籐匠五名,内旗缺一、民缺四;彈子匠四名,簾子匠三名,籠子匠一名,俱旗缺;藥欄匠四名,線匠二名,劈竹匠四名,纒藤匠十名,草子匠八名,俱民缺。炭庫,香餅匠二名,俱旗缺。鐵作,鐵匠七十七名,俱旗缺。漆作,油匠四十四名,内旗缺三十二、民缺十二;漆匠二十二名,内旗缺十五、民缺七;彩漆匠十名,内旗缺八、民缺二;畫匠五十名,内旗缺三十三、民缺十七;裱匠六十一名,内旗缺四十六、民缺十五;界劃匠二名,内旗缺一、民缺一;雨衣匠二名,内旗缺一、民缺一;艙匠十名,劚花匠四名,攞錫匠二名,俱旗缺;刷印匠四名,繖匠三名,瀝粉匠一名,銷金匠二名,摺經匠一名,燙胎匠一名,戧金匠二名,俱民缺。炮作,盒子匠十五名,内旗缺二、民缺十三;軟鐙匠二十名,内旗缺二、民缺十八;花炮匠十八名,内旗缺二、民缺十六;起火匠十三名,内旗缺五、民缺八。旗缺由佐領、管領下挑取,民缺移咨户、工二部召募,月各給銀一兩米八斗八升,旗缺由該佐領、管領下領給,民缺附於各旗鼓佐領下領給。其搭材匠,如遇搭蓋棚座之日,每名添給制錢三十文,若額設匠役不敷,准其另雇民匠,每名日給制錢一百四十文。至召募椙木匠、漆匠、彩漆匠,每年夏季各給布袍衫一,冬季各給布棉袍襖一,二年一次給羊皮袍一、狐皮領一,移廣儲司領取。修造,則覈其工與料之數以題銷。内庭修理支發等事及各司院廨署器具黏修、成造,並宫殿内銅、鐵缸應用木蓋、鐵屜,年節筵燕食盒,各佐領、管領下激筒,皇子娶福晉應用轎、車,並皇子茶飯房應用木器,公主、格格下嫁應用木器,琉球官生入國子監讀書應用木器,圓明園並東路、西路、北路各行宫門簾、雨搭、毛毯,均由司造給。其昆明湖水操船每年苫蓋、油艙,由司會同健鋭營辦理。所用工料,司設估算人十六人,估計勘覈,每月將領過工部物料繕摺入奏,至冬至奏請派員會同工部將一年領用各款查對具奏,其餘由各部、各該處領用。物料、銀兩並徵收各項錢糧數目,均於次年五月題銷。○凡内庭工作,率役以太監,司設首領太監一人,副首領太監二人,太監三十人,遇宫殿内有損裂、滲漏之處，經直年大臣於每年秋季派員監修時，其匠役人等由太監率領進内，至各壇、齋宫及附近圓明園三山，亦均由司監修。紫禁城内歲修，皆董焉，紫禁城内如遇重大工程，由司奏咨工部會同辦理，或由各該處奏請欽派大臣估修。其尋常歲修工程，俟各内管領將所屬應行修理處所咨報到日，均由司黏修、糊飾。至紫禁城溝渠，每年二月淘浚一次，城上之草，每年三伏及十月各芟拔一次。各定以保固之限。宫殿内歲修工程，均限保固三年，其餘新建工程，並拆换大木重新蓋造者，保固十年；挑換椽望、揭宼頭停者，保固五年；新築地基成砌石甎牆垣者，保固十年；不動地基照依舊式拆砌到底者，保固六年；補修拆砌者，保固三年；新築地基成築三和土牆者，保固十年；不動地基照依舊式成築者，保固五年；新築常例灰土牆，保固三年。如限内傾圮者，監修官賠修。至夾隴捉節，並築素土牆，均不在保固之例。○凡皇城内，設巡役以察視。巡皇城頭目四人，巡皇城十二人，隨時巡察。有興作者，禁其侵占，皇城内有臨街房屋倒壞，復行修理者，巡皇城頭目即行查勘，令照舊址蓋造，不得侵占街道。遷移者，移會於步軍統領。皇城内居住旗人，如移居城外，該佐領、管領具結本司鈐印，移會步軍統領衙門。若門吏，則别其地而置焉。東華門、西華門門吏各七人，景山北上門門吏六人，東、西柵欄門門吏各五人。○凡徵收，别其灰項、炭項、炸項之屯地，以納賦。設灰軍、炭軍、炸軍三項屯，千總各二人，把總各四人，管屯事，外郎四人，司簿籍，每人各給地三十五畝，不納錢糧。灰軍二百八十一名，各給地三十五畝，應各徵銀一兩七錢五分，草子匠八名，各給地四十二畝，應各徵銀二兩一錢，計折交内管領荆筐一百八十三箇，每箇銀二分五釐，青白灰四十四萬八千六百四十四斤，每萬斤銀十一兩二錢五分。炭軍二百七十九名，各給地三十五畝，應各徵銀一兩五分，又，餘丁三名，共應徵銀三十六兩五錢，計折交内管領荆筐一百八十一箇，每箇銀二分五釐，黑炭八萬五千七百七十八斤十二兩，每千斤銀三兩三錢七分五釐，白炭三千三百七十一斤四兩，每千斤銀十兩五錢。炸軍二百八十五名，各給地三十五畝，應各徵銀一兩五分，草子匠三名，各給地四十二畝，應各徵銀一兩二錢六分，計折交内管領荆筐一百八十二箇，每箇銀二分五釐，炸煤十八萬八百九十五斤，每萬斤銀十六兩五錢，俱徵交廣儲司。又，炭軍、炸軍，每名應徵草三十五束，草子匠每名應徵草四十二束，均徵交會計司。三屯共設催長一人、委署催長一人、領催五人，專司徵催三項錢糧，其徵輸賞罰及三年比丁之法，並與會計司同。各軍丁子弟，亦准考試。軍丁之伐木者，亦如之。密雲縣等處，設三旗伐木屯，千總各一人，軍丁共九十名，每年交徑八寸椴木九十九丈、徑七寸椴木十二丈六尺、楊木板五百四十塊、木掀一百三十五、扁擔二百二十五。○凡編長夫之法，佐領下十六丁而出一夫，管領下八丁而出一夫，三旗佐領、管領下，除官員、報事人、護軍、馬甲及匠、役人等不編夫外，其餘佐領下每地三十畝爲一丁，合十六丁，編長夫一名，管領下亦每地三十畝爲一丁，合八丁，編長夫一名，共額定長夫二百五十八名。月徵其夫銀，以免役。每長夫一名，月徵銀二錢一分七釐七毫，閏月同，以備紫禁城内、外及圓明園雇夫運送物材之用。

木庫，庫掌，二人，副庫掌，二人，庫守，十有一人，其直年司官由堂派充，無定員，各庫作同。掌供木材。

鐵庫，庫掌，二人，副庫掌，二人，庫守，四人，掌供鐵炸。

房庫，庫掌，二人，副庫掌，二人，庫守，十有一人，掌供石瓦，設棚座。每年宫内搭蓋凉棚、罩棚、氊棚所用繩木、席氊等物，拆卸後，除不堪應用外，其餘均分别存貯。

器庫，庫掌，二人，副庫掌，二人，庫守，八人，掌造藤、竹之器。凡器物，皆貯焉。

薪庫，庫掌，二人，副庫掌，二人，庫守，七人，掌供内庭之薪。每年供用内庭，並圓明園各處薪炭及煤供，於易州設廠採買，額用銀三萬五千八百兩有奇，又，津貼銀三千兩，均由廣儲司支領。

炭庫，庫掌，二人，副庫掌，二人，庫守，八人，掌供内庭之炭。圓明園薪炭庫，庫掌，二人，副庫掌，二人，庫守，七人，掌供圓明園之薪炭。

鐵作，司匠，一人，兼管漆作。委署司匠，一人，掌造鐵器漆作。委署司匠，一人，掌設色繪畫之事。如遇裱糊之事，亦由漆作辦理。

炮作，直年大臣，一人，每年於總管大臣内欽派管理。庫掌，一人，副庫掌，一人，庫守，三人，掌造花炮。筆帖式，二十有五人，掌翻譯，給使令。

慶豐司，直年大臣，一人，每年於總管大臣内欽派管理。郎中，二人，員外郎，八人，主事，一人，委署主事，二人，掌牧牛羊之政令。○凡牛羊之牧於京者，别以廐，置内牛圈二、在皇城内，額養牛一百三十五，内騸牛十二、乳牛一百十二、犆牛六、牡牛二、青牛一、黑牛十一。外牛圈二，在南苑，一犢牛圈，額養牛一百三十一，内騸牛十二、犆牛二、牡牛二、青牛二、乳牛一百十、耕耤黄牛三，一乳餅牛圈，額養牛五十九、内乳牛五十五、犆牛二、牡牛二。羊圈六，在豐臺，額養羖羊一千七百，内一等者七百、二等者一千，又，黑羊十五、格地羊十七、烏珠穆沁羊二十。其每歲，蒙古四十九旗各進羊一，即入於一等羊内。設廐長、内、外牛圈及羊圈，每圈一人，月各給銀二兩，每季各給米五石三斗，其由筆帖式、拜唐阿、護軍補授者，俱食本身錢糧。廐副、内牛圈、羊圈，每圈二人，外牛圈共三人，其應給銀、米與廐長同。廐丁，内、外牛圈及羊圈各十二人，月各給銀一兩，每季各給米二石六斗。而任以牧事。内、外牛圈，直年司官二人，羊圈，直年一人，均於本司員外郎内派兼。○凡大祭祀，供黝牛、全牛，常祀，則供羊，壇、廟大祀，每次供黝牛一；坤寧宫四孟月祀神，每次供全耳騸牛二；皇子分封後初次祀神，供全耳騸牛一；奉先殿恭遇聖誕、忌辰，並清明、端陽、重陽、霜降等四節致祭，每次供羊二；内城隍廟、永佑寺恭遇萬壽聖節及秋季致祭,每次供羊二;襄昭親王園寢,每年清明、中元、歲暮三次致祭,各供羊一;曹八里屯格格墓及襄昭親王園寢之格格墓,每年清明、歲暮兩次致祭,各供羊二十六。皇帝親耕,供耕牛,每年皇帝親耕,供黄牛一,由順天府移取,耕耤畢,仍歸南苑牛圈牧養,其不堪用者,亦留養本圈。如遇倒斃,令順天府和買補額。燕饗,供饌羊。每年保和殿、正大光明殿、山高水長筵燕,均由掌儀司咨給羊隻。凡御膳,乳牛、脩羊日備進焉。御茶、膳房每日乳餅、乳酪,俱由牛圈取乳,脩羊由羊圈取用。巡幸,則飼於途以應用。凡巡幸,備用牛、羊,俱無定額。乳牛由茶房撥派,羊由膳房撥派,本司如數豫備。隨往沿途,餧牛草豆,呈明移付會計司分派,各莊頭按站領取,羊隻即於餧牛草豆數内隨帶餧養,其沿途所用羊隻支張照例按站賞給莊頭,其裹載牛犢、羊隻並需用物件、車輛,酌量足用,呈明移付辦理車輛官員處領取。皇子、公主婚嫁,供禮羊、禮牛。皇子婚禮,初定用羊三十六,成婚用羊四十五,合巹用羊五,給來使用羊四。如親王等之子,由内庭婚娶者,均據掌儀司奏准羊數給與。凡公主初遇喜生子,給牛四、羊四十,生女,給牛二、羊二十,郡主生子,給牛二、羊二十,縣主、縣君生子,各給牛二、羊十。公主初回蒙古部落,沿途日給羊二,每七日給牛一,陪嫁人每户給駕車牛二,郡主、縣主,日給羊一,陪嫁人每户給駕車牛一,均據掌儀司咨文給與。喇嘛諷經,供牛、羊,既事,則入圈。每歲元日,中正殿諷經,用黑乳牛一、黑羊一,每月初二日、十六日諷經,用白騸牛一、白騸羊一,均於内牛圈及羊圈咨取,每年湯山於驚蟄時諷經,用紅乳牛一,於外牛圈咨取,用畢後,仍歸各原圈牧養。凡供餅、酪,皆有常額。供應内庭乳餅、乳酪,每牛額取乳二斤,皇帝用乳牛五十,皇后用二十五,貴妃用四,妃用三,嬪用二,貴人、常在於各分例内隨用,皇子娶福晉後用八。其外牛圈成造乳餅,每月英華殿供獻大白乳餅,自四月至八月,各二百十箇,九月至次年三月,各一百二十六箇。其壽皇殿、安佑宫,每月朔、望二次,供獻白乳餅五百四十箇。〇凡供牛,内圈不足,則取之外圈,外圈不足,則取之牧群,供羊亦如之。内牛圈遇有添補、更换,由外牛圈取用,遇有裁減,亦交外牛圈餧養。其外牛圈之牛、羊圈之羊,每年行文張家口總管,交各群揀選牛二百隻至二百五六十隻不等,羊八、九千隻不等,委員送京交圈,仍由京派厩長一人、厩丁二人至張家口,會同揀選護送來京直年大臣,率同司官驗看,如有疲瘦者,將該總管並委派之員參處治罪,仍將牛、羊駁回更换。至送交牛、羊時所過地方,嚴查盜换,將查過之處出具印結,交取牛、羊人員帶回。其各圈内如有齒老傷殘者,牛交順天府變價,羊交膳房酌量應用,或交暢春園飼虎。其孳生乏乳之牛,撥交張家口牧放。〇凡牧牛、羊,夏則出青,冬則入圈,牛,除内圈及外圈耕耤牛不出青外,其餘各牛均於四月初一日赴南苑出青,牧放至十月十一日入圈。羊,除烏珠穆沁羊二十隻、格地羊十七隻、黑羊五隻均不出青外,其餘一等羊於四月初十日出青,牧放至九月二十五日入圈,二等羊於三月十五日出青,至十月十五日入圈。各定以芻菽之額。内圈,每神牛一,日給豆七升二合,穀草二束;乳牛,日給豆二升,糟四升,穀草二束;其犆牛、牡牛、青牛、黑牛,每牛日給豆三升六合,穀草二束。外圈,每耕耤牛一,日給豆三升六合,穀草、羊草共一束半;其神牛、犆牛、青牛、牡牛、乳牛,除出青外,每牛日給豆一升,糟三升,穀草、羊草共一束半;乳餅牛圈内乳牛、犆牛、牡牛,除出青外,每牛日給豆一升五合,糟三升,穀草、羊草共一束半。羊圈,烏珠穆沁羊、格地羊、黑羊、一等羊,除出青外,每羊日給豆一升八合,二羊共給穀草、羊草一束;二等羊,日給豆九合,三羊共給穀草、羊草一束。所用穀草由廣儲司領銀採買,豆由户部支領,羊草由南苑支領。○凡牛、羊,皆烙以印。每年張家口外三旗牛、羊群送到牛、羊,於驗看後烙用官火印入圈。其游牧處,牛、羊群亦隨時烙印。如所用鐵印年久損壞,均呈明移咨武備院繳换。歲察其肥瘠,每年一次查看圈内牛、羊,如較別圈疲瘦者,厩長罰俸六月,厩副鞭五十;二年俱屬疲瘦者,厩長罰俸一年,厩副鞭八十;三年俱屬疲瘦者,厩長革職,厩副各鞭一百,充當厩丁。斃,則入其皮,凡圈内全耳騸牛、耕耤黄牛遇有倒斃者,俱行瘞埋,乳牛、騸牛、青牛、犆牛、牛犢遇有倒斃,皮張移送武備院,倒斃羊皮,併每月膳房用過羊隻皮張,俱移送廣儲司。倒斃牛、羊肉,據奉宸苑咨文,交送景山、暢春園、圓明園等處餧虎及飼鷹鷂,如奉宸苑行文停止,牛肉瘞埋,羊肉交厩長等鬻賣,一等羊每隻作銀三錢,二等羊每隻作銀二錢,每月將倒斃牛、羊數目併所賣銀兩,呈明移交廣儲司。至張家口外及達里岡愛各群,如有倒斃牛皮,解交武備院,倒斃羊皮,换羊補額。三年,則彙覈其數而懲之。三年一次,查覈倒斃牛、羊,除瘟疫倒斃者不議外,每牛百隻倒斃十三隻以上,羊百隻倒斃十隻以上,厩長鞭八十,厩副鞭五十。凡羊,春、秋入其毛。春、秋二季,共翦取羊毛四百八十斤,交納武備院。其口外各群所翦羊毛,計四十六斤,折交羊一隻,入群牧放。○置牧場於邊外。凡牛群,牧場三,張家口外察哈爾三旗,共額設牛群四十。正黄旗,牛群十三,其牧場寬九十里,週圍三百二十里,南至台賚嶺,與張家口同知所屬官地連界,北至額爾吉圖山梁,與本旗牧羊場連界,東至沙喇呼都克,與王公牧場連界,西至俄卜圖諾爾,與本旗牧羊場連界。鑲黄旗,牛群十四,其牧場寬一百里,週圍四百二十里,南至西巴爾泰、哈畢爾噶布拉克,與本旗察哈爾游牧連界,北至木壘庫楞業克烏蘇,與王公牧場連界,東至達吉山邱,與太僕寺左翼馬場連界,西至哈木呼俄卜圖庫楞勒山坡,與太僕寺右翼馬場連界。正白旗,牛群十三,其牧場寬六十里,週圍二百八十里,南至趙奈曼粟未,與多倫諾爾黄寺喇嘛牧場連界,北至巴噶達噶諾爾,與本旗牧羊場連界,東至札噶蘇台諾爾南拜圖察漢,與正藍旗察哈爾游牧及王公牧場連界,西至霍朵多諾爾,與本旗牧羊場連界。羊群,牧場四,張家口外察哈爾三旗,共額設羊群一百四十。正黄旗,羊群五十,其牧場寬一百里,週圍四百二十里,南至業克塔爾喀朗拜甡圖,與本旗牧牛場連界,北至察漢齊老台,與本旗察哈爾游牧連界,東至達察烏蘭肅穆,與商都達布遜諾爾牧場連界,西至呼普山梁,與本旗察哈爾游牧連界。鑲黄旗,羊群四十,其牧場寬一百四十里,週圍四百六十里,南至固爾班諾爾,與本旗察哈爾游牧連界,北至諾衮努嚕博羅托哩木山,與蘇尼特扎薩克游牧連界,東至額爾吉訥克山,與本旗及正白旗察哈爾游牧連界,西至阿魯齊倫翁果綽烏蘇,與本旗察哈爾游牧連界。正白旗,羊群五十,其牧場寬一百里,週圍六百里,南至霍雅爾本巴,與太僕寺右翼馬場及本旗牧牛場連界,北至昂吉爾圖諾爾西呼魯蘇圖博羅沙邱,與正藍旗察哈爾游牧連界東,至巴延謂隆野地,與正藍旗察哈爾游牧連界,西至察罕沙邱,與鑲白旗察哈爾游牧連界。達里岡愛羊群八十,其牧場即馬駝場。設典牧之官,各率其屬而任以牧事。管理三旗牛、羊群都統兼總管一人,凡張家口外、達里岡愛小總管,皆其所屬。張家口外三旗牛、羊群小總管一人、副總管二人,牛群、羊群協領各三人,委署協領各六人,每群牧長一人、牧副一人、牧丁六人,筆帖式十二人、效力筆帖式二人、防禦三人、驍騎校四人、護軍校十二人,俱在群兼協領並牧長等差,護軍三百十三人,内二百十三人在牛、羊群兼牧副、牧丁等差。達里岡愛羊群小總管一人,即馬駝群小總管兼任,翼長三人、委署翼長六人,每群牧長、牧副、牧丁與張家口外同,筆帖式二人、防禦一人、護軍校五人,俱在群兼委署翼長並牧長等差,委署驍騎校二人,護軍二百一人,内一百五十七人兼牧長、牧副、筆帖式、牧丁等差。其小總管以下各官,皆用察哈爾。總管大臣遣府屬官以直年,五年則更調。每五年一次,由司遣委署主事一人、筆帖式一人,赴張家口外直年,隨同都統辦理牛、羊群事務,至五年期滿,委署主事即以在京主事陞用,其筆帖式即陞爲該處委署主事。歲覈其數以具題。京城各圈牛、羊出入數目,每年於二月題銷,其張家口外、達里岡愛及盛京、養息牧、打牲烏拉牛群、羊群出入數目,均據各該處奏到後一月内查覈具奏。若盛京,盛京,黑牛館,額養黑牛七十、羊三百五十,設厩長六人,食二兩錢糧,厩丁三十六人,食一兩錢糧;乳牛館額養乳牛一百、牛犢一百,設厩長二人,食二兩錢糧,厩丁六人,食一兩錢糧,其牛、羊供三陵及都城隍廟祭祀,均由養息牧牛、羊群交送,每年由盛京將軍造册咨報。若養息牧,養息牧,舊蘇魯克,額養牛二千羊一萬,各分九群,設翼長二人,食二兩錢糧,其副翼長四人,牧長十四人,均食一兩錢糧,每二人管牛一群、羊一群。新蘇魯克,額養牛二千,分九群,設牧長一人,食二兩錢糧,副牧長一人、領催二人、牧丁十五人,均食一兩錢糧,每二人管牛一群,黑牛一千,分四群,設翼長一人,食二兩錢糧,其副翼長一人、牧長三人,均食一兩錢糧,每一人管牛一群。至新、舊蘇魯克牧場,在養息牧邊門外,週圍二百五十餘里,東至賓圖王界,西至土默特貝勒界,南至邊柵界,北至庫倫喇嘛界,每年交送黑牛、乳牛,並種盛京禮部官地,其出入數目亦由盛京將軍造册咨報。至均齊之年,由盛京將軍派員辦理其孳生額數,與張家口外三旗同。若打牲烏拉,亦如之。打牲烏拉五莊屯養牛四百餘隻,供該屯種地之用,由屯丁牧養,每牛三隻三年額取孳生牛一隻,每年由打牲烏拉總管造册咨報。○凡分群之法,牛三百爲一群,羊千有一百爲一群。群設駝一、馬三,牡馬一,牝馬二。以供差。所設應差駝、馬,每年百隻内倒斃不准過五隻,如逾數,令該管官賠補。及歲,則遣侍衛以均齊之。牛群六年均齊一次,羊群三年均齊一次,每届均齊之年,張家口外三旗,每旗各遣侍衛一人,達里岡愛亦遣侍衛一人,俱由在京領侍衛内大臣奏派後,會同該處總管將牛群、羊群詳查額數,如有孳生蕃盛者,别爲添群。五牛六歲而課二犢,三羊三歲而課一羔,三馬三歲而課一駒,視其群數之息耗,以差其賞罰。牛群於六年均齊時,每五牛應孳生二犢,羊群於三年均齊時,每三羊應孳生一羔。其孳生之犢,除補例斃外,餘犢一頭至十頭者,賞牧長毛青布二十疋、牧副十疋,餘十一頭至二十頭者,賞牧長毛青布四十疋、牧副二十疋,餘二十一頭以上者,賞牧長毛青布六十疋、牧副四十疋。如缺額一頭至十頭者,牧長、牧副各鞭四十,缺額十一頭至二十頭者,牧長、牧副各鞭五十,缺額二十一頭以上者,牧長、牧副各鞭六十。該管協領按十二群覈計,如七群、八群得賞者,賞協領鑲領袖羊皮裹緞袍一件、毛青布十疋,如九群、十群得賞者,賞協領狼皮端罩一件、毛青布二十疋,如十一群、十二群得賞者,賞協領狼皮端罩一件、鑲領袖羊皮裹緞袍一件、毛青布二十疋。如七群、八群得鞭責者,罰協領俸六月,九群、十群得鞭責者,罰協領俸一年,十一群、十二群得鞭責者,協領降一級留任。委署協領賞、罰與牧長同。該管小總管按所管群數,贏餘至五百頭者爲一成,積三成則各加一級,缺額至二百頭者爲一成,積三成則各降一級。其孳生之羊,除補倒斃外,餘羊一隻至八十隻,不應得賞,自八十一隻至一百六十隻,賞牧長毛青布二十疋、牧副十疋,自一百六十一隻至三百二十隻,賞牧長毛青布四十疋、牧副二十疋,自三百二十一隻以上,牧長賞毛青布六十疋、牧副四十疋。缺額一隻至一百隻者,牧長、牧副各鞭四十,缺額一百一隻至二百隻者,牧長、牧副各鞭五十,缺額二百一隻以上者,牧長、牧副各鞭六十。該管協領、翼長按十二群例覈計,如七群、八群得賞者,賞協領、翼長鑲領袖羊皮裹緞袍一件、毛青布十疋,九群、十群得賞者,賞協領、翼長狼皮端罩一件、毛青布二十疋,十一群、十二群得賞者,賞協領、翼長狼皮端罩一件、鑲領袖羊皮裹緞袍一件、毛青布二十疋。如七群、八群得鞭責者,罰協領、翼長俸六月,九群、十群得鞭責者,罰協領、翼長俸一年;十一群、十二群得鞭責者,協領、翼長各降一級留任。其委署協領、委署翼長賞、罰,均照牧長之例。小總管、副總管按所管群數,贏餘一千者爲一成,至三成各加一級,缺額八百者爲一成,至三成各降一級。其駝、馬息耗之賞罰,與上駟院馬群同。○凡牛乳,供以歲額。每年張家口外三旗牛群額交膳房乳油一千三百九十七斤八兩,乳餅六百十九斤,乳酒二千五百三十斤。運送乳酒等物至京,其駕車牛隻,自到京日起,每牛日給草二束,移會計司咨取,其回程時,每牛日給草一束,移户部給票,按票支領。○凡牧場隙地,徵其糧以儲備。張家口外游牧處,自英額爾活羅至蘇拜活羅蒙古等開懇地畝,共交穀五百石,折交米二百五十石,每年徵收貯於萬全縣倉,如遇蒙古等米糧不接之時,令該總管奏請借給。秋收時,如數徵收入倉,如遇偏災,亦按分數豁免糧石。

筆帖式,十有四人,掌翻譯,給使令。

犧牲所，直年大臣，一人，於總管大臣内簡派，一年更代。司官，二人，一由慶豐司兼充，一由各司兼充，二年更代。掌牧祭祀之黝牛。犧牲所向隸太常寺管理，乾隆二十六年改屬内務府，設廄長一人、廄副二人、廄丁七人、所軍十九人、草夫二十人。廄長、廄副、廄丁應給銀、米與牛圈同，所軍，月各給銀三錢九分，歲各給布四丈、棉花一斤，草夫，月各給銀一兩、米一斛。額養黑牛一百十隻，由張家口外三旗牛群揀選送京，如不足，由順天府採買，分牧三圈，頭圈站牛八十隻，二圈續牛八十隻，三圈備養牛六十隻。頭圈、二圈，每牛日給豆四升、糟六升，八月至三月，日給穀草一束、羊草一束，四月至七月，日給穀草二束，俱不出青。其第三圈，於四月至九月出青，十月至三月所用草、豆減半支給。每年牛百隻准倒斃十二隻。至每年祭祀，應用豬四百餘隻、羊四百餘隻，由左、右兩翼採買，每翼歲交銀八百兩，作牧養之費，以其贏餘給該所官二成，太常寺官八成。

欽定大清會典卷七十七

慎刑司，郎中，二人，員外郎，四人，主事，一人，委署主事，一人，掌讞三旗之獄。○凡讞獄，笞、杖皆決之，徒以上則咨刑部按焉。佐領、管領下人獲罪及互控，並各部院衙門咨送審議者，罪在杖一百以下，即議結，至徒以上，移送刑部定案。其軍流、徒罪折枷及本罪應枷之犯，皆送刑部枷示，滿日仍由部責放，應刺字者同。凡應杖責、鞭責者，司設鞭隸六人，以掌刑。如審理重案，有應夾訊者，移咨刑部取刑具，並用刑人役，有應檢驗死傷者，亦移咨刑部委官率仵作、穩婆會同檢驗。旗民交涉者，亦如之。旗民交涉之案，亦量其罪之輕重，分別辦理。凡莊頭、鷹户、海户，以民論。近京各州、縣居仕之莊頭、鷹户、海户人等，如犯軍流、徒罪，照民人例定擬，不准折枷，惟内管領下及旗、鼓佐領下人有犯軍流、徒罪者，照八旗漢軍例折枷。若奉旨交訊，罪應死者，會三法司以定擬。凡奉特旨交訊及首告機密，事干職官，奏請推鞫之案，罪應死者，皆會同三法司審擬，由府主稿其題，得旨交刑部，依原題治罪。科罪各以律，審擬罪案，俱依刑部律例定擬。文武官之處分亦如之。本府文武官處分，俱依吏部、兵部《則例》，由司移咨都虞司，將應議各官查明有無加級、紀録、降罰等案，分别定擬。如奉旨查議外旗大臣官員，由司移咨各該旗查覆辦理，若奉特旨交部者，由司將職名咨部議處。凡太監之罪，比刑律以治之，輕重各以等。太監犯賭博、竊盜、酗酒、失火等罪，俱比照刑律覈擬。其初次私逃，自行投回，在一月内者，責三十板交進，減食一兩錢糧一年，在兩月内者，責三十板交進，減食一兩錢糧二年，在三月内者，責三十板交進，減食一兩錢糧三年，在三月外者，責四十板交進，減食一兩錢糧四年。初次私逃被獲，枷一月，責三十板，交總管太監撥在外圍當差，減食一兩錢糧十年，如初次私逃係越省遠颺被獲者，即發黑龍江給兵丁爲奴。二次私逃，俱自行投回者，枷一月，責三十板，交總管太監撥在外圍當差，減食一兩錢糧十年。初次私逃被獲，二次私逃自行投回者，枷二月，責四十板，交總管太監撥在外圍當差，減食一兩錢糧十年。三次私逃，俱自行投回者，發往吴甸鍘草三年，責四十板，滿日交總管太監撥在外圍當差，減食一兩錢糧十年。初次私逃自行投回，二次私逃被獲者，發往吴甸鍘草三年，責四十板，滿日交總管太監撥在外圍當差，減食一兩錢糧十年。如初次私逃自行投回，二次私逃係越省遠颺被獲者，責四十板，發黑龍江給兵丁爲奴。初次、二次私逃俱被獲者，發黑龍江給兵丁爲奴，如係越省遠颺被獲者，枷一月，責六十板，再行發遣。三次私逃，有一次被獲者，責六十板，枷一月，發黑龍江給兵丁爲奴，如係越省遠颺被獲者，再枷一月。其發遣年限，如二次私逃拏獲者，三年釋回，三次私逃拏獲者，六年釋回，四次復逃拏獲者，永不釋回。凡釋回復私逃者，無論投回、被獲，概責六十板，枷一月，仍發黑龍江給兵丁爲奴，如係越省遠颺被獲者，再枷一月。如私逃太監投入王公門下，又逃出，潛入禁地當差者，發往打牲烏拉充當苦差，如一年内投首，免罪。太監内如擅動金刃者，發遣，無心遺失金刃於宫殿者，責四十板，充當苦差，如在宫内用金刃自傷者，斬立决，欲行自縊、自盡經人救活者，絞監候，在園庭欲行自縊、自盡經人救活者，發伊犁給兵丁爲奴，如在宫内自縊、自盡身死者，將屍骸抛棄荒野，其親屬發往伊犁給兵丁爲奴，在園庭自縊、自盡身死者，屍骸免其抛棄，其親屬發烏嚕木齊給兵丁爲奴。至宫女用金刃自傷，罪與太監同，惟在園庭欲行自縊、自盡經人救活者，其罪准收贖。○凡監禁，男女以别。監禁人犯，每日派三旗章京一人、領催一人、披甲人九名，輪班看守。如監犯人多，移付都虞司，酌量添派。其女犯另行監禁，移付内管領處，傳該管領下年老婦人看守。每犯日給米一升、柴一斤八兩，每年夏至日起至七月三十日，每日移付内管領處給冰二塊置監所。監犯有病，移咨刑部，傳醫官診視。發遣者，準其罪以定地。發遣各人犯，應發黑龍江、吉林者，咨兵部，應發雲、貴、川、廣、煙瘴等處者，咨刑部，應發打牲烏拉者，移都虞司，應發各莊屯安置者，移會計司。其安置莊屯之犯，妻子不願隨往者，聽，如妻子隨往者，遇該犯身故，亦聽其回京。如該犯遇有父母及切近親屬在京身故者，准稟明該管莊頭，給與執照來京，或隨莊頭赴京交差辦公者，俱不以逃論。其無故逃走一次者，鞭一百，二次者，鞭一百，枷四十日，俱仍充原莊壯丁，三次者，鞭一百，枷二月，充當口外各莊壯丁，四次者，發煙瘴地方充軍。如民充園户發往打牲烏拉者，移都虞司，轉咨兵部派兵押解。凡贓、贖之鍰，納於廣儲司。各人犯應追還官、入官等贓及收贖、納贖諸鍰，均繳廣儲司。

筆帖式，十有九人，掌翻譯，給使令。

管轄番役處，直年司員，二人，以内務府官兼充。掌緝捕之事。屬下番役四十名，番役頂戴頭目、副頭目各四名，蘇拉十四名。凡番役，各給照票一張，填寫年貌，鈐用堂印，又，各給銅腰牌一面，由廣儲司鑄造，遇有缺出，腰牌即與補缺之人照票繳還，呈堂銷毁。其番役拏獲姦匪，按事之輕重，分爲四等給賞，頭等給銀二十兩，二等十兩，三等五兩，四等三兩，每年由崇文門監督領銀三千兩，交廣儲司銀庫收貯，遇應賞之時，本處具稿呈堂，行廣儲司照數領取。凡番役得頭等賞者，直年司員紀録一次，得二等賞者，積二次，直年司員亦紀録一次。有違誤舛錯者，番役責處。其奉文緝拏案件，定限三月，如六月不能拏獲，直年司員紀過一次，頭目責處。凡番役，禁止越境拏人,禁用細繩、細鎖,拏獲之後,由直年司員審明口供呈堂,咨送慎刑司。其隨圍番役,由直年司員呈堂酌派,於隨圍司員内揀派一員管轄,如該管官有派充圍差者,即令其管轄。

筆帖式,四人,掌翻譯,給使令。

三旗包衣驍騎營,鑲黄旗驍騎參領,五人,以内務府郎中兼充。副參領,五人,正黄旗驍騎參領,五人,以内務府郎中兼充。副參領,五人,正白旗驍騎參領,五人,以内務府郎中兼充。副參領,五人,掌治營務。○凡旗,各直以月,參領掌管關防,副參領輪班直月。凡三旗事務,統歸直月參領辦理,不更行知本旗參領。率佐領、管領而供其事。三旗各佐領、管領下人丁,凡有事件,俱由該佐領、管領呈報參領辦理。審其丁口,三旗人丁,由各佐領、管領造册報參領處,竢比丁時載入册檔,送會計司轉咨户部。有應試者,彙名以呈於堂,三旗人考試進士、舉人、生員,俱由各佐領取具年貌、三代履歷清册,並應考童生之廩生認結及同考人互結,該佐領、管領鈐押圖記,加具保結,彙總呈堂辦理。射,則遞名牌,考試騎射、步射,據都虞司行知,屆期,傳集應試之人,呈遞名牌。挑甲亦如之。鑲黄旗、正白旗參領、副參領下披甲人各四十名,正黄旗參領、副參領下披甲人各四十六名,又,陳鎗營披甲人一百二名,新鎗營披甲人四百九十八名,遇有缺出,俱據都虞司行知挑補日期,參領傳集應挑之人,呈遞名牌,其革退之匠、役人等,不准與挑。又,鑲黄旗、正黄旗滿洲十佐領,正黄旗朝鮮二佐領下披甲人各八十九名,正白旗滿洲五佐領下披甲人各九十名,三旗十八旗鼓佐領、正白旗一回子佐領下披甲人各五十九名,三旗三十管領下披甲人各八十九名,統計三旗佐領、管領下披甲人共五千三百九名,俱由參領呈遞名牌挑選。監其俸餉。三旗官員春、秋二季應領俸米,兵丁、拜唐阿四季應領餉米,據都虞司呈堂,每旗派參領一人,協同驍騎校、副内管領各一人,赴倉監放,由參領取具各佐領、管領下領催並無剋扣保結,彙總呈報。其官員二季俸銀,兵丁、拜唐阿等每月餉銀,並紅、白賞卹,養贍鰥寡孤獨錢糧,據户部咨文,到日,直月參領率佐領等赴部監領。賢孝節義者,則察之。旌表賢孝節義,據會計司咨文,到日,佐領、管領詳細確查有與請旌之例,相符者將應旌緣由並族長等保結送參領處,參領行會計司呈堂,移咨該旗辦理,竢禮部奏准後,該旗用印領,仍交參領處赴户部領銀,交本家建立牌坊。禁逃者。另户人及奴僕有在逃者,據佐領、管領查對丁册,相符,即行呈報,該旗咨送逃牌行兵部、刑部、提督衙門辦理。其護軍以上人員及領催在逃者,參領先報都虞司呈堂,由内務府大臣奏聞後,參領方咨送逃牌。○凡襲職,稽其世系。三旗包衣世職官員,遇有缺出,查明勑書、家譜,並據該佐領、管領保結呈堂,移咨該旗引見承襲。又,正黄旗朝鮮佐領二缺,亦係世管,遇有缺出,亦由參領查覈呈堂,總管大臣引見承襲。○備紫禁城之宿衛,紫禁城内,驍騎營官兵等直班者三十一處,武英殿、武英殿後、南薰殿，各章京一人、披甲人五名；寧壽宫、英華殿，各披甲人五名；壽安宫，章京一人、披甲人六名；養心殿、造辦處南門，副參領一人、披甲人五名，東門及錢糧處各披甲人五名；銀庫及減安宫門、咸安宫後，各章京一人、披甲人五名；御書處、兆祥所、南府錢糧處、園房井兒上、肉庫，各披甲人五名；銀匠房、四局，各章京一人、披甲人四名；磁庫東門，章京一人、披甲人五名，西門，披甲人五名；衣庫、鰲山鐙庫，各披甲人四名；育喜房，披甲人六名；三所西南，副參領一人、披甲人十名，東南、西北、西南，各披甲人十名；火班處，披甲人二十名，火班處之南，披甲人五名，以上每日直班，共副參領二人、章京十人、披甲人一百八十九名。又，以參領一人，直宿巡查。以其時訓練焉。陳鎗營、新鎗營披甲人等，每歲秋季，據都虞司行知日期，操演鳥鎗十日，每日每人放鳥鎗十五出，每出用火藥二錢、烘藥二釐、火繩一寸，由都虞司行工部給發。

鑲黄旗佐領，滿洲五人，驍騎校，滿洲五人，旗鼓佐領，漢軍六人，驍騎校，漢軍六人，内管領十人，副内管領十人，正黄旗佐領，滿洲五人，驍騎校，滿洲五人，旗鼓佐領，漢軍六人，驍騎校，漢軍六人，朝鮮佐領，朝鮮二人，驍騎校，朝鮮二人，内管領十人，副内管領十人，正白旗佐領，滿洲五人，驍騎校，滿洲五人，旗鼓佐領，漢軍六人，驍騎校，漢軍六人，回子佐領一人，驍騎校一人，内管領十人，副内管領十人，内管領、副内管領不分滿洲、蒙古、漢軍，以管領下人充補，回子佐領，以各佐領下人充補，驍騎校以回子佐領下人充補。掌轄旗衆。佐領、管領下各有領催四人，内有八品頂戴一人，管領下各有蘇拉八十三人，又，三旗養育兵共一千四百六十四名，又，學藝人四百三十名，又，滿洲、漢軍、朝鮮佐領下各有鐵匠四名。其辦理檔案文移，每旗各派驍騎校一人、領催五人承直。○凡丁口，歲稽其數。各佐領、管領下人丁户口，每歲春、秋二季，由該佐領、管領詳查造册，呈送參領處備案。若俸餉，三旗官員二季應領俸銀、俸米，春季以上年十一月十五日，秋季以本年五月十五日，拜唐阿、兵丁等四季應領米石，春季以上年十二月初一日，夏季以三月十五日，秋季以六月十五日，冬季以九月十五日，拜唐阿、兵丁等每月應領錢糧以上月初五日，由該佐領、管領覈實造册，送參領處，移咨都虞司、會計司辦理。若賞卹，護軍、領催、茶膳房人等紅事，賞銀十兩，披甲人賞銀六兩，步兵賞銀四兩，白事俱加倍給，由各該佐領、管領及驍騎校、族長等鈐押圖記，造具檔册，送參領呈堂，用關防咨領，仍交該佐領、管領等親赴廣儲司銀庫領給。若養贍，凡鰥寡孤獨無産業者，有養贍錢糧，每月給銀一兩，每季准銀一兩，折米發給，俱由各該佐領、管領查明確實，保送參領處，移會計司辦理。皆具册，以達於參領。凡驗軍器，則齊其物以備閲。各佐領、管領下官員、兵丁等盔甲器械，每届五年，由内務府大臣奏請欽派大臣驗視，届期，佐領、管領傳齊官員、兵丁等出城，樹標擺隊，各令披執，以備點驗。治其水器。各佐領、管領下共激筒一百七架，水筒二百十四副，隨時察看,如有損壞,即行修理。

三旗包衣護軍營,鑲黄旗護軍統領,一人,護軍參領,五人,副護軍參領,五人,委署護軍參領,五人,護軍校三十有三人,藍翎長,五人,委筆帖式,十人,正黄旗護軍統領,一人,護軍參領,五人,副護軍參領,五人,委署護軍參領,五人,護軍校,三十有三人,藍翎長,五人,委筆帖式,十人,正白旗護軍統領,一人,護軍參領,五人,副護軍參領,五人,委署護軍參領,五人,護軍校,三十有三人,藍翎長,五人,委筆帖式十人,掌治營務。〇選三旗包衣兵之精者爲護軍,三旗滿洲十五佐領及朝鮮二佐領,每佐領下各護軍二十五名,十八旗鼓佐領内,一佐領下護軍十九名,其餘十七佐領,每佐領下護軍十八名,三十内管領,每管領下護軍十五名,共護軍一千二百名。遇有缺出,由都虞司呈堂,行知護軍統領豫備挑取。令以時訓練,每月赴各該旗教場習射六次,每年春、秋二季擐甲習射二次,秋季操演鳥鎗十日,每日每人放鳥鎗十五出,每出所用火藥、烘藥、火繩與驍騎營同。備其器械護軍營官兵等盔甲器械,據兵部奏准日期,由總管大臣點驗。與其乘騎。護軍營拴養官馬一百五十九匹,每年立夏後,派往出青馬七十九匹,以委署護軍參領一人、護軍校一人、藍翎長一人、護軍十五人,出獨石口游牧。〇守宫門而稽其出入。凡宫門,派三旗包衣護軍營官員、兵丁守衛者十二處,順貞門,護軍統領一人、護軍參領一人、護軍校二人、護軍十四人;順貞門西鐵門,護軍校一人、護軍九人;壽康宫正門、内左門、内右門、慈祥門四處,各護軍參領一人、護軍校一人、護軍九人;永康左門、永康右門二處,各護軍校一人、護軍九人;寧壽宫正門、履順門二處,各護軍參領一人、護軍校一人、護軍七人;蹈和門,護軍參領一人、護軍校一人、護軍九人;三所正門,護軍參領一人、護軍校一人、護軍九人,以上每日直班,共護軍統領一人、護軍參領九人、護軍校十三人、護軍一百九人。祭祀,皇帝親詣,則執鐙以恭導。恭遇聖駕親詣太廟、社稷壇,午門東、西排立站鐙二十對,以護軍二十人偕武備院營造司庫守各十名執鐙。祭圜丘、方澤、祈穀壇、日壇、月壇、先農壇、歷代帝王廟、先師廟,午門東、西排列站鐙二十對,行鐙五班,每班鐙三對,以護軍校二人、護軍二十一人偕庫使七人執鐙。祭堂子,午門東、西亦排列站鐙二十對,行鐙五班,堂子門外下馬牌東、西添列站鐙十對,以護軍十人偕武備院營造司庫守各五人執鐙。每次以護軍統領一人,專司稽察。凡隨從聖駕出、入,派馬鐙五班,以護軍校二人、護軍二十一人偕庫使七人執鐙,每次以護軍參領二人、護軍校二人,專司稽察。凡扈從之事,皆掌焉。皇后、妃、嬪等位隨駕巡幸,以護軍統領一人、護軍參領二人、護軍校三人、護軍三十七人扈從。

三旗包衣前鋒營,鑲黄旗委署前鋒參領,二人,前鋒校,二人,委署前鋒校,二人,藍翎長,四人,正黄旗委署前鋒參領,二人,前鋒校,二人,委署前鋒校，二人，藍翎長，四人，正白旗委署前鋒參領，二人，前鋒校，二人，委署前鋒校，二人，藍翎長，四人，掌習解馬。包衣三旗前鋒營，舊名解馬營，設護軍一百二十人，馬上技藝，三旗各有二十種，亦兼習馬上三鎗，仍屬各本旗包衣護軍統領管轄，設承應技藝馬四十匹，亦歸護軍營管理，例不出青。

掌關防處，郎中，一人，員外郎，一人，俱以內務府司員兼充。內管領，三十人，副內管領，三十人，三旗內管領、副內管領，俱管理掌關防處事務。掌供大內之物役。○凡宮中之事，率其屬而聽焉。皇后宮內差務，內管領等輪班承應，皇貴妃、貴妃位下，內管領各二人，妃、嬪位下，內管領各一人，均由堂派承應。又，每管領下，食錢糧蘇拉各八十五名，共二千七百名，又，衹食季米蘇拉各七十五名，共二千二百五十名，總凡四千九百五十名，遇有缺出，於三旗幼丁內挑補，承應差務。供堂子之神杆，每歲春、秋二季堂子大祭，需用神杆一、備用杆一，據掌儀司來文，由堂派副內管領一人，率同領催二名、披甲人二十名，移咨户部給劄，至延慶州敬謹伐取神樹交送，每株用擡夫八名。又，皇子府中賞給分例應用神杆，亦據掌儀司移文前往伐取。若椴葉，若安春香，皆采以供具。每歲坤寧宮祀神，用椴木葉一萬斤，四月初八日，用椴木葉三千斤，又，每歲祭祀共用安春香三千斤，又，皇子府中祭祀，每歲用椴木葉一萬斤，俱由堂派副內管領一人，率同領催三名、蘇拉二十名，赴居庸關外采取。○稽三旗之丁口，以授糈，各管領下人丁，除官員、兵丁等已有俸餉者不給口糧外，餘自五歲以上爲半口，十歲以上爲一口，一口應領米二石二斗五升，半口則半給，年老辭差者，仍給，革退者，不給。每月由內管領查覈口數，取具圖結，咨送本處，每季彙總，移會計司轉行户部領取。牧場、蒙古亦如之。各管領下所屬張家口外牛、羊、駝、馬群，蒙古等每年應給口糧，由牧場總管造具丁口清册，送交該管領覈實，移會計司辦理。其三年比丁，由堂派副內管領一人，會同該總管清查編審，亦移會計司辦理。○凡宮殿之表飾，則以聞，每年糊飾宮內窗槅，移掌儀司，於八、九、十月內選擇吉日，本處奏請欽定，由堂派內管領二人、副內管領二人，率同倉上人五名、領催三十名、蘇拉六十名，又，由營造司行取裱匠四十名、劚花匠三名、菱花匠三名、釘鉸匠二名、會絲匠二名、木匠二名、油匠二名，由武備院行取磨匠十一名，糊飾事竣，將用過紙張數目移付廣儲司覈銷。薙草去塵亦如之。每歲立秋後，三大殿拔除青草，由堂派內管領三人、副內管領三人，率同倉上人八名、領催三十名、蘇拉九十名承應，十二月，宮內去塵，由堂派內管領二人，率同倉上人十二名、領催六十名、蘇拉一百八十名承應，俱届期移掌儀司，選擇吉日，由本處奏請欽定。供泉水之用，每日內庭分例及各處供獻，共用玉泉山水八十罐，以內管領一人，按日輪直，率同領催二名運取交送，所用錫罐、龍袱等，如應修造，呈堂，交家伙倉辦理。暑則出冰，紫禁城內設冰窖五座，每座窖玉河冰各五千塊，共計冰二萬五千塊，內除清茶房每年用冰一窖外，其餘冰二萬塊，承應宮內分例及各司院等處應用冰塊，由堂派內管領一人管理收發事務，一年一次更替,如冰不敷用,咨行工部,應用屬下領催六名、蘇拉二十四名承應擡送差務。寒則熏缸。紫禁城各處,安設鍍金海共十八口、大銅海二十二口、大鐵海四口、中銅海一百五十二口、小銅海八口、小鐵海一百四口,共計三百有八口,内貯清水,每年十一月初一日起,至次年正月三十日止,每缸三口,派穌拉一名專司燒炭熏温,毋使凝凍。其二月初一日起至十月三十日止,每月二次添水,亦派令蘇拉管理。凡灑埽之事,皆聽焉。景運門、隆宗門以内地面,每日派蘇拉八名,在後右門外聽候傳唤,灑埽仍由太監帶領,毋許擅入。○分紫禁城之班,各旗俱分十班,共三十班。謹視宫室而以時葺治,鑲黄旗,第一班,管理太和殿、永壽宫之西厢房、三所之東,狗房、内鷹房之二門内,弓匠房十間之北五間,御藥房之正房六間、後院西厢房、西正房等處;第二班,管理儲秀宫、侍衛飯房、養心殿、造辦處中門之南、點心局南三間之北一間等處;第三班,管理中正殿、兆祥所、育喜房,併堆撥,清茶房之東、西厢房等處;第四班,管理西華門門樓、内院,銀庫、内閣紅本處、尚衣監等處;第五班,管理永壽宫之正房、午門西南角樓穿堂、熙和門内北房十三間、銀庫之北、喇嘛房十三間之中五間、酒醋房之北一間、茶葉庫、外茶膳房等處;第六班,管理永壽宫之東厢房、神武門東北角樓、東華門中洞、中右門、内右門外房、内左門外房、井亭、小花園大房之東三間、點心局南三間之南一間等處;第七班,管理鍾粹宫、西華門西南角樓、太和門分中至昭德門西、方畧館、咸安宫官學、喇嘛房十三間之東五間等處;第八班,管理水車房、内膳房、素局辦供處及南府正房、東西房等處;第九班,管理武英殿之西、壽康宫之西門外、琉璃門内房間、西華門東南角樓、城隍廟等處;第十班,管理傳心殿、景仁宫、左翼門、果房等處。正黄旗,第一班,管理英華殿、後左門、前星門、三所前三座門,狗房、内鷹房之二門外,鰲山鐙庫之南房等處;第二班,管理午門西北角樓、右翼門、熙和門、貞度門内西房十三間、中正殿門外板房、銀庫之南等處;第三班,管理南薫殿、火班之南、武英殿之東、熙和門内南房之南六間半、點心局南三間之中一間、乾肉庫之西二間半及鐘鼓房、北鞍庫、鰲山鐙庫正房等處;第四班,管理天穹寳殿、咸福宫、景陽宫、慈寧宫花園之西御路、西華門門洞、隆宗門外板房、御藥房之東厢房、敬事房他坦、東長房、兆祥所他坦等處;第五班,管理東華門門樓、隆宗門外南房、時辰房等處;第六班,管理午門東北角樓、御書處之前、御膳房之北、乾肉庫之東二間半、銀匠房、餑餑房、箭亭等處;第七班,管理文華殿、神武門門樓、協和門、奉先殿外北房、昭德門内東房、喇嘛房十三間之西三間等處;第八班,管理寧壽宫、景運門外南房、養心殿造辦處之北、御藥房之穿堂及後院東房、冰窖等處;第九班,管理奉先殿茶飯房、御藥房之西厢房等處;第十班,管理懋勤殿、肉房、協和門外南房、南府庫房及大房之西等處。正白旗,第一班,管理東華門南洞、上駟院、緞庫及武備院之氊庫、南鞍庫等處;第二班,管理三大殿、坤寧宫、中左門、隆宗門及門外北房、午門東南角樓穿堂、三所之中、點心局之北三間等處;第三班,管理乾清宫、壽康宫、伽藍佛堂、大佛堂他坦、火班處之南、清茶房之正房等處；第四班，管理午門門樓門洞、熙和門内南房之北六間半等處；第五班，管理神武門西北角樓、東華門北洞、太和門分中至貞度門東、熙和門内南北房十三間、國史館之前房、弓匠房之南五間、南府庫房及大房之東等處；第六班，管理壽安宫、景運門及門外北房、吉祥門堆撥、廣儲司、火班處之北、車庫之後院房等處；第七班，管理協和門内南房之南六間半、御書處之後、南鞍庫角樓、磁庫之西、酒醋房之正房等處；第八班，管理慈寧宫花園之中御路及東、西井，磁庫之東等處；第九班，管理右翼門西南角樓、協和門内南房之北六間半、慈寧宫花園之東御路、國史館之後房、文淵閣、鑾駕庫、銀庫、車庫、三所之西等處；第十班，管理後右門、延禧宫等處。濬其水道。紫禁城内河道，鑲黄旗第二班管理者二十丈，第三班十五丈，第六班二十丈，第七班二十丈，第八班二十丈，第九班二十丈，第十班十五丈；正黄旗第二班管理者十九丈六尺，第三班二十丈，第六班二十丈，第七班十丈，第九班二十丈，第十班十二丈；正白旗第一班管理者二十丈，第二班二十丈，第三班三十丈，第五班二十五丈，第六班二十丈，第七班二十丈，第八班二十丈。其鑲黄旗第一班、第四班、第五班，正黄旗第一班、第四班、第五班、第八班，正白旗第四班、第九班、第十班所管，俱無河道。若寺廟，若公廨，亦如之。紫禁城外各寺廟之在官者及東華門外、西華門外、神武門外朝房及各官所，俱按旗分班管理，隨時察看，有應修者，呈堂辦理。〇凡製造餅餌，則供其事，設内餑餑房、外餑餑房，内餑餑房以三十内管領輪班直日，設倉長一人、副倉長二人、倉上人十二名、餑餑廚役四十名、蘇拉四名，每日恭備御前早、晚隨膳餑餑八盤，皇后前早、晚隨膳餑餑四盤，每盤俱三十箇。又，每月朔、望，佛樓爐食供四十碗，佛城玉露霜供二十碗，並内用、賞用餑餑渣子、拉拉花糕等項，俱據膳房傳交備辦，無定額。所需米、麪、豆粉、麥粉、糖、蜜、鹽、芝麻、桃仁、西葡萄、棗、栗及柴炭等項，俱由直日内管領移各該處支取。又，每歲上元、端午、中秋，由堂派内管領四人，辦理元宵粿、月餅，亦據膳房傳交，無定額，統由内餑餑房辦理。外餑餑房，由堂派内管領、副内管領各一人直年，設倉長、副倉長各三人，倉上人二十名、餑餑廚役六十名、蘇拉十二名，管理備辦餑餑桌張。大燕桌，每張大餑餑四盤，松餅二盤，小餑餑二碗，五色翻餡餅、五色梅花酥、五色小印子霜、五色玉露霜各五盤，蜂蜜印子、雞蛋印子各一盤，紅白點子二盤，紅白皦枝三盤，麪攢盤、芝麻酥攢盤各一盤，乾鮮果品二十盤，糖三盤。班桌，無松餅、五色梅花酥，別有紅印子、緑印子、雞蛋糕、麗餅各一盤，薄燒餅二盤，餘與大燕桌同。翟鳥桌，無翻餡餅、小印子、霜紅印子、緑印子、雞蛋糕、麗餅、麪攢盤，別有梅花酥四盤，餘與班桌同。内用桌，無大餑餑、紅白點子、芝麻酥，別有麻花十二斤，餘與翟鳥桌同。賞用跟桌，無梅花酥、薄燒餅、小餑餑、玉露霜，別有沙糖印子三盤、酥條六碗，餘與内用桌同。小供桌，每張金線勒克、夾餡勒克、鍋饋、爐酥各一盤，又，蜂蜜印子、沙糖印子各一盤，紅白點子二盤、麻花十三斤，乾、鮮果品九盤，糖三盤。凡大燕桌恭備御用，暨皇后御用，又，每月壽皇殿、安佑宫供獻品物，俱與大燕桌同。其筵燕外藩、蒙古王公等，用班桌，貴妃、妃、嬪、貴人前，皇子、皇子福晉前，用翟鳥桌、内用桌，佛前供用小供桌，其跟桌專備賞用。又，英華殿七星供、慈寧宫花園玉露霜供及各寺廟供餅，遇應用之時，俱由外餑餑房辦理。又，每歲正月，坤寧宫祭神，造釵子餑餑，應用倉上人四名、果上餑餑上婦人六十名，由内管領送交司俎官帶領承應。又，春、秋二季，坤寧宫立杆大祭，造打糕搓穆丹，以内管領三人，率同倉上人四名、披甲人三十名，内管領之妻率同果上餑餑上婦人六十名承應。又春、秋二季爲馬祀神，造打糕搓穆丹，以内管領一人，率同倉上人四名、披甲人三十名、果上餑餑上婦人三十名承應。皇子府中立杆大祭，造打糕搓穆丹，以内管領一人，率同倉上人二名、披甲人二十名，内管領之妻率同果上餑餑上婦人二十名承應。備其醯醬酒醴設酒醋房，由堂派内管領二人直年，設酒匠十六名、醬匠十六名、醋匠八名、蘇拉八名，管理成造酒、醋。凡造玉泉酒，每分三百七十斤，需用南糯米三石六斗，麪麴、神麴、豆麴各二十斤，大淮麴一塊，引酵二斤，玉泉水一百六十八斤；造白酒，每分二百四十斤，需用朝鮮糯米三石六斗，神麴二斤；造醋，每分一千一百斤，需用南糯米七斗二升，小黄米、白米各一石四斗四升，麪麸七石一斗二升，紅穀糠十四石二斗四升，大淮麴四十塊，鹽四十斤；造豆醬，每分二千三十斤，需用黄豆三石六斗，白麪六百斤，鹽三百四十斤，香油二斤；造麪醬，每分一千五百五十斤，需用白麪一千斤，鹽三百四十斤，香油三斤；造清醬，每分二千五十斤，需用黄豆三石六斗，白麪四百斤，鹽八百斤，香油二斤；造常行豆醬，每分一千三百五十斤，需用黄豆三石六斗，白麪一百斤，鹽三百四十斤，香油一斤；造常行清醬，每分二千五十斤，需用黄豆三石六斗，白麪二百斤，鹽八百斤，香油一斤。恭備御前日用玉泉酒四兩、醬一斤十二兩、醋五兩、清醬二兩，又，外用醬一斤四兩、清醬二斤十四兩、醋一斤十一兩，皇后前日用醬一斤八兩、醋一斤、清醬二斤，貴妃、妃、嬪、貴人等位共日用醬三斤、醋三斤、清醬五斤，皇子飯房日用醬四兩、醋二兩、清醬四兩。凡祭祀及各處分例應用醋、醬等，俱據各該處來文發給。其醬菜，亦由酒醋房辦理，醬胡蘿蔔二千斤，用醬二千斤，醬包瓜四百九十五箇，用醬六百斤，醬薑七百斤，用醬三百斤，醬小黄瓜一千五百條，用醬一百五十斤，醬黄瓜二千斤，用醬一千斤，醬萵苣笋一千五百條，用醬一百斤，醬冬瓜片三百六十斤，用醬九十斤，醬茄子二千斤，用醬一千五百斤，醬苤藍二千五百斤，用醬二千斤，醬整瓜二千斤，用醬二千斤，醬瓜條七千斤，用醬六千斤，應需物料行各該處領取。有應採買者，於廣儲司領銀，歲用八百兩有奇，每三月一次，將用過數目具稿呈堂，每年八月，由掌儀司彙總具題覈銷。與其蔬物。設菜庫，由堂派内管領二人直年，設庫掌一名、庫守三十名、領催十五名、蘇拉三十名，管理供應瓜菜等物。屬下香瓜園頭三十名，每名領地九頃，養家地三頃，每年各交香瓜一百擔、西瓜一百箇、雜樣乾菜十八斤、新豌豆二升、蘇葉五斤、黄豆角三十斤，又，交冬季應醃白菜三千一百四十斤、小芥菜八百九十斤、韭菜一百七十五斤、箭杆白菜二百斤、大芥菜三百斤、黄瓜一百七十六條、茄子四斗、葱二十八斤、春不老三十四斤；西瓜園頭四名，每名領地九頃，無養家地，每年各交西瓜一千箇；安肅菜園頭四名，每名亦領地九頃，養家地三頃，每年各交安肅白菜四千五百斤，俱由本庫徵收備用。又，旱地菜園頭三十五名，每名領旱地九頃，養家地三頃，窪地菜園頭二十四名，每名領窪地一頃八十畝，如無窪地，每畝折給旱地五畝，每年每名各折交銀一百六十兩，係由會計司徵收，歸廣儲司銀庫，仍以備菜庫買辦菜蔬領用之需。惟窪地菜園内有供應奉先殿等處，種鮮地一頃三十九畝，由菜庫内管領徵收本色，仍於二十四名園頭内選擇二名承種。凡薦鮮之品，正月用韭菜，二月用小葱、菠菜、芹菜，三月用黄瓜、茼蒿菜、蔞蒿菜、水蘿蔔、芸薹菜，四月用豌豆、茄子，五月用香瓜，六月用西瓜，十二月用蔘芽菜，俱按期交送掌儀司，以備供獻。其備辦菜蔬，恭備御前每日用白菜、菠菜、香菜、芹菜、韭芽共十九斤，大蘿蔔、水蘿蔔、胡蘿蔔共六十箇，包瓜、冬瓜各一箇，苤藍、乾閉甕菜各五箇，葱六斤，皇后前每日用白菜、香菜、芹菜共二十斤十三兩，水蘿蔔、胡蘿蔔共二十箇，冬瓜一箇，乾閉甕菜五箇，葱二斤，貴妃、妃、嬪、貴人等位每日供用白菜四十斤，香菜四兩，芹菜一斤，葱五斤，水蘿蔔二十箇，胡蘿蔔十箇，苤藍十箇，冬瓜一箇，乾閉甕菜十箇，皇子飯房每日用白菜五斤，乾閉甕菜八兩。其菠菜，四月、五月易以莧，六月、七月易以豇豆，韭芽，三月至七月易以韭菜，大蘿蔔，四月至九月易以茄，水蘿蔔，三月至九月易以黄瓜，冬瓜、苤藍俱自六月用至十一月止。每年於廣儲司三次領銀共九千五百兩，統於歲底彙總題銷。司器庫、設器皿庫，由堂派内管領二人直年，設庫掌二人、庫守九人、蘇拉二名。庫貯銀器，大盤十五件，二號盤六十五件，大碗五件，二號碗五件，茶碗四件，碟四件，匙二件；鍍金銅器，盤一百六十件，碗十二件，碟六件，方六件，匙三件，碗蓋二件；白銅器，盤三千七百三十四件，碗九百八十七件，碟三百七十二件，膳盤一百六十九件，方八十一件，匙三百三件；黄銅器，盤一千五百件，碗七百件，膳盤三百件及大燕桌、班桌、供桌、翟鳥桌、内用桌等桌張，俱謹藏備用。又，壽皇殿、雍和宫、安佑宫供桌，每桌用鍍金銅大盤十八件、二號盤四十三件、大碗二件、匙一件、大燕桌一張、桐木桌一張，餘凡燕桌、班桌所用鍍金器及翟鳥桌所用銀器，惟銀器，除本庫存留一百件外，如不敷用，移廣儲司領取，其鍍金銅器、黄白銅器，俱由本庫供辦。鍍金銅器二年一次修理，桌張一年一次修理，移廣儲司、營造司辦理。車庫。設車庫，由堂派内管領、副内管領各二人直年，其庫貯之車，有重頂車、圓頂車、平頂車、黄車、紅車、青車，共一百五十四輛。凡用車六輛者，外備用三輛，四輛者，外備用二輛。上乘車，有應修理者，隨時移營造司、武備院等處修造，其餘車輛，五年一次修理，幃、褥、鞍、轡三年一次更换。設庫掌五人、披甲人一百二十名。又，設騾圈，亦由堂派内管領四人直年，圈内駕車騾七十匹，引騾駕馬十匹，每月需餧草豆由會計司分派莊頭交送，如不敷用，按時價採買，其銀亦由會計司移廣儲司領取。又，需用馬槽、鐵刀、夾版、氈屜、笊篱、靶桶、繩席、掀槓等，行家伙倉領取。如有倒斃者，車騾由左、右翼監督，駕馬由上駟院，俱咨行補給，其皮張俱移送武備院。騾圈所設七品廐長一人、廐副二人、披甲人四十名、廐丁二十名、草夫三十名，俱隸上駟院管理。又，設管理蘇拉車輛處，由堂派内管領、副内管領各二人直年。凡官人因公差遣及載運什物應用車輛，每處擡運什物及埽除地面，供應一切差務應用蘇拉，俱由管理蘇拉車輛處覈定數目發給，照票鈐印圖記領用。内庭過門差務，用本身蘇拉，餘皆雇覓民夫，其車輛皆係雇覓。各該處行取蘇拉，俱開明物件擡數，行取車輛，開明人數及物件斤數，每月將用過蘇拉、車輛數目造册呈堂，並另繕册查覈。又，出差官員人等，例用脚價，亦由本處管理，所需銀兩一月一次，行廣儲司領取，於次年五、六月呈堂彙奏覈銷，其蘇拉數目，由總管内務府大臣按月繕摺具奏，歲終彙一年用過總數，附片隨十二月分月摺奏聞。每管領下各領催一名，隨同直月，内管領撥派各務。○給外藩使臣之飯桌。琉球國，正使、副使、都通事，每人飯一桌，每桌銀一兩七錢，飯桌外又有片喫四盤、饅首二盤；從人，每二人飯一桌，每桌銀一兩三錢，亦有片喫、饅首；隨役，每四人飯一桌，每桌銀一兩；國子監肄業官生，每二人飯一桌，每桌銀一兩三錢，亦有片喫、饅首；隨伴，每四人飯一桌，每桌銀一兩。緬甸國，正使、副使，每人飯一桌；頭目，每二人飯一桌，每桌俱銀二兩；通事，亦每二人飯一桌；從人，每四人飯一桌，每桌俱銀一兩六錢。暹羅國，正使、副使、通事，每人飯一桌，每桌銀二兩二錢；書記，每二人飯一桌，每桌銀一兩八錢；隨役，每四人飯一桌，每桌銀一兩四錢。越南國，正使、副使，每人飯一桌；行人、通事，每二人飯一桌，每桌俱銀三兩，飯桌外俱有片喫；從人，每四人飯一桌，每桌銀二兩。荷蘭國，正使、副使，每人飯一桌，每桌銀二兩；書記，亦每人飯一桌，每桌銀一兩六錢；醫生、通事，亦每人飯一桌，每桌銀一兩二錢；兵、從人，每四人飯一桌，每桌銀七錢；隨役、亦四人飯一桌，每桌銀五錢。暎咭唎國，正使、副使，每人飯一桌，每桌銀五兩八錢八分；餘官員，每二人飯一桌，每桌銀三兩五錢八分五釐；兵丁、隨役，每四人飯一桌，每桌銀二兩七分。在京西洋人，每二人飯一桌，每桌銀八錢；隨役，每四人飯一桌，每桌銀四錢。各土司來京，官，每二人飯一桌，每桌銀一兩九錢；通事、隨役，每四人飯一桌，每桌銀一兩五錢。來使之家人，亦每四人飯一桌，每桌銀一兩一錢。以上凡遇諸外藩各國及土司在京之時，俱每日早、晚按例發給。

筆帖式，八人，掌翻譯，給使令。

官三倉，直年内管領，三人，副内管領，三人，於三旗内管領、副内管領内，由堂擇派管理。掌供倉貯之物用。凡内庭分例、各處分例及祭祀、筵燕等所需米、麥、鹽、蜜、糖、蠟、油、麪及豆、穀、芝麻、高粱等一切雜糧，併家伙等項，俱由本倉照例備辦。凡米，每年内用米七十石，各處所用白米六千石、黀黄老米八千石，又，造酒、醋、元宵等所需糯米，捨飯處所用稜米等，俱行會計司轉咨户部領取。凡麥，每年河南省額徵小麥一萬石，由倉場衙門交送，如不敷用，亦行户部領取。凡鹽，每年需用黑鹽八萬斤，亦行户部領取。凡蜜，由都虞司行打牲烏拉處交送，歲無定額。凡糖，有盆糖、冰糖、八寶糖、核桃纏糖、白糖、黑糖等，由廣儲司領銀採買，歲用一萬四五千兩不等。凡蠟，有白蠟、黄蠟，發票行户部領取，其蠟票由堂派内管領、副内管領各一人直年管理，柏油蠟燭、羊油蠟蠋，由廣儲司領銀採買，歲用一萬三、四千兩不等。凡油，麪蘇油由本倉用蘇子榨取，每石得油三十六斤一兩有奇，香油、鐙油等歸入雜糧項下採買。麥麪，亦由本倉碾用，每小麥一石得麪九十四斤七兩有奇，其磨驢三十頭，每頭每日需用穀草七斤、黑豆九合，移會計司領取。凡雜糧等項，亦由廣儲司領銀採買，歲用三萬三、四千兩不等，其家伙，每年咨取營造司，荆筐一千二百九十七箇、扁擔一百七十三條、木楸一百九張、席三百二十七領。又，三旗莊頭處歲交青白柳條線、麻綮、麻繩、帚蘆葦等，由本倉飭令席匠、柳匠、蒸籠匠、飾羅匠、笤帚匠共一百六十七名，成造器具，豫備各處支取。凡由廣儲司領銀採買者，銀數係廣儲司每月奏銷，其採買物件，每三箇月，本倉彙總呈堂覈銷，米、麥、鹽、蠟等由户部領取者，每年八月會計司彙總題銷，其家伙取用數目，年終由本倉彙總覈銷。設倉長九人、副倉長十八人、倉上人一百三十六名，承應差務。凡倉貯米、麥等項，每三年，由總管内務府大臣奏請欽派大臣盤查。

恩豐倉，直年内管領，一人，兼管司員，一人，以内務府官兼充，與内管領俱由堂酌派，一年更换。掌給太監之餼米。恩豐倉房七十四間，分爲大、小廒十二座，大廒七座，每座貯米三千石，小廒五座，每座貯米一千八百石，照各倉之例，編寫“天地宇宙 日月盈餘 秋收冬藏”十二字號，由倉場衙門按字號進米備放。放米之日，由都虞司派押旗參領，並由宫殿監侍等派首領太監，至期赴倉，會同押旗參領彈壓領米。凡三旗太監等，每季應領米石，俱由本倉支放。鑲黄、正黄旗定於正月、四月、七月、十月，正白旗定於二月、五月、八月、十一月，由本倉指定日期，知會該旗傳知領米之人赴倉支放，每旗限三日内領竣。各廒座，俱由都虞司派章京、領催、披甲人等輪班看守。其書算花户、皇役小甲、扛夫人等，俱於三十管領下人丁内挑取現食錢糧蘇拉承充，共用蘇拉三十二名，每年共領米三萬石，分爲三色，粳米一萬五千石，稜米九千石，粟米六千石。其一年收支數目，於每届收放完竣後呈堂銷算，統於歲終彙總具題，如有餘存，仍咨行倉場衙門，入於次年應領米數内支放，每三年一次，官三倉查倉之時，本倉存貯米石一體盤查。

筆帖式，二人，掌翻譯，給使令。

欽定大清會典卷七十八

上駟院，兼管大臣，特簡，無定員。卿，二人，掌御馬之政令。○凡供直日，陳御馬四於景運門外，每日以御馬四匹，齊其毛色，具鞍轡，立景運門外、箭亭之南、當院門前直班。皇帝駐蹕圓明園，則陳御馬六，聖駕駐蹕圓明園，每日以御馬六，立大宫門之右。巡幸，具馬、駝之數以聞，恭遇巡幸，由院奏請於御馬内簡其良者以從，其隨行騾車及駱駝之數，亦附奏，於各厩騾、駝内撥用，如不敷數，豫期酌定調用商都達布遜諸爾、達里岡愛馬駝。監行在芻秣之事。卿一人、侍衛一人、掌御馬侍衛一人，沿途監視支放馬駝芻豆。獻神於坤寧宫，率侍衛牽馬以陳，四孟月獻神，侍衛牽青、白馬二匹，陳於坤寧宫門外。禱馬，則陳馬於堂子以受福。春、秋爲馬祀神，陳馬十匹於圜殿前，其朝、夕祭禱祝之絳帛、青帛，分繫於馬尾以受福。○皇后、妃、嬪出入，供馬騾，皇子、福晉出入亦如之。皇后、妃、嬪及皇子、福晉出入，均於駕車馬騾厩内供備，皇子未婚者，於内厩馬内供備，成婚以後，給分例馬十匹，如遇南苑、木蘭行圍，增給馬八匹，未行圍，讀書皇子平時出入，供内厩馬四匹。○凡賜馬，得旨則供備。皇子婚禮薦幣以馬、駝，分封王、貝勒、貝子賞給馬、駝，公主、格格下嫁薦幣以馬，生子、彌月賞給馬匹及皇子初封祀神所用馬，俱由掌儀司奏准給與。貢馬，别其等以聞而賚之。每年内、外蒙古各部落及喇嘛等所進馬、駝，由欽派試御馬大臣侍衛騎試，徧爲等第，奏聞給賞。一等馬每匹賞銀一百三十兩，二等一百兩，三等五十兩，四等三十兩，五等二十兩，六等十兩。一等駝每隻賞銀六十兩，二等五十兩，三等四十兩，四等三十兩，五等二十兩，六等十五兩。在京大臣、侍衛進貢馬匹，願領賞者，照五等馬給賞。又，進貢馬匹，有經上錫號者，貢馬人賞内庫緞四匹。○凡馬，供上乘者，曰御馬，畜以備御馬之選者，曰内馬。凡御馬、内馬，紫禁城之厩一，紫禁城内之厩爲内厩，御馬、内馬無定額。南苑之厩六。南苑之厩爲外厩，御馬、内馬無定額。若仗馬，仗馬厩在紫禁城内，額設仗馬三十匹，附養備祭堂子馬四十匹，備差駑馬二十匹。若花馬，皇子花馬厩在紫禁城内，花馬無定額，附養駑馬五十五匹，備皇子、太監騎用。若車騾，騾厩二，一在東華門外，額設黄車騾三十頭、馬六十匹，一在西華門外，額設内廷車騾六十頭、馬五十匹。

若小馬，小馬厩在西華門外，額設小馬十四匹、套頭馬二十匹、紅馬四匹、騾駝四隻、駝羔四隻、騾八頭，附養備差駑馬二十匹。各分厩以畜焉，餘則爲駑馬。駑馬六厩，三在東華門外，二在西華門外，一在安河，每厩額設駑馬七十一匹，備太監騎用。遇駐蹕圓明園，則用安河厩馬，駑馬厩各附養駱駝十隻。各設官、丁，以任其厩事。設厩長十七人，厩副三十五人，牧長五人，副牧長五人，牧副十人，厩丁、牧丁四百五十人，草夫五百八千四人，管領下馬甲八十人，歲需黑豆行户部支取，穀草、秫稭、鐙油行廣儲司支取銀兩採買，羊草行奉宸院支取，每届滿三月，由院清查各厩殘傷倒缺之數，具奏一次。凡御馬，必馴其性，選入，則以聞，每年冬、春，派侍衛八人騎試各厩御馬，有不馴者，汰入駑馬群。如内厩御馬、内馬缺，以外厩御馬、内馬補，外厩御馬、内馬缺，於駑馬群内選其駿而良者奏補。餘馬缺，則調以足額。仗馬及祭神馬缺，行取大凌河牧場良馬充補，駕車馬缺，以駑馬充補，駑馬及備差馬缺，行各牧場撥補，駕車騾缺，行户部轉行兩翼監督買補，小馬缺，行崇文門買補。牧群孳生馬駒内，每歲以二百匹交場兵騎馴、挑選、備撥。〇凡馬、駝，皆烙以印，挑補馬、駝用圓印，退出者用方印，隨時補烙。病，則療之。馬、駝病，令看視，能醫治者方行施療，馬殘廢者，交左、右翼監督變價，御馬及皇子花馬報倒斃者，瘞之，餘馬、駝交皮於武備院。定馬、駝出青之數。駑馬厩每年立夏後，酌定應留之數，餘俱出青於張家口外，附養之駝，以五十隻出青於商都達布遜諾爾牧場，九月十五日回厩，派侍衛、司官各一人點驗後具奏，補行印烙。〇設牧場於盛京，曰大凌河，大凌河坐落錦縣界外牧場一處，東至張良堡，西至杏山，南至海，北至黄山堡，東、西寬八十里，南、北長四十里。又，坐落廣寧縣界甎臺子牧場一處，東至茫漲湖，西至四方臺，南至甜水井，北至無量殿，東、西寬六十里，南、北長三十里。於邊牆外，曰商都達布遜諾爾，商都達布遜諾爾牧場在獨石口外之北，東至錫喇西賓台，與鑲黄旗察哈爾游牧爲界，西至察罕齊老圖，與正黄旗察哈爾游牧爲界，南至昂古里諾爾額爾吉圖，與正黄旗牧牛場爲界，北至烏蘭諾爾，與蘇尼特右翼旗游牧爲界，東、西寬一百九十里，南、北長二百七十里。曰達里岡愛，達里岡愛牧場在多倫諾爾廳之東北，東至衮鄂都爾，與喀爾喀車臣汗部落左翼後旗游牧爲界，西至札木額古德都木達呼都克，與蘇尼特左翼旗游牧爲界，南至額欽碧流圖，與阿巴噶右翼旗游牧爲界，北至錫巴爾圖鄂格什，與喀爾喀車臣汗部落中末右旗游牧爲界，東、西寬三百里，南、北長四百里。場各轄以總管、大凌河一人，係錦州副都統兼管，商都達布遜諾爾、達里岡愛一人，係察哈爾都統兼管。小總管、商都達布遜諾爾一人，達里岡愛一人。翼長。大凌河二人，商都達布遜諾爾五人，達里岡愛四人。若牧官、牧丁，各視其群數而設之，以任其牧事。大凌河，騍馬二十群、騸馬十群，每群設牧長一人、副牧長一人、牧副一人，騍馬每群牧丁十五人，騸馬每群牧丁二十人。商都達布遜諾爾，騍馬一百十一群、騸馬四十一群、騸駝十七群，達里岡愛，騍馬七十四群、騍駝四十八群，附養烏梁海騍馬四群、走馬一群、騸馬一群，每群設牧長一人、牧副一人，騍馬、騍駝每群牧丁七人，騸馬、騸駝每群牧丁八人。馬每群自四百匹至五百匹有差，駝每群無過三百隻。設防禦，率其屬而司偵捕。商都達布遜諾爾牧群設防禦三人、驍騎校二人、護軍校十二人、護軍三百四十名，以二百八十名兼充牧丁，以六十名專司緝捕。達里岡愛牧群設防禦一人、驍騎校一人、護軍校三人、護軍一百名，以四十名兼充牧丁，以六十名專司緝捕。凡考牧，大凌河之場，五馬三歲而生二駒，商都達布遜諾爾之場，三馬三歲而生一駒，達里岡愛之場亦如之。駝群，五駝六歲而生二羔。屆時，則均齊，大凌河、商都達布遜諾爾、達里岡愛、烏梁海馬群，每三年均查一次，達里岡愛駝群，每六年均查一次，俱奏派大臣、侍衛親臨查驗，以其孳生、倒斃實數入奏，仍以前後均查之年比較，列其等第。贏絀，各與以賞罰焉。大凌河騍馬群，每三年内五馬孳生二駒，如額外多孳生一百六十匹以上者，列爲頭等賞，給牧長皮端罩一件、緞面羊皮袍一件、頭等牛一隻，牧副緞面羊皮袍一件、頭等牛一隻、毛青布十疋；孳生八十匹以上者，列爲二等賞，給牧長緞面羊皮袍一件、頭等牛一隻、毛青布十疋，牧副二等牛一隻、毛青布十疋；多孳生一匹以上者，列爲三等賞，給牧長二等牛一隻、毛青布十疋，牧副二等牛一隻。如額内少孳生一百一匹以上者，列爲頭等罪，牧長罰俸九月，牧副鞭六十；少孳生五十一匹以上者，列爲二等罪，牧長罰俸六月，牧副鞭五十；少孳生五十匹以下者，列爲三等罪，牧長罰俸三月，牧副鞭四十。群内缺少原額馬數者，牧長罰俸一年，牧副鞭八十。騸馬群，每年百匹内倒斃一匹至四匹者，列爲頭等賞，給牧長蟒緞鑲領袖袍一件、官緞一疋，牧副緞鑲領袖袍一件、毛青布十疋；倒斃五匹至八匹者，列爲二等賞，給牧長官緞一疋，牧副毛青布十疋；倒斃九匹至十二匹者，免議；倒斃十七匹以上者，列爲頭等罪，牧長罰俸一年，牧副鞭八十；倒斃十三匹至十六匹者，列爲二等罪，牧長罰俸六月，牧副鞭四十。掌關防總管、翼長等，除騸馬、駝群不議賞罰外，騍馬、駝群内於額外多孳生五百匹者，定爲一分，多孳生一、二分者，存案，多孳生三分者，照分加級。如於應孳生額内缺少不至二百匹者，免議，缺少二百匹者，定爲一分，該總管、翼長等各罰俸六月，缺少二分者，罰俸一年，缺少三分者，降一級留任，四分以上者，革職。每年一百匹内殘傷五匹以上者，著落翼長、牧長、牧副賠補。凡加級之總管、翼長，如係内務府佐領、管領下人員，移咨内務府，係八旗人員，移咨該旗兵部，其降級、罰俸之總管、翼長，移咨户、兵二部辦理，應賞之緞袍、布疋，移咨廣儲司，牛隻移咨慶豐司領取，應罰俸之牧長，由總管行盛京户部，應治罪之牧副，由總管辦理。商都達布遜諾爾、達里岡愛騍馬群，每三年内三馬孳生一駒，如額外多孳生一百六十匹以上者，列爲頭等賞，給牧長毛青布六十疋，牧副毛青布四十疋；多孳生八十一匹以上者，列爲二等賞，給牧長毛青布四十疋，牧副毛青布二十疋；多孳生一匹以上者，列爲三等賞，給牧長毛青布二十疋，牧副毛青布十疋。如額内少孳生一百匹以上者，列爲頭等罪，牧長、牧副各鞭六十；少孳生五十一匹以上者，列爲二等罪，牧長、牧副各鞭五十；少孳生五十匹以下者，列爲三等罪，牧長、牧副各鞭四十。群内缺少原額馬數者，牧長、牧副鞭八十。騸馬群，每年百匹内倒斃一匹至四匹者，給以頭等賞，倒斃五匹至八匹者，給以二等賞，倒斃九匹至十三匹者，免議，如倒斃十四匹以上者，治以二等罪，倒斃十七匹以上者，治以頭等罪，賞、罰俱照騍馬群辦理，其倒斃馬匹，著落牧長、牧副、牧丁等分賠。管群翼長等，計其各管馬群數目，不拘多寡，共折作十二分，如賞罰均者，免議；七分、八分應得賞者，賞給翼長鑲袖緞面羊皮袍一件、毛青布十疋；九分、十分應得賞者，賞給翼長皮端罩一件、毛青布二十疋；十一分、十二分應得賞者，賞給翼長皮端罩一件、緞面羊皮袍一件、毛青布二十疋。如有七分、八分應治罪者，翼長罰俸半年；九分、十分應治罪者，翼長罰俸一年；十一分、十二分應治罪者，翼長各降一級留任。委署翼長亦照翼長例定等，其賞罰之處，照騍馬群牧長例給賞、鞭責。達里岡愛騍駝群，每六年内五駝孳生二羔，如額外多孳生二十一隻以上者，列爲頭等賞，十一隻至二十隻者，列爲二等賞，一隻至十隻者，列爲三等賞，如於應孳生額内少孳生二十一隻以上者，治以頭等罪，十一隻至二十隻者，治以二等罪，一隻至十隻者，治以三等罪，其翼長、牧長、牧副應行賞罰之處，俱照馬群例辦理。商都達布遜諾爾騸駝群，每年每百隻准其倒斃十隻，如一年内倒斃一隻至三隻者，列爲頭等賞，給牧長毛青布六十疋，牧副毛青布四十疋；倒斃四隻至六隻者，列爲二等賞，給牧長毛青布三十疋，牧副毛青布二十疋；倒斃七隻至十隻者，免議，倒斃十三隻以上者，治以頭等罪，牧長鞭一百，牧副鞭八十，所有倒斃駝隻，著落賠補，管群翼長等應得賞罰，悉照馬群例辦理。所有賞給翼長、牧長等緞袍、布疋，俱移咨廣儲司領取，應鞭責之牧副交總管發落，總管、小總管應行賞罰，俱照大凌河馬群例辦理。〇凡馬斃，則入其皮。大凌河馬皮，由山海關監督送交武備院，商都達布遜諾爾、達里岡愛馬、駝皮，由張家口監督送交武備院，各該總管造册報院察覈。

堂主事，二人，委署主事，一人，掌章奏文移。

左司，郎中，一人，員外郎，二人，主事，一人，委署主事，一人，掌均齊賞罰。

右司，員外郎，二人，主事，一人，委署主事，一人，掌俸餉、芻豆。凡本院所屬官員及内、外各厩官兵，牧群掌關防總管應得俸餉，如係八旗人，移咨該旗照例行給，如係内務府人，呈明照例行給。大凌河牧群官兵俸餉，每年春、秋季二次，由總管咨行盛京户部支領，商都達布遜諾爾牧群官兵俸餉，每年春、秋季二次，達里岡愛牧群官兵俸餉，每年春季一次，由各該總管造册送司，移咨户部支領。御馬、内馬，每匹日給黑豆一升五合、米二升、麥麩四升、草十四斤，備班御馬，日給黑豆一升四合三勺、米八合一勺、麥麩四升、草九斤，仗馬，日給黑豆二合一勺五抄、米四合五抄、麥麩四升、草十一斤，小馬，日給黑豆一升五合、麥麩四升、草八斤，駑馬、駕車駑馬，日給黑豆二升、麥麩四升、草十一斤,駕車騾隻,日給黑豆二升、麥麩四升、草九斤,駝隻,日給黑豆三升、草十一斤,厩養老馬,日給黑豆三合、米六合五勺、麥麩二升、草四斤十兩,駝羔,日給黑豆一升五合,草五斤八兩。

阿敦侍衛,二十有一人,掌侍直騎,試御馬。凡閲馬於厩、於群,則率其長,若副,而供令。司鞍長,三人,副司鞍長,二人,掌服駕。設司鞍五人、司轡二十人,皇子司鞍、司轡各二人,皆以額魯特。筆帖式,二十有二人,掌翻譯,給使令。

醫師長,蒙古三人,副醫師長,蒙古二人,掌治馬、駝之疾。設蒙古醫生十五人、癩醫六人、獸醫十六人,蒙古醫生移八旗咨取,癩醫以厩丁、牧丁充補,獸醫移禮部轉飭五城於民人内選補,應用藥物由院行所司支取,年終會計,於次年二月奏銷。

武備院,兼管大臣,特簡,無定員。卿,二人,掌備器械,以供御、官用,皆給焉,掌工作之禁令。○凡駕出、入,則張黄蓋、皇帝御殿,設黄綺繡九龍三檐曲柄華蓋,以掌蓋一人,執蓋西嚮,立殿門外正中。恭遇祭祀,親詣行禮,掌蓋率掌繖人六名,自太和殿丹陛擎出午門外,乘馬前導,至壇、廟門下馬,仍導至降輦處止,立。巡幸,陳騎駕鹵簿,設黄羅銷金九龍三擔曲柄華蓋,掌蓋率掌繖人六名,自殿陛擎出紫禁城門外,乘馬前導。尋常用黄綾銷金二檐繖,或青羅繖羽緞繖,遇雨,用大黄油繖。其掌蓋掌、繖人等應用朝衣,豫期咨廣儲司領取十分給與穿用,事畢,交庫收貯。陳兵仗,豹尾班用朱漆畫龍綴豹尾朱氂槍十杆,巡幸用本色攢竹纏筋綴豹尾槍十杆、鋄金雕龍大儀刀十把,皇后豹尾班槍、刀如之,太監、隨扈用槍四杆、腰刀四把,坐更班房用樺皮搶四十七杆、腰刀四十七把,隨侍撒袋二十八具,隨圍虎槍三百杆,紫禁城内各門班房陳設畫龍朱漆槍共三百十五杆、撒袋共五百六十九具,乾清門陳設撒袋二十具,圓明園宫門陳設撒袋二十四具,均由院製造,隨各處咨取給發。官屬服櫜鞬以從。壇、廟祭祀,司弓、司矢等俱帶撒袋隨侍,遇典禮應服端罩、朝衣等件,移咨廣儲司領取,用訖繳回。巡幸,則率其官役,凡巡幸,沿途支搭布城、網城之護軍參領、護軍併隨纛護軍參領、護軍及領大駄之嚮導人員,俱移咨護軍統領處揀派,牽駝之錫伯披甲人,併管轄官員,移咨兵部轉咨八旗揀派,領中伙城於本院官員内揀派。茶膳房内監等所用之水,於各項匠役内挑取承辦,併派司幄一人管轄。凡隨從官員、匠役,每人日給盤費銀一錢三分,咨户部給發。回程後,覈計日期,如少領逾三日者,補給,多領逾三日者,扣繳。拜唐阿、牽駝人等,各分别給以幫銀。備其器用,巡幸,應用駐蹕圓幄及頓營圓幄,先期繪圖呈覽,需用畫匠,由工部咨取,繪畢咨回。隨帶御用甲胄,以穿甲處拜唐阿三人、承應人三名恭奉,豫備别凳二分,以匠役四名、承應人二名照管,分前後站備用。馱載御甲衣包、凉棚、箭把等項馬匹,移咨上駟院領用;馱載圓頂帳房、柳斗等項駝隻,移咨兵部領用;茶膳房、肉房所用馱水馬匹,本院官員、拜唐阿等及各項匠役所騎馬匹,均移咨兵部,於八旗官馬内領用;裘載物件需用車輛,均咨兵部領用,如有不敷,咨内管領處雇用。查明物件斤重、車輛數目,奏請咨領,如遇不及查奏時,於領用後查明補奏。行圍哨鹿,備往鹿套頭二箇、鹿角二對、鹿皮褂八件、鹿哨三箇,馱牲鞍二十副、漆鞍十副、樱樹鞍十副、官用鞍二十副,咨取八旗錫伯披甲人十五名,砍伐出哨處需用木柴,又,鋪墊帳房需用席片,咨工部備用。大閲亦如之。大閲,甲庫豫備賞賜、上用、官用之甲,北鞍庫豫備帳房,氈庫豫備紅、白氈條,由廣儲司咨取拴盔甲之綵綢,由内管領處咨取擡運桌張、盔甲之人夫、車輛、繩斤,由兵部咨取載凉棚等項之車輛。頒官兵之甲胄,左、右翼前鋒校盔甲六十四副,左、右翼前鋒盔甲八百十八副,八旗護軍校盔甲一百二十副,八旗護軍盔甲一千九百四十四副,内火器營鳥鎗護軍校盔甲一百七副,内火器營鳥鎗藍翎長盔甲一百十二副,内火器營鳥鎗護軍炮手盔甲二千八百十六副,外火器營鳥鎗護軍校盔甲二十八副,外火器營鳥鎗藍翎長盔甲四十副,外火器營鳥鎗護軍盔甲二百七十三副,健鋭營八旗前鋒校盔甲二十八副,健鋭營委署前鋒校藍翎長盔甲五十副,健鋭營前鋒盔甲二百六十三副,八旗驍騎營驍騎校盔甲三百八十九副,八旗馬甲盔甲八千五百四十二副,八旗漢軍鹿角兵盔甲七百二十七副,侍衛、親軍校盔甲三副,侍衛、海螺親軍盔甲四十副,鑾廄衛鳴號人盔甲十二副,下五旗王府鳴號人盔甲三十副,八旗漢軍藤牌營棉甲、號帽各八百件。恭遇大閲,護軍驍騎營作八日散放,火器健鋭營作二日散放,令各具印領關支。事竣,限十五日交納,本院及廣儲司官會同辦理。所帶領催、匠役,按日給與官飯。如用畢有脱釘、開裂應行小修、大修之處,亦酌量辦理。既事而藏焉。凡閲射,則供射侯。步射布侯,高四尺七寸,廣一尺,以木爲邊鞔,以素布畫鹿形爲正,氈侯,高五尺,廣四尺,虚中徑三尺,中棲皮爲的,席侯如之。皮鵠,徑九寸至一寸五分,布鵠,徑一尺二寸至四寸,各有差。試武舉,席侯,高八尺,廣五尺,髹以朱,繪鵠三,上插五色旗五,馬射氈球,圓徑八寸,白氈爲之,實以駝絨,上綴朱氂。演習鳥鎗,設木牌爲的,高二尺,廣半之。凡弓、矢、鞍、轡,皆以時進御,皇帝在宫,每日早進護衛弓一張、矢二十四枝、櫜鞬一副,暮進看夜弓、矢、櫜鞬亦如之,每日進射箭弓一張、矢十枝、骲頭箭十枝,均以司弓、司矢各一人隨侍。凡御用鞍、轡,春、冬用江獺皮緣豹皮韂,夏、秋用繡龍緞韂,遇陳設鹵簿之日,用鋄金龍飾豹尾鞦轡鞍十具,鋄金龍飾黑馬尾鞦轡鞍十具。若御仗及壇、廟祭祀,鹵簿仗馬飾嵌珊瑚青金石緑松石鋄金雕龍鞦轡、繡龍黄緞韂金鞍十具,夏、秋用茜紅氂牛尾繁纓,春、冬用青狐尾繁纓。其餘鞍、轡,無定額。凡鞍,各備黄色鞍籠一。凡皇子,鞍韉用金黄色,皇孫除特賜外,均用紫色。宫殿設褥亦如之。太和殿、中和殿、保和殿、文華殿、乾清宫、正大光明殿、勤政殿寶座設褥,夏、秋用黄龍糚緞,春、冬用黑貂,兼備隨侍緞褥、皮褥,每年於春三月、秋八月更换。内庭各處所設紅、白氈,令總管内監驗看,奏准更换。○凡器物,慎其收貯,體仁閣樓上供奉御用甲胄,每年本院卿會同内務府大臣查驗、抖晾一次。八旗各管備操盔甲,存貯東華門樓,用木架安設,架上復用藍布垂簾苫蓋,每年秋季,本院甲庫官會同廣儲司衣軍官,各帶匠役二十五名、領催三名,將盔甲抖晾一次,先用黑氊鋪地,逐副下架查看,限六十日完竣。又,本院四庫收貯御用、官用器械及各項材料,定以三年一次,派員清查具奏。各庫每日封鎖後,交直班護軍參領、護軍校守護,匙鑰交乾清門直班侍衛班領。紫禁城内各門班房所設軍器,直班參領查點交班,儻有損壞,本院察出參處。用,則辨其事而給焉。各處需用弓及做飛火溜子所需筋、鰾等物,每年賞喇嘛各種皮韡、賞教習及守更太監皮韡、跳布札皮韡,各項支套條帶,琉球官生應給韡、韈、氊條等物,俱按各處來支造給。陪送公主、格格下嫁,公主初生子彌月,賞福晉母氏,賞達賴喇嘛、盛京喇嘛所用鞍、轡,均依定式製給。中正殿念經,圓明園山高水長及熱河行宫等處陳設,鞍、轡、繖、纛、刀、槍、斧、鉞等物,均照例供備。各處例用箭枝、箭杆,中正殿箭杆十根,宏仁寺箭杆十根,永寧寺箭四枝,聖化寺箭四枝、箭杆十根,福佑寺箭二枝、箭杆五根,永慕寺箭二枝、箭杆十根,嵩祝寺箭二枝、箭杆十根,每月一次給發,多倫諾爾會宗寺、善因寺每月各用箭五枝,一年一次給發。又,各處應用帳房,如鑾儀衛安設輿輦禮器及校尉直宿,各處筵燕煮牲,紫光閣筵燕觔斗房,後黄寺造擦擦佛,曹八里屯祭埽,挑選宫女貯花名册檔,茶膳房各處承應,侍衛進班堆撥處及各該衙門隨圍,均需用帳房,令該處酌定數目奏明,移會本院照數覈給。繕修,則各限以時。凡器物敝舊,不堪用者,更换,尚堪用者,見新,各定以年限。○設四庫,以分理工事,曰北鞍庫,北鞍庫所屬有鞍版作、繖房、帳房庫。鞍版作,設八品司匠一人、副司匠一人、領催一人,恩甲鞍匠五人,内二人係三旗額缺,餘係外八旗之缺,鞍匠六十二人,内十五人係三旗額缺,餘係外八旗之缺。繖房,設三旗六品掌蓋三人、八品副掌蓋三人、掌繖班長三人、無品級庫掌一人、委署無品級庫掌一人、掌繖人二十三人、承應長二人、承應人三十三人、刋凳匠九人。帳房庫,設五品司幄三人、六品副司幄三人、幄長二十四人、副幄長五十七人、牽駝人三百十三人,自司幄至牽駝人,内二百十缺由三旗披甲人挑補,一百九十缺由八旗咨取,幄匠二十一人由八旗蒙古咨取,裁縫匠十五人由工部咨送。曰南鞍庫,南鞍庫所屬熟皮作,設三旗八品司匠一人、委署司匠一人、領催二人、恩甲匠役三人、各項匠役二百九人。曰甲庫,甲庫所屬鋄作及穿甲處鋄作,設八品司匠三人、副司匠三人、拜唐阿十三人、三旗恩甲鋄匠十三人、鋄匠五百二十九人、刀鞘匠十人、涮金匠五人、八旗恩甲鋄匠七十七人、鋄匠五十五人、銅匠十五人、鐵匠一人。穿甲處,設三旗司函長一人、副司函長一人、拜唐阿五人、承應人六人。曰氊庫,氊庫所屬備弓處、備箭處、骲頭作、韡皮作、氊作、帽作、雜活作。備弓處,設六品司弓三人、八品副司弓三人、班長十五人、親隨弓匠五十四人、弓匠長三十三人、弓匠四百五十四人,自司弓至弓匠,内六十二人係三旗額缺,餘係八旗之缺。備箭處,設六品司矢三人、八品副司矢三人、班長六人、箭匠長六人,箭匠、拜唐阿六十人,自箭匠長至拜唐阿,三旗額設二十缺,八旗額設四十六缺,錫伯箭匠三十三人。又,箭廠設三旗箭匠六十人外,以備箭處箭匠長、拜唐阿各一人,箭匠十三人兼管。鞄頭作，設三旗八品司匠一人、副司匠一人、鞄頭匠長三人、鞄頭匠十二人、錫伯鞄頭匠二十七人。鞾皮作，設八品司匠一人、副司匠一人、領催三人、鞾皮匠五十四人、鞾底匠二十一人、楦匠四人，共恩甲匠役十人、匠役六十九人。沙河氊作，設三旗八品司匠一人、副司匠一人、筆帖式二人、庫守三人、領催二人、氊匠一百十二人、投充氊匠一百十八人，染氊作，設副司匠一人、領備一人、恩甲染氊匠二人、染氊匠五十一人。帽作，設領催一人、匠役十四人。雜活作，設領催一人、匠役十二人。備其官，若役，以供令。本院官，除郎中不派雜差外，各庫員外郎、庫掌每年各派一人直年，管理出入錢糧事務，亦停派雜差。凡材物之徵收者、楊木、樺木箭杆，樹黄，火絨，帳房柳木椽、皁皮，由盛京佐領處交送，寒羊毛由山東巡撫交送，豐臺羊毛由慶豐司春、秋交送廣儲司，熟皮羊毛由該司交送游牧處，羊毛及馬、牛、駝皮由張家口監督交送錦州，大凌河馬皮由上駟院春、秋交送慶豐司，牛皮由該司每月交送，牛角由各莊園交送，鹿皮由盛京將軍交送，鹿角、鹿筋由膳房交送，象皮由光禄寺交送，魚鰾、廣膠、水牛角由户部，樺皮、暖木皮、木賊草由兵部，均移咨吉林將軍交送，金色桃皮由阿爾泰軍臺都統交送，雕翎、鸛翎、鸛筋、鸛翅、雉翅、雁翅由都虞司著牲丁捕送，孔雀翎由奉宸苑交送，俱分别交各庫作收貯。又，每年盛京將軍捕送雕、鸛等翅，無定數，到日，令司矢揀選，分定等第，奏請折賞。一等虎斑雕，每箇賞銀五兩，二等四兩，三等三兩，四等二兩，五等一兩；一等皁雕，每箇賞銀七兩，二等五兩，三等四兩，四等二兩五錢；一等芝麻雕，每箇賞銀二兩，二等一兩五錢，三等一兩四等五錢；重尾雕，每箇賞銀五錢，海鸛，每箇賞銀六錢，均不分等第。除虎斑雕、海鸛照數賞給銀兩外，其芝麻雕、皁雕、重尾雕，照依銀數，每五錢折給毛青布一疋。監視捕虎斑雕等翅之章京，每人賞緞二疋，領催每人賞綢一疋、毛青布四疋，捕各項翎、翅之領催，每人賞毛青布四疋，披甲人賞毛青布三疋。所賞銀兩、緞布等，移咨廣儲司給領，各項翎、翅交氊庫收貯。又，朝鮮等國年例貢皮張、軍器等項，據禮部來文數目，蒙古王、台吉貢香、牛皮等項，據理藩院來文數目，交各該庫收貯，蒙古王、台吉，仍移咨廣儲司照例給賞。採買者、古北口鞍版，由鞍匠間一年採買七百具交送，黑白羊毛不敷用時，交張家口監督購買送京。至本院應用一切皮張、纓絨、箭翎、硝斤等項，每年崇文門税務處例交銀一千兩，由院領取五百兩辦買物料，年底將所買物料及用過銀兩數目繕摺具奏，其五百兩令税務處交廣儲司。如本院應買物料過多，領銀不敷應用，奏聞，由廣儲司領銀辦買，如有餘剩，在百兩外，仍交廣儲司，不至百兩者，貯院備用。領用者，中正殿念吉祥天母經所用熊、鹿、麅、獐、黄羊、野豬等皮，由膳房領取；各處所用線麻、麻繩，帳房庫所用黄、白蠟，熟皮作、氊作所用柳罐，氊作所用荆筐、柳木槓、笤帚、簸箕，爐作所用冰塊，織房所用葦捆，造緊急物件所給匠役飯食，由内管領處領取；帳房庫所用白油單布，鞄頭作所用魚鰾、牛筋、水牛角，鋄作所用銅、鐵，穿甲處鐵匠所用槌、鏨、鉗、剉之鋼鐵，各處所用紙張、銀硃、礬粉、白芨，由户部領取；鋄作所用爐座、風箱，氊作所用木案、版凳、彈弓、竹簾、丈席、井繩，由工部領取；鞍房所用鞭杆、鞭套、鞍架、鞦版，織房所用棚帳、杆柱、織蓋、木桶、法架、攩架、傍柱、支杆、木墩、拐子、木挂，鼓繩、制子、別凳、木箱，帳房庫成造帳房應用物件，鮑頭作所用木匣、泥彈、爆熗、槐木柄、青竹皮，氊作、染氊作所用廣鍋、水桶、擔杖及各種染色顏料，各作所用柴、炭、灰塊，由營造司領取；鞍房所用各項鞍座、鞦椆、掠單、銅什件、皮張、氊毽、絨線，織房所用涼棚套、隨織雨旱套、別凳套、箱套、褡連、布掛、布攩、紡絲旗子溜線、攩風繩、鉛鉈、稍馬口袋，帳房庫所用繪畫圓幄及成造帳房各種物件，熟皮作、鋄作所用紅銅、響銅、退光漆、金銀絲葉，備弓、備箭處所用弓箭罩套、稍馬柳斗、掠單，鮑頭作所用顏料、絲線、象牙、紅銅、銀硃、羊皮金，造哨鹿鹿皮褂所用春綢、杭綢、銅鈕、布袱、絨線，各處所用紙張、筆墨、臙脂、蘇木、綢、綾，由廣儲司領取；織房所用麻辮子、氣球，由北鞍庫領取；鞍房及鮑頭作所用各項皮張、五倍子，織房所用線辮子、鞍子氊、法子氊、帽頭，由南鞍庫領取；織房所用鐵槌、鐵斧、鐵鍬，鮑頭作所用箭鐵、鐵爐、鐵鑷，由甲庫領取；鞍房所用羊毛、魚鰾，織房所用氊條、氊托、氊攩子、皮口袋，鮑頭作所用鹿筋、鹿角、根箭、翎箭杆、樺皮、椿皮、桃皮、木賊草、曲黎木，氊作所用鑷子、剜刀，由氊庫領取。皆書其數於册，各庫每年將成造、用過、現存之上乘鞍、駕鞍、圓黄蓋、坐褥及各項甲胄、櫜鞬、槍刀、弓箭、弓面、皮張、羊毛、氊條、箭翎、筋、鰾等物，彙覈繕黄册具題，其馬鞭、鞍版、氊、鞯、鞍、籠舊、鞦轡、射侯氊毬，官鞍、馱鞍前鐵鷹翎、樺皮、旱牛角弓、胎皮、弦槍杆、木賊草、火鐮包等物，繕寫藍册呈堂。越歲而覈銷焉。黄册於次年八月内具題，藍册於次年九月内呈堂，其由户部領用魚鰾等項，於次年四月題銷。題本奏摺，黄册送廣儲司銀庫收貯，届時行文交送，以備查考，藍册於年底移送稽察内務府御史衙門查覈。凡官役之廩餼，別其等，四庫所屬文武各員，有品級者，俱照品給與正俸，並給恩俸。五品司幄、六品掌蓋，均食六品雙俸，六品司弓、司矢、副司幄，均食七品雙俸，七品副掌蓋、副司弓、副司矢，均食八品雙俸。其虚銜頂戴之幄長、弓匠長，給食四兩錢糧，司函長、副司函長、穿甲拜唐阿，備弓處、備箭處班長，均食三兩錢糧，如係護軍挑補者，仍食四兩錢糧，各庫、各作委署司匠、庫守，均食二兩錢糧，無品級庫掌，八旗鞍匠，織房委署庫掌、親隨、掌織人、副幄長、牽駝人，各作恩甲、匠役，鮑頭作鮑頭匠長、拜唐阿、錫伯鮑頭匠、親隨弓匠、弓匠，備箭處箭匠長、拜唐阿、親隨、備箭拜唐阿、錫伯箭匠及備箭處兼管箭廠之箭匠長、拜唐阿，織房班長，均食三兩錢糧，鞍版作領催、拜唐阿，織房承應長、承應人，熟皮作領催、穿甲處承應人，鋄作拜唐阿、領催、銅匠，沙河氊作領催、染氊作拜唐阿、鮑頭作三旗鮑頭匠、箭廠三旗箭匠及備箭處兼管箭廠之箭匠，韃皮作、雜活作拜唐阿，帽作拜唐阿、領催，均食二兩錢糧，其餘匠役，均食一兩錢糧。賞給馬銀之數，掌蓋、司弓、副司矢、鮑頭作司匠，均每月三兩，織房掌織人、承應人、備箭人、穿甲承應人、幄長，均每月一兩五錢。若因事直班，司弓、司矢、弓匠長、箭匠長、弓匠、箭匠、備箭人、拜唐阿、掌蓋、掌織人、織房承應人、鞍庫庫守、匠役，每日給食侍衛官飯，幄長、氊庫匠役，每日給食拜唐阿官飯。其牽駝人，日給米、菜、柴薪，止班日停給。

勤、惰,則以時察焉,乃彙以聞。承辦官員、拜唐阿、匠役等實心任事者,量爲記功,怠惰貽誤者,量爲記過。每三月内,功、過各一次者,免議,其記功二次者,係官紀録一次,拜唐阿等於應陞之處,酌量鼓勵,記過二次者,係官,罰俸兩月,拜唐阿等,鞭責二十。所記功過次數,按季查明註册,歲終將功、過次數抵算,仍將所餘功、過次數分别具奏。凡本院每日所有收發事件,摘敘漢字事由,註明日期併移會何處,於三日内用印文,移送稽察御史衙門查覈,至月底送註銷印册時,將領過錢糧、物料數目及題奏咨呈事件,繕寫清、漢二册,仍移稽察御史衙門磨對。

郎中,一人,主事,二人,委署主事,一人,掌章奏文移,稽庫帑之出納。

北鞍庫,員外郎,二人,六品庫掌,二人,委署六品庫掌,一人,無品級庫掌,二人,庫守,十有四人,掌督造御用之物。

南鞍庫,員外郎,二人,六品庫掌,二人,委署六品,庫掌一人,無品級庫掌,二人,庫守,十有四人,掌督造官用之物。

甲庫,員外郎,二人,六品庫掌,二人,委署六品,庫掌一人,無品級庫掌,二人,庫守,十有四人,掌督造甲冑與其軍器。

氈庫,員外郎,二人,六品庫掌,二人,委署六品庫掌,一人,無品級庫堂,二人,庫守,十有四人,掌督造弓、矢、鞾、履,與凡氈作之事。

筆帖式,二十有二人,内堂筆帖式十四人,四庫各一人。掌翻譯,給使令。

欽定大清會典卷七十九

奉宸苑，總理大臣，特簡，無定員。卿，二人，内一人由内務府郎中簡放，一人由侍衞簡放。掌苑囿之禁令。〇紫禁城之北曰景山，在神武門北，山前爲北上門，東曰山左裏門，西曰山右裏門。山有峰五，各建以亭，直中峰之北爲壽皇殿，迤東爲永思殿、觀德殿，又東爲關帝廟，設廟户一人，月給銀九錢。西爲西苑，在西華門外，中有太液池，上跨石梁，東、西峙華表，東曰玉蝀，西曰金鰲，其别一梁。自承光殿達瓊華島，南、北亦峙華表，南曰積翠，北曰堆雲。苑之中瀛臺等處爲南海，五龍亭等處爲北海，蕉園等處爲中海。南海内，紫霞舟一、瀛槎船一、輕船一、撲拉船一、牛舌頭船七，遇臨幸時，由圓明園船隖太監承應。中海，蓬島游龍船一、仙漢乘春船一、八棹船一、輕船一、撲拉船一、對子船二、版船三、牛舌頭船九，北海，太液翔鸞船一、輕船一、撲拉船一、對子船二、版船二、牛舌頭船五，遇臨幸時，均由御船處員役承應。其餘，積水潭、釣魚臺，牛舌頭船各一、長河八棹船一、輕船一、對子船二、牛舌頭船八，遇臨幸時，亦由御船處員役承應。出都城而西北，曰倚虹堂，在西直門外高梁橋，北宫門額曰雲楣星鄂，皇帝臨幸圓明園，並由園進宫，閒於倚虹堂進膳。西南曰養源齋，在西便門外三里河釣魚臺之側，中有樓曰玉水濬源，臨河爲瀟碧軒、澄漪亭。都城之南曰南苑，在永定門外二十里，周垣一百二十里，爲門九，正南曰南紅門，南之東曰迴城門，南之西曰黄村門，正北曰大紅門，北之東曰小紅門，正東曰東紅門，東之北曰雙橋門，正西曰西紅門，西之北曰鎮國寺門。大紅門内爲更衣殿，小紅門内西偏爲元靈宫，西南爲舊衙門行宫，宫門西爲永慕寺，聖祖仁皇帝爲孝莊文皇后祝釐建，東爲永佑廟，聖祖仁皇帝爲孝康章皇后祝釐建，苑之中爲晾鷹臺，臺北爲寧佑廟，南紅門内爲南行宫，鎮國寺門内爲新衙門行宫，黄村門内爲團河行宫。皆以時修繕，每年，景山、西苑、倚虹堂、養源齋等處歲修工程，支用稻田廠銀，南苑歲修工程，支用羊草銀，俱由本苑大臣及卿辦理，入於年終奏銷。如遇興作改造，奏請欽派大臣勘估覈辦，别行動款題銷。至各該處門簾、雨搭等項，遇有黏補、更换，俱交工部辦理。供其花木禽魚。各宫殿陳設花卉，由功德寺、豐臺二處園頭交至南花園熏養培植，或移栽花盆，或採取缾花，隨時呈進。園在奉宸苑署西，給功德寺種花地二十畝，豐臺種花地六十畝，各園頭一人，分給養贍地二十頃，南花園園頭一人，給養贍地十頃，每年自行取租。備辦各花卉所用磁盆、水奩由磁庫支取，竹片、花杆、繩席由營造司支取，果木等樹移掌儀司栽種，松柏等樹移三旗銀兩莊頭處栽種，沿河並西直門外石道兩旁官柳，由苑委官看守。設孔雀房於西苑，遇養孔雀時，每孔雀一，日給羊肉四兩、米二合六勺六抄，麥一合三勺三抄。設金魚池於正陽門外，養魚園頭一人，月給銀一兩、米一斛，園丁二人，月各給銀一兩，養贍地各六十畝。御花園内金魚池應行淘水修補，移咨營造司辦理，其進水銅管滲漏、壅滯，移咨工部辦理。南苑，則畜麞鹿，苑中鹿麀、黄羊，孳育蕃息，又，每歲由馬蘭鎮總兵、盛京將軍交進者，無定額，俱在苑畜放。以備臨幸焉。皇帝詣景山，並臨幸西苑等處，凡駕經由之門，除執事人員准其進内，餘概不准擅入，惟王公准帶護衛三、四人，各大臣准帶家人三人，司官准帶家人一人。○皇帝耕耤，豫演耕豐澤園。豐澤園在中海，有稻田十畝一分，内演耕地一畝三分。每耕耤前，由掌儀司奏定日期，如遇皇帝親詣演耕，本苑大臣及卿會同禮部堂官、順天府堂官，均蟒袍補服祗俟，皇帝推返與耕耤同，惟佈種以親王，或以本苑卿。如不親詣，則本苑卿蟒袍補服持鞭耒演耕，以苑丞佈種，牛由會計司莊頭豫備，演耕畢，令稻田廠莊頭一名，種香稻一畝六分，種喇嘛稻八畝六分，所種喇嘛稻碾米四斗交膳房，其餘併香稻均交内管領處官三倉。又，南海淑清院旱地七分三釐，每年令會計司莊頭一名種麥，所穫之麥亦交官三倉。若賜燕，中海惇敘殿爲筵燕宗室之所，紫光閣爲筵燕外藩及凱旋軍士之所，南海瀛臺亦有特旨賜燕者。若御試武進士，每科試武進士於紫光閣，皇帝親臨閱視。若閱冰嬉，每歲冬月，閱八旗兵冰嬉於太液池。皆於西苑。皇后躬桑亦如之。先蠶壇在北海，爲壇一成，方四丈，高四尺，陛四出，三面皆樹桑柘，西北爲瘞坎，壇東南爲先蠶神殿，西嚮，陛三出，左、右牲亭一、井亭一，北爲神庫，南爲神廚，左爲蠶署蠶室，壇東爲觀桑臺，高四尺，方廣三丈二尺，陛三出，臺前爲桑園，後爲具服殿，殿後爲浴蠶池，宫牆東爲蠶婦浴蠶河。如遇皇后親蠶，前期，本苑大臣及卿飭屬潔除壇壝，躬桑，則迎鉤、筐於壇門外，交蠶宫令謹貯。皇帝大閲，遇舉行大閲之禮，皇帝臨幸南苑，御晾鷹臺，以觀行陣。臺高六丈，徑十七丈有奇，周徑一百二十七丈。則於南苑，春、秋蒐獮亦如之。每歲春、秋，恭遇皇帝臨幸南苑行圍，其圍場，奉宸苑大臣及卿領之，統圍大臣督八旗兵合圍較獵。○凡苑囿之水，西出玉泉山，在西直門外三十里，山出玉泉，從石罅濺湧泉，味極清洌，高宗純皇帝定爲天下第一泉，上建龍神祠。瀦爲昆明湖，在玉泉山東，爲玉泉諸水所瀦，周四十里，並導西山泉水匯合成湖。其自西北來者，尚有二源，一出於十方普覺寺旁之水源頭，一出於碧雲寺内石泉。又，開洩水河二，自静明園土山外爲東北一帶洩水河，其水東北合蕭家河諸水歸清河；自四王府土山外爲西南一帶洩水河，其水經小屯村折而南，經雙槐樹之東，又東南至八里莊，匯於釣魚臺前湖内，爲正陽、廣寧、廣渠三門城河之上流。昆明湖中有戰艦,設水師營統之,每歲皇帝臨閱水操。東流徑長河,由昆明湖繡漪橋東流,經長春、麥莊二橋,瀦爲長河,東南經白石橋達於高梁橋,爲御舟往來之地。入皇城爲太液池,長河之水,經高梁橋達於都城西北隅,分爲二,一由西直門外折而東南,會玉河之水,又東北抵於大通橋;一由德勝門外繞而東南,又東行以會於大通橋,其自德勝門西分流以入都城内太平橋者,爲積水潭,迤東南入皇城爲西苑太液池,分合有數道,並環繞紫禁城。入紫禁城爲金水河,皇城内河流四面環繞,由地安門外西步梁橋入者,經景山西門引入,環紫禁城,爲護城河,護城河西之水,自紫禁城西南隅,流經天安門外金水橋東南,注玉河,爲外金水河。其西闕門下有地道,引城河水經午門前至東闕門外,循太廟右垣南流折而東,注太廟戟門外筒子河,東南注玉河,由地安門外東步梁橋入者,經東安門内望恩橋注玉河。其入紫禁城者,由神武門西地道,引護城河水流入,經武英殿達太和門前,爲内金水河,復東流經文淵閣前,至三座門,從鑾駕庫東南出紫禁城,達玉河橋,穿皇城而出,以會西來之水,經由正陽門水關,東流少北至東便門出都城,下注大通河。南苑之水出團河、一畝泉,團河,在黄村門内,導而東南流經晾鷹臺,過南紅門,五海子之水自北注之,又東流出海子,東南爲鳳河。一畝泉,在新衙門之北,曲折東南,流經舊衙門南至二閘,凉水河自海子外循南苑繚垣而東,至小紅門之西,入苑牆東南,流經沙底橋,折而南,歷頭閘至二閘,會一畝泉,五海子減水自西南注之,又東南流出海子庚牆,過馬駒橋入潞河。瀦爲五海,團河水泉九十四,一畝泉亦有二十三泉,均瀦於南苑,爲五海内二海,夏、秋有水,冬、春則涸。各建閘以宣洩之。河道苑丞管閘十四、橋五十二,設閘軍三百十九名,每月各給銀一兩、米一斛,柳村閘閘官所屬閘三、橋十二,設閘軍八十二名,每月各給銀一兩,無米,由閘官於直隸藩庫支領。

郎中,二人,員外郎,四人,主事,一人,委署主事,一人,苑丞,十人,苑副,十有九人,委署苑副,十人,掌分理苑囿河道之事。郎中、員外郎、主事、委署主事均協同總理大臣及卿辦理苑事。苑丞,景山一人,南海、中海、北海各一人,北海内闡福寺、先蠶壇各一人,倚虹堂一人、釣魚臺一人、南花園一人、河道一人。其苑副、委署苑副,由堂酌撥,協同苑丞辦事。園丁,景山四名,西苑内瀛臺八名,萬善殿、永安寺各五名,先蠶壇三名、闡福寺四名、南花園一名、倚虹堂四名、萬壽寺三名、釣魚臺七名;園户,景山四十一名、瀛臺四十八名、萬善殿三十二名、永安寺四十二名、先蠶壇四十名、闡福寺三十五名、南花園二名、倚虹堂十四名、萬壽寺八名、釣魚臺二十名、翰林院園六名;匠役,景山二名、瀛臺十二名、萬善殿三名、永安寺四名、先蠶壇一名、闡福寺二名、南花園三十四名、倚虹堂三名萬、壽寺三名;蘇拉,景山四名、瀛臺五十八名、萬善殿三十一名、永安寺三十七名、先蠶壇五名、闡福寺四十一名、南花園九名;葡萄户,瀛臺十名、萬善殿三十名、南花園十五名,各供看守陳設及汜掃種植之役。蠶户,十三名,每年養蠶時,於稻田廠傳用。園丁,月給銀二兩,每季給米一石三斗;園户，月給銀一兩内，每季給米一石三斗者，給養贍地三十畝，不給米者，給養贍地六十畝；蘇拉，月給銀一兩，每季給米二石六斗；匠役，皆民缺，月給銀一兩，各給養贍地六十畝；葡萄户，不給錢糧；蠶户，月給銀一兩、米二斛，養贍地六十畝，所給地畝移會計司轉行户部分給，銀、米附於旗鼓佐領下支領，各園庭並同。其園户等，各給火烙腰牌一，填明年貌，於應准出入各門亦設對牌一，每日派苑丞、苑副一人，按門查驗，併令該門護軍參領、護軍校、護軍等盤詰查對，如有假冒，即行懲處。

筆帖式，十有五人，掌翻譯，給使令。

天壇齋宫，兼理郎中，一人，直年員外郎，一人，俱由堂派。苑丞，二人，苑副，二人，掌陳設、汜埽。齋宫圍牆外西北隅、西南隅各建直房二間，苑丞、苑副率園户二十人，分爲兩班，每日輪班直宿，所有宫内門鑰、陳設，皆由苑丞管理，園户專司坐更、汜埽等事。

稻田廠，直年員外郎，一人，由堂派充。庫掌，一人，掌供内庭之米，廠設催長一人、副催長一人、領催三人，專司徵收官種、民種之地賦。玉泉山東六部莊，官種水田十五頃九十七畝有奇，額收穀二千四百五十七石五斗，留種穀二百六十二石，香稻、秫稻十八石四斗四升，留種穀一石六斗外，每年交官三倉進奉内庭米二百石、穀二百四十石，如遇閏月，增交穀二十石。又，八月初一日進紅粳米四斗，九月初一日進高麗秫米四斗，二次進鮮，均交膳房。又，盛京供獻陵寢米，無定額，由户部領取。餘米照時值變價，所得銀兩，除雇種地人夫並置農具雜物外，餘銀存苑，作歲修之費。徵其田賦、地賦，圓明園、暢春園、静明園附近各等處，民種水田八十一頃九十八畝有奇，額徵銀五千四百十二兩有奇，内交餧象稻草，每千斤準銀一兩三錢五分；民種旱地五頃五十畝有奇，額徵銀一百四十三兩有奇；民種蒲地二頃三十三畝有奇，額徵銀二百十四兩有奇；民租官房六十七間，額徵銀六十一兩二錢；民租荷花地、葦草地二十九頃四十八畝有奇，額徵銀一千二百五十七兩有奇，俱存本苑，作歲修之費。以給苑囿之繕修。

筆帖式，三人，掌翻譯、文移。

南苑，郎中，一人，員外郎，二人，主事，一人，委署主事，一人，苑丞，七人，苑副，十有三人，委署苑副，六人，掌徵南苑之地賦，設果園五，共地十六頃有奇，歲徵桃、李於掌儀司；瓜園二，共地十七頃有奇，歲徵瓜於内管領處；糧莊五，共地九十頃有奇，恭遇皇帝臨幸南苑，令其豫備茶膳房木磁等器，並裝載行圍所得牲畜車輛及供鎗手人等飯食外，每莊各交羊草三萬束。設海户一千二百名，皆民缺，缺出，以其子弟挑補，内頂戴海户頭目二人，各給養贍地二頃八十八畝，副頭目二人，各給養贍地一頃八十畝，總甲十名，各給養贍地一頃八十畝，副總甲十名，各給養贍地九十畝，小甲四十名，各給養贍地五十五畝，海户九百二十二名，各給養贍地三十四畝，巡青海户四十八名，各給養贍地五十畝，以巡察苑中牲畜，均不納錢糧，其餘撥充門軍、廟户、鹿户、皁役、書吏。凡海户,編爲十甲,每一甲以總甲一人、副總甲一人、小甲四人統之,每五甲以海户頭目一人、副頭目一人轄之,每年海户等於苑内割取羊草五十八萬束,内慶豐司、上駟院各廐咨取十二萬束,餘每束變價銀二釐五毫,除給鹿户送鹿飯食及採買養鹿豆葉外,其餘作本苑歲修之費。其廢草,令海户全行芟拔,聽附近居民承買,每擔交制錢二十文,作奉宸苑及本苑官員備差公費。其徵收羊草銀兩,三旗各派苑丞一人、苑副二人管理,每苑丞一人給養贍地八十畝,苑副一人給養贍地六十畝,郎中、員外郎、主事委署、主事總司其事。與其陳設、汜埽。四處行宫,各派苑丞一人管理,其苑副七人、委署苑副六人,由堂酌撥,協同管理,所給養贍地與各苑丞、苑副同,委署苑副與苑副同。苑户,舊衙門行宫十八名,新衙門行宫十六名,團河行宫三十二名,南行宫三十二名,永慕寺十名,各給養贍地二十八畝;匠役,十六名,各給養贍地二十八畝,皆三旗佐領、管領下人;廟户,三十八名,各給養贍地四十八畝,供看守陳設並汜埽、種植之役;皂役頭目十二名,各給養贍地六十六畝;皂役六十名,各給養贍地四十四畝,司緝捕、刑杖之事;書吏二名,各給地二頃八畝。又,花卉地八頃,笤帚地三頃,徵租備置各物。○凡祭祀,則供鹿,苑設鹿圈,額養鹿十五隻,以備各祭祀之用,由各該處行文咨取,如圈内鹿缺,即捕苑内之鹿補額。設鹿户十八名,各給養贍地三十八畝,司養鹿及捕鹿之事,圈内每鹿日給黑豆二升、豆葉五斤,四月至八月不給豆葉,若孳生小鹿及盛京送京小鹿,每日給黑豆一升,一年後與各鹿同豆,由户部領取豆葉,支羊草銀採買,每斤銀一釐五毫。祀竈神,則供黄羊,内庭祀竈神,黄羊每歲十二月二十日遣御前侍衛等至苑捕取。各寺廟,則給以香供之地。小紅門内元靈宫給地四十畝,龍王廟給地十九畝有奇,真武廟給地二頃三十三畝有奇,南紅門内大屯關帝廟給地五十六畝,菩薩廟給地五十六畝,南紅門外北店娘娘廟給地二十畝有奇,大紅門外南頂碧霞元君廟給地一頃,大紅門内地藏庵給地四十五畝有奇,廡殿西關帝廟給地三頃六畝有奇,大紅門外馬家堡七聖廟給地二十七畝有奇,東紅門内關帝廟給地六十九畝有奇,東關帝廟給地三十畝有奇,舊東紅門内關帝廟給地七十五畝有奇,西紅門内馬神廟給地七十畝,迴城門外馬駒橋天仙廟給地一頃,迴城門内七聖廟給地三十四畝有奇,辛屯菩薩廟給地十八畝、三間房,七聖廟給地五十二畝有奇,雙橋門内七聖廟給地二十三畝有奇,黄村門内藥王廟給地一頃五十四畝有奇,團河龍王廟給地八十畝,鎮國寺門外中頂普濟宫給地一頃,鎮國寺給地八十四畝,舊衙門東德壽寺給地二十二畝有奇,關帝廟給地八十二畝有奇,仁佑廟給地六畝有奇,舊衙門西永寺給地五畝有奇,新衙門東槐房真武廟給地八畝,晾鷹臺北佑廟給地一頃,俱作歲時香供之資。

南苑總尉,一人,防禦,八人,驍騎校,二人,皆外八旗人。掌門禁。設九門門軍三十六名,各給養贍地三十畝,稽察各門出入之人,又,設外旗領催十名、馬甲九十名、聽差三十名。

筆帖式，五人，掌翻譯、文移。

圓明園，總管大臣，特簡，無定員。郎中，一人，員外郎，一人，主事，一人，委署主事，一人，苑丞，九人，苑副，二十有一人，委署苑副，十有一人，庫守，十有二人，掌圓明園之禁令。○園之中爲正大光明殿，園在海淀，爲門十八，南曰大宫門，曰左、右門，曰東、西夾道門，曰東、西如意門，曰福園門，曰西南門，曰水閘門，曰藻園門；東曰東樓門，曰鐵門，曰明春門，曰隨牆門，曰蕊珠宫門；西曰隨牆門；西北曰北橋門。大宫門外輦道東、西皆有湖，曰前湖，門内爲出入賢良門，内爲正大光明殿，後即大内。東爲勤政親賢殿，在正大光明殿東，外爲奏事門，西爲山高水長，在西南門内，東爲同樂園，在福園門内，每歲，皇帝筵燕外藩及内廷大臣於此。皇帝駐蹕，則聽政焉。遇駐蹕圓明園，凡召對群臣、引見庶僚，均於勤政親賢殿。駕出、入，則侍班。駕出、入圓明園，總管大臣率屬侍班。稽其門禁，設園户頭目三十五人、園户六百一十五人、園隸五十三人、外旗匠十四人、民匠一百四十四人。園户頭目，每月給銀二兩，每季給米二石；園户，五百二十五人，每月給銀一兩五錢，每季給米一石三斗，其九十人，每月給銀一兩，米同；園隸，四十二人，每月給銀一兩五錢，每季給米二石六斗，其十一人，每月給銀一兩，米同；匠役，每月給銀一兩，每季給米一石三斗，均給養贍地三十畝，惟園隸不給地。凡園户等進内汜埽，人給火烙腰牌一，填明年貌，其應准出入各門亦設對牌一，每日派苑丞、苑副一人，按門查驗，並令直班護軍參領等盤詰、查對後，交該處首領太監帶進，出則仍行點驗，總管大臣亦隨時查察，如有假冒瞻徇等弊，在内，則將該管首領太監交總管太監嚴加懲治，在外，將該管官員參處治罪，匠役出、入同。至各園内陳設，均太監看守，苑丞、苑副等每日率園户、匠役在安佑宫、舍衛城、明春門並長春園、綺春園、熙春園等處外圍直宿，仍呈報總管大臣及郎中、員外郎等稽查。董其工作。園内遇有興作及歲修工程，均由總管大臣及郎中、員外郎管理。設木廠以貯木材，設現行房以貯杉篙、竹席、甎瓦、銅鐵、紙張、顔料等物，設銷算房以銷算工料，設督催所以督催工作及文移等事，均由堂主事、委署主事管理。凡新修牆垣，在三年内坍塌者，原監修官賠修，仍交内務府議處，在三年外、五年内坍塌者，免其議處，仍責令賠修。宫殿亭臺，在三年内慘漏者，原監修官賠修，三年外，官修，其餘保固各限與營造司同。其藏船隖内，履安舸一、翔鳳艇一、太液朱鷺船一、書畫船一、卧游書室船一、載月舫一、飛雲樓船一、如坐天上舟一、如意舟一、凫藻軒船一、輕船一、看園船一、更船一、膳船一、小棚子船一、閘河船二、罾船一、公主船一、版船九、划子船一、龍船九、柳子輕船一、雁尾船二、湖船二、撲拉船三十四、牛舌頭船三十五；西船隖内，飛雲罩船一、撲拉船十四、銅釘四罩船一、牛舌頭船一、紅油酒船一；南船隖内，平安月鏡居船一、寧静舟一、緑油船一、公主船一；長春園船隖内，撲拉船七、紅油船一、牛舌頭船八、畫舫船一、青雀舫一、竹式船一、蘋香泛船一；綺春園船隖内，般若觀四棹船一、黄油船一、撲拉船六、牛舌頭船十、小緑油船二，設看守翔鳳艇水手六名、聽差水手二十一名，俱太監管理。如遇修艌，本園河道苑丞、苑副專司。園内進水、出水各閘，設閘軍五十四名，隨時啓、閉，遇有修繕，亦由河道苑丞、苑副辦理。其園外各閘，由柳村閘閘官啓、閉。庫藏，則覈其出納之數。園設銀庫、器皿庫，每年將銀庫出入數目繕黄册具奏，器皿庫出入數目繕藍册存記，至工程銀兩、器物，均隨時奏銷。

筆帖式，十有四人，掌翻譯，給使令。

銀庫，庫掌，一人，庫守，四人，掌儲内帑，以給繕修之費。每年額收房地租銀五千餘兩，長蘆鹽政解交扣裁養廉及盈餘銀二萬七八千兩，張家口監督解交盈餘銀四萬餘兩，山海關監督解交盈餘銀三萬五千餘兩，淮關監督解交扣裁養廉及存公火耗銀一萬六千餘兩，直隸總督解交香河縣地租銀二百兩有奇，兩淮鹽政解交滋生及節省銀十四萬二千餘兩，其餘各該處應交廣儲司銀内，奉旨撥交圓明園，無定額。凡園内歲修工程，先動支房地租銀，如不敷，奏請動支各項銀兩。每五年欽派大臣清查，並將器皿庫一併清查。每日庫掌、庫守帶領園户輪流直宿，仍令郎中等不時稽查，並派緑營千、把總率營兵協同巡察。

器皿庫，庫掌一人、庫守二人，掌器物之守藏。器皿庫存貯木器、銅器、鐵器、竹器及磁錫鐙鑪等物。

暢春園，總管大臣，特簡，無定員。郎中，一人，苑丞，三人，苑副，五人，委署苑副，八人，掌暢春園之禁令。園在南海淀，其東曰恩佑寺，聖祖仁皇帝爲孝莊文皇后祝釐建，寺右曰恩慕寺，高宗純皇帝爲孝聖憲皇后祝釐建，園之西爲西花園，又西爲聖化寺，園之南爲泉宗廟，西花園之西爲虎城，養虎，俱屬暢春園大臣轄。設暢春園效力拜唐阿四人、看印蘇拉四人、園户頭目十人、園户八十八人、園丁二十五人、匠役二十人、花兒匠七人、水手一人，俱隨同苑丞、苑副汜埽各園庭，並看管陳設。蘇拉、園丁、水手，每月各給銀一兩，每季各給米二石六斗，園户頭目，每月給銀一兩五錢，每季給米二石，各給養贍地三十畝；園户、匠役，每月各給銀一兩，每季各給米一石三斗，各給養贍地三十畝、官房一間；花兒匠，四名，每月給銀一兩，無米，各給養贍地六十畝，其三名，每月給銀一兩，每季給米一石三斗，各給養贍地三十畝。每年將本處鬻賣稻米、穀草並房租銀作爲歲修之費，於年終奏銷，如有盈餘，交圓明園銀庫收貯。其查驗園户等出入腰牌，與圓明園同。

筆帖式，三人，掌翻譯，給使令。

清漪園、静明園、静宜園，總管大臣，特簡，無定員。郎中，一人；員外郎，三人，清漪園、静明園、静宜園，各一人。苑丞，十有八人，清漪園五人，静明園五人，静宜園八人。苑副，二十有六人，清漪園十人，静明園、静宜園各八人。委署苑副，二十有一人，清漪園六人，静明園五人，静宜園十人，掌三山之禁令。清漪園建於萬壽山，在圓明園西，前臨昆明湖，静明園建於玉泉山，在清漪園之西，静宜園建於香山,在静明園之西。清漪園設催長一人、副催長四人、拜唐阿八人、領催二人、馬甲六人、園丁一百十人、園户三十九人、園隸十二人、廟户七人、匠役十二人、閘軍一百三十人,静明園設催長一人、副催長二人、拜唐阿四人、馬甲二人、園丁四十四人、園户一百五十三人、園隸十六人、廟户六人、閘軍四十一人,静宜園設拜唐阿十二人、園丁八十人、園户一百十六人、園隸二十八人、匠役二十人、蘇拉十六人。三園催長均每月給銀三兩,每季給米五石三斗,副催長、領催月給銀二兩,每季給米五石三斗,馬甲月給銀三兩,每季給米五石三斗,蘇拉月給銀一兩,每季給米二石六斗,閘軍月給銀一兩,米一斛,園户、園丁、匠役與圓明園同。每年三園所得蓮藕、果蔬變價銀及房地租銀,除備各園寺廟供獻外,餘爲歲修之費,如不敷,由圓明園銀庫領取。凡歲修在百兩以下者,隨時支領辦理,在百兩以上者,派員勘估後奏聞,領帑興修,歲終各以其數分晰題銷,均限保固二年,如未至三年者,原修官賠修。其園内船、橋亦隨時修理,清漪園御用澄虚船一、九如意船一、輕船一、昆明喜龍船一、景龍舟一、鏡中游船一、芙蓉艦一、萬荷舟一、洋蓮艇一、錦浪飛鳧船一、亭式船一、隨侍茶船一、膳船九、繂船十、備差船四十,静明園御用得源船一、欄杆如意船一、平頂船一、捲棚如意船一、樓亭船一、隨侍茶船一、運水船二、備差船九,御用時,苑丞、苑副等協同圓明園太監及御船處水手、網户備差。三園陳設各物,每歲由該管大臣派員清查一次,五年由内務府奏派大臣稽察一次。其園户、園丁等出入,各給腰牌查驗。

筆帖式,十有四人,清漪園八人,静明園、静宜園各三人。掌翻繹,給使令。

御船處,管理大臣,特簡,無定員。兼管司員,一人,以内務府官兼充。掌御舟之承應。設八品司匠一人、八品水手催長四人、水手九十七人、八品網户催長二人、網户五十一人,催長月給銀二兩,水手月給銀一兩五錢,網户月給銀一兩歲,各給米二十四斛,又,拜唐阿六十人,内頂戴頭目四人,承辦差務。恭遇皇帝臨幸清漪園、静明園及瀛臺等處,坐御舟,管理大臣等伺應遞送篙繩,水手催長、網户催長督率水手等刺船,如行水圍,亦由本處豫備圍船,如巡幸天津等處,亦係本處水手、網户掌船執事,其御舟由奉宸苑管理。

筆帖式,二人,掌給使令。

欽定大清會典卷八十

御茶、膳房，管理事務大臣，特簡，無定員。尚膳正，三人，以一等侍衛充一人，以二等侍衛充二人。尚膳副，一人，以三等侍衛充。尚茶正，三人，以一等侍衛充一人，以二等侍衛充二人。尚茶副，一人，以三等侍衛充。尚膳，十有二人，以三等侍衛充五人，以藍翎侍衛充七人。尚茶，六人，以三等侍衛充二人，以藍翎侍衛充四人。掌供大内之食飲膳羞。○凡茶、膳，備其品味，膳房恭備分例：御前，每日盤肉二十二斤、湯肉五斤、豬油一斤、羊二、雞二、鴨三、當年雞三；皇后前，每日盤肉十六斤、茶肉十斤、雞一、鴨一；皇貴妃前，每日盤肉八斤、菜肉四斤，每月雞、鴨各十五；貴妃前，每日盤肉六斤、菜肉三斤八兩，每月雞、鴨各七；妃前，每日盤肉六斤、菜肉三斤，每月雞、鴨各五；嬪前，每日盤肉四斤八兩、菜肉二斤，亦每月雞、鴨各五；貴人，每日盤肉四斤、菜肉二斤，每月鴨八；常在，每日盤肉三斤八兩、菜肉一斤八兩，每月雞五；皇子，每日盤肉四斤、菜肉二斤，每月鴨十；皇子福晉，每日盤肉十二斤、菜肉八斤，側福晉，每日盤肉六斤、菜肉四斤，俱無雞、鴨。茶房恭備分例：御前，乳茶例用乳牛六十頭，每日泉水十二鑵、乳油一斤、茶葉七十五包；皇后前，例用乳牛二十五頭，每日泉水十二罐、茶葉十包；貴妃前，例用乳牛四頭，妃前，例用乳牛三頭，嬪前，例用乳牛二頭，貴人、常在等位，應用乳牛於各分例内隨用，俱每日茶葉五包；皇子、皇子福晉，例用乳牛八頭，每日茶葉八包。凡牛一頭，每日交乳二斤。庀其物用，膳房、茶房所用鐵行竈、提鑪、杓、鍋、鏊、斧、火罩及箱、桌、盒、桶、木碗、缸、盆等，俱每年一次行營造司；錫背壺、壺座、墩、罐、折盂、漏子、碗、盤等，俱每年一次，紅銅鍋、杓、背壺、壺座、折盂，黄銅鍋、杓、匙、鍾、銛、鏇，俱二年一次，布壺套、油單、污單、褥帶等，兩月一次，紗格等三月一次，俱行廣儲司；亮鐵鑷、火夾、鍋撐，每年一次，行武備院；柳木笊篱、瓢、籮等，俱一月一次，大席一年一次，行掌關防處，各依年月定限，視有損壞，付各該處修理、更换。又，柟、槐、紫檀、花梨木，高麗木等桌張，松木、椴木等盤、案、箱套及簸靶、切菜板等項，年久應修理、更换者，隨時行營造司辦理，瓷碗、盤、鍾等，隨時行廣儲司添取，遇年節、隨圍添用物件，照例咨各該處豫備。量其薪炭，膳房，每日用木柴一千一百斤、炭一百三十斤，自十月初一日起，至次年正月三十日止，每日添用寒柴五百斤、寒炭六十斤。肉房，每日用木柴二百五十斤，茶房，每日用木柴九百七十斤、炭十斤，自十月初一日起，至次年正月三十日止，每日添用寒柴二百斤。皇子飯房，每日用木柴一百五斤、炭二十斤，茶房，每日用木柴一百六十斤。戒其屬而治焉。膳房屬下庖長四名、副庖長四名、庖人五十名、領班頂戴拜唐阿四名、拜唐阿四十一名、承應長五名、承應人八十四名、催長二名、領催十一名、廚役二十八名，又，内膳房廚役六十七名、茶房領班頂戴拜唐阿四名、拜唐阿二十三名、承應長四名、承應人七十一名、清茶承應長四名、承應人十六名，乾肉庫庫掌四名、副庫長二名、庫守十六名。凡廚役，惟内膳房六十七名内，有十名召募民充，餘俱於三旗人丁内挑補。又，皇子飯房各設委署頂戴頭目一名、拜唐阿七名、承應人四名、庖人二名，茶房委署頂戴頭目一名、拜唐阿五名、承應人二名。〇設肉房，以納腥物，盛京將軍每年額交鹿七百八十隻、麅二百十隻、鹿尾二千箇、鹿舌二千箇，又，鹿腸肚、麅腸、熊、野豬、野雞、樹雞等無定額，盛京佐領等每年額交鵝六十隻、雜色魚四十尾，都虞司所屬盛京三旗網户每年額交雜色魚二萬四千斤，又，打牲烏拉總管等應交鱘鰉魚、鱸魚、雜色魚無定額，俱據各該處咨送驗收，次日奏聞。又，吉林將軍、黑龍江將軍，張家口外牛羊群、達里岡愛羊群等處總管應交鹿尾、野豬、鱸魚、細鱗魚、野雞、樹雞等及蒙古王公等進獻煺羊、黄羊、鹿尾、野豬，外省進獻石花魚、太和雞、銀魚、野雞蛋等，俱由各該處奏進，按數目驗收。又，關外莊頭每名每年各交鵝一隻，由會計司，三旗果園頭每年額交野雞三千隻，由掌儀司，王多羅樹牲丁每年額交鹿一百二十隻、鹿尾一百二十箇，由都虞司，俱據各該處咨送驗收，以上物件存貯肉房備用，年終以收過、用過數目彙總奏銷。設乾肉庫，以納薧物、膏物及穀蔬之物。盛京將軍每年額交鹿筋一百斤，獐麅背什骨、虎威骨、虎脛骨無定額，盛京佐領每年額交臘豬二十口，鹹魚一千五百斤，醃鹿尾無定額，打牲烏拉總管每年額交煠鱸魚十緋，山韭菜三緋，稗子米、鈴鐺麥、生熟魚條、白麪、掛麪、燕窩、百合、山藥、魚笋等無定額，俱據各該處咨送驗收，次日奏聞。又，吉林將軍每年額交稗子米、鈴鐺麥、煠鱸魚、鹿肉乾、山韭菜、小根菜等，黑龍江將軍應交白麪等，由各該處奏進按數目驗收，王多羅樹牲丁應交鹿肉乾二千七百把，由都虞司，張家口外牛羊群總管等應交乳油七百四十九緋十一斤四兩、乳酒三百六十五緋、大乳餅二石一斗二斤八兩，由慶豐司，俱據各該處咨送驗收，以上物件存貯乾肉庫備用，年終亦以收過、用過數目彙總奏銷。凡日例，皆驗而納焉，每日應用羊隻、羊羔等由慶豐司，鮮魚、薑、蒜等由掌儀司，米、麪、鹽、醬、菜、蔬等由掌關防處，交到之時，按數驗收備用。其餘則採買。設買辦肉類處，凡豬口、肉斤、雞、鴨等，皆按照例價，由廣儲司領銀採買，每年不得過三萬兩之數，亦於年終彙總奏銷。〇凡賜茶，則供備，遇典禮，例應賜茶者，據掌儀司來文豫備。筵燕亦如之。每歲正月十四日普燕宗親，十六日小燕廷臣，俱東、西各三桌，每桌高頭燕七品，冷燕、熱燕各十六品，酒燕三十二品，亦據掌儀司來文豫備。給内廷諸臣之飯食。設侍衛飯房，有催長二名、領催十一名、厨役二十八名。凡内廷諳臣,日給飯食,軍機大臣每員每日用水稻米七合五勺,章京每員每日用水稻米三合七勺五抄,南書房翰林、尚書房師傅與軍機大臣同,九卿直日奏事與軍機章京同,俱由侍衛飯房辦理。又,肉斤、油、麪、糖、醬、茶、蔬等,由内膳房按日發給。其侍衛飯食,凡乾清門大門侍衛、御前侍衛等,每員每日用水稻米七合五勺,奏蒙古事侍衛、尚虞備用處侍衛、弓箭侍衛,皇子諳達、哈哈珠子等,每員每日用白米九合及肉斤、鹽、醬、茶、蔬,俱行各該處領取。又,尚虞備用處黏竿拜唐阿、弓箭拜唐阿,圓明園直班拜唐阿,上駟院廐長、拜唐阿,慶豐司廏長,武備院弓箭匠、役等,亦由侍衛飯房給與飯食。○凡金銀之器,以時請簡大臣而驗視。膳房、茶房俱有銀器庫,各設庫掌二名,其庫貯金銀器皿。膳房例用:御前,金方二件,金鍋三件,金碗十一件,金大盤、二號盤各十件,金碟十件,金匙三件,銀方六件,銀鍋十五件,銀大盤一百三十一件、二號盤二百十件、三號盤三十件、四號盤六十件,銀碗二十五件,銀碟二百三十件,銀馬杓十七件,銀漏杓十件,銀罐四件,銀鈷二十件,銀湯碗十三件,銀火鍋四十二件,銀暖盤八件,有足銀盤六件,銀高麗碗十一件,銀笊籬三件,銀碗蓋十二件,銀葵花盒十二件,銀螺螄盒六十五件,銀西洋壺二件,銀背壺九件,銀鏇子三件,銀鉼四件,銀套盤、銀套碗、銀套杯各二十件,銀杯盤三件,銀匙六十件,銀羹匙八件,銀鍋蓋三件;皇后前,金方二件,金盤十五件,金碟八件,金碗七件,金匙三件,銀盤四件,銀高麗碗一件,銀馬杓一件,銀折盂一件。又,内庭備用銀方、銀盤、銀碗等共二百十九件。茶房例用:御前,金鍋一件,金茶桶五件,金杓一件,金碗一件,銀茶桶三十二件,銀盤二十九件,銀碗五十三件,銀背壺七十四件,銀壺一件,銀罐七件,銀雙耳罐一件,銀盤十件,銀碗器八件,銀杓十一件,銀漏子二件,銀匙九件,銀鍾二件;皇后前,金茶桶二件,金碗二件,金杓一件,銀茶桶五件,銀盤一件,銀碗三件,銀罐二件,銀碗蓋二件,銀杓三件,銀壺六件,銀碟、銀匙各一件。又,内庭備用銀茶桶、銀背壺、銀碗等共二十四件。皇子飯房例用銀方一件,銀盤五十五件,銀碗十件,銀背壺、銀高麗碗各二件,銀碟二十五件,銀折盂、銀盒、銀罐、銀杓各一件,銀匙十件,茶房例用銀茶桶二件,銀背壺二件,銀雙耳壺一件,銀碗二件,銀高麗碗三件,銀杓二件。以上金銀器皿,每届年終,奏請欽派大臣點驗。

主事,一人,委署主事,一人,掌檔案文移。屬下披甲、蘇拉各五名。

筆帖式,十有一人,掌給使令。

御藥房,管理大臣,特簡,無定員。主事,一人,委署主事,一人,兼管司員,二人,以内務府官兼充。兼管内管領,一人,副内管領,二人,於三十内管領、副内管領内,由堂揀派管理。庫掌,二人,掌合和丸散。凡藥味,每月二次按應用品味、數目,行太醫院傳取,每三月一次繕摺奏銷,惟人參係奏請應用,無定額。用竣時,開明用過數目併取參職名具奏,再行請用。每歲暑,令乾清門,圓明園宫門、出入賢良門各安設香薷湯,除夕,各宫殿安設蒼朮及中正殿管理念經處製造大巴苓、琺瑯巴苓等應用藥味，俱由藥房按例交送，餘無定額。凡合藥，無折耗者，三十一味，有折耗者，二百九十二味，傳到藥味時，俱由太醫院選派御醫敬謹看驗，分别存、退。合藥時，亦由太醫院官會同監視。所用紅棗、膠棗、荔枝、龍眼等，行掌儀司，兔、雀等，行都虞司，桃樹、槐楮樹枝，荷葉、蓮蓬等，行奉宸苑，乳油、豬膽等，行茶膳房，沉香、茶葉等，行廣儲司，人乳、蜂蜜、白蠟、米、麪、酒、醋、糖、蒝荽、薤白等，行掌關防處，其盛藥、碾藥所用缸、盆、乳鉢等，行營造司。又，金乳鉢一件、銀露甑一件、銀鍋二件、銀乳鍋二件、銀碗一件、銀杓二件、銀漏子四件，存廣儲司磁庫，遇應用時行文領取。設催長一名、拜唐阿三名、蘇拉醫生四十四名，召募民醫生十七名，承應差務。

筆帖式，十有四人，掌給使令。

三大殿，兼管司員，一人，以内務府官兼充。兼管内管領，一人，於三十管領内，由堂揀派管理。掌三大殿之陳設、氾埽。乾清門之南爲保和殿，又南爲中和殿，又南爲太和殿，曰三大殿，恭遇皇帝陞殿，兼管司員、内管領等敬謹伺應。設領催六名、蘇拉十二名，承應差務。

寧壽宫，郎中，二人，員外郎，二人，主事，一人，委署主事，一人，掌寧壽宫之陳設、氾埽。設書吏一名、蘇拉八名，承應差務。

筆帖式，三人，掌給使令。

管理慈寧宫、壽康宫處，兼管司員，二人，慈寧宫花園兼管司員，二人，俱以内務府官兼充。掌慈寧宫、壽康宫之陳設、氾埽。設委署催長二人、披甲人七名、蘇拉十一名，承應差務。

筆帖式，二人，掌給使令。

雍和宫，管理事務王大臣，特簡，無定員。郎中，一人，員外郎，一人，兼管内管領，一人，於三十管領内，由堂揀派管理。掌雍和宫之陳設、氾埽。雍和宫爲世宗憲皇帝藩邸，歲時駕臨拈香瞻禮，管理王大臣以下敬謹伺應。又，後佛樓額設副内管領一人、領催一名、委署領催二名、拜唐阿八名，亦由雍和宫王大臣管理。

筆帖式，三人，掌給使令。

中正殿，管理王大臣，特簡，無定員。員外郎，二人，副内管領，二人，由本處題補，即備三十副内管領之缺。掌喇嘛唪經之事。中正殿喇嘛念經定例：每日以二十人在前殿唪《吉祥天母經》，以九人在後殿唪《無量壽佛經》，以三人在後殿唪《龍王水經》，每月初一日、十五日，以十人在前殿唪《無量壽佛經》，以五人放烏卜藏，初一日、初八日、十五日、三十日，以十人在西配殿唪《大游戲經》，每年八月初九日至十一日，以一百八人在前殿唪《喇嘛供獻經》《尊勝佛母經》，十二月二十九日，以一百八十四人在前殿跳布扎，唪《護法經》，二十八日、二十九日、三十日，以三十六人在前殿唪《迎新年喜經》。又，每月初一日、十五日，以十人在養心殿佛堂放烏卜藏，以二十人在圓明園清浄地放烏卜藏，唪《無量壽佛經》，以二十人在恩佑寺放烏卜藏，唪《無量壽佛經》,以十五人在永安寺前殿放烏卜藏,唪《大游獻經》,以十五人在報恩延壽寺唪《長壽佛壇城經》《清净經斗母經》,十三日、二十三日,以二十人在圓明園清净地放烏卜藏,唪《藥師經》《沐浴經》,初一日、初七日、初八日、十三日、十五日、二十三日、二十五日,以七人在慈寧宮花園放烏卜藏,唪《無量壽佛經》,初一日、初八日、十三日、十五日、三十日,以十人在正覺寺放烏卜藏,以十三人在昭廟唪《金剛經》《藥師經》《長壽經》《寶匣經》,初六日,以七人在慈寧宮西廊放烏卜藏,唪《金剛經》,十三日,以五十人在雨花閣行德層唪《尊勝佛母壇城經》,十五日,以七人往大湯山放烏卜藏,唪《龍王水經》。又,每年正月初四日至初八日,以四百人在宏仁寺跳布扎,唪《吉祥經》,二月十二日至十八日,以一百八人在宏仁寺唪《藏經》,驚蟄節,以二十一人往大湯山唪《龍王水經》,三月初七日至十三日以十人,十四日、十五日以一百人,在雍和宮唪《時輪王佛經》,四月初二日至初十日,在圓明園清净地唪《上樂王佛經》,初七日至初九日,以五十四人在嵩祝寺、法淵寺唪《無量壽佛經》,初八日,以一百八人在圓明園清净地放烏卜藏,唪《十六羅漢經》,以十二人在清净地後殿唪《龍王水經》,以五人在雨花閣無上層唪《大怖畏壇城經》,以五十四人在報恩延壽寺唪《無量壽佛經》,七月十五日,以七人在暢春園,以四人在西花園唪《藥師經》,十月二十四日至二十六日,以一百八人在闡福寺唪《藏經》,内二十五日增派二百三十五人,唪《喇嘛供獻經》,十二月初七日至初九日,以三百人在寶華殿東、西配殿唪《救度佛母經》,初十日以一百人在寶華殿跳布扎,唪《財寶天王經》,十四日至十六日,以一百八人在大慈真如寶殿,以五十四人在大圓鏡智寶殿唪《十六羅漢經》《無量壽佛經》《大怖畏經》《四大護法經》,二十一日至二十九日,以一百二十人在闡福寺唪《秘密佛經》,二月初八日、八月初八日,以十人在雨花閣瑜伽層唪《毘盧佛壇城經》,三月初八日、六月初八日、九月十五日、十二月十五日,以十五人在雨花閣智行層唪《釋迦佛壇城經》。又,萬壽聖節唪《無量壽佛經》《吉祥天母經》,列聖、列后忌辰唪《金剛經》《藥師經》,日食、月食放烏卜藏,唪《救護經》。其奉旨念經,據扎薩克大喇嘛來文辦理,無定期。具其僧衆,凡各處念經喇嘛及堆畫壇城、繞壇獻舞、鳴法器、净地面諸執事喇嘛,皆由管理大臣除派。其監經官及護軍、披甲、蘇拉、領催、匠役人等,各按應用數目,行文内務府除派。又,蘇拉筆帖式二十二人、領催二名、蘇拉二十四名及蒙古蘇拉筆帖式十二人,俱於本處挑補。又,中正殿首領太監喇嘛二名、太監喇嘛六名,慈寧宮佛堂首領太監喇嘛二名、太監喇嘛四名,永安寺首領太監喇嘛二名、太監喇嘛八名,如首領太監喇嘛缺出,於太監喇嘛内挑補,太監喇嘛缺出,於學習太監内挑補,俱由本處奏聞補放、備用。備其供獻,每歲正月初一日,中正殿前殿供大巴苓一座,每月朔、望日,前殿、正殿,東、西配殿各供麥供一次。又,養心殿佛堂,朔、望供琺瑯巴苓十五盤,圓明園佛堂,朔、望供琺瑯巴苓二十一盤,每年八月二十二日、十一月十二日、十二月二十四日,慈寧宮獅象佛母前供大巴苓三座,十二月二十三日,凝慧堂、無倦齋、如是室各供獻插箭巴苓三盤,俱由管理大臣派喇嘛等成造。又,念經供獻果品由果房,供餅、餑餑、桌張等由掌關防處,按期照例交送應用，俱不行文。庀其物用。凡念經需用寶石、寶石末由銀庫，大小手帕、布疋、棉花由緞庫，香料、顏料、珠兒線由茶庫，孔雀翎由皮庫，米、酒、白麪、羊油、蠟、蜂蜜等由掌關防處，柴炭、藤條、松栢枝由營造司，藥材由御藥房，乳油、羊腰油由掌儀司，青竹由奉宸苑，亦不行文，每月一次，由該處照例交送收貯供用。又，暫用盔甲、刀、槍、斧、弓箭、旗、纛、鞍、纖及麀、鹿等皮由武備院，虎豹皮由皮庫，白駝、白馬並太監喇嘛騎用馬匹由上駟院，白犬由掌儀司，木架、藤牌、彩畫、七寶、八供等由營造司，金錁、銀元寶、五樣寶石由銀庫，黄緞桌套、五色小旗由衣庫，銅鏡，銅、錫、磁器皿由磁庫，白牛、白羊由慶豐司，玉泉酒、車輛由掌關防處，亦按期照例送交應用，用訖收回。其念經喇嘛及監經官員、兵丁等飯食，行掌儀司辦理。凡喇嘛在本寺念經，不行飯食。○凡塑像，則供其事。每遇奉旨裝塑佛像，所需玻璃、水晶、白毫、銅錫、綢緞、布疋、紙張、杉木等，並繪畫佛像需用金青顏料，撥蠟樣佛像需用黄蠟、松香、梢木等及各項匠役，俱據承辦喇嘛等呈明數目，行各該處送交應用。其監造官員等，量其工程繁簡，咨取各司院笔帖式、拜唐阿等應用，工竣撤回。

筆帖式，滿洲二人、蒙古二人，掌給使令。

文淵閣，提舉閣事，一人，於總管内務府大臣内簡充。掌《四庫全書》之藏。○凡四庫，各庋以其類。經之類十：一曰易，一百五十九部，一千七百四十八卷，附録八部，十二卷。二曰書，五十五部，六百五十卷，附録二部，十一卷。三曰詩，六十二部，九百四十一卷，附録一部，十卷。四曰禮，周禮之屬二十二部，四百五十三卷；儀禮之屬二十二部，三百四十三卷，附録二部，一百二十七卷；禮記之屬二十部，五百九十五卷，附録二部，十七卷；三禮總義之屬六部，三十五卷；通禮之屬四部，五百六十三卷；雜禮書之屬五部，三十五卷。五曰春秋，一百十四部，一千八百一卷，附録一部，十七卷。六曰孝經，十一部，十七卷。七曰五經總義，三十一部，六百八十一卷，附録一部，三十六卷。八曰四書，六十三部，七百三十二卷。九曰樂，二十二部，四百八十二卷。十曰小學；訓詁之屬十三部，一百二十二卷，字書之屬三十六部，四百七十八卷，韻書之屬三十三部，三百十三卷。史之類十有五：一曰正史，三十八部，三千六百八十一卷。二曰編年，三十八部，二千六十六卷。三曰紀事本末，二十二部，一千二百五卷。四曰别史，二十部，一千四百八十五卷。五曰雜史，二十二部，二百七十三卷。六曰詔令、奏議，詔令之屬十部，八百二十二卷，奏議之屬二十九部，六百五十二卷。七曰傳記，聖賢之屬二部，七卷，名人之屬十三部，一百十三卷，總録之屬三十六部，八百八卷，雜録之屬九部，二十一卷。八曰史鈔，三部，四十八卷。九曰載記，二十一部，三百八十卷，附録二部，九卷。十曰時令，二部，二十九卷。十有一曰地理，宫殿簿之屬二部，十一卷，總志之屬七部，九百四十一卷，都會郡縣之屬四十七部，二千七百五十二卷，河渠之屬二十三部，五百七卷,邊防之屬二部,二十四卷,山川之屬七部,一百十三卷,古蹟之屬十四部,一百二十五卷,雜記之屬二十八部,二百十三卷,游記之屬三部,十五卷,外紀之屬十七部,九十八卷。十有二曰職官,官制之屬十五部,三百七十五卷,官箴之屬六部,十七卷。十有三曰政書,通制之屬十九部,二千二百九十八卷,典禮之屬二十四部,一千五十一卷,邦計之屬六部,五十三卷,軍政之屬四部,二百七十一卷,法令之屬二部,七十七卷,考工之屬二部,三十五卷。十有四曰目録,經籍之屬十一部,四百二十四卷,金石之屬三十六部,二百七十六卷。十有五曰史評;二十二部,三百八十二卷。子之類十有四:一曰儒家,一百十二部,一千六百九十四卷。二曰兵家,二十部,一百五十三卷。三曰法家,八部,九十四卷。四曰農家,十部,一百九十五卷。五曰醫家,九十六部,一千八百十三卷。六曰天文算法,推步之屬三十一部,四百三十五卷,算書之屬二十五部,二百八卷。七曰術數,數學之屬十六部,一百四十七卷,占候之屬二部,一百三十五卷,相宅、相墓之屬八部,十七卷,占卜之屬五部,二十五卷,命書、相書之屬十四部,五十三卷,陰陽五行之屬五部,五十五卷。八曰藝術,書畫之屬七十一部,一千六十六卷,琴譜之屬四部,二十九卷,篆刻之屬二部,九卷,雜伎之屬四部,四卷。九曰譜録,器物之屬二十四部,一百九十九卷,食譜之屬十部,十九卷,草木鳥獸蟲魚之屬二十一部,一百四十五卷。十曰雜家,雜學之屬二十二部,一百七十七卷,雜考之屬五十七部,七百七卷,雜説之屬八十六部,六百三十二卷,雜品之屬十一部,八十三卷,雜纂之屬十一部,五百三十六卷,雜編之屬三部,九十二卷。十有一曰類書,六十四部,六千九百七十三卷。十有二曰小説家,雜事之屬八十六部,五百八十卷,異聞之屬三十二部,七百二十四卷,瑣記之屬五部,五十四卷。十有三曰釋家,十三部,三十二卷。十有四曰道家;四十四部,四百四十二卷。集之類五:一曰楚詞,六部,六十五卷。二曰别集,一千十五部,一萬八千七十二卷。三曰總集,一百六十四部,九千七百二十卷。四曰詩文評,六十四部,七百三十卷。五曰詞曲,詞集之屬五十九部,一百三卷,詞選之屬十二部,二百六十二卷,詞話之屬五部,十九卷,詞譜之屬二部,六十卷,南北曲之屬三部,十七卷。皆貯於閣中,經六百九十五部,一萬二百十九卷,史五百六十四部,二萬一千六百五十七卷,子九百二十二部,一萬七千八百七卷,集一千三百三十部,二萬九千四十八卷,總凡三千五百十一部,七萬八千七百三十一卷。而以時謹視焉。閣門鑰匙由提舉閣事大臣管理。

領閣事,二人,於滿、漢大學士,協辦大學士、翰林院掌院學士内簡充。直閣事,四人,於滿、漢内閣學士,詹事府詹事、少詹事,翰林院侍讀學士、侍講學士内簡充。校理,八人,以滿、漢詹事府春坊庶子,司經局洗馬、中允、贊善,翰林院侍讀、侍講、修撰、編修、檢討兼充。檢閱,六人,以滿、漢科甲出身之内閣中書兼充。掌檢校秘書。《四庫全書》副本藏於翰林院署，由掌院學士酌派翰林院官管理，如大臣官員有欲觀者，准其告知領閣事，赴院署請閲，毋許私携出外。遇有文字疑誤須行參校者，識明篇第，彙開一單，仍告知領閣事、提舉閣事，由領閣事酌派校理一員，同内務府司員詣閣中請書覈對，須敬謹翻校，毋許污損，閲畢仍庋原處。

兼管司員，四人，以内務府司員兼充。掌陳設啓閉，治其文移。設供事二人，辦理檔案，以各衙門役、漢書吏充補，五年無過咨吏部，照四庫全書館例給予議敘。

筆帖式，四人，以内務府筆帖式兼充，每夕以一人赴閣輪流直宿。掌給使令。

武英殿修書處，管理王大臣，特簡，無定員。兼管司員，二人，以内務府官兼充。正監造員外郎，一人，副監造副内管領，一人，委署主事，一人，庫掌，四人，委署庫掌，六人，掌監刊書籍。設有書作、刷印作，書作管理界畫、托裱等事，刷印作管理寫樣、刊刻、刷印、摺配、齊釘等事，有拜唐阿十九名、委署領催四名，其匠役等，有書匠、界畫匠、托裱匠、合背匠、齊闌匠、補書匠、剉書匠、平書匠、刷印匠，共八十四名，分辦各作之事。匠役缺出，移旗鼓佐領及管領下挑補，如不敷差用，仍添外雇。凡所刊書籍，内有御筆者，由御書處行取鈎字人敬謹鈎摹，有諭旨用寶者，謹將寶文刻於諭旨版片年月之上，一同刷印。又，乾隆三十八年欽定聚珍版，共刻木字二十五萬餘箇。排印書籍，亦由本處管理，所需綾錦、布疋、高麗紙、綿榜紙、牙籤、珠兒線等行廣儲司，桌張、盆鉢等行營造司，鐵螺螄、木剉、大小裁刀、劘刀、彎刀、錐剪、烙鐵等行武備院，白麪行掌關防内管領處，其各色箋紙、南沙紙、呈文紙、樹椶、紅花、銀硃、徽墨等，俱本處採買，及匠役工價飯食，俱行廣儲司領銀，歲終彙繕黄册奏銷。除夕，則書《時憲書》以進御。每歲十月朔日，由欽天監交送《時憲書》，本處照依所定式樣，雇寫宋字人批寫紅字，裦作二册，於年終隨奏銷黄册一併恭呈御覽。

總裁，滿洲一人、漢一人，於六部侍郎内簡充。提調，二人，於纂修内，由管理王大臣、總裁等奏派。纂修，十有二人，協修，十人，滿、漢翰林學士以下，詹事府少詹事以下，由翰林院掌院學士派充。掌校正文字。刊修書籍，先將底木校勘無誤，送監造處刊刻，刻竣再詳加校勘。其各書文義有無錯誤，由原館承辦官員校對，字畫圈點由本處校對。設校録十人，以國子監肄業生内之恩、拔、副貢，由監考取咨送，五年當差勤慎，由總理王大臣酌量奏請議敘。

筆帖式，四人，掌給使令。

御書處，管理王大臣，特簡，無定員。兼管司員，三人，由内務府官兼充。正監造司庫，一人，副監造庫掌，一人，庫堂，二人，委署庫掌，六人，掌鐫摹御書，造硃墨。設有刻字作、裱作、墨刻作、墨作。刻字作管理雙鈎、頂硃、鐫刻、填寫等事，裱作管理托裱、墨刻、染造箋紙等事，墨刻作管理搨墨刻，墨作管理成造獨草墨、三草墨、硃砂錠、熏煙、漂硃等事。有拜唐阿十名、效力拜唐阿十二名，其匠役等，有刻字匠、裱匠、紙匠、墨刻匠、造墨匠，共一百一名，分辦各作之事。匠役缺出，移旗鼓佐領及管領下挑補，如不敷差用，仍添外雇。所需綾錦、布疋、紙筆、寶砂、藤黄、燈草、零陵香、白檀香、飛金生漆、膠礬、顔料等行廣儲司，石匠、木匠、鏇胎匠、畫匠、漆匠及盤墩、押竿、墨模子、艾葉、青石、金甎、竹木尺、槨頭、糊刷等行營造司，鐵拍子、剉鏨、鎚鉗、掛竿、隔漏、剉草等行武備院，黄蠟、白麪、糯米、酒等行掌關防處，書匠、界畫匠、刷印匠行武英殿修書處，匣匠行養心殿造辦處，冰片、麝香、熊膽等行御藥房，豬油、豬膽行掌儀司，硃墨等俱本處採買，及匠役工價飯食，俱行廣儲司領銀，年終彙繕黄册奏銷。除夕，則書《中星更録》以進御。每歲十月朔日，由欽天監交送《中星更録》，本處照依所定式樣，雇寫宋字人繕寫紅字，寫竣移送武英殿裱潢，於年終隨奏銷黄册一併恭呈御覽。

筆帖式，二人，掌給使令。

養心殿造辦處，管理大臣，二人，於内務府大臣内簡充。總管郎中，二人，郎中，一人，員外郎，二人，主事，一人，委署主事，一人，庫掌，十人，委署庫掌，十有五人，掌製造器用。◎凡治器之作，十有四，曰如意館，曰金玉作，曰鑄鑪處，曰造鐘處，曰炮鎗處，曰鞍甲作，曰弓作，曰琺瑯作，曰玻璃廠，曰銅鋟作，曰匣裱作，曰油木作，曰鐙裁作，曰盔頭作，其玻璃廠又有窰房燒造玻璃，碾房碾細材料。具其物材，設錢糧庫，存貯金銀並各項材料。其應用鋟金葉、鍍金葉，各金若干兩，具摺奏聞，得旨後移廣儲司領用，歲無定額。其銀兩，每年由兩淮鹽政，江寧、蘇州等織造，粤海關、鳳陽關、九江關、淮關監督解到備公平，餘飯食、養廉等項，照來文數目查收入庫，亦無定額。其餘應用物料，設立紅票，刷印養心殿字樣，由本處開明數目，行各該處領取，如有應行採買者，由本庫領銀採買，每月二十四、五等日，將金銀四柱細數，按款繕摺奏聞。備其匠役，如意館有玉匠、牙匠、畫匠，金玉作有鍍金匠、絫絲匠、磨玉匠、琢玉匠，鑄鑪處有鑄匠、剉匠，造鐘處有鐘匠，炮鎗處有鐵匠，鞍甲作有鞍匠，弓作有弓匠，琺瑯作有琺瑯匠，玻璃廠有玻璃匠、吹玻璃匠，銅鋟作有鋟匠、銅匠，匣裱作有裱匠，油木作有木匠、漆匠，鐙裁作有鐙匠、穿珠匠，盔頭作有盔頭匠，共匠役一百九十六名，内吹玻璃匠二名，移營造司轉咨山東巡撫移送，餘俱於内管領各旗鼓佐領下蘇拉内挑補。又，各作共催長十三人、副催長十四人、委署司匠一人、庫守八名、拜唐阿四十名、領催二十名、蘇拉三十名，承應差務。察其勤惰。各作活計由管理大臣量其繁簡難易定以限期，如限内完結者，承辦官量予記功，逾限不完者，覈行記過。凡三月之内，記功、記過各一次者，均無庸議，記過二次者，官員罰俸兩月，無品級者鞭責二十，記功二次者，官員准記録一次，無品級者酌量録用。凡記過者，一年一次，議敘者，二年一次，俱屆期彙總奏聞。既成，則貯於庫以備用。設活計庫，存貯已成活計，有副催長一人，率同拜唐阿、蘇拉等管理。

查覈房，由管理大臣酌派司官辦理，無定員。掌覈銷錢糧。凡成造活計，由查覈房量其丈尺，有例者，照例查覈，無例者，援例比較，覈定後具稿呈堂，由承辦官赴庫照覈定數目領銀辦理。至活計成竣之時，覆加查算務，令實用實銷，不得冒濫。

督催房，由管理大臣酌派司官辦理，無定員。掌督催工作。凡成造活計，由督催房具稿呈堂，批勒限期，毋許曠工遲滯。

彙稿處，由管理大臣酌派司官辦理，無定員。掌檔房文移。凡各作實銷稿件，由查覈房送彙稿處彙辦，各作有應繳回銀兩、材料等項，由彙稿處赴錢糧庫按款驗收照覆，其錢糧庫發給各作銀項，已銷、未銷各若干數目，每月繕具清單送彙稿處呈明存案。

筆帖式，十有五人，掌給使令。

御鳥鎗處，管理王大臣，特簡，無定員。藍翎總承，二人，副總承，二人，鳥鎗長，五人，掌御鎗之承應。設鳥鎗拜唐阿三十三名、炮拜唐阿四名、披甲人十四名，承應差務。其御鎗及炮，由養心殿造辦處製造，本處隨時領用，遇有奏進新造鳥鎗，由本處試放。〇凡巡幸，則備鎗、炮。每遇聖駕巡幸及木蘭行圍，派總承二員、鳥鎗長二員、鳥鎗拜唐阿五名，司收發鳥鎗，又，炮拜唐阿二名，司炮，馱鳥鎗拜唐阿二名，司風鎗。如遇聖駕祗謁東陵、西陵，派總承一員，餘同。

内火藥庫，庫掌二人，掌火藥、鉛、砂。設庫守九名、披甲人五十二名，配造、收發火藥、鉛丸、鐵砂，其取用硝黄、麻稭、檾麻行工部，油單、皮匣及條匠行武備院，柳枝炭行奉宸苑，俱無定額。每遇聖駕巡幸，派庫掌一員、庫守一名、披甲人十名，承應鎗、炮什物備帶火藥、鉛、砂。如遇木蘭秋獮，所用火藥按所獲鹿數具題覈銷。

總理工程處，管理大臣，特簡，無定員。委署主事，一人，兼管司員，以内務府官兼充，無定員。掌行宫營作之政令。本處專管熱河園亭、寺廟，南、北路行宫，並東路盤山、北路湯泉、西路黄新莊等處行宫估銷工程，每年有應修者，由各該處奏明，移咨本處派員前往，按其報修款項，逐座踏勘，分别應修、應緩，繕摺奏聞，俟派員覈估錢糧，本處復加斟覈，交各該處照斟覈數目，奏請銀兩，自行購料，招商辦理，工竣，復咨本處派員查驗。其保固年限，凡房屋拆蓋者，保固十年，揭宽頭停挑牮撥正者，六年，夾隴黏修者，三年，墻垣連灰土刨砌者，十年，不動灰土者，六年，黏修者，三年，油畫滿整地仗者，十年，補砌地仗者，六年，不動地仗者，三年。若内廷應修殿座、房間，遇有特旨交辦者，由本處勘明應修，奏請欽派大臣承修，工竣復行查驗，俱照熱河等工程辦理。

官房租庫，直年管理大臣，特簡，無定員。郎中，一人，員外郎，二人，俱以内務府司員兼充。庫掌，一人，掌徵官房之租，屬下庫守六名、領催三名。凡本庫所管官房，隨時有入官者、有呈買者，故無定額。分派三旗三十五佐領、三十管領下管理徵租，按月交納本庫。其租價以檩計，七檩房每間租銀二錢，六檩房每間租銀一錢五分，五檩房、四檩房俱每間租銀一錢，三檩房、三檩游廊俱每間租銀五分，其店房，如入官時有原租價者，即照原租價徵租，無者，視其坐落之衝僻，每月每間三、四錢至

三、四兩不等，其租庫由都虞司派驍騎校一人、披甲人十名看守。其銀，除營造司等處修理工程，宮禁內、外買辦物料、雇車脚價，併紫禁城内進班官員、兵丁買辦菜蔬銀兩，各據來文發給外，餘交廣儲司銀庫。其收支動存數目，每月二十六日隨同廣儲司月摺分晰條款，繕摺奏聞，歲底彙繕黄册題銷。其發給各處銀兩，每兩扣平銀三分錢，每千扣底錢二十文，以備雜項公用。售者，估其值，凡鋪面房間，例不准賣，其餘房屋，准官員、兵丁、拜唐阿人等具呈認買。其估價亦以檩計，又按其面寬丈尺、檐柱丈尺及有無傾欹、滲漏之處，第爲五等。九檩房，一等每間銀一百兩，二等九十兩，三等八十兩，四等七十兩，五等六十兩；八檩房，一等九十兩，二等八十兩，三等七十兩，四等六十兩，五等五十兩；七檩房，一等八十兩，二等七十兩，三等六十兩，四等五十兩，五等四十兩；六檩房，一等六十兩，二等五十兩，三等四十兩，四等三十兩，五等二十五兩；五檩房，一等四十五兩，二等四十兩，三等三十五兩，四等三十兩，五等二十五兩；四檩房，一等三十五兩，二等三十兩，三等二十五兩，四等二十兩，五等十五兩；三檩房，一等二十五兩，二等二十兩，三等十五兩，四等十兩，五等五兩。凡售價一百兩以下，限四年，一百兩以上，限五年，三百兩以上，限六年，五百兩以上，限七年，千兩以上，限八年，如指俸餉坐扣，一千兩以上者，先納銀一半，餘准坐扣，一千兩以下者，如俸餉坐扣五年足數完結者，准其坐扣，如不敷，先豫納一半，餘准坐扣。其抵項入官之屋，無論鋪面、住房，亦照檩數，分别等第，作價扣抵，如估價與契價相等及比契價較多，均准其按估價抵交，如估價不敷契價者，不准抵交。其查抄入官之屋，亦按檩數，分别等第估計，併比較契價，按其多數作價召變，如照原定價值實在不能售變，准隨時奏聞酌減。各以時繕葺。每届五年，各官房清查一次，有應用黏修者，即行呈堂，奏請欽派大臣勘估修理。凡公用者，得旨則給焉。奉旨賞人房間，於官房内揀選、繪圖，具奏請旨賞給。又，設立衙署、公所等項應用房間，由各該處奏明，交本庫揀選撥給，仍各註册備查。

筆帖式，七人，掌給使令。

咸安宫官學，管理事務大臣，一人，於内務府大臣内特簡。協理事務大臣，一人，於六部滿洲堂官内特簡。總裁，滿洲二人、漢四人，翰林院讀講學士、詹事府少詹事以下，由翰林院掌院學士派充。翻譯教習，滿洲六人，由禮部以八旗滿洲、蒙古、漢軍舉、貢生監考充。清語教習，滿洲三人，弓箭教習，滿洲四人，以内務府人挑補。漢書教習，漢九人，由禮部以進士、舉人考取咨補。掌教官學生以清、漢書及射。凡學生，内務府三旗佐領、管領下每旗十名，共三十名，八旗滿洲每旗十名，共八十名，總凡一百十名，内習漢書者八十名，習翻譯者三十名，漢書學生兼習清語、弓箭，翻譯學生兼習弓箭。每月逢三、八日，滿、漢教習課官學生，漢教習課出四書文題一、五言排律詩題一，滿洲教習課出翻譯題一，逢五、十日，清語、弓箭教習教授清語、步射，每月初十日、二十五日，總裁輪課官學生，漢總裁課分已冠、未冠，各出四書文題一、五言八韻詩題一，滿洲總裁課出翻譯題一。其滿、漢教習房課，每月一次，彙送總裁，磨勘其學生成效。如由閒散人挑補者，期以十年考中生員，由舉、貢、生監挑補者，期以三届鄉、會試正科中式舉人、進士，不能者，均咨回本旗。其翻譯教習、漢書教習俱三年期滿，先期行吏部查明定例後，由管學大臣帶領引見。翻譯教習，舉人以七品小京官，貢、監、生員以筆帖式，漢書教習，進士以主事、知縣，舉人以知縣、教職，請旨録用。清語、弓箭教習，初次五年期滿議敘七品官，二次五年期滿，議敘從六品官，三次五年期滿，議敘正六品官，俱由管學大臣奏請議敘。其廪餼，漢教習每員月給銀三兩，翻譯教習有本身錢糧者，仍食本身錢糧，無者，亦月給銀三兩，清語、弓箭教習，已議敘者，各以所議敘品級食單俸，未議敘者，亦月給銀三兩，學生月給銀二兩。總裁分例，日給銀一錢二分有奇，教習菜蔬折銀，日給一分一釐有奇，學生分例，日給銀五分，俱行廣儲司；教習給肉，日折銀五分，行掌儀司轉行光禄寺；教習、學生每員各日給粳米一升一合二勺五抄及鹽、醬等，行掌關防處；滿、漢教習，學生，俱每季給米五石三斗，漢教習附内務府佐領下領取，滿洲教習及學生由本旗領取。又，漢教習每日給芽茶三錢，行茶庫，每年夏季給紗袍褂一副、帽緯四兩，秋季給夾袍褂一副，每三年給羔皮袍褂一副、騷鼠帽一頂，皮鞾、氈韈各一雙，衣行衣庫，帽緯行茶庫，鞾、韈行武備院。又，漢教習每員月給水筆四枝、嶶墨三錢、銀硃一兩，學生每名月給水筆二枝、嶶墨三錢、臺連紙三十張，亦行廣儲司。又，學生每年墩子箭五百五十枝、骲頭箭三十枝，弓二、三十張不等，亦行武備院。又，總裁每日給煤三斤二兩、炭五兩及冬令教習、學生等所用煤、炭，俱行營造司。又，蒙古學總裁、教習、學生，日給口分，月給銀、米、紙、筆、煤、炭、鹽、醬等，與本學總裁、教習、學生同。又，回緬學教習、學生，日給口分，教習與本學總裁同，學生與本學學生同，及煤、炭等，俱由本學總管照數行文各該處發給。設頂戴領催二名、領催四名、蘇拉四十五名、披甲人二名，承應差務。

筆帖式，一人，掌給使令。

蒙古官學，管理事務大臣，一人，以理藩院尚書簡充。總裁，三人，以理藩院司員兼充。教習，蒙古二人，額外教習，蒙古一人，掌教官學生以蒙古文字。凡學生，八旗、蒙古旗分每旗三名，共二十四名教習，隨時教以蒙古經書及阿里嘎里字韻，並書寫烏朮克蒙古翻繹等字，每月二十六日，總裁課學生，出翻譯題一。其教習二缺，一缺由管理大臣於蒙古人内考取挑補，一缺以本學額外教習坐補，三年期滿引見，分别録用，及學生成效，俱與咸安宫官學同。其總裁、教習、學生應領分例等件，俱移咸安宫官學辦理。

景山官學，總管，四人，以内務府司員兼充。翻譯教習，滿洲九人，以内務府人考取充補。漢書教習，漢十有二人，由禮部以舉人，恩、拔、副、歲、優貢生考取咨補。掌教官學生以清、漢書。凡學生，鑲黄旗一百二十四名，正黄旗一百四十名，正白旗一百二十四名，又，回子佐領下回子四名，共三百九十二名，内習清書者二百七十七名,習漢書者一百十五名。每月初一、初八、十五、二十三等日,滿、漢教習課官學生,漢書教習出四書文題一、五言排律詩題一,滿洲教習出翻譯題一,每月二十五日,總管課諸生,出詩文題、翻譯題各一。其學生成效及漢教習三年報滿,由内務府帶領引見,請旨録用之處,俱與咸安宫官學同。滿洲教習,五年期滿議敘,初次、二次、三次俱與咸安宫官學清語、弓箭教習同。又,滿、漢教習,月給銀、米,日給肉、蔬折銀及漢教習給棉衣、冬裘,亦與咸安宫官學同。又,滿洲教習,歲各給水筆二十四枝、墨一兩一錢,漢教習歲各給水筆十二枝、乾筆十二枝、墨一兩一錢、硃錠十二塊,學生每名月給銀一兩、每季給米二石六斗,俱由總管行文各該處領取。屬下蘇拉十七名、披甲人四名,承應差務。

回緬官學,總管,二人,以内務府司員兼充。教習,回子二人、以内務府回子佐領下回子派充。緬子二人,以緬甸國人派充。掌教官學生以回、緬文字。凡學生十名,俱於内務府佐領、管領下俊秀子弟内挑補,内二名在理藩院筆帖式上行走,餘八名在學學習,教習隨時教以回、緬字義,五年期滿,由總管呈明内務府大臣,奏請考試翻譯,欽派大臣閱卷。列一等者,以筆帖式用,二等者,以庫使用,三等者,以庫守、拜唐阿用。其理藩院學生二名,如試列一等,由理藩院奏留,以該衙門筆帖式補用,如列二、三等,仍照例用。回子教習,五年期滿,酌補驍騎校等缺,由回子佐領辦理。緬子教習,五年期滿,則歸其國,先期行知雲貴總督,豫選該國夷人來京更替。其教習歸國,行兵部給發路引,行雲貴總督酌量獎勵。其教習學生,每日口分及煤、炭等,俱由咸安宫官學辦理。又,每月,教習給銀三兩,學生二兩,每季,教習給米五石五斗,學生五石三斗,回子教習由内務府回子佐領下領取,緬子教習由旗鼓佐領下領取,學生由本旗領取。又,每年三節,教習各給銀十五兩,緬子教習到京時給銀二十兩,歸國時給路費銀二百兩,俱於滋生項内領取。又,教習每月應給筆墨、銀硃,學生應給筆墨紙張,俱與咸安宫官學同,行廣儲司領取,俱由本學總管辦理。

長房官學,教習,滿洲二人、蒙古一人,滿洲於内務府筆帖式内挑補,蒙古由理藩院筆帖式内咨補。掌教内監。滿洲教習二員,分授清書、漢書,蒙古教習授蒙古書,祇須令其麤辨字畫,其内監,無定數。教習每月各給銀二兩,五年期滿,由總管大臣稽察,其差使勤慎者,酌量陞用。

盛京内務府,總管大臣,一人,以盛京將軍兼。佐領,三人,鑲黄旗、正黄旗、正白旗各一人。主事,一人,委署主事,一人,掌盛京三旗包衣之政令。設廣儲司,司庫二人、庫使十六人,掌六庫所貯列聖御用弓矢、軍器、鞍轡,列聖御書、畫,上用冠服、朝珠帶並金、玉、銅、磁各器及墨刻、書籍、綢緞、銀兩等物;會計司,催長二人、筆帖式二人,掌徵各糧莊額賦;掌儀司,催長二人、筆帖式二人,又,廣寧催長一人,掌徵果園之賦;都虞司,催長二人、筆帖式二人、牧掌三人,掌徵牲丁之賦並牧官馬;營造司,催長二人、筆帖式一人,掌宫殿陳設及呈報繕修工程。其太廟祭器,敬典閣、崇謨閣、鳳凰樓尊藏《列聖聖容册寶》《聖訓》《實録》《玉牒》，俱敬謹守護。文溯閣，催長二人，掌《四庫全書》之藏。三旗織造庫，各設催長一人、筆帖式一人，掌徵棉莊、靛莊之賦，匠、役共一百五十八名，司紡織。黑牛館，廄長六人，乳牛館，廄長二人、領催一人，掌牧三陵祭祀之牛羊。内管領處，内管領一人、倉領長一人、倉長三人、筆帖式二人，掌管領下户口、倉糧及蜜漬、果品砍伐，槽盆、槍杆、箭杆送京等事。三旗驍騎校各一人、頂戴領催一人、領催五人，率三旗兵，每旗二百三十六名，每日分班巡邏、直宿，每年派兵二百名，隨盛京將軍行圍二次。

筆帖式，十有五人，掌翻譯，給使令。